Franz Jürgen Säcker
Vermögensrecht

Vermögensrecht

Kommentar zu §§ 1 bis 21 Vermögensgesetz

Herausgegeben von

Dr. Dr. Franz Jürgen Säcker

Professor an der Freien Universität Berlin

bearbeitet von

Dr. Jan Busche
Wissenschaftlicher Assistent an
der Freien Universität Berlin

Bernd Hummert
Assessor
Diplomvolkswirt

Dr. Hartmut Oetker
Privatdozent an der
Universität Jena

Dr. Dr. Franz Jürgen Säcker
Professor an der
Freien Universität Berlin

C. H. Beck'sche Verlagsbuchhandlung
München 1995

Die Deutsche Bibliothek – CIP-Einheitsaufnahme

Vermögensrecht:
Kommentar zu §§ 1 bis 21 Vermögensgesetz/hrsg. von
Franz Jürgen Säcker. Bearb. von Jan Busche . . .-
München : Beck, 1995
  ISBN 3 406 37753 X
NE: Säcker, Franz Jürgen [Hrsg.]; Busche, Jan

ISBN 3 406 37753 X
Druck der C. H. Beck'schen Buchdruckerei, Nördlingen
Gedruckt auf säurefreiem,
aus chlorfrei gebleichtem Zellstoff hergestelltem Papier

Vorwort

Der Kommentar behandelt das Vermögensrecht auf der Grundlage der Neubekanntmachung des Gesetzes zur Regelung offener Vermögensfragen vom 10. 12. 1994 (BGBl. I S. 136 ff.) gemäß Artikel 12 des Entschädigungs- und Ausgleichsleistungsgesetzes vom 27. 11. 1994. Die Kommentierung des Vermögensrechts erneuert die Erläuterungen dieses Bereichs in der bereits 1991 erschienenen Monographie: „Zivilrecht im Einigungsvertrag", die als Sonderband zum Münchener Kommentar zum Bürgerlichen Gesetzbuch erschienen ist. Die große praktische Bedeutung, die das Vermögensrecht nach wie vor spielt, macht es angesichts der zunehmenden Stoffülle erforderlich, dem Vermögensrecht einen selbständigen Kommentar außerhalb des Münchener Kommentars zu widmen. Durch die Rechtprechung des Bundesverfassungsgerichts, des Bundesverwaltungsgerichts und des Bundesgerichtshofs sind inzwischen viele Streitfragen vor allem zur Reichweite und Verfassungsmäßigkeit des Restitutionsausschlusses in § 1 Abs. 8 des Vermögensgesetzes, rechtsgrundsätzlich geklärt, auch wenn manche rechtspolitisch begründete Enttäuschung zurückbleibt. Der Kommentar bemüht sich, auf der Grundlage und in kritischer Auseinandersetzung mit der Rechtsprechung den aktuellen Meinungsstand aufzuzeigen und Lösungen unter strikter Orientierung am Gesetzeszweck vorzulegen. Dabei wird die vom Münchener Kommentar zum BGB bekannte Darstellungsform und Gliederungstechnik angewandt. Der Kommentar bemüht sich insbesondere, die Verbindungslinien des Vermögensrechts zum Verfassungs-, Zivil- und Verwaltungsrecht aufzuzeigen und damit einem Bedürfnis der Praxis nachzukommen.

Das vorliegende Buch ist den für die Rechtspraxis besonders bedeutsamen materiellrechtlichen Vorschriften des Vermögensgesetzes gewidmet. Er behandelt nicht die spezifischen verwaltungsrechtlichen und organisationsrechtlichen Vorschriften des Gesetzes.

Berlin, im Februar 1995   F. J. Säcker

Inhaltsverzeichnis

	Seite
Verzeichnis der Abkürzungen	XIII
Gemeinsame Erklärung der Regierungen der Bundesrepublik Deutschland und der Deutschen Demokratischen Republik zur Regelung offener Vermögensfragen	1
Gesetz zur Regelung offener Vermögensfragen (Vermögensgesetz – VermG) – Gesetzestext	5
Gesetz zur Regelung offener Vermögensfragen (Vermögensgesetz – VermG) – Kommentar	37

	Seite
Vorbemerkungen	37
Abschnitt I. Allgemeine Bestimmungen	66
§ 1 Geltungsbereich	66
§ 2 Begriffsbestimmung	176
§ 2a Erbengemeinschaft	199
Abschnitt II. Rückübertragung von Vermögenswerten	202
§ 3 Grundsatz	202
§ 3a *(weggefallen)*	261
§ 3b Gesamtvollstreckungsverfahren, Zwangsversteigerungsverfahren	261
§ 3c Erlaubte Veräußerungen	267
§ 4 Ausschluß der Rückübertragung	271
§ 5 Ausschluß der Rückübertragung von Eigentumsrechten an Grundstücken und Gebäuden	298
Vorbemerkung vor § 6	305
§ 6 Rückübertragung von Unternehmen	310
§ 6a Vorläufige Einweisung	361
§ 6b Entflechtung	371
§ 7 Wertausgleich	380
§ 7a Gegenleistung	394
§ 8 Wahlrecht	397
§ 9 Grundsätze der Entschädigung	402
§ 10 Bewegliche Sachen	405
Abschnitt III. Aufhebung der staatlichen Verwaltung	408
§ 11 Grundsatz	408
§ 11a Beendigung der staatlichen Verwaltung	417
§ 11b Vertreter des Eigentümers	423
§ 11c Genehmigungsvorbehalt	432
§ 12 Staatlich verwaltete Unternehmen und Unternehmensbeteiligungen	434
§ 13 Haftung des staatlichen Verwalters	435
§ 14 Ausschluß von Schadensersatzansprüchen	441
§ 14a Werterhöhungen durch den staatlichen Verwalter	442
§ 15 Befugnisse des staatlichen Verwalters	444
Abschnitt IV. Rechtsverhältnisse zwischen Berechtigten und Dritten	447
§ 16 Übernahme von Rechten und Pflichten	447
Anhang I: Vermögensrestitution und Arbeitsrecht	484
Anhang II: Immaterialgüterrechte	565

Inhaltsverzeichnis

		Seite
§ 17	Miet- und Nutzungsrechte	584
§ 18	Grundstücksbelastungen	593
§ 18a	Rückübertragung des Grundstücks	606
§ 18b	Herausgabe des Ablösebetrages	608
§ 19	*(weggefallen)*	611
§ 20	Vorkaufsrecht von Mietern und Nutzern	611
§ 20a	Vorkaufsrecht der Berechtigten	620
§ 21	Ersatzgrundstück	624

Anhang

Gesetzestexte und Materialien

I. Bundesrecht

1. Gemeinsame Erklärung der Regierungen der Bundesrepublik Deutschland und der Deutschen Demokratischen Republik v. 15. Juni 1990 (BGBl. II S. 889, 1237) 635
2. Gesetz zur Regelung offener Vermögensfragen (Vermögensgesetz-VermG) in der Fassung des Einigungsvertrages (BGBl. 1990 II S. 1159) / in der Fassung der Bekanntmachung v. 18. April 1991 (BGBl. I S. 957, ber. 1928) / in der Fassung der Bekanntmachung v. 3. August 1992 (BGBl. I S. 1446; ber. BGBl. 1993 I S. 1811) / in der Fassung der Bekanntmachung v. 2. Dezember 1994 (BGBl. I S. 3610) 637
3. Verordnung über die Anmeldung vermögensrechtlicher Ansprüche in der Fassung v. 11. Juli 1990 (GBl. I Nr. 44 S. 718) / in der Fassung v. 21. August 1990 (GBl. I Nr. 56 S. 1260) / in der Fassung v. 5. Oktober 1990 (BGBl. I S. 2150, 2162) / in der Fassung der Bekanntmachung v. 3. August 1992 (BGBl. I S. 1481) 743
4. Gesetz über besondere Investitionen in dem in Artikel 3 des Einigungsvertrages genannten Gebiet in der Fassung des Einigungsvertrages (BGBl. 1990 II S. 1157) / in der Fassung der Bekanntmachung v. 22. April 1991 (BGBl. I S. 994, ber. 1928) 754
5. Gesetz über den Vorrang für Investitionen bei Rückübertragungsansprüchen nach dem Vermögensgesetz (Investitionsvorranggesetz – InVorG) v. 14. Juli 1992 (BGBl. I S. 1268; ber. BGBl. 1993 I S. 1811) 766
6. Gesetz zur Beseitigung von Hemmnissen bei der Privatisierung von Unternehmen und zur Förderung von Investitionen v. 22. März 1991 (BGBl. I S. 766; geänd. BGBl. 1992 I S. 1257) – Auszug – 774
7. Gesetz zur Änderung des Vermögensgesetzes und anderer Vorschriften (Zweites Vermögensrechtsänderungsgesetz – 2. VermRÄndG) v. 14. Juli 1992 (BGBl. I S. 1257; ber. BGBl. 1993 I S. 1811) – Auszug – 774
8. Verordnung zum Vermögensgesetz über die Rückgabe von Unternehmen (Unternehmensrückgabeverordnung – URÜV) v. 13. Juli 1991 (BGBl. I S. 1542) 776
9. Verordnung über die Ablösung früherer Rechte und andere vermögensrechtliche Fragen (Hypothekenablöseverordnung – HypAblV) v. 10. Juni 1994 (BGBl. I S. 1253) 782
10. Grundstücksverkehrsordnung (GVO) in der Fassung des Art. 15 § 1 Registerverfahrensbeschleunigungsgesetz v. 20. 12. 1993 (BGBl. I S. 2182, 2221) 785
11. Gesetz über das Vermögen der Gemeinden, Städte und Landkreise (Kommunalvermögensgesetz – KVG) v. 6. Juli 1990 (GBl. I Nr. 42 S. 660; geänd. GBl. I Nr. 61 S. 1537; mit Maßgaben nach Anl. II Kap. IV Abschn. III Nr. 2 EVertr. v. 31. 8. 1990, BGBl. II S. 889; geänd. BGBl. 1991 I S. 766, 786) 788
12. Gesetz über die Feststellung der Zuordnung von ehemals volkseigenem Vermögen (Vermögenszuordnungsgesetz – VZOG) in der Fassung des Art. 16 Registerverfahrensbeschleunigungsgesetz v. 20. 12. 1993 (BGBl. I S. 2182, 2225) 790
13. Gesetz über die Gewährleistung von Belegungsrechten im kommunalen und genossenschaftlichen Wohnungswesen v. 22. Juli 1990 (GBl. I Nr. 49 S. 894; mit Maßgaben nach Anl. II Kap. XIV Abschn. III EVertr. v. 31. 8. 1990, BGBl. II S. 889) 801
14. Einführungsgesetz zum Bürgerlichen Gesetzbuche v. 18. 8. 1896 (RGBl. S. 604) in der Fassung der Bekanntmachung v. 21. September 1994 (BGBl. I S. 2494) – Auszug – 805

Inhaltsverzeichnis

Seite

15. Grundbuchbereinigungsgesetz (GBBerG) v. 20. 12. 1993 (BGBl. I S. 2182, 2192; zul. geänd. BGBl. 1994 I S. 2457, 2491) 819
16. Gesetz über die Sonderung unvermessener und überbauter Grundstücke nach der Karte (Bodensonderungsgesetz – BoSoG) v. 20. 12. 1993 (BGBl. I S. 2182, 2215) 825
17. Verordnung über eine angemessene Gestaltung von Nutzungsentgelten (Nutzungsentgeltverordnung – NutzEV) v. 22. Juli 1993 (BGBl. I S. 1339) 832
18. Begründung zum Entwurf einer Verordnung über eine angemessene Gestaltung von Nutzungsentgelten v. 19. Mai 1993 (BR-Drucks. 344/93) 834
19. Gesetz zur Sachenrechtsbereinigung im Beitrittsgebiet (Sachenrechtsbereinigungsgesetz – SachenRBerG) v. 21. September 1994 (BGBl. I S. 2457) 843
20. Gesetz zur Anpassung schuldrechtlicher Nutzungsverhältnisse an Grundstücken im Beitrittsgebiet (Schuldrechtsanpassungsgesetz – SchuldRAnpG) v. 21. September 1994 (BGBl. I S. 2538) 883
21. Gesetz zur Bereinigung der im Beitrittsgebiet zu Erholungszwecken verliehenen Nutzungsrechte (Erholungsnutzungsrechtsgesetz – ErholNutzG) v. 21. September 1994 (BGBl. I S. 2548) 895
22. Gesetz zur Regelung des Eigentums an von landwirtschaftlichen Produktionsgenossenschaften vorgenommenen Anpflanzungen (Anpflanzungseigentumsgesetz – AnpflEigentG) v. 21. September 1994 (BGBl. I S. 2549) 896
23. Gesetz zur Regelung der Rechtsverhältnisse an Meliorationsanlagen (Meliorationsanlagengesetz – MeAnlG) v. 21. September 1994 (BGBl. I S. 2550) 897
24. Gesetz über die Entschädigung nach dem Gesetz zur Regelung offener Vermögensfragen (Entschädigungsgesetz – EntschG) v. 27. September 1994 (BGBl. I S. 2624) 900
25. Gesetz über staatliche Ausgleichsleistungen für Enteignungen auf besatzungsrechtlicher oder besatzungshoheitlicher Grundlage, die nicht mehr rückgängig gemacht werden können (Ausgleichsleistungsgesetz – AusglLeistG) v. 27. September 1994 (BGBl. I S. 2628) 906
26. NS-Verfolgtenentschädigungsgesetz (NS-VEntschG) v. 27. September 1994 (BGBl. I S. 2632) .. 911
27. Gesetz zur Behandlung von Schuldbuchforderungen gegen die ehemalige Deutsche Demokratische Republik (DDR-Schuldbuchbereinigungsgesetz – SchuldBBerG) v. 27. September 1994 (BGBl. I S. 2634) 912
28. Gesetz über eine einmalige Zuwendung an die im Beitrittsgebiet lebenden Vertriebenen (Vertriebenenzuwendungsgesetz – VertrZuwG) v. 27. September 1994 (BGBl. I S. 2635) 913

II. SBZ – Recht

1. SMAD-Befehl Nr. 01 v. 23. Juli 1945 betr. Neuorganisierung der Deutschen Finanz- und Kreditorgane (VOBl. f. d. Provinz Sachsen Nr. 1 S. 16) 915
2. SMAD-Befehl v. 22. Oktober 1945 (VOBl. der Provinzialverwaltung Mark Brandenburg S. 25) . 916
3. SMAD-Befehl Nr. 124 v. 30. Oktober 1945 betr. Auferlegung der Sequestration und Übernahme in zeitweilige Verwaltung einiger Vermögenskategorien (VOBl. f. d. Provinz Sachsen Nr. 4/5/6 S. 10) – Auszug – 917
4. Instruktion zu Befehl Nr. 124 v. 30. Oktober 1945 (VOBl. f. d. Provinz Sachsen Nr. 4/5/6 S. 11) . 918
5. SMAD-Befehl Nr. 126 v. 31. Oktober 1945 betr. Konfiszierung des Vermögens der NSDAP (VOBl. f. d. Provinz Sachsen Nr. 4/5/6 S. 12) – Auszug – 919
6. Verordnung zur Durchführung der Befehle Nr. 124 und 126 des Obersten Chefs der Sowjet-Militär-Administration in Deutschland v. 20. November 1945 (Reg.Bl. Thüringen I S. 63) 921
7. SMAD-Befehl Nr. 160 v. 3. Dezember 1945 betr. die Verantwortung für Sabotage und Störungsversuche (GVOBl. f. Sachsen 1946 Nr. 5/6 S. 43) 922
8. SMAD-Befehl Nr. 66 v. 1. März 1946 betr. Einziehung der Darlehens- Hypothekenschulden der geschlossenen deutschen Banken und Sparkassen (VOBl. f. d. Provinz Sachsen Nr. 1 S. 68) – Auszug – 922
9. SMAD-Befehl Nr. 97 v. 29. März 1946 betr. Beschlagnahmtes Eigentum in der sowjetischen Besatzungszone wird an die deutsche Verwaltung übergeben (VOBl. f. d. Provinz Sachsen Nr. 23 S. 226) 923
10. SMAD-Befehl Nr. 154/181 v. 21. Mai 1946 betr. Nutzung der auf Grund der Befehle Nr. 124 und Nr. 126 sequestrierten und konfiszierten Güter (ABl. der Landesverwaltung Mecklenburg-Vorpommern Nr. 4 S. 76) 924
11. SMAD-Befehl v. 21. Mai 1946 betr. Übergabe des konfiszierten und beschlagnahmten Eigentums in Besitz und zur Nutzung an die deutschen Selbstverwaltungsorgane (ABl. der Landesverwaltung Mecklenburg-Vorpommern Nr. 5 S. 90) 925

Inhaltsverzeichnis

Seite

12. SMAD-Befehl Nr. 167 v. 5. Juni 1946 betr. Übergang von Unternehmungen in Deutschland in das Eigentum der UdSSR auf Grund der Reparationsansprüche der UdSSR (unveröffentlicht) ... 925
13. SMAD-Befehl Nr. 201 v. 16. August 1947 betr. Richtlinien zur Anwendung der Direktiven Nr. 24 und Nr. 39 des Kontrollrates (ZVOBl. S. 153 = S. 185) 926
14. Ausführungsbestimmung Nr. 2 zum Befehl Nr. 201 vom 16. August 1947, v. 19. August 1947: Richtlinien zur Anwendung der Direktive Nr. 24 des Kontrollrates (ZVOBl. S. 187) 927
15. SMAD-Befehl Nr. 64 v. 17. April 1948 betr. Beendigung der Sequesterverfahren in der sowjetischen Besatzungszone Deutschlands (ZVOBl. S. 140) 930
16. Erste Verordnung v. 28. April 1948 zur Ausführung des SMAD-Befehls Nr. 64 (Richtlinien Nr. 1) (ZVOBl. S. 141) 931
17. Zweite Verordnung v. 28. April 1948 zur Ausführung des SMAD-Befehls Nr. 64 (Richtlinien Nr. 2 – Verwertung betrieblichen Vermögens) (ZVOBl. S. 141) 932
18. Richtlinien Nr. 3 v. 21. September 1948 zur Ausführung des SMAD-Befehls Nr. 64/1948 – Enteignung sonstiger Vermögen (ZVOBl. S. 449) 933
19. Richtlinien Nr. 4 v. 21. September 1948 zur Ausführung des SMAD-Befehls Nr. 64/1948 – Enteignung sonstiger Vermögen (ZVOBl. S. 450) 934
20. SMAD-Befehl Nr. 76 v. 23. April 1958 betr. Bestätigung der Grundlagen für die Vereinigungen und Betriebe, die das Eigentum des Volkes darstellen, und Instruktionen über das Verfahren der juristischen Eintragung (ZVOBl. S. 142) 935
21. SMAD-Befehl Nr. 82 v. 29. April 1948 betr. Rückgabe des durch den Nazistaat beschlagnahmten Eigentums an demokratische Organisationen (RegBl. Thüringen III S. 20) 939
22. Beschluß des demokratischen Magistrats von Groß-Berlin über die Durchführung des Gesetzes zur Einziehung von Vermögenswerten der Kriegsverbrecher und Naziaktivisten v. 8. Februar 1949 (VOBl. f. Groß-Berlin [Ostsektor] I S. 33) 940
23. Gesetze zur Einziehung von Vermögenswerten der Kriegsverbrecher und Naziaktivisten v. 8. Februar 1949 (VOBl. f. Groß-Berlin [Ostsektor] I S. 34) 941
24. Beschluß Nr. 162 des Magistrats von Groß-Berlin vom 28. Aparil 1949 zur Überführung von Konzernen und sonstigen wirtschaftlichen Unternehmen in Volkseigentum (VOBl. f. Groß-Berlin [Ostsektor] I S. 111) 942
25. Verordnung zur Überführung von Konzernen und sonstigen wirtschaftlichen Unternehmen in Volkseigentum v. 10. Mai 1949 (VOBl. f. Groß-Berlin [Ostsektor] I S. 112) 943

III. DDR-Recht

1. Verordnung über die Auseinandersetzung bei Besitzwechsel von Bauernwirtschaften aus der Bodenreform v. 21. Juni 1951 (GBl. Nr. 78 S. 629) 944
2. Verordnung über die Verwaltung und den Schutz ausländischen Eigentums in der Deutschen Demokratischen Republik v. 6. September 1951 (GBl. Nr. 111 S. 839) 947
3. Verordnung über die Verwaltung und den Schutz ausländischen Eigentums in Groß-Berlin v. 18. Dezember 1951 (VOBl. f. Groß-Berlin [Ostsektor] I S. 565) 949
4. Verordnung über devastierte landwirtschaftliche Betriebe v. 20. März 1952 (GBl. Nr. 38 S. 226) . 950
5. Verordnung zur Sicherung von Vermögenswerten v. 17. Juli 1952 (GBl. Nr. 100 S. 615) 952
6. Anweisung zur Verordnung zur Sicherung von Vermögenswerten vom 17. 7. 1952, v. 17. Juli 1952 953
7. Zweite Anweisung zur Durchführung der Verordnung zur Sicherung von Vermögenswerten vom 17. 7. 1952, v. August 1952 953
8. Dritte Anweisung zur Durchführung der Verordnung zur Sicherung von Vermögenswerten vom 17. 7. 1952, v. 28. 10. 1952 954
9. Rundverfügung des Ministeriums der Justiz Nr. 9/53 v. 15. April 1953 955
10. Verordnung zur Sicherung von Vermögenswerten v. 4. September 1952 (VOBl. f. Groß-Berlin [Ostsektor] I S. 445) 958
11. Erste Durchführungsanweisung zur Verordnung zur Sicherung von Vermögenswerten v. 8. September 1952 (VOBl. f. Groß-Berlin [Ostsektor] I S. 459) 958
12. Verordnung über die in das Gebiet der Deutschen Demokratischen Republik und den demokratischen Sektor von Groß-Berlin zurückkehrenden Personen v. 11. Juni 1953 (GBl. Nr. 78 S. 805) .. 959
13. Erste Durchführungsbestimmung zur Verordnung über die in das Gebiet der Deutschen Demokratischen Republik und den demokratischen Sektor von Groß-Berlin zurückkehrenden Personen v. 11. Juni 1953 (GBl. Nr. 78 S. 806) 960

Inhaltsverzeichnis

Seite

14. Zweite Durchführungsbestimmung zur Verordnung über die in das Gebiet der Deutschen Demokratischen Republik und den demokratischen Sektor von Groß-Berlin zurückkehrenden Personen v. 31. August 1953 (GBl. Nr. 95 S. 955) 961
15. Richtlinie Nr. 1 zur Durchführung des § 1 der Verordnung vom 11. Juni 1953 über die in das Gebiet der DDR und den demokratischen Sektor von Groß-Berlin zurückkehrenden Personen (GBl. S. 805) v. 6. Juli 1953 – Auszug – 961
16. Richtlinie Nr. 2 zur Durchführung des § 1 der Verordnung vom 11. Juni 1953 über die in das Gebiet der Deutschen Demokratischen Republik und den demokratischen Sektor von Groß-Berlin zurückkehrenden Personen v. 6. Juli 1953 963
17. Richtlinie Nr. 3 zur Durchführung des § 1 der Verordnung vom 11. Juni 1953 über die in das Gebiet der Deutschen Demokratischen Republik und den demokratischen Sektor von Groß-Berlin zurückkehrenden Personen v. 6. Juli 1953 967
18. Richtlinie des Staatssekretariats für Innere Angelegenheiten betr. vorläufige Verwaltung von Vermögenswerten westberliner und westdeutscher Eigentümer durch die Räte der Städte und Gemeinden v. 5. August 1953 969
19. Richtlinie des Staatssekretariats für Innere Angelegenheiten für die Räte der Kreise, Referate Staatliches Eigentum, betr. Fragen der vorläufigen Verwaltung v. 10. August 1953 975
20. Verordnung zur Sicherung der landwirtschaftlichen Produktion und der Versorgung der Bevölkerung v. 19. Februar 1953 (GBl. Nr. 25 S. 329) 980
21. Anordnung über die Behandlung des Vermögens von Personen, die die Deutsche Demokratische Republik nach dem 10. Juni 1953 verlassen, v. 1. Dezember 1953 (GBl. Nr. 130 S. 1231) 982
22. Arbeitsanweisung zur Anordnung über die Behandlung des Vermögens von Personen, die die Deutsche Demokratische Republik nach dem 10. Juni 1953 verlassen, v. 5. Dezember 1953 986
23. Rundverfügung Nr. 56/53 zur Bestellung von Abwesenheitspflegern für Personen, die das Gebiet der Deutschen Demokratischen Republik nach dem 10. Juni 1953 verlassen, v. 10. Dezember 1953 (Zentralblatt Nr. 49/1953 S. 629) 991
24. Vertrauliche Rundverfügung Nr. 3/1957 der Regierung der Deutschen Demokratischen Republik, Ministerium der Justiz – Der Minister – Betr. Verordnung zur Sicherung von Vermögenswerten vom 17. Juni 1952 v. 18. Mai 1957 993
25. Anordnung Nr. 2 über die Behandlung des Vermögens von Personen, die die Deutsche Demokratische Republik nach dem 10. Juni 1953 verlassen, v. 20. August 1958 (GBl. I Nr. 57 S. 664) 995
26. Anweisung Nr. 30/58 zur „Anordnung Nr. 2 v. 20. 8. 1958 über die Behandlung des Vermögens von Personen, die die Deutsche Demokratische Republik nach dem 10. 6. 1953 verlassen" v. 5. Dezember 1958 996
27. Anordnung über die Behandlung des Vermögens von Personen, die den demokratischen Sektor von Groß-Berlin nach dem 10. 6. 1953 verlassen v. 8. April 1954 (VOBl. f. Groß-Berlin [Ostsektor] I S. 164) 1003
28. Anordnung Nr. 2 über die Behandlung des Vermögens von Personen, die das Gebiet des demokratischen Berlin nach dem 10. 6. 1953 verlassen, v. 3. Oktober 1958 (VOBl. f. Groß-Berlin [Ostsektor] I S. 673) 1008
29. Anweisung über die Behandlung der in der Hauptstadt der Deutschen Demokratischen Republik (demokratisches Berlin) befindlichen Vermögenswerte Westberliner Bürger und juristischer Personen mit Sitz in den Westsektoren v. 18. November 1961 (nicht veröffentlicht) 1009
30. Bewertungsrichtlinien zum Entschädigungsgestz v. 4. 5. 1960/2. 9. 1961 1012
31. Beschluß des Ministerrates zu den Maßnahmen über die schrittweise Durchführung des Beschlusses der 4. Tagung des ZK der SED hinsichtlich der Betriebe mit staatlicher Beteiligung, der privaten Industrie- und Baubetriebe sowie Produktionsgenossenschaften des Handwerks v. 9. Februar 1972 – 02 – 7/9/72 – (unveröffentlicht) 1019
32. Kaufvertrag über die Veräußerung eines halbstaatlichen Betriebes 1023

IV. Arbeitshilfen
(Merkblätter des Bundesamtes zur Regelung offener Vermögensfragen)

1. Anwendungsbereich des Vermögensgesetzes (VermG) 1025
2. Vermögensrechtliche Ansprüche bei Eigentumsverlust durch rechtsstaatswidrige Strafverfahren . 1026
3. Eingetretene oder unmittelbar bevorstehende Überschuldung im Sinne des Vermögensgesetzes .. 1027
4. Behandlung von Bodenreformland nach dem Vermögensgesetz 1028
5. Auswirkungen der Rückgabe auf bestehende Mietverhältnisse 1030
6. Behandlung von Überlassungsverträgen über Wohngrundstücke 1033

Inhaltsverzeichnis

Seite

7. Zugewiesene Nutzungsrechte an früher genossenschaftlich genutztem Boden 1034
8. Verliehene Nutzungsrechte an vormals volkseigenem Boden 1035
9. Nutzungsverträge über Erholungsgrundstücke 1036
10. Gesetzliche Regelungen für Hypothekenzinsen 1037
11. Beendigung staatlicher Verwaltung nach dem 2. Vermögensrechtsänderungsgesetz 1038
12. Wertausgleichsansprüche nach dem Vermögensgesetz 1041
13. Behandlung untergegangener dinglicher Belastungen bei der Rückübertragung von Grundstücken 1043
14. Ansprüche des Berechtigten auf Rückgabe durch investive Maßnahmen 1045
15. Anhebung der Nutzungsentgelte für Erholungsgrundstücke und Garagenflächen 1048
16. Einvernehmliche Rückgabe von Vermögenswerten 1049
17. Rückzahlung gewährten Lastenausgleichs bei Vermögensrückgabe oder Entschädigung 1051
18. Behandlung von Überlassungsverträgen über Erholungsgrundstücke 1052
19. Vorkaufsrecht von Mietern, Nutzern und Alteigentümern 1053

Fundstellenverzeichnis der Entscheidungen zum Vermögensrecht 1056

Sachverzeichnis 1069

Verzeichnis der Abkürzungen und der abgekürzt zitierten Literatur

aA	anderer Ansicht / am Anfang
aaO	am angegebenen Ort
aE	am Ende
aF	alter Fassung
abl.	ablehnend
ABl.	Amtsblatt
Abs.	Absatz
Abschn.	Abschnitt
abw.	abweichend
AcP	Archiv für civilistische Praxis (Zeitschrift; zitiert nach Band und Seite; in Klammer Erscheinungsjahr des jeweiligen Bandes)
AfP	Archiv für Presserecht (Zeitschrift)
AG	Aktiengesellschaft / Amtsgericht (mit Ortsnamen)
AGB-DDR	Arbeitsgesetzbuch der Deutschen Demokratischen Republik v. 16. 6. 1977 (GBl. I Nr. 18 S. 185, zuletzt geänd. durch Gesetz v. 22. 6. 1990, GBl. I Nr. 35 S. 371)
AiB	Arbeitsrecht im Betrieb (Zeitschrift)
AktG	Aktiengesetz v. 6. 9. 1965 (BGBl. I S. 1089; zuletzt geänd. durch Gesetz v. 28. 10. 1994, BGBl. I S. 3210, 3260)
allg.	allgemein
Alt.	Alternative
Amtl. Slg.	Amtliche Sammlung
ÄndG	Änderungsgesetz
Anh.	Anhang
Anl.	Anlage
Anm.	Anmerkung
AnmVO	Verordnung über die Anmeldung vermögensrechtlicher Ansprüche v. 11. 7. 1990 (GBl. I Nr. 44 S. 718) idF der Dritten Verordnung über die Anmeldung vermögensrechtlicher Ansprüche v. 5. 10. 1990 (BGBl. I S. 2150; zuletzt geänd. BGBl. 1992 I S. 1257, 1268)
AnwBl.	Anwaltsblatt (Zeitschrift)
AO	Anordnung / Abgabenordnung v. 16. 3. 1976 (BGBl. I S. 613, zul. geänd. dch. Gesetz v. 21. 12. 1993, BGBl. I S. 2310)
AöR	Archiv des öffentlichen Rechts
AOG	Gesetz zur Ordnung der nationalen Arbeit v. 20. 1. 1934 (RGBl. I S. 45)
AP	Arbeitsrechtliche Praxis, Nachschlagewerk des Bundesarbeitsgerichts
ArbG	Arbeitsgericht (mit Ortsnamen)
ArbGG	Arbeitsgerichtsgesetz idF v. 2. 7. 1979 (BGBl. I S. 853, ber. S. 1036; zuletzt geänd. durch Gesetz v. 5. 10. 1994, BGBl. I S. 2911, 2920)
ArbPlSchG	Gesetz über den Schutz des Arbeitsplatzes bei Einberufung zum Wehrdienst idF d. Bekanntmachung v. 14. 4. 1980 (BGBl. I S. 425; zuletzt geänd. durch Gesetz v. 6. 12. 1990, BGBl. I S. 2588)
ArbSichG	Gesetz über Betriebsärzte, Sicherheitsingenieure und andere Fachkräfte für Arbeitssicherheit v. 12. 12. 1973 (BGBl. I S. 1885; zuletzt geänd. durch Gesetz v. 12. 4. 1976, BGBl. I S. 965, mit Maßgaben gem. Anl. I Kap. VIII Sachgeb. B Abschn. III Nr. 12 d. EVertr. v. 31. 8. 1990, BGBl. II S. 889, 1029)
ArbuArbR	Arbeit und Arbeitsrecht (Zeitschrift)
ArbuR	Arbeit und Recht (Zeitschrift)
ArbVG	Arbeitsverfassungsgesetz v. 14. 12. 1973 (BGBl. 1974 Nr. 22; zul. geänd. dch. Bundesgesetz BGBl. Nr. 460/1993, S. 3250ff.; Österreich)

Abkürzungen

arg.	argumentum
ARoV	Amt zur Regelung offener Vermögensfragen
Art.	Artikel
aufgeh.	aufgehoben
Aufl.	Auflage
BAG	Bundesarbeitsgericht
BAGE	Entscheidungen des Bundesarbeitsgerichts
BAnz	Bundesanzeiger
BARoV	Bundesamt zur Regelung offener Vermögensfragen
BauGB	Baugesetzbuch idF. v. 8. 12. 1986 (BGBl. I S. 2253; zul. geänd. dch. Gesetz v. 5. 10. 1994, BGBl. I S. 2911, 2914)
BauNVO	Verordnung über die bauliche Nutzung der Grundstücke (Baunutzungsverordnung – BauNVO –) idF d. Bekanntmachung v. 23. 1. 1990 (BGBl. I S. 132; zuletzt geänd. durch Gesetz v. 22. 4. 1993, BGBl. I S. 446)
BayObLG	Bayerisches Oberstes Landesgericht
BayVBl	Bayerische Verwaltungsblätter (Zeitschrift)
BayVGBl	Bayerisches Gesetz- und Verordnungsblatt
BayVGH	Bayerischer Verwaltungs-Gerichtshof
BB	Betriebs-Berater (Zeitschrift)
BBiG	Berufsbildungsgesetz v. 14. 8. 1969 (BGBl. I S. 112; mit Maßgaben gem. Anl. I Kap. XVI Sachgeb. C Abschn. II Nr. 1 / Abschn. III Nr. 1 d. EVertr. v. 31. 8. 1990, BGBl. II S. 889, 1135; zul. geänd. dch. Gesetz v. 20. 12. 1993, BGBl. I S. 2256)
Bd.	Band
BEG	Bundesgesetz zur Entschädigung für Opfer der nationalsozialistischen Verfolgung (Bundesentschädigungsgesetz) v. 29. 6. 1956 (BGBl. I S. 559, grdl. geänd. dch. Ges. v. 14. 9. 1965; BGBl. I S. 1315)
Beil.	Beilage
ber.	berichtigt
BErgG	Bundesergänzungsgesetz zur Entschädigung für Opfer der nationalsozialistischen Verfolgung v. 18. 9. 1953 (BGBl. I S. 1387)
Beschl.	Beschluß
BetrR	Der Betriebsrat (Zeitschrift)
BetrVG	Betriebsverfassungsgesetz idF v. 23. 12. 1988 (BGBl. 1989 I S. 1, ber. S. 902, mit Maßgaben gem. Anl. I Kap. VIII Sachgeb. A Abschn. III Nr. 12 d. EVertr. v. 31. 8. 1990, BGBl. II S. 889; zul. geänd. dch. Gesetz v. 28. 10. 1994, BGBl. I S. 3210, 3264)
BewG	Bewertungsgesetz v. 16. 10. 1934 (RGBl. I S. 1035) idF v. 1. 1. 1991 (BGBl. I S. 230; zul. geänd. dch. Gesetz v. 27. 9. 1994, BGBl. I S. 2624, 2633)
BezG	Bezirksgericht (mit Ortsnamen)
BfA	Bundesversicherungsanstalt für Angestellte
BFH	Bundesfinanzhof
BFHE	Sammlung der Entscheidungen und Gutachten des Bundesfinanzhofs
BGB	Bürgerliches Gesetzbuch v. 18. 8. 1896 (RGBl. S. 195; zuletzt geänd. durch Gesetz v. 28. 10. 1994, BGBl. I S. 3210, 3257)
BGBl.	Bundesgesetzblatt
BGH	Bundesgerichtshof
BGHZ	Entscheidungen des Bundesgerichtshofs in Zivilsachen
BHO	Bundeshaushaltsordnung (BHO) v. 19. 8. 1969 (BGBl. I S. 1284; zuletzt geänd. durch Gesetz v. 22. 9. 1994, BGBl. I S. 2605)
BInvG	Gesetz über besondere Investitionen in dem in Artikel 3 des Einigungsvertrages genannten Gebiet (Investitionsgesetz) idF der Bekanntmachung v. 22. 4. 1991 (BGBl. I S. 994; aufgeh. dch. Gesetz v. 14. 7. 1992, BGBl. I S. 1257, 1266)
BKleinG	Bundeskleingartengesetz v. 28. 2. 1983 (BGBl. I S. 210; zuletzt geänd. durch Gesetz v. 21. 9. 1994, BGBl. I S. 2538, 2552)
BMF	Bundesministerium der Finanzen

Abkürzungen

BMI	Bundesminsterium des Innern
BMJ	Bundesminister(-ium) der Justiz
BoR	Board of Review
BoSoG	Gesetz über die Sonderung unvermessener und überbauter Grundstücke nach der Karte (Bodensonderungsgesetz – BoSoG) v. 20. 12. 1993 (BGBl. I S. 2183, 2215)
BPersVG	Bundespersonalvertretungsgesetz v. 15. 3. 1974 (BGBl. I S. 693; zuletzt geänd. durch Gesetz v. 27. 12. 1993, BGBl. I S. 2378)
BR	Bundesrat
BRAK-Mitt.	Mitteilungen der Bundesrechtsanwaltskammer (Zeitschrift)
BR-Drucks.	Drucksache des Deutschen Bundesrates
BReg	Bundesregierung
Brem.	Bremen / bremisch
BrREG	Gesetz Nr. 59 v. 12. 5. 1949 (Rückerstattung feststellbarer Vermögensgegenstände an Opfer der nationalsozialistischen Unterdrückungsmaßnahmen) der Militärregierung Deutschland – Britisches Kontrollgebiet (ABl. S. 1169)
BRüG	Bundesgesetz zur Regelung der rückerstattungsrechtlichen Geldverbindlichkeiten des Deutschen Reichs und gleichgestellter Rechtsträger (Bundesrückerstattungsgesetz) v. 19. 7. 1957 (BGBl. I S. 734)
BSG	Bundessozialgericht
BT	Bundestag
BT-Drucks.	Drucksache des Deutschen Bundestages
BVerfG	Bundesverfassungsgericht
BVerfGE	Entscheidungen des Bundesverfassungsgerichts
BVerwG	Bundesverwaltungsgericht
BVerwGE	Entscheidungen des Bundesverwaltungsgerichts
BVFG	Gesetz über die Angelegenheiten der Vertriebenen und Flüchtlinge (Bundesvertriebenengesetz) idF v. 3. 9. 1971 (BGBl. I S. 1665, 1807; zul. geänd. dch. Gesetz v. 16. 2. 1993, BGBl. I S. 239)
BVS	Bundesanstalt für vereinigungsbedingte Sonderaufgaben
bzw.	beziehungsweise
CoRA	Court of Restitution Appeals
CSR	Cour Supérieure pour les Restitutions
Czerwenka	Rückgabe enteigneter Unternehmen in den neuen Bundesländern, 1991
d.	der / die / das
DA	Deutschland-Archiv (Zeitschrift)
DB	Der Betrieb (Zeitschrift)
dch.	durch
DDR	Deutsche Demokratische Republik
DDR-Verf.	Verfassung der Deutschen Demokratischen Republik v. 6. 4. 1968 idF d. Gesetzes v. 7. 10. 1974 (GBl. I Nr. 47 S. 432)
ders.	derselbe
d. h.	das heißt
Die AG	Die Aktiengesellschaft (Zeitschrift)
dies.	dieselbe(n)
Diss.	Dissertation (Universitätsort)
DJ	Deutsche Justiz (Zeitschrift)
DM	Deutsche Mark
DMBilG	Gesetz über die Eröffnungsbilanz in Deutscher Mark und die Kapitalneufestsetzung (D-Markbilanzgesetz – DMBilG) idF d. Bekanntmachung v. 28. 7. 1994 (BGBl. I S. 1842; zuletzt geänd. durch Gesetz v. 9. 8. 1994, BGBl. I S. 2062, 2064)
DNotZ	Deutsche Notar-Zeitung (Zeitschrift)
DÖD	Der Öffentliche Dienst (Zeitschrift)
DÖV	Die Öffentliche Verwaltung (Zeitschrift)
Dok.	Dokument
DRiZ	Deutsche Richterzeitung (Zeitschrift)
DRZ	Deutsche Rechts-Zeitschrift

Abkürzungen

DStR	Deutsches Steuerrecht (Zeitschrift)
DtZ	Deutsch-Deutsche Rechts-Zeitschrift
DVBl.	Deutsches Verwaltungsblatt (Zeitschrift)
DVO	Durchführungsverordnung
DWK	Deutsche Wirtschaftskommission
DWW	Deutsche Wohnungswirtschaft (herausgegeben vom Zentralverband der deutschen Haus-, Wohnungs- und Grundeigentümer; Zeitschrift)
DZWir	Deutsche Zeitschrift für Wirtschaftsrecht
E	Entwurf
e.	ein / einer / eine / eines
EALG	Gesetz über die Entschädigung nach dem Gesetz zur Regelung offener Vermögensfragen und über staatliche Ausgleichsleistungen für Enteignungen auf besatzungsrechtlicher oder besatzungshoheitlicher Grundlage (Entschädigungs- und Ausgleichsleistungsgesetz – EALG) v. 27. 9. 1994 (BGBl. I S. 2624)
EG	Europäische Gemeinschaft
EGBGB	Einführungsgesetz zum Bürgerlichen Gesetzbuch v. 18. 8. 1896 (idF der Bekanntmachung v. 21. 9. 1994, BGBl. I S. 2494; zuletzt geänd. durch Gesetz v. 5. 10. 1994, BGBl. I S. 2911, 2924)
EGInsO	Einführungsgesetz zur Insolvenzordnung (EGInsO) v. 5. 10. 1994, (BGBl. I S. 2911)
EGZGB-DDR	Einführungsgesetz zum Zivilgesetzbuch der Deutschen Demokratischen Republik v. 19. 6. 1975 (GBl. I Nr. 27 S. 517)
EGZVG	Einführungsgesetz zum Gesetz über die Zwangsversteigerung und die Zwangsverwaltung v. 24. 3. 1897 (RGBl. S. 135; zul. geänd. dch. Gesetz v. 20. 12. 1993 BGBl. I S. 2182, 2210)
ehem.	ehemalige
Einf.	Einführung
Einl.	Einleitung
EntschG	Gesetz über die Entschädigung nach dem Gesetz zur Regelung offener Vermögensfragen (Entschädigungsgesetz – EntschG) v. 27. 9. 1994 (BGBl. I S. 2624)
Entw.	Entwurf
ErbbauVO	Verordnung über das Erbbaurecht v. 15. 1. 1919 (RGBl. S. 72, ber. S. 122; zuletzt geänd. durch Gesetz v. 5. 10. 1994, BGBl. I S. 2911, 2926)
ErgBd.	Ergänzungsband
Erl.BReg.	Erläuterung der Bundesregierung zu den Anlagen zum Einigungsvertrag (hier: Gesetz zur Regelung offener Vermögensfragen), BT-Drucks. 11/7831
ErstrG	Gesetz über die Erstreckung gewerblicher Schutzrechte (Erstreckungsgesetz – ErstrG) v. 23. 4. 1992 (BGBl. I S. 938)
etc.	et cetera
EuGH	Europäischer Gerichtshof
EuGRZ	Europäische Grundrechte-Zeitschrift
EuZW	Europäische Zeitschrift für Wirtschaftsrecht
EVertr.	Vertrag zwischen der Bundesrepublik Deutschland und der Deutschen Demokratischen Republik über die Herstellung der Einheit Deutschlands – Einigungsvertrag – (EVertr) v. 31. 8. 1990 (BGBl. II S. 889)
EWiR	Entscheidungen zum Wirtschaftsrecht (Zeitschrift)
EWS	Europäisches Wirtschafts- und Steuerrecht (Zeitschrift)
EzA	Entscheidungssammlung zum Arbeitsrecht; hrsg. v. Stahlhacke
F+E	Forschung und Entwicklung
f., ff.	folgend(e)
FGB-DDR	Familiengesetzbuch der Deutschen Demokratischen Republik v. 20. 12. 1965 (GBl. 1966 I Nr. 1 S. 1)
FGG	Gesetz über die Angelegenheiten der freiwilligen Gerichtsbarkeit v. 17. 5. 1898 (RGBl. S. 189) idF d. Bekanntmachung v. 20. 5. 1898 (RGBl. S. 771; zuletzt geänd. durch Gesetz v. 28. 10. 1994, BGBl. I S. 3210, 3265)

Abkürzungen

Fn.	Fußnote
Försterling	Recht der offenen Vermögensfragen, 1993
F/R/M/S	Fieberg-Reichenbach-Messerschmidt-Schmidt-Räntsch, Gesetz zur Regelung offener Vermögensfragen, Std. 3. Erg.-Lief. August 1993 (Loseblatt); seit der 4. Erg.-Lief. unter dem Titel: Fieberg-Reichenbach-Messer-Schmidt-Neuhaus, Gesetz zur Regelung Offener Vermögensfragen).
FS	Festschrift
G 131	Gesetz zur Regelung der Rechtsverhältnisse der unter Art. 131 des Grundgesetzes fallenden Personen idF v. 13. 10. 1965 (BGBl. I S. 1685)
GBBerG	Grundbuchbereinigungsgesetz v. 20. 12. 1993 (BGBl. I S. 2182, 219; zuletzt geänd. durch Gesetz v. 21. 9. 1994, BGBl. I S. 2457, 2491)
GBl.	Gesetzblatt
GBO	Grundbuchordnung v. 24. 3. 1897 (RGBl. S. 139) idF d. Bekanntmachung v. 5. 8. 1935 (RGBl. I S. 1073; zuletzt geänd. durch Gesetz v. 5. 10. 1994, BGBl. I S. 2911, 2920)
GbR	Gesellschaft bürgerlichen Rechts
GBVO	Anordnung über das Verfahren in Grundbuchsachen – Grundbuchverfahrensordnung – v. 30. 12. 1975 (GBl. 1976 I Nr. 3 S. 427)
GE	Das Grundeigentum (Zeitschrift)
geänd.	geändert
GebrMG	Gebrauchsmustergesetz v. 5. 5. 1936 (RGBl. II S. 130) idF d. Bekanntmachung v. 28. 8. 1986 (BGBl. I S. 1455; zuletzt geänd. durch Gesetz v. 20. 12. 1991, BGBl. II S. 1354)
GebrMG-DDR	Gebrauchsmustergesetz für die Deutsche Demokratische Republik v. 18. 1. 1956 (GBl. I Nr. 12 S. 105)
GenG	Gesetz betreffend die Erwerbs- und Wirtschaftsgenossenschaften v. 1. 5. 1889 (RGBl. S. 55) idF d. Bekanntmachung v. 19. 8. 1994 (BGBl. I S. 2202; zuletzt geänd. durch Gesetz v. 28. 10. 1994, BGBl. I S. 3210, 3263)
GemErkl.	Gemeinsame Erklärung der Regierungen der Bundesrepublik Deutschland und der Deutschen Demokratischen Republik zur Regelung offener Vermögensfragen vom 15. Juni 1990 (BGBl. II S. 889, 1237)
GeschmMG	Gesetz betreffend das Urheberrecht an Mustern und Modellen v. 11. 1. 1876 (RGBl. S. 11; zuletzt geänd. durch Gesetz v. 25. 10. 1994, BGBl. I S. 3082, 3117)
GesO	Gesamtvollstreckungsordnung (GesO) idF d. Bekanntmachung v. 23. 5. 1991 (BGBl. I S. 1185)
GewG	Gewerbegesetz für die Deutsche Demokratische Republik v. 6. 3. 1990 (GBl. I Nr. 17 S. 138, ber. Nr. 22 S. 219; zuletzt geänd. dch. Gesetz v. 29. 6. 1990, GBl. I Nr. 38 S. 503)
GG	Grundgesetz für die Bundesrepublik Deutschland v. 23. 5. 1949 (BGBl. I S. 1; zul. geänd. dch. Gesetz v. 27. 10. 1994, BGBl. I S. 3146)
ggf./ggfls.	gegebenenfalls
GIW/GW	Gesetz über (internationale) Wirtschaftsverträge v. 5. 2. 1976 (GBl. I Nr. 5 S. 61; zuletzt geänd. durch Gesetz v. 28. 6. 1990, GBl. I Nr. 38 S. 483)
GK	Gemeinschaftskommentar
GLVO	Verordnung über die Lenkung des Gewerberaumes v. 6. 2. 1986 (GBl. I Nr. 16 S. 249)
GmbH	Gesellschaft mit beschränkter Haftung
GmbHG	Gesetz betreffend die Gesellschaften mit beschränkter Haftung idF d. Bekanntmachung v. 20. 5. 1898 (RGBl. S. 369, 846; zuletzt geänd. durch Gesetz v. 28. 10. 1994, BGBl. I S. 3210, 3257)
GmbHR	GmbH-Rundschau (Zeitschrift)
GrEStG	Grunderwerbssteuergesetz v. 17. 12. 1982 (BGBl. I S. 177; zul. geänd. dch. Gesetz v. 20. 12. 1993, BGBl. I S. 2182, 2232)
Gruchots Beitr	Gruchots Beiträge zur Erläuterung des Deutschen Rechts (Band, Jahr, Seite)
grundl.	grundlegend

Abkürzungen

grdsl	grundsätzlich
GRUR	Gewerblicher Rechtsschutz und Urheberrecht (Zeitschrift)
GRUR Int.	Gewerblicher Rechtsschutz und Urheberrecht Internationaler Teil (Zeitschrift)
GS	Gesetzsammlung
GVBl./GVOBl.	Gesetz- und Verordnungsblatt
GVG	Gerichtsverfassungsgesetz v. 27. 1. 1877 (RGBl. S. 41) idF d. Bekanntmachung v. 9. 5. 1975 (BGBl. I S. 1077; zuletzt geänd. durch Gesetz v. 28. 10. 1994, BGBl. I S. 3210, 3265)
GVG-DDR	Gesetz über die Verfassung der Gerichte der DDR – Gerichtsverfassungsgesetz – v. 27. 9. 1974 (GBl. I Nr. 48 S. 457; zuletzt geänd. durch Gesetz v. 5. 7. 1990, GBl. I Nr. 42 S. 634)
GVO	Grundstücksverkehrsordnung idF d. Bekanntmachung v. 3. 8. 1992 (BGBl. I S. 1477; zul. geänd. dch. Gesetz v. 20. 12. 1993, BGBl. I S. 2182, 2221)
GVVO	Verordnung über die Gesamtvollstreckung – Gesamtvollstreckungsverordnung – v. 6. 6. 1990 (GBl. I Nr. 32 S. 285, geänd. durch VO v. 25. 7. 1990, GBl. I Nr. 45 S. 782)
GWB	Gesetz gegen Wettbewerbsbeschränkungen idF d. Bekanntmachung v. 20. 2. 1990 (BGBl. I S. 235; zul. geänd. dch. Gesetz v. 28. 10. 1994, BGBl. I S. 3210, 3264)
H.	Heft
Hess.	Hessen / hessisch
HGB	Handelsgesetzbuch v. 10. 5. 1897 (RGBl. S. 219; zuletzt geänd. durch Gesetz v. 28. 10. 1994, BGBl. I S. 3210, 3257)
HHG	Gesetz über Hilfsmaßnahmen für Personen, die aus politischen Gründen in Gebieten außerhalb der Bundesrepublik Deutschland in Gewahrsam genommen wurden (Häftlingshilfegesetz) idF v. 29. 9. 1969 (BGBl. I S. 1793; zul. geänd. dch. Gesetz v. 21. 12. 1992, BGBl. I S. 2094)
HinterlO	Hinterlegungsordnung v. 10. 3. 1937 (RGBl. I S. 285; zuletzt geänd. durch Gesetz v. 20. 8. 1990, BGBl. I S. 1765)
Horn	Das Zivil- und Wirtschaftsrecht im neuen Bundesgebiet, 2. Aufl. 1993
Hrsg.	Herausgeber
Hs.	Halbsatz
HypAblAO	Anordnung über die Ablösung früherer Rechte – Hypothekenablöseanordnung (HypAblAO) v. 14. 7. 1992 (BGBl. I S. 1257; zul. geänd. dch. Gesetz v. 20. 12. 1993, BGBl. I S. 2182, 2225; aufgeh. dch. VO v. 10. 6. 1994, BGBl. I S. 1253, 1255)
HypAblV	Verordnung über die Ablösung früherer Rechte und andere vermögensrechtliche Fragen (Hypothekenablöseverordnung – HypAblV) v. 10. 6. 1994 (BGBl. I S. 1253)
i. A.	im Aufbau
i. E.	im Ergebnis
i. G.	in Gründung
idF	in der Fassung
idR	in der Regel
idS	in dem Sinne
ieS	im engeren Sinne
InVorG	Gesetz über den Vorrang für Investitionen bei Rückübertragungsansprüchen nach dem Vermögensgesetz (Investitionsvorranggesetz – InVorG) v. 14. 7. 1992 (BGBl. I S. 1257, 1268; ber. BGBl. 1993 I S. 1811)
iSe	im Sinne einer / eines
iwS	im weiteren Sinne
JBl.	Juristische Blätter (Zeitschrift; Österreich)
jew.	jeweils
JuS	Juristische Schulung (Zeitschrift)
JW	Juristische Wochenschrift (Zeitschrift)
JZ	Juristen-Zeitung (Zeitschrift)
Kam.	Kammer

Abkürzungen

Kap.	Kapitel
KapErhG	Gesetz über die Kapitalerhöhung aus Gesellschaftsmitteln und über die Verschmelzung von Gesellschaften mit beschränkter Haftung v. 25. 12. 1959 (BGBl. I S. 789; zuletzt geänd. durch Gesetz v. 5. 10. 1994, BGBl. I S. 2911, 2929; aufgeh. durch Gesetz v. 28. 10. 1994, BGBl. I S. 3210, 3260)
KfArbR	Kammer für Arbeitsrecht
KG	Kammergericht / Kommanditgesellschaft
KGaA	Kommanditgesellschaft auf Aktien
KGJ	Jahrbuch für Entscheidungen des Kammergerichts (Band und Seite)
Kimme	Offene Vermögensfragen, Std. 2. Lief. April 1994 (Loseblatt)
KJ	Kritische Justiz (Zeitschrift)
KO	Konkursordnung v. 10. 2. 1877 (RGBl. S. 351) idF d. Bekanntmachung v. 20. 5. 1898 (RGBl. S. 369, 612; zuletzt geänd. durch Gesetz v. 17. 12. 1990, BGBl. I S. 2847)
KombinatsVO	Verordnung über die volkseigenen Kombinate und volkseigenen Betriebe v. 8. 11. 1979 (GBl. I Nr. 38 S. 355)
KRABl	Amtsblatt des Kontrollrats in Deutschland
KrG/KreisG	Kreisgericht (mit Ortsnamen)
krit.	kritisch
KSchG	Kündigungsschutzgesetz idF. v. 25. 8. 1969 (BGBl. I S. 1317; zuletzt geänd. durch Gesetz v. 26. 2. 1993, BGBl. I S. 278)
KVG	Gesetz über das Vermögen der Gemeinden, Städte und Landkreise (Kommunalvermögensgesetz – KVG) v. 6. 7. 1990 (GBl. I Nr. 42 S. 660; zuletzt geänd. durch Gesetz v. 22. 3. 1991, BGBl. I S. 786)
KWG	Gesetz über das Kreditwesen idF der Bekanntmachung v. 30. 6. 1993 (BGBl. I S. 1082; zul. geänd. durch Gesetz v. 28. 10. 1994, BGBl. I S. 3210, 3264)
LAG	Landesarbeitsgericht / Lastenausgleichsgesetz idF v. 1. 10. 1969 (BGBl. I S. 1909; zul. geänd. dch. Gesetz v. 17. 12. 1993, BGBl. I S. 2118)
LAGE	Entscheidungen der Landesarbeitsgerichte
LARoV	Landesamt zur Regelung offener Vermögensfragen
Lief.	Lieferung
lit.	litera
LKV	Landes- und Kommunalverwaltung (Zeitschrift)
LM	Lindenmaier-Möhring, Nachschlagewerk des Bundesgerichtshofs
LPG	Landwirtschaftliche Produktionsgenossenschaft
LS	Leitsatz
LZ	Leipziger Zeitschrift für Deutsches Recht
MDR	Monatsschrift für Deutsches Recht (Zeitschrift)
MfS/ANS	Ministerium für Staatssicherheit / Amt für Nationale Sicherheit
MHG/MHRG	Gesetz zur Regelung der Miethöhe v. 18. 12. 1974 (BGBl. I S. 3604; zuletzt geänd. durch Gesetz v. 21. 7. 1993, BGBl. I S. 1257)
MitbestGspr	Das Mitbestimmungsgespräch (Zeitschrift)
ModEnG	Modernisierungs- und Energieeinsparungsgesetz v. 23. 8. 1976 idF d. Neubekanntmachung v. 12. 7. 1978 (BGBl. I S. 993)
MünchKomm	Münchener Kommentar
mwÄnd.	mit weiteren Änderungen
mwN	mit weiteren Nachweisen
nF	neuer Fassung
NF	Neue Folge
NJ	Neue Justiz (Zeitschrift)
NJW	Neue Juristische Wochenschrift (Zeitschrift)
NJW-RR	NJW-Rechtsprechungs-Report Zivilrecht (Zeitschrift)
Nr.	Nummer
n.rkr.	nicht rechtskräftig
NS	Nationalsozialismus
NSDAP	Nationalsozialistische Deutsche Arbeiter-Partei
NStZ	Neue Zeitschrift für Strafrecht

Abkürzungen

NS-VEntschG	NS-Verfolgtenentschädigungsgesetz (NS-VEntschG) v. 27. 9. 1994 (BGBl. I S. 2632)
NutzEV	VO über eine angemessene Gestaltung von Nutzungsentgelten – Nutzungsentgeltverordnung – v. 22. 7. 1993 (BGBl. I S. 1339)
NZA	Neue Zeitschrift für Arbeitsrecht (bis 1993: Neue Zeitschrift für Arbeits- und Sozialrecht)
o. Begr.	ohne Begründung
OEB	Organisationseigener Betrieb
OG	Oberstes Gericht der DDR
OGA	Entscheidungen des Obersten Gerichts in Arbeitssachen
OGSt	Entscheidungen des Obersten Gerichts in Strafsachen
OGZ	Entscheidungen des Obersten Gerichts in Zivilsachen
OHG	Offene Handelsgesellschaft
OLG	Oberlandesgericht
ÖRdW	Österreichisches Recht der Wirtschaft (Zeitschrift)
ORG	Oberstes Rückerstattungsgericht
OVG	Oberverwaltungsgericht
Palandt	Bürgerliches Gesetzbuch, 53. Aufl. 1994
ParteiG-DDR	Gesetz über Parteien und andere politische Vereinigungen (Parteiengesetz-DDR) v. 21. 2. 1990 (GBl. I Nr. 9 S. 66; zuletzt geänd. durch Anl. II Kap. II Sachgeb. A Abschn. III Nr. 1 z. EVertr. v. 31. 8. 1990, BGBl. II S. 889, 1150)
PatG	Patentgesetz v. 5. 5. 1936 (RGBl. II S. 117) idF der Bekanntmachung v. 16. 12. 1980 (BGBl. I S. 1; zuletzt geänd. durch Gesetz v. 25. 10. 1994, BGBl. I S. 3082, 3117)
PatG-DDR 1950	Patentgesetz für die Deutsche Demokratische Republik v. 6. 9. 1950 (GBl. Nr. 106 S. 989; zuletzt geänd. durch Gesetz v. 11. 6. 1968, GBl. I Nr. 11 S. 242)
PatG-DDR 1983	Gesetz über den Rechtsschutz der Erfindungen – Patentgesetz – v. 27. 10. 1983 (GBl. I Nr. 29 S. 284; zuletzt geänd. durch Gesetz v. 29. 6. 1990, GBl. I Nr. 40 S. 571)
PersR	Der Personalrat (Zeitschrift)
PersV	Die Personalvertretung (Zeitschrift)
PersVG-DDR	Gesetz zur sinngemäßen Anwendung des Bundespersonalvertretungsgesetzes (BPersG) – Personalvertretungsgesetz v. 22. 7. 1990 (GBl. I Nr. 52 S. 1014)
PGH	Produktionsgenossenschaft des Handwerks
Pkt.	Punkt
PrHBG	Gesetz zur Beseitigung von Hemmnissen bei der Privatisierung von Unternehmen und zur Förderung von Investitionen v. 22. 3. 1991 (BGBl. I S. 766; geänd. dch. Gesetz v. 14. 7. 1992, BGBl. I S. 1257, 1275)
RdA	Recht der Arbeit (Zeitschrift)
RdNr.	Randnummer
Rechtshandbuch	Clemm u. a. (Hrsg.), Rechtshandbuch Vermögen und Investitionen in der ehemaligen DDR, Std. 11. Erg.-Lief. Juni 1994 (Loseblatt)
Reg. Begr.	Regierungsbegründung
RegBl.	Regierungsblatt
RegVBG	Gesetz zur Vereinfachung und Beschleunigung registerrechtlicher und anderer Vorschriften – Registerverfahrenbeschleunigungsgesetz – v. 20. 12. 1993 (BGBl. I S. 2182)
RehaG-DDR	Rehabilitierungsgesetz v. 6. 9. 1990, GBl. I Nr. 60 S. 1459
RFH	Reichsfinanzhof
RG	Reichsgericht
RGBl.	Reichsgesetzblatt
RGRK-BGB	Das Bürgerliche Gesetzbuch, Kommentar, herausgegeben von Mitgliedern des Bundesgerichtshofes, 12. Aufl. 1974 ff.
RGZ	Amtliche Sammlung von Entscheidungen des Reichsgerichts in Zivilsachen
ROW	Recht in Ost und West (Zeitschrift)

Abkürzungen

Rpfl.	Der Rechtspfleger (Zeitschrift)
R/R/B	Rädler – Raupach – Bezzenberger (Hrsg.), Vermögen in der ehemaligen DDR, Std. 9. Erg.-Lief. Febr. 1994 (Loseblatt)
RStBl.	Reichssteuerblatt
RzW	Rechtsprechung zum Wiedergutmachungsrecht (NJW-Beilage; Zeitschrift)
S.	Seite
SachenRÄndG	Gesetz zur Änderung sachenrechtlicher Bestimmungen (Sachenrechtsänderungsgesetz – SachenRÄndG) v. 21. 9. 1994 (BGBl. I S. 2457)
SachenRBerG	Gesetz zur Sachenrechtsbereinigung im Beitrittsgebiet (Sachenrechtsbereinigungsgesetz – SachenRBerG) v. 21. 9. 1994 (BGBl. I S. 2457)
Sachgeb.	Sachgebiet
SAE	Sammlung Arbeitsrechtlicher Entscheidungen
SBZ	Sowjetische Besatzungszone
SchlHA	Schleswig-Holsteinische Anzeigen (NF 1, 1837 ff.; Zeitschrift)
SchuldBBerG	Gesetz zur Behandlung von Schuldbuchforderungen gegen die ehemalige Deutsche Demokratische Republik (DDR-Schuldbuchbereinigungsgesetz – SchuldBBerG) v. 27. 9. 1994 (BGBl. I S. 2634)
SchuldRÄndG	Gesetz zur Änderung schuldrechtlicher Bestimmungen im Beitrittsgebiet (Schuldrechtsänderungsgesetz – SchuldRÄndG) v. 21. 9. 1994 (BGBl. I S. 2538)
SchuldRAnpG	Gesetz zur Anpassung schuldrechtlicher Nutzungsverhältnisse an Grundstücken im Beitrittsgebiet (Schuldrechtsanpassungsgesetz – SchuldRAnpG) v. 21. 9. 1994 (BGBl. I S. 2538)
SchwbG	Gesetz zur Sicherung der Eingliederung Schwerbehinderter in Arbeit, Beruf und Gesellschaft (Schwerbehindertengesetz) idF d. Bekanntmachung v. 26. 8. 1986 (BGBl. I S. 1421; zul. geänd. dch. Gesetz v. 27. 12. 1993, BGBl. I S. 2378)
SED	Sozialistische Einheitspartei Deutschlands
SeemG	Seemannsgesetz v. 26. 7. 1957 (BGBl. II S. 713; zul. geänd. dch. Gesetz v. 7. 10. 1993, BGBl. I S. 1668)
SfArbR	Senat für Arbeitsrecht
SJZ	Süddeutsche Juristenzeitung (Zeitschrift)
SMA	Sowjetische Militäradministration
SMAD	Sowjetische Militäradministration in Deutschland
sog.	sogenannt
Sp.	Spalte
SPD	Sozialdemokratische Partei Deutschlands
SpTrUG	Gesetz über die Spaltung der von der Treuhandanstalt verwalteten Unternehmen v. 5. 4. 1991 (BGBl. I S. 854; zuletzt geänd. durch Gesetz v. 5. 10. 1994, BGBl. I S. 2911, 2930)
st.	ständig(e)
Staudinger	Kommentar zum Bürgerlichen Gesetzbuch
StBJB	Steuerberater-Jahrbuch
Std.	Stand
StG (Groß-)Berlin	Stadtgericht (Groß-)Berlin
StGB-DDR	Strafgesetzbuch der Deutschen Demokratischen Republik v. 12. 1. 1968 (GBl. I Nr. 1 S. 1) idF v. 14. 12. 1988 (GBl. I Nr. 3 S. 33, geänd. GBl. I 1990 Nr. 39 S. 526)
StHG-DDR	Gesetz zur Regelung der Staatshaftung v. 12. 5. 1969 (GBl. I Nr. 5 S. 34; geänd. durch Anl. II Kap. III Sachgeb. B Abschn. III Nr. 1 z. EVertr v. 31. 8. 1990, BGBl. II S. 889)
StrRehaG	Gesetz über die Rehabilitierung und Entschädigung von Opfern rechtsstaatswidriger Strafverfolgungsmaßnahmen im Beitrittsgebiet (Strafrechtliches Rehabilitierungsgesetz – StrRehaG) v. 29. 10. 1992 (BGBl. I S. 1814)
StUG	Gesetz über die Unterlagen des Staatssicherheitsdienstes der ehemaligen Deutschen Demokratischen Republik (Stasi-Unterlagen-Gesetz – StUG)

Abkürzungen

	v. 20. 12. 1991 (BGBl. I S. 2272; zuletzt geänd. durch Gesetz v. 26. 7. 1994, BGBl. I S. 1748)
StuR	Staat und Recht (Zeitschrift)
tlw.	teilweise
TreuhG	Gesetz zur Privatisierung und Reorganisation des volkseigenen Vermögens (Treuhandgesetz) (GBl. I Nr. 33 S. 300; zuletzt geänd. durch Art. 1 des Gesetzes v. 9. 8. 1994, BGBl. I S. 2062)
TVG	Tarifvertragsgesetz idF v. 25. 8. 1969 (BGBl. I S. 1323; mit Maßgaben gem. Anl. I Kap. VIII Sachgeb. A Abschn. III Nr. 14 d. EVertr., BGBl. II S. 889; zul. geänd. dch. Gesetz v. 25. 9. 1990, BGBl. I S. 2106)
Tz.	Textziffer
Überbl.	Überblick
UmwBerG	Gesetz zur Bereinigung des Umwandlungsrechts (UmwBerG) v. 28. 10. 1994 (BGBl. I S. 3210)
UmwG	Umwandlungsgesetz (UmwG) v. 28. 10. 1994 (BGBl. I S. 3210)
UmwVO	Verordnung über die Umwandlung von volkseigenen Kombinaten, Betrieben und Einrichtungen in Kapitalgesellschaften v. 1. 3. 1990 (GBl. I Nr. 14 S. 107; zuletzt geänd. durch VO v. 28. 6. 1990, GBl. I Nr. 38 S. 509)
UnternehmensG	Gesetz über die Gründung und Tätigkeit privater Unternehmen und über Unternehmensbeteiligungen v. 7. 3. 1990 (GBl. I Nr. 17 S. 144; geänd. GBl. I Nr. 38 S. 482)
URG-DDR	Gesetz über das Urheberrecht v. 13. 9. 1965 (GBl. I Nr. 14 S. 209)
UrhG	Gesetz über Urheberrecht und verwandte Schutzrechte (Urheberrechtsgesetz) v. 9. 9. 1965 (BGBl. I S. 1273; zuletzt geänd. durch Gesetz v. 25. 10. 1994, BGBl. I S. 3082, 3121)
Urt.	Urteil
URüL	Leitfaden für die Behandlung von Anträgen auf Rückübertragung von Unternehmen gemäß § 6 sowie auf vorläufige Einweisung und Entflechtung gemäß §§ 6a, 6b des Vermögensgesetzes des Bundesministers der Justiz (Leitfaden Unternehmensrückübertragung – URüL –) v. 2. 1. 1992
URüV	Verordnung zum Vermögensgesetz über die Rückgabe von Unternehmen (Unternehmensrückgabeverordnung – URüV) v. 13. 7. 1991 (BGBl. I S. 1542)
USREG	Gesetz Nr. 59 v. 10. 11. 1947 (Rückerstattung feststellbarer Vermögensgegenstände) der Militärregierung Deutschland – Amerikanisches Kontrollgebiet (ABl. Ausg. G S. 1)
usw.	und so weiter
uU	unter Umständen
UWG	Gesetz gegen den unlauteren Wettbewerb v. 7. 6. 1909 (RGBl. S. 499; zuletzt geänd. durch Gesetz v. 25. 10. 1994, BGBl. I S. 3082, 3121)
v.	vor / von
v. H.	von Hundert
VEB	Volkseigener Betrieb
VermG	Gesetz zur Regelung offener Vermögensfragen (Vermögensgesetz – VermG) idF d. Bekanntmachung v. 2. 12. 1994 (BGBl. I S. 3610)
2. VermRÄndG	Gesetz zur Änderung des Vermögensgesetzes und anderer Vorschriften (Zweites Vermögensrechtsänderungsgesetz –2. VermRÄndG) v. 14. 7. 1992 (BGBl. I S. 1257; ber. BGBl. 1993 I S. 1811)
VertragsG	Gesetz über das Vertragssystem in der sozialistischen Wirtschaft v. 25. 3. 1982 (GBl. I Nr. 14 S. 293; aufgeh. GBl. 1990 I Nr. 38 S. 483)
VerwRspr	Verwaltungsrechtsprechung in Deutschland (Band und Seite)
VG	Verwaltungsgericht (mit Ortsnamen)
VGH	Verwaltungsgerichtshof (mit Ortsnamen)
vgl.	vergleiche
VIZ	Zeitschrift für Vermögens- und Investitionsrecht
VKSK	Verband der Kleingärtner, Siedler und Kleintierzüchter
VO	Verordnung
VOBl.	Verordnungsblatt

Abkürzungen

Vorbem.	Vorbemerkung
VVB	Vereinigung volkseigener Betriebe
VVDStRL	Veröffentlichung der Vereinigung Deutscher Staatsrechtslehrer
VVG	Gesetz über den Versicherungsvertrag v. 30. 5. 1908 (RGBl. S. 263; zuletzt geänd. durch Gesetz v. 17. 12. 1990, BGBl. I S. 2864)
VwGO	Verwaltungsgerichtsordnung idF v. 19. 3. 1991 (BGBl. I S. 686; zul. geänd. dch. Gesetz v. 5. 10. 1994, BGBl. I S. 2911, 2921)
VwVfG	Verwaltungsverfahrensgesetz v. 25. 5. 1976 (BGBl. I S. 1253; zuletzt geänd. durch Gesetz v. 12. 9. 1990, BGBl. I S. 2002)
VZOG	Gesetz über die Feststellung der Zuordnung von ehemals volkseigenem Vermögen (Vermögenszuordnungsgesetz – VZOG) idF der Bekanntmachung v. 29. 3. 1994 (BGBl. I S. 709)
WährG	Währungsgesetz v. 20. 6. 1948 (WiGBl. Nr. 5 S. 1)
WiGBl.	Gesetzblatt der Verwaltung des Vereinigten Wirtschaftsgebiets
WissR	Wissenschaftsrecht, -verwaltung, -förderung (Zeitschrift)
WK	Wiedergutmachungskammer
WKSchG	Zweites Gesetz über den Kündigungsschutz für Mietverhältnisse über Wohnraum (Zweites Wohnraumkündigungsschutzgesetz – 2. WKSchG) v. 18. 12. 1974 (BGBl. I S. 3603)
WLVO 1967	Wohnraumlenkungsverordnung v. 14. 9. 1967 (GBl. II Nr. 105 S. 733)
WLVO 1985	Wohnraumlenkungsverordnung v. 16. 10. 1985 (GBl. I Nr. 27 S. 301)
WM	Wertpapiermitteilungen (Zeitschrift)
WPg	Die Wirtschaftsprüfung (Zeitschrift)
WPK-Mitt.	Wirtschaftsprüferkammer-Mitteilungen (Zeitschrift)
WR	Wirtschaftsrecht (Zeitschrift)
WRP	Wettbewerb in Recht und Praxis (Zeitschrift)
WRV	Weimarer Reichsverfassung v. 11. 8. 1919 (RGBl. I S. 1383)
WStVO	Wirtschaftsstrafverordnung v. 23. 9. 1948 (ZVOBl. 1948 Nr. 41 S. 439; zul. geänd. GBl. 1953 Nr. 115 S. 1077)
Württ.-Bad.	Württemberg-Baden
WuM	Wohnungswirtschaft und Mietrecht (Zeitschrift)
WuW/E	Wirtschaft und Wettbewerb – Entscheidungssammlung
WZG	Warenzeichengesetz (WZG) v. 5. 5. 1936 (RGBl. II S. 134) idF d. Bekanntmachung v. 2. 1. 1968 (BGBl. I S. 1, 29; zuletzt geänd. durch Gesetz v. 2. 9. 1994, BGBl. I S. 2278; aufgeh. durch Gesetz v. 25. 10. 1994, BGBl. I S. 3082, 3124)
WZG-DDR 1954	Warenzeichengesetz v. 17. 2. 1954 (GBl. Nr. 23 S. 126, ber. GBl. Nr. 27 S. 267) idF des Gesetzes v. 15. 11. 1968 (GBl. I Nr. 21 S. 357, 360)
WZG-DDR 1984	Gesetz über Warenzeichen v. 30. 11. 1984 (GBl. I Nr. 33 S. 397, zuletzt geänd. durch Gesetz v. 29. 6. 1990, GBl. I Nr. 40 S. 571)
z.	zum
zB	zum Beispiel
ZAP-DDR	Zeitschrift für die Anwaltspraxis (Ausgabe DDR)
ZAS	Zeitschrift für Arbeits- und Sozialrecht (Österreich)
ZBlFG	Zentralblatt für die freiwillige Gerichtsbarkeit und Notariat (Zeitschrift)
ZBR	Zeitschrift für Beamtenrecht
ZfA	Zeitschrift für Arbeitsrecht
ZfB	Zeitschrift für Betriebswirtschaft
ZGB-DDR	Zivilgesetzbuch der Deutschen Demokratischen Republik v. 19. 6. 1975 (GBl. I Nr. 17 S. 465)
ZGR	Zeitschrift für Unternehmens- und Gesellschaftsrecht
ZHR	Zeitschrift für das gesamte Handels- und Wirtschaftsrecht
Ziff.	Ziffer
ZIP	Zeitschrift für Wirtschaftsrecht
Zivilkam.	Zivilkammer
Zivilsen.	Zivilsenat
Zivilrecht im Einigungsvertrag	Münchener Kommentar zum Bürgerlichen Gesetzbuch, Zivilrecht im Einigungsvertrag, 1991

Abkürzungen

ZOV	Zeitschrift für offene Vermögensfragen
ZPO	Zivilprozeßordnung idF v. 12. 9. 1950 (BGBl. I S. 553; zuletzt geänd. durch Gesetz v. 5. 10. 1994, BGBl. I S. 2911, 2917)
ZPO-DDR	Gesetz über das gerichtliche Verfahren in Zivil-, Familien- und Arbeitsrechtssachen – Zivilprozeßordnung – v. 19. 6. 1975 (GBl. I Nr. 29 S. 533)
ZTR	Zeitschrift für Tarifrecht
ZVG	Gesetz über die Zwangsversteigerung und die Zwangsverwaltung v. 24. 3. 1897 (RGBl. S. 97) idF d. Bekanntmachung v. 20. 5. 1898 (RGBl. S. 369, 713; zuletzt geänd. durch Gesetz v. 5. 10. 1994, BGBl. I S. 2911, 2917)
ZVOBl.	Zentralverordnungsblatt
ZZP	Zeitschrift für Zivilprozeß (Band u. Seite)

Gemeinsame Erklärung der Regierungen der Bundesrepublik Deutschland und der Deutschen Demokratischen Republik zur Regelung offener Vermögensfragen

Vom 15. Juni 1990

Die Teilung Deutschlands, die damit verbundene Bevölkerungswanderung von Ost nach West und die unterschiedlichen Rechtsordnungen in beiden deutschen Staaten haben zu zahlreichen vermögensrechtlichen Problemen geführt, die viele Bürger in der Deutschen Demokratischen Republik und in der Bundesrepublik Deutschland betreffen.

Bei der Lösung der anstehenden Vermögensfragen gehen beide Regierungen davon aus, daß ein sozial verträglicher Ausgleich unterschiedlicher Interessen zu schaffen ist. Rechtssicherheit und Rechtseindeutigkeit sowie das Recht auf Eigentum sind Grundsätze, von denen sich die Regierungen der Deutschen Demokratischen Republik und der Bundesrepublik Deutschland bei der Lösung der anstehenden Vermögensfragen leiten lassen. Nur so kann der Rechtsfriede in einem künftigen Deutschland dauerhaft gesichert werden.

Die beiden deutschen Staaten sind sich über folgende Eckwerte einig:

1. Die Enteignungen auf besatzungsrechtlicher bzw. besatzungshoheitlicher Grundlage (1945 bis 1949) sind nicht mehr rückgängig zu machen. Die Regierungen der Sowjetunion und der Deutschen Demokratischen Republik sehen keine Möglichkeit, die damals getroffenen Maßnahmen zu revidieren. Die Regierung der Bundesrepublik Deutschland nimmt dies im Hinblick auf die historische Entwicklung zur Kenntnis. Sie ist der Auffassung, daß einem künftigen gesamtdeutschen Parlament eine abschließende Entscheidung über etwaige Ausgleichsleistungen vorbehalten bleiben muß.

2. Treuhandverwaltungen und ähnliche Maßnahmen mit Verfügungsbeschränkungen über Grundeigentum, Gewerbebetrieb und sonstiges Vermögen sind aufzuheben. Damit wird denjenigen Bürgern, deren Vermögen wegen Flucht aus der DDR oder aus sonstigen Gründen in eine staatliche Verwaltung genommen worden ist, die Verfügungsbefugnis über ihr Eigentum zurückgegeben.

3. Enteignetes Grundvermögen wird grundsätzlich unter Berücksichtigung der unter a) und b) genannten Fallgruppen den ehemaligen Eigentümern oder ihren Erben zurückgegeben.

   a) Die Rückübertragung von Eigentumsrechten an Grundstücken und Gebäuden, deren Nutzungsart bzw. Zweckbestimmung insbesondere dadurch verändert wurden, daß sie dem Gemeingebrauch gewidmet, im komplexen Wohnungs- und Siedlungsbau verwendet, der gewerblichen Nutzung zugeführt oder in eine neue Unternehmenseinheit einbezogen wurden, ist von der Natur der Sache her nicht möglich.
   In diesen Fällen wird eine Entschädigung geleistet, soweit nicht bereits nach den für Bürger der Deutschen Demokratischen Republik geltenden Vorschriften entschädigt worden ist.

   b) Sofern Bürger der Deutschen Demokratischen Republik an zurückzuübereignenden Immobilien Eigentum oder dingliche Nutzungsrechte in redlicher Weise erworben haben, ist ein sozial verträglicher Ausgleich an die ehemaligen Eigentümer durch Austausch von Grundstücken mit vergleichbarem Wert oder durch Entschädigung herzustellen.
   Entsprechendes gilt für Grundvermögen, das durch den staatlichen Treuhänder an Dritte veräußert wurde. Die Einzelheiten bedürfen noch der Klärung.

Gemeinsame Erklärung

   c) Soweit den ehemaligen Eigentümern oder ihren Erben ein Anspruch auf Rückübertragung zusteht, kann statt dessen Entschädigung gewählt werden.
   Die Frage des Ausgleichs von Wertveränderungen wird gesondert geregelt.
4. Die Regelungen unter Ziffer 3 gelten entsprechend für ehemals von Berechtigten selbst oder in ihrem Auftrag verwaltete Hausgrundstücke, die auf Grund ökonomischen Zwangs in Volkseigentum übernommen wurden.
5. Mieterschutz und bestehende Nutzungsrechte von Bürgern der Deutschen Demokratischen Republik an durch diese Erklärung betroffenen Grundstücken und Gebäuden werden wie bisher gewahrt und regeln sich nach dem jeweils geltenden Recht der Deutschen Demokratischen Republik.
6. Bei verwalteten Betrieben werden die bestehenden Verfügungsbeschränkungen aufgehoben; der Eigentümer übernimmt sein Betriebsvermögen.
   Für Betriebe und Beteiligungen, die 1972 in Volkseigentum überführt wurden, gilt das Gesetz vom 7. März 1990 über die Gründung und Tätigkeit privater Unternehmen und über Unternehmensbeteiligungen. Hierbei wird § 19 Absatz 2 Satz 4 des Gesetzes so ausgelegt, daß den privaten Gesellschaften der staatliche Anteil auf Antrag zu verkaufen ist; die Entscheidung über den Verkauf steht somit nicht im Ermessen der zuständigen Stelle.
7. Bei Unternehmen und Beteiligungen, die zwischen 1949 und 1972 durch Beschlagnahme in Volkseigentum überführt worden sind, werden dem früheren Eigentümer unter Berücksichtigung der Wertentwicklung des Betriebes das Unternehmen als Ganzes oder Gesellschaftsanteile bzw. Aktien des Unternehmens übertragen, soweit er keine Entschädigung in Anspruch nehmen will. Einzelheiten bedürfen noch der näheren Regelung.
8. Sind Vermögenswerte – einschließlich Nutzungsrechte – auf Grund unlauterer Machenschaften (zB durch Machtmißbrauch, Korruption, Nötigung oder Täuschung von seiten des Erwerbers) erlangt worden, so ist der Rechtserwerb nicht schutzwürdig und rückgängig zu machen. In Fällen des redlichen Erwerbs findet Ziffer 3.b) Anwendung.
9. Soweit es zu Vermögenseinziehungen im Zusammenhang mit rechtsstaatswidrigen Strafverfahren gekommen ist, wird die Deutsche Demokratische Republik die gesetzlichen Voraussetzungen für ihre Korrektur in einem justizförmigen Verfahren schaffen.
10. Anteilsrechte an der Altguthaben-Ablösungsanleihe von Bürgern der Bundesrepublik Deutschland werden einschließlich der Zinsen in der zweiten Jahreshälfte 1990 – also nach der Währungsumstellung – bedient.
11. Soweit noch Devisenbeschränkungen im Zahlungsverkehr bestehen, entfallen diese mit dem Inkrafttreten der Währungs-, Wirtschafts- und Sozialunion.
12. Das durch staatliche Stellen der Bundesrepublik Deutschland auf der Grundlage des Rechtsträger-Abwicklungsgesetzes treuhänderisch verwaltete Vermögen von juristischen Personen des öffentlichen Rechts, die auf dem Gebiet der DDR existieren oder existiert haben, wird an die Berechtigten bzw. deren Rechtsnachfolger übergeben.
13. Zur Abwicklung:
    a) Die Deutsche Demokratische Republik wird die erforderlichen Rechtsvorschriften und Verfahrensregelungen umgehend schaffen.
    b) Sie wird bekanntmachen, wo und innerhalb welcher Frist die betroffenen Bürger ihre Ansprüche anmelden können. Die Antragsfrist wird sechs Monate nicht überschreiten.
    c) Zur Befriedigung der Ansprüche auf Entschädigung wird in der Deutschen Demokratischen Republik ein rechtlich selbständiger Entschädigungsfonds getrennt vom Staatshaushalt gebildet.

Gemeinsame Erklärung

    d) Die Deutsche Demokratische Republik wird dafür Sorge tragen, daß bis zum Ablauf der Frist gemäß Ziffer 13.b) keine Verkäufe von Grundstücken und Gebäuden vorgenommen werden, an denen frühere Eigentumsrechte ungeklärt sind, es sei denn, zwischen Beteiligten besteht Einvernehmen, daß eine Rückübertragung nicht in Betracht kommt oder nicht geltend gemacht wird. Veräußerungen von Grundstücken und Gebäuden, an denen frühere Eigentumsrechte ungeklärt sind und die dennoch nach dem 18. Oktober 1989 erfolgt sind, werden überprüft.

14. Beide Regierungen beauftragen ihre Experten, weitere Einzelheiten abzuklären.

Gesetz zur Regelung offener Vermögensfragen (Vermögensgesetz – VermG)

In der Fassung der Bekanntmachung vom 2. Dezember 1994
(BGBl. I S. 3610)[1]

Inhaltsübersicht
(nichtamtlich)

	§§
Abschnitt I. Allgemeine Bestimmungen	
Geltungsbereich	1
Begriffsbestimmung	2
Erbengemeinschaft	2a
Abschnitt II. Rückübertragung von Vermögenswerten	
Grundsatz	3
(weggefallen)	3a
Gesamtvollstreckungsverfahren, Zwangsversteigerungsverfahren	3b
Erlaubte Veräußerungen	3c
Ausschluß der Rückübertragung	4
Ausschluß der Rückübertragung von Eigentumsrechten an Grundstücken und Gebäuden	5
Rückübertragung von Unternehmen	6
Vorläufige Einweisung	6a
Entflechtung	6b
Wertausgleich	7
Gegenleistung	7a
Wahlrecht	8
Grundsätze der Entschädigung	9
Bewegliche Sachen	10
Abschnitt III. Aufhebung der staatlichen Verwaltung	
Grundsatz	11
Beendigung der staatlichen Verwaltung	11a
Vertreter des Eigentümers	11b
Genehmigungsvorbehalt	11c
Staatlich verwaltete Unternehmen und Unternehmensbeteiligungen	12
Haftung des staatlichen Verwalters	13
Ausschluß von Schadensersatzansprüchen	14
Werterhöhungen durch den staatlichen Verwalter	14a
Befugnisse des staatlichen Verwalters	15
Abschnitt IV. Rechtsverhältnisse zwischen Berechtigten und Dritten	
Übernahme von Rechten und Pflichten	16
Miet- und Nutzungsrechte	17
Grundstücksbelastungen	18
Rückübertragung des Grundstücks	18a
Herausgabe des Ablösebetrages	18b
(weggefallen)	19
Vorkaufsrecht von Mietern und Nutzern	20
Vorkaufsrecht des Berechtigten	20a
Ersatzgrundstück	21
Abschnitt V. Organisation	
Durchführung der Regelung offener Vermögensfragen	22
Landesbehörden	23
Untere Landesbehörden	24
Obere Landesbehörden	25
Widerspruchsausschüsse	26
Amts- und Rechtshilfe	27
Übergangsregelungen	28
Bundesamt zur Regelung offener Vermögensfragen	29
(weggefallen)	29a
Abschnitt VI. Verfahrensregelungen	
Antrag	30
Ausschlußfrist	30a
Pflichten der Behörde	31
Entscheidung, Wahlrecht	
Entscheidung	32
Wahlrecht	33
Eigentumsübergang, Grundbuchberichtigung und Löschung von Vermerken über die staatliche Verwaltung	34
Örtliche Zuständigkeit	35
Widerspruchsverfahren	36
Zulässigkeit des Gerichtsweges	37
Kosten	38
Schiedsgericht, Schiedsverfahren	38a
(Außerkrafttreten anderer Vorschriften	39
Verordnungsermächtigung	40

Abschnitt I. Allgemeine Bestimmungen

§ 1 Geltungsbereich

(1) Dieses Gesetz regelt vermögensrechtliche Ansprüche an Vermögenswerten, die
a) entschädigungslos enteignet und in Volkseigentum überführt wurden;

---

[1] Die Änderungen durch das Einführungsgesetz zur Insolvenzordnung sind noch nicht berücksichtigt, da sie gem. Art. 110 Abs. 1 erst am 1. Januar 1999 in Kraft treten.

VermG § 1   Allgemeine Bestimmungen

b) gegen eine geringere Entschädigung enteignet wurden, als sie Bürgern der früheren Deutschen Demokratischen Republik zustand;

c) durch staatliche Verwalter oder nach Überführung in Volkseigentum durch den Verfügungsberechtigten an Dritte veräußert wurden;

d) auf der Grundlage des Beschlusses des Präsidiums des Ministerrates vom 9. Februar 1972 und im Zusammenhang stehender Regelungen in Volkseigentum übergeleitet wurden.

(2) Dieses Gesetz gilt desweiteren für bebaute Grundstücke und Gebäude, die aufgrund nicht kostendeckender Mieten und infolgedessen eingetretener oder unmittelbar bevorstehender Überschuldung durch Enteignung, Eigentumsverzicht, Schenkung oder Erbausschlagung in Volkseigentum übernommen wurden.

(3) Dieses Gesetz betrifft auch Ansprüche an Vermögenswerten sowie Nutzungsrechte, die aufgrund unlauterer Machenschaften, zum Beispiel durch Machtmißbrauch, Korruption, Nötigung oder Täuschung von seiten des Erwerbers, staatlicher Stellen oder Dritter, erworben wurden.

(4) Dieses Gesetz regelt ferner die Aufhebung der

– staatlichen Treuhandverwaltung über Vermögenswerte von Bürgern, die das Gebiet der Deutschen Demokratischen Republik ohne die zum damaligen Zeitpunkt erforderliche Genehmigung verlassen haben;

– vorläufigen Verwaltung über Vermögenswerte von Bürgern der Bundesrepublik Deutschland und Berlin (West) sowie von juristischen Personen mit Sitz in der Bundesrepublik Deutschland oder Berlin (West), die Staatsorganen der Deutschen Demokratischen Republik durch Rechtsvorschrift übertragen wurde;

– Verwaltung des ausländischen Vermögens, die der Regierung der Deutschen Demokratischen Republik übertragen wurde (im folgenden staatliche Verwaltung genannt) und die damit im Zusammenhang stehenden Ansprüche der Eigentümer und Berechtigten.

(5) Dieses Gesetz schließt die Behandlung von Forderungen und anderen Rechten in bezug auf Vermögenswerte gemäß den Absätzen 1 bis 4 ein.

(6) Dieses Gesetz ist entsprechend auf vermögensrechtliche Ansprüche von Bürgern und Vereinigungen anzuwenden, die in der Zeit vom 30. Januar 1933 bis zum 8. Mai 1945 aus rassischen, politischen, religiösen oder weltanschaulichen Gründen verfolgt wurden und deshalb ihr Vermögen infolge von Zwangsverkäufen, Enteignungen oder auf andere Weise verloren haben. Zugunsten des Berechtigten wird ein verfolgungsbedingter Vermögensverlust nach Maßgabe des II. Abschnitts der Anordnung BK/O (49) 180 der Alliierten Kommandantur Berlin vom 26. Juli 1949 (VOBl. für Groß-Berlin I S. 221) vermutet.

(7) Dieses Gesetz gilt entsprechend für die Rückgabe von Vermögenswerten, die im Zusammenhang mit der nach anderen Vorschriften erfolgten Aufhebung rechtsstaatswidriger straf-, ordnungsstraf- oder verwaltungsrechtlicher Entscheidungen steht.

(8) Dieses Gesetz gilt vorbehaltlich seiner Bestimmungen über Zuständigkeiten und Verfahren nicht für

a) Enteignungen von Vermögenswerten auf besatzungsrechtlicher oder besatzungshoheitlicher Grundlage; Ansprüche nach den Absätzen 6 und 7 bleiben unberührt;

b) vermögensrechtliche Ansprüche, die seitens der Deutschen Demokratischen Republik durch zwischenstaatliche Vereinbarungen geregelt wurden;

c) Anteilrechte an der Altguthabenablösungsanleihe;

d) für Ansprüche von Gebietskörperschaften des beitretenden Gebiets gemäß Artikel 3 des Einigungsvertrages, soweit sie vom Kommunalvermögensgesetz vom 6. Juli 1990 (GBl. I Nr. 42 S. 660) erfaßt sind.

§ 2 Begriffsbestimmung

(1) Berechtigte im Sinne dieses Gesetzes sind natürliche und juristische Personen sowie Personenhandelsgesellschaften, deren Vermögenswerte von Maßnahmen gemäß § 1 betroffen sind, sowie ihre Rechtsnachfolger. Soweit Ansprüche von jüdischen Berechtigten im Sinne des § 1 Abs. 6 oder deren Rechtsnachfolgern nicht geltend gemacht werden, gelten in Ansehung der Ansprüche nach dem Vermögensgesetz die Nachfolgeorganisationen des Rückerstattungsrechts und, soweit diese keine Ansprüche anmelden, die Conference on Jewish Material Claims against Germany, Inc. als Rechtsnachfolger. Dasselbe gilt, soweit der Staat Erbe oder Erbeserbe eines jüdischen Verfolgten im Sinne des § 1 Abs. 6 ist oder soweit eine jüdische juristische Person oder eine nicht rechtsfähige jüdische Personenvereinigung aus den Gründen des § 1 Abs. 6 aufgelöst oder zur Selbstauflösung gezwungen wurde. Im übrigen gelten in den Fällen des § 1 Abs. 6 als Rechtsnachfolger von aufgelösten oder zur Selbstauflösung gezwungenen Vereinigungen die Nachfolgeorganisationen, die diesen Vereinigungen nach ihren Organisationsstatuten entsprechen und deren Fuktionen oder Aufgaben wahrnehmen oder deren satzungsmäßige Zwecke verfolgen; als Rechtsnachfolger gelten insbesondere die Organisationen, die aufgrund des Rückerstattungsrechts als Nachfolgeorganisationen anerkannt worden sind.

(1a) Die Conference on Jewish Material Claims against Germany, Inc. kann ihre Rechte auf die Conference on Jewish Material Claims against Germany GmbH übertragen. Die Übertragung bedarf der Schriftform. § 4 Abs. 5 des Investitionsvorranggesetzes findet keine Anwendung.

(2) Vermögenswerte im Sinne dieses Gesetzes sind bebaute und unbebaute Grundstücke sowie rechtlich selbständige Gebäude und Baulichkeiten (im folgenden Grundstücke und Gebäude genannt), Nutzungsrechte und dingliche Rechte an Grundstücken oder Gebäuden, bewegliche Sachen sowie gewerbliche Schutzrechte, Urheberrechte und verwandte Schutzrechte. Vermögenswerte im Sinne dieses Gesetzes sind auch Kontoguthaben und sonstige auf Geldzahlungen gerichtete Forderungen sowie Eigentum/Beteiligungen an Unternehmen oder an Betriebsstätten/Zweigniederlassungen von Unternehmen mit Sitz außerhalb der Deutschen Demokratischen Republik.

(3) Verfügungsberechtigter im Sinne dieses Gesetzes ist bei der Rückgabe von Unternehmen derjenige, in dessen Eigentum oder Verfügungsmacht das entzogene Unternehmen ganz oder teilweise steht, sowie bei Kapitalgesellschaften deren unmittelbare oder mittelbare Anteilseigner und bei der Rückübertragung von anderen Vermögenswerten diejenige Person, in deren Eigentum oder Verfügungsmacht der Vermögenswert steht. Als Verfügungsberechtigter gilt auch der staatliche Verwalter. Stehen der Treuhandanstalt die Anteilsrechte an Verfügungsberechtigten nach Satz 1 unmittelbar oder mittelbar allein zu, so vertritt sie diese allein.

(4) Unter Schädigung im Sinne dieses Gesetzes ist jede Maßnahme gemäß § 1 zu verstehen.

§ 2a Erbengemeinschaft

(1) Ist Rechtsnachfolger des von Maßnahmen nach § 1 Betroffenen eine Erbengemeinschaft, deren Mitglieder nicht sämtlich namentlich bekannt sind, so ist der Vermögenswert der Erbengemeinschaft nach dem zu bezeichnenden Erblasser als solcher zurückzuübertragen. Die Erbengemeinschaft ist nach Maßgabe des § 34 im Grundbuch als Eigentümerin einzutragen.

(1a) Ist eine Erbengemeinschaft Rechtsnachfolger eines jüdischen Berechtigten im Sinne des § 1 Abs. 6, so tritt die in § 2 Abs. 1 Satz 2 bestimmte Nachfolgeorganisation oder, wenn diese keine Ansprüche auf den Vermögenswert angemeldet hat, die Conference on Jewish Material Claims against Germany, Inc. an die Stelle der namentlich nicht bekannten Miterben. Sie ist zusammen mit den bekannten Miterben nach Maßgabe des § 34 in ungeteilter Erbengemeinschaft als Eigentümerin im Grundbuch einzutragen. Die Sätze 1 und 2 gelten entsprechend, wenn der Aufenthalt eines namentlich bekannten Miterben, der an der Stellung des Antrags nach § 30 nicht mitgewirkt hat, unbekannt ist. § 2 Abs. 1a bleibt unberührt.

(2) Eine bereits erfolgte Auseinandersetzung über den Nachlaß des Betroffenen gilt als gegenständlich beschränkte Teilauseinandersetzung.

(3) Ein an der Stellung des Antrags nach § 30 nicht beteiligter Miterbe gilt in Ansehung des Vermögenswertes nicht als Erbe, wenn er innerhalb der in Satz 2 bezeichneten Frist gegenüber der für die Entscheidung zuständigen Behörde schriftlich auf seine Rechte aus dem Antrag verzichtet hat. Die Erklärung des Verzichts nach Satz 1 muß sechs Wochen von der Erlangung der Kenntnis von dem Verfahren nach diesem Gesetz, spätestens sechs Wochen von der Bekanntgabe der Entscheidung an, eingegangen sein; lebt der Miterbe im Ausland, beträgt die Frist sechs Monate.

(4) Diese Vorschriften gelten entsprechend, wenn eine Erbengemeinschaft als solche von Maßnahmen nach § 1 betroffen ist.

Abschnitt II. Rückübertragung von Vermögenswerten

§ 3 Grundsatz

(1) Vermögenswerte, die den Maßnahmen im Sinne des § 1 unterlagen und in Volkseigentum überführt oder an Dritte veräußert wurden, sind auf Antrag an die Berechtigten zurückzuübertragen, soweit dies nicht nach diesem Gesetz ausgeschlossen ist. Der Anspruch auf Rückübertragung, Rückgabe oder Entschädigung kann abgetreten, verpfändet oder gepfändet werden; die Abtretung ist unwirksam, wenn sie unter einer Bedingung oder Zeitbestimmung erfolgt; sie und die Verpflichtung hierzu bedürfen der notariellen Beurkundung, wenn der Anspruch auf Rückübertragung eines Grundstücks, Gebäudes oder Unternehmens gerichtet ist; eine ohne Beachtung dieser Form eingegangene Verpflichtung oder Abtretung wird ihrem ganzen Inhalte nach gültig, wenn das Eigentum an dem Grundstück, Gebäude oder Unternehmen gemäß § 34 oder sonst wirksam auf den Erwerber des Anspruchs übertragen wird. Ein Berechtigter, der einen Antrag auf Rückgabe eines Unternehmens stellt oder stellen könnte, kann seinen Antrag nicht auf die Rückgabe einzelner Vermögensgegenstände beschränken, die sich im Zeitpunkt der Schädigung in seinem Eigentum befanden; § 6 Abs. 6a Satz 1 bleibt unberührt. Gehören Vermögensgegenstände, die mit einem nach § 1 Abs. 6 in Verbindung mit § 6 zurückzugebenden oder einem bereits zurückgegebenen Unternehmen entzogen oder von ihm später angeschafft worden sind, nicht mehr zum Vermögen des Unternehmens, so kann der Berechtigte verlangen, daß ihm an diesen Gegenständen im Wege der Einzelrestitution in Höhe der ihm entzogenen Beteiligung Bruchteilseigentum eingeräumt wird; als Zeitpunkt der Schädigung gilt der Zeitpunkt der Entziehung des Unternehmens oder der Mitgliedschaft an diesem Unternehmen. Satz 4 ist in den Fällen des § 6 Abs. 6a Satz 1 entsprechend anzuwenden; § 6 Abs. 6a Satz 2 gilt in diesen Fällen nicht.

(1a) Die Rückübertragung von dinglichen Rechten an einem Grundstück oder Gebäude erfolgt dadurch, daß das Amt zur Regelung offener Vermögensfragen diese an rangbereiter Stelle in dem Umfang begründet, in dem sie nach § 16 zu übernehmen wären. Auf Geldleistung gerichtete Rechte können nur in Deutscher Mark begründet werden. Eine Haftung für Zinsen kann höchstens in Höhe von 13 vom Hundert ab dem Tag der Entscheidung über die Rückübertragung begründet werden. Kann das frühere Recht nach den seit dem 3. Oktober 1990 geltenden Vorschriften nicht wiederbegründet werden, ist dasjenige Recht zu begründen, das dem früheren Recht entspricht oder am ehesten entspricht. Bei Grundpfandrechten ist die Erteilung eines Briefes ausgeschlossen. Hypothe-

Grundsatz § 3 **VermG**

ken und Aufbauhypotheken nach dem Zivilgesetzbuch der Deutschen Demokratischen Republik sind als Hypotheken zu begründen. Eine Wiederbegründung erfolgt nicht, wenn der Eigentümer des Grundstücks das zu begründende Grundpfandrecht oder eine dadurch gesicherte Forderung ablöst. Eine Wiederbegründung erfolgt ferner nicht, wenn die Belastung mit dem Recht für den Eigentümer des Grundstücks mit Nachteilen verbunden ist, welche den beim Berechtigten durch die Nichtbegründung des Rechts entstehenden Schaden erheblich überwiegen und der Eigentümer des Grundstücks dem Berechtigten die durch die Nichtbegründung des Rechts entstehenden Vermögensnachteile ausgleicht.

(2) Werden von mehreren Personen Ansprüche auf Rückübertragung desselben Vermögenswertes geltend gemacht, so gilt derjenige als Berechtigter, der von einer Maßnahme gemäß des § 1 als Erster betroffen war.

(3) Liegt ein Antrag nach § 30 vor, so ist der Verfügungsberechtigte verpflichtet, den Abschluß dinglicher Rechtsgeschäfte oder die Eingehung langfristiger vertraglicher Verpflichtungen ohne Zustimmung des Berechtigten zu unterlassen. Ausgenommen sind solche Rechtsgeschäfte, die

a) zur Erfüllung von Rechtspflichten des Eigentümers, insbesondere bei Anordnung eines Modernisierungs- und Instandsetzungsgebots nach § 177 des Baugesetzbuchs zur Beseitigung der Mißstände und zur Behebung der Mängel oder

b) zur Erhaltung und Bewirtschaftung des Vermögenswerts

erforderlich sind. Ausgenommen sind, soweit sie nicht bereits nach den Sätzen 2 und 5 ohne Zustimmung des Berechtigten zulässig sind, ferner Instandsetzungsmaßnahmen, wenn die hierfür aufzuwendenden Kosten den Verfügungsberechtigten als Vermieter nach Rechtsvorschriften zu einer Erhöhung der jährlichen Miete berechtigen. Der Berechtigte ist verpflichtet, dem Verfügungsberechtigten die aufgewendeten Kosten, soweit diese durch eine instandsetzungsbedingte Mieterhöhung nicht bereits ausgeglichen sind, zu erstatten, sobald über die Rückübertragung des Eigentums bestandskräftig entschieden ist. Satz 2 gilt entsprechend für Maßnahmen der in Satz 2 Buchstabe a bezeichneten Art, die ohne eine Anordnung nach § 177 des Baugesetzbuchs vorgenommen werden, wenn die Kosten der Maßnahmen von der Gemeinde oder einer anderen Stelle nach Maßgabe des § 177 Abs. 4 und 5 des Baugesetzbuchs erstattet werden. Der Verfügungsberechtigte hat diese Rechtsgeschäfte so zu führen, wie das Interesse des Berechtigten mit Rücksicht auf dessen wirklichen oder mutmaßlichen Willen es erfordert, soweit dem nicht das Gesamtinteresse des von dem Verfügungsberechtigten geführten Unternehmens entgegensteht; § 678 des Bürgerlichen Gesetzbuchs ist entsprechend anzuwenden, jedoch bleiben die Befugnisse als gegenwärtig Verfügungsberechtigter in den Fällen des § 177 des Baugesetzbuchs und der Sätze 3 und 5 sowie nach dem Investitionsgesetz von diesem Satz unberührt. Der Verfügungsberechtigte ist zur Liquidation berechtigt und zur Abwendung der Gesamtvollstreckung nicht verpflichtet, wenn der Berechtigte trotz Aufforderung innerhalb eines Monats einen Antrag auf vorläufige Einweisung nach § 6a nicht stellt oder ein solcher Antrag abgelehnt worden ist. Dies gilt auch bei verspäteter Anmeldung. Die Treuhandanstalt ist zur Abwendung der Gesamtvollstreckung nicht verpflichtet, wenn der Berechtigte bis zum 1. September 1992 keinen Antrag nach § 6a zur vorläufigen Einweisung gestellt hat oder wenn über einen gestellten Antrag bis zum 1. Dezember 1992 nicht entschieden worden ist.

(4) Wird die Anmeldefrist (§ 3 der Anmeldeverordnung) versäumt und liegt keine verspätete Anmeldung vor, kann der Verfügungsberechtigte über das Eigentum verfügen oder schuldrechtliche oder dingliche Verpflichtungen eingehen. Ist über das Eigentum noch nicht verfügt worden, so kann der Berechtigte den Anspruch auf Rückübertragung noch geltend machen. Anderenfalls steht ihm nur noch ein Anspruch auf den Erlös zu.

(5) Der Verfügungsberechtigte hat sich vor einer Verfügung bei dem Amt zur Regelung offener Vermögensfragen, in dessen Bezirk der Vermögenswert belegen ist, und, soweit ein Unternehmen betroffen ist, bei dem Landesamt zur Regelung offener Vermögensfra-

gen, in dessen Bezirk das Unternehmen seinen Sitz (Hauptniederlassung) hat, zu vergewissern, daß keine Anmeldung im Sinne des Absatzes 3 hinsichtlich des Vermögenswertes vorliegt.

(6)–(8) (weggefallen)

§ 3a (weggefallen)

§ 3b Gesamtvollstreckungsverfahren, Zwangsversteigerungsverfahren

(1) Der Anspruch nach § 3 Abs. 1 Satz 1 wird durch die Eröffnung der Gesamtvollstreckung über das Vermögen des Verfügungsberechtigten nicht berührt. Dies gilt nicht, wenn ein Unternehmen Gegenstand eines Rückübertragungsanspruchs nach § 6 Abs. 1 Satz 1 ist.

(2) Beschlüsse, durch die die Zwangsversteigerung eines Grundstücks oder Gebäudes angeordnet wird, sowie Ladungen zu Terminen in einem Zwangsversteigerungsverfahren sind dem Berechtigten zuzustellen.

§ 3c Erlaubte Veräußerungen

(1) § 3 Abs. 3 gilt für die Veräußerung von Vermögenswerten der Treuhandanstalt oder eines Unternehmens, dessen sämtliche Anteile sich mittelbar oder unmittelbar in der Hand der Treuhandanstalt befinden, nicht, wenn sich der Erwerber zur Duldung der Rückübertragung des Vermögenswertes auf den Berechtigten nach Maßgabe dieses Abschnitts verpflichtet. Steht der Vermögenswert im Eigentum eines anderen Verfügungsberechtigten, gilt Satz 1 nur, wenn der Erwerber ein Antragsteller nach § 30 Abs. 1 ist oder wenn der Erwerber eine juristische Person des öffentlichen Rechts, eine von einer solchen Person beherrschte juristische Person des Privatrechts oder eine Genossenschaft und anzunehmen ist, daß der Anspruch nach § 5 ausgeschlossen ist.

(2) Die Rückübertragung kann in den Fällen des Absatzes 1 auch nach Wirksamwerden der Veräußerung erfolgen. Bis zur Bestandskraft der Entscheidung über die Rückübertragung unterliegt der Erwerber vorbehaltlich der Bestimmungen des Investitionsvorranggesetzes den Beschränkungen des § 3 Abs. 3.

§ 4 Ausschluß der Rückübertragung

(1) Eine Rückübertragung des Eigentumsrechts oder sonstiger Rechte an Vermögenswerten ist ausgeschlossen, wenn dies von der Natur der Sache her nicht mehr möglich ist. Die Rückgabe von Unternehmen ist ausgeschlossen, wenn und soweit der Geschäftsbetrieb eingestellt worden ist und die tatsächlichen Voraussetzungen für die Wiederaufnahme des Geschäftsbetriebs nach vernünftiger kaufmännischer Beurteilung fehlen. Die Rückgabe des Unternehmens ist auch ausgeschlossen, wenn und soweit ein Unternehmen auf Grund folgender Vorschriften veräußert wurde:

a) Verordnung über die Gründung und Tätigkeit von Unternehmen mit ausländischer Beteiligung in der DDR vom 25. Januar 1990 (GBl. I Nr. 4 S. 16),
b) Beschluß zur Gründung der Anstalt zur treuhänderischen Verwaltung des Volkseigentums (Treuhandanstalt) vom 1. März 1990 (GBl. I Nr. 14 S. 107),
c) Treuhandgesetz vom 17. Juni 1990 (GBl. I Nr. 33 S. 300), zuletzt geändert durch Artikel 9 des Gesetzes zur Beseitigung von Hemmnissen bei der Privatisierung von Unternehmen und zur Förderung von Investitionen vom 22. März 1991 (BGBl. I S. 766),
d) Gesetz über die Gründung und Tätigkeit privater Unternehmen und über Unternehmensbeteiligungen vom 7. März 1990 (GBl. I Nr. 17 S. 141).

Dies gilt nicht, wenn die Voraussetzungen des Absatzes 3 vorliegen.

(2) Die Rückübertragung ist ferner ausgeschlossen, wenn natürliche Personen, Religionsgemeinschaften oder gemeinnützige Stiftungen nach dem 8. Mai 1945 in redlicher

Weise an dem Vermögenswert Eigentum oder dingliche Nutzungsrechte erworben haben. Dies gilt bei der Veräußerung von Grundstücken und Gebäuden nicht, sofern das dem Erwerb zugrundeliegende Rechtsgeschäft nach dem 18. Oktober 1989 ohne Zustimmung des Berechtigten geschlossen worden ist, es sei denn, daß

a) der Erwerb vor dem 19. Oktober 1989 schriftlich beantragt oder sonst aktenkundig angebahnt worden ist,
b) der Erwerb auf der Grundlage des § 1 des Gesetzes über den Verkauf volkseigener Gebäude vom 7. März 1990 (GBl. I Nr. 18 S. 157) erfolgte oder
c) der Erwerber vor dem 19. Oktober 1989 in einem wesentlichen Umfang werterhöhende oder substanzerhaltende Investitionen vorgenommen hat.

(3) Als unredlich ist der Rechtserwerb in der Regel dann anzusehen, wenn er

a) nicht in Einklang mit den zum Zeitpunkt des Erwerbs in der Deutschen Demokratischen Republik geltenden allgemeinen Rechtsvorschriften, Verfahrensgrundsätzen und einer ordnungsgemäßen Verwaltungspraxis stand, und der Erwerber dies wußte oder hätte wissen müssen, oder
b) darauf beruhte, daß der Erwerber durch Korruption oder Ausnutzung einer persönlichen Machtstellung auf den Zeitpunkt oder die Bedingungen des Erwerbs oder auf die Auswahl des Erwerbsgegenstands eingewirkt hat, oder
c) davon beeinflußt war, daß sich der Erwerber eine von ihm selbst oder von dritter Seite herbeigeführte Zwangslage oder Täuschung des ehemaligen Eigentümers zu Nutze gemacht hat.

§ 5 Ausschluß der Rückübertragung von Eigentumsrechten an Grundstücken und Gebäuden

(1) Eine Rückübertragung von Eigentumsrechten an Grundstücken und Gebäuden ist gemäß § 4 Abs. 1 insbesondere auch dann ausgeschlossen, wenn Grundstücke und Gebäude

a) mit erheblichem baulichen Aufwand in ihrer Nutzungsart oder Zweckbestimmung verändert wurden und ein öffentliches Interesse an dieser Nutzung besteht,
b) dem Gemeingebrauch gewidmet wurden,
c) im komplexen Wohnungsbau oder Siedlungsbau verwendet wurden,
d) der gewerblichen Nutzung zugeführt oder in eine Unternehmenseinheit einbezogen wurden und nicht ohne erhebliche Beeinträchtigung des Unternehmens zurückgegeben werden können.

(2) In den Fällen des Absatzes 1 Buchstabe a und d ist die Rückübertragung von Eigentumsrechten nur dann ausgeschlossen, wenn die maßgeblichen tatsächlichen Umstände am 29. September 1990 vorgelegen haben.

§ 6 Rückübertragung von Unternehmen

(1) Ein Unternehmen ist auf Antrag an den Berechtigten zurückzugeben, wenn es unter Berücksichtigung des technischen Fortschritts und der allgemeinen wirtschaftlichen Entwicklung mit dem enteigneten Unternehmen im Zeitpunkt der Enteignung vergleichbar ist; der Anspruch auf Rückgabe von Anteils- oder Mitgliedschaftsrechten richtet sich gegen die in § 2 Abs. 3 bezeichneten Inhaber dieser Rechte, der Anspruch auf Rückgabe des Unternehmens gegen den dort bezeichneten Verfügungsberechtigten. Im Zeitpunkt der Rückgabe festzustellende wesentliche Verschlechterungen oder wesentliche Verbesserungen der Vermögens- oder Ertragslage sind auszugleichen; Schuldner bei wesentlicher Verschlechterung oder Gläubiger bei wesentlicher Verbesserung ist die Treuhandanstalt oder eine andere in § 24 Abs. 1 Satz 1 des D-Markbilanzgesetzes bezeichnete Stelle, wenn sie unmittelbar oder mittelbar an dem Verfügungsberechtigten beteiligt ist. Das Unternehmen ist mit dem enteigneten Unternehmen vergleichbar, wenn das Produkt- oder

Leistungsangebot des Unternehmens unter Berücksichtigung des technischen und wirtschaftlichen Fortschritts im Grundsatz unverändert geblieben ist oder frühere Produkte oder Leistungen durch andere ersetzt worden sind. Ist das Unternehmen mit einem oder mehreren anderen Unternehmen zusammengefaßt worden, so kommt es für die Vergleichbarkeit nur auf diesen Unternehmensteil an.

(1a) Berechtigter bei der Rückgabe oder Rückführung eines Unternehmens nach den §§ 6 und 12 ist derjenige, dessen Vermögenswerte von Maßnahmen gemäß § 1 betroffen sind. Dieser besteht unter seiner Firma, die vor der Schädigung im Register eingetragen war, als in Auflösung befindlich fort, wenn die im Zeitpunkt der Schädigung vorhandenen Gesellschafter oder Mitglieder oder Rechtsnachfolger dieser Personen, die mehr als 50 vom Hundert der Anteile oder Mitgliedschaftsrechte auf sich vereinen und namentlich bekannt sind, einen Anspruch auf Rückgabe des Unternehmens oder von Anteilen oder Mitgliedschaftsrechten des Rückgabeberechtigten angemeldet haben. Kommt das erforderliche Quorum für das Fortbestehen eines Rückgabeberechtigten unter seiner alten Firma nicht zustande, kann das Unternehmen nicht zurückgefordert werden. Satz 2 gilt nicht für Gesellschaften, die ihr im Beitrittsgebiet belegenes Vermögen verloren haben und hinsichtlich des außerhalb dieses Gebiets belegenen Vermögens als Gesellschaft oder Stiftung werbend tätig sind; in diesem Falle ist Berechtigter nur die Gesellschaft oder Stiftung.

(2) Eine wesentliche Verschlechterung der Vermögenslage liegt vor, wenn sich bei der Aufstellung der Eröffnungsbilanz zum 1. Juli 1990 nach dem D-Markbilanzgesetz oder der für die Rückgabe aufgestellten Schlußbilanz eine Überschuldung oder eine Unterdeckung des für die Rechtsform gesetzlich vorgeschriebenen Mindestkapitals ergibt. In diesem Falle stehen dem Unternehmen die Ansprüche nach den §§ 24, 26 Abs. 3 und § 28 des D-Markbilanzgesetzes zu; diese Ansprüche dürfen nicht abgelehnt werden. Im Falle des § 28 des D-Markbilanzgesetzes ist das Kapitalentwertungskonto vom Verpflichteten zu tilgen. Der Anspruch nach Satz 2 entfällt, soweit nachgewiesen wird, daß die Eigenkapitalverhältnisse im Zeitpunkt der Enteignung nicht günstiger waren. Der Verfügungsberechtigte kann den Anspruch nach Satz 2 auch dadurch erfüllen, daß er das erforderliche Eigenkapital durch Erlaß oder Übernahme von Schulden schafft. Die D-Markeröffnungsbilanz ist zu berichtigen, wenn sich die Ansprüche nach den §§ 24, 26 Abs. 3, § 28 des D-Markbilanzgesetzes auf Grund des Vermögensgesetzes der Höhe nach ändern.

(3) Eine wesentliche Verbesserung der Vermögenslage liegt vor, wenn sich bei der Aufstellung der D-Markeröffnungsbilanz nach dem D-Markbilanzgesetz oder der für die Rückgabe aufgestellten Schlußbilanz eine Ausgleichsverbindlichkeit nach § 25 des D-Markbilanzgesetzes ergibt und nachgewiesen wird, daß das Unternehmen im Zeitpunkt der Enteignung im Verhältnis zur Bilanzsumme ein geringeres Eigenkapital hatte; bei der Berechnung der Ausgleichsverbindlichkeit sind dem Berechtigten, seinen Gesellschaftern oder Mitgliedern entzogene Vermögensgegenstände höchstens mit dem Wert anzusetzen, der ihnen ausgehend vom Zeitwert im Zeitpunkt der Schädigung unter Berücksichtigung der Wertabschläge nach dem D-Markbilanzgesetz zukommt. Ein geringeres Eigenkapital braucht nicht nachgewiesen zu werden, soweit die Ausgleichsverbindlichkeit dem Wertansatz von Grund und Boden oder Bauten, die zu keinem Zeitpunkt im Eigentum des Berechtigten, seiner Gesellschafter oder Mitglieder standen, entspricht. Eine nach § 25 Abs. 1 des D-Markbilanzgesetzes entstandene Ausgleichsverbindlichkeit entfällt, soweit eine wesentliche Verbesserung nicht auszugleichen ist. Die Ausgleichsverbindlichkeit ist zu erlassen oder in eine Verbindlichkeit nach § 16 Abs. 3 des D-Markbilanzgesetzes umzuwandeln, soweit das Unternehmen sonst nicht kreditwürdig ist. Die D-Markeröffnungsbilanz ist zu berichtigen, wenn sich die Ausgleichsverbindlichkeit auf Grund dieses Gesetzes der Höhe nach ändert.

(4) Eine wesentliche Veränderung der Ertragslage liegt vor, wenn die für das nach dem am 1. Juli 1990 beginnende Geschäftsjahr zu erwartenden Umsätze in Einheiten der voraussichtlich absetzbaren Produkte oder Leistungen unter Berücksichtigung der allgemei-

nen wirtschaftlichen Entwicklung wesentlich höher oder niedriger als im Zeitpunkt der Enteignung sind. Müssen neue Produkte entwickelt werden, um einen vergleichbaren Umsatz zu erzielen, so besteht in Höhe der notwendigen Entwicklungskosten ein Erstattungsanspruch, es sei denn, das Unternehmen ist nicht sanierungsfähig. Ist der Umsatz wesentlich höher als im Zeitpunkt der Enteignung, insbesondere wegen der Entwicklung neuer Produkte, so entsteht in Höhe der dafür notwendigen Entwicklungskosten, soweit diese im Falle ihrer Aktivierung noch nicht abgeschrieben wären, eine Ausgleichsverbindlichkeit, es sei denn, daß dadurch eine wesentliche Verschlechterung der Vermögenslage nach Absatz 2 eintreten würde.

(5) Die Rückgabe der enteigneten Unternehmen an die Berechtigten erfolgt durch Übertragung der Rechte, die dem Eigentümer nach der jeweiligen Rechtsform zustehen. Ist das zurückzugebende Unternehmen mit einem oder mehreren anderen Unternehmen zu einer neuen Unternehmenseinheit zusammengefaßt worden, so sind, wenn das Unternehmen nicht entflochten wird, Anteile in dem Wert auf den Berechtigten zu übertragen, der in entsprechender Anwendung der Absätze 1 bis 4 im Falle einer Entflechtung dem Verhältnis des Buchwerts des zurückzugebenden Unternehmens zum Buchwert des Gesamtunternehmens entspricht. Die Entflechtung kann nicht verlangt werden, wenn diese unter Berücksichtigung der Interessen aller Betroffenen einschließlich der Berechtigten wirtschaftlich nicht vertretbar ist; dies ist insbesondere der Fall, wenn durch die Entflechtung Arbeitsplätze in erheblichem Umfang verlorengehen würden. Verbleiben Anteile bei der Treuhandanstalt, insbesondere zum Ausgleich wesentlicher Werterhöhungen, so können diese von den Anteilseignern erworben werden, denen Anteilsrechte nach diesem Gesetz übertragen worden sind.

(5a) Zur Erfüllung des Anspruchs auf Rückgabe kann die Behörde anordnen, daß
a) Anteile oder Mitgliedschaftsrechte an dem Verfügungsberechtigten auf den Berechtigten übertragen werden oder
b) das gesamte Vermögen einschließlich der Verbindlichkeiten oder eine Betriebsstätte des Verfügungsberechtigten auf den Berechtigten einzeln oder im Wege der Gesamtrechtsnachfolge übertragen werden oder
c) Anteile oder Mitgliedschaftsrechte an dem Verfügungsberechtigten auf die Gesellschafter oder Mitglieder des Berechtigten oder deren Rechtsnachfolger im Verhältnis ihrer Anteile oder Mitgliedschaftsrechte übertragen werden.

Wird der Anspruch auf Rückgabe nach Satz 1 Buchstabe c erfüllt, so haftet jeder Gesellschafter oder jedes Mitglied des Berechtigten oder deren Rechtsnachfolger für vor der Rückgabe entstandene Verbindlichkeiten des Berechtigten bis zur Höhe des Wertes seines Anteils oder Mitgliedschaftsrechts; im Verhältnis zueinander sind die Gesellschafter oder Mitglieder zur Ausgleichung nach dem Verhältnis des Umfangs ihrer Anteile oder Mitgliedschaftsrechte verpflichtet.

(5b) Zur Erfüllung des Anspruchs eines Gesellschafters oder Mitglieds eines Berechtigten oder ihrer Rechtsnachfolger auf Rückgabe entzogener Anteile oder auf Wiederherstellung einer Mitgliedschaft können diese verlangen, daß die Anteile an sie übertragen werden und ihre Mitgliedschaft wiederhergestellt wird; das Handels- oder Genossenschaftsregister ist durch Löschung eines Löschungsvermerks oder Wiederherstellung der Eintragung zu berichtigen. Mit der Rückgabe des Unternehmens in einer der vorbezeichneten Formen sind auch die Ansprüche der Gesellschafter oder Mitglieder des Berechtigten und ihrer Rechtsnachfolger wegen mittelbarer Schädigung erfüllt.

(5c) Hat ein Berechtigter staatlichen Stellen eine Beteiligung, insbesondere wegen Kreditverweigerung oder der Erhebung von Steuern oder Abgaben mit enteignendem Charakter, eingeräumt, so steht diese den Gesellschaftern des Berechtigten oder deren Rechtsnachfolgern zu, es sei denn, daß die Voraussetzungen des § 1 Abs. 3 nicht vorliegen. Die Gesellschafter oder deren Rechtsnachfolger können verlangen, daß die staatliche Beteiligung gelöscht oder auf sie übertragen wird. Die beim Erwerb der Beteiligung erbrachte

VermG § 6   Rückübertragung von Vermögenswerten

Einlage oder Vergütung ist im Verhältnis zwei Mark der Deutschen Demokratischen Republik zu einer Deutschen Mark umzurechnen und von den Gesellschaftern oder deren Rechtsnachfolgern an den Inhaber der Beteiligung zurückzuzahlen, soweit dieser Betrag den Wert der Beteiligung nach § 11 Abs. 1 Satz 1 des D-Markbilanzgesetzes nicht übersteigt. Nach früherem Recht gebildete Fonds, die weder auf Einzahlungen zurückzuführen noch Rückstellungen im Sinne des § 249 Abs. 1 des Handelsgesetzbuchs sind, werden, soweit noch vorhanden, dem Eigenkapital des zurückzugebenden Unternehmens zugerechnet. Ist eine Beteiligung im Sinne des Satzes 1 zurückgekauft worden, so kann der Berechtigte vom Kaufvertrag zurücktreten und die Löschung oder Rückübertragung nach den Sätzen 1 bis 4 verlangen.

(6) Der Antrag auf Rückgabe eines Unternehmens kann von jedem Gesellschafter, Mitglied oder einem Rechtsnachfolger und dem Rückgabeberechtigten gestellt werden. Der Antrag des Berechtigten gilt als zugunsten aller Berechtigten, denen der gleiche Anspruch zusteht, erhoben. Statt der Rückgabe kann die Entschädigung gewählt werden, wenn kein Berechtigter einen Antrag auf Rückgabe stellt. Sind Anteile oder Mitgliedschaftsrechte schon vor dem Zeitpunkt der Schädigung des Berechtigten entzogen worden, so gilt der Antrag des ehemaligen Inhabers der Anteile oder der Mitgliedschaftsrechte oder seines Rechtsnachfolgers auf Rückgabe seiner Anteile oder Mitgliedschaftsrechte gleichzeitig als Antrag auf Rückgabe des Unternehmens und gilt sein Antrag auf Rückgabe des Unternehmens gleichzeitig als Antrag auf Rückgabe der Anteile oder Mitgliedschaftsrechte.

(6a) Ist die Rückgabe nach § 4 Abs. 1 Satz 2 ganz oder teilweise ausgeschlossen, so kann der Berechtigte die Rückgabe derjenigen Vermögensgegenstände verlangen, die sich im Zeitpunkt der Schädigung in seinem Eigentum befanden oder an deren Stelle getreten sind; eine damals einem Gesellschafter oder Mitglied des geschädigten Unternehmens wegen der Schädigung tatsächlich zugeflossene Geldleistung ist im Verhältnis zwei Mark der Deutschen Demokratischen Republik zu einer Deutschen Mark umzurechnen und von diesem oder seinem Rechtsnachfolger an den Verfügungsberechtigten zurückzuzahlen, soweit dieser Betrag den Wert der Beteiligung des Gesellschafters oder des Mitglieds nach § 11 Abs. 1 Satz 1 oder 4 des D-Markbilanzgesetzes abzüglich von nach Satz 2 zu übernehmenden Schulden nicht übersteigt. Diesem Anspruch gehen jedoch Ansprüche von Gläubigern des Verfügungsberechtigten vor, soweit diese nicht unmittelbar oder mittelbar dem Bund, Ländern, Gemeinden oder einer anderen juristischen Person des öffentlichen Rechts zustehen. § 9 Abs. 2 Satz 1 ist entsprechend anzuwenden, wenn ein Grundstück nicht zurückgegeben werden kann. Ist dem Verfügungsberechtigten die Rückgabe nicht möglich, weil er das Unternehmen oder nach Satz 1 zurückzugebende Vermögensgegenstände ganz oder teilweise veräußert hat oder das Unternehmen nach Absatz 1a Satz 3 nicht zurückgefordert werden kann, so können die Berechtigten vom Verfügungsberechtigten die Zahlung eines Geldbetrages in Höhe des ihrem Anteil entsprechenden Erlöses aus der Veräußerung verlangen, sofern sie sich nicht für die Entschädigung nach Absatz 7 entscheiden. Ist ein Erlös nicht erzielt worden oder unterschreitet dieser den Verkehrswert, den das Unternehmen oder nach Satz 1 zurückzugebende Vermögensgegenstände im Zeitpunkt der Veräußerung hatten, so können die Berechtigten Zahlung des Verkehrswerts verlangen. Ist die Gesamtvollstreckung eines Unternehmens entgegen § 3 Abs. 3 Satz 6 und 7 nicht abgewendet worden, so können die Berechtigten Zahlung des Verkehrswerts der einzelnen Vermögensgegenstände abzüglich der nach Satz 2 zu berücksichtigenden Schulden in Höhe des ihrem Anteil entsprechenden Betrags verlangen.

(7) Ist die Rückgabe nach Absatz 1 Satz 1 nicht möglich oder entscheidet sich der Berechtigte innerhalb der in § 8 Abs. 1 bestimmten Frist für eine Entschädigung, so besteht ein Anspruch auf Entschädigung nach Maßgabe des Entschädigungsgesetzes. Ein damals erhaltener Kaufpreis oder Ablösungsbetrag ist im Verhältnis zwei Mark der Deutschen Demokratischen Republik zu einer Deutschen Mark umzurechnen und vom Betrag der

Entschädigung abzusetzen. Leistungen nach Absatz 6a werden auf einen verbleibenden Entschädigungsanspruch voll angerechnet.

(8) Ist in den Fällen des § 1 Abs. 1 Buchstabe d die Rückgabe im Zeitpunkt des Inkrafttretens dieses Gesetzes bereits erfolgt, so kann der Berechtigte verlangen, daß die Rückgabe nach den Vorschriften dieses Gesetzes überprüft und an dessen Bedingungen angepaßt wird.

(9) Der Bundesminister der Justiz wird ermächtigt, im Einvernehmen mit dem Bundesminister der Finanzen und dem Bundesminister für Wirtschaft durch Rechtsverordnung mit Zustimmung des Bundesrates das Verfahren und die Zuständigkeit der Behörden oder Stellen für die Durchführung der Rückgabe und Entschädigung von Unternehmen und Beteiligungen zu regeln sowie Vorschriften über die Berechnung der Veränderungen der Vermögens- und Ertragslage der Unternehmen und deren Bewertung zu erlassen.

(10) Das Gericht am Sitz des Rückgabeberechtigten hat unter den Voraussetzungen des Absatzes 1a Satz 2 auf Antrag Abwickler zu bestellen. Vor der Eintragung der Auflösung des Rückgabeberechtigten und seiner Abwickler ist ein im Register zu dem Berechtigten eingetragener Löschungsvermerk von Amts wegen zu löschen. Sind Registereintragungen zu dem Berechtigten nicht mehr vorhanden, so haben die Abwickler ihn, wenn er nach Absatz 1a Satz 2 fortbesteht, als in Auflösung befindlich zur Eintragung in das Handelsregister anzumelden. Im übrigen ist für die Abwicklung das jeweils für den Berechtigten geltende Recht anzuwenden. Die Fortsetzung des Berechtigten kann beschlossen werden, solange noch nicht mit der Verteilung des zurückzugebenden Vermögens an die Gesellschafter oder Mitglieder begonnen ist. Einer Eintragung oder Löschung im Register bedarf es nicht, wenn die zur Stellung des Antrags berechtigten Personen beschließen, daß der Berechtigte nicht fortgesetzt und daß in Erfüllung des Rückgabeanspruchs unmittelbar an die Gesellschafter des Berechtigten oder deren Rechtsnachfolger geleistet wird.

§ 6a Vorläufige Einweisung

(1) Die Behörde hat Berechtigte nach § 6 auf Antrag vorläufig in den Besitz des zurückzugebenden Unternehmens einzuweisen, wenn die Berechtigung nachgewiesen ist und kein anderer Berechtigter nach § 3 Abs. 2 Vorrang hat. Wird die Berechtigung nur glaubhaft gemacht, erfolgt die vorläufige Einweisung, wenn

1. keine Anhaltspunkte dafür bestehen, daß die Berechtigten oder die zur Leitung des Unternehmens bestellten Personen die Geschäftsführung nicht ordnungsgemäß ausführen werden, und
2. im Falle der Sanierungsbedürftigkeit die Berechtigten über einen erfolgversprechenden Plan verfügen.

(2) Die nach § 25 zuständige Behörde entscheidet über die Einweisung durch Bescheid nach § 33 Abs. 3 innerhalb von drei Monaten. In den Fällen des Absatzes 1 Satz 1 gilt die Einweisung nach Ablauf der Genehmigungsfrist als bewilligt. Die Anfechtungsklage gegen eine Entscheidung der Behörde hat keine aufschiebende Wirkung. Auf das Rechtsverhältnis zwischen dem Berechtigten und dem Verfügungsberechtigten sind die Vorschriften über den Pachtvertrag entsprechend anzuwenden, sofern sich der Berechtigte im Falle des Absatzes 1 Satz 1 nicht für einen Kauf entscheidet. Die Behörde hat auf Antrag für den Fall, daß dem Antrag der Berechtigten auf Rückgabe des entzogenen Unternehmens nicht stattgegeben wird, den Pachtzins oder den Kaufpreis zu bestimmen. Der Pachtzins oder der Kaufpreis bleiben bis zur bestandskräftigen Entscheidung über die Rückgabe gestundet; sie entfallen, wenn das Unternehmen an den Berechtigten zurückübertragen wird. Der Berechtigte hat dafür einzustehen, daß er und die zur Leitung des Unternehmens bestellten Personen bei der Führung der Geschäfte die Sorgfalt eines ordentlichen und gewissenhaften Geschäftsleiters anwenden.

VermG § 6b Rückübertragung von Vermögenswerten

(3) Der Berechtigte hat Anspruch darauf, daß eine wesentliche Verschlechterung nach § 6 Abs. 2 und 4 bereits im Zeitpunkt der vorläufigen Einweisung ausgeglichen wird, soweit das Unternehmen sonst nicht fortgeführt werden könnte. Der Verpflichtete kann die Fortführung des Unternehmens auch in anderer Form, insbesondere durch Bürgschaft, gewährleisten.

(4) Einer Entscheidung der Behörde bedarf es nicht, wenn der Berechtigte und der Verfügungsberechtigte eine vorläufige Nutzung des zurückzugebenden Unternehmens vereinbaren. Die Vereinbarung ist der Behörde mitzuteilen.

§ 6b Entflechtung

(1) Ein Unternehmen kann zur Erfüllung eines oder mehrerer Ansprüche auf Rückgabe nach § 6 in rechtlich selbständige Unternehmen oder in Vermögensmassen (Betriebsstätten) ganz oder teilweise entflochten werden. § 6 Abs. 1 bis 4 ist auf jede so gebildete Vermögensmasse gesondert anzuwenden. Über die Entflechtung entscheidet die zuständige Behörde auf Antrag der Berechtigten oder des Verfügungsberechtigten durch Bescheid nach § 33 Abs. 3. Der Antragsteller hat der Behörde nachzuweisen, daß er den Antrag auf Entflechtung auch dem zuständigen Betriebsrat des zu entflechtenden Unternehmens zur Unterrichtung zugeleitet hat.

(2) Die Entflechtung eines Unternehmens ist antragsgemäß zu verfügen, wenn dem Verfügungsberechtigten die Anteils- oder Mitgliedschaftsrechte allein zustehen und die Berechtigten zustimmen. Bei der Entflechtung von Genossenschaften ist antragsgemäß zu entscheiden, wenn deren Abwickler oder, falls solche nicht bestellt sind, die Generalversammlung mit der für die Auflösung der Genossenschaft erforderlichen Mehrheit der Entflechtung zustimmen. In allen anderen Fällen entscheidet die Behörde nach pflichtgemäßem Ermessen.

(3) Der Behörde ist auf Verlangen die Schlußbilanz des zu entflechtenden Unternehmens einschließlich des dazu gehörenden Inventars für einen Zeitpunkt vorzulegen, der nicht länger als drei Monate zurückliegt. In der Schlußbilanz und im Inventar sind die Beträge aus der D-Markeröffnungsbilanz und dem dazu gehörenden Inventar jeweils anzugeben.

(4) Das Übergabeprotokoll nach § 33 Abs. 4 muß mindestens folgende Angaben enthalten:

1. den Namen oder die Firma und den Sitz des zu entflechtenden Unternehmens und der Personen, auf welche die durch die Entflechtung entstehenden Unternehmen, die hinsichtlich ihrer Betriebe und Betriebsteile sowie der Zuordnung der Arbeitsverhältnisse genau zu beschreiben sind, übergehen, sowie deren gesetzliche Vertreter;
2. den Zeitpunkt, von dem an neu geschaffene Anteile oder eine neu geschaffene Mitgliedschaft einen Anspruch auf einen Anteil an dem Bilanzgewinn gewähren, sowie alle Besonderheiten in bezug auf diesen Anspruch;
3. den Zeitpunkt, von dem an die Handlungen des übertragenden Unternehmens als für Rechnung jeder der übernehmenden Personen vorgenommen gelten;
4. die genaue Beschreibung und Aufteilung der Gegenstände des Aktiv- und Passivvermögens des zu entflechtenden Unternehmens auf die verschiedenen Unternehmen oder Vermögensmassen. Soweit für die Übertragung von Gegenständen im Falle der Einzelrechtsnachfolge in den allgemeinen Vorschriften eine besondere Art der Bezeichnung bestimmt ist, sind diese Regelungen auch hier anzuwenden. Bei Grundstücken ist § 28 der Grundbuchordnung zu beachten. Im übrigen kann auf Urkunden wie Bilanzen und Inventare Bezug genommen werden, deren Inhalt eine Zuweisung des einzelnen Gegenstands ermöglicht;
5. die Ausgleichsforderung, Ausgleichsverbindlichkeit oder Garantien, die jeder einzelnen Vermögensmasse zugeordnet werden sollen.

(5) Muß für die Zwecke der Rückgabe ein neues Unternehmen errichtet werden, so sind die für die jeweilige Rechtsform maßgeblichen Gründungsvorschriften entsprechend anzuwenden. Einer Gründungsprüfung bedarf es nicht; die Prüfungsaufgaben des Registergerichts obliegen insoweit der zuständigen Behörde. Die D-Markeröffnungsbilanz des zu entflechtenden Unternehmens ist entsprechend der Bildung der neuen Vermögensmassen aufzuteilen; sie gilt mit dem Wirksamwerden der Entflechtung im Sinne der Aufteilung als berichtigt.

(6) Kann ein Gläubiger des übertragenden Unternehmens von der Person, der die Verbindlichkeit im Rahmen der Vermögensaufteilung zugewiesen worden ist, keine Befriedigung erlangen, so haften auch die anderen an der Entflechtung beteiligten Personen für diese Verbindlichkeit als Gesamtschuldner. Ist eine Verbindlichkeit keiner der neuen Vermögensmassen zugewiesen worden und läßt sich die Zuweisung auch nicht durch Auslegung ermitteln, so haften die an der Entflechtung beteiligten Personen als Gesamtschuldner. Eine Haftung tritt nicht ein, wenn die Behörde festgelegt hat, daß für die Erfüllung von Verbindlichkeiten nur bestimmte Personen, auf die Unternehmen oder Betriebsstätten übertragen worden sind, oder die Treuhandanstalt einzustehen hat. Die Treuhandanstalt haftet nur bis zu dem Betrag, den die Gläubiger erhalten hätten, wenn die Entflechtung nicht durchgeführt worden wäre.

(7) Mit der Unanfechtbarkeit des Bescheids nach § 33 Abs. 3 gehen je nach Entscheidung der Behörde die im Übergabeprotokoll bezeichneten Gegenstände entsprechend der dort vorgesehenen Aufteilung entweder einzeln oder jeweils als Gesamtheit auf die bezeichneten Personen über. Gleichzeitig gehen die Anteilsrechte auf die im Bescheid bezeichneten Personen über. Das übertragende Unternehmen erlischt, sofern es nach dem Bescheid nicht fortbestehen soll. Stellt sich nachträglich heraus, daß Gegenstände oder Verbindlichkeiten nicht übertragen worden sind, so sind sie von der Behörde den im Bescheid bezeichneten Personen nach denselben Grundsätzen zuzuteilen, die bei der Entflechtung angewendet worden sind, soweit sich aus der Natur der Sache keine andere Zuordnung ergibt.

(8) Die Behörde ersucht die für die im Entflechtungsbescheid bezeichneten Personen zuständigen Registergerichte und die für die bezeichneten Grundstücke zuständigen Grundbuchämter um Berichtigung der Register und Bücher und, soweit erforderlich, um Eintragung.

(9) Im Falle der Entflechtung bleibt der Betriebsrat im Amt und führt die Geschäfte für die ihm bislang zugeordneten Betriebsteile weiter, soweit sie über die in § 1 des Betriebsverfassungsgesetzes genannte Arbeitnehmerzahl verfügen und nicht in einen Betrieb eingegliedert werden, in dem ein Betriebsrat besteht. Das Übergangsmandat endet, sobald in den Betriebsteilen ein neuer Betriebsrat gewählt und das Wahlergebnis bekanntgegeben ist, spätestens jedoch drei Monate nach Wirksamwerden der Entflechtung des Unternehmens. Werden Betriebsteile, die bislang verschiedenen Betrieben zugeordnet waren, zu einem Betrieb zusammengefaßt, so nimmt der Betriebsrat, dem der nach der Zahl der wahlberechtigten Arbeitnehmer größte Betriebsteil zugordnet war, das Übergangsmandat wahr. Satz 3 gilt entsprechend, wenn Betriebe zu einem neuen Betrieb zusammengefaßt werden. Stehen die an der Entflechtung beteiligten Unternehmen im Wettbewerb zueinander, so sind die Vorschriften über die Beteiligungsrechte des Betriebsrats nicht anzuwenden, soweit sie Angelegenheiten betreffen, die den Wettbewerb zwischen diesen Unternehmen beeinflussen können.

§ 7 Wertausgleich

(1) Der Berechtigte hat, außer in den Fällen des Absatzes 2, die Kosten für vom Verfügungsberechtigten bis zum 2. Oktober 1990 durchgeführte Maßnahmen für eine Bebauung, Modernisierung oder Instandsetzung des Vermögenswerts zu ersetzen, soweit die

VermG § 7   Rückübertragung von Vermögenswerten

Zuordnung der Kosten der Maßnahmen zum Vermögenswert durch den gegenwärtig Verfügungsberechtigten nachgewiesen ist und diese Kosten im Kalenderjahr im Durchschnitt 10 000 Mark der DDR je Einheit im Sinne des § 18 Abs. 2 Satz 3 überschritten haben. Kann eine Zuordnung der Kosten nach Satz 1 nicht nachgewiesen werden, ist jedoch eine Schätzung der Kosten und ihre Zuordnung zum Vermögenswert möglich, sind die Kosten und ihre Zuordnung nach Maßgabe des § 31 Abs. 1 Satz 2 und 3 unter Berücksichtigung der bei der Rückgabe des Vermögenswertes noch feststellbaren Maßnahmen zu schätzen. Von dem nach Satz 1 oder Satz 2 ermittelten Betrag, bei Gebäuden der 10 000 Mark der DDR im Durchschnitt je Einheit überschreitende Betrag, sind jährliche Abschläge von 8 vom Hundert bis zur Entscheidung über die Rückgabe vorzunehmen. Mark der DDR, Reichs- oder Goldmark sind im Verhältnis 2 zu 1 auf Deutsche Mark umzurechnen. Das Eigentum an dem zurückzuübertragenden Vermögenswert geht außer in den Fällen des Satzes 6 auf den Berechtigten erst dann über, wenn die Entscheidung über die Rückübertragung unanfechtbar und der Wertausgleich nach den Sätzen 1 bis 4 entrichtet ist. Auf Antrag des Berechtigten wird über die Rückübertragung des Vermögenswerts gesondert vorab entschieden, wenn der Berechtigte für einen von dem Amt zur Regelung offener Vermögensfragen festzusetzenden Betrag in Höhe der voraussichtlich zu ersetzenden Kosten Sicherheit geleistet hat.

(2) Werterhöhungen, die eine natürliche Person, Religionsgemeinschaft oder gemeinnützige Stiftung als gegenwärtig Verfügungsberechtigter bis zum 2. Oktober 1990 an dem Vermögenswert herbeigeführt hat, sind vom Berechtigten mit dem objektiven Wert zum Zeitpunkt der Entscheidung über die Rückübertragung des Eigentums auszugleichen. Dies gilt entsprechend, wenn der Verfügungsberechtigte das Eigentum an einem Gebäude gemäß § 16 Abs. 3 Satz 2 und 3 verliert.

(3) Soweit Grundpfandrechte zur Finanzierung von Baumaßnahmen im Sinne des § 16 Abs. 5 und 7 zu übernehmen oder Zahlungen mit Rücksicht auf Grundpfandrechte der in § 18 Abs. 2 genannten Art zu leisten sind, entsteht ein Ersatzanspruch nach den Absätzen 1 und 2 nicht. Ist an den Berechtigten ein Grundstück zurückzuübertragen und von diesem Ersatz für ein früher auf Grund eines Nutzungsrechts am Grundstück entstandenes Gebäudeeigentum zu leisten, so entsteht mit Aufhebung des Nutzungsrechts eine Sicherungshypothek am Grundstück in Höhe des Anspruchs nach den Absätzen 1 und 2 und im Range des bisherigen Nutzungsrechts.

(4) Die Haftung des Berechtigten beschränkt sich auf den zurückzuübertragenden Vermögenswert. Für die Geltendmachung der Haftungsbeschränkung finden die §§ 1990 und 1991 des Bürgerlichen Gesetzbuchs entsprechende Anwendung.

(5) Ist eine öffentlich-rechtliche Gebietskörperschaft oder die Treuhandanstalt gegenwärtig Verfügungsberechtigter, so steht der Ersatzanspruch dem Entschädigungsfonds, in den übrigen Fällen dem gegenwärtig Verfügungsberechtigten zu. § 3 Abs. 3 Satz 4 bleibt unberührt. Wird dem gegenwärtig Verfügungsberechtigten ein gezahlter Kaufpreis gemäß § 7a Abs. 1 erstattet, so steht der Ersatzanspruch nach Absatz 1 in Ansehung von Verwendungen des früheren Verfügungsberechtigten dem Entschädigungsfonds zu.

(6) Die Absätze 1 bis 5 finden keine Anwendung auf Rückübertragungsansprüche nach § 6 oder wenn es sich um Verwendungen handelt, mit denen gegen die Beschränkungen des § 3 Abs. 3 verstoßen worden ist.

(7) Der Berechtigte hat gegen den Verfügungsberechtigten, sofern nichts anderes vereinbart ist, keinen Anspruch auf Herausgabe der bis zur Rückübertragung des Eigentums gezogenen Nutzungen. Dies gilt nicht für Entgelte, die dem Verfügungsberechtigten ab dem 1. Juli 1994 aus einem Miet-, Pacht- oder sonstigen Nutzungsverhältnis zustehen. Der Herausgabeanspruch nach Satz 2 entsteht mit Bestandskraft des Bescheides über die Rückübertragung des Eigentums. Macht der Berechtigte den Anspruch geltend, so kann der bisherige Verfügungsberechtigte die seit dem 1. Juli 1994 entstandenen

1. Betriebskosten im Sinne der Anlage zu § 1 Abs. 5 der Betriebskosten-Umlageverordnung vom 17. Juni 1991 (BGBl. I S. 1270), die zuletzt durch das Gesetz vom 27. Juli 1992 (BGBl. I S. 1415) geändert worden ist, soweit ihm diese nicht von den Mietern, Pächtern, sonstigen Nutzungsberechtigen oder Dritten erstattet worden sind;
2. Kosten aufgrund von Rechtsgeschäften zur Erhaltung des Vermögenswertes im Sinne des § 3 Abs. 3

aufrechnen. § 16 Abs. 2 Satz 1 und 2 des Investitionsvorranggesetzes bleibt unberührt.

(8) Ansprüche nach den Absätzen 2 und 7 sind nicht im Verfahren nach Abschnitt VI geltend zu machen. Für Streitigkeiten sind die ordentlichen Gerichte zuständig, in deren Bezirk sich der Vermögenswert ganz oder überwiegend befindet.

§ 7a Gegenleistung

(1) Ein vom Verfügungsberechtigten im Zusammenhang mit dem Erwerb des Eigentums an dem zurückzuübertragenden Vermögenswert an eine staatliche Stelle der Deutschen Demokratischen Republik oder an einen Dritten gezahlter Kaufpreis ist ihm, außer in den Fällen des Absatzes 2, auf Antrag aus dem Entschädigungsfonds zu erstatten. In Mark der Deutschen Demokratischen Republik gezahlte Beträge sind im Verhältnis 2 zu 1 auf Deutsche Mark umzustellen. Der Erstattungsbetrag wird im Rückübertragungsbescheid gemäß § 33 Abs. 3 festgesetzt. Auf Antrag des Berechtigten erläßt das Amt zur Regelung offener Vermögensfragen hierüber einen gesonderten Bescheid.

(2) Ist dem Berechtigten aus Anlaß des Vermögensverlustes eine Gegenleistung oder eine Entschädigung tatsächlich zugeflossen, so hat er diese nach Rückübertragung des Eigentums an den Verfügungsberechtigten herauszugeben. Geldbeträge in Reichsmark sind im Verhältnis 20 zu 1, Geldbeträge in Mark der Deutschen Demokratischen Republik sind im Verhältnis 2 zu 1 auf Deutsche Mark umzustellen. Wurde die Gegenleistung oder die Entschädigung aus dem Staatshaushalt der Deutschen Demokratischen Republik, aus einem öffentlichen Haushalt der Bundesrepublik Deutschland oder dem Kreditabwicklungsfonds erbracht, so steht sie dem Entschädigungsfonds zu. Erfüllungshalber begründete Schuldbuchforderungen erlöschen, soweit sie noch nicht getilgt worden sind.

(3) Bis zur Befriedigung des Anspruchs nach Absatz 2 Satz 1 steht dem Verfügungsberechtigten gegenüber dem Herausgabeanspruch des Berechtigten ein Recht zum Besitz zu. Ist an den Berechtigten ein Grundstück oder Gebäude herauszugeben, so begründet das Amt zur Regelung offener Vermögensfragen zugunsten des Verfügungsberechtigten auf dessen Antrag eine Sicherungshypothek in Höhe des gemäß Absatz 2 Satz 2 umgestellten Betrages nebst vier vom Hundert Zinsen hieraus seit dem Tag der Unanfechtbarkeit der Entscheidung über die Rückübertragung des Eigentums an rangbereiter Stelle, sofern die Forderung nicht vorher durch den Berechtigten erfüllt wird.

(4) Diese Vorschriften sind auf Rückübertragungsansprüche nach § 6 nicht anzuwenden.

§ 8 Wahlrecht

(1) Soweit inländischen Berechtigten ein Anspruch auf Rückübertragung gemäß § 3 zusteht, können sie bis zum Ablauf von sechs Monaten nach Inkrafttreten des Entschädigungsgesetzes statt dessen Entschädigung wählen. Hat der Berechtigte seinen Sitz oder Wohnsitz außerhalb der Bundesrepublik Deutschland, verlängert sich die Frist nach Satz 1 auf drei Jahre. Ausgenommen sind Berechtigte, deren Grundstücke durch Eigentumsverzicht, Schenkung oder Erbausschlagung in Volkseigentum übernommen wurden.

(2) Liegt die Berechtigung bei einer Personenmehrheit, kann das Wahlrecht nur gemeinschaftlich ausgeübt werden.

§ 9 Grundsätze der Entschädigung

Kann ein Grundstück aus den Gründen des § 4 Abs. 2 nicht zurückübertragen werden, kann die Entschädigung durch Übereignung von Grundstücken mit möglichst vergleichbarem Wert erfolgen. Ist dies nicht möglich, wird nach Maßgabe des Entschädigungsgesetzes entschädigt. Für die Bereitstellung von Ersatzgrundstücken gilt § 21 Abs. 3 Satz 1 und Abs. 4 entsprechend.

§ 10 Bewegliche Sachen

(1) Wurden bewegliche Sachen verkauft und können sie nach § 3 Abs. 4 oder § 4 Abs. 2 nicht zurückgegeben werden, steht den Berechtigten ein Anspruch in Höhe des erzielten Erlöses gegen den Entschädigungsfonds zu, sofern ihm der Erlös nicht bereits auf einem Konto gutgeschrieben oder ausgezahlt wurde.

(2) Wurde bei der Verwertung einer beweglichen Sache kein Erlös erzielt, hat der Berechtigte keinen Anspruch auf Entschädigung.

Abschnitt III. Aufhebung der staatlichen Verwaltung

§ 11 Grundsatz

(1) Die staatliche Verwaltung über Vermögenswerte wird auf Antrag des Berechtigten durch Entscheidung der Behörde aufgehoben. Der Berechtigte kann stattdessen unter Verzicht auf sein Eigentum Entschädigung nach dem Entschädigungsgesetz wählen. In diesem Fall steht das Aneignungsrecht dem Entschädigungsfonds zu. Mit dem Wirksamwerden des Verzichts wird der Berechtigte von allen Verpflichtungen frei, die auf den Zustand des Vermögenswerts seit Anordnung der staatlichen Verwaltung zurückzuführen sind.

(2) Hat der Berechtigte seinen Anspruch bis zum Ablauf der Anmeldefrist (§ 3 der Anmeldeverordnung) nicht angemeldet, ist der staatliche Verwalter berechtigt, über den verwalteten Vermögenswert zu verfügen. Die Verfügung über den Vermögenswert ist nicht mehr zulässig, wenn der Berechtigte seinen Anspruch am verwalteten Vermögen nach Ablauf der Frist angemeldet hat.

(3) Der Verwalter hat sich vor einer Verfügung zu vergewissern, daß keine Anmeldung im Sinne der Anmeldeverordnung vorliegt.

(4) Dem Berechtigten steht im Falle der Verfügung der Verkaufserlös zu. Wird von dem Berechtigten kein Anspruch angemeldet, ist der Verkaufserlös an die für den Entschädigungsfonds zuständige Behörde zur Verwaltung abzuführen.

(5) Soweit staatlich verwaltete Geldvermögen aufgrund von Vorschriften diskriminierenden oder sonst benachteiligenden Charakters gemindert wurden, wird ein Ausgleich nach § 5 Abs. 1 Satz 6 des Entschädigungsgesetzes gewährt.

(6) Ist für Kontoguthaben oder sonstige privatrechtliche geldwerte Ansprüche, die unter staatlicher Verwaltung standen und zum 1. Juli 1990 auf Deutsche Mark umgestellt worden sind, Hauptentschädigung nach dem Lastenausgleichsgesetz gezahlt worden, gehen diese Ansprüche insoweit auf den Entschädigungsfonds über; die Ausgleichsverwaltung teilt der auszahlenden Stelle die Höhe der Hauptentschädigung mit. Ist das Kontoguthaben schon an den Berechtigten ausgezahlt worden, wird die gewährte Hauptentschädigung nach den Vorschriften des Lastenausgleichsgesetzes durch die Ausgleichsverwaltung zurückgefordert. Die auszahlende Stelle teilt dem Bundesamt zur Regelung offener Vermögensfragen und der Ausgleichsverwaltung den an den Berechtigten ausgezahlten Betrag ohne besondere Aufforderung mit (Kontrollmitteilung); die übermittelten Daten dürfen nur für die gesetzlichen Aufgaben der Ausgleichsverwaltung verwendet werden.

§ 11a Beendigung der staatlichen Verwaltung

(1) Die staatliche Verwaltung über Vermögenswerte endet auch ohne Antrag des Berechtigten mit Ablauf des 31. Dezember 1992. Das Wahlrecht nach § 11 Abs. 1 Satz 2 muß bis zum Ablauf zweier Monate nach Inkrafttreten des Entschädigungsgesetzes ausgeübt werden. Ist der Vermögenswert ein Grundstück oder ein Gebäude, so gilt der bisherige staatliche Verwalter weiterhin als befugt, eine Verfügung vorzunehmen, zu deren Vornahme er sich wirksam verpflichtet hat, wenn vor dem 1. Januar 1993 die Eintragung des Rechts oder die Eintragung einer Vormerkung zur Sicherung des Anspruchs bei dem Grundbuchamt beantragt worden ist.

(2) Ist in dem Grundbuch eines bisher staatlich verwalteten Grundstücks oder Gebäudes ein Vermerk über die Anordnung der staatlichen Verwaltung eingetragen, so wird dieser mit Ablauf des 31. Dezember 1992 gegenstandslos. Er ist von dem Grundbuchamt auf Antrag des Eigentümers oder des bisherigen staatlichen Verwalters zu löschen.

(3) Von dem Ende der staatlichen Verwaltung an treffen den bisherigen staatlichen Verwalter, bei Unklarheit über seine Person den Landkreis oder die kreisfreie Stadt, in dessen oder deren Bezirk der Vermögenswert liegt, die den Beauftragten nach dem Bürgerlichen Gesetzbuch bei Beendigung seines Auftrags obliegenden Pflichten. Der Verwalter kann die Erfüllung der in Satz 1 genannten Pflichten längstens bis zum 30. Juni 1993 ablehnen, wenn und soweit ihm die Erfüllung aus organisatorischen Gründen nicht möglich ist.

(4) Mit der Aufhebung der staatlichen Verwaltung gehen Nutzungsverhältnisse an einem Grundstück oder Gebäude auf den Eigentümer über.

§ 11b Vertreter des Eigentümers

(1) Ist der Eigentümer eines ehemals staatlich verwalteten Vermögenswertes oder sein Aufenthalt nicht festzustellen und besteht ein Bedürfnis, die Vertretung des Eigentümers sicherzustellen, so bestellt der Landkreis oder die kreisfreie Stadt, in dessen oder deren Bezirk sich der Vermögenswert befindet, auf Antrag der Gemeinde oder eines anderen, der ein berechtigtes Interesse daran hat, einen gesetzlichen Vertreter des Eigentümers, der auch eine juristische Person sein kann. Sind von mehreren Eigentümern nicht alle bekannt oder ist der Aufenthalt einzelner nicht bekannt, so wird einer der bekannten Eigentümer zum gesetzlichen Vertreter bestellt. Er ist von den Beschränkungen des § 181 des Bürgerlichen Gesetzbuchs befreit. § 16 Abs. 3 des Verwaltungsverfahrensgesetzes findet Anwendung. Im übrigen gelten die §§ 1785, 1786, 1821 und 1837 sowie die Vorschriften des Bürgerlichen Gesetzbuchs über den Auftrag sinngemäß.

(2) Ist der Gläubiger einer staatlich verwalteten Forderung oder sein Aufenthalt nicht festzustellen, so ist die Staatsbank Berlin gesetzlicher Vertreter. Die Treuhandanstalt ist von dem 1. Januar 1993 an gesetzlicher Vertreter bisher staatlich verwalteter Unternehmen.

(3) Der gesetzliche Vertreter wird auf Antrag des Eigentümers abberufen. Sind mehrere Personen Eigentümer, so erfolgt die Abberufung nur, wenn die Vertretung gesichert ist.

§ 11c Genehmigungsvorbehalt

Über Vermögenswerte, die Gegenstand der in § 1 Abs. 8 Buchstabe b bezeichneten Vereinbarungen sind, darf nur mit Zustimmung des Bundesamts zur Regelung offener Vermögensfragen verfügt werden. Für Grundstücke, Gebäude und Grundpfandrechte gilt dies nur, wenn im Grundbuch ein Zustimmungsvorbehalt unter Angabe dieser Vorschrift eingetragen ist. Das Grundbuchamt trägt den Zustimmungsvorbehalt nur auf Ersuchen des Bundesamts zur Regelung offener Vermögensfragen ein. Gegen das Ersuchen können der eingetragene Eigentümer oder seine Erben Widerspruch erheben, der nur darauf gestützt werden kann, daß die Voraussetzungen des Satzes 1 nicht vorliegen. In Fällen, in denen nach Artikel 3 Abs. 9 Satz 2 des Abkommens vom 13. Mai 1992 zwischen der Regierung der Bundesrepublik Deutschland und der Regierung der Vereinigten Staaten von Amerika über die Regelung bestimmter Vermögensansprüche in Verbindung mit Artikel 1 des Gesetzes zu diesem Abkommen vom 21. Dezember 1992 (BGBl. II S. 1222) der Rechtstitel auf den Bund übergeht und gleichzeitig die staatliche Verwaltung endet, gelten die vorstehenden Vorschriften entsprechend mit der Maßgabe, daß an die Stelle des Bundesamtes zur Regelung offener Vermögensfragen die für die Verwaltung des betreffenden Vermögensgegenstands zuständige Bundesbehörde tritt.

§ 12 Staatlich verwaltete Unternehmen und Unternehmensbeteiligungen

Die Modalitäten der Rückführung staatlich verwalteter Unternehmen und Unternehmensbeteiligungen richten sich nach § 6. Anstelle des Zeitpunktes der Enteignung gilt der Zeitpunkt der Inverwaltungnahme.

§ 13 Haftung des staatlichen Verwalters

(1) Ist dem Berechtigten des staatlich verwalteten Vermögenswerts durch eine gröbliche Verletzung der Pflichten, die sich aus einer ordnungsgemäßen Wirtschaftsführung ergeben, durch den staatlichen Verwalter oder infolge Verletzung anderer dem staatlichen Verwalter obliegenden Pflichten während der Zeit der staatlichen Verwaltung rechtswidrig ein materieller Nachteil entstanden, ist ihm dieser Schaden zu ersetzen.

(2) Der Schadensersatz ist auf der Grundlage der gesetzlichen Regelungen der Staatshaftung festzustellen und aus dem Entschädigungsfonds zu zahlen.

(3) Dem Entschädigungsfonds steht gegenüber dem staatlichen Verwalter oder der ihm übergeordneten Kommunalverwaltung ein Ausgleichsanspruch zu.

§ 14 [Ausschluß von Schadensersatzansprüchen]

(1) Dem Berechtigten stehen keine Schadensersatzansprüche zu, wenn Vermögenswerte nicht in staatliche Verwaltung genommen wurden, weil das zuständige Staatsorgan keine Kenntnis vom Bestehen der sachlichen Voraussetzungen für die Begründung der staatlichen Verwaltung oder vom Vorhandensein des Vermögenswerts hatte und unter Berücksichtigung der konkreten Umstände nicht erlangen konnte.

(2) Ein Anspruch auf Schadensersatz besteht auch dann nicht, wenn dem Berechtigten bekannt war, daß die staatliche Verwaltung über den Vermögenswert nicht ausgeübt wird oder er diese Kenntnis in zumutbarer Weise hätte erlangen können.

§ 14a Werterhöhungen durch den staatlichen Verwalter

Für Werterhöhungen, die der staatliche Verwalter aus volkseigenen Mitteln finanziert hat, gilt § 7 entsprechend.

§ 15 Befugnisse des staatlichen Verwalters

(1) Bis zur Aufhebung der staatlichen Verwaltung ist die Sicherung und ordnungsgemäße Verwaltung des Vermögenswerts durch den staatlichen Verwalter wahrzunehmen.

(2) Der staatliche Verwalter ist bis zur Aufhebung der staatlichen Verwaltung nicht berechtigt, ohne Zustimmung des Eigentümers langfristige vertragliche Verpflichtungen einzugehen oder dingliche Rechtsgeschäfte abzuschließen. § 3 Abs. 3 Satz 2 und 5 gilt entsprechend.

(3) Die Beschränkung gemäß Absatz 2 entfällt nach Ablauf der Anmeldefrist (§ 3 der Anmeldeverordnung), solange der Eigentümer seinen Anspruch auf den staatlich verwalteten Vermögenswert nicht angemeldet hat.

(4) Der staatliche Verwalter hat sich vor einer Verfügung zu vergewissern, daß keine Anmeldung im Sinne des Absatzes 3 vorliegt.

Abschnitt IV. Rechtsverhältnisse zwischen Berechtigten und Dritten

§ 16 Übernahme von Rechten und Pflichten

(1) Mit der Rückübertragung von Eigentumsrechten oder der Aufhebung der staatlichen Verwaltung sind die Rechte und Pflichten, die sich aus dem Eigentum am Vermögenswert ergeben, durch den Berechtigten selbst oder durch einen vom Berechtigten zu bestimmenden Verwalter wahrzunehmen.

(2) Mit der Rückübertragung von Eigentumsrechten oder der Aufhebung der staatlichen Verwaltung oder mit der vorläufigen Einweisung nach § 6a tritt der Berechtigte in alle in bezug auf den jeweiligen Vermögenswert bestehenden Rechtsverhältnisse ein. Dies gilt für vom staatlichen Verwalter geschlossene Kreditverträge nur insoweit, als die darauf beruhenden Verbindlichkeiten im Falle ihrer dinglichen Sicherung gemäß Absatz 9 Satz 2 gegenüber dem Berechtigten, dem staatlichen Verwalter sowie deren Rechtsnachfolgern fortbestünden. Absatz 9 Satz 3 gilt entsprechend.

(3) Dingliche Nutzungsrechte sind mit dem Bescheid gemäß § 33 Abs. 3 aufzuheben, wenn der Nutzungsberechtigte bei Begründung des Nutzungsrechts nicht redlich im Sinne des § 4 Abs. 3 gewesen ist. Mit der Aufhebung des Nutzungsrechts erlischt das Gebäudeeigentum nach § 288 Abs. 4 oder § 292 Abs. 3 des Zivilgesetzbuchs der Deutschen Demokratischen Republik. Das Gebäude wird Bestandteil des Grundstücks. Grundpfandrechte an einem auf Grund des Nutzungsrechts errichteten Gebäude werden Pfandrechte an den in den §§ 7 und 7a bezeichneten Ansprüchen sowie an dinglichen Rechten, die zu deren Sicherung begründet werden. Verliert der Nutzungsberechtigte durch die Aufhebung des Nutzungsrechts das Recht zum Besitz seiner Wohnung, so treten die Wirkungen des Satzes 1 sechs Monate nach Unanfechtbarkeit der Entscheidung ein.

(4) Fortbestehende Rechtsverhältnisse können nur auf der Grundlage der jeweils geltenden Rechtsvorschriften geändert oder beendet werden.

(5) Eingetragene Aufbauhypotheken und vergleichbare Grundpfandrechte zur Sicherung von Baukrediten, die durch den staatlichen Verwalter bestellt wurden, sind in dem sich aus § 18 Abs. 2 ergebenden Umfang zu übernehmen. Von dem so ermittelten Betrag sind diejenigen Tilgungsleistungen abzuziehen, die nachweislich auf das Recht oder eine durch das Recht gesicherte Forderung erbracht worden sind. Im Rahmen einer Einigung zwischen dem Gläubiger des Rechts, dem Eigentümer und dem Amt zur Regelung offener Vermögensfragen als Vertreter der Interessen des Entschädigungsfonds kann etwas Abweichendes vereinbart werden. Weist der Berechtigte nach, daß eine der Kreditaufnahme entsprechende Baumaßnahme an dem Grundstück nicht durchgeführt wurde, ist das Recht nicht zu übernehmen.

(6) Das Amt zur Regelung offener Vermögensfragen bestimmt mit der Entscheidung über die Aufhebung der staatlichen Verwaltung den zu übernehmenden Teil des Grundpfandrechts, wenn nicht der aus dem Grundpfandrecht Begünstigte oder der Berechtigte beantragt, vorab über die Aufhebung der staatlichen Verwaltung zu entscheiden. In diesem Fall ersucht das Amt zur Regelung offener Vermögensfragen die das Grundbuch führende Stelle um Eintragung eines Widerspruchs gegen die Richtigkeit des Grundbuchs zugunsten des Berechtigten. Wird die staatliche Verwaltung ohne eine Entscheidung des Amts zur Regelung offener Vermögensfragen beendet, so hat auf Antrag des aus dem Grundpfandrecht Begünstigten oder des Berechtigten das Amt zur Regelung offener Vermögensfragen, in dessen Bereich das belastete Grundstück belegen ist, den zu übernehmenden Teil der Grundpfandrechte durch Bescheid zu bestimmen. Wird der Antrag nach Satz 3 innerhalb der in § 30a Abs. 3 Satz 1 bestimmten Frist nicht gestellt, bleibt der Eigentümer im Umfang der Eintragung aus dem Grundpfandrecht verpflichtet, soweit die gesicherte Forderung

nicht durch Tilgung erloschen ist. Auf die Beschränkungen der Übernahmepflicht nach Absatz 5 Satz 1 und 4 kann er sich in diesem Falle nur berufen, wenn er diese Absicht dem Gläubiger oder der Sparkasse, in deren Geschäftsgebiet das Grundstück belegen ist, bis zum 31. März 1995 schriftlich mitgeteilt hat. Ist die Sparkasse nicht Gläubigerin, ist sie lediglich zur Bestätigung des Eingangs dieser Mitteilung verpflichtet. Der Bescheid ergeht gemeinsam für sämtliche auf dem Grundstück lastenden Rechte gemäß Absatz 5.

(7) Die Absätze 5 und 6 gelten für eingetragene sonstige Grundpfandrechte, die auf staatliche Veranlassung vor dem 8. Mai 1945 oder nach Eintritt des Eigentumsverlustes oder durch den staatlichen Verwalter bestellt wurden, entsprechend, es sei denn, das Grundpfandrecht dient der Sicherung einer Verpflichtung des Berechtigten, die keinen diskriminierenden oder sonst benachteiligenden Charakter hat.

(8) Der Bescheid über den zu übernehmenden Teil der Rechte gemäß den Absätzen 5 bis 7 ist für den Berechtigten und den Gläubiger des Grundpfandrechts selbständig anfechtbar.

(9) Soweit eine Aufbauhypothek oder ein vergleichbares Grundpfandrecht gemäß Absatz 5 oder ein sonstiges Grundpfandrecht gemäß Absatz 7 nicht zu übernehmen ist, gilt das Grundpfandrecht als erloschen. Satz 1 gilt gegenüber dem Berechtigten, dem staatlichen Verwalter sowie deren Rechtsnachfolgern für eine dem Grundpfandrecht zugrundeliegende Forderung entsprechend. Handelt es sich um eine Forderung aus einem Darlehen, für das keine staatlichen Mittel eingesetzt worden sind, so ist der Gläubiger vorbehaltlich einer abweichenden Regelung angemessen zu entschädigen.

(10) Die Absätze 5 bis 9 finden keine Anwendung, wenn das Grundstück nach § 6 zurückübertragen wird. Die Absätze 5 bis 9 gelten ferner nicht, wenn das Grundpfandrecht nach dem 30. Juni 1990 bestellt worden ist. In diesem Fall hat der Berechtigte gegen denjenigen, der das Grundpfandrecht bestellt hat, einen Anspruch auf Befreiung von dem Grundpfandrecht in dem Umfang, in dem es gemäß den Absätzen 5 bis 9 nicht zu übernehmen wäre. Der aus dem Grundpfandrecht Begünstigte ist insoweit verpflichtet, die Löschung des Grundpfandrechts gegen Ablösung der gesicherten Forderung und gegen Ersatz eines aus der vorzeitigen Ablösung entstehenden Schadens zu bewilligen.

§ 17 Miet- und Nutzungsrechte

Durch die Rückübertragung von Grundstücken und Gebäuden oder die Aufhebung der staatlichen Verwaltung werden bestehende Miet- oder Nutzungsrechtsverhältnisse nicht berührt. War der Mieter oder Nutzer bei Abschluß des Vertrags nicht redlich im Sinne des § 4 Abs. 3, so ist das Rechtsverhältnis mit dem Bescheid gemäß § 33 Abs. 3 aufzuheben. Dies gilt auch in den Fällen des § 11a Abs. 4. § 16 Abs. 3 Satz 5 gilt entsprechend. Ist ein redlich begründetes Miet- oder Nutzungsverhältnis durch Eigentumserwerb erloschen, so lebt es mit Bestandskraft des Rückübertragungsbescheids mit dem Inhalt, den es ohne die Eigentumsübertragung seit dem 3. Oktober 1990 gehabt hätte, unbefristet wieder auf.

§ 18 Grundstücksbelastungen

(1) Bei der Rückübertragung von Eigentumsrechten an Grundstücken, die nicht nach § 6 erfolgt, hat der Berechtigte für die bei Überführung des Grundstücks in Volkseigentum untergegangenen dinglichen Rechte einen in dem Bescheid über die Rückübertragung festzusetzenden Ablösebetrag zu hinterlegen. Der Ablösebetrag bestimmt sich nach der Summe der für die jeweiligen Rechte nach Maßgabe der Absätze 2 bis 5 zu bestimmenden und danach in Deutsche Mark umzurechnenden Einzelbeträge, die in dem Bescheid gesondert auszuweisen sind. Andere als die in den Absätzen 2 bis 4 genannten Rechte werden bei der Ermittlung des Ablösebetrags nicht berücksichtigt. Im übrigen können auch solche Rechte unberücksichtigt bleiben, die nachweislich zwischen dem Berechtigten und dem Gläubiger einvernehmlich bereinigt sind.

(2) Aufbauhypotheken und vergleichbare Grundpfandrechte zur Sicherung von Baukrediten, die durch den staatlichen Verwalter bestellt wurden, sind mit folgenden Abschlägen von dem zunächst auf Mark der DDR umzurechnenden Nennbetrag des Grundpfandrechts zu berücksichtigen. Der Abschlag beträgt jährlich für ein Grundpfandrecht

1. bei Gebäuden mit ein oder zwei Einheiten
    bis zu 10 000 Mark der DDR 4,0 vom Hundert,
    bis zu 30 000 Mark der DDR 3,0 vom Hundert,
    über   30 000 Mark der DDR 2,0 vom Hundert;
2. bei Gebäuden mit drei oder vier Einheiten
    bis zu 10 000 Mark der DDR 4,5 vom Hundert,
    bis zu 30 000 Mark der DDR 3,5 vom Hundert,
    über   30 000 Mark der DDR 2,5 vom Hundert;
3. bei Gebäuden mit fünf bis acht Einheiten
    bis zu 20 000 Mark der DDR 5,0 vom Hundert,
    bis zu 50 000 Mark der DDR 4,0 vom Hundert,
    über   50 000 Mark der DDR 2,5 vom Hundert;
4. bei Gebäuden mit neun und mehr Einheiten
    bis zu 40 000 Mark der DDR 5,0 vom Hundert,
    bis zu 80 000 Mark der DDR 4,0 vom Hundert,
    über   80 000 Mark der DDR 2,5 vom Hundert.

Als Einheit im Sinne des Satzes 2 gelten zum Zeitpunkt der Entscheidung in dem Gebäude vorhandene in sich abgeschlossene oder selbständig vermietbare Wohnungen oder Geschäftsräume. Von dem so ermittelten Betrag können diejenigen Tilgungsleistungen abgezogen werden, die unstreitig auf das Recht oder eine durch das Recht gesicherte Forderung erbracht worden sind. Soweit der Berechtigte nachweist, daß eine der Kreditaufnahme entsprechende Baumaßnahme an dem Grundstück nicht durchgeführt wurde, ist das Recht nicht zu berücksichtigen. Die Sätze 1 bis 5 gelten für sonstige Grundpfandrechte, die auf staatliche Veranlassung vor dem 8. Mai 1945 oder nach Eintritt des Eigentumsverlustes oder durch den staatlichen Verwalter bestellt wurden, entsprechend, es sei denn, das Grundpfandrecht diente der Sicherung einer Verpflichtung des Berechtigten, die keinen diskriminierenden oder sonst benachteiligenden Charakter hat.

(3) Bei anderen als den in Absatz 2 genannten Grundpfandrechten ist zur Berechnung des Ablösebetrags von dem Nennbetrag des früheren Rechts auszugehen. Absatz 2 Satz 4 gilt entsprechend.

(4) Rechte, die auf die Erbringung wiederkehrender Leistungen aus dem Grundstück gerichtet sind, sind bei der Berechnung des Ablösebetrags mit ihrem kapitalisierten Wert anzusetzen.

(5) Bei der Berechnung der für den Ablösebetrag zu berücksichtigenden Einzelbeträge sind Ausgleichsleistungen auf das Recht oder eine dem Recht zugrundeliegende Forderung oder eine Entschädigung, die der frühere Gläubiger des Rechts vom Staat erhalten hat, nicht in Abzug zu bringen. Dies gilt entsprechend, soweit der Schuldner die durch das Recht gesicherte Forderung von staatlichen Stellen der Deutschen Demokratischen Republik erlassen worden ist.

§ 18a Rückübertragung des Grundstücks

Das Eigentum an dem Grundstück geht auf den Berechtigten über, wenn die Entscheidung über die Rückübertragung unanfechtbar und der Ablösebetrag bei der Hinterlegungsstelle (§ 1 der Hinterlegungsordnung) unter Verzicht auf die Rücknahme hinterlegt worden ist, in deren Bezirk das entscheidende Amt zur Regelung offener Vermögensfragen seinen Sitz hat. Das Eigentum geht auf den Berechtigten auch über, wenn der Bescheid über die Rückübertragung des Eigentums an dem Grundstück lediglich in Ansehung der Feststellung des Ablösebetrags nicht unanfechtbar geworden ist und der Berechtigte für den Ablösebetrag Sicherheit geleistet hat.

§ 18b Herausgabe des Ablösebetrags

(1) Der Gläubiger eines früheren dinglichen Rechts an dem Grundstück oder sein Rechtsnachfolger (Begünstigter) kann von der Hinterlegungsstelle die Herausgabe desjenigen Teils des Ablösebetrags, mit dem sein früheres Recht bei der Ermittlung des unanfechtbar festgestellten Ablösebetrags berücksichtigt worden ist, verlangen, soweit dieser nicht an den Entschädigungsfonds oder den Berechtigten herauszugeben ist. Der Anspruch des Begünstigen geht auf den Entschädigungsfonds über, soweit der Begünstigte für den Verlust seines Rechts Ausgleichszahlungen oder eine Entschädigung vom Staat erhalten hat, oder dem Schuldner die dem Recht zugrundeliegende Forderung von staatlichen Stellen der Deutschen Demokratischen Republik erlassen worden ist. Der Berechtigte kann den auf ein früheres dingliches Recht entfallenden Teil des Ablösebetrags insoweit herausverlangen, als bei der Festsetzung des Ablösebetrags nicht berücksichtigte Tilgungsleistungen auf das Recht erbracht wurden oder er einer Inanspruchnahme aus dem Recht hätte entgegenhalten können, dieses sei nicht entstanden, erloschen oder auf ihn zu übertragen gewesen. Der Herausgabeanspruch kann nur innerhalb von vier Jahren seit der Hinterlegung geltend gemacht werden. Ist Gläubiger der Entschädigungsfonds, so erfolgt die Herausgabe auf Grund eines Auszahlungsbescheids des Entschädigungsfonds.

(2) Für das Hinterlegungsverfahren gelten die Vorschriften der Hinterlegungsordnung. Der zum Zeitpunkt der Überführung des Grundstücks in Volkseigentum im Grundbuch eingetragene Gläubiger eines dinglichen Rechts oder dessen Rechtsnachfolger gilt als Begünstigter, solange nicht vernünftige Zweifel an seiner Berechtigung bestehen.

(3) Eine durch das frühere Recht gesicherte Forderung erlischt insoweit, als der darauf entfallende Teil des Ablösebetrags an den Begünstigten oder den Entschädigungsfonds herauszugeben ist. In den Fällen des § 18 Abs. 2 gilt die Forderung gegenüber dem Berechtigten, dem staatlichen Verwalter sowie gegen deren Rechtsnachfolgern auch hinsichtlich des Restbetrags als erloschen. Handelt es sich um eine Forderung aus einem Darlehen, für das keine staatlichen Mittel eingesetzt worden sind, so ist der Gläubiger vorbehaltlich einer abweichenden Regelung angemessen zu entschädigen.

(4) Der nach Ablauf von fünf Jahren von der Hinterlegung an nicht ausgezahlte Teil des Ablösebetrags ist, soweit nicht ein Rechtsstreit über den Betrag oder Teile hiervon anhängig ist, an den Entschädigungsfonds herauszugeben.

(5) Soweit der Begünstigte vom Staat bereits befriedigt worden ist, geht die zugrundeliegende Forderung auf den Entschädigungsfonds über.

§ 19 *(weggefallen)*

§ 20 Vorkaufsrecht von Mietern und Nutzern

(1) Mietern und Nutzern von Ein- und Zweifamilienhäusern sowie von Grundstücken für Erholungszwecke, die der staatlichen Verwaltung im Sinne des § 1 Abs. 4 unterlagen oder auf die ein Anspruch auf Rückübertragung besteht, wird auf Antrag ein Vorkaufsrecht am Grundstück eingeräumt, wenn das Miet- oder Nutzungsverhältnis am 29. September 1990 bestanden hat und im Zeitpunkt der Entscheidung über den Antrag fortbesteht. Ein Anspruch nach Satz 1 besteht nicht, wenn das Grundstück oder Gebäude durch den Mieter oder Nutzer nicht vertragsgemäß genutzt wird.

(2) In bezug auf einzelne Miteigentumsanteile an Grundstücken oder Gebäuden, die staatlich verwaltet waren oder zurückzuübertragen sind, besteht ein Anspruch nach Absatz 1 auf Einräumung eines Vorkaufrechts nur dann, wenn auch die übrigen Miteigentumsanteile der staatlichen Verwaltung im Sinne des § 1 Abs. 4 unterlagen oder zurück-

zuübertragen sind. Es bezieht sich sowohl auf den Verkauf einzelner Miteigentumsanteile als auch auf den Verkauf des Grundstücks. Die Ausübung des Verkaufsrechts an einem Miteigentumsanteil ist bei dem Verkauf an einen Miteigentümer ausgeschlossen.

(3) Erstreckt sich das Miet- oder Nutzungsverhältnis auf eine Teilfläche eines Grundstücks, so besteht der Anspruch nach den Absätzen 1 und 2 nur dann, wenn der Anteil der Teilfläche mehr als 50 vom Hundert der Gesamtfläche beträgt. In diesem Falle kann das Vorkaufsrecht nur am Gesamtgrundstück eingeräumt werden. Zur Ermittlung des nach Satz 1 maßgeblichen Anteils sind mehrere an verschiedene Mieter oder Nutzer überlassene Teilflächen zusammenzurechnen.

(4) Mehreren Anspruchsberechtigten in bezug auf ein Grundstück oder einen Miteigentumsanteil steht das Vorkaufsrecht gemeinschaftlich zu. Jeder Anspruchsberechtigte kann den Antrag auf Einräumung des Vorkaufsrechts allein stellen. Der Antrag wirkt auch für die übrigen Anspruchsberechtigten.

(5) Anträge auf Einräumung des Vorkaufsrechts sind im Rahmen des Verfahrens nach Abschnitt VI bei dem Amt zur Regelung offener Vermögensfragen zu stellen, das über den Anspruch auf Rückübertragung entscheidet. In den Fällen des § 11a ist das Amt zur Regelung offener Vermögensfragen zuständig, in dessen Bezirk das Grundstück belegen ist.

(6) Das Vorkaufsrecht entsteht, wenn der Bescheid, mit dem dem Antrag nach den Absätzen 1 oder 2 stattgegeben wird, unanfechtbar geworden und die Eintragung im Grundbuch erfolgt ist. Es gilt nur für den Fall des ersten Verkaufs. Ist im Zeitpunkt des Abschlusses des Kaufvertrags eine Entscheidung über einen gestellten Antrag nach den Absätzen 1 oder 2 noch nicht ergangen, erstreckt sich das Vorkaufsrecht auf den nächstfolgenden Verkauf. § 892 des Bürgerlichen Gesetzbuchs bleibt im übrigen unberührt.

(7) Das Vorkaufsrecht ist nicht übertragbar und geht nicht auf die Erben des Vorkaufsberechtigten über. Es erlischt mit der Beendigung des Miet- oder Nutzungsverhältnisses. Dies gilt auch für bereits bestehende Vorkaufsrechte. § 569a Abs. 1 und 2 des Bürgerlichen Gesetzbuchs bleibt unberührt.

(8) Im übrigen sind die §§ 504 bis 513, 875, 1098 Abs. 1 Satz 2 und Abs. 2 sowie die §§ 1099 bis 1102, 1103 Abs. 2 und § 1104 des Bürgerlichen Gesetzbuchs entsprechend anzuwenden.

§ 20a Vorkaufsrecht des Berechtigten

Bei Grundstücken, die nicht zurückübertragen werden können, weil Dritte an ihnen Eigentums- oder dingliche Nutzungsrechte erworben haben, wird dem Berechtigten auf Antrag ein Vorkaufsrecht am Grundstück eingeräumt. Dies gilt nicht, wenn das Grundstück nach den Vorschriften des Investitionsvorranggesetzes erworben worden ist. Für die Entscheidung über den Antrag ist das Amt zur Regelung offener Vermögensfragen zuständig, das über den Anspruch auf Rückübertragung des Eigentums zu entscheiden hat. Als Vorkaufsfall gilt nicht der Erwerb des Grundstücks durch den Inhaber eines dinglichen Nutzungsrechts. Im übrigen ist § 20 Abs. 2 und 4, Abs. 5 Satz 1, Abs. 6, Abs. 7 Satz 1 und Abs. 8 sinngemäß anzuwenden.

§ 21 Ersatzgrundstück

(1) Mieter oder Nutzer von Einfamilienhäusern und Grundstücken für Erholungszwecke, die staatlich verwaltet sind oder auf die ein rechtlich begründeter Anspruch auf Rückübertragung geltend gemacht wurde, können beantragen, daß dem Berechtigten ein Ersatzgrundstück zur Verfügung gestellt wird, wenn sie bereit sind, das Grundstück zu kaufen. Der Berechtigte ist nicht verpflichtet, ein Ersatzgrundstück in Anspruch zu nehmen.

(2) Anträgen nach § 9 ist vorrangig zu entsprechen.

(3) Dem Antrag nach Absatz 1 Satz 1 ist zu entsprechen, wenn der Berechtigte einverstanden ist, ein in kommunalem Eigentum stehendes Grundstück im gleichen Stadt- oder Gemeindegebiet zur Verfügung steht und einer Eigentumsübertragung keine berechtigten Interessen entgegenstehen. Dies gilt insbesondere, wenn die Mieter und Nutzer erhebliche Aufwendungen zur Werterhöhung oder Werterhaltung des Objektes getätigt haben.

(4) Wertdifferenzen zwischen dem Wert des Ersatzgrundstücks und dem Wert des Grundstücks zum Zeitpunkt der Inverwaltungnahme oder des Entzugs des Eigentumsrechts sind auszugleichen.

(5) Wurde dem Berechtigten eines staatlich verwalteten Grundstücks ein Ersatzgrundstück übertragen, ist der staatliche Verwalter berechtigt, das Grundstück an den Mieter oder Nutzer zu verkaufen.

Abschnitt V. Organisation

§ 22 Durchführung der Regelung offener Vermögensfragen

Die Vorschriften dieses Gesetzes sowie die Aufgaben in bezug auf den zu bildenden Entschädigungsfonds werden vorbehaltlich des § 29 Abs. 2 von den Ländern Mecklenburg-Vorpommern, Brandenburg, Sachsen, Sachsen-Anhalt, Thüringen und Berlin durchgeführt. Bei Entscheidungen über
1. die Entschädigung,
2. die Gewährung eines Ersatzgrundstücks,
3. einen Schadensersatzanspruch nach § 13,
4. Wertausgleichs- und Erstattungsansprüche nach § 7, § 7a und § 14a,
5. zu übernehmende Grundpfandrechte nach § 16 Abs. 5 bis 9, Ablösebeträge nach § 18 und Sicherheitsleistungen nach § 18a sowie
6. die dem Entschädigungsfonds zustehenden Anteile bei der Erlösauskehr nach § 16 Abs. 1 des Investitionsvorranggesetzes

geschieht dies im Auftrag des Bundes. Für das Verfahren der Abführung von Verkaufserlösen nach § 11 Abs. 4 gilt Satz 2 entsprechend. Die Abwicklung von Vermögensangelegenheiten, die dem früheren Amt für den Rechtsschutz des Vermögens der Deutschen Demokratischen Republik übertragen waren, obliegt dem Bundesamt zur Regelung offener Vermögensfragen. Dazu gehören insbesondere ausländische Vermögenswerte außer Unternehmen und Betrieben, Gewinnkonten von 1972 verstaatlichten Unternehmen, an die Stelle von staatlich verwalteten Vermögenswerten getretene Einzelschuldbuchforderungen sowie in diesem Zusammenhang erbrachte Entschädigungsleistungen. Das Bundesamt entscheidet insoweit auch über einen etwaigen Widerspruch innerhalb des Verwaltungsverfahrens abschließend.

§ 23 Landesbehörden

Die Länder errichten Ämter und Landesämter zur Regelung offener Vermögensfragen.

§ 24 Untere Landesbehörden

Für jeden Landkreis, jede kreisfreie Stadt und für Berlin wird ein Amt zur Regelung offener Vermögensfragen als untere Landesbehörde eingerichtet. Im Bedarfsfall kann ein solches Amt für mehrere Kreise als untere Landesbehörde gebildet werden.

§ 25 Obere Landesbehörden

(1) Für jedes Land wird ein Landesamt zur Regelung offener Vermögensfragen gebildet. Für Entscheidungen über Anträge nach den §§ 6, 6a, 6b und über Grund und Höhe der

Übergangsregelungen §§ 26–28 **VermG**

Entschädigung nach § 6 Abs. 7 ist das Landesamt zuständig. Das Landesamt kann Verfahren, die bei einem ihm nachgeordneten Amt zur Regelung offener Vermögensfragen anhängig sind, an sich ziehen. Es teilt dies dem Amt mit, das mit Zugang der Mitteilung für das Verfahren nicht mehr zuständig ist und vorhandene Vorgänge an das Landesamt abgibt. Nach Satz 2 zuständige Landesämter können bei Sachzusammenhang vereinbaren, daß die Verfahren bei einem Landesamt zusammengefaßt und von diesem entschieden werden.

(2) Die Landesregierungen werden ermächtigt, die Zuständigkeit nach Absatz 1 durch Rechtsverordnung auf das jeweils örtlich zuständige Amt zur Regelung offener Vermögensfragen für die Fälle zu übertragen, in denen das zurückzugebende Unternehmen im Zeitpunkt der Schädigung nach Art und Umfang einen in kaufmännischer Weise eingerichteten Geschäftsbetrieb nicht erforderte oder den Betrieb eines handwerklichen oder sonstigen gewerblichen Unternehmens oder den der Land- und Forstwirtschaft zum Gegenstand hatte.

§ 26 Widerspruchsausschüsse

(1) Bei jedem Landesamt zur Regelung offener Vermögensfragen wird ein Widerspruchsausschuß gebildet; bei Bedarf können mehrere Widerspruchsausschüsse gebildet werden. Der Ausschuß besteht aus einem Vorsitzenden und zwei Beisitzern.

(2) Der Widerspruchsausschuß entscheidet weisungsunabhängig mit Stimmenmehrheit über den Widerspruch.

§ 27 Amts- und Rechtshilfe

(1) Alle Behörden und Gerichte haben den in diesem Abschnitt genannten Behörden unentgeltlich Amts- und Rechtshilfe zu leisten. Insbesondere sind die Finanzbehörden in dem in Artikel 3 des Einigungsvertrages genannten Gebiet verpflichtet, Auskünfte zu erteilen oder Einsicht in die Akten zu gewähren, soweit es zur Durchführung dieses Gesetzes erforderlich ist.

(2) Liegt dem Amt, Landesamt oder Bundesamt zur Regelung offener Vermögensfragen eine Mitteilung nach § 317 Abs. 2 des Lastenausgleichsgesetzes vor, unterrichtet es die Ausgleichsverwaltung über ein durchgeführtes oder anhängiges Verfahren nach diesem Gesetz. Die Unterrichtung umfaßt die zur Rückforderung des gewährten Lastenausgleichs erforderlichen Angaben, insbesondere die zur Zuordnung des Einzelfalls notwendigen Daten, und die Art der ergangenen Entscheidung. Im Einzelfall sind auf Ersuchen der Ausgleichsverwaltung weitere zur Rückforderung von Ausgleichsleistungen erforderliche Angaben insbesondere über die Art und Höhe der Leistungen sowie über den Namen und die Anschrift der jeweiligen Berechtigten zu übermitteln. Liegen Anhaltspunkte dafür vor, daß die geforderten Angaben zur Durchführung des Lastenausgleichsgesetzes nicht erforderlich sind, unterbleibt die Unterrichtung. Die Ausgleichsverwaltung darf die übermittelten Daten nur für diesen Zweck verwenden.

(3) Liegen dem Amt, Landesamt oder Bundesamt zur Regelung offener Vermögensfragen Anhaltspunkte dafür vor, daß für einen Vermögenswert rückerstattungsrechtliche Leistungen gewährt worden sind, unterrichtet es die für die Durchführung des Bundesrückerstattungsgesetzes zuständigen Behörden über ein durchgeführtes oder anhängiges Verfahren nach diesem Gesetz. Absatz 2 Satz 2 bis 5 gilt entsprechend.

§ 28 Übergangsregelungen

(1) Bis zur Errichtung der unteren Landesbehörden werden die Aufgaben dieses Gesetzes von den Landratsämtern oder Stadtverwaltungen der kreisfreien Städte wahrgenommen. Die auf der Grundlage der Anmeldeverordnung eingereichten Anmeldungen sind durch die Ämter zur Regelung offener Vermögensfragen nach deren Bildung von den

VermG §§ 29–30a   Verfahrensregelungen

Landratsämtern oder Stadtverwaltungen der kreisfreien Städte zur weiteren Bearbeitung zu übernehmen.

(2) Die Länder können die Aufgaben der unteren Landesbehörden auch auf Dauer durch die Landratsämter oder die Stadtverwaltungen der kreisfreien Städte wahrnehmen lassen.

§ 29 Bundesamt zur Regelung offener Vermögensfragen

(1) Zur Unterstützung der Gewährleistung einer einheitlichen Durchführung dieses Gesetzes wird ein Bundesamt zur Regelung offener Vermögensfragen gebildet. Beim Bundesamt ist ein Beirat zu bilden, der aus je einem Vertreter der in § 22 bezeichneten Länder, vier Vertretern der Interessenverbände und aus vier Sachverständigen besteht.

(2) Das Bundesamt zur Regelung offener Vermögensfragen entscheidet über Anträge auf Rückübertragung von Vermögenswerten, die der treuhänderischen Verwaltung nach § 20b des Parteiengesetzes der Deutschen Demokratischen Republik vom 21. Februar 1990 (GBl. I Nr. 9 S. 66), zuletzt geändert durch Gesetz vom 22. Juli 1990 (GBl. I Nr. 49 S. 904), der nach Anlage II Kapitel II Sachgebiet A Abschnitt III des Einigungsvertrages vom 31. August 1990 in Verbindung mit Artikel I des Gesetzes vom 23. September 1990 (BGBl. 1990 II S. 885, 1150) mit Maßgaben fortgilt, unterliegen. Das Bundesamt nimmt diese Aufgabe im Einvernehmen mit der Unabhängigen Kommission zur Überprüfung des Vermögens der Parteien und Massenorganisationen der Deutschen Demokratischen Republik wahr. Über Widersprüche entscheidet das Bundesamt im Einvernehmen mit der Kommission. Im übrigen bleiben die Aufgaben der Treuhandanstalt und der Kommission nach den §§ 20a und 20b des Parteiengesetzes der Deutschen Demokratischen Republik und den Maßgaben des Einigungsvertrages unberührt.

§ 29a *(weggefallen)*

Abschnitt VI. Verfahrensregelungen

§ 30 Antrag

(1) Ansprüche nach diesem Gesetz sind bei der zuständigen Behörde mittels Antrag geltend zu machen. Über den Antrag entscheidet die Behörde, wenn und soweit die Rückgabe zwischen dem Verfügungsberechtigten und dem Berechtigten nicht einvernehmlich zustande kommt. Der Antrag auf Rückgabe kann jederzeit zurückgenommen oder für erledigt erklärt werden. Er kann auch auf einzelne Verfahrensstufen beschränkt werden. Die Anmeldung nach der Anmeldeverordnung gilt als Antrag auf Rückübertragung oder auf Aufhebung der staatlichen Verwaltung.

(2) In den Fällen des § 6 Abs. 1 und des § 6b können die Parteien beantragen, die Entscheidung oder bestimmte Entscheidungen statt durch die Behörde durch ein Schiedsgericht nach § 38a treffen zu lassen. Die Behörde hat die Parteien auf diese Möglichkeit hinzuweisen, wenn nach ihren Ermittlungen Interessen Dritter durch die Entscheidung nicht berührt werden. Ein Antrag im Sinne des Satzes 1 kann auch noch gestellt werden, wenn das behördliche Verfahren bereits begonnen hat.

(3) Steht der Anspruch in den Fällen des § 1 Abs. 7 im Zusammenhang mit einer verwaltungsrechtlichen Entscheidung, deren Aufhebung nach anderen Vorschriften erfolgt, so ist der Antrag nach Absatz 1 nur zulässig, wenn der Antragsteller eine Bescheinigung der für die Rehabilitierung zuständigen Stelle über die Antragstellung im Rehabilitierungsverfahren vorlegt.

§ 30a Ausschlußfrist

(1) Rückübertragungsansprüche nach den §§ 3 und 6 sowie Entschädigungsansprüche nach § 6 Abs. 7, §§ 8 und 9 können nach dem 31. Dezember 1992, für bewegliche Sachen

nach dem 30. Juni 1993, nicht mehr angemeldet werden. In den Fällen des § 1 Abs. 7 gilt dies nur dann, wenn die Entscheidung, auf der der Vermögensverlust beruht, am 30. Juni 1992 bereits unanfechtbar aufgehoben war. Anderenfalls treten die Wirkungen des Satzes 1 nach Ablauf von sechs Monaten ab Unanfechtbarkeit der Aufhebungsentscheidung ein. Diese Vorschriften finden auf Ansprüche, die an die Stelle eines rechtzeitig angemeldeten Anspruchs treten oder getreten sind, keine Anwendung.

(2) Anträge auf Anpassung der Unternehmensrückgabe nach § 6 Abs. 8 können nur noch bis zum Ablauf von sechs Monaten nach Inkrafttreten des Registerverfahrenbeschleunigungsgesetzes gestellt werden.

(3) In den Fällen der Beendigung der staatlichen Verwaltung nach § 11a können Entscheidungen nach § 16 Abs. 3, Abs. 6 Satz 3, § 17 Satz 2, §§ 20 und 21 nach dem in Absatz 2 genannten Zeitpunkt nicht mehr ergehen, wenn sie bis zu diesem Zeitpunkt nicht beantragt worden sind. Erfolgte die Aufhebung der staatlichen Verwaltung durch bestandskräftigen Bescheid des Amts zur Regelung offener Vermögensfragen und ist eine Entscheidung über die Aufhebung eines Rechtsverhältnisses der in § 16 Abs. 3 oder § 17 bezeichneten Art oder über den Umfang eines zu übernehmenden Grundpfandrechts ganz oder teilweise unterblieben, kann sie nach Ablauf der in Satz 1 genannten Frist nicht mehr beantragt werden. Artikel 14 Abs. 6 Satz 1, 2, 4 und 5 des Zweiten Vermögensrechtsänderungsgesetzes gilt entsprechend.

(4) Im Zusammenhang mit Ansprüchen auf Rückübertragung des Eigentums an Grundstücken können Anträge auf Einräumung von Vorkaufsrechten nach den §§ 20 und 20a sowie Anträge auf Zuweisung von Ersatzgrundstücken nach § 21 Abs. 1 nach Bestandskraft der Entscheidung über den Rückübertragungsanspruch nicht mehr gestellt werden. Satz 1 gilt entsprechend, wenn die staatliche Verwaltung durch Bescheid des Amts zur Regelung offener Vermögensfragen bestandskräftig aufgehoben worden ist. Ist in einem bestandskräftigen Bescheid über die Rückübertragung des Eigentums eine Entscheidung über die Aufhebung eines Rechtsverhältnisses der in § 16 Abs. 3 oder § 17 bezeichneten Art oder über den Umfang eines zu übernehmenden Grundpfandrechts ganz oder teilweise unterblieben, gilt Absatz 3 Satz 2 entsprechend.

§ 31 Pflichten der Behörde

(1) Die Behörde ermittelt den Sachverhalt von Amts wegen, der Antragsteller hat hierbei mitzuwirken. Soweit die Behörde bei einem auf eine Geldleistung gerichteten Anspruch nach diesem Gesetz die für die Höhe des Anspruchs erheblichen Tatsachen nicht oder nur mit unverhältnismäßigem Aufwand ermitteln kann, hat sie die Höhe des Anspruchs zu schätzen. Dabei sind alle Umstände zu berücksichtigen, die für die Schätzung von Bedeutung sind. Zu schätzen ist insbesondere, wenn der Antragsteller über seine Angaben keine ausreichende Aufklärung zu geben vermag oder weitere Auskünfte verweigert.

(1a) Vergleiche sind zulässig.

(1b) Ist nicht festzustellen, welcher Vermögenswert Gegenstand des Antrags ist, so fordert die Behörde den Antragsteller auf, innerhalb von vier Wochen ab Zugang der Aufforderung nähere Angaben zu machen. Die Frist kann verlängert werden, wenn dem Antragsteller eine fristgerechte Äußerung aus von ihm nicht zu vertretenden Gründen nicht möglich ist, insbesondere in den Fällen des § 1 Abs. 6. Macht der Antragsteller innerhalb der gesetzten Frist keine näheren Angaben, so wird sein Antrag zurückgewiesen.

(1c) Werden Ansprüche nach § 1 Abs. 6 geltend gemacht, so finden für die Todesvermutung eines Verfolgten § 180 und für den Nachweis der Erbberechtigung § 181 des Bundesentschädigungsgesetzes entsprechende Anwendung.

(2) Die Behörde hat die betroffenen Rechtsträger oder staatlichen Verwalter sowie Dritte, deren rechtliche Interessen durch den Ausgang des Verfahrens berührt werden

können, über die Antragstellung, auf Antrag unter Übersendung einer Abschrift des Antrags und seiner Anlagen, zu informieren und zu dem weiteren Verfahren hinzuzuziehen. Ist der Vermögenswert im Bereich eines anderen Amts oder Landesamts zur Regelung offener Vermögensfragen belegen, so hat sie dieses unverzüglich unter genauer Bezeichnung des Antragstellers und des Vermögenswerts über die Antragstellung zu unterrichten.

(3) Auf Verlangen hat der Antragsteller Anspruch auf Auskunft durch die Behörde über alle Informationen, die zur Durchsetzung seines Anspruchs erforderlich sind. Hierzu genügt die Glaubhaftmachung des Anspruchs. Die Auskunft ist schriftlich zu erteilen. Wird ein Antrag auf Rückgabe eines Unternehmens gestellt, so hat die Behörde dem Antragsteller, wenn er seine Berechtigung glaubhaft macht, zu gestatten, die Geschäftsräume des Unternehmens zu betreten und alle Unterlagen einzusehen, die für seinen Antrag Bedeutung haben können.

(4) Die Behörde ist berechtigt, vom Rechtsträger, derzeitigen Eigentümer, staatlichen Verwalter sowie weiteren mit der Verwaltung von Vermögenswerten Beauftragten umfassende Auskunft zu fordern.

(5) Die Behörde hat in jedem Stadium des Verfahrens auf eine gütliche Einigung zwischen dem Berechtigten und dem Verfügungsberechtigten hinzuwirken. Sie setzt das Verfahren aus, soweit ihr mitgeteilt wird, daß eine gütliche Einigung angestrebt wird. Kommt es zu einer Einigung, die den Anspruch des Berechtigten ganz oder teilweise erledigt, so erläßt die Behörde auf Antrag einen der Einigung entsprechenden Bescheid; § 33 Abs. 4 findet Anwendung. Die Einigung kann sich auf Gegenstände erstrecken, über die nicht im Verfahren nach diesem Abschnitt zu entscheiden ist. Absatz 2 bleibt unberührt. Der Bescheid wird sofort bestandskräftig, wenn nicht der Widerruf innerhalb einer in dem Bescheid zu bestimmenden Frist, die höchstens einen Monat betragen darf, vorbehalten wird.

(6) Haben die Parteien einen Antrag nach § 30 Abs. 2 Satz 1 Halbsatz 1 gestellt, so gibt die Behörde dem Antrag statt, wenn Interessen Dritter im Sinne des Absatzes 2 nicht berührt sind. Die Behörde ist dem Schiedsgericht zur Auskunft über alle Informationen verpflichtet, die das Schiedsgericht für seine Entscheidung benötigt. Sie ist an die Entscheidung des Schiedsgerichts gebunden.

(7) Soweit in diesem Gesetz nichts anderes bestimmt ist, sind bis zum Erlaß entsprechender landesrechtlicher Bestimmungen die Vorschriften des Verwaltungsverfahrensgesetzes, des Verwaltungszustellungsgesetzes und des Verwaltungsvollstreckungsgesetzes anzuwenden.

Entscheidung, Wahlrecht

§ 32 [Entscheidung]

(1) Die Behörde hat dem Antragsteller die beabsichtigte Entscheidung schriftlich mitzuteilen und ihm Gelegenheit zur Stellungnahme binnen zwei Wochen zu geben. Dabei ist er auf die Möglichkeit der Auskunftserteilung gemäß § 31 Abs. 3 sowie auf das Wahlrecht nach § 6 Abs. 7 oder § 8 hinzuweisen. Dem Verfügungsberechtigten ist eine Abschrift der Mitteilung nach Satz 1 zu übersenden.

(2) (weggefallen)

(3) Hat der Antragsteller Auskunft verlangt, kann die Behörde über den Antrag frühestens einen Monat, nachdem dem Antragsteller die Auskunft zugegangen ist, entscheiden.

(4) Entscheidungen und Mitteilungen nach diesem Abschnitt, die eine Frist in Lauf setzen, sind den in ihren Rechten Betroffenen zuzustellen.

(5) Jedem, der ein berechtigtes Interesse glaubhaft darlegt, können Namen und Anschriften der Antragsteller sowie der Vermögenswert mitgeteilt werden, auf den sich die Anmeldung bezieht. Jeder Antragsteller kann der Mitteilung der ihn betreffenden Angaben nach Satz 1 widersprechen, die dann unbeschadet der nach anderen Vorschriften bestehenden Auskunftsrechte unterbleibt. Das Amt zur Regelung offener Vermögensfragen weist jeden Antragsteller mit einer Widerspruchsfrist von zwei Wochen auf diese Möglichkeit hin, sobald erstmals nach Inkrafttreten dieser Vorschrift ein Dritter eine Mitteilung nach Satz 1 beantragt.

§ 33 [Wahlrecht]

(1) Ist die Rückübertragung ausgeschlossen oder hat der Antragsteller Entschädigung gewählt, entscheidet die Behörde über Grund und Höhe der Entschädigung. § 4 des NS-Verfolgtenentschädigungsgesetzes bleibt unberührt.

(2) Wird der Entschädigungsfonds durch eine Entscheidung mit größerer finanzieller Auswirkung belastet, gibt die Behörde zuvor dem Bundesamt zur Regelung offener Vermögensfragen Gelegenheit zur Stellungnahme. Die beabsichtigte Entscheidung ist dem Bundesamt zur Regelung offener Vermögensfragen über das Landesamt zur Regelung offener Vermögensfragen zuzuleiten. Die Einzelheiten bestimmt das Bundesministerium der Finanzen.

(3) Über Schadensersatzansprüche gemäß § 13 Abs. 2 und 3 und § 14 ist eine gesonderte Entscheidung zu treffen; sie ist nicht Voraussetzung für die Rückübertragung des Eigentums oder die Aufhebung der staatlichen Verwaltung. Entscheidungen über die Höhe der Entschädigung ergehen vorbehaltlich der Kürzungsentscheidung nach § 7 Abs. 3 des Entschädigungsgesetzes.

(4) Über die Entscheidung ist den Beteiligten ein schriftlicher Bescheid zu erteilen und zuzustellen. Der Bescheid ist zu begründen und mit einer Rechtsbehelfsbelehrung zu versehen.

(5) Mit der Entscheidung ist den Beteiligten ein Übergabeprotokoll zuzustellen. Dieses hat Angaben zum festgestellten Eigentums- und Vermögensstatus, zu getroffenen Vereinbarungen sowie zu sonstigen wesentlichen Regelungen in bezug auf die zu übergebenden Vermögenswerte zu enthalten. Bei der Rückgabe von Unternehmen muß das Übergabeprotokoll die in § 6b Abs. 4 bezeichneten Angaben enthalten.

(6) Die Entscheidung wird einen Monat nach Zustellung bestandskräftig, wenn kein Widerspruch eingelegt wird. Die §§ 58 und 60 der Verwaltungsgerichtsordnung bleiben unberührt. Die Entscheidung kann nach Maßgabe des § 80 Abs. 2 Nr. 4 oder des § 80a Abs. 1 Nr. 1 der Verwaltungsgerichtsordnung für sofort vollziehbar erklärt werden.

§ 34 Eigentumsübergang, Grundbuchberichtigung und Löschung von Vermerken über die staatliche Verwaltung

(1) Mit der Unanfechtbarkeit einer Entscheidung über die Rückübertragung von Eigentumsrechten oder sonstigen dinglichen Rechten gehen die Rechte auf den Berechtigten über, soweit nicht in diesem Gesetz etwas anderes bestimmt ist. Satz 1 gilt für die Begründung von dinglichen Rechten entsprechend. Ist die Entscheidung für sofort vollziehbar erklärt worden, so gilt die Eintragung eines Widerspruchs oder einer Vormerkung als bewilligt. Der Widerspruch oder die Vormerkung erlischt, wenn die Entscheidung unanfechtbar geworden ist.

(2) Bei der Rückübertragung von Eigentums- und sonstigen dinglichen Rechten an Grundstücken und Gebäuden sowie bei der Aufhebung der staatlichen Verwaltung ersucht die Behörde das Grundbuchamt um die erforderlichen Berichtigungen des Grundbuchs. Dies gilt auch für die in § 1287 Satz 2 des Bürgerlichen Gesetzbuchs bezeichnete

Sicherungshypothek. Gebühren für die Grundbuchberichtigung und das Grundbuchverfahren in den Fällen des § 7a Abs. 3, der §§ 16 und 18a werden nicht erhoben.

(3) Personen, deren Vermögenswerte von Maßnahmen nach § 1 betroffen sind, sowie ihre Erben sind hinsichtlich der nach diesem Gesetz erfolgenden Grundstückserwerbe von der Grunderwerbsteuer befreit. Dies gilt nicht für Personen, die ihre Berechtigung durch Abtretung, Verpfändung oder Pfändung erlangt haben, und ihre Rechtsnachfolger.

(4) Die Absätze 1 bis 3 sind auf die Rückgabe von Unternehmen und deren Entflechtung anzuwenden, soweit keine abweichenden Regelungen vorgesehen sind. Das Eigentum an einem Unternehmen oder einer Betriebsstätte geht im Wege der Gesamtrechtsnachfolge über.

(5) Absatz 2 gilt entsprechend für im Schiffsregister eingetragene Schiffe und im Schiffsbauregister eingetragene Schiffsbauwerke.

§ 35 Örtliche Zuständigkeit

(1) Für die Entscheidung über Vermögenswerte in staatlicher Verwaltung ist das Amt zur Regelung offener Vermögensfragen zuständig, in dessen Bereich der Antragsteller, im Erbfall der betroffene Erblasser, seinen letzten Wohnsitz hatte. Das gilt auch für Vermögenswerte, die beschlagnahmt und in Volkseigentum übernommen wurden.

(2) In den übrigen Fällen ist das Amt zur Regelung offener Vermögensfragen zuständig, in dessen Bereich der Vermögenswert belegen ist.

(3) In den Fällen des § 3 Abs. 2 ist das Amt zur Regelung offener Vermögensfragen ausschließlich zuständig, in dessen Bereich der Vermögenswert belegen ist. Das Amt, dessen Zuständigkeit zunächst nach Absatz 1 begründet war, gibt sein Verfahren dorthin ab.

(4) Ist der Antrag an ein örtlich unzuständiges Amt oder an eine andere unzuständige Stelle gerichtet worden, haben diese den Antrag unverzüglich an das zuständige Amt zur Regelung offener Vermögensfragen abzugeben und den Antragsteller zu benachrichtigen.

§ 36 Widerspruchsverfahren

(1) Gegen Entscheidungen des Amts zur Regelung offener Vermögensfragen kann Widerspruch erhoben werden, der nicht auf einen Verstoß gegen die Bestimmungen über die Zuständigkeit gestützt werden kann. Der Widerspruch ist innerhalb eines Monats nach Zustellung der Entscheidung schriftlich bei dem Amt zu erheben, das die Entscheidung getroffen hat. Der Widerspruch soll begründet werden. Wird dem Widerspruch nicht oder nicht in vollem Umfang abgeholfen, ist er dem zuständigen Widerspruchsausschuß zuzuleiten.

(2) Kann durch die Aufhebung oder Änderung der Entscheidung ein anderer als der Widerspruchsführer beschwert werden, so ist er vor Abhilfe oder Erlaß des Widerspruchsbescheids zu hören.

(3) Der Widerspruchsbescheid ist zu begründen, mit einer Rechtsmittelbelehrung zu versehen und zuzustellen.

(4) Gegen die Entscheidung des Landesamts nach § 25 Abs. 1 und Entscheidungen des Bundesamts nach § 29 Abs. 2, die die Rückübertragung von Unternehmen betreffen, findet ein Widerspruchsverfahren nicht statt.

§ 37 Zulässigkeit des Gerichtsweges

(1) Der Beschwerte kann gegen den Widerspruchsbescheid oder bei Ausschluß des Widerspruchsverfahrens nach § 36 Abs. 4 unmittelbar gegen den Bescheid der Behörde Antrag auf Nachprüfung durch das Gericht stellen. § 36 Abs. 1 Satz 1 Halbsatz 2 gilt entsprechend.

Verordnungsermächtigung §§ 38–40 **VermG**

(2) Die Berufung gegen ein Urteil und die Beschwerde gegen eine andere Entscheidung des Gerichts sind ausgeschlossen. Das gilt nicht für die Beschwerde gegen die Nichtzulassung der Revision nach § 135 in Verbindung mit § 133 der Verwaltungsgerichtsordnung, die Beschwerde gegen Beschlüsse über den Rechtsweg nach § 17a Abs. 2 und 3 des Gerichtsverfassungsgesetzes und die Beschwerde gegen Beschlüsse über den Antrag auf Anordnung der aufschiebenden Wirkung nach § 80 Abs. 5 der Verwaltungsgerichtsordnung. Auf die Beschwerde gegen die Beschlüsse über den Rechtsweg findet § 17a Abs. 4 Satz 4 bis 6 des Gerichtsverfassungsgesetzes entsprechende Anwendung.

§ 38 Kosten

(1) Das Verwaltungsverfahren einschließlich des Widerspruchsverfahrens ist kostenfrei.

(2) Die Kosten einer Vertretung trägt der Antragsteller. Die Kosten der Vertretung im Widerspruchsverfahren sind dem Widerspruchsführer zu erstatten, soweit die Zuziehung eines Bevollmächtigten zur zweckentsprechenden Rechtsverfolgung notwendig und der Widerspruch begründet war. Über die Tragung der Kosten wird bei der Entscheidung zur Sache mitentschieden.

§ 38a Schiedsgericht; Schiedsverfahren

(1) Die Einsetzung eines Schiedsgerichts für Entscheidungen nach § 6 Abs. 1 oder die vorhergehende Entflechtung nach § 6b erfolgt auf Grund eines Schiedsvertrags zwischen den Parteien (Berechtigter und Verfügungsberechtigter). Das Schiedsgericht besteht aus einem Vorsitzenden und zwei Beisitzern, von denen jede Partei einen ernennt. Der Vorsitzende, der die Befähigung zum Richteramt haben muß, wird von den Beisitzern ernannt.

(2) Auf den Schiedsvertrag und das schiedsgerichtliche Verfahren finden die Vorschriften der §§ 1025 bis 1047 der Zivilprozeßordnung Anwendung. § 31 Abs. 5 gilt entsprechend. Gericht im Sinne des § 1045 der Zivilprozeßordnung ist das nach § 37 zuständige Gericht. Die Niederlegung des Schiedsspruchs oder eines schiedsrichterlichen Vergleichs erfolgt bei der Behörde.

(3) Gegen den Schiedsspruch kann innerhalb von vier Wochen Aufhebungsklage bei dem nach Absatz 2 Satz 3 zuständigen Gericht erhoben werden. Wird die Aufhebungsklage innerhalb dieser Frist nicht erhoben oder ist sie rechtskräftig abgewiesen worden oder haben die Parteien nach Erlaß des Schiedsspruchs auf die Aufhebungsklage verzichtet oder liegt ein schiedsrichterlicher Vergleich vor, erläßt die Behörde einen Bescheid nach § 33 Abs. 3 Satz 1 in Verbindung mit einem Übergabeprotokoll nach § 33 Abs. 4, in dem der Inhalt des Schiedsspruchs oder des schiedsrichterlichen Vergleichs festgestellt wird; dieser Bescheid ist sofort bestandskräftig und hat die Wirkungen des § 34.

§ 39 (Außerkrafttreten anderer Vorschriften)

§ 40 Verordnungsermächtigung

Das Bundesministerium der Justiz wird ermächtigt, im Einvernehmen mit dem Bundesministerium der Finanzen und dem Bundesministerium für Raumordnung, Bauwesen und Städtebau durch Rechtsverordnung mit Zustimmung des Bundesrates weitere Einzelheiten des Verfahrens nach § 16 Abs. 5 bis 9, §§ 18 bis 18b, 20 und 20a und Abschnitt VI, der Sicherheitsleistung oder der Entschädigung zu regeln oder von den Bestimmungen der Hypothekenablöseanordnung vom 14. Juli 1992 (BGBl. I S. 1257) abweichende Regelungen zu treffen.

Gesetz zur Regelung offener Vermögensfragen (Vermögensgesetz – VermG)

In der Fassung der Bekanntmachung vom 2. Dezember 1994 (BGBl. I S. 3610)[1]

Vorbemerkungen

Materialien: *Denkschrift* zum Einigungsvertrag, BT-Drucksache 11/7760, S. 355 ff.; *Unterrichtung* durch die *Bundesregierung, Erläuterung* zu den Anlagen zum Einigungsvertrag, hier: Anlage II Kapitel III Sachgebiet B Abschnitt I Nummer 1 und 2 („Gesetz zur Regelung offener Vermögensfragen"), BT-Drucksache 11/7831, S. 1 ff.;

Gesetz zur Beseitigung von Hemmnissen bei der Privatisierung von Unternehmen und zur Förderung von Investitionen (sog. Hemmnissebeseitigungsgesetz bzw. PrHBG): BT-Drucksache 12/103 = BR-Drucksache 70/91 (Gesetzentwurf der Bundesregierung mit Begründung), BT-Drucksache 12/204 (Stellungnahme des Bundesrates zum Gesetzentwurf der Bundesregierung, S. 5 ff.), BT-Drucksache 12/216 (Gegenäußerung der Bundesregierung zu der Stellungnahme des Bundesrats), BT-Drucksache 12/255 (Beschlußempfehlung des Rechtsausschusses), BT-Drucksache 12/449 (Bericht des Rechtsausschusses);

Gesetz zur Änderung des Vermögensgesetzes und anderer Vorschriften – *Zweites Vermögensrechtsänderungsgesetz* (2. VermRÄndG): BT-Drucksache 12/2228 (Gesetzentwurf der Abgeordneten Enkelmann, Heuer, Gysi und der Gruppe PDS/Linke Liste), BT-Drucksache 12/2480 (Gesetzentwurf der Fraktionen der CDU/CSU und FDP), BR-Drucksache 227/92 (Gesetzentwurf der Bundesregierung), BT-Drucksache 12/2695 (Gesetzentwurf der Bundesregierung mit Stellungnahme des Bundesrates und Gegenäußerung der Bundesregierung zu der Stellungnahme des Bundesrates), BT-Drucksache 12/2944 (Beschlußempfehlung und Bericht des Rechtsausschusses), BT-Drucksache 12/2950 bis 12/2954 (Änderungsanträge der SPD-Fraktion) und BR-Drucksache 459/92 (Gesetzesbeschluß des Bundestages);

Gesetz zur Vereinfachung und Beschleunigung registerrechtlicher und anderer Verfahren (*Registerverfahrensbeschleunigungsgesetz – RegVBG*): BT-Drucksache 12/5553, S. 201 f. (Gesetzentwurf der Bundesregierung mit Begründung), BT-Drucksache 12/6228, S. 51, 102 ff. (Beschlußempfehlung und Bericht des Rechtsausschusses);

Gesetz über die Entschädigung nach dem Gesetz zur Regelung offener Vermögensfragen und über staatliche Ausgleichsleistungen für Enteignungen auf besatzungsrechtlicher oder besatzungshoheitlicher Grundlage (Entschädigungs- und Ausgleichsleistungsgesetz – EALG –): BT-Drucksache 12/4887 = BR-Drucksache 244/93 (Gesetzentwurf der Bundesregierung mit Begründung), BT-Drucksache 12/5108 (Stellungnahme des Bundesrates mit Gegenäußerung der Bundesregierung), BT-Drucksache 12/6066 (Abgeordnetenantrag), BT-Drucksache 12/7588 (Beschlußempfehlung und Bericht des Finanzausschusses), BT-Drucksache 12/7593 (Abgeordnetenbericht), BT-Drucksache 12/8279, BT-Drucksache 12/8413 und BR-Drucksache 836/94 (Zustimmung von Bundestag und Bundesrat zu den Vorschlägen des Vermittlungsausschusses).

Entwurf eines Gesetzes zur Einbeziehung der Mauer- und Grenzgrundstücke in das Vermögensgesetz: BR-Drucksache 441/94/BR-Vorlage), BT-Drucksache 12/8427 (Gesetzentwurf).

Monographien: *Blümmel-Rodenbach,* Rückerstattung und Entschädigung bei Grundstücken und anderem Vermögen in der ehemaligen DDR (Loseblatt); *Brandt-Kittke,* Rechtsprechung und Gesetzgebung zur Regelung offener Vermögensfragen (RGV), (Loseblatt); *Cremer,* Immobiliengeschäfte in den neuen Bundesländern, – Die Rechtslage nach dem 2. VermRÄndG –, 1992; *Czerwenka,* Rückgabe enteigneter Unternehmen in den neuen Bundesländern, 1991; *Diekmann,* Das System der Rückerstattungstatbestände nach dem Gesetz zur Regelung offener Vermögensfragen, 1992; *Dusold,* Restitution vor Entschädigung – Wiedervereinigung zu welchem Preis? – Analyse und Wertung nach rechtlichen, wirtschaftlichen und politischen

---

[1] Neubekanntmachung des am 29. 9. 1990 in Kraft getretenen Vermögensgesetzes vom 23. 9. 1990 (BGBl. II S. 885, 1159 ff.) unter Berücksichtigung der seit dem 29. 3. 1991 geltenden Änderungen aufgrund des Gesetzes zur Beseitigung von Hemmnissen bei der Privatisierung von Unternehmen und zur Förderung von Investitionen vom 22. 3. 1991 (BGBl. I S. 766) in der Fassung der Bekanntmachung vom 18. April 1991 (BGBl. I S. 957, ber. 1928) mit den Änderungen in der seit dem 22. 7. 1992 geltenden Fassung durch das Gesetz zur Änderung des Vermögensgesetzes und anderer Vorschriften (Zweites Vermögensrechtsänderungsgesetz – 2. VermRÄndG) vom 14. 7. 1992 (BGBl. I S. 1257) sowie den Änderungen durch Art. 15 § 2 RegVBG vom 20. 12. 1993 (BGBl. I S. 2182, 2223), Art. 19 Steuermißbrauchsbekämpfungsgesetz (StMBG) vom 21. 12. 1993 (BGBl. I S. 2310, 2337), Art. 2 § 3 Sachenrechtsänderungsgesetz (SachenRÄndG) vom 21. 9. 1994 (BGBl. I S. 2457, 2489), Art. 10 Entschädigungs- und Ausgleichsleistungsgesetz (EALG) vom 27. 9. 1994 (BGBl. I S. 2624, 2636) und Art. 101 EGInsO v. 5. 10. 1994 (BGBl. I S. 2911, 2951). Die Änderungen durch das Einführungsgesetz zur Insolvenzordnung treten gem. Art. 110 Abs. 1 erst am 1. Januar 1999 in Kraft.

Gesichtspunkten –, 1993; *Fieberg-Reichenbach* (Hrsg.), Enteignung und Offene Vermögensfragen in der ehemaligen DDR (RWS-Dokumentation 7), 1991, 1992; *Fieberg-Reichenbach-Messerschmidt-Schmidt-Räntsch (zit.: Bearbeiter F/R/M/S),* VermG, (Loseblatt), 1991 ff.; *Försterling,* Recht der offenen Vermögensfragen, 1993; *Fricke-Märker,* Enteignetes Vermögen in der EX-DDR, 1992; *Friedlein,* Vermögensansprüche in den fünf neuen Bundesländern, 1992; *Horn,* Das Zivil- und Wirtschaftsrecht im neuen Bundesgebiet, 2. Aufl., 1993; *Jenkis,* Die Folgen früherer Enteignungen von Grundbesitz in der ehemaligen DDR, – Eine empirische Untersuchung –, 1993; *Kaligin-Goutier,* Beratungshandbuch Eigentum und Investitionen in den neuen Bundesländern, (Loseblatt); *Kimme,* (Hrsg.), Offene Vermögensfragen, (Loseblatt); *Koerner,* Offene Vermögensfragen in den neuen Ländern, 2. Aufl. 1993; *Klumpe-Nastold,* Eigentum in den neuen Bundesländern, 1992; *dies.,* Rechtshandbuch Ost-Immobilien, 2. Aufl. 1992; *Löbach-Kreuer,* Das Lastenausgleichsrecht und offene Vermögensfragen, (Loseblatt); *Lorff,* Offene Vermögensfragen nach der Einigung Deutschlands, (Loseblatt); *Rädler-Raupach-Bezzenberger (zit.: Bearbeiter, R/R/B)* (Hrsg.), Vermögen in der ehemaligen DDR, (Loseblatt), 1991 ff.; *Rechtshandbuch Vermögen und Investitionen in der ehemaligen DDR (zit.: Bearbeiter, Rechtshandbuch),* hrsg. von *Brunner* ua., (Loseblatt), 1991 ff.; *Schmidt-Räntsch,* Eigentumszuordnung, Rechtsträgerschaft und Nutzungsrechte an Grundstücken, – Aktuelle Probleme der Rechtspraxis in den neuen Bundesländern –, 1992; *Söfker,* Vermögensrecht nach dem Zweiten Vermögensrechtsänderungsgesetz, 1992; *Stache,* Beseitigung von Hemmnissen bei der Privatisierung von Unternehmen und Förderung von Investitionen in den neuen Bundesländern, 1991; *Stern* (Hrsg.), Deutsche Wiedervereinigung, 1992; *Stern/Schmidt-Bleibtreu* (Hrsg.), Verträge und Rechtsakte zur Deutschen Einheit, Bd. 2, Einigungsvertrag und Wahlvertrag, 1990; *Zivilrecht im Einigungsvertrag,* – Sonderausgabe bzw. Ergänzungsband zur 2. Aufl. des Münchener Kommentars zum BGB –, 1991.

Allgemeines Schrifttum: *Barkam,* Vorbemerkung und Kommentierung zum VermG, R/R/B, Teil 3 A I; *Bertrams,* Das Gesetz zur Regelung offener Vermögensfragen, DVBl. 1994, 374 ff.; *Blumenwitz,* Zu den völkerrechtlichen Schranken einer Restitutions- oder Ausgleichsregelung in der Bundesrepublik Deutschland, DtZ 1993, 258 ff.; *ders.,* Staatennachfolge und die Einigung Deutschlands, 1992; *Brunner,* Das Recht zur Regelung offener Vermögensfragen, Rechtshandbuch, SystDarst I; *Christmann,* Offene Vermögensfragen und besondere Investitionen im Bereich der ehemaligen DDR, DStR 1990, 732 ff.; *dies.,* Zur Änderung des Gesetzes über offene Vermögensfragen und des Gesetzes über besondere Investitionen, DB 1991, 897 ff.; *Claussen,* Der Grundsatz „Rückgabe vor Entschädigung", NJ 1992, 297 ff.; *Dornberger-Dornberger,* Das Gesetz zur Regelung offener Vermögensfragen und das Gesetz über besondere Investitionen, DB 1990, 3154 ff.; *Drobnig,* Anwendung und Auslegung von DDR-Recht heute, DtZ 1994, 86 ff.; *Espey-Jaenecke,* Restitutionsansprüche gegen Erwerber von Treuhandunternehmen, BB 1991, 1442 ff.; *Fieberg-Reichenbach,* Zum Problem der offenen Vermögensfragen, NJW 1991, 321 ff.; *dies.,* Offene Vermögensfragen und Investitionen in den neuen Bundesländern, NJW 1991, 1977 ff.; *Försterling,* Rechtsprobleme der Investitionsförderung und der Regelung der Eigentumsordnung in den neuen Bundesländern, DVBl. 1992, 497 ff.; *Hohmeister,* Bodenpreisproblematik neben einer Entschädigungsregelung in den neuen Ländern, BB 1992, 1738 ff.; *Kiethe-Windthorst,* Probleme bei der Wahl zwischen Restitution und Entschädigung, VIZ 1994, 12 ff.; *Kinne,* Das Vermögensgesetz, NWB 1992, Fach 29, S. 929 ff.; *Kittke,* Zur Regelung offener Vermögensfragen zwischen der Bundesrepublik Deutschland und der DDR, DtZ 1990, 179 ff.; *Liebs-Preu,* Ein Gesetz zur Beseitigung der restlichen Investitionsmöglichkeiten in der früheren DDR?, ZIP 1991, 216 ff.; *dies.,* Probleme der Rückgabe enteigneter Unternehmen in der früheren DDR, DB 1991, 145 ff.; *Lochen,* Zur Arbeit der Ämter zur Regelung offener Vermögensfragen, ZOV 1992, 230 ff.; *Märker,* Die Regelung der offenen Vermögensfragen in den neuen Bundesländern – eine Aufgabe für die Richterschaft, DRiZ 1993, 262 ff.; *Marotzke,* Der Einfluß des Insolvenzverfahrens auf Restitutionsansprüche nach dem Vermögensgesetz, ZIP 1993, 885 ff.; *Messerschmidt,* Die Entwicklung des Vermögens- und Investitionsrechts 1990–1992, NJW 1993, 1682 ff.; *ders.,* Die Entwicklung des Vermögens- und Investitionsrechts 1992–1993, NJW 1993, 2490 ff.; *ders.,* Die Entwicklung des Vermögens- und Investitionsrechts 1993/1994, NJW 1994, 2519 ff.; *Motsch,* Einführung in die Regelung offener Vermögensfragen, ZOV 1991, 4 ff.; *ders.,* Vom Sinn und Zweck der Regelung offener Vermögensfragen, VIZ 1993, 41 ff.; *ders.,* Systematische Darstellung der Regelung offener Vermögensfragen in den neuen Bundesländern, R/R/B, Teil 2 B; *Niederleithinger,* Beseitigung von Hemmnissen bei der Privatisierung und Förderung von Investitionen in den neuen Bundesländern, ZIP 1991, 205 ff.; *ders.,* Die Reprivatisierung der zwischen 1949 und 1972 in der DDR enteigneten Unternehmen, ZIP 1991, 62 ff.; *ders.,* Restitution als Grundsatz, VIZ 1992, 55 f.; *Nölkel,* Die Umkehrung des Grundsatzes „Restitution vor Entschädigung" als Instrument zur Förderung von Investitionen in den neuen Bundesländern, DStR 1993, 1912 ff.; *Oetker,* Rechtsvorschriften der ehem. DDR als Problem methodengerechter Gesetzesanwendung, JZ 1992, 608 ff.; *Sachverständigenrat* zur Begutachtung der gesamtwirtschaftlichen Entwicklung, Sondergutachten des Sachverständigenrats zur Wirtschaftspolitik für die neuen Bundesländer, ZIP 1991, 547 ff.; *Schmidt-Räntsch,* Restitution und Insolvenz, ZIP 1992, 593 ff.; *ders.,* Zum sogenannten Enthemmungsgesetz, DtZ 1991, 169 ff.; *Schöneberg,* Die Rechtsentwicklung im Bereich der Regelung offener Vermögensfragen, NJ 1993, 253 ff.; *dies.,* Statistische Übersicht zu den Offenen Vermögensfragen, ZOV 1993, 157 f.; *Stargardt,* Das Gesetz zur Regelung offener Vermögensfragen – Vermögensgesetz, ZIP 1990, 1636 ff.; *Tenbieg,* Offene Vermögensfragen – Eine statistische Übersicht, VIZ 1993, 57 f. und 442 f.; *Wasmuth,* Einführung VermG, Rechtshandbuch, B 100; *ders.,* Das Recht zur Regelung offener Vermögensfragen, BRAK-Mitt. 1991, 116 ff.; *ders.,* Wider den Irrlehre vom Teilungsrecht, VIZ 1993, 1 ff.; *Wassermann,* Sie bleiben die Opfer, – Rückerstattung und Entschädigung bei Eigentumsentzug in SBZ und DDR, DWW 1993, 61 ff.; *Wassermann-Märker,* Rechtstatsächliche Anmerkungen zur Behandlung der offenen Vermögensfragen, ZRP 1993, 138 ff.; *Wiegand,* Rechtsphilosophische Anmerkungen zur Behandlung offener Vermögensfragen in der Pflichtenlehre von M. Tullius Cicero und im Vermögensgesetz, ZRP 1992, 284 ff.; *Wilske-Galler,* Aus der Praxis der Vermögensämter: Der Ausschluß der Rückübertragung von privaten Vermögenswerten aufgrund redlichen Erwerbs gemäß § 4 Abs. 2 VermG, ZOV 1992, 242 ff.

Schrifttum zum Zweiten VermRÄndG: *Dornberger-Dornberger,* Zum Zweiten Vermögensrechtsänderungsgesetz, DB 1992, 1613 ff.; *Fieberg-Reichenbach* (Hrsg.), Zweites Vermögensrechtsänderungsgesetz (RWS-Dokumentation 14), 1992; *Horn,* Das zweite Vermögensrechtsänderungsgesetz und die Verfügbarkeit von Grundeigentum im neuen Bundesgebiet, DZWiR 1992, 309 ff.; *Kinne,* Restitution und Nutzungsrechte nach dem Zweiten Vermögensrechtsänderungsgesetz, ZOV 1992, 118 ff.; *ders.,* Aktuelle Neuerungen nach dem 2. Vermögensrechtsänderungsgesetz, ZOV 1992, 235 ff.; *Kuhlmey/Tenbieg/Wessel-Terharn/Wittmar,* 2. Vermögensrechtsänderungsgesetz, – Text- und Dokumentationsband –, 1992; *Messerschmidt,* Die Auswirkungen des 2. Vermögensrechtsänderungsgesetzes auf die Unternehmensrückgabe, VIZ 1992, 417 ff.; *Schmidt-Räntsch,* Zum Entwurf des Zweiten Vermögensrechtsänderungsgesetzes, VIZ 1992, 169 ff.; *ders.,* Die Novelle zum Vermögensrecht, NJ 1992, 444 ff.; *ders.,* Das Vermögens- und Investitionsrecht nach dem Zweiten Vermögensrechtsänderungsgesetz vom 14. Juli 1992, – Texte mit Einführungen und Erläuterungen –, VIZ 1992, Beihefter zu Heft 8; *ders.,* Das Zweite Vermögensrechtsänderungsgesetz, VIZ 1992, 297 ff. und DtZ 1992, 314 ff.; *Strobel,* Das zweite Vermögensrechtsänderungsgesetz mit dem neuen Investitionsvorranggesetz, GmbHR 1992, 497 ff.; *Strohm,* Beratungspraxis zu Ost-Immobilien nach dem Zweiten Vermögensrechtsänderungsgesetz, NJW 1992, 2849 ff.; *Uechtritz,* Das Zweite Vermögensrechtsänderungsgesetz, BB 1992, 1649 ff.; *Weimar-Alfes,* Der Entwurf des Zweiten Vermögensrechtsänderungsgesetzes, DB 1992, 1075 ff.

Schrifttum zum Entschädigungs- und Ausgleichsleistungsgesetz: *Biehler,* Offene Fragen beim Bodenreformland und das geplante Ausgleichsleistungs- und Entschädigungsgesetz, LKV 1994, 42 ff.; *Eisold,* Eine neue Vermögensabgabe? Wer muß sie zahlen?, DStZ 1992, 529 ff.; *ders.,* Vermögensabgabe auf Ost-Grundstücke, DStZ 1993, 109 ff.; *ders.,* Entscheidung über Vermögensabgabe auf Ostgrundstücke verzögert sich, DStZ 1993, 555 ff.; *Glantz,* Zur Verfassungsmäßigkeit des Entwurfs eines Entschädigungs- und Ausgleichsleistungsgesetzes, MDR 1994, 421 ff.; *Leisner,* Degressive Ersatzleistungen, NJW 1993, 353 ff.; *ders.,* Die Höhe der Enteignungsentschädigung, NJW 1992, 1409 ff.; *Motsch,* Zum Entwurf eines Entschädigungs- und Ausgleichsleistungsgesetzes, VIZ 1993, 273 ff.; *Ossenbühl,* Ausschluß juristischer Personen von der Entschädigung bei Enteignungen von 1945–1949, BB-Beil. 6 zu H. 11/1992, S. 1 ff.; *Strobel,* Das Entschädigungsrecht für das Beitrittsgebiet nach dem Regierungsentwurf, DStR 1993, 689 ff. und 726 ff. (Teil I und II); *ders.,* Das Entschädigungs- und Ausgleichsleistungsgesetz (EALG), BB 1994, 2083 ff.; *Zimmermann,* Wiederangleichung zwischen materieller Gerechtigkeit und politischem Kompromiß, DtZ 1994, 359 ff.

Schrifttum zu zivilrechtlichen Fragen und zum Verhältnis des VermG zu anderen Gesetzen: *Adlerstein-Adlerstein,* Das Verhältnis zivilrechtlicher Anfechtung zum Vermögensgesetz bei Grundstücksveräußerungen von Ausreisewilligen, DtZ 1991, 417 ff.; *Drobnig,* Rückenteignung bei Verfehlung oder Wegfall des Zweckes von „ordentlichen" Enteignungen in der DDR, DtZ 1994, 228 ff.; *Fahrenhorst,* Das Gesetz zur Regelung offener Vermögensfragen und das Rechtsweg zu den Zivilgerichten, KTS 1992, 23 ff.; *Fromm,* Rückenteignungen zweckverfehlter Grundstücksenteignungen in der ehemaligen DDR, DtZ 1994, 207 ff.; *Frantzen,* Die Anwendbarkeit von Rückenteignungstatbeständen auf Enteignungen in der ehemaligen DDR, DtZ 1994, 91 ff.; *Gertner,* Zivilrechtliche Ansprüche der Bodenreform – Opfer gegen Bund, Länder und Gemeinden?, VIZ 1994, 158 ff.; *Göhring-Lübchen,* Vermögensgesetz und Zivilrechtsweg, NJ 1992, 73 f.; *Grün,* Die Grundstücksrückgabe an DDR-Übersiedler im Spannungsfeld zwischen Vermögensgesetz und Zivilrecht, ZIP 1993, 170 ff.; *Hartkopf,* Rückzahlung des Kaufpreises im unredlichen Erwerbers im Rahmen des Gesetzes zur Regelung offener Vermögensfragen (VermG), ZOV 1991, 18 ff.; *ders.,* Zur Wertpapierbereinigung Ost, ZOV 1992, 28 f.; *Kinne,* Die vorläufige Sicherung des Restitutionsanspruches des Alteigentümers im Verfahren vor den ordentlichen Gerichten, ZOV 1991, 21 ff.; *Kohler,* Einstweilige Sicherung der Rückerstattung von Grundstücken in den neuen Bundesländern, DNotZ 1991, 699 ff.; *ders.,* Nochmals: Rechtsweg zur Sicherung des Rückgewähranspruchs nach dem Vermögensgesetz, VIZ 1992, 308 ff.; *ders.,* Verwaltungs- oder zivilgerichtliche Sicherung der Rückerstattung von Grundstücken in den neuen Bundesländern?, VIZ 1992, 130 ff.; *ders.,* Zivilrechtliche Sicherung der Rückerstattung von Grundstücken in den neuen Bundesländern, NJW 1991, 465 ff.; *Kreuer,* Wertpapierbereinigung und Lastenausgleich, ZOV 1992, 128 ff.; *Leipold,* Rechtsweg und Rechtsgrundlagen bei der Rückführung von Vermögen in der ehemaligen DDR, JZ 1993, 703 ff.; *Löbach,* Die Rückforderung des Lastenausgleichs – Konsequenz der Regelung offener Vermögensfragen –, ZOV 1992, 63 ff.; *Maschler-Keller,* Verhältnis zwischen dem Rückübertragungsanspruch nach dem Vermögensgesetz und dem verfassungsrechtlichen Rückenteignungsanspruch, ZOV 1993, 389 ff.; *Märker,* Restituierte Erbfälle bei Rückübertragung von enteignetem Vermögen?, VIZ 1992, 174 ff.; *Motsch,* Rückenteignung und Geltungsbereich des Vermögensgesetzes, VIZ 1994, 11 f.; *Raabe-Niewald,* Die Vertragsanfechtung wegen widerrechtlicher Drohung nach ZGB/BGB und das Vermögensgesetz, VIZ 1994, 71 ff.; *Rapp,* Rückgabe des besatzungsrechtlich enteigneten Vermögens nach Zivilrecht, VIZ 1994, 324 ff.; *v. Schlieffen,* Zivilrechtlicher Anspruch auf Herausgabe der 1945 enteigneten Gegenstände (Art. 6 EGBGB), ZOV 1994, 151 ff.; *Schnabel,* Verjährung des Rückenteignungsanspruches nach § 102 BauGB, ZOV 1993, 392 f.; *ders.,* Zivilrechtsweg bei Rechtsmängeln von Verträgen nach DDR-Recht oder Abkehr des BGH vom Grundsatz des lex-specialis Charakters des VermG?, ZOV 1993, 327 ff.; *Stöhr,* Rückenteignung und Vermögensgesetz ZOV 1993, 384 ff.; *Tropf,* Die Rechtsprechung des Bundesgerichtshofes zur Grundstückszwangsveräußerung bei der Ausreise aus der DDR, WM 1994, 89 ff.; *Uechtritz,* Zuständigkeit der

Zivilgerichte zur Sicherung von Rückgabeansprüchen?, DB 1992, 1329 ff.; *ders.*, Rückabwicklung „fehlgeschlagener" Enteignungen nach dem Aufbau- bzw. Baulandgesetz, VIZ 1994, 97 ff.; *Wasmuth,* Zur Korrektur abgeschlossener erbrechtlicher Sachverhalte im Bereich der ehemaligen DDR, DNotZ 1992, 3 ff.; *Wessels,* Rückenteignung, DVBl. 1994, 458 ff.

Allgemeines verfassungsrechtliches Schrifttum zum Recht der offenen Vermögensfragen: *Anker,* Der Einigungsvertrag, seine Rechtsqualität und die Grenzen seiner Abänderbarkeit, DÖV 1991, 1062 ff.; *Badura,* Der Verfassungsauftrag der Eigentumsgarantie im wiedervereinigten Deutschland, DVBl. 1990, 1256 ff.; *Bleckmann,* R/R/B, Teil 2 A: Die verfassungsrechtlichen Probleme der Vermögensregelung des Einigungsvertrages; *Böhmer,* Verfassungsrechtliche Fragen der Enteignung nach der Vereinigung der beiden deutschen Staaten, AnwBl. 1991, 456 ff.; *Degenhart,* Verfassungsfragen der deutschen Einheit, DVBl. 1990, 973 ff.; *Doehring,* Zur Regelung der Eigentumsfragen im Einigungsvertrag zwischen der Bundesrepublik Deutschland und der DDR, in: Wildenmann (Hrsg.), Nation und Demokratie, 1991, S. 27 ff.; *Friauf-Horscht,* Rechtsfolgen der Enteignung von Grundbesitz und Wohngebäuden in der ehemaligen DDR zwischen 1949 und 1990, – Die „offenen Vermögensfragen" aus verfassungsrechtlicher und einfachgesetzlicher Sicht –, 1993; *Herdegen,* Die Verfassungsänderungen im Einigungsvertrag, 1991; *John,* Offene Vermögensfragen, besondere Investitionen und Eigentumsgarantie, LKV 1992, 119 ff.; *Jung-Vec,* Einigungsvertrag und Eigentum in den fünf neuen Bundesländern, JuS 1991, 714 ff.; *Kempen,* Der Eingriff des Staates in das Eigentum, 1991; *Kimminich,* Die Eigentumsgarantie im Prozeß der Wiedervereinigung, 1990; *Klein,* Der Einigungsvertrag, DÖV 1991, 569 ff.; *Leibholz-Rinck-Hesselberger,* Grundgesetz, 6. Aufl., Art. 79, (Loseblatt); *Leisner,* Die Höhe der Enteignungsentschädigung, NJW 1992, 1409 ff.; *ders.,* Rückerwerbsrecht von Alteigentum Ost – nach Gesetz oder Verwaltungspraxis?, DVBl. 1992, 131 ff.; *ders.,* Verfassungswidriges Verfassungsrecht, DÖV 1992, 432 ff.; *Maurer,* Die Eigentumsregelung im Einigungsvertrag, JZ 1992, 183 ff.; *von Mangoldt-Klein-von Campenhausen,* Das Bonner Grundgesetz, Bd. 14, 3. Aufl., 1991, Art. 143 GG; *Papier,* Verfassungsrechtliche Probleme der Eigentumsregelung im Einigungsvertrag, NJW 1991, 193 ff.; *Schmidt-Preuß,* Die Treuhandanstalt und ihr gesetzlicher Auftrag, Die Verwaltung 1992, 327 ff. (350 ff.); *Schnapauff,* Der Einigungsvertrag, DVBl. 1990, 1249 ff.; *Scholz,* Kommentierung zu Art. 143 GG, Maunz/Dürig, GG, Stand: 29. Lief., Sept. 1991; *Stern,* Der verfassungsändernde Charakter des Einigungsvertrages, DtZ 1990, 289 ff.; *Uechtritz,* „Gebremste Vorfahrt"? – Der Investitionsvorrang und der vorläufige Rechtsschutz vor dem Bundesverfassungsgericht, VIZ 1993, 142 ff.; *Wagner,* Zur weiteren Verbindlichkeit des Einigungsvertrages, DtZ 1992, 142 ff.; *Weis,* Verfassungsrechtliche Fragen im Zusammenhang mit der Herstellung der staatlichen Einheit Deutschlands, AöR 1991 (Bd. 116), 1 ff.

Übersicht

	RdNr.		RdNr.
I. Politische Grundlagenentscheidungen im Recht zur Regelung offener Vermögensfragen		Flüchtlings-, Übersiedler- und Ausländervermögen	12
1. Zweck des VermG im allgemeinen	1	5. Entstehung der sog. offenen Vermögensfragen (Protokollnotiz zum Grundlagenvertrag vom 21. 12. 1972)	13, 14
2. Verfolgungsbedingte Vermögensverluste während der nationalsozialistischen Zeit	2	6. Gemeinsame Erklärung und VermG	15–19
3. Entschädigungslose Enteignungen in der Sowjetischen Besatzungszone (SBZ)	3–5	**II. Gemeinsame Erklärung als Grundlage des VermG**	
a) Enteignungen von Kriegsverbrechern und Naziaktivisten	3	1. Festlegung von Eckwerten	20
b) Sog. demokratische Bodenreform	4	2. Regelungsinhalte	21–28
c) Enteignungen im Bereich der Wirtschaft	5	a) Umsetzung der Eckwerte durch das VermG	21–23
4. Enteignungen und enteignungsgleiche Maßnahmen in der ehem. DDR	6–12	b) Modifizierungen und Umsetzungen außerhalb des VermG	24
a) Mittelbare Verstaatlichung von Vermögenswerten	6, 7	c) Keine ausschließliche Beschränkung auf sog. Teilungsunrecht	25
b) Sozialisierung der privaten Unternehmen	8	d) Einzelne allgemeine Eckwerte	26–28
c) Zwangskollektivierung der Land- und Forstwirtschaft	9	aa) Restitutionsgrundsatz und Investitionsvorrang	26, 27
d) Enteignungsgleiche Zugriffe auf das private Wohnungseigentum	10	bb) Schutz redlicher Personen	28
e) Enteignungen gegen Entschädigung	11	3. Rechtliche Bedeutung der Gemeinsamen Erklärung	29–34
f) Entschädigungslose Enteignung und staatliche Zwangsverwaltung von		a) Ursprünglicher Charakter als politische Willensbekundung	29
		b) Rechtsverbindlichkeit für die Vertragsparteien	30

I. Historischer Hintergrund des Rechts

 c) Verpflichtung zur Unterlassung von widersprechenden Rechtsvorschriften 31
 d) Fortgeltendes Bundesrecht und Wirkung gegenüber dem Bürger 32
 e) Charakter als Auslegungsrichtlinie .. 33, 34

III. Bedeutung des Gemeinsamen Briefes von de Maizière und Genscher an die ehemaligen vier Siegermächte vom 12. September 1990 .... 35, 36

IV. VermG als Teil des Rechts der offenen Vermögensfragen
1. Allgemeine Gesetzeszwecke 37
2. Räumlicher Geltungsbereich des VermG 38
3. Gesetzeskonzeption des VermG 39–44
 a) Gesetzesaufbau 39
 b) Grundsatz der Restitution 40–42
 c) VermG als „Teilregelung" 43
 d) Auslegungsgrundsätze 44
4. Rechtssystematische Einordnung 45
5. Verhältnis des VermG zu anderen Regelungsbereichen 46–58
 a) Allgemeines 46
 b) Investitionsvorranggesetz (InVorG) und § 9 VZOG 47
 c) Restitutionsansprüche öffentlich-rechtlicher Körperschaften 48
 d) Aufhebungsansprüche nach Art. 19 Satz 2 Einigungsvertrag und §§ 48 ff.

 VwVfG, Rückenteignung nach § 102 BauGB und verfassungsrechtliche Rücküberegnungsansprüche 49, 50
 e) Staatshaftungsrechtliche Normen ... 51
 f) Wiedergutmachungsgesetze 52, 53
 g) Lastenausgleichsgesetz 54
 h) Zivilrechtliche Normen (BGB/ZGB-DDR) 55–58
6. Problematiken des VermG 59–63
 a) Rechtssystematische Kritik 59
 b) Ökonomische Auswirkungen der ungeklärten Eigentumsverhältnisse ... 60–63

V. Vermögensrechtliche Entschädigungs- und Ausgleichsleistungsgrundsätze
1. Allgemeines zum EALG 64, 65
2. Entschädigungsgesetz 66
3. Ausgleichsleistungsgesetz 67, 68
4. Würdigung 69, 70

VI. Verfassungsrechtliche Grundlagen des Rechts der offenen Vermögensfragen
1. Verfassungsrechtliche Absicherung der vermögensrechtlichen Restitutionsausschlüsse durch Art. 143 Abs. 3 GG 71, 72
2. Verfassungsmäßigkeit der Beschränkungen der vermögensrechtlichen Restitutionsansprüche durch das InVorG 73

I. Politische Grundlagenentscheidungen im Recht zur Regelung offener Vermögensfragen

1. Zweck des VermG im allgemeinen. Die Normierungen des Gesetzes zur Regelung **1** offener Vermögensfragen (**VermG**) sind als Ausdruck des Bestrebens zu verstehen, die nicht geklärten vermögensrechtlichen Probleme im Hoheitsbereich der ehem. DDR durch Wiedergutmachung der nach rechtsstaatlichen Grundsätzen unrechtmäßigen Vermögenseinbußen zu bewältigen.[2] Die Entstehung sowie die Art und Weise der verschiedenen Formen der Entziehung von Vermögenswerten ist jeweils sehr heterogen. Zunächst kann hinsichtlich der Vermögensverluste während der nationalsozialistischen Zeit, der unter sowjetischer Besatzungshoheit und der in der ehem. DDR differenziert werden. Bezüglich der Einzelheiten der jeweiligen schädigenden Maßnahmen sei insbesondere jeweils auf die Kommentierung zu § 1 Abs. 6, § 1 Abs. 8 lit. a bzw. § 1 Abs. 1 bis 4 VermG verwiesen.

2. Verfolgungsbedingte Vermögensverluste während der nationalsozialistischen 2 Zeit. In der Zeit vom 30. 1. 1933 bis zum 8. 5. 1945 wurden bestimmte Personen (zB politische Gegner) und Bevölkerungsgruppen (zB Juden, Sinti, Roma etc.) systematisch und rücksichtslos verfolgt und vernichtet. Ein Teil dieser nationalsozialistischen Verfolgung bestand aus Vermögenszugriffen und Vermögensschädigungen bei den Verfolgten.[3] Zunächst wurde 1933 das Vermögen politischer Gegner als sog. „**volks- und staatsfeindliches Vermögen**" eingezogen. Insbesondere in den Jahren 1938 und 1939 wurden systematisch Juden aus dem deutschen Wirtschaftsleben ausgeschaltet und auf **jüdisches Vermögen** zugegriffen. Im Unterschied zu den in den westlichen Besatzungszonen bestehen-

---

[2] Vgl. VG Chemnitz ZOV 1993, 436, 437.   [3] Vgl. § 1 Abs. 6 (§ 1 RdNr. 136 ff.).

den, alliierten Regelungen über die Rückerstattung und dem Bundesrückerstattungsgesetz (BRüG) vom 19. 7. 1957 (BGBl. I S. 734 mwÄnd) unterlagen die aufgrund der nationalsozialistischen Verfolgung erlittenen Vermögensverluste in der Sowjetischen Besatzungszone (SBZ) und der ehem. DDR keiner oder nur einer sehr beschränkten Rückerstattung.[4]

3 **3. Entschädigungslose Enteignungen in der Sowjetischen Besatzungszone (SBZ). a) Enteignungen von Kriegsverbrechern und Naziaktivisten.** Nach dem Zweiten Weltkrieg wurden in der sowjetischen Besatzungszone aufgrund von Befehlen der Sowjetischen Militäradministration in Deutschland (SMAD) unter formaler Berufung auf das Potsdamer Abkommen und das Kontrollratsgesetz Nr. 10 vom 20. 12. 1945 (Amtsblatt des Kontrollrats in Deutschland 1946 Nr. 3 S. 50 –22–) sowie der hierzu erlassenen Kontrollratsdirektive Nr. 38 vom 12. 10. 1946 (Amtsblatt des Kontrollrats in Deutschland 1946 Nr. 11 S. 184) zahlreiche Enteignungen von Kriegsverbrechern, Militaristen, Naziaktivisten sowie solchen Industriellen und sonstigen Personen, die den Nationalsozialismus unterstützt hatten, vorgenommen.[5] Überdies war die jeweilige politische Führung in der SBZ durch Anwendung unterschiedlichster Maßnahmen entsprechend ihrer kommunistischen Ideologie stets darauf bedacht, die Verfügungsmacht über das gesamte wirtschaftliche Produktionspotential in der Hand des Staates zu vereinigen und privates Eigentum möglichst nur im Rahmen der privaten Bedürfnisbefriedigung zuzulassen. Es wurde systematisch die Umwandlung des Privateigentums an den Produktionsmitteln in Volkseigentum, insbesondere durch entschädigungslose Enteignungen im Rahmen der sog. demokratischen Bodenreform und im Bereich der Wirtschaft, betrieben.

4 **b) Sog. demokratische Bodenreform.** Auf der Grundlage von Verordnungen der fünf deutschen Landes- und Provinzialverwaltungen, die nachträglich durch einen SMAD-Befehl bestätigt wurden, wurde im September 1945 mit der Durchführung der sog. demokratischen Bodenreform begonnen,[6] in deren Verlauf der gesamte, über 100 ha große Grundbesitz und unabhängig von der Größe der Grundbesitz von sog. Kriegsverbrechern und Kriegsschuldigen entschädigungslos enteignet wurde. Von den Maßnahmen der Bodenreform waren ungefähr 36% der in der SBZ belegenen land- und forstwirtschaftlichen Nutzflächen betroffen. Der enteignete Grundbesitz wurde etwa zu einem Drittel als Volkseigentum für die Gründung volkseigener Güter (VEG) verwendet und im übrigen als Bodenreform- bzw. Siedlungseigentum in der durchschnittlichen Größe von ca. 7 bis 8 ha an sog. Neubauern verteilt.

5 **c) Enteignungen im Bereich der Wirtschaft.** Im Bereich der Wirtschaft wurde aufgrund des SMAD-Befehls Nr. 124 vom 30. 10. 1945 (VOBl. der Provinz Sachsen Nr. 4/5/6 S. 10 = Anh. II/3), der sich nach dem Wortlaut nur gegen das Vermögen nationalsozialistisch belasteter Personen richtete, aber tatsächlich weit über den genannten Personenkreis hinausging, ungefähr zwei Drittel des Industrievermögens in der SBZ sequestriert und anschließend teilweise (ca. 20% der damaligen Industrieproduktion in der SBZ) für Reparationszwecke in sowjetische Aktiengesellschaften überführt bzw. größtenteils durch den SMAD-Befehl Nr. 97 vom 29. 3. 1946 (VOBl. der Provinz Sachsen 1946 Nr. 23 S. 226 = Anh. II/9) den Ländern als beschlagnahmtes Eigentum übergeben. Die beschlagnahmten Vermögenswerte wurden anschließend auf landesrechtlichen Grundlagen entschädigungslos enteignet und in Volkseigentum überführt. Diese Enteignungen, die etwa 40% der gesamten Industrieproduktion in der SBZ ausmachten, wurden durch den SMAD-Befehl Nr. 64 vom 17. 4. 1948 (ZVOBl. Nr. 15 S. 140 = Anh. II/15) überwiegend bestätigt. Darüber hinaus wurden insbesondere in den Jahren 1947 und 1948 überwiegend auf landesrechtlichen Grundlagen Unternehmen einzelner Wirtschaftsbereiche wie Banken, Sparkassen, Bausparkassen, Versicherungen, Energieversorgungsunternehmen, Bergwerksunternehmen, Apotheken und Lichtspieltheater gezielt enteignet.[7]

---

[4] Vgl. RdNr. 52.
[5] Vgl. § 1 Abs. 8 lit. a (§ 1 RdNr. 260).
[6] Vgl. § 1 RdNr. 254ff.
[7] Vgl. näher § 1 RdNr. 269ff.

**4. Enteignungen und enteignungsgleiche Maßnahmen in der ehem. DDR. a) Mittel- 6
bare Verstaatlichung von Vermögenswerten.** Grundsätzlich sollten mit der Gründung der DDR im Oktober 1949 die entschädigungslosen Enteignungen beendet und nicht mehr zulässig sein (vgl. Art. 23 Verfassung der DDR von 1949, GBl. DDR 1949 Nr. 1 S. 5). In der Realität wurde aber ohne eine explizite Gesamtsystematik insbesondere eine mittelbare Verstaatlichung des verbliebenen privaten Wirtschafts- und Immobilienvermögens durch politische, wirtschaftliche und strafrechtliche Regelungen und Einzelmaßnahmen unterschiedlichster Art betrieben. Nicht selten sind Vermögenseinziehungen auf in rechtsstaatswidrigen Verfahren zustande gekommene Entscheidungen zurückzuführen.[8]

Allgemein wurde über die nachfolgend genannten Fallgruppen hinaus auf Vermögens- 7
werte mittels subtiler, rechtlich schwer faßbarer Methoden in zahlreichen Einzelfällen aufgrund von sog. unlauteren Machenschaften unterschiedlichster Art zugegriffen.[9] Betroffen waren hiervon insbesondere Unternehmen oder DDR-Ausreisewillige, aber auch andere Personen.

b) Sozialisierung der privaten Unternehmen. Die Vergesellschaftung des privaten 8
Wirtschaftsvermögens wurde ursprünglich insbesondere mit Mitteln des Wirtschaftsstrafrechtes durchgesetzt, indem schon geringfügige Verstöße gegen wirtschaftsrechtliche Bestimmungen regelmäßig ua. zur Einziehung von Vermögenswerten führten. Zusätzlich wurden durch Veränderungen der wirtschaftlichen Rahmenbedingungen und zahlreiche Einzelmaßnahmen letztlich die betriebswirtschaftlichen Handlungsspielräume der privaten Unternehmen beseitigt, indem eine konfiskatorische Steuerpolitik betrieben, Preisbestimmungen eingeführt, der gesamte Export auf volkseigene Außenhandelsbetriebe konzentriert, Gewerbeerlaubnisse entzogen, Absatzverpflichtungen und Liefersperren gegen private Unternehmer verhängt und willkürlich Kredite verweigert wurden. Die notwendigen Kapitalzuführungen bei privaten Unternehmen waren bei Krediten aus staatlichen Mitteln an eine staatliche Beteiligung an den Unternehmen gekoppelt, aufgrund deren der staatliche Einfluß und Druck auf diese nunmehr halbstaatlichen Unternehmen zunahm. Diese Entwicklung wurde im Frühjahr 1972 seitens der kommunistischen Führung auf der Grundlage eines Beschlusses des Ministerrates vom 9. 2. 1972 durch eine geheim gehaltene Verstaatlichungskampagne gegen die noch vorhandenen halbstaatlichen und privaten Unternehmen abgeschlossen, indem die privaten Unternehmensinhaber zum Verkauf ihrer Unternehmen bzw. Unternehmensanteile an den Staat genötigt wurden.[10]

c) Zwangskollektivierung der Land- und Forstwirtschaft. Abgesehen von den ent- 9
schädigungslosen Enteignungen im Rahmen der demokratischen Bodenreform in der SBZ wurde das land- und forstwirtschaftliche Grundstückseigentum in der ehem. DDR zwar formal nicht berührt, aber in den fünfziger Jahren bis zum Frühjahr 1960 wurde durch die Ausübung von wirtschaftlichem Druck auf die land- und forstwirtschaftlichen Betriebe deren Vermögen zwangskollektiviert. Die Bauern wurden gezwungen ihr betriebliches Vermögen in landwirtschaftliche Produktionsgenossenschaften (LPG) einzubringen. Da zu Gunsten der LPG's umfassende Nutzungsrechte an dem eingebrachten Boden begründet wurden, verloren die Bauern zwar nicht formal ihr Eigentum an dem eingebrachten Boden, wohl aber ihre Eigentümerbefugnisse.[11]

d) Enteignungsgleiche Zugriffe auf das private Wohnungseigentum. Durch staatli- 10
che Beschränkungen der Nutzung, Verwertung und Veräußerung der für Wohnzwecke

---

[8] Vgl. § 1 Abs. 7 (§ 1 RdNr. 198 ff.).
[9] Vgl. § 1 Abs. 3 (§ 1 RdNr. 99 ff.).
[10] Vgl. § 1 Abs. 1 lit. d (§ 1 RdNr. 59 ff.).
[11] Vgl. §§ 7, 8 LPG-G 1959 (Gesetz über die landwirtschaftlichen Produktionsgenossenschaften vom 3. 6. 1959, GBl. DDR I S. 577) bzw. §§ 18, 19 LPG-G vom 2. 7. 1982 (GBl. DDR I S. 443). Das Landwirtschaftsanpassungsgesetz (LwAnpG) vom 29. 6. 1990 (GBl. DDR I Nr. 42 S. 642), welches nach Anlage II Kapitel VI Sachgebiet A Abschnitt II Nr. 1 Einigungsvertrag (BGBl. 1990 II S. 889, 1218) mit bestimmten Änderungen in Kraft bleibt, schafft die materiellrechtlichen Regelungen zur Wiederherstellung der mit dem Beitritt zu einer LPG beseitigten Verfügungs-, Verwaltungs- und Nutzungsrechte der Eigentümer (§§ 45, 43 LwAnpG).

genutzten Grundstücke und Gebäude – insbesondere durch eine umfassende staatliche Wohnraumlenkung sowie eine Festschreibung der Mieten und sonstigen Preise für Baumaßnahmen – wurde der Inhalt des Eigentums an bebauten Immobilien systematisch im Laufe der Zeit ausgehöhlt.[12] Auf diese Weise wurden in der ehem. DDR wesentliche Teile des privaten Wohnungsbestandes in Volkseigentum übernommen.

11 e) **Enteignungen gegen Entschädigung.** Neben den politisch motivierten, diskriminierenden Enteignungen in der ehem. DDR wurde eine beachtliche Anzahl von Grundstücken (zB aufgrund der Aufbau-, Bauland- oder Verteidigungsgesetze) gegen eine prinzipiell vorgesehene, wenn auch nicht einem marktwirtschaftlichen Verkehrswert entsprechende Entschädigung in Anspruch genommen. Diese Enteignungen gegen Entschädigung ohne einen besonderen diskriminierenden Charakter unterliegen im Grundsatz nicht der vermögensrechtlichen Rückerstattung.[13]

12 f) **Entschädigungslose Enteignung und staatliche Zwangsverwaltung von Flüchtlings-, Übersiedler- und Ausländervermögen.** Auf das Vermögen der insgesamt mehrere Millionen Personen umfassenden Flüchtlinge, Übersiedler und Ausländer wurde seitens der ehem. DDR in unterschiedlicher Weise und in besonderer Form zugegriffen. Das Vermögen derjenigen, die die DDR vor dem 11. 6. 1953 ohne Beachtung der polizeilichen Meldevorschriften verlassen hatten oder am 8. 5. 1945 in diesem Gebiet der DDR ihren Wohnsitz hatten, aber nicht zurückgekehrt sind, wurden entschädigungslos enteignet. Das Vermögen der übrigen Übersiedler und Flüchtlinge wurde einer vorläufigen oder treuhänderischen staatlichen Zwangsverwaltung unterworfen.[14] Diese staatlichen Verwaltungen nahmen den Eigentümern jegliche Verfügungs- und Verwaltungsbefugnisse und wurden regelmäßig so konzipiert, um dem Eigentümer den wirtschaftlichen Wert seines Eigentums zu entziehen. Das Vermögen von Ausländern ohne Wohnsitz in der ehem. DDR wurde ebenfalls in staatliche Verwaltung übernommen, bei der jedoch die mit der formalen Eigentumsposition verbundenen Befugnisse mit Zustimmung der Regierung der DDR ausgeübt werden konnten.

13 5. **Entstehung der sog. offenen Vermögensfragen (Protokollnotiz zum Grundlagenvertrag vom 21. 12. 1972).** Die oben genannten zumindest überwiegend unrechtmäßigen Enteignungen und Eigentumsbeschränkungen sollten einer rechtsstaatlichen Korrektur unterliegen. Aus diesem Grunde hatte sich die Bundesrepublik Deutschland bis zum Inkrafttreten des VermG in Verhandlungen mit der DDR fortlaufend – ohne Erfolg – um eine Lösung dieser sich hieraus ergebenden vermögensrechtlichen Probleme bemüht. Da zwischen der DDR und der Bundesrepublik Deutschland letztlich bis zum Jahre 1990 keine Einigung insbesondere über die Behandlung des in der DDR belegenen Eigentums der nicht in der DDR wohnenden Eigentümer erzielt werden konnte, wurde in einer **Protokollnotiz zum Grundlagenvertrag zwischen der Bundesrepublik und der DDR vom 21. 12. 1972** ausdrücklich festgehalten, daß eine Regelung vermögensrechtlicher Fragen mit dem sog. Grundlagenvertrag nicht verbunden ist:[15]

„*Protokollvermerk zum Vertrag: Wegen der unterschiedlichen Rechtspositionen zu Vermögensfragen konnten diese durch den Vertrag nicht geregelt werden.*"

14 Die mit diesem Protokollvermerk angesprochenen Vermögensfragen zwischen der DDR und der Bundesrepublik Deutschland blieben bis zur Gemeinsamen Erklärung und dem hieran anknüpfenden VermG im Jahre 1990 ungeklärt und offen.

15 6. **Gemeinsame Erklärung und VermG.** Nach der im November 1989 erfolgten sog. „Wende" in der DDR trafen sich am 19. 12. 1989 in Dresden zu Besprechungen über die Ausgestaltung der deutsch-deutschen Beziehungen Ministerpräsident Modrow und Bun-

---

[12] Vgl. § 1 Abs. 2 (§ 1 RdNr. 68 ff.).
[13] Vgl. § 1 Abs. 1 lit. b und im einzelnen § 1 RdNr. 37 ff.
[14] Vgl. § 1 Abs. 1 lit. a und c sowie Abs. 4 (§ 1 RdNr. 36, 55, 114 ff.).
[15] Vertrag über die Grundlagen der Beziehungen der Bundesrepublik Deutschland und der Deutschen Demokratischen Republik (Grundlagenvertrag) vom 21. 12. 1972 (BGBl. 1973 II S. 423, 426).

deskanzler Kohl. Diese vereinbarten die Einsetzung einer deutsch-deutschen Kommission, die eine Lösung für die zwischen beiden Staaten ungeklärten Vermögensfragen finden sollte. Hiervon unabhängig ermöglichte die DDR einseitig schon zwischenzeitlich aufgrund der §§ 17, 19 des Gesetzes über die Gründung und Tätigkeit privater Unternehmen und über Unternehmensbeteiligungen vom 7. 3. 1990 (GBl. DDR I Nr. 17 S. 141) die Umwandlung und Privatisierung der auf der Grundlage des Beschlusses des Präsidiums des Ministerrates vom 9. 2. 1972 in Volkseigentum überführten halbstaatlichen und privaten Betriebe.

Im März und April 1990 stellten die Regierung Modrow und die Sowjetunion in verschiedenen **Erklärungen** klar, daß „die 1945 bis 1949 von der sowjetischen Militäradministration in Deutschland verwirklichten Wirtschaftsmaßnahmen gesetzmäßig waren" und „die Gesetzlichkeit der Maßnahmen, die die vier Mächte in Fragen der Entnazifizierung, der Demilitarisierung und der Demokratisierung ergriffen haben", nicht in Frage gestellt und keiner Überprüfung durch deutsche Staatsorgane unterzogen werden dürften. Im Anschluß hieran vertrat die Regierung de Maizière in offiziellen Erklärungen die Ansicht, daß **unter sowjetischer Besatzungshoheit erfolgte Enteignungen nicht revidiert werden dürften.**[16] Im Ergebnis kam es der Sowjetunion darauf an, daß die unter ihrer Oberhoheit als Besatzungsmacht durchgeführten Maßnahmen, die ihren rechts-, wirtschafts- und gesellschaftspolitischen Vorstellungen entsprachen, nicht nachträglich zur Disposition des besiegten Deutschlands gestellt werden sollten.[17]

Das Resultat der Arbeiten der deutsch-deutschen Kommission wurde in der **Gemeinsamen Erklärung der Regierungen der Bundesrepublik Deutschland und der Deutschen Demokratischen Republik zur Regelung offener Vermögensfragen vom 15. 6. 1990** festgehalten. Zu diesem Zeitpunkt war die Gemeinsame Erklärung eine politische Absichtserklärung der beiden deutschen Regierungen. An die Gemeinsame Erklärung knüpfte dann die Verordnung zur Anmeldung vermögensrechtlicher Ansprüche – **Anmeldeverordnung** bzw. AnmVO – vom 11. 7. 1990 (GBl. DDR I Nr. 44 S. 718 mwÄnd. und iVm. Art. 5 Einigungsvertragsgesetz [BGBl. 1990 II S. 885, 886])[18] an, um durch ihre Bestimmungen zu den formalen Voraussetzungen der Anmeldung von Ansprüchen die grundsätzliche Rückgabe der in der DDR enteigneten Vermögenswerte entsprechend der Gemeinsamen Erklärung zu ermöglichen. Durch Art. 41 Abs. 1 des Einigungsvertrages[19] ist die Gemeinsame Erklärung als Anlage III[20] Bestandteil des Einigungsvertrages geworden und hat durch das Einigungsvertragsgesetz Rechtsnormqualität erlangt.

An die Gemeinsame Erklärung anknüpfend setzt das VermG die Eckwerte der Gemeinsamen Erklärung überwiegend um, indem es die Voraussetzungen für vermögensrechtliche Ansprüche und die Durchführung des Verfahrens regelt. Das VermG ist als Anlage II Kapitel III Sachgebiet B: Bürgerliches Recht Abschnitt I Nr. 2 des Vertrages zwischen der Bundesrepublik Deutschland und der Deutschen Demokratischen Republik über die Herstellung der Einheit Deutschlands von 31. 8. 1990 – Einigungsvertrag – (BGBl. II S. 889–1238, 1159) und der Vereinbarung zur Durchführung und Auslegung des Einigungsvertrages vom 18. 9. 1990 (BGBl. II S. 1239–1245) Bestandteil dieses Vertrages. Der Zweck des Einigungsvertrages war die Schaffung der aufgrund des Beschlusses der Volkskammer der DDR vom 23. 8. 1990 (GBl. DDR I Nr. 57 S. 1324) über den Beitritt zum Geltungsbereich des Grundgesetzes gem. Art. 23 Satz 2 GG a. F. mit Wirkung vom 3. 10. 1990 notwendigen gesetzlichen Anpassungsregelungen. Indem durch das Zustimmungsgesetz der Bundesrepublik Deutschland vom 23. 9. 1990 – **Einigungsvertragsgesetz** – (BGBl. II S. 885–888) und das Gesetz der DDR zum Einigungsvertrag vom 20. 9. 1990 (GBl. DDR I

---

[16] Vgl.: *Fieberg-Reichenbach* NJW 1991, 321, 322; *Wasmuth*, Rechtshandbuch, B 100 Einf VermG RdNr. 108 ff.; *Wesel* VIZ 1992, 337, 338/339; jeweils mwN.

[17] Vgl. BVerfGE 84, 90, 128 = NJW 1991, 1597, 1601; BVerfG VIZ 1993, 301.

[18] In der seit dem 22. 7. 1992 geltenden Fassung (BGBl. I S. 1257) der Bekanntmachung vom 3. 8. 1992 (BGBl. I S. 1481).

[19] BGBl. 1990 II S. 885, 903.

[20] BGBl. 1990 II S. 885, 1237/1238.

Nr. 64 S. 1627) die erforderlichen innerstaatlichen Voraussetzungen geschaffen wurden und die Transformation dieses völkerrechtlichen Vertrages in innerstaatliches Recht erfolgte, trat das **VermG als fortgeltendes Recht der DDR** (BGBl. 1990 II S. 885, 1159) mit dem auf dieser Grundlage wirksam werdenden Einigungsvertrag in Kraft und gilt seit dem 3. 10. 1990 als **partielles Bundesrecht** fort.

19   Um die aus dem VermG und der Anmeldeverordnung resultierenden Investitionshemmnisse in den neuen Bundesländern einschließlich des Verwaltungsaufwandes zu verringern, ist das VermG in einigen Teilen und das Gesetz über besondere Investitionen in der DDR[21] (BGBl. 1990 II S. 885, 1157/1158) durch das Gesetz zur Beseitigung von Hemmnissen bei der Privatisierung von Unternehmen und zur Förderung von Investitionen (sog. **Hemmnissebeseitigungsgesetz, PrHBG**) vom 22. 3. 1991 (BGBl. I S. 766) grundlegend geändert worden. Aus den gleichen Gründen ist durch das Gesetz zur Änderung des Vermögensgesetzes und anderer Vorschriften (Zweites Vermögensrechtsänderungsgesetz – **2. VermRÄndG**)[22] vom 14. 7. 1992 das VermG nochmals umfassend novelliert und unter Aufhebung des Investitionsgesetzes (BInvG) das Investitionsvorranggesetz (InVorG) verabschiedet worden. Darüber hinaus ist das VermG durch Art. 15 § 2 des Registerverfahrensbeschleunigungsgesetz (**RegVBG**) vom 20. 12. 1993 (BGBl. I S. 2182, 2223), Art. 19 des Mißbrauchsbekämpfungs- und Steuerbereinigungsgesetz (**StMBG**) vom 21. 12. 1993 (BGBl. I S. 2310, 2337), Art. 2 § 3 **SachenRÄndG**, vom 21. 9. 1994 (BGBl. I S. 2457, 2489) und Art. 10 Entschädigungs- und Ausgleichsleistungsgesetz (**EALG**) vom 27. 9. 1994 (BGBl. I S. 2624, 2636) geändert und ergänzt worden.

II. Gemeinsame Erklärung als Grundlage des VermG

20   **1. Festlegung von Eckwerten.** Die Gemeinsame Erklärung legt in politisch feierlicher Form bestimmte **Eckwerte** für die Lösung der ungeklärten Vermögensfragen fest. Diese Regelungen sind daher lediglich Richtgrößen, die zur Lösung der konkreten Probleme aus der rechtsstaatswidrigen Entziehung von Vermögenswerten im Hoheitsgebiet der ehem. DDR vorgegeben werden. Diese Eckwerte der Gemeinsamen Erklärung entfalten – trotz Art. 41 Abs. 1 des Einigungsvertrages – gegenüber dem Bürger keine unmittelbare Wirkung, sondern bedürfen zur Anspruchskonkretisierung der Umsetzung durch den Gesetzgeber (näher dazu unten RdNr. 32).

21   **2. Regelungsinhalte. a) Umsetzung der Eckwerte durch das VermG.** Die Eckwerte und Regelungsinhalte der Gemeinsamen Erklärung hat der Gesetzgeber überwiegend durch das VermG umgesetzt.[23] Die Regelungen unter **Nr. 1 der Gemeinsamen Erklärung** bezüglich der Enteignungen auf besatzungsrechtlicher bzw. besatzungshoheitlicher Grundlage entsprechen inhaltlich mit Ausnahme der zeitlichen Begrenzung auf die Jahre 1945 bis 1949 und dem Vorbehalt staatlicher Ausgleichsleistungen dem § 1 Abs. 8 lit. a VermG,[24] der Anwendungsbereich der **Nr. 2 und 6 Abs. 1** der Gemeinsamen Erklärung (staatliche Verwaltungen) dem § 1 Abs. 4 VermG, **Nr. 3** (enteignetes Grundvermögen) teilweise dem § 1 Abs. 1 lit. a und b VermG, **Nr. 4** (Hausgrundstücke, die aufgrund ökonomischen Zwangs in Volkseigentum übernommen wurden) dem § 1 Abs. 2 VermG, **Nr. 7** (Unternehmen, die zwischen 1949 und 1972 in Volkseigentum überführt wurden)

---

[21] Vgl. zum ehem. Investitionsgesetz *Hübner* DtZ 1991, 161 ff.; idF des Einigungsvertrages: *Schmidt-Räntsch* ZIP 1991, 125 ff.; Empfehlung der Bundesregierung zur Anwendung des Gesetzes über besondere Investitionen (InvestG) – Hinweise für Gemeinden, Städte und Landkreise vom 11. 12. 1990, DtZ 1991, 186 ff.

[22] Vgl. im einzelnen zum 2. VermRÄndG: *Dornberger-Dornberger* DB 1992, 1613 ff.; *Horn* DZWir 1992, 309 ff.; *Kinne* ZOV 1992, 235 ff.; *Messerschmidt* VIZ 1992, 417 ff.; *Schmidt-Räntsch* DtZ 1992, 314 ff., NJ 1992, 444 ff. und VIZ 1992, 297 ff.; *Strobel* GmbHR 1992, 497 ff.; *Strohm* NJW 1992, 2849 ff.; *Uechtritz* BB 1992, 1649 ff.

[23] LG Dresden VIZ 1994, 191, 192; vgl. im einzelnen die Kommentierungen zu den betreffenden Normen des VermG.

[24] Vgl. dazu BVerfGE 84, 90 ff. = NJW 1991, 1597 ff.; näher unten § 1 RdNr. 227 ff.

im wesentlichen dem § 1 Abs. 1 lit. a und d VermG, **Nr. 8** (aufgrund unlauterer Machenschaften erworbene Rechte an Vermögenswerten) dem § 1 Abs. 3 VermG, **Nr. 9** (Vermögenseinziehungen im Zusammenhang mit rechtsstaatswidrigen Strafverfahren) dem § 1 Abs. 7 VermG, **Nr. 3a und b** (Ausschluß der Rückübertragung bei redlichen Erwerbern) im wesentlichen den Restitutionsausschlußgründen der §§ 4, 5 VermG, **Nr. 3c** (Wahl der Entschädigung) dem § 8 VermG und **Nr. 5** (Wahrung bestehender Nutzungsrechte) den §§ 16, 17 VermG.

Die Regelung in Nr. 3 der Gemeinsamen Erklärung, nach der enteignetes Grundvermögen grundsätzlich unter Berücksichtigung bestimmter Ausschlußgründe zurückzugeben ist, ist durch § 1 Abs. 1 lit. a und b VermG nur lückenhaft umgesetzt worden.[25] Dies führt zu einem **Widerspruch zwischen der Regelung in Nr. 3 der Gemeinsamen Erklärung und dem VermG,** weil erstere beim Grundvermögen nicht eine fehlende oder zu geringe Entschädigung erfordert.[26] Diese Regelungslücke ist in den Grenzen des Gesetzeswortlauts durch eine extensive Auslegung des VermG zu schließen.[27]

In der Gemeinsamen Erklärung sind dagegen die vermögensrechtlichen Restitutionsansprüche der Verfolgten des Nationalsozialismus iSd. § 1 Abs. 6 VermG nicht berücksichtigt, weil zwischen den beiden deutschen Regierungen während der Verhandlungen zur Gemeinsamen Erklärung in dieser Frage zunächst keine Einigung erzielt zu werden vermochte.

b) Modifizierungen und Umsetzungen außerhalb des VermG. Gleichzeitig mit dem Einigungsvertrag sind die Eckwerte der Gemeinsamen Erklärung insoweit modifiziert worden, als das in Nr. 6 Abs. 2 der Gemeinsamen Erklärung genannte Gesetz über die Gründung und die Tätigkeit privater Unternehmen und über Unternehmensbeteiligungen gem. § 39 Nr. 10 VermG außer Kraft tritt. Es werden durch die Regelungen des VermG, insbesondere durch die § 1 Abs. 1 lit. d iVm. § 6 ff., mit der Maßgabe ersetzt, daß Restitutionsansprüche durch die Regelungen des Art. 41 Abs. 2 Einigungsvertrag iVm. dem jetzigen InVorG[28] eingeschränkt werden. Ferner erfolgt die Durchführung der Korrektur der Vermögenseinziehungen im Zusammenhang mit rechtsstaatswidrigen Strafverfahren nach Nr. 9 der Gemeinsamen Erklärung nicht in einem justizförmigen Verfahren, sondern zunächst nach dem ehem. § 2 Abs. 3 des Rehabilitierungsgesetzes (BGBl. 1990 II S. 1240)[29] und seit dem 4. 11. 1992 nach § 3 Abs. 2 StrRehaG,[30] wonach sich bei einer Aufhebung der Einziehung von Vermögenswerten die Rückübertragung oder Rückgabe von Vermögenswerten nach dem VermG richtet. Eckwert Nr. 10 ist durch die Verordnung über die Tilgung der Anteilsrechte von Inhabern mit Wohnsitz außerhalb der Altguthaben-Ablösungsanleihe vom 27. 6. 1990 (GBl. DDR I Nr. 39 S. 543),[31] Eckwert Nr. 11 durch das Entfallen jeglicher Devisenbeschränkungen im innerdeutschen Zahlungsverkehr mit dem Inkrafttreten des Vertrages über die Schaffung einer Währungs-,

---

[25] Vgl. zu diesem Problem: VG Berlin VIZ 1992, 23, 24; *Barkam* R/R/B, Teil 3 A I § 1 RdNr. 16; *Knauthe-Heisterkamp* ZOV 1992, 18, 19; *Reblin*, in: *Kaligin-Goutier*, 2210, RdNr. 9; *Wasmuth*, Rechtshandbuch, B 100 § 1 RdNr. 27; ferner: *Drobnig* DtZ 1994, 228, 230.

[26] Zutreffend auch: *Horn,* Das Zivil- und Wirtschaftsrecht im neuen Bundesgebiet, 2. Aufl. 1993, § 13 RdNr. 92, S. 515.

[27] Ähnlich: *Horn,* Das Zivil- und Wirtschaftsrecht im neuen Bundesgebiet, 2. Aufl. 1993, § 13 RdNr. 100, S. 518.

[28] Gesetz über den Vorrang für Investitionen bei Rückübertragungsansprüchen nach dem Vermögensgesetz (Investitionsvorranggesetz – InVorG) vom 14. 7. 1992 (BGBl. I S. 1268), verkündet als Art. 6 des 2. VermRÄndG.

[29] Das ehem. Rehabilitierungsgesetz vom 6. 9. 1990 (GBl. DDR I Nr. 60 S. 1459) blieb bis zum Inkrafttreten des StrRehaG in Ausfüllung des Art. 9 Abs. 3 des Einigungsvertrages gem. Art. 3 Nr. 6 der Vereinbarung zur Durchführung und Auslegung des Einigungsvertrages vom 18. Sept. 1990 (BGBl. 1990 II S. 885, 1239) mit den betreffenden Maßgaben in Kraft.

[30] Gesetz über die Rehabilitierung und Entschädigung von Opfern rechtsstaatswidriger Strafverfolgungsmaßnahmen im Beitrittsgebiet (Strafrechtliches Rehabilitierungsgesetz – StrRehaG) vom 29. 10. 1992 (BGBl. I S. 1814), verkündet als Art. 1 Erstes SED-Unrechtsbereinigungsgesetz.

[31] Vgl. zu den Anteilrechten an der Altguthaben-Ablösungsanleihe die Kommentierung zu § 1 Abs. 8 lit. c (§ 1 RdNr. 309).

Wirtschafts- und Sozialunion[32] und Eckwert Nr. 12[33] ist außerhalb des VermG umgesetzt worden. Außerhalb des VermG werden ehemals entzogene Vermögenswerte durch die Art. 21 und 22 Einigungsvertrag iVm. dem KVG und dem VZOG oder nach der Maßgabe d der Anlage II Kapitel II Sachgebiet A Abschnitt III Nr. 1 Einigungsvertrag[34] zu den §§ 20a, 20b ParteienG-DDR[35] iVm. § 29 Abs. 2 VermG zugeordnet.

25 c) **Keine ausschließliche Beschränkung auf sog. Teilungsunrecht.** Die unter Nr. 2, 3, 4, 8, 10, 11 und 12 der Gemeinsamen Erklärung genannten Fallgruppen umschreiben im wesentlichen die Entziehung von Vermögenswerten, die auf sog. spezifisches Teilungsunrecht[36] zurückgeführt werden können. Dagegen beruhen die erst im Laufe der Verhandlungen zur Gemeinsamen Erklärung einbezogenen Regelungen unter Nr. 6 (Unternehmen, die 1972 in Volkseigentum überführt wurden) und Nr. 9 (Vermögenseinziehungen im Zusammenhang mit rechtsstaatswidrigen Strafverfahren) der Gemeinsamen Erklärung auf Sachverhalten, die auf die innerstaatlichen Verhältnisse in der ehem. DDR zurückzuführen und **keinen unmittelbaren Bezug zur Teilung Deutschlands** enthalten.[37] Die Regelungsinhalte der Gemeinsamen Erklärung betreffen somit in wesentlichen Punkten, aber nicht ausschließlich sog. Teilungsunrecht.[38] Aus diesem Grunde ist der Zweck der Gemeinsamen Erklärung zutreffender in der Beseitigung von bestimmten rechtsstaatswidrigen Enteignungen bzw. Eigentumsbeschränkungen oder von sog. **Diskriminierungsunrecht** zu sehen.

26 d) **Einzelne allgemeine Eckwerte. aa) Restitutionsgrundsatz und Investitionsvorrang.** Nr. 3 der Gemeinsamen Erklärung geht von dem Grundsatz der Restitution aus, nach dem die Naturalrestitution grundsätzlich Vorrang vor Entschädigung hat.[39] Dieser Restitutionsgrundsatz gilt nicht schrankenlos, weil bei Vorliegen der genannten Ausschlußgründe eine Rückgabe ausgeschlossen ist und die Naturalrestitution entsprechend Nr. 3c der Gemeinsamen Erklärung durch eine Entschädigung ersetzt wird. Den auf Naturalrestitution gerichteten Wiedergutmachungsforderungen der Geschädigten gebührt nach der Gemeinsamen Erklärung der Vorrang vor einem den gesamtwirtschaftlichen Anforderungen an einen zügigen Strukturwandel eher gerecht werdenden, vorrangigen Entschädigungsgrundsatz. In der Begründung zum 2. VermRÄndG ist ausdrücklich klargestellt, daß an dem Grundsatz der Rückgabe von Eigentum vor Entschädigung festgehalten wird.[40]

27 Der Vorrang von Investitionen wird dagegen nicht in der Gemeinsamen Erklärung behandelt. Art. 41 Abs. 2 Einigungsvertrag ermächtigt zum Ausschluß der Rückübertra-

---

[32] Die Devisenbeschränkungen im Zahlungsverkehr sind mit der Aufhebung des Devisengesetzes vom 19. 12. 1973 (GBl. DDR I Nr. 58 S. 574) idF des Gesetzes zur Änderung und Ergänzung des Devisengesetzes vom 28. 6. 1979 (GBl. DDR I Nr. 17 S. 147) und der Anlage 5 des fünften Strafrechtsänderungsgesetzes vom 14. 12. 1988 (GBl. DDR I Nr. 29 S. 335) durch das Gesetz zum Vertrag über die Schaffung einer Währungs-, Wirtschafts- und Sozialunion vom 18. 5. 1990 (GBl. DDR I Nr. 34 S. 331, 346 bzw. BGBl. II S. 518, 700) mit dessen Inkrafttreten am 1. 7. 1990 aufgehoben.

[33] Das auf der Grundlage von § 27 Rechtsträger-Abwicklungsgesetz vom 6. 9. 1965 (BGBl. I S. 1065 mwÄnd) treuhänderisch verwaltete Vermögen von juristischen Personen des öffentlichen Rechts auf dem Gebiet der ehem. DDR ist den Berechtigten zu übergeben.

[34] Einigungsvertrag vom 31. 8. 1990 (BGBl. II S. 889, 1150).

[35] ParteienG-DDR vom 21. 2. 1990 (GBl. DDR I Nr. 9 S. 66), geändert durch Gesetz vom 31. 5. 1990 (GBl. DDR I S. 275) und vom 22. 7. 1990 (GBl. DDR I Nr. 49 S. 904).

[36] Vgl. zum Begriff des Teilungsunrechts, § 1 RdNr. 2ff.; Erl. BReg., BT-Drucksache 11/7831, S. 1; *Fieberg-Reichenbach* NJW 1991, 321, 323; *Neuhaus* F/R/M/S, § 1 RdNr. 37; ferner: VG Berlin VIZ 1992, 23, 24; KreisG Dresden ZOV 1992, 225, 228; KreisG Greifswald VIZ 1992, 329, 330; KreisG Potsdam VIZ 1993, 212, 213 „teilungsrechtsneutral"; *Barkam*, R/R/B, § 1 RdNr. 7f.; gegen die sog. Lehre vom Teilungsunrecht: *Wasmuth* VIZ 1993, 1ff., 4, 5; *Wasmuth*, Rechtshandbuch, B 100 § 1 RdNr. 11ff.; ferner: VG Berlin VIZ 1993, 168, 170; kritisch: *Motsch* VIZ 1993, 41, 44, 47.

[37] Ebenso *Fieberg-Reichenbach* F/R/M/S, Einf VermG RdNr. 37.

[38] Daher zu weitgehend: *Fieberg-Reichenbach* F/R/M/S, Einf VermG RdNr. 36, nach denen die Gemeinsame Erklärung im Kern nur die als Teilungsunrecht definierbaren Sachverhalte erfaßt.

[39] Vgl. zum Restitutionsgrundsatz bzw. Grundsatz Rückgabe vor Entschädigung: *Claussen* NJ 1992, 297ff.; *Niederleithinger* VIZ 1992, 55f.; *Lochen* ZOV 1992, 230, 234; kritisch: *Wasmuth* BRAK-Mitt. 1991, 116, 128.

[40] BT-Drucksache 12/2944, S. 48/49.

gung von Eigentumsrechten an Grundstücken und Gebäuden zugunsten dringender, gesetzlich festzulegender Investitionszwecke. Nach dem InVorG haben bestimmte Investitionen grundsätzlich Vorrang vor den Rückgabeansprüchen eines Berechtigten.[41] Der durch das InVorG lediglich stärker ausgeprägte Investitionsvorrang schränkt zwar die Naturalrestitution in Einzelfällen ein, läßt aber prinzipiell den Restitutionsgrundsatz als solchen unberührt.

bb) Schutz redlicher Personen. Nach der Präambel und Nr. 3b der Gemeinsamen Erklärung ist ein sozialverträglicher Ausgleich unterschiedlicher Interessen zu schaffen. Sofern natürliche Personen zeitlich nach den betreffenden Enteignungen und Eigentumsbeeinträchtigungen in redlicher Weise Eigentums- oder Nutzungsrechte erworben haben, sind diese bestehenden Rechte zu wahren. Deshalb sieht die Gemeinsame Erklärung einen Bestandsschutz zugunsten redlicher Personen vor, die Eigentum oder sonstige dingliche oder obligatorische Rechte ohne eine sittlich anstößige Manipulation beim Erwerbsvorgang erworben haben.[42]

3. Rechtliche Bedeutung der Gemeinsamen Erklärung. a) Ursprünglicher Charakter als politische Willensbekundung. Ursprünglich war die Gemeinsame Erklärung[43] eine politische Willensbekundung der beiden deutschen Regierungen ohne eine rechtsverbindliche Wirkung, bildete aber insoweit die politische Grundlage zur Lösung der angesprochenen vermögensrechtlichen Probleme durch gesetzliche Regelungen.

b) Rechtsverbindlichkeit für die Vertragsparteien. Indem die Gemeinsame Erklärung durch Art. 41 Abs. 1 Einigungsvertrag zum Bestandteil des Einigungsvertrages erhoben wurde, ist der Inhalt **für die vertragsschließenden Parteien** aufgrund der innerstaatlichen Zustimmungsgesetze zum Einigungsvertrag **rechtsverbindlich** und Rechtsquelle geworden.[44] Diese Regelung wird durch Art. 143 Abs. 3 GG verfassungsrechtlich abgesichert.[45] Der Inhalt der Gemeinsamen Erklärung entfaltet eine **rechtsverbindliche Wirkung** zwischen der Bundesrepublik Deutschland und der DDR. Nach dem Wirksamwerden des Beitritts und damit der Existenzbeendigung der ehem. DDR infolge des Wegfalls ihrer Rechtssubjektivität als Völkerrechtssubjekt können gem. Art. 44 Einigungsvertrag die rechtlichen Wirkungen der Gemeinsamen Erklärung zugunsten der DDR von jedem Bundesland im Beitrittsgebiet geltend gemacht werden. Angesichts des Fortbestehens rechtlicher Verpflichtungen aus der Gemeinsamen Erklärung und des Fehlens einer weiterhin bestehenden Rechtssubjektivität der ehem. DDR führt der Beitritt insoweit nicht nur zu einer gesetzlichen Prozeßstandschaft, sondern zu einem Wechsel in der Anspruchsinhaberschaft.[46]

c) Verpflichtung zur Unterlassung von widersprechenden Rechtsvorschriften. Die Bundesrepublik Deutschland hat gem. Art. 41 Abs. 3 Einigungsvertrag die Verpflichtung übernommen, keine Rechtsvorschriften zu erlassen, die den Regelungen der Gemeinsamen Erklärung widersprechen. Die Regelungen des Art. 41 Abs. 1 und 3 Einigungsvertrag stellen jedoch keine den Gesetzgeber bindende Verfassungsnorm dar. Bei der Konkretisierung dieser Unterlassungsverpflichtung sind die mit der Gemeinsamen Erklärung im Zusammenhang stehenden Modifizierungen und Ergänzungen durch den Einigungsvertrag (wie zB Art. 41 Abs. 2 Einigungsvertrag) zu berücksichtigen. Soweit nach der

---

[41] Vgl. in bezug auf Restitutionsansprüche gegen Unternehmenserwerber: *Espey-Jaenecke* BB 1991, 1442, 1444; unter Berufung auf Art. 135 a GG *Wasmuth*, Rechtshandbuch, B 100 Einf VermG RdNr. 131.
[42] *Fieberg-Reichenbach* F/R/M/S, Einf VermG RdNr. 48.
[43] Vgl. hierzu *Kittke* DtZ 1990, 179 ff; *Horn*, Das Zivil- und Wirtschaftsrecht im neuen Bundesgebiet, 2. Aufl. 1993, § 4 RdNr. 55, S. 97 und § 13 RdNr. 36, S. 485.

[44] Unterrichtung durch die Bundesregierung, Erläuterung zu den Anlagen zum Einigungsvertrag in bezug auf das VermG (Erl. BReg.), BT-Drucks. 11/7831; *Wasmuth*, Rechtshandbuch, B 100 Einf VermG RdNr. 130.
[45] Vgl. näher Vor § 1 RdNr. 71, 72.
[46] *Wasmuth*, Rechtshandbuch, B 100 Einf VermG RdNr. 136.

Gemeinsamen Erklärung keine Unterlassungsverpflichtung besteht, kann die Bundesrepublik Deutschland weitere vermögensrechtliche Ansprüche regeln. Es bedurfte insbesondere einer abschließenden Regelung der Entschädigungen und der staatlichen Ausgleichsleistungen insbesondere für Enteignungen auf besatzungsrechtlicher oder besatzungshoheitlicher Grundlage.[47]

32 **d) Fortgeltendes Bundesrecht und Wirkung gegenüber dem Bürger.** Durch das Einigungsvertragsgesetz wird der Einigungsvertrag und damit die **Gemeinsame Erklärung** Bestandteil der innerstaatlichen Rechtsordnung der Bundesrepublik Deutschland und bleibt gem. Art. 45 Abs. 2 Einigungsvertrag auch **weiterhin geltendes Bundesrecht**. Die aus dem normativen Charakter der Gemeinsamen Erklärung als Bundesrecht folgenden Auswirkungen werden insbesondere durch das **Verhältnis zum VermG** bestimmt. Die Eckwerte der Gemeinsamen Erklärung bedürfen zur Anspruchskonkretisierung der Umsetzung durch den Gesetzgeber und entfalten deshalb **gegenüber dem Bürger keine unmittelbaren rechtlichen Wirkungen**. Die Gemeinsame Erklärung verschafft aufgrund ihres Wortlautes, ihrer Entstehungsgeschichte und ihrer Teleologie dem Bürger keine subjektiven Rechte. Grundsätzlich haben sowohl das VermG als auch die Gemeinsame Erklärung als Bestandteile des Einigungsvertrages die gleiche normative Qualität. Mangels einer expliziten Regelung eines Vorranges haben das VermG und die Gemeinsame Erklärung den gleichen Gesetzesrang; inhaltlich stellen die Aussagen der Gemeinsamen Erklärung aber nur Richtlinien dar, während die konkrete Ausgestaltung der offenen Vermögensfragen und unmittelbare Regelung gegenüber dem Bürger durch das VermG erfolgt. Damit ist das VermG innerhalb des Einigungsvertrages lex specialis zur Gemeinsamen Erklärung.[48] Soweit der Regelungsbereich des VermG und der weiteren vermögensrechtlichen Regelungen reicht, werden die Regelungen der Gemeinsamen Erklärung und deren normative Wirkungen gegenüber den Bürgern verdrängt.

33 **e) Charakter als Auslegungsrichtlinie.** Da die Regelungsinhalte des VermG unter Berücksichtigung der Modifikationen und Ergänzungen der Gemeinsamen Erklärung durch den Einigungsvertrag selbst sich im wesentlichen konsequent an den Eckwerten der Gemeinsamen Erklärung orientieren, kommt der Gemeinsamen Erklärung als Richtlinie bei der Auslegung der Regelungen in bezug auf offene Vermögensfragen lediglich noch eine eingeschränkte Bedeutung zu; bei Zweifelsfragen sind die Eckwerte der Gemeinsamen Erklärung als der rechtsteleologischen Grundlage des VermG gleichwohl bei der Auslegung und Konkretisierung vermögensrechtlicher Normen zu berücksichtigen.[49] Bei deren Auslegung kommt der Gemeinsamen Erklärung der Charakter einer Auslegungsrichtlinie für das VermG zu.[50]

34 So ist zB nach Nr. 3 der Gemeinsamen Erklärung enteignetes Grundvermögen grundsätzlich den ehemaligen Eigentümern oder ihren Erben zurückzugeben. Dagegen regelt das VermG nach § 1 Abs. 1 Buchstabe a und b nur die vermögensrechtlichen Ansprüche für Vermögenswerte, die entschädigungslos oder gegen eine gegenüber DDR-Bürgern geringere Entschädigung enteignet wurden. Die im Verhältnis zur bundesrechtlichen Gemeinsamen Erklärung hieraus resultierende gesetzliche Regelungslücke ist im Hinblick auf die normative Wertung in Nr. 3 der Gemeinsamen Erklärung durch eine extensive Gesetzesauslegung zu schließen.[51]

---

[47] Vgl. § 9 und das EALG sowie näher § 1 RdNr. 238, 239.
[48] VG Berlin ZOV 1991, 101; *Schweisfurth* BB 1991, 281, 283; *Wilske-Galler* ZOV 1992, 242; aA: *Wasmuth*, Rechtshandbuch, B 100 Einf VermG RdNr. 137.
[49] *Fieberg-Reichenbach* F/R/M/S, Einf VermG RdNr. 29; *Groth* ZOV 1993, 213, 214; *Wilske-Galler* ZOV 1992, 242.
[50] Ebenso: *Wasmuth*, Rechtshandbuch, B 100 Einf VermG RdNr. 137.
[51] Vgl. RdNr. 22 mwN.

III. Bedeutung des Gemeinsamen Briefes von de Maizière und Genscher an die ehemaligen vier Siegermächte vom 12. September 1990

Unter Nr. 1 des Gemeinsamen Briefes[52] des Bundesministers des Auswärtigen, Hans-Dietrich Genscher, und des amtierenden Außenministers der DDR, Ministerpräsident Lothar de Maizière, wurde den Außenministern der ehemaligen vier Siegermächte Sowjetunion, Frankreich, Großbritannien und Vereinigte Staaten im Zusammenhang mit der Unterzeichnung des Vertrages vom 12. 9. 1990 über die abschließende Regelung in bezug auf Deutschland (BGBl. 1990 II S. 1317, 1318)[53] im Rahmen der sog. Vier-Plus-Zwei-Verhandlungen folgende Zusicherung gegeben:

„1. *Die Gemeinsame Erklärung der Regierungen der Bundesrepublik Deutschland und der Deutschen Demokratischen Republik zur Regelung offener Vermögensfragen vom 15. Juni 1990 enthält unter anderem folgende Aussagen:*

‚*Die Enteignungen auf besatzungsrechtlicher bzw. besatzungshoheitlicher Grundlage (1945 bis 1949) sind nicht mehr rückgängig zu machen. Die Regierungen der Sowjetunion und der Deutschen Demokratischen Republik sehen keine Möglichkeit, die damals getroffenen Maßnahmen zu revidieren. Die Regierung der Bundesrepublik Deutschland nimmt dies im Hinblick auf die historische Entwicklung zur Kenntnis. Sie ist der Auffassung, daß einem künftigen gesamtdeutschen Parlament eine abschließende Entscheidung über etwaige Ausgleichsleistungen vorbehalten bleiben muß.*‘

Gemäß Artikel 41 Absatz 1 des Vertrages zwischen der Bundesrepublik Deutschland und der Deutschen Demokratischen Republik über die Herstellung der Einheit Deutschlands vom 31. August 1990 (Einigungsvertrag) ist die genannte Gemeinsame Erklärung Bestandteil dieses Vertrages. Gemäß Artikel 41 Absatz 3 des Einigungsvertrages wird die Bundesrepublik Deutschland keine Rechtsvorschriften erlassen, die dem oben zitierten Teil der Gemeinsamen Erklärung widersprechen."

Dieser Gemeinsame Brief wiederholt wörtlich die Aussagen von Nr. 1 der Gemeinsamen Erklärung bezüglich der Enteignungen auf besatzungsrechtlicher bzw. besatzungshoheitlicher Grundlage (1945 bis 1949) und teilt den ehem. Siegermächten die aus Art. 41 Abs. 1 und 3 Einigungsvertrag folgenden Wirkungen sowie die Ergebnisse aus den Verhandlungen der Regierungen der Bundesrepublik Deutschland und der DDR mit. Damit unterrichtet dieser Brief die ehemaligen vier Siegermächte über bestimmte für sie wichtige Regelungen des Einigungsvertrages und bildet so ein tragendes Element der Geschäftsgrundlage des Vier-Plus-Zwei-Vertrages.[54] Allerdings begründet der Gemeinsame Brief für die Bundesrepublik Deutschland keine zusätzlichen vertraglichen oder einseitigen völkerrechtlichen Verpflichtungen.[55] Der Gemeinsame Brief schützt auf völkerrechtlicher Ebene das Vertrauen der ehem. vier Siegermächte auf die Bestandskraft der Gemeinsamen Erklärung.[56] Eine unmittelbare Auswirkung auf die innerstaatlichen Regelungen bezüglich der angesprochenen Enteignungen hat dieser Gemeinsame Brief nicht. Aus diesen Gründen bleibt ein Ausgleich durch Rückgabe der von § 1 Abs. 8 lit. a erfaßten Vermögenswerte prinzipiell möglich, wenn hierdurch die besatzungsrechtlichen bzw. besatzungshoheitlichen Maßnahmen als solche nicht in Frage gestellt werden.[57]

---

[52] BT-Drucksache 11/8024, S. 26 ff. bzw. Deutschland-Archiv (DA) 1990, 1799.

[53] Vgl. hierzu: *Blumenwitz* DtZ 1993, 258 ff.; *Blumenwitz*, Staatennachfolge und die Einigung Deutschlands, Teil I – Völkerrechtliche Verträge, 1992, S. 104 ff.; *Blumenwitz* NJW 1990, 3041, 3048; *Rauschning* DVBl. 1990, 1275, 1284.

[54] Ebenso *Blumenwitz* NJW 1990, 3041, 3048; aA *Wasmuth* NJW 1993, 2476, 2480/2481.

[55] Ähnlich: *Horn*, Das Zivil- und Wirtschaftsrecht im neuen Bundesgebiet, 2. Aufl. 1993, § 4 RdNr. 67, S. 104 ff., der „eine greifbare völkerrechtliche Selbstbindung" verneint; *Blumenwitz* DtZ 1993, 258, 259, der in dem Gemeinsamen Brief lediglich eine Absichtserklärung im Hinblick auf die zukünftige Gestaltung des innerstaatlichen Rechts sieht.

[56] Vgl. *Wasmuth* VIZ 1992, 81, 84 und Rechtshandbuch, B 100 Einf VermG RdNr. 128, der entsprechend dem Grundsatz von Treu und Glauben einen einseitig verpflichtenden Charakter des Gemeinsamen Briefes annimmt; aA: *Blumenwitz*, Staatennachfolge und die Einigung Deutschlands, Teil I – Völkerrechtliche Verträge, 1992, S. 108, der in dem Gemeinsamen Brief ein völkerrechtlich nicht verbindliches Versprechen sieht; nunmehr auch: *Wasmuth* NJW 1993, 2476, 2481.

[57] Im Ergebnis ähnlich: *Blumenwitz* DtZ 1993, 258, 260/261.

IV. VermG als Teil des Rechts der offenen Vermögensfragen

37 **1. Allgemeine Gesetzeszwecke.** Aufbauend auf den Eckwerten der Gemeinsamen Erklärung, versucht das VermG die rechtsstaatswidrigen Entziehungen von Vermögenswerten im Beitrittsgebiet zu korrigieren. Das VermG regelt lediglich die Korrektur von materiellen Rechtsverlusten. Das VermG enthält keine Rechtsgrundlage für die Beseitigung und den Ausgleich von rechtsstaatswidrig zugefügten immateriellen Nachteilen. Wie sich aus der enumerativen Aufzählung von einzelnen Tatbeständen bei der Definition des Geltungsbereiches des Gesetzes in § 1 ergibt, besteht die Intention des Gesetzes nicht in der Korrektur sämtlicher Eingriffe[58] in private Vermögenswerte auf der Grundlage der sozialistischen Wirtschafts- und Gesellschaftsordnung im ehemaligen Gebiet der DDR. Ein Umkehrschluß in dem Sinne, daß alle übrigen, nicht vom VermG erfaßten Enteignungen und enteignungsgleichen Eingriffe in der ehem. DDR rechtsstaatlichen Grundsätzen entsprochen haben, ist deshalb nicht gerechtfertigt. Die Zielsetzung des VermG besteht in einer Rückabwicklung der gravierenden vermögensentziehenden Maßnahmen, die insbesondere Unternehmen und Immobilien mittels Diskriminierung, wirtschaftlichem oder gesellschaftlichem Zwang in Volkseigentum überführten, sowie einer Rückabwicklung von diskriminierenden Maßnahmen gegenüber Bürgern ohne DDR-Staatsbürgerschaft und sog. Republikflüchtigen.

38 **2. Räumlicher Geltungsbereich des VermG.** Für die Frage des räumlichen Geltungsbereiches des VermG ist von dem Territorialitätsprinzip auszugehen. Da das VermG noch als Gesetz der DDR verabschiedet wurde, als Recht der DDR in Kraft trat und als **partielles Bundesrecht** nach dem Einigungsvertragsgesetz iVm. dem Einigungsvertrag fortgilt, erstreckt sich die räumliche Geltung auf das bisherige Staatsgebiet der ehem. DDR bzw. **Beitrittsgebiet** und damit auf die heutigen Länder Mecklenburg-Vorpommern, Brandenburg, Sachsen-Anhalt, Sachsen und Thüringen sowie Berlin (Ost). Vermögenswerte östlich der endgültig völkerrechtlich anerkannten Oder-Neiße-Grenze[59] und Vermögenswerte auf dem bis zum 3. 10. 1990 bestehenden Staatsgebiet der Bundesrepublik werden nicht von dem räumlichen Geltungsbereich des VermG erfaßt.

39 **3. Gesetzeskonzeption des VermG. a) Gesetzesaufbau.** Im Anschluß an den ersten Abschnitt des VermG, der Bestimmungen zum Geltungsbereich sowie allgemeine Begriffsbestimmungen enthält, regelt das VermG in seinem zweiten Abschnitt die Rückübertragung von Vermögenswerten (§§ 3 ff.), in einem dritten die Aufhebung der staatlichen Verwaltung (§§ 11 ff.) unter Ausklammerung des Ausgleichs für die Benachteiligungen der staatlich verwalteten Geldvermögen (vgl. § 11 Abs. 5) und in einem vierten die Rechtsverhältnisse zwischen Berechtigten und Dritten (§§ 16 ff.). Abschließend werden in einem fünften Abschnitt die verwaltungsrechtliche Organisation zur Regelung der offenen Vermögensfragen (§§ 22 ff.) sowie in einem sechsten Abschnitt Verfahrensregelungen für das Verwaltungsverfahren getroffen (§§ 30 ff.).

40 **b) Grundsatz der Restitution.** Die Konzeption des VermG geht im Grundsatz davon aus, daß die Korrektur der in § 1 bezeichneten vermögensrechtlichen Maßnahmen durch **Restitution in Form der Rückgabe oder Rückübertragung stattfindet.**[60] Dieser Grundsatz der Restitution (§§ 3, 6, 11 VermG), bei dem die Rückgabe des Vermögenswertes der Entschädigung für den Vermögensverlust vorgeht, wird aber **durch die normative Leitidee** der Gemeinsamen Erklärung eingeschränkt, **einen sozialverträglichen Ausgleich der unterschiedlichen Interessen** (zB zugunsten von redlichen Erwerbern von

---

[58] Erl. BReg., BT-Drucksache 11/7831, S. 1.
[59] Vgl. Art. 1 des Vertrages über die abschließende Regelung in bezug auf Deutschland vom 12. 9. 1990 (BGBl. II S. 1317, 1318).
[60] *Claussen* NJ 1992, 297 ff.; *Horn,* Das Zivil- und Wirtschaftsrecht im neuen Bundesgebiet, 2. Aufl. 1993, § 13 RdNr. 151 f., S. 546; *Niederleithinger* VIZ 1992, 55 f.; *Lochen* ZOV 1992, 230, 234; *Leutheusser-Schnarrenberger* DtZ 1994, 290, 293. Dieser Restitutionsgrundsatz wird durch die Änderungen des 2. VermRÄndG nicht angetastet, BT-Drucksache 12/2944, S. 49.

dinglichen Rechten, vgl. §§ 4, 5) zu schaffen.[61] Ein wichtiger Aspekt ist hierbei der Schutz der dinglichen Nutzungsrechte. Aus diesem Grunde ist die Rückübertragung enteigneter Vermögenswerte nach dem VermG ausgeschlossen, wenn an dem betreffenden Vermögenswert redlich Eigentum oder ein dingliches Nutzungsrecht erworben worden ist.

Eine Rückgabe des Vermögenswertes kann außerdem aufgrund von Art. 41 Abs. 2 Einigungsvertrag iVm. dem Investitionsvorranggesetz (InVorG) bei Vorliegen besonderer Investitionszwecke ausgeschlossen bzw. eingeschränkt sein. Für das VermG gilt zwar grundsätzlich das **Prinzip „Rückgabe vor Entschädigung"**, aber im Verhältnis zum InVorG besteht auch das **Prinzip „Investition vor Rückgabe"**. Aus diesen Grundsätzen können jedoch keine konkreten inhaltlichen Aussagen für den Einzelfall hergeleitet werden. **41**

Neben den primären Ansprüchen des Berechtigten auf Rückgabe, Aufhebung der staatlichen Verwaltung und Unterlassen von bestimmten Maßnahmen des Verfügungsberechtigten können Sekundäransprüche des Berechtigten auf Entschädigung, Schadensersatz, Erlösherausgabe oder Zahlung des Verkehrswertes gem. § 16 Abs. 1 Satz 3 InVorG sowie Ansprüche des Verfügungsberechtigten auf Wertausgleich bzw. Aufwendungsersatz oder spezielle Ansprüche von Dritten in Betracht kommen. **42**

c) **VermG als „Teilregelung".** Ist eine Restitution aufgrund der gesetzlichen Regelungen ausgeschlossen oder wird diese von dem Berechtigten nicht in Anspruch genommen, so tritt nach der gesetzlichen Konzeption des VermG an diese Stelle grundsätzlich ein **Anspruch auf Entschädigung**, dessen Basis und Bemessungskriterien nicht im VermG enthalten sind, sondern sich gem. § 9 VermG nach Maßgabe des Entschädigungsgesetzes bestimmen; im Falle der Enteignungen auf besatzungsrechtlicher oder beatzungshoheitlicher Grundlage iSd. § 1 Abs. 8 lit. a VermG ergibt sich ein **Anspruch auf eine Ausgleichsleistung** aus dem Ausgleichsleistungsgesetz. Das **VermG** stellt insoweit nur eine „**Teilregelung" der offenen Vermögensfragen** dar. Das Entschädigungs- und das Ausgleichsleistungsgesetz sind weitere notwendige Bausteine des Rechts der offenen Vermögensfragen.[62] **43**

d) **Auslegungsgrundsätze.** Das VermG ist noch als ein Gesetz der Volkskammer der DDR verabschiedet worden und als ein Teil des Einigungsvertragsgesetzes in Kraft getreten. Weil sich die DDR zu diesem Zeitpunkt durch Art. 1 Abs. 1 des DDR-Verfassungsgrundsätzegesetz vom 17. 6. 1990 (GBl. DDR I Nr. 33 S. 299) ausdrücklich zum Rechtsstaat bekannt hat, sind bei der Auslegung des VermG die rechtsstaatlichen Methoden der Rechtsanwendung und Auslegung zu beachten. Daher sind die herkömmlichen Auslegungsmethoden, dh. die grammatikalische, historische, systematische und teleologische Methode, unter Orientierung an den Wertungsgrundlagen der neuen Gesamtrechtsordnung anzuwenden. Die **fortgeltenden vermögensrechtlichen Vorschriften der ehem. DDR** sind aber **wie partielles Bundesrecht**, dessen Geltungsbereich sich über den Bezirk eines Oberlandesgericht erstreckt, **zu behandeln**[63] **und auszulegen**. Soweit an eigentumsentziehende bzw. -beeinträchtigende Regelungen der ehem. DDR angeknüpft wird, sind bei deren Anwendung und Auslegung aber die Verfahrensweisen der ehem. DDR-Organe zu berücksichtigen. **44**

4. Rechtssystematische Einordnung. Die Zuordnung des VermG in der Anlage II Kapitel III des Einigungsvertrags zu dem Sachgebiet „Bürgerliches Recht" ist lediglich durch das BMJ wegen der bürgerlich-rechtlichen Anknüpfungen, aber nicht aufgrund der Rechtssystematik erfolgt. Das VermG wird zum einen dadurch charakterisiert, daß die grundlegenden **Rückgabe- bzw. Aufhebungsansprüche gem. § 3, § 6 bzw. § 11 als An- **45**

---

[61] Vgl. *Bertrams* DVBl. 1994, 374, 375.
[62] Vgl. näher RdNr. 64 ff.
[63] BGH DB 1993, 269, 270; *Oetker* JZ 1992, 608, 614, der für eine eigenständige Auslegung des fortgeltenden Rechts der ehem. DDR plädiert; vgl. ferner *Drobnig* DtZ 1994, 86 ff.

sprüche gegenüber der zuständigen Behörde **öffentlich-rechtlich** ausgestaltet[64] sind. Die Bestellung und Vergütung eines gesetzlichen Vertreters erfolgt gem. § 11 b in öffentlich-rechtlicher, die Durchführung dieser Vertretung in privatrechtlicher Form. **Andererseits** knüpfen die Tatbestände der §§ 3 ff. und §§ 16 ff. an typische **zivilrechtliche Konstruktionen** an. Überdies stellt zB § 3 Abs. 1 Satz 2 die Möglichkeit der Abtretung, Verpfändung und Pfändung vermögensrechtlicher Ansprüche klar. § 3 Abs. 3 Satz 6 Hs. 2 ordnet die entsprechende Anwendbarkeit des § 678 BGB, § 11 b Abs. 1 Satz 5 die der §§ 1785, 1786, 1821, 1837 BGB an.[65] Auch die **Unterlassungsverpflichtung der Verfügungsberechtigten** gem. § 3 Abs. 3 Satz 1 bzw. gem. § 15 Abs. 2 ist als eine **schuldrechtliche Verpflichtung** einzuordnen,[66] deren Verletzung zu zivilrechtlichen bzw. staatshaftungsrechtlichen Schadensersatzansprüchen führen kann. Ferner erfolgt sowohl die Einsetzung eines Schiedsgerichtes gem. § 38 a Abs. 1 als auch eine einvernehmliche Einigung über die Rückgabe zwischen dem Berechtigtem und dem Verfügungsberechtigtem im Sinne des § 30 Abs. 1 Satz 2 auf zivilrechtlicher Basis. Durch die verwaltungsrechtlichen Entscheidungen der zuständigen Behörden über die Rückübertragung, Entschädigung und Aufhebung der staatlichen Verwaltung sowie durch die verwaltungsrechtliche Organisation und die Verwaltungsverfahrensregelungen erhält das VermG wiederum einen teilweise prägenden öffentlich-rechtlichen Charakter, der bei einer Einigung über die Rückgabe zwischen dem Berechtigten und dem Verfügungsberechtigten, einer Schiedsgerichtseinsetzung durch die Parteien oder einem hauptsächlich zivilrechtlich zu beurteilenden Sachverhalt zugunsten des zivilrechtlichen Charakters des VermG verdrängt wird. Außerdem sind die Entscheidungen der Treuhandanstalt und der öffentlich-rechtlichen Gebietskörperschaften nach dem InVorG öffentlich-rechtlicher Art, während die Durchführung dieser Entscheidungen durch zivilrechtliche Rechtsgeschäfte vollzogen wird. Der Rückübertragungsanspruch kann nach § 3 Abs. 1 Satz 2 grundsätzlich formlos abgetreten, gepfändet und verpfändet werden; bei einem Anspruch auf Rückübertragung von Grundstücken, Gebäuden, oder Unternehmen ist eine notarielle Beurkundung des Verpflichtungsgeschäftes und der Abtretung erforderlich. Insgesamt gesehen ist das VermG im Hinblick auf seine rechtssystematische Einordnung durch eine **Zweigleisigkeit zwischen öffentlichem Recht und Zivilrecht** gekennzeichnet.[66a] Dies verdeutlicht exemplarisch die **vorläufige Einweisung**, indem gem. § 6a Abs. 1 und 2 durch einen **Verwaltungsakt** der Behörde ein **privatrechtliches Vertragsverhältnis** zwischen dem Berechtigten und dem Verfügungsberechtigten begründet wird.[67]

46 5. Verhältnis des VermG zu anderen Regelungsbereichen. a) Allgemeines. Das VermG ist nur ein, wenn auch ein wesentlicher Bereich des Rechts zur Regelung offener Vermögensfragen und als solcher gegenüber anderen gesetzlichen Regelungen des jeweiligen Verhältnisses abzugrenzen.[68] Zur Harmonisierung des eigenständigen Anmeldeverfahrens nach der AnmeldeVO und dem VermG fingiert § 30 Abs. 1 Satz 5 VermG die Anmeldung als Antrag auf Rückübertragung oder auf Aufhebung der staatlichen Verwaltung.[69] Die Zwangskollektivierungen in der Landwirtschaft berührten nicht die formale Eigentümerstellung und ordneten keine staatliche Verwaltung an, so daß die vermögensrechtlichen Regelungen des VermG und des LwAnpG (GBl. DDR 1990 I Nr. 42 S. 642)

---

[64] KG DtZ 1991, 191, 192; BezG ZIP 1992, 733, 734; *Kohler* NJW 1991, 465, 471.

[65] Von einem öffentlich-rechtlichen Verhältnis einer Geschäftsführung ohne Auftrag geht aus: *Wasmuth*, Rechtshandbuch, B 100 Einf VermG RdNr. 190.

[66] KG DtZ 1991, 191; BezG Cottbus VIZ 1992, 322, 323; BezG Dresden VIZ 1992, 72, 73; BezG Dresden DB 1992, 1238 = ZIP 1992, 733, 735; BezG Erfurt DtZ 1991, 252; BezG Magdeburg DtZ 1991, 251, 252; *Kohler* NJW 1991, 465, 471; *Wasmuth*, Rechtshandbuch, B 100 Einf VermG RdNr. 191; aA: KG NJW 1991, 360; KG VIZ 1991, 30; VIZ 1992, 143; BezG Chemnitz VIZ 1992, 145.

[66a] Zur „Zweispurigkeit des Rechtsweges": BGH NJW 1994, 457, 458.

[67] Vgl. insoweit die Kommentierung zu § 6a Abs. 1 bis 3 (§ 6a RdNr. 14).

[68] Für eine graphische Darstellung von Rechtskreisen in bezug auf die Regelungen über offene Vermögensfragen/Eigentumsverhältnisse siehe *Försterling* DVBl. 1992, 497, 499.

[69] *Fieberg-Reichenbach* NJW 1991, 321, 324.

IV. VermG als Teil d. Rechts d. offenen Vermögensfragen   47–49   Vor § 1 VermG

unabhängig von einander bestehen. Für die prinzipiell nicht nach dem VermG zurückzuübertragenden, sondern den §§ 20a, 20b ParteienG-DDR unterliegenden Vermögensmassen der Parteien und ihrer Organisationen ist durch die Entscheidungskompetenz des Bundesamtes für offene Vermögensfragen gem. § 29 Abs. 2 VermG eine Harmonisierung herbeigeführt worden.[69a]

b) Investitionsvorranggesetz (InVorG) und § 9 VZOG. Art. 41 Abs. 2 Einigungsvertrag und das auf dieser Grundlage verabschiedete InVorG[70] lösen den Konflikt zwischen dem Restitutionsinteresse des Berechtigten und den Investitionsinteressen der Volkswirtschaft und des Investors zugunsten der investiven Vorhaben. Das entsprechend dem InVorG durchzuführende Investitionsverfahren unterbricht gem. § 4 Abs. 4 Satz 1 InVorG das Restitutionsverfahren nach dem VermG mit der Folge, daß durch ein Investitionsverfahren eine Sperrwirkung für eine positive Rückübertragungsentscheidung eintritt.[71] Das InVorG bezweckt insoweit zu gunsten bestimmter Investitionen eine Durchbrechung des in § 3 Abs. 3 VermG enthaltenen Verfügungsverbotes des Verfügungsberechtigten. Diese Vorschriften des InVorG gelten gem. § 9 Abs. 3 VZOG[72] sinngemäß für besondere Investitionszwecke einer Gemeinde, einer Stadt oder eines Landkreises in bezug auf ehemals volkseigene Grundstücke oder Gebäude iSd. § 9 Abs. 1 VZOG.   47

c) Restitutionsansprüche öffentlich-rechtlicher Körperschaften. Öffentliches Verwaltungs- und Finanzvermögen wird durch Art. 21, 22 Einigungsvertrag kraft Gesetzes zugeordnet. Die Zuordnung von ehemals volkseigenem Vermögen wird gem. §§ 1ff. VZOG[73] zur Vermeidung von Unsicherheiten und Zweifeln in einem besonderen Verwaltungsverfahren festgestellt. Unabhängig von dieser Zuordnung werden durch Art. 21 Abs. 3 und Art. 22 Abs. 1 Satz 7 Einigungsvertrag bestimmte Restitutionsansprüche[74] von öffentlich-rechtlichen Körperschaften iVm. den Maßgaben der §§ 11ff. VZOG (idF des RegVBG) begründet, soweit Verwaltungs- oder Finanzvermögen dem Zentralstaat oder den Ländern und Gemeinden (Gemeindeverbänden) unentgeltlich zur Verfügung gestellt worden war.[75] Diese Regelungen der durch besonderen Übertragungsakt zu erfüllenden Restitutionsansprüche von öffentlich-rechtlichen Körperschaften sind trotz des Wortlautes von § 1 Abs. 8 lit. d VermG gegenüber dem VermG spezieller, bezwecken nicht nur die Wiedergutmachung früheren Unrechts[76] und verdrängen in bezug auf öffentlich-rechtliche Gebietskörperschaften des Beitrittsgebiets als leges specialis die Regelungen des VermG.[77] Aber die Regelungen der Art. 21 und 22 Einigungsvertrag schließen eine Rückgabe an eine berechtigte Privatperson nicht aus;[78] dies stellt § 7 Abs. 1 VZOG (idF des RegVBG) klar.   48

d) Aufhebungsansprüche nach Art. 19 Satz 2 Einigungsvertrag und §§ 48ff. VwVfG, Rückenteignung nach § 102 BauGB und verfassungsrechtliche Rückübereignungsansprüche. Nach Art. 19 Satz 1 Einigungsvertrag sind und bleiben Hoheitsakte im Beitrittsgebiet auch bei Verstoß gegen rechtsstaatliche Grundsätze grundsätzlich wirksam.[79] Gem.   49

[69a] Vgl. näher: *Neuhaus* F/R/M/S § 1 RdNr. 14ff.
[70] Gesetz über den Vorrang für Investitionen bei Rückübertragungsansprüchen nach dem Vermögensgesetz (Investitionsvorranggesetz – InVorG) vom 14. 7. 1992 (BGBl. I S. 1268), verkündet als Art. 6 Zweites Vermögensrechtsänderungsgesetz vom 14. 7. 1992 (BGBl. I S. 1257, 1268).
[71] *Kinne* ZOV 1992, 235, 237; ferner: *Weimar* DB 1991, 2527.
[72] Gesetz über die Feststellung der Zuordnung von ehemals volkseigenen Vermögen (Vermögenszuordnungsgesetz – VZOG) idF der Bekanntmachung vom 3. 8. 1992 (BGBl. I S. 1464), zuletzt geänd. durch Art. 16 RegVBG (BGBl. 1993 I S. 2225).
[73] Vgl. *Schmidt-Räntsch* ZIP 1991, 973ff.; *Schmidt-Räntsch* DtZ 1991, 169, 172/173; *Schmidt-Räntsch/Hiestand* ZIP 1993, 1749ff.
[74] VG Berlin ZIP 1993, 1733, 1735 mwN.; BVerwG VIZ 1994, 185; VIZ 1993, 354, 355 mit Anm. *Frenzel*.
[75] VG Berlin ZOV 1993, 128; BVerwG VIZ 1993, 354, 355 mit Anm. *Frenzel*.
[76] VG Berlin ZIP 1993, 1733, 1736.
[77] *Neuhaus* F/R/M/S, § 1 RdNr. 10; *Wasmuth*, Rechtshandbuch, B 100 Einf VermG RdNr. 204; *Weise* ZIP 1992, 1357, 1366.
[78] *Früh* ZOV 1993, 141.
[79] BVerwG NJW 1994, 2712; KG VIZ 1992, 321, 322.

Art. 19 Satz 2 Einigungsvertrag können enteignende Verwaltungsakte der ehem. DDR, soweit diese mit rechtsstaatlichen Grundsätzen nicht vereinbar sind, unter Durchbrechung der nach Art. 19 Satz 1 Einigungsvertrag grundsätzlich bestehenden Wirksamkeit nachträglich aufgehoben werden. Entsprechendes gilt bei Vorliegen der Voraussetzungen für die Durchbrechung der Bestandskraft von Verwaltungsakten nach Art. 19 Satz 3 Einigungsvertrag iVm. §§ 48 ff. VwVfG bzw. den entsprechenden landesrechtlichen Bestimmungen. Soweit die Aufhebung eines dem Anwendungsbereich des VermG unterfallenden enteignenden Verwaltungsaktes in Frage steht, gehen die Regelungen des VermG als leges specialis denen des Art. 19 Einigungsvertrag vor und verdrängen letztere.[80] Im Rahmen des Anwendungsbereiches des § 1 VermG ist die Feststellung der Unwirksamkeit einer DDR-Enteignung grundsätzlich nur nach dem VermG möglich.[81] Die Wertungen des VermG zum Zwecke der Schaffung eines sozialverträglichen Ausgleichs zwischen den Interessen des vermögensrechtlich Berechtigten und einem redlichen Erwerber oder den öffentlichen Interessen würden ansonsten uU. außer acht gelassen. Außerhalb des Geltungsbereiches des § 1 VermG ist die Aufhebung eines Verwaltungsaktes nach Art. 19 Satz 2 Einigungsvertrag oder Art. 19 Satz 3 Einigungsvertrag iVm. §§ 48 ff. VwVfG bzw. den entsprechenden landesrechtlichen Bestimmungen unter den jeweiligen bestimmten Voraussetzungen im Einzelfall möglich.

50   Für einen verfassungsrechtlichen Anspruch aufgrund von Art. 14 GG auf **Rückübereignung** bei einer Verfehlung des Enteignungszwecks[82] durch ehem. staatliche Organe der DDR muß die Bundesrepublik Deutschland nicht einstehen, weil es an einer verfassungsrechtlichen Verantwortlichkeit der Bundesrepublik Deutschland für das Handeln der Staatsgewalt in der ehem. DDR fehlt.[83] Eine entsprechende Verpflichtung zur Rückübereignung läßt sich auch nicht aus Art. 16 DDR-Verfassung 1968 herleiten,[84] weil dieser im Rahmen des Rechtssystems, staatstheoretischen Selbstverständnisses und insbesondere der begrenzten Eigentumsgewährleistung der ehem. DDR auszulegen ist. Die **Rückenteignung** eines Vermögenswertes **gem. § 102 BauGB iVm. Art. 8 Einigungsvertrag** wird – u.a. entgegen der Ansicht des BVerwG – durch das VermG nicht ausgeschlossen,[85] weil es sich hierbei um voneinander unabhängige Regelungsbereiche handelt; das Motiv und die (zu prüfende) Voraussetzung des § 102 BauGB besteht in dem Wegfall des Enteignungszwecks, das Motiv des VermG in der Wiedergutmachung von rechtsstaatswidriger Diskriminierung und von Unrecht. Der sachliche Regelungsumfang des § 102 BauGB ist in den alten und neuen Bundesländern prinzipiell gleich und wird daher vom VermG nicht eingeschränkt.

51   e) **Staatshaftungsrechtliche Normen.** Bei der Beurteilung eines Sachverhaltes anhand des Staatshaftungsgesetzes (StHG) der DDR vom 12. 5. 1969 (GBl. DDR I Nr. 5 S. 34, geändert durch Gesetz vom 14. 12. 1988, GBl. DDR I Nr. 28 S. 329), das in einer durch

---

[80] VG Berlin ZOV 1993, 200, 202; *Neuhaus* F/R/M/S, § 1 RdNr. 4; *Wasmuth*, Rechtshandbuch, B 100 Einf VermG RdNr. 207.

[81] VG Berlin ZOV 1993, 200, 203; BezG Potsdam VIZ 1992, 325, 326; aA *von Trott zu Solz* ZOV 1991, 67, 70 f.

[82] Vgl. BVerfGE 38, 175 ff. = NJW 1975, 37 ff.

[83] Im Ergebnis ähnlich BVerwG NJW 1994, 2712; zutreffend *Uechtritz* VIZ 1994, 97, 107; *Motsch* VIZ 1994, 11, 12; *Neuhaus* VIZ 1993, 503, 504; mit problematischer Begründung und mißverständlich VG Meiningen VIZ 1993, 400, 402; aA *Stöhr* ZOV 1993, 384, 386; *Wessels* DVBl. 1994, 458, 461, 462; vgl. ferner BVerfGE 84, 90, 122 = NJW 1991, 1597, 1599.

[84] BVerwG NJW 1994, 2712; *Frantzen* DtZ 1994, 91, 96; aA VG Meiningen VIZ 1993, 400, 402; *Maschler-Keller* ZOV 1993, 389, 390; dagegen zu Recht *Neuhaus* VIZ 1993, 503, 504/505; kritisch *Wasmuth* VIZ 1993, 402, 403; *Drobnig* DtZ 1994, 228, 232.

[85] KG VIZ 1993, 501, 502/503; zustimmend *Frantzen* DtZ 1994, 91, 96; *Fromm* DtZ 1994, 207, 209; *Drobnig* DtZ 1994, 228, 231; *Uechtritz* VIZ 1994, 97, 99, 104; *Motsch* VIZ 1994, 11, 12; *Maschler-Keller* ZOV 1993, 389, 390, 391; *Wasmuth* VIZ 1994, 78, 80; aA: BVerwG NJW 1994, 2712, 2713; VG Berlin VIZ 1994, 77, 78; ZOV 1993, 428, 429; VG Meiningen VIZ 1993, 400, 402; LG Dresden DtZ 1994, 115 ff. = VIZ 1994, 191 ff. mit Anm. *Frantzen;* LG Berlin VIZ 1994, 246, 247 f. = DtZ 1994, 180 ff.; *Wessels* DVBl. 1994, 458, 463; *Neuhaus* VIZ 1993, 503, 505; vgl. zur Verjährung des Rückenteignungsanspruchs nach § 102 BauGB *Schnabel* ZOV 1993, 392 f.

den Einigungsvertrag modifizierten Form (BGBl. 1990 II S. 885, 1168) als Landesrecht[86] fortgilt, ist zu berücksichtigen, daß die in der DDR ergangenen Verwaltungsakte gem. Art. 19 Satz 1 des Einigungsvertrages und die gerichtlichen Entscheidungen in der DDR gem. Art. 18 Abs. 1 des Einigungsvertrages grundsätzlich wirksam bleiben. Aufgrund der nach § 3 Abs. 3 StHG-DDR bestehenden Subsidiarität staatshaftungsrechtlicher Ansprüche können vermögensrechtliche Ansprüche als solche vorbehaltlich der Verweisung des § 13 Abs. 2 VermG wegen Enteignung oder Eigentumsbeschränkung grundsätzlich nur nach dem VermG geltend gemacht werden.

f) Wiedergutmachungsgesetze. Auf dem Gebiet der vermögensrechtlichen Wiedergutmachung des nationalsozialistischen Unrechts sind im wesentlichen die Rückgabe unrechtmäßig entzogener Vermögensgegenstände und deren Ersatz durch die Rückerstattungsregelungen und die Entschädigung für Schäden an anderen Rechts- und Lebensgütern nach dem BEG[87] zu unterscheiden, wobei gem. § 5 BEG grundsätzlich die in den §§ 51 ff. iVm. §§ 1, 4 BEG geregelten Ansprüche auf Entschädigung von Eigentums- und Vermögensschäden durch den Vorrang der räumlich beschränkt geltenden rückerstattungsrechtlichen Regelungen ausgeschlossen sind. In der SBZ hat es eine besatzungsrechtliche Rückerstattung durch die Sowjetunion nicht gegeben; es erging lediglich im Land Thüringen das Wiedergutmachungsgesetz vom 14. 9. 1945 (Reg.Bl. für das Land Thüringen 1945 Teil I S. 24).[87a] 52

Der sachliche Anwendungsbereich des § 1 Abs. 6 VermG **ergänzt** daher durch die vermögensrechtlichen Rückübertragungsansprüche und die hieran anknüpfenden Entschädigungsansprüche in räumlicher Hinsicht die alliierten Rückerstattungsregelungen der amerikanischen[88] und britischen[89] Militärregierung, der alliierten Kommandantur für das Land Berlin[90] sowie in der französischen Zone[91] und im Saarland[92] sowie ferner das Bundesrückerstattungsgesetz (BRüG) vom 19. 7. 1957 (BGBl. I S. 734 mwÄnd.),[93] das die auf einen Geldbetrag gerichteten rückerstattungsrechtlichen Ansprüche regelt. Für die Fälle des § 1 Abs. 6 ist eine **Überschneidung** von Ansprüchen nach dem VermG mit denen nach dem Rückerstattungsrecht und dem BEG im Grundsatz **nicht möglich**, da insbesondere die besatzungsrechtlichen Rückerstattungsregelungen grundsätzlich nicht in dem Gebiet der ehem. DDR gelten bzw. gegolten haben. Da aber das BRüG und BEG 53

---

[86] Geändert im Land Sachsen-Anhalt durch das Gesetz zur Änderung des StHG-DDR vom 24. 8. 1992 (GVBl. LSA 1992, S. 655 f.).

[87] Vgl. insbesondere 3. Gesetz zur Änderung des Bundesergänzungsgesetzes zur Entschädigung für Opfer der nationalsozialistischen Verfolgung vom 29. 6. 1956 (BGBl. I S. 559 mwÄnd.) und Bundesgesetz zur Entschädigung für Opfer der nationalsozialistischen Verfolgung (Bundesentschädigungsgesetz – BEG –) idF vom 29. 6. 1956 (BGBl. I S. 562) und vom 1. 7. 1957 (BGBl. I S. 663) und zuletzt Bundesentschädigungsschlußgesetz vom 14. 9. 1965 (BGBl. I S. 1315); vgl hierzu *Blessin-Ehrig-Wilden,* Bundesentschädigungsgesetze, 3. Aufl., 1960; *Brunn-Hebenstreit,* Bundesentschädigungsgesetz, 1965.

[87a] Vgl. hierzu VG Meiningen VIZ 1994, 418, 420.

[88] Gesetz Nr. 59 vom 10. 11. 1947 der Militärregierung Deutschland – Amerikanisches Kontrollgebiet – Rückerstattung feststellbarer Vermögensgegenstände, Amtsblatt der Militärregierung in Deutschland – Amerikanisches Kontrollgebiet – Ausgabe G vom 10. 11. 1947 S. 1.

[89] Gesetz Nr. 59 vom 12. 5. 1949 der Militärregierung Deutschland – Britisches Kontrollgebiet – Rückerstattung feststellbarer Vermögensgegenstände an Opfer der nationalsozialistischen Unterdrückungsmaßnahmen, Amtsblatt der Militärregierung – Britsches Kontrollgebiet – Nr. 28 S. 1169.

[90] Anordnung BK/O (49) 180 vom 26. 7. 1949 der Alliierten Kommandantur Berlin über die Rückerstattung feststellbarer Vermögensgegenstände an Opfer der nationalsozialistischen Unterdrückungsmaßnahmen, VOBl. für Groß-Berlin Teil I 1949 S. 221.

[91] Verordnung Nr. 120 vom 10. 11. 1947 der Militärregierung Deutschland – Französisches Kontrollgebiet – über die Rückerstattung geraubter Vermögensobjekte, Amtsblatt des französischen Oberkommandos in Deutschland Nr. 119 vom 14. 11. 1947 S. 1219.

[92] Saarländisches Gesetz zur Ausführung der Verordnung Nr. 120 vom 30. 6. 1949, Saarländisches Amtsblatt S. 688 und BRüG-Saar vom 12. 1. 1967, BGBl. I S. 133.

[93] Vgl. hierzu *Blessin-Wilden,* Bundesrückerstattungsgesetz, 1958; Biella ua., Das Bundesrückerstattungsgesetz, 1981. Vgl. ferner *Schwarz,* Rückerstattung nach den Gesetzen der alliierten Mächte, 1974, S. 23 ff., 59 ff., 66 f., 287 ff.

VermG Vor § 1 54, 55   Vorbemerkungen

insbesondere nicht in Anlage I des Einigungsvertrages erwähnt wurden, sind sowohl das BEG als auch das BRüG[94] gem. **Art. 8 Einigungsvertrag** in dem Gebiet der ehem. DDR mit Wirkung vom 3. 10. 1990 in Kraft getreten.[95] Indem bereits ausdrücklich in Nr. 4c) der völkerrechtlichen Vereinbarung vom 27./28. September 1990[96] für die Erstreckung des BRüG und BEG auf das Gebiet der ehem. DDR die Erforderlichkeit von weiteren Bestimmungen festgestellt wurde, werden die zwischen diesen Regelungen bestehenden Widersprüche und für deren Anwendung die Notwendigkeit weiterer gesetzgeberischer Akte deutlich.[97] Das Ziel der Wiedergutmachung nationalsozialistischen Unrechts wird aber ua. durch § 1 Abs. 6 VermG erreicht, weil dieser im Beitrittsgebiet materiell Rückerstattungsrecht darstellt.[98] Außerhalb des Anwendungsbereiches des § 1 Abs. 7 VermG liegende verfolgungsbedingte Einbußen an Rechtsgütern und Rechten während der nationalsozialistischen Zeit werden ergänzend durch das Entschädigungsrecht für Verfolgte des Nationalsozialismus aus dem Beitrittsgebiet durch das als Art. 1 des Gesetzes über Entschädigungen für Opfer des Nationalsozialismus im Beitrittsgebiet verkündete Entschädigungsrentengesetz vom 22. 4. 1992 (BGBl. I S. 906) geregelt.

54 g) **Lastenausgleichsgesetz.** Das seit dem 3. 10. 1990 auch im Beitrittsgebiet geltende Lastenausgleichsgesetz (LAG)[99] bezweckt einen Ausgleich von bestimmten Lasten und die Gewährung der notwendigen Hilfe zur Eingliederung von bestimmten Geschädigten und hat damit im Unterschied zu den Regelungen des VermG, die eine Revidierung von bestimmten vermögensrechtlichen Maßnahmen vorsehen, einen gänzlich anderen Gesetzeszweck. Entsprechend der Präambel des LAG berühren die aufgrund der Lastenausgleichsregelungen gewährten Leistungen weder die Vermögensrechte der Geschädigten noch stellen sie einen Verzicht auf die Restitution der unbeschränkten Vermögensrechte bzw. auf eine Ersatzleistung dar. Ein Anspruch nach dem VermG schließt nicht grundsätzlich weitere aufgrund des LAG bestehende Ansprüche aus. Nach § 342 LAG[100] führen Rückgaben von enteigneten Vermögenswerten oder entsprechende Entschädigungen zur Wiederaufnahme des Verfahrens mit dem Ziel einer Neuberechnung und Rückforderung von Lastenausgleichsleistungen.[101] Die Anrechnung erhaltener Lastenausgleichszahlungen auf eine nach dem Entschädigungsgesetz zu zahlende Entschädigung hat nach § 2 Abs. 1 Satz 2 iVm. § 8 des Entschädigungsgesetzes[102] zu erfolgen. Die Regelungen des LAG und des VermG überschneiden sich prinzipiell nicht.[103]

55 h) **Zivilrechtliche Normen (BGB/ZGB-DDR).** Das VermG enthält keine ausdrückliche Kollisionsnorm, die eine Geltendmachung zivilrechtlicher Ansprüche auf Rückgabe

---

[94] In § 27 Abs. 2 BRüG ist eine bereits abgelaufene Anmeldefrist bis zum 1. 4. 1959 für Ansprüche nach dem BRüG vorgesehen.
[95] *Düx* VIZ 1992, 257, 258. Grundsätzlich ist nach Art. 8 des Einigungsvertrages das gesamte bundesweit geltende Bundesrecht in dem beitretenden Teil vorbehaltlich ausdrücklicher Ausnahmen, insbesondere der Anlage I des Einigungsvertrages, mit dem Wirksamwerden des Beitritts in Kraft getreten; *Schnapauff* DVBl. 1990, 1249, 1252.
[96] Bekanntmachung der Vereinbarung vom 27./28. September 1990 zu dem Vertrag über die Beziehungen zwischen der Bundesrepublik Deutschland und den Drei Mächten (in der geänderten Fassung) sowie zu dem Vertrag zur Regelung aus Krieg und Besatzung entstandener Fragen (in der geänderten Fassung) vom 8. 10. 1990 (BGBl. II S. 1386, 1388/1389).
[97] In diesem Sinne auch *Horn*, Das Zivil- und Wirtschaftsrecht im neuen Bundesgebiet, 2. Aufl. 1993, § 13 RdNr. 83, S. 509.

[98] Vgl. Bundesamt für offene Vermögensfragen ZOV 1991, 123, 125; *Uechtritz* VIZ 1992, 377, 378; kritisch *Düx* VIZ 1992, 257, 259, 261.
[99] Das Gesetz über den Lastenausgleich (Lastenausgleichsgesetz – LAG –) vom 14. 8. 1952 (BGBl. I S. 446) idF der Bekanntmachung vom 1. 10. 1969 (BGBl. I S. 1909), gilt ab dem Wirksamwerden des Beitritts in dem Gebiet der ehem. DDR mit den Maßgaben gem. Anlage I Kapitel II Sachgebiet D: Kriegsfolgenrecht Abschnitt III Nr. 4 des Einigungsvertrages (BGBl. 1990 II S. 885, 920). Zum LAG vgl. *Conrad-Oswald*, Gesetz über den Lastenausgleich, 1952; *Schulze-Brachmann/Meilicke/Georgi*, Lastenausgleichsgesetz, 1953.
[100] Mit der Änderung des Gesetzes vom 24. 7. 1992 (BGBl. 1992 I S. 1386, 1390, 1393).
[101] *Löbach* ZOV 1992, 63, 65; *Schaefer* NWB Fach 25, S. 1361, 1380.
[102] BGBl. 1994 I S. 2624, 2627.
[103] In diesem Sinne auch *Horn*, Das Zivil- und Wirtschaftsrecht im neuen Bundesgebiet, 2. Aufl. 1993, § 13 RdNr. 83, S. 509/510.

IV. VermG als Teil d. Rechts d. offenen Vermögensfragen   56, 57   Vor § 1 VermG

von Vermögenswerten (§§ 985 BGB; 69 Abs. 1, 356 Abs. 1 S. 1 ZGB) neben den öffentlich-rechtlichen ausgestalteten Restitutionsverfahren ausschließt.[103a]

Der **BGH** hat im Gefolge seiner Leitentscheidung vom 3. 4. 1992 – V ZR 83/91[104] in **56** ständiger Rechtsprechung[105] die Berufung auf zivilrechtliche Mängel des Veräußerungsgeschäfts für ausgeschlossen erachtet, wenn diese zugleich auch die Voraussetzungen eines vermögensrechtlichen Restitutionstatbestandes erfüllen. Für diese Fälle konkretisiere § 4 Abs. 2 und 3 VermG abschließend die Voraussetzungen, unter denen der Erwerber redlicherweise auf die Rechtsbeständigkeit seines Erwerbs vertrauen könne und vor den Folgen des politischen Umbruchs in der DDR geschützt werde. Dieser Vertrauensschutz komme unabhängig von der Wirksamkeit seinerzeitiger Veräußerungsgeschäfte zum Tragen.[106] Andererseits soll die Berufung auf zusätzliche, zu den zivilrechtlichen Auswirkungen des Teilungsunrechts hinzutretende Mängel durch das VermG nicht ausgeschlossen sein, wenn die Mängel bereits nach dem Recht der ehem. DDR zur Unwirksamkeit des Geschäfts geführt hätten und ihr Auftreten dem allgemeinen Risiko des dortigen Rechtsverkehrs zuzurechnen war.[107] Der Vorrang des VermG soll darüber hinaus selbst dann bestehen, wenn die Parteien die in der DDR geltenden Bestimmungen des Grundstücks- und Devisenverkehrs (zumindest auch) im Interesse des Veräußerers durch Umgehung zwingender zivilrechtlicher Vorschriften abzumildern suchten und dadurch eine „untrennbare innere Wechselbeziehung" zwischen unlauteren Machenschaften im Sinne von § 1 Abs. 3 VermG und den zu ihrer Abwehr getroffenen Maßnahmen herstellten.[108]

Diese Sicht- und Wertungsweise vernachlässigt die **Regelungsabsicht des Vermögens-** **57** **gesetzes** und ist insgesamt nicht geeignet, eine sachadäquate Konkurrenzlösung herbeizuführen. Zweck des VermG ist allein die Wiedergutmachung jenes Teilungs- oder auch Diskriminierungsunrechts, das unter Verstoß gegen die seinerzeitige DDR-Rechtsordnung veranlaßt oder in sonst diskriminierender Weise herbeigeführt worden ist, nicht aber eine Generalrevision aller Vermögensverschlechterungen, die nach innerstaatlichem Recht der DDR erfolgt sind.[109] Die Wiedergutmachung des Teilungs- und Diskriminierungsunrechts hat sich in Hinsicht auf den bereits in der Präambel der Gemeinsamen Erklärung vom 15. 6. 1990[110] statuierten „sozialverträglichen Ausgleich unterschiedlicher Interessen" allein nach dem VermG zu vollziehen. Der darin ausformulierte Schutz redlicher Erwerber (§ 4 Abs. 2 und 3 VermG) und damit der Vorrang des VermG greift jedoch nur durch, wenn der auf eine schädigende Maßnahme im Sinne von § 1 Abs. 3 VermG zurückzuführende Erwerbsvorgang im Zeitpunkt des Inkrafttretens des VermG am 29. 9. 1990 zivilrechtlich (zunächst) wirksam war.[111] Das vermögensrechtliche Restitutionsverfahren setzt notwendig eine Vermögenseinbuße (Rechtsverlust) auf Seiten des Geschädigten voraus

---

[103a] Eine zivilrechtliche Rückgängigmachung von Bodenreform-Enteignung auf der Grundlage des ordre-public-Vorbehaltes des Art. 6 EGBGB ist jedoch nicht möglich. *Rapp* VIZ 1994, 324, 325; aA *Gertner* VIZ 1994, 158, 161; *v. Schließen* ZOV 1994, 151, 157.

[104] BGHZ 118, 34 = VIZ 1992, 317 = NJW 1992, 1757.

[105] BGH, Beschl. v. 21. 5. 1992 – V ZR 265/91 = NJW 1992, 2158 = VIZ 1992, 359; Urt. v. 12. 11. 1992 – V ZR 230/91 = NJW 1993, 389 = VIZ 1993, 67; Beschl. v. 12. 11. 1992 – V ZB 22/92 = NJW 1993, 388 = VIZ 1993, 21; Urt. v. 19. 2. 1993 – V ZR 269/91 = NJW 1993, 1706, 1708; Urt. v. 19. 3. 1993 – V ZR 247/91 = DtZ 1993, 249 = NJ 1993, 416; Urt. v. 16. 4. 1993 – V ZR 87/92 = NJW 1993, 2050 = NJ 1993, 418; Urt. v. 7. 5. 1993 – V ZR 99/92 = DtZ 1993, 245 = NJ 1993, 419; Urt. v. 28. 5. 1993 – V ZR 53/92 = VIZ 1993, 548; Beschl. v. 17. 6. 1993 – V ZB 31/92 = NJW 1993, 2541; Urt. v. 18. 6. 1993 – V ZR 47/92 = NJW 1993, 2525; Urt. v. 9. 7. 1993 – V ZR 262/91 = NJW 1993, 2530; Urt. v. 11. 2. 1994 – V ZR 254/92 = NJW 1994, 1283; Urt. v. 24. 6. 1994 – V ZR 233/92 = DtZ 1994, 345; ferner BVerwG, Urt. v. 30. 6. 1994, – 7 C 24/93, NJW 1994, 2713. Vgl. näher *Tropf* WM 1994, 89 ff.

[106] BGH DtZ 1993, 249, 251.

[107] BGH VIZ 1993, 548.

[108] BGH NJW 1993, 2050, 2051; DtZ 1993, 245, 246; NJW 1993, 2530, 2530.

[109] ErlBReg BT-Drucks. 11/7831, S. 1.

[110] BGBl. II S. 1237.

[111] Wie hier VG Chemnitz ZOV 1993, 436, 436 f.; *Busche* JZ 1994, 100; dagegen für Alternativverhältnis von VermG und Zivilrecht *Stapenhorst* VIZ 1991, 85, 87 f.; *Barkam* R/R/B § 1 VermG RdNr. 40; *Kimme-Meier* § 1 VermG RdNr. 89 ff.; *Raabe/Niewald* NJ 1992, 71, 72 f.; *Grün* VIZ 1992, 319, 320; dies. ZIP 1993, 170, 176, 177 f.; wohl auch *Neuhaus*, F/R/M/S § 1 RdNr. 22 ff., § 4 RdNr. 69; für generellen Vorrang des VermG *Pleyer* WuB VII C § 13 GVG 1.92; *Göhring/Lübchen* NJ 1992, 73, 74.

(vgl. §§ 3 Abs. 1, 34 Abs. 1 S. 1 VermG).[112] Ohne diese ist der Restitutionsantrag unbegründet, so daß es bei dem zivilrechtlichen Anspruchsinstrumentarium verbleibt. Zweck des VermG ist es nicht, die allgemeinen Risiken des Rechtsverkehrs in der DDR aufzufangen.[113] Der Vorschrift des § 4 VermG kommt nicht die Funktion eines originären Erwerbstatbestandes zu,[114] es handelt sich lediglich um eine Schutzvorschrift, die den derzeit Verfügungsberechtigten vor dem Verlust seinerzeit systemkonform erworbener Rechte bewahren soll. Ein Vorrang des VermG vor zivilrechtlichen Herausgabeansprüchen besteht daher seit dem 29. 9. 1990 nur, soweit sich die Herausgabeansprüche infolge des zwischenzeitlichen Wertewandels auf Tatsachen im Sinne von § 1 Abs. 3 VermG stützen, um daraus ex post die Unwirksamkeit eines unter den ursprünglichen Bedingungen zunächst wirksam zustandegekommenen Veräußerungsgeschäfts herzuleiten.[115] Nur unter diesen Voraussetzungen besteht die Gefahr, daß durch konkurrierende zivilrechtliche Ansprüche die Erwerbsschutzvorschrift des § 4 VermG unterlaufen wird.

58 Entgegen der Auffassung des BGH,[116] die im Schrifttum zum Teil Zustimmung erfahren hat,[117] handelt es sich bei der Lösung der Normkollision zwischen VermG und allgemeinem Zivilrecht nicht um ein Rechtswegproblem, sondern um die Frage der Begründetheit des Anspruchs bzw. um eine materiellrechtliche Konkurrenzfrage.[118] Der Charakter der Streitigkeit richtet sich, sofern eine ausdrückliche Rechtswegzuweisung des Gesetzgebers fehlt, nach der Natur des Rechtsverhältnisses, aus dem der Klaganspruch hergeleitet wird.[119] Macht der Berechtigte im Sinne von § 2 Abs. 1 VermG zivilrechtliche Herausgabeansprüche gegen den Verfügungsberechtigten im Sinne von § 2 Abs. 3 VermG geltend, so ist der Zivilrechtsweg (§ 13 GVG) eröffnet. Die Klage ist gegebenenfalls als unbegründet abzuweisen. Davon zu unterscheiden ist der Restitutionsanspruch des Berechtigten, der, da gegen das zuständige Vermögensamt gerichtet, ein anderes Rechtsverhältnis betrifft und aufgrund seiner öffentlich-rechtlichen Ausgestaltung vor den Verwaltungsgerichten (§ 40 VwGO) zu verfolgen ist.

59 **6. Problematiken des VermG. a) Rechtssystematische Kritik.** Die rechtliche Problematik der Regelungen über offene Vermögensfragen ergibt sich zunächst allgemein aus der **Komplexität der rechtlichen Regelungen** und der rechtssystematischen Verknüpfungen. Neben der öffentlich-rechtlichen Ausgestaltung des Restitutionsverfahrens bedient sich das VermG des Zivilrechts mit der Folge, daß eine Zweispurigkeit des Rechtsweges gegeben ist.[120] Die Rückübertragung der betreffenden Vermögenswerte erfolgt idR durch einen privatrechtsgestaltenden Verwaltungsakt.[121] Insgesamt ist die Zweigleisigkeit von öffentlichem Recht und Zivilrecht und die teilweise **Verknüpfung von öffentlich-rechtlichen und zivilrechtlichen Konstruktionen** im Recht der offenen Vermögensfragen rechtssystematisch nicht unkritisch zu betrachten. Im einzelnen erfolgt teilweise eine einseitige Ausrichtung der Regelungen auf Grundstücksrechte und Unternehmen, so daß insbesondere bei beweglichen Sachen sowie Wertpapieren Probleme bei der Rechtsanwendung entstehen. Ebenso werden die Problematiken bei Unternehmen und Personenmehrheiten teilweise nur unzureichend erfaßt. Durch die systematische Anknüpfung an einen

---

[112] BezG Cottbus ZIP 1992, 813, 814; VG Chemnitz ZOV 1993, 436, 437; *Horn,* Das Zivil- und Wirtschaftsrecht im neuen Bundesgebiet, 2. Aufl. 1993, S. 512f.; in diesem Sinne auch *Grün* ZIP 1993, 170, 177; *Wasmuth* Rechtshandbuch B 100 Einf. VermG RdNr. 223ff.; aA *Adlerstein/Adlerstein* DtZ 1991, 417, 422; *Briesemeister* EWiR § 3 VermG 4/92, S. 613, 614.

[113] Vgl. nur BGH NJW 1993, 389, 391; std. Rspr.

[114] VG Chemnitz ZOV 1993, 436, 437; *Grün* ZIP 1993, 170, 177; *Schnabel* ZOV 1993, 327, 329; im Ergebnis auch BGH DtZ 1993, 249, 251; NJW 1993, 2050, 2050ff.; DtZ 1993, 245, 245f.

[115] *Busche* JZ 1994, 100, 101; im Ergebnis auch *Wasmuth* Rechtshandbuch B 100 Einf. VermG RdNr. 223ff.; *Leipold* JZ 1993, 703, 710f.; *Kimme-Rapp* § 3 VermG RdNr. 148f.

[116] BGHZ 118, 34, 35ff.; BGH WM 1993, 1554, 1555; std. Rspr.

[117] *Preu* EWiR § 1 VermG 6/92, S. 611, 612; *Weber* LM § 70 DDR-ZGB Nr. 1; *Pleyer* WuB VII C § 13 GVG 1.92.

[118] Grundlegend *Leipold* JZ 1993, 703, 704f.; vgl. auch BezG Gera DtZ 1992, 122, 123; *Grün* VIZ 1992, 319, 321.

[119] Gms-OGB NJW 1986, 2359 m. w. N.

[120] BGH NJW 1994, 457, 458.

[121] VG Chemnitz ZOV 1993, 436, 437.

grundsätzlich bestehenden Rückübertragungsanspruch können uU systemwidrige Lücken bei dem Anspruch auf Entschädigung entstehen. Außerdem wurden die für die Entscheidungsbildung des Berechtigten und seine Wahlrechtsausübung wesentlichen Regelungen über die Höhe der Entschädigung zunächst ausgeklammert. Damit der Berechtigte sein Wahlrecht vernünftig ausüben kann, muß er über Kenntnis der Alternativen wie zB der Entschädigungshöhe verfügen. Darüber hinaus sind nicht alle Ausschlußgründe für die Rückerstattung von Vermögenswerten, insbesondere die nach dem InVorG, in das VermG aufgenommen worden. Das VermG stellt insoweit nur eine Teilregelung der offenen vermögensrechtlichen Fragen dar. Als problematisch ist ferner anzusehen, daß nicht alle rechtsstaatswidrigen vermögensrechtlichen Maßnahmen, sondern nur die in § 1 katalogartig genannten, erfaßt werden. Außerdem führen die bestehenden gesetzlichen Regelungen teilweise zu inhaltlichen Widersprüchen und gesetzlichen Regelungslücken wie zB zwischen Nr. 3 der Gemeinsamen Erklärung und § 1 Abs. 1 lit. a und b. Problematisch sind letztlich die verfassungsrechtlich umstrittenen Ausnahmebereiche, die eine Nichtrückgängigmachung bestimmter rechtsstaatswidriger Enteignungen bedingen.[122]

b) Ökonomische Auswirkungen der ungeklärten Eigentumsverhältnisse. Die vermögensrechtlichen Restitutionsansprüche der Berechtigten nach dem VermG führen dazu, daß insbesondere die Eigentumsverhältnisse an zahlreichen Immobilien und Unternehmen derzeit nicht geklärt sind.[123] Bei ökonomischer Betrachtung stellt der Restitutionsgrundsatz des VermG für die wirtschaftliche Entwicklung in der ehem. DDR ein **nicht unerhebliches Investitionshemmnis** dar.[124] Durch die ungeklärten Eigentumsverhältnisse in den neuen Bundesländern wird der notwendige wirtschaftliche Umstellungsprozeß und **Strukturwandel verzögert**, weil die ökonomische Funktion der Eigentumsrechte bei den durch Restitutionsansprüche belasteten, ungeklärten Eigentumspositionen in den neuen Bundesländern eingeschränkt ist. Der bisherige (Noch-) Eigentümer darf weder langfristige Verbindlichkeiten eingehen noch über restitutionsbelastete Vermögenswerte verfügen. Über die Verwirklichung der zukünftigen strategischen Zielsetzungen in bezug auf die der Restitution unterliegenden Vermögenswerte kann nur der Restitutionsberechtigte entscheiden. Der Restitutionsberechtigte wird aber idR nicht investieren und die wirtschaftliche Umstrukturierung mit uU erheblichen Aufwendungen betreiben, bevor nicht sein Eigentumsrecht an dem Vermögenswert gesichert ist. Volkswirtschaftliche Folge dieser ungeklärten Eigentumsverhältnisse ist bis zum Abschluß des überwiegenden Teils der vermögensrechtlichen Verwaltungs- und Gerichtsverfahren eine **Verknappung des Angebots** insbesondere an Immobilien. Die Nachfrage von Mietern oder Käufern von Immobilien übersteigt zunächst das Angebot, das zur adäquaten Nutzung zur Verfügung steht. Die Verringerung der angebotenen Menge insbesondere an Immobilien führt **über Preissteigerungen zu relativ hohen markträumenden Preisen** bei Kauf, aber auch bei Miete/Pacht der betreffenden Vermögenswerte im Beitrittsgebiet. Letztlich werden hier-

---

[122] Vgl. insoweit die Kommentierung zu § 1 Abs. 8 lit. a (§ 1 RdNr. 227 ff.) und BVerfGE 84, 90 ff. = NJW 1991, 1597 ff.

[123] Zu Einzelheiten vgl. den Bericht der Bundesregierung über Situation und Fortschritte bei der Beseitigung von Investitionshemmnissen im eigentumsrechtlichen Bereich der neuen Bundesländer, BT-Drucksache 12/6866, S. 1 ff. Zu den Problemen der Privatisierung und den wirtschaftspolitischen Aspekten in den neuen Bundesländern vgl. die Stellungnahme des Wissenschaftlichen Beirates beim Bundesministerium für Wirtschaft, BAnz. 1991 (Nr. 53 vom 16. 3. 1991), S. 1873 ff. und Sondergutachten des Sachverständigenrats zur Wirtschaftspolitik für die neuen Bundesländer, ZIP 1991, 547 ff.; *Siebert*, Das Wagnis der Einheit, 2. Aufl. 1993; *Sinn-Sinn*, Kaltstart, – Volkswirtschaftliche Aspekte der deutschen Vereinigung –, 1992, S. 101 ff.; ferner *Gröner-Kantzenbach-Mayer* (Hrsg.), Wirtschaftspolitische Probleme der Integration der ehemaligen DDR in die Bundesrepublik, 1991; *Schmieding-Koop*, Privatisierung in Mittel- und Osteuropa: Konzepte für den Hindernislauf zur Marktwirtschaft, (Kieler Diskussionsbeiträge Nr. 165) 1991; *Siebert* (Hrsg.), Privatization, – Symposium in Honor of Herbert Giersch –, 1992; Unterrichtung durch die Bundesregierung, Materialien zur Deutschen Einheit und zum Aufbau in den neuen Bundesländern, BT-Drucksache 12/8654, S. 81 ff. und 86 ff.

[124] Im Ergebnis ähnlich *Nölkel* DStR 1993, 1912, 1918.

durch vorübergehend Investitionen in Immobilien und die Gründung neuer Unternehmen zumindest nicht unerheblich beeinträchtigt.

61 Die investiven Vorfahrtsregelungen vermögen insoweit nur einen unvollkommenen Ausgleich zu schaffen, weil auch hier erhebliche zeitliche Verzögerungen durch Inanspruchnahme der Verwaltung und Gerichte auftreten können und die hiermit verbundene Rechtsunsicherheit nicht selten zu einer Abstandnahme eines potentiellen Investors von einer Investition führt. Ein Investor wird nicht eher in Vermögenswerte investieren, bevor nicht seine Eigentumsrechte gesichert sind. Unter betriebswirtschaftlichen Gesichtspunkten wird **ohne Eigentumsrechte** zugunsten der Investoren die **Beschaffung von Fremdkapital erheblich erschwert**, weil die Kreditinstitute idR die Vergabe von Investitionskrediten ohne eine dingliche Absicherung verweigern. Ungeklärte Eigentumsrechte stehen für eine dingliche Absicherung nur sehr bedingt zur Verfügung. Außerdem werden Grundbucheintragungen durch die überlasteten Grundbuchämter erst mit größeren zeitlichen Verzögerungen vorgenommen werden.

62 Überdies bedeuten die millionenfachen Restitutionsanträge einen sehr **erheblichen Verwaltungsaufwand** für die Behörden,[125] der in nicht unerheblichen Umfang Ressourcen der öffentlichen Verwaltung bindet und aus diesem Grunde Verzögerungen bei der Erfüllung anderer öffentlicher Aufgaben und/oder erhebliche finanzielle Aufwendungen der öffentlichen Hand und Belastungen der betroffenen öffentlichen Haushalte für die Klärung der Eigentumsverhältnisse unvermeidlich sind. Die praktischen Probleme liegen ferner in der Beseitigung tatsächlicher Schwierigkeiten verschiedenster Art wie zB teilweise mangelnder Akzeptanz der vermögensrechtlichen Regelungen insbesondere im Beitrittsgebiet. Die ungeklärten Eigentumsverhältnisse sind natürlich nicht die einzigen Investitionshemmnisse in den neuen Bundesländern; es sei beispielsweise auf die zu verbessernde Infrastruktur, die Leistungsfähigkeit der allgemeinen Verwaltung, fehlende öffentliche Planungen (zB Bebauungspläne) etc. hingewiesen.

63 Die **Lösung** der ökonomischen Problematik der ungeklärten Eigentumsverhältnisse kann nunmehr nur durch eine alsbaldige Klärung des überwiegenden Teils der vermögensrechtlichen Ansprüche herbeigeführt werden. Erst mit der fortschreitenden **Schaffung von eindeutigen Eigentumsrechten** wird durch eine Angebotsausweitung die derzeit bestehende Blockierung von Investitionsvorhaben beseitigt werden können. Unabhängig von der wirtschaftspolitischen Problematik und der Beurteilung der Einführung des vermögensrechtlichen Restitutionsgrundsatzes ist nunmehr für die Beseitigung der Investitionshemmnisse jedenfalls die schnellstmögliche Klärung der Eigentumsverhältnisse herbeizuführen. Für das Funktionieren einer Marktwirtschaft sind eindeutig zugeordnete Eigentumsrechte unumgänglich. Welcher Person diese Eigentumsrechte zugeordnet werden, ist für marktwirtschaftliche Tauschprozesse in volkswirtschaftlicher Hinsicht prinzipiell von nachrangiger Bedeutung. Darüber hinaus sollten die primär außerökonomischen Aspekte der Restitution und Wiedergutmachung nicht außer acht gelassen werden, weil diese häufig eine Grundlage und ein Beweggrund für Investitionsentscheidungen sein können. Aus diesen Gründen sollten die vermögensrechtlichen Verfahren beschleunigt werden und die ehemaligen Eigentümer von Immobilien und Berechtigten schnellstmöglich wieder in die Eigentumspositionen eingesetzt werden. Ggf. sind insbesondere die Vermögens- und Grundbuchämter vorübergehend besser auszustatten und sog. investive Grundbuchsachen vorrangig abzuwickeln (vgl. Grundbuchvorsorgeverordnung – GBVorV – vom 3. 10. 1994, BGBl. I S. 2796). Überdies können die Enge auf dem Immobilienmarkt aufgehoben und die hohen Immobilienpreise gesenkt werden, indem die Gemeinden an anderen Standorten verstärkt und zusätzlich Flächen für Gewerbeansiedlungen und den Wohnungsbau ausweisen, bei denen eindeutige Eigentumsrechte bestehen.[126]

---

[125] Vgl. die statistischen Angaben bei *Tenbieg* VIZ 1993, 57 und 442f.; *Schöneberg* ZOV 1993, 157.
[126] *Sachverständigenrat* zur Begutachtung der gesamtwirtschaftlichen Entwicklung, Die wirtschaftliche Integration in Deutschland, Perspektiven – Wege – Risiken, Jahresgutachten 1991/1992, S. 221,

V. Vermögensrechtliche Entschädigungs- und Ausgleichsleistungsgrundsätze

1. Allgemeines zum EALG. Das VermG eröffnet bei einem dem Grunde nach bestehenden Restitutionsanspruch im Falle eines Restitutionsausschlusses oder der Wahl einer Entschädigung einen öffentlich-rechtlichen Anspruch auf Entschädigung. Bei einer nicht der vermögensrechtlichen Restitution unterworfenen Enteignung auf besatzungsrechtlicher bzw. besatzungshoheitlicher Grundlage ist für den Verlust des Vermögenswertes eine staatliche Ausgleichsleistung von Verfassungs wegen erforderlich.[127] Die näheren Grundsätze und die Höhe der Entschädigung bzw. Ausgleichsleistung sind nicht im VermG enthalten, sondern werden nunmehr durch die Maßgaben des gesonderten Entschädigungs- und Ausgleichsleistungsgesetzes bestimmt.

Nach den Eckwerten für die Entschädigungsregelungen der sog. Gerster-Kommission,[128] einem Referentenentwurf[129] und einem Gesetzentwurf eines Entschädigungs- und Ausgleichsleistungsgesetzes (EALG)[130, 131], der im parlamentarischen Anhörungsverfahren von sachverständiger Seite[132] überwiegend und von Teilen des Bundestages und von seiten des Bundesrates[133] – zu Recht – u. a. aus verfassungsrechtlichen Gründen Ablehnung erfahren hat, ist das **Entschädigungs- und Ausgleichsleistungsgesetz (EALG)**[133a] verabschiedet worden und mittlerweile in Kraft getreten. Dieses hat im wesentlichen folgenden Inhalt:

2. Entschädigungsgesetz. Die Höhe der Entschädigung nach dem geplanten **Entschädigungsgesetz (EntschG)** bestimmt sich nach einer Bemessungsgrundlage, von der ggfs. bestimmte, an den Berechtigten gezahlte Leistungen abzuziehen sind, und nach einer degressiv gestaffelten Entschädigungshöhe.[134] Die Bemessungsgrundlage für das Grundvermögen und land- und forstwirtschaftliche Vermögen ergibt sich grundsätzlich aus einem bestimmten Vielfachen (gem. § 3 Abs. 1 EntschG 3- bis 20-fachen) des vor der Schädigung zuletzt festgestellten Einheitswertes aufgrund des RBewG nach den Wertverhältnissen vom 1. 1. 1935. Die Entschädigungsbemessungsgrundlage für Unternehmen orientiert sich prinzipiell am anderthalbfachen Einheits- oder Ersatzeinheitswert. Bei Forderungen und Schutzrechten ist der im Verhältnis zwei zu eins auf Deutsche Mark umgestellte buchmäßige Betrag im Zeitpunkt der Schädigung ohne eine rückwirkende Verzinsung maßgebend. Der Entschädigungsanspruch wird durch Zuteilung von übertragbaren Schuldverschreibungen des Entschädigungsfonds erfüllt, die vom Jahr 2004 an getilgt werden (§ 1 Abs. 1 Satz 2 und 4 EntschG).

3. Ausgleichsleistungsgesetz. Bei Enteignungen auf besatzungsrechtlicher oder besatzungshoheitlicher Grundlage erhalten natürliche Personen oder ihre Erben[135] nach dem **Ausgleichsleistungsgesetz (AusglLeistG)** Ausgleichsleistungen, die sich grundsätzlich

---

Tz. 455; vgl. ferner den Bericht der Bundesregierung über Situation und Fortschritte bei der Beseitigung von Investitionshemmnissen im eigentumsrechtlichen Bereich der neuen Bundesländer, BT-Drucksache 12/6866 (vom 22. 2. 1994).
[127] BVerfGE 84, 90, 129 = NJW 1991, 1597, 1601.
[128] ZOV 1992, 200 ff.; vgl. hierzu näher: *Försterling*, Recht der offenen Vermögensfragen, 1993, S. 255 bzw. RdNr. 667.
[129] ZOV 1992, 359 ff.; vgl. *Eisold* DStZ 1992, 529 ff.; *Eisold* DStZ 1993, 109 ff; vgl. ferner den eigenen Vorschlag von *Glantz* ZOV 1991, 58, 61 f.
[130] Entwurf eines Gesetzes über die Entschädigung nach dem Gesetz zur Regelung offener Vermögensfragen und über staatliche Ausgleichsleistungen für Enteignungen auf besatzungsrechtlicher oder besatzungshoheitlicher Grundlage (Entschädigungs- und Ausgleichsleistungsgesetz – EALG –),

BT-Drucksache 12/4887 = BR-Drucksache 244/93; vgl. näher Bd. II.
[131] Vgl. zum Entwurf des EALG: *Motsch* VIZ 1993, 273 ff.; *Strobel* DStR 1993, 689 ff. und 726 ff.; *Horn*, Das Zivil- und Wirtschaftsrecht im neuen Bundesgebiet, 2. Aufl. 1993, § 15 RdNr. 1 ff. und 14 ff., S. 694 ff. und 699 ff.; ferner: *Eisold* DStZ 1993, 555 ff.
[132] Vgl. ZRP 1993, 454/455; Protokoll Nr. 57 (7. Ausschluß) und 86 (6. Ausschluß) der öffentlichen Sitzung des Finanz- und Rechtswesens vom 15./16. September 1993.
[133] BT-Drucksache 12/5108, S. 2 bzw. BT-Plenarprotokoll 12/229, S. 19 708 ff.
[133a] Vgl. hierzu näher *Strobel* BB 1994, 2083 ff.
[134] Vgl. §§ 2 bis 8 EntschG.
[135] Vgl. § 1 Abs. 1 AusglLeistG; nach *Ossenbühl* BB 1992, Beilage Nr. 6, S. 1, 18, verstößt der Aus-

entsprechend dem EntschG bestimmen und vom Entschädigungsfonds zu zahlen sind;[136] für nicht in einen Einheitswert einbezogene, auf Reichsmark lautende privatrechtliche geldwerte Ansprüche wird die insoweit auf höchstens 10000 DM begrenzte Ausgleichsleistung gestaffelt nach bestimmten Anteilen vom Nennbetrag bemessen.

68 Die zunächst geplante Finanzierung der Entschädigungen und Ausgleichsleistungen durch die Erhebung einer einmaligen, an den Entschädigungsfonds als Bundessteuer zu zahlende Vermögensabgabe nach einem (Entwurf eines) Vermögensabgabegesetzes (VermAbgG)[137], ist wegen des dem Art. 3 Abs. 1 GG zugrundeliegenden Gerechtigkeitspostulats [137a] nicht gesetzlich umgesetzt worden.[138]

69 **4. Würdigung.** Im Ergebnis resultieren aus diesen geplanten Regelungen weit unter dem Verkehrswert liegende, degressiv gestaffelte Entschädigungen für Vermögenswerte[139] und erhebliche Wertdifferenzen zwischen den Entschädigungsleistungen insbesondere für bestimmte enteignete Vermögenswerte und der Realisierung der Wertsteigerungen bei Rückgabe der Vermögenswerte. Angesichts der wirtschaftlichen Folgen wird das Wahlrecht zwischen Rückgabe und Entschädigung praktisch ausgehöhlt (sog. **Wertschere** zwischen zurückzuübertragenden Vermögenswerten und Entschädigung).

70 Zur vermögensrechtlichen Gesamtkonzeption dieser Regelungen bleibt kritisch anzumerken, daß die Wiedergutmachung durch Entschädigungs- und Ausgleichsleistungen dieser Zielsetzung der Wiedergutmachung zumindest nur unvollkommen gerecht wird.[140] Verfassungsrechtlich bedarf die Ungleichbehandlung der durch Naturalrestitution gegenüber den nach dem EALG entschädigten Personen ebenso wie der grundsätzliche Ausschluß juristischer Personen von der Entschädigung im Hinblick auf Art. 3 Abs. 1 GG einer besonderen Rechtfertigung, die lediglich im Grundsatz aus den begrenzten fiskalischen Ressourcen folgt, aber angesichts der jeweiligen konkreten Ausgestaltung problematisch ist.[140a] Es kann angesichts des Gesamtumfangs der Entschädigungs- und Ausgleichsleistungsforderungen eine Begrenzung entsprechender staatlicher Leistungen notwendig sein, denn bei der Gewichtung der Eigentumseinbußen sind vor dem Hintergrund der Knappheit staatlicher Ressourcen auch die Beeinträchtigungen von Rechtsgütern wie Leben, Gesundheit und Freiheit sowie das gesamtwirtschaftliche Interesse an einem Wiederaufbau in den neuen Bundesländern zu berücksichtigen.[141]

VI. Verfassungsrechtliche Grundlagen des Rechts der offenen Vermögensfragen

71 **1. Verfassungsrechtliche Absicherung der vermögensrechtlichen Restitutionsausschlüsse durch Art. 143 Abs. 3 GG.** Die Gemeinsame Erklärung der Regierungen der Bundesrepublik Deutschland und der DDR zur Regelung der offenen Vermögensfragen vom 15. 6. 1990 wurde durch Art. 41 Abs. 1 Einigungsvertrag Bestandteil des Einigungsvertrages. Der Gemeinsamen Erklärung vom 15. 6. 1990 widersprechende Regelungen hat die Bundesrepublik nach Art. 41 Abs. 3 Einigungsvertrag zu unterlassen. Die Funktion des Art. 143 Abs. 3 GG liegt lediglich in der Sicherung des verfassungsrechtlichen Bestandes der Regelungen des Art. 41 Einigungsvertrag in den Schranken des Art. 79 Abs. 3 GG und der Inhalte der Gemeinsamen Erklärung, insbesondere im Hinblick auf den Restitutionsausschluß der Enteignungen auf besatzungsrechtlicher oder besatzungshoheitlicher Grundlage.[142] Aus diesen Gründen begegnet beispielsweise die Beschränkung

---

schluß juristischer Personen von der Ausgleichsleistung gegen Art. 3 Abs. 1 GG.
[136] Vgl. § 2 Abs. 1 AusglLeistG.
[137] Vgl. hierzu *Strobel* DStR 1993, 689, 690ff.
[137a] *Zimmermann* DtZ 1994, 359, 360.
[138] Vgl. BT-Drucksache 12/4887.
[139] Zur verfassungsrechtlichen Problematik: *Leisner* NJW 1992, 1409ff.; *ders.* NJW 1993, 353ff.; *Glantz* MDR 1994, 421ff.
[140] Vgl. *Wassermann* DWW 1993, 61, 66; *Strobel* BB 1994, 2083, 2091, ausführlich *Glantz* MDR 1994, 421, 425.
[140a] Nach Ansicht von *Glantz* MDR 1994, 421, 425/426, verstößt die (extreme) Degression der Entschädigungs- und Ausgleichsleistungen gegen den Gleichheitssatz des Art. 3 Abs. 1 GG.
[141] Vgl. *Marotzke* ZIP 1993, 885, 891, 893.
[142] *Herdegen,* Die Verfassungsänderungen im Einigungsvertrag, 1991, S. 17/18; *Jarass*, in: Jarass-Pieroth, GG, 2. Aufl., Art. 143 RdNr. 2; *Badura*

VI. Verfassungsrechtliche Grundlagen

der Restitution auf sog. Teilungsunrecht oder der Ausschluß von Restitutionsansprüchen bei Enteignungen nach dem Aufbau- und BaulandG keinen verfassungsrechtlichen Bedenken.

Durch Art. 143 Abs. 3 GG werden weder von Art. 14 Abs. 3 GG abweichende Enteignungsvoraussetzungen noch zukünftig wirkende Änderungen der Eigentumsgarantie verfassungsrechtlich abgeschirmt.[143] Den betreffenden vermögensrechtlichen Regelungen wird durch Art. 143 Abs. 3 GG auch kein Verfassungsrang verliehen.[144] Eine Anerkennung von Enteignungen ist hiermit ebenfalls nicht verbunden. Die Grundrechtsgeltung der Eigentumsgarantie wird durch Art. 143 Abs. 3 GG nicht außer Kraft gesetzt.[145] Die Nichtrückgängigmachung der Enteignungen im Gebiet der ehem. DDR verletzt Art. 14 GG nicht, weil diese Enteignungen nicht dem Verantwortungsbereich der dem Grundgesetz verpflichteten Staatsgewalt der Bundesrepublik zugerechnet werden können.[146]

2. Verfassungsmäßigkeit der Beschränkungen der vermögensrechtlichen Restitutionsansprüche durch das InVorG. Die durch den Gesetzgeber des Einigungsvertrages begründeten vermögensrechtlichen Restitutionsansprüche der Berechtigten stellen vermögenswerte Rechte dar, die den Alteigentümern ausschließlich zu ihrer eigenen Disposition konkret zugeordnet sind und zu ihrem privaten Nutzen gemäß ihren eigenverantwortlichen Entscheidungen verwendet werden können. Die Restitutionsansprüche fallen als vermögenswerte subjektive öffentliche Rechte in den Schutzbereich der verfassungsrechtlichen Eigentumsgarantie des Art. 14 Abs. 1 GG.[147] Diese Restitutionsansprüche werden durch die bundesgesetzlichen Regelungen des InVorG beschränkt bzw. reduziert.[148] Angesichts der Allgemeininteressen an der Förderung von Investitionen und Schaffung von Arbeitsplätzen sind insoweit die vermögensrechtlichen Regelungen des InVorG verfassungsrechtlich nicht zu beanstanden. Die Verfolgung wichtiger gesamtwirtschaftlich förderungswürdiger Ziele und Investitionen rechtfertigt das Zurückdrängen des Restitutionsanspruchs des Alteigentümers.

DVBl. 1990, 1256, 1259; *Maurer* JZ 1992, 183, 185/186; *Papier* NJW 1991, 193, 194; *Scholz,* in: Maunz/Dürig, Grundgesetz, Art. 143 RdNr. 16ff.; *Wasmuth* VIZ 1992, 81, 82; *Wasmuth* VIZ 1992, 276, 278; *Wasmuth,* Rechtshandbuch, B 100 § 1 RdNr. 322; aA: *Wesel* VIZ 1992, 337, 341; *Uechtritz* VIZ 1992, 377, 380.

[143] BVerfGE 84, 90, 119 = NJW 1991, 1597, 1599 „Bodenreform-Urteil".

[144] Ebenso *Horn,* Das Zivil- und Wirtschaftsrecht im neuen Bundesgebiet, 2. Aufl. 1993, § 4 RdNr. 65, S. 103; aA. *Blumenwitz* DtZ 1993, 258 FN 1.

[145] *von Mangoldt-Klein-von Campenhausen,* Das Bonner Grundgesetz, 3. Aufl. 1991, Art. 143 GG RdNr. 54.

[146] BVerfGE 84, 90, 122 = NJW 1991, 1597, 1599 „Bodenreform-Urteil"; bestätigt durch BVerfG DtZ 1993, 275 = VIZ 1993, 301.

[147] *Böhmer* AnwBl 1991, 456, 459; *Schmidt-Preuß,* Die Verwaltung 1992, 327, 357; *Horn,* Das Zivil- und Wirtschaftsrecht im neuen Bundesgebiet, 2. Aufl. 1993, § 4 RdNr. 57, S. 98; vgl. ferner: *Uechtritz* VIZ 1993, 142.

[148] So: *Böhmer* AnwBl 1991, 456, 459.

Abschnitt I. Allgemeine Bestimmungen

§ 1 Geltungsbereich

(1) Dieses Gesetz regelt vermögensrechtliche Ansprüche an Vermögenswerten, die
a) entschädigungslos enteignet und in Volkseigentum überführt wurden;
b) gegen eine geringere Entschädigung enteignet wurden, als sie Bürgern der früheren Deutschen Demokratischen Republik zustand;
c) durch staatliche Verwalter oder nach Überführung in Volkseigentum durch den Verfügungsberechtigten an Dritte veräußert wurden;
d) auf der Grundlage des Beschlusses des Präsidiums des Ministerrates vom 9. Februar 1972 und im Zusammenhang stehender Regelungen in Volkseigentum übergeleitet wurden.

(2) Dieses Gesetz gilt desweiteren für bebaute Grundstücke und Gebäude, die aufgrund nicht kostendeckender Mieten und infolgedessen eingetretener oder unmittelbar bevorstehender Überschuldung durch Enteignung, Eigentumsverzicht, Schenkung oder Erbausschlagung in Volkseigentum übernommen wurden.

(3) Dieses Gesetz betrifft auch Ansprüche an Vermögenswerten sowie Nutzungsrechte, die aufgrund unlauterer Machenschaften, zum Beispiel durch Machtmißbrauch, Korruption, Nötigung oder Täuschung von seiten des Erwerbers, staatlicher Stellen oder Dritter, erworben wurden.

(4) Dieses Gesetz regelt ferner die Aufhebung der
– staatlichen Treuhandverwaltung über Vermögenswerte von Bürgern, die das Gebiet der Deutschen Demokratischen Republik ohne die zum damaligen Zeitpunkt erforderliche Genehmigung verlassen haben;
– vorläufigen Verwaltung über Vermögenswerte von Bürgern der Bundesrepublik Deutschland und Berlin (West) sowie von juristischen Personen mit Sitz in der Bundesrepublik Deutschland oder Berlin (West), die Staatsorganen der Deutschen Demokratischen Republik durch Rechtsvorschrift übertragen wurde;
– Verwaltung des ausländischen Vermögens, die der Regierung der Deutschen Demokratischen Republik übertragen wurde (im folgenden staatliche Verwaltung genannt) und die damit im Zusammenhang stehenden Ansprüche der Eigentümer und Berechtigten.

(5) Dieses Gesetz schließt die Behandlung von Forderungen und anderen Rechten in bezug auf Vermögenswerte gemäß den Absätzen 1 bis 4 ein.

(6) Dieses Gesetz ist entsprechend auf vermögensrechtliche Ansprüche von Bürgern und Vereinigungen anzuwenden, die in der Zeit vom 30. Januar 1933 bis zum 8. Mai 1945 aus rassischen, politischen, religiösen oder weltanschaulichen Gründen verfolgt wurden und deshalb ihr Vermögen infolge von Zwangsverkäufen, Enteignungen oder auf andere Weise verloren haben. Zugunsten des Berechtigten wird ein verfolgungsbedingter Vermögensverlust nach Maßgabe des II. Abschnitts der Anordnung BK/0 (49) 180 der Alliierten Kommandantur Berlin vom 26. Juli 1949 (VOBl. für Groß-Berlin I S. 221) vermutet.

(7) Dieses Gesetz gilt entsprechend für die Rückgabe von Vermögenswerten, die im Zusammenhang mit der nach anderen Vorschriften erfolgten Aufhebung rechtsstaatswidriger straf-, ordnungsstraf- oder verwaltungsrechtlicher Entscheidungen steht.

(8) Dieses Gesetz gilt vorbehaltlich seiner Bestimmungen über Zuständigkeiten und Verfahren nicht für
a) Enteignungen von Vermögenswerten auf besatzungsrechtlicher oder besatzungshoheitlicher Grundlage; Ansprüche nach den Absätzen 6 und 7 bleiben unberührt;

Geltungsbereich § 1 VermG

b) vermögensrechtliche Ansprüche, die seitens der Deutschen Demokratischen Republik durch zwischenstaatliche Vereinbarungen geregelt wurden;
c) Anteilrechte an der Altguthabenablösungsanleihe;
d) für Ansprüche von Gebietskörperschaften des beitretenden Gebiets gemäß Artikel 3 des Einigungsvertrages, soweit sie vom Kommunalvermögensgesetz vom 6. Juli 1990 (GBl. I Nr. 42 S. 660) erfaßt sind.

Allgemeines Schrifttum: *Bertrams,* Das Gesetz zur Regelung offener Vermögensfragen, DVBl. 1994, 374 ff.; *Bley,* Zwangsaussiedlungen in der ehemaligen DDR, VIZ 1992, 219 ff.; *Bundesministerium für Gesamtdeutsche Fragen* (Hrsg.), Die Enteignungen in der Sowjetischen Besatzungszone und die Verwaltung des Vermögens von nicht in der Sowjetzone ansässigen Personen, 3. Aufl. 1962; *Fieberg-Reichenbach,* Zum Problem der offenen Vermögensfragen, NJW 1991, 321 ff.; *dies.* (Hrsg.), Enteignung und Offene Vermögensfragen in der ehemaligen DDR (RWS-Dokumentation 7), 1991 f.; *Frieauf-Horscht,* Rechtsfolgen der Enteignung von Grundbesitz und Wohngebäuden in der ehemaligen DDR zwischen 1949 und 1990, 1993; *Gesamtdeutsches Institut* – Bundesanstalt für gesamtdeutsche Aufgaben (Hrsg.), Bestimmungen der DDR zu Eigentumsfragen und Enteignungen, 1. Aufl. 1971, 2. Aufl. 1984; *Hebing,* in: *ders.* (Hrsg.), Investitionsbedingungen und Eigentumsfragen in der ehemaligen DDR nach dem Staatsvertrag, 1990, S. 45 ff. = BB-Beil. 21 zu H. 16/1990, S. 1 ff.; *Heuer,* Grundzüge des Bodenrechts der DDR 1949–1990, 1991; *Lörler,* Eigentumsordnung und Enteignung in der DDR, EWS 1990, 33 ff.; *Motsch,* Einführung in die Regelung offener Vermögensfragen, ZOV 1991, 4 ff.; *ders.,* Vom Sinn und Zweck der Regelung offener Vermögensfragen, VIZ 1993, 41 ff.; *Rähmer,* Stellung, Inhalt und Entwicklung des Rechtsinstituts Enteignung im Bodenrecht der DDR, Diss. (A) Berlin 1990; *Schniewind,* Rückgabe enteigneter Unternehmen nach dem Vermögensgesetz (VermG), BB-Beil. 21 zu H. 30/1991; *Tatzkow-Henicke,* „... ohne ausreichende Begründung...". Zur Praxis der „Enteignung der Naziaktivisten und Kriegsverbrecher" in der SBZ, ZOV 1992, 182 ff.; *dies.,* Steuerkrieg gegen Privatunternehmer. Zu Enteignungsmethoden in der DDR im Zeitraum 1950 bis 1953, ZOV 1992, 254 ff.; *dies.,* „So wurden Grundbücher manipuliert". Zur Grundbuch- und Liegenschaftsdokumentation in der DDR, ZOV 1992, 342 ff.; *Wasmuth,* Das Recht zur Regelung offener Vermögensfragen, BRAK-Mitt. 1991, 116 ff.; *ders.,* Wider die Lehre vom Teilungsunrecht, VIZ 1993, 1 ff.

Übersicht

	RdNr.		RdNr.
A. Normzweck	1–7	**IV. Beweislast**	41
B. Geltungsbereich		**V. Verhältnis zu anderen Restitutionstatbeständen**	42
I. Räumlicher Geltungsbereich	8, 9		
II. Zeitlicher Geltungsbereich	10	**E. Enteignungen gegen zu geringe Entschädigung (§ 1 Abs. 1 lit. b VermG)**	
III. Sachlicher Geltungsbereich	11		
IV. Persönlicher Geltungsbereich	12–23	I. Allgemeines	43
C. Beweislast	24	II. Voraussetzungen	
D. Entschädigungslose Enteignungen (§ 1 Abs. 1 lit. a)		1. Enteignung und Überführung in Volkseigentum	44
I. Allgemeines	25	2. Unvollkommene Entschädigung	45, 46
II. Voraussetzungen		III. Beweislast	47
1. Enteignung	26–28	IV. Verhältnis zu anderen Restitutionstatbeständen	48
2. Überführung in Volkseigentum	29–31		
3. Entschädigungslosigkeit	32–35	**F. Veräußerung an Dritte (§ 1 Abs. 1 lit. c VermG)**	
III. Fallgruppen		I. Normzweck	49–51
1. Entschädigungslose Enteignungen	36	II. Voraussetzungen	
2. Enteignungen mit Entschädigungsanspruch	37–40	1. Begriff der Veräußerung	52, 53
a) Allgemeines	37	2. Veräußerung durch staatlichen Verwalter	54–56
b) Aufbau- und Baulandgesetzgebung	38	3. Veräußerung aus Volkseigentum	57
c) Verteidigungs- und Grenzsicherungsgesetze	39	III. Verhältnis zu anderen Restitutionstatbeständen	58
d) Sonstige Gesetzgebung	40		

	RdNr.		RdNr.
G. Vergesellschaftung von Unternehmen (§ 1 Abs. 1 lit. d VermG)		**II. Voraussetzungen**	
		1. Staatliche Treuhandverwaltung (1. Spiegelstr.)	117–119
I. Normzweck	59–63	a) Allgemeines	117
II. Voraussetzungen		b) Verlassen der DDR „ohne erforderliche Genehmigung"	118
1. Überleitung in Volkseigentum	64	c) Rechtsgrundlagen	119
2. Kausalität	65	2. Vorläufige Verwaltung (2. Spiegelstr.)	120, 121
III. Beweislast	66	a) Allgemeines	120
IV. Verhältnis zu anderen Restitutionstabeständen	67	b) Rechtsgrundlagen	121
		3. Verwaltung ausländischen Vermögens (3. Spiegelstr.)	122, 123
H. Vermögensaufgabe infolge ökonomischen Zwangs (§ 1 Abs. 2 VermG)		a) Allgemeines	122
		b) Rechtsgrundlagen	123
I. Normzweck	68–72	4. Sonstige staatliche Inverwaltungnahmen	124
II. Voraussetzungen		III. Verhältnis zu anderen Restitutionstatbeständen	125
1. Bebaute Grundstücke und Gebäude	73, 74		
2. Überschuldung infolge nicht kostendeckender Mieten	75–83	**K. Forderungen und andere Rechte (§ 1 Abs. 5 VermG)**	126, 127
a) Allgemeines	75, 76		
b) Überschuldung	77–81	**L. NS-Unrecht (§ 1 Abs. 6 VermG)**	
c) Kausalität	82, 83	I. Anwendungsbereich/Regelungszweck/Entschädigung	128–134a
3. Übernahme in Volkseigentum	84–91	II. Voraussetzungen	
a) Allgemeines	84–86	1. Bürger und Vereinigungen	135
b) Enteignung	87	2. Verfolgung	136–150
c) Eigentumsverzicht	88	a) Allgemeines	136
d) Schenkung	89	b) Rassische Verfolgung	137–141
e) Erbausschlagung	90	c) Politische Verfolgung	142–146
f) Kausalität	91	d) Religiöse Verfolgung	147–149
III. Verhältnis zu anderen Restitutionstatbeständen	92	e) Verfolgung aus Gründen der Weltanschauung	150
		3. Vermögensverlust	151–153
I. Unlautere Machenschaften (§ 1 Abs. 3 VermG)		a) Allgemeines/Begriffsbestimmung	151, 152
		b) Rechtsgrundlagen	153
I. Normzweck	93–95	4. Kausalität	154–157
II. Voraussetzungen		a) Allgemeines	154
1. Vermögenswerte und Nutzungsrechte	96	b) Kausalitätsvermutung	155–157
2. Vermögenserwerb	97, 98	5. Vermutung ungerechtfertigter Entziehung (Art. 3, 4 AO BK/O (49) 180)	158–183
3. Unlautere Machenschaften	99–106	a) Überblick	158–161
a) Allgemeines/Begriff	99–101	b) Voraussetzungen des Art. 3 AO BK/O (49) 180	162–181
b) Machtmißbrauch	102, 103	aa) Veräußerung oder Aufgabe der Vermögensgegenstände	162–164
c) Korruption	104	bb) Unmittelbare Verfolgungsmaßnahme iSv. Art. 3 Abs. 1 lit. a	165–174
d) Nötigung	105		
e) Täuschung	106	cc) Zugehörigkeit zum Kreis kollektiv verfolgter Personen iSv. Art. 3 Abs. 1 lit. b	175–181
4. Handelnde Personen	107–110		
III. Beweislast	111	c) Voraussetzungen des Art. 4 AO BK/O (49) 180	182, 183
IV. Rückabwicklung von Rechtsgeschäften	112		
V. Verhältnis zu anderen Restitutionstatbeständen	113	III. Verhältnis zu anderen Restitutionstatbeständen	
		1. § 1 Abs. 1 bis 5 und Abs. 7 VermG	184
J. Aufhebung der staatlichen Verwaltung (§ 1 Abs. 4 VermG)		2. § 1 Abs. 8 lit. a VermG	185–189
I. Normzweck	114–116		

Geltungsbereich   **§ 1 VermG**

                                    RdNr.   RdNr.

M. Aufhebung rechtsstaatswidriger　　　　　　2. Begriff der Enteignung auf besatzungs-
Entscheidungen (§ 1 Abs. 7 VermG)　　　　　　　　rechtlicher oder besatzungshoheitlicher
I. Anwendungsbereich　　　　　　　　　　　　　　　Grundlage   242–252
1. Überblick . . . .   190　　　　a) Enteignung   243
2. Verhältnis zum Zivilrecht . . . .   191　　　　b) Besatzungsrechtliche Grundlage . .   244
3. Entscheidungen . . . .   192　　　　c) Besatzungshoheitliche Grundlage . .   245–252
4. Rechtsstaatswidrigkeit . . . .   193, 194　　　aa) Besatzungshoheit und Rechts-
II. Voraussetzungen der Rückgabe　　　　　　　　　akte der Länder in der SBZ . . .   245–248
1. Allgemeines . . . .   195　　　　　bb) Zeitliche Grenzen der Besat-
2. Rechtsstaatswidrige Entscheidung . . .   196–205　　　　zungshoheit   249–252
　a) Überblick . . . .   196　　　　3. Fallgruppen   253–299
　b) Gegenstand . . . .   197–203　　　a) Enteignungen im Rahmen der sog.
　　aa) Strafrecht . . . .   197–201　　　　　demokratischen Bodenreform   254–259
　　bb) Ordnungsstrafrecht . . . .   202　　　　　　aa) Landesrechtliche Grundlagen . .   254–258
　　cc) Verwaltungsrecht . . . .   203　　　　　　bb) Sog. Barber-Lyaschenko-Ab-
　c) Rechtsstaatswidrigkeit . . . .   204, 205　　　　　kommen   259
3. Aufhebung einer rechtsstaatswidrigen　　　　　　　b) Enteignungen im Bereich der Wirt-
　Entscheidung . . . .   206–222　　　schaft   260–287
　a) Überblick . . . .   206　　　　　　aa) Industrievermögen   260–268
　b) Rechtsgrundlagen . . . .   207–222　　　　bb) Kreditinstitute (Banken und
　　aa) Strafrecht . . . .   207–217　　　　　　Sparkassen)   269–272
　　bb) Ordnungsstrafrecht . . . .   218, 219　　　　cc) Individualversicherungen   273–275
　　cc) Verwaltungsrecht . . . .   220–222　　　　dd) Bausparkassen 276, 277
III. Frist/Verfahren . . . .   223, 224　　　ee) Energiewirtschaftsunterneh-
IV. Verhältnis zu anderen Maßnah-　　　　　　　　　　men   278–280
men iSv. § 1 VermG . . . .   225　　　　　ff) Bergwerke und Bodenschätze .   281–283
　　　　　　　　　　　　　　　　　　　　　　　　　gg) Apotheken 284, 285
N. Ausschlußtatbestände (§ 1 Abs. 8　　　　　　　hh) Lichtspieltheater 286, 287
VermG)　　　　　　　　　　　　　　　　　　　c) Enteignungen im Ostsektor Berlins
I. Normzweck und allgemeiner Re-　　　　　　　　und sog. Listenenteignungen   288–295
gelungsbereich . . . .   226　　　d) Vermögen von Ausländern   296–299
II. Enteignungen auf besatzungs-　　　　　　4. Verhältnis des § 1 Abs. 8 lit. a zu § 1
rechtlicher oder besatzungshoheitli-　　　　　　Abs. 6 und 7 (Abs. 8 lit. a Hs. 2)   300–302
cher Grundlage (Abs. 8 lit. a)　　　　　　　　**III. Zwischenstaatliche Vereinbarun-**
1. Verfassungsmäßigkeit des Restitu-　　　　　　　**gen der ehem. DDR über vermögens-**
　tionsausschlusses der besatzungsho-　　　　　　　**rechtliche Ansprüche (Abs. 8 lit. b)**
　heitlichen Konfiskationen . . . .   227–241　　1. Normzweck   303
　a) Grundrechtlicher Eigentumsschutz　　　　　　　2. Zwischenstaatliche Vereinbarungen
　　durch Art. 14 GG . . . .   229–233　　　　der DDR   304–306
　b) Verfassungsrechtliche Absicherung　　　　　　3. Problematik   307
　　durch Art. 143 Abs. 3 GG . . . . . .   234　　　　4. Zwischenstaatliche Vereinbarungen
　c) Materielle Schranke der Verfas-　　　　　　　　der Bundesrepublik Deutschland über
　　sungsänderung durch Art. 79 Abs. 3　　　　　　　　vermögensrechtliche Ansprüche   308
　　GG . . . .   235, 236　　**IV. Anteilsrechte an der Altgut-**
　d) Gleichheitsgrundsatz des Art. 3　　　　　　　　**habenablösungsanleihe (Abs. 8 lit. c)** .   309–311
　　Abs. 1 GG   237
　e) Verfassungskonforme Lösung . . . .   238, 239　　**V. Vom Kommunalvermögensgesetz**
　f) Keine andere verfassungsrechtliche　　　　　　**erfaßte Ansprüche von Gebietskör-**
　　Beurteilung durch eine veränderte　　　　　　　**perschaften des Beitrittsgebiets**
　　Sach- und Rechtslage . . . .   240, 241　　**(Abs. 8 lit. d)** 312, 313

A. Normzweck

1   Die Vorschrift des § 1 VermG beschreibt in abschließender Form den räumlichen, zeitlichen und – jedenfalls fragmentarisch auch den – sachlichen **Geltungsbereich des Vermögensgesetzes**, indem die zur Vermögensrestitution führenden schädigenden Maßnahmen (vgl. § 2 Abs. 4 VermG) entweder positiv umschrieben (§ 1 Abs. 1 bis 6 VermG) oder durch Negativkataloge (§ 1 Abs. 8 lit. a bis d VermG) gegenüber den restitutionsfreien Tatbeständen abgegrenzt werden. Eine Sonderstellung nimmt insoweit § 1 Abs. 7 VermG ein, der die Anwendung des Vermögensgesetzes nur hinsichtlich der Rechtsfolgen eröffnet, die Anspruchsberechtigung aber von der außerhalb des vermögensrechtlichen Verfahrens vorzunehmenden Aufhebung rechtsstaatswidriger straf-, ordnungsstraf- oder verwaltungsrechtlicher Entscheidungen abhängig macht (vgl. dazu RdNr. 190 ff.). Neben § 1 sind §§ 2, 2a VermG für die Beantwortung der Frage heranzuziehen, wer als Berechtigter für die Geltendmachung vermögensrechtlicher Ansprüche in Betracht kommt (§ 2 Abs. 1 VermG) und auf welche Vermögenswerte sich der Anspruch auf Vermögensrestitution bezieht (§ 2 Abs. 2 VermG). Damit werden die nur bruchstückhaften Aussagen des § 1 VermG zum sachlichen Geltungsgrund der Vermögensrestitution komplettiert.

2   Die sinnstiftende Verknüpfung zwischen den in § 1 VermG aufgezählten Schädigungstatbeständen ist zunächst in der **Wiedergutmachung des Teilungsunrechts** gesehen worden.[1] Angesichts der Vielzahl unterschiedlichster Schädigungsmaßnahmen, zu denen neben dem SBZ/DDR-Unrecht auch das NS-Unrecht, neben der Schädigung von Alt-Bundesbürgern und Ausländern auch diejenige von ehemaligen DDR-Bürgern gehören, sind Zweifel an dieser Beschreibung des Normzweckes laut geworden. Von einer „Lehre vom Teilungsunrecht"[2] konnte allerdings zu keinem Zeitpunkt die Rede sein, da die rechtlichen Folgerungen, die aus dem Begriff des Teilungsunrechts gezogen wurden, nicht immer übereinstimmende Konturen aufweisen. Dafür ist der Begriff des Teilungsunrechts auch zu unscharf und für sich genommen wiederum wertausfüllungsbedürftig. Die interpretatorische Bedeutung des Begriffs „Teilungsunrecht" kann daher nur über eine Aufklärung des Begriffsinhalts ermittelt werden.

3   Sieht man die Aufgabe des Vermögensgesetzes in der **vermögensrechtlichen Bewältigung der deutschen Teilung**, so kann kaum zweifelhaft sein, daß es um Wiedergutmachung von „Teilungsunrecht" geht. Dies gilt nicht nur für die Tatbestände des § 1 Abs. 1 lit. a bis c und Abs. 4 VermG, mit denen der Gesetzgeber spezifisch politisch motiviertes Unrecht korrigieren will, das Bundesbürgern und Ausländern sowie im Gefolge von Fluchtfällen auch ehem. DDR-Bürgern widerfahren ist. Teilungsunrecht stellen ebenso die anderen von § 1 VermG erfaßten Sachverhalte dar: Zu den Verstaatlichungen aufgrund des Ministerratsbeschlusses vom 9. 2. 1972 (§ 1 Abs. 1 lit. d VermG) wäre es etwa ohne die Teilung Deutschlands ebensowenig gekommen wie zu den Vermögensverlusten nach § 1 Abs. 2 und 3 VermG; selbst die bei vordergründiger Betrachtung als Fremdkörper erscheinende Vorschrift des § 1 Abs. 6 VermG dient so verstanden der Wiedergutmachung von Teilungsunrecht, da es eine dem bundesdeutschen Rückerstattungs- und Entschädigungsrecht vergleichbare Wiedergutmachung von NS-Unrecht in der DDR nicht gegeben hat. Die begriffsimmanente Unschärfe des Topos vom „Teilungsunrecht" führt dennoch notwendig zu Mißverständnissen.[3]

4   Zusätzliche interpretatorische Schärfe läßt sich gewinnen, wenn der Begriff des Teilungsunrechts durch den **Begriff des Diskriminierungsunrechts** ergänzt und damit auf

---

[1] Vgl. im Anschluß an ErlBReg, BT-Drucks. 11/7831, S. 3: *Fieberg-Reichenbach* NJW 1991, 321, 323, 326 f.; aus der Rspr.: BGH VIZ 1993, 21, 21; VIZ 1993, 67, 69.

[2] *Wasmuth* Rechtshandbuch B 100 RdNr. 11; ders. VIZ 1993, 1 ff.; *Motsch* VIZ 1993, 41, 43; *Rodenbach* ZOV 1993, 456.

[3] Vgl. exemplarisch die Ausführungen von *Fieberg-Reichenbach* NJW 1991, 321, 323, 327.

seinen eigentlichen Begriffskern reduziert wird. Auf diese Weise fallen unter das Teilungsunrecht nur jene Vermögensschädigungen, die nicht alle Bürger der DDR, Bundesbürger und Ausländer in gleicher Weise betrafen.[4] Dies sind Schädigungen, die auf „die Teilung Deutschlands, die damit verbundene Bevölkerungswanderung von Ost nach West und die unterschiedlichen Rechtsordnungen in beiden deutschen Staaten"[5] zurückzuführen sind. Teilungsunrecht idS. hat sich sowohl in den sog. Ausreise- und Fluchtfällen von DDR-Bürgern als auch dadurch realisiert, daß Bundesbürger und Ausländer von vermögensschädigenden Maßnahmen der DDR-Behörden betroffen wurden. Die Wiedergutmachung von Teilungsunrecht ist damit nicht auf den Kreis der Bundesbürger und Ausländer beschränkt, sondern erfordert auch die Einbeziehung von (ehemaligen) DDR-Bürgern in den Kreis der Anspruchsberechtigten,[6] wenngleich ein Schwerpunkt der Schädigungsmaßnahmen bei Bundesbürgern und Ausländern zu verzeichnen ist. Der Zweck des Vermögensgesetzes erscheint verkürzt, wenn dieser unter der Prämisse des Teilungsunrechts nur in dem Ausgleich der spezifischen Nachteile von Bundesbürgern und Ausländern gesehen wird.[7] Ein derartiges Normverständnis kann auch nicht auf die Gemeinsame Erklärung gestützt werden, zu deren Umsetzung das Vermögensgesetz erlassen wurde und die als geltendes Bundesrecht daher ergänzend für Zwecke der Auslegung des Vermögensgesetzes herangezogen werden kann. Die in den Eckwerten der Gemeinsamen Erklärung festgehaltenen Sachverhalte sind in Übereinstimmung mit der vorangestellten Präambel nicht auf die Wiedergutmachung von Vermögensschäden begrenzt, die seinerzeitige Bundesbürger und Ausländer erlitten haben (vgl. Nr. 6, 8 und 9 GemErkl.). Die Anmeldeverordnung differenziert ebenfalls nicht nach dem Personenkreis der Berechtigten, sondern stellt auf bestimmte Schädigungssachverhalte ab.[8] Daraus ergibt sich jedoch mittelbar, nämlich durch den Kreis der rechtstatsächlich davon betroffenen Personen, eine Beschränkung der Anspruchsberechtigung auf bestimmte Berechtigte.

Diskriminierungsunrecht hat sich in den Fällen verwirklicht, in denen es aus den unterschiedlichsten Motiven zur **systembedingten Schädigung** des Vermögens von Personen mit Sitz oder Wohnsitz in der ehem. DDR bzw. im Ostteil Berlins gekommen ist, ohne daß insoweit Flucht- oder Ausreisegründe eine Rolle gespielt haben. Dafür stehen die Tatbestände des § 1 Abs. 1 lit. d, Abs. 6 und 7 VermG.

Die Ursache der Vermögensschädigungen überschneiden sich ebenso wie einzelne der in § 1 Abs. 1 bis 8 VermG geregelten **Fallgruppen**. Eine ausschließliche Kennzeichnung der vermögensschädigenden Maßnahmen als Teilungs- bzw. Diskriminierungsunrecht ist daher nicht immer möglich, im Einzelfall aber auch nicht nötig. Ausschlaggebend ist, daß der Gesetzgeber nicht jedwede nach bundesdeutschen Maßstäben rechtswidrige Entscheidung korrigieren wollte, sondern nur solche, die von spezifischem Teilungs- bzw. Diskriminierungsunrecht beeinflußt und in § 1 VermG abschließend umschrieben sind.[9]

Der aufgezeigte Systematisierungsansatz darf gleichwohl nicht darüber hinwegtäuschen, daß es sich immer nur um eine näherungsweise **Strukturierung des Normhaus-**

---

[4] So im Ansatz auch ErlBReg, BT- Drucks. 11/7831, S. 2.
[5] Vgl. Präambel der Gemeinsamen Erklärung v. 15. 6. 1990, BGBl. II S. 889, 1237.
[6] *Busche* VIZ 1992, 25, 25 (zu § 1 Abs. 1 lit. a VermG); *Wasmuth* VIZ 1993, 1, 2ff.; *Motsch* VIZ 1993, 41, 43ff.; *Knauthe-Heisterkamp* ZOV 1992, 18, 18ff.
[7] Unzutreffend daher BezG Potsdam VIZ 1992, 325, 326; mißverständlich ErlBReG, BT-Drucks. 11/7831, S. 3, vgl. aber auch S. 2, wo im Ansatz zutreffend ausgeführt wird: „Vielmehr geht es *im wesentlichen* nur darum, die spezifischen Nachteile auszugleichen, die Bundesbürger und Ausländer aufgrund der Tatsache hinnehmen mußten, daß sie über ihr Eigentum – sei es, weil sie das Gebiet der Deutschen Demokratischen Republik legal oder illegal verlassen haben, sei es, weil sie dort nie einen Wohnsitz hatten – bislang nicht oder nicht mehr verfügen konnten. Enteignungen, von denen Bürger der DDR, Bundesbürger und Ausländer gleichermaßen betroffen waren (zB Enteignungen aufgrund der Bestimmungen des Verteidigungsgesetzes der Deutschen Demokratischen Republik), sind grundsätzlich nicht Gegenstand dieses Gesetzes." (Hervorhebung v. Verf.).
[8] Vgl. auch *Wasmuth* Rechtshandbuch B 100 RdNr. 12; *Motsch* VIZ 1993, 41, 44.
[9] Zu undifferenziert daher *Wasmuth* Rechtshandbuch B 100 RdNr. 16 (zu § 1 Abs. 1 lit. a VermG); *ders.* VIZ 1993, 1, 4.

halts handeln kann. Im übertragenen Sinne wird damit erst der Baugrund bereitet, auf dem das eigentliche Interpretationsfundament erst noch zu errichten ist. Derartige Systematisierungsansätze können allenfalls Leitlinien für die Norminterpretation liefern, nicht aber ein bestimmtes Interpretationsergebnis vorwegnehmen. Der Norminterpret ist angesichts der begrenzten Aussagekraft verkürzender Systembegriffe nicht davon entbunden, den Inhalt jedes einzelnen Schädigungstatbestandes anhand der bekannten Auslegungsmaximen zu ermitteln.

B. Geltungsbereich

I. Räumlicher Geltungsbereich

8   Der räumliche Geltungsbereich des als DDR-Gesetz am 29. 9. 1990 in Kraft getretenen Vermögensgesetzes, das als partielles Bundesrecht in den fünf neuen Bundesländern und im Ostteil Berlins fortgilt, erstreckt sich allein auf Vermögensschädigungen, die in dem bezeichneten **Beitrittsgebiet** erfolgt sind.[10] Dies ergibt sich aus der auf das eigene Hoheitsgebiet begrenzten Gesetzgebungsgewalt des früheren DDR-Gesetzgebers. Der DDR-Gesetzgeber konnte von vornherein nur die Rückgängigmachung derjenigen Vermögensentziehungen regeln, die auf seine eigenen Hoheitsakte zurückgehen (Territorialitätsprinzip).[11] Diese Hoheitsakte entfalteten unmittelbare Wirkung nur, soweit die betroffenen Vermögenswerte auf dem Gebiet der ehemaligen DDR bzw. in Berlin-Ost belegen waren. Vermögenswerte, die im Zeitpunkt der Enteignung außerhalb des späteren Beitrittsgebiets belegen waren, sind von vermögensentziehenden Maßnahmen nur erfaßt worden, wenn der betroffene Drittstaat die Vermögensentziehungen anerkannt hat. Seitens der Bundesrepublik ist eine Anerkennung derartiger SBZ-/DDR-Maßnahmen nicht erfolgt. Zu den daraus resultierenden Problemen der Rest- und Spaltgesellschaften vgl. § 6 RdNr. 66; zur Behandlung entzogener Immaterialgüterrechte vgl. § 16 Anh. II.

9   Die Beschränkung des räumlichen Geltungsbereichs des Vermögensgesetzes auf das Beitrittsgebiet gilt auch für **NS-Schädigungsakte**. Diese waren zwar nicht räumlich auf das Beitrittsgebiet begrenzt, für vermögensschädigende Maßnahmen außerhalb dieses Gebietes hat jedoch eine Wiedergutmachung nach dem alliierten bzw. deutschen Rückerstattungs- und Entschädigungsrecht stattgefunden. Das gilt auch für Vermögenswerte, die ursprünglich im späteren Beitrittsgebiet entzogen, danach aber in den Geltungsbereich der Rückerstattungs- und Entschädigungsgesetze verbracht wurden und deshalb nach deren Regeln restituiert werden konnten. Unter die Vorschrift des § 1 Abs. 6 VermG fallen daher nur solche vermögensschädigenden Maßnahmen, die zum Zeitpunkt der Schädigung im Beitrittsgebiet belegene und später nicht aus diesem entfernte Vermögenswerte betreffen.[12]

II. Zeitlicher Geltungsbereich

10   Der zeitliche Geltungsbereich des Vermögensgesetzes erstreckt sich auf **Vorgänge**, die **zwischen dem 30. 1. 1933 und dem 29. 9. 1990** zu Vermögensschädigungen iSv. § 1 VermG geführt haben. Die Vermögensschädigungen müssen also bis zum Inkrafttreten des Vermögensgesetzes vollendet gewesen sein, d. h. etwaige Verwaltungsverfahren müssen abgeschlossen gewesen sein.[12a] Das Gesetz drückt dies aus, indem die Schädigungstatbestände in der Vergangenheitsform beschrieben werden. Allerdings unterliegen nicht alle vermögensschädigenden Maßnahmen einheitlichen rechtlichen Regeln. Es ist vielmehr nach Zeitabschnitten zwischen NS-Unrecht aus dem Zeitraum vom 30. 1. 1933 bis zum 8. 5. 1945 (§ 1 Abs. 6 VermG), Vermögensentziehungen aus der Zeit der sowjetischen

---

[10] *Wasmuth* Rechtshandbuch B 100 RdNr. 3.
[11] Vgl. allgemein dazu *Ipsen*, Völkerrecht, 3. Aufl. 1990, § 43 RdNr. 27 ff.
[12] Vgl. auch *Wasmuth* Rechtshandbuch B 100 RdNr. 4.
[12a] BVerwG VIZ 1994, 349, 349 f.

Besatzung vom 8. 5. 1945 bis zur Konstituierung der DDR am 7. 10. 1949 (vgl. dazu § 1 Abs. 8 lit. a VermG) und den seit Gründung der DDR erfolgten Schädigungsmaßnahmen zu unterscheiden.

III. Sachlicher Geltungsbereich

In sachlicher Hinsicht bezieht sich das Vermögensgesetz auf **Konfiskationen** (§ 1 Abs. 1 lit. a, Abs. 6 VermG), **Enteignungen** (§ 1 Abs. 1 lit. b, Abs. 2, 3 und 6 VermG), **Verstaatlichungen** (§ 1 Abs. 1 lit. d), **Vermögenseinziehungen** (§ 1 Abs. 7 VermG), **Veräußerungen** (§ 1 Abs. 1 lit. c, Abs. 3 und 6 VermG) von Vermögenswerten und **sonstige Formen der Eigentumsaufgabe** (§ 1 Abs. 2 VermG: Eigentumsverzicht, Schenkung, Erbausschlagung; § 1 Abs. 6 VermG: Vermögensverluste „auf andere Weise") sowie auf die **staatliche Inverwaltungnahme** von Vermögenswerten (§ 1 Abs. 4 VermG). Diese Formen des Vermögensverlustes werden nicht in jeder Beziehung rückgängig gemacht, sondern nur in dem durch § 1 VermG definierten Umfang. Welche „Vermögenswerte" (vgl. § 1 Abs. 1, 3, 4, 7 und 8 lit. a VermG) als Gegenstand von Restitutionsansprüchen in Betracht kommen, ergibt sich nicht ohne weiteres aus § 1 VermG. Soweit nichts anderes bestimmt ist (vgl. insoweit § 1 Abs. 2: bebaute Grundstücke und Gebäude), ist für die Bestimmung des Begriffs „Vermögenswert" auf die Legaldefinition des § 2 Abs. 2 VermG zurückzugreifen. Die Terminologie des § 1 VermG ist überdies nicht einheitlich: Gelegentlich ist im Gesetzestext von „Vermögen" die Rede (vgl. § 1 Abs. 4 3. Spiegelstr., § 1 Abs. 6 S. 1 VermG). Sachlich sind damit jedoch die Vermögenswerte des § 2 Abs. 2 VermG gemeint. Es liegt lediglich eine sprachliche Ungenauigkeit vor. Eine unnötige sprachliche Doppelung enthält auch § 1 Abs. 3 VermG, der „Vermögenswerte sowie Nutzungsrechte" als Anspruchsgegenstände bezeichnet. Nutzungsrechte fallen aber bereits unter die Vermögenswerte iSv. § 2 Abs. 2 VermG.

IV. Persönlicher Geltungsbereich

Explizite Aussagen über den persönlichen Geltungsbereich des Vermögensgesetzes, also den Kreis der anspruchsberechtigten Personen, enthält § 1 VermG nicht. Der Begriff des „Berechtigten" wird in § 2 Abs. 1 VermG definiert. Abgesehen von den Sonderregelungen für jüdische Berechtigte (§ 2 Abs. 1 S. 2 und 3, Abs. 1a VermG), die im vorliegenden Zusammenhang zunächst außer Betracht bleiben können, sind Berechtigte „natürliche und juristische Personen sowie Personenhandelsgesellschaften, deren Vermögenswerte von Maßnahmen gemäß § 1 betroffen sind, sowie ihre Rechtsnachfolger" (§ 2 Abs. 1 S. 1 VermG). Die Verweisung auf § 1 VermG zeigt, daß mit der Vorschrift des § 2 Abs. 1 S. 1 VermG keine einheitliche Begriffsbestimmung getroffen ist. Insbesondere läßt § 2 Abs. 1 S. 1 VermG offen, ob die **Herkunft des Geschädigten** für die Frage der Berechtigung von Bedeutung ist. Dies läßt sich nur durch Auslegung des § 1 VermG ermitteln.[13] Angesichts der Vielzahl der von § 1 VermG erfaßten Schädigungstatbestände, die vom Inhalt, Ausmaß und Zeitpunkt der getroffenen Maßnahmen her durchaus unterschiedlichen Charakter haben, verbietet sich insoweit eine pauschale Betrachtung.[14]

Der **Wortlaut** des § 1 VermG grenzt den Kreis der Berechtigten abgesehen von Absatz 4 nicht ein. Dort wird die Aufhebung von Inverwaltungnahmen ausdrücklich für Bürger, die das Gebiet der DDR ohne die zum damaligen Zeitpunkt erforderliche Genehmigung verlassen haben (1. Spiegelstr.), für Bürger der Bundesrepublik Deutschland und von Berlin (West) sowie von juristischen Personen mit Sitz in der Bundesrepublik Deutschland oder Berlin (West) (2. Spiegelstr.) und für ausländisches Vermögen (3. Spiegelstr.) vorge-

---

[13] AA *Wasmuth* Rechtshandbuch B 100 RdNr. 7, der § 1 „grundsätzlich" keine Bedeutung beimißt.

[14] Anders offenbar *Motsch* ZOV 1991, 4: „Die Regelungen des Vermögensgesetzes gelten für jedermann in gleicher Weise, also für West- oder Ostdeutsche ebenso wie für In- oder Ausländer, sofern der Antragsteller dartun kann, daß die jeweiligen tatbestandlichen Voraussetzungen erfüllt sind.".

sehen. In den anderen Fällen scheint es dem Wortlaut nach auf die Herkunft des Geschädigten nicht anzukommen. Damit wären etwa DDR-Bürger nach § 1 Abs. 1 lit. a VermG in allen Fällen einer entschädigungslosen Enteignung anspruchsberechtigt, ohne daß insoweit ein Zusammenhang mit einer legalen oder illegalen Ausreise aus der DDR bestehen muß.[15] Die Anspruchsberechtigung dieser bis zum Zeitpunkt des Beitritts in der DDR ansässigen Personen ist nach dem Wortlaut des § 1 Abs. 1 lit. b VermG ebensowenig bei unvollkommen entschädigten Enteignungen ausgeschlossen. Wenn es in § 1 Abs. 1 lit. b VermG heißt: „ (...) gegen eine geringere Entschädigung enteignet wurden, als sie Bürgern der früheren Deutschen Demokratischen Republik zustand", so schließt das nach allgemeinem Sprachverständnis nicht aus, daß es sich bei dem Geschädigten um einen DDR-Bürger handeln kann, der nicht wie andere DDR-Bürger entschädigt wurde.[16] Die gesetzliche Bezugnahme auf „Bürger der früheren Deutschen Demokratischen Republik" erlaubt jedenfalls im Umkehrschluß keine zwingende Eingrenzung des Berechtigtenkreises auf Personen, die nie oder jedenfalls zu einem späteren Zeitpunkt nicht mehr Bürger der DDR waren.

14 Allerdings darf bei der Wortlautauslegung nicht halt gemacht werden. Vielmehr ist nach dem **Sinn und Zweck** der restitutionseröffnenden Tatbestände zu fragen, der eng mit der **historischen Entwicklung** des Vermögensrechts verknüpft ist. Diese läßt sich ausgehend vom Grundlagenvertrag des Jahres 1972, über die Gemeinsame Erklärung v. 15. 6. 1990, die mehrfach novellierte Anmeldeverordnung bis zum Vermögensgesetz verfolgen und hat in der – auf den ersten Blick nicht erkennbaren – Systematik des § 1 VermG ihren Niederschlag gefunden.

15 Die Ermittlung der Normteleologie wird dadurch erschwert, daß **Gesetzesmaterialien** zu dem noch von der DDR-Volkskammer verabschiedeten Vermögensgesetz fehlen. Bei den Erläuterungen der Bundesregierung zum Vermögensgesetz[17] handelt es sich nicht um Materialien zum Gesetzgebungsverfahren, sondern um die Kundgabe einer Rechtsauffassung, die ebensowenig wie andere Meinungsäußerungen aus dem Kreis der bei den Einigungsvertragsverhandlungen beteiligten bundesdeutschen Verhandlungsführer und Delegationsmitglieder[18] die Vorstellungen des DDR-Gesetzgebers mit dem Anspruch auf Authentizität widergeben oder gar mit der Autorität des DDR-Gesetzgebers versehen sind.[19] Ein Rückschluß auf den historischen Willen des DDR-Gesetzgebers kann daher aus den Erläuterungen der Bundesregierung nicht gezogen werden, wenngleich dies nicht ausschließt sie als das zu berücksichtigen, was sie sind, nämlich als eine Rechtsmeinung unter vielen.[20]

16 Die historische Wurzel der Gesetzgebung zum Vermögensrecht findet sich in der **Gemeinsamen Erklärung** der Regierungen der Bundesrepublik Deutschland und der Deutschen Demokratischen Republik zur Regelung offener Vermögensfragen vom 15. 6. 1990, die später als Teil des Einigungsvertrages vom 31. 8. 1990 (vgl. Art. 41 Abs. 1 EVertr.) veröffentlicht wurde[21] und damit Gesetzeskraft erlangt hat. Gegenstand der Gemeinsamen Erklärung sind jene offenen Vermögensfragen, deren Regelung im Vertrag über die Grundlagen der Beziehungen zwischen der Bundesrepublik Deutschland und der Deutschen Demokratischen Republik vom 21. 12. 1972 wegen der seinerzeit divergierenden Rechtsauffassungen noch ausgeklammert worden waren.[22] Daraus wird deutlich, daß Gegenstand der zu lösenden Vermögensfragen ursprünglich nur jene Vermögensverluste waren, die einen **interlokalen Bezug** aufwiesen, weil es sich bei den Geschädigten um ehemalige DDR-Bürger, Bundesbürger oder Ausländer handelte. Im historischen Kon-

---

[15] Mit diesem Ergebnis *Wasmuth* VIZ 1993, 1, 2; anders jedoch *ders.* BRAK-Mitt. 1991, 16, 119.
[16] So im Ergebnis *Wasmuth* VIZ 1993, 1, 2.
[17] BT-Drucks. 11/7831.
[18] Vgl. insoweit insbesondere *Fieberg-Reichenbach* NJW 1991, 321 ff.
[19] In diesem Sinne auch *Wesel* VIZ 1992, 337, 338.
[20] Vgl. auch KG VIZ 1992, 65, 67; undeutlich *Wasmuth* VIZ 1993, 1, 4.
[21] BGBl. II S. 889, 1237.
[22] Vgl. Protokollvermerk zum Vertrag, BGBl. 1973 II S. 426.

Geltungsbereich **17, 18 § 1 VermG**

text regelt die Gemeinsame Erklärung v. 15. 6. 1990 daher Fragen des Teilungsunrechts in dem oben RdNr. 2 ff. beschriebenen Sinne. Die Präambel der Gemeinsamen Erklärung spricht daher von vermögensrechtlichen Problemen, zu denen „die Teilung Deutschlands, die damit verbundene Bevölkerungswanderung von Ost nach West und die unterschiedlichen Rechtsordnungen in beiden deutschen Staaten" geführt haben. Ziel der Gemeinsamen Erklärung ist also die Wiedergutmachung solcher Vermögensschädigungen mit interlokalem Bezug, die originär auf die Teilung Deutschlands und damit in Zusammenhang stehende Vermögensverluste zurückgehen.[23] Nicht geregelt wird die Rückgängigmachung vermögensschädigender Maßnahmen, von denen ohne konkreten Teilungsbezug alle der Hoheitsgewalt der DDR unterworfenen Rechtssubjekte gleichermaßen betroffen waren.

Etwas anderes läßt sich auch nicht aus der Formulierung in der Präambel zur Gemeinsamen Erklärung ableiten, wonach die Teilung Deutschlands zu zahlreichen vermögensrechtlichen Problemen geführt hat, „die viele Bürger in der Deutschen Demokratischen Republik und in der Bundesrepublik Deutschland betreffen". Damit wird nicht eine Revision aller DDR-Vermögensschädigungen bezweckt; die Erwähnung der DDR-Bürger ist vielmehr im Hinblick auf die **Notwendigkeit eines sozialverträglichen Ausgleichs** zu verstehen (vgl. Abs. 2 der Präambel zur GemErkl), der notwendig wird, wenn DDR-Bürger an anspruchsbelasteten Vermögenswerten zwischenzeitlich eigene Rechte erworben haben. Ausdruck dieses Gedankens sind die Eckwerte Nr. 3 und 5 der Gemeinsamen Erklärung. Es ist daher mit dem Sinn und Zweck der Gemeinsamen Erklärung nicht vereinbar, wenn der Wortlaut von Nr. 3 S. 1 der Gemeinsamen Erklärung („Enteignetes Grundvermögen wird grundsätzlich unter der Berücksichtigung der unter a) und b) genannten Fallgruppen den ehemaligen Eigentümern oder ihren Erben zurückgegeben") als Beleg dafür genommen wird, daß enteignetes Grundvermögen ohne Unterschied allen Geschädigten zurückzugeben ist.[24] Der Wortlaut der Bestimmung, der in der Tat den Kreis der Rückgabeberechtigten nicht weiter eingrenzt, muß jedoch im Hinblick auf den zuvor beschriebenen Sinnzusammenhang gewürdigt werden. Die unter lit. a) und b) der Nr. 3 genannten Fallgruppen (vgl. nunmehr die Ausschlußtatbestände der §§ 4 und 5 VermG) enthalten Ausprägungen des Grundsatzes, wonach die Interessen betroffener DDR-Bürger bei Rückgabe an ehem. DDR-Bürger, Bundesbürger und Ausländer sozialverträglich zu berücksichtigen sind. Die Aussage in dem voranstehenden Satz 1 der Nr. 3 GemErkl, ehemaligen Eigentümern oder ihren Erben sei enteignetes Grundvermögen grundsätzlich zurückzugeben, bezieht sich daher auch nur auf Geschädigte, die ihren Sitz oder Wohnsitz nicht (mehr) in der DDR hatten.

Die **Verordnung über die Anmeldung vermögensrechtlicher Ansprüche**, die der DDR-Verordnungsgeber noch vor Inkrafttreten des VermG gem. Art. 13 lit. a GemErkl. erlassen hat, regelt die Registrierung vermögensrechtlicher Ansprüche und enthält die dafür erforderlichen Verfahrensvorschriften. In ihrer ursprünglichen Fassung vom 11. 7. 1990 (GBl. I Nr. 44 S. 718) sind in § 1 Abs. 1 lit. a) bis e) bestimmte Rechtsvorschriften[25]

---

[23] Undeutlich *Fieberg-Reichenbach* NJW 1991, 321, 323, 327, die in bezug auf § 1 Abs. 1 lit. d, Abs. 2, 3 und 7 und § 6 VermG von „Ausnahmen" sprechen, ohne deren Inhalt darzulegen.

[24] BVerwG NJW 1994, 2712. AA *Wasmuth* Rechtshandbuch B 100 RdNr. 12 und im Anschluß daran VG Berlin VIZ 1993, 168, 170; vgl. auch *Wasmuth* VIZ 1993, 1, 3; *Knauthe-Heisterkamp* ZOV 1992, 18, 19.

[25] Verordnung zur Sicherung von Vermögenswerten vom 17. 7. 1952 (GBl. Nr. 100 S. 613) und vom 4. 9. 1952 (VOBl. für Groß-Berlin Teil I S. 458); Erste Durchführungsanweisung zur Verordnung zur Sicherung von Vermögenswerten vom 8. 9. 1952 (VOBl. für Groß-Berlin Teil I S. 459); Anordnung Nr. 2 vom 20. 8. 1958 über die Behandlung des Vermögens von Personen, die die Deutsche Demokratische Republik nach dem 10. 6. 1953 verlassen (GBl. I Nr. 57 S. 664); Anordnung Nr. 2 vom 3. 10. 1958 über die Behandlung des Vermögens von Personen, die die Deutsche Demokratische Republik nach dem 10. 6. 1953 verlassen (VOBl. für Groß-Berlin Teil I S. 673); Verordnung vom 11. 12. 1968 über die Rechte und Pflichten des Verwalters des Vermögens von Eigentümern, die die Deutsche Demokratische Republik ungesetzlich verlassen haben, gegenüber Gläubigern in der Deutschen Demokratischen Republik (GBl. II 1969 Nr. 1 S. 1).

aufgeführt, aufgrund derer es in der DDR zu Vermögensentziehungen (Beschlagnahmen/ Inverwaltungnahmen) zulasten von Bundesbürgern und ehem. DDR-Bürgern gekommen ist; unter lit. f) und g) werden die Inverwaltungnahmen ausländischen Vermögens erfaßt (vgl. dazu bereits Nr. 2 GemErkl.). Damit sollten die Voraussetzungen für die Anmeldung von Ansprüchen auf Rückgabe des in Nr. 2 und 3 GemErkl. bezeichneten Grundvermögens geschaffen werden. Im Gegensatz zur Gemeinsamen Erklärung stellt die AnmeldeVO insoweit nicht auf bestimmte Schädigungsvorgänge ab, sondern erfaßt diese Vorgänge durch eine Auflistung von Rechtsvorschriften, die den erstmaligen Zugriff auf die darin genannten Vermögenswerte ermöglichten. Während also die Regelungstechnik des § 1 Abs. 1 AnmVO von der GemErkl. abweicht, wird in § 1 Abs. 2 AnmVO idF v. 11. 7. 1990 (= § 1 Abs. 3 AnmVO idF v. 3. 8. 1992) weitgehend die Formulierung aus Nr. 8 GemErkl übernommen. Angemeldet werden können danach Ansprüche auf Rückgabe von Vermögenswerten, die unabhängig von einer Entziehung aufgrund der in § 1 Abs. 1 AnmVO genannten Vorschriften durch unlautere Machenschaften dem Geschädigten entzogen wurden. Die Anmeldung war nach § 2 Abs. 2 S. 1 AnmVO idF v. 11. 7. 1990 (= § 2 Abs. 2 S. 1 AnmVO idF v. 3. 8. 1992) „bei dem Landratsamt des Kreises oder im Falle des Stadtkreises bei der Stadtverwaltung einzureichen, wo der Berechtigte seinen letzten Wohnsitz hatte" bzw. bei der Verwaltung des Belegenheitsortes, wenn „der Berechtigte keinen Wohnsitz in der Deutschen Demokratischen Republik" hatte (§ 2 Abs. 2 S. 2 AnmVO idF v. 11. 7. 1990 = § 2 Abs. 2 S. 2 AnmVO idF v. 3. 8. 1992). Anmeldeberechtigt sollten also nicht DDR-Rechtssubjekte, sondern nur Personen sein, die nie in der DDR ansässig waren bzw. zwischenzeitlich nicht mehr dort ansässig waren. Dies entspricht der Konzeption der Gemeinsamen Erklärung, nur **teilungsbedingtes Unrecht** wiedergutzumachen.[26] Daher bestand eine Anmeldeberechtigung für DDR-Rechtssubjekte auch nicht in den Fällen, in denen die in § 1 Abs. 1 lit. a bis e AnmeldeVO genannten Rechtsvorschriften die Schädigung von DDR-Rechtssubjekten miterfassen (vgl. § 3 VO zur Sicherung von Vermögenswerten v. 17. 7. 1952, GBl. Nr. 100 S. 615).[27]

19 Die **Novellierung der AnmeldeVO** durch die Zweite Verordnung über die Anmeldung vermögensrechtlicher Ansprüche v. 21. 8. 1990 (GBl. I Nr. 56 S. 1260) hat daran nichts geändert (vgl. § 2 Abs. 2 AnmVO idF v. 21. 8. 1990). Dem stehen die mit der Novellierung in die AnmeldeVO inkorporierten Vorschriften des § 1 Abs. 1 lit. h sowie des § 1 Abs. 2 nicht entgegen. Die Verordnung über devastierte landwirtschaftliche Betriebe vom 20. 3. 1952[28] (§ 1 Abs. 1 lit. h AnmVO) ließ zwar auch die treuhänderische Inverwaltungnahme von Betrieben zu, die von DDR-Bürgern bewirtschaftet wurden (vgl. § 2d. VO v. 20. 3. 1952); dies erlaubt jedoch nicht zwingend den Gegenschluß, mit der Aufnahme der Vorschrift in § 1 Abs. 1 AnmVO habe der DDR-Verordnungsgeber den Kreis der Anmeldeberechtigten auf DDR-Bürger erweitern wollen.[29] Darin läge ein Widerspruch zur Gemeinsamen Erklärung und zum Wortlaut von § 2 Abs. 2 AnmVO. Durch die Einfügung des neuen § 1 Abs. 2, mit dem der Anwendungsbereich der AnmeldeVO auf die infolge ökonomischen Zwangs in Volkseigentum übernommenen Hausgrundstücke erweitert wurde, ist allein eine Unvollständigkeit der AnmeldeVO beseitigt worden. Der entsprechende Tatbestand findet sich bereits in Nr. 4 GemErkl. und berechtigt nach der Konzeption vom Teilungsunrecht daher ebenfalls nur ehem. DDR-Rechtssubjekte, bundesdeutsche und ausländische Rechtssubjekte zur Anmeldung.

20 Die **Regelungstechnik des Vermögensgesetzes**, das am 29. 9. 1990 in Kraft trat und ergänzend zur weitergeltenden AnmeldeVO die materiellrechtliche Seite der Rückgabe regelt, weicht von § 1 AnmVO ab, indem darauf verzichtet wird, einzelne vermögensschädigende Vorschriften zu benennen. Der Gesetzgeber ist wieder zur Technik der Gemeinsamen Erklärung zurückgekehrt, die einzelne der Restitution zuzuführende Sachver-

---

[26] AA *Wasmuth* VIZ 1993, 1, 3.
[27] AA *Wasmuth* Rechtshandbuch B 100 RdNr. 12.
[28] GBl. Nr. 38 S. 226.
[29] AA *Wasmuth* Rechtshandbuch B 100 RdNr. 12; *ders.* VIZ 1992, 449, 449.

halte bezeichnet. Dies auch deshalb, weil offenbar geworden war, daß die in § 1 Abs. 1 AnmVO genannten Vorschriften nur einen Ausschnitt der tatsächlich eingetretenen Vermögensschädigungen beleuchteten. Ein grundsätzlicher Systemwechsel im Hinblick auf die Anspruchsberechtigung ist darin, soweit es die in der AnmeldeVO idF d. 2. VO erfaßten Sachverhalte betrifft, nicht zu erkennen. Die Beschlagnahmen und Inverwaltungnahmen gem. § 1 Abs. 1 AnmVO idF v. 21. 8. 1990 sind in den Vorschriften des § 1 Abs. 1 lit. a bis c sowie Abs. 4 VermG aufgegangen, die Fallgruppe des § 1 Abs. 2 AnmVO idF d. 2. VO v. 21. 8. 1990 entspricht § 1 Abs. 2 VermG und die Sachverhalte des § 1 Abs. 3 AnmVO haben ihre parallele Regelung in § 1 Abs. 3 VermG gefunden. Für diese Sachverhalte ist weiterhin der Grundsatz der Wiedergutmachung teilungsbedingten Unrechts maßgebend, dh. der persönliche Geltungsbereich des Vermögensgesetzes bezieht sich allein auf ehemalige DDR-Rechtssubjekte, solche der Bundesrepublik und ausländische.

Die unter Bezugnahme auf den Wortlaut von § 1 Abs. 1 lit. a und b VermG (vgl. dazu bereits RdNr. 13) vertretene Auffassung, wonach sich der persönliche Geltungsbereich auch auf **DDR-Rechtssubjekte** erstrecken soll,[30] ist mit dem dargelegten historischen Regelungskontext der Norm nicht vereinbar und vermag nicht zu erklären, warum die gerade auf DDR-Bürger angewandten Enteignungsvorschriften des Aufbau-, Bauland- und Verteidigungsgesetzes auch nach Inkrafttreten des Vermögensgesetzes nicht in die AnmeldeVO aufgenommen worden sind.

Die nicht in der AnmeldeVO idF d. 2. VO v. 21. 8. 1990, wohl aber im Vermögensgesetz geregelten Sachverhalte des § 1 Abs. 1 lit. d, Abs. 6 und Abs. 7 VermG nehmen dagegen aufgrund ihres abweichenden Regelungszweckes eine Sonderstellung gegenüber den Tatbeständen des § 1 Abs. 1 lit. a bis c und Abs. 2 bis 4 VermG ein. Es handelt sich um Fallgestaltungen, denen nicht das Stigma des teilungsbedingten Unrechts anhaftet und die daher auch nicht vom Regelungskonzept der Gemeinsamen Erklärung und der AnmeldeVO idF d. 2. VO v. 21. 8. 1990 getragen werden. Für die Verstaatlichungen aufgrund des Ministerratsbeschlusses v. 9. 2. 1972 (§ 1 Abs. 1 lit. d VermG) verweist Nr. 6 GemErkl. auf die Reprivatisierungsvorschriften des Unternehmensgesetzes v. 7. 3. 1990;[31] für die Korrektur rechtsstaatswidriger Vermögenseinziehungen (§ 1 Abs. 7 VermG) auf noch zu schaffende Vorschriften des DDR-Gesetzgebers (Nr. 9 GemErkl.). Das NS-Unrecht (§ 1 Abs. 6 VermG) wird in der Gemeinsamen Erklärung nicht erwähnt, da seine Einbeziehung in die Vermögensrestitution erst später verhandelt wurde.[32] Den genannten Sachverhalten ist die Korrektur systembedingter Vermögensschädigungen gemein, die dem DDR-Rechtssystem eigen, aber mit rechtsstaatlichen Prinzipien unvereinbar sind (**Diskriminierungsunrecht**). Die Tatbestände des § 1 Abs. 1 lit. d und Abs. 6 und 7 VermG stellen systematisch und inhaltlich einen Fremdkörper im ansonsten auf die Wiedergutmachung teilungsbedingten Unrechts zugeschnittenen Konzept der Vermögensrestitution dar. Der persönliche Geltungsbereich der Vorschriften ist nicht wie bei der Wiedergutmachung teilungsbedingten Unrechts auf ehemalige DDR-Rechtssubjekte, bundesdeutsche und ausländische Rechtssubjekte beschränkt, sondern wegen des allgemein diskriminierenden Charakters der Vermögensschädigungen auf DDR-Bürger erweitert. Da es sich bei § 1 Abs. 1 lit. d, Abs. 6 und Abs. 7 VermG um **systembedingte Ausnahmetatbestände** handelt, kann aus der Erweiterung des Berechtigtenkreises jedoch nicht auf einen grundsätzlichen Systemwechsel des Gesetzgebers geschlossen werden, der mit der Aufgabe des für die anderen Tatbestände maßgebenden Gedankens vom Teilungsunrecht einhergegangen ist. Der Gesetzgeber wäre allerdings gut beraten gewesen, wenn er die Sachverhalte des § 1 Abs. 1 lit. d, Abs. 6 und 7 VermG zur Verdeutlichung des abwei-

---

[30] VG Berlin (21. Kam.) VIZ 1993, 168, 170; *Wasmuth* Rechtshandbuch B 100 RdNr. 11f.; *ders.* VIZ 1992, 449, 449; beiläufig auch *Bley* VIZ 1192, 219, 223.

[31] GBl I Nr. 17 S. 144; geänd. GBl. I Nr. 38 S. 482.

[32] Vgl. dazu *Wesel* VIZ 1992, 337, 338f.

chenden Restitutionszwecks außerhalb des Vermögensgesetzes oder doch jedenfalls systematisch an anderer Stelle des Gesetzes geregelt hätte. Damit wäre ein wesentlicher Beitrag zur Normklarheit und damit zur Rechtssicherheit geleistet worden.

23 Die durch § 1 Abs. 1 lit. d, Abs. 6 und 7 erstmalig erfolgte Erweiterung der Restitutionstatbestände auf Fälle des Diskriminierungsunrechts ist mit der Dritten Verordnung über die Anmeldung vermögensrechtlicher Ansprüche v. 5. 10. 1990 (BGBl. I S. 2150, 2162) partiell nachvollzogen worden, indem die Tatbestände des § 1 Abs. 6 und 7 als § 2 lit. a und b in die AnmeldeVO Eingang gefunden haben. Im Gegensatz zum Vermögensgesetz ist der **persönliche Geltungsbereich der AnmeldeVO** jedoch unverändert auf ehem. DDR-Rechtssubjekte, bundesdeutsche und ausländische Rechtssubjekte begrenzt geblieben, da die Vorschrift über die Anmeldung von Ansprüchen in ihren maßgeblichen Aussagen gegenüber der 2. AnmVO unverändert blieb (vgl. § 2 Abs. 2 S. 1 und 2 AnmVO). An dieser Rechtslage hat sich auch später durch die Novellierung der AnmeldeVO gem. Art. 4 des 2. VermRÄndG nichts geändert. DDR-Rechtssubjekten ist dadurch jedoch kein Nachteil entstanden, da sie ihre diesbezüglichen Restitutionsansprüche seit dem 29. 9. 1990 nach dem Vermögensgesetz durchsetzen konnten.

C. Beweislast

24 Das Vermögensgesetz enthält mit Ausnahme von § 1 Abs. 6 S. 2 keine ausdrücklichen Beweislastregelungen. Aufgrund der von § 31 Abs. 1 VermG angeordneten Geltung des Amtsermittlungsgrundsatzes (Untersuchungsgrundsatzes) trägt der Antragsteller für die positiven Tatbestandsvoraussetzungen des § 1 VermG keine Beweisführungslast iS einer formellen bzw. subjektiven Beweislast. Unabhängig hiervon hat der Antragsteller aber durch das Risiko eines nicht aufklärbaren Sachverhaltes bei Ausschöpfung der Ermittlungsmöglichkeiten (sog. non liquet) die **materelle Beweislast** (objektive Beweislast bzw. Feststellungslast) für die sein Begehren stützenden und begründenden Tatsachen, die Behörde die materielle Beweislast für die den Restitutionsanspruch ausschließenden Tatsachen,[33] dh. die Unerweislichkeit einer Tatsache geht zu Lasten desjenigen, der aus der betreffenden Tatsache eine ihm günstige Rechtsfolge herleiten möchte (sog. Normbegünstigungsprinzip).[34] Mithin gehen verbleibende Zweifel an dem Vorliegen der Voraussetzungen des § 1 Abs. 1 bis 7 VermG grdsl. zu Lasten des Antragstellers und Zweifel an den Voraussetzungen des Rückübertragungsausschlusses nach § 1 Abs. 8 VermG zu Lasten der Behörde.

D. Entschädigungslose Enteignungen (§ 1 Abs. 1 lit. a)

Schrifttum zu § 1 Abs. 1 lit. a: *Breitkopf*, Die Behandlung von Immobilienrechten Deutscher mit Wohnsitz in der Bundesrepublik Deutschland und Berlin (West) in der DDR und Berlin (Ost), 1983; *Busche*, Anmerkung zu VG Berlin, Beschl. v. 21. 10. 1991 – VG 25 A 555.91, VIZ 1992, 25; *Groschopf*, Materielle und prozessuale Fragen zum Vermögensgesetz, LKV 1992, 363 f.; *Heinemann-Liedtke*, Die entschädigungslose Enteignung im Sinne des Vermögensgesetzes, ZOV 1993, 394 ff.; *Karnetzki*, Anmerkung zum Beschluß des Bezirksgerichts Potsdam vom 18. März 1992–1 B 1/92 V – (ZOV 3/1992, 166 ff.), ZOV 1992, 199 f.; *Knauthe-Heisterkamp*, Die Rückgabe von Mauergrundstücken, ZOV 1992, 18 ff.; *Mitschke-Werling*, Vermögensgesetz und ausländisches Vermögen, ZOV 1993, 12 ff.; *Motsch*, Vom Sinn und Zweck der Regelung offener Vermögensfragen, VIZ 1993, 1 ff.; *Stöhr*, Zum Begriff der Entschädigungslosigkeit im Vermögensgesetz, ZOV 1994, 232 ff., *von Trott zu Solz*, Rückübertragungsansprüche bei Enteignungen nach dem Aufbaugesetz und dem Baulandgesetz, ZOV 1991, 67 ff.; *Wasmuth*, Anmerkung zu VG Berlin, Beschluß v. 25. 6. 1992 – 25 A 593/91, VIZ 1992, 449 f.; *ders*. Entschädigungslose und nicht DDR-üblich entschädigte Enteignungen, VIZ 1994, 386 ff.

---

[33] *Redeker-Hirtschulz* F/R/M/S § 31 RdNr. 10; *Wilske-Galler* ZOV 1992, 242, 243; *Brettholle/Köhler-Apel* R/R/B RdNr. 25.

[34] BVerwG ZIP 1993, 1907, 1908; OVG Berlin ZOV 1991, 151, 153; KrG Suhl VIZ 1993, 75, 77; *Kimme-Kimme* RdNr. 17; *Schulz* VIZ 1994, 1, 2.

Geltungsbereich 25–27 § 1 VermG

I. Allgemeines

Die Vorschrift des § 1 Abs. 1 lit. a VermG erfaßt Vermögenswerte, die in Schädigungs- 25
absicht entschädigungslos enteignet und in Volkseigentum überführt wurden. Da die
Vorschrift nur die Wiedergutmachung von Teilungsunrecht ermöglichen soll (vgl.
RdNr. 2ff.), setzt sie einen **interlokalen Enteignungsbezug** voraus.[35] Der persönliche
Geltungsbereich der Norm bezieht sich daher nur auf ehemalige DDR-Rechtssubjekte, die
die DDR im Zusammenhang mit der Schädigung verlassen haben, gleichwohl aber später
wieder zurückgekehrt sein können, ferner auf bundesdeutsche und ausländische Rechtssubjekte. Nicht unter § 1 Abs. 1 lit. a VermG fallen daher entschädigungslose Enteignungen von Personen, die aus dem Grenzgebiet der DDR zwangsumgesiedelt wurden,[36] und
Enteignungen von Bodenreformeigentum (vgl. dazu noch § 4 RdNr. 14ff.), wenn diese
Vorgänge nicht im Zusammenhang mit einer legalen oder illegalen Ausreise aus der DDR
standen und der Entziehungsakt nicht gezielt an diesen Sachverhalt anknüpfte. So führte
etwa die Aufgabe der Bewirtschaftung ohne weiteres zum Verlust des Bodenreformeigentums (vgl. § 9 BesitzwechselVO v. 21. 6. 1951, GBl. Nr. 78 S. 629 = Anh. III/1). Der
Eigentumsverlust wird deshalb nicht nachträglich zu einer teilungsbedingten Schädigung,
nur weil der Betroffene nach Aufgabe der Bewirtschaftung die DDR verlassen hat.

II. Voraussetzungen

1. Enteignung. Erforderlich ist eine Enteignung von Vermögenswerten iSv. § 2 Abs. 1 26
VermG. Das Enteignungsverfahren muß vor dem 29. 9. 1990 tatsächlich abgeschlossen
gewesen sein.[36a] Für den Begriff der Enteignung ist auf das in den einschlägigen **DDR-Rechtsnormen** zum Ausdruck kommende **Begriffsverständnis** abzustellen.[37] Auf den im
bundesdeutschen Recht zu Art. 14 GG entwickelten Enteignungsbegriff kommt es nicht
an. Enteignungen sind in DDR-Rechtsvorschriften gelegentlich nicht als solche bezeichnet
worden. Soweit dort lediglich von einer „Beschlagnahme" die Rede ist,[38] haben die Verwaltungsbehörden diese insbesondere in den Anfangsjahren der DDR nicht nur als bloße
Sicherungsmaßnahme betrachtet, sondern als unmittelbare Legalenteignung behandelt.[39]

Die Enteignung muß zu einem **Totalverlust** einer zuvor in bezug auf einen Vermögens- 27
wert begründeten Eigentumsposition geführt haben.[40] Dies zeigt § 1 Abs. 4 VermG, der
die lediglich unter Verwaltung gestellten Vermögenswerte behandelt.[41] Im Gegensatz zu

---

[35] VG Berlin (25. Kam.) VIZ 1993, 23, 24; BezG Potsdam VIZ 1992, 325, 326; *Fieberg-Reichenbach* NJW 1991, 323, 326f.; *Neuhaus* F/R/M/S RdNr. 37; *dies.*, VIZ 1993, 503, 504; *Busche* VIZ 1992, 25; *Tropf* WM 1994, 89, 90 (Fn. 10); *Heinemann-Liedtke* ZOV 1993, 394; wohl auch OVG Berlin VIZ 1992, 113, 115; aA VG Berlin (21. Kam.) VIZ 1993, 168, 170; VG Dresden ZOV 1993, 447, 448; *Wasmuth* Rechtshandbuch B 100 RdNr. 11ff.; *ders.* VIZ 1992, 449, 449; *ders.* VIZ 1993, 1, 4f. (anders noch *ders.* BRAK-Mitt. 1991, 116, 119); *Kimme-Kimme* RdNr. 4; *Brettholle/Köhler-Apel* R/R/B RdNr. 26; *Horn* S. 516f.; *Diekmann*, Das System der Rückerstattungstatbestände nach dem Gesetz zur Regelung offener Vermögensfragen, 1992, S. 90; undeutlich *Motsch* VIZ 1993, 41, 43ff.

[36] Vgl. Befehl Nr. 38/52 des Ministeriums des Innern v. 26. 5. 1952 iVm. VO über Maßnahmen an der Demarkationslinie zwischen der DDR und den westlichen Besatzungszonen Deutschlands v. 26. 5. 1952 (GBl. Nr. 65 S. 405), VO über weitere Maßnahmen zum Schutze der DDR v. 9. 6. 1952 (GBl. Nr. 72 S. 451); VO zur Erleichterung und Regelung von Maßnahmen an der Grenze der DDR und der BRD v. 3. 5. 1956 (GBl. I Nr. 45 S. 385); VO über Aufenthaltsbeschränkungen v. 24. 8. 1961 (GBl. II Nr. 55 S. 343); vgl. dazu *Bley* VIZ 1992, 219 ff.

[36a] BVerwG VIZ 1994, 349, 349f.

[37] *Wasmuth* Rechtshandbuch B 100 RdNr. 18; vgl. auch KrG Görlitz VIZ 1993, 475, 475: „faktischer Eigentumsentzug".

[38] Vgl. § 1 Abs. 1 VO zur Sicherung von Vermögenswerten v. 17. 7. 1953, GBl. Nr. 100 S. 615; § 1 Abs. 1 VO zur Sicherung von Vermögenswerten v. 4. 9. 1952, VOBl. f. Groß-Berlin (Ostsektor) I S. 445.

[39] Vgl. § 1 Abs. 1 Dritte Anweisung zur Durchführung der Verordnung zur Sicherung von Vermögenswerten v. 17. 7. 1952 (Anh. III/8); Ziff. I/2 Rundverfügung des Ministeriums der Justiz Nr. 9/53 v. 15. 4. 1953 (Anh. III/9); bestätigt durch OG NJ 1953, 180, 180; vgl. auch *Breitkopf* S. 29f.

[40] *Wasmuth* Rechtshandbuch B 100 RdNr. 21.

[41] Vgl. § 1 VO über die Verwaltung und Schutz ausländischen Eigentums in der Deutschen Demokratischen Republik v. 6. 9. 1951, GBl. Nr. 111 S. 839; § 1 VO über die Verwaltung und den Schutz ausländischen Eigentums in Groß-Berlin v. 18. 12. 1951, VOBl. f. Groß-Berlin (Ostsektor) I S. 565; § 6 VO zur Sicherung von Vermögenswerten v.

VermG § 1 28–32 Abschnitt I. Allgemeine Bestimmungen

den Fällen des § 1 Abs. 1 lit. a und auch lit. b führte die Inverwaltungnahme von Vermögenswerten nicht zu einem Totalverlust der Eigentumsposition. Diese blieb vielmehr formal, wenn auch mit weitgehenden Verfügungs- und Nutzungsbeschränkungen bestehen.

28 Die Enteignung kann entweder **kraft Gesetzes oder durch Verwaltungsakt** erfolgt sein.[42] Der Legislativ- oder Exekutivakt muß den Vermögensverlust unmittelbar herbeigeführt haben.[43] Die Inverwaltungnahme des Vermögenswertes und anschließende Veräußerung durch den Verwalter reicht nicht; diese Sachverhalte werden von § 1 Abs. 1 lit. c VermG erfaßt. Eine spätere Überführung des Vermögenswertes in andere Eigentumsformen, etwa genossenschaftliches oder persönliches Eigentum, schließt eine Restitution nach § 1 Abs. 1 lit. a VermG nicht per se aus;[44] zu prüfen ist jedoch im Einzelfall, ob ein Ausschlußtatbestand (§§ 4, 5 VermG) der Restitution entgegensteht.

29 **2. Überführung in Volkseigentum.** Die Enteignung muß zum Zwecke der Überführung in Volkseigentum stattgefunden haben. Eine darüber hinausgehende Zielrichtung der Enteignung, etwa zum Zwecke des Allgemeinwohls, ist nicht erforderlich und häufig nur schwer nachweisbar.

30 Der **Begriff des Volkseigentums** erschließt sich aus Art. 10 Abs. 1 iVm. Art. 12 DDR-Verf. 1974 und aus § 18 Abs. 2 ZGB (vgl. auch Art. 24 Abs. 3, 28 DDR-Verf. 1949). Das Volkseigentum wurde in Art. 10 Abs. 1 DDR-Verf. 1974 als gesamtgesellschaftliches Eigentum bezeichnet. Insoweit war Zuordnungssubjekt der sozialistische Staat. Der Sache nach handelte es sich also um Staatseigentum,[45] das regelmäßig anderen juristischen Personen in Form sog. Fonds zu Besitz und Nutzung zugewiesen wurde. Die **Fondsinhaberschaft** bezeichnete demgemäß die Rechtsposition der mit eigentümerähnlichen Befugnissen ausgestatteten sog. operativen Verwalter der Fonds. Bei immobilen Fonds wurde regelmäßig auch der Begriff **Rechtsträgerschaft** verwandt. Dem Rechtsträger standen besondere Befugnisse (Besitz/Nutzung/Verfügung) nach der RechtsträgerAO[46] zu. Rechtsträger konnten nach § 2 Abs. 1 RechtsträgerAO v. 7. 7. 1969 (GBl. II Nr. 68 S. 433) volkseigene Betriebe und Kombinate, Vereinigungen Volkseigener Betriebe, andere Organe und Einrichtungen der volkseigenen Wirtschaft,[47] ferner staatliche Organe (Ministerrat, Ministerien, zentrale Ämter, örtliche Organe etc.) und Einrichtungen, sozialistische Genossenschaften und gesellschaftliche Organisationen sowie die ihnen unterstehenden Betriebe und Einrichtungen sein.

31 Enteignungen mit dem Ziel der Überführung von Vermögenswerten in andere **Formen sozialistischen Eigentums** iSv. Art. 10 DDR-Verf. 1974 (genossenschaftliches Gemeineigentum, Eigentum gesellschaftlicher Organisationen der Bürger) oder in Persönliches Eigentum (Art. 11 Abs. 1 DDR-Verf. 1974) fallen nicht unter § 1 Abs. 1 lit. a VermG. Dies gilt auch dann, wenn diese Eigentumsformen später zugunsten von Volkseigentum aufgehoben wurden.[48]

32 **3. Entschädigungslosigkeit.** Die Vermögensrestitution nach § 1 Abs. 1 lit. a VermG ist nur eröffnet, wenn eine entschädigungslose Enteignung vorliegt. Wurde dem Geschädig-

---

17. 7. 1952, GBl. Nr. 100 S. 615; § 2 VO zur Sicherung von Vermögenswerten v. 4. 9. 1952, VOBl. f. Groß-Berlin (Ostsektor) I S. 445.
[42] BVerwG VIZ 1993, 74; *Wasmuth* Rechtshandbuch B 100 RdNr. 19; ders. BRAK-Mitt. 1991, 116, 119; aA *Motsch* VIZ 1993, 41, 45, der auch den staatlicherseits bewirkten freihändigen Verkauf als Enteignung ansieht.
[43] *Wasmuth* Rechtshandbuch B 100 RdNr. 22.
[44] *Wasmuth* Rechtshandbuch B 100 RdNr. 31.
[45] *Rohde* ua., Bodenrecht, 1989, S. 78; *Rähmer*, Stellung, Inhalt und Entwicklung des Rechtsinstituts Enteignung im Bodenrecht der DDR, Diss. (A) Berlin 1990, S. 43.

[46] Vgl. § 1 Abs. 3d. AO üb. d. Verfahren bei Veränderungen in der Rechtsträgerschaft an volkseigenen Grundstücken v. 16. 3. 1953, GBl. I Nr. 37 S. 449, aufgeh. GBl. 1956 I Nr. 79 S. 702; § 1 Abs. 3, §§ 6 und 7d. AO v. 21. 8. 1956, GBl. I Nr. 79 S. 702, geänd. GBl. 1962 II Nr. 37 S. 333, tlw. aufgeh. GBl. 1969 II Nr. 68 S. 433; §§ 2 Abs. 3, 7 Abs. 2, 14 Abs. 1d. AO über d. Rechtsträgerschaft an volkseigenen Grundstücken v. 7. 7. 1969, GBl. II Nr. 68 S. 433, geänd. GBl. 1974 I Nr. 53 S. 489; vgl. auch § 19 ZGB.
[47] Vgl. dazu *Busche* Rechtshandbuch B 200 § 1 RdNr. 19 ff.
[48] *Kimme-Kimme* RdNr. 18; aA *Wasmuth* Rechtshandbuch B 100 RdNr. 31.

Geltungsbereich 33–35 § 1 VermG

ten dagegen eine geringere Entschädigung gezahlt, als sie nach den Vorschriften der DDR üblicherweise vorgesehen war, ergibt sich der Rückgabeanspruch aus § 1 Abs. 1 lit. b VermG.

Die Umstände, die eine Entschädigungslosigkeit der Enteignung begründen, werden durch das Vermögensgesetz nicht näher konkretisiert. Möglich erscheint es daher, entweder nur darauf abzustellen, ob ein Entschädigungsanspruch in den der Enteignung zugrundeliegenden Vorschriften vorgesehen war (**formelle Betrachtung**)[49] oder das Merkmal der Entschädigungslosigkeit danach zu beurteilen, ob eine Entschädigung dem Geschädigten wirtschaftlich tatsächlich zugeflossen ist (**materielle Betrachtung**).[50] Bei allein formeller Betrachtung wäre die Entschädigungslosigkeit bereits dann zu verneinen, wenn für den Enteignungsakt in Rechtsvorschriften eine Entschädigung vorgesehen war, ohne daß es noch darauf ankommt, ob eine Auszahlung des Entschädigungsbetrages tatsächlich erfolgt ist. Dieses Ergebnis vermag jedoch angesichts des nicht selten feststellbaren Auseinanderfallens von geschriebenem Recht und Verwaltungspraxis der DDR schon im Interesse der Einzelfallgerechtigkeit nicht zu überzeugen. Für eine materielle Betrachtung spricht auch der Wortlaut des § 1 Abs. 1 lit. b VermG ((...) gegen eine geringere Entschädigung enteignet wurde, als (...)). Danach kommt es darauf an, ob die gewährte Entschädigung materiell mit den ansonsten bei vergleichbaren Fällen gezahlten Entschädigungen vergleichbar war (vgl. noch RdNr. 45 f.).[51] Dann aber ist kein sachlicher Grund ersichtlich, im Rahmen von § 1 Abs. 1 lit. a VermG statt auf die Erfüllung des Entschädigungsanspruchs auf die formelle Entschädigungsberechtigung abzustellen. 33

Dementsprechend sind bei materieller Betrachtung folgende **Sachverhaltsgestaltungen** zu unterscheiden: Wurde eine Entschädigung festgesetzt und auch tatsächlich gezahlt, sind die Voraussetzungen des § 1 Abs. 1 lit. a VermG unproblematisch nicht erfüllt. Die Restitution ist dagegen eröffnet, wenn eine Entschädigung zwar festgesetzt wurde, aber tatsächlich dem Geschädigten nicht zugeflossen ist.[51a] Etwas anderes gilt allenfalls dann, wenn der Geschädigte aus eigenem Verschulden seine Rechte nicht geltend gemacht hat. Dies setzt jedoch voraus, daß ihm der Enteignungsakt überhaupt bekannt war und daß die Rechtsvorschriften der DDR eine Rechtsverfolgung zuließen.[52] Die Möglichkeit der gerichtlichen Nachprüfung von Verwaltungsentscheidungen ist in der DDR allgemein erst durch das Gesetz über die Zuständigkeit und das Verfahren der Gerichte zur Nachprüfung von Verwaltungsentscheidungen v. 14. 12. 1988 (GBl. I Nr. 28 S. 327) eröffnet worden, das mit Wirkung zum 1. 7. 1989 in Kraft trat.[53] Schließlich liegt eine entschädigungslose Enteignung auch vor, wenn im Gesetz oder Enteignungsbescheid dem Grunde nach von vornherein keine Entschädigung für die zu entziehende Vermögensposition vorgesehen war und eine solche tatsächlich auch nicht gezahlt wurde. 34

Probleme bereitet die Feststellung, ob dem Geschädigten im Einzelfall eine **Entschädigung wirtschaftlich zugeflossen** ist. Dies muß nicht notwendig durch Zahlung eines Geldbetrages erfolgt sein. Vielfach sind Entschädigungen etwa mit bestehenden Grundstücksbelastungen verrechnet worden.[54] Bestanden die Belastungen tatsächlich, so ist der 35

---

[49] BVerwG ZIP 1994, 826, 826 f.; *Neuhaus* VIZ 1993, 503, 504; dies. F/R/M/S § 1 RdNr. 36; *Heinemann-Liedtke* ZOV 1993, 394; so ebenfalls noch *Säcker-Hummert,* Zivilrecht im Einigungsvertrag, RdNr. 1081.

[50] VG Berlin (25. Kam.) VIZ 1992, 23, 24; VIZ 1992, 447, 448; VG Dresden ZOV 1993, 447, 448; VG Leipzig ZOV 1993, 455; VG Weimar VIZ 1994, 417; *Horn* S. 518; *v. Trott zu Solz* ZOV 1991, 67, 68 f.; *Busche* VIZ 1992, 25, 25; *Wasmuth* Rechtshandbuch B 100 RdNr 28; ders. VIZ 1992, 449, 449; ders. VIZ 1993, 1, 4; *Motsch* VIZ 1993, 41, 46; *Stöhr* ZOV 1994, 232, 236; wohl auch VG Berlin (31. Kam.) ZOV 1994, 324, 325; VG Greifswald VIZ 1993, 266, 267; KrG Greifswald VIZ 1992, 329, 330; BezG Dresden DtZ 1991, 349, 350; *Brettholle/Köhler-Apel* R/R/B RdNr. 12 ff.; *Kimme-Kimme* RdNr. 12 f.

[51] Vgl. nur BezG Dresden DtZ 1991, 349, 350; *Stöhr* ZOV 1994, 232, 234.

[51a] AA *Heinemann-Liedtke* ZOV 1993, 394, 396.

[52] Ebenso *Wasmuth* Rechtshandbuch B 100 RdNr. 26.

[53] Vgl. auch Gesetz zur Anpassung von Regelungen über Rechtsmittel der Bürger und zur Feststellung der gerichtlichen Zuständigkeit für die Nachprüfung von Verwaltungsentscheidungen v. 14. 12. 1988, GBl. I Nr. 28 S. 329, nebst Anlage.

[54] Vgl. dazu OVG Berlin ZOV 1991, 151, 152; VG Berlin VIZ 1992, 447, 449; ZOV 1993, 429; BezG Potsdam VIZ 1992, 325, 327.

Entschädigungsanspruch durch Aufrechnung erfüllt worden, wenn die durch die Belastungen gesicherten Forderungen durch die enteignende Stelle getilgt wurden.[55] Anders ist die Sachlage allerdings, wenn es sich um rein fiktive Belastungen handelte, die nur zum Zwecke der Schädigung des Berechtigten begründet wurden. Insoweit handelt es sich um eine wirtschaftlich nicht zu begründende Verrechnung, die den Tatbestand der Entschädigungslosigkeit erfüllt.[56] Andererseits liegt ein Fall der Entschädigungslosigkeit nicht schon dann vor, wenn die Auszahlung nicht in einem Betrag erfolgte, sondern ratenweise zB durch Begründung von Schuldbuchforderungen[57] oder wenn dem Geschädigten hinsichtlich des gezahlten Entschädigungsbetrages Verfügungsbeschränkungen[58] auferlegt wurden.[59] Letzteres war bei der Überweisung auf Sperrkonten der Fall oder durch das Verbot des Devisentransfers ins Ausland bedingt.[60] Trotz dieser Beschränkungen ist dem Geschädigten aber jedenfalls ein wirtschaftlicher Vorteil zugeflossen.

III. Fallgruppen

36 **1. Entschädigungslose Enteignungen.** Entschädigungslose Enteignungen, die zur Begründung von Volkseigentum an entzogenen Vermögenswerten führten, sind insbesondere durch die **Beschlagnahme** des Vermögens von Republikflüchtlingen und Nichtrückkehrern erfolgt: § 1 VO über die Sicherung von Vermögenswerten v. 17. 7. 1952, GBl. Nr. 100 S. 615 nebst Anweisung v. 17. 7. 1952 (= Anh. III/5, 6) und § 1 der Dritten Anweisung zur Durchführung der VO v. 28. 10. 1952 (= Anh. III/8); § 1 VO zur Sicherung von Vermögenswerten v. 4. 9. 1952, VOBl. f. Groß-Berlin (Ostsektor) I S. 445, nebst 1. Durchführungsanweisung v. 8. 9. 1952, VOBl. f. Groß-Berlin (Ostsektor) I S. 459; die Vorschriften wurden rückwirkend auch auf Personen angewandt, die die DDR bereits vor Inkrafttreten der Verordnungen verlassen hatten.[61] Der Aufhebung der VO zur Sicherung von Vermögenswerten v. 17. 7. 1952 durch § 2 Abs. 1 S. 1 der VO über die in das Gebiet der Deutschen Demokratischen Republik und den demokratischen Sektor von Groß-Berlin zurückkehrenden Personen v. 11. 6. 1953 (GBl. I Nr. 78 S. 805 = Anh. III/12) sowie der Berliner VO zur Sicherung von Vermögenswerten v. 4. 9. 1952 durch § 1 der VO über die Aufhebung der VO zur Sicherung von Vermögenswerten und der zu dieser VO ergangenen Durchführungsanweisung v. 24. 6. 1953 (VOBl. f. Groß-Berlin (Ostsektor) I S. 214) kam nach ständiger Verwaltungspraxis keine Rückwirkung zu,[62] so daß die bis zur Aufhebung erfolgten Enteignungen wirksam blieben. Entschädigungslose Enteignungen iSv. § 1 Abs. 1 lit. a VermG können auch in Form der **Entziehung von Nutzungsrechten** nach § 290 Abs. 1 ZGB-DDR erfolgt sein, wenn davon gezielt Personen betroffen waren, die das Gebiet der DDR legal oder illegal verlassen haben,[63] und denen eine Entschädigung entgegen § 290 Abs. 2 S. 2, 3 ZGB-DDR nicht gezahlt wurde. Mit Entzug des Nutzungsrechts gingen Gebäude, Anlagen und Anpflanzungen in Volkseigentum über (§ 290 Abs. 2 S. 1 ZGB-DDR).

---

[55] BezG Potsdam VIZ 1992, 325, 327 (Begründung von Schuldbuchforderungen zugunsten privater Gläubiger); VG Berlin VIZ 1992, 447, 449; ZOV 1993, 429. Vgl. auch *Wasmuth* Rechtshandbuch B 100 RdNr. 29; *ders.* VIZ 1992, 449, 450; *Karnetzki* ZOV 1992, 199, 199; *Motsch* VIZ 41, 46.

[56] *Wasmuth* Rechtshandbuch B 100 RdNr. 26; *ders.* VIZ 1992, 449, 450; *Motsch* VIZ 1993, 41, 46; *v. Trott zu Solz* ZOV 1991, 67, 68f.; *Diekmann* (Fn. 35) S. 95.

[57] Vgl. VO über die Schuldbuchordnung für die Deutsche Demokratische Republik v. 2. 8. 1951, GBl. Nr. 93 S. 723, iVm. Erste Durchführungsbestimmung v. 3. 9. 1951, GBl. Nr. 106 S. 819; zur Behandlung der Schuldbuchforderungen vgl. §§ 1 ff. SchuldBBerG (= Anh. I/27).

[58] Vgl. Gesetz zur Regelung des innerdeutschen Zahlungsverkehrs v. 15. 12. 1950, GBl. Nr. 142 S. 1202; dazu VG Greifswald VIZ 1993, 455, 456.

[59] BezG Potsdam VIZ 1992, 325, 327; VG Leipzig ZOV 1993, 455; *Wasmuth* Rechtshandbuch B 100 Einf. RdNr. 79, § 1 RdNr. 29; *Karnetzki* ZOV 1992, 199, 199f.; *Motsch* VIZ 1993, 41, 46; *Kimme-Kimme* RdNr. 14; aA *Diekmann* (Fn. 35) S. 95; differenzierend VG Weimar VIZ 1994, 417, 417f.

[60] Vgl. § 9 Abs. 1 des Gesetzes über Devisenverkehr und Devisenkontrolle (Devisengesetz) v. 8. 2. 1956, GBl. I Nr. 38 S. 321.

[61] Vgl. dazu OG NJ 1953, 180, 180.

[62] Vgl. Ziff. I Nr. 5 der Vertraulichen Rundverfügung Nr. 3/1957d. Ministeriums der Justiz v. 18. 5. 1957 betr. die VO zur Sicherung von Vermögenswerten (= Anh. III/24).

[63] Vgl. VG Greifswald VIZ 1993, 266, 267.

2. Enteignungen mit Entschädigungsanspruch. a) Allgemeines. Soweit dagegen in 37
Gesetzen und Verordnungen Entschädigungen ausdrücklich vorgesehen waren, ist die
Restitution nach § 1 Abs. 1 lit. a VermG für ehem. DDR-Rechtssubjekte, bundesdeutsche
und ausländische Rechtssubjekte nur eröffnet, wenn der Entschädigungsanspruch nicht
erfüllt wurde und dadurch gezielt eine Schädigung dieser Personengruppe bezweckt worden ist.[64] Zu den Rechtsvorschriften, die eine Entschädigung vorsahen, gehören:[65]

b) Aufbau- und Baulandgesetzgebung 38
- § 14 Aufbaugesetz v. 6. 9. 1950, GBl. Nr. 104 S. 965 (aufgeh. durch § 24 Nr. 1 Baulandgesetz v. 15. 6. 1984, GBl. I Nr. 17 S. 205), nebst DurchführungsVO v. 7. 6. 1951, GBl. Nr. 69 S. 552 (geänd. durch VO v. 28. 8. 1958, GBl. I Nr. 57 S. 661); Erste Durchführungsbestimmung v. 24. 1. 1953, GBl. Nr. 12 S. 170; Zweite Durchführungsbestimmung v. 29. 9. 1972, GBl. II Nr. 59 S. 641, iVm. Entschädigungsgesetz v. 25. 4. 1960, GBl. I Nr. 26 S. 257 (aufgeh. durch § 17 Abs. 2 Nr. 1 des Entschädigungsgesetzes v. 15. 6. 1984, GBl. I Nr. 17 S. 209), nebst Erster Durchführungsbestimmung (Entschädigung von Trümmergrundstücken) v. 30. 4. 1960, GBl. I Nr. 32 S. 336; Zweiter Durchführungsbestimmung (Entschädigung von unbebauten und bebauten Grundstücken) v. 30. 4. 1960, GBl. I Nr. 32 S. 338;[66]
- §§ 12 Abs. 1, 13 Abs. 1 Nr. 3 Baulandgesetz v. 15. 6. 1984, GBl. I Nr. 17 S. 201, nebst DurchführungsVO v. 15. 6. 1984, GBl. I Nr. 17 S. 205, iVm. Entschädigungsgesetz v. 15. 6. 1984, GBl. I Nr. 17 S. 209, nebst DurchführungsVO v. 15. 6. 1984, GBl. I Nr. 17 S. 211;[67]
- § 9 Verordnung über den Aufbau Berlins (Aufbauverordnung) v. 18. 10. 1950 (VOBl. f. Groß-Berlin (Ostsektor) I S. 379;
- § 6 AO über die Finanzierung des Abrisses baufälliger Wohngebäude v. 18. 10. 1979, GBl. I Nr. 39 S. 372;

c) Verteidigungs- und Grenzsicherungsgesetze (Mauer- und Grenzgrundstücke) 39
- § 10 Verteidigungsgesetz v. 20. 9. 1961, GBl. I Nr. 18 S. 175, ber. S. 180 iVm. Entschädigungsgesetz; § 10 Abs. 2 und 3, § 14 Verteidigungsgesetz v. 13. 10. 1978, GBl. I Nr. 35 S. 377, iVm. §§ 23 Abs. 1, 27 der Leistungsverordnung v. 26. 7. 1979, GBl. I Nr. 29 S. 265, iVm. § 10 der Finanzierungs- und Entschädigungsverordnung v. 26. 7. 1979, GBl. I Nr. 29 S. 272 bzw. anschließend mit dem Entschädigungsgesetz;
- § 1 VO zur Übernahme des Verteidigungsgesetzes v. 26. 1. 1962, VOBl. f. Groß-Berlin (Ostsektor) I S. 45 iVm. Entschädigungsgesetz;
- § 38 Abs. 5 Grenzgesetz v. 25. 3. 1982, GBl. I Nr. 11 S. 197 nebst DurchführungsVO v. 25. 3. 1982, GBl. I Nr. 11 S. 203.

d) Sonstige Gesetzgebung 40
- § 14 Abs. 5 Landeskulturgesetz v. 14. 5. 1970, GBl. I Nr. 12 S. 67, iVm. § 9 Abs. 2d. 2. DurchführungsVO v. 14. 5. 1970, GBl. II Nr. 46 S. 336;
- § 12 Abs. 3 Denkmalpflegegesetz v. 19. 6. 1975, GBl. I Nr. 26 S. 458, iVm. Entschädigungsgesetz v. 25. 4. 1960, GBl. I Nr. 26 S. 257;
- § 40 Abs. 4 und 5 Wassergesetz v. 2. 7. 1982, GBl. I Nr. 26 S. 467, iVm. Entschädigungsgesetz v. 25. 4. 1960, GBl. I Nr. 26 S. 257;
- § 30 VO über die Energiewirtschaft in der Deutschen Demokratischen Republik (EnergieVO) v. 30. 10. 1980, GBl. I Nr. 33 S. 321;
- § 4 Atomenergiegesetz v. 28. 3. 1962, GBl. I Nr. 3 S. 47, iVm. Entschädigungsgesetz v. 25. 4. 1960, GBl. I Nr. 26 S. 257, bzw. § 9 Abs. 5d. Atomenergiegesetzes v. 8. 12.

---

[64] OVG Berlin ZOV 1991, 151, 153; VG Halle, VIZ 1992, 360, 363; *Försterling* RdNr. 500; vgl. auch *Karnetzki* ZOV 1992, 199, 199.
[65] Dazu Überblick bei *Rähmer*, Stellung, Inhalt und Entwicklung des Rechtsinstituts Enteignung im Bodenrecht der DDR, Diss. (A) Berlin 1990, S. 135 ff.
[66] Vgl. dazu *Rähmer* (Fn. 65) S. 95 ff.
[67] Vgl. dazu *Rähmer* (Fn. 65) S. 153 ff.

VermG § 1 41–43 Abschnitt I. Allgemeine Bestimmungen

1983, GBl. I Nr. 34 S. 325, iVm. Entschädigungsgesetz v. 25. 4. 1960, GBl. I Nr. 26 S. 257;
- § 1 iVm. § 3 Abs. 1 VO über die Inanspruchnahme von Grundstücken für bergbauliche Zwecke v. 6. 12. 1951, GBl. Nr. 146 S. 1134,[68] bzw. Berggesetz v. 12. 5. 1969, GBl. I Nr. 5 S. 29, iVm. § 17 Abs. 2d. 1. DurchführungsVO v. 12. 5. 1969, GBl. I Nr. 40 S. 257, iVm. Entschädigungsgesetz v. 25. 4. 1960, GBl. I Nr. 26 S. 257.

IV. Beweislast

41 Hinsichtlich der Beweislast gelten die Ausführungen oben RdNr. 24. Aus der Tatsache, daß in Vorschriften über die Enteignung von Vermögenswerten die Zahlung einer Entschädigung vorgesehen war, kann eine gesetzliche Vermutung dafür, daß keine Entschädigungslosigkeit iSv. § 1 Abs. 1 lit. a VermG vorliegt, nicht hergeleitet werden. Dafür spricht aber die **tatsächliche Vermutung des ersten Anscheins**. Umgekehrt ist prima facie von einer entschädigungslosen Enteignung auszugehen, wenn der Vermögensverlust im Zusammenhang mit den Verordnungen zur Sicherung von Vermögenswerten aus dem Jahre 1952 eingetreten ist.

V. Verhältnis zu anderen Restitutionstatbeständen.

42 Zwischen § 1 Abs. 1 lit. a VermG und den Tatbeständen des § 1 Abs. 1 lit. b und c VermG besteht ein Exklusivitätsverhältnis. Von § 1 Abs. 1 lit. a VermG werden nur Enteignungen erfaßt, die ohne jegliche Entschädigung erfolgt sind. Andere Fälle, in denen die Entschädigung hinter der für DDR-Verhältnisse üblichen Entschädigung zurückblieb, sind nach § 1 Abs. 1 lit. b VermG zu beurteilen. Den Sachverhalten des § 1 Abs. 1 lit. a und b VermG ist gemein, daß sich der Übergang enteigneter Vermögenswerte in Volkseigentum uno actu vollzogen hat und nachfolgend keine Änderung der Rechtsverhältnisse eingetreten ist. Demgegenüber ist § 1 Abs. 1 lit. c VermG zu prüfen, wenn der Vermögenswert zunächst enteignet und dann an Dritte weiterveräußert wurde. Nicht anwendbar ist § 1 Abs. 1 lit. a VermG, wenn der Vermögenswert nur gelegentlich einer straf-, ordnungsstraf- oder verwaltungsrechtlichen Entscheidung eingezogen wurde. In diesen Fällen gilt § 1 Abs. 7 VermG. Der Anwendungsbereich des § 1 Abs. 1 lit. a VermG beschränkt sich also auf Hoheitsakte, deren Zweck in dem ausschließlichen Zugriff auf den Vermögenswert bestand.[69]

E. Enteignungen gegen zu geringe Entschädigung (§ 1 Abs. 1 lit. b VermG)

Schrifttum zu § 1 Abs. 1 lit. b: *Breitkopf,* Die Behandlung von Immobilienrechten Deutscher mit Wohnsitz in der Bundesrepublik Deutschland und Berlin (West) in der DDR und Berlin (Ost), 1983; *Heinemann-Liedke,* Die diskriminierende Entschädigung im Sinne des Vermögensgesetzes, ZOV 1994, 103 ff.; *Motsch,* Vom Sinn und Zweck der Regelung offener Vermögensfragen, VIZ 1993, 41 ff.; *v. Trott zu Solz,* Rückübertragungsansprüche bei Enteignungen nach dem Aufbaugesetz und dem Baulandgesetz, ZOV 1991, 67 ff.; *Wasmuth,* Entschädigungslose und nicht DDR-üblich entschädigte Enteignungen, VIZ 1994, 386 ff.

I. Allgemeines

43 Die Vorschrift des § 1 Abs. 1 lit. b VermG bezweckt wie lit. a nur die **Wiedergutmachung von Vermögensverlusten mit interlokalem Bezug** (sog. Teilungsunrecht; dazu oben RdNr. 2 ff.).[70] Der persönliche Geltungsbereich erstreckt sich daher nur auf ehemalige DDR-Rechtssubjekte, die die DDR im Zusammenhang mit der Schädigung verlassen

---

[68] Dazu *Rähmer* (Fn. 65) S. 99 ff.
[69] *Wasmuth* Rechtshandbuch B 100 RdNr. 22a.
[70] *Kimme-Kimme* RdNr. 27; *Brettholle/Köhler-Apel* R/R/B RdNr. 26; *Neuhaus* VIZ 1993, 503, 504; *Tropf* WM 1994, 89, 90 (Fn. 10); aA VG Berlin (21. Kam.) VIZ 1993, 168, 170; *Wasmuth* Rechtshandbuch B 100 RdNr. 42 (anders noch *ders.* BRAK-Mitt. 1991, 116, 119); *Horn* S. 519; *Diekmann* (Fn. 35), S. 90; undeutlich *Motsch* VIZ 1993, 41, 43 ff.

haben, gleichwohl aber später wieder zurückgekehrt sein können, ferner auf bundesdeutsche und ausländische Rechtssubjekte.[71]

II. Voraussetzungen

1. Enteignung und Überführung in Volkseigentum. Wie § 1 Abs. 1 lit. a VermG setzt auch § 1 Abs. 1 lit. b VermG die Enteignung von Vermögenswerten voraus (vgl. dazu bereits RdNr. 26 ff.). Im Gegensatz zu § 1 Abs. 1 lit. a VermG beschränkt der Wortlaut von § 1 Abs. 1 lit. b VermG den Anwendungsbereich der Vorschrift allerdings nicht auf Enteignungen zugunsten von Volkseigentum. Systematisch und in bezug auf den Regelungsgedanken schließt die unter lit. b getroffene Bestimmung jedoch an lit. a an, so daß für § 1 Abs. 1 lit. b VermG nichts anderes gelten kann wie im Falle der entschädigungslosen Enteignungen nach lit. a: Die Enteignung muß in Schädigungsabsicht zum Zwecke der Überführung in Volkseigentum stattgefunden haben (vgl. dazu RdNr. 29 ff.).[72]

2. Unvollkommene Entschädigung. Der Wortlaut des § 1 Abs. 1 lit. b VermG legt die Annahme nahe, eine Restitution erfolge nur, wenn in DDR-Rechtsvorschriften für ehemalige DDR-Rechtssubjekte, bundesdeutsche und ausländische Rechtssubjekte geringere Entschädigungsansprüche vorgesehen waren als für DDR-Rechtssubjekte.[73] Dieses Normverständnis wird jedoch den tatsächlichen Gegebenheiten in der DDR nicht gerecht. Die entschädigungsrechtlichen Vorschriften der DDR machten die Höhe des Entschädigungsanspruchs regelmäßig nicht von der Person des Anspruchsinhabers abhängig.[74] Eine Ausnahme bestand gem. § 7 EntschädigungsG 1984 (GBl. I Nr. 17 S. 209) iVm. § 4 DurchführungsVO (GBl. I Nr. 17 S. 211) lediglich in bezug auf den Erlaß solcher volkseigener Forderungen, die aus der Entschädigung nicht beglichen werden konnten. Diese Forderungen konnten DDR-Bürgern, nicht aber Rechtssubjekten mit Sitz oder Wohnsitz außerhalb der DDR erlassen werden.[75] Die Regelung betraf zwar nicht unmittelbar die Höhe des Entschädigungsanspruchs, beinhaltete jedoch für DDR-Bürger einen zusätzlichen, mit der Enteignung in Zusammenhang stehenden Vermögenszuwachs, der anderen Anspruchsinhabern vorenthalten wurde.[76] Angesichts der relativen Bedeutungslosigkeit dieser Bestimmung liefe die Restitution nach § 1 Abs. 1 lit. b VermG jedoch weitgehend leer, wenn man allein darauf abstellen wollte, ob Entschädigungsansprüche in DDR-Rechtsvorschriften einseitig zu Lasten nicht in der DDR ansässiger Rechtssubjekte beschränkt worden sind.[77] Nach dem Sinn und Zweck der Vorschrift kommt es vielmehr auf die **tatsächliche Handhabung des Entschädigungsausgleichs** an.[78] Die Voraussetzungen des § 1 Abs. 1 lit. b VermG sind daher immer dann erfüllt, wenn die ehemaligen DDR-Rechtssubjekten, bundesdeutschen und ausländischen Rechtssubjekten gezahlten Entschädigungen geringer ausgefallen sind als Entschädigungsleistungen an DDR-Rechtssubjekte in vergleichbaren Fällen.

Eine im Vergleich zu DDR-Rechtssubjekten nur unvollkommene Entschädigung liegt jedenfalls in der Verweigerung des Forderungserlasses (§ 7 EntschädigungsG 1984 iVm. § 4 DurchführungsVO), wenn es sich bei den Forderungen, die DDR-Bürgern in ver-

---

[71] AA VG Berlin (21. Kam.) VIZ 1993, 168, 170; *Wasmuth* Rechtshandbuch B 100 RdNr. 43, *ders*. VIZ 1993, 1, 4 f., der auch DDR-Bürger für anspruchsberechtigt hält.
[72] *Wasmuth* Rechtshandbuch B 100 RdNr. 49.
[73] In diesem Sinne *Neuhaus* F/R/M/S RdNr. 67.
[74] Vgl. insoweit die zum Entschädigungsgesetz v. 25. 4. 1960 ergangenen Bewertungsrichtlinien v. 4. 5. 1960 (= Anh. III/30) und v. 2. 9. 1961 (= Anh. III/30) sowie die DurchführungsVO v. 15. 6. 1984 zum Entschädigungsgesetz v. 15. 6. 1984, GBl. I Nr. 17 S. 211.
[75] Die Vorgängerbestimmung des § 7 Erste Durchführungsbestimmung z. Entschädigungsgesetz 1960 (GBl. I Nr. 32 S. 336) beschränkte den Erlaß noch auf bestimmte Gruppen von DDR-Bürgern.
[76] *Wasmuth* Rechtshandbuch B 100 RdNr. 51.
[77] *Wasmuth* Rechtshandbuch B 100 RdNr. 45.
[78] *Wasmuth* Rechtshandbuch B 100 RdNr. 46; im Ergebnis wohl auch BezG Dresden DtZ 1991, 349, 350.

gleichbaren Fällen erlassen wurden, nicht nur um wirtschaftlich wertlose, fiktive Ansprüche gehandelt hat.[79] Ansonsten ist im Einzelfall auf die für ähnliche Fälle zu beobachtende **Rechtspraxis der DDR** abzustellen. Die übliche Entschädigung wird sich vorbehaltlich im Einzelfall davon abweichender Verwaltungspraxis regelmäßig anhand der zum EntschädigungsG 1960 ergangenen **Bewertungsrichtlinien** v. 4. 5. 1960 (= Anh. III/30) und v. 2. 9. 1961 (= Anh. III/30) bzw. unter Zuhilfenahme der DurchführungsVO zum EntschädigungsG 1984 (GBl. I Nr. 17 S. 211) ermitteln lassen. Allerdings ist zu berücksichtigen, daß diese Vorschriften Bewertungsspielräume eröffnen, die eine exakte Ermittlung des Entschädigungsanspruchs ausschließen.[80] Entschädigungsleistungen, die sich innerhalb der Bandbreite möglicher Bewertungsansätze bewegen, sind daher als übliche Entschädigungen anzusehen. Erst wenn der niedrigste noch sachgerechte Bewertungsansatz um mehr als 10 v. H. unterschritten wurde, wird sich unter Berücksichtigung einer Unsicherheitsmarge feststellen lassen, daß eine im Vergleich zur üblichen zu niedrige Entschädigung vorliegt.[81] Da es allein auf die Entschädigung nach der DDR-Rechtspraxis ankommt, kann eine zu niedrige Entschädigung nicht deshalb vorliegen, weil die Entschädigung nicht dem Verkehrswert vergleichbarer Objekte in der Bundesrepublik oder im Ausland entsprach.[82] Es ist zu berücksichtigen, daß in der DDR insbesondere kein funktionierender Grundstücksmarkt existierte und das Wirtschaftsleben insgesamt durch rigide Preisvorschriften reglementiert war.

III. Beweislast

47 Zur Frage der Beweislast kann auf die Ausführungen oben RdNr. 24 verwiesen werden. Im Einzelfall werden die Vermögensämter nach dem Amtsermittlungsgrundsatz zu prüfen haben, ob sich aus alten Aktenbeständen der für die Bewertung von enteigneten Vermögenswerten oder die Preisüberwachung zuständigen Behörden Anhaltspunkte für die Unangemessenheit der gezahlten Entschädigung ergeben.[83]

IV. Verhältnis zu anderen Restitutionstatbeständen

48 Zwischen § 1 Abs. 1 lit. b VermG und den Tatbeständen des § 1 Abs. 1 lit. a und c VermG besteht ein Exklusivitätsverhältnis. Von § 1 Abs. 1 lit. b VermG werden nur Fälle erfaßt, in denen die Entschädigung hinter der für DDR-Verhältnisse üblichen Entschädigung zurückblieb. Entschädigungslose Enteignungen fallen unter § 1 Abs. 1 lit. a VermG. Im Gegensatz zu § 1 Abs. 1 lit. c VermG, der eine Enteignung von Vermögenswerten und Weiterveräußerung an Dritte voraussetzt, bezieht sich § 1 Abs. 1 lit. b VermG wie auch § 1 Abs. 1 lit. a VermG allein auf die Enteignungen von Vermögenswerten und deren Überführung in Volkseigentum, ohne daß nachfolgend noch eine Änderung der Rechtsverhältnisse eingetreten ist. Nicht anwendbar ist § 1 Abs. 1 lit. b VermG, wenn der Vermögenswert nur gelegentlich einer straf-, ordnungsstraf- oder verwaltungsrechtlichen Entscheidung eingezogen wurde. In diesen Fällen gilt § 1 Abs. 7 VermG. Der Anwendungsbereich des § 1 Abs. 1 lit. b VermG beschränkt sich also auf Hoheitsakte, deren Zweck in dem ausschließlichen Zugriff auf den Vermögenswert bestand.

---

[79] *Wasmuth* Rechtshandbuch B 100 RdNr. 51.
[80] *Wasmuth* Rechtshandbuch B 100 RdNr. 47.
[81] Anders offenbar *Wasmuth* Rechtshandbuch B 100 RdNr. 47, der jede Unterschreitung des zulässigen Bewertungsrahmens ausreichen läßt.

[82] VG Meiningen ZOV 1993, 283, 283 f.; KrG Greifswald VIZ 1992, 329, 330; *Fieberg-Reichenbach* NJW 1991, 321, 326 f.
[83] *Wasmuth* Rechtshandbuch B 100 RdNr. 47 f.

F. Veräußerung an Dritte (§ 1 Abs. 1 lit. c VermG).

Schrifttum zu § 1 Abs. 1 lit. c: *Breitkopf,* Die Behandlung von Immobilienrechten Deutscher mit Wohnsitz in der Bundesrepublik Deutschland und Berlin (West) in der DDR und Berlin (Ost), 1983; *Freytag,* Die staatliche Verwaltung des ausländischen Vermögens in der DDR, EWS 1990, 36 ff.; *Mitschke-Werling,* VermG und staatlich verwaltetes ausländisches Vermögen auf dem Territorium der ehemaligen DDR, NJ 1992, 100 ff.; *dies.,* Vermögensgesetz und ausländisches Vermögen, ZOV 1993, 12 ff.

I. Normzweck

Die Vorschrift des § 1 Abs. 1 lit. c VermG dient ebenso wie § 1 Abs. 1 lit. a und b VermG der Wiedergutmachung teilungsbedingten Unrechts und setzt daher einen **interlokalen Bezug** voraus.[84] Mit der Bestimmung, daß auch die zunächst in Volkseigentum überführten oder unter staatliche Verwaltung gestellten und später an Dritte veräußerten Vermögenswerte zu restituieren sind, werden die Regelungen in § 1 Abs. 1 lit. a und b bzw. in § 1 Abs. 4 VermG ergänzt. Voraussetzung für die Anwendbarkeit des § 1 Abs. 1 lit. c VermG ist deshalb eine vorherige Enteignung iSv. § 1 Abs. 1 lit. a und b VermG oder Inverwaltungnahme iSv. § 1 Abs. 4 VermG. Der Sinn und Zweck der Vorschrift liegt darin, eine **Perpetuierung vermögensentziehender Maßnahmen** durch nachmalige Veräußerung an Dritte **zu verhindern**. Zu einer Aufrechterhaltung bzw. anderweitigen Verfestigung der durch Enteignungen oder Inverwaltungnahmen begründeten Vermögenslagen käme es, wenn eine Restitution nach § 1 Abs. 1 lit. a, b bzw. § 1 Abs. 4 VermG durch eine Veräußerung an Dritte ausgeschlossen werden könnte. Dieses Ergebnis ließe sich vertreten, wenn die Bestimmungen so interpretiert werden, daß sich anspruchsbelastete Vermögenswerte nach der Enteignung bzw. Inverwaltungnahme ununterbrochen in Volkseigentum oder staatlicher Verwaltung befunden haben müssen. Allerdings spricht der auch für § 1 Abs. 1 lit. a und b sowie § 1 Abs. 4 VermG maßgebliche Normzweck, teilungsbedingtes Unrecht wiedergutzumachen, gegen eine derartige Beschränkung des sachlichen Anwendungsbereichs von § 1 Abs. 1 lit. a und b, Abs. 4 VermG; zumal gerade bei Veräußerungen durch staatliche Verwalter häufig eine gezielte Schädigungsabsicht vorgelegen haben wird (vgl. dazu noch RdNr. 56). Da es grdsl. für die Eröffnung der Vermögensrestitution nach § 1 VermG immer nur auf die erste schädigende Maßnahme ankommt (vgl. § 3 Abs. 2 VermG), während das spätere rechtliche Schicksal des Vermögenswertes keine weiteren Restitutionsansprüche begründet, hat die Vorschrift des § 1 Abs. 1 lit. c jedenfalls für Verkäufe aus staatlicher Verwaltung **ergänzende Bedeutung**,[85] da insoweit § 1 Abs. 4 schon tatbestandlich nicht mehr greifen würde.[86]

Mit dem dargelegten Normzweck nicht vereinbar ist die **Ausdehnung des sachlichen Anwendungsbereichs** von § 1 Abs. 1 lit. c VermG auf Enteignungen, die nach den in der DDR geltenden Vorschriften ordnungsgemäß entschädigt worden sind.[87] Damit würde der systematische Normbezug des § 1 Abs. 1 lit. c zu lit. a und b VermG negiert und deren gemeinsame Wurzel in den Eckwerten Nr. 2 und 3 der Gemeinsamen Erklärung v. 15. 6. 1990 außer Acht gelassen. Wiedergutzumachen sind danach nur schädigende Maßnahmen, durch die Rechtssubjekte außerhalb der DDR gegenüber Rechtssubjekten in der DDR einseitig benachteiligt worden sind. Das ist aber gerade ausgeschlossen, wenn die gezahlte Entschädigung der in der DDR üblichen Entschädigung entsprach.

---

[84] BGH NJW 1993, 1706, 1708; *Neuhaus* VIZ 1993, 503, 504; *Tropf* WM 1994, 89, 90 (Fn. 10); aA *Wasmuth* VIZ 1993, 1, 4f. (anders noch *ders.* BRAK-Mitt. 1991, 116, 119).

[85] Ähnlich *Neuhaus* F/R/M/S RdNr. 76.

[86] *Neuhaus* F/R/M/S RdNr. 76; aA *Wasmuth* Rechtshandbuch B 100 RdNr. 53.

[87] *Neuhaus* F/R/M/S RdNr. 80; aA *Wasmuth* Rechtshandbuch B 100 RdNr. 55 ff. aufgrund abweichenden Normverständnisses.

VermG § 1 51–54 Abschnitt I. Allgemeine Bestimmungen

51 Der **zeitliche Anwendungsbereich** des § 1 Abs. 1 lit. c VermG erstreckt sich wie bei den anderen Maßnahmen des § 1 VermG auf Schädigungsakte, die bis zum Inkrafttreten des VermG am 29. 9. 1990 erfolgt sind (vgl. RdNr. 10). Vermögensveräußerungen, die der Verfügungsberechtigte nach dem 29. 9. 1990 unter Hinwegsetzung über die Unterlassungsverpflichtung des § 3 Abs. 3 VermG vorgenommen hat, sind gegenüber dem Berechtigten dagegen wirksam und führen zum Untergang des Restitutionsanspruchs (vgl. dazu § 3 RdNr. 93).

II. Voraussetzungen

52 **1. Begriff der Veräußerung.** Die Vorschrift des § 1 Abs. 1 lit. c VermG setzt eine entgeltliche oder ungeltliche Veräußerung des anspruchsbelasteten Vermögenswertes voraus.[87a] Erforderlich ist also der Übergang des Eigentums auf einen Erwerber. Soweit die Veräußerung vor dem 1. 1. 1976 erfolgte, war ein wirksames Verfügungsgeschäft iSd. BGB abzuschließen. Dem seit dem 1. 1. 1976 geltenden ZGB-DDR war die Unterscheidung von Verpflichtungs- und Verfügungsgeschäft unbekannt. Für den **Eigentumsübergang** genügte daher der Abschluß eines Verpflichtungsgeschäfts und die Übergabe der Sache; bei Grundstücken war zusätzlich die Eintragung im Grundbuch erforderlich (vgl. §§ 25, 26 ZGB-DDR). Keine Veräußerung iSv. § 1 Abs. 1 lit. c VermG beinhaltete dagegen die Einräumung einer bloßen Nutzungsberechtigung, sei es durch Rechtsträgerwechsel (vgl. § 3 Abs. 3 RechtsträgerAO v. 7. 7. 1969, GBl. II Nr. 68 S. 433)[88] oder Abschluß eines schuldrechtlichen Nutzungsvertrages.[89]

53 Eine entsprechende Anwendung von § 1 Abs. 1 lit. c VermG auf unbefristete, durch staatliche Verleihung entstandene **Nutzungsrechte** mit dinglichem Charakter,[90] ist in Ermangelung einer Regelungslücke ausgeschlossen, da die Verleihung derartiger Nutzungsrechte die vorherige Überführung des Grund und Bodens in Volkseigentum voraussetzte (vgl. nur § 287 Abs. 1 ZGB-DDR).[91] Damit aber eröffnet bereits § 1 Abs. 1 lit. a bzw. b VermG das Restitutionsverfahren. Die Verleihung des Nutzungsrechts betrifft allein das weitere rechtliche Schicksal des Vermögenswertes, das im Hinblick auf einen etwaigen Restitutionsausschluß (vgl. nur §§ 4, 5 VermG) zu würdigen ist.

54 **2. Veräußerung durch staatlichen Verwalter.** Mit dem Begriff des staatlichen Verwalters erfaßt § 1 Abs. 1 lit. c VermG **alle Formen staatlicher Inverwaltungnahme** fremden Eigentums iSv. § 1 Abs. 4 VermG, die auf Rechtsvorschriften der DDR zurückgehen (vgl. § 1 Abs. 4 3. Spiegelstr. VermG). Die Rechtsstellung als staatlicher Verwalter konnte entweder auf einer staatlichen Treuhandverwaltung, auf einer vorläufigen Verwaltung oder auf einer Verwaltung ausländischen Vermögens beruhen. Nicht unter § 1 Abs. 1 lit. c VermG fallen die rechtsgeschäftlich durch den Geschädigten bestellten Verwalter,[92] auch wenn diese wie staatliche Verwalter fungierten.[93] Allerdings sind Bevollmächtigte später auch als staatliche Treuhänder eingesetzt worden.[94] Von der staatlichen Verwaltung zu

---

[87a] BGH DtZ 1994, 345, 346; NJW 1994, 1283, 1284; aA BVerwG NJW 1994, 2713 f.
[88] Zum Begriff der Rechtsträgerschaft vgl. bereits RdNr. 30.
[89] *Wasmuth* Rechtshandbuch B 100 RdNr. 63; *Kimme-Kimme* RdNr. 36.
[90] So im Ergebnis *Wasmuth* Rechtshandbuch B 100 RdNr. 64, der terminologisch ungenau von „Zuweisung" spricht.
[91] Widersprüchlich daher *Wasmuth* Rechtshandbuch B 100 RdNr. 59 (einerseits)/64 (andererseits).
[92] Vgl. § 1 lit. a AO über die Behandlung des Vermögens von Personen, die die Deutsche Demokratische Republik nach dem 10. 6. 1953 verlassen v. 1. 12. 1953, GBl. Nr. 130 S. 1231 (= Anh. III/ 21); § 1 lit. a AO über die Behandlung des Vermögens von Personen, die den demokratischen Sektor von Groß-Berlin nach dem 10. 6. 1953 verlassen v. 8. 4. 1954, VOBl. f. Groß-Berlin (Ostsektor) I S. 164 (= Anh. III/27).
[93] *Wasmuth* Rechtshandbuch B 100 RdNr. 61.
[94] Vgl. § 2 Abs. 3 AO Nr. 2 über die Behandlung des Vermögens von Personen, die die Deutsche Demokratische Republik nach dem 10. 6. 1953 verlassen, v. 20. 8. 1958, GBl. I Nr. 57 S. 664 (= Anh. III/25); § 2 Abs. 3 AO Nr. 2 über die Behandlung des Vermögens von Personen, die das Gebiet des demokratischen Sektors von Berlin nach dem 10. 6. 1953 verlassen, v. 3. 10. 1958, VOBl. f. Groß-Berlin (Ostsektor) I S. 673 (= Anh. III/28).

trennen ist auch die Bestellung von Abwesenheitspflegern,[95] die Anordnung vorläufiger Vormundschaft oder Pflegschaft[96] und sonstige nicht von § 1 Abs. 4 VermG erfaßte Treuhändereinsetzungen.[97]

Der **staatlichen Treuhandverwaltung** unterlagen Vermögenswerte von Bürgern, die das Gebiet der DDR ohne die zum damaligen Zeitpunkt erforderliche Genehmigung verlassen haben.[98] **Vorläufig verwaltet** wurden Vermögenswerte von Bürgern und juristischen Personen mit Wohnsitz bzw. Sitz in der Bundesrepublik oder Berlin (West).[99] Die **Verwaltung ausländischen Vermögens** oblag nach den einschlägigen Rechtsvorschriften[100] der Regierung der DDR.[101]

Die Eröffnung des Restitutionsverfahrens nach § 1 Abs. 1 lit. c VermG erfordert eine wirksame **Veräußerung** des Vermögenswertes durch den staatlichen Verwalter an beliebige Dritte (vgl. bereits oben RdNr. 52). Als Erwerber kommt daher auch der Staat in Betracht. Die Veräußerung ist nicht davon abhängig, ob die Veräußerung durch Rechtsvorschriften zugelassen war;[102] vielmehr ist ein Schädigungstatbestand gerade auch in den

---

[95] Vgl. Ziff. 1 Rundverfügung des Ministeriums des Innern des Landes Mecklenburg v. 15. 9. 1949 betreffend Erfassung aller Vermögenswerte von nach dem Westen geflüchteten Personen, Reg.Bl. f. Mecklenburg 1949 Nr. 21 S. 153; Ziff. 1a Rundschreiben der Landesregierung Sachsen-Anhalt Nr. 49/51 v. 6. 4. 1951 betreffend Behandlung der beweglichen Sachen von Personen, die illegal nach dem Westen abgewandert sind, abgedruckt in: Gesamtdeutsches Institut (Hrsg.), Bestimmungen der DDR zu Eigentumsfragen und Enteignungen, 1. Aufl. 1971, Anl. 262, S. 346; § 1 lit. b AO über die Behandlung des Vermögens von Personen, die die Deutsche Demokratische Republik nach dem 10. 6. 1953 verlassen, v. 1. 12. 1953, GBl. Nr. 130 S. 1231 (= Anh. III/21); § 1 lit. b AO über die Behandlung des Vermögens von Personen, die den demokratischen Sektor von Groß-Berlin nach dem 10. 6. 1953 verlassen, v. 8. 4. 1954, VOBl. f. Groß-Berlin (Ostsektor) I S. 164 (= Anh. III/27); § 1 Abs. 2 AO zur Regelung von Vermögensfragen v. 11. 11. 1989 (GBl. I Nr. 22 S. 247); jeweils iVm. §§ 1911, 1913 BGB bzw. 105 Abs. 1 Nr. 1 FGB-DDR.
[96] § 24 Abs. 2 2. Alt. Gesetz über die Anwendung des Rechts auf internationale zivil-, familien- und arbeitsrechtliche Beziehungen sowie auf internationale Wirtschaftsverträge (Rechtsanwendungsgesetz) v. 5. 12. 1975, GBl. I Nr. 46 S. 748; geänd. GBl. 1990 I Nr. 3 S. 10.
[97] Vgl. auch *Wasmuth* Rechtshandbuch B 100 RdNr. 61.
[98] Vgl. § 1 VO über devastierte landwirtschaftliche Betriebe v. 20. 3. 1952, GBl. Nr. 38 S. 226 (= Anh. III/4); § 1 lit. c AO über die Behandlung des Vermögens von Personen, die die Deutsche Demokratische Republik nach dem 10. 6. 1953 verlassen, v. 1. 12. 1953, GBl. Nr. 130 S. 1231 (= Anh. III/21); § 1 lit. c AO über die Behandlung des Vermögens von Personen, die den demokratischen Sektor von Groß-Berlin nach dem 10. 6. 1953 verlassen, v. 8. 4. 1954, VOBl. f. Groß-Berlin (Ostsektor) I S. 164 (= Anh. III/27); § 1 AO Nr. 2 über die Behandlung des Vermögens von Personen, die die Deutsche Demokratische Republik nach dem 10. 6. 1953 verlassen, v. 20. 8. 1958, GBl. I Nr. 57 S. 664 (= Anh. III/25); § 1 AO Nr. 2 über die Behandlung des Vermögens von Personen, die das Gebiet des demokratischen Sektors von Berlin nach dem 10. 6. 1953 verlassen, v. 3. 10. 1958, VOBl. f. Groß-Berlin (Ostsektor) I S. 673 (= Anh. III/28).
[99] § 6 VO zur Sicherung von Vermögenswerten v. 17. 7. 1952 (GBl. Nr. 100 S. 615 = Anh. III/5; aufgeh. durch § 2 Abs. 1 VO über die in das Gebiet der DDR und den demokratischen Sektor von Groß-Berlin zurückkehrenden Personen v. 11. 6. 1953, GBl. Nr. 78 S. 805 = Anh. III/12), nebst Anweisung v. 17. 7. 1952 (= Anh. III/6); Zweite Anweisung v. August 1952 (= Anh. III/7); Rundverfügung des Ministeriums der Justiz Nr. 9/53 v. 15. 4. 1953 (= Anh. III/9); § 2 VO zur Sicherung von Vermögenswerten v. 4. 9. 1952 (VOBl. f. Groß-Berlin (Ostsektor) I S. 445 = Anh. III/10; aufgeh. durch § 1 VO über die Aufhebung der VO zur Sicherung von Vermögenswerten und der zu dieser VO ergangenen Durchführungsanweisung v. 24. 6. 1953, VOBl. f. Groß-Berlin (Ostsektor) I S. 214), nebst 1. Durchführungsanweisung v. 8. 9. 1952 (VOBl. f. Groß-Berlin (Ostsektor) I S. 459 = Anh. III/11); § 1 Anweisung über die Behandlung der in der Hauptstadt der Deutschen Demokratischen Republik (demokratisches Berlin) befindlichen Vermögenswerte Westberliner Bürger und juristischer Personen mit Sitz in den Westsektoren v. 18. 11. 1961 (= Anh. III/29).
[100] VO über die Verwaltung und den Schutz ausländischen Eigentums in der DDR v. 6. 9. 1951 (GBl. Nr. 111 S. 839 = Anh. III/2); aufgeh. durch § 39 Nr. 5 VermG; VO über die Verwaltung und den Schutz ausländischen Eigentums in Groß-Berlin v. 18. 12. 1951 (VOBl. f. Groß-Berlin (Ostsektor) I S. 565 = Anh. III/3); aufgeh. durch § 39 Nr. 6 VermG.
[101] Dazu *Freytag* EWS 1990, 36 ff.; *Mitschke-Werling* NJ 1992, 100 ff.; *dies.*, ZOV 1993, 12 ff.
[102] Vgl. § 1 Abs. 2 VO über die Rechte und Pflichten des Verwalters des Vermögens von Eigentümern, die die Deutsche Demokratische Republik ungesetzlich verlassen haben, gegenüber Gläubigern in der Deutschen Demokratischen Republik v. 11. 12. 1968, GBl. II 1969 Nr. 1 S. 1).

Fällen gegeben, in denen sich der staatliche Verwalter durch die Veräußerung über seine Befugnisse hinweggesetzt hat.[103] Eine überindividuelle, staatliche Schädigungsabsicht verband sich mit der sog. VerwalterVO v. 11. 12. 1968 (vgl. Fn. 102), die den Verwalter ermächtigte, verwaltete Vermögenswerte zu verkaufen, wenn die Höhe der gegenüber Gläubigern aus der DDR zu befriedigenden Forderungen dem Wert dieser Vermögenswerte gleichkam oder diesen überstieg oder wenn die Befriedigung der Forderungen den Verkauf des Grundstücks erforderte (§ 1 Abs. 2 VerwalterVO). Das Veräußerungserfordernis wurde dabei durch eine gezielte Überschuldung der Vermögenswerte herbeigeführt, indem diese abgewertet und die Einnahmen aus der Verwaltung dem Flüchtlingsvermögen nicht gutgeschrieben wurden.[104]

57 **3. Veräußerung aus Volkseigentum.** Die zweite Alternative des § 1 Abs. 1 lit. c VermG erfordert eine Veräußerung des Vermögenswertes durch den seinerzeit Verfügungsberechtigten aus dem Volkseigentum heraus an einen Dritten (zur Veräußerung vgl. bereits oben RdNr. 52). Denkbar ist etwa die Übertragung des Eigentums auf andere Träger sozialistischen Eigentums iSv. Art. 10 Abs. 1 DDR-Verf. 1974 (Genossenschaften, gesellschaftliche Organisationen der DDR). Dagegen widersprach die Veräußerung von Volkseigentum an Privatpersonen eigentlich der Eigentumsideologie der DDR, die auf die Überwindung des Privateigentums angelegt war. Dennoch ist Privatpersonen in Einzelfällen durch Rechtsvorschriften die Möglichkeit eröffnet worden, volkseigene Vermögenswerte zur Befriedigung persönlicher Wohn- oder anderer Bedürfnisse zu erwerben.[105] Darüber hinaus ist nicht auszuschließen, daß es solche Verkäufe auch ohne besondere Ermächtigung gegeben hat. Wie bei der Veräußerung von Vermögenswerten durch staatliche Verwalter kommt es nicht darauf an, ob der Verfügungsberechtigte zu der Veräußerung befugt war oder nicht, sofern jedenfalls die Eigentumsübertragung wirksam erfolgt ist. Der Kreis der Verfügungsberechtigten erschließt sich aus § 2 Abs. 3 VermG.[106] Ein systematischer Verkauf volkseigener Vermögenswerte an Privatpersonen setzte nach dem Sturz Honeckers in der sich daran anschließenden Phase des politischen und wirtschaftlichen Umbruchs ein.[107]

III. Verhältnis zu anderen Restitutionstatbeständen

58 Zwischen § 1 Abs. 1 lit. c VermG und den Tatbeständen des § 1 Abs. 1 lit. a, b und Abs. 4 VermG besteht ein Exklusivitätsverhältnis. In den Fällen, in denen Vermögenswerte nach Überführung in Volkseigentum bzw. Inverwaltungnahme an Dritte veräußert wurden, folgt die Durchführung des Restitutionsverfahrens nicht aus § 1 Abs. 1 lit. a, b oder § 1 Abs. 4 VermG, sondern allein aus § 1 Abs. 1 lit. c VermG.[108] Dies gilt trotz der nur klarstellenden Funktion von § 1 Abs. 1 lit. c VermG und obwohl die Veräußerung neben der vorhergehenden Enteignung bzw. Inverwaltungnahme keinen neuen restitutionserheblichen Tatbestand darstellt (vgl. dazu oben RdNr. 49). Nicht anwendbar ist § 1 Abs. 1 lit. c VermG bei Vermögenseinziehungen gelegentlich einer straf-, ordnungsstraf- oder verwaltungsrechtlichen Entscheidung, selbst wenn der Vermögenswert später an

---

[103] *Wasmuth* Rechtshandbuch B 100 RdNr. 67.
[104] Vgl. dazu auch *Wasmuth* Rechtshandbuch B 100 Einf. RdNr. 87.
[105] Vgl. § 2 Abs. 1 Gesetz über den Verkauf volkseigener Eigenheime und Siedlungshäuser v. 15. 9. 1954, GBl. Nr. 81 S. 784; geänd. GBl. I 1970 Nr. 24 S. 372; § 5 Abs. 1 Gesetz über die Verleihung von Nutzungsrechten an volkseigenen Grundstücken v. 14. 12. 1970, GBl. I Nr. 24 S. 372.
[106] Vgl. dazu § 2 RdNr. 57 ff.
[107] Vgl. dazu § 1 f. Gesetz über den Verkauf volkseigener Gebäude v. 7. 3. 1990, GBl. I Nr. 18 S. 157; § 2 VO über die Förderung des Erwerbs von Grund und Boden durch kleine und mittelständische Unternehmen der Deutschen Demokratischen Republik v. 11. 7. 1990, GBl. I Nr. 42 S. 665; § 10 VO zur Umwandlung von volkseigenen Kombinaten, Betrieben und Einrichtungen in Kapitalgesellschaften v. 1. 3. 1990, GBl. I Nr. 14 S. 107; § 5 Abs. 1 Gesetz über die Gründung und Tätigkeit privater Unternehmen und über Unternehmensbeteiligungen v. 7. 3. 1990, GBl. I Nr. 17 S. 141.
[108] Für parallele Anwendung von § 1 Abs. 1 lit. a und c VermG VG Greifswald VIZ 1993, 266, 267.

Dritte veräußert wurde. Insoweit kann die Durchführung des Restitutionsverfahrens nur auf § 1 Abs. 7 VermG gestützt werden, da die Aufhebung rechtsstaatswidriger Entscheidungen nicht in die Kompetenz der Vermögensämter fällt und daher nicht im Rahmen eines Verfahrens nach § 1 Abs. 1 lit. c VermG erfolgen kann. Ausgeschlossen ist eine Restitution nach § 1 Abs. 1 lit. c VermG auch bei Veräußerung von Vermögenswerten, die auf besatzungsrechtlicher bzw. -hoheitlicher Grundlage enteignet wurden. Da die Veräußerung keinen selbständigen Restitutionsgrund schafft, würde die Restitution an die besatzungsrechtliche bzw. -hoheitliche Maßnahme anknüpfen und damit der Wertung des § 1 Abs. 8 lit. a VermG widersprechen, wonach eine Restitution von Vermögenswerten an Personen, die von besatzungsrechtlichen – bzw. -hoheitlichen Enteignungsmaßnahmen betroffen wurden, nicht stattfinden soll (vgl. noch zur Parallelproblematik bei § 1 Abs. 6 VermG RdNr. 188).[109]

G. Vergesellschaftung von Unternehmen (§ 1 Abs. 1 lit. d VermG)

I. Normzweck

Die Restitution der Unternehmen, die auf der Grundlage des seinerzeit unveröffentlichten Beschlusses des Präsidiums des Ministerrates vom 9. 2. 1972[110] und damit in Zusammenhang stehender Regelungen[111] in Volkseigentum übergeleitet wurden, stellt im Kontext des Vermögensgesetzes eine **systemwidrige Regelung** dar.

Ziel des Ministerratsbeschlusses war die endgültige Verstaatlichung der Betriebe mit staatlicher Beteiligung[112] und der 1972 noch privaten Industrie- und Baubetriebe sowie der nach industriellen Prinzipien arbeitenden Produktionsgenossenschaften des Handwerks. Die Überleitung dieser Unternehmen in Volkseigentum erfolgte jedoch nicht durch Enteignung, sondern dem äußeren Anschein nach auf freiwilliger Basis durch Veräußerung der Vermögenswerte seitens der privaten Inhaber oder Anteilseigner.[113] Zu diesen Veräußerungen ist es jedoch nur aufgrund massiven gesellschaftlichen, politischen und wirtschaftlichen Drucks des Staates gekommen, so daß es sich der Sache nach um nichts anderes als um eine **mittelbare Verstaatlichung** der Unternehmen handelte. Die von den Veräußerern erzielten Erlöse entsprachen durchweg nicht dem tatsächlichen wirtschaftlichen Wert der Unternehmen bzw. Beteiligungen und wurden regelmäßig nicht bar ausgezahlt, sondern als Schuldbuchforderungen begründet oder auf Sperrkonten eingezahlt.[114]

Anders als in den Fällen des § 1 Abs. 1 lit. a bis c VermG eröffnet § 1 Abs. 1 lit. d VermG die Restitution nicht nur für ehem. DDR-Rechtssubjekte sowie bundesdeutsche und ausländische Rechtssubjekte sondern ebenso für Bürger der DDR.[115] Dies paßt **nicht** in das System des auf die **Wiedergutmachung teilungsbedingten Unrechts** angelegten Vermögensgesetzes. Zu erklären ist die Vorschrift des § 1 Abs. 1 lit. d VermG allein durch die im Gesetz über die Gründung und Tätigkeit privater Unternehmen und über Unternehmensbeteiligungen v. 7. 3. 1990 (UnternehmensG)[116] geschaffene Möglichkeit, die aufgrund des genannten Ministerratsbeschlusses in Volkseigentum überführten Unterneh-

---

[109] AA *Wasmuth* Rechtshandbuch B 100 RdNr. 57.
[110] Anh. III/31.
[111] Instruktion Nr. 7/1972 und Grundsätzliche Feststellung Nr. 1 v. 5. 5. 1972 des Staatlichen Vertragsgerichts beim Ministerrat der DDR.
[112] Zur Entstehung der staatlichen Beteiligung vgl. VO über die Bildung halbstaatlicher Betriebe v. 26. 3. 1959, GBl. I Nr. 19 S. 253; Anordnung über die Umbewertung der Grundmittel in den Betrieben mit staatlicher Beteiligung v. 14. 11. 1966, GBl. II Nr. 129 S. 816. Dazu *Hebing*, in: *ders.* (Hrsg.), Investitionsbedingungen und Eigentumsfragen in der ehemaligen DDR nach dem Staatsvertrag, 1990, S. 45, 47 = BB-Beil. 21 zu Heft 16/1990, S. 1, 4; *Niederleithinger* ZIP 1991, 205, 206; *Brettholle/Köhler-Apel* R/R/B RdNr. 43.
[113] Vgl. dazu *Haendcke-Hoppe* Deutschland-Archiv 1973, 37, 37 ff.
[114] Vgl. Gesamtdeutsches Institut (Hrsg.), Bestimmungen der DDR zu Eigentumsfragen und Enteignungen, 2. Aufl. 1984, S. 14.
[115] VG Meiningen ZOV 1993, 283, 283; *Wasmuth* VIZ 1993, 1, 2; *Horn* S. 520.
[116] GBl. I Nr. 17 S. 141.

men wieder in Einzelunternehmen oder Personengesellschaften, fakultativ auch in Kapitalgesellschaften umzuwandeln (vgl. § 17 Abs. 1 UnternehmensG). Dabei handelte es sich der Sache nach nicht um einen Anwendungsfall der Vermögensrestitution, sondern um eine Unternehmensreprivatisierung durch Rückkauf der Unternehmen gegen Rückerstattung des seinerzeit gezahlten Kaufpreises bzw. gegen Rückzahlung des für die früheren Kapitaleinlagen gezahlten Ablösebetrages, die allen seinerzeit betroffenen Personen offenstand. Die Gemeinsame Erklärung v. 15. 6. 1990,[117] die allein der Wiedergutmachung teilungsbedingten Unrechts dient, sah daher die „72er"-Fälle folgerichtig nicht als Gegenstand der vermögensrechtlichen Restitution an und beließ es bei der Rückabwicklung nach dem UnternehmensG (vgl. Nr. 6 GemErkl.).

62 Die Tatsache, daß die Vergesellschaftungsmaßnahmen des Jahres 1972 in Gestalt des § 1 Abs. 1 lit. d dennoch Eingang in das Vermögensgesetz gefunden haben, liegt in der Aufhebung der §§ 17 bis 21 UnternehmensG durch § 39 Nr. 10 VermG begründet. Der Gesetzgeber erachtete die **Reprivatisierungsvorschriften des UnternehmensG** nicht für sachgerecht und wollte eine unterschiedliche Behandlung der auf der Grundlage des Ministerratsbeschlusses vom 9. 2. 1972 vergesellschafteten Unternehmen im Vergleich zu anderweitig enteigneten Betriebsvermögen vermeiden.[118] Gleichwohl wäre der Gesetzgeber besser beraten gewesen, wenn er die Reprivatisierung der 1972 entzogenen Unternehmen im Rahmen des Unternehmensgesetzes neu geregelt hätte anstatt diese Sachverhalte in nicht systemkonformer Weise in das Vermögensgesetz zu übernehmen (vgl. insoweit auch die Anpassungsregel des § 6 Abs. 8 VermG).

63 Für die **Rückgabe** der 1972 durch Veräußerung aufgegebenen Unternehmen bzw. Unternehmensbeteiligungen sind nach alledem folgende Vorschriften zu beachten: Soweit die Reprivatisierung der vergesellschafteten Vermögenswerte durch Umwandlung unter gleichzeitigem Rückkauf der Unternehmen bzw. Beteiligungen noch vor Außerkraftsetzung der §§ 17 bis 21 UnternehmensG durch § 39 Nr. 10 VermG am 29. 9. 1990 vollzogen war, bedarf es keines erneuten Rückgabeantrages iSv. § 1 Abs. 1 lit. d VermG. Der Berechtigte kann jedoch gem. § 6 Abs. 8 VermG verlangen, daß die Rückgabe nach dem Vermögensgesetz überprüft und an dessen Bedingungen angepaßt wird (vgl. dazu § 6 RdNr. 144 ff.). Anträge auf Umwandlung nach §§ 17 ff. UnternehmensG, die vor dem 29. 9. 1990 nicht mehr beschieden wurden oder verfristet waren (vgl. dazu § 3 RdNr. 11), können durch Auslegung in einen Antrag iSd. § 30 Abs. 1 VermG umgedeutet werden (vgl. dazu § 3 RdNr. 11, 13; Vor § 6 RdNr. 4).[119] Hatte der Berechtigte vor dem 29. 9. 1990 noch keinen Antrag auf Reprivatisierung nach dem UnternehmensG gestellt, so eröffnete § 1 Abs. 1 lit. d VermG diesem Personenkreis zusätzlich das Restitutionsverfahren nach dem Vermögensgesetz.

II. Voraussetzungen

64 **1. Überleitung in Volkseigentum.** Vermögenswerte, die nach § 1 Abs. 1 lit. d VermG restituiert werden können, müssen aufgrund des Ministerratsbeschlusses vom 9. 2. 1972 in Volkseigentum „übergeleitet" worden sein. Gemeint ist die Veräußerung des Vermögenswertes durch den Berechtigten aufgrund der im Zusammenhang mit dem Ministerratsbeschluß ergriffenen staatlichen Repressalien (vgl. oben RdNr. 60). Notwendig ist also eine wirksame **Übereignung** des Vermögenswertes an den Staat. Maßgeblich sind insoweit die im Einzelfall durch DDR-Rechtsnormen überlagerten Vorschriften des BGB, die in der DDR noch bis zum 31. 12. 1975 galten.

65 **2. Kausalität.** Die Veräußerung mußte äquivalent kausal auf dem Ministerratsbeschluß vom 9. 2. 1972 und den daraufhin eingeleiteten Maßnahmen beruhen. Können diese Er-

---

[117] BGBl. II S. 889, 1237.
[118] Vgl. ErlBReg. BT-Drucks. 11/7831, S. 2.
[119] *Wasmuth* Rechtshandbuch B 100 RdNr. 79; *Kimme-Kimme* RdNr. 47; nicht eindeutig *Neuhaus* F/R/M/S RdNr. 84.

eignisse hinweggedacht werden, ohne daß das Veräußerungsgeschäft entfiele, weil der Veräußerer etwa schon zuvor zum Verkauf entschlossen war, entfällt die Kausalität und damit auch die Restitutionsmöglichkeit nach § 1 Abs. 1 lit. a VermG.

III. Beweislast

66 Die materielle Beweislast für das Vorliegen der die Restitution nach § 1 Abs. 1 lit. d VermG eröffnenden Umstände trägt nach den allgemeinen Regeln der Antragsteller (vgl. dazu oben RdNr. 24). Allerdings besteht prima facie eine tatsächliche Vermutung für eine Veräußerung infolge des Ministerratsbeschlusses vom 9. 2. 1972, wenn dieser der staatlicherseits dafür verwendete Musterkaufvertrag[120] zugrundegelegen hat.[121]

IV. Verhältnis zu anderen Restitutionstatbeständen

67 Die Vorschrift des § 1 Abs. 1 lit. d VermG ist für Veräußerungen infolge des Ministerratsbeschlusses vom 9. 2. 1972 lex specialis zu § 1 Abs. 3 VermG. Danach ist die Restitution allgemein für die Fälle eröffnet, in denen die Veräußerung von unlauteren Machenschaften des Erwerbers, staatlicher Stellen oder Dritter begleitet war.

H. Vermögensaufgabe infolge ökonomischen Zwangs (§ 1 Abs. 2 VermG)

Schrifttum zu § 1 Abs. 2: *Breitkopf,* Die Behandlung von Immobilienrechten Deutscher mit Wohnsitz in der Bundesrepublik Deutschland und Berlin (West) in der DDR und Berlin (Ost), 1983; *Kettel,* Nochmals: Erbrecht nach Erbausschlagung und Restitutionsanspruch – ein Kollisionsproblem?, DtZ 1994, 20ff.; *Meier,* Zum Rückgabeanspruch bei Eigentumsverlusten wegen ökonomisch nicht mehr tragbarer Verschuldung gemäß § 1 Abs. 2 VermG, ZOV 1991, 79f.; *Vogt-Kobold,* Erbrecht nach Erbausschlagung und Restitutionsanspruch – ein Kollisionsproblem, DtZ 1993, 226ff.

I. Normzweck

68 Die Restitution bebauter Grundstücke und Gebäude, die aufgrund nicht kostendeckender Mieten und infolgedessen eingetretener oder unmittelbar bevorstehender Überschuldung durch Enteignung, Eigentumsverzicht, Schenkung oder Erbausschlagung in Volkseigentum übernommen wurden, geht zurück auf Nr. 4 der Gemeinsamen Erklärung v. 15. 6. 1990.[122] Der persönliche Geltungsbereich der Vorschrift erstreckt sich demgemäß nur auf ehem. DDR-Rechtssubjekte, bundesdeutsche und ausländische Rechtssubjekte, da es nur diesen gegenüber um die **Wiedergutmachung teilungsbedingten Unrechts** geht.[123] Eine Ausdehnung des Kreises der Berechtigten auf DDR-Bürger wäre im übrigen mit Art. 3 GG unvereinbar. Es ist nämlich kein sachlicher Grund ersichtlich, diesem Personenkreis die Restitutionsmöglichkeit nach § 1 Abs. 2 VermG zu eröffnen, während andererseits DDR-Rechtssubjekte von dem Restitutionsverfahren nach § 1 Abs. 1 lit. a und b VermG ausgeschlossen sind.

69 Der Restitutionstatbestand des § 1 Abs. 2 VermG ist nur vor dem Hintergrund der **wirtschaftlichen Verhältnisse** auf dem staatlich regulierten **Wohnungsmarkt** der DDR verständlich (vgl. auch Art. 37 Abs. 1 DDR-Verf. 1974).[124] Mietverträge konnten in der DDR nicht frei zwischen Vermieter und Mieter ausgehandelt werden. Für den Vertragsschluß war eine vorherige Wohnraumzuweisung durch das zuständige örtliche Organ

---

[120] Anh. III/32.
[121] *Wasmuth* Rechtshandbuch B 100 RdNr. 77.
[122] BGBl. II S. 889, 1237.
[123] AA VG Meiningen ZOV 1993, 283, 283; VG Berlin VIZ 1993, 168, 170; *Wasmuth* VIZ 1993, 1, 2; *Försterling* RdNr. 502; *Horn* S. 523; ebenfalls noch *Säcker-Hummert,* Zivilrecht im Einigungsvertrag,
1991, RdNr. 1102; inzident auch VG Dresden ZOV 1993, 199, 199f.; undeutlich *Kimme-Meier* RdNr. 53, 70.

[124] Allgemein zur Problematik westdeutschen Grundeigentums in der DDR *Kringe* DWW 1983, 90ff.

VermG § 1 70, 71 Abschnitt I. Allgemeine Bestimmungen

erforderlich, anderenfalls war der Vertragsschluß nichtig (§ 99 ZGB-DDR iVm. § 12 Abs. 4 S. 1, § 22 VO über die Lenkung des Wohnraums v. 16. 10. 1985 (WLVO 1985), GBl. I Nr. 27 S. 301, geänd. GBl. I 1988 Nr. 28 S. 330; § 18 VO über die Lenkung des Wohnraumes v. 14. 9. 1967, GBl. II Nr. 105 S. 733). Darüber hinaus unterlag die Festlegung des Mietzinses strenger staatlicher Reglementierung. Der Mietpreis war entsprechend den geltenden preisrechtlichen Vorschriften oder den auf ihrer Grundlage ergangenen staatlichen Festlegungen zu vereinbaren (§ 103 Abs. 2 ZGB-DDR). Daraus ergaben sich Höchstmieten, die im Einzelfall zwar unterschritten[125] aber nicht überschritten werden durften. Eine Überschreitung hatte die Nichtigkeit der Mietpreisvereinbarung zur Folge; es galt der höchstzulässige Mietpreis (§ 68 Abs. 2 S. 2 ZGB-DDR). Im übrigen waren die Parteien an eine einmal getroffene Mietzinsvereinbarung gebunden.[126] Kam eine Einigung über die Begründung des Mietverhältnisses nicht zustande, konnte dieses durch das für die Wohnraumlenkung zuständige Organ begründet werden (§ 100 Abs. 2 S. 1 ZGB-DDR; § 12 Abs. 4 S. 3 WLVO 1985, GBl. I Nr. 27 S. 301).

70   Die staatlicherseits festgelegten Höchstmieten waren nicht kostendeckend. Sie betrugen etwa für die nach dem 1. 1. 1967 errichteten volkseigenen und genossenschaftlichen Neubauwohnungen[127] durchschnittlich nur 0,80 bis 1,25 M/m^2.[128] Damit wurde nur ein Drittel des Gesamtaufwandes für die Erhaltung und Bewirtschaftung des Wohnraums abgedeckt. Kaum anders verhielt es sich bei privatem Wohnraum: Nach § 1 Preisanordnung Nr. 415 – AO über die Forderung und Gewährung preisrechtlich zulässiger Preise – v. 6. 5. 1955,[129] die rückwirkend zum 1. 8. 1954 in Kraft trat (vgl. § 3 PreisAO), bestand ab diesem Tag für alle Erzeugnisse und Leistungen, für die Preise und Entgelte nicht in Preisverordnungen, -anordnungen oder -bewilligungen festgelegt waren, ein **Preisstopp**. Die Mieten für älteren Wohnraum wurden damit auf das am 17. 10. 1936 vereinbarte Mietpreisniveau festgelegt,[130] da nach diesem Tag ein Preiserhöhungsverbot für Güter und Leistungen jeder Art in Kraft trat.[131] Der Mietzinsberechnung lag regelmäßig die für die am 1. 7. 1914 beginnende Mietzeit vereinbarte sog. Friedensmiete zugrunde,[132] soweit eine der Mietvertragsparteien der anderen gegenüber spätestens ein Jahr nach Beginn der Mietzeit erklärt hatte, daß die vereinbarte Miete durch die gesetzliche Miete nach dem Reichsmietengesetz ersetzt werden soll.[133]

71   Die **Differenz zwischen Ertrag und Kosten** wurde im volkseigenen und genossenschaftlichen Wohnungssektor durch den Staat ausgeglichen,[134] während privaten Hauseigentümern ein derartiger Ausgleich verwehrt blieb.[135] Gleichwohl waren auch private Hauseigentümer zur Instandhaltung und Instandsetzung der Mietsache verpflichtet (§ 101 ZGB-DDR). Die dafür in Anspruch genommenen Leistungen waren nach dem jeweils

---

[125] Vgl. OGZ 3, 90, 93; OG NJ 1975, 554, 555; *Mühlmann*, Miete, 1977, S. 32.
[126] OG NJ 1975, 554, 555; *Mühlmann*, Miete, 1977, S. 32.
[127] Vgl. dazu VO über die Festsetzung von Mietpreisen in volkseigenen und genossenschaftlichen Neubauwohnungen v. 19. 11. 1981, GBl. I Nr. 34 S. 389.
[128] Ministerium der Justiz (Hrsg.), Kommentar zum ZGB, 1983, § 103 Anm. 0; *Mühlmann*, Miete, 1977, S. 30 f.
[129] GBl. I Nr. 39 S. 330, aufgeh. durch § 5 Abs. 3 AO v. 23. 8. 1990, GBl. I Nr. 58 S. 1424.
[130] Vgl. auch Richtlinie Nr. 16 des Plenums des Obersten Gerichts v. 21. 11. 1962, OGZ 9, 7, 9.
[131] Vgl. § 1 VO über das Verbot von Preiserhöhungen v. 26. 11. 1936, RGBl. I S. 955; die am 1. 12. 1936 in Kraft getretene VO galt rückwirkend ab 18. 10. 1936; vgl. auch AusführungsVO des Reichsministers der Justiz betr. Zusammenarbeit mit den Preisbildungsbehörden in Miet- und Pachteinigungssachen v. 5. 4. 1938 – 3430 – IV b^2 685 –, DJ 1938, 536, nebst Anlage (Runderlaß Nr. 184/37 v. 12. 12. 1937 betr. Preisüberwachung und Preisbildung bei Mieten).
[132] Vgl. § 2 Reichsmietengesetz idF v. 20. 4. 1936, RGBl. I S. 380, geänd. RGBl. 1941 I S. 37, iVm. AusführungsVO z. Reichsmietengesetz v. 20. 4. 1936, RGBl. I S. 383, geänd. RGBl. 1941 I S. 2076; aufgeh. durch § 15 Abs. 2 EGZGB v. 19. 6. 1975, GBl. I Nr. 27 S. 517.
[133] Vgl. § 1 Abs. 1, § 1a Reichsmietengesetz idF v. 20. 4. 1936, RGBl. I S. 380, geänd. RGBl. 1941 I S. 37.
[134] Ministerium der Justiz (Hrsg.), Kommentar zum ZGB, 1983, § 103 Anm. 0; *Mühlmann*, Miete, 1977, S. 30.
[135] *Westen-Schleider*, Zivilrecht im Systemvergleich, 1984, S. 367 (Fn. 116).

aktuellen Preissystem zu entgelten.[136] Darüber hinaus konnten ihnen von den örtlichen Organen der Wohnraumlenkung oder der staatlichen Bauaufsicht Baumaßnahmen auferlegt werden, die bei Nichtdurchführung im Wege der Ersatzvornahme auf Kosten des Eigentümers erfolgten.[137] Zu diesem Zwecke wurden auch gegen den Willen des Eigentümers Kredite aufgenommen und durch Aufbauhypotheken (§ 456 ZGB-DDR) besichert. Die Finanzierung über Grundpfandrechte stand Eigentümern aus der Bundesrepublik und Berlin (West) auch für die Durchführung von Instandhaltungs- und Instandsetzungsarbeiten offen.[138] Maßnahmen an staatlich verwaltetem Flüchtigsvermögen wurden über den Haushaltsplan finanziert.[139]

Da der private Mietwohnungsbestand im Ergebnis wegen der Differenz zwischen Aufwand und Ertrag nicht zu bewirtschaften war, nahmen die zur Finanzierung des Aufwands erforderlichen **Grundstücksbelastungen** im Regelfall kontinuierlich zu, sofern der private Gerundstückseigentümer nicht über weiteres Privatvermögen verfügte und dieses einsetzte. Sobald die Belastungen die sog. Wertgrenze erreichten, wurden seit Beginn der 80er Jahre weitere Kredite verweigert.[140] Den Eigentümern blieb dann häufig nur die Möglichkeit, ihre Grundstücke zu den preisrechtlich festgelegten Höchstpreisen, die auf dem Einheitswert von 1935 fußten, an den Staat zu veräußern. Kamen sie einer entsprechenden Aufforderung nicht nach, konnten die Grundstücke nach §§ 3, 4 der Zweiten Durchführungsbestimmung zum Aufbaugesetz vom 29. 9. 1972 (GBl. II Nr. 59 S. 641) bzw. nach § 16 Abs. 3 Baulandgesetz v. 15. 6. 1984 (GBl. I Nr. 17 S. 201) zum Zwecke der Sicherung der Instandsetzung in Anspruch genommen und enteignet werden. **72**

II. Voraussetzungen

1. Bebaute Grundstücke und Gebäude. Das Restitutionsverfahren ist nach § 1 Abs. 2 VermG eröffnet, wenn bebaute Grundstücke und Gebäude infolge ökonomischen Zwangs in Volkseigentum übernommen wurden. Der Begriff des Grundstücks umfaßt sowohl einen katastermäßig vermessenen Teil der Erdoberfläche als auch die mit dem Boden fest verbundenen Gebäude und Anlagen sowie die Anpflanzungen (§§ 295 Abs. 1 ZGB-DDR, 94 BGB). Nach dem Wortlaut des § 1 Abs. 2 VermG muß es sich um ein **bebautes Grundstück** handeln. Bauten sind alle baulichen Anlagen iSd. Bauordnungsrechtes.[141] Eine Bebauung muß im Zeitpunkt des Vermögensverlustes vorhanden gewesen sein. Dies ergibt sich aus dem Wortlaut der Norm: „(...) bebaute Grundstücke (...), die (...) in Volkseigentum übernommen wurden". Unschädlich ist es daher, wenn die bauliche Anlage nach dem Vermögensverlust entfernt wurde oder verfallen ist.[142] Dieses Ergebnis wird von Nr. 4 GemErkl. gestützt, in der von in Volkseigentum übernommenen Hausgrundstücken die Rede ist. Es kommt mithin auf den seinerzeitigen Nutzungszweck des Grundstücks an. **73**

Neben bebauten Grundstücken erwähnt § 1 Abs. 2 VermG ausdrücklich Gebäude und weist damit darauf hin, daß es in der DDR neben dem Eigentum an Grundstücken ein gesondertes **Gebäudeeigentum** gab. Persönliches Gebäudeeigentum entstand insbesondere, wenn ein Nutzungsberechtigter in bestimmungsgemäßer Ausübung eines verliehenen oder zugewiesenen dinglichen Nutzungsrechts auf der genutzten Bodenfläche ein **74**

---

[136] Vgl. nur § 10 VO über den Neubau, die Modernisierung und Instandsetzung von Eigenheimen – Eigenheimverordnung – v. 31. 8. 1978, GBl. I Nr. 40 S. 425.
[137] § 24 WLVO 1985; § 16 Abs. 2 WLVO 1967; §§ 14, 16 VO über die Finanzierung von Baumaßnahmen zur Schaffung und Erhaltung von privatem Wohnraum v. 28. 4. 1960, GBl. I Nr. 34 S. 351.
[138] Vgl. §§ 2, 7 VO über die Finanzierung von Baumaßnahmen zur Schaffung und Erhaltung von privatem Wohnraum v. 28. 4. 1960, GBl. I Nr. 34 S. 351.
[139] *Wasmuth* Rechtshandbuch B 100 Einf. RdNr. 69.
[140] *Breitkopf* S. 101 f.
[141] *Wasmuth* Rechtshandbuch B 100 RdNr. 81.
[142] *Neuhaus* F/R/M/S RdNr. 87; *Wasmuth* Rechtshandbuch B 100 RdNr. 81; *Kimme-Meier* RdNr. 71.

Gebäude errichtete (vgl. §§ 288 Abs. 4, 292 Abs. 3 ZGB-DDR).[143] Daneben hatten Privatpersonen in Einzelfällen die Möglichkeit, aufgrund besonderer Rechtsvorschriften volkseigene Eigenheime zu erwerben.[144] Für das Gebäudeeigentum wurden gesonderte Grundbuchblätter angelegt, soweit dies durch Rechtsvorschriften vorgeschrieben war (vgl. § 16 Grundstücksdokumentationsordnung).[145] Keine Gebäude iSv. § 1 Abs. 2 VermG sind Wochenendhäuser sowie andere Baulichkeiten, die der Erholung, Freizeitgestaltung oder ähnlichen persönlichen Bedürfnissen dienen (§ 296 ZGB-DDR). Auch daran bestand zwar vorbehaltlich abweichender Vereinbarungen unabhängig vom Bodeneigentum persönliches Eigentum des Nutzungsberechtigten (§ 296 Abs. 1 S. 1 ZGB-DDR); das Eigentum an diesen Baulichkeiten folgte jedoch den Regeln über das Eigentum an beweglichen Sachen und nicht denjenigen über das Gebäudeeigentum (§ 296 Abs. 1 S. 2 ZGB-DDR).

75 **2. Überschuldung infolge nicht kostendeckender Mieten. a) Allgemeines.** Die Restitution nach § 1 Abs. 2 VermG setzt voraus, daß bebaute Grundstücke und Gebäude infolge nicht kostendeckender Mieten (dazu bereits oben RdNr. 69 ff.) überschuldet waren. Wegen der vergleichbaren Sach- und Interessenlage ist § 1 Abs. 2 VermG entsprechend auf **Pachtverhältnisse** anzuwenden.[146]

76 Seit Inkrafttreten des 2. VermRÄndG verlangt § 1 Abs. 2 VermG eine **eingetretene oder unmittelbar bevorstehende Überschuldung**. Zuvor bezog sich die Norm dem Wortlaut nach nur auf eingetretene Überschuldungen. Nach dem reinen Wortlautverständnis konnte daher angenommen werden, daß nur jene Fälle erfaßt werden sollten, in denen die zum Zeitpunkt des Vermögensverlustes in bezug auf das Grundeigentum bestehenden Forderungen den Zeitwert der Immobilie tatsächlich bereits überschritten hatten. Diese Interpretation entsprach jedoch bereits vor Inkrafttreten des 2. VermRÄndG nicht dem Telos der Norm.[147] Von einer eingetretenen Überschuldung mußte bei wirtschaftlicher Betrachtung vielmehr schon dann ausgegangen werden, wenn die für unabweisbare, konkret und unmittelbar bevorstehende Instandsetzungsmaßnahmen erforderlichen Aufwendungen den Zeitwert der Immobilie unter Berücksichtigung der bereits bestehenden Verschuldung überschritten hatten und auch durch Mieteinnahmen nicht auszugleichen waren.[148] In diesem Sinne bedeutet die Ergänzung von § 1 Abs. 2 VermG durch Einfügung der Worte „oder unmittelbar bevorstehende" lediglich eine Klarstellung des Normzwecks nicht aber eine Änderung in der Sache.

77 **b) Überschuldung.** Eine Legaldefinition des Begriffs der Überschuldung enthält das Vermögensgesetz nicht. Nach §§ 92 Abs. 2 S. 2 AktG, 64 Abs. 1 S. 2 GmbHG und 98 Abs. 1 Nr. 2 GenG liegt eine Überschuldung vor, wenn das Vermögen die Schulden nicht mehr deckt. Dabei wird eine Überschuldung nach der – im Detail umstrittenen – sog. zweistufigen Überschuldungsprüfung angenommen, wenn das Vermögen einer Gesellschaft bei normaler Liquidation ihre Schulden nicht mehr deckt (rechnerische Überschuldung) und die Ertrags- bzw. Lebensfähigkeit der Gesellschaft zu verneinen ist (negative Fortbestehensprognose).[149] Diese Überschuldungsprüfung kann aber schon deshalb nicht

---

[143] Zusammenstellung der Rechtsvorschriften, die eine Begründung von Gebäudeeigentum erlaubten, bei § 16 RdNr. 33 (Fn. 54).

[144] Vgl. § 1 Gesetz über den Verkauf volkseigener Eigenheime, Miteigentumsanteile und Gebäude für Erholungszwecke v. 19. 12. 1973, GBl. I Nr. 58 S. 578.

[145] VO über die staatliche Dokumentation der Grundstücke und Grundstücksrechte in der Deutschen Demokratischen Republik – Grundstücksdokumentationsordnung – v. 6. 11. 1975, GBl. I Nr. 43 S. 697.

[146] *Wasmuth* Rechtshandbuch B 100 RdNr. 100; *Neuhaus* F/R/M/S RdNr. 96; *Kimme-Meier* RdNr. 50.

[147] Vgl. *Säcker-Hummert,* Zivilrecht im Einigungsvertrag, RdNr. 1097; *Fieberg-Reichenbach* F/R/M/S (1. Lief.) RdNr. 63; aA *Kimme-Meier* RdNr. 55.

[148] VG Dresden ZOV 1993, 280, 281; VG Halle VIZ 1994, 38; VG Dessau VIZ 1994, 80 (LS); Widerspruchsausschuß Brandenburg ZOV 1992, H. 4, U 3; vgl. auch Schreiben d. BMJ v. 28. 5. 1991, abgedruckt in VIZ 1991, 58 (= DtZ 1991, 296); Schreiben d. Sächsischen LARoV v. 4. 9. 1991, abgedruckt in VIZ 1991, 59.

[149] BGH NJW 1992, 2891, 2894; NJW 1987, 2433, 2433 = BB 1987, 1006; OLG Hamburg BB 1981, 1441; *Baumbach-Hopt,* HGB, 29. Aufl. 1995, § 130a Rdnr. 4; *Hachenburg-Ulmer,* GmbHG,

für § 1 Abs. 2 VermG übernommen werden, weil es nach dessen Wortlaut allein auf eine statische Betrachtung der Überschuldung zum Zeitpunkt des Vermögensverlustes ankommt und nicht auf eine Prognose der zukünftigen Vermögensentwicklung. Maßgebend kann daher nur die **rechnerische Überschuldung im Zeitpunkt des Vermögensverlustes** sein.[150] Diese liegt vor, wenn die auf der Passivseite der Vermögensbilanz ausgewiesenen Verbindlichkeiten den auf der Aktivseite ausgewiesenen Wert der Immobilie übersteigen.

Der Wert der Immobilie ist auf der Basis von Liquidationswerten zu ermitteln. Es ist daher auf der Aktivseite der Vermögensbilanz der **Verkehrswert der Immobilie** in Ansatz zu bringen,[151] der mit den in der DDR erzielbaren Höchstpreisen für Immobilien übereinstimmt.[152] Insoweit kann auch auf die Bewertungsrichtlinien zum Entschädigungsgesetz v. 4. 5. 1960 bzw. 2. 9. 1961 zurückgegriffen werden,[153] da die preisrechtlichen Vorschriften ebenso für die Entschädigung von Grundeigentum maßgebend waren. Neben dem Verkehrswert sind auf der Aktivseite die fälligen und realisierbaren Mietpreisforderungen einzusetzen.[154] **78**

Zu passivieren sind sämtliche das Grundvermögen betreffenden **Verbindlichkeiten**. Dazu gehören neben den grundbuchlich gesicherten Forderungen auch alle anderen nicht dinglich gesicherten Verbindlichkeiten wie etwa öffentliche Lasten und der konkret absehbare Instandsetzungs- und Instandhaltungsbedarf.[155] **79**

Aus den dargelegten Bilanzierungsgrundsätzen ergibt sich, daß eine **Überschuldung** in Übereinstimmung mit dem von § 1 Abs. 2 VermG intendierten Normzweck immer bereits in dem Zeitpunkt gegeben ist, in dem **bei wirtschaftlicher Betrachtung** unter Berücksichtigung der zukünftig unabweisbaren Aufwendungen das Vermögen die Schulden nicht mehr deckt.[155a] **80**

Der **Beweis des ersten Anscheins** spricht für eine Überschuldung der Immobilie, wenn diese nach §§ 3, 4 der Zweiten Durchführungsbestimmung zum Aufbaugesetz v. 29. 9. 1972 (GBl. II Nr. 59 S. 641) bzw. nach § 16 Abs. 3 Baulandgesetz v. 15. 6. 1984 (GBl. I Nr. 17 S. 201) zum Zwecke der Durchführung von Instandsetzungsmaßnahmen in Anspruch genommen und enteignet wurde.[156] Indizien für eine Überschuldung können auch der bauliche Zustand und daraus folgende Beschränkungen der Bewohnbarkeit des Objekts sein.[157] **81**

c) Kausalität. Die Überschuldung der Immobilie muß **äquivalent kausal** auf den nicht kostendeckenden Mieten beruhen.[157a] Das ist nicht der Fall, wenn erst noch weitere Ursachen hinzutreten mußten, um die Überschuldung herbeizuführen.[158] War der Überschuldungsstatus dagegen allein schon aufgrund nicht kostendeckender Mieteinnahmen erreicht, ist es unschädlich, wenn noch weitere Verbindlichkeiten vorlagen, die auf andere Ursachen zurückzuführen waren. Da § 1 Abs. 2 VermG nur auf das Verhältnis von Aufwand und Ertrag bezogen auf ein konkretes Objekt abstellt, sind die weiteren Vermögens- **82**

---

8. Aufl. 1991, § 63 RdNr. 28 ff.; *Scholz – K. Schmidt*, GmbHG, 7. Aufl. 1988, § 63 RdNr. 10 ff.; *Mertens*, in: Kölner Kommentar, AktG, 2. Aufl. 1989, § 92 RdNr. 29.
[150] *Wasmuth* Rechtshandbuch B 100 RdNr. 94 (anders noch *ders.* BRAK-Mitt. 1991, 116, 120).
[151] Zur Maßgeblichkeit des Verkehrswertes für die Überschuldungsbilanz nach Liquidationswerten vgl. *Rowedder*, in: *Rowedder*, GmbHG, 2. Aufl. 1990, § 63 RdNr. 11; *Scholz – K. Schmidt*, GmbHG, 7. Aufl. 1988, § 63 RdNr. 11, 16; *Hachenburg-Ulmer*, GmbH-Gesetz, 8. Aufl. 1991, § 63 RdNr. 38, 41, 43; aA Sächsisches Landesamt zur Regelung offener Vermögensfragen, Schreiben v. 4. 9. 1991, abgedruckt in: VIZ 1991, 59; offen gelassen bei BVerwG VIZ 1993, 448, 449.

[152] *Wasmuth* Rechtshandbuch B 100 RdNr. 95.
[153] Vgl. Anh. III/30.
[154] *Wasmuth* Rechtshandbuch B 100 RdNr. 95.
[155] *Wasmuth* Rechtshandbuch B 100 RdNr. 96 f.
[155a] VG Halle VIZ 1993, 559.
[156] *Wasmuth* Rechtshandbuch B 100 RdNr. 97; unzutreffend dagegen *Fieberg-Reichenbach* F/R/M/S (1. Lief.) RdNr. 63, die eine unwiderlegliche Vermutung der Überschuldung annahmen.
[157] VG Dresden ZOV 1993, 199, 200.
[157a] BVerwG VIZ 1993, 448.
[158] VG Berlin ZOV 1993, 429, 430; BezG Potsdam VIZ 1992, 325, 327: Überschuldung infolge Rekonstruktionsaufwendungen nach dem Aufbaugesetz.

VermG § 1 83–86 Abschnitt I. Allgemeine Bestimmungen

verhältnisse des Eigentümers für die Feststellung der Überschuldung unerheblich.[159] Eine Überschuldung wird daher nicht dadurch ausgeschlossen, daß der Eigentümer die Immobilie vor Übernahme in Volkseigentum, wie von den Behörden regelmäßig gefordert, aus eigenen Mitteln entschuldet hat.[160]

83 Nicht anwendbar ist § 1 Abs. 2 VermG auf Vermögensverluste, die sog. **Trümmergrundstücke** betreffen. Diese waren im Zeitpunkt der Vermögenseinbuße ihrer Natur nach nicht Gegenstand von Miet- oder Pachtverhältnissen, so daß ein Vermögensverlust infolge nicht kostendeckender Einnahmen nicht vorliegen kann.[160a] Das gilt ebenso für durch den Eigentümer selbst genutzte **Eigenheime** oder **Neubauernstellen aus Bodenreformland**.[161]

84 3. Übernahme in Volkseigentum. a) Allgemeines. Die vom sachlichen Geltungsbereich des § 1 Abs. 2 VermG erfaßten Immobilien müssen aufgrund der mieteinnahmebedingten Überschuldung durch Enteignung, Eigentumsverzicht, Schenkung oder Erbausschlagung in Volkseigentum übernommen worden sein. Der Übergang in Volkseigentum muß sich also uno actu „durch" die genannten Tatbestände vollzogen haben, dh. es darf neben dem geschädigten Berechtigten und dem Träger des Volkseigentums **kein zwischengeschalteter Erwerber** vorhanden sein.[162]

85 Eine Übernahme in Volkseigentum ist nur erfolgt, wenn das zugrundeliegende **Verwaltungshandeln** bzw. die zum Vermögensverlust führenden Rechtsgeschäfte **wirksam** waren. Vor dem Wirksamwerden des Beitritts ergangene Enteignungsakte der DDR sind grundsätzlich wirksam (vgl. Art. 19 S. 1 EVertr.), es sei denn, sie litten bereits nach dem Rechtsverständnis der DDR an so schwerwiegenden Mängeln, daß sie als „Nicht-Akte" anzusehen sind. Jedenfalls können Rechtsakte der DDR nicht rückwirkend an den rechtsstaatlichen Grundsätzen der Bundesrepublik gemessen werden.[163]

86 Die **Wirksamkeit zivilrechtlicher Veräußerungsgeschäfte** setzt insbesondere die Einhaltung von Formvorschriften (§§ 57 Abs. 2, 66 Abs. 1 S. 2, 67 Abs. 1, [295 Abs. 2 S. 2 iVm.] 297 Abs. 1 S. 2 ZGB-DDR)[164] und Genehmigungserfordernissen (§§ 68 Abs. 1 Nr. 4), die Beachtung der Regeln des Stellvertretungsrechts (§§ 53 Abs. 3, 54, 55, 57 Abs. 2 ZGB-DDR) und seinerzeit bestehender öffentlich-rechtlicher oder zivilrechtlicher Verbotsgesetze voraus (zu Einzelheiten vgl. noch RdNr. 88 ff.). Die rückwirkende zivilrechtliche Anfechtung rechtsgeschäftlicher Erklärungen (vgl. Art. 232 § 1 EGBGB iVm. § 70 ZGB-DDR; Art. 235 § 1 EGBGB iVm. § 405 ZGB-DDR) ist, soweit nicht bereits die als Ausschlußfristen konzipierten Anfechtungsfristen verstrichen sind (vgl. §§ 70 Abs. 2 S. 4, 405 Abs. 2 S. 2 ZGB-DDR),[165] nur möglich, wenn sich der Anfechtungsgrund nicht auf den von § 1 Abs. 2 VermG zum Rechtsgrund für die Vermögensrestitution erhobenen Sachverhalt stützt.[166] Anderenfalls werden die auf den sozialverträglichen Ausgleich der Vermögensfragen bedachten Regelungen des Vermögensgesetzes unterlaufen. Im übrigen dürften die Beweggründe für einen seinerzeit erklärten Eigentumsverzicht, eine Schenkung oder Erbausschlagung im Bereich des Motivirrtums anzusiedeln sein, der nach §§ 70, 405 ZGB-DDR für das Anfechtungsrecht irrelevant ist.[167]

---

[159] BVerwG VIZ 1993, 448, 449; VG Dresden ZOV 1993, 280, 281; *Neuhaus* F/R/M/S RdNr. 95.
[160] VG Dresden ZOV 1993, 280, 281.
[160a] BVerwG VIZ 1993, 500; dazu *Pée* EWiR § 1 VerwG 10/93, S. 1233 ff.
[161] *Neuhaus* F/R/M/S RdNr. 96 f.; *Wasmuth* Rechtshandbuch B 100 RdNr. 98.
[162] *Neuhaus* F/R/M/S RdNr. 90; *Wasmuth* Rechtshandbuch B 100 RdNr. 89.
[163] KG VIZ 1992, 70, 71.
[164] Vgl. etwa KG ZOV 1992, 92, 93 (formunwirksame Bevollmächtigung).

[165] Zum Rechtscharakter der Anfechtungsfristen vgl. KG VIZ 1991, 30, 31.
[166] Unzutreffend *Wasmuth* Rechtshandbuch B 100 RdNr. 84, der offenbar einen vollständigen Ausschluß zivilrechtlicher Rechtsbehelfe durch das VermG annimmt; aA auch *Fieberg-Reichenbach* F/R/M/S (1. Lief.) RdNr. 55 f., die eine zivilrechtliche Anfechtung ohne weiteres zulassen wollen.
[167] Vgl. zu diesen Fallgestaltungen OLG Frankfurt DtZ 1991, 300; LG Berlin NJW 1991, 1238; *Grunewald* NJW 1991, 1208, 1212; *Janssen* ZRP 1991, 418 f. (Fn. 1).

b) Enteignung. Zum Enteignungsbegriff des Vermögensgesetzes vgl. bereits oben 87 RdNr. 26 ff. Enteignungen **im Zusammenhang mit der Überschuldung von Grundstücken und Gebäuden** sind insbesondere nach §§ 3, 4 der Zweiten Durchführungsbestimmung zum Aufbaugesetz v. 29. 9. 1972 (GBl. II Nr. 59 S. 641) bzw. nach § 16 Abs. 3 Baulandgesetz v. 15. 6. 1984 (GBl. I Nr. 17 S. 201) zum Zwecke der „Sicherung der Instandsetzung" durchgeführt worden. Im Einzelfall ist jedoch zu prüfen, ob die Überschuldung tatsächlich infolge nicht kostendeckender Mieten eingetreten war. Im Gegensatz zu § 1 Abs. 1 lit. a bzw. b VermG kommt es im Rahmen von § 1 Abs. 2 VermG nicht darauf an, ob die Enteignung entschädigungslos oder gegen zu geringe Entschädigung erfolgte.[168]

c) Eigentumsverzicht. Das Eigentum an einem Grundstück konnte der Eigentümer 88 durch eine in notariell beglaubigter Form oder zu Protokoll des zuständigen staatlichen Organs (Rat des Stadt- oder Landkreises bzw. Stadtbezirks, Abt. Finanzen) abzugebende **Verzichtserklärung** aufgeben; diese bedurfte der Genehmigung durch Beschluß des zuständigen Rates (§ 310 Abs. 1 ZGB-DDR). Mit Erteilung der Genehmigung und Eintragung des Verzichts im Grundbuch entstand Volkseigentum (§ 310 Abs. 2 S. 1 ZGB-DDR; § 12 Abs. 2 S. 1 Grundbuchverfahrensordnung v. 30. 12. 1975, GBl. I 1976 Nr. 3 S. 42). Vor Inkrafttreten des ZGB führte der Eigentumsverzicht zu einem Aneignungsrecht des Staates (§ 928 Abs. 2 BGB), so daß auf diese Weise Volkseigentum begründet werden konnte.[168a]

d) Schenkung. Mit dem Begriff der Schenkung bezeichnet § 1 Abs. 2 VermG nicht nur 89 unentgeltliche Zuwendungen des Schenkers an den Beschenkten (§ 282 Abs. 1 ZGB-DDR), die als Grundstücksschenkung der notariellen Beurkundung (§ 297 Abs. 1 ZGB-DDR) und der staatlichen Genehmigung (§ 2 Abs. 1 lit. a GrundstücksverkehrsVO v. 15. 12. 1977, GBl. I 1978 Nr. 5 S. 73) bedurften, sondern im weitesten Sinne **alle Veräußerungsgeschäfte, die bei wirtschaftlicher Betrachtung ohne tatsächliche Gegenleistung erfolgt sind**.[169] Unter den Begriff der Schenkung sind daher auch alle formal entgeltlichen Veräußerungsverträge zu subsumieren, an sich als Kaufvertrag zu qualifizieren sind, durch die der Verkäufer aber wirtschaftlich gesehen keinen Erlös erzielt hat. Dies ist insbesondere bei einer Verrechnung des Kaufpreises mit einer auf dem Grundstück lastenden Aufbauhypothek (§ 456 ZGB-DDR) oder Aufbaugrundschuld anzunehmen, da ein wirtschaftlich erzwungener Aufbaukredit nur die staatlich verordnete und die Aufwendungen nicht deckende Miete ausglich und somit wirtschaftlich keine Gegenleistung darstellte.[170] Dies gilt auch, wenn der Veräußerer den erzielten Veräußerungserlös vollständig zur Ablösung von Aufbaugrundpfandrechten verwenden mußte.

e) Erbausschlagung. Die Erbausschlagung bedurfte einer Erklärung des Erben, die 90 dieser binnen zwei Monaten, bei Wohnsitz außerhalb der DDR binnen sechs Monaten ab Kenntnis vom Erbfall gegenüber dem Staatlichen Notariat abzugeben hatte (vgl. § 402 Abs. 1 iVm. 403 Abs. 1, 2 ZGB-DDR). Eine Abgabe der Erklärung gegenüber einem bundesdeutschen Nachlaßgericht genügte nicht,[171] soweit eine in der DDR belegene Erbmasse betroffen war. Die Erklärung bedurfte der notariellen Beurkundung (§ 403 Abs. 2 ZGB-DDR). Als Folge der Erbausschlagung mußte unmittelbar Volkseigentum an den betroffenen Vermögenswerten entstehen (§§ 369 Abs. 1, Abs. 2 S. 1 ZGB-DDR). Dies war der Fall, wenn keine anderen testamentarisch oder gesetzlich berufenen Erben vor-

---

[168] *Wasmuth* Rechtshandbuch B 100 RdNr. 85.
[168a] KG ZOV 1994, 51, 52.
[169] *Wasmuth* Rechtshandbuch B 100 RdNr. 87; *Brettholle/Köhler-Apel* R/R/B RdNr. 60; *Kimmel-Meier* RdNr. 76; ErlBReg. BT-Drucks. 11/7831, S. 3.
[170] *Brettholle/Köhler-Apel* R/R/B RdNr. 60.

[171] BGH FamRZ 1977, 786, 787; BayObLG NJW 1991, 1237, 1238; KG ZIP 1992, 208, 210; *Wasmuth* DNotZ 1992, 3. 12 f.; *Trittel* DNotZ 1992, 450, 451; *Horn* S. 211; zweifelnd *Wähler,* Festschrift für Mampel, 1983, S. 191, 199 f.; aA unter Hinweis auf § 73 FGG *Birk* MünchKomm. BGB, 2. Aufl. 1991, Art. 25 EGBGB RdNr. 378; *Wohlgemuth* ROW 1985, 162, 165.

handen waren. Anderenfalls ist § 1 Abs. 2 VermG nicht anwendbar.[172] Der Ausschlagende kann die Restitution in diesem Fall nur betreiben, wenn subsidiär die Voraussetzungen des § 1 Abs. 3 VermG eingreifen. Ansonsten kommen nur zivilrechtliche Rechtsbehelfe in Betracht. Bei **Kettenerbausschlagungen** führt die erste Ausschlagung unmittelbar zur Begründung von Volkseigentum, da die danach ausschlagenden Personen wegen der Rückwirkung der Erbausschlagung auf den Zeitpunkt des Erbfalles (§§ 1953 Abs. 2 BGB, 404 Abs. 1 ZGB-DDR) von vornherein als Nichterben anzusehen sind.[173] Berechtigter iSv. § 2 Abs. 1 VermG ist daher nur der Erstausschlagende.[174]

91 **f) Kausalität.** Die Übernahme in Volkseigentum muß ursächlich iSe. conditio sine qua non auf die seinerzeit eingetretene oder unmittelbar bevorstehende Überschuldung zurückgeführt werden können.[175] War die Überschuldung dagegen nur Teil eines Motivbündels und wären Enteignung, Eigentumsverzicht, Schenkung oder Erbausschlagung daher auch unabhängig von dem Tatbestand der Überschuldung erfolgt, liegt keine schädigende Maßnahme iSv. § 1 Abs. 2 VermG vor.[176]

III. Verhältnis zu anderen Restitutionstatbeständen

92 Die Vorschrift des § 1 Abs. 2 VermG ist lex specialis zu den Enteignungstatbeständen des § 1 Abs. 1 lit. a und b VermG und zu § 1 Abs. 3 VermG, der generalklauselartig alle Erwerbsvorgänge infolge unlauterer Machenschaften erfaßt. Beruhte der Eigentumsverzicht bzw. die Schenkung oder Erbausschlagung nicht auf einer mietpreisbedingten Überschuldung der Immobilie, ist subsidiär zu prüfen, ob ein Erwerb aufgrund unlauterer Machenschaften iSv. § 1 Abs. 3 VermG vorliegt.

I. Unlautere Machenschaften (§ 1 Abs. 3 VermG)

Schrifttum zu § 1 Abs. 3: *Bley*, Zwangsaussiedlungen in der ehemaligen DDR, VIZ 1992, 219 ff.; *Heilmann*, Die Behandlung staatlicher Beteiligungen an restitutionsbehafteten Unternehmen, VIZ 1993, 91 ff.; *Lochen-Meyer-Seitz* (Hrsg.), Die geheimen Anweisungen zur Diskriminierung Ausreisewilliger – Dokumente der Stasi und des Ministeriums des Innern –, 1992; *Märker*, Rückübertragungsansprüche von Zwangsausgesiedelten nach dem Vermögensgesetz, VIZ 1994, 115 ff.

I. Normzweck

93 Die Eröffnung des Restitutionsverfahrens bei Vermögensverlusten aufgrund unlauterer Machenschaften (§ 1 Abs. 3 VermG) geht zurück auf Nr. 8 der Gemeinsamen Erklärung vom 15. 6. 1990.[177] Es handelt sich im Verhältnis zu den Restitutionstatbeständen des § 1 Abs. 1 lit. a bis c VermG um einen **Auffangtatbestand**, der die Restitution für alle mit überpositiven rechtsstaatlichen Maßstäben nicht vereinbaren, aber noch nicht von § 1 Abs. 1 lit. a bis c VermG erfaßten Sachverhalte eröffnen soll. Da es nicht darum geht, das Verwaltungshandeln der DDR einer Totalrevision zu unterziehen, muß es sich um Maßnahmen handeln, die selbst nach der rechtsstaatlichen Ansprüchen durchweg nicht genügenden DDR-Rechtspraxis mit dem Makel der Unlauterkeit behaftet waren. Dabei ist zu

---

[172] *Neuhaus* F/R/M/S RdNr. 90; *Wasmuth* Rechtshandbuch B 100 RdNr. 89; *Kettel* DtZ 1994, 20, 21 f.
[173] *Palandt-Edenhofer* § 1953 RdNr. 1; Ministerium der Justiz (Hrsg.) Komm. z. ZGB, 1983, § 404 Anm. 1.
[174] BVerwG VIZ 1994, 238, 238 f. VG Weimar VIZ 1993, 209, 210; *Vogt-Kobold* DtZ 1993, 226, 229; im Ergebnis ebenso *Kettel* DtZ 1994, 20, 22 und *Barkam* R/R/B (Grundwerk) RdNr. 29, die § 3 Abs. 2 VermG analog anwenden; aA *Wasmuth* Rechtshandbuch B 100 RdNr. 89: Letztausschlagender ist Berechtigter; ebenso *Kimme-Meier* RdNr. 79 ff.; *Horst* ZOV 1993, 300, 302.
[175] BVerwG VIZ 1993, 448; VG Dresden ZOV 1993, 199, 200; offen gelassen von VG Berlin ZOV 1993, 429, 430.
[176] BVerwG VIZ 1993, 302, 302; aA *Wasmuth* Rechtshandbuch B 100 RdNr. 91.
[177] BGBl. II S. 889, 1237.

berücksichtigen, daß ein allgemeines Verfahren zur Nachprüfung staatlicher Entscheidungen in der DDR erst mit Wirkung zum 1. 7. 1989 eingeführt worden ist.[178]

Neben seiner Auffangfunktion gegenüber § 1 Abs. 1 lit. a bis c VermG bezieht § 1 Abs. 3 VermG auch rein zivilrechtliche Erwerbsvorgänge in seinen Anwendungsbereich ein, die von unredlicher Einflußnahme auf den Willen des Veräußerers begleitet waren. Diesbezüglich weist § 1 Abs. 3 VermG inhaltliche Parallelen zu § 4 Abs. 3 VermG auf. Während § 1 Abs. 3 VermG die objektive Unlauterkeit des Erwerbsvorgangs betrifft, kommt es in § 4 Abs. 3 VermG, der sich begrifflich an § 1 Abs. 3 VermG anlehnt, auf die subjektive Redlichkeit des Dritterwerbers an, der einzelne von Vermögensschädigungen betroffene Gegenstände erworben hat.[179] Die **partielle Erweiterung des Restitutionsverfahrens auf privatrechtliche Erwerbsvorgänge** erscheint schon deshalb interessengerecht, weil die Veräußerer häufig gehindert waren, in der DDR die zivilrechtliche Unwirksamkeit der von ihnen abgeschlossenen Rechtsgeschäfte geltend zu machen.[180] 94

Wiedergutzumachende Vermögensverluste iSv. § 1 Abs. 3 VermG müssen wegen ihrer Verankerung in der GemErkl. einen **interlokalen Bezug** aufweisen.[180a] In den persönlichen Anwendungsbereich der Vorschrift fallen daher nur ehem. DDR-Rechtssubjekte, bundesdeutsche und ausländische Rechtssubjekte. Die gegenteilige Auffassung, die auch DDR-Rechtssubjekte als rückgabeberechtigt ansieht,[181] konfligiert mit dem Zweck der Gemeinsamen Erklärung, nur teilungsbedingtes Unrecht wiedergutzumachen, und ist mit dem verfassungsrechtlich verbürgten Gleichbehandlungsgebot (Art. 3 GG) nicht vereinbar. Es wäre sachlich nicht zu rechtfertigen, entschädigungslos oder gegen zu geringe Entschädigung enteignete DDR-Rechtssubjekte unter Berufung auf die GemErkl. von einer Vermögensrestitution nach § 1 Abs. 1 lit. a und b VermG auszuschließen,[182] ihnen aber gleichwohl das Restitutionsverfahren nach § 1 Abs. 3 VermG zu eröffnen. 95

II. Voraussetzungen

1. Vermögenswerte und Nutzungsrechte. Die Vorschrift des § 1 Abs. 3 VermG behandelt ihrem Wortlaut nach „auch Ansprüche an Vermögenswerten sowie Nutzungsrechte". Der Begriff des Vermögenswertes, der die für ein Restitutionsverfahren in Betracht kommenden Gegenstände bezeichnet, wird in **§ 2 Abs. 2 VermG** abschließend definiert. Zu den Vermögenswerten iSv. § 2 Abs. 2 VermG gehören auch Nutzungsrechte (§ 2 Abs. 2 S. 1 VermG). Der Wortlaut des § 1 Abs. 3 VermG weist daher eine überflüssige Doppelung auf, wenn dort neben Vermögenswerten nochmals Nutzungsrechte erwähnt werden. Die gegenteilige Auffassung, wonach durch die gesonderte Erwähnung der Nutzungsrechte in § 1 Abs. 3 VermG der Gegenstand vermögensrechtlicher Ansprüche auf alle übrigen, vor der Entziehung bestehende Nutzungsrechte erweitert sein soll,[183] läßt den abschließenden Charakter der Aufzählung in § 2 Abs. 2 VermG außer Acht. 96

2. Vermögenserwerb. Die Vermögensschädigung muß sich durch Erwerb **eines beliebigen anderen Rechtssubjekts** vollzogen haben. Erwerber kann also auch der Staat sein. 97

---

[178] Gesetz über die Zuständigkeit und das Verfahren der Gerichte zur Nachprüfung von Verwaltungsentscheidungen v. 14. 12. 1988, GBl. I Nr. 28 S. 327.
[179] Vgl. VG Dresden VIZ 1993, 265, 265; Fieberg-Reichenbach F/R/M/S § 4 RdNr. 81.
[180] Vgl. BezG Frankfurt/O. ZOV 1992, 173, 173; *Wasmuth* Rechtshandbuch B 100 RdNr. 101 hält die Regelung dagegen ohne weitere Begründung für überflüssig.
[180a] *Tropf* WM 1994, 89, 90 (Fn. 10); aA BVerwG VIZ 1994, 185; *Brettholle/Köhler-Apel* R/R/B RdNr. 68.
[181] So VG Berlin VIZ 1993, 168, 170; inzident auch LG Berlin VIZ 1991, 34, 35; KrG Halle ZOV 1992, 407, 407; *Neuhaus* F/R/M/S RdNr. 112; *Wasmuth* Rechtshandbuch B 100 RdNr. 109; *ders.* VIZ 1993, 1, 2; *Försterling* RdNr. 503; *Horn* S. 523; *Diekmann* (Fn. 35) S. 99; ebenso noch *Säcker-Hummert* in Zivilrecht im Einigungsvertrag, 1991, RdNr. 1103; undeutlich VG Berlin ZOV 1993, 200, 202.
[182] Anders insoweit *Wasmuth* Rechtshandbuch B 100 Einf. RdNr. 118 f., der eine Beschränkung der GemErkl. auf die Wiedergutmachung teilungsbedingten Unrechts verneint.
[183] *Brettholle/Köhler-Apel* R/R/B RdNr. 65 im Anschluß an *Wasmuth* Rechtshandbuch B 100 RdNr. 102, der andererseits bei B 100 § 2 RdNr. 48 die Vorschrift des § 2 Abs. 2 VermG für abschließend hält.

VermG § 1 98, 99 Abschnitt I. Allgemeine Bestimmungen

Der Wortlaut des § 1 Abs. 3 VermG läßt die Art des Erwerbsvorgangs offen. Aus dem Normzweck des § 1 Abs. 3 VermG, der sowohl staatliche Schädigungsakte als auch Vermögensverschiebungen zwischen Privatrechtssubjekten in die Restitution einbezieht (vgl. oben RdNr. 93f.), läßt sich jedoch folgern, daß neben **Rechtsgeschäften des Zivilrechts** (Veräußerung, Schenkung, Eigentumsverzicht, Erbausschlagung) **und des öffentlichen Rechts** (öffentlich-rechtlicher Vertrag) **alle konkret-individuellen staatlichen Akte** (Enteignungen)[184] das Restitutionsverfahren eröffnen.[185] Ausgeschlossen sind lediglich Vermögensverluste, die kraft Gesetzes eingetreten sind. Derartige Vorgänge werden vom Vermögensgesetz, wie ein Blick auf die anderen Restitutionstatbestände des § 1 VermG zeigt, generell nicht erfaßt.[186]

98 Eine Restitution der von Vermögensschädigungen iSv. § 1 Abs. 3 VermG betroffenen Vermögenswerte kommt nur in Betracht, wenn der **Erwerbsvorgang** als solcher **wirksam** war.[187] Das ist bei Verwaltungsakten der DDR, die Grundlage von Enteignungsmaßnahmen waren, regelmäßig der Fall, es sei denn, diese waren mit so schwerwiegenden Mängeln behaftet, daß sie von vornherein als „Nicht-Akte" anzusehen waren. Die Wirksamkeit zivilrechtlicher Veräußerungsgeschäfte setzt insbesondere die Einhaltung von Formvorschriften (vgl. etwa §§ 57 Abs. 2, 66 Abs. 1 S. 2, 67 Abs. 1, (295 Abs. 2 S. 2 iVm.) 297 Abs. 1 S. 2 ZGB-DDR)[188] und Genehmigungserfordernissen (vgl. etwa §§ 68 Abs. 1 Nr. 4, (295 Abs. 2 S. 2 iVm.) 297 Abs. 1 S. 2 ZGB-DDR), die Beachtung der Regeln des Stellvertretungsrechts (vgl. etwa §§ 53 Abs. 3, 54, 55, 57 Abs. 3 ZGB-DDR)[189] und seinerzeit bestehender öffentlich-rechtlicher oder zivilrechtlicher Verbotsnormen[190] (§ 68 Abs. 1 Nr. 1 ZGB-DDR) voraus. Willensmängel, die zur rückwirkenden Beseitigung von Rechtsgeschäften durch Anfechtung der zum Vertragsschluß führenden Willenserklärungen berechtigen (Art. 232 § 1 EGBGB iVm. § 70 ZGB-DDR; Art. 235 § 1 EGBGB iVm. § 405 ZGB-DDR), können im Hinblick auf den durch § 1 Abs. 3 VermG begründeten Restitutionsanspruch nur geltend gemacht werden, wenn der Willensmangel im Einzelfall auf anderen als den nach § 1 Abs. 3 VermG zur Restitution berechtigenden Ursachen beruht.[191] Anderenfalls würde der auf einen sozialverträglichen Interessenausgleich angelegte Zweck des Vermögensrechtes unterlaufen.[192] Eine zivilrechtliche Anfechtung von Veräußerungsgeschäften ist daher – ungeachtet einer zwischenzeitlich eingetretenen Präklusion (vgl. §§ 70 Abs. 2 S. 4, 405 Abs. 2 S. 2 ZGB-DDR) – ausgeschlossen, soweit das Vermögensgesetz für den betreffenden Sachverhalt gem. § 1 Abs. 3 VermG das Restitutionsverfahren eröffnet (dazu schon Vor § 1 RdNr. 57).[193]

99 **3. Unlautere Machenschaften. a) Allgemeines/Begriff.** Der Vermögenserwerb eines anderen Rechtssubjektes muß auf unlauteren Machenschaften beruhen. Im Kontext des § 1 Abs. 3 VermG bildet der Begriff der unlauteren Machenschaften den wertausfüllungsbedürftigen Oberbegriff für die beispielhaft genannten Fallgruppen des Machtmißbrauchs, der Korruption, Nötigung oder Täuschung, die sich untereinander überschneiden können. Da es sich um keine abschließende Aufzählung handelt, sind weitere Sachverhalte denkbar, die wegen eines vergleichbaren Unrechtsgehaltes ebenfalls den generalklau-

---

[184] BVerwG VIZ 1994, 185f.; ZIP 1994, 1482, 1483; VG Meiningen ZOV 1993, 282, 282; *Horn* S. 524.
[185] Vgl. auch *Neuhaus* F/R/M/S RdNr. 106; *Wasmuth* Rechtshandbuch B 100 RdNr. 103; *Brettholle/Köhler-Apel* R/R/B RdNr. 78; aA *Kimme-Meier* RdNr. 109.
[186] *Wasmuth* Rechtshandbuch B 100 RdNr. 103.
[187] *Neuhaus* F/R/M/S RdNr. 108; *Wasmuth* Rechtshandbuch B 100 RdNr. 104.
[188] Vgl. etwa KG ZOV 1992, 92, 93 (formunwirksame Bevollmächtigung).
[189] Vgl. etwa KG ZOV 1992, 92, 92f. (fehlende Vertretungsmacht des Rechtsträgers zur Veräußerung volkseigenen Vermögens).
[190] Vgl. dazu etwa § 45 Abs. 3 S. 2 ZGB-DDR (Vorbehalt für privatautonome Vereinbarungen); § 23 Nr. 1 NotG-DDR (Beurkundungsnichtigkeit durch Verstoß gegen Beglaubigungsverbot; dazu KG VIZ 1992, 374).
[191] BGH ZIP 1993, 946, 947f.; NJW 1993, 1706, 1708.
[192] BGH NJW 1993, 1706, 1708; BezG Frankfurt/O. ZOV 1992, 173, 174; KrG Strausberg NJ 1992, 124, 125.
[193] Zu undifferenziert *Wasmuth* Rechtshandbuch B 100 RdNr. 104; aA *Fieberg-Reichenbach* F/R/M/S (1. Lief.) RdNr. 79, die den Spezialitätscharakter des VermG verkennen.

selartigen Tatbestand der unlauteren Machenschaften erfüllen. Es handelt sich durchweg um Machenschaften, die **dem Herrschaftssystem der DDR immanent** waren, die **aber gleichwohl mit der DDR-Rechtsordnung nicht systemkonform** waren. Dazu gehören insbesondere Vermögensschädigungen, die auf einem auffälligen Auseinanderfallen von geschriebenem Recht und Anwendung des Rechts beruhen, das sich etwa in der gezielten Bereicherung einzelner Personen oder Personengruppen manifestiert haben kann. Der Restitutionstatbestand der unlauteren Machenschaften erfaßt damit nur Sachverhalte, bei denen selbst nach der rechtsstaatlich fragwürdigen DDR-Rechtspraxis nicht alles „mit Rechten Dingen zugegangen" ist.[194] Andere Vermögensschädigungen, mögen sie nach bundesdeutschen Begriffen auch auf rechtsstaatlich noch so angreifbaren Praktiken beruhen, können nach § 1 Abs. 3 VermG nicht rückgängig gemacht werden. Es verbietet sich daher auch, den Begriff der unlauteren Machenschaften pauschal mit dem zivilrechtlichen Topos der Sittenwidrigkeit (§ 138 BGB) gleichzusetzen.[195] Anderenfalls wird die Vermögensrestituion entgegen der Intention des Gesetzgebers (vgl. dazu schon oben RdNr. 93ff.) auch auf Bereiche ausgedehnt, in denen Vermögenszugriffe in einer nach DDR-Maßstäben systemkonformen Art und Weise erfolgt sind, ohne daß insoweit eine gezielte Schädigung von Flüchtlings-, bundesdeutschem oder ausländischem Vermögen bezweckt war. Eine Generalrevision der in der DDR zu Lasten ehemaliger Eigentümer feststellbaren Erwerbsvorgänge ist nicht Gegenstand des Vermögensgesetzes.[196]

Von Unlauterkeit gekennzeichnet sind damit jene vermögensschädigenden Hoheitsakte, die unter Mißachtung der seinerzeit bestehenden Rechtslage mit den in der DDR geltenden **allgemeinen Verwaltungsgrundsätzen** und den **Grundsätzen ordnungsgemäßer Verwaltungspraxis** nicht in Einklang standen.[197] Zu den elementaren, gleichsam überpositiven Grundsätzen ordnungsgemäßer Verwaltungspraxis, für die eine Kodifikation im Recht der DDR fehlte, sind zu zählen:[198] der Grundsatz der Gesetzmäßigkeit der Verwaltung, das Willkürverbot, der Grundsatz der Erforderlichkeit und Verhältnismäßigkeit einer Entscheidung sowie die elementaren Verfahrensgrundsätze wie das Recht auf Gehör, das Verbot der Entscheidung in eigener Sache, bei Interessenkollision oder Befangenheit. Daraus folgt allgemein der Grundsatz der Unparteilichkeit der Verwaltung.

In zivilrechtlicher Hinsicht drückt sich die Unlauterkeit des Erwerbsvorgangs in der **willensbeugenden Einflußnahme auf den Veräußerer** aus, die sich regelmäßig in einer Nötigung des Veräußerers oder Täuschung über die Notwendigkeit des Veräußerungsgeschäfts geäußert hat.

b) Machtmißbrauch. Der Tatbestand des Machtmißbrauchs bezeichnet den mit den Grundsätzen einer ordnungsgemäßen Verwaltungspraxis nicht in Einklang stehenden **Einsatz persönlicher Machtmittel zum Zwecke der Erlangung vermögensrechtlicher Vorteile** durch den Handelnden oder Dritte.[199] Dies setzte zunächst die Innehabung einer **Machtstellung** durch die Person voraus, die in unlauterer Weise auf den Erwerbsvorgang einwirkte. Dafür reichte nicht jede tatsächliche Besserstellung gegenüber dem ursprünglichen Eigentümer aus, die sich etwa aus der wirtschaftlichen oder beruflichen Stellung des Handelnden ergab. Erfaßt werden soll vielmehr derjenige Personenkreis, der aufgrund seiner politischen oder persönlichen Beziehungen zum damaligen Herrschaftssystem der

---

[194] Ebenso BVerwG VIZ 1993, 450, 451; ZIP 1993, 1907; VIZ 1994, 27, 28; *Neuhaus* F/R/M/S RdNr. 112; aA offenbar *Wasmuth* Rechtshandbuch B 100 RdNr. 108.
[195] So aber *Wasmuth* Rechtshandbuch B 100 RdNr. 105.
[196] KrG Suhl VIZ 1993, 263, 264.
[197] KrG Suhl ZOV 1993, 70, 72; VIZ 1993, 75, 76; VG Meiningen ZOV 1993, 458.

[198] Dazu *Ossenbühl,* in: *Erichsen* (Hrsg.), Allgemeines Verwaltungsrecht, 9. Aufl. 1992, § 7 IX; *Badura,* in: *Erichsen* (Hrsg.), aaO, § 40 II; *Jellinek,* Verwaltungsrecht, 3. Aufl. 1966, S. 290; *Wolff/Bachof,* Verwaltungsrecht III, 4. Aufl. 1978, § 156 IV.
[199] Zu eng VG Dresden ZOV 1993, 445, 446; VG Magdeburg VIZ 1994, 29, 30; *Wasmuth* Rechtshandbuch B 100 RdNr. 107; *Neuhaus* F/R/M/S RdNr. 110, die auf den gesetzwidrigen bzw. zweckwidrigen Einsatz staatlicher Machtmittel abstellen.

DDR, den staatlichen Stellen, Blockparteien oder anderen Massenorganisationen, privilegiert war und sich oder anderen aufgrund dieser Machtstellung persönliche Vorteile verschaffen konnte.[200] Die Stellung des Erwerbers als Funktionsträger in einer Partei oder Massenorganisation der DDR oder die Ausübung eines anderen öffentlichen Amtes begründet nicht per se den schädigenden Charakter des Erwerbsvorgangs iSv. § 1 Abs. 3 VermG.[201] Dies gilt auch, wenn der Erwerber einen anderen, für die öffentliche Versorgung bedeutsamen Beruf, etwa als Arzt, ausübte.[202] Der schädigende Charakter des Erwerbsvorgangs muß im Einzelfall festgestellt werden. Die berufliche Funktion des Erwerbers kann allenfalls indizielle Bedeutung für das Vorliegen eines Machtmißbrauchs haben.[203]

103 Zu den durch Machtmißbrauch gekennzeichneten unlauteren Machenschaften gehören etwa diskriminierende Kreditverweigerungen und Steuererhebungen zum Zwecke der **Begründung von staatlichen Beteiligungen an Unternehmen** (vgl. § 6 Abs. 5 c S. 1 VermG). Hauptanwendungsfall ist die Praxis bei der Erteilung von **Ausreisegenehmigungen**, die regelmäßig nur unter der Bedingung einer (vorherigen) Veräußerung des Vermögens bzw. der Abgabe entsprechender Verzichtserklärungen erfolgten.[204] Derartige Vermögensaufgaben waren nach den Rechtsvorschriften der DDR, die für derartige Fälle die Möglichkeit staatlicher Inverwaltungnahme von Vermögenswerten vorsahen, nicht Voraussetzung für eine Ausreise[205] und sind dem betroffenen Personenkreis daher in mißbräuchlicher Ausübung staatlicher Machtstellung auferlegt worden.[206] Diese Genehmigungspraxis kann im Einzelfall auch den Tatbestand der Nötigung oder Täuschung erfüllen.[207] Die Voraussetzungen des § 1 Abs. 3 VermG sind auch dann erfüllt, wenn der ausreisewillige Eigentümer die Vermögensveräußerung in Kenntnis der Verwaltungspraxis bereits im Vorgriff auf die behördliche Entscheidung vorgenommen hat, um diese günstig zu beeinflussen.[208] Unter dem Aspekt des Machtmißbrauches unlauter kann ebenso die **Enteignung von Grundvermögen** sein, wenn dafür kein konkreter Enteignungszweck (Inanspruchnahme nach dem Aufbau-, Bauland-, Verteidigungsgesetz etc.) vorhanden war.[209]

104 c) **Korruption.** Den Sachverhalt der Korruption erfüllen regelmäßig Erwerbsvorgänge, die unter den **Tatbestand der Bestechung iSv. § 247 StGB-DDR** fallen.[210] Dazu muß eine in Ausübung staatlicher oder wirtschaftsleitender Funktion handelnde Person für die pflichtwidrige Bevorzugung eines anderen oder für eine sonstige Verletzung seiner Dienstpflichten vermögenswerte Vorteile gefordert, angenommen oder sich versprechen lassen haben. Der Inhalt und Umfang staatlicher und wirtschaftsleitender Befugnisse ergab sich insbesondere aus den für den Arbeitsbereich geltenden Rechtsnormen, Dienstanweisungen und Arbeitsverträgen. Eine wirtschaftsleitende Tätigkeit übte insoweit nicht nur aus, wer über materielle und finanzielle Fonds der Volkswirtschaft verfügen konnte.[211] Daneben erfaßte § 247 StGB-DDR auch den Mißbrauch ausdrücklich übertragener

---

[200] BVerwG NJW 1994, 1359, 1360; ähnlich VG Greifswald VIZ 1993, 266, 268.
[201] BVerwG VIZ 1993, 250, 250; vgl. auch VG Dresden VIZ 1993, 265, 266; *Fieberg-Reichenbach* F/R/M/S § 4 RdNr. 83.
[202] BVerwG NJW 1994, 1359, 1360; VG Greifswald VIZ 1993, 266, 268.
[203] BVerwG VIZ 1993, 250, 250; vgl. auch VG Dresden VIZ 1993, 265, 266.
[204] Vgl. BGH ZIP 1993, 946, 948; NJW 1993, 2530; WM 1993, 1554; NJW 1993, 2525; KG ZOV 1992, 163, 164; BezG Frankfurt/O. ZOV 1992, 173, 173f.; KrG Strausberg NJ 1992, 124, 125.
[205] BGH VIZ 1992, 317, 318; *Neuhaus* F/R/M/S RdNr. 119.
[206] Vgl. Ziff. V der Ordnung Nr. 0118/77 des Ministers des Innern und Chefs der Deutschen Volkspolizei v. 8. 3. 1977 (VVS I o44 139), abgedruckt in ROW 1991, 280.
[207] KrG Nordhausen VIZ 1991, 33, 34 : Drohung.
[208] VG Leipzig VIZ 1993, 395, 306.
[209] BVerwG VIZ 1994, 185, 186; VG Meiningen ZOV 1993, 282, 282; VG Potsdam ZOV 1993, 285, 288f.; VG Dresden ZOV 1993, 445, 446; KrG Potsdam-Stadt ZOV 1992, 407, 409; *Neuhaus* F/R/M/S RdNr. 106; *dies.* VIZ 1993, 503, 504; *v. Trott zu Solz* ZOV 1991, 67, 69; *Keil* EWiR § 3a VermG 1/92, 201, 202.
[210] *Wasmuth* Rechtshandbuch B 100 RdNr. 110.
[211] Ministerium der Justiz (Hrsg.), Strafrecht der Deutschen Demokratischen Republik, 3. Aufl. 1979, §§ 247, 248 Anm. 4.

Befugnisse, die Personen außerhalb des eigentlichen staatlichen oder wirtschaftlichen Leitungsbereichs durch Rechtsvorschriften oder Weisungen übergeordneter Leiter eingeräumt waren.

d) **Nötigung.** Der unlautere Vermögenserwerb iSv. § 1 Abs. 3 VermG beruht auf einer Nötigung, wenn der Veräußerer rechtswidrig mit Gewalt oder durch Drohung mit einem schweren Nachteil zur Aufgabe des Vermögenswertes gezwungen wurde (vgl. § 129 StGB-DDR). Rechtswidrig waren nicht solche Handlungen, die vollinhaltlich von **Rechtsvorschriften der DDR** gedeckt wurden, mögen diese auch im Einzelfall nach dem in ihnen zum Ausdruck kommenden Zweck-Mittel-Verhältnis verwerflich erscheinen.[212] Die Herbeiführung der Nötigungslage muß Folge des Handelns einer konkreten Person (dazu RdNr. 107 ff.) sein; der allgemeine **Verfolgungsdruck**, dem einzelne Personengruppen in der DDR ausgesetzt waren, reicht nicht aus,[213] da dieser als systemkonformes Mittel zur Erhaltung des seinerzeitigen Herrschaftssystems anzusehen ist. Auf die subjektive Tatseite kommt es nicht an, weil § 1 Abs. 3 VermG nur auf die objektive Unlauterkeit des Erwerbsvorgangs abstellt (vgl. oben RdNr. 94). Eine Nötigung ist regelmäßig in dem Zwang zur Abgabe von Vermögensverzichtserklärungen und zur Veräußerung von Vermögenswerten zum Zwecke der Erteilung von Ausreisegenehmigungen zu sehen.

e) **Täuschung.** Der Sachverhalt der Täuschung ist inhaltsgleich mit dem in den zivilrechtlichen Anfechtungstatbeständen verwandten Rechtsbegriff (§§ 70 Abs. 1 ZGB-DDR; 123 Abs. 1 BGB). Notwendig ist also ein durch **Erregung oder Aufrechterhaltung eines Irrtums**, dh. einer Fehlvorstellung über die Wirklichkeit, bewirkter Vermögensverlust auf Seiten des Veräußerers. Anders als für das zivilrechtliche Anfechtungsrecht ist ein arglistiges Handeln des Täuschenden nicht erforderlich. Eine Täuschung kann wiederum in den Fällen vorliegen, in denen Behörden die Ausreise von Bürgern aus der DDR wahrheitswidrig von einer vorherigen Vermögensaufgabe abhängig gemacht haben.

4. Handelnde Personen. Die unlauteren Machenschaften können von Seiten des Erwerbers der Vermögenswerte, staatlicher Stellen oder Dritter ausgegangen sein. Es ist daher nicht erforderlich, daß sich die vom Vermögenserwerb begünstigte Person unlauterer Machenschaften bedient hat. Diese können vielmehr von Dritten ausgegangen sein, während sich der Erwerber die dadurch geschaffene Lage lediglich zu Nutze gemacht hat. Der Gesetzgeber wollte verhindern, daß einzelne Erwerber von dem auf Geschädigten lastenden Veräußerungsdruck profitieren. Eine Ausnutzung der Situation des Geschädigten zu Zwecken des Erwerbs ist ausgeschlossen, wenn der Vermögenszuwachs lediglich reflexartig auf einer gesetzlichen Anordnung (bei Erbausschlagung zB §§ 404 S. 2 ZGB-DDR, 1953 BGB) beruht und nicht auch Folge einer gewollten Vermögensverschiebung ist.[214]

Erwerber sind alle **Ersterwerber**, die den anspruchsbelasteten Vermögenswert von dem Geschädigten kraft Hoheitsaktes oder durch Rechtsgeschäft erlangt haben. Dies können natürliche und juristische Personen, Personenvereinigungen, aber auch der Staat bzw. Rechtsträger des Volkseigentums sein. Soweit die betreffenden Vermögenswerte später an andere Personen veräußert wurden, ist dies, auch wenn diese Veräußerungsvorgänge erneut von unlauteren Machenschaften beeinflußt gewesen sein sollten, keine Frage des § 1 Abs. 3 VermG (vgl. zur alleinigen Berechtigung des Erstgeschädigten bei mehrmaliger Schädigung § 3 Abs. 2 VermG); zu prüfen ist in diesen Fällen jedoch, ob eine Restitution zugunsten des Erstgeschädigten gegebenenfalls nach §§ 4, 5 VermG ausgeschlossen ist.

Dritte iSd. Gesetzesterminologie sind die zuvor RdNr. 108 genannten Personen und Personenvereinigungen sowie staatliche Stellen, von denen die unlauteren Machenschaf-

---

[212] Vgl. BVerwG VIZ 1993, 450, 451; VG Meiningen ZOV 1993, 458; KrG Suhl VIZ 1993, 263, 264; *Kimme-Meier* RdNr. 107; vom mitgeteilten Sachverhalt her nicht eindeutig KrG Halle ZOV 1992, 407, 407.

[213] KrG Suhl VIZ 1993, 263, 264; ZOV 1993, 70, 72; VG Berlin VIZ 1994, 30 (LS); *Wasmuth* Rechtshandbuch B 100 RdNr. 112.

[214] KG WM 1993, 569, 571; VG Dessau VIZ 1994, 82, 83.

110 Die zusätzliche Erwähnung „**staatlicher Stellen**" in § 1 Abs. 3 VermG ist an sich überflüssig, da staatliche Stellen entweder Erwerber oder Dritte iSd. Vorschrift sind und auch nur als solche bei der Verwirklichung unlauterer Machenschaften mitgewirkt haben. Insoweit kann die gesonderte Erwähnung der staatlichen Stellen, zu denen alle mit Hoheitsgewalt ausgestatteten „Organe des Staatsapparates"[215] (Ministerrat, Ministerien, andere zentrale Staatsorgane, örtliche Räte und deren Fachorgane) gehören, nur die Bedeutung haben, deren besondere Rolle bei der Verwirklichung der Tatbestände des § 1 Abs. 3 VermG zu betonen.[216]

III. Beweislast

111 Die materielle Beweislast für das Vorliegen eines durch unlautere Machenschaften bedingten Vermögensverlustes trägt nach den eingangs RdNr. 24 dargestellten Grundsätzen der Berechtigte. Bei rechtsgeschäftlichen **Veräußerungen in Ausreisefällen** spricht jedoch der Beweis des ersten Anscheins für das Vorliegen der Voraussetzungen des § 1 Abs. 3 VermG.[216a]

IV. Rückabwicklung von Rechtsgeschäften

112 Das Vermögensgesetz enthielt vor der Novellierung durch das 2. VermRÄndG, mit der § 7a in das Gesetz eingefügt wurde, keine Regelungen über die Rückgewähr des im Zusammenhang mit einem Veräußerungsvorgang nach § 1 Abs. 3 VermG an den Geschädigten gezahlten Kaufpreises. Da der Rechtsgrund für diese Leistung mit der Rückübertragungsentscheidung nachträglich entfallen war, hatte der Erwerber den daraus sich ergebenden **Bereicherungsanspruch** auf dem Zivilrechtsweg gegen den Veräußerer geltend zu machen. Auf den Bereicherungsanspruch waren die **§§ 812ff. BGB** und nicht Art. 232 § 1 EGBGB iVm. §§ 356, 357 ZGB-DDR anzuwenden.[217] Kollisionsrechtlich ist für das anzuwendende Recht maßgeblich, wann der Bereicherungsanspruch dem Grunde nach entstanden war. Dazu müssen sämtliche Anspruchsvoraussetzungen vorliegen.[218] Im Hinblick auf den Anspruch auf Rückgewähr der im Zusammenhang mit Erwerbsvorgängen iSv. § 1 Abs. 3 VermG gezahlten Kaufpreise konnte die Anwendung der §§ 356, 357 ZGB-DDR daher nicht bereits aus dem Umstand hergeleitet werden, daß der Bereicherungsanspruch schon mit der seinerzeitigen Leistung des Bereicherungsanspruchs der Wurzel nach angelegt war. Der bereicherungsrechtliche Rückübertragungsanspruch zwischen dem Erwerber und dem Veräußerer entstand vielmehr erst mit der positiven Rückübertragungsentscheidung des Vermögensamtes (§ 34 Abs. 1 S. 1 VermG).

V. Verhältnis zu anderen Restitutionstatbeständen

113 Die Vorschrift des § 1 Abs. 3 VermG hat, soweit sie staatliche Enteignungsakte betrifft, nur eine Auffangfunktion und tritt damit als subsidiäre Norm hinter die Tatbestände des § 1 Abs. 1 lit. a und b VermG zurück. Rechtsgeschäftliche Veräußerungen iSv. § 1 Abs. 3 VermG müssen durch den Berechtigten iSv. § 2 Abs. 1, 1a VermG erfolgt sein. Daher ist § 1 Abs. 1 lit. c VermG neben § 1 Abs. 3 VermG nicht anwendbar. Soweit das Eigentum

---

[215] Vgl. dazu *Assmann ua.*, Verwaltungsrecht, Lehrbuch, 1979, S. 91ff.
[216] So auch *Wasmuth* Rechtshandbuch B 100 RdNr. 119.
[216a] Vgl. VG Weimar VIZ 1994, 80 (LS).
[217] *Wasmuth* Rechtshandbuch (6. Lief.) B 100 RdNr. 120; aA *Fieberg-Reichenbach* F/R/M/S (1. Lief.) RdNr. 81.

[218] RG JW 1911, 485 (zur Parallelvorschrift des Art. 170 EGBGB); mißverständlich insoweit *Heinrichs*, Zivilrecht im Einigungsvertrag, RdNr. 65; *Palandt-Heinrichs*, Art. 232 § 1 EGBGB, Anm. 3; *Staudinger-Rauscher* Art. 232 § 1 EGBGB RdNr. 24.

an bebauten Grundstücken und Gebäuden aufgrund mietertragsbedingter Überschuldung aufgegeben wurde, geht § 1 Abs. 2 VermG der Vorschrift des § 1 Abs. 3 VermG vor. Die Vorschrift des § 1 Abs. 3 VermG kommt subsidiär nur zur Anwendung, wenn die Eigentumsaufgabe nicht auf einer Überschuldung oder jedenfalls nicht auf einer mietertragsbedingten Überschuldung beruhte. Durch § 1 Abs. 7 VermG ausgeschlossen ist § 1 Abs. 3 VermG, wenn ein staatlicher Vermögenserwerb nur beiläufig einer anderen straf-, ordnungsstraf- oder verwaltungsrechtlichen Entscheidung erfolgt ist.

J. Aufhebung der staatlichen Verwaltung (§ 1 Abs. 4 VermG)

Schrifttum zu § 1 Abs. 4: *Breitkopf,* Die Behandlung von Immobilienrechten Deutscher mit Wohnsitz in der Bundesrepublik Deutschland und Berlin (West) in der DDR und Berlin (Ost), 1983; *Freytag,* Die staatliche Verwaltung des ausländischen Vermögens in der DDR, EWS 1990, 36 ff.; *Heinze,* Die Rechtslage des ausländischen Vermögens in der sowjetischen Besatzungszone Deutschlands, NJW 1952, 166 ff.; *Heller,* Die Behandlung des zurückgelassenen Flüchtlingsvermögens in der SBZ und in Ost-Berlin, ROW 1960, 213 ff.; *Mitschke-Werling,* VermG und staatlich verwaltetes ausländisches Vermögen auf dem Territorium der ehemaligen DDR, NJ 1992, 100 ff.; *dies.,* Vermögensgesetz und ausländisches Vermögen, ZOV 1993, 12 ff.

I. Normzweck

Die Vorschrift über die Aufhebung der staatlichen Verwaltung (§ 1 Abs. 4 VermG) geht zurück auf Nr. 2 der Gemeinsamen Erklärung vom 15. 6. 1990.[219] Danach sind Treuhandverwaltungen und ähnliche Maßnahmen mit Verfügungsbeschränkungen über Grundeigentum, Gewerbebetriebe und sonstiges Vermögen aufzuheben, um damit Bürgern, deren Vermögen wegen Flucht aus der DDR oder aus sonstigen Gründen in eine staatliche Verwaltung genommen worden ist, die Verfügungsbefugnis über ihr Eigentum zurückzugeben. Der Vermögensgesetzgeber hat diese Vorgabe umgesetzt, indem er für drei Formen staatlicher Verwaltung, die **staatliche Treuhandverwaltung**, die **vorläufige Verwaltung** und die **Verwaltung des ausländischen Vermögens**, eine Aufhebung ausdrücklich angeordnet hat. Damit werden jedoch nicht alle Formen staatlicher Verwaltung erfaßt. Das gilt insbesondere für die Verwaltung von Sperrkonten von Nicht-DDR-Bürgern, deren Einbeziehung in die Vermögensrestitution jedoch von der Abwicklungsregelung in § 11 Abs. 5 VermG vorausgesetzt wird (vgl. dazu RdNr. 124). Gemeinsam ist den in § 1 Abs. 4 VermG genannten Fallgruppen, daß es sich um **teilungsbedingtes Unrecht mit interlokalem Bezug** handelt. Anspruchsberechtigt sind daher nur ehem. DDR-Rechtssubjekte, bundesdeutsche und ausländische Rechtssubjekte.[220]

Der Sache nach geht es bei der Aufhebung der staatlichen Verwaltung darum, dem Eigentümer die Verwaltungs- und Verfügungsmacht über die von Verwaltungsmaßnahmen betroffenen Vermögenswerte wieder zurückzugeben. Die staatlichen Inverwaltungnahmen hatten den Eigentümern zwar formal ihr Eigentum belassen, die daran anknüpfenden **Eigentümerbefugnisse** jedoch weitestgehend **suspendiert**. Der Einigungsvertrag hatte die Wirksamkeit der Verwaltungsmaßnahmen zunächst bestätigt (vgl. Art. 19 S. 1 EVertr.). Deren Rückgängigmachung konnte nur in einem förmlichen Restitutionsverfahren nach dem Vermögensgesetz erreicht werden. Mit dem 2. VermRÄndG wurde die Vorschrift des § 11a Abs. 1 S. 1 in das Vermögensgesetz inkorporiert, die auch ohne diesbezüglichen Antrag iSv. § 30 Abs. 1 S. 1 VermG ein Ende der staatlichen Verwaltungsmaßnahmen zum 1. 1. 1993 angeordnet hat. Damit ist die Vorschrift des § 1 Abs. 4 VermG jedoch nicht überflüssig geworden, da aus ihr weiterhin der sachliche Geltungsbe-

---

[219] BGBl. II S. 889, 1237.
[220] AA *Wasmuth* Rechtshandbuch B 100 RdNr. 123, 129; *ders.* VIZ 1993, 1, 4 f., der die Vorschrift auf DDR-Rechtssubjekte entsprechend anwenden will (anders noch *ders.* BRAK-Mitt. 1991, 116, 119).

reich des Vermögensgesetzes zu ermitteln ist. Die §§ 11 ff. VermG beziehen sich gem. § 1 Abs. 4 VermG nur auf staatliche Inverwaltungnahmen.

116 Von den staatlichen Inverwaltungnahmen zu unterscheiden sind die vor dem 10. 6. 1953 durchgeführten **Beschlagnahmen** bei Personen, die das Gebiet der DDR illegal verlassen haben.[221] Diese Beschlagnahmen führten unmittelbar zur entschädigungslosen Enteignung (vgl. oben RdNr. 26 zu § 1 Abs. 1 lit. a VermG). Nicht unter § 1 Abs. 4 VermG fallen auch die **rechtsgeschäftlich** durch den Geschädigten bestellten Verwalter,[222] auch wenn diese wie staatliche Verwalter fungierten.[223] Allerdings sind Bevollmächtigte später auch als staatliche Treuhänder eingesetzt worden.[224] Von der staatlichen Verwaltung zu trennen ist auch die Bestellung von **Abwesenheitspflegern**,[225] die Anordnung vorläufiger **Vormundschaft** oder **Pflegschaft**[226] und sonstige nicht von § 1 Abs. 4 VermG erfaßte Treuhändereinsetzungen.[227] Die Aufhebung der Pflegschaften unterliegt ausschließlich den Regeln des Zivilrechts (Art. 234 § 15 Abs. 1 EGBGB iVm. § 1921 bzw. §§ 1918, 1919 BGB).[228]

II. Voraussetzungen

117 **1. Staatliche Treuhandverwaltung (1. Spiegelstr.). a) Allgemeines.** Während das Vermögen von Bürgern, die das Gebiet der DDR bis zum 10. 6. 1953 ohne die erforderliche Genehmigung verlassen hatten, ausnahmslos beschlagnahmt und entschädigungslos in Volkseigentum überführt wurde, wurde in der Zeit danach ein „neuer Kurs" verfolgt,[229] der sich in der bloßen Inverwaltungnahme der Vermögenswerte ohne nachfolgende Enteignung manifestierte.

---

[221] Vgl. § 1 VO über die Sicherung von Vermögenswerten v. 17. 7. 1952, GBl. Nr. 100 S. 615 (= Anh. III/5), nebst Anweisung v. 17. 7. 1952 (= Anh. III/6) und § 1 Dritte Anweisung zur Durchführung der VO v. 28. 10. 1952 (= Anh. III/8); § 1 VO zur Sicherung von Vermögenswerten v. 4. 9. 1952, VOBl. f. Groß-Berlin (Ostsektor) I S. 445 (= Anh. III/10), nebst 1. Durchführungsanweisung v. 8. 9. 1952, VOBl. f. Groß-Berlin (Ostsektor) I S. 459 (= Anh. III/11); die Vorschriften wurden rückwirkend auch auf Personen angewandt, die die DDR bereits vor Inkrafttreten der Verordnungen verlassen hatten (vgl. OG NJ 1953, 180, 180).

[222] Vgl. § 1 lit. a AO über die Behandlung des Vermögens von Personen, die die Deutsche Demokratische Republik nach dem 10. 6. 1953 verlassen, v. 1. 12. 1953, GBl. Nr. 130 S. 1231 (= Anh. III/21); § 1 lit. a AO über die Behandlung des Vermögens von Personen, die den demokratischen Sektor von Groß-Berlin nach dem 10. 6. 1953 verlassen, v. 8. 4. 1954, VOBl. f. Groß-Berlin (Ostsektor) I S. 164 (= Anh. III/27).

[223] *Wasmuth* Rechtshandbuch B 100 RdNr. 61.

[224] Vgl. § 2 Abs. 3 AO Nr. 2 über die Behandlung des Vermögens von Personen, die die Deutsche Demokratische Republik nach dem 10. 6. 1953 verlassen, v. 20. 8. 1958, GBl. I Nr. 57 S. 664 (= Anh. III/21); § 2 Abs. 3 AO Nr. 2 über die Behandlung des Vermögens von Personen, die das Gebiet des demokratischen Sektors von Berlin nach dem 10. 6. 1953 verlassen, v. 3. 10. 1958, VOBl. f. Groß-Berlin (Ostsektor) I S. 673 (= Anh. III/27).

[225] Vgl. Ziff. I 1 Rundverfügung des Ministeriums des Innern d. Landes Mecklenburg v. 15. 9. 1949 betreffend Erfassung aller Vermögenswerte von nach dem Westen geflüchteten Personen,

Reg.Bl. f. Mecklenburg 1949 Nr. 21, S. 153; Ziff. 1a Rundschreiben der Landesregierung Sachsen-Anhalt Nr. 49/51 v. 6. 4. 1951 betreffend Behandlung der beweglichen Sachen von Personen, die illegal nach dem Westen abgewandert sind, abgedruckt in: Gesamtdeutsches Institut (Hrsg.), Bestimmungen der DDR zu Eigentumsfragen und Enteignungen, 1. Aufl. 1971, Anl. 262, S. 346; § 1 lit. b AO über die Behandlung des Vermögens von Personen, die die Deutsche Demokratische Republik nach dem 10. 6. 1953 verlassen, v. 1. 12. 1953, GBl. Nr. 130 S. 1231 (= Anh. III/21); § 1 lit. b AO über die Behandlung des Vermögens von Personen, die den demokratischen Sektor von Groß-Berlin nach dem 10. 6. 1953 verlassen, v. 8. 4. 1954, VOBl. f. Groß-Berlin (Ostsektor) I S. 164 (= Anh. III/27); § 1 Abs. 2 AO zur Regelung von Vermögensfragen v. 11. 11. 1989 (GBl. I Nr. 22 S. 247); jeweils iVm. §§ 1911, 1913 BGB bzw. 105 Abs. 1 Nr. 1 FGB-DDR.

[226] § 24 Abs. 2 2. Alt. Gesetz über die Anwendung des Rechts auf internationale zivil-, familien- und arbeitsrechtliche Beziehungen sowie auf internationale Wirtschaftsverträge (Rechtsanwendungsgesetz) v. 5. 12. 1975, GBl. I Nr. 46 S. 748, geänd. GBl. I 1990 Nr. 3 S. 10.

[227] Vgl. auch *Wasmuth* Rechtshandbuch B 100 RdNr. 61; *Kimme-Petter* RdNr. 120 ff.

[228] Vgl. auch Nr. 4 der Rundverfügung des Ministeriums der Justiz Nr. 56/53 v. 10. 12. 1953 zur Bestellung von Abwesenheitspflegern für Personen, die das Gebiet der Deutschen Demokratischen Republik nach dem 10. 6. 1953 verlassen (nicht veröffentl. = Anh. III/23).

[229] Vgl. dazu *Breitkopf* S. 33 f.

b) Verlassen der DDR „ohne erforderliche Genehmigung". Das Tatbestandsmerkmal 118 „ohne erforderliche Genehmigung" nimmt Bezug auf die wortgleiche Formulierung in § 1 Abs. 1 S. 1 AO Nr. 2 über die Behandlung des Vermögens von Personen, die die Deutsche Demokratische Republik nach dem 10. 6. 1953 verlassen, v. 20. 8. 1958 (GBl. I Nr. 57 S. 664 = Anh. III/25).[230] Für das Verlassen der DDR war eine **polizeiliche Genehmigung zum Übertreten der Staatsgrenze** erforderlich, ohne die der Tatbestand der sog. Republikflucht erfüllt war, der nach § 213 StGB-DDR zur Strafbarkeit wegen ungesetzlichen Grenzübertritts führte. Die Erteilung einer polizeilichen Genehmigung setzte eine polizeiliche Abmeldung zur dauernden Ausreise in die Bundesrepublik oder nach Berlin (West) bzw. später die Genehmigung zur ständigen Ausreise voraus, die zunächst aufgrund der Verordnung zur Regelung von Fragen der Familienzusammenführung und der Eheschließung zwischen Bürgern der DDR und Ausländern vom 15. 9. 1983 (GBl. I Nr. 26 S. 254), danach aufgrund der VO über Reisen von Bürgern der DDR in das Ausland v. 30. 11. 1988 (GBl. I Nr. 25 S. 271)[231] erteilt wurde. Der Begriff der „erforderlichen Genehmigung" bezieht sich nur auf die vorgenannten Genehmigungserfordernisse, nicht aber auf andere devisen- und zollrechtliche Genehmigungen.[232]

c) Rechtsgrundlagen. Die staatliche Treuhandverwaltung über Vermögenswerte von 119 Bürgern, die das Gebiet der DDR nach dem 10. 6. 1953 ohne die erforderliche Genehmigung verlassen haben, beruhte auf folgenden Rechtsgrundlagen:

– § 1 VO über devastierte landwirtschaftliche Betriebe v. 20. 3. 1952, GBl. Nr. 38 S. 226 (= Anh. III/4);
– § 1 lit. c AO über die Behandlung des Vermögens von Personen, die die Deutsche Demokratische Republik nach dem 10. 6. 1953 verlassen, v. 1. 12. 1953, GBl. Nr. 130 S. 1231 (= Anh. III/21)
– § 1 lit. c AO über die Behandlung des Vermögens von Personen, die den demokratischen Sektor von Groß-Berlin nach dem 10. 6. 1953 verlassen, v. 8. 4. 1954, VOBl. f. Groß-Berlin (Ostsektor) I S. 164 (= Anh. III/27);
– § 1 AO Nr. 2 über die Behandlung des Vermögens von Personen, die die Deutsche Demokratische Republik nach dem 10. 6. 1953 verlassen, v. 20. 8. 1958, GBl. I Nr. 57 S. 664 (= Anh. III/25);
– § 1 AO Nr. 2 über die Behandlung des Vermögens von Personen, die das Gebiet des demokratischen Sektors von Berlin nach dem 10. 6. 1953 verlassen, v. 3. 10. 1958, VOBl. f. Groß-Berlin (Ostsektor) I S. 673 (= Anh. III/28).

2. Vorläufige Verwaltung (2. Spiegelstr.). a) Allgemeines. Die vorläufige Verwal- 120 tung iSv. § 1 Abs. 4 2. Spiegelstr. VermG betrifft sowohl natürliche als auch juristische Personen, die schon vor dem 8. 5. 1945 ihren Wohnsitz, Sitz oder ständigen Aufenthalt in den späteren westlichen Besatzungszonen oder auf dem Gebiet der späteren Westsektoren Berlins hatten bzw. nach dem 8. 5. 1945 unter Beachtung der polizeilichen Meldevorschriften aus dem Gebiet der SBZ/DDR und dem Ostsektor Berlins dorthin gezogen sind. Vorläufige Inverwaltungnahmen sind unabhängig von etwaigen individuellen Verwaltungsanordnungen unmittelbar durch die entsprechenden DDR-Rechtsvorschriften erfolgt. Unter Berufung auf diese konstitutive Wirkung der Rechtsvorschriften ist es noch bis zum Jahre 1989 zur sog. **Nacherfassung** einzelner Vermögenswerte gekommen,[233] obgleich die der Inverwaltungnahme zugrundeliegenden Rechtsnormen zwischenzeitlich bereits aufgehoben worden waren. Der Aufhebung kam nach ständiger Verwaltungspra-

---

[230] Vgl. auch § 1 Abs. 1 S. 1 AO Nr. 2 über die Behandlung des Vermögens von Personen, die das Gebiet des demokratischen Berlin nach dem 10. 6. 1953 verlassen, v. 3. 10. 1958, VOBl. f. Groß-Berlin (Ostsektor) I S. 673 (= Anh. III/28).

[231] Vgl. dazu Ordnung Nr. 9175/89 des Ministers des Innern und Chefs der Deutschen Volkspolizei v. 7. 12. 1988, abgedruckt in ROW 1991, 280.
[232] *Wasmuth* Rechtshandbuch B 100 RdNr. 125.
[233] Vgl. auch LG Berlin ZOV 1992, 223; *Breitkopf* S. 73 f.

xis jedoch keine Rückwirkung zu,[234] so daß die bis zur Aufhebung erfolgten Inverwaltungnahmen als wirksam angesehen wurden.

121 **b) Rechtsgrundlagen.** Die vorläufigen Inverwaltungnahmen beruhen auf folgenden Rechtsvorschriften:
- § 6 VO zur Sicherung von Vermögenswerten v. 17. 7. 1952 (GBl. Nr. 100 S. 615 = Anh. III/5; aufgeh. durch § 2 Abs. 1 VO über die in das Gebiet der DDR und den demokratischen Sektor von Groß-Berlin zurückkehrenden Personen v. 11. 6. 1953, GBl. Nr. 78 S. 805 = Anh. III/12), nebst Anweisung v. 17. 7. 1952 (= Anh. III/6); Zweite Anweisung v. August 1952 (= Anh. III/7); Rundverfügung des Ministeriums der Justiz Nr. 9/53 v. 15. 4. 1953 (= Anh. III/9);
- § 2 VO zur Sicherung von Vermögenswerten v. 4. 9. 1952 (VOBl. f. Groß-Berlin (Ostsektor) I S. 459 = Anh. III/10; aufgeh. durch § 1 VO über die Aufhebung der VO zur Sicherung von Vermögenswerten und der zu dieser VO ergangenen Durchführungsanweisung v. 24. 6. 1953, VOBl. f. Groß-Berlin (Ostsektor) I S. 214), nebst 1. Durchführungsanweisung v. 8. 9. 1952 (VOBl. f. Groß-Berlin (Ostsektor) I S. 459 = Anh. III/11);
- § 1 Anweisung über die Behandlung der in der Hauptstadt der Deutschen Demokratischen Republik (demokratisches Berlin) befindlichen Vermögenswerte Westberliner Bürger und juristischer Personen mit Sitz in den Westsektoren v. 18. 11. 1961 (= Anh. III/29).

122 **3. Verwaltung ausländischen Vermögens (3. Spiegelstr.). a) Allgemeines.** Der Verwaltung ausländischen Vermögens, die der Regierung der DDR übertragen war, unterlagen nach dem Territorialitätsprinzip alle auf dem Gebiet der DDR bzw. im Ostteil Berlins belegenen Vermögenswerte von Rechtssubjekten ohne deutsche Staatsangehörigkeit mit Sitz oder Wohnsitz außerhalb der DDR bzw. Ost-Berlins.[235]

123 **b) Rechtsgrundlagen.** Die Verwaltung ausländischen Vermögens beruhte auf folgenden Rechtsgrundlagen:
- VO über die Verwaltung und den Schutz ausländischen Eigentums in der DDR v. 6. 9. 1951 (GBl. Nr. 111 S. 839 = Anh. III/2); aufgeh. durch § 39 Nr. 5 VermG;
- VO über die Verwaltung und den Schutz ausländischen Eigentums in Groß-Berlin v. 18. 12. 1951 (VOBl. f. Groß-Berlin (Ostsektor) I S. 565 = Anh. III/3); aufgeh. durch § 39 Nr. 6 VermG.

124 **4. Sonstige staatliche Inverwaltungnahmen.** Die Aufzählung der Tatbestände staatlicher Inverwaltungnahmen in § 1 Abs. 4 VermG ist nicht vollständig (vgl. dazu bereits RdNr. 114). Erfaßt werden nicht die Fälle, in denen **Kontoguthaben** von Devisen-Ausländern bei den Kreisfilialen der DDR-Staatsbank unter staatliche Verwaltung gestellt wurden (vgl. dazu § 11 RdNr. 27), obwohl § 11 Abs. 5 VermG eine Regelung zur rechtlichen Behandlung dieser Kontoguthaben enthält. Mit der Aufnahme der Bestimmung in § 11 Abs. 5 VermG hat der Gesetzgeber jedoch zu verstehen gegeben, daß auch die zugrundeliegenden Inverwaltungnahmen der Vermögensrestitution unterliegen sollen. Die Vorschrift des § 1 Abs. 4 VermG ist daher entsprechend auf die staatlichen Inverwaltungnahmen durch devisenrechtliche Bestimmungen anzuwenden.[236] Dies entspricht auch der Intention von Nr. 2 GemErkl., nach der alle Treuhandverwaltungen und ähnliche Maßnahmen mit interlokalem Bezug, die diskriminierende Verfügungsbeschränkungen über „sonstiges Vermögen" beinhalten, aufzuheben sind. Aus diesem Grunde ist § 1 Abs. 4 VermG auch auf die treuhänderische Inverwaltungnahme von Vermögenswerten nach § 1 Abs. 1 VO über **devastierte landwirtschaftliche Betriebe** v. 20. 3. 1952 (GBl. Nr. 38

---

[234] Vgl. Ziff. 5 der Vertraulichen Rundverfügung Nr. 3/1957 des Ministeriums der Justiz v. 18. 5. 1957 betr. die VO zur Sicherung von Vermögenswerten (= Anh. III/24); dazu *Breitkopf* S. 36 f.

[235] Vgl. dazu *Freytag* EWS 1990, 36 ff.; *Mitschke-Werling* NJ 1992, 100 ff.; *dies.* ZOV 1993, 12 ff.

[236] *Wasmuth* Rechtshandbuch B 100 RdNr. 129.

Geltungsbereich 125–127 **§ 1 VermG**

S. 226 = Anh. III/4; aufgeh. durch § 11 und ersetzt durch § 1 Abs. 1 VO zur Sicherung der landwirtschaftlichen Produktion und der Versorgung der Bevölkerung v. 19. 2. 1953, GBl. Nr. 25 S. 329) entsprechend anzuwenden,[237] wenn diese Inverwaltungnahmen einen diskriminierenden interlokalen Bezug hatten.

III. Verhältnis zu anderen Restitutionstatbeständen

Die Vorschrift des § 1 Abs. 4 VermG behandelt allein die Aufhebung der staatlichen 125 Verwaltung. Soweit Vermögenswerte im Zusammenhang mit Ausreisen aus der DDR beschlagnahmt und in Volkseigentum überführt wurden, richtet sich das Restitutionsverfahren nach § 1 Abs. 1 lit. a VermG. Nicht anwendbar ist § 1 Abs. 4 VermG ebenfalls, wenn es nach der staatlichen Inverwaltungnahme zu einer Veräußerung des Vermögenswertes durch den staatlichen Verwalter gekommen ist. In diesen Fällen ist die Restitution auf § 1 Abs. 1 lit. c VermG zu stützen. Ist die Inverwaltungnahme beiläufig einer straf-, ordnungsstraf- oder verwaltungsrechtlichen Entscheidung erfolgt, verdrängt § 1 Abs. 7 VermG als lex specialis die Vorschrift des § 1 Abs. 4 VermG.

K. Forderungen und andere Rechte (§ 1 Abs. 5 VermG)

Die Vorschrift des § 1 Abs. 5 VermG enthält keinen weiteren Restitutionstatbestand, 126 sondern stellt lediglich klar, daß das Vermögensgesetz neben der Rückübertragung von Vermögenswerten und der Aufhebung der staatlichen Verwaltung auch die sich daraus ergebenden **Folgeansprüche** regelt. Gemeint sind insoweit die in bezug auf den zu restituierenden Vermögenswert bestehenden Rechtsverhältnisse (vgl. dazu §§ 16 ff. VermG) und die Haftungsansprüche gegen den staatlichen Verwalter (§§ 13, 14 VermG).

Der **Wortlaut** des § 1 Abs. 5 VermG, der von „Vermögenswerten gemäß Absätzen 1 bis 127 4" spricht, ist ungenau. Die restitutionsrechtlichen Folgeansprüche entstehen ebenso bei Rückübertragungsentscheidungen, die Schädigungshandlungen iSv. § 1 Abs. 6 und 7 VermG betreffen. Zu erklären ist der Gesetzeswortlaut dadurch, daß es sich bei den Tatbeständen des § 1 Abs. 6 und 7 VermG um Fallgruppen handelt, die entgegen der Konzeption der GemErkl. erst nachträglich Aufnahme im Vermögensgesetz gefunden haben (vgl. schon RdNr. 22). Insoweit ist nach § 1 Abs. 6 VermG das Vermögensgesetz auf die Wiedergutmachung des NS-Unrechts nur „entsprechend" anwendbar. Auch die Fallgestaltungen des § 1 Abs. 7 VermG sollten ursprünglich außerhalb des vermögensrechtlichen Verfahrens geregelt werden (vgl. Nr. 9 GemErkl.).

L. NS-Unrecht (§ 1 Abs. 6 VermG)

Schrifttum zu § 1 Abs. 6: *Biehler,* Die Praxis der Rückgabe 1945–1949 enteigneten Vermögens in Sonderfällen, VerwArch 84 (1993), 514 ff.; *Biella* ua., Das Bundesrückerstattungsgesetz, 1981; *Blessin-Ehrig-Wilden,* Bundesentschädigungsgesetze, 3. Aufl. 1960; *Blessin-Wilden,* Bundesrückerstattungsgesetz, 1958; *Brunn-Hebenstreit,* Bundesentschädigungsgesetz, 1965; *Düx,* Rückerstattung statt Rückübertragung im Sinne des Vermögensgesetzes bei NS-Verfolgung, VIZ 1992, 257 ff.; *v. Godin – v. Godin,* Rückerstattung feststellbarer Vermögensgegenstände in der amerikanischen und britischen Besatzungszone und in Berlin, 2. Aufl. 1950; *Gregor,* Zur Zwangsversteigerung jüdischen Grundbesitzes als verfolgungsbedingter Vermögensverlust, ZOV 1993, 326; *Härting,* Vermögensverlust durch Zwangsversteigerung in der NS-Zeit – Gerechtigkeitslücke im Vermögensgesetz?, NJ 1994, 450 ff.; *Harmening-Hartenstein-Osthoff,* Rückerstattungsgesetz, 2. Aufl. 1952; *Hintz,* Zur Anwendung des neugefaßten Vermögensgesetzes auf Verfolgte des Nationalsozialismus, VIZ 1991, 12 ff.; *ders.,* Zur Frage der Anwendung des Vermögensgesetzes auf die Ansprüche der in § 1 VermG genannten NS-Verfolgten, VIZ 1992, 18 f.; *Hoffmann,* Die Zwangsversteigerung jüdischen Vermögens – Ansprüche nach dem Vermögensgesetz, VIZ 1994, 271 ff.; *Knauthe,* Die Zwangsversteigerung jüdischen Grundbesitzes als verfolgungsbedingter Vermögensverlust, ZOV 1993, 134 ff.; *Rieger,* Zum Zwangsverkauf jüdischer Grundstücke in der NS-Zeit, ZOV 1994, 83 ff.; *Rübsam,* Anmerkung zu KG Urt. v. 18. 10. 1991 – 9 U 3930/91, VIZ 1992, 65 ff.; *Schmidt-Block,* Vermutung eines verfolgungsbedingten Vermögensverlustes von NS-Verfolgten, VIZ 1994, 49 ff., 104 ff.; *Schwarz* ua.

---

[237] *Wasmuth* Rechtshandbuch B 100 RdNr. 129; *Motsch* VIZ 1993, 41, 44.

(Hrsg.), Die Wiedergutmachung nationalsozialistischen Unrechts durch die Bundesrepublik Deutschland, Bd. I–V, 1974 ff.; *Wasmuth*, Wiedergutmachung für entzogene Vermögenswerte von NS-Verfolgten im Beitrittsgebiet, VIZ 1992, 81 ff.; *ders.*, Anmerkung zu BVerfG, Beschl. v. 25. 3. 1992 – BvR 1859/91, VIZ 1992, 276 ff.; *Welge*, Investitionsvorrang gegenüber NS-Verfolgten?, VIZ 1993, 420 f.; *Wesel*, Wiedergutmachung für NS-Unrecht und Enteignungen auf der Grundlage sowjetischer Besatzungshoheit, VIZ 1992, 337 ff.

Arbeitsmaterialien: Rundbrief Nr. 3 des Bundesamtes zur Regelung offener Vermögensfragen v. 1. 11. 1991, abgedruckt in ZOV 1991, 123 ff., mit Ergänzung, abgedruckt in ZOV 1992, 377 ff.

I. Anwendungsbereich/Regelungszweck/Entschädigung

128 Die Vorschrift des § 1 Abs. 6 S. 1 VermG bestimmt, daß das Vermögensgesetz entsprechend auf Ansprüche von Bürgern und Vereinigungen anzuwenden ist, die im Zeitraum zwischen dem 30. 1. 1933 und dem 8. 5. 1945 aus rassischen, politischen, religiösen oder weltanschaulichen Gründen verfolgt wurden und deshalb ihr Vermögen infolge von Zwangsverkäufen, Enteignungen oder auf andere Weise verloren haben. Mit dieser Bestimmung ermöglicht der Vermögensgesetzgeber den Betroffenen eine **Wiedergutmachung von NS-Unrecht**, die im Beitrittsgebiet bis dahin praktisch nicht stattgefunden hatte.

129 Abgesehen von den Regelungen des SMAD-Befehles Nr. 82 v. 29. 4. 1948[238] und vergleichbarer landesrechtlicher Regelungen,[239] die eine Rückgabe beschlagnahmter oder enteigneter Vermögenswerte an die in der **SBZ** zugelassenen politischen Parteien, Gewerkschaften, genossenschaftliche Vereinigungen oder andere Nachfolgeorganisationen aufgelöster Vereinigungen, nicht aber an Einzelpersonen vorsahen, hat es eine auch natürliche Personen begünstigende Wiedergutmachungsgesetzgebung nur in Thüringen[240] gegeben. Diese ist aber nicht selten nur pro forma durchgeführt worden bzw. wurden zurückgegebene Vermögenswerte (später) wieder unter staatliche Verwaltung gestellt oder enteignet.[241] Im übrigen wurden Verfolgten des Naziregimes[242] bisweilen **Vergünstigungen** auf den Gebieten des Miet-,[243] Steuer-[244] und Rentenrechts,[245] der Sozialversicherung[246] und Gesundheitsfürsorge[247] oder der öffentlichen Personenbeförderung[248] eingeräumt.

---

[238] Reg.-Bl. Thüringen III S. 20.
[239] *Sachsen-Anhalt*: Ges. v. 30. 5. 1947, GBl. I S. 97; *Mecklenburg*: Rückgabeges. v. 29. 4. 1948.
[240] Ges. v. 14. 9. 1945, Reg.Bl. I S. 24 mit DVO v. 24. 9. 1945, Reg.Bl. I S. 30, v. 30. 6. 1946, RegBl. I S. 102, v. 13. 10. 1947, RegBl. I S. 89; dazu *Schwarz*, in: Die Wiedergutmachung nationalsozialistischen Unrechts durch die Bundesrepublik, Bd. I, 1974, S. 325 ff. Vgl. auch Gesetz zur Einführung der Kassation in Wiedergutmachungssachen v. 24. 3. 1948, RegBl. Thüringen I S. 45.
[241] *Wasmuth* Rechtshandbuch B 100 Einf. RdNr. 18; *Link-Minden-Roth* ZOV 1993, 324 f.; *Biehler* VerwArch 84 (1993), 514, 516 ff.
[242] Vgl. Richtlinie für die Anerkennung als Verfolgte des Naziregimes v. 10. 2. 1950, GBl. Nr. 14 S. 92, geänd. durch AO v. 19. 12. 1974, GBl. I 1975 Nr. 2 S. 9.
[243] § 2 AO zur Sicherung der rechtlichen Stellung der anerkannten Verfolgten des Naziregimes v. 5. 10. 1949, ZVOBl. Nr. 89 S. 765, nebst Durchführungsbestimmungen v. 10. 2. 1950, GBl. Nr. 14 S. 87.
[244] § 8 Abs. 2 S. 2 VO zur Änderung der Besteuerung des Arbeitseinkommens v. 15. 10. 1953, GBl. I Nr. 108 S. 1031.
[245] AO über Ehrenpensionen für Kämpfer gegen den Faschismus und für Verfolgte des Faschismus und für deren Hinterbliebene v. 20. 9. 1976 (unveröffentl. vertrauliche Dienstsache; nunmehr abgedruckt in BfA (Hrsg.), Rentenversicherung im Beitrittsgebiet, 1990, S. 689 ff.), geänd. durch Rentenangleichungsgesetz v. 28. 6. 1990, GBl. I Nr. 38 S. 495 und durch Anl. II Kap. VIII Sachgeb. H Abschn. III Nr. 5 z. EVertr. iVm. Art. 1 des Gesetzes v. 23. 9. 1990 (BGBl. II S. 885, 1214). Zur Neuregelung der Ehren- und Hinterbliebenenpensionen und deren Weiterzahlung als Entschädigungsrenten vgl. Art. 1 des Gesetzes über Entschädigungen für Opfer des Nationalsozialismus im Beitrittsgebiet (Entschädigungsrentengesetz) v. 22. 4. 1992, BGBl. I S. 906, nebst Richtlinien für eine ergänzende Regelung über Entschädigungen für Opfer des Nationalsozialismus im Beitrittsgebiet v. 13. 5. 1992, BAnz 1992, Nr. 95 S. 4186.
[246] § 1 AO zur Sicherung der rechtlichen Stellung der anerkannten Verfolgten des Naziregimes v. 5. 10. 1949, ZVOBl. Nr. 89 S. 765, nebst Durchführungsbestimmungen v. 10. 2. 1950, GBl. Nr. 14 S. 87.
[247] § 4 AO zur Sicherung der rechtlichen Stellung der anerkannten Verfolgten des Naziregimes v. 5. 10. 1949, ZVOBl. Nr. 89 S. 765, nebst Durchführungsbestimmungen v. 10. 2. 1950, GBl. Nr. 14 S. 87.
[248] AO über die unentgeltliche Benutzung öffentlicher Verkehrsmittel durch anerkannte Kämpfer gegen den Faschismus, Verfolgte des Faschismus und Hinterbliebene v. 7. 6. 1974, GBl. I Nr. 32 S. 319.

Da andererseits im alten Bundesgebiet durch die **alliierten Rückerstattungsgesetze**[249] **130** und **ergänzendes Bundesrecht**[250] sowie die Länder- und Bundesgesetze auf dem Gebiet des Entschädigungsrechts[251] ein substantieller Ausgleich vermögensschädigender NS-Maßnahmen stattgefunden hat, ist § 1 Abs. 6 VermG auch Ausdruck des Gebots der Gleichbehandlung. Eine weitergehende rechtliche Verpflichtung zur Regelung des NS-Unrechts ergibt sich zwar nicht aus der als Anlage III in den Einigungsvertrag aufgenommenen Gemeinsamen Erklärung der Regierungen der Bundesrepublik Deutschland und der Deutschen Demokratischen Republik zur Regelung offener Vermögensfragen v. 15. 6. 1990,[252] in der die Vermögensfragen aus dem Zeitraum vor 1945 mangels entsprechenden Verhandlungsfortschritts noch nicht erwähnt sind,[253] wohl aber aus völkerrechtlichen Bindungen, die die Bundesrepublik Deutschland mit der „Vereinbarung vom 27./28. 9. 1990 zu dem Vertrag über die Beziehungen zwischen der Bundesrepublik Deutschland und den Drei Mächten (...) sowie zu dem Vertrag zur Regelung aus Krieg und Besatzung entstandener Fragen (...)"[254] eingegangen ist bzw. bekräftigt hat.

Unter Ziff. 4 lit. c Abs. 1 der Vereinbarung v. 27./28. 9. 1990 hat die Bundesregierung **131** ua. bestätigt, daß die Streichung des Dritten, Vierten und Fünften Teils des sog. Überleitungsvertrages v. 26. 5. 1952[255] die Fortgeltung der darin festgelegten Grundsätze in bezug auf die innere Rückerstattung, die Entschädigung für Opfer der nationalsozialistischen Verfolgung und die äußeren Restitutionen sowie die Fortgeltung der entsprechenden Bestimmungen des Bundesrückerstattungsgesetzes nicht beeinträchtigt; ferner erklärt die Bundesregierung unter Ziff. 4 lit. c Abs. 3, „daß das Bundesrückerstattungsgesetz und das Bundesentschädigungsgesetz auf das Gebiet der gegenwärtigen Deutschen Demokratischen Republik erstreckt werden. Hierfür sind weitere Bestimmungen erforderlich, die den dortigen Gegebenheiten Rechnung tragen.". Während die unter Ziff. 4 lit. c Abs. 1 abgegebene Bestätigung, die das alliierte Rückerstattungsrecht und das deutsche Folgerecht betrifft, lediglich der Erhaltung des Status quo im alten Bundesgebiet dient,[256]

---

[249] *Amerikanische Zone:* Gesetz Nr. 59 v. 10. 11. 1947 (Rückerstattung feststellbarer Vermögensgegenstände) der Militärregierung Deutschland – Amerikanisches Kontrollgebiet, ABl. Ausg. G S. 1 (USREG); *Französische Zone:* VO Nr. 120 v. 10. 11. 1947 (Rückerstattung geraubter Vermögenswerte) der Militärregierung Deutschland – Französisches Kontrollgebiet, ABl. S. 1219; *Britische Zone:* Gesetz Nr. 59 v. 12. 5. 1949 (Rückerstattung feststellbarer Vermögensgegenstände an Opfer der nationalsozialistischen Unterdrückungsmaßnahmen) der Militärregierung Deutschland – Britisches Kontrollgebiet, ABl. S. 1169 (BrREG); *Westsektoren Berlins:* Anordnung BK/O (49) 180 (Rückerstattung feststellbarer Vermögenswerte an Opfer der nationalsozialistischen Unterdrückungsmaßnahmen) der Alliierten Kommandantur Berlin, VOBl. I S. 221.
[250] Bundesgesetz zur Regelung der rückerstattungsrechtlichen Geldverbindlichkeiten des Deutschen Reichs und gleichgestellter Rechtsträger (Bundesrückerstattungsgesetz – BRüG) v. 19. 7. 1957, BGBl. I S. 734.
[251] Überblick über die vom Fürsorgeprinzip geleitete Entwicklung der Ländergesetzgebung bei *Féaux de la Croix*, in: Die Wiedergutmachung nationalsozialistischen Unrechts durch die Bundesrepublik Deutschland, Bd. III, 1985, S. 1, 16 ff. Wiedergutmachungscharakter hatte erstmals das vom Länderrat der US-Zone am 26. 4. 1949 angenommene Entschädigungsgesetz (BayGVBl. S. 195, Brem. GBl. S. 159, Hess. GVBl. S. 101, Württ.-Bad. RegBl. S. 187; dazu *Féaux de la Croix*, aaO, S. 37 ff.), das zunächst nur in der amerikanischen Besatzungszone galt und durch das Bundesergänzungsgesetz zur Entschädigung für Opfer der nationalsozialistischen Verfolgung (BErgG) v. 18. 9. 1953, GBl. I S. 1387, in novellierter Fassung auf den gesamten Geltungsbereich des Grundgesetzes erstreckt wurde (dazu *Féaux de la Croix*, aaO, S. 63 ff.). Das BErgG wurde abgelöst durch das Bundesgesetz zur Entschädigung für Opfer der nationalsozialistischen Verfolgung (Bundesentschädigungsgesetz -BEG-) v. 29. 6. 1956, BGBl. I S. 559 (dazu *Féaux de la Croix*, aaO, S. 83 ff.), grdl. geänd. durch das Zweite Gesetz zur Änderung des Bundesentschädigungsgesetzes (BEG-Schlußgesetz) v. 14. 9. 1965, GBl. I S. 1315 (dazu *Féaux de la Croix*, aaO, S. 95 ff.).
[252] BGBl. II S. 889, 1237.
[253] Zum Verlauf der Beratungen vgl. *Wesel* VIZ 1992, 337, 338 f.
[254] BGBl. II S. 1386.
[255] Vertrag zur Regelung aus Krieg und Besatzung entstandener Fragen v. 26. 5. 1952 (in der gem. Liste IV zu dem am 23. 10. 1954 in Paris unterzeichneten Protokoll über die Beendigung des Besatzungsregimes in der Bundesrepublik Deutschland geänderten Fassung, BGBl. 1955 II S. 405, ber. S. 944).
[256] *Wasmuth* Rechtshandbuch B 100 RdNr. 143; *ders.*, VIZ 1992, 81, 82; *Uechtritz* VIZ 1992, 377, 378; aA *Düx* VIZ 1992, 257, 258.

enthält Ziff. 4 lit. c Abs. 3 die Verpflichtung, das Bundesrückerstattungs- und -entschädigungsrecht in novellierter Fassung oder jedenfalls **inhaltlich entsprechende Regelungen im Beitrittsgebiet** in Kraft zu setzen.

132 Regelungsgegenstand des Rückerstattungsrechts ist die **Rückgabe** entzogener oder unter Zwang aufgegebener Vermögenswerte, **ersatzweise** die Gewährung von **Wert-** bzw. **Schadensersatz**. Nach dem Bundesentschädigungsrecht werden Personen, die aus Gründen der Rasse, des Glaubens oder der Weltanschauung nationalsozialistischen Verfolgungsmaßnahmen unterlagen, für ihre hierdurch an Leben, Körper, Gesundheit, Freiheit, Eigentum und Vermögen sowie im beruflichen und wirtschaftlichen Fortkommen erlittenen Schäden entschädigt.

133 Das **Bundesrückerstattungsgesetz** und das **Bundesentschädigungsgesetz** gelten zwar gem. Art. 8 EVertr. seit dem 3. 10. 1990 auch im Beitrittsgebiet,[257] gleichwohl können Ansprüche nach diesen Gesetzen tatsächlich nicht mehr durchgesetzt werden.[258] Das Bundesrückerstattungsgesetz enthält regelmäßig anspruchsbegründende Verweisungen auf das alliierte Rückerstattungsrecht (vgl. §§ 2, 11 Nr. 1 BRüG), das als partielles Bundesrecht im Beitrittsgebiet nicht in Kraft getreten ist (vgl. Art. 8 EVertr.) und damit auch die Anwendung des Bundesrückerstattungsrechts ausschließt.[259] Soweit dies nicht der Fall ist, wie für die Rückerstattung von Umzugsgut (§ 13 BRüG), können Ansprüche jedenfalls wegen Ablaufs der als Ausschlußfristen konzipierten Anmeldefristen[260] nicht mehr geltend gemacht werden.[261] Gleiches gilt grdstzl. für Entschädigungsansprüche nach §§ 51 ff., 56 ff. BEG (vgl. § 189 Abs. 1 S. 2 BEG idF d. BEG-Schlußgesetzes v. 14. 9. 1965, BGBl. I S. 1315), die gem. § 5 BEG gegenüber dem der Wiedergutmachung dienenden Rückerstattungsrecht subsidiär sind. Eine Wiedereinsetzung in den vorigen Stand wegen schuldhafter Fristversäumnis (§ 189 Abs. 3 BEG) kann nur erfolgen, wenn ein entsprechender Antrag alsbald nach Beseitigung des der Fristwahrung entgegenstehenden Hindernisses gestellt wurde.[262] Im Einzelfall allerdings können Entschädigungsansprüche ausnahmsweise noch geltend gemacht werden, da von den Anmeldefristen nicht alle Ansprüche erfaßt wurden. Die Ausschlußfrist des 1. 4. 1958 nach § 189 Abs. 1 S. 2 BEG gilt gem. § 189 Abs. 1 S. 3 BEG nicht für Ansprüche deportierter oder ausgewiesener Rückwanderer auf Soforthilfe (§ 141 BEG) und für Ansprüche auf Härteausgleich (§ 171 BEG). Diese Entschädigungsansprüche treten jedoch wegen der in § 5 Abs. 1 S. 2 BEG enthaltenen Subsidiaritätsklausel, die nur eine beispielhafte Aufzählung von Wiedergutmachungsvorschriften enthält, hinter § 1 Abs. 6 VermG zurück, der auch ohne ausdrückliche Benennung materielles Wiedergutmachungsrecht darstellt.[263]

134 Scheiden danach Ansprüche nach dem BRüG bzw. BEG für Personen aus dem Beitrittsgebiet regelmäßig aus, so sind diese auf eine **Wiedergutmachung** für erlittenes NS-Unrecht **nach § 1 Abs. 6 VermG** verwiesen.[264] Die vermögensrechtliche Restitution ist dabei im Regelfall sogar günstiger als das Bundesrückerstattungsrecht, das nur Geldersatz- und Schadensersatzansprüche kannte; die Entschädigungsansprüche nach §§ 51 ff., 56 ff. BEG waren zudem auf einen Höchstbetrag von 75 000,– DM beschränkt (§§ 55 Abs. 1

---

[257] *Wasmuth* Rechtshandbuch B 100 Einf. RdNr. 228, 230; *ders.* VIZ 1992, 81, 82; *Neuhaus* F/R/M/S RdNr. 131; *Hintz* VIZ 1992, 18, 19; *Rübsam* VIZ 1992, 69, 69.
[258] Dazu auch *Wasmuth* VIZ 1992, 81, 82.
[259] *Wasmuth* Rechtshandbuch B 100 Einf. RdNr. 227; aA *Düx* VIZ 1992, 257, 258; *Rübsam* VIZ 1992, 69, 69.
[260] Dazu ORG Berlin RzW 1972, 454, 455; *Lauterbach*, in: Die Wiedergutmachung des nationalsozialistischen Unrechts durch die Bundesrepublik Deutschland, Bd. II, 1981, S. 401, 412.
[261] Vgl. § 27 Abs. 2 BRüG idF d. Zweiten Änderungsgesetzes zum Bundesrückerstattungsgesetz v. 13. 1. 1959, BGBl. I S. 21; Art. II d. Dritten Änderungsgesetzes (...) v. 2. 10. 1964, BGBl. I S. 809; Art. 2 d. 4. Änderungsgesetzes (...) v. 3. 9. 1969, BGBl. I S. 1569; dazu *Lauterbach*, in: Die Wiedergutmachung des nationalsozialistischen Unrechts durch die Bundesrepublik Deutschland, Bd. II, 1981, S. 401, 410 f.
[262] *Wilden*, in: Blessin-Ehrig-Wilden, Bundesentschädigungsgesetze, 3. Aufl. 1960, § 189 BEG, RdNr. 8.
[263] Vgl. OLG Hamm RzW 1960, 207, 208.
[264] *Uechtritz* VIZ 1992, 377, 378; vgl. auch Rundbrief Nr. 3 d. BARoV v. 1. 11. 1991, abgedruckt in ZOV 1991, 123, 125.

S. 1, 58 S. 1 BEG). Da sich die Wiedergutmachung von NS-Unrecht im Beitrittsgebiet allein nach den Vorschriften des Vermögensgesetzes richtet, ist es ebenso wie das InVorG[265] auch im Hinblick auf die dortigen **Ausschlußvorschriften** anwendbar (vgl. auch § 1 Abs. 1 NS-VEntschG).[266] Nur so läßt sich dem Grundanliegen des Gesetzgebers gerecht werden, einen sozialverträglichen Ausgleich zwischen den Einzelinteressen auch für das ein halbes Jahrhundert zurückliegende NS-Unrecht herbeizuführen. Nicht anders ist der Hinweis in der Vereinbarung vom 27./28. 9. 1990[267] zu verstehen, es seien weitere Bestimmungen erforderlich, um den Gegebenheiten im Beitrittsgebiet Rechnung zu tragen. Ein (ergänzender) Rückgriff auf Vorschriften des alliierten Rückerstattungsrechts und die bundesdeutschen Folgeregelungen scheidet damit aus,[268] sofern das Vermögensgesetz einen solchen nicht ausdrücklich anordnet (vgl. § 1 Abs. 6 S. 2 VermG)[269] oder Rechtsbegriffe wie denjenigen der Verfolgung (vgl. Art. 1 Abs. 1 USREG; Art. 1 Abs. 1 BrREG; Art. 1 VO Nr. 120) und des Vermögensverlustes (Art. 2f. USREG; Art. 2f. BrREG; §§ 12f. BRüG) inhaltlich übernimmt. Insoweit ist es möglich, für die Auslegung des § 1 Abs. 6 VermG auf die zu den genannten Vorschriften vorliegenden Interpretamente zurückzugreifen.[270]

Scheidet die Rückgabe von Vermögenswerten aus (§ 4 Abs. 1, 2, § 6 Abs. 1 S. 1, § 11 Abs. 5 VermG) oder entscheidet sich der Berechtigte für eine **Entschädigung** (§ 6 Abs. 7, § 8 Abs. 1, § 11 Abs. 1 S. 2 VermG), besteht ein Entschädigungsanspruch in Geld gegen den Entschädigungsfonds (§ 1 Abs. 1 NS-VEntschG). Im Einzelfall ist eine Entschädigung allerdings ausgeschlossen, wenn der Berechtigte bereits anderweit Ausgleichsleistungen erhalten hat (§ 1 Abs. 2 S. 1 NS-VEntschG iVm. § 1 Abs. 4 Nr. 1, 3 EntschG; § 1 Abs. 2 S. 2 NS-VEntschG) oder der Vermögenslust bestimmte Bemessungsgrenzen nicht übersteigt (§ 1 Abs. 2 S. 1 NS-VEntschG iVm § 1 Abs. 4 Nr. 2 EntschG). Die Höhe der Entschädigung richtet sich nach § 2 NS-VEntschG, wobei sich das Gesetz mit Modifikationen an die Regelungen in §§ 16 bis 26 BRüG anlehnt. Diese von den sonstigen Schädigungstatbeständen des § 1 VermG abweichende Entschädigungsregelung folgt aus der in Ziff. 4 lit. c. Abs. 3 der Vereinbarung v. 27./28. 9 1990 eingegangenen völkerrechtlichen Verpflichtungen der Bundesrepublik.[271] **134a**

II. Voraussetzungen

1. Bürger und Vereinigungen. Rückerstattungsberechtigt sind nach § 1 Abs. 6 VermG Bürger und Vereinigungen, die von NS- Verfolgungsmaßnahmen und dadurch bedingten Vermögensverlusten betroffen sind. Da § 1 Abs. 6 VermG den Zweck verfolgt, die für Rechtssubjekte aus der „alten" Bundesrepublik bereits durchgeführte Wiedergutmachung von NS-Unrecht auch den Rechtssubjekten des Beitrittsgebietes zu eröffnen, kommen als Berechtigte iS dieser Vorschrift nur Bürger und Vereinigungen in Betracht, die am 29. 9. 1990, dem Tag des Inkrafttretens des Vermögensgesetzes, ihren **Wohnsitz oder Sitz im Beitrittsgebiet** hatten. Die Terminologie „Bürger" und „Vereinigungen" entstammt der DDR-Rechtssprache. Mit dem Begriff „Bürger" wurden in der DDR natürliche Personen bezeichnet. Vereinigungen sind alle Personenzusammenschlüsse, unabhängig davon, ob sie rechtsfähig sind oder nicht, und welchen Zweck sie verfolgen. Dazu zählen Rechtsgemeinschaften, Gesamthandsgemeinschaften (GbR, Erbengemeinschaft), Personenhandelsgesellschaften (OHG, KG), juristische Personen des Privatrechts (AG, KGaA, GmbH, **135**

---

[265] Vgl. VG Berlin VIZ 1994, 355 (LS); das InVorG gilt gem. § 22 jedoch nicht für Grundstücke und Gebäude, die aus dem Grundbuch als Synagoge oder Friedhof einer jüdischen Gemeinde zu erkennen sind.
[266] VG Berlin VIZ 1994, 353, 354 f.; *Wasmuth* Rechtshandbuch B 100 RdNr. 148; *Horn* S. 527; aA *Hintz* VIZ 1991, 12, 13 f.; *ders.* VIZ 1992, 18, 19; *Düx* VIZ 1992, 257, 259; krit. *Welge* VIZ 1993, 420, 421.
[267] BGBl. II S. 1386.
[268] AA noch *Hintz* VIZ 1992, 18, 19.
[269] *Uechtritz* VIZ 1992, 377, 378.
[270] Ebenso *Neuhaus* F/R/M/S RdNr. 132; *Wasmuth* Rechtshandbuch B 100 RdNr. 149; *ders.* BRAK-Mitt. 1991, 116, 121.
[271] Vgl. dazu RdNr. 131.

eingetragene Vereine, Wirtschaftsvereine, Stiftungen) und des öffentlichen Rechts (Körperschaften, Stiftungen, Anstalten, Religionsgemeinschaften), aber auch nicht rechtsfähige Parteien und Religionsgemeinschaften und alle anderen Vereinigungen iSv. § 1 Abs. 1 Vereinigungsgesetz,[272] also „sich selbst verwaltende Zusammenschlüsse von Bürgerinnen und Bürgern zur Wahrnehmung gemeinsamer Interessen und Erreichung gemeinsamer Ziele".

136 **2. Verfolgung. a) Allgemeines.** Den Begriff der Verfolgung verwendet das Vermögensgesetz iSd. rückerstattungsrechtlichen Verfolgungsbegriffs. Zur Auslegung dieses Rechtsbegriffs kann daher auf die Erkenntnisse zum **Rückerstattungsrecht** zurückgegriffen werden. Danach liegt eine Verfolgungsmaßnahme aus den in § 1 Abs. 6 VermG aufgeführten Gründen vor, wenn das Handeln des Staates nicht nur aus staatspolitischen Erwägungen erfolgte, sondern sich zielgerichtet aus feindseliger Einstellung gegen den Betroffenen richtete,[273] um diesen zu schädigen. Nicht gemeint sind schädigende Maßnahmen, denen jeder Bürger ohne Ansehen der Person ausgesetzt war.[274] Als Verfolgungsgründe benennt § 1 Abs. 6 VermG abschließend rassische, politische, religiöse oder weltanschauliche Motive, die im wesentlichen bereits Voraussetzung für eine Wiedergutmachung nach dem alliierten Rückerstattungsrecht waren (vgl. Art. 1 Abs. 1 USREG, Art. 1 Abs. 1 BrREG, Art. 1 Abs. 1 VO Nr. 120; siehe auch Art. 1 Abs. 1 AO BK/0 (49) 180, § 1 Abs. 1 BEG).

137 **b) Rassische Verfolgung.** Wegen ihrer Rasse verfolgt werden Menschen, die einer Gruppe mit besonderen vererbbaren Eigenschaften angehören.[275] Im Rahmen von § 1 Abs. 6 VermG, der die Wiedergutmachung nationalsozialistischen Unrechts bezweckt, ist nicht auf wissenschaftliche Begriffsbeschreibungen, sondern auf die **Rassenideologie des Nationalsozialismus** abzustellen.[275a] Nach dieser waren ursprünglich Menschen „nichtarischer" Abstammung der Verfolgung ausgesetzt.[276] Die Unterscheidung zwischen arischer und nichtarischer Abstammung wurde seit den Nürnberger Gesetzen des Jahres 1935 aufgegeben und durch die Begriffsbildung „deutschblütig" bzw. „jüdisch" ersetzt.[277] „Deutschblütig" sollten danach alle Personen „deutschen und artverwandten Blutes" sein.[278] Im Gegensatz dazu galten als Juden, die jedenfalls seit dem 15. 9. 1935 („Nürnberger Gesetze") auch kollektiver Verfolgung ausgesetzt waren,[279] diejenigen Personen, die von mindestens drei der Rasse nach volljüdischen Großeltern abstammten;[280] ferner „staatsangehörige jüdische Mischlinge",[281] die von zwei volljüdischen Großeltern ab-

---

[272] Gesetz über Vereinigungen (Vereinigungsgesetz) v. 21. 2. 1990, GBl. I Nr. 10 S. 75, geänd. durch Gesetz v. 22. 6. 1990, GBl. I Nr. 37, S. 470.
[273] OLG München RzW 1949/50, 301, 301; WK Frankfurt RzW 1949/50, 138, 138; RK Offenburg RzW 1949/50, 127, 127; vgl. auch zum Entschädigungsrecht *Ehrig*, in: *Blessin-Ehrig-Wilden*, Bundesentschädigungsgesetze, 3. Aufl. 1960, § 2 RdNr. 3.
[274] WK München RzW 1949/50, 74, 74; *Wasmuth* Rechtshandbuch B 100 RdNr. 166.
[275] *Gubelt*, in: *v. Münch-Kunig* (Hrsg.), Grundgesetz-Kommentar, 4. Aufl. 1992, Art. 3 RdNr. 96; *v. Mangoldt-Klein-Starck*, Das Bonner Grundgesetz, 3. Aufl. 1985, Art. 3 Abs. 3 RdNr. 270.
[275a] VG Leipzig VIZ 1994, 304, 305.
[276] Vgl. bereits § 3 Abs. 1 Gesetz zur Wiederherstellung des Berufsbeamtentums v. 7. 4. 1933, RGBl. I S. 175; § 1a Abs. 3 des Reichsbeamtengesetzes v. 31. 3. 1873 (RGBl. S. 61) idF des Gesetzes zur Änderung von Vorschriften auf dem Gebiete des allgemeinen Beamten-, des Besoldungs- und des Versorgungsrechts v. 30. 6. 1933, RGBl. I S. 433.
[277] Vgl. Gesetz zum Schutze des deutschen Blutes und der deutschen Ehre v. 15. 9. 1935, RGBl. I S. 1146.
[278] § 1 Gesetz zum Schutze des deutschen Blutes und der deutschen Ehre v. 15. 9. 1935, RGBl. I S. 1146; vgl. auch *Stuckart-Schiedermair*, Rassen- und Erbpflege in der Gesetzgebung des Reiches, 3. Aufl. 1942, S. 18.
[279] Weitergehend *Gießler*, in: Die Wiedergutmachung nationalsozialistischen Unrechts durch die Bundesrepublik Deutschland, Bd. IV, 1981, S. 1, 21, der eine kollektive Verfolgung von Anbeginn der NS-Gewaltherrschaft annimmt; ebenso *Kimme-Dietsche* RdNr. 154.
[280] (§ 1 Abs. 3 der Ersten Verordnung zur Ausführung des Gesetzes zum Schutze des deutschen Blutes und der deutschen Ehre v. 14. 11. 1935, RGBl. I S. 1334, iVm.) § 5 Abs. 1 der Ersten Verordnung zum Reichsbürgergesetz v. 14. 11. 1935, RGBl. I S. 1333.
[281] § 2 Abs. 2 der Ersten VO z. Reichsbürgergesetz v. 14. 11. 1935: „Jüdischer Mischling ist, wer von einem oder zwei der Rasse nach volljüdischen Großeltern abstammt, sofern er nicht nach § 5 Abs. 2 als Jude gilt. Als volljüdisch gilt ein Großel-

stammten, wenn sie entweder beim Erlaß des Reichsbürgergesetzes[282] der jüdischen Religionsgemeinschaft angehört haben oder danach in sie aufgenommen wurden,[283] beim Erlaß des Reichsbürgergesetzes mit einem Juden verheiratet waren oder sich danach mit einem solchen verheirateten,[284] aus einer Ehe mit einem Juden iSv. § 5 Abs. 1 der Ersten VO zum Reichsbürgergesetz v. 14. 11. 1935 stammten, die nach Inkrafttreten des Gesetzes zum Schutze des deutschen Blutes und der deutschen Ehre v. 15. 9. 1935 geschlossen wurde[285] oder aus dem außerehelichen Verkehr mit einem Juden stammten und nach dem 31. 7. 1936 außerehelich geboren wurden.[286]

138 Nach der Dritten Verordnung zum Reichsbürgergesetz v. 14. 6. 1938 (RGBl. I S. 627) galten **Gewerbebetriebe** als jüdisch, wenn der Inhaber Jude iSv. § 5d. Ersten VO z. Reichsbürgergesetz war (Art. I § 1 Abs. 1d. Dritten VO);[287] bei Personenhandelsgesellschaften, wenn mindestens ein persönlich haftender Gesellschafter Jude war (Art. I § 1 Abs. 2d. Dritten VO); bei juristischen Personen, wenn entweder eine zur gesetzlichen Vertretung berufene Person oder ein Aufsichtsratsmitglied Jude waren (Art. I § 1 Abs. 3 lit. a d. Dritten VO) oder wenn Juden nach Kapital oder Stimmrecht iSd. Art. I § 1 Abs. 3 lit. b d. Dritten VO entscheidend an der juristischen Person beteiligt waren. Ferner galten Gewerbebetriebe als jüdisch, wenn sie nach der Generalklausel des Art. I § 3d. Dritten VO tatsächlich unter dem beherrschenden Einfluß von Juden standen. Selbst die Zweigniederlassung eines nichtjüdischen Gewerbebetriebs wurde als jüdisch angesehen, wenn der Leiter oder einer von mehreren Leitern der Zweigniederlassung Jude ist (Art. I § 4 Abs. 2d. Dritten VO). Die Vorschriften der §§ 1, 3 und 4 fanden auf **Vereine, Stiftungen, Anstalten und sonstige Unternehmen**, die nicht Gewerbebetriebe waren, entsprechende Anwendung (Art. I § 6 d. Dritten VO).

139 Neben der Verfolgung der jüdischen Bevölkerungsgruppe, deren Auslöschung das Hauptziel der NS-Rassenideologie war,[288] unterlagen auch andere „nichtarische" bzw. „nicht deutschblütige" **Personengruppen** rassisch motivierten Verfolgungsmaßnahmen. Zu diesen gehörten insbesondere die Sinti und Roma,[289] aber auch Mongolen und schwarzhäutige Personen. Die in der Terminologie des NS-Staates als Zigeuner bezeichneten Sinti und Roma waren jedenfalls seit dem Runderlaß des Reichsführers SS und Chefs der Deutschen Polizei v. 8. 12. 1938 (MBl. JV S. 2106), nach dem die Regelung der Zigeunerfrage „aus dem Wesen der Rasse heraus in Angriff zu nehmen" war, kollektiver Verfolgung ausgesetzt (vgl. Art. IV Nr. 1 Abs. 2 BEG-Schlußgesetz v. 14. 9. 1965, BGBl. I S. 1315).[290] Inwieweit Maßnahmen aus dem Zeitraum vor dem 8. 12. 1938 Ausdruck einer Verfolgung aus rassischen Gründen waren, ist im Einzelfall zu prüfen.

140 Die rassische Verfolgung setzte nicht notwendig voraus, daß die verfolgten Personen selbst einer „minderwertigen" Rasse angehörten oder zugerechnet wurden. Anlaß für eine Verfolgung aus rassischen Gründen konnte bereits die **Aufrechterhaltung oder Aufnah-**

---

ternteil ohne weiteres, wenn er der jüdischen Religionsgemeinschaft angehört hat.".
[282] Reichsbürgergesetz v. 15. 9. 1935, RGBl. I S. 1146.
[283] § 5 Abs. 2 lit. a der Ersten VO z. Reichsbürgergesetz v. 14. 11. 1935, RGBl. I S. 1333.
[284] § 5 Abs. 2 lit. b d. Ersten VO z. Reichsbürgergesetz v. 14. 11. 1935, RGBl. I S. 1333.
[285] § 5 Abs. 2 lit. c d. Ersten VO z. Reichsbürgergesetz v. 14. 11. 1935, RGBl. I S. 1333.
[286] § 5 Abs. 2 lit. d d. Ersten VO z. Reichsbürgergesetz v. 14. 11. 1935, RGBl. I S. 1333.
[287] Dritte Verordnung zum Reichsbürgergesetz v. 14. 6. 1938, RGBl. I S. 627 (= Rechtshandbuch Dok I 5 c).

[288] Vgl. dazu *Gießler*, in: Die Wiedergutmachung nationalsozialistischen Unrechts durch die Bundesrepublik Deutschland, Bd. IV, 1981, S. 1, 21.
[289] Vgl. dazu *Gießler*, in: Die Wiedergutmachung nationalsozialistischen Unrechts durch die Bundesrepublik Deutschland, Bd. IV, 1981, S. 1, 21 ff.; *Calvelli-Adorno* RzW 1961, 529 ff.
[290] BGH RzW 1964, 209, 210, unter Aufgabe der früheren Rechtsprechung (vgl. BGH RzW 1956, 113, 114). Die Änderung des BEG war Folge der geänderten BGH-Rechtsprechung (dazu Schriftlicher Bericht d. Ausschusses f. Wiedergutmachung, BT-Drucks. IV/3423, S. 20). AA *Ehrig*, in: Blessin-Ehrig-Wilden, Bundesentschädigungsgesetze, 3. Aufl. 1960, § 1 BEG; RdNr. 35.

me sozialen Kontakts zu Personen der verfolgten Bevölkerungsgruppen sein[291] oder die Ablehnung der NS-Rassenideologie.[292]

141 Die Verfolgung der Angehörigen **slawischer Bevölkerungsgruppen** (Polen, Ukrainer, Serben, Tschechen, Russen etc.) wird in Rechtsprechung[293] und Literatur[294] zum Rückerstattungs- und Entschädigungsrecht dagegen nicht als rassische Verfolgung gewertet. Der Tatsache, daß etwa Polen und Juden in den eingegliederten Ostgebieten gleichermaßen diskriminierenden Maßnahmen unterworfen waren,[295] soll danach keine Indizwirkung für eine rassische Verfolgung zukommen, da die Motivation für die gegen Polen getroffenen Maßnahmen in der auf Unterdrückung angelegten politischen Gewaltherrschaft des NS-Systems gesehen wird.[296]

142 c) **Politische Verfolgung.** Das Merkmal der Verfolgung aus politischen Gründen stellt auf die subjektive Seite der Verfolgung durch das NS-System, das **Verfolgungsmotiv**, ab. Maßgebend ist also, daß der Betroffene als politischer Gegner des Nationalsozialismus behandelt wurde. Er muß daher nicht notwendig eine gegen den Nationalsozialismus gerichtete politische Einstellung gehabt haben, sich zu dieser öffentlich bekannt haben oder aktiv gegen das NS-System aufgetreten sein;[297] es genügt vielmehr, wenn die Person oder Vereinigung für einen Gegner des NS-Systems gehalten wurde und deshalb politischer Verfolgung ausgesetzt war.

143 Die Vorschrift des § 1 Abs. 6 VermG weist insoweit Parallelen zum Begriff der politischen Verfolgung in § 1 Abs. 1 BEG auf. Danach war Verfolgter, wer „aus Gründen der politischen Gegnerschaft gegen den Nationalsozialismus" nationalsozialistischen Gewaltmaßnahmen ausgesetzt war. Mit dieser Gesetzesfassung wollte der Gesetzgeber bewußt auf das **Handlungsmotiv** abstellen.[298] Die Annahme einer Verfolgung sollte nicht davon abhängig sein, ob das Opfer tatsächlich ein Gegner des NS-Regimes war oder nur dafür gehalten wurde;[299] nach dem Wortlaut der Vorgängerbestimmungen kam es noch auf die „gegen den Nationalsozialismus gerichtete politische Überzeugung" (§ 1 Abs. 1 BErgG) bzw. auf die „politische Auffassung" des Verfolgten oder dessen „Gegnerschaft gegen den Nationalsozialismus" (Art. 1 Abs. 1 S. 1 BrREG; Art. 1 Abs. 1 USREG) und damit auf die Motivation des Verfolgten an (vgl. § 1 Abs. 1 BErgG; Art. 1 USREG).[300] In diesem Sinne wurde verlangt, daß der Verfolgte von der Gültigkeit seines politischen Urteils durchdrungen war und sich zu seiner Einstellung bekannte.[301]

144 Stellt man für § 1 Abs. 6 VermG allein auf das Verfolgungsmotiv ab, so kann dies jedoch zu unbilligen Ergebnissen führen, da auch Anhänger des Nationalsozialismus bzw. Mitglieder der NSDAP oder ihrer Organisationen im Rahmen des innerparteilichen Machtkampfs politisch motivierten Maßnahmen ausgesetzt waren.[302] Dabei handelt es

---

[291] Vgl. BGH RzW 1957, 19, 19 (Bestrafung wegen „Rassenschande"); RzW 1965, 164, 164 f. (Persönliche/geschäftliche Beziehungen zu Juden); RzW 1960, 376, 376 (Hilfeleistung/Fluchthilfe); RzW 1967, 542, 543 (Hilfeleistung/Fluchthilfe); RzW 1967, 308, 309 (Gewährung von Unterschlupf).
[292] BGH RzW 1971, 113, 114.
[293] BVerwG RzW 1961, 427, 427; OLG Koblenz RzW 1955, 92, 92; OLG Stuttgart RzW 1950, 375, 375.
[294] *Ehrig,* in: *Blessin-Ehrig-Wilden,* Bundesentschädigungsgesetze, 3. Aufl. 1960, § 1 RdNr. 29.
[295] Vgl. VO über die Strafrechtspflege gegen Polen und Juden in den eingegliederten Ostgebieten v. 4. 12. 1941, RGBl. I S. 759.
[296] BVerwG RzW 1961, 427, 427 f.; *Ehrig,* in: Blessin-Ehrig-Wilden, Bundesentschädigungsgesetze, 3. Aufl. 1960, § 1 RdNr. 29; krit. mit beachtlichen Gründen *Wasmuth* Rechtshandbuch B 100 RdNr. 170.

[297] *Wasmuth* Rechtshandbuch B 100 RdNr. 172; *Brettholle/Köhler-Apel* R/R/B RdNr. 116; aA *Neuhaus* F/R/M/S RdNr. 139.
[298] Begründung z. Entw. der Neufassung des Bundesergänzungsgesetzes zur Entschädigung für Opfer der nationalsozialistischen Verfolgung, BT-Drucks. II/1949, S. 83, 86; Schriftlicher Bericht des Ausschusses für Fragen der Wiedergutmachung (37. Ausschuß), BT-Drucks. II/2382, S. 2 f.; vgl. auch BGH RzW 1957, 17, 17.
[299] Dazu BGH RzW 1959, 500.
[300] Dazu *Gießler,* in: Die Wiedergutmachung nationalsozialistischen Unrechts durch die Bundesrepublik Deutschland, Bd. IV, 1981, S. 1, 11.
[301] Vgl. BGH RzW 1955, 85 (LS).
[302] Zur innerparteilichen Opposition vgl. *Gießler,* in: Die Wiedergutmachung nationalsozialistischen Unrechts durch die Bundesrepublik Deutschland, Bd. IV, 1981, S. 1, 13.

sich jedoch um keine (mutmaßlichen) **Systemgegner** iSv. § 1 Abs. 6 VermG, sondern um eine innerparteiliche Opposition, die sich auf ihre Weise gleichwohl den Zielen des Nationalsozialismus verpflichtet fühlte.[303] Eine politische Verfolgung iSv. § 1 Abs. 6 VermG erfordert daher ein entsprechendes Handlungsmotiv auf Verfolgerseite, das auch nach heutigen Maßstäben die Verfolgung eines vermeintlichen oder tatsächlichen Gegners des NS-Systems erkennen läßt. Damit scheiden Angehörige oder Anhänger des NS-Systems, die allein wegen innerparteilicher Opposition geschädigt wurden, aus dem Kreis der Restitutionsberechtigten des § 1 Abs. 6 VermG aus.

Im übrigen erlaubt allein die **Zugehörigkeit zu einer Personengruppe** (Homosexuelle, Anarchisten, Separatisten, Dirnen, Zuhälter, Landstreicher, sog. Arbeitsscheue, Geisteskranke) anders als in bestimmten Fällen der kollektiven rassischen Verfolgung nicht mit hinreichender Sicherheit den Rückschluß auf eine politische Verfolgung, auch wenn Mitglieder dieser Personengruppen häufig wie politisch Verfolgte behandelt wurden.[304] Diese ist vielmehr im Einzelfall zu prüfen, da die Maßnahme auch auf andere Gründe, etwa ordnungs- oder strafrechtliche, zurückzuführen sein kann.[305]

Eine politische Verfolgung iSv. § 1 Abs. 6 VermG liegt nach den vorstehenden Überlegungen regelmäßig bei Maßnahmen[306] der nationalsozialistischen Machthaber gegen politische **Parteien** (SPD, KPD, Zentrum) und gegen die aufgelösten bzw. gleichgeschalteten **Gewerkschaften** vor.[307] Die Mitglieder dieser Vereinigungen unterlagen keiner kollektiven Verfolgung,[308] so daß eine politische Verfolgung im Einzelfall zu prüfen ist. Aus der umfangreichen Kasuistik zu § 1 BEG, die wegen der inhaltlichen Parallelen (dazu oben RdNr. 134, 143) auch für die Ausfüllung des Begriffs der politischen Verfolgung in § 1 Abs. 6 VermG fruchtbar gemacht werden kann, sind als politische **Verfolgungsgründe** hervorzuheben:[309] Verurteilungen aufgrund der VO des Reichspräsidenten zur Abwehr heimtückischer Angriffe gegen die Regierung der nationalen Erhebung v. 21. 5. 1933 (RGBl. I S. 135) und des Gesetzes gegen heimtückische Angriffe auf Staat und Partei und zum Schutz der Parteiuniformen v. 20. 12. 1934 (RGBl. I S. 1269);[310] Ablehnung der NS-Rassenideologie;[311] Widerstand gegen Verschleppungen, Mißhandlungen, Sippenhaft und Vernichtung sog. lebensunwerten Lebens;[312] Abhören und Verbreiten ausländischer Rundfunknachrichten zum Zwecke der Bekämpfung des NS-Staates;[313] Teilnahme am Spanischen Bürgerkrieg auf Seiten der Internationalen Brigaden („Rotspanienkämpfer");[314] Kriegsdienstverweigerung wegen Ablehnung des NS-Staates.[315]

---

[303] Vgl. zu § 1 BEG: BGH RzW 1960, 371, 371 f.; *Ehrig*, in: *Blessin-Ehrig-Wilden*, Bundesentschädigungsgesetze, 3. Aufl. 1960, § 1 BEG RdNr. 10, 15, 21.

[304] Dazu *Ehrig*, in: *Blessin-Ehrig-Wilden*, Bundesentschädigungsgesetze, 3. Aufl. 1960, § 1 BEG RdNr. 12; *Gießler*, in: Die Wiedergutmachung nationalsozialistischen Unrechts durch die Bundesrepublik Deutschland, Bd. IV, 1981, S. 13 f.; aA offenbar *Wasmuth* Rechtshandbuch B 100 RdNr. 174 ff. (zur Verfolgung Homosexueller).

[305] BVerfG NJW 1957, 865, 868.

[306] Vgl. etwa Gesetz über die Einziehung volks- und staatsfeindlichen Vermögens v. 14. 7. 1933, RGBl. I S. 479.

[307] *Schwarz*, in: Die Wiedergutmachung nationalsozialistischen Unrechts durch die Bundesrepublik Deutschland, Bd. I, 1974, S. 133; *Wasmuth* Rechtshandbuch B 100 RdNr. 173; vgl. auch LG Berlin ZOV 1993, 111, 111 ff.; aA zu den politischen Parteien *Ehrig*, in: *Blessin-Ehrig-Wilden*, Bundesentschädigungsgesetze, 3. Aufl. 1960, § 51, RdNr. 26.

[308] *Gießler*, in: Die Wiedergutmachung nationalsozialistischen Unrechts durch die Bundesrepublik Deutschland, Bd. IV, 1981, S. 1, 15; *Ehrig*, in: *Blessin-Ehrig-Wilden*, Bundesentschädigungsgesetze, 3. Aufl. 1960, § 51 RdNr. 26.

[309] Zu weiteren Verfolgungsgründen vgl. noch *Gießler*, in: Die Wiedergutmachung nationalsozialistischen Unrechts durch die Bundesrepublik Deutschland, Bd. IV, 1981, S. 1, 11 ff.; *Ehrig*, in: *Blessin-Ehrig-Wilden*, Bundesentschädigungsgesetze, 3. Aufl. 1960, § 1 BEG RdNr. 5 ff.

[310] Dies gilt jedenfalls für Verurteilungen, die nach dem 14. 11. 1935 stattgefunden und nur noch „Staatsfeinden" gegolten haben (vgl. Zweite Änderung der „Richtlinien für das Strafverfahren; AO d. Reichsministers v. 14. 11. 1935, DJ 1935, 1688); dazu OLG Köln RzW 1957, 359, 359; anders zu § 1 BErgG aber BGH RzW 1956, 19, 19.

[311] BGH RzW 1971, 113, 114.

[312] BGH RzW 1959, 498, 499.

[313] BGH RzW 1959, 386, 387; vgl. VO über außerordentliche Rundfunkmaßnahmen v. 1. 9. 1939 (RGBl. I S. 1639).

[314] OLG Stuttgart RzW 1957, 149, 150; OLG Oldenburg RzW 1956, 143, 143.

[315] AA BGH RzW 1962, 68, 69 f. mit bedenklichen Argumenten.

147 d) Religiöse Verfolgung. Objekte religiöser Verfolgungsmaßnahmen waren Menschen, die wegen ihrer religiösen Überzeugung einzeln oder in Gemeinschaft mit anderen verfolgt wurden. Auf die Art der Religion oder die Rechtsform der Glaubensgemeinschaft kommt es nicht an.[316] Die beiden deutschen **Großkirchen** und ihre Kirchengemeinden sind selbst nicht verfolgt worden, wohl aber individuell einzelne Angehörige.[317] Kollektiver Verfolgung unterlagen jedoch bestimmte **konfessionelle Organisationen** der Großkirchen.[318]

148 Nicht Ausdruck religiöser Verfolgung, sondern Mittel zur staatlichen Gleichschaltung soll dagegen die Übernahme oder Stillegung **(konfessioneller) Presseunternehmen und Druckereien** gewesen sein.[319] Dies erscheint zweifelhaft, da gerade diese Maßnahmen dazu dienten, die Verbreitung abweichender politischer oder religiöser Überzeugungen zu unterbinden.[320]

149 Verfolgt wurden dagegen auch **andere religiöse Gemeinschaften** und deren Anhänger. Dazu zählen insbesondere die Ernsten Bibelforscher (Zeugen Jehovas).[321] Dagegen wurde die Annahme eines religiösen Verfolgungstatbestandes in bezug auf die Sieben-Tage-Adventistengemeinde[322] und die Evangelisch-Johannische Kirche nach der Offenbarung St. Johannes (sog. Weißenberg-Sekte)[323] abgelehnt.

150 e) Verfolgung aus Gründen der Weltanschauung. Der Begriff der Weltanschauung bezeichnet die mehr oder minder weit getriebene Synthese menschlichen Wissens oder Vermutens um Welt und Wirklichkeit unter Berücksichtigung der emotionellen bzw. axiologischen Einstellung dazu.[324] Wer eine andere als die nationalsozialistische Ideologie vertrat, setzte sich damit zwangsläufig in Widerspruch zum NS-Staat und mußte eine Verfolgung um seiner weltanschaulichen Einstellung willen befürchten. Derartigen Verfolgungsmaßnahmen ausgesetzt waren vor allem Freimaurerlogen und Logenbrüder, Antroposophen, Mitglieder der Deutschen Friedensgesellschaft, der Paneuropäischen Union und der Rotarier.[325] Im Einzelfall können aber auch Wissenschaftler und Künstler weltan-

---

[316] Vgl. zu den Parallelbestimmungen in Art. 1 Abs. 1 S. 1 USREG, Art. 1 Abs. 1 S. 1 BrREG, Art. A § 1 Abs. 1 BErgG, § 1 Abs. 1 BEG *Ehrig,* in: *Blessin-Ehrig-Wilden,* Bundesentschädigungsgesetze, 3. Aufl. 1960, § 1 BEG RdNr. 37.

[317] BoR RzW 1952, 18, 19 (dazu *Czapski* RzW 1952, 380, 381, gegen *Cohn* RzW 1952, 267); WK Hagen RzW 1951, 75, 75f.; OLG Karlsruhe RzW 1949/50, 14, 14; *Schwarz,* in: Die Wiedergutmachung nationalsozialistischen Unrechts durch die Bundesrepublik Deutschland, Bd. I, 1974, S. 130; *Ehrig,* in: *Blessin-Ehrig-Wilden,* Bundesentschädigungsgesetze, 3. Aufl. 1960, § 1 RdNr. 37, § 51 RdNr. 27; vgl. auch OLG Celle RzW 1960, 112, 113, f., mit Schilderung der Bestrebungen zur Schaffung eines „kirchenfreien Mustergaues" im Warthegau; unter Hinweis auf diese Bestrebungen zur Ausschaltung der Kirche nimmt *Gießler,* in: Die Wiedergutmachung nationalsozialistischen Unrechts durch die Bundesrepublik Deutschland, Bd. IV, 1981, S. 1, 24, an, die Kirchen seien selbst Gegenstand der Verfolgung gewesen.

[318] OLG München RzW 1949/50, 301, 301 (Orden der Englischen Fräulein); OLG Neustadt RzW 1951, 189, 186 (Konfessionelle Jugendorganisation); CoRA RzW 1952, 325, 325 (Studenten-/Altherrenverbände); ORG Herford RzW 1957, 39, 39f. (studentische Altherrenverbände); CSR RzW 1951, 270 (konfessionelle Erziehungsorganisation); CSR RzW 1952, 91, 91 (Wohlfahrtsverbände der Kirchen); OLG Köln RzW 1953, 141, 141f. (Kath. Studentenorganisation); OLG Düsseldorf RzW 1953, 244, 244f. (kirchl. Wohlfahrtsorganisation); anders OLG München RzW 1949/1950, 266, 267 (Katholische Korporationsverbände); WK Würzburg RzW 1949/1950, 265, 265f. (Kath. Studenten- und Akademikerverbände); vgl. dazu auch *Ehrig,* in: *Blessin-Ehrig-Wilden,* Bundesentschädigungsgesetze, 3. Aufl. 1960, § 51 RdNr. 27.

[319] CoRA RzW 1951, 129, 129f.; vgl. auch OLG Frankfurt RzW 1949/1950, 10, 10; OLG München RzW 1949/1950, 41, 41f.; RzW 1949/1950, 266, 266; WK Dortmund RzW 1949/1950, 286, 287.

[320] Vgl. in diesem Sinne auch CoRA RzW 1952, 353, 355; *Cohn* RzW 1952, 353, 353f.; *Schwarz,* in: Die Wiedergutmachung nationalsozialistischen Unrechts durch die Bundesrepublik Deutschland, Bd. I, 1974, S. 135.

[321] CoRA v. 13. 11. 1952, III, 697; vgl. auch OLG Hamm RzW 1960, 207, 207, das allerdings eine politische Verfolgung annimmt; wohl auch OLG Saarbrücken RzW 1965, 418; aA WK Bielefeld RzW 1949/1950, 409, 409f.; *Ehrig,* in: *Blessin-Ehrig-Wilden,* Bundesentschädigungsgesetze, 3. Aufl. 1960, § 51 RdNr. 26f. (in bezug auf Mitglieder).

[322] OLG Hamm RzW 1949/1950, 409, 409: jedenfalls 1936 noch keine Gruppenverfolgung.

[323] *Ehrig,* in: *Blessin-Ehrig-Wilden,* Bundesentschädigungsgesetze, 3. Aufl. 1960, § 1 BEG RdNr. 37.

[324] *Eisler,* Wörterbuch der Philosophischen Begriffe, 4. Aufl. 1930, 3. Bd., S. 506.

[325] Dazu *Gießler,* in: Die Wiedergutmachung nationalsozialistischen Unrechts durch die Bundesre-

schaulichen Verfolgungsmaßnahmen ausgesetzt gewesen sein, wenn ihr wissenschaftliches oder künstlerisches Werk den Anschauungen des Nationalsozialismus widersprach (vgl. auch den Spezialtatbestand in § 1 Abs. 2 Nr. 2 BEG).

3. Vermögensverlust. a) Allgemeines/Begriffsbestimmung. Die Verfolgung der Betroffenen aus einem der in § 1 Abs. 6 VermG genannten Gründen muß zu einem Vermögensverlust geführt haben. Als **Ursachen** für Vermögensverluste nennt das Vermögensgesetz beispielhaft Zwangsverkäufe und Enteignungen, läßt aber auch „auf andere Weise" eingetretene Vermögensverluste ausreichen. 151

Zwangsverkäufe sind Verkäufe, die unter dem Eindruck von Verfolgungsmaßnahmen iSv. § 1 Abs. 6 VermG erfolgten.[326] Der Begriff der **Enteignung** erfaßt die Entziehung von Vermögenswerten durch beliebige staatliche Eingriffe (Gesetz, Verordnung, Verwaltungsakt).[327] Daneben kann der Vermögensverlust „**auf andere Weise**",[328] etwa durch „Schenkungen" seitens des Verfolgten, durch Strafurteile (Vermögenseinziehungen), Beschlagnahmen, Zwangsversteigerungen, Veruntreuungen seitens staatlicher Treuhänder oder Abwesenheitspfleger oder Entziehungen von Geldvermögen aufgrund von Devisenbestimmungen oder durch Erhebung diskriminierender Abgaben (Judenvermögensabgabe, Reichsfluchtsteuer) eingetreten sein. Denkbar sind aber auch tatsächliche Handlungen, die zu einer Vermögenseinbuße auf Seiten des Betroffenen geführt haben: willkürliche Wegnahmehandlungen, Plünderungen, Entziehung von Umzugsgut, Tolerierung strafbarer Handlungen Dritter. 152

b) Rechtsgrundlagen. Vermögensverluste können insbesondere im Zusammenhang mit folgenden Rechtsvorschriften eingetreten sein: 153

– Vorschriften über die *Reichsfluchtsteuer* gem. Vierter VO d. Reichspräsidenten zur Sicherung von Wirtschaft und Finanzen und zum Schutze des inneren Friedens v. 8. 12. 1931, RGBl. I S. 699, 731; Gesetz zur Verlängerung der Vorschriften über die Reichsfluchtsteuer v. 1. 2. 1939, RGBl. I S. 125; VO zur Verlängerung der Vorschriften über die Reichsfluchtsteuer v. 19. 12. 1940, RGBl. I S. 1605; VO zur Verlängerung der Geltungsdauer der Vorschriften über die Reichsfluchtsteuer v. 24. 12. 1941, RGBl. I S. 801; VO zur Verlängerung der Geltungsdauer der Vorschriften über die Reichsfluchtsteuer v. 9. 12. 1942, RGBl. I S. 682;
– *VO über die Devisenbewirtschaftung* v. 23. 5. 1932, RGBl. I S. 231 nebst Richtlinien (RGBl. 1932 I S. 317, ber. S. 346; geänd. RGBl. 1933 I S. 363, 1045, RGBl. 1934 I S. 315, 511;
– *Gesetz zur Wiederherstellung des Berufsbeamtentums* v. 7. 4. 1933, RGBl. I S. 175, geänd. RGBl. I S. 655; Erste Verordnung zur Durchführung des Gesetzes zur Wiederherstellung des Berufsbeamtentums v. 11. 4. 1933, RGBl. I S. 195; Zweite Verordnung zur Durchführung des Gesetzes zur Wiederherstellung des Berufsbeamtentums v. 4. 5. 1933, RGBl. I S. 233, geänd. RGBl. I S. 458, 678, RGBl. 1934 I S. 373; Dritte Verordnung zur Durchführung des Gesetzes zur Wiederherstellung des Berufsbeamtentums v. 6. 5. 1933, RGBl. I S. 245; Zweite Verordnung zur Änderung und Ergänzung der Zweiten Verordnung zur Durchführung des Gesetzes zur Wiederherstellung des Berufsbeamtentums v. 28. 9. 1933, RGBl. I S. 678;
– *Gesetz über die Zulassung zur Rechtsanwaltschaft* v. 7. 4. 1933, RGBl. I S. 188;
– *Gesetz betreffend die Zulassung zur Patentanwaltschaft und zur Rechtsanwaltschaft* v. 22. 4. 1933, RGBl. I S. 217;
– *Verordnung über die Zulassung von Ärzten zur Tätigkeit bei den Krankenkassen* v. 22. 4. 1933, RGBl. I S. 222, geänd. RGBl. I S. 983;
– *Gesetz über die Bildung von Studentenschaften an den wissenschaftlichen Hochschulen* v. 22. 4. 1933, RGBl. I S. 215;
– *Gesetz gegen die Überfüllung deutscher Schulen und Hochschulen* v. 25. 4. 1933, RGBl. I S. 225; Erste Verordnung zur Durchführung des Gesetzes gegen die Überfüllung deutscher Schulen und Hochschulen v. 25. 4. 1933, RGBl. I S. 226;
– *Gesetz über die Zulassung von Steuerberatern* v. 6. 5. 1933, RGBl. I S. 257;
– *Verordnung über die Zulassung von Kriegsteilnehmern zur ärztlichen Tätigkeit bei den Krankenkassen* v. 9. 5. 1933, RGBl. I S. 260;
– *Gesetz über Ehrenämter in der sozialen Versicherung und der Reichsversorgung* v. 18. 5. 1933, RGBl. I S. 277; Erste Verordnung zur Durchführung des Gesetzes über Ehrenämter in der sozialen Versicherung und der

publik Deutschland, Bd. IV, 1981, S. 1, 25 f.; *Ehrig*, in: *Blessin-Ehrig-Wilden*, Bundesentschädigungsgesetze, 3. Aufl. 1960, § 1 BEG RdNr. 38.
[326] *Neuhaus* F/R/M/S RdNr. 143.
[327] *Neuhaus* F/R/M/S RdNr. 154.
[328] Zur Kasuistik vgl. auch *Neuhaus* F/R/M/S RdNr. 155.

VermG § 1 153   Abschnitt I. Allgemeine Bestimmungen

Reichsversorgung v. 19. 5. 1933, RGBl. I S. 283; Zweite Verordnung (...) v. 23. 6. 1933, RGBl. I S. 397; Vierte Verordnung (...) v. 9. 9. 1935, RGBl. I S. 1143;
- *Verordnung über die Tätigkeit von Zahnärzten und Zahntechnikern bei den Krankenkassen* v. 2. 6. 1933, RGBl. I S. 350, geänd. RGBl. I S. 983;
- *Reichsbeamtengesetz* idF des Gesetzes v. 30. 6. 1933, RGBl. I S. 433; Richtlinien zu § 1a des Reichsbeamtengesetzes idF des Gesetzes v. 8. 8. 1933, RGBl. I S. 575;
- *Gesetz zur Änderung von Vorschriften auf dem Gebiete des allgemeinen Beamten-, des Besoldungs- und des Versorgungsrechts* v. 30. 6. 1933, RGBl. I S. 433;
- *Gesetz zur Einziehung volks- und staatsfeindlichen Vermögens* v. 14. 7. 1933, RGBl. I S. 479;
- *Gesetz über den Widerruf von Einbürgerungen und die Aberkennung der deutschen Staatsangehörigkeit* v. 14. 7. 1933, RGBl. I S. 480; DurchführungsVO v. 26. 7. 1933, RGBl. I S. 538;
- *Verordnung über die Zulassung von Zahnärzten und Zahntechnikern zur Tätigkeit bei den Krankenkassen* v. 27. 7. 1933, RGBl. I S. 541, geänd. RGBl. I S. 983;
- *Patentanwaltsgesetz* v. 28. 9. 1933, RGBl. I S. 669;
- *Reichserbhofgesetz* v. 29. 9. 1933, RGBl. I S. 685; Erste DurchführungsVO zum Reichserbhofgesetz v. 19. 10. 1933, RGBl. I S. 749; Erbhofverfahrensordnung v. 21. 12. 1936, RGBl. I S. 1082;
- *Schriftleitergesetz* v. 4. 10. 1933, RGBl. I S. 713; Verordnung über das Inkrafttreten und die Durchführung des Schriftleitergesetzes v. 19. 12. 1933, RGBl. I S. 1085;
- *Verordnung über die Zulassung von Ärzten, Zahnärzten und Zahntechnikern zur Tätigkeit bei den Krankenkassen* v. 20. 11. 1933, RGBl. I S. 983;
- *Verordnung über die Zulassung von Ärzten zur Tätigkeit bei den Krankenkassen* v. 17. 5. 1934, RGBl. I S. 399;
- *Gesetz gegen heimtückische Angriffe auf Staat und Partei und zum Schutz der Parteiuniformen* v. 20. 12. 1934, RGBl. I S. 1269; Erste DurchführungsVO v. 15. 2. 1935, RGBl. I S. 204; Zweite DurchführungsVO v. 22. 2. 1935, RGBl. I S. 276; Dritte DurchführungsVO v. 16. 3. 1935, RGBl. I S. 387; Vierte DurchführungsVO v. 25. 3. 1939, RGBl. I S. 797;
- *Gesetz über die Devisenbewirtschaftung* v. 4. 2. 1935, RGBl. I S. 106; DurchführungsVO v. 4. 2. 1935, RGBl. I S. 114; Richtlinien v. 4. 2. 1935, RGBl. I S. 119, nebst Verordnungen (RGBl. 1935 I S. 282, 605, 682, 1149, 1410); Richtlinien v. 19. 12. 1936, RGBl. I S. 1021; Allgemein Vertraulicher Erlaß des Reichswirtschaftsministers Nr. 85/1937 v. 2. 8. 1937; Allgemein Vertraulicher Erlaß Nr. 64 des Reichswirtschaftsministers v. 14. 5. 1938; RdErlaß Nr. 57/1938 des Reichswirtschaftsministers v. 4. 6. 1938;
- *Dritte Verordnung über die Zulassung von Zahnärzten und Dentisten zur Tätigkeit bei den Krankenkassen* v. 13. 2. 1935, RGBl. I S. 192;
- *Vierte Verordnung über die Zulassung von Zahnärzten und Dentisten zur Tätigkeit bei den Krankenkassen* v. 9. 5. 1935, RGBl. I S. 594;
- *Wehrgesetz* v. 21. 5. 1935, RGBl. I S. 609, geänd. RGBl. 1936 I S. 519; VO über das Heiraten der Angehörigen der Wehrmacht v. 1. 4. 1936, HeeresVOBl. S. 121;
- *Gesetz über Verbrauchergenossenschaften* v. 21. 5. 1935, RGBl. I S. 681;
- *Verordnung über die Musterung und Aushebung 1935* v. 29. 5. 1935; RGBl. I S. 697;
- *Reichsarbeitsdienstgesetz* v. 26. 6. 1935, RGBl. I S. 769, geänd. RGBl. 1937 I S. 325; Zweite Verordnung zur Durchführung und Ergänzung des Reichsarbeitsdienstgesetzes v. 1. 10. 1935, RGBl. I S. 1215;
- *Verordnung über die Nichtzulassung von Nichtariern zum aktiven Wehrdienst* v. 25. 7. 1935, RGBl. I S. 1047;
- *Erlaß des Reichs- und Preuß. Ministers des Innern* v. 17. 8. 1935 betr. die *Auflösung der Logen*;
- *Reichsbürgergesetz* v. 15. 9. 1935, RGBl. I S. 1146; Erste Verordnung zum Reichsbürgergesetz v. 14. 11. 1935, RGBl. I S. 1333; Zweite Verordnung zum Reichsbürgergesetz v. 21. 12. 1935, RGBl. I S. 1524; Dritte Verordnung zum Reichsbürgergesetz v. 14. 6. 1938, RGBl. I S. 627; Durchführung der Dritten Verordnung zum Reichsbürgergesetz, RdErl. d. Reichsministers des Innern v. 14. 7. 1938 – Ie 286/38 – 5012c; Vierte Verordnung zum Reichsbürgergesetz v. 25. 7. 1938, RGBl. I S. 969; Fünfte Verordnung zum Reichsbürgergesetz v. 27. 9. 1938, RGBl. I S. 1403; Sechste Verordnung zum Reichsbürgergesetz v. 31. 10. 1938, RGBl. I S. 1545; Siebente Verordnung zum Reichsbürgergesetz v. 5. 12. 1938, RGBl. I S. 1751; Achte Verordnung zum Reichsbürgergesetz v. 17. 1. 1939, RGBl. I S. 47; Verordnung über die Einführung der Dritten Verordnung zum Reichsbürgergesetz in den Sudetendeutschen Gebieten v. 22. 4. 1939, RGBl. I S. 818; VO über die Einführung der Vierten und Achten VO zum Reichsbürgergesetz in den Sudetendeutschen Gebieten v. 5. 5. 1939, RGBl. I S. 880; Neunte Verordnung zum Reichsbürgergesetz v. 5. 5. 1939, RGBl. I S. 891; Zehnte Verordnung zum Reichsbürgergesetz v. 4. 7. 1939, RGBl. I S. 1097; Verordnung zur Durchführung der Fünften Verordnung zum Reichsbürgergesetz v. 12. 6. 1940, RGBl. I S. 872; Elfte Verordnung zum Reichsbürgergesetz v. 25. 11. 1941, RGBl. I S. 722; Zwölfte Verordnung zum Reichsbürgergesetz v. 25. 4. 1943, RGBl. I S. 268; Dreizehnte Verordnung zum Reichsbürgergesetz v. 1. 7. 1943, RGBl. I S. 271; DurchführungsVO zur Dreizehnten VO zum Reichsbürgergesetz v. 1. 9. 1944, RGBl. I S. 201;
- *Gesetz zum Schutze des deutschen Blutes und der deutschen Ehre* v. 15. 9. 1935, RGBl. I S. 1146; Erste AusführungsVO v. 14. 11. 1935, RGBl. I S. 1334; Zweite AusführungsVO v. 31. 5. 1941, RGBl. I S. 297; Dritte AusführungsVO v. 5. 7. 1941, RGBl. I S. 384;
- *Verordnung über das Erfassungswesen* v. 7. 11. 1935, RGBl. I S. 1297;
- *Reichsärzteordnung* v. 13. 12. 1935, RGBl. I S. 1433;
- *Gesetz zur Verhütung von Mißbräuchen auf dem Gebiet der Rechtsberatung* v. 13. 9. 1935, RGBl. I S. 1478; Verordnung zur Ausführung des Gesetzes zur Verhütung von Mißbräuchen auf dem Gebiete der Rechtsberatung v. 13. 12. 1935, RGBl. I S. 1481;

Geltungsbereich **153 § 1 VermG**

- *Verordnung über die Rechtsverhältnisse der Angehörigen der Landespolizei* v. 7. 1. 1936, RGBl. I S. 8;
- *Verordnung zur Durchführung des § 107a der Reichsabgabenordnung* v. 11. 1. 1936, RGBl. I S. 11;
- *Gesetz über die Verpachtung und Verwaltung öffentlicher Apotheken* v. 13. 12. 1935, RGBl. I S. 1445; Erste VO des Reichsministers des Innern zum Gesetz über die Verpachtung und Verwaltung öffentlicher Apotheken v. 26. 3. 1936, RGBl. I S. 317; Zweite VO v. 5. 12. 1941, RGBl. I S. 745;
- *Reichstierärzteordnung* v. 3. 4. 1936, RGBl. I S. 347;
- *Deutsches Beamtengesetz* v. 26. 1. 1937, RGBl. I S. 39; geänd. RGBl. 1940 I S. 1645;
- *Verordnung über das Erfassungswesen* v. 15. 2. 1937, RGBl. I S. 205;
- *Verordnung über die Musterung und Aushebung 1937* v. 17. 4. 1937, RGBl. I S. 469;
- *Gesetz über Maßnahmen im ehemaligen oberschlesischen Abstimmungsgebiet* v. 30. 6. 1937, RGBl. I S. 717;
- *Gesetz über erbrechtliche Beschränkung wegen gemeinschaftswidrigen Verhaltens* v. 5. 11. 1937, RGBl. I S. 1161;
- *Gesetz über die Gewährung von Entschädigungen bei der Einziehung oder dem Übergang von Vermögen* v. 9. 12. 1937, RGBl. I S. 1333;
- *Gesetz über die Rechtsverhältnisse der jüdischen Kultusvereinigungen* v. 28. 3. 1938, RGBl. I S. 338; Erste DurchführungsVO v. 30. 1. 1939, RGBl. I S. 153; Zweite DurchführungsVO v. 4. 8. 1939, RGBl. I S. 1350; Dritte DurchführungsVO v. 25. 3. 1942, RGBl. I S. 161;
- *Verordnung gegen die Unterstützung der Tarnung jüdischer Gewerbebetriebe* v. 22. 4. 1938; *Verordnung über die gerichtliche Zuständigkeit im Verfahren nach der Verordnung gegen die Unterstützung der Tarnung jüdischer Gewerbebetriebe*. 28. 7. 1938, RGBl. I S. 1330;
- *Verordnung über die Anmeldung des Vermögens von Juden* v. 26. 4. 1938, RGBl. I S. 414; Anordnung auf Grund der Verordnung über die Anmeldung des Vermögens von Juden v. 26. 4. 1938, RGBl. I S. 415; Verordnung zur Durchführung der Verordnung über die Anmeldung des Vermögens von Juden v. 18. 6. 1938, RGBl. I S. 640; Zweite Anordnung auf Grund der Verordnung über die Anmeldung des Vermögens von Juden v. 24. 11. 1938, RGBl. I S. 1668; Dritte Anordnung auf Grund der Verordnung über die Anmeldung des Vermögens von Juden v. 21. 2. 1939, RGBl. I S. 282; Vierte Anordnung auf Grund der Verordnung über die Anmeldung des Vermögens von Juden v. 4. 5. 1940, RGBl. I S. 730; VO zur Durchführung der Dritten Anordnung auf Grund der VO über die Anmeldung des Vermögens von Juden v. 23. 12. 1940, RGBl. 1941 I S. 2;
- *Gesetz über die Einziehung von Erzeugnissen entarteter Kunst* v. 31. 5. 1938; RGBl. I S. 612;
- *Gesetz zur Änderung der Gewerbeordnung für das Deutsche Reich* v. 6. 7. 1938, RGBl. I S. 823;
- *Verordnung über Kennkarten* v. 22. 7. 1938, RGBl. I S. 913; Dritte Bekanntmachung über den Kennkartenzwang v. 23. 7. 1938, RGBl. I S. 922; Verordnung zur Ergänzung der Verordnung über Kennkarten v. 5. 12. 1941, RGBl. I S. 751;
- *Verordnung zur Ausschaltung der Juden aus dem deutschen Wirtschaftsleben* v. 12. 11. 1938, RGBl. I S. 1580; Verordnung zur Durchführung der Verordnung zur Ausschaltung der Juden aus dem deutschen Wirtschaftsleben v. 23. 11. 1938, RGBl. I S. 1642; Zweite Verordnung zur Durchführung der Verordnung zur Ausschaltung der Juden aus dem deutschen Wirtschaftsleben v. 14. 12. 1938, RGBl. I S. 1902;
- *Verordnung über eine Sühneleistung der Juden deutscher Staatsangehörigkeit* v. 12. 9. 1938, RGBl. I S. 1579; Durchführungsverordnung über die Sühneleistung bei Juden v. 21. 11. 1938, RGBl. I S. 1638; Zweite Durchführungsverordnung über die Sühneleistung der Juden v. 19. 10. 1939, RGBl. I S. 2059;
- *Verordnung zur Wiederherstellung des Straßenbildes bei jüdischen Gewerbebetrieben* v. 12. 11. 1938, RGBl. I S. 1581;
- *Polizeiverordnung über das Auftreten der Juden in der Öffentlichkeit* v. 28. 11. 1938, RGBl. I S. 1676;
- *Verordnung über die Anmeldung des Vermögens von Juden in den sudetendeutschen Gebieten* v. 2. 12. 1938, RGBl. I S. 1703;
- *Verordnung über den Einsatz des jüdischen Vermögens* v. 3. 12. 1938, RGBl. I S. 1709; Verordnung zur Durchführung der Verordnung über den Einsatz des jüdischen Vermögens v. 16. 1. 1939, RGBl. I S. 37; Einsatz des jüdischen Vermögens, Erster Durchführungserlaß des Reichswirtschaftsministers v. 6. 2. 1939; Erlaß des Reichswirtschaftsministers v. 26. 7. 1939; Erlaß des Reichswirtschaftsministers v. 23. 10. 1939; Erlaß des Reichswirtschaftsministers v. 23. 1. 1940; Durchführungsvorschriften des Reichswirtschaftsministers betr. die Ablieferung von Juwelen und Gegenständen aus Edelmetallen durch Juden v. 1. 3. 1939; Zweite DurchführungsVO v. 18. 1. 1940, RGBl. I S. 419; Dritte DurchführungsVO v. 4. 12. 1940, RGBl. I S. 1564; Vierte DurchführungsVO v. 27. 12. 1940, RGBl. 1941 I S. 2; Fünfte DurchführungsVO v. 25. 4. 1941, RGBl. I S. 218; Sechste DurchführungsVO v. 22. 8. 1942, RGBl. I S. 537;
- *Gesetz über die Devisenbewirtschaftung* v. 12. 12. 1938, RGBl. I S. 1734; Richtlinien v. 22. 12. 1938, RGBl. I S. 1851;
- *Verordnung über die Einziehung volks- und staatsfeindlichen Vermögens im Saarland* v. 31. 1. 1939, RGBl. I S. 126;
- *Verordnung über die Verlängerung der Frist zur Ablieferung von Juwelen und Gegenständen aus Edelmetallen durch Juden* v. 3. 3. 1939, RGBl. I S. 387;
- *Gesetz über Mietverhältnisse mit Juden* v. 30. 4. 1939, RGBl. I S. 864; VO über die Änderung und Ergänzung des Gesetzes über Mietverhältnisse mit Juden v. 10. 9. 1940, RGBl. I S. 1235;
- *Verordnung zur Einführung des Gesetzes über Mietverhältnisse mit Juden in der Ostmark* v. 10. 5. 1939, RGBl. I S. 906;
- *Verordnung zur Einführung des Gesetzes über Mietverhältnisse mit Juden in den sudetendeutschen Gebieten* v. 10. 5. 1939, RGBl. I S. 907;

VermG § 1 154 Abschnitt I. Allgemeine Bestimmungen

- *Verordnung zur Einziehung volks- und staatsfeindlichen Vermögens in den sudetendeutschen Gebieten* v. 12. 5. 1939, RGBl. I S. 911;
- *Verordnung über die Reichsfluchtsteuer im Memelland* v. 22. 5. 1939, RGBl. I S. 948;
- *Verordnung des Reichsprotektors in Böhmen und Mähren über das jüdische Vermögen* v. 21. 6. 1939; Erster Durchführungserlaß des Reichsprotektors in Böhmen und Mähren zur Verordnung über das jüdische Vermögen v. 21. 6. 1939;
- *Verordnung über die Aberkennung der Staatsangehörigkeit und den Widerruf des Staatsangehörigkeitserwerbs in der Ostmark* v. 11. 7. 1939, RGBl. I S. 1235;
- *Verordnung über außergewöhnliche Rundfunkmaßnahmen* v. 1. 9. 1939, RGBl. I S. 1683; VO zur Durchführung der VO über außergewöhnliche Rundfunkmaßnahmen v. 11. 9. 1939, RGBl. I S. 1746; Dritte DurchführungsVO v. 20. 9. 1940, RGBl. I S. 1255;
- *Grenzzonenverordnung* v. 2. 9. 1939, RGBl. I S. 1578; VO zur Änderung der GrenzzonenVO v. 30. 10. 1939, RGBl. I S. 2114;
- *Verordnung über die Aberkennung der Staatsangehörigkeit des Protektorats Böhmen und Mähren* v. 3. 10. 1939, RGBl. I S. 1997;
- *Verordnung über die Einziehung von Vermögen im Protektorat Böhmen und Mähren* v. 4. 10. 1939, RGBl. I S. 1948; VO zur Änderung der VO über die Einziehung von Vermögen im Protektorat Böhmen und Mähren v. 24. 10. 1942, RGBl. I S. 621;
- *VO über die Behandlung feindlichen Vermögens* v. 15. 1. 1940, RGBl. I S. 191;
- *Verordnung über die Pflicht zur Anmeldung jüdischen Vermögens im Generalgouvernement* v. 24. 1. 1940, RGBl. I S. 433;
- *Verordnung des Reichsprotektors in Böhmen und Mähren zur Ausschaltung der Juden aus der Wirtschaft des Protektorats* v. 26. 1. 1940, RGBl. I S. 422; Erster Durchführungserlaß zur Verordnung des Reichsprotektors in Böhmen und Mähren zur Ausschaltung der Juden aus der Wirtschaft des Protektorats v. 26. 1. 1940, RGBl. I S. 425;
- Schnellbrief des Reichsführers SS und Chefs der Deutschen Polizei v. 27. 4. 1940 betr. die *Umsiedlung von Zigeunern aus dem westlichen Grenzgebiet in das Generalgouvernement* (V B Nr. 95/40g);
- *Verordnung über die Nachprüfung von Entjudungsgeschäften* v. 10. 6. 1940, RGBl. I S. 891; Zweite DurchführungsVO v. 11. 11. 1941, RGBl. I S. 718;
- *Verordnung über die Erhebung einer Sozialausgleichsabgabe* v. 5. 8. 1940, RGBl. I S. 1077; Erste DurchführungsVO v. 10. 8. 1940, RGBl. I S. 1094; Zweite DurchführungsVO v. 24. 12. 1940, RGBl. I S. 1666; Dritte DurchführungsVO v. 26. 3. 1942, RGBl. I S. 149;
- *Verordnung über die Behandlung von Vermögen der Angehörigen des ehemaligen polnischen Staates* v. 17. 9. 1940, RGBl. I S. 1270;
- *Verordnung zur Einführung des Gesetzes über die Verpachtung und Verwaltung öffentlicher Apotheken in den eingegliederten Ostgebieten* v. 15. 2. 1941, RGBl. I S. 104;
- *Verfahrensordnung der Reichskammer der Bildenden Künste als Ankaufstelle für Kulturgut* v. 6. 5. 1941, RGBl. I S. 245;
- *Verordnung über die Einführung der Nürnberger Rassengesetze in den eingegliederten Ostgebieten* v. 31. 5. 1941, RGBl. I S. 297;
- *Verordnung über die Behandlung der Kriegsschäden von Juden* v. 20. 7. 1941, RGBl. I S. 437;
- *Polizeiverordnung über die Kennzeichnung von Juden* v. 1. 9. 1941, RGBl. I S. 547;
- *Verordnung über die Beschäftigung von Juden* v. 3. 10. 1941, RGBl. I S. 675; DurchführungsVO v. 31. 10. 1941, RGBl. I S. 681;
- *Verordnung über die Strafrechtspflege gegen Polen und Juden in den eingegliederten Ostgebieten* v. 4. 12. 1941, RGBl. I S. 759;
- *Verordnung zur Einführung der VO über Kennkarten und der Ersten, der Zweiten, der Dritten Bekanntmachung über den Kennkartenzwang im Protektorat Böhmen und Mähren, im Reichsgau, Sudetenland und in den eingegliederten Ostgebieten* v. 5. 12. 1941, RGBl. I S. 750;
- *Anordnung über die Beschäftigung von Zigeunern* v. 13. 3. 1942, RGBl. I S. 138;
- *Verordnung über die Einführung der Vorschriften zur Entjudung der deutschen Wirtschaft in den eingegliederten Ostgebieten* v. 30. 3. 1942, RGBl. I S. 166;
- *Verordnung über den Verlust der Protektoratszugehörigkeit* v. 2. 11. 1942, RGBl. I S. 637;
- „Auschwitzerlaß" des Reichsführers SS und Chefs der Deutschen Polizei v. 16. 12. 1942, Schnellbrief des Reichssicherheitshauptamtes v. 29. 1. 1943 (VA 2 Nr. 59/43);
- *Verordnung über die einkommensteuerliche und vermögensteuerliche Sonderbehandlung der Zigeuner* v. 24. 12. 1942, RGBl. I S. 740;
- *Verordnung über die Staatsangehörigkeit auf Widerruf* v. 25. 4. 1943, RGBl. I S. 269;
- *Erste Verordnung über die Schutzangehörigkeit des Deutschen Reiches* v. 25. 4. 1943, RGBl. I S. 271.

154 **4. Kausalität. a) Allgemeines.** Eine vermögensschädigende Maßnahme iSv. § 1 Abs. 6 VermG liegt nur vor, wenn der Vermögensverlust kausal auf eine rassische, politische, religiöse oder weltanschauliche Verfolgung zurückzuführen ist. Das Gesetz drückt dies durch die Worte „und deshalb ihr Vermögen (...) verloren haben" aus. Nicht erforderlich ist, daß der Vermögensverlust seine alleinige **Ursache in der Verfolgungsmaßnahme**

hatte. Die Verfolgungsmaßnahme muß jedoch der ausschlaggebende Grund für den Vermögensverlust gewesen sein.[329] Eine nur adäquat kausale Verursachung reicht nicht aus.[330] Bei negativer Abgrenzung werden damit solche Vermögensverluste nicht von § 1 Abs. 6 VermG erfaßt, die vom jeweiligen Verfolgungsmotiv nur mitbestimmt worden sind und damit auch ohne eine derartige Motivation eingetreten wären.[331]

b) Kausalitätsvermutung. Die restitutionseröffnende Tatsache eines verfolgungsbedingten Vermögensverlustes kann im Einzelfall mit erheblichen Beweisschwierigkeiten verbunden sein, da die Geschehnisse zum Teil mehr als fünfzig Jahre zurückliegen und Aktenvorgänge über die Vermögensentziehungen nicht immer vorhanden sind. Der Gesetzgeber des 2. VermRÄndG hat sich daher aus Gründen der Beweiserleichterung zur Aufnahme einer **widerleglichen Vermutung des verfolgungsbedingten Vermögensverlustes** in § 1 Abs. 6 VermG entschlossen. Rechtstechnisch ist dies durch eine Verweisung auf den II. Abschnitt der die Rückerstattung von Vermögensgegenständen in den Berliner Westsektoren regelnden Anordnung BK/O (49) 180 der Alliierten Kommandantur Berlin v. 26. 7. 1949[332] geschehen. Damit sollte eine möglichst enge Anlehnung des Vermögensgesetzes an das Rückerstattungsrecht gewährleistet werden,[333] während im ursprünglichen Gesetzentwurf[334] zum 2. VermRÄndG noch die Formulierung zu finden ist: 155

„Zugunsten des Berechtigten wird ein verfolgungsbedingter Vermögensverlust vermutet. Bei Veräußerungen nach dem 15. September 1935 ist die Vermutung nur dann widerlegt, wenn nachweislich das Rechtsgeschäft seinem wesentlichen Inhalt nach auch ohne die Herrschaft des Nationalsozialismus abgeschlossen worden wäre oder der Erwerber in besonderer Weise und mit wesentlichem Erfolg den Schutz der Vermögensinteressen des Berechtigten oder seines Rechtsvorgängers wahrgenommen hat, zB durch Mitwirkung bei einer Vermögensübertragung ins Ausland."

Die Entwurfsfassung, die sich vermeintlich im Einklang mit Art. 3 Abs. 3 der AO BK/O (49) 180 wähnte,[335] ging in ihrer allgemeinen Formulierung, die etwa auch Vermögensverluste infolge von Zwangsvollstreckungsmaßnahmen erfaßte, weit über den **Regelungsbereich von Art. 3 Abs. 3d AO BK/O (49) 180** hinaus; dieser beschränkte sich auf Veräußerungen und die Aufgabe von Vermögenswerten. Die vom BT-Rechtsausschuß empfohlene und beschlossene Fassung des mit dem 2. VermRÄndG neu eingefügten § 1 Abs. 6 S. 2 VermG wird dem Anliegen des Gesetzgebers, das vermögensrechtliche Wiedergutmachungsrecht eng an das alliierte Rückerstattungsrecht anzulehnen, besser gerecht. 156

Die Verweisung auf den II. Abschnitt der AO BK/O (49) 180 ist allerdings ungenau. In diesem Abschnitt befindet sich mit Art. 3 nicht nur die Regelung der „Vermutung ungerechtfertigter Entziehung", der Art. 2 bestimmt vielmehr auch die Voraussetzungen, unter denen eine ungerechtfertigte Entziehung iSd. AO BK/O (49) 180 vorlag. Soweit § 1 Abs. 6 S. 2 VermG auch auf Art. 2 verweist, geht dies offenbar fehl, weil § 1 Abs. 6 S. 1 VermG selbst den Tatbestand des verfolgungsbedingten Vermögensverlustes definiert. Der **Umfang der Verweisung** in § 1 Abs. 6 S. 2 VermG ist daher seinem Sinn und Zweck nach auf die im II. Abschnitt der AO BK/O (49) 180 statuierten Vermutungen für ungerechtfertigte Vermögensentziehungen begrenzt (Art. 3 und 4 der AO BK/O (49) 180).[336] Die Art. 3 und 4 der AO BK/O (49) 180 haben folgenden Wortlaut: 157

---

[329] VG Berlin VIZ 1994, 302, 303f.; so auch zu § 1 BEG BGH RzW 1957, 51, 52; BGH RzW 1958, 138, 139; vgl. auch *Ehrig*, in: *Blessin-Ehrig-Wilden*, Bundesentschädigungsgesetze, 3. Aufl. 1960, § 1 RdNr. 70; undeutlich BGH RzW 1965, 309, 310; *Kimme-Dietsche* RdNr. 167.
[330] BGH RzW 1958, 138, 139 mwN.; RzW 1962, 21, 22 (std. Rspr.); undeutlich *Wasmuth* Rechtshandbuch B 100 RdNr. 182f. unter unzutreffender Berufung auf BGH RzW 1962, 21, 22; anders offenbar VG Leipzig VIZ 1994, 304, 305.
[331] Vgl. auch VG Berlin VIZ 1994, 302, 303f.; *Knauthe* ZOV 1993, 134, 137f.; Rundbrief Nr. 3d.

BARoV v. 1. 11. 1991, abgedruckt in ZOV 1991, 123, 126.
[332] VOBl. für Groß-Berlin (Westsektoren) I S. 221.
[333] Beschlußempfehlung und Bericht d. BT-Rechtsausschusses, BT-Drucks. 12/2944, S. 49f.
[334] Entwurf eines Gesetzes zur Änderung des Vermögensgesetzes und anderer Vorschriften – Zweites Vermögensrechtsänderungsgesetz (2. VermRÄndG), BT-Drucks. 12/2480, S. 5.
[335] Vgl. Begründung z. Entwurf e. 2. VermRÄndG, BT-Drucks. 12/2480, S. 32, 39.
[336] AA offenbar *Knauthe* ZOV 1993, 134, 134; *Welge* VIZ 1993, 420f.

> *„Artikel 3*
> *Vermutung ungerechtfertigter Entziehung*
> 1. *Zugunsten des Berechtigten wird vermutet, daß die folgenden in der maßgebenden Zeit abgeschlossenen Rechtsgeschäfte ungerechtfertigte Entziehungen im Sinne des Art. 2 sind:*
>   a) *Veräußerung oder Aufgabe der Vermögensgegenstände durch jemanden, der unmittelbar Verfolgungsmaßnahmen im Sinne des Art. 1 ausgesetzt war;*
>   b) *Veräußerung oder Aufgabe der Vermögensgegenstände durch jemanden, der zu einem Personenkreis gehörte, den in seiner Gesamtheit die deutsche Regierung oder die NSDAP durch ihre Maßnahmen aus den Gründen des Art. 1 vom kulturellen und wirtschaftlichen Leben auszuschließen beabsichtigte.*
> 2. *Wenn keine anderen Tatsachen eine ungerechtfertigte Entziehung im Sinne des Art. 2 beweisen oder für eine solche Entziehung sprechen, so kann bei einer Veräußerung nach Abs. 1 a) die Vermutung durch den Beweis widerlegt werden, daß der Veräußerer einen angemessenen Kaufpreis erhalten hat und daß er über ihn frei verfügen konnte; angemessen ist ein Geldbetrag, den ein Kauflustiger zu zahlen und ein Verkaufslustiger anzunehmen bereit wäre, wobei bei Geschäftsunternehmen der Firmenwert berücksichtigt wird, den ein solches Unternehmen in den Händen einer Person hatte, die keinen Verfolgungsmaßnahmen im Sinne des Art. 1 unterworfen war.*
> 3. *Bei Veräußerungen im Rahmen des Abs. 1 b) dieses Artikels, welche in der Zeit vom 15. September 1935 bis zum 8. Mai 1945 vorgenommen worden sind, kann die sich aus Abs. 1 ergebende Vermutung nur durch zur Genüge der Wiedergutmachungskammer erbrachte Beweise (Art. 57) widerlegt werden, daß außer den in Abs. 2 bezeichneten Voraussetzungen*
>   a) *das Rechtsgeschäft seinem wesentlichen Inhalt nach auch ohne die Herrschaft des Nationalsozialismus abgeschlossen worden wäre oder*
>   b) *der Erwerber in besonderer Weise und mit wesentlichem Erfolg den Schutz der Vermögensinteressen des Berechtigten oder seines Rechtsvorgängers wahrgenommen hat, zB durch Mitwirkung bei einer Vermögensübertragung ins Ausland.*
>
> *Artikel 4*
> *Schenkungen*
>
> *Hat ein aus den Gründen des Art. 1 Verfolgter einem anderen in der maßgebenden Zeit Vermögensgegenstände unentgeltlich überlassen, so wird zugunsten des Berechtigten vermutet, daß die Überlassung keine Schenkung ist, sondern ein Treuhandverhältnis begründet hat. Diese Vermutung gilt nicht, soweit nach den persönlichen Beziehungen zwischen dem Überlassenden und dem Empfänger eine Anstandsschenkung anzunehmen ist; ein Rückerstattungsanspruch ist in diesem Falle nicht gegeben."*

5. Vermutung ungerechtfertigter Entziehung (Art. 3,4 AO BK/O (49) 180). a) Überblick. Die eine widerlegliche Vermutung der ungerechtfertigten Vermögensentziehung begründende Vorschrift des Art. 3 Abs. 1 betrifft die Veräußerung oder sonstige rechtsgeschäftliche Aufgabe von Vermögensgegenständen. Dabei ist zu unterscheiden zwischen Vermögensentziehungen, die Folge individueller Verfolgungsmaßnahmen waren, und solchen, die als Folge kollektiver Verfolgung eines bestimmten Personenkreises eingetreten sind. Die Verfolgungsvermutung des Art. 3 Abs. 1 lit. b gilt nur für Kollektivverfolgungen. Dagegen ist die Vermutung aus Art. 3 Abs. 1 lit. a sowohl auf **Individual-** wie auch auf **Kollektivverfolgungen** anzuwenden.[337] Dies ergibt sich daraus, daß der Vermögensverlust bei kollektiver Verfolgung von Personen, die einem bestimmten Personenkreis angehören, jedenfalls auch auf einer unmittelbaren Verfolgungsmaßnahme iSv. Art. 3 Abs. 1 lit. a beruht, die auch den betroffenen Einzelpersonen galt. Daher setzt die

---

[337] *Schwarz*, in: Die Wiedergutmachung nationalsozialistischen Unrechts durch die Bundesrepublik Deutschland, Bd. I, 1974, S. 146; undeutlich *Wasmuth* Rechtshandbuch B 100 RdNr. 180, 192.

Widerlegung der Kollektivverfolgung zugleich auch voraus, daß die Voraussetzungen für die Widerlegung einer Individualverfolgung nach Art. 3 Abs. 2 dargetan sind (vgl. Art. 3 Abs. 3).

Die Vermutung der Verfolgungsbedingtheit des Vermögensverlustes gilt für **alle** in § 1 Abs. 6 S. 1 VermG aufgeführten **Verfolgungsgründe**. Auf die Tatbestände des Art. 2 AO BK/O (49)180, die Art. 3 Abs. 1 in Bezug nimmt, kommt es nicht an (vgl. dazu bereits RdNr. 157). 159

Die Verfolgungsvermutungen aus Art. 3 Abs. 1 AO BK/O (49) 180 sind grundsätzlich **widerlegbar**. Dies gilt uneingeschränkt für den Tatbestand der Aufgabe von Vermögensgegenständen. Dagegen können Verfolgungsmaßnahmen, die zu einer Veräußerung von Vermögenswerten geführt haben, nur unter den einschränkenden Voraussetzungen des Art. 3 Abs. 2 und 3 widerlegt werden. 160

Eine der Vorschrift des Art. 3 vorgehende Sonderregelung trifft Art. 4 für **Schenkungen**, von denen regelmäßig zugunsten des Rückgabeberechtigten vermutet wird, daß es sich nicht um eine Schenkung, sondern um die Begründung eines Treuhandverhältnisses handelte (Art. 4 S. 1). 161

b) Voraussetzungen des Art. 3 AO BK/O (49) 180. aa) Veräußerung oder Aufgabe der Vermögensgegenstände. Die Vermutung des Art. 3 greift nur ein, wenn die Vermögensentziehung auf einer Veräußerung oder Aufgabe des Eigentums durch den Eigentümer im Zeitpunkt zwischen dem 31. 1. 1933 und dem 8. 5. 1945 beruht. Der Tatbestand der Veräußerung ist im juristisch-technischen Sinne erst mit der dinglichen Eigentumsübertragung erfüllt. Diese Wortbedeutung entspricht jedoch nicht dem Verständnis des Art. 3 AO BK/O (49) 180, der entsprechend dem allgemeinen Sprachgebrauch nur darauf abstellt, daß sich der Veräußerer in bindender Weise wirtschaftlich des Vermögensgegenstandes entäußert hat. Damit reicht für eine Veräußerung iSv. Art. 3 bereits das wirksam geschlossene **schuldrechtliche Rechtsgeschäft** aus, das dem Erwerber einen **Anspruch auf Übereignung** des Vermögenswertes gibt; bei Grundstücksgeschäften war also insbesondere § 313 S. 1 BGB zu beachten.[338] Insoweit ist zu bedenken, daß es sich bei Art. 3 AO BK/O (49) 180 um eine Vorschrift alliierten Rechts handelt, deren Inhalt und Bedeutung nicht zwingend durch das dem deutschen Bürgerlichen Recht zugrundeliegende Abstraktionsprinzip und das darauf aufbauende Verständnis des Veräußerungsbegriffs bestimmt wird. 162

Alternativ zur Veräußerung genügt nach Art. 3 die **Aufgabe des Eigentums**. Dies setzt ein rechtserhebliches Handeln des Betroffenen voraus, also den – im Gegensatz zur Veräußerung einseitigen – rechtsgeschäftlichen Verzicht auf das Eigentum, etwa durch Eigentumsaufgabe (§§ 928, 959 BGB) oder Erbausschlagung (§ 1945 BGB).[339] 163

Die Verfolgungsvermutung gilt jedoch nicht für Eigentumsverluste, die aufgrund anderer Ereignisse wie **Zwangsvollstreckungsmaßnahmen** oder **Wegnahmehandlungen** eingetreten sind. Insoweit verbleibt es bei dem Erfordernis der konkreten Kausalitätsdarlegung (vgl. RdNr. 154).[340] Diese ist im übrigen auch dann noch möglich, wenn der Tatbestand der Verfolgungsvermutung nicht erfüllt ist. 164

bb) Unmittelbare Verfolgungsmaßnahme iSv. Art. 3 Abs. 1 lit. a. (α) Voraussetzungen. Zugunsten des Berechtigten wird ein verfolgungsbedingter Vermögensverlust vermutet, wenn die Veräußerung oder Aufgabe des Vermögensgegenstandes auf einer unmittelbaren Verfolgungsmaßnahme beruht. 165

---

[338] BGH RzW 1961, 21, 21; ORG Berlin RzW 1958, 96, 96; aA noch ORG Herford RzW 1956, 353 (LS) sowie *Wasmuth* Rechtshandbuch B 100 RdNr. 190; undeutlich CoRA RzW 1953, 196, 196.

[339] Vgl. OLG Frankfurt RzW 1952, 99, 99 f. (Eigentumsverzicht an Grundstück); OLG Hamburg RzW 1956, 199, 201 (Nichtausübung eines gesetzl. Aktienbezugsrechts); *Fraenkel* RzW 1954, 99, 100; *Wasmuth* Rechtshandbuch B 100 RdNr. 190.

[340] VG Berlin VIZ 1994, 302, 303 f.; *Wasmuth* Rechtshandbuch B 100 RdNr. 186; *Gregor* ZOV 1993, 326.

166 Da sich die Rückerstattung nach dem Vermögensgesetz richtet, das nur partiell, nämlich wegen der Verfolgungsvermutung, auf die AO BK/O (49) 180 verweist, ist der Begriff des Vermögensgegenstandes iSd. Legaldefinition des „Vermögenswertes" in § 2 Abs. 2 VermG zu verstehen.[341] Der Verlust des Vermögenswertes muß **„unmittelbar"** auf Verfolgungsmaßnahmen beruhen, dh. die Verfolgungsmaßnahme muß eine konkrete Person betroffen haben[342] und der Vermögensverlust muß in engem zeitlichen Zusammenhang mit der Verfolgung gestanden haben.[343] Nach der ratio legis ist es nicht zwingend erforderlich, daß der Berechtigte zugleich Verfolgter war.[344] Die Verfolgung kann sich ebenso gegen einen Angehörigen (vgl. § 11 Abs. 1 Nr. 1 StGB) gerichtet haben, um dessentwillen der Vermögensverlust beim Berechtigten eingetreten ist.[345] Ein enger zeitlicher Zusammenhang zwischen Verfolgung und Vermögensverlust ist jedenfalls immer dann anzunehmen, wenn der Vermögensverlust unmittelbar vor, bei oder im Gefolge der eigentlichen Verfolgungsmaßnahme eintrat, etwa um diese von vornherein abzuwenden, bestehenden Zwang zu brechen oder Wiederholungen zu verhindern.

167 **(β) Widerlegung.** Die Vermutung des verfolgungsbedingten Vermögensverlustes iSv. Art. 3 Abs. 1 lit. a AO BK/O (49) 180 ist zwar widerleglich, aber nur unter den eingeschränkten Voraussetzungen des Art. 3 Abs. 2 AO BK/O (49) 180. Die in Rechtsprechung[346] und Schrifttum[347] zu Art. 3 BK/O (49) 180 zeitweilig vertretene Auffassung, wonach neben den Gegenbeweisen des Art. 3 Abs. 2 alternativ auch der **„direkte Gegenbeweis"** möglich sei, daß keine verfolgungsbedingte Vermögensentziehung vorliegt, widersprach Systematik und Sinn der gesetzlichen Verfolgungsvermutung und -widerlegung.[348] Danach kann der Verfügungsberechtigte die Vermutung nur durch den Beweis widerlegen, daß der Veräußerer einen **angemessenen Kaufpreis erhalten** hat und daß er über ihn frei verfügen konnte (Art. 3 Abs. 2 Hs. 1).[349] Als angemessen wird danach ein Geldbetrag angesehen, den „ein Kauflustiger zu zahlen und ein Verkaufslustiger anzunehmen bereit wäre". Gefordert ist mithin eine **hypothetische Betrachtung** bezogen auf den Zeitpunkt, zu dem der Vermögensverlust eingetreten ist. Abzustellen ist jeweils auf die seinerzeitige Marktlage, wobei verfolgungsbedingt eingetretene Marktverzerrungen, die etwa durch ein Überangebot bestimmter Vermögensgegenstände eingetreten sind, nicht zu berücksichtigen sind. Vergleichsmaßstab ist der freie Markt, nicht ein verfolgungsbedingt verzerrter Markt; die durch Verfolgungsmaßnahmen geschaffene Lage kann nicht Grundlage für die Angemessenheit des Kaufpreises sein.[350] Als Anhaltspunkt für einen verfolgungsbedingt unangemessenen Kaufpreis ist es regelmäßig anzusehen, wenn dem Erwerber zur Abschöpfung von Vermögensvorteilen eine Ausgleichsabgabe[351] zugunsten des Reiches auferlegt wurde.[352] Dagegen sind Preisbestimmungen ohne Verfolgungscharakter,[353] die die Marktlage allgemein beeinflußten, bei der Ermittlung des angemessenen Preises zu berücksichtigen.[354] Im Einzelfall wird die hypothetische Betrachtung mit nicht

---

[341] *Wasmuth* Rechtshandbuch B 100 RdNr. 190.
[342] Darauf stellt das OLG Köln RzW 1949/50, 142, 143, ab.
[343] Zum zeitlichen Zusammenhang OLG Frankfurt 1949, 11, 12; *Wasmuth* Rechtshandbuch B 100 RdNr. 193.
[344] BoR RzW 1952, 78, 78 f.; OLG Düsseldorf RzW 1952, 266.
[345] *Wasmuth* Rechtshandbuch B 100 RdNr. 193.
[346] KG RzW 1953, 271, 271 f.; RzW 1954, 116, 116; OLG Köln RzW 1953, 143, 144.
[347] *Siebenhaar/Meyer-Heydenhagen* JR 1953, 251 ff.; *dies.* JR 1954, 9 ff.
[348] KG RzW 1956, 39, 39 f.; ORG Berlin RzW 1956, 299, 300 f.; ORG Herford RzW 1959, 14, 14; *Schwarz* NJW 1954, 1353, 1354 f.; *Fraenkel* RzW 1954, 301, 301 f.
[349] Vgl. ORG Berlin RzW 1962, 255, 256.
[350] OLG Frankfurt RzW 1949/50, 59, 60; *Herzfeld* RzW 1954, 253; *Wasmuth* Rechtshandbuch B 100 RdNr. 196; *Kimme-Dietsche* RdNr. 177 f.; aA KG RzW 1954, 253, 253.
[351] § 15 Abs. 1 VO über den Einsatz jüdischen Vermögens v. 3. 12. 1938, RGBl. I S. 1709; § 1 VO über die Nachprüfung von Entjudungsgeschäften v. 10. 6. 1940; RGBl. I S. 891.
[352] Vgl. auch OLG Stuttgart RzW 1949/50, 174, 175; KG RzW 1951, 223, 224; *Schwarz*, in: Die Wiedergutmachung nationalsozialistischen Unrechts durch die Bundesrepublik Deutschland, Bd. I, 1974, S. 161.
[353] Vgl. die am 1. 12. 1936 in Kraft getretene VO über das Verbot von Preiserhöhungen v. 26. 11. 1936, RGBl. I S. 955, die Preiserhöhungen für Güter und Leistungen jeder Art verbot.
[354] OLG Frankfurt RzW 1949/50, 59, 60.

unerheblichen Schwierigkeiten verbunden sein. Auf mathematische Genauigkeit kommt es jedoch nicht an;[355] ausreichend ist eine Schätzung des Kaufpreises, wobei Abweichungen des geschätzten (= „angemessenen") vom vereinbarten Kaufpreis iHv. 10 v. H. als unschädlich anzusehen sind.[356]

Für den Bereich der **Immobilien** ergeben sich demnach folgende Leitlinien: Der Verkehrswert von Grundbesitz ist anhand eines Vergleiches mit Verkäufen ähnlicher Objekte im gleichen Zeitraum zu ermitteln;[357] eine Mittelwertbildung aus Sach- und Ertragswert wird dagegen der „als-ob"-Betrachtung des Art. 3 nicht stets gerecht.[358] Der steuerliche Einheitswert kann in keinem Fall als Anhaltspunkt für einen angemessenen Kaufpreis dienen.[359] In die Ermittlung des „als-ob"-Verkaufspreises haben Lage, Bauweise, Ausstattung und Zweckbestimmung sowie der bauliche Zustand der Immobilie einzugehen.[360] Der Markt für Immobilien war, jedenfalls soweit es Rentenobjekte anbetrifft, bis 1935 noch von Schwäche gekennzeichnet. Erst danach erholte er sich von den Folgen der Weltwirtschaftskrise; die einsetzende Flucht in Sachwerte bewirkte merkliche Preissteigerungen.[361] **168**

Bei **Unternehmen** ist für die Berechnung des angemessenen Kaufpreises der Firmenwert zu berücksichtigen, den ein solches Unternehmen in den Händen einer Person hatte, die keinen Verfolgungsmaßnahmen ausgesetzt war (Art. 3 Abs. 2 Hs. 2 AO BK/O (49) 180). Ein Vergleich mit seinerzeit ähnlich strukturierten Unternehmen, die unter keinen verfolgungsbedingten Maßnahmen zu leiden hatten, dürfte jedoch angesichts des zeitlichen Abstands heute nicht mehr in Betracht kommen.[362] Daher ist zur Ermittlung des Firmen- bzw. Geschäftswerts auf das Mittel zwischen Substanz- und Ertragswert zurückzugreifen.[363] Zu diesem Zweck sind die Unternehmensbilanzen aus den Jahren vor der Arisierung bzw. die Übergabebilanz des veräußerten Unternehmens heranzuziehen. Allerdings bereitet auch die Schätzung des Ertragswerts auf dieser Grundlage nicht unerhebliche Schwierigkeiten, da die Bilanzen durch „Angstverkäufe" vor Arisierung, die Ansammlung von Gewinnen, die Auflösung stiller Reserven oder die allgemeine wirtschaftliche Depression infolge der Weltwirtschaftskrise häufig nur ein verzerrtes Bild lieferten. **169**

Zum Geschäftswert gehören auch **Kundenstamm** und **good will** eines Unternehmens. Soweit diese nicht vergütet wurden, weil das Unternehmen seinen Kundenstamm und good will aufgrund von Verfolgungsmaßnahmen zum Zeitpunkt der Veräußerung schon (weitgehend) eingebüßt hatte, ergibt sich daraus ein Indiz für die Unangemessenheit des Kaufpreises.[364] Bei Veräußerung eines hypothetischen Vergleichsunternehmens, das sich in der Hand einer nicht verfolgten Person befunden hätte, wären diese verfolgungsbedingten Marktverzerrungen nicht aufgetreten. **170**

Für die Ermittlung eines angemessenen Kaufpreises bei **Kunstwerken** ist darauf abzustellen, ob für das betroffene oder ähnliche Werke des Künstlers seinerzeit ein Markt vorhanden war.[365] Zugrundezulegen sind die Bedingungen eines freien Kunstmarktes. **171**

---

[355] *Herzfeld* RzW 1954, 253.
[356] ORG Berlin RzW 1962, 255, 256.
[357] OLG Düsseldorf RzW 1954, 104; *Schwarz*, in: Die Wiedergutmachung nationalsozialistischen Unrechts durch die Bundesrepublik Deutschland, Bd. I, 1974, S. 161.
[358] AA OLG Celle RzW 101, 101; *Wasmuth* Rechtshandbuch B 100 RdNr. 196.
[359] *Schwarz*, in: Die Wiedergutmachung nationalsozialistischen Unrechts durch die Bundesrepublik Deutschland, Bd. I, 1974, S. 161; *Wasmuth* Rechtshandbuch B 100 RdNr. 196; offen gelassen von CSR RzW 1953, 263, 263.
[360] OLG Celle RzW 1954, 101, 101; *Schwarz*, in: Die Wiedergutmachung nationalsozialistischen Unrechts durch die Bundesrepublik Deutschland, Bd. I, 1974, S. 161; *Wasmuth* Rechtshandbuch B 100 RdNr. 196.
[361] *Schwarz*, in: Die Wiedergutmachung nationalsozialistischen Unrechts durch die Bundesrepublik Deutschland, Bd. I, 1974, S. 161.
[362] So auch *Wasmuth* Rechtshandbuch B 100 RdNr. 198.
[363] *Schwarz*, in: Die Wiedergutmachung nationalsozialistischen Unrechts durch die Bundesrepublik Deutschland, Bd. I, 1974, S. 160; *Wasmuth* Rechtshandbuch B 100 RdNr. 198.
[364] Vgl. auch OLG Frankfurt RzW 1949/50, 59, 60; *Schwarz*, in: Die Wiedergutmachung nationalsozialistischen Unrechts durch die Bundesrepublik Deutschland, Bd. I, 1974, S. 160; *Wasmuth* Rechtshandbuch B 100 RdNr. 197.
[365] *Schwarz*, in: Die Wiedergutmachung nationalsozialistischen Unrechts durch die Bundesrepublik Deutschland, Bd. I, 1974, S. 160.

Marktstörungen, die etwa durch nationalsozialistische Maßnahmen gegen die entartete Kunst eingetreten sind,[366] können daher nicht als Grundlage eines Vergleichs mit dem tatsächlich gezahlten Kaufpreis dienen.

172 Die Widerlegung der Verfolgungsvermutung des Art. 3 Abs. 1 lit. a AO BK/O (49) 180 erfordert neben der Zahlung eines angemessenen Kaufpreises die **freie Verfügbarkeit über den Kaufpreis** (Art. 3 Abs. 2 Hs. 1 AO BK/O (49) 180). Nach dem Sinn und Zweck dieser Vorschrift, die allein der Widerlegung verfolgungsbedingter, nicht aber anderer Vermögensverluste dient, muß eine etwaige fehlende Verfügbarkeit über den Kaufpreis im Zusammenhang mit der Verfolgungsmaßnahme stehen.[367] Beruhte daher die fehlende Verfügbarkeit auf anderen Gründen, wie nicht verfolgungsbedingten Zwangsvollstreckungsmaßnahmen von Drittgläubigern, schließt dies eine freie Verfügbarkeit iSv. Art. 3 Abs. 2 Hs. 1 AO BK/O (49) 180 und damit eine Widerlegung der Verfolgungsvermutung nicht aus.

173 Die freie Verfügbarkeit über den Kaufpreis war nicht gegeben, wenn der Veräußerer wegen der verfolgungsbedingten Veräußerung von Vermögensgegenständen weiteren **Zahlungsverpflichtungen** ausgesetzt war[368] oder in anderer Weise rechtlich in seiner Verfügungsfreiheit beschränkt war.[369] Als veräußerungsakzessorische Zahlungsverpflichtung ist insbesondere die Erhebung der Reichsfluchtsteuer[370] anzusehen, die zwar ursprünglich keinen diskriminierenden Charakter hatte, später aber gezielt gegen die zur Ausreise gezwungenen Juden eingesetzt wurde. **Rechtliche Verfügungsbeschränkungen** ergaben sich insbesondere aus der Verpflichtung, die Veräußerungserlöse auf ein Sperrkonto einzuzahlen[371] bzw. allgemein aus der Sperrung von Konten des Veräußerers. Insoweit hatte jede im Zusammenhang mit einer verfolgungsbedingten Ausreise gegen Juden verhängte Kontensperre unabhängig von ihrer devisenrechtlichen Fundierung[372] diskriminierenden Charakter.[373] Eine Widerlegung der Verfolgungsvermutung scheidet damit nicht erst seit Erlaß der ausdrücklich gegen Juden gerichteten Devisenbestimmungen[374] aus den Jahren 1937/38 aus.[375]

---

[366] Vgl. Ermächtigung des Reichsministers für Volksaufklärung und Propaganda an den Präsidenten der Reichskammer der bildenden Künste v. 30. 6. 1937, „die im deutschen Reichs-, Länder- und Kommunalbesitz befindlichen Werke deutscher Verfallkunst seit 1910 auf dem Gebiete der Malerei und Bildhauerei zum Zwecke einer Ausstellung auszuwählen und sicherzustellen"; Gesetz über die Einziehung von Erzeugnissen entarteter Kunst v. 31. 5. 1938, RGBl. I S. 612; dazu auch KG RzW 1965, 161; OLG Celle RzW 1951, 201; OLG Düsseldorf RzW 1952, 266; OLG Karlsruhe RzW 1954, 225.

[367] KG RzW 1951, 188, 188; *Wasmuth* Rechtshandbuch B 100 RdNr. 200.

[368] Vgl. BoR RzW 1951, 174, 177; aA OLG Frankfurt RzW 1949/50, 434, 434.

[369] *Wasmuth* Rechtshandbuch B 100 RdNr. 201.

[370] Vgl. Vierte AO d. Reichspräsidenten zur Sicherung von Wirtschaft und Finanzen und zum Schutze des inneren Friedens v. 8. 12. 1931, RGBl. I S. 699, 731 iVm. Gesetz zur Verlängerung der Vorschriften über die Reichsfluchtsteuer v. 1. 2. 1939, RGBl. I S. 125; VO zur Verlängerung (...) v. 19. 12. 1940, RGBl. I S. 1605; VO zur Verlängerung der Geltungsdauer der Vorschriften über die Reichsfluchtsteuer v. 24. 12. 1941, RGBl. I S. 801; VO zur Verlängerung der Geltungsdauer (...) v. 9. 12. 1942, RGBl. I S. 682.

[371] Derartige Auflagen ergingen im Zusammenhang mit Zwangsverkäufen gem. der VO zur Ausschaltung von Juden aus dem deutschen Wirtschaftsleben v. 12. 11. 1938, RGBl. I S. 1580; VO über den Einsatz jüdischen Vermögens v. 31. 2. 1938, RGBl. I S. 1709.

[372] Vgl. dazu für den *Zeitraum 30. 1. 1933 – 4. 2. 1935:* VO über die Devisenbewirtschaftung v. 23. 5. 1932, RGBl. I S. 231 nebst Richtlinien (RGBl. 1932 I S. 317, ber. 346; geänd. RGBl. 1933 I S. 363, 1045; 1934 I S. 315, 511); für den *Zeitraum 4. 2. 1935 – 1. 1. 1939:* Gesetz über die Devisenbewirtschaftung. v. 4. 2. 1935, RGBl. I S. 106; Durchführungs-VO v. 4. 2. 1935, RGBl. I S. 114; Richtlinien v. 4. 2. 1935, RGBl. I S. 119 nebst VOen (RGBl. 1935 I S. 282, 605, 682, 1149, 1410); Richtlinien v. 19. 12. 1936, RGBl. I S. 1021; für den *Zeitraum 1. 1. 1939 – 8. 5. 1945:* Gesetz über die Devisenbewirtschaftung v. 12. 12. 1938, RGBl. I S. 1734; Richtlinien v. 22. 12. 1938, RGBl. I S. 1851; § 3d. 11. VO z. Reichsbürgergesetz v. 25. 11. 1941, RGBl. I S. 722.

[373] *Schwarz*, in: Die Wiedergutmachung nationalsozialistischen Unrechts durch die Bundesrepublik Deutschland, Bd. I, 1974, S. 162; wohl auch *Wasmuth* Rechtshandbuch B 100 RdNr. 203; aA *Laforet* RzW 1949/50, 162 ff.

[374] Allgemein vertraulicher Erlaß Nr. 64 des Reichswirtschaftsministers v. 14. 5. 1938; Allgemein vertraulicher Erlaß Nr. 85/1937 des Reichswirtschaftsministers v. 2. 8. 1937; RdErlaß Nr. 57/1938 des Reichswirtschaftsministers v. 4. 6. 1938; dazu *Laforet* RzW 1949/50, 162, 166 f.

[375] Vgl. auch ORG Nürnberg RzW 1957, 260, 260 f.; ORG Berlin RzW 1957, 314 (LS).

Die freie Verfügbarkeit über den Kaufpreis muß im **Zeitpunkt des verfolgungsbeding-** 174
ten Vermögensverlustes gegeben gewesen sein;[376] dieser ist es, der durch die Beurteilung der Angemessenheit des Kaufpreises und dessen freie Verfügbarkeit zu widerlegen ist. Auf den Zeitpunkt des Eigentumsübergangs kommt es insoweit nicht an, da nach dem Verständnis des Art. 3 AO BK/O (49) 180 eine zum Vermögensverlust führende „Veräußerung" bereits mit Abschluß des schuldrechtlichen Kausalgeschäfts vorliegt (vgl. oben RdNr. 162). Folglich ist auf den Zeitpunkt des Kaufvertragsschlusses abzustellen. Die Stundung des Kaufpreises durch den Veräußerer schließt die Annahme der freien Verfügbarkeit bezogen auf den Zeitpunkt des Vertragsschlusses nicht aus, weil der Veräußerer die Möglichkeit der Abtretung bzw. Verpfändung der Kaufpreisforderung hat.[377] Eine später eintretende Verfügungsbeschränkung ändert nichts an der freien Verfügbarkeit iSv. Art. 3 Abs. 2 Hs. 1 AO BK/O (49) 180, wenn der Veräußerer zunächst frei über den Kaufpreis verfügen konnte.[378]

cc) Zugehörigkeit zum Kreis kollektiv verfolgter Personen iSv. Art. 3 Abs. 1 lit. b. 175
(α) Voraussetzungen. Neben der Vermutung einer verfolgungsbedingten Vermögensentziehung des Art. 3 Abs. 1 lit. a d. AO BK/O (49) 180 steht die Vorschrift des Art. 3 Abs. 1 lit. b. Auf diese Vermutung können sich (zusätzlich zu lit. a) jedoch nur Personen berufen, die zu einem Personenkreis gehören, den in seiner Gesamtheit die deutsche Regierung oder die NSDAP durch verfolgungsbedingte Maßnahmen iSv. § 1 Abs. 6 VermG vom kulturellen und wirtschaftlichen Leben Deutschlands auszuschließen beabsichtigte. Trotz des undeutlichen Wortlauts („auszuschließen *beabsichtigte*"; Hervorh. v. Verf.) kann aus Art. 3 Abs. 1 lit. b AO BK/O (49) 180 nur dann die Vermutung eines verfolgungsbedingten Vermögensverlustes abgeleitet werden, wenn **Maßnahmen kollektiver Verfolgung** im Zeitpunkt des Vermögensverlustes bereits **ergriffen** waren und nicht nur erst bevorstanden.[379] Das Verb „beabsichtigen" bezieht sich dem Sinn nach vielmehr nur auf das Endziel des Ausschlusses der betroffenen Personengruppen vom kulturellen und wirtschaftlichen Leben Deutschlands, jedoch nicht auf die Verfolgungshandlung.

Kollektiver Verfolgung unterlagen **Vereinigungen**[380] wie die politischen Parteien[381] 176
(insbesondere SPD, KPD und Zentrum), die aufgelösten oder gleichgeschalteten Gewerkschaften und Komsumgenossenschaften,[382] die Freimaurerlogen, die Organisationen der Ernsten Bibelforscher (Zeugen Jehovas), konfessionelle Organisationen der deutschen Großkirchen[383] und (ab 1941) der Christian Science; dies gilt jedoch nicht für die **Mitglieder** dieser Vereinigungen, deren Verfolgung (Inhaftierung, Entlassung aus dem Arbeits-

---

[376] OLG München RzW 1951, 346, 346; undeutlich BoR RzW 1951, 174, 177; anders wohl *Wasmuth* Rechtshandbuch B 100 RdNr. 202 (Zahlung); aA KG RzW 1951, 188, 189 (Zeitpunkt des Eigentumsübergangs).
[377] OLG München RzW 1951, 346, 347.
[378] OLG Stuttgart SJZ 1949 Sp. 343, 345 f.; *Schilling* SJZ 1949, Sp. 346, 347; *Wasmuth* Rechtshandbuch B 100 RdNr. 202; undeutlich CoRA RzW 1951, 3, 4.
[379] *Wasmuth* Rechtshandbuch B 100 RdNr. 206.
[380] Überblick bei *Schwarz*, in: Die Wiedergutmachung nationalsozialistischen Unrechts durch die Bundesrepublik Deutschland, Bd. I, 1974, S. 130 ff.; *Wasmuth* Rechtshandbuch B 100 RdNr. 210.
[381] AA *Ehrig*, in: *Blessin-Ehrig-Wilden*, Bundesentschädigungsgesetze, 3. Aufl. 1960, § 51 BEG, RdNr. 26 f.

[382] Vgl. OLG Celle RzW 1982, 363, 363 f.
[383] Vgl. OLG München RzW 1949/50, 301, 301 (Orden der Englischen Fräulein); OLG Neustadt RzW 1951, 186, 186 (Konfessionelle Jugendorganisation); CSR RzW 1951, 270 (Konfessionelle Erziehungsorganisation); CSR RzW 1952, 91, 91 (Wohlfahrtsverbände der Kirchen); CoRA RzW 1952, 325, 325 (Studenten-/Altherrenverbände); OLG Köln RzW 1953, 141, 141 f. (Kath. Studentenorganisation); OLG Düsseldorf RzW 1953, 244, 244 f. (Kirchl. Wohlfahrtsorganisation); ORG Herford RzW 1957, 39, 39 f. (Studentische Altherrenverbände); anders OLG München RzW 1949/50, 266, 267 (Katholische Korporationsverbände); WK Würzburg RzW 1949/50, 265, 265 f. (Kath. Studenten- und Akademikerverbände); vgl. auch *Ehrig*, in: *Blessin-Ehrig-Wilden*, Bundesentschädigungsgesetze, 3. Aufl. 1960, § 51 BEG RdNr. 27.

VermG § 1 177, 178   Abschnitt I. Allgemeine Bestimmungen

verhältnis) jeweils individuell festzustellen ist.[384] Als Individuen wurden die Bevölkerungsgruppen der deutschen Juden und der ihnen gleichgestellten Mischlinge[385] (vgl. dazu oben RdNr. 137), der ausgewanderten Juden deutscher Staatsangehörigkeit,[386] der staatenlosen Juden,[387] der Angehörigen von Juden[388] sowie der Sinti und Roma kollektiv verfolgt; für Juden deutscher Staatsangehörigkeit gilt dies jedenfalls seit dem 15. 9. 1935 („Nürnberger Gesetze"),[389] für staatenlose Juden bereits seit Anbeginn der NS-Gewaltherrschaft; die kollektive Verfolgung der Sinti und Roma setzte jedenfalls mit dem 8. 12. 1938 ein (Runderlaß des Reichsführers SS und Chefs der deutschen Polizei; MBlJV S/ 2106).[390] In entsprechender Weise ist eine kollektive Verfolgung jüdischer Vereinigungen festzustellen, zu denen auch die jüdischen Handelsgesellschaften gehörten.

177 **Keine kollektive Verfolgung** bestand dagegen für jüdische Mischlinge 2. Grades.[391] Kollektiver Verfolgung unterlagen ebenso nicht die Evangelische bzw. Katholische Kirche und ihre Kirchengemeinden[392] sowie die Sieben-Tage-Adventistengemeinde[393] und die sog. Weißenberg-Sekte.[394] Dies gilt auch für die Angehörigen slawischer Bevölkerungsgruppen[395] (Polen, Serben, Tschechen, Ukrainer, Russen) und anderer Personengruppen[396] (Homosexuelle, sog. Arbeitsscheue, Landstreicher, Dirnen, Zuhälter etc.). Dies schließt nicht aus, daß im Einzelfall individuelle Verfolgungstatbestände gegeben sind.

178 **(β) Widerlegung.** Die Vermutung des verfolgungsbedingten Vermögensverlustes aus Art. 3 Abs. 1 lit. b AO BK/O (49) 180 kann in bezug auf Veräußerungen aus dem Zeitraum zwischen dem 15. 9. 1935 und dem 8. 5. 1945 nur unter den Voraussetzungen des Art. 3 Abs. 3 widerlegt werden. Dies erfordert nicht nur den Beweis, daß keine kollektive Verfolgungsmaßnahme iSd. Art. 3 Abs. 1 lit. b vorgelegen hat, sondern auch die Darlegung, daß es darüber hinaus an einer individuellen Verfolgung (Art. 3 Abs. 1 lit. a) fehlte. Der Tatbestand der individuellen Verfolgung ist insoweit notwendiger Bestandteil der kollektiven Verfolgung einer Personengruppe (vgl. bereits RdNr. 158). Gelingt also dem Verfügungsberechtigten schon nicht die **Widerlegung individueller Verfolgung**, indem

---

[384] BGH RzW 1971, 113, 114 (zu Parteien und Gewerkschaften); *Gießler,* in: Die Wiedergutmachung nationalsozialistischen Unrechts durch die Bundesrepublik Deutschland, Bd. IV, 1981, S. 1, 15 (zu Parteien und Gewerkschaften).
[385] CoRA RzW 1951, 66, 66 (LS); WK Kassel RzW 1949/50, 26, 27; Werner NJW 1947/48, 539, 542; *Ehrig,* in: *Blessin-Ehrig-Wilden,* Bundesentschädigungsgesetze, 3. Aufl. 1960, § 51 BEG, RdNr. 25; aA WK Karlsruhe RzW 1949/50, 25, 26.
[386] CoRA RzW 1951, 193, 194; OLG Frankfurt RzW 1949/50, 80, 80; OLG Hamm MDR 1950, 636, 637; *Wasmuth* Rechtshandbuch B 100 RdNr. 208.
[387] *Ehrig,* in: *Blessin-Ehrig-Wilden,* Bundesentschädigungsgesetze, 3. Aufl. 1960, § 51 BEG RdNr. 28; *Wasmuth,* Rechtshandbuch B 100 RdNr. 208.
[388] KG RzW 1953, 374, 374; OLG Stuttgart RzW 1949/50, 14, 15; WK Kassel BB 1949, 383, 383; *Ehrig,* in: *Blessin-Ehrig-Wilden,* Bundesentschädigungsgesetze, 3. Aufl. 1960, § 51, RdNr. 25; aA OLG Stuttgart RzW 1950, 399, 399 (unter Hinweis darauf, die Entsch. OLG Stuttgart RzW 1949, 14, habe einen besonders gelagerten Fall betroffen); CoRA RzW 1951, 66, 66; RzW 1952, 227, 227; BoR RzW 1952, 48 (LS); OLG Köln RzW 1951, 205, 205; *Wasmuth* Rechtshandbuch B 100 RdNr. 208;.
[389] VG Leipzig VIZ 1994, 304, 306; vgl. auch Rundbrief Nr. 3 d. BARoV v. 1. 11. 1991, abgedruckt in ZOV 1991, 123, 125.

[390] BGH RzW 1964, 209, 210; *Wasmuth* Rechtshandbuch B 100 RdNr. 208; aA *Ehrig,* in: *Blessin-Ehrig-Wilden,* Bundesentschädigungsgesetze, 3. Aufl. 1960, § 1 BEG RdNr. 35.
[391] OLG Frankfurt RzW 1949, 99; OLG Hamm RzW 1951, 145, 145; *Küster* RzW 1951, 428; *Ehrig,* in: *Blessin-Ehrig-Wilden,* Bundesentschädigungsgesetze, 3. Aufl. 1960, § 51 BEG RdNr. 25; *Wasmuth* Rechtshandbuch B 100 RdNr. 208; aA *List* NJW 1950, 373, 373 f.
[392] BoR RzW 1951, 18, 19; *Czapski* RzW 1952, 380, 381; *Ehrig,* in: *Blessin-Ehrig-Wilden,* Bundesentschädigungsgesetze, 3. Aufl. 1960, § 1 RdNr. 37; § 51 RdNr. 27; *Schwarz,* in: Die Wiedergutmachung nationalsozialistischen Unrechts durch die Bundesrepublik Deutschland, Bd. I, 1974, S. 130; vgl. auch OLG Celle RzW 1960, 112, 113 f.; aA *Gießler,* in: Die Wiedergutmachung nationalsozialistischen Unrechts durch die Bundesrepublik Deutschland, Bd. IV, 1981, S. 1, 24; offen gelassen bei *Cohn* RzW 1952, 267.
[393] OLG Hamm RzW 1949/50, 409, 409: jeweils 1936 noch keine Gruppenverfolgung.
[394] *Ehrig,* in: *Blessin-Ehrig-Wilden,* Bundesentschädigungsgesetze, 3. Aufl. 1960, § 1 BEG RdNr. 37.
[395] *Wasmuth* Rechtshandbuch B 100 RdNr. 209.
[396] *Wasmuth* Rechtshandbuch B 100 RdNr. 209 (zur Gruppe der Homosexuellen).

er beweist, daß der Veräußerer einen angemessenen Kaufpreis erhalten hat und über ihn frei verfügen konnte (Art. 3 Abs. 2), so ist bereits dadurch die Widerlegung der Vermutung kollektiver Verfolgung ausgeschlossen. Auf die weiteren Voraussetzungen des Art. 3 Abs. 3 lit. a und b kommt es nicht mehr an. Diese bedürfen nur dann der Prüfung, wenn die Voraussetzungen des Art. 3 Abs. 2 dargetan sind. Andererseits ist es bei Veräußerungen, die außerhalb des in Art. 3 Abs. 3 genannten Zeitraums erfolgten, zulässig, die Verfolgungsvermutung des Art. 3 Abs. 1 lit. b auch durch andere als die in Art. 3 Abs. 3 genannten Tatbestände zu widerlegen.

Im einzelnen ist nach Art. 3 Abs. 3 die **Vermutung kollektiver Verfolgungsmaßnahmen widerlegt**, wenn entweder das Rechtsgeschäft seinem wesentlichen Inhalt nach auch ohne die Herrschaft des Nationalsozialismus abgeschlossen worden wäre (Art. 3 Abs. 3 lit. a) oder alternativ der Erwerber in besonderer Weise und mit wesentlichem Erfolg den Schutz der Vermögensinteressen des Berechtigten oder seines Rechtsvorgängers wahrgenommen hat (Art. 3 Abs. 3 lit. b). **179**

Ein **Rechtsgeschäft** wäre seinem wesentlichen Inhalt nach **auch ohne** die **Herrschaft des Nationalsozialismus abgeschlossen** worden, wenn der Vertragsschluß nicht von nationalsozialistischem Verfolgungsdruck beeinflußt war, sondern auf anderen Ursachen beruhte. Die nationalsozialistischen Unrechtsmaßnahmen müssen hinweggedacht werden können, ohne daß der konkrete Erfolg des Vertragsschlusses entfiele. Der fehlende Ursachenzusammenhang muß mit Sicherheit ausgeschlossen sein; bloße Wahrscheinlichkeit genügt nicht.[397] Das kann etwa bei Veräußerung von Vermögenswerten im Rahmen regulärer Geschäftstätigkeit,[398] zum Zwecke der Sanierung eines Unternehmens oder anläßlich der üblichen Auseinandersetzung eines Nachlasses[399] der Fall sein. Dagegen reicht jeder äquivalent kausale Verursachungsbeitrag, der auf einem Verfolgungsmotiv beruht, aus, um die Annahme auszuschließen, das Rechtsgeschäft wäre auch ohne die Herrschaft des Nationalsozialismus abgeschlossen worden.[400] **180**

Alternativ reicht es auch, wenn der Erwerber in besonderer Weise bei der Rettung des Veräußerervermögens Hilfe geleistet hat. Eine Hilfestellung in anderer Beziehung, beispielsweise durch Gewährung von Unterschlupf, Fluchthilfe oder sonstigem Beistand, reicht nicht aus.[401] Die Hilfestellung muß in besonderer Weise und mit wesentlichem Erfolg den Vermögensinteressen des Veräußerers gedient haben. Dazu sind Handlungen erforderlich, die über die eigentlichen kaufvertraglichen Verpflichtungen des Erwerbers hinausgehen.[402] Die alliierte Anordnung nennt beispielhaft die Mitwirkung bei einer Vermögensübertragung ins Ausland. In der Rechtsprechung wurden ferner Geschäfte mit eigener wirtschaftlicher bzw. persönlicher Gefährdung des Erwerbers,[403] so auch bei Schwarzzahlung[404] eines nennenswerten Kaufpreisanteils anerkannt. Die vertraglich vereinbarte Zahlung eines überhöhten Kaufpreises oder besonders günstiger Zahlungsbedingungen reicht dagegen ebensowenig wie die Einräumung eines Rücktrittsrechts bei veränderten Verhältnissen,[405] da es jeweils an einer über die vertraglichen Verpflichtungen hinausgehenden **Vermögensfürsorge für den Veräußerer** fehlt. **181**

---

[397] ORG Herford RzW 1962, 161, 161; ORG Nürnberg RzW 1957, 99 (LS); *Schwarz*, in: Die Wiedergutmachung nationalsozialistischen Unrechts durch die Bundesrepublik Deutschland, Bd. I, 1974, S. 163.
[398] CoRA RzW 1954, 195 (LS).
[399] CoRA RzW 1954, 195 (LS).
[400] *Wasmuth* Rechtshandbuch B 100 RdNr. 212.
[401] Vgl. CoRA RzW 1949/50, 273, 273 (Rettung eines Juden aus dem KZ); ORG Nürnberg RzW 1956, 316 , 317 (Verpacken von Möbeln); kritisch zur Konzeption des Gesetzgebers *Schwarz*, in: Die Wiedergutmachung nationalsozialistischen Unrechts durch die Bundesrepublik Deutschland, Bd. I, 1974, S. 163.

[402] VG Leipzig VIZ 1994, 304, 306; ORG Nürnberg RzW 1957, 98, 99; OLG München RzW 1949/50, 78, 78.
[403] CoRA v. 31. 10. 1951, III, 509 (Bevorschußung von zum Weiterverkauf übernommenen Gegenständen); CoRA v. 23. 12. 1952, III, 747 (Erwerb von Aktien zum Tageskurs, Transferierung ins Ausland und Veräußerung ohne Gewinn).
[404] Vgl. ORG Nürnberg RzW 1956, 316, 317; KG RzW 1953, 93, 93, aber nur, soweit der vereinbarte und der schwarz bezahlte Kaufpreis das angemessene Entgelt „wesentlich" übersteigen.
[405] CoRA RzW 1951, 281; aA OLG München RzW 1949/50, 176, 176.

182 **c) Voraussetzungen des Art. 4 AO BK/O (49) 180.** Die Vorschrift des Art. 4 BK/O (49) 180 ist **lex specialis zu Art. 3** für die **Fälle der unentgeltlichen Vermögensaufgabe.**[406] Danach gilt zugunsten desjenigen, der zwischen dem 31. 1. 1933 und dem 8. 5. 1945 einem anderen Vermögensgegenstände unentgeltlich überlassen hat, die Vermutung, daß es sich bei der Überlassung nicht um eine Schenkung, sondern um ein Treuhandverhältnis handelt (Art. 4 S. 1). Der alliierte Verordnungsgeber sah die Begründung derartiger Treuhandverhältnisse als regelmäßig verfolgungsbedingt an und wollte dem Berechtigten mit der Vermutung des Art. 4 S. 1 die Durchsetzung seines Rückgabeanspruchs erleichtern.

183 Die Vermutung des Art. 4 S. 1 ist nach Art. 4 S. 2 unter der Voraussetzung widerlegbar, daß „nach den persönlichen Beziehungen zwischen dem Überlassenden und dem Empfänger eine Anstandsschenkung anzunehmen ist". Soweit die Vorschrift damit auf § 534 BGB Bezug nehmen sollte, wonach eine Anstandsschenkung nicht der Rückforderung oder dem Widerruf unterliegt, ist ihr Wortlaut zu eng, da diese Rechtsfolge auch für Schenkungen aufgrund einer sittlichen Pflicht gilt. Andererseits kann es nach dem Sinn und Zweck der in Art. 4 statuierten Regelung nicht entscheidend darauf ankommen, ob es sich bei der Schenkung um eine **Pflicht- oder Anstandsschenkung** handelte.[407] Es geht vielmehr allein darum, ob die Schenkung auf verfolgungsbedingten Gründen beruhte oder nicht.[408] Vielfach blieb denjenigen Berechtigten, die keine Käufer fanden, nichts anderes übrig als ihr Hab und Gut zu „verschenken" oder doch formell in andere Hände zu geben.[409] Diese unter Verfolgungsdruck abgelaufenen Vorgänge werden daher von Art. 4 S. 1 zutreffend nicht als Schenkungen, sondern als auf Begründung von Treuhandverhältnissen gerichtete Rechtsgeschäfte gewertet, es sei denn, der Verfügungsberechtigte legt dar, daß das Rechtsgeschäft auch ohne Verfolgungsdruck abgeschlossen worden wäre. Das ist der Fall, wenn die unentgeltliche Vermögensüberlassung in keiner Weise auf einer verfolgungsbedingten Maßnahme iSv. § 1 Abs. 6 VermG beruht.[410]

III. Verhältnis zu anderen Restitutionstatbeständen

184 **1. § 1 Abs. 1 bis 5 und Abs. 7 VermG.** Die Vorschrift des § 1 Abs. 6 VermG umschreibt im umfassenden Sinne die Voraussetzungen, unter denen eine Restitution der im Zeitraum zwischen dem 30. 1. 1933 und dem 8. 5. 1945 durch nationalsozialistisches Unrecht entzogenen Vermögenswerte stattfindet. Von den restitutionseröffnenden Tatbeständen des § 1 Abs. 1 bis 5 VermG, die allein das SBZ- bzw. DDR-Unrecht aus der Zeit nach dem 8. 5. 1945 und damit andere historische Sachverhalte betreffen, ist § 1 Abs. 6 VermG damit in zeitlicher Hinsicht zu unterscheiden. Auch im Verhältnis zu § 1 Abs. 7 VermG ist § 1 Abs. 6 VermG lex specialis, da die Entziehung von Vermögenswerten aufgrund rechtsstaatswidriger straf-, ordnungsstraf- oder verwaltungsrechtlicher Entscheidungen iSv. § 1 Abs. 7 VermG bereits durch das Merkmal des Vermögensverlustes „auf andere Weise" in § 1 Abs. 6 VermG erfaßt wird. Für Zwecke der Restitution bedarf es daher bei entsprechenden Vermögensentziehungen während der NS-Zeit im Gegensatz zu den Fällen des § 1 Abs. 7 VermG nicht der vorherigen Aufhebung der straf-, ordnungsstraf- oder verwaltungsrechtlichen Grundentscheidungen; die Restitution ist unmittelbar eröffnet.

185 **2. § 1 Abs. 8 lit. a VermG.** Umstritten ist, ob eine Restitution nach § 1 Abs. 6 VermG durch eine spätere Entziehung desselben Vermögenswertes auf besatzungsrechtlicher oder besatzungshoheitlicher Grundlage wegen § 1 Abs. 8 lit. a VermG ausgeschlossen ist. Bis zum Inkrafttreten des 2. VermRÄndG schwieg das Vermögensgesetz zu diesem Problem.

---

[406] *Wasmuth* Rechtshandbuch B 100 RdNr. 216.
[407] So aber im Ergebnis *Wasmuth* Rechtshandbuch B 100 RdNr. 217, 221, 223.
[408] *Täpper* RzW 1953, 353, 354 (gegen OLG Köln RzW 1953, 353, 354); *Schwarz*, in: Die Wiedergutmachung nationalsozialistischen Unrechts durch die Bundesrepublik Deutschland, Bd. I, 1974, S. 168.
[409] *Schwarz*, in: Die Wiedergutmachung nationalsozialistischen Unrechts durch die Bundesrepublik Deutschland, Bd. I, 1974, S. 167.
[410] *Wasmuth* Rechtshandbuch B 100 RdNr. 219.

Geltungsbereich

Allerdings fand sich bereits in den Erläuterungen der Bundesregierung zum Vermögensgesetz folgender Hinweis:[411]

„Absatz 6 dehnt den Anwendungsbereich des Gesetzes auf die Opfer der nationalsozialistischen Gewaltherrschaft aus. Die hier erfaßten Vermögensverluste sind nach Maßgabe dieses Gesetzes rückgängig zu machen. Dies gilt auch, wenn der betreffende Vermögenswert später unter sowjetischer Besatzungshoheit (dh. zwischen dem 8. Mai 1945 und dem 7. Oktober 1949) dem neuen Eigentümer (zB dem sog. Ariseur) oder – nach vorübergehender Rückerstattung des Vermögens nach dem 8. 5. 1945 – dem Verfolgten des NS-Regimes bzw. seinen Erben erneut entzogen wurde."

Demnach sollte die nochmalige Enteignung eines Vermögenswertes unter der Ägide des Besatzungsrechts nicht zu einem Ausschluß der Restitution des mit zeitlicher Priorität ausgestatteten Vermögensverlustes während der NS-Zeit führen.[412] Die Gegenauffassung wollte die restitutionsrechtliche **Kollision** zwischen § 1 Abs. 6 und § 1 Abs. 8 lit. a VermG zugunsten von § 1 Abs. 8 lit. a VermG auflösen, wonach in Übereinstimmung mit Nr. 1 der Gemeinsamen Erklärung vom 15. 6. 1990[413] Enteignungen auf besatzungsrechtlicher bzw. besatzungshoheitlicher Grundlage nicht mehr rückgängig zu machen sind.[414]

Mit dem 2. VermRÄndG wurde der Wortlaut des § 1 Abs. 8 lit. a VermG durch den Zusatz ergänzt: „Ansprüche nach den Absätzen 6 und 7 bleiben unberührt.". Der Gesetzgeber bezweckte damit eine **Klarstellung** des vom Gesetz Gewollten.[415]

Diese Sichtweise erscheint zutreffend, da mit der Rückgängigmachung nationalsozialistischen Unrechts iSv. § 1 Abs. 6 VermG bei **materiellrechtlicher Betrachtung** nicht gegen die Aussage des § 1 Abs. 8 lit. a VermG verstoßen wird.[416] Diese Vorschrift verbietet allein, daß die unter Besatzungshoheit bzw. -recht entzogenen Vermögenswerte an die seinerzeit von Vermögensentziehungen betroffenen Rechtsinhaber bzw. deren Rechtsnachfolger zurückgegeben werden. Die Vorschrift des § 1 Abs. 6 VermG betrifft aber einen anderen Tatbestand, nämlich die Rückgabe von Vermögensgegenständen an die Opfer von vermögensschädigenden Maßnahmen während der NS-Zeit. Im Regelfall sind daher die Personenkreise, die zur Restitution nach § 1 Abs. 6 VermG berechtigt sind, und diejenigen, deren Restitutionsansprüche nach § 1 Abs. 8 lit. a VermG ausgeschlossen sind, nicht identisch. Dies gilt etwa für die Fallgruppe der sog. Ariseure, die von Vermögensschädigungen während der NS-Zeit profitiert haben und später selbst Vermögensentziehungen während der Besatzungszeit ausgesetzt waren.

Zweifelhaft erscheint das dargelegte Konkurrenzverhältnis allerdings für diejenigen „atypischen" Fälle, in denen die durch eine Vermögensentziehung während der NS-Zeit begründete Restitutionslage zwischenzeitlich durch vorübergehende Rückgewähr des Vermögenswertes an den Geschädigten nach dem 8. 5. 1945 unterbrochen war. Die durch NS-Schädigungsmaßnahmen Betroffenen sind in der SBZ bisweilen wieder in ihr Vermögen eingesetzt worden, unterlagen aber alsbald hinsichtlich derselben Vermögenswerte wieder vermögensentziehenden Maßnahmen, die auf der Grundlage des Besatzungsrechts bzw. unter Besatzungshoheit durchgeführt wurden. In dieser Konstellation ist der Restitutionsberechtigte nach § 1 Abs. 6 VermG personenidentisch mit dem von einer Rück-

---

[411] BT-Drucks. 11/7831, S. 3.
[412] Im Ergebnis auch LG Berlin ZOV 1993, 111, 112; *Rübsam* VIZ 1992, 69, 69; *Fieberg-Reichenbach* NJW 1991, 321, 323.
[413] Anl. III z. EVertr. v. 31. 8. 1990, BGBl. II S. 889, 1237.
[414] *Wasmuth* VIZ 1992, 276, 276f.; *ders.* VIZ 1992, 81. 83.
[415] Begründung z. 2. VermRÄndG, BT-Drucks. 12/2480, S. 32, 39; VG Dresden VIZ 1994, 80, 81; aA *Wesel* VIZ 1992, 337, 337; *Wasmuth* VIZ 1992, 81, 84, hält die Bestimmung für verfassungswidrig.

[416] So bereits ErlBReG, BT-Drucks. 11/7831, S. 3; vgl. auch Begründung z. Entw. e. 2. VermRÄndG, BT-Drucks. 12/2480, S. 32, 39; *Kimme-Dietsche* RdNr. 140; aA KG VIZ 1992, 65, 65f.; *Wesel* VIZ 1992, 337, 340; *Wasmuth* VIZ 1992, 276, 277, der formal auf die inzidente Aufhebung der unter Besatzungsrecht bzw. -hoheit erfolgten Enteignung abstellt; vgl. auch *ders.* VIZ 1992, 81, 83; *ders.* NJW 1993, 2476, 2482.

übertragung nach § 1 Abs. 8 lit. a VermG ausgeschlossenen Anspruchsteller. Nach Sinn und Zweck kann aber auch dieser Sachverhalt nicht zu einer Verdrängung des Restitutionsanspruchs aus § 1 Abs. 6 VermG durch § 1 Abs. 8 lit. a VermG führen.[417] Ansonsten würde der Zweck des § 1 Abs. 6 VermG verfehlt, die NS-Schädigungsmaßnahmen endgültig wiedergutzumachen.[418] Diesem Ziel dienten die **vorübergehenden Wiedereinsetzungen von Geschädigten in der SBZ** nicht. Dem Geschädigten darf es im übrigen nicht zum Nachteil gereichen, daß der fragliche Vermögensgegenstand zwischenzeitlich eher „zufällig" wieder in seine Verfügungsmacht gelangt war. Dieses Ergebnis wird zusätzlich durch § 3 Abs. 2 VermG gestützt, wonach bei mehrmaligen Entziehungen jeweils der prioritätsältere Geschädigte zur Restitution berechtigt ist. Gäbe es also den Ausschlußtatbestand des § 1 Abs. 8 lit. a VermG nicht, so käme der SBZ-Geschädigte gleichwohl nicht zum Zuge. Das systematische Argument, § 1 Abs. 8 lit. a VermG beanspruche gegenüber allen voranstehenden Vorschriften, also auch gegenüber § 1 Abs. 6 VermG Geltung,[419] vermag gegenüber den aus der Telos der Norm abzuleitenden Erwägungen dagegen nicht durchzudringen.

M. Aufhebung rechtsstaatswidriger Entscheidungen (§ 1 Abs. 7 VermG)

Schrifttum zu § 1 Abs. 7: *Amelung-Brüssow-Keck-Kemper-Mehle*, Rehabilitierung und Kassation – Beseitigung von Justizunrecht in der DDR, 1991; *Ammer*, Rehabilitierung der Justizopfer des SED-Regimes, Deutschland-Archiv 1991, 900ff.; *Arnold*, Rehabilitierung von Strafgefangenen in den neuen Bundesländern, AnwBl. 1993, 14ff.; *v. Bargen*, Rehabilitierung von Repressionsopfern und Rückgabe rechtsstaatswidrig enteigneten Vermögens, DB 1993, 1963f.; *Brüchert*, Zur Rehabilitierung bei Verurteilungen wegen Wirtschafts-, Steuer- und Devisendelikten in der DDR, NJ 1993, 401ff.; *Bruns-Schröder-Tappert*, Bereinigung von Justizunrecht der DDR: Das neue Strafrechtliche Rehabilitierungsgesetz (Teil 1, 2 und 3), NJ 1992, 394ff., 436ff., 485ff.; *dies.*, Das Strafrechtliche Rehabilitierungsgesetz: Ausgewählte Probleme (Teil 1 und 2), VIZ 1993, 129ff., 177ff.; *dies.*, StrRehaG – Kommentar zum Strafrechtlichen Rehabilitierungsgesetz, 1993; *Fischer*, Zur Berücksichtigung rechtsstaatswidriger Ermittlungen des MfS im Kassationsverfahren, VIZ 1992, 264ff.; *v. Herwarth*, Anmerkung zu VG Leipzig, Beschluß vom 3. 8. 1992 – I K 294/92, VIZ 1992, 491; *ders.*, Anmerkung zu VG Leipzig, Beschluß vom 27. 11. 1992 – 2 K 943/92, VIZ 1993, 175; *Herzler-Ladner-Peifer-Schwarze-Wende*, Strafrechtliches Rehabilitierungsgesetz (StrRehaG), Potsdamer Kommentar, 1993; *Keck-Schröder-Tappert*, Das Strafrechtliche Rehabilitierungsgesetz im Überblick, DtZ 1993, 2ff.; *Kemper-Lehner*, Überprüfung rechtskräftiger Strafurteile der DDR, NJW 1991, 3299ff.; *Knauthe-Heisterkamp*, Die Rückgabe von Mauergrundstücken, ZOV 1992, 18ff.; *Leutheusser-Schnarrenberger*, Das Zweite Gesetz zur Bereinigung von SED-Unrecht, DtZ 1993, 162ff.; *Limbach*, Vergangenheitsbewältigung durch die Justiz, DtZ 1993, 66ff.; *Mütze*, Sozialer Ausgleich oder Entschädigung?, VIZ 1992, 215ff.; *Pfister*, Das Rehabilitierungsgesetz, NStZ 1991, 165ff., 264ff.; *ders.*, Rehabilitierung – Eine Zwischenbilanz, DRiZ 1991, 389; *ders.*, Rehabilitierungsrecht, in: *Berger* ua., Rechtshandbuch Vermögen und Investitionen in der ehemaligen DDR, 1991, SystDarst IV; *ders.*, Zur „Rehabilitierung" von Opfern der DDR-Justiz, NJ 1992, 196ff.; *ders.*, Restitution nach Rehabilitierung und Kassation, VIZ 1992, 383ff.; *Pfister-Mütze*, Das strafrechtliche Rehabilitierungsrecht nach dem 1. SED-Unrechtsbereinigungsgesetz vom 29. 10. 1992, VIZ-Beihefter zu H. 11/1992; *Richter*, Strafrechtliches Rehabilitierungsrecht nach dem neuen StrRehaG 1993, 174ff.; *Rüfner*, Wiedergutmachung von DDR-Unrecht, in: Stern (Hrsg.), Deutsche Wiedervereinigung, Bd. II, Teil 2, 1992, S. 105ff.; *Schröder*, Fahnenflucht als regelmäßiger Rehabilitierungsgrund?, NJ 1993, 350ff.; *Schuller*, Politisches Strafrecht in der DDR 1945–1953, Diss. Hamburg 1968; *Schulze*, Die Aufhebung strafgerichtlicher Verurteilungen in der früheren DDR im Wege der Rehabilitierung und der Kassation, DtZ 1991, 55f.; *v. Trott zu Solz*, Rückübertragungsansprüche bei Enteignungen nach dem Aufbaugesetz und dem Baulandgesetz, ZOV 1991, 67ff.; *Villmock*, Das Verfahren zur strafrechtlichen und außerstrafrechtlichen Rehabilitierung, VIZ Beihefter zu H. 7/1993; *Wasmuth*, Straf- und Strafverfahrensrecht nach dem Einigungsvertrag, NStZ 1991, 160ff.

---

[417] AA KG VIZ 1992, 65, 67.
[418] Begründung z. Entw. e. 2. VermRÄndG, BT-Drucks. 12/2480, S. 32, 39: „unbeendeter Versuch der durch Absatz 6 bezweckten Wiedergutmachung."

[419] KG VIZ 1992, 65, 68; *Wasmuth* VIZ 1992, 81, 83; *Wesel* VIZ 1992, 337, 340f.

I. Anwendungsbereich

1. Überblick. Während Nr. 9 der Gemeinsamen Erklärung nur die Korrektur von Vermögensentziehungen im Zusammenhang mit rechtsstaatswidrigen Strafverfahren in einem justizförmigen Verfahren vorsah, sind gem. § 1 Abs. 7 VermG die mit rechtsstaatswidrigen straf-, ordnungsstraf- oder verwaltungsrechtlichen Entscheidungen zusammenhängenden Vermögenseinziehungen entsprechend dem VermG abzuwickeln,[420] sofern diese Entscheidungen aufgrund von anderen Vorschriften aufgehoben wurden. Die Vorschrift des § 1 Abs. 7 VermG enthält mithin im Gegensatz zu den in § 1 Abs. 1 bis 6 VermG aufgeführten Fallgruppen keinen eigenen Tatbestand der Vermögensschädigung, sondern lediglich eine iwS. dynamische Verweisung auf Vorschriften anderer Gesetze, die eine Aufhebung rechtsstaatswidriger Entscheidungen ermöglichen.[421] Es handelt sich um ein zweistufiges Verfahren:[422] Während über die Aufhebung der rechtsstaatswidrigen Entscheidungen von den dazu berufenen Stellen auf der Grundlage der jeweils einschlägigen Rechtsnormen zu befinden ist, haben die Vermögensämter nur noch über die „Rechtsfolge" der Rückgabe, den Rückgabeanspruch des Berechtigten, zu entscheiden.[423] Darauf sind die Bestimmungen des Vermögensgesetzes entsprechend anzuwenden.

2. Verhältnis zum Zivilrecht. Das Vermögensgesetz **verdrängt** insoweit **die allgemeinen zivilrechtlichen Vorschriften**, auf die der Berechtigte seinen Herausgabeanspruch nach Aufhebung der rechtsstaatswidrigen Entscheidung an sich stützen könnte: Mit Aufhebung der Entscheidung[424] bzw. Anordnung der Wiederaufnahme des Verfahrens (§ 370 Abs. 2 StPO)[425] entfällt an sich der Rechtsgrund für die aufgrund der Entscheidung entzogenen Vermögenswerte und das Eigentumsrecht des Betroffenen lebt wieder auf. Das hätte jedoch zur Folge, daß die Betroffenen anders als die nach § 1 Abs. 1 bis 6 VermG geschädigten Personen die Herausgabe ihrer Vermögenswerte unabhängig von den auf einen sozialen Ausgleich bedachten Wertungen des Vermögensgesetzes verlangen könnten.[426] Trotz des vergleichbaren Unrechtsgehalts, den die schädigenden Maßnahmen iSv. § 1 Abs. 1 bis 7 VermG aufweisen, liefe eine rein zivilrechtliche Rückgabe damit auf eine einseitige Bevorzugung der von rechtsstaatswidrigen Entscheidungen iSv. § 1 Abs. 7 VermG betroffenen Personengruppe hinaus. Auch aus Gründen der Gleichbehandlung der Vermögensgeschädigten ist daher die vom Gesetzgeber angeordnete entsprechende Anwendung des Vermögensgesetzes auf die von § 1 Abs. 7 VermG erfaßten Sachverhalte geboten. Rechtstatsächlich wird der sozialverträgliche Ausgleich zwischen dem Restitutionsinteresse des Berechtigten und dem Rechtserhaltungsinteresse des Verfügungsberechtigten, das ggf. die Rückübertragung ausschließt, allerdings nur selten zum Tragen kommen, da es sich bei den von Schädigung betroffenen Vermögenswerten iSv. § 1 Abs. 7 VermG häufig um persönliche Gegenstände und nicht vorrangig um die konfliktbeladenen Immobilien und Unternehmen handeln wird.[427] In jedem Fall lebt das Eigentum des Berechtigten erst mit Bestandskraft der vermögensrechtlichen Entscheidung wieder auf.[428] Investitionsvorrangverfahren können daher auch noch nach Aufhebung der rechtsstaatswidrigen Entscheidung durchgeführt werden bis eine bestandskräftige Entscheidung des Vermögensamtes vorliegt.[429]

---

[420] Vgl. hierzu BMJ, Merkblatt über die Anmeldung vermögensrechtlicher Ansprüche in Fällen rechtsstaatswidriger Strafverfahren, NJW 1991, 551 f.
[421] Vgl. auch VG Dresden VIZ 1994, 80, 81; *Pfister* VIZ 1992, 383, 384.
[422] VG Leipzig VIZ 1993, 174, 174 f.; *Wasmuth* Rechtshandbuch B 100 RdNr. 282; *Kimme-Petter* RdNr. 204 ff.; *Brettholle/Köhler-Apel* R/R/B RdNr. 143.
[423] Vgl. KG VIZ 1991, 79, 80 (zu § 2 Abs. 3 RehaG).

[424] Zum Strafrecht vgl. *Eser*, in: *Schönke-Schröder*, StGB, 24. Aufl. 1991, § 74e, RdNr. 4a.
[425] Zum Strafrecht vgl. *Dreher-Tröndle*, StGB, 46. Aufl. 1993, § 74e RdNr. 1.
[426] Vgl. auch *v. Herwarth* VIZ 1992, 491, 492.
[427] *Wasmuth* Rechtshandbuch B 100 RdNr. 226.
[428] VG Leipzig VIZ 1993, 174, 174; *v. Herwarth* VIZ 1992, 491, 492; anders noch VG Leipzig VIZ 1992, 489, 491.
[429] VG Leipzig VIZ 1993, 174, 175; *v. Herwarth* VIZ 1992, 491, 493; aA noch VG Leipzig VIZ 1992, 489, 491.

VermG § 1 192–195   Abschnitt I. Allgemeine Bestimmungen

192 **3. Entscheidungen.** Die Anwendung des Vermögensgesetzes ist beschränkt auf die „Aufhebung rechtsstaatswidriger straf-, ordnungsstraf- und verwaltungsrechtlicher Entscheidungen". Dies können **Gerichtsentscheidungen** jeder Art, also etwa auch Haftbefehle, wie auch **Entscheidungen von Verwaltungsbehörden** sein. Es muß sich aus völkerrechtlichen Gründen jedoch um Entscheidungen deutscher Gerichte oder Behörden handeln (vgl. nunmehr auch § 1 Abs. 1 StrRehaG), da Entscheidungen ausländischer Stellen nicht auf deutschen Hoheitsakten beruhen und daher auch nicht aufgrund deutscher Gesetze aufgehoben werden können.[430] Entscheidungen sowjetischer Militärtribunale können daher nicht Gegenstand eines Rehabilitierungsverfahrens sein, wohl aber Entscheidungen deutscher Spruchkörper, die auf besatzungsrechtlicher Grundlage errichtet wurden,[431] wenn sich die Vermögensschädigung selbst nicht auf besatzungsrechtlicher bzw. -hoheitlicher Grundlage iSv. § 1 Abs. 8 lit. a VermG vollzog. Eine auf § 1 Abs. 7 VermG gestützte Rückgabe von Vermögenswerten, die der Einziehung aufgrund von Entscheidungen sowjetischer Militärtribunale unterlagen, ist nur dann möglich, wenn die Entscheidungen von den zuständigen Stellen der Nachfolgestaaten der Sowjetunion aufgehoben wurden.[432]

193 **4. Rechtsstaatswidrigkeit.** „Rechtsstaatswidrig" iSv. § 1 Abs. 7 VermG ist nicht schon jede mit Fehlern behaftete Entscheidung der Exekutive oder Judikative; selbst dann nicht, wenn der Fehler nach den Maßstäben des bundesdeutschen Verwaltungsrechts zur Nichtigkeit (§ 44 VwVfG) führen, eine Aufhebung ermöglichen (§§ 48ff. VwVfG) oder prozessual zur Wiederaufnahme des Verfahrens (§ 359 StPO, § 153 WwGO iVm. 578ff. ZPO) berechtigen würde.[433] Als rechtsstaatswidrig können vielmehr nur solche Entscheidungen angesehen werden, deren **Unwertgehalt** den Maßnahmen iSv. § 1 Abs. 1 bis 6 VermG vergleichbar ist. Das sind nicht Entscheidungen, die mit den in der DDR geltenden **Grundsätzen ordnungsgemäßer Verwaltungs- und Verfahrenspraxis** übereinstimmen. Rechtsstaatswidrig sind vielmehr nur Exzeßakte und solche Entscheidungen, die mit den elementaren rechtsstaatlichen Prinzipen nicht in Einklang stehen.[434] Zu diesen Prinzipen gehören der Grundsatz der Gesetzmäßigkeit staatlichen Handelns, das Willkürverbot, der Grundsatz der Erforderlichkeit und Verhältnismäßigkeit einer Entscheidung, das Gebot der Unparteilichkeit und die elementaren Verfahrensgrundsätze wie das Recht auf Gehör, das Verbot der Entscheidung in eigener Sache, bei Interessenkollision oder Befangenheit. Rechtsstaatswidrig sind auch Entscheidungen, die gegen die Prinzipien der Menschenwürde iSd. EMRK verstoßen.

194 Die Rückabwicklung anderer Vermögensentziehungen, die auf „**nur**" **fehlerhaften Entscheidungen** beruhen, vollzieht sich auf der Grundlage des allgemeinen Zivilrechts. Eine entsprechende Anwendung des Vermögensgesetzes kommt nicht in Betracht, da der Unwertgehalt dieser Entscheidungen die Schwelle der Rechtsstaatswidrigkeit nicht erreicht und damit mangels Vergleichbarkeit mit den Schädigungstatbeständen des § 1 Abs. 1 bis 6 VermG einen sozialverträglichen Ausgleich iSd. Vermögensgesetzes nicht erfordert.

II. Voraussetzungen der Rückgabe

195 **1. Allgemeines.** Die Vermögensämter haben für Zwecke der Rückgabeentscheidung zu prüfen, ob eine andere dazu berufene Stelle über die Aufhebung einer rechtsstaatswidrigen Entscheidung iSv. § 1 Abs. 7 VermG und dabei dem Grunde nach auch über die Aufhe-

---

[430] *Wasmuth* Rechtshandbuch B 100 RdNr. 231.
[431] Vgl. SMAD-Befehl Nr. 201 nebst sowjetischen Ausführungsbestimmungen und deutschem Durchführungserlaß (ZVOBl. 1947, 185ff.).
[432] Vgl. dazu Antwort der Bundesregierung v. 4.12.1992, BT-Drucks. 12/3990, S. 13; Anträge sind über das Auswärtige Amt an die Generalstaatsanwaltschaft der Russischen Föderation zu richten.

[433] AA *Wasmuth* Rechtshandbuch B 100 RdNr. 272 (zu §§ 359ff. StPO).
[434] In diesem Sinne auch VG Berlin, ZOV 1993, 200, 203; vgl. zum StrRehaG *Bruns-Schröder-Tappert* VIZ 1993, 129, 132; *Brüchert* NJ 1993, 401.

bung einer Vermögensentziehung positiv befunden hat. Ferner ist festzustellen, daß der Rückübertragung keine anderen Ausschlußgründe (vgl. § 3 Abs. 1a, Abs. 4, § 4, § 5, § 6 Abs. 1 S. 1, Abs. 1a S. 3 VermG/§ 11 Abs. 2 und 5, § 18 Abs. 5 InVorG) entgegenstehen.[435] Darüber hinaus muß der Antrag auf Rückübertragung rechtzeitig gestellt worden sein.

2. Rechtsstaatswidrige Entscheidung. a) Überblick. Die Aufhebung muß eine rechtsstaatswidrige Entscheidung eines Gerichtes oder einer Verwaltungsbehörde der früheren DDR betreffen, die seinerzeit wirksam auf dem Gebiet des Strafrechts, des Ordnungsstrafrechts bzw. des Verwaltungsrechts ergangen ist. Inhaltlich sind diese Sachgebiete anhand der in der früheren DDR gebräuchlichen Ordnungsbegriffe abzugrenzen, da es sich um Entscheidungen der staatlichen Stellen der DDR handelt, die im Geltungsbereich der dortigen Rechtsvorschriften ergangen sind. Bei Zweifeln über den **Gegenstand der Entscheidung** ist auf die herangezogene Rechtsgrundlage bzw. nach allgemeinen Grundsätzen auf den Schwerpunkt der Entscheidung abzustellen.

b) Gegenstand. aa) Strafrecht. Die Einziehung von Vermögenswerten kann sowohl im Ermittlungsverfahren durch Beschlagnahme (§§ 108 ff. StPO-DDR) erfolgt sein, als auch auf strafrechtlichen Entscheidungen beruhen, die Gerichte der DDR auf der Grundlage der jeweils gültigen Fassungen des StGB oder aufgrund anderer Vorschriften des (Neben-) Strafrechts getroffen haben (vgl. auch §§ 281 f. StPO-DDR). Dabei muß es sich um **behördlich angeordnete und durchgeführte Maßnahmen** mit Strafcharakter gehandelt haben, die unmittelbar den Vermögensverlust bewirkten.[436] Der freihändige Verkauf von Vermögensgegenständen anläßlich von Strafverfahren oder Strafvollstreckungsmaßnahmen erfüllt nicht den Tatbestand der Vermögenseinziehung.[437]

Vermögenseinziehungen sind in der Anfangszeit der DDR auch auf die aus Art. 6 Abs. 2 DDR-Verf. 1949 („Boykotthetze") richterrechtlich abgeleiteten Straftatbestände gestützt worden,[438] die erst später im Rahmen des Strafrechtsergänzungsgesetzes v. 11. 12. 1957 (GBl. I Nr. 78 S. 643) kodifiziert wurden. Dazu gehörten ua. der Staatsverrat (§ 13),[439] Spionage (§ 14), die Verleitung zum Verlassen der Deutschen Demokratischen Republik (§ 21), Diversion (§ 22) sowie Schädlingstätigkeit und Sabotage (§ 23). Das Strafrechtsergänzungsgesetz, das am 1. 2. 1958 in Kraft trat, ergänzte das Reichsstrafgesetzbuch (RStGB) v. 15. 5. 1871 (RGBl. S. 127), das in der DDR noch bis zum Inkrafttreten des Strafgesetzbuches der DDR v. 12. 1. 1968, GBl. I Nr. 1 S. 1, fortgalt. Während das Reichsstrafgesetzbuch die Einziehung tätereigener Gegenstände, die zur Tatbegehung benutzt wurden, vorsah (§ 40 RStGB), erweiterte § 56 StGB-DDR 1968 den Kreis der einziehungsfähigen Gegenstände und sah darüber hinaus als weitere Zusatzstrafe die Vermögenseinziehung vor (§ 57 StGB-DDR 1968).[440] Die Vorschrift hatte ua. folgenden Wortlaut:

„(1) Die Vermögenseinziehung kann wegen Verbrechen gegen die Souveränität der Deutschen Demokratischen Republik, den Frieden, die Menschlichkeit und die Menschenrechte oder schwerer Verbrechen gegen die Deutsche Demokratische Republik ausgesprochen werden. Sie ist auch zulässig wegen schwerer Verbrechen gegen die sozialistische Volkswirtschaft oder anderer schwerer Verbrechen, wenn diese unter Mißbrauch oder zur Erlangung persönlichen Vermögens begangen werden und den sozialistischen Gesellschaftsverhältnissen erheblichen Schaden zufügen. Die Vermögens-

---

[435] *Neuhaus* F/R/M/S RdNr. 173; *v. Herwarth* VIZ 1992, 491, 493; *Pfister* VIZ 1992, 383, 386, 387.
[436] KG VIZ 1992, 37, 38; VIZ 1993, 88.
[437] KG VIZ 1993, 88; zweifelnd *Pfister* Rechtshandbuch Syst Darst IV RdNr. 16.
[438] Vgl. OGSt 1, 33, 39 f.; OG NJ 1950, 452, 454; zur Kassation BezG Magdeburg VIZ 1992, 376; zur Rehabilitierung BezG Erfurt NStZ 1993, 193, 193 f.

[439] Zur Kassation vgl. LG Berlin NJ 1991, 110 = DtZ 1991, 152.
[440] Vgl. dazu Ministerium der Finanzen – VD 72/16/1979 – Richtlinie zur Sicherung und Verwertung der durch rechtskräftige Urteile in Volkseigentum übergegangenen Vermögenswerte Verurteilter (§ 57 Strafgesetzbuch) v. 5. 2. 1979, abgedruckt in ZOV 1993, 238 ff.

einziehung darf nur ausgesprochen werden, wenn wegen eines der genannten Verbrechen eine Freiheitsstrafe von mindestens drei Jahren ausgesprochen wird.
(...)
(3) Die Vermögenseinziehung erstreckt sich auf das gesamte Vermögen des Täters mit Ausnahme der unpfändbaren Gegenstände. Sie kann auf einzelne, im Urteil genau zu bestimmende Vermögenswerte beschränkt werden. Das eingezogene Vermögen wird mit Rechtskraft des Urteils Volkseigentum.
(4) Die Vermögenseinziehung kann vom Gericht selbständig angeordnet werden, wenn gegen den Täter ein Verfahren zwar nicht durchführbar, vom Gesetz aber nicht ausgeschlossen ist."

199 Die Möglichkeit der Vermögenseinziehung blieb auch nach den **Neufassungen** des StGB-DDR 1968 durch die Gesetze vom 19. 12. 1974[441] und vom 14. 12. 1988[442] erhalten.

200 Rechtsgrundlage für Vermögenseinziehungen waren darüber hinaus diverse **Vorschriften auf dem Gebiet des Wirtschaftsstrafrechts**. Zu diesen gehörte der am 6. 8. 1954 wieder außer Kraft gesetzte SMAD-Befehl Nr. 160 v. 3. 12. 1945 (GVOBl. f. Sachsen 1946 Nr. 5/6, S. 43), der Sabotage- und Diversionshandlungen unter Strafe stellte sowie der SMAD-Befehl Nr. 201 v. 16. 8. 1947 (ZVOBl. S. 153).[443] Gefährdungen der Durchführung der Wirtschaftsplanung oder der Versorgung der Bevölkerung gem. § 1 der Wirtschaftsstrafverordnung (WStVO) v. 23. 9. 1948[444] konnten zur Vermögenseinziehung führen,[445] die nach § 13 Abs. 2 und 3 WStVO neben der Einziehung von Tatwerkzeugen (§ 16 Abs. 1 WStVO) auch angeordnet werden konnte, wenn andere Strafbestimmungen der Wirtschaftsstrafverordnung (§§ 2 bis 4, 6 bis 10 WStVO) verletzt wurden. Das OG[446] sah die Einziehung nach der WStVO als regelmäßige Nebenfolge der Tat an, wenn Wiederholungsgefahr gegeben war. Mit § 9 WStVO enthielt die Verordnung eine zusätzliche Blankettnorm, die den Strafschutz auf alle wirtschaftsregelnden Gesetze und Verordnungen ausdehnte, die auf die Vorschrift Bezug nahmen. Diese Bezugnahme erfolgte in großer Zahl durch Vorschriften der Länder bzw. anderer zentraler Dienststellen. Die ÄnderungsVO vom 29. 10. 1953[447] erlaubte die Verweisung auf § 9 WStVO später nur noch für Gesetze der Volkskammer und Verordnungen des Ministerrats. Schließlich bewirkte § 27 WStVO die rückwirkende Ausdehnung der Strafdrohung auf alle vor Inkrafttreten der WStVO erlassenen, allgemein verbindlichen wirtschaftsregelnden Anordnungen. Diese wurden in eine Liste aufgenommen und im Gesetzblatt bekanntgemacht.[448]

201 Darüber hinaus konnte nach der Verordnung über die Bestrafung von **Spekulationsverbrechen** v. 22. 6. 1949[449] die Einziehung von Gegenständen, auf die sich das Spekulationsverbrechen bezog, bzw. des Spekulationsgewinns (§ 2 Abs. 2) oder auch weiteren Tätervermögens (§ 2 Abs. 3) angeordnet werden.[450] Das **Gesetz zum Schutze des inner-**

---

[441] GBl. I Nr. 64 S. 591; Neubekanntmachung d. StGB, GBl. 1975 I Nr. 3 S. 13; geänd. GBl. 1977 I Nr. 10 S. 100, GBl. 1979 I Nr. 17 S. 139, GBl. 1982 I Nr. 13 S. 269, GBl. 1985 I Nr. 31 S. 345, GBl. 1987 I Nr. 31 S. 301.
[442] GBl. I Nr. 29 S. 335; Neubekanntmachung d. StGB GBl. 1989 I Nr. 3 S. 33.
[443] Dazu *Schuller*, Politisches Strafrecht der DDR 1945–1953, 1968, S. 5 ff.
[444] ZVOBl. 1948 Nr. 41 S. 439; geänd. durch VO v. 17. 5. 1951, GBl. Nr. 61 S. 481, VO v. 29. 10. 1953, GBl. Nr. 115 S. 1077, mit Verfahrensordnung v. 29. 9. 1948, ZVOBl. 1948 Nr. 44 S. 463; zur Wirtschaftsstrafverordnung vgl. *Schüler* DtZ 1991, 249 f.
[445] Tatbestandsmäßig waren etwa das Beiseiteschaffen von Futtermitteln (OG NJ 1953, 413), der Verkauf zum Verbacken vorgesehenen Mehls (KrG Wittenberg NJ 1953, 423 f.), Warenbewegungen über die deutsch-deutsche Grenze (dazu KG VIZ 1993, 518; *Kehrmann* NJ 1956, 120), die (unverschuldete) Nichterfüllung des Plans (BezG Cottbus VIZ 1991, 119 f.). Zur Kassation vgl. auch BezG Rostock VIZ 1991, 39 („Aktion Rose"); BezG Schwerin NStZ 1991, 441; NJ 1991, 419, 420 („Aktion Rose"); BezG Meiningen NJ 1991, 557.
[446] OGSt 2, 230, 231.
[447] GBl. Nr. 115 S. 1077.
[448] Bekanntmachung der unter dem Schutz der Wirtschaftsstrafverordnung stehenden wirtschaftsregelnden Anordnungen v. 9. 1. 1950, GBl. Nr. 6 S. 25; Bekanntmachung der Liste der wirtschaftsregelnden Anordnungen, deren Strafdrohungen aufrechterhalten werden v. 20. 3. 1954, GBl. Nr. 32 S. 316.
[449] ZVOBl. Nr. 54 S. 471.
[450] Vgl. dazu *Weiß* NJ 1949, 187 f.

deutschen Handels vom 21. 4. 1950[451] ließ die entschädigungslose Einziehung von Waren, die unter Verstoß gegen die Bestimmungen des Gesetzes befördert wurden, und der für die Beförderung benutzten Transportmittel zu (§ 1 Abs. 3 S. 1).[452] Auch Verstöße gegen das **Gesetz zum Schutze des Friedens** v. 15. 12. 1950,[453] das sich gegen die „Kriegspropaganda der anglo-amerikanischen Imperialisten und ihrer Helfershelfer" richtete, konnten mit der Entziehung des Vermögens (§ 8 Abs. 2) geahndet werden; ebenso Zuwiderhandlungen gegen das **Gesetz zum Schutz des Volkseigentums** und anderen geschäftlichen Eigentums v. 2. 10. 1952 (§§ 3 iVm. 1 und 2).[454]

bb) Ordnungsstrafrecht. Vermögenseinziehungen konnten nach § 6 Abs. 1 Nr. 4 OWG[455] in gesetzlichen Bestimmungen als weitere Ordnungsstrafmaßnahme vorgesehen werden.[456] Der Einziehung konnten danach Gegenstände unterliegen, die zur Begehung einer Ordnungswidrigkeit benutzt oder unter Verletzung ordnungsrechtlicher Bestimmungen hergestellt wurden[457] und aus Ordnungswidrigkeiten erzielte Gewinne und Einkünfte (Erlöse);[458] ferner bestand eine Wertersatzpflicht,[459] wenn die Einziehung infolge Unmöglichkeit ausschied, bzw. es erfolgte eine Ersatzeinziehung.[460]

cc) Verwaltungsrecht. Eine Einziehung von Vermögenswerten durch Verwaltungsakt[461] ermöglichte ua. § 13 Abs. 4 des Gesetzes über die Aufgaben und Befugnisse der Deutschen Volkspolizei v. 11. 16. 1968:[462]

„Die Deutsche Volkspolizei kann Sachen einziehen, wenn sie in gesetzlichen Bestimmungen dazu ausdrücklich ermächtigt ist oder wenn Sachen ihrer Beschaffenheit und Zweckbestimmung nach eine dauernde erhebliche Gefahr für die öffentliche Ordnung und Sicherheit bilden und die Rückgabe aus diesen Gründen ausgeschlossen ist."

c) Rechtsstaatswidrigkeit. Nicht jede fehlerhaft ergangene Entscheidung ist zugleich mit dem Makel der Rechtsstaatswidrigkeit behaftet. Nach dem Sinn und Zweck des § 1 Abs. 7 VermG sind die auf einen sozialverträglichen Ausgleich angelegten Vorschriften des Vermögensgesetzes nur auf die Rückabwicklung von Entscheidungen anzuwenden, die unter **Außerachtlassung elementarer rechtsstaatlicher Prinzipen** ergangen sind (vgl. dazu RdNr. 193).

---

[451] GBl. Nr. 43 S. 327.
[452] Vgl. den Sachverhalt bei BezG Rostock DtZ 1991, 154.
[453] GBl. Nr. 141 S. 1199.
[454] GBl. Nr. 140 S. 982.
[455] Gesetz zur Bekämpfung von Ordnungswidrigkeiten – OWG – v. 12. 1. 1968, GBl. I Nr. 3 S. 101, geänd. GBl. I 1973 Nr. 58 S. 574, GBl. I 1979 Nr. 17 S. 139, GBl. I 1982 Nr. 13 S. 269, GBl. I 1988 Nr. 29 S. 335; GBl. I 1990 Nr. 39 S. 526.
[456] Vgl. allgemein dazu Bleck ua., Ordnungswidrigkeitsrecht der DDR, § 6 OWG, Anm. 1.3.1–1.3.3; Zusammenstellung der ab 1. 7. 1968 geltenden Ordnungsstrafbestimmungen in der Bekanntmachung v. 21. 6. 1968, GBl. II Nr. 62 S. 405; eine weitere Zusammenstellung geltender Ordnungsstrafbestimmungen bei Bleck ua., Ordnungswidrigkeitsrecht der DDR, 1989, S. 157 ff.
[457] Vgl. § 21a Devisengesetz v. 8. 2. 1956, GBl. I Nr. 321; § 8 Abs. 3 AO üb. das Genehmigungsverfahren für die Herstellung von Druck- und Vervielfältigungserzeugnissen v. 20. 7. 1959, GBl. I Nr. 46 S. 640, geänd. GBl. I 1968 Nr. 62 S. 363, GBl. II 1971 Nr. 61 S. 539, GBl. I 1975 Nr. 16 S. 307; § 16 Abs. 1,3 Zollgesetz v. 28. 3. 1962, GBl. I Nr. 3 S. 42, ber. GBl. II 1962 Nr. 19 S. 177, geänd. GBl. I 1968 Nr. 11 S. 242, ber. GBl. II 1968 Nr. 103 S. 827, geänd. GBl. I 1979 Nr. 17 S. 147, GBl. I 1988 Nr. 29 S. 335; § 21 Abs. 3 S. 2 VO üb. die Förderung des Handwerks bei Dienst- und Reparaturleistungen und die Regelung der privaten Gewerbetätigkeit v. 12. 7. 1972, GBl. II Nr. 87 S. 541, geänd. GBl. I 1975 Nr. 36 S. 642; § 19 Abs. 1 Devisengesetz v. 19. 12. 1973, GBl. I Nr. 58 S. 574, geänd. GBl. I 1979 Nr. 17 S. 147, GBl. I 1988 Nr. 29 S. 335; § 26 Abs. 4 Binnenfischereiordnung v. 16. 6. 1981, GBl. I Nr. 23 S. 290, geänd. GBl. I 1985 Nr. 22 S. 253; § 4 Abs. 5 VO zur Bekämpfung von Ordnungswidrigkeiten – OWVO – v. 22. 3. 1984, GBl. I Nr. 14 S. 173, geänd. GBl. I 1988 Nr. 29 S. 347.
[458] Vgl. § 20 Abs. 3 OWVO; § 21 Abs. 3 S. 1 VO über die Förderung des Handwerks bei Dienst- und Reparaturleistungen und die Regelung der privaten Gewerbetätigkeit v. 12. 7. 1972, GBl. II Nr. 87 S. 541, geänd. GBl. 1975 I Nr. 36 S. 642.
[459] Vgl. § 19 Abs. 2, 3 Devisengesetz v. 19. 12. 1973, GBl. I Nr. 58 S. 574, geänd. GBl. I 1979 Nr. 17 S. 147, GBl. I 1988 Nr. 29 S. 335.
[460] § 19 Abs. 2, 3 Devisengesetz v. 19. 12. 1973, GBl. I Nr. 58 S. 574, geänd. GBl. I 1979 Nr. 17 S. 147, GBl. I 1988 Nr. 29 S. 335.
[461] Vgl. dazu auch den Sachverhalt von KG NJW 1988, 341.
[462] GBl. I Nr. 11 S. 232.

VermG § 1 205–208   Abschnitt I. Allgemeine Bestimmungen

205   Als rechtsstaatswidrig werden vermögensentziehende Entscheidungen im Regelfall etwa anzusehen sein, wenn die Maßnahme nicht primär in Verfolgung eines sachlich begründbaren Straf- oder Ordnungszweckes erfolgte, sondern Ausfluß einer politisch motivierten **Schädigungsabsicht** war. Dies gilt insbesondere für Vermögenseinziehungen aufgrund von Art. 6 Abs. 2 DDR-Verf. 1949,[463] der selbst weder einen fest umrissenen Tatbestand noch eine Strafdrohung enthielt, sowie für Maßnahmen auf der Grundlage des Strafrechtsergänzungsgesetzes v. 11. 12. 1957 (GBl. I Nr. 78 S. 643),[464] des Gesetzes zum Schutze des innerdeutschen Handels v. 21. 4. 1950 (GBl. Nr. 43 S. 327),[465] des Gesetzes zum Schutze des Friedens v. 15. 12. 1950 (GBl. Nr. 141 S. 1199)[466] und auf der Grundlage bzw. durch Verweisung auf die WStVO v. 23. 9. 1948 (ZVOBl. Nr. 41 S. 439).[467]

206   **3. Aufhebung einer rechtsstaatswidrigen Entscheidung. a) Überblick.** Das Vermögensgesetz ist mit der Folge der vermögensrechtlichen Rückabwicklung erst anwendbar, wenn zuvor die vermögensentziehende Wirkung eines rechtsstaatswidrigen staatlichen Aktes durch dessen Aufhebung beseitigt worden ist. Die Aufhebung einer staatlichen Entscheidung setzt begrifflich voraus, daß diese (nach dem Recht der DDR) zunächst wirksam ergangen ist. Es muß sich also um die **förmliche Außerkraftsetzung** einer straf-, ordnungsstraf- oder verwaltungsrechtlichen Entscheidung durch das dafür zuständige Gericht oder die zuständige Verwaltungsbehörde handeln.[468] Da die Aufhebung einer von einem Gericht oder von einer Verwaltungsbehörde der DDR getroffenen Entscheidung nicht per se den Rückschluß auf die Rechtsstaatswidrigkeit dieser Entscheidung erlaubt (vgl. RdNr. 193), bedarf dieses Merkmal der gesonderten Prüfung durch die Vermögensämter.

207   **b) Rechtsgrundlagen. aa) Strafrecht. (α) Rechtslage bis zum Inkrafttreten des StRehaG.** Eine Aufhebung strafrechtlicher Entscheidungen war bis zum Inkrafttreten des Strafrechtlichen Rehabilitierungsgesetzes – StRehaG[469] am 4. 11. 1992 (vgl. Art. 8 des Ersten SED-Unrechtsbereinigungsgesetzes v. 29. 10. 1992, BGBl. I S. 1814) sowohl nach § 4 RehaG-DDR[470] als auch im Wege der Kassation nach §§ 311 ff. StPO-DDR möglich.[471] Daneben kam seit dem 3. 10. 1990 eine Aufhebung im Rahmen des Wiederaufnahmeverfahrens nach §§ 359 ff. StPO in Betracht.[472]

208   Das am 18. 9. 1990 in Kraft getretene **RehaG-DDR**,[473] das nach Art. 3 Nr. 6 der Vereinbarung zum Einigungsvertrag v. 18. 9. 1990[474] mit den dortigen Maßgaben zunächst fortgalt, sah nach seinem § 3 Abs. 1 S. 1 eine strafrechtliche Rehabilitierung derjenigen Personen vor, deren Verurteilung auf einer Handlung beruhte, mit der sie verfassungsmä-

---

[463] OLG Köln ROW 1961, 69, 70; BezG Magdeburg VIZ 1992, 376; *Nüse* MDR 1953, 453, 455.
[464] OLG Köln ROW 1961, 69, 70 (zu §§ 19, 20 StEG).
[465] BVerfGE 11, 150, 161 ff. = ROW 1960, 197, 198 = NJW 1960, 1611, 1612 f.; BezG Rostock DtZ 1991, 154; *Brüchert* NJ 1993, 401, 402.
[466] *Nüse* MDR 1953, 453, 455.
[467] BVerfGE 11, 150, 163 f. = NJW 1960, 1611, 1613 = ROW 1960, 197, 199; BezG Rostock VIZ 1991, 39 (Aktion Rose); KG VIZ 1993, 364, 364 f.; VIZ 1993, 366; BezG Schwerin, NJ 1991, 419, 420; BezG Meiningen NJ 1991, 557; *Brüchert* NJ 1991, 401, 402; zurückhaltend BezG Schwerin NStZ 1991, 441, 442; BezG Erfurt VIZ 1993, 367, 367 f.; LG Berlin ZOV 1993, 418, 418 f.; BezG Halle DtZ 1991, 313, 314; *Nüse* MDR 1953, 453, 455.
[468] *Wasmuth* Rechtshandbuch RdNr. 239.
[469] Gesetz über die Rehabilitierung und Entschädigung von Opfern rechtsstaatswidriger Strafverfolgungsmaßnahmen im Beitrittsgebiet (Strafrechtliches Rehabilitierungsgesetz – StRehaG) v. 29. 10. 1992, BGBl. I S. 1814.
[470] Rehabilitierungsgesetz v. 6. 9. 1990, GBl. I Nr. 60 S. 1459.
[471] Vgl. BezG Schwerin NStZ 1991, 441, 441 f.; BezG Halle DtZ 1991, 313 f.; *Kemper-Lehner* NJW 1991, 329, 330; *Fischer* VIZ 1992, 264 ff.
[472] *Kemper-Lehner* NJW 1991, 329, 330; *Pfister* Rechtshandbuch SystDarst IV RdNr. 191.
[473] Vgl. dazu *Pfister* Rechtshandbuch SystDarst IV RdNr. 4 ff., 25 ff.
[474] Vereinbarung zwischen der Bundesrepublik Deutschland und der Deutschen Demokratischen Republik zur Durchführung und Auslegung des am 31. August 1990 in Berlin unterzeichneten Vertrages zwischen der Bundesrepublik Deutschland und der Deutschen Demokratischen Republik über die Herstellung der Einheit Deutschlands – Einigungsvertrag –, BGBl. 1990 II S. 1239.

ßige politische Grundrechte wahrnahmen. Eine Rehabilitierung kam insoweit unter den einschränkenden Voraussetzungen des § 3 Abs. 2 RehaG insbesondere für den Personenkreis in Betracht, der nach Strafbestimmungen des 2. und 8. Kapitels des Besonderen Teils des StGB-DDR (§§ 96 bis 111 bzw. 210 bis 250) oder entsprechender früherer Strafgesetze verurteilt worden war. Anzuwenden war das RehaG aber auch, wenn die Verurteilung mit dem Ziel der Bestrafung illegalen Verlassens der DDR oder eines entsprechenden Versuchs erfolgte (§ 3 Abs. 3 RehaG). Im Falle der Rehabilitierung hatte der Antragsteller einen Anspruch auf Rückerstattung entzogener Vermögenswerte (§ 2 Abs. 2 RehaG), über den das Gericht dem Grunde nach zu entscheiden hatte;[475] die Rückerstattung selbst richtete sich zunächst nach § 6 RehaG und seit dem 3. 10. 1990 ausschließlich nach dem VermG (§ 2 Abs. 3 RehaG idF d. Art. 3 Nr. 6 lit. c der Vereinbarung z. EVertr. v. 18. 9. 1990, BGBl. 1990 II S. 1239).

Nach § 311 StPO-DDR[476] idF d. Anlage 2, Nr. 45 a des am 1. 7. 1990 in Kraft getretenen 6. Strafrechtsänderungsgesetzes[477] konnte eine **Kassation** strafrechtlicher Entscheidungen erfolgen, wenn die Entscheidung auf einer schwerwiegenden Verletzung des Gesetzes beruhte (Abs. 2 Nr. 1) oder im Strafausspruch gröblich unrichtig war (Abs. 2 Nr. 2).[478] Die Vorschrift galt idF des Art. 4 Nr. 2 der Vereinbarung zum Einigungsvertrag v. 18. 9. 1990[479] auch nach dem 3. 10. 1990 bis zum Inkrafttreten des StrRehaG fort;[480] zusätzlich war seit dem 3. 10. 1990 die Kassation auch bei einem gröblich unrichtigen Ausspruch der sonstigen Rechtsfolgen der Tat möglich. Im Falle der Begründetheit hatte das Kassationsgericht die angefochtene Entscheidung aufzuheben, abzuändern oder die Sache zurückzuverweisen (§ 321 Abs. 1 StPO-DDR). Mit der Aufhebung entfiel zugleich der Rechtsgrund für eine als Nebenfolge ausgesprochene Vermögenseinziehung. Das Rechtsschutzbedürfnis für einen Kassationsantrag war jedoch nicht gegeben, wenn der Betroffene sein Begehren auf einfachere Weise durch einen Antrag auf Rehabilitierung nach dem RehaG-DDR verfolgen konnte,[481] das insoweit lex specialis war.

Mit dem Wirksamwerden des Beitritts am 3. 10. 1990 ist im übrigen anstelle der StPO-DDR die bundesdeutsche StPO nach Maßgabe d. Anl. I Kap. III Sachgeb. A Abschn. III Nr. 14 z. EVertr. im Beitrittsgebiet in Kraft getreten. Diese sieht unter den Voraussetzungen des § 359 die **Wiederaufnahme** eines durch rechtskräftiges Urteil abgeschlossenen Verfahrens zugunsten des Verurteilten vor. Rechtsfolge der Wiederaufnahme ist die Beseitigung der Urteilsrechtskraft.[482] Durch den Wiederaufnahmebeschluß wird das Verfahren in den Zustand zurückversetzt, in dem es sich vor dem Urteil befunden hat.[483] Das Rechtsschutzbedürfnis für ein Wiederaufnahmeverfahren war nach den allgemein anerkannten Grundsätzen jedoch nur dann gegeben, wenn das mit dem Wiederaufnahmeantrag verfolgte Ziel nicht auf andere, einfachere Weise erreicht werden konnte.[484] Dies war nicht der Fall, soweit der Betroffene einen Antrag auf Rehabilitierung nach dem RehaG-DDR stellen konnte.

---

[475] KG VIZ 1991, 79, 80; VIZ 1992, 37, 38; BezG Potsdam VIZ 1992, 247, 247; vgl. auch VG Leipzig VIZ 1992, 489, 490.
[476] Strafprozeßordnung der Deutschen Demokratischen Republik – StPO – v. 12. 1. 1968, GBl. I Nr. 2 S. 49, idF v. 19. 12. 1974, GBl. I 1975 Nr. 4 S. 62, geänd. GBl. I 1977 Nr. 10 S. 100, GBl. I 1979 Nr. 17 S. 139, GBl. I 1987 Nr. 31 S. 301, GBl. I 1987 Nr. 31 S. 302.
[477] Gesetz zur Änderung und Ergänzung des Strafgesetzbuches, der Strafprozeßordnung, des Einführungsgesetzes zum Strafgesetzbuch und zur Strafprozeßordnung, des Gesetzes zur Bekämpfung von Ordnungswidrigkeiten, des Strafregistergesetzes, des Strafvollzugsgesetzes und des Paßgesetzes v. 29. 6. 1990, GBl. I Nr. 39 S. 526.
[478] Dazu *Pfister* VIZ 1992, 383, 386; *ders.* Rechtshandbuch SystDarst IV RdNr. 14 ff., 150 ff.
[479] BGBl II S. 1239.
[480] Auf das Verfahren waren weiterhin die §§ 311 bis 327 StPO-DDR mit den Maßgaben nach Anl. I Kap. III Sachgeb. A Abschn. III Nr. 14 lit. h z. EVertr., BGBl. 1990 II S. 885, 934, anzuwenden.
[481] Vgl. allgemein zum Rechtsschutzbedürfnis BGHZ 55, 201, 206; BGH NJW 1974, 503; NJW 1986, 2704, 2705.
[482] BGHSt 21, 373, 375.
[483] *Kleinknecht/Meyer-Großner,* StPO, 41. Aufl. 1993, § 370 RdNr. 10.
[484] Vgl. allgemein BGHZ 55, 201, 206; BGH NJW 1974, 503; NJW 1986, 2704, 2705.

211 **(β) Rechtslage seit Inkrafttreten des StrRehaG.** Seit Inkrafttreten des Strafrechtlichen Rehabilitierungsgesetzes (StrRehaG)[485] am 4. 11. 1992 kann eine Rehabilitierung nur noch unter den Voraussetzungen der §§ 1 und 2 dieses Gesetzes erfolgen; das Rehabilitierungsgesetz vom 6. 9. 1990 (GBl. I Nr. 60 S. 1459) ist zeitgleich außer Kraft getreten (§ 27 Nr. 2 StrRehaG), die Vorschriften über die Kassation (vgl. Anl. I Kap. III Sachgeb. A Abschn. III Nr. 14 lit. h z. EVertr., BGBl. 1990 II S. 885, 934) sind seitdem nicht mehr anwendbar (§ 27 Nr. 5 StrRehaG). Anhängige Rehabilitierungs- und Kassationsverfahren sind nach den Vorschriften des StrRehaG fortzuführen (§ 26 Abs. 1 StrRehaG). Neben dem StrRehaG verbleibt es bei der Möglichkeit, eine Wiederaufnahme des Verfahrens gem. §§ 359 ff. StPO zu betreiben, soweit das Wiederaufnahmeverfahren nicht mangels Rechtsschutzbedürfnisses im Wege der Gesetzeskonkurrenz hinter das Rehabilitierungsverfahren nach dem StrRehaG zurücktritt.[486] Es gelten insoweit die Erwägungen für das Verhältnis zum RehaG-DDR (RdNr. 210) entsprechend.

212 Die **Rehabilitierung nach dem StrRehaG** ermöglicht es, die strafrechtliche Entscheidung eines staatlichen deutschen Gerichts des Beitrittsgebiets aus der Zeit vom 8. 5. 1945 bis 2. 10. 1990 auf Antrag der in § 7 StrRehaG genannten Personen für rechtsstaatswidrig zu erklären und aufzuheben, wenn und soweit sie mit wesentlichen Grundsätzen einer freiheitlichen rechtsstaatlichen Ordnung unvereinbar ist, insbesondere weil die Entscheidung politischer Verfolgung gedient hat (§ 1 Abs. 1 Nr. 1 StrRehaG) oder die angeordneten Rechtsfolgen in grobem Mißverhältnis zu der zugrundeliegenden Tat stehen (§ 1 Abs. 1 Nr. 2 StrRehaG). Bei den unter § 1 Abs. 1 Nr. 1 und 2 aufgeführten Sachverhalten handelt es sich um Regelbeispiele, so daß auch andere – im Unrechtsgehalt vergleichbare – Tatbestände der Aufhebung zugänglich sind.

213 Der in Anlehnung an die Rechtsprechung zum Asylgrundrecht des Art. 16 Abs. 2 S. 2 GG aF gewählte **Begriff der „politischen Verfolgung"** in § 1 Abs. 1 Nr. 1 StrRehaG bezeichnet Verfolgungen, die auf der Rasse, Religion, Nationalität, Zugehörigkeit zu einer bestimmten sozialen Gruppe oder politischen Überzeugung des Betroffenen beruhen.[487]

214 Als der politischen Verfolgung dienend und damit aufhebungsfähig sieht der Gesetzgeber „in der Regel" Verurteilungen aufgrund der in § 1 Abs. 1 Nr. 1 lit. a bis i genannten Vorschriften an. Im einzelnen handelt es sich um die **Tatbestände** der Landesverräterischen Nachrichtenübermittlung (§ 99 StGB-DDR), lit. a; des Staatsfeindlichen Menschenhandels (§ 105 StGB-DDR), lit. b; der Staatsfeindlichen Hetze (§ 106 Abs. 1 Nr. 1 bis 4, Abs. 2 und 3 StGB-DDR), lit. c; des Ungesetzlichen Grenzübertritts (§ 213 Abs. 1, 2, 3 S. 2 Nr. 3 bis 6 oder Abs. 4 StGB-DDR), lit. d; der Boykotthetze (Art. 6 Abs. 2 DDR-Verf. 1949), lit. f.; der Wehrdienstentziehung und -verweigerung (§ 256 StGB-DDR; § 43 Gesetz über den Wehrdienst, GBl. I 1982 Nr. 12 S. 221), lit. g,[488] sowie die den genannten Vorschriften inhaltlich entsprechenden Vorschriften (lit. h). Eine inhaltliche Entsprechung besteht insoweit vornehmlich zu den Vorschriften des Strafrechtsergänzungsgesetzes v. 11. 12. 1957 (GBl. I Nr. 78 S. 643)[489] und des Gesetzes zum Schutze des Friedens v. 15. 12. 1950 (GBl. Nr. 141 S. 1199).[490] Anders noch als § 3 Abs. 2 RehaG hat der Gesetzgeber damit bewußt von einer pauschalen Verweisung auf die Tatbestände des 2. und 8. Kapitels des Besonderen Teils des StGB-DDR abgesehen, da nicht auszuschließen ist, daß die Tatbestände im Einzelfall auch der Verfolgung kriminellen Unrechts dienten.[491] Darüber hinaus sollen nach Auffassung des Gesetzgebers im Gegensatz zur Regelung in § 3 Abs. 5 S. 1 RehaG regelmäßig auch Verurteilungen nach §§ 96, 97, 98, 100, 108, 225 Abs. 1

---

[485] Vgl. dazu die Überblicksdarstellungen von *Keck-Schröder-Tappert* DtZ 1993, 2 ff.; *Bruns-Schröder-Tappert* VIZ 1993, 129 ff.; *dies.* NJ 1992, 394 ff.

[486] *Wasmuth* Rechtshandbuch B 100 RdNr. 274 f.

[487] Vgl. dazu BVerwGE 49, 202, 204; 55, 82, 84; 67, 184, 187; 77, 258, 263 f.; *Bruns-Schröder-Tappert* NJ 1992, 394, 398.

[488] Vgl. dazu *Schröder* NJ 1993, 350 ff.

[489] Vgl. dazu RdNr. 198; ferner OLG Naumburg VIZ 1993, 566; BezG Gera VIZ 1994, 44, 44 ff..

[490] Vgl. dazu RdNr. 201.

[491] Reg.-Begr. BT-Drucks. 12/1608, S. 17.

Geltungsbereich § 1 VermG

Nr. 2, 245, 246 StGB (Hochverrat, Spionage, Anwerbenlassen zum Zwecke der Spionage, Landesverräterische Agententätigkeit, Staatsverbrechen gegen einen verbündeten Staat, Unterlassung der Anzeige einer dieser Straftaten, Geheimnisverrat) oder inhaltlich entsprechender Vorschriften als der politischen Verfolgung dienend gelten, „wenn die Tat für die Bundesrepublik Deutschland, einen mit ihr verbündeten Staat oder für eine Organisation begangen worden sein soll, die den Grundsätzen einer freiheitlichen rechtsstaatlichen Ordnung verpflichtet ist" (§ 1 Abs. 1 Nr. 1 lit. i). Dies erscheint unter dem Blickwinkel der Art. 3 und 20 Abs. 3 GG nicht zweifelsfrei, wenn andererseits Personen, die ähnliche oder vergleichbare Tatbestände zugunsten der DDR oder mit ihr verbündeten Staaten verwirklicht haben, nach wie vor der Strafverfolgung gem. §§ 80 ff. StGB ausgesetzt bleiben, deren Charakter als kriminelles Unrecht der Gesetzgeber also nicht in Frage stellt.[492]

Die Verurteilung nach einer der in § 1 Abs. 1 Nr. 1 StRehaG genannten Vorschriften begründet allerdings nur eine **widerlegliche Vermutung** für eine Verfolgung aus politischen Motiven („dies gilt in der Regel"), keineswegs wird diese fingiert.[493] Die Verfolgungsbedingtheit der Entscheidung ist von den zuständigen Gerichten jeweils im Einzelfall zu prüfen. Unter dieser Prämisse können auch Verurteilungen aufgrund anderer, nicht in § 1 Abs. 1 Nr. 1 StRehaG aufgeführter Vorschriften, insbesondere des Wirtschaftsstrafrechts (WStVO, VO üb. die Bestrafung von Spekulationsverbrechen, Gesetz zum Schutz des innerdeutschen Handels, Gesetz zum Schutz des Volkseigentums und anderen gesellschaftlichen Eigentums; dazu RdNr. 200 f.) Ausdruck einer politischen Verfolgung oder zumindest mit wesentlichen Grundsätzen einer freiheitlichen rechtsstaatlichen Ordnung unvereinbar sein. 215

Im Hinblick auf die Rückabwicklung vermögensentziehender Maßnahmen nach § 1 Abs. 7 VermG kommt dem Regelbeispiel des § 1 Abs. 1 Nr. 2 StRehaG (**tatunangemessene Rechtsfolgen**) besondere Bedeutung zu, da die als Nebenstrafe ausgesprochenen Vermögenseinziehungen häufig nicht der Ahndung kriminellen Unrechts, sondern der gezielten Schädigung mißliebiger Personen dienten. Voraussetzung für die Rehabilitierung ist insoweit allein das Mißverhältnis der angeordneten Rechtsfolge, seien es Haupt- oder Nebenstrafen bzw. sonstige Maßnahmen, zu der zugrundeliegenden Tat. Aus der Alternativstellung der Regelbeispiele der Nr. 1 und Nr. 2 des § 1 Abs. 1 StRehaG ergibt sich, daß die strafrechtliche Entscheidung nicht zugleich auch der politischen Verfolgung gedient haben muß. 216

Rechtsfolge der Rehabilitierung nach dem StRehaG ist die **Aufhebung** der mit rechtsstaatlichen Grundsätzen unvereinbaren Entscheidung (§ 1 iVm. § 12 StRehaG). Die Restitution eingezogener Vermögenswerte erfolgt nach § 1 Abs. 7 VermG entsprechend den Regelungen des Vermögensgesetzes (§ 3 Abs. 2 StRehaG). Da die Rechtsstaatswidrigkeit strafrechtlicher Entscheidungen, deren Aufhebung nach § 1 StRehaG erfolgt, bereits von dem nach § 8 StRehaG für die Rehabilitierungsentscheidung zuständigen Gericht geprüft wird, erübrigt sich wegen des übereinstimmenden Begriffsinhalts eine erneute Prüfung der Rechtsstaatswidrigkeit iSv. § 1 Abs. 7 VermG durch die Vermögensämter.[494] Diese sind vielmehr an die Grundentscheidung des Rehabilitierungsgerichts gebunden.[495] Die Prüfung der weiteren Voraussetzungen im Rahmen des vermögensrechtlichen Verfahrens obliegt allein den Vermögensämtern; sie ist nicht Gegenstand des Rehabilitierungsverfahrens, so daß aus einer positiven Rehabilitierungsentscheidung noch nicht die **Begründetheit des Rückübertragungsanspruchs** abgeleitet werden kann.[496] Dieser kann etwa an 217

---

[492] Vgl. auch die Bedenken von *Wasmuth* Rechtshandbuch B 100 RdNr. 252 ff.

[493] Im Ergebnis ebenso *Wasmuth* Rechtshandbuch B 100 RdNr. 246.

[494] Vgl. auch *Wasmuth* Rechtshandbuch B 100 RdNr. 287.

[495] BVerwG VIZ 1994, 473, 474; VG Leipzig VIZ 1993, 174, 174; *Wasmuth* Rechtshandbuch B 100 RdNr. 293; *Pfister-Mütze* VIZ-Beihefter zu H. 11/1992, S. B 4 (Anm. 8); *Pfister* VIZ 1992, 383, 387 f.

[496] *Wasmuth* Rechtshandbuch B 100 RdNr. 292; *Pfister* VIZ 1992, 383, 386; widersprüchlich *Neuhaus* F/R/M/S RdNr. 173; *Redeker-Hirtschulz* F/R/M/S § 31 RdNr. 8.

einem Rückübertragungsausschluß gem. §§ 4, 5 oder 6 Abs. 1 S. 1 Hs. 1/§§ 1 ff. InVorG scheitern. Die Rehabilitierungsentscheidung steht in Parallele zu den schädigenden Maßnahmen iSv. § 1 Abs. 1 bis 6 VermG und entbindet daher nicht von der Prüfung der weiteren Voraussetzungen der Vermögensrestitution.

218   bb) Ordnungsstrafrecht. Eine Rehabilitierung von Personen, die von rechtsstaatswidrigen ordnungsstrafrechtlichen Maßnahmen betroffen wurden, sah weder das RehaG vor, noch ist sie nach dem StrRehaG möglich. Das StrRehaG ist allein auf strafrechtliche Entscheidungen gerichtlicher Spruchkörper anwendbar, nicht aber auf ordnungsstrafrechtliche Entscheidungen, die in die Sachkompetenz der zuständigen DDR-Verwaltungsorgane (§ 7 OWG), der Arbeiter- und Bauern-Inspektionen (§ 8 OWG) bzw. sog. Konflikt- und Schiedskommissionen (§ 31 OWG) fielen[497] und daher auch nicht als strafrechtliche Maßnahmen iSv. § 1 Abs. 5 StrRehaG rehabilitierungsfähig sind.

219   Die **Wiederaufnahme** eines Ordnungswidrigkeitenverfahrens gem. § 85 OWiG iVm. §§ 359 ff. StPO hinsichtlich der vor dem 3. 10. 1990 erlassenen Ordnungsstrafmaßnahmen ist ausgeschlossen (Anl. I Kap. III Sachgeb. C Abschn. III Nr. 4 lit. e S. 3 z. EVertr.). Im Ergebnis ist § 1 Abs. 7 VermG daher derzeit für die Restitution der durch ordnungsstrafrechtliche Maßnahmen entzogenen Vermögenswerte ohne Bedeutung.

220   cc) Verwaltungsrecht. Das Rehabilitierungsgesetz v. 6. 9. 1990 sah in seinem 4. Abschnitt (§§ 21 ff.) auch eine Rehabilitierung derjenigen Personen vor, die „in Verletzung oder unzulässiger Einschränkung verfassungsmäßig garantierter Grundrechte durch Verwaltungsakte zur Durchsetzung politischer Ziele erhebliche Nachteile erlitten haben." (§ 21 Abs. 1 RehaG). Dem Rehabilitierten stand ein Anspruch auf Rückgabe der im Zusammenhang mit dem Verwaltungsakt entzogenen Vermögenswerte bzw. auf entsprechende Entschädigung zu (§ 23 RehaG). Das am 18. 9. 1990 in Kraft getretene Rehabilitierungsgesetz ist jedoch seit dem 3. 10. 1990, soweit es den 4. Abschnitt über die verwaltungsrechtliche Rehabilitierung betrifft, nicht mehr anzuwenden (vgl. Art. 3 Nr. 6 lit. a d. Vereinbarung v. 18. 9. 1990 zum Einigungsvertrag, BGBl. II S. 1239).

221   Die Rehabilitierung von Personen, die von rechtsstaatswidrigen Verwaltungsentscheidungen betroffen wurden, erfolgt nunmehr nach dem am 1. 7. 1994 in Kraft getretenen **Zweiten SED-Unrechtsbereinigungsgesetz** (2. SED-UnBerG)[498] v. 23. 6. 1994. In diesem Artikelgesetz sind das Verwaltungsrechtliche Rehabilitierungsgesetz (VwRehaG) und das dem Ausgleich von Nachteilen in der Rentenversicherung dienende Berufliche Rehabilitierungsgesetz (BerRehaG) zusammengefaßt. Nach dem VwRehaG werden rechtsstaatswidrige Verwaltungsentscheidungen auf Antrag aufgehoben, wenn der Betroffene durch die damaligen Maßnahmen noch heute schwer und unzumutbar beeinträchtigt wird (§ 1 Abs. 1 S. 1 VwRehaG). Auf die Rückgabe der im Zusammenhang mit verwaltungsrechtlichen Entscheidungen entzogenen Vermögenswerte sind nach dem Modell des StrRehaG die Bestimmungen des Vermögensgesetzes anzuwenden (§ 7 VwRehaG). Ergänzend enthält das VwRehaG noch Bestimmungen über die Rückzahlung seinerzeit erhaltener Entschädigungen und die Rückübertragung etwaiger im Zusammenhang mit Enteignungsmaßnahmen übertragener Ersatzgrundstücke (§ 2 Abs. 4 VwRehaG). Damit reagiert das Gesetz auf die Zwangsaussiedlungsaktionen, bei denen vornehmlich in den Jahren 1952 und 1961 Personen aus dem Grenzgebiet der DDR zur Bundesrepublik ausgesiedelt und unter Verlust ihres Grund und Bodens in das Landesinnere umgesiedelt wurden; diesem Personenkreis wurden dort häufig Ersatzgrundstücke zugewiesen. Neben der Fallgruppe der Zwangsaussiedlungen, die im Gesetz besonders hervorgehoben ist, kommt eine Rehabilitierung regelmäßig bei noch andauernden Beeinträchtigungen durch rechtsstaatswidrige Berufsverbote oder Gewerbeuntersagungen in Betracht.

---

[497] OLG Naumburg VIZ 1993, 517; aA OLG Dresden VIZ 1993, 516, 517; zur Zuständigkeitsordnung vgl. *Bleck* ua., Ordnungswidrigkeitsrecht der DDR, 1989 (bei den genannten Vorschriften).

[498] BGBl. I S. 1311; Entwurf BR-Drucks. 92/93 = VIZ-Beihefter zu H. 8/1993; dazu *Leutheusser-Schnarrenberger* DtZ 1993, 162 ff.

Eine Aufhebung rechtsstaatswidriger Verwaltungsakte kann im Einzelfall auch im **Verfahren nach Art. 19 S. 2 EVertr.** erreicht werden.[499] Nach Art. 19 S. 1 EVertr. ist die Wirksamkeit der von der DDR erlassenen Verwaltungsakte durch den Beitritt nicht berührt worden. Ihre Aufhebung kann jedoch begehrt werden, wenn sie mit rechtsstaatlichen Grundsätzen (vgl. dazu bereits RdNr. 193) oder mit Regelungen des Einigungsvertrages unvereinbar sind (Art. 19 S. 2 EVertr.). Diese Regelung verdrängt als lex specialis die Vorschriften der §§ 48 bis 51 VwVfG,[500] die nur subsidiär zur Anwendung kommen, wenn der Anwendungsbereich von Art. 19 S. 2 EVertr. nicht eröffnet ist (Art. 19 S. 3 EVertr.: „*Im übrigen* bleiben die Vorschriften über die Bestandskraft von Verwaltungsakten unberührt."; Hervorhebung v. Verf.).

III. Frist/Verfahren

Die als zweistufiges Verfahren ausgestaltete Rückübertragung von Vermögenswerten nach § 1 Abs. 7 VermG erfordert neben dem Antrag auf Rehabilitierung einen weiteren **Antrag auf Vermögensrestitution** iSv. § 30 Abs. 1 VermG. Dieser muß innerhalb der Ausschlußfristen des § 30a S. 2 VermG gestellt worden sein. Bei Fristversäumnis ist die Vermögensrestitution ausgeschlossen. Dies gilt auch dann, wenn der Rehabilitierungsantrag fristgerecht vorlag. Dieser betrifft ein anderes Verfahren, das in die sachliche Zuständigkeit anderer staatlicher Stellen fällt. In einem solchen Fall kann der Betroffene auch bei positiver Rehabilitierungsentscheidung keinen weiteren Folgeanspruch auf Vermögensrestitution geltend machen. Dies widerspräche dem Gedanken der Beschleunigung des Restitutionsverfahrens und der Beförderung investiver Vorhaben, der hinter der Verweisung auf die Vorschriften des Vermögensgesetzes und den dort verankerten Ausschlußfristen steht.[501] Die Tatsache, daß die Vermögensentziehung bei den von § 1 Abs. 7 VermG erfaßten Sachverhalten „zufällig" nur als Nebenfolge einer anderen Entscheidung ausgesprochen wurde, kann nicht zu einer Bevorzugung der davon betroffenen Personengruppe gegenüber den nach § 1 Abs. 1 bis 6 VermG Geschädigten führen, deren Restitutionsansprüche der Ausschlußfrist des § 30a VermG unterliegen.

Sofern ein auf eine rechtsstaatswidrige Entscheidung iSv. § 1 Abs. 7 VermG gestützter Restitutionsantrag fristgerecht vor der Aufhebungsentscheidung gestellt worden ist, hat das zuständige Vermögensamt das **Rückübertragungsverfahren** solange auszusetzen bis eine Grundentscheidung über die Aufhebung der Entscheidung vorliegt.

IV. Verhältnis zu anderen Maßnahmen iSv. § 1 VermG

Da die zur Anwendung des Vermögensgesetzes kompetentiell zuständigen Vermögensämter im Rahmen von § 1 Abs. 7 VermG die Voraussetzungen für die Aufhebung der genannten Entscheidungen nicht selbst prüfen, sondern an die Aufhebungsentscheidung der dafür zuständigen Gerichte bzw. Verwaltungsbehörden gebunden sind,[502] stellt sich die Frage nach dem Konkurrenzverhältnis des § 1 Abs. 7 VermG zu den anderen Tatbeständen des § 1. Häufig wird eine rechtsstaatswidrige Entscheidung iSv. § 1 Abs. 7 VermG zugleich auch einen anderen Schädigungstatbestand, etwa § 1 Abs. 3 VermG,

---

[499] *Motsch* VIZ 1993, 41, 43.
[500] *Wasmuth* Rechtshandbuch B 100 RdNr. 279; *Knauthe-Heisterkamp* ZOV 1992, 18, 22, sehen § 1 Abs. 7 VermG generell als lex specialis zu §§ 48 ff. VwVfG an; aA *Diekmann* (Fn. 35) S. 108; *v. Trott zu Solz* ZOV 1991, 67, 69 f., der Art. 19 S. 2 EVertr. lediglich als Rechtsgrund-Verweisung auf §§ 48 ff. VwVfG ansieht; undeutlich BezG Potsdam VIZ 1992, 325, 326; VG Berlin ZOV 1993, 200, 203;

Denkschrift zum EVertr, BT-Drucks. 11/7760, S. 355, 364; *Märker* DRiZ 1993, 262, 267.
[501] Vgl. § 3 RdNr. 9.
[502] KG VIZ 1991, 79, 80; VIZ 1992, 37, 38; VG Leipzig VIZ 1993, 174, 174; *Wasmuth* Rechtshandbuch B 100 RdNr. 292; *Pfister-Mütze* VIZ-Beihefter zu H. 11/1992, S. B 4 (Anm. 8); *Pfister,* VIZ 1992, 383, 386, 387, 387 f.

erfüllen. Diese Sichtweise birgt die Gefahr von Parallelverfahren und divergierenden Sachentscheidungen, wenn der Berechtigte in bezug auf denselben Vermögenswert die Möglichkeit hätte, sowohl eine Aufhebungsentscheidung iSv. § 1 Abs. 7 VermG herbeizuführen als auch unmittelbar ein vermögensrechtliches Verfahren aufgrund eines anderen Schädigungstatbestandes einzuleiten. Dem widerspricht der Sinn und Zweck des § 1 Abs. 7 VermG, die Entscheidung über die Aufhebung der Entscheidungen den dazu berufenen sachnäheren Stellen vorzubehalten.[503] Mit einer eigenen Sachentscheidung würden die Vermögensämter damit in die Kompetenz der anderen Stellen eingreifen. Dies schließt eine parallele Anwendung der anderen Schädigungstatbestände neben § 1 Abs. 7 VermG aus. Soweit die Vermögensschädigung auf einer rechtsstaatswidrigen straf-, ordnungsstraf- oder verwaltungsrechtlichen Entscheidung beruht, ist § 1 Abs. 7 VermG lex specialis zu den anderen Tatbeständen des § 1 VermG.[504] Im Gegensatz zu diesen zeichnen sich die Fälle des § 1 Abs. 7 VermG dadurch aus, daß die aufzuhebenden Entscheidungen nicht primär auf die Vermögenseinziehung abzielen, sondern diese als „Nebenfolge" einer gerichtlichen oder verwaltungsrechtlichen „Grundentscheidung" aussprechen.[505]

N. Ausschlußtatbestände (§ 1 Abs. 8 VermG)

Schrifttum zu § 1 Abs. 8: *Arnold,* Die Enteignungen in der sowjetischen Besatzungszone (1945–1949) und die Schutzgarantien der Europäischen Menschenrechtskonvention, BB-Beil. 14 zu H. 18/1991, S. 1ff.; *Badura,* Der Verfassungsauftrag der Eigentumsgarantie im wiedervereinigten Deutschland, DVBl. 1990, 1256ff.; *Degenhart,* Verfassungsfragen der deutschen Einheit, DVBl. 1990, 973ff.; *Düx,* Rückerstattung statt Rückübertragung im Sinne des Vermögensgesetzes bei NS-Verfolgung, VIZ 1992, 257ff.; *Frantzen,* Die „Listenenteignungen" im Ostsektor Berlins in den Jahren 1945–1949, VIZ 1993, 9ff.; *Frantzen-v. Lenthe,* Nochmals: Berliner Liste 3, Anwendbarkeit des § 1 VIII lit. a VermG?, VIZ 1993, 147ff.; *Freytag,* Die staatliche Verwaltung des ausländischen Vermögens in der DDR, EWS 1990, 36ff.; *Giese-Schulze-Vohren,* Enteignungen von hypothekarisch gesicherten Forderungen auf besatzungsrechtlicher/-hoheitlicher Grundlage, ZOV 1992, 24ff.; *Glantz,* Ein Ausgleich für die Konfiskationen der Bodenreform in der Sowjetischen Besatzungszone, ZOV 1991, 58ff.; *Gornig,* Erwerbsmöglichkeit von zwischen 1945 und 1949 enteigneten Vermögensgütern durch bevorzugte Personen und ihre Vereinbarkeit mit dem geltenden Recht, VIZ 1993, 136ff.; *Grünewald,* Das Eigentum und das Eigentumsrecht in der sowjetischen Besatzungszone Deutschlands, 1961; *Hasselblatt,* Vermögenswerte der Berliner Liste 3 als Spekulationsobjekte, VIZ 1994, 111ff.; *Heinz,* Zur Rechtslage des Eigentumsentzugs in der Sowjetischen Besatzungszone Deutschlands, BB 1993, 733ff.; *Heinze,* Die Rechtslage des ausländischen Vermögens in der sowjetischen Besatzungszone Deutschlands, NJW 1952, 166ff.; *Heß,* Der Ausschluß österreichischer Berechtigter vom Vermögensgesetz, VIZ 1993, 331ff.; *Jesch,* Die Verfassungsmäßigkeit der Bodenreformabwicklungsvorschriften, VIZ 1994, 451ff.; *Kilian,* Rückgängigmachung von Enteignungen auf besatzungsrechtlicher oder besatzungshoheitlicher Grundlage in Berlin? – Insbesondere zur Problematik der Enteignungen aufgrund der am 2. Dezember 1949 veröffentlichten sog. Liste 3, ZOV 1993, 7ff.; *Kimminich,* Die Eigentumsgarantie im Prozeß der Wiedervereinigung – Zur Bestandskraft der agrarischen Bodenrechtsordnung in der DDR –, 1990; *Klaus,* Untersuchung der Frage einer grundsätzlichen Restitutionsfähigkeit von enteigneten Vermögenswerten der am 2. Dezember 1949 veröffentlichten sogenannten Liste 3, ZOV 1992, 190ff.; *Leisner,* Das Bodenreform-Urteil des Bundesverfassungsgerichts, NJW 1991, 1569ff.; *ders.,* Rückerwerbsrecht von Alteigentum Ost – nach Gesetz oder Verwaltungspraxis, DVBl. 1992, 161ff.; *ders.,* Verfassungswidriges Verfassungsrecht – Nach dem „Bodenreform-Urteil" des BVerfG –, DÖV 1992, 432ff.; *Limbach,* Betr. Problem der Rückgängigmachung von Enteignungen aufgrund der „Liste 3", ZOV 1992, 195f.; *Lochen,* Grundlagen der Enteignungen zwischen 1945 und 1949, Deutschland-Archiv 1991, 1025ff.; *Mann-Behn,* Konfiskationen von Vermögenswerten ausländischer Staatsangehöriger im Zuge der Bodenreform, VIZ 1992, 224ff.; *Maurer,* Die Eigentumsregelung im Einigungsvertrag – Zugleich eine Besprechung von BVerfG, Urteil vom 23. 4. 1991 – 1 BvR 1170/90 ua. –, JZ 1992, 183ff.; *Mitschke-Werling,* VermG und staatlich verwaltetes Vermögen auf dem Territorium der ehemaligen DDR, NJ 1992, 100ff.; *dies.,* Vermögensgesetz und ausländisches Vermögen, ZOV 1993, 12ff.; *Motsch,* Sachgründe für den Restitutionsausschluß bei besatzungsrechtlichen Enteignungen (1945–1949), DtZ 1994, 19f.; *ders.,* Wider die Irrlehre von der Verfassungswidrigkeit des Restitutionsausschlusses bei besatzungsrechtlichen Enteignungen, VIZ 1994, 279ff.; *Ossenbühl,* Ausschluß juristischer Personen von der Entschädigung bei Enteignungen zwischen 1945–1949, BB-Beil. 6 zu H. 11/1992, S. 1ff.; *Papier,* Verfassungsrechtliche Probleme der Eigentumsregelung im Einigungsvertrag, NJW 1991, 193ff.; *ders.,* Rechtsfragen des Restitutionsausschlusses bei besatzungshoheitlichen Enteignungen, ZIP 1993, 806ff.;

---

[503] *Wasmuth* Rechtshandbuch B 100 RdNr. 226.
[504] *Wasmuth* Rechtshandbuch B 100 RdNr. 226; aA *Diekmann* (Fn. 35) S. 127, für Vermögenseinziehungen durch Verwaltungshandeln.
[505] VG Dresden VIZ 1994, 80, 81; undeutlich *Wasmuth* Rechtshandbuch B 100 RdNr. 230.

Geltungsbereich   226–228   § 1 VermG

Röhse, Zum Problem der Nacherfassung städtischen Besitzes der durch die Bodenreform enteigneten ehemaligen „Großgrundbesitzer" am Beispiel Mecklenburg-Vorpommern, ZOV 1994, 158 ff.; *Schäfer,* Restitutionsansprüche der neuen Bundesländer im Bereich der Elektrizitätsversorgung?, RdE 1992, 214 ff.; *Schubert,* Der Restitutionsausschluß bei Enteignungen in Berlin auf besatzungshoheitlicher Grundlage, VIZ 1994, 277 ff.; *Schweisfurth,* Entschädigungslose Enteignungen von Vermögenswerten (Betrieben) auf besatzungsrechtlicher oder besatzungshoheitlicher Grundlage in der sowjetischen Besatzungszone Deutschlands, BB 1991, 281 ff.; *Seiffert,* Hat die Auflösung der Sowjetunion Folgen für die Enteignungen in der SBZ?, Recht und Politik 1992, 29 ff.; *Steinberg,* Die Verfassungsmäßigkeit des Restitutionsausschlusses sowjetzonaler Enteignungen im Einigungsvertrag, NJ 1991, 1 ff.; *Tatzkow-Henicke,* „... ohne ausreichende Begründung...". Zur Praxis der „Enteignung der Naziaktivisten und Kriegsverbrecher" in der SBZ, ZOV 1992, 182 ff.; *dies.,* Die Enteignungen im sowjetischen Sektor von Berlin – sowjetisches Besatzungsrecht oder deutsche Willkür?, ZOV 1993, 80 ff.; *Tatzkow-Henicke-Greve,* Die Enteignung unbelasteten Fremdvermögens unter dem Deckmantel des Besatzungsrechts, ZOV 1994, 362 ff.; *Tima,* Restitutionsansprüche der Sparkassen in Sachsen und Thüringen, ZOV 1994, 370 ff.; *v. Trott zu Solz,* Restitutionsansprüche nach der „Verordnung zur Überführung von Konzernen und sonstigen wirtschaftlichen Unternehmen in Volkseigentum" des Magistrats von Groß-Berlin vom 28. April 1949, ZOV 1993, 2 ff.; *v. Trott zu Solz – Biehler,* Die „Listenenteignungen" im Ostsektor Berlins nach dem „Gesetz zur Einziehung von Vermögenswerten der Kriegsverbrecher und Naziaktivisten" vom 8. Februar 1949, ZOV 1991, 10 ff.; *Uechtritz,* Die Neuregelungen für NS-Verfolgte im 2. Vermögensrechtsänderungsgesetz, VIZ 1992, 377 ff.; *Ulrich,* Die Bankenenteignung in der sowjetisch besetzten Zone Deutschlands, WM 1992, 633 ff.; *ders.,* Die Bankenenteignung in der sowjetischen Besatzungszone 1945–1949, Die Bank 1993, 47 ff.; *Graf Vitzthum,* Das Bodenreform-Urteil des Bundesverfassungsgerichts – Analyse und Kritik, in: Stern (Hrsg.), Deutsche Wiedervereinigung, Bd. II Teil 1, 1992, S. 3 ff.; *Wasmuth,* Restitutionsausschluß und Willkürverbot, DtZ 1993, 334 ff.; *ders.,* Nochmals: Restitutionsausschluß und Willkürverbot, DtZ 1994, 142 f.; *ders.,* Das Verbot des Rückgängigmachens besatzungshoheitlicher Enteignungen in Nr. 1 der Gemeinsamen Erklärung, VIZ 1994, 108 ff.; *ders.,* Zur Verfassungswidrigkeit des Restitutionsausschlusses für Enteignungen auf besatzungsrechtlicher oder besatzungshoheitlicher Grundlage, NJW 1993, 2476 ff.; *ders.,* Wiedergutmachung für entzogene Vermögenswerte von NS-Verfolgten im Beitrittsgebiet, VIZ 1992, 81 ff.; *ders.,* Zum besatzungshoheitlichen Charakter der Berliner Liste 3, VIZ 1993, 186 ff.; *Weber-Wilhelm,* Die Enteignungen unter sowjetischer Besatzungsherrschaft und ihre Behandlung im Einigungsvertrag, BB-Beil. 3 zu H. 3/1991, S. 12 ff.; *Wesel,* Wiedergutmachung für NS-Unrecht und Enteignungen auf der Grundlage sowjetischer Besatzungshoheit, VIZ 1992, 337 ff.

I. Normzweck und allgemeiner Regelungsbereich

Der Regelungszweck des § 1 Abs. 8 besteht in der Ausgrenzung bestimmter Fallgruppen aus dem sachlichen Geltungsbereich dieses Gesetzes, so daß keine vermögensrechtlichen Ansprüche nach dem VermG für die dem § 1 Abs. 8 unterfallenden Sachverhalte geltend gemacht werden können. Diese Ausschlußtatbestände betreffen aber nur die materiellen Regelungen des VermG, nicht aber die Zuständigkeiten und das Verfahren,[506] um auch den Bereich der Ausschlußtatbestände im vermögensrechtlichen Verwaltungsverfahren abschließend klären zu können. 226

II. Enteignungen auf besatzungsrechtlicher oder besatzungshoheitlicher Grundlage (Abs. 8 lit. a)

1. Verfassungsmäßigkeit des Restitutionsausschlusses der besatzungshoheitlichen Konfiskationen.
§ 1 Abs. 8 lit. a bezweckt den Ausschluß der Restitution von Vermögenswerten, deren Schädigung auf Maßnahmen der sowjetischen Besatzungsmacht rückführbar ist. Entsprechend den Forderungen der Sowjetunion soll sichergestellt werden, daß die auf ihre Besatzungshoheit zurückgehenden Enteignungsmaßnahmen nicht einer Überprüfung und Kontrolle durch deutsche Behörden und Gerichte unterworfen werden. 227

Der Restitutionsausschluß der „Enteignungen" auf besatzungsrechtlicher bzw. besatzungshoheitlicher Grundlage (1945 bis 1949) auf dem Gebiet der ehem. DDR durch die Regelung in Nr. 1 der Gemeinsamen Erklärung und die entsprechende Regelung des § 1 Abs. 8 lit. a VermG ist verfassungsrechtlich problematisch,[507] aber verfassungsgemäß.[508] 228

---

[506] Vgl. Nummer 2 der Stellungnahme des Bundesrats zum Regierungsentwurf des 2. VermRÄndG, BT-Drucksache 12/2695, S. 6.

[507] Vgl. *Kimminich,* Die Eigentumsgarantie im Prozeß der Wiedervereinigung, 1990; *Badura,* DVBl. 1990, 1256 ff.; *Bleckmann,* R/R/B, Teil 2; *Papier* NJW 1991, 193 ff.; *Steinberg* NJ 1991, 1 ff; *Stern* DtZ 1990, 289, 291 f.; *Weber-Wilhelm* BB 1991, Beilage Nr. 3, S. 12, 19; jeweils mwN.

[508] Grundlegend: BVerfGE 84, 90 ff. = NJW 1991, 1597 ff. „Bodenreform-Urteil"; bestätigt durch: BVerfG VIZ 1993, 301 mit Anm. *Hobrecker;*

VermG § 1 229–233   Abschnitt I. Allgemeine Bestimmungen

229 **a) Grundrechtlicher Eigentumsschutz durch Art. 14 GG.** Die verfassungsrechtliche Gewährleistung des Eigentums in Art. 14 GG ist nur tangiert, wenn im Rahmen des zeitlichen und räumlichen Geltungsbereiches des GG eine bestehende subjektive Eigentumsposition von der dem GG verpflichteten öffentlichen Gewalt entzogen wird.

230   Ob als Eigentumsrechte die ursprünglichen Eigentumspositionen oder die durch die tatsächliche Entwicklung an deren Stelle tretenden und sich aus der Völkerrechtswidrigkeit der sowjetischen, gegen Art. 46 Abs. 2 der Haager Landkriegsordnung vom 18. 10. 1907 (RGBl. 1910 S. 107, 148) als allgemeinem Völkergewohnheitsrecht verstoßenden Konfiskationen ergebenden Rückgewähr- bzw. Entschädigungsansprüche in Betracht kommen,[509] kann letztlich offenbleiben.

231   Die Grundrechte sind in ihrer Funktion nur Rechte gegenüber der inländischen Hoheitsgewalt, da nur diese an das GG gebunden ist. Damit ist nur der dem GG verpflichtete Gesetzgeber an die Regelungen des GG gebunden.[510] Bei den von der Sowjetunion von 1945 bis 1949 besatzungshoheitlich vorgenommenen Maßnahmen handelt es sich aber um fremdstaatliche, entschädigungslose Enteignungen, die im Völkerrecht als Konfiskationen bezeichnet werden. Die Konfiskationen sind Akte einer fremdstaatlichen, nicht dem GG unterstellten Gewalt, deren Maßnahmen nicht an Art. 14 GG gemessen werden können.[511] Die Enteignungen in der SBZ können nicht der dem GG verpflichteten Staatsgewalt der Bundesrepublik Deutschland zugerechnet werden, weil sich diese auf das damalige Gebiet der Bundesrepublik beschränkt hat (Art. 23 Satz 1 GG aF).[512] Die Einordnung der betreffenden Maßnahmen als solche der Besatzungsmacht hat zur Folge, daß diese nicht den Bindungen des GG unterworfen sind. Außerdem beginnt der zeitliche Geltungsbereich des Grundgesetzes[513] erst mit dem Inkrafttreten nach dem 23. 5. 1949 und damit im wesentlichen erst nach den betreffenden Konfiskationen der Sowjetunion.[514] Darüber hinaus haben diese Konfiskationen außerhalb des beschränkten räumlichen Geltungsbereiches des Grundgesetzes stattgefunden. Da die damaligen konfiskatorischen Maßnahmen auf dem Gebiet der ehem. DDR auf besatzungsrechtlicher bzw. besatzungshoheitlicher Grundlage beruhen und nicht dem grundgesetzlichen Geltungsbereich unterfallen,[515] können diese nicht am GG überprüft werden.

232   Die Eigentumsgarantie des Art. 153 Abs. 2 WRV kann den entschädigungslosen besatzungshoheitlichen Enteignungen nicht als übergeordnete Rechtsnorm entgegenstehen,[516] da Art. 153 Abs. 2 WRV auch nach dem Zusammenbruch des Nationalsozialismus nicht die Eigenschaft als Verfassungsrecht wiedererlangt hat.[517]

233   Nur das Einigungsvertragsgesetz mit dem Einigungsvertrag und der Gemeinsamen Erklärung als Bestandteil kann als ein dem GG unterworfener Hoheitsakt am GG gemessen werden. Ausdrücklich wird von der Bundesrepublik Deutschland nur die Ansicht der

---

zum vorläufigen Rechtsschutz: BVerfG NJW 1991, 349 ff.; vgl. ferner zum „Bodenreform-Urteil": *Erichsen* Jura 1992, 52 ff.; *Herdegen* Jura 1992, 21 ff., *Leisner* NJW 1991, 1569 ff.; *Leisner* DÖV 1992, 432 ff.; kritisch *Scholz,* in: *Maunz-Dürig,* GG, Art. 143 RdNr. 22 ff.

[509] Vgl. BVerfGE 40, 141, 167/168 „Ostverträge".

[510] BVerfGE 46, 268, 288; *Papier,* in: *Maunz/Dürig,* Kommentar zum GG, Art. 14 RdNr. 492.

[511] BVerfGE 43, 203, 209; 6, 290, 296; vgl. ferner BVerfGE 41, 126, 157/158 „Reparationsschäden", bestätigt durch BVerfGE 45, 83 ff. Vgl. *Maunz/Dürig/Herzog/Scholz,* Kommentar zum GG, Art. 14 RdNr. 457/458; zu dem Gebot einer Entschädigung aus allgemeinen Grundsätzen des Völkerrechts in diesen Fällen vgl. die Nachweise bei *Schmidt-Bleibtreu,* in: *Schmidt-Bleibtreu/Klein,* Kommentar zum Grundgesetz, 7. Aufl., 1990, Art. 14 RdNr. 26.

[512] BVerfGE 84, 90, 122 = NJW 1991, 1597, 1599.

[513] *Kimminich,* in: Bonner Kommentar, 3. Bearb., Art. 14 GG RdNr. 291, 294.

[514] Nach Ansicht von *Friauf-Horscht,* Rechtsfolgen der Enteignung von Grundbesitz und Wohngebäuden in der ehemaligen DDR zwischen 1949 und 1990, 1991, S. 85 f., beruht die Ansicht, daß die Einführung der Eigentumsgarantie des Art. 14 GG nur ex nunc wirke, auf einem Zirkelschluß; diesen zustimmend *Horn,* Das Zivil- und Wirtschaftsrecht im neuen Bundesgebiet, 2. Aufl. 1993, § 4 RdNr. 59, S. 99.

[515] Ebenso *Badura* DVBl. 1990, 1256, 1261; *Papier* NJW 1991, 193, 195; *Steinberg* NJ 1991, 1, 2.

[516] *von Mangoldt-Klein-von Campenhausen,* Das Bonner Grundgesetz, Bd. 14, 3. Aufl. 1991, Art. 143 RdNr. 48 ff.

[517] BVerfGE 2, 237, 248, 250.

Nicht-Revidierbarkeit der sowjetischen Enteignungen zur Kenntnis genommen, nicht aber eine Anerkennung, Bestätigung oder nachträgliche Legalisierung dieser Maßnahmen ausgesprochen.[518] Indem aber die Bundesrepublik Deutschland gem. Art. 41 Abs. 1 und 3 des Einigungsvertrages iVm. Nr. 1 der Gemeinsamen Erklärung keine diesen Regelungen widersprechenden Rechtsvorschriften erlassen darf, ist eine Nichtrückgängigmachung der betreffenden Konfiskationen festgeschrieben worden. Art. 3 Abs. 1 GG beinhaltet ein allgemeines Willkürverbot, das bei vergleichbaren Sachverhalten eine willkürliche Ungleichbehandlung ausschließen soll. Indem nach § 1 VermG sowohl die Rückabwicklung von Enteignungen vor 1945 als auch nach 1949 vorgesehen ist, könnte die grundrechtliche Eigentumsgarantie iVm. dem allgemeinen Gleichheitssatz des Art. 3 Abs. 1 GG eine Rückübertragung des entzogenen Eigentums in Erfüllung einer staatlichen, gegenüber den Enteigneten bestehenden Schutzpflicht entsprechend der gesetzlichen Regelung des § 3 Abs. 1 VermG gebieten. Aber angesichts der Erklärungen seitens der DDR und der sowjetischen Regierung[519] bezüglich des Restitutionsausschlusses der fraglichen Enteignungen und der außenpolitischen[520] Einschätzungsprärogative des Bundesgesetzgebers und der Bundesregierung ist schon insbesondere im Hinblick auf das verfassungsrechtlich vorgegebene Ziel der Wiedervereinigung eine unsachgemäße Differenzierung und ein Verstoß gegen das GG ausgeschlossen. Der damalige eingeschränkte Verhandlungsspielraum der Bundesregierung rechtfertigt insoweit eine Differenzierung.[521]

b) Verfassungsrechtliche Absicherung durch Art. 143 Abs. 3 GG. Darüber hinaus ist für die Beurteilung der materiellen Verfassungsmäßigkeit der Regelungen über die offenen Vermögensfragen insbesondere im Hinblick auf Nr. 1 der Gemeinsamen Erklärung und auf § 1 Abs. 8 lit. a VermG zu berücksichtigen, daß aufgrund von Art. 4 Nr. 5 des Einigungsvertrages durch das Einigungsvertragsgesetz ein neuer Art. 143 Abs. 3 GG in die Verfassung aufgenommen wurde, der unter anderem die Gemeinsame Erklärung und das VermG insoweit verfassungsrechtlich absichern soll, als eine Rückgängigmachung von Eigentumseingriffen auf dem Gebiet der ehem. DDR ausgeschlossen ist. Der Regelungsgehalt des Art. 143 Abs. 3 GG entfaltet eine Wirkung insoweit, als er den bundesdeutschen Gesetzgeber, der aufgrund der Zustimmung zu den gesetzlichen Regelungen über die offenen Vermögensfragen grundsätzlich durch die grundrechtliche Eigentumsgewährleistung in Verbindung mit dem Gleichheitsgebot des Art. 3 Abs. 1 GG auch zur Naturalrestitution der rechtswidrigen besatzungshoheitlichen Vermögensentziehungen in der sowjetischen Besatzungszone (SBZ) verpflichtet sein könnte, hiervon freistellt. Unabhängig von den zeitlichen Grenzen des Art. 143 Abs. 1 und 2 GG[522] bewirkt Art. 143 Abs. 3 GG insoweit eine verfassungsrechtliche Nichtangreifbarkeit der betreffenden Eigentumsregelungen in den Schranken des Art. 79 Abs. 3 GG.[523]

c) Materielle Schranke der Verfassungsänderung durch Art. 79 Abs. 3 GG. Obwohl grundsätzlich alle Verfassungsnormen gleichrangig sind,[524] werden gegenüber Grundgesetzänderungen durch den Verfassungsänderungsgesetzgeber gem. Art. 79 Abs. 3 GG materielle Schranken gesetzt.[525] Art. 79 Abs. 3 GG schützt die Grundsätze des Art. 1 und 20

---

[518] Ebenso *Gertner* VIZ 1994, 158, 162; ähnlich: *Badura* DVBl. 1990, 1256, 1260; *Papier* NJW 1991, 193, 195.

[519] Vgl. näher Vor § 1 RdNr. 16; ferner *Steinberg* NJ 1991, 1, 5 Fn 69.

[520] Insbesondere im außenpolitischen Bereich besteht ein breiter Raum politischen Ermessens, BVerfGE 40, 141, 178/179 „Ostverträge"; 55, 349, 365.

[521] BVerfG VIZ 1993, 301 = DtZ 1993, 275; BVerwG DtZ 1993, 352; *Degenhardt* DVBl. 1990, 973, 979; *Motsch* DtZ 1994, 19, 20.

[522] Vgl. zur Auslegung des Art. 143 Abs. 3 GG vgl. *Steinberg* NJ 1991, 1, 5; *Weis* AöR 1991 (Bd. 116), 1, 26 ff.

[523] *Herdegen*, Die Verfassungsänderungen im Einigungsvertrag, 1991, S. 17/18; *Jarass*, in: Jarass-Pieroth, GG, 2. Aufl. 1992, Art. 143 RdNr. 2; vgl. ferner Vor § 1 RdNr. 71 f.

[524] BVerfGE 3, 225, 231/232.

[525] *Stern* DtZ 1990, 289, 292; ferner *Pieroth*, in: Jarass/Pieroth, GG, 2. Aufl., 1992, Art. 79 RdNr. 5; *Bryde*, in: von Münch, Grundgesetz-Kommentar, Bd. 3, 2. Aufl., 1983, Art. 79 RdNr. 24; *Schmidt-Bleibtreu*, in: Schmidt-Bleibtreu/Klein, Kommentar zum Grundgesetz, 7. Aufl., 1990, Art. 79 RdNr. 10; *Stern*, Das Staatsrecht der Bundesrepublik Deutschland, 2. Aufl., 1984, § 5 IV 1, S. 165.

GG gegenüber dem verfassungsändernden Gesetzgeber. Hierdurch wird zwar ein menschenrechtlicher Kernbestand des Eigentumsschutzes gewährleistet,[526] dieser wird aber durch den das Existenzminimum nicht tangierenden Restitutionsausschluß für die Jahrzehnte zurückliegenden Enteignungen zumindest heute nicht berührt.

236 Ebensowenig wird hierdurch im Rahmen des Rechtsstaatsprinzips[527] die Bindung der Gesetzgebung an die verfassungsmäßige Ordnung oder der vollziehenden Gewalt an Gesetz und Recht tangiert, da das Unrecht der betreffenden Konfiskationen nicht von der dem GG und damit den Art. 20 Abs. 3, 79 Abs. 3 GG unterworfenen öffentlichen Gewalt verübt wurde. Mit den verfassungsrechtlichen Regelungen des Art. 143 Abs. 3 GG wird zwar der Prüfungsmaßstab des BVerfG's für einfache Gesetze verändert, aber nicht eine verfassungsgerichtliche Überprüfung durch das BVerfG ausgeschlossen. Gegen den Grundsatz der Gewaltenteilung wird hierdurch nicht verstoßen, da der verfassungsändernde Gesetzgeber durchaus solche Veränderungen mit Ausnahme der Grundsätze des Art. 1 und 20 GG vornehmen kann. Mit der Regelung des Art. 143 Abs. 3 GG liegt damit keine Überschreitung der durch Art. 79 Abs. 3 GG einem verfassungsändernden Gesetz gezogenen Schranken vor, so daß ein sog. „verfassungswidriges Verfassungsrecht" ausscheidet.

Im Ergebnis sind die Regelungen der Nr. 1 der Gemeinsamen Erklärung und des § 1 Abs. 8 lit. a VermG verfassungsgemäß.[528]

237 **d) Gleichheitsgrundsatz des Art. 3 Abs. 1 GG.** Im Grundsatz ist durch die bisher diskutierten rechtlichen Regelungen der Nr. 1 der Gemeinsamen Erklärung und des § 1 Abs. 8 lit. a VermG nur der Ausschluß der Nichtrückgängigmachung der auf die Sowjetunion zurückgehenden besatzungshoheitlichen Konfiskationen insoweit als verfassungsgemäß beurteilt worden, als eine verfassungsrechtliche Pflicht der Bundesrepublik Deutschland zur Entschädigung dieser Konfiskationen durch eine Naturalrestitution nicht besteht. Eine solche Enteignungsabwicklung ist von möglichen staatlichen **Ausgleichsleistungen**, die für eine Enteignung geleistet werden, aber die Enteignung als solche nicht einer erneuten Überprüfung durch deutsche Behörden und Gerichte unterwerfen, zu unterscheiden. Durch den Vorbehalt einer abschließenden Entscheidung der Bundesrepublik Deutschland über etwaige staatliche Ausgleichsleistungen für die infolge der Erklärung der Sowjetunion nicht revidierbaren besatzungshoheitlichen Enteignungen in Nr. 1 der Gemeinsamen Erklärung des Einigungsvertrages ist aber eine Abwicklung und Bewältigung durch staatliche Ausgleichsleistungen möglich und durch das Gleichbehandlungsgebot des Art. 3 Abs. 1 GG geboten.[529] Indem aufgrund des VermG vermögensrechtliche Ansprüche sowohl für mit rechtsstaatlichen Grundsätzen unvereinbare Tatbestände in der Zeit vom 30. 1. 1933 bis zum 8. 5. 1945 als auch für solche nach 1949 geltend gemacht werden können, ist für den Bundesgesetzgeber auch eine Regelung für die unrechtmäßigen Enteignungen in der Zeit von 1945 bis 1949 geboten, um den Anforderungen des Gleichheitssatzes des Art. 3 Abs. 1 GG zu genügen.[530]

238 **e) Verfassungskonforme Lösung.** Diese **Verpflichtung zum Erlaß einer Ausgleichsregelung** läßt sich mit der aus der Eigentumsgewährleistung des Art. 14 GG als Teil der objektiven Werteordnung des GG fließenden Schutzpflicht iVm. dem verfassungsrechtlichen Gleichheitsgebot des **Art. 3 Abs. 1 GG** und mit dem Gebot einer relativ gleichmäßi-

---

[526] Vgl. *Papier* NJW 1991, 193, 195; *Weber-Wilhelm* BB 1991, Beilage Nr. 3, S. 12, 18.
[527] Zu den von Art. 79 Abs. 3 GG erfaßten Elementen des Rechtsstaatsprinzips vgl. BVerfGE 30, 1, 24, 25.
[528] BVerfGE 84, 90 ff. = NJW 1991, 1597 ff. „Bodenreform-Urteil"; bestätigt durch: BVerfG VIZ 1993, 301 mit Anm. *Hobrecker;* im Ergebnis ebenso: *Motsch* VIZ 1994, 279, 281; *ders.* DtZ 1994, 19, 20; aA.: *Wasmuth* VIZ 1994, 1087, 111; *ders.* DtZ 1994, 142, 143; *ders.* DtZ 1993, 334, 335.
[529] BVerfGE 84, 90, 128f. = NJW 1991, 1597, 1601.
[530] BVerfGE 84, 90, 128 = NJW 1991, 1597, 1601.

Geltungsbereich

gen Lastenverteilung des in Art. 20 Abs. 1 GG niedergelegten Sozialstaatsprinzips[531] begründen. Von Verfassungs wegen ist der gesamtdeutsche Gesetzgeber gehalten, eine der Institutsgarantie des Privateigentums des Art. 14 GG entsprechende Eigentumsordnung auch in den neuen Bundesländern zu gewährleisten.[532] Diese dem Gesetzgeber obliegende grundrechtliche Schutzpflicht gebietet den Ausgleich von Unrecht. Eine sachlich nicht gerechtfertigte Ungleichbehandlung von bestimmten Gruppen von Enteignungstatbeständen ist mit diesen Grundsätzen nicht vereinbar. Ein sachlicher Grund für eine Differenzierung mit dem Ausschluß der besatzungshoheitlichen Konfiskationen von möglichen Ausgleichsleistungen liegt aber nicht vor. Bei der **Ausgestaltung der Ausgleichsleistungen** steht dem Gesetzgeber ein relativ weiter Einschätzungs-, Wertungs- und Gestaltungsbereich zu, so daß er im Rahmen seiner Gestaltungsfreiheit insbesondere den begrenzten staatlichen finanziellen Möglichkeiten Rechnung tragen kann, indem er Ausgleichszahlungen erforderlichenfalls auf mehrere Jahre verteilt, erhaltene Lastenausgleichszahlungen anrechnet und/oder einen wertmäßigen Ausgleich nicht in voller Höhe des Verkehrswertes vorsieht.[533] Außerdem könnte in Erfüllung der grundrechtlichen Schutzpflicht ehemaligen Eigentümern im Rahmen der vorgesehenen Privatisierung der Vermögenswerte als Ausgleichsleistung die Möglichkeit zum Rückerwerb ihres damaligen Eigentums eingeräumt werden und auf diese Weise ihr Eigentum zurückerhalten, ohne die Konfiskationen zu revidieren.[534]

Im Ergebnis hat der Bundesgesetzgeber für eine **verfassungskonforme Lösung** des Problems der sowjetischen besatzungshoheitlichen Konfiskationen eine sachgerechte Regelung der **Ausgleichsleistungen**, die durch das geplante Entschädigungs- und Ausgleichsleistungsgesetz[535] geregelt werden sollen, im Rahmen seiner relativ weiten Gestaltungsfreiheit zu treffen,[536] weil auch Art. 135a Abs. 2 GG nicht von der Bindung an den Gleichheitssatz befreit und ein Unterlassen einer solchen Regelung einer verfassungskonformen Lösung widersprechen würde.

f) Keine andere verfassungsrechtliche Beurteilung durch eine veränderte Sach- und Rechtslage. Eine andere verfassungsrechtliche Beurteilung des Restitutionsausschlusses von Enteignungen auf besatzungsrechtlicher oder besatzungshoheitlicher Grundlage ist nach dem zwischenzeitlichen Wegfall der Völkerrechtssubjektivität der Union der Sozialistischen Sowjetrepubliken (UdSSR) und die Schaffung der Gemeinschaft Unabhängiger Staaten (GUS) nicht geboten, auch wenn die Entscheidung des BVerfG[537] ua. darauf beruhte, daß der Restitutionsausschluß die Vorbedingung der Sowjetunion für die Einheit Deutschlands gewesen ist. Dieser Restitutionsausschluß kann zwar nach §§ 90, 96, 41 BVerfGG bei einer Stützung auf neue Tatsachen durch eine wiederholte Verfassungsbeschwerde angegriffen werden,[537a] aber der These, daß es für die betreffende Verpflichtung durch den Wegfall der Sowjetunion als Völkerrechtssubjekt keinen Partner mehr gebe und somit eine neue, uU. zur Verfassungswidrigkeit führende Sachlage entstanden sei,[538] kann nicht gefolgt werden.[538a] In völkerrechtlicher Hinsicht hatte sich die Bundesrepublik Deutschland und die DDR nicht durch einen völkerrechtlichen Vertrag mit der Sowjetunion, sondern lediglich durch den einseitigen Akt des Gemeinsamen Briefes[539] einen Vertrauenstatbestand gesetzt.

---

[531] *Graf Vitzthum,* in: Stern (Hrsg.), Deutsche Wiedervereinigung, Bd. II, Teil 1, 1992, S. 3, 21; vgl. BVerfGE 27, 253, 283 „Besatzungsschäden".

[532] *Degenhart* DVBl. 1990, 973, 979.

[533] Nach *Ossenbühl* BB 1992, Beilage Nr. 6, S. 1, 18, würde der Ausschluß juristischer Personen von der Ausgleichsleistung gegen das Gleichheitsgebot des Art. 3 Abs. 1 GG verstoßen.

[534] Im Ergebnis ähnlich *Blumenwitz* DtZ 1993, 258, 260; *Motsch* DtZ 1994, 19, 20.

[535] BT-Drucksache 12, 4887, S. 1ff.

[536] BVerfGE 84, 90, 131 = NJW 1991, 1597, 1601.

[537] BVerfGE 84, 90, 127 = NJW 1991, 1597, 1600/1601.

[537a] Gegen die Annahme neuer Tatsachen BVerwG NJW 1994, 2777; VIZ 1994, 411; gegen die Ansicht des BVerwG *Wasmuth* VIZ 1994, 474/475.

[538] In diesem Sinne *Seiffert* Recht und Politik 1992, 29 ff.; vgl. ferner: *Fricke-Märker,* Enteignetes Vermögen in der EX-DDR, 1992, S. 34/35.

[538a] Zutreffend VG Greifwald VIZ 1994, 356, 357/358.

[539] Vgl. vor § 1 RdNr. 35, 36.

VermG § 1 241–243   Abschnitt I. Allgemeine Bestimmungen

241   Die Behauptung, entgegen der Darstellung der Bundesregierung gegenüber dem BVerfG[540] habe es eine Vorbedingung der ehem. Sowjetunion zur Frage des Restitutionsausschlusses tatsächlich nicht gegeben, begründet keine neue, die verfassungsrechtliche Beurteilung des Restitutionsausschlusses als solche ändernde Tatsache, weil den betreffenden Verhandlungen eine entsprechende Einschätzung der Bundesregierung zugrunde gelegen hat[541] und durch die entsprechende Verhandlungslage[542] gekennzeichnet gewesen ist. Hiervon zu unterscheiden sind die **Auswirkungen einer geänderten tatsächlichen Einschätzung der** seinerzeit von der Sowjetunion abgegebenen **Erklärungen**[543] **auf die verfassungskonforme Auslegung des § 1 Abs. 8 lit. a** und auf die Gestaltung der Ausgleichsleistungen; in diesem Rahmen ist die faktische Unumkehrbarkeit der Folgen der betreffenden Enteignungen nicht festgeschrieben und vorgegeben, soweit nur nicht die betreffenden Enteignungen als solche einer Überprüfung unterworfen werden. Eine möglichst weitgehende Beseitigung der Folgen rechtswidriger Enteignungen ist geboten, wenn eine Rückgabe von (im Eigentum der öffentlichen Hand befindlichen) Vermögenswerten möglich ist. Da auch die durch das 2. VermRÄndG eingefügte Regelung des § 1 Abs. 8 lit. a Hs. 2 nur eine Klarstellung enthält, ergeben sich auch insoweit mangels eines gesetzgeberischen Eingriffs in eine geschützte Grundrechtsposition keine verfassungsrechtlichen Bedenken.[544]

242   **2. Begriff der Enteignung auf besatzungsrechtlicher oder besatzungshoheitlicher Grundlage.** Von dem Ausschlußtatbestand des § 1 Abs. 8 lit. a werden entsprechend der Nr. 1 der Gemeinsamen Erklärung Enteignungen von Vermögenswerten auf besatzungsrechtlicher oder besatzungshoheitlicher Grundlage[545] erfaßt. Die Präzisierung dieser Begriffe ist von besonderer Bedeutung für die vermögensrechtlichen Restitutionsansprüche in bezug auf entschädigungslos enteignete und in Volkseigentum überführte Vermögenswerte im Sinne des § 1 Abs. 1 lit. a.

243   **a) Enteignung.** Zunächst muß ein Vermögenswert enteignet worden sein. Unter Enteignung ist allgemein die einseitige Entziehung von Vermögenswerten durch eine staatliche Maßnahme zu verstehen. Entscheidend für die Beurteilung einer Maßnahme als **Enteignung** ist der konkrete **Entzug der Eigentumsposition** als solcher. Bei der Enteignung wird die bestehende Eigentumsstruktur aufgehoben.[546] Eine Anordnung einer staatlichen Verwaltung oder Sequestration unter Beibehaltung der Eigentumsstruktur ohne vollständigen Entzug der betreffenden Eigentumsposition stellt keine Enteignung dar (arg. § 1 Abs. 4). Eine Enteignung kann auch nur erfolgt und als Rechtsakt wirksam sein, wenn er durch die Zustellung der Enteignungsurkunde oder öffentlich bekanntgegeben worden ist. Eine Aufführung von Vermögenswerten auf bestimmten Enteignungslisten muß noch nicht die Enteignung des betreffenden Vermögenswertes bedeutet haben, weil sich noch Änderungen vor einer Bestätigung der Enteignungslisten durch die Landesregierung ergeben konnten und auch haben sowie in einzelnen Fällen von einer Enteignung vor deren Durchführung doch noch Abstand genommen worden ist. Sind einzuziehende Vermögenswerte einer Gesellschaft in einer Enteignungsliste mit dem Zusatz „deutsche Anteile enteignet" versehen worden, so ist regelmäßig nicht die Gesellschaft selbst, sondern nur die Gesellschaftsanteile der deutschen Gesellschafter enteignet worden.[547] Eine ausschließ-

---

[540] BVerfGE 84, 90, 109, 127/128 = NJW 1991, 1597, 1601, „Bodenreform-Urteil".
[541] BVerwG VIZ 1993, 499 = DtZ 1993, 352; Motsch DtZ 1994, 19, 20; aA Wasmuth DtZ 1993, 334 ff.; ders. NJW 1993, 2476 ff.
[542] BVerfG DtZ 1993, 275; zustimmend Motsch DtZ 1994, 19, 20.
[543] Vgl. Vor § 1 RdNr. 16; Wasmuth DtZ 1993, 334 ff.; ders. VIZ 1994, 108 ff.; ders. DtZ 1994, 142 f.; im Ergebnis zu weitgehend und für die Verfassungswidrigkeit des Restitutionsausschlusses nach § 1 Abs. 8 lit. a: Wasmuth NJW 1993, 2476, 2484;

gegen die Verfassungswidrigkeit des § 1 Abs. 8 lit. a Motsch VIZ 1994, 279, 281; ders. DtZ 1994, 19 f.
[544] Str., vgl. § 1 RdNr. 300 ff.
[545] Vgl. hierzu insbesondere Schweisfurth BB 1991, 281 ff.; ferner Bundesministerium für Gesamtdeutsche Fragen (Hrsg.), Die Enteignungen in der Sowjetischen Besatzungszone und die Verwaltung des Vermögens von nicht in der Sowjetzone ansässigen Personen, 3. Aufl., 1962, S. 17 ff.
[546] Heinz BB 1993, 733, 736.
[547] KG ZOV 1993, 351, 352 = VIZ 1994, 31.

lich gegen einen namentlich bezeichneten Toten persönlich gerichtete Vermögenseinziehung kann diesen mangels vorhandener Rechtsposition nicht (mehr) enteignen und geht damit „ins Leere";[548] eine andere Beurteilung ergibt sich für objektbezogene Enteignungen („Enteignung desjenigen, den es angeht"); für das jeweilige Ergebnis im Einzelfall bei der **Enteignung eines Toten** ist die Auslegung des Enteignungsaktes entscheidend.[548a]

b) Besatzungsrechtliche Grundlage. Zu dem Besatzungsrecht gehören die von den Besatzungsmächten durch ihre zuständigen Stellen für das jeweilige besetzte Gebiet erlassenen Rechtsvorschriften. Für den von der Sowjetunion besetzten Teil Deutschlands waren dies insbesondere die Gesetze des Kontrollrates, die Beschlüsse der Alliierten Kommandantur (in Berlin) und die Befehle der sowjetischen Militäradministration in Deutschland (SMAD). Die SMAD stellte das höchste legislative, exekutive und judikative Organ der sowjetischen Besatzungszone in Deutschland (SBZ)[549] dar. Eine Enteignung in der ehem. SBZ beruht demnach auf einer **besatzungsrechtlichen Grundlage**, wenn die Enteignung auf ein Gesetz des Kontrollrats oder einen entsprechenden Befehl der SMAD zurückzuführen ist.[550] Bei einer Enteignung ist dies der Fall, wenn sie unmittelbar durch eine besatzungsrechtliche Rechtsnorm (Legalenteignung)[551] oder aufgrund einer solchen Norm durch eine hierauf beruhende hoheitliche Entscheidung (Administrativenteignung) der Besatzungsmacht oder deutscher Stellen erfolgte.[552]

c) Besatzungshoheitliche Grundlage. aa) Besatzungshoheit und Rechtsakte der Länder in der SBZ. Gegenüber dem Begriff besatzungsrechtlich ist besatzungshoheitlich als Obergriff[553] umfassender, da sich die Besatzungshoheit nicht nur durch den Erlaß von besatzungsrechtlichen Normen und hierauf beruhenden Entscheidungen der Besatzungsmacht entfalten kann. So können sich insbesondere Rechtsakte der Länder in der ehem. SBZ trotz ihres deutschrechtlichen Charakters aufgrund einer besatzungshoheitlichen Ermächtigung als Teil der Ausübung von Besatzungshoheit darstellen. Die eher zufällige Umsetzung einer Enteignung durch deutsche Stellen ist nicht entscheidend für die Zurechnung und Verantwortlichkeit der sowjetischen Besatzungsmacht.[554] Auf einer **besatzungshoheitlichen Grundlage** erfolgten daher ferner die in Ausführung der Befehle und Anordnungen der SMAD ergangenen Rechtsakte der Länder der SBZ und der kommunalen Stellen des sowjetischen Sektors von Berlin.[555] Auf einer besatzungshoheitlichen Grundlage beruhen die Enteignungen, die durch die sowjetische Besatzungsmacht gezielt ermöglicht worden sind und maßgeblich auf deren Entscheidung beruht haben.[556] Diese Auslegung läßt sich insbesondere vor dem historischen Hintergrund erklären und begründen, daß eine große Abhängigkeit der in dieser Zeit tätigen Landes- und Provinzialverwaltungen von der sowjetischen Besatzungsmacht bestand und die Länder erst durch den SMAD-Befehl Nr. 110 vom 22. 10. 1945 (VOBl. der Provinzialverwaltung Mark Brandenburg 1945 S. 25 = Anh. II/2) zur Normsetzung ermächtigt wurden sowie hierdurch den früheren Verordnungen der Länder nachträglich Rechtsnormcharakter verliehen wurde.[557]

Lassen sich dagegen deutschrechtliche Rechtsakte nicht auf die Hoheitsgewalt der Besatzungsmacht zurückführen (sog. Enteignungs-Exzesse deutscher Stellen), beruhen diese

---

[548] VG Dresden ZOV 1993, 445; offen gelassen von VG Halle ZOV 1993, 453/454.
[548a] Zur Enteignung eines bereits Verstorbenen vgl. BVerwG ZIP 1994, 1480.
[549] Vgl. hierzu *Foitzik*, SMAD, in: Broszat-Weber, SBZ-Handbuch, 1990, S. 7 ff.
[550] *Papier* ZIP 1993, 806, 807/808.
[551] Indem Art. 153 Abs. 2 Satz 1 WRV Enteignungen nur „auf gesetzlicher Grundlage" zuließ, wurden sowohl Administrativenteignungen aufgrund eines Gesetzes als auch Legalenteignungen direkt durch ein Gesetz für zulässig erachtet.
[552] VG Halle VIZ 1994, 422, 423; *Papier* ZIP 1993, 806, 808; *Horn*, Das Zivil- und Wirtschaftsrecht im neuen Bundesgebiet, 2. Aufl. 1993, § 13 RdNr. 132, S. 533.
[553] AA *Wasmuth* Rechtshandbuch, B 100 § 1 RdNr. 369.
[554] *Papier* ZIP 1993, 806, 808/809.
[555] Vgl. Erl. BReg., BT-Drucksache 11/7831, S. 3 und BVerfGE 84, 90 = NJW 1991, 1597/1598; zustimmend *Horn*, Das Zivil- und Wirtschaftsrecht im neuen Bundesgebiet, 2. Aufl. 1993, § 13 RdNr. 132, S. 533; ferner VG Berlin VIZ 1994, 306, 307.
[556] BVerfGE 84, 90, 113 = NJW 1991, 1597.
[557] *Mampel*, Die sozialistische Verfassung der DDR, 2. Aufl., 1982, Präambel RdNr. 22.

nicht auf einer besatzungshoheitlichen Grundlage, sondern auf der (beschränkten) Hoheitsmacht der Länder in der ehem. SBZ oder der Hoheitsmacht der DDR. Jedenfalls beruhen Enteignungen, die vor dem 7. 10. 1949 gegen den erklärten Willen der sowjetischen Besatzungsmacht erfolgten, nicht auf einer besatzungshoheitlichen Grundlage.[558] Dies ist zB anzunehmen, wenn zunächst nur sequestrierte, unter Treuhandverwaltung gestellte Unternehmen zurückgegeben und anschließend aufgrund von eigenständigen Maßnahmen der Länder enteignet worden sind. Eine **lediglich extensive Auslegung von Rechtsvorschriften durch deutsche Behörden** und eine entsprechende Durchführung von Enteignungen **genügt** aber **regelmäßig noch nicht** für das Fehlen einer besatzungshoheitlichen Grundlage, weil solche Vorgehensweisen durch die Sowjetunion idR gebilligt worden sind.[558a] Für die Beurteilung der Wirksamkeit von Hoheitsakten im Beitrittsgebiet, die eine entschädigungslose Enteignung bewirkt haben, können nicht die rechtsstaatlichen Grundsätze des GG zugrundegelegt werden, so daß selbst bei einer grob fehlerhaften Rechtsanwendung nicht ohne weiteres eine absolute Nichtigkeit des Hoheitsaktes angenommen werden kann.[559] Dagegen liegt eine zumindest stillschweigende Duldung einer Enteignung durch die Sowjetunion **nicht** vor, **wenn sich deutsche Stellen nachweislich über den im Einzelfall erklärten Willen der sowjetischen Besatzungsmacht hinweggesetzt haben**, zB wenn eine in den Enteignungslisten („Liste A") aufgeführte Eintragung von der SMAD nicht bestätigt worden ist.[559a] Im Ergebnis ist entscheidend, ob bei der betreffenden Maßnahme ein „Zurechnungszusammenhang zur Gesamtverantwortung der sowjetischen Besatzungsmacht" feststellbar ist.[560]

247 Nach der Ansicht von *Schweisfurth*[561] sind dagegen alle im Juni bis August 1946 durch Gesetze bzw. Verordnungen der Länder und Provinzen in der SBZ vollzogenen Betriebsenteignungen Enteignungen auf deutschrechtlicher Grundlage, die nicht vom Ausschlußgrund in § 1 Abs. 8 lit. a erfaßt werden. Dem ist aber entgegenzuhalten, daß den deutschen Stellen häufig nur die Ausführung von Maßnahmen auch in Form von Gesetzen und Verordnungen überlassen wurde, die ihre Grundlage in der Besatzungshoheit der Besatzungsmacht finden.[562] Die betreffenden Akte stellen sich dann aber als Ausübung insbesondere der sowjetischen Besatzungshoheit dar, so daß sie als besatzungshoheitlich zu klassifizieren sind.[563]

248 Zutreffend können dagegen **nicht alle Rechtsakte der Länder in der SBZ auf eine besatzungshoheitliche Grundlage zurückgeführt** und der Besatzungshoheit juristisch zugerechnet werden, da einige Rechtsakte ihre Basis in der eigenen, wenn auch beschränkten Hoheitsmacht der Länder finden.[564] Die Unterscheidung in Besatzungsrecht und deutsches Recht ist zwar durch das Kriterium der formell die Norm erlassenden Stelle möglich, aber die juristische Zurechnung einer Enteignung zu einer besatzungs- oder deutschhoheitlichen Grundlage wird durch die Verschränkung der Besatzungshoheit mit der eigenstaatlichen deutschen Hoheitsmacht der Länder letztlich das Ergebnis einer **Einzelprüfung** sein. Dieses wiederum hängt davon ab, ob die betreffenden **Enteignungen in Ausführung von Befehlen und Anordnungen der SMAD ergangen sind**.

---

[558] BVerwG ZIP 1994, 1480, 1481; *Neuhaus* F/R/M/S, § 1 RdNr. 191; *Wasmuth*, Rechtshandbuch, B 100 § 1 RdNr. 385.

[558a] BVerwG ZIP 1994, 1480, 1481; VG Halle VIZ 1994, 422, 424.

[559] BVerfGE 84, 90, 115 = NJW 1991, 1597, 1598; KG DtZ 1992, 70, 71.

[559a] Vgl. ferner *Tatzkow-Henicke-Greve* ZOV 1994, 362, 364, nach denen bei einem Verstoß gegen sog. „Ergänzungs-Richtlinien" der sowjetischen Besatzungsmacht die betreffenden Enteignungen nicht unter § 1 Abs. 8 lit. a subsumiert werden können.

[560] VG Weimar VIZ 1993, 399, 400; VG Halle ZOV 1993, 453, 455.

[561] *Schweisfurth* BB 1991, 281, 286, 287, 290/291.

[562] Vgl. insbesondere BVerfGE 84, 90, 115 = NJW 1991, 1597, 1598.

[563] Zustimmend *Horn*, Das Zivil- und Wirtschaftsrecht im neuen Bundesgebiet, 2. Aufl. 1993, § 13 RdNr. 132, S. 533.

[564] Zustimmend *Papier* ZIP 1993, 806, 809; ähnlich *Horn*, Das Zivil- und Wirtschaftsrecht im neuen Bundesgebiet, 2. Aufl. 1993, § 13 RdNr. 133, S. 534.

bb) Zeitliche Grenzen der Besatzungshoheit. Im Unterschied zu der auf den Zeitraum 249 von 1945 bis 1949 abstellenden Regelung der Nr. 1 der Gemeinsamen Erklärung enthält § 1 Abs. 8 lit. a keine ausdrückliche zeitliche Begrenzung.[565] Diese Zeitraumangabe ist für den Ausschluß von Restitutionsansprüchen nach dem VermG grundsätzlich unbeachtlich, weil nach dem VermG als dem spezielleren Gesetz nicht ein Zeitraum, sondern nur die Grundlage der Enteignung entscheidend[566] ist.[567]

Die **zeitlichen Grenzen der Besatzungshoheit** werden aber indirekt durch das VermG 250 markiert, indem § 1 Abs. 6 in dem Datum des 8. 5. 1945 das Ende des Nationalsozialismus und damit den zeitlichen Beginn der vollständigen Besatzungshoheit sieht. Diese Besatzungshoheit endete weitgehend, indem am 7. 10. 1949 die Verfassung der DDR in Kraft trat[568] und mit der Staatsgründung der DDR die Aufgaben der in dieser Zeit aufgelösten SMAD den Regierungsorganen der DDR weitgehend übertragen wurden, obgleich das Besatzungsrecht durch die Sowjetunion erst im Jahre 1955 aufgehoben worden ist. Der Beginn und das Ende der Besatzungshoheit beinhalten zugleich weitgehend auch die Grenzen der Schaffung von besatzungsrechtlichen und besatzungshoheitlichen Grundlagen für Enteignungen. Außerdem ist zur Auslegung die Gemeinsame Erklärung als Bestandteil des Einigungsvertrags und historischer Ausgangspunkt des VermG heranzuziehen; Nr. 1 der Gemeinsamen Erklärung bezieht den Ausschluß der Rückgängigmachung von Enteignungen auf besatzungsrechtlicher bzw. besatzungshoheitlicher Grundlage ausdrücklich nur auf den Zeitraum von 1945 bis 1949. Die erst nach dem 6. 10. 1949, teilweise bis in das Jahr 1952 erfolgten Zugriffe auf Vermögenswerte unter zum Teil sinnentstellender Berufung auf die Befehle der SMAD sind daher der Hoheitsgewalt der DDR zuzurechnen.[569]

Nachfolgende technische Abwicklungen von Enteignungen wie zB Grundbuchände- 251 rungen,[569a] Handelsregistereintragungen[570] oder Bestätigungen dieser Maßnahmen durch deutsche Behörden oder Gerichte (auch nach Gründung der DDR) lassen den – vorliegenden – besatzungshoheitlichen Charakter einer Enteignung nicht entfallen,[571] weil für die Heranziehung einer Norm bzw. Maßnahme und damit für die Qualifizierung einer Grundlage als besatzungshoheitlich oder besatzungsrechtlich auf den **Zeitpunkt des Eingriffs,**[572] dh. des Zugriffs auf das Eigentum, abzustellen ist. Der Eigentumszugriff erfolgt im Zeitpunkt der Bekanntgabe des Enteignungsaktes; maßgebend ist der Enteignungsakt.[573]

Ein Umkehrschluß in der Form, daß alle zwischen 1945 bis 1949 durchgeführten Ent- 252 eignungen ausnahmslos auf besatzungsrechtlicher bzw. besatzungshoheitlicher Grundlage beruhen und damit von der Restitution ausgeschlossen sind, ist nicht zulässig. Die Gleichsetzung der in der Nachkriegszeit erfolgten Unterscheidung zwischen weisungsgebundenem deutschen Recht als Besatzungsrecht und mittelbarem, indirektem, verdecktem Besatzungsrecht mit den Begriffen besatzungsrechtlich bzw. besatzungshoheitlich ist nicht zutreffend. Die Sowjetunion wollte nur die durch ihre Autorität als Besatzungsmacht getragenen Enteignungen nicht in Frage gestellt und einer Kontrolle durch das besiegte Deutschland unterworfen wissen,[574] nicht aber die anderweitig initiierten Enteignungen im Zeitraum von 1945 bis 1949. Indem aufgrund des Beschlusses der Deutschen Wirtschaftskommission (DWK) über die Beendigung der Tätigkeit der Sequesterkommissionen vom 31. 3. 1948[575] der Befehl Nr. 64 der SMAD über die Beendigung der Sequester-

---

[565] In der Erl. BReg., BT-Drucks. 11/7831, S. 3, wird unzutreffend auch bei § 1 Abs. 8 lit. a ohne Begründung einfach nur auf die Zeit zwischen dem 8. 5. 1945 bis zum 7. 10. 1949 abgestellt.
[566] Ebenso *Schweisfurth* BB 1991, 281, 282/283.
[567] Ähnlich *Horn,* Das Zivil- und Wirtschaftsrecht im neuen Bundesgebiet, 2. Aufl. 1993, § 13 RdNr. 135, S. 535/536.
[568] Vgl. BVerfGE 84, 90, 115 = NJW 1991, 1597, 1598.
[569] Im Ergebnis ebenso *Fricke-Märker,* Enteignetes Vermögen in der EX-DDR, 1992, S. 97; *Horn,* Das Zivil- und Wirtschaftsrecht im neuen Bundesgebiet, 2. Aufl. 1993, § 13 RdNr. 135, S. 536.
[569a] VG Magdeburg ZOV 1994, 141.
[570] Vgl. VG Berlin NJW 1991, 376, 379.
[571] BVerwG VIZ 1993, 451, 452; OVG Berlin VIZ 1992, 407, 408; VG Berlin ZOV 1992, 114.
[572] Erl. BReg., BT-Drucks. 11/7831, S. 3/4; VG Magdeburg ZOV 1994, 141; *Neuhaus* F/R/M/S, § 1 RdNr. 187.
[573] BVerwG VIZ 1993, 451, 452.
[574] Vgl. Vor § 1 RdNr. 16.
[575] ZVOBl. 1948 Nr. 15 S. 139/140.

verfahren in der SBZ vom 17. 4. 1948[576] jede weitere Sequestrierung von Eigentum aufgrund des außer Kraft gesetzten SMAD-Befehls Nr. 124 (= Anh. II/3) verbot, beruhen möglicherweise einzelne Fälle von Vermögensentziehungen unter Berufung auf diesen Befehl nicht mehr auf besatzungshoheitlicher Grundlage.[577] Der Umkehrschluß, daß alle nach dem 15. 5. 1948 durchgeführten Enteignungen nicht mehr der sowjetischen Besatzungsmacht zuzurechnen sind, ist aber nicht zulässig.[578] Daher kann auch in einigen Fällen, in denen vor dem 7. 10. 1949 auf Vermögenswerte unter Berufung auf eine besatzungshoheitliche Grundlage zugegriffen wurde, ein Rückübertragungsanspruch gegeben sein.[579]

253 **3. Fallgruppen.** Wie die bisherigen Erörterungen ergeben haben, wird sich eine Einzelprüfung von Enteignungen in der Zeit von 1945 bis 1949 nicht vermeiden lassen.[580] Basierend auf den obigen Darlegungen kommen – vorbehaltlich der möglicherweise eine abweichende Beurteilung rechtfertigenden Besonderheiten des jeweiligen Einzelfalls – insbesondere folgende einzelne Fallgruppen als Enteignungen[581] auf besatzungsrechtlicher oder besatzungshoheitlicher Grundlage in Betracht:

254 **a) Enteignungen im Rahmen der sog. demokratischen Bodenreform. aa) Landesrechtliche Grundlagen.** Im Rahmen der sog. demokratischen Bodenreform[582] wurde zur „Entmachtung und Bestrafung der Junker und Großgrundbesitzer" in der SBZ der gesamte landwirtschaftliche Grundbesitz über 100 ha sowie der unter 100 ha große landwirtschaftliche Grundbesitz der als Kriegs- oder Naziverbrecher angesehenen Eigentümer im Rahmen der im August 1945 beginnenden sog. **demokratischen Bodenreform** konfisziert und in den staatlichen Bodenfonds übernommen. Von diesen Konfiskationen war insgesamt etwa ein Drittel der gesamten land- und forstwirtschaftlichen Nutzfläche in der SBZ betroffen. Die durchgeführten Maßnahmen sind auf die im wesentlichen inhaltsgleichen, folgenden **Verordnungen und Gesetze der Landes- und Provinzialverwaltungen der Länder** in der SBZ zurückzuführen:

Brandenburg: „Verordnung über die Bodenreform in der Provinz Mark Brandenburg" vom 6. 9. 1945 nebst Ausführungsverordnung Nr. 1 und 2 vom 8./11. 9. 1945 (VOBl. der Provinzialverwaltung Mark Brandenburg 1945 Nr. 1 S. 8, 10 und 11);

Mecklenburg-Vorpommern: „Verordnung Nr. 19 über die Bodenreform im Lande Mecklenburg-Vorpommern" vom 5. 9. 1945 (Amtsblatt Mecklenburg 1946 S. 14);[582a]

Sachsen: „Verordnung über die landwirtschaftliche Bodenreform" vom 10. 9. 1945 nebst Ausführungsbestimmung und Anordnung (Amtliche Nachrichten Sachsen 1945 S. 27, 28 und 29);

Sachsen-Anhalt: „Verordnung über die Bodenreform" vom 3. 9. 1945 nebst Ausführungsbestimmung vom 11. 9. 1945 (VOBl. der Provinz Sachsen 1945 Nr. 1 S. 28, 33);

Thüringen: „Gesetz über die Bodenreform im Lande Thüringen" vom 10. 9. 1945 nebst Ausführungsverordnung vom 14. 9. 1945 (RegBl. Thüringen 1945 Teil I S. 13 und 16) und Änderungsgesetz vom 11. 12. 1948 (RegBl. Thüringen 1948 Teil I S. 116).

255 Diese landesrechtlichen Bestimmungen über die sog. demokratische Bodenreform sahen übereinstimmend die entschädigungslose Enteignung des gesamten land- und forst-

---

[576] ZVOBl. 1948 Nr. 15 S. 140 (= Anh. II/15).
[577] In diesem Sinne auch *Horn,* Das Zivil- und Wirtschaftsrecht im neuen Bundesgebiet, 2. Aufl. 1993, § 13 RdNr. 133, S. 534.
[578] Ebenso VG Meiningen ZOV 1993, 456, 457.
[579] Im Ergebnis ebenso *Steinberg* NJ 1991, 1, 6; *Fricke-Märker,* Enteignetes Vermögen in der EX-DDR, 1992, S. 98/99.
[580] Für die Beurteilung des jeweiligen Einzelfalls kommt es maßgeblich auf die Unterlagen und Dokumente über die Enteignung an; vgl. die Übersicht zu den Archiven (Archivdepot Barby etc.), ZOV 1992, 78.

[581] Vgl. zu den Grundlagen der Enteignungen zwischen 1945 bis 1949 *Lochen* Deutschland-Archiv (DA) 1991, 1025, 1030; *Schweisfurth* BB 1991, 281, 283 ff. (Enteignungen von Unternehmen); *Tatzkow-Henicke* ZOV 1992, 182 ff.
[582] Vgl. *Merz* Deutschland-Archiv (DA) 1991, 1159 ff.; vgl. näher zu den Rechtspositionen der sog. Neubauern bei Bodenreformgrundstücken: *Jesch* VIZ 1994, 451 ff.
[582a] VG Greifswald VIZ 1994, 356.

wirtschaftlichen Grundbesitzes mit allen Gebäuden, Nebenbetrieben, lebendem und totem Inventar sowie sonstigen landwirtschaftlichen Vermögenswerten der Kriegsverbrecher, Naziaktivisten und der Großgrundbesitzer mit einem Grundbesitz von mehr als 100 ha vor. Die Konfiskationen erfolgten aufgrund des Wortlautes der Verordnungen durch Gesetz ohne besonderen vollziehenden Enteignungsakt (Legalenteignung)[582b] und nicht durch einen gesonderten Enteignungsakt der mit der Durchführung der Bodenreform beauftragten Bodenkommissionen, die diesen Grundbesitz einem Bodenfonds zuführten. Dieser enteignete Grundbesitz wurde teilweise zur Gründung volkseigener Güter (VEG) verwendet und im übrigen mit einer durchschnittlichen Größe von ca. 8 ha als Siedlungseigentum an sog. Neubauern (landlose Bauern, Landarbeiter, Kleinpächter, Flüchtlinge, Umsiedler) verteilt.

Die Bestimmungen über die Bodenreform wurden nachträglich durch den **SMAD-Befehl Nr. 110 vom 22. 10. 1945** (VOBl. der Provinzialverwaltung Mark Brandenburg 1945 S. 25 = Anh. II/2) bestätigt, indem den Provinzialverwaltungen und den Länderverwaltungen in der SBZ das Recht zum Erlaß von Gesetzen und Verordnungen mit Gesetzeskraft eingeräumt wurde (Ziff. 1 des SMAD-Befehls) und die früher durch die Provinzialverwaltungen und Länderverwaltungen **erlassenen Verordnungen für „gesetzkräftig" erklärt** wurden, soweit sie nicht den Gesetzen und Befehlen des Kontrolrats bzw. der sowjetischen Militärverwaltung widersprachen (Ziff. 2 des SMAD-Befehls). 256

Die **demokratische Bodenreform** beruhte auf einer **besatzungshoheitlicher Grundlage** iSd. § 1 Abs. 8 lit. a,[582c] weil die auf den landesrechtlichen Bestimmungen der deutschen Organe beruhenden Enteignungen im Zuge der Bodenreform dem erklärten Willen der sowjetischen Besatzungsmacht entsprachen.[583] 257

Die Bodenreformbestimmungen sahen nur **Enteignungen des landwirtschaftlichen Betriebsvermögens** vor,[583a] die insoweit auch bei einer exzessiven oder willkürlichen Auslegung der einschlägigen Rechtsgrundlagen auf einer besatzungshoheitlichen Grundlage beruhen. Gleichwohl erstreckten sich die Enteignungen in der Praxis nicht selten auch auf die durch die Bestimmungen über die Bodenreform nicht gedeckten **Enteignungen persönlicher Habe** (zB Antiquitäten, Kunstgegenstände, Schmuck, Möbel). Mobiliarenteignungen im Zuge der Bodenreform, die sich nicht auf das landwirtschaftliche Betriebsvermögen erstrecken und Gegenstände des persönlichen Gebrauchs erfassen, sind nicht von den Bodenreformvorschriften und dem erklärten Willen der sowjetischen Besatzungsmacht gedeckt.[584] Aber bei nach rechtsstaatlichen Grundsätzen willkürlicher Anwendung der einschlägigen Regelungen[585] kommt hinsichtlich der persönlichen Habe angesichts der Gesamtverantwortung der sowjetischen Besatzungsmacht für die Bodenreform als solche und deren Durchführung eine besatzungshoheitliche Grundlage und damit ein Restitutionsausschluß auch insoweit in Betracht,[586] obwohl Ziel und Zweck der besatzungshoheitlich abgesicherten Maßnahmen im Zuge der Bodenreform lediglich die „Liquidierung des feudal-junkerlichen Großgrundbesitzes" und die Erfüllung des Traumes der landarmen Bauern gewesen ist. 258

bb) Sog. Barber-Lyaschenko-Abkommen. Aufgrund des zwischen der britischen und sowjetischen Militäradministration vereinbarten Barber-Lyaschenko-Abkommens vom 13. 11. 1945 zum Zwecke der Korrektur der Grenzen ihrer Besatzungszonen erfolgte ein Gebietsaustausch, welcher die Gemeinden Bernstorff, Dechow, Hakendorf, Klein und Groß Thurow, Lassahn, Stintenburg, Stintenburger Hütte und Techin aus der britischen 259

[582b] VG Greifswald VIZ 1994, 356; *Neuhaus* F/R/M/S, § 1 RdNr. 222.
[582c] In bezug auf VO Nr. 11 Meckl.-Vorpommern VG Greifswald VIZ 1994, 356, 357.
[583] BVerfGE 84, 90, 114 = NJW 1991, 1597, 1598 „Bodenreform-Urteil"; bestätigt durch BVerfG ZOV 1993, 180 = VIZ 1993, 301 = DtZ 1993, 275.
[583a] Vgl. *Röhse* ZOV 1994, 158, 159, zum Begriff des landwirtschaftlichen Vermögens und zur Problematik der sog. Nacherfassung des städtischen Besitzes der ehem. „Großgrundbesitzer".
[584] Vgl. BT-Drucksache 12/910, S. 4, 6 (Schriftliche Fragen mit Antworten der Bundesregierung).
[585] BVerfGE 84, 90, 115 = NJW 1991, 1597, 1598; BVerfG NJ 1991, 507.
[586] Ebenso *Neuhaus* F/R/M/S, § 1 RdNr. 197 ff.

in die sowjetische Besatzungszone übergehen ließ.[587] Daraufhin verließen insbesondere viele Grundstückseigentümer, überwiegend Landwirte, dieses nunmehr zur SBZ gehörende Gebiet. Der überwiegend landwirtschaftliche Grundbesitz dieser Eigentümer wurde bei einer Fläche von über 100 ha entsprechend den Grundsätzen der Bodenreform durch die Bodenreformkommissionen aufgrund der „Verordnung Nr. 19 über die Bodenreform im Lande Mecklenburg-Vorpommern" vom 5. 9. 1945 (Amtsblatt Mecklenburg 1946 S. 14) entschädigungslos enteignet und dem Bodenfonds übertragen. Die unter 100 ha großen landwirtschaftlichen Betriebe wurden später letztlich ohne Einordnung des Eigentümers als Kriegsverbrecher etc. und ohne einen besonderen Enteignungsbescheid ebenfalls dem staatlichen Bodenfonds entschädigungslos zugeführt und in die Verteilung an sog. Neubauern einbezogen. Soweit auf diese landwirtschaftlichen Betriebe erkennbar zum Zwecke der Enteignung **vor dem 7. 10. 1949** zugegriffen wurde, ist eine **Restitution** wegen des Bezugs zur besatzungshoheitlichen Grundlage der sog. Bodenreform nach § 1 Abs. 8 lit. a **ausgeschlossen**.[588] Im übrigen besteht mangels besatzungshoheitlicher Grundlage für eine **nach dem 6. 10. 1949 durchgeführte entschädigungslose Enteignung** gem. § 1 Abs. 1 lit. a ein **Restitutionanspruch**.

260 b) Enteignungen im Bereich der Wirtschaft. aa) Industrievermögen. Aufgrund des **Kontrollratsgesetzes Nr. 10** vom 20. 12. 1945 (Amtsblatt des Kontrollrats in Deutschland 1946 Nr. 3 S. 50 –22–) und der hierzu erlassenen **Kontrollratsdirektive Nr. 38** vom 12. 10. 1946 (Amtsblatt des Kontrollrats in Deutschland 1946 Nr. 11 S. 184) wurden als Teil der Bestrafung von Kriegsverbrechern und Naziaktivisten sowie insbesondere auch mit dem Nazi-Regime verbundene Industrielle ua. Vermögenswerte dieser Personen eingezogen und grundsätzlich enteignet. Das **Kontrollratsgesetz Nr. 9** vom 30. 11. 1945 (ABl. des Kontrollrats in Deutschland 1945 S. 34), welches die „Beschlagnahme und Kontrolle des Vermögens der **I. G. Farbenindustrie AG**" regelt, ist ein Rechtsetzungsakt der vier Alliierten Siegermächte, auf dessen besatzungsrechtlicher Grundlage Vermögenswerte enteignet worden sind.[589]

261 Die Eigentumszugriffe bei bestimmten Gruppen von Eigentümern erfolgten ua. zunächst durch die Sequestrierung aufgrund der **SMAD-Befehle Nr. 124**[590] vom 30. 10. 1945 **und Nr. 126**[591] vom 31. 10. 1945. Aufgrund der SMAD-Befehle Nr. 97 vom 29. 3. 1946 (VOBl. der Provinz Sachsen 1946 Nr. 23 S. 226 = Anh. II/9) und Nr. 154/181 vom 21. 5. 1946 (Amtsblatt der Landesverwaltung Mecklenburg-Vorpommern 1946 Nr. 4 S. 76 = Anh. II/10) wurde der größte Teil der beschlagnahmten, in einer Liste A erfaßten Vermögenswerte den deutschen Provinzial- und Landesverwaltungen gem. dem SMAD-Befehl vom 21. 5. 1946 (ABl. der Landesverwaltung Mecklenburg-Vorpommern 1946 Nr. 5 S. 90 = Anh. II/11) zur Verfügung gestellt. Die Behandlung des sequestrierten Eigentums hing von der Einordnung durch die deutschen Landesverwaltungen unter Mitwirkung sowjetischer Wirtschaftsoffiziere der SMAD ab. dh. Liste A führte Vermögenswerte, die entschädigungslos zu enteignen waren, Liste B solche, die an die Berechtigten zurückzugeben waren, und Liste C solche, über die eine Entscheidung zurückgestellt wurde oder sich die sowjetische Besatzung eine Entscheidung vorbehalten hatte. Die anschließenden Verstaatlichungen erfolgten durch landesrechtliche Bestimmungen zugunsten der Länder durch entschädigungslose Umwandlung des sequestrierten und der Treuhandverwaltung unterliegenden Eigentumswerten in Volkseigentum; vgl. hierzu die betreffenden, insbesondere in bezug auf Betriebe und Unternehmen[592] erlassenen **Gesetze und Verordnungen der Länder:**

---

[587] *Neuhaus* F/R/M/S, § 1 RdNr. 221 ff.
[588] *Neuhaus* F/R/M/S, § 1 RdNr. 224.
[589] VG Halle VIZ 1994, 32, 33; bestätigt durch: BVerwG VIZ 1994, 186.
[590] Befehl Nr. 124 der SMAD betreffend der Auferlegung der Sequestration und Übernahme in zeitweilige Verwaltung einiger Vermögenskategorien vom 30. 10. 1945 mit Instruktion vom gleichen Tage (VOBl. der Provinz Sachsen 1945 Nr. 4, 5, 6, S. 10 = Anh. II/3 und 4).
[591] Befehl Nr. 126 der SMAD betreffend Konfiszierung des Vermögens der NSDAP vom 31. 10. 1945 (VOBl. der Provinz Sachsen 1945 Nr. 4, 5, 6, S. 12 = Anh. II/5).
[592] Vgl. zu den Betriebsenteignungen in der SBZ, aber im Ergebnis hinsichtlich der besatzungs-

Geltungsbereich **262, 263 § 1 VermG**

Brandenburg: "Verordnung zur entschädigungslosen Übergabe von Betrieben und Unternehmungen in die Hand des Volkes" vom 5. 8. 1946 (VOBl. der Provinzialverwaltung Mark Brandenburg 1946 Nr. 12 S. 235), wonach die privatwirtschaftlichen gewerblichen Betriebe und Unternehmungen, soweit sie in der mit Befehl Nr. 177 vom 5. 8. 1946 des Chefs der SMA der Provinz Mark Brandenburg, General der Garde Scharow, übergebenen **Liste A** genannt sind, entschädigungslos und lastenfrei in das Eigentum der Provinz Brandenburg übergingen;

Mecklenburg-Vorpommern: "Gesetz Nr. 4 zur Sicherung des Friedens durch Überführung von Betrieben (Eigentumskategorien) der faschistischen und Kriegsverbrecher in die Hände des Volkes" vom 16. 8. 1946 (Amtsblatt Mecklenburg 1946 Nr. 6 S. 98) nebst I. Durchführungsverordnung vom 21. 2. 1947 (Amtsblatt Mecklenburg 1947 Nr. 4 S. 26), wonach das gesamte durch die SMAD-Befehle Nr. 124 und 126 (= Anh. II/3 und 5) erfaßte Vermögen sowie die Betriebe und Unternehmungen, soweit sie sich im Gebiet der Landesverwaltungen Mecklenburg-Vorpommern befanden, zugunsten der Landesverwaltung enteignet wurden;

Sachsen: "Gesetz über die Übergabe von Betrieben von Kriegs- und Naziverbrechern in das Eigentum des Volkes" vom 30. 6. 1946 (GVOBl. Land Sachsen 1946 S. 305)[593] nebst Durchführungsverordnung vom 18. 7. 1946 (GVOBl. Land Sachsen 1946 S. 425), wonach die gewerblichen Betriebe aufgrund dieses Gesetzes in das Eigentum der Landesverwaltung Sachsen übergingen;

Sachsen-Anhalt: "Verordnung betreffend die Überführung sequestrierter Unternehmen und Betriebe in das Eigentum der Provinz Sachsen" vom 30. 7. 1946 (VOBl. der Provinz Sachsen 1946 Nr. 33 S. 351), die vorsah, daß die aufgrund der SMAD-Befehle Nr. 124, 126, 97, 154/181 (= Anh. II/3, 5, 9 und 10) sequestrierten wirtschaftlichen Objekte zugunsten der Provinz Sachsen entschädigungslos enteignet wurden, und deren wirtschaftliche Führung durch die "Verordnung betreffend die Industrie-Werke der Provinz Sachsen" vom 23. 9. 1947 (GBl. der Provinz Sachsen-Anhalt 1947 Teil I Nr. 6 S. 51 ff. und 96) geregelt wurde;

Thüringen: "Gesetz betreffend die Übergabe von sequestrierten und konfiszierten Vermögen durch die Sowjet-Militär-Administration an das Land Thüringen" vom 24. 7. 1946 (RegBl. für das Land Thüringen 1946 S. 111), wonach das Vermögen (Betriebe, Unternehmungen und sonstige Vermögenswerte), das nach den SMAD-Befehlen Nr. 124, 126 "sequestriert oder konfisziert" worden ist, gemäß Befehl der SMAD Nr. 154/181 vom 21. 5. 1946 (Amtsblatt der Landesverwaltung Mecklenburg-Vorpommern 1946 Nr. 4 S. 76) und Befehl Nr. 310 der SMA Thüringens dem Land Thüringen übergeben wurde.

Die Enteignungen der von diesen Regelungen erfaßten Vermögenswerte beruhten nur hinsichtlich der **Sequestrierung auf besatzungsrechtlicher Grundlage**, weil die Enteignungen unmittelbar auf deutsche Rechtssetzungsorgane zurückzuführen sind; die **Enteignungen selbst** erfolgten im übrigen **auf besatzungshoheitlicher Grundlage**, weil die Enteignungsakte gezielt durch die sowjetische Besatzungsmacht ermöglicht worden sind.[594] Der maßgebliche Einfluß der sowjetischen Besatzungmacht zeigt sich in der ausdrücklichen Bestätigung der durchgeführten Enteignungen durch den SMAD-Befehl Nr. 64 vom 17. 4. 1948 (ZVOBl. 1948 Nr. 15 S. 140 = Anh. II/15).

Die genannten landesrechtlichen Vorschriften über die Enteignungen der Wirtschaftsunternehmen und des Vermögens der Betriebsinhaber sahen in der Sache übereinstimmend, wenn auch mit unterschiedlichen Formulierungen, die Beschlagnahme und Enteignung des gesamten Vermögens der Betroffenen einschließlich des Mobiliarvermögens mit Ausnahme der unpfändbaren Sachen und Forderungen vor (vgl. hinsichtlich der Entscheidung über den "sonstigen" sequestrierten Besitz Ziff. 4 des SMAD-Befehls Nr. 64 vom

---

hoheitlichen Grundlage aA: *Schweisfurth* BB 1991, 281, 283 ff.
[593] Hierzu VG Berlin ZIP 1992, 364, 365; in bezug auf Liste A VG Dresden VIZ 1994, 195 ff.

[594] Bezüglich des Sächsischen Gesetzes vom 30. 6. 1946 BVerfGE 84, 90, 101/102, 113; VG Berlin ZIP 1992, 364, 365; vgl. ferner OLG Dresden OLG-NL 1994, 111.

VermG § 1 264–269 Abschnitt I. Allgemeine Bestimmungen

17. 4. 1948 [ZVOBl. 1948 Nr. 15 S. 140 = Anh. II/15] sowie §§ 1, 2 Abs. 1 der Richtlinien Nr. 3 und Richtlinien Nr. 4 vom 21. 9. 1948 zur Ausführung des SMAD-Befehls Nr. 64 – Enteignung sonstiger Vermögen – (ZVOBl. 1948 Nr. 42 S. 449 und 450 = Anh. II/18 und 19), so daß auch die Enteignung von Mobiliarvermögen vom Sinn und Zweck der zugrunde liegenden SMAD-Befehle gedeckt war.[595]

264 Ferner erfolgten entschädigungslose **spezielle Enteignungen von Unternehmen** zur teilweisen Befriedigung der Reparationsansprüche im Rahmen der **Reparationen zugunsten der Sowjetunion** unmittelbar durch den **SMAD-Befehl Nr. 167** vom 5. 6. 1946[596] mit einer beigefügten Auflistung von 213 Großbetrieben sowie darüber hinaus Enteignungen zur Verhinderung von wirtschaftlicher Konzentration und zum Wohle der Allgemeinheit, insbesondere von bestimmten Industrieunternehmen und Betrieben.

265 Darüber hinaus wurden mit der „Verordnung über die Bestrafung von Verstößen gegen die Wirtschaftsordnung" (Wirtschaftsstrafverordnung) vom 23. 9. 1948 (ZVOBl. 1948 Nr. 41 S. 339) und der „Verordnung über die Bestrafung von Spekulationsverbrechen" vom 22. 6. 1949 (ZVOBl. 1949 I Nr. 54 S. 471) im privatunternehmerischen Bereich durch die Deutsche Wirtschaftskommission (DWK) die Voraussetzungen für die Bestrafung von geringfügigen Fehlern und Unterlassungen geschaffen, die angesichts der damaligen Verhältnisse regelmäßig zwangsläufig waren. Das Strafmaß sah ua. den regelmäßig vorgenommenen Entzug von Vermögen vor, so daß auf dieser Grundlage insbesondere nach dem 6. 10. 1949 durch die ehem. DDR in nicht unerheblichen Umfang aus ideologischen und politischen Gründen unternehmerisches Vermögen den Privatunternehmern entzogen wurde. Soweit diese Vermögenseinziehungen vor dem 7. 10. 1949 angeordnet wurden, beruhen diese auf einer besatzungsrechtlichen Grundlage und sind damit von einer Restitution ausgeschlossen, soweit nicht eine Rehabilitierung gem. § 1 Abs. 7 erfolgt.

266 Eine weitere Sonderregelung enthielt der „Beschluß des Präsidiums der Landesverwaltung Sachsen" vom 29. 10. 1945 betreffend die **Enteignung der Flick-Unternehmen** (GVOBl. des Landes Sachsen 1945 Teil II S. 58), nach dem alle sog. Flick-Unternehmen in Sachsen entschädigungslos in Landeseigentum überführt wurden.

267 Das **in Thüringen** belegene unbewegliche und bewegliche **Vermögen der ehem. Fürsten und ihrer Familienangehörigen** wurde durch das „Gesetz über die Enteignung der ehemaligen Fürstenhäuser im Lande Thüringen" vom 11. 12. 1948 nebst 1. Ausführungsverordnung vom 13. 12. 1948 (RegBl. für das Land Thüringen 1948 Teil I Nr. 19 S. 115 und 116) rückwirkend zum 8. 5. 1945 entschädigungslos enteignet und Eigentum des Volkes.

268 Für den **Ostsektor Berlins** bestand aufgrund des Viermächtestatus eine besondere Situation, aufgrund deren erst später Enteignungen der in sog. Listen erfaßten Vermögenswerte vorgenommen wurden; vgl. näher N.II.3.c).[597]

269 **bb) Kreditinstitute (Banken und Sparkassen).** Aufgrund des **Befehls Nr. 01 der SMAD über die Neuorganisation der deutschen Finanz- und Kreditorgane** vom 23. 7. 1945 (VOBl. der Provinz Sachsen 1945 Nr. 1 S. 16 = Anh. II/1) und der hierzu erlassenen landesrechtlichen Regelungen,[598] welche das Bank- und Kreditwesen,[599] die privaten Individualversicherungen und die Bausparkassen betrafen, wurde die Neuorganisation der deutschen Finanz- und Kreditorgane in der SBZ eingeleitet, indem in allen Ländern der SBZ durch neugegründete Provinzial- und Landesbanken die Bankgeschäfte unter staatlicher Aufsicht durchgeführt wurden. Auf der Grundlage des **SMAD-Befehls Nr. 124** vom 30. 10. 1945, durch den das Vermögen des deutschen Staates, deutscher Militärbehörden,

---

[595] Vgl. BT-Drucksache 12/901, S. 4, 6 (Schriftliche Frage mit Antwort der Bundesregierung).
[596] Anh. II/12; in der ehem. DDR unveröffentlicht.
[597] Vgl. § 1 RdNr. 288 ff.
[598] Vgl. hierzu *Gesamtdeutsches Institut* (Hrsg.), Bestimmungen der DDR zu Eigentumsfragen und Enteignungen, 1971, S. 9 ff. mit weiteren Fundstellenangaben.
[599] Ausführlich *Ulrich* WM 1992, 633 ff.; *ders*. Die Bank 1993, 46 ff.

Mitglieder der NSDAP und von Kriegsverbrechern und Kriegsinteressenten beschlagnahmt wurde, wurden die Kreditinstitute als Financiers des Krieges in die Kategorie der Kriegsinteressenten eingeordnet und deren Geschäftsvermögen in vollem Umfang der Beschlagnahme unterworfen. Prinzipiell alle vor dem 8. 5. 1945 seitens der geschlossenen Banken und Sparkassen gewährten Darlehen und Hypothekendarlehen wurden durch den **SMAD-Befehl Nr. 66** vom 9. 3. 1946 (VOBl. der Provinz Sachsen 1946 Nr. 6–10 S. 68) eingezogen. Der **SMAD-Befehl Nr. 97** vom 29. 3. 1946 (VOBl. der Provinz Sachsen 1946 Nr. 23 S. 226 = Anh. II/9) stellte das beschlagnahmte Vermögen, vorbehaltlich einer besonderen Verwendung zB für Reparationsleistungen an die Sowjetunion, den deutschen Selbstverwaltungsbehörden zur Verfügung. Anschließend wurden die Enteignungen selbst durch landesrechtliche Regelungen der deutschen Länder umgesetzt. Die Enteignung der Grundstücke und Gebäude und des Inventars der geschlossenen Kreditinstitute erfolgte aufgrund von Gesetzen über das Kreditwesen sowie die Enteignung der Forderungen einschließlich der hiermit verbundenen Sicherungsrechte der geschlossenen Kreditinstitute aufgrund von gesonderten Enteignungsgesetzen. Diese Enteignungen der Kreditinstitute sind auf folgende **landesrechtliche Enteignungsvorschriften** zurückzuführen:

Brandenburg: „Gesetz über das Bankwesen im Lande Brandenburg" vom 13. 4. 1948 (GVOBl. der Landesregierung Brandenburg 1948 Teil 1 Nr. 4 S. 13);

Mecklenburg-Vorpommern: „Gesetz über die Verwendung des Vermögens der geschlossenen Banken und Sparkassen" vom 30. 10. 1947 (RegBl. für Mecklenburg 1947 Nr. 24 S. 262 und 1948 Nr. 31 S. 208) und Gesetz über das Kreditwesen vom 25. 2. 1948 (GBl. für Mecklenburg 1948 S. 36);

Sachsen: „Neunte Ausführungsverordnung zur Verordnung vom 14. 8. 1945" vom 24. 10. 1946 (Überleitungsverordnung) (GVOBl. Landesregierung Sachsen vom 17. 1. 1947 S. 6) und „Gesetz über das Bank- und Kreditwesen" vom 30. 1. 1948 (GVOBl. Land Sachsen 1948 Nr. 4 S. 69);

Sachsen-Anhalt: „Gesetz zur Überleitung der Forderungen samt Sicherungsrechte der geschlossenen Banken auf die Landesbank Sachsen-Anhalt" vom 18. 6. 1947 (GBl. der Provinz Sachsen-Anhalt 1947 Teil I Nr. 15 S. 117) und „Gesetz zur Sicherung des Kreditwesens" vom 12. 3. 1948 (GBl. des Landes Sachsen-Anhalt 1948 Teil I Nr. 9 S. 53);

Thüringen: „Gesetz über den Übergang der Forderungen von Kreditinstituten" vom 13. 7. 1946 (RegBl. für das Land Thüringen 1946 Teil I S. 115) und „Gesetz über das Bankwesen in Thüringen" vom 25. 2. 1948 nebst Ausführungsverordnung vom 12. 4. 1948 (RegBl. für das Land Thüringen 1948 Teil I S. 39 und 56).

Überdies hatte die **SMA Thüringen** die Enteignung der Grundstücke und Gebäude der geschlossenen Kreditinstitute bereits unmittelbar vorgenommen und aufgrund der **Anordnung Nr. 59** vom 9. 10. 1946 die Überleitung des zwischenzeitlich beschlagnahmten Vermögens der Kreditinstitute auf die Provinzialregierung befohlen.

Die **Bankenenteignung im Ostsektor von Berlin** erfolgte nach dem Beschluß Nr. 162 des provisorischen demokratischen Magistrats vom 28. 4. 1949 über die Durchführung des 1947 vom Magistrat von Groß-Berlin beschlossenen Gesetzes zur Überführung von Konzernen und sonstigen wirtschaftlichen Unternehmen in Gemeineigentum (VOBl. für Groß-Berlin (Ost) 1949 I Nr. 21 S. 111 = Anh. II/24) durch die rückwirkend zum 1. 5. 1949 in Kraft getretene **„Verordnung zur Überführung von Konzernen und sonstigen wirtschaftlichen Unternehmen in Volkseigentum"** vom 10. 5. 1949 (VOBl. für Groß-Berlin (Ost) 1949 I Nr. 21 S. 112 = Anh. II/25), durch die die Banken im Ostsektor von Berlin in einer Liste A erfaßt und kraft Gesetzes mit ihrem gesamten sonstigen Eigentum enteignet wurden. Die Enteignungen der Banken im Ostsektor Berlins standen im Widerspruch zum Viermächtestatus Berlins, werden aber gleichwohl von dem Restitutionsausschluß der Enteignungen auf besatzungshoheitlicher Grundlage im Einigungsvertrag erfaßt.[600]

---

[600] KG DtZ 1991, 298, 299/300; aA *von Trott zu Solz-Biehler* ZOV 1991, 10 ff.

VermG § 1 272–276 Abschnitt I. Allgemeine Bestimmungen

272 Die (entschädigungslosen) **Enteignungen der Kreditinstitute (Banken und Sparkassen)** sind **auf besatzungshoheitlicher Grundlage**[600a] durch deutsche Stellen umgesetzt worden; eine Ausnahme sind insoweit die Grundstücksenteignungen im Lande Thüringen, die auf eine besatzungsrechtliche Grundlage zurückzuführen sind. Restitutionsansprüche der Kreditinstitute sind insoweit gem. § 1 Abs. 8 lit. a ausgeschlossen.[600b]

273 cc) **Individualversicherungen.** Der **Befehl Nr. 01 der SMAD über die Neuorganisation der deutschen Finanz- und Kreditorgane** vom 23. 7. 1945 (VOBl. der Provinz Sachsen 1945 Nr. 1 S. 16 = Anh. II/1) sah vor, daß die bestehenden privaten Versicherungen grundsätzlich, dh. „falls die Mittel der Versicherungsgesellschaft durch den faschistischen Staat erschöpft sind", keine Auszahlungen auf alte Versicherungen vornehmen durften und neue Versicherungsgesellschaften für Eigentums- und Personenversicherungen geschaffen werden sollten. Dies wurde aufgrund hierzu erlassener, folgender **landesrechtlicher Regelungen** durchgeführt:

Brandenburg: Verordnung über die Gründung der Sach- und Lebensversicherungsanstalt der Mark Brandenburg vom 28. 8. 1945 (VOBl. der Provinzialverwaltung Mark Brandenburg 1945 S. 5);

Mecklenburg-Vorpommern: Anordnung Nr. 22 über die Errichtung der Mecklenburg-Vorpommerschen Sach- und Personenversicherungsanstalt sowie der Mecklenburg-Vorpommerschen Hagelversicherungsanstalt vom 11. 10. 1945 (Amtsblatt 1945 S. 18 mwÄnd.) und Gesetz über das Versicherungswesen vom 24. 3. 1948 (RegBl. 1948 I S. 59);

Sachsen: Verordnung über die Gründung der Versicherungsanstalt des Landes Sachsen vom 11. 10. 1945 (Amtliche Nachrichten 1945 S. 51) und Gesetz über das Versicherungswesen vom 30. 1. 1948 (GVOBl. Land Sachsen 1948 S. 70);

Sachsen-Anhalt: Verordnung über die Gründung der Sach- und Lebensversicherungsanstalt der Provinz Sachsen vom 15. 9. 1945 (VOBl. der Provinz Sachsen 1945 Nr. 3 S. 37) und Gesetz über die Neuregelung des Versicherungswesens vom 7. 2. 1948 (GBl. der Provinz Sachsen-Anhalt 1948 I S. 47);

Thüringen: Gesetz über den Neuaufbau des privaten und des öffentlich-rechtlichen Versicherungswesens vom 22. 9. 1945 nebst Durchführungsverordnung vom 1. 11. 1945 (RegBl. 1945 I S. 33 und 66).

274 Diese landesrechtlichen Bestimmungen räumten den neugegründeten Landesversicherungsanstalten eine Monopolstellung im Bereich der Individualversicherung ein. Alle privaten Versicherungen durften ihre Tätigkeit nicht wiederaufnehmen und wurden liquidiert. Das Aktivvermögen der privaten inländischen Versicherungsunternehmen wurde nach der durch die Deutsche Wirtschaftskommission (DWK) erlassenen **„Verordnung betreffend das Aktivvermögen der alten, geschlossenen Versicherungsunternehmen"** vom 24. 11. 1948 (ZVOBl. 1948 S. 546) den neugegründeten Versicherungsanstalten der Länder übergeben und dadurch endgültig enteignet. Das Aktivvermögen der ausländischen Versicherungen übernahmen die neuen Versicherungsanstalten in treuhänderischer Verwaltung.

275 Insoweit bestehen keine Restitutionsansprüche der privaten inländischen Versicherungen[601] wegen der **besatzungsrechtlichen und teilweise besatzungshoheitlichen Grundlage** iSd. § 1 Abs. 8 lit. a.

276 dd) **Bausparkassen.** Die ebenfalls vom **Befehl Nr. 01 der SMAD über die Neuorganisation der deutschen Finanz- und Kreditorgane** vom 23. 7. 1945 (VOBl. der Provinz Sachsen 1945 Nr. 1 S. 16 = Anh. II/1) betroffenen Bausparkassen wurden aufgrund der nachfolgenden **landesrechtlichen Bestimmungen** enteignet, indem die Aktivvermögen und die Geschäftsunterlagen der nicht mehr zum Geschäftsbetrieb zugelassenen Bauspar-

---

[600a] VG Magdeburg ZOV 1994, 141, 142.
[600b] AA *Tima* ZOV 1994, 370, 371, der Restitutionsansprüche der Sparkassen in Sachsen und Thüringen bejaht.

[601] Hinsichtlich des Vermögens der ausländischen Versicherungen vgl. § 1 RdNr. 296f.

kassen unabhängig von deren Hauptverwaltungssitz entschädigungslos in das Eigentum der jeweiligen Landesversicherungsanstalt übergingen:

Brandenburg: Gesetz über die Stillegung der Bausparkassen im Lande Brandenburg und über die Sicherstellung ihrer Vermögenswerte vom 5. 2. 1948 (GVOBl. der Landesregierung Brandenburg 1948 Teil I S. 4);

Mecklenburg-Vorpommern: Gesetz über das Bausparkassenwesen vom 13. 9. 1947 (RegBl. für Mecklenburg 1947 S. 247);

Sachsen: Abschnitt IV der Bekanntmachung über das Versicherungswesen vom 12. 5. 1948 (GVOBl. Land Sachsen 1948 S. 321);

Sachsen-Anhalt: Verordnung über das Bausparwesen vom 10. 7. 1946 (VOBl. der Provinz Sachsen 1946 S. 354) und Gesetz betreffend die Sicherstellung des Vermögens der im Lande Sachsen-Anhalt nicht mehr zugelassenen Bausparkassen vom 28. 10. 1949 (GBl. der Provinz Sachsen-Anhalt 1949 S. 41);

Thüringen: Verordnung zur Überführung des Vermögens der ehemaligen Bausparkassen auf die Landesversicherungsanstalt vom 11. 3. 1947 (RegBl. für das Land Thüringen 1947 Teil I S. 45).

Diese Enteignungen des Aktivvermögens der Bausparkassen beruhen **mit Ausnahme** der in **Sachsen-Anhalt** auf einer **besatzungshoheitlichen Grundlage**. Die „Sicherstellung des Vermögens" der Bausparkassen in Sachsen-Anhalt ist erst nach der Gründung der DDR erfolgt, und als Grundlage der Enteignungen kommt ebenso wie bei den Enteignungen aufgrund der Berliner Liste 3[602] eine besatzungshoheitliche Grundlage nicht in Betracht.

ee) **Energiewirtschaftsunternehmen.**[603] Aufgrund der **SMAD-Befehle Nr. 124** vom 30. 10. 1945 **und Nr. 126** vom 31. 10. 1945 (VOBl. Provinz Sachsen Nr. 4, 5, 6 S. 10 und 12 = Anh. II/3 und 5) wurde das Eigentum der sog. Nazi- und Kriegsverbrecher, denen ua. ein großer Teil der Energieanlagen und Gruben der in diesem Zusammenhang beschlagnahmten Betriebe der aufgelösten oder verbotenen Großbetriebe gehörte, beschlagnahmt. Das sequestrierte Vermögen wurde aufgrund des **SMAD-Befehls Nr. 154/181** vom 21. 5. 1946 (Amtsblatt der Landesverwaltung Mecklenburg-Vorpommern 1946 Nr. 4 S. 76 = Anh. II/10) durch die Deutsche Kommission für Sequestrations- und Konfiskationsangelegenheiten in Listen (**Liste A:** zu enteignende Betriebe; **Liste B:** den Eigentümern zurückzugebende Betriebe; **Liste C:** weiter zur Verfügung der SMAD verbleibende Betriebe) erfaßt. Die Eigentumsübertragung selbst erfolgte im Juni bis August 1946 durch **Gesetze der Länder**. Im **Ostsektor Berlins** wurden entsprechende Enteignungen aufgrund des Gesetzes zur Einziehung der Vermögenswerte von Kriegsverbrechern und Naziaktivisten vom 8. 2. 1949 (VOBl. für Groß-Berlin (Ost) 1949 I Nr. 5 S. 34 = Anh. II/23) vorgenommen.

Energiewirtschaftlich wichtige Rohstoffe wie Kohle, Erdgas, Erdöl und einige Energieerzeugungsanlagen wurden aufgrund der landesrechtlichen Bestimmungen über Bodenschätze von Mai bis Juli 1947 enteignet (sog. Bodenschatz-Gesetzgebung; vgl. näher RdNr. 281 ff.). Die kommunalen Energieversorgungsunternehmen hatten die Kommunen nach der durch die Deutsche Wirtschaftskommission (DWK) erlassenen Verordnung über die wirtschaftliche Betätigung der Gemeinden und Kreise (sog. Kommunalwirtschaftsverordnung) vom 24. 11. 1948 (ZVOBl. 1948 S. 558) und deren Durchführungsanordnungen vom 4. 5. 1949 (ZVOBl. 1949 S. 318) und vom 21. 9. 1949 (ZVOBl. 1949 S. 742) in Kommunalwirtschaftsunternehmen, die als öffentlich-rechtliche Anstalten betrieben wurden, einzubringen. Die privaten Eigentümern gehörenden oder auch in Volkseigentum stehenden Energieerzeugungs- und Energieverteilungsanlagen wurden erst im Zeitraum von Juli 1949 bis 1954 insbesondere aufgrund der Verordnung über die Neuordnung der Energiewirtschaft in der Sowjetischen Besatzungszone (sog. Energiewirtschaftsverordnung) vom 22. 6. 1949 nebst Erster Durchführungsbestimmung (ZVOBl. 1949 Teil I Nr. 54

---

[602] Vgl. § 1 RdNr. 295.   [603] Ausführlich *Schäfer* RdE 1992, 214 ff.

VermG § 1

S. 472, 490) durch Übernahme in zonale Verwaltung ab dem 1. 7. 1949 durch besonderen Enteignungsakt überführt. Für die enteigneten privaten Eigentümer war eine angemessene Entschädigung vorgesehen, die erst nach der Gründung der DDR durch die „Verordnung zur Regelung der Entschädigungsleistungen für die in Volkseigentum überführten Energieanlagen" vom 15. 10. 1953 (GBl. DDR 1953 I Nr. 108 S. 1033) ermöglicht wurde.

280 Die **Enteignungen der Energieanlagen** beruhen damit **überwiegend auf einer besatzungsrechtlichen Grundlage**.[604] Soweit die Enteignungen (und nicht nur deren nachfolgenden technischen Abwicklungen)[605] nach der Gründung der DDR erfolgten, ist angesichts der Entschädigung eine Restitution gem. § 1 Abs. 1 lit. a ausgeschlossen.

281 **ff) Bergwerke und Bodenschätze.** Die Bergwerke und Bodenschätze wurden schon vor dem Inkrafttreten des Verfassungsauftrages des Art. 25 der DDR-Verfassung vom 7. 10. 1949 (GBl. DDR 1949 S. 5) durch nachfolgende **landesrechtliche Vorschriften**, die die betroffenen Bergwerke und Bodenschätze angaben und denen überwiegend Verzeichnisse der betroffenen Unternehmen beigefügt waren, in Volkseigentum überführt:
Brandenburg: Gesetz zur Überführung der Bodenschätze und Kohlenbergbaubetriebe in die Hand des Volkes vom 28. 6. 1947 (GVOBl. der Landesregierung Brandenburg 1947 Teil I S. 15);
Mecklenburg-Vorpommern: Gesetz über die Enteignung von Bodenschätzen – Bodenschatzgesetz – vom 28. 6. 1947 (RegBl. für Mecklenburg 1947 S. 143);
Sachsen: Gesetz über die Überführung von Bergwerken und Bodenschätzen in das Eigentum des Landes Sachsen vom 8. 5. 1947 (GVOBl. Landesregierung Sachsen 1947 S. 202) nebst Verordnung zur Durchführung vom 28. 9. 1948 (GVOBl. Land Sachsen 1948 S. 533);
Sachsen-Anhalt: Gesetz über die Enteignung der Bodenschätze vom 30. 5. 1947 (GBl. der Provinz Sachsen-Anhalt 1947 Teil I S. 87);
Thüringen: Gesetz zur Überführung der Bodenschätze und Bergbaubetriebe in die Hände des Volkes vom 30. 5. 1947 (RegBl. für das Land Thüringen 1947 Teil I S. 143) mit Änderungsgesetz vom 4. 5. 1948 (RegBl. für das Land Thüringen 1948 Teil I S. 53) nebst Ausführungsverordnung vom 29. 9. 1949 (RegBl. für das Land Thüringen 1949 Teil I S. 63).

282 Teilweise sahen diese Landesgesetze für die Enteignungen in einem bestimmten Umfang Entschädigungen vor, die bei einer noch nicht vorher erfolgten Zahlung letztlich durch die DDR aufgrund der Verordnung zur Regelung der Entschädigungsleistungen für Bodenschätze, Bergbaubetriebe sowie Heil- und Mineralquellen vom 15. 10. 1953 nebst Erster Durchführungsbestimmung (GBl. DDR 1953 S. 1037) iVm. einem Feststellungsbescheid gewährt wurde.

283 Die Enteignungen der Bergwerke und Bodenschätze sind aufgrund der Bestätigung der Unantastbarkeit des Volkseigentums durch Ziff. 2 des SMAD-Befehls Nr. 64 vom 17. 4. 1948 (ZVOBl. 1948 Nr. 15 S. 140 = Anh. II/15) von der sowjetischen Besatzungsmacht gedeckt und damit wegen der Rückführbarkeit auf eine **besatzungshoheitliche Grundlage** nach § 1 Abs. 8 lit. a von der Restitution ausgeschlossen.

284 **gg) Apotheken.** Nachdem bereits in Sachsen durch die „**Verordnung über die Neuregelung der Besitz- und Betriebsrechte der Apotheken**" vom 13. 12. 1945 (GVOBl. der Landesverwaltung Sachsen 1946 S. 4) das Erlöschen aller Privilegien, Real- und Personalkonzessionen der Apotheken sowie der Übergang der Betriebsrechte für alle Apotheken auf die Landesverwaltung Sachsen kraft Gesetzes geregelt worden war, wurden die Apotheken in der gesamten SBZ entsprechend dem Beschluß der Deutschen Wirtschaftskommission (DWK) durch die „**Verordnung über die Neuregelung des Apothekenwesens**" vom 22. 6. 1949 (ZVOBl. 1949 Teil I Nr. 56 S. 487) nebst Durchführungsbestimmungen vom 6. 9. 1949 (ZVOBl. 1949 Teil I S. 707) und vom 22. 11. 1951 (GBl. DDR 1951

---

[604] Zutreffend *Schäfer* RdE 1992, 214, 219; aA *Becker* LKV 1992, 209, 214.

[605] Vgl. näher § 1 RdNr. 251.

S. 1107) durch Erlöschen der Apothekenbetriebsrechte verstaatlicht, wobei ausnahmsweise die selbst geleiteten Apotheken der Apotheker zunächst weiter betrieben werden durften. Auf Antrag konnten für erloschene Apothekenbetriebsrechte nach der „Verordnung über die Regelung der Entschädigung für erloschene vererbliche und veräußerliche Apothekenbetriebsrechte" vom 23. 12. 1954 (GBl. DDR 1955 I Nr. 2 S. 5) nebst 1. Durchführungsbestimmung vom 12. 1. 1955 (GBl. DDR 1955 I S. 25) grundsätzlich Entschädigungen in Höhe von 50% des Durchschnitts der Jahresumsätze 1936 bis 1938 durch einen schriftlichen Feststellungsbescheid gewährt werden.

Die Enteignungen der Apotheken erfolgten in der SBZ unmittelbar auf **besatzungsrechtlicher Grundlage** und **in Sachsen** aufgrund der vorgreifenden landesrechtlichen Enteignungen und wegen der späteren Bestätigung durch die Deutsche Wirtschaftskommission **auf besatzungshoheitlicher Grundlage**, so daß insoweit der Ausschlußtatbestand des § 1 Abs. 8 lit. a anwendbar ist.

hh) Lichtspieltheater. Die den Eigentümern von Lichtspieltheatern gehörenden Betriebsvermögen wurden **mit Ausnahme Brandenburgs** nach folgenden **landesrechtlichen Gesetzen** zugunsten des jeweiligen Landes enteignet:

Mecklenburg-Vorpommern: Gesetz über die Übernahme einer Entschädigung für die enteigneten Lichtspieltheater-Unternehmer durch das Land Mecklenburg (Kino-Entschädigungsgesetz) vom 28. 9. 1947 (RegBl. für Mecklenburg 1947 S. 249) und Gesetz über die Festsetzung einer Einreichungsfrist für die Entschädigungsanträge nach dem Kino-Entschädigungsgesetz vom 16. 6. 1948 (RegBl. 1948 S. 101);

Sachsen: Gesetz zur Übernahme der Lichtspieltheater durch das Land Sachsen vom 10. 12. 1948 (GVOBl. 1948 S. 651) nebst 1. bis 4. Durchführungsverordnung (GVOBl. 1949 S. 2, 42, 290 und 347);

Sachsen-Anhalt: Gesetz betreffend Überführung der Lichtspieltheater in Gemeineigentum vom 4. 5. 1948 (GBl. 1948 S. 73) nebst 1. und 2. Ausführungsverordnung (GBl. 1948 S. 74 und 185);

Thüringen: Gesetz betreffend die Überführung der Lichtspieltheater in das Volkseigentum vom 11. 12. 1948 (GBl. 1948 S. 120)[606] nebst 1. Verordnung vom 19. 3. 1949 (RegBl. 1949 S. 17).

Für den Fall, daß eine Entschädigung noch nicht geleistet worden war, übernahm die ehem. DDR eine entsprechende Verpflichtung nach der Verordnung zur Regelung der Entschädigungsleistung für Lichtspieltheater vom 15. 10. 1953 (GBl. DDR S. 1040). Da eine gezielte Ermöglichung der Enteignung der Inhaber der Lichtspieltheater durch die sowjetische Besatzungsmacht nicht feststellbar ist,[607] liegt insoweit keine besatzungshoheitliche Grundlage für die Enteignungen vor. Aufgrund der gezahlten Entschädigungen wird eine Restitution aber idR an der fehlenden Entschädigungslosigkeit der Enteignung iSd. § 1 Abs. 1 lit. a scheitern.

c) Enteignungen im Ostsektor Berlins und sog. Listenenteignungen. Aufgrund des **Viermächtestatus Berlins** verlief die Entwicklung im Ostsektor zeitversetzt und in anderer Weise als in der SBZ, weil Berlin einschließlich des Ostsektors auch nach der damaligen Ansicht der Sowjetunion kein Bestandteil der SBZ, sondern gemeinsames Besatzungsgebiet aller vier Siegermächte darstellte. Erst nach den Auseinandersetzungen im Rahmen der Währungsreformen im Jahre 1948 mit der politischen und administrativen Teilung Berlins wurde der sowjetische Sektor von Berlin von der Sowjetunion systematisch in die SBZ einbezogen.

Das **Vermögen sog. führender oder aktivistischer Nationalsozialisten** wurde mit Zustimmung durch den Stadtkommandanten Berlins vertretenen obersten Chefs der SMAD durch die **„Verordnung des Magistrats der Stadt Berlin"** vom 2. 7. 1945 (VOBl.

---

[606] Vgl. VG Weimar VIZ 1993, 399.
[607] AA VG Weimar VIZ 1993, 399, mit (nicht ausreichendem) Hinweis auf die Funktion der Lichtspieltheater zur Indoktrination des Volkes, aber auch zutreffender Heranziehung des SMAD-Befehls Nr. 124 vom 30. 10. 1945 (= Anh. II/3).

der Stadt Berlin 1945 Nr. 1 S. 45) **beschlagnahmt**. Sequestrationen von Vermögenswerten konnten aufgrund des SMAD-Befehls Nr. 124 vom 30. 10. 1945 (= Anh. II/3) entsprechend den Anordnungen der Alliierten Kommandantur Berlin BK/O (47) 50 vom 21. 2. 1947 (VOBl. für Groß-Berlin 1947 Nr. 5 S. 68) und BK/O (47) 172 vom 28. 7. 1947 (VOBl. für Groß-Berlin 1947 Nr. 22 S. 225) auch im Ostsektor Berlins stattfinden. Es waren jedoch nur Beschlagnahmen, aber keine Enteignungen der betreffenden Vermögenswerte zulässig.

290 Das von der Stadtverordnetenversammlung von Groß-Berlin am 13. 2. 1947 beschlossene Gesetz zur Überführung von Konzernen und sonstigen wirtschaftlichen Unternehmen in Gemeindeeigentum und das am 27. 3. 1947 beschlossene Gesetz zur Einziehung von Vermögenswerten der Kriegsverbrecher und Naziaktivisten traten mangels Genehmigung der Alliierten Kommandantur Berlin wegen der fehlenden Zustimmung der westlichen Besatzungsmächte nicht in Kraft. Nach der politischen und administrativen Spaltung Berlins Ende 1948 beschloß der unter sowjetischem Einfluß stehende sog. demokratische Magistrat von Groß-Berlin das **„Gesetz zur Einziehung von Vermögenswerten der Kriegsverbrecher und Naziaktivisten"** vom 8. 2. 1949 (VOBl. für Groß-Berlin (Ost) 1949 I Nr. 5 S. 33, 34 = Anh. II/22 und 23).[608] Auf dieser Grundlage wurden an den folgenden Tagen zwei Listen bekanntgemacht: Die **Liste 1** (VOBl. für Groß-Berlin (Ost) 1949 I Nr. 8 S. 43)[609] beinhaltete eingezogene Vermögenswerte und die **Liste 2** (VOBl. für Groß-Berlin (Ost) 1949 I Nr. 8 S. 38)[610] zurückzugebende Vermögenswerte. Weitere Listen wurden nach der Gründung der DDR im November und Dezember 1949 bekanntgemacht: Die **Liste 3** (VOBl. für Groß-Berlin (Ost) 1949 I Nr. 54 S. 425)[611] enthielt weitere Einziehungen von Vermögenswerten, die **Liste 4** (VOBl. für Groß-Berlin (Ost) 1949 I Nr. 53 S. 401)[612] weitere Freigaben sequestrierter Vermögenswerte.[613] Hinsichtlich der Verwertung sequestrierter Hausratsgegenstände von als Kriegsverbrecher oder Naziaktivisten angesehenen Personen erfolgte durch die Verordnung des provisorischen Magistrats vom 6. 8. 1949 (VOBl. für Groß-Berlin (Ost) 1949 Teil I S. 251) die entschädigungslose Enteignung.

291 Der Magistrat von Groß-Berlin enteignete aufgrund des Beschlusses Nr. 162 vom 28. 4. 1949 (VOBl. für Groß-Berlin (Ost) vom 19. 5. 1949 Teil I Nr. 21 S. 111) durch die am 1. 5. 1949 rückwirkend in Kraft getretene **„Verordnung zur Überführung von Konzernen und sonstigen wirtschaftlichen Unternehmen in Volkseigentum"** vom 10. 5. 1949 (VOBl. für Groß-Berlin (Ost) 1949 Teil I Nr. 21 S. 112)[614] die in den drei Listen des Anhanges genannten Banken, Versicherungsunternehmen sowie Grundstücksgesellschaften bzw. Grundstückseigentümer und überführte die betreffenden Vermögenswerte in Volkseigentum. Dieser Anhang bezeichnete in einer **Liste A (Banken)** 95 Banken, **Liste B (Versicherungsunternehmen)** 101 Versicherungsunternehmen und **Liste C** 87 Grundstücksgesellschaften bzw. Grundstückseigentümer.

---

[608] *von Trott zu Solz-Biehler* ZOV 1991, 10 ff. hält diese Listenenteignung zu Unrecht wegen Verstosses gegen Besatzungsrecht für nichtig, weil diese nicht an rechtsstaatlichen Grundsätzen des GG gemessen werden können.

[609] Bekanntmachung über nach dem Enteignungsgesetz vom 8. Februar 1949 eingezogene Vermögenswerte (Liste 1) vom 9. 2. 1949 (VOBl. für Groß-Berlin (Ost) vom 11. 2. 1949 Nr. 8 S. 43) mit 465 Einzelpositionen.

[610] Bekanntmachung über nach dem Enteignungsgesetz vom 8. Februar 1949 zurückzugebende Vermögenswerte (Liste 2) vom 9. 2. 1949 (VOBl. für Groß-Berlin (Ost) vom 10. 2. 1949 Nr. 8 S. 38) mit 247 Einzelpositionen.

[611] Bekanntmachung über weitere Einziehungen auf Grund des Gesetzes vom 8. Februar 1949 (Liste 3) vom 14. 11. 1949 (VOBl. für Groß-Berlin (Ost)

vom 2. 12. 1949 Teil I Nr. 54 S. 425) mit insgesamt 1580 Einzelpositionen.

[612] Bekanntmachung über weitere Freigaben sequestrierter Vermögenswerte (Liste 4) vom 14. 11. 1949 (VOBl. für Groß-Berlin (Ost) vom 30. 11. 1949 Teil I Nr. 53 S. 401) mit insgesamt 1202 Einzelpositionen.

[613] Die Bekanntmachung über die Rückgabe eingezogener Vermögenswerte – Liste 5 – (VOBl. für Groß-Berlin (Ost) 1949 Teil II S. 152), auf die *Klaus* ZOV 1992, 190, 194 und anschließend *Tatzkow-Henicke* ZOV 1993, 80, 88, zitiert wird, ist nicht aaO abgedruckt.

[614] Zu Unrecht hält *von Trott zu Solz* ZOV 1993, 2 ff. diese Enteignungen wegen Verstosses gegen Besatzungsrecht für nichtig, weil diese nicht an rechtsstaatlichen Grundsätzen des GG gemessen werden können.

Geltungsbereich

Der **Restitutionsausschluß** des § 1 Abs. 8 lit. a gilt nicht nur für die SBZ, sondern **auch** 292
für den ehemals von der Sowjetunion besetzten **Ostsektor von Berlin**,[615] weil sich dem
Wortlaut des Art. 41 Abs. 1 Einigungsvertrag iVm. Nr. 1 der Gemeinsamen Erklärung
eine Beschränkung des Restitutionsausschlusses auf das Gebiet der ehem. SBZ nicht entnehmen
läßt und die Sowjetunion die Besatzungshoheit für Ost-Berlin seit der Spaltung
1948 allein beansprucht und Ost-Berlin als Teil ihres Besatzungsgebietes angesehen hat.

In bezug auf die Enteignungen nach der „Verordnung zur Überführung von Konzernen 293
und sonstigen wirtschaftlichen Unternehmen in Volkseigentum" iVm. mit den **Listen A,
B und C** ist eine besatzungshoheitliche Grundlage anzunehmen, weil nach der Spaltung
Berlins die schon 1947 im Rahmen der Alliierten Kommandantura von der sowjetischen
Besatzungsmacht befürworteten Enteignungsgrundlagen durch den unter sowjetischen
Einfluß stehenden provisorischen Magistrat von Berlins umgesetzt wurden und insoweit
auf den Willen der sowjetischen Besatzungshoheit rückführbar sind.[616]

Durch das Gesetz zur Einziehung von Vermögenswerten der Kriegsverbrecher und 294
Naziaktivisten iVm. der **Liste 1** wurden die entschädigungslos eingezogenen Vermögenswerte
in Ost-Berlin **auf besatzungshoheitlicher Grundlage** enteignet.[617]

§ 1 Abs. 8 lit. a ist nicht anwendbar auf die entschädigungslosen Enteignungen von 295
Vermögenswerten der sog. **Berliner Liste 3,** weil der maßgebliche Eingriffsakt durch die
Einziehung der Vermögenswerte mit der als Zustellung geltenden Veröffentlichung der
Liste 3 am 2. 12. 1949 erst nach der Gründung der DDR am 7. 10. 1949 und damit **nicht**
auf einer **besatzungshoheitlichen Grundlage** erfolgte.[618] Entscheidend ist nicht die im
Februar 1949 beschlossene Ermächtigungsgrundlage, sondern der Zeitpunkt der Enteignungsmaßnahme
als Eingriffsakt, weil das zugrundeliegende Enteignungsgesetz noch der
Umsetzung bedurfte und erst durch die Ausfüllung der Spielräume bei der Listenerstellung
konkret die zu enteignenden Vermögenswerte bestimmt wurden. Der Ausschlußtatbestand
der Enteignungen auf besatzungshoheitlicher Grundlage ist teleologisch auf vor
dem 7. 10. 1949 erfolgte Enteignungen zu reduzieren.[619] Die für die Auslegung des § 1
Abs. 8 lit. a heranzuziehende, in Nr. 1 der Gemeinsamen Erklärung enthaltene zeitliche
Begrenzung bezieht sich nicht auf den kalendarischen Beginn und das Ende des Zeitraums
1945 bis 1949, sondern auf die Zeit zwischen dem Ende des Zweiten Weltkriegs am 8. 5.
1945 und der Gründung der DDR am 7. 10. 1949.[620] Da die Enteignungen durch die
Berliner Liste 3 nicht in die Zeit der ausschließlichen sowjetischen Besatzungshoheit fallen
und eine ausdrückliche Bestätigung der Enteignungen durch die Liste 3 durch die Sowjetunion
nicht vorliegt, fehlt es an der besatzungshoheitlichen Grundlage iSd. § 1 Abs. 8
lit. a.[621]

d) **Vermögen von Ausländern.** In der SBZ sind teilweise **Vermögenswerte von Ausländern,** 296
die am 8. 5. 1945 im Eigentum von ausländischen natürlichen oder juristischen

---

[615] BVerwG NJW 1994, 2777, 2778f.; BVerwG VIZ 1994, 411, 412f.; KG DtZ 1991, 298, 299; OVG Berlin VIZ 1992, 405, 407.

[616] VG Berlin VIZ 1994, 306, 308; im Ergebnis aA *Papier* ZIP 1993, 806, 812, der die ausdrückliche und eindeutige Willensbekundung der sowjetischen Besatzungsmacht nicht für ersichtlich hält.

[617] BVerwG NJW 1994, 2777, 2778; VIZ 1994, 411, 412; OVG Berlin VIZ 1992, 405, 406; KG DtZ 1991, 298, 299; *Frantzen* VIZ 1993, 9, 11; aA *von Trott zu Solz-Biehler* ZOV 1991, 10, 11.

[618] OVG Berlin VIZ 1992, 407, 408; VG Berlin ZOV 1992, 114, 116; VIZ 1993, 74, 75; VIZ 1993, 168, 169/170; *Frantzen* VIZ 1993, 9, 11, 12; *Frantzen-von Lenthe* VIZ 1993, 147, 148; *Horn*, Das Zivil- und Wirtschaftsrecht im neuen Bundesgebiet, 2. Aufl. 1993, § 13 RdNr. 11, S. 470; *Schubert* VIZ 1994, 277, 278; aA VG Berlin ZOV 1992, 114, 116; *Kilian* ZOV 1993, 7, 11; *Klaus* ZOV 1992, 190, 194; *Limbach* ZOV 1992, 195, 196; *Wasmuth* VIZ 1993, 186, 189; ders. Rechtshandbuch, B 100 § 1 RdNr. 377.

[619] VG Berlin VIZ 1993, 74, 75; VG Berlin VIZ 1993, 168, 169; zustimmend: *Frantzen-von Lenthe* VIZ 1993, 147, 148; *Schubert* VIZ 1994, 277, 279; aA *Kilian* ZOV 1993, 7, 11; vgl. ferner *Hasselblatt* VIZ 1994, 111, 113.

[620] BVerfGE 94, 90, 115 = NJW 1991, 1597, 1598; VG Berlin VIZ 1993, 168, 169; *Fieberg-Reichenbach* F/R/M/S, § 1 RdNr. 127.

[621] Vgl. auch die ehemals vorgesehene zeitliche Grenze in § 1 Abs. 1 des ehem. Entwurfs des Ausgleichsleistungsgesetzes, BR-Drucksache 244/93, S. 11.

Personen standen, **entschädigungslos enteignet** worden, zB Industrieunternehmen von Ausländern oder mit ausländischer Beteiligung im Rahmen der Reparationsleistungen an die Sowjetunion oder der sog. demokratischen Bodenreform, **obwohl** das Vermögen von Ausländern in der SBZ **nach Abschnitt III. Ziff. 9 der Proklamation Nr. 2 des Aliierten Kontrollrates** vom 20. 9. 1945 (Amtsblatt des Kontrollrates 1945 Nr. 1 S. 8) unter dem **Schutz des Staates** stand, denn „Das deutsche Volk und alle deutschen Behörden werden angewiesen, das Eigentum fremder Staaten und von Personen, die nicht deutsche Staatsangehörige sind, zu gewährleisten. ...". Das Vermögen von Ausländern,[622] deren Staaten an der Seite Deutschlands am Zweiten Weltkrieg teilgenommen hatten, wurde durch Ziff. 1. e) des SMAD-Befehls Nr. 124 unter Sequester gestellt oder nicht selten aufgrund von Ziff. 2 des SMAD-Befehls Nr. 124 vom 30. 10. 1945 (VOBl. Provinz Sachsen Nr. 4, 5, 6 S. 10 und 12 = Anh. II/3) als angeblich herrenloses Vermögen in zeitweilige Verwaltung der SMAD übernommen. Die Erfassung des Vermögens von Ausländern in der SBZ erfolgte durch den **SMAD-Befehl Nr. 104** vom 4. 4. 1946 (ZVOBl. 1946 S. 66),[623] der das Vermögen von Ausländern einem Deklarationszwang unterwarf. In der Folgezeit trug insbesondere der **SMAD-Befehl Nr. 154/181** vom 21. 5. 1946 (Amtsblatt der Landesverwaltung Mecklenburg-Vorpommern 1946 Nr. 4 S. 76 = Anh. II/10) dem Schutz des Vermögens von Ausländern Rechnung, indem er in Ziff. 2 Satz 2 ausdrücklich sequestrierte Güter ausländischer Personen von den Verfügungen über Sequestrationen und Enteignungen ausnahm. Nach dem SMAD-Befehl Nr. 97 vom 29. 5. 1946 (VOBl. der Provinz Sachsen 1946 Nr. 23 S. 226 = Anh. II/9) verblieb das unter Zwangsverwaltung stehende Eigentum unter der Kontrolle der Sowjetischen Militäradministration, und das irrtümlich beschlagnahmte Eigentum war den Eigentümern wieder zurückzugeben. Eine vorläufige ausdrückliche Klärung der Rechtsverhältnisse hinsichtlich des in der SBZ befindlichen Eigentums von Ausländern erfolgte damals zunächst ohne jede Differenzierung zwischen den einzelnen ausländischen Staatsangehörigkeiten durch die „Ausführungsbestimmungen betreffs der Regelung der Verwaltung des in der sowjetischen Zone Deutschlands befindlichen Vermögens ausländischer Staatsangehöriger" vom 17. 11. 1947, sog. **Dratwinsche Instruktion**,[624] welche sämtliche in der SBZ befindlichen und Ausländern gehörenden Vermögenswerte unter den Schutz und die Kontrolle der sowjetischen Besatzungsbehörden stellte und jede Enteignung, Eigentumsübertragung und jeden Verkauf dieser Vermögenswerte untersagte. Entsprechend der Dratwinschen Instruktion sind Differenzierungen zwischen den ausländischen Staatsangehörigkeiten nicht zulässig. Die allgemeine Verwaltung oblag zunächst den Wirtschaftsministern der Länderregierungen. Diese Verwaltung der Vermögenswerte von Ausländern wurde später von der DDR übernommen, und alle am 8. 5. 1945 vorhandenen Vermögenswerte der Ausländer in der ehem. DDR wurden durch § 1 Abs. 2 der „**Verordnung über die Verwaltung und den Schutz ausländischen Eigentums in der DDR**" vom 6. 9. 1951 (GBl. DDR 1951 Nr. 111 S. 839 = Anh. III/2)[625] nebst Erster Durchführungsbestimmung vom 11. 10. 1952 (GBl. DDR 1952 Nr. 114 S. 745) und der „**Verordnung über die Verwaltung und den Schutz ausländischen Eigentums in Groß-Berlin**" vom 18. 12. 1951 (VOBl. für Groß-Berlin (Ost) 1951 Teil I Nr. 80 S. 565 = Anh. III/3) nebst Erster Durchführungsbestimmung vom 23. 10. 1952 (VOBl. für Groß-Berlin (Ost) 1952 Teil I Nr. 52 S. 519 und Berichtigung auf S. 550) kraft Gesetzes einer staatlichen Verwaltung unterworfen und unter den Schutz der staatlichen Organe gestellt.[626]

---

[622] Vgl. im einzelnen zum Vermögen von Ausländern in der SBZ: *Mitschke-Werling* ZOV 1993, 12 ff.; *dies.* NJ 1992, 100 ff.; *Freytag* EWS 1990, 36 ff.; *Heinze* NJW 1952, 166 ff.; *Mann-Behn* VIZ 1992, 224, 225.

[623] SMAD-Befehl Nr. 104 vom 4. April 1946 betreffend das Einreichen von Vermögens-, Rechtsdeklarationen und solchen über Interessen, deren Gegenstände in Deutschland sind und vollständig oder zum Teil im Besitze der Bürger ausländischer Staaten sind (ZVOBl. 1946 S. 66).

[624] Abgedruckt bei F/R/M/S, Anh I 1/1.

[625] Vgl. hierzu näher *Heinze* NJW 1952, 166, 167 ff.

[626] Ausführlich hierzu *Mitschke-Werling* ZOV 1993, 12, 16 ff.

Geltungsbereich 297–299 § 1 VermG

Die Enteignungen von Vermögenswerten ausländischer Personen durch Eingriffe von 297
deutschen Selbstverwaltungsorganen widersprachen dem sowjetischen Besatzungsrecht und dem ausdrücklich erklärten Willen der sowjetischen Besatzungsmacht, weil diese hinsichtlich des Vermögens der Ausländer in der SBZ ausdrücklich jeder Enteignung entgegen getreten ist und es unter ihren Schutz gestellt hat. Es handelt sich insoweit um **Enteignungen** nicht aufgrund, sondern **entgegen besatzungsrechtlicher Regelungen**.[627] Die Enteignungen der Vermögenswerte von Ausländern durch deutsche Behörden beruhen daher grundsätzlich (vgl. näher RdNr. 299) **nicht** auf einer **besatzungshoheitlichen Grundlage**.[628] § 1 Abs. 8 lit. a schließt insoweit vermögensrechtliche Ansprüche von ausländischen Staatsangehörigen nicht aus, so daß Entziehungen von Vermögenswerten der ausländischen Personen grundsätzlich nach § 1 Abs. 1 bis 7, insbesondere nach § 1 Abs. 4 Alt. 3 und Abs. 1 lit. c, zu beurteilen sind.[629]

Dieser Grundsatz gilt auch für die durch die deutschen Behörden erfolgten **Konfiskationen der Vermögenswerte von Ausländern** im Rahmen der im übrigen allgemein von der SMAD gebilligten **demokratischen Bodenreform**.[630] Die Enteignungen ausländischen Vermögens beruhten weder auf einer fehlerhaften oder willkürlichen Anwendung einer besatzungsrechtlichen Grundlage noch auf einer besatzungshoheitlichen Grundlage. Der **SMAD-Befehl Nr. 110** vom 22. 10. 1945 (VOBl. der Provinzialverwaltung Mark Brandenburg 1945 S. 25 = Anh. II/2) erklärte die deutschen, ua. auf den Gebieten der gesetzgebenden und vollstreckenden Gewalt erlassenen Verordnungen nur insoweit für „gesetzkräftig", als sie nicht den Gesetzen und Befehlen des Kontrollrats und den Befehlen der sowjetischen Militärverwaltung widersprachen.[631] Eine besatzungshoheitliche Billigung der durch gesonderte Akte der deutschen Provinzialverwaltungen ab September 1945 umgesetzten Enteignungen von ausländischen Vermögenswerten im Rahmen der Bodenreform resultiert aus diesem SMAD-Befehl Nr. 110 vom 22. 10. 1945 nicht, weil eine solche der Regelung in **Abschnitt III. Ziff. 9 und Abschnitt IV Ziff. 19 lit. b der Proklamation Nr. 2 des Alliierten Kontrollrates** vom 20. 9. 1945 (Amtsblatt des Kontrollrates 1945 Nr. 1 S. 8),[632] nicht aber den erst später erlassenen Regelungen zum Schutz des ausländischen Vermögens, widersprochen hätte. Darüber hinaus ist die sowjetische Besatzungsmacht durch die oben genannten Regelungen zum Schutze des ausländischen Eigentums den Enteignungen des ausländischen Vermögens ausdrücklich entgegen getreten.[633] Es **fehlt** für die durch deutsche Behörden durchgeführten Konfiskationen der Vermögenswerte von Ausländern im Rahmen der demokratischen Bodenreform – vorbehaltlich der besonderen Bestätigung einer Enteignung im Einzelfall durch die sowjetische Besatzungsmacht – an einer **besatzungshoheitlichen Grundlage**, denn anderenfalls würde die besatzungsrechtliche Grundlage des Schutzes des ausländischen Vermögens in der SBZ außer acht gelassen. 298

Eine **Ausnahme** von dem genannten Grundsatz ist in bezug auf Enteignungen der 299
Ausländern gehörenden Vermögenswerte zu machen, die **unmittelbar durch die sowjeti-**

---

[627] *Mitschke-Werling* NJ 1992, 100, 101; *dies.* ZOV 1993, 12, 16.
[628] VG Dresden VIZ 1994, 195 ff.; *Neuhaus* F/R/M/S, § 1 RdNr. 210; *Horn,* Das Zivil- und Wirtschaftsrecht im neuen Bundesgebiet, 2. Aufl. 1993, § 13 RdNr. 139, S. 537/538; ausdrücklich aA bzgl. der Enteignung von Kapitalbeteiligungsrechten von Ausländern: BVerwG NJW 1994, 2714 ff. = DtZ 1994, 382 mit insoweit abl. Anm. *Wasmuth.*
[629] *Mitschke-Werling* ZOV 1993, 12, 23, fordern darüber hinaus eine stärkere Berücksichtigung des Sonderstatus des staatlich verwalteten ausländischen Vermögens.
[630] Ebenso im Ergebnis und teilweise in der Begründung *Mann-Behn* VIZ 1992, 224, 225.
[631] Entgegen der Ansicht von *Mann-Behn* VIZ 1992, 224, 225, 226, sind die durch Einzelakte umgesetzten Enteignungen des Eigentums ausländischer Eigentümer aber wegen des Verstosses gegen Besatzungsrecht nicht nichtig. Im übrigen bedarf es bei nichtigen Enteignungen keiner Anwendbarkeit des VermG, weil der Betroffene Eigentümer geblieben ist; das VermG setzt gerade die Wirksamkeit von (rechtsstaatswidrigen oder rechtswidrigen) Enteignungen voraus.
[632] *Mitschke-Werling* ZOV 1993, 12, 15, 16.
[633] Vor diesem Hintergrund erklärt sich auch die Bekanntmachung des Präsidenten der Provinzialverwaltung Mark Brandenburg vom 10. 10. 1945 (VOBl. der Provinzialverwaltung Mark Brandenburg 1945 Nr. 3 S. 15), nach der das Vermögen ausländischer Staatsangehöriger im Rahmen der demokratischen Bodenreform von der Enteignung bzw. Aufteilung ausgenommen war.

sche Besatzungsmacht enteignet** wurden, weil diese Enteignungen dem ausdrücklich erklärten Willen der sowjetischen Besatzungsmacht entsprachen und demzufolge diese Vermögenswerte von Ausländern nicht unter dem Schutz der sowjetischen Besatzungsbehörden stehen sollten. So wurden teilweise Industrieunternehmen von Ausländern für Reparationsleistungen zugunsten der Sowjetunion unmittelbar durch den **SMAD-Befehl Nr. 167** vom 5. 6. 1946[634] konfisziert, so daß diese Konfiskationen auf einer besatzungsrechtlichen Grundlage beruhen und eine Restitution nach § 1 Abs. 8 lit. a ausgeschlossen ist.[635]

300 4. **Verhältnis des § 1 Abs. 8 lit. a zu § 1 Abs. 6 und 7 (Abs. 8 lit. a Hs. 2).** Wurde derselbe Vermögenswert einem **Verfolgten des Nationalsozialismus** oder seinen Erben nach vorübergehender Rückerstattung unter sowjetischer Besatzungshoheit anschließend **dem neuen Eigentümer auf besatzungsrechtlicher oder besatzungshoheitlicher Grundlage erneut entzogen**, war und ist nunmehr ausdrücklich nach § 1 Abs. 8 lit. a Hs. 2 die **Anwendbarkeit des VermG** nach § 1 Abs. 6 und 7 durch den Ausschlußtatbestand des § 1 Abs. 8 lit. a Hs. 1 **nicht ausgeschlossen**.[636] Hiergegen wurde und wird im Anschluß an eine Entscheidung des KG[637] vertreten, daß insbesondere die systematische Stellung des § 1 Abs. 8 lit. a und angesichts der Objektbezogenheit dieser Normen das Fehlen eines unterschiedlichen Regelungsgegenstandes eine Erstreckung des Ausschlußgrundes auf den Anwendungsbereich des § 1 Abs. 6 nahelege.[638]

301 Daraufhin ist durch das 2. VermRÄndG die Regelung des **§ 1 Abs. 8 lit. a Hs. 2** hinsichtlich der Ansprüche nach § 1 Abs. 6 und 7, nach der diese Ansprüche durch den Ausschlußtatbestand der Enteignung auf besatzungsrechtlicher oder besatzungshoheitlicher Grundlage nicht berührt werden, neu eingefügt worden. Nach der Ansicht des Gesetzgebers[639] dient § 1 Abs. 8 lit. a Hs. 2 **nur** der redaktionellen **Klarstellung**. Dagegen wird, ausgehend von der Auslegung des KG, in der gesetzlichen Regelung des § 1 Abs. 8 lit. a Hs. 2 eine verfassungswidrige inhaltliche Neuregelung gesehen, die das Gleichheitsgebot des Art. 3 Abs. 1 GG,[640] das durch Art. 14 GG geschützte Eigentum der derzeit Verfügungsberechtigten[641] und die als Änderungsverbot zu interpretierende Regelung des Art. 143 Abs. 3 GG[642] verletze.

302 Im Ergebnis ist der **Ansicht des Gesetzgebers zuzustimmen**. Denn bei einer verfolgungsbedingten Vermögensentziehung während der nationalsozialistischen Zeit und einer späteren, erneuten Enteignung des betreffenden Vermögensgegenstandes auf einer besatzungshoheitlichen Grundlage ist eine Restitution zugunsten des Verfolgten des Nationalsozialismus grundsätzlich möglich, nur nicht eine Restitution zugunsten des Rechtsnachfolgers des Verfolgten hinsichtlich des entzogenen Eigentums, weil diesem Rechtsnachfolger als neuem Eigentümer (sog. Ariseur) der Vermögenswert aufgrund einer besatzungs-

---

[634] Anh. II/12; in der ehem. DDR unveröffentlicht.

[635] *Neuhaus* F/R/M/S, § 1 RdNr. 206; *Horn,* Das Zivil- und Wirtschaftsrecht im neuen Bundesgebiet, 2. Aufl. 1993, § 13 Nr. 139, S. 538.

[636] Erl. BReg., BT-Drucksache 11/7831, S. 3; *Fieberg-Reichenbach* NJW 1991, 321, 323; *Neuhaus* F/R/M/S, § 1 RdNr. 158; *Barkam,* R/R/B, § 1 RdNr. 53 (eingeschränkt); *Düx* VIZ 1992, 257, 260; *Rübsam* VIZ 1992, 69, 70; aA siehe nachfolgende Fn. 637 und 638.

[637] KG VIZ 1992, 65 ff. mit abl. Anm. Rübsam; die gegen diese Entscheidung des KG gerichtete Verfassungsbeschwerde hat das BVerfG in BVerfGE 86, 15, 24 = NJW 1992, 1676/1677 = VIZ 1992, 275, 276 mit Anm. *Wasmuth,* ohne inhaltliche Stellungnahme zur Auslegung des § 1 Abs. 6 und 8 lit. a VermG verworfen, aber die Auffassung des KG nicht als die allein mögliche Auslegung angesehen und verfassungsrechtliche Bedenken gegen die gegenteilige Auslegung als nicht erkennbar bezeichnet.

[638] *Uechtritz* VIZ 1992, 377, 379; *Wasmuth* VIZ 1992, 81, 83; *ders.* VIZ 1992, 276, 277; *Wesel* VIZ 1992, 337, 340.

[639] BT-Drucksache 12/2480, S. 39.

[640] *Wasmuth* VIZ 1992, 81, 84; *ders.,* Rechtshandbuch, B 100 § 1 RdNr. 334, 336 in bezug auf Alt. 1 des § 1 Abs. 8 lit. a Hs. 2.

[641] *Wesel* VIZ 1992, 337, 341; *Uechtritz* VIZ 1992, 377, 380.

[642] *Wesel* VIZ 1992, 337, 341; *Uechtritz* VIZ 1992, 377, 380. Nach zutreffender Ansicht enthält Art. 143 Abs. 3 GG aber kein verfassungsrechtliches Änderungsverbot, sondern sichert nur den verfassungsrechtlichen Bestand der Regelungen des Art. 41 Einigungsvertrag, vgl. Vor § 1 RdNr. 72 mwN.

hoheitlichen Grundlage entzogen worden ist. Der Anwendungsbereich des § 1 wird allgemein durch bestimmte vermögensentziehende, mit rechtsstaatlichen Grundsätzen unvereinbare Maßnahmen, aber grundsätzlich nicht „objektbezogen" durch irgendwelche Vermögenswerte umschrieben.[643] Es ist **jede vermögensentziehende Maßnahme für sich allein zu beurteilen**, so daß nur die Maßnahmen auf einer besatzungsrechtlichen oder besatzungshoheitlichen Grundlage nicht dem VermG unterworfen werden. Die Enteignungen auf besatzungsrechtlicher oder besatzungshoheitlicher Grundlage werden als solche durch die Wiedergutmachung der Maßnahmen iSd. § 1 Abs. 6 und 7 nicht in Frage gestellt. Aus diesem Grunde ist auch kein Widerspruch zur Aussage der Nr. 1 der Gemeinsamen Erklärung und der Regelung des § 1 Abs. 8 lit. a anzunehmen, weil diese Fälle nicht auf die Korrektur der besatzungshoheitlichen Enteignung der Sowjetunion, sondern auf die Korrektur des nationalsozialistischen Unrechts abzielen[644] und nur die Vermögensentziehung während der nationalsozialistischen Zeit einem Restitutionsanspruch unterworfen wird. Art. 41 Abs. 1 und 3 Einigungsvertrag iVm. Nr. 1 der Gemeinsamen Erklärung steht nicht entgegen, weil die von § 1 Abs. 6 erfaßten Fälle nicht Gegenstand der Gemeinsamen Erklärung sind. Im Ergebnis kommt der Regelung des **§ 1 Abs. 8 lit. a Hs. 2** lediglich eine **klarstellende Funktion** zu, die in keine verfassungsrechtlich geschützte Rechtsposition eines Grundrechtsträgers eingreift.

III. Zwischenstaatliche Vereinbarungen der ehem. DDR über vermögensrechtliche Ansprüche (Abs. 8 lit. b)

1. Normzweck. Die bereits durch völkerrechtliche Verträge der DDR geregelten vermögensrechtlichen Ansprüche von Ausländern werden nach § 1 Abs. 8 lit. b aus dem Anwendungsbereiches dieses Gesetzes ausgenommen, damit diese abschließenden und endgültigen völkerrechtlichen Regelungen entsprechend ihrem Umfang erhalten bleiben und nicht angetastet werden. Ansprüche aufgrund des Vermögensgesetzes sind nicht gegeben, soweit zwischenstaatliche Vereinbarungen vorliegen und deren Regelungsumfang reicht.

2. Zwischenstaatliche Vereinbarungen der DDR. Es gehören hierzu folgende durch die ehem. DDR nicht veröffentlichte zwischenstaatliche Vereinbarungen:[645]
- „Abkommen zwischen der Regierung der DDR und der Regierung der Republik **Finnland** zur Regelung vermögensrechtlicher und finanzieller Fragen" vom 3. 10. 1984 (Finlands Författningssamlings Fördragsserie Överenskommelser Med Främmande Makter 1984 Nr. 65 S. 800–805 (1985);
- „Abkommen zwischen der Regierung des Königreiches **Schweden** und der Regierung der DDR zur Regelung vermögensrechtlicher Fragen" vom 24. 10. 1986 (Sveriges överenskommelser med främmande maktr (SÖ) 1987 Nr. 4 S. 1–5 (1988);
- „Abkommen zwischen der Regierung des Königreiches **Dänemark** und der Regierung der DDR zur Regelung vermögensrechtlicher und finanzieller Fragen" vom 3. 12. 1987 (Lovtidende C 1988 for Kongeriget Danmark Nr. 49 S. 107–111);
- „Vertrag zwischen der Republik **Österreich** und der DDR zur Regelung offener vermögensrechtlicher Fragen" vom 21. 8. 1987 (BGBl. Österreich 1988, 66. Stück Nr. 188 S. 1887–1890).

Nach diesen zwischenstaatlichen Vereinbarungen sind für die Ansprüche aus Enteignungen und staatlichen Verwaltungen in der ehem. DDR Einmalbeträge an die betreffenden Staaten gezahlt worden, damit diese die Entschädigungen an die Betroffenen verteilen konnten. Nur soweit aufgrund dieser Vereinbarungen Ansprüche begründet wurden, sind

---

[643] Rübsam VIZ 1992, 69; aA KG VIZ 1992, 65, 68; Wasmuth VIZ 1992, 81, 83.
[644] Erl. BReg., BT-Drucksache 11/7831, S. 3; Fieberg-Reichenbach NJW 1991, 321, 323.
[645] Ua. abgedruckt in F/R/M/S, Anhang II 4 bis 7.

Ansprüche nach dem VermG ausgeschlossen. Die Art und der Umfang der begründeten Ansprüche ist für den Restitutionsausschluß unerheblich.

306 Eine Umsetzung dieser völkerrechtlichen Vereinbarungen in das innerstaatliche Recht der ehem. DDR ist nicht erfolgt.[646] Aus diesem Grunde stehen Verfügungen über Vermögenswerte, die Gegenstand dieser Vereinbarungen sind, gem. **§ 11c unter einem Zustimmungsvorbehalt** des Bundesamtes zur Regelung offener Vermögensfragen. Der **Abwicklung** dieser Entschädigungsvereinbarungen dient die durch das RegVBG eingefügte Regelung des **§ 1b VZOG** (BGBl. 1993 I S. 2182, 2225, 2226).

307 **3. Problematik.** Durch § 1 Abs. 8 lit. b werden die **individuellen Ansprüche** der dänischen, finnischen, schwedischen und österreichischen Staatsangehörigen **nach dem VermG ausgeschlossen**. Die genannten zwischenstaatlichen Vereinbarungen regeln aber **nur alle zwischen den Vertrags- bzw. Abkommenspartnern offenen vermögensrechtlichen Ansprüche** abschließend und endgültig. Lediglich die betroffenen und im eigenen Namen handelnden Staaten selbst, nicht aber die betreffenden Staatsbürger verpflichteten sich, die Geltendmachung von vermögensrechtlichen Ansprüche vor deutschen Behörden und Gerichten zu unterlassen. Deshalb ist zB die durch den österreichischen Vermögensvertrag mit der DDR vereinbarte Entschädigung keine Entschädigung für die erlittenen Vermögensverluste, sondern lediglich eine Leistung für den Interventionsverzicht des betreffenden Staates.[647] Die individuellen Zahlungen nach dem aufgrund der zwischenstaatlichen Vereinbarung verabschiedeten **österreichischen Verteilungsgesetz-DDR** (BGBl. Österreich 1988, 66. Stück Nr. 189 S. 1890ff.) **führten nicht zum Verlust der individuellen Rechtspositionen** durch die Annahme von Zahlungen, weil es sich nicht um Entschädigungen für erfolgte Enteignungen, sondern um vom Staat aus Billigkeitsgründen gewährte Leistungen öffentlich-rechtlicher Art handelt;[648] dies gilt insbesondere auch für staatlich verwaltete Vermögenswerte, bei denen die Eigentumsposition bei der Privatperson grundsätzlich verblieb.[649]

308 **4. Zwischenstaatliche Vereinbarungen der Bundesrepublik Deutschland über vermögensrechtliche Ansprüche.** Soweit die Bundesrepublik Deutschland zwischenstaatliche Vereinbarungen über vermögensrechtliche Ansprüche geschlossen hat, sind diese nicht seitens der DDR geregelt und fallen daher **nicht** unter den Ausschlußtatbestand des § 1 Abs. 8 lit. b. Aus diesem Grunde schließt das „**Gesetz zu dem Abkommen vom 13. Mai 1992 zwischen der Regierung der Bundesrepublik Deutschland und der Regierung der Vereinigten Staaten von Amerika über die Regelung bestimmter Vermögensansprüche**" vom 21. 12. 1992 (BGBl. 1992 I S. 1222)[650] ausdrücklich keine individuellen Restitutionsansprüche nach dem VermG aus, sondern gesteht den **Berechtigten** nach Art. 3 Abs. 1 und 3 dieses Abkommens ein **befristetes Wahlrecht** zwischen der Zahlung eines Abfindungsbetrages oder dem innerstaatlichen Restitutionsverfahren nach dem VermG zu (vgl. § 11c Satz 5).

IV. Anteilsrechte an der Altguthabenablösungsanleihe (Abs. 8 lit. c)

309 Mit der Konfiskation der Banken in der SBZ gingen deren vor dem 9. 5. 1945 bestehende Vermögensaktiva und – passiva auf den Staat über. Gem. der „**Anordnung über die Altguthabenablösungsanleihe der deutschen Wirtschaftskommission**" (DWK) vom 23. 9. 1948 (ZVOBl. 1948 Nr. 46 S. 475) wurden die **Forderungen gegenüber Privaten eingezogen und** die bei diesen Banken unterhaltenen, auf Reichsmark lautenden Sparguthaben (**Altguthaben**) im Zuge der Währungsreform gem. § 2 des Umstellungsgesetzes

---

[646] Vgl. Dokumentation ZOV 1992, 373.
[647] Österr. VfGH JBl. 1992, 772, 775 = VIZ 1993, 360, 361; hierzu kritisch, aber im Ergebnis zustimmend *Heß* VIZ 1993, 331, 334; aA *Wasmuth*, Rechtshandbuch, B 100 § 1 RdNr. 397.
[648] Österr. VfGH JBl. 1992, 772, 775 = VIZ 1993, 360, 361.
[649] Vgl. *Heckschen* DB 1994, 361, 362.
[650] Vgl. die Bearbeitungshinweise einschließlich Checkliste für die vermögensrechtlichen Ansprüche, deren Berechtigte Staatsangehörige der USA sind, VIZ 1993, 63 f.

Geltungsbereich 310–312 § 1 VermG

vom 20. 6. 1948 (WiGBl. 1948 Beilage 5 S. 13) im Verhältnis 10 : 1 umgewertet und beginnend mit dem 1. 1. 1949 **als** auf Mark der DDR lautende **Anleihe** mit 3 v. H. **verzinst**. Die **Anteilrechte** der Bürger der ehem. DDR an der Altguthabenablösungsanleihe wurden getilgt,[651] die **von Ausländern ruhten**.

Die Anteilrechte an der Altguthabenablösungsanleihe sind aus dem Anwendungsbereiches dieses Gesetzes ausgeklammert worden, weil deren Rückzahlung entsprechend der Anlage III – Ziff. I. Nr. 3 des Vertrages über die Schaffung einer Währungs-, Wirtschafts- und Sozialunion zwischen der Bundesrepublik Deutschland und der DDR vom 18. 5. 1990[652] speziell durch die „**Verordnung über die Tilgung der Anteilrechte von Inhabern mit Wohnsitz außerhalb der DDR an der Altguthaben-Ablösungs-Anleihe**" vom 27. 6. 1990 (GBl. DDR 1990 I Nr. 39 S. 543) mit der hierzu erlassenen Durchführungsbestimmung vom 20. 7. 1990 (GBl. DDR 1990 I Nr. 49 S. 906)[653] und der Änderung der Verordnung über die Tilgung von Anteilrechten an der Altguthaben-Ablösungsanleihe vom 24. 7. 1992 (BGBl. 1992 I S. 1389)[654] in der Weise geregelt ist, daß bei einem bis zum 31. 12. 1992 gestellten Antrag diese ruhenden Ansprüche aus den Anteilrechten inklusive der Zinsen im Verhältnis zwei Mark der DDR zu einer Deutschen Mark getilgt und ausgezahlt werden, wobei Anteilsinhaber, die bereits im Rahmen des Lastenausgleichs entschädigt wurden, nicht nochmals Tilgungszahlungen erhalten. 310

Nach dem umfassenden Wortlaut des § 1 Abs. 8 lit. c werden scheinbar alle Anteilrechte an der Altguthabenablösungsanleihe von diesem Ausschlußtatbestand erfaßt. Die Erläuterung der Bundesregierung[655] begründet den Ausschluß aus dem sachlichen Geltungsbereich des § 1 mit der sondergesetzlichen Regelung der Rückzahlung. Entsprechend diesem gesetzgeberischen Motiv sowie dem Sinn und Zweck dieses Ausschlußgrundes ist der Gesetzeswortlaut teleologisch auf die ruhenden, aber bestehenden und zu tilgenden Anteilrechte zu reduzieren, weil die **Rückzahlungsregelungen** mit der relativ kurzen Anmeldefrist **von bestehenden Anteilrechten ausgehen** und nicht die Probleme der unrechtmäßigen Löschung von Anteilrechten an der Altguthabenablösungsanleihe berücksichtigen. Demnach fallen die unrechtmäßig gelöschten[656] Anteilrechte von sog. Republikflüchtlingen nicht unter diesen Ausschlußtatbestand. 311

V. Vom Kommunalvermögensgesetz erfaßte Ansprüche von Gebietskörperschaften des Beitrittsgebiets (Abs. 8 lit. d)

§ 1 Abs. 8 lit. d bezweckt den **Ausschluß der vom Kommunalvermögensgesetz erfaßten Ansprüche** aus dem Anwendungsbereich des VermG. Die vermögensrechtlichen Ansprüche von Gebietskörperschaften der Länder Brandenburg, Mecklenburg-Vorpommern, Sachsen, Sachsen-Anhalt, Thüringen und Berlin (Ost) werden in dem Umfang der Regelungen des fortgeltenden Kommunalvermögensgesetzes vom 6. 7. 1990 (KVG)[657] 312

---

[651] 4. Verordnung über die Tilgung der Anteilsrechte von Bürgern der DDR an der Altguthaben-Ablösungs-Anleihe vom 18. 12. 1963 (GBl. DDR II Nr. 109 S. 861).
[652] BGBl. 1990 II S. 537, 554 und GBl. DDR 1990 I Nr. 34 S. 331, 346.
[653] Diese Normen bleiben gem. Anlage II Kapitel IV Abschnitt I Nr. 2 und 3 des Einigungsvertrages (BGBl. 1990 II S. 885, 1194) in Kraft.
[654] Art. 2 des Gesetzes über die nachträgliche Umstellung von Kontoguthaben, über die Tilgung von Anteilrechten an der Altguthaben-Ablösungs-Anleihe, zur Änderung lastenausgleichsrechtlicher Bestimmungen und zur Ergänzung des Gesetzes über die Errichtung der Staatlichen Versicherung der DDR in Abwicklung (BGBl. 1992 I S. 1389).
[655] Erl. BReg., BT-Drucks. 11/7831, S. 4.

[656] Vgl. Nr. 11 der in der ehem. DDR nicht veröffentlichten Anweisung Nr. 30/58 vom 27. 9. 1958 zur Anordnung Nr. 2 vom 20. 8. 1958 = Anh. III/ 26.
[657] Kommunalvermögensgesetz (KVG) vom 6. 7. 1990 (GBl. DDR I Nr. 42 S. 660) idF des Gesetzes zur Änderung und Ergänzung des KVG vom 13. 9. 1990 (GBl. DDR I Nr. 61 S. 1537) und idF der Anlage II Kapitel IV Abschnitt III Nr. 2 des Einigungsvertrages (BGBl. 1990 II S. 885, 1199) sowie der Änderung durch § 9 Abs. 2 des Vermögenszuordnungsgesetzes (VZOG, Art. 7 des Gesetzes zur Beseitigung von Hemmnissen bei der Privatisierung von Unternehmen und zur Förderung von Investitionen) vom 22. 3. 1991 (BGBl. 1991 I S. 766, 786; VZOG, BGBl. 1994 I S. 710).

VermG § 2 Abschnitt I. Allgemeine Bestimmungen

vom sachlichen Geltungsbereich des VermG[658] nicht erfaßt, um nicht die vom Kommunalvermögensgesetz gewollte Zuordnung kommunalen Vermögens zu den Gemeinden, Städten und Landkreisen wieder zu tangieren. § 7 Abs. 1 VZOG (BGBl. 1994 I S. 710) stellt deshalb klar, daß diese Vermögenszuordnung nicht die Regelungen des VermG berührt und die **Zuordnungsverfahren des VZOG und des VermG unabhängig voneinander** sind. Das VZOG regelt nur die Ansprüche von öffentlich-rechtlichen Körperschaften im Beitrittsgebiet, aber nicht vermögensrechtliche Ansprüche von Privatpersonen.[659] Aus diesem Grunde ist insbesondere der vermögensgesetzliche Ausschluß der Restitution von Enteignungen auf besatzungsrechtlicher oder besatzungshoheitlicher Grundlage gem. § 1 Abs. 8 lit. a ohne Bedeutung für die Zuordnung des öffentlichen Vermögens,[660] weil sich das VermG nur mit restitutionsbegründenden Maßnahmen gegenüber Privatpersonen befaßt. Vermögensrechtliche Ansprüche privater Personen werden daher von dem Ausschlußtatbestand des § 1 Abs. 8 lit. d nicht berührt, weil hierdurch nur eine Abgrenzung der unterschiedlichen Regelungsbereiche erfolgen soll. Die privaten Restitutionsansprüche beanspruchen iü. Vorrang vor dem Kommunalisierungsansprüchen der Kommunen nach dem KVG. Durch § 1 Abs. 8 lit. d iVm. dem KVG werden die Kommunen jedoch insoweit privilegiert, als auf deren Restitutionsansprüche nicht die restitutionshindernden Normen der §§ 4, 5 VermG anzuwenden sind.[661]

313 Über den Wortlaut des § 1 Abs. 8 lit. d hinaus findet das VermG keine Anwendung auf Restitutionsansprüche von Gebietskörperschaften des Beitrittsgebiets[662] nach Art. 21 Abs. 3 und 22 Abs. 1 Satz 7 des EVertr. iVm. § 11 VZOG (BGBl. 1994 I S. 710), weil die Ansprüche von Gebietskörperschaften der ehem. DDR auf ehemals volkseigene Vermögenswerte durch die insoweit spezielleren Vorschriften der Art. 21, 22 Einigungsvertrag iVm. dem Verfahren nach dem VZOG oder des KVG abschließend geregelt werden.[663]

§ 2 Begriffsbestimmung

(1) Berechtigte im Sinne dieses Gesetzes sind natürliche und juristische Personen sowie Personenhandelsgesellschaften, deren Vermögenswerte von Maßnahmen gemäß § 1 betroffen sind, sowie ihre Rechtsnachfolger. Soweit Ansprüche von jüdischen Berechtigten im Sinne des § 1 Abs. 6 oder deren Rechtsnachfolgern nicht geltend gemacht werden, gelten in Ansehung der Ansprüche nach dem Vermögensgesetz die Nachfolgeorganisationen des Rückerstattungsrechts und, soweit diese keine Ansprüche anmelden, die Conference on Jewish Material Claims against Germany, Inc. als Rechtsnachfolger. Dasselbe gilt, soweit der Staat Erbe oder Erbeserbe eines jüdischen Verfolgten im Sinne des § 1 Abs. 6 ist oder soweit eine jüdische juristische Person oder eine nicht rechtsfähige jüdische Personenvereinigung aus den Gründen des § 1 Abs. 6 aufgelöst oder zur Selbstauflösung gezwungen wurde. Im übrigen gelten in den Fällen des § 1 Abs. 6 als Rechtsnachfolger von aufgelösten oder zur Selbstauflösung gezwun-

---

[658] Zum KVG bzw. zu Art. 21, 22 Einigungsvertrag vgl. *Arndt-Zinnow* LKV 1992, 1 ff.; *Becker* LKV 1992, 209 ff.; *Früh* LKV 1992, 150 ff.; *Früh* LKV 1992, 191; *Früh* NJ 1992, 75 ff.; *Früh* ZOV 1993, 141 ff.; *Habscheid* VIZ 1993, 198 ff. zu Konsumgenossenschaften; *Ipsen-Koch* DVBl 1993, 1, 8 f.; *Lange* DtZ 1991, 329 ff.; *Lipps* VIZ 1992, 14 ff.; *Ossenbühl* DöV 1991, 301 ff.; *Penig* DÖV 1990, 822 ff.; *Püttner* LKV 1991, 209 ff.; *Säcker-Busche* NVwZ 1992, 330 ff.; *Schmidt* LKV 1992, 154 ff.; *Schmidt-Räntsch* ZIP 1991, 973 ff.; *Schillo*, R/R/B, Teil 2 D; *Schützenmeister* LKV 1991, 25 ff.; *Wächter* BB 1991, Beilage Nr. 9, S. 6, 9 ff.; *Weise* ZIP 1992, 1357 ff. sowie speziell zur vermögensrechtlichen Zuordnung des Wohnungsbestandes *Butzer* DtZ 1992, 265 ff. und LKV 1993, 260 f.; *Frenz* DtZ 1993, 41 ff.; *Söfker* VIZ 1991, 44 ff. und LKV 1993, 14 ff.; zum Wohnungsgenossenschafts-Vermögensgesetz: *Söfker* VIZ 1993, 378 ff.; *Köhler* DtZ 1994, 297 ff.

[659] VG Schwerin VIZ 1994, 198; *Früh* NJ 1992, 75, 77; vgl. ferner zum VZOG *Schmidt-Räntsch/Hiestand* ZIP 1993, 1749 ff.

[660] *Schillo*, R/R/B, Teil 2 D, RdNr. 74; vgl. insoweit die Rückübertragungsausschlüsse des § 11 Abs. 1 Satz 3 VZOG (BGBl. 1994 I S. 710).

[661] *Schillo*, R/R/B, Teil 2 D, RdNr. 27, 28, 34.

[662] VG Berlin VIZ 1993, 362 (Ls.) = ZOV 1993, 128.

[663] VG Berlin ZOV 1993, 128; VG Weimar VIZ 1994, 369, 371; *Neuhaus* F/R/M/S, § 1 RdNr. 10, 235; *Weise* ZIP 1992, 1357, 1366.

genen Vereinigungen die Nachfolgeorganisationen, die diesen Vereinigungen nach ihren Organisationsstatuten entsprechen und deren Funktionen oder Aufgaben wahrnehmen oder deren satzungsmäßige Zwecke verfolgen; als Rechtsnachfolger gelten insbesondere die Organisationen, die aufgrund des Rückerstattungsrechts als Nachfolgeorganisationen anerkannt worden sind.

(1a) Die Conference on Jewish Material Claims against Germany, Inc. kann ihre Rechte auf die Conference on Jewish Material Claims against Germany GmbH übertragen. Die Übertragung bedarf der Schriftform. § 4 Abs. 5 des Investitionsvorranggesetzes findet keine Anwendung.

(2) Vermögenswerte im Sinne dieses Gesetzes sind bebaute und unbebaute Grundstücke sowie rechtlich selbständige Gebäude und Baulichkeiten (im folgenden Grundstücke und Gebäude genannt), Nutzungsrechte und dingliche Rechte an Grundstücken oder Gebäuden, bewegliche Sachen sowie gewerbliche Schutzrechte, Urheberrechte und verwandte Schutzrechte. Vermögenswerte im Sinne dieses Gesetzes sind auch Kontoguthaben und sonstige auf Geldzahlungen gerichtete Forderungen sowie Eigentum/Beteiligungen an Unternehmen oder an Betriebsstätten/Zweigniederlassungen von Unternehmen mit Sitz außerhalb der Deutschen Demokratischen Republik.

(3) Verfügungsberechtigter im Sinne dieses Gesetzes ist bei der Rückgabe von Unternehmen derjenige, in dessen Eigentum oder Verfügungsmacht das entzogene Unternehmen ganz oder teilweise steht, sowie bei Kapitalgesellschaften deren unmittelbare oder mittelbare Anteilseigner und bei der Rückübertragung von anderen Vermögenswerten diejenige Person, in deren Eigentum oder Verfügungsmacht der Vermögenswert steht. Als Verfügungsberechtigter gilt auch der staatliche Verwalter. Stehen der Treuhandanstalt die Anteilsrechte an Verfügungsberechtigten nach Satz 1 unmittelbar oder mittelbar allein zu, so vertritt sie diese allein.

(4) Unter Schädigung im Sinne dieses Gesetzes ist jede Maßnahme gemäß § 1 zu verstehen.

Schrifttum: *Adlerstein-Desch,* Das Erbrecht in den neuen Bundesländern, DtZ 1991, 193ff.; *Bestelmeyer,* Erbrecht nach Erbausschlagung und Restitutionsanspruch nach dem Vermögensgesetz – ein Kollisionsproblem?, FamRZ 1994, 604ff.; *Casimir,* Welches Erbrecht gilt für Ansprüche nach dem Vermögensgesetz?, DtZ 1993, 362ff.; *ders.,* Zur Erhöhung des Pflichtteils wegen Ansprüchen nach dem Vermögensgesetz-Verjährung am 3. 10. 1993, DtZ 1993, 234ff.; *v. Craushaar,* Grundstückseigentum in den neuen Bundesländern, DtZ 1991, 359ff.; *Dressler,* Zur Berechnung des Pflichtteilsanspruchs aus § 2313 BGB bei Rückgabe von DDR-Grundbesitz, NJW 1993, 2519f.; *ders.,* Grundbesitz in der ehemaligen DDR als Grundlage für nachträgliche Pflichtteilsansprüche aus BGB-Erbfällen, DtZ 1993, 229ff.; *Faßbender,* Die Restitution ehemaliger Bodenreformstellen, VIZ 1994, 321ff.; *Francksen,* Die Bedeutung von Aktienurkunden ehemaliger DDR-Altaktiengesellschaften für deren Wiederaufleben, ZIP 1993, 247ff.; *Graf Lambsdorff-Stuth,* Gesondertes Gebäudeeigentum ehemals volkseigener Betriebe, VIZ 1992, 348ff.; *Gutbrod,* Gesellschaft und Gesamthand in der Restitution, ZIP 1994, 497ff.; *Hartkopf,* Zur Wertpapierbereinigung Ost, ZOV 1992, 28f.; *Horst,* Erbrechtliche Hintergründe offener Vermögensfragen, ZOV 1993, 300ff.; *Janke,* Zum rechtlichen Charakter von Baulichkeiten, die gem. § 313 Abs. 2 DDR-ZGB auf vertraglich genutzten Bodenflächen errichtet wurden, DtZ 1992, 115f.; *Kassebohm,* Das Eigentum an Gebäuden im Gebiet der neuen Bundesländer, VIZ 1993, 425ff.; *Kettel,* Nochmals: Erbrecht nach Erbausschlagung und Restitutionsanspruch – ein Kollisionsproblem?, DtZ 1994, 20ff.; *Lenz-Pfeifer,* Grundstücksrestitutionen an den zum Zeitpunkt der Enteignung noch nicht im Grundbuch eingetragenen Antragsteller, VIZ 1994, 268ff.; *de Leve,* Deutsch-deutscher Erbfall: Nachträgliche Pflichtteilsausgleichung bei Rückgabe enteigneten Vermögens nach dem Vermögensgesetz, DtZ 1994, 270f.; *Leo,* § 3a Vermögensgesetz – Vorfahrt für Investitionen ?, DB 1991, 1505ff.; *Limmer,* Die Zugehörigkeit von Restitutionsansprüchen zum Nachlaß, ZEV 1994, 31ff.; *Link-Minden-Roth,* Die Berechtigung der Jewish Claims Conference bei Grundstücken, deren jüdischer Alteigentümer noch im Grundbuch eingetragen ist – Eine Erwiderung, ZOV 1993, 323ff.; *Lorenz,* Rechtsnachfolge in enteignetes Vermögen – Zum Begriff des „Rechtsnachfolgers" in § 2 Abs. 1 VermG, DStR 1993, 1224ff.; *Lutter-Gehling,* Wer ist Aktionär einer Lazarus-AG ?, ZIP 1992, 1045ff.; *Märker,* Restituierte Erbfälle bei Rückübertragung von enteignetem Vermögen, VIZ 1992, 174ff.; *Müller-Magdeburg/Giese,* Die Berechtigung der Jewish Claims Conference bei Grundstücken, deren jüdischer Eigentümer noch im Grundbuch eingetragen ist – oder: Rückübertragung an die JCC als Enteignung des rassisch Verfolgten?, ZOV 1993, 138ff.; *von Olshausen,* Erwerb aufgrund des Vermögensgesetzes in der Pflichtteilsberechnung – oder Rätselhaftes vom IV. Zivilsenat des BGH, DtZ 1993, 331ff.; *Papier-Dippel,* Die Rückübertragung enteigneter Warenzeichen nach dem Vermögensgesetz, GRUR 1991, 639ff.; *Schnabel,* Zur Verkehrsfähigkeit von selbständigem Gebäudeeigentum und zum Anspruch auf Anlegung von Gebäudegrundbuchblättern, ZOV 1993, 151 ff. *Vogt-Kobold,* Erbrecht nach Erbausschlagung und Restitutionsanspruch – ein Kollisionsproblem, DtZ 1993, 226 ff.; *Volhard,* Isoliertes Gebäudeeigentum nach § 459 ZGB, VIZ 1993, 481 ff.; *Wasmuth,* Zur Korrektur abgeschlossener erbrechtlicher Sachverhalte im Bereich der ehemaligen DDR, DNotZ 1992, 3 ff.; *ders.*, Rechtshandbuch, B 100 § 2; *Weimar-Alfes,* Die Abtretung von Rückübertragungsansprüchen nach dem Vermögensgesetz, DNotZ 1992, 619 ff. (635 ff.); *dies.*, Zweifelsfragen zur Verfügungs- und Vertretungsbefugnis der Treuhandanstalt, BB 1993, 378 ff.; *Wente,* Die Bedeutung des Begriffs des „Verfügungsberechtigten" für die Anwendung des VermG, VIZ 1992, 125 ff.; *Wilhelms,* Eigentum an Gebäuden im Gebiet der neuen Bundesländer, VIZ 1994, 332 ff.

Übersicht

RdNr.

I. Allgemeines und Normzweck 1
II. Legaldefinition des Berechtigten (Abs. 1)
1. Bedeutung und Funktion der Legaldefinition des Berechtigten 2
2. Berechtigte 3–13
   a) Betroffensein von Maßnahmen gem. § 1 3
   b) Natürliche Personen 4
   c) Juristische Personen 5–7
   d) Personenhandelsgesellschaften 8
   e) Andere nicht rechtsfähige Personenvereinigungen 9
   f) Der Berechtigte bei der Rückgabe eines Unternehmens 10, 11
   g) Erloschene juristische Personen oder Personenhandelsgesellschaften 12, 13
3. Rechtsnachfolger als Berechtigte 14–29
   a) Allgemeines 14–16
     aa) Einzel- und Gesamtrechtsnachfolge 14
     bb) Bedeutung des Zeitpunkts des Eintritts der Rechtsnachfolge . . . 15
     cc) Rechtsnachfolge aufgrund der Schädigung 16
   b) Berechtigter bei einer Zession 17
   c) Fiktion der Berechtigung jüdischer Nachfolgeorganisationen iSd. Rückerstattungsrechts (Abs. 1 Satz 2 und 3) 18–26
     aa) Bedeutung der Fiktion 18
     bb) Normzweck 19
     cc) Voraussetzungen der Fiktion . . . 20–24
     dd) Jüdische Nachfolgeorganisationen iSd. Rückerstattungsrechts 25, 26
   d) Fiktion der Berechtigung nicht-jüdischer Nachfolgeorganisationen iSd. Rückerstattungsrecht (Abs. 1 Satz 4) 27–29
     aa) Mögliche Berechtigung 27, 28
     bb) Voraussetzungen der Berechtigung einer (nicht-jüdischen) Nachfolgeorganisation 29
4. Mehrere Berechtigte bezüglich desselben Vermögenswertes 30–38
   a) Gleichzeitige, gemeinsame Betroffenheit von einer Schädigung 31–35
     aa) Mehrere (Mit-) Berechtigte 31
     bb) Berechtigung eines jeden Einzelnen 32, 33
     cc) Vermögensrechtliche Konsequenzen der zivilrechtlichen gesamthänderischen Bindung 34, 35

RdNr.

   b) Nacheinanderfolgende, wiederholte Schädigung iSd. § 3 Abs. 2 36–38
     aa) Berechtigung des Erstbetroffenen 36
     bb) Teleologische Restriktion 37
     cc) Berechtigter bei einer sog. Kettenerbschaftsausschlagung 38
III. Übertragbarkeit der Rechte auf die Conference on Jewish Material Claims against Germany GmbH (Abs. 1a) 39
IV. Legaldefinition des Vermögenswertes (Abs. 2)
1. Bedeutung und Begriff 40, 41
2. Bebaute und unbebaute Grundstücke . . . 42
3. Rechtlich selbständige Gebäude und Baulichkeiten 43, 44
4. Nutzungsrechte und dingliche Rechte an Grundstücken und Gebäuden 45, 46
5. Bewegliche Sachen 47
6. Gewerbliche Schutzrechte, Urheberrechte und verwandte Schutzrechte 48–51
7. Kontoguthaben und sonstige auf Geldzahlungen gerichtete Forderungen . . . 52, 53
8. Eigentum/Beteiligungen an Unternehmen oder an Betriebsstätten/Zweigniederlassungen von Unternehmen mit Sitz außerhalb der ehem. DDR 54–56
V. Begriff des Verfügungsberechtigten (Abs. 3)
1. Verfügungsberechtigter (Abs. 3 Satz 1) . 57–66
   a) Bedeutung der Legaldefinition und des Begriffes 57, 58
   b) Bestimmung des Verfügungsberechtigten bei der Rückgabe von Vermögenswerten 59–66
     aa) Entzogene Unternehmen (Abs. 3 Satz 1 Alt. 1) 60, 61
     bb) Kapitalgesellschaften (Abs. 3 Satz 1 Alt. 2) 62–65
     cc) Andere Vermögenswerte (Abs. 3 Satz 1 Alt. 3) 66
2. Staatlicher Verwalter als Verfügungsberechtigter (Abs. 3 Satz 2) 67
3. Alleinvertretungsbefugnis der Treuhandanstalt (Abs. 3 Satz 3) 68–70
   a) Zweck 68
   b) Regelungsbereich 69
   c) Verhältnis zwischen Treuhandanstalt und Treuhandunternehmen 70
VI. Begriff der Schädigung (Abs. 4) . . . 71

I. Allgemeines und Normzweck

§ 2 beinhaltet die Legaldefinitionen von vier grundlegenden Rechtsbegriffen des VermG 1 (Berechtigte, Vermögenswerte, Verfügungsberechtigter, Schädigung). Die gesetzlichen Erläuterungen dieser Rechtsbegriffe haben die gleiche bindende Wirkung wie die durch sie ausgefüllte Bestimmung. Der Gesetzeszweck des § 2 besteht in der gesetzestechnischen Vereinfachung durch eine allgemeingültige Begriffsbestimmung und in der Schaffung eines einheitlichen Inhaltes dieser im VermG mehrfach verwandten Rechtsbegriffe. Die Legaldefinitionen des § 2 sind – vorbehaltlich speziellerer gesetzlicher Regelungen wie zB in § 1a VZOG – auch auf entsprechende Begriffe im InVorG, in der URüV oder HypAblAO übertragbar.

II. Legaldefinition des Berechtigten (Abs. 1)

1. Bedeutung und Funktion der Legaldefinition des Berechtigten. Als „Berechtigter" 2 wird nach § 2 Abs. 1 Satz 1 jede Person, deren Vermögenswert einer Maßnahme iSd. § 1 unterlegen hat, oder deren Rechtsnachfolger bezeichnet. Berechtigter ist letztlich jede Person, die Ansprüche nach dem VermG erheben kann. Die Bedeutung der Legaldefinition des Berechtigten in § 2 Abs. 1 liegt nach der Gesetzessystematik in der Funktion als Zulässigkeitsvoraussetzung eines Antrages in dem verwaltungsrechtlichen Verfahren nach den §§ 30 ff.[1] Der Begriff des Berechtigten ist kein materieller, sondern nur ein formeller Begriff.[2] Die Einordnung als Berechtigter entscheidet noch nicht über die Begründetheit eines Antrages auf Rückgabe eines Vermögenswertes, weil ein solcher Anspruch möglicherweise aus verschiedenen Gründen gem. §§ 3ff., 9 Abs. 1 Satz 2, 10 Abs. 2, 30a VermG oder aufgrund des InVorG ausgeschlossen ist. Soweit § 2 Abs. 1 Satz 2 und 3 die Berechtigung von jüdischen Nachfolgeorganisationen fingiert, kommt dieser Regelung über die Fiktion der formellen Berechtigung hinaus bei Vorliegen der Anspruchsvoraussetzungen insoweit eine materiellrechtliche Wirkung zu, als die jüdischen Nachfolgeorganisationen als Anspruchsinhaber fingiert werden. Mit dem Begriff des **Berechtigten** ist zwar **in der Regel**, aber nicht notwendigerweise ein vermögensrechtlicher **Primär-** oder **Sekundäranspruch** verknüpft. Deshalb entsteht mit einem Antrag auf Rückgabe noch kein anwartschaftsähnliches, öffentlich-rechtliches Recht des Berechtigten an einem Vermögenswert (vgl. §§ 3ff. VermG und InVorG).

2. Berechtigte. a) Betroffensein von Maßnahmen gem. § 1. Als Berechtigte im Sinne 3 des VermG sind im Grundsatz alle natürlichen und juristischen Personen sowie deren Rechtsnachfolger anzusehen, soweit nur ihnen zuzurechnende Vermögenswerte von Maßnahmen gem. § 1 unmittelbar betroffen sind. Maßnahme in diesem Sinne ist jeder hoheitliche Eingriff oder jede privatrechtliche Veräußerung, sofern sie nur in den sachlichen Anwendungsbereich des § 1 fällt. Die Betroffenheit von Maßnahmen gem. § 1 ist hierbei umfassend zu verstehen, so daß nicht nur hoheitliche Eingriffe wie Konfiskationen, Beschlagnahmen und Enteignungen, sondern auch rechtsgeschäftliche Vorgänge insbesondere im Sinne des § 1 Abs. 2 und 3 erfaßt werden.

b) Natürliche Personen. Zu den natürlichen Personen iSd. § 2 Abs. 1 zählt jeder 4 Mensch. Bei einer Personenmehrheit ist jede Person selbst (Mit-) Berechtigter. Keine natürlichen Personen sind die nicht rechtsfähigen Personenvereinigungen als solche, wie zB Gesellschaften bürgerlichen Rechts nach §§ 705 ff. BGB, nicht eingetragene Vereine iSd. § 54 BGB oder Erbengemeinschaften nach §§ 2032 ff. BGB bzw. § 400 ZGB,[3] weil

---

[1] Erl. BReg., BT-Drucksache 11/7831, S. 4; BGH NJ 1993, 514, 515.
[2] Fieberg-Reichenbach F/R/M/S, § 2 RdNr. 1; Horn, Das Zivil- und Wirtschaftsrecht im neuen Bundesgebiet, 2. Aufl. 1993, § 13 RdNr. 146, S. 543; aA Wasmuth, Rechtshandbuch, B 100 § 2 RdNr. 9, der diesem Begriff eine formelle und im Grundsatz auch materielle Berechtigung beimißt, und OVG Berlin VIZ 1992, 405, 406, welches § 2 Abs. 1 als Legaldefinition nur der materiellen Berechtigung ansieht.
[3] Wasmuth, Rechtshandbuch, B 100 § 2 VermG RdNr. 12, 15; aA Fieberg-Reichenbach F/R/M/S, § 2 RdNr. 3.

diese als solche mangels eigener Rechtsfähigkeit nicht selbst, sondern – vorbehaltlich der ausdrücklich als Berechtigte genannten Personenhandelsgesellschaften – nur die einzelnen Mitglieder als natürliche Personen Träger von (vermögensrechtlichen) Rechten und Pflichten sein können. Bei einer nicht rechtfähigen Personenvereinigung liegt die (Mit-) Berechtigung bei jedem einzelnen Mitglied als natürlicher Person, die den vermögensrechtlichen Anspruch prinzipiell für die Gesamtheit der Vereinigung geltend machen kann.[4] Hiervon ist grundsätzlich auch bei Gesamthandsgemeinschaften auszugehen. Dies ergibt sich insbesondere aus einem Umkehrschluß zu § 8 Abs. 2 und aus der Verallgemeinerung der dem § 6 Abs. 6 Satz 1 und 2 zugrundeliegenden Prämisse.

5 c) **Juristische Personen.** Als berechtigte juristische Personen mit eigener Rechtsfähigkeit kommen sowohl solche **des Privatrechts** als auch des öffentlichen Rechts in Betracht. Bei den juristischen Personen des Privatrechts können Berechtigte insbesondere Aktiengesellschaften (AG), Kommanditgesellschaften auf Aktien (KGaA), Gesellschaften mit beschränkter Haftung (GmbH), Versicherungsvereine auf Gegenseitigkeit (VVaG), eingetragene Genossenschaften (eG), eingetragene Vereine (eV) und rechtfähige Stiftungen sein.

6 Aus dem Umkehrschluß zu § 1 Abs. 8 lit. d ergibt sich, daß – vorbehaltlich des Geltungsbereiches des § 1 Abs. 8 lit. d iVm. KVG und der Art. 21, 22 des Einigungsvertrages – im Grundsatz auch juristische Personen **des öffentlichen Rechts** als Berechtigte in Betracht kommen, soweit diese nicht dem Ausnahmebereich des § 1 Abs. 8 lit. d unterfallen.[5] Dies können insbesondere öffentlich-rechtliche Stiftungen, öffentlich-rechtliche Anstalten (zB Sparkassen und Rundfunkanstalten) und öffentlich-rechtliche Körperschaften (wie zB Bund, Länder, Gemeinden (Gemeindeverbände), Universitäten, öffentlich-rechtliche Religionsgesellschaften (Kirchen),[6] Kammern und Innungen) sein.

7 Eine **Gebietskörperschaft des Beitrittsgebiets** kann wegen einer eigenen unmittelbaren Betroffenheit von einer schädigenden Maßnahme iSd. § 1 **nicht Berechtigte** iSd. § 2 Abs. 1 Satz 1 sein,[7] weil die Ansprüche von Gebietskörperschaften der ehem. DDR auf ehemals volkseigene Vermögenswerte durch die insoweit spezielleren Vorschriften des KVG oder der Art. 21, 22 Einigungsvertrag iVm. dem Verfahren nach dem VZOG abschließend geregelt werden.

8 d) **Personenhandelsgesellschaften.** Die nachträglich durch das PrHBG eingefügte, gesonderte Erwähnung der Personenhandelsgesellschaften (OHG, KG) als Berechtigte neben den natürlichen und juristischen Personen stellt nur die Konsequenz des § 124 Abs. 1 HGB für die OHG und des § 161 Abs. 2 HGB iVm. § 124 Abs. 1 HGB für die KG im Bereich der vermögensrechtlichen Ansprüche dar. Weil sowohl die OHG als auch die KG keine juristischen Personen, sondern Gemeinschaften zur gesamten Hand sind, die gem. § 124 Abs. 1 HGB unter ihrer Firma Rechte und Verbindlichkeiten begründen können, sind die Personenhandelsgesellschaften als Träger der zum verselbständigten Gesellschaftsvermögen[8] gehörenden vermögensrechtlichen Ansprüche anzusehen und aus diesem Grunde als Berechtigte genannt. Weil Personenhandelsgesellschaften in der Regel Unternehmen sind oder waren, richtet sich deren Berechtigung bei einer Unternehmensrückgabe nach § 6 Abs. 1a.

9 e) **Andere nicht rechtfähige Personenvereinigungen.** Die übrigen nicht rechtfähigen Personenvereinigungen sind als solche mangels eigener Rechtsfähigkeit nicht Berechtigte, sondern nur ihre einzelnen Mitglieder. Ausnahmsweise ist die formelle Berechtigung in

---

[4] Vgl. § 2 RdNr. 31 ff. und § 2a RdNr. 6.
[5] Vgl. RdNr. 7.
[6] Vgl. bei diesen insbesondere § 1 Abs. 3 (§ 1 RdNr. 96 ff.).
[7] In diesem Sinne auch: VG Berlin ZOV 1993, 128; *Fieberg-Reichenbach* F/R/M/S, § 2 RdNr. 3 und § 1 RdNr. 4 ff., 174; *Wasmuth*, Rechtshandbuch, B 100 § 2 RdNr. 22.

[8] So werden beispielsweise bei einem Erwerb von dinglichen Grundstücksrechten durch Personenhandelsgesellschaften nicht sämtliche Gesellschafter, sondern nur die Gesellschaft selbst im Grundbuch eingetragen; *K. Schmidt*, Gesellschaftsrecht, 2. Aufl. 1991, § 48 I.1., S. 1154.

Begriffsbestimmung   10–12 § 2 VermG

analoger Anwendung des § 2 Abs. 1 Satz 1 auf Parteien wegen der ausdrücklichen gesetzlichen Aktiv- und Passivlegitimation des § 3 ParteiG und auf Gewerkschaften[9] aufgrund der Regelung des Art. 9 Abs. 3 GG auszudehnen.[10]

f) Der Berechtigte bei der Rückgabe eines Unternehmens. Der Berechtigte bei der 10
Rückübertragung eines Unternehmens gem. § 6 bzw der Rückführung eines Unternehmens gem. § 11 Abs. 1 Satz 1 iVm. § 12 wird ausschließlich durch den im Verhältnis zu § 2 Abs. 1 Satz 1 spezielleren **§ 6 Abs. 1a** definiert und konkretisiert.[11] Als **lex specialis** verdrängt **§ 6 Abs. 1a** bei der Rückgabe von Unternehmen iSd. § 1 URüV[12] den § 2 Abs. 1 Satz 1 sowohl hinsichtlich des Anspruchs auf Naturalrestitution als auch hinsichtlich eines möglicherweise an seine Stelle tretenden Sekundäranspruchs.[13] Nach § 6 Abs. 1a ist Berechtigter der damalige Eigentümer der enteigneten oder unter staatliche Verwaltung gestellten Vermögenswerte, maW Berechtigter ist der **Rechtsträger des von der Schädigung betroffenen Unternehmens** bzw. die zum Zwecke der Geltendmachung des Restitutionsanspruchs wiederbelebte Gesellschaft als Rechtsträgerin.[14] Bei einer juristischen Person sind deren einzelne **Anteilsinhaber selbst** überwiegend nur mittelbar von einer Schädigung betroffen[15] und deshalb **nur Berechtigte, wenn** der einzelne Anteilsinhaber oder Gesellschafter die Rückgabe seiner ehemaligen Anteile oder die Wiederherstellung seiner Mitgliedschaft gem. § 6 Abs. 5b oder einen Anspruch gem. § 6 Abs. 6 Satz 4 geltend macht.[16] Eine juristische Person oder Personenhandelsgesellschaft, die nach einer Schädigung im Register gelöscht wurde, wird bei der Rückgabe eines Unternehmens gem. § 6 Abs. 1a als in Auflösung befindlich fortbestehend fingiert (sog. fingierte Liquidationsgesellschaft). Bei einer als fortbestehend fingierten AG streitet derzeit wegen einer insoweit fehlenden Wertpapierbereinigung zunächst für die Eigenschaft als Aktionär zugunsten des heutigen Besitzers einer Aktie die nach allgemeinen zivilrechtlichen Grundsätzen angreifbare und widerlegbare Vermutung der §§ 1006, 793 BGB bei Inhaberaktien bzw des § 68 Abs. 1 AktG iVm. Art. 16 WG bei Namensaktien,[17] denn auch der vermögensrechtliche öffentlich-rechtliche Restitutionsanspruch knüpft an zivilrechtliche Rechtspositionen an.

Die Stellung als Berechtigter hängt bei der Unternehmensrückübertragung von § 6 11
Abs. 1a Satz 1 bis 4 ab, bei der Unternehmensrückführung nur von dem inhaltlich dem § 2 Abs. 1 Satz 1 entsprechenden § 6 Abs. 1a Satz 1. Der staatliche Anteil ist bei der Berechnung des Quorums iSd. § 6 Abs. 1a Satz 2 nicht zu berücksichtigen.[18] Bei der Aufhebung der staatlichen Verwaltung über ein Unternehmen kann die Einordnung als Berechtigter nicht von einem Quorum iSd. § 6 Abs. 1a Satz 2 und 3 abhängen, weil die betreffende Person noch Eigentümer und die staatliche Verwaltung überdies ohne Antrag und ohne Rücksicht auf ein Quorum gem. § 11a Abs. 1 Satz 1 beendet ist.[19]

Soweit es bei der **Rückgabe von Unternehmen** um **Ansprüche von jüdischen Berechtigten** iSd. § 1 Abs. 6 oder deren Rechtsnachfolger geht, sind die Regelungen des § 2 Abs. 1 Satz 2 und 3 anwendbar, weil § 6 Abs. 1a insoweit keine verdrängende Spezialregelung enthält.

g) Erloschene juristische Personen oder Personenhandelsgesellschaften. Wenn eine 12
juristische Person oder theoretisch auch eine Personenhandelsgesellschaft, welche **nicht** als **Unternehmen** iSd. § 6 Abs. 1a einzuordnen ist, geschädigt und gelöscht wurde, ist wie

---

[9] BGHZ 50, 325, 334.
[10] *Wasmuth*, Rechtshandbuch, B 100 § 2 RdNr. 15.
[11] Vgl. die Kommentierung zu § 6 Abs. 1a (§ 6 RdNr. 54ff.).
[12] Unternehmensrückgabeverordnung (URüV) vom 13. 7. 1991 (BGBl. 1991 I S. 1542).
[13] *Wasmuth*, Rechtshandbuch, B 100 § 2 RdNr. 10.
[14] BVerwG DB 1994, 38, 39 = ZIP 1993, 1819, 1821; VG Dessau VIZ 1993, 307ff. mit Anm. *Luka*.
[15] Vgl. *Lutter-Gehling* ZIP 1992, 1045.
[16] Vgl. Ziff. 3.1. des Leitfadens des BMJ für die Unternehmensrückübertragung (URüL) vom 8. 12. 1992, 2. Aufl., ZIP 1993, 312.
[17] *Lutter-Gehling* ZIP 1992, 1045, 1053; aA VG Dresden VIZ 1993, 213, 215; *Francksen* ZIP 1993, 247, 251.
[18] Grundlegend BVerwG DB 1994, 38, 39 = ZIP 1993, 1819, 1821.
[19] Vgl. näher § 12 RdNr. 4; nicht differenzierend bzgl. des Erfordernisses der Erfüllung des Quorums bei der Unternehmensrestitution nach § 6 Abs. 1 und §§ 11, 11a, 12; BVerwG DB 1994, 38, 39 =

folgt zu differenzieren. Ist nach der schädigende Maßnahme iSd. § 1 ein noch nicht abgeschlossenes Liquidationsverfahren[20] begonnen worden, so ist **die in Liquidation befindliche juristische Person Berechtigte.** Wenn die Liquidation vor dem Inkrafttreten des VermG bereits beendet war und die Person als vollbeendigt gelöscht wurde, ist das Liquidationsverfahren aufgrund der nachträglich entstandenen vermögensrechtlichen Ansprüche wegen des Vorhandenseins von verteilbarem Aktivvermögen im Wege der sog. **Nachtragsliquidation** fortzuführen.[21] Für die Geltendmachung von vermögensrechtlichen Ansprüchen einer im Handelsregister gelöschten Gesellschaft muß ggf. ein Nachtragsliquidator bestellt werden.[22]

13 Führte die Schädigung mangels weiterer Vermögenswerte zu einer liquidationslosen, gleichzeitigen und unmittelbaren Beendigung der Person, ist Berechtigter iSd. § 2 Abs. 1 Satz 1 nicht die erloschene Person, sondern der Rechtsnachfolger der geschädigten Person.[23] Bei derartigen erloschenen, nicht unternehmerisch tätigen juristischen Personen sind ehemalige Mitglieder oder Anteilsinhaber keine Berechtigten, weil nur Beteiligungen oder Eigentumsrechte an Unternehmen nach § 2 Abs. 2 iVm. § 6 Abs. 5b und 6 Satz 4, nicht aber Mitgliedschafts- bzw Anteilsrechte an nichtunternehmerischen Körperschaften Vermögenswerte iSd. § 2 Abs. 2 darstellen. Inwieweit jedoch spätere Neugründungen von aufgelösten Personen als Berechtigte angesehen werden können, ist problematisch,[24] weil diese keine Rechtsnachfolger, sondern allenfalls sog. Funktionsnachfolger sind und letztere nur bei jüdischen Nachfolgeorganisationen ausnahmsweise gem. § 2 Abs. 1 Satz 2 und 3 als Berechtigte fingiert werden.

14 **3. Rechtsnachfolger als Berechtigte. a) Allgemeines. aa) Einzel- und Gesamtrechtsnachfolge.** Berechtigte iSd. § 2 Abs. 1 Satz 1 sind auch die Rechtsnachfolger der Personen, deren Vermögenswerte von Maßnahmen des § 1 betroffen sind. **Rechtsnachfolger** iSd. § 2 Abs. 1 Satz 1 sind die Personen, die aufgrund Rechtsgeschäftes, Gesetzes oder Hoheitsaktes durch Einzel- oder Gesamtrechtsfolge die betreffende Rechtsposition des ursprünglich vom Vermögensverlust Betroffenen erlangt haben.[25] Die Berechtigung eines Rechtsnachfolgers kann als abgeleiteter Rechtserwerb auf einer gesetzlichen **Gesamtrechtsnachfolge** (Universalsukzession) bezüglich aller Rechte und Pflichten einer Person oder auf einer **Einzelrechtsnachfolge** (Singularsukzession) nur hinsichtlich bestimmter einzelner Rechte beruhen (vgl. § 3 Abs. 1 Satz 2 und § 34 Abs. 3). Gesamtrechtsnachfolger sind aufgrund einer gesetzlichen oder testamentarischen **Erbfolge** mit Eintritt eines Erbfalles die nach den erbrechtlichen Normen zu bestimmenden einzelnen Erben oder Erbengemeinschaften.[26] Überdies ist zB eine Gesamtrechtsnachfolge aufgrund einer Verschmelzung iSd. §§ 346 Abs. 3 AktG, 25 Abs. 2 KapErhG, einer Vermögensübertragung gem. §§ 359f. AktG insbesondere auf die öffentliche Hand oder aufgrund einer übertragenden Umwandlung gem. §§ 5, 44, 49, 55, 56f UmwG möglich.

15 **bb) Bedeutung des Zeitpunkts des Eintritts der Rechtsnachfolge.** Ob die Einzel- oder Gesamtrechtsnachfolge vor oder nach Wirksamwerden des VermG eingetreten ist, ist ohne Bedeutung für die **vermögensrechtliche Berechtigung des Rechtsnachfolgers**. Dagegen hat sich die **Bestimmung des Rechtsnachfolgers** nach dem im Zeitpunkt des Eintritts der Rechtsnachfolge jeweils anwendbaren materiellen Erbrecht,[26a] insbesondere für die erbrechtlichen Verhältnisse nach Art. 235 §§ 1 und 2 EGBGB ggfs. iVm. Art. 236

---

[20] ZIP 1993, 1819, 1821; vgl. ferner die Kritik bzgl. der „Irrlehre vom Quorum" bei *Gutbrod* ZIP 1994, 497, 503.
[20] Vgl. zB die §§ 47ff. BGB für den eingetragenen Verein.
[21] *Fieberg-Reichenbach* F/R/M/S, § 2 RdNr. 7; *Wasmuth*, Rechtshandbuch, B 100 § 2 RdNr. 16; vgl. ferner: BGH NJW 1979, 1987; BayObLG BB 1993, 2180.
[22] Vgl. LG Frankfurt DtZ 1991, 29; BayObLG BB 1993, 2180, 2181.

[23] *Fieberg-Reichenbach* F/R/M/S, § 2 RdNr. 8ff.; *Wasmuth*, Rechtshandbuch, B 100 § 2 RdNr. 17.
[24] Vgl. § 2 RdNr. 27, 29.
[25] KreisG Dresden ZOV 1992, 225, 226; *Fieberg-Reichenbach* F/R/M/S, § 2 RdNr. 9; unter Ausdehnung der Rechtsnachfolge aufgrund Realaktes insoweit zu weitgehend *Wasmuth*, Rechtshandbuch, B 100 § 2 RdNr. 23.
[26] In diesem Sinne auch *Lorenz* DStR 1993, 1224.
[26a] Vgl. *Bestelmeyer* FamRZ 1994, 604ff.

§ 1 EGBGB,[27] zu richten.[28] Der **entsprechenden Anwendung von erbrechtlichen Vorschriften auf den öffentlich-rechtlichen Restitutionsanspruch** nach dem VermG stehen öffentlich-rechtliche Sonderregelungen nicht entgegen,[29] denn die Vererbbarkeit dieses Anspruchs ergibt sich aus der ausdrücklich in § 2 Abs. 1 Satz 1 vorgesehenen Rechtsnachfolgeregelung.[30] Wenn der **Berechtigte** nach Antragstellung und Wirksamwerden des VermG, dh. **nach dem 2. 10. 1990, verstorben** ist, ist der vermögensrechtliche Anspruch Teil des Nachlasses und grundsätzlich den erbrechtlichen Vorschriften des BGB unterworfen. Wenn der Enteignete **vor dem 3. 10. 1990 verstorben** ist, hat in seiner Person zum Zeitpunkt des Erbfalles noch kein vererbbarer vermögensrechtlicher Restitutionsanspruch bestanden, der vererbt werden konnte. Durch § 2 Abs. 1 Satz 1 wird dem Erben als Rechtsnachfolger unabhängig vom Zeitpunkt des Erbfalls dieselbe Rechtsposition als Berechtigtem und damit derselbe Restitutionsanspruch eingeräumt, den der ehemalige, verstorbene Eigentümer gehabt hätte. Weil der Begriff des Rechtsnachfolgers in § 2 Abs. 1 Satz 1 neben den unmittelbar geschädigten Personen genannt wird, können vermögensrechtliche Ansprüche unmittelbar in der Person des Rechtsnachfolgers entstehen.[31] Der Restitutionsanspruch ersetzt den entzogenen Vermögenswert in der Weise, daß der **vermögensrechtliche Anspruch wie ein Nachlaßgegenstand** entsprechend den teilweise modifizierten erbrechtlichen Regelungen des BGB bzw bei einem Erbfall in der Zeit vom 1. 1. 1976 bis zum 2. 10. 1990 entsprechend denen des ZGB zu behandeln ist.[32] Der nach dem Erbfall entstandene vermögensrechtliche Anspruch kann ggf. nachträglich analog § 2313 Abs. 1 Satz 3 iVm. Abs. 1 Satz 1 bzw Abs. 2 Satz 1 BGB zu einer **Ausgleichspflicht beim Pflichtteil** führen,[33] denn durch das VermG ist der Nachlaß ggf. nachträglich um einen (öffentlich-rechtlichen) Rückübertragungsanspruch erweitert worden.

cc) Rechtsnachfolge aufgrund der Schädigung. Der durch die Schädigung unmittelbar bewirkte Übergang von Rechten begründet nach § 2 Abs. 1 Satz 1 **keine vermögensrechtliche Berechtigung** des hierdurch begünstigten (zivilrechtlichen) Rechtsnachfolgers,[34] weil dieser zum Zeitpunkt der schädigenden Maßnahmen noch nicht Inhaber der Rechte am Vermögenswert war und dieser insoweit kein Rechtsnachfolger des unmittelbar Geschädigten ist.

b) Berechtigter bei einer Zession. Mit der Abtretung (Zession) eines (öffentlich-rechtlichen) Rückübertragungsanspruchs entsprechend § 398 Satz 1 BGB iVm. § 3 Abs. 1 Satz 2 VermG wird der neue Gläubiger (Zessionar) Inhaber des abgetretenen Restitutionsanspruchs und damit als Einzelrechtsnachfolger Berechtigter iSd. § 2 Abs. 1 Satz 1. Der **Zessionar** nimmt in verfahrensrechtlicher Hinsicht die bisherige Stellung des Zedenten als **Berechtigter** iSd. § 2 Abs. 1 Satz 1 und Antragsteller iSd. §§ 30, 32, 33 Abs. 1 ein. Der **Zedent verliert** aufgrund der Zession mit Wirkung für die Zukunft (ex nunc) die **Stellung als Berechtigter**,[35] weil eine Vervielfältigung der Zahl der Berechtigten aufgrund von Abtretungen iSd. § 3 Abs. 1 Satz 2 durch den Begriff der Rechtsnachfolge in § 2 Abs. 1 Satz 1 nicht bezweckt wird und überdies mit der Regelung in § 34 Abs. 1 Satz 1 nicht vereinbar wäre. Das Wort „sowie" vor „ihre Rechtsnachfolger" in § 2 Abs. 1 Satz 1 ist im Sinne von „oder" zu verstehen,[36] weil ursprünglich mit dem Begriff Rechtsnachfolger im wesentlichen an Gesamtrechtsnachfolger aufgrund von Erbfällen gedacht worden war

---

[27] Vgl. insbesondere zu Art. 236 § 1 EGBGB *Mörsdorf-Schulte/Otte* ZIP 1993, 15 ff.

[28] Vgl. *Adlerstein-Desch* DtZ 1991, 193 ff.; *Märker* VIZ 1992, 174 ff.; *Wasmuth* DNotZ 1992, 3 ff.

[29] Zur Vererbbarkeit von öffentlich-rechtlichen Ansprüchen vgl. BVerwG NJW 1987, 3212.

[30] *Märker* VIZ 1992, 174.

[31] *Wasmuth*, Rechtshandbuch, B 100 § 2 RdNr. 24.

[32] Vgl. *Limmer* ZEV 1994, 31 ff.; *Fricke-Märker*, Enteignetes Vermögen in der EX-DDR, 1992, S. 68.

[33] Grundlegend: BGH NJW 1993, 2176, 2177 = NJ 1993, 514, 515; ferner: OLG Koblenz DtZ 1993, 253, 254; LG Karlsruhe DtZ 1994, 318, 319; LG Hamburg DtZ 1994, 316 ff. mit Anm. *Casimir-Montag*; *Casimir* DtZ 1993, 234, 235 und 362; *Dressler* DtZ 1993, 229, 231, 234 und NJW 1993, 2519 f.; *von Olshausen* DtZ 1993, 331 ff.; *Wasmuth* DNotZ 1992, 3, 16 ff.; *de Leve* DtZ 1994, 270 f.

[34] Im Ergebnis ebenso *Wasmuth*, Rechtshandbuch, B 100 § 2 RdNr. 23, mit dem Hinweis, daß das VermG gerade die Restitution solcher Schädigungen regelt.

[35] *Weimar-Alfes* DNotZ 1992, 619, 635.

[36] *Weimar-Alfes* DNotZ 1992, 619, 635 Fn 64.

VermG § 2 18–21   Abschnitt I. Allgemeine Bestimmungen

und die Abtretbarkeit eines Restitutionsanspruchs erst durch die durch das PrHBG eingefügte Regelung des § 3 Abs. 1 Satz 2 klargestellt[37] worden ist.

18   **c) Fiktion der Berechtigung jüdischer Nachfolgeorganisationen iSd. Rückerstattungsrechts (Abs. 1 Satz 2 und 3). aa) Bedeutung der Fiktion.** Der durch das 2. VermRÄndG eingefügte § 2 Abs. 1 Satz 2 und 3 fingiert für drei Fallgruppen die jüdischen Nachfolgeorganisationen des Rückerstattungsrechts und subsidiär die Conference on Jewish Material Claims against Germany Inc. als Rechtsnachfolger von jüdischen Berechtigten.[37a] Diese unwiderlegliche Vermutung dehnt den Kreis der Berechtigten iSd. § 2 Abs. 1 um die jüdischen Nachfolgeorganisationen des Rückerstattungsrechts aus und ergänzt die formelle Anmeldeberechtigung dieser Nachfolgeorganisationen iSd. § 2 Abs. 1 Satz 2 der Verordnung über die Anmeldung vermögensrechtlicher Ansprüche -Anmeldeverordnung- idF vom 3. 8. 1992 (BGBl. I S. 1481) bei Vorliegen der Anspruchsvoraussetzungen insoweit um eine materielle Berechtigung der jüdischen Nachfolgeorganisationen als Anspruchsinhaber.

19   **bb) Normzweck.** Da während der nationalsozialistischen Zeit nicht nur insbesondere Juden enteignet, sondern auch ganze jüdische Familien ausgelöscht worden sind, soll durch § 2 Abs. 1 Satz 2 und 3 entsprechend dessen Normzweck ausgeschlossen und verhindert werden, daß der Fiskus letztlich als gesetzlicher Erbe durch das vom Staat mitverursachte Unrecht sogar noch finanziell begünstigt wird, weil natürliche Erben dieser Verfolgten als Rechtsnachfolger und Berechtigte fehlen.

20   **cc) Voraussetzungen der Fiktion.** Die Fiktion der Berechtigung als Rechtsnachfolger gem. § 2 Abs. 1 Satz 2 und 3 gilt **nur zugunsten von Nachfolgeorganisationen jüdischer**, nicht aber anderer **Verfolgter des Nationalsozialismus** iSd. § 1 Abs. 6,[38] **wenn** ein jüdischer Berechtigter iSd. § 1 Abs. 6 oder dessen Rechtsnachfolger vermögensrechtliche Ansprüche nicht geltend machen (§ 2 Abs. 1 Satz 2), der Staat Erbe oder Erbeserbe eines jüdischen Verfolgten iSd. § 1 Abs. 6 ist (§ 2 Abs. 1 Satz 3 Alt. 1) oder eine jüdische juristische Person bzw. eine nicht rechtsfähige jüdische Personenvereinigung aus den Gründen des § 1 Abs. 6 aufgelöst oder zur Selbstauflösung gezwungen wurde (§ 2 Abs. 1 Satz 3 Alt. 2).

21   **Jüdische Berechtigte** bzw Verfolgte iSd. § 1 Abs. 6 sind die Personen, die während der nationalsozialistischen Zeit wegen ihrer ethnischen Zugehörigkeit zur jüdischen Rasse oder ihres jüdischen Religionsbekenntnisses verfolgt wurden. Die Fiktion der Berechtigung einer jüdischen Nachfolgeorganisation ist aber nicht so zu verstehen, daß sich die jüdische Nachfolgeorganisation generell hinsichtlich eines jeden jüdischen Vermögenswertes auf eine fingierte Berechtigung berufen kann. Denn dies ist nur möglich, wenn die Tatbestandsvoraussetzungen des § 1 Abs. 6 vorliegen.[39] Dh. es muß insbesondere eine Verfolgungsmaßnahme und ein verfolgungsbedingter Vermögensverlust iSd. § 1 Abs. 6 vorliegen. Dies gilt auch dann, wenn ein jüdischer Erblasser mit Ausnahme des Fiskus keine Erben hatte und der Fiskus aufgrund seines gesetzlichen Erbrechtes gem. § 1936 BGB bzw § 369 Abs. 1 ZGB zum Zuge kam. Die Nachfolgeorganisationen tragen grundsätzlich entsprechend den allgemeinen Regeln die materielle bzw objektive Beweislast für die ihre Berechtigung stützenden Tatsachen (sog. Normbegünstigungsprinzip),[40] aber wegen des gem. § 31 Abs. 1 geltenden Amtsermittlungsgrundsatzes nicht die Beweisführungslast. Für die verfolgungsbedingten Vermögensverluste streiten jedoch gem. § 1 Abs. 6 Satz 2 bestimmte Vermutungen. Der **Berechtigung einer jüdischen Nachfolgeorganisation** steht bei Grundstücken eine noch bestehende Eintragung des (jüdischen) **Altei-**

---

[37] Begründung zum PrHBG, BR-Drucksache 70/91, S. 25.
[37a] Vgl. Rundbrief des BARoV vom 16. 5. 1994, VIZ 1994, 399, 402.
[38] Vgl. Begründung der Beschlußempfehlung des Rechtsausschusses, BT-Drucksache 12/2944, S. 50.

[39] Vgl. die Kommentierung zu § 1 Abs. 6 (§ 1 RdNr. 128 ff.).
[40] BVerwG ZIP 1993, 1907, 1908 = DB 1994, 37; OVG Berlin ZOV 1991, 151, 153; KreisG Suhl VIZ 1993, 75, 77.

Begriffsbestimmung

gentümers im Grundbuch, nicht entgegen,[41] weil bei einer (verfolgungsbedingten) Enteignung der Verlust der Eigentumsposition beim Verfolgten materiellrechtlich bereits mit der Bekanntgabe des (maßgeblichen) Enteignungsaktes eingetreten und das Grundbuch unrichtig (noch) den bisherigen (verfolgten) Eigentümer ausweist; sollte dagegen eine (verfolgungsbedingte) Enteignung und damit der Tatbestand des § 1 Abs. 6 nicht gegeben sein, verbleibt es allein bei den allgemeinen zivilrechtlichen Regelungen.

Nicht geltend gemacht iSd. § 2 Abs. 1 Satz 2 ist ein vermögensrechtlicher Anspruch eines jüdischen Berechtigten oder dessen Rechtsnachfolger nach dem VermG, wenn **weder** eine **Anmeldung** iSd. § 30 Abs. 1 Satz 5 iVm. § 2 Abs. 1 der AnmVO **noch** ein **Antrag** gem. § 30 Abs. 1 Satz 1 **innerhalb der Ausschlußfrist des § 30a** erfolgt ist. Soweit nur einer von mehreren (Mit-) Berechtigten einen Antrag stellt, läßt dies allein die fingierte Berechtigung einer Nachfolgeorganisation für die übrigen (Mit-) Berechtigten nicht entfallen.[42] Die Stellung eines Antrages bei einem unzuständigen Amt zur Regelung offener Vermögensfragen steht der Geltendmachung eines Anspruchs wegen der gem. § 35 Abs. 4 bestehenden Verpflichtung der betreffenden Behörde zur Weiterleitung des Antrags nicht entgegen. 22

Der Staat ist iSd. **§ 2 Abs. 1 Satz 3 Alt. 1 Erbe,** wenn dem Fiskus eine Erbschaft eines jüdischen Verfolgten iSd. § 1 Abs. 6 durch rechtsgeschäftliche Erbfolge oder gem. § 1936 BGB bzw. § 369 Abs. 1 ZGB aufgrund seines gesetzlichen Erbrechtes unmittelbar zugefallen ist, oder **Erbeserbe,** wenn dies erst nach dem Anfall der Erbschaft bei einem anderen Erben der Fall gewesen ist. 23

Eine juristische Person oder nicht rechtsfähige Personenvereinigung ist iSd. **§ 2 Abs. 1 Satz 3 Alt. 2** als **jüdisch** anzusehen, wenn einer solchen während der nationalsozialistischen Zeit zumindest ua. jüdische Anteilsinhaber oder Mitglieder angehörten. Jüdisch waren Kapitalgesellschaften unter dem beherrschenden Einfluß von Juden bzw. unter jüdischer Kontrolle[43] oder nach Art. I § 1 der Dritten Verordnung zum Reichsbürgergesetz vom 14. 6. 1938 (RGBl. I S. 627) jedenfalls[44] ua. Personenhandelsgesellschaften mit wenigstens einem jüdischen persönlich haftenden Gesellschafter oder juristische Personen, an denen ein Jude mindestens mit einem Viertel des Kapitals oder der Hälfte der Gesamtstimmenzahl entscheidend beteiligt oder zur gesetzlichen Vertretung berechtigt oder Aufsichtsratsmitglied war. Hierüber hinaus waren insbesondere jüdische Vereine, Einrichtungen und Kultusgemeinden betroffen. Aufgelöst war eine jüdische juristische Person oder nicht rechtsfähige Personenvereinigung, wenn sie rechtlich und/oder faktisch im Innen- und Außenverhältnis unabhängig von einem Liquidationsverfahren nicht mehr bestand. 24

dd) Jüdische Nachfolgeorganisationen iSd. Rückerstattungsrechts. Gem. § 11 Nr. 2 BRüG[45] werden als Nachfolgeorganisationen[46] bezeichnet die Jewish Restitution Successor Organization (JRSO),[47] die Jewish Trust Corporation for Germany (ITC),[48] die All- 25

---

[41] *Link-Minden-Roth* ZOV 1993, 323, 325; aA *Müller-Magdeburg/Giese* ZOV 1993, 138, 140.
[42] AA *Wasmuth,* Rechtshandbuch, B 100 § 2 RdNr. 32.
[43] Vgl. OLG Köln RzW 1951, 142, 143; Board of Review RzW 1951, 216; ORG Nürnberg RzW 1957, 34.
[44] ORG Berlin RzW 1956, 207 ff.
[45] § 11 Nr. 2 Bundesrückerstattungsgesetz (BRüG) vom 19. 7. 1957 (BGBl. I S. 734, 735/736, mwÄnd); vgl. hierzu *Blessin-Wilden,* Bundesrückerstattungsgesetz, 1958; *Biella* ua., Das Bundesrückerstattungsgesetz, 1981.
[46] Vgl. hierzu *Weismann,* Die Nachfolge-Organisationen, in: *Biella* ua., Das Bundesrückerstattungsgesetz, 1981, S. 725 ff.
[47] Bestimmt gemäß Artikel 13 des Gesetzes Nr. 59 vom 10. 11. 1947 der Militärregierung – Amerikanisches Kontrollgebiet – (Amtsblatt der Militärregierung Deutschland – Amerikanisches Kontrollgebiet – Ausgabe G vom 10. 11. 1947 S. 1) durch Ausführungsverordnung Nr. 3, ferner ernannt gemäß Artikel 9 der Anordnung BK/O (49) 180 vom 26. 7. 1949 der Alliierten Kommandantur Berlin (VOBl. für Groß-Berlin Teil I 1949 S. 221) durch die Anordnung vom 1. 10. 1949 des Amerikanischen Kommandanten von Berlin und die Anordnung Nr. 58 vom 8. 6. 1950 der französischen Militärregierung von Berlin.
[48] Bestellt gemäß Artikel 8 des Gesetzes Nr. 59 vom 12. 5. 1949 der Militärregierung Deutschland – Britisches Kontrollgebiet – (Amtsblatt der Militärregierung Deutschland – Britisches Kontrollgebiet – Nr. 28 S. 1169) durch die Siebente Durchführungsverordnung vom 1. 8. 1950, ferner gemäß Artikel 9 der Anordnung BK/O (49) 180 vom 26. 7. 1949 der

VermG § 2 26–28   Abschnitt I. Allgemeine Bestimmungen

gemeine Treuhandorganisation (ATO),[49] die von den Ländern errichteten Gemeinschaftsfonds[50] und die französische Abteilung der Jewish Trust Corporation for Germany.[51]

26   Nur soweit auch diese Nachfolgeorganisationen keine vermögensrechtlichen Ansprüche geltend machen, gilt gem. § 2 Abs. 1 Satz 2 als Rechtsnachfolgerin und Berechtigte die Conference on Jewish Material Claims against Germany Inc.,[52] die als weltweiter Zusammenschluß von 24 jüdischen Organisationen, ua. dem Zentralrat der Juden, zur Zeit noch die Interessen der jüdischen Verfolgten wahrnimmt.[53]

27   **d) Fiktion der Berechtigung nicht-jüdischer Nachfolgeorganisationen iSd. Rückerstattungsrechts (Abs. 1 Satz 4). aa) Mögliche Berechtigung.** Der Gesetzgeber des 2. VermRÄndG hatte durch § 2 Abs. 1 Satz 2 und 3 bewußt nur die Frage der Rechtsnachfolge bei jüdischen Berechtigten durch die Fiktion der vermögensrechtlichen Rechtsnachfolge der jüdischen Nachfolgeorganisationen geregelt und das Problem der vermögensrechtlichen **Rechtsnachfolge bei nicht-jüdischen Organisationen** zunächst ausdrücklich offengelassen.[54] Grundsätzlich wird durch spätere Neugründungen der aufgrund von Verfolgungsmaßnahmen erloschenen juristischen Personen und nicht rechtsfähigen Vereinigungen mangels eines Eintritts in bestehende Rechtspositionen keine Rechtsnachfolge begründet. Bei einer Übernahme von Funktionen der gelöschten juristischen Personen und Vereinigungen sowie einer entsprechenden Zielsetzung und Organisation könnte allenfalls eine sog. Funktionsnachfolge, die aber keine Rechtsnachfolge darstellt, in Betracht gezogen werden.[55] Der Grundsatz der sog. Funktionsnachfolge ist ursprünglich zur Begründung einer Haftung des Bundes und der Länder für Schadensersatz- und Enteignungsentschädigungsschulden des Deutschen Reiches entwickelt worden und als solcher keine Rechtsnachfolge, sondern nur eine Hilfskonstruktion, bei der aus der Kontinuität der öffentlich-rechtlichen Funktionen bzw. Aufgaben auf die Kontinuität der bei der Erfüllung dieser Aufgaben entstandenen Verpflichtungen geschlossen wird.[56] Dieser Grundsatz der Funktionsnachfolge ist deshalb auf privatrechtliche Nachfolgeorganisationen nicht anwendbar.

28   Soweit die geschädigten Organisationen nicht mehr existieren oder natürliche Erben fehlen (erbloses Vermögen) oder keine entsprechenden Ansprüche auf das von den in § 1 Abs. 6 genannten Maßnahmen betroffene Vermögen erhoben wurden (unbeanspruchtes Vermögen), sollte die Problematik der Rechtsnachfolge bei nicht-jüdischen Organisationen möglichst entsprechend den ursprünglichen Intentionen des Gesetzgebers[57] durch eine weite Auslegung des Begriffs des Rechtnachfolgers[58] geklärt und die Regelungslücke durch eine entsprechende Anwendung der Regelungen des § 2 Abs. 1 geschlossen werden.[59] Denn Sinn und Zweck des § 2 Abs. 1 iVm. § 1 Abs. 6 ist es, nicht den Staat, in dessen Bereich und durch den die unrechtmäßigen Maßnahmen geschehen sind, letztlich

---

Alliierten Kommandantur Berlin (VOBl. für Groß-Berlin Teil I 1949 S. 221) durch die Durchführungsverordnung Nr. 2.

[49] Errichtet durch die Achte Durchführungsverordnung vom 15. 11. 1950 und die Elfte Durchführungsverordnung vom 12. 3. 1951 zu dem vorgenannten Gesetz Nr. 59 der britischen Militärregierung (Amtsblatt der Militärregierung Deutschland – Britisches Kontrollgebiet – Nr. 28 S. 1169) und gemäß Durchführungsverordnung Nr. 4 vom 29. 3. 1951 zu Artikel 9 der Anordnung BK/O (49) 180 (VOBl. für Groß-Berlin Teil I 1949 S. 221).

[50] Errichtet gemäß Artikel 9 Abs. 2 und Artikel 14 Abs. 1 der Verordnung Nr. 120 vom 10. 11. 1947 der Militärregierung Deutschland – Französisches Kontrollgebiet – (in der Fassung der Verordnung Nr. 268 vom 29. 9. 1951) (Amtsblatt des französischen Oberkommandos in Deutschland Nr. 119 vom 14. 11. 1947 S. 1219).

[51] Benannt gemäß der Anordnung Nr. 177 in Durchführung des Artikels 21a der Verordnung Nr. 120 (in der Fassung der Verordnung Nr. 268).

[52] Vgl. Protokoll Nr. 1 zum Israel-Abkommen (BGBl. 1953 II S. 85).

[53] Vgl. BMF ZOV 1992, 377.

[54] Begründung der Beschlußempfehlung des Rechtsausschusses, BT-Drucksache 12/2944, S. 50.

[55] Vgl. *Fieberg-Reichenbach* F/R/M/S, § 2 RdNr. 11; zu Recht ablehnend *Wasmuth*, Rechtshandbuch, B 100 § 2 RdNr. 27.

[56] Vgl. KreisG Stendal VIZ 1993, 32, 33; BMJ/BMI VIZ 1993, 150, 151.

[57] Erl. BReg., BT-Drucks. 11/7831, S. 4 und ausführlich BT-Drucksache 12/7425, S. 94ff.

[58] So LG Berlin ZOV 1993, 111, 113; *Barkam*, R/R/B, § 2 RdNr. 11.

[59] So *Wasmuth*, Rechtshandbuch, B 100 § 2 RdNr. 43.

aufgrund dieser Maßnahmen zu begünstigen. Weil während der nationalsozialistischen Zeit nicht nur jüdische Personen verfolgt sowie jüdische juristische Personen und Vereinigungen aufgelöst wurden, sondern die Verfolgungsmaßnahmen auch andere Personen und Organisationen betrafen, aber in der Rechtsanwendung der Ämter zur Regelung offener Vermögensfragen gleichwohl keine Klarheit herrschte, hat der Gesetzgeber im Rahmen des SachenRÄndG (Art. 2 § 3) die Rechtsnachfolge bei nicht-jüdischen Organisationen in den Fällen des § 1 Abs. 6 durch die **Fiktion des § 2 Abs. 1 Satz 4** ausdrücklich geregelt.

bb) Voraussetzungen der Berechtigung einer (nicht-jüdischen) Nachfolgeorganisation. Um einer Vereinigung die Eigenschaft einer Nachfolgeorganisation und damit eines Berechtigten beizulegen, müssen die Organisationsstatuten der betreffenden Vereinigungen einander entsprechen und die satzungsmäßigen Zwecke oder die Funktionen bzw. Aufgaben der Vereinigungen vergleichbar sein. Es ist erforderlich, daß zwischen den jeweiligen Vereinigungen im wesentlichen eine Übereinstimmung der Ziele und Zwecke sowie der vertretenen Bevölkerungskreise feststellbar ist.

Als **(nicht-jüdische) Nachfolgeorganisationen** mit einer entsprechenden Eigenschaft eines Rechtsnachfolgers in diesem Sinne kommen entsprechend des gesetzlichen Regelbeispiels die anerkannten Nachfolgeorganisationen des Rückerstattungsrechts in Betracht. Dies können beispielsweise der Deutsche Gewerkschaftsbund bzw. einzelne Gewerkschaften[60] und bestimmte Parteien sein. Die Vermögensverwaltungs- und Treuhandgesellschaft des Deutschen Gewerkschaftsbundes ist u. a. Nachfolgeorganisation des Allgemeinen Deutschen Gewerkschaftsbundes (Berlin) und des Gesamtverbandes der christlichen Gewerkschaften Deutschlands (Berlin).[60a] Die IG Metall ist als Nachfolgeorganisation des Deutschen Metallarbeiterverbandes anzusehen.[60b]

4. Mehrere Berechtigte bezüglich desselben Vermögenswertes. Wenn hinsichtlich desselben Vermögenswertes von mehreren Personen vermögensrechtliche Ansprüche geltend gemacht werden, ist für die Beurteilung der Berechtigung zwischen einer gleichzeitigen, gemeinsamen Betroffenheit der Berechtigten und einer zeitlich nacheinander erfolgten, wiederholten Schädigung zu unterscheiden.

a) Gleichzeitige, gemeinsame Betroffenheit von einer Schädigung. aa) Mehrere (Mit-) Berechtigte. Mehrere Personen können bezüglich desselben Vermögenswertes (Mit-) Berechtigte sein, wenn sie zur gleichen Zeit als Personenmehrheit von einer Maßnahme im Sinne des § 1 (gemeinsam) betroffen (vgl. § 2a Abs. 4 oder § 8 Abs. 2) oder (gemeinsam) als Personenmehrheit Rechtsnachfolger sind (vgl. § 2a Abs. 1 Satz 1). Die jeweilige Berechtigung beruht in diesem Fall auf einem den Berechtigten gemeinsam zustehenden Recht wie zB Gesamthandseigentum, Miteigentum (§ 1011 BGB iVm. § 432 Abs. 1 Satz 1 BGB).

bb) Berechtigung eines jeden Einzelnen. Bei Gesamthandsgemeinschaften wie zB der Gesellschaft bürgerlichen Rechts (§§ 705 ff., 718 Abs. 1, 719 Abs. 1, 709 Abs. 1 BGB), des nicht rechtsfähigen Vereins (§ 54 BGB), der OHG (§§ 105 ff., 105 Abs. 2 HGB), der KG (§§ 161 ff., 161 Abs. 2, 105 Abs. 2 HGB), der ehelichen bzw fortgesetzten Gütergemeinschaft (§§ 1415 ff., 1419, 1485 BGB) oder der Erbengemeinschaft (§§ 2032 ff., 2038 Abs. 1, 2039, 2040 Abs. 1 BGB; § 400 ZGB) liegen die zivilrechtlichen Rechte und Pflichten wegen der gesamthänderischen Bindung des Vermögenswertes prinzipiell gemeinschaftlich bei der Personenmehrheit als solcher. Bei einer Gesamthandsgemeinschaft sind die Mitglieder gleichzeitig in bezug auf den betreffenden Vermögenswert betroffen gewesen und damit (Mit-) Berechtigte. **Jedes einzelne Mitglied der Gesamthandsgemeinschaft**, zB ein Miterbe bei einer Erbengemeinschaft (arg. § 2a Abs. 3 Satz 1 iVm. § 2a Abs. 1 Satz 1 bzw. § 2a Abs. 4), ist **Berechtigter iSd. VermG** und kann als Einzelner

---

[60] Vgl. LG Berlin ZOV 1993, 111, 113, zur ÖTV als Nachfolgeorganisation des Gesamtverbandes der Arbeitnehmer der öffentlichen Betriebe des Personen- und Warenverkehrs.

[60a] LG Duisburg, Entscheidung vom 17. 10. 1963; BT-Drucksache 12/7425, S. 95.

[60b] VG Magdeburg ZOV 1994, 225/226.

einen Antrag auf Rückgabe seines Gesamthandsanteils stellen sowie Rückübertragungsansprüche allein geltend machen.[61] Jedem Mitglied einer Gesamthandsgemeinschaft steht ein eigener vermögensrechtlicher Anspruch hinsichtlich des entzogenen Gesamthandsanteils zu. Insoweit geht es nicht um einen vermögensrechtlichen Anspruch der Gesamthandsgemeinschaft als solcher, sondern primär um eigene Ansprüche der Geschädigten hinsichtlich des entzogenen Gesamthandsanteils.[62] So kann zB nur einem der Mitglieder der Gesamthandsgemeinschaft der Gesamthandsanteil wegen sog. Republikflucht entzogen worden sein, indem nur entsprechend seinem Anteil unter Mißachtung der gesamthänderischen Bindung „Eigentum des Volkes" begründet wurde und der betreffende staatliche Rechtsträger in die Gesamthandsgemeinschaft eingetreten ist. Die Geltendmachung eines vermögensrechtlichen Anspruchs ist unabhängig von der Ausübung des Wahlrechts gem. § 8 Abs. 2. Die Berechtigung eines jeden einzelnen Mitglieds einer Gesamthandsgemeinschaft ergibt sich ferner aus einem Umkehrschluß zu § 8 Abs. 2,[62a] denn Voraussetzung für die Ausübung des Wahlrechtes ist wegen der fehlenden Rechtsfähigkeit der Personenmehrheit die Berechtigung eines jeden Einzelnen. Bei einer gemeinschaftlichen Betroffenheit durch eine Schädigung geht überdies § 2a Abs. 3 Satz 1 in bezug auf die Erbengemeinschaft und § 6 Abs. 6 Satz 1 und 2 bei der Unternehmensrückgabe von einer Berechtigung eines jeden Einzelnen aus.

33 Aufgrund der Stellung als Berechtigter ist jedes einzelne Mitglied einer Gesamthandsgemeinschaft auch allein befugt, einen vermögensrechtlichen Verwaltungsakt anzugreifen.[63]

34 **cc) Vermögensrechtliche Konsequenzen der zivilrechtlichen gesamthänderischen Bindung.** Die zivilrechtliche gesamthänderische Bindung wirkt sich auf die Berechtigung eines jeden Einzelnen im Außenverhältnis gegenüber den Vermögensämtern nur bei vereinzelten Regelungen des VermG aus. Probleme entstehen insbesondere dann, wenn nur einzelne, aber nicht alle Mitglieder einer Gesamthandsgemeinschaft einen Restitutionsantrag gestellt haben oder sich nicht auf ein gemeinsames verfahrensrechtliches Vorgehen verständigen können. In bezug auf die **Erbengemeinschaft** werden lediglich einige Konsequenzen speziell durch § 2a geregelt.[64] Über einen **Restitutionsantrag eines (Mit-) Berechtigten** hinsichtlich eines Anteils an einer Gesamthandsgemeinschaft ist grundsätzlich **unabhängig** von einem Antrag oder einer Rückgabe des Gesamthandsanteils eines anderen (Mit-) Berechtigten zu entscheiden. Eine Entscheidung über die Rückgabe eines Gesamthandsanteils betrifft wegen der gesamthänderischen Bindung aber auch die Interessen und Rechte der übrigen Gesamthandsanteilsinhaber.[64a] Die übrigen Gesamthandsanteilsinhaber sind gem. § 31 Abs. 7 VermG iVm. § 13 Abs. 2 VwVfG am Verwaltungsverfahren zu beteiligen und iVm. § 41 Abs. 1 VwVfG sind Verwaltungsakte auch ihnen gegenüber bekanntzugeben. Aufgrund der **eigenständigen vermögensrechtlichen Ansprüche der (Mit-) Berechtigten** ist prozessual keine notwendige Streitgenossenschaft iSd. § 64 VwGO iVm. § 62 ZPO gegeben.[65] Weil Entscheidungen wegen der unmittelbaren, zwangsläufigen Auswirkungen auf das Gesamthandsverhältnis aber nur einheitlich iSd. § 65 Abs. 2 VwGO ergehen können, sind bei einem Rechtsstreit nur eines (Mit-) Berechtigten, die übrigen Gesamthandsanteilsinhaber, die (Mit-) Berechtigte sein können, aber nicht notwendigerweise sein müssen, notwendig beizuladen.

---

[61] Ebenso *Wasmuth*, Rechtshandbuch, B 100 § 2 RdNr. 46b; hinsichtlich der Miterben bei einer Erbengemeinschaft vgl. arg. aus § 2a Abs. 3 Satz 1 (§ 2a RdNr. 6) und vor dessen Einfügung durch das RegVBG KreisG Dresden VIZ 1992, 330, 331; KreisG Dresden ZOV 1992, 225, 226; KreisG Suhl VIZ 1993, 263, 264; VG Berlin ZOV 1993, 429, 430; VG Meiningen ZOV 1993, 129, 130; aA VG Greifswald VIZ 1993, 310 (nur Ls.).

[62] Vgl. KreisG Suhl VIZ 1993, 263, 264.

[62a] Ebenso *Wasmuth*, Rechtshandbuch, B 100 § 2 RdNr. 46b.

[63] Vgl. für den Fall eines Miterben KreisG Suhl VIZ 1993, 218, 219; VG Chemnitz ZOV 1993, 439, 440, jeweils bzgl. eines Investitionsvorrangbescheides; aA VGH Mannheim NJW 1992, 388 bzgl. einer Baugenehmigung eines Nachbarn.

[64] Vgl. § 2a RdNr. 5ff.

[64a] Vgl. *Gutbrod* ZIP 1994, 497ff.

[65] KreisG Suhl VIZ 1993, 263/264 in bezug auf mehrere Miterben.

Soweit zB für die Ausübung des Wahlrechtes auf Entschädigung oder die Durchsetzung 35
eines Anspruchs aufgrund einer vermögensrechtlichen Rechtsposition eines (Mit-) Berechtigten im übrigen die Mitwirkung der anderen Gesamthandsanteilsinhaber erforderlich sein sollte, geht es insoweit um einen Anspruch eines Gesamthandsanteilsinhabers gegen die anderen und damit um eine Frage des **Innenverhältnisses zwischen den (Mit-) Berechtigten**, für deren Beurteilung – vorbehaltlich der speziellen Regelungen des § 2a – die maßgeblichen **zivilrechtlichen Vorschriften der betreffenden Gesamthandsgemeinschaft** heranzuziehen sind.

b) Nacheinanderfolgende, wiederholte Schädigung iSd. § 3 Abs. 2. aa) Berechtigung 36
des Erstbetroffenen. Derselbe Vermögenswert kann auch nacheinander mehrfach, dh wiederholt Objekt einer Maßnahme iSd. § 1 gewesen sein, wenn beispielsweise derselbe Vermögenswert entschädigungslos enteignet, an einen Dritten veräußert und später wiederum entschädigungslos enteignet wurde oder ein Vermögenswert wegen nacheinandergeschalteter Republikfluchtfälle oder nationalsozialistischer Verfolgung wiederholt entzogen wurde. Im Falle der zeitlich nacheinanderfolgenden, mehrmaligen Betroffenheit von mehreren Personen mit im Grundsatz bestehenden Ansprüchen auf Rückübertragung desselben Vermögenswertes wird gem. **§ 3 Abs. 2** die Definition des Berechtigten iSd. § 2 Abs. 1 unter der Voraussetzung gegenständlicher oder wirtschaftlicher Identität in der Weise modifiziert, daß **nur der Erstbetroffene** als **Berechtigter** gilt **(Prioritätsprinzip).**

bb) Teleologische Restriktion. Diese vom Wortlaut weitreichende Einschränkung der 37
Definition des Berechtigten würde bei konsequenter Anwendung neben dem Verlust des Rückübertragungsanspruches des Nichterstbetroffenen auch zum Ausschluß des Entschädigungsanspruches von redlichen Zweitbetroffenen (zB bei nacheinandergeschalteten Fluchtfällen) führen, weil nach § 8 Abs. 1 Satz 1 für einen Entschädigungsanspruch das grundsätzliche Bestehen eines Rückübertragungsanspruches eines Berechtigten gem. § 3 Voraussetzung ist. Die Einschränkung des Berechtigtenkreises nach § 2 Abs. 1 durch § 3 Abs. 2 ist daher **teleologisch auf den Bereich der Restitutionsanspruches zu reduzieren** mit der Folge, daß eine **Berechtigung eines Nichterstbetroffenen (Zweitbetroffenen)** aufgrund einer von der ersten Schädigung unabhängigen, eigenständigen zweiten Schädigung hinsichtlich eines möglicherweise bestehenden Entschädigungsanspruches eines redlichen Nichterstbetroffenen[66] erhalten bleibt und damit auch der Nichterstbetroffene zur Stellung eines Antrages nach dem VermG berechtigt ist. Getragen wird diese teleologische Reduktion der einschränkenden Regelung des § 3 Abs. 2 durch das systematische Argument, daß in § 8 Abs. 1 Satz 1 der Berechtigte neben dem Rückübertragungsanspruch genannt ist und § 3 Abs. 2 die Konkurrenz zweier, aber nur einmal erfüllbarer Rückübertragungsansprüche mit systematischem Bezug auf § 3 Abs. 1 innerhalb dieser Norm lösen will. Verzichtet der Erstbetroffene auf eine Restitution, indem er vermögensrechtliche Ansprüche nicht geltend macht oder eine Entschädigung wählt, ist der Zweitbetroffene Berechtigter hinsichtlich des Restitutionsanspruches.

cc) Berechtigter bei einer sog. Kettenerbschaftsausschlagung. Bei einer nacheinander 38
durch die jeweiligen Erben (Einzelerben oder Erbengemeinschaften iSd. § 2a) erfolgten Erbschaftsausschlagung, sog. Kettenerbschaftsausschlagung, wegen Überschuldung von bebauten Grundstücken und Gebäuden iSd. § 1 Abs. 2 ist **nur der zuerst Ausschlagende oder dessen Rechtsnachfolger Berechtigter iSd. § 2 Abs. 1 Satz 1.**[67] Denn der Erstausschlagende war als erster von der schädigenden Zwangslage iSd. § 1 Abs. 2 betroffen und setzte

---

[66] Zustimmend *Horn,* Das Zivil- und Wirtschaftsrecht im neuen Bundesgebiet, 2. Aufl. 1993, § 13 RdNr. 144, S. 542; in diesem Sinne jetzt auch § 1 Abs. 2 Satz 1 Entschädigungsgesetz.

[67] So auch im Ergebnis BVerwG NJW 1994, 1233; VG Weimar VIZ 1993, 209, 210 = DtZ 1993, 221, 222; *Bestelmeyer* FamRZ 1994, 604, 606; *Vogt-Kobold* DtZ 1993, 226, 229 und *Kettel* DtZ 1994, 20,

22 wenden § 3 Abs. 2 direkt an sowie *Barkam,* R/R/B, § 1 RdNr. 29, § 3 Abs. 2 analog; *Neuhaus* F/R/M/S, § 1 RdNr. 91; aA *Wasmuth,* Rechtshandbuch, B 100 § 1 RdNr. 89, meint, daß erst die letzte, zur Begründung von Volkseigentum führende Erbausschlagung vermögensrechtliche Ansprüche auslöst; *Horst* ZOV 1993, 300, 302.

durch seine Erbschaftsausschlagung die erste entscheidende Ursache für die Übernahme des Vermögenswertes in Volkseigentum. Die nachfolgenden Erbschaftsausschlagungen sind erst durch die erste Schädigung ermöglicht worden. Es sind zwar alle Ausschlagenden grundsätzlich Berechtigte, aber nach § 3 Abs. 2 gilt nur der Erstbetroffene als Berechtigter, weil die Restitution der ersten Schädigung die nachfolgenden, durch die zeitlich vorangegangenen Schädigungen erst ermöglichten Erbausschlagungen nachträglich wirkungslos werden läßt.

III. Übertragbarkeit der Rechte auf die Conference on Jewish Material Claims against Germany GmbH (Abs. 1a)

39 Der Zweck des durch das RegVBG eingefügten **§ 2 Abs. 1a Satz 1** liegt darin, der Conference on Jewish Material Claims against Germany Inc. als subsidiär Berechtigte[68] iSd. § 2 Abs. 1 Satz 2 die Möglichkeit einzuräumen, zur Vereinfachung der Abwicklung der ihr zustehenden vermögensrechtlichen Ansprüche sich einer GmbH deutschen Rechts zu bedienen und dieser die vermögensrechtlichen Ansprüche einzeln oder allgemein zu übertragen.[69] Für die Wirksamkeit der Übertragung der vermögensrechtlichen Ansprüche der Conference on Jewish Material Claims against Germany Inc. auf die gleichnamige GmbH ist nach **§ 2 Abs. 1a Satz 2** die Einhaltung der gesetzlichen (einfachen) Schriftform iSd. § 126 BGB allgemein erforderlich, aber auch ausreichend; das Schriftformerfordernis gilt für die (verfügende) Forderungsabtretung und nach der ratio legis entsprechend für das zugrunde liegende schuldrechtliche Rechtsgeschäft. Insoweit wird der Grundsatz des § 3 Abs. 1 Satz 2 Hs. 3, der bei Grundstücken, Gebäuden und Unternehmen die notarielle Beurkundung der Forderungsabtretung und des zugrunde liegenden Verpflichtungsgeschäftes postuliert, abgeändert. Der Normzweck des **§ 2 Abs. 1a Satz 3** besteht darin, den prinzipiellen Verlust der Beteiligungsrechte nach § 4 Abs. 5 InVorG[70] im Investitionsvorrangverfahren aufgrund der Abtretung der vermögensrechtlichen Ansprüche an die Conference on Jewish Material Claims against Germany GmbH zu vermeiden und diese im Investitionsvorrangverfahren insoweit den Angehörigen eines Anmelders gleichzustellen.

IV. Legaldefinition des Vermögenswertes (Abs. 2)

40 **1. Bedeutung und Begriff.** § 2 Abs. 2 beinhaltet die Legaldefinition des Begriffs „Vermögenswert". Zur Umschreibung der Vermögenswerte verwendet § 2 Abs. 2 bei einigen Vermögenswerten nicht die juristisch zutreffenden Bezeichnungen der Rechtspositionen iSd. juristischen Terminologie (zB Eigentum an Grundstücken, etc.), sondern lediglich **gegenständliche Bezeichnungen** bzw Vermögenspositionen (zB Grundstücke), die als Vermögensgegenstand die betreffende Rechtsposition repräsentieren. In einigen Alternativen ist der jeweils bezeichnete **Vermögenswert nicht** mit der konkret zu restituierenden **Rechtsposition** (zB Eigentum am Grundstück... etc.) gleichzusetzen. Das VermG erfaßt als Vermögenswerte deshalb auch die in § 2 Abs. 2 nicht ausdrücklich genannten Rechtspositionen, wie beispielsweise Mitgliedschaftsrechte, Anteile an Gesamthandsgemeinschaften wie zB Anteile von Miterben an Erbengemeinschaften, Eigentum an Wertpapieren[71] etc., sofern sich diese Rechtspositionen auf die (in § 2 Abs. 2 gegenständlich umschriebenen) Vermögenswerte beziehen. Insoweit ist eine analoge Anwendung des § 2 Abs. 2 auf ungenannte Rechtspositionen nicht erforderlich.

41 Als Vermögenswert ist allgemein grundsätzlich jeder selbständig verkehrsfähige wirtschaftliche Wert anzusehen,[72] weil nur diese in Geld schätzbaren Güter als Ausdruck der Leistungsfähigkeit einer Person unter den Begriff des Vermögens fallen und das VermG

---

[68] Vgl. § 2 RdNr. 18 ff.
[69] BT-Drucksache 12/6228, S. 102.
[70] Vgl. zu § 4 Abs. 5 InVorG *Racky-Jesch* BB 1994, 151 ff.
[71] Vgl. *Hartkopf* ZOV 1992, 28.
[72] AA *Wasmuth*, Rechtshandbuch, B 100 § 2 RdNr. 50, 51.

nach § 1 ausschließlich „vermögens"-rechtliche Ansprüche an Vermögenswerten, nicht aber allgemein Wiedergutmachungsansprüche regelt. Aufgrund der **enumerativen Nennung** der Vermögenswerte in § 2 Abs. 2 werden prinzipiell nur die genannten Vermögenswerte vom VermG erfaßt. Diesen sind Anwartschaftsrechte gleichzustellen.[72a] **Nicht zu den Vermögenswerten iSd. § 2 Abs. 2 gehören bloße Erberwartungen**,[73] die vom Erblasser wegen der damaligen, in der DDR bestehenden Rechts- und Verwaltungspraxis nicht realisiert wurden.

2. Bebaute und unbebaute Grundstücke. Grundstück ist das iSd. § 3 Abs. 1 GBO im Bestandsverzeichnis des Grundbuchblatts als solches geführte Grundstück, welches durch ein oder mehrere katastermäßig erfaßte Flurstücke umschrieben wird. Die vor dem 3. 10. 1990 von den Liegenschaftsdiensten der Räte der Bezirke nach der Grundstücksdokumentationsordnung[74] geführten Grundbücher[75] gelten gem. Anlage I Kapitel III Sachgebiet B Abschnitt III Nr. 1c des Einigungsvertrages[76] und nunmehr gem. § 144 Abs. 1 Nr. 3 GBO als Grundbücher iSd. GBO. Das Bestehen von Gebäuden, Nutzungsrechten, Volkseigentum oder Bodenreformeigentum hat ebenso wie die Bebauung keinen Einfluß auf die Charakterisierung eines Grundstücks als Vermögenswert. **42**

3. Rechtlich selbständige Gebäude und Baulichkeiten. Die rechtlich selbständigen Gebäude sind gesondert als Vermögenswerte erwähnt, weil in der ehem. DDR nach dem ZGB-DDR[77] die Begründung eines vom Grundstückseigentum unabhängigen **Gebäudeeigentums** möglich war, und dieses gem. Art. 231 § 5, 233 § 4 EGBGB anerkannt wird. Entgegen den §§ 93, 94 Abs. 1 BGB konnte insbesondere nach dem ZGB-DDR in den gesetzlich vorgesehenen Fällen nach **§ 295 Abs. 2 ZGB-DDR, iVm. § 288 Abs. 4 ZGB-DDR aufgrund staatlicher Verleihung eines Nutzungsrechtes**[78] **oder iVm. § 292 Abs. 3 ZGB-DDR aufgrund genossenschaftlicher Zuweisung eines Nutzungsrechtes**[79] ein vom Grundstückseigentum unabhängiges und getrenntes Gebäudeeigentum entstehen.[80] **43**

[72a] Vgl. *Lenz-Pfeifer* VIZ 1994, 268, 269.
[73] BVerwG NJW 1994, 470 = ZIP 1993, 1905 = DB 1994, 93.
[74] Grundstücksdokumentationsordnung (GDO) vom 6. 11. 1975 (GBl. DDR I Nr. 43 S. 697).
[75] Zur Errichtung und Führung des Grundbuchs in der ehem. DDR vgl. *von Schuckmann* Rpfleger 1991, 139ff.
[76] BGBl. 1990 II S. 889, 952; diese Maßgabe ist ab dem 21. 12. 1993 gem. Art. 4 Abs. 2 RegVBG nicht mehr anzuwenden (BGBl. 1993 I S. 2182, 2204), aber gleichzeitig durch § 144 Abs. 1 Nr. 3 GBO inhaltsgleich wieder eingeführt worden.
[77] Zivilgesetzbuch der DDR (ZGB-DDR) vom 19. 6. 1975 (GBl. DDR I Nr. 27 S. 465).
[78] Vgl. §§ 12, 13 Verordnung über die Finanzierung des Arbeiterwohnungsbaues vom 4. 3. 1954 (GBl. DDR I Nr. 27 S. 253); § 1 Gesetz über die Verleihung von Nutzungsrechten an volkseigenen Grundstücken vom 21. 4. 1954 (GBl. DDR I Nr. 42 S. 445); § 8 Abs. 3 Gesetz über die Aufnahme des Bausparens vom 15. 9. 1954 (GBl. DDR I Nr. 81 S. 783); §§ 2, 4 Gesetz über den Verkauf volkseigener Eigenheime und Siedlungshäuser vom 15. 9. 1954 (GBl. DDR I Nr. 81 S. 784); § 9 Verordnung über die Förderung des Baues von Eigenheimen in Landgemeinden vom 24. 1. 1957 (GBl. DDR I Nr. 14 S. 121); §§ 3, 15, 16 Verordnung über die Umbildung gemeinnütziger und sonstiger Wohnungsbaugenossenschaften vom 14. 3. 1957 (GBl. DDR I Nr. 24 S. 200); §§ 2, 5 Abs. 1, 7 Abs. 2 Zweites Gesetz über die Verleihung von Nutzungsrechten an volkseigenen Grundstücken vom 3. 4. 1959 (GBl. DDR I Nr. 21 S. 277); § 4 Abs. 1 Gesetz über die Inanspruchnahme nach dem Aufbaugesetz – Entschädigungsgesetz vom 25. 4. 1960 (GBl. DDR I Nr. 26 S. 257); §§ 7 Abs. 1, 14 Abs. 1 Verordnung über Arbeiterwohnungsbaugenossenschaften vom 21. 11. 1963 (GBl. DDR II Nr. 4 S. 17); §§ 2, 4 Abs. 4, 5 Abs. 1 und 2 Gesetz über die Verleihung von Nutzungsrechten an volkseigenen Grundstücken vom 14. 12. 1970 (GBl. DDR I Nr. 24 S. 372); § 1 Abs. 3 Gesetz über den Verkauf volkseigener Eigenheime, Miteigentumsanteile und Gebäude für Erholungszwecke vom 19. 12. 1973 (GBl. DDR I Nr. 58 S. 578).
[79] Vgl. zB §§ 1, 4 Verordnung über die Bereitstellung von genossenschaftlich genutzten Bodenflächen zur Errichtung von Eigenheimen auf dem Lande vom 9. 9. 1976 (GBl. DDR I Nr. 35 S. 426); § 18 Abs. 2 Satz 1 lit. f Gesetz über die landwirtschaftlichen Produktionsgenossenschaften (LPG-G) vom 2. 7. 1982 (GBl. DDR I Nr. 25 S. 443), geändert durch Gesetz vom 6. 3. 1990 (GBl. DDR I Nr. 17 S. 133) und Gesetz vom 28. 6. 1990 mit Aufhebung von § 18 LPG-G (GBl. DDR I Nr. 38 S. 483).
[80] Vgl. Art. 231 § 5 und Art. 233 § 4 EGBGB und hierzu *von Oefele,* Zivilrecht im Einigungsvertrag, 1991, RdNr. 283ff. Zum Gebäudeeigentum vgl. *v. Craushaar* DtZ 1991, 359ff.; *Janke* DtZ 1992, 115f.; *Graf Lambsdorff-Stuth* VIZ 1992, 348ff., 353 (mit einer Übersicht zu Entstehungstatbeständen von Sondereigentum an Gebäuden und Baulichkei-

Auf der Grundlage dieser gesetzlichen Regelungen und der eingeräumten Nutzungsrechte wurden insbesondere an zahlreichen Einfamilien- und Wochenendhäusern sowie anderen persönlichen Zwecken dienenden Gebäuden in der ehem. DDR rechtlich selbständiges Gebäudeeigentum begründet. Für rechtlich selbständige Gebäude war ein Gebäudegrundbuch anzulegen, welches aber für die Begründung des Gebäudeeigentums idR – mit Ausnahme der Fälle des § 4 Abs. 1 des Gesetzes über den Verkauf volkseigener Gebäude vom 7. 3. 1990 (GBl. I S. 157) – nicht konstitutiv war, weil das Gebäudeeigentum bei bereits vorhandenen Gebäuden mit Verleihung, Zuweisung oder sonstiger Begründung des Nutzungsrechts bzw mit Errichtung des Gebäudes auf dem mit dem Nutzungsrecht belasteten Grundstück entstand. Überdies war nach § 13 Abs. 2 LPG-G[81] 1959 bzw. § 27 LPG-G[82] 1982 bei bestehendem Gebäudeeigentum keine gesonderte Eintragung vorgesehen (vgl. Art 233 § 3 iVm. Art. 233 § 2b Abs. 2 EGBGB).[82a] Außerdem wurde durch Art. 233 § 2b Abs. 1 Satz 1 EGBGB iVm. Art. 233 § 2a Abs. 1 lit. a und b EGBGB auch ohne das Bestehen von dinglichen Nutzungsrechten an Grundstücken selbständiges Gebäudeeigentum an Gebäuden und Anlagen von landwirtschaftlichen Produktionsgenossenschaften, Arbeiterwohnungsbaugenossenschaften und gemeinnützigen Wohnungsbaugenossenschaften auf ehemals volkseigenen Grundstücken begründet.

44 In Abgrenzung zu Gebäuden sind **Baulichkeiten** solche Bauwerke, die aufgrund eines schuldrechtlichen Nutzungsrechtes auf fremden Grundstücken errichtet und wie bewegliche Sachen behandelt werden. Zu den Baulichkeiten gehören nach § 296 ZGB-DDR insbesondere Wochenendhäuser (sog. Datschen) sowie die der Erholung, Freizeitgestaltung dienenden und in Ausübung eines vertraglich vereinbarten, schuldrechtlichen Nutzungsrechts iSd. §§ 312ff. ZGB-DDR (iVm. Art. 232 § 4 EGBGB) errichteten Baulichkeiten, die zum Zwecke der kleingärtnerischen Nutzung, Erholung und Freizeitgestaltung überlassen wurden.[82b] Wurde eine bauliche Anlage aufgrund eines schuldrechtlichen Nutzungsvertrages iSd. § 312 Abs. 1 ZGB-DDR errichtet, liegt eine Baulichkeit vor, oder aufgrund eines verliehenen oder zugewiesenen Nutzungsrechts iSd. §§ 287 Abs. 1 oder 291 ZGB-DDR ein Gebäude.

45 **4. Nutzungsrechte und dingliche Rechte an Grundstücken und Gebäuden.** Bei den Nutzungsrechten an Grundstücken und Gebäuden handelt es sich nur um **obligatorische Nutzungsrechte an Immobilien**, weil die dinglichen Nutzungsrechte unter dem Begriff der dinglichen Rechte an Grundstücken und Gebäuden zu subsumieren sind. Zu den schuldrechtlichen Nutzungsrechten an Grundstücken und Gebäuden zählen insbesondere die Miete gem. §§ 535ff. BGB, §§ 94ff. BGB bzw. §§ 169 G(I)W,[83] die Pacht gem. §§ 581ff. BGB, die Leihe gem. §§ 598ff. BGB sowie die Nutzung von Bodenflächen zur Erholung gem. §§ 312ff. ZGB-DDR oder atypische Nutzungsüberlassungsverträge.

46 Unter den Begriff der **dinglichen (Teil-) Rechte an Grundstücken und Gebäude** fallen beschränkt dingliche Rechte an Immobilien wie dingliche Nutzungsrechte (Dienstbarkeiten iSd. §§ 1018ff. BGB bzw §§ 1090ff. BGB, Nießbrauch iSd. §§ 1030ff. BGB, Erbbaurechte iSd. §§ 1ff. ErbbauVO) oder dingliche Verwertungsrechte (Hypotheken iSd.

---

ten); *Kassebohm* VIZ 1993, 425ff.; *Schnabel*, ZOV 1993, 151ff.; *Volhard* VIZ 1993, 481ff.; *Wilhelms* VIZ 1994, 332ff.; zur Anlegung von Gebäudegrundbuchblättern: § 144 Abs. 1 Nr. 4 GBO und BMJ VIZ 1993, 388ff.

[81] Gesetz über die landwirtschaftlichen Produktionsgenossenschaften (LPG-G) vom 3. 6. 1959 (GBl. DDR I Nr. 36 S. 577) idF des § 12 Ziff. 4 des Einführungsgesetzes zum Zivilgesetzbuch der DDR (EG-ZGB-DDR) vom 19. 6. 1975 (GBl. Nr. 27 S. 517).

[82] Gesetz über die landwirtschaftlichen Produktionsgenossenschaften (LPG-G) vom 2. 7. 1982 (GBl. DDR I Nr. 25 S. 443), geändert durch Gesetz vom 6. 3. 1990 (GBl. DDR I Nr. 17 S. 133) und Gesetz vom 28. 6. 1990 (GBl. DDR I Nr. 38 S. 483).

[82a] Vgl. *Hügel* DtZ 1994, 144.

[82b] Vgl. hierzu näher *Purps* VIZ 1994, 390ff.

[83] Gesetz über internationale Wirtschaftsverträge (GIW) vom 5. 2. 1976 (GBl. DDR I Nr. 5 S. 61), geändert in Gesetz über Wirtschaftsverträge (GW) durch Anlage III Abschnitt II Nr. 11 des Vertrags über die Schaffung einer Währungs-, Wirtschafts- und Sozialunion zwischen der Bundesrepublik Deutschland und der DDR vom 18. 5. 1990 (GBl. DDR I Nr. 34 S. 331).

Begriffsbestimmung   47–49 § 2 VermG

§§ 1113 ff. BGB, Grundschulden iSd. §§ 1191 ff. BGB,[84] Sicherungs- und Rentengrundschulden iSd. §§ 1199 ff. BGB, Reallasten iSd. §§ 1105 ff. BGB) sowie dingliche Vorkaufsrechte iSd. §§ 1094 ff. BGB oder Anwartschaftsrechte oder nach den Regelungen des ZGB-DDR verliehene oder zugewiesene Nutzungsrechte nach §§ 287 ff., 291 ff. ZGB-DDR, Mitbenutzungsrechte gem. §§ 321 Abs. 1–3, 322 ZGB-DDR, Hypotheken nach §§ 452 ff., 456 ZGB-DDR, Vorkaufsrechte an Grundstücken nach §§ 306 ff. ZGB-DDR. Als dingliches Recht sui generis kommt auch mangels Eigentumsqualität iSd. Art. 233 § 2 EGBGB bis zum 16. 3. 1990 das sog. Siedlungseigentum der Neubauern an Bodenreformgrundstücken in Betracht.[85]

5. Bewegliche Sachen. Bewegliche Sachen sind körperliche Gegenstände iSd. § 90 BGB, die nicht Grundstücke, Grundstücksbestandteile oder den Grundstücken gleichgestellt (selbständige Gebäude) sind. Zu den beweglichen Sachen gehören ua. auch Scheinbestandteile iSd. § 95 BGB[86] und nicht wesentliche Bestandteile eines Grundstücks (vgl. §§ 93, 94 BGB), Bargeld.[87]   47

6. Gewerbliche Schutzrechte, Urheberrechte und verwandte Schutzrechte. Die gewerblichen Schutzrechte, Urheberrechte und verwandten Schutzrechte[88] sind durch das PrHBG nachträglich in die vermögensrechtliche Definition des Vermögenswertes aufgenommen worden, um auch die Restitution von einzelnen, nicht mit einem Unternehmen nach den §§ 6, 12 zurückzuübertragenden Immaterialgüterrechten oder diesbezüglichen Rechten – vorbehaltlich ihrer gesonderten Übertragbarkeit – zu ermöglichen.[89] Von Enteignungsmaßnahmen oder vergleichbaren staatlichen Beeinträchtigungen betroffene gewerbliche Schutzrechte sind ausschließlich entsprechend den Regelungen des VermG zu restituieren, weil eine Restitution von gewerblichen Schutzrechten nicht Gegenstand des Erstreckungsgesetzes[90] vom 23. 4. 1992 ist.[91]   48

Zu den **gewerblichen Schutzrechten** gehören die förmlichen Patentrechte bzw Wirtschafts-, Ausschließungs- und Geheimpatente, ferner Gebrauchsmusterrechte, Geschmacksmusterrechte oder Rechte an industriellen Mustern (sog. DDR-Industriemusterrechte nach §§ 1 ff. VO über industrielle Muster vom 17. 1. 1974, GBl. DDR I S. 140) und Warenzeichenrechte nach dem WZG bzw. WZKG sowie insbesondere die sachlichen Ausstattungs- und Kennzeichnungsrechte.   49

---

[84] Überdies war die Begründung sog. Aufbaugrundschulden möglich, vgl. § 5 Anordnung über Kreditgebung vom 2. 9. 1949 (ZVOBl. 1949 S. 714; GBl. DDR 1950 S. 315; GBl. DDR 1960 I Nr. 34 S. 1253, geändert GBl. DDR 1967 II Nr. 63 S. 419), Durchführungsbestimmungen vom 19. 10. 1960 (GBl. DDR 1960 II Nr. 37 S. 415), § 13 Abs. 2 iVm. §§ 7 Abs. 5–7 Verordnung über die Finanzierung von Baumaßnahmen zur Erhaltung vom 28. 4. 1960.
[85] Vgl. BezG Dresden VIZ 1992, 198; VIZ 1992, 278, 279 f.; LG Chemnitz ZOV 1994, 190 mit Anm. *Jesch*; VG Dessau VIZ 1994, 82/83; ZOV 1994, 75, 76; VG Dresden ZOV 1993, 446, 447; *Schildt* DtZ 1992, 97, 99; *Grosser* Wirtschaftsrecht 1992, 303, 304; *Wasmuth*, Rechtshandbuch, B 100 VermG Einf. RdNr. 42 f.; offengelassen vom BezG Neubrandenburg DtZ 1992, 217, 218; aA: nach *Krüger* DtZ 1991, 385 ff., stand den Neubauern nur ein Nutzungsbefugnis, nicht aber das Eigentum an den ihnen zugewiesenen Land zu; *Siewert* NJ 1992, 155, 158, geht von einem Nutzungsrecht der Neubauern am Bodenreformland und dem Eigentum der Neubauern am Grundstück aus; Bodenreformeigentum als persönliches „Arbeitseigentum" des Neubauern: BVerwG ZIP 1994, 564, 565/566; kritisch hierzu: *Faßbender* VIZ 1994, 321, 323; vgl. ferner zum Eigentum an Bodenreformgrundstücken (Art. 233 §§ 11–16 EGBGB): *Böhringer* VIZ 1994, 159 ff.; *Gollasch-Kroeger* VIZ 1992, 421 ff.; *Jesch* VIZ 1994, 451 ff.; *Kahlke* NJ 1992, 481 ff.; *Keller* VIZ 1993, 190 ff. Die Erben von Bodenreformgrundstücken verfügten idR. jedoch insoweit nicht über eine geschützte Rechtsposition; BVerwG ZIP 1994, 564 ff.
[86] BGH NJW 1987, 774.
[87] BGH NJW 1990, 1913.
[88] Zu den Immaterialgüterrechten und den diesbezüglichen Rechtsvorschriften in der ehem. DDR vgl. Anhang II zu § 16 RdNr. 5 ff.
[89] BR-Drucksache 70/91, S. 25 = BT-Drucksache 12/103, S. 23; ferner BT-Drucksache 12/449, S. 8. Nach *Papier-Dippel* GRUR 1991, S. 639, 640, war die Ergänzung des § 2 Abs. 2 VermG um die gewerblichen Schutzrechte und Urheberrechte nach Art. 14 Abs. 1 GG iVm. Art. 3 Abs. 1 GG verfassungsrechtlich geboten.
[90] Gesetz über die Erstreckung von gewerblichen Schutzrechten (Erstreckungsgesetz – ErstrG) vom 23. 4. 1992 (BGBl. I S. 938, 944).
[91] Staatliche Eingriffe in Zeichenrechte werden nur in § 30 Abs. 2 Nr. 2 des Erstreckungsgesetzes berücksichtigt.

50 Unter den Begriff der **Urheberrechte** fallen die Rechte an geschützten geistig-schöpferischen Werken der Literatur, Wissenschaft und Kunst iSd. §§ 1 ff. UrhG.

51 Als **verwandte Schutzrechte** kommen zB. solche in bezug auf individuelle geistige Leistungen der ausübenden Künstler, der Lichtbildner, der Hersteller von Tonträgern, der Sendeunternehmen, der Verfasser wissenschaftlicher Ausgaben und der Herausgeber nachgelassener Werke sowie sonstige wegen des besonderen Schutzwertes vergleichbare Leistungspositionen in Betracht.

52 **7. Kontoguthaben und sonstige auf Geldzahlungen gerichtete Forderungen.** Zu den **Kontoguthaben** zählen die auf Zahlung von Geld gerichteten Forderungen gegenüber Kreditinstituten mit Sitz im Beitrittsgebiet. Kontoguthaben konnten ursprünglich gem. § 700 BGB aufgrund eines unregelmäßigen Verwahrungsvertrages oder gem. § 607 BGB aufgrund eines Darlehensvertrages und seit dem 1. 1. 1976 gem. §§ 234 ff. ZGB-DDR aufgrund eines Kontovertrages oder gem. §§ 238 ff. ZGB-DDR aufgrund eines Sparkontenvertrages in Form von Buchspar- oder Spargirokonten unterhalten werden.[92]

53 **Sonstige auf Geldzahlungen gerichtete Forderungen** sind unabhängig vom Entstehungsgrund und der Währungsart die auf Zahlung einer Geldsumme gerichteten Ansprüche gegenüber Schuldnern mit Sitz oder Wohnsitz im Beitrittsgebiet. Zu diesen Geldforderungen gehören ua. die bei einer Schuldbuchstelle begründeten Schuldbuchforderungen aufgrund einer Entschädigung,[93] ein Anspruch auf Entschädigung[94] oder Ansprüche auf Darlehenszinsen und Gewinnausschüttungen zB. aus Kommanditanteilen.[95]

54 **8. Eigentum/Beteiligungen an Unternehmen oder an Betriebsstätten/Zweigniederlassungen von Unternehmen mit Sitz außerhalb der ehem. DDR.** Vermögenswerte sind auch die Beteiligungsrechte bzw das Eigentum an Unternehmen mit Sitz innerhalb der ehem. DDR und innerhalb der ehem. DDR belegenen Betriebsstätten bzw. Zweigniederlassungen von Unternehmen mit Sitz außerhalb der ehem. DDR. Wegen des Fehlens eines allgemein gültigen Unternehmensbegriffes und einer fehlenden Legaldefinition des Unternehmens im VermG läßt sich der vermögensrechtliche Unternehmensbegriff nur teleologisch bestimmen. Das VermG unterscheidet die nach § 6 erfolgende Restitution des Vermögenswertes **Unternehmen als Sachgesamtheit** von der Restitution einzelner Vermögensgegenstände nach § 3 Abs. 1 Satz 1.[95a] Als **Unternehmen** kann die dauerhafte organisatorische Einheit angesehen werden, in der wirtschaftliche Aufgaben unter Verwendung von sachlichen und personellen Mitteln zum Zwecke der Erfolgserzielung erfüllt werden. Konkretisiert wird der vermögensrechtliche Unternehmensbegriff durch § 1 Abs. 1 Satz 2 und 3, Abs. 2 URüV, wobei diese Umschreibung durch die URüV als Rechtsverordnung keine Bindungswirkung hinsichtlich des VermG als formellem Gesetz entfaltet. Nach der URüV geht der Begriff des Unternehmens jedenfalls über den Begriff eines kaufmännischen Unternehmens hinaus und erstreckt sich auch auf Kleingewerbetreibende, land- und forstwirtschaftliche Tätigkeiten und sonstige gewerbliche Unternehmen.[96] Beteiligungs- und Anteilsrechte an nicht unternehmerisch tätigen Körperschaften stellen grundsätzlich keinen Vermögenswert iSd. VermG dar.

55 **Unternehmensbeteiligungen** sind Anteilsrechte an anderen Unternehmen, unabhängig von deren Rechtsform. Für den vermögensrechtlichen Begriff der Unternehmensbeteiligung, der wegen der unterschiedlichen gesetzlichen Regelungszwecke nicht mit dem

---

[92] Vgl. näher *Hüffer*, Zivilrecht im Einigungsvertrag, 1991, RdNr. 185 f.

[93] Vgl. zB § 13 Abs. 1 Satz 1 Erste Durchführungsbestimmung zum Entschädigungsgesetz vom 30. 4. 1960 (GBl. DDR I S. 336) bzw § 11 Abs. 2 Entschädigungsgesetz vom 15. 6. 1984 (GBl. DDR I S. 209) iVm. Verordnung über die Schuldbuchordnung für die DDR vom 2. 8. 1951 (GBl. S. 723).

[94] VG Dresden ZOV 1993, 447, 448/449.

[95] VG Meiningen VIZ 1993, 508 (nur Ls.) = ZOV 1993, 376.

[95a] Zum Verhältnis zwischen Singular- und Unternehmensrestitution vgl. Vor § 6 RdNr. 1 sowie VG Dessau VIZ 1993, 307 ff. mit Anm. *Luka*; *Messerschmidt* VIZ 1993, 5 ff.

[96] Vgl. näher § 6 RdNr. 5 ff.

bilanzrechtlichen Begriff in § 271 Abs. 1 Satz 1 HGB gleichgesetzt werden kann, genügt auch jede lediglich kapitalmäßige Unternehmensbeteiligung.[97]

Der steuerrechtliche Begriff der **Betriebsstätte** umfaßt gem. § 12 Satz 1 AO jede feste, **56** der Tätigkeit eines Unternehmens dienende Geschäftseinrichtung oder -anlage.[98] Der Begriff der **Zweigniederlassung** stammt aus dem Handelsrecht im Sinne von § 13 HGB und ist die Niederlassung eines Kaufmanns, von der aus selbständig und unselbständig Handelsgeschäfte ausgeführt werden.[99] Die Zweigniederlassung ist nach § 12 Satz 2 Nr. 2 AO ein Unterfall des umfasssenderen Begriffs der Betriebsstätte. Die Betriebsstätte bzw die Zweigniederlassung müssen einem Unternehmen mit Sitz außerhalb des Beitrittsgebietes zuzurechnen sein, weil sie ansonsten bereits als unselbständige Teile zu dem Vermögenswert Unternehmen gehören.

V. Begriff des Verfügungsberechtigten (Abs. 3)

1. Verfügungsberechtigter (Abs. 3 Satz 1). a) Bedeutung der Legaldefinition und des **57** **Begriffes.** Der durch das PrHBG angefügte § 2 Abs. 3 Satz 1 definiert den an zahlreichen Stellen[100] des VermG verwendeten vermögensrechtlichen Begriff des Verfügungsberechtigten. Diese Legaldefinition enthält zumindest teilweise eine Zirkeldefinition; „Verfügungsberechtigter ... ist bei ... derjenige, in dessen [Eigentum oder] Verfügungsmacht ... und bei ... diejenige Person, in deren [Eigentum oder] Verfügungsmacht der Vermögensgegenstand steht". Die Definition des Verfügungsberechtigten in § 2 Abs. 3 Satz 1 hat deshalb keinen normativen, sondern eher einen klarstellenden, „rein deskriptiven Charakter".[101] Der ursprünglich im Gesetzentwurf[102] des PrHBG vorgesehene und noch in § 31 Abs. 2 verbliebene Begriff „Rechtsträger" sowie die Begriffe „Rechtsinhaberschaft" und „gehört" sind aufgrund einer Beschlußempfehlung des Rechtsausschusses des Deutschen Bundestages[103] ersetzt worden.

Die Einordnung als Verfügungsberechtigter entscheidet noch nicht darüber, ob der **58** Verfügungsberechtigte von einer Rückübertragung von Vermögenswerten tatsächlich betroffen sein wird. Die Bedeutung des Begriffes des Verfügungsberechtigten besteht in der Konkretisierung des vermögensrechtlich Verpflichteten. Dies ist insbesondere im Hinblick auf die Beschränkungen der §§ 3 Abs. 3 bis 5, 11 Abs. 2 und 3, 15 sowie die Beteiligungsrechte im vermögensrechtlichen Verfahren gem. §§ 30 ff. von Bedeutung.

b) Bestimmung des Verfügungsberechtigten bei der Rückgabe von Vermögenswer- **59** **ten.** § 2 Abs. 3 Satz 1 differenziert bei der Begriffsbestimmung des vermögensrechtlich Verfügungsberechtigten zwischen der Rückgabe von Unternehmen (Abs. 3 Satz 1 Alt. 1), speziell von Kapitalgesellschaften (Abs. 3 Satz 1 Alt. 2) und der Rückübertragung von sonstigen Vermögenswerten (Abs. 3 Satz 1 Alt. 3).

aa) Entzogene Unternehmen (Abs. 3 Satz 1 Alt. 1). In den Fällen der **Unternehmens-** **60** **rückgabe** ist der **vermögensrechtlich Verfügungsberechtigte** derjenige, dem das Eigentum an oder die Verfügungsmacht über das vermögensrechtlich beanspruchte Unternehmen zumindest teilweise zusteht. Für den Begriff des Unternehmens kann auf die Umschreibung des zurückzugebenden Unternehmens[104] in § 1 Abs. 1 Satz 2, 3 und Abs. 2 URüV iVm. § 6 Abs. 9 VermG zurückgegriffen werden, weil dieses gem. § 6 Abs. 1 Satz 1 mit dem entzogenen vergleichbar sein muß.[105] **Eigentümer** eines entzogenen Un-

---

[97] *Wasmuth,* Rechtshandbuch, B 100 § 2 RdNr. 78.
[98] Vgl. näher zum Begriff der Betriebsstätte BVerwG NJW 1994, 335, 336 mwN.
[99] Vgl. *Baumbach-Hopt,* HGB, 29. Aufl., 1995, § 13 RdNr. 3.
[100] Vgl. zB. §§ 3, 6 bis 6b, 30, 31 und 38a VermG.
[101] *Fieberg-Reichenbach* F/R/M/S, § 2 RdNr. 40; aA *Liebs-Preu* ZIP 1991, 216, 217f.
[102] Vgl. Art. 1 Nr. 2c) des Gesetzentwurfs des PrHBG zu § 2 Abs. 3 VermG, BR-Drucksache 70/91, S. 5.
[103] BT-Drucksache 12/255, S. 5 und Begründung des Rechtsausschusses, BT-Drucksache 12/449, S. 8.
[104] Zum Unternehmensbegriff VG Chemnitz ZOV 1993, 196.
[105] Vgl. Kommentierung zu § 6 Abs. 1 Satz 1 (§ 6 RdNr. 11 ff.).

ternehmens ist der privatrechtliche Rechtsinhaber des Unternehmens. Die Stellung als Eigentümer kommt dem derzeitigen **Unternehmensträger, dh idR der Gesellschaft**,[106] zu. Dies sind insbesondere die Einzelkaufleute, Personenhandelsgesellschaften, Gesellschaften bürgerlichen Rechts, Erbengemeinschaften, die jeweils berechtigten Verwaltungsträger öffentlich-rechtlicher Unternehmen oder – neben der Regelung des § 2 Abs. 3 Satz 1 Alt. 2 – die Kapitalgesellschaften.

61 Mit der **Verfügungsmacht** über ein entzogenes Unternehmen ist die Fähigkeit zur unmittelbaren Übertragung, Aufhebung, Belastung und Inhaltsänderung eines Rechtes an dem Unternehmen gemeint.[107] Diese Verfügungsmacht steht grundsätzlich dem Inhaber des betreffenden Rechtes, über das verfügt werden soll, zu. Ausnahmsweise kann die Verfügungsmacht auch einer anderen Person kraft Rechtsgeschäftes oder Gesetzes zustehen, wie zB dem Testamentsvollstrecker gem. §§ 2205, 2211 BGB oder dem Verwalter nach Eröffnung des Gesamtvollstreckungsverfahrens gem. §§ 8 Abs. 2, 5 Nr. 2 GesO.[108] Eine Verfügungsmacht wird nicht durch die Alleinvertretungsbefugnis der Treuhandanstalt/BVS gem. § 2 Abs. 3 Satz 3 begründet.[109]

62 bb) **Kapitalgesellschaften (Abs. 3 Satz 1 Alt. 2).** § 2 Abs. 3 Satz 1 Alt. 2 trifft entsprechend den allgemeinen gesellschaftsrechtlichen Grundsätzen der Übertragung des Unternehmens bei Kapitalgesellschaften eine **spezielle, Alt. 1 ergänzende Bestimmung hinsichtlich des Verfügungsberechtigten.** Denn ein Unternehmen kann zum einen durch die vertretungsberechtigten Organe der Kapitalgesellschaft als Unternehmensträger im Wege der Einzelrechtsnachfolge durch Verfügungen[110] über die Vermögensgegenstände der Gesellschaft verfügen (sog. **asset deal**). Zum anderen kann eine Verfügung über ein Unternehmen in Form einer Kapitalgesellschaft aber auch getroffen werden, indem die Gesellschaftsanteile an der Kapitalgesellschaft als Unternehmensträger durch die Anteilseigner (Aktionäre bzw. Gesellschafter) auf einen Erwerber übertragen werden (sog. **share deal**).

63 Entsprechend dieser letzteren Möglichkeit sind gem. § 2 Abs. 3 Satz 1 Alt. 2 **Verfügungsberechtigte** iSd. VermG die **unmittelbaren oder mittelbaren Inhaber der Kapitalgesellschaftsanteile (Aktionäre bzw. Gesellschafter)**, wenn der Träger des Unternehmens eine Kapitalgesellschaft ist. In diesem Zusammenhang bedeutet **unmittelbar**, daß die betreffende Rechtsposition dem Anteilseigner selbst zusteht, und **mittelbar**, daß sich die betreffenden Kapitalgesellschaftsanteile im Eigentum einer dem Anteilseigner gehörenden Kapitalgesellschaft befinden.

64 Bei Unternehmen ist Verfügungsberechtigte iSd. VermG insbesondere die **Treuhandanstalt/BVS**. Diese ist **unmittelbare Anteilseignerin** der nach §§ 1 Abs. 4, 11 Abs. 1 Satz 2 des Treuhandgesetzes in Aktiengesellschaften umgewandelten Kombinate bzw in Gesellschaften mit beschränkter Haftung umgewandelten Wirtschaftseinheiten und nach §§ 12 Abs. 1, 23 Treuhandgesetz **mittelbare Anteilseignerin** der nach § 2 Abs. 1 iVm. § 4 Umwandlungs-VO[111] umgewandelten, diesen Wirtschaftseinheiten vor dem 1. 7. 1990 unterstellten Gesellschaften mit beschränkter Haftung bzw Aktiengesellschaften. Verfügungsberechtigt ist die Treuhandanstalt/BVS nur über die ihr zustehenden Anteilsrechte, nicht aber über einzelne Vermögenswerte der Gesellschaften.[112] Da an einzelnen Vermögensgegenständen keine Anteile der Gesellschafter bestehen, ist zur Verfügung über diese Gegenstände grundsätzlich

---

[106] KreisG Chemnitz-Stadt DB 1992, 130, 131.
[107] Der Gesetzentwurf des PrHBG verwandte die Begriffe Eigentum und Rechtsinhaberschaft, vgl. BR-Drucksache 70/91, S. 5, so daß der Begriff Rechtsinhaberschaft durch Verfügungsmacht ersetzt worden ist.
[108] Gesamtvollstreckungsordnung (GesO) vom 6. 6. 1990 (GBl. DDR I Nr. 32 S. 285) idF der Bekanntmachung vom 23. 5. 1991 (BGBl. I S. 1185); vgl. hierzu *Haarmeyer-Wutzke-Förster*, GesO, 2. Aufl., 1992; *Hess-Binz*, GesO, 1991; *Smid* (Hrsg.), Gesamtvollstreckungsordnung, 1991.

[109] Vgl. die Kommentierung zu § 2 Abs. 3 Satz 3 (§ 2 RdNr. 69).
[110] Ggf. ist eine Zustimmung der Gesellschafter- bzw Hauptversammlung erforderlich, vgl. BGHZ 83, 122ff. = NJW 1982, 1703ff. „Holzmüller".
[111] Verordnung vom 1. 3. 1990 zur Umwandlung von volkseigenen Kombinaten, Betrieben und Einrichtungen (GBl. DDR 1990 I S. 107) mwÄnd.
[112] *Wente* VIZ 1992, 125, 127; *Wasmuth*, Rechtshandbuch, B 100 § 2 RdNr. 92; aA *Leo* DB 1991, 1505, 1506.

nur die jeweilige, durch ihre vertretungsberechtigten Organe handelnde Kapitalgesellschaft als Verfügungsberechtigte iSd. § 2 Abs. 3 Satz 1 Alt. 1 befugt.[113]

Soweit nach § 2 Abs. 3 Satz 1 Alt. 1 bzw 2 hinsichtlich desselben Unternehmens bei Kapitalgesellschaften mehrere Personen Verfügungsberechtigte iSd. VermG sind, stehen diese vermögensrechtlich prinzipiell gleichberechtigt nebeneinander, ohne daß insoweit allein aus diesem Grunde eine Ausschließlichkeit oder Bevorrechtigung eines Verfügungsberechtigten angenommen werden kann.[114] 65

cc) **Andere Vermögenswerte (Abs. 3 Satz 1 Alt. 3).** Bei der Rückübertragung anderer Vermögenswerte als Unternehmen oder Unternehmensteile ist nach § 2 Abs. 3 Satz 1 Alt. 3 Verfügungsberechtigter diejenige Person, in deren Eigentum oder Verfügungsmacht[115] der Vermögenswert steht. Die Bestimmung des jeweiligen Eigentümers oder Verfügungsbefugten bei dem bisherigen **Volkseigentum** hat nach Art. 233 § 2 Abs. 2 EGBGB anhand der besonderen Vorschriften über die Abwicklung des Volkseigentums zu erfolgen.[116] Als **Verfügungsberechtigte iSd. § 2 Abs. 3 Satz 1 Alt. 3** kommen insbesondere in Betracht: 66

(1) der **Bund**, soweit ihm durch Art. 21 Abs. 1 Satz 1 Einigungsvertrag Verwaltungsvermögen oder durch Art. 22 Abs. 1 Satz 1 und Abs. 2 Einigungsvertrag Finanzvermögen zugewiesen wurde;

(2) die **Länder**, soweit ihnen durch Art. 21 Abs. 2 Einigungsvertrag Verwaltungsvermögen oder aufgrund von Art. 22 Abs. 1 Satz 3 Einigungsvertrag Finanzvermögen übertragen wurde oder sie wegen ihrer Grundbucheintragung als Rechtsträger nach § 6 Abs. 1 Satz 1 lit. b VZOG über Grundstücke und Gebäude verfügungsbefugt sind;

(3) die **Städte, Gemeinden und Landkreise des Beitrittsgebiets**, soweit diesen durch Art. 21 Abs. 2 Einigungsvertrag, aufgrund von Art. 22 Abs. 1 Satz 3 Einigungsvertrag oder aufgrund von § 1 Abs. 1 Satz 2 und 3 Treuhandgesetz, durch §§ 2 und 3 KVG ehemals volkseigene Vermögenswerte oder durch Art. 22 Abs. 4 Einigungsvertrag das zur Wohnungsversorgung genutzte volkseigene Vermögen – vorbehaltlich der Eigentumsübertragung kraft Gesetzes auf die Wohnungsgenossenschaften[117] – übertragen wurden oder nach § 8 Abs. 1 Satz 1 lit. a VZOG (idF. des RegVBG) wegen der Grundbucheintragung als Rechtsträger eine Verfügungsbefugnis über Grundstücke und Gebäude besteht;

(4) die **Treuhandanstalt/BVS**, soweit ihr – mit Ausnahme der Anteile an umgewandelten Kapitalgesellschaften iSd. § 2 Abs. 3 Satz 1 Alt. 2 – Vermögenswerte des ehemaligen Ministeriums für Staatssicherheit nach Art. 21 Abs. 1 Satz 2, 22 Abs. 1 Satz 2 iVm. 25 Einigungsvertrag, § 1 der Vierten DVO zum Treuhandgesetz (GBl. DDR 1990 I S. 1465) bzw in Form ausgesonderten Militärvermögens nach § 2 der Zweiten DVO zum Treuhandgesetz (GBl. DDR 1990 I S. 1260) übertragen wurden oder land- und forstwirtschaftliches Vermögen nach § 1 der Dritten DVO zum Treuhandgesetz (GBl. DDR 1990 I S. 1333) bzw. sog. Parteivermögen nach der Maßgabe in Anlage II Kapitel II Sachgebiet A Abschnitt III Nr. 1 lit. d Einigungsvertrag[118] (BGBl. 1990 II S. 889, 1150) mit Verfügungsbefugnis verwaltet werden;

---

[113] Vgl. *Fieberg-Reichenbach* F/R/M/S § 2 RdNr. 40.

[114] *Weimar-Alfes* BB 1993, 378, 379.

[115] Zu diesen Begriffen vgl. die entsprechenden Ausführungen zu § 2 Abs. 3 Satz 1 Alt. 1 (§ 2 RdNr. 60, 61).

[116] Zur Zuordnung ehemaligen Volkseigentums vgl. *Arndt-Zinnow* LKV 1992, 1ff.; *Becker* LKV 1992, 209ff.; *Früh* LKV 1992, 150ff.; *Früh* LKV 1992, 191; *Früh* NJ 1992, 75ff.; *Habscheid* VIZ 1993, 198ff. zu Konsumgenossenschaften; *Ipsen-Koch* DVBl 1993, 1, 8f.; *Lange* DtZ 1991, 329ff.; *Lipps* VIZ 1992, 14ff.; Ossenbühl DÖV 1991, 301ff.; *Penig* DÖV 1990, 822ff.; *Püttner* LKV 1991, 209ff.; *Säcker-Busche* NVwZ 1992, 330ff.; *Schmidt* LKV 1992, 154ff.; *Schmidt-Räntsch* ZIP 1991, 973ff.; *Schillo,* R/R/B, Teil 2 D; *Schützenmeister* LKV 1991, 25ff.; *Wächter* BB 1991, Beilage Nr. 9, S. 6, 9ff.; *Weise* ZIP 1992, 1357ff. sowie speziell zu vermögensrechtlichen Vorgängen im Wohnungsbestand *Butzer* DtZ 1993, 265ff. und LKV 1993, 260f.; *Frenz* DtZ 1993, 41ff.; *Söfker* VIZ 1991, 44ff., LKV 1993, 14ff. und VIZ 1993, 378ff.

[117] Gesetz zur Regelung vermögensrechtlicher Angelegenheiten der Wohnungsgenossenschaften im Beitrittsgebiet (Wohnungsgenossenschafts-Vermögensgesetz – WoGenVermG) vom 26. 6. 1994 (BGBl. I S. 1438); vgl. hierzu *Söfker* VIZ 1993, 378ff.; *Köhler,* DtZ 1994, 297 ff.

[118] Vgl. hierzu *Schmidt-Jortzig* VerwArch 1993, 178ff.

VermG § 2 67–69   Abschnitt I. Allgemeine Bestimmungen

(5) die **sonstigen öffentlich-rechtlichen juristischen Personen**, soweit ihnen ehemaliges Volkseigentum zusteht (zB Sozialversicherungsträger nach Anlage I Kapitel VIII Sachgebiet F Abschnitt II Nr. 1 § 3 Einigungsvertrag, BGBl. 1990 II S. 889, 1042, ggf. iVm. Gesetz zur Regelung von Vermögensfragen der Sozialversicherung im Beitrittsgebiet vom 20. 12. 1991 (BGBl. I S. 2313));

(6) die **aus ehem. volkseigenen Wirtschaftseinheiten hervorgegangenen Kapitalgesellschaften** als Unternehmensträger, soweit ihnen nach § 11 Abs. 2 Satz 2 Treuhandgesetz Vermögenswerte eines Unternehmens gehören und eine Unternehmensrückgabe ausgeschlossen ist;

(7) natürliche und juristische Personen als **Erwerber restitutionsbelasteter Vermögenswerte**.

67   **2. Staatlicher Verwalter als Verfügungsberechtigter (Abs. 3 Satz 2).** In Fällen der Aufhebung der staatlichen Verwaltung fingiert § 2 Abs. 3 Satz 2 den staatlichen Verwalter als Verfügungsberechtigten. Diese Regelung bezweckt im wesentlichen eine Klarstellung, weil der staatliche Verwalter wegen der gesetzlichen Verfügungsmacht gem. §§ 11 Abs. 2 Satz 2, 15 Abs. 2 und 3 schon nach § 2 Abs. 3 Satz 1 Verfügungsberechtigter ist. Als Verfügungsberechtigter ist der staatliche Verwalter als solcher in vermögensrechtlichen Verfahren und Streitigkeiten aktiv- und passivlegitimiert.[119] Im Falle mehrfacher Schädigungen hinsichtlich desselben Vermögenswertes ist der staatliche Verwalter als Verfügungsberechtigter sowohl im Verhältnis zum jetzigen Eigentümer gem. §§ 11 Abs. 2 und 3, 15 Abs. 2 als auch zum ursprünglichen Eigentümer gem. § 3 Abs. 3 den jeweils genannten gesetzlichen Beschränkungen unterworfen.[120] § 2 Abs. 3 Satz 2 hat ab der Beendigung der staatlichen Verwaltung nur noch für Altfälle Bedeutung.

68   **3. Alleinvertretungsbefugnis der Treuhandanstalt/BVS (Abs. 3 Satz 3). a) Zweck.** Bei der Rückgabe von Unternehmen ordnet § 2 Abs. 3 Satz 3 bei unmittelbaren oder mittelbaren alleinigen Anteilsrechten der Treuhandanstalt[121] an Verfügungsberechtigten iSd. Abs. 3 Satz 1 eine Alleinvertretung dieser Verfügungsberechtigten durch die Treuhandanstalt als Verfügungsberechtigte an. Der Treuhandanstalt stehen die Anteilsrechte **allein** zu, wenn einem Dritten weder unmittelbar noch mittelbar Anteile an dem entzogenen Unternehmen zustehen. Der **Zweck** des § 2 Abs. 3 Satz 3 besteht darin, daß in diesen Fällen die Geltendmachung von vermögensrechtlichen Ansprüchen auf Rückübertragung oder Rückführung von Unternehmen nur gegenüber der Treuhandanstalt als Verfügungsberechtigte iSd. Abs. 3 Satz 1 erfolgen muß und hierdurch eine wesentliche **Vereinfachung und Erleichterung des Verfahrens** sowie einer Einigung erreicht wird.

69   **b) Regelungsbereich.** Geregelt wird durch § 2 Abs. 3 Satz 3 **nicht** die **Verfügungsberechtigung** der Treuhandanstalt (vgl. § 2 Abs. 3 Satz 1),[122] sondern nur ihre **alleinige, gesetzliche Vertretungsbefugnis im vermögensrechtlichen Verwaltungs- und Gerichtsverfahren** gem. §§ 30ff. (vgl. § 31 Abs. 2 Satz 1).[122a] Die Alleinvertretung durch die Treuhandanstalt bedeutet nicht eine ausschließliche Vertretung im Rahmen des vermögensrechtlichen Verfahrens,[123] sondern nur die Entbehrlichkeit der Hinzuziehung und

---

[119] LG Berlin ZOV 1993, 109, 110.
[120] Vgl. Fieberg-Reichenbach F/R/M/S, § 2 RdNr. 41; Wasmuth, Rechtshandbuch, B 100 § 2 RdNr. 97.
[121] Vgl. hierzu das Treuhandgesetz vom 17. 6. 1990 (GBl. I Nr. 33 S. 300; geänd. BGBl. 1991 I S. 766, 787; BGBl. 1994 I S. 2062), das nach Art. 25 des Einigungsvertrages vom 31. 8. 1990 (BGBl. 1990 II S. 885, 889, 897) mit den bezeichneten Maßgaben fortgilt.
[122] KreisG Chemnitz-Stadt DB 1992, 130, 131; *Dornberger-Dornberger* DB 1991, 897, 898; *Leo* DB 1991, 1505; *Wente* VIZ 1992, 125, 127; aA KreisG Chemnitz-Stadt VIZ 1993, 29, 30, welches die Treuhandanstalt insoweit als alleinige „Verfügungsberechtigte" beim Vollzug des VermG ansieht.
[122a] Grundlegend BVerwG NJW 1994, 1810, 1811/1812.
[123] *Weimar-Alfes* BB 1993, 378, 381; aA BVerwG NJW 1994, 1810, 1811; ferner KreisG Chemnitz-Stadt VIZ 1993, 29, 30, welches nicht von einer „klassischen" Stellvertretung, sondern weitgehend von einem Vertreten im „materiellen" Sinn mit einer alleinigen Verfügungsberechtigung der Treuhandanstalt ausgeht; *Dornberger-Dornberger* DB 1991, 897, 897; *Weidemann-Gutbrod* DB 1992, 132, 133.

Mitwirkung der betreffenden Treuhandunternehmen als Verfügungsberechtigte im Restitutionsverfahren. Die Hinzuziehung der verfügungsberechtigten Rechtsträger zu dem verwaltungsrechtlichen Verfahren gem. § 31 Abs. 2 ist deshalb nicht erforderlich,[124] aber möglich.[125] Ferner bewirkt diese Alleinvertretung, daß der Berechtigte ggfs. eine gütliche Einigung über die Rückübertragung von Unternehmen nur mit der Treuhandanstalt erzielen muß.

c) Verhältnis zwischen Treuhandanstalt und Treuhandunternehmen. Diese Alleinvertretungsbefugnis der Treuhandanstalt betrifft nicht das Verhältnis zwischen der Treuhandanstalt und den Treuhandunternehmen. Auf dieses Verhältnis sind das Treuhandgesetz und grundsätzlich die Regelungen des allgemeinen Gesellschaftsrechtes anzuwenden.[126]   70

VI. Begriff der Schädigung (Abs. 4)

Der Normzweck der Definition der Schädigung in § 2 Abs. 4 besteht lediglich in einer   71
gesetzestechnischen Vereinfachung der Regelungen im VermG.[127] Der Begriff der Schädigung ist mithin nur ein Oberbegriff für die vom sachlichen Anwendungsbereich des § 1 erfaßten und vom VermG zu korrigierenden Maßnahmen.

§ 2a Erbengemeinschaft

(1) Ist Rechtsnachfolger des von Maßnahmen nach § 1 Betroffenen eine Erbengemeinschaft, deren Mitglieder nicht sämtlich namentlich bekannt sind, so ist der Vermögenswert der Erbengemeinschaft nach dem zu bezeichnenden Erblasser als solcher zurückzuübertragen. Die Erbengemeinschaft ist nach Maßgabe des § 34 im Grundbuch als Eigentümerin einzutragen.

(1a) Ist eine Erbengemeinschaft Rechtsnachfolger eines jüdischen Berechtigten im Sinne des § 1 Abs. 6, so tritt die in § 2 Abs. 1 Satz 2 bestimmte Nachfolgeorganisation oder, wenn diese keine Ansprüche auf den Vermögenswert angemeldet hat, die Conference on Jewish Material Claims against Germany, Inc. an die Stelle der namentlich nicht bekannten Miterben. Sie ist zusammen mit den bekannten Miterben nach Maßgabe des § 34 in ungeteilter Erbengemeinschaft als Eigentümerin im Grundbuch einzutragen. Die Sätze 1 und 2 gelten entsprechend, wenn der Aufenthalt eines namentlich bekannten Miterben, der an der Stellung des Antrags nach § 30 nicht mitgewirkt hat, unbekannt ist. § 2 Abs. 1a bleibt unberührt.

(2) Eine bereits erfolgte Auseinandersetzung über den Nachlaß des Betroffenen gilt als gegenständlich beschränkte Teilauseinandersetzung.

(3) Ein an der Stellung des Antrags nach § 30 nicht beteiligter Miterbe gilt in Ansehung des Vermögenswertes nicht als Erbe, wenn er innerhalb der in Satz 2 bezeichneten Frist gegenüber der für die Entscheidung zuständigen Behörde schriftlich auf seine Rechte aus dem Antrag verzichtet hat. Die Erklärung des Verzichts nach Satz 1 muß sechs Wochen von der Erlangung der Kenntnis von dem Verfahren nach diesem Gesetz, spätestens sechs Wochen von der Bekanntgabe der Entscheidung an, eingegangen sein; lebt der Miterbe im Ausland, beträgt die Frist sechs Monate.

(4) Diese Vorschriften gelten entsprechend, wenn eine Erbengemeinschaft als solche von Maßnahmen nach § 1 betroffen ist.

---

[124] BR-Drucksache 70/91, S. 25 = BT-Drucksache 12/103, S. 23.
[125] *Weimar-Alfes* BB 1993, 378, 381; aA: KreisG Chemnitz-Stadt VIZ 1993, 29, 30, welches den Treuhandkapitalgesellschaften die materielle Befugnis (Aktivlegitimation) in vermögensrechtlichen Verfahren abspricht.
[126] Vgl. zB KreisG Erfurt VIZ 1991, 71 ff. und *Weimar-Alfes* ZIP 1991, 1529 ff.; *Busche-Oetker* VIZ 1992, 209 ff.; *Busche* Rechtshandbuch B 200 § 2 RdNr. 5; *Hohmeister* BB 1992, 285 ff.; *Kerber-Stechow* DWiR 1992, 93 ff.; *Weimar* DB 1993, 821 ff; *ders.* DÖV 1991, 813, 818/819; *ders.* DtZ 1991, 105, 107.
[127] BR-Drucksache 70/91, S. 25 = BT-Drucksache 12/103, S. 23.

I. Allgemeines und Normzweck

1 Die durch das RegVBG eingefügte Norm des § 2a regelt zu einer nach § 2 Abs. 1 Satz 1 dem Grunde nach bestehenden Berechtigung einer Erbengemeinschaft ergänzend lediglich einige vermögensrechtliche Folgen bezüglich der Erbengemeinschaft iSd. §§ 2032 ff. BGB, ohne jedoch die allgemein bei Gesamthandsgemeinschaften bestehenden Zweifelsfragen bezüglich deren Berechtigung abschließend zu klären.[1] Der **Zweck** des § 2a besteht in der Klarstellung bzw. Modifizierung der aufgrund der gesamthänderischen Bindung bestehenden zivilrechtlichen Konsequenzen aufgrund des vermögensrechtlichen Restitutionsantrages eines Miterben. Durch die Regelungen des § 2a Abs. 3 soll überdies den Interessen und Rechten der am Restitutionsantrag nicht beteiligten Miterben Rechnung getragen werden.

II. Ursprüngliche Erbengemeinschaft als Berechtigte (Abs. 1)

2 Nach **§ 2a Abs. 1 Satz 1** ist die frühere, beim Erbfall entstandene, **ursprüngliche Erbengemeinschaft**[2] als Rechtsnachfolgerin **Berechtigte**;[3] die Erbengemeinschaft entsteht nicht kraft des VermG neu. Dies gilt nach § 2a Abs. 4 entsprechend, wenn eine zum Zeitpunkt der Schädigung bestehende Erbengemeinschaft als solche von Maßnahmen iSd. § 1 betroffen war. Ob eine Erbengemeinschaft Rechtsnachfolger ist, ergibt sich aus den allgemeinen erbrechtlichen Normen.

3 Durch § 2a Abs. 1 Satz 1 wird das Amt zur Regelung offener Vermögensfragen (ARoV) nur von der Ermittlung der einzelnen Mitglieder einer Erbengemeinschaft, deren Namen aus tatsächlichen oder rechtlichen Gründen nicht bekannt sind, entbunden. Dagegen ist die Anschrift eines namentlich bekannten Miterben – vorbehaltlich der Regelung des § 2a Abs. 1a Satz 3 – grundsätzlich von Amts wegen festzustellen.[4] Zur Sicherung des Nachlasses ist ggf. ein Nachlaßpfleger iSd. § 1960 BGB, insbesondere auf Betreiben der Erbengemeinschaft, zu bestellen.

4 Nach **§ 2a Abs. 1 Satz 2** ist die Erbengemeinschaft iSd. §§ 2032 ff. BGB als solche zur Erleichterung der technischen Abwicklung unter ihrer Bezeichnung als Immobiliareigentümerin in das Grundbuch einzutragen. Der Erbengemeinschaft wird hierdurch keine Teilrechtsfähigkeit verliehen; die einzelnen Miterben sind und bleiben gesamthänderisch Rechtsinhaber der betreffenden dinglichen Rechte. Auch der Grundsatz der gemeinschaftlichen Verwaltungs- und Verfügungsbefugnis aller Miterben gem. §§ 2038, 2040 BGB bleibt durch das VermG prinzipiell unberührt.

III. Berechtigung bei einem unbekannten Miterben als Rechtsnachfolger eines jüdischen Berechtigten (Abs. 1a)

5 Der durch Art. 10 EALG eingefügte **§ 2a Abs. 1a** dient nach der Gesetzesbegründung[5] lediglich der Klarstellung, daß für die Geltendmachung von Restitutionsansprüchen aufgrund verfolgungsbedingter Vermögensverluste eines jüdischen Berechtigten mit einer Erbengemeinschaft als Rechtsnachfolger, zu der namentlich unbekannte Miterben gehören, insoweit „anstelle" dieser Miterben die jüdischen Nachfolgeorganisationen bzw. subsidiär die Jewish Claims Conference nach § 2a Abs. 1a Satz 1 berechtigt und ggf. auch nach § 2a Abs. 1a Satz 2 zusammen mit den bekannten Miterben in ungeteilter Erbengemeinschaft als Eigentümer in das Grundbuch einzutragen sind.

6 Nach § 2a Abs. 1a Satz 3 gelten die vorstehend genannten Grundsätze auch bei namentlich bekannten Miterben, die keinen Restitutionsantrag gestellt haben und bei denen der Aufenthalt nicht bekannt ist. Mit den Regelungen des § 2a Abs. 1a sind keine Einschränkungen der Rechtspositionen der jüdischen Nachfolgeorganisationen oder der Jewish Claims Conference verknüpft (vgl. § 2a Abs. 1a Satz 4).

---

[1] Vgl. insoweit § 2 RdNr. 30 ff., 32, 34 f.
[2] BT-Drucksache 12/5553, S. 202.
[3] Zur Berechtigung bei einer sog. Kettenerbschaftsausschlagung vgl. § 2 RdNr. 38.
[4] *Wasmuth*, Rechtshandbuch, B 100, § 2a RdNr. 12.
[5] BT-Drucksache 12/7588, S. 47.

IV. Fiktion der gegenständlich beschränkten Teilauseinandersetzung der Miterben (Abs. 2)

§ 2a Abs. 2 fingiert eine **bereits erfolgte Erbauseinandersetzung** iSd. § 2042 BGB als **gegenständlich beschränkte Teilauseinandersetzung der Miterben**.[6] Ein bisheriger Auseinandersetzungsvertrag beschränkt sich hiernach unwiderlegbar nicht auf die vermögensrechtlichen Rechtspositionen. Die Erbengemeinschaft besteht **hinsichtlich der vermögensrechtlichen Rechtspositionen** (noch) als **Gesamthandsgemeinschaft** und nicht als Gemeinschaft nach §§ 741 ff. BGB, bei der Bruchteilseigentum zu übertragen wäre, fort. Die bisherigen Auseinandersetzungen haben im übrigen sowohl dinglich als auch schuldrechtlich grundsätzlich Bestand. Nicht von der Fiktion des § 2a Abs. 2 tangiert wird das nach § 2042 Abs. 1 BGB bestehende Recht eines jeden Miterben, grundsätzlich jederzeit die (weitergehende) Auseinandersetzung des gesamten Nachlasses und Aufhebung der Gemeinschaft zur gesamten Hand auch in bezug auf die vermögensrechtlichen Ansprüche oder die restituierten Vermögenswerte zu verlangen. Die vermögensrechtliche Fiktion der gegenständlich beschränkten Teilauseinandersetzung läßt mögliche Teilungsanordnungen des Erblassers iSd. § 2048 BGB unberührt.

7

V. Vermögensrechtlicher Verzicht eines Miterben (Abs. 3)

1. Berechtigung des einzelnen Miterben. In bezug auf die Erbengemeinschaft geht § 2a Abs. 3 Satz 1 von der Berechtigung eines jeden einzelnen Miterben aus. § 2a Abs. 3 Satz 1 erkennt für die Erbengemeinschaft an, daß ein Miterbe als Berechtigter für die Erbengemeinschaft vermögensrechtliche Ansprüche geltend machen kann.[7]

8

2. Verzichtsmöglichkeit. Nach § 2a Abs. 3 Satz 1 kann ein nicht interessierter, an der Stellung des Restitutionsantrages nicht beteiligter Miterbe innerhalb der genannten Fristen auf die Rechte aus dem vermögensrechtlichen Antrag verzichten. Dies gilt auch dann, wenn er früher sein Erbe nicht ausgeschlagen hat.[8] Der Verzicht auf die Rechte aus dem Antrag ist eine empfangsbedürftige Willenserklärung iSd. § 130 Abs. 1 und 3 BGB. Für deren Wirksamkeit ist die Einhaltung der (einfachen) gesetzlichen Schriftform iSd. § 126 BGB erforderlich. **Zuständige Behörde** für die Entgegennahme der Verzichtserklärung ist das örtlich zuständige Amt oder Landesamt zur Regelung offener Vermögensfragen.

9

3. Wirkung des Verzichts. Der Verzicht bewirkt in Anlehnung an die Ausschlagung einer Erbschaft gem. § 1953 BGB, daß der verzichtende Miterbe insoweit nicht als Erbe gilt und von den rechtlichen Verpflichtungen aufgrund eines vermögensrechtlichen Restitutionsantrages nicht betroffen ist; dies gilt zB. hinsichtlich der Verpflichtung zum nachträglichen Ausgleich eines erhöhten Pflichtteils analog § 2313 BGB[9] oder der möglichen weiteren Verpflichtungen aufgrund vermögensrechtlicher Regelungen. Der **verzichtende Miterbe** gilt in bezug auf die vermögensrechtlichen Rechtspositionen **von Anfang an als Nichterbe**. Der Verzicht nach § 2a Abs. 3 wirkt auf den Erbfall zurück (Rückwirkung), jedoch nur beschränkt auf die Folgen des vermögensrechtlichen Antrags. Im übrigen werden die erbrechtlichen Rechtsbeziehungen von diesem Verzicht grundsätzlich nicht berührt.

10

VI. Schädigung einer Erbengemeinschaft als solcher (Abs. 4)

§ 2a Abs. 4 dient der Klarstellung, daß die vorstehenden Regelungen nicht nur bei einer bereits vor einem Erbfall eingetretenen Schädigung und einer Berechtigung der Erbengemeinschaft als Rechtsnachfolgerin, sondern auch bei einer Schädigung der Erbengemeinschaft als solcher, dh. als unmittelbar Betroffene von Maßnahmen iSd. § 1, entsprechend gelten.

11

---

[6] Vgl. allgemein zur Teilauseinandersetzung *Palandt-Edenhofer* § 2042 RdNr. 17 ff.

[7] Zur vermögensrechtlichen Berechtigung eines einzelnen Mitglieds einer Gesamthandsgemeinschaft vgl. allgemein § 2 RdNr. 32.

[8] BT-Drucksache 12/5553, S. 202.

[9] Grundlegend BGH NJW 1993, 2176, 2177; ferner OLG Koblenz DtZ 1993, 253, 254; *Casimir* DtZ 1993, 234, 235; *ders.* DtZ 1993, 362; *Dressler* NJW 1993, 2519 f.; *ders.* DtZ 1993, 229, 231, 234; *von Olshausen* DtZ 1993, 331 ff.

Abschnitt II. Rückübertragung von Vermögenswerten

§ 3 Grundsatz

(1) Vermögenswerte, die den Maßnahmen im Sinne des § 1 unterlagen und in Volkseigentum überführt oder an Dritte veräußert wurden, sind auf Antrag an die Berechtigten zurückzuübertragen, soweit dies nicht nach diesem Gesetz ausgeschlossen ist. Der Anspruch auf Rückübertragung, Rückgabe oder Entschädigung kann abgetreten, verpfändet oder gepfändet werden; die Abtretung ist unwirksam, wenn sie unter einer Bedingung oder Zeitbestimmung erfolgt; sie und die Verpflichtung hierzu bedürfen der notariellen Beurkundung, wenn der Anspruch auf Rückübertragung eines Grundstücks, Gebäudes oder Unternehmens gerichtet ist; eine ohne Beachtung dieser Form eingegangene Verpflichtung oder Abtretung wird ihrem ganzen Inhalte nach gültig, wenn das Eigentum an dem Grundstück, Gebäude oder Unternehmen gemäß § 34 oder sonst wirksam auf den Erwerber des Anspruchs übertragen wird. Ein Berechtigter, der einen Antrag auf Rückgabe eines Unternehmens stellt oder stellen könnte, kann seinen Antrag nicht auf die Rückgabe einzelner Vermögensgegenstände beschränken, die sich im Zeitpunkt der Schädigung in seinem Eigentum befanden; § 6 Abs. 6a Satz 1 bleibt unberührt. Gehören Vermögensgegenstände, die mit einem nach § 1 Abs. 6 in Verbindung mit § 6 zurückzugebenden oder einem bereits zurückgegebenen Unternehmen entzogen oder von ihm später angeschafft worden sind, nicht mehr zum Vermögen des Unternehmens, so kann der Berechtigte verlangen, daß ihm an diesen Gegenständen im Wege der Einzelrestitution in Höhe der ihm entzogenen Beteiligung Bruchteilseigentum eingeräumt wird; als Zeitpunkt der Schädigung gilt der Zeitpunkt der Entziehung des Unternehmens oder der Mitgliedschaft an diesem Unternehmen. Satz 4 ist in den Fällen des § 6 Abs. 6a Satz 1 entsprechend anzuwenden; § 6 Abs. 6a Satz 2 gilt in diesen Fällen nicht.

(1a) Die Rückübertragung von dinglichen Rechten an einem Grundstück oder Gebäude erfolgt dadurch, daß das Amt zur Regelung offener Vermögensfragen diese an rangbereiter Stelle in dem Umfang begründet, in dem sie nach § 16 zu übernehmen wären. Auf Geldleistung gerichtete Rechte können nur in Deutscher Mark begründet werden. Eine Haftung für Zinsen kann höchstens in Höhe von 13 vom Hundert ab dem Tag der Entscheidung über die Rückübertragung begründet werden. Kann das frühere Recht nach den seit dem 3. Oktober 1990 geltenden Vorschriften nicht wiederbegründet werden, ist dasjenige Recht zu begründen, das dem früheren Recht entspricht oder am ehesten entspricht. Bei Grundpfandrechten ist die Erteilung eines Briefes ausgeschlossen. Hypotheken und Aufbauhypotheken nach dem Zivilgesetzbuch der Deutschen Demokratischen Republik sind als Hypotheken zu begründen. Eine Wiederbegründung erfolgt nicht, wenn der Eigentümer des Grundstücks das zu begründende Grundpfandrecht oder eine dadurch gesicherte Forderung ablöst. Eine Wiederbegründung erfolgt ferner nicht, wenn die Belastung mit dem Recht für den Eigentümer des Grundstücks mit Nachteilen verbunden ist, welche den beim Berechtigten durch die Nichtbegründung des Rechts entstehenden Schaden erheblich überwiegen und der Eigentümer des Grundstücks dem Berechtigten die durch die Nichtbegründung des Rechts entstehenden Vermögensnachteile ausgleicht.

(2) Werden von mehreren Personen Ansprüche auf Rückübertragung desselben Vermögenswertes geltend gemacht, so gilt derjenige als Berechtigter, der von einer Maßnahme gemäß des § 1 als Erster betroffen war.

(3) Liegt ein Antrag nach § 30 vor, so ist der Verfügungsberechtigte verpflichtet, den Abschluß dinglicher Rechtsgeschäfte oder die Eingehung langfristiger vertragli-

cher Verpflichtungen ohne Zustimmung des Berechtigten zu unterlassen. Ausgenommen sind solche Rechtsgeschäfte, die

a) zur Erfüllung von Rechtspflichten des Eigentümers, insbesondere bei Anordnung eines Modernisierungs- und Instandsetzungsgebots nach § 177 des Baugesetzbuchs zur Beseitigung der Mißstände und zur Behebung der Mängel oder
b) zur Erhaltung und Bewirtschaftung des Vermögenswertes

erforderlich sind. Ausgenommen sind, soweit sie nicht bereits nach den Sätzen 2 und 5 ohne Zustimmung des Berechtigten zulässig sind, ferner Instandsetzungsmaßnahmen, wenn die hierfür aufzuwendenden Kosten den Verfügungsberechtigten als Vermieter nach Rechtsvorschriften zu einer Erhöhung der jährlichen Miete berechtigen. Der Berechtigte ist verpflichtet, dem Verfügungsberechtigten die aufgewendeten Kosten, soweit diese durch eine instandsetzungsbedingte Mieterhöhung nicht bereits ausgeglichen sind, zu erstatten, sobald über die Rückübertragung des Eigentums bestandskräftig entschieden ist. Satz 2 gilt entsprechend für Maßnahmen der in Satz 2 Buchstabe a bezeichneten Art, die ohne eine Anordnung nach § 177 des Baugesetzbuchs vorgenommen werden, wenn die Kosten der Maßnahmen von der Gemeinde oder einer anderen Stelle nach Maßgabe des § 177 Abs. 4 und 5 des Baugesetzbuchs erstattet werden. Der Verfügungsberechtigte hat diese Rechtsgeschäfte so zu führen, wie das Interesse des Berechtigten mit Rücksicht auf dessen wirklichen oder mutmaßlichen Willen es erfordert, soweit dem nicht das Gesamtinteresse des von dem Verfügungsberechtigten geführten Unternehmens entgegensteht; § 678 des Bürgerlichen Gesetzbuchs ist entsprechend anzuwenden, jedoch bleiben die Befugnisse als gegenwärtig Verfügungsberechtigter in den Fällen des § 177 des Baugesetzbuchs und der Sätze 3 und 5 sowie nach dem Investitionsgesetz von diesem Satz unberührt. Der Verfügungsberechtigte ist zur Liquidation berechtigt und zur Abwendung der Gesamtvollstreckung nicht verpflichtet, wenn der Berechtigte trotz Aufforderung innerhalb eines Monats einen Antrag auf vorläufige Einweisung nach § 6a nicht stellt oder ein solcher Antrag abgelehnt worden ist. Dies gilt auch bei verspäteter Anmeldung. Die Treuhandanstalt ist zur Abwendung der Gesamtvollstreckung nicht verpflichtet, wenn der Berechtigte bis zum 1. September 1992 keinen Antrag nach § 6a zur vorläufigen Einweisung gestellt hat oder wenn über einen gestellten Antrag bis zum 1. Dezember 1992 nicht entschieden worden ist.

(4) Wird die Anmeldefrist (§ 3 der Anmeldeverordnung) versäumt und liegt keine verspätete Anmeldung vor, kann der Verfügungsberechtigte über das Eigentum verfügen oder schuldrechtliche oder dingliche Verpflichtungen eingehen. Ist über das Eigentum noch nicht verfügt worden, so kann der Berechtigte den Anspruch auf Rückübertragung noch geltend machen. Anderenfalls steht ihm nur noch ein Anspruch auf den Erlös zu.

(5) Der Verfügungsberechtigte hat sich vor einer Verfügung bei dem Amt zur Regelung offener Vermögensfragen, in dessen Bezirk der Vermögenswert belegen ist, und, soweit ein Unternehmen betroffen ist, bei dem Landesamt zur Regelung offener Vermögensfragen, in dessen Bezirk das Unternehmen seinen Sitz (Hauptniederlassung) hat, zu vergewissern, daß keine Anmeldung im Sinne des Absatzes 3 hinsichtlich des Vermögenswertes vorliegt.

(6)–(8) *(weggefallen)*

Schrifttum: *Böhringer,* Grundbuchrechtliche Probleme in den neuen Bundesländern, NJ 1992, 289ff.; *Bork,* Massezugehörigkeit von Rückgabe- und Entschädigungsansprüchen aus §§ 3ff. VermG, ZIP 1991, 988ff.; *Bultmann,* Rechtsnatur von Goldmark-, Reichsmark- und DDR-Mark-Hypotheken, NJ 1993, 203ff.; *Busche,* Die Unterlassungsverpflichtung nach § 3 III VermG – zugleich Anmerkung zu KG DtZ 1991, 191, DtZ 1991, 294f.; *ders.,* Das Verhältnis der Unterlassungsverpflichtung nach § 3 III VermG zu den Regelungen über die Investitionsförderung, VIZ 1991, 48ff.; *ders.,* Anmerkung zu KG, Urt. v. 22. 8. 1991 – 8 U 1834/91, VIZ 1992, 108f.; *ders.,* Anmerkung zu VG Berlin, Beschl. v. 20. 12. 1991 – VG 25 A 709.91, VIZ 1992, 239f.; *Claussen,* Der Grundsatz Rückgabe vor Entschädigung, NJ 1992, 297ff.; *Christmann,*

Offene Vermögensfragen und besondere Investitionen im Bereich der ehemaligen DDR, DStR 1990, 732 ff.; *Czerwenka,* Rückgabe enteigneter Unternehmen in den neuen Bundesländern, 1991; *Dornberger-Dornberger,* Das Gesetz zur Regelung offener Vermögensfragen und das Gesetz über besondere Investitionen, DB DDR-Report 1990, 3154 ff.; *dies.,* Zur Änderung des Gesetzes über offene Vermögensfragen und des Gesetzes über besondere Investitionen, DB 1991, 897 ff.; *dies.,* Zum Zweiten Vermögensrechtsänderungsgesetz, DB 1992, 1613 ff.; *Espey-Jaenecke,* Restitutionsansprüche gegen Erwerber von Treuhandunternehmen?, BB 1991, 1442 f.; *dies.,* Stehen Restitutionsansprüche auf Gegenstände des Betriebsvermögens der Privatisierung von Treuhand-Unternehmen entgegen?, BB 1991, 2025 ff.; *Fieberg-Reichenbach,* Zum Problem der offenen Vermögensfragen, NJW 1991, 321 ff.; *dies.,* Offene Vermögensfragen und Investitionen in den neuen Bundesländern, NJW 1992, 1977 ff.; *Försterling,* Recht der offenen Vermögensfragen, 1993; *Frenz,* Zur Neufassung der Grundstücksverkehrsordnung, DtZ 1994, 56 ff.; *Göhring-Lübchen,* Vermögensgesetz und Zivilrechtsweg, NJ 1992, 73 f.; *Groth-Siederer,* Rückgabe von Grundstücken nach dem Vermögensgesetz, die durch Abfallablagerungen belastet sind, ZOV 1992, 8 ff.; *Hartkopf,* Abtretung des Restitutionsanspruchs, NJ 1992, 26 f.; *Hebing,* Enteignung und Rückerwerb von DDR-Vermögen, BB-Beil. 21 zu H. 16/1990, S. 1 ff.; *Hök,* Zur Zulässigkeit von Modernisierungs- und Instandsetzungsarbeiten an Immobilien, die anspruchsbefangen im Sinne des VermG sind, ZOV 1993, 144 ff.; *Horn,* Das Zivil- und Wirtschaftsrecht in den neuen Bundesgebiet, 1991; *ders.,* Das zweite Vermögensrechtsänderungsgesetz und die Verfügbarkeit von Grundeigentum im neuen Bundesgebiet, DZWir 1992, 309 ff.; *Jesch,* Die Abtretung und Verpfändung vermögensrechtlicher Ansprüche, DB 1992, 2073 ff.; *John,* Offene Vermögensfragen, besondere Investitionen und Eigentumsgarantie, LKV 1992, 119 ff.; *Keil,* Ungeklärte Eigentumsverhältnisse als praktische Probleme bei der Privatisierung von Treuhandunternehmen, VIZ 1992, 121 ff.; *Keller,* Pfändung des vermögensrechtlichen Rückübertragungsanspruchs nach § 3 VermG, VIZ 1992, 389 ff.; *Kilian,* Die Stellung der Alteigentümer im Wettbewerb um Grundstücke zu Investitionszwecken – Lohnt sich der Aufkauf von Rückübertragungsansprüchen?, ZOV 1991, 63 ff.; *Kimme,* Zum Ablauf der Anmeldefrist für Anmeldungen nach der Verordnung über die Anmeldung vermögensrechtlicher Ansprüche am 13. 10. 1990, NJW 1990, 3185 f.; *Kinne,* Die vorläufige Sicherung des Restitutionsanspruches des Alteigentümers im Verfahren vor den ordentlichen Gerichten, ZOV 1991, 21 f.; *Kohler,* Zivilrechtliche Sicherung der Rückerstattung von Grundstücken in den neuen Bundesländern, NJW 1991, 465 ff.; *ders.,* Einstweilige Sicherung der Rückerstattung von Grundstücken in den neuen Bundesländern, DNotZ 1991, 699 ff.; *ders.,* Verwaltungs- oder zivilgerichtliche Sicherung der Rückerstattung von Grundstücken in den neuen Bundesländern?, VIZ 1992, 130 ff.; *ders.,* Nochmals: Rechtsweg für Sicherung des Rückgewähranspruchs nach dem Vermögensgesetz, VIZ 1992, 308 ff.; *ders.,* Typische Rechtsprobleme bei der Grundstückserstattung – KreisG Gera-Stadt, VIZ 1992, 202, JuS 1992, 1004 ff.; *Leinemann,* Grunderwerb und -veräußerung in den neuen Bundesländern, BB-Beil. 8 zu H. 9/1991, S. 10 ff.; *Liebs-Preu,* Probleme der Rückgabe enteigneter Unternehmen in der früheren DDR, DB 1991, 145 ff.; *Lutter-Gehling,* Wer ist Aktionär einer Lazarus-AG?, ZIP 1992, 1045 ff.; *Märker,* Restituierte Erbfälle bei Rückübertragung von enteignetem Vermögen?, VIZ 1992, 174 ff.; *Maskow-Hoffmann,* Rechtsfragen der Privatisierung in den ostdeutschen Bundesländern, BB-Beil. 40 zu H. 33/36 1990, S. 1 ff.; *Meier,* Anmerkung zu KreisG Leipzig-Stadt, Beschl. v. 25. 7. 1991 – II K 107/91, VIZ 1992, 112 f.; *Messerschmidt,* § 3 a VermG – Investitionsvorfahrt oder Investitionsbremse?, VIZ 1991, 2 ff.; *ders.,* Zum Verhältnis zwischen Immobiliar- und Unternehmensrestitution, VIZ 1993, 5 ff.; *Motsch,* Einführung in die Regelung offener Vermögensfragen, ZOV 1991, 4 ff.; *Niederleithinger,* Beseitigung von Hemmnissen bei der Privatisierung und Förderung von Investitionen in den neuen Bundesländern, ZIP 1991, 205 ff.; *Preu,* Wie wirksam schützt § 3a VermG den Käufer eines Treuhandunternehmens vor Rückgabeansprüchen?, DB 1992, 513 ff.; *ders.,* Wie wirksam schützt der Investitionsvorrangbescheid den Käufer eines Treuhandunternehmens vor Rückgabeansprüchen?, DB 1993, 521 ff.; *Purps,* Privatisierung gem. Art. 22 IV EinigungsV und Ausschluß von Restitutionsansprüchen, LKV 1994, 172 ff.; *Scheifele,* Praktische Erfahrungen beim Unternehmenskauf in den neuen Bundesländern, BB 1991, 629 ff.; *ders.,* Zur Anwendung des § 3 a Vermögensgesetz durch die Treuhandanstalt, BB 1991, 1350; *Rodenbach,* Der Erwerb von Grundstücken in der ehemaligen DDR, DStR 1991, 186 ff.; *Scheidmann,* Anm. zu OVG Berlin, Beschl. v. 11. 8. 1992 – OVG 8 S 199/92 und VG Dresden, Beschl. v. 12. 8. 1992 – IV K 551/92, VIZ 1992, 476 ff.; *Schmanns,* Grundstückskaufverträge in den neuen Bundesländern und der Genehmigungsvorbehalt nach der Grundstücksverkehrsverordnung, VIZ 1992, 47 ff.; *Schmidt-Preuß,* Die Treuhandanstalt und ihr gesetzlicher Auftrag, Die Verwaltung 1992, 327 ff.; *Schmidt-Räntsch,* Das Gesetz über besondere Investitionen in der DDR, ZIP 1991, 125 ff.; *ders.,* Zum sogenannten Enthemmungsgesetz, DtZ 1991, 169 ff.; *ders.,* Restitution und Insolvenz, ZIP 1991, 593 ff.; *ders.,* Das Zweite Vermögensrechtsänderungsgesetz, VIZ 1992, 297 ff.; *ders.,* Das Zweite Vermögensrechtsänderungsgesetz, DtZ 1992, 314 ff.; *ders.,* Die Novelle zum Vermögensgesetz, NJ 1992, 444 ff.; *Schniewind,* Rückgabe enteigneter Unternehmen nach dem Vermögensgesetz (VermG), BB-Beil. 21 zu H. 30/1991; *Stapenhorst,* Die Verfolgung vermögensrechtlicher Ansprüche ehemaliger Grundstückseigentümer vor den ordentlichen Gerichten, VIZ 1991, 85 ff.; *Stargardt,* Das Gesetz zur Regelung offener Vermögensfragen – Vermögensgesetz, ZIP 1990, 1636 ff.; *Stein,* Die Treuhandanstalt im einstweiligen Verfügungsverfahren, ZIP 1992, 893 ff.; *Strobel,* Das zweite Vermögensrechtsänderungsgesetz mit dem neuen Investitionsvorranggesetz, GmbHR 1992, 497 ff.; *ders.,* Das Zweite Vermögensrechtsänderungsgesetz, DStR 1992, 1062 ff.; *Strohm,* Beratungspraxis im Ost-Immobilien nach dem Zweiten Vermögensrechtsänderungsgesetz, NJW 1992, 2849 ff.; *Tippenhauer,* Risiken beim Erwerb des Restitutionsanspruchs gem. § 3 Abs. 1 VermG, NJ 1992, 163 f.; *Trittel,* Anmerkung zu BVerfG, Beschl. v. 9. 7. 1991 – 1 BvR 986/91, VIZ 1991, 29 f.; *Uechtritz,* Sicherer Erwerb restitutionsbelasteter Grundstücke und Unternehmen trotz angefochtener Investitionsvor-

Grundsatz **§ 3 VermG**

rangentscheidung?, BB 1992, 581 ff.; *ders.*, Zuständigkeit der Zivilgerichte zur Sicherung von Rückgabeansprüchen, DB 1992, 1329 ff.; *ders.*, Das Zweite Vermögensrechtsänderungsgesetz, BB 1992, 1649 ff.; *ders.*, Die Neuregelungen für NS-Verfolgte im 2. Vermögensrechtsänderungsgesetz, VIZ 1992, 377 ff.; *Wächter*, Verfügungsverbot und Privatisierung, DZWir 1991, 265 ff.; *Wasmuth*, Das Recht zur Regelung offener Vermögensfragen, BRAK-Mitt. 1991, 116 ff.; *Weimar*, Probleme der Kreditsicherung an Grund und Boden in den neuen Bundesländern, DtZ 1991, 50 ff.; *ders.*, Der Vorrang der Investition und seine Grenzen, DB 1991, 2527 ff.; *ders.*, Nachprivatisierungsprobleme, 1992; *Weimar-Alfes*, Die Abtretung von Rückübertragungsansprüchen nach dem Vermögensgesetz, DNotZ 1992, 619 ff.; *dies.*, Der Entwurf des Zweiten Vermögensrechtsänderungsgesetzes, DB 1992, 1075 ff.; *Wente*, Die Bedeutung des Begriffs des „Verfügungsberechtigten" für die Anwendung des VermG, VIZ 1992, 125 ff.

Übersicht

	RdNr.		RdNr.
A. Grundsatz der Rückübertragung		b) Form	38
I. Allgemeines	1	c) Anzeige	39
II. Anspruch auf Rückübertragung (Abs. 1)		8. Pfändung	40–44
		a) Allgemeines	40
1. Antragserfordernis	2–7	b) Zuständigkeit	41
a) Allgemeines	2	c) Vollstreckungsvoraussetzungen	42
b) Bedeutung	3	d) Rechtsfolgen	43
c) Inhalt	4–7	e) Auswirkung auf das vermögensrechtliche Verfahren	44
2. Ausschlußfristen	8, 9		
a) Grundsatz	8	**III. Berechtigung bei mehreren Anspruchstellern (Abs. 2)**	
b) Ausnahme	9	1. Prinzip zeitlicher Priorität	45
3. Anmeldungen nach anderen Vorschriften (AnmeldeVO/Unternehmensgesetz)	10–14	2. Gegenständliche oder wirtschaftliche Identität des Vermögenswertes	46
a) Allgemeines	10	3. Berechtigung einer Personenmehrheit	47
b) Bedeutung der Fristen	11, 12	**IV. Alternativ- und Sekundäransprüche**	
aa) Unternehmensgesetz	11, 12		
bb) AnmeldeVO	12	1. Singularrestitution	48–50b
c) Wirkung der Anmeldungen	13, 14	a) Regelung des Vermögensgesetzes	48
aa) Unternehmensgesetz	13	b) Regelungen des InVorG	49
bb) AnmeldeVO	14	c) Ansprüche bei pflichtwidriger Verfügung	50–50b
4. Inhalt des Rückübertragungsanspruches	15	aa) Allgemeines	50
5. Rechtsnatur/Verwaltungsverfahren/Rechtsschutz	16–22	bb) Veräußerung eines Grundstücks (§ 4 HypAblV)	50a, 50b
a) Allgemeines	16	2. Sonderregelungen für die Unternehmensrestitution	51–59
b) Rechtsschutzmöglichkeiten des Berechtigten	17, 18	a) Allgemeines	51
c) Rechtsschutzmöglichkeiten Dritter	19	b) Unternehmensrestitution und Singularrestitution	52–54
d) Örtliche Zuständigkeit	20	c) Regelungen des VermG	55–58
e) Ergänzender zivilrechtlicher Rechtsschutz	21, 22	d) Regelungen des InVorG	59
6. Zession	23–36	**V. Rückübertragung von dinglichen Rechten (Abs. 1a)**	
a) Allgemeines	23, 24		
b) Rechtslage bis zum Inkrafttreten des 2. VermRÄndG	25, 26	1. Allgemeines	60
c) Änderungen durch das 2. VermRÄndG	27–32	2. Restitutionsobjekte im Überblick	61
aa) Gründe	27	3. BGB-Rechte	62–64
bb) Notarielle Beurkundung	28	a) Überblick	62
cc) Heilung eines Formmangels	29	b) Wertbeständige Grundpfandrechte	63, 64
dd) Abtretung unter Bedingung oder Zeitbestimmung	30–32	4. ZGB-Rechte	65–69
d) Behandlung von Altfällen	33–36	a) Restitutionsausschluß	65
aa) Allgemeines	33	b) Ersatzbestellung	66–69
bb) Anzeigepflicht	34	aa) Allgemeines	66
cc) Entbehrlichkeit der Anzeige	35	bb) Dingliche Nutzungsrechte	67
dd) Inhalt der Anzeige	36	cc) Vorkaufsrecht/Mitbenutzungsrechte	68
7. Verpfändung	37–39	dd) Grundpfandrechte	69
a) Allgemeines	37		

VermG § 3 Abschnitt II. Rückübertragung von Vermögenswerten

	RdNr.
5. Berücksichtigung von Einwendungen des Grundstückseigentümers	70–73
a) Allgemeines	70
b) Einzelfragen	71–73
6. Rang	74
7. Ausschluß der Restitution (Satz 7, 8)	75–81
a) Ablösungsrecht	75, 76
aa) Allgemeines	75
bb) Voraussetzungen	76
b) Nachteilsausgleich	77–81
aa) Allgemeines	77
bb) Interessenabwägung	78–80
cc) Verfahren	81
8. Behandlung von Altfällen	82
a) Allgemeines	82
b) Wiederbegründung nach § 18 Abs. 1 VermG aF	83–85
aa) Allgemeines	83
bb) Voraussetzungen	84
cc) Restitutionsausschluß	85
c) Änderungen durch das 2. VermRÄndG	86–89

B. Pflicht zur Unterlassung von Rechtsgeschäften (Abs. 3)

I. Grundsatz

1. VermG/AnmVO	90
2. Unternehmensgesetz	91, 92

II. Rechtsnatur und Wirkungen

1. Allgemeines	93, 94
2. Untergang des Rückübertragungsanspruches	95–99
a) Allgemeines	95
b) Share Deal	96–99
3. Komplementärwirkungen nach der GVO	100–103

III. Umfang der Unterlassungsverpflichtung

1. Grundsatz der Objektbezogenheit und Zweckdienlichkeit	104–106
a) Objektbezogenheit	104
b) Zweckdienlichkeit	105, 106
2. Einzelprobleme der Objektbezogenheit und Zweckdienlichkeit	107–114
a) Veräußerung von Sachgesamtheiten	107
b) Veräußerung von Unternehmen	108, 109
c) Vermietung und Verpachtung von Wohn- oder Gewerberäumen	110–114
3. Art der Rechtsgeschäfte	115–121
a) Allgemeines	115, 116
b) Dingliche Rechtsgeschäfte	117
c) Langfristige Verträge	118–121
4. Rechtshandlungen	122
a) Wortlautargument	122
b) Regelungsabsicht des Gesetzgebers	123–125
c) Entwertung des Rückübertragungsanspruches	126–133
aa) Rechtslage seit Inkrafttreten des 2. VermRÄndG	126–131
bb) Altfälle	132, 133

	RdNr.
5. Beginn der Unterlassungsverpflichtung	134–136
a) Rechtzeitige Anmeldung	134
b) Verspätete Anmeldung	135
c) Sachverhaltsermittlung	136
6. Ende der Unterlassungsverpflichtung	137–142
a) Keine verspätete Anmeldung	137, 138
b) Rechtzeitige bzw. verspätete Anmeldung	139–141
c) Prozessuales	142
7. Sicherung des Unterlassungsanspruches	143–161
a) Eröffnung des Zivilrechtsweges	143–149
b) Einstweilige Verfügung	150–159
c) Eintragung eines Widerspruchs	160
d) Vormerkung	161
8. Rechtsfolgen der Zuwiderhandlung	162–170

IV. Notgeschäftsführungsrecht

1. Grundsatz	171, 172
2. Umfang des Notgeschäftsführungsrechtes	173–179
a) Rechtsgeschäfte zur Erfüllung von Rechtspflichten des Eigentümers (Abs. 3 S. 2 lit. a)	173–177
aa) Allgemeines	173, 174
bb) Modernisierungs- und Instandsetzungsgebot	175, 176
cc) Instandsetzungsmaßnahmen (Abs. 3 S. 3)	177
b) Rechtsgeschäfte zur Erhaltung und Bewirtschaftung (Abs. 3 S. 2 lit. b)	178, 179
3. Erforderlichkeit einer Notgeschäftsführungsmaßnahme	180, 181
4. Pflicht zur Notgeschäftsführung	182–186
a) Allgemeines	182
b) Unternehmen	183–186
5. Rechte und Pflichten des Verfügungsberechtigten (Abs. 3 S. 4 und 6)	187–191
6. Ansprüche aus der Notgeschäftsführung	192–199
a) Ansprüche des Berechtigten	192–196
b) Ansprüche des Verfügungsberechtigten	197–199

V. Verspätete Anmeldungen (Abs. 4)

1. Allgemeines	200
2. Verfügungen	201–204
3. Rechtsfolgen	205, 206

VI. Vergewisserungspflicht (Abs. 5) . 207–225

1. Grundsatz	207
2. Verpflichtete	208
3. Gegenstand der Vergewisserungspflicht	209–212
4. Umfang der Vergewisserungspflicht	213–220
a) Allgemeines	213
b) Rechtslage seit Inkrafttreten des 2. VermRÄndG	214–216
c) Altfälle	217–220
5. Rechtsfolgen bei Nichtbeachtung	221–225

A. Grundsatz der Rückübertragung

I. Allgemeines

Für die vom Vermögensgesetz erfaßten und in Volkseigentum überführten oder an Dritte veräußerten Vermögenswerte iSv. § 2 Abs. 2 VermG gilt der Grundsatz der Rückübertragung auf den oder die Berechtigten. Dieser wird durch § 3 Abs. 1 S. 1 VermG für die Fälle der Singularrestitution, durch § 6 Abs. 1 S. 1 VermG für die Unternehmensrestitution konkretisiert. Die Rückübertragungsansprüche aus § 3 Abs. 1 S. 1 bzw. 6 Abs. 1 S. 1 VermG stehen zueinander im Verhältnis der **Alternativität** (vgl. § 3 Abs. 1 S. 3 VermG).[1] An der **Grundentscheidung „Rückgabe vor Entschädigung"** haben weder das erste Vermögensrechtsänderungsgesetz (sog. Hemmnissebeseitigungsgesetz[2]) noch das am 22. 7. 1992 in Kraft getretene Zweite Vermögensrechtsänderungsgesetz[3] etwas geändert. Durch beide Artikelgesetze wurden lediglich zusätzliche Vorrangregelungen für im einzelnen näher konkretisierte investive Vorhaben in das VermG und das BInvG[4] inkorporiert bzw. in Gestalt des InVorG geschaffen, nach denen etwaige Rückgabeansprüche aus gesamtwirtschaftlichen Gründen ausnahmsweise inhaltlich beschränkt (vgl. §§ 1 Abs. 4; 1b iVm. 3 Abs. 1 S. 4 BInvG/§§ 11 Abs. 4 iVm. 16 Abs. 1 S. 4, Abs. 3 InVorG) oder ausgeschlossen werden (vgl. §§ 3 Abs. 6, Abs. 7 VermG aF; 3a Abs. 1 iVm. Abs. 5 VermG aF; 1c iVm. 3 Abs. 1 a BInvG/§§ 11 Abs. 2, Abs. 5 InVorG; 18 Abs. 5 InVorG). Im Ergebnis gilt also: **Investitionen vor Rückgabe vor Entschädigung**.

II. Anspruch auf Rückübertragung (Abs. 1)

1. Antragserfordernis. a) Allgemeines. Allgemeine Voraussetzung für das Bestehen eines Rückübertragungsanspruchs ist, daß die Vermögenswerte einer der in § 1 genannten Maßnahmen unterlagen[5] und die Restitution nicht aufgrund der in § 3 Abs. 1a, Abs. 4, § 4, § 5, § 6 Abs. 1 S. 1, Abs. 1a S. 3 VermG bzw. § 13 Abs. 4 BoSoG, § 11 Abs. 2 und 5, § 18 Abs. 5 InVorG genannten Tatbestände ausgeschlossen ist.

b) Bedeutung. Ansprüche auf Rückübertragung von Vermögenswerten, die iSd. § 1 VermG in Volkseigentum überführt oder an Dritte veräußert wurden, konnten seit Inkrafttreten des Vermögensgesetzes am 29. 9. 1990 durch Anträge bei der zuständigen Behörde geltend gemacht werden (§ 30 VermG). Das Antragserfordernis hat nur **unselbständigen Charakter**. Der Rückübertragungsanspruch als solcher ist mit Inkrafttreten des Vermögensgesetzes kraft Gesetzes entstanden.[6] Der Antragsteller ist **„Berechtigter"** (§ 2 Abs. 1 VermG) im verfahrensrechtlichen Sinne. Die materielle Berechtigung wird erst durch einen positiven Rückübertragungsbescheid festgestellt. Der **Rückübertragungsanspruch erlischt** mit der Rückübertragung des beanspruchten Vermögenswertes im Verwaltungsverfahren bzw. bei gütlicher Einigung zwischen Berechtigtem und Verfügungsberechtigtem (§ 31 Abs. 5 S. 3 VermG). Er wandelt sich in einen Anspruch auf Entschädigung, wenn die Rückübertragung unmöglich oder aus anderem Grunde ausgeschlossen ist.

---

[1] *Messerschmidt* VIZ 1993, 5; siehe auch Vor § 6 RdNr. 1.
[2] Gesetz zur Beseitigung von Hemmnissen bei der Privatisierung von Unternehmen und zur Förderung von Investitionen vom 22. 3. 1991 (BGBl. I S. 766).
[3] BGBl. I S. 1257.
[4] Gesetz über besondere Investitionen in der Deutschen Demokratischen Republik v. 23. 9. 1990, BGBl. II S. 885, 1157; geänd. BGBl. I 1991 S. 766; aufgeh. BGBl. I 1992 S. 1257.

[5] Vgl. dazu § 1 RdNr. 25 ff.
[6] BGH NJW 1993, 2176, 2177; *Weimar/Alfes* DNotZ 1992, 619, 629 f.; *Märker* VIZ 1992, 174; *Wasmuth* BRAK-Mitt. 1991, 116, 118; *Lorenz* DStR 1993, 1224; *Horn* S. 550; aA *Schmidt-Räntsch* ZIP 1992, 593, 594: mit Antragstellung; *Bork* ZIP 1991, 988, 992, und im Ergebnis auch *Czerwenka*, S. 18, stellen für das Entstehen des Anpruchs auf den Enteignungszeitpunkt ab.

4 **c) Inhalt.** Problematisch erscheint, welche formellen und materiellen Anforderungen an den Antrag zu stellen sind. Das Vermögensgesetz enthält dazu bis auf die Aussage, daß der Antrag bei dem **zuständigen Vermögensamt** zu stellen ist, keine Regelungen. Nimmt man das Gesetz beim Wort, wäre bereits ein bei einem unzuständigen Vermögensamt gestellter Antrag als Nullum anzusehen. Dies ist erkennbar nicht gewollt, wie ein Blick auf die mit dem 2. VermRÄndG eingefügte Bestimmung des § 31 Abs. 2 S. 2 VermG zeigt. Mit dieser Vorschrift wird sichergestellt, daß das zuständige Vermögensamt am Belegenheitsort unverzüglich über etwaige bei unzuständigen Vermögensämtern eingegangene Anträge informiert wird.[7] Erst mit Zugang bei der zuständigen Behörde liegt jedoch ein Antrag iSv. § 30 Abs. 1 VermG vor.

5 Im Gegensatz zu § 2 Abs. 2 AnmeldeVO,[8] der eine **schriftliche Antragstellung** vorsieht, enthält das Vermögensgesetz keinerlei Formerfordernisse. Als ausreichend wäre daher auch ein mündlich (zur Niederschrift) beim zuständigen Vermögensamt gestellter Antrag anzusehen. Dieses Ergebnis erscheint jedoch nicht interessengerecht, da eine Anmeldung nach der Anmeldeverordnung zugleich als Antrag iSv. § 30 Abs. 1 VermG gilt (§ 30 Abs. 1 S. 5 VermG). Demzufolge wäre eine formnichtige Anmeldung nach der AnmeldeVO im Einzelfall in einen formlos möglichen Antrag nach § 30 VermG umzudeuten. Damit aber würde das Formerfordernis des § 2 Abs. 2 S. 1 AnmeldeVO umgangen. Die Vorschrift des § 30 VermG enthält insoweit eine Regelungslücke, die durch analoge Anwendung des § 2 Abs. 2 S. 1 AnmeldeVO zu schließen ist.[9] Im Ergebnis hat daher auch die Antragstellung nach § 30 Abs. 1 VermG schriftlich zu erfolgen.[10] Dadurch werden zudem Beweisschwierigkeiten vermieden.

6 Inhaltlich muß der Antrag so **hinreichend substantiiert** sein (zB Bezeichnung von Restitutionsobjekt, Verfügungsberechtigtem, Tatsachen, Beweismitteln), daß das Vermögensamt das Restitutionsobjekt identifizieren (vgl. auch § 4 Abs. 1 S. 1 AnmeldeVO) und zumindest nach Auslegung des Antrags (§§ 133, 157 BGB analog) das Begehren des Antragstellers ermitteln kann.[11] Gegebenenfalls hat die zuständige Behörde auf die Stellung eines sachdienlichen Antrags hinzuwirken (§ 25 VwVfG).[12] Die inhaltliche Präzisierung des Antrags ist Voraussetzung für weitere behördliche Ermittlungen zur materiellen Begründetheit des Antrags, insbesondere auch im Hinblick auf die Abgrenzung Singularrestitution/Unternehmensrestitution, und die Beurteilung der Frage, ob vor Ablauf der Ausschlußfristen ein ordnungsgemäßer Restitutionsantrag vorlag. Die inhaltliche Präzisierung des Restitutionsantrags ist zudem von Bedeutung im Hinblick auf ein etwaiges Investititonsvorrangverfahren. Bei nicht hinreichender Präzisierung des Antrags erhält der Anmelder keine Mitteilung über ein beabsichtigtes Verfahren (§ 5 Abs. 1 S. 3 InVorG); er ist damit nicht am Verfahren beteiligt und kann somit auch keine Gegenvorstellungen in Form eines eigenen Vorhabens (§ 5 Abs. 2 und 3 InVorG) einbringen. Im übrigen bleiben derartige Anmeldungen im Verfahren zur Erteilung einer Grundstücksverkehrsgenehmigung außer Betracht (§ 1 Abs. 3 GVO).

7 **Sachlich zuständig** sind für die Rückgabe von Unternehmen die Landesämter zur Regelung offener Vermögensfragen (§ 25 Abs. 1 S. 2 VermG), soweit die Landesregierun-

---

[7] Vgl. auch BMJ URüL Ziff. 2.3.5.; *Wasmuth* Rechtshandbuch B 100 § 2 RdNr. 32.

[8] V. 11. 7. 1990, GBl. I Nr. 44 S. 718 idF der Dritten Verordnung über die Anmeldung vermögensrechtlicher Ansprüche v. 5. 10. 1990, BGBl. I S. 2150, geänd. BGBl. 1992 I S. 1257, 1268.

[9] *Redeker-Hirtschulz* F/R/M/S § 30 RdNr. 9; *Wasmuth* Rechtshandbuch B 140 § 2 RdNr. 17.

[10] *Messerschmidt* F/R/M/S § 6 RdNr. 548 will unter Hinweis auf § 64 VwVfG auch eine mündliche Erklärung zur Niederschrift ausreichen lassen; ebenso BMJ URüL Ziff. 2.1.

[11] *Wächter* DZWir 1991, 265, 268; *Wasmuth* Rechtshandbuch B 100 § 30a RdNr. 33 ff. (undeutlich. B 100 § 2 RdNr. 32); wohl auch *Barkam* R/R/B, § 30 VermG RdNr. 3; undeutlich *Redeker-Hirtschulz* F/R/M/S § 30 RdNr. 8, § 30a RdNr. 9; anders offenbar *Schniewind* BB-Beil. 21 zu H. 30/1991, S. 23, der allgemein einen Antrag auf Rückgabe der dem Antragsteller zustehenden Vermögenswerte ausreichen läßt. Im letztgenannten Sinne auch Erläuterung der Bundesregierung zum Vermögensgesetz, BT-Drucks. 11/7831, S. 14 (zu § 30 VermG) unter unzutreffendem Hinweis auf die AnmeldeVO.

[12] *Kopp*, Verwaltungsverfahrensgesetz, 5. Aufl. 1991, § 22 RdNr. 18.

gen unter den Voraussetzungen des mit dem 2. VermRÄndG eingefügten § 25 Abs. 2 VermG die Zuständigkeit nicht durch Rechtsverordnung auf die für die Rückgabe anderer Vermögenswerte zuständigen örtlichen Ämter zur Regelung offener Vermögensfragen (§ 35 VermG) übertragen.

2. Ausschlußfristen. a) Grundsatz. Nach den durch das 2. VermRÄndG eingeführten 8 Ausschlußfristen des § 30a Abs. 1 VermG können Anträge auf Rückübertragung von Vermögenswerten gem. §§ 3, 6 VermG sowie Entschädigungsansprüche gem. §§ 6 Abs. 7, 8 und 9 VermG nach dem **31. 12. 1992,** für **bewegliche Sachen** nach dem **30. 6. 1993** nicht mehr gestellt werden; im Hinblick auf staatliche Verwaltungen gilt die Sonderregelung des § 11a VermG. Für Rückübertragungsansprüche, die auf Maßnahmen iSd. § 1 Abs. 7 VermG zurückgehen, gelten die vorgenannten Fristen nur, wenn die straf-, ordnungsstraf- oder verwaltungsrechtliche Entscheidung, auf der der Vermögensverlust beruht, am 30. 6. 1992 bereits unanfechtbar aufgehoben war (§ 30a Abs. 1 S. 2 VermG). Ansonsten, also bei Aufhebung der Entscheidung nach dem 30. 6. 1992, besteht eine sog. „gleitende Ausschlußfrist" (§ 30a Abs. 1 S. 3 VermG), nach der Ansprüche spätestens mit Ablauf von sechs Monaten ab Unanfechtbarkeit der Aufhebungsentscheidung geltend zu machen sind. **Sinn und Zweck** der Ausschlußfristen ist es, verspäteten Antragstellern aus Gründen der Rechtsklarheit und -sicherheit die Anspruchsberechtigung materiellrechtlich zu versagen. Eine Wiedereinsetzung in den vorigen Stand bei Versäumung der Antragsfrist kommt daher nicht in Betracht (§ 32 Abs. 5 VwVfG).[12a]

b) Ausnahme. Die Ausschlußfristen gelten nicht für **Ansprüche, die an die Stelle eines** 9 **rechtzeitig angemeldeten Anspruchs treten** oder getreten sind (§ 30a Abs. 1 S. 4 VermG). Dies sind im Falle des Rückübertragungsausschlusses Ansprüche auf Entschädigung, Herausgabe des Veräußerungserlöses oder Ersatz des Verkehrswertes.[13] Nachträglich wahlweise anstelle der Rückgabe geltend gemachte Entschädigungsansprüche (vgl. § 8 Abs. 1 VermG), für die seit Inkrafttreten des EALG ebenfalls eine Ausschlußfrist gilt, treten im engeren Wortsinn nicht „an die Stelle eines rechtzeitig angemeldeten Anspruchs". Der Wortlaut des § 30a Abs. 1 S. 4 VermG scheint vielmehr zunächst das Erlöschen eines Primäranspruches vorauszusetzen. Dem Sinn nach dient die Vorschrift aber allein der Beschleunigung von Restitutionsverfahren und damit einhergehend der Beseitigung von Investitionshemmnissen.[14] Kontraproduktive Wirkungen bestehen insoweit bei einem Übergang von der Restitution zur Entschädigung nicht. Anders verhält es sich dagegen, wenn der Berechtigte nachträglich anstelle eines rechtzeitig angemeldeten Entschädigungsanspruches einen Rückübertragungsanspruch geltend macht. Nach Ablauf der Ausschlußfristen des § 30a Abs. 1 VermG besteht ein derartiges Wahlrecht nach § 8 Abs. 1 VermG nicht mehr. Dies widerspräche dem Sinn der Verfahrensbeschleunigung.[15]

3. Anmeldungen nach anderen Vorschriften (AnmeldeVO/Unternehmensgesetz). 10 **a) Allgemeines.** Vor Inkrafttreten des Vermögensgesetzes konnten Anträge auf Rückübertragung von Vermögenswerten bereits nach der 1. und 2. Anmeldeverordnung, beschränkt auf die Rückgabe von Unternehmen auch nach § 17 des Unternehmensgesetzes[16] gestellt werden. Die §§ 17 bis 21 des Unternehmensgesetzes sind mit Inkrafttreten des Einigungsvertrages am 29. 9. 1990[17] außer Kraft getreten (§ 39 Nr. 10 VermG); die 1. und 2. Anmeldeverordnung blieben gem. Anl. II Kap. III Sachgeb. B Abschn. I Nr. 2 und 3 zum Einigungsvertrag[18] in Kraft.

[12a] VG Berlin ZOV 1994, 327, 327f; *Wasmuth* Rechtshandbuch B 100 § 30a RdNr. 54, 57.
[13] Vgl. *Uechtritz* BB 1992, 1649, 1650; *Messerschmidt* F/R/M/S § 6 RdNr. 196; *Wasmuth* Rechtshandbuch B 100 § 30a RdNr. 13f.
[14] Begründung z. Entw. d. 2. VermRÄndG, BT-Drucks. 12/2480, S. 55.
[15] *Strohm* NJW 1992, 2849, 2850; aA offenbar *Kiethe-Windthorst* VIZ 1994, 12, 14.

[16] Gesetz über die Gründung und Tätigkeit privater Unternehmen und über Unternehmensbeteiligungen v. 7. 3. 1990, GBl. I Nr. 17 S. 141; vgl. dazu Vor § 6 RdNr. 3ff.
[17] BGBl. II S. 1360.
[18] BGBl. 1990 II S. 889.

11   b) Bedeutung der Fristen. aa) Unternehmensgesetz. Nach § 17 Abs. 2 S. 1 UnternehmensG waren Anträge auf Umwandlung und Rückübertragung ehemaliger Betriebe mit staatlicher Beteiligung und privater Betriebe, die auf der Grundlage des Beschlusses des Präsidiums des Ministerrates vom 9. 2. 1972 (= Anh. III/31) und damit in Zusammenhang stehender Regelungen in Volkseigentum übergeleitet wurden, innerhalb von sechs Monaten nach Inkrafttreten des Gesetzes am 16. 3. 1990, also spätestens bis zum 16. 9. 1990, beim zuständigen Rat des Bezirkes zu stellen. Hierbei handelte es sich um eine **Ausschlußfrist**.

12   bb) AnmeldeVO. Die Anmeldung vermögensrechtlicher Ansprüche nach der AnmeldeVO hatte nach deren § 2 Abs. 2 S. 1 schriftlich zu erfolgen. Inhaltlich war die Anmeldung durch Angaben zur Art, zum Umfang und zum Belegenheitsort der Vermögenswerte zu substantiieren (vgl. noch RdNr. 6).[19] Die AnmeldeVO selbst enthält nur verfahrensrechtliche Regelungen, aber keine materiellen Rückgabevorschriften. Während die **Erste Anmeldeverordnung** eine Frist zur Anmeldung von Ansprüchen bis zum 31. 1. 1991 vorsah (§ 3), wurde diese durch § 3 der **Zweiten Verordnung** auf den 13. 10. 1990 verkürzt. Mit Art. 1 Nr. 3 der **Dritten Anmeldeverordnung** v. 5. 10. 1990 änderte der Verordnungsgeber die Anmeldefristen erneut, indem er sie bezogen auf die Fälle des NS-Unrechtes (vgl. § 1 Abs. 2 lit. a idF d. Dritten Verordnung, § 1 Abs. 6 VermG) und die Einziehung von Vermögenswerten im Zusammenhang mit rechtsstaatswidrigen Strafverfahren (vgl. § 1 Abs. 2 lit. b idF d. Dritten Verordnung; § 1 Abs. 7 VermG) wiederum auf den 31. 3. 1991 verlängerte. Ansonsten verblieb es bei der Frist des 13. 10. 1990. Da es sich bei den in der AnmeldeVO genannten **Fristen nicht** um **Präklusionsfristen** handelt,[20] konnten Ansprüche auf Rückübertragung von Vermögenswerten auch noch nach den dort genannten Endterminen gestellt werden. Insoweit handelt es sich um **verspätete Anmeldungen.** Darauf nimmt das Vermögensgesetz, das seit dem 29. 9. 1990 neben der AnmeldeVO zur Anwendung gekommen ist, verschiedentlich Bezug (vgl. § 3 Abs. 3 S. 8; Abs. 4 VermG). Wegen der Gleichstellungsbestimmung des § 30 Abs. 1 S. 5 VermG gelten seit Inkrafttreten des 2. VermRÄndG ebenfalls die Ausschlußfristen des § 30a Abs. 1 VermG (vgl. RdNr. 8f.).

13   c) Wirkung der Anmeldungen. aa) Unternehmensgesetz. Da die §§ 17 bis 21 UnternehmensG mit Inkrafttreten des Vermögensgesetzes am 29. 9. 1990 außer Kraft getreten sind (§ 39 Nr. 10 VermG), konnten Rückübertragungsansprüche nach dem Unternehmensgesetz nur bis zum 29. 9. 1990 beschieden werden. Ab dem 29. 9. 1990 war eine Entscheidung über die Unternehmensrestitution nur noch nach § 6 VermG als Nachfolgebestimmung bzw. aufgrund eines Antrages nach §§ 1ff. AnmeldeVO möglich. Ob ein vor dem 29. 9. 1990 nicht mehr beschiedener oder verfristeter Antrag (vgl. RdNr. 11) auf Unternehmensrestitution nach §§ 17ff. UnternehmensG in einen Antrag iSd. § 30 Abs. 1 VermG umgedeutet werden kann, ist mangels gesetzlicher Regelung im Einzelfall durch **Auslegung** zu ermitteln.

14   bb) AnmeldeVO. Um eine unerwünschte Doppelantragstellung nach der AnmeldeVO und dem VermG mit allen daraus folgenden materiellen und prozessualen Konsequenzen zu verhindern,[21] gelten die nach der Verordnung über die Anmeldung vermögensrechtlicher Ansprüche angemeldeten Rückübertragungsansprüche zugleich als Anträge auf Rückübertragung oder Aufhebung der staatlichen Verwaltung nach dem Vermögensgesetz (§ 30 Abs. 1 S. 5 VermG). Die **Fiktion der Antragstellung** ist nach Sinn und Zweck begrenzt auf die auch von der AnmeldeVO erfaßten Sachverhalte des § 1 VermG. Maßgebend für die Ermittlung des der Anmeldung zugrundeliegenden Rückgabebegehrens sind

---

[19] Dazu *Wasmuth* Rechtshandbuch B 140 § 2 RdNr. 7f.
[20] *Kimme* NJW 1990, 3185, 3186; *Christmann* DStR 1990, 732; *Horn*, S. 498 f.; *Fieberg-Reichenbach* NJW 1991, 321, 324; *dies.* F/R/M/S RdNr. 70; *Schmidt-Räntsch* ZIP 1991, 125; *Maskow-Hoffmann* BB-Beil. 40 zu H. 35/36 1990, S, 1, 3; *Wasmuth* Rechtshandbuch B 140 § 3 RdNr. 2 f.
[21] *Fieberg-Reichenbach* NJW 1991, 321, 324.

Grundsatz 15–17 § 3 VermG

die im Zeitpunkt der Anmeldung gültigen, in ihrem materiellen Regelungsrahmen voneinander abweichenden Fassungen der AnmeldeVO.[22] Ob darüber hinaus in der Anmeldung ein weitergehender Antrag auf Rückübertragung anderer nur vom VermG erfaßter Vermögenswerte oder die Geltendmachung anderer Ansprüche nach dem VermG (Entschädigung, Erlösherausgabe) gesehen werden kann, ist jeweils durch Auslegung zu ermitteln.

4. Inhalt des Rückübertragungsanspruches. Gegenstand des Rückübertragungsanspruchs ist der von einer Maßnahme nach § 1 VermG betroffene **Vermögensgegenstand**. Der Gegenstand muß also für Zwecke der Rückgabe bei gegenständlicher oder (bei der Unternehmensrestitution) wirtschaftlicher Betrachtung **noch vorhanden** sein. Ist das nicht der Fall, scheidet eine Rückübertragung wegen Unmöglichkeit aus (§ 4 Abs. 1 S. 1 und 2 VermG; § 6 Abs. 1 S. 1 VermG). Existiert der Vermögensgegenstand nur noch zum Teil, liegt ein Fall der **Teilunmöglichkeit** vor. Der Anspruch auf Singularrestitution kann auf Teile des Vermögenswertes beschränkt werden, wenn dieser real teilbar ist; dementsprechend kann auch das Wahlrecht nach § 8 Abs. 1 S. 1 VermG unterschiedlich ausgeübt werden.[23] Im Gegensatz zur Singularrestitution kann dagegen der Anspruch auf Rückgabe eines Unternehmens nicht auf einzelne Vermögensgegenstände beschränkt werden (§ 3 Abs. 1 S. 3 VermG). 15

5. Rechtsnatur/Verwaltungsverfahren/Rechtsschutz. a) Allgemeines. Mit der Anmeldung vermögensrechtlicher Ansprüche nach § 30 Abs. 1 VermG wird der **öffentlich-rechtliche Rückübertragungsanspruch**[24] iSd. §§ 3 und 6 VermG konkretisiert, der sich gegen das sachlich und örtlich zuständige Amt zur Regelung offener Vermögensfragen richtet.[25] Dieses entscheidet im Verwaltungsverfahren nach Abschnitt VI des Vermögensgesetzes durch privatrechtsgestaltenden Verwaltungsakt (§ 34 Abs. 1 S. 1 VermG) über den Rückgabeantrag, sofern der Berechtigte und der Verfügungsberechtigte keine einvernehmliche Regelung herbeiführen (§ 31 Abs. 5 VermG). Gegen Entscheidungen der örtlichen Vermögensämter findet als Vorschaltverfahren zum **Verwaltungsgerichtsverfahren** (§ 40 VwGO) ein **Widerspruchsverfahren** (§ 68 VwGO) statt (§ 36 Abs. 1 bis 3 VermG). Ein solches ist für Entscheidungen der Landesämter, soweit sie Aufgaben nachgeordneter Ämter bei sich konzentriert haben (§ 25 Abs. 1 S. 3 VermG), seit Inkrafttreten des RegVBG nicht mehr vorgesehen (vgl. jedoch § 36 Abs. 4 Hs. 2 VermG aF); dies gilt seit Inkrafttreten des EALG auch für Entscheidungen des Bundesamtes nach § 29 Abs. 2 VermG, die die Rückübertragung von Unternehmen betreffen (§ 36 Abs. 4 VermG). 16

b) Rechtsschutzmöglichkeiten des Berechtigten. Hinsichtlich der Rechtsschutzmöglichkeiten des Berechtigten ist zu unterscheiden: Hat die Behörde einen Antrag auf Vermögensrestitution abgelehnt, muß der Berechtigte in der Hauptsache eine **Verpflichtungsklage** (§ 42 Abs. 1 2. Alt. VwGO) erheben. Entscheidet die zuständige Behörde ohne zureichenden Grund nicht innerhalb angemessener Frist über den Rückgabeantrag besteht die Möglichkeit einer **Untätigkeitsklage** (§ 75 VwGO); die Klage ist abweichend von § 68 VwGO auch ohne Vorverfahren zulässig. Als zureichender Grund mit der Folge der Aussetzung des Verfahrens bis zu einer vom Gericht zu bestimmenden Frist kommt jedoch die generelle Überlastung der Vermögensämter in Betracht.[26] 17

---

[22] Verordnung vom 11. 7. 1990, GBl. I Nr. 44 S. 718; Zweite Verordnung vom 21. 8. 1990, GBl I Nr. 56 S. 1260; Dritte Verordnung vom 5. 10. 1990, BGBl. I S. 2150, geänd. BGBl. 1992 I S. 1257, 1268.
[23] *Fieberg-Reichenbach* F/R/M/S § 8 RdNr. 13.
[24] KG VIZ 1991, 30, 31; LG Berlin DtZ 1991, 412, 413; BezG Gera ZIP 1992, 137, 138; BezG Dresden ZOV 1992, 385, 386; *Wächter* DZWir 1991, 265, 267; *Czerwenka* S. 9; *Kohler* NJW 1991, 465, 469f.; *Stapenhorst* VIZ 1991, 85, 87; *Busche* Rechtshandbuch B 200 § 2 RdNr. 57; *Kinne* R/R/B RdNr. 2; *Marotzke* ZIP 1993, 885, 895; *Leipold* JZ 1993, 703, 704; *Lorenz* DStR 1993, 1224; dagegen für zivilrechtliche Natur des Rückübertragungsanspruchs BezG Cottbus ZIP 1992, 813, 814.
[25] *Wasmuth* Rechtshandbuch B 100 RdNr. 9; *Horn* S. 545f.; aA *Czerwenka* S. 17, die bei der Unternehmensrestitution den Verfügungsberechtigten als Verpflichteten ansieht; anders aber wohl *dies.* S. 9.
[26] Vgl. BVerwG VIZ 1994, 242f.; KrG Leipzig-Stadt VIZ 1992, 201f.; VG Leipzig NJ 1993, 426, 427; siehe aber auch VG Leipzig ZOV 1993, 281, 281f.; VG Frankfurt/O. NJ 1993, 427, 428.

18 Geht es dem Berechtigten lediglich um die **Aufhebung** einer in einem Restitutionsbescheid enthaltenen und isoliert anfechtbaren belastenden Regelung ist Anfechtungsklage zu erheben (§ 42 Abs. 1 1. Alt. VwGO).

19 c) **Rechtsschutzmöglichkeiten Dritter.** Soweit Drittbetroffene gerichtlichen Rechtsschutz gegen die Restitutionsentscheidung begehren, kann eine Anfechtungsklage gegen den Restitutionsbescheid in Betracht kommen. Problematisch ist allerdings, ob Dritten überhaupt eine **Klagebefugnis** zusteht. Da dieser Personenkreis, zu dem etwa der Verfügungsberechtigte sowie Mieter oder andere Nutzer gehören, nicht Adressat des Verwaltungsaktes ist, können sie die Verletzung eigener Rechte nur dann geltend machen, wenn mit der Restitutionsentscheidung eine drittschützende Norm verletzt wurde. Die Klagebefugnis ergibt sich insoweit nicht schon aus § 31 Abs. 2 S. 1 VermG. Diese Vorschrift dient allein der Ordnung des Verfahrensablaufs durch Benachrichtigung und Information Drittbetroffener, gewährt diesem Personenkreis aber keine selbständig durchsetzbare Verfahrensposition.[27] Der Kreis der am Verwaltungsverfahren zu beteiligenden Personen ist nicht notwendig identisch mit dem Kreis der Antrags- und Klagebefugten.[28] Die Vorschriften der §§ 16f. VermG zeigen in dieser Hinsicht, daß **redliche Mieter und Nutzer** von der Restitution nicht rechtlich nachteilig betroffen sind, da der Berechtigte in die in Bezug auf das Restitutionsobjekt abgeschlossenen Rechtsverhältnisse eintritt.[29] Allein für den **Verfügungsberechtigten**, der den restitutionsbelasteten Vermögenswert zurückzugeben hat, und für **unredliche Mieter und Nutzer**,[30] deren Rechtsverhältnisse mit dem Bescheid gem. § 33 Abs. 4 VermG aufzuheben sind (§ 17 S. 2 VermG), stellt sich eine positive Restitutionsentscheidung als Verwaltungsakt mit belastender Drittwirkung dar, aus der eine selbständige Klagebefugnis gem. § 42 Abs. 2 VermG folgt.

20 d) **Örtliche Zuständigkeit.** Betrifft der Rückgabeanspruch unbewegliches Vermögen oder ortsgebundene Rechte oder Rechtsverhältnisse ist ausschließlich das Gericht zuständig, in dessen Bezirk das Vermögen oder der Ort liegt (§ 52 Nr. 1 VwGO). Ansonsten bestimmt sich die Zuständigkeit nach § 52 Nr. 3 bzw. 5 VwGO.

21 e) **Ergänzender zivilrechtlicher Rechtsschutz.** Kontroverser Beurteilung unterliegt die Frage, ob in bezug auf die Rückübertragung von Grundstücken über das angesprochene verwaltungsgerichtliche Instrumentarium hinaus eine ergänzende zivilrechtliche Sicherung des öffentlich-rechtlichen Restitutionsanspruchs möglich ist. Angesichts dieser Fragestellung ist systematisch zwischen dem öffentlich-rechtlichen Rückübertragungsanspruch des § 3 Abs. 1 S. 1 VermG und der zivilrechtlichen, allein im Verhältnis zwischen Verfügungsberechtigtem und Berechtigtem bestehenden **Unterlassungsverpflichtung des § 3 Abs. 3 S. 1** VermG zu unterscheiden,[31] die flankierend auch den Rückübertragungsanspruch vor einer nachhaltigen Beeinträchtigung schützt. Zu Möglichkeiten der Durchsetzung und Sicherung des Unterlassungsanspruches nach § 3 Abs. 3 S. 1 VermG vgl. RdNr. 143ff.

22 Diskutiert wird daneben noch die Eintragung einer **Vormerkung** (§§ 885 Abs. 1, 883 Abs. 1 BGB) zur Sicherung des Rückübertragungsanspruchs nach § 3 Abs. 1 S. 1 VermG.[32] Der Eintragung einer Vormerkung steht jedoch der öffentlich-rechtliche Charakter des Rückübertragungsanspruchs entgegen, da die Vormerkung nur der Sicherung von privatrechtlichen Ansprüchen auf Einräumung von Rechten an Grundstücken dient.[33]

---

[27] *Meier* VIZ 1991, 112.
[28] BVerwG DÖV 1982, 639, 641.
[29] BVerwG ZOV 1994, 66, 66f.; VG Halle ZOV 1994, 80; KrG Greifswald VIZ 1992, 454; VG Berlin ZOV 1993, 121; *Meier* VIZ 1991, 112, 113.
[30] Für diesen Personenkreis ebenso *Weber* NJW 1991, 343, 344; *Kinne* ZOV 1991, 31, 34; *Horst* ZOV 1993, 217, 218.
[31] Erl. BReg., BT-Drucks. 11/7831, S. 4f.; dagegen sieht *Uechtritz* DB 1992, 1329, 1331f., in § 3

Abs. 3 VermG wegen der Bezugnahme auf § 3 Abs. 1 VermG eine öffentlich-rechtliche Norm.
[32] Befürwortet von KrG Bad Salzungen ZIP 1990, 1634; *Horn* S. 579f.; *ders.* in: Hommelhoff (Hrsg.), Treuhandunternehmen im Umbruch, 1991, S. 133, 162.
[33] Vgl. RGZ 56, 10, 14; 60, 423, 425; *Wacke* MünchKomm, BGB, 2. Aufl. 1986, § 883 RdNr. 14; *Kohler* NJW 1991, 465, 469f.; *Busche* Rechtshandbuch B 200 § 2 RdNr. 57.

6. Zession. a) Allgemeines. Der öffentlich-rechtliche Anspruch auf Rückübertragung, 23 Rückgabe oder Entschädigung kann analog §§ 398 BGB abgetreten, verpfändet (§ 1273 BGB) oder gepfändet (§ 857 ZPO) werden. Dies ist mit der durch das PrHBG eingefügten Vorschrift des § 3 Abs. 1 S. 2 VermG klargestellt worden.[34] Auf die Abtretung sind die Vorschriften der §§ 398 ff. **BGB analog** anzuwenden, da öffentlich-rechtliche Sondervorschriften fehlen; allerdings können die Besonderheiten des Öffentlichen Rechts im Einzelfall zu berücksichtigen sein.[35]

Der Zedent eines vermögensrechtlichen Anspruchs muß Inhaber des Anspruchs sein. 24 Ein auf einen bestimmten Vermögenswert gerichteter Anspruch kann nur als solcher abgetreten werden. Der Zessionar ist an ein zuvor vom Zedenten ausgeübtes **Wahlrecht** nach Maßgabe des § 8 VermG gebunden.[36] Besteht der Anspruch nicht, etwa weil sich im Verwaltungsverfahren herausstellt, daß der Zedent nicht materiell Berechtigter iSd. § 2 Abs. 1 war, ist die Zession unwirksam.[37] Der Zession liegt als Kausalgeschäft regelmäßig ein **Rechtskauf** (§ 437 BGB) zugrunde. In Ausnahme zu § 306 BGB haftet der Verkäufer eines nicht bestehenden, aber objektiv möglichen Rechts dem Käufer für den Bestand des Rechts auf Schadensersatz in Höhe des positiven Interesses (§§ 437, 440 iVm. 325 BGB).[38] Rechtsgrund für diese Garantiehaftung ist die Erwägung, daß der Verkäufer eines Rechtes, das bei Vertragsschluß bestehen kann, stillschweigend den Bestand des Rechtes behauptet.[39] Die Abtretung als Verfügungsgeschäft und das zugrundeliegende Kausalgeschäft sind darüber hinaus nach den allgemein für Rechtsgeschäfte geltenden Regeln **anfechtbar**. Mit der wirksamen Abtretung des vermögensrechtlichen Anspruchs scheidet der Zedent als Beteiligter aus dem **Verwaltungsverfahren** aus; der Zessionar ist als dessen Rechtsnachfolger Berechtigter iSv. § 2 Abs. 1 VermG und damit neuer Adressat des vermögensrechtlichen Verfahrens.[40] Beteiligter eines Investitionsvorrangverfahrens nach dem InVorG ist der Zessionar allerdings nur, wenn es sich um einen Angehörigen[41] handelt (§ 4 Abs. 5 InVorG). Erfolgt die Abtretung nach Rechtshängigkeit einer Klage, mit der sich der Zedent gegen eine Entscheidung im Verwaltungsverfahren wendet, so hat dies auf den Prozeß keinen Einfluß (§ 265 Abs. 2 S. 1 ZPO). Der Zedent kann sein Begehren in gesetzlicher Prozeßstandschaft weiterverfolgen (§ 173 VwGO iVm. §§ 265, 325 Abs. 1 ZPO).

b) Rechtslage bis zum Inkrafttreten des 2. VermRÄndG. Bis zur Neuregelung durch 25 das Zweite Vermögensrechtsänderungsgesetz (§ 3 Abs. 1 S. 2 Hs. 3) enthielt das Vermögensgesetz keinerlei Vorschriften, die für die Abtretung vermögensrechtlicher Ansprüche die Einhaltung einer bestimmten Form vorschrieben. Nach zutreffender Ansicht ergibt sich die **Formbedürftigkeit** der Abtretung eines vermögensrechtlichen Grundstücksrückübertragungsanspruchs bzw. der Verpflichtung dazu auch nicht aus § 313 S. 2 BGB oder einer entsprechenden Anwendung dieser Vorschrift.[42] Danach bedarf ein Vertrag, durch den sich der eine Teil verpflichtet, das Eigentum an einem Grundstück zu übertragen oder zu erwerben, der notariellen Beurkundung. Das der Zession eines Restitutionsanspruchs

---

[34] Vgl. Begründung z. PrHBG, BT-Drucks. 12/103, S. 23; *Lutter-Gehling* ZIP 1992, 1045, 1049; *Fieberg-Reichenbach* F/R/M/S Vor § 3 RdNr. 2; *Wasmuth* Rechtshandbuch B 100 RdNr. 39; zu steuerrechtlichen Fragen *van de Loo* DStR 1993, 1775 ff.

[35] BSG NJW 1959, 2087; BFH WM 1973, 1006, 1007; *Weimar-Alfes* DNotZ 1992, 619, 621; *Palandt-Heinrichs* § 398 RdNr. 2.

[36] *Wasmuth* Rechtshandbuch B 100 RdNr. 45; undifferenziert *Weimar-Alfes* DNotZ 1992, 619, 623.

[37] Vgl. *Wasmuth* Rechtshandbuch B 100 RdNr. 46; *Weimar – Alfes* DNotZ 1992, 619, 626 f.; allgemein *Roth* MünchKomm. BGB, 3. Aufl. 1994, § 398 RdNr. 25.

[38] *Tippenhauer* NJ 1992, 163, 163 f.; *Weimar-Alfes* DNotZ 1992, 619, 631 ff.; vgl. noch allgemein RGZ 68, 292, 293 f.

[39] OLG München, NJW 1971, 1807, 1808.

[40] Vgl. auch *Hartkopf* NJ 1992, 26, 27; *Weimar-Alfes* DNotZ 1992, 619, 635 f.; *Cremer*, Immobiliengeschäfte in den neuen Bundesländern, 1992, S. 86 f.

[41] Vgl. § 20 Abs. 5 VwVfG; *Wasmuth* Rechtshandbuch B 100 RdNr. 56 will den Kreis der in § 20 Abs. 5 VwVfG genannten Personen um gegen- und gleichgeschlechtliche Lebensgemeinschaften erweitern.

[42] Dazu *Hartkopf* NJ 1992, 26, 26 (Fn. 12); *Tippenhauer* NJ 1992, 163, 164; *Weimar-Alfes* DNotZ 1992, 619, 624 f.: „regelmäßig nicht formbedürftig".

zugrundeliegende Kausalgeschäft, regelmäßig ein Rechtskauf (§ 437 BGB), beinhaltet jedoch lediglich die **Verpflichtung** des Zedenten **zur Verschaffung des Rückübertragungsanspruchs**, nicht des Eigentums selbst, während andererseits der Zessionar regelmäßig keine „**Erwerbsverpflichtung**"[43] hinsichtlich des zu restituierenden Grundstücks eingeht. Der Zessionar ist im Restitutionsverfahren nicht an den ursprünglichen Rückübertragungsantrag des Zedenten gebunden, sondern kann bis zur behördlichen Entscheidung über den Rückübertragungsantrag etwa auf die Geltendmachung eines Entschädigungsanspruchs übergehen.

26   Eine entsprechende Anwendung des § 313 S. 1 BGB auf das Verpflichtungsgeschäft scheidet angesichts einer möglichen ablehnenden Rückübertragungsentscheidung ebenfalls aus, da der obligatorische **Rückübertragungsanspruch** noch **kein** dem Grundstückseigentum wesensgleiches **Anwartschaftsrecht oder anwartschaftsähnliches Recht** in Form einer von Dritten einseitig nicht mehr zu vernichtenden Rückerwerbsposition begründet.[44] Ein solches ist im Falle der Auflassung nur nach Stellung des Umschreibungsantrags bzw. des Antrags auf Eintragung einer Vormerkung anerkannt. Im Hinblick darauf ersetzt die Verwaltungsentscheidung im vermögensrechtlichen Verfahren (§ 34) nur die im Privatrechtsverkehr erforderliche Auflassung.

27   c) **Änderungen durch das 2. VermRÄndG. aa) Gründe.** Der fehlende Formzwang hat in der Praxis, die eine zunehmende Veräußerung von Rückübertragungsansprüchen insbesondere an Immobilienmakler zu verzeichnen hatte, zu erheblichen Problemen geführt. Diese resultierten nicht nur aus einer etwaigen Übervorteilung der Zedenten infolge mangelnder Geschäftsgewandheit und Beratung, sondern lagen ebenso im **verwaltungsmäßigen Vollzug** der Rückgabeentscheidung begründet, da die Vermögensämter häufig von der Zession keine Kenntnis hatten und damit über die Person des Adressaten der Rückgabeentscheidung im Unklaren waren. Andererseits waren Fehlentscheidungen aufgrund fehlender Kenntnis der Zession nicht zu gewärtigen, da die Vermögensämter etwa bei einer stillen Zession wegen der analog anwendbaren §§ 398 ff. BGB eine Restitution mit befreiender Wirkung gegenüber dem Zedenten vornehmen konnten.[45]

28   bb) **Notarielle Beurkundung.** Nunmehr schreibt § 3 Abs. 1 S. 2 Hs. 3 VermG vor, daß die Verpflichtung zur Abtretung eines vermögensrechtlichen Anspruchs wie auch die Abtretung selbst der **notariellen Beurkundung** bedürfen, **wenn** der mit dem **Antrag** geltend gemachte Anspruch **auf Rückübertragung eines Grundstückes, Gebäudes oder Unternehmens** gerichtet ist. Damit ist für den Zedenten angesichts der aus § 17 BeurkG folgenden Beratungspflicht ein hinreichender Übereilungsschutz verwirklicht wie auch die Vermögensämter weitere Verfahrenshandlungen gegenüber dem Zessionar analog § 410 BGB von der Vorlage der Abtretungsurkunde abhängig machen können (Warn- und Beweisfunktion). Keiner notariellen Beurkundung bedarf die Abtretung von Entschädigungsansprüchen, da § 3 Abs. 1 S. 2 Hs. 2 VermG die Ansprüche auf Entschädigung im Gegensatz zu Hs. 1 nicht benennt.

29   cc) **Heilung des Formmangels.** Der Mangel einer ohne Beachtung der Form eingegangenen Verpflichtung oder Abtretung wird in Anlehnung an § 313 S. 2 BGB gem. § 3 Abs. 1 S. 2 Hs. 4 VermG geheilt, wenn das Eigentum an dem Grundstück, Gebäude oder

---

[43] Zum Formzwang bei Erwerbsverpflichtungen vgl. BGHZ 89, 41, 46; *Kanzleiter* MünchKomm., BGB, 3. Aufl. 1994, § 313 RdNr. 16; *Soergel – M. Wolf*, BGB, 12. Aufl. 1990, § 313 RdNr. 14; *Palandt-Heinrichs*, BGB, § 313 RdNr. 6; vgl. auch BayObLG NJW 1976, 1895, 1896, unter Auseinandersetzung mit den abweichenden Auffassungen von *Huhn* Rpfl. 1974, 2f. und *Ertl* DNotZ 1976, 78.

[44] *Steeger* EWiR § 3 VermG 1/91, 97 f.; *Kohler* DNotZ 1991, 699, 700; *Bader* DtZ 1994, 22, 23; aA offenbar LG Berlin (28. Zivilkam.) GE 1991, 779, 781; KrG Magdeburg ZIP 1990, 1635; KrG Brandenburg NJ 1991, 465, 466; *Obst*, in: Vermögensrechtliche Ansprüche der DDR-Enteignungsgeschädigten, 1990, S. 114; *Horn* S. 578: anwartschaftsähnlich; *Weimar-Alfes* DNotZ 1992, 619, 629; *Horst* DWW 1991, 273, 275.

[45] *Jesch* DB 1992, 2073, 2076; *Hartkopf* NJ 1992, 26; *Wasmuth* Rechtshandbuch B 100 RdNr. 69; im Ergebnis übereinstimmend *Weimar-Alfes* DNotZ 1992, 619, 636f. unter Rückgriff auf den Beteiligtenbegriff (§ 13 VwVfG).

Unternehmen durch rechtswirksame Entscheidung eines Vermögensamtes auf den Zedenten übertragen wird (§ 34) oder „sonst wirksam" etwa infolge gütlicher Einigung zwischen dem Zedenten und dem Verfügungsberechtigten (§ 31 Abs. 5 VermG) durch wirksamen, insbesondere also formwirksamen Vertrag, oder durch Entscheidung eines Schiedsgerichtes (§§ 30 Abs. 2 S. 1, 38a VermG) auf den Zedenten übergeht. Im Gegensatz zu § 313 S. 2 BGB kommt es also auf die Grundbucheintragung nicht an. Sie hat nach Abschluß des vermögensrechtlichen Verfahrens nur noch berichtigende Bedeutung. **Geheilt wird** nach § 3 Abs. 1 S. 2 Hs. 4 nur der **Formmangel, nicht aber andere Mängel** wie Willensmängel, fehlende Vertretungsmacht oder behördliche Genehmigungen. Es gelten die in Rechtsprechung und Lehre zu § 313 S. 2 BGB entwickelten Grundsätze entsprechend.[46] Eine Heilung tritt selbst dann ein, wenn den Parteien bei Abschluß des Rechtsgeschäfts der Formmangel bekannt war, sie aber wenigstens mit tatsächlichem Bindungswillen handelten.[47]

dd) Abtretung unter Bedingung oder Zeitbestimmung. Eine unter einer aufschiebenden oder auflösenden Bedingung (§ 158 BGB) oder Zeitbestimmung (§ 163 BGB) erfolgte Abtretung ist **unwirksam** (§ 3 Abs. 1 S. 2 Hs. 2). Die mit dem 2. VermRÄndG geschaffene Bestimmung entspricht dem Regelungsmodell des § 925 Abs. 2 BGB. Dadurch soll im Interesse der Verfahrensbeschleunigung und -vereinfachung vornehmlich verhindert werden, daß weiterhin Abtretungen unter der Bedingung der Zuerkennung bestimmter Rechtspositionen oder des Abschlusses des Rückübertragungsverfahrens innerhalb eines bestimmten Zeitraums erfolgen.

Unzulässig sind danach aber auch Bestimmungen, die den Übergang des Rückübertragungsanspruches von der Zahlung des Kaufpreises auf ein Notaranderkonto und der entsprechenden Bestätigung des Notars abhängig machen. Die durch derartige **rechtliche Schwebezustände** hervorgerufene Unsicherheit **widerspricht dem Interesse des Rechtsverkehrs** an einer eindeutigen Grundbuchlage.[48] Trotz dieses primär auf den Grundstücksverkehr zugeschnittenen Regelungsmodells gilt § 3 Abs. 1 Hs. 2 VermG dem Wortlaut nach auch für die Abtretung vermögensrechtlicher Ansprüche, die nicht Grundstücke betreffen. Das erscheint sinnvoll, da insoweit für alle vermögensrechtlichen Verfahren Rechtsklarheit im Hinblick auf die Verfahrensbeteiligten hergestellt wird. Unwirksam ist daher etwa die Abtretung eines Unternehmensrückübertragungsanspruchs unter der Bedingung, daß der gelöschte Unternehmensträger iSv. § 6 Abs. 1a S. 2 VermG wieder auflebt.

Die **Bedingungs- und Befristungsfeindlichkeit bezieht sich** nur auf die Abtretung, nicht aber **auf das zugrundeliegende Rechtsgeschäft**. Als zulässig sind daher Vereinbarungen anzusehen, die die Kaufpreiszahlung unter die Bedingung einer wirksamen Abtretung bzw. Grundbuchumschreibung stellen.[49] Keine Bedingung iSv. § 3 Abs. 1 S. 2 Hs. 2 VermG ist entsprechend der Rechtslage bei § 925 Abs. 2 BGB eine sog. Rechtsbedingung,[50] es sei denn, diese wird zur rechtsgeschäftlichen Bedingung erhoben.[51]

d) Behandlung von Altfällen. aa) Allgemeines. Die durch das Zweite Vermögensrechtsänderungsgesetz neu in das VermG inkorporierten Bestimmungen über die Abtretung vermögensrechtlicher Ansprüche (§ 3 Abs. 1 S. 2 Hs. 2–4 VermG) gelten für Zessio-

---

[46] Vgl. RGZ 137, 329, 352; BGH DNotZ 69, 350, 352; *Palandt-Heinrichs* § 313 RdNr. 46.
[47] Vgl. *Kanzleiter* MünchKomm. BGB, 3. Aufl. 1994, § 313 RdNr. 63; BGH NJW 1975, 205 = LM § 313 BGB Nr. 66; BGHZ 48, 396, 397 = NJW 1968, 39, 42.
[48] *Jesch* DB 1992, 2073.
[49] *Jesch* DB 1992, 2073, 2074; *Wasmuth* Rechtshandbuch B 100 RdNr. 49; vgl. auch *Kinne* R/R/B RdNr. 21.
[50] Dazu *Kanzleiter* MünchKomm BGB, 2. Aufl. 1985, § 925 RdNr. 26; *Wasmuth* Rechtshandbuch B 100 RdNr. 51; Rechtsbedingungen sind etwa die Genehmigung eines durch einen vollmachtlosen Vertreter abgeschlossenen Rechtsgeschäfts durch den Berechtigten oder die Erteilung einer behördlichen Genehmigung.
[51] KGJ 36, A 194, 198.

nen und die diesen zugrundeliegenden Verpflichtungsgeschäfte, soweit sie ab dem 22. 7. 1992, dem Zeitpunkt des Inkrafttretens des 2. VermRÄndG, eingegangen worden sind. Eine Rückwirkung der Vorschriften besteht nicht (LG Berlin ZOV 1993, 109, 110).

34 bb) **Anzeigepflicht.** Um eine Umgehung des Formzwangs durch Vordatierung der Vereinbarungen zu verhindern, hat der Gesetzgeber jedoch in Art. 14 Abs. 1 des 2. VermRÄndG vorgesehen, daß vor dem Inkrafttreten des Gesetzes erklärte Abtretungen von Rückübertragungsansprüchen ihre Wirksamkeit ex tunc verlieren, wenn sie nicht innerhalb von drei Monaten ab Inkrafttreten des Gesetzes (Ausschlußfrist), also spätestens bis 22. 10. 1992, bei dem sachlich und örtlich zuständigen Amt oder Landesamt zur Regelung offener Vermögensfragen, in dessen Bezirk der betroffene Gegenstand liegt, angezeigt worden sind.[52] Maßgebend ist der Zeitpunkt des Zugangs. Die Vorschrift des Art. 14 Abs. 1 des 2. VermRÄndG erfaßt im Gegensatz zu § 3 Abs. 1 S. 2 Hs. 3 VermG mithin **alle Abtretungen vermögensrechtlicher Ansprüche**, also auch solche, die nicht auf die Rückübertragung von Grundstücken, Gebäuden und Unternehmen gerichtet sind und damit nach § 3 Abs. 1 S. 2 Hs. 3 VermG nF nicht beurkundungspflichtig sind. Eine Heilungsmöglichkeit bei unterlassener Anzeige, etwa durch entsprechende Anwendung des § 3 Abs. 1 S. 2 Hs. 4, besteht nicht, da diese Vorschrift allein eine Heilung des Wirksamkeitserfordernisses der nicht beachteten notariellen Beurkundung bewirkt.

35 cc) **Entbehrlichkeit der Anzeige.** Da die Anzeige der Erleichterung des vermögensrechtlichen Verfahrens dient, ist sie entbehrlich und für die Wirksamkeit der Abtretung ohne Bedeutung, wenn dem zuständigen Amt bereits vor Inkrafttreten des 2. VermRÄndG durch förmliche Anzeige **Kenntnis** von der Zession verschafft worden ist.[53] Eine Änderung der behördlichen Zuständigkeit ist auf eine einmal wirksam vorgenommene Anzeige ohne Einfluß.

36 dd) **Inhalt der Anzeige.** Die Anzeige kann entsprechend dem Regelungsmodell des § 410 BGB entweder von dem bisherigen oder von dem neuen Gläubiger vorgenommen werden;[54] von letzterem durch Vorlage einer Urkunde, die der bisherige Gläubiger über die Abtretung unter Bezeichnung des neuen Gläubigers errichtet hat. Die Anzeige muß im Hinblick auf das vermögensrechtliche Verfahren mindestens den **Vermögenswert**, auf den sich der abgetretene Anspruch bezieht, den Zedenten und den Zessionar genau bezeichnen.[55] Nicht erforderlich sind Angaben zum Inhalt des der Abtretung zugrundeliegenden Kausalgeschäfts, da dieses allein im Verhältnis Zedent/Zessionar von Bedeutung ist.

37 7. **Verpfändung. a) Allgemeines.** Die Ausführungen zur Zession vermögensrechtlicher Ansprüche gelten im Grundsatz entsprechend für deren Verpfändung, da § 1274 Abs. 1 S. 1 BGB für die **Bestellung des Pfandrechts an einem Recht** auf die Vorschriften für die Übertragung des Rechts verweist. Dies sind im Falle des vermögensrechtlichen Restitutionsanspruchs § 3 Abs. 1 S. 2 Hs. 2 bis 4 VermG, Art. 14 Abs. 1 des 2. VermRÄndG und die entsprechend anwendbaren Vorschriften der §§ 398 ff. BGB.

38 b) **Form.** Demnach bedarf auch die **Verpfändung eines Anspruches**, der **auf die Rückübertragung eines Grundstückes, Gebäudes oder Unternehmens** gerichtet ist, der notariellen Beurkundung (§ 1274 Abs. 1 S. 1 BGB iVm. § 3 Abs. 1 S. 2 Hs. 3 VermG). Anders als bei der Zession ist dagegen die Verpflichtung zur Verpfändung eines derartigen Rechts

---

[52] Verfassungsrechtliche Bedenken dagegen bei *Weimar-Alfes* DNotZ 1992, 619, 625; ebenso *Wasmuth* Rechtshandbuch B 100 RdNr. 70; Art. 14 Abs. 1 d. 2. VermRÄndG greift jedoch nicht in abgeschlossene Vorgänge ein, da diese zunächst als rechtsbeständig erachtet und nur für die Zukunft einer Neuregelung unterstellt werden.

[53] *Jesch* DB 1992, 2073, 2077; *Wasmuth* Rechtshandbuch B 100 RdNr. 72; offen gelassen von *Weimar-Alfes* DNotZ 1992, 619, 625.

[54] *Jesch* DB 1992, 2073, 2077; *Strohm* NJW 1992, 2849, 2851; *Wasmuth* Rechtshandbuch B 100 RdNr. 74.

[55] *Jesch* DB 1992, 2073, 2077; *Wasmuth* Rechtshandbuch B 100 RdNr. 74.

formlos möglich,⁵⁶ da die Verweisungsnorm des § 1274 Abs. 1 S. 1 BGB nur die Bestellung des Pfandrechts betrifft und eine § 3 Abs. 1 S. 2 Hs. 3 VermG entsprechende Vorschrift für das der Verpfändung zugrundeliegende Rechtsgeschäft fehlt.⁵⁷

c) Anzeige. Die Verpfändung einer Forderung, zu deren Übertragung ein Abtretungsvertrag genügt, ist andererseits bürgerlich-rechtlich nur wirksam, wenn der Gläubiger die Verpfändung dem Schuldner anzeigt (**§ 1280 BGB**). Der Verpflichtung zur Anzeige der bereits vor Inkrafttreten des 2. VermRÄndG erfolgten Verpfändungen (§ 1274 Abs. 1 S. 1 BGB iVm. Art. 14 Abs. 1 des 2. VermRÄndG) kommt damit keine eigenständige materiellrechtliche Bedeutung zu. Soweit eine Verpfändungsanzeige nach § 1280 BGB erfolgt ist, bedarf es daher auch für Zwecke des vermögensrechtlichen Verfahrens nicht einer neuerlichen Anzeige nach Art. 14 Abs. 1 des 2. VermRÄndG.⁵⁸

8. Pfändung. a) Allgemeines. Der öffentlich-rechtliche Rückübertragungsanspruch nach § 3 Abs. 3 S. 1 VermG unterliegt der Pfändung, wie durch § 3 Abs. 1 S. 2 VermG klargestellt wird. Der Anspruch ist als „**anderes Vermögensrecht**" iSv. **§ 857 Abs. 1 ZPO** nach den Vorschriften über die Forderungspfändung zu pfänden. Für die Pfändung von Entschädigungsansprüchen gelten die Regeln über die Pfändung von Geldforderungen (§ 829 ZPO).

b) Zuständigkeit. Ausschließlich zuständig für den Erlaß des Pfändungs- und Überweisungsbeschlusses ist das Amtsgericht/Kreisgericht (Vollstreckungsgericht) am **allgemeinen Gerichtsstand des Schuldners** (§§ 802, 764, 828 Abs. 1 und 2 ZPO). Hat der Schuldner mehrere Wohnsitze, steht dem Gläubiger ein Wahlrecht zu (§§ 13, 35 ZPO).

c) Vollstreckungsvoraussetzungen. Es gelten die **allgemeinen Vollstreckungsvoraussetzungen**; der Vollstreckungsantrag muß so bestimmt gefaßt sein, daß sein Inhalt ohne weiteres in den Pfändungsbeschluß übernommen werden kann.⁵⁹ Steht dem Berechtigten der geltend gemachte Rückübertragungsanspruch nicht zu, geht die Pfändung ins Leere. **Drittschuldner**, der im Pfändungsbeschluß zu bezeichnen ist und dem der Pfändungsbeschluß zuzustellen ist, ist das Amt zur Regelung offener Vermögensfragen.⁶⁰

d) Rechtsfolgen. Eine wirksame Pfändung hat die **Beschlagnahme** des Restitutionsanspruchs unter Begründung eines **Pfändungspfandrechts** für den Gläubiger zur Folge. Von der Pfändung miterfaßt werden die den Rückübertragungsanspruch begleitenden unselbständigen **Nebenrechte** (Antragsrecht iSd. § 30 Abs. 1 VermG; Wahlrecht iSd. § 6 Abs. 5 und 6a, § 8 VermG), die isoliert nicht gepfändet werden können.⁶¹

e) Auswirkung auf das vermögensrechtliche Verfahren. Regelungen über die Auswirkung der Pfändung des Rückübertragungsanspruchs auf ein bereits eingeleitetes Restitutionsverfahren enthält das Vermögensgesetz nicht. Denkbar ist eine Überleitung des Restitutionsverfahrens auf den Pfändungsgläubiger oder eine **Verfahrensfortführung** für den restitutionsberechtigten Schuldner. Letzteres entspricht dem Rechtsgedanken des § 265 Abs. 2 ZPO und ist im Interesse eines beschleunigten Rückgabeverfahrens vorzugswürdig.⁶² Der Berechtigte als Schuldner muß solchenfalls den Restitutionsantrag auf Leistung an den Gläubiger umstellen, bleibt aber ansonsten zur Vornahme aller Verfahrenshandlungen berechtigt. Hatte der Inhaber des Rückübertragungsanspruchs im Zeitpunkt der Pfändung noch **keinen Antrag nach § 30 Abs. 1 VermG gestellt**, ist der Pfändungsgläubiger mit der Pfändung „Herr" des Verfahrens und damit zur Stellung der entsprechenden Anträge und Ausübung der Wahlrechte berechtigt.

---

⁵⁶ *Jesch* DB 1992, 2073, 2077.
⁵⁷ Vgl. auch RGZ 58, 223, 224 ff.; *Ertl* DNotZ 1976, 68, 91.
⁵⁸ *Jesch* DB 1992, 2073, 2077 f; aA *Wasmuth* Rechtshandbuch B 100 RdNr. 81, der jedoch verkennt, daß Schuldner des verpfändeten Rückübertragungsanspruchs die mit dem Restitutionsverfahren befaßte Behörde ist.

⁵⁹ Vgl. ausführlich *Keller* VIZ 1992, 389, 390 f.
⁶⁰ *Keller* VIZ 1992, 389, 391; *Horn* S. 550; aA *Wasmuth* Rechtshandbuch B 100 RdNr. 88, der daneben eine Zustellung an den Verfügungsberechtigten für erforderlich hält.
⁶¹ *Keller* VIZ 1992, 389, 392.
⁶² Ausführlich *Keller* VIZ 1992, 389, 392.

III. Berechtigung bei mehreren Anspruchstellern (Abs. 2)

45 **1. Prinzip zeitlicher Priorität.** Werden von mehreren Personen unabhängig voneinander Ansprüche auf Rückübertragung desselben Vermögenswertes durch entsprechende Anträge nach § 30 Abs. 1 VermG geltend gemacht, so gilt für die Bestimmung des Berechtigten das Prinzip der zeitlichen Priorität.[63] **Berechtigter ist** danach, **wer von einer Maßnahme** nach § 1 VermG **als Erster betroffen war.** Rechtsnachfolger der Erstbetroffenen, die gleichfalls einer der in § 1 VermG genannten Maßnahmen unterworfen waren, haben keine Rückübertragungs- und Entschädigungsansprüche.[64] Zugunsten des Erstbetroffenen entschieden ist damit beispielsweise der Fall, daß nach einer Eigentumsentziehung iSv. § 1 Abs. 1 lit. a bis c VermG persönliches Eigentum eines Dritten an einem Hausgrundstück oder einem landwirtschaftlich genutzten Grundstück begründet worden ist und der erwerbende Dritte seinerseits später Maßnahmen nach § 1 VermG ausgesetzt war (zB nachgeschaltete Fluchtfälle). Durch das Prioritätsprinzip gelöst sind auch Konkurrenzlagen, die zwischen Vermögensverlusten im Zeitraum von 1933 bis 1945 (§ 1 Abs. 6 VermG) und Enteignungen seit Gründung der ehem. DDR (§ 1 Abs. 1 bis 3 VermG) bestehen.[65] **Durchbrochen** wird das Prinzip zeitlicher Priorität, soweit Enteignungen von Vermögenswerten auf besatzungsrechtlicher oder besatzungshoheitlicher Grundlage vorliegen. Da das Gesetz auf diese keine Anwendung findet (§ 1 Abs. 8 lit. a VermG), ist derjenige Berechtigter, der persönliches Eigentum nach dem erstmaligen Vermögensverlust eines Dritten in der Besatzungszeit begründet hatte und sodann selbst einer Maßnahme nach § 1 VermG ausgesetzt war.

46 **2. Gegenständliche oder wirtschaftliche Identität des Vermögenswertes.** Das Prioritätsprinzip gilt nur in bezug auf ein und denselben Vermögenswert. Erforderlich ist gegenständliche oder (bei der Unternehmensrestitution) zumindest wirtschaftliche Identität der von den Rückübertragungsansprüchen erfaßten Vermögenswerte.[66] Wird ein Vermögenswert von einer Person ganz, von einer anderen nur zum Teil beansprucht, gilt das Prioritätsprinzip nur für den beiderseits beanspruchten Teil, sofern der **Vermögenswert** als solcher **real teilbar** ist, ohne daß der eine oder andere Teil zerstört oder in seinem Wesen verändert wird. In diesen Fällen kann ein Fall des Rückübertragungsausschlusses aus tatsächlichen Gründen vorliegen (vgl. § 4 Abs. 1 S. 1 VermG).[67]

47 **3. Berechtigung einer Personenmehrheit.** Das Prinzip zeitlicher Priorität schließt die Berechtigung mehrerer Personen an einem Restitutionsobjekt nicht aus. Mehrere Personen können immer dann Berechtigte iSv. § 2 Abs. 1 VermG sein, wenn sie als **Personengesamtheit**, etwa als Miteigentümer oder Miterben gleichzeitig von einer Maßnahme nach § 1 betroffen waren (vgl. noch § 8 Abs. 2 VermG).

IV. Alternativ- und Sekundäransprüche

48 **1. Singularrestitution. a) Regelung des Vermögensgesetzes.** Anstelle der Rückübertragung einzelner beweglicher oder unbeweglicher Vermögenswerte können Berechtigte **wahlweise Entschädigung** verlangen (§§ 8 Abs. 1 S. 1 VermG; 17 InVorG). Der Entschädigungsanspruch richtet sich gegen den Entschädigungsfonds. Ein Anspruch auf **Entschädigung** besteht auch dann, **wenn** die **Rückübertragung** aus den in § 4 Abs. 1 S. 1 und

---

[63] *Drygalski-Obst,* in: Vermögensrechtliche Ansprüche der DDR-Enteignungsgeschädigten, 1990, S. 231; *Schniewind,* BB-Beil. 21 zu H. 30/1991, S. 24.
[64] Krit. *Fieberg-Reichenbach* F/R/M/S RdNr. 22; *Wasmuth* Rechtshandbuch B 100 RdNr. 182; hinsichtlich des Entschädigungsanspruchs offen gelassen von *Czerwenka* S. 12.

[65] Vgl. LG Berlin ZOV 1993, 111, 112.
[66] *Kimme-Gneipelt* RdNr. 34; undifferenziert *Fieberg-Reichenbach* F/R/M/S RdNr. 18; *Wasmuth* Rechtshandbuch B 100 RdNr. 174.
[67] *Wasmuth* Rechtshandbuch B 100 RdNr. 174.

Abs. 2, § 5 VermG genannten Gründen **ausscheidet** (§ 1 Abs. 1 S. 1 EntschG), es sei denn, es handelt sich bei dem Vermögenswert um ein Grundstück oder Gebäude,[68] das aufgrund nicht kostendeckender Mieten und infolgedessen eingetretener oder unmittelbar bevorstehender Überschuldung durch Eigentumsverzicht, Schenkung oder Erbausschlagung in Volkseigentum übernommen wurde (§ 1 Abs. 2 VermG).[69] Bei **beweglichen Sachen** besteht statt des Entschädigungsanspruchs ein **Anspruch auf den Erlös** (§ 10 VermG), sofern eine Rückübertragung auf den Berechtigten aufgrund redlichen Erwerbs Dritter ausgeschlossen ist.

b) Regelungen des InVorG. Entfällt die **Rückübertragung aufgrund** der Erteilung eines **Investitionsvorrangbescheides** nach § 11 Abs. 2 S. 1 InVorG, steht dem Berechtigten gegen den Verfügungsberechtigten ein Anspruch auf das infolge der Veräußerung erlangte **Surrogat** zu. Dieser **wahlweise** neben einem Anspruch auf **Entschädigung** stehende Surrogatanspruch ist gerichtet auf die Zahlung eines Geldbetrages in Höhe aller der auf den beanspruchten Vermögenswert entfallenden Geldleistungen aus dem Vertrag (§ 16 Abs. 1 S. 1 InVorG). Sofern ein **Erlös** nicht erzielt wurde, dieser den **Verkehrswert** unterschreitet, den der Vermögenswert in dem Zeitpunkt hat, in dem der Investitionsvorrangbescheid vollziehbar wird, oder der Verfügungsberechtigte selbst investive Maßnahmen durchführt bzw. der Berechtigte bei Bestellung eines Erbbaurechts oder der Begründung von Teil- oder Wohnungseigentum auf die Rückgabe des Vermögenswertes oder der nicht veräußerten Miteigentumsanteile verzichtet, kann der Berechtigte Zahlung des Verkehrswertes verlangen (§ 16 Abs. 1 S. 3, Abs. 3 InVorG). Bestehende Belastungen sind bei Grundstücken nur insoweit zu berücksichtigen, als sie im Falle der Rückgabe vom Berechtigten gem. § 16 VermG zu übernehmen gewesen wären (§ 4 Abs. 5 HypAblV). Bei Bestellung einer Dienstbarkeit tritt an die Stelle des Verkehrswertes die Wertminderung, die bei dem belasteten Grundstück durch die Bestellung der Dienstbarkeit eintritt.

c) Ansprüche bei pflichtwidriger Verfügung. aa) Allgemeines. Nicht ausdrücklich geregelt ist, welche Sekundäransprüche dem Berechtigten zustehen, wenn der Verfügungsberechtigte den Vermögenswert unter Hinwegsetzung über die durch einen Antrag nach § 30 Abs. 1 VermG ausgelöste Unterlassungsverpflichtung (§ 3 Abs. 3 VermG) wirksam an einen Dritten veräußert und damit den Restitutionsanspruch in Wegfall bringt.[70] Analog der Regelung für die Unternehmensrestitution in § 6 Abs. 6a S. 4 und 5 VermG sind dem Berechtigten insoweit neben einem Schadensersatzanspruch[70a] aufgrund der Hinwegsetzung über die Unterlassungsverpflichtung **wahlweise** Ansprüche auf **Entschädigung** (§ 8 VermG) sowie auf den **Veräußerungserlös** bzw. **Verkehrswert** zuzubilligen.[71] Eine wirtschaftliche Ungleichbehandlung der Berechtigten, je nach dem, ob es sich um eine Unternehmensrückgabe oder eine Singularrestitution handelt, ist nicht veranlaßt.[72] Dies gilt jedoch dann nicht, wenn es sich bei dem Vermögensgegenstand um eine **bewegliche Sache** handelt. Nach der für bewegliche Sachen geltenden Sonderregelung des § 10 Abs. 1 VermG, die insoweit analog anzuwenden ist, besteht nur ein Anspruch auf Herausgabe des Erlöses, nicht aber wahlweise daneben noch ein Entschädigungsanspruch.[73]

bb) Veräußerung eines Grundstücks. Bei Veräußerung ehemals volkseigener Grundstücke, bei deren Rückübertragung nach §§ 18 bis 18b VermG an sich ein Ablösebetrag zu hinterlegen oder ein Wertausgleich nach § 7 Abs. 1 VermG zu leisten wäre, darf der Veräußerungserlös oder Verkehrswert erst dann an den Berechtigten ausgezahlt werden, wenn dessen Berechtigung durch das Amt zur Regelung offener Vermögensfragen unan-

---

[68] Zur entsprechenden Anwendung auf Gebäude vgl. § 8 RdNr. 6.
[69] Zu Einzelheiten vgl. § 1 RdNr. 68 ff.
[70] Dazu näher RdNr. 93 ff.
[70a] Vgl. RdNr. 163 ff.
[71] Vgl. noch § 6 RdNr. 136.
[72] Für Verweisung auf den Erlös nach § 3 Abs. 4 S. 3 VermG *Fieberg-Reichenbach* F/R/M/S RdNr. 84; *Wasmuth*, Rechtshandbuch B 100 § 8 RdNr. 19.
[73] Vgl. § 10 RdNr. 4.

fechtbar festgestellt worden ist und für die früheren Rechte ein **Ablösebetrag** hinterlegt oder ein **Wertausgleich** abgeführt worden ist (§ 4 Abs. 1 S. 1 HypAblV). Dazu ist es erforderlich, daß der Antragsteller iSv. § 30 Abs. 1 VermG bei dem Amt zur Regelung offener Vermögensfragen einen Antrag auf Feststellung seiner Rückübertragungsberechtigung im Falle der Nichtveräußerung und auf Festsetzung eines Ablösebetrages (§ 18 VermG) oder Wertausgleichs (§ 7 VermG) stellt (§ 4 Abs. 1 S. 2 HypAblV). In dem zu erteilenden Bescheid hat das Vermögensamt dem Verfügungsberechtigten aufzugeben, aus dem Verkaufserlös oder Verkehrswert einen Betrag in Höhe des unanfechtbar festgesetzten Ablösebetrages im Namen des Berechtigten bei der nach § 18a VermG zuständigen Stelle unter Verzicht auf die Rücknahme zu hinterlegen (§ 4 Abs. 1 S. 3 Nr. 1 HypAblV), desweiteren aus dem verbleibenden Verkaufserlös oder Verkehrswert einen unanfechtbar festgesetzten Wertausgleich an den Gläubiger gem. § 7 Abs. 5 VermG abzuführen (§ 4 Abs. 1 S. 3 Nr. 2 HypAblV) sowie einen dann noch verbleibenden Restbetrag an den Berechtigten herauszugeben (§ 4 Abs. 1 S. 3 Nr. 3 HypAblV). Sinn und Zweck dieser Regelung ist es, den an sich Berechtigten im Falle des Rückübertragungsausschlusses wirtschaftlich nicht besser zu stellen als im Falle der Rückübertragung; zugleich werden damit die Drittgläubigerinteressen gesichert. Aus diesem Grunde hat das Vermögensamt dem Berechtigten die Hinterlegung des Ablösebetrages aufzugeben, wenn der Verfügungsberechtigte den Verkaufserlös bereits an den Berechtigten herausgegeben oder Wertersatz an diesen geleistet hat (§ 4 Abs. 3 HypAblV). Die Ansprüche auf Herausgabe des hinterlegten Ablösebetrages ergeben sich aus § 18b VermG iVm den Vorschriften der HypAblV (§ 4 Abs. 4 S. 1 HypAblV). Für den Fall, daß der festgesetzte Ablösebetrag höher ist als der Verkaufserlös oder Verkehrswert, sind die Ansprüche des Entschädigungsfonds und des Begünstigten gem. § 18b Abs. 1 VermG gegenüber dem Herausgabeverlangen des Berechtigten vorab zu befriedigen (§ 4 Abs. 4 S. 2 HypAblV). Reicht der hinterlegte Betrag auch zu deren Befriedigung nicht aus, sind die Herausgabeansprüche des Entschädigungsfonds und des Begünstigten nach der Rangfolge der ehemaligen Rechte zu befriedigen (§ 4 Abs. 4 S. 3 HypAblV).

50b Da der **Bescheid** des Vermögensamtes einheitlich ergeht, ist dieser an sich nur insgesamt anfechtbar, es sei denn, der Gesetzgeber läßt ausdrücklich etwas anderes zu. Aus § 4 Abs. 1 S. 4 HypAblV ergibt sich insoweit die Möglichkeit der isolierten **Anfechtung** des Bescheides hinsichtlich der Festsetzung des Ablöse- bzw. Wertausgleichsbetrages: Unter der Voraussetzung, daß der Berechtigte entsprechende Sicherheit leistet, kann das Vermögensamt die Auszahlung des gesamten Verkaufserlöses und Verkehrswertes an den Antragsteller iSv. § 30 VermG anordnen, wenn jedenfalls dessen Berechtigung unanfechtbar festgestellt ist.

51 **2. Sonderregelungen für die Unternehmensrestitution. a) Allgemeines.** Aufgrund der vielfältigen Probleme, die sich bei der Rückübertragung der in Unternehmen[74] zusammengefaßten Sachgesamtheiten ergeben, hat der Vermögensrechtsgesetzgeber mit den Vorschriften der §§ 4 Abs. 1 S. 2- 4; 6; 6a und 6b VermG Sonderregelungen für das Rückgabeverfahren bei Unternehmen geschaffen. Sie **verdrängen** die **Grundnorm** des § 3 sowie die darauf aufbauenden übrigen Vorschriften des VermG, soweit sich die Regelungstatbestände inhaltlich überschneiden; zur Abgrenzung von Unternehmens- und Singularrestitution vgl. Vor § 6 RdNr. 1.

52 **b) Unternehmensrestitution und Singularrestitution.** Das Unternehmen ist unbeschadet etwaiger Ausgleichsansprüche (vgl. § 6 Abs. 2, 3 und 4 VermG) so zurückzugeben wie es „**steht und liegt**". Ein weitergehender Anspruch auf Rückübertragung von Einzelgegenständen, die nach der schädigenden Maßnahme aus dem Unternehmen ausgeschie-

---

[74] Zum Begriff des Unternehmens vgl. § 1 URüV; dazu § 6 RdNr. 5ff.

den und anderwärts noch vorhanden sind, bestand nach der ursprünglichen Konzeption des VermG nicht.[75]

Dieser Grundsatz führt in den Fällen „nachgeschalteter" Enteignungen zu einer nur **53** teilweisen Restitution, wenn etwa ein Unternehmen zunächst dem Berechtigten entzogen wurde und später dem Unternehmen selbst einzelne Vermögensgegenstände entzogen wurden. Der Berechtigte erhält dann nur den heutigen Unternehmensbestand ohne die nach der Enteignung entzogenen Vermögenswerte zurück. Diese Sachlage hat der Gesetzgeber des Zweiten Vermögensrechtsänderungsgesetzes zum Anlaß genommen, unter Durchbrechung der dem Recht der Unternehmensrückgabe eigenen Grundsätze punktuell Abhilfe zu schaffen. Berechtigte iSv. § 6 Abs. 1a S. 1 VermG, deren Unternehmensrückgabeanspruch auf **NS-Unrecht** beruht (§§ 1 Abs. 6 iVm. 6 VermG), können bei nachgeschalteter Entziehung einzelner Vermögenswerte neben dem Anspruch auf Rückgabe des Unternehmens weitere Ansprüche auf Einzelrestitution der dem Unternehmen entzogenen Vermögensgegenstände geltend machen (§ 3 Abs. 1 S. 4 VermG). Dies gilt auch für solche Vermögenswerte, die im Zeitpunkt der Unternehmensenteignung noch gar nicht zum Unternehmen gehörten, sondern erst später angeschafft wurden und sodann einer Enteignungsmaßnahme unterlagen. Maßgeblich ist das Ausscheiden des Vermögensgegenstandes aus dem Eigentum bzw. der Rechtsträgerschaft des Unternehmens. Der **Anspruch auf Einzelrestitution** besteht unabhängig davon, ob das Unternehmen bereits zurückgegeben worden ist oder erst noch zurückzugeben ist. Sofern neben dem antragstellenden Berechtigten weitere Anteilsinhaber an dem Unternehmen beteiligt waren, hat der Berechtigte nur einen Anspruch auf Einräumung von Bruchteilseigentum entsprechend der ihm entzogenen Beteiligung. Als Zeitpunkt der Schädigung des Berechtigten, also der Entziehung der Vermögensgegenstände, wird der Zeitpunkt der Unternehmensenteignung, dh. der Entziehung des Unternehmens oder der Mitgliedschaft an dem Unternehmen, fingiert. Der Anspruch auf Einzelrestitution der dem Unternehmen nachträglich entzogenen Vermögenswerte besteht entsprechend, wenn die Unternehmensrestitution nach § 4 Abs. 1 S. 2 VermG ausgeschlossen ist (§ 3 Abs. 1 S. 5 VermG). In diesem Fall tritt sie neben den Anspruch auf Singularrestitution nach § 6 Abs. 6a S. 1 VermG (dazu § 6 RdNr. 135). Eine analoge Anwendung des auch verfassungsrechtlich bedenklichen § 3 Abs. 1 S. 4, 5 VermG auf andere Sachverhalte nachgeschalteter Enteignungen scheidet aus,[76] da die Vorschrift ausweislich der Begründung zum Zweiten Vermögensrechtsänderungsgesetz **Ausnahmecharakter** trägt.[77]

Der eigentliche Unternehmensrückgabeanspruch kann dagegen nicht auf die Rückgabe **54** einzelner Vermögensgegenstände beschränkt werden, die sich im Zeitpunkt der Schädigung im Eigentum des Rückgabeberechtigten befanden (§ 3 Abs. 1 S. 3). Die Vorschrift soll im Interesse der Erhaltung des Unternehmens und des Schutzes der Gläubiger des Rückgabepflichtigen verhindern, daß der Berechtigte seinen Rückgabeanspruch auf für ihn **wertvolle oder brauchbare Vermögensgegenstände** beschränkt, die auf dem Unternehmen lastenden Verbindlichkeiten oder wertloses Inventar aber nicht übernimmt.[78]

c) **Regelungen des Vermögensgesetzes.** Der Anspruch auf Rückgabe eines Unterneh- **55** mens kann außer aufgrund einer Investitionsvorrangentscheidung **ausgeschlossen** sein, wenn

– und soweit der **Geschäftsbetrieb eingestellt** worden ist und die tatsächlichen Voraussetzungen für die Wiederaufnahme des Geschäftsbetriebs nach vernünftiger kaufmännischer Beurteilung fehlen (§ 4 Abs. 1 S. 2 VermG);

---

[75] KrG Chemnitz-Stadt VIZ 1992, 292; *Wellhöfer* Rechtshandbuch B 101 § 1 RdNr. 4; *Wasmuth* Rechtshandbuch B 100 RdNr. 93; *Messerschmidt* VIZ 1992, 1, 5; *Uechtritz* VIZ 1992, 377, 381; aA *Fieberg-Reichenbach* F/R/M/S RdNr. 8.

[76] Zu den verfassungsrechtlichen Bedenken vgl. § 6 RdNr. 4.

[77] Vgl. BT-Drucks. 12/2480, S. 40; *Messerschmidt* VIZ 1993, 5,6; *Wasmuth* Rechtshandbuch B 100 RdNr. 119.

[78] Vgl. Begründung zum Gesetzentwurf der Bundesregierung, BT-Drucks. 12/103, S. 21, 24.

- eine **Unternehmensveräußerung** aufgrund eines der in § 4 Abs. 1 S. 3 genannten Gesetze vorliegt und der Rechtserwerb nicht als unredlich anzusehen ist (§ 4 Abs. 1 S. 4 iVm. Abs. 3 VermG);
- das zurückzugebende Unternehmen unter Berücksichtigung des technischen Fortschritts und der allgemeinen wirtschaftlichen Entwicklung mit dem enteigneten Unternehmen im Zeitpunkt der Enteignung **nicht vergleichbar** ist (§ 6 Abs. 1 S. 1 VermG);
- das erforderliche **Quorum** für das Fortbestehen eines Rückgabeberechtigten unter seiner alten Firma **nicht zustandekommt** (§ 6 Abs. 1a S. 3 VermG).

56 In den genannten Fällen steht dem Berechtigten ein Anspruch auf **Entschädigung (Wertersatz)** nach § 6 Abs. 7 VermG zu, der **auch wahlweise anstelle der Rückgabe** geltend gemacht werden kann. Der Entschädigungsanspruch richtet sich gegen den Entschädigungsfonds.

57 Ist die Rückgabe des Unternehmens nach § 4 Abs. 1 S. 2 VermG ausgeschlossen, kann der Berechtigte **subsidiär statt** einer **Entschädigung auch Rückgabe** derjenigen **Vermögensgegenstände** verlangen, die sich im Zeitpunkt der Schädigung in seinem Eigentum befanden oder an deren Stelle getreten sind (§ 6 Abs. 6a S. 1 VermG).

58 Sollte dem Verfügungsberechtigten eine Rückgabe des Unternehmens selbst oder ausnahmsweise einzelner Gegenstände (§ 6 Abs. 6a S. 1) nicht möglich sein bzw. liegt ein Fall des § 6 Abs. 1a S. 3 vor, hat der Berechtigte wahlweise anstelle des Entschädigungsanspruchs einen Anspruch auf das **Surrogat** aus der Veräußerung (**Erlös**), **ersatzweise** auf den **Verkehrswert** (§ 6 Abs. 6a S. 4, 5).

59 d) **Regelungen des InVorG.** Hinsichtlich der Rechtsfolgen, die sich neben dem Ausschluß des Rückübertragungsanspruchs aus der Erteilung eines Investitionsvorrangbescheides ergeben, kann auf die Ausführungen oben RdNr. 49 verwiesen werden.

V. Rückübertragung von dinglichen Rechten (Abs. 1a)

60 **1. Allgemeines.** Zu den der Restitution gem. § 3 Abs. 1 S. 1 VermG unterliegenden Vermögenswerten gehören gem. § 2 Abs. 2 VermG auch entzogene dingliche Rechte an Grundstücken oder Gebäuden. Das Vermögensgesetz enthielt in der bis zum Inkrafttreten des 2. VermRÄndG geltenden Fassung keine Regelungen über die Art und Weise der **Wiederbegründung** dieser dinglichen Rechte. In **§ 18 Abs. 1 S. 1 VermG aF** hieß es lediglich, daß bei der Rückübertragung von Grundstücken die dinglichen Belastungen, die im Zeitpunkt des Übergangs in Volkseigentum bestanden haben, wieder im Grundbuch einzutragen sind. Die Wiederbegründung dinglicher Rechte von Altgläubigern erfolgte damit in den Fällen automatisch, in denen einem berechtigten früheren Eigentümer auf dessen Restitutionsantrag hin ein Grundstück zurückübertragen wurde. Da ein förmliches Restitutionsverfahren in bezug auf die dinglichen Rechte nicht durchzuführen war, erfolgte die Wiederbegründung der Rechte ohne Rücksicht darauf, ob ihre seinerzeitige Entziehung auf einer Maßnahme nach § 1 VermG beruhte oder nicht. Dies entspricht nicht der Wertung des Vermögensgesetzes, das nur spezifisches Teilungs- und Diskriminierungsunrecht rückgängig machen soll. Im Ergebnis waren damit diejenigen Altgläubiger, die auf die gesonderte Durchführung eines Restitutionsverfahrens nicht verwiesen waren, bessergestellt als jene Berechtigten, die mangels Rückübertragung des belasteten Grundstückes oder Gebäudes ihren Anspruch auf Restitution entzogener dinglicher Rechte im vermögensrechtlichen Verfahren geltend zu machen hatten. Der Gesetzgeber ist daher aus guten Gründen von dem in § 18 Abs. 1 S. 1 VermG aF angelegten **Prinzip der automatischen Wiederbegründung von Grundstücksbelastungen abgegangen** und hat die Rückübertragung von dinglichen Rechten an Grundstücken und Gebäuden nicht zuletzt auch im Hinblick auf eine Erleichterung des Verwaltungsverfahrens[79] durch die Einführung von Ablösebeträgen (§ 18 VermG nF) und eines **obligatorischen Restitutionsverfahrens** (§ 1 Abs. 1a VermG) auf eine neue Grundlage gestellt.[80] Während § 18 VermG die Ablö-

---

[79] Vgl. dazu § 18 RdNr. 1 f.

[80] Vgl. auch Begründung z. Entwurf eines 2. VermRÄndG, BT-Drucks. 12/2480, S. 40, 50.

Grundsatz 61 § 3 VermG

sung jener, anläßlich der Entziehung eines Grundstücks oder Gebäudes untergegangener dinglicher Rechte regelt, betrifft § 3 Abs. 1a VermG die Restitution solcher dinglicher Rechte, die dem Gläubiger isoliert entzogen wurden. Dies kann etwa anläßlich dessen Ausreise aus der DDR oder in Fluchtfällen durch Löschung der Rechte im Grundbuch erfolgt sein. Die Restitution erfolgt nach § 3 Abs. 1a S. 1 VermG durch **„Wiederbegründung"** seitens des zuständigen Vermögensamtes an rangbereiter Stelle des Grundbuchs. Dies ist mißverständlich, da die Vermögensämter nicht grundbuchführende Stelle sind. Für Zwecke der Restitution ist die Grundbucheintragung nicht konstitutiv erforderlich. Vielmehr wird der Berechtigte mit Bestandskraft der vermögensrechtlichen Entscheidung unmittelbar Rechtsinhaber (§ 34 Abs. 1 S. 1, 2 VermG). Die Rechte entstehen mithin bereits außerhalb des Grundbuchs, um dessen Berichtigung das Vermögensamt bei dem zuständigen Grundbuchamt nachzusuchen hat (§ 34 Abs. 2 S. 1 VermG).

2. Restitutionsobjekte im Überblick. Gegenstand eines Restitutionsverfahrens können 61 sowohl **dingliche Rechte des BGB und der Erbbau-VO** sein, die bis zum Inkrafttreten des ZGB am 1. 1. 1976 begründet werden konnten („BGB-Rechte"), als auch solche, die ihre Rechtsgrundlage im ZGB-DDR bzw. in anderen Gesetzen und Verordnungen der ehem. DDR fanden („ZGB-Rechte"). Einziges **Grundpfandrecht des ZGB-DDR** war die **Hypothek** (§ 452ff. ZGB). Daneben kannte das ZGB-DDR ein **dingliches Vorkaufsrecht** (§§ 306ff.). Art. 233 § 5 Abs. 1 EGBGB sieht außerdem jene **Mitbenutzungsrechte** (§§ 321, 322 ZGB) als dingliche Rechte an, die zu ihrer Bestellung der Zustimmung des Eigentümers des belasteten Grundstücks bedurften. Darüber hinaus existierten durch staatliche Verleihung[81] oder Zuweisung einer Genossenschaft[82] zu begründende **dingliche Nutzungsrechte an volkseigenem bzw. genossenschaftlich genutztem Grund und Boden**, mit denen dem Nutzungsberechtigten insbesondere die Möglichkeit zur Errichtung von Bauwerken eingeräumt wurde. Von den letztgenannten dinglichen Nutzungsrechten

---

[81] § 12 VO über die Finanzierung des Arbeiterwohnungsbaues v. 4. 3. 1954, GBl. Nr. 27 S. 253, geänd. GBl. 1959 I Nr. 21 S. 227; § 1 Gesetz über die Verleihung von Nutzungsrechten an volkseigenen Grundstücken v. 21. 4. 1954, GBl. Nr. 42 S. 445, geänd. GBl. 1959 I Nr. 21 S. 277, aufgeh. GBl. 1970 I Nr. 24 S. 372; § 8 Gesetz über die Aufnahme des Bausparens v. 15. 9. 1954, GBl. Nr. 81 S. 783, geänd. GBl. 1959 I Nr. 21 S. 277, aufgeh. GBl. 1970 I Nr. 24 S. 372; § 3 Gesetz über den Verkauf volkseigener Eigenheime und Siedlungshäuser v. 15. 9. 1954, GBl. I Nr. 81 S. 784, geänd. GBl. 1959 I Nr. 21 S. 277, aufgeh. GBl. 1973 I Nr. 58 S. 578, nebst Durchführungsbestimmungen v. 11. 2. 1955, GBl. I Nr. 16 S. 154, v. 22. 8. 1955, GBl. I Nr. 83 S. 657, v. 3. 2. 1956, GBl. I Nr. 18 S. 162, v. 17. 11. 1958, GBl. I Nr. 70 S. 862, v. 20. 9. 1968, GBl. II Nr. 101 S. 813, aufgeh. GBl. 1973 I Nr. 58 S. 578; § 8 VO über die Förderung des Baues von Eigenheimen in Landgemeinden v. 24. 1. 1957, GBl. I Nr. 14 S. 121, geänd. GBl. 1959 Nr. 21 S. 227; § 12 VO über die Arbeiterwohnungsbaugenossenschaften v. 14. 3. 1957, GBl. I Nr. 24 S. 193, geänd. GBl. 1959 I Nr. 21 S. 227, aufgeh. GBl. 1964 II Nr. 4 S. 17; § 15 VO über die Umbildung gemeinnütziger und sonstiger Wohnungsbaugenossenschaften v. 14. 3. 1957, GBl. I Nr. 24 S. 200, geänd. GBl. 1959 I Nr. 21 S. 227; §§ 1,2 d. Zweiten Gesetzes über die Verleihung von Nutzungsrechten an volkseigenen Grundstücken v. 3. 4. 1959, GBl. I Nr. 21 S. 227, aufgeh. GBl. 1970 I Nr. 24 S. 371; § 4 Abs. 1 S. 2 Gesetz über die Entschädigung bei Inanspruchnahmen nach dem Aufbaugesetz – Entschädigungsgesetz – v. 25. 4. 1960, GBl. I Nr. 26 S. 257, geänd. GBl. I 1970 Nr. 24 S. 372, aufgeh. GBl. 1984 I S. 209; § 7 Abs. 4 VO über die Arbeiterwohnungsbaugenossenschaften v. 21. 11. 1963, GBl. 1964 II Nr. 4 S. 17, geänd. GBl. 1970 II Nr. 102 S. 765, GBl. 1971 II Nr. 32 S. 266, GBl. 1973 I Nr. 5 S. 53, neu bekanntgem. GBl. 1973 I Nr. 12 S. 109; §§ 1ff. Gesetz über die Verleihung von Nutzungsrechten an volkseigenen Grundstücken v. 14. 12. 1970, GBl. I Nr. 24 S. 372, geänd. GBl. 1973 I Nr. 58 S. 578, GBl. 1984 I Nr. 17 S. 209; § 2 Gesetz über den Verkauf volkseigener Eigenheime, Miteigentumsanteile und Gebäude für Erholungszwecke v. 19. 12. 1973, GBl. I Nr. 58, S. 578; § 5 Abs. 1 S. 3 Gesetz über die Gründung und Tätigkeit privater Unternehmen und über Unternehmensbeteiligungen v. 7. 3. 1990, GBl. I Nr. 17 S. 141; S. 4 Abs. 1,2 Gesetz über den Verkauf volkseigener Gebäude v. 7. 3. 1990, GBl. I Nr. 18 S. 157.

[82] § 10 Abs. 1 lit. f Gesetz über die landwirtschaftlichen Produktionsgenossenschaften v. 3. 6. 1959, GBl. I Nr. 36 S. 577, geänd. GBl. 1975 I Nr. 27 S. 517, aufgeh. GBl. 1982 I Nr. 25 S. 443; §§ 3,4 Verordnung über die Bereitstellung von genossenschaftlich genutzten Bodenflächen zur Errichtung von Eigenheimen auf dem Lande vom 9. 9. 1976, GBl. I Nr. 35 S. 426; ber. GBl. I 1976 Nr. 42 S. 500; § 18 Abs. 2 lit. f Gesetz über die landwirtschaftlichen Produktionsgenossenschaften – LPG-Gesetz – vom 2. 7. 1982, GBl. I Nr. 25 S. 443, geänd. GBl. 1990 I S. 133 und S. 483 (Aufhebung von § 18).

zu unterscheiden sind die nicht unter § 3 Abs. 1a VermG fallenden schuldrechtlichen Nutzungsrechte an Bodenflächen zur Erholung (§§ 312 ff. ZGB). Restitutionsfähig sind die genannten dinglichen Rechte nach allgemeinen Grundsätzen nur dann, wenn sie Gegenstand von schädigenden Maßnahmen iSv. § 1 VermG waren.

62 **3. BGB-Rechte. a) Überblick.** Die Wiederherstellung von BGB-Rechten, deren Begründung noch auf die Zeit vor dem 8. 5. 1945 zurückgeht oder in der SBZ/DDR bis zum Außerkrafttreten des BGB am 1. 1. 1976 erfolgte, birgt restitutionsrechtlich grundsätzlich keine Probleme. Maßgebend ist der **ursprüngliche Inhalt der Rechte**. Dieser kann allerdings einer Wiederbegründung entgegenstehen, wenn das ursprünglich begründete und später isoliert entzogene Recht etwa von vornherein befristet war (§ 158 Abs. 2 BGB) oder einer Zeitbestimmung (§ 163 BGB) unterlag und die Endtermine im Zeitpunkt der Rückübertragungsentscheidung (§ 34 Abs. 1 S. 1 VermG) bereits verstrichen sind. In diesen Fällen wären die dinglichen Rechte auch ohne schädigende Maßnahme iSv. § 1 VermG bereits erloschen, so daß eine Wiederherstellung wegen rechtlicher Unmöglichkeit ausscheidet. Der Berechtigte ist insoweit auf eine Entschädigung nach Maßgabe des Entschädigungsgesetzes verwiesen. Ergibt sich ein Wiederbegründungsausschluß nicht bereits aus dem Inhalt des dinglichen Rechts selbst, so kann dieser noch aus der ursprünglichen Begründung des Rechtes zugrundeliegenden schuldrechtlichen Abrede folgen. Diese kann der Schuldner dem Berechtigten ggfls. einredeweise entgegenhalten.

63 **b) Wertbeständige Grundpfandrechte.** Die vom damaligen Reichsgesetzgeber während der Inflationsphase der Jahre 1923/24 zum Zwecke der **wertbeständigen Sicherung von Forderungen** eingeführten **Feingold-** und später sog. **Goldmark**[83]**-Grundpfandrechte** sind als DM-Grundpfandrechte wiederzubegründen. Ihre Rechtsgrundlage hatten die Goldmark-Grundpfandrechte in §§ 1, 8 des Gesetzes über wertbeständige Hypotheken v. 23. 6. 1923 (RGBl. I S. 407). Danach konnten Hypotheken, Grund- und Rentenschulden in der Weise bestellt werden, daß die Höhe der aus dem Grundstück zu zahlenden Geldsumme durch den amtlich festgestellten oder festgesetzten Preis für Feingold bestimmt wird. Ungeachtet des wenig ergiebigen Streits, ob die Feingold- bzw. Goldmarkhypotheken den BGB-Hypotheken als weitere Belastungsart nebengeordnet wurden (Sachwert- in Ergänzung zur Geldwerthypothek)[84] oder ob sie zu diesen in einem Regel-Ausnahme-Verhältnis standen,[85] waren auf die wertbeständigen Grundpfandrechte die grundstücksrechtlichen und hypothekenrechtlichen Vorschriften des BGB (§§ 873 ff., 1113 ff. BGB) jedenfalls entsprechend anzuwenden, soweit sich nicht aus Bestimmungen des Gesetzes über wertbeständige Hypotheken oder der dazu ergangenen Verordnungen etwas anderes ergab.[86] Durch § 1 Abs. 1 der VO über wertbeständige Rechte v. 16. 11. 1940 (RGBl. I S. 1521) wurden die wertbeständigen Grundpfandrechte praktisch wieder mit den auf Reichsmark lautenden geldwertbezogenen Grundpfandrechten gleichgestellt, indem bestimmt wurde, daß für die auf Feingoldbasis begründeten Grundpfandrechte für je ein Kilogramm Feingold 2790 RM zu zahlen sind.[87] Diese Parität war nach § 3 des Münzgesetzes v. 30. 8. 1924 (RGBl. II S. 254) auch für die Währungseinheit der Reichsmark maßgebend.

---

[83] Vgl. Fünfte VO zur Durchführung des Gesetzes über wertbeständige Hypotheken v. 17. 4. 1924, RGBl. I S. 415. Goldmark ist danach nur eine zur Erleichterung des Rechtsverkehrs eingeführte Bezeichnung für Feingold, nicht aber für ein besonderes Zahlungsmittel; vgl. *Predari*, Gruchots Beitr. 67 (1925), 225, 242

[84] *Düringer-Schulze*, Das Reichsgesetz über wertbeständige Hypotheken, 1924, § 1 Anm. 1 (S. 31); *Schlegelberger*, Gesetz über wertbeständige Hypotheken, 2. Aufl. 1924, § 1 Anm. 1 (S. 24)

[85] *Staudinger*[11]*-Scherübl*, Einl. §§ 1113 ff., RdNr. 203; *Staudinger*[9]*-Kober*, § 1115, Anm. I A 2 g.

[86] *Staudinger*[9]*-Kober*, § 1115, Anm. I A 2 g, Vorbem. II 4 v. § 1113; *Schlegelberger*, Gesetz über wertbeständige Hypotheken, 2. Aufl. 1924, § 1 Anm. 10 (S. 43 ff.); *Düringer-Schulze*, Das Reichsgesetz über wertbeständige Hypotheken, 2. Aufl. 1924, § 1 Anm. 8 (S. 54); *Predari*, Gruchots Beitr. 67 (1925), 225, 239 f.; *Bultmann* NJ 1993, 203, 205; vgl. auch Begründung zum Reichsgesetz über wertbeständige Hypotheken (Reichstag I 1920/23, Drucks. Nr. 5953), abgedruckt bei *Schlegelberger*, a.a.O., S. 13, 19.

[87] § 1 Abs. 1 VO über wertbeständige Rechte v. 16. 11. 1940, RGBl. I S. 1521, iVm. § 14 Abs. 2 Gesetz über die Deutsche Reichsbank v. 15. 6. 1939, RGBl. I S. 1015.

Grundsatz   64–67 § 3 VermG

Das Gesetz über wertbeständige Hypotheken v. 23. 6. 1923 (RGBl. I S. 407) und die **64**
dazu ergangenen Durchführungsverordnungen sind förmlich nie aufgehoben worden, so
daß eine Neubegründung von Grundpfandrechten auf Feingoldbasis nicht von vornherein
ausgeschlossen erscheint.[88] Allerdings fehlt es dafür bereits an einem amtlich festgestellten
oder festgesetzten Preis für Feingold iSv. § 1 S. 1 des Gesetzes v. 23. 6. 1923:[89] Die zuletzt
geltende Vorschrift des § 1 Abs. 1 der VO v. 16. 11. 1940 ist wegen ihrer Verweisung auf
§ 14 Abs. 2 des Reichsbankgesetzes nicht mehr anwendbar, da dieses spätestens mit Inkrafttreten des Gesetzes über die Liquidation der Deutschen Reichsbank und der Deutschen Golddiskontobank v. 2. 8. 1961 (BGBl. I S. 1165) seine praktische Bedeutung verloren hat.[90] Im übrigen ist die Reichsbank trotz formeller Fortgeltung des Reichsbankgesetzes bereits seit Kriegsende de facto handlungsunfähig. Darüber hinaus scheitert eine **Wiederbegründung von Feingoldrechten** im Rahmen der Vermögensrestitution an dem Genehmigungserfordernis nach § 3 WährG,[91] das von der Bundesbank restriktiv gehandhabt
wird.[92] Die einem Gläubiger aufgrund einer schädigenden Maßnahme iSv. § 1 VermG
entzogenen wertbeständigen Grundpfandrechte sind daher als DM-Grundpfandrechte
wiederherzustellen. Für die Umrechnung von „Goldmark" in DM gilt entsprechend § 2
HyplAblV das Verhältnis 2 zu 1, dh. einem Kilogramm Feingold entsprechen 1395 DM
(vgl. auch § 2 Abs. 1 GBBerG). Grundpfandrechte können zur Vermeidung eines umständlichen Brieferteilungsverfahrens nur als Buchrechte wiederbegründet werden (§ 3
Abs. 1 a S. 4 VermG). Als DM-Grundpfandrechte sind im Hinblick auf § 2 Abs. 2, § 3
GBBerG (mit den dortigen Umrechnungsfaktoren) auch **andere wertbeständige Rechte**
wiederzubegründen. Dazu gehören etwa Hypotheken auf der Basis des amtlich festgestellten oder festgesetzten Preises für eine bestimmte Menge Roggen oder Weizen.[92a]

4. ZGB-Rechte. a) Restitutionsausschluß. Eine Restitution der nur dem Rechtssystem **62**
der DDR eigenen, dem bundesdeutschen Rechtssystem a priori fremden dinglichen Nutzungsrechte[93] findet nicht statt, da Art. 233 § 3 Abs. 1, § 4 EGBGB diese Rechte **nur** im
Hinblick auf ihre **Bestandssicherung** schützt. Allein der im Zeitpunkt des Beitritts der
DDR zum Geltungsbereich des Grundgesetzes vorhandene Bestand an dinglichen Belastungen sollte so, wie er bestand, übergeleitet werden.[94] Dies gilt gem. Art. 233 § 3 Abs. 1
EGBGB ebenso für das Vorkaufsrecht des ZGB wie auch für die Mitbenutzungsrechte
iSd. §§ 321 Abs. 1 und 3, 322 ZGB, soweit ihre Begründung der Zustimmung des Eigentümers des Grundstücks bedurfte (Art. 233 § 5 EGBGB).[95]

b) Ersatzbestellung. aa) Allgemeines. Die durch das 2. VermRÄndG neu in § 3 inkor- **66**
porierte Bestimmung des Absatzes 1 a S. 3 sieht daher als Regel vor, daß anstelle der
Rechte, die aufgrund der seit dem 3. 10. 1990 geltenden Vorschriften nicht wiederbegründet werden können, im Wege der Restitution solche Rechte zu begründen sind, die **dem
früheren Recht entsprechen oder am ehesten entsprechen**.

bb) Dingliche Nutzungsrechte. Inhaltlich waren die früheren DDR-Nutzungsrechte **67**
einerseits durch das mit dinglicher Wirkung ausgestattete **Recht zur Bebauung und bestimmungsgemäßen Benutzung eines Grundstückes**, andererseits durch die Begründung von persönlichem **Gebäudeeigentum** an dem zu errichtenden Gebäude gekennzeichnet. Die dinglichen Nutzungsrechte entsprachen daher, wenn auch nicht nach ihrer

---

[88] Vgl. OLG Düsseldorf NJW 1956, 1824.
[89] So im Ergebnis auch *Fögen* NJW 1949, 1824, 1825; *Zweigert* DRZ 1947, 169, 170; wohl auch *Staudinger*[11]*-Scherübl*, Einl. v. §§ 1113 ff., RdNr. 203.
[90] Vgl. auch Begründung z. Entwurf eines Gesetzes über die Liquidation der Deutschen Reichsbank und der Deutschen Golddiskontobank, BT-Drucks. II/2327, S. 7, 13.
[91] Vgl. nur *Soergel-Konzen* § 1115 Rdnr. 13.

[92] Vgl. dazu die Grundsätze bei der Entscheidung über Genehmigungsanträge nach § 3 WährG v. 9. 6. 1978 (BAnz Nr. 109 v. 15. 6. 1978), abgedruckt in NJW 1978, 2381 f.
[92a] Vgl. dazu *Staudinger-Scherübl*, Einl. §§ 1113 ff., RdNr. 186 ff.
[93] Vgl. oben Fn. 81, 82.
[94] *Quack*, Zivilrecht im Einigungsvertrag, 1991, RdNr. 252.
[95] *Joost*, Zivilrecht im Einigungsvertrag, 1991, RdNr. 358.

VermG § 3 68–70   Abschnitt II. Rückübertragung von Vermögenswerten

Entstehung (Verleihung bzw. Zuweisung statt Rechtsgeschäft) und rechtlichen Behandlung (Prinzip rechtlicher Trennung statt Einheit), so doch in ihrer Ausgestaltung grundsätzlich dem **Erbbaurecht** (§§ 1 ff. ErbbaurechtsVO).[96] Diesem sind sie hinsichtlich des Bestandsschutzes noch dadurch angenähert worden, daß das Nutzungsrecht jetzt als wesentlicher Bestandteil des Grundstücks gilt (Art. 231 § 5 Abs. 2 EGBGB).[97] Dingliche Nutzungsrechte sind daher im Falle einer positiven vermögensrechtlichen Restitutionsentscheidung als Erbbaurecht an dem zu belastenden Grundstück zu begründen. Nach § 122 **SachenRBerG** hat der Eigentümer eines Grundstücks, an dem vor Inkrafttreten des SachenRBerG ein Erbbaurecht ersatzweise bestellt worden ist, einen Anspruch auf Anpassung des Erbbaurechtsinhalts an die Bestimmungen des SachenRBerG. Damit soll verhindert werden, daß frühere Nutzungsrechtsinhaber, denen das Recht entzogen wurde, durch die Neubegründung eines Erbbaurechts besser gestellt werden als Nutzungsrechtsinhaber, die Rechtsinhaber geblieben sind und daher von der Sachenrechtsbereinigung betroffen werden.

68   cc) **Vorkaufsrecht/Mitbenutzungsrechte**. An die Stelle des Vorkaufsrechts nach §§ 306 ff. ZGB tritt das **dingliche Vorkaufsrecht gem. § 1094 BGB**.[98] Mitbenutzungsrechte iSd. Art. 233 § 5 Abs. 1 EGBGB, deren Inhalt in der Benutzung eines Grundstücks etwa zum Zwecke der Lagerung von Baumaterial, des Aufstellens von Gerüsten oder durch Einräumung von Wege- und Überfahrtrechten besteht (§ 321 Abs. 1 S. 1 ZGB), stehen den **Dienstbarkeiten des BGB** (§§ 1018 ff., 1090 ff.) nahe[99] und sind mithin in der Form dieser dinglichen Rechte neu zu begründen. Von einer Anerkennung der Mitbenutzungsrechte als Dienstbarkeiten iSd. BGB hat der Gesetzgeber des Einigungsvertrages nur deshalb abgesehen, weil der Inhalt der Rechte seinerzeit nicht klar erkennbar war.[100] Mitbenutzungsrechte, die am 3. 10. 1990 bestanden, genießen daher als Rechte eigener Art gem. Art. 233 § 5 Abs. 1 EGBGB Bestandsschutz (vgl. § 16 RdNr. 97 ff.). Zu beachten ist, daß eine **Vermögensrestitution nicht hinsichtlich** solcher **Mitbenutzungsrechte** erfolgen kann, denen Art. 233 § 5 Abs. 1 EGBGB die Anerkennung als dingliche Rechte versagt. Diese sind rein **schuldrechtlicher Natur**. Über eine Restitution darf es insoweit nicht zu einer Verdinglichung von Rechtspositionen und damit zu einer Besserstellung dieser Gläubiger kommen. Es handelt sich dabei um Rechte, die nur ein vorübergehendes Mitbenutzungsrecht begründeten (vgl. dazu § 16 RdNr. 97, § 17 RdNr. 18).

69   dd) **Grundpfandrechte**. Ausdrückliche Bestimmungen enthält Absatz 1a S. 5 und 6 für die Wiederbegründung von Grundpfandrechten. Diese können zur Vermeidung eines umständlichen Brieferteilungsverfahrens **nur als Buchrechte** wiederaufleben (Satz 5). **Hypotheken und Aufbauhypotheken** nach dem ZGB der DDR (§§ 452 ff.) sind nicht, wie es ihrer rechtlichen Ausgestaltung entspricht, als Sicherungshypotheken zu restituieren, sondern als normale **Verkehrshypotheken** (Satz 6). Von einer Neubegründung als Sicherungshypothek wurde zugunsten einer besseren Verkehrsfähigkeit abgesehen, weil die Neubegründung nur in der Höhe erfolgt, in der die Hypothek ohne Überführung des Grundstückes in Volkseigentum noch valutieren würde.[101]

70   5. **Berücksichtigung von Einwendungen des Grundstückseigentümers. a) Allgemeines.** Die Verfahrensbeteiligten sollen durch die Restitution nach dem Vermögensgesetz nicht besser aber auch nicht schlechter stehen, als wenn die Maßnahme nach § 1 VermG nicht erfolgt wäre. Eine Wiederbegründung dinglicher Rechte kommt daher nur in Be-

---

[96] *v. Oefele*, Zivilrecht im Einigungsvertrag, 1991, RdNr. 288 ff.; *Heuer*, Grundzüge des Bodenrechts der DDR 1949–1990, 1991, RdNr. 48; *Fieberg-Reichenbach* F/R/M/S § 4 RdNr. 38; aA *Wasmuth* Rechtshandbuch B 100 RdNr. 169, der diese Rechte mit dem Nießbrauch an Sachen (§ 1030 BGB) vergleicht.
[97] *v. Oefele*, Zivilrecht im Einigungsvertrag, 1991, RdNr. 289.
[98] Dazu *Andrae* WR 1992, 124, 126.
[99] Dazu *Joost*, Zivilrecht im Einigungsvertrag, 1991, RdNr. 350, 360, 376.
[100] ErlBReg BT Drucks. 11/7817, S. 41.
[101] Vgl. auch Begründung z. Entwurf eines 2. VermRÄndG, BT-Drucks. 12/2480, S. 41.

Grundsatz

tracht, soweit nicht Einwendungen des Grundstückseigentümers gegen die zu restituierenden Rechte bestehen. Diese können ihren Grund etwa in **Tilgungszahlungen** haben, die vor der Restitutionsentscheidung (§ 34 Abs. 1 S. 1 VermG) geleistet worden sind. Das Vermögensamt hat die Einwendungen im Verwaltungsverfahren zu berücksichtigen und das Recht sodann im festgestellten Umfang an rangbereiter Stelle so zu begründen, wie es im Falle seiner Nichtentziehung nach § 16 VermG zu übernehmen gewesen wäre. Durch die Verweisung auf § 16 VermG wird sichergestellt, daß es über eine **Wiederbegründung** ehedem entzogener Rechte **nicht** zu einer **Besserstellung** der Berechtigten gegenüber Inhabern dinglicher Rechte kommt, die nicht von einer Maßnahme nach § 1 VermG betroffen waren.

b) Einzelfragen. Daraus resultieren für die Restitution dinglicher Rechte an Grundstücken und Gebäuden folgende Einschränkungen: Dingliche **Nutzungsrechte** sind nicht wiederzubegründen, wenn der Nutzungsberechtigte bei Begründung des Nutzungsrechts nicht redlich iSd. § 4 Abs. 3 VermG gewesen ist (§ 16 Abs. 3 S. 1 VermG). **Unredlichkeit** liegt insoweit vor, wenn der Erwerbsvorgang rechtswidrig gewesen ist, insbesondere also nicht mit den in der ehem. DDR geltenden Rechtsvorschriften, Verfahrensgrundsätzen und Grundsätzen ordnungsgemäßer Verwaltungspraxis in Einklang stand, oder wenn ein Fall der Sittenwidrigkeit des Erwerbsvorgangs durch Korruption und Ausnutzung einer persönlichen Machtstellung bzw. Herbeiführung einer Zwangslage oder Täuschung des Grundstückseigentümers vorlag.[102] Desweiteren sind **Grundpfandrechte**, die **nach** der **Enteignung** eines zu restituierenden Grundstücks oder durch einen staatlichen Verwalter oder auf staatliche Veranlassung vor dem 8. 5. 1945 **bestellt** wurden, nur unter Berücksichtigung ihres Sicherungszwecks wiederzubegründen.[103] 71

Auf Geldleistung gerichtete Rechte können **nur in Deutscher Mark** neu begründet werden. Der Wert von Rechten, die auf andere Währungen lauten, ist nach § 18 Abs. 2 und 3 iVm. § 2 HypAblV zu ermitteln. 72

Eine **Zinshaftung** kann bei auf **Geldleistung** gerichteten Rechten in einer Höhe bis zu 13 v. H. nur ab dem Tag der Entscheidung über die Rückübertragung, dh. ab der Neubegründung des Rechts, begründet werden. Ausweislich der Motive hat sich der Gesetzgeber dabei von der Erwägung leiten lassen, daß die dinglichen Zinsen – die ursprüngliche Forderung unter Umständen um ein Vielfaches erhöhend – ganz überwiegend nur bereits verjährte schuldrechtliche Zinsansprüche gesichert hätten (§ 223 Abs. 3 BGB).[104] Die Nichtberücksichtigung der Zinsansprüche erscheint insoweit vertretbar, da eine wirtschaftliche Schlechterstellung des Restitutionsberechtigten damit nicht verbunden ist. 73

6. Rang. Die durch schädigende Maßnahmen iSv. § 1 VermG entzogenen dinglichen Rechte sind durch das zuständige Amt zur Regelung offener Vermögensfragen an rangbereiter Stelle in dem Umfang wiederzubegründen, in dem sie nach § 16 VermG zu übernehmen wären (§ 3 Abs. 1a S. 1 VermG). Durch die Verweisung auf § 16 VermG wird sichergestellt, daß es über eine Wiederbegründung ehedem entzogener Rechte nicht zu einer Besserstellung des Berechtigten gegenüber Inhabern dinglicher Rechte kommt, die nicht von einer Maßnahme nach § 1 VermG betroffen waren. Da die Eintragung an jeweils **rangbereiter Stelle** zu erfolgen hat, ist es unerheblich, welchen Rang das Recht im Zeitpunkt der Schädigung hatte. Der Restitutionsberechtigte muß es daher hinnehmen, wenn nach der Schädigung an dem Grundstück dingliche Rechte wirksam begründet worden sind und der Grundstücksberechtigte diese nach § 16 VermG zu übernehmen hat. Diese Rechte gehen den nach § 3 Abs. 1a VermG wiederzubegründenden Rechten vor. Bei mehreren wiederzueintragenden dinglichen Rechten kommt entzogenen Aufbauhypotheken, die gem. § 3 Abs. 1a S. 6 VermG als normale Verkehrshypotheken zu restituieren sind, im Gegensatz zur Regelung des Art. 233 § 9 Abs. 3 EGBGB kein Vorrang zu. Die Vorschrift des EGBGB bestimmt im Interesse des Bestandsschutzes allein das Rang- 74

---

[102] Vgl. ausführlicher § 4 RdNr. 55 ff.
[103] Vgl. ausführlicher § 16 RdNr. 75 ff.

[104] Begründung z. Entwurf eines 2. VermRÄndG, BT-Drucks. 12/2480, S. 41.

verhältnis der vor dem 1. 7. 1990 begründeten und am 3. 10. 1990 als Aufbauhypotheken im Grundbuch eingetragenen Hypotheken zu anderen Hypotheken.[105]

75 **7. Ausschluß der Restitution (Satz 7, 8). a) Ablösungsrecht. aa) Allgemeines.** Die Restitution dinglicher Rechte kann für die Eigentümer betroffener Grundstücke mit **wirtschaftlichen Nachteilen** verbunden sein, weil Kreditinstitute im Hinblick auf eine Beleihung der Grundstücke in der Regel auf bestrangigen Rechten bestehen. Damit stünden Grundstücke im Falle der Restitution vorrangiger Rechte nicht als **Kreditsicherheiten** zur Verfügung. Dies widerspräche der Zielsetzung des Vermögensgesetzes, mögliche Investitionen in den neuen Bundesländern nicht zu behindern. Der Gesetzgeber räumt daher dem Grundstückseigentümer unter bestimmten Voraussetzungen die Möglichkeit der Ablösung wiederzubegründender Rechte ein.

76 **bb) Voraussetzungen.** Eine Wiederbegründung von Grundpfandrechten findet nicht statt, wenn der Eigentümer des betreffenden Grundstücks das Grundpfandrecht oder die dadurch gesicherte Forderung ablöst. Eine Ablösung anderer Grundstücksrechte, wie etwa von Nutzungsrechten, ist nicht vorgesehen. Das mit dem Antrag auf Neubegründung befaßte Vermögensamt hat daher den Grundstückseigentümer unter Hinweis auf die Möglichkeit der Ablöse am Verfahren zu beteiligen. Erklärt sich der Eigentümer für den Fall, daß die Voraussetzungen für eine Wiederbegründung vorliegen, zur Ablösung bereit, entsteht ein vorübergehendes Verfahrenshindernis; das Verwaltungsverfahren ist auszusetzen. Der Wiederbegründungsanspruch erlischt nach dem Wortlaut des Satzes 7 („wenn der Eigentümer ... ablöst") erst im Zeitpunkt der **Bewirkung** der Ablösung, dh. der Zahlung des Ablösebetrages. Da sowohl die Zahlung auf das Grundpfandrecht als auch die Zahlung auf die dadurch gesicherte Forderung den Nachteilsausgleich bewirkt, kommt es in der Regel nicht darauf an, worauf der Eigentümer die Zahlung geleistet hat. Bedeutung kann dieser Umstand jedoch erlangen, wenn Grundpfandrecht und Forderung unterschiedlich valutieren.

77 **b) Nachteilsausgleich. aa) Allgemeines.** Allgemein ist eine Wiederbegründung dinglicher Rechte, also nicht nur von Grundpfandrechten, auch dann **ausgeschlossen, wenn** die Belastung mit dem Recht für den Grundstückseigentümer **mit Nachteilen verbunden** ist, welche den beim Berechtigten durch die Nichtbegründung des Rechts entstehenden Schaden erheblich überwiegen und der Eigentümer des Grundstückes dem Berechtigten die durch die Nichtbegründung des Rechts entstehenden Vermögensnachteile ausgleicht (Satz 8). Die Art. 233 § 4 Abs. 2 Satz 2 Hs. 1 EGBGB nachgebildete Vorschrift **gilt** ihrem Wortlaut nach **für alle dinglichen Rechte,** hat aber wegen der erleichterten Voraussetzungen der Ablösung von Grundpfandrechten nach Satz 7 nur für andere als Grundpfandrechte praktische Bedeutung.

78 **bb) Interessenabwägung.** Bei den in die Interessenabwägung zugunsten des **Grundstückseigentümers** einzustellenden „Nachteilen" wird es sich regelmäßig um Vermögensnachteile handeln. Da der Gesetzgeber jedoch nachfolgend die dem Berechtigten auszugleichenden Nachteile auf „Vermögensnachteile" begrenzt,[106] ist aus dem differierenden Sprachgebrauch zu schließen, daß **auch andere als Vermögensnachteile** zugunsten des Grundstückseigentümers zu berücksichtigen sind.[107] Das Wort „Nachteile" bildet insoweit den Oberbegriff für Vermögensnachteile und andere Nachteile etwa allgemein praktischer Art.[108] Praktische Nachteile können beispielsweise in Nutzungsbeschränkungen des zu belastenden Grundstücks durch Dienstbarkeiten, Wegerechte etc. bestehen.

---

[105] Zum Vorrang der vor dem 1. 7. 1990 begründeten Aufbauhypotheken vgl. § 456 Abs. 3 ZGB iVm. §§ 1, 3 d. 1. Zivilrechtsänderungsgesetzes v. 28. 6. 1990, GBl. I Nr. 39 S. 524 und Nr. 12 der Anlage zum Gesetz.

[106] AA *Staudinger-Rauscher* Art. 233 § 4 EGBGB RdNr. 4, der bei der Parallelvorschrift des Art. 233 § 4 Abs. 2 S. 2 EGBGB auch immaterielle Nachteile zugunsten des Berechtigten berücksichtigen will.

[107] Im Ergebnis auch *Wasmuth* Rechtshandbuch B 100 RdNr. 155.

[108] Vgl. zur Parallelvorschrift des Art. 233 § 4 Abs. 2 S. 2 Hs. 1 EGBGB *v. Oefele,* Zivilrecht im Einigungsvertrag, 1991, RdNr. 323.

Die Interessenabwägung muß im Einzelfall ein **erhebliches Überwiegen** der Nachteile 79
des Grundstückseigentümers gegenüber dem durch die Nichtbegründung des Rechts dem
Berechtigten entstehenden Schaden ergeben. Notwendig ist also ein eindeutiger Interessenvorrang zugunsten des Grundstückseigentümers.[109]

Dem Berechtigten hat der Grundstückseigentümer alle infolge des Schadens eingetretenen Vermögensnachteile entweder in Geld oder durch andere Leistungen zu ersetzen und 80
dadurch das wiederzubegründende Recht abzulösen. Der Vermögensnachteil bemißt sich
grundsätzlich nach dem **Verkehrswert** des nicht wiederzubegründenden Rechts.[110]

cc) Verfahren. Verfahrensrechtlich ist der Grundstückseigentümer wie in den Fällen 81
des Satzes 7 von Amts wegen notwendig zu beteiligen. Hat das Vermögensamt einen
Interessenvorrang zu seinen Gunsten festgestellt und erklärt sich der Eigentümer zur
Ablösung bereit, entsteht ein vorübergehendes **Verfahrenshindernis**. Das Verfahren ist
auszusetzen. Der **Wiederbegründungsanspruch** des Berechtigten erlischt mit der Bewirkung des Nachteilsausgleichs.

8. Behandlung von Altfällen. a) Allgemeines. Das Vermögensgesetz enthielt in der bis 82
zum Inkrafttreten des 2. VermRÄndG geltenden Fassung **keine ausdrücklichen Vorschriften** über das Verfahren der Restitution solcher dinglichen Rechte, die dem Berechtigten durch schädigende Maßnahmen iSv. § 1 VermG entzogen wurden. Lediglich § 18
Abs. 1 VermG aF sah als Annex zur Restitution von Grundstücken und Gebäuden eine
automatische Wiederbegründung dinglicher Rechte vor, die bei Überführung des Grundstücks in Volkseigentum gelöscht wurden. Voraussetzung für die Wiederbegründung der
dinglichen Rechte war also nicht, daß sie selbst einer schädigenden Maßnahme iSv. § 1
VermG unterlagen.

b) Wiederbegründung nach § 18 Abs. 1 VermG aF. aa) Allgemeines. Das Regelungs- 83
modell des § 18 Abs. 1 VermG aF galt für alle **vor Inkrafttreten des 2. VermRÄndG** am
22. 7. 1992 begonnenen und durch eine **abschließende Entscheidung** abgeschlossenen
Verfahren (vgl. Art. 14 Abs. 4 S. 1 des 2. VermRÄndG). Der Gesetzeswortlaut („noch
nicht durch eine abschließende Entscheidung abgeschlossen") läßt nicht eindeutig erkennen, was mit „abschließender Entscheidung" gemeint ist; dies kann der Ausgangsbescheid, der Ausgangsbescheid in der Fassung des Widerspruchsbescheides oder auch die
bestandskräftige Entscheidung sein. Nach der ebenfalls mißverständlichen Regierungsbegründung zu Art. 13 Abs. 4 des Entwurfs eines 2. VermRÄndG (= Art. 14 Abs. 4 S. 1 d.
2. VermRÄndG) soll mit der Übergangsvorschrift ermöglicht werden, „laufende Verfahren bereits nach den neuen Vorschriften abzuschließen und damit die vorgesehenen Verbesserungen und Verfahrenserleichterungen zügig greifen zu lassen".[111] Stellt man mit der
Begründung maßgeblich auf den Zweck der **Beschleunigung des vermögensrechtlichen
Verfahrens** ab, kommt als „abschließende Entscheidung" iSv. Art. 14 Abs. 4 S. 1 des
2. VermRÄndG nach Sinn und Zweck nur der vermögensrechtliche **Ausgangsbescheid** in
Betracht.[112] Anderenfalls müßten erlassene Ausgangs- bzw. Widerspruchsbescheide an-

---

[109] In diesem Sinne auch *Wasmuth* Rechtshandbuch B 100 RdNr. 156.
[110] *Wasmuth* Rechtshandbuch B 100 RdNr. 158.
[111] BT-Drucks. 12/2480, S. 94.
[112] VG Dresden VIZ 1992, 478, 479; OVG Sachsen-Anhalt VIZ 1992, 480; KrG Suhl VIZ 1993, 119, 120; VG Meiningen ZOV 1993, 459, 459f.; *Kimme-Wolters* Vor §§ 18–18b VermG RdNr. 13; Anh. IV zu §§ 18–18b VermG RdNr. 12; *Huntemann* DZWir 1993, 31, 32; *Scheidmann* VIZ 1992, 476, 477; vgl. auch VG Berlin (25. Kam.) VIZ 1992, 482; VG Magdeburg VIZ 1993, 560; VIZ 1994, 29; für „Ausgangs- oder Widerspruchsbescheid" bzw. „abschließende Verwaltungsentscheidung": OVG Berlin VIZ 1992, 475, 476; VG Leipzig VIZ 1993, 557; VG Berlin (29. Kam.) ZOV 1993, 432, 433; *Rühl* F/R/M/S Vor §§ 18–18b RdNr. 12; *Weimar-Alfes* BB 1993, 378, 380; differenzierend *Preu*, DB 1993, 521, 524 (Fn. 36), der materiellrechtlich auf den Ausgangsbescheid und verfahrensrechtlich auf den Widerspruchsbescheid abstellt; aA BVerwG ZOV 1994, 61, 62; VG Halle ZOV 1994, 329; VG Greifswald VIZ 1993, 24, 24f.; VIZ 1993, 25, 26; VG Dresden ZOV 1993, 447, 448, die eine abschließende Entscheidung erst bei Vorliegen eines Widerspruchsbescheides annehmen; ebenso *Barkam-Wittmer* R/R/B § 4 RdNr. 26; *Kuhlmey-Wittmer* R/R/B § 18 RdNr. 52ff.; *Fieberg-Reichenbach* F/R/M/S § 4 RdNr. 33; *Försterling* RdNr. 407ff.

hand des durch das 2. VermRÄndG gesetzten Rechts überprüft werden, wodurch zwangsläufig neue Verfahrensverzögerungen einträten.[113] Die Vorschrift des § 18 Abs. 1 VermG aF ist daher für alle Verfahren maßgebend, die am 22. 7. 1992 durch einen Ausgangsbescheid abgeschlossen waren. Sie hatte folgenden Wortlaut:

„(1) Bei der Rückübertragung von Grundstücken sind die dinglichen Belastungen, die im Zeitpunkt des Übergangs in Volkseigentum bestanden haben, wieder im Grundbuch einzutragen. Soweit der Berechtigte vom Staat bereits befriedigt worden ist, geht die zugrunde liegende Forderung auf den Entschädigungsfonds über. In diesem Falle ist auf Ersuchen der zuständigen Behörde eine Sicherungshypothek zugunsten des Entschädigungsfonds im Grundbuch einzutragen, sofern die Forderung nicht durch den Berechtigten vorher beglichen wird."

84 bb) **Voraussetzungen.** Die Restitution der im Zeitpunkt des Übergangs in Volkseigentum bestehenden dinglichen Belastungen erfolgte nach § 18 Abs. 1 S. 1 VermG aF durch **Wiedereintragung an rangbereiter Stelle des Grundbuchs** (Abs. 1 S. 1). Soweit dies nach dem Prinzip der Naturalrestitution nicht möglich war, weil eine Neubegründung der ehedem gelöschten Rechte nach dem 3. 10. 1990 ausgeschlossen war, hatten die Vermögensämter solche Rechte zu begründen, die den gelöschten Rechten inhaltlich entsprachen oder zumindest weitgehend entsprachen.[114] **Einwendungen** des Grundstückseigentümers gegen den Bestand des wiederzubegründenden Rechts bzw. gegen die von diesem gesicherte Forderung waren von den Vermögensämtern von Amts wegen zu berücksichtigen.

85 cc) **Restitutionsausschluß.** Voraussetzung für eine Wiederbegründung war, wie der Umkehrschluß aus § 18 Abs. 1 S. 2 und 3 VermG aF ergab, daß der **Altgläubiger nicht bereits vom Staat befriedigt** wurde. Soweit der Altgläubiger des früheren Eigentümers (Begünstigte) vom Staat im Zusammenhang mit der Überführung des Grundstücks in Volkseigentum bereits befriedigt war,[115] ging eine auf Geldzahlung gerichtete, ursprünglich dinglich gesicherte Forderung des Altgläubigers gegen den Berechtigten im Wege der **cessio legis** auf den Entschädigungsfonds über. Auf Ersuchen der zuständigen Behörde war eine **Sicherungshypothek** (§ 1184 BGB) zugunsten des Entschädigungsfonds im Grundbuch einzutragen, sofern die Forderung nicht durch den Berechtigten vorher beglichen wurde. Problematisch und durch das Vermögensgesetz nicht ausdrücklich geregelt war die Durchführung der Restitution bei dinglichen Belastungen, wenn der ehemalige Grundstückseigentümer durch **Übereignung eines Ersatzgrundstücks** (§ 9 VermG) entschädigt wurde. In diesen Fällen kam allenfalls eine ersatzweise Bestellung solcher dinglichen Verwertungsrechte in Betracht, die ursprünglich Zahlungsansprüche sicherten. Aus Rechtsgründen war wegen der notwendig damit verbundenen Inhaltsänderung die ersatzweise Bestellung von dinglichen Nutzungsrechten nicht möglich.

86 c) **Änderungen durch das 2. VermRÄndG.** Die Überleitungsvorschrift des Art. 14 Abs. 6 S. 3 des 2. VermRÄndG sieht wegen der notwendigen **Gleichstellung mit den nach dem 2. VermRÄndG zu entscheidenden Fällen** nunmehr jedoch vor, daß die vor Inkrafttreten des 2. VermRÄndG wiederbegründeten Grundpfandrechte nur in dem Umfang als entstanden gelten, in dem der daraus begünstigte Gläubiger gem. § 18b Abs. 1 VermG die Herausgabe des Ablösebetrages verlangen könnte. Dies gilt jedoch nur, wenn die Wiedereintragung dinglicher Rechte nicht auf einer Vereinbarung der Parteien beruhte (Art. 14 Abs. 6 S. 1 des 2. VermRÄndG). Eine durch das frühere Recht gesicherte **Forderung erlischt** in Höhe des Anspruches auf Herausgabe des Ablösebetrages (§ 18b Abs. 3 S. 1 VermG). Der Grundstückseigentümer bzw. dessen Rechtsnachfolger kann jedoch in sinngemäßer Anwendung von § 18b Abs. 3 S. 2 VermG auch wegen desjenigen Betrages nicht mehr in Anspruch genommen werden, der als Forderung nach Abzug des Ablösebetrages verbleibt (Art. 14 Abs. 6 S. 4 des 2. VermRÄndG).

---

[113] VG Berlin VIZ 1992, 482; VG Dresden VIZ 1992, 478, 479.
[114] Vgl. RdNr. 66 ff.

[115] Vgl. § 14 Aufbaugesetz v. 6. 9. 1950 (GBl. 1950 Nr. 104 S. 965) iVm. §§ 1 ff., 10 Entschädigungsgesetz v. 25. 4. 1960 (GBl. 1960 I Nr. 26 S. 257).

Soweit der Berechtigte nach der Entscheidung über die Rückübertragung des Eigentums **Leistungen** auf das Grundpfandrecht erbracht hat, sind diese **rechtsgrundlos** erfolgt, wenn sie den abzulösenden Teil des Grundpfandrechtes übersteigen. Handelte es sich bei der erloschenen Forderung um eine solche aus einem Darlehen, für das keine staatlichen Mittel eingesetzt worden sind, ist der Gläubiger vorbehaltlich einer abweichenden Regelung angemessen zu entschädigen (Art. 16 Abs. 6 S. 4 des 2. VermRÄndG iVm. § 18b Abs. 3 S. 3 VermG).

Sicherungshypotheken, die nach § 18 Abs. 1 S. 3 VermG aF zugunsten des Entschädigungsfonds im Grundbuch eingetragen wurden und der dinglichen Sicherung eines kraft cessio legis auf den Entschädigungsfonds übergegangenen Zahlungsanspruches des ursprünglichen Gläubigers dienten, können mit einer Frist von drei Monaten durch Bescheid des Entschädigungsfonds gekündigt werden (Art. 14 Abs. 6 S. 6 des 2. VermRÄndG). Aus dem Bescheid findet nach Ablauf der Frist die Zwangsvollstreckung in das Grundbuch statt (Art. 14 Abs. 6 S. 7 des 2. VermRÄndG). Die Vorschriften des Achten Buches der Zivilprozeßordnung sind anzuwenden.

Auf **sonstige wiedereingetragene dingliche Rechte** (= Rechte iSv. § 18 Abs. 3 und 4 VermG), dh. alle dinglichen Rechte unter Ausschluß der in § 18 Abs. 2 VermG genannten Aufbauhypotheken, vergleichbaren Grundpfandrechte und sonstigen Grundpfandrechte, ist die Vorschrift des § 3 Abs. 1a S. 8 VermG anzuwenden. Demgemäß kann der Eigentümer des Grundstücks gegen Ausgleich des dem Gläubiger daraus entstehenden Vermögensnachteiles die **Löschung** des wiedereingetragenen Rechtes verlangen, wenn die Belastung für den Eigentümer mit Nachteilen verbunden ist, die den beim Gläubiger durch die Ablösung des Rechts entstehenden Schaden erheblich überwiegen.[116]

B. Pflicht zur Unterlassung von Rechtsgeschäften (Abs. 3)

I. Grundsatz

1. **VermG/AnmVO.** Nach Absatz 3 Satz 1 ist der Verfügungsberechtigte verpflichtet, den **Abschluß dinglicher Rechtsgeschäfte oder die Eingehung langfristiger vertraglicher Verpflichtungen** ohne Zustimmung des Berechtigten iSv. § 182 BGB zu unterlassen, sofern vermögensrechtliche Ansprüche auf den von der Verpflichtung oder Verfügung betroffenen Vermögenswert durch einen Antrag nach § 30 VermG geltendgemacht worden sind und solange über diesen Antrag nicht entschieden ist, jedenfalls aber bis zum Ablauf der in § 3 VermG genannten Anmeldefristen. Der Verfügungsberechtigte hat sich vor einer Verfügung über den Vermögenswert darüber zu vergewissern, daß in bezug auf den Vermögenswert kein Antrag iSd. § 30 VermG vorliegt (Abs. 5). Die Unterlassungsverpflichtung gilt wegen der Gleichstellung in § 30 Abs. 1 S. 5 VermG auch bei Anmeldung vermögensrechtlicher Ansprüche nach der AnmeldeVO.[117] Sie besteht jedoch nicht in den Ausnahmefällen der Sätze 2, 3 und 5 sowie für Rechtsgeschäfte, die zur Durchführung investiver Maßnahmen aufgrund eines Investitionsvorrangbescheides durchgeführt werden (§ 2 InVorG).

2. **Unternehmensgesetz.** Zweifelsfragen ergeben sich aus der Anmeldung von Rückübertragungsansprüchen nach § 17 des Unternehmensgesetzes,[118] das mit Inkrafttreten des Einigungsvertrages am 29. 9. 1990 außer Kraft getreten ist (vgl. § 39 Nr. 10 VermG). Rechtzeitig bis zum 16. 9. 1990 gestellte Anträge auf Umwandlung der volkseigenen Wirtschaftseinheiten und Rückübertragung der Unternehmensanteile bewirkten gem. § 17 Abs. 4 UnternehmensG bis zur Entscheidung über den Antrag das **Verbot bestimmter „Rechtshandlungen"**. Die Vorschrift des § 17 Abs. 4 UnternehmensG lautet:

---

[116] Vgl. RdNr. 77 ff.
[117] Vgl. dazu bereits RdNr. 12, 14.
[118] Gesetz über die Gründung und Tätigkeit privater Unternehmen und über Unternehmensbeteiligungen v. 7. 3. 1990, GBl. I Nr. 17 S. 141.

„Bis zum Ablauf der im Abs. 2 festgelegten Frist und darüber hinaus bis zur Entscheidung über gestellte Anträge dürfen Rechtshandlungen zur Veränderung der Eigentumsform oder zur Aufnahme von Kapitalbeteiligungen für Betriebe gemäß Abs. 1 nur mit Zustimmung der Antragsberechtigten vorgenommen werden. Das gilt auch für die Entnahme von Grund- und Arbeitsmitteln aus den betrieblichen Beständen."

92 Da § 6 VermG dem Sinn nach an die Stelle der §§ 17ff. UnternehmensG getreten ist (vgl. § 6 Abs. 8 VermG) und die Unterlassungsverpflichtung des § 3 Abs. 3 S. 1 VermG unabhängig vom Gegenstand des Restitutionsantrags eingreift, ist die Unterlassungsverpflichtung des § 3 Abs. 3 S. 1 VermG zweckentsprechend auch auf die im Zeitpunkt des Inkrafttretens des Vermögensgesetzes noch nicht beschiedenen Anträge nach § 17 UnternehmensG anzuwenden, sofern der Antrag nach § 17 Abs. 2 S. 1 UnternehmensG im Einzelfall in einen **Antrag nach § 30 Abs. 1 VermG umgedeutet** werden kann.[119]

II. Rechtsnatur und Wirkungen

93 **1. Allgemeines.** Die Vorschrift des § 3 Abs. 3 S. 1 VermG enthält **kein gesetzliches Verbot** iSd. § 134 BGB, sondern ist als nur im Innenverhältnis zwischen Verfügungsberechtigtem und Berechtigtem wirkende **schuldrechtliche Verpflichtung** entsprechend § 137 BGB ausgestaltet.[120] Dies bestätigt die mit dem 2. VermRÄndG eingefügte Vorschrift des § 3c Abs. 2 S. 1 VermG. Im Außenverhältnis zu Dritten bleiben Rechtsgeschäfte, die im Innenverhältnis der Unterlassungsverpflichtung zuwiderlaufen, damit wirksam.[121] Der **Rückübertragungsanspruch** des Berechtigten **geht durch** eine **pflichtwidrige Verfügung** über den restitutionsbelasteten Vermögenswert **unter**.[122] Dem Berechtigten stehen nur noch Sekundäransprüche gegen den Verfügungsberechtigten zu.[123] Auf diese Weise werden Gläubiger des Verfügungsberechtigten geschützt, indem Rechtssicherheit in bezug auf die Verkehrsfähigkeit des Vermögenswertes hergestellt wird.[124]

94 Erwerber restitutionsbelasteter Vermögenswerte sollen nach der auch in § 3 Abs. 4 S. 3 VermG zum Ausdruck kommenden Wertung des Vermögensgesetzes auf die **Rechtsbeständigkeit des Erwerbs** vertrauen können.[125] Ein Fortbestand des Restitutionsanspruches gegenüber dem Erwerber widerspräche der nur schuldrechtlich ausgestalteten Unterlassungsverpflichtung zwischen Verfügungsberechtigtem und Berechtigtem. Anders zu beurteilen sind allein die Fälle, in denen der Erwerber und der Verfügungsberechtigte **kollusiv** zusammenwirken, um den Restitutionsanspruch des Berechtigten auszuschließen. Die mit einem derartigen Ziel abgeschlossenen Rechtsgeschäfte verstoßen gegen die guten Sitten und sind nach § 138 BGB nichtig.

---

[119] So im Ergebnis auch *Fieberg-Reichenbach* F/R/M/S (1. Lief.) § 1 RdNr. 53.
[120] BezG Dresden LKV 1992, 337, 337f., ZOV 1992, 385, 386; BezG Potsdam NJ 1992, 263, 264; KrG Gera-Stadt VIZ 1992, 202, 203; VG Leipzig VIZ 1992, 485; Erl.BReg., BT-Drucks. 11/7831, S. 5; *Liebs-Preu* DB 1991, 145, 151; *Steeger* EWiR § 3 VermG 1/91, S. 97, 98; *Fieberg-Reichenbach* NJW 1991, 324; *dies.* F/R/M/S RdNr. 47; *Kohler* NJW 1991, 465, 466; *ders.* VIZ 1992, 308; *Horn* S. 565f.; *Försterling* RdNr. 246; *Leinemann*, BB-Beil. 8 zu H. 9/1991, S. 10, 12; *Scheifele* BB 1991, 629, 631; *Schmidt-Preuß* Die Verwaltung 1992, 327, 339; *Wächter* DZWir 1991, 265, 271f.; *Schniewind* BB-Beil. 21 zu H. 30/1991, S. 24; *Czerwenka*, S. 45; *Kinne* R/R/B RdNr. 53; *Wasmuth* Rechtshandbuch B 100 RdNr. 278 (anders aber offenbar *ders.* B 140 § 3 RdNr. 17). AA noch *Weimar* DtZ 1991, 50, 51; *ders.* BB-Beil. 40 zu H. 35/36 1990, S. 10, 14; aufgegeben *ders.* DB 1991, 2527 (Fn. 3).

[121] BezG Potsdam NJ 1992, 263, 264; *Schniewind* BB-Beil. 21 zu H. 30/1991, S. 24; *Czerwenka* S. 48 (Fn. 176); *Kinne* R/R/B RdNr. 53; *Kimme-Rapp* RdNr. 42; *Craushaar* DtZ 1991, 359, 363.
[122] BVerwG DB 1994, 38; KrG Gera-Stadt VIZ 1992, 202, 204; *Fieberg-Reichenbach* F/R/M/S RdNr. 84; *Wasmuth* Rechtshandbuch B 100 RdNr. 27, § 1 RdNr. 72; *Frenz* DtZ 1994, 56, 57; aA BezG Dresden LKV 1992, 337, 338; ZIP 1992, 733, 735; *Horn* S. 568f., der allerdings § 135 S. 2 BGB analog anwenden will; undeutlich *Nölkel-Finsinger* DStR 1993, 1912, 1914.
[123] Vgl. dazu RdNr. 162ff. sowie § 9 RdNr. 1 (Entschädigung) und § 10 RdNr. 4 (Erlös).
[124] *Tintelnot* EWiR § 883 BGB 1/90, S. 1201, 1202; *Drygalski-Obst*, in: Vermögensrechtliche Ansprüche der DDR-Enteignungsgeschädigten, 1990, S. 231.
[125] *Fieberg-Reichenbach* F/R/M/S RdNr. 84; *Wasmuth* Rechtshandbuch B 100 RdNr. 189. AA offenbar *Uechtritz* BB 1992, 581, 585.

2. Untergang des Rückübertragungsanspruches. a) Allgemeines. Ein Untergang des 95
Rückübertragungsanspruchs durch pflichtwidrige Verfügung über den Vermögenswert
tritt in jedem Fall nur ein, wenn der **Verfügungsgegenstand mit** dem **Restitutionsobjekt
identisch** ist.[126] Die Verfügung muß also einen Wechsel in der Person des Verfügungsberechtigten zur Folge haben.

b) Share Deal. Ein Wechsel in der Person des Verfügungsberechtigten ist beispielsweise 96
hinsichtlich eines einzelnen zu einem Unternehmen gehörenden Restitutionsobjekts nicht
gegeben, sofern über das Unternehmen nicht im Wege des Asset Deal, sondern durch
Share Deal verfügt wird. Da die Verfügung nur die Unternehmensanteile betrifft, bleibt
das Unternehmen selbst über das Restitutionsobjekt verfügungsbefugt. Eine **Verfügung
über** die **Unternehmensanteile** stellt **keine Verfügung über** das zum Unternehmen gehörige **Restitutionsobjekt** dar.[127] Der Rückübertragungsanspruch des Berechtigten geht
nicht unter, sondern „lastet" quasi auf dem Vermögenswert; die Unterlassungsverpflichtung des § 3 Abs. 3 VermG trifft den Erwerber.[128]

Gegen dieses Ergebnis ist eingewandt worden, daß bei einer Unternehmensveräuße- 97
rung im Wege des Share Deal wirtschaftlich betrachtet auch über das zum Unternehmen
gehörende Grundstück „verfügt" wird.[129] Ein Fortbestand von Restitutionsansprüchen
auf einzelne Unternehmensgegenstände hat zudem eine **investitionshemmende Wirkung**
und dient insgesamt nicht der Rechtssicherheit.[130] Diese ihrem Wesen nach rechtspolitischen Anmerkungen sind jedoch im Ergebnis nicht geeignet, die de lege lata gegebene
Gesetzessystematik zu überspielen. Zuzugeben ist allerdings, daß das Vermögensgesetz in
seiner Grundkonzeption auf die Rückübertragung von Immobilien zugeschnitten war; die
Möglichkeit der Anteilsübertragung bei Unternehmen und deren Folgen sind vom Gesetzgeber nicht hinreichend bedacht worden. Dies zeigt sich gerade auch in der Konzeption der Unterlassungsverpflichtung des § 3 Abs. 3 VermG. Gleichwohl scheidet eine
entsprechende Anwendung der Vorschrift **auf** die **Veräußerung von Unternehmensanteilen** aus, da die Ausdehnung der Verfügungssperre auf die Fälle, in denen keine Identität
zwischen Restitutionsobjekt und Verfügungsgegenstand besteht, dem Zweck der Unterlassungsverpflichtung zuwiderläuft. Diese soll den Berechtigten vor einer nachhaltigen
Beeinträchtigung seines Rückübertragungsanspruches schützen. Der auf die Rückübertragung eines einzelnen Unternehmensgegenstandes gerichtete Anspruch geht aber bei Veräußerung der Unternehmensanteile mangels Verfügung über das Grundstück gerade nicht
unter und wird damit auch nicht beeinträchtigt.[131] Es fehlt daher an den Voraussetzungen
für eine Gesetzesanalogie zu § 3 Abs. 3 VermG[132] und damit auch zu § 2 Abs. 2 Nr. 1, § 3
Abs. 2 InVorG bzw. § 3a VermG aF.[133] Die Vorschrift des § 2 Abs. 2 Nr. 1 2. Alt. InVorG betrifft allein den Fall, daß die Anteile selbst Gegenstand des Restitutionsbegehrens
sind.

Im Einzelfall kann die Rückgabe eines Unternehmensgrundstücks jedoch nach dem 98
Rechtsgedanken des § 4 Abs. 1 S. 3 lit. c VermG[134] ausgeschlossen sein, wenn die **Rückgabe des Grundstücks wirtschaftlich der Rückgabe des Unternehmens** selbst **gleichkommt**. Dies ist dann anzunehmen, wenn das restitutionsbelastete Grundstück das ganze

---

[126] *Wächter* DZWir 1991, 265, 273f.; *Keil* VIZ 1992, 121, 122; *Busche* VIZ 1991, 48, 49; *Schmidt-Preuß*, Die Verwaltung 1992, 327, 349; *Wente* VIZ 1992, 125, 128.
[127] *Uechtritz* BB 1992, 581, 588.
[128] VG Berlin VIZ 1992, 156, 157; VIZ 1992, 239; ZOV 1992, 405; *Winter* DZWir 1991, 172, 173; *Wächter* DZWir 1991 265, 269f.
[129] In diesem Sinne *Messerschmidt* VIZ 1991, 2, 5; vgl. auch *Preu* DB 1992, 513, 515; *Barkam* R/R/B § 3a VermG RdNr. 46; *Weimar*, Nachprivatisierungsprobleme, 1992, S. 46.
[130] *Espey-Jaenecke* BB 1991, 1442, 1443; *Preu* DB 1992, 513, 514f.; *ders.* DB 1993, 521, 525.

[131] *Schmidt-Preuß*, Die Verwaltung 1992, 327, 350; *Keil* VIZ 1992, 121, 122f.; *Kimme-Rapp* RdNr. 64; aA *Espey-Jaenecke* BB 1991, 2025, 2026; *Preu* DB 1992, 513, 515; *Weimar* DB 1991, 2527, 2529; *ders.*, Nachprivatisierungsprobleme, 1992, S. 46.
[132] *Uechtritz* BB 1992, 581, 588; aA *Messerschmidt* VIZ 1991, 2, 5; *Espey-Jaenecke* BB 1991, 2025, 2026; *Weimar*, Nachprivatisierungsprobleme, 1992, S. 46.
[133] *Keil* VIZ 1992, 121, 122; *Wente* VIZ 1992, 125, 129; *Uechtritz* BB 1992, 581, 588; aA *Espey-Jaenecke* BB 1991, 2025, 2026; *Scheifele* BB 1991, 1350, 1354; *Preu* DB 1993, 521, 525, 526.
[134] Dazu § 4 RdNr. 38.

oder doch zumindest annähernd das ganze Unternehmensvermögen darstellt.[135] Bei Zugrundelegung der zu §§ 419, 1365 BGB entwickelten Rechtsprechungsgrundsätze[136] muß das Grundstück mithin mindestens ca. 85 bis 90 v. H. des Unternehmensvermögens repräsentieren.

99 Die vorgenannten Grundsätze gelten entsprechend, wenn sich der Rückübertragungsanspruch nicht auf ein bestehendes Unternehmen, sondern auf eine **abgrenzbare Vermögensmasse iSe. Betriebes oder Betriebsteiles** bezieht. Der Rückübertragungsanspruch richtet sich solchenfalls auf die im Betrieb oder Betriebsteil zusammengefaßten Einzelgegenstände, nicht aber auf die Anteile an dem Unternehmensträger, so daß eine Verfügung über die Anteile den Restitutionsanspruch nicht berührt.[137]

100 **3. Komplementärwirkungen nach der GVO.** Bei Veräußerungen von Grundstücken und Gebäuden oder Teilen davon, bei der Bestellung und Einräumung eines Erbbaurechts, der Einräumung oder Veräußerung eines Miteigentumsanteils an einem Grundstück oder der Übertragung von Teil- und Wohnungseigentum wird die Unterlassungsverpflichtung zusätzlich durch das Genehmigungserfordernis nach § 2 GVO flankiert. Da eine Grundstücksverkehrsgenehmigung in den genannten Fällen insbesondere nur erteilt wird, wenn für das Grundstück oder Gebäude ein fristgerechter Antrag auf Rückübertragung iSd. § 30 Abs. 1 nicht vorliegt bzw. der Berechtigte zustimmt oder eine Veräußerung nach § 3c VermG erfolgt (§ 1 Abs. 2 S. 1 Nr. 1, 2, 3 GVO), ist die **Verkehrsfähigkeit** der betroffenen Grundstücke und Gebäude rein **faktisch blockiert**.[138] Insoweit ist der Grundsatz der Verkehrsfähigkeit antragsbelasteter Vermögenswerte bei Grundstücken und Gebäuden zugunsten des Prinzips der Einzelfallgerechtigkeit durchbrochen, es sei denn, der Restitutionsantrag ist offensichtlich unbegründet (§ 1 Abs. 2 S. 2, 3 GVO nF).

101 Kann die für die Wirksamkeit des Veräußerungsgeschäfts über ein Grundstück oder Gebäude erforderliche Grundstücksverkehrsgenehmigung (§§ 2 Abs. 1 lit. a, 23 GVO aF/ §§ 2 Abs. 1 S. 1 lit. a, 3 GVO nF) wegen der Anmeldung vermögensrechtlicher Ansprüche nicht erteilt werden, **setzen** die für die Erteilung der Grundstücksverkehrsgenehmigung zuständigen Landratsämter oder Stadtverwaltungen bzw. der Präsident der Treuhandanstalt das **Verfahren** bis zum Eintritt der Bestandskraft der Entscheidung über den Antrag nach § 30 Abs. 1 VermG **aus** (§ 1 Abs. 4 GVO nF/§ 1 Abs. 5 GVO aF; § 6 Abs. 2 AnmVO aF). Die Genehmigung ist zu versagen, wenn das Grundstück oder Gebäude dem Berechtigten zurückübertragen wird. Damit ist der zwischen dem Verfügungsberechtigten und einem Dritten geschlossene Veräußerungsvertrag unwirksam; Rechte können aus ihm nicht mehr hergeleitet werden.

102 Die Wirksamkeit eines bereits nach §§ 2 Abs. 1 lit. a, 23 GVVO genehmigten oder aufgrund § 5 Abs. 4 der DurchführungsVO zum Gesetz über den Verkauf volkseigener Gebäude vom 15. 3. 1990[139] als genehmigt geltenden Grundstücksveräußerungsvertrages kann im übrigen nachträglich entfallen, wenn der Berechtigte durch einen bis zum 13. 10. 1990 bzw. 31. 3. 1991 gestellten Antrag ein **Wiederaufgreifen des Genehmigungsverfahrens** nach der Grundstücksverkehrsordnung betrieben hat (**§ 7 AnmVO**). Der Antrag auf Wiederaufgreifen des Verfahrens hatte aufschiebende Wirkung (§ 7 Abs. 3 AnmVO), womit das Verfahren in seinen ursprünglichen Zustand zurückversetzt wurde und auszusetzen war (§ 6 Abs. 2 AnmVO aF/§ 1 Abs. 5 GVO aF). Der damit erneut schwebend unwirksame Grundstücksveräußerungsvertrag wird endgültig unwirksam, wenn die Grundstücksverkehrsgenehmigung nach positiver Entscheidung über den Rückübertra-

---

[135] *Busche* VIZ 1992, 239, 240.
[136] Vgl. BGH NJW 1991, 1739, 1740; BVerwG NJW 1990, 590, 591.
[137] AA *Keil* VIZ 1992, 121, 122, unter Hinweis darauf, daß der Betriebsteil integraler Bestandteil des Unternehmens sei; dies trifft aber auch für einen einzelnen Vermögenswert zu, bei dem *Keil*, aaO, den Untergang des Restitutionsanspruchs ablehnt.

[138] Zur alten Rechtslage vor Inkrafttreten des 2. VermRÄndG VG Berlin ZOV 1993, 432, 433; Fieberg-Reichenbach F/R/M/S RdNr. 48; *Wächter* DZWir 1991, 265, 272; *Kohler* NJW 1991, 465, 466f., 467ff.; *Schmidt-Räntsch* DtZ 1991, 169, 171; *Uechtritz* BB 1992, 581, 583; *Winter* DZWir 1991, 172, 173.
[139] GBl. I Nr. 18 S. 158.

gungsantrag versagt wird. Das Grundbuch, gegen dessen Richtigkeit bei zwischenzeitlicher Eintragung des Dritterwerbers von Amts wegen ein Widerspruch einzutragen war (§ 7 Abs. 4 AnmVO), ist gegebenenfalls zu berichtigen.

Rücknahme und Widerruf der Grundstücksverkehrsgenehmigung können nach dem durch das RegVBG redaktionell neu gefaßten § 5 GVO (früher § 4 GVVO, § 4 GVO aF) im übrigen nur innerhalb eines Jahres nach Erteilung der Genehmigung erfolgen (§ 5 S. 1 GVO) und nicht darauf gestützt werden, daß dem zuständigen Vermögensamt bzw. der nach § 7 GVVO/GVO aF zuständigen Stelle nach Erteilung der Grundstücksverkehrsgenehmigung ein Antrag iSv. § 30 Abs. 1 VermG bekannt wird, der vor der Entscheidung bei dieser Stelle nicht eingegangen war oder über den dort keine Mitteilung vorlag (§ 5 S. 2 GVO).

III. Umfang der Unterlassungsverpflichtung

1. Grundsatz der Objektbezogenheit und Zweckdienlichkeit. a) Objektbezogenheit. Der Grundsatz der Objektbezogenheit besagt, daß die Unterlassungsverpflichtung immer nur dann eingreift, wenn der **Vermögenswert**, der Gegenstand einer rechtsgeschäftlichen Verpflichtung oder Verfügung ist, **identisch oder teilidentisch** ist **mit dem Gegenstand des Restitutionsantrags** nach § 30 Abs. 1 VermG.[140] Das ist bei der Rückgabe von Unternehmen etwa nicht der Fall, wenn sich Rückübertragungsansprüche lediglich auf einen Betrieb oder Betriebsteil richten.

b) Zweckdienlichkeit. Zielsetzung der aus § 3 Abs. 3 S. 1 VermG folgenden schuldrechtlichen Verpflichtung zur Unterlassung von dinglichen Rechtsgeschäften und langfristigen vertraglichen Verpflichtungen ist nicht primär die Sicherung des status quo des Rückgabeobjekts, sondern die **Sicherung des öffentlich-rechtlichen Rückübertragungsanspruchs** des Berechtigten aus § 3 Abs. 1 S. 1 VermG.[141] Ausweislich der Erläuterungen der Bundesregierung zum Vermögensgesetz sollen nicht sämtliche Rechtsgeschäfte unterbunden werden, sondern nur solche, die den Restitutionsanspruch des Berechtigten nachhaltig beeinträchtigen.[142] Die Unterlassungsverpflichtung besteht daher entgegen dem vom Wortsinn her zu weitgehenden Gesetzeswortlaut nur, wenn im Hinblick auf das gegenständliche Rechtsgeschäft sowohl der Grundsatz der Objektbezogenheit als auch der Grundsatz der Zweckdienlichkeit erfüllt sind. Diese **materielle Einschränkung der Unterlassungsverpflichtung** resultiert unmittelbar aus ihrer teleologisch-funktionalen Ausrichtung auf den öffentlich-rechtlichen Rückübertragungsanspruch. Eines zusätzlichen, privatrechtsgestaltenden Verwaltungsaktes bedarf es nicht. Auf die Rechtsansicht der mit dem vermögensrechtlichen Verfahren betrauten Behörden kommt es nicht an, sondern allein auf die materielle Rechtslage.[143] Die zivilrechtliche Unterlassungsverpflichtung ist funktionslos und sachwidrig, wenn ein Rückübertragungsanspruch von vornherein ausgeschlossen ist (vgl. auch § 1 Abs. 2, 3 GVO nF). Dies gilt in Sonderheit für Anträge auf Restitution von Vermögenswerten, die nach § 1 Abs. 8 VermG nicht dem Vermögensgesetz unterliegen, sowie bei offensichtlich redlichem Erwerb Dritter.[144]

Gestützt wird dieses Ergebnis durch den Wortlaut des § 3 Abs. 3 S. 1 VermG, wonach die Unterlassungsverpflichtung vorbehaltlich der Zustimmung des „Berechtigten" besteht. Der **Anmelder** iSv. § 2 Abs. 2 S. 1 AnmVO bzw. **Antragsteller** iSv. § 30 Abs. 1 VermG ist aber **nicht notwendig** materiell **Berechtigter**.[145] Für die AnmVO folgt dies

---

[140] *Busche* VIZ 1991, 48, 49.
[141] BVerfG VIZ 1992, 401, 402; DtZ 1994, 339; VG Berlin ZIP 1993, 1351; aA BezG Dresden ZOV 1992, 385, 386; LG Berlin ZOV 1993, 111, 112.
[142] Erl. BReg., BT-Drucks. 11/7831, S. 4; BGH NJW 1993, 1706, 1708f.; dazu auch *Liebs-Preu* DB 1991, 145, 153.
[143] *Kimme-Rapp* RdNr. 52ff.; anders offenbar *Fieberg-Reichenbach* F/R/M/S RdNr. 31.
[144] Vgl. zum redlichen Erwerb näher § 4 RdNr. 46ff.
[145] *Schniewind* BB-Beil. 21 zu H. 30/1991, S. 6; vgl. auch OVG Berlin ZOV 1991, 151, 152; im Ergebnis auch *Czerwenka* S. 18; undeutlich *Wasmuth* Rechtshandbuch § 1 RdNr. 9.

bereits aus dem nur verfahrensrechtlichen Charakter der Vorschriften, die keine materielle Berechtigung des Anmelders begründen. Die Unterlassungsverpflichtung ist aber nur zweckdienlich, wenn es um den Schutz der Rechtsposition eines materiell Berechtigten geht. Damit vermag die bloße formelle Antragstellung bzw. Anmeldung iSv. § 30 Abs. 1 VermG/§ 2 Abs. 2 S. 1 AnmVO die Unterlassungsverpflichtung nicht auszulösen,[146] hinzukommen muß die materielle Berechtigung des Anmelders.[147]

107 2. **Einzelprobleme der Objektbezogenheit und Zweckdienlichkeit.** a) **Veräußerung von Sachgesamtheiten.** Probleme bereitet die Objektbezogenheit der **Unterlassungsverpflichtung** bei der Veräußerung von Sachgesamtheiten, da nicht selten nur einzelne Teile davon restitutionsbelastet sind. Gleichwohl bezieht sich die Verpflichtung zur Unterlassung von Verfügungen und langfristigen vertraglichen Verpflichtungen **auf die Sachgesamtheit als solche.** Dies erfordert der Schutz des Rückübertragungsanspruchs. Verfügt nämlich der Verfügungsberechtigte über die Sachgesamtheit, geht der Rückübertragungsanspruch des Berechtigten hinsichtlich des restitutionsbelasteten Teils unter; geht der Verfügungsberechtigte hinsichtlich der Sachgesamtheit eine langfristige vertragliche Verpflichtung ein, werden die mit der Rückübertragungsentscheidung wiederzubegründenden Dispositionsbefugnisse des Berechtigten eingeschränkt (§ 16 Abs. 2 VermG). Der Verfügungsberechtigte ist daher verpflichtet, den restitutionsbelasteten Teil vor Eingehung eines Rechtsgeschäfts iSv. § 3 Abs. 3 S. 1 VermG aus der Sachgesamtheit auszugliedern oder gegebenenfalls ein investives Verfahren nach §§ 1 ff. InVorG durchzuführen (zur Ausgliederung von Unternehmensteilen durch Entflechtung vgl. näher § 6b VermG).

108 b) **Veräußerung von Unternehmen.** Zusätzliche Fragen entstehen, wenn es sich bei dem Gegenstand des Rechtsgeschäfts um eine Sachgesamtheit in Form eines Unternehmens handelt. Verfügungsberechtigte über Unternehmen iSd. Vermögensgesetzes ist wegen § 11 Abs. 2 iVm. § 1 Abs. 4 TreuhG im Regelfall die **Treuhandanstalt/BVS,** die Privatisierungen von Unternehmen zu weit überwiegendem Teil nicht im Wege des sog. Asset Deal, sondern durch Share Deal, also durch die Veräußerung der Unternehmensanteile vornimmt. Liegt ausnahmsweise ein Asset Deal vor, gelten die zuvor RdNr. 107 genannten allgemeinen Grundsätze für Sachgesamtheiten.[148]

109 Bei **Unternehmensveräußerungen durch Share Deal** wird dagegen das Eingreifen der Unterlassungsverpflichtung und das Schicksal des nur für einen Teil des Unternehmens, häufig ein Grundstück, geltend gemachten Rückübertragungsanspruches kontrovers beurteilt. Es geht dabei um die für Investoren bedeutsame Frage, ob ein Rückübertragungsanspruch, der einen einzelnen, zu einem Unternehmen gehörenden Vermögenswert, nicht aber das Unternehmen als solches betrifft, durch die Veräußerung des Unternehmens im Wege des Share Deal untergeht oder ob dieser quasi auf dem Vermögenswert „lastet" und damit weiterhin gegen den Unternehmensträger als Verfügungsberechtigten (vgl. § 2 Abs. 3 S. 1 VermG) geltend gemacht werden kann. Im letztgenannten Sinne verwendet die Treuhandanstalt (bzw. -nachfolgeeinrichtung) in ihren Unternehmenskaufverträgen üblicherweise Klauseln, wonach „die Geltendmachung von Rückübertragungsansprüchen nach dem Vermögensgesetz denkbar" und deren Regulierung Sache des Käufers ist. Dieses Ergebnis erscheint für sich genommen zwingend, da die Unterlassungsverpflichtung des § 3 Abs. 3 VermG immer nur objektbezogen eingreift.[149] Soweit der Restitutionsanspruch sich etwa nur auf ein Unternehmensgrundstück bezieht, stellt die Verfügung über die Unternehmensanteile keine Verfügung über das Grundstück dar.[150] Die **Unterlas-**

---

[146] BVerfG VIZ 1992, 401, 402; LG Berlin ZOV 1993, 109, 110; VG Dresden ZIP 1993, 1034, 1035; einschränkend für offenkundig fehlende Berechtigung BGH ZIP 1994, 818, 821; VG Berlin VIZ 1993, 511; *Wasmuth* Rechtshandbuch B 100 RdNr. 198 f.; aA KrG Brandenburg NJ 1991, 465, 466; *Trittel* VIZ 1991, 29; *Wellhöfer* Rechtshandbuch B 100 § 6 RdNr. 69; *Messerschmidt* VIZ 1992, 1, 3.

[147] KrG Greifswald VIZ 1992, 329, 330; VG Leipzig VIZ 1994, 84 (LS); ebenso *Wächter* DZWir 1991, 265, 269; *Nolting* EWiR § 3 VermG 2/93, 819, 820.

[148] Vgl. auch *Busche* Rechtshandbuch B 200 § 2 RdNr. 49 ff.

[149] *Busche* VIZ 1991, 48, 49; vgl. auch *Horn* S. 574 f.

[150] *Uechtritz* BB 1992, 581, 588.

sungsverpflichtung des § 3 Abs. 3 VermG setzt jedoch die **Identität von Verfügungsgegenstand und Restitutionsobjekt** voraus. Demzufolge ist auch ein Untergang des Restitutionsanspruchs nur möglich, wenn sich durch eine Verfügung über den Restitutionsgegenstand dessen vermögensrechtliche Zuordnung ändert, also ein Wechsel in der Person des Verfügungsberechtigten eintritt.[151] Das ist bei Veräußerung der Unternehmensanteile nicht gegeben, da Verfügungsberechtigter über das Grundstück weiterhin das Unternehmen bleibt (vgl. bereits eingehend RdNr. 96f.).

c) Vermietung und Verpachtung von Wohn- und Gewerberäumen. Probleme wirft schließlich die Vermietung bzw. Verpachtung einzelner Wohnungen oder Gewerberäume **in Mehrfamilien- oder Geschäftshäusern** auf, wenn das Gebäude, in dem sich die Räumlichkeiten befinden, Gegenstand eines vermögensrechtlichen Anspruchs ist. Nach dem Grundsatz der Objektbezogenheit unterfällt das Verpflichtungsgeschäft infolge Teilidentität von Restitutionsobjekt und Vertragsgegenstand der Vorschrift des § 3 Abs. 3 S. 1 VermG. Die Unterlassungsverpflichtung erscheint jedoch nicht zweckdienlich, da die **Dispositionsbefugnisse** des mit der Rückübertragungsentscheidung wieder in die Eigentümerstellung einzusetzenden Berechtigten durch die bestimmungsgemäße Vermietung oder Verpachtung von Wohnungen oder Gewerberäumen **nicht nachhaltig** iSe. wirtschaftlichen Entwertung des Rückübertragungsanspruches **beeinträchtigt** werden. Die Vermietung und Verpachtung ist üblicher Ausdruck des aus dem Eigentum als Herrschaftsrecht abgeleiteten Rechts zur Nutzung der Sache.[152] Der konkrete Bestand des Eigentums wird dadurch nicht beeinträchtigt; vielmehr stellt sich die Einschränkung der Dispositionsbefugnis des Eigentümers wegen § 16 Abs. 2 S. 1, § 17 S. 1 VermG als zulässige Inhalts- und Schrankenbestimmung iSe. Modells sozial gebundenen Eigentums dar.[153]

Anders verhält es sich dagegen bei vollständiger **Identität von Restitutionsobjekt und Vertragsgegenstand**, wenn also dem Berechtigten eine übliche Nutzung infolge langfristiger Überlassung des Objekts an Dritte verwehrt ist. Beispiele sind die Vereitelung der typischen Eigennutzung zu Wohnzwecken bei Ein- und Zweifamilienhäusern durch Vermietung oder Vereitelung der Eigentümerbefugnisse durch Verpachtung des Objekts an Dritte.

Das Nichteingreifen der Unterlassungsverpflichtung im Hinblick auf die Vermietung und Verpachtung einzelner in dem Restitutionsobjekt befindlicher Wohn- und Geschäftsräume entspricht auch wirtschaftlich dem Interesse des Berechtigten. Der **Leerstand** von Räumlichkeiten geht häufig mit dem Verfall eines Gebäudes einher. Im Interesse des Berechtigten liegt aber gerade eine **Erhaltung** der Immobilie, für die der Verfügungsberechtigte regelmäßig auf die Einnahme der – wenn auch häufig nicht kostendeckenden – Mieten aus der substanzverwertenden Nutzung der Immobilie angewiesen ist.[154]

Eine Ausnahme zur Unterlassungsverpflichtung des § 3 Abs. 3 S. 1 VermG kann sich im übrigen ausdrücklich aus Abs. 3 S. 2 lit. a VermG ergeben. Im Geltungsbereich von **Zweckentfremdungsverordnungen** ist dem Verfügungsberechtigten als Eigentümer der Leerstand von Wohnraum untersagt. Der Abschluß auch langfristiger Miet- und Pachtverträge ist damit Ausdruck einer an der Eigentümerstellung anknüpfenden Rechtspflicht.[155]

Dagegen kann das Recht zur Vermietung und Verpachtung von Wohn- und Geschäftsräumen nicht aus der Ausnahmevorschrift des § 3 Abs. 3 S. 2 lit. b VermG hergeleitet werden, die **Rechtsgeschäfte zur Erhaltung und Bewirtschaftung** des Vermögenswertes erlaubt. Darunter fallen nur solche Rechtsgeschäfte, die der Erhaltung des Vermögenswertes in seiner Substanz oder Nutzungsmöglichkeit, bei einem Recht auch seiner Gel-

---

[151] Ebenso *Wächter* DZWir 1991, 265, 273f.; *Fieberg-Reichenbach* F/R/M/S RdNr. 44; aA *Horn* S. 567ff., der der Anmeldung vermögensrechtlicher Ansprüche generell quasi-dingliche Wirkung beimißt.

[152] *Busche* VIZ 1991, 48, 50.
[153] Vgl. auch BVerfG WM 1992, 1744 = DtZ 1992, 353; ZOV 1992, 382.
[154] *Busche* VIZ 1991, 48, 50.
[155] Vgl. ausführlicher RdNr. 173f.

VermG § 3 115–121   Abschnitt II. Rückübertragung von Vermögenswerten

tendmachung dienen.[156] Erlaubt sind mithin nur substanzerhaltende, nicht aber unmittelbar substanzverwertende oder -ändernde Verträge.

115   **3. Art der Rechtsgeschäfte. a) Allgemeines.** Der Unterlassungsverpflichtung unterfallen **alle** im Zeitpunkt ihrer Begründung **noch nicht perfektionierten Rechtsgeschäfte**. Die Perfektionierung eines Rechtsgeschäftes setzt neben den auf den Vertragsschluß gerichteten Willenserklärungen das Vorliegen auch aller anderen Wirksamkeitsvoraussetzungen voraus. Erforderlich ist also die Beachtung etwaiger Formvorschriften oder Genehmigungserfordernisse, nicht aber der Eintritt von Bedingungen oder Befristungen.

116   Rechtsgeschäfte über die **Veräußerung von Grundstücks- oder Gebäudeeigentum** sind perfektioniert, wenn im Zeitpunkt des Beginns der Unterlassungsverpflichtung bis auf die Grundbucheintragung alle anderen Voraussetzungen des Vertragsschlusses einschließlich des Antrags auf Grundbucheintragung vorlagen. Erforderlich ist insbesondere die behördliche Genehmigung des Veräußerungsvertrages (§§ 2 Abs. 1 lit. a, 23 GVO aF/ §§ 2 Abs. 1 S. 1 lit. a, 3 GVO nF). Bis zur Erteilung der Genehmigung ist dieser schwebend unwirksam.

117   **b) Dingliche Rechtsgeschäfte.** Zu unterlassen ist der Abschluß dinglicher Rechtsgeschäfte, durch die unmittelbar rechtsändernd in bestehende dingliche Rechtspositionen eingegriffen wird, also insbesondere durch **Eigentumsübertragung** und **Einräumung dinglicher Rechte** wie Dienstbarkeiten oder Reallasten, durch Belastung eines Grundstückes mit einem Erbbaurecht, durch die Einräumung eines Nießbrauches oder die Bestellung von Grundschulden oder Hypotheken.[157]

118   **c) Langfristige Verträge.** Die Vorschrift verpflichtet den Verfügungsberechtigten ferner dazu, ohne Zustimmung des Berechtigten keine „langfristigen vertraglichen Verpflichtungen" einzugehen. Eine Legaldefinition des Begriffs der „langfristigen vertraglichen Verpflichtungen" enthält das Gesetz nicht. Der Terminus muß daher **aus dem Gesetzeszweck** heraus **konkretisiert** werden.

119   Allgemein werden unter „langfristigen Verträgen" Schuldverhältnisse verstanden, deren **Abwicklung** einen mehr oder minder langen Zeitraum beansprucht.[158] Dabei muß es sich nicht notwendig um Dauerschuldverhältnisse handeln. Auch bei nur auf eine einmalige Leistung gerichteten Schuldverhältnissen kann sich der Leistungsaustausch über einen längeren Zeitraum hinziehen.

120   Übertragen auf den Zweck der Unterlassungsverpflichtung, den Rückübertragungsanspruch wirtschaftlich abzusichern und vor nachhaltiger Beeinträchtigung zu schützen, besteht demnach die Pflicht des Verfügungsberechtigten zur Unterlassung solcher Verträge, deren Abwicklung über den **Zeitpunkt der Rückübertragung** hinaus reicht und dadurch die mit der Rückübertragungsentscheidung wiederhergestellte Dispositionsbefugnis des Berechtigten nicht nur unerheblich einschränkt oder ausschließt.[159] Langfristige Verträge solcher Art können etwa Miet- und Pachtverträge (vgl. aber auch RdNr. 110 ff.), sogenannte Bezugsverträge mit Rahmencharakter oder Anlage- und Investmentgeschäfte, im Einzelfall aber auch Werkverträge sein.

121   Der 8. Senat des Kammergerichts hat die Ansicht vertreten, ein **unbefristeter Wohnraummietvertrag** sei kein langfristiger Vertrag iSv. § 3 Abs. 3 S. 1 VermG.[160] Dem kann

---

[156] Vgl. KG DtZ 1991, 192, 193; zum Parallelbegriff in § 744 BGB *K. Schmidt* MünchKomm BGB, 2. Aufl. 1986, §§ 744, 745 RdNr. 35.

[157] Zur Anwendung von § 3 Abs. 3 VermG auf die Teilungsversteigerung zur Aufhebung der Gemeinschaft (§ 753 BGB iVm. §§ 180, 181 ZVG) vgl. § 3b RdNr. 17; zur Problematik der Zwangsversteigerung restitutionsbelasteter Grundstücke vgl. § 3b RdNr. 13 ff.

[158] Vgl. *Larenz*, Lehrbuch des Schuldrechts, Band I, Allgemeiner Teil, 14. Aufl. 1987, S. 29.

[159] *Busche* VIZ 1991, 48, 49; ebenso BezG Frankfurt/O. VIZ 1992, 71, 72; *Kiethe* VIZ 1993, 521, 523; *Wasmuth* Rechtshandbuch B 100 RdNr. 206; ähnlich *Fieberg-Reichenbach* F/R/M/S RdNr. 29, *Kimme-Rapp* RdNr. 67, die generell Vertragslaufzeiten von mehr als 3 Jahren als langfristig iSd. § 3 Abs. 3 S. 1 VermG ansehen; das LG Berlin (28. Zivilkam.) GE 1991, 779, 781, hat dies bei einer Vermietung von Wohnraum für den Zeitraum eines Jahres angenommen.

[160] VIZ 1992, 107, 107 f.; zustimmend der 24. Zivilsen., KG VIZ 1992, 143, 144; *Kiethe* VIZ 1993, 521, 523.

nicht gefolgt werden.[161] Nach dem Wortsinn bezeichnet der Begriff „Frist" zwar einen bestimmten Zeitraum; insoweit ist ein auf unbestimmte Zeit abgeschlossener Mietvertrag kein fristiges Vertragsverhältnis. Allein maßgebend ist nach dem Telos der Unterlassungsverpflichtung aber nicht die rechtliche Ausgestaltung des Vertragsverhältnisses als befristetes oder unbefristetes, sondern die tatsächliche Zeitspanne, innerhalb derer die Vertragsdurchführung erfolgt.[162] Ein unbefristeter Wohnraummietvertrag entfaltet in dieser Hinsicht gem. § 16 Abs. 2 VermG über den Zeitpunkt der Rückübertragungsentscheidung hinaus Rechtswirkungen gegenüber dem Berechtigten und ist damit eine langfristige vertragliche Verpflichtung iSd. § 3 Abs. 3 S. 1 VermG.

4. Rechtshandlungen. a) Wortlautargument. Dem Wortlaut nach gilt die Unterlassungsverpflichtung nur für Rechtsgeschäfte, deren Vertragsobjekt der anmeldebelastete Vermögenswert ist. Das Interesse der Berechtigten geht jedoch häufig darüber hinaus, wenn Verfügungsberechtigte damit beginnen, durch **Realakte** Veränderungen an dem zu restituierenden Gegenstand vorzunehmen oder **Lieferungen oder Leistungen** heranzuziehen, die in irgendeiner Weise werterhöhend dem Restitutionsobjekt zu gute kommen.

b) Regelungsabsicht des Gesetzgebers. Unter Hinweis auf eine mögliche **wirtschaftliche Entwertung des Rückübertragungsanspruches** wird daher befürwortet, die Unterlassungsverpflichtung zumindest in entsprechender Anwendung des § 3 Abs. 3 S. 1 VermG auf alle kostenträchtigen Veränderungen an dem der Rückerstattung unterliegenden Vermögenswert zu beziehen.[163] Zur Begründung wird auf die **Erläuterungen** der Bundesregierung zum Vermögensgesetz verwiesen, in denen terminologisch ungenau von zu unterlassenden „Rechtshandlungen" die Rede ist.[164] Darunter sind Handlungen (im engeren Sinne geschäftsähnliche Handlungen und Realakte) zu verstehen, an die die Rechtsordnung bestimmte Rechtsfolgen knüpft, ohne daß es für deren Eintritt darauf ankommt, ob sie vom Handelnden gewollt sind oder nicht.[165] Da es sich bei dem Terminus „Rechtshandlungen" um einen Gegensatzbegriff zum „Rechtsgeschäft" handelt, läßt sich aus seiner Verwendung für die Auslegung des gesetzlichen Merkmals „langfristige vertragliche Verpflichtung" an sich nichts herleiten, es sei denn, die Gesetzesmaterialien enthielten Ansatzpunkte dafür, daß der Gesetzeswortlaut auf einem – zu berichtigenden – Redaktionsversehen[166] beruht.[167] Dafür fehlt es aber an Indizien, weil der fehlerhaft verwandte Rechtsbegriff in den Materialien durch einen Klammerzusatz dahingehend konkretisiert ist, daß die „Veräußerung, (die) Einräumung dinglicher Rechte (und die) Eingehung von Dauerschuldverhältnissen wie Vermietung oder Verpachtung" zu unterlassen sind.[168] Insoweit aber stimmen die Erläuterungen mit dem Gesetzeswortlaut überein.

Allerdings ist in Satz 2 des § 3 Abs. 3 VermG, der bestimmte Maßnahmen des Verfügungsberechtigten ausdrücklich zuläßt und systematisch eine **Ausnahmevorschrift** zur

---

[161] Ebenso Fieberg-Reichenbach F/R/M/S RdNr. 29; Horn S. 560; aA Kimme-Rapp RdNr. 69.
[162] Busche VIZ 1992, 108, 109.
[163] So der 22. Zivilsen. des KG DtZ 1991, 191; zustimmend der 9. Zivilsen. KG VIZ 1992, 199, 200; der 4. Zivilsen. KG ZOV 1993, 348, 348 f.; ebenso BezG Magdeburg DtZ 1991, 251; BezG Dresden NJ 1992, 37, 38; LG Berlin VIZ 1993, 124, 124 f.; ZOV 1993, 109, 110; LG Görlitz ZOV 1993, 355, 356: Verbot der Entgegennahme von Darlehensvaluta; Fieberg-Reichenbach F/R/M/S RdNr. 30; Kohler DNotZ 1991, 699, 700; Wasmuth BRAK-Mitt. 1991, 116, 127; ders. Rechtshandbuch B 100 RdNr. 29; Kinne R/R/B RdNr. 86 f.; Hök ZOV 1993, 144; Staudinger-Rauscher Art. 233 § 2 EGBGB RdNr. 36 (o. Begr.); Horn S. 561, 577; wohl auch Keil VIZ 1992, 121, 122; zurückhaltend offenbar der 22. Zivilsen. des KG VIZ 1992, 143, 144; zweifelnd KrG Gera-Stadt LKV 1992, 99. Entgegen anderslautender Ansicht (vgl. KG VIZ 1992, 199, 200) hat das BVerfG in seinem Beschluß v. 9. 7. 1991 – 1 BvR 986/91 (= VIZ 1991, 28) diese Frage nicht entschieden (vgl. auch BVerfG NJW 1992, 1676, 1677); dies gilt auch für den Beschluß v. 15. 9. 1992 – 1 BvR 555/92, WR 1992, 498 f.
[164] Erl. BReg., BT-Drucks. 11/7831, S. 4.
[165] Palandt-Heinrichs Überbl. v. § 104 RdNr. 4; Flume, Allgemeiner Teil des Bürgerlichen Rechts, Zweiter Band, Das Rechtsgeschäft, 4. Aufl. 1992, § 9, 1.
[166] Dazu Larenz, Methodenlehre der Rechtswissenschaft, 6. Aufl. 1991, S. 400; Enneccerus-Nipperdey, Allgemeiner Teil des Bürgerlichen Rechts, 15. Aufl. 1959, § 52 II.
[167] In diesem Sinne wohl das KG DtZ 1991, 191, 192.
[168] Erl. BReg. BT-Drucks. 11/7831, S. 4.

Unterlassungsverpflichtung des Satzes 1 enthält, allgemein nur von Rechtsgeschäften die Rede. Damit sind vom Wortsinn her auch kurzfristige Austauschverhältnisse erfaßt.[169] In dem auf Empfehlung des BT-Rechtsausschusses[170] durch das Hemmnissebeseitigungsgesetz in § 3 Abs. 3 VermG eingefügten jetzigen Satz 3 werden als zulässige Ausnahme allgemein „Instandsetzungsmaßnahmen" genannt, wozu dem Wortsinn nach auch Realakte zu zählen sind. Übersehen werden darf aber nicht, daß die Vorschriften der Sätze 2 und 3 inhaltlich auf den vorausgehenden Satz 1 Bezug nehmen und als Ausnahmeregelungen grundsätzlich eng auszulegen sind. Der umfassende Wortlaut einer Ausnahmevorschrift kann nicht die analoge Anwendung des Regelsatzes auf andere als die dort dem Wortsinn nach erfaßten Sachverhalte rechtfertigen, wenn dadurch die **Regelungsabsicht des Gesetzgebers** in ihr Gegenteil verkehrt wird.[171] Dieser aber wollte, wie auch die Erläuterungen der Bundesregierung belegen, auch nach § 3 Abs. 3 S. 1 VermG nur die Rechtsgeschäfte verhindert wissen, von denen er annahm, daß sie den Restitutionsanspruch des Berechtigen nachhaltig beeinträchtigen.[172]

125 Von der Unterlassungsverpflichtung sind mithin Rechtsgeschäfte ohne langfristigen Charakter und Rechtshandlungen nicht umfaßt, wenn sie die künftigen Dispositionsbefugnisse des materiell Berechtigten nicht substantiell beeinträchtigen, so aber bei Zerstörung, Beschädigung oder grundlegender Umgestaltung des Vermögenswertes.[173] Eine weitergehende Regelungsabsicht ist Abs. 3 S. 3 auch nach seiner Ergänzung durch das 2. VermRÄndG[174] nicht zu entnehmen.[175]

126 c) **Entwertung des Rückübertragungsanspruches. aa) Rechtslage seit Inkrafttreten des 2. VermRÄndG.** Eine nachhaltige **Beeinträchtigung** des Rückübertragungsanspruchs durch die Zulassung von Rechtshandlungen und sonstigen Rechtsgeschäften, die ohne von § 3 Abs. 3 S. 1 erfaßt zu sein, dem Vermögenswert wertsteigernd zu gute kommen, besteht im Ergebnis nicht.[176]

127 Ein **Ausschluß des Rückübertragungsanspruchs gem. § 5 VermG** ist nicht zu vergegenwärtigen, da die maßgeblichen, den Ausschluß tragenden Umstände mit Inkrafttreten des Vermögensgesetzes vorliegen mußten.[177] Mithin kann ein Rückübertragungsanspruch nicht dadurch ausgeschlossen werden, daß nach Stellung eines Antrags iSv. § 30 Abs. 1 Veränderungen an dem Restitutionsobjekt vorgenommen werden.

128 Schließlich ist die Gefahr einer auf die Unterlassungsverpflichtung ausstrahlenden wirtschaftlichen Entwertung des Rückübertragungsanspruchs durch **Aufwendungsersatzansprüche des Verfügungsberechtigten** nicht erkennbar.[178] Insoweit nämlich gilt für den Ausgleich investitionsbedingter Werterhöhungen, die nicht auf der Grundlage eines Investitionsvorrangbescheides erfolgen, die Vorschrift des § 7 VermG. Darin ist seit Inkrafttreten des 2. VermRÄndG geregelt, daß im einzelnen näher konkretisierte Werterhöhungen, die bis zum 2. 10. 1990 herbeigeführt worden sind, dem Verfügungsberechtigten unter bestimmten Voraussetzungen zu ersetzen sind (vgl. § 7 Abs. 1, 2 VermG). Nach § 7 Abs. 6 VermG sind diese Wertausgleichsregelungen jedoch außer auf die Rückgabe von

---

[169] So das KG DtZ 1991, 191, 192.
[170] Vgl. BT-Drucks. 12/255, S. 6; 12/449, S. 8.
[171] Im Ergebnis übereinstimmend BezG Frankfurt/O. VIZ 1992, 71, 72; abweichend offenbar BezG Magdeburg DtZ 1991, 251, 252; LG Görlitz ZOV 1993, 355, 356; vgl. allgemein *Larenz*, Methodenlehre der Rechtswissenschaft, 6. Aufl. 1991, S. 355 f.; *Säcker* MünchKomm BGB, 3. Aufl. 1993, Einl. RdNr. 102.
[172] BGH NJW 1993, 1706, 1708 f.; *Busche* VIZ 1991, 48, 49.
[173] BGH ZIP 1994, 818, 820; vgl. auch BezG Frankfurt/O. VIZ 1992, 71, 72; *Kimme-Rapp* RdNr. 79 ff.; *Trittel* VIZ 1991, 29; *Försterling* RdNr. 244 f.; BezG Frankfurt/O. VIZ 1992, 147, 148.

[174] Vgl. Begründung z. Entwurf eines 2. VermRÄndG, BT-Drucks. 12/2480, S. 41.
[175] AA wohl *Uechtritz* BB 1992, 1649, 1652; *Tropf* WM 1994, 89, 92 (Fn. 34).
[176] Ebenso KG VIZ 1992, 143, 145; *Trittel* VIZ 1991, 29; im Ergebnis auch BezG Dresden VIZ 1992, 146, 147, jedoch mit zweifelhafter Begründung.
[177] BGH ZOV 1993, 181, 183; BezG Frankfurt/O. VIZ 1992, 71, 72; *Försterling* RdNr. 557; *Trittel* VIZ 1991, 29; aA *Kinne* R/R/B RdNr. 86; *Wasmuth* Rechtshandbuch B 100 RdNr. 210; inzident BezG Dresden NJ 1992, 37, 38; KG DtZ 1991, 191, 192; vgl. dazu ausführlicher § 4 RdNr. 19 ff., § 5 RdNr. 8 f.
[178] Im Ergebnis auch BGH ZOV 1993, 181, 183 f.

Unternehmen nach § 6 VermG[179] nicht auf Verwendungen anwendbar, mit denen gegen die Beschränkungen des § 3 Abs. 3 VermG verstoßen worden ist.

Letztere Bestimmung erscheint auf den ersten Blick perplex, da der Normbefehl des § 3 Abs. 3 VermG erst seit dem 29. 9. 1990, dem Zeitpunkt des Inkrafttretens des Vermögensgesetzes, galt. Damit verbliebe als Anwendungsbereich des **§ 7 Abs. 6 2. Alt. VermG** nur der schmale Zeitraum vom 29. 9. 1990 bis einschließlich 2. 10. 1990, während der weitaus größere Teil der Fälle, in denen es zu einer Hinwegsetzung über die Unterlassungsverpflichtung gekommen ist, zeitlich nach dem 2. 10. 1990 gelegen haben dürfte. Der Sinn des § 7 Abs. 6 2. Alt. VermG wird daher darin zu sehen sein, daß dem pflichtwidrig handelnden Verfügungsberechtigten ein **Anspruch auf Verwendungsersatz** in dem sich aus § 7 Abs. 1, 2 VermG ergebenden Umfang **abgeschnitten** werden soll. Als lex specialis **schließt** § 7 Abs. 6 2. Alt. VermG damit auch einen **Rückgriff auf die allgemeinen BGB-Vorschriften aus**.

Nicht ausdrücklich geregelt ist, ob dem Verfügungsberechtigten ein Anspruch auf Ausgleich solcher **Werterhöhungen** zusteht, die **ohne** einen **Verstoß gegen § 3 Abs. 3 S. 1 VermG** herbeigeführt worden sind und nicht auf den Ausnahmevorschriften des § 3 Abs. 3 S. 2, 3 und 5 VermG beruhen. Wertungsgesichtspunkte für eine Lösung des Problems lassen sich § 7 Abs. 1, 2, 6 und 7 VermG entnehmen. Da sich der Gesetzgeber in § 7 Abs. 1, 2 VermG nur zur Anerkennung solcher Ausgleichsansprüche entschlossen hat, die ihre Ursache in werterhöhenden Maßnahmen aus der Zeit vor dem 3. 10. 1990 haben, läßt sich aus dem Schweigen des Gesetzes für die zeitlich danach liegenden Fälle der Schluß ziehen, daß Ausgleichsansprüche nicht entstehen sollen. Umgekehrt verbleiben dem Verfügungsberechtigten gem. § 7 Abs. 7 S. 1 VermG grundsätzlich die bis zur Rückübertragung des Eigentums gezogenen Nutzungen,[179a] es sei denn, es handelt sich um Entgelte, die dem Verfügungsberechtigten ab dem 1. 7. 1994 aus einem Miet-, Pacht- oder sonstigen Nutzungsverhältnis zustehen (§ 7 Abs. 7 S. 2 VermG idF d. EALG). Die darin zum Ausdruck kommende wirtschaftliche Risikoverteilung schließt einen Rückgriff auf die allgemeinen BGB-Vorschriften aus. Das Vermögensgesetz enthält insoweit eine abschließende Regelung.

Scheiden mithin Ausgleichsansprüche des Verfügungsberechtigten wegen werterhöhender **Maßnahmen** aus der Zeit **nach Anmeldung** vermögensrechtlicher Ansprüche aus, kann eine entsprechende Anwendung der Unterlassungsverpflichtung auf andere als die in § 3 Abs. 3 S. 1 VermG genannten Rechtsgeschäfte wie generell auf werterhöhende Rechtshandlungen nicht mit dem Argument einer wirtschaftlichen Aushöhlung des Rückübertragungsanspruches begründet werden.

bb) Altfälle. Dies galt im Ergebnis auch für Altfälle, die noch **vor Inkrafttreten des 2. VermRÄndG** durch eine abschließende Entscheidung abgeschlossen wurden. Eine abschließende Entscheidung ist der vermögensrechtliche Ausgangsbescheid.[180] Auf die Altfälle ist das Vermögensgesetz in seiner ursprünglichen bzw. durch das Hemmnissebeseitigungsgesetz geänderten Fassung anzuwenden.[181] Nach § 7 VermG aF hatte der Berechtigte bei der Rückübertragung von Vermögenswerten nur die aus Mitteln des Staatshaushaltes finanzierten Werterhöhungen auszugleichen. Die durch das 2. VermRÄndG aufgehobene Vorschrift des § 19 VermG betraf dagegen nur die gegen den Berechtigten gerichteten Aufwendungsersatzansprüche der Mieter und obligatorischen Nutzer von Wohn-, Erholungs- und Geschäftsgrundstücken.[182] Da das Vermögensgesetz in der bis zum Inkrafttreten des 2. VermRÄndG geltenden Fassung mithin nur Regelungen für den Wertausgleich im Verhältnis staatliche Verwendungsfinanzierung/Berechtigter bzw. Mieter,

---

[179] Vgl. zum Wertausgleich bei Unternehmen § 6 RdNr. 16ff.
[179a] AA *Hollweg* ZIP 1994, 191, 196ff.
[180] Vgl. RdNr. 83.
[181] Vgl. Art. 13 d. PrHBG vom 22. 3. 1991, BGBl. I S. 766.

[182] *Trittel* VIZ 1991, 29; *Busche* DtZ 1991, 294; unzutreffend insoweit KG DtZ 1991, 191, 192; BezG Dresden NJ 1992, 37, 39; *Kinne* R/R/B RdNr. 86.

Nutzer/Berechtigter, nicht aber eigentlich für das Verhältnis Verfügungsberechtigter/ Berechtigter enthielt, war für Wertausgleichsansprüche des Verfügungsberechtigten gegen den Berechtigten mangels abschließender Regelung des VermG ein **Rückgriff auf die allgemeinen BGB-Vorschriften nicht ausgeschlossen**. Deren Anspruchsvoraussetzungen werden allerdings im Regelfall nicht vorliegen:

133 Aus dem **Eigentümer-Besitzer-Verhältnis** lassen sich Verwendungsersatzansprüche nach §§ 994 ff. BGB nicht herleiten, da der Verfügungsberechtigte etwaige Verwendungen noch als Eigentümer getätigt hat.[183] Aufwendungsersatzansprüche aus **Geschäftsführung ohne Auftrag** (§§ 677, 683 iVm. 670 BGB) erfordern einen Fremdgeschäftsführungswillen des Verfügungsberechtigten. Bis zu einer Rückgabeentscheidung der Behörde ist der Verfügungsberechtigte jedoch materiell Eigentümer des anmeldebelasteten Vermögenswertes, womit investive Rechtsgeschäfte mit Bezug auf den Vermögenswert für ihn objektiv eigene Geschäfte darstellen. Eine Vermutung für einen Fremdgeschäftsführungswillen besteht daher nicht. Dieser muß vielmehr irgendwie nach außen erkennbar hervortreten.[184] Dazu reicht es nicht aus, wenn lediglich nachträglich Aufwendungsersatzansprüche gestellt werden.[185] Sollte dagegen im Einzelfall ein Fremdgeschäftsführungswille des Verfügungsberechtigten feststellbar sein, die Geschäftsführung aber nicht dem Interesse und dem wirklichen oder mutmaßlichen Willen des Berechtigten entsprochen haben, kann der Verfügungsberechtigte lediglich Ersatz nach den Vorschriften über die **ungerechtfertigte Bereicherung** verlangen (§ 684 S. 1 BGB). Derartige Ersatzansprüche können von dem Berechtigten nach den Grundsätzen der sog. aufgedrängten Bereicherung abgewehrt werden.[186] Im Ergebnis fallen investive Rechtsgeschäfte des Verfügungsberechtigten, soweit sie von § 3 Abs. 3 S. 1 VermG nicht ausgeschlossen werden, daher in den **wirtschaftlichen Risikobereich des Verfügungsberechtigten**.[187] Eine nach Sinn und Zweck erweiternde Auslegung der aus § 3 Abs. 3 S. 1 VermG folgenden Unterlassungsverpflichtung des Verfügungsberechtigten war daher bei wirtschaftlicher Betrachtung auch nach der alten Rechtslage nicht veranlaßt.

134 5. Beginn der Unterlassungsverpflichtung. a) Rechtzeitige Anmeldung. Maßgebend für den Beginn der Unterlassungsverpflichtung ist nach dem **Wortlaut** des § 3 Abs. 3 S. 1 VermG allein der **Zeitpunkt der ordnungsgemäßen Antragstellung** nach § 30 Abs. 1 VermG (zu den Anforderungen an den Antrag vgl. RdNr. 4 ff.). Dies ist, wie ein Blick auf § 3 Abs. 4 S. 1 VermG zeigt, allerdings nur bedingt richtig. Nach § 3 Abs. 4 S. 1 VermG kann der Verfügungsberechtigte über das Eigentum verfügen oder schuldrechtliche oder dingliche Verpflichtungen eingehen, wenn die nach § 3 AnmVO bestehenden Anmeldefristen versäumt werden und keine verspätete Anmeldung vorliegt. Daraus folgt, daß der Verfügungsberechtigte ab **Inkrafttreten des Vermögensgesetzes bis zum Ablauf der Anmeldefristen** unabhängig von dem Vorliegen eines Antrags nach § 30 Abs. 1 VermG in jedem Fall verpflichtet war, die in § 3 Abs. 3 S. 1 VermG genannten Rechtsgeschäfte zu unterlassen, sofern der Anwendungsbereich des Vermögensgesetzes in bezug auf die betroffenen Vermögenswerte durch § 1 VermG eröffnet war.[188] Konstitutive und nicht nur deklaratorische Bedeutung hat die Vorschrift des § 3 Abs. 3 S. 1 VermG damit allein für den **Zeitraum nach Ablauf der Anmeldefristen**. Lag bei Ablauf der Anmeldefristen ein Antrag iSv. § 30 VermG vor, verlängert § 3 Abs. 3 S. 1 VermG den Zeitraum der Unterlassungsverpflichtung über den 15. 10. 1990 bzw. 31. 3. 1991 hinaus.

---

[183] Offen gelassen von BezG Frankfurt/O. VIZ 1992, 71, 72; vgl. allgemein BGH WM 1985, 206, 207 (für das Verhältnis Vorerbe/Nacherbe).
[184] Vgl. nur *Seiler* MünchKomm., BGB, 2. Aufl. 1986, § 677 RdNr. 5; *Palandt-Thomas* § 677 RdNr. 5.
[185] Vgl. BGH NJW 1972, 875, 877.
[186] BezG Frankfurt/O. VIZ 1992, 71, 72; allgemein dazu *Palandt-Bassenge* § 951 RdNr. 19; *Lieb* MünchKomm. BGB, 2. Aufl. 1986, § 812 RdNr. 258 ff.; *Haas* AcP 176 (1976), 4 ff.
[187] Vgl. insoweit auch *Busche* DtZ 1991, 294, 295; *Trittel* VIZ 1991, 29; nicht eindeutig BVerfG WR 1992, 498, 499.
[188] *Schniewind* BB-Beil. 21 zu H. 30/1991, S. 24; abweichend *Wächter* DZWir 1991, 265, 268; *Kimme-Rapp* RdNr. 51.

Grundsatz 135–139 § 3 VermG

b) Verspätete Anmeldung. Wurden die **Anmeldefristen versäumt** und Anträge dementsprechend erst verspätet gestellt, wird die Unterlassungsverpflichtung ab dem Zeitpunkt der ordnungsgemäßen Antragstellung erneut begründet (§ 3 Abs. 3 S. 8 iVm. S. 1 VermG).[189] In der Zwischenzeit, also nach Ablauf der Anmeldefrist bis zur Stellung eines Antrags iSv. § 30 Abs. 1 VermG, unterlag der Verfügungsberechtigte keiner Unterlassungsverpflichtung, konnte also über die von der verspäteten Anmeldung betroffenen Vermögenswerte verfügen und Verpflichtungen in bezug auf diese Vermögenswerte eingehen. Diese Fallgestaltung regelt Absatz 4.[190]   135

c) Sachverhaltsermittlung. Maßgebend für das Vorhandensein rechtzeitiger bzw. verspäteter Anmeldungen und damit für das Weiterbestehen der Unterlassungsverpflichtung ist die tatsächliche Sachlage. Es kommt nicht darauf an, ob das zuständige Vermögensamt dem Verfügungsberechtigten gesicherte Auskunft über das Vorliegen von Anmeldungen geben kann.[191] Dieser Umstand ist allein für etwaige Schadensersatzansprüche des Berechtigten gegenüber dem Verfügungsberechtigten bzw. für Amtshaftungsansprüche gegenüber den Vermögensämtern von Bedeutung.   136

6. Ende der Unterlassungsverpflichtung. a) Keine verspätete Anmeldung. Die Unterlassungsverpflichtung endete in den Fällen des § 3 Abs. 4 S. 1 VermG, also wenn die Anmeldefristen des § 3 AnmVO versäumt wurden und keine verspätete Anmeldung erfolgte, mit **Ablauf der Anmeldefristen** am 13. 10. 1990 bzw. 31. 3. 1991.[192]   137

Probleme hinsichtlich des Endes der Unterlassungsverpflichtung ergeben sich diesbezüglich aus der **Spaltung der Anmeldefrist**, die mit der Dritten AnmeldeVO eingeführt wurde.[193] Danach verlängerte sich die Frist für die Anmeldung vermögensrechtlicher Ansprüche, die auf NS-Unrecht (vgl. § 1 Abs. 2 lit. a idF der Dritten VO; § 1 Abs. 6 VermG) bzw. die Einziehung von Vermögenswerten im Zusammenhang mit rechtsstaatswidrigen Strafverfahren (vgl. § 1 Abs. 2 lit. b idF der Dritten VO; § 1 Abs. 7 VermG) zurückgehen, auf den 31. 3. 1991, während es ansonsten bei der Anmeldefrist des 13. 10. 1990 verblieb. Dies führte de facto bei allen Vermögenswerten, für die nicht ausgeschlossen werden konnte, daß sie ehedem Maßnahmen iSd. zuvor genannten Vorschriften unterlagen, zu einer einstweiligen Verlängerung der Verfügungssperre auf den 31. 3. 1991.[194] Der Verfügungsberechtigte konnte nämlich nicht sicher sein, daß bei Ausbleiben rechtzeitiger Anmeldungen bis zum 13. 10. 1990 die Unterlassungsverpflichtung tatsächlich zu diesem Zeitpunkt endete. Sofern der Verfügungsberechtigte dann im Zeitraum nach dem 13. 10. 1990 bis zum 31. 3. 1991 in Unkenntnis der weiterbestehenden Unterlassungsverpflichtung über den Vermögenswert verfügt hat, führte dies zum Untergang des Rückübertragungsanspruchs mit den daraus folgenden Schadensersatzverpflichtungen gegenüber dem (noch rechtzeitig bis zum 31. 3. 1991 anmeldenden) Berechtigten.[195] Außerdem kann durch Eingehung langfristiger vertraglicher Verpflichtungen eine ebenfalls zum Schadensersatz verpflichtende nachhaltige Beeinträchtigung des Rückübertragungsanspruchs eingetreten sein.   138

b) Rechtzeitige bzw. verspätete Anmeldung. In allen anderen Fällen, dh. **bei fristgerechter bzw. verspäteter Anmeldung**, besteht die Unterlassungsverpflichtung solange bis über den vermögensrechtlichen Anspruch entweder positiv durch Rückübertragung auf den Berechtigten bestandskräftig entschieden ist,[196] das Verfahren unter Zurückweisung des geltend gemachten Anspruchs bestandskräftig abgeschlossen wird,[197] der Rück-   139

---

[189] VG Berlin ZOV 1992, 405; *Fieberg-Reichenbach* F/R/M/S RdNr. 26; zu Einzelproblemen bei verspäteten Anmeldungen vgl. RdNr. 200 ff.; zum Begriff der verspäteten Anmeldung vgl. RdNr. 12.
[190] Vgl. RdNr. 200 ff.
[191] AA offenbar *Fieberg-Reichenbach* F/R/M/S RdNr. 74 f.
[192] *Wasmuth* Rechtshandbuch B 140 § 3 RdNr. 10.

[193] Vgl. Art. 1 Nr. 3 der Dritten AnmVO v. 5. 10. 1990, BGBl. I S. 2150.
[194] In diesem Sinne wohl auch *Schniewind* BB-Beil. 21 zu H. 30/1991, S. 24.
[195] Vgl. dazu im einzelnen RdNr. 167.
[196] *Wächter* DZWir 1991, 265, 275; *Liebs-Preu* DB 1991, 145, 150.
[197] BVerfG VIZ 1992, 401, 402.

übertragungsantrag zurückgenommen wird, eine Investitionsvorrangentscheidung ergeht oder einem Antrag auf Übertragung eines Ersatzgrundstückes nach § 21 Abs. 1 S. 1 VermG stattgegeben wird.

140 Seit Inkrafttreten des 2. VermRÄndG entfällt die Unterlassungsverpflichtung nicht mehr durch die **Eröffnung des Gesamtvollstreckungsverfahrens** über den anmeldebelasteten Gegenstand, es sei denn, der Restitutionsantrag ist auf ein Unternehmen gerichtet (vgl. § 3b Abs. 1 VermG). Allein bei der Unternehmensrückübertragung entfällt mit der Eröffnung des Gesamtvollstreckungsverfahrens der Rückübertragungsanspruch aus § 3 Abs. 1 VermG und damit die ihn sichernde Unterlassungsverpflichtung aus § 3 Abs. 3 VermG.[198]

141 Die mit dem 2. VermRÄndG eingeführten **Ausschlußfristen** für die Anmeldung vermögensrechtlicher Ansprüche (§ 30a Abs. 1 VermG) sind ohne Einfluß auf das Ende der Unterlassungsverpflichtung.

142 c) **Prozessuales.** Im zivilrechtlichen **Verfahren**[199] **auf Erlaß einer einstweiligen Verfügung** zur Sicherung des Unterlassungsanspruches aus § 3 Abs. 3 VermG entfällt eine Gefährdung des zu sichernden Anspruchs, wenn die mit der Investitionsvorrangentscheidung befaßte Behörde glaubhaft macht, daß die Voraussetzungen eines investiven Vorhabens in der Person des Dritten vorliegen und die Erteilung eines Bescheides unmittelbar bevorsteht.[200] Entsprechendes gilt, wenn der Erlaß eines die Rückgabe ablehnenden Bescheides unmittelbar beabsichtigt ist oder die den Restitutionsausschluß begründenden Tatsachen von dem Verfügungsberechtigten behauptet und von dem Berechtigten nicht substantiiert bestritten werden.[201] Ein Verfügungsanspruch ist jedenfalls abzulehnen, wenn der Berechtigte lediglich eine infolge der Anmeldung erlangte rein formale Rechtsposition auszunutzen sucht.[202] Die Vorschrift des § 3 Abs. 3 VermG bezweckt den Schutz des materiell Berechtigten, nicht des Anmelders (vgl. auch RdNr. 105 f.).[203]

143 7. **Sicherung des Unterlassungsanspruches.** a) **Eröffnung des Zivilrechtsweges.** Der Berechtigte kann die aus § 3 Abs. 3 S. 1 VermG folgende schuldrechtliche Unterlassungsverpflichtung auf dem **Zivilrechtsweg** (§ 13 GVG) gegen den Verfügungsberechtigten durchsetzen.[204]

144 Die **Eröffnung des Zivilrechtsweges** wird insbesondere vom 24. Zivilsenat des Kammergerichts **in Abrede gestellt.**[205] Danach soll ein gesonderter zivilrechtlicher Unterlas-

---

[198] Vgl. noch § 3b RdNr. 9.
[199] Vgl. dazu RdNr. 143 ff.
[200] Vgl. BezG Cottbus VIZ 1992, 322, 323 f.; BezG Dresden VIZ 1992, 72, 73.
[201] Vgl. KG ZOV 1992, 163, 165 f.; BezG Dresden NJ 1992, 37, 39; BezG Frankfurt/O. VIZ 1992, 147 f.; KG VIZ 1992, 199, 200, befürwortet hinsichtlich der Unredlichkeit des Erwerbers sogar eine Beweislastumkehr zulasten des Berechtigten.
[202] BVerfG VIZ 1992, 401, 402; *Wächter* DZWir 1991, 265, 269.
[203] KrG Greifswald VIZ 1992, 329, 330; *Wächter* DZWir 1991, 265, 269.
[204] Vgl. BVerfG VIZ 1992, 275; DtZ 1992, 327; BGH ZOV 1994, 47; KG (22. Zivilsen.) DtZ 1991, 191; (26. Zivilsen.) ZOV 1992, 163, 164; (8. Zivilsen.) VIZ 1992, 107; ZOV 1994, 51; (4. Zivilsen.) ZOV 1993, 348; LG Berlin VIZ 1993, 124, 124 f.; ZOV 1993, 111, 112; VG Berlin VIZ 1993, 212; VIZ 1993, 404; BezG Dresden VIZ 1992, 72, 73; LKV 1992, 337, 337 f.; ZIP 1992, 733, 734 f.; NJ 1992, 37, 38; ZOV 1992, 385; BezG Magdeburg DtZ 1991, 251, 252; BezG Erfurt NJ 1991, 323; KrG Erfurt DtZ 1991, 252, 252 f.; KrG Chemnitz-Stadt VIZ 1992, 31; BezG Cottbus VIZ 1992, 322, 323;
BezG Frankfurt/O. VIZ 1992, 71; VIZ 1992, 147 f.; BezG Gera ZIP 1992, 137, 139; KrG Perleberg ZOV 1992, 176, 177; KrG Sömmerda VIZ 1993, 79, 80; *Stapenhorst* VIZ 1991, 85, 86; *Busche* DtZ 1991, 294; *Kohler* VIZ 1992, 308 ff.; *ders.* VIZ 1992, 130, 131; *ders.* DNotZ 1991, 699, 701; *Wasmuth* VIZ 1992, 276; *ders.* Rechtshandbuch B 100 VermG Einf. RdNr. 145, § 3 RdNr. 191; *Kinne* R/R/B RdNr. 89; *Staudinger-Rauscher* Art. 233 § 2 EGBGB RdNr. 32; *Fieberg-Reichenbach*, NJW 1991, 321, 324; *dies.* F/R/M/S RdNr. 66; *Stein* ZIP 1992, 893, 894 f.; *Schmidt-Preuß*, Die Verwaltung 1992, 327, 339 f.; *Kimme-Rapp* RdNr. 151 ff.
[205] KG VIZ 1992, 143, 143 f.; vgl. auch die Entscheidung des 9. Zivilsenats KG NJW 1991, 360; zustimmend BezG Chemnitz VIZ 1992, 145, 146; *Piel* EWiR § 3 VermG 3/92, 401, 402; *Briesemeister* EWiR § 3 VermG 1/92, S. 93, 94; *Brandt* EWiR § 3 VermG 2/92, S. 95, 96; *ders.* EWiR § 3 VermG 5/92, 821, 822; offenbar auch *Meining* DtZ 1991, 251; ähnlich auch *Uechtritz* DB 1992, 1329, 1331 f., der in § 3 Abs. 3 VermG wegen größerer Sachnähe der Verwaltungsgerichte eine öffentlich-rechtliche Norm sieht.

sungsanspruch des Berechtigten neben dem öffentlich-rechtlichen Rückgabeverfahren schon aus prozeßökonomischen Gründen nicht bestehen;[206] vielmehr enthalte § 3 Abs. 3 VermG eine gesetzlich ausgeformte und näher umschriebene sequestrationsähnliche Bindung nach dem Leitgedanken des § 938 Abs. 2 ZPO, die von den Vermögensämtern zu überwachen und durch die Anordnung geeigneter Verbote durchzusetzen sei.[207]

Die Befürworter dieser Auffassung setzen sich damit über den eindeutigen Willen des Gesetzgebers hinweg, der im Vermögensgesetz eben nicht nur das öffentlich-rechtliche Rückgabeverfahren geregelt hat, sondern auch zivilrechtliche Ansprüche, die auf dem Zivilrechtsweg gegen den Verfügungsberechtigten bzw. Berechtigten durchzusetzen sind (vgl. neben § 3 Abs. 3 S. 1 VermG nur die Vorschriften § 6a Abs. 2 S. 4 bis 7 und Abs. 3 VermG; § 7 Abs. 2 VermG; §§ 16 ff. VermG).[208] Gerade diese **Grundentscheidung des Gesetzgebers** führt zu einer Entlastung der Verwaltung und damit der Verwaltungsgerichte, die nicht nur die Berechtigung ausgesprochener Verbotsanordnungen zu prüfen, sondern ggfls. auch über die Erforderlichkeit einer sofortigen Vollziehung dieser Anordnungen zu befinden hätten. Auf die Zivilgerichte kämen überdies etwaige Amtshaftungsprozesse zu.[209]

Abgesehen davon, daß die Vermögensämter zu einer Überwachung der Unterlassungsverpflichtung personell gar nicht in der Lage wären, fehlt es im Vermögensgesetz auch an den entsprechenden Ermächtigungsgrundlagen für diesbezügliche Verbotsanordnungen. Diese lassen sich nach der **Lehre vom Gesetzesvorbehalt** jedenfalls nicht als minus auf die Befugnis der Anordnung der Rückübertragung des Vermögensgegenstandes stützen.[210] Dabei handelt es sich um ein aliud.[211]

Auch enthalten die §§ 36 ff. VermG **keine abschließende Zuweisung vermögensrechtlicher Streitigkeiten zu den Verwaltungsgerichten.**[212] Die Vorschrift des § 37 Abs. 1 VermG, die in diesem Zusammenhang allein von Bedeutung sein kann, stellt lediglich klar, daß wegen der im Verwaltungsverfahren ergangenen Entscheidungen der Vermögensämter der Verwaltungsrechtsweg eröffnet ist.[213]

Nach alledem ist zur Sicherung der aus § 3 Abs. 3 S. 1 VermG folgenden Unterlassungsverpflichtung der Zivilrechtsweg eröffnet. Bedenken gegen eine **inzidente Prüfung der** dem öffentlichen Recht unterstellten **Berechtigung** nach § 3 Abs. 1 VermG durch die Zivilgerichte bestehen nicht.[214] Das Zivilgericht hat öffentlich-rechtliche Vorfragen grundsätzlich selbständig zu prüfen und zu entscheiden, es sei denn, es setzt das Verfahren nach § 148 ZPO aus, weil über die Vorfrage vor dem Verwaltungsgericht ein Verfahren anhängig oder ein Rechtsbehelf eingelegt ist. Erst wenn eine öffentlich-rechtliche Frage durch bestandskräftigen Verwaltungsakt entschieden ist, bleibt das ordentliche Gericht regelmäßig hieran gebunden.[215]

Da die Entscheidung in einem **Hauptsacheverfahren** bei unmittelbar bevorstehenden Rechtsgeschäften des Verfügungsberechtigten regelmäßig zu spät erfolgt, ist für den Berechtigten insbesondere von Bedeutung, wie der Unterlassungsanspruch vorläufig gesichert werden kann.

---

[206] So im Ergebnis auch BezG Chemnitz VIZ 1992, 145, 146; KrG Strausberg NJ 1992, 124, 125 (für Grundbuchberichtigungsanspruch).
[207] In diesem Sinne auch *Briesemeister* EWiR § 3 VermG 1/92, S. 93, 94; *Brandt* EWiR § 3 VermG 2/92, S. 95, 96.
[208] BGH ZOV 1994, 47, 48; *Wasmuth* Rechtshandbuch B 100 VermG Einf. RdNr. 145; *Fieberg-Reichenbach* F/R/M/S RdNr. 66.
[209] Überzeugend *Kohler* VIZ 1992, 308, 309 f.
[210] So aber KG VIZ 1992, 143, 144; *Brandt* EWiR § 3 VermG 2/92, S. 95, 96.
[211] Zutreffend *Uechtritz* DB 1992, 1329, 1332; im Ergebnis auch BezG Dresden ZOV 1992, 385, 386.

[212] So aber BezG Chemnitz VIZ 1992, 145, 146.
[213] Zutreffend BezG Dresden ZIP 1992, 733, 735.
[214] BVerfG DtZ 1992, 327, 328; KG (4. Zivilsen.) ZOV 1993, 348; *Zöller-Gummer*, ZPO, 19. Aufl. 1995, § 13 GVG RdNr. 42; vgl. auch LG Berlin VIZ 1993, 124, 125; aA *Uechtritz* DB 1992, 1329, 1330 f.
[215] BGH NJW 1991, 700, 701; KG ZOV 1992, 163, 165; BezG Dresden ZOV 1992, 385, 386 f.; BezG Potsdam VIZ 1993, 77, 79; *Zöller-Gummer*, ZPO, 19. Aufl. 1995, § 13 GVG RdNr. 45 ff.; vgl. aber zum Amtshaftungs- und Entschädigungsprozeß BGH NJW 1991, 1168 ff.

VermG § 3 150–152   Abschnitt II. Rückübertragung von Vermögenswerten

150   **b) Einstweilige Verfügung.** In Betracht kommt die Inanspruchnahme vorläufigen Rechtsschutzes im Wege eines einstweiligen Verfügungsverfahrens,[216] dessen Ziel die vorläufige Regelung eines Zustandes ist. Es handelt sich daher um eine **Regelungsverfügung** in der Form der Unterlassungsverfügung (§§ 940, 938 Abs. 2 ZPO).[217] Der **Verfügungsanspruch** ergibt sich aus dem der Unterlassungsverpflichtung nach § 3 Abs. 3 S. 1 VermG zugrundeliegenden gesetzlichen Schuldverhältnis zwischen Berechtigtem und Verfügungsberechtigtem. Ein **Verfügungsgrund** besteht, wenn die Regelungsverfügung notwendig ist, um wesentliche Nachteile, dh. die nachhaltige Beeinträchtigung des öffentlich-rechtlichen Rückübertragungsanspruchs aus § 3 Abs. 3 S. 1 VermG, abzuwenden.

151   Wenngleich die Unterlassungsverpflichtung faktisch zu einer „Befriedigung" des Unterlassungsanspruches führt,[218] liegt dennoch **keine Leistungsverfügung** vor;[219] es geht um die Abwehr eines Verhaltens des Verfügungsberechtigten und damit um die Sicherung eines bestehenden Zustandes, nicht aber um eine „Leistung" an den Berechtigten. Das Fehlen einer Leistung wird offenbar, wenn die Verfügung aufgehoben wird: Im Gegensatz zur Leistungsverfügung tritt der status quo ante automatisch wieder ein.[220]

152   Anträge auf Erlaß einer einstweiligen Verfügung sind bei dem **Gericht der Hauptsache** zu stellen (§§ 937, 943 ZPO). Das Gericht ist sachlich und örtlich ausschließlich zuständig (§ 802 ZPO). Die sachliche Zuständigkeit für den vermögensrechtlichen Unterlassungsanspruch liegt bei den Landgerichten (§ 71 Abs. 1 GVG), soweit der Streitwert 10000,– DM übersteigt. Für die Bemessung des Streitwertes ist auf das Interesse des Berechtigten am Verbot der Rechtsgeschäfte, mithin auf den Umfang der zu befürchtenden Entwertung des Rückübertragungsanspruchs, abzustellen. **Antragsgegner** und damit passivlegitimiert ist der Verfügungsberechtigte.[221] Dies ist bei der Veräußerung von Gesellschaftsanteilen der unmittelbare oder mittelbare Inhaber dieser Anteile (§ 2 Abs. 3 S. 1 VermG). Handelt es sich um die Veräußerung der Anteile einer GmbH, die nach § 12 Abs. 1 TreuhG einer sog. Kombinats-AG zugeordnet ist, liegt die Passivlegitimation damit sowohl bei der AG als auch bei der Treuhandanstalt/BVS als Inhaberin der Aktien der AG. Soweit Verfügungsberechtigte die **Treuhandanstalt/BVS** als bundesunmittelbare Anstalt und damit unterstaatliche Vermögensträgerin ist, befindet sich der allgemeine Gerichtsstand am Sitz der Behörde in Berlin (§ 17 Abs. 1 ZPO).[222] Daneben ist ein besonderer Gerichtsstand der Niederlassung (§ 21 ZPO) für Niederlassungen und Geschäftsstellen der Treuhandanstalt/BVS nicht begründet. Zwar ist die Treuhandanstalt/BVS Unternehmen iSv. § 112 Abs. 2 S. 1 BHO, bei den Niederlassungen und Geschäftsstellen handelt es sich jedoch lediglich um rechtlich unselbständige Außenstellen,[223] nicht aber um selbständige, aus eigener Entscheidung zum Geschäftsabschluß und Handeln berechtigte Niederlassungen iSv. § 21 ZPO.[224]

---

[216] OVG Berlin DB 1991, 433; KG (26. Zivilsen.) ZOV 1992, 163, 164; (22. Zivilsen.) DtZ 1991, 191; (8. Zivilsen.) VIZ 1992, 107; LG Berlin DtZ 1991, 412, 413 = VIZ 1991, 34, 35; VIZ 1993, 124; BezG Cottbus VIZ 1992, 322; BezG Dresden VIZ 1992, 72, 73; NJ 1992, 37, 38; BezG Erfurt NJ 1991, 323; BezG Frankfurt/O. VIZ 1992, 71; VIZ 1992, 147f.; BezG Gera ZIP 1992, 137, 139; KrG Perleberg ZOV 1992, 176, 177; KrG Sömmerda VIZ 1993, 79, 80; *Fieberg-Reichenbach* F/R/M/S RdNr. 66; *Schmidt-Preuß*, Die Verwaltung 1992, 327, 329f.; *Kohler* NJW 1991, 465, 470f.; ders. DNotZ 1991, 699, 705f.; ders. VIZ 1992, 130, 131; *Kittke* NJ 1991, 269f.; *Palandt-Bassenge* Art. 233 § 2 EGBGB RdNr. 5; *Staudinger-Rauscher* Art. 235 § 2 EGBGB RdNr. 35; *Horn* S. 577; wohl auch *Scheifele* BB 1991, 557, 560; *Wasmuth* Rechtshandbuch B 100 RdNr. 306ff.

[217] Vgl. *Baur* BB 1964, 607, 608; *Jauernig* ZZP 79 (1966), 321, 331f.

[218] Vgl. *Spätgens*, in: Handbuch des Wettbewerbsrechts, 1986/9, § 82 RdNr. 3; *Grunsky*, in: Stein-Jonas, ZPO, 20. Aufl. 1988, Vor § 935 RdNr. 10 (Fn. 21).

[219] Vgl. *Jauernig* ZZP 79 (1966), 321, 331f.; *Leipold*, Grundlagen des einstweiligen Rechtsschutzes, 1971, S. 108f.; *Zöller-Vollkommer*, ZPO, 18. Aufl. 1993, § 940 RdNr. 1, 6; aA *Grunsky*, in: *Stein/Jonas*, ZPO, 20. Aufl. 1988, Vor § 935 RdNr. 46; *Baur* BB 1964, 607, 608; *Baumann-Brehm*, Zwangsvollstreckung, 2. Aufl. 1982, S. 265.

[220] *Jauernig* ZZP 79 (1966), 321, 332f.

[221] *Kinne* R/R/B RdNr. 78.

[222] Zum Verhältnis zu § 18 ZPO vgl. *Patzina* MünchKomm ZPO, 1992, § 18 RdNr. 40f.; *Schumann*, in: Stein/Jonas, ZPO, 20. Aufl. 1979, § 18 RdNr. 3.

[223] Vgl. *Busche* Rechtshandbuch B 200, § 2 RdNr. 11, 14.

[224] Zu den Anforderungen an eine Niederlassung iSv. § 21 ZPO vgl. BGH NJW 1987, 3091, 3082; OLG Düsseldorf, NJW-RR 1989, 432, 433; *Zöller-*

Das erstrebte Verbot muß in dem Antrag auf Erlaß einer Unterlassungsverfügung wie 153
in einer Klageschrift (§ 253 Abs. 2 Nr. 2 ZPO)[225] **genau bezeichnet sein**, damit sich der
Antragsgegner ausreichend verteidigen kann und ein dem Antrag entsprechendes Verbot
im Vollstreckungsverfahren keine Unklarheiten aufkommen läßt.[226] Wegen der Ähnlichkeit der Unterlassungsverpflichtung mit der Leistungsverfügung im Hinblick auf die
Befriedigungswirkung reicht die Angabe eines Rechtsschutzzieles nicht aus.[227]

Die den **Verfügungsanspruch begründenden Tatsachen** hat der Antragsteller schlüssig 154
vorzutragen und **glaubhaft zu machen** (§§ 936 iVm. 920 Abs. 2, 294 ZPO). Er hat also
insbesondere durch Beibringung geeigneter präsenter Beweismittel das Bestehen des
Rückübertragungsanspruches nach § 3 Abs. 1 S. 1 VermG und die Antragstellung gem.
§ 30 Abs. 1 VermG als Voraussetzung des gesetzlichen Schuldverhältnisses zwischen Verfügungsberechtigtem und Berechtigtem iSv. § 3 Abs. 3 S. 1 VermG darzutun.[228] Ebenfalls
glaubhaft zu machen ist der **Verfügungsgrund**. Dieser stellt bei der Regelungsverfügung
eine besondere Form des Rechtsschutzbedürfnisses dar.[229] Das **Rechtsschutzbedürfnis**
entfällt – zumal in den neuen Bundesländern – nicht dadurch, daß der Antragsteller auf die
Beachtung der grundbuchrechtlichen Ordnungsvorschriften vertrauen kann, deren Schutz
nur unvollkommen ist.[230] Der behauptete Unterlassungsanspruch muß nach dem Vortrag
des Antragstellers überwiegend wahrscheinlich erscheinen.[231]

Eine Gefährdung des zu sichernden Anspruchs kann im Einzelfall allerdings dann entfallen, 155
wenn der im Rahmen des Investitionsvorrangs Verfügungsberechtigte glaubhaft
macht, daß die Voraussetzungen eines investiven Vorhabens in der Person eines Dritten
vorliegen und die Erteilung eines Bescheides unmittelbar bevorsteht.[232] Entsprechendes
gilt, wenn der Erlaß eines die Rückgabe ablehnenden Bescheides unmittelbar beabsichtigt
ist oder die den Restitutionsausschluß begründenden Tatsachen von dem Verfügungsberechtigten behauptet und von dem Berechtigten nicht substantiiert bestritten werden.[233]
Ein Verfügungsanspruch ist jedenfalls abzulehnen, wenn der Berechtigte lediglich eine
infolge der Anmeldung vermögensrechtlicher Ansprüche erlangte, rein formale Rechtsposition auszunutzen sucht.[234] Die Vorschrift des § 3 Abs. 3 VermG bezweckt den Schutz
des materiell Berechtigten, nicht des Anmelders (vgl. auch RdNr. 105 f.).[235]

Der von dem Antragsteller behauptete Unterlassungsanspruch muß nach den von ihm 156
glaubhaft gemachten Tatsachen überwiegend wahrscheinlich sein (§§ 936 iVm. 920
Abs. 2, 294 ZPO). Das zu Gunsten des Verfügungsberechtigten zu berücksichtigende
öffentliche Investitionsförderungsinteresse überwiegt nicht per se das Restitutionsinteresse
des Berechtigten. Liegt bereits eine bestandskräftige Investitionsvorrangentscheidung

---

Vollkommer, ZPO, 19. Aufl. 1995, § 21 RdNr. 6 ff.; abw. *Patzina* MünchKomm., ZPO, 1992, § 21 RdNr. 2.

[225] Zu den Anforderungen an eine Klagschrift vgl. BGH NJW 1983, 1056.

[226] OLG Koblenz NJW-RR 1987, 95, 96; OLG Celle WRP 1991, 315, 315; *Zöller-Vollkommer*, ZPO, 19. Aufl. 1995, § 938 RdNr. 2; vgl. auch *Grunsky*, in: *Stein/Jonas*, ZPO, 20. Aufl. 1981, Vor § 935 RdNr. 46, 10 (Fn. 21).

[227] *Spätgens*, in: Handbuch des Wettbewerbsrechts, 1986/9, § 84 RdNr. 8.

[228] LG Berlin ZOV 1993, 109, 110; ZOV 1993, 111, 113; VG Berlin ZOV 1993, 128.

[229] *Zöller-Vollkommer*, ZPO, 19. Aufl. 1995, § 940 RdNr. 4; *Grunsky*, in: *Stein/Jonas*, ZPO, 20. Aufl. 1981, § 940 RdNr. 7; *Jauernig* NJW 1975, 1419, 1419.

[230] Vgl. BezG Gera ZIP 1992, 137, 139; *Kohler* NJW 1991, 465, 468 b. Fn. 14; *ders.* VIZ 1992, 130, 131; *ders.* DNotZ 1991, 699, 701; *Busche* Rechtshandbuch B 200 § 2 RdNr. 55 a; sowie allgemein BGHZ 49, 197, 201 f.; KG JW 1926, 1025, 1026, JW 1926, 2701; *Münzberg*, Festschrift f. Schiedermair, 1976, S. 439, 452 b. Fn. 27; aA BezG Potsdam, NJ 1991, 223, 224; *Brandt* EWiR § 3 VermG 2/92, 95 f.; offenbar auch *Kimme-Rapp* RdNr. 156.

[231] *Zöller-Vollkommer*, ZPO, 19. Aufl. 1995, § 935 RdNr. 8; *Grunsky*, in: *Stein/Jonas*, ZPO, 20. Aufl. 1981, Vorbem § 935 RdNr. 61, § 920 RdNr. 14.

[232] Vgl. BezG Cottbus VIZ 1992, 322, 323 f.; BezG Dresden VIZ 1992, 72, 73.

[233] Vgl. BezG Dresden NJ 1992, 37, 39; BezG Frankfurt/O. VIZ 1992, 147 f., sowie KG ZOV 1992, 163, 165 f., VIZ 1992, 199, 200 f., das eine Beweislastumkehr zu Lasten des Berechtigten befürwortet.

[234] BVerfG VIZ 1992, 401, 402; vgl. auch KrG Potsdam VIZ 1993, 212, 213.

[235] KrG Greifswald VIZ 1992, 329, 330; LG Berlin ZOV 1993, 109, 110.

nach §§ 2, 3 InVorG/3a VermG aF vor, ist der Antrag auf Erwirkung einer einstweiligen Verfügung in jedem Fall unbegründet.[236]

157 Der Antragsteller (Berechtigte) hat dem Antragsgegner (Verfügungsberechtigten) gegebenenfalls nach § 945 ZPO verschuldensunabhängig **Schadensersatz** zu leisten, wenn sich die Anordnung der einstweiligen Verfügung als von Anfang an ungerechtfertigt erweist oder die angeordnete Maßnahme aufgrund der §§ 926 Abs. 2 ZPO (Nichterhebung der Klage in der Hauptsache) bzw. 942 Abs. 3 ZPO (nicht fristgerechter Antrag auf Ladung des Gegners zur mündlichen Verhandlung vor das Hauptsachegericht) aufgehoben wird.

158 Als **von Anfang an ungerechtfertigt** erweist sich die Anordnung der einstweiligen Verfügung, sofern nach der materiellen Rechtslage der Verfügungsanspruch bzw. Verfügungsgrund von Anfang an fehlten.[237] Nicht ausreichend ist also der nachträgliche – auch rückwirkende – Wegfall der Voraussetzungen.[238] Da § 945 ZPO den Antragsgegner nur vor unberechtigten materiellen Übergriffen in seine Sphäre schützen soll, scheidet eine Schadensersatzpflicht des Antragstellers aus, wenn die Anordnung der einstweiligen Verfügung allein auf der fehlerhaften Annahme einer Prozeßvoraussetzung oder ungenügender Glaubhaftmachung beruhte.[239]

159 Zu ersetzen ist nach § 945 grundsätzlich der Schaden, der aus der Vollziehung der angeordneten Maßregel entsteht, oder dadurch, daß der Antragsgegner Sicherheit geleistet hat (§ 939, 936 iVm. 923, 927 ZPO), um die Vollziehung[240] der einstweiligen Verfügung abzuwenden oder die Aufhebung der Maßregel zu erwirken. Ein **Vollziehungsschaden** aufgrund der Vollziehung einer ungerechtfertigten, weil der Voraussetzungen für Verfügungsanspruch oder -grund ermangelnden, Unterlassungsverfügung ist allerdings ausgeschlossen, wenn der Verfügungsberechtigte materiell-rechtlich ohnehin zur Befolgung der Unterlassungsverpflichtung nach § 3 Abs. 3 S. 1 verpflichtet war.[241]

160 c) **Eintragung eines Widerspruchs.** Die Eintragung eines Widerspruchs (§ 899 BGB) gegen die Richtigkeit des Grundbuchs kommt im Falle der Immobiliarrestitution nicht in Betracht, da eine sachenrechtliche **Unrichtigkeit des Grundbuchs** nicht vorliegt.[242] Der Verfügungsberechtigte ist bis zum positiven Abschluß eines Rückübertragungsverfahrens Eigentümer des zu restituierenden Grundstückes. Das Verfügungsverbot des § 3 Abs. 3 statuiert keine gesetzliche Verfügungsbeschränkung mit dinglichem Erfolg.

161 d) **Vormerkung.** Eine Sicherung des zivilrechtlichen Unterlassungsanspruches aus § 3 Abs. 3 S. 1 VermG durch Eintragung einer Vormerkung (§§ 885 Abs. 1, 883 Abs. 1 BGB) scheidet aus, da die Vormerkung **nur zur Sicherung privatrechtlicher Ansprüche** auf Einräumung von Rechten an Grundstücken dient.[243] Der Rückübertragungsanspruch des Berechtigten aus § 3 Abs. 1 S. 1 VermG andererseits hat öffentlich-rechtlichen und nicht

---

[236] BezG Cottbus VIZ 1992, 322, 323; *Spoerr*, Treuhandanstalt und Treuhandunternehmen zwischen Verfassungs-, Verwaltungs- und Gesellschaftsrecht, 1993, S. 214.

[237] BGH NJW 1988, 3268, 3269; *Grunsky*, in: Stein/Jonas, ZPO, 20. Aufl. 1981, § 945 RdNr. 19f.; *Zöller-Vollkommer*, ZPO, 19. Aufl. 1995, § 945 RdNr. 8.

[238] *Zöller-Vollkommer*, ZPO, 19. Aufl. 1995, § 945 RdNr. 8; *Grunsky*, in: Stein/Jonas, ZPO, 20. Aufl. 1981, § 945 RdNr. 19.

[239] *Zöller-Vollkommer*, ZPO, 19. Aufl. 1995, § 945 RdNr. 8; *Grunsky*, in: Stein/Jonas, ZPO, 20. Aufl. 1981, § 945 RdNr. 19.

[240] Zur Vollziehung einer Unterlassungsverfügung vgl. BGH NJW 1990, 122, 123f. mwN.

[241] Vgl. RGZ 65, 66, 68; BGHZ 15, 356, 358; BGH NJW 1981, 2579, 2580; *Zöller-Vollkommer*, ZPO, 19. Aufl. 1995, § 945 RdNr. 14.

[242] KG DtZ 1991, 298; BezG Meiningen DtZ 1991, 251; KrG Suhl VIZ 1992, 365, 365f.; LG Berlin DtZ 1991, 412, 413 = VIZ 1991, 34, 35; *Kohler* NJW 1991, 465, 469; *ders.* DNotZ 1991, 699, 702f.; *Busche* Rechtshandbuch B 200 § 2 RdNr. 56; *Uechtritz* DB 1992, 1329 (Fn. 2); *Horn* S. 579; *ders.*, in *Hommelhoff* (Hrsg.), Treuhandunternehmen im Umbruch, 1991, S. 133, 162; *Staudinger-Rauscher* Art. 233 § 2 EGBGB RdNr. 33; *Kinne* R/R/B RdNr. 62 (anders noch *ders.* ZOV 1991, 21, 21f.); *Kimme-Rapp* RdNr. 154; *Wasmuth* Rechtshandbuch B 100 RdNr. 37; *Fieberg-Reichenbach* F/R/M/S RdNr. 67; *Fahrenbach* EWiR § 1 VermG 2/92, S. 91, 92; *Boehringer* NJ 1992, 289, 290; aA BezG Frankfurt/O. DtZ 1991, 250; KrG Wernigerode DtZ 1991, 96; unklar BezG Dresden NJ 1991, 462.

[243] Vgl. RGZ 56, 10, 14; 60, 423, 425; *Wacke* MünchKomm., BGB, 2. Aufl. 1986, § 883 RdNr. 57; *Busche* Rechtshandbuch B 200 § 2 RdNr. 57; *Kohler* DNotZ 1991, 699, 704; *Fieberg-Reichenbach* F/R/M/S RdNr. 67.

privatrechtlichen Charakter (vgl. RdNr. 16), so daß auch insoweit die Sicherung durch eine Vormerkung nicht in Betracht kommt.²⁴⁴

8. Rechtsfolgen der Zuwiderhandlung. Setzt sich der Verfügungsberechtigte über die 162 Unterlassungsverpflichtung des § 3 Abs. 3 S. 1 VermG hinweg, indem er etwa über den restitutionsbelasteten Vermögenswert verfügt oder in bezug auf ihn langfristige Verpflichtungen eingeht, hat der Berechtigte Ansprüche auf den Erlös bzw. Verkehrswert (vgl. RdNr. 50) und auf Schadensersatz. Hauptbedeutung hat insoweit der Fall, daß durch Verfügung über den Vermögenswert der Rückübertragungsanspruch des Berechtigten untergeht.²⁴⁵

Die Schadensersatzverpflichtung des Verfügungsberechtigten ergibt sich regelmäßig 163 nach den **Grundsätzen der pFV** aus einer schuldhaften Verletzung der sich aus dem gesetzlichen Schuldverhältnis zwischen Verfügungsberechtigtem und Berechtigtem ergebenden Unterlassungsverpflichtung. Das Verhalten von **Erfüllungsgehilfen** muß sich der Verfügungsberechtigte gem. § 278 BGB zurechnen lassen.²⁴⁶

Daneben kommt ein Schadensersatzanspruch des Berechtigten wegen der **Verletzung** 164 **eines Schutzgesetzes** aus § 823 Abs. 2 BGB bzw. bei Einschaltung eines Verrichtungsgehilfen auf Seiten des Verfügungsberechtigten aus § 831 BGB in Betracht. Die Vorschrift des § 3 Abs. 3 S. 1 VermG dient jedenfalls auch dem Schutz des Berechtigten vor einer Beeinträchtigung seines Rückübertragungsanspruches aus § 3 Abs. 1 S. 1 VermG und ist damit Schutzgesetz iSv. § 823 Abs. 2 BGB.²⁴⁷

Beruht die Verletzung des Schutzgesetzes auf der **Handlung eines Beamten**, haftet 165 dieser nach § 839 BGB. Die Beachtung der Individualrechte Dritter gehört zu den drittbezogenen **Amtspflichten**.²⁴⁸ Neben der Haftung aus § 839 BGB besteht eine Haftung aus § 823 Abs. 2 BGB nicht, da § 839 BGB eine erschöpfende Regelung für das deliktische Handeln von Beamten enthält.²⁴⁹

Die Schadensersatzansprüche aus dem Rechtsgrund der pVV bzw. aus der Verletzung 166 eines Schutzgesetzes iSv. § 823 Abs. 2 BGB setzen jeweils ein schuldhaftes Handeln des Verfügungsberechtigten voraus. Anlaß für eine besonders sorgfältige **Verschuldensprüfung** besteht immer dann, wenn der Verfügungsberechtigte die der Unterlassungsverpflichtung zuwiderlaufenden Rechtsgeschäfte im Vertrauen auf (Rechts-)Auskünfte Dritter eingegangen ist. Dies ist von Bedeutung insbesondere im Rahmen der Vergewisserungspflicht nach § 3 Abs. 5 VermG.²⁵⁰

Darüber hinaus kann die Feststellung des Verschuldens in den oben RdNr. 138 bezeich- 167 neten Sachverhalten Schwierigkeiten bereiten, also in den Fällen, in denen wegen der **gespaltenen Anmeldefrist** Unklarheiten bestanden, ob die Unterlassungsverpflichtung nach § 3 Abs. 3 S. 1 nach dem 13. 10. 1990 trotz bis dahin fehlender Anmeldungen bis zum 31. 3. 1991 fortbestand, weil die Entziehung des betroffenen Vermögenswertes auf Maßnahmen in der NS-Zeit (§ 1 Abs. 2 lit. a AnmVO; § 1 Abs. 6 VermG) bzw. auf rechtsstaatswidrigen Strafverfahren (§ 1 Abs. 2 lit. b AnmVO; § 1 Abs. 7 VermG) beruhen konnte. War dies nicht auszuschließen, trafen den Verfügungsberechtigten **Erkundi-**

---

²⁴⁴ KG VIZ 1991, 30, 31; LG Berlin DtZ 1991, 412, 413 = VIZ 1991, 34, 35; BezG Gera ZIP 1992, 137, 138; *Staudinger-Rauscher* Art. 233 § 2 EGBGB RdNr.34; *Kinne* R/R/B RdNr. 71; *Wasmuth* Rechtshandbuch B 100 RdNr. 318; *Kohler* NJW 1991, 465, 469f.; *Busche* Rechtshandbuch B 200 § 2 RdNr. 57; *Stapenhorst* VIZ 1991, 85, 87; *Schmidt-Preuß*, Die Verwaltung 1992, 327, 340; *Uechtritz* DB 1992, 1329 (Fn. 2); *Boehringer* NJ 1992, 289, 290; aA: KrG Bad Salzungen ZIP 1990, 1634; *Horn* S. 579f.; *ders.*, in: *Hommelhoff* (Hrsg.), Treuhandunternehmen im Umbruch, 1991, S. 133, 162; *Kimme-Rapp* RdNr. 155.

²⁴⁵ Vgl. dazu bereits RdNr. 93 ff.
²⁴⁶ LG Berlin ZOV 1993, 109, 110.
²⁴⁷ KrG Sömmerda VIZ 1993, 79, 81; *Kohler* VIZ 1992, 308, 309; *Kinne* R/R/B RdNr. 147; *Schmanns* VIZ 1992, 47, 51; *Wasmuth* Rechtshandbuch B 100 RdNr. 287; offen gelassen von KG VIZ 1992, 143, 144; zu den Anforderungen an ein Schutzgesetz vgl. *Palandt-Thomas* § 823 RdNr. 141.
²⁴⁸ *Wasmuth* Rechtshandbuch B 100 RdNr. 287.
²⁴⁹ BGHZ 34, 99, 104.
²⁵⁰ Zu den Anforderungen an die Vergewisserungspflicht vgl. RdNr. 207 ff.

VermG § 3 168–173   Abschnitt II. Rückübertragung von Vermögenswerten

gungspflichten, denen im Regelfall durch Einsichtnahme in die Grundakten oder Aufklärung der Unternehmensgeschichte nachzukommen war.[251]

168 Handelt es sich bei dem Verfügungsberechtigten um eine aus der Umwandlung nach § 11 Abs. 2 TreuhG hervorgegangene Gesellschaft im Aufbau, so haben deren gesetzliche Vertreter wie die Mitglieder des Vorstandes einer Aktiengesellschaft oder die Geschäftsführer einer GmbH die **Sorgfalt eines ordentlichen und gewissenhaften Geschäftsführers** anzuwenden (§§ 16 Abs. 2 S. 1 TreuhG, 4 Abs. 1 S. 1 URüV iVm. 93 Abs. 1 S. 1 AktG, 43 Abs. 1 GmbHG).

169 Die Voraussetzungen für eine **Staatshaftung** (Art. 34 GG, § 839 BGB bzw. §§ 1ff. StHG-DDR) liegen dagegen nicht vor.[252] Der Abschluß der von § 3 Abs. 3 S. 1 VermG untersagten Rechtsgeschäfte ist Gegenstand der Vermögensverwaltung und damit fiskalischer Natur. Die Staatshaftung setzt aber die Ausübung eines öffentlichen Amtes, also hoheitliche Tätigkeit, voraus.[253]

170 Schadensersatzansprüche des Berechtigten aus dem **Eigentümer-Besitzer-Verhältnis** bzw. wegen Übernahmeverschuldens im Rahmen einer **Geschäftsführung ohne Auftrag** scheiden aus den oben RdNr. 133 genannten Gründen aus. Die nach § 3 Abs. 3 S. 6 Hs. 2 VermG für entsprechend anwendbar erklärte Vorschrift des § 678 BGB, nach der ein auftragsloser Geschäftsführer wegen Übernahmeverschuldens haftet, hat Bedeutung nur für die in Ausnahme zu § 3 Abs. 3 S. 1 VermG zulässigen Rechtsgeschäfte (vgl. § 3 Abs. 3 S. 2, 3, 5 VermG).

IV. Notgeschäftsführungsrecht

171 **1. Grundsatz.** Von der **Unterlassungspflicht** nicht umfaßt sind Rechtsgeschäfte zur Erfüllung von Rechtspflichten des Eigentümers oder zur Erhaltung und Bewirtschaftung des Vermögenswertes (Abs. 3 S. 2). Das galt in der bis zum Inkrafttreten des PrHBG am 29. 3. 1991 geltenden Fassung des Vermögensgesetzes allerdings nur dann, wenn diese „unbedingt erforderlich" waren.[254] Mit dem Hemmnissebeseitigungsgesetz erhielt Absatz 3 Satz 2 seine heute geltende Fassung. Zugleich wurden mit den zusätzlich in das Gesetz inkorporierten Bestimmungen der Sätze 3 und 5 weitere **ausdrückliche Ausnahmen** für solche Rechtsgeschäfte geschaffen, die bestimmte Modernisierungs- bzw. Instandsetzungsmaßnahmen zum Gegenstand haben. Außerdem enthält das Gesetz seitdem in den Sätzen 4 und 6 Bestimmungen über die aus der Notgeschäftsführung entstehenden gegenseitigen Ansprüche zwischen Verfügungsberechtigtem und Berechtigtem. Die Sätze 7 und 9, letzterer durch das 2. VermRÄndG eingefügt, regeln die Abwendung des Gesamtvollstreckungsverfahrens bei Unternehmen. Absatz 3 Satz 8, der den Grundsatz der Unterlassungsverpflichtung und seine Ausnahmen auf verspätete Anmeldungen erstreckt, entspricht § 3 Abs. 3 S. 3 der ursprünglichen Fassung des Vermögensgesetzes.

172 Das Notgeschäftsführungsrecht des § 3 Abs. 3 S. 2, 3 und 5 ähnelt vom **Zweck** der **Werterhaltung** her den in §§ 744 Abs. 2, 2038 Abs. 1 S. 2 Hs. 2 BGB zugunsten einzelner Teilhaber einer Bruchteilsgemeinschaft bzw. zugunsten einzelner Miterben geregelten Notgeschäftsführungsrechten. Im einzelnen sind dem Verfügungsberechtigten aufgrund des Notgeschäftsführungsrechtes folgende Rechtsgeschäfte gestattet:

173 **2. Umfang des Notgeschäftsführungsrechtes. a) Rechtsgeschäfte zur Erfüllung von Rechtspflichten des Eigentümers (Abs. 3 S. 2 lit.a). aa) Allgemeines.** Der Erfüllung von Rechtspflichten des Eigentümers dienen Rechtsgeschäfte, die etwa auf die Erfüllung **öffentlich-rechtlicher Verpflichtungen**, bei einem Grundstück insbesondere auf die Zahlung von Grundsteuern und Anliegerbeiträgen oder die Erfüllung der den Eigentümer treffenden allgemeinen privatrechtlichen **Verkehrssicherungspflicht** gerichtet sind. Zu

---

[251] *Fieberg-Reichenbach* F/R/M/S RdNr. 73.
[252] *Wasmuth* Rechtshandbuch B 100 RdNr. 295; aA *Kinne* R/R/B RdNr. 148; *Horn* S. 566.
[253] Vgl. nur *Palandt-Thomas* § 839 RdNr. 10.
[254] Vgl. RdNr. 181.

Grundsatz **174–177 § 3 VermG**

den öffentlich-rechtlichen Pflichten gehören auch die Beachtung ordnungs- und baurechtlicher Auflagen.

Zu den Rechtspflichten des Eigentümers kann unter Umständen der **Abschluß von** 174 **Wohnraummietverträgen** zählen, wenn das Leerstehen von Wohnraum nach den Vorschriften des Belegungsgesetzes[255] oder durch landesrechtliche Vorschriften, die auf der Grundlage des Gesetzes über das Verbot der Zweckentfremdung von Wohnraum[256] ergangen sind, untersagt ist.

bb) Modernisierungs- und Instandsetzungsgebot. Das Gesetz erwähnt seit der Novel- 175 lierung durch das PrHBG beispielhaft die Anordnung eines **Modernisierungs- und Instandsetzungsgebotes (§ 177 BauGB)**, das zur Abwendung von Mißständen und Mängeln, die wegen ihrer Auswirkung auf die städtebauliche Entwicklung oder Ordnung nicht tragbar sind, angeordnet werden kann.[257] Mit der Erwähnung des Modernierungs- und Instandsetzungsgebotes soll sichergestellt werden, daß die Unterlassungsverpflichtung der in den neuen Bundesländern erforderlichen Förderung der Städtebausanierung nicht entgegensteht.[258]

Zulässig sind Rechtsgeschäfte, die der städtebaulichen Modernisierung und Instandset- 176 zung dienen,[258a] nach Satz 5 im übrigen auch dann, wenn ein Modernisierungs- und Instandsetzungsgebot nach § 177 BauGB nicht vorliegt, die vom Eigentümer nach § 177 Abs. 4 und 5 zu tragenden Kosten (sog. **rentierliche Kosten**) aber aufgrund vertraglicher Abmachung oder rechtlich bindender Erklärung[259] von der Gemeinde oder einer anderen Stelle **erstattet** werden. Satz 5 ermöglicht auch **Kommunen**, die selbst Verfügungsberechtigte gem. § 3 Abs. 3 VermG sind und infolgedessen nicht gegen sich selbst ein Gebot iSd. § 177 BauGB erlassen können, den Abschluß von Rechtsgeschäften zur Durchführung entsprechender Modernisierungs- und Instandsetzungsmaßnahmen.

cc) Instandsetzungsmaßnahmen (Abs. 3 S. 3). Ausdrücklich von der Unterlassungs- 177 verpflichtung ausgenommen sind nach Satz 3 schließlich solche **auf Instandsetzungsmaßnahmen**[260] **gerichteten Rechtsgeschäfte**, die nicht schon von Satz 2 und 5 erfaßt werden. Voraussetzung ist, daß die für die Instandsetzungsmaßnahmen aufzuwendenden Kosten den **Verfügungsberechtigten** als Vermieter nach Rechtsvorschriften **zu einer Erhöhung der jährlichen Miete berechtigen**. Diese Möglichkeit bestand nach dem bis zum Inkrafttreten des Einigungsvertrages geltenden Mietrecht grundsätzlich nicht (vgl. §§ 536 BGB, 3 MHG, 14 Abs. 3 ModEnG).[261] Angesichts des erheblichen Instandsetzungsbedarfs in den neuen Bundesländern hat der Gesetzgeber die Bundesregierung ermächtigt, in den neuen Bundesländern über § 3 MHG hinaus durch Rechtsverordnung befristet bis zum 1. 1. 1996 bei erheblichen Instandsetzungsmaßnahmen eine Erhöhung der jährlichen Miete in einem bestimmten Umfang der aufgewendeten Kosten zuzulassen (vgl. § 11 Abs. 7 MHG idF d. Anl. I Kap. XIV Abschn. II Nr. 7d. Einigungsvertrages v. 31. 8. 1990, BGBl. II S. 889).[262] Dies gilt nur für im Zeitpunkt der Instandsetzung vermieteten Wohnraum (vgl. § 11 Abs. 1 MHG) und nur dann, wenn im Zeitpunkt der Vornahme des Rechtsgeschäftes die zur Mieterhöhung berechtigende Vorschrift des § 3 der 2. Grundmie-

---

[255] Gesetz über die Gewährleistung von Belegungsrechten im kommunalen und genossenschaftlichen Wohnungswesen v. 22. 7. 1990, GBl. I Nr. 49, S. 894 idF d. Anl. II Kap. XIV Abschn. III des Einigungsvertrages v. 31. 8. 1990, BGBl. II, S. 1230.
[256] Art. 6 d. Mietrechtsverbesserungsgesetzes v. 4. 11. 1971, BGBl. I S. 1745; geänd. BGBl. 1990 I S. 926.
[257] Vgl. dazu *Bielenberg*, in: Ernst-Zinkahn-Bielenberg, Baugesetzbuch, Std. 46. Lief. 1992, Vorb. §§ 175 bis 179 RdNr. 29 ff.
[258] Vgl. Begründung, BR-Drucks. 70/91, S. 23, 26.

[258a] Dazu KG VIZ 1994, 358.
[259] Vgl. dazu KG ZOV 1993, 348, 349; LG Berlin ZOV 1993, 109, 111; *Hök* ZOV 1993, 144, 145; *Kinne* R/R/B RdNr. 113.
[260] Zum Begriff der Instandsetzung vgl. § 3 Abs. 4 des Modernisierungs- und Energieeinsparungsgesetzes v. 23. 8. 1976 idF der Neubekanntmachung v. 12. 7. 1978, BGBl. I S. 993.
[261] Dazu *Voelskow* MünchKomm. BGB, 2. Aufl. 1988, §§ 535, 536 RdNr. 65; § 3 MHG RdNr. 12; *Staudinger-Emmerich*, 12. Aufl., 2. Bearb. 1981, Art. 3 WKSchG; § 3 MHRG RdNr. 21 ff.
[262] Dazu *Voelskow*, Zivilrecht im Einigungsvertrag, 1991, RdNr. 97 f.; *Harke* WuM 1991, 1, 7.

tenverordnung[263] bereits in Kraft getreten war.[264] Die Vorschrift des § 3 Abs. 3 S. 3 VermG ist mithin nur auf instandsetzungsbedingte und zur Mieterhöhung berechtigende Rechtsgeschäfte anwendbar, die nach dem 31. 12. 1992 abgeschlossen wurden.

178 **b) Rechtsgeschäfte zur Erhaltung und Bewirtschaftung (Abs. 3 S. 2 lit. b).** Rechtsgeschäfte zur Erhaltung und Bewirtschaftung sind solche, die der **Erhaltung** des Vermögenswertes in seiner **Substanz oder Nutzungsmöglichkeit**, bei einem Recht auch seiner **Geltendmachung** dienen.[265] Das ist jeweils im Einzelfall vom Standpunkt eines vernünftig und wirtschaftlich denkenden objektiven Betrachters aus zu prüfen. Zu den Erhaltungs- und Bewirtschaftungsmaßnahmen sind etwa der Abschluß von Rechtsgeschäften über substanzerhaltende (nicht wertverbessernde) Instandhaltungsarbeiten[266] oder die Eingehung von Versicherungsverträgen zu zählen.[267] Bei Unternehmen zählen dazu auch Rechtsgeschäfte, die der Abwendung der Liquidation oder Gesamtvollstreckung dienen. Für die Gesamtvollstreckung gilt dies allerdings nur unter den eingeschränkten Voraussetzungen des Absatzes 3 Satz 7 und 9 VermG.[268]

179 Nicht von Abs. 3 S. 2 lit. b VermG erfaßt werden **Wohnraum- oder Gewerbemiet- bzw. -pachtverträge**, da es sich dabei nicht um Rechtsgeschäfte handelt, die der Erhaltung des Vermögensgesetzes in seiner Substanz oder Nutzungsmöglichkeit dienen.[269] Vielmehr geht es um die Nutzung des Vermögenswertes selbst, die, soweit es die Nutzung des Vermögenswertes als solchen betrifft, nur bei Vorliegen eines investiven Zweckes möglich ist (vgl. § 2 Abs. 1 Nr. 1 iVm. § 3 Abs. 1 InVorG). Die Vermietung oder Verpachtung einzelner in einem restitutionsbelasteten Gebäude befindlicher Räumlichkeiten unterfällt nach Sinn und Zweck des § 3 Abs. 3 S. 1 VermG von vornherein nicht der Unterlassungsverpflichtung.[270]

180 **3. Erforderlichkeit einer Notgeschäftsführungsmaßnahme.** Notgeschäftsführungsmaßnahmen der in § 3 Abs. 3 S. 2 und 5 VermG bezeichneten Art müssen erforderlich sein. Das ist der Fall, **wenn bei** ihrer **Nichtvornahme** dem betreffenden **Vermögenswert** ein **Schaden entsteht oder ernstlich droht** (Rechtsgedanke des § 2038 BGB).[271] Nicht ausreichend ist es, wenn allein der Verfügungsberechtigte in seiner Person rechtliche oder wirtschaftliche Nachteile zu vergegenwärtigen hat.

181 Nach der bis zum Inkrafttreten des PrHBG am 29. 3. 1991 geltenden Fassung des Vermögensgesetzes mußte die Notgeschäftsführungsmaßnahme „**unbedingt erforderlich**" sein. Es war also notwendig, daß sie nicht nur sachlich zwingend durchzuführen, sondern auch zeitlich unaufschiebbar war.

182 **4. Pflicht zur Notgeschäftsführung. a) Allgemeines.** Dem Recht zur Notgeschäftsführung korrespondiert im Einzelfall eine Pflicht des Verfügungsberechtigten, bestimmte Notgeschäftsführungsmaßnahmen zu ergreifen. Dies gilt einerseits für Rechtsgeschäfte, zu deren Abschluß der Verfügungsberechtigte als Eigentümer verpflichtet ist (§ 3 Abs. 3 S. 2 lit. a VermG),[272] kann aber andererseits auch auf Rechtsgeschäfte zutreffen, die der Erhaltung des Vermögenswertes dienen (§ 3 Abs. 3 S. 2 lit.b, S. 7 und 9 VermG).[273] Der Berechtigte kann aus der durch § 3 Abs. 3 VermG begründeten gesetzlichen Sonderver-

---

[263] Zweite Verordnung über die Erhöhung der Grundmieten v. 27. Juli 1992 BGBl. I S. 1416; in Kraft getreten am 5. 8. 1992 mit Wirkung zum 1. 1. 1993; vgl. dazu aus verfassungsrechtlicher Sicht *Wesel-Ahcin* WuM 1992, 651 ff.
[264] *Fieberg-Reichenbach* F/R/M/V RdNr. 37; *Kimme-Rapp* RdNr. 101; aA *Wasmuth* Rechtshandbuch B 100 RdNr. 242.
[265] Vgl. KG DtZ 1991, 191, 192; zum Parallelbegriff in § 744 BGB *K. Schmidt* MünchKomm. BGB, 2. Aufl. 1986, RdNr. 35.
[266] KG ZOV 1992, 163, 165 f.; LG Görlitz ZOV 1993, 355, 357.
[267] Vgl. zu weiteren Beispielen vgl. *K. Schmidt* MünchKomm, BGB, 2. Aufl. 1986, §§ 744, 745 RdNr. 36.
[268] Vgl. dazu RdNr. 182 ff.
[269] AA *Kinne* R/R/B RdNr. 118; *Wasmuth* Rechtshandbuch B 100 RdNr. 208, 238; *Kimme-Rapp* RdNr. 100.
[270] Vgl. RdNr. 110 ff.
[271] Dazu *Dütz* MünchKomm., BGB, 2. Aufl. 1989, § 2038 RdNr. 56.
[272] Vgl. dazu RdNr. 171 ff.
[273] Vgl. dazu RdNr. 178 und RdNr. 183 ff.

Grundsatz 183–186 § 3 VermG

bindung ggfls. auf **Erfüllung** der Notgeschäftsführungspflicht klagen[274] bzw. **Auskunft** über die ergriffenen Maßnahmen verlangen (§ 242 BGB).[275]

b) Unternehmen. Die **Pflicht zur Erhaltung eines Unternehmens** besteht für den 183 Verfügungsberechtigten – im Regelfall also die Treuhandanstalt/BVS – nur unter den einschränkenden Voraussetzungen des § 3 Abs. 3 S. 7 und 9 VermG.[276] Der Verfügungsberechtigte ist nicht verpflichtet, zur **Abwendung der Gesamtvollstreckung** Eigenkapital aufzubringen oder Fremdkapital aufzunehmen (vgl. dazu § 6 Abs. 6a S. 6 VermG), wenn der Berechtigte nicht innerhalb eines Monats nach Aufforderung einen Antrag auf vorläufige Einweisung nach § 6a VermG stellt oder ein solcher Antrag abgelehnt worden ist (§ 3 Abs. 3 S. 7 VermG). Die Einstandspflicht des Verfügungsberechtigten ist damit zeitlich begrenzt. Sachlich ergibt sich eine Grenze aus der entsprechend anwendbaren Vorschrift des § 678 BGB, wenn von vornherein erkennbar ist, daß die Abwendung der Gesamtvollstreckung nicht dem Interesse des Berechtigten entspricht. Die Fristsetzung entbindet den Verfügungsberechtigten daher nicht davon, ggfls. noch vor Fristablauf einen Antrag auf Eröffnung des Gesamtvollstreckungsverfahrens zu stellen, soweit nach anderen Rechtsvorschriften eine Antragspflicht besteht (vgl. §§ 56d DMBilG; 1 Abs. 1 GesO; 1 Abs. 4 GesO iVm. 130a HGB, 63, 64 Abs. 1 GmbHG, 92 Abs. 2 AktG).

Seit Inkrafttreten des 2. VermRÄndG ist die Notgeschäftsführungspflicht der **Treu-** 184 **handanstalt/BVS** zur Vermeidung wirtschaftlich sachwidriger Ergebnisse (Alimentierung nicht sanierungsfähiger Unternehmen) weiter eingeschränkt: Sie besteht trotz Satz 7 nicht, wenn der Berechtigte den Antrag auf vorläufige Einweisung nach § 6a VermG nicht bis zum 1. 9. 1992 gestellt hat oder wenn über einen gestellten Antrag bis zum 1. 12. 1992 nicht entschieden worden ist. Erscheint das darin zum Ausdruck kommende Bemühen des Gesetzgebers um eine Beschleunigung der Unternehmensrückgabe und finanzielle Entlastung der Treuhandanstalt noch nachvollziehbar, so ist die **Fristbestimmung auf den 1. 12. 1992 zweifelhaft.** Berechtigte, die ihre Berechtigung nachgewiesen haben, gelten gem. § 6a Abs. 2 S. 2 VermG mit Ablauf von drei Monaten nach Antragstellung ohnehin als in das Unternehmen eingewiesen, wenn bis dahin über den Antrag nicht entschieden ist. Berechtigte, die ihre Berechtigung zwar glaubhaft machen können, für die aber die automatische Einweisung nach § 6a Abs. 2 S. 2 VermG nicht gilt, werden unter Umständen mit erheblichen wirtschaftlichen Nachteilen belastet, wenn es aufgrund einer Nichtbescheidung bis zum 1. 12. 1992 zu einer Gesamtvollstreckung über das zu restituierende Unternehmen kommt. Es bleiben dem Berechtigten, der selbst keinen Einfluß auf die Entscheidungsabläufe und -zeiträume des § 6a-Verfahrens hat, allenfalls vage Amtshaftungsansprüche gegen die mit dem § 6a-Verfahren betraute Behörde.

Für alle Verfügungsberechtigten, also nicht nur die Treuhandanstalt/BVS, besteht seit 185 Inkrafttreten des 2. VermRÄndG am 22. 7. 1992 eine Notgeschäftsführungspflicht auch nicht mehr zur **Verhinderung einer Liquidation nicht lebens- und sanierungsfähiger Unternehmen.** Damit soll verhindert werden, daß Unternehmen unterhalb der Schwelle der Gesamtvollstreckung trotz Sanierungsunfähigkeit weiterhin zu alimentieren und am Leben zu erhalten sind. Es gelten die Voraussetzungen des Absatzes 3 Satz 7. Die für das Gesamtvollstreckungsverfahren bei Treuhandunternehmen neu eingefügte Vorschrift des Satzes 9 ist vom Wortlaut her nur auf die Gesamtvollstreckung zugeschnitten und daher auf Liquidationen iSd. Satzes 7 nicht anwendbar.

Soweit die Treuhandanstalt/BVS wegen einer Verschlechterung der Ertragslage vor der 186 Rückübertragung des Unternehmens **Restrukturierungsmaßnahmen** eingeleitet hat, werden diese durch das Restitutionsverfahren nicht berührt, es sei denn, es handelt sich um eines der von der Unterlassungsverpflichtung des § 3 Abs. 3 VermG erfaßten Rechtsgeschäfte. Diese sind nur mit Zustimmung des Berechtigten zulässig (vgl. § 6 Abs. 6 URüV). Hinsichtlich der geschriebenen Ausnahmen von der Unterlassungsverpflichtung

---

[274] Vgl. dazu RdNr. 192.
[275] Vgl. AG Neukölln ZOV 1992, 110.
[276] *Schmidt-Räntsch* ZIP 1992, 593, 595; *Schniewind* BB-Beil. 21 zu H. 30/1991, S. 25.

sind für den Verfügungsberechtigten über ein Unternehmen insbesondere § 3 Abs. 3 S. 6 und 9 VermG von Bedeutung. Was im einzelnen unter „Restrukturierungsmaßnahmen" zu verstehen ist, definiert die URüV nicht. Dem Sinn nach behandelt es sich um Maßnahmen zur Umsetzung eines Sanierungskonzeptes bzw. zur Einleitung der Privatisierung[277] (vgl. § 1 Abs. 2, 3 und 6, § 2 Abs. 6 TreuhG).[278]

187 **5. Rechte und Pflichten des Verfügungsberechtigten (Abs. 3 S. 4 und 6).** Der Verfügungsberechtigte hat die Notgeschäftsführungsmaßnahmen so auszuführen wie es das **Interesse des Berechtigten** mit Rücksicht auf dessen wirklichen oder mutmaßlichen Willen erfordert (Abs. 3 S. 6 Hs. 1). Dies gilt, ohne daß dies im Gesetz ausdrücklich ausgesprochen ist, sinngemäß auch für die Übernahme der Notgeschäftsführung. Die Vorschrift übernimmt für das gesetzliche Schuldverhältnis zwischen Verfügungsberechtigtem und Berechtigtem vollinhaltlich die für den auftraglosen Geschäftsführer geltenden Sorgfaltspflichten (§ 677 BGB). Dieser besonderen Anordnung bedurfte es, da die von dem Verfügungsberechtigten abzuschließenden Rechtsgeschäfte keine objektiv fremden Geschäfte sind und die Feststellung eines Fremdgeschäftsführungswillens im Einzelfall mit Schwierigkeiten verbunden sein kann.

188 Aufgrund der wörtlichen Übereinstimmung mit § 677 BGB („mit Rücksicht auf") hat auch im Rahmen von § 3 Abs. 3 S. 6 das **Interesse** des Berechtigten **Vorrang vor** seinem **Willen**, während die Merkmale Interesse und Wille in § 683 BGB gleichrangig verbunden nebeneinander stehen („und").[279] Stehen also das objektive Interesse des Berechtigten und der geäußerte Wille in Widerspruch zueinander, ist auf das Interesse abzustellen.[280]

189 Interessegemäß sind die auf die gesamte persönliche Situation des Berechtigten (Vermögensverhältnisse, Beruf, Familienstand usw.) bezogenen **objektiv nützlichen und sachlich vorteilhaften Geschäftsführungshandlungen**.[281]

190 Eine Besonderheit ergibt sich, soweit der Rückübertragungsanspruch auf ein Unternehmen gerichtet ist. In diesem Fall ist letztendlich auf das **Gesamtinteresse des Unternehmens** abzustellen, wenn das Interesse des Berechtigten dem entgegensteht. Der Begriff des „Gesamtinteresses" ist nach dem Gesetzeszweck sinnentsprechend dem Terminus „Unternehmensinteresse".[282] Sinn und Zweck der Regelung ist es, Erhaltungs- und ggfls. Erweiterungsinvestitionen bei Unternehmen in jedem Fall Vorrang vor gegenläufigen Interessen des Berechtigten einzuräumen, die unter Umständen auch zu einer Vernichtung von Arbeitsplätzen oder allgemein zur Einstellung des Betriebes führen können. Aus der Verpflichtung auf das Gesamtinteresse können Dritte, etwa Arbeitnehmer, keine eigenen Rechte gegenüber dem Verfügungsberechtigten herleiten.[283] Die Vorschrift beinhaltet allein einen Haftungsmaßstab für das durch die vermögensrechtliche Antragstellung begründete Sonderrechtsverhältnis zwischen Berechtigten und Verfügungsberechtigtem.

191 Ist ein wirklicher – ggf. auch unvernünftiger – Wille des Berechtigten nicht zu ermitteln, entscheidet der **mutmaßliche Wille**. Maßgebend ist mithin, ob der Berechtigte bei objektiver Berücksichtigung aller Umstände der Geschäftsführung zugestimmt hätte.[284]

---

[277] *Wellhöfer* Rechtshandbuch B 101 § 6 RdNr. 52.
[278] Dazu *Busche* Rechtshandbuch B 200 Vor § 1 RdNr. 40 ff., § 1 RdNr. 53 ff., § 2 RdNr. 25 ff.
[279] Vgl. für § 677 *Seiler* MünchKomm., BGB, 2. Aufl. 1986, § 677 RdNr. 45; aA *Staudinger-Wittmann*, BGB, 12. Aufl. 1991, Vor § 677 RdNr. 28.
[280] *Kimme-Thomas* RdNr. 104; aA *Wasmuth* Rechtshandbuch B 100 RdNr. 249, der die Parallele von § 3 Abs. 3 S. 6 VermG zu § 677 BGB außer acht läßt.
[281] Vgl. allgemein zu § 683: RGZ 149, 205, 207; BGHZ 47, 370, 372; BGH LM Nr. 3, 17 zu § 683 BGB; *Staudinger-Wittmann*, BGB, 12. Aufl. 1991, Vor § 677 RdNr. 27; *Seiler* MünchKomm. BGB, 2. Aufl. 1986, § 683 RdNr. 4.

[282] *Schniewind* BB-Beil. 21 zu H. 30/1991, S. 25 (Fn. 119); vgl. allgemein dazu *Jürgenmeyer*, Das Unternehmensinteresse, 1984, S. 134 ff.; *Raisch*, Festschrift für Hefermehl, 1976, S. 347, 348 ff.; *Raiser*, Festschrift für Reimer Schmidt, 1976, 101 ff.; *Säkker*, Festschrift für Lukes, 1989, S. 547 ff.
[283] *Schniewind* BB-Beil. 21 zu H. 30/1991, S. 26.
[284] BGH NJW-RR 1989, 970; BGHZ 47, 370, 374; BGH NJW 1971, 609, 612; OLG München NJW-RR 1988, 1013, 1015; OLG Stuttgart NJW 1947/8, 227, 228; *Staudinger-Wittmann*, BGB, 12. Aufl. 1991, Vor § 677 RdNr. 29; *Soergel-Mühl*, BGB, 11. Aufl. 1980, § 683 RdNr. 4; *Palandt-Thomas*, § 683 RdNr. 6; *Seiler* MünchKomm., BGB, 2. Aufl. 1986, § 683 RdNr. 10.

Wie bei der Bestimmung des Interesses kommt es also auf die Gesamtsituation an, so daß aus der Interessegemäßheit der Notgeschäftsführung zugleich auf den mußmaßlichen Willen zu schließen ist.

6. Ansprüche aus der Notgeschäftsführung. a) Ansprüche des Berechtigten. Aus der gesetzlichen Sonderverbindung zwischen Verfügungsberechtigtem und Berechtigtem, so wie sie in den Bestimmungen des § 3 Abs. 3 VermG inhaltlich umschrieben ist, kann der Berechtigte ggfls. vor den Zivilgerichten (§ 13 GVG) auf **Erfüllung** klagen. Dies beschränkt sich nicht nur auf die Einhaltung der Unterlassungsverpflichtung gem. § 3 Abs. 3 S. 1 VermG, sondern betrifft ebenso die Verpflichtung zur Vornahme einzelner Notgeschäftsführungsmaßnahmen durch den Verfügungsberechtigten. Zu nennen sind insbesondere die Vornahme von Rechtsgeschäften zur Erfüllung von Rechtspflichten des Eigentümers (§ 3 Abs. 3 S. 2 lit. a VermG) und zur Erhaltung des Vermögenswertes iSv. § 3 Abs. 3 lit. b VermG wie auch die nur eingeschränkt bestehende Verpflichtung zur Abwendung der Gesamtvollstreckung bei Unternehmen (§ 3 Abs. 3 S. 7 und 9 VermG). Im Einzelfall kann sich ein Anspruch auf **Auskunfterteilung** (§ 242 BGB) über die getroffenen Maßnahmen ergeben.[285]

Soweit es **Sekundäransprüche** anbetrifft, ist seit Inkrafttreten des PrHBG am 29. 3. 1991 auf das Verhältnis zwischen dem zur Notgeschäftsführung berechtigten Verfügungsberechtigten und dem Berechtigten die Vorschrift des § 678 BGB dem Grundsatz nach entsprechend anzuwenden (vgl. § 3 Abs. 3 S. 6 Hs. 2 VermG). Danach ist der Verfügungsberechtigte dem Berechtigten zum Ersatz des aus der Notgeschäftsführung entstehenden Schadens verpflichtet, wenn die Übernahme der Geschäftsführung mit dem wirklichen oder mutmaßlichen Willen des Berechtigten in Widerspruch steht und der Verfügungsberechtigte dies erkennen mußte.

Der wirkliche oder mutmaßliche Wille des Berechtigten bleibt allerdings insoweit unberücksichtigt, als dem **Verfügungsberechtigten** aus § 177 BauGB, § 3 Abs. 3 S. 3 und 5 VermG bzw. nach den Vorschriften über den Investitionsvorrang **besondere Befugnisse** erwachsen.[286] Das Gesetz spricht noch von Befugnissen „nach dem Investitionsgesetz". Diese Sprachregulierung war selbst nach dem Hemmnisbeseitigungsgesetz schon fehlerhaft, mit dem die Vorschrift eingeführt wurde. Das Vermögensgesetz enthielt nämlich mit dem zwischenzeitlich wieder aufgehobenen § 3 Abs. 6 bis 8 VermG und § 3a VermG neben den Bestimmungen des Investitionsgesetzes weitere investive Vorschriften, auf die § 3 Abs. 3 S. 6 Hs. 2 VermG sinnentsprechend ebenso anzuwenden war. Der Gesetzeswortlaut ist nunmehr in jeder Beziehung unzutreffend, da das Investitionsgesetz mit dem 2. VermRÄndG aufgehoben wurde. Sämtliche ehemaligen Investitionsbestimmungen des Vermögensgesetzes und des Investitionsgesetzes haben in das neu geschaffene Investitionsvorranggesetz Eingang gefunden. Im Gesetzgebungsverfahren ist offenbar verabsäumt worden, den Gesetzeswortlaut entsprechend anzupassen.

Neben einem **Schadensersatzanspruch** aus § 678 BGB kann dem Berechtigten auch ein Anspruch auf Ersatz der aus einer schuldhaften Schlechterfüllung der Notgeschäftsführung erwachsenden Schäden nach den Grundsätzen der positiven Vertragsverletzung zustehen. Die Vorschrift des § 3 Abs. 3 VermG begründet insoweit die für die Anwendung der pVV erforderliche gesetzliche Sonderverbindung zwischen Verfügungsberechtigtem und Berechtigtem.[287] In Betracht kommen schließlich deliktische Ansprüche aus § 823 Abs. 2 BGB iVm. § 3 Abs. 3 VermG, der als Schutzgesetz jedenfalls auch die Restitutionsinteressen des Berechtigten schützt.[288] Die Schadensersatzansprüche aus pVV bzw. § 823 Abs. 2 BGB iVm. § 3 Abs. 3 VermG können unabhängig von den durch PrHBG geschaffenen Regelungen bereits für Sachverhalte vor dem 29. 3. 1991 begründet sein.

Hat der Verfügungsberechtigte unter Verstoß gegen § 3 Abs. 3 S. 6, 7 und 9 VermG die **Gesamtvollstreckung nicht abgewendet**, können die Berechtigten anteilig die Zahlung

---

[285] Vgl. AG Neukölln ZOV 1992, 110.
[286] AA offenbar *Hök* ZOV 1993, 144, 145.
[287] Vgl. bereits RdNr. 163.
[288] Vgl. bereits RdNr. 164.

des Verkehrswertes der Vermögensgegenstände verlangen, die von der Gesamtvollstreckung betroffen waren. Von dem Ersatzanspruch sind die einzelnen Vermögensgegenständen zuzuordnenden Verbindlichkeiten des Unternehmens anteilmäßig in Abzug zu bringen, es sei denn, diese bestanden unmittelbar oder mittelbar aufgrund gesellschaftsrechtlicher Beteiligung gegenüber dem Bund, Ländern, Gemeinden oder einer anderen Person des öffentlichen Rechts (vgl. § 6 Abs. 6a S. 6 iVm. S. 2 VermG). Soweit aufgrund der Gesamtvollstreckung die Rückgabe des Unternehmens ausgeschlossen ist, besteht daneben ein Entschädigungsanspruch nach § 6 Abs. 7 VermG: Leistungen nach § 6 Abs. 6a S. 6 VermG werden auf den Entschädigungsanspruch angerechnet.[289]

197 **b) Ansprüche des Verfügungsberechtigten.** Betrifft die Notgeschäftsführungsmaßnahme ein Unternehmen, kann der Verfügungsberechtigte den **Ersatz etwaiger Aufwendungen** nur im Rahmen des Vermögensausgleichs nach § 6 Abs. 2 bis 4 VermG geltend machen.[290] Für andere Vermögenswerte als Unternehmen gilt § 7 VermG,[291] wonach Ausgleichsansprüche ausgeschlossen sind.[292]

198 In Ausnahme dazu statuiert § 3 Abs. 3 S. 4 VermG mit Bestandskraft der Rückübertragungsentscheidung eine Ersatzpflicht des Berechtigten hinsichtlich der vom Verfügungsberechtigten für **Instandsetzungen der in § 3 Abs. 3 S. 3 VermG bezeichneten Art** aufgewendeten Kosten, soweit diese durch eine instandsetzungsbedingte Mieterhöhung nicht bereits ausgeglichen wurden. Voraussetzung für die Kostenerstattung ist also jedenfalls, daß die der Instandsetzung dienenden Rechtsgeschäfte iSv. § 3 Abs. 3 S. 3 VermG im Zeitpunkt ihrer Vornahme überhaupt aufgrund außerhalb des VermG erlassener Vorschriften zulässig waren.[293] Erstattungsfähig ist nur der unmittelbar der Immobilie zugeflossene Instandsetzungsaufwand; zu den „Kosten" iSv. § 3 Abs. 3 S. 4 VermG zählen also nicht Aufwendungen für Kreditmittelbeschaffung etc.[294]

199 Entsprechend ist § 3 Abs. 3 S. 4 VermG auf die Fälle der durch § 3 Abs. 3 S. 2 lit. a VermG erfaßten **Erfüllung eines behördlichen Modernisierungs- und Instandsetzungsgebotes** (§ 177 BauGB) anzuwenden.[295] Der Berechtigte hat dem Verfügungsberechtigten mithin ebenso die im Zeitpunkt der Bestandskraft des Restitutionsbescheides (vgl. § 33 Abs. 3 und 5 VermG) noch nicht durch eine modernisierungs- bzw. instandsetzungsbedingte Mieterhöhung ausgeglichenen sog. rentierlichen Kosten zu ersetzen. Rentierliche Kosten sind nach § 177 Abs. 4 und 5 BauGB diejenigen Kosten der Maßnahme, die der Verfügungsberechtigte aus eigenen oder fremden Mitteln decken kann, sowie die daraus entstehenden Kapital- und zusätzlichen Bewirtschaftungskosten, sofern sie aus den Erträgen des Gebäudes aufgebracht werden können. Die entsprechende Anwendung des § 3 Abs. 3 S. 4 VermG rechtfertigt sich aus der Überlegung, daß ein Ersatzanspruch des Verfügungsberechtigten, wenn er schon ohne Anordnung eines Instandsetzungs- und Modernisierungsgebotes besteht (vgl. § 3 Abs. 3 S. 5 VermG), erst recht im Rahmen einer bauordnungsrechtlichen Verfügung nach § 177 BauGB bestehen muß.

V. Verspätete Anmeldungen (Abs. 4)

200 **1. Allgemeines.** Die Pflicht zur Unterlassung von Rechtsgeschäften, die das Restitutionsinteresse des Berechtigten beeinträchtigen, besteht ebenso wie das Recht zur Notgeschäftsführung auch bei Vorliegen einer verspäteten Anmeldung (Abs. 3 S. 8), also wenn die Anmeldung erst nach dem 15. 10. 1990 bzw. 31. 3. 1991 eingegangen ist (vgl. § 3

---

[289] Vgl. dazu § 6 RdNr. 141, 137.
[290] Ausführlicher dazu § 6 RdNr. 16 ff.
[291] Vgl. RdNr. 128 ff. und § 7 RdNr. 32 ff.
[292] AA *Kinne* R/R/B RdNr. 134, 136 f.
[293] Vgl. die mit Wirkung zum 1. 1. 1993 am 5. 8. 1992 in Kraft getretene Zweite Verordnung über die Erhöhung der Grundmieten v. 27. 7. 1992 BGBl. I S. 1416 sowie schon RdNr. 177.

[294] Weitergehend unter Rückgriff auf § 670 BGB *Wasmuth* Rechtshandbuch B 100 RdNr. 257 ff.; ähnlich *Kimme-Rapp* RdNr. 96.
[295] Vgl. auch *Wasmuth* Rechtshandbuch B 100 RdNr. 254, der § 3 Abs. 3 S. 4 VermG ohne nähere Begründung auf § 3 Abs. 3 S. 2 lit. b und S. 5 VermG anwenden will; in S. 5 ist die Erstattung jedoch anderweit geregelt (vgl. dazu RdNr. 176).

AnmVO).²⁹⁶ Es handelt sich bei den in der AnmeldeVO genannten Terminen nicht um Präklusionsfristen.²⁹⁷ Die **Versäumung der Anmeldefristen** führt daher für sich genommen nicht zum Verlust des Restitutionsanspruchs (Abs. 4 S. 2). Der Anspruch auf Rückübertragung besteht aber nur dann, wenn der Verfügungsberechtigte nicht zwischenzeitlich, also im Zeitraum nach dem 15. 10. 1990 bzw. 31. 3. 1991 bis zum Eingang der verspäteten Anmeldung, über den **Vermögenswert** wirksam **verfügt** hat. Ist das geschehen, **entfällt** damit der **Rückübertragungsanspruch**.²⁹⁸ Diese aus einem Umkehrschluß aus Abs. 4 S. 3 abzuleitende Rechtsfolge beinhaltet nicht etwa nur eine Ausnahmebestimmung für Verfügungen iSv. Abs. 4 S. 1, sondern entspricht dem allgemeinen vermögensrechtlichen Grundsatz, wonach Rückübertragungsansprüche im Interesse des Verkehrsschutzes untergehen, wenn der Verfügungsberechtigte über den Vermögenswert verfügt. Die bis zum Ablauf der Anmeldefristen bestehende Unterlassungsverpflichtung nach § 3 Abs. 4 VermG, die ab dem Zeitpunkt der verspäteten Anmeldung wiederauflebt, ist daher nicht als gesetzliches Verbot, sondern als nur schuldrechtliche Verpflichtung im Innenverhältnis zwischen Verfügungsberechtigtem und Berechtigtem ausgestaltet. Zu beachten ist, daß für den Umfang der Notgeschäftsführungsbefugnis noch § 3 Abs. 3 S. 2 VermG idF d. EVertr galt, wonach lediglich die zur Erfüllung von Rechtspflichten des Eigentümers oder zur Erhaltung und Bewirtschaftung des Vermögenswertes unbedingt erforderlichen Rechtsgeschäfte möglich waren.

2. Verfügungen. Da § 3 Abs. 4 VermG den Untergang des Rückübertragungsanspruchs voraussetzt, ist mit einer Verfügung iS dieser Vorschrift nur die **Eigentumsübertragung**, nicht aber die Belastung des Eigentums mit dinglichen Rechten gemeint, die nicht zum Untergang des Rückübertragungsanspruchs führt.²⁹⁹ Der Ausschluß des Rückübertragungsanspruch nach § 4 Abs. 2 S. 2 VermG betrifft nur Rechtsgeschäfte, die vor dem 19. 10. 1989 abgeschlossen bzw. eingeleitet worden sind.³⁰⁰

Verfügungen iSv. § 3 Abs. 4 S. 2 VermG sind **nicht nur** dann **zulässig, wenn** der Verfügungsberechtigte einen **Erlös erzielt**.³⁰¹ Ein derartiges Verständnis der Vorschrift, das sich auf den Wortlaut des Satzes 3 stützen kann, ließe außer Acht, daß Satz 3 nur die Rechtsfolge der Verfügung regelt, nicht aber die Voraussetzungen, unter denen verfügt werden darf. Liegt aber keine vermögensrechtliche Anmeldung vor, unterliegt der Verfügungsberechtigte nach Ablauf der Anmeldefristen keinerlei Verfügungsbeschränkungen.

Für den Fall, daß im Zeitraum zwischen Ablauf der Anmeldefrist und der verspäteten Anmeldung über den betroffenen Vermögenswert verfügt wurde, ist zur Wirksamkeit der Verfügung die **dingliche Perfektionierung des Rechtsgeschäftes** erforderlich.³⁰²

Dem Recht des Verfügungsberechtigten, nach Ablauf der Anmeldefristen Rechtsgeschäfte in Beziehung auf die betroffenen Vermögenswerte zu tätigen (Abs. 4 S. 1), korrespondiert die Pflicht, zugleich die **wirtschaftlichen Interessen etwaiger Berechtigter** wahrzunehmen, da diesen bei verspäteter Anmeldung der Anspruch auf den Erlös verbleibt.³⁰³ Dies kann bei Grundstückskaufverträgen durch eine **Anpassungsklausel** geschehen, die nach Ablauf einer Übergangsfrist die Überprüfung und nachträgliche Anpassung des zunächst vereinbarten Grundstückspreises an veränderte Marktpreise erlaubt. Bei Schlechterfüllung der Interessenwahrungspflicht kann der Berechtigte einen Anspruch auf

---

²⁹⁶ Vgl. dazu bereits RdNr. 135 sowie *Kohler* NJW 1991, 465; *Kimme* NJW 1990, 3185, 3186; aA *Rohde* DtZ 1990, 312, 317 o. Begr.

²⁹⁷ *Kimme* NJW 1990, 3185, 3186; *Christmann* DStR 1990, 732; *Horn* S. 498 f.; *Fieberg-Reichenbach* NJW 1991, 321, 324; *dies.* F/R/M/S RdNr. 70; *Schmidt-Räntsch* ZIP 1991, 125; *Maskow-Hoffmann* BB-Beil. 40 zu Heft 35/36 1990, S. 1, 3; *Schmanns* VIZ 1992, 47.

²⁹⁸ *Wasmuth* Rechtshandbuch B 100 RdNr. 319; zur Problematik des Wiederaufgreifens des Verfahrens nach der GVO gem. § 7 AnmVO vgl. RdNr. 102.

²⁹⁹ *Wasmuth* Rechtshandbuch B 100 RdNr. 320; aA *Kimme-Gneipelt* RdNr. 137.

³⁰⁰ Vgl. dazu § 4 RdNr. 67 ff.

³⁰¹ *Fieberg-Reichenbach,* F/R/M/S RdNr. 83; *Wasmuth* Rechtshandbuch B 100 RdNr. 326.

³⁰² Vgl. zur Perfektionierung RdNr. 115 f.

³⁰³ *Drygalski-Obst,* in: Vermögensrechtliche Ansprüche der DDR-Enteignungsgeschädigten, 1990, S. 232; *Wasmuth* Rechtshandbuch B 100 RdNr. 330; aA *Kinne* R/R/B RdNr. 159.

VermG § 3 205–209   Abschnitt II. Rückübertragung von Vermögenswerten

Schadensersatz aus pVV bzw. § 823 Abs. 2 BGB geltend machen.[304] Die Interessenwahrungspflicht entfällt für Rechtsgeschäfte, die nach dem Ablauf der für die Antragstellung mit dem 2. VermRÄndG eingeführten Ausschlußfristen (vgl. § 30a VermG) abgeschlossen werden, wenn bis zum Fristablauf keine verspätete Anmeldung vorlag.[305]

205   **3. Rechtsfolgen.** Liegt eine wirksame Verfügung vor, steht dem Berechtigten nur noch ein Anspruch auf den Erlös zu (Abs. 4 S. 3). Da der **Erlös** nicht aus dem Verfügungs-, sondern aus dem Verpflichtungsgeschäft folgt, ist eine **wirtschaftliche Betrachtung** geboten. Der Anspruch auf Herausgabe des Erlöses richtet sich bei beweglichen Sachen gegen den Entschädigungsfonds (§ 10 Abs. 1 VermG), bei sonstigen Vermögenswerten gegen den Verfügungsberechtigten (Abs. 4 S. 3). Zum Verfahren bei Auskehrung des Erlöses vgl. RdNr. 50 a, b.

206   Gegen Wortlaut und Systematik des Gesetzes verstößt es, wenn dem Berechtigten **wahlweise** neben dem Erlösherausgabeanspruch noch ein **Anspruch auf Entschädigung** eingeräumt wird.[306] Der nach § 8 Abs. 1 S. 1 VermG wahlweise bestehende Entschädigungsanspruch setzt voraus, daß im Zeitpunkt der Antragstellung iSv § 30 VermG wahlweise daneben noch ein Rückübertragungsanspruch geltend gemacht werden kann. Dieser ist aber durch § 3 Abs. 4 S. 3 VermG **ausgeschlossen**. Der Anspruch auf Rückgabe besteht mithin gerade nicht lediglich in veränderter Form (nämlich als Anspruch auf Herausgabe des Surrogats) fort.[307] Auch aus § 1 Abs. 1 S. 1 EntschG ist ein Entschädigungsanspruch nicht ableitbar, da diese Vorschrift nicht auf § 3 Abs. 4 verweist. Etwaige aus dem Ausschluß des Wahlrechtes entstehende wirtschaftliche Nachteile hat der Berechtigte infolge der verspäteten Anmeldung hinzunehmen.

VI. Vergewisserungspflicht (Abs. 5)

207   **1. Grundsatz.** Mit der Vorschrift des § 3 Abs. 5 VermG ist dem Verfügungsberechtigten die Pflicht auferlegt, sich vor „Verfügungen" über Vermögenswerte zu vergewissern, ob Anträge iSv. § 3 Abs. 3 S. 1 VermG vorliegen. Die Vergewisserungspflicht bezieht sich, wie § 3 Abs. 3 S. 8 VermG zeigt, nicht nur auf **rechtzeitige**, sondern auch auf **verspätete Anmeldungen**. Der Sinn und Zweck dieser Verpflichtung kann in dem Umstand gesehen werden, daß durch Verfügungen über anmeldebelastete Vermögenswerte der sie betreffende Rückübertragungsanspruch des Berechtigten untergeht.

208   **2. Verpflichtete.** Zur Vergewisserung verpflichtet sind **alle Verfügungsberechtigten** iSv. § 2 Abs. 3 VermG. Ohne Belang ist es, ob es sich um natürliche Personen, Handelsgesellschaften, den Staat oder andere juristische Personen des öffentlichen Rechts handelt. Unterschiede können sich allein im Hinblick auf den Umfang der Vergewisserungspflicht ergeben.[308]

209   **3. Gegenstand der Vergewisserungspflicht.** Die Vergewisserungspflicht wird nach dem Wortlaut des § 3 Abs. 5 VermG allein bei **Verfügungen** über einen Vermögenswert ausgelöst. Andererseits verweist Absatz 5 auf Anmeldungen „im Sinne des Absatzes 3". Diese lösen aber nach § 3 Abs. 3 S. 1 VermG nicht nur eine Unterlassungspflicht hinsichtlich etwaiger Verfügungen aus, sondern auch in bezug auf die **Eingehung langfristiger vertraglicher Verpflichtungen**. Da auch letztere nach Ansicht des Gesetzgebers den Rückübertragungsanspruch des Berechtigten nachhaltig beeinträchtigen können, läßt sich nach Sinn und Zweck mit guten Gründen eine entsprechende Anwendung des § 3 Abs. 5 VermG auf diese Rechtsgeschäfte vertreten.[309] Insoweit ist der Wortlaut des § 3 Abs. 5

---

[304] Vgl. dazu RdNr. 163 f.
[305] Zu den Ausschlußfristen vgl. RdNr. 8 f.
[306] So aber Erl.BReg., BT-Drucks. 11/7831, S. 5; *Drygalski-Obst* (Fn. 303) S. 232; *Wasmuth* BRAK-Mitt. 1991, 116, 126; *ders.* Rechtshandbuch B 100 RdNr. 332; *Kinne* R/R/B RdNr. 158; *Fieberg-Reichenbach* F/R/M/S § 8 RdNr. 6, 8 f., § 3

RdNr. 88; *Czerwenka* S. 50; *Kimme-Gneipelt* RdNr. 140; anders offenbar BMJ URüL Ziff. 8.5.
[307] AA *Fieberg-Reichenbach,* F/R/M/S § 8 RdNr. 6.
[308] Vgl. dazu RdNr. 213 ff.
[309] Vgl. auch *Wasmuth* Rechtshandbuch B 100 RdNr. 337.

Grundsatz   210–216 § 3 VermG

VermG Ausdruck einer terminologischen Ungenauigkeit, wie sie sich noch an anderen Stellen des in seinen Ursprüngen auf den DDR-Gesetzgeber zurückgehenden Gesetzes findet.

Erheblichen Zweifeln unterliegt die vorstehende Argumentation jedoch seit Inkrafttreten des 2. VermRÄndG, mit dem § 3 Abs. 5 VermG neu gefaßt worden ist. Obwohl die im Sinnzusammenhang mißverständliche Gesetzesterminologie dem Gesetzgeber offenbar sein mußte, ist auch in dem novellierten Absatz 5 weiterhin nur von „**Verfügungen**" die Rede. Eine entsprechende Anwendung der Vergewisserungspflicht auf die Fälle der Eingehung langfristiger vertraglicher Verpflichtungen läßt sich nunmehr nur noch mit der „Hilfs"-Erwägung begründen, daß die Neufassung des Absatzes 5 lediglich die bisherigen Anforderungen an die Sorgfaltspflicht des Verfügungsberechtigten präzisieren soll, damit aber den Gegenstand der Vergewisserungspflicht unberührt läßt.[310]   210

Die **Vergewisserungspflicht entfällt**, wenn die Rechtsgeschäfte investiven Zielen iSd. Investitionsvorranggesetzes dienen (vgl. §§ 1ff. InVorG; §§ 3 Abs. 6, 7; 3a VermG aF; §§ 1ff. BInvG). In den genannten Fällen besteht bzw. bestand die Unterlassungsverpflichtung des § 3 Abs. 3 VermG, auf die Abs. 5 Bezug nimmt, von vornherein nicht.   211

Ohne unmittelbaren Einfluß auf die Vergewisserungspflicht sind die mit dem 2. VermRÄndG eingeführten **Ausschlußfristen** für die Anmeldung vermögensrechtlicher Ansprüche. Etwas anderes kann dann gelten, wenn der Verfügungsberechtigte, der nach Fristablauf ein Rechtsgeschäft eingehen will, aufgrund einer vorherigen behördlichen Auskunft gewiß sein kann, daß in bezug auf den betroffenen Vermögenswert bis zum Ablauf der Ausschlußfrist keine Anmeldung vorlag.   212

4. Umfang der Vergewisserungspflicht. a) Allgemeines. Der Verfügungsberechtigte hat sich zu vergewissern, also Gewißheit über das Nichtvorhandensein einer Anmeldung zu verschaffen. Dabei kann es sich nur um eine **persönliche Gewißheit, nicht** um eine **absolute** handeln. In Anlehnung an die zivilprozessualen Beweisgrundsätze ist daher Gewißheit vorhanden, wenn nach der gegebenen Erkundigungspflicht „Zweifeln Schweigen geboten ist, ohne sie völlig auszuschließen".[311]   213

b) Rechtslage seit Inkrafttreten des 2. VermRÄndG. Geboten ist nach der Neufassung des Absatzes 5 durch das 2. VermRÄndG die Einholung von **Erkundigungen**   214
– bei dem Amt zur Regelung offener Vermögensfragen, in dessen Bezirk der Vermögenswert belegen ist (§§ 24 iVm. 35 Abs. 2 VermG);
– soweit ein Unternehmen betroffen ist, bei dem Landesamt zur Regelung offener Vermögensfragen, in dessen Bezirk das Unternehmen seinen Sitz (Hauptniederlassung) hat (§ 25 VermG).

Der **Sitz** bzw. die **Hauptniederlassung** einer Kapitalgesellschaft ergibt sich aus dem Gesellschaftsvertrag, sog. Rechtssitz (vgl. §§ 23 Abs. 3 Nr. 1 AktG; 3 Abs. 1 Nr. 1 GmbHG). Bei Personenhandelsgesellschaften ist Sitz bzw. Hauptniederlassung nach überwiegender Ansicht der Ort der Geschäftsführung bzw. zentralen Geschäftsführung.[312] Eine abweichende Bestimmung durch Gesellschaftsvertrag oder Registereintragung ist danach nicht möglich.[313] Für die nach 1945 entstandenen Spaltgesellschaften, dh. solche mit Doppelsitz oder doppelter Hauptniederlassung in den alten und neuen Bundesländern, liegt der maßgebliche Sitz bzw. die Hauptniederlassung in den neuen Bundesländern.[314]   215

Zu weiteren Erkundigungen als bei den genannten Ämtern ist der Verfügungsberechtigte seit Inkrafttreten des 2. VermRÄndG am 22. 7. 1992 im Gegensatz zur vorhergehenden Sach- und Rechtslage, die noch durch administrative Anlaufschwierigkeiten geprägt   216

---

[310] Vgl. Begründung zu d. Entwurf e. 2. VermRÄndG, BT-Drucks. 12/2480, S. 42.
[311] Vgl. BGHZ 61, 165, 169 = NJW 1973, 1924, 1925; *Zöller-Greger*, ZPO, 19. Aufl. 1995, § 286 RdNr. 17ff.; vgl. auch BGHZ 53, 245, 256 = NJW 1970, 946, 948.
[312] *Baumbach-Hopt*, HGB, 29. Aufl. 1995, § 106 RdNr. 8; *Heymann-Emmerich*, HGB, 1989, § 106 RdNr. 4; abweichend mit guten Gründen *Ulmer* GK HGB, 4. Aufl. 1988, § 106 RdNr. 20.
[313] BGH BB 1957, 799, 799; BGH MDR 1969, 662, 662.
[314] Zur Zulässigkeit eines Doppelsitzes vgl. BayObLG BB 1962, 497.

VermG § 3 217–221 Abschnitt II. Rückübertragung von Vermögenswerten

war, nicht mehr verpflichtet. Der Gesetzgeber hat durch Einfügung eines Satzes 2 in § 31 Abs. 2 VermG sichergestellt, daß das Vermögensamt des Belegenheitsortes unverzüglich **über** etwaige beim Vermögensamt am Wohnsitz des Berechtigten **eingegangene Anträge informiert** wird.

217 c) **Altfälle.** Bis zum Inkrafttreten des 2. VermRÄndG war der Umfang der Vergewisserungspflicht in § 3 Abs. 5 VermG nicht näher konkretisiert. Die Vorschrift lautete lediglich:

„Der Verfügungsberechtigte hat sich vor einer Verfügung zu vergewissern, daß keine Anmeldung im Sinne des Absatzes 3 vorliegt."

218 Es blieb nach dem Wortlaut der Vorschrift also offen, wie der Verfügungsberechtigte seiner Vergewisserungspflicht nachzukommen hatte. Sinngemäß hatte der Verfügungsberechtigte bei der Vergewisserung mit **verkehrsüblicher Sorgfalt** vorzugehen, dh. je nach dem Einzelfall dort Erkundigungen einzuziehen, wo Anmeldungen auf Vermögensrestitution vorliegen konnten.

219 **Erkundigungen** waren danach vorzunehmen
– allgemein bei dem Amt zur Regelung offener Vermögensfragen, in dessen Bereich der Vermögenswert belegen ist (§§ 24 iVm. 35 Abs. 2 VermG) bzw. vor Errichtung dieser Ämter bei den Landratsämtern der Kreise bzw. Stadtverwaltungen der kreisfreien Städte des Belegenheitsortes (§ 28 Abs. 1 VermG);
– bei Unternehmen seit Inkrafttreten des PrHBG zusätzlich auch bei den Landesämtern zur Regelung offener Vermögensfragen (§ 25 VermG);
– bei Grundstücken und Gebäuden ggfls. auch bei dem für den Wohnsitz eines Berechtigten zuständigen Vermögensamt (vgl. § 35 Abs. 1 VermG), wenn sich aus der -regelmässig zumutbaren – Einsichtnahme von Grundakten Anhaltspunkte für eine Vermögensentziehung iSd. § 1 ergaben und der Wohnsitz des Geschädigten ersichtlich war;
– ggfls. noch bei der Zentralen Stelle zur Regelung offener Vermögensfragen bei der Oberfinanzdirektion Berlin (§ 28 Abs. 3 VermG aF), die seit dem 1. 7. 1991 durch das mit dem PrHBG im Gesetz neu verankerte Bundesamt zur Regelung offener Vermögensfragen (§ 29 VermG) ersetzt worden ist.

220 Die Pflicht zur Erkundigung **bei verschiedenen Ämtern** beruhte auf der Tatsache, daß es in der Anfangsphase bei der Erfassung vermögensrechtlicher Anträge zu erheblichen administrativen Problemen gekommen ist. Trotz der in der Arbeitsanleitung des Bundesjustizministeriums zur Bearbeitung der nach der Anmeldeverordnung angemeldeten vermögensrechtlichen Ansprüche v. 24. 10. 1990[315] unter B II 5 gegebenen Hinweise konnte der Verfügungsberechtigte nicht darauf vertrauen, daß das Vermögensamt am Wohnsitz des Berechtigten stets Mitteilungen über vorhandene Anmeldungen an das Vermögensamt des Belegenheitsortes weitergeleitet hat (vgl. nunmehr ausdrücklich § 31 Abs. 2 S. 2 idF d. 2. VermRÄndG).

221 **5. Rechtsfolgen bei Nichtbeachtung.** Kommt der Verfügungsberechtigte seiner Vergewisserungspflicht nicht in dem gebotenen Umfang nach, können daraus **Schadensersatzansprüche des Berechtigten** aus pVV bzw. § 823 Abs. 2 BGB iVm. § 3 Abs. 5 VermG erwachsen,[316] sofern ein von dem Verfügungsberechtigten abgeschlossenes Rechtsgeschäft den Rückübertragungsanspruch über Gebühr beeinträchtigt oder beseitigt. Die Vorschrift des § 3 Abs. 5 VermG bezweckt ebenso wie § 3 Abs. 3 VermG auch den Schutz des Berechtigten, dessen Rückübertragungsanspruch durch Eingehung der von § 3 Abs. 5 VermG erfaßten Rechtsgeschäfte gefährdet werden kann.[317] Der Schadensersatzanspruch ist im Einzelfall wegen Mitverschuldens des Berechtigten aufgrund der verspäteten Anmeldung nach § 254 BGB zu kürzen.[318]

---

[315] Abgedruckt in: Infodienst Kommunal Nr. 7 v. 26. 10. 1990 = Rechtshandbuch D 100.1.
[316] *Kinne* R/R/B RdNr. 163; vgl. bereits RdNr. 163 f.
[317] *Wasmuth* Rechtshandbuch B 100 RdNr. 342.
[318] *Schmanns* VIZ 1992, 48, 51.

Die Voraussetzungen für eine **Staatshaftung** (Art. 34 GG, § 839 BGB; §§ 1 ff. StaatsHG-DDR) sind nicht gegeben, da die Vergewisserungspflicht als Ausfluß der Vermögensverwaltung fiskalischer und nicht hoheitlicher Natur ist.[319]

Ein Schadensersatzanspruch des Berechtigten aus pVV bzw. § 823 Abs. 2 BGB setzt jeweils ein **schuldhaftes Verhalten des Verfügungsberechtigten** voraus. Dabei können dem Verfügungsberechtigten fehlerhafte Auskünfte oder ein **sonstiges Versagen der** von ihm zu Rate gezogenen **Vermögensämter oder sonstigen Behörden** nicht zugerechnet werden. Ein sonstiges Versagen kann etwa in der fehlenden Registrierung von Anmeldungen, der Nichtweiterleitung von Anmeldungen zwischen den Vermögensämtern oder dem Verlust von Anmeldungen auf dem Postwege bestehen. Solchenfalls kann allein der Berechtigte wegen etwaiger bei ihm eingetretener Schäden Amtshaftungsansprüche gegenüber den verantwortlichen Behörden geltend machen.

Allerdings können sich **Verfügungsberechtigte, die selbst zuständige Behörde** für die **Bearbeitung von vermögensrechtlichen Anträgen sind** bzw. waren (§§ 28 Abs. 1, 2 iVm. 38 Abs. 1, 2 VermG), nicht darauf berufen, daß die bei ihnen für die Erfassung von Anträgen nach § 30 Abs. 1 VermG zuständige Dienststelle, diese nur unvollständig registriert hat. Insoweit fällt es in den Organisationsbereich des Verfügungsberechtigten selbst, für einen ordnungsgemäßen Verwaltungsablauf zu sorgen. Verfügungsberechtigter und Träger des vermögensrechtlichen Verfahrens sind dann identisch, wenn Gegenstand des Rechtsgeschäftes ein ehemals volkseigenes Grundstück oder Gebäude ist, das nach Art. 21, 22 EinigungsV bzw. nach diesen Vorschriften iVm. dem KVG oder nach dem TreuhG und seinen DurchführungsVO in das Eigentum der mit dem vermögensrechtlichen Verfahren betrauten Kreise oder kreisfreien Städte überführt worden ist.

Gegebenenfalls ist der Verfügungsberechtigte einem **Erwerbsinteressenten** gegenüber zum Schadensersatz aus culpa in contrahendo verpflichtet, wenn sich herausstellt, daß der Kaufvertrag über einen Vermögenswert nicht erfüllt werden kann, weil ein Antrag nach § 30 Abs. 1 VermG vorliegt. Dieser Fall kann bei Grundstücksveräußerungen eintreten, wenn die zuständige Behörde die zu deren Wirksamkeit erforderliche Grundstücksverkehrsgenehmigung unter Hinweis auf den geltend gemachten Restitutionsanspruch ablehnt.[320] Ein für den Schadensersatzanspruch notwendiges Verschulden des Verfügungsberechtigten ist jedenfalls dann abzulehnen, wenn im Zeitpunkt des Kaufvertragsschlusses objektiv keine vermögensrechtliche Anmeldung vorgelegen hat, diese vielmehr erst danach erfolgt ist.

§ 3a *(weggefallen)*

§ 3b Gesamtvollstreckungsverfahren, Zwangsversteigerungsverfahren

(1) Der Anspruch nach § 3 Abs. 1 Satz 1 wird durch die Eröffnung der Gesamtvollstreckung über das Vermögen des Verfügungsberechtigten nicht berührt. Dies gilt nicht, wenn ein Unternehmen Gegenstand eines Rückübertragungsanspruchs nach § 6 Abs. 1 Satz 1 ist.

(2) Beschlüsse, durch die die Zwangsversteigerung eines Grundstücks oder Gebäudes angeordnet wird, sowie Ladungen zu Terminen in einem Zwangsversteigerungsverfahren sind dem Berechtigten zuzustellen.

---

[319] AA *Kinne* R/R/B RdNr. 163; *Schmanns* VIZ 1992, 48, 51; vgl. zur Parallelproblematik in § 3 Abs. 3 S. 1 bereits RdNr. 169.

[320] Dazu *Schmanns* VIZ 1992, 47, 50.

Schrifttum: *Bork,* Massezugehörigkeit von Rückgabe- und Entschädigungsansprüchen aus §§ 3 ff. VermG, ZIP 1991, 988 ff.; *Limmer,* Das Restitutionsverfahren als ein die Zwangsversteigerung hinderndes Recht?, VIZ 1994, 516 ff.; *Marotzke,* Der Einfluß des Insolvenzverfahrens auf Restitutionsansprüche nach dem Vermögensgesetz, ZIP 1993, 885 ff.; *Reichenbach,* Anmerkung zu BezG Potsdam, Beschl. v. 14. 8. 1992 – 1 T 212/92, VIZ 1993, 79; *Schmidt-Räntsch,* Restitution und Insolvenz, ZIP 1992, 593 ff.; *Smid,* Aktuelle Probleme des Gesamtvollstreckungsrechts, BB 1992, 2090 ff.; *Weimar-Alfes,* Die Abtretung von Rückübertragungsansprüchen nach dem Vermögensgesetz, DNotZ 1992, 619 ff.

Übersicht

	RdNr.		RdNr.
I. Allgemeines		3. Altfälle	10
1. Insolvenz des Verfügungsberechtigten/ Zwangsversteigerungsverfahren	1–3	4. Erweiterte Veräußerungsbefugnis nach § 3c VermG	11, 12
2. Insolvenz des Berechtigten	4–6		
II. Gesamtvollstreckungsverfahren (Abs. 1)		**III. Zwangsversteigerungsverfahren (Abs. 2)**	
1. Grundsatz der Aussonderung	7, 8	1. Grundsatz des Restitutionsausschlusses	13–17
2. Gesamtvollstreckung bei Unternehmen	9	2. Altfälle	18

I. Allgemeines

1 1. Insolvenz des Verfügungsberechtigten/Zwangsversteigerungsverfahren. Die durch das 2. VermRÄndG in das Vermögensgesetz inkorporierte Bestimmung des § 3b VermG dient der Klarstellung des vermögensrechtlichen Verfahrens für den Fall, daß über das Vermögen des Verfügungsberechtigten das Gesamtvollstreckungsverfahren eröffnet wird. Da **restitutionsbelastete Vermögenswerte** bis zu einer etwaigen Rückübertragungsentscheidung im Eigentum des Verfügungsberechtigten stehen, unterliegen sie grundsätzlich der **Pfändung** (§ 7 GesO) und **Verwertung** (§ 17 GesO).[1] Wird daher über einen Verfügungsberechtigten, in dessen Eigentum ein restitutionsbelasteter Vermögenswert steht, das Gesamtvollstreckungsverfahren eröffnet, so fällt der Vermögenswert in die Gesamtvollstreckungsmasse.

2 Bis zum Inkrafttreten des 2. VermRÄndG war umstritten, ob das **Rückübertragungsverfahren** zu Lasten der übrigen Gläubiger dennoch **weitergeführt** werden konnte **oder** ob der Berechtigte wie die übrigen Gläubiger ggfls. auf die **Gesamtvollstreckungsquote** verwiesen war,[2] weil sich der Rückübertragungsanspruch nach Verwertung in einen entsprechenden Zahlungsanspruch verwandelt. Da weder in der GesO noch im VermG ein Vorrang des Restitutionsgläubigers vor den übrigen Gläubigern statuiert war, mußte sich der Berechtigte nach zutreffender Ansicht wie jeder andere Gläubiger behandeln lassen: Das Vermögensgesetz verpflichtet nur den Verfügungsberechtigten über ein Unternehmen unter eingeschränkten Voraussetzungen zur Abwendung der Gesamtvollstreckung[3] und schützt den Rückübertragungsanspruch nicht absolut durch ein gesetzliches Verfügungsverbot, sondern nur relativ im Wege einer schuldrechtlichen Unterlassungspflichtung.[4] Dieses Wertungsfundament läßt eine Bevorzugung des Berechtigten vor anderen Gläubigern in der Gesamtvollstreckung nicht zu.[5] Gegenteiliges ergibt sich auch nicht aus dem öffentlich-rechtlichen Charakter der Rückgabeentscheidung, da diese in Abhängigkeit vom zivilrechtlichen Bestand des Vermögenswertes ergeht.[6] Das zeigt für die Unternehmensrestitution auch die Vorschrift des § 6 Abs. 6a S. 6 VermG. Danach

---

[1] *Schmidt-Räntsch* ZIP 1992, 593, 597.
[2] In diesem Sinne für die Unternehmensrestitution BezG Erfurt ZIP 1992, 1112; für die Singularrestitution *Marotzke* ZIP 1993, 885, 894.
[3] Vgl. § 3 RdNr. 183 ff.
[4] Vgl. § 3 RdNr. 93.
[5] Ebenso *Haarmeyer-Wutzke-Förster,* Gesamtvollstreckungsordnung, 2. Aufl. 1992, § 1 RdNr. 97.
[6] AA BezG Erfurt ZIP 1992, 1112, 1113; VG Magdeburg VIZ 1993, 560, 561; *Schmidt-Räntsch* ZIP 1992, 593, 597 ff.

scheidet eine Unternehmensrestitution nach Eröffnung des Gesamtvollstreckungsverfahrens aus.[7]

Parallele Probleme stellen sich, wenn ein restitutionsbelastetes Grundstück oder Gebäude Gegenstand eines **Zwangsversteigerungsverfahrens** wird.

2. Insolvenz des Berechtigten. Nicht von § 3b VermG erfaßt wird die Behandlung vermögensrechtlicher Ansprüche in der Insolvenz des Berechtigten. Dies ist ein **Problem des allgemeinen Insolvenzrechts**. Da es sich bei den Berechtigten regelmäßig um Personen aus den alten Bundesländern handelt, sind insoweit die Regelungen der Konkursordnung einschlägig. Die Konkursordnung wird insoweit nicht durch die Gesamtvollstreckungsordnung verdrängt (vgl. § 22 Abs. 1 und 4 GesO).

Nach § 1 Abs. 1 KO umfaßt das Konkursverfahren das gesamte einer Zwangsvollstreckung unterliegende Vermögen des Gemeinschuldners, welches ihm zur Zeit der Eröffnung des Verfahrens gehört. Grundsätzlich fallen damit auch **vermögensrechtliche Ansprüche** in die **Konkursmasse**. Sie sind übertragbar (§ 3 Abs. 1 S. 2 VermG) und mithin der Zwangsvollstreckung zugänglich (§ 851 Abs. 1 ZPO); dies wird in § 3 Abs. 1 S. 2 VermG ausdrücklich klargestellt.

Unproblematisch fallen vermögensrechtliche Ansprüche in die Konkursmasse, wenn das Konkursverfahren nach Inkrafttreten des Vermögensgesetzes am 29. 9. 1990 eröffnet worden ist.[8] Zweifelhaft ist jedoch die Rechtslage, wenn die **Eröffnung des Konkursverfahrens** vor diesem Zeitpunkt liegt. Die Zweifel manifestieren sich am Merkmal der **Zugehörigkeit des Anspruches zum Schuldnervermögen im Zeitpunkt der Verfahrenseröffnung**, da die vermögensrechtlichen Ansprüche erstmals mit Inkrafttreten des Vermögensgesetzes begründet worden sind.[9] Dagegen wird die Auffassung vertreten, der Rückübertragungsanspruch knüpfe an den Enteignungstatbestand an, der vor Konkurseröffnung liege.[10] Ein konkursbehafteter Neuerwerb wie etwa bei bedingten und betagten Ansprüchen aus Vertrag oder gesetzlichen Schuldverhältnissen (Pensionsansprüche;[11] Anwartschaftsrechte[12] etc.) setzt jedoch stets voraus, daß nicht nur der tatsächliche Anknüpfungspunkt, sondern auch die Rechtsgrundlage schon vor Eröffnung des Konkursverfahrens bestanden hat.[13] Da dies auf die vor dem 29. 9. 1990 eröffneten Verfahren nicht zutrifft, sind vermögensrechtliche Ansprüche hinsichtlich dieser Verfahren als konkursfreier Neuerwerb einzustufen.

II. Gesamtvollstreckungsverfahren (Abs. 1)

1. Grundsatz der Aussonderung. Geleitet von der Erwägung, daß es bei den noch im Eigentum der Treuhandanstalt verbliebenen Unternehmen vermehrt zur Einleitung von Gesamtvollstreckungsverfahren kommen wird,[14] hat der Gesetzgeber mit der Bestimmung des § 3b Abs. 1 S. 1 VermG einen **Vorrang der Restitutionsgläubiger** vor den übrigen Gläubigern in der Gesamtvollstreckung über das Vermögen eines Verfügungsbe-

---

[7] *Schmidt-Räntsch* ZIP 1992, 593, 596; aA *Wellhöfer* Rechtshandbuch B 100 § 6 RdNr. 263.
[8] *Schmidt-Räntsch* ZIP 1992, 593, 594; *Bork* ZIP 1991, 988, 988; *Marotzke* ZIP 1993, 885, 887.
[9] Vgl. BGH NJW 1993, 2176, 2177; *Weimar-Alfes* DNotZ 1992, 619, 629f.; *Wasmuth* BRAK-Mitt. 1991, 116, 118; *Märker* VIZ 1992, 174; *Marotzke* ZIP 1993, 885, 889; *Lorenz* DStR 1993, 1224; undeutlich *Schmidt-Räntsch* ZIP 1992, 593, 594.
[10] *Bork* ZIP 1991, 988, 992; *Czerwenka* S. 18.
[11] Dazu *Kilger-Karsten Schmidt*, Konkursordnung, 16. Aufl. 1993, § 1 Anm. 3 B a; *Hess-Kropshofer*, Kommentar zur Konkursordnung, 2. Aufl. 1985, § 1 RdNr. 30.

[12] Dazu *Kilger-Karsten Schmidt*, Konkursordnung, 16. Aufl. 1993, § 1 Anm. 3 B c; *Hess-Kropshofer*, Kommentar zur Konkursordnung, 2. Aufl. 1985, § 1 RdNr. 15.
[13] *Schmidt-Räntsch* ZIP 1992, 593, 594; *Hess-Kropshofer*, Kommentar zur Konkursordnung, 2. Aufl. 1985, § 1 RdNr. 28, 31; *Weimar-Alfes* DNotZ 1992, 619, 630f. *Marotzke* ZIP 1993, 885, 889, 893.
[14] Vgl. Begründung zu d. Entwurf e. 2. VermRÄndG, BT-Drucks. 12/2480, S. 42.

VermG § 3 b 8–11   Abschnitt II. Rückübertragung von Vermögenswerten

rechtigten geschaffen. Damit soll verhindert werden, daß künftig Restitutionsansprüche in größerem Umfang in der Gesamtvollstreckung untergehen.

8   Im Ergebnis führt § 3b Abs. 1 S. 1 VermG zu einer **Aussonderung anmeldebelasteter Vermögenswerte** aus der Gesamtvollstreckungsmasse. Das ist insoweit systemwidrig, als § 12 GesO eine Aussonderung ähnlich wie § 43 KO nur bei Ansprüchen aus dem Eigentum (Fälle der Sicherungsübereignung, des Eigentumsvorbehaltes etc) oder aus Pfandrechten, nicht aber bei lediglich persönlichen Verschaffungsansprüchen iSd. § 3 Abs. 3 S. 1 VermG zuläßt,[15] der als öffentlich-rechtlicher Anspruch zudem noch gegen das zuständige Vermögensamt und nicht gegen den Verfügungsberechtigten gerichtet ist.[15a]

9   **2. Gesamtvollstreckung bei Unternehmen.** Die Vorschrift des § 3b VermG **gilt**, wie Abs. 1 S. 2 ausdrücklich bestimmt, **nicht für die Restitution von Unternehmen** (§ 6 Abs. 1 S. 1 VermG). Insoweit ergibt sich das Schicksal des Restitutionsanspruches nach wie vor aus §§ 4 Abs. 1 S. 2, 6 Abs. 6a S. 6 VermG.[16] Eine Erstreckung von § 3b Abs. 1 S. 1 VermG auf die Unternehmensrestitution wäre der Sache nach auch nicht gerechtfertigt, da ein Ausscheiden des Unternehmens, das selbst Verfahrensgegenstand ist, zur Erledigung des Gesamtvollstreckungsverfahrens führen würde. Das Restitutionsverfahren bleibt jedoch von der Eröffnung des Gesamtvollstreckungsverfahrens unberührt, wenn die **Unternehmensrückgabe unmöglich** ist (§ 4 Abs. 1 S. 2 VermG) und sich der Rückübertragungsanspruch infolge dessen in einen Anspruch auf Singularrestitution (§ 6 Abs. 6a S. 1 VermG) gewandelt hat.[17] Dieser Fall, der in § 3b Abs. 1 VermG nicht ausdrücklich genannt wird, entspricht wertungsmäßig der Singularrestitution nach § 3 Abs. 1 S. 1 VermG, die nach § 3b Abs. 1 S. 1 VermG durch die Eröffnung des Gesamtvollstreckungsverfahrens nicht berührt wird. Nicht anders kann nach dem Normzweck (vgl. RdNr. 7) die Rückgabe von Unternehmensteilen beurteilt werden.[17a]

10   **3. Altfälle.** Nach der Überleitungsvorschrift des Art. 14 Abs. 4 des 2. VermRÄndG[18] ist § 3b VermG auch auf alle Verfahren anzuwenden, die **vor Inkrafttreten des 2. VermRÄndG** am 22. 7. 1992 begonnen, aber noch nicht durch eine abschließende Entscheidung abgeschlossen worden sind. Abschließende Entscheidungen sind nach Sinn und Zweck die vermögensrechtlichen Ausgangsbescheide.[19] Der in einem Gesamtvollstreckungsverfahren verhaftete Restitutionsanspruch kann damit in diesen Fällen solange verfolgt werden, wie eine Verwertung des zur Masse gehörenden Vermögenswertes bis zum 22. 7. 1992 noch nicht stattgefunden hat.

11   **4. Erweiterte Veräußerungsbefugnis nach § 3c VermG.** Die Vorschrift des § 3b Abs. 1 S. 1 VermG bewirkt im Ergebnis eine **Schmälerung der verwertbaren Gesamtvollstreckungsmasse** zu Lasten der übrigen Gläubiger des Verfügungsberechtigten.[20] Einerseits begründet § 3b Abs. 1 S. 1 VermG zunächst ein einstweiliges Verwertungsverbot hinsichtlich des restitutionsbelasteten Vermögenswertes und führt im Falle einer positiven Rückübertragungsentscheidung schließlich zu dessen Aussonderung, andererseits wird die Gesamtvollstreckungsmasse noch dadurch belastet, daß durch den vorübergehenden Verbleib des Vermögenswertes in der Masse zusätzliche Kosten entstehen. Nicht von der

---

[15] Vgl. *Haarmeyer-Wutzke-Förster*, Gesamtvollstreckungsordnung, 2. Aufl. 1992, § 1 RdNr. 97, § 12 RdNr. 37; *Hess-Binz*, Gesamtvollstreckungsordnung, 1991, § 12, RdNr. 124; allgemein zur KO *Kuhn-Uhlenbruck*, Konkursordnung, 10. Aufl. 1986, § 43 RdNr. 67; *Kilger-Karsten Schmidt*, Konkursordnung, 16. Aufl. 1993, § 43 Anm. 7; *Smid* BB 1992, 2090, 2094.

[15a] Treffend die Kritik von *Marotzke* ZIP 1993, 885, 895f., der in bezug auf § 3b VermG von einem „doppelten Insolvenzvorrecht" (S. 895) spricht.

[16] Vgl. auch BezG Erfurt ZIP 1992, 1112, 1113 (noch zur alten Rechtslage vor Inkrafttreten des 2. VermRÄndG).

[17] VG Magdeburg VIZ 1993, 560, 561; *Messerschmidt* VIZ 1993, 5, 8; *ders.* F/R/M/S § 6 RdNr. 658; *Kimme-Wagner* RdNr. 13; BMJ URÜL Ziff. 4.3.8; noch zur alten Rechtslage *Wellhöfer* Rechtshandbuch B 100 § 6 RdNr. 265.

[17a] OLG Hamburg VIZ 1994, 481, 482f. m. Anm. *Lüke*.

[18] BGBl. 1992 I S. 1257.

[19] Vgl. dazu 3 RdNr. 83.

[20] Vgl. noch zur alten Rechtslage *Haarmeyer-Wutzke-Förster*, Gesamtvollstreckungsordnung, 2. Aufl. 1992, § 1 RdNr. 98.

Hand zu weisen ist schließlich die Gefahr, daß ein Gesamtvollstreckungsverfahren nur deshalb eröffnet wird, weil ein Ausscheiden restitutionsbelasteter Vermögenswerte zu gewärtigen ist.

Die dadurch für die übrigen Gläubiger des Verfügungsberechtigten entstehenden wirtschaftlichen Nachteile lassen sich zum Teil vermeiden, wenn restitutionsbelastete Vermögenswerte aus dem Vermögen des Verfügungsberechtigten ausgeschieden werden, bevor sie in die Gesamtvollstreckungsmasse gelangen. Dazu ist jedoch eine Verfügung über den Vermögenswert erforderlich, die nach dem Regelungsgedanken des § 3 Abs. 3 und 4 VermG regelmäßig zum Untergang des Restitutionsanspruches führt. Um diesem Dilemma zu entgehen, hat der Gesetzgeber mit der Vorschrift des § 3c VermG die Möglichkeit zur **Veräußerung von restitutionsbelasteten Vermögenswerten unter Aufrechterhaltung des Rückübertragungsanspruchs** gegenüber dem Erwerber geschaffen.[21] **12**

III. Zwangsversteigerungsverfahren (Abs. 2)

1. Grundsatz des Restitutionsausschlusses. Die Frage nach dem Schicksal des Restitutionsanspruches stellt sich nicht nur im Rahmen eines Gesamtvollstreckungsverfahrens, sondern ebenso für den Fall, daß ein restitutionsbelastetes Grundstück oder Gebäude zum Gegenstand eines Zwangsversteigerungsverfahrens wird. Dabei konnte der Gesetzgeber das in § 3 Abs. 1 S. 1 VermG für die Gesamtvollstreckung gewählte Lösungsmodell aus sachlichen Gründen jedoch nicht auf das Zwangsversteigerungsverfahren übertragen. Während es im Gesamtvollstreckungsverfahren um eine Verwertung einer Vermögensmasse geht, ist das Zwangsversteigerungsverfahren auf die Verwertung einzelner Gegenstände gerichtet. Das **Ausscheiden** dieser Gegenstände aus dem Zwangsversteigerungsverfahren bedeutete zugleich die **Erledigung des Verfahrens** selbst. Aus diesem Grunde stellt § 3b Abs. 2 VermG klar, daß die Anmeldung vermögensrechtlicher Ansprüche keine das Zwangsversteigerungsverfahren hindernde Wirkungen entfaltet. **13**

Der **Rückübertragungsanspruch erlischt** mit dem Zuschlag (§ 90 ZVG), wenn er nicht durch einen Vermerk im Grundbuch des betreffenden Grundstücks gesichert ist (§ 9a Abs. 1 S. 3 iVm. S. 2 EGZVG) oder spätestens im Versteigerungstermin angemeldet wird (§ 9a Abs. 1 S. 3 iVm. Abs. 1 S. 2, Abs. 2 S. 2 EGZVG). Die durch Art. 12 Abs. 1 RegVBG in das EGZVG eingefügte Bestimmung des § 9a trägt dem Umstand Rechnung, daß der vermögensrechtliche Rückübertragungsanspruch als schuldrechtlicher Verschaffungsanspruch im Hinblick auf eine Aufhebung oder einstweilige Einstellung des Zwangsversteigerungsverfahrens weder nach § 28 ZVG von Amts wegen zu berücksichtigen ist noch nach § 37 Nr. 5 ZVG geltend gemacht werden kann. Die seit Inkrafttreten des RegVBG auf alle laufenden Verfahren anzuwendende Vorschrift des § 9a Abs. 1 S. 3 EGZVG bewirkt im praktischen Ergebnis jedoch eine mit § 28 ZVG vergleichbare Sicherung des Rückübertragungsanspruchs. Vor Inkrafttreten des RegVBG war eine Sicherung des Rückübertragungsanspruchs durch Eintragung eines Grundbuchvermerks oder Anmeldung im Versteigerungstermin nicht möglich. Der Rückübertragungsanspruch ist daher jeweils mit dem Zuschlag (§ 90 ZVG) erloschen und nicht schon mit der Anordnung der Zwangsversteigerung (§§ 15ff. ZVG).[22] Eine Parallele zur Gesamtvollstreckung bei der Unternehmensrestitution, die bereits mit Eröffnung des Gesamtvollstreckungsverfahrens zum Restitutionsausschluß führt (§ 6 Abs. 6a S. 6 VermG), verbietet sich,[23] da das Gesetz keine auf den Zeitpunkt der Zwangsversteigerungsanordnung bezogene Regelung über das Erlöschen des Rückübertragungsanspruchs enthält. Es ist daher wie allgemein **14**

---

[21] Vgl. dazu § 3c RdNr. 1 ff.
[22] So offenbar inzident BezG Potsdam VIZ 1993, 77, 78 f., indem es dem Rückübertragungsberechtigten die Möglichkeit der Drittwiderspruchsklage (§ 771 ZPO) zubilligt.
[23] Anders Begründung z. Entwurf e. 2. VermRÄndG, BT-Drucks. 12/2480, S. 43.

nach § 3 Abs. 3 VermG auf den Zeitpunkt der Verfügungswirkung abzustellen. Anderenfalls könnte es im Falle der Aufhebung bzw. neuerlichen Anordnung der Zwangsversteigerung zu einem eventuell mehrmaligen Wiederaufleben bzw. Erlöschen des Rückübertragungsanspruchs kommen. Dieses Ergebnis kann im Hinblick auf die wünschenswerte Rechtsklarheit auf dem Gebiet des Vermögensrechts nicht gewollt sein und würde das Schicksal des Restitutionsanspruchs von Zufälligkeiten abhängig machen.

15 Da der öffentlich-rechtliche Rückübertragungsanspruch (§ 3 Abs. 1 S. 1 VermG) lediglich auf Wiederherstellung (Verschaffung) einer Rechtsposition gerichtet ist, gehört der Rückübertragungsberechtigte nicht zu den Verfahrensbeteiligten iSv. § 9 ZVG.[24] Durch die Vorschrift des § 3b Abs. 2 VermG wird insoweit sichergestellt, daß dem Berechtigten die **Beschlüsse**, durch die die Zwangsversteigerung angeordnet wird, sowie die **Ladungen** zu Terminen in einem Zwangsversteigerungsverfahren zuzustellen sind (vgl. auch § 9a Abs. 2 S. 3 EGZVG). Der Berechtigte soll auf diese Weise in die Lage versetzt werden, im Versteigerungsverfahren seine Interessen zu wahren.

16 Problematisch erscheint, ob dem Berechtigten im Zwangsversteigerungsverfahren die Möglichkeit der Drittwiderspruchsklage nach §§ 869, 771 ZPO offen steht. Dann müßte der Rückübertragungsanspruch des Berechtigten ein die Veräußerung hinderndes Recht beinhalten.[25] Der durch den Restitutionsantrag konkretisierte Anspruch aus § 3 Abs. 1 S. 1 VermG ist jedoch lediglich auf die Verschaffung von Eigentum gerichtet und begründet damit als solcher kein Recht iSv. § 771 ZPO.[25a] Das bestätigt die mit dem RegVBG eingefügte Vorschrift des § 9a (vgl. bereits RdNr. 14).[25b] Eine Verdinglichung des Rückübertragungsanspruchs iSe. Anwartschaftsrechts oder anwartschaftsähnlichen Rechts läßt sich auch nicht aus § 3 Abs. 3 VermG ableiten.[26] Die aus § 3 Abs. 3 VermG folgende Unterlassungsverpflichtung des Verfügungsberechtigten ist selbst nur schuldrechtlicher Natur und statuiert kein absolut wirkendes gesetzliches Verbot.[27] In Betracht zu ziehen ist daher allein eine analoge Anwendung von § 771 ZPO vor dem Hintergrund der über das reine Individualinteresse des Berechtigten hinausgehenden Bedeutung des Vermögensrechts für die Wiederherstellung einer an allgemeinen Gerechtigkeitsvorstellungen orientierten Eigentumsordnung. Allerdings setzt eine analoge Anwendung von § 771 ZPO das Bestehen einer planwidrigen Regelungslücke voraus, aufgrund derer es dem Rechtsinhaber trotz gleichwertiger Rechtsposition verschlossen bleibt, eine Beeinträchtigung seiner Rechtsposition zu verhindern. Diese konnte vor Inkrafttreten des RegVBG jedoch schon deswegen nicht angenommen werden, weil der Gesetzgeber in § 3b Abs. 1 VermG nur für das nicht unternehmensbezogene Gesamtvollstreckungsverfahren ein Ausscheiden des Restitutionsobjekts ausdrücklich angeordnet hat, ansonsten aber eine Verwertung des Vermögenswertes mit der Folge des Untergangs des Rückübertragungsanspruches hinnahm. Soweit es die Zwangsversteigerung betraf, war der Berechtigte nach dem Plan des Gesetzes auf die Möglichkeit des Mitbietens im Zwangsversteigerungstermin verwiesen. Seit Inkrafttreten des RegVBG ist eine quasi-dingliche Sicherung des Rückübertragungsanspruchs gem. § 9a Abs. 1 S. 3 EGZVG möglich, so daß ein Lückenschluß durch entsprechende Anwendung von § 771 ZPO erst recht nicht in Betracht kommt.

17 Gegen eine Umgehung der Unterlassungsverpflichtung durch Betreiben der Zwangsversteigerung seitens einzelner Verfügungsberechtigter ist der Berechtigte ebenfalls nicht schutzlos gestellt. Betreibt etwa ein Miteigentümer die **Aufhebung der Gemeinschaft** durch Zwangsversteigerung eines Grundstückes im Teilungsversteigerungsverfahren (§ 753 BGB iVm. §§ 180, 181 ZVG),[28] so steht dies einer rechtsgeschäftlichen Veräuße-

---

[24] Vgl. zur Beteiligungsfähigkeit *Böttcher*, ZVG, 1991, § 9 Anm. III 2a; *Zeller-Stöber*, Zwangsversteigerungsgesetz, 14. Aufl. 1993, § 9 RdNr. 2.
[25] Befürwortend BezG Potsdam VIZ 1993, 77, 78f.; zustimmend *Reichenbach* VIZ 1993, 79.
[25a] Vgl. auch BGH ZIP 1994, 121, 123.
[25b] Siehe dazu Begründung z. Entw. e. RegVBG, BT-Drucks. 12/5553, S. 44, 124f.
[26] Vgl. bereits § 3 RdNr. 26; aA BezG Potsdam VIZ 1993, 77, 78.
[27] Vgl. § 3 RdNr. 93.
[28] Vgl. dazu den Sachverhalt bei BezG Potsdam VIZ 1993, 77ff.

Erlaubte Veräußerungen

rung iSv. § 3 Abs. 3 VermG gleich,[29] die der Berechtigte im Wege der einstweiligen Verfügung unterbinden kann.

2. Altfälle. Besonderheiten im Hinblick auf die Behandlung von Altfällen, also solcher, die bei Inkrafttreten des 2. VermRÄndG noch nicht abgeschlossen waren, ergeben sich nicht, da § 3b Abs. 2 VermG lediglich die bis dahin schon geltende **Rechtslage klarstellt**.

§ 3c Erlaubte Veräußerungen

(1) § 3 Abs. 3 gilt für die Veräußerung von Vermögenswerten der Treuhandanstalt oder eines Unternehmens, dessen sämtliche Anteile sich mittelbar oder unmittelbar in der Hand der Treuhandanstalt befinden, nicht, wenn sich der Erwerber zur Duldung der Rückübertragung des Vermögenswertes auf den Berechtigten nach Maßgabe dieses Abschnitts verpflichtet. Steht der Vermögenswert im Eigentum eines anderen Verfügungsberechtigten, gilt Satz 1 nur, wenn der Erwerber ein Antragsteller nach § 30 Abs. 1 ist oder wenn der Erwerber eine juristische Person des öffentlichen Rechts, eine von einer solchen Person beherrschte juristische Person des Privatrechts oder eine Genossenschaft und anzunehmen ist, daß der Anspruch nach § 5 ausgeschlossen ist.

(2) Die Rückübertragung kann in den Fällen des Absatzes 1 auch nach Wirksamwerden der Veräußerung erfolgen. Bis zur Bestandskraft der Entscheidung über die Rückübertragung unterliegt der Erwerber vorbehaltlich der Bestimmungen des Investitionsvorranggesetzes den Beschränkungen des § 3 Abs. 3.

Schrifttum: *Weimar-Simon*, Offene Fragen zu § 3c Vermögensgesetz, VIZ 1993, 96 ff.

Übersicht

	RdNr.		RdNr.
A. Normzweck	1	d) Beherrschte juristische Person des Privatrechts	8–10
B. Umfang der Veräußerungsbefugnis		aa) Eigengesellschaften	8
I. Grundsatz	2	bb) Treuhandtochterunternehmen	9
II. Veräußerungen durch die Treuhandanstalt und Treuhandunternehmen	3, 4	cc) Beherrschung	10
		e) Genossenschaften	11, 12
III. Veräußerungen durch andere Verfügungsberechtigte		2. Ausschluß der Rückübertragung nach § 5 VermG	13
1. Erwerbsberechtigte	5–12	3. Duldungsverpflichtung	14
a) Grundsatz	5	C. Grundstücksverkehrsgenehmigung	15
b) Antragsteller nach § 30 Abs. 1	6	D. Rechtsfolgen (Abs. 2)	16, 17
c) Juristische Person des öffentlichen Rechts	7	E. Sekundäransprüche	18, 19

A. Normzweck

Die mit dem 2. VermRÄndG neu geschaffene Vorschrift des § 3c VermG schließt sich unter **Durchbrechung der** nach § 3 Abs. 3 VermG bestehenden **Unterlassungsverpflichtung** inhaltlich an die ebenfalls mit dem 2. VermRÄndG in das Vermögensgesetz inkorporierte Bestimmung des § 3b an, ist anders als § 3b VermG inhaltlich aber nicht auf bestimmte Vermögensgegenstände beschränkt. In dieser Hinsicht soll sichergestellt werden, daß restitutionsbelastete **Vermögenswerte** unter Aufrechterhaltung des dem Berechtigten

---

[29] *Reichenbach* VIZ 1993, 79.

zustehenden Rückübertragungsanspruches **aus dem Vermögen des Verfügungsberechtigten ausgeschieden** werden können, bevor sie wegen eines etwaig zu beantragenden Gesamtvollstreckungsverfahrens in die Gesamtvollstreckungsmasse gelangen.[1] Generell soll eine Veräußerung von Vermögenswerten dort ermöglicht werden, wo sich die Unterlassungsverpflichtung als „unpraktisch" erwiesen hat, weil „mit einer Veräußerung eine wirtschaftlichere und zweckmäßigere Ordnung des Vermögens erreicht oder das Entstehen unnötiger Kosten vermieden" werden kann.[2] Systematisch stellt § 3c VermG eine Ausnahme zur Unterlassungsverpflichtung des § 3 Abs. 3 VermG dar. Die Notgeschäftsführungsrechte des § 3 Abs. 3 S. 2, 3, 5, 7 und 9 werden insoweit im Interesse einer möglichst effizienten Vermögensverwaltung ergänzt. Um einen Mißbrauch zu verhindern, besteht die durch § 3c VermG eingeräumte Veräußerungsbefugnis allerdings nur in dem gesetzlich definierten Umfang.

B. Umfang der Veräußerungsbefugnis

I. Grundsatz

2   Wie ein Blick auf § 3c Abs. 1 Satz 1 und 2 zeigt, ist zur Veräußerung von Vermögenswerten im Grundsatz jeder Verfügungsberechtigte iSv. § 2 Abs. 3 VermG befugt. Allerdings ist der Umfang der Veräußerungsbefugnis in zweifacher Hinsicht sowohl **von der Person des Verfügungsberechtigten** als auch von der **Person des Erwerbers abhängig**.

II. Veräußerungen durch die Treuhandanstalt/BVS und Treuhandunternehmen

3   Im Hinblick auf den Kreis der Erwerber **uneingeschränkt veräußerungsbefugt** sind die Treuhandanstalt/BVS und die mittel- oder unmittelbar in der Hand der Anstalt befindlichen Tochterunternehmen, sofern deren sämtliche Anteile der Treuhandanstalt/BVS zustehen. Unmittelbare Tochterunternehmen der Treuhandanstalt/BVS sind die infolge der Umwandlung aus den volkseigenen Wirtschaftseinheiten entstandenen Kapitalgesellschaften (vgl. § 11 Abs. 2 iVm. 1 Abs. 4 TreuhG), es sei denn, die Wirtschaftseinheiten waren vor dem 1. 7. 1990 Kombinaten unterstellt. Die Anteile der aus der Umwandlung dieser Wirtschaftseinheiten entstandenen Kapitalgesellschaften stehen unmittelbar den aus den Kombinaten entstandenen Aktiengesellschaften zu (§ 12 Abs. 1 TreuhG), deren Anteile sich wiederum in der Hand der Treuhandanstalt/BVS befinden (§§ 11 Abs. 2 iVm. 1 Abs. 4 TreuhG). Es handelt sich insoweit um mittelbare Beteiligungen der Treuhandanstalt/BVS (Enkelunternehmen).

4   Voraussetzung für das Nichteingreifen der Unterlassungsverpflichtung ist, daß sich der **Erwerber** in dem der Veräußerung zugrundeliegenden Vertrag privatrechtlich **zur Duldung der Rückübertragung** des Vermögenswertes auf den Berechtigten nach Maßgabe des II. Abschnittes des Vermögensgesetzes **verpflichtet**.[2a] Die Aufnahme einer entsprechenden Klausel ist nicht Wirksamkeitsvoraussetzung des Veräußerungsvertrages. Das würde dem indirekt durch § 3c Abs. 2 S. 1 VermG bestätigten schuldrechtlichen Charakter der Unterlassungsverpflichtung aus § 3 Abs. 3 S. 1 VermG widersprechen. Die Duldungsverpflichtung des Erwerbers erweitert einerseits lediglich das rechtliche Dürfen des Verfügungsberechtigten; andererseits knüpft das Gesetz daran bestimmte Rechtsfolgen (dazu RdNr. 16f.).

---

[1] Vgl. dazu schon § 3b RdNr. 11f.
[2] Begründung zu d. Entwurf eines 2. VermRÄndG, BT-Drucks. 12/2480, S. 43.
[2a] Undeutlich *Weimar-Simon* VIZ 1993, 96, 99, 99f.

III. Veräußerungen durch andere Verfügungsberechtigte

1. Erwerbsberechtigte. a) Grundsatz. Andere Verfügungsberechtigte als die in § 3c Abs. 1 S. 1 VermG genannte Treuhandanstalt/BVS und deren Tochter- und Enkelunternehmen sind zur Veräußerung nur befugt, wenn es sich bei dem Erwerber um einen Antragsteller nach § 30 Abs. 1 VermG, eine juristische Person des öffentlichen Rechts, eine von einer solchen Person beherrschte juristische Person des Privatrechts oder eine Genossenschaft handelt und wenn anzunehmen ist, daß der Rückübertragungsanspruch nach § 5 VermG ausgeschlossen ist.

b) Antragsteller nach § 30 Abs. 1. Nach dem Gesetzeswortlaut kommt als möglicher Erwerber „ein" Antragsteller nach § 30 Abs. 1 in Betracht. Daraus könnte geschlossen werden, es reiche die Antragstellung für einen beliebigen Vermögenswert. Da die Begrenzung des Erwerberkreises in Satz 2 aber gerade spekulativen Veräußerungsgeschäften keinen Vorschub leisten soll, kommt eine Durchbrechung der Unterlassungsverpflichtung nur in Betracht, wenn der Antragsteller gerade **Ansprüche auf den zu veräußernden Vermögenswert** geltend gemacht hat. Andere Antragsteller stehen zu dem Vermögenswert wie investitionsbereite Dritte und sind damit wie diese auf das Investitionsvorrangverfahren verwiesen. Satz 2 soll lediglich Antragstellern iSd. § 30 VermG, die zwar Berechtigte iSd. § 2 Abs. 1 VermG sind, deren Rückübertragungsanspruch aber nach § 5 VermG ausgeschlossen ist, die Möglichkeit eröffnen, den beanspruchten Vermögenswert gleichwohl zu erwerben, wenn sie ein irgendwie geartetes Interesse daran haben.[2b]

c) Juristische Personen des öffentlichen Rechts. Zu den zum Erwerb berechtigten juristischen Personen des öffentlichen Rechts zählen **Körperschaften, Anstalten** und **Stiftungen**. Damit wird insbesondere Gemeinden der Erwerb von Grundstücken und Gebäuden ermöglicht, die für die Erledigung ihrer Selbstverwaltungsaufgaben benötigt werden.

d) Beherrschte juristische Person des Privatrechts. aa) Eigengesellschaften. Andererseits ermöglicht § 3c Abs. 1 S. 2 VermG den **Gebietskörperschaften**, die nach Art. 21, 22 EinigungsV iVm. mit den Vorschriften des KVG, nach dem KVG selbst bzw. nach § 1 Abs. 1 S. 2, 3 TreuhG Verfügungsberechtigte geworden sind, die Übertragung von Vermögenswerten auf von ihnen beherrschten juristischen Personen des Privatrechts. Zu denken ist etwa an kommunale Eigengesellschaften, die iwS der sog. Daseinsvorsorge dienen.

bb) Treuhandtochterunternehmen. Als Erwerber kommen schließlich etwa auch Treuhandtochterunternehmen in Betracht, und zwar auch solche, deren Anteile sich nicht vollständig in der Hand der Treuhandanstalt/BVS befinden.

cc) Beherrschung. Eine Beherrschung dieser Gesellschaften iSv. Satz 2 kann auf einer **Anteils-** bzw. **Stimmrechtsmehrheit, Regelungen des Gesellschaftsvertrages bzw. der Satzung** oder auf dem **Abschluß eines Beherrschungsvertrages** beruhen. Ausreichend ist insoweit nach Sinn und Zweck der Vorschrift auch die **mittelbare** Beherrschung über zwischengeschaltete Gesellschaften, während eine Abhängigkeit der juristischen Person, die allein auf tatsächlichen Umständen wie einer personellen Verflechtung durch Wahrnehmung von Aufsichtsrats- oder Beiratsmandaten beruht, nicht als Beherrschung iSv. § 3c Abs. 1 S. 2 VermG anzusehen ist. Danach sind **rechtliche Einflußnahmemöglichkeiten** auf die Geschäftspolitik der beherrschten Gesellschaften vorausgesetzt. Der Gesetzgeber ist nämlich offenbar davon ausgegangen, daß nur unter einem derartig vermittelten Einfluß öffentlich-rechtlicher juristischer Personen eine gesetzestreue Umsetzung des Vermögensgesetzes zu erwarten ist. Damit erweist sich der Begriff der Beherrschung iSv. § 3c Abs. 1 S. 2 VermG als nicht notwendig deckungsgleich mit dem konzernrechtlichen Beherrschungsbegriff.

[2b] Vgl. auch *Wasmuth* Rechtshandbuch B 100 RdNr. 26; aA *Kimme-Rapp* RdNr. 8 ff.

VermG § 3c 11–15 Abschnitt II. Rückübertragung von Vermögenswerten

11 **e) Genossenschaften.** Eine gewisse **Sonderstellung** im Kreis der nach Satz 2 zum Erwerb berechtigten Personen nehmen die Genossenschaften ein. Sie waren im ursprünglichen Gesetzesentwurf nicht enthalten.[3] Zwar können juristische Personen Mitglied einer Genossenschaft sein;[4] eine Beherrschung durch eine juristische Person des öffentlichen Rechts, wie sie für andere privatrechtlich verfaßte Erwerber nach Satz 2 erforderlich ist, gilt nach herkömmlicher Auffassung jedoch bei der Genossenschaft – da mit dem Förderzweck unvereinbar – als ausgeschlossen.[5]

12 Sinnvoll erscheint die Einbeziehung der Genossenschaften in den Kreis der Erwerbsberechtigten aber deshalb, weil damit etwa den in Genossenschaftsform überführten ehemaligen **kommunalen Wohnungsverwaltungen** oder anderen Wohnungsgenossenschaften der Erwerb von Grundstücken und Gebäuden aus der Hand der Kommunen eröffnet wird. Die Genossenschaften erhalten auf diese Weise zusätzliche Sicherheiten, die im Rahmen der Kreditfinanzierung von Instandsetzungsmaßnahmen eingesetzt werden können.

13 **2. Ausschluß der Rückübertragung nach § 5 VermG.** Die Veräußerung an alle in Satz 2 bezeichneten Erwerber ist nur zulässig, wenn „anzunehmen" ist, daß der Rückübertragungsanspruch des Berechtigten nach § 5 VermG ausgeschlossen ist.[6] Der Anspruch muß also nicht tatsächlich ausgeschlossen sein. Es reicht die **Annahme**. Ausreichend ist also, daß der Anspruch aufgrund äußerer Tatsachen oder präsenter Urkunden mit überwiegender Wahrscheinlichkeit ausgeschlossen ist.[6a] Der Ausschluß muß mithin nur **glaubhaft** erscheinen, nicht aber erwiesen sein.

14 **3. Duldungsverpflichtung.** Wie sich aus der Verweisung auf Satz 1 ergibt, haben sich auch die **Erwerber nach Satz 2** zur Duldung der Rückübertragung auf den Berechtigten zu verpflichten (dazu schon oben RdNr. 4). Soweit es den Antragsteller betrifft, erscheint dieses Erfordernis auf den ersten Blick entbehrlich. Allerdings erlangt der Antragsteller zunächst nur verfahrensrechtlich die Stellung eines „Berechtigten". Es ist daher nicht ausgeschlossen, daß sich im Laufe des vermögensrechtlichen Verfahrens materiell die Berechtigung einer anderen Person als des Antragstellers ergibt.

C. Grundstücksverkehrsgenehmigung

15 **Grundstücksveräußerungsverträge nach § 3c Abs. 1 VermG** bedürfen, obwohl sie von der Unterlassungsverpflichtung nach § 3 Abs. 3 VermG freigestellt sind, einer Grundstücksverkehrsgenehmigung (vgl. § 1 Abs. 2 S. 1 Nr. 5 GVO aF/§ 1 Abs. 2 S. 1 Nr. 3 GVO nF). Anders als bei investiven Geschäften aufgrund §§ 2 Abs. 1 iVm. 3 Abs. 1 InVorG, bei denen der Investitionsvorrangbescheid die Grundstücksverkehrsgenehmigung ersetzt (vgl. § 11 Abs. 1 InVorG, § 2 Abs. 1 S. 2 Nr. 1 GVO), besteht damit eine zusätzliche Kontrolle durch die Grundstücksverkehrsbehörde, ob der Veräußerungsvertrag tatsächlich den Voraussetzungen des § 3c VermG entspricht. Damit soll manipulierten Veräußerungsgeschäften vorgebeugt werden.[7]

---

[3] Vgl. BT-Drucks. 12/2480, S. 6.
[4] Vgl. *Lang-Weidmüller-Schaffland*, GenG, 32. Aufl. 1988, § 15 RdNr. 3.
[5] Vgl. *K. Schmidt*, Gesellschaftsrecht, 2. Aufl. 1991, S. 413, 1045; *Merle*, Die AG 1979, S. 265 ff.; *Lang-Weidmüller-Metz*, GenG, 32. Aufl. 1988, § 1 RdNr. 272 f.; anders aber mit beachtlichen Argumenten *Beuthien*, in: *Mestmäcker-Behrens*, Das Gesellschaftsrecht der Konzerne im internationalen Vergleich, 1991, S. 133 ff.; *Emmerich-Sonnenschein*, Konzernrecht, 5. Aufl. 1993, S. 517 f.; offen gelassen in BFHE 73, 278, 282 f.
[6] AA *Kimme-Rapp* RdNr. 10 ff.; zu den Ausschlußgründen vgl. § 5 RdNr. 3 ff.
[6a] *Wasmuth* Rechtshandbuch B 100 RdNr. 37.
[7] Begründung zu d. Entwurf eines 2. VermRÄandG, BT-Drucks. 12/2480, S. 44.

D. Rechtsfolgen (Abs. 2)

Der **Rückübertragungsanspruch** des Berechtigten **geht** trotz der Verfügung über den anmeldebelasteten Vermögenswert **nicht unter**, da sich der Erwerber vertraglich zur Duldung der Rückübertragung auf den Berechtigten verpflichtet (Abs. 2 S. 1). Damit wird der nur schuldrechtliche Charakter der aus § 3 Abs. 3 VermG folgenden Unterlassungsverpflichtung bestätigt, der ohne Duldungsverpflichtung zu einem restitutionsfesten Erwerb des Dritten und damit zu einem Untergang des Restitutionsanspruches führt. 16

Der **Erwerber unterliegt** aufgrund der von ihm abgegebenen Duldungserklärung kraft Gesetzes wie jeder andere Verfügungsberechtigte den **Beschränkungen des § 3 Abs. 3 VermG**; dies schließt andererseits das Recht zur Notgeschäftsführung (vgl. § 3 Abs. 3 S. 2, 3, 5, 7, 9 VermG) ein wie auch die Befugnis zum Abschluß investiver Rechtsgeschäfte nach Maßgabe des InVorG (vgl. Abs. 2 S. 2). 17

E. Sekundäransprüche

Verstößt das Veräußerungsgeschäft gegen die Voraussetzungen des § 3c Abs. 1 VermG, steht dem Berechtigten ggfls. ein **Schadensersatzanspruch** gegen den Verfügungsberechtigten zu. Dieser kann sich entweder nach den Grundsätzen der positiven Forderungsverletzung ergeben oder aus § 823 Abs. 2 BGB folgen.[8] Die Vorschrift des § 3c Abs. 1 VermG ist Schutzgesetz iSv. § 823 Abs. 2 BGB, da sie der Aufrechterhaltung des Rückübertragungsanspruches des Berechtigten dient. 18

Im Falle der Veräußerung eines Grundstücks oder Gebäudes können zudem **Staatshaftungsansprüche** (Art. 34 GG, § 839 BGB/§§ 1 ff. StaatsHG-DDR) gegenüber der Grundstücksverkehrsbehörde bestehen, wenn diese eine Genehmigung nach § 1 Abs. 2 S. 1 Nr. 5 GVO aF/§ 1 Abs. 2 S. 1 Nr. 3 GVO nF zu Unrecht erteilt hat. 19

§ 4 Ausschluß der Rückübertragung

(1) Eine Rückübertragung des Eigentumsrechts oder sonstiger Rechte an Vermögenswerten ist ausgeschlossen, wenn dies von der Natur der Sache her nicht mehr möglich ist. Die Rückgabe von Unternehmen ist ausgeschlossen, wenn und soweit der Geschäftsbetrieb eingestellt worden ist und die tatsächlichen Voraussetzungen für die Wiederaufnahme des Geschäftsbetriebs nach vernünftiger kaufmännischer Beurteilung fehlen. Die Rückgabe des Unternehmens ist auch ausgeschlossen, wenn und soweit ein Unternehmen auf Grund folgender Vorschriften veräußert wurde:
a) Verordnung über die Gründung und Tätigkeit von Unternehmen mit ausländischer Beteiligung in der DDR vom 25. Januar 1990 (GBl. I Nr. 4 S. 16),
b) Beschluß zur Gründung der Anstalt zur treuhänderischen Verwaltung des Volkseigentums (Treuhandanstalt) vom 1. März 1990 (GBl. I Nr. 14 S. 107),
c) Treuhandgesetz vom 17. Juni 1990 (GBl. I Nr. 33 S. 300), zuletzt geändert durch Artikel 9 des Gesetzes zur Beseitigung von Hemmnissen bei der Privatisierung von Unternehmen und zur Förderung von Investitionen vom 22. März 1991 (BGBl. I S. 766),
d) Gesetz über die Gründung und Tätigkeit privater Unternehmen und über Unternehmensbeteiligungen vom 7. März 1990 (GBl. I Nr. 17 S. 141).
Dies gilt nicht, wenn die Voraussetzungen des Absatzes 3 vorliegen.

---

[8] Vgl. schon § 3 RdNr. 163 f.

(2) Die Rückübertragung ist ferner ausgeschlossen, wenn natürliche Personen, Religionsgemeinschaften oder gemeinnützige Stiftungen nach dem 8. Mai 1945 in redlicher Weise an dem Vermögenswert Eigentum oder dingliche Nutzungsrechte erworben haben. Dies gilt bei der Veräußerung von Grundstücken und Gebäuden nicht, sofern das dem Erwerb zugrundeliegende Rechtsgeschäft nach dem 18. Oktober 1989 ohne Zustimmung des Berechtigten geschlossen worden ist, es sei denn, daß

a) der Erwerb vor dem 19. Oktober 1989 schriftlich beantragt oder sonst aktenkundig angebahnt worden ist,

b) der Erwerb auf der Grundlage des § 1 des Gesetzes über den Verkauf volkseigener Gebäude vom 7. März 1990 (GBl. I Nr. 18 S. 157) erfolgte oder

c) der Erwerber vor dem 19. Oktober 1989 in einem wesentlichen Umfang werterhöhende oder substanzerhaltende Investitionen vorgenommen hat.

(3) Als unredlich ist der Rechtserwerb in der Regel dann anzusehen, wenn er

a) nicht in Einklang mit den zum Zeitpunkt des Erwerbs in der Deutschen Demokratischen Republik geltenden allgemeinen Rechtsvorschriften, Verfahrensgrundsätzen und einer ordnungsgemäßen Verwaltungspraxis stand, und der Erwerber dies wußte oder hätte wissen müssen, oder

b) darauf beruhte, daß der Erwerber durch Korruption oder Ausnutzung einer persönlichen Machtstellung auf den Zeitpunkt oder die Bedingungen des Erwerbs oder auf die Auswahl des Erwerbsgegenstands eingewirkt hat, oder

c) davon beeinflußt war, daß sich der Erwerber eine von ihm selbst oder von dritter Seite herbeigeführte Zwangslage oder Täuschung des ehemaligen Eigentümers zu Nutze gemacht hat.

Schrifttum: *Alberts,* Der offensichtlich unbegründete Restitutionsantrag zu Inhalt und Anwendung von § 1 II 2 Grundstücksverkehrsordnung, VIZ 1993, 533 ff.; *Arlt,* Entschädigungsansprüche für den Entzug von Neubauernwirtschaften, NJ 1992, 301; *Bernhardt,* Zur Rückgabe von Vermögensgegenständen nach § 6 VIa Vermögensgesetz, VIZ 1993, 327 ff.; *Busche,* Anmerkung zu VG Berlin, Beschl. v. 20. 12. 1991 – VG 25 A 709.91, VIZ 1992, 239 f.; *ders.,* Der redliche Erwerb von Immobilien, DZWir 1994, 365 ff.; *Christmann,* Offene Vermögensfragen und besondere Investitionen im Bereich der ehemaligen DDR, DStR 1990, 732 ff.; *Enderlein,* Stichtagsregelung verfassungswidrig, NJ 1994, 263 f.; *Faßbender,* Die Restitution ehemaliger Bodenreformstellen, VIZ 1994, 321 ff.; *Fieberg-Reichenbach,* Zum Problem der offenen Vermögensfragen, NJW 1991, 321 ff.; *Göhring,* Zum Begriff der Redlichkeit im Vermögensgesetz, DtZ 1991, 401 ff.; *Försterling,* Recht der offenen Vermögensfragen 1993, RdNr. 551 ff.; *Gollasch-Kroeger,* Anmerkung zu KreisG Rostock-Stadt, Beschl. v. 16. 12. 1991 – L Bl. 58 und BezG Rostock, Beschl. v. 18. 12. 1991 – 4 T 66/91, VIZ 1992, 196 ff.; *dies.,* Abwicklung der Bodenreform nach dem 2. Vermögensrechtsänderungsgesetz, VIZ 1992, 421 ff.; *Grosser,* Zum Verhältnis von Bodenreformeigentum und Erbrecht, WR 1992, 303 ff.; *Gutbrod,* Zum Verhältnis von Unternehmens- und Einzelrestitution insbesondere bei stillgelegten Unternehmen, ZOV 1994, 237 ff.; *Hartkopf,* Rückzahlung des Kaufpreises des unredlichen Erwerbers im Rahmen des Gesetzes zur Regelung offener Vermögensfragen (VermG), ZOV 1991, 18 ff.; *Horst,* Zum Begriff der Redlichkeit im Vermögensgesetz – Erwiderung auf Göhring, DtZ 1991, 401, DtZ 1992, 43 f.; *Jaekel,* BVerwG – Entscheidung nicht zu beanstanden, NJ 1994, 261 ff.; *Kahlke,* Abwicklung der Bodenreform, NJ 1992, 481 ff.; *Kinne,* Restitution, Investition und Mietvertrag in den neuen Bundesländern, ZOV 1991, 31 ff.; *Köhler,* Rückgabe enteigneten Privatvermögens – Redlichkeit des Erwerbs, ZAP-DDR Fach 7, S. 5 ff.; *Kohler,* Der Ausschluß der Bodenrestitution bei Bestehen von Nutzungsrechten, VIZ 1992, 261 ff.; *Krüger,* Die Rechtsnatur des sogenannten Siedlungseigentums der Neubauern der kommunistischen Bodenreform in der ehemaligen Sowjetischen Besatzungszone/DDR, DtZ 1991, 385 ff.; *Leipold,* Rechtsweg und Rechtsgrundlagen bei der Rückforderung von Vermögen, JZ 1993, 703 ff.; *Schildt,* Bodenreform und deutsche Einheit, DtZ 1992, 97 ff.; *Schmidt-Räntsch,* Das Zweite Vermögensrechtsänderungsgesetz, VIZ 1992, 297 ff.; *Schniewind,* Rückgabe enteigneter Unternehmen nach dem Vermögensgesetz (VermG), BB-Beil. 21 zu H. 30/1991; *Siewert,* Zum Eigentum an den Bodenreformgrundstücken, NJ 1992, 155 ff.; *Uechtritz,* Sicherer Erwerb restitutionsbelasteter Grundstücke und Unternehmen trotz angefochtener Investitionsvorrangentscheidung?, BB 1992, 581 ff.; *Wasmuth,* Das Recht zur Regelung offener Vermögensfragen, BRAK-Mitt. 1991, 116 ff.; *Wassermann,* Zur Rechtsprechung über die Rückerstattung enteigneter Ost-Immobilien, DWW 1994, 33 ff.; *Wilhelms,* Nicht ausgeführte Nutzungsrechte an unbebauten Grundstücken im Beitrittsgebiet, VIZ 1994, 171 f.; *Wilske-Galler,* Aus der Praxis der Vermögensämter: Der Ausschluß der Rückübertragung von privaten Vermögenswerten aufgrund redlichen Erwerbs gemäß § 4 Abs. 2 VermG, ZOV 1992, 242 ff.

Arbeitsmaterialien: Bundesminister der Justiz v. 28. 1. 1992, Die Stichtagsregelung des § 4 Abs. 2 Satz 2 VermG – Darstellung der geltenden Rechtslage, abgedruckt in VIZ 1992, 102 ff.

Übersicht

	RdNr.		RdNr.
A. Normzweck	1	2. Erwerb von Eigentum oder dinglichen Nutzungsrechten	49–52
B. Restitutionsausschluß		a) Eigentum	49
I. Natur der Sache (Abs. 1 S. 1)		b) Dingliche Nutzungsrechte	50, 51
1. Begriffsbestimmung	2–4	c) Schuldrechtliche Nutzungsrechte	52
2. Rechte iSd. Abs. 1 S. 1	5	3. Unredlichkeit des Erwerbs (Abs. 3)	53–62
3. Einzelfälle	6–18	a) Grundsatz	53
a) Tatsächliche Unmöglichkeit	6–10	b) Person des Erwerbers	54
aa) Allgemeines	6, 7	c) Maßstab der Unredlichkeit	55–62
bb) Probleme der Restitution von Grundstücken und Gebäuden	8–10	aa) Rechtswidrigkeit des Erwerbsvorgangs (lit. a)	55–59
b) Rechtliche Unmöglichkeit	11–18	bb) Sittenwidrigkeit des Erwerbsvorgangs (Abs. 3, lit. b, c)	60–62
aa) Allgemeines	11	(1) Korruption und Ausnutzung einer persönlichen Machtstellung (lit. b)	60, 61
bb) Dingliche DDR-Nutzungsrechte	12, 13		
cc) Bodenreformeigentum	14–17		
dd) Rechtsgeschäftliche Verfügungen	18	(2) Herbeiführung einer Zwangslage oder Täuschung des früheren Eigentümers (lit. c)	62
4. Maßgebender Zeitpunkt	19–21		
5. Verfahren	22	4. Verfahren	63
6. Folgeanspruch	23	5. Folgeansprüche	64–66
II. Unternehmen (Abs. 1 S. 2 bis 4)		a) Ansprüche des Berechtigten	64, 65
1. Normzweck	24–26	aa) Grundstücke und Gebäude	64
2. Begriff des Unternehmens	27, 28	bb) Bewegliche Sachen	65
3. Wirtschaftliche Unmöglichkeit der Rückübertragung (S. 2)	29–37	b) Anspruch des Verfügungsberechtigten auf Rückzahlung des Kaufpreises	66
a) Einstellung des Geschäftsbetriebs	29–31		
b) Tatsächliche Voraussetzungen für eine Wiederaufnahme des Geschäftsbetriebs fehlen	32	**C. Erwerbsvorgänge nach dem 18. 10. 1989 (Abs. 2 S. 2)**	
c) Maßgebender Zeitpunkt	33	**I. Normzweck/Gesetzgebungsgeschichte**	67–73
d) Folgeansprüche	34–37		
4. Veräußerungsfälle (S. 3, 4)	38–44	**II. Voraussetzungen**	
a) Anwendungsbereich	38–40	1. Veräußerung von Grundstücken und Gebäuden	74
aa) Treuhandgesetz	38		
bb) Unternehmensgesetz	39	2. Zeitpunkt des Vertragsschlusses	75, 76
cc) Joint-Venture-Verordnung	40	3. Ausnahmen (lit. a bis c)	77–83
b) Voraussetzungen	41–43	a) Angebahnte Erwerbsgeschäfte (lit. a)	77
aa) Veräußerung von Unternehmen	41	b) Erwerb volkseigener Gebäude für Gewerbezwecke (lit. b)	78–80
bb) Zeitpunkt des Vertragsschlusses	42, 43		
c) Folgeansprüche	44	c) Erwerb nach Investitionen (lit. c)	81–83
5. Verfahren	45	4. Altfälle	84–87
III. Redlicher Erwerb Dritter (Abs. 2 S. 1, Abs. 3)		5. Verfahren	88
1. Grundsatz	46–48	6. Folgeansprüche	89

A. Normzweck

1 Die Vorschrift beinhaltet wie auch § 3 Abs. 4 und § 5 VermG sowie die Bestimmungen des Investitionsvorranggesetzes **Ausnahmen des Restitutionsgrundsatzes** und konkretisiert katalogartig die Ausschlußklausel des § 3 Abs. 1 S. 1 Hs. 2 VermG. Während Absatz 2 Sachverhalte erfaßt, in denen das Rückübertragungsinteresse des Berechtigten hinter dem Interesse Dritter an der Bestandskraft ihres Rechtserwerbes zurücktreten soll,[1] behandelt Absatz 1 den Rückübertragungsausschluß „von der Natur der Sache her" und bei Unternehmen. Die mit dem PrHBG in Absatz 1 Satz 2 bis 4 eingefügten Regelungen über den Ausschluß der Rückübertragung bei Unternehmen stellen in systematischer Hinsicht an dieser Stelle einen Fremdkörper dar. Sie gehören in den Sachzusammenhang des § 6 als lex specialis für die Rückgabe von Unternehmen. Seit Inkrafttreten des RegVBG wird § 4 Abs. 1 VermG durch die Bestimmung des § 13 Abs. 4 S. 2 Nr. 2 BoSoG ergänzt.

B. Restitutionsausschluß

I. Natur der Sache (Abs. 1 S. 1)

2 **1. Begriffsbestimmung.** Nach dem Wortlaut des Absatzes 1 Satz 1 ist eine Rückübertragung des Eigentumsrechtes oder sonstiger Rechte ausgeschlossen, soweit dies von der Natur der Sache her nicht mehr möglich ist. Zu unterscheiden sind das seit der Vermögensentziehung eingetretene **Schicksal des zu restituierenden Rechtes** und das **Schicksal des Gegenstandes**, auf den sich das Recht bezieht.

3 Der Begriff der „Natur der Sache" bezeichnet keine feststehenden Inhalte etwa im Sinne eines überkommenen „Naturrechts". Vielmehr geht es darum, eine Materie im Geiste der Wertentscheidungen zu gestalten, so wie sie im Gesetz ihren Ausdruck gefunden haben. Soweit der Gesetzgeber mit der „Natur der Sache" arbeitet, wird dem Gesetzesinterpreten also kein bestimmtes Auslegungsziel vorgegeben, vielmehr wird damit gerade Spielraum für eine **objektiv-teleologische Auslegung** eröffnet.[2]

4 Da sich die Vermögensrestitution immer nur auf bestimmte Vermögensgegenstände bzw. -rechte bezieht, ist deren Restitution notwendig ausgeschlossen, wenn sie körperlich nicht mehr existent bzw. erloschen sind und ihre Wiederherstellung nicht möglich ist. Die „Natur der Sache" bezeichnet damit im Kontext des Vermögensgesetzes die Fälle der **tatsächlichen und/oder rechtlichen (Teil-)Unmöglichkeit der Restitution**.[3] Dagegen ist nach Absatz 2 die Rückübertragung aus Gründen des Dritterwerberschutzes ausgeschlossen, während § 5 VermG trotz seines mißverständlichen Wortlauts für die dort genannten Fälle nur fingiert, daß die Rückübertragung „von der Natur der Sache her" ausgeschlossen ist.[4]

5 **2. Rechte iSd. Abs. 1 S. 1.** Zu den vom Restitutionsausschluß betroffenen Vermögenswerten zählt das Gesetz das **„Eigentumsrecht"** und **„sonstige Rechte"**. Während das Eigentumsrecht schon in Pkt. 3 lit. a der Gemeinsamen Erklärung v. 15. 6. 1990[5] erwähnt war, ist der Ausschlußtatbestand mit dem Vermögensgesetz auch auf „sonstige Rechte" erstreckt worden, zu denen alle Rechte iSv. § 2 Abs. 2 VermG zu zählen sind: Obligatorische und dingliche Nutzungsrechte, andere dingliche Rechte an Grundstücken und Gebäuden, gewerbliche Schutzrechte, Urheberrechte und verwandte Schutzrechte.

---

[1] Kritisch zum Regelungszweck des Gesetzes im Hinblick auf den Restitutionsausschluß bei redlichem Erwerb dinglicher Nutzungsrechte *Kohler* VIZ 1992, 261, 262 ff.
[2] Vgl. *Larenz*, Methodenlehre der Rechtswissenschaft, 6. Aufl. 1991, S. 417 ff.
[3] VG Chemnitz ZOV 1993, 438; *Horn* S. 583; *Fieberg-Reichenbach* F/R/M/S RdNr. 31 ff.; *Försterling* RdNr. 552. AA *Wasmuth* BRAK-Mitt. 1991, 116, 122, der nur die tatsächliche Unmöglichkeit dem Ausschlußtatbestand der „Natur der Sache" zuordnet; ebenso *Barkam-Wittmer* R/R/B RdNr. 3.
[4] Vgl. dazu ausführlicher § 5 RdNr. 1.
[5] BGBl. II S. 889, 1237.

3. Einzelfälle. a) Tatsächliche Unmöglichkeit. aa) Allgemeines. Ein Anwendungsfall 6
der tatsächlichen Unmöglichkeit ist der **Untergang** eines verkörperten Vermögenswertes
bzw. dessen **Verbindung, Vermischung oder Verarbeitung** mit der Folge, daß der Gegenstand wesentlicher Bestandteil einer anderen Sache oder Sachgesamtheit geworden ist
(§§ 946ff. BGB).[6]

Die **Unauffindbarkeit** einer Sache führt solange nicht zur tatsächlichen Unmöglichkeit 7
der Rückgabe wie der Untergang der Sache nicht erwiesen oder ein Wiederauftauchen
nicht ausgeschlossen erscheint.[7]

bb) Probleme der Restitution von Grundstücken und Gebäuden. Der tatsächlichen 8
Unmöglichkeit kommt bei zu restituierenden Grundstücken oder Gebäuden nur eingeschränkte Bedeutung zu, vornehmlich in den Fällen des Untergangs (Abriß eines Gebäudes oder Gebäudeteiles). Unbeschadet eines nach § 5 Abs. 1 lit. b oder c VermG eintretenden Restitutionsausschlusses führt die **Vereinigung eines zu restituierenden Grundstücks mit einem oder mehreren anderen** Grundstücken bzw. eine entsprechende Zuschreibung nicht zur tatsächlichen Unmöglichkeit der Restitution.[8] Das Grundstück ist realiter noch vorhanden, wenn auch nicht im Rechtssinne als räumlich abgegrenzter Teil der Erdoberfläche, der im Bestandsverzeichnis eines Grundbuchblattes gesondert gebucht ist. Die Rückübertragung kann dennoch aus Rechtsgründen scheitern, wenn die für die Rückübertragung des Grundstückes erforderliche Teilung im übrigen gegen Recht und Gesetz, etwa Vorschriften des Baurechts, verstößt.[9] Die mit dem RegVBG in Kraft getretene Bestimmung des § 13 Abs. 4 S. 2 Nr. 2 BoSoG schließt eine Rückübertragung insoweit aus, wenn ein nach § 5 BoSoG neu gebildetes Grundstück zum Zwecke der Rückgabe erneut geteilt werden müßte. Weder tatsächlich noch rechtlich ausgeschlossen ist die **Restitution unvermessenen Eigentums.** Dessen räumlicher Umfang bestimmt sich nach Maßgabe von § 2 BoSoG. Das Bodensonderungsverfahren selbst ist hoheitlicher und nicht rechtsgeschäftlicher Natur, so daß ein neuer Zuschnitt des Grundstücks, der nicht zugleich eine Bodenneuordnung iSv. § 5 BoSoG beinhaltet, auch nicht zum Untergang des Restitutionsanspruchs infolge Hinwegsetzung über die Unterlassungsverpflichtung aus § 3 Abs. 3 VermG führen kann.

Ist Rückübertragungsgegenstand das Eigentum an einem **Grundstück**, so scheidet die 9
Restitution nicht deshalb aus, weil im Zeitpunkt der Schädigung etwa darauf befindliche
Gebäude zum Teil oder völlig abgerissen wurden. Das Grundstück ist in dem Zustand zurückzugeben, in dem es sich zum Zeitpunkt der Rückgabeentscheidung befindet. Soweit mit der Rückübertragung infolge des Abrisses nicht der Zustand im Zeitpunkt der Schädigung wiederhergestellt werden kann, liegt ein Fall teilweiser Unmöglichkeit vor, für die der Berechtigte nach Maßgabe des Entschädigungsgesetzes zu entschädigen ist, soweit nicht nach § 7 VermG aF ein Wertminderungsausgleich festgesetzt worden ist.[10]

Anders verhält es sich dagegen bei Ansprüchen auf **Wiederbegründung von Gebäude-** 10
eigentum. Mit dem Untergang des Gebäudes ist sowohl dessen Rückgabe tatsächlich unmöglich als auch die Wiederbegründung von Gebäudeeigentum rechtlich unmöglich geworden. Das der bundesdeutschen Rechtsordnung fremde Gebäudeeigentum wird gem. Art. 233 § 4 EGBGB nur im Hinblick auf seine Bestandssicherung geschützt. Allein der im Zeitpunkt des Beitritts der DDR zum Geltungsbereich des Grundgesetzes vorhandene Bestand wurde mit dem Einigungsvertrag übergeleitet. Eine Neubegründung ist damit rechtlich unmöglich (vgl. aber noch sogleich RdNr. 13).

---

[6] Ebenso *Drygalski-Obst,* in: Vermögensrechtliche Ansprüche der DDR-Enteignungsgeschädigten, 1990, S. 232; *Schniewind* BB-Beil. 21 zu H. 30/1991, S. 7; *Barkam-Wittmer* R/R/B RdNr. 3, 6; *Fieberg-Reichenbach* F/R/M/S RdNr. 31.

[7] *Schniewind* BB-Beil. 21 zu H. 30/1991, S. 7; *Barkam-Wittmer* R/R/B RdNr. 11; *Fieberg-Reichenbach* F/R/M/S RdNr. 45.
[8] AA wohl *Kinne* R/R/B § 3 RdNr. 44f.
[9] *Fieberg-Reichenbach* F/R/M/S RdNr. 15.
[10] Vgl. dazu § 7 RdNr. 37ff.

VermG § 4 11–14 Abschnitt II. Rückübertragung von Vermögenswerten

11   **b) Rechtliche Unmöglichkeit. aa) Allgemeines.** Die rechtliche Unmöglichkeit der Restitution entzogener Vermögenswerte (für Grundstücke vgl. auch RdNr. 8) ist insbesondere gegeben, wenn die ursprüngliche Rechtsgrundlage für die Begründung eines Rechts nach dessen Entstehung aufgehoben wurde (vgl. aber noch RdNr. 12) bzw. die rechtlichen Voraussetzungen dafür entfallen sind[10a] oder das Recht etwa infolge Zeitablaufs (§§ 185 Abs. 2, 163 BGB) im Zeitpunkt der vermögensrechtlichen Entscheidung (§ 34 Abs. 1 S. 1 VermG) auch ohne schädigende Maßnahme iSv. § 1 VermG bereits erloschen wäre (vgl. für dingliche Rechte § 3 RdNr. 65; für Immaterialgüterrechte Anh. II zu § 16).

12   **bb) Dingliche DDR-Nutzungsrechte.** Die Restitution der durch staatlichen Verleihungsakt begründeten dinglichen Nutzungsrechte an volkseigenem Grund und Boden (vgl. §§ 286 Abs. 1 Nr. 1, 287 ff. ZGB-DDR),[11] mit denen dem Nutzungsberechtigten insbesondere die Möglichkeit zur Errichtung von Bauwerken eingeräumt wurde, ist rechtlich unmöglich, wenn ein derartiges Nutzungsrecht im Zeitpunkt des Beitritts der DDR zum Geltungsbereich des Grundgesetzes erloschen war und daher nicht mehr in der Person eines Dritten existiert.[12] Nutzungsrechte konnten bei nicht bestimmungsgemäßer Nutzung des volkseigenen Grundstücks entzogen werden; die aufgrund des Nutzungsrechts errichteten Gebäude gingen in Volkseigentum über (§ 290 ZGB-DDR). Da **Nutzungsrechte** jedoch **nur in ihrem Bestand zum Zeitpunkt des Beitritts der DDR** zum Grundgesetz geschützt sind (vgl. Art 233 § 4 Abs. 2 EGBGB), scheidet eine Wiederbegründung in diesen Fällen aus Rechtsgründen aus. Seit Inkrafttreten des 2. VermRÄndG ist der Berechtigte jedoch nicht auf eine Entschädigung nach Maßgabe des Entschädigungsgesetzes verwiesen. Vielmehr sieht § 3 Abs. 1a VermG vor, daß anstelle der Rechte, die aufgrund der seit dem 3. 10. 1990 geltenden Vorschriften nicht wiederbegründet werden können, solche Rechte zu begründen sind, die dem früheren Recht entsprechen oder am ehesten entsprechen. Ehemalige dingliche Nutzungsrechte sind daher als Erbbaurechte zu restituieren.[13]

13   Anders als bei Entziehung oder Verzicht sind **verliehene Nutzungsrechte** nicht dadurch untergegangen, wenn sie nach Anordnung der staatlichen Verwaltung durch einen Treuhänder **an Dritte übertragen** wurden. Nach § 289 Abs. 1 ZGB waren die Nutzungsrechte veräußerlich und vererblich gestellt. Auch der **Entzug eines durch Zuweisung einer Genossenschaft begründeten dinglichen Nutzungsrechts** (§§ 291 ff. ZGB-DDR)[14] führt grundsätzlich nicht zur rechtlichen Unmöglichkeit der Restitution, da der Gebäudeeigentümer verpflichtet war, das Gebäude im Falle des Entzugs an einen anderen Bürger zu veräußern (§ 294 Abs. 2 ZGB-DDR). Mit dem Übergang des Gebäudeeigentums ging auch das Nutzungsrecht an der zugewiesenen Bodenfläche auf den Erwerber über (§ 293 Abs. 3 ZGB-DDR). Das Nutzungsrecht hat damit über den Zeitpunkt des Beitritts hinaus in der Person eines Dritten Bestand und ist damit restitutionsfähig (vgl. Art. 233 § 4 Abs. 2 EGBGB).

14   **cc) Bodenreformeigentum.** Kein Anwendungsfall der rechtlichen Unmöglichkeit ist schließlich die Rückübertragung entzogenen Bodenreformeigentums, das als sog. „Arbeitseigentum" rechtlichen Beschränkungen unterlag (vgl. Art. 6 der Bodenreformverordnungen der Länder) und zum Schutz vor Veräußerungen regelmäßig mit Sperrvermerken im Grundbuch versehen war. Als **schädigende Maßnahme** iSv. § 1 VermG kommt insoweit nicht der Entzug des Bodenreformeigentums gem. § 9 BesitzwechselVO v.

[10a] Vgl. VG Chemnitz ZOV 1993, 439: aufgelöste Erbengemeinschaft.
[11] Zusammenstellung der Vorschriften, die eine Begründung von Nutzungsrechten durch staatliche Verleihung vorsahen, bei § 3 Fn. 81.
[12] *Fieberg-Reichenbach* F/R/M/S RdNr. 33.
[13] Vgl. § 3 RdNr. 67.
[14] Zusammenstellung der Vorschriften, die eine Begründung von Nutzungsrechten durch Zuweisung einer Genossenschaft vorsahen, bei § 3 Fn. 82.

Ausschluß der Rücküvertragung 15, 16 § 4 VermG

21. 6. 1951[15] in Betracht, da es sich dabei um staatliche Eingriffe in Privatrechte handelte, wie sie jeden Bürger der ehem. DDR treffen konnten.[15a] Schädigenden Charakter hatte jedoch die (seinerzeit nicht veröffentlichte) Dritte Anweisung zur Durchführung der VO zur Sicherung von Vermögenswerten vom 28. 10. 1952,[16] nach deren § 1 das Vermögen der Personen, die die DDR „illegal" vor dem 18. 7. 1952 verlassen hatten, „kraft Gesetzes in das Eigentum des Volkes oder in den Bodenfonds" überging.[17]

Allerdings ist der bundesdeutschen Rechtsordnung die Eigentumsform des Bodenreform- **15** eigentums fremd, so daß eine Wiederbegründung nicht in Betracht kommt. Das Bodenreformeigentum ist durch § 1 des Gesetzes v. 6. 3. 1990[18] zum Volleigentum iSv. § 295 ZGB-DDR aufgewertet worden. Die Vorschrift ist zwar unmittelbar nur auf das im Zeitpunkt ihres Inkrafttretens am 16. 3. 1990 bestehende Bodenreformeigentum anwendbar und nicht auf bereits zuvor durch schädigende Maßnahmen entzogenes. Sinn und Zweck der vermögensrechtlichen Restitution gebieten jedoch eine entsprechende Anwendung auch auf die Fälle zuvor entzogenen Bodenreformeigentums.[19] Ansonsten würden die Bodenreformeigentümer, die ehedem von einer schädigenden Maßnahme iSv. § 1 betroffen waren, wegen dieser Maßnahme nochmals benachteiligt und von vornherein auf einen Entschädigungsanspruch nach Maßgabe des Entschädigungsgesetzes verwiesen.[20] Mit § 1 des Gesetzes v. 6. 3. 1990 hat der Gesetzgeber gerade der Wertvorstellung Ausdruck verliehen, nach der **Bodenreformeigentum dem Volleigentum gleichgestellt** werden soll. Dem kann nicht mit der Erwägung entgegengetreten werden, der ehemalige Bodenreformeigentümer erhalte durch die Restitution mehr als er je gehabt habe. Wäre das Bodenreformeigentum nämlich nicht entzogen worden, hätte § 1 des Gesetzes v. 6. 3. 1990 auch zum Erstarken dieses Bodenreformeigentums zum Volleigentum geführt. Der ehemalige Bodenreformeigentümer bekommt in dem Sinne also nicht ein „mehr", sondern nur das, was er ohnedies haben würde, wenn die schädigende Maßnahme nicht erfolgt wäre.[21]

Allerdings ist die **Verfassungsgemäßheit des Gesetzes vom 6. 3. 1990 bestritten**,[22] da es **16** zu einer Stärkung des Privateigentums führe, während die seinerzeit noch in Kraft befindliche DDR-Verfassung[23] aus dem Jahre 1974 das Element des Privateigentums an Produktionsmitteln gerade negierte (vgl. Art. 9 Abs. 1, 11 Abs. 1 S. 2, 12 Abs. 2). Übersehen wird dabei jedoch, daß durch § 1 des verfassungsändernden Gesetzes vom 12. 1. 1990[24] durch Änderung von Art. 12 Abs. 1 S. 2 DDR-Verf. Privateigentum an volkswirtschaftlich wichtigen Wirtschaftsgütern grundsätzlich zugelassen wurde;[25] schließlich waren nach dem Verfassungsverständnis der DDR verfassungswidrige Gesetze begrifflich undenkbar, da nach dem Prinzip der sozialistischen Gesetzmäßigkeit der Gesetzgeber wie alle anderen Staatsorgane als Vollzugsorgan der staatstragenden Partei und ihrer Beschlüsse fungier-

---

[15] VO über die Auseinandersetzung bei Besitzwechsel von Bauernwirtschaften aus der Bodenreform, GBl. Nr. 78 S. 629; dazu VG Dresden ZOV 1993, 447.

[15a] BVerwG VIZ 1994, 236, 236f.; VG Dessau ZOV 1994, 75, 76; *Rodenbach* ZOV 1994, 77.

[16] Abgedruckt als Anh. III/8.

[17] Vgl. auch Rundbrief des Bundesamtes zur Regelung offener Vermögensfragen, Nr. 3, vom 1. 11. 1991, abgedruckt in: ZOV 1991, 127.

[18] Gesetz über die Rechte der Eigentümer von Grundstücken aus der Bodenreform v. 6. 3. 1990, GBl. I Nr. 17 S. 134.

[19] VG Dessau ZOV 1994, 75, 76; im Ergebnis übereinstimmend *Siewert* NJ 1992, 155, 158; *Kimme-Kimme* § 1 RdNr. 21f.; *Fieberg-Reichenbach* F/R/M/S RdNr. 41; aA VG Dessau VIZ 1994, 82, 82f.; *Horn* S. 583; *Wasmuth* Rechtshandbuch B 100 § 1 RdNr. 39, der das Bodenreformeigentum als dingliches Nutzungsrecht sui generis behandelt; abweichend offenbar auch *Kohler* EWiR § 1 VermG 4/92, S. 397, 398; vgl. auch Art. 233 § 16 Abs. 1 EGBGB, dazu Bericht des BT-Rechtsausschusses, BT-Drucks. 12/2944, S. 64: Ob Restitutionsansprüche bestehen, „soll (...) hier nicht entschieden werden".

[20] Häufig wird jedoch eine Restitution wegen redlichen Erwerbs Dritter nach § 4 Abs. 2 VermG ausscheiden, so daß im Ergebnis nur Ansprüche aus § 9 VermG verbleiben; zutreffend *Arlt* NJ 1992, 301.

[21] Vgl. auch *Alberts* VIZ 1993, 533, 534.

[22] *Schildt* DtZ 1992, 97, 99; *Krüger* DtZ 1991, 385, 392f.

[23] GBl. 1974 I S. 432.

[24] GBl. I Nr. 4 S. 1.

[25] So auch *Siewert* NJ 1992, 155, 158; *Cremer*, Immobiliengeschäfte in den neuen Bundesländern, 1992, S. 21.

VermG § 4 17–20   Abschnitt II. Rückübertragung von Vermögenswerten

te.[26] Die Verfassungswidrigkeit von Gesetzen konnte im übrigen nur von der Volkskammer festgestellt werden (Art. 89 Abs. 3 DDR-Verf.).

17   Selbst wenn man aber annimmt, daß das Gesetz vom 6. 3. 1990 im Sinne des DDR-Verfassungsrechts verfassungswidrig war, ist das dann im Zeitpunkt des Beitritts noch bestehende Bodenreformeigentum jedenfalls nach Art. 233 § 2 EGBG zum Volleigentum erstarkt.[27] Trotz der Beschränkungen, denen das Bodenreformeigentum unterlag, verlieh es doch Besitz-, Nutzungs- und (eingeschränkte) Verfügungsbefugnisse. Maßgebend ist insoweit nicht, ob diese Rechtsposition als Eigentum iSv. § 903 BGB zu qualifizieren war, sondern daß es sich um eine im **Recht der DDR anerkannte Eigentumsart** handelte.[28] Auf dieses am Tag des Wirksamwerdens des Beitritts bestehende Bodenreformeigentum sind seit dem 3. 10. 1990 die §§ 903ff. BGB anzuwenden. Beschränkungen der Eigentümerrechte, die das BGB nicht kennt, sind seit diesem Zeitpunkt entfallen.[29]

18   **dd) Rechtsgeschäftliche Verfügungen.** Die gesonderte Aufführung des Restitutionsausschlusses infolge rechtsgeschäftlicher Veräußerung oder Abtretung von Vermögenswerten in anderen Gesetzesbestimmungen (vgl. nur §§ 3 Abs. 4, 4 Abs. 2 VermG) zeigt, daß rechtsgeschäftliche Verfügungen nach der Gesetzessystematik in keinem Fall zu einer rechtlichen Unmöglichkeit der Restitution und damit zu einer Durchbrechung des Restitutionsgrundsatzes aufgrund der Natur der Sache führen.[30] In diesen Fällen liegt **lediglich ein Rechtsinhaberwechsel** vor, der ohne Einfluß auf den Bestand des Rechts oder der von dem Recht betroffenen Sache ist.

19   **4. Maßgebender Zeitpunkt.** Zweifelhaft erscheint, auf welchen Zeitpunkt für das Vorliegen der vorgenannten Voraussetzungen abzustellen ist. In Betracht zu ziehen sind der 29. 9. 1990 als Zeitpunkt des Inkrafttretens des Vermögensgesetzes (vgl. die Regelung in § 5 Abs. 2 VermG), der Zeitpunkt der Antragstellung nach § 30 Abs. 1 VermG oder der Zeitpunkt der letzten mündlichen Tatsachenverhandlung.[31] Letzteres erscheint sachlich unangemessen, da der Verfügungsberechtigte in Kenntnis des Rückübertragungsanspruchs nur den Ausschlußtatbestand zu verwirklichen brauchte, um dadurch einen Rückübertragungsanspruch zu vereiteln. **Nach** der **Anmeldung** vermögensrechtlicher Ansprüche **ist der Verfügungsberechtigte** jedoch **nicht mehr schutzwürdig**. Dies ergibt sich aus dem Grundsatz von Treu und Glauben entsprechend § 242 BGB.

20   Es spricht daher alles dafür, auf den **Zeitpunkt der Geltendmachung des Rückübertragungsanspruchs** abzustellen, **soweit** es sich bei dem **Ausschlußtatbestand nicht** um einen solchen handelt, der **ausschließlich auf die Verhältnisse in der ehemaligen DDR zugeschnitten** ist (vgl. nur die Beispielsfälle des § 4 Abs. 3 VermG) und daher nur zu Zeiten ihrer Existenz verwirklicht werden konnte. Wegen der aus dem Vermögensgesetz folgenden Pflichtenbindungen ist insoweit auf den Zeitpunkt des Inkrafttretens des Vermögensgesetzes am 29. 9. 1990 abzustellen. Dies gilt auch für Anträge auf Rückübertragung von Vermögenswerten, die noch vor Inkrafttreten des Vermögensgesetzes nach der Anmelde-VO gestellt worden sind und gem. § 30 Abs. 1 S. 1 S. 5 VermG als Anträge iSd. Vermögensgesetzes gelten (Altanträge).

---

[26] Vgl. Staatsrecht der DDR, Lehrbuch, 2. Aufl. 1985, S. 458ff.; dazu auch BezG Neubrandenburg WR 1992, 310, 311.

[27] Unzutreffend BezG Neubrandenburg WR 1992, 310, 310.

[28] Vgl. BezG Neubrandenburg WR 1992, 310, 310; KrG Rostock-Stadt VIZ 1992, 195; OLG Schleswig SchlHA 1958, 171, 172; *Säcker,* Zivilrecht im Einigungsvertrag, 1991, RdNr. 247; *Palandt-Bassenge* Art. 233 EGBGB § 2 RdNr. 1; *Schildt* DtZ 1992, 97, 98f.; *Grosser* WR 1992, 303, 304; *Siewert* NJ 1992, 155, 156; *Kahlke* NJ 1992, 481, 483; *Gollasch-Kroeger* VIZ 1992, 196; aA VG Dessau VIZ 1994, 82, 82f.; *Krüger* DtZ 1991, 385, 387ff., der das Bodenreformeigentum an § 903 BGB mißt; im Ergebnis auch BezG Rostock VIZ 1992, 193; BezG Dresden VIZ 1992, 278, 279ff.; VG Dresden ZOV 1993, 446, 447.

[29] *Palandt-Bassenge* Art. 233 § 2 EGBGB RdNr. 3.

[30] *Schniewind* BB-Beil. 21 zu H. 30/1991, S. 7; *Fieberg-Reichenbach* F/R/M/S RdNr. 42.

[31] So inzident BezG Dresden NJ 1992, 37, 38; KG DtZ 1991, 191, 192; *Wasmuth* Rechtshandbuch B 100 § 3 RdNr. 210.

Da es sich bei der Unmöglichkeit aufgrund der **Natur der Sache** nicht um ein DDR- 21
Spezifikum handelt, ist maßgebend für das Vorliegen der tatsächlichen Voraussetzungen mithin der Zeitpunkt der Antragstellung, es sei denn, es handelt sich um einen Altantrag im vorgenannten Sinne. In dem Fall ist auf den 29. 9. 1990 abzustellen.

5. **Verfahren.** Die für die Vermögensrückübertragung zuständige Behörde (vgl. §§ 35 22
iVm. 24 bzw. 28 VermG) hat den die Restitution ausschließenden **Sachverhalt von Amts wegen zu ermitteln** (§ 26 VwVfG). Eine **Mitwirkungspflicht des Berechtigten**, wie sie nach dem Wortlaut des § 31 Abs. 1 VermG statuiert ist, kommt dabei regelmäßig nicht in Betracht. Die Vorschrift des § 31 Abs. 1 VermG bezieht sich dem Sinnzusammenhang nach ersichtlich nur auf anspruchsbegründende, also dem Antragsteller günstige, nicht aber auf anspruchsvernichtende Tatsachen.[32]

6. **Folgeanspruch.** Sofern die Voraussetzungen für einen Ausschluß der Rückübertra- 23
gung von der Natur der Sache her vorliegen, hat der Berechtigte einen Anspruch auf **Entschädigung** nach Maßgabe des Entschädigungsgesetzes.[33] Der Entschädigungsanspruch richtet sich gegen den Entschädigungsfonds.

II. Unternehmen (Abs. 1 S. 2 bis 4)

1. **Normzweck.** Die Rückgabe von Unternehmen ist nach Satz 2 ausgeschlossen, wenn 24
und soweit der Geschäftsbetrieb eingestellt worden ist und die tatsächlichen Voraussetzungen für die Wiederaufnahme des Geschäftsbetriebs nach vernünftiger kaufmännischer Beurteilung fehlen. Der Gesetzgeber hat mit der durch das PrHBG eingefügten Bestimmung die **wirtschaftliche Unmöglichkeit** der Wiedereröffnung des Geschäftsbetriebs der aus der Natur der Sache folgenden Unmöglichkeit **der Rückgabe** anderer Vermögenswerte nach Satz 1 gleichstellen wollen. Außer Betracht bleibt mithin ein bloßes Affektionsinteresse des Berechtigten an der Rückgabe des Unternehmens.

Die Unternehmensrückübertragung ist ferner ausgeschlossen, wenn eine **Veräußerung** 25
von Unternehmen oder Unternehmensteilen aufgrund der in Absatz 1 Satz 3 lit. a und d genannten Vorschriften erfolgt ist (Satz 3) und kein unredlicher Erwerb iSv. Absatz 3 vorliegt (Satz 4). Damit wird sichergestellt, daß **Privatisierungsmaßnahmen** in bezug auf volkseigenes bzw. ehemals volkseigenes Vermögen **rechtsbeständig** bleiben, auch wenn der Veräußerer selbst in die durch unredlichen Rechtserwerb gekennzeichnete Rechtsposition der zuvor verfügungsberechtigten Person eingerückt war. Im Gegensatz zu den von Absatz 2 Satz 1 erfaßten Veräußerungsfällen ist der redliche Erwerb von Unternehmen nicht nur auf natürliche Personen, Religionsgemeinschaften oder gemeinnützige Stiftungen beschränkt, sondern etwa auch für juristische Personen möglich.

Nach Sinn und Zweck ist ein restitutionsfester redlicher Erwerb allerdings insoweit 26
ausgeschlossen, als es sich bei dem **Erwerber** des Unternehmens um eine **in der DDR tätige Partei**, eine mit dieser **verbundene Organisation, juristische Person oder Massenorganisation** handelte (vgl. § 20a Abs. 1 ParteiG-DDR). Das Parteiengesetz gilt gem. Anlage II Kap. II Sachgeb. A Abschn. III Nr. 1 lit. d des Einigungsvertrages v. 31. 8. 1990[34] nur mit der Maßgabe fort, daß das gem. § 20b Abs. 3 unter treuhänderischer Verwaltung stehende Parteivermögen an die früheren Berechtigten oder deren Rechtsnachfolger zurückgegeben oder ggf. für gemeinnützige Zwecke verwandt wird. Eine Durchbrechung dieses Restitutionsprinzips durch § 4 Abs. 1 S. 3 und 4 VermG widerspräche dem Rechtsgedanken des Parteiengesetzes, das als speziellere Norm eine umfassende Überprüfung des Parteivermögens, nicht aber einen Vermögenserwerb zulasten der Restitutionsberechtigten ermöglichen soll. Gegenteiliges ist aus Satz 4 der Maßgabe d nicht abzuleiten, nach der „nachweislich nach materiell-rechtsstaatlichen Grundsätzen im Sinne

---

[32] Vgl. allgemein zur Parallelvorschrift des § 26 Abs. 2 VwVfG *Kopp*, Verwaltungsverfahrensgesetz, 5. Aufl. 1991, § 26 RdNr. 43.

[33] Vgl. noch § 9 RdNr. 1 ff.
[34] BGBl. II S. 889, 1150.

des Grundgesetzes" erworbenes Vermögen den in § 20a ParteiG-DDR genannten Organisationen wieder zur Verfügung zu stellen ist. Diese Bestimmung bezieht sich nur auf das „Restvermögen", das nicht nach Satz 2 und 3 an die Berechtigten zurückzugeben oder einer gemeinnützigen Verwendung zugeführt worden ist.

27 **2. Begriff des Unternehmens.** Der Begriff des Unternehmens wird an keiner Stelle des Vermögensgesetzes definiert. Ein einheitlicher Unternehmensbegriff ist dem geltenden Recht insgesamt unbekannt. Es entspricht allgemeiner Auffassung, daß der Begriff des Unternehmens stets **teleologisch** mit Rücksicht auf die durch die Norm geregelte Materie zu bestimmen ist.[35] Im Vermögensrecht ist es Aufgabe des Unternehmensbegriffs wegen der für Unternehmen geltenden Sondernormen die einzelnen **Rückübertragungsgegenstände voneinander abzugrenzen**. Das gilt insbesondere für die Frage, ob Vermögenswerte der Einzelrestitution unterliegen oder Bestandteil der Sachgesamtheit Unternehmen sind. In § 1 Abs. 1 S. 2 und 3 und Abs. 2 der aufgrund § 6 Abs. 9 VermG ergangenen Unternehmensrückgabeverordnung (**URüV**)[36] hat der Verordnungsgeber den Begriff des zurückzugebenden Unternehmens iSv. § 6 Abs. 1 S. 1 VermG wie folgt definiert:

„(1) (...) Zu dem Unternehmen gehören alle Gegenstände des Aktiv- und Passivvermögens einschließlich des Eigenkapitals und der in der Schlußbilanz ausgewiesenen Sonderposten sowie alle vermögenswerten Rechte und Pflichten, auch wenn sie weder im Inventar verzeichnet noch in der Bilanz aufgenommen worden sind, insbesondere aus schwebenden Verträgen, die Handelsbücher und alle dazugehörenden Belege und sonstigen Unterlagen im Besitz des Unternehmens, die für seinen Geschäftsbetrieb Bedeutung haben. Als zurückzugebendes Unternehmen im Sinne des Vermögensgesetzes ist jede Vermögensmasse im Sinne des Satzes 2 einschließlich der Schulden anzusehen, die mit entzogenen Unternehmen vergleichbar ist.

(2) Ein Unternehmen im Sinne des § 6 Abs. 1 Satz 1 des Vermögensgesetzes liegt auch vor, wenn es nach Art oder Umfang einen in kaufmännischer Weise eingerichteten Geschäftsbetrieb nicht erforderte oder den Betrieb eines handwerklichen oder sonstigen gewerblichen Unternehmens oder den der Land- und Forstwirtschaft zum Gegenstand hatte."

28 Da die Bestimmungen des § 4 Abs. 1 S. 2 bis 4 VermG der Sache nach eigentlich in den Kontext des § 6 VermG gehören, kann der Unternehmensbegriff der URüV ebenso für die systemwidrig in § 4 Abs. 1 VermG eingestellten Ausschließungsgründe herangezogen werden.

29 **3. Wirtschaftliche Unmöglichkeit der Rückübertragung (S. 2). a) Einstellung des Geschäftsbetriebs.** Ein Geschäftsbetrieb setzt eine auf eine gewisse Dauer angelegte planmäßige wirtschaftliche Betätigung voraus, für die zum Geschäftsbetrieb gehörende Sach- oder Betriebsmittel eingesetzt werden. Eingestellt ist ein Geschäftsbetrieb mithin, wenn eine **wirtschaftliche Betätigung nicht mehr feststellbar ist und/oder Sachmittel nicht mehr vorhanden** sind. Dies ist im Hinblick auf das entzogene Unternehmen zu prüfen. Unerheblich ist also, ob ein anderes als das von schädigenden Maßnahmen betroffene Unternehmen auf dessen Grundstücken oder mit dessen Betriebsmitteln einen Geschäftsbetrieb unterhält.[36a]

30 **Nicht ausreichend** ist in jedem Fall die **Verlagerung des Geschäftsbetriebs** an einen anderen Ort oder die **Betätigung in einem anderen Geschäftszweig** als den zum Zeitpunkt der Schädigung gegebenen.[37] Das zeigt die Vorschrift des § 6 Abs. 1 S. 1 Hs. 1 VermG, nach der für die Rückgabe nur die Vergleichbarkeit des zurückzugebenden Unternehmens mit dem ursprünglich entzogenen Unternehmen erforderlich ist. Eine Einstellung des Geschäftsbetriebs liegt auch bei Eingliederung eines Unternehmens in eine grö-

---

[35] Vgl. nur *K. Schmidt*, Handelsrecht, 4. Aufl. 1994, § 4 I 1.
[36] Verordnung zum Vermögensgesetz über die Rückgabe von Unternehmen vom 13.7.1991, BGBl. I S. 1542.
[36a] *Bernhardt* VIZ 1993, 327, 330; aA *Preu* DB 1993, 521, 523.
[37] VG Berlin VIZ 1992, 415, 415f.; aA *Gutbrod* ZOV 1994, 237, 239f.

Ausschluß der Rückübertragung 31–34 § 4 VermG

ßere Unternehmenseinheit nicht vor.[37a] Ansonsten wären die in §§ 6 Abs. 5, 6b VermG für diesen Fall angeordneten Modalitäten der Rückübertragung überflüssig.

Eine Einstellung des Geschäftsbetriebs liegt jedoch bei einer **Teileinstellung** vor. Dies ergibt der Umkehrschluß aus § 6 Abs. 6a S. 1 VermG.[38] Dazu ist erforderlich, daß der Geschäftsbetrieb in einem einzelnen Betrieb oder räumlich abgrenzbaren Betriebsteil eingestellt worden ist.[39] Der Unternehmensrückgabeanspruch beschränkt sich vorbehaltlich der Wiederaufnahme des Geschäftsbetriebs dann auf die dem Geschäftsbetrieb noch dienenden Unternehmensteile. Soweit er ausgeschlossen ist, tritt an seine Stelle der subsidiäre Anspruch auf Singularrestitution (§ 6 Abs. 6a S. 1 VermG). 31

b) Tatsächliche Voraussetzungen für eine Wiederaufnahme des Geschäftsbetriebs fehlen. Die Rückgabe des Unternehmens ist nur dann wirtschaftlich unmöglich, wenn neben der Einstellung des Geschäftsbetriebs zugleich auch die tatsächlichen Voraussetzungen für dessen Wiederaufnahme fehlen. Die Wiederaufnahme innerhalb einer bestimmten Zeitspanne ist nicht gefordert. Da es auf die tatsächliche Sachlage ankommt, ist ein **objektiver Maßstab** anzulegen.[40] Die Vorstellungen des Berechtigten sind unbeachtlich. Mithin fehlen die tatsächlichen Voraussetzungen für die Wiederaufnahme des Geschäftsbetriebs regelmäßig, wenn der Aufwand für die Erneuerung von Produktionsanlagen oder für betriebsnotwendige Bau- und Immissionsschutzmaßnahmen (Investitionsaufwand), aber auch eine zwischenzeitige Änderung der Markt- und Wettbewerbsstruktur eine Wiederaufnahme und Weiterführung des Geschäftsbetriebs mit der Möglichkeit der Gewinnerzielung bei vernünftiger kaufmännischer Betrachtung nicht erwarten lassen.[41] 32

c) Maßgebender Zeitpunkt. Der für die Beurteilung des Restitutionsausschlusses maßgebende Zeitpunkt ist nach den oben RdNr. 19 f. dargelegten Grundsätzen die **Antragstellung** iSv. § 30 Abs. 1 VermG. Soweit es sich um einen vor Inkrafttreten des Vermögensgesetzes nach der AnmeldeVO gestellten Antrag handelt, ist auf den 29. 9. 1990 abzustellen. 33

d) Folgeansprüche. Scheidet eine Rückübertragung des Unternehmens wegen wirtschaftlicher Unmöglichkeit (§ 4 Abs. 1 S. 2 VermG) aus, hat der Berechtigte einen Anspruch auf **Singularrestitution** derjenigen Vermögensgegenstände, die sich zum Zeitpunkt der Schädigung in seinem Eigentum befanden oder an deren Stelle getreten sind (§ 6 Abs. 6a S. 1 VermG) und am 29. 9. 1990 noch im Eigentum des Vermögensberechtigten standen. Die Sache, die an die Stelle eines im Zeitpunkt der Schädigung vorhandenen Vermögensgegenstandes (Mobile oder Immobilie) getreten ist, muß diese funktionell ersetzt haben.[41a] Der Grundsatz der unmittelbaren Surrogation erfordert nicht, daß es sich um den gleichen Gegenstand handelt. Unschädlich ist es daher, wenn etwa eine Maschine durch ein moderneres und leistungsfähigeres Gerät ersetzt worden ist. Maßgebend ist allein, daß die Sache bei wirtschaftlicher Betrachtung (vgl. § 6 Abs. 1 S. 1 Hs. 1 VermG) im Unternehmen die Funktion des nicht mehr vorhandenen Vermögensgegenstandes übernommen hat. Das gilt auch für Grundstücke.[41b] Bestehen zwischen dem ursprünglich im Eigentum des Berechtigten stehenden Vermögenswert und dem an seine Stelle getretenen Wertdifferenzen, so sind diese nach dem Rechtsgedanken des § 21 Abs. 4 VermG 34

[37a] *Messerschmidt* F/R/M/S § 6 RdNr. 601.
[38] Vgl. auch Begründung z. d. Entwurf d. PrHBG, BT-Drucks. 12/103, S. 26.
[39] *Fieberg-Reichenbach* F/R/M/S RdNr. 48; *Messerschmidt* F/R/M/S § 6 RdNr. 600.
[40] *Fieberg-Reichenbach* F/R/M/S RdNr. 49; *Messerschmidt* F/R/M/S § 6 RdNr. 602; BMJ URüL Ziff. 3.2.2.

[41] Ähnlich *Wasmuth* BRAK-Mitt. 1991, 116, 123; *Kimme-Siebert* RdNr. 12; vgl. auch *Bernhardt* VIZ 1993, 327, 329; zu allgemein BMJ URüL Ziff. 3.22: „Die Wiederaufnahme ist immer dann möglich, wenn die erforderlichen Investitionen in einem angemessenen Verhältnis zu den noch vorhandenen Vermögensgegenständen stehen."
[41a] So wohl auch *Messerschmidt* VIZ 1993, 5, 7; *ders.* F/R/M/S, § 6 RdNr. 609.
[41b] Zweifelnd *Messerschmidt* VIZ 1993, 5, 7.

auszugleichen.[41c] Darüber hinaus findet ein Ausgleich wesentlicher Änderungen der Vermögens- und Ertragslage (§ 6 Abs. 2 bis 4 VermG) nicht statt, da diese voraussetzungsgemäß an die Rückgabe des Unternehmens gebunden ist (vgl. § 6 Abs. 1 S. 2 iVm. S. 1 VermG).

35 Der Anspruch auf Singularrestitution besteht jedoch nicht, wenn andere Gläubiger des Verfügungsberechtigten noch Ansprüche gegen den Verfügungsberechtigten haben und die Restitution zu einer Schmälerung der Haftungsmasse führt.[42] Dies gilt nicht, wenn es sich bei dem Gläubiger unmittel- oder mittelbar aufgrund gesellschaftsrechtlicher Beteiligungen an Personenhandels- oder Kapitalgesellschaften um den Bund, Länder, Gemeinden oder andere juristische Personen des öffentlichen Rechts handelt (§ 6 Abs. 6a S. 2 VermG). Der Ausschuß des Drittgläubigervorrechts besteht nach Sinn und Zweck allerdings nur, soweit die Geltendmachung des Anspruchs zu einer dauerhaften Bereicherung des Staates oder seiner Untergliederungen führt. Dies ist etwa bei Treuhandtochterunternehmen, die zur Privatisierung anstehen, nicht der Fall[43] und gilt auch nicht für Gesellschaften, bei denen die Beteiligung der öffentlichen Hand keinen beherrschenden Einfluß erlaubt (zum Rückforderungsausschuß vgl. noch § 6 RdNr. 133). Die Vorschrift des § 9 VermG (**Bereitstellung von Ersatzgrundstücken**)[44] ist entsprechend anzuwenden, wenn ein Grundstück wegen Schmälerung der Haftungsmasse nicht herausgegeben werden kann.

36 Die vorgenannten Grundsätze gelten mit Ausnahme von § 6 Abs. 6a S. 2 VermG entsprechend für die von § 3 Abs. 1 S. 4 VermG erfaßten „**nachgeschalteten**" **Enteignungen einzelner Vermögensgegenstände**. Ist in diesen Fällen die Restitution des Unternehmens nach § 4 Abs. 1 S. 2 VermG ausgeschlossen, erstreckt sich der Anspruch auf Singularrestitution auch auf die dem Unternehmen nach Enteignung des Berechtigten entzogenen Vermögenswerte, es sei denn, daß diese erst nach der Enteignung angeschafft wurden (§ 3 Abs. 1 S. 5 iVm. § 6 Abs. 1a S. 1 VermG).

37 Hat der Verfügungsberechtigte die der **Singularrestitution** unterliegenden Gegenstände nach dem 29. 9. 1990 wirksam veräußert und ist ihm die Rückgabe dadurch **nicht möglich**, kann der Berechtigte auch anteilmäßige Herausgabe des Erlöses, ersatzweise Zahlung des Verkehrswertes im Zeitpunkt der Veräußerung verlangen (§ 6 Abs. 6a S. 4, 5 VermG). Der Verkehrswert kann verlangt werden, wenn entweder ein Erlös nicht erzielt worden ist oder dieser den Verkehrswert unterschreitet. Der Berechtigte ist nicht zwingend auf die **Singularrestitution** bzw. den **Erlös** oder **Verkehrswert** verwiesen. Er „kann" dies verlangen, daneben aber auch **Entschädigung** beanspruchen (arg. § 6 Abs. 7 S. 3 VermG). Der Entschädigungsanspruch ergibt sich nach Art und Höhe aus dem Entschädigungsgesetz, wobei ein im Zusammenhang mit den Maßnahmen nach § 1 VermG an den Berechtigten gezahlter Kaufpreis oder Ablösungsbetrag im Verhältnis zwei Mark der DDR zu einer DM umzurechnen und vom Entschädigungsbetrag abzusetzen ist (§ 6 Abs. 7 S. 2 VermG). Leistungen im Rahmen der Singularrestitution nach § 6 Abs. 6a VermG werden auf einen verbleibenden Entschädigungsanspruch voll angerechnet (§ 6 Abs. 7 S. 3 VermG).

38 **4. Veräußerungsfälle (S. 3,4). a) Anwendungsbereich. aa) Treuhandgesetz.** Die Bestimmungen der Sätze 3 und 4 schließen die Rückgabe von Unternehmen aus, die aufgrund eines der in Satz 3 lit. a bis d VermG genannten Gesetze veräußert worden sind.

[41c] AA *Messerschmidt* VIZ 1993, 5, 7; *ders.* F/R/M/S § 6 RdNr. 610, der bei wesentlichen Wertdifferenzen den Surrogationsgedanken verwerfen will.

[42] Einschränkend *Barkam-Wittmer* R/R/B RdNr. 9; zu weitgehend Begründung zum Entwurf des PrHBG, BT-Drucks. 12/103, S. 21, 30, die allein auf die Existenz von Gläubigern abstellt.

[43] Vgl. in diesem Sinne *Wellhöfer* Rechtshandbuch B 100 § 6 RdNr. 244; *Messerschmidt* F/R/M/S § 6 RdNr. 614; im Ergebnis auch Arbeitsanleitung der Treuhandanstalt, ZIP 1991, 1518, 1523 (Ziff. 3.1).

[44] Vgl. dazu näher § 9 RdNr. 8ff.

Dabei kommt die Hauptbedeutung der **Privatisierung** von Unternehmen nach dem Treuhandgesetz v. 17. 6. 1990[45] (lit. c) zu. Die Treuhandanstalt wurde mit Inkrafttreten des Treuhandgesetzes am 1. 7. 1990 Anteilsinhaberin der aus der Umwandlung ehemals volkseigener Wirtschaftseinheiten hervorgegangenen Kapitalgesellschaften (§§ 11 Abs. 2, 1 Abs. 4 TreuhG). Sinn und Zweck der Konzentration von Anteilsrechten bei der **Treuhandanstalt** war die ihr übertragene Rückführung der unternehmerischen Tätigkeit des Staates durch Privatisierung des Produktivvermögens (§§ 1 Abs. 1 S. 1, 2 Abs. 1 S. 2 TreuhG).

bb) Unternehmensgesetz. Das unter lit. d aufgeführte Unternehmensgesetz vom 7. 3. **39** 1990[46] räumte Privatpersonen zum Zwecke der Gründung oder der Erweiterung eines privaten Unternehmens mittelständischen Charakters die Möglichkeit ein, Geschäftsanteile oder Aktien bzw. Gebäude, bauliche und andere Anlagen staatlicher Unternehmen käuflich zu erwerben (§ 5 Abs. 1 UnternehmensG). Der **Verkauf** erfolgte durch die **Treuhandanstalt** (§ 5 Abs. 2 UnternehmensG). Nur insoweit ist der unter lit. b angeführte Beschluß zur Gründung der Treuhandanstalt[47] von Bedeutung, der als reiner Organisationsakt selbst keine Vorschriften über die Unternehmensveräußerung enthält. Eine nennenswerte Zahl von Veräußerungen nach § 5 UnternehmensG dürfte nicht erfolgt sein. Das Unternehmensgesetz ist mit Wirksamwerden des Beitritts am 3. 10. 1990 außer Kraft getreten.

cc) Joint-Venture-Verordnung. Von untergeordneter Bedeutung sind auch Unternehmens- **40** gründungen nach der sog. Joint-Venture-Verordnung vom 25. 1. 1990[48] (lit. a). Danach war die **Gründung von Gemeinschaftsunternehmen** in der Rechtsform von Kapital- und Personengesellschaften zulässig, an denen sich neben ausländischen natürlichen und juristischen Personen sowie Personengesellschaften des Handelsrechtes von Seiten der ehem. DDR „Kombinate, Betriebe, Einrichtungen, Genossenschaften sowie Handwerker, Gewerbetreibende und andere Bürger" (§ 2 d. VO) beteiligen konnten.[49] Zu der Joint-Venture-Verordnung sind sechs Durchführungsbestimmungen ergangen;[50] die Verordnung selbst wurde gem. Anl. III, II Nr. 2 des Staatsvertrages v. 18. 5. 1990 iVm. § 12 Nr. 1 der Verordnung vom 28. 6. 1990[51] aufgehoben.

b) Voraussetzungen. aa) Veräußerung von Unternehmen. Der Rückübertragungs- **41** ausschluß setzt ein **wirksames Veräußerungsgeschäft** voraus. Einzuhalten waren also insbesondere die unabhängig von den Vorschriften unter lit. a bis d bestehenden Genehmigungserfordernisse etwa nach der GVVO/GVO oder dem Investitionsvorrangrecht (§§ 3 Abs. 6 bis 8 VermG aF; 3a VermG aF; §§ 1 ff. BInvG/§§ 1 ff. InVorG). Ein vor dem 3. 10. 1990 abgeschlossenes Veräußerungsgeschäft ist auch dann nicht rechtsbeständig, wenn ein unredlicher Rechtserwerb iSd. Beispiele des Absatzes 3 vorliegt (Satz 4).[52] Trotz des mißverständlichen Wortlauts von Satz 3 („wenn und soweit ein Unternehmen (...) veräußert wurde") ist es nicht erforderlich, daß ein Unternehmen als Ganzes Gegenstand des Veräußerungsvertrages ist. Die unter lit. a und d aufgeführten Vorschriften ließen im Gegenteil regelmäßig nur die Veräußerung von Minderheitsbeteiligungen zu. Ein Rück-

---

[45] GBl. I Nr. 33 S. 300, geänd. BGBl. 1990 II S. 889, 897, BGBl. 1991 I S. 766, BGBl. 1994 I S. 2062; dazu *Busche* Rechtshandbuch B 200.
[46] GBl. I Nr. 17 S. 141; geänd. GBl. I Nr. 38 S. 482 nebst 1. DurchführungsVO v. 8. 3. 1990 GBl. I Nr. 17, S. 144; dazu *Petter-Schade*, DB DDR-Report 1990, 3023 f.; *Hebing* BB-Beil. 18 zu H. 13/1990, S. 1,5.
[47] GBl. I Nr. 14 S. 107; aufgeh. GBl. 1990 I Nr. 33 S. 300.
[48] GBl. I Nr. 4 S. 16.

[49] Vgl. *Rittstieg-Jenckel* DB 1990, 361, 366 ff.; *Hebing*, BB-Beil. 18 zu H. 13/1990, S. 1, 2 f.; *Rosener*, Festschrift für Quack, 1991, S. 397, 400 f.
[50] GBl. 1990 I Nr. 11 S. 85, 87, 88; Nr. 21 S. 189, 191; Nr. 23 S. 226; dazu *Glatter* DtZ 1990, 14 ff.; 76 ff.
[51] Verordnung über die Änderung oder Aufhebung von Rechtsvorschriften v. 28. 6. 1990, GBl. I Nr. 38 S. 509.
[52] Vgl. dazu unten RdNr. 46 ff.

übertragungsausschluß besteht insoweit nur hinsichtlich der von dem Veräußerungsgeschäft betroffenen Gegenstände bzw. Anteile.

42 **bb) Zeitpunkt des Vertragsschlusses.** Unternehmensveräußerungen aufgrund der unter **lit. a und d** genannten Gesetze konnten **nur vor dem 1. 7. 1990** (Joint-Venture-VO; lit. a) bzw. **vor dem 3. 10. 1990** (Unternehmensgesetz; lit. d) erfolgen.

43 Zweifelhaft erscheint, ob bei Veräußerungen nach dem **Treuhandgesetz** der Rückübertragungsausschluß ebenfalls nur für Veräußerungen vor dem 3. 10. 1990 gilt.[53] Darauf kann Satz 4 hindeuten, der mit Absatz 3 eine Vorschrift in bezug nimmt, die auf die Verhältnisse in der ehemaligen DDR zugeschnitten ist. Die Bestimmung des Satzes 4 ist daher für Veräußerungen nach dem Treuhandgesetz, die zeitlich nach dem 2. 10. 1990 liegen, in der Regel bedeutungslos. Auszuschließen ist aber nicht, daß Rechtsgeschäfte, die erst nach dem 2. 10. 1990 perfektioniert wurden, gerade auf den beispielhaft in Absatz 3 genannten unredlichen Machenschaften beruhen, wenn die Vertragsanbahnung bereits zuvor stattgefunden hat.[54] Andererseits sind die zeitlich nach dem 2. 10. 1990 liegenden Veräußerungsgeschäfte nicht weniger schutzwürdig als die zuvor von der Treuhandanstalt abgeschlossenen Veräußerungsverträge. Der Restitutionsausschluß des § 4 Abs. 1 Satz 3 lit. c VermG ist daher für alle von der Treuhandanstalt aufgrund des Treuhandgesetzes durchgeführten Unternehmensveräußerungen zu beachten,[55] zumal es sich bei den Unredlichkeitstatbeständen des § 4 Abs. 3 VermG um nicht abschließende Regelbeispiele handelt. Als unredlich ist demnach etwa eine Unternehmensveräußerung anzusehen, die – mit Kenntnis des Erwerbers – unter bewußtem Verstoß gegen die Verfahrensgrundsätze des Treuhandgesetzes, durch Korruption oder unter sonst unzulässiger Einflußnahme auf die veräußernde Treuhandanstalt zustandegekommen ist (vgl. auch § 3 RdNr. 94).

44 **c) Folgeansprüche.** Sofern der Verfügungsberechtigte das Unternehmen ganz oder teilweise an einen Dritten veräußert hat, kann der Berechtigte anteilmäßige **Zahlung** eines Geldbetrages in Höhe des **Erlöses** aus der Veräußerung verlangen (§ 6 Abs. 6a S. 4 VermG), **ersatzweise** Zahlung des **Verkehrswertes** (§ 6 Abs. 6a S. 5 VermG). Daneben steht ihm wahlweise ein Anspruch auf **Entschädigung** gem. § 6 Abs. 7 VermG zu.[56]

45 **5. Verfahren.** Für die Unternehmensrückgabe und damit auch für die Ermittlung der die Restitution ausschließenden Umstände **zuständig** sind die Landesämter zur Regelung offener Vermögensfragen (§ 25 Abs. 1 S. 1 VermG), es sei denn, diese Aufgaben sind unter den Voraussetzungen des § 25 Abs. 2 VermG (minderkaufmännisches Gewerbe/Betriebe der Land- und Forstwirtschaft/Handwerksbetriebe) durch Rechtsverordnung einer Landesregierung auf die örtlichen Ämter zur Regelung offener Vermögensfragen übertragen worden. Die zuständige Behörde hat den **Sachverhalt von Amts wegen zu ermitteln** (§§ 31 Abs. 1 VermG, 26 VwVfG). Eine **Mitwirkung des Berechtigten**, wie sie nach § 31 Abs. 1 VermG für anspruchsbegründende Tatsachen statuiert ist, kommt im Rahmen von § 4 Abs. 1 S. 3 und 4 VermG wegen des anspruchsvernichtenden Charakters dieser Vorschriften regelmäßig nicht in Betracht.[57]

---

[53] In diesem Sinne Bericht des Rechtsausschusses, BT-Drucks. 12/449, S. 10; *Wasmuth* BRAK-Mitt. 1991, 116, 123; *Czerwenka* S. 48; *Fieberg-Reichenbach* F/R/M/S RdNr. 52, 56; *Kimme-Siebert* RdNr. 17; anders offenbar BMJ URüL Ziff. 3.2.3.
[54] *Horn*, in: Hommelhoff (Hrsg.), Treuhandunternehmen im Umbruch, 1991, S. 133, 164ff.
[55] *Horn*, in: Hommelhoff (Hrsg.), Treuhandunternehmen im Umbruch, 1991, S. 133, 166f. (anders ders. S. 595); *Uechtritz* BB 1992, 581, 587; *Busche* VIZ 1992, 239, 240; *Messerschmidt* F/R/M/S § 6 RdNr. 605, 627; wohl auch *Schniewind* BB-Beil. 21 zu H. 30/1991, S. 8; *Barkam-Wittmer* R/R/B RdNr. 4, 7; aA *Weimar*, Nachprivatisierungsprobleme, 1992, S. 42.
[56] Vgl. noch bei § 6 RdNr. 139.
[57] Vgl. bereits RdNr. 22.

III. Redlicher Erwerb Dritter (Abs. 2 S. 1, Abs. 3)

1. Grundsatz. Der redliche Erwerb von Eigentum oder dinglichen Nutzungsrechten 46 durch Dritte **schließt** eine **Rückübertragung** restitutionsbefangener Vermögensgegenstände **aus** (Abs. 2 S. 1), sofern es sich bei dem Erwerber um eine natürliche Person, Religionsgemeinschaft oder gemeinnützige Stiftung handelt und der Erwerbsvorgang vor dem 29. 9. 1990 als Zeitpunkt des Inkrafttretens des Vermögensgesetzes stattgefunden hat. Der Rückübertragungsausschluß greift unabhängig davon ein, ob der Erwerber den Vermögensgegenstand im Zeitpunkt der vermögensrechtlichen Entscheidung noch selbst nutzt oder nicht.[57a] Voraussetzung für die Prüfung der Redlichkeit des Erwerbsvorgangs ist in jedem Fall, daß der **Rechtserwerb** nach den seinerzeit gültigen Vorschriften **zunächst wirksam** erfolgt ist, also auch unter Einhaltung der maßgeblichen Formvorschriften (vgl. §§ 66 f. ZGB-DDR).[58] Soweit die Redlichkeit des Erwerbers iSv. § 4 Abs. 2 und 3 VermG festgestellt werden kann, ist damit ein Rückgriff auf allgemeine, die Besonderheiten des Vermögensrechts unberücksichtigt lassende Rechtsinstitute des Zivilrechts ausgeschlossen,[58a] wenn diese gerade auf den vom Vermögensgesetz erfaßten Sachverhalt des redlichen Erwerbs gestützt werden.[58b] Ansonsten würde der vom Vermögensgesetz bezweckte sozialverträgliche Ausgleich unterlaufen.[58c]

Wertungswidersprüchlich erscheint, daß nach § 4 Abs. 2 S. 1 VermG der **redliche Er-** 47 **werb eines dinglichen Nutzungsrechtes** nach vorangegangener Enteignung oder Entziehung des Grundstückes zum Rückübertragungsausschluß führt, während ein zu Zeiten staatlicher Verwaltung redlich erworbenes dingliches Nutzungsrecht iSv §§ 291 ff. ZGB-DDR die Aufhebung der staatlichen Verwaltung und damit die Wiederinverwaltungnahme des Grundstückes durch den Alteigentümer nicht hindert.[59] Der qualitativ stärkere Eingriff der Enteignung oder anderweitigen Entziehung wird damit vermögensrechtlich im Gegensatz zur bloßen Inverwaltungnahme perpetuiert.

Bei Rechtsgeschäften, die auf den **Erwerb eines Grundstückes oder Gebäudes** gerichtet 48 sind, ist allerdings ein redlicher Erwerb nur möglich, soweit das Rechtsgeschäft schon vor dem **19. Oktober 1989** abgeschlossen wurde. Seit Inkrafttreten des **2. VermRÄndG** bestehen insoweit die unter lit. a bis c des Satzes 2 aufgeführten **Gegenausnahmen**.[60] Ebenfalls durch das 2. VermRÄndG eingefügt wurde die Zeitbestimmung, wonach der Rechtserwerb „**nach dem 8. Mai 1945**" erfolgt sein muß. Damit soll zur Vermeidung von Wertungswidersprüchen mit dem seinerzeitigen alliierten Rückerstattungsrecht die Möglichkeit redlichen Erwerbs während der Zeit der nationalsozialistischen Gewaltherrschaft ausgeschlossen werden.[61] Das hat nach Sinn und Zweck auch für die vor Inkrafttreten des 2. VermRÄndG bereits abgeschlossenen Altfälle zu gelten, wenn ein Restitutionsausschluß zu Wertungskollisionen geführt hätte.

2. Erwerb von Eigentum oder dinglichen Nutzungsrechten. a) Eigentum. Der den 49 Restitutionsausschluß herbeiführende Erwerbsakt muß den Erwerb des Eigentums oder eines dinglichen Nutzungsrechts an dem Vermögenswert bewirkt haben. Maßgeblich sind insoweit die Rechtsvorschriften der DDR. Ein **Eigentumserwerb**, der bei Immobilien die Grundbucheintragung erforderte (§§ 26 Abs. 2, 297 Abs. 2 S. 1 ZGB-DDR), konnte mithin auf der Begründung persönlichen Eigentums (§§ 22 ff., 25 ff. ZGB-DDR), bei Grund-

---

[57a] BVerwG ZOV 1993, 277.
[58] BGH ZOV 1992, 384, 384 f.; ZOV 1993, 181, 183; ZIP 1993, 952, 955; BVerwG ZIP 1993, 1908, 1909; *Fieberg-Reichenbach* F/R/M/S RdNr. 65 ff.; *Barkam-Wittmer* R/R/B RdNr. 60; vgl. auch *Grün* ZIP 1993, 170, 177.
[58a] BGH VIZ 1992, 317, 317 f.; ZIP 1993, 952, 955; NJW 1993, 1706, 1708; dazu Vor § 1 RdNr. 55 ff.
[58b] *Leipold* JZ 1993, 703, 710; *Busche* JZ 1994, 100 f.

[58c] BGH VIZ 1992, 317, 317 f.; ZIP 1993, 952, 955; NJW 1993, 1706, 1708; dazu Vor § 1 RdNr. 55 ff.
[59] Darauf weist zu Recht *Kohler* VIZ 1992, 261, 262 ff., hin; ebenso *Enderlein* NJ 1994, 263.
[60] Vgl. dazu RdNr. 77 ff.
[61] Vgl. Begründung z. d. Entwurf eines VermRÄndG, BT-Drucks. 12/2480, S. 44.

stücken und Gebäuden auch auf der Begründung von Bodenreformeigentum beruhen. Nach § 45 Abs. 3 ZGB-DDR war darüber hinaus im Wege der vorweggenommenen Erbfolge der Abschluß sog. **Grundstücksüberlassungsverträge** mit dinglichem Erfolg zulässig.[62] Die Rückübertragung ist nicht zuletzt auch ausgeschlossen, wenn die Eigentumsübertragung noch vor Inkrafttreten des ZGB nach den teilweise durch DDR-Normen modifizierten Vorschriften des BGB vonstatten gegangen ist.

50   b) **Dingliche Nutzungsrechte.** Unter die dinglichen Nutzungsrechte fallen jene Rechte an volkseigenen Grundstücken bzw. genossenschaftlich genutztem Grund und Boden, die dem Berechtigten unabhängig von dem Erwerb eines Gebäudes (vgl. insoweit auch § 16 Abs. 3 S. 2 bis 4 VermG) aufgrund staatlicher **Verleihung**[63] bzw. genossenschaftlicher **Zuweisung**[64] das Recht zum Eigenheimbau gaben.[64a] Die Zuweisung dinglicher Nutzungsrechte durch Genossenschaften setzte allein die genossenschaftliche Nutzung des Grund und Bodens, nicht aber notwendig die Enteignung des Alteigentümers voraus.[65] Soweit Genossenschaften Bodenflächen lediglich zur treuhänderischen Verwaltung über-

---

[62] Vgl. dazu *Zänker*, in: *Rohde* ua., Bodenrecht, 1989, S. 246f.; *Rodenbach* ZOV 1991, 73, 73f.; *Horst* DWW 1993, 5, 16; *ders*. ZOV 1993, 217, 225.

[63] §§ 287ff. ZGB-DDR; § 5 Abs. 2 S. 5, 6 EGZGB-DDR; § 12 VO über die Finanzierung des Arbeiterwohnungsbaues v. 4. 3. 1954, GBl. Nr. 27 S. 253, geänd. GBl. 1959 I Nr. 21 S. 227; § 1 Gesetz über die Verleihung von Nutzungsrechten an volkseigenen Grundstücken v. 21. 4. 1954, GBl. Nr. 42 S. 445; geänd. GBl. 1959 I Nr. 21, S. 277, aufgeh. GBl. 1970 I Nr. 24 S. 372; § 8 Gesetz über die Aufnahme des Bausparens v. 15. 9. 1954, GBl. Nr. 81 S. 783, geänd. GBl. 1959 I Nr. 21 S. 277, aufgeh. GBl. 1970 I Nr. 24 S. 372; § 8 VO über die Förderung des Baues von Eigenheimen in Landgemeinden v. 24. 1. 1957, GBl. I Nr. 14 S. 121, geänd. GBl. I 1959 Nr. 21 S. 227; § 12 VO über die Arbeiterwohnungsbaugenossenschaften v. 14. 3. 1957, GBl. I Nr. 24 S. 193, geänd. GBl. 1959 I Nr. 21 S. 227, aufgeh. GBl. 1964 II Nr. 4 S. 17; § 15 VO über die Umbildung gemeinnütziger und sonstiger Wohnungsbaugenossenschaften v. 14. 3. 1957, GBl. I Nr. 24 S. 200, geänd. GBl. 1959 I Nr. 21 S. 227; §§ 1, 2 d. Zweiten Gesetzes über die Verleihung von Nutzungsrechten an volkseigenen Grundstücken v. 3. 4. 1959, GBl. I Nr. 21 S. 277, aufgeh. GBl. 1970 I Nr. 24 S. 371; § 4 Abs. 1 S. 2 Gesetz über die Entschädigung bei Inanspruchnahmen nach dem Aufbaugesetz – Entschädigungsgesetz – v. 25. 4. 1960, GBl. I Nr. 26 S. 257, geänd. GBl. 1970 I Nr. 24 S. 372, aufgeh. GBl. 1984 I S. 209; § 7 Abs. 4 VO über die Arbeiterwohnungsbaugenossenschaften v. 21. 11. 1963, GBl. 1964 II Nr. 4 S. 17, geänd. GBl. 1970 II Nr. 102 S. 765, GBl. 1971 II Nr. 32 S. 266, GBl. 1973 I Nr. 5 S. 53, neu bekanntgm. GBl. 1973 I Nr. 12 S. 109; §§ 1ff. Gesetz über die Verleihung von Nutzungsrechten an volkseigenen Grundstücken v. 14. 12. 1970, GBl. I Nr. 24 S. 372, geänd. GBl. 1973 I Nr. 58 S. 578, GBl. 1984 I Nr. 17 S. 209; § 2 Abs. 5 Zweite Durchführungsbestimmung zum Aufbaugesetz v. 29. 9. 1972, GBl. II Nr. 59 S. 641, aufgeh. GBl. 1984 I Nr. 17 S. 209. Dazu allgemein *Schmidt-Räntsch*, Eigentumszuordnung, Rechtsträgerschaft und Nutzungsrechte an Grundstücken, 1992, S. 99ff.

[64] §§ 291ff. ZGB-DDR; § 10 Abs. 1 lit. f. Gesetz über die landwirtschaftlichen Produktionsgenossenschaften v. 3. 6. 1959, GBl. I Nr. 36 S. 577, geänd. GBl. 1975 I Nr. 27 S. 517, aufgeh. GBl. 1982 I Nr. 25 S. 443; §§ 3, 4 VO über die Bereitstellung von genossenschaftlich genutzten Bodenflächen zur Errichtung von Eigenheimen auf dem Lande v. 9. 9. 1976, GBl. I Nr. 35 S. 426, ber. GBl. I 1976 Nr. 42 S. 500; § 18 Abs. 2 lit. f. Gesetz über die landwirtschaftlichen Produktionsgenossenschaften – LPG-Gesetz – v. 2. 7. 1982, GBl. I Nr. 25 S. 443, geänd. GBl. 1990 I S. 133 und S. 483 (Aufhebung von § 18). Dazu allgemein *Schmidt-Räntsch*, Eigentumszuordnung, Rechtsträgerschaft und Nutzungsrechte an Grundstücken, 1992, S. 99ff.

[64a] Zur Begründung von Nutzungsrechten als Annex-Tatbestand zum Erwerb von Gebäudeeigentum vgl. dagegen: § 2 Abs. 2, § 3 Gesetz über den Verkauf volkseigener Eigenheime und Siedlungshäuser v. 15. 9. 1954, GBl. I Nr. 81 S. 784, geänd. GBl. 1959 I Nr. 21 S. 277, aufgeh. GBl. 1973 I Nr. 58 S. 578, nebst Durchführungsbestimmungen v. 11. 2. 1955, GBl. I Nr. 16 S. 154, v. 22. 8. 1955, GBl. I Nr. 83 S. 657, v. 3. 2. 1956, GBl. I Nr. 18 S. 162, v. 17. 11. 1958, GBl. I Nr. 70 S. 862, v. 20. 9. 1968, GBl. II Nr. 101 S. 813, aufgeh. GBl. 1973 I Nr. 58 S. 578; § 4 Abs. 1 S. 2 Gesetz über die Entschädigung bei Inanspruchnahme nach dem Aufbaugesetz – Entschädigungsgesetz – v. 25. 4. 1960, GBl. I Nr. 26 S. 257, geänd. GBl. 1970 I Nr. 24 S. 372, aufgeh. GBl. 1984 I S. 209; § 2 Gesetz über den Verkauf volkseigener Eigenheime, Miteigentumsanteile und Gebäude für Erholungszwecke v. 19. 12. 1973, GBl. I Nr. 58 S. 578; § 5 Abs. 1 Gesetz über die Gründung und Tätigkeit privater Unternehmen und über Unternehmensbeteiligungen v. 7. 3. 1990, GBl. I Nr. 17 S. 141; § 4 Abs. 2 S. 1 Gesetz über den Verkauf volkseigener Gebäude v. 7. 3. 1990, GBl. I Nr. 18 S. 157.

[65] Vgl. nur § 1 VO über die Bereitstellung von genossenschaftlich genutzten Bodenflächen zur Errichtung von Eigenheimen auf dem Lande v. 9. 9. 1976, GBl. I Nr. 35 S. 426.

lassen waren,[66] stellt die Begründung dinglicher Nutzungsrechte an diesen Flächen keinen Anwendungsfall von § 4 Abs. 2 S. 1 VermG dar, weil es insoweit an der von § 4 Abs. 2 S. 1 VermG vorausgesetzten vorherigen Enteignung des Alteigentümers fehlt. Die staatliche Verwaltung am Grund und Boden ist also trotz eines durch Dritte redlich erworbenen dinglichen Nutzungsrechtes aufzuheben. Der Alteigentümer erhält das mit dem dinglichen Nutzungsrecht belastete Grundstück zurück.[67]

Entgegen dem umfassenden Wortlaut der Bestimmung ist Absatz 2 Satz 1 auf **andere** **51** **dingliche Nutzungsrechte**, also solche, die nach den bis zum Inkrafttreten des ZGB noch geltenden Vorschriften des **BGB** (Nießbrauch, Grunddienstbarkeiten) bzw. nach der **ErbbauVO** begründet wurden, nicht anwendbar. Das zeigen in systematischer Hinsicht die Vorschriften der §§ 3 Abs. 1 a, 18 VermG (vgl. auch § 18 aF VermG). Nur die nach dem Recht der ehem. DDR selbst eigentumsähnlich ausgestalteten und verselbständigten dinglichen Nutzungsrechte rechtfertigen nach Sinn und Zweck des § 4 Abs. 2 S. 1 VermG den Ausschluß der Restitution, nicht jedoch andere das Eigentumsrecht lediglich belastende dingliche Nutzungs- und Verwertungsrechte.[68]

c) **Schuldrechtliche Nutzungsrechte.** Nicht zu den dinglichen Nutzungsrechten gehö- **52** ren die aufgrund eines Vertrages nach §§ 312ff. ZGB eingeräumten **Rechte zur Nutzung von Bodenflächen zur Erholung**[69] und die seit 1963 bis zum Inkrafttreten des ZGB-DDR am 1. 1. 1976 von staatlichen Verwaltern[70] abgeschlossenen sog. **Überlassungsverträge** über bebaute oder unbebaute Grundstücke, die dem individuellen Wohnbedarf bzw. der Erholung der Nutzer dienten.[71] Beide Vertragstypen haben rein schuldrechtlichen Charakter und hindern die Rückübertragung anmeldebelasteter Vermögenswerte nicht.[72] Die Rechtsbeständigkeit dieser Nutzungsverträge beurteilt sich nach §§ 16 Abs. 2, 17 VermG.[73]

3. Unredlichkeit des Erwerbs (Abs. 3). a) Grundsatz. Der Begriff des redlichen Er- **53** werbs ist im Gesetz nicht definiert, sondern wird negativ durch die nicht abschließenden **Regelbeispiele** des Absatzes 3 veranschaulicht, die („insbesondere") auf die Elemente der Rechtswidrigkeit (lit. a) und Sittenwidrigkeit (lit. b, c) des Erwerbsvorganges abstellen. Dabei wird es häufig zu Überschneidungen zwischen den dort genannten Fallgruppen kommen. Soweit die Unredlichkeit des Erwerbers im Einzelfall festgestellt werden kann, ist der Rückübertragungsanspruch des Berechtigten nicht ausgeschlossen.

---

[66] § 6 VO zur Sicherung von Vermögenswerten v. 17. 7. 1952, GBl. I Nr. 100 S. 615, iVm. Nr. 2 (zu § 6 VO) der Zweiten Anweisung zur Durchführung der VO v. August 1952 (= Anh. III/7); § 1 Abs. 1 VO über devastierte landwirtschaftliche Betriebe v. 20. 3. 1952, GBl. I Nr. 38 S. 226 (= Anh III/4); §§ 1 Abs. 1, 6 Abs. 1 und 4 VO zur Sicherung der landwirtschaftlichen Produktion und der Versorgung der Bevölkerung v. 19. 2. 1953, GBl. I Nr. 25 S. 329 (= Anh. III/20).
[67] *Kohler* VIZ 1992, 261, 262; *Fieberg-Reichenbach* F/R/M/S § 16 RdNr. 19.
[68] Vgl. zu den dinglichen Nutzungsrechten auch § 16 RdNr. 30 ff.
[69] Dazu allgemein *Gößmann* WM 1991, 1861 ff.
[70] Zur Inverwaltungnahme des Vermögens juristischer Personen und Personen deutscher Staatsangehörigkeit, die ihren Sitz, Wohnsitz oder ständigen Aufenthalt „in den westlichen Besatzungszonen Deutschlands oder in den von den westlichen Besatzungsmächten besetzten Sektoren Berlins haben" vgl. § 6 VO zur Sicherung von Vermögenswerten v. 17. 7. 1952 (GBl. Nr. 100 S. 615 = Anh. III/5;

aufgeh. dch. § 2 Abs. 1, 2 d. VO v. 11. 6. 1953, GBl. Nr. 78 S. 805 = Anh. III/12); § 2 VO zur Sicherung von Vermögenswerten v. 4. 9. 1952 (VOBl. f. Groß-Berlin (Ostsektor) I S. 445 = Anh. III/10; aufgeh. dch. V v. 24. 6. 1953, VOBl. f. Groß-Berlin (Ostsektor) I S. 214); sowie § 1 der Anordnung über die Behandlung von Personen, die die Deutsche Demokratische Republik nach dem 10. 6. 1953 verlassen haben, v. 1. 12. 1953 (GBl. Nr. 130 S. 1231 = Anh. III/21; aufgeh. dch. § 1 d. 2. AO v. 20. 8. 1958, GBl. I Nr. 57 S. 664 = Anh. III/25).
[71] Dazu ausführlich *Schmidt-Räntsch* ZOV 1992, 2ff.; vgl. auch *Rodenbach* ZOV 1991, 73, 73 f.; *Kayser* ZOV 1993, 74 ff.; *Göhring* ZOV 1993, 78 f.; Rundbrief Nr. 4 des Bundesamtes zur Regelung offener Vermögensfragen v. 15. 1. 1992, abgedruckt in ZOV 1992, 82.
[72] *Fieberg-Reichenbach* F/R/M/S RdNr. 74 ff.; unzutreffend aber RdNr. 85: die WLVO regelte allein das Verfahren für die Begründung von Wohnraummietverhältnissen.
[73] Vgl. ausführlicher bei § 17 RdNr. 7, 11 ff.

54 **b) Person des Erwerbers.** Die den Tatbestand der Unredlichkeit begründenden Umstände müssen grundsätzlich in der Person des Erwerbers vorliegen. Dieser muß sittlich und rechtsethisch anstößig gehandelt haben.[73a] Erwerber iSd. Absatzes 3 ist derjenige, der zum Zeitpunkt des Verwaltungsverfahrens verfügungsberechtigt iSv. § 2 Abs. 3 VermG ist. Unbeachtlich ist also, ob im Falle einer **Veräußerungskette** ein vorheriger Verfügungsberechtigter redlicherweise erworben hatte. Etwas anderes gilt allerdings, wenn kein rechtsgeschäftlicher, sondern ein **gesetzlicher Erwerb** kraft Universalsukzession vorliegt (zB § 1922 BGB; §§ 363 Abs. 1, 399 Abs. 1 ZGB-DDR).[73b] Der Rechtsnachfolger tritt in die zum Zeitpunkt des Rechtsübergangs bestehende Rechtsstellung des vorherigen Rechtsinhabers ein. Insoweit kommt es für die Redlichkeit im Gegensatz zum rechtsgeschäftlichen Erwerb nicht auf die Person des aktuell Verfügungsberechtigten, sondern auf die Person des Rechtsvorgängers an.

55 **c) Maßstab der Unredlichkeit. aa) Rechtswidrigkeit des Erwerbsvorgangs (lit. a).** Die Rechtswidrigkeit des Erwerbsvorgangs (lit. a) begründet die Unredlichkeit des Rechtserwerbs, sofern der Erwerber wußte oder hätte wissen müssen, daß der Erwerb nicht mit den in der ehem. DDR seinerzeit dafür geltenden Rechtsvorschriften, Verfahrensgrundsätzen und Grundsätzen ordnungsgemäßer Verwaltungspraxis in Einklang stand.[74] Auf die Rechtsvorschriften und die Verwaltungspraxis der Bundesrepublik kommt es insoweit nicht an.[75] Dies ergibt sich aus dem eindeutigen Wortlaut von § 4 Abs. 3 lit. a VermG wie auch aus der Überlegung, daß diese Vorschriften und Grundsätze seinerzeit in der DDR nicht galten. Die Redlichkeit des Erwerbers kann daher auch nur anhand der **Rechtspraxis in der ehem. DDR** beurteilt werden. Eine aktive Einflußnahme des Erwerbers auf den manipulativen Rechtserwerb ist nicht gefordert.[76]

56 In subjektiver Hinsicht ist **positive Kenntnis oder zumindest grob fahrlässige Unkenntnis** der Rechtswidrigkeit („hätte wissen müssen") des Erwerbsvorgangs erforderlich.[76a] Dabei kommt es im Gegensatz zu §§ 892, 932 BGB nicht auf den guten Glauben an die Berechtigung des als Veräußerer auftretenden Rechtsträgers von Volkseigentum an, sondern auf die **Redlichkeit** des Erwerbers **im Hinblick auf die Bedingungen des Rechtserwerbs**.[77] Dem redlichen Erwerber soll das Risiko abgenommen werden, daß einem Rechtserwerb aufgrund des politischen Umbruches in der DDR und der in seiner Folge eingetretenen Rechtsänderungen der Boden entzogen wird.[78] Der Gesetzgeber hat auf diese Weise für die Fälle des von ihm als schützenswert angesehenen Rechtserwerbs Dritter iSv. § 4 Abs. 2 S. 1 VermG indirekt die vorangegangene Überführung von Vermögenswerten in Volkseigentum sanktioniert. Das Erfordernis des guten Glaubens in die Berechtigung des Veräußerers hätte angesichts der in der ehem. DDR bekannten Praxis eigentumsentziehender Maßnahmen des Staates einen redlichen Vermögenserwerb Dritter vielfach von vornherein unmöglich gemacht.[79] Unredlichkeit des Erwerbers ist daher nicht schon deshalb gegeben, weil der Erwerber um die fehlende Einwilligung des ehemaligen Eigentümers in eigentumsentziehende Maßnahmen des Staates wußte.[80]

[73a] *Leipold* JZ 1993, 703, 711.
[73b] VG Meiningen ZOV 1993, 129, 130; *Fieberg-Reichenbach* F/R/M/S RdNr. 64; *Horn* S. 587.
[74] Vgl. insbesondere die in Fn. 63 und 64 genannten Vorschriften.
[75] *Wilske-Galler* ZOV 1992, 242, 243; *Fieberg-Reichenbach* F/R/M/S RdNr. 82; *Försterling* RdNr. 564; abweichend *Köhler* ZAP-DDR Fach 7, S. 5, 6; *Barkam-Wittmer* R/R/B RdNr. 51; *Märker* DRiZ 1993, 262, 269.
[76] BGH ZOV 1992, 384, 385; *Kinne* ZOV 1991, 31, 35; *Barkam-Wittmer* R/R/B RdNr. 54; *Fieberg-Reichenbach* F/R/M/S RdNr. 86; aA offenbar *Wilske-Galler* ZOV 1992, 242, 244; *Horst* DWW 1991, 273, 277.
[76a] VG Greifswald VIZ 1993, 266, 269; VG Potsdam ZOV 1993, 285, 289f.; *Friauf-Horscht*, Rechtsfolgen der Enteignung von Grundbesitz und Wohngebäuden in der ehemaligen DDR zwischen 1949 und 1990, 1993, S. 140; aA BVerwG NJW 1994, 1359, 1361; *Fieberg-Reichenbach* F/R/M/S RdNr. 85: leichte Fahrlässigkeit.
[77] BGH ZOV 1992, 384, 385; WM 1993, 26, 28; BVerwG ZIP 1994, 907, 908f.; VG Berlin ZOV 1993, 430; *Fieberg-Reichenbach* NJW 1991, 321, 327; *Wasmuth* BRAK-Mitt. 1991, 116, 124.
[78] BGH WM 1993, 26, 28; ZOV 1993, 181, 183; VG Greifswald VIZ 1993, 266, 268.
[79] KG VIZ 1992, 199, 201.
[80] BVerwG ZOV 1993, 193, 193; VG Dresden VIZ 1993, 305, 306; VG Greifswald VIZ 1993, 266, 268; VG Meiningen ZOV 1993, 129, 131; VG Dres-

Im Hinblick auf die Redlichkeit des Erwerbers ist andererseits von Bedeutung, daß nach 57 dem **Recht der ehem. DDR** nicht nur Gesetze der Volkskammer[81] und Verordnungen des Ministerrates,[82] sondern auch Beschlüsse der SED und örtlicher Volksvertretungen,[83] Anordnungen[84] des Vorsitzenden des Ministerrates sowie der Minister und Leiter anderer zentraler Organe als Rechtsquellen staatlichen Handelns in Betracht kamen. Ferner wurde – häufig unzugänglichen – Beschlüssen des Ministerrates,[85] Weisungen des Vorsitzenden des Ministerrates,[86] Durchführungsbestimmungen und Weisungen der Minister und Leiter anderer zentraler Organe,[87] Weisungen der Vorsitzenden der örtlichen Räte[88] und der Leiter der Fachorgane sowie Einzelentscheidungen der Organe des Staatsapparates und staatlicher Leiter gegenüber Bürgern, Kombinaten, Betrieben, Genossenschaften und Einrichtungen, soweit sie nicht im Unterstellungsverhältnis ergingen, Rechtssatzcharakter beigemessen.[89] Das ist mit **rechtsstaatlicher Übung** in den wenigsten Fällen in Einklang zu bringen, widersprach aber vielfach auch der **Verfassungsrechtslage der ehem. DDR**.

Die Verwendung des Terminus „allgemeine Rechtsvorschriften" zeigt insoweit, daß 58 nach Sinn und Zweck des Vermögensgesetzes nur solche Rechtsvorschriften zur Legitimation staatlichen Handelns und darauf beruhenden Rechtserwerbs dienen können, die allgemein, also für **jedermann zugänglich** waren.[90] Nur insoweit konnte bei dem Erwerber ein Vertrauenstatbestand begründet werden. Entgegen Art. 89 Abs. 1 und 2 DDR-Verf. unveröffentlicht gebliebene Rechtsvorschriften können daher einen Rechtserwerb ebensowenig legitimieren wie Erwerbsvorgänge aufgrund von gesetzesvertretenden Beschlüssen oder Entscheidungen nichtstaatlicher Stellen. Dazu gehören neben den seinerzeit in der ehem. DDR tätigen Parteien auch die weiteren sog. gesellschaftlichen Organisationen iSv. § 18 Abs. 1 ZGB wie der FDGB und die FDJ.

Die gesonderte Erwähnung der **allgemeinen Verwaltungsgrundsätze** und der **Grund-** 59 **sätze ordnungsgemäßer Verwaltungspraxis** erlaubt eine Überprüfung insbesondere solcher Erwerbsvorgänge, für die zwar an sich eine Rechtsgrundlage bestand, die aber unter Mißachtung der seinerzeit bestehenden Sach- und Rechtslage rechtswidrig zustandegekommen sind. Eine ständige Verwaltungsübung begründet noch keine DDR-systemkonforme Verwaltungspraxis, wenn die Übung nicht mit den seinerzeit geltenden Rechtsvorschriften in Einklang stand.[90a] Dabei ist zu beachten, daß Äußerungen staatlicher Organe zum Inhalt der Rechtsanwendung regelmäßig der Charakter einer faktisch verbindlichen Normauslegung zukam.[91] Zu den elementaren, gleichsam überpositiven Grundsätzen ordnungsgemäßer Verwaltungspraxis, für die eine Kodifikation im Recht der ehem. DDR nicht bestand, sind im übrigen zu zählen:[92] der Grundsatz der Gesetzmäßigkeit der Ver-

---

den VIZ 1993, 265; KG VIZ 1992, 199, 201; ZOV 1992, 163, 165; *Fieberg-Reichenbach* F/R/M/S RdNr. 83; *Barkam-Wittmer* R/R/B RdNr. 59; *Försterling* RdNr. 564; *Schniewind* BB-Beil. 21 zu H. 30/1991, S. 8; *Göhring* NJ 1991, 413, 414; *ders.* DtZ 1991, 401, 402 f.; *Wilske-Galler* ZOV 1992, 242, 246; *Horn* S. 588; aA *Köhler* ZAP DDR- Fach 7, S. 5, 6; undeutlich KG DtZ 1991, 191, 192; *Horst* DtZ 1992, 43, 43 f.
[81] Art. 48 DDR-Verf.
[82] § 8 Abs. 2 Gesetz über den Ministerrat der Deutschen Demokratischen Republik v. 16. 10. 1972, GBl. I Nr. 16 S. 253.
[83] § 5 Abs. 1, 2; § 8 Abs. 5 Gesetz über die örtlichen Volksvertretungen und ihre Organe in der Deutschen Demokratischen Republik v. 12. 7. 1973, GBl. I Nr. 32 S. 313; § 5 Abs. 1, 2, § 8 Abs. 5 Gesetz v. 4. 7. 1985, GBl. I Nr. 18 S. 213.
[84] § 8 Abs. 3 Gesetz über den Ministerrat (Fn. 82).
[85] § 8 Abs. 2 Gesetz über den Ministerrat (Fn. 82).
[86] § 12 Abs. 4 Gesetz über den Ministerrat (Fn. 82).
[87] § 8 Abs. 3 Gesetz über den Ministerrat (Fn. 82).
[88] § 10 Gesetz über die örtlichen Volksvertretungen (Fn. 83).
[89] Vgl. *Schulze*, in: Verwaltungsrecht, Lehrbuch, 2. Aufl. 1988, S. 40 ff., 117 ff.
[90] Vgl. allgemein dazu BVerfG NJW 1994, 1942, 1943; zur Veröffentlichungspraxis staatlicher Rechtsetzungsakte in der ehem. DDR *Riemann* StuR 1990, 317 ff.; Staatsrecht der DDR, Lehrbuch, 2. Aufl. 1985, S. 498.
[90a] VG Potsdam ZOV 1993, 285, 288, 289.
[91] Vgl. auch *Oetker* JZ 1992, 608, 611.
[92] Dazu *Ossenbühl*, in: Erichsen (Hrsg.), Allgemeines Verwaltungsrecht, 9. Aufl. 1992, § 7 IX; *Badura*, in: *Erichsen* (Hrsg.), aaO, § 40 II; *Jellinek*, Verwaltungsrecht, 3. Aufl. 1966, S. 290; *Wolff-Bachof*, Verwaltungsrecht III, 4. Aufl. 1978, § 156 IV.

waltung, das Willkürverbot, der Grundsatz der Erforderlichkeit und Verhältnismäßigkeit einer Entscheidung sowie die elementaren Verfahrensgrundsätze wie das Recht auf Gehör, das Verbot der Entscheidung in eigener Sache, bei Interessenkollision oder Befangenheit. Daraus folgt allgemein der **Grundsatz der Unparteilichkeit der Verwaltung**. Mit einer ordnungsgemäßen Verwaltungspraxis nicht in Einklang zu bringen ist damit insbesondere die bevorzugte Verschaffung von Vermögenswerten an Personen, die als Staats- und Parteifunktionäre in der ehem. DDR tätig waren oder Ämter in anderen gesellschaftlichen Organisationen bekleideten.[93]

60   **bb) Sittenwidrigkeit des Erwerbsvorgangs (Abs. 3, lit. b, c). (1) Korruption und Ausnutzung einer persönlichen Machtstellung (lit. b).** Während nach lit. a eine **eigennützige Absicht** des Erwerbers nicht erforderlich ist, wird diese als subjektives Element der Sittenwidrigkeit in den Fällen der lit. b und c vorausgesetzt.[94] Der Erwerber muß **mindestens** mit **Eventualvorsatz** gehandelt haben, es also jedenfalls billigend in Kauf genommen haben, daß der Erwerbsvorgang ursächlich im Sinne einer conditio sine qua non auf einer der genannten Manipulationen (Korruption, Ausnutzung der persönlichen Machtstellung, Herbeiführung einer Zwangslage, Täuschung) beruhte. Die Handlungsweise der Erwerbers muß nicht notwendig gegen den Veräußerer, sondern kann ebenso gegen Dritte, etwa staatliche Stellen, gerichtet gewesen sein.[95] Zu den Begriffen der Korruption bzw. Ausnutzung einer persönlichen Machtstellung (lit. b), die mit den Tatbestandsmerkmalen des § 1 Abs. 3 VermG korrespondieren, vgl. die dortige Kommentierung, RdNr. 102ff. Durch seine Handlungsweise muß der Erwerber auf den Zeitpunkt des Vertragsschlusses, die Auswahl des Erwerbsgegenstandes oder andere **Erwerbsbedingungen** in unsachlicher Weise Einfluß genommen haben. Zu den anderen Bedingungen des Erwerbs gehören im wesentlichen noch die Auswahl des Erwerbers, der Preis und die Zahlungsbedingungen.

61   Die Einwirkung auf den Rechtserwerb muß dem Erwerber insgesamt im Vergleich zu etwaigen Mitbewerbern eine **günstigere Rechtsposition** verschafft haben, sei es, daß der Erwerb auf der Bevorzugung seiner Person beruhte, sei es, daß die Handlungsweise des Erwerbers zu einer für ihn günstigen Gestaltung des Rechtserwerbs geführt hat, indem etwa seinerzeit geltende Preisbestimmungen zum Vorteil des Erwerbers unbeachtet blieben.[95a]

62   **(2) Herbeiführung einer Zwangslage oder Täuschung des früheren Eigentümers (lit. c).** Unter lit. c sind solche Erwerbsvorgänge erfaßt, bei denen sich der Erwerber die von ihm selbst oder Dritten herbeigeführte Zwangslage oder Täuschung[96] des ehemaligen Eigentümers bewußt zu Nutze macht. Die Einwirkung auf Dritte, etwa Angehörige des Eigentümers oder andere nahestehende Personen genügt nicht.[96a] Wie bei lit. b ist **jedenfalls Eventualvorsatz** der Erwerbers erforderlich.[97] Eines besonderen wirtschaftlichen Vorteils bedarf es im Gegensatz zu lit. b nicht.[98] Das die Sittenwidrigkeit begründende manipulative Element des Erwerbsvorgangs ist bereits durch die **Einwirkung auf die Willensbildung** des früheren Eigentümers und die **bewußte Ausnutzung dieser Fehlsteuerung** zu einem Vertragsschluß hinreichend belegt. Die Herbeiführung einer

---

[93] Vgl. VG Potsdam ZOV 1993, 285, 289f., Erl. BReg. BT-Drucks. 11/7831, S. 6; *Barkam-Wittmer* R/R/B RdNr. 64; *Fieberg-Reichenbach* F/R/M/S RdNr. 85; *Horn* S. 589.
[94] *Fieberg-Reichenbach* NJW 1991, 321, 327; dies., F/R/M/S RdNr. 89; *Drygalski-Obst*, in: Vermögensrechtliche Ansprüche der DDR-Enteignungsgeschädigten, 1990, S. 231; *Kinne* ZOV 1991, 31, 35; *Kimme-Schmidt* RdNr. 120.
[95] *Fieberg-Reichenbach* F/R/M/S RdNr. 88.
[95a] VG Dresden VIZ 1993, 265, 266.
[96] Dazu *Kramer* MünchKomm. BGB, 3. Aufl. 1993, § 123 RdNr. 11ff.

[96a] VG Greifswald VIZ 1993, 266, 268.
[97] *Barkam-Wittmer* R/R/B RdNr. 73; *Fieberg-Reichenbach* F/R/M/S RdNr. 94.
[98] *Horn* S. 589; *Wassermann*, DWW 1994, 33, 36; *Busche* DZWir 1994, 365, 368; *Friauf-Horscht* (Fn. 76a) S. 140 (mit Fn. 218); mit diesem Ergebnis wohl auch *Leipold* JZ 1993, 703, 709; aA BVerwG NJW 1994, 1359, 1360; VG Greifswald VIZ 1993, 266, 269; VG Dresden VIZ 1993, 305, 306; VG Leipzig VIZ 1993, 560; *Fieberg-Reichenbach* F/R/M/S RdNr. 93; *Kimme-Schmidt* RdNr. 93.

Zwangslage kann etwa durch Drohungen gegenüber dem früheren Eigentümer erfolgt sein. In diesen Zusammenhang gehören Veräußerungen, die im Rahmen der Erteilung von Ausreisegenehmigungen erzwungen wurden.[99]

4. Verfahren. Der für den Ausschluß der Restitution maßgebende **Sachverhalt** ist von dem zuständigen Vermögensamt **von Amts wegen zu ermitteln** (vgl. §§ 31 Abs. 1 VermG, 26 VwVfG). Soweit der Rückübertragungsausschluß nicht zweifelsfrei erwiesen ist, geht dies zu Lasten des Verfügungsberechtigten, der die ihm günstige und die Restitution ausschließende Tatsache des redlichen Erwerbs behauptet.[100] Eine **Mitwirkungspflicht des Berechtigten** an der Aufklärung des Sachverhalts ist insoweit grundsätzlich nicht veranlaßt;[101] nach § 31 Abs. 1 VermG wird diese nur im Hinblick auf anspruchsbegründende Tatsachen gefordert. Unabhängig davon sind für die Redlichkeitsprüfung Tatsachen von Bedeutung, die regelmäßig eher dem Verfügungsberechtigten, nicht aber dem Berechtigten bekannt sein werden.[102]

5. Folgeansprüche. a) Ansprüche des Berechtigten. aa) Grundstücke und Gebäude. Liegen die Voraussetzungen für einen Ausschluß der Rückübertragung nach § 4 Abs. 2 S. 1 und Abs. 3 vor und handelte es sich bei dem Vermögensgegenstand um ein Grundstück oder Gebäude, hat der Berechtigte einen Anspruch auf **Entschädigung** nach Maßgabe des Entschädigungsgesetzes. Der Anspruch richtet sich gegen den Entschädigungsfonds. Wahlweise kann der Berechtigte auch Entschädigung durch **Übereignung eines Ersatzgrundstückes oder -gebäudes** mit möglichst vergleichbarem Wert verlangen, wenn das Grundstück oder Gebäude aus den in § 4 Abs. 2 S. 1 und Abs. 3 VermG genannten Gründen nicht zurückgegeben werden kann (§ 9 VermG).[103] Ist die Bereitstellung einer Ersatzimmobilie nicht möglich, erfolgt die Entschädigung nach Maßgabe des Entschädigungsgesetzes. Auf Antrag ist dem Berechtigten ein Vorkaufsrecht an Grundstücken und Gebäuden einzuräumen, wenn Dritte daran Eigentums- oder dingliche Nutzungsrechte erworben haben.[104]

bb) Bewegliche Sachen. Handelte es sich bei dem Gegenstand des Rückübertragungsanspruchs dagegen um eine bewegliche Sache, steht dem Berechtigten allein ein Anspruch auf den **Erlös** aus der Veräußerung dieses Vermögensgegenstandes zu (§ 10 Abs. 1 VermG).[105] Auch dieser richtet sich gegen den Entschädigungsfonds.

b) Anspruch des Verfügungsberechtigten auf Rückzahlung des Kaufpreises. Bis zur Einfügung des § 7a VermG durch das 2. VermRÄndG enthielt das Vermögensgesetz keinerlei Regelungen über die Behandlung eines etwaig von dem Verfügungsberechtigten an den Berechtigten anläßlich der Eigentumsübertragung gezahlten Kaufpreises. Da es sich insoweit um einen Vorgang des Privatrechts handelte, dem mit der Entscheidung über die Rückgabe des Vermögenswertes an den Berechtigten der Rechtsgrund entzogen wird, kam bis zum Inkrafttreten des 2. VermRÄndG hinsichtlich des Kaufpreises lediglich ein bereicherungsrechtlicher Herausgabeanspruch in Betracht (§ 812 Abs. 1 S. 1 BGB).[106] Zur Rechtslage seit Inkrafttreten des 2. VermRÄndG vgl. § 7a VermG.

---

[99] KG ZOV 1992, 163, 165.
[100] VG Potsdam ZOV 1993, 285, 286; *Fieberg-Reichenbach* F/R/M/S RdNr. 97; *Barkam-Wittmer* R/R/B RdNr. 75; aA *Wilske-Galler* ZOV 1992, 242, 243.
[101] Im Ergebnis auch *Hartkopf* ZOV 1992, 72; *Fieberg-Reichenbach* F/R/M/S RdNr. 97; aA *Motsch* ZOV 1991, 4, 9; *ders.* R/R/B Teil 2 RdNr. 61 (vgl. bereits RdNr. 22).

[102] *Barkam-Wittmer* R/R/B RdNr. 75; *Hartkopf* ZOV 1992, 72.
[103] Vgl. dazu § 9 RdNr. 8ff.
[104] Vgl. dazu 20a RdNr. 2ff.
[105] Vgl. § 10 RdNr. 1.
[106] *Hartkopf* ZOV 1991, 18, 18f.

C. Erwerbsvorgänge nach dem 18. 10. 1989 (Abs. 2 S. 2)

I. Normzweck/Gesetzgebungsgeschichte

67 Einem **unredlichen Rechtserwerb gleichgestellt** sind grundsätzlich die auf den Erwerb von Grundstücken und Gebäuden gerichteten Rechtsgeschäfte, die nach dem 18. 10. 1989 ohne Zustimmung des Berechtigten geschlossen wurden, auch wenn der Erwerber im Einzelfall redlich gewesen sein mag. Sinn und Zweck dieser bereits seit Anbeginn im Vermögensgesetz enthaltenen und durch das PrHBG nicht geänderten Bestimmung war es ursprünglich, die in großer Anzahl vollzogene Veräußerung von Immobilien nach dem Gesetz über den Verkauf volkseigener Gebäude vom 7. 3. 1990[107] insoweit rückgängig zu machen, als davon anspruchsbelastete Vermögenswerte iSd. § 3 Abs. 1 S. 1 VermG betroffen waren.[108] Stichtag ist der 18. 10. 1989 als Tag des Rücktritts des damaligen DDR-Staatsratsvorsitzenden Honecker. Der Gesetzgeber sah Erwerber aufgrund danach abgeschlossener Veräußerungsverträge als nicht schutzwürdig an, weil aufgrund der politischen Entwicklung bereits zum damaligen Zeitpunkt ein grundlegender **Wandel der sozialistischen Eigentums- und Sozialordnung** erkennbar gewesen sein soll.[109] Das Restitutionsinteresse eines Berechtigten iSv. § 2 Abs. 1 VermG sollte insoweit Vorrang genießen vor dem Interesse eines Erwerbers an der Rechtsbeständigkeit seines Erwerbs,[110] da für den Erwerber jedenfalls die bevorstehende Klärung der offenen Vermögensfragen ersichtlich war. Dementsprechend sah § 4 Abs. 2 S. 2 VermG in der bis zum Inkrafttreten des 2. VermRÄndG geltenden Fassung ohne Ausnahme alle nach dem 18. 10. 1989 perfektionierten Rechtsgeschäfte als unredlich an. Die Regelung des § 4 Abs. 2 S. 2 VermG entspricht dem Gedanken der Sozialpflichtigkeit des Eigentums (Art. 14 Abs. 1 S.2 iVm. Abs. 2 GG), indem sie den von vornherein mit einem Makel versehenen Eigentumserwerb des Verfügungsberechtigten zu einem sozialverträglichen Ausgleich mit den Restitutionsinteressen des Berechtigten bringt.[110a]

68 Mit dieser Regelung war zwar insoweit Rechtssicherheit geschaffen, die jedoch in nicht wenigen Fällen zu Lasten der **Einzelfallgerechtigkeit** ging. Die bereits unter Punkt 13 lit. d der Gemeinsamen Erklärung vom 15. 6. 1990[111] vereinbarte Überprüfung der nach dem 18. 10. 1989 abgeschlossenen Veräußerungsgeschäfte war von der Erkenntnis beeinflußt, daß das noch von der Regierung Modrow auf den Weg gebrachte Gesetz über den Verkauf volkseigener Gebäude vom 7. 3. 1990[112] von Funktionsträgern und Begünstigten der SED-Herrschaft zur gezielten Bereicherung genutzt wurde. Wegen der starren Stichtagsregelung unterfielen aber auch solche Rechtsgeschäfte dem Unredlichkeitsverdikt, die von an sich redlichen Erwerbern getätigt wurden. Nicht selten hatten sich Interessenten, denen bereits ein Nutzungsrecht an einem Grundstück verliehen worden war und die aufgrunddessen Investitionen getätigt hatten, jahrelang vergeblich um den Erwerb des betreffenden Grundstücks oder Gebäudes bemüht (sog. Komplettierungsfälle). Der Erwerb ist dann – ermöglicht durch die sich wandelnde Eigentumsordnung – häufig erst aufgrund des Gesetzes über den Verkauf volkseigener Gebäude vom 7. 3. 1990 vollzogen worden.

69 Angesichts negativer Rückwirkungen auf den Rechtsfrieden in den neuen Bundesländern hat es wiederholt **Initiativen zur Änderung des § 4 Abs. 2 S. 2 VermG** gegeben, mit dem Ziel, an sich redliche Erwerber aus der Stichtagsregelung des 18. 10. 1989 auszuklammern.[113]

---

[107] GBl. I Nr. 18 S. 157.
[108] Erl. BReg. BT-Drucks. 11/7831, S. 5.
[109] Dazu auch Erl. BReg. BT-Drucks. 11/7831, S. 5f.
[110] Vgl. auch Erläuterungen des BMJ, abgedruckt in: VIZ 1992, 102, 103.
[110a] BVerwG ZOV 1994, 61, 62f.; VG Berlin ZOV 1993, 194, 195f.
[111] BGBl. II S. 889, 1237.
[112] GBl. I Nr. 18 S. 157.
[113] Vgl. nur Änderungsantrag der SPD-Fraktion, BT-Drucks. 12/2951; zum Gesetzgebungsverfahren *Försterling* RdNr. 566ff.

Ausschluß der Rückübertragung   70–74 § 4 VermG

Im Gesetzgebungsverfahren für das 2. VermRÄndG sah der **Gesetzentwurf der Bun-** 70
desregierung zunächst folgende Neufassung des § 4 Abs. 2 S. 2 VermG vor:[114]
„Dies gilt bei der Veräußerung von Grundstücken und Gebäuden nicht, sofern das dem Erwerb zugrundeliegende Rechtsgeschäft nach dem 18. Oktober 1989 ohne Zustimmung des Berechtigten geschlossen wurde, es sei denn, daß der Erwerb vor dem 19. Oktober 1989 schriftlich beantragt oder sonst aktenkundig angebahnt worden ist."

Diese erweiterte Stichtagsregelung lehnte der **Bundesrat** ab, da auch sie zu zufälligen 71
Ergebnissen und Ungerechtigkeiten führe.[115] Vorgeschlagen wurde anstelle dessen eine Aufhebung des Satzes 2. Nur so seien gerechte Ergebnisse zu erzielen, die eine Überprüfung aller Erwerbsvorgänge auf Redlichkeit einschließe.[116] Dem widersprach die Bundesregierung in ihrer Gegenäußerung,[117] in der sie gleichwohl nicht ausschließen wollte, „daß bei der von ihr vorgeschlagenen Lösung in Einzelfällen auch Erwerbsvorgänge von der Stichtagsregelung erfaßt werden können, die den jetzt (nach dem Entwurf) von der Geltung des § 4 Abs. 2 S. 2 VermG ausgenommenen Erwerben wertungsmäßig gleichstehen".

Die seit Inkrafttreten des **2. VermRÄndG** geltende Fassung des § 4 Abs. 2 S. 2 VermG, 72
die unter lit. b und c über den ursprünglichen Gesetzentwurf der Bundesregierung hinausgehende Ausnahmen zur Stichtagsregelung vorsieht, versucht einen **Kompromiß** zwischen den unterschiedlichen Regelungsansätzen herzustellen, indem weitere Gruppen an sich schützenswerter Erwerber aus der Stichtagsregelung herausgenommen werden. Erwerbsvorgänge nach § 4 Abs. 2 S. 2 lit. a bis c VermG unterliegen damit wie diejenigen nach Abs. 2 S. 1 einer Einzelfallprüfung anhand des beispielhaft in Absatz 3 konkretisierten Maßstabs.

Nicht unproblematisch erscheint die Neufassung des § 4 Abs. 2 S. 2 VermG im Hin- 73
blick auf die **Eigentumsgarantie** des Art. 14 GG, da mit dem durch den Einigungsvertrag nach Inhalt und Umfang bestimmten Rückübertragungsanspruch eine vermögenswerte und damit von Art. 14 GG geschützte Position geschaffen wurde, in die das 2. VermRÄndG mit der Änderung der Stichtagsregelung zu Lasten einzelner Berechtigter eingreift. Allerdings ist die Gewährleistung des Art. 14 GG nicht schrankenlos. Vielmehr steht die **Gewährleistung unter dem Vorbehalt der Sozialbindung**. Der Gesetzgeber ist daher nicht gehindert für die Zukunft in vermögenswerte Positionen in sozial gerechter Weise einzugreifen (Art. 14 Abs. 1 S. 2 iVm. Abs. 2 GG). In dieser Hinsicht ist von Bedeutung, daß der Ausschluß der Restitution zur Klärung der Eigentumsverhältnisse in den neuen Bundesländern und damit indirekt zur Investitionsförderung beiträgt. Dies dient insgesamt dem Rechtsfrieden und damit auch dem Allgemeinwohl.[118] Dem Berechtigten gewährt das Gesetz zur Kompensation andererseits einen Entschädigungsanspruch, der jedenfalls den Verkehrswert des Grundstücks umfaßt.[119] Damit ist das Spannungsverhältnis zwischen der Wertentscheidung zugunsten des Privateigentums und der sozialen Bedeutung der Position für die Allgemeinheit in verhältnismäßiger und damit grundrechtskonformer Weise gelöst.

II. Voraussetzungen

1. Veräußerung von Grundstücken und Gebäuden. Gegenstand des Rechtsgeschäfts 74
iSv. Abs. 2 S. 2 muß die Veräußerung von Grundstücken und Gebäuden sein. Der Erwerb dinglicher Nutzungsrechte iSv. Abs. 2 S. 1[120] nach dem 18. 10. 1989 ist daher per se nicht unredlich, es sei denn, es liegt lediglich ein Annex-Tatbestand „bei der Veräußerung" von

---

[114] BT-Drucks. 12/2480, S. 6.
[115] BT-Drucks. 12/2695, S. 7.
[116] BT-Drucks. 12/2695, S. 7.
[117] BT-Drucks. 12/2695, S. 28.

[118] Vgl. allgemein *Schmidt-Preuß*, Die Verwaltung 1992, 327, 358; *Berg* VVDStRL 51 (1992), 46 (88); krit. *Fieberg-Reichenbach* F/R/M/S RdNr. 119.
[119] Dazu RdNr. 89.
[120] Dazu RdNr. 50.

Gebäuden vor.[121] Darüber hinaus ist eine entsprechende Anwendung von Abs. 2 S. 2 auf Nutzungsrechte ausgeschlossen. Einerseits ist die Vorschrift nur auf Rechtsgeschäfte anwendbar, andererseits war Ziel der Gemeinsamen Erklärung, auf die § 4 Abs. 2 S. 2 VermG zurückgeht, allein die Überprüfung von Veräußerungsgeschäften (vgl. Pkt. 13 lit. d der Gemeinsamen Erklärung).[122]

75 2. **Zeitpunkt des Vertragsschlusses.** Nicht schutzwürdig sind grundsätzlich nur solche „dem Erwerb zugrundeliegende" Verträge, die nach dem 18. 10. 1989 „geschlossen" wurden. Abzustellen ist auf den Zeitpunkt der **Perfektionierung des Rechtsgeschäfts**. Nach dem 18. 10. 1989 geschlossen sind demnach Verträge, bei denen zumindest eine der im Hinblick auf den Vertragsschluß erforderlichen Willenserklärungen erst nach dem Stichtag abgegeben wurde oder die zur Wirksamkeit des Rechtsgeschäfts erforderlichen Beurkundungen oder Genehmigungen (§ 297 Abs. 1 ZGB) erst danach erfolgt sind. Umgekehrt reicht es für die Perfektionierung vor dem 19. Oktober 1989 aus, wenn jedenfalls bis auf die Eintragung im Grundbuch (§ 297 Abs. 2 ZGB) alle anderen Erwerbsvoraussetzungen, darunter auch der Antrag auf Grundbucheintragung (§ 4 GBVO), noch am 18. 10. 1989 vorlagen. Auf den Zeitpunkt der Eintragung hatten die Parteien keinen Einfluß, so daß sie mit dem Eintragungsantrag das ihrerseits Erforderliche getan hatten.[122a] Die Vorschrift des § 4 Abs. 2 VermG und damit auch deren Satz 2 ist allerdings nur anwendbar, wenn das vor dem 19. 10. 1989 perfektionierte Rechtsgeschäft schließlich auch zu einem Rechtserwerb geführt hat. Die Grundbucheintragung muß also, wenn auch nach dem 18. 10. 1989, erfolgt sein.

76 Von § 4 Abs. 2 VermG nicht erfaßt sind sog. **„hängende" Kaufverträge,** bei denen die Grundbucheintragung des Erwerbers unterblieben ist. Da der von § 4 Abs. 2 VermG vorausgesetzte Erwerbstatbestand in diesen Fällen nicht vollendet worden ist und der Restitutionsausschluß daher von vornherein nicht eingreifen kann, sind die betroffenen Grundstücke und Gebäude an die Berechtigten zurückzuübertragen. Nach § 121 Abs. 1 S. 1 SachenRBerG stehen Nutzern, die aufgrund eines vor dem 19. 10. 1989 perfektionierten Kaufvertrages oder aufgrund eines Miet- oder sonstigen Nutzungsvertrages den Besitz an der Immobilie erlangt oder ausgeübt haben, jedoch die in Kapitel 2 des SachenRBerG begründeten Ansprüche auf Bestellung eines Erbbaurechts oder Ankauf des Grundstücks zu (vgl. § 15 SachenRBerG). Diese Ansprüche stehen auch Käufern zu, die erst nach dem 18. 10. 1989 „hängende" Grundstücks- oder Gebäudekaufverträge iSv § 4 Abs. 2 S. 2 lit. a bis c VermG abgeschlossen haben (§ 121 Abs. 1 S. 3 SachenRBerG). Der Nutzer muß auf Verlangen des Grundstückseigentümers innerhalb einer Frist von fünf Monaten ab Zugang des Verlangens erklären, ob er von den Ansprüchen auf Erbbaurechtsbestellung oder Ankauf des Grundstücks Gebrauch machen will, und das Wahlrecht ausüben (§ 121 Abs. 3 S. 1 iVm. § 16 Abs. 2 SachenRBerG). Bei der Bemessung von Erbbauzins und Ankaufspreis ist entsprechend § 74 Abs. 1 S. 2 bis 4 SachenRBerG der Restwert eines vom Grundstückseigentümer errichteten oder erworbenen Gebäudes, einer baulichen Anlage und der Grundstückseinrichtungen in Ansatz zu bringen (§ 121 Abs. 4 SachenRBerG). Einen im Zusammenhang mit dem Vertragsschluß an die örtlichen Räte gezahlten Kaufpreis (vgl. §§ 3 Abs. 1, 5 Abs. 3 Durchführungsbestimmung zum Gesetz über den Verkauf volkseigener Eigenheime, Miteigentumsanteile und Gebäude v. 19. 12. 1973, GBl. I Nr. 59 S. 590) kann der Nutzer gem. §§ 323 Abs. 3, 818 BGB herausverlangen (§ 121 Abs. 6 SachenRBerG). Bereicherungsschuldner sind die Gemeinden oder andere Gebietskörper-

---

[121] § 2 Gesetz über den Verkauf volkseigener Eigenheime, Miteigentumsanteile und Gebäude für Erholungszwecke v. 19. 12. 1973, GBl. I Nr. 58 S. 578; § 5 Abs. 1 S. 2 Gesetz über die Gründung und Tätigkeit privater Unternehmen und über Unternehmensbeteiligungen v. 7. 3. 1990, GBl. I Nr. 17 S. 141; § 4 Abs. 2 S. 1 Gesetz über den Verkauf volkseigener Gebäude v. 7. 3. 1990, GBl. I Nr. 18 S. 157; vgl. auch Erläuterungen des BMJ, abgedruckt in: VIZ 1992, 102, 103 f.; *Fieberg-Reichenbach* F/R/M/S RdNr. 109, 114.

[122] BGBl. 1990 II S. 889, 1237.

[122a] Vgl. auch *Jaeckel* NJ 1994, 262, 263; aA *Barkam-Wittmer* R/R/B RdNr. 47; *Fieberg-Reichenbach* F/R/M/S RdNr. 67.

Ausschluß der Rückübertragung   77, 78 § 4 VermG

schaften, in deren Vermögen sich die Gegenleistung befindet. Weitere Ansprüche auf Schadensersatz wegen Nichterfüllung nach § 325 Abs. 1 S. 1 BGB hat der Gesetzgeber wegen der regelmäßig nicht vorhersehbaren Restitution und der ansonsten damit für die Gebietskörperschaften verbundenen finanziellen Belastungen ausgeschlossen (§ 121 Abs. 6 S. 2 SachenRBerG).[123] Bis zur endgültigen Bereinigung der „hängenden" Kaufverträge nach dem Sachenrechtsbereinigungsgesetz steht den Nutzern ein Recht zum Besitz zu (Art. 233 § 2a Abs. 1 S. 3 EGBGB). Macht der Nutzer innerhalb der Frist des § 121 Abs. 5 S. 1 iVm. § 16 Abs. 2 SachenRBerG keinen Anspruch auf Erbbaurechtsbestellung oder Ankauf des Grundstücks geltend, leben die mit Abschluß des Kaufvertrages erloschenen Miet- oder anderen Nutzungsverhältnisse entsprechend § 17 S. 5 VermG unbefristet wieder auf (§ 121 Abs. 5 S. 2 SachenRBerG). Nicht anwendbar ist § 121 SachenRBerG auf hängende Kaufverträge, die wegen einer Pflichtverletzung des Käufers oder Versagung einer erforderlichen Genehmigung aus anderen als den in § 6 AnmeldeVO idF v. 11. 10. 1990 (BGBl. I S. 2162) genannten Gründen nicht erfüllt worden sind (§ 121 Abs. 1 S. 2 iVm. § 3 Abs. 3 S. 2 Nr. 1, 2 SachenRBerG).

3. Ausnahmen (lit. a bis c). a) Angebahnte Erwerbsgeschäfte (lit. a). Zu den nicht per se unredlichen Erwerbsgeschäften gehören nach der Gegenausnahme des § 4 Abs. 2 S. 2 lit. c VermG auch die erst nach dem 18. 10. 1989 perfektionierten Rechtsgeschäfte, wenn der Erwerb vor dem 19. 10. 1989 **schriftlich beantragt oder sonst aktenkundig angebahnt** worden ist. Damit werden zur Hauptsache die bereits oben RdNr. 68 angesprochenen „Komplettierungsfälle" erfaßt. Die Vorschrift gilt aber auch für alle anderen vor dem 19. 10. 1989 nach den seinerzeit geltenden Vorschriften in zulässiger Weise angebahnten Veräußerungsgeschäfte. Der Erwerbsinteressent hatte regelmäßig keinen Einfluß auf den Zeitpunkt des Vertragsschlusses, so daß es auch vom Zufall abhängig war, ob das Rechtsgeschäft bereits am 18. 10. 1989 perfektioniert war oder nicht. Voraussetzung ist in jedem Fall, daß entweder der Erwerbsinteressent ein schriftliches Erwerbsangebot abgegeben hat, das dem Rechtsträger oder der für die Veräußerung zuständigen Behörde zugegangen ist, oder daß ein – auch mündlicher – Erwerbswunsch jedenfalls bei der betreffenden Behörde aktenkundig gemacht worden ist.

77

b) Erwerb volkseigener Gebäude für Gewerbezwecke (lit. b). Ein redlicher Erwerb ist ferner nicht ausgeschlossen hinsichtlich solcher nach dem 18. 10. 1989 abgeschlossener Rechtsgeschäfte, die auf den Erwerb eines volkseigenen Gebäudes für Gewerbezwecke gerichtet waren (§ 1 des Gesetzes über den Verkauf volkseigener Gebäude v. 7. 3. 1990).[124] Danach konnten volkseigene Gebäude – nicht jedoch Grundstücke – für Gewerbezwecke an private Handwerker (§ 1 Abs. 4 HandwVO) und Gewerbetreibende iSv. § 1 Abs. 2, 3 GewG (GBl. 1990 I Nr. 17 S. 138) veräußert werden, die Bürger der DDR oder Ausländer mit ständigem Wohnsitz in der DDR waren. Auf die Veräußerung von Gebäude und Grundstück ist § 4 Abs. 2 S. 2 lit. b VermG also nicht anwendbar.[124a] Eine teilweise Aufrechterhaltung des Veräußerungsgeschäftes hinsichtlich des Gebäudes scheidet aus, da auch das Recht der früheren DDR von der Einheit von Grundstück und Gebäude ausging (vgl. nur § 300 Abs. 1 ZGB-DDR) und nur ausnahmsweise in Ausübung eines Nutzungsrechtes selbständiges Gebäudeeigentum entstehen ließ. Unschädlich war es dagegen, wenn sich in dem Gebäude eine, im Ausnahmefall auch zwei Wohnungen befanden.[125] Die Beschränkung auf private Erwerber korrespondiert mit der Vorschrift des Absatzes 2 Satz 1, die einen redlichen Erwerb ua. nur für natürliche Personen vorsieht. Mit der Wendung „**private Handwerker und Gewerbetreibende**" meint § 1 des Gesetzes v. 7. 3. 1990 dem Sinnzusammenhang nach ebenfalls nur natürliche Personen.[126] Ein redlicher

78

---

[123] Vgl. Gegenäußerung der Bundesregierung zur Stellungnahme des Bundesrates, BT-Drucks. 12/5992, S. 204, 207.
[124] GBl. I Nr. 18 S. 157.
[124a] Kimme-Schmidt RdNr. 82; Fieberg-Reichenbach F/R/M/S RdNr. 134; vgl. auch BARoV, Rundbrief Nr. 10 v. 1. 3. 1993, abgedruckt in VIZ 1993, 204.
[125] Vgl. § 1 DurchführungsVO zum Gesetz über den Verkauf volkseigener Gebäude v. 15. 3. 1990, GBl. I Nr. 18 S. 158.
[126] KG NJ 1992, 410, 411 = ZOV 1992, 92, 93.

Erwerb juristischer Personen ist damit nach wie vor auf die Fälle des Absatzes 1 Satz 3 beschränkt. Die von lit. b erfaßten Fallgestaltungen können als Fortführung des Gedankens „Investitionen vor Rückgabe vor Entschädigung" verstanden werden: Die Ausklammerung dieser Rechtsgeschäfte aus der Stichtagsregelung des 18. 10. 1989 läßt redliche Erwerbsvorgänge unangetastet und schützt damit etwaige im Vertrauen auf die Rechtsbeständigkeit des Erwerbs getätigte Investitionen, die volkswirtschaftlich zu begrüßen sind.

79 Nach wie vor vom Unredlichkeitsverdikt erfaßt werden die aufgrund des Gesetzes über den Verkauf volkseigener Gebäude getätigten Veräußerungen von volkseigenen **Ein- und Zweifamilienhäusern** sowie Gebäuden für Erholungszwecke (vgl. § 2 des Gesetzes v. 7. 3. 1990). Zu dieser Fallgruppe gehören fast ausnahmslos die bei der Durchführung des Gesetzes aufgetretenen Mißbrauchsfälle (siehe bereits RdNr. 68).

80 Erwerber, die insoweit nicht von der zusätzlichen Ausnahmebestimmung nach lit. c profitieren, gleichwohl aber als an sich redlich iSd. Ausnahmebestimmungen anzusehen sind, stehen im Regelfall dennoch nicht schutzlos da. Häufig wird es so sein, daß diesem Personenkreis bereits vorher kraft Verleihung oder Zuweisung ein **dingliches Nutzungsrecht** an dem betreffenden Grundstück zustand. Dieses Nutzungsrecht hat, soweit es im Sinne von § 4 Abs. 2 S. 1 VermG in redlicher Weise erworben wurde, weiterhin Bestand und schließt nach dieser Vorschrift die Rückübertragung an den Berechtigten aus.[127] Auf das Scheitern des Eigentumserwerbs nach § 2 des Gesetzes über den Verkauf volkseigener Gebäude kommt es damit nicht mehr an. Für den Erwerber verzögert sich die Vollendung des dinglichen Rechtserwerbs lediglich solange, bis der Restitutionsantrag des Berechtigten im Verfahren nach §§ 30 ff. VermG bestandskräftig zurückgewiesen worden ist. Handelte es sich bei dem unredlichen Erwerber um einen Mieter oder Nutzer, der bei Begründung des Miet- oder Nutzungsrechtsverhältnisses redlich iSd. § 4 Abs. 3 VermG war, so lebt jedenfalls das ursprünglich redlich begründete, dann durch sog. **Konfusion** infolge des Eigentumserwerbs erloschene Miet- bzw. Nutzungsrechtsverhältnis wieder auf, wenn das Eigentum durch bestandskräftigen Restitutionsbescheid auf einen Berechtigten zurückübertragen wird (§ 17 S. 5 VermG).

81 **c) Erwerb nach Investitionen (lit. c).** Nicht per se unredlich ist ein nach dem 18. 10. 1989 abgeschlossenes Rechtsgeschäft schließlich, wenn der Erwerber an dem Grundstück oder Gebäude aus eigenen Mitteln vor dem 19. 10. 1989 **in wesentlichem Umfang werterhöhende oder substanzerhaltende Investitionen** vorgenommen hat. Sinngemäß geht es in der Hauptsache um die Fälle, in denen Nutzungsberechtigte in Erwartung eines späteren Eigentumserwerbs in ein Grundstück oder Gebäude investiert haben. Da der Erwerb eines dinglichen Nutzungsrechts bereits nach § 4 Abs. 2 S. 1 VermG zum Ausschluß der Restitution führt, hat lit. c insoweit allerdings nur für schuldrechtlich Nutzungsberechtigte Bedeutung, die das Grundstück oder Gebäude auf der Grundlage eines Gebrauchsüberlassungsvertrages genutzt haben.

82 Zu den werterhöhenden oder substanzerhaltenden Investitionen gehören ihrer Art nach alle **Modernisierungs-, Instandhaltungs- und Instandsetzungsmaßnahmen**.[128] Inwieweit diese Investitionen einen wesentlichen Umfang ausmachen, ist unter Berücksichtigung der Zielsetzung der Vorschrift nach den Umständen des Einzelfalles zu entscheiden. Geschützt werden sollen diejenigen Nutzer, die wie ein Eigentümer in das Grundstück oder Gebäude investiert haben. **Wesentlichen Umfangs** sind damit solche werterhöhenden und substanzerhaltenden Investitionen, die dem Objekt dauerhaft zugute gekommen sind, also auch noch nicht abgeschrieben sind (Rechtsgedanke d. § 18 Abs. 2 VermG), über die ansonsten von Mietern zu übernehmenden Kleinreparaturen und periodischen Schönheitsreparaturen erkennbar hinausgehen[129] und zumindest die Unwesentlichkeits-

---

[127] Vgl. für schuldrechtliche Nutzungsrechte auch RdNr. 52.
[128] Zu den Begriffen vgl. *Harke* WuM 1991, 1, 7.
[129] *Barkam-Wittmer* R/R/B RdNr. 38 f.; *Fieberg-Reichenbach* F/R/M/S RdNr. 141, 144; zur Risikoverteilung beim Mietvertrag vgl. auch BGH WuM 1989, 324.

schwelle von 10 vH des Objektwertes – gemessen am Verkehrswert (vgl. insoweit § 7 Abs. 2 VermG) – übersteigen.[129a]

Nach dem Gesetzeswortlaut mußten diese Maßnahmen **vor dem 19. 10. 1989 abgeschlossen** sein. Es reicht also nicht aus, wenn mit derartigen Arbeiten vor dem 19. 10. 1989 begonnen wurde, sofern der bis dahin fertiggestellte Teil lediglich geringen Umfang hatte. 83

4. Altfälle. Die Vorschrift des § 4 Abs. 2 S. 2 VermG idF des 2. VermRÄndG ist gem. Art. 14 Abs. 4 des 2. VermRÄndG auf alle **Rückgabeverfahren** anzuwenden, die **vor** Inkrafttreten des Gesetzes am **22. 7. 1992** begonnen, aber noch nicht durch eine abschließende Entscheidung abgeschlossen waren. Abschließende Entscheidungen sind nach Sinn und Zweck die vermögensrechtlichen Ausgangsbescheide.[130] 84

Für die zuvor abgeschlossenen Altfälle galt **§ 4 Abs. 2 S. 2 VermG aF** mit folgendem Wortlaut: 85

„Dies gilt bei Grundstücken und Gebäuden nicht, sofern das dem Erwerb zugrundeliegende Rechtsgeschäft nach dem 18. Oktober 1989 geschlossen worden ist und nach § 6 Abs. 1 und 2 der Anmeldeverordnung nicht hätte genehmigt werden dürfen."

Wenngleich nicht notwendig nach dem Wortlaut, so doch jedenfalls nach dem Sinnzusammenhang bezog sich § 4 Abs. 2 S. 2 VermG aF nur auf die **Veräußerungsfälle**.[131] Die Vorschrift setzte einerseits die Vorgaben unter Pkt. 13 lit. d der Gemeinsamen Erklärung v. 15. 6. 1990[132] um, in der ausdrücklich nur die Veräußerung von Grundstücken und Gebäuden erwähnt ist. Andererseits zeigte die Bezugnahme auf § 6 der AnmeldeVO, die das hypothetische Genehmigungserfordernis nach der Grundstücksverkehrsverordnung betraf, daß als genehmigungsbedürftiges Erwerbsgeschäft iSd. § 4 Abs. 2 S. 2 VermG aF eben nur der Erwerb eines Grundstücks oder Gebäudes in Betracht kam. Dies hat der Gesetzgeber in der Begründung des Entwurfs eines 2. VermRÄndG nochmals klargestellt.[133] 86

Soweit der Gesetzeswortlaut auf die **Genehmigungsunfähigkeit** „nach § 6 Absätze 1 und 2 der Anmeldeverordnung" abstellte, wurde damit der Regelungsgehalt dieser Bestimmungen nur unzulänglich wiedergegeben. Diese enthielten neben Versagungs- auch Aussetzungsgründe für das bei Grundstücksübertragungen erforderliche Genehmigungsverfahren nach der Grundstücksverkehrsverordnung, sofern für die betroffenen Erwerbsvorgänge eine Zustimmung des Berechtigten nicht vorlag. Nach § 6 Abs. 1 AnmeldeVO war die Genehmigung vorbehaltlich einer Versäumung der Anmeldefristen zu versagen, wenn von der Veräußerung ein Grundstück in treuhänderischer oder staatlicher Verwaltung betroffen war (§ 1 Abs. 4, 1. und 2. Spiegelstrich VermG). Auszusetzen war das Genehmigungsverfahren gem. § 6 Abs. 2 AnmeldeVO, wenn von dem Erwerb entweder Grundstücke betroffen waren, die nach dem 6. 10. 1949 durch Beschlagnahme (entschädigungslose Enteignung), aus vorläufiger staatlicher Verwaltung oder staatlicher Treuhandverwaltung in Volkseigentum überführt oder an Dritte veräußert worden waren, oder Grundstücke, für welche Ansprüche nach § 2 AnmeldeVO bzw. § 3 VermG – sei es auch verspätet – angemeldet worden waren. 87

5. Verfahren. Inwieweit die **Voraussetzungen** des § 4 Abs. 2 S. 2 VermG vorliegen, hat das zuständige Vermögensamt **von Amts wegen zu ermitteln** (§§ 31 Abs. 1 VermG; 26 VwVfG). Eine **Mitwirkungspflicht des Berechtigten** (§ 31 Abs. 1 VermG) kommt nach Sinn und Zweck nur hinsichtlich der ihm günstigen Tatsachen in Betracht, also soweit es um das Zustandekommen des Erwerbsgeschäftes nach dem 18. 10. 1989 geht. 88

[129a] *Barkam-Wittmer* R/R/B RdNr. 45 nehmen Investitionen wesentlichen Umfangs ab 15–20 vH des Objektwertes an; in der Verwaltungspraxis werden 40 vH des mit dem Faktor 1,3 multiplizierten steuerlichen Einheitswertes zugrunde gelegt (vgl. ZOV 1993, 242, 243); ähnlich *Kimme-Schmidt* RdNr. 93; krit. *Fieberg-Reichenbach* F/R/M/S RdNr. 148.

[130] Dazu § 3 RdNr. 83.
[131] *Fieberg-Reichenbach* F/R/M/S § 4 RdNr. 112.
[132] BGBl. II S. 889, 1237.
[133] BT-Drucks. 12/2480, S. 44.

VermG § 5 Abschnitt II. Rückübertragung von Vermögenswerten

Im Regelfall wird der Berechtigte in diesen Fällen jedoch aus eigener Kenntnis nichts zur Klärung des Sachverhalts beitragen können.

89 **6. Folgeansprüche.** Liegen die Voraussetzungen für einen Ausschluß der Rückübertragung nach § 4 Abs. 2 S. 2 und Abs. 3 vor, hat der Berechtigte einen Anspruch auf **Entschädigung** nach Maßgabe des Entschädigungsgesetzes.[134] Der Anspruch richtet sich gegen den Entschädigungsfonds. Wahlweise kann der Berechtigte auch Entschädigung durch **Übereignung eines Ersatzgrundstückes oder -gebäudes** mit möglichst vergleichbarem Wert verlangen, wenn das Grundstück oder Gebäude aus den in § 4 Abs. 2 S. 2 und Abs. 3 VermG genannten Gründen nicht zurückgegeben werden kann (§ 9 VermG).[135] Ist die Bereitstellung einer Ersatzimmobilie nicht möglich, erfolgt die Entschädigung nach Maßgabe des Entschädigungsgesetzes. Auf Antrag ist dem Berechtigten an Grundstücken und Gebäuden, an denen Dritte Eigentums- oder dingliche Nutzungsrechte erworben haben, ein Vorkaufsrecht einzuräumen (§ 20a VermG).[136]

§ 5 Ausschluß der Rückübertragung von Eigentumsrechten an Grundstücken und Gebäuden

(1) Eine Rückübertragung von Eigentumsrechten an Grundstücken und Gebäuden ist gemäß § 4 Abs. 1 insbesondere auch dann ausgeschlossen, wenn Grundstücke und Gebäude

a) mit erheblichem baulichen Aufwand in ihrer Nutzungsart oder Zweckbestimmung verändert wurden und ein öffentliches Interesse an dieser Nutzung besteht,

b) dem Gemeingebrauch gewidmet wurden,

c) im komplexen Wohnungsbau oder Siedlungsbau verwendet wurden,

d) der gewerblichen Nutzung zugeführt oder in eine Unternehmenseinheit einbezogen wurden und nicht ohne erhebliche Beeinträchtigung des Unternehmens zurückgegeben werden können.

(2) In den Fällen des Absatzes 1 Buchstabe a und d ist die Rückübertragung von Eigentumsrechten nur dann ausgeschlossen, wenn die maßgeblichen tatsächlichen Umstände am 29. September 1990 vorgelegen haben.

Schrifttum: *Busche*, Die Unterlassungsverpflichtung nach § 3 III VermG – zugleich Anmerkung zu KG, DtZ 1991, 191, DtZ 1991, 294f.; *ders.*, Anmerkung zu VG Berlin, Beschl. v. 20.12. 1991 – VG 25 A 709.91, VIZ 1992, 239f.; *Groth*, Restitutionsausschluß bei Verwendung von Grundstücken und Gebäuden im komplexen Wohnungsbau, ZOV 1993, 213ff.; *Scholz*, Der maßgebliche Zeitpunkt für den Ausschluß von Rückübertragungsansprüchen nach § 5 VermG, ZOV 1994, 3ff.; *Schonebeck*, Zur Auslegung des Begriffs „komplexer Wohnungsbau" iSd. § 5 Abs. 1 lit. c VermG, ZOV 1994, 12ff.; *Supranowitz*, Zum Begriff „komplexer Wohnungsbau" i. S. des § 5 I Buchst. c VermG, VIZ 1993, 234ff.; *Trittel*, Anmerkung zu BVerfG, Beschl. v. 9. 7. 1991 – 1 BvR 986/91, VIZ 1991, 29f.; *Weimar*, Der Vorrang der Investition und seine Grenzen, DB 1991, 2527ff.

Übersicht

	RdNr.		RdNr.
A. Normzweck	1	bb) Zweckbestimmung	4
		cc) Erheblicher baulicher Aufwand	5
B. Anwendungsbereich		dd) Öffentliches Interesse	6
I. Personeller Anwendungsbereich	2	b) Teilweise Umnutzung	7
		c) Zeitpunkt der Umnutzung	8, 9
II. Sachlicher Anwendungsbereich		d) Altfälle	10
1. Öffentliches Interesse an der mit erheblichem baulichem Aufwand veränderten Nutzungsart oder Zweckbestimmung (Abs. 1 lit. a)	3–10	2. Widmung zum Gemeingebrauch (Abs. 1 lit. b)	11–13
		a) Begriffsbestimmung	11
a) Begriffsbestimmungen	3–6	b) Zeitpunkt der Widmung	12, 13
aa) Allgemeines	3	3. Komplexer Wohnungs- oder Siedlungsbau (Abs. 1 lit. c)	14–16

[134] Vgl. dazu § 9 RdNr. 7.
[135] Vgl. dazu § 9 RdNr. 8 ff.
[136] Vgl. dazu § 20a RdNr. 2 ff.

Ausschluß der Rückübertragung von Eigentumsrechten   1, 2   § 5 VermG

	RdNr.		RdNr.
a) Begriffsbestimmung	14, 15	b) Teilweise Zuführung/Einbeziehung	23
b) Zeitpunkt	16	c) Erhebliche Beeinträchtigung des Unternehmens	24
4. Zuführung in gewerbliche Nutzung oder Einbeziehung in Unternehmenseinheit (lit. d)	17–27	d) Zeitpunkt	25, 26
		e) Altfälle	27
a) Begriffsbestimmung	17–22		
aa) Allgemeines	17, 18	C. Verfahren	28
bb) Zuführung/Einbeziehung	19, 20		
cc) Gewerbliche Nutzung	21	D. Folgeansprüche	29, 30
dd) Unternehmenseinheit	22		

A. Normzweck

Die Vorschrift des § 5 VermG nimmt Bezug auf § 4 Abs. 1 VermG, der in der ursprünglichen Gesetzesfassung lediglich den Ausschluß der Rückübertragung von Vermögenswerten in den von der Natur der Sache her gegebenen Fällen regelte. Im Gegensatz zu § 4 Abs. 1 betrifft § 5 VermG nur den **Restitutionsausschluß bei Grundstücken und Gebäuden.** Die Formulierung in § 5 Abs. 1, eine Rückübertragung sei gem. § 4 Abs. 1 „insbesondere auch dann ausgeschlossen", ist mißverständlich, da die unter lit. a bis d aufgeführten Sachverhalte keine Unterfälle des nach der Gesetzesnovellierung durch das PrHBG in § 4 Abs. 1 S. 1 VermG geregelten Ausschlusses der Rückübertragung aufgrund der Natur der Sache sind. Die Sachverhalte betreffen vielmehr im weiteren Sinne die Umnutzung von Grundstücken und Gebäuden. Es handelt sich demnach nicht um Regelbeispiele iSd. § 4 Abs. 1 S. 1 VermG, wie der verunglückte Wortlaut nahelegt, sondern um eine Gleichsetzung der **Umnutzung** von Grundstücken und Gebäuden mit den von § 4 Abs. 1 S. 1 VermG erfaßten Fällen der Unmöglichkeit der Rückgabe. Der Gesetzgeber hat die unter Abs. 1 lit. a bis d genannten Regelbeispiele im Wege einer Fiktion den aufgrund der Natur der Sache ausgeschlossenen Rückübertragungen gleichstellen wollen.[1] Es liegt die gewollte Gleichsetzung eines als ungleich Gewußten vor.[2] Die Ratio der Norm ist in der **Aufrechterhaltung bestimmter Nutzungsänderungen im Interesse Dritter** (lit. c, d) **oder des Gemeinwohles** (lit. a, b, c) zu sehen. Die Aussage des § 5 Abs. 1 VermG wird zur Klarstellung in § 13 Abs. 4 S. 2 Nr. 1 BoSoG für die in ein Bodensonderungsverfahren einbezogenen Grundstücke wiederholt.   **1**

B. Anwendungsbereich

I. Personeller Anwendungsbereich

Die Vorschrift des § 5 VermG gilt dem Sinnzusammenhang nach nur für Umnutzungen, die von einem **Rechtsträger des Volkseigentums** (§ 19 ZGB) bzw. einem **privaten Eigentümer** bewirkt wurden. Sie greift also nicht ein, wenn die unter lit. a bis d genannten Maßnahmen lediglich von einem Nutzungsberechtigten durchgeführt wurden. Dieses Ergebnis folgt aus dem Wertungsfundament des § 4 Abs. 2 S. 1 VermG. Danach wird nur der redliche dingliche Nutzungsberechtigte geschützt; bei Unredlichkeit wird das Nutzungsrecht lediglich nach Maßgabe der §§ 16, 17 VermG aufrechterhalten. Dem widerspräche es, wenn dingliche Nutzungsberechtigte, die hinsichtlich ihres Rechtserwerbs unredlich sind, durch Maßnahmen nach § 5 Abs. 1 lit. a oder d VermG den Rückübertragungsanspruch ausschließen könnten. Soweit das Nutzungsrecht nur schuldrechtlicher Natur ist (§§ 312 ff. ZGB/Gebrauchsüberlassungsverträge), wird dadurch ein Rückübertragungsanspruch von vornherein nicht ausgeschlossen. Die Rechtsbeständigkeit schuldrechtlicher Nutzungsrechte richtet sich nach §§ 16 Abs. 2, 17 VermG. Etwaige Aufwendungsersatzansprüche haben die Mieter und Nutzer von Wohn-, Erholungs- und Geschäftsgrundstücken im Zivilrechtsweg geltend zu machen (vgl. § 19 VermG aF).   **2**

---

[1] Vgl. Erl. BReg., BT-Drucks. 11/7831, S. 7.   [2] Vgl. *Larenz*, Methodenlehre der Rechtswissenschaft, 6. Aufl. 1991, S. 262.

II. Sachlicher Anwendungsbereich

3 **1. Öffentliches Interesse an der mit erheblichem baulichem Aufwand veränderten Nutzungsart oder Zweckbestimmung (Abs. 1 lit. a). a) Begriffsbestimmungen. aa) Allgemeines.** Eine Rückübertragung ist zunächst ausgeschlossen, wenn eine Immobilie mit erheblichem baulichem Aufwand in ihrer Nutzungsart oder Zweckbestimmung verändert wurde und ein öffentliches Interesse an dieser Nutzung besteht. Nach dem Sinn und Zweck ist die Rückübertragung damit von vornherein nur ausgeschlossen, wenn die **veränderte Nutzungsbestimmung durch** die **Rückgabe in Frage gestellt** wird.

4 **bb) Zweckbestimmung.** Der Begriff der Zweckbestimmung bezeichnet als Oberbegriff entsprechend der aus dem Baurecht bekannten Unterscheidung zwischen Zweckbestimmung und Nutzung eines Gebäudes die **Nutzungskategorie** des Grundstückes oder Gebäudes zu Wohn-, gewerblichen oder sonstigen Zwecken. Unter **Nutzungsart** ist dagegen die konkrete Form der Nutzung zu verstehen. Eine Wohnnutzung kann beispielsweise als Eigennutzung oder durch Vermietung erfolgen, eine gewerbliche Nutzung durch Betrieb eines Einzelhandelsgeschäftes oder Handwerksbetriebes.

5 **cc) Erheblicher baulicher Aufwand.** Inwieweit ein erheblicher baulicher Aufwand vorliegt, ist im Einzelfall anhand der Zweckbestimmung der Vorschrift zu entscheiden. Diese schließt eine Rückübertragung wegen vollzogener Umnutzung aus. Da nach Sinn und Zweck des Vermögensgesetzes nur eine Restitution in bezug auf solche Vermögenswerte stattfinden soll, die mit den von Maßnahmen nach § 1 betroffenen Vermögenswerten identisch sind, ist auch die Erheblichkeit des baulichen Aufwandes nicht danach zu beurteilen, wie hoch die finanziellen Aufwendungen für Baumaßnahmen im Verhältnis etwa zum Wert des Grundstückes waren (quantitativer Maßstab),[3] sondern danach, ob Grundstück oder Gebäude nach baulicher Veränderung noch mit dem vorherigen Zustand des Vermögenswertes vergleichbar sind (**qualitativer Maßstab**).[3a] Dies ist regelmäßig dann nicht mehr der Fall, wenn sich der Zuschnitt (Grundriß) eines Gebäudes völlig verändert hat oder ein Grundstück etwa aus einer Zweckbestimmung als Gartenland in eine Verkehrswegefläche überführt worden ist. Erheblicher baulicher Aufwand ist dagegen zu verneinen, wenn an einer Immobilie lediglich Renovierungs-, Verschönerungs- oder Ausbesserungsarbeiten vorgenommen wurden.

6 **dd) Öffentliches Interesse.** Das öffentliche Interesse an der neuen Nutzung setzt voraus, daß die veränderte Nutzungsart oder Zweckbestimmung öffentlichen Zwecken und damit dem **Gemeinwohl** dient.[4] In Abgrenzung zu den dem Gemeingebrauch gewidmeten öffentlichen Einrichtungen, die von lit. b erfaßt werden, meint lit. a **in Privateigentum befindliche Grundstücke und Gebäude**, an deren privaten Nutzung ein öffentliches Interesse besteht.[4a] Dazu gehört etwa die Nutzung für Zwecke der Gesundheitsvorsorge als Apotheke, Arztpraxis oder Sanatorium. Das öffentliche Nutzungsinteresse darf nicht nur in der Vergangenheit bestanden haben, sondern muß auch für die Zukunft fortbestehen. Es entfällt nicht allein dadurch, daß noch andere Einrichtungen gleicher oder ähnlicher Art im örtlichen Einzugsbereich vorhanden sind.

7 **b) Teilweise Umnutzung.** Die Ratio des Rückübertragungsausschlusses, nach der § 5 VermG bestimmte Nutzungsänderungen im Interesse Dritter oder des Gemeinwohls schützen soll, schließt eine Restitution nur im Umfang der tatsächlichen Umnutzung aus. Soweit ein Grundstück oder Gebäude also nur der teilweisen Umnutzung unterliegt, ist die **Rückübertragung nur hinsichtlich dieses Teiles ausgeschlossen**. Zum Zwecke der Rückgabe des restitutionsfähigen Grundstückes- oder Gebäudeteiles ist eine Realteilung

---

[3] So aber KrG Magdeburg ZIP 1990, 1635; VG Halle ZOV 1994, 329, 330; *Barkam* R/R/B Rdnr. 5f.; *Fieberg-Reichenbach* F/R/M/S RdNr. 16; *Kimme-Schmidt* RdNr. 8; *Wasmuth* Rechtshandbuch B 100 RdNr. 18ff.
[3a] Vgl. auch *Försterling* RdNr. 554.
[4] Erl. BReg., BT-Drucks. 11/7831, S. 7.
[4a] Vgl. auch *Försterling* RdNr. 554.

des Grundstückes vorzunehmen bzw. Wohnungs- oder Teileigentum nach Maßgabe des Wohnungseigentumsgesetzes zu begründen. Scheidet dies aus tatsächlichen oder rechtlichen Gründen aus, kann die Rückübertragung nach § 4 Abs. 1 S. 1 VermG ausgeschlossen sein.[5] Ein Rückgriff auf den von der Nutzfläche her überwiegenden Nutzungszweck verbietet sich, da das Ob der Rückübertragung damit häufig von Zufällen abhängig wäre (Vorratsflächen).[6]

c) Zeitpunkt der Umnutzung. Die Umnutzung muß nach der Entziehung des Grundstückes oder Gebäudes durch eine schädigende Maßnahme iSv. § 1 VermG erfolgt sein. Sie muß nicht dauernd vorgelegen haben. Ausreichend für den Restitutionsausschluß ist es nach der durch das PrHBG zur Klarstellung in das Gesetz eingefügten Bestimmung des Absatzes 2, wenn die für die Umnutzung maßgeblichen Umstände am **29. 9. 1990** als Zeitpunkt des Inkrafttretens des BInvG vorgelegen haben. Eine erstmalig nach dem 29. 9. 1990 herbeigeführte Umnutzung führt nicht zum Restitutionsausschluß.[7] Damit werden die Anwendungsbereiche der §§ 5 Abs. 1 lit a VermG und 1c BInvG in zeitlicher Hinsicht gegeneinander abgegrenzt.

Da § 5 VermG jedoch nur den Schutz bestehender Nutzungsänderungen bezweckt, ist eine im **Zeitpunkt der letzten mündlichen Tatsachenverhandlung** weggefallene Umnutzung beachtlich. Die Rückübertragung ist damit ebensowenig ausgeschlossen wie bei nur vorübergehenden Umnutzungen, die schon am 29. 9. 1990 nicht mehr vorgelegen haben.

d) Altfälle. Die durch das PrHBG eingefügte Bestimmung des § 5 Abs. 2 VermG gilt nicht für Verfahren, die **vor Inkrafttreten des PrHBG** am 29. 3. 1991 begonnen worden sind (vgl. Art. 13 PrHBG). Da § 5 Abs. 2 VermG jedoch nur klarstellt, was sich bei systematisch-teleologischer Gesetzesauslegung ohnehin ergibt, unterliegen die vor dem 29. 3. 1991 begonnenen Verfahren keiner anderen materiellen Beurteilung als die erst später in Gang gesetzten Rückübertragungsverfahren.

2. Widmung zum Gemeingebrauch (Abs. 1 lit. b). a) Begriffsbestimmung. Unter einer „Widmung" ist entsprechend der im öffentlichen Recht gebräuchlichen Terminologie die – auch konkludent mögliche – öffentliche Kundgabe des Willens des zuständigen Hoheitsträgers zu verstehen, das Grundstück oder Gebäude der Öffentlichkeit zur Benutzung freizugeben.[8] Der Inhalt des Gemeingebrauchs bestimmt sich dementsprechend nach der vom **Widmungszweck** her vorgegebenen Nutzungsart. Grundstücke können dem Gemeingebrauch etwa als Verkehrswegefläche oder Park dienen. Bei Gebäuden ist eine Nutzung als öffentliche Einrichtung (Schule, Altersheim, Krankenhaus, Begegnungsstätte usw.) denkbar. Ist nur ein **Teil** eines Grundstückes dem Gemeingebrauch **gewidmet**, bezieht sich die Ausschlußwirkung des § 5 Abs. 1 lit. b VermG auch nur auf diesen Vermögensteil (vgl. schon RdNr. 7).

b) Zeitpunkt der Widmung. Die nachträglich durch das PrHBG eingefügte **Zeitbestimmung des Absatzes 2** bezieht sich nach dem eindeutigen, durch die Gesetzesmaterialien[9] bestätigten Wortlaut nur auf § 5 Abs. 1 lit. a und d VermG. Im Umkehrschluß daraus ergibt sich, daß für die Fälle der lit. b und c die Zeitbestimmung des Absatzes 2 nicht gelten soll. Soweit der Gesetzgeber Gegenteiliges gewollt hat, findet dies im Gesetz keinen Ausdruck. Offen bleibt, auf welchen Zeitpunkt für die Feststellung der Widmung stattdessen abzustellen ist. Denkbar ist es, auf die letzte mündliche Tatsachenverhandlung zu rekurrieren[10] oder auf den Zeitpunkt der Antragstellung.

---

[5] Vgl. § 4 RdNr. 8ff.
[6] Anders aber *Fieberg-Reichenbach* F/R/M/S RdNr. 15.
[7] Zur alten Rechtslage vor Inkrafttreten des PrHBG noch offen gelassen von BVerfG VIZ 1991, 28, 29; NJW 1992, 1676, 1677; aA inzident BezG Dresden NJ 1992, 37, 38; KG DtZ 1991, 191, 192; *Kinne* R/R/B § 3 RdNr. 86; wie hier *Trittel* VIZ 1991, 29; *Busche* DtZ 1991, 294, 295.

[8] *Wolff-Bachof,* Verwaltungsrecht I, 9. Aufl. 1974, § 56.
[9] Begründung z. Entwurf d. PrHBG, BT-Drucks. 12/103, S. 21, 26.
[10] So *Fieberg-Reichenbach* F/R/M/S RdNr. 22; ähnlich *Scholz* ZOV 1994, 3, 6, der allerdings bei unstreitigen Sachverhalten auf den 29. 9. 1990 abstellen will.

VermG § 5 13–16 Abschnitt II. Rückübertragung von Vermögenswerten

13 Der **Zeitpunkt der letzten mündlichen Tatsachenverhandlung** erweist sich im Ergebnis als nicht sachgerecht, da es der Verfügungsberechtigte trotz eines angemeldeten Rückübertragungsanspruches damit in der Hand hätte, die Restitution dennoch auszuschließen. Ein derartiges Handeln erscheint jedoch von vornherein treuwidrig, da der Verfügungsberechtigte ab dem **Zeitpunkt der Antragstellung** iSv. § 30 Abs. 1 VermG nicht mehr schutzwürdig ist. Die Widmung muß daher im Zeitpunkt der Antragstellung bereits erfolgt sein, es sei denn, der Zeitpunkt der Antragstellung liegt vor dem Inkrafttreten des VermG am 29. 9. 1990. Insoweit ist auf den 29. 9. 1990 abzustellen.

14 **3. Komplexer Wohnungs- oder Siedlungsbau (Abs. 1 lit. c). a) Begriffsbestimmung.** Nach lit. c ist die Restitution infolge Umnutzung ausgeschlossen, wenn Grundstücke und Gebäude im Rahmen des komplexen Wohnungs- oder Siedlungsbaus verwendet wurden. Darunter ist die in der Regel durch katastermäßige Zusammenlegung einer größeren Anzahl von Einzelgrundstücken oder flurstückübergreifend durchgeführte **planmäßige Errichtung großflächiger Wohnanlagen** (Mietwohnblöcke) **oder Siedlungsgebiete** (Einfamilienhaus-Siedlungen) und die Durchführung begleitender Infrastrukturmaßnahmen zu verstehen, nicht aber deren bloße Sanierung.[11] Maßgebend ist die planmäßige Bereitstellung der Grundstücke durch die zuständigen staatlichen Stellen für die genannten Zwecke. Eine Restitution früherer Eigentumsrechte scheidet ohne Rücksicht darauf aus, ob sich Grundstücke wie beispielsweise bei der Verwendung im komplexen Siedlungsbau noch isoliert zurückübertragen lassen.[12] Eine Einbeziehung in den komplexen Wohnungs- oder Siedlungsbau liegt nicht nur vor, wenn auf dem Grundstück ein Wohnblock oder Siedlungshaus errichtet worden ist, sondern auch bei Verwendung für Nebenanlagen (Garagen, Stellplätze, Kinderspielplätze, Bolzplätze, Grünflächen, Zuwegungen etc.) und Infrastruktureinrichtungen (Läden, Praxen, Kindertagesstätten, Ver- und Entsorgungseinrichtungen etc.).[13]

15 Das Grundstück oder Gebäude muß im komplexen Wohnungs- oder Siedlungsbau „**verwendet**" worden sein. Die Maßnahme darf sich zum maßgeblichen Zeitpunkt (dazu RdNr. 16) also nicht erst in der Planung befunden haben (vgl. Art 22 Abs. 4 S. 2 EVertr.). Erforderlich ist zumindest der Beginn der Ausführung, ohne daß insoweit bereits eine Fertigstellung zu fordern ist.[13a]

16 **b) Zeitpunkt.** Maßgebender Zeitpunkt für die Feststellung der Einbeziehung des Grundstückes oder Gebäudes in den komplexen Wohnungs- oder Siedlungsbau ist der **Zeitpunkt der Antragstellung** iSd. § 30 Abs. 1 VermG,[13b] es sei denn, diese ist nach der AnmeldeVO erfolgt und liegt vor dem Inkrafttreten des Vermögensgesetzes am 29. 9. 1990. In diesem Fall ist auf den 29. 9. 1990 abzustellen.

---

[11] *Schonebeck* ZOV 1994, 12, 14; *Fieberg-Reichenbach* F/R/M/S RdNr. 24; *Groth* ZOV 1993, 213, 214, 216; offen gelassen für Rekonstruktion: VG Meiningen VIZ 1994, 425, 425f.; vgl. auch § 14 Aufbaugesetz v. 6. 9. 1950, GBl. Nr. 104 S. 965, und § 1 Baulandgesetz v. 15. 6. 1984, GBl. I Nr. 17 S. 201; AO über die Aufgaben und die Arbeitsweise der Hauptauftraggeber komplexer Wohnungsbau v. 19. 9. 1983, GBl. I Nr. 28 S. 269; AO über die Komplexrichtlinie für die Städtebauliche Planung und Gestaltung von Wohngebieten im Zeitraum 1986–1990 v. 7. 12. 1985, GBl. I Nr. 35 S. 397; AO über die Komplexrichtlinie für die städtebauliche Planung und Gestaltung von Neubauwohngebieten im Fünfjahrplanzeitraum 1981–1985 v. 28. 1. 1982, GBl. I Nr. 7 S. 162, aufgeh. GBl. 1985 I Nr. 35 S. 397; 1. Durchführungsbestimmung zur VO über die Vorbereitung von Investitionen – Vorbereitung der Investitionen des komplexen Wohnungsbaus – v. 10. 12. 1985, GBl. I Nr. 35 S. 393; zum Planverfahren im komplexen Wohnungs- und Siedlungsbau vgl. *Supranowitz* VIZ 1993, 234ff. (mit abweichender Einbeziehung von Rekonstruktionsmaßnahmen).

[12] Erl. BReg., BT-Drucks. 11/7831, S. 7; *Barkam* R/R/B RdNr. 13.

[13] VG Berlin VIZ 1994, 353, 355; vgl. auch *Weimar* DB 1991, 2527, 2531; *Supranowitz* VIZ 1993, 234, 239f.; *Schonebeck* ZOV 1994, 12, 14.

[13a] *Fieberg-Reichenbach* F/R/M/S RdNr. 26; *Scholz* ZOV 1994, 3, 6.

[13b] AA *Fieberg-Reichenbach* F/R/M/S RdNr. 28: letzte mündliche Tatsachenverhandlung; ähnlich *Scholz* ZOV 1994, 3, 6, der allerdings bei unstreitigen Sachverhalten auf den 29. 9. 1990 abstellen will.

4. Zuführung in gewerbliche Nutzung oder Einbeziehung in Unternehmenseinheit 17
(lit. d). a) Begriffsbestimmung. aa) Allgemeines. Die Immobilie muß entweder der gewerblichen Nutzung „zugeführt" (1. Alt.) bzw. in eine Unternehmenseinheit „einbezogen" worden sein (2. Alt.). Anwendbar ist § 5 Abs. 1 lit. d damit nur auf Grundstücke und Gebäude, die der **Einzelrestitution** unterliegen, nicht aber auf Immobilien, die bereits im Zeitpunkt der Schädigung Bestandteil eines Unternehmens waren.[14] Für die Unternehmensrestitution enthalten die Vorschriften der §§ 6, 6a, 6b und 4 Abs. 1 S. 3 und 4 VermG abschließende Sondervorschriften.

Da sich § 5 Abs. 1 lit. d VermG nur auf die Einzelrestitution von Grundstücken und 18 Gebäuden bezieht, also dort nicht zur Anwendung kommt, wo der Berechtigte zugleich Restitutionsansprüche auf das Unternehmen erhebt, das über die Immobilie verfügungsbefugt ist (vgl. RdNr. 17), scheidet ein Rückgriff auf § 5 Abs. 1 lit. d 2. Alt. VermG auch bei **Unternehmenszusammenschlüssen** aus.

bb) Zuführung/Einbeziehung. Sowohl nach der ersten Alternative („Zuführung") als 19 auch nach der zweiten Alternative („Einbeziehung") ist eine **von der vorherigen Verwendung** des Grundstücks oder Gebäudes **abweichende Zweckbestimmung** zu neuen unternehmerischen Zwecken erforderlich.[15] Das Grundstück oder Gebäude muß funktional in eine betriebliche Organisation eingegliedert worden sein, jedenfalls also zum Aktivvermögen des Unternehmens gehören. Die Restitution ist daher nicht ausgeschlossen, wenn lediglich ein schon zuvor auf dem Grundstück oder in dem Gebäude bestehendes Unternehmen fortgeführt wird.[16] Ebensowenig reicht eine inhaltliche Änderung der gewerblich-unternehmerischen Tätigkeit, da damit die Zweckbestimmung als solche („gewerbliche Nutzung") unverändert bleibt. Diese ändert sich auch nicht durch einen Rechtsträgerwechsel.[17] Der Begriff der Rechtsträgerschaft bezeichnete nach dem Wirtschaftsrecht der DDR lediglich die Ausübung vermögensrechtlicher Befugnisse an Grundstücken und Gebäuden, die den volkseigenen Wirtschaftseinheiten zur Durchführung ihrer Aufgaben in Fondsinhaberschaft überlassen waren.[18]

Die Einbeziehung in eine Unternehmenseinheit liegt nach Sinn und Zweck des Gesetzes 20 dagegen vor, wenn das Grundstück oder Gebäude in ein spätestens **am 29. 9. 1990 geplantes Investitionsvorhaben** einbezogen war, das ansonsten nicht verwirklicht werden könnte.[19] Insoweit ist Wertungskongruenz mit den Zielen des Investitionsvorrangrechtes (BInvG/InVorG) herzustellen, das auf Investitionsvorhaben nach Inkrafttreten des Einigungsvertrages am 29. 9. 1990 anzuwenden ist. Der Referentenentwurf der Bundesregierung für das PrHBG[20] nannte die Investitionsvorhaben noch ausdrücklich. Die fehlende Übernahme in den Gesetzestext ändert jedoch nichts daran, daß Abs. 1 lit. d gerade auch Investitionsvorhaben erfaßt.[21] In Abgrenzung zu den von § 1c BInvG erfaßten Fällen ist es erforderlich, daß das Investitionsvorhaben am 29. 9. 1990 bereits konkretisiert war und zu diesem Zeitpunkt schon Investitionsaufwendungen vorlagen, die nicht nur unerheblicher Natur waren. Zur Erforderlichkeit der Einbeziehung des Grundstückes oder Gebäudes für die Verwirklichung des Vorhabens vgl. § 3 Abs. 1 InVorG.

cc) Gewerbliche Nutzung. Der Begriff der gewerblichen Nutzung erschließt sich ent- 21 sprechend seiner **baurechtlichen Fundierung** aus den in § 8 Abs. 2 Nr. 1 BauNVO genannten Nutzungsarten. Es gilt insoweit auch für das Baurecht der **Gewerbebegriff der Gewerbeordnung.**[22] Gewerbe ist danach jede selbständige, erlaubte, auf Gewinnerzielung

---

[14] Vgl. auch *Weimar* DB 1991, 2527, 2531; aA *Preu* DB 1993, 521, 522.
[15] AA für lit. d 2. Alt. *Fieberg-Reichenbach* F/R/M/S RdNr. 46.
[16] *Drygalski-Obst*, in: Vermögensrechtliche Ansprüche der DDR-Enteignungsgeschädigten, 1990, S. 236 f.; *Barkam* R/R/B RdNr. 25 f.
[17] *Busche* VIZ 1992, 239, 239 f.
[18] *Seiffert*, Wirtschaftsrecht der DDR, 1982, S. 15.

[19] *Barkam* R/R/B RdNr. 19.
[20] Entw. v. 14. 1. 1991, S. 19, unveröffentl.
[21] Begründung z. Entwurf d. PrHBG, BT-Drucks. 12/103, S. 21, 26.
[22] *Bielenberg*, in: Ernst-Zinkahn-Bielenberg, Baugesetzbuch, Std. 46. Erg.-Lief. 1992, § 2 BauNVO, RdNr. 53 ff.

gerichtete, auf gewisse Dauer ausgeübte Tätigkeit im wirtschaftlichen Bereich mit Ausnahme insbesondere der Urproduktion, bestimmter Tätigkeiten und Dienste höherer Art, der bloßen Verwaltung und Nutzung eigenen Vermögens sowie solcher Betätigungsformen, die nach ihrem Zuschnitt dem herkömmlichen Bild eines Gewerbes nicht entsprechen.[23]

22 **dd) Unternehmenseinheit.** Unter einer Unternehmenseinheit sind die einem Unternehmen als Träger des Gewerbetriebes dienenden **Grundstücke** und **baulichen Anlagen** sowie das zugehörige **Personal** zu verstehen. Zu einer Unternehmenseinheit können verschiedene Betriebsteile oder selbständige Betriebe gehören. Zum Begriff des Unternehmens iSd. Vermögensrechts vgl. § 1 URüV.[24] Der dortige Unternehmensbegriff, obschon auf §§ 6 ff. VermG bezogen, gilt sinngemäß auch für § 5 VermG.[25]

23 **b) Teilweise Zuführung/Einbeziehung.** Für den Fall der nur teilweisen Zuführung in eine gewerbliche Nutzung oder Einbeziehung in eine Unternehmenseinheit gelten die Ausführungen zu § 5 Abs. 1 lit. a (oben RdNr. 7) sinngemäß. Die Ratio des Rückübertragungsausschlusses, nach der § 5 VermG bestimmte Nutzungsänderungen im Interesse Dritter oder des Gemeinwohles schützen soll, schließt eine Restitution nur im Umfang der tatsächlichen Umnutzung aus.

24 **c) Erhebliche Beeinträchtigung des Unternehmens.** Der Ausschluß der Rückübertragung von Grundstücken oder Gebäuden, die der gewerblichen Nutzung zugeführt oder in eine Unternehmenseinheit einbezogen wurden, setzt schließlich voraus, daß die Restitution zu einer erheblichen Beeinträchtigung des Unternehmens führt. Das wird bei wirtschaftlicher Betrachtung jedenfalls dann anzunehmen sein, wenn eine **Aufrechterhaltung des Geschäftsbetriebs** infolge der Rückübertragung **nicht** mehr **möglich** ist. Davon ist nicht auszugehen, wenn der Berechtigte sich gegenüber der zuständigen Behörde dazu verpflichtet, die Fortführung des Unternehmens durch Einräumung eines langfristigen Miet- oder Pachtvertrages zu sichern oder das Unternehmen selbst weiterzuführen.[26] Sinn und Zweck der Vorschrift ist insoweit die Sicherung der Lebensfähigkeit des Unternehmens. Daher reichen auch geringfügige Ertragseinbußen für die Annahme einer erheblichen Beeinträchtigung des Unternehmens nicht aus.

25 **d) Zeitpunkt.** Die Nutzung zu gewerblichen Zwecken bzw. die Einbeziehung in eine Unternehmenseinheit muß zeitlich **nach** der **Entziehung** des Grundstückes oder Gebäudes durch eine schädigende Maßnahme iSv. § 1 VermG erfolgt sein. Eine seither ununterbrochene Umnutzung ist nicht erforderlich. **Ausreichend** für den Restitutionsausschluß ist es nach der durch das PrHBG in das Gesetz eingefügten Bestimmung des Absatzes 2, wenn die für die Umnutzung maßgeblichen Umstände **am 29. 9. 1990** als Zeitpunkt des Inkrafttretens des BInvG vorgelegen haben. Damit werden die Anwendungsbereiche der § 5 Abs. 1 lit. d VermG und § 2 Abs. 1 Nr. 4 InVorG/§ 1c BInvG zeitlich gegeneinander abgegrenzt.

26 Da § 5 VermG jedoch nur den Schutz bestender Nutzungsänderungen bezweckt, ist eine im Zeitpunkt der **letzten mündlichen Tatsachenverhandlung** weggefallene Umnutzung beachtlich. Die Rückübertragung ist damit ebensowenig ausgeschlossen wie bei nur vorübergehenden Umnutzungen, die schon am 29. 9. 1990 nicht mehr vorgelegen haben.

27 **e) Altfälle.** Für Altfälle gilt die erst durch das PrHBG eingefügte Bestimmung des § 5 Abs. 2 VermG nicht (vgl. Art. 13 PrHBG). Da sie jedoch nur klarstellt, was sich bei systematisch-teleologischer Gesetzesauslegung ohnehin ergibt, unterliegen die **vor dem 29. 3. 1991** begonnenen Verfahren keiner anderen materiellen Beurteilung als die erst später in Gang gesetzten Rückübertragungsverfahren.

---

[23] *Landmann-Rohmer,* Gewerbeordnung, Std. 27. Erg.-Lief. 1992, Einl. RdNr. 32.
[24] Dazu ausführlicher bei § 6 RdNr. 5 ff.
[25] Vgl. noch § 4 RdNr. 27 f.

[26] *Drygalski-Obst,* in: Vermögensrechtliche Ansprüche der DDR-Enteignungsgeschädigten, 1990, S. 237; *Barkam* R/R/B RdNr. 21.

C. Verfahren

Die für das Rückübertragungsverfahren zuständige Behörde (vgl. §§ 35 iVm. 24 bzw. 28 VermG) hat den für § 5 Abs. 1 VermG maßgebenden **Sachverhalt von Amts wegen zu ermitteln** (§§ 31 Abs. 1 VermG, 26 VwVfG). Den Antragsteller trifft hierbei nach dem Wortlaut das § 31 Abs. 1 VermG eine **Mitwirkungspflicht**. Abgesehen davon, daß dem Antragsteller die den Restitutionsausschluß begründenden Umstände regelmäßig nicht bekannt sein werden und er daher zu einer Mitwirkung schon rein tatsächlich außerstande sein wird, ist die Mitwirkungspflicht auch in rechtlicher Hinsicht eingeschränkt. Nach dem Sinnzusammenhang bezieht sich § 31 Abs. 1 VermG nur auf die anspruchsbegründenden Tatsachen, nicht aber auf anspruchsvernichtende wie die des § 5 VermG.[27]

D. Folgeansprüche

Sofern der Rückübertragungsanspruch des Berechtigten nach § 5 VermG ausgeschlossen ist, steht diesem ein **Entschädigungsanspruch** nach Maßgabe des Entschädigungsgesetzes zu. In § 1 Abs. 1 S. 1 EntschG wird zwar nur auf die Fälle des § 4 Abs. 1 und 2 VermG verwiesen. Dem gleichzustellen sind wegen der Verweisung des § 5 auf § 4 Abs. 1 VermG nach Sinn und Zweck aber die in § 5 VermG genannten Sachverhalte der Umnutzung von Grundstücken und Gebäuden, bei denen eine Rückübertragung ebenfalls ausgeschlossen ist.[28] Der Entschädigungsanspruch richtet sich gegen den Entschädigungsfonds.

An Grundstücken und Gebäuden, an denen Dritte nach der Entziehung Eigentums- oder dingliche Nutzungsrechte erworben haben, ist dem Berechtigten auf Antrag ein **Vorkaufsrecht** einzuräumen (§ 20a VermG).

Vorbemerkung

Schrifttum: *Hebing,* Das neue Unternehmensrecht der DDR, BB-Beil. 18 zu H. 13/1990, S. 1 ff.; *ders.,* in: Hebing (Hrsg.), Investitionsbedingungen und Eigentumsfragen in der ehemaligen DDR nach dem Staatsvertrag, 1990, S. 45 ff. = BB-Beil. 21 zu H. 16/1990, S. 1 ff.; *Maskow,* Die Umwandlung von volkseigenen Betrieben in Kapitalgesellschaften, BB-Beil. 13 zu H. 10/1990, S. 1 ff.; *Jürgens,* Die Zwangsumwandlung einer GmbH iG in eine GmbH iA – der Regelfall nach dem Treuhandgesetz, DB DDR-Report 1990, 3162, 3162; *Niederleithinger,* Die Reprivatisierung der zwischen 1949 und 1972 in der DDR enteigneten Unternehmen, ZIP 1991, 62 ff.; *ders.,* Beseitigung von Hemmnissen bei der Privatisierung und Förderung von Investitionen in den neuen Bundesländern, ZIP 1991, 205 ff.; *Thietz-Bartram/Pfeifer,* Privatisierung von Volkseigentum, WM-Sonderbeil. 4 zu H.22/1990, S. 3 ff.; *Weinhardt-Wolters,* Reprivatisierung enteigneter Betriebe in der DDR, EWS 1990, 47 ff.

Übersicht

	RdNr.		RdNr.
I. Überblick	1, 2	III. Unternehmensrestitution und Treuhandgesetz	7–14
II. Vermögensrestitution nach dem Unternehmensgesetz	3–6		

I. Überblick

Die Vorschriften der §§ 6, 6a und 6b VermG enthalten **Sonderregelungen für die Rückgabe von Unternehmen**. Nur für die Unternehmensrückgabe gelten im übrigen auch die nachträglich durch das PrHBG in das Vermögensgesetz inkorporierten Bestimmungen des § 4 Abs. 1 Satz 2, 3 und 4, deren Stellung in § 4 systematisch nicht korrekt ist.

---

[27] Vgl. schon § 4 RdNr. 22.   [28] AA Barkam R/R/B § 9 VermG RdNr. 22.

VermG Vor § 6 2, 3   Abschnitt II. Rückübertragung von Vermögenswerten

Ergänzend ist auf **die allgemeinen Vorschriften** des Vermögensgesetzes über die Singularrestitution zurückzugreifen, soweit diese nicht im Wege der Gesetzeskonkurrenz verdrängt werden.[1] Maßgebend für die **Abgrenzung** zwischen Singularrestitution und Unternehmensrestitution ist der Charakter der schädigenden Maßnahme.[2] Es kommt also darauf an, ob bei wirtschaftlicher Betrachtung der vermögensrechtliche Eingriff gegen ein Unternehmen als Vermögensgesamtheit iSv. § 1 URüV gerichtet war oder gegen einen Einzelgegenstand (vgl. auch § 6 Abs. 1 S. 1 VermG: „ Ein Unternehmen ist (...) zurückzugeben, wenn es (...) mit dem enteigneten Unternehmen (...) vergleichbar ist). Die Auffassung, es komme für die Abgrenzung zwischen Immobiliar- und Unternehmensrestitution maßgeblich darauf an, ob eine heutige betriebliche Nutzung der Immobilie das Gepräge gibt,[3] ist mit dem Restitutionsprinzip unvereinbar. Sie vernachlässigt Wortlaut und systematischen Aufbau des Gesetzes: Danach ist Gegenstand des vermögensrechtlichen Verfahrens der ursprünglich entzogene Vermögenswert, von dessen späterem rechtlichen und tatsächlichen Schicksal die Begründetheit des Rückgabeanspruches abhängt (vgl. § 4 Abs. 1 S. 2 und 3, Abs. 2, § 5, § 6 Abs. 1 S. 1 VermG). Nur insoweit ist es von Belang, welches „Gepräge" der Vermögenswert heute aufweist. Wird also etwa eine Immobilie, die im Zeitpunkt der Enteignung privaten Wohnzwecken diente, heute (überwiegend) gewerblich genutzt, handelt es sich nicht um eine Unternehmensrestitution, sondern um einen Fall der Singularrestitution, ggfls. mit der Folge eines Rückübertragungsausschlusses nach § 5 VermG.

2   Die **ursprüngliche Fassung** des Vermögensgesetzes enthielt mit dem damaligen § 6 VermG aF lediglich eine Sondervorschrift für die Unternehmensrückgabe. Diese erwies sich jedoch als unvollständig und war wegen der Vielzahl unbestimmter Rechtsbegriffe im Verwaltungsvollzug nur schwer handhabbar. Der Gesetzgeber entschloß sich daher zu einer Novellierung des § 6 VermG. Gleichzeitig wurden mit dem **PrHBG** die Vorschriften über die vorläufige Einweisung in ein Unternehmen (§ 6a VermG) und die Unternehmensentflechtung (§ 6b VermG) neu geschaffen. Ergänzend erging auf der Grundlage des § 6 Abs. 9 VermG die **Unternehmensrückgabeverordnung** (URüV),[4] die das Verfahren der Unternehmensrestitution, die behördlichen Zuständigkeiten und die Berechnung der Veränderungen der Vermögens- und Ertragslage der Unternehmen und deren Bewertung regelt. Für die praktische Umsetzung der genannten Vorschriften hat der Bundesminister der Justiz am 2. 1. 1992 eine an die mit der Unternehmensrestitution befaßten Behörden adressierte unverbindliche Empfehlung, den sog. **Leitfaden Unternehmensrückübertragung** (URüL), veröffentlicht, der unter dem Datum vom 8. 12. 1992 überarbeitet wurde. Eine neuerliche Änderung hat § 6 VermG mit der Neufassung des § 6 Abs. 1a Satz 2 VermG durch Art. 1 Nr. 7 des **2. VermRÄndG** erfahren.

II. Vermögensrestitution nach dem Unternehmensgesetz

3   Die Rückgabe enteigneter Unternehmen oder Unternehmensbeteiligungen war punktuell bereits Gegenstand des noch unter der Regierung Modrow verabschiedeten **Unternehmensgesetzes**.[5] Dieses sah in § 17 erstmalig die Möglichkeit der Umwandlung ehemaliger Betriebe mit staatlicher Beteiligung und solcher ehemaliger Betriebe vor, die auf der Grundlage des ehedem unveröffentlichten Ministerratsbeschlusses vom 9. 2. 1972[6] und

---

[1] *Wellhöfer* Rechtshandbuch B 100 RdNr. 8, § 6 RdNr. 6.
[2] BVerwG VIZ 1993, 499, 500; *Fieberg-Reichenbach* F/R/M/S § 3 RdNr. 7; *Wasmuth* Rechtshandbuch B 100 § 3 RdNr. 100ff.; *Preu* DB 1993, 521, 522f., 526; *Kimme-Nolting* § 6 VermG RdNr. 23ff.; vgl. auch BMJ URül Ziff. 2.2.1.
[3] *Messerschmidt* VIZ 1993, 5, 8; *ders.* F/R/M/S § 6 RdNr. 37; so offenbar auch *Keil* VIZ 1993, 89, 93; widersprüchlich *Bernhardt* R/R/B § 6 VermG RdNr. 2f./36f.

[4] Verordnung zum Vermögensgesetz über die Rückgabe von Unternehmen (Unternehmensrückgabeverordnung – URüV) v. 13. 7. 1991, BGBl. I S. 1542.
[5] Gesetz über die Gründung und Tätigkeit privater Unternehmen und über Unternehmensbeteiligungen v. 7. 3. 1990, GBl. I Nr. 17 S. 141, geänd. GBl. I Nr. 38 S. 482.
[6] Vgl. Anh. III/31.

Vorbemerkung   4, 5 **Vor § 6 VermG**

damit in Zusammenhang stehender Regelungen in Volkseigentum übergeleitet worden waren. Diese konnten auf Antrag ihrer ehemaligen privaten Gesellschafter oder Inhaber oder deren Erben gegen Rückzahlung des seinerzeit gewährten Ablösebetrages oder Kaufpreises an diese zurückübertragen werden und damit wieder in Personengesellschaften oder Einzelunternehmen, fakultativ auch in Kapitalgesellschaften umgewandelt werden.[7] Damit wurde der **Rechtszustand** wiederhergestellt, der **vor** dem Jahre **1972** bestanden hatte und durch eine unterschiedlich hohe staatliche Beteiligung an Privatunternehmen, meist in der Rechtsform der KG, gekennzeichnet war.[8] Die staatlichen Beteiligungen (vgl. dazu auch § 6 Abs. 5c VermG) waren, obwohl die maßgeblichen Vorschriften von einer freiwilligen Begründung ausgingen,[9] regelmäßig unter erheblichem Druck auf die damaligen Eigentümer entstanden, indem etwa Kredite verweigert wurden oder Steuern und Abgaben mit enteignendem Charakter erhoben wurden.[10] Entsprechend der Regelung in § 17 sah das Unternehmensgesetz auch eine Rückumwandlung für Produktionsgenossenschaften des Handwerks vor (§ 18).

Die Vorschriften der §§ 17 bis 21 UnternehmensG sind mit Inkrafttreten des Vermögensgesetzes am 29. 9. 1990 außer Kraft getreten (§ 39 Nr. 10 VermG). Soweit also Rückübertragungsanträge nach dem Unternehmensgesetz gestellt wurden, mußten sie vor dem 29. 9. 1990 beschieden werden. Ab dem 29. 9. 1990 war eine **Entscheidung über die Unternehmensrestitution** nur noch nach § 6 VermG als Nachfolgebestimmung bzw. aufgrund eines Antrages nach §§ 1 ff. AnmeldeVO möglich, der zugleich als Antrag auf Rückübertragung oder Aufhebung der staatlichen Verwaltung nach dem Vermögensgesetz gilt (§ 30 Abs. 1 S. 5 VermG). Ob ein vor dem 29. 9. 1990 nicht beschiedener Antrag auf Unternehmensrückübertragung nach §§ 17 ff. UnternehmensG als Antrag iSd. § 30 Abs. 1 VermG angesehen werden kann, ist mangels gesetzlicher Regelung im Einzelfall durch Auslegung anal. §§ 133, 157 BGB zu ermitteln.   4

Der **Vollzug der** nach dem Unternehmensgesetz durchzuführenden **Umwandlung** erfolgte nicht durch behördliche Entscheidung, sondern oblag den an der Rückgabe und Umwandlung beteiligten Parteien, die insoweit die einschlägigen gesellschaftsrechtlichen Vorschriften zu beachten hatten. Nicht erforderlich war es daher, daß die Unternehmensrückgabe bereits am 29. 9. 1990 vollzogen war. Dies bestätigt **§ 13 Abs. 1 URüV**: Ein Vertrag über die Unternehmensrückgabe nach §§ 17 ff. UnternehmensG ist trotz Aufhebung des Gesetzes durchzuführen, wenn die behördliche Entscheidung vor dem 29. 9. 1990 getroffen, die Umwandlungserklärung vor dem 1. 7. 1991 notariell beurkundet worden und die Handelsregistereintragung (außer bei Minderkaufleuten) erfolgt ist oder bis spätestens 30. 6. 1991 vom Berechtigten beantragt wurde. Diese Regelung erwies sich im Hinblick auf eine Gleichbehandlung der Rückgabeberechtigten als notwendig, da der Vollzug der Unternehmensrückgabe häufig durch verwaltungsinterne Schwierigkeiten behindert war und die Registergerichte ab dem 29. 9. 1990 wegen der Aufhebung der §§ 17 bis 21 UnternehmensG die Handelsregistereintragung verweigerten. Die Rechtsgrundlage für die Bestimmung des § 13 Abs. 1 URüV ergibt sich aus Abs. 9 des § 6 VermG, der nach Aufhebung der §§ 17 ff. UnternehmensG anstelle dieser Vorschriften das Verfahren der Unternehmensrückgabe regelt.   5

---

[7] Dazu *Hebing* BB-Beil. 18 zu H. 13/1990, S. 1, 5 ff.; *Weinhardt-Wolters* EWS 1990, 47 ff.; *Thietz-Bartram/Pfeifer* WM-Sonderbeil. 4 zu H. 22/1990, S. 3, 8.

[8] Vgl. etwa Präambel und § 1 Abs. 1 der VO über die Bildung halbstaatlicher Betriebe v. 26. 3. 1959, GBl. I Nr. 19 S. 253; Anordnung über die Umbewertung der Grundmittel in den Betrieben mit staatlicher Beteiligung v. 14. 11. 1966, GBl. II Nr. 129 S. 816. Dazu *Hebing*, in Hebing (Hrsg.), Investitionsbedingungen und Eigentumsfragen in der ehemaligen DDR nach dem Staatsvertrag, 1990, S. 45, 47 = BB-Beil. 21 zu H. 16/1990, S. 1, 4; *Niederleithinger* ZIP 1991, 62, 63 f.; *ders.* ZIP 1991, 205, 206; *Schuster* DStR 1992, 37, 38 f.; *Heilmann* VIZ 1993, 51.

[9] Vgl. Präambel und § 1 Abs. 1 der VO über die Bildung halbstaatlicher Betriebe v. 26. 3. 1959, GBl. I Nr. 19 S. 253.

[10] Vgl. noch Anordnung über die Umbewertung der Grundmittel in den Betrieben mit staatlicher Beteiligung v. 14. 11. 1966, GBl. II Nr. 129 S. 816.

6 Um den vom Unternehmensgesetz begünstigten Personenkreis, der auf einen Unternehmensrückkauf ohne Ausgleich zwischenzeitlicher Verschlechterungen der Vermögens- und Ertragslage verwiesen war, nicht gegenüber Antragstellern gem. § 6 VermG zu benachteiligen, sieht § 6 Abs. 8 VermG iVm. § 14 URüV einen **Anspruch auf Überprüfung und gegebenenfalls Anpassung der Rückgabebedingungen** nach den Vorschriften des VermG vor.[11] Dabei gilt gem. § 13 Abs. 2 S. 2 URüV die Rückgabe des Unternehmens schon dann als erfolgt iSv. § 6 Abs. 8 VermG, wenn diese iSd. § 13 Abs. 1 URüV noch nicht (vollständig) vollzogen ist.

III. Unternehmensrestitution und Treuhandgesetz

7 Vielfältige Anwendungsprobleme ergeben sich aus dem Ineinandergreifen der Unternehmensrestitution nach dem Vermögensgesetz und der Unternehmensprivatisierung nach dem Treuhandgesetz. Die Treuhandanstalt wurde gem. § 11 Abs. 2, 12 Abs. 1 iVm. 1 Abs. 4 TreuhG am 1. 7. 1990 mittel- bzw. unmittelbar **Anteilsinhaberin** der zu diesem Zeitpunkt aus der Umwandlung ehemals volkseigener Wirtschaftseinheiten entstandenen Kapitalgesellschaften geworden. Sie bzw. eines ihrer Tochter- oder Enkelunternehmen wurde damit fast ausnahmslos **Verfügungsberechtigter** über ehedem enteignete, in Volkseigentum überführte und nunmehr der Restitution unterliegende Unternehmen oder Unternehmensbeteiligungen.[12] Aufgabe der Treuhandanstalt (-nachfolgeeinrichtungen) ist jedoch ganz allgemein die Rückführung der unternehmerischen Tätigkeit des Staates durch Privatisierung des Produktivvermögens (§ 1 Abs. 1 TreuhG). Dieser **Privatisierungsauftrag kann mit** dem **Restitutionsanspruch** eines Berechtigten **konfligieren**, wenn aus volkswirtschaftlichen Gründen die Unternehmensprivatisierung nicht durch Rückgabe des Unternehmens an den Berechtigten, sondern im Wege der Veräußerung an einen Drittinvestor erfolgen soll. Die darin zum Ausdruck kommende Durchbrechung des Restitutionsgrundsatzes (Investitionen vor Rückgabe vor Entschädigung) ist allein Regelungsgegenstand des mit dem 2. VermRÄndG in Kraft getretenen InVorG bzw. der §§ 3 Abs. 6 bis 8 aF, 3a aF VermG, §§ 1ff. BInvG. Das Treuhandgesetz als solches läßt Restitutionsansprüche unberührt (§ 24 Abs. 1 TreuhG).[13] Eine **verfahrensrechtliche Sonderstellung** ergibt sich allerdings daraus, daß die Treuhandanstalt/BVS als Verfügungsberechtigte die Voraussetzungen des Investitionsvorranges und damit den Ausschluß der Restitution selbst feststellen kann, ohne auf die Entscheidung eines Vermögensamtes angewiesen zu sein. Soweit diese Voraussetzungen nicht vorliegen, ist die Treuhandanstalt/BVS dem Berechtigten gegenüber wie jeder andere Verfügungsberechtigte zur Unterlassung der in § 3 Abs. 3 VermG genannten Rechtsgeschäfte verpflichtet.

8 Eine Umwandlung der im Register der volkseigenen Wirtschaft eingetragenen Wirtschaftseinheiten in Gesellschaften mit beschränkter Haftung oder Aktiengesellschaften, gegebenenfalls auch in andere Gesellschaftsformen war vor Inkrafttreten des Treuhandgesetzes bereits nach §§ 1 Abs. 1, 2 Abs. 1 der sog. **UmwandlungsVO** vom 1. 3. 1990 möglich.[14] Die Geschäftsanteile bzw. Aktien dieser Gesellschaften, auf die bis zum 1. 7. 1990 noch das GmbH-Gesetz 1892 und das Aktiengesetz 1937 Anwendung fanden, übernahm ebenfalls die Treuhandanstalt (§ 3 UmwVO). Auch insoweit wurde die Treuhandanstalt mithin Verfügungsberechtigte im Sinne des vermögensrechtlichen Verfahrens.

9 Der Umwandlung nach der UmwandlungsVO wie auch nach dem Treuhandgesetz unterlagen nur die im Register der volkseigenen Wirtschaft eingetragenen Wirtschaftsein-

---

[11] Vgl. dazu § 6 RdNr. 144 ff.
[12] Zu Einzelproblemen vgl. ausführlich *Busche* Rechtshandbuch B 200 § 2 RdNr. 49 ff.
[13] Vgl. auch § 4 RdNr. 38, 43.
[14] Verordnung zur Umwandlung von volkseigenen Kombinaten, Betrieben und Einrichtungen in Kapitalgesellschaften, GBl. I Nr. 14 S. 107; geänd.

gem. Anl. III, II Nr. 5 d. Staatsvertrages v. 18. 5. 1990 durch § 12 Nr. 9 der VO über die Änderung oder Aufhebung von Rechtsvorschriften v. 28. 6. 1990, GBl. I Nr. 38 S. 509; dazu *Hebing* BB-Beil. 18 zu H. 13/1990, S. 1, 3 ff.; *Busche* Rechtshandbuch B 200 Vor § 1 RdNr. 4 ff. mwN.

heiten. Unter dem Begriff „**Wirtschaftseinheiten der volkseigenen Wirtschaft**" waren in der Terminologie des DDR-Wirtschaftsrechts solche volkseigenen Organisationsformen zusammengefaßt, die nach den Prinzipien wirtschaftlicher Rechnungsführung arbeiteten.[15] Es konnte sich dabei sowohl um Wirtschaftsorganisationen handeln, die in der materiellen Produktion tätig waren, als auch um Einrichtungen außerhalb der Wirtschaft, wenn diese in Wirtschaftsrechtsverhältnisse eintraten.[16] Gemeinsames Merkmal dieser Wirtschaftseinheiten war deren Rechtsfähigkeit nach dem Recht der DDR („juristisch selbständige Wirtschaftseinheiten").[17]

Die volkseigenen Wirtschaftseinheiten waren nach § 1 der VO über die Führung des Registers der volkseigenen Wirtschaft v. 10. 4. 1980[18] verpflichtet, sich in das **Register der volkseigenen Wirtschaft** eintragen zu lassen. Nicht zu den Wirtschaftseinheiten der volkseigenen Wirtschaft gehörten Betriebe von Parteien und gesellschaftlichen Organisationen, sog. OEB.[19] Sie waren den volkseigenen Wirtschaftseinheiten nur registerrechtlich gleichgestellt und insofern berechtigt, sich in das Register der volkseigenen Wirtschaft eintragen zu lassen (§ 1 Abs. 2 S. 2 der VO über die Führung des Registers der volkseigenen Wirtschaft v. 10. 4. 1980).[20]

Zu den wichtigsten rechtsfähigen Wirtschaftsorganisationen zählten die in §§ 1 Abs. 1 UmwVO, 1 Abs. 4 TreuhG ausdrücklich genannten **volkseigenen Kombinate** (VE-Kombinate bzw. VEB Kombinat) **und Betriebe** (VEB). Sonstige Wirtschaftseinheiten iSd. Vorschriften waren daneben **Kombinatsbetriebe** (VE(B)-Kombinatsbetrieb), **Vereinigungen volkseigener Betriebe** (VVB) und **wirtschaftsleitende Organe**. Nicht zu den sog. sonstigen Wirtschaftseinheiten zählten mangels Rechtsfähigkeit die Wirtschafts- und Kooperationsgemeinschaften (vgl. § 3 Abs. 2 der VO über Kooperationsgemeinschaften v. 12. 3. 1970).[21]

Unter dem Begriff „**Einrichtungen**" sind in § 1 Abs. 4 TreuhG die in § 1 Abs. 1 UmwVO sog. „juristisch selbständigen Einrichtungen" und „wirtschaftsleitenden Organe" zusammengefaßt.[22] Juristisch selbständige Einrichtungen waren danach vorwiegend **Forschungs- und Rationalisierungseinrichtungen**, die entweder einem wirtschaftsleitenden Organ der DDR direkt unterstellt oder in ein Kombinat eingegliedert waren und nach den Grundsätzen der wirtschaftlichen Rechnungsführung arbeiteten. Wirtschaftsleitende Organe waren organisatorisch zwischen den staatlichen Leitungsorganen und den Wirtschaftseinheiten angesiedelt. Auch sie waren wie die Einrichtungen nicht haushaltsfinanziert, sondern arbeiteten nach den Grundsätzen der sog. wirtschaftlichen Rechnungsführung. Zu den **wirtschaftsleitenden Organen** gehörten etwa die Vereinigung volkseigener Warenhäuser Centrum, zentrale Kontore und sog. Bezirksdirektionen.

Sofern die volkseigenen Wirtschaftseinheiten in Gesetzen und Verordnungen der ehem. DDR als **juristische Personen** bezeichnet werden, ist zu beachten, daß sie selbst nicht Zuordnungssubjekt der von ihnen genutzten Betriebsmittel, Gebäude und Grundstücke waren, sondern nur **Rechtsträger** der im Volkseigentum befindlichen Grundstücke und Gebäude bzw. Fondsinhaber der anderen materiellen und finanziellen Fonds. Mit dem Begriff der Fondsinhaberschaft wurde in der DDR der mit eigentümerähnlichen Rechten ausgestattete sog. operative Verwalter des Betriebsvermögens (Fonds) bezeichnet. Für die Rechtsträgerschaft an immobilen Fonds galten besondere Befugnisse (Besitz/Nutzung/

---

[15] Vgl. *Seiffert*, Wirtschaftsrecht der DDR, 1982, S. 26.
[16] *Seiffert*, Wirtschaftsrecht der DDR, 1982, S. 23.
[17] Vgl. § 1 Abs. 2 der VO über die Führung des Registers der volkseigenen Wirtschaft v. 10. 4. 1980, GBl. I Nr. 14 S. 115.
[18] GBl. I Nr. 14 S. 115.

[19] Zutreffend KG ZIP 1993, 872, 873 ff.; LG Berlin ZIP 1992, 141, 142; abw. *Rother* Beratungshandbuch, 4110 RdNr. 4, 4120 RdNr. 10; *Neye* EWiR § 11 THG 1/92, S. 81 f.
[20] GBl. I Nr. 14 S. 115.
[21] GBl. II Nr. 39 S. 287.
[22] Vgl. dazu *Maskow* BB-Beil. 13 zu H. 10/1990, S. 1, 4.

Verfügung) nach der RechtsträgerAO[23] bzw. § 19 ZGB-DDR. Die „juristische Selbständigkeit" war daher in tatsächlicher Hinsicht begrenzt.[24]

14 Mit der ex lege gem. § 11 TreuhG vollzogenen **Umwandlung** der noch nicht nach der UmwVO transformierten volkseigenen Wirtschaftseinheiten ist das in deren Fondsinhaberschaft bzw. Rechtsträgerschaft befindliche **Vermögen in das Eigentum der** aus der Umwandlung hervorgegangenen **Kapitalgesellschaften übergegangen** (§ 11 Abs. 2 S. 2 TreuhG). Dagegen wurde durch die nach der Umwandlungsverordnung vollzogenen Umwandlungen der Eigentumsübergang nicht herbeigeführt. Den Kapitalgesellschaften waren nach der Umwandlung wie zuvor den volkseigenen Betrieben die Vermögenswerte lediglich in Fondsinhaberschaft zugewiesen (§ 4 Abs. 1 Nr. 2 UmwVO).[25] Die umgewandelten Gesellschaften hatten mithin auch nur die Stellung eines Rechtsträgers an Grundstücken und Gebäuden,[26] die allerdings gem. § 5 Abs. 2 des am 19. 3. 1990 in Kraft getretenen Statuts der Treuhandanstalt mit der Umwandlung auf die Treuhandanstalt überging. Eine vermögensrechtliche Gleichstellung der nach der UmwVO umgewandelten Wirtschaftseinheiten mit den der Umwandlung nach dem Treuhandgesetz unterliegenden Wirtschaftseinheiten hat § 23 TreuhG herbeigeführt: Durch die Verweisung auf § 11 Abs. 2 S. 2 TreuhG wird sichergestellt, daß den vor dem 1. 7. 1990 aus einer Umwandlung nach der UmwVO entstandenen Kapitalgesellschaften seit dem 1. 7. 1990 nicht mehr nur die Fondsinhaberschaft bzw. Rechtsträgerschaft an den ihnen zur Nutzung überlassenen Vermögenswerten zusteht, sondern das Eigentum.[27]

§ 6 Rückübertragung von Unternehmen

(1) Ein Unternehmen ist auf Antrag an den Berechtigten zurückzugeben, wenn es unter Berücksichtigung des technischen Fortschritts und der allgemeinen wirtschaftlichen Entwicklung mit dem enteigneten Unternehmen im Zeitpunkt der Enteignung vergleichbar ist; der Anspruch auf Rückgabe von Anteils- oder Mitgliedschaftsrechten richtet sich gegen die in § 2 Abs. 3 bezeichneten Inhaber dieser Rechte, der Anspruch auf Rückgabe des Unternehmens gegen den dort bezeichneten Verfügungsberechtigten. Im Zeitpunkt der Rückgabe festzustellende wesentliche Verschlechterungen oder wesentliche Verbesserungen der Vermögens- oder Ertragslage sind auszugleichen; Schuldner bei wesentlicher Verschlechterung oder Gläubiger bei wesentlicher Verbesserung ist die Treuhandanstalt oder eine andere in § 24 Abs. 1 Satz 1 des D-Markbilanzgesetzes bezeichnete Stelle, wenn sie unmittelbar oder mittelbar an dem Verfügungsberechtigten beteiligt ist. Das Unternehmen ist mit dem enteigneten Unternehmen vergleichbar, wenn das Produkt- oder Leistungsangebot des Unternehmens unter Berücksichtigung des technischen und wirtschaftlichen Fortschritts im Grundsatz unverändert geblieben ist oder frühere Produkte oder Leistungen durch andere ersetzt worden sind. Ist das Unternehmen mit einem oder mehreren anderen Unternehmen zusammengefaßt worden, so kommt es für die Vergleichbarkeit nur auf diesen Unternehmensteil an.

---

[23] Vgl. §§ 1 Abs. 3, 4 Abs. 2, 8 und 9 der AO über das Verfahren bei Veränderungen in der Rechtsträgerschaft an volkseigenen Grundstücken v. 16. 3. 1953, GBl. Nr. 37 S. 449, aufgeh. GBl. 1956 I Nr. 79 S. 702; §§ 1 Abs. 3, 6 und 7 der AO über das Verfahren bei Veränderungen in der Rechtsträgerschaft an volkseigenen Grundstücken v. 21. 8. 1956, GBl. I Nr. 79 S. 702, geänd. GBl. 1962 II Nr. 37 S. 333, tlw. aufgeh. GBl. 1969 II Nr. 68 S. 433; §§ 2 Abs. 3, 7 Abs. 2, 14 Abs. 1 d. AO über die Rechtsträgerschaft an volkseigenen Grundstücken v. 7. 7. 1969, GBl. II Nr. 68 S. 433; geänd. GBl. I 1974 Nr. 53 S. 489; dazu *Schmidt-*

Räntsch, Eigentumszuordnung, Rechtsträgerschaft und Nutzungsrechte an Grundstücken, 1992, S. 7 ff.
[24] Dazu ausführlich *Gößmann,* Die Kombinate in der DDR, 1984, S. 132 ff., insbes. 137 f.; *Heuer,* Grundzüge des Bodenrechts, 1991, RdNr. 8 ff.
[25] Vgl. auch *Jürgens,* DB DDR-Report 1990, 3162, 3162; *Thietz-Bartram/Pfeifer,* WM Sonderbeil. 4 zu H. 22/1990, S. 3, 4; *Czerwenka* S. 17; unzutreffend *Maskow,* BB-Beil. 20 zu H. 15/1990, S. 1, 7; *Knüpfer,* BB-Beil. 20 zu H. 15/1990, S. 1, 7.
[26] *Etzbach* Rechtshandbuch SystDarst V, 15.
[27] *Busche* Rechtshandbuch B 200 § 23, RdNr. 4 f.

(1a) Berechtigter bei der Rückgabe oder Rückführung eines Unternehmens nach den §§ 6 und 12 ist derjenige, dessen Vermögenswerte von Maßnahmen gemäß § 1 betroffen sind. Dieser besteht unter seiner Firma, die vor der Schädigung im Register eingetragen war, als in Auflösung befindlich fort, wenn die im Zeitpunkt der Schädigung vorhandenen Gesellschafter oder Mitglieder oder Rechtsnachfolger dieser Personen, die mehr als 50 vom Hundert der Anteile oder Mitgliedschaftsrechte auf sich vereinen und namentlich bekannt sind, einen Anspruch auf Rückgabe des Unternehmens oder von Anteilen oder Mitgliedschaftsrechten des Rückgabeberechtigten angemeldet haben. Kommt das erforderliche Quorum für das Fortbestehen eines Rückgabeberechtigten unter seiner alten Firma nicht zustande, kann das Unternehmen nicht zurückgefordert werden. Satz 2 gilt nicht für Gesellschaften, die ihr im Beitrittsgebiet belegenes Vermögen verloren haben und hinsichtlich des außerhalb dieses Gebiets belegenen Vermögens als Gesellschaft oder Stiftung werbend tätig sind; in diesem Falle ist Berechtigter nur die Gesellschaft oder Stiftung.

(2) Eine wesentliche Verschlechterung der Vermögenslage liegt vor, wenn sich bei der Aufstellung der Eröffnungsbilanz zum 1. Juli 1990 nach dem D-Markbilanzgesetz oder der für die Rückgabe aufgestellten Schlußbilanz eine Überschuldung oder eine Unterdeckung des für die Rechtsform gesetzlich vorgeschriebenen Mindestkapitals ergibt. In diesem Falle stehen dem Unternehmen die Ansprüche nach den §§ 24, 26 Abs. 3 und § 28 des D-Markbilanzgesetzes zu; diese Ansprüche dürfen nicht abgelehnt werden. Im Falle des § 28 des D-Markbilanzgesetzes ist das Kapitalentwertungskonto vom Verpflichteten zu tilgen. Der Anspruch nach Satz 2 entfällt, soweit nachgewiesen wird, daß die Eigenkapitalverhältnisse im Zeitpunkt der Enteignung nicht günstiger waren. Der Verfügungsberechtigte kann den Anspruch nach Satz 2 auch dadurch erfüllen, daß er das erforderliche Eigenkapital durch Erlaß oder Übernahme von Schulden schafft. Die D-Markeröffnungsbilanz ist zu berichten, wenn sich die Ansprüche nach den §§ 24, 26 Abs. 3, § 28 des D-Markbilanzgesetzes auf Grund des Vermögensgesetzes der Höhe nach ändern.

(3) Eine wesentliche Verbesserung der Vermögenslage liegt vor, wenn sich bei der Aufstellung der D-Markeröffnungsbilanz nach dem D-Markbilanzgesetz oder der für die Rückgabe aufgestellten Schlußbilanz eine Ausgleichsverbindlichkeit nach § 25 des D-Markbilanzgesetzes ergibt und nachgewiesen wird, daß das Unternehmen im Zeitpunkt der Enteignung im Verhältnis zur Bilanzsumme ein geringeres Eigenkapital hatte; bei der Berechnung der Ausgleichsverbindlichkeit sind dem Berechtigten, seinen Gesellschaftern oder Mitgliedern entzogene Vermögensgegenstände höchstens mit dem Wert anzusetzen, der ihnen ausgehend vom Zeitwert im Zeitpunkt der Schädigung unter Berücksichtigung der Wertabschläge nach dem D-Markbilanzgesetz zukommt. Ein geringeres Eigenkapital braucht nicht nachgewiesen zu werden, soweit die Ausgleichsverbindlichkeit dem Wertansatz von Grund und Boden oder Bauten, die zu keinem Zeitpunkt im Eigentum des Berechtigten, seiner Gesellschafter oder Mitglieder standen, entspricht. Eine nach § 25 Abs. 1 des D-Markbilanzgesetzes entstandene Ausgleichsverbindlichkeit entfällt, soweit eine wesentliche Verbesserung nicht auszugleichen ist. Die Ausgleichsverbindlichkeit ist zu erlassen oder in eine Verbindlichkeit nach § 16 Abs. 3 des D-Markbilanzgesetzes umzuwandeln, soweit das Unternehmen sonst nicht kreditwürdig ist. Die D-Markeröffnungsbilanz ist zu berichten, wenn sich die Ausgleichsverbindlichkeit auf Grund dieses Gesetzes der Höhe nach ändert.

(4) Eine wesentliche Veränderung der Ertragslage liegt vor, wenn die für das nach dem am 1. Juli 1990 beginnende Geschäftsjahr zu erwartenden Umsätze in Einheiten der voraussichtlich absetzbaren Produkte oder Leistungen unter Berücksichtigung der allgemeinen wirtschaftlichen Entwicklung wesentlich höher oder niedriger als im Zeitpunkt der Enteignung sind. Müssen neue Produkte entwickelt werden, um einen

vergleichbaren Umsatz zu erzielen, so besteht in Höhe der notwendigen Entwicklungskosten ein Erstattungsanspruch, es sei denn, das Unternehmen ist nicht sanierungsfähig. Ist der Umsatz wesentlich höher als im Zeitpunkt der Enteignung, insbesondere wegen der Entwicklung neuer Produkte, so entsteht in Höhe der dafür notwendigen Entwicklungskosten, soweit diese im Falle ihrer Aktivierung noch nicht abgeschrieben wären, eine Ausgleichsverbindlichkeit, es sei denn, daß dadurch eine wesentliche Verschlechterung der Vermögenslage nach Absatz 2 eintreten würde.

(5) Die Rückgabe der enteigneten Unternehmen an die Berechtigen erfolgt durch Übertragung der Rechte, die dem Eigentümer nach der jeweiligen Rechtsform zustehen. Ist das zurückzugebende Unternehmen mit einem oder mehreren anderen Unternehmen zu einer neuen Unternehmenseinheit zusammengefaßt worden, so sind, wenn das Unternehmen nicht entflochten wird, Anteile in dem Wert auf den Berechtigten zu übertragen, der in entsprechender Anwendung der Absätze 1 bis 4 im Falle einer Entflechtung dem Verhältnis des Buchwerts des zurückzugebenden Unternehmens zum Buchwert des Gesamtunternehmens entspricht. Die Entflechtung kann nicht verlangt werden, wenn diese unter Berücksichtigung der Interessen aller Betroffenen einschließlich der Berechtigten wirtschaftlich nicht vertretbar ist; dies ist insbesondere der Fall, wenn durch die Entflechtung Arbeitsplätze in erheblichem Umfang verlorengehen würden. Verbleiben Anteile bei der Treuhandanstalt, insbesondere zum Ausgleich wesentlicher Werterhöhungen, so können diese von den Anteilseignern erworben werden, denen Anteilsrechte nach diesem Gesetz übertragen worden sind.

(5a) Zur Erfüllung des Anspruchs auf Rückgabe kann die Behörde anordnen, daß

a) Anteile oder Mitgliedschaftsrechte an dem Verfügungsberechtigten auf den Berechtigten übertragen werden oder

b) das gesamte Vermögen einschließlich der Verbindlichkeiten oder eine Betriebsstätte des Verfügungsberechtigten auf den Berechtigten einzeln oder im Wege der Gesamtrechtsnachfolge übertragen werden oder

c) Anteile oder Mitgliedschaftsrechte an dem Verfügungsberechtigten auf die Gesellschafter oder Mitglieder des Berechtigten oder deren Rechtsnachfolger im Verhältnis ihrer Anteile oder Mitgliedschaftsrechte übertragen werden.

Wird der Anspruch auf Rückgabe nach Satz 1 Buchstabe c erfüllt, so haftet jeder Gesellschafter oder jedes Mitglied des Berechtigten oder deren Rechtsnachfolger für vor der Rückgabe entstandene Verbindlichkeiten des Berechtigten bis zur Höhe des Wertes seines Anteils oder Mitgliedschaftsrechts; im Verhältnis zueinander sind die Gesellschafter oder Mitglieder zur Ausgleichung nach dem Verhältnis des Umfangs ihrer Anteile oder Mitgliedschaftsrechte verpflichtet.

(5b) Zur Erfüllung des Anspruchs eines Gesellschafters oder Mitglieds eines Berechtigten oder ihrer Rechtsnachfolger auf Rückgabe entzogener Anteile oder auf Wiederherstellung einer Mitgliedschaft können diese verlangen, daß die Anteile an sie übertragen werden und ihre Mitgliedschaft wiederhergestellt wird; das Handels- oder Genossenschaftsregister ist durch Löschung eines Löschungsvermerks oder Wiederherstellung der Eintragung zu berichtigen. Mit der Rückgabe des Unternehmens in einer der vorbezeichneten Formen sind auch die Ansprüche der Gesellschafter oder Mitglieder des Berechtigten und ihrer Rechtsnachfolger wegen mittelbarer Schädigung erfüllt.

(5c) Hat ein Berechtigter staatlichen Stellen eine Beteiligung, insbesondere wegen Kreditverweigerung oder der Erhebung von Steuern oder Abgaben mit enteignendem Charakter, eingeräumt, so steht diese den Gesellschaftern des Berechtigten oder deren Rechtsnachfolgern zu, es sei denn, daß die Voraussetzungen des § 1 Abs. 3 nicht vorliegen. Die Gesellschafter oder deren Rechtsnachfolger können verlangen, daß die staatliche Beteiligung gelöscht oder auf sie übertragen wird. Die beim Erwerb der Beteiligung erbrachte Einlage oder Vergütung ist im Verhältnis zwei Mark der Deutschen

Demokratischen Republik zu einer Deutschen Mark umzurechnen und von den Gesellschaftern oder deren Rechtsnachfolgern an den Inhaber der Beteiligung zurückzuzahlen, soweit dieser Betrag den Wert der Beteiligung nach § 11 Abs. 1 Satz 1 des D-Markbilanzgesetzes nicht übersteigt. Nach früherem Recht gebildete Fonds, die weder auf Einzahlungen zurückzuführen noch Rückstellungen im Sinne des § 249 Abs. 1 des Handelsgesetzbuchs sind, werden, soweit noch vorhanden, dem Eigenkapital des zurückzugebenden Unternehmens zugerechnet. Ist eine Beteiligung im Sinne des Satzes 1 zurückgekauft worden, so kann der Berechtigte vom Kaufvertrag zurücktreten und die Löschung oder Rückübertragung nach den Sätzen 1 bis 4 verlangen.

(6) Der Antrag auf Rückgabe eines Unternehmens kann von jedem Gesellschafter, Mitglied oder einem Rechtsnachfolger und dem Rückgabeberechtigten gestellt werden. Der Antrag des Berechtigten gilt als zugunsten aller Berechtigten, denen der gleiche Anspruch zusteht, erhoben. Statt der Rückgabe kann die Entschädigung gewählt werden, wenn kein Berechtigter einen Antrag auf Rückgabe stellt. Sind Anteile oder Mitgliedschaftsrechte schon vor dem Zeitpunkt der Schädigung des Berechtigten entzogen worden, so gilt der Antrag des ehemaligen Inhabers der Anteile oder der Mitgliedschaftsrechte oder seines Rechtsnachfolgers auf Rückgabe seiner Anteile oder Mitgliedschaftsrechte gleichzeitig als Antrag auf Rückgabe des Unternehmens und gilt sein Antrag auf Rückgabe des Unternehmens gleichzeitig als Antrag auf Rückgabe der Anteile oder Mitgliedschaftsrechte.

(6a) Ist die Rückgabe nach § 4 Abs. 1 Satz 2 ganz oder teilweise ausgeschlossen, so kann der Berechtigte die Rückgabe derjenigen Vermögensgegenstände verlangen, die sich im Zeitpunkt der Schädigung in seinem Eigentum befanden oder an deren Stelle getreten sind; eine damals einem Gesellschafter oder Mitglied des geschädigten Unternehmens wegen der Schädigung tatsächlich zugeflossene Geldleistung ist im Verhältnis zwei Mark der Deutschen Demokratischen Republik zu einer Deutschen Mark umzurechnen und von diesem oder seinem Rechtsnachfolger an den Verfügungsberechtigten zurückzuzahlen, soweit dieser Betrag den Wert der Beteiligung des Gesellschafters oder des Mitglieds nach § 11 Abs. 1 Satz 1 oder 4 des D-Markbilanzgesetzes abzüglich von nach Satz 2 zu übernehmenden Schulden nicht übersteigt. Diesem Anspruch gehen jedoch Ansprüche von Gläubigern des Verfügungsberechtigten vor, soweit diese nicht unmittelbar oder mittelbar dem Bund, Ländern, Gemeinden oder einer anderen juristischen Person des öffentlichen Rechts zustehen. § 9 Satz 1 ist entsprechend anzuwenden, wenn ein Grundstück nicht zurückgegeben werden kann. Ist dem Verfügungsberechtigten die Rückgabe nicht möglich, weil er das Unternehmen oder nach Satz 1 zurückzugebende Vermögensgegenstände ganz oder teilweise veräußert hat oder das Unternehmen nach Absatz 1a Satz 3 nicht zurückgefordert werden kann, so können die Berechtigten vom Verfügungsberechtigten die Zahlung eines Geldbetrages in Höhe des ihrem Anteil entsprechenden Erlöses aus der Veräußerung verlangen, sofern sie sich nicht für die Entschädigung nach Absatz 7 entscheiden. Ist ein Erlös nicht erzielt worden oder unterschreitet dieser den Verkehrswert, den das Unternehmen oder nach Satz 1 zurückzugebende Vermögensgegenstände im Zeitpunkt der Veräußerung hatten, so können die Berechtigten Zahlung des Verkehrswerts verlangen. Ist die Gesamtvollstreckung eines Unternehmens entgegen § 3 Abs. 3 Satz 6 und 7 nicht abgewendet worden, so können die Berechtigten Zahlung des Verkehrswerts der einzelnen Vermögensgegenstände abzüglich der nach Satz 2 zu berücksichtigenden Schulden in Höhe des ihrem Anteil entsprechenden Betrags verlangen.

(7) Ist die Rückgabe nach Absatz 1 Satz 1 nicht möglich oder entscheidet sich der Berechtigte innerhalb der in § 8 Abs. 1 bestimmten Frist für eine Entschädigung, so besteht ein Anspruch auf Entschädigung nach Maßgabe des Entschädigungsgesetzes. Ein damals erhaltener Kaufpreis oder Ablösungsbetrag ist im Verhältnis zwei Mark der Deutschen Demokratischen Republik zu einer Deutschen Mark umzurechnen und

vom Betrag der Entschädigung abzusetzen. Leistungen nach Absatz 6a werden auf einen verbleibenden Entschädigungsanspruch voll angerechnet.

(8) Ist in den Fällen des § 1 Abs. 1 Buchstabe d die Rückgabe im Zeitpunkt des Inkrafttretens dieses Gesetzes bereits erfolgt, so kann der Berechtigte verlangen, daß die Rückgabe nach den Vorschriften dieses Gesetzes überprüft und an dessen Bedingungen angepaßt wird.

(9) Der Bundesminister der Justiz wird ermächtigt, im Einvernehmen mit dem Bundesminister der Finanzen und dem Bundesminister für Wirtschaft durch Rechtsverordnung mit Zustimmung des Bundesrates das Verfahren und die Zuständigkeit der Behörden oder Stellen für die Durchführung der Rückgabe und Entschädigung von Unternehmen und Beteiligungen zu regeln sowie Vorschriften über die Berechnung der Veränderungen der Vermögens- und Ertragslage der Unternehmen und deren Bewertung zu erlassen.

(10) Das Gericht am Sitz des Rückgabeberechtigten hat unter den Voraussetzungen des Absatzes 1a Satz 2 auf Antrag Abwickler zu bestellen. Vor der Eintragung der Auflösung des Rückgabeberechtigten und seiner Abwickler ist ein im Register zu dem Berechtigten eingetragener Löschungsvermerk von Amts wegen zu löschen. Sind Registereintragungen zu dem Berechtigten nicht mehr vorhanden, so haben die Abwickler ihn, wenn er nach Absatz 1a Satz 2 fortbesteht, als in Auflösung befindlich zur Eintragung in das Handelsregister anzumelden. Im übrigen ist für die Abwicklung das jeweils für den Berechtigten geltende Recht anzuwenden. Die Fortsetzung des Berechtigten kann beschlossen werden, solange noch nicht mit der Verteilung des zurückzugebenden Vermögens an die Gesellschafter oder Mitglieder begonnen ist. Einer Eintragung oder Löschung im Register bedarf es nicht, wenn die zur Stellung des Antrags berechtigten Personen beschließen, daß der Berechtigte nicht fortgesetzt und daß in Erfüllung des Rückgabeanspruchs unmittelbar an die Gesellschafter des Berechtigten oder deren Rechtsnachfolger geleistet wird.

Schrifttum: *Bärwaldt-Kraffel,* Die Unternehmensrückgabeverordnung, DtZ 1991, 336 ff.; *Bernhardt,* Zur Rückgabe von Unternehmensgegenständen nach § 6 VI a Vermögensgesetz, VIZ 1993, 327 ff.; *Czerwenka,* Rückgabe enteigneter Unternehmen in den neuen Bundesländern, 1991; *Drescher,* Verzinsung und Tilgung von Ausgleichsansprüchen bei einer Unternehmensrückgabe nach dem Vermögensgesetz, VIZ 1993, 321 ff.; *Espey-Jaenecke,* Restitutionsansprüche gegen Erwerber von Treuhandunternehmen?, BB 1991, 1442 f.; *dies.,* Stehen Restitutionsansprüche auf Gegenstände des Betriebsvermögens der Privatisierung von Treuhand-Unternehmen entgegen?, BB 1991, 2025 ff.; *Friedrich-Scobel,* Ermittlung des Eigenkapitals zum Zeitpunkt der Rückgabe nach dem Vermögensgesetz, BB 1992, 174 ff.; *Gutbrod,* Gesellschaft und Gesamthand in der Restitution, ZIP 1994, 497 ff.; *ders.,* Zum Verhältnis von Unternehmens- und Einzelrestitution insbesondere bei stillgelegten Unternehmen, ZOV 1994, 237 ff.; *Hebing,* in: *ders.* (Hrsg), Investitionsbedingungen und Eigentumsfragen in der ehemaligen DDR nach dem Staatsvertrag, 1990, S. 45 ff. = BB-Beil. 21 zu H. 16/1990, S. 1 ff.; *Heilmann,* Die Behandlung staatlicher Beteiligungen an restitutionsbehafteten Unternehmen, VIZ 1993, 51 ff.; *Knüpfer,* Neue gesetzliche Regelungen für die Investitionsförderung, doch kein neues Privatisierungsrecht, WR 1991, 137 ff.; *Liebs-Preu,* Probleme der Rückgabe enteigneter Unternehmen in der früheren DDR, DB 1991, 145 ff.; *dies.,* Ein Gesetz zur Beseitigung der restlichen Investitionsmöglichkeiten in der DDR?, ZIP 1991, 216 ff.; *Lutter-Gehling,* Wer ist Aktionär einer Lazarus-AG?, ZIP 1992, 1045 ff.; *Märker,* Die Reprivatisierungsaufgabe der Treuhandanstalt, VIZ 1992, 463 ff.; *Maus,* Sanierungskonzepte als Voraussetzung für den Kauf von Krisenunternehmen, DB 1991, 1133 f.; *Meier,* Anmerkung zu KrG Leipzig-Stadt, Beschl. v. 25. 7. 1991 – II K 107/91, VIZ 1991, 112 f.; *Messerschmidt,* Aktuelle Probleme der Unternehmensrückgabe in den neuen Bundesländern, VIZ 1992, 1 ff.; *ders.,* Die Auswirkungen des 2. Vermögensrechtsänderungsgesetzes auf die Unternehmensrückgabe, VIZ 1992, 417 ff.; *ders.,* Zum Verhältnis zwischen Immobilier- und Unternehmensrestitution, VIZ 1993, 5 ff.; *Neuber,* Ausgleichsforderungen und -verbindlichkeiten unter Berücksichtigung des Vermögensgesetzes, DB 1992, 104 ff.; *Niederleithinger,* Die Reprivatisierung der zwischen 1949 und 1972 in der DDR enteigneten Unternehmen, ZIP 1991, 62 ff.; *ders.,* Beseitigung von Hemmnissen bei der Privatisierung und Förderung von Investitionen in den neuen Bundesländern, ZIP 1991, 205 ff.; *v. Pogrell,* Der Herausgabeanspruch nach § 6 VI a Vermögensgesetz im Gesamtvollstreckungsverfahren, VIZ 1994, 213 ff.; *Preu,* Vermögensgesetz: Kein Recht des an einem Unternehmensteil Berechtigten auf Ankauf des Gesamtunternehmens, DB 1992, 257 ff.; *ders.,* Wie wirksam schützt § 3a VermG den Käufer eines Treuhandunternehmens vor Rückgabeansprüchen?, DB 1992, 513 ff.; *Scheifele,* Praktische Erfahrungen beim Unternehmenskauf in den neuen Bundesländern, BB 1991, 629 ff.; *Schmidt-*

Rückübertragung von Unternehmen **§ 6 VermG**

Preuß, Die Treuhandanstalt und ihr gesetzlicher Auftrag, Die Verwaltung 1992, 327 ff.; *Schniewind,* Rückgabe enteigneter Unternehmen nach dem Vermögensgesetz (VermG), BB-Beil. 21 zu H. 30/1991; *Schramm – v. Witzleben,* Zur Bewertung von Ansprüchen nach dem Vermögensgesetz, WPg 1992, 284 ff.; *Schuster,* Der Anspruch auf Rückgabe von Unternehmen nach dem Vermögensgesetz, DStR 1992, 37 ff.; *Selchert,* Ausgleich für verschlechterte Ertragslage nach § 6 VermG, DB 1993, 389 ff.; *Uechtritz,* Sicherer Erwerb restitutionsbelasteter Grundstücke und Unternehmen trotz angefochtener Investitionsvorrangentscheidung, BB 1992, 581 ff.; *ders.,* Die Neuregelungen für NS-Verfolgte im 2. Vermögensrechtsänderungsgesetz, VIZ 1992, 377 ff.; *Wächter,* Rückübertragungsklauseln in Privatisierungsverträgen nach dem II. Vermögensrechtsänderungsgesetz, WM 1992, 1841 ff.; *Walter-Uhmann,* Sanierungsfähigkeit als zentrale Voraussetzung beim Ertragslageausgleich nach § 6 IV Vermögensgesetz, VIZ 1994, 51 ff.; *dies.,* Die Ausgleichsmodalitäten beim Ertragslageausgleich nach § 6 IV Vermögensgesetz, VIZ 1994, 163 ff.; *Wasmuth,* Das Recht zur Regelung offener Vermögensfragen, BRAK-Mitt. 1991, 116 ff.; *Weimar,* Der Vorrang der Investition und seine Grenzen, DB 1991, 2527 ff.; *ders.,* Aktuelle Fragen zur Restitution von Unternehmen in den neuen Bundesländern nach der Unternehmensrückgabeverordnung, DB 1992, 77 ff.; *ders.,* Grundsatzfragen im Recht der UmwVO-Gesellschaften, ZIP 1992, 73 ff.; *Wellhöfer,* Struktur und System der Unternehmensrückgabe-Vorschriften, VIZ 1992, 85 ff.

Vgl. auch das Verzeichnis abgekürzt zitierter Literatur.

Arbeitsmaterialien: BMJ, Leitfaden für die Behandlung von Anträgen auf Rückübertragung von Unternehmen gemäß § 6 sowie auf vorläufige Einweisung und Entflechtung gemäß §§ 6a, 6b des Vermögensgesetzes – URÜL –, 2. Aufl., v. 8. 12. 1992

Übersicht

	RdNr.
A. Normzweck	1–4
B. Wirtschaftliche Vergleichbarkeit der Unternehmen (Abs. 1)	
I. Begriff des Unternehmens	5–10
II. Wirtschaftliche Vergleichbarkeit	11–15
C. Ausgleich wesentlicher Veränderungen der Vermögens- und Ertragslage (Abs. 2–4)	
I. Wesentliche Verschlechterung der Vermögenslage/Ausgleichsforderung nach § 6 Abs. 2 VermG	
1. Bilanzierungsgrundsätze	16–21
a) Allgemeines	16
b) Überschuldung	17, 18
c) Unterdeckung	19–21
aa) Kapitalgesellschaften	19
bb) Einzelunternehmen/Personengesellschaften/ PGH	20, 21
2. Ausgleichsansprüche	22–28
a) Allgemeines	22–24
b) Inhalt des Ausgleichsanspruches	25–28
aa) Ausgleichsforderung (§ 24 DMBilG)/Ausstehende Einlage (§ 26 Abs. 3 DMBilG)	25
bb) Einzelprobleme des § 26 Abs. 3 DMBilG	26, 27
cc) Bildung eines Kapitalentwertungskontos (§ 28 DMBilG)	28
II. Wesentliche Verbesserung der Vermögenslage/Ausgleichsverbindlichkeit nach § 6 Abs. 3 VermG	
1. Voraussetzungen	29–33
a) Allgemeines	29
b) Berechnung der Ausgleichsverbindlichkeit iSv. § 25 DMBilG	30, 31
c) Nachweis geringeren Eigenkapitals	32, 33

	RdNr.
2. Erlaß der Ausgleichsverbindlichkeit	34
3. Auswirkungen auf die D-Markeröffnungsbilanz	35
III. Wesentliche Änderung der Ertragslage/Ausgleichsansprüche iSv. § 6 Abs. 4 VermG	
1. Allgemeines	36
2. Wesentlich niedrigere Umsätze (Abs. 4 S. 1, 2)	37–46
a) Voraussetzungen	37–40
aa) Grundsatz	37
bb) Vermutung	38–40
b) Rechtsfolge	41–46
aa) Grundsatz	41–43
bb) Pauschalierung	44, 45
cc) Verfahrensfragen	46
3. Wesentlich höhere Umsätze (Abs. 4 S. 3)	47
4. Auswirkungen auf die D-Markeröffnungsbilanz	48
IV. Verzinsung der Ausgleichsforderungen und Ausgleichsverbindlichkeiten/Tilgung (§ 7 URüV)	
1. Allgemeines	49, 50
2. Verzinsung	51
3. Tilgung	52
D. Art und Weise der Rückgabe	
I. Grundsatz (Abs. 5 S. 1)	53
II. Anspruchsinhaber	
1. Allgemeines	54
2. Geschädigter Unternehmensträger (§ 6 Abs. 1a S. 1)	55
3. Gelöschter Unternehmensträger (§ 6 Abs. 1a S. 2)	56–65
a) Allgemeines	56
b) Begriffsbestimmung	57–59

	RdNr.
aa) Gesellschafter/Mitglieder	57
bb) Rechtsnachfolger	58, 59
c) Beschlußfassung/Berechnung des Quorums	60, 61
d) Rechtsfolgen der Beschlußfassung und Anmeldung	62–65
4. Spaltgesellschaften (§ 6 Abs. 1a S. 4 Hs. 1)	66 |//
III. Verfügungsberechtigter/Anspruchsgegner ... 67

IV. Wahlrecht ... 68

V. Entflechtung von Unternehmenseinheiten (Abs. 5 S. 2, 3)
1. Wirtschaftliche Vertretbarkeit der Entflechtung ... 69, 70
2. Übertragung von Anteilen statt Entflechtung ... 71
3. Anteilserwerbsrecht des Berechtigten ... 72–78
   a) Allgemeines ... 72
   b) Entstehungsgeschichte ... 73
   c) Anwendungsbereich ... 74
   d) Inhalt ... 75–78

VI. Rückgabeanspruch des Berechtigten (Abs. 5a)
1. Grundsatz ... 79, 80
   a) Art und Weise der Rückgabe ... 79
   b) Begriff des Berechtigten ... 80
2. Wahlmöglichkeiten ... 81–89
   a) Übertragung der Anteile oder Mitgliedschaftsrechte auf den Berechtigten (lit. a) ... 81
   b) Übertragung der Anteile oder Mitgliedschaftsrechte auf die Gesellschafter oder Mitglieder des Berechtigten oder deren Rechtsnachfolger (lit. c) ... 82–88
      aa) Beschlußfassung ... 82
      bb) Berechnung des Quorums ... 83
      cc) Art und Weise der Rückgabe ... 84, 85
      dd) Haftung nach Rückgabe ... 86
      ee) Rechtsfolgen für den Berechtigten ... 87
      ff) Einvernehmliche Regelung ... 88
   c) Übertragung des gesamten Vermögens oder einzelner Betriebsstätten auf den Berechtigten (lit. b) ... 89
3. Rechtsschutz ... 90–99
   a) Allgemeines ... 90
   b) Berechtigter ... 91, 92
   c) Drittbetroffene ... 93–96
   d) Zuständigkeit ... 97–99

VII. Rückgabeanspruch der Gesellschafter, Mitglieder oder deren Rechtsnachfolger (Abs. 5b)
1. Materielles Recht ... 100–102
2. Rechtsschutz ... 103

VIII. Zwangsbeteiligungen (Abs. 5c)
1. Entstehungsgeschichte ... 104

2. Rückübertragung/Löschung ... 105
3. Rückzahlung von Einlagen und Vergütungen ... 106–109
4. Rückkauf nach § 17 Abs. 1 S. 1 UnternehmensG ... 110

IX. Behandlung staatlicher Leistungen (§ 8 URüV) ... 111–114

E. Rückgabeantrag/Wahlrecht auf Entschädigung (Abs. 6)

I. Antragsrecht (S. 1)
1. Allgemeines ... 115
2. Antragsteller ... 116, 117
   a) „Berechtigte" ... 116
   b) Gesellschafter, Mitglieder des Unternehmensträgers oder deren Rechtsnachfolger ... 117

II. Antragsfiktionen (S. 2 und 4) ... 118

III. Wahlrecht auf Entschädigung (S. 3)
1. Allgemeines ... 119
2. Beschlußfassung und Anmeldung nach § 6 Abs. 1a S. 2 ... 120
3. Geltendmachung ... 121

F. Schadensersatzansprüche des Berechtigten anläßlich der Rückübertragung

I. Ansprüche gegen den Verfügungsberechtigten
1. Allgemeines ... 122
2. Anspruchsgrundlagen ... 123, 124
3. Verschuldensprüfung ... 125–127

II. Ansprüche gegen die gesetzlichen Vertreter des Verfügungsberechtigten
1. Allgemeines ... 128
2. Regelungen der URüV ... 129, 130
   a) Inhalt ... 129
   b) Bedenken ... 130

G. Ansprüche bei ausgeschlossener Restitution (Abs. 6a und 7)

I. Rückübertragungsausschluß gem. § 4 Abs. 1 S. 2 VermG
1. Singularrestitution ... 131–135
   a) Inhalt ... 131–132
   b) Ausschluß ... 133, 134
   c) „Nachgeschaltete" Enteignungen iSv. § 3 Abs. 1 S. 4 ... 135
2. Erlös/Verkehrswert ... 136
3. Entschädigung ... 137

II. Rückübertragungsausschluß bei Veräußerung bzw. nach § 6 Abs. 1a S. 3 VermG
1. Veräußerung ... 138, 139

	RdNr.		RdNr.
a) Erlös/Verkehrswert	138	III. Verfahren	
b) Entschädigung	139	1. Antrag	146
2. Nichterreichen des Quorums (§ 6 Abs. 1a S. 3)	140	2. Anpassung nach der 2. DVO zum Unternehmensgesetz	147
III. Rückübertragungsausschluß gem. § 6 Abs. 1 S. 1 VermG/ Wahl der Entschädigung	141	3. Ausgleich bei wesentlicher Änderung der Vermögens- und Ertragslage	148, 149
IV. Rückübertragungsausschluß infolge Gesamtvollstreckung bzw. Liquidation	142, 143	4. Gegenleistungen	150
		5. Wahlrecht auf Entschädigung	151
H. Überprüfung abgeschlossener Unternehmensrückgaben (Abs. 8)		I. Bestellung von Abwicklern (Abs. 10)	
I. Allgemeines	144	I. Anwendungsbereich	152, 153
II. Entstehungsgeschichte	145	II. Registereintragungen	154
		III. Fortsetzungsbeschluß	155

A. Normzweck

Wie die Rückübertragung anderer Vermögenswerte (Singularrestitution) hängt nach dem Willen des Gesetzgebers auch die Rückgabe von Unternehmen davon ab, ob Identität zwischen dem ursprünglich enteigneten oder veräußerten Unternehmen und dem zurückzugebenden Unternehmen besteht. Gefordert ist insoweit keine gegenständliche Identität, sondern allein eine **wirtschaftliche**, die eine **Vergleichbarkeit** der Unternehmen unter Berücksichtigung des technischen Fortschritts und der allgemeinen wirtschaftlichen Entwicklung voraussetzt (Abs. 1 S. 1). 1

In jedem Fall muß das ursprünglich enteignete oder veräußerte Unternehmen in wirtschaftlich vergleichbarer Form noch als **lebendes Unternehmen** vorhanden sein. Ist der Geschäftsbetrieb eingestellt worden und dessen Wiederaufnahme nach vernünftiger kaufmännischer Beurteilung nicht zu erwarten, führt dies zum Ausschluß der Restitution nach § 4 Abs. 1 S. 2 VermG.[1] Nur in diesem Fall kann der Berechtigte ausnahmsweise statt der Unternehmensrückgabe die Rückgabe einzelner Vermögensgegenstände verlangen, die sich im Zeitpunkt der Schädigung in seinem Eigentum befanden oder an deren Stelle getreten sind (§ 6 Abs. 6a S. 1 VermG). Ansonsten ist eine Beschränkung des Rückgabeanspruchs auf einzelne zu dem ursprünglich geschädigten Unternehmen gehörende Gegenstände ausgeschlossen (vgl. § 3 Abs. 1 S. 3 VermG). Dadurch soll verhindert werden, daß der Berechtigte sein Restitutionsbegehren auf einzelne wertvolle Gegenstände beschränkt, Verbindlichkeiten oder Altlasten aber dem Staat beläßt (sog. Rosinenpicken). Die Unternehmensrestitution wird also vom **Prinzip des entweder/oder** beherrscht. Das Unternehmen ist unbeschadet etwaiger Ausgleichs- (vgl. § 6 Abs. 2 bis 4 VermG) oder Schadensersatzansprüche (vgl. § 3 Abs. 3 S. 6 bis 8 VermG), über die für den Zeitpunkt der Rückübertragung zu entscheiden ist, so zurückzugeben wie es „steht und liegt" (§ 1 Abs. 1 S. 1 URüV). Ein weitergehender Anspruch auf Rückübertragung von Einzelgegenständen, die nach der schädigenden Maßnahme aus dem Unternehmen ausgeschieden sind, bestand nach der ursprünglichen Konzeption des VermG nicht.[2] 2

Dieser Grundsatz führt jedoch in den Fällen „**nachgeschalteter" Enteignungen** zu einer nur teilweisen Restitution, wenn etwa ein Unternehmen zunächst dem Berechtigten entzogen wurde und später dem Unternehmen selbst einzelne Vermögensgegenstände entzogen wurden. Der Berechtigte erhält dann nur den heutigen Unternehmensbestand ohne 3

---

[1] Zu den Voraussetzungen vgl. im einzelnen § 4 RdNr. 29ff.
[2] KrG Chemnitz-Stadt VIZ 1992, 292; *Wellhöfer* Rechtshandbuch B 101 § 1 RdNr. 4; *Messerschmidt* VIZ 1992, 1, 5; *Uechtritz* VIZ 1992, 377, 381; *Wasmuth* Rechtshandbuch B 100 § 1 RdNr. 93; aA *Fieberg-Reichenbach* F/R/M/S § 3 RdNr. 8; *Kimme-Nolting* RdNr. 49 ff.

die nach der Erstschädigung entzogenen Vermögenswerte zurück. Diese Sachlage hat der Gesetzgeber des Zweiten Vermögensrechtsänderungsgesetzes zum Anlaß genommen, unter Durchbrechung der dem Recht der Unternehmensrückgabe eigenen Grundsätze punktuell Abhilfe zu schaffen. Berechtigte iSv. § 6 Abs. 1 a S. 1 VermG, deren Unternehmensrückgabeanspruch auf **NS-Unrecht** beruht (§§ 1 Abs. 6 iVm. 6 VermG), können bei nachgeschalteter Entziehung einzelner Vermögenswerte neben dem Anspruch auf Rückgabe des Unternehmens weitere Ansprüche auf Einzelrestitution der dem Unternehmen entzogenen Vermögensgegenstände geltend machen (§ 3 Abs. 1 S. 4 VermG). Dies gilt auch für solche Vermögenswerte, die im Zeitpunkt der Unternehmensenteignung noch gar nicht zum Unternehmen gehörten, sondern erst später angeschafft wurden und sodann einer Enteignungsmaßnahme unterlagen. Maßgebend ist das Ausscheiden des Vermögenswertes aus dem Eigentum bzw. der Rechtsträgerschaft des Unternehmens. Der Anspruch auf Einzelrestitution besteht unabhängig davon, ob das Unternehmen bereits zurückgegeben worden ist oder erst noch zurückzugeben ist. Sofern neben dem antragstellenden Berechtigten weitere Anteilsinhaber an dem Unternehmen beteiligt waren, hat der Berechtigte nur einen Anspruch auf Einräumung von Bruchteilseigentum entsprechend der ihm entzogenen Beteiligung. Als Zeitpunkt der Schädigung des Berechtigten, also der Entziehung der Vermögenswerte, wird der Zeitpunkt der Unternehmensenteignung, dh. der Entziehung des Unternehmens oder der Mitgliedschaft an dem Unternehmen, fingiert. Der Anspruch auf Einzelrestitution der dem Unternehmen nachträglich entzogenen Vermögenswerte besteht entsprechend, wenn die Unternehmensrestitution nach § 4 Abs. 1 S. 2 VermG ausgeschlossen ist (§ 3 Abs. 1 S. 5 VermG). In diesem Fall tritt sie neben den Anspruch auf Singularrestitution nach § 6 Abs. 6 a S. 1 VermG (vgl. RdNr. 135). Eine **analoge Anwendung** des § 3 Abs. 1 S. 4 und 5 VermG auf andere Sachverhalte nachgeschalteter Enteignungen scheidet aus, da die Vorschrift ausweislich der Gesetzesmaterialien Ausnahmecharakter trägt und insgesamt den Grundsätzen der Unternehmensrückgabe widerspricht.[3]

4   Die **Sonderregelung** des § 3 Abs. 1 S. 4 VermG erscheint unabhängig von dem damit vollzogenen Systembruch auch insgesamt im Hinblick auf Art. 3 Abs. 1 GG **bedenklich**,[4] da die Fallgruppe „nachgeschalteter" Enteignungen nicht auf die Enteignung von Berechtigten in der NS-Zeit beschränkt ist. Es ist nicht ersichtlich, aus welchen Gründen dieser Personengruppe ein Recht auf ergänzende Singularrestitution eingeräumt wird, während andere Berechtigte richtigerweise auf den Wertausgleich nach § 6 Abs. 2 bis 4 VermG beschränkt bleiben.[5] Zudem birgt die ergänzende Singularrestitution nach § 3 Abs. 1 S. 4 VermG die Gefahr konkurrierender Rückgabeansprüche, wenn der der Einzelrestitution unterliegende Gegenstand nunmehr Bestandteil eines anderen (anmeldebelasteten) Unternehmens ist. Da § 3 Abs. 1 S. 4 VermG als lex specialis anzusehen ist, wäre die Konkurrenz zugunsten der Singularrestitution zu lösen, soweit diese nicht gem. § 5 Abs. 1 lit. d VermG ausgeschlossen ist.[6] Damit aber wird durch die nachträglich eingefügte Regelung des § 3 Abs. 1 S. 4 und 5 VermG unter Verstoß gegen Art. 14 Abs. 3 GG in den der Eigentumsgarantie des Art. 14 Abs. 1 GG unterfallenden Rückgabeanspruch des am Unternehmen Berechtigten eingegriffen.[6a]

---

[3] Vgl. Begründung z. d. Entwurf eines 2. VermRÄndG, BT-Drucks. 12/2480, S. 40; *Messerschmidt* VIZ 1993, 5, 6; *ders.* F/R/M/S § 6 RdNr. 50; *Wasmuth* Rechtshandbuch B 100 § 3 RdNr. 119.

[4] So auch *Uechtritz* VIZ 1992, 377, 381 f.; *Wasmuth* Rechtshandbuch B 100 § 3 RdNr. 112; *Horn* S. 957.

[5] *Uechtritz* VIZ 1992, 377, 381; vgl. auch *Messerschmidt* VIZ 1993, 5, 6 f.

[6] Vgl. auch *Uechtritz* VIZ 1992, 377, 381; *Messerschmidt* VIZ 1993, 5, 6; *ders.* F/R/M/S RdNr. 53 f.; *Wasmuth* Rechtshandbuch B 100 § 3 RdNr. 124.

[6a] *Uechtritz* VIZ 1992, 377, 381 f.; *Wasmuth* Rechtshandbuch B 100 § 3 RdNr. 112.

B. Wirtschaftliche Vergleichbarkeit der Unternehmen (Abs. 1)

I. Begriff des Unternehmens

Das Vermögensgesetz enthält keine Legaldefinition des Unternehmens. Ein einheitlicher Unternehmensbegriff ist dem geltenden Recht zudem insgesamt unbekannt. Vielmehr entspricht es allgemeiner Auffassung, daß der Begriff des Unternehmens stets **teleologisch** mit Rücksicht auf die durch die Norm geregelte Materie **zu bestimmen** ist.[7] Im Vermögensrecht grenzt der Begriff des Unternehmens die Restitution einzelner Vermögensgegenstände von der Restitution des Unternehmens als Sachgesamtheit ab. Er ist damit auch zielführend für die Frage der Gesetzeskonkurrenz zwischen den §§ 6 ff. VermG und den allgemeinen vermögensrechtlichen Vorschriften sowie für die Bestimmung der Rechtsgrundlagen im Investitionsvorrangrecht. Aus dem Fehlen einer Legaldefinition des Unternehmensbegriffs mußten zwangsläufig **Anwendungsprobleme** resultieren, da nicht zweifelsfrei ist, welche Einzelgegenstände der **Sachgesamtheit „Unternehmen"** zuzurechnen sind. Eingedenk dieser Schwierigkeiten hat der Verordnungsgeber in § 1 Abs. 1 S. 2, 3 und Abs. 2 der aufgrund § 6 Abs. 9 VermG ergangenen Unternehmensrückgabeverordnung den Begriff des zurückzugebenden Unternehmens iSv. § 6 Abs. 1 S. 1 VermG umfassend wie folgt umschrieben:

„(1) (...) Zu dem Unternehmen gehören alle Gegenstände des Aktiv- und Passivvermögens einschließlich des Eigenkapitals und der in der Schlußbilanz ausgewiesenen Sonderposten sowie alle vermögenswerten Rechte und Pflichten, auch wenn sie weder im Inventar verzeichnet noch in der Bilanz aufgenommen worden sind, insbesondere aus schwebenden Verträgen, die Handelsbücher und alle dazugehörenden Belege und sonstigen Unterlagen im Besitz des Unternehmens, die für seinen Geschäftsbetrieb Bedeutung haben. Als zurückzugebendes Unternehmen im Sinne des Vermögensgesetzes ist jede Vermögensmasse im Sinne des Satzes 2 einschließlich der Schulden anzusehen, die mit dem entzogenen Unternehmen vergleichbar ist.

(2) Ein Unternehmen im Sinne des § 6 Abs. 1 S. 1 des Vermögensgesetzes liegt auch vor, wenn es nach Art oder Umfang einen in kaufmännischer Weise eingerichteten Geschäftsbetrieb nicht erforderte oder den Betrieb eines handwerklichen oder sonstigen gewerblichen Unternehmens oder den der Land- und Forstwirtschaft zum Gegenstand hatte."

Die Umschreibung soll keine abschließende Definition des Unternehmensvermögens darstellen, sondern deutlich machen, daß zum Unternehmensvermögen iSd. Vermögensgesetzes **sämtliche rechtlichen und tatsächlichen Beziehungen und Verhältnisse des Unternehmens** gehören.[8] Zu den vermögenswerten Rechten und Pflichten zählen daher etwa auch Arbeitsverhältnisse und gewerbliche Schutzrechte, zu den sonstigen Unterlagen beispielsweise Kundenkarteien. Der Rückübertragung unterliegt aber auch der sog. Firmenkern (Goodwill, Geschäftserfahrungen, -geheimnisse).[9]

Da das zurückzugebende Unternehmen mit dem **Unternehmen im Zeitpunkt der Schädigung** vergleichbar sein muß (§ 6 Abs. 1 S. 1 VermG), kommt der Umschreibung des Unternehmens in § 1 Abs. 1 URüV Bedeutung auch für die Frage zu, ob im Zeitpunkt der Schädigung ein Unternehmen vorhanden war.[10] Ein Unternehmen iSd. Vermögensrechts besteht immer dann, wenn die entzogenen Vermögenswerte in ihrer organisatorischen Zusammenfassung der Ausübung eines Gewerbes im weiteren Sinne gedient haben und nach heutigen Maßstäben wieder Grundlage für eine berufliche Existenz in Form eines Gewerbebetriebes sein können (vgl. § 4 Abs. 1 S. 2 VermG).[11]

---

[7] Vgl. nur *K. Schmidt*, Handelsrecht, 4. Aufl. 1994, § 4 I 1.
[8] Vgl. Begründung z. Entwurf e. URüV, BR-Drucks. 283/91, S. 24.
[9] *Weimar* DB 1992, 77.
[10] *Wellhöfer* Rechtshandbuch B 101 § 1 RdNr. 16.
[11] Begründung d. Entwurfs zur URüV, BR-Drucks. 283/91, S. 25; krit. *Wellhöfer* Rechtshandbuch B 101 § 1 RdNr. 17.

8 Die Vorschrift des § 1 Abs. 1 S. 3 URüV stellt klar, daß die Unternehmensrückübertragung nicht nur durch **Rückgabe** des Unternehmensträgers samt zugehörigen Vermögens, sondern auch nur durch Restitution der Vermögensmasse iSv. § 1 Abs. 1 S. 2 URüV erfolgen kann (vgl. § 6 Abs. 5a S. 1 VermG). Die Rückgabe der Vermögensmasse gilt als Rückgabe des Unternehmens (§ 1 Abs. 1 S. 3 URüV).

9 Inhaltlich geht der vermögensrechtliche Unternehmensbegriff damit weit **über** den **kaufmännischen Unternehmensbegriff hinaus**, was durch § 1 Abs. 2 URüV nochmals unterstrichen wird. Sofern eine gewerbsmäßige Betriebsführung vorliegt, sind daher auch Minderkaufleute (Kleingewerbebetreibende iSv. § 4 HGB),[12] Handwerksbetriebe (Bauhandwerker iSv. § 2 HGB),[13] sonstige gewerbliche Unternehmen (Sanatorien, Theater, Kinobetriebe, Werbeagenturen etc.; § 2 HGB)[14] und Betriebe der Land- und Forstwirtschaft (§ 3 HGB)[15] als Unternehmen iSd. Vermögensgesetzes anzusehen.

10 Da sich der Rückgabeanspruch immer nur auf das Unternehmen als Ganzes beziehen kann, wird insoweit eine **Zerschlagung** oder wirtschaftliche Aushöhlung des Unternehmens **verhindert**.

II. Wirtschaftliche Vergleichbarkeit

11 Das zurückzugebende Unternehmen ist dann mit dem „enteigneten" wirtschaftlich vergleichbar, wenn das **Produkt- oder Leistungsangebot** des Unternehmens unter Berücksichtigung des technischen und wirtschaftlichen Fortschritts im Grundsatz unverändert geblieben ist oder frühere Produkte oder Leistungen durch andere ersetzt worden sind (Abs. 1 S. 3). Der Gesetzeswortlaut, der auf eine Enteignung abstellt, ist offensichtlich zu eng, da Schädigungen iSv. § 1 VermG nicht nur in Form von Enteignungen vorgekommen sind; so etwa bei den häufigen Zwangsverkäufen.[16] Gemeint ist daher, daß das zurückzugebende Unternehmen **mit dem ursprünglich geschädigten Unternehmen vergleichbar** sein muß.[17]

12 Die Gesetzesformulierung intendiert vordergründig die Anwendung eines großzügigen Vergleichsmaßstabs.[18] Die wirtschaftliche Identität des Restitutionsobjekts mit dem enteigneten Unternehmen erfordert allerdings, daß jedenfalls der **Charakter** des Unternehmens **unverändert** geblieben ist.[19] Zwischenzeitliche Wertveränderungen, etwa durch Investitionsmaßnahmen, die nach § 6 Abs. 2 bis 4 VermG auszugleichen sind, sind irrelevant.[20] Maßgebend ist allein, daß das Unternehmen noch demselben Wirtschafts- oder Produktionszweig angehört (§ 2 Abs. 1 S. 2 URüV).[21] Zur Konkretisierung des Wirtschafts- und Produktionszweigs ist auf den **Unternehmensgegenstand** abzustellen (vgl. §§ 3 Abs. 1 Nr. 2 GmbHG; 23 Abs. 2 Nr. 2 AktG).[22] Aufgrund des technischen Fortschritts erforderlich gewordene Änderungen der Produktionsweise durch Einsatz neuer Werkstoffe oder Maschinen schließen die wirtschaftliche Identität nicht aus, soweit das ursprüngliche Produkt- und Leistungsangebot damit nicht durch ein anderes ersetzt wurde. Irrelevant ist daher auch eine bloße Erweiterung des bisherigen Angebots unter Beibehaltung des bisherigen Wirtschafts- und Produktionszweigs.[23] Jedenfalls ist eine wirtschaftliche Identität demnach abzulehnen, wenn der ursprünglich etwa auf Maschinenbau ausgerichtete Geschäftsbetrieb zwischenzeitlich auf Kunststoffverarbeitung umgestellt

---

[12] Vgl. dazu *Baumbach-Hopt*, HGB, 29. Aufl. 1995, § 4, Rdnr. 1f.
[13] Vgl. dazu *Baumbach-Hopt*, HGB, 29. Aufl. 1995, § 2 Rdnr. 1, § 1 Rdnr. 25.
[14] Vgl. dazu *Baumbach-Hopt*, HGB, 29. Aufl. 1995, § 2 Rdnr. 1.
[15] Vgl. dazu *Baumbach-Hopt*, HGB, 29. Aufl. 1995, § 3 Rdnr. 1ff.
[16] Vgl. dazu § 1 Rdnr. 59ff., 93ff.
[17] *Wellhöfer* Rechtshandbuch B 100 RdNr. 33; *Kimme-Nolting* RdNr. 65.
[18] In diesem Sinne *Liebs-Preu* DB 1991, 145, 146.
[19] *Weimar* DB 1991, 2527, 2528; *ders.* DB 1992, 77, 78; aA *Wellhöfer* Rechtshandbuch B 100 RdNr. 41; noch zur alten Rechtslage vor Inkrafttreten der URüV: *Niederleithinger* ZIP 1991, 62, 64: „normale Weiterentwicklung"; *Horn* S. 954f.
[20] KrG Leipzig-Stadt VIZ 1991, 110, 111.
[21] Vgl. auch VG Berlin VIZ 1992, 414, 416; *Schniewind* BB-Beil. 21 zu H. 30/1991, S. 14.
[22] So auch *Czerwenka* S. 16.
[23] *Wellhöfer* Rechtshandbuch B 101 § 2 RdNr. 8.

wurde²⁴ oder eine Sauerkrautkonservenfabrik in einen Handwerksbetrieb ungewandelt wurde.²⁵

Nach dem Wortlaut des **§ 2 Abs. 1 S. 2 URüV** scheidet die Vergleichbarkeit des zurückzugebenden mit dem enteigneten Unternehmen im übrigen erst dann aus, wenn eine **wesentliche Umgestaltung** des Unternehmens durchgeführt wurde, für die in erheblichem Umfang **neues Kapital** zugeführt werden mußte. Das in der Verordnung statuierte zusätzliche Erfordernis der erheblichen Kapitalzufuhr erscheint im Hinblick auf die Ermächtigungsgrundlage in § 6 Abs. 9 VermG **nicht bedenkenfrei**. Danach ist der Verordnungsgeber in dieser Hinsicht nur ermächtigt, das Verfahren für die Unternehmensrückgabe zu regeln. Da das Gesetz in § 6 Abs. 1 S. 1 VermG die Vergleichbarkeit offenbar nur am Unternehmensgegenstand festmacht (technischer Fortschritt/allgemeine wirtschaftliche Entwicklung), können Zweifel bestehen, ob das in § 2 Abs. 1 S. 2 URüV aufgenommene Erfordernis der erheblichen Kapitalzufuhr überhaupt von der Ermächtigung des § 6 Abs. 9 VermG gedeckt ist.²⁶ Der Verordnungsgeber selbst ist nur ermächtigt, ausführende Detailregelungen zu treffen, nicht aber an Stelle der Legislative originär gesetzgebend zu wirken.²⁷ Im grundrechtsrelevanten Bereich muß der Gesetzgeber selbst tätig werden (Lehre vom Gesetzesvorbehalt).²⁸ Unter dieser Prämisse ist die Regelung in § 2 Abs. 1 S. 2 URüV dahingehend verfassungskonform auszulegen, daß eine Vergleichbarkeit dann nicht mehr gegeben ist, wenn neben einer wesentlichen Umgestaltung des Unternehmens auch eine erhebliche Kapitalzufuhr feststellbar ist.²⁹

Ohne Einfluß auf die Vergleichbarkeit ist nach dem zuvor Gesagten in jedem Fall, wenn lediglich die **Rechtsform** des Unternehmens **geändert** wurde, oder dessen **Sitz verlegt** wurde (vgl. § 2 Abs. 1 S. 1 URüV). Dies gilt auch für ggfls. nach § 6 Abs. 3 VermG auszugleichende Erweiterungen des Produkt- und Leistungsangebotes, wenn diese nicht zu einem Ersatz früherer Produkte und Leistungen geführt haben. Unerheblich ist schließlich, ob das Unternehmen **sanierungsfähig** ist oder nur durch Ergänzung von Betriebsteilen fortgeführt werden kann (§ 2 Abs. 3 URüV).

Sofern das Unternehmen **Teil einer größeren Unternehmenseinheit** geworden ist, kommt es für die Vergleichbarkeit nur auf den Unternehmensteil an, der das ursprünglich enteignete Unternehmen darstellt (§ 6 Abs. 1 S. 4 VermG). Ist insoweit eine Umgestaltung des Unternehmens feststellbar, wird zur Vermeidung langwieriger Ermittlungen widerleglich („wenn sich nichts anderes ergibt") vermutet, daß die zusammengefaßten Unternehmen jeweils im Verhältnis ihrer Bilanzsumme im Zeitpunkt der Schädigung zu einem veränderten Produkt- oder Leistungsangebot beigetragen haben (§ 2 Abs. 2 S. 1 URüV).³⁰ Entsprechendes gilt bei **Stillegungen oder Veräußerungen einzelner Unternehmensteile** (§ 2 Abs. 2 S. 2 URüV); damit sollen die Fälle erfaßt werden, in denen es angesichts von Rückgabeansprüchen zu willkürlichen Betriebsstillegungen oder Einschränkungen des Geschäftsbetriebs bzw. zur Veräußerung unbelasteter Unternehmensteile unter Verlagerung der Altschulden auf den restitutionsbelasteten Unternehmensteil gekommen ist.³¹ Eine Stillegung oder Veräußerung (nicht restitutionsbelasteter) Unternehmensteile gilt daher nur anteilig im Verhältnis zu den anderen zusammengefaßten

---

²⁴ Ebenso *Niederleithinger* ZIP 1991, 62, 64; unklar insoweit *Liebs-Preu* DB 1991, 145, 146.
²⁵ VG Berlin VIZ 1992, 415, 416.
²⁶ *Weimar* DB 1992, 77, 78; *Bernhardt* R/R/B RdNr. 215.
²⁷ *Bryde*, in: *v. Münch* (Hrsg.), GG-Komm., 2. Aufl. 1983, Art. 80 RdNr. 1 ff., 20 ff.
²⁸ *Hesse*, Grundzüge des Verfassungsrechts der Bundesrepublik Deutschland, 19. Aufl. 1993, RdNr. 524 ff.; *Stein*, Staatsrecht, 14. Aufl. 1993, S. 161 f.
²⁹ *Weimar* DB 1992, 77, 78, mißt der Kapitalzufuhr nur Indizwirkung bei; ebenso *Schramm-v. Witz-*

leben WPg 1992, 284, 285; anders aber die Begründung (Fn. 8), S. 26, und im Anschluß daran *Schniewind* BB-Beil. 21 zu H. 30/1991, S. 14; *Wellhöfer* Rechtshandbuch B 101 § 2 RdNr. 13, B 100 § 6 RdNr. 41; *Czerwenka* S. 16; *Messerschmidt* VIZ 1992, 2, 5; ders. F/R/M/S RdNr. 112; *Kimme-Nolting* RdNr. 68; vgl. auch BMJ URüL Ziff. 3.2.1.
³⁰ Unzutreffend die Begründung z. Entwurf e. URüV, BR-Drucks. 283/91, S. 26, wo von einer Fiktion die Rede ist.
³¹ Begründung z. Entwurf e. URüV, BR-Drucks. 283/91, S. 27.

VermG § 6 16, 17 Abschnitt II. Rückübertragung von Vermögenswerten

Unternehmensteilen als Umgestaltung des Produkt- oder Leistungsangebotes. Wird dagegen ein restitutionsbelasteter Unternehmensteil unter Hinwegsetzung über die Unterlassungsverpflichtung des § 3 Abs. 3 VermG veräußert, führt dies zum Untergang des Restitutionsanspruchs. Der Berechtigte kann dann nur Sekundäransprüche geltend machen.[32]

C. Ausgleich wesentlicher Veränderungen der Vermögens- und Ertragslage (Abs. 2–4)

I. Wesentliche Verschlechterung der Vermögenslage/ Ausgleichsforderung iSv. § 6 Abs. 2 VermG

16 **1. Bilanzierungsgrundsätze.**[33] **a) Allgemeines.** Im Falle der Rückübertragung des Unternehmens sind die in diesem Zeitpunkt feststellbaren wesentlichen Verschlechterungen oder Verbesserungen der Vermögens- und Ertragslage auszugleichen (§ 6 Abs. 1 S. 2 VermG). Den Fall der wesentlichen Verschlechterung der Vermögenslage regelt § 6 Absatz 2 Satz 1 VermG.[34] Entgegen der Erläuterung der Bundesregierung zum Vermögensgesetz[35] handelt es sich dabei dem Wortlaut nach nicht nur um eine gesetzliche Vermutung, sondern um eine gesetzliche Definition der Verschlechterung der Vermögenslage.[36] Eine wesentliche Verschlechterung der Vermögenslage liegt vor, wenn sich bei Aufstellung der Eröffnungsbilanz zum 1. 7. 1990 nach §§ 1, 4 ff. D-Markbilanzgesetz[37] bzw. nach der für die Rückgabe aufgestellten Schlußbilanz eine **Überschuldung oder eine Unterdeckung des für die Rechtsform gesetzlich vorgeschriebenen Mindestkapitals** ergibt (Abs. 2 S. 1). Maßgebend ist in jedem Fall die Schlußbilanz, wenn die Rückgabe nach dem 1. 7. 1990 erfolgt und Wertveränderungen aufgrund gesellschaftsrechtlicher Umstrukturierungen oder Vermögensübertragungen, die bis zum 30. 6. 1991 vorgenommen wurden, gem. §§ 1 Abs. 5, 4 Abs. 3 DMBilG in der Eröffnungsbilanz nicht mehr berücksichtigt werden können oder eine Berichtigung der Eröffnungsbilanz gem. § 36 DMBilG nicht möglich ist.[38] Zum Ausgleich einer wesentlichen Verschlechterung der Vermögenslage steht dem Unternehmen eine Ausgleichsforderung iSv. § 6 Abs. 2 VermG zu.

17 **b) Überschuldung.** Der Begriff der „Überschuldung" iSd. § 6 Abs. 2 S. 1 VermG ist nach Sinn und Zweck nicht deckungsgleich mit dem entsprechenden gesellschaftsrechtlichen Terminus (vgl. §§ 92 Abs. 2, 268 Abs. 2 AktG; § 98 GenG; §§ 63, 64 Abs. 1, 71 Abs. 4 GmbHG; § 130a HGB). Dort wird eine Überschuldung nach der – im Detail umstrittenen – sog. zweistufigen Überschuldungsprüfung angenommen, wenn das Vermögen einer Gesellschaft bei normaler Liquidation ihre Schulden nicht mehr deckt (rechnerische Überschuldung) und die Ertrags- bzw. Lebensfähigkeit der Gesellschaft zu verneinen ist (negative Fortbestehensprognose).[39] Wie der Hinweis des § 6 Abs. 2 S. 2

---

[32] Vgl. § 3 RdNr. 93, 162 ff.
[33] Dazu auch *Neuber* DB 1992, 104 ff.
[34] Vgl. dazu das Rechenbeispiel bei *Friedrich-Scobel* BB 1992, 174 ff.
[35] Erl. BReg. BT-Drucks. 11/7831, S. 7; dieser folgend *Wellhöfer* Rechtshandbuch B 100 RdNr. 80 unter Hinweis auf § 6 Abs. 1 S. 1 URüV, der jedoch nur den Zweck hat, den Nachweis einer verschlechterten Ertragslage durch Aufstellung einer verfahrenserleichternden Vermutung zu erübrigen.
[36] AA *Wellhöfer* Rechtshandbuch B 100 RdNr. 80; *Kimme-Nolting* RdNr. 296.
[37] Dazu *Budde-Forster*, D-Mark-Bilanzgesetz, 1991, nebst Erg.-Bd. 1991; *v. Wysocki*, Die D-Mark-eröffnungsbilanz von Unternehmen in der DDR, 1990; *Küting-Weber*, Der Übergang auf die DM-Bilanzierung, 1990; *Biener-Bister-Czerwenka*, Das D-Markbilanzgesetz 1990, 1990; *Strobel*, DM-Eröffnungsbilanz, 1990; *ders.* BB-Beil. Nr. 38 zu Heft 32/1990, S. 1 ff.; *ders.* BB-Beil. Nr. 28 zu Heft 22/1990, S. 6 ff.; *ders.* BB-Beil. Nr. 35 zu Heft 28/1990, S. 14 ff.; *Biener* DB DDR-Report 1990, S. 3142 ff.; *Heuser* GmbHR 1990, S. 434 ff., 495 ff.; *Pfitzer* BB-Beil. Nr. 21 zu Heft 16/1990, S. 10 ff.; *Volk* BB-Beil. Nr. 35 zu Heft 28/1990, S. 18 ff.; *Förschle-Kopp* BB-Beil. Nr. 35 zu Heft 28/1990, S. 26 ff.; *Küting-Pfuhl* DStR 1990, 575 ff., 623 ff., 647 ff.; *Schneeloch* WPg 1990, 621 ff.; *Sonnemann-Lohse* BB-Beil. 8 zu Heft 9/1991, S. 14 ff.; *Ströfer* DtZ 1991, 179 ff.
[38] Zur Berichtigung von Wertansätzen nach § 36 DMBilG *Birgel* WPg 1991, 350 ff.; *Braatz* WPg 1992, 43 ff.; *Kriebel*, in: Das vereinigte Deutschland im europäischen Markt, 1992, S. 185, 189 f., 192 f.
[39] BGH NJW 1992, 2891, 2894; NJW 1987, 2433, 2433 = BB 1987, 1006; OLG Hamburg BB 1981, 1441; *Baumbach-Hopt*, HGB, 29. Aufl. 1995, § 130a

VermG auf Vorschriften des DMBilG zeigt, kommt es für die Feststellung der Überschuldung iSd. Vermögensrechtes dagegen allein auf die **buchmäßige** Überschuldung an.[40] Die für die Rückgabe zu erstellende Bilanz muß insoweit einen nicht durch Vermögen gedeckten Fehlbetrag ausweisen.

In der Schlußbilanz sind die Vermögensgegenstände, Schulden und Sonderposten mit den Werten anzusetzen, die sich bei Anwendung des D-Markbilanzgesetzes auf den Stichtag der Bilanz ergeben (§ 3 URüV). Durch die Verweisung auf das D-Markbilanzgesetz ist die **Einheitlichkeit der Bewertungsgrundsätze** auch für den Fall sichergestellt, daß das DMBilG selbst wegen Verzögerungen bei der Unternehmensrückgabe keine Anwendung mehr finden kann. Eine konstante Bewertungsbasis muß gewährleistet sein, da das VermG in § 6 Abs. 2 bis 4 fortlaufend auf das D-Markbilanzgesetz verweist.

c) Unterdeckung. aa) Kapitalgesellschaften. Für die Ermittlung der Unterdeckung iSv. § 6 Abs. 2 S. 1 VermG ist grundsätzlich maßgebend, ob nach Aufstellung der Rückgabebilanz **Vermögen in Höhe des gesetzlich vorgeschriebenen Mindestkapitals** (50000,– DM bei der GmbH, § 5 GmbHG; übergangsweise in Einzelfällen noch 20000,– DM;[40a] 100000,– DM bei der AG, § 7 AktG) vorhanden ist. Ausnahmsweise ist als gezeichnetes Kapital in der für die Rückgabe maßgeblichen Bilanz der Betrag in Deutscher Mark anzusetzen, der als gezeichnetes Kapital in Mark der DDR oder in Reichsmark in der dem Zeitpunkt der Schädigung vorausgehenden Bilanz ausgewiesen war. Dies gilt allerdings nur dann, wenn dieser Betrag nominal höher ist als das nach der Rechtsform im Zeitpunkt der Rückgabe vorgesehene Mindestkapital (§ 5 Abs. 1 S. 1 URüV). Eine Umrechnung im Verhältnis 2:1 findet wie in den Fällen der §§ 26, 27, 28 DMBilG nicht statt. Zum Zeitpunkt der Schädigung ausgewiesene offene Rücklagen, bei denen es sich um Eigenkapital handelt, das auch gezeichnetes Kapital hätte sein können, sind dem gezeichneten Kapital zuzurechnen (§ 5 Abs. 1 S. 2 URüV). Staatliche Beteiligungen an den geschädigten Unternehmen sind nicht abzusetzen, da sie ebenfalls Eigenkapital darstellen (§ 5 Abs. 1 S. 2 URüV).

bb) Einzelunternehmen/Personengesellschaften/PGH. Auf geschädigte Einzelunternehmen, Personenhandelsgesellschaften und PGH, für die **kein gezeichnetes Kapital** vorgeschrieben ist, kann § 6 Abs. 2 S. 1 VermG dem Wortlaut nach nicht angewandt werden, da die Vorschrift als Maßstab für die wesentliche Vermögensverschlechterung gerade auf ein gesetzlich vorgeschriebenes Mindestkapital abstellt. Gleichwohl ist zu konstatieren, daß es sich bei der weit überwiegenden Zahl der entzogenen Unternehmen um Einzelunternehmen oder Personenhandelsgesellschaften gehandelt hat. Der Gesetzgeber wollte diese Fälle aber keineswegs aus dem Wertausgleich nach § 6 Abs. 2 bis 4 VermG ausklammern. Dafür gäbe es auch keine sinnvolle Begründung. Die Regelungslücke ist daher im Wege der **Analogie** zu schließen. Als „Mindestkapital" iSv. § 6 Abs. 2 und 3 VermG ist gem. § 5 Abs. 1 S. 3 URüV der **Betrag** anzusetzen, **der in der dem Zeitpunkt der Schädigung vorausgehenden Bilanz als Eigenkapital ausgewiesen war**. Die im Zeitpunkt der Schädigung vorhandenen Fonds mit Eigenkapitalcharakter (Grundmittel- und Umlauffonds, unteilbare Fonds, Rationalisierungsfonds, F+E-Fonds) bzw. sonstige Fonds, die nicht Dritten geschuldet werden (wie Prämienfonds, Kultur- und Sozialfonds), sind dem ausgewiesenen Eigenkapital hinzuzurechnen (§ 5 Abs. 1 S. 4 URüV).

Danach errechnet sich das Eigenkapital wie folgt:[41] Bei **Betrieben mit staatlicher Beteiligung** ergibt sich das Eigenkapital aus den Einlagen der privaten Gesellschafter + der staatlichen Beteiligung (= Kapitaleinlagen gesamt); dem sind die Fonds mit Eigenkapital-

---

Rdnr. 4; *Hachenburg-Ulmer*, GmbHG, 8. Aufl. 1991, § 63 RdNr. 28 ff.; *Scholz-K. Schmidt*, GmbHG, 7. Aufl. 1988, § 63 RdNr. 10 ff.; *Mertens* Kölner Kommentar, AktG, 2. Aufl. 1989, § 92, RdNr. 29.
[40] *Czerwenka* S. 22 f.
[40a] Vgl. Anl. I Kap. III Sachgeb. D Abschn. III Nr. 7 z. EVertr.; dazu *Busche* Rechtshandbuch B 200 § 23 RdNr. 6.
[41] Vgl. auch Arbeitsanleitung der Treuhandstalt zur Reprivatisierung von Unternehmen v. 30. 6. 1991, Ziff. 2.5, abgedruckt in: ZIP 1991, 1518, 1520; BMJ URüL, Ziff. 3.5.2.5.

charakter hinzuzurechnen (= Eigenkapital). Handelt es sich um einen Privatbetrieb (**Einzelfirma oder Personengesellschaft**), sind das Kapital des Inhabers bzw. die Kapitaleinlagen der Gesellschafter zum Zeitpunkt der Schädigung um den Betrag zu erhöhen, der sich aus der Differenz zwischen dem Nettobuchwert der Grundmittel lt. Schlußbilanz des privaten Betriebes zum Zeitpunkt der Schädigung und dem in der Eröffnungsbilanz des VEB nach der durchgeführten Grundmittelumbewertung eingebuchten Nettowert der Grundmittel ergibt; dem sind noch die Fonds mit Eigenkapitalcharakter hinzuzurechnen (= Eigenkapital). Bei den **Produktionsgenossenschaften des Handwerks** ergibt sich das Eigenkapital aus der Summe der Fonds zum Zeitpunkt der Schädigung (Anteilsfonds + sonstige Fonds mit Eigenkapitalcharakter).

22 **2. Ausgleichsansprüche. a) Allgemeines.** Ergibt sich bei Aufstellung der für die Rückgabe maßgeblichen Bilanz eine **Überschuldung**, die nach § 268 Abs. 3 HGB auszuweisen wäre, oder eine **Unterdeckung,** so stehen dem rückgabeberechtigten Unternehmen aufgrund der Rechtsfolgenverweisung in § 6 Abs. 2 S. 2 VermG die **Ausgleichsansprüche nach §§ 24, 26 Abs. 3, 28 des D-Markbilanzgesetzes** zu (Ausgleichsforderung iSv. § 6 Abs. 2 VermG). Die Bundesregierung[42] spricht insofern entgegen dem klaren Wortlaut ungenau von Ausgleichsforderungen des Berechtigten.[43] **Ausgleichsverpflichtet** ist, wer vor Rückübertragung Unternehmensträger war. Das Gesetz verwendet den Terminus „Schuldner" (§ 6 Abs. 1 S. 2 Hs. 2 VermG). Die möglichen Schuldner sind in § 24 Abs. 1 DMBilG im einzelnen angeführt. Es sind dies die Treuhandanstalt/BVS oder eines ihrer Tochterunternehmen, der Bund, die Gemeinden, Städte, Kreise, Länder oder andere Vermögensträger, sofern ihnen ehemals volkseigene Unternehmen durch Gesetz übertragen wurden (§ 6 Abs. 2 Hs. 2). Das Gesetz stellt in der durch das PrHBG novellierten Fassung klar, daß neben unmittelbaren auch mittelbare Beteiligungen ausreichen.[44]

23 Die Ausgleichsansprüche **entfallen** lediglich dann, **wenn** nachgewiesen wird, daß die **Eigenkapitalverhältnisse im Zeitpunkt der Enteignung nicht günstiger** waren (Abs. 2 S. 4). Die Beweislast obliegt nach allgemeinen Grundsätzen dem Schuldner.[45] Unter welchen Voraussetzungen die Eigenkapitalverhältnisse im Zeitpunkt der Schädigung als „nicht günstiger" einzustufen sind, sagt das Gesetz nicht ausdrücklich. Zu denken wäre an einen Vergleich des in der Rückgabebilanz ausgewiesenen Eigenkapitals mit dem Eigenkapital, das in der dem Zeitpunkt der Schädigung vorausgehenden Bilanz ausgewiesen ist.[45a] Dagegen spricht, daß die seinerzeit in der DDR erstellten Bilanzen aufgrund der anzuwendenden Bilanzierungsvorschriften kein zutreffendes Bild über die Vermögens- und Ertragslage eines Unternehmens erlaubten.[46] Unter Berücksichtigung dieser Tatsache und im Interesse eines einheitlichen Bewertungsmaßstabs ist im Rahmen von § 6 Abs. 2 S. 4 VermG wie bei der Ermittlung der Ausgleichsverbindlichkeit nach § 6 Abs. 3 VermG im Ausgangspunkt auf das jeweilige **Verhältnis des Eigenkapitals zur Bilanzsumme** abzustellen, wobei die Bilanzierungsdefizite durch Heranziehung weiterer aussagefähiger Unterlagen zu korrigieren sind.[47]

24 Ein **Ablehnungsrecht** wie nach § 24 Abs. 1 DMBilG hat der Schuldner nicht (§ 6 Abs. 2 S. 2 Hs. 2 VermG). Der Schuldner („Verfügungsberechtigte") kann die Ausgleichsansprüche statt durch **Zahlung** entsprechender Geldbeträge auch dadurch erfüllen, daß er das erforderliche Eigenkapital durch **Erlaß von Schulden** (§ 397 BGB) **oder deren Übernahme** (§§ 414 ff. BGB) schafft (§ 6 Abs. 2 S. 5 VermG). Die **D-Markeröffnungsbilanz** ist zu **berichtigen**, wenn sich die Ansprüche nach §§ 24, 26 Abs. 3, 28 DMBilG auf Grund des Vermögensgesetzes der Höhe nach ändern (§ 6 Abs. 2 S. 6 VermG). Satz 6 ist lex specialis

---

[42] Erl. BReg. BT-Drucks 11/7831, S. 8; so auch Czerwenka S. 33.
[43] Zur Gesetzesterminologie vgl. noch RdNr. 80.
[44] So mit Recht schon zur ursprünglichen Gesetzesfassung Biener DB-DDR-Report 1990, S. 3066, 3067, 3071.

[45] Messerschmidt F/R/M/S RdNr. 326; aA Czerwenka S. 23, die das zuständige Vermögensamt für beweispflichtig hält.
[45a] Dafür Messerschmidt F/R/M/S RdNr. 325.
[46] Dazu Czerwenka S. 22; Busche Rechtshandbuch B 200 § 2 RdNr. 69.
[47] Ebenso Czerwenka S. 23.

zur Wertberichtigungsvorschrift des § 36 DMBilG und zu §§ 1 Abs. 5, 4 Abs. 3 DMBilG.[48] Die Vorschrift ist also auch dann anzuwenden, wenn die in den letztgenannten Vorschriften enthaltenen Fristen verstrichen sind.

b) Inhalt des Ausgleichsanspruches. aa) Ausgleichsforderung (§ 24 DMBilG)/Ausstehende Einlage (§ 26 Abs. 3 DMBilG). Von § 24 DMBilG werden Forderungen der Unternehmen erfaßt, die zum Ausgleich einer buchmäßigen Überschuldung dienen (sog. **Ausgleichsforderung**). Zum Zwecke der Eigenkapitalsicherung steht den Unternehmen darüber hinaus ein Anspruch auf Ausgleichung nach § 26 Abs. 3 DMBilG zu, falls das gem. § 26 Abs. 1 DMBilG ermittelte bilanzielle Eigenkapital abzüglich der Sonderrücklagen nach § 17 Abs. 4, § 24 Abs. 5 S. 3 DMBilG und der vorläufigen Gewinnrücklage nach § 31 Abs. 2 DMBilG zur Bildung des gezeichneten Kapitals nicht ausreicht (Unterdeckung). Der Fehlbetrag ist nach vorheriger Neufestsetzung des gezeichneten Kapitals in der Satzung oder im Gesellschaftsvertrag (§ 26 Abs. 2 S. 1 DMBilG) als „**ausstehende Einlage**" auf der Aktivseite vor dem Anlagevermögen gesondert auszuweisen.

bb) Einzelprobleme des § 26 Abs. 3 DMBilG. Da § 26 Abs. 3 DMBilG allein die **Sicherung einer Mindestkapitalausstattung** zum Ziel hat, ist der **Ausgleich des Fehlbetrages der Höhe nach** jedenfalls **auf** das gesetzlich vorgeschriebene **Mindestkapital begrenzt**.[49] Etwas anderes ergibt sich dem Sinn nach auch nicht aus § 5 Abs. 1 S. 1 und 2 URüV: Nach dem Wortlaut der Vorschrift ist als gezeichnetes Kapital der Betrag in Deutscher Mark anzusetzen, der als gezeichnetes Kapital in Mark der DDR oder in Reichsmark in der dem Zeitpunkt der Schädigung vorausgehenden Bilanz ausgewiesen war, wenn er nominal höher ist als das nach der Rechtsform im Zeitpunkt der Rückgabe vorgeschriebene Mindestkapital; zum Zeitpunkt der Schädigung ausgewiesene offene Rücklagen, bei denen es sich um Eigenkapital handelt, das auch gezeichnetes Kapital hätte sein können, sind dem gezeichneten Kapital ebenso wie staatliche Beteiligungen hinzuzurechnen. Daraus könnte abgeleitet werden, daß eine nach diesen Grundsätzen ermittelte ausstehende Einlage auch über die Differenz zur Höhe des Mindestkapitals hinaus ausweisbar ist. Damit aber wäre die Vorschrift des § 5 Abs. 2 URüV über die Bildung des Kapitalentwertungskontos überflüssig,[50] die gerade voraussetzt, daß die ausstehende Einlage zur Bildung des gezeichneten Kapitals, das nach § 5 Abs. 1 URüV höher sein kann als das gesetzlich vorgeschriebene Mindestkapital, nicht ausreicht.

Nicht anwendbar ist § 6 Abs. 2 S. 2 VermG iVm. § 26 Abs. 3 DMBilG **auf Einzelunternehmen, Personenhandelsgesellschaften und Genossenschaften**. Da diese keine Mindestkapitalausstattung kennen, ist auch kein bilanzmäßiger Ausweis einer ausstehenden Einlage iSd. vorgenannten Grundsätze möglich.[51] Die Gegenansicht zieht aus der Gleichstellungsvorschrift des § 5 Abs. 1 S. 3 URüV einen unzulässigen Rückschluß auf das anzuwendende Instrumentarium der Eigenkapitalsicherung und muß im Ergebnis zu fiktiven Annahmen greifen, indem unter dem Gesichtspunkt der „Gleichbehandlung" bis zum Betrag von DM 500000,– eine ausstehende Einlage auszuweisen sein soll.[52] Dies ist schon methodisch nicht erforderlich, da Einzelunternehmen, Personenhandelsgesellschaften und Genossenschaften die Möglichkeit der Bildung eines Kapitalentwertungskontos offen steht (§§ 6 Abs. 2 S. 2 VermG iVm. 28 DMBilG), falls das nach § 5 Abs. 1 URüV ermittelte gezeichnete Kapital nicht durch das im Zeitpunkt der Rückgabe vorhandene Eigenkapital gedeckt ist. Damit wird auch Unternehmen, denen kraft Gesetzes keine Mindestkapitalausstattung vorgeschrieben ist, eine im Vergleich zum Schädigungszeitpunkt hinreichende Eigenkapitalausstattung gesichert.

---

[48] Begründung z. Entwurf e. PrHBG, BT-Drucks. 12/103, S. 21, 27.
[49] BMJ URüL Ziff. 3.5.2.3.
[50] *Czerwenka* S. 25.
[51] Ebenso *Czerwenka* S. 25.

[52] Vgl. *Wellhöfer* Rechtshandbuch B 100 RdNr. 88 im Anschluß an die Arbeitsanleitung der Treuhandanstalt zur Reprivatisierung von Unternehmen v. 30. 7. 1991, Ziff. 2.5c, abgedruckt in: ZIP 1991, 1518, 1521; wie hier im Ergebnis *Kimme-Nolting* RdNr. 302 ff., 315 ff., 335 ff.

28 cc) **Bildung eines Kapitalentwertungskontos (§ 28 DMBilG).** Ist schließlich das im Zeitpunkt der Rückgabe vorhandene bilanzielle Eigenkapital auch unter Berücksichtigung der ausstehenden Einlage nach § 26 Abs. 3 DMBilG für die Bildung des gezeichneten Kapitals nicht ausreichend, so ist ein Kapitalentwertungskonto gem. § 28 DMBilG anzusetzen (§ 5 Abs. 2 S. 1 URüV),[53] indem der Unterschiedsbetrag, um den der Betrag des gezeichneten Kapitals das bei der Aufstellung der Rückgabebilanz ermittelte Eigenkapital (noch) übersteigt, als Kapitalentwertungskonto auf der Aktivseite der Rückgabebilanz eingestellt wird (§ 28 Abs. 1 DMBilG). Der Betrag, der als Kapitalentwertungskonto ausgewiesen wird, darf jedoch **nicht höher** sein **als neun Zehntel des gezeichneten Kapitals** (§ 28 Abs. 2 S. 1 iVm. § 6 Abs. 2 S. 2 VermG). Anders ausgedrückt: Das gezeichnete Kapital darf höchstens mit dem zehnfachen Betrag des nach der Rechtsform vorgeschriebenen Mindestkapitals angesetzt werden (§ 5 Abs. 2 S. 2 URüV); bei Gesellschaften mit beschränkter Haftung also bis zu einem Betrag von DM 500000,–, bei Aktiengesellschaften bis zu DM 1 Mio. Für Einzelunternehmen, Personengesellschaften und Genossenschaften, die kein gezeichnetes Kapital haben, gilt § 5 Abs. 1 S. 3 URüV, wonach als Mindestkapital der Betrag anzusetzen ist, der in der dem Zeitpunkt der Schädigung vorausgehenden Bilanz als Eigenkapital ausgewiesen war. Damit können diese Unternehmen hinsichtlich der Höhe des Kapitalentwertungskontos im Einzelfall besser gestellt sein als Kapitalgesellschaften.[54]

II. Wesentliche Verbesserung der Vermögenslage/Ausgleichsverbindlichkeit nach § 6 Abs. 3 VermG

29 **1. Voraussetzungen. a) Allgemeines.** Der Berechtigte ist dem Unternehmensträger bei wesentlicher Verbesserung der Vermögenslage zum Ausgleich verpflichtet. Eine Ausgleichsverbindlichkeit iSv. § 6 Abs. 3 VermG besteht, wenn sich bei Aufstellung der D-Markeröffnungsbilanz bzw. bei Aufstellung der für die Rückgabe erforderlichen Schlußbilanz eine **Ausgleichsverbindlichkeit nach § 25 DMBilG** ergibt **und nachgewiesen wird, daß das Unternehmen im Zeitpunkt der Enteignung** im Verhältnis zur Bilanzsumme ein **geringeres Eigenkapital** hatte (Abs. 3 S. 1).[55] Maßgebend ist die Schlußbilanz, wenn die Rückgabe nach dem 1. 7. 1990 erfolgt und Wertveränderungen nach diesem Tag nicht mehr nach §§ 1 Abs. 5, 4 Abs. 3 DMBilG in der Eröffnungsbilanz berücksichtigt werden können oder deren Berichtigung gem. § 36 DMBilG nicht möglich ist.

30 b) **Berechnung der Ausgleichsverbindlichkeit iSv. § 25 DMBilG.** Eine Ausgleichsverbindlichkeit iSv. § 25 DMBilG entsteht, wenn bei Aufstellung der für die Rückgabe maßgeblichen Bilanz ein **höheres Eigenkapital** auszuweisen wäre **als** es dem für das **Sachanlagevermögen** auszuweisenden Betrag entspricht, der noch um den Betrag zu vermindern ist, der für den zum 1. 7. 1990 übergegangenen Grund und Boden (§ 11 Abs. 2 S. 2 TreuhG) auszuweisen ist. Bei der Berechnung der Ausgleichsverbindlichkeit sind Sonderrücklagen nach § 17 Abs. 4 S. 3, § 24 Abs. 5 S. 3 DMBilG und gezeichnetes Kapital, das über ausstehende Einlagen oder im Kapitalentwertungskonto nach § 28 DMBilG gebildet wird, nicht zu berücksichtigen. Ergänzend gelten die auch im Rahmen von § 6 Abs. 2 VermG anzuwendenden Bilanzierungsgrundsätze (§ 5 Abs. 1 URüV).[56]

31 Bei der Berechnung der Ausgleichsverbindlichkeit sind dem ehedem Berechtigten, seinen Gesellschaftern oder Mitgliedern **entzogene Vermögensgegenstände** jedoch höchstens mit dem Wert anzusetzen, der ihnen, ausgehend vom Zeitwert im Zeitpunkt der Schädigung unter Berücksichtigung der Wertabschläge nach § 7 DMBilG zukommt (§ 6 Abs. 3 S. 2 VermG). Der Zeitwert ergibt sich regelmäßig aus dem seinerzeitigen Buch-

---

[53] Berechnungsbeispiel bei BMJ, URüL Ziff. 3.5.2.6.
[54] *Czerwenka* S. 26; anders *Wellhöfer* Rechtshandbuch B 100 RdNr. 93, B 101 § 5 RdNr. 18: „unter dem Gesichtspunkt der Gleichbehandlung" unter Hinweis auf BMJ URüL Ziff. 3.5.2.4.; ähnlich *Messerschmidt* F/R/M/S RdNr. 315.
[55] Berechnungsbeispiel bei BMJ URüL Ziff. 3.5.3.
[56] Vgl. oben RdNr. 16 ff.

wert.⁵⁷ Damit soll vermieden werden, daß der Berechtigte die ihm im Zeitpunkt der Schädigung gehörenden Vermögensgegenstände wegen der nach dem DMBilG geforderten Neubewertung und des dadurch unter Umständen bedingten höheren Wertansatzes „bezahlen" muß.⁵⁸ Aus dem gleichen Grunde sind die Gesellschafter und Mitglieder des Berechtigten in § 6 Abs. 3 S. 2 Hs. 2 VermG wie auch in § 6 Abs. 3 S. 3 VermG gesondert aufgeführt. Dies soll verhindern, daß Vermögenswerte, die ursprünglich in ihrem Eigentum standen und nach der Enteignung dem Berechtigten in Fondsinhaberschaft bzw. Rechtsträgerschaft zugeordnet waren, ebenfalls in die Ausgleichsverbindlichkeit eingehen. Das wäre der Fall, wenn die Vermögenswerte nach § 11 Abs. 2 S. 2 TreuhG⁵⁹ iVm. § 2 Abs. 1 der 5. DurchführungsVO z. TreuhG⁶⁰ in das Eigentum des Verfügungsberechtigten übergegangen sind⁶¹ und nunmehr mit einem höheren Wert anzusetzen sind als im Zeitpunkt der Enteignung. Daraus ergäbe sich das unbillige Ergebnis, daß der Berechtigte die seinen Gesellschaftern oder Mitgliedern entzogenen Vermögensgegenstände gegen Entgelt zurückerwerben müßte.

c) Nachweis geringeren Eigenkapitals. Zum Wertausgleich nach § 6 Abs. 3 VermG ist der Berechtigte trotz einer festgestellten Ausgleichsverbindlichkeit iSv. § 25 DMBilG jedoch nur verpflichtet, wenn nachgewiesen wird, daß das **Eigenkapital** des Unternehmens im Verhältnis zur Bilanzsumme **im Zeitpunkt der Schädigung geringer** gewesen ist als im Zeitpunkt der Rückgabe.

Der **Nachweis**, daß das Unternehmen im Zeitpunkt der Enteignung ein geringeres Eigenkapital hatte als zum Zeitpunkt der Rückgabe ist nach § 6 Abs. 3 S. 2 VermG **entbehrlich**, wenn die Ausgleichsverbindlichkeit dem Wertansatz von Grund und Boden oder Bauten entspricht, die zu keinem Zeitpunkt im Eigentum des ehedem geschädigten Berechtigten, aber auch nicht im Eigentum seiner Mitglieder oder Gesellschafter standen (S. 2). Satz 1 enthält demnach den Grundsatz für die Berechnung einer Ausgleichsverbindlichkeit. Satz 2 vereinfacht in Ausnahme dazu die Berechnung, beschränkt aber gleichzeitig die Ausgleichsverbindlichkeit auf den Wertansatz von Grund und Boden oder Bauten.

2. Erlaß der Ausgleichsverbindlichkeit. Die Ausgleichsverbindlichkeit ist zur **Vermeidung von Existenzgefährdungen** zu erlassen (§ 397 BGB) oder in eine Verbindlichkeit nach § 16 Abs. 3 DMBilG umzuwandeln, soweit das Unternehmen sonst wegen zu geringen Eigenkapitals nach banküblichen Grundsätzen nicht mehr kreditwürdig ist (§ 6 Abs. 3 S. 4 VermG). Damit soll verhindert werden, daß notwendiges Eigenkapital nicht in Form einer Ausgleichsverbindlichkeit an den Verfügungsberechtigten abfließt. Eine Ausgleichsverbindlichkeit ist damit gem. § 5 Abs. 3 S. 1 URüV zumindest in Höhe des Betrages zu erlassen, der erforderlich ist, um das gezeichnete Kapital nach den Bilanzierungsgrundsätzen des § 5 Abs. 1 URüV festsetzen zu können (vgl. dazu oben RdNr. 19 ff.). Reicht der Erlaß nicht aus, muß das gezeichnete Kapital entsprechend niedriger festgesetzt werden. Demgemäß ist ein weitergehender Ausgleich ausgeschlossen (§ 5 Abs. 3 S. 2 URüV). Mangelnde Kreditwürdigkeit ist demnach jedenfalls anzunehmen, wenn die Eigenkapitalausstattung des Unternehmens die von vergleichbaren Unternehmen derselben Branche unterschreitet.⁶²

3. Auswirkungen auf die D-Markeröffnungsbilanz. Eine **nach § 25 Abs. 1 DMBilG auszuweisende Ausgleichsverbindlichkeit entfällt**, soweit eine wesentliche Verbesserung der Vermögenslage nach § 6 Abs. 3 VermG iVm. § 25 DMBilG nicht vorliegt (§ 6 Abs. 3 S. 3 VermG). Mit dieser Regelung wird vermieden, daß Unternehmen nach der zwingenden Vorschrift des § 25 DMBilG eine höhere Ausgleichsverbindlichkeit ausweisen müssen als nach § 6 Abs. 3 VermG. In dieser Hinsicht stellt § 6 Abs. 3 S. 3 VermG den

---

⁵⁷ *Czerwenka* S. 29; Gegenäußerung der Bundesregierung, BT-Drucks. 12/216, S. 2.
⁵⁸ Begründung z. Entwurf e. PrHBG, BT-Drucks. 12/103, S. 21, 29.
⁵⁹ GBl. 1990 I Nr. 33 S. 330.
⁶⁰ GBl. 1990 I Nr. 60 S. 1466.
⁶¹ Vgl. dazu *Busche* Rechtshandbuch B 200 Anh. zu § 11 RdNr. 1 ff.
⁶² Vgl. auch Begründung z. Entwurf e. PrHBG, BT-Drucks. 12/103, S. 21, 30.

Spezialitätscharakter der vermögensrechtlichen Regelung klar. Soweit sich die Ausgleichsverbindlichkeit aufgrund des Vermögensgesetzes der Höhe nach ändert, ist die **D-Markeröffnungsbilanz zu berichtigen** (§ 6 Abs. 3 S. 5 VermG).[63]

III. Wesentliche Änderung der Ertragslage/Ausgleichsansprüche iSv. § 6 Abs. 4 VermG

36 **1. Allgemeines.** Die Vorschrift des Absatzes 4 ergänzt die Ausgleichsregelung in Absatz 2 und 3 im Hinblick auf Ausgleichsansprüche bei wesentlicher Änderung der Ertragslage. Zweck der Vorschrift ist es, die verstaatlichten Unternehmen mit der bei Verstaatlichung gegebenen wirtschaftlichen Leistungsfähigkeit auszustatten.[64] Eine wesentliche Änderung der Ertragslage wird nach dem Gesetzeswortlaut dann als gegeben angesehen, wenn die für das nach dem 1. 7. 1990 beginnende (Rumpf-)Geschäftsjahr zu erwartenden **Umsätze in Einheiten der voraussichtlich absetzbaren Produkte oder Leistungen** unter Berücksichtigung der allgemeinen wirtschaftlichen Entwicklung wesentlich höher oder niedriger als zum Zeitpunkt der Enteignung sind. Entscheidend ist also, ob sich das Ergebnis der unternehmerischen Tätigkeit im Zeitvergleich verändert hat. Bei der Bestimmung des auf den 1. 7. 1990 folgenden (Rumpf-)Geschäftsjahres zum maßgeblichen **Vergleichsgeschäftsjahr** ist der Gesetzgeber offenbar von der Möglichkeit einer durchweg kurzfristigen Unternehmensrückgabe ausgegangen. Da andererseits die Ertragslage bezogen auf den Zeitpunkt der Rückgabe auszugleichen ist (§ 6 Abs. 1 S. 2 VermG), ist bei Rückgaben, die nach Ablauf des zweiten Geschäftsjahres erfolgen, auf das der Rückgabe jeweils vorausgehende abgeschlossene Geschäftsjahr abzustellen.[65] Der Ertragslagevergleich kann sich nach dem Wortlaut von § 6 Abs. 4 S. 1 VermG („wesentlich höher oder niedriger als im Zeitpunkt der Enteignung") sinnvollerweise nur auf das der Enteignung vorausgehende Geschäftsjahr beziehen, wobei ggfls. eine unterschiedliche Dauer der Geschäftsjahre zu berücksichtigen ist.[66] Die Ausdehnung des Vergleichszeitraums auf die beiden letzten Geschäftsjahre vor Eintritt der Schädigung in § 6 Abs. 1 S. 5 URüV ist allein durch die daran anknüpfende Vermutung einer fehlenden Ertragslageverschlechterung veranlaßt.[67]

37 **2. Wesentlich niedrigere Umsätze (Abs. 4 S. 1,2). a) Voraussetzungen. aa) Grundsatz.** Die Umsätze sind in **Einheiten der voraussichtlich absetzbaren Produkte oder Leistungen**, also mengenmäßig, zu erfassen. Ob die Umsatzerwartung wesentlich abweicht, kann danach nur im Einzelfall entschieden werden. Vergleichsobjekt ist das geschädigte und zurückzugebende Unternehmen (§ 6 Abs. 1 S. 1 VermG), nicht aber die gesamte Branche, in der das Unternehmen tätig ist.[68] Dabei ist die Art der zum Umsatz beitragenden Güter (Konsum-, Investitionsgut, Dienstleistung) ebenso zu berücksichtigen wie Änderungen des Nachfrageverhaltens. Der Gesetzeswortlaut („wesentlich höher oder niedriger") zeigt, daß eine **außergewöhnliche Abweichung** vorliegen muß.[69] Kontinuierliche Umsatzveränderungen, wie sie im Rahmen eines regelmäßigen Geschäftsbetriebs üblich sind, genügen nicht.[69a] Sofern das **nach dem 1. 7. 1990 begonnene Geschäftsjahr** im Zeitpunkt der Entscheidung über die Rückübertragung **noch nicht abgelaufen** war, mußte nach dem Willen des Gesetzgebers eine **Prognosebetrachtung** im Hinblick auf die zu erwartende Umsatzentwicklung angestellt werden. Bei der Prognosebetrachtung war wie auch generell beim Geschäftsjahresvergleich wertend zu berücksichtigen, daß sich die allgemeine wirtschaftliche Entwicklung und damit auch die wirtschaftliche Tätigkeit der

---

[63] Vgl. RdNr. 24.
[64] *Selchert* DB 1993, 389.
[65] *Selchert* DB 1993, 389, 390.
[66] *Selchert* DB 1993, 389, 390f.; *Kimme-Nolting* RdNr. 352.
[67] *Selchert* DB 1993, 389, 391.

[68] *Selchert* DB 1993, 389, 393; wohl auch *Messerschmidt* F/R/M/S RdNr. 380.
[69] AA *Selchert* DB 1993, 389, 393.
[69a] *Kimme-Nolting* RdNr. 351; *Messerschmidt* F/R/M/S RdNr. 369 nimmt eine wesentliche Abweichung bei einer Schwankungsbreite von +/−20% an.

Unternehmen nach Inkrafttreten der Währungs-, Wirtschafts- und Sozialunion am 1. 7. 1990 im Vergleich zum Enteignungszeitpunkt regelmäßig unter völlig veränderten wirtschaftlichen Rahmenbedingungen (Unternehmensorganisation und -finanzierung; Produktionsmethoden, Absatzorganisation, Wettbewerbssituation, Nachfrageverhalten) vollzog. Auf die **Sanierungsfähigkeit** des Unternehmens kommt es nach dem Wortlaut des § 6 Abs. 1 S. 2 VermG nicht an.[70] Praktisch erscheint die Vorschrift nur schwer handhabbar.[71]

bb) Vermutung. Aus diesem Grunde wird nach **§ 6 Abs. 1 S. 1 und 5 URüV** eine **wesentliche Verschlechterung** der Ertragslage unter bestimmten Voraussetzungen **widerleglich vermutet**:[72] Hat das zurückzugebende Unternehmen abweichend von § 240 Abs. 2 S. 2 HGB von der Möglichkeit der Verlängerung des ersten Geschäftsjahres auf bis zu 18 Monate Gebrauch gemacht (§ 58 Abs. 1 S. 2 DMBilG), gilt eine wesentliche Verschlechterung der Ertragslage als eingetreten, wenn die nach § 58 Abs. 2 DMBilG obligatorisch zum 31. 12. 1990 aufgestellte Gewinn- und Verlustrechnung für den Zeitraum vom 1. 7. bis 31. 12. 1990 einen Fehlbetrag aufweist.[73] Dies gilt jedoch nicht, wenn die Jahresabschlüsse für die beiden letzten Geschäftsjahre vor Eintritt der Schädigung ebenfalls einen Fehlbetrag aufwiesen.

Bei **Unternehmen, die nach dem 30. 6. 1992 zurückgegeben werden**, ist für die Berechnung der Ertragslage die letzte festgestellte Gewinn- und Verlustrechnung zugrundezulegen, wenn der Berechtigte bis zum 31. 3. 1992 keinen Antrag auf vorläufige Einweisung nach § 6a VermG gestellt hat (§ 6 Abs. 1 S. 2 URüV).[74] Der Stichtag für die letzte festgestellte Gewinn- und Verlustrechnung darf nicht länger als 18 Monate zurückliegen. Auf die Berechnung des Fehlbetrages sind §§ 50 Abs. 2 S. 2 bis 7 und 24 Abs. 2 S. 1 DMBilG entsprechend anzuwenden (§ 6 Abs. 1 S. 3 URüV). Danach dürfen Ansatz- und Bewertungswahlrechte nicht in der Weise ausgeübt werden, daß sie zu einer Erhöhung des Fehlbetrages und des daran ausgerichteten Ausgleichsbetrages führen. Die vorgenannten Grundsätze gelten auch für zurückzugebende Unternehmen, die, ohne von der Wahlmöglichkeit gem. § 58 Abs. 1 S. 2 DMBilG Gebrauch gemacht zu haben, freiwillig einen Abschluß nach § 58 Abs. 2 DMBilG zum 31. 12. 1990 aufgestellt haben (§ 6 Abs. 1 S. 4 URüV). Sie sind schließlich entsprechend anzuwenden, wenn es sich bei dem Verfügungsberechtigten nicht um einen Kaufmann handelt.[75]

Die **Beweislast** dafür, daß eine wesentliche Verschlechterung der Ertragslage entgegen der Vermutungsregelung des § 6 Abs. 1 URüV nicht eingetreten ist, trägt der Schuldner der Ausgleichsforderung.

b) Rechtsfolge. aa) Grundsatz. Ist eine wesentliche **Verschlechterung** der Ertragslage festgestellt, ist diese in dem errechneten Umfang **auszugleichen** (§ 6 Abs. 1 S. 2 VermG). Die Berechnung kann im Einzelfall erhebliche Schwierigkeiten bereiten. Daher hat der Gesetzgeber die Möglichkeit der **Erstattung notwendiger Entwicklungskosten** vorgesehen (§ 6 Abs. 4 S. 2 VermG), wenn diese conditio sine qua non sind, um einen mit dem Enteignungszeitpunkt vergleichbaren Umsatz zu erzielen,[76] und im einzelnen nachgewiesen werden. Damit ist dem Ausgleichsanspruch ein weiter Entwicklungskostenbegriff zugrundezulegen, der nicht nur den erforderlichen Personal- und Sachaufwand für die Produktentwicklung selbst umschließt, sondern darüber hinaus auch alle weiteren Auf-

---

[70] AA *Selchert* DB 1993, 389, 393, unter Berufung auf BMJ URüL Ziff. 3.5.4.2, bei dem es sich jedoch lediglich um eine Empfehlung ohne normativen Charakter handelt.

[71] So auch *Schniewind* BB-Beil. 21 zu H. 30/1991, S. 16; *Selchert* DB 1993, 389, 392, der in Anlehnung an BMJ URüL Ziff. 3.5.4.1 rechtsfortbildend einen Ertragslagevergleich anhand der Arbeitsproduktivität vorschlägt.

[72] Ebenso *Weimar* DB 1992, 77, 79.

[73] Kritisch zur Beschränkung des Vergleichsmaßstabs auf sechs Monate aus betriebswirtschaftlicher Sicht *Selchert* DB 1993, 389, 391.

[74] Zum vorzeitigen Vermögensausgleich nach § 6a Abs. 3 VermG im Falle veränderter Vermögens- oder Ertragslage bei vorläufiger Einweisung vgl. § 6a RdNr. 26.

[75] Zutreffend *Czerwenka* S. 32.

[76] *Wellhöfer* Rechtshandbuch B 100 RdNr. 132; einschränkend aber *ders.* Rechtshandbuch B 101 § 6 RdNr. 39.

wendungen, die zur Erreichung des ehemaligen Umsatzes notwendig sind.[77] Die Erstattung ist ausgeschlossen, wenn das betroffene Unternehmen nicht sanierungsfähig ist.

42 Unter einer Sanierung sind geeignete Maßnahmen zur finanziellen Gesundung eines notleidenden, sanierungsbedürftigen Unternehmens zu verstehen. Anhaltspunkte für die **Sanierungsbedürftigkeit** eines Unternehmens können sich etwa aus der Ertragslage, der Höhe des Betriebsvermögens, der Kapitalverzinsung durch die Erträge des Unternehmens, dem Verhältnis der flüssigen Mittel zur Höhe der Schuldenlast, der Gesamtleistungsfähigkeit des Unternehmens und ggf. aus der Höhe des (Privat-)Vermögens der Gesellschafter ergeben.[78] Die Sanierungsbedürftigkeit ist nach der Gesamtheit aller Betriebe eines Unternehmens zu beurteilen.[79] Sie ist jedenfalls immer dann anzunehmen, wenn Zahlungsunfähigkeit droht oder Überschuldung zu erwarten ist.[80] Das Unternehmen muß für die Sanierung überhaupt geeignet sein. Dazu bedarf es einer Analyse der Sanierungsursachen und einer **Fortführungsprognose**[81] (Fortbestehensprognose) als Teil des eigentlichen Sanierungsplans. Die Prognose muß gemäß Ertragsüberschußrechnungen und Finanzplänen mit zumindest überwiegender Wahrscheinlichkeit ergeben, daß durch eine Sanierung dauerhaft Gewinne erwirtschaftet und die erwarteten zukünftigen Einzahlungen mittelfristig die Auszahlungen übersteigen werden.[82] Maßgebend für die Prognoseentscheidung sind beispielsweise die Unternehmenssubstanz, die zukünftigen Marktchancen in dem bisherigen Betätigungsfeld, die Möglichkeiten der Produktionsverlagerung in andere zukunftsträchtigere und ertragskräftigere Bereiche (Umstrukturierung, Diversifikation), die Beiträge von Gesellschaftern, Gläubigern und Belegschaft zum Sanierungsprozeß.[83] Der **Sanierungsplan** muß darüberhinaus das Sanierungsziel und die dazu erforderlichen Maßnahmen festlegen.[84] Der Sanierungsplan ist erfolgversprechend, wenn danach die Sanierung zu erwarten ist.

43 Das Unternehmen ist demnach **sanierungsfähig**, wenn mit zweckmäßigen Sanierungsmaßnahmen die Zahlungsschwierigkeit beseitigt und eine angemessene Rentabilität des Unternehmens erreicht werden kann.[85] Zweckmäßige Sanierungsmaßnahmen können solche unternehmenspolitischer, führungstechnischer, organisatorischer oder finanz- und leistungswirtschaftlicher Art sein.[86] Dazu gehört insbesondere ein Schuldenerlaß.[87] Die Sanierungsfähigkeit ist im Einzelfall durch Sachverständigengutachten festzustellen.

44 **bb) Pauschalierung.** Anstelle einer konkreten Berechnung der Ausgleichsforderung läßt die URüV bei sanierungsfähigen Unternehmen zur Verfahrensvereinfachung auch

---

[77] *Schramm-v. Witzleben* WPg 1992, 284, 289; restriktiv offenbar *Selchert* DB 1993, 389, 395ff.

[78] Vgl. RFH RStBl. 1938, 566; BFHE 78, 308, 310f.; *Groß*, Sanierung durch Fortführungsgesellschaften, 2. Aufl. 1988, IX 101; *Bise* StBJB 1964/65, 255, 257ff.; *Knief* DB 1986, 441, 443ff.; *Schmiedel* ZfB 1984, 761, 763ff. Zur Unternehmensbewertung als Grundlage der Sanierungsprüfung *Wegmann* BB 1988, 801, 802.

[79] BFHE 78, 308, 311.

[80] *Groß*, Sanierung durch Fortführungsgesellschaften, 2. Aufl. 1988, IX 101; *Knief* DB 1986, 411, 442; *Plate* DB 1980, 217ff.; *Franke* ZfB 1984, 160ff.

[81] *Knief* DB 1986, 441, 442, 449; *Krystek* ZfB 1985, 584, 591; *Kupsch* BB 1984, 159, 165; *Groß* DStR 1991, 1572, 1573ff.; *ders.*, in: Das vereinigte Deutschland im europäischen Markt, 1992, S. 217, 224ff.

[82] *Baumbach/Hueck/Schulze-Osterloh*, GmbH-Gesetz, 15. Aufl. 1988, § 63 RdNr. 11; *Hachenburg-Ulmer*, GmbH-Gesetz, 8. Aufl. 1991, § 63 RdNr. 37; *Knief* DB 1986, 441, 442.

[83] *Knief* DB 1986, 441, 449.

[84] *Krystek* ZfB 1985, 584f.; *Knief* DB 1986, 441, 449; vgl. dazu Leitfaden der Treuhandanstalt für die Ausgestaltung von Sanierungskonzepten, in: WPK-Mitt. S/90, S. 179ff.

[85] *Hess-Kropshofer*, Kommentar zur Konkursordnung, 3. Aufl. 1989, Einl. RdNr. 422; *Groß*, Sanierung durch Fortführungsgesellschaften, 2. Aufl. 1988, II 5; *ders.* DStR 1991, 1572; *ders.*, in: Das vereinigte Deutschland im europäischen Markt, 1992, S. 217, 222f.; *Messerschmidt* F/R/M/S RdNr. 395; vgl. auch BMJ URüL, Ziff. 3.5.4.2: „Sanierungsfähigkeit ist gegeben, wenn das Unternehmen unter Einsatz seines bisherigen Fachpersonals, auch wenn Entlassungen betriebsbedingt erforderlich sind, und unter wesentlicher Verwendung des vorhandenen Anlagevermögens wieder ertragsfähig gemacht werden kann, sofern eine notwendige Kapitalzuführung nach vernünftiger kaufmännischer Beurteilung nicht unangemessen hoch ist."; dazu *Walter-Uhmann* VIZ 1994, 51ff.

[86] Dazu im einzelnen *Hess-Kropshofer*, Kommentar zur Konkursordnung, 3. Aufl. 1989, Einl. RdNr. 422, 543ff.

[87] BFHE 78, 308, 310.

einen pauschalen Ausgleich in der Weise zu, daß dem zurückzugebenden Unternehmen eine Ausgleichsforderung **in Höhe des Betrags der in der für die Rückgabe maßgeblichen Bilanz ausgewiesenen Sonderposten**[88] nach §§ 17 Abs. 4 und 24 Abs. 5 DMBilG zuzüglich des Sechsfachen des in der nach § 6 Abs. 1 URüV maßgeblichen Gewinn- und Verlustrechnung ausgewiesenen Fehlbetrags eingeräumt wird. Wird das Unternehmen nach dem 30. 6. 1992 zurückgegeben und hatte der Berechtigte bis zum 31. 3. 1992 keinen Antrag auf vorläufige Einweisung nach § 6a VermG gestellt, ist der Berechnung des Ausgleichsbetrags neben den Sonderposten nach §§ 17 Abs. 4 und 24 Abs. 5 DMBilG lediglich das Dreifache des in der Gewinn- und Verlustrechnung ausgewiesenen Fehlbetrags zugrundezulegen. Das Verfahren der Ausgleichspauschalierung tritt an die Stelle des Einzelnachweises und schließt auch Anpassungen der Pauschale bei späterer Berichtigung der DMBilG aus.[88a] Mit der Zustimmung zu diesem Verfahren verzichtet der Forderungsinhaber auf die Führung eines Einzelnachweises. Damit scheidet ein weitergehender, über die Pauschalsumme hinausgehender Ausgleichsanspruch aufgrund Einzelnachweises aus, der im übrigen auch wegen der mit einem Einzelnachweis nicht kompatiblen Berechnung der Ausgleichspauschale nicht gesetzeskonform ist.[88b]

Auch der pauschalierte Vermögensausgleich setzt die Sanierungsfähigkeit des zurückzugebenden Unternehmens voraus (vgl. dazu bereits RdNr. 42f.). Unbeschadet der Sanierungsfähigkeit des Unternehmens ist ein **pauschalierter Vermögensausgleich** jedoch **ausgeschlossen**, wenn der Berechtigte nachweist, daß der pauschalierte Vermögensausgleich nach § 6 Abs. 2 URüV nicht ausreicht, um die Verschlechterung der Ertragslage auszugleichen (§ 6 Abs. 3 URüV). 45

cc) Verfahrensfragen. Die mit der Unternehmensrestitution befaßte Behörde, in der Regel also das Landesamt zur Regelung offener Vermögensfragen, kann verlangen, daß die zum Beleg für die Verschlechterung der Ertragslage im Verfahren nach § 6 Abs. 1 und 2 URüV vorzulegenden **Rechnungslegungsunterlagen** nach Maßgabe der §§ 316 bis 324 HGB geprüft werden; entsprechend der Regelung in § 319 Abs. 1 S. 2 HGB kann die Prüfung der Jahresabschlüsse und Lageberichte kleinerer Gesellschaften von vereideten Buchprüfern und Buchprüfungsgesellschaften vorgenommen werden (§ 6 Abs. 5 URüV). 46

3. Wesentlich höhere Umsätze (Abs. 4 S. 3). Ergibt sich eine wesentlich höhere Umsatzerwartung als im Zeitpunkt der Enteignung, entsteht eine **Ausgleichsverbindlichkeit** des Berechtigten gegenüber dem Unternehmensträger. Diese ist nach der Gesetzeskonzeption **beschränkt auf** den **Ersatz notwendiger Entwicklungskosten** und besteht daher nur, wenn die höheren Umsätze gerade auf die Entwicklung neuer Produkte zurückzuführen sind.[88c] Die Charakterisierung der Umsatzerhöhung als „insbesondere" entwicklungsbedingt ist daher mißverständlich. Die Ausgleichsverbindlichkeit ist überdies nur dann gegeben, wenn die Entwicklungskosten im Falle ihrer bilanzmäßigen Aktivierung noch nicht abgeschrieben wären und durch die Ausgleichsleistung keine wesentliche Verschlechterung der Vermögenslage iSv. Absatz 2 eintritt. 47

4. Auswirkungen auf die D-Markeröffnungsbilanz. Die D-Markeröffnungsbilanz ist um die wegen wesentlicher Änderung der Ertragslage entstandenen Ausgleichsforderungen bzw. -verbindlichkeiten zu berichten (§ 6 Abs. 4 S. 1 URüV).[89] In Höhe des aktivierten Betrages aus einer Ausgleichsforderung ist innerhalb der Gewinnrücklage eine Sonderrücklage zu bilden, die nur zum Ausgleich von Verlusten verwendet werden darf (§ 6 Abs. 4 S. 2 URüV). 48

---

[88] Dazu *Wellhöfer* Rechtshandbuch B 101 § 6 RdNr. 31 f.
[88a] *Selchert* DB 1993, 389, 394.
[88b] *Selchert* DB 1993, 389, 395.
[88c] Zustimmend *Messerschmidt* F/R/M/S RdNr. 408; anders BMJ URüL Ziff. 3.5.4.3, wonach der Entwicklungskostenersatz nur Beispielscharakter haben soll.
[89] Vgl. bereits oben RdNr. 24; so auch *Czerwenka* S. 33.

IV. Verzinsung der Ausgleichsforderungen und Ausgleichsverbindlichkeiten/Tilgung (§ 7 URüV)

49 **1. Allgemeines.** Die Vorschriften des Vermögensgesetzes über die Unternehmensrückgabe enthalten keine Regelungen über die Tilgung und Verzinsung der nach § 6 Abs. 2 bis 4 VermG entstandenen Ausgleichsforderungen und -verbindlichkeiten. Eine Regelung, wie sie mit der parteidispositiven Vorschrift des § 7 URüV geschaffen worden ist, war jedoch jedenfalls hinsichtlich der Verzinsung geboten, da ansonsten eine Abzinsung des jeweiligen Anspruchs erforderlich wäre, die entgegen der Gesetzesintention keinen **vollen Wertausgleich** zur Folge gehabt hätte.

50 Nach dem Wortlaut des § 7 Abs. 1 S. 1 URüV, der sich auf „Ausgleichsforderungen und Ausgleichsverbindlichkeiten nach § 6 Abs. 2 bis 4 des Vermögensgesetzes" bezieht, ist klargestellt, daß die durch die Vorschrift begründete **Pflicht zur Verzinsung** nicht etwa nur Ansprüche aus §§ 24, 25 DMBilG betrifft, sondern **alle vermögensrechtlichen Ausgleichsansprüche**, also auch wenn sie sich aus der Verweisung auf andere Normen des DMBilG ergeben.[90] Die Begriffe der Ausgleichsforderung und -verbindlichkeit iSd. Vermögensrechts sind damit im Ergebnis weiter gefaßt als die Parallelbegriffe in §§ 24, 25 DMBilG (vgl. auch § 6 Abs. 2, 3 und 4 URüV). Nichts anderes kann für die **Tilgungsvorschrift** des § 7 Abs. 2 URüV gelten, auch wenn dort nur allgemein – ohne Verweis auf § 6 Abs. 2 bis 4 VermG – von Ausgleichsforderungen und -verbindlichkeiten die Rede ist.[91] Eine neuerliche Inbezugnahme des § 6 Abs. 2 bis 4 URüV scheint – zur Vermeidung von Wiederholungen – allerdings auch entbehrlich, da der Sinn der tatbestandlichen Verweisung durch die einleitende Formulierung des § 7 Abs. 1 S. 1 URüV offenbar ist.[92]

51 **2. Verzinsung.** Der **Zinssatz**, mit dem die Ausgleichsforderungen und -verbindlichkeiten nach § 6 Abs. 2 bis 4 VermG zu verzinsen sind, entspricht dem am zweiten Geschäftstag vor dem Beginn einer Zinsperiode („Zinsfestlegungstag") in Frankfurt am Main von Telerate im FIBOR[93]-Fixing ermittelten und auf der Telerate Bildschirmseite 22000 veröffentlichten Satz (§ 7 Abs. 1 S. 2 URüV). Im Falle höherer Gewalt, die eine Eingabe und Ermittlung über Telerate ausschließt, sind die an die Deutsche Bundesbank, die ihrerseits für eine entsprechende zeitnahe Veröffentlichung sorgt, gemeldeten Quotierungen maßgebend (§ 7 Abs. 1 S. 3 URüV). Die **Zinsen** sind **vierteljährlich nachträglich fällig** (§ 7 Abs. 1 S. 4 URüV). Mit diesen Regelungen lehnt sich die URüV an die entsprechenden Bestimmungen in Anlage I Art. 8 § 4 Abs. 1 S. 2 und 3 des Staatsvertrages vom 18. Mai 1990[94] an.

52 **3. Tilgung.** Den regelmäßigen **Tilgungsbeginn** mit einem jährlichen **Tilgungssatz** von 2,5 v. H. bestimmt § 7 Abs. 2 S. 1 URüV allgemein auf den 1. 7. 1995. Dies entspricht einer Laufzeit von 40 Jahren; § 28 Abs. 2 S. 4 DMBilG als lex generalis, der eine Tilgung des Kapitalentwertungskontos innerhalb von fünf Jahren vorsieht, wird insoweit verdrängt.[95] Wie die Zinsen sind auch die **Tilgungsraten vierteljährlich nachträglich fällig** (§ 7 Abs. 2 S. 2 iVm. Abs. 1 S. 4 URüV). Der Schuldner ist je nach seiner wirtschaftlichen Leistungsfähigkeit zu einer **weitergehenden Tilgung** jederzeit berechtigt (§ 7 Abs. 2 S. 3 Hs. 1 URüV). Eine Verpflichtung dazu besteht, wenn er Vermögensgegenstände, die für

---

[90] *Drescher* VIZ 1993, 321, 323; wohl auch *Czerwenka* S. 27; aA zu § 28 DMBilG *Wellhöfer* Rechtshandbuch B 100 RdNr. 99, B 101 § 7 RdNr. 1; *Messerschmidt* F/R/M/S RdNr. 320.

[91] *Drescher* VIZ 1993, 321, 323 (mit verfassungsrechtlichen Bedenken gegen § 7 Abs. 2 URüV, S. 323 f.); aA zu § 28 DMBilG *Wellhöfer* Rechtshandbuch B 100 RdNr. 99.

[92] So im Ergebnis auch *Czerwenka* S. 27.

[93] FIBOR = Frankfurt interbank offered rate, d. i. der Referenzzinssatz am deutschen Geldmarkt für die Laufzeiten von drei und sechs Monaten, zu dem zwölf führende deutsche Banken bereit sind, anderen Banken Kredit über diese Laufzeiten zu gewähren (vgl. *Gerhardt*, in: Vahlens Großes Wirtschafts-Lexikon, 1987, Stichwort FIBOR); wegen der vierteljährlichen Fälligkeit der Zinsen (§ 7 Abs. 1 S. 4 URüV) ist maßgebend der 3-Monats-FIBOR.

[94] BGBl. II S. 537.

[95] *Czerwenka* S. 27; aA *Wellhöfer* Rechtshandbuch B 100 RdNr. 99, B 101 § 7 RdNr. 1.

die Ausgleichsverbindlichkeit „ursächlich" waren, vor der endgültigen Tilgung veräußert (§ 7 Abs. 3 S. 3 Hs. 2 URüV). Dem Verordnungsgeber haben bei dieser Bestimmung insbesondere die Fälle vor Augen gestanden, in denen Vermögenswerte nach § 11 Abs. 2 S. 2 TreuhG iVm. § 2 Abs. 1 d. 5. DVO z. TreuhG unentgeltlich in das Eigentum des Verfügungsberechtigten übergegangen sind und dadurch zu einer Ausgleichsverbindlichkeit des Berechtigten gegenüber den in § 6 Abs. 1 S. 2 Hs. 2 VermG genannten Gläubigern geführt haben.[96] Für die Ausgleichsverbindlichkeit „ursächlich" können allerdings nur solche Gegenstände sein, die nicht zum Sachanlagevermögen ohne den zum 1. 7. 1990 unentgeltlich übertragenen Grund und Boden gehören;[97] Nur sie sind bei der Berechnung der Ausgleichsverbindlichkeit zu berücksichtigen.[98] Die Tilgung hat grundsätzlich durch Zahlung entsprechender Geldbeträge zu erfolgen, kann aber nach § 6 Abs. 2 S. 5 VermG auch durch Erlaß oder Übernahme von Schulden bewirkt werden.

D. Art und Weise der Rückgabe

I. Grundsatz (Abs. 5 S. 1)

Mit Unanfechtbarkeit der behördlichen **Rückgabeentscheidung** gehen die Rechte an dem Unternehmen im Wege der **Gesamtrechtsnachfolge** auf den Berechtigten über (§§ 33 Abs. 4, 34 Abs. 1 und 5 VermG; § 9 Abs. 1 S. 2 URüV). Die **Wirkungen des Übergangs** können auf einen beliebigen Zeitpunkt in der Vergangenheit oder Zukunft festgelegt werden.[99] Da jedenfalls für den Zeitpunkt der Unanfechtbarkeit der Entscheidung keine Rückgabebilanz vorliegt, empfiehlt es sich, daß die Behörde bei ihrer Entscheidung auf den Stichtag der Rückgabebilanz abstellt und sich vorbehält, ihre Entscheidung auf Antrag zu ändern, wenn zwischenzeitlich eine wesentliche Änderung der Vermögens- und Ertragslage eingetreten ist.[100] Die Rückübertragung erfolgt entweder durch **Vermögensübertragung** (Abs. 5a lit. b) **oder** im Regelfall durch **Übertragung der Rechte, die dem Eigentümer nach der jeweiligen Rechtsform zustehen** (Abs. 5 S. 1, Abs. 5a lit. a und c; Abs. 5b), also bei der Gesellschaft bürgerlichen Rechts (GbR) wie bei den anderen Personengesellschaften (OHG, KG) durch Übertragung der Mitgliedschaft, bei der GmbH durch Übertragung von Geschäftsanteilen, bei der Aktiengesellschaft durch Übertragung von Aktien (§ 9 Abs. 2 URüV). Unbeschadet davon geht das Unternehmen als Sachgesamtheit im Wege der **Einzelrechtsnachfolge** auf den Berechtigten über, wenn dieser bei einer **einvernehmlichen Regelung** mit dem Verfügungsberechtigten weder die Rückgabebehörde (§ 31 Abs. 5 S. 3 VermG) noch ein Schiedsgericht (§ 38a Abs. 3 S. 2 VermG) zwecks Feststellung der Unternehmensrückgabe einschaltet.

II. Anspruchsinhaber

1. Allgemeines. Hinsichtlich der Anspruchsberechtigung auf Rückgabe des enteigneten Unternehmens unterscheidet das Gesetz zwischen Ansprüchen des **Berechtigten** iSd. Absatzes 1a (Abs. 5 a) und Ansprüchen eines **Gesellschafters oder Mitglieds des Berechtigten oder deren Rechtsnachfolgern** (Abs. 5b).

2. Geschädigter Unternehmensträger (§ 6 Abs. 1a S. 1). Berechtigter bei der Rückübertragung von Unternehmen nach § 6 VermG ist nach Abs. 1a Satz 1 derjenige Unternehmensträger, dessen Vermögenswerte von Maßnahmen gem. § 1 VermG betroffen waren. Die Vorschrift hat nur **klarstellende Bedeutung**. Bei dem Berechtigten kann es sich sowohl um eine natürliche Person, eine Personenhandelsgesellschaft und Kapitalgesellschaft als auch um eine Genossenschaft oder Stiftung handeln; in Übereinstimmung

---

[96] Begründung z. Entwurf e. URüV, BR-Drucks. 283/91, S. 35.
[97] Czerwenka S. 31.
[98] Vgl. RdNr. 30f.

[99] Messerschmidt VIZ 1992, 1, 5; Wellhöfer Rechtshandbuch B 101 § 1 RdNr. 7.
[100] BMJ URüL Ziff. 3.3.2.

mit dem durch § 1 Abs. 2 URüV weit gefaßten Unternehmensbegriff kommen jedoch auch Gesellschaften bürgerlichen Rechts als Berechtigte in Betracht.[101]

56 3. **Gelöschter Unternehmensträger (§ 6 Abs. 1a S. 2). a) Allgemeines.** Berechtigte sind auch diejenigen Unternehmensträger, die vor einer schädigenden Maßnahme nach § 1 VermG im Handels- oder Genossenschaftsregister eingetragen waren, danach aber **im Register gelöscht** wurden und auch nicht als sog. Rest- oder Spaltgesellschaften (dazu RdNr. 66) im alten Bundesgebiet fortbestanden. Für den Status als gelöschter Unternehmensträger ist es unerheblich, wenn etwa eine geschädigte Personenhandelsgesellschaft nach Löschung zu einem Einzelunternehmen herabgesunken ist. Das Einzelunternehmen ist Rechtsnachfolger des ursprünglich geschädigten Unternehmensträgers und damit Berechtigter iSv. § 2 Abs. 1 VermG. Zum Zwecke der Geltendmachung ihrer Ansprüche **gelten gelöschte Unternehmensträger als in Auflösung befindlich fort**, wenn im Zeitpunkt der Schädigung vorhandene Gesellschafter oder Mitglieder oder deren Rechtsnachfolger, die mehr als fünfzig vom Hundert der Anteile oder Mitgliedschaftsrechte auf sich vereinen, einen Anspruch auf Rückgabe des Unternehmens oder von Anteilen oder Mitgliedschaftsrechten daran geltend gemacht haben (§ 6 Abs. 1a S. 2 VermG). Die Vorschrift entspricht dem allgemeinen gesellschaftsrechtlichen Grundsatz, wonach Unternehmen trotz Löschung zum Zwecke der Nachtragsliquidation fortbestehen, wenn sich noch verteilungsfähiges Vermögen anfindet.

57 b) **Begriffsbestimmung. aa) Gesellschafter/Mitglieder.** Die Änderung von § 6 Abs. 1a S. 2 VermG durch Art. 1 Nr. 7 d. 2. VermRÄndG, mit der die Worte „die **im Zeitpunkt der Schädigung vorhandenen**" eingefügt wurden, beinhaltet nur eine redaktionelle Neufassung, nicht aber eine inhaltliche Änderung gegenüber der zuvor geltenden Gesetzesfassung. Mit der Einfügung ist klargestellt worden, daß es wegen der für die Antragstellung maßgeblichen Stellung als Gesellschafter oder Mitglied des geschädigten Rechtsträgers auf den Zeitpunkt der Schädigung des Rechtsträgers ankommt.

58 bb) **Rechtsnachfolger.** Rechtsnachfolger eines Mitglieds oder Gesellschafters sind damit nach allgemeinem Sprachgebrauch alle Personen, auf die zwischenzeitlich kraft Gesamtrechtsnachfolge (Erbschaft) oder Einzelrechtsnachfolge die Stellung eines Gesellschafters oder Mitglieds des geschädigten Unternehmensträgers übergegangen ist.[102] Eine Einzelrechtsnachfolge war nur bis zur Löschung des Unternehmensträgers möglich, da zeitgleich die Mitgliedschaftsrechte erloschen sind.[103] Daher kann auch aus der Übertragung von Aktienurkunden oder GmbH-Anteilscheinen, die nach Löschung erfolgt sind, nicht auf die mitgliedschaftliche Berechtigung des Inhabers geschlossen werden.[103a] Soweit der Gesetzgeber mit der Änderung des § 6 Abs. 1a S. 2 VermG durch das 2. VermRÄndG zugleich beabsichtigt haben sollte, den **rechtsgeschäftlichen Anteilserwerb** generell nicht (mehr) als Rechtsnachfolge iSd Vorschrift anzuerkennen, findet dies im Gesetzeswortlaut keine Stütze.[104] Die im Bericht des BT-Rechtsausschusses geäußerte Meinung,[105] mit der vorgenommenen Einfügung seien „Personen, die Aktien nach der Löschung der Gesellschaften erworben haben (...) nicht mehr Gesellschafter oder Rechtsnachfolger von Gesellschaftern", wäre nur dann nachvollziehbar, wenn zugleich der Begriff „Rechtsnachfolger" in „Gesamtrechtsnachfolger" geändert worden wäre.[106] Daneben gelten in Übereinstimmung mit § 2 Abs. 1 S. 3 AnmVO als Rechtsnachfolger iwS. auch

---

[101] *Wellhöfer* Rechtshandbuch B 100 RdNr. 51; *Messerschmidt* VIZ 1992, 136 (Fn. 10); *Kimme-Nolting* RdNr. 96.
[102] *Wellhöfer* Rechtshandbuch B 100 RdNr. 53; *Wasmuth* Rechtshandbuch B 100 § 2 RdNr. 23; *Lutter-Gehling* ZIP 1992, 1045, 1046 f. (diese speziell zur Einzelrechtsnachfolge bei Aktienerwerb).
[103] *Francksen* ZIP 1993, 247, 250; *Horn* S. 933; vgl. auch BezG Meiningen NJ 1993, 274; BMJ URüI Ziff. 3.1.1.2; aA *Kimme-Nolting* RdNr. 109 ff.
[103a] Vgl. auch *Bezzenberger* WM 1992, 2081, 2084 f.; *Horn* S. 933; aA *Kimme-Nolting* RdNr. 109 ff.
[104] *Lutter-Gehling* ZIP 1992, 1045, 1053 f.; *Francksen* ZIP 1993, 247, 252.
[105] Vgl. BT-Drucks. 12/2944, S. 51.
[106] *Lutter-Gehling* ZIP 1992, 1045, 1053 f.

die Rechtsnachfolgeorganisationen iSd. Rückerstattungsrechts und die Conference on Jewish Material Claims against Germany, Inc. (§ 2 Abs. 1 S. 2, 3, Abs. 1a VermG nF).

Die Erben des Gesellschafters einer geschädigten Personenhandelsgesellschaft können **59** nach allgemeinen gesellschaftsrechtlichen Grundsätzen **sämtlichst oder einzeln in das Unternehmen eintreten** und die **Fortsetzung** des Unternehmens **beschließen** (§ 12 Abs. 1 S. 1 URüV). Sie können dabei wählen, ob sie an die Stelle des verstorbenen persönlich haftenden Gesellschafters treten wollen oder ihre Haftung auf den Betrag einer bestimmten Vermögenseinlage beschränken wollen (§ 12 Abs. 1 S. 2 URüV). Handelte es sich bei der geschädigten Gesellschaft um eine OHG und entscheidet sich mindestens ein Erbe für die Stellung eines Kommanditisten, so wandelt sich die OHG automatisch in eine KG um (vgl. auch § 139 HGB).

c) Beschlußfassung/Berechnung des Quorums. Soweit der ehedem geschädigte Un- **60** ternehmensträger für Zwecke der Rückübertragung wieder aufleben soll, müssen die seinerzeitigen Gesellschafter, Mitglieder oder deren Rechtsnachfolger bei der Beschlußfassung darüber mehr als **50 v. H. der stimmberechtigten Anteile** auf sich vereinen [107] und einen Rückgabeanspruch anmelden. Dadurch soll verhindert werden, daß ein Minderheitsgesellschafter das Wiederaufleben der Gesellschaft mit den daran anknüpfenden Folgen (Verfügungssperre des § 3 Abs. 3 VermG/Handelsregisterverfahren) herbeiführen kann.[108] Kapitalkonten von persönlich haftenden Gesellschaftern von Personenhandelsgesellschaften sind wie Anteile zu behandeln (§ 17 Abs. 2 S. 1 URüV). Im Zeitpunkt der Schädigung vorhandenes Kapital, das nicht gezeichnetes Kapital war, ist den Kapitalkonten der persönlich haftenden Gesellschafter in deren Verhältnis zuzurechnen, soweit der Gesellschaftsvertrag nichts anderes bestimmt (§ 17 Abs. 2 S. 2 URüV). Sind Feststellungen über Kapitalkonten im Gesellschaftsvertrag nicht getroffen oder diese aus anderen Gründen nicht mehr feststellbar, so erfolgt die Zuordnung nach der Zahl der persönlich haftenden Gesellschafter (§ 17 Abs. 2 S. 3 URüV). Bei Vorhandensein von privaten Kommanditbeteiligungen ist der Anteil der Kommanditisten entsprechend § 10 Abs. 3 S. 3 URüV nach dem Betrag ihrer Einlage zu bestimmen (§ 17 Abs. 2 S. 3 URüV). Eine fiktive Hinzurechnung vorenthaltener Gewinnanteile und anderer mittelbarer Schäden scheidet aus,[109] da darauf gerichtete Ansprüche mit der Rückgabe als erfüllt gelten (§ 6 Abs. 5b S. 2 VermG).[110] Staatliche Beteiligungen bleiben bei der **Berechnung des Quorums** nach Sinn und Zweck außer Betracht, da sie gem. § 6 Abs. 5c VermG nicht aufrechterhalten werden; dies stellt § 17 Abs. 1 S. 1 URüV klar.[111] Haben Gesellschafter oder Mitglieder des Berechtigten oder deren Rechtsnachfolger einen Anspruch nach § 6 Abs. 5b VermG geltend gemacht, so sind sie bei der Beschlußfassung über die Geltendmachung eines Rückgabeanspruchs nach § 6 Abs. 1a S. 2 bzw. Abs. 5a S. 1 lit. c VermG bereits zu berücksichtigen, auch wenn der Anspruch noch nicht erfüllt worden ist (§ 17 Abs. 1 S. 2 URüV; § 10 Abs. 4 S. 1 URüV). Mehrere **Erben** können ihr Stimmrecht nur einheitlich ausüben (§ 17 Abs. 1 S. 4 URüV). Ein uneinheitliches Stimmverhalten ist daher bei der Berechnung des Quorums nicht zu berücksichtigen.[111a]

Für die Berechnung des Quorums ist seit Inkrafttreten des 2. VermRÄndG nur noch auf **61** die **namentlich bekannten Gesellschafter, Mitglieder oder Rechtsnachfolger** abzustel-

---

[107] Entgegen dem eindeutigen Wortlaut („Quorum" = für einen Beschluß erforderliche Zahl anwesender Mitglieder) halten *Wellhöfer* Rechtshandbuch B 100 RdNr. 61, B 101 § 17 RdNr. 2, *Kimme-Nolting* RdNr. 130 und *Czerwenka* S. 13, einen Beschluß nicht für erforderlich; wie hier *Barkam* R/R/B (Grundwerk) RdNr. 40/4; *Gutbrod* ZIP 1994, 497, 498.
[108] Bericht des Rechtsausschusses, BT-Drucks. 12/1449, S. 10.
[109] VG Berlin ZOV 1992, 405.
[110] Vgl. RdNr. 101.

[111] BVerwG DB 1994, 38, 39; *Scheidmann* VIZ 1994, 27; *Kimme-Nolting* RdNr. 120; *Bernhardt* R/R/B RdNr. 214; *Sauthoff* EWiR § 17 URüV 1/93, S. 178, unter Hinweis auf § 6 Abs. 1a S. 2 VermG; aA VG Leipzig VIZ 1992, 485, 485 f., und VG Dresden ZOV 1993, 370, 370 f., die § 17 Abs. 1 S. 1 URüV insoweit für verfassungswidrig erachten, da nicht von der Ermächtigungsgrundlage des § 6 Abs. 9 VermG gedeckt.
[111a] *Messerschmidt* F/R/M/S RdNr. 162; aA *Kimme-Nolting* RdNr. 139, 181 ff.

len. Damit kommt die Bestellung eines Pflegers nach §§ 1911, 1913 BGB, wie sie § 17 Abs. 3 URüV vorsieht, nur noch für den Fall in Betracht, daß der Aufenthaltsort der betreffenden Person nicht bekannt ist.[112] Durch die Streichung der Worte „er oder" nach dem Wort „wenn" ist nunmehr auch klargestellt, daß **Rückgabeansprüche des Unternehmensträgers** selbst **nur bei Erreichen des Quorums** bestehen. Wegen der mit dem 2. VermRÄndG eingeführten Ausschlußfrist des § 30a Abs. 1 VermG ist es für Zwecke der Geltendmachung eines Rückübertragungsanspruches erforderlich, daß vor Fristablauf eine Beschlußfassung und Anmeldung iSv. § 6 Abs. 1a S. 2 VermG erfolgt ist.[113]

62 **d) Rechtsfolgen der Beschlußfassung und Anmeldung.** Der **geschädigte Rechtsträger gilt** nach der dafür erforderlichen Beschlußfassung und Anmeldung für Zwecke der Rückgabe unter der Firma, die vor Schädigung im Register eingetragen war, **als in Auflösung befindlich fort**. Die Vorschrift ist wegen § 1 Abs. 2 URüV entsprechend anzuwenden auf Unternehmen, die im Zeitpunkt der Schädigung kein Handelsgewerbe iSv. §§ 1 und 2 HGB betrieben haben und daher nicht im Handelsregister eingetragen waren.[114] Der **Firma des wiederauflebenden Unternehmensträgers** ist – vorbehaltlich eines Fortsetzungsbeschlusses – ein Liquidationsvermerk hinzuzufügen (§§ 153 HGB, 268 Abs. 4 AktG; 71 Abs. 5 GmbHG, 85 Abs. 3 GenG). Das Recht zur Führung der alten Firma schließt es nicht aus, daß diese ggfls. entsprechend der aus § 17 ff. HGB folgenden Grundsätze zu ändern ist, etwa wenn eine ursprünglich geschädigte Personenhandelsgesellschaft durch Vereinigung des Gesellschaftsvermögens in einer Person zu einem Einzelunternehmen herabgesunken ist. Ist Berechtigter ein Einzelkaufmann oder dessen Rechtsnachfolger, so darf die Firma des Berechtigten nur fortgeführt werden, wenn der Berechtigte auch nach Rückgabe ein Handelsgewerbe iSv. §§ 1, 2 HGB betreibt, das nach Art und Umfang einen in kaufmännischer Weise eingerichteten Geschäftsbetrieb erfordert (§ 11 Abs. 1 S. 1 URüV). Hat der Berechtigte zwei oder mehr Rechtsnachfolger und führen diese das Unternehmen in der Rechtsform der OHG, KG, GmbH oder AG fort, so kann die alte Firma beibehalten werden, ergänzt um einen die Haftungsbeschränkung andeutenden Zusatz (§ 19 Abs. 5 HGB; § 4 Abs. 2 GmbHG; § 4 Abs. 2 AktG).

63 Die **Fortbestehensfiktion** entfaltet lediglich **ex-nunc-Wirkung**.[115] Ziel des Vermögensgesetzes ist die Wiederherstellung einer ehedem entzogenen Rechtsposition, nicht aber die (faktisch unmögliche) Rückabwicklung der zwischen Schädigung und Restitution vonstatten gegangenen Vorgänge.

64 Für das **Innenverhältnis** zwischen den Gesellschaftern des wiederauflebenden Unternehmensträgers gilt der alte Gesellschaftsvertrag und das maßgebliche Gesellschaftsrecht.[116]

65 Wird das **Quorum nicht erreicht**, kann weder das Unternehmen zurückgefordert werden (§ 6 Abs. 1a S. 3 VermG) noch gilt dieses aufgrund einer Anmeldung nach § 6 Abs. 1a Satz 2 VermG als unter seiner alten Firma fortbestehend. Die Gesellschafter, Mitglieder oder deren Rechtsnachfolger können in diesem Fall lediglich Entschädigung nach § 6 Abs. 6a S. 4 bzw. § 6 Abs. 7 VermG verlangen.

66 **4. Spaltgesellschaften (§ 6 Abs. 1a S. 4 Hs. 1).** Entbehrlich und nicht anwendbar ist die Vorschrift des § 6 Abs. 1a S. 2 VermG auf Gesellschaften mit Sitz im alten Bundesgebiet, die dort nach Enteignung ihres Vermögens im Beitrittsgebiet weiterhin tätig waren, und auf sog. Rest- oder Spalt-Gesellschaften,[117] die das an ihrem Sitz im Beitrittsgebiet belegene Vermögen durch eine Maßnahme nach § 1 VermG verloren haben, aber hinsichtlich des außerhalb dieses Gebietes (im alten Bundesgebiet) belegenen Vermögens als Gesell-

---

[112] Abweichend offenbar *Messerschmidt* VIZ 1992, 417, 418; *Wasmuth* Rechtshandbuch B 100 § 2 RdNr. 20; *Kimme-Nolting* RdNr. 105 f.
[113] AA *Messerschmidt* VIZ 1992, 417, 421.
[114] *Wellhöfer* Rechtshandbuch B 100 RdNr. 54.
[115] Offen gelassen bei *Lutter-Gehling* ZIP 1992, 1045, 1050, 1053; *Kimme-Nolting* RdNr. 109.
[116] *Niederleithinger* ZIP 1991, 205, 208.
[117] Dazu BGHZ 32, 256, 259 ff.; 33, 195, 197 ff.; *Junker*, in: *Jayme/Furtak* (Hrsg.), Der Weg zur deutschen Rechtseinheit, 1991, S. 191 ff.; *Duvinage*, Die Spaltung von Personengesellschaften, 1984, S. 28 ff.

schaft oder Stiftung weiterhin „werbend" tätig sind (§ 6 Abs. 1a S. 4 Hs. 1).[118] Die Rest- oder Spaltgesellschaften sind weiterhin rechtlich existent, so daß es im Gegensatz zu den „Lazarus"-Gesellschaften des § 6 Abs. 1a S. 2 VermG einer Wiederbelebung des ehedem geschädigten Unternehmensträgers zur Nachliquidation nicht bedarf. Dies gilt nicht nur für lebende Gesellschaften, sondern auch für sog. **„ruhende" Gesellschaften**, die noch über Vermögenswerte verfügen, aber nicht mehr aktiv am Geschäftsverkehr teilnehmen.[118a] Hier wird es allerdings häufig erforderlich sein, für die Geltendmachung von Ansprüchen zunächst die Handlungsfähigkeit der Gesellschaft durch Bestellung eines entsprechenden Gesellschaftsorgans wiederherzustellen.[118b] Gleichwohl handelt es sich nach der Systematik des Vermögensgesetzes auch bei „ruhenden" Gesellschaften um „werbende" iSd. § 6 Abs. 1a S. 4 VermG,[118c] da sie als solche noch existent sind. Die für Nachliquidationsgesellschaften geltende Vorschrift des § 6 Abs. 10 VermG ist daher auf ruhende Rest- und Spaltgesellschaften ebenfalls nicht anwendbar.[118d] Vermögensrechtliche **Ansprüche** können nur **von der Gesellschaft** oder Stiftung, nicht aber von deren Gesellschaftern oder Mitgliedern geltend gemacht werden (Abs. 1a S. 4 Hs. 2), die insoweit nicht Berechtigte sind.

III. Verfügungsberechtigter/Anspruchsgegner

Verfügungsberechtigter **über ein restitutionsbelastetes Unternehmen bzw. Anteile oder Mitgliedschaftsrechte** sind diejenigen, in deren Eigentum oder Verfügungsmacht das entzogene Unternehmen ganz oder teilweise steht, bzw. die Inhaber der Anteile oder Mitgliedschaft sowie bei Kapitalgesellschaften deren unmittelbare oder mittelbare Anteilseigner. Stehen der **Treuhandanstalt/BVS** die Anteilsrechte an Verfügungsberechtigten unmittelbar oder mittelbar allein zu (vgl. §§ 1 Abs. 4, 11 Abs. 1 S. 2, 12 Abs. 1 TreuhG), so vertritt sie diese allein (§ 2 Abs. 3 S. 3 VermG). In § 6 Abs. 1 S. 1 Hs. 2 VermG ist in bezug auf den Verfügungsberechtigten ungenau von dem Anspruchsgegner die Rede. **Anspruchsgegner** ist jedoch das zuständige Landesamt zur Regelung offener Vermögensfragen, da der Restitutionsanspruch öffentlich-rechtlich ausgestaltet ist.[119]

IV. Wahlrecht

Der Berechtigte hat seit der Novellierung des Vermögensgesetzes durch das PrHBG im Gegensatz zur ursprünglich mit dem Einigungsvertrag in Kraft getretenen Fassung des Vermögensgesetzes kein Wahlrecht mehr in bezug auf die **Rechtsform**, in der das Unternehmen zurückzuübertragen ist (früherer § 6 Abs. 5 S. 2 VermG). Das ist insbesondere deshalb von Bedeutung, weil die im Register der volkseigenen Wirtschaft eingetragenen Wirtschaftseinheiten gem. § 11 Abs. 1 und 2 TreuhG (GBl. 1990 I Nr. 33 S. 300) per 1. 7. 1990 in Kapitalgesellschaften (GmbH oder AG) umgewandelt wurden, während die von der Überführung in Volkseigentum betroffenen Unternehmen vielfach die Rechtsform einer Personengesellschaft hatten. Mit dem Wahlrecht ist andererseits ein zeitaufwendiges, die Rückgabe enteigneter Unternehmen behinderndes Umwandlungsverfahren aufgrund der allgemeinen Umwandlungsvorschriften entfallen.[120] Die nachträgliche Aufhebung des Wahlrechtes beinhaltete für die vor Inkrafttreten des PrHBG gestellten, aber noch nicht beschiedenen Restitutionsanträge einen Fall der zulässigen unechten Rückwirkung. Über die Anträge ist daher von den zuständigen Behörden auf der Grundlage der durch das PrHBG novellierten Gesetzesfassung zu entscheiden (Art. 13 S. 1 PrHBG).[121]

---

[118] Vgl. VG Berlin VIZ 1992, 240, 242.
[118a] Dagegen für analoge Anwendung von § 6 Abs. 1a S. 1 bis 3 VermG VG Dresden VIZ 1993, 213, 215f.
[118b] Zur Notbestellung vgl. BGH Die AG 1985, 53, 54; DtZ 1990, 253, 253f.
[118c] Wohl auch *Kimme-Nolting* RdNr. 100; aA BVerwG VIZ 1993, 547; VG Dresden VIZ 1993, 213, 214; *Drobnig*, FS Serick, 1992, S. 37, 52; diesem zustimmend *Messerschmidt* F/R/M/S RdNr. 175; dort wird offenbar der Begriff der „ruhenden" Gesellschaft mit dem Stadium der Abwicklungsgesellschaft gleichgesetzt.
[118d] A. A. *Drobnig*, FS Serick, 1992, S. 37, 53f.; *Messerschmidt* F/R/M/S RdNr. 175.
[119] Vgl. auch § 3 RdNr. 16; aA offenbar *Wellhöfer* Rechtshandbuch B 100 RdNr. 70f.
[120] Vgl. dazu Begründung z. Entwurf e. PrHBG, BT-Drucks. 12/103, S. 21, 28.
[121] BGBl. 1991 I S. 766ff.

V. Entflechtung von Unternehmenseinheiten (Abs. 5 S. 2, 3)

69 **1. Wirtschaftliche Vertretbarkeit der Entflechtung.** Besondere Bestimmungen gelten für zurückzugebende Unternehmen, die mit einem oder mehreren anderen Unternehmen zu einer neuen **Unternehmenseinheit** zusammengefaßt wurden. Vor Rückgabe hat grundsätzlich eine Entflechtung des zurückzugebenden Unternehmensteils von der übrigen Unternehmenseinheit zu erfolgen (vgl. dazu im einzelnen § 6b). Die Durchführung der Entflechtung ist nach dem im Gesetz angelegten Prinzip der Naturalrestitution nicht davon abhängig, daß an anderen Unternehmensteilen Berechtigte ebenfalls Entflechtung verlangen.[122] Eine **Entflechtung** kann von dem Berechtigten nur dann nicht verlangt werden, wenn diese **wirtschaftlich nicht vertretbar** ist (S. 3 Hs. 1). Insoweit sind die **Interessen aller von der Entflechtung Betroffenen** zu berücksichtigen (S. 3 Hs. 2). Betroffen sind diejenigen natürlichen oder juristischen Personen oder Personenhandelsgesellschaften, deren rechtliche oder wirtschaftliche Interessen durch die Entflechtung in ungünstiger Weise berührt werden. Dazu gehören neben den Berechtigten etwa auch das zu entflechtende Unternehmen, dessen Anteilseigner und die Arbeitnehmer. Eine ideelle Betroffenheit reicht in jedem Fall nicht aus.[122a]

70 Entsprechend der Regelung in § 5 lit. d VermG ist eine Entflechtung demnach als wirtschaftlich nicht vertretbar anzusehen, wenn die **verbleibende Unternehmenseinheit** ohne den zurückzugebenden Unternehmensteil unter Berücksichtigung der Marktverhältnisse wirtschaftlich **nicht überlebensfähig** ist.[123] Anhaltspunkte dafür kann eine infolge der Entflechtung eintretende wesentliche Verschlechterung der Vermögens- und Ertragslage sein,[124] sofern diese aller Wahrscheinlichkeit nach nicht durch unternehmerische Entscheidungen ausgeglichen werden kann. Denkbar ist etwa, daß Produktionsanlagen, ohne die der verbleibenden Unternehmenseinheit die Aufrechterhaltung des Geschäftsbetriebs nicht möglich ist, Teil des zurückzugebenden Unternehmens sind. Zu nennen ist auch eine Zusammenfassung vorher selbständiger Unternehmen zu einer tatsächlich nicht trennbaren Unternehmenseinheit.[124a] Wirtschaftlich unvertretbar wird die Entflechtung andererseits nicht schon ohne weiteres bei zu erwartenden Umsatzrückgängen oder bei **Verringerung der Fertigungstiefe**. Letztere läßt sich zumeist durch Zulieferung Dritter ausgleichen. Hinzukommen muß in diesen Fällen, daß aus dem weiteren Geschäftsbetrieb des verbleibenden Unternehmensteils **angemessene Erlöse nicht mehr zu erwarten** sind. Wirtschaftlich unvertretbar ist die Entflechtung hinsichtlich der **Interessen der Arbeitnehmer**, wenn dadurch Arbeitsplätze in erheblichem Umfang verlorengehen würden (S. 2 Hs. 2). Für die Frage der Erheblichkeit des Arbeitsplatzverlustes sind die Zahlen- und Prozentangaben in § 17 Abs. 1 KSchG als Richtschnur heranzuziehen. Diese Vorschrift dient nicht nur arbeitsmarktpolitischen Zwecken, sondern hat auch betriebsbezogene Bedeutung.[125] Sie schützt damit auch die Interessen der Arbeitnehmer. In Anlehnung an die Rechtsprechung des Bundesarbeitsgerichtes ist allerdings davon auszugehen, daß die untere Grenze für die Erheblichkeitsschwelle bei einem Personalabbau von zumindest 5 v. H. liegt.[126]

71 **2. Übertragung von Anteilen statt Entflechtung.** Scheidet eine Entflechtung aus, sind dem Berechtigten iSv. § 6 Abs. 1a VermG Anteile an dem nicht entflochtenen Unterneh-

---

[122] *Liebs-Preu* DB 1991, 145, 148f.; *Messerschmidt* F/R/M/S RdNr. 440; *Kimme-Nolting* RdNr. 228.
[122a] Zustimmend *Messerschmidt* F/R/M/S RdNr. 445.
[123] *Niederleithinger* ZIP 1991, 62, 64; *Barkam* R/R/B (Grundwerk) RdNr. 89; vgl. auch *Czerwenka* S. 38; *Wellhöfer* Rechtshandbuch B 100 RdNr. 168; aA *Kimme-Nolting* RdNr. 232f.
[124] In diesem Sinne *Liebs-Preu* DB 1991, 145, 148.
[124a] AA *Messerschmidt* F/R/M/S RdNr. 438, 447, der die Entflechtbarkeit verneint.

[125] BAG AP § 111 BetrVG 1972 Nr. 3, std. Rspr.
[126] BAG AP § 111 BetrVG 1972 Nr. 12 mit eingehender Begründung; einen erheblichen Arbeitsplatzverlust bei einem Abbau von 25 v. H. der Arbeitsplätze nehmen an: *Barkam* R/R/B (Grundwerk) RdNr. 90 und *Wellhöfer* Rechtshandbuch B 100 RdNr. 167; *Messerschmidt* F/R/M/S RdNr. 450 und *Kimme-Nolting* RdNr. 246 plädieren für eine Einzelfallbetrachtung.

men zu übertragen.[127] Die Anzahl der Anteile bemißt sich nach dem Wert, der sich bei einer Entflechtung aus dem Verhältnis des Buchwertes des zurückzugebenden Unternehmensteils zum **Buchwert** des Gesamtunternehmens ergeben würde (S. 2). Dabei sind Ausgleichsverpflichtungen und -verbindlichkeiten in entsprechender Anwendung der Absätze 1 bis 4 zu berücksichtigen.

3. Anteilserwerbsrecht des Berechtigten. a) Allgemeines. Bei der **Treuhandanstalt/ BVS verbliebene Anteile** können von den Anteilseignern erworben werden, denen anstelle der Rückübertragung des Unternehmens Anteilsrechte übertragen werden (Abs. 5 S. 5).[128]

b) Entstehungsgeschichte. Das Anteilserwerbsrecht geht in seinen Ursprüngen zurück auf die **Reprivatisierungsvorschriften des Unternehmensgesetzes** (§ 17). Mit der danach vorgesehenen Umwandlung von volkseigenen Wirtschaftseinheiten in Personengesellschaften, Einzelunternehmen oder Kapitalgesellschaften unter gleichzeitiger Rückübertragung der seinerzeit enteigneten Beteiligungen auf die ehemaligen Gesellschafter, Inhaber oder deren Rechtsnachfolger sollte der Rechtszustand wiederhergestellt werden, der vor der Enteignung im Jahre 1972 bestanden hatte. Dieser war in der Regel durch unterschiedlich hohe staatliche Beteiligungen an Privatunternehmen, meist in der Rechtsform der KG, gekennzeichnet.[129] Zusätzlich konnten nach § 19 Abs. 3 S. 1 UnternehmensG neue staatliche Beteiligungen zur Abschöpfung von Werterhöhungen gebildet werden. Die staatlichen Beteiligungen waren auf Antrag an die privaten Gesellschafter zu veräußern (§ 19 Abs. 2 S. 4 UnternehmensG), nachdem die ursprünglich als Ermessensnorm formulierte Vorschrift („kann") gem. Nr. 6 Abs. 2 der Gemeinsamen Erklärung v. 15. 6. 1990 in einen bindenden Rechtssatz („ist") abgeändert worden war.[130] Da mit Außerkrafttreten des § 19 UnternehmensG am 29. 9. 1990 (vgl. § 39 Nr. 10 VermG) die Rechtsgrundlage für den Anteilserwerb entfallen war, gleichwohl aber noch nicht alle Rückgaben nach dem Unternehmensgesetz abgewickelt waren, konnte das Anteilserwerbsrecht fortan nur noch auf die am 29. 9. 1990 als restitutionsrechtliche Nachfolgeregelung in Kraft getretene Bestimmung des § 6 Abs. 5 S. 5 VermG gestützt werden. Seit Inkrafttreten des PrHBG enthält § 6 Abs. 5c VermG eine § 6 Abs. 5 S. 5 VermG partiell verdrängende Sondervorschrift, soweit nämlich die Begründung der staatlichen Beteiligung auf einer schädigenden Maßnahme iSv. § 1 Abs. 3 VermG beruht.[131]

c) Anwendungsbereich. Wie sich aus dem umfassenden Wortlaut von § 6 Abs. 5 S. 5 VermG ergibt, ist die Vorschrift damit jedoch nicht obsolet geworden.[132] Ein Anteilserwerbsrecht besteht zunächst hinsichtlich der nach § 19 Abs. 3 S. 1 UnternG zur **Abschöpfung von Werterhöhungen neu begründeten staatlichen Beteiligungen**.[132a] Auf diese Weise wird eine materielle Gleichstellung der nach dem Unternehmensgesetz zurückgegebenen Unternehmen mit den Restitutionsprinzipien des Vermögensgesetzes erreicht, das einen Ausgleich von Werterhöhungen nicht durch Begründung von staatlichen Beteiligungen, sondern von Ausgleichsverbindlichkeiten nach § 6 Abs. 3 VermG vorsieht. Ferner können der Treuhandanstalt/BVS Anteilsrechte in den Fällen verblieben sein, in denen auf diese bzw. Teile einer Unternehmenseinheit **keine Rückgabeansprüche erhoben** wor-

---

[127] *Czerwenka* S. 50 sieht als Berechtigte auch die einzelnen Mitglieder oder Gesellschafter des geschädigten Unternehmensträgers an; zum Begriff des Berechtigten vgl. aber RdNr. 80.
[128] Dazu *Liebs-Preu* DB 1991, 145, 149.
[129] Zur Bildung der staatlichen Beteiligungen vgl. VO über die Bildung halbstaatlicher Betriebe vom 26. 3. 1959, GBl. I Nr. 19 S. 253; Anordnung über die Umbewertung der Grundmittel in den Betrieben mit halbstaatlicher Beteiligung v. 14. 11. 1966, GBl. II Nr. 129 S. 816. Dazu *Hebing,* in ders. (Hrsg.), Investitionsbedingungen und Eigentumsfragen in der ehemaligen DDR nach dem Staatsvertrag, 1990, S. 45, 47 = BB-Beil 21 zu H. 16/1990, S. 1, 4; *Niederleithinger* ZIP 1991, 62, 63f.; *ders.* ZIP 1991, 205, 206.
[130] Vgl. § 5 Nr. 8 des Gesetzes über die Änderung oder Aufhebung von Gesetzen der Deutschen Demokratischen Republik v. 28. 6. 1990, GBl. I Nr. 38 S. 483.
[131] *Kimme-Nolting* RdNr. 254; zu weitgehend *Preu* DB 1992, 257, 259.
[132] AA *Preu* DB 1992, 257, 259f.
[132a] AA *Messerschmidt* F/R/M/S RdNr. 455.

den sind[133] **bzw. eine Restitution ausgeschlossen** ist.[133a] Das Gesetz räumt dem Berechtigten auch insoweit ein vorrangiges Anteilserwerbsrecht ein. Darin offenbart sich letztendlich mit aller Deutlichkeit der Systembruch,[134] den § 6 Abs. 5 S. 5 VermG verkörpert. Es geht nicht eigentlich um Reprivatisierung ehemals entzogener Vermögenswerte, sondern um die Privatisierung ehemals volkseigenen Vermögens aus Anlaß einer Reprivatisierung.[134a] Die Regelung, die insoweit mit der aus § 1 Abs. 1 S. 1, § 2 Abs. 1 S. 2 TreuhG folgenden Pflicht zur Privatisierung des ehemals volkseigenen Vermögens korrespondiert, gehört gesetzessystematisch daher eher in das Treuhandgesetz.

75   d) **Inhalt.** Bei dem **Ankaufsrecht** handelt es sich **nicht** um ein **Vorkaufsrecht** iSv. § 504 BGB, da der Berechtigte das Erwerbsrecht unabhängig vom Vorliegen eines Vorkaufsfalles geltend machen kann.[135]

76   Die Treuhandanstalt/BVS ist demzufolge gehalten, die **Anteile** dem Berechtigten vor einem beabsichtigten Verkauf an Dritte **unter Einräumung einer angemessenen Überlegungsfrist anzubieten,** falls der Berechtigte nicht von sich aus das Ankaufsrecht geltend macht. Als angemessen ist in Parallele zu § 5 Abs. 3 InVorG eine Überlegungsfrist von sechs Wochen ab Zugang der Mitteilung über die Verkaufsabsicht anzusehen.[136] Lehnt der Berechtigte den Anteilserwerb von vornherein ab oder ist mit ihm keine Einigung über die Erwerbsbedingungen zu erzielen, kann die Treuhandanstalt/BVS an Dritte veräußern. Eine Arbeitsanleitung[137] der Treuhandanstalt sieht insoweit vor, daß in dem Kaufvertrag ein binnen Monatsfrist auszuübendes Eintrittsrecht des Berechtigten entsprechend §§ 504 ff. BGB zu vereinbaren ist, falls der Kaufpreis unter dem Angebotspreis liegt, der für den Berechtigten galt. Zu diesem, den Berechtigten begünstigenden Verfahrensablauf ist die Treuhandanstalt/BVS jedoch gesetzlich nicht verpflichtet.

77   Auch hinsichtlich der **Verkaufsbedingungen** ist die Treuhandanstalt/BVS durch das Vermögensgesetz nicht festgelegt.[138] Da das Anteilserwerbsrecht nicht der Wiedergutmachung erlittenen Unrechts dient, sondern als begleitende Privatisierungsmaßnahme einzustufen ist, gelten insoweit die Privatisierungsgrundsätze des Treuhandgesetzes entsprechend.[139] Der Berechtigte kann also nicht beanspruchen, gegenüber anderen Interessenten bevorzugt zu werden.

78   Das **Ankaufsrecht** der Berechtigten ist bei Vorhandensein **mehrerer privater Anteilseigner begrenzt** durch das Verhältnis ihrer Beteiligungen zueinander. Macht einer der Berechtigten von seinem Erwerbsrecht keinen Gebrauch, erhöhen sich die Anteile der übrigen Berechtigten entsprechend.[139a]

VI. Rückgabeansprüche des Berechtigten (Abs. 5a)

79   **1. Grundsatz. a) Art und Weise der Rückgabe.** Dem Berechtigten eröffnet das Gesetz zwar kein Wahlrecht, in welcher Rechtsform das Unternehmen zurückzugeben ist; gleichwohl kann er für eine bestimmte Art und Weise der Rückgabe optieren. Handelt es sich bei dem Berechtigten um eine Personenhandels- oder Kapitalgesellschaft bedarf es dazu entsprechend § 10 URüV einer Beschlußfassung der Gesellschafter.[140] Die Rückgabe kann

---

[133] *Wellhöfer* Rechtshandbuch B 100 RdNr. 175.
[133a] Differenzierend offenbar *Messerschmidt* F/R/M/S RdNr. 458 f., dessen Begründungsansatz jedoch undeutlich bleibt.
[134] In diesem Sinne auch *Preu* DB 1992, 257, 259; kritisch auch *Czerwenka* S. 51.
[134a] Ähnlich *Kimme-Nolting* RdNr. 260; vgl. auch BVerwG ZIP 1994, 743, 745; anders *Messerschmidt* F/R/M/S RdNr. 457, 459, der allein auf das Ziel der Reprivatisierung abstellt.
[135] *Wellhöfer* Rechtshandbuch B 100 RdNr. 177; *Kimme-Nolting* RdNr. 263.
[136] AA *Wellhöfer* Rechtshandbuch B 100 RdNr. 177: „2 Monate" unter Hinweis auf die Fristbestimmung in § 510 Abs. 2 S. 1 1. Alt. BGB.

[137] Vgl. Ziff. 2.4c aE der Arbeitsanleitung der Treuhandanstalt zur Reprivatisierung von Unternehmen v. 30. 6. 1991, abgedruckt in: ZIP 1991, 1518, 1520.
[138] Auf den Verkehrswert stellen ab die Arbeitsanleitung der Treuhandanstalt (Fn. 128), Ziff. 2.4c; *Wellhöfer* Rechtshandbuch B 100 RdNr. 178; *Bernhardt* R/R/B RdNr. 146.
[139] Vgl. *Busche* Rechtshandbuch B 200 § 2 RdNr. 39 ff.
[139a] Ebenso *Messerschmidt* F/R/M/S RdNr. 460.
[140] Vgl. insoweit RdNr. 83.

wahlweise erfolgen: auf den Berechtigten selbst oder auf dessen Mitglieder oder Gesellschafter oder deren Rechtsnachfolger. Die Entscheidung darüber steht im pflichtgemäßen Ermessen des zuständigen Vermögensamtes,[141] das **bei fehlender Option** des Berechtigten gem. § 9 Abs. 2 URüV gehalten ist, den Rückgabeanspruch idR durch **Übertragung der Anteile oder Mitgliedschaftsrechte** zu erfüllen. Insoweit findet einerseits die besondere Enteignungssituation, andererseits das konkrete Restitutionsinteresse des Berechtigten Berücksichtigung.

b) Begriff des Berechtigten. Berechtigter iSd. § 6 Abs. 5a VermG ist nur der ursprünglich geschädigte Unternehmensträger,[142] nicht aber seine Gesellschafter, Mitglieder oder deren Rechtsnachfolger. Das ergibt sich im Umkehrschluß aus § 6 Abs. 5b VermG, der Ansprüche der Gesellschafter oder Mitglieder des nach Abs. 5a Berechtigten oder ihrer Rechtsnachfolger gesondert behandelt. Insoweit weicht die Verwendung des Begriffs „Berechtigter" in § 6 Abs. 5a, 5b und 5c VermG sowie in § 6 Abs. 6 S. 2 aA und in § 6 Abs. 6 S. 4 VermG von der Wortbedeutung in § 6 Abs. 6 S. 2 aE und in § 6 S. 3 VermG ab. Dies erklärt sich daraus, daß der Begriff „Berechtigter" in § 6 Abs. 6 S. 2 aE und § 6 Abs. 6 S. 3 VermG als Oberbegriff für den ursprünglich geschädigten Rechtsträger, seine Gesellschafter, Mitglieder oder deren Rechtsnachfolger verwandt wird, während in den Absätzen 1a, 5a, 5b, 5c des § 6 und in § 6 Abs. 6 S. 2 aA und S. 4 VermG die Bezeichnung „Berechtigter" nur für den ursprünglich geschädigten Rechtsträger steht. Diese Begriffsverwirrung ist Folge der Gesetzesnovellierung durch das PrHBG. Im Gesetzentwurf der Bundesregierung standen in den Absätzen 5a, 5b, 5c und in Abs. 6 S. 4 anstelle des Terminus „Berechtigter" die an sich zutreffenden Begriffe „geschädigter Rechtsträger" (Abs. 5a, 5b, 5c d. Entw.) bzw. „Rechtsträger" (Abs. 6 S. 4 d. Entw.). Diese sind im weiteren Gesetzgebungsverfahren nach der schließlich angenommenen Beschlußempfehlung des Bundestags-Rechtsausschusses[143] durch den Begriff „Berechtigter" ersetzt worden, ohne daß insoweit eine inhaltliche Abstimmung mit der umfassenderen Verwendung des Begriffs „Berechtigter" in § 6 Abs. 6 S. 2 aE und S. 3 VermG erfolgt ist.

2. Wahlmöglichkeiten. a) Übertragung der Anteile oder Mitgliedschaftsrechte auf den Berechtigten (lit. a). Zur Erfüllung des Rückgabeanspruchs kann die zuständige Behörde anordnen, daß Anteile oder Mitgliedschaftsrechte an dem Verfügungsberechtigten auf den Berechtigten übertragen werden (lit. a). Ändert sich aufgrund dessen der **Unternehmensgegenstand** des Berechtigten, weil er zur Holding wird, muß die Satzung oder der Gesellschaftsvertrag entsprechend modifiziert werden.[144] Handelt es sich bei dem Berechtigten um eine OHG oder KG, deren Fortsetzung nach § 6 Abs. 1a S. 2 VermG beschlossen wurde, so kann sie als Personenhandelsgesellschaft nur fortgesetzt werden, wenn sie auch nach Rückgabe ein Handelsgewerbe iSv. §§ 1, 2 HGB betreibt (§ 11 Abs. 2 S. 1 URüV) und nicht nur als Anteilsinhaberin fungiert. Solchenfalls handelt es sich um eine Gesellschaft bürgerlichen Rechts (§§ 705 ff. BGB). Möglich ist aber auch die **Fortführung** der berechtigten Personenhandelsgesellschaft als GmbH & Co. KG bzw. GmbH & Co. OHG (§ 11 Abs. 2 S. 2 URüV). Dazu bedarf es der gesellschaftsrechtlichen Vereinbarung, daß die zurückzuübertragende Kapitalgesellschaft ihr persönlich haftender Gesellschafter wird und daß die Anteilsrechte an der Kapitalgesellschaft auf sie (lit. a) oder die Gesellschafter (lit. c) übertragen werden.

b) Übertragung der Anteile oder Mitgliedschaftsrechte auf die Gesellschafter oder Mitglieder des Berechtigten oder deren Rechtsnachfolger (lit. c). aa) Beschlußfassung. Verlangt der Berechtigte die Übertragung der Anteile oder Mitgliedschaftsrechte auf seine

---

[141] *Czerwenka* S. 10, 36.
[142] Zum Begriff des Unternehmensträgers vgl. *Rittner*, Die werdende juristische Person, 1973, S. 282 ff.; *ders.*, Wirtschaftsrecht, 2. Aufl. 1987, § 7 RdNr. 10 f., § 8 RdNr. 1 ff.; *K. Schmidt*, Handelsrecht, 4. Aufl. 1994, § 4 IV 2.
[143] BT-Drucks. 12/255.
[144] *Schniewind* BB-Beil. 21 zu H. 30/1991, S. 17; *Czerwenka* S. 36; Begründung zum Entwurf des PrHBG, BT-Drucks. 12/103, S. 21, 28.

Gesellschafter, Mitglieder oder deren Rechtsnachfolger im Verhältnis ihrer Anteile oder Mitgliedschaftsrechte (lit. c), bedarf es dazu auch bei Kapitalgesellschaften eines **Beschlusses der Gesellschafter**, da diese Art der Rückgabe zugleich die Auflösung des Berechtigten bedingt. Dabei handelt es sich für die berechtigte Gesellschaft um eine Grundlagenentscheidung. Die aufgrund § 6 Abs. 9 VermG ergangene URüV enthält jedoch – unbeschadet anderweitiger privatautonomer Regelung – Erleichterungen für die Beschlußfassung; insoweit werden die allgemeinen Regeln des Gesellschaftsrechts im Wege der Gesetzeskonkurrenz verdrängt. Für die Beschlußfassung ist bei Personenhandelsgesellschaften in Abweichung vom Einstimmigkeitsprinzip lediglich die Zustimmung der Mehrheit der Gesellschafter, berechnet nach der Anzahl der Köpfe, erforderlich (§ 10 Abs. 1 S. 4 URüV). Dies wird nicht zweifelsfrei damit begründet, daß die Beschlußfassung nur die „Art der Unternehmensrückgabe" betreffe.[145] Bei Kapitalgesellschaften reicht in Abweichung von § 60 Abs. 1 Nr. 2 GmbHG und § 262 Abs. 1 Nr. 2 AktG, die jeweils eine Drei-Viertel-Mehrheit vorschreiben, die Mehrheit des bei der Beschlußfassung vertretenen Kapitals (§ 10 Abs. 1 S. 4 URüV). Entsprechend ist § 10 Abs. 1 S. 4 URüV auf Genossenschaften anzuwenden,[146] so daß in Abweichung von § 78 Abs. 1 S. 1 Hs. 2 GenG ebenfalls die Mehrheit der in der Generalversammlung abgegebenen Stimmen ausreicht. Der Verordnungsgeber hat in § 10 Abs. 1 S. 4 URüV offenbar übersehen, daß nach § 6 Abs. 5a S. 1 lit. c VermG auch Genossenschaften als Berechtigte in Frage kommen.

83   bb) **Berechnung des Quorums.** Bei der Beschlußfassung sind **Gesellschafter, Mitglieder** oder **Rechtsnachfolger**, die einen **Antrag nach § 6 Abs. 5b VermG** auf Rückübertragung der ihnen vor Schädigung des Berechtigten entzogenen Anteile oder Mitgliedschaftsrechte gestellt haben, bereits zu berücksichtigen, auch wenn ihr Rückübertragungsanspruch noch nicht erfüllt ist (§ 10 Abs. 4 S. 1 URüV). Die **Erben** verstorbener Gesellschafter treten bei der Beschlußfassung – vorbehaltlich abweichender Vereinbarungen – in deren Rechte ein. Sie können das Stimmrecht nur einheitlich ausüben (§ 10 Abs. 1 S. 2 und 3 URüV); anderenfalls bleibt die Stimmrechtsausübung unberücksichtigt. Wird die Rückgabe durch Übertragung der Anteilsrechte an einer Kapitalgesellschaft vollzogen, so stehen mehreren Erben eines verstorbenen Gesellschafters die Anteile zur gesamten Hand zu (§ 12 Abs. 2 URüV). Dies entspricht der Regelung des § 2032 BGB. **Staatliche Beteiligungen**, die nicht einem einzelnen Gesellschafter zustehen, sondern der Löschung oder Übertragung nach § 6 Abs. 5c S. 1 VermG unterliegen, sind bei der Beschlußfassung nicht zu berücksichtigen (§ 10 Abs. 2 URüV).

84   cc) **Art und Weise der Rückgabe.** Die Rückgabe der Anteile an der verfügungsberechtigten Gesellschaft an die Gesellschafter des Berechtigten oder deren Rechtsnachfolger **erfolgt im Verhältnis der Kapitalanteile im Zeitpunkt der Schädigung** der Gesellschaft (§ 10 Abs. 3 S. 1 URüV). Maßgebend ist bei Kapitalgesellschaften das gezeichnete Kapital; bei Personenhandelsgesellschaften ist, soweit vorhanden, auf die im Gesellschaftsvertrag festgelegten Kapitalanteile, ansonsten im Zweifel auf die Zahl der Gesellschafter abzustellen (§ 10 Abs. 3 S. 2 URüV). Staatliche Beteiligungen iSv. § 6 Abs. 5c S. 1 VermG, die nicht einem einzelnen Gesellschafter zustehen, bleiben bei der Zuteilung unberücksichtigt (§ 10 Abs. 2 URüV), da sie gem. der Regelung in § 6 Abs. 5c S. 1 VermG auf Antrag zu löschen oder auf die Gesellschafter bzw. Mitglieder des Berechtigten zu übertragen sind.[147] Soweit gem. § 10 Abs. 4 S. 1 URüV bei der Beschlußfassung Antragsteller nach § 6 Abs. 5b VermG zu berücksichtigen waren, obwohl ihr Rückübertragungsanspruch noch nicht erfüllt war, ist das Zuteilungsverfahren bis zur Bestandskraft der Entscheidung über den Antrag nach § 6 Abs. 5b VermG auszusetzen (§ 10 Abs. 4 S. 2 URüV). Dies ist insoweit erforderlich, da allein durch die Antragstellung iSv. § 30 VermG noch nicht die materielle Berechtigung des Antragstellers feststeht.

---

[145] Vgl. Begründung zu § 9 d. Entwurfs einer URüV, BR-Drucks. 283/91, S. 40.

[146] *Wellhöfer* Rechtshandbuch B 101 § 10 RdNr. 3; *Czerwenka* S. 36.

[147] Vgl. im einzelnen RdNr. 104 ff.

Schwierigkeiten bereitet die Übertragung von Gesellschaftsanteilen, wenn es sich bei 85
dem Berechtigten um eine **Kommanditgesellschaft** handelt und Festlegungen über die
Kapitalanteile der Gesellschafter im Gesellschaftsvertrag fehlen. Für diesen Fall ordnet § 10
Abs. 3 S. 3 URüV an, daß sich die Anteile der Kommanditisten aus dem Verhältnis der
Kommanditeinlagen zu den Kapitalanteilen der persönlich haftenden Gesellschafter ergeben.
Im Zeitpunkt der Schädigung offen ausgewiesenes Eigenkapital wird den Komplementären
zugerechnet, soweit sich aus dem Gesellschaftsvertrag nichts anderes ergibt
(§ 10 Abs. 3 S. 4 URüV).

dd) Haftung nach Rückgabe. Als Folge der Rückgabe **haftet jeder Gesellschafter oder** 86
jedes Mitglied des Berechtigten oder deren Rechtsnachfolger **bis zur Höhe des Wertes**
der Anteile oder Mitgliedschaftsrechte für die vor der Rückgabe entstandenen Verbindlichkeiten
des Berechtigten (§ 6 Abs. 5a S. 2 Hs. 1 VermG). Im Verhältnis zueinander sind
die Gesellschafter oder Mitglieder als Gesamtschuldner nach dem Verhältnis des Umfangs
ihrer Anteile oder Mitgliedschaftsrechte verpflichtet (§ 6 Abs. 5a S. 2 Hs. 2 VermG).
Damit soll eine Benachteiligung der Gläubiger des Berechtigten verhindert werden. Diese
würde eintreten, wenn der Berechtigte nicht mehr fortbesteht, weil die ihm zustehenden
Gesellschaftsanteile unmittelbar auf seine Gesellschafter oder Mitglieder übertragen wurden.
Die Gläubiger sollen vielmehr so gestellt werden, als wäre der Anspruch auf Rückgabe
des Unternehmens nach § 6 Abs. 5a S. 1 lit. a VermG erfüllt worden.

ee) Rechtsfolgen für den Berechtigten. Macht der Berechtigte von der Möglichkeit 87
der Übertragung der Anteilsrechte auf seine Gesellschafter, Mitglieder bzw. deren Rechtsnachfolger
Gebrauch, erübrigt sich seine **Liquidation**, die dafür erforderliche **Bestellung**
von Abwicklern sowie eine **Eintragung im Handelsregister**, wenn weiteres Vermögen
nicht vorhanden ist. Sofern ein Löschungsvermerk noch nicht eingetragen war, ist der
Berechtigte gem. § 2 des Gesetzes über die Auflösung von Gesellschaften und Genossenschaften
vom 9. 10. 1934[148] oder nach § 31 Abs. 2 HGB zu löschen.[149]

ff) Einvernehmliche Regelung. Soweit der Berechtigte mit dem Verfügungsberechtigten 88
eine einvernehmliche Regelung (§ 31 Abs. 5 S. 1 VermG) über die Rückübertragung
der Anteile oder Mitgliedschaftsrechte auf die im Zeitpunkt seiner Schädigung vorhandenen
Gesellschafter oder Mitglieder oder deren Rechtsnachfolger trifft, handelt es sich um
einen **Vertrag zugunsten Dritter** (§ 328 BGB). Zur Erfüllung dieses Vertrages bedarf es
gesonderter Vereinbarungen des Verfügungsberechtigten mit den begünstigten Personen,
da die §§ 328 ff. BGB nach ständiger Rechtsprechung auf dingliche Rechtsgeschäfte weder
unmittelbar noch analog anwendbar sind.[150]

c) Übertragung des gesamten Vermögens oder einzelner Betriebsstätten auf den 89
Berechtigten (lit. b). Schließlich kann der Anspruch des Berechtigten auf Rückgabe des
gesamten Vermögens einschließlich der Verbindlichkeiten oder einer (entflochtenen) Betriebsstätte
des Verfügungsberechtigten entweder durch Einzelübertragung (§§ 398 ff.;
925, 929 ff. BGB) bei einvernehmlicher Regelung (§ 34 Abs. 1 S. 1 VermG) **oder** im Wege
der **Gesamtrechtsnachfolge** bei behördlicher Entscheidung (§ 34 Abs. 1 S. 1 VermG)
erfüllt werden (lit. b). Bleibt dabei ein vermögensloser Verfügungsberechtigter zurück, ist
dieser gem. § 2 des Gesetzes über die Auflösung von Gesellschaften und Genossenschaften
vom 9. 10. 1934[151] zu löschen (§ 9 Abs. 1 S. 3 URüV). Anderenfalls darf der Verfügungsberechtigte
seine **Firma** nicht weiterverwenden, wenn dadurch der Ausschließlichkeitsanspruch
des Berechtigten nach § 30 HGB oder dessen Namensrecht beeinträchtigt wird (§ 9
Abs. 3 URüV). Nach § 30 Abs. 1 HGB muß sich jede neue Firma von allen an demselben
Orte oder in derselben Gemeinde bereits bestehenden und in das Handelsregister oder in
das Genossenschaftsregister eingetragenen Firmen deutlich unterscheiden. Ein Konflikt

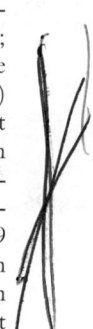

---
[148] RGBl. I S. 914, geänd. BGBl. 1985 I S. 2355.
[149] *Schniewind* BB-Beil. 21 zu H. 30/1991, S. 18.
[150] BGHZ 41, 95, 95f. mwN.; vgl. auch *Gottwald* MünchKomm. BGB, 3. Aufl. 1994, § 328 RdNr. 108ff. mwN. zu abweichenden Literaturstimmen.
[151] RGBl. I S. 914, geänd. BGBl. 1985 I S. 2355.

kann insoweit auftreten, wenn sowohl der ehedem geschädigte Rechtsträger, der zum Zwecke seiner Rückgabe unter seiner alten Firma wiederauflebt (§ 6 Abs. 1 a S. 2 VermG), als auch der Verfügungsberechtigte dieselbe Firma führen. Diesen Konflikt löst § 9 Abs. 3 URüV zugunsten des „älteren Rechts" des Berechtigten.

90 3. **Rechtsschutz. a) Allgemeines. Adressat** der Rückgabeentscheidung ist der antragstellende Berechtigte iSv. § 6 Abs. 1 a VermG. Gleichwohl ist denkbar, daß die **Interessen Dritter** durch die Rückgabeentscheidung berührt werden. Dieser Personenkreis ist von dem zuständigen Landesamt zur Regelung offener Vermögensfragen nach § 31 Abs. 2 S. 1 VermG jedenfalls am Verwaltungsverfahren zu beteiligen, wenn deren rechtliche Interessen durch den Ausgang des Verfahrens berührt werden können. In jedem Fall ist der Rechtsweg zu den Verwaltungsgerichten (§ 40 VwGO) eröffnet, da es sich bei der Rückgabeentscheidung um einen Verwaltungsakt handelt. Ein **Widerspruchsverfahren** (§§ 68 ff. VwGO) findet nicht statt (§§ 36 Abs. 4, 25 S. 2 VermG).

91 **b) Berechtigter.** Hinsichtlich der Rechtsschutzmöglichkeiten des Berechtigten ist zu unterscheiden: Hat die Behörde einen Antrag auf Unternehmensrestitution abgelehnt, muß der Berechtigte in der Hauptsache eine **Verpflichtungsklage** (§ 42 Abs. 2 2. Alt. VwGO) erheben.[152] Im Verfahren auf vorläufigen Rechtsschutz ist damit ein Antrag auf Erlaß einer einstweiligen Anordnung nach § 123 VwGO zu stellen.[153] Entscheidet die zuständige Behörde ohne zureichenden Grund nicht innerhalb angemessener Frist über den Rückgabeantrag, besteht die Möglichkeit einer **Untätigkeitsklage** (§ 75 VwGO). Als zureichender Grund mit der Folge der Aussetzung des Verfahrens innerhalb einer vom Gericht zu bestimmenden Frist kommt jedoch die generelle Überlastung der Vermögensämter in Betracht.[154]

92 Geht es dem Berechtigten dagegen um die **Aufhebung** einer Restitutionsentscheidung, mit dem das Unternehmen an einen materiell nicht berechtigten Dritten zurückübertragen wurde, oder will er eine ihn belastende Entscheidung angreifen, die Teil des an ihn adressierten Rückgabebescheids, aber isoliert angreifbar ist, so hat der Berechtigte Anfechtungsklage (§ 42 Abs. 1 1. Alt. VwGO) zu erheben.

93 **c) Drittbetroffene.** Soweit Drittbetroffene gerichtlichen Rechtsschutz gegen die Restitutionsentscheidung begehren, richtet sich dieser regelmäßig gegen die Rückübertragung als solche. Damit ist **Anfechtungsklage** zu erheben.

94 Problematisch ist allerdings generell, ob Drittbetroffenen überhaupt eine **Klagebefugnis** zusteht. Da dieser Personenkreis, zu dem etwa der Verfügungsberechtigte, Lieferanten oder Arbeitnehmer gehören, nicht Adressat des Verwaltungsaktes ist, kann er die Verletzung eigener Rechte nur dann geltend machen, wenn mit der Entscheidung über die Unternehmensrestitution eine **drittschützende Norm** verletzt wurde.

95 Die Klagebefugnis ergibt sich insoweit **nicht** schon aus **§ 31 Abs. 2 S. 1 VermG**. Diese Vorschrift dient allein der Ordnung des Verfahrensablaufs durch Benachrichtigung und Information Drittbetroffener, gewährt diesem Personenkreis aber keine selbständig durchsetzbare Verfahrensposition.[155] Der Kreis der am Verwaltungsverfahren zu beteiligenden Personen ist nicht notwendig identisch mit dem Kreis der Antrags- und Klagebefugten.[156] Die Vorschriften der §§ 16 f. VermG zeigen im übrigen, daß drittbetroffene Arbeitnehmer[157] und Lieferanten nicht schutzlos gestellt sind.[158]

96 Allein **für den Verfügungsberechtigten** stellt sich die Rückübertragungsentscheidung, mit der ihm gehörende Vermögenswerte bzw. Anteils- oder Mitgliedschaftsrechte auf den

---

[152] Vgl. KrG Dresden VIZ 1992, 257, 258 (zu § 6a VermG).
[153] Vgl. VG Berlin VIZ 1992, 415 (zu § 6a VermG).
[154] Vgl. KrG Leipzig-Stadt VIZ 1992, 201 f.; VG Leipzig NJ 1993, 426, 427; siehe aber auch VG Frankfurt/O. NJ 1993, 427, 428; VG Leipzig ZOV 1993, 281, 281 f.

[155] *Meier* VIZ 1991, 112.
[156] BVerwG DÖV 1982, 639, 641.
[157] Dazu *Oetker* Anh. I zu § 16 RdNr. 46.
[158] Vgl. § 16 RdNr. 4 f. und allgemein KrG Greifswald VIZ 1992, 454; *Meier* VIZ 1991, 112, 113.

Berechtigten übertragen werden, als **Verwaltungsakt mit belastender Drittwirkung** dar, der eine selbständige Klagebefugnis gem. § 42 Abs. 2 VermG begründet. Handelt es sich bei dem Verfügungsberechtigten um ein Treuhand-Tochterunternehmen, so ist nicht nur dieses hinsichtlich der betroffenen Vermögenswerte verfügungsberechtigt iSv. § 2 Abs. 3 VermG, sondern auch die Treuhandanstalt/BVS, wenn ihr Anteilsrechte an dem Tochterunternehmen unmittelbar (§ 11 Abs. 2 iVm. § 1 Abs. 4 TreuhG) bzw. mittelbar (§§ 12 Abs. 2, 11 Abs. 2 iVm. 1 Abs. 4 TreuhG) allein zustehen (§ 2 Abs. 3 S. 3 VermG).

d) Zuständigkeit. Örtlich zuständig für Anfechtungs- und Verpflichtungsklagen gegen die Entscheidung auf vorläufige Einweisung ist grundsätzlich das Verwaltungsgericht, in dessen **Bezirk** der Verwaltungsakt erlassen wurde (§ 52 Nr. 3 S. 1 und 5 VwGO). Maßgebend ist also der **Sitz des Landesamtes** zur Regelung offener Vermögensfragen. Hat das Landesamt regionale **Verwaltungsaußenstellen** errichtet (Verwaltungsbezirke), ist deren Sitz nur maßgeblich, wenn sie als Behörde im funktionalen Sinne (§ 1 Abs. 4 VwVfG) befugt sind, Verwaltungsakte im eigenen Namen zu erlassen.[159]

Erstreckt sich die **Zuständigkeit** der den Verwaltungsakt erlassenden **Behörde** auf **mehrere Verwaltungsgerichtsbezirke**, ist das Verwaltungsgericht zuständig, in dessen Bezirk der Kläger seinen Sitz oder Wohnsitz hat (§ 52 Nr. 3 S. 2 und 5 VwGO). Fehlt ein derartiger Sitz oder Wohnsitz ist wiederum das Gericht zuständig, in dessen Bezirk der Beklagte (das Landesamt bzw. dessen selbständige Außenstelle) seinen Sitz hat (§ 52 Nr. 3 S. 3 iVm. Nr. 5 VwGO).

Eine ausschließliche örtliche Zuständigkeit nach § 52 Nr. 1 VwGO ist nicht gegeben, da es sich bei der Rückgabeentscheidung **nicht** um eine **Streitigkeit** handelt, die sich auf „unbewegliches Vermögen" bezieht.[160] Auch wenn zu einem Unternehmen unbewegliches Vermögen in Form von Grundstücken gehören kann, so handelt es sich bei einem Unternehmen doch um eine Vermögensmasse, bei der die einzelnen Vermögensgegenstände und die Rechte an diesen hinter die als Einheit zu behandelnde Sach- und Rechtsgesamtheit „Unternehmen" iSv. § 1 URüV zurücktreten.

VII. Rückgabeanspruch der Gesellschafter, Mitglieder oder deren Rechtsnachfolger (Abs. 5 b)

1. Materielles Recht. Die Gesellschafter oder Mitglieder eines Berechtigten oder deren Rechtsnachfolger haben einen Anspruch auf **Rückübertragung** ihrer **Anteile** oder **Wiederherstellung** der **Mitgliedschaft** (§ 6 Abs. 5 b S. 1 Hs. 1 VermG), soweit ihnen diese vor dem Zeitpunkt der Schädigung des Berechtigten durch eine Maßnahme nach § 1 VermG entzogen wurde. Die Rückübertragung vollzieht sich akzessorisch zur Rückgabe des Unternehmens.[161] Die Rückübertragung der Anteile oder Mitgliedschaftsrechte wirkt jedoch auf den Zeitpunkt der Schädigung zurück (§ 10 Abs. 4 S. 3 URüV). Der Antragsteller nach § 6 Abs. 5 b VermG wird also so behandelt, als sei er im Zeitpunkt der Schädigung des Berechtigten noch Gesellschafter gewesen.

Mit Erfüllung des Rückgabeanspruches gelten auch die **Ansprüche** der Gesellschafter, Mitglieder oder Rechtsnachfolger **wegen mittelbarer Schäden** als **erfüllt** (§ 6 Abs. 5 b S. 2 VermG). Dazu zählen etwa aus dem Kapitalanteil oder der Mitgliedschaft folgende Gewinnrechte oder Ansprüche wegen Wertverfalls der Anteile oder Mitgliedschaftsrechte. Das **Handels- oder Genossenschaftsregister** ist durch Löschung eines etwaigen Löschungsvermerkes oder Wiederherstellung der ursprünglichen, vor der enteignenden Maßnahme bestehenden Eintragung zu berichtigen (§ 6 Abs. 5 b S. 1 Hs. 2 VermG).

---

[159] BezG Dresden VIZ 1992, 290, 291; KrG Gera-Stadt VIZ 1992, 367; KrG Chemnitz-Stadt VIZ 1992, 450, 450 f.
[160] BVerwG ZOV 1993, 194; vgl. zu § 6 a VermG auch BezG Dresden VIZ 1992, 290, 292;
KrG Gera-Stadt VIZ 1992, 332, VIZ 1992, 367; KrG Chemnitz-Stadt DB 1992, 130, 131; VIZ 1992, 450.
[161] *Czerwenka* S. 20, 37; *Kimme-Nolting* RdNr. 223.

102 Hat ein Gesellschafter oder Mitglied des Berechtigten oder ein Rechtsnachfolger einen Anspruch nach § 6 Abs. 5b VermG geltend gemacht, so ist er bei der **Beschlußfassung** über die Geltendmachung eines Rückgabeanspruches nach § 6 Abs. 1a S. 2 bzw. Abs. 5a S. 1 lit. c VermG bereits zu berücksichtigen, auch wenn der Anspruch noch nicht erfüllt worden ist (§ 17 Abs. 1 S. 2 URüV; § 10 Abs. 4 S. 1 URüV).

103 2. Rechtsschutz. Mit der durch das PrHBG in das Vermögensgesetz inkorporierten Vorschrift des § 6 Abs. 5b hat der Gesetzgeber die Möglichkeit eröffnet, daß **Gesellschafter, Mitglieder** oder deren **Rechtsnachfolger** die Rückübertragung der ihnen vor Schädigung des Unternehmensträgers entzogenen Anteils- bzw. Mitgliedschaftsrechte aus eigenem Recht geltend machen können. Insoweit handelt es sich bei diesem Personenkreis im Falle der Ablehnung der Unternehmensrestitution nicht nur um Drittbetroffene, auch wenn über die Rückübertragung der Beteiligungsrechte im Annex zur Unternehmensrückgabe entschieden wird. Hinsichtlich der Rechtsschutzmöglichkeiten der Gesellschafter, Mitglieder oder Rechtsnachfolger als Adressaten der behördlichen Entscheidung gelten daher die oben RdNr. 91f. beschriebenen Grundsätze entsprechend. Gleiches gilt für Klagen von **Drittbetroffenen** (vgl. RdNr. 93ff.). Als solche kommen diejenigen Personen in Betracht, die als **Verfügungsberechtigte** Inhaber der von der Restitution betroffenen Anteils- oder Mitgliedschaftsrechte sind. In die **Rechte von Arbeitnehmern und Lieferanten** wird nicht nachteilig eingegriffen, da die Rechtsbeziehungen dieser Personen zum Unternehmensträger durch einen Wechsel im Kreis der Gesellschafter bzw. Mitglieder nicht berührt werden. Zur örtlichen Zuständigkeit der Verwaltungsgerichte vgl. RdNr. 97ff.

VIII. Zwangsbeteiligungen (Abs. 5c)

104 1. Entstehungsgeschichte. Die Vorschrift des § 6 Abs. 5c VermG regelt die Behandlung sog. Zwangsbeteiligungen. Dabei handelt es sich um Kapitalbeteiligungen an zumeist mittelständischen Unternehmen,[162] die durch staatliche Maßnahmen der DDR vor der endgültigen Überführung dieser Unternehmen in Volkseigentum – häufig unter erheblichem Druck auf die damaligen Eigentümer – erzwungen wurden, obwohl die maßgeblichen Vorschriften von einer freiwilligen Begründung ausgingen.[163] Erforderlich ist in jedem Fall die durch **Einsatz von Zwangsmitteln iSv. § 1 Abs. 3 VermG** bewirkte Einräumung der Beteiligungen durch den Berechtigten; nicht erfaßt werden von § 6 Abs. 5c VermG dagegen staatliche Beteiligungen, die auf einseitigen staatlichen Maßnahmen, etwa Anteilsenteignungen, beruhen[164] oder nicht durch schädigende Maßnahmen begründet wurden (vgl. insoweit das Anteilserwerbsrecht nach § 6 Abs. 5 S. 5 VermG). Zu den Zwangsmitteln zählt das Gesetz beispielhaft die Kreditverweigerung oder die Erhebung von Steuern oder Abgaben mit enteignendem Charakter. Den Inhaber der staatlichen Beteiligung trifft die Darlegungslast, daß eine schädigende Maßnahme bei Begründung der Beteiligung nicht vorgelegen hat. Das Gesetz enthält insoweit eine Beweislastumkehr zugunsten des Berechtigten, um diesem Nachweisschwierigkeiten zu ersparen.[165]

105 2. Rückübertragung/Löschung. Die infolge schädigender Maßnahmen entstandenen Beteiligungen sind auf Antrag **den Gesellschaftern bzw. Mitgliedern** des geschädigten Rechtsträgers **oder deren Rechtsnachfolgern zu übertragen** oder zu „löschen" (S. 2).

---

[162] Vgl. VO über die Bildung halbstaatlicher Betriebe v. 26. 3. 1959, GBl. I Nr. 19 S. 253; Anordnung über die Umbewertung der Grundmittel in den Betrieben mit staatlicher Beteiligung v. 14. 11. 1966, GBl. II Nr. 129, S. 816. Dazu *Hebing*, in: ders. (Hrsg.), Investitionsbedingungen und Eigentumsfragen in der ehem. DDR nach dem Staatsvertrag, 1990, S. 45, 47 = BB-Beil. 16/1990, S. 1, 4; *Niederleithinger* ZIP 1991, 63, 63f.; ders. ZIP 1991, 205, 206; *Schuster* DStR 1992, 37, 38f.; *Heilmann* VIZ 1993, 51.

[163] Vgl. Präambel und § 1 Abs. 1 der VO über die Bildung halbstaatlicher Betriebe v. 26. 3. 1959, GBl. I Nr. 19 S. 253.

[164] *Wellhöfer* Rechtshandbuch B 100 RdNr. 205; *Kimme-Nolting* RdNr. 268.

[165] *Niederleithinger* ZIP 1991, 205, 206; *Knüpfer* WR 1991, 137, 138; *Schniewind* BB-Beil. 21 zu H. 30/1991, S. 1, 18; *Heilmann* VIZ 1993, 51, 52.

Sind mehrere Gesellschafter vorhanden, richtet sich der Übertragungsanspruch nach dem Verhältnis ihrer Beteiligungen. Im Falle der „**Löschung**" und damit des Untergangs einer staatlichen Beteiligung wächst diese bei Personengesellschaften anteilig den anderen Gesellschaftern zu (§ 738 Abs. 1 S. 1 BGB). Bei einer GmbH ändern sich wie bei der Einziehung von Geschäftsanteilen (§ 34 GmbHG) die Beteiligungsverhältnisse der Gesellschafter – vorbehaltlich einer Anpassung – nominal nicht,[166] wenngleich die gesellschaftsrechtlichen Rechte und Pflichten materiellrechtlich entsprechend dem neuen Verhältnis ihrer Anteile zum unveränderten Stammkapital steigen.[167]

3. Rückzahlung von Einlagen und Vergütungen. Dem Inhaber der Beteiligung sind die ggfls. beim Erwerb der Beteiligung erbrachten Einlagen oder gezahlten Vergütungen von den berechtigten Gesellschaftern, Mitgliedern oder deren Rechtsnachfolgern (nicht von dem Berechtigten) zurückzuzahlen. Die Gesellschafter, Mitglieder oder deren Rechtsnachfolger sind mithin **auch dann** zur Rückzahlung verpflichtet, **wenn die staatlichen Leistungen** nicht ihnen, sondern **dem Berechtigten zugeflossen sind**.[168] Nicht auf der Leistung einer Einlage, sondern allein auf einer nicht erstattungsfähigen Neubewertung beruht die Erhöhung staatlicher Anteile nach der Anordnung über die **Umbewertung** von Grundmitteln in den Betrieben mit staatlicher Beteiligung v. 14.11.1966.[169] Nach früherem Recht der DDR gebildete **Fonds**, die weder auf Einzahlungen zurückzuführen noch Rückstellungen iSv. § 249 Abs. 1 HGB sind, werden, soweit noch wirtschaftlich vorhanden, dem Eigenkapital des zurückzugebenden Unternehmens zugerechnet. Dies betrifft zur Hauptsache den sog. unteilbaren Fonds.

Einzelheiten, die den Umfang des Rückzahlungsanspruchs betreffen, sind in § 6 Abs. 5 c S. 3 und 4 VermG geregelt.[170] Danach ist die beim Erwerb der Beteiligung tatsächlich erbrachte Einlage oder Vergütung im Verhältnis zwei Mark der DDR zu einer DM umzurechnen und zurückzuzahlen: Die **Rückzahlungsverpflichtung** ist jedoch der Höhe nach **begrenzt** auf den Betrag, der dem Wert der damaligen Beteiligung im Zeitpunkt der Rückgabe – ermittelt nach der sog. **Equity-Methode** (§ 11 Abs. 1 S. 1 DMBilG)[171] – entspricht (vgl. auch § 8 Abs. 1 S. 1 iVm. Abs. 2 URüV). Der Geschädigte soll im Ergebnis nicht mehr zurückzahlen, als er wertmäßig tatsächlich zurückerhält. Die nach § 6 Abs. 9 VermG ergangene URüV läßt darüber hinaus die Bewertung der Beteiligung nach Wahl des Geschädigten auch nach dem Verkehrswert (§ 11 Abs. 1 S. 4 DMBilG) zu (§ 8 Abs. 1 S. 1 URüV).[172] Dies wird für den Geschädigten beispielsweise bei ungünstigen Ertragserwartungen vorteilhafter sein.[173] Da § 8 URüV als Rechtsverordnung nur gesetzesausführende nicht aber gesetzesändernde Regelungen treffen kann, ist die Vorschrift verfassungskonform dahin zu verstehen, daß der nach der Equity-Methode ermittelte Ertragswert jedenfalls immer den Höchstwert für die Rückzahlungsverpflichtung bildet.[174]

Die Rückzahlungsverbindlichkeit ist **vier Jahre tilgungsfrei** und danach in jährlichen Raten in Höhe von 5 v. H. über einen Zeitraum von 20 Jahren zu tilgen (§ 8 Abs. 1 S. 3 iVm. Abs. 2 URüV).[174a] Da die bei Begründung der Zwangsbeteiligungen erhaltenen

---

[166] *Hachenburg-Ulmer* GmbHG, 8. Aufl. 1992, § 34 RdNr. 62; *Rowedder*, in: *Rowedder*, GmbHG, 2. Aufl. 1990, § 34 RdNr. 31; *Hueck*, in Baumbach/Hueck, GmbH-Gesetz, 15. Aufl. 1988, § 34 RdNr. 16; aA *Lutter-Hommelhoff*, GmbH-Gesetz, 14. Aufl. 1995, § 34 RdNr. 2f.; offenbar auch *Wellhöfer* Rechtshandbuch B 100 RdNr. 206.

[167] *Hachenburg-Ulmer* GmbHG, 8. Aufl. 1992, § 34, RdNr. 63; *Rowedder*, in: *Rowedder*, GmbHG, 2. Aufl. 1990, § 34 RdNr. 32.

[168] *Wellhöfer* Rechtshandbuch B 100 RdNr. 210; anders offenbar BMJ URüL Ziff. 5.

[169] GBl. II Nr. 129 S. 816.

[170] Vgl. dazu auch Begründung z. Entwurf e. PrHBG, BT-Drucks. 12/103, S. 21, 29f.; kritisch *Liebs-Preu* ZIP 1991, 216, 220.

[171] Zur Equity-Methode vgl. *Budde-Förschle*, in: *Budde-Forster*, D-Mark-Bilanzgesetz, 1991, § 11 RdNr. 17 ff. sowie Erg.-Bd., 1991, § 11 RdNr. 1 ff.

[172] Zur Bilanzierung nach dem Verkehrswert *Budde-Förschle*, in: *Budde- Forster*, D-Mark-Bilanzgesetz, 1991 § 11 RdNr. 20 f.

[173] Vgl. dazu *Budde-Förschle*, in: *Budde-Forster*, D-Mark-Bilanzgesetz, Erg.-Bd., 1991, § 11 RdNr. 4 ff.

[174] *Czerwenka* S. 34 f.; aA *Drescher* VIZ 1993, 321, 325, der § 8 Abs. 1 S. 1 URüV für evident verfassungswidrig hält.

[174a] Verfassungsrechtliche Bedenken dagegen bei *Drescher* VIZ 1993, 321, 324.

Geldleistungen im allgemeinen nicht verzinst wurden, ist auch die Rückzahlungsverbindlichkeit im Gegensatz zur Ausgleichsverbindlichkeit (vgl. § 6 Abs. 2 bis 4 VermG iVm. § 7 URüV) **nicht verzinslich** (§ 8 Abs. 1 S. 4 iVm. Abs. 2 URüV).

109 Die **Rückzahlungspflicht entfällt** bei einer wesentlichen Verschlechterung der Vermögens- und Ertragslage nach § 6 Abs. 2 und 4 VermG (§ 8 Abs. 1 S. 2 iVm. Abs. 2 URüV), da sie im Wertungswiderspruch zu den dem Unternehmen wegen der Verschlechterung zustehenden Ausgleichsforderungen stünde.

110 **4. Rückkauf nach § 17 Abs. 1 S. 1 UnternehmensG.** Sofern ein Gesellschafter oder dessen Rechtsnachfolger eine Beteiligung iSv. § 6 Abs. 5c S. 1 VermG bereits zurückgekauft hat (§ 17 Abs. 1 S. 1 UnternehmensG),[175] steht ihm ein gesetzliches **Rücktrittsrecht** vom Kaufvertrag und ein **Recht auf Löschung oder Rückübertragung der Beteiligung** nach Satz 1 bis 4 zu (§ 6 Abs. 5c S. 5 VermG). Gesellschafter oder deren Rechtsnachfolger sind insoweit „Berechtigte" iSd. Satzes 5. Die Rechte aus Satz 5 stehen dagegen – entgegen dem mißverständlichen Wortlaut – nicht dem Berechtigten iSv. § 6 Abs. 1a VermG zu, da nicht dieser, sondern allein die Gesellschafter als Vertragspartner eines Anteilsrückkaufs nach dem Unternehmensgesetz in Betracht kamen (vgl. § 17 Abs. 1 S. 1 UnternehmensG).[176] Die Rückabwicklung ist von der zuständigen Behörde anzuordnen, wenn eine Einigung mit dem Verkäufer der staatlichen Beteiligung nicht zustandekommt (§ 16 Abs. 2 URüV). Zuständig für die Abwicklung von staatlichen Beteiligungen nach § 6 Abs. 5c VermG ist vorbehaltlich einer einvernehmlichen Regelung zwischen dem Geschädigten und dem Verfügungsberechtigten das Landesamt zur Regelung offener Vermögensfragen, das für die Rückgabe des Unternehmens, an dem die Beteiligung besteht, örtlich zuständig ist (§ 16 Abs. 1 URüV).

IX. Behandlung staatlicher Leistungen (§ 8 URüV)

111 Anläßlich der Schädigung (Enteignung, Zwangsverkauf usw.) einem Gesellschafter oder Mitglied des geschädigten Unternehmens tatsächlich **zugeflossene Geldleistungen** sind im Verhältnis zwei Mark der DDR zu einer DM umzurechnen und von dem Gesellschafter oder Mitglied an den Verfügungsberechtigten zurückzuzahlen: die **Rückzahlungsverpflichtung** ist jedoch der Höhe nach **begrenzt** auf den Betrag, der dem Wert der damaligen Beteiligung im Zeitpunkt der Rückgabe entspricht (§ 8 Abs. 1 S. 1 URüV).[176a] Im Ergebnis soll der Geschädigte nicht mehr zurückzahlen als er wertmäßig tatsächlich zurückerhält.[177] Der Beteiligungswert ist wahlweise nach der sog. **Equity-Methode** zu berechnen (§ 11 Abs. 1 S. 1 DMBilG)[178] oder nach dem **Verkehrswert** (§ 11 Abs. 1 S. 4 DMBilG)[179] zu bestimmen. Letzteres kann für den Geschädigten bei ungünstigen Ertragserwartungen vorteilhafter sein.[180] Da allerdings § 8 URüV in Anlehnung an § 6 Abs. 5c S. 3 VermG konzipiert ist,[181] wonach bei der Ermittlung des Beteiligungswertes zwingend die Equity-Methode anzuwenden ist, muß davon ausgegangen werden, daß der nach der Equity-Methode ermittelte Ertragswert jedenfalls immer den Höchstwert für die Rückzahlungsverpflichtung bildet.[182] Es ist nicht ersichtlich, mit welcher Begründung staatliche Leistungen anläßlich einer schädigenden Handlung iSv. § 1 Abs. 3 VermG wirt-

---

[175] Vgl. dazu §§ 17ff. UnternehmensG.
[176] Im Ergebnis ebenso *Wellhöfer* Rechtshandbuch B 100 RdNr. 217; anders offenbar *Messerschmidt* F/R/M/S RdNr. 538.
[176a] *Drescher* VIZ 1993, 321, 325, hält § 8 Abs. 1 S. 1 URüV für evident verfassungswidrig; zustimmend *Bernhardt* R/R/B RdNr. 217.
[177] Begründung zum Entwurf einer URüV, BR-Drucks. 283/91, S. 37 (zu § 7 Entw.).
[178] Zur Equity-Methode *Budde-Förschle*, in: *Budde-Forster*, D-Mark-Bilanzgesetz, 1991, § 11 RdNr. 17ff. sowie Erg.-Bd., 1991, § 11 RdNr. 1ff.

[179] Zur Bilanzierung nach dem Verkehrswert *Budde-Förschle*, in: *Budde-Forster*, D-Mark-Bilanzgesetz, 1991, § 11 RdNr. 20ff.
[180] Vgl. dazu *Budde-Förschle*, in: *Budde-Forster*, D-Mark-Bilanzgesetz, Erg.-Bd., 1991, § 11 RdNr. 4ff.
[181] Vgl. Begründung zum Entwurf einer URüV, BR-Drucks. 283/91, S. 37.
[182] *Czerwenka* S. 34f.

schaftlich anders zu behandeln sind als Leistungen, die bei Begründung einer Zwangsbeteiligung iSv. § 6 Abs. 5c VermG gewährt worden sind.

112 Nicht zu berücksichtigen sind Leistungen, die nach dem **Lastenausgleichsgesetz** gewährt worden sind. Deren Rückzahlung richtet sich allein nach den dafür maßgeblichen Vorschriften (§ 8 Abs. 3 URüV).

113 Die Rückzahlungsverbindlichkeit ist **vier Jahre tilgungsfrei** und danach in jährlichen Raten in Höhe von 5. v. H. über einen Zeitraum von 20 Jahren zu tilgen (§ 8 Abs. 1 S. 3 iVm. Abs. 2 URüV). Da die wegen der Schädigung zugeflossenen Geldleistungen in der Regel nicht verzinst wurden, ist auch die Rückzahlungsverbindlichkeit im Gegensatz zur Ausgleichsverbindlichkeit (vgl. § 6 Abs. 2 bis 4 VermG iVm. § 7 URüV) **nicht verzinslich** (§ 8 Abs. 1 S. 4 URüV).

114 Die **Rückzahlungsverpflichtung entfällt** vollständig, wenn nach § 6 Abs. 2 oder 4 VermG eine wesentliche Verschlechterung der Vermögens- und Ertragslage des Unternehmens vorliegt (§ 8 Abs. 1 S. 2 URüV). Diese Regelung ist insoweit eigentümlich, als sie die Rückzahlungsverpflichtung des Gesellschafters oder Mitglieds an die Vermögens- und Ertragslage des Berechtigten iSv. § 6 Abs. 1a VermG koppelt. Der Sinn ist darin zu sehen, daß es unbillig erscheint, dem Berechtigten einerseits einen Ausgleichsanspruch nach § 6 Abs. 2 bzw. 4 VermG zuzubilligen, dem mittelbar geschädigten Gesellschafter oder Mitglied andererseits aber eine Rückzahlungsverpflichtung aufzuerlegen.[183] Nicht anwendbar ist § 8 Abs. 1 S. 2 URüV auf die Fälle der an die Stelle der Unternehmensrestitution tretenden Singularrestitution iSv. § 6 Abs. 6a S. 1 VermG, da Ausgleichsleistungen wegen Änderung der Vermögens- und Ertragslage voraussetzungsgemäß an die Unternehmensrückgabe gebunden sind (vgl. § 6 Abs. 1 S. 2 iVm. S. 1 VermG).[183a]

E. Rückgabeantrag/Wahlrecht auf Entschädigung (Abs. 6)

I. Antragsrecht (S. 1)

115 **1. Allgemeines.** Das Rückübertragungsverfahren für Unternehmen ist in § 6 Abs. 6 VermG nur unvollkommen geregelt. Ergänzende Regelungen enthält die aufgrund § 6 Abs. 9 VermG ergangene Unternehmensrückgabeverordnung (URüV).[184] Der Antrag auf Rückübertragung eines Unternehmens kann gem. § 6 Abs. 6 VermG nicht nur von dem Rückgabeberechtigten, also dem **geschädigten Rechtsträger** iSv. § 6 Abs. 1a S. 1 VermG, sondern auch von den **Gesellschaftern** und **Mitgliedern** des Berechtigten oder deren **Rechtsnachfolgern** gestellt werden (§ 6 Abs. 6 S. 1 VermG). Welche Personen Gesellschafter oder Mitglieder des geschädigten Unternehmensträgers waren, wird sich regelmäßig aus der Enteignungsakte ergeben. Ansonsten kann der Nachweis durch Handelsregisterauszug oder Zeugenbeweis geführt werden.[185] Eine Rechtsnachfolge ist in der Regel durch Vorlage entsprechender Urkunden, in Erbfällen etwa durch Vorlage eines Erbscheines oder notariell beurkundeten Testaments zu belegen.

116 **2. Antragsteller. a) „Berechtigte".** In Abweichung von der durch § 6 Abs. 1a S. 1 VermG vorgegebenen Terminologie werden alle in § 6 Abs. 6 S. 1 VermG Genannten in Abs. 6 S. 2 aE und Satz 3 als „Berechtigte" bezeichnet.[186] Dem kommt allein verfahrensrechtliche, nicht aber materiellrechtliche Bedeutung zu. Materiellrechtlich ist allein der Unternehmensträger iSv. § 6 Abs. 1a S. 1 VermG berechtigt, die Unternehmensrückgabe zu verlangen.

117 **b) Gesellschafter, Mitglieder des Unternehmensträgers oder deren Rechtsnachfolger.** Für einen Antrag der Gesellschafter oder Mitglieder eines nach Enteignung im Handels- oder Genossenschaftsregister gelöschten Unternehmensträgers auf Rückübertragung

---

[183] Begründung zum Entwurf einer URüV, BR-Drucks. 283/91, S. 37 (zu § 7 d. Entw.).
[183a] AA VG Dessau ZOV 1993, 197, 199.
[184] VO zum Vermögensgesetz über die Rückgabe von Unternehmen vom 13. 7. 1991, BGBl. I S. 1542.
[185] BMJ URüL Ziff. 3.1.1.
[186] Vgl. bereits RdNr. 80.

des Unternehmens ist die vorherige Beschlußfassung und **gemeinschaftliche Antragstellung** durch Gesellschafter, Mitglieder oder deren Rechtsnachfolger erforderlich, die mehr als 50 v. H. der Anteile oder Mitgliedschaftsrechte auf sich vereinen (§ 6 Abs. 1a S. 2 und 3).[187] Kommt das für die Beschlußfassung erforderliche Quorum nicht zustande und/oder wird der Rückgabeantrag nicht von der erforderlichen Anzahl der Mitglieder oder Gesellschafter gestellt und lebt der geschädigte Rechtsträger daher nicht wieder auf, ist der Antrag auf Rückgabe als Antrag auf Entschädigung der Gesellschafter, Mitglieder oder Rechtsnachfolger nach § 6 Abs. 6a S. 4 VermG zu behandeln (§ 18 Abs. 1 S. 2 URüV).[188] Diese können sich stattdessen jedoch jeweils auch für eine Entschädigung nach § 6 Abs. 7 VermG entscheiden.

II. Antragsfiktionen (S. 2 und 4)

118 Das Gesetz sieht wegen der verfahrensrechtlichen „Berechtigung" der in § 6 Abs. 6 S. 1 VermG Genannten nur eine Restitution durch Rückgabe des Unternehmens an alle „Berechtigten" iSv. § 6 Abs. 6 S. 2 und 3 VermG vor, nicht aber nur an einzelne von ihnen. Der Gesetzgeber wollte insoweit Rechtsklarheit und Rechtssicherheit schaffen.[189] Dementsprechend gilt der Antrag des Berechtigten iSv. § 6 Abs. 1a S. 1 VermG auf Restitution des Unternehmens als **zugunsten aller Berechtigten**, also auch der Gesellschafter, Mitglieder oder deren Rechtsnachfolger, erhoben, denen wegen derselben Enteignungsmaßnahme der „gleiche Anspruch" auf Restitution ihrer Anteile oder Mitgliedschaftsrechte zusteht (§ 6 Abs. 6 S. 2 VermG).[190] § 6 Abs. 6 S. 4 VermG enthält weitere Antragsfiktionen für diejenigen Fälle, in denen Anteile oder Mitgliedschaftsrechte den Gesellschaftern oder Mitgliedern schon vor dem Zeitpunkt der Schädigung des Berechtigten iSv. § 6 Abs. 5a VermG, also des ursprünglichen Unternehmensträgers, entzogen worden sind. Anträge der ehemaligen Inhaber der Anteile oder Mitgliedschaftsrechte oder ihrer Rechtsnachfolger, die nicht notwendig gemeinschaftlich erfolgen müssen, gelten demnach sowohl als Antrag auf die **Restitution der Anteile oder Mitgliedschaftsrechte** als auch als Antrag auf **Rückgabe des Unternehmens** (vgl. auch § 18 Abs. 1 S. 1 URüV). Die Vorschrift des § 6 Abs. 6 S. 4 VermG ist sinnentsprechend auf den umgekehrten Fall anzuwenden, daß der Berechtigte iSv. § 6 Abs. 1a S. 1 VermG einen Antrag auf Unternehmensrückgabe stellt. Der Antrag des Berechtigten auf Rückübertragung entfaltet Sperrwirkung gegenüber Entschädigungsansprüchen seiner ehem. Gesellschafter oder Mitglieder (vgl. RdNr. 119) und ist daher zugleich als Antrag der Gesellschafter oder Mitglieder auf Rückgabe ihrer Anteile oder Mitgliedschaftsrechte anzusehen. Dies ist auch vom Gesetzgeber gewollt, kommt jedoch im Gesetzeswortlaut im Gegensatz zum Gesetzentwurf (BT-Drucks. 12/103, S. 5 f.) nicht sinngemäß zum Ausdruck.[191] Im Falle des § 6 Abs. 1a S. 2 VermG kann ein einzelner Gesellschafter, ein einzelnes Mitglied oder ein Rechtsnachfolger dieser Personen einen Restitutionsantrag auf Anteile oder Mitgliedschaftsrechte jedoch nur stellen, wenn zuvor das für das Wiederaufleben des Unternehmensträgers erforderliche Beschluß-Quorum erreicht und eine entsprechende Anmeldung erfolgt ist.[191a] Damit wird ein unterschiedliches rechtliches Schicksal der Anteils- oder Mitgliedschaftsrechte und der dem ursprünglich geschädigten Unternehmensträger zuzuordnenden Vermögenswerte und damit eine Umgehung von § 6 Abs. 1a S. 2 VermG

---

[187] Dazu RdNr. 60f.; wie hier *Messerschmidt* F/R/M/S RdNr. 567 (anders aber ders. RdNr. 578ff.).
[188] Dazu RdNr. 120.
[189] ErlBReg., BT-Drucks. 11/7831, S. 9.
[190] *Schniewind*, BB-Beil. 21 zu H. 30/1991, S. 24; *Messerschmidt* F/R/M/S RdNr. 581, weitergehend aber *ders.* F/R/M/S RdNr. 592; A.A. *Wellhöfer* Rechtshandbuch B 100 RdNr. 224, 237, der die Vorschrift für obsolet hält.

[191] Vgl. Begründung z. Entwurf e. PrHBG, BT-Drucks. 12/103, S. 32; Beschlußempfehlung und Bericht des BT-Rechtsausschusses, BT-Drucks. 12/255, S. 14; BT-Drucks. 12/449, S. 11; dazu auch *Messerschmidt* F/R/M/S RdNr. 592.
[191a] *Czerwenka*, S. 13; aA BMJ URüL Ziff. 2.2.1; *Kimme-Nolting* RdNr. 185; *Messerschmidt* F/R/M/S RdNr. 559; undeutlich aber *ders.* F/R/M/S RdNr. 196 und VIZ 1992, 1, 3.

verhindert. Die Fiktion des § 6 Abs. 6 S. 4 VermG tritt nach Sinn und Zweck mithin nicht ein, wenn die Voraussetzungen von § 6 Abs. 1a S. 2 VermG nicht vorliegen.

III. Wahlrecht auf Entschädigung (S. 3)

1. Allgemeines. Satz 3 regelt, daß statt Rückgabe nur Entschädigung verlangt werden **119** kann, wenn kein verfahrensrechtlich „Berechtigter" einen Antrag auf Rückgabe gestellt hat. Da das Wahlrecht zwischen Unternehmensrückgabe und Entschädigung jedoch **nur dem materiellrechtlich Berechtigten** iSv. § 6 Abs. 1a S. 1 VermG zusteht, nicht aber seinen Gesellschaftern, Mitgliedern oder deren Rechtsnachfolgern, ist maßgebend allein, ob der Berechtigte iSv. § 6 Abs. 1a S. 1 VermG einen Antrag auf Rückgabe gestellt hat.[191b] In diesem Fall können nicht einzelne Gesellschafter, Mitglieder oder Rechtsnachfolger mit Wirkung für den Unternehmensträger einen Antrag auf Entschädigung statt auf Rückgabe stellen.[192] Dies gilt auch für die Fälle des Satzes 4.[193] Zur Zulässigkeit eines nachträglichen Anspruchswechsels vgl. § 8 RdNr. 4.

2. Beschlußfassung und Anmeldung nach § 6 Abs. 1a S. 2. Ist das nach § 6 Abs. 1a S. 2 **120** VermG erforderliche **Quorum** für die Rückgabe des Unternehmens bzw. von Anteilen oder Mitgliedschaftsrechten des rückgabeberechtigten Unternehmens **zustandegekommen** und besteht der ehedem geschädigte Unternehmensträger sodann nach Anmeldung des Rückgabeanspruchs für Zwecke der Rückgabe als in Auflösung befindlich fort, können nicht einzelne Gesellschafter, Mitglieder oder deren Rechtsnachfolger statt Rückgabe ihrer Anteile oder Mitgliedschaftsrechte Entschädigung wählen.[193a] Anders verhält es sich, wenn das erforderliche Rückgabe-Quorum nicht zustandekommt oder wenn der geschädigte Unternehmensträger selbst für eine Entschädigung optiert (§ 18 Abs. 2 URüV). Den Gesellschaftern, Mitgliedern oder deren Rechtsnachfolgern steht es insoweit frei, einen Entschädigungsanspruch gem. § 6 Abs. 6a S. 4 bzw. § 6 Abs. 7 VermG geltend zu machen.

3. Geltendmachung. Ein **Zusammenwirken** aller verfahrensrechtlich Berechtigten bei **121** der Stellung des Antrags auf Entschädigung ist **nicht erforderlich**. Entschädigungsansprüche der übrigen Gesellschafter, Mitglieder oder deren Rechtsnachfolger bestehen daher auch, wenn eine an sich berechtigte Person auf die Geltendmachung von Entschädigungsansprüchen verzichtet oder sich insgesamt verschweigt.

F. Schadensersatzansprüche des Berechtigten anläßlich der Rückübertragung

I. Ansprüche gegen den Verfügungsberechtigten

1. Allgemeines. Der Antrag auf Rückübertragung eines Unternehmens hat wie allge- **122** mein im vermögensrechtlichen Verfahren die Verpflichtung des Verfügungsberechtigten zur Folge, bestimmte Rechtsgeschäfte, nämlich eine Verfügung über das anmeldebelastete Unternehmen sowie die Eingehung langfristiger vertraglicher Verpflichtungen zu unterlassen (Einzelheiten dazu bei § 3 RdNr. 90 ff.; zur Veräußerung von Unternehmen vgl. insbesondere § 3 RdNr. 108 f.). Die **Unterlassungsverpflichtung** des § 3 Abs. 3 VermG ist Ausdruck der durch den Rückgabeantrag entstehenden Sonderverbindung zwischen Berechtigtem und Verfügungsberechtigtem.

[191b] AA *Messerschmidt* F/R/M/V RdNr. 585, der auch Rückgabeanträgen von Gesellschaftern, Mitgliedern oder deren Rechtsnachfolgern Sperrwirkung beimißt.

[192] *Czerwenka* S. 20 f.; Begründung zum Entwurf des PrHBG, BT-Drucks. 12/103, S. 30.

[193] Begründung z. Entwurf e. PrHBG, BT-Drucks. 12/103, S. 21, 30.

[193a] *Messerschmidt* F/R/M/S RdNr. 583; *Kimme-Nolting* RdNr. 190.

123 **2. Anspruchsgrundlagen.** Zuwiderhandlungen gegen die Unterlassungsverpflichtung führen zu einem Schadensersatzanspruch des Berechtigten gegen den Verfügungsberechtigten. Dieser ergibt sich regelmäßig nach den Grundsätzen der **pVV** aus einer schuldhaften Pflichtverletzung im Rahmen des gesetzlichen Schuldverhältnisses. Das Verhalten von Erfüllungsgehilfen muß sich der Verfügungsberechtigte gem. § 278 BGB zurechnen lassen. Daneben kommt ein Schadensersatzanspruch des Berechtigten wegen der Verletzung eines Schutzgesetzes gem. **§ 823 Abs. 2 BGB** bzw. bei Einschaltung eines Verrichtungsgehilfen auf Seiten des Verfügungsberechtigten aus § 831 BGB in Betracht. Die Vorschrift des § 3 Abs. 3 S. 1 VermG dient jedenfalls auch dem Schutz des Berechtigten vor einer Beeinträchtigung seines Rückgabeanspruches aus § 3 Abs. 1 S. 1 VermG und ist damit Schutzgesetz iSv. § 823 Abs. 2 BGB.[194]

124 Schadensersatzansprüche des Berechtigten aus dem **Eigentümer-Besitzer-Verhältnis** bzw. wegen Übernahmeverschuldens im Rahmen einer **Geschäftsführung ohne Auftrag** scheiden aus den oben bei § 3 RdNr. 133 genannten Gründen aus. Die nach § 3 Abs. 3 S. 6 Hs. 2 VermG für entsprechend anwendbar erklärte Vorschrift des § 679 BGB, nach der ein auftragsloser Geschäftsführer wegen Übernahmeverschuldens haftet, hat Bedeutung nur für die in Ausnahme zu § 3 Abs. 3 S. 1 VermG zulässigen Rechtsgeschäfte (vgl. § 3 Abs. 3 S. 2 VermG).[195]

125 **3. Verschuldensprüfung.** Die Schadensersatzansprüche aus dem Rechtsgrund der pVV bzw. aus der Verletzung eines Schutzgesetzes iSv. § 823 Abs. 2 BGB setzen jeweils ein schuldhaftes Handeln des Verfügungsberechtigten voraus. Anlaß für eine besonders sorgfältige Verschuldensprüfung besteht immer dann, wenn der Verfügungsberechtigte die der Unterlassungsverpflichtung zuwiderlaufenden Rechtsgeschäfte im Vertrauen auf die **(Rechts-)Auskünfte Dritter** eingegangen ist. Dies ist von Bedeutung insbesondere im Rahmen der Vergewisserungspflicht nach § 3 Abs. 5 VermG.[196]

126 Darüber hinaus kann die Feststellung des Verschuldens in den oben bei § 3 RdNr. 138 bezeichneten Sachverhalten Schwierigkeiten bereiten, also in den Fällen, in denen wegen der **gespaltenen Anmeldefrist** Unklarheiten bestehen, ob die Unterlassungsverpflichtung nach § 3 Abs. 3 S. 1 VermG nach dem 13. 10. 1990 trotz bis dahin fehlender Anmeldungen bis zum 31. 3. 1991 fortbestand, weil die Entziehung des betroffenen Vermögenswertes auf Maßnahmen in der NS-Zeit (§ 1 Abs. 2 lit. a AnmVO; § 1 Abs. 6 VermG) bzw. auf rechtsstaatswidrigen Strafverfahren (§ 1 Abs. 2 lit. b AnmVO; § 1 Abs. 7 VermG) beruhen konnte. War dies nicht auszuschließen, trafen den Verfügungsberechtigten Erkundigungspflichten, denen im Regelfall durch Einsichtnahme in die Grundakten oder Aufklärung der Unternehmensgeschichte nachzukommen war.

127 Die **gesetzlichen Vertreter** der aus der Umwandlung nach § 11 Abs. 2 TreuhG hervorgegangenen verfügungsberechtigten **Gesellschaften im Aufbau** haben wie die Mitglieder des Vorstandes einer Aktiengesellschaft bzw. die Geschäftsführer einer Gesellschaft mit beschränkter Haftung mit der Sorgfalt eines ordentlichen und gewissenhaften Geschäftsleiters zu handeln (vgl. §§ 16 Abs. 2 S. 1 TreuhG; 4 Abs. 1 S. 1 URüV iVm. 93 Abs. 1 S. 1 AktG, 43 Abs. 1 GmbHG).[197]

II. Ansprüche gegen die gesetzlichen Vertreter des Verfügungsberechtigten

128 **1. Allgemeines.** Zweifelhaft erscheint, ob der Berechtigte neben den Ansprüchen gegen den Verfügungsberechtigten unmittelbar Schadensersatzansprüche gegen die gesetzlichen Vertreter der Verfügungsberechtigten geltend machen kann. Grundsätzlich bestehen derartige Ansprüche nicht. Vielmehr **haften die gesetzlichen Vertreter nur gegenüber dem**

---

[194] Zu den Anforderungen an ein Schutzgesetz vgl. *Palandt-Thomas* § 823 RdNr. 41.
[195] Vgl. dazu § 3 RdNr. 193.
[196] Zu den Anforderungen an die Vergewisserungspflicht vgl. § 3 RdNr. 207 ff.
[197] Dazu näher *Busche* Rechtshandbuch B 200 § 16 RdNr. 5 f.

Unternehmensträger als Verfügungsberechtigtem (vgl. §§ 93 Abs. 2 S. 1 AktG, 43 Abs. 2 GmbHG). Der Berechtigte ist danach darauf verwiesen, etwaige Schadensersatzansprüche nach Rückgabe durch den Unternehmensträger geltend machen zu lassen.

2. Regelungen der URüV. a) Inhalt. Die Unternehmensrückgabeverordnung enthält unter Durchbrechung der vorgenannten Grundsätze in § 4 Abs. 1 S. 1 die Bestimmung, daß die **gesetzlichen Vertreter** der durch Umwandlung nach § 11 Abs. 2 TreuhG aus den ehemals volkseigenen Wirtschaftseinheiten entstandenen Gesellschaften im Aufbau dem Berechtigten **unmittelbar** für Schäden **haften**, die dadurch entstehen, daß die gesetzlichen Vertreter nach Umwandlung des Unternehmens in eine private Rechtsform bei ihrer Geschäftsführung die Sorgfalt eines ordentlichen und gewissenhaften Geschäftsleiters nicht angewandt haben. In Satz 2 und 3 des § 4 Abs. 1 URüV werden sodann die allgemeinen gesellschaftsrechtlichen Grundsätze wiederholt, nach denen mehrere Mitglieder des Vertretungsorgans als Gesamtschuldner haften (vgl. auch §§ 93 Abs. 2 S. 1 AktG, 43 Abs. 2 GmbHG) und nach denen die Beweislast für ordnungsgemäßes Handeln den gesetzlichen Vertretern obliegt (§ 93 Abs. 2 S. 2 AktG). Schließlich weist § 4 Abs. 2 URüV zur Klarstellung auf die Regelung des § 16 Abs. 2 S. 2 und 3 TreuhG hin: Danach haftet die **Treuhandanstalt** für Schäden aus Pflichtverletzungen der gesetzlichen Vertreter im Wege der **Haftungsübernahme** an deren Stelle sowohl gegenüber der Gesellschaft als auch gegenüber Dritten, also auch gegenüber dem antragstellenden Berechtigten.[198] Damit soll die Handlungsbereitschaft der gesetzlichen Vertreter gefördert werden. Allerdings bleiben Regreßansprüche der Treuhandanstalt/BVS gegen die gesetzlichen Vertreter aufgrund anderer Rechtsvorschriften (etwa aus § 670 BGB) unberührt. Um eine Aushöhlung des Gesetzeszweckes zu verhindern, ist es jedoch geboten, den Rückgriff nur bei grob fahrlässigen bzw. vorsätzlichen Pflichtverletzungen zuzulassen.[199]

b) Bedenken. Die Regelung des § 4 Abs. 1 S. 1 URüV, die zu einer unmittelbaren Haftung der gesetzlichen Vertreter der zurückzugebenden Gesellschaft führt, begegnet im Ansatz grundsätzlichen Bedenken. Sie geht über den Inhalt des § 16 Abs. 2 S. 2 TreuhG hinaus und enthält nicht lediglich eine Verfahrensregelung zur Durchführung der Unternehmensrestitution. Vielmehr führt sie dazu, daß die gesetzlichen Vertreter des zurückzugebenden Unternehmens bei ihrer Geschäftsführung die Sorgfalt eines ordentlichen und gewissenhaften Geschäftsleiters nicht nur gegenüber dem Unternehmen, sondern auch gegenüber dem Berechtigten anzuwenden haben. Diese **materielle Erweiterung des Haftungsmaßstabs** geht über eine bloße Verfahrensregelung oder Klarstellung weit hinaus und ist daher durch die Verordnungsermächtigung des § 6 Abs. 9 VermG nicht mehr gedeckt. Etwas anderes ergibt sich auch nicht aus § 3 Abs. 3 S. 6 VermG,[200] wonach dem Berechtigten ein Schadensersatzanspruch bei mangelnder Wahrung seiner Interessen anläßlich von Notgeschäftsführungsmaßnahmen zusteht. Diese Vorschrift betrifft die Haftung des Verfügungsberechtigten, nicht aber diejenige seiner gesetzlichen Vertreter.

G. Ansprüche bei ausgeschlossener Restitution (Abs. 6a und 7)

I. Rückübertragungsausschluß gem. § 4 Abs. 1 S. 2 VermG

1. Singularrestitution. a) Inhalt. Soweit die Unternehmensrückgabe ausgeschlossen ist, weil der Geschäftsbetrieb des entzogenen Unternehmens ganz oder teilweise eingestellt worden ist und die tatsächlichen Voraussetzungen für dessen Wiederaufnahme fehlen (§ 4 Abs. 1 S. 2 VermG), hat der Berechtigte iSv. § 6 Abs. 1a VermG einen Anspruch auf Singularrestitution aller oder auch nur einzelner **Vermögensgegenstände**,

---

[198] Dazu *Weimar* ZIP 1992, 73, 82; *Busche* Rechtshandbuch B 200 § 16 RdNr. 6.
[199] *Busche* Rechtshandbuch B 200 § 16 RdNr. 6.
[200] AA *Wellhöfer* Rechtshandbuch B 101 § 4 RdNr. 4.

die sich im **Zeitpunkt der Schädigung in seinem Eigentum** befanden **oder an deren Stelle getreten** sind (§ 6 Abs. 6a S. 1 Hs. 1 VermG) und am 29. 9. 1990 noch im Eigentum des Verfügungsberechtigten standen.[201] Zug um Zug gegen Rückgabe der Gegenstände haben die Gesellschafter oder Mitglieder des Berechtigten oder deren Rechtsnachfolger die ihnen anläßlich der Schädigung tatsächlich zugeflossenen Geldleistungen im Verhältnis 2 Mark der DDR zu 1 DM an den Verfügungsberechtigten zurückzuzahlen (§ 6 Abs. 6a S. 1 Hs. 2 VermG). Die **Rückzahlungsverpflichtung** ist allerdings begrenzt auf den Wert der Beteiligung des Gesellschafters oder Mitglieds nach § 11 Abs. 1 S. 1 oder 4 DMBilG[201a] abzüglich der nach § 6 Abs. 6a S. 2 VermG zu übernehmenden Schulden. Mit dieser durch Art. 10 Nr. 2a EALG in das VermG inkorporierten Regelung, die derjenigen zur Unternehmensrestitution in § 8 Abs. 1 S. 1 URüV entspricht, will der Gesetzgeber eine Gleichbehandlung der ersatzweisen Singularrestitution mit den Fällen der Unternehmensrestitution erreichen.[201b] Vor Inkrafttreten des EALG bestand eine Rückzahlungsverpflichtung bei Singularrestitution erst im Rahmen eines späteren Entschädigungsverfahrens.[201c]

131a Die in § 4 Abs. 1 S. 2 VermG vorausgesetzte **Einstellung des Geschäftsbetriebs** ist allein im Hinblick auf das ursprünglich herausverlangte Unternehmen relevant. Vorbehaltlich eines Rückübertragungsausschlusses nach §§ 4, 5 VermG ist es für die vorrangige Frage der Einstellung des Geschäftsbetriebs unschädlich, wenn die der subsidiären Singularrestitution unterliegenden Gegenstände im Zeitpunkt der Rückgabeentscheidung dem Geschäftsbetrieb des Verfügungsberechtigten dienen.[202] Dessen Unternehmen ist nicht Gegenstand des eigentlichen Rückgabeverlangens, so daß es auf die Geschäftstätigkeit dieses Unternehmens nicht ankommt. Soll der Geschäftsbetrieb eines für Zwecke der Restitution wiederauflebenden Unternehmensträgers iSv. § 6 Abs. 1a S. 2 VermG nicht fortgesetzt werden, kann dieser gem. § 6 Abs. 10 S. 6 VermG verlangen, daß die Rückgabe der einzelnen Vermögensgegenstände unmittelbar an die Gesellschafter bzw. ihre Rechtsnachfolger erfolgt.[202a]

132 Die an die Stelle eines im Zeitpunkt der Schädigung vorhandenen Vermögensgegenstandes getretene Sache (Mobilie oder Immobilie) muß diese funktionell ersetzt haben.[203] Der Grundsatz der unmittelbaren **Surrogation** erfordert nicht, daß es sich um den gleichen Gegenstand handelt. Unschädlich ist es daher, wenn etwa eine Maschine durch ein moderneres und leistungsfähigeres Gerät ersetzt worden ist. Maßgebend ist allein, daß die Sache bei wirtschaftlicher Betrachtung (vgl. § 6 Abs. 1 S. 1 Hs. 1 VermG) im Unternehmen die Funktion des nicht mehr vorhandenen Vermögensgegenstandes übernommen hat. Dies gilt auch für Grundstücke.[204] Bestehen zwischen dem ursprünglich im Eigentum des Berechtigten stehenden Vermögenswert und dem an seine Stelle getretenen Wertdifferenzen, so sind diese nach dem Rechtsgedanken des § 21 Abs. 4 VermG auszugleichen.[205] Darüber hinaus findet ein Ausgleich wesentlicher Änderungen der Vermögens- und Ertragslage (§ 6 Abs. 2 bis 4 VermG) nicht statt, da diese voraussetzungsgemäß an die Rückgabe des Unternehmens gebunden ist (vgl. § 6 Abs. 1 S. 2 iVm. S. 1 VermG).[205a]

---

[201] Dazu BVerwG VIZ 1994, 187; zur Singularrestitution der Gesamtvollstreckung über das Unternehmen vgl. § 3b RdNr. 9.
[201a] Vgl. dazu bereits RdNr. 111.
[201b] Vgl. Beschlußempfehlung und Bericht des Finanzausschusses, BT-Drucks. 12/7588, S. 47f.
[201c] BVerwG VIZ 1994, 187, 188.
[202] *Bernhardt* VIZ 1993, 327, 330; aA *Preu* DB 1993, 521, 523.
[202a] Im Ergebnis ebenso VG Dessau ZOV 1993, 197, 198, das jedoch § 16 Abs. 10 S. 6 VermG nur analog anwenden will; entgegen dortiger Ansicht setzt die Vorschrift jedoch nicht die Rückgabe eines lebenden Unternehmens voraus, sondern trifft nur Sonderregelungen für den anspruchstellenden Berechtigten iSv. § 6 Abs. 1a S. 2 VermG; aA *Bernhardt* R/R/B RdNr. 225.
[203] BVerwG ZIP 1994, 1148, 1149; *Horn* S. 947; so wohl auch *Messerschmidt* VIZ 1993, 5, 7; undeutlich auch *Bernhardt* VIZ 1993, 327, 329.
[204] BVerwG ZIP 1994, 1148, 1148f.; zweifelnd *Messerschmidt* VIZ 1993, 5, 7; undeutlich VG Magdeburg VIZ 1993, 507, 508.
[205] AA BVerwG ZIP 1994, 1148, 1149; *Messerschmidt* VIZ 1993, 5, 7, die bei wesentlichen Wertdifferenzen den Surrogationsgedanken verwerfen; ebenso VG Magdeburg VIZ 1993, 507, 508.
[205a] BMJ URüL Ziff. 4.3.5; *Bernhardt* VIZ 1993, 327, 331; vgl. auch BVerwG ZIP 1994, 1148, 1149.

b) Ausschluß. Der Anspruch auf Singularrestitution besteht jedoch nicht, wenn **andere** **133** **Gläubiger** des Verfügungsberechtigten Ansprüche gegen den Verfügungsberechtigten haben und die Restitution zu einer Schmälerung der Haftungsmasse führt.[206] Dies gilt nicht, wenn es sich bei dem Gläubiger unmittel- oder mittelbar aufgrund gesellschaftsrechtlicher Beteiligungen an Personenhandels- oder Kapitalgesellschaften um den Bund, Länder, Gemeinden oder andere juristische Personen des öffentlichen Rechts handelt (§ 6 Abs. 6a S. 2 VermG). Der Ausschluß des Drittgläubigervorrechtes besteht nach Sinn und Zweck allerdings nur, soweit die Geltendmachung des Anspruchs zu einer dauerhaften Bereicherung des Staates oder seiner Untergliederungen führt. Dies ist etwa bei Treuhandtochterunternehmen, die zur Privatisierung anstehen, nicht der Fall[207] und gilt auch nicht für Gesellschaften, bei denen die Beteiligung der öffentlichen Hand keinen beherrschenden Einfluß erlaubt. Die Vorschrift des § 9 VermG ist entsprechend anzuwenden, wenn ein Grundstück wegen Schmälerung der Haftungsmasse nicht herausgegeben werden kann (§ 6 Abs. 6a S. 3).

Fraglich ist, ob mit § 6 Abs. 6a S. 2 VermG ein **genereller Rückforderungsausschluß** **134** statuiert ist. Dies ist insoweit **zu verneinen**, als die Vorschrift lediglich eine Benachteiligung privater Gläubiger des Unternehmens vereiteln soll. Es wird daher vertreten, eine Herausgabe könne nur wegen Gläubigerbenachteiligung in der Gesamtvollstreckung verweigert werden.[208] Dies würde im Ergebnis ggfls. zu einem „Wettlauf" der Berechtigten führen, sofern mehrere Einzelrestitutionsberechtigte vorhanden sind: Nur derjenige Berechtigte, der rechtzeitig die Singularrestitution betreibt, wäre zu bedienen; später geltend gemachte Ansprüche wären dagegen zurückzuweisen, wenn eine ausreichende Haftungsmasse zur Befriedigung vorrangiger Gläubiger nicht mehr zur Verfügung steht.[209] Im Interesse einer gleichmäßigen Behandlung sowohl der Rückgabeberechtigten als auch der bevorrechtigten Gläubiger ist daher grundsätzlich an dem generellen Rückgabeausschluß festzuhalten. Allerdings ist ein Rückgabeausschluß zur Vermeidung einer Drittgläubigerbenachteiligung dann nicht erforderlich, wenn der zur Singularrestitution Berechtigte in Höhe des Wertes des Restitutionsgegenstandes Sicherheit analog §§ 372ff. BGB leistet oder sich im Falle einer unzureichenden Haftungsmasse gegenüber dem Verfügungsberechtigten zur Befriedigung der anteilig dem Vermögenswert zuzuordnenden Gläubigeransprüche bereit erklärt.[210]

c) „Nachgeschaltete" Enteignungen iSv. § 3 Abs. 1 S. 4. Die vorgenannten Grundsätze **135** gelten mit Ausnahme des Gläubigervorrangs nach § 6 Abs. 6a S. 2 VermG entsprechend für die von § 3 Abs. 1 S. 4 VermG erfaßten „nachgeschalteten" Enteignungen einzelner Vermögensgegenstände. Ist in diesen Fällen die Restitution des Unternehmens nach § 4 Abs. 1 S. 2 VermG ausgeschlossen, erstreckt sich der Anspruch auf Singularrestitution auch auf die **dem Unternehmen nach Enteignung des Berechtigten entzogenen Vermögenswerte**, sei es auch, daß diese erst nach der Enteignung angeschafft wurden (§ 3 Abs. 1 S. 5 iVm. § 6 Abs. 1a S. 1 VermG).

2. Erlös/Verkehrswert. Hat der Verfügungsberechtigte die der Singularrestitution unterliegenden Gegenstände nach dem 29. 9. 1990 wirksam veräußert und ist ihm die Rück- **136**

---

[206] *Kimme-Nolting* RdNr. 397f.; einschränkend *Barkam-Wittmer* R/R/B § 4 RdNr. 9; zu weitgehend Begründung z. Entwurf e. PrHBG, BT-Drucks. 12/103, S. 30, die allein auf die Existenz von Gläubigern abstellt.

[207] Vgl. in diesem Sinne *Wellhöfer* Rechtshandbuch B 100 RdNr. 244; *Messerschmidt* F/R/M/S RdNr. 614; im Ergebnis auch Arbeitsanleitung der Treuhandanstalt, ZIP 1991, 1518, 1523 (Ziff. 3.1); aA wohl auch *Bernhardt* R/R/B RdNr. 163.

[208] BMJ URüL Ziff. 4.3.

[209] *Wellhöfer* Rechtshandbuch B 100 RdNr. 245.

[210] VG Magdeburg VIZ 1993, 560, 561; vgl. auch BMJ URüL Ziff. 4.3.7; *Kimme-Nolting* RdNr. 407; darüber hinaus wird zum Teil die vollständige (*Wellhöfer* Rechtshandbuch B 100 RdNr. 246) oder anteilige (Arbeitsanleitung der Treuhandanstalt, Ziff. 3.2, ZIP 1991, 1519, 1523; *Czerwenka* S. 49) Übernahme der Verbindlichkeiten des Verfügungsberechtigten bzw. eine entsprechende Geldzahlung an den Verfügungsberechtigten verlangt (vgl. auch *Messerschmidt* F/R/M/S RdNr. 615ff.; *Bernhardt* VIZ 1993, 327, 330); ablehnend VG Leipzig ZIP 1994, 1204, 1205f.

gabe dadurch nicht möglich, können die Berechtigten, gemeint sind im Falle des § 6 Abs. 1a S. 3 die Gesellschafter oder Mitglieder des geschädigten Rechtsträgers bzw. deren Rechtsnachfolger, ansonsten der Berechtigte iSv. § 6 Abs. 1a S. 1, 2 VermG, nach Maßgabe des § 6 Abs. 6a S. 2 VermG auch anteilmäßige Herausgabe des Erlöses, ersatzweise Zahlung des Verkehrswertes im Zeitpunkt der Veräußerung verlangen (§ 6 Abs. 6a S. 4 und 5 VermG). Soweit der Kaufpreis durch **zusätzliche Leistungen** des veräußernden Verfügungsberechtigten (Altlastenübernahme/Sozialplankosten etc.) erhöht ist, sind diese Beträge von dem Erlös abzuziehen, wenn sie ihre Ursache in Vorgängen vor dem Zeitpunkt der Schädigung des Berechtigten haben.[211] Dem Berechtigten soll nämlich nur der im Kaufpreis verkörperte Wert des Unternehmens zufließen. Dagegen ist der Erlös in vollem Umfang an den Berechtigten herauszugeben, falls mit den zusätzlich vergüteten Leistungen Verschlechterungen des Unternehmens ausgeglichen werden, die nach der Schädigung eingetreten sind und dem Berechtigten daher im Falle der Rückgabe nach § 6 Abs. 2 und 4 auszugleichen sind.[212] Der Verkehrswert kann verlangt werden, wenn entweder ein Erlös nicht erzielt worden ist oder dieser den Verkehrswert unterschreitet.

137 **3. Entschädigung.** Der jeweils Berechtigte ist nicht zwingend auf die Singularrestitution bzw. den Erlös oder Verkehrswert verwiesen. Er „kann" dies verlangen, daneben innerhalb der in § 8 Abs. 1 VermG bestimmten Frist aber auch Entschädigung beanspruchen (arg. § 6 Abs. 7 S. 3 VermG). Der Entschädigungsanspruch richtet sich nach **§ 6 Abs. 7 VermG als lex specialis** für die Rückgabe von Unternehmen iVm den Regelungen des Entschädigungsgesetzes.[212a] Das ist auch dann der Fall, wenn eine Singularrestitution wegen eines Gläubigervorrechtes ausscheidet.[213] Die Höhe des Entschädigungsanspruchs bestimmt sich nach Maßgabe des Art. 1 EALG, wobei ein im Zusammenhang mit den Maßnahmen nach § 1 VermG tatsächlich gezahlter **Kaufpreis oder Ablösungsbetrag** im Verhältnis zwei Mark der DDR zu einer DM umzurechnen und vom Entschädigungsbetrag abzusetzen ist (§ 6 Abs. 7 S. 2 VermG). Der Anrechnung unterliegen nur Beträge, die an den Berechtigten geflossen sind.[214] Dies ergibt sich aus dem Umstand, daß die Entschädigung nach § 6 Abs. 7 VermG für die vom Berechtigten iSv. § 6 Abs. 1a VermG begehrte, aber ausgeschlossene Unternehmensrestitution gewährt wird. Leistungen im Rahmen der Singularrestitution nach § 6 Abs. 6a VermG werden auf einen verbleibenden Entschädigungsanspruch voll angerechnet (§ 6 Abs. 7 S. 3 VermG).

II. Rückübertragungsausschluß bei Veräußerung bzw. nach § 6 Abs. 1a S. 3 VermG

138 **1. Veräußerung. a) Erlös/Verkehrswert.** Sofern der Verfügungsberechtigte das Unternehmen nach dem 29. 9. 1990 wirksam – ganz oder teilweise – an einen Dritten veräußert hat, kann der Berechtigte iSv. § 6 Abs. 1a VermG vom Verfügungsberechtigten die Zahlung eines Geldbetrages entsprechend seinem Anteil am Erlös aus der Veräußerung verlangen (§ 6 Abs. 6a S. 4 VermG).[215] Ist ein Erlös entweder nicht erzielt worden oder unterschreitet dieser den Verkehrswert, den das Unternehmen im Zeitpunkt der Veräußerung hatte, kann der Berechtigte anteilige Zahlung des Verkehrswertes verlangen (§ 6 Abs. 6a S. 5 VermG).

139 **b) Entschädigung.** Anstelle des Anspruches auf den Erlös bzw. den Verkehrswert besteht innerhalb der in § 8 Abs. 1 VermG bestimmten Frist **wahlweise** (§ 6 Abs. 6a S. 4 aE

---

[211] *Wasmuth* BRAK-Mitt. 1991, 116, 126; für generellen Abzug dagegen *Wellhöfer* Rechtshandbuch B 100 RdNr. 250; *Messerschmidt* F/R/M/S RdNr. 632; BMJ URüL Ziff. 8.2.

[212] *Wasmuth* BRAK-Mitt. 1991, 116, 126.

[212a] VG Dessau ZOV 1993, 197, 198; BMJ URüL Ziff. 4.3.2; *Kimme-Nolting* RdNr. 435 ff.

[213] *Czerwenka* S. 48 f.; aA *Wellhöfer* Rechtshandbuch B 100 RdNr. 248; *Fieberg-Reichenbach* F/R/M/S § 4 RdNr. 24.

[214] *Barkam* R/R/B (Grundwerk) RdNr. 132; aA *Wellhöfer* Rechtshandbuch B 100 RdNr. 239; *Bernhardt* R/R/B RdNr. 181, die eine Anrechnungspflicht auch bei Zahlungen an Gesellschafter oder Mitglieder des Berechtigten annehmen.

[215] *Wellhöfer* Rechtshandbuch B 100 RdNr. 249; *Czerwenka* S. 49 f.

VermG) ein Anspruch auf Entschädigung. Der Entschädigungsanspruch richtet sich nach § 6 Abs. 7 VermG iVm Art. 1 EALG, wobei ein im Zusammenhang mit den Maßnahmen nach § 1 VermG an den Berechtigten gezahlter Kaufpreis oder Ablösungsbetrag im Verhältnis zwei Mark der DDR zu einer DM umzurechnen und vom Entschädigungsbetrag abzusetzen ist (§ 6 Abs. 7 S. 2 VermG).

2. Nichterreichen des Quorums (§ 6 Abs. 1a S. 3). Die vorgenannten Grundsätze gelten ebenso für die Ansprüche der Gesellschafter, Mitglieder oder Rechtsnachfolger des geschädigten Rechtsträgers auf Zahlung eines ihrem Anteil im Zeitpunkt der Schädigung entsprechenden Geldbetrages aus dem Veräußerungserlös, wenn das für die Geltendmachung des Rückgabeanspruchs nach § 6 Abs. 1a S. 2 VermG erforderliche Quorum nicht erreicht worden ist und die Unternehmensrückübertragung deshalb ausgeschlossen ist (§ 6 Abs. 1a S. 3 VermG).[216] Staatliche Beteiligungen, die nach § 6 Abs. 5c S. 1 VermG an sich den Gesellschaftern des geschädigten Unternehmensträgers oder deren Rechtsnachfolgern zustehen, sind für Zwecke der Ermittlung des Erlösherausgabeanspruchs dem Anteil der Berechtigten zuzurechnen.[217] In den Fällen des Rückübertragungsausschlusses bei Unternehmen mit staatlichen Zwangsbeteiligungen reduziert sich der Erlösherausgabeanspruch jedoch um den Betrag der zurückzuzahlenden Einlagen bzw. Vergütungen (dazu RdNr. 106ff.). Soweit das **Unternehmen nicht veräußert** ist, entfällt ein Anspruch auf den Erlös, so daß die Berechtigten – wahlweise neben dem Anspruch auf Entschädigung nach § 6 Abs. 7 VermG – von vornherein auf den anteiligen Verkehrswert verwiesen sind.[218] Der Fall entspricht wertungsmäßig den Sachverhalten, bei denen anläßlich einer Veräußerung ein Erlös „nicht erzielt" wird (§ 6 Abs. 6a S. 5, 1. Alt. VermG).[219] Mit der Regelung des § 6 Abs. 6a S. 4 VermG hat der Gesetzgeber zu erkennen gegeben, daß der Berechtigte im Ergebnis nicht auf den im Regelfall niedrigeren Entschädigungsanspruch verwiesen sein soll. Da andererseits der Verfügungsberechtigte nicht zur Veräußerung des Unternehmens gezwungen werden kann, steht dem Berechtigten jedenfalls ein Anspruch auf den Verkehrswert zu. Dem Verfügungsberechtigten steht zur Finanzierung seiner Zahlungsverpflichtung wertmäßig das Unternehmen zur Verfügung.[220]

III. Rückübertragungsausschluß gem. § 6 Abs. 1 S. 1 VermG/Wahl der Entschädigung

Sofern die Rückgabe des Unternehmens wegen fehlender Vergleichbarkeit mit dem ursprünglich enteigneten Unternehmen ausscheidet (§ 6 Abs. 1 S. 1 VermG) oder der Berechtigte Entschädigung gewählt hat, besteht ein Anspruch auf Entschädigung nach Maßgabe des Art. 1 EALG (§ 6 Abs. 7 VermG).[221] Es gelten die oben RdNr. 137 beschriebenen Grundsätze.

IV. Rückübertragungsausschluß infolge Gesamtvollstreckung bzw. Liquidation

Hat der Verfügungsberechtigte unter Verstoß gegen § 3 Abs. 3 S. 6, 7 und 9 VermG die **Gesamtvollstreckung nicht abgewendet**, können die Berechtigten anteilig die **Zahlung des Verkehrswertes** der Vermögensgegenstände verlangen, die von der Gesamtvollstreckung betroffen waren, es sei denn, dadurch wird die Haftungsmasse des Verfügungsberechtigten im Hinblick auf Ansprüche anderer Privatgläubiger geschmälert (§ 6 Abs. 6a S. 6 iVm. S. 2 VermG; dazu bereits RdNr. 133f.). Soweit aufgrund der Gesamtvollstreckung die Rückgabe des Unternehmens ausgeschlossen ist, besteht daneben ein **Entschädigungsanspruch nach § 6 Abs. 7 VermG**; Leistungen nach § 6 Abs. 6a S. 6 VermG werden auf den Entschädigungsanspruch angerechnet.[222]

---

[216] Vgl. auch RdNr. 60ff.
[217] *Heilmann* VIZ 1993, 51, 53.
[218] *Wellhöfer* Rechtshandbuch B 100 RdNr. 259.
[219] *Kimme-Nolting* RdNr. 145, 424; aA offenbar BMJ URüL Ziff. 8.5.
[220] Ablehnend *Messerschmidt* F/R/M/S RdNr. 644.

[221] Zur Unternehmensbewertung vgl. Ministerium der Finanzen, Hinweise zur Bewertung von Unternehmen, abgedruckt in: Bewertung von Unternehmen in der DDR, 1990, S. 9ff.; *Scheifele* BB 1991, 629ff.
[222] Vgl. dazu RdNr. 137.

143 Entsprechendes hat zu gelten, wenn das Unternehmen infolge **pflichtwidriger Liquidation** (§ 3 Abs. 3 S. 6 und 7 VermG) nicht mehr zurückgegeben werden kann, weil mit der Verteilung des Vermögens begonnen wurde.

H. Überprüfung abgeschlossener Unternehmensrückgaben (Abs. 8)

I. Allgemeines

144 Nach § 6 Abs. 8 VermG hat der Berechtigte in den Fällen des § 1 Abs. 1 lit. d ein Recht auf Überprüfung der schon vor dem Zeitpunkt des Inkrafttretens des Vermögensgesetzes nach §§ 17ff. UnternehmensG[223] erfolgten Unternehmensrückgaben (§ 14 Abs. 1 S. 2 URüV). „**Berechtigter**" iSv. § 6 Abs. 8 VermG ist im Gegensatz zu § 6 Abs. 1a VermG nur der nach § 17 Abs. 1 S. 1 UnternehmensG antragsberechtigte ehemalige private Gesellschafter oder Inhaber oder dessen Erbe.[224] Nach dem eindeutigen Wortlaut besteht das Recht auf Überprüfung nur, wenn die **Rückgabe** an den Berechtigten „**erfolgt**" ist, nicht aber, wenn dessen Antrag abschlägig beschieden wurde (vgl. § 14 Abs. 1 S. 1 URüV). Dabei gilt gem. § 13 Abs. 2 S. 2 URüV die Rückgabe eines Unternehmens nach §§ 17ff. Unternehmensgesetz schon dann als erfolgt, wenn diese iSd. § 13 Abs. 1 URüV im Zeitpunkt des Inkrafttretens des Vermögensgesetzes noch nicht (vollständig) vollzogen war.[225] Allerdings muß die behördliche Rückgabeentscheidung vor dem 29. 9. 1990 getroffen, die Umwandlungserklärung vor dem 1. 9. 1991 notariell beurkundet und die Registereintragung erfolgt sein oder letztere bis spätestens 30. 6. 1991 vom Berechtigten beantragt worden sein. Umwandlungserklärungen, die ohne Beachtung des Erfordernisses notarieller Beurkundung (§ 19 Abs. 5 S. 2 UnternehmensG) abgegeben wurden, sind ohne Einfluß auf die Wirksamkeit der Rückgabe, wenn die durch Umwandlung gegründete Gesellschaft in das Register eingetragen wurde (Art. 231 § 7 Abs. 4 EGBGB idF des RegVBG).

II. Entstehungsgeschichte

145 Die Vorschrift des § 6 Abs. 8 VermG behandelt einen spezialgesetzlich geregelten Fall des Wiederaufgreifens des Verwaltungsverfahrens. Nach §§ 17 ff. UnternehmensG bestand ein Recht auf Unternehmensrückgabe nur in bezug auf Enteignungen auf der Grundlage des seinerzeit unveröffentlichten Ministerratsbeschlusses vom 9. 2. 1972[226] und ohne daß dem Rückgabeberechtigten Ausgleichsansprüche wegen wesentlicher Verschlechterung der Vermögens- und Ertragslage zustanden. Das **Unternehmensgesetz** sah nur vor, daß der Zustand wiederhergestellt wird, der vor Durchführung der Maßnahmen nach § 1 Abs. 1 lit. d VermG Bestand hatte.[227] Dieser war in der Mehrzahl der Fälle durch unterschiedlich hohe Zwangsbeteiligungen des Staates an seinerzeit noch bestehenden Privatunternehmen gekennzeichnet.[228] Die aufgrund Rückerwerbs und Umwandlung wiederauflebenden Beteiligungen des Staates konnten von dem früheren Eigentümer nur

---

[223] Gesetz über die Gründung und Tätigkeit privater Unternehmen und über Unternehmensbeteiligungen v. 7. 3. 1990, GBl. I Nr. 17 S. 141; geänd. GBl. 1990 I Nr. 38 S. 483; §§ 17 bis 21 außer Kraft getreten aufgrund § 39 Nr. 10 VermG.
[224] *Wellhöfer* Rechtshandbuch B 101 § 14 RdNr. 3; *Messerschmidt* F/R/M/S RdNr. 678; aA *Kimme-Nolting* RdNr. 483 (Unternehmensträger).
[225] Wohl auch *Czerwenka* S. 51.
[226] Anh. III/31
[227] Zum Unternehmensgesetz vgl. *Hebing* BB-Beil. 18 zu Heft 13/1990, S. 1 ff.; *ders.*, in: Hebing (Hrsg.), Investitionsbedingungen und Eigentumsfragen in der ehemaligen DDR nach dem Staatsvertrag, 1990, S. 1, 7 ff. = BB-Beil. 21 zu Heft 16/1990, S. 45, 49ff.; *Petter-Schade* DB-DDR-Report 1990, S. 3023f.; *Weinhardt-Wolters* EWS 1990, 47f.; *Niederleithinger* ZIP 1991, 62ff.
[228] Vgl. VO über die Bildung halbstaatlicher Betriebe v. 26. 3. 1959, GBl. I Nr. 19 S. 253; Anordnung über die Umbewertung der Grundmittel in den Betrieben mit staatlicher Beteiligung v. 14. 11. 1966, GBl. II Nr. 129 S. 816. Dazu: *Hebing*, in: ders. (Hrsg.), Investitionsbedingungen und Eigentumsfragen in der ehemaligen DDR nach dem Staatsvertrag, 1990, S. 45, 47 = BB-Beil. 21 zu Heft 16/1990, S. 1, 4; *Niederleithinger* ZIP 1991, 205, 206; *Barkam* R/R/B (Grundwerk) RdNr. 8ff.

durch Rückkauf der Anteile beseitigt werden (§ 19 Abs. 2 S. 4 UnternehmensG). Um den vom Unternehmensgesetz begünstigten Personenkreis nicht gegenüber Antragstellern gem. § 6 VermG zu benachteiligen, ist ihnen vom Gesetzgeber das Recht auf Überprüfung und gegebenenfalls Anpassung der Rückgabebedingungen nach den Vorschriften des VermG eingeräumt worden.[229]

III. Verfahren

1. Antrag. Die Überprüfung nach § 6 Abs. 8 VermG setzt die Stellung eines Antrags bei der örtlich zuständigen Behörde, dem jeweiligen Landesamt zur Regelung offener Vermögensfragen (§ 15 Abs. 1 S. 2 URüV), voraus. Der Antrag, der nur bis zum Ablauf von sechs Monaten nach Inkrafttreten des RegVBG, also bis zum 24. 6. 1994 gestellt werden konnte (§ 30a Abs. 2 VermG idF d. RegVBG), wird grundsätzlich wie ein Antrag auf Rückgabe des Unternehmens behandelt (§ 14 Abs. 2 S. 1 URüV). Die Unternehmensrückgabe wird also nach den Maßstäben des Vermögensgesetzes vollständig – auch hinsichtlich der Berechtigung – überprüft, es sei denn, der Antragsteller beschränkt seinen Antrag von vornherein auf die Überprüfung einzelner Teile der seinerzeitigen Rückgabeentscheidung. Eine nachträgliche **Beschränkung oder Rücknahme des Antrags** nach § 6 Abs. 8 VermG ist bis zur Unanfechtbarkeit der Entscheidung des Vermögensamtes möglich (§ 14 Abs. 5 URüV). Auf diese Möglichkeit hat die Behörde den Antragsteller hinzuweisen, wenn sich bei der Überprüfung herausstellt, daß sich der Berechtigte aufgrund des Antrags nach § 6 Abs. 8 VermG schlechter stellt als bisher (§ 14 Abs. 5 URüV). 146

2. Anpassung nach der 2. DVO zum Unternehmensgesetz. Der Antrag auf Überprüfung kann nach § 14 Abs. 2 S. 2 URüV insbesondere beschränkt werden auf eine Anpassung nach der 2. DurchführungsVO zum UnternehmensG v. 13. 6. 1990.[230] In diesem Fall ist die **Behörde an die früher getroffene Entscheidung über die Berechtigung gebunden** (§ 14 Abs. 2 S. 3 URüV). Nach § 4 der 2. DurchführungsVO zum UnternehmensG konnten die ehemaligen Gesellschafter der Betriebe mit staatlicher Beteiligung, die Inhaber von Betrieben bzw. die Produktionsgenossenschaften des Handwerks beantragen, daß im Hinblick auf die DM-Eröffnungsbilanz eine Korrektur der nach § 3 der 2. DurchführungsVO iVm. § 5 der 1. DurchführungsVO zum UnternehmensG v. 8. 3. 1990[231] festgelegten Rückzahlungsverpflichtungen an den Staat, der Kapitaleinlagen bzw. der Forderungen des Staates vorgenommen wird. Obwohl die Durchführungsverordnungen mit dem Beitritt der DDR zum Geltungsbereich des Grundgesetzes außer Kraft getreten sind, sieht der Verordnungsgeber der URüV eine Überprüfung auf der Grundlage der 2. DurchführungsVO als sachgerecht an, da die Verordnung „Bestandteil des damals abgeschlossenen Vertrags" war.[232] Das vermag nicht zu überzeugen, da Anlaß für eine Überprüfung der damaligen Entscheidung nur bei nachträglicher Änderung der Sach- oder Rechtslage oder Vorliegen neuer Beweismittel besteht. Insoweit aber läßt § 6 Abs. 8 VermG nach Sinn und Zweck nur eine Überprüfung unter Anwendung des Vermögensgesetzes zu. Hat der Antragsteller es verabsäumt, seinerzeit eine Anpassung nach § 4 der inzwischen außer Kraft getretenen 2. DurchführungsVO zum UnternehmensG zu verlangen, so geht dies zu seinen Lasten. 147

3. Ausgleich bei wesentlicher Änderung der Vermögens- und Ertragslage. Für Zwecke der Überprüfung der Unternehmensrückgabe ist bei der Berechnung der Vermögens- und Ertragslage (§ 6 Abs. 2 bis 4 VermG) auch dann auf den 1. 7. 1990 und die für diesen Zeitpunkt aufzustellende **D-Markeröffnungsbilanz** abzustellen, wenn die Unternehmensrückgabe bereits vor dem 1. 7. 1990 erfolgt ist (§ 14 Abs. 4 S. 1 URüV). Allein die D-Markeröffnungsbilanz vermittelt ein den tatsächlichen Verhältnissen entsprechendes Bild der Vermögenslage, während etwa die per 30. 6. 1990 zu erstellende Schlußbilanz 148

---

[229] Erl.BReg., BT-Drucks. 11/7831, S. 8.
[230] GBl. I Nr. 34 S. 363.
[231] GBl. I Nr. 17 S. 144.

[232] Vgl. Begründung zu § 13 d. Entwurfs einer URüV, BR-Drucks. 283/91, S. 48.

noch nach den alten DDR-Bewertungsvorschriften[233] zu erstellen war. Auf die Abwicklung ist wegen der vergleichbaren Interessenlage § 6a Abs. 3 S. 1 VermG entsprechend anzuwenden.[233a]

149 **Schuldner** bei wesentlicher Verschlechterung der Vermögenslage ist, wer bei Abschluß einer Vereinbarung aufgrund § 19 Abs. 1 UnternehmensG unmittelbar oder mittelbar an dem volkseigenen Betrieb beteiligt war. Dies ergibt sich aus § 14 Abs. 4 S. 2 URüV, nach dem für die Bestimmung des Schuldners nach § 6 Abs. 1 VermG der Zeitpunkt des Vertragsschlusses maßgeblich ist. Diese Regelung war erforderlich, da bei Stellung des Antrags nach § 6 Abs. 8 VermG ein Verfügungsberechtigter iSd. Vermögensgesetzes nicht mehr existiert.

150 **4. Gegenleistungen.** Gegenleistungen, die der Berechtigte im Zuge der Rückgabe nach dem Unternehmensgesetz erbracht hat, sind in Anlehnung an die Regelung in Art. 7 § 1 Abs. 1 und 2 der Anlage I zum Vertrag über die Währungs-, Wirtschafts- und Sozialunion vom 18. 5. 1990[234] im Verhältnis zwei Mark der DDR zu einer DM **umzurechnen und zurückzugewähren** (§ 14 Abs. 4 S. 3 URüV).

151 **5. Wahlrecht auf Entschädigung.** Bis zur bestandskräftigen Entscheidung über den Antrag auf Überprüfung kann der Antragsteller auf eine Entschädigung nach § 6 Abs. 7 VermG übergehen (§ 14 Abs. 3 S. 1 URüV), allerdings nur binnen der in § 8 Abs. 1 VermG bestimmten Frist. Der aufgrund der §§ 17ff. UnternehmensG abgeschlossene **Rückgabevertrag** ist in diesen Fällen **rückabzuwickeln** (§ 14 Abs. 3 S. 2 Hs. 1 URüV). Für die Zeit, während der er im Besitz des Unternehmens war, ist der Antragsteller wie ein Pächter zu behandeln (§ 14 Abs. 3 S. 2 Hs. 2 URüV). Er kann also gezogene Früchte, die nach den Regeln einer ordnungsmäßigen Wirtschaft als Ertrag anzusehen sind, behalten.

I. Bestellung von Abwicklern (Abs. 10)

I. Anwendungsbereich

152 Zur Beschleunigung des Restitutionsverfahrens hat das Amtsgericht (Registergericht) am Sitz des Rückgabeberechtigten unter den Voraussetzungen des § 6 Abs. 1a S. 2 VermG auf Antrag Abwickler zu bestellen, wenn diese nicht vorhanden sind. Erfaßt werden durch die Vorschrift rückgabeberechtigte **Unternehmen, die nach § 6 Abs. 1a S. 2 VermG als in Auflösung befindlich fortbestehen**, ohne daß etwa bei einer GmbH ein Geschäftsführer bestellt wäre. Die fehlende Bestellung von Abwicklern kann beispielsweise auf der Unfähigkeit der Gesellschafter beruhen, sich auf einen oder mehrere Abwickler zu verständigen oder überhaupt zu einem Beschluß zu kommen, etwa wegen Nichterreichung des dafür erforderlichen Quorums. Für das Innenverhältnis zwischen den Gesellschaftern des wiederauflebenden Unternehmens gilt insoweit der alte Gesellschaftsvertrag und das maßgebliche Gesellschaftsrecht.[235]

153 Die Vorschrift des § 6 Abs. 10 VermG ist lex specialis zu den allgemeinen Abwicklungsvorschriften, die ergänzend heranzuziehen sind, wenn das Vermögensgesetz keine Regelungen trifft.[236] Auf das Verfahren zur Bestellung von Abwicklern finden die Vorschriften des FGG Anwendung. Das Beschwerderecht nach § 20 FGG steht jedem zu, der

---

[233] Vgl. AO über die Rechnungsführung und Statistik in den Betrieben und Kombinaten v. 6. 8. 1985, GBl. I Sonderdruck Nr. 800/1; VO über Rechnungsführung und Statistik v. 11. 7. 1985, GBl. II, Nr. 23, S. 261 ff.; AO über den Abschluß der Buchführung in Mark der DDR zum 30. 6. 1990 v. 27. 6. 1990, GBl. I Nr. 40 S. 593; zur Problematik der Bilanzierung vgl. ergänzend *Borgmann* BB-Beil. 26 zu H. 21/1990, S. 17, 18ff.; *Strobel* BB-Beil. 23 zu H. 18/1990, S. 17, 17f.; *Rosener-Roitzsch* DtZ 1990, 38, 40.

[233a] *Drescher* VIZ 1993, 321, 326.

[234] BGBl. II S. 537.

[235] *Niederleithinger* ZIP 1991, 205, 208.

[236] BezG Dresden WM 1993, 292, 294; *Gruber* WR 1993, 260, 261.

Vorläufige Einweisung § 6a VermG

durch eine Verfügung beeinträchtigt wird. Dies sind bei der Abwicklerbestellung die Gesellschaft selbst und diejenigen Gesellschafter, die das erforderliche Quorum nach § 6 Abs. 1a S. 2 VermG auf sich vereinigen.[237]

II. Registereintragungen

Die Abwickler haben den nach § 6 Abs. 1a S. 2 VermG fortbestehenden Berechtigten als in Auflösung befindlich zur **Eintragung** in das Handelsregister **anzumelden**, sofern Registereintragungen nicht mehr vorhanden sind (§ 6 Abs. 10 S. 3 VermG). Ist dagegen im Handels- oder Genossenschaftsregister bezüglich des Berechtigten ein Löschungsvermerk vorhanden, so hat vor der Eintragung der Auflösung des Berechtigten und seiner Abwickler von Amts wegen eine **Löschung des Löschungsvermerks** stattzufinden (§ 6 Abs. 10 S. 2 VermG). Eintragung oder Löschung sind allerdings entbehrlich, wenn die zur Stellung des Antrags berechtigten Personen unter Beachtung der einschlägigen gesellschaftsrechtlichen Vorschriften beschließen, daß der Berechtigte nicht fortgesetzt und daß in Erfüllung des Rückgabeanspruchs unmittelbar gem. § 6 Abs. 5a lit. c VermG an die Gesellschafter oder Mitglieder des Berechtigten oder deren Rechtsnachfolger geleistet werden soll (§ 6 Abs. 10 S. 6 VermG). Auch auf das Registerverfahren finden die Vorschriften des FGG ergänzend Anwendung (§ 8 HGB iVm. § 125 FGG). 154

III. Fortsetzungsbeschluß

Ein Beschluß zur Fortsetzung des Berechtigten kann entsprechend allgemeiner gesellschaftsrechtlicher Grundsätze gefaßt werden, **solange noch nicht mit der Verteilung** des zurückzugebenden Vermögens unter die Gesellschafter oder Mitglieder **begonnen worden ist** (§ 6 Abs. 10 S. 5 VermG). Dafür ist bei einer Personenhandelsgesellschaft grundsätzlich Einstimmigkeit erforderlich (§ 119 HGB), bei der GmbH eine Mehrheit von drei Vierteln der abgegebenen Stimmen (§ 60 Abs. 1 Nr. 2 GmbHG), bei der Aktiengesellschaft eine Mehrheit von drei Vierteln des bei der Abstimmung vertretenen Kapitals (§ 262 Abs. 1 Nr. 2 AktG). Ein bereits vor der Schädigung des Unternehmens aus diesem ausgeschiedener Gesellschafter ist nach § 10 Abs. 4 S. 1 URüV nicht nur bei einer Beschlußfassung nach § 6 Abs. 5b VermG stimmberechtigt, sondern in sinnentsprechender Anwendung des § 10 Abs. 4 S. 1 URüV auch bei dem korrespondierenden Beschluß zur Fortsetzung bzw. Nichtfortsetzung des geschädigten Unternehmens.[238] Soweit es bei der Abwicklung verbleibt, findet auf diese das jeweils für den Berechtigten geltende Recht Anwendung (vgl. §§ 145 ff. HGB, 264 ff. AktG, 65 ff. GmbHG). 155

§ 6a Vorläufige Einweisung

(1) Die Behörde hat Berechtigte nach § 6 auf Antrag vorläufig in den Besitz des zurückzugebenden Unternehmens einzuweisen, wenn die Berechtigung nachgewiesen ist und kein anderer Berechtigter nach § 3 Abs. 2 Vorrang hat. Wird die Berechtigung nur glaubhaft gemacht, erfolgt die vorläufige Einweisung, wenn
1. **keine Anhaltspunkte dafür bestehen, daß die Berechtigten oder die zur Leitung des Unternehmens bestellten Personen die Geschäftsführung nicht ordnungsgemäß ausführen werden, und**
2. **im Falle der Sanierungsbedürftigkeit die Berechtigten über einen erfolgversprechenden Plan verfügen.**

(2) Die nach § 25 zuständige Behörde entscheidet über die Einweisung durch Bescheid nach § 33 Abs. 3 innerhalb von drei Monaten. In den Fällen des Absatzes 1 Satz 1

---

[237] BezG Dresden WM 1993, 292, 294. [238] *Wellhöfer* Rechtshandbuch B 101 § 10 RdNr. 9.

VermG § 6a Abschnitt II. Rückübertragung von Vermögenswerten

gilt die Einweisung nach Ablauf der Genehmigungsfrist als bewilligt. Die Anfechtungsklage gegen eine Entscheidung der Behörde hat keine aufschiebende Wirkung. Auf das Rechtsverhältnis zwischen dem Berechtigten und dem Verfügungsberechtigten sind die Vorschriften über den Pachtvertrag entsprechend anzuwenden, sofern sich der Berechtigte im Falle des Absatzes 1 Satz 1 nicht für einen Kauf entscheidet. Die Behörde hat auf Antrag für den Fall, daß dem Antrag der Berechtigten auf Rückgabe des entzogenen Unternehmens nicht stattgegeben wird, den Pachtzins oder den Kaufpreis zu bestimmen. Der Pachtzins oder der Kaufpreis bleiben bis zur bestandskräftigen Entscheidung über die Rückgabe gestundet; sie entfallen, wenn das Unternehmen an den Berechtigten zurückübertragen wird. Der Berechtigte hat dafür einzustehen, daß er und die zur Leitung des Unternehmens bestellten Personen bei der Führung der Geschäfte die Sorgfalt eines ordentlichen und gewissenhaften Geschäftsleiters anwenden.

(3) Der Berechtigte hat Anspruch darauf, daß eine wesentliche Verschlechterung nach § 6 Abs. 2 und 4 bereits im Zeitpunkt der vorläufigen Einweisung ausgeglichen wird, soweit das Unternehmen sonst nicht fortgeführt werden könnte. Der Verpflichtete kann die Fortführung des Unternehmens auch in anderer Form, insbesondere durch Bürgschaft, gewährleisten.

(4) Einer Entscheidung der Behörde bedarf es nicht, wenn der Berechtigte und der Verfügungsberechtigte eine vorläufige Nutzung des zurückzugebenden Unternehmens vereinbaren. Die Vereinbarung ist der Behörde mitzuteilen.

Schrifttum: *Czerwenka,* Rückgabe enteigneter Unternehmen in den neuen Bundesländern, 1991; *Frantzen,* Rechtsfragen der vorläufigen Einweisung (§ 6a VermG), VIZ 1992, 249ff.; *Liebs-Preu,* Ein Gesetz zur Beseitigung der restlichen Investitionsmöglichkeiten in der DDR?, ZIP 1991, 216ff.; *Meier,* Anmerkung zu KrG Leipzig-Stadt, Beschl. v. 25. 7. 1991 – II K 107/91, VIZ 1991, 112f.; *Schmidt-Räntsch,* Restitution und Insolvenz, ZIP 1992, 593ff.; *Schniewind,* Rückgabe enteigneter Unternehmen nach dem Vermögensgesetz (VermG), BB-Beil. 21 zu H. 30/1991; *Weidemann-Gutbrod,* Anmerkung zu KrG Chemnitz-Stadt, Beschl. v. 29. 7. 1991 – 2 K 194–195/91 (VG), DB 1992, 132f.; *Weimar,* Aktuelle Fragen zur Restitution von Unternehmen in den neuen Bundesländern nach der Unternehmensrückgabeverordnung, DB 1992, 77ff.; *Wellhöfer,* Struktur und System der Unternehmensrückgabe-Vorschriften, VIZ 1992, 85ff.

Vgl. auch das Verzeichnis abgekürzt zitierter Literatur

Arbeitsmaterialien: BMJ, Leitfaden für die Behandlung von Anträgen auf Rückübertragung von Unternehmen gemäß § 6 sowie auf vorläufige Einweisung und Entflechtung gemäß §§ 6a, 6b des Vermögensgesetzes – URüL –, 2. Aufl., v. 8. 12. 1992

Übersicht

	RdNr.		RdNr.
I. Normzweck	1	cc) Erfolgversprechender Sanierungsplan (Nr. 2)	13
II. Voraussetzungen			
1. Verfahren	2–4	**III. Rechtsfolgen der vorläufigen Einweisung (Abs. 2 S. 4 bis 7, Abs. 3)**	
a) Antragsgrundsatz	2		
b) Antragsbefugnis	3		
c) Bescheidung	4	1. Allgemeines	14
2. Materielles Recht	5–13	2. Vorläufige Einweisung nach Abs. 1 S. 1	15–22
a) Einweisung in ein bestehendes Unternehmen	5–9	a) Anwendung von Kaufrecht	15–17
aa) Allgemeines	5–7	aa) Allgemeines	15
bb) Lebendes Unternehmen	8	bb) Wirkungen	16
cc) Kein Restitutionsausschluß	9	cc) Ablehnung des Rückgabeantrages	17
b) Nachgewiesene Berechtigung (Abs. 1 S. 1)	10	b) Anwendung von Pachtrecht	18–22
c) Glaubhaftmachung der Berechtigung (Abs. 1 S. 2)	11–13	aa) Allgemeines	18
		bb) Einweisung in Anteile oder Mitgliedschaftsrechte	19
aa) Allgemeines	11	cc) Einweisung in das Unternehmen	20
bb) Ordnungsgemäße Geschäftsführung (Nr. 1)	12	dd) Ablehnung des Rückgabeantrages	21, 22

RdNr.		RdNr.
3. Vorläufige Einweisung nach § 6a Abs. 1 S. 2 VermG.................. 23	IV. Rechtsschutz	
4. Haftung..................... 24	1. Allgemeines 28	
5. Arbeits- und andere Rechtsverhältnisse . 25	2. Berechtigter 29	
6. Ausgleichsanspruch 26	3. Drittbetroffene 30–33	
7. Auswirkungen auf das Restitutions- und Investitionsvorrangverfahren 27	4. Zuständigkeit 34–36	

I. Normzweck

Unter Umständen langwierige Rückübertragungsverfahren sind nicht geeignet, die im wirtschaftlichen Verkehr erforderliche Rechtssicherheit in Beziehung auf die von vermögungsrechtlichen Ansprüchen betroffenen Unternehmen herzustellen. Das Restitutionsverfahren wirkt einerseits lähmend auf die Investitionsbereitschaft der Verfügungsberechtigten, führt andererseits zu Schwierigkeiten bei der Beschaffung von Fremdkapital und hat insgesamt negative Auswirkungen auf die Kreditwürdigkeit des Unternehmens etwa bei Lieferanten. In einer Phase wirtschaftlicher Umstrukturierung, wie sie im Beitrittsgebiet seit Inkrafttreten des Vertrages über die Währungs-, Wirtschafts- und Sozialunion am 1. 7. 1990 vonstatten geht, wird daraus oftmals eine Einstellung des Geschäftsbetriebs mit der damit verbundenen Vernichtung von Arbeitsplätzen resultieren, noch bevor es zu einer Rückgabe des Unternehmens gekommen ist. Um dem abzuhelfen, sieht das Vermögensgesetz **Erleichterungen bei der Rückgabe von Unternehmen** vor. Neben der Möglichkeit der einvernehmlichen Einigung zwischen Berechtigtem und Verfügungsberechtigtem außerhalb des eigentlichen Restitutionsverfahrens (§ 30 S. 2 VermG) gehört dazu insbesondere die vorläufige Einweisung des Berechtigten in den Besitz des zurückzugebenden Unternehmens nach § 6a VermG. Diese ist entbehrlich, wenn der die vorläufige Einweisung Beantragende und der Verfügungsberechtigte eine vorläufige Nutzung des zurückzugebenden Unternehmens vereinbaren (§ 6a Abs. 4 VermG). 1

II. Voraussetzungen

1. Verfahren. a) Antragsgrundsatz. Eine Einweisung durch die zuständige Behörde, das Landesamt zur Regelung offener Vermögensfragen (§ 25 VermG iVm. § 15 Abs. 1 URüV), hat auf Antrag zu erfolgen, wenn entweder die **Berechtigung** des Antragstellers **nachgewiesen** ist und kein anderer Berechtigter nach dem in § 3 Abs. 2 VermG angelegten Prinzip der zeitlichen Priorität Vorrang genießt (§ 6a Abs. 1 S. 1 VermG) **oder** wenn die Berechtigung **glaubhaft gemacht** ist und die Voraussetzungen des Absatzes 1 Satz Nr. 1 und 2 vorliegen. Das Gesetz geht insoweit weiter als der ursprüngliche Regierungsentwurf der Bundesregierung, der eine vorläufige Einweisung nur für den Fall der Glaubhaftmachung vorsah.[1] 2

b) Antragsbefugnis. Antragsbefugt ist der **Berechtigte** iSv. § 6 Abs. 1a VermG, also der geschädigte Unternehmensträger, nicht jedoch dessen Gesellschafter, Mitglieder oder Rechtsnachfolger.[2] Der Antrag auf vorläufige Einweisung eröffnet kein neues Verfahren, sondern ist Teil des Restitutionsverfahrens, dessen Beschleunigung er dient. Daher ist ein Antrag nach § 6a VermG nur zulässig, wenn in bezug auf das Unternehmen ein **Restitu-** 3

---

[1] Vgl. Entwurf des BMJ für das Gesetz zur Beseitigung von Hemmnissen bei der Privatisierung von Unternehmen (PrHBG) v. 14. 1. 1991, S. 25 – unveröffentl.
[2] BVerwG ZIP 1994, 743, 744; *Frantzen* VIZ 1992, 249, 251; *Czerwenka* S. 41; *Kimme-Siebert* RdNr. 9; *Messerschmidt* F/R/M/S Rdnr. 22; BMJ URüL Ziff. 6.2; wohl auch KrG Leipzig-Stadt VIZ 1991, 110, 111; aA *Wellhöfer* Rechtshandbuch B 100 RdNr. 7.

VermG § 6a 4–8 Abschnitt II. Rückübertragung von Vermögenswerten

tionsantrag des Antragstellers vorliegt[3] und über diesen noch nicht bestandskräftig entschieden ist.[4] Der Restitutionsantrag kann bereits vor Inkrafttreten des PrHBG am 29. 3. 1991, mit dem § 6a in das Vermögensgesetz inkorporiert wurde, gestellt worden sein. Die Anwendung des § 6a VermG ist dadurch schon deshalb nicht ausgeschlossen, weil es für die vorläufige Einweisung eines neuerlichen Antrags bedarf und dieser erst nach dem 29. 3. 1991 gestellt werden konnte.[5]

4   c) **Bescheidung.** Die vorläufige Einweisung steht nicht im Ermessen. Es handelt sich um eine **gebundene Entscheidung,**[6] die von dem örtlich zuständigen Landesamt **innerhalb von drei Monaten** zu treffen ist (§ 6a Abs. 2 S. 1 VermG). Der Fristlauf beginnt mit Zugang des Antrags auf Einweisung bei der zuständigen Behörde.[7] Bei Unvollständigkeit des Antrags wird der Fristlauf jedoch erst dann in Gang gesetzt, wenn die für die entscheidungserheblichen Tatsachen benötigten Unterlagen vollständig vorliegen.[8]

5   **2. Materielles Recht. a) Einweisung in ein bestehendes Unternehmen. aa) Allgemeines.** Der Antragsteller kann nur die vorläufige Einweisung in den Besitz eines bestehenden Unternehmens, nicht aber in andere der Vermögensrestitution unterliegende Vermögenswerte oder nach der schädigenden Maßnahme abgespaltene Teile des Unternehmens verlangen.[9] Die Vorschrift des § 6a VermG trägt damit entsprechend ihrer systematischen Stellung Ausnahmecharakter. Einweisungsfähig ist nur der Antragsteller.[9a]

6   Denkbar ist sowohl die Einweisung in die **Vermögensmasse** iSd. § 1 Abs. 1 URüV als auch in **Anteile** oder **Mitgliedschaftsrechte** an dem Unternehmensträger.[10] Die Einweisung in die Anteils- oder Mitgliedschaftsrechte ist wegen des notwendigen Gleichlaufs mit § 6 Abs. 5a S. 1 lit. a VermG in entsprechender Anwendung des § 9 Abs. 2 URüV als Regelfall anzusehen, wenn der Antragsteller nichts Gegenteiliges beantragt.[11]

7   Handelt es sich bei dem zurückzugebenden Unternehmen um den **Teil einer** größeren **Unternehmenseinheit,** so ist vorab eine **Entflechtung** nach § 6b VermG erforderlich. Die Einweisung in einen Betrieb oder Betriebsteil sieht das Vermögensgesetz nicht vor.[12] Dies scheidet auch deshalb aus, weil mit der vorläufigen Einweisung die Übertragung der Geschäftsleitungsbefugnisse verbunden ist. Dem Gesellschaftsrecht sind jedoch betriebsweise aufgespaltene Geschäftsführungszuständigkeiten innerhalb eines Unternehmens fremd.[13]

8   **bb) Lebendes Unternehmen.** Im Umkehrschluß zu § 4 Abs. 1 S. 2 VermG ergibt sich, daß eine vorläufige Einweisung nur in ein noch lebendes und zu restituierendes Unterneh-

---

[3] Im Ergebnis ebenso *Czerwenka* S. 41; *Wellhöfer* Rechtshandbuch B 100 RdNr. 5; BMJ URüL Ziff. 6.1.
[4] *Frantzen* VIZ 1992, 249, 250; *Kimme-Siebert* RdNr. 10; *Messerschmidt* F/R/M/S RdNr. 21, 24.
[5] Zutreffend KrG Dresden VIZ 1992, 237; *Weidemann-Gutbrod* DB 1992, 132f.; *Frantzen* VIZ 1992, 249, 250; *Messerschmidt* F/R/M/S RdNr. 7; aA im Ergebnis wohl KrG Chemnitz-Stadt DB 1992, 130, 131, unter Hinweis auf Art. 13 S. 1 PrHBG, in dem die durch das PrHBG geänderten bzw. neu in das VermG eingefügten Vorschriften nicht ausdrücklich für anwendbar erklärt werden, soweit es sich um laufende Verfahren aus der Zeit vor dem 29. 3. 1991 handelt.
[6] *Schniewind* BB-Beil. 21 zu H. 30/1991, S. 19; *Frantzen* VIZ 1992, 249, 250; *Wellhöfer* Rechtshandbuch B 100 RdNr. 11, 21; anders aber offenbar *ders.* VIZ 1992, 85, 87 für den Fall der Glaubhaftmachung.
[7] Vgl. KG VIZ 1992, 414, 416.
[8] *Wellhöfer* Rechtshandbuch B 100 RdNr. 27; *Messerschmidt* F/R/M/S RdNr. 60; zu § 19 BBauG vgl. auch BVerwGE 58, 20, 22f.
[9] KrG Chemnitz-Stadt VIZ 1992, 292; VG Chemnitz ZOV 1993, 196, 196f.; *Bernhardt* VIZ 1993, 327, 330; *Kimme-Siebert* RdNr. 2; *Messerschmidt* F/R/M/S RdNr. 8; *Horn* S. 972.
[9a] Vgl. § 6a Abs. 1 S. 1; aA *Messerschmidt* F/R/M/S RdNr. 27; *Frantzen* VIZ 1992, 249, 252ff.
[10] *Czerwenka* S. 41; *Wellhöfer* Rechtshandbuch B 100 RdNr. 37f.; *Frantzen* VIZ 1992, 249, 252ff.; *Kimme-Siebert* RdNr. 32, 35ff.; *Horn* S. 978.
[11] *Weimar* DB 1992, 77, 79f.; *Frantzen* VIZ 1992, 249, 253; *Messerschmidt* F/R/M/S RdNr. 28.
[12] BVerwG ZIP 1994, 743, 744f.; BezG Dresden VIZ 1992, 237, 239f.; VG Greifswald VIZ 1993, 309, 309; *Kimme-Siebert* RdNr. 34; *Messerschmidt* F/R/M/S RdNr. 9; *Horn* S. 972f.; *Frantzen* VIZ 1992, 249, 254; *Liebs-Preu* ZIP 1991, 216, 219; undeutlich *Wellhöfer* Rechtshandbuch B 100 RdNr. 22, und BMJ URüL Ziff. 6.5. 1.
[13] Im Ergebnis wohl auch *Frantzen* VIZ 1992, 249, 254.

men stattfindet: Der **Geschäftsbetrieb** muß entweder noch bestehen oder jedenfalls nach den tatsächlichen Voraussetzungen unter Zugrundelegung vernünftiger kaufmännischer Beurteilung wieder aufgenommen werden können.[14] Daher scheidet eine Einweisung in einzelne Unternehmensgegenstände iSv. § 6 Abs. 6a S. 1 VermG aus.[14a]

cc) **Kein Restitutionsausschluß.** Eine vorläufige Einweisung ist nach Sinn und Zweck auch dann ausgeschlossen, wenn über das Unternehmen vor einer Entscheidung über die vorläufige Einweisung das Gesamtvollstreckungsverfahren eröffnet worden ist. Wie die Vorschrift des § 6 Abs. 6a S. 6 VermG zeigt, scheidet eine Unternehmensrestitution nach Eröffnung des Gesamtvollstreckungsverfahrens aus. Die vorläufige Einweisung ist aber nichts anderes als eine „vorgezogene" Unternehmensrestitution. Ihr ist die Grundlage entzogen, wenn die **Unternehmensrestitution** als solche **ausgeschlossen** ist (§§ 4 Abs. 1 S. 2, 3; 6 Abs. 1 S. 1 Hs. 1; 6 Abs. 1a S. 3 VermG / §§ 3 Abs. 6, 7; 3a VermG aF / §§ 1 ff. InVorG).[15] Das 2. VermRÄndG hat an dieser Rechtslage nichts geändert, da ein Vorrang der Restitutionsgläubiger vor anderen Gläubigern nach § 3b Abs. 1 S. 1 VermG nur bei anderen Vermögenswerten als Unternehmen besteht.

b) **Nachgewiesene Berechtigung (Abs. 1 S. 1).** Nachgewiesen ist die Berechtigung, wenn sie bewiesen ist. Die unter Berücksichtigung aller Umstände gewonnene Überzeugung der Behörde erfordert keine absolute Gewißheit. Es genügt ein so hoher Grad an Wahrscheinlichkeit, daß kein vernünftiger, die Lebensverhältnisse klar überschauender Mensch noch zweifelt.[16] Zu den von der Behörde heranzuziehenden Beweismitteln vgl. § 26 VwVfG. Zur Frage der Berechtigung vgl. bei § 2 RdNr. 2 ff. und § 3 RdNr. 45 ff.

c) **Glaubhaftmachung der Berechtigung (Abs. 1 S. 2). aa) Allgemeines.** Sofern die Berechtigung nur glaubhaft gemacht ist iSv. § 294 ZPO, also mit nur überwiegender Wahrscheinlichkeit feststeht,[17] hängt die vorläufige Einweisung von weiteren Voraussetzungen ab (Erwartung der ordnungsgemäßen Geschäftsführung/erfolgversprechender Sanierungsplan). Zur Glaubhaftmachung seiner Berechtigung kann sich der Antragsteller aller präsenten **Beweismittel** iSv. 26 VwVfG bedienen. In Betracht kommt insbesondere die Vorlage von Urkunden, ggfls. auch die Abgabe einer eidesstattlichen Versicherung (§ 22 Abs. 2 BNotO). Bei der Prüfung der Frage, ob bei Einweisung des Antragstellers eine ordnungsgemäße Geschäftsführung zu erwarten und im Falle der Sanierungsbedürftigkeit ein erfolgversprechender Sanierungsplan vorhanden ist, steht der Behörde ein gerichtlich nur eingeschränkt überprüfbarer **Beurteilungsspielraum** zu.[17a] Die behördliche Entscheidung muß im Ergebnis aufgrund belegter Tatsachen nachvollziehbar erscheinen.

bb) **Ordnungsgemäße Geschäftsführung (Nr. 1).** Der vorläufigen Einweisung dürfen keine Anhaltspunkte dafür entgegenstehen, daß die Berechtigten oder die von ihnen zur Leitung des Unternehmens bestellten Personen die Geschäftsführung nicht ordnungsgemäß ausführen werden. Zur Leitung eines Unternehmens bestellt sind deren Geschäftsführer (vgl. § 38 GmbHG) und Vorstandsmitglieder (vgl. § 84 AktG). Dazu gehören neben den vom Berechtigten neu zu bestellenden Personen auch Personen, die bereits in der Leitung des Unternehmens tätig waren und von dem Berechtigten übernommen werden. Da die ordnungsgemäße Geschäftsführung vornehmlich dem Unternehmensinteresse dient, ist eine Unterscheidung danach, ob zur Leitung des Unternehmens bestellte

---

[14] VG Berlin VIZ 1992, 414; *Kimme-Siebert* RdNr. 4; vgl. auch § 4 RdNr. 29 ff.
[14a] *Horn* S. 972; *Messerschmidt* F/R/M/S RdNr. 10; anders wohl BMJ URüL Ziff. 6.8.
[15] *Messerschmidt* F/R/M/S RdNr. 30 ff.
[16] *Kopp*, Verwaltungsverfahrensgesetz, 5. Aufl. 1991, § 24 RdNr. 22; *Stelkens-Bonk-Leonhardt*, Verwaltungsverfahrensgesetz, 4. Aufl. 1993, § 24 RdNr. 7; vgl. für das Zivilrecht auch BGHZ 53, 245, 256.
[17] Vgl. *Stelkens-Bonk-Leonhardt*, Verwaltungsverfahrensgesetz, 4. Aufl. 1993, § 32 RdNr. 29.
[17a] AA *Messerschmidt* F/R/M/S RdNr. 58.

VermG § 6a 13, 14   Abschnitt II. Rückübertragung von Vermögenswerten

Personen bereits vor der Einweisung in der Geschäftsleitung tätig waren oder nicht, vom Sinn und Zweck der Vorschrift nicht gedeckt. **Anhaltspunkte** dafür, daß die Geschäftsführung nicht ordnungsgemäß erfolgen wird, bestehen jedenfalls entsprechend §§ 6 Abs. 2 GmbHG, 76 Abs. 3 S. 1 AktG in den dort genannten Fällen. Im übrigen enthalten die von der Rechtsprechung zur Gewerbeuntersagung wegen **Unzuverlässigkeit** entwickelten Fallgruppen weitere Anhaltspunkte für eine nicht zu erwartende ordnungsgemäße Geschäftsführung, etwa bei Vermögensverfall, Steuerschulden oder der Nichtabführung von Beiträgen an die gesetzlichen Sozialversicherungsträger.[18]

13   **cc) Erfolgversprechender Sanierungsplan (Nr. 2).** Ein Sanierungsplan ist erfolgversprechend, wenn danach die Sanierung zu erwarten ist. Die **Sanierungsbedürftigkeit** eines Unternehmens ist nach der Gesamtheit aller Betriebe des Unternehmens zu beurteilen.[19] Sie ist jedenfalls immer dann anzunehmen, wenn Zahlungsunfähigkeit droht oder Überschuldung zu erwarten ist.[20] Anhaltspunkte für die Sanierungsbedürftigkeit eines Unternehmens können sich etwa aus der Ertragslage, der Höhe des Betriebsvermögens, der Kapitalverzinsung durch die Erträge des Unternehmens, und aus dem Verhältnis der flüssigen Mittel zur Höhe des Privatvermögens der Gesellschafter ergeben.[21] Das Unternehmen muß für die Sanierung überhaupt geeignet sein. Dazu bedarf es einer Analyse der Sanierungsursachen und einer **Fortführungsprognose**[22] (Fortbestehensprognose) als Teil des eigentlichen Sanierungsplans. Die Prognose muß gemäß Ertragsüberschußrechnungen und Finanzplänen mit zumindest überwiegender Wahrscheinlichkeit ergeben, daß durch eine Sanierung dauerhaft Gewinne erwirtschaftet und die erwarteten zukünftigen Einzahlungen mittelfristig die Auszahlungen übersteigen werden.[23] Maßgebend für die Prognoseentscheidung sind beispielsweise die Unternehmenssubstanz, die zukünftigen Marktchancen in dem bisherigen Betätigungsfeld, die Möglichkeiten der Produktionsverlagerung in andere zukunftsträchtigere und ertragskräftigere Bereiche (Umstrukturierung, Diversifikation), die Beiträge von Gesellschaftern, Gläubigern und Belegschaft zum Sanierungsprozeß.[24] Der Sanierungsplan muß darüber hinaus das Sanierungsziel und die dazu erforderlichen Maßnahmen festlegen.[25] Zweckmäßige **Sanierungsmaßnahmen** können solche unternehmenspolitischer, führungstechnischer, organisatorischer oder finanz- und leistungswirtschaftlicher Art sein.[26] Dazu gehört insbesondere ein Schuldenerlaß.[27]

III. Rechtsfolgen der vorläufigen Einweisung (Abs. 2 S. 4 bis 7, Abs. 3)

14   **1. Allgemeines.** Die Entscheidung über die vorläufige Einweisung begründet als Hoheitsakt ein privates Rechtsverhältnis zwischen dem Antragsteller und dem Verfügungsberechtigten, das in seinen Wirkungen, nicht aber in seiner Entstehung einem Vertragsverhältnis gleichsteht, sog. **diktierter Vertrag**.[28] Dem eingewiesenen Antragsteller steht

---

[18] Vgl. dazu *Sieg-Leifermann-Tettinger*, Gewerbeordnung, 5. Aufl. 1988, § 35 RdNr. 12ff. mwN.
[19] BFHE 78, 308, 311.
[20] *Groß*, Sanierung durch Fortführungsgesellschaften, 2. Aufl. 1988, IX 101; *Knief* DB 1986, 441, 442; *Plate* DB 1980, 217ff.; *Franke* ZfB 1984, 160ff.
[21] Vgl. RFH RStBl. 1938, 566; BFHE 78, 308, 310f.; BFH DB 1990, 2199; *Groß*, Sanierung durch Fortführungsgesellschaften, 2. Aufl. 1988, IX 101; *Bise* StBJB 1964/65, 255, 257ff.; *Knief* DB 1986, 441, 443ff.; *Schmiedel* ZfB 1984, 761, 763ff.; zur Unternehmensbewertung als Grundlage der Sanierungsführung *Wegmann* BB 1988, 801, 802.
[22] *Knief* DB 1986, 441, 442, 449; *Krystek* ZfB 1985, 584, 591; *Kupsch* BB 1984, 159, 165; *Groß* DStR 1991, 1572, 1573ff.; *ders.*, in: Das vereinigte Deutschland im europäischen Markt, 1992, S. 217, 224ff.
[23] *Baumbach/Hueck/Schulze-Osterloh*, GmbH-Gesetz, 15. Aufl. 1988, § 63 RdNr. 11; *Hachenburg-Ulmer*, GmbH-Gesetz, 8. Aufl. 1991, § 63 RdNr. 37; *Knief* DB 1986, 441, 447; *Maus* DB 1991, 1133.
[24] *Knief* DB 1986, 441, 449.
[25] *Krystek* ZfB 1985, 584f.; *Knief* DB 1986, 441, 449; vgl. dazu auch Leitfaden der Treuhandanstalt für die Ausgestaltung von Sanierungskonzepten, in: WPK-Mitt. S/90, S. 179ff.
[26] Dazu im einzelnen *Hess-Kropshofer*, Kommentar zur Konkursordnung, 3. Aufl. 1989, Einl. RdNr. 422, 543ff.
[27] Vgl. BFHE 78, 308, 310.
[28] Vgl. dazu BGH LM § 284 BGB Nr. 1; *Kramer* MünchKomm, BGB, 3. Aufl. 1994, Vor § 145 RdNr. 12; *Palandt-Heinrichs* Einf. v. § 145 RdNr. 12; *Enneccerus-Nipperdey*, Allgemeiner Teil des Bürgerlichen Rechts, 15. Aufl. 1960, § 162 Fn. 40. Weitere Beispiele finden sich in § 5 HausratsVO, § 97 Abs. 2 BauGB.

Vorläufige Einweisung   15, 16 § 6a VermG

damit ein Recht zum Besitz gegenüber dem Verfügungsberechtigten zu (§ 986 Abs. 1 S. 1 BGB). Die Einweisung kann unmittelbar ohne Einhaltung einer weiteren Frist erfolgen.[29] Mit dem Vollzug der Einweisung ist das Handelsregister zu berichten. Verfahrensrechtlich erforderlich ist die Anfertigung eines auf den Einweisungszeitpunkt bezogenen Übergabeprotokolls (§ 6a Abs. 2 S. 1 iVm. § 33 Abs. 3, 4 VermG).[30]

2. Vorläufige Einweisung nach Abs. 1 S. 1. a) Anwendung von Kaufrecht. aa) Allgemeines. Die Behörde entscheidet mit der vorläufigen Einweisung des unzweifelhaft Berechtigten darüber, welche Rechte und Pflichten dieser im Unternehmen hat. Bei nachgewiesener Berechtigung kann der vorläufig Einzuweisende entweder eine dem **Pächter** oder dem **Käufer** vergleichbare Stellung erhalten (§ 6a Abs. 2 S. 4 VermG). Mit dem Antrag auf vorläufige Einweisung kann der Berechtigte der Behörde gegenüber für eine dieser Rechtsstellungen optieren. Das ist deshalb von **Bedeutung**, weil der Antragsteller allein aufgrund seiner Stellung als Berechtigter auf eine positive Entscheidung der Behörde über die Rückgabe des Unternehmens nicht vertrauen kann. Die Stellung als Berechtigter iSv. § 2 Abs. 1 VermG beruht allein auf der Anmeldung eines vermögensrechtlichen Anspruchs (§ 30 Abs. 1 VermG) und hat daher zunächst nur rein verfahrensrechtliche Bedeutung.[31] Die Behörde kann den Rückgabeantrag abschlägig bescheiden, sofern in materiellrechtlicher Hinsicht die Restitution ausschließende Gründe vorliegen. Denkbar ist etwa, daß sich nachträglich ein vorrangig Berechtigter gemeldet hat (§ 3 Abs. 2 VermG). Andererseits könnte der Verfügungsberechtigte nach bestandskräftiger Abweisung des Restitutionsantrages frei über das Unternehmen verfügen. Das ist ausgeschlossen, wenn sich der Antragsteller für eine Rechtsstellung entsprechend derjenigen eines Käufers entscheidet. In diesem Fall wird, quasi in Erfüllung des „Kaufvertrages", mit der Entscheidung über die vorläufige Einweisung zugleich das Eigentum an den zur Unternehmensgesamtheit gehörenden Vermögenswerten qua Verwaltungsakt auf den Antragsteller übertragen.[32] Die Eigentumsverschaffung weicht insoweit iSd. § 34 Abs. 4 S. 1 VermG vom eigentlichen Restitutionsverfahren ab, nach dem die Rückübertragung von Eigentumsrechten erst mit bestandskräftiger Rückübertragungsentscheidung erfolgt (vgl. § 34 Abs. 1 VermG). Mit dem Unternehmen gehen dessen Forderungen und Verbindlichkeiten über (arg. § 6a Abs. 3 S. 2 VermG). Der Eingewiesene wird damit von vornherein Rechtsnachfolger des Verfügungsberechtigten (vgl. auch §§ 419 BGB, 25 HGB) und kann selbst über das Unternehmen als Ganzes verfügen. Die vorläufige Einweisung ist im Ergebnis eine endgültige Einweisung.[33]

bb) Wirkungen. Die Entscheidung über die vorläufige Einweisung enthält zugleich die **positive Feststellung über die Berechtigung** des Antragstellers iSv. § 2 Abs. 1 VermG.[34] Entscheidet die Behörde nicht innerhalb von drei Monaten über den Antrag auf vorläufige Einweisung, gilt der Antrag desjenigen, der seine Berechtigung nachgewiesen hat, nach Ablauf der Drei-Monats-Frist (vgl. § 31 VwVfG iVm. §§ 187 ff. BGB) kraft Gesetzes als bewilligt (§ 6a Abs. 2 S. 2 VermG), unabhängig davon, ob die Behörde für den Fristablauf ein Verschulden trifft oder nicht. Die **Fiktion** der Bewilligung bewirkt unmittelbar die vorläufige Einweisung[35] durch Begründung eines Rechtsverhältnisses zwischen Verfügungsberechtigtem und Berechtigtem. Eines gesonderten Verwaltungsakts bedarf es inso-

---

[29] KrG Leipzig-Stadt VIZ 1991, 110, 111; zustimmend *Meier* VIZ 1991, 112, 113; *Messerschmidt* F/R/M/S RdNr. 104.
[30] *Wellhöfer* Rechtshandbuch B 100 RdNr. 26; *Messerschmidt* F/R/M/S RdNr. 63.
[31] Vgl. dazu bereits § 3 RdNr. 3, 106; § 6 RdNr. 116.
[32] *Messerschmidt* F/R/M/S RdNr. 84, 100; vgl. auch § 16 RdNr. 6.
[33] *Frantzen* VIZ 1992, 249, 256.

[34] AA *Wellhöfer* Rechtshandbuch B 100 RdNr. 9; *Messerschmidt* F/R/M/S RdNr. 40; zu weitgehend KrG Sömmerda VIZ 1993, 79, 80, das auch aus der Fiktion des § 6a Abs. 2 S. 2 VermG eine positive Entscheidung über die Berechtigung iSv. § 6a Abs. 1 S. 1 VermG ableiten will; unklar *Kimme-Siebert* RdNr. 16.
[35] KrG Sömmerda VIZ 1993, 79, 80; *Wellhöfer* Rechtshandbuch B 100 RdNr. 28; wohl auch *Czerwenka* S. 42; widersprüchlich *Kimme-Siebert* RdNr. 18, 20f.

weit nicht.³⁶ Lediglich die Höhe des (einstweilen gestundeten) Kaufpreises bzw. Pachtzinses ist noch festzusetzen. Bei dem aufgrund der vorläufigen Einweisung zwischen dem Antragsteller und dem Verfügungsberechtigten begründeten Schuldrechtsverhältnis handelt sich um einen sog. **diktierten Vertrag**,³⁷ der nicht in seiner Entstehung, aber in seinen Wirkungen einem Vertragsverhältnis gleichsteht.

17 **cc) Ablehnung des Rückgabeantrages.** Der **Kaufpreis** bleibt bis zur bestandskräftigen Entscheidung über die Rückgabe gestundet und entfällt, wenn „das Unternehmen an den Berechtigten zurückübertragen wird" (§ 6a Abs. 2 S. 6 VermG). Gemeint ist dem Sinnzusammenhang nach die positive Entscheidung über die Rückübertragung des Unternehmens. Eine Rückübertragung iSd. Eigentumsverschaffung kann nicht mehr stattfinden, da diese bei Anwendung des kaufrechtlichen Modells bereits mit der vorläufigen Einweisung erfolgt (vgl. RdNr. 15). Auf Antrag der Parteien hat die Behörde den Kaufpreis zu bestimmen, falls der Rückgabeantrag negativ beschieden wird. Entsprechend § 317 BGB steht ihr in diesem Fall ein rechtsgestaltendes **Leistungsbestimmungsrecht** zu. In jedem Fall hat die Behörde eine Entscheidung darüber zu treffen, welche Leistungen wegen wesentlicher Veränderungen der Vermögens- und Ertragslage nach § 6 Abs. 2 bis 4 VermG zu erbringen sind.

18 **b) Anwendung von Pachtrecht. aa) Allgemeines.** Entscheidet sich der Berechtigte nicht für die Anwendung des Kaufrechts, finden auf das durch behördliche Entscheidung begründete Rechtsverhältnis zwischen dem Antragsteller und dem Verfügungsberechtigten die Vorschriften über den Pachtvertrag entsprechende Anwendung (§ 6a Abs. 2 S. 2 VermG). Auch das auf der Basis des Pachtrechts begründete Rechtsverhältnis ist ein **diktierter Vertrag**.³⁸

19 **bb) Einweisung in Anteile oder Mitgliedschaftsrechte.** Die Einweisung in Anteile oder Mitgliedschaftsrechte an einem Verfügungsberechtigten aufgrund Pachtrechts erfordert es, daß dem Eingewiesenen die **Ausübung** dieser Rechte in eigenem Namen ermöglicht wird.³⁹ Dem Berechtigten muß also von dem Verfügungsberechtigten in Erfüllung des Pachtvertrages eine Stimmrechtsvollmacht eingeräumt werden.⁴⁰

20 **cc) Einweisung in das Unternehmen.** Bei der Einweisung in das Unternehmen umfaßt die Unternehmenspacht das Unternehmen mit seinen gesamten durch die Tätigkeit geschaffenen Erscheinungsformen wie beweglichen und unbeweglichen Sachen, Firma, Kundenstamm, Beziehungen zu Lieferanten, gutem Ruf, Forderungen und Verbindlichkeiten, sonstigen Rechten wie Patenten, Warenzeichen und dergleichen⁴¹ (vgl. auch § 1 Abs. 1 URüV). Den vorläufig eingewiesenen Berechtigten trifft insbesondere eine **Obhutspflicht** entsprechend § 545 BGB, die **Pflicht**, das **Inventar zu erhalten** (§ 582 BGB) und regelmäßig auch die Haftung aus Firmenfortführung (§ 25 Abs. 1 HGB).

21 **dd) Ablehnung des Rückgabeantrages.** Wird dem Rückgabeantrag des Berechtigten nicht stattgegeben, hat er dem Verfügungsberechtigten ab dem Zeitpunkt der vorläufigen Einweisung einen **Pachtzins** zu entrichten. Auch insoweit steht der Behörde ein rechtsgestaltendes **Leistungsbestimmungsrecht** entsprechend § 317 Abs. 1 BGB zu, falls der Berechtigte und der Verfügungsberechtigte dies beantragen (§ 6a Abs. 2 S. 5 VermG). Der Verfügungsberechtigte hat einen Anspruch auf Rückgabe des Unternehmens. Das Vermögensamt hat insoweit die Einweisung aufzuheben, sofern dies nicht bereits im ablehnenden Rückgabebescheid geschehen ist. Gibt das Vermögensamt dem Antrag auf Rück-

---

³⁶ *Messerschmidt* F/R/M/S RdNr. 68; aA *Kimme-Siebert* RdNr. 20; *Frantzen* VIZ 1992, 249, 256 f., der die Vorschrift des § 6a Abs. 2 S. 2 VermG als „Fremdkörper" bezeichnet und sie deshalb „restriktiv" auslegen will; undeutlich BMJ URüL Ziff. 6.5.
³⁷ Vgl. die Nachweise Fn. 28.
³⁸ Vgl. dazu bereits RdNr. 14; undeutlich *Horn* S. 979.

³⁹ *Staudinger-Sonnenschein*, BGB, 12. Aufl. 1989, § 581 RdNr. 144.
⁴⁰ *Wellhöfer* Rechtshandbuch B 100 RdNr. 37; *Kimme-Siebert* RdNr. 46; wohl auch *Liebs-Preu* ZIP 1991, 216, 219.
⁴¹ *Staudinger-Sonnenschein*, BGB, 12. Aufl. 1989, § 581 RdNr. 87 mwN; vgl. auch KrG Chemnitz-Stadt DB 1992, 130, 131.

gabe dagegen statt, gehen mit bestandskräftiger Entscheidung die Eigentumsrechte an dem Unternehmen auf den vorläufig Eingewiesenen über (§ 34 Abs. 1 VermG).

Nicht ausdrücklich geregelt hat der Gesetzgeber des Vermögensgesetzes, ob der als Unternehmenspächter zu behandelnde Berechtigte vom Verfügungsberechtigten **Ersatz für** während der Pachtzeit getätigte **Verwendungen** (zB Investitionsmaßnahmen) verlangen kann, die über die nach § 582 BGB ersatzfähigen Erhaltungsmaßnahmen hinausgehen. Das ist nur hinsichtlich solcher Verwendungen anzunehmen, für die auch nach den Regeln der **Geschäftsführung ohne Auftrag** Ersatz verlangt werden kann, so daß Fremdgeschäftsführungswille erforderlich ist. In jedem Fall verbleiben dem vorläufig Eingewiesenen die gezogenen **Früchte**, die im Rahmen einer ordnungsgemäßen Wirtschaft als Ertrag anzusehen sind (§ 581 Abs. 1 S. 1 VermG).

3. Vorläufige Einweisung nach § 6a Abs. 1 S. 2 VermG. Die vorläufige Einweisung nach § 6a Abs. 1 S. 2 VermG schließt die Option des einzuweisenden Antragstellers auf einen Kauf aus, da er seine Berechtigung nur glaubhaft gemacht hat. Für das Rechtsverhältnis zwischen dem vorläufig Eingewiesenen – das Gesetz spricht ungenau von dem Berechtigten – und dem Verfügungsberechtigten gelten durch den Verwaltungsakt der behördlichen Einweisung die Vorschriften über den **Pachtvertrag** entsprechend (§ 6a Abs. 2 S. 2 VermG). Zu Einzelheiten vgl. RdNr. 18 ff. Eine positive Entscheidung über die Berechtigung des Antragstellers ist mit der vorläufigen Einweisung nach § 6a Abs. 1 S. 2 VermG nicht verbunden.

4. Haftung. Der vorläufig Eingewiesene hat dem Unternehmen dafür einzustehen, daß er und die zur Leitung des Unternehmens bestellten Personen bei der Führung der Geschäfte die **Sorgfalt eines ordentlichen und gewissenhaften Geschäftsleiters** anwenden (§ 6a Abs. 2 S. 7 VermG). Es gilt der Sorgfaltsmaßstab der §§ 93 Abs. 1 AktG, 43 Abs. 1 GmbHG.[42] Dies rechtfertigt sich daraus, daß der vorläufig Eingewiesene und die von ihm zur Leitung des Unternehmens bestellten Personen mit der Entscheidung über die Einweisung unmittelbar zur Geschäftsführung berechtigt und verpflichtet sind, ohne daß damit bereits der für die Bestellung zum geschäftsführenden Organ erforderliche Bestellungsakt vorliegt.[43] Die Haftungsregelung ist daher bei Anwendung des Kaufrechtes nicht etwa entbehrlich.[44]

5. Arbeits- und andere Rechtsverhältnisse. Mit der vorläufigen Einweisung tritt der Berechtigte in alle in bezug auf das Unternehmen bestehenden Rechtsverhältnisse ein (§ 16 Abs. 2 VermG).[45] Zum Schicksal der **Arbeitsverhältnisse**, insbesondere zur Anwendbarkeit von § 613a BGB vgl. *Oetker* Anh. I zu § 16 RdNr. 21 ff.

6. Ausgleichsanspruch. Der vorläufig Eingewiesene hat einen Anspruch darauf, daß bei wesentlicher **Verschlechterung der Vermögens- und Ertragslage** iSd. § 6 Abs. 2 und 4 VermG bereits im Zeitpunkt der vorläufigen Einweisung bezogen auf diesen Zeitpunkt ein Ausgleich durch den Verpflichteten erfolgt, falls dies für die Fortführung des Unternehmens erforderlich ist (§ 6a Abs. 3 S. 1 VermG). Die Erforderlichkeit besteht jedenfalls, wenn ansonsten die Fortführung des Geschäftsbetriebs infolge **Überschuldung** gefährdet wäre. Im Regelfall wird der im Zeitpunkt der vorläufigen Einweisung zu leistende Ausgleich geringer sein als bei endgültiger Rückgabe des Unternehmens. Außer durch Übernahme der Verpflichtung aus § 6 Abs. 2 und 4 VermG kann der Verpflichtete die Fortführung des Unternehmens auch in anderer Form, insbesondere durch Bürgschaft oder Übernahme oder Erlaß von Verbindlichkeiten gewährleisten (§ 6a Abs. 3 S. 2 VermG). Verpflichteter des Ausgleichsanspruchs ist der nach § 6 Abs. 2 und 4 VermG zum Ausgleich

---

[42] Dazu *Mertens* Kölner Kommentar zum Aktiengesetz, 2. Aufl. 1989, § 93 RdNr. 6f.; 27 ff.; *Koppensteiner*, in: Rowedddr, GmbH-Gesetz, 2. Aufl. 1990, § 43 RdNr. 5 ff.

[43] *Wellhöfer* Rechtshandbuch B 100 RdNr. 51; *Messerschmidt* F/R/M/S RdNr. 128 ff.

[44] AA *Czerwenka* S. 43; wohl auch *Frantzen* VIZ 1992, 249, 254.

[45] Vgl. dazu bei §§ 16, 17 VermG.

verpflichtete Schuldner, im Regelfall also die Treuhandanstalt/BVS.[46] Die Ausgleichsleistung ist von dem vorläufig Eingewiesenen zurückzuzahlen, wenn ihm das Unternehmen nicht endgültig zurückübertragen wird oder sich bei endgültiger Rückgabe für diesen Zeitpunkt ein niedrigerer Ausgleichsanspruch errechnet.[47]

27   **7. Auswirkungen auf das Restitutions- und Investitionsvorrangverfahren.** Mit der vorläufigen Einweisung tritt eine Vollzugshemmung in bezug auf bereits ergangene investive Bescheide ein (vgl. § 3a Abs. 2 VermG aF/§ 10 S. 2 InVorG). Unter Hinwegsetzung über diese Vorschriften abgeschlossene privatrechtliche Verträge sind nichtig (§ 134 BGB). Die vorläufige Einweisung läßt schließlich die Pflicht des Verfügungsberechtigten zur Abwendung der Gesamtvollstreckung (§ 3 Abs. 3 S. 7 und 9 VermG) entfallen.[48]

IV. Rechtsschutz

28   **1. Allgemeines.** Adressat der behördlichen Entscheidung über die vorläufige Einweisung ist der antragstellende Berechtigte iSv. § 6 Abs. 1a VermG. Gleichwohl ist denkbar, daß die **Interessen Dritter** durch die Einweisungsentscheidung berührt werden. Dieser Personenkreis ist von dem zuständigen Landesamt zur Regelung offener Vermögensfragen nach § 31 Abs. 2 S. 1 VermG jedenfalls am Verwaltungsverfahren zu beteiligen, wenn dessen rechtliche Interessen durch den Ausgang des Verfahrens berührt werden können. In jedem Fall ist der Rechtsweg zu den Verwaltungsgerichten (§ 40 VwGO) eröffnet, da es sich bei der Einweisungsentscheidung um einen **Verwaltungsakt** handelt. Ein Widerspruchsverfahren (§§ 68 ff. VwGO) findet nicht statt (§§ 36 Abs. 4, 25 S. 2 VermG).

29   **2. Berechtigter.** Hinsichtlich der **Rechtsschutzmöglichkeiten** des Berechtigten als Adressat der Einweisungsentscheidung ist zu unterscheiden:[49] Hat die Behörde einen Antrag auf vorläufige Einweisung abgelehnt, muß der Berechtigte in der Hauptsache eine Verpflichtungsklage (§ 42 Abs. 2 2. Alt. VwGO) erheben.[50] Im Verfahren auf vorläufigen Rechtsschutz ist damit ein Antrag auf Erlaß einer einstweiligen Anordnung nach § 123 VwGO zu stellen.[51] Geht es dem Berechtigten dagegen um die Aufhebung der vorläufigen Einweisung eines nichtberechtigten Dritten oder einer mit seiner eigenen Einweisung verbundenen und isoliert anfechtbaren belastenden Regelung, ist Anfechtungsklage (§ 42 Abs. 1 1. Alt. VwGO) zu erheben. Diese hat keine aufschiebende Wirkung (§ 6a Abs. 2 S. 3 VermG iVm. § 80 Abs. 1 Nr. 3 VwGO). Einstweiliger Rechtsschutz kann in diesem Fall durch einen Antrag nach § 80 Abs. 5 VwGO auf Anordnung der aufschiebenden Wirkung erlangt werden.

30   **3. Drittbetroffene.** Soweit Drittbetroffene gerichtlichen Rechtsschutz gegen die Einweisungsentscheidung begehren, wird sich dieser gegen die Einweisung als solche richten. Damit ist **Anfechtungsklage** zu erheben. Da diese keine aufschiebende Wirkung entfaltet (§ 6a Abs. 2 S. 3 VermG iVm. § 80 Abs. 1 Nr. 3 VwGO), steht zur Erlangung einstweiligen Rechtsschutzes nur der Antrag auf Anordnung der aufschiebenden Wirkung nach § 80 Abs. 5 VwGO offen.

31   Problematisch ist allerdings generell, ob Drittbetroffenen überhaupt eine **Klagebefugnis** zusteht. Da dieser Personenkreis, zu dem etwa der Verfügungsberechtigte, Lieferanten oder Arbeitnehmer gehören, nicht Adressat des Verwaltungsaktes ist, können sie die Verletzung eigener Rechte nur dann geltend machen, wenn mit der Einweisungsentscheidung eine drittschützende Norm verletzt wurde.

---

[46] Vgl. dazu § 6 RdNr. 22.
[47] *Czerwenka* S. 43 f.; *Wellhöfer* Rechtshandbuch B 100 RdNr. 56; *Kimme-Siebert* RdNr. 55.
[48] Vgl. dazu § 3 RdNr. 183.

[49] Die in Zivilrecht im Einigungsvertrag, 1991, RdNr. 1295, vertretene Auffassung wird aufgegeben.
[50] KrG Dresden VIZ 1992, 257, 258.
[51] VG Berlin VIZ 1992, 415; VG Greifswald VIZ 1993, 309, 309; *Messerschmidt* F/R/M/S RdNr. 70.

Die Klagebefugnis ergibt sich insoweit **nicht** schon aus **§ 31 Abs. 2 S. 1 VermG**. Diese 32
Vorschrift dient allein der Ordnung des Verfahrensablaufs durch Benachrichtigung und
Information Drittbetroffener, gewährt diesem Personenkreis aber keine selbständig
durchsetzbare Verfahrensposition.[52] Der Kreis der am Verwaltungsverfahren zu beteiligenden Personen ist nicht notwendig identisch mit dem Kreis der Antrags- und Klagebefugten.[53] Die Vorschriften der §§ 16f. VermG zeigen im übrigen, daß drittbetroffene
Arbeitnehmer[54] und Lieferanten nicht schutzlos gestellt sind.[55]

Allein für den **Verfügungsberechtigten** stellt sich die Einweisung als Verwaltungsakt 33
mit belastender Drittwirkung dar, die eine selbständige Klagebefugnis gem. § 42 Abs. 2
VermG iVm. § 6a Abs. 2 S. 3 VermG begründet.[56] Dies ergibt sich bereits daraus, daß der
Antragsteller mit der Einweisung die Stellung eines Geschäftsführers des Verfügungsberechtigten erhält.[57] Handelt es sich bei dem Verfügungsberechtigten um ein Treuhand-Tochterunternehmen, so ist nicht nur dieses Verfügungsberechtigter iSv. § 2 Abs. 3
VermG, sondern auch die Treuhandanstalt/BVS, wenn ihr die Anteilsrechte an dem
Tochterunternehmen unmittelbar (§ 11 Abs. 2 iVm. § 1 Abs. 4 TreuhG) bzw. mittelbar
(§§ 12 Abs. 2, 11 Abs. 2 iVm. 1 Abs. 4 TreuhG) allein zustehen (§ 2 Abs. 3 S. 3 VermG).

4. Zuständigkeit. Örtlich zuständig für Anfechtungs- und Verpflichtungsklagen gegen 34
die Entscheidung auf vorläufige Einweisung ist grundsätzlich das Verwaltungsgericht, in
dessen Bezirk der Verwaltungsakt erlassen wurde (§ 52 Nr. 3 S. 1 und 5 VwGO). Maßgebend ist also der **Sitz des Landesamtes** zur Regelung offener Vermögensfragen. Hat das
Landesamt regionale Verwaltungsaußenstellen errichtet (Verwaltungsbezirke), ist deren
Sitz nur maßgeblich, wenn sie als Behörde im funktionalen Sinne (§ 1 Abs. 4 VwVfG)
befugt sind, Verwaltungsakte im eigenen Namen zu erlassen.[58]

Erstreckt sich die **Zuständigkeit** der den Verwaltungsakt erlassenden Behörde **auf** 35
mehrere Verwaltungsgerichtsbezirke, ist das Verwaltungsgericht zuständig, in dessen
Bezirk der Kläger seinen Sitz oder Wohnsitz hat (§ 52 Nr. 3 S. 2 und 5 VwGO). Fehlt ein
derartiger Sitz oder Wohnsitz ist wiederum das Gericht zuständig, in dessen Bezirk der
Beklagte (das Landesamt bzw. dessen selbständige Außenstelle) seinen Sitz hat (§ 52 Nr. 3
S. 3 iVm. Nr. 5 VwGO).

Eine **ausschließliche örtliche Zuständigkeit nach § 52 Nr. 1 VwGO ist nicht gegeben**, 36
da es sich bei der vorläufigen Einweisung in ein Unternehmen wie auch bei der Unternehmensrückgabe insgesamt nicht um eine Streitigkeit handelt, die sich auf „unbewegliches
Vermögen" bezieht.[59] Auch wenn zu einem Unternehmen unbewegliches Vermögen in
Form von Grundstücken gehören kann, so handelt es sich bei einem Unternehmen doch
um eine Vermögensmasse, bei der die einzelnen Vermögensgegenstände und die Rechte
an diesen hinter die als Einheit zu behandelnde Sach- und Rechtsgesamtheit „Unternehmen" iSv. § 1 URüV zurücktreten.[60]

§ 6b Entflechtung

(1) Ein Unternehmen kann zur Erfüllung eines oder mehrerer Ansprüche auf Rückgabe nach § 6 in rechtlich selbständige Unternehmen oder in Vermögensmassen (Betriebsstätten) ganz oder teilweise entflochten werden. § 6 Abs. 1 bis 4 ist auf jede so

---

[52] *Meier* VIZ 1991, 112.
[53] BVerwG DÖV 1982, 639, 641.
[54] Dazu *Oetker* Anh. I zu § 16 RdNr. 43 ff.
[55] Vgl. § 16 RdNr. 4f. und allgemein KrG Greifswald VIZ 1992, 454; *Meier* VIZ 1991, 112, 113.
[56] KrG Chemnitz-Stadt VIZ 1992, 29, 30; KrG Dresden VIZ 1992, 237, 237f.; aA *Meier* VIZ 1991, 112, 113.
[57] KrG Chemnitz-Stadt VIZ 1992, 29, 30.
[58] BezG Dresden VIZ 1992, 290, 291; KrG Gera-Stadt VIZ 1992, 367; KrG Chemnitz-Stadt VIZ 1992, 450, 450f.
[59] BezG Dresden VIZ 1992, 290, 292; KrG Gera-Stadt VIZ 1992, 332, VIZ 1992, 367; KrG Chemnitz-Stadt DB 1992, 130, 131, VIZ 1992, 450.
[60] BezG Dresden VIZ 1992, 290, 291.

gebildete Vermögensmasse gesondert anzuwenden. Über die Entflechtung entscheidet die zuständige Behörde auf Antrag der Berechtigten oder des Verfügungsberechtigten durch Bescheid nach § 33 Abs. 3. Der Antragsteller hat der Behörde nachzuweisen, daß er den Antrag auf Entflechtung auch dem zuständigen Betriebsrat des zu entflechtenden Unternehmens zur Unterrichtung zugeleitet hat.

(2) Die Entflechtung eines Unternehmens ist antragsgemäß zu verfügen, wenn dem Verfügungsberechtigten die Anteils- oder Mitgliedschaftsrechte allein zustehen und die Berechtigten zustimmen. Bei der Entflechtung von Genossenschaften ist antragsgemäß zu entscheiden, wenn deren Abwickler oder, falls solche nicht bestellt sind, die Generalversammlung mit der für die Auflösung der Genossenschaft erforderlichen Mehrheit der Entflechtung zustimmen. In allen anderen Fällen entscheidet die Behörde nach pflichtgemäßem Ermessen.

(3) Der Behörde ist auf Verlangen die Schlußbilanz des zu entflechtenden Unternehmens einschließlich des dazu gehörenden Inventars für einen Zeitpunkt vorzulegen, der nicht länger als drei Monate zurückliegt. In der Schlußbilanz und im Inventar sind die Beträge aus der D-Markeröffnungsbilanz und dem dazu gehörenden Inventar jeweils anzugeben.

(4) Das Übergabeprotokoll nach § 33 Abs. 4 muß mindestens folgende Angaben enthalten:

1. den Namen oder die Firma und den Sitz des zu entflechtenden Unternehmens und der Personen, auf welche die durch die Entflechtung entstehenden Unternehmen, die hinsichtlich ihrer Betriebe und Betriebsteile sowie der Zuordnung der Arbeitsverhältnisse genau zu beschreiben sind, übergehen, sowie deren gesetzliche Vertreter;
2. den Zeitpunkt, von dem an neu geschaffene Anteile oder eine neu geschaffene Mitgliedschaft einen Anspruch auf einen Anteil an dem Bilanzgewinn gewähren, sowie alle Besonderheiten in bezug auf diesen Anspruch;
3. den Zeitpunkt, von dem an die Handlungen des übertragenden Unternehmens als für Rechnung jeder der übernehmenden Personen vorgenommen gelten;
4. die genaue Beschreibung und Aufteilung der Gegenstände des Aktiv- und Passivvermögens des zu entflechtenden Unternehmens auf die verschiedenen Unternehmen oder Vermögensmassen. Soweit für die Übertragung von Gegenständen im Falle der Einzelrechtsnachfolge in den allgemeinen Vorschriften eine besondere Art der Bezeichnung bestimmt ist, sind diese Regelungen auch hier anzuwenden. Bei Grundstücken ist § 28 der Grundbuchordnung zu beachten. Im übrigen kann auf Urkunden wie Bilanzen und Inventare Bezug genommen werden, deren Inhalt eine Zuweisung des einzelnen Gegenstands ermöglicht;
5. die Ausgleichsforderung, Ausgleichsverbindlichkeit oder Garantien, die jeder einzelnen Vermögensmasse zugeordnet werden sollen.

(5) Muß für die Zwecke der Rückgabe ein neues Unternehmen errichtet werden, so sind die für die jeweilige Rechtsform maßgeblichen Gründungsvorschriften entsprechend anzuwenden. Einer Gründungsprüfung bedarf es nicht; die Prüfungsaufgaben des Registergerichts obliegen insoweit der zuständigen Behörde. Die D-Markeröffnungsbilanz des zu entflechtenden Unternehmens ist entsprechend der Bildung der neuen Vermögensmassen aufzuteilen; sie gilt mit dem Wirksamwerden der Entflechtung im Sinne der Aufteilung als berichtigt.

(6) Kann ein Gläubiger des übertragenden Unternehmens von der Person, der die Verbindlichkeit im Rahmen der Vermögensaufteilung zugewiesen worden ist, keine Befriedigung erlangen, so haften auch die anderen an der Entflechtung beteiligten Personen für diese Verbindlichkeit als Gesamtschuldner. Ist eine Verbindlichkeit keiner der neuen Vermögensmassen zugewiesen worden und läßt sich die Zuweisung

auch nicht durch Auslegung ermitteln, so haften die an der Entflechtung beteiligten Personen als Gesamtschuldner. Eine Haftung tritt nicht ein, wenn die Behörde festgelegt hat, daß für die Erfüllung von Verbindlichkeiten nur bestimmte Personen, auf die Unternehmen oder Betriebsstätten übertragen worden sind, oder die Treuhandanstalt einzustehen hat. Die Treuhandanstalt haftet nur bis zu dem Betrag, den die Gläubiger erhalten hätten, wenn die Entflechtung nicht durchgeführt worden wäre.

(7) Mit der Unanfechtbarkeit des Bescheids nach § 33 Abs. 3 gehen je nach Entscheidung der Behörde die im Übergabeprotokoll bezeichneten Gegenstände entsprechend der dort vorgesehenen Aufteilung entweder einzeln oder jeweils als Gesamtheit auf die bezeichneten Personen über. Gleichzeitig gehen die Anteilsrechte auf die im Bescheid bezeichneten Personen über. Das übertragende Unternehmen erlischt, sofern es nach dem Bescheid nicht fortbestehen soll. Stellt sich nachträglich heraus, daß Gegenstände oder Verbindlichkeiten nicht übertragen worden sind, so sind sie von der Behörde den im Bescheid bezeichneten Personen nach denselben Grundsätzen zuzuteilen, die bei der Entflechtung angewendet worden sind, soweit sich aus der Natur der Sache keine andere Zuordnung ergibt.

(8) Die Behörde ersucht die für die im Entflechtungsbescheid bezeichneten Personen zuständigen Registergerichte und die für die bezeichneten Grundstücke zuständigen Grundbuchämter um Berichtigung der Register und Bücher und, soweit erforderlich, um Eintragung.

(9) Im Falle der Entflechtung bleibt der Betriebsrat im Amt und führt die Geschäfte für die ihm bislang zugeordneten Betriebsteile weiter, soweit sie über die in § 1 des Betriebsverfassungsgesetzes genannte Arbeitnehmerzahl verfügen und nicht in einen Betrieb eingegliedert werden, in dem ein Betriebsrat besteht. Das Übergangsmandat endet, sobald in den Betriebsteilen ein neuer Betriebsrat gewählt und das Wahlergebnis bekanntgegeben ist, spätestens jedoch drei Monate nach Wirksamwerden der Entflechtung des Unternehmens. Werden Betriebsteile, die bislang verschiedenen Betrieben zugeordnet waren, zu einem Betrieb zusammengefaßt, so nimmt der Betriebsrat, dem der nach der Zahl der wahlberechtigten Arbeitnehmer größte Betriebsteil zugeordnet war, das Übergangsmandat wahr. Satz 3 gilt entsprechend, wenn Betriebe zu einem neuen Betrieb zusammengefaßt werden. Stehen die an der Entflechtung beteiligten Unternehmen im Wettbewerb zueinander, so sind die Vorschriften über die Beteiligungsrechte des Betriebsrats nicht anzuwenden, soweit sie Angelegenheiten betreffen, die den Wettbewerb zwischen diesen Unternehmen beeinflussen können.

Schrifttum: *Czerwenka*, Rückgabe enteigneter Unternehmen in den neuen Bundesländern, 1991; *Niederleithinger*, Beseitigung von Hemmnissen bei der Privatisierung und Förderung von Investitionen in den neuen Bundesländern, ZIP 1991, 205 ff.; *Oetker-Busche*, Entflechtung ehemals volkseigener Wirtschaftseinheiten im Lichte des Arbeitsrechts, NZA Beil. Nr. 1/91 zu H. 12/1991, S. 18 ff.

Vgl. auch das abgekürzt zitierte Schrifttum.

Arbeitsmaterialien: BMJ, Leitfaden für die Behandlung von Anträgen auf Rückübertragung von Unternehmen gemäß § 6 sowie auf vorläufige Einweisung und Entflechtung gemäß §§ 6a, 6b des Vermögensgesetzes – URüL –, 2. Aufl., v. 8. 12. 1992

Übersicht

	RdNr.		RdNr.
I. **Normzweck**	1	3. Rechtsnatur der Entscheidung	6
II. **Entflechtungsverfahren**		4. Zuständigkeit	7
1. Allgemeines	2, 3	5. Unterrichtung des Betriebsrates	8
a) Begriff der Entflechtung	2	6. Vermögensverteilung	9–15
b) Anwendungsbereich	3	a) Vermögensstatus (Abs. 3)	9
2. Antragserfordernis	4, 5	b) Vermögenszuordnung (Abs. 4)	10–15

	RdNr.		RdNr.
7. Anwendbares Gründungsrecht (Abs. 5) .	16	2. Anderweitige Entscheidung	21
8. Rechtswirkung der Entflechtungsentscheidung (Abs. 7, 8)	17	3. Haftung der Treuhandanstalt/BVS	22
9. Rechtsstellung des Betriebsrates (Abs. 9)	18	**IV. Rechtsschutz**	
III. Gläubigerschutz		1. Antragsteller	23
1. Subsidiäre gesamtschuldnerische Haftung	19, 20	2. Drittbetroffene	24–26
		3. Zuständigkeit	27–29

I. Normzweck

1 Die Vorschrift des § 6b VermG ergänzt § 6 Abs. 5 S. 2 und 3 VermG, wonach vor Rückgabe eines Unternehmens eine Entflechtung vorzunehmen ist, wenn das zurückzugebende Unternehmen nach seiner Enteignung mit einem oder mehreren anderen Unternehmen zu einer neuen Unternehmenseinheit zusammengefaßt worden ist. Der durch das PrHBG eingefügte § 6b VermG ermöglicht für den Sonderfall der Rückgabe eines Unternehmens nach dem Vermögensgesetz ein vereinfachtes Verfahren der Entflechtung im Wege der **Spaltung**. Rechtstechnisch handelt es sich um die Übertragung eines Unternehmens in einem einheitlichen Vorgang im Wege der Sonderrechtsnachfolge **(partielle Universalsukzession)**. Damit war bereits vor Inkrafttreten des UmwBerG am 1. 1. 1995 eine erhebliche Vereinfachung des Übertragungsvorgangs gegenüber dem bis dahin etablierten Recht erreicht worden. Danach war die Aufteilung eines Unternehmens in kleinere, rechtlich selbständige Einheiten oder die Ausgliederung von Unternehmensteilen nur in der Weise möglich, daß die zum Unternehmen gehörenden Gegenstände unter Wahrung des Bestimmtheitsgrundsatzes im Wege der Einzelrechtsnachfolge übertragen wurden.[1] Die in § 6b VermG enthaltene Entflechtungsregelung folgt der nur auf Aktiengesellschaften anwendbaren EG-Spaltungsrichtlinie v. 17. 12. 1982[2] und stimmt grundsätzlich mit der Regelung der Unternehmensspaltung in §§ 123ff. UmwG v. 28. 10. 1994 (BGBl. I S. 3210)[3] und der im Gesetz über die Spaltung der von der Treuhandanstalt verwalteten Unternehmen (SpTrUG) v. 5. 4. 1991[4] vorgesehenen Lösung zur Realteilung von Unternehmen im Wege der Spaltung überein. Die Regelung unterscheidet sich jedoch insoweit von den genannten Lösungsmodellen als die Spaltung nach dem Vermögensgesetz nicht von den am Spaltungsvorgang beteiligten Unternehmen, sondern von der nach § 25 VermG für das vermögensrechtliche Verfahren zuständigen Behörde vorgenommen wird.

II. Entflechtungsverfahren

2 **1. Allgemeines. a) Begriff der Entflechtung.** Eine Entflechtung nach § 6b VermG kann nur verlangt werden, wenn diese wirtschaftlich vertretbar ist (§ 6b Abs. 5 S. 3 VermG).[5] Unter einer Entflechtung versteht das Gesetz entweder die Aufteilung eines Unternehmens in rechtlich selbständige Unternehmen durch Übertragung aller Unter-

---

[1] *Kropff*, Festschrift für Geßler, 1971, S. 111, 114ff.; *Fritz*, Die Spaltung von Kapitalgesellschaften, 1991, S. 33ff.; *K. Schmidt*, Gesellschaftsrecht, 2. Aufl. 1991, S. 327ff.; *Gäbelein* BB 1989, 1420ff.; *Kottmann*, Die Spaltung einer Aktiengesellschaft, 1986, S. 4ff.; *Schulze-Osterloh* ZHR 149 (1985), 614, 615ff.
[2] ABl. EG L 378 v. 31. 12. 1982, S. 47; abgedruckt bei *Lutter*, Europäisches Unternehmensrecht, 3. Aufl. 1991, S. 249.
[3] Zum Diskussionsentwurf s. BAnz-Beil. Nr. 214a v. 15. 11. 1988; dazu *Zimmermann*, in: *Rowedder*, GmbH-Gesetz, 2. Aufl. 1990, Anh. § 77 RdNr. 10c; *Lutter* ZGR 1990, 392, 401ff.; *K. Schmidt* ZGR 1990, 580, 595ff.; *Hahn* GmbHR 1991, 242ff.
[4] BGBl. I S. 854; (geänd. BGBl. 1994 I, S. 2062); Begründung BT-Drucks. 12/105, S. 7; Bericht des Rechtsausschusses, BT-Drucks. 12/254; dazu *Ganske* DB 1991, 791ff.; *Welter* DZWir 1992, 265ff.
[5] Vgl. § 6 RdNr. 69f.

nehmensteile auf verschiedene neu zu gründende Unternehmensträger unter Auflösung aber ohne Abwicklung des zu entflechtenden Unternehmensträgers (Prinzip der **Aufspaltung**) oder durch Übertragung nur eines Teiles des Unternehmens auf einen neu zu gründenden Unternehmensträger (Prinzip der **Abspaltung**) oder die Aufteilung des Unternehmens in selbständige Vermögensmassen (**Betriebsstätten**) und deren Übertragung auf bestehende Unternehmensträger (§ 6b Abs. 1 S. 1 VermG). Die Grundsätze über den Ausgleich wesentlicher Änderungen der Vermögens- und Ertragslage (§ 6 Abs. 2 bis 4 VermG)[6] sind auf jede im Rahmen der Entflechtung entstandene Vermögensmasse gesondert anzuwenden (§ 6b Abs. 1 S. 2 VermG).

b) Anwendungsbereich. Eine Entflechtung nach § 6b VermG ist sowohl bei **Kapitalgesellschaften** als auch bei **Personenhandelsgesellschaften** möglich. Letzteres ist jedoch insoweit eher theoretisch, als die ehedem enteigneten und aufgrund des VermG zurückzugebenden Unternehmen als volkseigene Wirtschaftseinheiten verfaßt waren und sich nach ihrer ex lege gem. § 11 Abs. 2 TreuhG vollzogenen Umwandlung nunmehr als Kapitalgesellschaften im Anteilsbesitz der Treuhandanstalt/BVS befinden. Als zu entflechtende **Genossenschaften** kommen nur Produktionsgenossenschaften des Handwerks in Betracht. Nur diese verfügen über die im Gesetz genannte Generalversammlung,[7] nicht aber landwirtschaftliche Produktionsgenossenschaften, deren Entflechtung aufgrund der §§ 4ff. des Landwirtschaftsanpassungsgesetzes v. 29. 6. 1990[8] erfolgt.

2. Antragserfordernis. Die Entflechtung erfolgt nur auf Antrag und nur „zur Erfüllung eines oder mehrerer Ansprüche auf Rückgabe" (§ 6b Abs. 1 S. 1 VermG). Damit setzt § 6b VermG unausgesprochen voraus, daß eine Entflechtung nur beantragt werden kann, wenn zeitgleich oder zuvor ein **Anspruch auf Rückübertragung** des zurückzugebenden und zu entflechtenden Unternehmensteils geltend gemacht worden ist.[9] **Antragsberechtigt** iSv. § 6b VermG sind der Berechtigte und der Verfügungsberechtigte. Berechtigter ist allein der geschädigte Unternehmensträger (§ 6 Abs. 1a VermG), nicht aber ein Gesellschafter, Mitglied oder dessen Rechtsnachfolger.[10] Auch wenn diese Personen in § 6 Abs. 6 VermG mißverständlich als Berechtigte bezeichnet werden, so sind sie doch nicht materiell berechtigte Inhaber eines Anspruchs auf Unternehmensrückgabe.[11] Allein diese aber soll die Entflechtung ermöglichen.

Dem Antrag auf Entflechtung ist ein **Entflechtungsplan** beizufügen, da ansonsten die Voraussetzungen für eine „antragsgemäße" Entflechtung iSv. § 6b Abs. 2 VermG fehlen und die Unterrichtung des Betriebsrates (§ 6b Abs. 1 S. 4 VermG) ihres Sinnes entkleidet wird.[12] Die Parallelvorschrift des § 2 Abs. 4 SpTrUG, an die sich § 6b Abs. 1 S. 4 VermG konzeptionell anlehnt,[13] sieht im übrigen ausdrücklich vor, daß der Betriebsrat anhand eines vorzulegenden Spaltungsplans zu unterrichten ist (vgl. auch § 126 Abs. 3 UmwG).

3. Rechtsnatur der Entscheidung. Bei der Entscheidung des Vermögensamtes über die Entflechtung handelt es sich **grundsätzlich** um eine **Ermessensentscheidung** (§ 6b Abs. 2 S. 3 VermG). Gebunden ist die Entscheidung nur, wenn dem Verfügungsberechtigten die Anteils- oder Mitgliedschaftsrechte allein zustehen und der oder die Berechtigten zustimmen (§ 6b Abs. 2 S. 1 VermG) oder bei Entflechtung von Genossenschaften, wenn deren

---

[6] Dazu § 6 RdNr. 16ff.
[7] Vgl. § 3 VO über die Gründung, Tätigkeit und Umwandlung von Produktionsgenossenschaften des Handwerks v. 8. 3. 1990, GBl. I Nr. 18 S. 164, iVm. § 43 GenG.
[8] GBl. I Nr. 42 S. 642 idF d. Anl. II Kap. VI Sachgeb. A Abschn. II Nr. 1 d. Einigungsvertrages v. 31. 8. 1990, BGBl. II S. 889.
[9] *Czerwenka* S. 38; *Wellhöfer* Rechtshandbuch B 100 RdNr. 9; *Kimme-Siebert* RdNr. 7; BMJ URüL Ziff. 7.2.
[10] *Czerwenka* S. 38; aA *Wellhöfer* Rechtshandbuch B 100 RdNr. 7; widersprüchlich *Kimme-Siebert* RdNr. 5, 7.
[11] Vgl. dazu § 6 RdNr. 80, 116.
[12] *Czerwenka* S. 39; zurückhaltend *Wellhöfer* Rechtshandbuch B 100 RdNr. 12: sollte beigefügt werden.
[13] Vgl. Bericht des Rechtsausschusses, BT-Drucks. 12/449, S. 11.

Abwickler oder, falls solche nicht vorhanden sind, die Generalversammlung mit der für die Auflösung der Genossenschaft erforderlichen Mehrheit von drei Vierteln der abgegebenen Stimmen (§ 78 Abs. 1 S. 2 Hs. 2 GenG) der Entflechtung zustimmen (§ 6b Abs. 2 S. 2 VermG). Für eine Berücksichtigung gegenteiliger Arbeitnehmerinteressen bleibt insoweit kein Raum.[14] Diese sind bereits bei der Frage, ob die Entflechtung wirtschaftlich vertretbar ist (§ 6 Abs. 5 S. 3 VermG), zu gewichten und im übrigen auf der Ebene des Betriebsverfassungsrechts geltend zu machen.

7   **4. Zuständigkeit.** Das Entflechtungsverfahren wird von dem örtlich zuständigen Landesamt zur Regelung offener Vermögensfragen durchgeführt (§§ 25 VermG, 15 Abs. 1 URüV). Da der zurückzugebende Unternehmensteil selbst über keinen Sitz iSv. § 15 Abs. 1 URüV verfügt, ist für die örtliche Zuständigkeit auf den Sitz des zu entflechtenden Unternehmens abzustellen.[15]

8   **5. Unterrichtung des Betriebsrates.** Der Antragsteller hat der Behörde nachzuweisen, daß er den Antrag auf Entflechtung dem zuständigen Betriebsrat des zu entflechtenden Unternehmens zur Unterrichtung zugeleitet hat (§ 6b Abs. 1 S. 4 VermG).[16] Besteht das Unternehmen aus mehreren Betrieben ist angesichts der unternehmensweiten Bedeutung der Entflechtung der Gesamtbetriebsrat zuständig. Mit diesem an den gesellschaftsrechtlichen Vorgang der Unternehmensentflechtung anknüpfenden Unterrichtungsrecht werden zugleich etwaige **betriebsbezogene Beteiligungsrechte** des Betriebsrates nach dem Betriebsverfassungsrecht abgesichert. Die für sich genommen nach dem Betriebsverfassungsrecht beteiligungsfreie Unternehmensspaltung kann mit beteiligungspflichtigen Maßnahmen verbunden sein,[17] etwa einer Betriebsspaltung und der dadurch bedingten Änderung der Betriebsorganisation (§ 111 S. 2 Nr. 4 BetrVG). Darüber hinaus ist vorstellbar, daß die Entflechtung eine das Beteiligungsrecht des Betriebsrates auslösende Verlegung des ganzen Betriebes oder wesentlicher Betriebsteile (§ 111 S. 2 Nr. 2 BetrVG) oder den Zusammenschluß eines abgespaltenen Betriebs mit einem Betrieb des aufnehmenden Unternehmens (§ 111 S. 2 Nr. 3 BetrVG) zur Folge hat. Der **Begriff des Betriebes** iSv. § 6b VermG entspricht demjenigen des Betriebsverfassungsrechts[18] und ist daher nicht als Synonym für ehemals „volkseigene Betriebe" iSd. des DDR-Wirtschaftsrechts zu verstehen.

9   **6. Vermögensverteilung. a) Vermögensstatus (Abs. 3).** Die Entflechtungsentscheidung kann nicht ohne Übersicht über das Vermögen des zu entflechtenden Unternehmens erfolgen. Es ist ein Vermögensstatus zu erstellen. Dazu kann das zuständige Vermögensamt die Vorlage einer Schlußbilanz und des dazu gehörigen Inventars verlangen. Der Zeitpunkt, auf den sich **Schlußbilanz** und **Inventar** beziehen, darf nicht länger als drei Monate zurückliegen. In der Schlußbilanz und im Inventar sind die Beträge aus der D-Markeröffnungsbilanz und dem dazu gehörenden Inventar jeweils anzugeben (§ 6b Abs. 3 S. 2 VermG). Die Vermögensübersicht ist Grundlage für die Vermögenszuordnung auf die (neu zu bildenden) Unternehmensträger bzw. Vermögensmassen.

---

[14] AA *Czerwenka* S. 39; zustimmend *Wellhöfer* Rechtshandbuch B 100 RdNr. 16.
[15] *Czerwenka* S. 39; *Wellhöfer* Rechtshandbuch B 100 RdNr. 11; *Kimme-Siebert* RdNr. 9.
[16] Ausführlich dazu *Oetker* Anh. I zu § 16 RdNr. 125 ff.
[17] BAG AP Nr. 6, 8, 19 zu § 111 BetrVG 1972; LAG Frankfurt/M. DB 1985, 1999, 2001; *Dietz-Richardi*, Betriebsverfassungsgesetz, 6. Aufl. 1982, § 111, RdNr. 62; *Fitting-Auffarth-Kaiser-Heither*, Betriebsverfassungsgesetz, 17. Aufl. 1992, § 111 RdNr. 28; *Pottmeyer*, Die Überleitung der Arbeitsverhältnisse im Falle des Betriebsinhaberwechsels nach § 613a BGB und die Mitbestimmung gem. §§ 111 ff. BetrVG, 1987, S. 222 f.; *Schaub* NZA 1989, 5 ff.
[18] Dazu *Ganske* DB 1991, 791, 796; Bericht des BT-Rechtsausschusses, BT-Drucks. 12/254, S. 16. Allgemein zum Betriebsbegriff BAG DB 1979, 1751, 1752; *Joost*, Betrieb und Unternehmen als Grundbegriffe im Arbeitsrecht, 1988, S. 81 ff., 147 ff.; *Konzen*, Unternehmensaufspaltungen und Organisationsänderungen im Betriebsverfassungsrecht, 1986, S. 86 ff.

b) Vermögenszuordnung (Abs. 4). Die Zuordnung der einzelnen Vermögensgegen- 10
stände des zu entflechtenden Unternehmens auf die neuen Vermögensmassen macht es
erforderlich, daß diese im **Übergabeprotokoll** (§ 33 Abs. 4 VermG) genau bezeichnet
sind. Daher ist die Behörde „mindestens" zu den in Abs. 4 Nr. 1 bis 5 näher bezeichneten
Angaben verpflichtet. Ziel der Vermögenszuordnung ist, daß aus der Entflechtung ein
dem enteigneten Unternehmen vergleichbares Unternehmen hervorgeht. Läßt sich eine
eindeutige Zuordnung der Vermögensgegenstände zu dem zurückzugebenden Unternehmen nicht vornehmen, ist nach dem Rechtsgedanken des § 2 Abs. 2 URüV zu verfahren
und die Aufteilung in dem Verhältnis vorzunehmen, das dem Verhältnis der Bilanzsum-
men der zusammengefaßten Unternehmen im Zeitpunkt der Schädigung entspricht. Dabei ist die Vermögenszuordnung im Hinblick auf § 6b Abs. 5 S. 1 VermG[19] möglichst so
vorzunehmen, daß das Sachanlagevermögen der neu zu bildenden Unternehmen in gleichem Verhältnis durch Eigenkapital gedeckt ist wie das des zu entflechtenden Unternehmens.[20]

Neben Angaben zu den an der Entflechtung beteiligten **Personen** (Namen oder Firma, 11
Sitz; Abs. 4 Nr. 1) sind im Übergabeprotokoll die durch die Entflechtung entstehenden
Unternehmen hinsichtlich ihrer gesetzlichen Vertreter, der Betriebe und Betriebsteile sowie der Zuordnung der **Arbeitsverhältnisse**[21] genau zu beschreiben. Bei der Zuordnung
der Arbeitsverhältnisse besteht kein Dispositionsrecht.[22] Maßgebend ist, welchem Betrieb
oder Betriebsteil der Arbeitnehmer vor der Entflechtung arbeitsvertraglich zugeordnet
war. In Zweifelsfällen ist unter objektiven Gesichtspunkten nach dem Schwerpunkt der
Tätigkeit zu entscheiden.

Darüber hinaus ist im Übergabeprotokoll der **Zeitpunkt** zu dokumentieren, ab wel- 12
chem bei Entflechtung eines Unternehmens in mehrere rechtlich selbständige Unternehmen ein neu geschaffener Anteil oder eine neu geschaffene Mitgliedschaft einen **Anspruch
auf** einen **Anteil am Bilanzgewinn** gewährt (Abs. 4 Nr. 2).

Zugleich ist die Angabe erforderlich, ab wann die Handlungen des übertragenden Un- 13
ternehmens als für Rechnung der übernehmenden Personen vorgenommen gelten (Abs. 4
Nr. 3). Damit wird unabhängig vom sachenrechtlichen Vollzug der **Zeitpunkt** bezeichnet, zu dem die Spaltung **wirtschaftliche Wirkungen** entfalten soll. In der Regel handelt
es sich dabei um einen zurückliegenden Zeitpunkt. Eine zeitliche Begrenzung besteht
nicht. Denkbar ist also auch ein Termin vor Inkrafttreten des § 6b VermG am 29. 3. 1991,
soweit jedenfalls eine Trennung der Geschäftsvorfälle möglich ist.[23]

Von besonderer Bedeutung ist die Vorschrift der Nr. 4, die inhaltlich die Regelung in 14
Nr. 1 ergänzt. Nach Abs. 4 Nr. 4 sind die das **Aktiv- und Passivvermögen** des zu entflechtenden Unternehmens ausmachenden Rechte bzw. Gegenstände iSv. § 90 BGB genau zu beschreiben und auf die verschiedenen Unternehmensträger oder Vermögensmassen (Betriebsstätten) aufzuteilen. Es gilt der **Bestimmtheitsgrundsatz**, wobei auf Urkunden wie Bilanzen und Inventare Bezug genommen werden kann. Auf die Aktivierungs-
und Passivierungsfähigkeit der Gegenstände oder Verbindlichkeiten nach Rechnungsle-
gungsgrundsätzen kommt es nicht an.[24] Aufzuführen sind also auch die nicht bilanzie-
rungsfähigen bzw. nicht bilanzierten Rechte und Verpflichtungen aus Verträgen sowie
Lizenzen, Patente, gewerbliche Schutzrechte und sonstige Rechte wie Konzessionen.[25]
Grundstücke sind gem. § 28 GBO so zu bezeichnen, wie dies der beurkundende Notar
auch bei einer Einzelauflassung tun würde. Damit wird unmittelbar aufgrund der Entflechtungsentscheidung eine Berichtigung des Grundbuchs ermöglicht.

---

[19] Dazu RdNr. 16.
[20] *Czerwenka* S. 39; *Wellhöfer* Rechtshandbuch B 100 RdNr. 24.
[21] Dazu *Oetker-Busche* NZA-Beil. 1/91 zu H. 12/91, S. 18, 19f.; zur Anwendbarkeit von § 613a BGB vgl. *Oetker* Anh. I zu § 16 RdNr. 18ff.
[22] Dazu *Oetker* Anh. I zu § 16 RdNr. 19.

[23] Ebenso zur Parallelproblematik des § 2 Abs. 1 Nr. 6 SpTrUG *Haritz* Rechtshandbuch B 230 § 2 RdNr. 18.
[24] Begründung z. Entwurf e. PrHBG, BT-Drucks. 12/103, S. 21, 33.
[25] Vgl. insoweit auch *Haritz* Rechtshandbuch B 230 § 2 RdNr. 37.

VermG § 6 b 15–19   Abschnitt II. Rückübertragung von Vermögenswerten

15 Schließlich sind nach Abs. 4 Nr. 5 die den einzelnen Vermögensmassen zuzuordnenden **Ausgleichsforderungen, -verbindlichkeiten** oder etwaige **Garantien** zu bezeichnen. Die einem aus der Entflechtung hervorgegangenen Unternehmen zugeordnete Ausgleichsforderung entfällt nach Sinn und Zweck nicht deshalb, weil der Gesamtbetrag der in der Bilanz dieses Unternehmens ausgewiesenen Vermögensgegenstände abzüglich der ausgewiesenen Ausgleichsforderung höher ist als der Gesamtbetrag der auf der Passivseite ausgewiesenen Schulden und Rechnungsabgrenzungsposten; dies gilt auch dann, wenn das Unternehmen nach § 1 Abs. 5 DMBilG als zum 1. 7. 1990 entstanden gilt.[26]

16 **7. Anwendbares Gründungsrecht (Abs. 5).** Auf die im Rahmen der Entflechtung notwendige Errichtung neuer Unternehmensträger finden die für die jeweilige Rechtsform maßgeblichen Gründungsvorschriften entsprechende Anwendung (§ 6 b Abs. 5 S. 1 VermG). Das gilt insbesondere für die Vorschriften zum Schutze des Stammkapitals (§§ 5, 7 GmbHG) und des Grundkapitals (§§ 5 ff., 23 ff., 36 ff. AktG). Auf diese Weise wird verhindert, daß von vornherein lebensunfähige Rechtsträger aus der Entflechtung hervorgehen. Die Aufgaben der Gründungsprüfung übernimmt anstelle des Registergerichts die nach § 25 S. 2 VermG zuständige Behörde (§ 6 b Abs. 5 S. 2 VermG). Die notwendige Berichtigung der D-Markeröffnungsbilanz (§ 6 b Abs. 5 S. 3 VermG) gilt im Interesse der Verfahrenserleichterung als erfolgt, wenn die behördliche Entflechtungsentscheidung wirksam geworden ist.

17 **8. Rechtswirkung der Entflechtungsentscheidung (Abs. 7, 8).** Der Entscheidung über die Entflechtung kommt im Zeitpunkt ihrer Bestandskraft, das Gesetz spricht ungenau von Unanfechtbarkeit, rechtsgestaltende Wirkung zu (§ 6 b Abs. 7 S. 1 VermG). Insoweit besteht eine Parallele zu § 34 Abs. 1 VermG. Die Vermögensgegenstände gehen **einzeln oder im Wege der partiellen Universalsukzession** auf die im Entflechtungsbescheid bezeichneten Personen über (§ 6 b Abs. 7 S. 1 VermG). Gleichzeitig gehen die Anteilsrechte auf die im Bescheid bezeichnete Person über (§ 6 b Abs. 7 S. 2 VermG). Das übertragende Unternehmen erlischt, wenn alle seine Vermögensteile auf andere Vermögensträger übertragen worden sind und ein Fortbestand im Bescheid nicht vorgesehen ist (§ 6 b Abs. 7 S. 3 VermG). Stellt sich später heraus, daß Vermögenswerte nicht übertragen worden sind, sondern bei dem bereits gelöschten übertragenden Unternehmen verblieben sind, so sind diese Werte nach den Grundsätzen, die bei der Entflechtung angewandt wurden, nachträglich den im Bescheid bezeichneten Personen zuzuteilen (§ 6 b Abs. 7 S. 4 VermG). Aus der **Natur der Sache** kann sich eine andere Zuordnung ergeben, wenn die Vermögenswerte etwa nicht real teilbar sind. Die **Registerberichtigungspflicht** trifft das zuständige Vermögensamt (§ 6 b Abs. 8 VermG).

18 **9. Rechtsstellung des Betriebsrates (Abs. 9).** Zur Rechtsstellung des Betriebsrates im vermögensrechtlichen Entflechtungsverfahren vgl. eingehend *Oetker*, Anh. I zu § 16 VermG RdNr. 125 ff.

III. Gläubigerschutz (Abs. 6)

19 **1. Subsidiäre gesamtschuldnerische Haftung.** Die durch die Entflechtung berührten Interessen der Gläubiger des Verfügungsberechtigten werden durch § 6 b Abs. 6 VermG geschützt. Der Gesetzgeber ist der mit der Aufteilung von Aktiva und Passiva einhergehenden Gläubigergefährdung durch die Anordnung einer grundsätzlich subsidiären gesamtschuldnerischen Haftung begegnet (§ 6 b Abs. 6 S. 1 VermG): Ist von der Person, der aufgrund der Entflechtung eine Verbindlichkeit zugeordnet worden ist, **keine Befriedigung** zu erlangen, haften die übrigen an der Entflechtung beteiligten Personen – unter Umständen mit dem verbliebenen übertragenden Unternehmen – als Gesamtschuldner

---

[26] Begründung z. Entwurf e. PrHBG, BT-Drucks. 12/103, S. 21, 35 f.

für alle fälligen und künftig fällig werdenden Forderungen.[27] Schwierigkeiten bereitet dabei die Feststellung, ob von der an sich verpflichteten Person Befriedigung zu erlangen ist.[28] Insoweit wird ähnlich wie bei der Ausfallbürgschaft[29] ein **erfolgloser Vollstreckungsversuch** zu fordern sein, es sei denn, der Gläubiger kann die Zahlungsunfähigkeit des Schuldners, die Aussichtslosigkeit der Beitreibung oder die Eröffnung des Insolvenzverfahrens über das Vermögen des Schuldners nachweisen.[30]

§ 6b Abs. 6 Satz 2 VermG bestimmt darüber hinaus, daß alle an der Entflechtung 20 beteiligten Personen als **Gesamtschuldner** haften, wenn sich aus der behördlichen Entscheidung auch durch Auslegung die Zuordnung einer Verbindlichkeit zu einem Unternehmen nicht eindeutig ermitteln läßt.[31] Damit soll den Gläubigern die bisher vorhandene Haftungsmasse erhalten bleiben.[32] Der interne Ausgleich unter den Unternehmen richtet sich bei Fehlen einer diesbezüglichen Vereinbarung nach § 426 BGB.

2. Anderweitige Entscheidung. Die gesamtschuldnerische Haftung tritt nicht ein, 21 wenn die Behörde in der Entflechtungsentscheidung festlegt, daß für die Erfüllung der Verbindlichkeit nur die **Treuhandanstalt/BVS oder bestimmte Personen**, auf die Unternehmen oder Betriebsstätten übertragen worden sind, einstehen sollen (§ 6b Abs. 6 S. 3 VermG). Im Interesse des Gläubigerschutzes wird die Behörde eine einzelne Personen begünstigende Entscheidung nach pflichtgemäßem Ermessen nur dann treffen können, wenn sichergestellt ist, daß die Person, auf die die Verbindlichkeit übergehen soll, diese erfüllen kann oder der Gläubiger sich anderweit **Sicherheit** verschafft hat.[33] Eine Verpflichtung zur Sicherheitsleistung wie etwa in den Fällen der Verschmelzung und Spaltung nach dem UmwG (§ 22 bzw. § 133 Abs. 1 UmwG) oder nach § 11 Abs. 1 S. 2 SpTrUG besteht für vermögensübernehmende Personen nicht.[34] Im übrigen erscheint ein Ausschluß der gesamtschuldnerischen Haftung nur aus übergeordneten, gesamtwirtschaftlichen Gründen gerechtfertigt.

3. Haftung der Treuhandanstalt/BVS. Die Haftung der Treuhandanstalt/BVS ist stets 22 auf den Betrag **begrenzt**, den die Gläubiger im Falle der Nichtdurchführung der Entflechtung erhalten hätten (§ 6b Abs. 6 S. 4 VermG). Damit sollen die Gläubiger durch den Rückgriff auf die Haftungsmasse der Treuhandanstalt nicht besser gestellt werden als ohne Entflechtung. Die Haftung soll auf die Vermögensmasse beschränkt bleiben, die den Gläubigern ohne die Entflechtung als Zugriffsobjekt zur Verfügung gestanden hätte.

IV. Rechtsschutz

1. Antragsteller. Wird die Entflechtung nicht antragsgemäß verfügt, kann der Antrag- 23 steller als Adressat der Entflechtungsentscheidung bei dem örtlich zuständigen Verwaltungsgericht Verpflichtungsklage (§ 42 Abs. 2 2. Alt. VwGO) auf antragsgemäße Entflechtung erheben.

2. Drittbetroffene. Hinsichtlich des Rechtsschutzes Drittbetroffener gilt folgendes: 24 Handelt es sich bei dem Drittbetroffenen um den **Berechtigten** oder **Verfügungsberech-**

---

[27] Dazu Begründung z. Entwurf e. PrHBG, BT-Drucks. 12/103, S. 21, 34; vgl. zu diesem Regelungsmodell auch Art. 12 Abs. 3 S. 1 d. EG-Spaltungsrichtlinie v. 17. 12. 1982, ABl. EG L 378 v. 21. 12. 1982, S. 47.

[28] Kritisch im Hinblick auf ein derartiges Regelungsmodell auch *Teichmann* Die AG 1980, 85, 90; Stellungnahme des Bundesrates, BT-Drucks. 12/204, S. 7.

[29] Dazu BGH NJW 1989, 1484.

[30] So auch *Wellhöfer* Rechtshandbuch B 100 RdNr. 43; *Kimme-Siebert* RdNr. 32; zur Parallelproblematik der Ausfallhaftung nach § 31 GmbHG vgl. auch *Lutter-Hommelhoff*, GmbH-Gesetz, 14. Aufl.

1995, § 31 RdNr. 19; *Hueck*, in: *Baumbach-Hueck*, GmbHG, 15. Aufl. 1988, § 31 RdNr. 16.

[31] Vgl. die Parallelbestimmung in Art. 3 Abs. 3 lit. b d. EG-Spaltungsrichtlinie (Fn. 27).

[32] Begründung z. Entwurf e. PrHBG, BT-Drucks. 12/103, S. 21, 34.

[33] So auch schon die Begründung z. Entwurf e. PrHBG, BT-Drucks. 12/103, S. 21, 34; vgl. auch *Niederleithinger* ZIP 1991, 205, 210; *Czerwenka* S. 40.

[34] Zur Problematik der Sicherheitsleistung vgl. *Welter* DZWir 1992, 265, 268f.; *Kleindiek* ZGR 1992, 513, 521ff.

tigten, weil jeweils nur der andere einen Entflechtungsantrag gestellt hat (vgl. § 6 b Abs. 1 S. 3 VermG), kann die Entflechtungsentscheidung für den Nichtantragsteller ein Verwaltungsakt mit belastender Drittwirkung sein. Die Klagebefugnis ist insoweit aus der Vorschrift des § 6 b Abs. 1 S. 3 VermG ableitbar, die ersichtlich nicht nur der Regelung des Verfahrensablaufs dient, sondern dem Berechtigten bzw. Verfügungsberechtigten über den beizubringenden Entflechtungsplan die Möglichkeit der materiellen Rechtsverwirklichung eröffnet.

25   Drittbetroffene iSd. Prozeßrechts sind auch **Arbeitnehmer und andere Gläubiger** des zu entflechtenden Unternehmens. Die Klagebefugnis für diesen Personenkreis ergibt sich nicht schon aus § 31 Abs. 2 S. 1 VermG, da diese Vorschrift allein der Ordnung des Verfahrensablaufs dient, aber keine selbständig durchsetzbare Verfahrensposition eröffnet.[35]

26   Die Vorschrift des § 6 b Abs. 6 VermG entfaltet jedoch insoweit Drittschutz für Gläubiger des zu entflechtenden Unternehmens als eine Zuordnung von Verbindlichkeiten zu einzelnen aus der Entflechtung hervorgehenden Vermögensmassen oder vermögensübernehmenden Personen nur zulässig ist, soweit dadurch keine Gläubigergefährdung eintritt.[36] Insoweit steht Drittgläubigern eine **Klagebefugnis** aus §§ 42 Abs. 2 VwGO zu. Zu Rechtsschutzmöglichkeiten von Arbeitnehmern vgl. Oetker Anh. I zu § 16 RdNr. 43 ff.

27   **3. Zuständigkeit.** Örtlich zuständig für Anfechtungs- und Verpflichtungsklagen gegen die Entflechtungsentscheidung ist grundsätzlich das Verwaltungsgericht, in dessen Bezirk der Verwaltungsakt erlassen wurde (§ 52 Nr. 3 S. 1 und 5 VwGO). Maßgebend ist also der Sitz des Landesamtes zur Regelung offener Vermögensfragen. Hat das Landesamt regionale Verwaltungsaußenstellen errichtet (Verwaltungsbezirke), ist deren Sitz nur maßgeblich, wenn sie als Behörden im funktionalen Sinne (§ 1 Abs. 4 VwVfG) befugt sind, Verwaltungsakte im eigenen Namen zu erlassen.[37]

28   Erstreckt sich die Zuständigkeit der den Verwaltungsakt erlassenden Behörde auf mehrere Verwaltungsgerichtsbezirke, ist das Verwaltungsgericht zuständig, in dessen Bezirk der Kläger seinen Sitz oder Wohnsitz hat (§ 52 Nr. 3 S. 2 und 5 VwGO). Fehlt ein derartiger Sitz oder Wohnsitz ist wiederum das Gericht zuständig, in dessen Bezirk der Beklagte (das Landesamt bzw. dessen selbständige Außenstelle) seinen Sitz hat (§ 52 Nr. 3 S. 3 iVm. Nr. 5 VwGO).

29   Eine ausschließliche örtliche Zuständigkeit nach § 52 Nr. 1 VwGO ist nicht gegeben, da es sich bei der Entscheidung über die Entflechtung eines Unternehmens wie auch bei der Unternehmensrückgabe insgesamt nicht um eine Streitigkeit handelt, die sich auf „unbewegliches Vermögen" bezieht.[38]

§ 7 Wertausgleich

(1) Der Berechtigte hat, außer in den Fällen des Absatzes 2, die Kosten für vom Verfügungsberechtigten bis zum 2. Oktober 1990 durchgeführte Maßnahmen für eine Bebauung, Modernisierung oder Instandsetzung des Vermögenswertes zu ersetzen, soweit die Zuordnung der Kosten der Maßnahmen zum Vermögenswert durch den gegenwärtig Verfügungsberechtigten nachgewiesen ist und diese Kosten im Kalenderjahr im Durchschnitt 10 000 Mark der DDR je Einheit im Sinne des § 18 Abs. 2 Satz 3 überschritten haben. Kann eine Zuordnung der Kosten nach Satz 1 nicht nachgewiesen werden, ist jedoch eine Schätzung der Kosten und ihre Zuordnung zum Vermögenswert möglich, sind die Kosten und ihre Zuordnung nach Maßgabe des § 31 Abs. 1

---

[35] Vgl. auch § 6 RdNr. 95.
[36] Vgl. RdNr. 21.
[37] BezG Dresden VIZ 1992, 290, 291; KrG Gera-Stadt VIZ 1992, 367; KrG Chemnitz-Stadt VIZ 1992, 450, 450 f.
[38] Vgl. BezG Dresden VIZ 1992, 290, 292; KrG Gera-Stadt VIZ 1992, 332; VIZ 1992, 367; KrG Chemnitz-Stadt DB 1992, 130, 131; VIZ 1992, 450.

Satz 2 und 3 unter Berücksichtigung der bei der Rückgabe des Vermögenswertes noch feststellbaren Maßnahmen zu schätzen. Von dem nach Satz 1 oder Satz 2 ermittelten Betrag, bei Gebäuden der 10 000 Mark der DDR im Durchschnitt je Einheit überschreitende Betrag, sind jährliche Abschläge von 8 vom Hundert bis zur Entscheidung über die Rückgabe vorzunehmen. Mark der DDR, Reichs- oder Goldmark sind im Verhältnis 2 zu 1 auf Deutsche Mark umzurechnen. Das Eigentum an dem zurückzuübertragenden Vermögenswert geht außer in den Fällen des Satzes 6 auf den Berechtigten erst dann über, wenn die Entscheidung über die Rückübertragung unanfechtbar und der Wertausgleich nach den Sätzen 1 bis 4 entrichtet ist. Auf Antrag des Berechtigten wird über die Rückübertragung des Vermögenswerts gesondert vorab entschieden, wenn der Berechtigte für einen von dem Amt zur Regelung offener Vermögensfragen festzusetzenden Betrag in Höhe der voraussichtlich zu ersetzenden Kosten Sicherheit geleistet hat.

(2) Werterhöhungen, die eine natürliche Person, Religionsgemeinschaft oder gemeinnützige Stiftung als gegenwärtig Verfügungsberechtigter bis zum 2. Oktober 1990 an dem Vermögenswert herbeigeführt hat, sind vom Berechtigten mit dem objektiven Wert zum Zeitpunkt der Entscheidung über die Rückübertragung des Eigentums auszugleichen. Dies gilt entsprechend, wenn der Verfügungsberechtigte das Eigentum an einem Gebäude gemäß § 16 Abs. 3 Satz 2 und 3 verliert.

(3) Soweit Grundpfandrechte zur Finanzierung von Baumaßnahmen im Sinne des § 16 Abs. 5 und 7 zu übernehmen oder Zahlungen mit Rücksicht auf Grundpfandrechte der in § 18 Abs. 2 genannten Art zu leisten sind, entsteht ein Ersatzanspruch nach den Absätzen 1 und 2 nicht. Ist an den Berechtigten ein Grundstück zurückzuübertragen und von diesem Ersatz für ein früher auf Grund eines Nutzungsrechts am Grundstück entstandenes Gebäudeeigentum zu leisten, so entsteht mit Aufhebung des Nutzungsrechts eine Sicherungshypothek am Grundstück in Höhe des Anspruchs nach den Absätzen 1 und 2 und im Range des bisherigen Nutzungsrechts.

(4) Die Haftung des Berechtigten beschränkt sich auf den zurückzuübertragenden Vermögenswert. Für die Geltendmachung der Haftungsbeschränkung finden die §§ 1990 und 1991 des Bürgerlichen Gesetzbuchs entsprechende Anwendung.

(5) Ist eine öffentlich-rechtliche Gebietskörperschaft oder die Treuhandanstalt gegenwärtig Verfügungsberechtigter, so steht der Ersatzanspruch dem Entschädigungsfonds, in den übrigen Fällen dem gegenwärtig Verfügungsberechtigten zu. § 3 Abs. 3 Satz 4 bleibt unberührt. Wird dem gegenwärtig Verfügungsberechtigten ein gezahlter Kaufpreis gemäß § 7a Abs. 1 erstattet, so steht der Ersatzanspruch nach Absatz 1 in Ansehung von Verwendungen des früheren Verfügungsberechtigten dem Entschädigungsfonds zu.

(6) Die Absätze 1 bis 5 finden keine Anwendung auf Rückübertragungsansprüche nach § 6 oder wenn es sich um Verwendungen handelt, mit denen gegen die Beschränkungen des § 3 Abs. 3 verstoßen worden ist.

(7) Der Berechtigte hat gegen den Verfügungsberechtigten, sofern nichts anderes vereinbart ist, keinen Anspruch auf Herausgabe der bis zur Rückübertragung des Eigentums gezogenen Nutzungen. Dies gilt nicht für Entgelte, die dem Verfügungsberechtigten ab dem 1. Juli 1994 aus einem Miet-, Pacht- oder sonstigen Nutzungsverhältnis zustehen. Der Herausgabeanspruch nach Satz 2 entsteht mit Bestandskraft des Bescheides über die Rückübertragung des Eigentums. Macht der Berechtigte den Anspruch geltend, so kann der bisherige Verfügungsberechtigte die seit dem 1. Juli 1994 entstandenen

1. Betriebskosten im Sinne der Anlage zu § 1 Abs. 5 der Betriebskosten-Umlageverordnung vom 17. Juni 1991 (BGBl. I S. 1270), die zuletzt durch das Gesetz vom 27. Juli 1992 (BGBl. I S. 1415) geändert worden ist, soweit ihm diese nicht von den

VermG § 7 1   Abschnitt II. Rückübertragung von Vermögenswerten

Mietern, Pächtern, sonstigen Nutzungsberechtigten oder Dritten erstattet worden sind;

2. Kosten aufgrund von Rechtsgeschäften zur Erhaltung des Vermögenswertes im Sinne des § 3 Abs. 3

aufrechnen. § 16 Abs. 2 Satz 1 und 2 des Investitionsvorranggesetzes bleibt unberührt.

(8) Ansprüche nach den Absätzen 2 und 7 sind nicht im Verfahren nach Abschnitt VI geltend zu machen. Für Streitigkeiten sind die ordentlichen Gerichte zuständig, in deren Bezirk sich der Vermögenswert ganz oder überwiegend befindet.

Schrifttum: *Hartkopf*, Wertausgleich und Gegenleistung nach Art. 1 des Zweiten Vermögensrechtsänderungsgesetzes, VIZ 1992, 388f.; *Hollweg*, Herausgabe gezogener Nutzungen bei der Restitution von Vermögenswerten, ZIP 1994, 191 ff.; *Kinne*, Praktische Probleme der Ablösung untergegangener Grundstücksbelastungen nach §§ 18 bis 18b Vermögensgesetz, ZOV 1992, 334 ff.; *ders.*, Wertausgleich bei Restitution des Vermögenswertes, ZOV 1993, 24 ff.; *Rühl*, Die Ablösung früherer Rechte nach §§ 18 bis 18b Vermögensgesetz, VIZ 1992, 342 ff.

Vgl. auch das abgekürzt zitierte Schrifttum.

Übersicht

	RdNr.		RdNr.
I. Normzweck/Gesetzgebungsgeschichte	1–3	V. Ausschluß des Wertausgleichs	
		1. Allgemeines	22
II. Fremdfinanzierte Wertverbesserungen (Abs. 1)		2. Übernahmepflicht nach § 16 Abs. 5 und 7 VermG	23–29
1. Art der Maßnahmen	4–8	a) Allgemeines	23
a) Allgemeines	4	b) Aufbauhypotheken und vergleichbare Grundpfandrechte (§ 16 Abs. 5)	24, 25
b) Bebauung	5	aa) Aufbaugrundschulden	24
c) Modernisierung	6	bb) BGB-Grundpfandrechte	25
d) Instandsetzung	7	c) Sonstige Grundpfandrechte (§ 16 Abs. 7)	26
e) Rekonstruktion/Instandhaltungsarbeiten	8	d) Umfang der Übernahmepflicht	27–29
2. Zeitraum der Durchführung	9	aa) Allgemeines	27
3. Umfang der Wertersatzpflicht	10–14	bb) Berechnung	28, 29
a) Allgemeines	10	3. Zahlungsverpflichtung nach § 18 Abs. 2 VermG	30, 31
b) Nachweis durchgeführter Maßnahmen	11	VI. Wertausgleich für Verwendungen im Rahmen von § 3 Abs. 3 VermG	32–34
c) Berechnung	12–14	VII. Herausgabe von Nutzungen (Abs. 7)	35, 36
aa) Eckwerte	12	VIII. Altfälle	
bb) Einzelansätze	13, 14	1. Wertausgleich nach § 7 VermG aF	37–41
III. Eigenfinanzierte Wertverbesserungen (Abs. 2)		a) Voraussetzungen	37, 38
1. Allgemeines	15	b) Verfahren	39, 40
2. Objektiver Wert	16	c) Auswirkungen eines Wertminderungsausgleichs auf die Entschädigung nach § 9 VermG	41
IV. Durchführung des Wertausgleichs		2. Wertausgleich für Verwendungen privater Dritterwerber und im Rahmen von § 3 Abs. 3 VermG	42, 43
1. Anspruchsinhaber	17		
2. Haftung des Berechtigten	18		
3. Verfahren/Rechtsweg	19, 20		
4. Sicherung des Wertausgleichsanspruchs	21		

I. Normzweck/Gesetzgebungsgeschichte

1   Die Vorschrift des § 7 VermG regelt im Anschluß an Nr. 3 letzter Satz der Gemeinsamen Erklärung vom 15. 6. 1990[1] den **Wertausgleich** für alle Vermögensrückübertragungen bis auf die Rückübertragung von Unternehmen (§ 7 Abs. 6 Hs. 1 VermG). Die Grundsätze des Wertausgleichs nach § 7 Abs. 1 VermG sind gem. § 4 HypAblV auch auf

[1] BGBl. II S. 889, 1237.

die (pflichtwidrige) Veräußerung von Grundstücken anzuwenden, also auf die Fälle, in denen ein Rückübertragungsanspruch nicht (mehr) besteht (vgl. dazu § 3 RdNr. 50 a, b). Der bei der Unternehmensrückgabe vorzunehmende Wertausgleich ist spezialgesetzlich in § 6 Abs. 2 bis 4 VermG geregelt. Nach der ursprünglichen Fassung des § 7 VermG war ein Wertausgleich bei den in Volkseigentum überführten Vermögenswerten sowohl hinsichtlich der Wertverbesserungen als auch der Wertverschlechterungen vorzunehmen. Wertverbesserungen waren allerdings nur auszugleichen, soweit sie aus Mitteln des Staatshaushaltes finanziert wurden. Nicht anwendbar war § 7 VermG aF auf den Wertausgleich im Verhältnis privater Verfügungsberechtigter/Berechtigter. Für Aufwendungsersatzansprüche von Mietern und Nutzern galt allein § 19 VermG aF, der durch Art. 1 Nr. 18 des 2. VermRÄndG aufgehoben wurde.

Durch Art. 1 Nr. 8 des 2. VermRÄndG ist die Vorschrift des § 7 VermG grundlegend **2** modifiziert worden. Sie sieht in der seitdem geltenden Fassung, die erneut durch Art. 10 Nr. 3 EALG geändert wurde, **nur noch** einen **Ausgleich der Wertverbesserungen** vor. Das Gesetz unterscheidet dabei zwischen staatlich finanzierten Wertverbesserungen (Abs. 1) und solchen, die von Privatpersonen, Religionsgemeinschaften und gemeinnützigen Stiftungen mit eigenen Mitteln bewirkt wurden (Abs. 2). Anwendungsbeispiele für § 7 VermG sind Verwendungen auf Grundstücke und Gebäude durch Bebauung, Anbau, Umbau, Modernisierung oder Instandsetzung von Vermögenswerten. Der Ausgleich von **Wertminderungen** vollzieht sich seit Inkrafttreten des 2. VermRÄndG entgegen der früheren Gesetzeslage[2] allein nach § 9 VermG bzw. nach Art. 1 EALG.

Sinn der Vorschrift ist es, die Aufwendungen für die bis zum 2. 10. 1990 durchgeführ- **3** ten Maßnahmen **wertmäßig dem Verfügungsberechtigten zuzuweisen**, der insoweit vom Grundsatz her Ersatz verlangen kann. Ab dem 3. 10. 1990 getätigte Aufwendungen sind nicht ersatzfähig; dem Verfügungsberechtigten verbleiben bis zum Zeitpunkt der Rückgabe lediglich die gezogenen Nutzungen, es sei denn, es handelt sich um Entgelte, die dem Verfügungsberechtigten ab dem 1. 7. 1994 aus einem Miet-, Pacht- oder sonstigen Nutzungsverhältnis zustehen (§ 7 Abs. 7 S. 2 VermG idF des EALG; dazu RdNr. 35). Die Vorschrift des § 7 VermG findet keine Anwendung auf Verwendungen, mit denen der Verfügungsberechtigte gegen die Beschränkungen des § 3 Abs. 3 VermG verstoßen hat (§ 7 Abs. 6 Hs. 2 VermG).

II. Fremdfinanzierte Wertverbesserungen (Abs. 1)

1. Art der Maßnahmen. a) Allgemeines. Die Vorschrift des § 7 Abs. 1 VermG betrifft **4** dem Sinnzusammenhang nach nur die – im wesentlichen aus Mitteln des Staatshaushaltes – fremdfinanzierten Wertverbesserungen. Erfaßt werden daneben Werterhöhungen, die von sozialistischen Genossenschaften, Parteien und Massenorganisationen bewirkt wurden. Bedeutung kommt der Vorschrift nur für **Grundstücke und Gebäude** zu. Dies erschließt sich zwar nicht unmittelbar aus dem Wortlaut der Norm, wohl aber aus der Art der Maßnahmen, für die Ersatz zu leisten ist. Das Gesetz statuiert eine Ersatzpflicht des Berechtigten nur für Wertverbesserungen, die aus einer Bebauung, Modernisierung oder Instandsetzung des Vermögenswertes resultieren. Damit soll auf die in der ehem. DDR üblicherweise **haushaltsfinanzierten Baumaßnahmen** verwiesen werden. Dazu zählen nicht Aufwendungen, die von staatlichen Verwaltern getätigt worden sind. Ihre Finanzierung geschah stets zu Lasten des Eigentümers durch Verwendung von Mieteinnahmen oder durch Kreditaufnahme, die dinglich durch entsprechende Grundpfandrechte (Aufbauhypothek/Aufbaugrundschuld) gesichert wurden. Da die Ersatzpflicht nur für in der ehem. DDR verwirklichte Tatbestände besteht, muß auch auf das seinerzeit dort gebräuchliche Begriffsverständnis zurückgegriffen werden.[3]

---

[2] Vgl. dazu unten RdNr. 37 ff.

[3] Anders *Kinne* ZOV 1993, 24, 25 ff., der an die bundesdeutsche Begriffsbildung anknüpfen will.

5 **b) Bebauung.** Unter einer Bebauung ist danach die Errichtung von Gebäuden und baulichen Anlagen auf unbebauten Flächen oder als Anbauten im Rahmen von Lückenbebauung in bebauter Ortslage zu verstehen.[4]

6 **c) Modernisierung.** Der Modernisierung sind Baumaßnahmen an bestehenden Gebäuden oder baulichen Anlagen zuzurechnen, die dem Ziel dienten, eine effektivere Nutzung der baulichen Fonds zu gewährleisten (Verbesserung der räumlich-funktionellen Situation) und die durch Vervollkommnung der Ausstattung zu einer Verbesserung der Wohnbedingungen führten (Verbesserung des Gebrauchswertes).[5] Eine **Verbesserung der räumlich-funktionellen Situation** ist insbesondere im Umbau längere Zeit nicht genutzter Läden, der Rückgewinnung zweckentfremdeter Nutzflächen, dem Ausbau von Dachgeschossen, der Trennung bzw. Schaffung von Mehrraumwohnungen bzw. im Ausbau einzelner Wohnräume zu sehen.[6] Eine **Gebrauchswertverbesserung** kann etwa auf Baumaßnahmen im Bereich Heizung, Sanitär, Be- und Entwässerung, Feuchtigkeitsschutz, Elektrotechnik oder Wärme- und Schallschutz beruhen.[7]

7 **d) Instandsetzung.** Der Instandsetzung dienten nach dem DDR-Begriffsverständnis Leistungen zur **Beseitigung des physischen Verschleisses** von Gebäuden und baulichen Anlagen, die im wesentlichen nicht mit funktionellen Änderungen, wohl aber ggfls. mit neuen konstruktiven Lösungen verbunden waren. Zu den Maßnahmen wurden gezählt: Um- und Neueindeckungen der Dachhaut, Erneuerung der Dach-, Decken- und Wandtragwerke und von Türen und Fenstern, die Erneuerung von Schornsteinen, Wänden und Sperrschichten gegen aufsteigende und seitlich eindringende Feuchtigkeit, die Herstellung der Schädlingsresistenz, der Austausch bzw. die Erneuerung der Heizungsanlagen, Sanitär- und Elektroinstallation, Lüftungsanlagen, Fahrstühle ua.[8]

8 **e) Rekonstruktion/Instandhaltungsarbeiten.** In dem ursprünglich vom Bundesrat eingebrachten Gesetzesvorschlag war anstelle der Instandsetzung die „Rekonstruktion" genannt,[9] mit der nicht nur Baumaßnahmen zur Erhöhung des Gebrauchswertes, sondern insbesondere auch **Maßnahmen zur Wiederherstellung der Bewohnbarkeit von Gebäuden mit schweren Bauschäden** bezeichnet wurden. Der Austausch der Begriffe im Gesetzgebungsverfahren läßt den Schluß zu, daß Maßnahmen die der Behebung schwerer Bauschäden im vorbenannten Sinne dienen, nicht zu den ersatzfähigen Aufwendungen iSd. § 7 Abs. 1 VermG zählen.[10] Dies gilt im übrigen auch für die im Gesetz nicht genannten gewöhnlichen **Instandhaltungsarbeiten**.[11] Darunter sind **Maßnahmen zur Verhinderung frühzeitig eintretender Schäden** an Baukörpern und Gebäudeausrüstungsteilen zu verstehen, die das konstruktive und statische Gefüge nicht beeinträchtigen und zu keiner Veränderung des Gebrauchswertes führen. Von der Instandsetzung unterscheidet sich die Instandhaltung durch ihren überwiegend vorbeugenden Charakter und durch geringen Umfang. Dem Bereich der Instandhaltung wurden zugerechnet die prophylaktische Scha-

---

[4] Vgl. Stellungnahme des Bundesrates, BT-Drucks. 12/2695, S. 8; Kinne ZOV 1993, 24, 25.

[5] Vgl. Anl. 2 zur Durchführungsbestimmung zur Verwirklichung der Grundsätze für die Planung und Leitung des Prozesses der Reproduktion der Grundfonds auf dem Gebiet des komplexen Wohnungsbaues v. 30. 6. 1972, GBl. II Nr. 44 S. 504.

[6] Vgl. Stellungnahme des Bundesrates, BT-Drucks. 12/2695, S. 8; § 1 Abs. 1 VO über die Finanzierung von Baumaßnahmen zur Schaffung und Erhaltung von privatem Wohnraum v. 28. 4. 1960, GBl. I Nr. 34 S. 351, geänd. GBl. 1967 II Nr. 63 S. 419, iVm. § 1 der Ersten Durchführungsbestimmung v. 19. 10. 1960, GBl. II Nr. 37 S. 415; nicht widerspruchsfrei Kinne ZOV 1993, 24, 26 f.; anders der Durchführungserlaß des Bundesfinanzministers zu § 7 VermG – VI A 6 – VV 5343-4/92, abgedruckt in: ZOV 1992, 288, 289, unter Nr. 2, wo auch Um- oder Ausbaumaßnahmen dem Tatbestandsmerkmal der „Bebauung" zugeordnet werden.

[7] Vgl. Stellungnahme des Bundesrates, BT-Drucks. 12/2695, S. 8.

[8] Vgl. dazu Anl. 2 zur Durchführungsbestimmung zur Verwirklichung der Grundsätze für die Planung und Leitung des Prozesses der Reproduktion der Grundfonds auf dem Gebiet des komplexen Wohnungsbaues v. 30. 6. 1972, GBl. II Nr. 44 S. 504.

[9] Vgl. Stellungnahme des Bundesrates, BT-Drucks. 12/2695, S. 6, 7 ff.

[10] Kinne ZOV 1992, 24, 27; aA Hartkopf VIZ 1992, 398, der Rekonstruktion „als umfassendste Form der Instandsetzung" versteht.

[11] Kinne ZOV 1993, 24, 27.

densverhütung, die planmäßige Pflege, Wartung und Überwachung besonders gefährdeter Bauwerksteile und Gebäudeausrüstungen (Dach, Regenrinnen, Fallrohre, Heizungsanlagen, Sanitärarmaturen, Müllschlucker, Lüftungsanlagen, Gas- und Wasserversorgung, Fahrstühle), die Beseitigung von Kleinstschäden an Dächern, Schornsteinen, Dachentwässerung, Fußböden, Decken, Wänden, Türen, Fenstern sowie Malerarbeiten innerhalb der Gebäude und Wohnungen.[12]

2. Zeitraum der Durchführung. Eine Verpflichtung zum Wertausgleich trifft den Berechtigten nur hinsichtlich solcher Maßnahmen, die **bis zum 2. 10. 1990 „durchgeführt"** wurden. Erforderlich ist also, daß die Bebauungs-, Modernisierungs- und Instandsetzungsmaßnahmen am 2. 10. 1990 ihren tatsächlichen Abschluß fanden. Arbeiten, die über den 2. 10. 1990 hinaus andauerten, sind nur hinsichtlich des am 2. 10. 1990 fertiggestellten Teils ersatzfähig.[13]

3. Umfang der Wertersatzpflicht. a) Allgemeines. Der Berechtigte hat dem Verfügungsberechtigten die Kosten für die bis zum 2. 10. 1990 durchgeführten Maßnahmen zu ersetzen, soweit deren Zuordnung zum Vermögenswert durch den gegenwärtig Verfügungsberechtigten nachgewiesen ist (§ 7 Abs. 1 S. 1 VermG).

b) Nachweis durchgeführter Maßnahmen. Der Nachweis ist insbesondere durch **Beibringung von Belegen** (Kostenvoranschläge, Kalkulationsunterlagen, Aufmaße, Rechnungen etc.) zu führen, aus denen sich Art, Umfang und Zeitraum der durchgeführten Arbeiten, das Bauobjekt und die Kosten ergeben. Wird der Nachweis durch den Verfügungsberechtigten nicht geführt, ist jedoch eine **Schätzung** der Kosten und ihre Zuordnung zum Vermögenswert möglich, hat die Behörde von Amts wegen nach Maßgabe des § 31 Abs. 1 S. 2 und 3 VermG vorzugehen. Zu den danach für die Schätzung und Zuordnung zu berücksichtigenden Umständen zählen insbesondere die bei der Rückgabe des Vermögenswertes noch feststellbaren Maßnahmen (§ 7 Abs. 1 S. 2 VermG), deren Kosten unter Beachtung der seinerzeitigen DDR-Preisvorschriften zu bestimmen sind.

c) Berechnung. aa) Eckwerte. Ein Kostenersatz findet in jedem Fall nur statt, wenn die Kosten im Kalenderjahr im Durchschnitt **10000 Mark der DDR je Einheit** iSd. § 18 Abs. 2 S. 3 VermG überschritten haben. Bei **mehrfachen Bau-, Modernisierungs- und Instandsetzungsmaßnahmen** sind die ersatzfähigen Kosten jeweils gesondert zu errechnen.[14] Einheiten sind die im Zeitpunkt der Entscheidung in einem Gebäude vorhandenen, in sich abgeschlossenen oder selbständig vermietbaren Wohnungen oder Geschäftsräume (§ 18 Abs. 2 S. 3 VermG). Unter einer **abgeschlossenen Wohnung** ist eine Wohnung zu verstehen, die baulich von fremden Wohnungen und Räumen zB durch Wände und Decken abgetrennt ist und einen eigenen abschließbaren Zugang unmittelbar vom Freien, von einem Treppenhaus oder einem Vorraum hat.[15] Wände und Decken müssen den bauaufsichtlichen Erfordernissen zum Zeitpunkt der Errichtung des Gebäudes entsprechen; Kochgelegenheit, Wasserversorgung, Ausguß und Toilette müssen innerhalb der Wohnung liegen. Im Gegensatz dazu reicht für eine **selbständig vermietbare Wohnung** eine Summe von – nicht notwendig innerhalb einer Wohnung befindlichen – Räumen, die eine selbständige Haushaltführung ermöglichen.[16] **Geschäftsräume** sind Räumlichkeiten, die von fremden Räumen und Wohnungen getrennt sind und einen eigenen abschließbaren Zugang unmittelbar vom Freien, von einem Treppenhaus oder einem Vorraum haben und für einen Geschäftsbetrieb geeignet sind.[17]

---

[12] Vgl. Anl. 2 zur Durchführungsbestimmung zur Verwirklichung der Grundsätze für die Planung und Leitung des Prozesses der Reproduktion der Grundfonds auf dem Gebiet des komplexen Wohnungsbaues v. 30. 6. 1972, GBl. II Nr. 44 S. 504.
[13] AA *Kinne* ZOV 1993, 24, 27, der eine Ersatzpflicht vollständig verneint.
[14] *Kinne* ZOV 1993, 24, 27.
[15] BMJ, Empfehlungen zur Durchführung der Verfahren nach § 16 Abs. 5 bis 10, §§ 18 bis 18b VermG und der Hypothekenablöseanordnung, 1992, S. 46f.
[16] BMJ, Empfehlungen zur Durchführung der Verfahren nach § 16 Abs. 5 bis 10, §§ 18 bis 18b VermG und der Hypothekenablöseanordnung, 1992, S. 47.
[17] Vgl. BMJ, Empfehlungen zur Durchführung der Verfahren nach § 16 Abs. 5 bis 10, §§ 18 bis 18b VermG und der Hypothekenablöseanordnung, 1992, S. 47.

13 **bb) Einzelansätze.** Zur Ermittlung der ersatzfähigen Kosten sind demnach zunächst die für ein Gebäude oder einen Gebäudekomplex aufgewendeten Bau-, Modernisierungs- oder Instandsetzungskosten zu ermitteln. Von dem so ermittelten Betrag sind je Einheit 10000 Mark der DDR abzuziehen und weitere jährliche Abschläge in Höhe von gleichbleibend acht v. H. bis zur Entscheidung über die Rückgabe vorzunehmen. Infolge des gleichbleibenden Abzugs von 8 v. H. reduziert sich der ausgleichspflichtige Betrag nach 12,5 Jahren auf Null. Maßnahmen, die länger zurückliegen, sind demnach im Ergebnis nicht ersatzfähig. Auf Mark der DDR, Reichs- oder Goldmark lautende Beträge sind im Verhältnis 2:1 auf Deutsche Mark umzurechnen.

14 Nicht eindeutig geregelt ist, was unter „**jährlichen**" **Abschlägen** zu verstehen ist. Es könnte insoweit auf die jeweils angebrochenen Kalenderjahre[18] oder wie in § 18b Abs. 2 S. 1 des Regierungsentwurfs[19] auf jährliche Abschläge für die Zeit von der Eintragung des Rechts bis zur Entscheidung über die Rückübertragung abzustellen sein. Im Ergebnis ist die letztgenannte Lösung zu favorisieren, da die letztendlich als § 18 Abs. 2 S. 2 VermG beschlossene Gesetzesfassung, auf die § 7 Abs. 1 S. 3 VermG sinngemäß Bezug nimmt, in diesem Punkt lediglich den Regierungsentwurf strafft und vereinfacht,[20] ohne daß damit eine inhaltliche Neuausrichtung verbunden sein sollte.[21]

III. Eigenfinanzierte Wertverbesserungen (Abs. 2)

15 **1. Allgemeines.** Der Ausgleich eigenfinanzierter Wertverbesserungen iSv. § 7 Abs. 2 VermG erfolgt im Gegensatz zum Wertausgleich nach § 7 Abs. 1 VermG nicht auf der Basis tatsächlich aufgewandter, zurechenbarer Kosten, sondern nach dem **objektiven Wert** im Zeitpunkt der Entscheidung über die Rückübertragung. Es muß sich um Werterhöhungen handeln, die von einer natürlichen Person, Religionsgemeinschaft oder gemeinnützigen Stiftung als gegenwärtig Verfügungsberechtigtem aus eigenen Mitteln bewirkt wurden. **Bedeutung** hat die Vorschrift demnach für die Fälle, in denen mangels Redlichkeit der Verfügungsberechtigten die Rückübertragung nicht nach § 4 Abs. 2 VermG ausgeschlossen ist. Ferner ist sie gem. § 7 Abs. 2 S. 2 VermG entsprechend anzuwenden, wenn der Verfügungsberechtigte das Eigentum an einem Gebäude infolge der behördlich verfügten Aufhebung eines unredlich erworbenen dinglichen Nutzungsrechts verliert (vgl. § 16 Abs. 3 S. 2 und 3 VermG).

16 **2. Objektiver Wert.** Hinsichtlich des Zeitpunkts der wertverbessernden Maßnahmen gelten die Ausführungen oben RdNr. 9 sinngemäß. Zu ersetzen ist der objektive Wert, der ggfls. unter Heranziehung von Gutachten zu ermitteln ist. Der objektive Wert ist der gemeine Wert (**objektive Verkehrswert**), den die Sache nach ihrer tatsächlichen Beschaffenheit für jedermann hat.[22] Bei Gebäuden kommt es insoweit auf die objektive Erhöhung des Ertragswertes an.[23]

IV. Durchführung des Wertausgleichs

17 **1. Anspruchsinhaber.** Der im Zeitpunkt der Bestandskraft des behördlichen Bescheides fällig werdende Wertausgleichsanspruch steht grundsätzlich dem im Zeitpunkt der Rückgabeentscheidung gegenwärtig **Verfügungsberechtigten** zu. Handelt es sich dabei allerdings um eine öffentlich-rechtliche Gebietskörperschaft oder die Treuhandanstalt, so besteht die Ausgleichsverpflichtung gegenüber dem **Entschädigungsfonds** (§ 7 Abs. 5 S. 1 VermG). Dies gilt hinsichtlich der fremdfinanzierten Wertverbesserungen iSv. § 7 Abs. 1 VermG auch dann, wenn dem gegenwärtig Verfügungsberechtigten ein gezahlter Kaufpreis nach § 7a VermG erstattet wird. Davon unberührt bleibt gem. § 7 Abs. 5 S. 2 VermG die Verpflichtung des Berechtigten, dem Verfügungsberechtigten die für Instand-

---

[18] *Hartkopf* VIZ 1992, 388 Fn. 5.
[19] BT-Drucks. 12/2480, S. 10.
[20] Vgl. Bericht des BT-Rechtsausschusses, BT-Drucks. 12/2944, S. 53 (zu § 18 VermG).
[21] So auch *Rühl* VIZ 1992, 342, 344.
[22] Vgl. BGHZ 82, 299, 307f. (zu § 818 Abs. 2 BGB).
[23] Vgl. BGHZ 10, 171, 180; BGH WM 1973, 71, 73; *Palandt-Thomas* § 818 RdNr. 20.

setzungsmaßnahmen im Rahmen der Notgeschäftsführung nach § 3 Abs. 2 S. 3 VermG aufgewendeten Kosten zu ersetzen, soweit diese durch eine instandsetzungsbedingte Mieterhöhung nicht bereits ausgeglichen sind (§ 3 Abs. 3 S. 4 VermG).[24]

2. Haftung des Berechtigten. Die Haftung des Berechtigten für den Wertausgleichsanspruch ist **auf den zurückzuübertragenden Vermögenswert beschränkt**, wenn sich der Berechtigte entsprechend §§ 1990, 1991 BGB auf seine Haftungsbeschränkung beruft (§ 7 Abs. 4 VermG). Entgegen dem mißverständlichen Wortlaut des Satzes 1 der Vorschrift („beschränkt sich") besteht die Haftungsbeschränkung nicht automatisch, sondern nur, wenn der Berechtigte sie gegenüber dem Anspruchsinhaber geltend macht. Das ergibt sich aus der Verweisung des Satzes 2 auf die §§ 1990, 1991 BGB. Maßgebender Zeitpunkt für die Feststellung der Dürftigkeit des Vermögenswertes ist der Zeitpunkt der Entscheidung über die Dürftigkeitseinrede, die bei Wertersatzansprüchen nach § 7 Abs. 1 VermG bereits im Verwaltungsverfahren zu erheben ist.[25]

3. Verfahren/Rechtsweg. Über die Wertausgleichsverpflichtung des Berechtigten nach § 7 Abs. 1 VermG wird von dem zuständigen Vermögensamt regelmäßig im Zusammenhang **mit der Rückgabeentscheidung entschieden**. Die durch Art. 10 Nr. 3a EALG in das VermG eingefügte Vorschrift des § 7 Abs. 1 S. 6 sieht vor, daß das Eigentum an dem zurückzuübertragenden Vermögenswert abweichend von § 34 Abs. 1 S. 1 VermG nicht schon mit Unanfechtbarkeit der Rückübertragungsentscheidung, sondern erst nach Entrichtung des Wertausgleichs iSv § 7 Abs. 1 S. 1 bis 4 VermG übergeht. Das kann zu Verzögerungen bei der Rückgabe führen, wenn sich die Berechnung bzw. Schätzung der aufgewandten Kosten bzw. deren Zuordnung zu einem Vermögenswert schwierig gestaltet. Zur Beschleunigung der Restitution hat der Berechtigte die Möglichkeit, einen **Antrag auf Vorabentscheidung** über die Rückgabe zu stellen (§ 7 Abs. 1 S. 6 VermG). Darüber wird von der Behörde entschieden, wenn der Berechtigte zuvor für einen von dem Amt zur Regelung offener Vermögensfragen festzusetzenden Betrag in Höhe der voraussichtlich zu ersetzenden Kosten Sicherheit geleistet hat. Art und Weise sowie das Verfahren der Sicherheitsleistung richten sich nach § 7 der mit dem 2. VermRÄndG in Kraft getretenen Hypothekenablöseanordnung (HypAblAO).[26] Entsprechend der Regelung in §§ 4 bis 6 HypAblAO ist die Sicherheit durch Hinterlegung des Betrages bei den Hinterlegungsstellen der ordentlichen Gerichte oder durch Beibringung einer Garantie oder eines sonstigen Zahlungsversprechens eines Kreditinstitutes zu leisten.[27]

Gegen **Entscheidungen nach § 7 Abs. 1 VermG**, die im Verfahren nach Abschnitt VI des Vermögensgesetzes (§§ 30 ff.) ergehen, steht der **Verwaltungsrechtsweg** offen (§ 40 VwGO). Wertausgleichsansprüche nach **§ 7 Abs. 2 VermG** sind dagegen nicht Gegenstand des vermögensrechtlichen Verfahrens (§ 7 Abs. 8 S. 1 VermG). Es handelt sich insoweit um **zivilrechtliche Ansprüche**. Streitigkeiten sind vor den ordentlichen Gerichten auszutragen, in deren Bezirk sich der Gegenstand bei räumlicher Betrachtung ganz oder überwiegend befindet (§ 7 Abs. 8 S. 2 VermG).

4. Sicherung des Wertausgleichsanspruchs. Wird an den Berechtigten ein Grundstück im Wege der Restitution zurückübertragen und hat der Berechtigte Ersatz für ein früher auf Grund eines Nutzungsrechts am Grundstück entstandenes Gebäudeeigentum zu leisten, das nach § 16 Abs. 3 S. 1 VermG wegen Unredlichkeit des Erwerbers aufzuheben ist, so entsteht mit Aufhebung des Nutzungsrechts kraft Gesetzes eine **Sicherungshypothek** an dem Grundstück in Höhe des Wertausgleichsanspruchs nach § 7 Abs. 1 und 2 VermG und im Range des bisherigen Nutzungsrechts (§ 7 Abs. 3 S. 2 VermG). Die Eintragung der Sicherungshypothek hat das Vermögensamt von Amts wegen zu bewirken. Zum Schicksal der Grundpfandrechte, die an einem auf Grund eines Nutzungsrechts errichteten Gebäude bestellt wurden, vgl. § 16 Abs. 3 S. 4 VermG.

---

[24] Vgl. dazu § 3 RdNr. 198.
[25] Zu diesem Problemkreis vgl. auch *Kinne* ZOV 1993, 24, 30.
[26] BGBl. 1992 I S. 1257.
[27] Vgl. dazu § 18a RdNr. 2 ff.

V. Ausschluß des Wertausgleichs

22 1. Allgemeines. Ein Wertausgleich iSd. § 7 Abs. 1 und 2 VermG findet nicht statt, wenn der Berechtigte Grundpfandrechte zur Finanzierung von Baumaßnahmen iSd. § 16 Abs. 5 und 7 VermG zu übernehmen hat oder von ihm Zahlungen mit Rücksicht auf Grundpfandrechte der in § 18 Abs. 2 VermG bezeichneten Art zu leisten sind (§ 7 Abs. 3 S. 1 VermG). Dem Sinn nach muß sich die **Übernahmepflicht nach § 16 Abs. 5 und 7 VermG** bzw. die **Zahlungsverpflichtung nach § 18 Abs. 2 VermG** gerade auf solche Baumaßnahmen beziehen, die dem Wertausgleich nach § 7 VermG unterlägen, wenn nicht die Verpflichtungen des §§ 16 Abs. 5 und 7 bzw. 18 Abs. 2 VermG bestünden. Mit anderen Worten: Der tatsächliche Anknüpfungspunkt für die Einzelverpflichtungen muß identisch sein. Nur in dieser Hinsicht entfällt auch das Wertausgleichsverfahren nach § 7 Abs. 1 und 2 VermG.

23 2. Übernahmepflicht nach § 16 Abs. 5 und 7 VermG. a) Allgemeines. Die Vorschriften des § 16 Abs. 5 und 7 VermG nehmen in modifizierter Form den Regelungsgedanken des § 18 Abs. 3 VermG aF wieder auf: Während § 18 Abs. 3 VermG aF sich jedoch nur auf Aufbauhypotheken bezog, gilt § 16 Abs. 5 VermG auch für vergleichbare Grundpfandrechte; § 16 Abs. 7 VermG als Auffangvorschrift bezieht zudem noch sogenannte sonstige Grundpfandrechte ein. Soweit diese **Grundpfandrechte zur Finanzierung von Baumaßnahmen** (Neubau/Umbau/Ausbau) dienen – nur diese Fälle erfaßt die Ausschlußklausel des § 7 Abs. 3 S. 1 VermG –, sind diese Grundpfandrechte nach §§ 16 Abs. 5 iVm. 18 Abs. 1 S. 1 bis 3 VermG bzw. nach §§ 16 Abs. 7 iVm. Abs. 5, 18 Abs. 1 S. 1 bis 3 VermG in dem Umfang zu übernehmen, in dem aufgrund durchgeführter Baumaßnahmen eine Bereicherung tatsächlich noch feststellbar ist. Als besicherungsfähige Baumaßnahmen iSv. § 16 Abs. 5 und 7 VermG sind Maßnahmen aller Art anzusehen, also insbesondere der Wiederaufbau, Umbau, Ausbau von Gebäuden, deren Instandsetzung und Instandhaltung.[28] Der Begriff der Baumaßnahme ist damit weiter gefaßt als der Maßnahmebegriff in § 7 Abs. 1 S. 1 VermG, der lediglich die Bebauung, Modernisierung und Instandsetzung von Vermögenswerten umfaßt.[29]

24 b) Aufbauhypotheken und vergleichbare Grundpfandrechte (§ 16 Abs. 5). aa) Aufbaugrundschulden. Der Anwendungsbereich des § 16 Abs. 5 VermG erstreckt sich neben der Aufbauhypothek (§ 456 ZGB-DDR)[30] auch auf vergleichbare Grundpfandrechte. Dazu zählen insbesondere sog. Aufbaugrundschulden. Nach § 13 Abs. 2 iVm. § 7 Abs. 5 bis 7 der VO über die **Finanzierung von Baumaßnahmen zur Schaffung und Erhaltung von privatem Wohnraum** v. 28. 4. 1960[31] konnten zur Sicherung langfristiger Kredite für Wohngrundstücke (auch zwangsweise) Aufbaugrundschulden zugunsten kreditgewährender Kreditinstitute bestellt werden, wenn eine Sicherung durch Hypothekeneintragung nicht in Betracht kam oder die vorgeschriebenen Leistungen (Zins- und Mindesttilgungssatz) durch den Kreditnehmer wegen Unrentabilität des Grundstücks aus diesem nicht erbracht werden konnten.[32] Im Gegensatz zur Bestellung einer Hypothek hatte die Bestellung einer Aufbaugrundschuld den Vorteil, daß sie unter Durchbrechung des Prioritätsprinzips stets den **Rang vor** allen **anderen** im Grundbuch eingetragenen **Belastungen** einnahm[33] und dem Kreditgläubiger damit eine umfassende Sicherung bot. Nach Inkrafttreten des ZGB konnten Aufbaugrundschulden nicht mehr begründet werden (vgl. § 442

---

[28] Vgl. zur Aufbauhypothek auch *Zänker*, in: *Rohde* ua., Bodenrecht, 1989, S. 280; §§ 1, 9, 13 VO über die Finanzierung von Baumaßnahmen zur Schaffung und Erhaltung von privatem Wohnraum v. 28. 5. 1960, GBl. I Nr. 34 S. 351.

[29] Vgl. RdNr. 4 ff.

[30] Dazu *Heuer*, Grundzüge des Bodenrechts der DDR 1949–1990, 1991, RdNr. 124 ff.; *Zänker*, in: *Rohde* ua., Bodenrecht, 1989, S. 275 ff.

[31] GBl. I Nr. 34 S. 351 idF der 2. VO über die Finanzierung von Baumaßnahmen zur Schaffung

und Erhaltung von privatem Wohnraum v. 14. 6. 1967, GBl. II Nr. 63, S. 419 nebst 1. Durchführungsbestimmung v. 19. 10. 1960, GBl. II Nr. 37 S. 415.

[32] Vgl. auch § 5 Anordnung über die Kreditgebung für Wiederinstandsetzung bzw. Wiederaufbau privater Wohnungsbauten v. 2. 9. 1949, ZVOBl. S. 714, iVm. § 9 der Ersten Durchführungsbestimmung v. 20. 2. 1950, GBl. S. 315.

[33] Vgl. ausführlicher zur Funktion der Aufbaugrundschuld *Janke*, in: *Rohde* ua., Bodenrecht,

Abs. 1 S. 1 ZGB-DDR), da das ZGB als dingliches Sicherungsmittel nur noch die Aufbauhypothek (§ 456) vorsah.[34]

bb) BGB – Grundpfandrechte. Nicht auszuschließen ist andererseits, daß staatliche Verwalter in der Zeit vor Inkrafttreten des ZGB noch nach den Vorschriften des BGB Grundpfandrechte begründet haben, die der **Sicherung von Baukrediten** dienten. Auch wenn diese nicht ausdrücklich als „Aufbau"-Grundpfandrechte bezeichnet worden sind, handelt es sich wegen des Sicherungszwecks doch um „vergleichbare" Grundpfandrechte iSv. § 16 Abs. 5 S. 1 VermG. Der Gesetzgeber hat sich erkennbar nicht auf eine bestimmte Art von Grundpfandrechten festlegen wollen, sondern allein auf den Sicherungszweck abgestellt.[35]

c) Sonstige Grundpfandrechte (§ 16 Abs. 7). Die Grundpfandrechte iSd. § 16 Abs. 5 VermG müssen von einem staatlichen Verwalter bestellt worden sein. Anders die sonstigen Grundpfandrechte des § 16 Abs. 7 VermG: Soweit sie der **Sicherung von Baufinanzierungen** dienen können (§ 16 Abs. 7 1. und 2. Alt. VermG), handelt es sich um Grundpfandrechte, die entweder auf staatliche Veranlassung vor dem 8. 5. 1945 (1. Alt.) oder nach einer schädigenden Maßnahme iSv. § 1 Abs. 3 bzw. Abs. 6 VermG (2. Alt.) bestellt worden sind. Mit der 3. Alternative des § 16 Abs. 7 VermG, den durch einen staatlichen Verwalter bestellten sonstigen Grundpfandrechten, werden nur solche Rechte erfaßt, die nicht der dinglichen Sicherung von Baumaßnahmen dienen, da § 16 Abs. 5 VermG insoweit lex specialis ist; insoweit also ist ein Wertausgleich nach § 7 Abs. 1 und 2 VermG nicht ausgeschlossen.

d) Umfang der Übernahmepflicht. aa) Allgemeines. Der Umfang, in dem die Grundpfandrechte iSd. § 16 Abs. 5 und 7 VermG zu übernehmen sind, **ergibt sich** nach der Verweisung in § 16 Abs. 5 S. 1 VermG, auf den wiederum § 16 Abs. 7 VermG verweist, **aus § 18 Abs. 2 VermG.** Der Gesetzeswortlaut ist insoweit nicht völlig korrekt, da § 18 Abs. 2 S. 4 und 5 VermG durch die speziellere Regelung des § 16 Abs. 5 S. 2 und 4 VermG verdrängt wird; § 18 Abs. 2 S. 6 VermG betrifft die sonstigen Grundpfandrechte des § 16 Abs. 7 VermG, wird aber für die Bestimmung der Übernahmeverpflichtung durch § 16 Abs. 7 Hs. 2 VermG verdrängt.

bb) Berechnung. Maßgebend für die Berechnung ist im Ausgangspunkt mithin allein § 18 Abs. 2 S. 1 bis 3 VermG: Die Grundpfandrechte sind, soweit sie nicht auf Mark der DDR lauten, zunächst in diese Währung umzurechnen (vgl. § 2 HypAblAO). Von dem so ermittelten **Nennbetrag** sind sodann in Abhängigkeit von der Zahl der Einheiten je Gebäude die in § 18 Abs. 2 S. 2 VermG genannten pauschalen Abschläge vorzunehmen. Als Einheiten iSd. Satzes 2 des § 18 Abs. 2 VermG gelten die im Zeitpunkt der Entscheidung in dem Gebäude vorhandenen Wohnungen oder Geschäftsräume (§ 18 Abs. 2 S. 3 VermG).[36] Das Verfahren der **Abschlagspauschalierung** hat der Gesetzgeber bewußt an die Stelle eines konkreten Berechnungsverfahrens gesetzt, da dieses im Einzelfall einen hohen Verwaltungs-, Zeit- und Kostenaufwand erfordert hätte. Mit den in § 18 Abs. 2 S. 2 VermG aufgeführten Abschlägen sollen insoweit im Verhältnis zum Umfang der Baumaßnahmen die **regelmäßigen Wertminderungen** berücksichtigt werden. Dabei liegt der Unterscheidung nach Einheiten die Überlegung zugrunde, daß sich Baumaßnahmen bei gleichen Kosten in einem Gebäude mit mehr Einheiten wertmäßig nach Ablauf einer bestimmten Zeit regelmäßig weniger auswirken werden als bei Gebäuden mit weniger Einheiten.[37]

1989, S. 289 f.; *Posch,* in: Das Zivilrecht der Deutschen Demokratischen Republik, Sachenrecht, 1956, S. 285 ff.; *Heuer,* Grundzüge des Bodenrechts der DDR 1949–1990, 1991, RdNr. 150.

[34] *Janke,* in: *Rohde* ua., Bodenrecht, 1989, S. 290; *Heuer,* Grundzüge des Bodenrechts der DDR 1949–1990, 1991, RdNr. 150; Fragen und Antworten, NJ 1977, 515.

[35] Vgl. auch Begründung z. Entwurf des 2. VermRÄndG, BT-Drucks. 12/2480, S. 47.

[36] Dazu bereits RdNr. 12 ff.

[37] Begründung zu dem Entwurf eines 2. VermRÄndG, BT-Drucks. 12/2480, S. 52 (zu § 18 b d. Entw.).

29 Von dem nach § 18 Abs. 2 S. 1 und 2 VermG ermittelten Betrag (Nennbetrag des Grundpfandrechts abzüglich pauschalierter Abschläge) sind schließlich diejenigen **Tilgungsleistungen** abzuziehen, die nachweislich auf das Recht oder eine durch das Recht gesicherte Forderung erbracht worden sind (§ 16 Abs. 5 S. 2 VermG). Nach dem Wortlaut („sind") handelt es sich im Gegensatz zur Regelung des § 18 Abs. 2 S. 4 VermG um eine gebundene Entscheidung. In Höhe des sich nunmehr ergebenden Betrages hat der Berechtigte eingetragene Aufbauhypotheken und vergleichbare Grundpfandrechte grundsätzlich zu übernehmen, es sei denn, im Rahmen einer Vereinbarung zwischen dem Gläubiger des Rechts, dem Eigentümer und dem Amt zur Regelung offener Vermögensfragen als Vertreter der Interessen des Entschädigungsfonds wird etwas Abweichendes vereinbart (§ 16 Abs. 5 S. 3 VermG).

30 **3. Zahlungsverpflichtung nach § 18 Abs. 2 VermG.** Die **Höhe des Ablösebetrages**, die der Berechtigte mit Rücksicht auf die bei Überführung des Grundstücks in Volkseigentum untergegangenen Aufbauhypotheken und vergleichbaren Grundpfandrechte sowie sonstige Grundpfandrechte zu zahlen hat, bestimmt sich nach § 18 Abs. 2 VermG. Es gelten insoweit die Ausführungen oben RdNr. 27 f.

31 Von dem nach § 18 Abs. 2 S. 1 und 2 VermG ermittelten Betrag (Nennbetrag des Grundpfandrechts abzüglich pauschalierter Abschläge) kann das Vermögensamt mit Zustimmung des Gläubigers, dessen Berechtigung zweifelsfrei nachgewiesen wurde (§ 3 Abs. 2 HypAblAO), diejenigen **Tilgungsleistungen** nach pflichtgemäßem Ermessen abziehen, die unstreitig auf das Recht oder eine durch das Recht gesicherte Forderung erbracht worden sind (§ 18 Abs. 2 S. 4 VermG). Die Vorschrift des § 18 Abs. 2 S. 4 VermG weicht insoweit von § 16 Abs. 5 S. 2 VermG ab, wonach der Abzug von Tilgungsleistungen nicht im Ermessen der Behörde steht. Anders als nach der Bestimmung des § 16 Abs. 5 S. 2 VermG, die einen Nachweis der Tilgungsleistungen fordert, setzt § 18 Abs. 2 S. 4 VermG voraus, daß eine Tilgungsleistung „unstreitig" erbracht worden ist. Unstreitig ist eine Tatsache, wenn sie von keinem Verfahrensbeteiligten (Berechtigter/ Gläubiger/Vermögensamt) bestritten wird. Unstreitig kann eine Tilgungsleistung daher auch dann sein, wenn sie von keiner Seite nachgewiesen ist. Aus diesem Umstand heraus ist es gerechtfertigt, wenn der Gesetzgeber die Anrechnung nach § 18 Abs. 2 S. 4 VermG in das behördliche Ermessen stellt, während andererseits § 16 Abs. 5 S. 2 VermG als gebundene Entscheidung konzepiert ist.

VI. Wertausgleich für Verwendungen im Rahmen von § 3 Abs. 3 VermG

32 Die Vorschrift des § 7 VermG findet **keine Anwendung** auf Verwendungen, mit denen gegen die Unterlassungsverpflichtung des § 3 Abs. 3 VermG verstoßen wurde (§ 7 Abs. 6 2. Alt. VermG).

33 Die Bestimmung erscheint auf den ersten Blick widersprüchlich, da der Normbefehl des § 3 Abs. 3 VermG erst seit dem 29. 9. 1990, dem Zeitpunkt des Inkrafttretens des Vermögensgesetzes galt. Damit verbliebe als **Anwendungsbereich** des § 7 Abs. 6 2. Alt. VermG nur der schmale Zeitraum vom 29. 9. 1990 bis einschließlich 2. 10. 1990, während der weitaus größere Teil der Fälle, in denen es zu einer Hinwegsetzung über die Unterlassungsverpflichtung gekommen ist, zeitlich nach dem 2. 10. 1990 gelegen haben dürfte. Der Sinn des § 7 Abs. 6 2. Alt. VermG wird daher darin zu sehen sein, daß dem pflichtwidrig handelnden Verfügungsberechtigten ein Anspruch auf Verwendungsersatz in dem sich aus § 7 Abs. 1 und 2 VermG ergebenden Umfang abgeschnitten werden soll. Als **lex specialis** schließt § 7 Abs. 6 2. Alt. VermG damit auch einen Rückgriff auf die allgemeinen BGB-Vorschriften aus.[37a]

34 Nicht ausdrücklich geregelt ist, ob dem Verfügungsberechtigten ein Anspruch auf **Ausgleich solcher Werterhöhungen** zusteht, **die ohne einen Verstoß gegen § 3 Abs. 3 S. 1 VermG herbeigeführt worden** sind und nicht auf den Ausnahmevorschriften des § 3

[37a] AA *Horn* S. 551.

Abs. 3 S. 2, 3 und 5 VermG beruhen. Wertungsgesichtspunkte für eine Lösung des Problems lassen sich § 7 Abs. 1, 2, 6 und 7 VermG entnehmen. Da sich der Gesetzgeber in § 7 Abs. 1 und 2 VermG nur zur Anerkennung solcher Ausgleichsansprüche entschlossen hat, die ihre Ursache in werterhöhenden Maßnahmen aus der Zeit vor dem 3. 10. 1990 haben, läßt sich aus dem Schweigen des Gesetzes für die zeitlich danach liegenden Fälle der Schluß ziehen, daß Ausgleichsansprüche nicht entstehen sollen. Umgekehrt verbleiben dem Verfügungsberechtigten gem. § 7 Abs. 7 VermG grundsätzlich die bis zur Rückübertragung des Eigentums gezogenen Nutzungen. Die darin zum Ausdruck kommende wirtschaftliche Risikoverteilung schließt einen Rückgriff auf die allgemeinen BGB-Vorschriften aus. Das Vermögensgesetz enthält insoweit eine abschließende Regelung.

VII. Herausgabe von Nutzungen (Abs. 7)

35 Ein Anspruch auf Herausgabe der bis zur Rückübertragung des Vermögenswertes gezogenen Nutzungen steht dem Berechtigten gegenüber dem Verfügungsberechtigten nach der Grundkonzeption des VermG weder bei der Singularrestitution noch bei der Unternehmensrestitution zu (§ 7 Abs. 7 S. 1 VermG). Die Nutzungen sind **wertmäßig dem Verfügungsberechtigten zugewiesen**, der bis zur Rückübertragungsentscheidung an dem Vermögenswert materiell berechtigt ist und damit auch die Kosten für dessen Unterhaltung zu tragen hat.[37b] Hiervon macht die durch Art. 10 Nr. 3 EALG in das VermG eingefügte Vorschrift des § 7 Abs. 7 S. 2 eine **Ausnahme** für solche Nutzungsentgelte, die dem Verfügungsberechtigten ab dem 1. 7. 1994 aus einem Miet-, Pacht- oder sonstigen Nutzungsverhältnis zustehen. Begründet wird diese Ausnahme mit der Beobachtung, daß Verfügungsberechtigte angesichts bevorstehender Rückübereignungen die Mieteinnahmen in einem erheblichen Umfang nicht für notwendige Reparatur- und Erhaltungsmaßnahmen, sondern für andere Zwecke einsetzen.[37c] Der auf dem **Zivilrechtsweg** geltend zu machende Herausgabeanspruch (vgl. § 7 Abs. 8 VermG) entsteht mit Bestandskraft des Bescheides über die Rückübertragung des Eigentums (§ 7 Abs. 7 S. 3 VermG idF des EALG). Im Falle der Geltendmachung des Herausgabeanspruchs kann der bisherige Verfügungsberechtigte die seit dem 1. 7. 1994 entstandenen Betriebskosten iSd. Anlage zu § 1 Abs. 5 Betriebskosten-UmlageVO, soweit ihm diese nicht von Nutzern oder Dritten erstattet worden sind, und die Kosten zur Erhaltung des Vermögenswertes iSv. § 3 Abs. 3 S. 2 bis 4 VermG dagegen aufrechnen (§ 7 Abs. 7 S. 4 VermG idF des EALG).

36 Davon unberührt bleibt nach § 7 Abs. 7 S. 5 VermG die Verpflichtung des Verfügungsberechtigten, dem Berechtigten die aus einer **investiven Vermietung oder Verpachtung** (vgl. §§ 2 Abs. 1, 3 Abs. 1 InVorG; § 3a Abs. 1 VermG aF; § 1a BInvG) gezogenen Erträge vom Zeitpunkt der Vermietung oder Verpachtung an abzüglich der für die Unterhaltung des Grundstückes oder Gebäudes erforderlichen Kosten herauszugeben (vgl. § 16 Abs. 2 S. 1 und 2 InVorG; § 3a Abs. 6 VermG aF; § 1a Abs. 5 S. 2 BInvG). Die Erforderlichkeit der Unterhaltungskosten ist in diesem Fall objektiv zu beurteilen. Es sind dies alle zur Substanzerhaltung notwendigen Verwendungen auf die Sache, die der Verfügungsberechtigte dem Berechtigten, der sie sonst hätte machen müssen, erspart hat.[38]

VIII. Altfälle

37 **1. Wertausgleich nach § 7 VermG aF a) Voraussetzungen.** Die Vorschrift des § 7 VermG nF findet auf alle im Zeitpunkt des Inkrafttretens des 2. VermRÄndG am 22. 7. 1992 noch nicht abgeschlossenen Rückübertragungsverfahren Anwendung (Art. 14 Abs. 4 d. 2. VermRÄndG). Für die zu diesem **Zeitpunkt** bereits durch einen vermögensrechtli-

---

[37b] AA *Hollweg* ZIP 1994, 191, 196 ff.
[37c] Vgl. Beschlußempfehlung und Bericht des BT-Finanzausschusses, BT-Drucks. 12/7588, S. 48.
[38] Vgl. *Medicus* MünchKomm, BGB, 2. Aufl. 1986, § 994 RdNr. 14 ff.

chen Ausgangsbescheid abgeschlossenen Verfahren[39] galt § 7 VermG aF., der abschließenden Charakter[40] und folgenden Wortlaut hatte:

„Bei der Rückübertragung von Vermögenswerten – außer in den Fällen des § 6 – sind die seit dem Übergang in Volkseigentum aus Mitteln des Staatshaushaltes finanzierten Werterhöhungen sowie die eingetretenen Wertminderungen festzustellen und auszugleichen. Für die Feststellung von Wertveränderungen gelten die bewertungsrechtlichen Vorschriften."

38 Die Vorschrift enthielt wie § 7 VermG nF eine für alle Rückübertragungen bis auf die Rückübertragung von Unternehmen (§ 6 VermG) geltende Bestimmung über die **Ausgleichung von Werterhöhungen**. Auszugleichen waren jedoch auch **Wertminderungen**. Der Wertausgleich hatte bezogen auf den Übergang des Vermögenswertes in Volkseigentum stattzufinden. Zu einem Ausgleich von Werterhöhungen war der Berechtigte jedoch nur verpflichtet, wenn sie **aus Mitteln des Staatshaushaltes** finanziert worden waren. Gemeint ist der Staatshaushalt der ehemaligen DDR. Waren die aus dem Staatshaushalt aufgewendeten Mittel einem Vermögenswert nicht konkret zurechenbar, war im Wege der Schätzung entsprechend dem Rechtsgedanken des § 287 ZPO zu verfahren. Für die Feststellung von Wertveränderungen waren die im Zeitpunkt der Änderung in der ehem. DDR seinerzeit gültigen bewertungsrechtlichen Vorschriften des Reichsbewertungsgesetzes[41] idF des Bewertungsgesetzes der DDR v. 18. 9. 1970[42] heranzuziehen.[43] Danach fand ein Wertausgleich nur statt, wenn die Wertveränderungen die seinerzeit geltenden **Wertfortschreibungsgrenzen** überschritten.[44] Von vornherein nicht von § 7 VermG aF erfaßt wurden Gegenstände, die nicht den steuerrechtlichen Bewertungsvorschriften unterlagen.[45] Wegen des Rückgriffs auf die steuerrechtlichen Bewertungsvorschriften war auch ein Ausgleich für werterhaltende Aufwendungen ausgeschlossen.

39 **b) Verfahren.** Über Wertausgleichsansprüche nach § 7 VermG war durch das zuständige Amt zur Regelung offener Vermögensfragen eine **gesonderte Entscheidung** zu treffen (§ 33 Abs. 2 VermG). Mit dieser Abkoppelung vom Hauptsacheverfahren sollte die Rückübertragung beschleunigt werden, da von vornherein absehbar war, daß die Ermittlung des Wertausgleichs häufig Schwierigkeiten bereiten und zu Streitigkeiten führen würde. Zudem konnte die Nebenentscheidung über den Wertausgleich damit isoliert, also unabhängig vom Rückgabebescheid, angefochten werden.

40 Relativ unproblematisch waren die Fälle, in denen eine ausgleichspflichtige Wertminderung festgestellt wurde.[45a] Begünstigter der Ausgleichsforderung war der Berechtigte, während als Ausgleichsverpflichteter in dem Bescheid der nach § 29a Abs. 1 VermG aF zu errichtende Entschädigungsfonds zu bezeichnen war. Im umgekehrten Fall, also wenn der Berechtigte zum Ausgleich einer Werterhöhung verpflichtet ist, war es dagegen nicht

---

[39] Zum Begriff der „abschließenden Entscheidung" vgl. § 3 RdNr. 83.
[40] Zum abschließenden Charakter von § 7 VermG aF vgl. *Groth-Siederer* ZOV 1992, 8, 11.
[41] Bewertungsgesetz (BewG) v. 16. 10. 1934 (RGBl. I S. 1035), geänd. durch § 30 EinführungsG zu den Realsteuergesetzen v. 1. 12. 1936 (RGBl. I S. 961), Art VI Kontrollratsgesetz Nr. 13 v. 11. 2. 1946 (KRABl. 1946 S. 71) nebst DurchführungsVO zum BewG v. 2. 1. 1935 (RGBl. I S. 81), geänd. durch § 66 VO zur Durchführung des Grundsteuergesetzes v. 1. 7. 1937 (RGBl. I S. 733), VO zur Änderung der Durchführungsbestimmungen zum Reichsbewertungsgesetz und Vermögenssteuergesetz v. 22. 11. 1939 (RGBl. I S. 2271), VO zur Einheitsbewertung, Vermögensbesteuerung, zur Erbschaftssteuer und zur Grunderwerbsteuer v. 4. 4. 1943 (RGBl. I S. 177); VO zur Änderung der DurchführungsVO zum Reichsbewertungsgesetz v. 8. 12. 1944 (RGBl. I S. 338).
[42] GBl. Sonderdruck Nr. 674; vgl. auch Richtlinie des Ministeriums der Finanzen zur Vereinfachung des Bewertungsverfahrens und zur Ermittlung des Einheitswertes des Grundvermögens vom 3. 10. 1975, abgedruckt in: Rechtshandbuch Vermögen und Investitionen in der ehemaligen DDR, Dok II 101.
[43] Vgl. auch Erlasse der obersten Finanzbehörden der Länder Berlin, Brandenburg, Mecklenburg-Vorpommern, Sachsen, Sachsen-Anhalt und Thüringen v. 20. 11. 1990, Tz. 3, abgedruckt in: BB-Beil. 40 zu H. 35/36 1990, S. 45 ff.
[44] Vgl. dazu näher *Fieberg-Reichenbach* F/R/M/S RdNr. 9 ff.
[45] Vgl. § 67 Nr. 2, 4, 5, 6, 8, 10, 11; § 68 BewG.
[45a] Vgl. dazu Erlaß des BMF betreffend die volle oder teilweise Auszahlung von an den Staatshaushalt der ehemaligen DDR abgeführtem Barvermögen und ähnlichen Geldansprüchen zur Erfüllung von Ansprüchen nach dem Gesetz zur Regelung offener Vermögensfragen v. 29. 12. 1993 – VB 6 – VV 5450 – 130/93, abgedruckt in: ZOV 1994, 35 f.

möglich in einem entsprechenden **Leistungsbescheid** den Anspruchsinhaber zu bezeichnen. Die Vorschrift des § 29a Abs. 1 VermG aF traf nur eine Aussage über den Schuldner einer Wertausgleichsforderung. Regelungen darüber, wer Anspruchsinhaber ist, fehlten dagegen. Insoweit war nur der Erlaß eines Feststellungs-Teilbescheides möglich, mit dem die vom Berechtigten auszugleichende Werterhöhung als solche festgestellt wurde.[46]

c) **Auswirkungen eines Wertminderungsausgleichs auf die Entschädigung nach § 9 VermG aF.** Soweit in bezug auf den zurückzugebenden Vermögensgegenstand eine nach § 7 VermG auszugleichende Wertminderung festgestellt wurde, war damit die **Geltendmachung von Entschädigungsansprüchen** nach § 9 VermG aF dem Grunde nach ausgeschlossen. Da § 7 VermG aF jedoch für den Wertausgleich auf das steuerrechtliche Bewertungssystem zurückgriff, galt dies nur, wenn der betreffende Vermögensgegenstand einer steuerrechtlichen Bewertung überhaupt zugänglich war; also einer der vier bewertungsrechtlichen Vermögensarten (Land- und forstwirtschaftliches, Grund-, Betriebs- und Sonstiges Vermögen) zuzurechnen war. Ein Entschädigungsanspruch nach § 9 VermG aF entfiel beispielsweise, soweit für ein zurückzugebendes, aber teilweise abgerissenes Wohngebäude ein Wertminderungsanspruch nach § 7 VermG aF festzusetzen war. Dieser kompensierte die aus tatsächlichen Gründen teilweise unmögliche Restitution (§ 4 Abs. 1 S. 1 VermG), so daß daneben für einen Entschädigungsanspruch nach § 9 VermG aF kein Raum war.

2. Wertausgleich für Verwendungen privater Dritterwerber und im Rahmen von § 3 Abs. 3 VermG. Da das Vermögensgesetz in der bis zum Inkrafttreten des 2. VermRÄndG geltenden Fassung nur Regelungen für den Wertausgleich im Verhältnis staatl. Verwendungsfinanzierung/Berechtigter (§ 7 VermG aF) bzw. Mieter, Nutzer/Berechtigter (§ 19 VermG aF), nicht aber eigentlich für das Verhältnis Verfügungsberechtigter/Berechtigter enthielt, war für Wertausgleichsansprüche des Verfügungsberechtigten gegen den Berechtigten mangels abschließender Regelung des VermG ein **Rückgriff auf die allgemeinen BGB-Vorschriften nicht ausgeschlossen**. Deren Anspruchsvoraussetzungen werden allerdings im Regelfall nicht vorliegen:

Aus dem **Eigentümer-Besitzer-Verhältnis** lassen sich Verwendungsersatzansprüche nach §§ 994ff. BGB/33 Abs. 2 S. 3 ZGB-DDR nicht herleiten, da der Verfügungsberechtigte etwaige Verwendungen noch als Eigentümer getätigt hat.[47] Für eine analoge Anwendung der §§ 994ff. BGB/33 Abs. 2 S. 3 ZGB-DDR fehlt es an der Vergleichbarkeit der Interessenlage.[48] Der Verfügungsberechtigte ist nicht nur Formaleigentümer, sondern bis zu einer Rückgabeentscheidung der Behörde auch materiell Eigentümer des anmeldebelasteten Vermögenswertes. Damit sind investive Rechtsgeschäfte mit Bezug auf den Vermögenswert für ihn objektiv eigene Geschäfte. Soweit der Verfügungsberechtigte Aufwendungsersatzansprüche aus **Geschäftsführung ohne Auftrag** (§§ 677, 683 iVm. 670 BGB) geltend macht, besteht also keine Vermutung für einen Fremdgeschäftsführungswillen. Dieser muß vielmehr irgendwie nach außen erkennbar hervortreten.[49] Dazu reicht es nicht aus, wenn lediglich nachträglich Aufwendungsersatzansprüche gestellt werden.[50] Sollte dagegen im Einzelfall ein Fremdgeschäftsführungswille des Verfügungsberechtigten feststellbar sein, die Geschäftsführung aber nicht dem Interesse und dem wirklichen oder mutmaßlichen Willen des Berechtigten entsprochen haben, konnte der Verfügungsberechtigte lediglich Ersatz nach den Vorschriften über die **ungerechtfertigte Bereicherung** verlangen (§ 684 S. 1 BGB). Derartige Ersatzansprüche konnten von dem Berechtigten nach den Grundsätzen der sog. aufgedrängten Bereicherung abgewehrt werden.[51] Im

---

[46] *Fieberg-Reichenbach* F/R/M/S RdNr. 14; aA *Verstegen* F/R/M/S § 33 (1. Lief.) RdNr. 8 : „Feststellung mangels Bestimmung des Schuldners nicht möglich".

[47] Vgl. BGH WM 1985, 206, 207 (für das Verhältnis Vorerbe/Nacherbe).

[48] AA *Fieberg-Reichenbach* F/R/M/S RdNr. 3.

[49] Vgl. nur *Seiler* MünchKomm., BGB, 2. Aufl. 1986, § 677 RdNr. 5; *Palandt-Thomas* § 677 RdNr. 5.

[50] Vgl. BGH NJW 1972, 875, 877.

[51] Dazu *Palandt-Bassenge* § 951 RdNr. 19; *Lieb* MünchKomm. BGB, 2. Aufl. 1986, § 812 RdNr. 258ff.; *Haas* AcP 176 (1976), 4ff.

Ergebnis fallen investive Rechtsgeschäfte des Verfügungsberechtigten, soweit sie von § 3 Abs. 3 S. 1 VermG nicht ausgeschlossen waren, daher in den wirtschaftlichen Risikobereich des Verfügungsberechtigten.[52]

§ 7a Gegenleistung

(1) Ein vom Verfügungsberechtigten im Zusammenhang mit dem Erwerb des Eigentums an dem zurückzuübertragenden Vermögenswert an eine staatliche Stelle der Deutschen Demokratischen Republik oder an einen Dritten gezahlter Kaufpreis ist ihm, außer in den Fällen des Absatzes 2, auf Antrag aus dem Entschädigungsfonds zu erstatten. In Mark der Deutschen Demokratischen Republik gezahlte Beträge sind im Verhältnis 2 zu 1 auf Deutsche Mark umzustellen. Der Erstattungsbetrag wird im Rückübertragungsbescheid gemäß § 33 Abs. 3 festgesetzt. Auf Antrag des Berechtigten erläßt das Amt zur Regelung offener Vermögensfragen hierüber einen gesonderten Bescheid.

(2) Ist dem Berechtigten aus Anlaß des Vermögensverlustes eine Gegenleistung oder eine Entschädigung tatsächlich zugeflossen, so hat er diese nach Rückübertragung des Eigentums an den Verfügungsberechtigten herauszugeben. Geldbeträge in Reichsmark sind im Verhältnis 20 zu 1, Geldbeträge in Mark der Deutschen Demokratischen Republik sind im Verhältnis 2 zu 1 auf Deutsche Mark umzustellen. Wurde die Gegenleistung oder die Entschädigung aus dem Staatshaushalt der Deutschen Demokratischen Republik, aus einem öffentlichen Haushalt der Bundesrepublik Deutschland oder dem Kreditabwicklungsfonds erbracht, so steht sie dem Entschädigungsfonds zu. Erfüllungshalber begründete Schuldbuchforderungen erlöschen, soweit sie noch nicht getilgt worden sind.

(3) Bis zur Befriedigung des Anspruchs nach Absatz 2 Satz 1 steht dem Verfügungsberechtigten gegenüber dem Herausgabeanspruch des Berechtigten ein Recht zum Besitz zu. Ist an den Berechtigten ein Grundstück oder Gebäude herauszugeben, so begründet das Amt zur Regelung offener Vermögensfragen zugunsten des Verfügungsberechtigten auf dessen Antrag eine Sicherungshypothek in Höhe des gemäß Absatz 2 Satz 2 umgestellten Betrages nebst vier vom Hundert Zinsen hieraus seit dem Tag der Unanfechtbarkeit der Entscheidung über die Rückübertragung des Eigentums an rangbereiter Stelle, sofern die Forderung nicht vorher durch den Berechtigten erfüllt wird.

(4) Diese Vorschriften sind auf Rückübertragungsansprüche nach § 6 nicht anzuwenden.

Übersicht

	RdNr.		RdNr.
I. Normzweck	1, 2	IV. Gegenleistungen des Staates oder anderer Zwischenerwerber	7–10
II. Anwendungsbereich (Abs. 4)	3	1. Veräußerung	7, 8
III. Gegenleistungen des Verfügungsberechtigten		a) Staat als Erwerber	7
		b) Dritterwerber (Zwischenerwerber)	8
1. Allgemeines	4	2. Enteignung	9
2. Erwerb aus Volkseigentum oder vom Zwischenerwerber (§ 7a Abs. 1)	5	3. Schuldbuchforderungen	10
3. Erwerb vom Berechtigten (§ 7a Abs. 2)	6	V. Begründung einer Sicherungshypothek	11

[52] *Busche* DtZ 1991, 294, 295.

I. Normzweck

Die durch das 2. VermRÄndG in das Vermögensgesetz eingefügte und durch Art. 10 **1**
Nr. 4 EALG ergänzte Bestimmung des § 7a VermG schließt eine Lücke im vermögensrechtlichen Verfahren. Weder in seiner Ursprungsfassung noch in der durch das PrHBG novellierten Fassung enthielt das Vermögensgesetz Regelungen darüber, wie mit **geleisteten Kaufpreisen und Entschädigungen** zu verfahren ist, die im Zusammenhang mit der Überführung des Vermögenswertes in Volkseigentum an den Berechtigten geflossen sind. Regelungsbedarf bestand auch hinsichtlich des von dem rückgabepflichtigen Verfügungsberechtigten anläßlich eines abgeleiteten Erwerbs gezahlten Kaufpreises.

Es erschien wirtschaftlich unvertretbar, dem Berechtigten trotz Rückgabe des Vermö- **2**
genswertes die dafür erhaltenen Zahlungen zu belassen, wie auch andererseits auf Seiten des Verfügungsberechtigten ein **Ausgleich für nicht restitutionsfeste Erwerbstatbestände** zu schaffen war. Nach § 7a VermG erhält der Verfügungsberechtigte grundsätzlich einen von ihm gezahlten Kaufpreis zurück, während der Berechtigte einen tatsächlich erhaltenen Kaufpreis oder eine Entschädigung zurückzahlen muß. Diese Grundsätze finden unabhängig davon Anwendung, ob der Vermögenswert seinerzeit unmittelbar von dem Berechtigten auf den Verfügungsberechtigten übergegangen ist oder ob der Verfügungsberechtigte nur letztes Glied einer mehrstufigen Veräußerungskette ist.[1]

II. Anwendungsbereich (Abs. 4)

Wie auch die Vorschrift über den Wertausgleich (§ 7 VermG) ist § 7a VermG auf die **3**
Rückgabe aller Vermögenswerte anzuwenden, **soweit** es sich **nicht** um die Rückgabe von Unternehmen handelt. Die Behandlung von Gegenleistungen im Rahmen der **Unternehmensrückgabe** ist in § 8 der aufgrund § 6 Abs. 9 VermG ergangenen Unternehmensrückgabeverordnung (URüV) geregelt.[2] Keine Anwendung findet § 7a VermG in diesem Zusammenhang auch für den Fall, daß der Berechtigte neben oder anstelle der Unternehmensrestitution die Singularrestitution einzelner Vermögenswerte verlangen kann (§ 6 Abs. 6a S. 1 VermG bzw. § 3 Abs. 1 S. 5 iVm. § 6 Abs. 6a S. 1 VermG), diese aber infolge einer Veräußerung des Vermögensgegenstandes durch den Verfügungsberechtigten ausgeschlossen ist. Soweit der Berechtigte diesbezüglich einen Wertausgleich nach § 6 Abs. 6a S. 4 und 5 VermG erhält, ist dieser bereits nach § 6 Abs. 7 S. 3 VermG mit einem verbleibenden Entschädigungsanspruch zu verrechnen.

III. Gegenleistungen des Verfügungsberechtigten

1. Allgemeines. Der Verfügungsberechtigte hat regelmäßig Gegenleistungen erbracht **4**
beim Erwerb des Vermögenswertes aus dem Volkseigentum und beim Erwerb von einem Zwischenerwerber, der seinerseits nicht vom Berechtigten erworben hatte. Beide Fallgestaltungen sind Regelungsgegenstand des § 7a Abs. 1 VermG. Denkbar ist aber auch, daß der Verfügungsberechtigte unmittelbar vom Berechtigten erworben hat. Dieser Sachverhalt wird von § 7a Abs. 2 VermG behandelt.

2. Erwerb aus Volkseigentum oder vom Zwischenerwerber (§ 7a Abs. 1). Im Falle **5**
eines wegen § 4 Abs. 2 und 3 VermG nicht restitutionsfesten Erwerbs aus dem Volkseigentum oder von einem nachgeschalteten Zwischenerwerber (Fälle des Absatzes 1) hat der Verfügungsberechtigte mit Bestandskraft des Restitutionsbescheides einen **Anspruch auf Erstattung des gezahlten Kaufpreises** (§ 7a Abs. 1 S. 1 VermG). Ursprünglich in Mark der DDR gezahlte Beträge sind im Verhältnis zwei Mark der DDR zu einer Deutschen Mark umzustellen (§ 7a Abs. 1 S. 2 VermG). Der Erstattungsbetrag wird regelmäßig gem. § 7a Abs. 1 S. 3 iVm. § 33 Abs. 4 VermG im Rückübertragungsbescheid festgesetzt.

---

[1] Vgl. Begründung z. Entwurf des 2. VermRÄndG, BT-Drucks. 12/2480, S. 32, 44.

[2] Vgl. dazu § 6 RdNr. 111 ff.

Ergeben sich Schwierigkeiten bei der Ermittlung des Erstattungsbetrages, kann der Berechtigte zur Beschleunigung des Rückübertragungsverfahrens verlangen, daß über die zu erstattende Gegenleistung ein gesonderter Bescheid erteilt wird (§ 7a Abs. 1 S. 4 VermG). Der Rückerstattungsanspruch richtet sich gegen den Entschädigungsfonds (§ 7a Abs. 1 S. 1 VermG).[2a]

6 **3. Erwerb vom Berechtigten (§ 7a Abs. 2).** Soweit der Verfügungsberechtigte den Vermögenswert unmittelbar von dem Berechtigten erworben hat und er die Gegenleistung dafür selbst erbracht hat, steht ihm gegen den Berechtigten ein **Anspruch auf Rückzahlung** der fraglichen Beträge zu (§ 7a Abs. 2 S. 1 VermG). Das betrifft vornehmlich die der Vermögensrestitution unterliegenden Tatbestände des § 1 Abs. 3 VermG. Ursprünglich in Reichsmark erbrachte Gegenleistungen sind zum Zwecke der Rückzahlung im Verhältnis 20 zu 1, Geldbeträge in Mark der DDR im Verhältnis 2 zu 1 auf Deutsche Mark umzustellen (§ 7a Abs. 2 S. 2 VermG). Bis zur Befriedigung des Rückzahlungsanspruchs steht dem Verfügungsberechtigten nach erfolgter Rückübertragung des Eigentums auf den Berechtigten gegenüber dessen Herausgabeanspruch aus § 985 BGB ein Recht zum Besitz iSv. § 986 Abs. 1 S. 1 BGB zu (§ 7a Abs. 2 S. 1 VermG).

IV. Gegenleistungen des Staates oder anderer Zwischenerwerber

7 **1. Veräußerung. a) Staat als Erwerber.** Hat der Berechtigte den Vermögenswert seinerzeit an den Staat veräußert und ist ihm dafür aus dem Staatshaushalt der DDR oder dem Kreditabwicklungsfonds ein Kaufpreis tatsächlich gezahlt worden, so steht dem Entschädigungsfonds ein **Anspruch auf Rückzahlung des Kaufpreises** gegen den Berechtigten zu (§ 7a Abs. 2 S. 3 VermG). In Mark der DDR gezahlte Beträge sind im Verhältnis 2 zu 1 auf Deutsche Mark umzustellen. Die Vorschrift ist dem Sinn und Zweck nach entsprechend anzuwenden, wenn die Veräußerung während der NS-Zeit bzw. zu Zeiten der Sowjetischen Besatzungszone stattgefunden hat und der Kaufpreis aus dem Staatshaushalt des Deutschen Reiches bzw. den öffentlichen Haushalten der SBZ finanziert wurde. Vor der Währungsreform 1948 in Reichsmark gezahlte Beträge sind im Verhältnis 20 zu 1 auf Deutsche Mark umzurechnen.

8 **b) Dritterwerber (Zwischenerwerber).** Für den Fall, daß der Berechtigte den Vermögenswert nicht an den Staat oder den Verfügungsberechtigten veräußert hat, sondern an einen Dritten, in den Gesetzesmaterialien sog. Zwischenerwerber,[3] hat der Berechtigte den von diesem erhaltenen Kaufpreis bzw. eine Entschädigungsleistung ebenfalls zurückzuzahlen. Inhaber der **Rückzahlungsforderung** ist der Verfügungsberechtigte, wenn er den Vermögenswert von dem Zwischenerwerber erworben hat (§ 7a Abs. 2 S. 1 VermG). Dies gilt jedoch nicht, wenn der Staat verfügungsberechtigt ist. Solchenfalls steht die Gegenleistung gem. § 7a Abs. 2 S. 3 VermG dem Entschädigungsfonds zu. Vor der Währungsreform 1948 in Reichsmark gezahlte Beträge sind im Verhältnis 20 zu 1, Geldbeträge in Mark der DDR im Verhältnis 2 zu 1 auf Deutsche Mark umzustellen (§ 7a Abs. 2 S. 2 VermG). Bis zur Befriedigung des Rückzahlungsanspruches steht dem Verfügungsberechtigten gegenüber dem Herausgabeanspruch des Berechtigten aus § 985 BGB ein Recht zum Besitz iSv. §986 Abs. 1 S. 1 BGB zu.

9 **2. Enteignungen.** Dem Entschädigungsfonds steht bei der Restitution enteigneter Vermögenswerte ein **Rückzahlungsanspruch** hinsichtlich tatsächlich geleisteter **Entschädigungszahlungen** zu, wenn diese aus dem Staatshaushalt der DDR oder dem Kreditabwicklungsfonds erbracht wurden (§ 7a Abs. 2 S. 3 VermG). Ein Rückzahlungsanspruch des Entschädigungsfonds zur Vermeidung einer ungerechtfertigten Bereicherung des Be-

---

[2a] Vgl. dazu Erlaß des BMF betreffend die volle oder teilweise Auszahlung von an den Staatshaushalt der ehemaligen DDR abgeführtem Barvermögen und ähnlichen Geldansprüchen zur Erfüllung von Ansprüchen nach dem Gesetz zur Regelung offener Vermögensfragen v. 29. 12. 1993 – VB 6 – VV 5450 – 130/93, abgedruckt in: ZOV 1994, 35f.
[3] Vgl. Begründung z. Entwurf des 2. VermRÄndG, BT-Drucks. 12/2480, S. 44f.

rechtigten besteht nach § 7a Abs. 2 S. 3 VermG idF des EALG auch für Leistungen aus einem öffentlichen Haushalt der Bundesrepublik Deutschland, insbesondere also hinsichtlich solcher **Wiedergutmachungsleistungen,** die nach dem Bundesentschädigungs- bzw. -rückerstattungsgesetz erfolgt sind.

3. Schuldbuchforderungen. Wurde an den Berechtigten kein Kaufpreis bzw. keine Entschädigung gezahlt, sondern anstelle dessen eine Schuldbuchforderung begründet, so **erlischt** diese **kraft Gesetzes,** soweit sie noch nicht getilgt worden ist. Maßgebender Zeitpunkt für den Eintritt der Tilgungswirkung ist der 22. 7. 1992 als Tag des Inkrafttretens des 2. VermRÄndG.

V. Begründung einer Sicherungshypothek

Handelt es sich bei dem zurückzugebenden Vermögensgegenstand um ein Grundstück oder Gebäude, hat das für die Rückgabe zuständige Amt zur Regelung offener Vermögensfragen auf Antrag des Verfügungsberechtigten bei dem zuständigen Grundbuchamt einen Antrag auf Eintragung einer Sicherungshypothek an rangbereiter Stelle des Grundbuchs zu stellen, **falls der Rückzahlungsanspruch** des Verfügungsberechtigten **nicht vor Rückgabe** durch den Berechtigten **erfüllt** worden ist (§ 7a Abs. 3 S. 2 VermG). Die Sicherungshypothek bemißt sich nach der Höhe des gem. § 7a Abs. 2 S. 2 VermG umgestellten Betrages nebst vier v. H. Zinsen hieraus seit dem Tag der Unanfechtbarkeit der Entscheidung über die Rückübertragung des Eigentums.

§ 8 Wahlrecht

(1) Soweit inländischen Berechtigten ein Anspruch auf Rückübertragung gemäß § 3 zusteht, können sie bis zum Ablauf von sechs Monaten nach Inkrafttreten des Entschädigungsgesetzes statt dessen Entschädigung wählen. Hat der Berechtigte seinen Sitz oder Wohnsitz außerhalb der Bundesrepublik Deutschland, verlängert sich die Frist nach Satz 1 auf drei Jahre. Ausgenommen sind Berechtigte, deren Grundstücke durch Eigentumsverzicht, Schenkung oder Erbausschlagung in Volkseigentum übernommen wurden.

(2) Liegt die Berechtigung bei einer Personenmehrheit, kann das Wahlrecht nur gemeinschaftlich ausgeübt werden.

Schrifttum: *Hohmeister,* Bodenpreisbindung neben einer Entschädigungsregelung in den neuen Bundesländern, BB 1992, 1738 ff.; *Kiethe-Windhorst,* Probleme bei der Wahl zwischen Restitution und Entschädigung, VIZ 1994, 12 ff.; *Messerschmidt,* Aktuelle Probleme der Unternehmensrückgabe in den neuen Bundesländern, VIZ 1992, 1 ff.

Übersicht

	RdNr.		RdNr.
I. Grundsatz	1–4	IV. Ausübung des Wahlrechts	
II. Ausnahme	5, 6	1. Zeitpunkt	11
III. Voraussetzungen des Wahlrechts	7–10	2. Singularrestitution	12
		3. Berechtigung einer Personenmehrheit	13, 14
		4. Bruchteils-/Miteigentümer	15

I. Grundsatz

Nach § 8 VermG hat der Berechtigte grundsätzlich ein **Wahlrecht** zwischen dem Anspruch auf Rückübertragung und einem Anspruch auf Entschädigung.[1] Nur ausnahmsweise besteht nach § 9 VermG ein Anspruch auf Entschädigung durch Übereignung eines Ersatzgrundstückes. Die Vorschrift des § 8 VermG gilt für alle der **Singularrestitution** unterliegenden Gegenstände, nicht aber für die Rückübertragung von Unternehmen. Das

---

[1] Zu Inhalt und Umfang des Entschädigungsanspruchs vgl. Art. 1 EALG.

Wahlrecht bei der Unternehmensrückgabe ist gesondert in § 6 Abs. 6 S. 3 VermG geregelt. Der Berechtigte konnte nach der bis zum Inkrafttreten des 2. VermRÄndG geltenden Rechtslage den Antrag auf Restitution eines Vermögenswertes jederzeit in einen Antrag auf Entschädigung umstellen und umgekehrt, solange noch keine unanfechtbare Entscheidung über den ursprünglichen Antrag vorlag (sog. ius variandi). Die Formulierung in § 32 Abs. 2 S. 1 VermG, wonach das Wahlrecht nach § 8 Abs. 1 S. 1 VermG nur ausgeübt werden kann, „solange die Behörde noch nicht entschieden hat", ist insoweit ungenau (vgl. aber § 34 Abs. 1 VermG).[2] Unvollständig und damit inkongruent zur materiellen Rechtslage ist die Verfahrensvorschrift des § 32 Abs. 2 VermG auch insoweit, als sie nur den Fall des Übergangs von der Restitution zur Entschädigung erwähnt.[3]

2 Auch **nach Inkrafttreten des 2. VermRÄndG** besteht das ius variandi – wenn auch mit Einschränkungen – fort. Die Ausübung des Wahlrechts ist allerdings nur möglich, wenn der ursprüngliche Antrag auf Rückübertragung bzw. Entschädigung vor Ablauf der mit dem 2. VermRÄndG eingeführten Ausschlußfristen des § 30a Abs. 1 VermG gestellt worden ist.[4] Geht der Berechtigte nachträglich auf einen anderen Anspruch über, findet § 30a Abs. 1 VermG auf „Ansprüche, die an die Stelle eines rechtzeitig angemeldeten Anspruchs treten oder getreten sind, keine Anwendung" (§ 30a Abs. 1 S. 4 VermG). Dies sind im Falle des Rückübertragungsausschlusses die Ansprüche auf Entschädigung, Herausgabe des Veräußerungserlöses oder Ersatz des Verkehrswertes. Nachträglich wahlweise anstelle der Rückgabe geltend gemachte Entschädigungsansprüche (vgl. § 8 Abs. 1 VermG) treten nur im engeren Wortsinn nicht „an die Stelle eines rechtzeitig angemeldeten Anspruchs". Der Wortlaut des § 30a Abs. 1 S. 4 VermG scheint vielmehr zunächst das Erlöschen eines Primäranspruches vorauszusetzen. Dem Sinn nach dient die Vorschrift aber allein der Beschleunigung von Restitutionsverfahren und damit einhergehend der Beseitigung von Investitionshemmnissen.[5] Kontraproduktive Wirkungen bestehen insoweit bei einem Übergang von der Restitution zur Entschädigung nicht. Anders verhält es sich dagegen, wenn der Berechtigte nachträglich anstelle eines rechtzeitig angemeldeten Entschädigungsanspruchs einen Rückübertragungsanspruch geltend macht. Nach Ablauf der Ausschlußfrist des § 30a Abs. 1 VermG besteht ein derartiges Wahlrecht nach § 8 Abs. 1 VermG nicht mehr.[5a] Dies widerspräche dem Sinn der Verfahrensbeschleunigung. Vor Ablauf der Ausschlußfrist ist ein Anspruchswechsel allerdings zulässig.

3 Geht der Berechtigte von einem Anspruch auf Restitution zu einem solchen auf Entschädigung über, entfällt damit automatisch die **Unterlassungsverpflichtung** nach § 3 Abs. 3 VermG.[6] Sie dient lediglich der Sicherung des Rückübertragungsanspruchs. Im Rahmen des Entschädigungsverfahrens bedarf es keiner weiteren Sicherung des Vermögenswertes, da der Berechtigte mit der Geltendmachung einer Entschädigung gerade von der Vermögensrestitution Abstand nimmt.

4 Auch ein **mehrmaliger Anspruchswechsel** ist unter Berücksichtigung der vorgenannten Grundsätze möglich.[7] Die dagegen im Hinblick auf die Verfügungssperre des § 3 Abs. 3 VermG vorgetragenen Bedenken[8] sind nicht schlüssig, da der Verfügungsberechtigte vor einer Verfügung oder langfristigen vertraglichen Verpflichtung in jedem Fall gehalten ist, sich über das Vorliegen einer Anmeldung zu vergewissern (§ 3 Abs. 5 VermG) und Rechtsgeschäfte der in § 3 Abs. 3 S. 1 VermG genannten Art ggfls. zu unterlassen.[8a]

---

[2] Zutreffend *Redeker-Hirtschulz* F/R/M/S § 32 RdNr. 8.
[3] *Wellhöfer* Rechtshandbuch B 100 § 6 RdNr. 230; aA *Messerschmidt* VIZ 1992, 1,3.
[4] Vgl. auch § 3 RdNr. 8f.
[5] Begründung z. Entwurf d. 2. VermRÄndG, BT-Drucks. 12/2480, S. 55.
[5a] AA *Kiethe-Windthorst* VIZ 1994, 12, 14.
[6] AA *Wellhöfer* Rechtshandbuch B 100 § 6 RdNr. 230, der zusätzlich einen ausdrücklichen Rückgabeverzicht des Berechtigten fordert.
[7] So im Grundsatz auch *Wellhöfer* Rechtshandbuch B 100 § 6 RdNr. 230.
[8] Vgl. *Messerschmidt* VIZ 1992, 1, 3; *Wasmuth* Rechtshandbuch B 100 RdNr. 8ff.
[8a] AA *Kiethe-Windthorst* VIZ 1994, 12, 14, die § 3 Abs. 3 VermG nur auf die erstmalige Wahl der Rückübertragung anwenden.

II. Ausnahme

Das Wahlrecht ist gem. § 8 Abs. 1 S. 3 VermG ausgeschlossen, wenn der Rückübertragungsantrag ein Grundstück betrifft, das durch **Eigentumsverzicht, Schenkung** oder **Erbausschlagung** in Volkseigentum übernommen wurde (§ 1 Abs. 2 VermG): Berechtigten steht hier im Gegensatz zu den zuvor genannten Fällen allenfalls das Recht auf Rückgabe zu (§ 1 Abs. 3 EntschG/§ 9 Abs. 2 VermG aF). Gemeint sind die Fallgestaltungen, in denen der Eigentumsverlust, insbesondere der Verzicht auf das Eigentum an Mehrfamilienhäusern infolge nicht kostendeckender Mieteinnahmen und damit auf den **ökonomischen Zwängen** der seinerzeitigen Wirtschaftsordnung in der ehem. DDR beruhte. Dem liegt die Auffassung des Gesetzgebers zugrunde, daß Berechtigte, die ihr Eigentum aufgrund eigener Entscheidung aufgegeben haben, nicht anders zu behandeln sind, als diejenigen, die ihr Grundstück unter Bedingungen ökonomischen Drucks behalten haben.[9] Davon zu unterscheiden sind zwangsweise durchgeführte Enteignungen, die unter der Voraussetzung erfolgen konnten, daß der Grundstückseigentümer nicht bereit oder in der Lage war, Instandsetzungs- und Modernisierungsmaßnahmen zu ergreifen.[10]

Die **Eigentumsaufgabe bei Gebäuden** wird in § 8 Abs. 1 S. 3 VermG nicht ausdrücklich erwähnt, obwohl diese nach § 1 Abs. 2 VermG in den materiellen Anwendungsbereich des Gesetzes fällt.[11] Eine Ungleichbehandlung der Aufgabe von Grundstücks- und von Gebäudeeigentum im Hinblick auf Entschädigungsansprüche ist sachlich nicht gerechtfertigt,[12] da ehemalige Gebäudeeigentümer ansonsten entgegen der Intention des Gesetzgebers Entschädigungsansprüche stellen könnten, während Grundstückseigentümer allein auf Rückgabeansprüche verwiesen wären. Die Planwidrigkeit der Regelungs-

---

[9] Erl. BReg., BT-Drucks. 11/7831, S. 8f.
[10] § 14 Aufbaugesetz v. 6. 9. 1950 (GBl. Nr. 104 S. 965) iVm. §§ 3, 4 der 2. Durchführungsbestimmung zum Aufbaugesetz v. 29. 9. 1972 (GBl. II Nr. 59 S. 641); §§ 15, 16 Baulandgesetz v. 15. 6. 1984 (GBl. I Nr. 17 S. 201). Dazu *Heuer,* Grundzüge des Bodenrechts der DDR 1949–1990, 1991, S. 56ff., 71; *Barkam* R/R/B RdNr. 11 ff., § 9 RdNr. 4 ff.
[11] Gebäudeeigentum konnte auf der Grundlage staatlich verliehener bzw. genossenschaftlich zugewiesener Nutzungsrechte begründet werden; zur *Verleihung:* § 5 Abs. 2 S. 5 EGBGB; § 288 Abs. 4 ZGB; §§ 12 Abs. 2 iVm. 13 Abs. 1 VO über die Finanzierung des Arbeiterwohnungsbaues v. 4. 3. 1954, GBl. Nr. 27 S. 253, geänd. GBl. 1959 I Nr. 21 S. 227; § 8 Abs. 3 Gesetz über die Aufnahme des Bausparens v. 15. 9. 1954, GBl. Nr. 83 S. 783, geänd. GBl. 1959 I Nr. 21 S. 277, aufgeh. GBl. 1970 I Nr. 24 S. 372; §§ 2 Abs. 2, 4 Gesetz über den Verkauf volkseigener Eigenheime und Siedlungshäuser v. 15. 9. 1954, GBl. I Nr. 81 S. 784, geänd. GBl. 1959 I Nr. 21 S. 277, aufgeh. GBl. 1973 I Nr. 58 S. 578 nebst Durchführungsbestimmung v. 12. 2. 1955, GBl. Nr. 16 S. 154, v. 22. 8. 1955, GBl. I Nr. 83 S. 657, v. 3. 2. 1956, GBl. I Nr. 18 S. 162, v. 17. 11. 1958, GBl. I Nr. 70 S. 862, v. 20. 9. 1968, GBl. II Nr. 101 S. 813, aufgeh. GBl. 1973 I Nr. 58, S. 578; § 9 VO über die Förderung des Baues von Eigenheimen in Landgemeinden v. 24. 1. 1957, GBl. I Nr. 14 S. 121, geänd. GBl. I 1959 Nr. 21 S. 227; § 12 Abs. 3 VO über die Arbeiterwohnungsbaugenossenschaften v. 14. 2. 1957, GBl. I Nr. 24 S. 193, geänd. GBl. 1959 I Nr. 21 S. 227, aufgeh. GBl. 1964 II Nr. 4 S. 17; § 16 VO über die Umbildung gemeinnütziger und sonstiger Wohnungsbaugenossenschaften v. 14. 3. 1957, GBl. I Nr. 24, S. 200, geänd. GBl. 1959 I Nr. 21 S. 227; § 5 d. Zweiten Gesetzes über die Verleihung von Nutzungsrechten an volkseigenen Grundstücken v. 3. 4. 1959, GBl. I Nr. 21 S. 227, aufgeh. GBl. 1970 I Nr. 24 S. 371; § 4 Abs. 1 Gesetz über die Entschädigung bei Inanspruchnahmen nach dem Aufbaugesetz – Entschädigungsgesetz – v. 25. 4. 1960, GBl. I Nr. 26 S. 257, geänd. GBl. 1970 I Nr. 24 S. 372, aufgeh. GBl. 1984 I Nr. 17 S. 209; §§ 7 Abs. 4, 14 Abs. 1 VO über die Arbeiterwohnungsbaugenossenschaften v. 21. 11. 1963, GBl. I Nr. 4 S. 17, geänd. GBl. 1970 II Nr. 102 S. 765, GBl. 1971 II Nr. 32 S. 266, GBl. 1973 I Nr. 5 S. 53, neu bekanntgem. GBl. 1973 I Nr. 12 S. 109; § 4 Abs. 4 Gesetz über die Verleihung von Nutzungsrechten an volkseigenen Grundstücken v. 14. 12. 1970, GBl. I Nr. 24 S. 372, aufgeh. GBl. 1973 I Nr. 58 S. 578; § 2 Abs. 4 Zweite Durchführungsbestimmung zum Aufbaugesetz v. 29. 9. 1972, GBl. II Nr. 59 S. 641, aufgeh. GBl. 1984 I Nr. 17 S. 209; § 1 Abs. 3 Gesetz über den Verkauf volkseigener Eigenheime, Miteigentumsanteile und Gebäude für Erholungszwecke v. 19. 12. 1973, GBl. I Nr. 58 S. 578. *Zur Zuweisung:* § 292 Abs. 3 ZGB; § 4 Abs. 2 VO über die Bereitstellung von genossenschaftlich genutzten Bodenflächen zur Errichtung von Eigenheimen auf dem Lande v. 9. 9. 1976, GBl. I Nr. 35 S. 426, ber. GBl. 1976 I Nr. 42 S. 500; § 18 Abs. 2 lit. f Gesetz über die landwirtschaftlichen Produktionsgenossenschaften – LPG-Gesetz – v. 2. 7. 1982, GBl. I Nr. 25 S. 443, geänd. GBl. 1990 I S. 133 und S. 483 (Aufhebung v. § 18). Allgemein zum Gebäudeeigentum *Schnabel,* ZOV 1993, 151 ff.
[12] *Barkam* R/R/B RdNr. 17.

VermG § 8 7–10 Abschnitt II. Rückübertragung von Vermögenswerten

lücke gebietet daher eine analoge Anwendung des § 8 Abs. 1 S. 3 VermG auf Gebäudeeigentum.[12a]

III. Voraussetzungen des Wahlrechts

7 Das Wahlrecht nach § 8 Abs. 1 S. 1 VermG besteht nur unter der Voraussetzung, daß dem Berechtigten ein **Anspruch auf Rückübertragung** nach § 3 VermG zusteht. Es ist also ausgeschlossen, wenn der Restitutionsanspruch selbst nach §§ 4, 5 VermG ausgeschlossen ist.

8 Ein Wahlrecht besteht ferner nicht, wenn der Verfügungsberechtigte nach Ablauf der Anmeldefristen iSv. § 3 AnmVO, aber vor Stellung eines **verspäteten Restitutionsantrags** wirksam über den Vermögensgegenstand verfügt hat. Ist das geschehen, entfällt damit der Rückübertragungsanspruch; dem Berechtigten steht von vornherein nur noch ein Anspruch auf den Erlös zu (§ 3 Abs. 4 S. 3 VermG). Der Anspruch auf Herausgabe des Erlöses richtet sich bei beweglichen Sachen gegen den Entschädigungsfonds (§ 10 Abs. 1 VermG), bei sonstigen Vermögenswerten gegen den Verfügungsberechtigten (§ 3 Abs. 4 S. 3 VermG). Gegen Wortlaut und Systematik des Gesetzes verstößt es, wenn dem Berechtigten neben dem Erlösherausgabeanspruch ein Wahlrecht auf Entschädigung eingeräumt wird.[13] Der nach § 8 Abs. 1 S. 1 VermG wahlweise bestehende Entschädigungsanspruch setzt voraus, daß im Zeitpunkt der Antragstellung iSv. § 30 VermG wahlweise daneben noch ein Rückübertragungsanspruch geltend gemacht werden kann. Dieser ist aber gerade durch § 3 Abs. 4 S. 3 VermG ausgeschlossen. Der Restitutionsanspruch besteht mithin gerade nicht lediglich in veränderter Form (nämlich als Anspruch auf Herausgabe des Surrogats) fort.[14] Auch aus § 9 VermG aF war ein Entschädigungsanspruch nicht ableitbar, da diese Vorschrift nicht auf § 3 Abs. 4 VermG verwies (vgl. auch § 1 Abs. 1 EntschG). Etwaige aus dem Ausschluß des Wahlrechts entstehende wirtschaftliche Nachteile hat der Berechtigte infolge der verspäteten Anmeldung hinzunehmen.

9 Ohne Einfluß auf das Wahlrecht nach § 8 Abs. 1 S. 1 VermG ist es dagegen, wenn an die Stelle eines im Zeitpunkt der Anmeldung möglichen Restitutionsanspruchs infolge **Veräußerung des Vermögensgegenstandes** als Surrogat ein Anspruch auf Herausgabe des Erlöses bzw. Ersatz des Verkehrswertes tritt. Bedeutung hat dies zunächst für den Fall, daß der Verfügungsberechtigte den Vermögenswert unter Hinwegsetzung über die durch einen Antrag nach § 30 VermG ausgelöste Unterlassungsverpflichtung (§ 3 Abs. 3 VermG) wirksam an einen Dritten veräußert und damit den Restitutionsanspruch in Wegfall bringt. Analog der Regelung für die Unternehmensrückgabe in § 6 Abs. 6a S. 4 und 5 VermG ist dem Berechtigten insoweit wahlweise neben dem Anspruch auf Entschädigung gem. Art. 1 EALG ein Anspruch auf den Veräußerungserlös bzw. Verkehrswert zuzubilligen.[15] Eine wirtschaftliche Ungleichbehandlung der Berechtigten, je nach dem, ob es sich um eine Unternehmensrückgabe oder eine Rückgabe sonstiger Vermögenswerte handelt, ist nicht veranlaßt.[16]

10 Das Wahlrecht bleibt schließlich bestehen, wenn an die Stelle des Restitutionsanspruches infolge einer **investiven Veräußerung** (§§ 3a Abs. 1 Nr. 1 VermG aF; 1 Abs. 1 BInvG/§ 2 Abs. 1 Nr. 1 1. Alt. InVorG) bzw. einer **Eigeninvestition** (§ 1c BInvG/§ 2 Abs. 1 Nr. 4 InVorG) nachträglich ein Anspruch auf das Surrogat tritt (§§ 3a Abs. 5 VermG aF; 3 Abs. 1 BInvG/§ 16 InVorG).[17]

[12a] Ebenso *Wasmuth* Rechtshandbuch B 100 RdNr. 24.
[13] So aber Erl.BReg., BT-Drucks. 11/7831, S. 5; *Drygalski-Obst,* in: Vermögensrechtliche Ansprüche der DDR-Enteignungsgeschädigten, 1990, S. 232; *Wasmuth* Rechtshandbuch B 100 RdNr. 17; ders. BRAK-Mitt. 1991, 116, 126; *Kimme-Gneipelt* § 3 RdNr. 140; *Czerwenka* S. 50; *Fieberg-Reichenbach* F/R/M/S RdNr. 6, 8f., § 3 RdNr. 88.
[14] AA *Fieberg-Reichenbach* F/R/M/S RdNr. 6,8; *Wasmuth* Rechtshandbuch B 100 RdNr. 17.
[15] Für Verweisung auf den Erlös nach § 3 Abs. 4 S. 3 VermG *Fieberg-Reichenbach* F/R/M/S § 3 RdNr. 84; *Wasmuth* Rechtshandbuch B 100 RdNr. 19.
[16] Vgl. noch § 3 RdNr. 50.
[17] Insoweit zutreffend auch *Fieberg-Reichenbach* F/R/M/S RdNr. 6; *Wasmuth* Rechtshandbuch B 100 RdNr. 17.

IV. Ausübung des Wahlrechts

1. Zeitpunkt. Der Berechtigte konnte das Wahlrecht nach § 8 Abs. 1 S. 1 VermG vor Inkrafttreten des EALG grundsätzlich **bis zur Bestandskraft der behördlichen Entscheidung** über seinen ursprünglichen Antrag ausüben. Zur Unterstreichung des Rückgabeprinzips hat der Gesetzgeber diese Möglichkeit in der durch Art. 10 Nr. 5 EALG novellierten Fassung von § 8 Abs. 1 VermG **eingeschränkt**:[18] Inländischen Berechtigten steht das Wahlrecht nur noch bis zum Ablauf von sechs Monaten nach Inkrafttreten des EALG zu, also bis zum 31. 5. 1995 (§ 8 Abs. 1 S. 1 VermG); für Berechtigte mit Sitz oder Wohnsitz außerhalb der Bundesrepublik Deutschland verlängert sich diese Frist wegen der „längeren Postwege" (!)[18a] auf drei Jahre, also bis zum 30. 11. 1997 (§ 8 Abs. 1 S. 2 VermG). Bis zu den genannten Terminen sind die Berechtigten also an eine einmal getroffene Wahl nicht gebunden,[19] soweit bis dahin keine bestandskräftige Rückgabeentscheidung vorliegt, und können von einem Rückgabe- auf einen Entschädigungsanspruch übergehen; zur Rechtslage beim Übergang vom Entschädigungs- zum Rückgabeanspruch vgl. § 3 RdNr. 9.

2. Singularrestitution. Das Wahlrecht kann bei der Singularrestitution anders als bei der Unternehmensrestitution (vgl. dazu § 3 Abs. 1 S. 3 VermG) im Hinblick auf **einzelne Teile** des Vermögensgegenstandes auch unterschiedlich ausgeübt werden, wenn der Vermögensgegenstand real teilbar ist. Dieses Ergebnis resultiert aus dem Umstand, daß auch der Restitutionsanspruch nach § 3 Abs. 1 S. 1 VermG auf einen Teil des Vermögenswertes beschränkt werden kann.[20]

3. Berechtigung einer Personenmehrheit. Ist eine Personenmehrheit „Berechtigte" an einem zu restituierenden Vermögenswert, kann das Wahlrecht von den Personen aus Gründen der Rechtssicherheit und Rechtsklarheit **nur gemeinschaftlich** (=einheitlich) ausgeübt werden (§ 8 Abs. 2 VermG). Die Vorschrift enthält insoweit einen allgemeinen Grundsatz für die Ausübung von Wahlrechten nach dem Vermögensgesetz (vgl. auch § 6 Abs. 6 S. 2 und 3 VermG für die Unternehmensrückgabe,[21] indem sie Einigungsdruck auf die Berechtigten ausübt und eine Blockierung des vermögensrechtlichen Verfahrens durch unterschiedliche Anträge ausschließt. Sie hat Bedeutung zunächst für die Fälle, in denen einer Gesamthandsgemeinschaft (GbR, §§ 705 ff. BGB; nicht rechtsfähiger Verein, § 54 BGB; OHG, §§ 105 ff. HGB; KG, §§ 161 ff. HGB; eheliche Gütergemeinschaft, §§ 1415 ff. BGB; Erbengemeinschaft, §§ 2032 ff. BGB) ein Anspruch auf Rückgabe eines Vermögenswertes zusteht.

Von der Ausübung des Wahlrechts zu unterscheiden ist die **Geltendmachung des gewählten Anspruchs** gegenüber dem zuständigen Vermögensamt. Diese kann auch nur durch einzelne Mitglieder einer Gesamthandsgemeinschaft erfolgen,[22] wenn etwa einzelne Personen auf die Durchsetzung vermögensrechtlicher Ansprüche verzichten wollen. Da insoweit jedes Mitglied einer Gesamthandsgemeinschaft einen eigenen vermögensrechtlichen Anspruch auf Wiedereinsetzung in den entzogenen Gesamthandsanteil verfolgt und unterschiedliche Sachentscheidungen möglich sind, liegt in prozessualer Hinsicht kein Fall einer notwendigen Streitgenossenschaft vor (§ 64 VwGO iVm. § 62 ZPO).[23]

4. Bruchteils-/Miteigentümer. Der Anspruch auf Rückübertragung (ideellen) Bruchteilseigentums bzw. Miteigentums steht dagegen dem einzelnen Bruchteilseigentümer

---

[18] Begründung z. Entwurf e. EALG, BR-Drucks. 244/93, S. 58.
[18a] So Beschlußempfehlung und Bericht des BT-Finanzausschusses, BT-Drucks. 12/7588.
[19] KrG Dresden ZOV 1992, 179, 179 f.; *Hohmeister* BB 1992, 1738, 1740; *Fieberg-Reichenbach* F/R/M/S RdNr. 2; *Redeker-Hirtschulz* F/R/M/S § 32 RdNr. 10; *Försterling* RdNr. 586; differenzierend *Kiethe-Windthorst* VIZ 1994, 12, 15; *Wasmuth* Rechtshandbuch B 100 RdNr. 31.
[20] Vgl. dazu § 3 RdNr. 15.
[21] Dazu § 6 RdNr. 118 ff.
[22] KrG Dresden ZOV 1992, 225, 226; VIZ 1992, 330, 331; KrG Suhl ZOV 1993, 70, 71; ZOV 1993, 263, 263 f.
[23] KrG Suhl ZOV 1993, 70, 71 f.; ZOV 1993, 263, 263 f.

bzw. Miteigentümer allein zu, so daß er das **Wahlrecht** auch **alleine ausüben** kann. Allerdings kommt es den Restitutionsberechtigten im Regelfall nicht nur auf die Restitution als solche, also die Rückübertragung des Eigentums, sondern auch auf die **Wiederherstellung der Nutzungsmöglichkeiten** durch Wiedereinräumung des Besitzes an. Dies ist zwar an sich eine nachrangige zivilrechtliche Frage zwischen dem Verfügungsberechtigten und den Mitberechtigten, kann aber im Falle etwa des Miteigentums zu Schwierigkeiten führen, weil der einzelne Miteigentümer Ansprüche aus dem Eigentum Dritten gegenüber nur in Ansehung der ganzen Sache geltend machen kann (§ 1011 BGB). So kann Herausgabe bei unteilbaren Sachen in Gemäßheit des § 432 BGB nur an alle Gläubiger verlangt werden. Das macht im Hinblick auf die vermögensrechtliche Restitution aber nur Sinn, wenn alle ursprünglichen Miteigentümer einen Restitutionsantrag stellen und sich nicht einzelne auf Entschädigung beschränken. Daher ist zumindest bei unteilbaren Vermögenswerten für die Ausübung des Wahlrechtes eine entsprechende Anwendung von § 8 Abs. 2 VermG zu erwägen, um die Restitution nicht zivilrechtlich leer laufen zu lassen.[24]

§ 9 Grundsätze der Entschädigung

Kann ein Grundstück aus den Gründen des § 4 Abs. 2 nicht zurückübertragen werden, kann die Entschädigung durch Übereignung von Grundstücken mit möglichst vergleichbarem Wert erfolgen. Ist dies nicht möglich, wird nach Maßgabe des Entschädigungsgesetzes entschädigt. Für die Bereitstellung von Ersatzgrundstücken gilt § 21 Abs. 3 Satz 1 und Abs. 4 entsprechend.

Schrifttum: Vgl. das abgekürzt nachgewiesene Schrifttum

Übersicht

	RdNr.
I. Entschädigungsgrundsätze	1–6
II. Art und Weise der Entschädigung	
1. Allgemeines	7
2. Übereignung eines Ersatzgrundstückes	8–11
III. Verfahren	12–14

I. Entschädigungsgrundsätze

1 Die mit der amtlichen Überschrift „Grundsätze der Entschädigung" versehene Vorschrift des § 9 VermG enthält in der durch das **EALG** novellierten Fassung nurmehr eine Regelung zur Entschädigung durch Übereignung eines Ersatzgrundstücks (bisher § 9 Abs. 2 VermG aF). Auch diese Vorschrift sollte ursprünglich in das Entschädigungsgesetz eingestellt werden.[1] Das ist einzig deshalb unterblieben, weil die Vorschrift „wegen der Preisentwicklung einerseits und der Knappheit geeigneter Ersatzgrundstücke andererseits kaum praktikabel" ist.[1a] Diese Feststellung galt auch im übrigen für § 9 VermG aF, da die Vorschrift weder Regelungen zur Entschädigungshöhe noch zur Art und Weise des Entschädigungsverfahrens enthielt, sondern auf ein noch zu erlassendes und nunmehr in Gestalt des EALG vorliegendes Bundesgesetz verwies. In dem als Art. 1 EALG verkündeten Entschädigungsgesetz sind mit Ausnahme der peripheren Regelung des § 9 VermG die Grundsätze der Entschädigung zusammengefaßt.

---

[24] AA *Wasmuth* Rechtshandbuch B 100 RdNr. 36 f.; zur Parallelproblematik bei Bestellung von Vorkaufsrechten an Miteigentumsanteilen vgl. § 20 Abs. 2, 4 VermG; dazu § 20 RdNr. 7 f., 23.

[1] Vgl. § 1 Abs. 2 EntschG-E, BR-Drucks. 244/93, S. 7.

[1a] Beschlußempfehlung und Bericht des BT-Rechtsausschusses, BT-Drucks. 12/7588, S. 49.

Die Regelung der Entschädigung knüpft zunächst an die in Nr. 3a und b der Gemeinsamen Erklärung vom 15. 6. 1990 (BGBl. II, S. 889, 1237) enthaltenen Vorgaben an. Der Berechtigte soll danach in den vom Gesetz ausgeschlossenen Fällen der Rückübertragung nach § 4 Abs. 1 S. 1 und Abs. 2 VermG, also wenn die Restitution eines Grundstückes oder Gebäudes aufgrund der Natur der Sache oder aufgrund redlichen Erwerbs durch natürliche Personen, Religionsgemeinschaften oder gemeinnützige Stiftungen ausgeschlossen ist, einen **Sekundäranspruch auf Entschädigung** erhalten. Dem gleichzustellen sind wegen der Verweisung auf § 4 Abs. 1 VermG nach Sinn und Zweck die in § 5 VermG genannten Sachverhalte der Umnutzung von Grundstücken und Gebäuden, bei denen eine Rückübertragung ebenfalls ausgeschlossen ist.[2] Bei beweglichen Sachen gilt dies wegen § 10 Abs. 1 VermG jedoch nur für den Restitutionsausschluß nach § 4 Abs. 1 VermG. Darüber hinaus besteht nach dem VermG ein Recht auf Entschädigung auch in anderen Fällen, in denen die Erfüllung von Restitutionsansprüchen unmöglich ist (vgl. § 6 Abs. 1 S. 1, § 11 Abs. 5 VermG). Der Berechtigte kann schließlich auf eine Restitution verzichten und anstelle dessen Entschädigung wählen (§§ 6 Abs. 7, 8 Abs. 1, 11 Abs. 1 S. 2 VermG).

Ein Entschädigungsanspruch nach Maßgabe des Entschädigungsgesetzes besteht auch als Kompensation für eine nur **teilweise unmögliche Rückgabe** (teilweiser Untergang oder Abriß; teilweise Umnutzung etc.). Bis zum Inkrafttreten des 2. VermRÄndG sah § 7 VermG aF die Möglichkeit des Wertausgleichs bei Wertminderungen vor, soweit der Vermögensgegenstand der steuerlichen Bewertung unterlag. Wurde eine Wertminderung dementsprechend ausgeglichen, entfiel für den Berechtigten der Schaden und damit der Entschädigungsanspruch nach § 9 VermG aF. Seit Inkrafttreten des 2. VermRÄndG ist auch auf den Ausgleich von Wertminderungen nur noch § 9 VermG aF bzw. das Entschädigungsgesetz anzuwenden. Voraussetzung ist allerdings eine damit einhergehende teilweise Unmöglichkeit der Rückgabe. Davon zu unterscheiden sind die Sachverhalte, in denen der Vermögenswert körperlich noch vorhanden, aber (etwa durch Abnutzung) in seinem Wert gemindert ist.

Nicht anwendbar ist das Entschädigungsgesetz auf die Fälle des Restitutionsausschlusses bei **verspäteter Anmeldung** (§ 3 Abs. 4 S. 3 VermG).[3] Solchenfalls verbleibt dem Berechtigten allein ein Anspruch auf den Erlös.[4]

Soweit die Restitution wegen **investiver Maßnahmen** nach §§ 3a Abs. 1 Nr. 1 VermG aF, 1 Abs. 1 BInvG/§ 2 Abs. 1 Nr. 1 1. Alt. InVorG bzw. § 1c BInvG/§ 2 Abs. 1 Nr. 4 InVorG ausgeschlossen ist, richtet sich die Entschädigung ebenfalls nicht nach § 9 VermG aF bzw. dem Entschädigungsgesetz, sondern nach §§ 3a Abs. 5 VermG aF, 3 BInvG/§ 16 InVorG.

Entsprechend der Regelung in § 8 Abs. 1 S. 3 VermG besteht kein Entschädigungsanspruch für Grundstücke, die etwa infolge nicht kostendeckender Mieten durch **Eigentumsverzicht, Schenkung** oder **Erbausschlagung** in Volkseigentum übernommen wurden (§ 9 Abs. 1 S. 2 VermG aF/§ 1 Abs. 3 EntschG).[5] Das gilt entsprechend für das in § 1 Abs. 2 VermG ausdrücklich genannte Eigentum an Gebäuden.[6]

II. Art und Weise der Entschädigung

1. Allgemeines. Die Entschädigung erfolgt nach Maßgabe des Entschädigungsgesetzes regelmäßig durch Zuteilung von übertragbaren Schuldverschreibungen des Entschädigungsfonds, die über einen Nennwert von 1000 DM oder einem ganzen Vielfachen davon lauten und ab 1. 1. 2004 mit sechs vH jährlich verzinst werden (§ 1 Abs. 1 S. 2 EntschG). Die Schuldverschreibungen werden vom Jahr 2004 an in fünf gleichen Jahresraten durch Auslosung – erstmals zum 1. 1. 2004 – getilgt (§ 1 Abs. 1 S. 4 EntschG). In den Fällen des

---

[2] AA *Barkam* R/R/B RdNr. 22.
[3] *Fieberg-Reichenbach* F/R/M/S RdNr. 3.
[4] Vgl. dazu § 3 RdNr. 205f., § 8 RdNr. 8; aA *Fieberg-Reichenbach* F/R/M/S RdNr. 3, § 8 RdNr. 6,

8f., die dem Berechtigten wahlweise ein Recht auf Entschädigung nach § 8 VermG zubilligen.
[5] Vgl. zur ratio legis § 8 RdNr. 5.
[6] Vgl. dazu schon § 8 RdNr. 6.

§ 4 Abs. 2 VermG erfolgt die Entschädigung fakultativ auch durch Übereignung eines Ersatzgrundstückes.

8 **2. Übereignung eines Ersatzgrundstückes.** Die Regelung der Entschädigung durch Bereitstellung eines Ersatzgrundstückes ist aufgrund der verunglückten Formulierung und der Verweisung auf § 21 Abs. 3 S. 1 und Abs. 4 VermG nur schwer verständlich. Sie betrifft zunächst nur die Entschädigung bei Grundstücken, deren **Rückübertragung nach § 4 Abs. 2 S. 1 VermG ausgeschlossen** ist. Der Wortlaut des § 9 S. 1 VermG, wonach die Entschädigung durch Übereignung von Grundstücken mit möglichst vergleichbarem Wert erfolgen „kann", scheint allein der zuständigen Verwaltungsbehörde ein Auswahlermessen einzuräumen. Die Verweisung von § 9 S. 3 auf § 21 Abs. 3 S. 1 und Abs. 4 VermG stellt jedoch klar, daß daneben der Berechtigte einen Antrag auf Übereignung eines Ersatzgrundstückes stellen kann. Der Berechtigte hat damit ein vollwertiges **Wahlrecht**.[7] Dem Antrag hat die Behörde zu entsprechen, wenn ein in kommunalem Eigentum stehendes Grundstück im gleichen Stadt- oder Gemeindegebiet zur Verfügung steht und einer Eigentumsübertragung keine berechtigten Interessen entgegenstehen (§ 21 Abs. 3 S. 1 VermG).[8]

9 Für den **Wertvergleich** zwischen dem von einer schädigenden Maßnahme iSv. § 1 VermG betroffenen Grundstück und dem Ersatzgrundstück ist der **Zeitpunkt der Schädigung** maßgebend.[9] Dies ergibt sich aus der Verweisung von § 9 S. 3 VermG auf § 21 Abs. 4 VermG. Danach sind Wertdifferenzen zwischen den Grundstücken bezogen auf den Zeitpunkt der Inverwaltungnahme oder des Eigentumsentzugs, also der jeweiligen Schädigung, auszugleichen. Ziel der Restitution durch Bereitstellung eines Ersatzgrundstückes ist es nämlich, den Berechtigten so zu stellen wie er stehen würde, wenn die Schädigung nicht erfolgt wäre.

10 Ist eine Entschädigung durch Bereitstellung eines Ersatzgrundstückes nicht möglich, erfolgt eine Entschädigung nach Maßgabe des Entschädigungsgesetzes (§ 9 S. 2 VermG). Eine Verpflichtung der Gemeinden zur **Vorhaltung von Ersatzgrundstücken** wird durch § 9 VermG nicht begründet.[10] Der Vorschlag des Bundesrates, den Gemeinden aufgrund des Vermögenszuordnungsgesetzes v. 22. 3. 1991[11] für Entschädigungszwecke zusätzliche Grundstücke aus dem Finanzvermögen (Art. 22 EVertr) zur Verfügung zu stellen,[12] ist im Gesetzgebungsverfahren nicht weiterverfolgt worden.

11 In den Fällen, in denen der Entschädigungsberechtigte keinen Antrag auf Übereignung eines Ersatzgrundstückes gestellt hat, hängt die Art und Weise der Entschädigung allein von der ermessensfehlerfreien Entscheidung der Behörde ab. Danach wird im **Regelfall** eine **Entschädigung in Geld** vorzunehmen sein.[13]

III. Verfahren

12 Da der Entschädigungsanspruch nach Maßgabe des Entschädigungsgesetzes von Gesetzes wegen an die Stelle des ausgeschlossenen Restitutionsanspruches tritt (vgl. § 1 Abs. 1 S. 1 EntschG), hat die Behörde im Falle der Ablehnung des Primäranspruches auf Rückübertragung **von Amts wegen** über den Sekundäranspruch auf Entschädigung zu entscheiden, es sei denn, ein Rückübertragungsanspruch ist aus Gründen des § 3 Abs. 2 VermG unanfechtbar abgewiesen worden (§ 12 Abs. 1 S. 2 EntschG). Solange der Gesetzgeber noch keine Regelungen über die Höhe der Entschädigung getroffen hatte, war

---

[7] *Fieberg-Reichenbach* F/R/M/S RdNr. 7.
[8] *Fieberg-Reichenbach* F/R/M/S RdNr. 7.
[9] *Fieberg-Reichenbach* F/R/M/S RdNr. 8f.; aA *Barkam* R/R/B § 21 VermG RdNr. 15: Zeitpunkt der behördlichen Entscheidung.
[10] *Fieberg-Reichenbach* F/R/M/S RdNr. 7; *Messerschmidt* VIZ 1993, 5,7; aA *Barkam* R/R/B RdNr. 18f., § 21 VermG RdNr. 9f.
[11] BGBl. I S. 784.
[12] Stellungnahme des Bundesrates, BT-Drucks. 12/204, S. 5, 14.
[13] Im Ergebnis wohl auch *Strohm* NJW 1992, 2849, 2851.

Bewegliche Sachen **§ 10 VermG**

analog § 33 Abs. 1 VermG aF im Wege des Teil-Feststellungsbescheides zu verfahren und der Entschädigungsanspruch des Berechtigten lediglich dem Grunde nach festzustellen.

Bei Gewährung einer Entschädigung nach Maßgabe des Entschädigungsgesetzes wird eine dem Berechtigten anläßlich einer Enteignung nach § 1 Abs. 1 lit. b VermG gezahlte **Entschädigung** ebenso wie ein anläßlich einer Veräußerung iSv. § 1 Abs. 3 VermG gezahlter **Kaufpreis** angerechnet (§ 2 Abs. 1 Nr. 2, § 6 EntschG). 13

Wird der Berechtigte durch **Übereignung eines Ersatzgrundstückes** entschädigt, sind die ihm im Zuge der Enteignung oder Veräußerung gewährten Gegenleistungen ebenfalls zu Gunsten des Entschädigungsfonds zurückzufordern, es sei denn, die Bereicherung des Berechtigten kann bereits im Rahmen des Wertausgleiches nach § 9 S. 3 iVm. 21 Abs. 4 VermG berücksichtigt und ausgeglichen werden. 14

§ 10 Bewegliche Sachen

(1) Wurden bewegliche Sachen verkauft und können sie nach § 3 Abs. 4 oder § 4 Abs. 2 nicht zurückgegeben werden, steht den Berechtigten ein Anspruch in Höhe des erzielten Erlöses gegen den Entschädigungsfonds zu, sofern ihm der Erlös nicht bereits auf einem Konto gutgeschrieben oder ausgezahlt wurde.

(2) Wurde bei der Verwertung einer beweglichen Sache kein Erlös erzielt, hat der Berechtigte keinen Anspruch auf Entschädigung.

Schrifttum: *John,* Offene Vermögensfragen, besondere Investitionen und Eigentumsgarantie, LKV 1992, 119 ff.

Vgl. auch das abgekürzt nachgewiesene Schrifttum

Übersicht

	RdNr.		RdNr.
I. Normzweck	1	III. Verpflichteter des Anspruchs auf den Erlös	5, 6
II. Anwendungsbereich		IV. Verwertung ohne Erlös (Abs. 2)	7, 8
1. Verspätete Anmeldungen (§ 3 Abs. 4)	2	V. Verfahren	9
2. Redlicher Erwerb (§ 4 Abs. 2)	3		
3. Veräußerungen unter Verstoß gegen § 3 Abs. 3 VermG	4		

I. Normzweck

Die Vorschrift ist nach den Erläuterungen der Bundesregierung zum Vermögensgesetz[1] **lex specialis zum Entschädigungsanspruch nach § 9 Abs. 1 S. 1 VermG aF.**[2] Voraussetzung ist also stets das Erlöschen des Primäranspruchs auf Rückübertragung (§ 3 Abs. 1 S. 1 VermG). Danach tritt bei „Verkauf" beweglicher Sachen, die gemäß § 3 Abs. 4 oder § 4 Abs. 2 nicht zurückgegeben werden können, an die Stelle des Rückübertragungsanspruches ein Sekundäranspruch auf den Erlös. Dieser richtet sich auf den tatsächlich erzielten Erlös und kann damit positiv oder negativ von der vereinbarten Gegenleistung abweichen. Ein Entschädigungsanspruch steht dem Berechtigten daneben – auch wahlweise – nicht zu. Dieser läßt sich in dem Fall des Rückübertragungsausschlusses bei verspäteter Anmeldung (§ 3 Abs. 4 VermG) auch nicht aus § 8 VermG herleiten (dazu schon § 3 RdNr. 205 f., § 8 RdNr. 8, § 9 RdNr. 4).[3] Der Spezialitätscharakter ist dem Wortlaut der Norm unmittelbar nicht zu entnehmen, sondern erschließt sich allein aus der systematischen Stellung der Vorschrift als sekundärrechtliche Sonderregelung für beweg- 1

---

[1] Erl. BReg., BT-Drucks. 11/7831, S. 9.
[2] Ebenso *John* LKV 1992, 119, 121; *Wasmuth* Rechtshandbuch B 100 RdNr. 2.
[3] AA *Fieberg-Reichenbach* F/R/M/S RdNr. 5; *Horn* S. 601 f.

liche Sachen. Bis zur Berichtigung durch Art. 10 Nr. 7 EALG enthielt der Gesetzeswortlaut des § 10 Abs. 1 VermG einen redaktionellen Fehler, da er statt auf § 3 Abs. 4 VermG auf Abs. 3 VermG verwies.[4] Die ungenaue Verwendung des Begriffs „Verkauf" statt „Veräußerung" in § 10 Abs. 1 VermG ist offenbar davon beeinflußt, daß das im BGB angelegte Abstraktionsprinzip zwischen schuldrechtlichem und dinglichem Rechtsgeschäft dem ZGB-DDR unbekannt war[5] und daher auch im Vermögensgesetz, das in seinen Ursprüngen noch auf den DDR-Gesetzgeber zurückgeht, nicht beachtet wurde.

II. Anwendungsbereich

2 **1. Verspätete Anmeldungen (§ 3 Abs. 4 VermG).** Die Vorschrift betrifft zunächst bewegliche Sachen, die von dem Verfügungsberechtigten nach Ablauf der Anmeldefrist (vgl. § 3 AnmeldeVO)[6] veräußert wurden, ohne daß der Berechtigte bis zum Zeitpunkt der Veräußerung einen Rückübertragungsanspruch geltend gemacht hat (§ 3 Abs. 4 VermG).

3 **2. Redlicher Erwerb (§ 4 Abs. 2 VermG).** Neben dem Restitutionsausschluß bei verspäteten Anmeldungen erfaßt § 10 Abs. 1 VermG Veräußerungen beweglicher Sachen, die zu einem redlichen Eigentumserwerb durch die in § 4 Abs. 2 S. 1 VermG genannten natürlichen Personen, Religionsgemeinschaften oder gemeinnützigen Stiftungen geführt haben. Dies sind Rechtsgeschäfte, bei denen der Erwerbsvorgang am 29. 9. 1990 als Zeitpunkt des Inkrafttretens des Vermögensgesetzes abgeschlossen war.[7]

4 **3. Veräußerungen unter Verstoß gegen § 3 Abs. 3 VermG.** Veräußerungen, die der Verfügungsberechtigte trotz Anmeldung vermögensrechtlicher Ansprüche unter Verstoß gegen die Unterlassungsverpflichtung des § 3 Abs. 3 VermG vornimmt, führen ebenfalls zum Untergang des Restitutionsanspruches.[8] Dem Berechtigten steht solchenfalls in analoger Anwendung des § 10 VermG lediglich ein Anspruch auf den Erlös, nicht aber wahlweise noch ein Entschädigungsanspruch zu.[9]

III. Verpflichteter des Anspruchs auf den Erlös

5 Verpflichteter des Anspruchs auf Herausgabe des tatsächlich erzielten Erlöses ist nach § 10 Abs. 1 VermG grundsätzlich der **Entschädigungsfonds**, es sei denn, der Erlösanspruch wurde in der Vergangenheit bereits anderweitig durch Auszahlung oder Kontogutschrift erfüllt. Das gilt auch, wenn Kontoguthaben infolge konfiskatorischer Maßnahmen (zB Berechnung überhöhter Verwaltungsgebühren oder Vermögenssteuern) nachträglich verringert wurden. Ausgleichsansprüche für solche Maßnahmen richten sich nach § 11 Abs. 5 VermG.

6 Hinsichtlich der Person des Verpflichteten weicht § 10 Abs. 1 VermG von der Regelung des § 3 Abs. 4 S. 3 ab, wonach nicht der Entschädigungsfonds, sondern der Verfügungsberechtigte zur Herausgabe des Erlöses verpflichtet ist. Daraus ergibt sich eine **unterschiedliche Behandlung der Erlösherausgabeansprüche**, je nach dem, ob bewegliche Sachen (§ 10 Abs. 1 VermG) oder andere Vermögenswerte (§ 3 Abs. 4 VermG) betroffen sind. Dies mag seine Rechtfertigung darin finden, daß bei beweglichen Sachen die Person des Veräußerers längere Zeit nach dem Veräußerungsvorgang kaum noch feststellbar sein wird. Als Ausgleich dafür wird dem Berechtigten der Entschädigungsfonds als Haftungssubjekt zur Verfügung gestellt.

---

[4] Vgl. bereits Erl.BReg., BT-Drucks. 11/7831, S. 9.
[5] Vgl. §§ 25 ff. ZGB-DDR; *Leinemann* BB-Beil. 8 zu H. 9/1991, 10, 12; *Roggemann* NJW 1976, 393, 397; *Heuer*, Grundzüge des Bodenrechts der DDR 1949–1990, 1991, S. 80 f.; *Marko* NJ 1988, 108 f.
[6] VO über die Anmeldung vermögensrechtlicher Ansprüche v. 11. 7. 1990, GBl. I Nr. 44 S. 718, geänd. GBl. 1990 I Nr. 56 S. 1260, BGBl. 1990 I S. 2150.
[7] Vgl. § 4 RdNr. 46.
[8] Vgl. bereits § 3 RdNr. 93.
[9] Vgl. bereits § 3 RdNr. 50.

IV. Verwertung ohne Erlös (Abs. 2)

Absatz 2 des § 10 behandelt die Fälle der erlöslosen Verwertung. Die von Absatz 1 7
abweichende Verwendung des Begriffs „Verwertung" zeigt, daß Absatz 2 nicht nur auf
den **Verkauf** bzw. die **Veräußerung** von beweglichen Sachen anzuwenden ist, sondern
auch auf **sonstige entgeltlose Verwertungshandlungen** des Verfügungsberechtigten wie
etwa das Verschenken der Sache oder deren Dereliktion (§ 959 BGB). Maßgebend ist
insoweit die Änderung der vermögensrechtlichen Güterzuordnung. Ist die Sache dagegen
von dem Verfügungsberechtigten vernichtet oder verarbeitet worden, handelt es sich um
Anwendungsfälle des Restitutionsausschlusses nach § 4 Abs. 1 VermG.[10] Da § 10 VermG
für diese Sachverhalte nicht einschlägig ist, verbleibt es bei dem Entschädigungsanspruch
nach § 9 Abs. 1 S. 1 VermG.

Für die Fälle der erlöslosen Veräußerung stellt Absatz 2 klar, daß ein **Entschädigungs-** 8
anspruch iSv. § 9 Abs. 1 VermG auch dann **nicht wieder auflebt**, wenn bei der Veräußerung der Sache kein Verwertungserlös erzielt wurde.[11] Das schließt Schadensersatzansprüche des Berechtigten gegen den Verfügungsberechtigten wegen schuldhafter Pflichtverletzungen im Zusammenhang mit dem Veräußerungsvorgang nicht aus.[12]

V. Verfahren

Da der Erlösherausgabeanspruch nach § 10 Abs. 1 VermG von Gesetzes wegen an die 9
Stelle des ausgeschlossenen Restitutionsanspruches tritt und ein Wahlrecht auf Entschädigung nicht besteht, hat die Behörde im Falle der Ablehnung des Primäranspruches auf
Rückübertragung **von Amts wegen** über den Sekundäranspruch auf den Erlös zu entscheiden. Darüber ist in dem ablehnenden Rückerstattungsbescheid eine gesonderte Festsetzung zu treffen.

---

[10] AA *Fieberg-Reichenbach* F/R/M/S RdNr. 9; *Kimme-Thomas* RdNr. 7; *Wasmuth* Rechtshandbuch B 100 RdNr. 24.

[11] Verfassungsrechtliche Bedenken dagegen bei *John* LKV 1992, 119, 123; *Barkam* R/R/B RdNr. 9.

[12] Vgl. dazu § 3 RdNr. 162 ff.

Abschnitt III. Aufhebung der staatlichen Verwaltung

§ 11 Grundsatz

(1) Die staatliche Verwaltung über Vermögenswerte wird auf Antrag des Berechtigten durch Entscheidung der Behörde aufgehoben. Der Berechtigte kann statt dessen unter Verzicht auf sein Eigentum Entschädigung nach dem Entschädigungsgesetz wählen. In diesem Fall steht das Aneignungsrecht dem Entschädigungsfonds zu. Mit dem Wirksamwerden des Verzichts wird der Berechtigte von allen Verpflichtungen frei, die auf den Zustand des Vermögenswerts seit Anordnung der staatlichen Verwaltung zurückzuführen sind.

(2) Hat der Berechtigte seinen Anspruch bis zum Ablauf der Anmeldefrist (§ 3 der Anmeldeverordnung) nicht angemeldet, ist der staatliche Verwalter berechtigt, über den verwalteten Vermögenswert zu verfügen. Die Verfügung über den Vermögenswert ist nicht mehr zulässig, wenn der Berechtigte seinen Anspruch am verwalteten Vermögen nach Ablauf der Frist angemeldet hat.

(3) Der Verwalter hat sich vor einer Verfügung zu vergewissern, daß keine Anmeldung im Sinne der Anmeldeverordnung vorliegt.

(4) Dem Berechtigten steht im Falle der Verfügung der Verkaufserlös zu. Wird von dem Berechtigten kein Anspruch angemeldet, ist der Verkaufserlös an die für den Entschädigungsfonds zuständige Behörde zur Verwaltung abzuführen.

(5) Soweit staatlich verwaltete Geldvermögen aufgrund von Vorschriften diskriminierenden oder sonst benachteiligenden Charakters gemindert wurden, wird ein Ausgleich nach § 5 Abs. 1 Satz 6 des Entschädigungsgesetzes gewährt.

(6) Ist für Kontoguthaben oder sonstige privatrechtliche geldwerte Ansprüche, die unter staatlicher Verwaltung standen und zum 1. Juli 1990 auf Deutsche Mark umgestellt worden sind, Hauptentschädigung nach dem Lastenausgleichsgesetz gezahlt worden, gehen diese Ansprüche insoweit auf den Entschädigungsfonds über; die Ausgleichsverwaltung teilt der auszahlenden Stelle die Höhe der Hauptentschädigung mit. Ist das Kontoguthaben schon an den Berechtigten ausgezahlt worden, wird die gewährte Hauptentschädigung nach den Vorschriften des Lastenausgleichsgesetzes durch die Ausgleichsverwaltung zurückgefordert. Die auszahlende Stelle teilt dem Bundesamt zur Regelung offener Vermögensfragen und der Ausgleichsverwaltung den an den Berechtigten ausgezahlten Betrag ohne besondere Aufforderung mit (Kontrollmitteilung); die übermittelten Daten dürfen nur für die gesetzlichen Aufgaben der Ausgleichsverwaltung verwendet werden.

Schrifttum: *Kiethe-Windthorst,* Probleme bei der Wahl zwischen Restitution und Entschädigung, VIZ 1994, 12 ff.; *Kinne,* Auskunfts- und Rechnungslegungspflichten des staatlichen Verwalters gegenüber dem Grundstückseigentümer?, ZOV 1992, 59 f.; *Mitschke-Werling,* VermG und staatlich verwaltetes ausländisches Vermögen auf dem Territorium der ehemaligen DDR, NJ 1992, 100 ff.; *Schlothauer-Giese,* Der mißbräuchliche Verkauf von Immobilien durch den staatlichen Verwalter gemäß § 11 Abs. 2 und Versäumnisse des Gesetzgebers – unter Berücksichtigung der § 11b VermG und § 7 GBBerG –, ZOV 1994, 366 ff.

Übersicht

	RdNr.		RdNr.
I. Grundsatz der Aufhebung der staatlichen Verwaltung (Abs. 1 Satz 1)		3. Öffentlich-rechtliche Ausgestaltung des Aufhebungsanspruchs	3, 4
1. Allgemeines und Normzweck	1	a) Öffentlich-rechtlicher Anspruch	3
2. Voraussetzungen des Aufhebungsanspruches	2	b) Gebundene Entscheidung	4
		4. Rechtsfolgen der Aufhebung	5

	RdNr.		RdNr.
II. Ausübung des Wahlrechtes auf Entschädigung (Abs. 1 Satz 2)		**V. Verfügungsbefugnis des staatlichen Verwalters nach Anmeldefristablauf und bei Nichtvorliegen einer Anmeldung (Abs. 2)**	20–22
1. Wahlrecht auf Entschädigung und Problematik	6		
2. Eigentumsverzicht des Berechtigten	7–10	**VI. Verpflichtung des Verwalters zur Überprüfung des Nichtvorliegens einer Anmeldung vor einer Verfügung (Abs. 3)**	23
3. Wahlrechtsausübung bei einer Personenmehrheit	11–15		
a) Grundsatz	11		
b) Gesetzeswortlaut	12	**VII. Anspruch des Berechtigten auf den Verkaufserlös bei einer wirksamen Verfügung (Abs. 4)**	24, 25
c) Keine analoge Anwendung des § 8 Abs. 2	13		
d) Bruchteils- und Gesamthandsgemeinschaften	14	**VIII. Ausgleichsanspruch bei Minderungen von staatlich verwalteten Geldvermögen aufgrund von benachteiligenden Vorschriften (Abs. 5)**	
e) Personenmehrheit bei Unternehmen und Unternehmensbeteiligungen	15		
4. Art und Umfang des Entschädigungsanspruchs	16	1. Gesetzeszweck	26
III. Aneignungsrecht des Entschädigungsfonds (Abs. 1 Satz 3)		2. Diskriminierender oder benachteiligender Charakter von Vorschriften	27, 28
1. Gesetzliches Aneignungsrecht	17	a) Begriff	27
2. Eigentumserwerb	18	b) Fallgruppen	28
		3. Rechtsfolge	29
IV. Wirkungen des Eigentumsverzichts (Abs. 1 Satz 4)	19	**IX. Verrechnung von Lastenausgleichszahlungen (Abs. 6)**	30

I. Grundsatz der Aufhebung der staatlichen Verwaltung (Abs. 1 Satz 1)

1. Allgemeines und Normzweck. Der dritte Abschnitt geht in § 11 Abs. 1 Satz 1 von dem Grundsatz der Aufhebung der staatlichen Verwaltung aus (**Restitutionsgrundsatz**). Diese Norm beruht auf der Regelung in Nr. 2 der Gemeinsamen Erklärung. Der **Gesetzeszweck** der Aufhebung der staatlichen Verwaltung besteht darin, dem Berechtigten die sich aus seinem Eigentum ergebenden Rechte und Pflichten wieder zur Ausübung zu überlassen. Im Gegensatz zum Rückübertragungsanspruch gem. § 3 Abs. 1 sind keine Eigentumsrechte zurückzuübertragen, weil die formale Eigentumsposition des Berechtigten nicht beeinträchtigt ist. Mit dem Inkrafttreten des VermG ist spätestens aufgrund der Regelungen des § 39 jegliche Rechtsgrundlage für die Anordnung einer staatlichen Verwaltung entfallen, gleichwohl bestehen die staatlichen Verwaltungen bis zu deren Aufhebung fort,[1] weil gem. Art. 19 Einigungsvertrag die vor dem Wirksamwerden des Beitritts ergangenen Verwaltungsakte grundsätzlich wirksam bleiben.[2]

2. Voraussetzungen des Aufhebungsanspruchs. Voraussetzung für diesen Aufhebungsanspruch ist, daß die Vermögenswerte einer Maßnahme iSd. § 1 Abs. 4 unterliegen und die Aufhebung der staatlichen Verwaltung noch möglich ist.[3] Eine **staatliche Verwaltung iSd. § 1 Abs. 4** liegt vor, wenn der Berechtigte noch Eigentümer oder Rechtsinhaber seiner Vermögenswerte iSd. § 2 Abs. 2 geblieben ist, aber ihm Befugnisse durch eine Zwangsverwaltung, vorläufige Verwaltung oder staatliche Treuhandschaft auf Veranlassung des Staates entzogen worden sind. Bei der staatlichen Verwaltung ist zwar formal der Eigentumstitel nicht berührt worden, aber die **Verfügungs- und Verwaltungsbefugnis** ist entzogen worden. Diese **Verfügungsbefugnis** iSd. Rechts der ehem. DDR umfaßt als Oberbegriff insbesondere die Befugnis das Eigentum zu übertragen, den Besitz und die Nutzung einem anderen zu überlassen (arg. § 24 Satz 2 ZGB-DDR). Die staatliche Verwaltung umfaßt auch die Zinsen auf ein staatlicherseits treuhänderisch ver-

---

[1] LG Berlin ZOV 1992, 223; *Kinne* ZOV 1992, 59, 60.
[2] *Mitschke-Werling* NJ 1992, 100, 103; dies übersieht: BezG Frankfurt NJ 1991, 270.
[3] KreisG Chemnitz-Stadt ZOV 1992, 178, 179.

waltetes Kontoguthaben.[4] Eine **zivilrechtliche Verwaltung** ist **nicht** nach den §§ 11ff., sondern nach den zivilrechtlichen Regelungen zu beenden und abzuwickeln (vgl. § 1 Abs. 4), so daß dem Eigentümer ggf. ein Herausgabeanspruch gem. § 985 BGB zusteht. Für die Regelungen in diesem Abschnitt ist Berechtigter im Sinne von § 2 Abs. 1 derjenige, der Eigentümer oder Rechtsinhaber bzw. deren Rechtsnachfolger des unter staatlicher Verwaltung stehenden Vermögenswertes im Sinne von § 1 Abs. 4 ist.

3 **3. Öffentlich-rechtliche Ausgestaltung des Aufhebungsanspruchs. a) Öffentlich-rechtlicher Anspruch.** In Parallelität zum Rückübertragungsanspruch des § 3 Abs. 1 stellt der Grundsatz der Aufhebung der staatlichen Verwaltung gem. § 11 Abs. 1 Satz 1 einen **öffentlich-rechtlichen Anspruch**[5] gegen die zuständige Behörde dar, weil die Behörde als Hoheitsträger einseitig zu einer solchen Entscheidung verpflichtet und berechtigt ist. Erst mit dem Zeitpunkt der Aufhebung der staatlichen Verwaltung durch Gesetz gem. § 11a Abs. 1 Satz 1, der einvernehmlichen Aufhebung iSd. § 30 Abs. 1 Satz 2 oder der Unanfechtbarkeit der behördlichen Entscheidung iSd. § 33 Abs. 4 über diesen Anspruch endet die staatliche Verwaltung. Bei einer behördlichen Einzelentscheidung treten die **Folgen der Aufhebung** der staatlichen Verwaltung erst gem. § 34 Abs. 1 **mit der Bestandskraft** des Aufhebungsbescheides ein.[6] Diese Ausgestaltung des Anspruchs vermeidet Unsicherheiten bei der sachenrechtlichen Beurteilung insbesondere im Hinblick auf die Verfügungsbefugnis des Verwalters.

4 **b) Gebundene Entscheidung.** Die Aufhebung der staatlichen Verwaltung erfolgt auf einen Antrag des Berechtigten im Sinne des § 30 als **gebundene Entscheidung** („wird") durch einen Verwaltungsakt der Behörde oder durch eine einvernehmliche Aufhebung iSd. § 30 Abs. 1 Satz 2, weil der in dieser Norm verwendete Oberbegriff der Rückgabe neben der Rückübertragung des entzogenen Vermögenswertes auch die Aufhebung der staatlichen Verwaltung umfaßt.[7] Ferner endet die staatliche Verwaltung auch **ohne Antrag durch Gesetz** gem. § 11a Abs. 1 Satz 1. Im Gegensatz zu den Rückübertragungs- und Entschädigungsansprüchen iSd. §§ 3, 6 bzw. § 6 Abs. 7 und §§ 8, 9 wird der Anspruch auf Aufhebung einer staatlichen Verwaltung durch die Ausschlußfrist des § 30a **nicht präkludiert**, weil eine staatliche Verwaltung[8] iSd. § 1 Abs. 4 auch ohne einen entsprechenden Antrag spätestens durch die Aufhebung durch Gesetz gem. § 11a beendet worden ist.

5 **4. Rechtsfolgen der Aufhebung.** Eine Rechtsfolge der Aufhebung der staatlichen Verwaltung ist, daß die **öffentlich-rechtliche Sonderverbindung** entfällt. So ist beispielsweise der staatliche Verwalter aufgrund des fortbestehenden Eigentums des Berechtigten gem. § 985 BGB als Besitzer zur Herausgabe des ehemals staatlich verwalteten Vermögenswertes an den Eigentümer als Berechtigten[9] und ferner gem. § 11a iVm. auftragsrechtlichen Normen insbesondere zur Rechnungslegung[10] und Herausgabe von Erlangtem verpflichtet. Gegenüber Dritten sind mit der (unanfechtbaren) Aufhebung der staatlichen Verwaltung die Rechte und Pflichten im Zusammenhang mit dem Vermögenswert grundsätzlich nicht mehr vom staatlichen Verwalter, sondern vom berechtigten und verpflichteten Eigentümer selbst wahrzunehmen.[11] Die **Rechtsverhältnisse zu Dritten**, dh.

---

[4] KreisG Chemnitz-Stadt ZOV 1992, 178, 179; vgl. ferner Musterbescheid zur Aufhebung der staatlichen Verwaltung über Gewinnkonten oder Kontoguthaben, die sich auf einem Verwahrkonto des ehemaligen Amtes für den Rechtsschutz des Vermögens der DDR befinden, ZOV 1991, 122, 123 bzw. 128.

[5] Vgl. Erl. BReg., BT-Drucksache 11/7831, S. 9.
[6] LG Berlin ZOV 1991, 90.
[7] Vgl. amtliche Begründung, BT-Drucksache 12/103, S. 35; *Fieberg-Reichenbach* F/R/M/S, § 11 RdNr. 4; aA *Czerwenka*, Rückgabe enteigneter Unternehmen in den neuen Bundesländern, 1991, S. 9,

20. Die Termini Rückgabe, Rückübertragung und Rückführung werden dagegen in § 6 Abs. 1a Satz 1 und Abs. 7 Satz 1 uneinheitlich und teilweise in einem anderen Sinne verwendet.

[8] Zur Abgrenzung zwischen staatlicher Verwaltung und Enteignung vgl. die Kommentierung zu § 1 Abs. 4 (§ 1 RdNr. 114ff.).
[9] Vgl. *Horn*, Das Zivil- und Wirtschaftsrecht im neuen Bundesgebiet, 2. Aufl. 1993, § 13 RdNr. 274, S. 606.
[10] Vgl. *Kinne* ZOV 1992, 59, 60; *Mitschke-Werling* NJ 1992, 100, 103.
[11] Vgl. LG Berlin ZOV 1992, 300, 301.

zu anderen Personen als dem staatlichen Verwalter, sind bei der Aufhebung der staatlichen Verwaltung nach den §§ 16ff. ggf. iVm. § 11a Abs. 4 VermG bzw. nach Art. 232 § 1a EGBGB zu beurteilen.[12]

II. Ausübung des Wahlrechtes auf Entschädigung (Abs. 1 Satz 2)

1. Wahlrecht auf Entschädigung und Problematik. § 11 Abs. 1 Satz 2 eröffnet dem Berechtigten ein Wahlrecht, anstelle eines gegebenen Aufhebungsanspruches unter gleichzeitigem Verzicht auf seine Rechtsposition, eine Entschädigung nach dem Entschädigungsgesetz zu wählen. Das Wahlrecht kann für jeden Vermögenswert oder jeden real abtrennbaren Teil eines Vermögenswertes getrennt und unabhängig ausgeübt werden.[13] Eine Ausübung des Wahlrechtes ist nach § 11a Abs. 1 Satz 2 bei einer Aufhebung der staatlichen Verwaltung durch Gesetz bis zum Ablauf von zwei Monaten nach Inkrafttreten des Entschädigungsgesetzes möglich[14] oder nach § 32 Abs. 3 Satz 1 bis zur Einzelentscheidung der Behörde möglich gewesen.[15] Eine frühzeitige Ausübung dieses Wahlrechtes ist für den Berechtigten insofern problematisch, weil zum Zeitpunkt der Wahlrechtsausübung verbindliche Entschädigungsgrundsätze noch fehlen und die rechtlichen Konsequenzen dieser Entscheidung nicht voraussehbar sind.

2. Eigentumsverzicht des Berechtigten. Wählt der Berechtigte nicht die Restitution durch Aufhebung der staatlichen Verwaltung, sondern Entschädigung, ist der ausdrücklich oder konkludent erklärte Verzicht auf das Eigentum am staatlich verwalteten Vermögenswert eine Voraussetzung für das Entstehen des Entschädigungsanspruchs. Da die Entschädigung positiv gewählt werden muß, liegt in der Übernahme der Verwaltung des Vermögenswertes keine Ausübung des Wahlrechtes. In der Geltendmachung des Entschädigungsanspruchs liegt regelmäßig die schlüssige, empfangsbedürftige Erklärung des (einseitigen) Eigentumsverzichtes. Beim **Grundstückseigentum** ist die (mit Eingang beim Grundbuchamt unwiderrufliche) bedingungs- und befristungsfeindliche Verzichtserklärung gegenüber dem Grundbuchamt nach § 928 Abs. 1 BGB materiellrechtlich formfrei, aber formellrechtlich ist die von § 29 Abs. 1 GBO geforderte Form zu beachten. Mit dem Wirksamwerden des Verzichts treffen den Berechtigten keine Verpflichtungen (mehr) in bezug auf den Zustand des Vermögenswertes.

Aufgrund des Eigentumsverzichtes werden Grundstücke herrenlos iSd. § 928 Abs. 1 BGB bzw. bewegliche Sachen herrenlos iSd. § 959 Abs. 1 BGB, weil der staatliche Verwalter als solcher spätestens mit der Aufhebung durch Gesetz gem. § 11a Abs. 1 Satz 1 keinen unmittelbaren Besitz an der Sache mehr hat. Der Verzicht auf ein beschränktes dingliches Grundstücksrecht durch Aufhebung ist einseitig gem. § 875 BGB durch Erklärung des Berechtigten gegenüber dem Grundbuchamt und Löschung des Rechtes im Grundbuch möglich. Der Verzicht auf eine Forderung ist nur durch einen Erlaßvertrag zwischen Gläubiger und Schuldner nach § 397 Abs. 1 BGB möglich.

Obwohl im allgemeinen nach der Rspr.[16] ein Miteigentumsanteil an einen Grundstück wegen der Auswirkungen auf das Gemeinschaftsverhältnis nicht entsprechend § 928 Abs. 1 BGB durch Verzicht aufgegeben werden kann, ist innerhalb des Regelungsbereiches des VermG die Aufgabe eines Miteigentumsanteils an einem Grundstück durch Verzicht aufgrund der besonderen Wirkungen der staatlichen Verwaltung auf das Gemeinschafts- und Miteigentumsverhältnis möglich, weil das Miteigentum nach Bruchteilen wesensmäßig dem Alleineigentum vergleichbar ist und jeder Miteigentümer grundsätzlich über seinen Anteil nach § 747 Satz 1 BGB verfügen kann. Im Bereich des VermG sind die Auswirkungen eines solchen Verzichts eines Miteigentümers auf das durch die staatliche Verwaltung geprägte Gemeinschaftsverhältnis relativ gering und die durch die

---

[12] Vgl. insoweit die Kommentierung zu den §§ 16ff.
[13] Fieberg-Reichenbach F/R/M/S, § 11 RdNr. 23.
[14] Kiethe-Windthorst VIZ 1994, 12, 13.
[15] Vgl. näher Kiethe-Windthorst VIZ 1994, 12, 14/15.
[16] BGHZ 115, 1 = NJW 1991, 2488.

speziellere Regelung des § 11 Abs. 1 Satz 2 vorgenommene gesetzliche Interessenbewertung zugunsten eines Wahlrechtes vorrangig.

10 Die Ausschlagung iSd. §§ 1942 ff. BGB einer staatlich verwalteten Erbschaft stellt keinen Eigentumsverzicht in diesem Sinne dar, weil nach § 1953 Abs. 1 und 2 BGB die Erbschaft bei dem Ausschlagenden nie angefallen ist.

11 **3. Wahlrechtsausübung bei einer Personenmehrheit. a) Grundsatz.** Hinsichtlich der Wahl der Entschädigung verweist § 11 Abs. 1 Satz 2 nur auf § 9 und damit auf die Entschädigungsgrundsätze, nicht aber auf § 8 Abs. 2 mit dem Erfordernis der gemeinschaftlichen Ausübung des Wahlrechtes bei einer Personenmehrheit. Als Personenmehrheiten (vgl. §§ 420 bis 432 BGB) kommen insbesondere Bruchteilsgemeinschaften iSd. §§ 741 ff., 747 Satz 1 BGB (zB Miteigentümer iSd. §§ 1008 ff. BGB) und Gesamthandsgemeinschaften wie die Gesellschaft bürgerlichen Rechts (§§ 705 ff., 718, 719 BGB), der nichtrechtsfähige Verein (§ 54 BGB), die oHG (§ 105 Abs. 2 HGB), die KG (§ 161 Abs. 2 HGB), die eheliche und fortgesetzte Gütergemeinschaft (§§ 1416, 1485 BGB) und die Erbengemeinschaft (§§ 2032 ff. BGB) in Betracht.

12 **b) Gesetzeswortlaut.** Nach dem Gesetzeswortlaut muß bei einer staatlichen Verwaltung eine Personenmehrheit als Berechtigte das Wahlrecht **nicht gemeinschaftlich** ausüben, weil § 11 keine dem § 8 Abs. 2 entsprechende Regelung enthält und § 8 im übrigen nur an den Rückübertragungsanspruch gem. § 3 anknüpft. Hiernach kann jeder (Mit-) Berechtigte bei einer staatlichen Verwaltung sein Wahlrecht selbständig einzeln ausüben.

13 **c) Keine analoge Anwendung des § 8 Abs. 2.** Eine analoge Anwendbarkeit des § 8 Abs. 2 auf das Wahlrecht des (Mit-) Berechtigten kommt bei einer staatlichen Verwaltung nicht in Betracht,[17] weil insoweit keine Regelungslücke vorliegt. Zunächst kann für die hier vertretene Ansicht und gegen das Vorhandensein einer Regelungslücke als eine Voraussetzung für eine Analogie die Erläuterung der Bundesregierung[18] anläßlich des Gesetzgebungsverfahrens angeführt werden. Diese weist ausdrücklich darauf hin, daß § 11 Abs. 1 eine dem § 8 Abs. 2 entsprechende Regelung nicht enthält. Ferner tritt durch den Eigentumsverzicht der Entschädigungsfonds nur an die Stelle des Entschädigung wählenden Berechtigten. Die Annahme einer notwendigen gemeinsamen Wahlrechtsausübung bei einer Personenmehrheit ist nicht erforderlich, weil die Rechtspositionen der anderen Berechtigten durch die Wahl einer Entschädigung eines Berechtigten im Grundsatz nicht berührt werden und jeder dieser Berechtigten auch dann noch die Aufhebung der staatlichen Verwaltung verlangen kann. Außerdem kann nur ein Mitglied einer Gesamthandsgemeinschaft primär Ziel einer Maßnahme iSd. § 1 gewesen sein, ein anderes dagegen nicht, weil nur der Vermögenswertanteil des ersteren einer Maßnahme iSd. § 1 Abs. 4 unterlegen hat.[19] Überdies war sogar die staatliche Verwaltung eines Gesamthandanteils eines sog. Republikflüchtigen in der ehem. DDR trotz fehlender dogmatischer Begründbarkeit keine Seltenheit, so daß auch nur diesem als Teil der Personenmehrheit ein Aufhebungsanspruch oder ein Wahlrecht zustehen kann.

14 **d) Bruchteils- und Gesamthandsgemeinschaften.** Bei einer **Bruchteilsgemeinschaft** oder Miteigentumsanteilen hat jeder Berechtigte einen Anspruch auf Aufhebung der staatlichen Verwaltung hinsichtlich des eigenen (ideellen) Anteils, so daß der Berechtigte zur selbständigen Ausübung des Wahlrechtes nach § 11 Abs. 1 Satz 2 befugt ist.[20] Soweit dagegen eine Verpflichtung zur gemeinschaftlichen Ausübung des Wahlrechtes bei **Gesamthandsgemeinschaften** aufgrund einer gemeinsamen Forderungszuständigkeit bei Vermögenswerten, die zu einem gesamthänderisch gebundenen Sondervermögen gehö-

---

[17] *Barkam*, R/R/B, § 11 RdNr. 11; aA *Fieberg-Reichenbach* F/R/M/S, § 11 RdNr. 24 ff.; explizit für Erbengemeinschaften *Fieberg-Reichenbach* F/R/M/S, § 8 RdNr. 17 und § 11 RdNr. 27; *Blümmel*, Das Grundeigentum 1990, S. 1001.

[18] Erl. BReg., BT-Drucks. 11/7831, S. 10; vgl. ferner *Barkam*, R/R/B, § 11 RdNr. 11.
[19] Vgl. KreisG Suhl ZOV 1993, 70, 71.
[20] Vgl. *Fieberg-Reichenbach* F/R/M/S, § 11 RdNr. 29.

ren, angenommen wird,[21] kann dem nicht gefolgt werden. § 11 Abs. 1 Satz 2 gesteht ausdrücklich jedem Berechtigten ein Wahlrecht zu. Eine entsprechende Anwendung des § 8 Abs. 2 ist nicht vorgesehen, und eine Analogie ist aus den oben genannten Gründen nicht möglich. Außerdem wird die Forderungszuständigkeit der Gesamthandsgemeinschaft als solcher nicht dadurch berührt, daß eine Person aufgrund der Wahl einer Entschädigung unter Verzicht auf seine Rechtsposition ausscheidet und eine andere (juristische) Person dafür eintritt, denn dies ist auch bei einer rechtsgeschäftlichen oder insbesondere gesetzlichen Rechtsnachfolge (zB Erbfall) möglich. Aus diesem Grunde ist für den Erbteil eines einzelnen Miterben eine Wahlrechtsausübung allein durch den betroffenen Miterben möglich.[22]

e) **Personenmehrheit bei Unternehmen und Unternehmensbeteiligungen.** Bei staatlich verwalteten Unternehmen und Unternehmensbeteiligungen verweist § 12 als lex specialis auf § 6, soweit es um die „Modalitäten der Rückführung" geht. Zu den Rückführungsmodalitäten gehören nicht die Anspruchsvoraussetzungen des auf § 11 Abs. 1 Satz 2 beruhenden Wahlrechtes, aber die Bestimmungen der Entschädigung nach § 6 (arg. § 6 Abs. 1a und Abs. 7 Satz 1). Ob und welche Regelungen des § 6 bei einer staatlichen Verwaltung auf die Wahlrechtsausübung bei einer Personenmehrheit anzuwenden sind, wird dadurch beeinflußt, daß in § 6 Abs. 1a Satz 1 der Begriff der Rückgabe für die Rückübertragung von Unternehmen und der Begriff der Rückführung für die Aufhebung der staatlichen Verwaltung sowie in § 6 Abs. 1a Satz 2, Abs. 6 Satz 3 und Abs. 6a Satz 4 nur der Begriff der Rückgabe sowie in § 6 Abs. 7 Satz 1 nur der Begriff Rückgabe, aber in Verbindung mit einer staatlichen Verwaltung, verwendet wird. Steht mehreren Personen gemeinschaftlich ein Recht an einem Unternehmen oder einer Unternehmensbeteiligung zu, wird die Wahlrechtsausübung eines einzelnen Berechtigten zugunsten einer Entschädigung in Geld prinzipiell nicht beschränkt, weil § 6 Abs. 6 Satz 3 VermG und § 18 Abs. 2 URüV[23] nach ihrem Wortlaut nicht auf die Rückführung und Entschädigung bei staatlich verwalteten Unternehmen anwendbar sind. Eine analoge Anwendung dieser Normen auf die Wahlrechtsausübung bei der staatlichen Verwaltung kommt nicht in Betracht,[24] weil die terminologischen Unterscheidungen des Gesetzgebers in § 6 Abs. 1a und 6 gegen eine gesetzliche Regelungslücke sprechen. Überdies paßt das nach § 6 Abs. 1a Satz 2 und 3 erforderliche Quorum nicht für die Aufhebung der staatlichen Verwaltung, weil die staatliche Verwaltung auch ohne Antrag und ohne Rücksicht auf ein Quorum kraft Gesetzes gem. § 11a Abs. 1 Satz 1 endet. Jeder einzelne Berechtigte kann unabhängig von anderen Berechtigten unter Verzicht auf seine Anteilrechte nach § 11 Abs. 1 Satz 2 eine seinen Anteilen entsprechende Entschädigung wählen.

4. Art und Umfang des Entschädigungsanspruchs. Bei einer entsprechenden Wahlrechtsausübung hat nach § 11 Abs. 1 Satz 2 eine Entschädigung gemäß den Regelungen des **Entschädigungsgesetzes** zu erfolgen.[25]

III. Aneignungsrecht des Entschädigungsfonds (Abs. 1 Satz 3)

1. Gesetzliches Aneignungsrecht. Abweichend von den allgemeinen Regelungen der §§ 928 Abs. 2 bei Grundstücken und 958 Abs. 1 BGB bei beweglichen Sachen steht dem Entschädigungsfonds (§ 9 Abs. 3 Satz 1 Entschädigungsgesetz) nach § 11 Abs. 1 Satz 3 ein gesetzliches Recht zur Aneignung zu. Um dem Sinn und Zweck dieser gesetzlichen Regelung auch bei Forderungen und beschränkten dinglichen Grundstücksrechten gerecht zu werden, ist diesbezüglich eine analoge Anwendung des § 11 Abs. 1 Satz 3 in der Weise

---

[21] *Fieberg-Reichenbach* F/R/M/S, § 11 RdNr. 24 ff.
[22] *Fieberg-Reichenbach* F/R/M/S, § 11 RdNr. 28.
[23] Verordnung zum Vermögensgesetz über die Rückgabe von Unternehmen (Unternehmensrückgabeverordnung) vom 13. 7. 1991 (BGBl. 1991 I S. 1542).
[24] AA *Fieberg-Reichenbach* F/R/M/S, § 11 RdNr. 30 versus 32.
[25] Vgl. Entschädigungsgesetz vom 27. 9. 1994 (BGBl. I S. 2624); vgl. näher Vor § 1 RdNr. 64 ff.

geboten, daß der verzichtende Berechtigte auf Verlangen des Entschädigungsfonds letzterem die Forderung gem. § 398 Satz 1 BGB abzutreten bzw. das beschränkte dingliche Grundstücksrecht gem. § 873 BGB zu übertragen hat.

18 **2. Eigentumserwerb.** Die Aneignung durch den Entschädigungsfonds ist kein rechtsgeschäftlicher Erwerb, so daß ein gutgläubiger (lastenfreier) Erwerb nach § 892 BGB oder §§ 929 ff., 932 ff., 936 BGB nicht möglich ist. Rechte Dritter an dem Vermögenswert bleiben bestehen. Nach einem Verzicht des Entschädigungsfonds ist jedermann aneignungsberechtigt.[26] Das Eigentum wird originär durch den Entschädigungsfonds erworben, wenn dieser die bewegliche Sache in Eigenbesitz (§§ 854, 872 BGB) nimmt bzw. bei Grundstücken der Entschädigungsfonds (§ 9 Abs. 3 Satz 1 Entschädigungsgesetz) aufgrund eines Antrages nach § 13 GBO und einer Aneignungserklärung iSd. § 29 GBO in das Grundbuch eingetragen wird.

IV. Wirkungen des Eigentumsverzichts (Abs. 1 Satz 4)

19 Durch die Regelung des § 11 Abs. 1 Satz 4 wird den Berechtigten die Möglichkeit eröffnet, sich durch einen Verzicht auf sein Eigentum von allen Verpflichtungen aus einer „Zustandshaftung" zu befreien, weil der Berechtigte auf den die Haftung auslösenden Umstand während der staatlichen Verwaltung keinen Einfluß hatte.[26a] Diese **Zustandshaftungsbefreiung** im Falle eines wirksamen Verzichtes betrifft sowohl zivilrechtliche als auch öffentlich-rechtliche Haftungsgründe, zB bei sog. Altlasten.

V. Verfügungsbefugnis des staatlichen Verwalters nach Anmeldefristablauf und bei Nichtvorliegen einer Anmeldung (Abs. 2)

20 Soweit ein Berechtigter einen Antrag auf Aufhebung der staatlichen Verwaltung nicht bis zum Ablauf der Anmeldefrist oder nicht anschließend einen entsprechenden Aufhebungsantrag gestellt hat, ist der staatliche Verwalter nach § 11 Abs. 2 Satz 1 über den staatlich verwalteten Vermögenswert **verfügungsbefugt**. Der staatliche Verwalter ist zum Abschluß von Rechtsgeschäften befugt, durch die bestehende Rechte unmittelbar übertragen, belastet, aufgehoben oder inhaltlich geändert werden. § 11 Abs. 2 entspricht bezogen auf den staatlichen Verwalter inhaltlich der Regelung des § 3 Abs. 3 Satz 1 und Abs. 4 Satz 1, so daß im Grundsatz auf die Kommentierung hierzu verwiesen werden kann.

21 Klarstellend bzw. ergänzend zu § 11 Abs. 2 ordnet § 15 Abs. 2 iVm. Abs. 3 entsprechend ein Verbot des Abschlusses dinglicher Rechtsgeschäfte ohne Zustimmung des Eigentümers bzw. der Eingehung langfristiger Verbindlichkeiten an. Die Anmeldung bzw. der Antrag auf Aufhebung der staatlichen Verwaltung haben keine dinglichen Wirkungen und sind keine gesetzliche Verbote iSd. §§ 134, 135 BGB, sondern begründen zum Schutze des Rechtsverkehrs und der Förderung der Investitionen lediglich **gesetzliche schuldrechtliche Unterlassungspflichten** des staatlichen Verwalters[27] im Innenverhältnis zum Berechtigten.[28] Bei Verstößen gegen die Unterlassungspflichten bleiben die betreffenden Rechtsgeschäfte wirksam, aber im Innenverhältnis zum Berechtigten entstehen Staats-

---

[26] Vgl. BGH NJW 1990, 251.
[26a] BR-Drucksache 244/93, S. 58.
[27] Erl. BReg., BT-Drucksache 11/7831, S. 5 und 11 (zu §§ 3 und 15); vgl. ferner: BezG Dresden VIZ 1992, 72, 73; NJ 1992, 37, 38; DB 1992, 1238 = ZIP 1992, 733, 735; BezG Potsdam VIZ 1993, 77, 78 mit Anm. *Reichenbach;* KreisG Chemnitz-Stadt VIZ 1992, 31; *Busche* VIZ 1991, 48, 49; *Fieberg-Reichenbach* F/R/M/S, § 11 RdNr. 51, 54, 85 ff.; *dies.* NJW 1991, 321, 324 FN 20; *Kohler* NJW 1991, 465, 466; *ders.* VIZ 1992, 308, 309; *Leinemann* BB 1991, Beilage Nr. 8, S. 10, 12; dagegen für eine dingliche Wirkung des § 3 VermG gem. § 134 BGB *Weimar* DtZ 1991, 50, 52 und *ders.* BB 1990, Beilage Nr. 40, S. 10, 14.
[28] Zur Sicherung der Unterlassungspflicht durch einstweilige Verfügung vgl. die Kommentierung zu § 15 Abs. 2 (§ 15 RdNr. 6) und zur zulässigen Unterlassungsklage vor den ordentlichen Gerichten BGH NJW 1994, 457, 458.

und/oder Amtshaftungsansprüche auf Schadensersatz, weil die Ausübung der staatlichen Verwaltung in öffentlich-rechtlicher, hoheitlicher Form erfolgt. Hinsichtlich weiterer Einzelheiten kann auf die inhaltlich entsprechenden Vorschriften des § 3 Abs. 3 Satz 1, 2 und 5 sowie des § 15 Abs. 2 Satz 1, der darüber hinaus auch langfristige vertragliche Verpflichtungen erfaßt, verwiesen werden. Die Unterlassungspflichten des § 11 Abs. 2 können (im Unterschied zu denen des § 3 Abs. 3) **nicht durch § 2 InVorG eingeschränkt** werden.

Spätestens mit der Beendigung der staatlichen Verwaltung durch Gesetz gem. § 11a Abs. 1 Satz 1 sind diese Rechte und Pflichten des staatlichen Verwalters entfallen. Es bleiben aber bei Beendigung der staatlichen Verwaltung die Ansprüche nach § 11a Abs. 3 Satz 1 und § 13 bestehen.

VI. Verpflichtung des Verwalters zur Überprüfung des Nichtvorliegens einer Anmeldung vor einer Verfügung (Abs. 3)

§ 11 Abs. 3, der denselben Regelungsinhalt wie § 15 Abs. 4 hat, legt dem staatlichen Verwalter eine dem § 3 Abs. 5 entsprechende gesetzliche Vergewisserungspflicht zur Überprüfung des Nichtvorliegens einer Anmeldung bzw. eines Antrages vor einer Verfügung auf. Regelmäßig sind mindestens Anfragen über das Vorliegen einer Antrages an das Bundesamt zur Regelung offener Vermögensfragen und das Amt zur Regelung offener Vermögensfragen, welches aufgrund der Belegenheit des Vermögenswertes und/oder des letzten Wohnsitzes eines möglichen Berechtigten in der ehem. DDR zuständig ist, erforderlich. Die Bedeutung dieser Pflicht liegt insbesondere darin, daß bei einer **Verletzung der Vergewisserungspflicht** durch den staatlichen Verwalter die **Staatshaftung** iSd. § 13 eingreift. Zivilrechtliche Sanktionen bei einer Verletzung der Vergewisserungspflicht sind grundsätzlich durch die Staatshaftung ausgeschlossen,[29] weil der staatliche Verwalter insoweit als staatliches Organ gehandelt hat.

VII. Anspruch des Berechtigten auf den Verkaufserlös bei einer wirksamen Verfügung (Abs. 4)

Für den Fall, daß nach dem Ablauf der Anmeldefrist gem. § 3 der Anmeldeverordnung eine Anmeldung vorliegt und der Verwalter berechtigterweise wirksam über einen Vermögensgegenstand verfügt, hat der Berechtigte gem. § 11 Abs. 4 Satz 1 auch bei einer nicht rechtzeitigen Anmeldung einen Herausgabeanspruch auf den für den bisher staatlich verwalteten und veräußerten Vermögenswert erzielten Erlös. Der **Normzweck** besteht ebenso wie bei der parallelen Regelung des § 3 Abs. 4 Satz 3 darin, einen gerechten **Ausgleich** für den Verlust des dinglichen Rechtes an dem Vermögenswert aufgrund der im Interesse der Rechtssicherheit liegenden Wirksamkeit der Verfügung des staatlichen Verwalters zu schaffen. Aus diesem Grunde werden Staats- oder Amtshaftungsansprüche nicht ausgeschlossen, sondern können neben dem Anspruch auf Erlösherausgabe bestehen. Der Anspruch auf Erlösherausgabe besteht wahlweise neben dem Anspruch auf Entschädigung aus § 11 Abs. 1 Satz 2. Der Erlösherausgabeanspruch besteht auch, wenn der staatliche Verwalter unter Verstoß gegen die Unterlassungspflichten gem. §§ 11 Abs. 2 Satz 2, 15 Abs. 2 Satz 1 über einen Vermögenswert wirksam verfügt hat. Bei Nichterteilung einer nach § 2 GVO (BGBl. 1993 I S. 2221, 2222) erforderlichen behördlichen Genehmigung ist der schuldrechtliche und dingliche Vertrag schwebend unwirksam.

Anspruchsverpflichteter des Erlösherausgabeanspruchs ist zunächst der staatliche Verwalter und nach Abführung des Verkaufserlöses gem. § 11 Abs. 4 Satz 2 der Entschädigungsfonds. Im Unterschied zu § 3 Abs. 4 Satz 3 hat der staatliche Verwalter gem. § 11 Abs. 4 Satz 2 den Veräußerungserlös an das Bundesamt zur Regelung offener Vermögensfragen (§ 9 Abs. 2 Entschädigungsgesetz) abzuführen.

---

[29] Teilweise aA *Barkam*, R/R/B, § 11 RdNr. 20.

VIII. Ausgleichsanspruch bei Minderungen von staatlich verwalteten Geldvermögen aufgrund von benachteiligenden Vorschriften (Abs. 5)

26 **1. Gesetzeszweck.** In Ergänzung zu dem Grundsatz der Aufhebung der staatlichen Verwaltung sieht § 11 Abs. 5 einen Ausgleich speziell für staatlich verwaltetes Geldvermögen, sog. **Kontoguthaben**, vor, soweit dieses eine Minderung infolge diskriminierender oder benachteiligender rechtlicher Regelungen erfahren hat. Diese Minderungen von Kontoguthaben sollen nachträglich durch eine Anpassung ausgeglichen werden. Der sachliche Anwendungsbereich knüpft an § 1 Abs. 4 an und setzt voraus, daß die betreffende Rechtsposition als solche dem geschädigten Rechtsinhaber verblieben ist.

27 **2. Diskriminierender oder benachteiligender Charakter von Vorschriften. a) Begriff.** Eine Diskriminierung oder Benachteiligung aufgrund von Vorschriften ist in diesem Zusammenhang gegeben, wenn ausländische Staatsbürger bei ansonsten gleichen Sachverhalten durch rechtliche Regelungen schlechter gestellt wurden als Bürger der ehem. DDR. Die Minderungen des Geldvermögens erfolgten im wesentlichen durch überhöhte Verwaltergebühren, angeblich notwendige Verwaltungsausgaben oder Verwaltungsauslagen, überhöhte Steuern und sonstige öffentliche Abgaben bezüglich der staatlich verwalteten Kontoguthaben. **Kein** Fall der Minderung von staatlich verwalteten Geldvermögen iSd. § 11 Abs. 5, sondern eine entschädigungslose Enteignung iSd. § 1 Abs. 1 lit. a ist die vollständige Entziehung von Geldansprüchen durch Abführung an den Staatshaushalt der ehem. DDR.[30]

28 **b) Fallgruppen.** Eine Diskriminierung oder Benachteiligung erfolgte insbesondere in den Fällen des § 1 Abs. 4 durch die staatliche Verwaltung der nicht DDR-Bürgern gehörenden Vermögenswerte auf sog. Sperrkonten. In der Praxis standen Geldvermögen hauptsächlich als **Kontoguthaben von Ausländern** bei den Kreisfilialen der Staatsbank der ehem. DDR, von sog. Republikflüchtlingen nach dem 10. 6. 1953 oder von vor dem 10. 6. 1953 legal ausgereisten Personen, oder als Entschädigungssummen für Enteignungen auf **Verwahrkonten des Rates des Kreises**,[31] unter staatlicher Verwaltung.[32] Aufgrund von § 20 des Devisengesetzes der ehem. DDR vom 19. 12. 1973 (GBl. DDR I Nr. 58 S. 574, geändert und ergänzt durch das Gesetz vom 28. 6. 1979 (GBl. DDR I Nr. 17 S. 147) iVm. § 7 Abs. 3 und der Anlage der vierten Durchführungsbestimmung zum Devisengesetz vom 19. 12. 1973 (GBl. I Nr. 59 S. 586) werden insbesondere die Verfügungsmöglichkeiten über die Devisen-Ausländerkonten B (sog. **Sperrkonten**) stark eingeschränkt. Die Devisen-Ausländerkonten B wurden nicht als Sparkonten, sondern als Girokonten geführt und die dreitausend Mark übersteigenden Guthaben mit jährlich 1 v. H. verzinst; indem die Einkommensteuer jährlich 25 v. H. der Zinserträge betrug und insbesondere jährlich 0,5 v. H. für Guthaben bis fünfundzwanzigtausend Mark bzw. 1,5 v. H. für Guthaben von fünfundzwanzigtausend bis fünfhunderttausend Mark an Vermögensteuer erhoben wurden, wurden diese Guthaben zum Teil in Verbindung mit anderen Maßnahmen allmählich verringert. Ferner ist eine Benachteiligung im Sinne des § 11 Abs. 5 bei staatlicherseits begründeten und anschließend verwalteten Entschädigungsforderungen für eine Enteignung gegeben, wenn speziell nur den Bürgern mit Wohnsitz in der ehem. DDR eine Steuerermäßigung gewährt wurde, wie zB eine Steuerermäßigung von 30% aufgrund von § 4 Abs. 2 der Durchführungsbestimmung zum Entschädigungsgesetz – Besteuerungsregelung – vom 15. 6. 1984 (GBl. DDR I Nr. 17 S. 214).

29 **3. Rechtsfolge.** Rechtsfolge des § 11 Abs. 5 ist der **Ausgleich** der auf die benachteiligenden Vorschriften zurückzuführenden Wertminderung des Geldvermögens. Entsprechend

---

[30] VG Meiningen VIZ 1993, 508 (nur Ls.) = ZOV 1993, 376.
[31] Vgl. VG Greifswald VIZ 1993, 455, 456.
[32] Zur Auszahlung von staatlich verwalteten Kontoguthaben, die nicht mehr bei Kreditinstituten geführt werden, vgl. die allgemeinen Verwaltungsvorschriften vom 10. 12. 1990 (BAnz 1990, S. 6610) und vom 22. 2. 1991 (BAnz 1991, S. 1202 = ZOV 1992, 36) und vom 27. 12. 1991 (ZOV 1992, 36 f.); zur Verzinsung von staatlich verwalteten Kontoguthaben vgl. BVerwG VIZ 1993, 452, 453 (jedoch ohne Hinweis auf § 11 Abs. 5 VermG).

Beendigung der staatlichen Verwaltung § 11a VermG

der Zielrichtung und dem Zweck dieser Regelungen sollen diese Minderungen durch eine nachträgliche Anpassung an die für ehem. DDR-Bürger geltenden Regelungen aufgrund der näheren Ausgestaltung durch das **Entschädigungsgesetz** ausgeglichen werden.

IX. Verrechnung von Lastenausgleichszahlungen (Abs. 6)

Der Zweck des § 11 Abs. 6 besteht im Ergebnis in der Verrechnung von Lastenaus- 30 gleichszahlungen bei privaten geldwerten Ansprüchen, die unter staatlicher Verwaltung standen und deren Valuta noch vorhanden, aber für die wegen der früheren genommenen nutzbaren Verfügungsmöglichkeit dem Forderungsinhaber ein Ausgleich nach dem Lastenausgleichsgesetz gezahlt worden ist (sog. Wegnahmeschaden).[33] Dieses Ergebnis soll durch einen gesetzlichen Forderungsübergang (§ 11 Abs. 6 Satz 1) auf den Entschädigungsfonds bzw. durch die Rückforderung der gewährten Hauptentschädigung nach dem Lastenausgleichsgesetz aufgrund von Kontrollmitteilungen (§ 11 Abs. 6 Satz 2 und 3) sichergestellt werden; im Ergebnis entspricht dies der Regelung in § 1 Abs. 4 Nr. 1 und § 8 Entschädigungsgesetz. Von § 11 Abs. 6 werden im wesentlichen die unter vorläufige Verwaltung gestellten Kontoguthaben iSd. § 1 Abs. 4 erfaßt.

§ 11a Beendigung der staatlichen Verwaltung

(1) Die staatliche Verwaltung über Vermögenswerte endet auch ohne Antrag des Berechtigten mit Ablauf des 31. Dezember 1992. Das Wahlrecht nach § 11 Abs. 1 Satz 2 muß bis zum Ablauf zweier Monate nach Inkrafttreten des Entschädigungsgesetzes ausgeübt werden. Ist der Vermögenswert ein Grundstück oder ein Gebäude, so gilt der bisherige staatliche Verwalter weiterhin als befugt, eine Verfügung vorzunehmen, zu deren Vornahme er sich wirksam verpflichtet hat, wenn vor dem 1. Januar 1993 die Eintragung des Rechts oder die Eintragung einer Vormerkung zur Sicherung des Anspruchs bei dem Grundbuchamt beantragt worden ist.

(2) Ist in dem Grundbuch eines bisher staatlich verwalteten Grundstücks oder Gebäudes ein Vermerk über die Anordnung der staatlichen Verwaltung eingetragen, so wird dieser mit Ablauf des 31. Dezember 1992 gegenstandslos. Er ist von dem Grundbuchamt auf Antrag des Eigentümers oder des bisherigen staatlichen Verwalters zu löschen.

(3) Von dem Ende der staatlichen Verwaltung an treffen den bisherigen staatlichen Verwalter, bei Unklarheit über seine Person den Landkreis oder die kreisfreie Stadt, in dessen oder deren Bezirk der Vermögenswert liegt, die den Beauftragten nach dem Bürgerlichen Gesetzbuch bei Beendigung seines Auftrags obliegenden Pflichten. Der Verwalter kann die Erfüllung der in Satz 1 genannten Pflichten längstens bis zum 30. Juni 1993 ablehnen, wenn und soweit ihm die Erfüllung aus organisatorischen Gründen nicht möglich ist.

(4) Mit der Aufhebung der staatlichen Verwaltung gehen Nutzungsverhältnisse an einem Grundstück oder Gebäude auf den Eigentümer über.

Schrifttum: *Fehmel,* Hausverwalterabrechnung für verwaltete Grundstücke in den neuen Bundesländern, ZOV 1994, 89 ff.; *Kinne,* Restitution und Nutzungsrechte nach dem Zweiten Vermögensrechtsänderungsgesetz, ZOV 1992, 118 ff.; *Kinne-Scholz,* Die staatliche Verwaltung – Entwicklung und Abwicklung, ZOV 1994, 96 ff.

---

[33] Vgl. BR-Drucksache 244/93, S. 58.

VermG § 11a 1–3   Abschnitt III. Aufhebung der staatlichen Verwaltung

Übersicht

	RdNr.		RdNr.
I. Normzweck und Beendigung der staatlichen Verwaltung kraft Gesetzes (Abs. 1)		a) Pflichten entsprechend dem Auftragsrecht	8
1. Normzweck	1	aa) Pflicht zur Herausgabe nach § 667 BGB	9
2. Beendigung der staatlichen Verwaltung kraft Gesetzes (Abs. 1 Satz 1)	2, 3	bb) Rechenschaftslegung iSd. § 666 BGB	10
a) Beendigung kraft Gesetzes	2	b) Erfüllungs- und Sekundäransprüche	11–13
b) Weiterhin erforderliche Einzelentscheidungen	3	aa) Erfüllungsansprüche	11
		bb) Sekundäransprüche	12, 13
3. Befristung des Wahlrechtes (Abs. 1 Satz 2)	4	c) Subsidiäre Verpflichtung der Landkreise und kreisfreien Städte bei Unklarheiten über den staatlichen Verwalter	14
4. Fiktion einer Befugnis des bisherigen staatlichen Verwalters (Abs. 1 Satz 3)	5, 6	d) Rechtsweg	15
II. Grundbuchrechtliche Auswirkungen (Abs. 2)	7	2. Befristetes Erfüllungsverweigerungsrecht des staatlichen Verwalters (Abs. 3 Satz 2)	16–20
III. Pflichten und Rechte des bisherigen staatlichen Verwalters bei Beendigung der staatlichen Verwaltung (Abs. 3)		a) Gesetzeszweck	16
		b) Organisatorische Gründe	17
		c) Erfüllungsverweigerungsrecht	18–20
1. Nachwirkende Pflichten des bisherigen staatlichen Verwalters als Beauftragter (Abs. 3 Satz 1)	8–15	**IV. Übergang von Nutzungsverhältnissen (Abs. 4)**	21

I. Normzweck und Beendigung der staatlichen Verwaltung kraft Gesetzes (Abs. 1)

1   **1. Normzweck.** Nach dem durch das 2. VermRÄndG eingeführten § 11a Abs. 1 Satz 1 ist mit Ablauf des 31. 12. 1992 die staatliche Verwaltung durch Gesetz unabhängig von einem Aufhebungsantrag aufgehoben und beendet,[1] soweit die staatliche Verwaltung über Vermögenswerte noch nicht durch eine Einzelentscheidung eines Amtes zur Regelung offener Vermögensfragen aufgehoben worden ist. Dies ist zum einen zum Zwecke der Verwaltungsvereinfachung[2] und der Arbeitsreduzierung der Vermögensämter erfolgt. Zum anderen sollten durch die Aufhebung der staatlichen Verwaltung durch Gesetz den Eigentümern möglichst schnell wieder die vollständigen Verfügungsbefugnisse eingeräumt werden, um dadurch ein mögliches Hemmnis für (mittel- und langfristige) Investitionen zu beseitigen.[3] Daneben werden weitere Unsicherheiten und rechtliche Probleme im Hinblick auf staatliche Verwalter vermieden, die mit dem Inkrafttreten des Einigungsvertrages ihre Rechtsfähigkeit verloren haben und anschließend als Scheinverwalter nicht rechtsverbindlich mit Wirkung für und gegen den Eigentümer tätig geworden sind.

2   **2. Beendigung der staatlichen Verwaltung kraft Gesetzes (Abs. 1 Satz 1). a) Beendigung kraft Gesetzes.** Die staatliche Verwaltung über Vermögenswerte und insbesondere auch über Unternehmen endet als solche kraft Gesetzes ohne Rücksicht auf das Vorliegen eines entsprechenden Antrages des Berechtigten. Die bisher erforderliche Aufhebung der staatlichen Verwaltung für jeden einzelnen Vermögenswert wird hierdurch entbehrlich.

3   **b) Weiterhin erforderliche Einzelentscheidungen.** Über die grundsätzliche Übernahme und den Umfang der zu übernehmenden **Grundpfandrechte und dinglichen Nutzungsrechte** oder die bestehenden **Miet- oder Nutzungsverhältnisse** von unredlichen Mietern oder Nutzern (vgl. § 16 Abs. 3 Satz 1 und § 17 Satz 2) an dem Vermögenswert oder die nach §§ 12 Satz 1, 6 Abs. 1 Satz 2 und Abs. 2 bis 4 erforderlichen Entscheidungen

---

[1] Vgl. Merkblatt zur Beendigung staatlicher Verwaltung nach dem 2. VermRÄndG, VIZ 1993, 17. Eine abweichende Frist hat für staatliche Verwaltungen über Vermögenswerte gegolten, die von Art. 2 des Gesetzes zu dem Abkommen vom 13. 5. 1992 zwischen der Regierung der Bundesrepublik Deutschland und der Regierung der Vereinigten Staaten von Amerika über die Regelung bestimmter Vermögensansprüche vom 21. 12. 1992 (BGBl. I S. 1222) erfaßt worden sind.
[2] Strohm NJW 1992, 2849, 2850.
[3] Vgl. BR-Drucksache 227/92, S. 130.

muß ggf. auf Antrag noch im Einzelfall durch einen Verwaltungsakt iSd. § 33 Abs. 4 entschieden werden (sog. **Neben- bzw. Folgeentscheidungen**). Bis zum Zeitpunkt einer solchen Entscheidung sind bei bestimmten Rechtsverhältnissen die bisherigen Nutzungsberechtigten durch ein Moratorium gem. Art. 233 § 2a EGBGB zum Besitz berechtigt.

3. Befristung des Wahlrechtes (Abs. 1 Satz 2). Eine endgültige Klärung der Rechtsverhältnisse an dem staatlich verwalteten Vermögenswert wird durch die Beendigung der staatlichen Verwaltung kraft Gesetzes noch nicht erreicht. Nach § 11a Abs. 1 Satz 1 muß das Wahlrecht des Berechtigten zwischen Aufhebung der staatlichen Verwaltung und Entschädigung in Geld unter Verzicht auf das Eigentum erst bis zum Ablauf von zwei Monaten nach Inkrafttreten des Entschädigungsgesetzes ausgeübt werden.[4] Nach Ablauf dieser zwei Monate ist die Möglichkeit des Berechtigten, Entschädigung in Geld zu wählen, kraft gesetzlicher Regelung automatisch nicht mehr gegeben. Der **Zweck** dieser Regelung besteht einerseits in der Befristung des Wahlrechtes und andererseits in der Berücksichtigung der Erkenntnis, daß die Kenntnis der Regelungen des Entschädigungsgesetzes für die Wahlrechtsausübung eine unerläßliche Grundlage ist.[5] Bis zu diesem Zeitpunkt besteht ein **Schwebezustand**, in dem die Beschränkungen aufgrund der staatlichen Verwaltung des Vermögenswertes gegenüber dem Eigentümer schon kraft Gesetzes aufgehoben sind, aber noch immer der Verlust des Eigentums des Berechtigten an dem ehemals staatlich verwalteten Vermögenswert bis zur Ausübung oder dem Verlust des Wahlrechtes auf Entschädigung möglich ist.

4. Fiktion einer Befugnis des bisherigen staatlichen Verwalters (Abs. 1 Satz 3). Nach § 11a Abs. 1 Satz 3 wird nach Beendigung der staatlichen Verwaltung eines Grundstücks oder Gebäudes die Befugnis des bisherigen staatlichen Verwalters zu einer Verfügung fingiert, soweit er sich zu deren Vornahme schuldrechtlich wirksam verpflichtet hat und dem zuständigen Grundbuchamt vor dem 1. 1. 1993 ein Antrag nach § 13 GBO auf Eintragung eines Rechtes an einem Grundstück bzw. Gebäude oder einer Vormerkung iSd. § 883 BGB zugegangen ist. Durch diese Fiktion wird ein solches, bereits vor dem 1. 1. 1993 bestehendes **Anwartschaftsrecht eines Dritten geschützt**. Aufgrund dieser Fiktion ist der staatliche Verwalter insoweit im Hinblick auf das zur Erfüllung der schuldrechtlichen Verpflichtung erforderliche (dingliche) Verfügungsgeschäft Berechtigter iSd. § 873 BGB.

Einer wirksamen schuldrechtlichen Verpflichtung des bisherigen staatlichen Verwalters steht ein Verstoß gegen die Pflicht zur Unterlassung von bestimmten Rechtsgeschäften nach § 15 Abs. 2 nicht entgegen, weil diese Unterlassungsverpflichtung kein gesetzliches Verbot iSv. § 134 BGB, sondern nur eine gesetzliche schuldrechtliche Verpflichtung des staatlichen Verwalters im Innenverhältnis zum Eigentümer darstellt.[6]

II. Grundbuchrechtliche Auswirkungen (Abs. 2)

Ein im Grundbuch hinsichtlich eines Grundstücks oder Gebäudes **eingetragener Vermerk über die Anordnung einer staatlichen Verwaltung** wird nach § 11a Abs. 2 Satz 1 mit Ablauf des 31. 12. 1992 gegenstandslos und ist vom zuständigen Grundbuchamt nach § 11a Abs. 2 Satz 2 auf Antrag des Eigentümers oder des bisherigen staatlichen Verwalters iSd. § 13 GBO zu löschen. Ferner kann nach § 84 GBO eine **Löschung** der gegenstandslosen Eintragung der Anordnung der staatlichen Verwaltung durch das Grundbuchamt (ohne Antrag) von Amts wegen erfolgen; letztere Löschung ist gem. § 70 Abs. 1 KostO gebührenfrei.

---

[4] Vgl. *Kiethe-Windthorst* VIZ 1994, 12, 13.
[5] BT-Drucksache 12/2944, S. 52.

[6] Vgl. die Kommentierung zu § 15 Abs. 2 (§ 15 RdNr. 5,6).

III. Pflichten und Rechte des bisherigen staatlichen Verwalters bei Beendigung der staatlichen Verwaltung (Abs. 3)

8 **1. Nachwirkende Pflichten des staatlichen Verwalters als Beauftragter (Abs. 3 Satz 1). a) Pflichten entsprechend dem Auftragsrecht.** Mit dem Ende der staatlichen Verwaltung hat der bisherige staatliche Verwalter grundsätzlich nach § 11a Abs. 3 Satz 1 die einem Beauftragten iSd. §§ 662 ff. BGB bei Beendigung des Auftrags obliegenden Pflichten zu erfüllen.[7] Diese Regelung gilt aufgrund des uneingeschränkten Wortlautes und der Teleologie des § 11a Abs. 3 entgegen dem systematischen Anschein für jede Form der Beendigung der staatlichen Verwaltung, dh. insbesondere auch bei einer Aufhebung durch einen Bescheid eines Vermögensamtes; ansonsten wäre zur Lückenschließung eine analoge Anwendung des § 11a Abs. 3 iVm. dem Auftragsrecht geboten.[8] Die Pflichten[9] sind – vorbehaltlich der Regelung des § 11a Abs. 3 Satz 2 – mit der Aufhebung der staatlichen Verwaltung zum 31. 12. 1992 unverzüglich durch den staatlichen Verwalter zu erfüllen. Die von § 11a Abs. 3 Satz 1 angeordnete Anwendung der Auftragsvorschriften bezieht sich auf das Innenverhältnis zwischen dem ehem. staatlichen Verwalter und dem Eigentümer; dieses ist von der Vertretungsmacht (vgl. § 11b) im Außenverhältnis zu unterscheiden.[9a]

9 **aa) Pflicht zur Herausgabe nach § 667 BGB.** Der bisherige staatliche Verwalter ist insbesondere **nach § 667 BGB** ohne Rücksicht auf die Eigentumslage **zur Herausgabe** dessen, was er zur Ausführung der staatlichen Verwaltung erhalten oder aus der staatlichen Verwaltung erlangt hat, verpflichtet. Die Herausgabepflicht besteht unabhängig davon, ob die Gegenstände vor oder nach Inkrafttreten des VermG erlangt worden sind.[10] **Zur Ausführung der staatlichen Verwaltung erhalten** ist alles, was dem bisherigen staatlichen Verwalter zum Zweck der Ausführung seiner Aufgaben vom Berechtigten oder einem Dritten zur Verfügung gestellt worden ist, wie zB Geld, Urkunden, Zeichnungen, Schlüssel von Räumen, Sachmittel (Werkzeuge), Mietkautionen.[11] **Aus der staatlichen Verwaltung erlangt** sind alle, nicht nur vermögenswerte Gegenstände, die der bisherige staatliche Verwalter im inneren Zusammenhang mit der staatlichen Verwaltung und nicht nur bei Gelegenheit tatsächlich erhalten hat, wie zB Unterlagen (zB Versicherungspolicen, Grundstücksunterlagen, grundstücksbezogene Abgabebescheide) und Verträge[11a] (insbesondere Mietverträge incl. Namen der Mieter etc.), Überschüsse,[12] Nutzungen,[12a] Früchte, Zinsen und Ansprüche gegen Dritte (zB Schadensersatzansprüche), Sondervorteile,[13] Schmiergelder, Urkunden, Unterlagen und Belege, **nicht** aber außerhalb der staatlichen Verwaltung für sich selbst angefertigte Arbeitsunterlagen[14] oder persönliche Geschenke für den bisherigen staatlichen Verwalter anläßlich der Verwaltung. Im übrigen gelten ua. ggf. die Verzinsungspflicht nach § 688 BGB iVm. § 246 BGB bzw. § 352 HGB sowie für den Umfang der Pflichten und die Verjährung die allgemeinen Vorschriften.

10 **bb) Rechenschaftslegung iSd. § 666 BGB.** Darüber hinaus schuldet der bisherige staatliche Verwalter dem Eigentümer insbesondere **Rechenschaft iSd. § 666 BGB**. Bei und nach Beendigung der staatlichen Verwaltung besteht eine Pflicht zur Rechenschaftslegung. Hierbei hat der bisherige staatliche Verwalter die wesentlichen Einzelheiten seiner

---

[7] Vgl. *Kröger* F/R/M/S, § 11a RdNr. 39 ff.; *Uechtritz* BB 1992, 1649, 1650.

[8] In diesem Sinne auch: *Kröger* F/R/M/S, § 11a RdNr. 39.

[9] Vgl. die Hinweise des Bundesministeriums für Raumordnung, Bauwesen und Städtebau in bezug auf die wohnungswirtschaftlichen Angelegenheiten bei Aufhebung der staatlichen Verwaltung ab Januar 1993, VIZ 1993, 244, 245/246.

[9a] *Kinne-Scholz* ZOV 1994, 96, 99.

[10] Ebenso *Kröger* F/R/M/S, § 11a RdNr. 41.

[11] *Kinne* ZOV 1992, 118, 119; vgl. aber zur Nichtherausgabe der nach Beginn der Treuhandverwaltung tatsächlich gezogenen und an den Staatshaushalt der DDR abgeführten Erträge (wie zB Mieteinnahmen) BVerwG NJW 1994, 1297/1298.

[11a] *Kinne-Scholz* ZOV 1994, 96, 99.

[12] BT-Drucksache 12/2944, S. 52.

[12a] Vgl. *Hollweg* ZIP 1994, 191, 197.

[13] Vgl. BGH NJW 1991, 1224.

[14] Vgl. BGH NJW 1989, 1216.

ausgeführten Handlungen in allgemein verständlicher Form darzulegen und dem Eigentümer unter grundsätzlicher Vorlage der Belege die erforderliche Übersicht, insbesondere über Einnahmen und Ausgaben, in verständlicher, vollständiger, richtiger und nachprüfbarer Form zu verschaffen.[14a] Der **Umfang** dieser Pflichten wird durch die §§ 259 bis 261 BGB bestimmt. Zur ordnungsgemäßen Rechenschaftslegung zählen zB Nachweise über die Verwendung aufgenommener Aufbauhypotheken für die jeweiligen Grundstücke. Der Anspruch des Eigentümers auf Rechenschaftslegung wird begrenzt durch das Schikaneverbot gem. § 226 BGB und wenn das Interesse des Eigentümers im Verhältnis zu den durch die Rechenschaftslegung entstehenden Aufwand vollkommen unbedeutend ist.[15] Vorbehaltlich der Regelung des § 11a Abs. 3 Satz 2 besteht kein Zurückbehaltungsrecht des bisherigen staatlichen Verwalters iSd. § 273 BGB wegen eines Gegenanspruchs.

b) Erfüllungs- und Sekundäransprüche. aa) Erfüllungsansprüche. Gegen den bisherigen staatlichen Verwalter besteht grundsätzlich ein Anspruch des Eigentümers auf **Erfüllung** der genannten Pflichten. Die Verletzung oder nicht rechtzeitige Erfüllung der dem bisherigen staatlichen Verwalter obliegenden Pflichten kann Sekundäransprüche begründen. Ein derartiger **Schadensersatzanspruch** ergibt sich aber nicht aus § 13 Abs. 1, weil sich diese Norm nur auf den Zeitraum des Bestehens der staatlichen Verwaltung bezieht, sondern aus allgemeinen zivilrechtlichen Regelungen. Nur während des Bestehens der staatlichen Verwaltung richten sich die Rechtsverhältnisse zwischen dem staatlichen Verwalter und dem Berechtigten nach den öffentlich-rechtlichen Vorschriften der §§ 15, 11 Abs. 2 und 3 bzw. des § 13, aber mit der Aufhebung der staatlichen Verwaltung entfällt die öffentlich-rechtliche Sonderverbindung zwischen dem Eigentümer und dem bisherigen staatlichen Verwalter, so daß nunmehr über die Verweisung des § 11a Abs. 3 Satz 1 auf das bürgerlich-rechtliche Auftragsrecht hinaus auch für die Bestimmung der Sekundäransprüche gegen den ehem. staatlichen Verwalter die zivilrechtlichen Normen anzuwenden sind.

bb) Sekundäransprüche. Entsprechend den allgemeinen zivilrechtlichen Regelungen kommt ein Anspruch auf Schadensersatz aus positiver Forderungsverletzung bei Schlechtleistung, aus § 286 BGB wegen Verzug bei nicht rechtzeitiger Erfüllung der Pflichten und aus § 280 BGB wegen vom ehem. staatlichen Verwalter zu vertretender Unmöglichkeit bei dauerhafter Nichterbringbarkeit der Leistung sowie ein Anspruch auf Herausgabe des Surrogates bei Unmöglichkeit aus § 281 BGB in Betracht.

Der staatliche Verwalter hat diese Pflichten aufgrund der Verweisung auf das Auftragsrecht zwar grundsätzlich unentgeltlich zu erbringen, aber diese Unentgeltlichkeit wird ebenso wie ein Aufwendungsersatzanspruch entsprechend § 670 BGB von der Regelung des § 11b Abs. 1 Satz 5 durch die Verweisung auf § 16 Abs. 3 VwVfG mit den Ansprüchen des staatlichen Verwalters auf angemessene Vergütung und Ersatz der baren Auslagen grundsätzlich verdrängt.

c) Subsidiäre Verpflichtung der Landkreise und kreisfreien Städte bei Unklarheiten über den staatlichen Verwalter. Bei Unklarheiten über die Person des bisherigen staatlichen Verwalters treffen diese Pflichten den Landkreis oder die kreisfreie Stadt, in dessen oder Bezirk der Vermögenswert belegen ist.[16]

d) Rechtsweg. Die öffentlich-rechtliche Sonderverbindung zwischen dem Berechtigten und dem staatlichen Verwalter besteht ab dem Zeitpunkt der Aufhebung der staatlichen Verwaltung nicht mehr, so daß die Streitigkeiten aus dem Rechtsverhältnis zwischen dem Eigentümer und dem ehem. staatlichen Verwalter nicht dem öffentlichen Recht zuzuordnen sind und der **ordentliche Rechtsweg** gegeben ist.[17]

[14a] Vgl. zur Hausverwalterabrechnung für verwaltete Grundstücke *Fehmel* ZOV 1994, 89 ff.
[15] Vgl. BGH WM 1984, 1164.
[16] Zur örtlichen Zuständigkeit aufgrund der Belegenheit vgl. § 35 Abs. 2.

[17] Zutreffend BGH NJW 1994, 2488/2489; KG VIZ 1994, 83 (nur LS.); ZOV 1993, 267; aA LG Berlin DtZ 1992, 34; ZOV 1994, 186, 187 (bzgl. GoA).

16 **2. Befristetes Erfüllungsverweigerungsrecht des staatlichen Verwalters (Abs. 3 Satz 2). a) Gesetzeszweck.** Nach § 11a Abs. 3 Satz 2 kann der staatliche Verwalter die Erfüllung seiner ihm grundsätzlich nach Satz 1 auferlegten Pflichten als Beauftragter maximal bis zum 30. 12. 1993 verweigern, wenn und soweit ihm die Erfüllung aus organisatorischen Gründen nicht möglich ist. Zweck dieser Normierung ist insbesondere die Erleichterung der Übergabe von Immobilien durch **Wohnungsunternehmen**,[18] weil in Einzelfällen insbesondere bei Wohnungsbaugesellschaften die zur Übergabe der Verwaltung erforderlichen Vorbereitungen aus organisatorischen Gründen nicht möglich sein können.

17 **b) Organisatorische Gründe.** Als organisatorische Gründe kommen nur solche Gründe in Betracht, die auf dem bestehenden arbeitsteiligen System mit den begrenzten personalen und sachlichen Mitteln beruhen, welches in dem Zeitraum bis zur Beendigung der staatlichen Verwaltung nicht die Erfüllung der oben genannten Pflichten zuläßt. Die Organisation als ein System von Regelungen zur Erfüllung bestimmter Aufgaben darf innerhalb der vorgegebenen Zeit nicht die Einhaltung der obigen Pflichten erlauben. Organisation ist die Gesamtheit aller formalen Verhaltensregeln zur arbeitsteiligen Erfüllung von inhaltlich bestimmten Aufgaben, soweit diese nach einem systematischen Konzept vor der Aufgabenerfüllung festgelegt sind, im Konsens von allen zu der Aufgabenerfüllung Beteiligten angewandt werden, unpersönlich sind, dh. losgelöst vom jeweiligen arbeitenden Individuum gelten, und bis auf Widerruf Dauergeltung beanspruchen. Anderweitige Unzulänglichkeiten, wie zB finanzielle Gründe oder Zweckmäßigkeitserwägungen, sind nicht unter die organisatorischen Gründe zu subsumieren. Behebbare Organisationsmängel gehen zu Lasten des staatlichen Verwalters, weil die Vorbereitungen für die Übergabe der Verwaltung bei Behebung dieser Mängel möglich sind.

18 **c) Erfüllungsverweigerungsrecht.** Das Erfüllungsverweigerungsrecht ist nur gegeben, wenn und soweit die ggf. gerichtlich vollständig zu prüfenden Voraussetzungen hierfür tatsächlich vorliegen. Es ergibt sich nicht allein aus der Behauptung des staatlichen Verwalters, aus organisatorischen Gründen zur Erfüllung der betreffenden Pflichten nicht in der Lage zu sein.[19]

19 Soweit die Voraussetzungen tatsächlich nicht vorliegen, tritt keine Fristverlängerung ein. Wegen der verspäteten Erfüllung der Verpflichtung aus § 11a Abs. 3 Satz 1 bestehen ggf. Schadensersatzansprüche gem. § 286 BGB wegen Verzug oder aus positiver Forderungsverletzung wegen Schlechtleistung oder Verletzung einer Nebenpflicht.

20 Die Regelung des § 11a Abs. 3 Satz 2 gibt dem staatlichen Verwalter nur das Recht, die Erfüllung der betreffenden Pflichten befristet zu verweigern (vgl. § 273 BGB). Das Erfüllungsverweigerungsrecht schließt einen Schuldnerverzug des staatlichen Verwalters aus, beseitigt aber nicht die Fälligkeit des Anspruchs und begründet auch kein Recht zum Besitz iSd. § 986 BGB. Selbst bei Vorliegen der Voraussetzungen dieser Regelung ist der staatliche Verwalter nicht weiter als mit der Verwaltung des Vermögenswertes beauftragt anzusehen; dh. der staatliche Verwalter gilt nicht als Beauftragter. Der Eigentümer muß ein Handeln des bisherigen staatlichen Verwalters wie zB den Abschluß von Verträgen oder die Entgegennahme von Zahlungen nicht gegen sich gelten lassen.

IV. Übergang von Nutzungsverhältnissen (Abs. 4)

21 Zweck des § 11a Abs. 4 ist es, den **Übergang der** an einem Grundstück oder Gebäude **bestehenden Nutzungsverhältnisse** auch für den Fall der Aufhebung der staatlichen Verwaltung durch Gesetz **klarzustellen**.[20] In dogmatischer Hinsicht handelt es sich um einen Fall einer gesetzlich angeordneten Vertragsübernahme.[21] Sachlich verweist § 11a Abs. 4 auf die Regelungen der §§ **16 Abs. 2, 17** einschließlich der Folgen bei einem nicht redlichen

---

[18] BT-Drucksache 12/2944, S. 52.
[19] BT-Drucksache 12/2944, S. 52.
[20] BT-Drucksache 12/2944, S. 52.
[21] Vgl. näher § 16 RdNr. 10.

Mieter oder Nutzer. Die Nutzungsverhältnisse gehen ohne Rücksicht auf einen Verstoß gegen die Beschränkungen der §§ 11 Abs. 2 Satz 2, 15 Abs. 2 Satz 1, welche nur schuldrechtliche Unterlassungspflichten im Innenverhältnis zwischen staatlichem Verwalter und Berechtigtem darstellen, auf den Berechtigten über. Die schuldrechtlichen und dinglichen Nutzungsrechte gelten grundsätzlich – unbeschadet einer gesonderten behördlichen Einzelentscheidung – als fortbestehend. Die Wirksamkeit von bestimmten, durch den staatlichen Verwalter abgeschlossenen Überlassungsverträgen ordnet Art. 232 § 1a EGBGB an. Der Übergang eines Nutzungsverhältnisses hat nach § 17 Satz 2 und 3 aber nur Bestand, wenn der Nutzer redlich gewesen ist.[22] Bei der Unredlichkeit eines Mieters oder Nutzers iSd. § 4 Abs. 3 bei Abschluß des Vertrages ist das betreffende Rechtsverhältnis nach § 16 Abs. 3 bzw. § 17 Satz 3 und 2 durch einen Bescheid gem. § 33 Abs. 4 aufzuheben.[23] Daher ist auch bei der Aufhebung der staatlichen Verwaltung durch Gesetz ggf. ein **Bescheid über die Aufhebung eines Nutzungsverhältnisses** erforderlich. Ein entsprechender Antrag ist nur innerhalb der Ausschlußfrist des § 30a Abs. 3 zulässig.

§ 11b Vertreter des Eigentümers

(1) Ist der Eigentümer eines ehemals staatlich verwalteten Vermögenswertes oder sein Aufenthalt nicht festzustellen und besteht ein Bedürfnis, die Vertretung des Eigentümers sicherzustellen, so bestellt der Landkreis oder die kreisfreie Stadt, in dessen oder deren Bezirk sich der Vermögenswert befindet, auf Antrag der Gemeinde oder eines anderen, der ein berechtigtes Interesse daran hat, einen gesetzlichen Vertreter des Eigentümers, der auch eine juristische Person sein kann. Sind von mehreren Eigentümern nicht alle bekannt oder ist der Aufenthalt einzelner nicht bekannt, so wird einer der bekannten Eigentümer zum gesetzlichen Vertreter bestellt. Er ist von den Beschränkungen des § 181 des Bürgerlichen Gesetzbuchs befreit. § 16 Abs. 3 des Verwaltungsverfahrensgesetzes findet Anwendung. Im übrigen gelten die §§ 1785, 1786, 1821 und 1837 sowie die Vorschriften des Bürgerlichen Gesetzbuchs über den Auftrag sinngemäß.

(2) Ist der Gläubiger einer staatlich verwalteten Forderung oder sein Aufenthalt nicht festzustellen, so ist die Staatsbank Berlin gesetzlicher Vertreter. Die Treuhandanstalt ist von dem 1. Januar 1993 an gesetzlicher Vertreter bisher staatlich verwalteter Unternehmen.

(3) Der gesetzliche Vertreter wird auf Antrag des Eigentümers abberufen. Sind mehrere Personen Eigentümer, so erfolgt die Abberufung nur, wenn die Vertretung gesichert ist.

Schrifttum: *Bendref*, Die Vertretung des Eigentümers im Vermögensgesetz als besondere Form der Abwesenheitspflegschaft, ZOV 1992, 250ff.; *Hahn-Giese*, Der gesetzliche Vertreter nach § 11b VermG, ZOV 1993, 149ff.; *Schlothauer-Giese*, Der mißbräuchliche Verkauf von Immobilien durch den staatlichen Verwalter gemäß § 11 Abs. 2 und Versäumnisse des Gesetzgebers – unter Berücksichtigung der §§ 11b VermG und 7 GBBerG –, ZOV 1994, 366ff.; *Tenbieg*, Grundstücksrecht in den neuen Bundesländern und Anwendbarkeit der §§ 69ff. VVG, VersR 1993, 8, 10ff.; *Wimmer*, Die Treuhandanstalt als gesetzlicher Vertreter bisher staatlich verwalteter Unternehmen, ZOV 1993, 226ff.

Übersicht

	RdNr.
I. Allgemeines	
1. Normzweck	1
2. Problematik	2
II. Voraussetzungen der Bestellung eines gesetzlichen Vertreters eines Eigentümers eines bisher staatlich verwalteten Vermögenswertes (Abs. 1 Satz 1)	
1. Ehemals staatlich verwalteter Vermögenswert	3
2. Nichtfeststellbarkeit der Person des Eigentümers oder dessen Aufenthaltes	4–6

---

[22] *Horst* ZOV 1993, 217, 218.
[23] *Kinne* ZOV 1992, 118, 120.

	RdNr.		RdNr.
a) Gründe für die Nichtfeststellbarkeit	4	2. Gesetzliche Vertretungsmacht	25–29
b) Nichtfeststellbarkeit des Eigentümers	5	a) Allgemeines	25
c) Nichtfeststellbarkeit des Aufenthaltes	6	b) Umfang der gesetzlichen Vertretungsmacht	26
3. Bedürfnis für die Sicherstellung der Vertretung des Eigentümers	7	c) Befreiung von der Vertretungsmachtbeschränkung des § 181 BGB beim Insichgeschäft (Abs. 1 Satz 3)	27
4. Antragsrecht der Gemeinde oder eines Dritten mit einem berechtigten Interesse	8–10	d) Beschränkung der Vertretungsmacht durch sinngemäße Anwendung des § 1821 BGB (Abs. 1 Satz 5)	28
a) Antragsrecht der Gemeinde	9	e) Teleologische Reduktion der Vertretungsmacht	29
b) Antragsrecht eines Dritten mit einem berechtigten Interesse	10	3. Aufsicht über den gesetzlichen Vertreter iSd. § 1837 BGB (Abs. 1 Satz 5)	30, 31
III. Zuständigkeit und Entscheidung über die Bestellung eines gesetzlichen Vertreters (Abs. 1 Satz 1 und 2)		4. Anspruch auf Vergütung und Auslagenersatz sowie Aufwendungsersatz entsprechend § 16 Abs. 3 VwVfG (Abs. 1 Satz 4)	32–34
1. Sachliche und örtliche Zuständigkeit des Landkreises oder der kreisfreien Stadt	11	a) Ansprüche	32
2. Entscheidung über die Bestellung	12–18	b) Zuständige Behörde	33
a) Pflicht zur Vertreterbestellung und Auswahlermessen	12	c) Anspruchsumfang	34
b) Auswahlermessensbindungen	13–16	5. Übernahmepflicht und Ablehnungsrecht gem. § 11b Abs. 1 Satz 5 iVm. §§ 1785, 1786 BGB	35
aa) Geeignetheit	13		
bb) Reduzierung des Auswahlermessens	14	**V. Gesetzliche Vertreter des Gläubigers einer staatlich verwalteten Forderung und eines bisher staatlich verwalteten Unternehmens (Abs. 2)**	
cc) Interessenkonflikte	15		
dd) Berücksichtigung der §§ 1785, 1786 BGB	16		
c) Angreifbarkeit einer Bestellung	17	1. Kreditanstalt für Wiederaufbau (bzw. vormals Staatsbank Berlin) und Treuhandanstalt als gesetzliche Vertreter	36
d) Haftung des Landkreises oder der kreisfreien Stadt	18	2. Analoge Anwendung des § 11b Abs. 1 Satz 3 bis 5	37
IV. Pflichten und Rechte des gesetzlichen Vertreters (Abs. 1 Satz 3 bis 5)		**VI. Abberufung des gesetzlichen Vertreters auf Antrag des Eigentümers (Abs. 3)**	
1. Sinngemäße Anwendung der Auftragsvorschriften der §§ 662 ff. BGB (Abs. 1 Satz 5)	19–24	1. Abberufung	38, 39
a) Durchführung der gesetzlichen Vertretung nach Privatrecht	19	2. Beendigung des gesetzlichen Auftragsverhältnisses iSd. § 11b Abs. 1 Satz 5	40
b) Auftragsrechtliche Pflichten und Rechte	20, 21		
c) Haftung bei Pflichtverletzungen des gesetzlichen Vertreters	22–24		

I. Allgemeines

1. Normzweck. Der durch das 2. VermRÄndG eingefügte § 11b VermG räumt die Möglichkeit ein, bei sog. **abwesenden Vermögensträgern** einen Vertreter zu bestellen, um nicht faktisch durch die Abwesenheit der Vermögensträger einen bestehenden Zustand zu perpetuieren und diesen damit zu einem Hindernis in der wirtschaftlichen Entwicklung in den neuen Bundesländern werden zu lassen. Ggf. soll ein solcher Zustand durch die Bestellung eines gesetzlichen Vertreters beendet werden können. Praktisch relevant ist § 11b insbesondere bei bisher staatlich verwalteten Unternehmen und Immobilien. Unabhängig von der Norm des § 11b VermG eröffnet Art. 233 § 2 Abs. 3 EGBGB durch eine parallele Regelung die Möglichkeit zur Bestellung eines gesetzlichen Vertreters eines Grundstückseigentümers.

2. Problematik. Die Problematik der Regelungen des § 11b liegt insbesondere in der **Gemengelage** von Auftrags-, Vertretungs-, Vormundschafts- und Verwaltungsverfahrensrecht. Dies hat eine gesetzestechnisch unglückliche Aufspaltung in verwaltungsgerichtliche und zivilprozessuale Rechtsstreitigkeiten zur Folge. So ist beispielsweise § 16 Abs. 3 VwVfG erkennbar nur auf Behörden zugeschnitten. Eine Problemlösung durch die bestehenden Regelungen über die Abwesenheitspflegschaft[1] und die Pflegschaft für unbekannte Beteiligte entsprechend §§ 1911, 1913, 1915 Abs. 1, 1919, 1921 BGB wäre – wie auch schon bei den Wanderungswellen in der Nachkriegszeit – möglich und zur Vermeidung der Gemengelage unterschiedlicher Rechtsgebiete sachgerechter gewesen, weil zum einen § 1915 Abs. 1 BGB auf das Vormundschaftsrecht verweist und zum anderen einige Vorschriften wie zB die §§ 1807, 1809, 1812, 1822 Nr. 5 BGB hätten ausgeklammert werden können. Andererseits wären in einem solchen Fall die Vormundschaftsgerichte nicht unerheblich belastet worden.

II. Voraussetzungen der Bestellung eines gesetzlichen Vertreters eines Eigentümers eines bisher staatlich verwalteten Vermögenswertes (Abs. 1 Satz 1)

1. Ehemals staatlich verwalteter Vermögenswert. Nach § 11b Abs. 1 Satz 1 ist für die Möglichkeit der Bestellung eines gesetzlichen Vertreters erforderlich, daß die staatliche Verwaltung des betreffenden Vermögenswertes bereits nach § 11 Abs. 1 Satz 1 durch Einzelentscheidung oder nach § 11a Abs. 1 Satz 1 durch Gesetz aufgehoben worden ist und damit die staatliche Verwaltung formal beendet ist (vgl. iü. Art. 233 § 2 Abs. 3 EGBGB). § 11b Abs. 1 bezieht sich nicht nur auf die Fälle der Beendigung der staatlichen Verwaltung kraft Gesetzes gem. § 11a Abs. 1, sondern auch auf die Beendigung durch eine Einzelentscheidung gem. § 11 Abs. 1,[2] beispielsweise wenn ein Mitglied einer Erbengemeinschaft einen Aufhebungsantrag gestellt, aber weitere Mitglieder unbekannt oder unbekannten Aufenthalts sind. Der Wortlaut des § 11b Abs. 1 „eines ehemals staatlich verwalteten Vermögenswertes" spricht gegen eine Beschränkung auf die gesetzliche Beendigung der staatlichen Verwaltung.[3]

2. Nichtfeststellbarkeit der Person des Eigentümers oder dessen Aufenthaltes. a) Gründe für die Nichtfeststellbarkeit. Die Unmöglichkeit der Ermittlung des tatsächlichen Eigentümers staatlich verwalteter Vermögenswerte kann insbesondere darauf beruhen, daß infolge einer Flucht der Eigentümer deren Aufenthalt unbekannt ist oder wegen des Zeitablaufs eine Unkenntnis über die derzeitigen Erben besteht. Es genügt für die Vertreterbestellung, wenn einer von mehreren Miteigentümern unbekannt ist (vgl. § 11b Abs. 1 Satz 2).

b) Nichtfeststellbarkeit des Eigentümers. Der **Eigentümer** eines ehemals staatlich verwalteten Vermögenswertes ist **nicht feststellbar, wenn** eine hinreichend sichere Kenntnis über seine Person auch nach Ausschöpfung der nach dem Amtsermittlungsgrundsatz des § 31 erforderlichen bzw. möglichen und verhältnismäßigen Nachforschungen fehlt.[4] Hierfür genügt auch eine auf Rechtsgründen beruhende Nichtfeststellbarkeit der Person des Eigentümers, zB ein aus Rechtsgründen ungewisser Kenntnisstand über die Person des Eigentümers.

c) Nichtfeststellbarkeit des Aufenthaltes. Der **Aufenthalt** des Eigentümers eines ehemals staatlich verwalteten Vermögenswertes ist **nicht feststellbar, wenn** alle aufgrund der Amtsermittlungspflicht möglichen, erforderlichen und verhältnismäßigen Nachforschungen über den Aufenthalt des Eigentümers ohne Erfolg geblieben sind. Zu den erforderlichen Maßnahmen der Aufenthaltsermittlung gehören regelmäßig mindestens die in Betracht kommenden, im Wege der Amtshilfe möglichen (vgl. § 4 VwVfG) Anfragen bei Einwohnermeldeämtern, Testamentskarteien etc.[5]

---

[1] *Schmidt-Räntsch* VIZ 1992, 169, 170, und *Uechtritz* BB 1992, 1649, 1650, gehen davon aus, daß der gesetzliche Vertreter praktisch die gleichen Rechte und Pflichten wie ein Abwesenheitspfleger hat.
[2] Zutreffend VG Berlin VIZ 1993, 216; *Kröger* F/R/M/S, § 11b RdNr. 2; BMJ VIZ 1993, 151; aA *Hahn-Giese* ZOV 1993, 149.
[3] VG Berlin VIZ 1993, 216.
[4] Vgl. *Bendref* ZOV 1992, 250.
[5] Vgl. *Bendref* ZOV 1992, 250, 251.

VermG § 11 b 7–12   Abschnitt III. Aufhebung der staatlichen Verwaltung

7   **3. Bedürfnis für die Sicherstellung der Vertretung des Eigentümers.** Ein vom Gesetz nicht näher umschriebenes Bedürfnis für die Sicherstellung der Vertretung des Eigentümers eines ehemals staatlich verwalteten Vermögenswertes liegt vor, wenn entweder **zur Wahrung der Interessen des Eigentümer oder** – entsprechend den gesetzgeberischen Intentionen bezüglich der Beseitigung von Investitionshemmnissen – **im öffentliche Interesse** eine **Vertreterbestellung erforderlich** ist. Die Bestellung darf im letzteren Fall den Interessen des Eigentümers zumindest nicht zuwiderlaufen. Ein Bedürfnis für die Bestellung eines gesetzlichen Vertreters fehlt, wenn bereits eine andere, bekannte Person insoweit die betreffenden Angelegenheiten für den Eigentümer besorgen kann.

8   **4. Antragsrecht der Gemeinde oder eines Dritten mit einem berechtigten Interesse.** Die Bestellung eines gesetzlichen Vertreters erfolgt nicht von Amts wegen, sondern auf Antrag der Gemeinde oder eines Dritten, der ein berechtigtes Interesse hat.

9   **a) Antragsrecht der Gemeinde.** Der Gemeinde steht nach der Gesetzesformulierung ohne Rücksicht auf ein berechtigtes Interesse der Gemeinde an der Bestellung eines gesetzlichen Vertreters ein Antragsrecht zu. Diese Norm geht bereits von einem berechtigten Interesse der Gemeinde aus und unterstellt deshalb dieses zugleich, weil die Gemeinde insoweit regelmäßig öffentliche Interessen verfolgt, wie zB die Förderung von Investitionen. Der Nachweis eines berechtigten Interesses der Gemeinde ist für ein Antragsrecht der Gemeinde nicht erforderlich.[6] Die Gemeinde kann von ihrem Antragsrecht auch im Interesse des unbekannten oder abwesenden Eigentümers Gebrauch machen. Nach der ratio legis kommt als antragsberechtigte Gemeinde nur die Gemeinde in Betracht, in deren Bezirk sich der Vermögenswert befindet.

10 **b) Antragsrecht eines Dritten mit einem berechtigten Interesse.** Einem anderen, dh. einer anderen Person als der Gemeinde, steht ein Antragsrecht nur bei Vorliegen eines berechtigten Interesses an der Bestellung eines gesetzlichen Vertreters des Eigentümers zu. Ein **berechtigtes Interesse eines anderen** ist jedes nach vernünftigen Erwägungen anzuerkennende schutzwürdige Interesse rechtlicher oder wirtschaftlicher Art. In diesem Sinne hat ein anderer ein anzuerkennendes berechtigtes Interesse, wenn er zB als Investor unternehmerisch tätig werden,[7] Arbeitsplätze schaffen oder erhalten, ein Grundstück erwerben oder als Nutzungsberechtigter die von ihm genutzte Immobilie modernisieren möchte und diese Maßnahmen bisher an der Unbekanntheit des Eigentümers gescheitert sind.

III. Zuständigkeit und Entscheidung über die Bestellung eines gesetzlichen Vertreters (Abs. 1 Satz 1 und 2)

11 **1. Sachliche und örtliche Zuständigkeit des Landkreises oder der kreisfreien Stadt.** Für die Benennung und den Bestellungsakt des gesetzlichen Vertreters ist nicht das Vormundschaftsgericht, sondern der **Landkreis** bzw. die **kreisfreie Stadt** als öffentliche Verwaltung sachlich zuständig. Örtlich bestimmt sich dessen bzw. deren Zuständigkeit nach der Belegenheit des Vermögenswertes (lex rei sitae).

12 **2. Entscheidung über die Bestellung. a) Pflicht zur Vertreterbestellung und Auswahlermessen.** Bei Vorliegen der Voraussetzungen des § 11 b Abs. 1 Satz 1 hat der Landkreis oder die kreisfreie Stadt durch einen **Verwaltungsakt** über die Bestellung eines gesetzlichen Vertreters zu entscheiden. Hinsichtlich des „Ob" der Entscheidung ist dies eine gebundene Entscheidung, dh. **es besteht kein Entschließungsermessen**. Hinsichtlich der Auswahl der zu bestellenden natürlichen oder juristischen Person besteht insoweit ein sog. **Auswahlermessen** der Behörde (vgl. § 40 VwVfG). Als gesetzlicher Vertreter kann auch eine juristische Person in Betracht kommen (§ 11 b Abs. 1 Satz 1 aE). Dagegen ist eine Einzelentscheidung über eine Vertreterbestellung im Falle von bisher staatlich ver-

---

[6] AA *Bendref* ZOV 1992, 250, 251.   [7] *Strohm* NJW 1992, 2849, 2850; einschränkend *Hahn-Giese* ZOV 1993, 149.

walteten Forderungen oder Unternehmen nicht erforderlich, weil die Staatsbank Berlin bzw. die Treuhandanstalt schon ggf. durch § 11 b Abs. 2 gesetzliche Vertreter sind.

b) Auswahlermessensbindungen. aa) Geeignetheit. Grundsätzlich ist bei der Ausübung des Auswahlermessens insbesondere die Geeignetheit des in Aussicht genommenen Vertreters zu berücksichtigen.

bb) Reduzierung des Auswahlermessens. Im Falle des Vorhandenseins mehrerer Eigentümer eines bisher staatlich verwalteten Vermögenswertes und der Unkenntnis über zumindest einen Eigentümer findet durch § 11 b Abs. 1 Satz 2 gesetzlich in der Weise eine Reduzierung des Auswahlermessens statt, als einer der bekannten Eigentümer zum gesetzlichen Vertreter bestellt werden muß. In einem solchen Fall schrumpft gleichfalls durch die Einigung der bekannten Eigentümer über eine bestimmte, als Vertreter vorgesehene Person grundsätzlich die Ausübung des Auswahlermessens der Behörde.

cc) Interessenkonflikte. Bei drohenden Interessenkonflikten zwischen dem unbekannten Eigentümer und einem möglichen Vertreter, zB einer Kommunalen Wohnungsverwaltung, sind letztere im Rahmen des bestehenden Auswahlermessens als zubestellende Vertreter auszuscheiden.

dd) Berücksichtigung der §§ 1785, 1786 BGB. Im übrigen können bei der Ausübung des Auswahlermessens ggf. nach § 11 b Abs. 1 Satz 5 die einer Übernahmepflicht entgegenstehenden bzw. eine Ablehnung begründenden Umstände iSd. §§ 1785, 1786 BGB zu berücksichtigen sein.

c) Angreifbarkeit einer Bestellung. Bei Fehlen der Voraussetzungen des § 11 Abs. 1 Satz 1 oder bei Vorliegen von Ermessensfehlern in Form von Ermessensüberschreitung, Ermessensnichtgebrauch oder Ermessensfehlgebrauch (§ 114 VwGO) ist die Bestellung des gesetzlichen Vertreters rechtswidrig und angreifbar. In bezug auf die Entscheidung der Behörde über die Bestellung eines Vertreters ist der Verwaltungsrechtsweg gegeben.

d) Haftung des Landkreises oder der kreisfreien Stadt. Bei einem auf eine Pflichtverletzung der Behörde bei der Bestellung des gesetzlichen Vertreters zurückzuführenden Schaden des Eigentümers hat der Eigentümer gegen den Landkreis bzw. die kreisfreie Stadt einen Staatshaftungsanspruch gem. § 1 StHG-DDR bzw. einen Amtshaftungsanspruch gem. § 839 BGB iVm. Art. 34 GG, weil der Landkreis oder die kreisfreie Stadt öffentlich-rechtlich gehandelt hat. Für Pflichtverletzungen des gesetzlichen Vertreters im Rahmen der Durchführung der gesetzlichen Vertretung kommt aufgrund deren privatrechtlichen Charakters eine Haftung nach privatrechtlichen Grundsätzen in Betracht.

IV. Pflichten und Rechte des gesetzlichen Vertreters (Abs. 2 Satz 3 bis 5)

1. Sinngemäße Anwendung der Auftragsvorschriften der §§ 662 ff. BGB (Abs. 1 Satz 5). a) Durchführung der gesetzlichen Vertretung nach Privatrecht. Während die Bestellung und Abberufung des gesetzlichen Vertreters in öffentlich-rechtlicher Form durch Verwaltungsakt (§ 11 b Abs. 1 Satz 1) oder durch Gesetz (§ 11 b Abs. 2) erfolgt, sind die im Rahmen der bestehenden gesetzlichen Vertretung durchgeführten Handlungen privatrechtlicher Natur. Überdies wird der gesetzliche Vertreter regelmäßig eine natürliche oder juristische Person des Privatrechts sein. Überdies ist der gesetzliche Vertreter auch keine „beliehene" Person des Privatrechts, die hoheitliche Verwaltungsaufgaben im eigenen Namen im Auftrag des Staates wahrnehmen und in Formen des öffentlichen Rechts handeln kann, weil dem gesetzlichen Vertreter nicht die Ausübung von Hoheitsrechten überlassen wird und der **gesetzliche Vertreter** nicht öffentlich-rechtliche Aufgaben der Verwaltung, sondern die **Interessen des Eigentümers wahrzunehmen hat**.

b) Auftragsrechtliche Pflichten und Rechte. Für die rechtliche Beurteilung des der gesetzlichen Vertretung zugrundeliegenden Innenrechtsverhältnisses zwischen dem Eigentümer und dem gesetzlichen Vertreter verweist § 11 b Abs. 1 Satz 5 als Rechtsgrund-

verweisung ua. auf die sinngemäße Anwendung der auftragsrechtlichen Vorschriften der §§ 662 ff. BGB, wobei der Vertragsschluß durch die öffentlich-rechtliche Bestellung diktiert wird. Obwohl ein Auftrag prinzipiell nur eine vertragliche Übernahme einer unentgeltlichen Geschäftsbesorgung ist, wird im Ergebnis durch § 11b Abs. 1 Satz 4 iVm. § 16 Abs. 3 VwVfG ein Vergütungsanspruch des gesetzlichen Vertreters normiert. Das **auftragsähnliche**, aufgrund Gesetzes (§ 11b Abs. 1 Satz 1) oder durch Gesetz (§ 11b Abs. 2) begründete **Rechtsverhältnis** besteht **zwischen dem Eigentümer und dem gesetzlichen Vertreter**. Dem gesetzlichen Vertreter obliegt hinsichtlich der betreffenden Vermögenswerte die **Geschäftsbesorgung für den nicht feststellbaren Eigentümer**, nicht aber für den Landkreis oder die kreisfreie Stadt. Der **gesetzliche Vertreter hat** die **Interessen des Eigentümers wahrzunehmen**. Es bestehen grundsätzlich wie einem rechtsgeschäftlich begründeten Auftragsvertrag oder einer Vormundschaft oder Pflegschaft (§§ 1793 Satz 1, 1915 Abs. 1 BGB) keine Pflichten des gesetzlichen Vertreters gegenüber Dritten.[8]

21 Der gesetzliche Vertreter ist gegenüber dem Eigentümer ua. entsprechend § 666 BGB **auskunfts- und rechenschaftspflichtig** sowie insbesondere entsprechend § 667 BGB zur Herausgabe des aus der Geschäftsbesorgung Erlangten verpflichtet, namentlich zur Herausgabe der Erlöse aus Veräußerungen von Vermögenswerten oder Vergütungen für Nutzungsüberlassungen etc. Erzielte Erlöse sind – über § 668 BGB hinausgehend – in analoger Anwendung der §§ 1806, 1807 BGB verzinslich anzulegen und zu verwalten, wenn dies aufgrund der Umstände des konkreten Einzelfalls angezeigt und angemessen ist. Der Aufwendungsersatzanspruch des gesetzlichen Vertreters entsprechend § 670 BGB wird durch § 11b Abs. 1 Satz 4 iVm. § 16 Abs. 3 VwVfG modifiziert bzw. verdrängt. Zu den baren Auslagen (Aufwendungen) gehören alle Ausgaben in Geld (freiwilligen Vermögensopfer), die der gesetzliche Vertreter zur Erreichung des Zwecks seiner Bestellung erbringt. Dieses auftragsähnliche Rechtsverhältnis endet erst gem. § 11b Abs. 3 bei Abberufung auf Antrag des Eigentümers.

22 **c) Haftung bei Pflichtverletzungen des gesetzlichen Vertreters.** Bei Pflichtverletzungen des gesetzlichen Vertreters im Rahmen der Durchführung der gesetzlichen Vertretung richtet sich die **Haftung** des gesetzlichen Vertreters aufgrund des privatrechtlichen Handelns **nach privatrechtlichen Bestimmungen**. Eine Haftung aus § 13 kommt nicht in Betracht, weil die staatliche Verwaltung iSd. §§ 1 Abs. 4, 11 Abs. 1 Satz 1, 11a Abs. 1 Satz 1 aufgehoben ist. Mangels öffentlich-rechtlichem Handeln scheidet eine Staatshaftung aus § 1 StHG-DDR oder eine Amtshaftung aus § 839 BGB iVm. Art. 34 GG aus.

23 Ist der gesetzliche Vertreter eine **natürliche oder juristische Person des Privatrechts**, haftet diese dem Eigentümer bei einer schuldhaften Pflichtverletzung aus positiver Forderungsverletzung des auftragsähnlichen, gesetzlichen Schuldverhältnisses oder ggf. aus einer unerlaubten Handlung nach den §§ 823 ff., ggf. iVm. 31 oder nach 831 BGB.

24 Ist der gesetzliche Vertreter eine **juristische Person des öffentlichen Rechts,** kommt bei einer schuldhaften Pflichtverletzung neben einer Eigenhaftung des Handelnden gem. § 839 BGB bei Beamten oder bei sonstigen Personen gem. § 823 BGB insbesondere eine Haftung der juristischen Person des öffentlichen Rechts aus positiver Forderungsverletzung des auftragsähnlichen, gesetzlichen Schuldverhältnisses oder ggf. aus einer unerlaubten Handlung nach den §§ 823 ff., 89 iVm. 31 BGB oder nach § 831 BGB in Betracht.

25 **2. Gesetzliche Vertretungsmacht. a) Allgemeines.** Das der gesetzlichen Vertretung zugrundeliegende Innenverhältnis zwischen gesetzlichem Vertreter und Eigentümer ist von der einseitigen gesetzlichen Vertretungsmacht des Vertreters im **Außenverhältnis** zu unterscheiden. Eine innerhalb der dem gesetzlichen Vertreter zustehenden Vertretungsmacht im Namen des Eigentümers abgegebene Willenserklärung wirkt gem. § 164 Abs. 1 Satz 1 BGB unmittelbar für und gegen diesen Eigentümer.

---

[8] Vgl. BGH NJW 1987, 2664.

b) Umfang der gesetzlichen Vertretungsmacht. Der gesetzliche Vertreter kann nach dem Wortlaut des § 11 b Abs. 1 den Eigentümer, dessen Person oder Aufenthalt nicht feststellbar ist, im Rahmen der allgemeinen Gesetze **prinzipiell uneingeschränkt** vertreten. Dies gilt grundsätzlich sowohl für den Abschluß schuldrechtlicher als auch dinglicher Rechtsgeschäfte. Der Umfang dieser gesetzlichen Vertretungsmacht wird **gesetzlich** durch die Befreiung von der Begrenzung beim Insichgeschäft nach § 11 b Abs. 1 Satz 3 iVm. § 181 BGB über die allgemeinen Vorschriften hinaus erweitert und durch den Genehmigungsvorbehalt nach § 11 b Abs. 1 Satz 5 VermG iVm. § 1821 BGB **beschränkt**. Fehlt die Erkennbarkeit der Fremdbezogenheit eines Rechtsgeschäftes oder die gesetzliche Vertretungsmacht, zB indem die vorhandene Vertretungsmacht überschritten wird, so gelten die §§ 177 bis 180 BGB.

c) Befreiung von der Vertretungsmachtbeschränkung des § 181 BGB beim Insichgeschäft (Abs. 1 Satz 3). § 11 b Abs. 1 Satz 3 enthält eine gesetzliche Gestattung des Insichgeschäftes, indem er den gesetzlichen Vertreter von der allgemeinen gesetzlichen Beschränkung des § 181 BGB befreit, im Namen des vertretenen Eigentümer mit sich im eigenen Namen oder als Vertreter eines Dritten ein Rechtsgeschäft abzuschließen. Die vorhandene gesetzliche Vertretungsmacht wird auf Insichgeschäfte ausgedehnt. Hierdurch wird ermöglicht, daß ein gesetzlicher Vertreter eines nicht feststellbaren Eigentümers dessen Vermögenswert an sich selbst verkauft und veräußert. Praktisch relevant ist dies beispielsweise bei (nur noch genehmigungsbedürftigen) Grundstücksverkäufen und -veräußerungen an kommunale Wohnungsbaugesellschaften.

d) Beschränkung der Vertretungsmacht durch sinngemäße Anwendung des § 1821 BGB (Abs. 1 Satz 5). Um einen Schutz der Interessen des nicht feststellbaren Eigentümers zu gewährleisten, unterwirft § 11 b Abs. 1 Satz 5 die in § 1821 BGB genannten verfügenden und verpflichtenden Rechtsgeschäfte des gesetzlichen Vertreters über ein Grundstück oder über Rechte an einem Grundstück sowie entsprechend für eingetragene Schiffe und Schiffsbauwerke einem **Genehmigungsvorbehalt**. Die Erteilung der Genehmigung hat sich an dem Interesse des unbekannten Eigentümers zu orientieren. Vor der Genehmigungserteilung ist der Sachverhalt hinreichend aufzuklären und anschließend im Rahmen der Ermessensentscheidung über die Erteilung oder Verweigerung der Genehmigung zu entscheiden.[9] Die Genehmigung ist von dem Landkreis oder der kreisfreien Stadt zu erteilen (vgl. näher RdNr. 30).

e) Teleologische Reduktion der Vertretungsmacht. Nach dem Wortlaut des § 11 b ist die gesetzliche Vertretungsmacht prinzipiell umfassend, so daß das Risiko eines Mißbrauchs der Vertretungsmacht grundsätzlich der vertretene Eigentümer trägt. Entsprechend dem Sinn und Zweck des § 11 b Abs. 1 Satz ist der Umfang der Vertretungsmacht in der Weise teleologisch zu reduzieren, daß die gesetzliche Vertretungsmacht die im Zusammenhang mit dem bisher staatlich verwalteten Vermögenswert stehenden Rechtsgeschäfte, nicht aber sachbereichsfremde Rechtsgeschäfte erfaßt. Überdies kann sich der Eigentümer auf den Einwand einer unzulässigen Rechtsausübung berufen, wenn der Vertragspartner in seinem Vertrauen auf den Bestand der Vertretungsmacht nicht schutzwürdig ist, weil er den Mißbrauch der Vertretungsmacht zum Nachteil des Vertretenen durch das bewußte Zusammenwirken mit dem Vertreter kannte (sog. Kollusion) oder sich dies aufgrund der Umstände aufdrängen mußte.[10]

3. Aufsicht über den gesetzlichen Vertreter iSd. § 1837 BGB (Abs. 1 Satz 5). Die gesamte Tätigkeit des gesetzlichen Vertreters und damit die Durchführung der ihm übertragenen Aufgaben unterliegt nach § 11 b Abs. 1 Satz 5 in sinngemäßer Anwendung des § 1837 BGB der staatlichen Aufsicht. Es besteht insoweit ein **Rechtsverhältnis zwischen gesetzlichem Vertreter und Staat**. Zuständig für die staatliche Aufsicht ist bei wörtlicher Anwendung des § 1837 BGB das „Vormundschaftsgericht". Während ein Teil der Litera-

---

[9] BGH NJW 1986, 2829 ff.   [10] BGHZ 113, 320 = NJW 1991, 1812, 1813.

tur[11] die Zuständigkeit eines Vormundschaftsgerichtes annimmt, geht der Rechtsausschuß des Deutschen Bundestages[12] ohne nähere Begründung von einer behördlichen Überwachungszuständigkeit ua. des Landkreises aus. Zutreffend kann die durch § 11b Abs. 1 Satz 5 angeordnete, sinngemäße Anwendung des § 1837 BGB nur bedeuten, daß sich die Überwachungszuständigkeit systematisch in die der verweisenden Norm zugrundeliegenden Zuständigkeitsregelungen einfügen muß. Wenn nach § 11b Abs. 1 Satz 1 abweichend vom Vormundschaftsrecht nicht das Vormundschaftsgericht,[13] sondern der **Landkreis oder** die **kreisfreie Stadt für** die **Bestellung** des gesetzlichen Vertreters **zuständig** ist, wirkt sich diese vom Vormundschaftsrecht abweichende Zuständigkeitsregelung auch auf eine sinngemäße Anwendung des § 1837 BGB aus, so daß der **Landkreis oder** die **kreisfreie Stadt für** die **Überwachung** des gesetzlichen Vertreters **zuständig** ist.

31 Die Überwachungsbehörde überwacht und unterstützt die gesamte Tätigkeit des gesetzlichen Vertreters. Der **gesetzliche Vertreter** hat seine Aufgaben **selbständig** zu führen. Die Aufsichtsbehörde hat keine Befugnis, hinsichtlich der dem gesetzlichen Vertreter obliegenden Entscheidungen bindende Anweisungen zugeben. Gegen den staatlichen Vertreter darf erst bei Pflichtwidrigkeiten durch Anordnungen und ggf. mit Festsetzung von Zwangsgeld eingeschritten werden.

32 **4. Anspruch auf Vergütung und Auslagenersatz sowie Aufwendungsersatz entsprechend § 16 Abs. 3 VwVfG (Abs. 1 Satz 4). a) Ansprüche.** Der gesetzliche Vertreter des Eigentümers hat – abweichend von den §§ 1835, 670 BGB – gem. § 11b Abs. 1 Satz 4 entsprechend § 16 Abs. 3 VwVfG einen unmittelbaren Anspruch auf Festsetzung einer angemessenen Vergütung und auf Erstattung der entstandenen baren Auslagen „gegen den Rechtsträger der Behörde, die um seine Bestellung" (bei der zuständigen Stelle) „ersucht hat". Dh. im Falle des § 11b Abs. 1 Satz 1 Alt. 1 hat der gesetzliche Vertreter einen Anspruch gegen die antragstellende **Gemeinde.** Diese kann wiederum einen Aufwendungsersatzanspruch gegen den Eigentümer des bisher staatlich verwalteten Vermögenswertes geltend machen, wobei diese die Vergütung und die Feststellung der Auslagen und Aufwendungen von Amts wegen durch Verwaltungsakt bestimmt. Soweit nicht die Gemeinde, sondern ein **Dritter** (§ 11 Abs. 1 Satz 1 Alt. 2) einen Antrag auf Bestellung eines gesetzlichen Vertreters stellt, ist die Anwendung des § 16 Abs. 3 VwVfG iVm. § 11b Abs. 1 Satz 4 problematisch. Diese Regelung ist prinzipiell auf Behörden zugeschnitten; gleichwohl ist eine vorgeschlagene Änderung dieser Kostentragungsregelung im Rahmen des RegVBG nicht umgesetzt worden.[14] Unter Zugrundelegung einer systematischen Betrachtung des Mehrpersonenverhältnisses und einer entsprechenden Anwendung des § 16 Abs. 3 VwVfG besteht ein Vergütungs- und Auslagenersatzanspruch des gesetzlichen Vertreters gegen den um die Bestellung „ersuchenden" Dritten; denn dieser verursacht als Antragsteller auch diesen Aufwand bzw. diese Kosten.[15]

33 **b) Zuständige Behörde.** Aus der partiellen Rechtsgrundverweisung des § 11b Abs. 1 Satz 4 VermG auf § 16 Abs. 3 Satz 3 VwVfG ergibt sich nicht ausdrücklich die die Vergütung und Aufwendungen feststellende Behörde, weil eine Bestellung des gesetzlichen Vertreters nach § 11b Abs. 1 Satz 1 durch eine Verwaltungsentscheidung des Landkreises oder der kreisfreien Stadt auf Antrag der Gemeinde oder eines anderen mit berechtigtem Interesse zu erfolgen hat. Da sowohl die Gemeinde als auch eine Privatperson gleichermaßen antragsbefugt iSd. § 11b Abs. 1 Satz 1 sein können und die ersuchende und festsetzende Behörde nach § 16 Abs. 3 VwVfG identisch ist, kann bei der erforderlichen sinngemäßen Anwendung nur die Gemeinde, nicht aber ein Dritter als Privatperson die Vergütung

---

[11] *Bendref* ZOV 1992, 250, 252; *Wimmer* ZOV 1993, 226, 227 (bzgl. Unternehmen); dagegen zu Recht *Hahn-Giese* ZOV 1993, 149, 150; *Kröger* F/R/M/S, § 11b RdNr. 14.
[12] BT-Drucksache 12/2944, S. 43.
[13] Im Ergebnis ebenso *Hahn-Giese* ZOV 1993, 149, 150 in bezug auf § 1821 BGB.
[14] Vgl. BT-Drucksache 12/5553, S. 202.
[15] Ebenso *Kröger* F/R/M/S, § 11b RdNr. 18; aA *Tenbieg* VersR 1993, 8, 11, der in einem solchen Fall die Gemeinde oder die kreisfreie Stadt in doppelter Analogie zu § 16 VwVfG primär zur Zahlung einer Vergütung und Kostenerstattung verpflichtet sehen will.

und Aufwendungen selbst feststellen.[16] Letzterer muß im Zweifel seine Ansprüche gerichtlich durchsetzen.

c) Anspruchsumfang. Die Angemessenheit der Vergütung hat sich an dem Umfang 34 und der Schwierigkeiten der Leistungen des gesetzlichen Vertreters, nicht aber an dem Wert des Vermögenswertes zu orientieren; hierbei kann ggf. auf die anwaltlichen oder gerichtlichen Vergütungssätze oder Verwaltungskostenpauschale nach der II. BV[16a] zurückgegriffen werden.

5. Übernahmepflicht und Ablehnungsrecht gem. § 11b Abs. 1 Satz 5 iVm. §§ 1785, 35 **1786 BGB.** Die Übernahmepflicht der gesetzlichen Vertretung entsteht nur für Deutsche iSd. Art 116 GG aufgrund der Auswahl durch den Landkreis bzw. die kreisfreie Stadt. Das Ablehnungsrecht iSd. § 1786 BGB muß vor der Bestellung geltend gemacht werden, weil es mit Bestellung nach § 1786 Abs. 2 BGB erlischt. Mangels entsprechender Verweisung des § 11b Abs. 1 Satz 5 auf die §§ 1787, 1788 BGB kann bei einer unberechtigten Ablehnung weder Ersatz des Verzögerungsschadens verlangt noch ein Zwangsgeld zur Übernahme der gesetzlichen Vertretung festgesetzt werden.

V. Gesetzliche Vertreter des Gläubigers einer staatlich verwalteten Forderung und eines bisher staatlich verwalteten Unternehmens (Abs. 2)

1. Kreditanstalt für Wiederaufbau (bzw. vormals Staatsbank Berlin) und Treuhand- 36 **anstalt/BVS als gesetzliche Vertreter.** Nach § 11b Abs. 2 Satz 1 ist die (ehem.) Staatsbank Berlin[17] und seit dem 30. 9. 1994 deren Gesamtrechtsnachfolgerin, die **Kreditanstalt für Wiederaufbau**,[18] im Falle der Nichtfeststellbarkeit der Person oder des Aufenthaltes eines Gläubigers staatlich verwalteter Forderungen (Konten)[19] und ab dem 1. 1. 1993 ohne die genannten besonderen Voraussetzungen der Nichtfeststellbarkeit die **Treuhandanstalt/BVS**[20] bei bisher staatlich verwalteten Unternehmen kraft Gesetzes ohne besonderen Bestellungsakt iSd. § 11b Abs. 1 Satz 1 gesetzliche Vertreterin des Gläubigers bzw. Eigentümers.[21] Dies gewährleistet insbesondere eine sofortige Unternehmensfortführung unter gesetzlicher Vertretung durch die Treuhandanstalt.[22] Der Begriff des Unternehmens als Sachgesamtheit deckt sich mit dem in § 6 Abs. 1 VermG bzw. § 1 URüV.[23]

2. Analoge Anwendung des § 11b Abs. 1 Satz 3 bis 5. Die Bestimmung der Pflichten 37 und Rechte des gesetzlichen Vertreters durch § 11b Abs. 1 Satz 3 bis 5 bezieht sich aufgrund der systematischen Stellung in Abs. 1 nur auf die Bestellung eines gesetzlichen Vertreters durch Einzelentscheidung. Aufgrund der insoweit vergleichbaren Interessenlage sind die Rechte und Pflichten der Kreditanstalt für Wiederaufbau (vormals: Staatsbank Berlin) und der Treuhandanstalt/BVS als gesetzliche Vertreter iSd. § 11b Abs. 2 prinzipiell analog § 11b Abs. 1 Satz 3 bis 5 zu bestimmen, wobei dies nicht für die Verweisung auf die Vorschriften des Vormundschaftsrechts gilt, weil der Inhalt dieser Regelungen nicht auf die Kreditanstalt für Wiederaufbau (vormals: Staatsbank Berlin) bzw. die Treu-

---

[16] Vgl. *Bendref* ZOV 1992, 250, 252.
[16a] So: *Kinne-Scholz* ZOV 1994, 96, 102.
[17] Vgl. Gesetz über die Staatsbank Berlin vom 29. 6. 1990 (GBl. DDR I S. 504), das mit den in Anl. II Kap. IV Abschn. II Nr. 1 des Einigungsvertrags genannten Maßgaben fortgalt.
[18] Nach der „Verordnung zur Übertragung des Vermögens der Staatsbank Berlin auf die Kreditanstalt für Wiederaufbau" vom 13. 9. 1994 (BGBl. I S. 2554) ist das Vermögen der Staatsbank Berlin einschließlich der Verbindlichkeiten als Ganzes ohne Abwicklung im Wege der Gesamtrechtsnachfolge auf die Kreditanstalt für Wiederaufbau in Ausfüllung von Art. 23 Abs. 7 Einigungsvertrag (BGBl. 1990 II S 885, 896) iVm. § 13 des Gesetzes über die Staatsbank Berlin übergegangen; die Aufgaben und Geschäfte der (erloschenen) Staatsbank Berlin übernimmt nach dieser Verordnung die Kreditanstalt für Wiederaufbau.
[19] Vgl. Erlaß zur Verwaltung von Forderungen des ehem. Staatshaushaltes durch die Staatsbank Berlin, ZOV 1992, 132 ff.
[20] Vgl. Gesetz zur Privatisierung und Reorganisation des volkseigenen Vermögens (Treuhandgesetz) vom 17. 6. 1990 (GBl. DDR I S. 300; geänd. BGBl. 1991 I S. 766, BGBl. 1994 I S. 2062).
[21] Vgl. näher: *Wimmer* ZOV 1993, 226 ff.
[22] BT-Drucksache 12/2944, S. 53.
[23] Vgl. näher § 6 RdNr. 5 ff.

handanstalt/BVS übertragbar ist.[24] Mit dem Ende der staatlichen Verwaltung durch Gesetz gem. § 11a Abs. 1 Satz 1 muß die Kreditanstalt für Wiederaufbau (vormals: Staatsbank Berlin) bei der Auszahlung von bisher staatlich verwalteten Forderungen die Berechtigung des Zahlungsempfängers selbst nachprüfen.

VI. Abberufung des gesetzlichen Vertreters auf Antrag des Eigentümers (Abs. 3)

38   1. **Abberufung.** Nach § 11b Abs. 3 Satz 1 ist auf **Antrag des Eigentümers** der gesetzliche Vertreter abzuberufen. Es besteht ein **öffentlich-rechtlicher Anspruch** des Rechtsinhabers gegen die Behörde auf Abberufung des gesetzlichen Vertreters, wenn die Voraussetzungen hierfür nicht mehr vorliegen. Die Abberufung erfolgt durch einen privatrechtsgestaltenden **Verwaltungsakt**, indem in den Fällen des § 11a Abs. 1 Satz 1 der Verwaltungsakt über die Bestellung des gesetzlichen Vertreters mit Wirkung für die Zukunft aufgehoben bzw. in den Fällen des § 11a Abs. 2 das Fehlen der Voraussetzungen der gesetzlichen Vertretung für die Zukunft festgestellt wird. Zuständig für die Abberufung ist der Landkreis oder die kreisfreie Stadt, die den gesetzlichen Vertreter bestellt hat. Bei bisher staatlich verwalteten Forderungen oder Unternehmen endet die gesetzliche Vertretung automatisch mit dem Fortfall der gesetzlichen Voraussetzungen für die gesetzliche Vertretung.

39   Der Abberufungsanspruch wird bei mehreren Eigentümern durch § 11b Abs. 3 Satz 2 nur dadurch eingeschränkt, daß bei einer Abberufung des gesetzlichen Vertreters die Vertretung **aller** Eigentümer gewährleistet sein muß. Ggf. ist ein Nichteigentümer abzuberufen und durch einen (Mit-)Eigentümer als gesetzlichen Vertreter zu ersetzen. Ergänzend ist die Abberufung des gesetzlichen Vertreters gem. § 11b Abs. 1 Satz 5 VermG iVm. §§ 1837 Abs. 4, 1667 Abs. 5 BGB entsprechend möglich.

40   2. **Beendigung des gesetzlichen Auftragsverhältnisses iSd. § 11b Abs. 1 Satz 5.** Die Stellung als gesetzlicher Vertreter ist mit einem gesetzlichen Auftragsverhältnis iSd. § 11b Abs. 1 Satz 5 iVm. §§ 662ff. BGB verknüpft, so daß mit der auf Antrag des Eigentümers erfolgenden Abberufung des gesetzlichen Vertreters zugleich das (gesetzliche) Auftragsverhältnis beendet wird.

§ 11c Genehmigungsvorbehalt

Über Vermögenswerte, die Gegenstand der in § 1 Abs. 8 Buchstabe b bezeichneten Vereinbarungen sind, darf nur mit Zustimmung des Bundesamtes zur Regelung offener Vermögensfragen verfügt werden. Für Grundstücke, Gebäude und Grundpfandrechte gilt dies nur, wenn im Grundbuch ein Zustimmungsvorbehalt unter Angabe dieser Vorschrift eingetragen ist. Das Grundbuchamt trägt den Zustimmungsvorbehalt nur auf Ersuchen des Bundesamtes zur Regelung offener Vermögensfragen ein. Gegen das Ersuchen können eingetragene Eigentümer oder seine Erben Widerspruch erheben, der nur darauf gestützt werden kann, daß die Voraussetzungen des Satzes 1 nicht vorliegen. In Fällen, in denen nach Artikel 3 Abs. 9 Satz 2 des Abkommens vom 13. Mai 1992 zwischen der Regierung der Bundesrepublik Deutschland und der Regierung der Vereinigten Staaten von Amerika über die Regelung bestimmter Vermögensansprüche in Verbindung mit Artikel 1 des Gesetzes zu diesem Abkommen vom 21. Dezember 1992 (BGBl. II S. 1222) der Rechtstitel auf den Bund übergeht und gleichzeitig die staatliche Verwaltung endet, gelten die vorstehenden Vorschriften entsprechend mit der Maßgabe, daß an die Stelle des Bundesamtes zur Regelung offener Vermögensfragen die für die Verwaltung des betreffenden Vermögensgegenstands zuständige Bundesbehörde tritt.

---

[24] Vgl. *Wimmer* ZOV 1993, 226, 228.

I. Zustimmungsvorbehalt für Verfügungen über die nach § 1 Abs. 8 lit. b vom sachlichen Anwendungsbereich des VermG ausgeschlossenen Vermögenswerte (Satz 1)

1. Anwendungsbereich und Zweck. Die materiell-rechtlichen Regelungen des VermG berühren gem. § 1 Abs. 8 lit. b zwar prinzipiell nicht die durch **zwischenstaatliche Vereinbarungen der ehem. DDR mit Finnland, Schweden, Dänemark und Österreich**[1] geregelten vermögensrechtlichen Ansprüche, aber zur **Verhinderung eines (gutgläubigen) Erwerbs Dritter** von den (noch) im Grundbuch eingetragenen Personen werden gem. § 11c Satz 1 die (dinglichen) Verfügungen über die von diesen Vereinbarungen erfaßten Vermögenswerte der Zustimmung des Bundesamtes für offene Vermögensfragen (§ 29) unterworfen. Im Ergebnis soll eine doppelte Anspruchsregelung vermieden werden.[2]

Nach den diesen zwischenstaatlichen Entschädigungsvereinbarungen zugrundeliegenden Intentionen sollten die von diesen Vereinbarungen betroffenen Vermögenswerte an sich der DDR zugefallen sein.[3] Diese völkerrechtlichen Vereinbarungen sind nicht in innerstaatliches Recht der DDR transformiert worden. Die Abwicklung dieser Entschädigungsvereinbarungen erfolgt auf der Grundlage der durch das RegVBG eingefügten Norm des **§ 1b VZOG** (§ 1 RdNr. 304). Durch diese zwischen-„staatlichen" Vereinbarungen ist oder konnte nicht auf die Individualrechte aufgrund der Vermögensentziehung verzichtet werden,[4] so daß Ansprüche auf Naturalrestitution oder Entschädigung wegen der entzogenen Vermögenswerte prinzipiell geltend gemacht werden könnten, wenn es nicht die Regelung des § 1 Abs. 8 lit. b gäbe.

2. Zustimmungsvorbehalt. Von dem Zustimmungserfordernis werden ausdrücklich nur die (dinglichen) **Verfügungsgeschäfte** über bewegliche und unbewegliche Sachen sowie Forderungen, nicht aber die schuldrechtlichen Verpflichtungsgeschäfte erfaßt. Systematisch handelt es sich um eine nach öffentlichem Recht geregelte, kraft Gesetzes erforderliche Zustimmung einer Behörde zu einem privaten Rechtsgeschäft **(privatrechtsgestaltender Verwaltungsakt)**. Die Voraussetzungen und Wirkungen der Zustimmung bestimmen sich nach öffentlichem Recht. Das Fehlen einer näheren Normierung der Voraussetzungen für eine Erteilung der Zustimmung im VermG spricht dafür, daß die Erteilung der Zustimmung in das Ermessen des Bundesamtes zur Regelung offener Vermögensfragen gestellt ist.

Die Zustimmung kann entsprechend § 183 Abs. 1 BGB vorher (Einwilligung) oder entsprechend 184 Abs. 1 BGB nachträglich (Genehmigung) erteilt werden. Eine ohne Einwilligung getroffene Verfügung ist zunächst schwebend unwirksam. Das Verfügungsgeschäft wird bei einer Genehmigung rückwirkend (ex tunc) wirksam. Die unanfechtbare Versagung der Genehmigung macht das Geschäft endgültig unwirksam.

II. Grundbucheintragung des Zustimmungsvorbehaltes (Satz 2 bis 4)

Nach § 11c Satz 2 ist eine Zustimmung des Bundesamtes zur Regelung offener Vermögensfragen bei Grundstücken, Gebäuden (vgl. §§ 295 Abs. 2, 292 Abs. 3, 288 Abs. 4 ZGB) und Grundpfandrechten (Hypotheken, Grundschulden und Rentenschulden) nicht erforderlich, wenn der Zustimmungsvorbehalt nicht unter Angabe des § 11c im Grundbuch eingetragen ist. Im Falle des Fehlens einer entsprechenden Eintragung im Grundbuch kommt es für den Eigentumserwerb nicht auf einen guten Glauben des Erwerbers iSd. § 892 BGB an. Bei beweglichen Sachen ist beim Fehlen der erforderlichen Zustimmung des Bundesamtes ein gutgläubiger Eigentumserwerb gem. §§ 929ff., 932ff., 935 BGB möglich.

---

[1] Fundstellennachweise siehe bei § 1 Abs. 8 lit. b (§ 1 RdNr. 304).
[2] *Mitschke-Werling* ZOV 1993, 12, 22/23.
[3] Vgl. *Kröger* F/R/M/S, § 11c RdNr. 2 und § 11a RdNr. 15; *Schmidt-Räntsch* VIZ 1992, 169, 171.
[4] Österr. VerfGH ZOV 1993, 48ff. = JBl. 1992, 772ff.; aA: *Wasmuth*, Rechtshandbuch, B 100 § 1 RdNr. 397; vgl. näher § 1 RdNr. 307.

VermG § 12 1–3 Abschnitt III. Aufhebung der staatlichen Verwaltung

6 Zur Erleichterung der Grundbucheintragung des Vorbehaltes bezüglich der nach § 11 c Satz 1 erforderlichen Zustimmung gestattet **§ 11 c Satz 3** gesetzlich dem Bundesamt für offene Vermögensfragen (§ 29) ein **Ersuchen iSd. § 38 GBO**, welches in der von § 29 Abs. 3 GBO vorgesehenen Form durch das Bundesamt für offene Vermögensfragen an das Grundbuchamt gestellt werden kann.

7 **§ 11 c Satz 4** beschränkt die Verteidigungsmöglichkeiten gegen ein Grundbucheintragungsersuchen. Ein **Widerspruch** der eingetragenen Eigentümer oder Erben gegen das Grundbucheintragungsersuchen und entsprechend eine anschließende Klage vor dem Verwaltungsgericht ist nur zulässig, soweit das Fehlen der Voraussetzungen des § 11 c Satz 1 gerügt wird. Hierunter fallen insbesondere die Behauptungen, daß die betreffenden Vermögenswerte nicht von den zwischenstaatlichen Vereinbarungen der ehem. DDR mit Dänemark, Finnland, Österreich oder Schweden erfaßt worden sind. Über den Widerspruch entscheidet gem. § 73 Abs. 1 Nr. 2 VwGO das Bundesamt zur Regelung offener Vermögensfragen.[5]

III. Zustimmungsvorbehalt für Verfügungen über die dem deutsch-amerikanischen vermögensrechtlichen Abkommen unterfallenden Vermögenswerte (Satz 5)

8 Der durch das RegVBG eingefügte **§ 11 c Satz 5 bezweckt** die Ausweitung des nach § 11 c bestehenden Zustimmungsvorbehaltes und dessen Regelungen auch auf Verfügungen über Immobilien, die vom deutsch-amerikanischen Abkommen über die Regelung bestimmter Vermögensansprüche (BGBl. 1992 II S. 1222) erfaßt werden und hiernach dem Bund zufallen.[6] Für die Erteilung einer Zustimmung ist insoweit abweichend von § 11 c Satz 1 nicht das Bundesamt zur Regelung offener Vermögensfragen (BaRoV), sondern die für den betreffenden Vermögenswert zuständige Bundesbehörde berufen.

§ 12 Staatlich verwaltete Unternehmen und Unternehmensbeteiligungen

Die Modalitäten der Rückführung staatlich verwalteter Unternehmen und Unternehmensbeteiligungen richten sich nach § 6. Anstelle des Zeitpunktes der Enteignung gilt der Zeitpunkt der Inverwaltungnahme.

I. Umfang der Verweisung (Satz 1)

1 **1. Verweisung nur hinsichtlich der Modalitäten der Rückführung.** Soweit gem. §§ 1 Abs. 4, 11 Abs. 1 Satz 1, 11a Abs. 1 Satz 1 ein Anspruch auf Aufhebung der staatlichen Verwaltung dem Grunde nach gegeben ist, trifft § 12 als **lex specialis** für die Aufhebung der staatlichen Verwaltung eine **Regelung zu den „Modalitäten der Rückführung"** bei staatlich verwalteten Unternehmen und Unternehmensbeteiligungen. § 12 ist insoweit keine eigenständige Anspruchsgrundlage. Der **Anspruch** auf Aufhebung der staatlichen Verwaltung als solcher ergibt sich nicht aus § 12 iVm. § 6, sondern auch bei Unternehmen **aus § 1 Abs. 4 iVm. §§ 11 Abs. 1, 11a Abs. 1 Satz 1**, weil § 12 Satz 1 nur hinsichtlich der Rückführungsmodalitäten auf § 6 verweist.

2 Enteignete und staatlich verwaltete Unternehmen werden insoweit prinzipiell gleichbehandelt. Die **Rückführung** der staatlich verwalteten Unternehmen und Unternehmensbeteiligungen hat aufgrund der Verweisung des § 12 Satz 1 auf § 6 grundsätzlich entsprechend der Rückübertragung von enteigneten Unternehmen stattzufinden.

3 Zu den **Rückführungsmodalitäten** gehören insbesondere der **Wertausgleich** von festzustellenden wesentlichen Verschlechterungen oder wesentlichen Verbesserungen der Vermögens- und Ertragslage nach § 6 Abs. 1 Satz 2 und Abs. 2 bis 4. Bezüglich der

---

[5] *Kröger* F/R/M/S, § 11c RdNr. 5.   [6] BT-Drucksache 12/6228, S. 103.

Einzelheiten der Berechnung des Wertausgleichs bei Unternehmen[1] wird auf § 6 und dessen Kommentierung verwiesen.

Soweit es sich bei den einzelnen Regelungen des § 6 um zusätzliche Anspruchsvoraus- 4 setzungen für eine Rückübertragung und **nicht** lediglich um **Rückführungsmodalitäten** handelt, sind die betreffenden Regelungen auf staatlich verwaltete Unternehmen nicht anwendbar, weil die Anspruchvoraussetzungen für den Aufhebungsanspruch abschließend durch §§ 1 Abs. 4, 11 Abs. 1, 11a Abs. 1 Satz 1 bestimmt werden. Insbesondere kann die Aufhebung der staatlichen Verwaltung nicht von einem Quorum iSd. § 6 Abs. 1a Satz 2 und 3 oder einer Vergleichbarkeit iSd. § 6 Abs. 1 Satz 1 und 3 abhängig sein,[2] weil der **Berechtigte bei einem staatlich verwalteten Unternehmen noch Eigentümer** ist und die staatliche Verwaltung überdies auch ohne Antrag und ohne Rücksicht auf die Erreichung eines Quorums oder auf das Bestehen einer Vergleichbarkeit durch Gesetz gem. § 11a Abs. 1 Satz 1 endet. Ebensowenig ist § 6 Abs. 5a anwendbar, weil lediglich die staatliche Verwaltung aufzuheben ist und es keiner Übertragung von Eigentums- bzw. sonstigen Rechten bedarf.[3]

2. Wahlrecht auf Entschädigung. Das **Wahlrecht auf Entschädigung** beruht als solches 5 auch bei Unternehmen und Unternehmensbeteiligungen auf § 11 Abs. 1 Satz 2, so daß für den Entschädigungsanspruch ein Verzicht auf das Eigentum am Unternehmen oder die Beteiligungsrechte erforderlich ist.[4] Die Entschädigung richtet sich jedoch nach § 6 Abs. 7 Satz 1 iVm. § 12 Satz 1, weil der Verweis auf § 9 durch diese speziellere Regelung verdrängt wird. Zur Ausübung des Wahlrechtes auf Entschädigung bei einer gemeinschaftlichen Berechtigung vgl. die Kommentierung zu § 11 Abs. 1 Satz 2.[5]

3. Keine Verweisung auf investive Vorfahrtsregelungen. Die **investiven Vorfahrts-** 6 **regelungen** des **InVorG** und des § 9 VZOG (idF des RegVBG) gelten **nicht** für Unternehmen und Unternehmensbeteiligungen, die unter staatlicher Verwaltung gestanden haben, weil § 12 Satz 1 ausdrücklich nur auf § 6 verweist, § 1 Satz 1 InVorG nur von Rück- „übertragungs-"ansprüchen spricht und § 15 Abs. 2 keine entsprechende Verweisung enthält.

II. Begriff der Inverwaltungnahme (Satz 2)

Hinsichtlich der Rückführungsmodalitäten wird bei staatlich verwalteten Unternehmen 7 und Unternehmensbeteiligungen nach § 12 Satz 2 der Zeitpunkt der Enteignung durch den der Inverwaltungnahme ersetzt. Als **Inverwaltungnahme** ist die Übernahme der Unternehmensführung in rechtlicher oder faktischer Hinsicht anzusehen. Die Bedeutung der Inverwaltungnahme liegt insbesondere darin, daß von dem Zeitpunkt der Inverwaltungnahme die Bestimmungen der Wertveränderungen von Unternehmen gem. § 6 Abs. 2 bis 4 und des Wertes eines Unternehmens gem. § 6 Abs. 7 abhängen.

§ 13 Haftung des staatlichen Verwalters

(1) Ist dem Berechtigten des staatlich verwalteten Vermögenswerts durch eine gröbliche Verletzung der Pflichten, die sich aus einer ordnungsgemäßen Wirtschaftsführung ergeben, durch den staatlichen Verwalter oder infolge Verletzung anderer dem staatlichen Verwalter obliegenden Pflichten während der Zeit der staatlichen Verwaltung rechtswidrig ein materieller Nachteil entstanden, ist ihm dieser Schaden zu ersetzen.

---

[1] Zum Ausgleich für eine verschlechterte Ertragslage nach § 6 VermG vgl. *Selchert* DB 1993, 389 ff.
[2] AA *Fieberg-Reichenbach* F/R/M/S, § 12 RdNr. 2; *Wimmer* ZOV 1993, 226, 228; vgl. ferner: BVerwG NJW 1994, 468, 469, welches die Rückgabe und Rückführung nach den §§ 6, 12 gleich behandelt.
[3] *Czerwenka*, Rückgabe enteigneter Unternehmen in den neuen Bundesländern, 1991, S. 20.
[4] *Fieberg-Reichenbach* F/R/M/S, § 12 RdNr. 3.
[5] § 11 RdNr. 11 ff.

VermG § 13 1, 2   Abschnitt III. Aufhebung der staatlichen Verwaltung

(2) Der Schadensersatz ist auf der Grundlage der gesetzlichen Regelungen der Staatshaftung festzustellen und aus dem Entschädigungsfonds zu zahlen.

(3) Dem Entschädigungsfonds steht gegenüber dem staatlichen Verwalter oder der ihm übergeordneten Kommunalverwaltung ein Ausgleichsanspruch zu.

Schrifttum: *Groth-Siederer,* Rückgabe von Grundstücken nach dem Vermögensgesetz, die durch Abfallablagerungen belastet sind, ZOV 1992, 8ff.; *Kiethe,* Die Haftung für Pflichtverletzungen des staatlichen Verwalters, VIZ 1993, 521ff.; *Ossenbühl,* Staatshaftungsrecht, 4. Aufl., 1991, §§ 63–65; *Rädler,* Wer haftet für Altansprüche aus dem DDR-Staatshaftungsgesetz, DtZ 1993, 296ff.; *Smid,* Schadensersatzansprüche des wiedereingesetzten Eigentümers gegen LPG wegen Verschlechterung seines Eigentums, VIZ 1992, 457ff.

Übersicht

	RdNr.		RdNr.
I. Normzweck	1	6. Fortbestehen bereits entstandener Schadensersatzansprüche	12, 13
II. Haftungsvoraussetzungen des § 13 Abs. 1		III. Ausgestaltung des Schadensersatzanspruches als Staatshaftungsanspruch (Abs. 2)	
1. Gröbliche Verletzung der aus einer ordnungsgemäßen Wirtschaftsführung resultierenden Pflichten	2–4	1. Verweisung des § 13 Abs. 2 auf die Staatshaftungsnormen	14–17
a) Pflicht zur ordnungsgemäßen Wirtschaftsführung	2, 3	a) Rechtsgrundverweisung	14
b) Begriff der gröblichen Pflichtverletzung	4	b) Landesrechtliche unmittelbare Staatshaftungsansprüche nach dem StHG-DDR	15
2. Verletzung anderer dem staatlichen Verwalter obliegender Pflichten	5–8	c) Voraussetzungen des StHG-DDR	16
a) Andere dem staatlichen Verwalter obliegende Pflichten	5–7	d) Zahlungsverpflichtung des Entschädigungsfonds	17
b) Keine Beschränkung auf eine gröbliche Verletzung der anderen Pflichten	8	2. Feststellungsverfahren bezüglich des Staatshaftungsanspruchs	18
3. Staatlicher Verwalter	9	3. Staats- und Amtshaftungsansprüche	19
4. Während der Zeit der staatlichen Verwaltung	10	4. Rechtsweg	20
5. Rechtswidrigkeit und kausale Entstehung eines materiellen Nachteils	11	5. Sachliche Zuständigkeit	21
		IV. Ausgleichsanspruch des Entschädigungsfonds (Abs. 3)	22

I. Normzweck

1 Der **Normzweck** des § 13 besteht in einer **Ergänzung des Anspruches auf Aufhebung der staatlichen Verwaltung** durch einen Anspruch des Berechtigten auf Schadensersatz, um die noch bestehenden, in der Zeit der staatlichen Verwaltung rechtswidrig entstandenen vermögensrechtlichen Nachteile infolge einer gröblichen Verletzung der insbesondere aus einer ordnungsgemäßen Wirtschaftsführung resultierenden Pflichten des staatlichen Verwalters auszugleichen. Systematisch handelt es sich bei dieser Haftung des staatlichen Verwalters um einen **Staatshaftungsanspruch**.

II. Haftungsvoraussetzungen des § 13 Abs. 1

2   **1. Gröbliche Verletzung der aus einer ordnungsgemäßen Wirtschaftsführung resultierenden Pflichten. a) Pflicht zur ordnungsgemäßen Wirtschaftsführung.** Für die Ermittlung der Sorgfaltspflichten eines staatlichen Verwalters bis zum Inkrafttreten des VermG ist als Bezugsmaßstab eine ordnungsgemäße Wirtschaftsführung heranzuziehen. Der Begriff der **ordnungsgemäßen Wirtschaftsführung** orientiert sich an den zum jeweiligen Zeitpunkt zustellenden Anforderungen an eine Handlung oder ein Unterlassen einer auf das Niveau der ehem. DDR bezogenen Wirtschaftsführung. Daß die Pflichten des staatlichen Verwalters anhand der Maßstäbe der ehem. DDR zu ermitteln sind, ergibt sich

Haftung des staatlichen Verwalters 3–6 § 13 VermG

zum einen aus den Erläuterungen der Bundesregierung[1] und zum anderen aus der spezifischen Verwendung des Begriffs der ordnungsgemäßen Wirtschaftsführung in der ehem. DDR sowie aus der Gegenüberstellung zu dem Begriff der ordnungsgemäßen Verwaltung in § 15 Abs. 1 für Sachverhalte ab dem Inkrafttreten dieses Gesetzes. Die Anforderungen können sich aus speziellen Verordnungen und Anweisungen oder aus den allgemeinen Grundsätzen einer Wirtschaftsführung ergeben wie zB dem Prinzip der Wirtschaftlichkeit sowie der sparsamen Verwendung von Ressourcen, um mit einem minimalen Einsatz einem maximalen Nutzen zu erreichen.

Eine sich aus der ordnungsgemäßen Wirtschaftsführung ergebende Pflicht wird insbesondere **verletzt, wenn** Vermögenswerte deutlich unter ihrem Verkehrswert veräußert wurden („Verschleuderung von Vermögenswerten"), pflichtwidrig nicht instandgehalten oder mögliche Erträge nicht realisiert wurden. Eine Pflichtverletzung besteht auch darin, daß der staatliche Verwalter entgegen den Vorschriften des DDR-Landeskulturgesetzes[2] Abfallablagerungen[3] auf dem verwalteten Grundstück zuließ oder im Rahmen der staatlichen Verwaltung angefallene Abfälle vorschriftswidrig oder entgegen der allgemein üblichen ordnungsgemäßen Wirtschaftsführung entsorgte bzw. nicht entsorgte. 3

b) Begriff der gröblichen Pflichtverletzung. Eine **gröbliche Verletzung** der Pflichten ist bei einer zumindest grob fahrlässigen Sorgfaltspflichtverletzung iSd. §§ 276, 277 BGB anzunehmen. Diese grobe Fahrlässigkeit ist gegeben, wenn die erforderliche Sorgfalt unter Mißachtung elementarer Vorsichtsmaßnahmen außerachtgelassen worden ist oder wenn die verkehrserforderliche Sorgfalt in besonders schwerem Maße verletzt worden ist,[4] indem schon einfachste, ganz naheliegende Überlegungen nicht angestellt worden sind und nicht beachtet wurde, was jedem hätte einleuchten müssen. 4

2. Verletzung anderer dem staatlichen Verwalter obliegender Pflichten. a) Andere dem staatlichen Verwalter obliegende Pflichten. Darüber hinaus kann auch durch die Verletzung „anderer dem staatlichen Verwalter obliegender Pflichten" ein Schadensersatzanspruch gegeben sein. Unter diesen Begriff sind **alle die sich nicht auf die wirtschaftliche Führung der verwalteten Vermögenswerte beziehenden Pflichten** des Verwalters zu subsumieren, wie zB Pflichten aufgrund von früheren Verwaltungsvorschriften der ehem. DDR[5] sowie Auskunfts- und Bilanzierungspflichten etc. 5

Überdies gehören zu den anderen dem staatlichen Verwalter obliegenden Pflichten insbesondere **die dem staatlichen Verwalter für die Zeit des Bestehens der staatlichen Verwaltung durch das VermG auferlegten Pflichten.** Hierzu zählen die **erst durch das VermG postulierten Pflichten des Verwalters zur Vergewisserung über das Vorliegen einer Anmeldung oder eines Antrages gem. § 11 Abs. 3 und § 15 Abs. 4**, die weiteren, sich aus § 15 Abs. 1 ergebenden Pflichten einer ordnungsgemäßen Verwaltung und die Pflichten zur Unterlassung von Verfügungen und langfristigen vertraglichen Verpflichtungen gem. § 11 Abs. 2 Satz 2 und § 15 Abs. 2 Satz 1.[6] Der Begriff der anderen Pflichten bezieht sich nach dem umfassenden Wortlaut nicht nur auf die Durchführung der Verwaltung als solcher. Für eine einschränkende Auslegung des Begriffes der anderen Pflichten fehlen rechtfertigende Anhaltspunkte. Bei einer einschränkenden Auslegung fehlt es bei einer Verletzung der genannten Pflichten des staatlichen Verwalters an einer überzeugenden dogmatischen Begründung der Verneinung des § 13 unter gleichzeitiger Herleitung der Schadensersatzverpflichtung aus § 1 StHG-DDR bzw. § 839 BGB iVm. Art. 34 GG. 6

---

[1] Vgl. Erl. BReg., BT-Drucks. 11/7831, S. 10.
[2] Landeskulturgesetz vom 14. 5. 1970 (GBl. DDR I S. 67, geändert durch § 48 WasserG v. 2. 7. 1982, GBl. DDR I S. 467).
[3] Vgl. *Groth-Siederer* ZOV 1992, 8, 10, iü. sind aber deren Ausführungen zum Verhältnis von § 13 VermG und § 839 BGB iVm. Art. 34 GG unzutreffend.
[4] BGHZ 89, 153, 161 = NJW 1984, 789, 791.
[5] Vgl. insoweit die in der Kommentierung zu § 1 Abs. 4 genannten Vorschriften (§ 1 RdNr. 119, 121, 123).
[6] AA *Fieberg-Reichenbach* F/R/M/S, § 11 RdNr. 60, 62, § 13 RdNr. 2; *Barkam*, R/R/B, § 13 RdNr. 7; *Kiethe* VIZ 1993, 521.

7 Darüber hinaus ist eine Verpflichtung des staatlichen Verwalters zur Unterlassung von Verfügungen im Einzelfall bei konkreten Hinweisen zu erwägen, wenn zwar eine Anmeldung oder ein Antrag noch nicht erfolgt war, aber diese bzw. dieser unmittelbar bevorstand. Vor dem Abschluß von Rechtsgeschäften, die über den Bereich der eingeschränkten Geschäftsführungsbefugnis im Sinne des § 15 Abs. 2 bzw. § 11 Abs. 2 Satz 2 hinausgehen, obliegt dem formal verfügungsberechtigten staatlichen Verwalter eine Sorgfaltspflicht in bezug auf die Beachtung dieser rechtlichen Bindungen. Die Pflichtverletzung kann auch in einem **Unterlassen** liegen (vgl. § 14 Abs. 1) und eine Haftung begründen, wenn hierdurch dem Berechtigten während der Zeit der staatlichen Verwaltung rechtswidrig ein materieller Nachteil entstanden ist.

8 **b) Keine Beschränkung auf eine gröbliche Verletzung der anderen Pflichten.** Eine Beschränkung des Haftungsmaßstabs auf eine gröbliche Pflichtverletzung gilt nicht für die Verletzung anderer dem staatlichen Verwalter obliegender Pflichten,[7] weil sich nach dem Wortlaut der Norm das Wort „gröbliche" nur auf die Verletzung der sich aus einer ordnungsgemäßen Wirtschaftsführung ergebenden Pflichten, nicht aber auf die Verletzung der anderen dem staatlichen Verwalter obliegenden Pflichten bezieht („... durch eine gröbliche Verletzung der Pflichten, die... oder infolge Verletzung anderer... Pflichten..."); anderenfalls hätte es der Formulierung „... infolge gröblicher Verletzung..." bedurft. Diese Auslegung wird auch dem Sinn und Zweck gerecht, bei einer Pflichtverletzung bezüglich der auf Unsicherheiten basierenden wirtschaftlichen Führung von staatlich verwalteten Vermögenswerten einen großzügigeren Haftungsmaßstab anzulegen, als bei konkret bekannten anderen Pflichten.

9 **3. Staatlicher Verwalter.** Adressat der Pflichten ist die als staatlicher Verwalter bestellte natürliche oder juristische Person. Eine Überlassung der Ausübung der Rechte und Pflichten aus der Stellung als staatlicher Verwalter durch die eingesetzte Person hat keinen Einfluß auf deren Eigenschaft als staatlicher Verwalter. Bei einer Umwandlung in eine andere Rechtsform oder eine Person des Privatrechts bleibt die Eigenschaft des staatlichen Verwalters auch unberührt.[8] Die Pflichten und Rechte des staatlichen Verwalters konnten Dritten zur Erfüllung und Ausübung überlassen werden.

10 **4. Während der Zeit der staatlichen Verwaltung.** Um einen Schadensersatzanspruch gem. § 13 zu begründen, muß die **Pflichtverletzung** des staatlichen Verwalters, nicht aber der materielle Nachteil in die Zeit der staatlichen Verwaltung fallen. Die **Zeit der staatlichen Verwaltung** umfaßt den gesamten Zeitraum des Bestehens der staatlichen Verwaltung.[9] Dieser Zeitraum beginnt mit der Inverwaltungnahme im Sinne des § 12 und endet mit der Aufhebung der Verwaltung gem. § 11 Abs. 1 Satz 1 oder § 11a Abs. 1 Satz 1. Außerhalb des Zeitraums des Bestehens einer staatlichen Verwaltung begangene Pflichtverletzungen – wie zB die pflichtwidrige Unterlassung einer Inverwaltungnahme – können nicht zu einer Haftung nach § 13 führen, sondern allenfalls unter Berücksichtigung der Regelungen des § 14 eine Schadensersatzpflicht gem. § 1 Abs. 1 StHG-DDR[10] oder bei nichtstaatlichem Handeln eine Schadensersatzpflicht nach allgemeinem Zivilrecht begründen.

11 **5. Rechtswidrigkeit und kausale Entstehung eines materiellen Nachteils.** Der Begriff des **materiellen Nachteils** ist ein Teil des Schadensbegriffs im Sinne des StHG der ehem. DDR und umfaßt jede Minderung des geldwerten Vermögens. Immaterielle Schäden gehören nicht zu den materiellen Nachteilen. Der materielle Nachteil muß sich **kausal** aus der Pflichtverletzung des Verwalters ergeben. Als **rechtswidrig** ist vorbehaltlich besonderer Rechtfertigungsgründe jede Schadenszufügung seitens des staatlichen Verwalters einzustufen.

12 **6. Fortbestehen bereits entstandener Schadensersatzansprüche.** Wenn dem Berechtigten schon vor dem Inkrafttreten des § 13 VermG Schadensersatzansprüche gegen den

---

[7] *Fieberg-Reichenbach* F/R/M/S, § 13 RdNr. 12.
[8] *Fieberg-Reichenbach* F/R/M/S, § 15 RdNr. 5.
[9] Ebenso *Kiethe* VIZ 1993, 521.
[10] *Fieberg-Reichenbach* F/R/M/S, § 13 RdNr. 4.

staatlichen Verwalter zB gem. § 1 StHG-DDR zugestanden haben, bleiben diese Schuldverhältnisse in ihrem bisherigen Umfang gem. Art. 232 § 1 EGBGB bestehen. Begründet die einem solchen Anspruch zugrundeliegende Pflichtverletzung zugleich einen Anspruch gem. § 13, so besteht **Anspruchskonkurrenz** der nebeneinander bestehenden materiellrechtlichen Ansprüche.[11]

Daneben können gegen andere, privatrechtlich handelnde Personen zwar nicht nach § 13, aber nach allgemeinen zivilrechtlichen Regelungen Schadensersatzansprüche entstanden sein, weil § 13 nicht als lex specialis gegenüber den allgemeinen Zivilrechtsnormen Ansprüche des Eigentümers gegen Dritte ausschließt.[12]

III. Ausgestaltung des Schadensersatzanspruches als Staatshaftungsanspruch (Abs. 2)

1. Verweisung des § 13 Abs. 2 auf die Staatshaftungsnormen. a) Rechtsgrundverweisung. Der Staatshaftungsanspruch nach § 13 ist auf der Grundlage des Staatshaftungsgesetzes der DDR (**StHG-DDR**) vom 12. 5. 1969 (GBl. DDR I Nr. 5 S. 34),[13] das in den Ländern Brandenburg, Mecklenburg-Vorpommern, Sachsen, Sachsen-Anhalt und Thüringen sowie Berlin (Ost) gem. Art. 9 Abs. 2 iVm. Anlage II Kapitel III Sachgebiet B Abschnitt III[14] des Einigungsvertrages mit den betreffenden Maßgaben und den späteren landesrechtlichen Änderungen[15] fortgilt, festzustellen. § 13 Abs. 2 stellt eine Rechtsgrundverweisung dar, nach der auf den Schadensersatzanspruch nach § 13 die allgemeinen Normen über die Staatshaftung[16] Anwendung finden, so daß die Voraussetzungen des DDR-StHG unter Berücksichtigung der speziellen Modifizierungen des § 13 Abs. 1 gegeben sein müssen.

b) Landesrechtliche unmittelbare Staatshaftungsansprüche nach dem StHG-DDR. Die unmittelbare Staatshaftung für schädigende Folgen rechtswidrigen hoheitlichen Handelns nach dem StHG-DDR stellt aufgrund der fehlenden Gesetzgebungskompetenz des Bundes für die Staatshaftung[17] gem. Art. 9 Abs. 1 Satz 1 des Einigungsvertrages Landesrecht[18] dar, so daß sechs **Landesstaatshaftungsgesetze** existieren. Das StHG der ehem. DDR wird als Landesrecht nicht gem. Art. 31 GG durch § 839 BGB iVm. Art. 34 GG als Bundesrecht verdrängt, weil die zivilrechtliche Amtswalterhaftung mit Schuldübernahme durch den Staat als mittelbare Staatshaftung gegenüber der unmittelbaren öffentlich-rechtlichen Haftung des Staates unterschiedliche Regelungsgegenstände betrifft (vgl. Art. 77 EGBGB) und Art. 34 GG die mittelbare Staatshaftung nicht zu einem allgemeinen Prinzip erhebt, so daß die Möglichkeit zu einer anderen öffentlich-rechtlichen Haftung besteht.

c) Voraussetzungen des StHG-DDR. Nach dem StHG-DDR muß als Voraussetzung der unmittelbaren, grundsätzlich verschuldensunabhängigen Staatshaftung[19] einer natürlichen oder juristischen Person ein Schaden durch Mitarbeiter oder Beauftragte staatlicher oder kommunaler Organe in Ausübung staatlicher Tätigkeit rechtswidrig zugefügt worden sein.[20] Der Schadensersatz ist nach § 3 Abs. 1 Satz 2 StHG-DDR grundsätzlich in Geld

---

[11] Ähnlich *Rädler* DtZ 1993, 296, 301.
[12] So ausdrücklich § 1 Abs. 3 StHG-Land Sachsen-Anhalt (GVBl. LSA 1992, S. 655); ferner *Smid* VIZ 1992, 457, 458, der aber iü. nicht immer die Unterscheidung des VermG zwischen Enteignung und staatlicher Verwaltung beachtet.
[13] Geändert durch das Gesetz vom 14. 12. 1988 (GBl. DDR I Nr. 28 S. 329).
[14] BGBl. 1990 II S. 885, 1168.
[15] Geändert im Land Sachsen-Anhalt durch das Gesetz zur Änderung des Staatshaftungsgesetzes v. 24. 8. 1992 (GVBl. LSA 1992, S. 655 f.) mit einem Haftungsausschluß in § 8 Abs. 2 StHG-LSA für den Bereich der offenen Vermögensfragen; vgl. näher zum StHG-LSA *Schlotter* LKV 1993, 248 ff.

[16] Zum Staatshaftungsrecht in den neuen Bundesländern vgl. *Büchner-Uhder* NJ 1991, 153 ff.; *Christoph* NVwZ 1991, 536 ff.; *Lühmann* LKV 1991, 120 ff.; *Ossenbühl* NJW 1991, 1201 ff.; ders., Staatshaftungsrecht, 4. Aufl. 1991, §§ 63 bis 65, S. 377 ff.; *Schullen* VersR 1993, 283 ff.
[17] Vgl. BVerfGE 61, 149 ff., 173/174 zum Staatshaftungsgesetz vom 26. 6. 1981 (BGBl. I S. 553).
[18] *Ossenbühl* NJW 1991, 1201; ders., Staatshaftungsrecht, 4. Aufl. 1991, § 65 Anm. 2, S. 392.
[19] Vgl. Verwaltungsrecht (Autorenkollektiv), Lehrbuch, 2. Aufl. 1988, S. 210.
[20] Ausführlicher *Ossenbühl* NJW 1991, 1201, 1203 ff.; ders., Staatshaftungsrecht, 4. Aufl. 1991, §§ 63 bis 65, S. 377 ff. und insbesondere § 65 Anm. 4 ff., S. 394 ff.

zu leisten. Grundlage der Schadensersatzfeststellung sind auch § 1 Abs. 2 und § 2 StHG-DDR, so daß diese als Einschränkungen eines Schadensersatzanspruches zu berücksichtigen sind. Dieser Schadensersatzanspruch verjährt nach § 4 StHG-DDR innerhalb eines Jahres ab Kenntnis des Geschädigten von dem Schaden und seiner Verursachung durch eine staatlicherseits tätig gewordene Person, wenn nicht eine Hemmung oder Unterbrechung der Verjährung eingetreten ist.

17 d) **Zahlungsverpflichtung des Entschädigungsfonds.** In Abgrenzung zur zivilrechtlichen Amtshaftung mit Schuldübernahme durch den Staat gem. Art. 34 GG iVm. § 839 BGB wird die Haftung nach § 1 StHG-DDR durch einen unmittelbaren, öffentlich-rechtlichen Staatshaftungsanspruch gegenüber der staatlichen, für den staatlichen Verwalter zuständigen Körperschaft begründet. Gleichzeitig wird durch § 13 der Staatshaftungsanspruch auf den Entschädigungsfonds (§ 9 Entschädigungsgesetz) als Zahlungsverpflichtetem übergeleitet.

18 **2. Feststellungsverfahren bezüglich des Staatshaftungsanspruchs.** Nach § 33 Abs. 2 haben die Behörden über einen Schadensersatzanspruch gem. § 13 eine **gesonderte Entscheidung** zutreffen.[21] Für diese Entscheidung sind sachlich die Ämter zur Regelung offener Vermögensfragen zuständig, weil nach § 22 Satz 2 die Entscheidung über einen Schadensersatzanspruch nach § 13 im Auftrage des Bundes erfolgt und nur die Ämter zur Regelung offener Vermögensfragen, nicht aber der Entschädigungsfonds als Sondervermögen des Bundes (§ 9 Abs. 1 bis 3 Entschädigungsgesetz) zu dieser Entscheidung berufen sein können.

19 **3. Staats- und Amtshaftungsansprüche.** Seit dem Inkrafttreten (vgl. Art. 232 § 10 EGBGB) des § 839 BGB und des Art. 34 GG besteht in dem Gebiet der ehem. DDR **zwischen Staatshaftungsansprüchen und Amtshaftungsansprüchen grundsätzlich Anspruchskonkurrenz.**[22] Diese Aussage gilt aber nicht in bezug auf Bundesbehörden, weil die Staatshaftungsgesetze als (fortgeltendes) Landesrecht nicht die Haftung von Bundesbehörden regeln können.[23] Die Anspruchskonkurrenz, bei der jeder materiell-rechtliche Anspruch grundsätzlich selbständig aufgrund der für ihn maßgebenden Vorschriften zu beurteilen ist, ist insbesondere im Hinblick auf die unterschiedlichen tatbestandlichen Voraussetzungen und die unterschiedlichen mit der Kenntnis beginnenden Verjährungsfristen von 1 Jahr gem. § 4 StHG-DDR und von 3 Jahren gem. § 852 BGB von Bedeutung. Neben diesen Haftungsansprüchen gegenüber dem Verwalter können auch Entschädigungsansprüche gem. § 11 Abs. 1 Satz 2 iVm. § 9 und dem Entschädigungsgesetz geltend gemacht werden.

20 **4. Rechtsweg.** In Übereinstimmung mit Art. 34 Satz 3 GG ist für den Staatshaftungsanspruch gem. § 6a StHG-DDR idF des Einigungsvertrages[24] und dem Amtshaftungsanspruch der Rechtsweg zu den **ordentlichen Gerichten** eröffnet.[25] An dieser Beurteilung ändert die gesonderte verwaltungsrechtliche Entscheidung iSd. § 33 Abs. 3 VermG nichts.

21 **5. Sachliche Zuständigkeit.** Nachdem die neuen Bundesländer auf Landesebene eine aus Amts-, Land- und Oberlandesgericht bestehende ordentliche Gerichtsbarkeit errichtet haben, ist bei Staatshaftungsansprüchen nach dem StHG-DDR das durch das jeweilige Landesrecht bestimmte Gericht,[26] grundsätzlich das Landgericht (vgl. § 6a Satz 2 StHG-LSA), sachlich zuständig. Bei Amtshaftungsansprüchen gem. § 839 BGB iVm. Art. 34 GG ergibt sich die sachliche Zuständigkeit der Landgerichte ohne Rücksicht auf den Streitwert aus § 71 Abs. 2 Nr. 2 GVG.

---

[21] *Kiethe* VIZ 1993, 521, 522.
[22] Vgl. Erl. BReg., BT-Drucks. 11/ 7817, S. 63.
[23] So auch *Mitschke-Werling* NJ 1992, 100, 103; *Weimar* VIZ 1993, 476, 477.
[24] BGBl. 1990 II S. 885, 1168; geändert im Land Sachsen-Anhalt (GVBl. 1992, 655).

[25] So *Fieberg-Reichenbach* F/R/M/S, § 13 RdNr. 14; aA LG Berlin DtZ 1992, 334 verneint unzutreffend den Zivilrechtsweg für die Haftung des staatlichen Verwalters gem. § 13 VermG.
[26] Vgl. zur Neuordnung der Gerichtsverfassung in den neuen Bundesländern mit den Anschriften der Gerichte *Lochen-Dutschke* ZOV 1993, 207 ff.

IV. Ausgleichsanspruch des Entschädigungsfonds (Abs. 3)

§ 13 Abs. 3 gibt dem Entschädigungsfonds einen **gesetzlichen Ausgleichsanspruch** gegen den staatlichen Verwalter bzw. die ihm übergeordnete Kommunalverwaltung, weil prinzipiell gem. § 1 Abs. 1 StHG-DDR grundsätzlich das jeweilige staatliche oder kommunale Organ haftet, aber sich nach § 13 Abs. 2 der Schadensersatzanspruch gegen den Entschädigungsfonds als Zahlungsverpflichteten richtet. Voraussetzung für einen Ausgleichsanspruch gem. § 13 Abs. 3 ist die Zahlung von Schadensersatz aufgrund der Staatshaftung. Anspruchsverpflichtete des Ausgleichsanspruchs sind entweder der staatliche Verwalter oder die ihm übergeordnete Kommunalverwaltung oder zutreffender Anstellungskörperschaft. Diese „oder"-Verpflichtung ist widersprüchlich und trägt nicht zur Klärung des Verhältnisses der beiden Anspruchverpflichteten bei. Der **Zweck** dieser Gesetzesformulierung kann nur in der Anordnung einer gesamtschuldnerischen Haftung des staatlichen Verwalters und seiner Anstellungskörperschaft liegen, wobei letztere den staatlichen Verwalter ggf. entsprechend den Voraussetzungen eines Rückgriffs nach § 9 Abs. 1 StHG-DDR entsprechend den Regelungen über die Haftung der Arbeitnehmer unter Berücksichtigung von Art. 34 Satz 2 GG[27] von einem Ausgleichsanspruch freizustellen hat.

22

§ 14 [Ausschluß von Schadensersatzansprüchen]

(1) Dem Berechtigten stehen keine Schadensersatzansprüche zu, wenn Vermögenswerte nicht in staatliche Verwaltung genommen wurden, weil das zuständige Staatsorgan keine Kenntnis vom Bestehen der sachlichen Voraussetzungen für die Begründung der staatlichen Verwaltung oder vom Vorhandensein des Vermögenswerts hatte und unter Berücksichtigung der konkreten Umstände nicht erlangen konnte.

(2) Ein Anspruch auf Schadensersatz besteht auch dann nicht, wenn dem Berechtigten bekannt war, daß die staatliche Verwaltung über den Vermögenswert nicht ausgeübt wird oder er diese Kenntnis in zumutbarer Weise hätte erlangen können.

I. Normzweck und Unterlassen staatlicher Verwaltung

Der **Normzweck** des § 14 besteht in der Schaffung **von speziellen Ausschlußgründen für Schadensersatzansprüche** des Berechtigten im Falle des pflichtwidrigen Unterlassens der Inverwaltungnahme von Vermögenswerten durch staatliche Organe.

1

Nach zahlreichen Einzelregelungen[1] der ehem. DDR mußten Vermögenswerte unter staatliche Verwaltung gestellt werden. Das rechtswidrige Unterlassen der Inverwaltungnahme von Vermögenswerten durch ein hierzu verpflichtetes staatliches Organ ist die Ausübung einer staatlichen, im Zusammenhang mit Hoheitsrechten stehenden Tätigkeit[2] und kann bei Vorliegen eines ursächlichen Schadens einen Staatshaftungsanspruch gem. § 1 Abs. 1 StHG-DDR[3] begründen. Ein solcher Schadensersatzanspruch ergibt sich nicht aus § 13 Abs. 1, weil dieser mit dem Tatbestandsmerkmal „während der Zeit der staatlichen Verwaltung" die bereits erfolgte staatliche Inverwaltungnahme des betreffenden Vermögenswertes voraussetzt.

2

---

[27] Vgl. *Fieberg-Reichenbach* F/R/M/S, § 13 RdNr. 16, 17.

[1] Vgl. insoweit die in der Kommentierung zu § 1 Abs. 4 genannten Vorschriften (§ 1 RdNr. 119, 121, 123).

[2] Vgl. *Ossenbühl* NJW 1991, 1201, 1204.

[3] GBl. DDR 1969 I Nr. 5 S. 34 iVm. Anl. II Kap. III Abschn. III des Einigungsvertrages (BGBl. 1990 II S. 885, 1168); geändert im Land Sachsen-Anhalt durch das Gesetz zur Änderung des StHG (GVBl. LSA 1992, S. 655).

VermG § 14a 1 Abschnitt III. Aufhebung der staatlichen Verwaltung

II. Ausschluß eines Schadensersatzanspruchs bei Unkenntnis des zuständigen Staatsorgans (Abs. 1)

3 § 14 Abs. 1 schließt Schadensersatzansprüche von Berechtigten aus, wenn das zuständige Staatsorgan ohne Fahrlässigkeit die Möglichkeit einer staatlichen Verwaltung nicht kannte oder nicht erkennen konnte. Indem auf das für die staatliche Verwaltung zuständige Staatsorgan abgestellt wird, bleiben Verhaltensweisen Dritter, die für ein Unterlassen einer Inverwaltungnahme ursächlich sind wie zB eine verspätete Meldung eines Falles der Republikflucht durch die örtliche Polizeibehörde, unberücksichtigt; eine Zurechnung von Kenntnissen findet insoweit nicht statt. Beruht das Unterlassen der Übernahme eines Vermögenswertes in staatliche Verwaltung auf einem pflichtwidrigen Verhalten des zuständigen Staatsorgans selbst, so kann sich ein Staatshaftungsanspruch auf Schadensersatz gem. § 1 Abs. 1 StHG-DDR ergeben, weil diese rechtswidrige Unterlassung eine Ausübung staatlicher Tätigkeit darstellt.

III. Ausschluß eines Schadensersatzanspruchs bei Kenntnis oder fahrlässiger Unkenntnis des Berechtigten (Abs. 2)

4 § 14 Abs. 2 schließt als lex specialis zu § 1 Abs. 1 und § 2 StHG-DDR einen Schadensersatzanspruch für solche Fälle aus, in denen den Berechtigten das pflichtwidrige Unterlassen der tatsächlichen Ausübung der staatlichen Verwaltung durch das zuständige Staatsorgan bekannt oder fahrlässig unbekannt war. Insoweit ist dem Berechtigten eine **Obliegenheit** zur Erkundigung über die Ausübung einer staatlichen Verwaltung über seinen Vermögenswert auferlegt.[4]

IV. Fallgruppen

5 Der Gesetzgeber hat die Ausschlußgründe des § 14 speziell für die Fälle der sog. **Massenflucht** formuliert,[5] die insbesondere in der zweiten Jahreshälfte 1989 einsetzten und den zuständigen Behörden keine Anordnung einer staatlichen Verwaltung ermöglichten.

§ 14a Werterhöhungen durch den staatlichen Verwalter

Für Werterhöhungen, die der staatliche Verwalter aus volkseigenen Mitteln finanziert hat, gilt § 7 entsprechend.

Schrifttum: *BMF*, Erlaß vom 5. 7. 1993 zur Durchführung des Wertausgleichs nach § 14a VermG, VIZ 1993, 545 f.; *Kinne*, Wertausgleich bei Restitution des Vermögenswertes, ZOV 1993, 24 ff.

I. Normzweck und Begriff der Finanzierung aus volkseigenen Mitteln

1 Der **Normzweck** dieser durch das 2. VermRÄndG eingeführten Vorschrift besteht in dem **Ausgleich von Werterhöhungen** bei staatlich verwalteten Vermögenswerten, wenn und soweit diese auf die Finanzierung aus volkseigenen Mitteln durch den staatlichen Verwalter zurückzuführen sind. Eine **Finanzierung aus volkseigenen Mitteln** liegt vor, soweit das Kapital für eine Investition aus volkseigenen Mitteln beschafft worden ist. Aus volkseigenen Mitteln stammen nicht die Aufwendungen, die vom staatlichen Verwalter wirtschaftlich zu Lasten des Eigentümers getätigt worden sind. Eine Finanzierung von werterhöhenden Maßnahmen zB durch Mieteinnahmen oder durch Grundpfandrechte gesicherte Kredite belastet den Eigentümer; diese Werterhöhungen sind nicht aus volkseigenen Mitteln finanziert.

---

[4] Vgl. *Fieberg-Reichenbach* F/R/M/S, § 14 RdNr. 9.

[5] Erl. BReg., BT-Drucksache 11/7831, S. 10.

Aus einem Umkehrschluß zu § 14a ergibt sich, daß ein Wertausgleich bei **Wertminde-** **rungen** von staatlich verwalteten Vermögenswerten – abgesehen von staatlich verwalteten Unternehmen gem. §§ 12 Satz 1 iVm. 6 Abs. 1 Satz 2 und Abs. 2 bis 4 – grundsätzlich **nicht** stattfindet.

II. Durch volkseigene Mittel finanzierte, auszugleichende Werterhöhungen bei staatlich verwalteten Vermögenswerten

Eine Werterhöhung des staatlich verwalteten Vermögenswertes wird durch Aufwendungen, die zu einer **Steigerung des Verkehrswertes** geführt haben, nicht aber durch nur werterhaltende Aufwendungen begründet. Vom Berechtigten sind die durch volkseigene Mittel finanzierten Aufwendungen für bis zum 2. 10. 1990 durchgeführte Maßnahmen für eine Bebauung, Modernisierung oder Instandsetzung eines staatlich verwalteten Vermögenswertes, nicht jedoch eines staatlich verwalteten Unternehmens, entsprechend § 7 auszugleichen,[1] soweit die Zuordnung der Aufwendungen zum Vermögenswert vom staatlichen Verwalter nachgewiesen ist und diese Aufwendungen im Kalenderjahr unter Berücksichtigung von jährlichen Abschlägen von 8% bis zur Aufhebung der staatlichen Verwaltung (bei Gebäuden auf den 10000 Mark der DDR überschreitenden Betrag je Einheit) im Durchschnitt 10000 Mark der DDR je Einheit überschritten haben. Als Einheit werden nach § 18 Abs. 2 Satz 3 die zum Zeitpunkt der Entscheidung in dem Gebäude vorhandenen in sich abgeschlossenen oder selbständig vermietbaren Wohnungen oder Geschäftsräume fingiert. Bei dem fehlenden Nachweis von Aufwendungen auf den staatlich verwalteten Vermögenswert können nach § 7 Abs. 1 Satz 2 iVm. § 31 Abs. 1 Satz 2 und 3 die Aufwendungen und ihre Zuordnung zum Vermögenswert entsprechend dem Rechtsgedanken des § 287 ZPO geschätzt werden.

Ein **Wertausgleich** für Werterhöhungen ist nach § 14a iVm. § 7 Abs. 6 **ausgeschlossen**, wenn mit den Aufwendungen Maßnahmen finanziert worden sind, mit denen der staatliche Verwalter gegen seine Unterlassungspflichten aus § 15 Abs. 2 und 3 iVm. § 3 Abs. 3 verstoßen hat.

Bezüglich der Einzelheiten der Ermittlung der Werterhöhungen und der Durchführung des Ausgleichs wird auf die Kommentierung zu § 7 verwiesen (§ 7 RdNr. 10 ff. und 17 ff.).

III. Werterhöhungen aufgrund von Aufwendungen Dritter, die nicht durch volkseigene Mittel finanziert worden sind

Werterhöhungen bei staatlich verwalteten Vermögenswerten aufgrund von **Aufwendungen Dritter**, die nicht durch volkseigene Mittel finanziert worden sind, sind nicht gem. §§ 14a, 7 vom Berechtigten auszugleichen.[2] In diesen Fällen, in denen zB eine natürliche Person, Religionsgemeinschaft oder gemeinnützige Stiftung aus eigenen Mitteln solche Werterhöhungen herbeigeführt hat, kommt ein Wertausgleich nur bei Vorliegen der entsprechenden zivilrechtlichen Voraussetzungen auf der Grundlage des **Zivilrechtes** ggf. iVm. einer entsprechenden Anwendung des § 7 Abs. 2 und 8 in Betracht.

IV. Nichtanwendbarkeit des § 14a auf Werterhöhungen bei staatlich verwalteten Unternehmen

Auf Werterhöhungen bei staatlich verwalteten **Unternehmen** und Unternehmensbeteiligungen sind § **14a** iVm. § 7 Abs. 1 bis 5 gem. §§ 14a, 7 Abs. 6 Alt. 1 **nicht anwendbar**. Bei staatlich verwalteten Unternehmen und Unternehmensbeteiligungen bestehen insoweit nach § **12 Satz 1 iVm. § 6 Abs. 1 Satz 2, Abs. 2, 3 und 4** VermG iVm. §§ 3, 5 ff. URüV spezielle Regelungen über den Wertausgleich, die als **legis specialis** insoweit eine Anwendung der §§ 14a, 7 Abs. 1 bis 5 ausschließen.

---

[1] Vgl. zur Durchführung des Wertausgleichs nach § 7 VermG BMF VIZ 1992, 471 f., bzw. nach § 14a VermG *BMF* VIZ 1993, 545 f.; ferner *Kinne* ZOV 1993, 24 ff.; *Hartkopf* VIZ 1992, 388 ff.; *Kurz* NJ 1992, 27 f.

[2] *Kinne* ZOV 1993, 24, 30.

§ 15 Befugnisse des staatlichen Verwalters

(1) Bis zur Aufhebung der staatlichen Verwaltung ist die Sicherung und ordnungsgemäße Verwaltung des Vermögenswerts durch den staatlichen Verwalter wahrzunehmen.

(2) Der staatliche Verwalter ist bis zur Aufhebung der staatlichen Verwaltung nicht berechtigt, ohne Zustimmung des Eigentümers langfristige vertragliche Verpflichtungen einzugehen oder dingliche Rechtsgeschäfte abzuschließen. § 3 Abs. 3 Satz 2 und 5 gilt entsprechend.

(3) Die Beschränkung gemäß Absatz 2 entfällt nach Ablauf der Anmeldefrist (§ 3 der Anmeldeverordnung), solange der Eigentümer seinen Anspruch auf den staatlich verwalteten Vermögenswert nicht angemeldet hat.

(4) Der staatliche Verwalter hat sich vor einer Verfügung zu vergewissern, daß keine Anmeldung im Sinne des Absatzes 3 vorliegt.

Schrifttum: *Kinne*, Auskunfts- und Rechnungslegungspflichten des staatlichen Verwalters gegenüber dem Grundstückseigentümer?, ZOV 1992, 59f.

I. Pflicht und Berechtigung zur ordnungsgemäßen Verwaltung bis zur Aufhebung der staatlichen Verwaltung (Abs. 1)

1 **1. Gesetzeszweck.** Unabhängig von der Geltendmachung eines Anspruches auf Aufhebung der staatlichen Verwaltung bezweckt § 15 Abs. 1 eine **Berechtigung und Verpflichtung des staatlichen Verwalters zur ordnungsgemäßen Fortführung der staatlichen Verwaltung** des Vermögenswertes bis zu deren Aufhebung gem. § 11 Abs. 1 oder § 11a Abs. 1. Diese Regelung beruht darauf, daß die Vorschriften der ehem. DDR über die Durchführungen der staatlichen Verwaltungen spätestens mit dem Inkrafttreten des VermG außer Kraft getreten sind, aber die staatlichen Verwaltungen über die einzelnen Vermögenswerte gem. Art. 19 des Einigungsvertrages aufgrund der Fortgeltung der Entscheidungen der öffentlichen Verwaltung bis zur Aufhebung der Verwaltung bestehen bleiben. Die früher für den staatlichen Verwalter geltenden Rechte und Pflichten sind bis zur Aufhebung der staatlichen Verwaltung vollständig durch die der §§ 15 und 11 Abs. 2 bis 4 ersetzt worden. Auf diese Weise soll eine adäquate **Erhaltung des Vermögenswertes** aufgrund von Erhaltungsmaßnahmen gewährleistet werden. Darüber hinaus hat diese Regelung den **Zweck**, auch zukünftig den staatlichen Verwalter für bestimmte Rechtsgeschäfte nach außen zu legitimieren und im Innenverhältnis gegenüber möglichen Ansprüchen des Berechtigten abzusichern.

2 **2. Begriff der ordnungsgemäßen Verwaltung.** Der Begriff der ordnungsgemäßen Verwaltung bietet unter Berücksichtigung der Absätze 2 bis 4 des § 15 den **Abgrenzungsmaßstab** für die Befugnisse des staatlichen Verwalters bis zur Aufhebung der staatlichen Verwaltung. Im Rahmen einer ordnungsgemäßen Verwaltung ist der staatliche Verwalter zur Eingehung von Verpflichtungen durch § 15 Abs. 1 berechtigt. Zur **ordnungsgemäßen Verwaltung** gehört insbesondere die Erfüllung unabweisbarer Verpflichtungen, Ziehung von Nutzungen und Durchführung der notwendigen Erhaltungsmaßnahmen bzw. allgemein die Sicherung des Vermögenswertes und die Wahrung der Interessen des Eigentümers. Eine **Verletzung der Pflicht** zur ordnungsgemäßen Verwaltung begründet bei Vorliegen der jeweiligen Voraussetzungen Staatshaftungsansprüche gem. § 13 und ggf. Amtshaftungsansprüche.

3 Der Inhalt der Pflichten einer ordnungsgemäßen Verwaltung bis zur Aufhebung ergibt sich **nicht** subsidiär oder analog aus den bürgerlich-rechtlichen Regelungen über die Verwahrung, die Geschäftsführung ohne Auftrag sowie den Auftrag und die Geschäftsbesor-

gung,[1] weil die staatliche Verwaltung durch einen hoheitlichen Eingriff als öffentlich-rechtliche Sonderbeziehung begründet worden ist, allein im staatlichen Verantwortungsbereich liegt und der staatliche Verwalter keine fremden, sondern seine eigenen, öffentlich-rechtlichen Pflichten erfüllt. Bei Beendigung der staatlichen Verwaltung treffen den staatlichen Verwalter nach dem durch das 2. VermRÄndG eingefügten **§ 11a Abs. 3 Satz 1** die einem Beauftragten nach den §§ 662ff. obliegenden Pflichten.

II. Pflicht zur Unterlassung von bestimmten Rechtsgeschäften bei Vorliegen einer Anmeldung (Abs. 2)

1. Anwendungsbereich und Normzweck. Wie sich aus einem Umkehrschluß zu § 15 Abs. 3 ergibt, regelt **§ 15 Abs. 2** die Befugnisse des staatlichen Verwalters für den Fall, daß die Anmeldefrist gem. § 3 der Anmeldeverordnung noch nicht abgelaufen ist, eine rechtzeitige oder verspätete Anmeldung vermögensrechtlicher Ansprüche nach der Anmeldeverordnung nicht vorliegt oder ein Antrag im Sinne des § 30 Abs. 1 Satz 1 und 5 nicht gestellt ist. § 15 Abs. 2 ist prinzipiell eine Ergänzung zu § 11 Abs. 2 Satz 2, aber die Anwendungsbereiche des § 15 Abs. 2 bis 4 und des § 11 Abs. 2 bis 3 überschneiden sich. **Zweck** der Regelungen des § 15 Abs. 2 ist die **Sicherung des Restitutionsanpruches** des Eigentümers vor anhaltenden Beeinträchtigungen wie der Veräußerung, der Einräumung dinglicher Rechte und dem Abschluß von Dauerschuldverhältnissen ohne Zustimmung des Eigentümers iSd. § 182 BGB. Die vorherige oder nachträgliche Zustimmung des Berechtigten beseitigt diese Beschränkungen.

2. Gesetzliche schuldrechtliche Verpflichtung im Innenverhältnis. Zum Schutz des Rechtsverkehrs enthält § 15 Abs. 2 kein gesetzliches Veräußerungsverbot iSv. § 134 BGB, sondern nur eine **gesetzliche schuldrechtliche Verpflichtung** des staatlichen Verwalters **im Innenverhältnis** zum Eigentümer, dingliche Rechtsgeschäfte und langfristige vertragliche Verpflichtungen zu unterlassen.[2] Damit regelt § 15 Abs. 2 rechtstechnisch die Rechtsfolge entsprechend § 137 BGB. Eine Nichtbeachtung dieser Unterlassungspflicht berührt nicht die **Wirksamkeit des Rechtsgeschäfts** im Außenverhältnis und führt damit nicht zur Unwirksamkeit von Verfügungen und sonstigen derartigen Rechtsgeschäften, sondern kann nur staatshaftungsrechtliche Ansprüche auf Schadensersatz begründen.

3. Sicherung der Unterlassungspflicht. Eine **Sicherung dieser Unterlassungspflicht** kann **aufgrund einer einstweiligen Verfügung gem. §§ 935 ff. ZPO durch Erlaß eines Verfügungsverbotes nach § 136 BGB**[3] oder einer Unterlassungsklage vor den ordentlichen Gerichten erfolgen,[4] weil es sich bei der Unterlassungsverpflichtung des staatlichen Verwalters um eine schuldrechtliche Bindung des Privatrechts[5] handelt. Es handelt sich

---

[1] *Kinne* ZOV 1992, 59, 60; aA *Barkam*, R/R/B, § 15 RdNr. 3; *Fieberg-Reichenbach* F/R/M/S, § 15 RdNr. 6, 7.
[2] Erl. BReg., BT-Drucksache 11/7831, S. 5 und 11 (zu §§ 3 und 15); vgl. ferner: BGH NJW 1994, 457, 458; BezG Dresden VIZ 1992, 72, 73; NJ 1992, 37, 38; DB 1992, 1238 = ZIP 1992, 733, 735; BezG Potsdam VIZ 1993, 77, 78 mit Anm. *Reichenbach*; KreisG Chemnitz-Stadt VIZ 1992, 31; *Busche* VIZ 1991, 48, 49; *Fieberg-Reichenbach* F/R/M/S, § 11 RdNr. 51, 54, 85 ff.; *dies.* NJW 1991, 321, 324 Fn. 20; *Kohler* NJW 1991, 465, 466; *Kohler* VIZ 1992, 308, 309; *Leinemann* BB 1991, Beilage Nr. 8, S. 10, 12; dagegen für eine dingliche Wirkung des § 3 VermG gem. § 134 BGB *Weimar* DtZ 1991, 50, 52 und *ders.* BB 1990, Beilage Nr. 40, S. 10, 14.

[3] BezG Dresden DB 1992, 1238 = ZIP 1992, 733, 735; ZOV 1992, 385; NJ 1992, 37, 38; VIZ 1992, 72, 73; DB 1992, 1238; BezG Gera DB 1992, 424 = ZOV 1992, 53, 54; BezG Leipzig DNotZ 1992, 434; KG DtZ 1991, 191; VIZ 1992, 199; ZOV 1993, 348; LG Berlin DtZ 1991, 412, 413 = VIZ 1991, 34, 35; KreisG Sömmerda VIZ 1993, 79, 80; *Espey-Jaenecke* BB 1991, 1442, 1443; *Kohler* NJW 1991, 465, 470; *ders.* DNotZ 1991, 699, 705; *ders.* VIZ 1992, 130; *ders.* VIZ 1992, 308, 309/310; aA: BezG Chemnitz NJ 1991, 463, 464; VIZ 1992, 145, 146; KG VIZ 1992, 143 ff.; *Kinne* ZOV 1991, 21, 22; *Uechtritz* DB 1992, 1329, 1332; vgl. ferner: BVerfG VIZ 1992, 401, 403; DtZ 1991, 342; DB 1992, 81; VIZ 1993, 67.
[4] BGH NJW 1994, 457, 458.
[5] BGH NJW 1994, 457, 458.

VermG § 15 7–9 Abschnitt III. Aufhebung der staatlichen Verwaltung

nicht um einem öffentlich-rechtlichen Anspruch, der prozessual im Wege einer einstweiligen Anordnung iSd. § 123 VwGO vorläufig gesichert werden müßte.[6]

7 **4. Inhaltlich entsprechende Regelungen.** Bezüglich weiterer Einzelheiten, insbesondere des Begriffes der langfristigen vertraglichen Verpflichtungen, kann auf die Regelungen des § 3 Abs. 3 Satz 1, 2 sowie 5 und diesbezüglichen Ausführungen einschließlich der Rechtsprechungs- und Literaturnachweise verwiesen werden (vgl. § 3 RdNr. 90 ff.), da § 15 Abs. 2 Satz 1 (§ 11 Abs. 2 Satz 2) diesen Regelungen inhaltlich insoweit entspricht und Abs. 2 Satz 2 eine entsprechende Geltung anordnet. Der staatliche Verwalter kann nach § 15 Abs. 2 Satz 2 iVm. § 3 Abs. 3 Satz 2 lit. b bzw. Satz 5 insbesondere die erforderlichen Erhaltungs- und Bewirtschaftungsmaßnahmen bzw. ohne eine Anordnung nach § 177 Abs. 1 BauGB Modernisierungs- und Instandhaltungsmaßnahmen durchführen. Dagegen ist mangels einer entsprechenden Verweisung eine dem § 2 InVorG entsprechende Aussetzung der dem staatlichen Verwalter nach § 15 Abs. 2 obliegenden Beschränkungen nicht möglich.

III. Umfang der Berechtigung des staatlichen Verwalters bei Nichtvorliegen einer Anmeldung (Abs. 3)

8 Indem § 15 Abs. 3 (§ 11 Abs. 2 Satz 1) den staatlichen Verwalter für den Fall des Nichtvorliegens einer Anmeldung von den genannten Beschränkungen befreit, wird eine dem § 3 Abs. 4 entsprechende Regelung getroffen. Wegen weiterer Einzelheiten wird auf die Kommentierung zu § 3 Abs. 4 verwiesen (§ 3 RdNr. 200 ff.).

IV. Pflicht zur Vergewisserung des Nichtvorliegens einer Anmeldung vor einer Verfügung (Abs. 4)

9 Die Pflicht des staatlichen Verwalters gem. § 15 Abs. 4, sich vor einer Verfügung über das Nichtvorliegen einer Anmeldung zu vergewissern, wird auch schon von § 11 Abs. 3 postuliert. Der staatliche Verwalter hat Nachforschungen anzustellen. Diese Verpflichtung entspricht insoweit der des Verfügungsberechtigten gem. § 3 Abs. 5 (vgl. § 3 RdNr. 207 ff.). Eine Verletzung der Pflicht gem. § 15 Abs. 4 durch den staatlichen Verwalter kann zu staatshaftungsrechtlichen Ansprüchen auf Schadensersatz führen, weil der staatliche Verwalter die Vergewisserungspflicht zur Erfüllung seiner bis zur Aufhebung der staatlichen Verwaltung bestehenden öffentlich-rechtlichen Pflichten wahrnimmt.

---

[6] So *Fieberg-Reichenbach* F/R/M/S, § 11 RdNr. 43.

Abschnitt IV. Rechtsverhältnisse zwischen Berechtigten und Dritten

§ 16 Übernahme von Rechten und Pflichten

(1) Mit der Rückübertragung von Eigentumsrechten oder der Aufhebung der staatlichen Verwaltung sind die Rechte und Pflichten, die sich aus dem Eigentum am Vermögenswert ergeben, durch den Berechtigten selbst oder durch einen vom Berechtigten zu bestimmenden Verwalter wahrzunehmen.

(2) Mit der Rückübertragung von Eigentumsrechten oder der Aufhebung der staatlichen Verwaltung oder mit der vorläufigen Einweisung nach § 6a tritt der Berechtigte in alle in bezug auf den jeweiligen Vermögenswert bestehenden Rechtsverhältnisse ein. Dies gilt für vom staatlichen Verwalter geschlossene Kreditverträge nur insoweit, als die darauf beruhenden Verbindlichkeiten im Falle ihrer dinglichen Sicherung gemäß Absatz 9 Satz 2 gegenüber dem Berechtigten, dem staatlichen Verwalter sowie deren Rechtsnachfolgern fortbestünden. Absatz 9 Satz 3 gilt entsprechend.

(3) Dingliche Nutzungsrechte sind mit dem Bescheid gemäß § 33 Abs. 3 aufzuheben, wenn der Nutzungsberechtigte bei Begründung des Nutzungsrechts nicht redlich im Sinne des § 4 Abs. 3 gewesen ist. Mit der Aufhebung des Nutzungsrechts erlischt das Gebäudeeigentum nach § 288 Abs. 4 oder § 292 Abs. 3 des Zivilgesetzbuchs der Deutschen Demokratischen Republik. Das Gebäude wird Bestandteil des Grundstücks. Grundpfandrechte an einem auf Grund des Nutzungsrechts errichteten Gebäude werden Pfandrechte an den in den §§ 7 und 7a bezeichneten Ansprüchen sowie an dinglichen Rechten, die zu deren Sicherung begründet werden. Verliert der Nutzungsberechtigte durch die Aufhebung des Nutzungsrechts das Recht zum Besitz seiner Wohnung, so treten die Wirkungen des Satzes 1 sechs Monate nach Unanfechtbarkeit der Entscheidung ein.

(4) Fortbestehende Rechtsverhältnisse können nur auf der Grundlage der jeweils geltenden Rechtsvorschriften geändert oder beendet werden.

(5) Eingetragene Aufbauhypotheken und vergleichbare Grundpfandrechte zur Sicherung von Baukrediten, die durch den staatlichen Verwalter bestellt wurden, sind in dem sich aus § 18 Abs. 2 ergebenden Umfang zu übernehmen. Von dem so ermittelten Betrag sind diejenigen Tilgungsleistungen abzuziehen, die nachweislich auf das Recht oder eine durch das Recht gesicherte Forderung erbracht worden sind. Im Rahmen einer Einigung zwischen dem Gläubiger des Rechts, dem Eigentümer und dem Amt zur Regelung offener Vermögensfragen als Vertreter der Interessen des Entschädigungsfonds kann etwas Abweichendes vereinbart werden. Weist der Berechtigte nach, daß eine der Kreditaufnahme entsprechende Baumaßnahme an dem Grundstück nicht durchgeführt wurde, ist das Recht nicht zu übernehmen.

(6) Das Amt zur Regelung offener Vermögensfragen bestimmt mit der Entscheidung über die Aufhebung der staatlichen Verwaltung den zu übernehmenden Teil des Grundpfandrechts, wenn nicht der aus dem Grundpfandrecht Begünstigte oder der Berechtigte beantragt, vorab über die Aufhebung der staatlichen Verwaltung zu entscheiden. In diesem Fall ersucht das Amt zur Regelung offener Vermögensfragen die das Grundbuch führende Stelle um Eintragung eines Widerspruchs gegen die Richtigkeit des Grundbuchs zugunsten des Berechtigten. Wird die staatliche Verwaltung ohne eine Entscheidung des Amts zur Regelung offener Vermögensfragen beendet, so hat auf Antrag des aus dem Grundpfandrecht Begünstigten oder des Berechtigten das Amt

zur Regelung offener Vermögensfragen, in dessen Bereich das belastete Grundstück belegen ist, den zu übernehmenden Teil der Grundpfandrechte durch Bescheid zu bestimmen. Wird der Antrag nach Satz 3 innerhalb der in § 30a Abs. 3 Satz 1 bestimmten Frist nicht gestellt, bleibt der Eigentümer im Umfang der Eintragung aus dem Grundpfandrecht verpflichtet, soweit die gesicherte Forderung nicht durch Tilgung erloschen ist. Auf die Beschränkungen der Übernahmepflicht nach Absatz 5 Satz 1 und 4 kann er sich in diesem Falle nur berufen, wenn er diese Absicht dem Gläubiger oder der Sparkasse, in deren Geschäftsgebiet das Grundstück belegen ist, bis zum 31. März 1995 schriftlich mitgeteilt hat. Ist die Sparkasse nicht Gläubigerin, ist sie lediglich zur Bestätigung des Eingangs dieser Mitteilung verpflichtet. Der Bescheid ergeht gemeinsam für sämtliche auf dem Grundstück lastenden Rechte gemäß Absatz 5.

(7) Die Absätze 5 und 6 gelten für eingetragene sonstige Grundpfandrechte, die auf staatliche Veranlassung vor dem 8. Mai 1945 oder nach Eintritt des Eigentumsverlustes oder durch den staatlichen Verwalter bestellt wurden, entsprechend, es sei denn, das Grundpfandrecht dient der Sicherung einer Verpflichtung des Berechtigten, die keinen diskriminierenden oder sonst benachteiligenden Charakter hat.

(8) Der Bescheid über den zu übernehmenden Teil der Rechte gemäß den Absätzen 5 bis 7 ist für den Berechtigten und den Gläubiger des Grundpfandrechts selbständig anfechtbar.

(9) Soweit eine Aufbauhypothek oder ein vergleichbares Grundpfandrecht gemäß Absatz 5 oder ein sonstiges Grundpfandrecht gemäß Absatz 7 nicht zu übernehmen ist, gilt das Grundpfandrecht als erloschen. Satz 1 gilt gegenüber dem Berechtigten, dem staatlichen Verwalter sowie deren Rechtsnachfolgern für eine dem Grundpfandrecht zugrundeliegende Forderung entsprechend. Handelt es sich um eine Forderung aus einem Darlehen, für das keine staatlichen Mittel eingesetzt worden sind, so ist der Gläubiger vorbehaltlich einer abweichenden Regelung angemessen zu entschädigen.

(10) Die Absätze 5 bis 9 finden keine Anwendung, wenn das Grundstück nach § 6 zurückübertragen wird. Die Absätze 5 bis 9 gelten ferner nicht, wenn das Grundpfandrecht nach dem 30. Juni 1990 bestellt worden ist. In diesem Fall hat der Berechtigte gegen denjenigen, der das Grundpfandrecht bestellt hat, einen Anspruch auf Befreiung von dem Grundpfandrecht in dem Umfang, in dem es gemäß den Absätzen 5 bis 9 nicht zu übernehmen wäre. Der aus dem Grundpfandrecht Begünstigte ist insoweit verpflichtet, die Löschung des Grundpfandrechts gegen Ablösung der gesicherten Forderung und gegen Ersatz eines aus der vorzeitigen Ablösung entstehenden Schadens zu bewilligen.

Schrifttum: *Beckers,* Die Aufbauhypotheken des ZGB/DDR und ihre aktuellen Probleme, WM 1991, 1701 ff.; *Böhringer,* Offene Vermögensfragen in den neuen Bundesländern, Rpfl. 1993, 221 ff.; *ders.,* Auswirkungen des Registerverfahrensbeschleunigungsgesetzes auf den Grundstücksverkehr in den neuen Bundesländern, DtZ 1994, 50 ff.; *Flotho,* Eintritt des Berechtigten in dinglich nicht gesicherte Kreditverträge gem. § 16 Vermögensgesetz?, VIZ 1993, 525 ff.; *Grün,* Das Sachenrechtsänderungsgesetz, NJW 1994, 2641 ff.; *Harke,* Wohnungsbau und Mietrecht in den neuen Bundesländern, WuM 1991, 1 ff.; *Hartkopf,* Rechte Dritter (insbesondere dingliche Belastungen, §§ 16 bis 18b, HypAblAO) nach dem 2. VermRÄndG vom 14. Juli 1992 (BGBl. I, 1257, 1446), ZOV 1992, 248 f.; *Hök,* Zum Eintritt des Berechtigten nach § 16 Abs. 2 VermG in bestehende Rechtsverhältnisse, ZOV 1993, 147 f.; *Horn,* Grundpfandrechte im neuen Bundesgebiet, ZIP 1993, 659 ff.; *Horst,* Gebäudeeigentum und Nutzungsrechte an Grundstücken in der ehemaligen DDR, DWW 1991, 273 ff.; *Kinne,* Restitution, Investition und Mietvertrag in den neuen Bundesländern, ZOV 1991, 31 ff.; *ders.,* Mietrechtsfragen der östlichen Bundesländer, WuM 1992, 403 ff.; *ders.,* Restitution und Nutzungsrechte nach dem Zweiten Vermögensrechtsänderungsgesetz, ZOV 1992, 118 ff.; *Kohler,* Der Ausschluß der Bodenrestitution bei Bestehen von Nutzungsrechten, VIZ 1992, 261 ff.; *Schmidt-Räntsch,* Einführung in die Sachenrechtsbereinigung, VIZ 1994, 441 ff.; *Welter,* Grundpfandrechte in den neuen Bundesländern, WM 1991, 1189 ff.
Vgl. auch das abgekürzt zitierte Schrifttum

Arbeitsmaterialien: BMJ, Empfehlungen zur Durchführung der Verfahren nach § 16 Abs. 5 bis 10, §§ 18 bis 18b VermG und der Hypothekenablöseanordnung v. 1. 9. 1992

Übernahme von Rechten und Pflichten **§ 16 VermG**

Übersicht

	RdNr.		RdNr.
A. Gesetzgebungsgeschichte/Normzweck	1–5	b) Einzelfragen	38–49
		aa) Rechtserwerb	38
B. Rechte und Pflichten aus dem Eigentum (Abs. 1)	6–9	bb) Inhalt	39, 40
		cc) Übertragung/Aufhebung/Entzug	41–47
C. Eintritt in bestehende Rechtsverhältnisse (Abs. 2 S. 1, Abs. 4)		dd) Gebäudeeigentum und Nutzungsrecht in der Zwangsversteigerung	48, 49
I. Grundsatz	10, 11	**III. Eingetragene Aufbauhypotheken und vergleichbare Grundpfandrechte (§ 16 Abs. 5)**	
II. Voraussetzungen		1. Voraussetzungen (Abs. 5)	50–68
1. Eintritt in ein objektbezogenes Rechtsverhältnis	12–14	a) Allgemeines	50
a) Allgemeines	12	b) Bestellung durch staatlichen Verwalter	51, 52
b) Verwaltergeschäfte	13	c) Vergleichbare Grundpfandrechte	53, 54
c) Rückübertragung von Anteils- und Mitgliedschaftsrechten	14	aa) Aufbaugrundschulden	53
		bb) BGB-Grundpfandrechte	54
2. Bestehendes Rechtsverhältnis	15, 16	d) Übernahmeverpflichtung	55–68
III. Änderung und Beendigung (Abs. 4)	17	aa) Allgemeines	55
		bb) Umfang	56–64
D. Eintritt in schuldrechtliche Rechtsverhältnisse		cc) Inhalt/Rang	65–67
I. Miet- und Nutzungsrechtsverhältnisse	18	dd) Ausschluß	68
		2. Verfahren (Abs. 6)	69, 70
II. Kreditverträge	19, 20	a) Allgemeines	69
III. Wirtschaftsverträge	21	b) Vorabentscheidung	70
IV. Arbeits- und freie Dienstverhältnisse	22	3. Rechtsfolgen (Abs. 9)	71, 72
V. Versicherungsverträge	23, 24	4. Rechtsschutz (Abs. 8)	73, 74
E. Eintritt in dingliche Rechtsverhältnisse		**IV. Sonstige Grundpfandrechte (Abs. 7)**	
I. Anwendungsbereich		1. Übernahme-Voraussetzungen	75–79
1. Grundsatz (§ 16 Abs. 2 S. 1)	25	a) Allgemeines	75
2. Sonderregelungen (§ 16 Abs. 3, 5 bis 9 VermG)	26–29	b) Grundpfandrechte zur Sicherung von Baukrediten	76
a) Überblick	26	c) Grundpfandrechte zur Sicherung anderer Forderungen	77–79
b) Unternehmensrückgabe	27	aa) Allgemeines	77
c) Bestellung von Grundpfandrechten nach dem 30. 6. 1990	28, 29	bb) Fallgruppen	78
		cc) Diskriminierung/Benachteiligung	79
II. Dingliche Nutzungsrechte (§ 16 Abs. 3 S. 1)		2. Rechtslage nach dem EGBGB	80–86
1. Allgemeines/Anwendungsbereich	30, 31	a) ZGB-Grundpfandrechte	80–85
2. Unredlicher Erwerb	32–36	aa) Inhalt	80
a) Verfahren bei Aufhebung	32	bb) Rang	81
b) Rechtsfolgen der Aufhebung	33–36	cc) Übertragung	82, 83
aa) Schicksal des Gebäudeeigentums	33	dd) Aufhebung	84
bb) Schutz der Grundpfandgläubiger	34, 35	ee) Verzicht	85
		b) BGB-Grundpfandrechte	86
cc) Schutz der Nutzungsberechtigten	36	3. Verfahren	87–89
3. Redlicher Erwerb	37–49	a) Allgemeines	87
a) Voraussetzungen des Eintritts	37	b) Vorabentscheidung	88
		c) Verwalter-Grundpfandrechte	89
		4. Rechtsfolgen (Abs. 9)	90–93
		5. Rechtsschutz	94
		V. Sonstige dingliche Rechte	
		1. Allgemeines	95
		2. Vertragliche Mitbenutzungsrechte (§§ 321, 322 ZGB-DDR)	96–112
		a) Allgemeines	96, 97

	RdNr.		RdNr.
b) Inhalt	98	**F. Altfälle**	
c) Rang	99		
d) Übertragung	100–102	**I. Allgemeines**	120–122
e) Aufhebung	103–106	**II. Grundpfandrechte**	
f) Mitbenutzungsrecht und Zwangsvollstreckung	107–112	1. Grundsatz	123, 124
3. Vorkaufsrechte (§§ 306 ff. ZGB-DDR)	113, 114	2. Aufbauhypotheken	125–128
a) Allgemeines	113	**III. Sonstige dingliche Rechte**	
b) EGBGB	114	1. Grundsatz	129
4. Erbbaurechte	115–117	2. Dingliche Nutzungsrechte	130
a) Alt-Rechte	115, 116		
b) Neu-Rechte	117		
5. Sonstige BGB-Rechte	118, 119		
a) Alt-Rechte	118		
b) Neu-Rechte	119		

A. Gesetzgebungsgeschichte/Normzweck

1   Die Vorschrift des § 16 VermG hat durch das am 22. 7. 1992 in Kraft getretene 2. VermRÄndG eine grundlegende Umgestaltung erfahren. Sie enthält Grundsätze über das Schicksal der **in bezug auf den Vermögenswert bestehenden Rechtsverhältnisse** und zwar sowohl für die Fälle der Rückübertragung von Eigentumsrechten oder die Aufhebung der staatlichen Verwaltung als auch für die vorläufige Einweisung in ein Unternehmen nach § 6a VermG. Nicht anwendbar ist die Vorschrift im Rahmen des Investitionsvorrangverfahrens (vgl. § 11 Abs. 3 InVorG/§ 1a Abs. 5 BInvG).

2   Während sich der Regelungsgehalt der Vorschrift vor Inkrafttreten des 2. VermRÄndG auf den heutigen Absatz 1, Absatz 2 S. 1 und Absatz 4 beschränkte, sind ergänzende Bestimmungen über **Nutzungsrechte** und **Grundpfandrechte** neu hinzugetreten. Eine detaillierte Regelung der dinglichen Nutzungsrechte war erforderlich, da § 17 VermG nur Miet- und obligatorische Nutzungsrechtsverhältnisse erfaßt. Zur Behandlung der Grundpfandrechte fand sich – systematisch deplaziert – eine ausschnittweise Regelung in § 18 Abs. 3 VermG a. F.

3   In der durch das 2. VermRÄndG und erneut durch das EALG novellierten Fassung bildet § 16 VermG im Ergebnis die **Grundnorm** für die Behandlung der Rechtsverhältnisse zwischen dem Berechtigten und Dritten (IV. Abschnitt d. VermG; §§ 16 bis 21 VermG). Als lex specialis behandelt § 17 VermG nach wie vor miet- und obligatorische Nutzungsrechtsverhältnisse. Die §§ 18, 18a und 18b VermG enthalten Bestimmungen über die bei Überführung in Volkseigentum untergegangenen dinglichen Rechte. Der ergänzenden materiellrechtlichen Absicherung der Mieter und Nutzer von Grundstücken und Gebäuden dienen schließlich die §§ 20, 21 VermG. Die mit dem RegVBG in das Gesetz inkorporierte Bestimmung des § 20a VermG (vgl. auch § 20 Abs. 2 VermG aF) schützt dagegen durch die Einräumung eines zivilrechtlichen Vorkaufsrechts das Rückerhaltungsinteresse von Berechtigten, die zunächst im Interesse eines sozialverträglichen Ausgleichs von einer Rückgabe ausgeschlossen sind.

4   Letztlich geht es in §§ 16ff. VermG darum, einen **sozialverträglichen Ausgleich** zwischen dem **Restitutionsinteresse** des Berechtigten und den im Zeitpunkt einer vermögensrechtlichen Entscheidung bestehenden **Drittgläubigerinteressen** zu finden. Soweit der Berechtigte nach diesen Vorschriften qua Gesetzes in bestehende Rechtsverhältnisse eintritt, stellt sich dies als zulässige Inhalts- und Schrankenbestimmung nach Art. 14 Abs. 1 S. 2 GG dar und trägt dem Modell eines sozial gebundenen Eigentums nach Art. 14 Abs. 2 GG Rechnung.[1]

---

[1] Vgl. BVerfG WM 1992, 1744 = DtZ 1992, 353.

Die neben den Drittgläubigerinteressen von §§ 16ff. VermG geschützten **Restitutions-** 5
interessen des Berechtigten erschöpfen sich nicht allein in der **Rückgabe** des Vermögenswertes, sondern werden ergänzt durch das Interesse des Berechtigten an der **Funktionserhaltung des Rückgabeobjektes**. Dies hat seine Bedeutung vornehmlich bei der Unternehmensrestitution, soweit es um den Eintritt in bestehende Arbeitsverhältnisse[2] und die Übernahme von Immaterialgüterrechten[3] geht. Sinngemäß gilt dies jedoch auch für die Immobiliarrestitution, etwa hinsichtlich der in bezug auf den Vermögensgegenstand abgeschlossenen Versicherungsverträge oder Arbeitsverträge (Hausmeister etc.).

B. Rechte und Pflichten aus dem Eigentum (Abs. 1)

Mit der Bestandskraft der Rückübertragungsentscheidung (§ 34 Abs. 1 S. 1 VermG) 6
bzw. ab dem Zeitpunkt der Aufhebung der staatlichen Verwaltung (§ 11 Abs. 1 S. 1/§ 11a Abs. 1 S. 1 VermG) sind die Rechte und Pflichten, die sich aus dem Eigentumsrecht ergeben, wieder **von dem Berechtigten wahrzunehmen** (§ 16 Abs. 1 VermG). Dies trifft, ohne daß es in § 16 Abs. 1 VermG ausdrücklich erwähnt ist, auch für den Fall der vorläufigen Einweisung des Berechtigten nach § 6a Abs. 1 S. 1 VermG zu, wenn der Berechtigte für das Kaufmodell optiert (§ 6a Abs. 2 S. 4 Hs. 2 VermG).[4] Ist der Berechtigte selbst zur Wahrnehmung der aus dem Eigentum fließenden Pflichten nicht in der Lage, hat er ggfls. einen Verwalter zu bestellen. Die Vorschrift des § 16 Abs. 1 VermG begründet insoweit keine eigenständige Verpflichtung, sondern weist nur auf eine schon nach allgemeinen Grundsätzen geltende Obliegenheit hin.

Die **Rechte und Pflichten** des Eigentümers ergeben sich insbesondere aus §§ 903ff. 7
BGB, aber etwa auch aus öffentlich-rechtlichen Vorschriften des Polizei- und Ordnungs- oder Baurechts und den auf dieser Grundlage erlassenen kommunalen Satzungen. Den Berechtigten trifft damit beispielsweise die Verkehrssicherungspflicht und die Verpflichtung zur Zahlung kommunaler Abgaben, wenn der restituierte Vermögenswert Anknüpfungspunkt für die Abgabepflicht ist.[5]

Problematisch erscheint der **Übergang von Ordnungsverfügungen** auf den Berechtig- 8
ten als Gesamtrechtsnachfolger des Verfügungsberechtigten. Voraussetzung dafür ist eine Überleitungsvorschrift, die in § 34 Abs. 1 S. 1 VermG zu sehen ist, und die Übergangsfähigkeit der Ordnungsverfügung. Letztere wird angenommen, soweit die Ordnungsverfügung auf einer Zustandshaftung für eine störende Sache beruht, da der Verwaltungsakt in diesem Fall eine Art dingliche Last aktualisiert. Geht die Ursache für die Störung der öffentlichen Sicherheit oder Ordnung dagegen nicht von dem zurückübertragenen Vermögenswert aus, sondern beruht sie auf Handlungen des Verfügungsberechtigten (sog. Handlungshaftung), ist die Ordnungsverfügung nur dann übergangsfähig, wenn die Erfüllungshandlung vertretbar und nicht höchstpersönlich ist.[6]

Insgesamt kommt der Vorschrift des § 16 Abs. 1 VermG im Gegensatz zur konstituti- 9
ven Wirkung des § 16 Abs. 2 VermG **keine selbständige materiell-rechtliche Bedeutung** zu.[7] Sie hat nur klarstellende Funktion, da sich die rechtsgestaltende Wirkung des Restitutionsbescheides bereits aus § 34 Abs. 1 und 4 VermG ergibt. Entsprechendes gilt bei der Aufhebung der staatlichen Verwaltung, mit der durch Verwaltungsakt (§ 11 Abs. 1 S. 1 VermG) bzw. kraft Gesetzes (§ 11a Abs. 1 S. 1 VermG) die Verfügungsbefugnis des Berechtigten unmittelbar wiederhergestellt wird. Sinn und Zweck des § 16 Abs. 1 VermG

---

[2] Vgl. dazu § 16 Anh. I.
[3] Vgl. dazu § 16 Anh. II.
[4] Vgl. dazu § 6a RdNr. 15.
[5] Fieberg-Reichenbach F/R/M/S RdNr. 6.
[6] Vgl. zur Gesamtproblematik BVerwG NJW 1971, 1624ff.; OVG Münster DVBl 1973, 326;

VGH Kassel NJW 1976, 1910; VGH Mannheim NJW 1979, 1565f.; BayVGH BayVBl 1979, 540f. sowie *Frauf*, in: *v. Münch/Schmidt-Aßmann* (Hrsg.), Besonderes Verwaltungsrecht, 9. Aufl. 1992, S. 132f. mwN. in Fn. 190.
[7] Fieberg-Reichenbach F/R/M/S RdNr. 3f.

bleibt damit allein die Klarstellung, daß es nicht Gegenstand des Restitutionsverfahrens, sondern Sache des Berechtigten ist, die sich aus der Restitution ergebenden Rechte wahrzunehmen.[8] Ebensowenig ist es Ziel des vermögensrechtlichen Verfahrens über Bestand und Durchsetzung von Drittgläubigerforderungen zu entscheiden, soweit sie nicht unmittelbar restitutionsbezogen (objektbezogen) sind, sondern den Berechtigten wie jeden anderen Eigentümer treffen.

C. Eintritt in bestehende Rechtsverhältnisse (Abs. 2 S. 1, Abs. 4)

I. Grundsatz

10   Der Berechtigte tritt mit Wirkung ex nunc in alle **in bezug auf den Vermögenswert bestehenden Rechtsverhältnisse** ein (§ 16 Abs. 2 S. 1 VermG). Maßgebender Zeitpunkt für den Eintritt ist bei der Rückübertragung von Eigentumsrechten nicht der Erlaß des Verwaltungsaktes,[9] also die sog. „äußere Wirksamkeit des VA",[10] sondern kraft ausdrücklicher Anordnung in § 34 Abs. 1 S. 1 VermG die „Unanfechtbarkeit" (= Bestandskraft) des Rückübertragungsbescheides.[11] Abweichend davon treten die Wirkungen der gesetzlichen Vertragsübernahme im Falle der Aufhebung der staatlichen Verwaltung (§ 11 Abs. 1 S. 1/§ 11a Abs. 1 S. 1 VermG) bzw. bei der vorläufigen Einweisung in ein Unternehmen (§ 6a VermG) aufgrund der für diese Fälle getroffenen Sonderregelungen bereits im Zeitpunkt der behördlichen Entscheidung (§ 11 Abs. 1 S. 1/§ 6a Abs. 1 VermG)[12] bzw. mit Ablauf der gesetzlichen Fristbestimmung (§ 11a Abs. 1 S. 1 VermG) ein.[13] Eines gesonderten vermögensrechtlichen Bescheides über die Vertragsübernahme bedarf es ebensowenig wie der Eintragung des Berechtigten in das Grundbuch im Falle der Immobiliarrestitution.[14] Auf diese Weise soll eine umfassende Sicherung sowohl der Bestandsschutzinteressen des Berechtigten wie auch der aus den fraglichen Rechtsverhältnissen berechtigten Gläubiger gewährleistet werden.[15] Es handelt sich um einen Fall der gesetzlichen **Vertragsübernahme**, nicht des Schuldbeitritts.[16] Der in Konsequenz der Vertragsübernahme erfolgende Austausch der Vertragsparteien ist notwendige Folge der Rückübertragung bzw. Aufhebung der staatlichen Verwaltung. Der Berechtigte soll die volle und uneingeschränkte Verfügungsgewalt wiedererhalten, während der Verfügungsberechtigte bzw. staatliche Verwalter von den sich aus dem Schuldverhältnis ergebenden Rechten und Pflichten ex nunc befreit wird.[17] Dem widerspräche die Annahme eines Schuldbeitritts. Insoweit fehlt in § 16 Abs. 2 VermG gerade auch ein die Mithaftung des Verfügungsberechtigten andeutender Zusatz, wie er etwa in § 571 Abs. 2 BGB enthalten ist.[18] Mit der Vorschrift des § 16 Abs. 2 S. 1 VermG als lex specialis wird der allgemeine schuldrechtliche Relativitätsgrundsatz über den Anwendungsbereich der Einzelregelungen in §§ 571, 613a BGB, §§ 69, 151 Abs. 2 VVG hinaus durchbrochen.[19] Infolge der Vertragsübernahme **haftet** der Berechtigte nach dem Rechtsgedanken der §§ 571 BGB, 69 Abs. 1, 151

---

[8] *Fieberg-Reichenbach* F/R/M/S RdNr. 5.
[9] Vgl. allgemein *Kopp* VwVfG, 5. Aufl. 1991, Vorbem. § 35 RdNr. 30.
[10] Dazu BVerwGE 13, 1, 7; 55, 212, 215; *Sachs*, in: *Stelkens-Bonk-Leonhardt* VwVfG, 4. Aufl. 1993, § 43 RdNr. 116ff.; *Erichsen*, in: *Erichsen-Martens* (Hrsg.), Allgemeines Verwaltungsrecht, 9. Aufl. 1992, § 12 RdNr. 1.
[11] *Horst* DWW 1993, 5, 6; *Hök* ZOV 1993, 147, 147; *Horn* S. 275; aA LG Berlin (64. Ziv. K.) VIZ 1993, 81 = ZOV 1992, 389, 390; ZOV 1993, 187, 187f. (jew. zu § 34 Abs. 1 S. 1a. F.): Zeitpunkt des Bescheides; *Flotho* Rechtshandbuch B 100 RdNr. 25: Vollzug der Entscheidung (z. B. Grundbucheintragung).

[12] AA LG Berlin (67. Ziv. K.) ZOV 1991, 90: erst mit Bestandskraft.
[13] Zu § 11a Abs. 1 S. 1 ebenso *Horst* DWW 1993, 5, 8.
[14] LG Berlin VIZ 1993, 81 = ZOV 1992, 389, 390.
[15] Vgl. bereits RdNr. 4f.
[16] LG Berlin ZOV 1992, 300.
[17] *Fieberg-Reichenbach* F/R/M/S RdNr. 31.
[18] LG Berlin ZOV 1992, 300.
[19] Dies übersieht *Harke* WuM 1991, 1, 3; zutreffend dagegen *Horst* DWW 1991, 273, 275.

Abs. 2 VVG für alle von seinem Eintritt ab fällig werdenden Verbindlichkeiten.[20] Für die vor Eintritt des Berechtigten fällig gewordenen Verbindlichkeiten haftet dagegen allein der Verfügungsberechtigte. Entsprechendes gilt für die Geltendmachung von Ansprüchen aus bestehenden Rechtsverhältnissen.

Unter einem **Rechtsverhältnis** sind alle durch oder aufgrund von Rechtsnormen geregelten Beziehungen einer Person zu einer oder mehreren (bzw. zu einer Sache) zu verstehen.[21] Nach dem Regelungszweck des § 16 Abs. 2 S. 1 VermG kommt es nicht darauf an, ob das Rechtsverhältnis schuldrechtlicher oder sachenrechtlicher Natur ist bzw. ob es dem Privatrecht oder Öffentlichen Recht angehört. 11

II. Voraussetzungen

1. Eintritt in ein objektbezogenes Rechtsverhältnis. a) Allgemeines. Voraussetzung ist, daß es sich um ein objektbezogenes Rechtsverhältnis handelt. Verträge, die der Verfügungsberechtigte „in bezug auf" den Vermögenswert abgeschlossen hat, müssen also den dem vermögensrechtlichen Verfahren unterliegenden Vermögenswert zum **Gegenstand** haben. Korrespondierend zu der aus § 3 Abs. 3 VermG folgenden Unterlassungsverpflichtung, die gleichfalls nur objektbezogen eingreift,[22] reicht es also nicht aus, wenn der zwischen dem Verfügungsberechtigten und einem Dritten geschlossene Vertrag nur mittelbar dem Vermögenswert zugute kommt, wie dies etwa bei der Lieferung von Waren oder der Erbringung von Dienst- und Werkleistungen der Fall sein kann.[23] 12

b) Verwaltergeschäfte. Zu einem Eintritt in ein bestehendes Rechtsverhältnis iSv. § 16 Abs. 2 S. 1 VermG kommt es im Falle der **Aufhebung der staatlichen Verwaltung** auch hinsichtlich der vom staatlichen Verwalter mit Dritten abgeschlossenen Rechtsgeschäfte. Der staatliche Verwalter handelte bei Abschluß der Rechtsgeschäfte nicht als rechtsgeschäftlicher oder gesetzlicher Vertreter des Berechtigten, sondern ähnlich wie ein Konkurs- oder Zwangsverwalter kraft eigenen Rechts im eigenen Namen mit Wirkung für das verwaltete Vermögen.[24] Im Zeitpunkt der Aufhebung der staatlichen Verwaltung erhält der Berechtigte die Verfügungsgewalt über das Vermögen zurück und „tritt" insoweit in die vom staatlichen Verwalter begründeten Rechtsgeschäfte „ein". 13

c) Rückübertragung von Anteils- und Mitgliedschaftsrechten. Keinen Anwendungsfall des „Eintritts" in ein bestehendes Rechtsverhältnis bildet die Rückübertragung von Anteils- oder Mitgliedschaftsrechten an einem Unternehmen auf den Berechtigten. Dadurch **ändert** sich **nichts an der Stellung des Unternehmensträgers als Vertragspartner**. Der „Eintritt" in ein bestehendes Rechtsverhältnis setzt aber notwendig einen Wechsel in der Person des Vertragspartners voraus.[25] 14

2. Bestehendes Rechtsverhältnis. Das Rechtsverhältnis muß im Zeitpunkt der vermögensrechtlichen Entscheidung bzw. entsprechend bei gütlicher Einigung zwischen dem Verfügungsberechtigten und dem Berechtigten im Zeitpunkt der Vollendung des dinglichen Rechtserwerbs **Bestand** haben. Handelt es sich um Rechtsverhältnisse, die vor dem 3. 10. 1990 im Beitrittsgebiet begründet worden sind, so ist für die Beurteilung ihrer Wirksamkeit auf die Rechtslage im Beitrittsgebiet vor dem 3. 10. 1990 abzustellen. Für die vor diesem Zeitpunkt entstandenen und dem Privatrecht zuzuordnenden Schuldverhältnisse bleibt auch weiterhin das bisherige Recht der ehem. DDR maßgebend (Art. 232 § 1 EGBGB), sofern nicht eine der Ausnahmen des Art. 232 §§ 2 bis 10 EGBGB eingreift. 15

---

[20] Vgl. BGHZ 36, 265, 270; *Palandt-Putzo*, § 571 RdNr. 14.
[21] Vgl. *Larenz*, Allgemeiner Teil des deutschen Bürgerlichen Rechts, 7. Aufl. 1989, S. 194 f.
[22] Vgl. dazu bereits § 3 RdNr. 104.
[23] Anders offenbar LG Berlin ZOV 1993, 109, 110; *Hök* ZOV 1993, 147, 148.
[24] LG Berlin ZOV 1992, 300, 301; *Kinne* WuM 1992, 403; *Posch* Allgemeines Vertragsrecht, 1979, S. 38 (Fn. 19); wohl auch LG Berlin ZOV 1993, 65.
[25] Vgl. zur Parallelproblematik im Rahmen von § 3 Abs. 3 VermG die dortigen RdNr. 95 f.

16 Zu den bestehenden Rechtsverhältnissen gehören auch solche **Rechtsgeschäfte**, die der Verfügungsberechtigte **unter Hinwegsetzung über die Unterlassungsverpflichtung des § 3 Abs. 3 VermG** abgeschlossen hat.[26] Die Unterlassungsverpflichtung entfaltet nur schuldrechtliche Wirkung im Verhältnis zwischen Verfügungsberechtigtem und Berechtigtem, so daß die von dem Verfügungsberechtigten und Dritten geschlossenen Verträge grundsätzlich wirksam sind.[27] Daher hat der Berechtigte auch über den Vermögenswert geschlossene Veräußerungsverträge zu erfüllen, falls der Verfügungsberechtigte vor Restitution eine entsprechende Verpflichtung eingegangen ist.[28] Dies setzt naturgemäß voraus, daß der Verpflichtungsvertrag nicht aus anderen Gründen unwirksam ist. Zu denken ist an ein kollusives Zusammenwirken zwischen dem Verfügungsberechtigten und dem Dritten sowie bei Grundstücken an die Fälle fehlender Genehmigungsfähigkeit des Verpflichtungsgeschäfts nach § 1 iVm. § 2 Abs. 1 lit. a, Abs. 3 GVO. Der Berechtigte ist im übrigen auf die Geltendmachung von Schadensersatzansprüchen gegen den Verfügungsberechtigten verwiesen.[29]

III. Änderung und Beendigung (Abs. 4)

17 Die Änderung und Beendigung aller fortbestehenden Rechtsverhältnisse vollzieht sich gem. § 16 Abs. 4 VermG **auf der Grundlage der jeweils geltenden Rechtsverhältnisse**. Damit stellt das Gesetz nur noch einmal klar, was sich ohnehin schon als Rechtsfolge aus dem Eintritt in die bestehenden Rechtsverhältnisse nach § 16 Abs. 2 S. 1 VermG ergibt (vgl. dazu RdNr. 18 ff.).

D. Eintritt in schuldrechtliche Rechtsverhältnisse

I. Miet- und Nutzungsrechtsverhältnisse

18 Für Miet- und obligatorische Nutzungsrechtsverhältnisse, die einen **Hauptanwendungsfall der gesetzlichen Vertragsübernahme** bilden, enthält § 17 VermG eine Sonderregelung. Zu den von § 17 VermG erfaßten Rechtsverhältnissen gehören die Wohnungsmiete (§§ 94 ff. ZGB-DDR), die Gewerberaummiete (§ 131 ZGB-DDR iVm. §§ 94 ff. ZGB-DDR), die Nutzungsrechte an Bodenflächen zur Erholung (§§ 312 ff. ZGB-DDR),[30] die Miet- und Nutzungsverträge des Wirtschaftsrechts (§ 169 GIW/GW; §§ 73 f. VertragsG), Pachtverträge, die von staatlichen Verwaltern abgeschlossenen sog. Überlassungsverträge und schuldrechtliche Mitbenutzungsrechte iSv. § 321 Abs. 1 bis 3, 322 ZGB-DDR sowie die „öffentlichen" Mitbenutzungsrechte iSd. § 321 Abs. 4 ZGB-DDR. Zu Einzelheiten vgl. § 17.

II. Kreditverträge

19 Der Berechtigte tritt grundsätzlich auch in die in bezug auf den Vermögenswert geschlossenen Kreditverträge ein (vgl. noch RdNr. 21), für die weiterhin das alte Vertragsstatut gilt (Art. 232 § 1 EGBGB). Es geht dabei zur Hauptsache um grundstücksbezogen abgeschlossene **Baukreditverträge**. Die während des Gesetzgebungsverfahrens zum 2. VermRÄndG in § 16 Abs. 2 VermG eingefügten Sätze 2 und 3 enthalten für einen Sonderfall eine Ausnahme vom Grundsatz der Vertragsübernahme.

20 Wie sich nicht unmittelbar aus dem Wortlaut des § 16 Abs. 2 S. 2 VermG, wohl aber aus der Verweisung auf § 16 Abs. 9 S. 2 VermG erschließt, bezieht sich die Sonderregelung des § 16 Abs. 2 S. 2 VermG auf **Kreditverträge, die der staatliche Verwalter ohne Besicherung des Grundstücks abgeschlossen hat**. Mit der Regelung soll sichergestellt werden, daß der Berechtigte unbesicherte Kredite nur in dem Umfang zu übernehmen hat wie

---

[26] *Fieberg-Reichenbach* F/R/M/S RdNr. 9.
[27] Dazu näher § 3 RdNr. 93 f.
[28] *Fieberg-Reichenbach* F/R/M/S RdNr. 36.
[29] Dazu bereits § 3 RdNr. 157 ff.
[30] Dazu *Heyhal-Janke* NJ 1981, 452 ff.

Übernahme von Rechten und Pflichten

besicherte. Nach § 16 Abs. 9 S. 2 VermG erlöschen die einem Grundpfandrecht zugrundeliegenden Forderungen, wenn die sie besichernden Aufbauhypotheken oder vergleichbaren Grundpfandrechte gem. § 16 Abs. 5 VermG bzw. sonstige Grundpfandrechte gem. § 16 Abs. 7 VermG nicht zu übernehmen sind.[31] Dementsprechend hat der Berechtigte die von einem staatlichen Verwalter eingegangenen unbesicherten Kreditverpflichtungen nur insoweit zu übernehmen als sie im Falle ihrer Sicherung nach § 16 Abs. 9 S. 2 VermG fortbestünden. Ansonsten erlöschen die Kreditverpflichtungen. Der Darlehensgeber hat – vorbehaltlich einer abweichenden Regelung – einen Anspruch auf angemessene Entschädigung, wenn für das Darlehen keine staatlichen Mittel eingesetzt worden sind. War das der Fall, reduziert sich der Entschädigungsanspruch in dem jeweiligen Umfang. Anspruchsgegner ist der Entschädigungsfonds.

III. Wirtschaftsverträge

Erfolgt die Rückgabe eines Unternehmens durch Übertragung des gesamten Vermögens oder einzelner Betriebe oder Betriebsstätten des Verfügungsberechtigten auf den Berechtigten (§ 6 Abs. 5a lit. b VermG), gehen auch die zugehörigen Verbindlichkeiten auf den Berechtigten über. Dazu gehören grundsätzlich auch **Verbindlichkeiten aus Wirtschaftsverträgen**, die vor dem 3. 10. 1990, insbesondere **vor Inkrafttreten der Währungs-, Wirtschafts- und Sozialunion** am 1. 7. 1990, nach dem Recht der ehem. DDR begründet wurden. Die gegenteilige Auffassung[32] vermag im Ergebnis nicht zu überzeugen. Zwar ist ihr zuzugeben, daß sich die Vertragsumstände, auf denen vor dem 1. 7. 1990 begründete Altverbindlichkeiten beruhen, seit der Einführung eines marktwirtschaftlichen Systems durch die Währungs-, Wirtschafts- und Sozialunion grundlegend gewandelt haben; dies allein begründet per se jedoch noch keinen Wegfall der Verbindlichkeiten aufgrund eines Leistungsverweigerungsrechts wegen Unmöglichkeit der Leistung[33] oder unter Berufung auf die Grundsätze des Wegfalls der Geschäftsgrundlage.[34] Das ergibt sich gesetzessystematisch auch aus Art. 232 § 1 EGBGB, der ebenso wie das DMBilG und die EntschuldungsVO wie mittelbar auch die GesO und das GUG die Gültigkeit der vor dem Wirksamwerden des Beitritts eingegangenen Schuldverhältnisse grundsätzlich voraussetzt[35] und die Altverträge weiterhin dem bisher im Beitrittsgebiet geltenden Recht unterstellt. Daran vermag auch die Aufhebung einzelner Vorschriften wie der Kreditverordnung[36] und des Vertragsgesetzes[37] zum 1. 7. 1990 nichts zu ändern.[37a] Zwar sind abgese-

---

[31] Zu Einzelheiten vgl. RdNr. 50ff.
[32] *Vogler* DZWir 1991, 303, 306f.; *Haarmeyer-Wutzke-Förster*, Kommentar zur Gesamtvollstreckungsordnung, 2. Aufl. 1992, § 1 RdNr. 87ff., § 11 RdNr. 49f.
[33] So aber *Vogler* DZWir 1991, 303, 306 unter Hinweis auf § 83 Abs. 2 VertragsG; gegen ihn zu Recht *Horn* DZWir 1992, 45, 50f.
[34] BGH WM 1993, 2240, 2242; *Heinrichs*, Zivilrecht im Einigungsvertrag, 1991, RdNr. 66; *Horn* S. 250ff., 306f.; *ders.* DZWir 1992, 45, 51; *Kohler* ZIP 1992, 1806; *ders.* EWiR § 242 BGB 1/93, S. 17, 18; *Westermann*, Die Altschulden aus dem volkseigenen Wohnungsbau, 1994, S. 68ff.; vgl. auch KG DtZ 1991, 245, 246 (zu § 4 Abs. 2 VO über die Aufhebung bzw. Beibehaltung von Rechtsvorschriften auf dem Gebiete der Preise v. 25. 6. 1990, GBl. I Nr. 37 S. 472); *Kohte* EWiR § 242 BGB 6/93 S. 854; *Matthiessen* DZWir 1994, 29, 31; aA *Haarmeyer-Wutzke-Förster*, Kommentar zur Gesamtvollstreckungsordnung, 2. Aufl. 1992, § 1 RdNr. 90; *Sproß* DtZ 1992, 37, 41f.; offen gelassen von BGH ZIP 1992, 1797, 1800; ZIP 1992, 1787, 1789; ZIP 1993, 955, 960; widersprüchlich BezG Magdeburg ZIP 1992, 1800, 1803/1804ff.

[35] Vgl. dazu BGH WM 1993, 2240, 2241f.; WM 1993, 696, 698f.; OLG Bremen ZIP 1993, 1418, 1423; LG Halle ZIP 1993, 1424, 1425; *Heinrichs*, Zivilrecht im Einigungsvertrag, 1991, RdNr. 61ff., 66; *Weimar* EWiR § 32a GmbHG 3/93, S. 159.
[36] VO über die Kreditgewährung und die Bankkontrolle der sozialistischen Wirtschaft – Kreditverordnung – vom 20. 1. 1982, GBl. I Nr. 6 S. 126, ber. GBl. I Nr. 15 S. 323, geänd. durch 2. VO v. 27. 10. 1986, GBl. I Nr. 33 S. 425; 3. VO v. 30. 11. 1988, GBl. I Nr. 26 S. 283; 4. VO v. 2. 3. 1990 GBl. I Nr. 15 S. 114; aufgeh. durch § 13 Nr. 1, 5, 6 der VO über die Änderung oder Aufhebung von Rechtsvorschriften v. 28. 6. 1990, GBl. I Nr. 38 S. 509; dazu BGH WM 1993, 2240, 2241.
[37] Gesetz über das Vertragssystem in der sozialistischen Wirtschaft – Vertragsgesetz – v. 25. 3. 1982, GBl. I Nr. 14 S. 293, aufgeh. durch § 4 des Gesetzes über die Änderung oder Aufhebung von Gesetzen der Deutschen Demokratischen Republik v. 28. 6. 1990, GBl. I Nr. 38 S. 483.
[37a] BGH WM 1993, 2240, 2241f.; *Westermann*, (Fn. 34), S. 33ff. aA *van Dorp* DB DDR-Report 1990, 3183, 3184ff.

VermG § 16 22–24   Abschnitt IV. Rechtsverhältnisse zw. Berechtigten u. Dritten

hen von der Möglichkeit, die nach dem Vertragsgesetz begründeten Schuldverhältnisse durch Erklärung dem Gesetz über Wirtschaftsverträge zu unterstellen (§ 331 Abs. 2 GW), keine Übergangsvorschriften ergangen: Im Wege ergänzender Vertragsauslegung kann jedoch davon ausgegangen werden, daß die Vertragsparteien in Kenntnis des Problems den Vertrag den zur Zeit des Vertragsschlusses geltenden Regelungen unterstellt hätten.[38] Es gilt der allgemeine Rechtsgrundsatz, daß Inhalt und Wirkungen eines Schuldverhältnisses nach dem Recht zu beurteilen sind, das zur Zeit der Verwirklichung des Entstehungstatbestandes galt.[38a] Unbeschadet dessen können einzelne Verpflichtungen dadurch weggefallen sein, weil sie allein in dem durch die Währungs-, Wirtschafts- und Sozialunion abgelösten System der sozialistischen Planwirtschaft wurzelten und mit marktwirtschaftlichen Grundsätzen unvereinbar erscheinen (Art. 4 Abs. 2 S. 1 iVm. Art. 2 Abs. 1 des Staatsvertrages v. 18. 5. 1990, BGBl. II S. 537).[39]

IV. Arbeits- und freie Dienstverhältnisse

22 Zur Bedeutung des § 16 Abs. 2 S. 1 VermG für den Eintritt in Arbeitsverhältnisse vgl. ausführlich *Oetker* Anh. I zu § 16 RdNr. 6 ff., 14 ff. Zu den freien Dienstverhältnissen gehören insbesondere die in bezug auf den zu restituierenden Vermögenswert abgeschlossenen Pflege- und Wartungsverträge (vgl. § 176 ZGB-DDR) sowie Verträge über andere (wiederkehrende) Dienstleistungen (§§ 197 ZGB-DDR, 98 ff. GIW/GW; 37 ff. VG), wie etwa Beratungsverträge, Verträge über Grundstücks- und Hausverwaltungen, Hauswart- und Hausbewachungsverträge.[40] Soweit die bezeichneten Verträge der Privat- und Konsumtionssphäre zuzurechnen sind, ist auf sie seit dem 3. 10. 1990 Art. 232 § 6 EGBGB anzuwenden;[41] für Handelsgeschäfte (Wirtschaftsverträge) gilt die kollisionsrechtliche Grundnorm des Art. 232 § 1 EGBGB.[42]

V. Versicherungsverträge

23 Der Regelung des § 16 Abs. 2 S. 1 VermG unterfallen auch die in bezug auf den zu restituierenden Vermögenswert abgeschlossenen Versicherungsverträge (Gebäude-, Feuer-, Hagel-, Haftpflichtversicherung etc.). Die Vorschrift des § 69 VVG über den Eintritt in bestehende Versicherungsverhältnisse ist **nicht anwendbar,** da sie eine rechtsgeschäftliche Einzelrechtsnachfolge voraussetzt und daher nicht auf den kraft Hoheitsaktes eintretenden Rechtserwerb bei der Vermögensrestitution (§ 34 Abs. 1 VermG) angewendet werden kann.[43] Für eine Rechtsanalogie zu § 69 VVG bzw. § 73 VVG (Eintritt in bestehende Rechtsverhältnisse bei Zwangsversteigerung) ist in methodischer Hinsicht kein Raum:[44] Die dafür erforderliche Regelungslücke besteht nicht. Den zu regelnden Sachverhalt hat der Gesetzgeber der Bestimmung des § 16 Abs. 2 S. 1 VermG unterstellt.

24 Der Einigungsvertragsgesetzgeber hat für Versicherungsverträge, die vor dem 3. 10. 1990 abgeschlossen worden sind, keine besonderen Übergangsregeln getroffen. Es gilt daher die auf Schuldverhältnisse anzuwendende Grundregel des **Art. 232 § 1 EGBGB.**[45]

---

[38] BGH ZIP 1992, 1798; ZIP 1992, 1787, 1789; ZIP 1992, 1793, 1795; ZIP 1993, 955, 957 f.; BezG Magdeburg ZIP 1992, 1800, 1801; DtZ 1992, 291, 292.

[38a] BGH WM 1993, 2240, 2241; BGHZ 44, 192, 194; KG ZOV 1993, 411; LG Berlin WM 1991, 762, 764 f.; *Heinrichs,* Zivilrecht im Einigungsvertrag, 1991, RdNr. 66.

[39] Vgl. BGH DB 1992, 2497, 2497 f.; ZIP 1992, 1798, 1799; ZIP 1992, 1787, 1789; *Oetker* JZ 1992, 608, 613; *Eckert* EWiR § 242 BGB 2/93, S. 231, 232; *Kohte* EWiR § 242 BGB 4/93, S. 549, 550.

[40] Vgl. auch *Hök* ZOV 1993, 147, 148; zur Kasuistik nach § 197 ZGB-DDR vgl. *Persike* NJ 1974, 706.

[41] Ausführlich *Oetker,* Zivilrecht im Einigungsvertrag, 1991, RdNr. 165 ff.

[42] *Oetker,* Zivilrecht im Einigungsvertrag, 1991, RdNr. 173.

[43] Vgl. allgemein *Prölss-Martin,* Versicherungsvertragsgesetz, 25. Aufl. 1992, § 69 Anm. 2 b; zur gesetzlich angeordneten partiellen Universalsukzession in § 10 Abs. 1 Nr. 1 SpTrUG, § 11 Abs. 1 Nr. 1 LAG *Oetker* VersR 1992, 7, 11.

[44] Unzutreffend daher *Tenbieg* VersR 1993, 8, 9 ff., der §§ 73, 69 Abs. 1 VVG analog anwenden will.

[45] So ausdrücklich ErlBReg BT-Drucks. 11/7817, S. 38, und im Anschluß daran *Staudinger-Rauscher* Art. 232 § 1 EGBGB RdNr. 5.

Übernahme von Rechten und Pflichten	25, 26 § 16 VermG

Danach bleibt für Versicherungsverträge das frühere Recht der DDR maßgehend. Vereinzelt wird dagegen befürwortet, die §§ 2 bis 10 des Art. 232 EGBGB im Wege der Gesamtanalogie auch auf andere Schuldverhältnissse anzuwenden, für die in Art. 232 EGBGB keine Sonderregelungen getroffen sind.[46] Dies widerspricht jedoch dem in Art. 232 EGBGB statuierten Regel-Ausnahme-Grundsatz, gegen dessen Durchbrechung aufgrund einer Rechtsanalogie zudem Bedenken im Hinblick auf die verfassungsrechtlich nur eingeschränkt zulässige unechte Rückwirkung sprechen.[47]

E. Eintritt in dingliche Rechtsverhältnisse

I. Anwendungsbereich

1. Grundsatz (§ 16 Abs. 2 S. 1 VermG). Der Berechtigte tritt mit Rückübertragung des 25 Vermögenswertes nicht nur in alle schuldrechtlichen, sondern auch in die dinglichen Rechtsverhältnisse ein, die in bezug auf das Restitutionsobjekt abgeschlossen worden sind. Dies ist von Bedeutung bei der Rückgabe von Grundstücken und Gebäuden. Neben der Hypothek (§§ 452 ff. ZGB-DDR) als einzigem Grundpfandrecht kannte das ZGB-DDR ein dingliches Vorkaufsrecht (§§ 306 ff. ZGB-DDR) sowie ein sog. Mitbenutzungsrecht an Grundstücken (§§ 321, 322 ZGB-DDR), das nach Art. 233 § 5 Abs. 1 EGBGB als dingliches Recht anzusehen ist, wenn es zu seiner Bestellung der Zustimmung des Eigentümers des belasteten Grundstücks bedurfte. Denkbar ist allerdings auch, daß ein zurückzugebendes Grundstück im Zeitpunkt der Rückgabe mit dinglichen Rechten belastet ist, die entweder vor Inkrafttreten des ZGB am 1. 1. 1976 oder ab dem 3. 10. 1990 nach den Vorschriften des BGB bzw. der ErbbauVO begründet worden sind. Soweit Grundstücke und Gebäude den Berechtigten entzogen und in Volkseigentum überführt worden sind, wurden dingliche Belastungen regelmäßig gelöscht. Volkseigentum unterlag einem Belastungsverbot (vgl. nur §§ 20 Abs. 3 S. 2, 310 Abs. 2 S. 2 ZGB-DDR). Ausnahmen dazu mußten in Rechtsvorschriften ausdrücklich zugelassen sein (§ 20 Abs. 3 S. 3 ZGB-DDR). Bei der Rückübertragung der in Volkseigentum überführten Grundstücke und Gebäude spielt daher § 16 Abs. 2 S. 1 VermG hinsichtlich dinglicher Belastungen grundsätzlich keine Rolle. Anders verhält es sich für die Fälle der Aufhebung einer staatlichen Verwaltung bzw. bei Entziehung eines Grundstückes oder Gebäudes zugunsten Privater durch unlautere Machenschaften iSv. § 1 Abs. 3 VermG.

2. Sonderregelungen (§ 16 Abs. 3, 5 bis 9 VermG). a) Überblick. Die Absätze 3 und 5 26 bis 9 des § 16 VermG enthalten in Ergänzung zur Grundsatzbestimmung des Absatzes 2 Satz 1 spezielle Regelungen für den Eintritt in **dingliche Nutzungsrechte** (Abs. 3), **Aufbauhypotheken und vergleichbare Grundpfandrechte** zur Sicherung von Baukrediten (Abs. 5 und 6) sowie **sonstige eingetragene Grundpfandrechte** (Abs. 7). Ferner bestimmt § 16 Abs. 9 VermG das Erlöschen der nicht zu übernehmenden Grundpfandrechte und der ihnen zugrundeliegenden **Forderungen**. Sämtliche genannten Bestimmungen nebst der zugehörigen Verfahrensvorschrift (§ 16 Abs. 8 VermG) sind mit dem **2. VermRÄndG** neu in das Vermögensgesetz eingefügt worden, nachdem in § 18 Abs. 3 VermG aF lediglich eine unvollständige Regelung über Aufbauhypotheken enthalten war. **Regelungsbedarf** bestand auch insoweit, als vor dem 18. 10. 1989 unredlich erworbene dingliche Nutzungsrechte, die eine Restitution nicht ausschließen (vgl. § 4 Abs. 2 S. 1 VermG), nach dem Wortlaut des § 16 Abs. 2 VermG aF Bestand hatten, obwohl unter vergleichbaren Umständen erworbene obligatorische Nutzungsrechte gem. § 17 S. 2 VermG nicht restitutionsfest sind.

---

[46] *Lübchen-Lübchen,* Komm. zum Sechsten Teil des EGBGB, Art. 232, Vorbem. Tz. 2.

[47] *Staudinger-Rauscher* Art. 232 § 1 EGBGB RdNr. 2.

VermG § 16 27–31   Abschnitt IV. Rechtsverhältnisse zw. Berechtigten u. Dritten

27 **b) Unternehmensrückgabe.** Die Vorschriften über Aufbauhypotheken und vergleichbare Grundpfandrechte (Abs. 5, 6 und 9), sonstige eingetragene Grundpfandrechte (Abs. 7 und 9) und die zugrundeliegenden Forderungen (Abs. 9) sind **nicht anzuwenden**, wenn „das Grundstück nach § 6 zurückübertragen wird" (§ 16 Abs. 10 S. 1 VermG). Da § 6 VermG abschließende Regelungen für den Bereich der Unternehmensrückgabe enthält, gilt dies sowohl für die Rückübertragung eines Grundstückes im Rahmen der Unternehmensrestitution als auch für die subsidiäre Singularrestitution[48] im Falle des Ausschlusses der eigentlichen Unternehmensrestitution (§ 6 Abs. 6a S. 1 VermG). Im Rahmen der Unternehmensrestitution gilt der Grundsatz, daß das Unternehmen und damit auch die dem Unternehmen zugehörigen Grundstücke unbeschadet etwaiger Ausgleichsansprüche nach § 6 Abs. 2 bis 4 VermG so zurückzugeben sind, wie sie „stehen und liegen".

28 **c) Bestellung von Grundpfandrechten nach dem 30. 6. 1990.** Nicht anzuwenden ist § 16 Abs. 5 bis 9 VermG auch, wenn das Grundpfandrecht nach dem 30. 6. 1990, also seit Inkrafttreten der Währungs-, Wirtschafts- und Sozialunion bestellt worden ist (§ 16 Abs. 10 S. 2 VermG). Maßgebend ist nach dem Wortlaut der Vorschrift das Datum der Vereinbarung der Sicherheit (**Bestellungsurkunde**), nicht dasjenige der Eintragung des Rechts.

29 Die nach dem 30. 6. 1990 bestellten Grundpfandrechte sind nach dem Grundsatz des § 16 Abs. 2 S. 1 VermG von dem Berechtigten **voll zu übernehmen**, also ohne daß insoweit Abschläge nach dem Regelungsmodell des § 16 Abs. 5 und 7 iVm. § 18 Abs. 2 VermG vorzunehmen sind. Damit will der Gesetzgeber das Vertrauen derjenigen Kreditinstitute honorieren, die angesichts des Wandels der wirtschaftlichen Verhältnisse in der ehem. DDR und der damit verbundenen Ungewißheiten dennoch bereit waren, Kredite an die aus der Umwandlung[49] volkseigener Wirtschaftseinheiten entstandenen Kapitalgesellschaften oder andere Verfügungsberechtigte auszureichen.[50] Da andererseits die davon betroffenen Berechtigten nicht schlechter stehen sollen als solche, die Grundpfandrechte aus der Zeit vor dem 1. 7. 1990 zu übernehmen haben, sieht § 16 Abs. 10 S. 3 VermG einen **Anspruch** des Berechtigten **auf Befreiung** von dem Grundpfandrecht vor. Dieser richtet sich gegen denjenigen, der das Grundpfandrecht bestellt hat, und besteht in dem Umfang, in dem die vor dem 1. 7. 1990 begründeten Grundpfandrechte gem. § 16 Abs. 5 bis 9 VermG nicht zu übernehmen sind. Der Verfügungsberechtigte hat die gesicherte Forderung in dem betreffenden Umfang abzulösen und dem aus dem Grundpfandrecht Begünstigten, also dem finanzierenden Kreditinstitut, den aus der vorzeitigen Ablösung entstehenden Schaden zu ersetzen. Das Kreditinstitut ist sodann im Gegenzug verpflichtet, eine Löschungsbewilligung zu erteilen.

II. Dingliche Nutzungsrechte (§ 16 Abs. 3 S. 1)

30 **1. Allgemeines/Anwendungsbereich.** In Parallele zu der schon in § 17 S. 2 VermG enthaltenen Regelung, die allein Miet- und obligatorische Nutzungsrechte betrifft, sieht § 16 Abs. 3 S. 1 VermG in der durch das 2. VermRÄndG novellierten Fassung vor, daß dingliche Nutzungsrechte **nicht aufrechtzuerhalten** sind, **wenn** der **Nutzungsberechtigte** bei Begründung des Nutzungsrechtes **nicht redlich** iSd. § 4 Abs. 3 VermG gewesen ist. Die Vorschrift schließt damit eine vor Inkrafttreten des 2. VermRÄndG beklagte „Gerechtigkeitslücke". War der Nutzungsberechtigte dagegen redlich, so steht die Redlichkeit des Erwerbs nach wie vor der Restitution insgesamt entgegen (§ 4 Abs. 2 S. 1 VermG), nicht aber einer Aufhebung der staatlichen Verwaltung.

31 Bei den in § 16 Abs. 3 VermG genannten dinglichen Nutzungsrechten handelt es sich um jene **Rechte** an volkseigenen Grundstücken bzw. genossenschaftlich genutztem Grund

---

[48] Vgl. dazu § 6 RdNr. 131 ff.
[49] Zur Umwandlung vgl. §§ 11 Abs. 2 TreuhG; dazu *Busche* Rechtshandbuch B 200 § 11 RdNr. 1 ff.
[50] Vgl. Begründung z. Entwurf eines 2. VermRÄndG, BT-Drucks. 12/2480, S. 49.

und Boden, die dem Berechtigtem unabhängig von dem Erwerb eines Gebäudes[50a] **aufgrund staatlicher Verleihung**[51] bzw. **genossenschaftlicher Zuweisung**[52] das Recht zum Eigenheimbau gaben. Auf andere dingliche **Nutzungsrechte, die nach den** bis zum Inkrafttreten des ZGB noch geltenden **Vorschriften des BGB** begründet wurden, ist § 16 Abs. 3 S. 1 VermG nicht anwendbar; zu den dinglichen ZGB-Mitbenutzungsrechten vgl. RdNr. 96 ff. Die Sätze 2 bis 4 des § 16 Abs. 3 weisen darauf hin, daß der Gesetzgeber nur die Fälle vor Augen hatte, in denen der Nutzungsberechtigte in Ausübung des Nutzungsrechts durch Errichtung eines Wohngebäudes eigenständiges Gebäudeeigentum begründen konnte.

2. Unredlicher Erwerb. a) Verfahren bei Aufhebung. Unredlich erworbene dingliche **32** Nutzungsrechte sind von dem zuständigen Vermögensamt mit dem vermögensrechtlichen Bescheid über die Restitution, vorläufige Einweisung oder Aufhebung der staatlichen Verwaltung ausdrücklich **aufzuheben.** Die Rechtslage weicht damit von § 17 S. 2 VermG aF ab, wonach obligatorische Nutzungsrechtsverhältnisse im Zeitpunkt der vermögensrechtlichen Entscheidung ex lege erloschen.[53] Ist in dem vermögensrechtlichen Bescheid eine Entscheidung über die Aufhebung eines Rechtsverhältnisses der in § 16 Abs. 3 VermG bezeichneten Art **ganz oder teilweise unterblieben,** so konnte sie nur bis zum Ablauf von sechs Monaten ab Inkrafttreten des RegVBG, also bis zum 24. 6. 1994, beantragt werden (§ 30a Abs. 4 S. 3, Abs. 3 S. 2, Abs. 3 S. 1 iVm. Abs. 2 VermG). Geschah dies nicht, verbleibt es in den Fällen der Aufhebung der staatlichen Verwaltung (§ 30a Abs. 3 S. 1, 2 VermG) gem. § 30a Abs. 3 S. 3 VermG bei dem in § 16 Abs. 2 VermG angeordneten Rechtsübergang nach dem Regelungsmodell des Art. 14 Abs. 6 S. 1, 2, 4 und 5 des 2. VermRÄndG, der für bis zum 21. 7. 1992 bestandskräftig gewordene Entscheidungen unmittelbar und für die zwischen dem 22. 7. und 31. 12. 1992 bestandskräftig gewordenen Entscheidungen gem. § 30a Abs. 3 S. 3 VermG gilt.

b) Rechtsfolgen der Aufhebung. aa) Schicksal des Gebäudeeigentums. Soweit die **33** Nutzungsberechtigten in Ausübung der ihnen verliehenen oder zugewiesenen Nutzungsrechte durch **Errichtung eines Wohngebäudes** eigenständiges Gebäudeeigentum begründet haben,[54] entsteht das Problem, wie mit dem Gebäudeeigentum zu verfahren ist, das

---

[50a] Zur Begründung von Nutzungsrechten als Annex-Tatbestand zum Erwerb von Gebäudeeigentum vgl. dagegen § 4 Fn. 64a (bei RdNr. 50).
[51] Vgl. § 4 RdNr. 50.
[52] Vgl. § 4 RdNr. 50.
[53] Vgl. dazu § 17 RdNr. 25.
[54] Vgl. *zu den verliehenen Nutzungsrechten:* § 5 Abs. 2 S. 5 EGZGB; § 288 Abs. 4 ZGB; §§ 12 Abs. 2 iVm. 13 Abs. 1 VO über die Finanzierung des Arbeiterwohnungsbaues v. 4. 3. 1954, GBl. Nr. 27 S. 253, geänd. GBl. 1959 I Nr. 21 S. 227; § 8 Abs. 3 Gesetz über die Aufnahme des Bausparens v. 15. 9. 1954, GBl. Nr. 81 S. 783, geänd. GBl. 1959 I Nr. 21 S. 277, aufgeh. GBl. 1970 I Nr. 24 S. 372; § 9 VO über die Förderung des Baues von Eigenheimen in Landgemeinden v. 24. 1. 1957, GBl. I Nr. 14 S. 121, geänd. GBl. I 1959 Nr. 21 S. 227; § 12 Abs. 3 VO über die Arbeiterwohnungsbaugenossenschaften v. 14. 3. 1957, GBl. I Nr. 24 S. 193, geänd. GBl. 1959 I Nr. 21 S. 227, aufgeh. GBl. 1964 II Nr. 4 S. 17; § 16 VO über die Umbildung gemeinnütziger und sonstiger Wohnungsbaugenossenschaften v. 14. 3. 1957, GBl. I Nr. 24 S. 200, geänd. GBl. 1959 I Nr. 21 S. 227; § 5 des Zweiten Gesetzes über die Verleihung von Nutzungsrechten an volkseigenen Grundstücken v. 3. 4. 1959, GBl. I Nr. 21 S. 227, aufgeh. GBl. 1970 I Nr. 24 S. 371; § 4 Abs. 1 Gesetz über die Entschädigung bei Inanspruchnahmen nach dem Aufbaugesetz – Entschädigungsgesetz – v. 25. 4. 1960, GBl. I Nr. 26 S. 257, geänd. GBl. 1970 I Nr. 24 S. 372, aufgeh. GBl. 1984 I Nr. 17 S. 209; §§ 7 Abs. 4 und 14 Abs. 1 VO über die Arbeiterwohnungsbaugenossenschaften v. 21. 11. 1963, GBl. 1964 II Nr. 4 S. 17, geänd. GBl. 1970 II Nr. 102 S. 765, GBl. 1971 II Nr. 32 S. 266, GBl. 1973 I Nr. 5 S. 53, neu bekanntgeb. GBl. 1973 I Nr. 58 S. 578; § 2 Abs. 5 Zweite Durchführungsbestimmung z. Aufbaugesetz v. 29. 9. 1972, GBl. I Nr. 59 S. 641, aufgeh. GBl. 1984 I Nr. 17 S. 209. Vgl. *zu den zugewiesenen Nutzungsrechten:* § 292 Abs. 3 ZGB; § 4 Abs. 2 VO über die Bereitstellung von genossenschaftlich genutzten Bodenflächen zur Errichtung von Eigenheimen auf dem Lande v. 9. 9. 1976, GBl. I Nr. 35 S. 426, bericht. GBl. 1976 I Nr. 42 S. 500; § 18 Abs. 2 lit. f Gesetz über die landwirtschaftlichen Produktionsgenossenschaften – LPG-Gesetz – v. 2. 7. 1982, GBl. I Nr. 25 S. 443, geänd. GBl. 1990 I S. 133 und S. 483 (Aufhebung von § 18). Allgemein zum Gebäudeeigentum *Schnabel* ZOV 1993, 151 ff.; *Kassebohm* VIZ 1993, 425 ff.

infolge der Aufhebung des Nutzungsrechtes seines eigentlichen Fundaments beraubt ist. Der Fortbestand des Gebäudeeigentums ließe dessen selbständige Weiterübertragung zu, so daß die Gefahr besteht, daß Grundstücks- und Gebäudeeigentum auf Dauer auseinanderfallen. Um idS **„vagabundierendes" Gebäudeeigentum** zu verhindern, sieht § 16 Abs. 3 S. 2 VermG mit Aufhebung des Nutzungsrechtes gleichzeitig das Erlöschen des Gebäudeeigentums vor. Das Gebäude wird damit kraft Gesetzes (regelmäßig wesentlicher) Bestandteil des Grundstückes, auf dem es in Ausübung des ursprünglichen Nutzungsrechtes errichtet worden ist (§ 16 Abs. 3 S. 3 VermG iVm. §§ 94 ff. BGB). Diese Regelung entspricht dem Wertungsmodell des Art. 233 § 4 Abs. 5 S. 5 EGBGB und lehnt sich an die Bestimmung des § 12 Abs. 3 ErbbauVO an.

34 **bb) Schutz der Grundpfandgläubiger.** Zum Schutz der Grundpfandgläubiger, deren Forderungen durch Grundpfandrechte an dem Gebäude gesichert sind, wandeln sich die Grundpfandrechte mit Erlöschen des Nutzungsrechtes und des Gebäudeeigentums in **gesetzliche Pfandrechte (§ 1257 BGB) an den in §§ 7 und 7a VermG bezeichneten Ansprüchen** sowie an dinglichen Rechten, die zur Sicherung der Ansprüche begründet werden (§ 16 Abs. 3 S. 4 VermG).

35 Da §§ 7 und 7a VermG Ausgleichs- und Erstattungsansprüche unterschiedlichster Art betreffen, ist die allgemeine Verweisung auf diese Vorschriften in § 16 Abs. 3 S. 4 VermG zu weitgehend. Gemeint sind nach dem Sinnzusammenhang etwaige gegen den Berechtigten gerichtete **Ersatzansprüche für untergegangenes Gebäudeeigentum (§ 7 Abs. 3 S. 2 iVm. Abs. 1 und 2 VermG)** sowie **Ansprüche** des Verfügungsberechtigten bzw. des Entschädigungsfonds **auf Herausgabe von Gegenleistungen und Entschädigungen**, die dem Berechtigten aus Anlaß des seinerzeitigen Vermögensverlustes zugeflossen sind (§ 7a Abs. 2 S. 1 VermG).[55] Die genannten Ansprüche sind auf der einen Seite ex lege durch eine Sicherungshypothek im Range des bisherigen Nutzungsrechtes gesichert (§ 7 Abs. 3 S. 2 VermG) oder es hat auf Antrag des anspruchsberechtigten Verfügungsberechtigten die Eintragung einer Sicherungshypothek an rangbereiter Stelle des Grundbuchs zu erfolgen (§ 7a Abs. 3 S. 2 VermG).[56] Die ursprünglichen Grundpfandrechte setzen sich insoweit als Pfandrechte an den bezeichneten Ansprüchen bzw. dinglichen Rechten fort. Auf diese Pfandrechte sind §§ 1273 ff. BGB entsprechend anzuwenden (§ 1257 BGB), soweit die Vorschriften nicht ein rechtsgeschäftlich bestelltes Pfandrecht voraussetzen. Der Inhalt des Pfandrechtes richtet sich nach dem ursprünglichen Inhalt des Grundpfandrechtes.

36 **cc) Schutz der Nutzungsberechtigten.** Mit Aufhebung des dinglichen Nutzungsrechtes verliert der Nutzungsberechtigte regelmäßig das Recht zum Besitz der **Wohnung**, die für ihn den **Lebensmittelpunkt** bildet. Um selbst für denjenigen, der das Nutzungsrecht ursprünglich unredlich erworben hat, ein Mindestmaß sozialer Absicherung aufrechtzuerhalten, läßt § 16 Abs. 3 S. 5 VermG die Wirkungen des Satzes 1, also das **Erlöschen des dinglichen Nutzungsrechtes, erst sechs Monate nach Unanfechtbarkeit** – gemeint ist wohl: Bestandskraft – der Aufhebungsentscheidung eintreten. Bildet die Wohnung nicht den Lebensmittelpunkt, weil es sich etwa um eine Zweitwohnung handelt, ist § 16 Abs. 3 S. 5 VermG nach Sinn und Zweck nicht anzuwenden, da der ehedem Nutzungsberechtigte weiteren Wohnraum zur Verfügung hat und daher des Schutzes nicht bedarf. In jedem Fall gelten bei einer etwaigen Räumungsklage des Berechtigten zugunsten des Schuldners die vollstreckungsrechtlichen Schutzvorschriften der §§ 721, 765a ZPO.[57] **Werterhöhungen**, die der Nutzungsberechtigte bis zum 2. 10. 1990 an dem Vermögenswert herbeigeführt hat, sind von dem Berechtigten mit dem objektiven Wert zum Zeitpunkt der Aufhebung des Nutzungsrechtes auszugleichen (§ 7 Abs. 2 S. 2 iVm. S. 1 VermG).

37 **3. Redlicher Erwerb. a) Voraussetzungen des Eintritts.** Dingliche Nutzungsrechte, die der Nutzungsberechtigte aufgrund staatlicher Verleihung[58] oder genossenschaftlicher

---

[55] AA *Kinne* ZOV 1992, 118, 121, der auch Pfandrechte an den für Werterhöhungen zu zahlenden Beträgen annimmt.
[56] Vgl. dazu § 7a RdNr. 11.
[57] *Kinne* ZOV 1992, 118, 122 f.; a. A. *Flotho* Rechtshandbuch B 100 RdNr. 14
[58] Vgl. dazu § 4 Fn. 63 (b. RdNr. 50).

Zuweisung[59] in redlicher Weise erworben hat, führen gem. § 4 Abs. 2 S. 1 VermG zum Ausschluß der Restitution.[60] Im Gegensatz zur Eigentumsrückübertragung hindern zu Zeiten staatlicher Verwaltung redlich erworbene dingliche Nutzungsrechte iSv. § 16 Abs. 3 S. 1 VermG, die in den Fällen der §§ 291 ff. ZGB-DDR im Gegensatz zu §§ 287 ff. ZGB-DDR auch an Privatgrundstücken begründet werden konnten, die Aufhebung der staatlichen Verwaltung und damit die Wiederinverwaltungnahme des Grundstücks durch den Alteigentümer nicht.[61] Der Berechtigte tritt daher mit Aufhebung der staatlichen Verwaltung in die zu diesem Zeitpunkt bestehenden redlich erworbenen dinglichen Nutzungsrechte iSv. § 16 Abs. 3 S. 1 VermG ein.[62] Nach dem Sachenrechtsbereinigungsgesetz werden die dinglichen Nutzungsrechte iSv. Art. 233 § 4 Abs. 2 EGBGB nicht kraft Gesetzes in „BGB-konforme" Rechte umgewandelt. Vielmehr kann der Nutzer gem. §§ 3 Abs. 1, 15 Abs. 1 **SachenRBerG** im Grundsatz wahlweise Ansprüche auf Bestellung eines Erbbaurechts oder Ankauf des Grundstücks geltend machen.[62a] Damit soll die „Umwandlung" der dinglichen Nutzungsrechte in die Hand der Beteiligten gelegt werden, die mithin auch die Möglichkeit haben, den alten Rechtszustand durch Beibehaltung des dinglichen Nutzungsrechts aufrechtzuerhalten.

b) Einzelfragen. aa) Rechtserwerb. Für die Redlichkeit des Erwerbs dinglicher Nutzungsrechte kommt es auf die seinerzeit in der DDR geltenden Rechtsvorschriften an (vgl. dazu die bei § 4 RdNr. 50, dort Fn. 63, 64 genannten Vorschriften). Dingliche Nutzungsrechte entstanden danach konstitutiv durch staatliche Verleihung (vgl. § 287 Abs. 2 S. 3 ZGB-DDR) oder – in den hier relevanten Fällen – durch Zuweisung einer Genossenschaft, die der Bestätigung durch die Räte der Kreise und Gemeinden bedurfte (vgl. § 291 ZGB-DDR, § 3 d. VO über die Bereitstellung von genossenschaftlich genutzten Bodenflächen zur Errichtung von Eigenheimen auf dem Lande v. 9. 9. 1976, GBl. I Nr. 35 S. 426). Der Entstehungszeitpunkt des Nutzungsrechts war in einer Urkunde zu bezeichnen. Die „Dokumentation" der Nutzungsrechte im Grundbuch (vgl. § 1, § 2 Abs. 1 lit. c, § 3 Abs. 1 lit. a, d. Grundstücksdokumentationsordnung v. 6. 11. 1975, GBl. I Nr. 43 S. 697) hatte dagegen nur deklaratorische Bedeutung.[63] Gründe, die das Entstehen des Nutzungsrechts und damit den Rechtserwerb hindern, können daher nur aus dem Verleihungs- bzw. Zuweisungsakt folgen.[64] Dabei handelte es sich um privatrechtsgestaltende Verwaltungsakte.[65] Bei Fehlschlagen der Nutzungsrechtsbegründung (**sog. „hängende" Nutzungsrechte**) hat der Nutzer vorerst ggf. ein Recht zum Besitz (Art. 233 § 2a Abs. 1 lit. a EGBGB)[66] sowie die bei RdNr. 37 genannten Ansprüche aus der Sachenrechtsbereinigung (vgl. § 5 Abs. 1 Nr. 3 lit. g SachenRBerG).

bb) Inhalt. Der Inhalt des Nutzungsrechts als Rechtsinstitut des DDR-Rechts bestimmt sich weiterhin nach den seiner Begründung zugrundeliegenden Vorschriften (Art. 233 § 3 Abs. 1 EGBGB), es sei denn, deren Anwendungsvoraussetzungen sind mit der endgültigen Ablösung der DDR-Zivilrechtsordnung am 3. 10. 1990 weggefallen. Dies stellt der mit dem RegVBG in Art. 233 § 3 Abs. 1 EGBGB eingefügte Satz 2 klar, der die aus § 5 Abs. 2 S. 2 und Abs. 3 des Nutzungsrechtsgesetzes[66a] und aus § 289 Abs. 2, 3, sowie § 293 Abs. 1 S. 2 ZGB-DDR folgenden Veräußerungs- und Erwerbsbeschränkungen für unan-

---

[59] Vgl. dazu § 4 Fn. 64 (b. RdNr. 50).
[60] Vgl. dazu § 4 RdNr. 49 ff.
[61] Vgl. dazu bereits § 4 RdNr. 47, 50.
[62] *Fieberg-Reichenbach* F/R/M/S RdNr. 19; *Kohler* VIZ 1992, 261, 262.
[62a] Kritisch dazu *Degenhart,* DVBl. 1994, 553, 557 ff.
[63] *Horn* ZIP 1993, 659, 660.
[64] So auch *v. Oefele,* Zivilrecht im Einigungsvertrag, 1991, RdNr. 305.
[65] Mit diesem Ergebnis wohl auch *Westen-Schleider,* Zivilrecht im Systemvergleich, 1984, S. 341 ff.; vgl. noch zur Verleihung *Heuer,* Grundzüge des Bodenrechts der DDR 1949–1990, 1991, RdNr. 50; *Rohde* u. a., Bodenrecht, 1989, S. 89 f., 93; *Oehler-Rohde,* in: Klinkert-Oehler-Rohde, Eigentumsrecht, Nutzung von Grundstücken und Gebäuden zum Wohnen und zur Erholung, 1979, S. 78, 82; zur Zuweisung undeutlich *Rohde* u. a., Bodenrecht, 1989, S. 105; *Oehler-Rohde,* in Klinkert-Oehler-Rohde, a. a. O., S. 86.
[66] BGH ZOV 1993, 181, 181 f.
[66a] Gesetz über die Verleihung von Nutzungsrechten an volkseigenen Grundstücken v. 14. 12. 1970, GBl. I Nr. 24 S. 372.

wendbar erklärt. Für die Nutzungsberechtigten besteht andererseits nach wie vor das **Recht zur Errichtung von Eigenheimen.** Unter den Begriff des Eigenheimes[67] fallen Wohngebäude, die für den Wohnbedarf einer Familie bestimmt sind, sowie Wohngebäude, die eine zweite Wohnung enthalten, wenn diese nach ihrer baulichen Beschaffenheit besonders zur Nutzung durch nahe Familienangehörige (Eltern, erwachsene Kinder) geeignet ist.[68] Eigenheime sind schließlich Wohngebäude mit zwei Wohnungen, wenn diese durch zwei Familien als Eigentümer genutzt werden;[69] maßgebend ist die Eigennutzung und unzulässig daher die Errichtung eines Wohngebäudes mit einer zweiten abgeschlossenen Wohnung zum Zwecke der gewerblichen Vermietung.[70] Die aufgrund des Nutzungsrechts bestimmungsgemäß errichteten Gebäude stehen, auch wenn sie nach dem 3. 10. 1990 errichtet wurden, im **Eigentum des Nutzungsberechtigten** (vgl. §§ 284 Abs. 4, 292 Abs. 3 ZGB-DDR).[71] Auf das Gebäudeeigentum sind seit dem 3. 10. 1990 die für Grundstücke geltenden Vorschriften des BGB mit Ausnahme der §§ 927, 928 BGB entsprechend anzuwenden (Art. 233 § 4 Abs. 1 EGBGB). Der gutgläubige Erwerb selbständigen Gebäudeeigentums oder eines dinglichen Rechts am Gebäude ist jedoch nur möglich, wenn auch das zugrundeliegende Nutzungsrecht bei dem durch das Gebäudeeigentum belasteten Grundstück in Abteilung 2 des Grundbuchs eingetragen ist (Art. 233 § 4 Abs. 1 S. 3 EGBGB idF des RegVBG). Sofern sich das Nutzungsrecht ursprünglich mangels freier Vermessungskapazitäten oder aus anderen im Verwaltungsvollzug liegenden Gründen nur auf die Gebäudegrundfläche bezog, ist es durch Art. 233 § 4 Abs. 3 EGBGB auf die **Nutzung des Grundstückes** in dem für Gebäude der errichteten Art zweckentsprechenden ortsüblichen Umfang ausgedehnt worden; bei Eigenheimen jedoch höchstens auf eine Fläche von 500 m². Diese Größenordnung entspricht dem Richtwert in § 2 Abs. 1 d. VO über die Bereitstellung von genossenschaftlich genutzten Bodenflächen zur Errichtung von Eigenheimen auf dem Lande v. 9. 9. 1976 (GBl. I Nr. 35 S. 426). Das **Grundbuch** ist auf Antrag entsprechend zu berichtigen (Art. 233 § 4 Abs. 2 S. 4 EGBGB), wenn eine Eintragung über die ursprüngliche Verleihung bzw. Zuweisung besteht. Bezieht sich das Nutzungsrecht nicht nur auf eine Gebäudegrundfläche, ist für den räumlichen Umfang des Nutzungsrechts vorrangig die Nutzungsrechtsurkunde maßgebend (§ 3 Abs. 1 BoSoG). Soweit sich daraus nichts ergibt und auch eine Einigung über den räumlichen Umfang des dinglichen Nutzungsrechts zwischen Nutzungsrechtsinhaber und Grundstückseigentümer sowie etwaigen anderen betroffenen Rechtsinhabern nicht zu erzielen ist (§ 3 Abs. 2 BoSoG), ist subsidiär auf die Regelung des Art. 233 § 4 Abs. 3 S. 3 EGBGB zurückzugreifen, soweit nicht eine hierüber hinausgehende Zuweisung oder Verleihung nachgewiesen wird (§ 3 Abs. 3 BoSoG).

40 Nach Art. 231 § 5 Abs. 2 S. 1 EGBGB gilt das **Nutzungsrecht** an einem Grundstück seit dem 3. 10. 1990 anders als nach DDR-Recht als **wesentlicher Bestandteil des Gebäudes.** Die Vorschrift dient der Sicherheit des Rechtsverkehrs und soll verhindern, daß das Nutzungsrecht und das Gebäudeeigentum ein unterschiedliches rechtliches Schicksal nehmen. Ein **Untergang des Gebäudes** führt damit an sich zum Erlöschen des Nutzungsrechtes; andererseits ist eine selbständige Übertragung/Aufhebung des Nutzungsrechtes (dazu RdNr. 41) nicht möglich. Für diese Fälle hat der Gesetzgeber mit den durch das 2. VermRÄndG eingefügten Vorschriften des Art. 233 § 4 Abs. 3 S. 1 und S. 2 Hs. 1 sowie Absatz

---

[67] Vgl. § 1 Abs. 1 d. Durchführungsbestimmung zur VO über den Neubau, die Modernisierung und Instandsetzung von Eigenheimen v. 18. 8. 1987, GBl. I Nr. 21 S. 215.

[68] § 1 Abs. 2 Nr. 1 d. Durchführungsbestimmung zur VO über den Neubau, die Modernisierung und Instandsetzung von Eigenheimen v. 18. 8. 1987, GBl. I Nr. 21 S. 215.

[69] § 1 Abs. 2 Nr. 2 d. Durchführungsbestimmung zur VO über den Neubau, die Modernisie-

rung und Instandsetzung von Eigenheimen v. 18. 8. 1987, GBl. I Nr. 21 S. 215.

[70] § 1 Abs. 3 d. Durchführungsbestimmung zur VO über den Neubau, die Modernisierung und Instandsetzung von Eigenheimen v. 18. 8. 1987, GBl. I Nr. 21 S. 215.

[71] *Staudinger-Rauscher* Art. 233 § 4 EGBGB RdNr. 7; *Craushaar* DtZ 1991, 359, 361; *Kassebohm* VIZ 1993, 425, 426.

6 EGBGB unter Durchbrechung von Art. 231 § 5 Abs. 2 S. 1 EGBGB Abhilfe geschaffen. Der Untergang des Gebäudes, gleich aus welchen Gründen, führt danach nicht zum Erlöschen des Nutzungsrechtes (Art. 233 § 4 Abs. 3 S. 1 EGBGB). Vielmehr hat der Nutzungsberechtigte das Recht, im Umfang der ursprünglich eingeräumten Berechtigung ein neues Gebäude zu errichten, das wiederum in seinem Eigentum steht (§§ 288 Abs. 4, 292 Abs. 3 ZGB-DDR). Allerdings gehen Belastungen des Gebäudeeigentums an und für sich mit dem Untergang des Gebäudes unter. Diese bis zum Inkrafttreten des RegVBG geltende Rechtslage erschwerte die Beleihbarkeit des Gebäudeeigentums nicht unerheblich. Die mit dem RegVBG neu geschaffene Vorschrift des Art. 233 § 4 Abs. 3 S. 2 Hs. 2 EGBGB ordnet daher an, daß sich Belastungen des Gebäudeeigentums im Falle des Untergangs des Gebäudes an dem Nutzungsrecht und dem neu errichteten Gebäude fortsetzen.

cc) **Übertragung/Aufhebung/Entzug.** Da das dingliche Nutzungsrecht gem. Art. 231 § 5 Abs. 2 S. 1 EGBGB wesentlicher Bestandteil des bestimmungsgemäß auf seiner Grundlage errichteten Gebäudes ist, wird dadurch eine selbständige Übertragung des Nutzungsrechts ausgeschlossen. In Ausnahme zu Art. 231 § 5 Abs. 2 S. 1 EGBGB möglich ist dagegen die isolierte Aufhebung des Nutzungsrechts (Art. 233 § 4 Abs. 6 EGBGB).

Die Tatsache, daß dingliche Nutzungsrechte iSv. § 16 Abs. 3 S. 1 VermG nicht der Eintragung im Grundbuch bedurften und seit dem 3. 10. 1990 auch ohne Eintragung fortbestehen (Art. 233 § 3 Abs. 1 EGBGB), könnte zu einem Erlöschen des Rechts bzw. zu einem Rangverlust infolge **gutgläubigen Erwerbs des Grundstückseigentums bzw. eines anderen Grundstücksrechts** durch Dritte führen (§ 892 BGB).[72] Zum Schutz des Nutzungsberechtigten sieht der durch das RegVBG um eine Fristbestimmung ergänzte Art. 233 § 4 Abs. 2 S. 1 EGBGB daher vor, daß ein nicht eingetragenes Nutzungsrecht durch die Vorschriften über den öffentlichen Glauben des Grundbuchs nicht beeinträchtigt wird, wenn der Erwerber bis zum Ablauf des 31. 12. 1996 („vor dem 1. 1. 1997") einen entscheidungsreifen Antrag auf Eintragung seines Rechts stellt und ein aufgrund des Nutzungsrechts zulässiges Eigenheim oder sonstiges Gebäude in dem für den öffentlichen Glauben maßgebenden Zeitpunkt (§ 892 Abs. 2 BGB) ganz oder teilweise errichtet ist. Nach § 892 Abs. 2 BGB ist für den gutgläubigen Dritterwerb der Zeitpunkt der Stellung des Antrags auf Eintragung ins Grundbuch maßgeblich, es sei denn, die Einigung über den Rechtsübergang oder entsprechend ein sonstiges materiellrechtliches Erwerbserfordernis liegt erst später vor. Dann ist auf den Zeitpunkt der letzten Erwerbsvoraussetzung abzustellen.[73] Der Erwerber kann sich damit hinsichtlich eines vor dem 1. 1. 1997 gestellten Eintragungsantrags auf seinen guten Glauben nicht berufen, wenn zu dem nach § 892 Abs. 2 BGB maßgeblichen Termin ein Gebäude mindestens teilweise errichtet ist. Da die Bauausführung die fehlende Grundbuchpublizität ersetzen soll, ist es ausreichend, wenn mit bauvorbereitenden Maßnahmen (Bodenaushub, Fundamentierung etc.) begonnen wurde. Damit hat der Erwerber eines belasteten Grundstücks einen „gewissen Anhalt für das Bestehen eines Nutzungsrechts".[74] Ein Rechtsverlust des Nutzungsberechtigten durch gutgläubigen Erwerb Dritter ist daher **ausgeschlossen,** wenn der Nutzungsberechtigte mit der bestimmungsgemäßen Errichtung eines Gebäudes zu dem nach § 892 Abs. 2 BGB maßgeblichen Zeitpunkt begonnen hat und der Eintragungsantrag des Erwerbers am 1. 1. 1997 vorliegt. Die mit dem RegVBG eingeführte Fristbestimmung auf den 1. 1. 1997 wird von dem Gedanken getragen, die für die DDR-Altrechte geltenden Rechtsregeln nach und nach dem BGB-Immobiliarsachenrecht anzugleichen, das den Gutglaubensschutz von der „negativen" Publizität des Grundbuchs abhängig macht. Aufgrund der Fristbestimmung werden bisher nicht eingetragene dingliche Nutzungsrechte ab 1. 1. 1997 infolge gutgläu-

---

[72] Vgl. auch *Staudinger-Rauscher* Art. 233 § 4 EGBGB RdNr. 20.
[73] Vgl. dazu *Wacke,* MünchKomm., BGB, 2. Aufl. 1986, § 892 RdNr. 56 mwN.; *Palandt-Bassenge* § 892 RdNr. 24.
[74] Vgl. Erl.BReg., BT-Drucks. 11/7817, S. 41.

bigen Dritterwerbs erlöschen können, wenn für sie bis dahin kein Antrag auf Grundbucheintragung iSv. § 17 GBO vorliegt (zum Schicksal des aufgrund eines Nutzungsrechts erworbenen Gebäudeeigentums vgl. Art. 231 § 5 Abs. 3 EGBGB). Ab dem 1. 1. 1997 sind die Grundsätze des gutgläubigen Dritterwerbs nach § 892 BGB uneingeschränkt auf die dinglichen ZGB-Nutzungsrechte anzuwenden. Im Hinblick auf diese Rechte kann der Nutzer bei gutgläubigem Dritterwerb dann auch Ansprüche aus der Sachenrechtsbereinigung nicht mehr geltend machen (vgl. § 111 SachenRBerG).

43 Im Falle fehlender Gutgläubigkeit des Dritten erwirbt dieser das Grundstück mit der Belastung durch das dingliche Nutzungsrecht bzw. geht dieses einem sonstigen von ihm an dem Grundstück erworbenen Recht im Rang vor. Der Erwerber kann allerdings, sofern er das Vorhandensein des Nutzungsrechts in dem nach § 892 Abs. 2 BGB maßgeblichen Zeitpunkt positiv nicht kannte, die **Aufhebung oder Änderung des Nutzungsrechts** verlangen. Dazu ist erforderlich, daß das Nutzungsrecht für ihn mit erheblich größeren Nachteilen verbunden ist als der dem Nutzungsberechtigten durch die Aufhebung oder Änderung entstehende Schaden (Art. 233 § 4 Abs. 2 S. 2 EGBGB). Die Vorschrift erfordert insoweit eine **Interessenabwägung.** Bei den zugunsten des Erwerbers zu berücksichtigenden „Nachteilen" wird es sich regelmäßig um Vermögensnachteile handeln. Da der Gesetzgeber die dem Nutzungsberechtigten auszugleichenden Nachteile jedoch auf „Vermögensnachteile" begrenzt hat,[75] ist aus dem unterschiedlichen Sprachgebrauch zu schließen, daß zugunsten des Erwerbers auch andere als Vermögensnachteile zu berücksichtigen sind. Das Wort „Nachteile" bildet insoweit den Oberbegriff für Vermögensnachteile und andere Nachteile etwa allgemein praktischer Art.[76] In die Interessenabwägung einzustellen ist mithin beispielsweise auch eine infolge des dinglichen Nutzungsrechts nur noch erschwerte Nutzbarkeit eines belasteten Grundstücksteils.

44 Die Interessenabwägung muß im Einzelfall ein **erhebliches Überwiegen der Nachteile** des Erwerbers gegenüber dem durch die Änderung bzw. Aufhebung des Rechts dem Nutzungsberechtigten entstehenden Schaden ergeben. Notwendig ist also ein eindeutiger Interessenvorrang zugunsten des Erwerbers. Bei erheblichem Überwiegen hat der Erwerber ein Recht auf Abänderung bzw. Aufhebung des Nutzungsrechts. Dieses Recht beinhaltet eine sondergesetzliche Ausprägung des Grundsatzes des Wegfalls der Geschäftsgrundlage.[77] Eine Aufhebung des Nutzungsrechts kommt daher nach Treu und Glauben (§ 242 BGB) nur in Betracht, wenn das mildere Mittel der Vertragsabänderung scheitert.

45 Dem Nutzungsberechtigten hat der Erwerber alle infolge des Schadens eintretenden **Vermögensnachteile** zu ersetzen. Der Vermögensnachteil bemißt sich grundsätzlich nach dem Verkehrswert des abzuändernden oder aufzuhebenden dinglichen Nutzungsrechts.

46 Auf die **Aufhebung** eines dinglichen Nutzungsrechts (§ 291 ZGB-DDR), die von den Parteien nicht nur nach Art. 233 § 4 Abs. 2 S. 2 EGBGB, sondern unter Durchbrechung des in Art. 231 § 5 Abs. 2 S. 1 EGBGB angelegten „Einheitsprinzips" auch ansonsten einvernehmlich vereinbart werden kann, finden §§ 875, 876 BGB Anwendung (Art. 233 § 4 Abs. 6 S. 1 EGBGB).[78] Da die dinglichen Nutzungsrechte jedoch häufig nicht im Grundbuch eingetragen sind, sieht das Gesetz zugleich eine verfahrensrechtliche Erleichterung vor, indem es abweichend vom Erfordernis der Voreintragung, wie es § 875 BGB zugrundeliegt, auch eine notariell beurkundete Erklärung des Berechtigten über die Aufgabe des Nutzungsrechts ausreichen läßt (Art. 233 § 4 Abs. 6 S. 2 EGBGB), die dem Grundbuchamt einzureichen ist und dort zu den Grundakten genommen wird. Die Vorschriften über den hoheitlichen **Entzug** des Nutzungsrechts bei nicht bestimmungsgemä-

---

[75] AA *Staudinger-Rauscher* Art. 233 § 4 EGBGB RdNr. 23, der etwa auch den Verlust der Wohnung als immateriellen Schaden zugunsten des Nutzungsberechtigten in die Interessenabwägung einstellen will.

[76] *v. Oefele,* Zivilrecht im Einigungsvertrag, 1991, RdNr. 323.

[77] *Staudinger-Rauscher* Art. 233 § 4 EGBGB RdNr. 27.

[78] *Staudinger-Rauscher* Art. 233 § 4 EGBGB RdNr. 9.

ßer Nutzung (§ 6 Nutzungsrechtsgesetz; § 294 ZGB-DDR) sind dagegen nicht mehr anzuwenden (Art. 233 § 3 Abs. 1 S. 3 EGBGB). Nach § 29 SachenRBerG kann der Grundstückseigentümer in diesen Fällen dem Anspruch des Nutzers auf Bestellung eines Erbbaurechts bzw. Ankauf des Grundstücks die nicht mehr bestimmungsgemäße Nutzung einredeweise entgegenhalten, ist ggf. aber zum Ankauf des Gebäudes bzw. zur Ablösung der aus baulichen Investitionen begründeten Rechte verpflichtet.

Rechtsfolge der privatautonomen Aufhebung des Nutzungsrechts ist das **Erlöschen des Gebäudeeigentums,** das in bestimmungsgemäßer Ausübung des Nutzungsrechts entstanden ist (Art. 233 § 4 Abs. 6 S. 3 EGBGB). Das Gebäude wird kraft Gesetzes Bestandteil des Grundstücks. Diese Regelung entspricht der in § 12 Abs. 3 ErbbauVO für das Erbbaurecht getroffenen Bestimmung. Regelmäßig wird das Gebäude wesentlicher Bestandteil iSv. § 94 BGB werden. Eine gesetzliche Bestimmung über die Entschädigung des dinglichen Nutzungsrechts bei einvernehmlicher Aufhebung fehlt. Sie ist dem Grunde nach auch nicht für das vergleichbare Erbbaurecht vorgesehen. Insoweit bleibt es den Parteien überlassen, einen angemessenen Ausgleich zu vereinbaren. Richtschnur dafür kann die in Art. 233 § 4 Abs. 2 S. 2 EGBGB getroffene Regelung sein, die sich am Verkehrswert des Nutzungsrechts orientiert. 47

dd) Gebäudeeigentum und Nutzungsrecht in der Zwangsversteigerung. Die vom EGBGB-Gesetzgeber in Art. 231 § 5 Abs. 2 S. 1 getroffene Regelung, wonach das Nutzungsrecht als wesentlicher Bestandteil des Gebäudeeigentums gilt, läßt das Schicksal des Nutzungsrechts in der Zwangsversteigerung des Gebäudes fraglich erscheinen, da andererseits Art. 233 § 4 Abs. 2 EGBGB das Nutzungsrecht wie eine dingliche Belastung des Grundstücks behandelt. Bis zum Inkrafttreten des 2. VermRÄndG und der damit vollzogenen Ergänzung von Art. 233 § 4 durch den jetzigen Abs. 4 war daher umstritten, ob das regelmäßig nicht im Grundbuch eingetragene dingliche Nutzungsrecht iSv. § 16 Abs. 3 S. 1 VermG in der Zwangsversteigerung des Gebäudes untergeht. Dafür spricht **§ 45 ZVG,** der anordnet, daß aus dem Grundbuch nicht ersichtliche Rechte bei der Feststellung des geringsten Gebots nur dann zu berücksichtigen sind, wenn sie rechtzeitig angemeldet und im Falle des Gläubigerwiderspruchs glaubhaft gemacht werden. Unterbleibt die Anmeldung und damit die Aufnahme in das geringste Gebot, so erlöschen die Rechte mit dem Zuschlag an den Ersteher (§§ 90, 91 Abs. 1 iVm. 52 Abs. 1 S. 2 ZVG). An die Stelle des Rechtes tritt der Anspruch auf Ersatz des Wertes aus dem Versteigerungserlös (§ 92 Abs. 2 ZVG). 48

In Ausnahme dazu hat der Gesetzgeber dem Nutzungsberechtigten mit dem durch das 2. VermRÄndG in **Art. 233 § 4 EGBGB** eingefügten und durch das RegVBG um die Fristbestimmung auf den 31. 12. 1996 ergänzten Absatz 4 eine zusätzliche Sicherung verschafft, so daß das Nutzungsrecht bei bis zum Ablauf des 31. 12. 1996 angeordneten Zwangsversteigerungen auch dann bestehen bleibt, wenn es nicht in das geringste Gebot aufgenommen wurde. Die Vorschrift lehnt sich, wenn auch nicht inhaltlich, so doch systematisch an § 25 ErbbauVO an. Mit der durch das RegVBG eingeführten Fristbestimmung, die gem. Art. 233 § 5 Abs. 2 S. 3 EGBGB idF des RegVBG auch für nicht eingetragene Mitbenutzungsrechte gilt, soll andererseits das Bestehenbleiben dinglicher Belastungen zeitlich befristet und damit die **Zwangsversteigerungsfähigkeit** von bebauten Grundstücken im Beitrittsgebiet wiederhergestellt werden:[78a] Ab dem 1. 1. 1997 bleiben nicht im Grundbuch eingetragene dingliche Nutzungsrechte iSv. § 16 Abs. 3 S. 1 VermG bei der Feststellung des geringsten Gebots unberücksichtigt, es sei denn, sie werden rechtzeitig angemeldet und im Falle des Gläubigerwiderspruchs glaubhaft gemacht. Parallel dazu ordnet die durch Art. 12 Abs. 1 RegVBG in das EGZVG inkorporierte Bestimmung des § 9a an, daß nach dem 31. 12. 1996 angeordnete Beschlagnahmen von Grundstücken auch 49

[78a] Vgl. Begründung z. Entw. e. RegVBG, BT-Drucks. 12/5553, S. 44, 124.

das in Art. 233 § 4 EGBGB bezeichnete Gebäudeeigentum erfassen. Diese ergänzende Regelung war im Hinblick auf die Zielsetzung der eingeführten Fristbestimmung erforderlich, da das Erlöschen des Nutzungsrechts wegen Art. 231 § 5 Abs. 2 EGBGB ohne Einfluß auf das durch bestimmungsgemäße Ausübung des Nutzungsrechts erworbene Gebäudeeigentum ist. Das Gebäude ist anders als beim Erbbaurecht nicht Bestandteil des Rechts; vielmehr gilt gem. Art. 231 § 5 Abs. 2 EGBGB das Nutzungsrecht als wesentlicher Bestandteil des Gebäudes. Die Vorschrift des § 9a EGZVG stellt mithin sicher, daß die Beschlagnahme nicht nur das Nutzungsrecht erfaßt, sondern auch das Gebäudeeigentum als Hauptsache, das also ggfls. mit dem Zuschlag ebenso erlischt. Entsprechende Regelungen sieht § 9a EGZVG für das nutzungsrechtslose Gebäudeeigentum iSv. Art. 233 § 2b EGBGB und das im Rahmen von § 459 ZGB-DDR gebildete Gebäudeeigentum (vgl. Art. 233 § 8 EGBGB) vor.

III. Eingetragene Aufbauhypotheken und vergleichbare Grundpfandrechte (§ 16 Abs. 5)

50 1. **Voraussetzungen (Abs. 5). a) Allgemeines.** Die Vorschrift des § 16 Abs. 5 VermG nimmt in modifizierter Form den Regelungsgedanken des § 18 Abs. 3 VermG aF wieder auf: Eingetragene Aufbauhypotheken und vergleichbare Grundpfandrechte zur Sicherung von Baukrediten sind in dem sich aus § 18 Abs. 2 VermG ergebenden Umfang **zu übernehmen** (§ 16 Abs. 5 S. 1 VermG). **Baukredite** iSd. Vorschrift sind Kredite, die von Sparkassen und Kreisstellen der Deutschen Bauern-Bank (seit 1968: BLN) zur Finanzierung von Baumaßnahmen aller Art (Neubau/Um- und Ausbau/Modernisierung/Instandhaltung/Instandsetzung von Gebäuden) an Privatpersonen ausgereicht worden sind (vgl. § 1 FinanzierungsVO v. 28. 4. 1960, GBl. I Nr. 34 S. 351 idF. d. 2. VO v. 14. 6. 1967, GBl. I Nr. 63 S. 419 und der 1. DurchführungsVO z. BaulandG v. 15. 6. 1984, GBl. II Nr. 17 S. 205; § 12 EigenheimVO v. 31. 8. 1978, GBl. I Nr. 40 S. 425 idF d. ÄnderungsVO v. 25. 2. 1987, GBl. I Nr. 7 S. 64; AO über die Finanzierung des Abrisses baufälliger Wohngebäude v. 18. 10. 1979, GBl. I Nr. 39 S. 372).

51 **b) Bestellung durch staatlichen Verwalter.** Aufbauhypotheken und vergleichbare Grundpfandrechte müssen dem Wortlaut nach von einem staatlichen Verwalter bestellt worden sein. Insoweit ist der Anwendungsbereich des § 16 Abs. 5 VermG enger als derjenige von § 18 Abs. 3 VermG aF, der eine dementsprechende Einschränkung nicht vorsah. Die Einschränkung rechtfertigt sich daraus, daß das Vermögensgesetz nur spezifisches **Teilungs- und Diskriminierungsunrecht** beseitigen will. Dazu gehören nicht Grundpfandrechte, die der Berechtigte vor Übernahme des Grundstückes in staatliche Verwaltung selbst bestellt hat oder die auf der Grundlage entsprechender Rechtsvorschriften gegen seinen Willen begründet worden sind.[79] Die Rechtswirkungen daraus treffen den Berechtigten ebenso wie andere Eigentümer, deren Grundstücke nicht unter staatliche Verwaltung gestellt wurden. Bei Grundstücken, die im **Miteigentum** standen, ist § 16 Abs. 5 VermG nur auf die staatlich verwalteten Miteigenumsanteile anwendbar. Wurden die Miteigentumsanteile nicht selbständig belastet, sondern das gesamte Grundstück, ist die Übernahmeverpflichtung anteilig gegeben (vgl. § 3 Abs. 3 S. 3 iVm. S. 1 HypAblV).

52 Andererseits verbleibt eine **Regelungslücke** für die der Rückübertragung unterliegenden Grundstücke, die – etwa im Wege von **Zwangsverkäufen** - an Dritte veräußert wurden und von den Erwerbern mit Grundpfandrechten belastet wurden. Der Berechtigte darf in diesen Fällen, die ebenfalls Ausdruck des Teilungsunrechts sind, im Ergebnis nicht schlechter gestellt werden als in den Verwalterfällen. Nach Sinn und Zweck ist daher § 16 Abs. 5 VermG auf die soeben skizzierten Veräußerungsfälle entsprechend anzuwen-

---

[79] Vgl. §§ 16 iVm. 15 der VO über die Finanzierung von Baumaßnahmen zur Schaffung und Erhaltung von privatem Wohnraum v. 28. 4. 1960, GBl. I Nr. 34 S. 351.

Übernahme von Rechten und Pflichten 53–55 § 16 VermG

den.[80] Ansonsten entstünde zudem ein unauflösbarer Wertungswiderspruch zu § 16 Abs. 7 2. Alt. VermG: Nach dieser Vorschrift sind eingetragene sonstige Grundpfandrechte, die nach Eintritt des Eigentumsverlustes bestellt wurden, nur nach Maßgabe des Absatzes 5 zu übernehmen. Nichts anderes kann dann aber gelten für Aufbauhypotheken und vergleichbare Grundpfandrechte, die nach Eintritt des Eigentumsverlustes begründet wurden.

c) Vergleichbare Grundpfandrechte. aa) Aufbaugrundschulden. Während § 18 53 Abs. 3 VermG aF sich dem Wortlaut nach nur auf Aufbauhypotheken bezog, gilt § 16 Abs. 5 VermG ausdrücklich auch für vergleichbare Grundpfandrechte **zur Sicherung von Baukrediten**. Dazu zählen insbesondere sog. Aufbaugrundschulden. Nach § 13 Abs. 2 iVm. § 7 Abs. 5 bis 7 der VO über die Finanzierung von Baumaßnahmen zur Schaffung und Erhaltung von privatem Wohnraum v. 28. 4. 1960[81] konnten zur Sicherung langfristiger Kredite für Wohngrundstücke, deren Eigentümer nicht in der DDR wohnten, Aufbaugrundschulden zugunsten kreditgewährender Kreditinstitute bestellt werden, wenn eine Sicherung durch Hypothekeneintragung nicht in Betracht kam oder die vorgeschriebenen Leistungen (Zins- und Mindesttilgungssatz) durch den Kreditnehmer wegen Unrentabilität des Grundstücks aus diesem nicht erbracht werden konnten.[82] Im Gegensatz zur Bestellung einer Hypothek hatte die Bestellung einer Aufbaugrundschuld den Vorteil, daß sie unter Durchbrechung des Prioritätsprinzips stets den Rang vor allen anderen im Grundbuch eingetragenen Belastungen einnahm[83] und dem Kreditgeber damit eine umfassende Sicherung bot. Nach Inkrafttreten des ZGB konnten Aufbaugrundschulden nicht mehr begründet werden (vgl. § 442 Abs. 1 S. 1 ZGB-DDR), da das ZGB als dingliches Sicherungsmittel nur noch die Aufbauhypothek (§ 456 ZGB-DDR) vorsah.[84]

bb) BGB-Grundpfandrechte. Nicht auszuschließen ist andererseits, daß staatliche Ver- 54 walter in der Zeit vor Inkrafttreten des ZGB noch nach den Vorschriften des BGB Grundpfandrechte begründet haben, die der **Sicherung von Baukrediten** dienten. Auch wenn diese nicht ausdrücklich als „Aufbau"-Grundschulden bezeichnet worden sind, handelt es sich doch um „vergleichbare Grundpfandrechte" iSv. § 16 Abs. 5 S. 1 VermG,[85] wenn ein entsprechender Sicherungszweck etwa anhand des im Kreditvertrag angegebenen Verwendungszweckes ermittelt werden kann. Der Gesetzgeber hat sich erkennbar nicht auf eine bestimmte Art von Grundpfandrechten festlegen wollen, sondern allein auf den Sicherungszweck abgestellt.[86]

d) Übernahmeverpflichtung. aa) Allgemeines. Die fraglichen Grundpfandrechte sind 55 **nur in dem durch § 16 Abs. 5 VermG bezeichneten Umfang zu übernehmen**. Es kommt also nicht nur darauf an, daß werterhöhende oder -erhaltende Baumaßnahmen durchgeführt wurden, sondern auch darauf, daß sich diese Maßnahmen im Zeitpunkt der vermögensrechtlichen Entscheidung noch im Wert des Grundstückes auswirken. Der Berechtigte soll Grundpfandrechte nur in dem Umfang übernehmen, in dem eine **Bereicherung**

---

[80] Vgl. auch BMJ, Empfehlungen zur Durchführung der Verfahren nach § 16 Abs. 5 bis 10, §§ 18 bis 18b VermG und der Hypothekenablöseanordnung, 1992, S. 29.
[81] GBl. I Nr. 34 S. 351 idF d. 2. VO über die Finanzierung von Baumaßnahmen zur Schaffung und Erhaltung von privatem Wohnraum v. 14. 6. 1967, GBl. II Nr. 63 S. 419 nebst 1. Durchführungsbestimmung v. 19. 10. 1960, GBl. II Nr. 37 S. 415.
[82] Vgl. auch § 5 Anordnung über die Kreditgebung für Wiederinstandsetzung bzw. Wiederaufbau privater Wohnungsbauten v. 2. 9. 1949, ZVOBl. 1949, 714 iVm. § 9 der Ersten Durchführungsbestimmung v. 20. 2. 1950, GBl. Nr. 42 S. 315.

[83] Vgl. ausführlicher zur Funktion der Aufbaugrundschuld *Janke*, in: *Rohde* ua., Bodenrecht, 1989, S. 289 f.; *Posch*, in: Das Zivilrecht der Deutschen Demokratischen Republik, Sachenrecht, 1956, S. 285 ff.; *Heuer*, Grundzüge des Bodenrechts der DDR 1949–1990, 1991, RdNr. 150.
[84] *Janke*, in: *Rohde* ua., Bodenrecht, 1989, S. 290; *Heuer*, Grundzüge des Bodenrechts der DDR 1949-1990, 1991, RdNr. 150; Fragen und Antworten, in: NJ 1977, 515; zur Aufbauhypothek vgl. auch *Welter* WM 1991, 1189, 1194; *Beckers* WM 1991, 1701, 1702 ff.
[85] *Rühl* VIZ 1992, 342, 343.
[86] Vgl. auch Begründung z. Entwurf d. 2. VermRÄndG, BT-Drucks. 12/2480, S. 47.

VermG § 16 56–61 Abschnitt IV. Rechtsverhältnisse zw. Berechtigten u. Dritten

tatsächlich noch feststellbar ist. Der Umfang des zu übernehmenden Grundpfandrechts ist nach der Verweisung in § 16 Abs. 5 S. 1 VermG auf der Grundlage des in § 18 Abs. 2 VermG entwickelten Anrechnungsmodells zu bestimmen. Die pauschale Verweisung auf § 18 Abs. 2 VermG ist insoweit nicht korrekt, da § 18 Abs. 2 S. 4 und 5 VermG durch die speziellere Regelung des § 16 Abs. 5 S. 2 und 4 VermG verdrängt wird; § 18 Abs. 2 S. 6 VermG betrifft die sonstigen Grundpfandrechte des § 16 Abs. 7 VermG, wird aber für die Bestimmung der Übernahmeverpflichtung durch § 16 Abs. 7 Hs. 2 VermG verdrängt.

56 **bb) Umfang.** Maßgebend für die Berechnung des Umfangs der Übernahmeverpflichtung ist im **Ausgangspunkt** mithin allein § 18 Abs. 2 S. 1 bis 3 VermG: Die Grundpfandrechte sind, soweit sie nicht auf Mark der DDR lauten, zunächst nach Maßgabe von § 2 HypAblV in diese Währung umzurechnen. Von dem so ermittelten **Nennbetrag** sind sodann in Abhängigkeit von der Zahl der Einheiten je Gebäude die in § 18 Abs. 2 S. 2 VermG genannten pauschalen Abschläge vorzunehmen. Als **Einheiten** iSd. Satzes 2 des § 18 Abs. 2 VermG gelten die im Zeitpunkt der Entscheidung in dem Gebäude vorhandenen in sich abgeschlossenen oder selbständig vermietbaren Wohnungen oder Geschäftsräume (§ 18 Abs. 2 S. 3 VermG).

57 Unter einer „**abgeschlossenen Wohnung**"[87] ist eine Wohnung zu verstehen, die baulich von fremden Wohnungen und Räumen zB durch Wände und Decken abgetrennt ist und einen eigenen abschließbaren Zugang unmittelbar vom Freien, von einem Treppenhaus oder einem Vorraum hat. Wände und Decken müssen den bauaufsichtlichen Erfordernissen zum Zeitpunkt der Errichtung des Gebäudes entsprechen; Kochgelegenheit, Wasserversorgung, Ausguß und Toilette müssen innerhalb der Wohnung liegen.

58 Im Gegensatz dazu reicht für eine **selbständig vermietbare Wohnung** eine Summe von – nicht notwendig innerhalb einer Wohnung befindlichen – Räumen, die eine selbständige Haushaltführung ermöglichen.[88]

59 **Geschäftsräume** sind Räumlichkeiten, die von fremden Räumen und Wohnungen getrennt sind und einen eigenen abschließbaren Zugang unmittelbar vom Freien, von einem Treppenhaus oder einem Vorraum haben und für einen Geschäftsbetrieb geeignet sind.[89]

60 Das **Verfahren der Abschlagspauschalierung** hat der Gesetzgeber bewußt an die Stelle eines konkreten Berechnungsverfahrens gesetzt, da dieses im Einzelfall einen hohen Verwaltungs-/Zeit- und Kostenaufwand erfordert hätte. Mit den in § 18 Abs. 2 S. 2 VermG aufgeführten Abschlägen sollen insoweit im Verhältnis zum Umfang der Baumaßnahmen die **regelmäßigen Wertminderungen** berücksichtigt werden. Dabei liegt der Unterscheidung nach Einheiten die Überlegung zugrunde, daß sich Baumaßnahmen bei gleichen Kosten in einem Gebäude mit mehr Einheiten wertmäßig nach Ablauf einer bestimmten Zeit regelmäßig weniger auswirken werden als bei Gebäuden mit weniger Einheiten.[90]

61 Von dem nach § 18 Abs. 2 S. 1 und 2 VermG ermittelten Betrag (Nennbetrag des Grundpfandrechtes abzüglich pauschalierte Abschläge) sind **Tilgungsleistungen** abzuziehen, die nachweislich auf das Recht oder eine durch das Recht gesicherte Forderung erbracht worden sind (§ 16 Abs. 5 S. 2 VermG). Der Nachweis kann im Einzelfall durch Beibringung von Quittungen, Anerkenntniserklärungen, feststellenden Urteilen etc. erbracht werden. Nach dem Wortlaut („sind") handelt es sich im Gegensatz zur Regelung in der Parallelvorschrift des § 18 Abs. 2 S. 4 VermG um eine gebundene Entscheidung. Im übrigen sind die Einzelbeträge angemessen zu kürzen, wenn ihre volle Berücksichtigung unbillig ist (§ 3 Abs. 3 S. 3 HypAblV).

---

[87] Vgl. BMJ, Empfehlungen zur Durchführung der Verfahren nach § 16 Abs. 5 bis 10, §§ 18 bis 18b VermG und der Hypothekenablöseanordnung, 1992, S. 46f.

[88] Vgl. BMJ, Empfehlungen zur Durchführung der Verfahren nach § 16 Abs. 5 bis 10, §§ 18 bis 18b VermG und der Hypothekenablöseanordnung, 1992, S. 47.

[89] Vgl. BMJ, Empfehlungen zur Durchführung der Verfahren nach § 16 Abs. 5 bis 10, §§ 18 bis 18b VermG und der Hypothekenablöseanordnung, 1992, S. 47.

[90] Begründung z. Entwurf eines 2. VermRÄndG, BT-Drucks. 12/2480, S. 52 (zu § 18b d. Entw.).

Übernahme von Rechten und Pflichten   **62–66 § 16 VermG**

Da Kreditinstitute in der ehem. DDR im Regelfall nur ein **Kreditkonto** je Grundstück 62 geführt haben, kann es bei mehreren zu tilgenden Krediten Schwierigkeiten bereiten, Tilgungsleistungen einzelnen Rechten zuzuordnen. Soweit dies nicht möglich ist, bietet es sich an, die einzelnen Rechte um den v. H.-Satz zu kürzen, um den die Forderungen des Gläubigers insgesamt durch die nachgewiesenen Zahlungen reduziert worden sind.[91]

Ein **Nachweis** ist erbracht, wenn die behauptete Tatsache bewiesen ist;[92] eine bloße 63 Glaubhaftmachung iSv. § 294 ZPO reicht nicht. Bewiesen ist eine behauptete Tatsache, wenn für sie ein so hoher Grad an Wahrscheinlichkeit besteht, daß kein vernünftiger Mensch noch zweifelt.[93] Eine absolute Gewißheit ist nicht erforderlich.

In Höhe des sich nunmehr ergebenden Betrages hat der Berechtigte eingetragene Auf- 64 bauhypotheken und vergleichbare Grundpfandrechte grundsätzlich zu übernehmen, es sei denn, im Rahmen einer **Vereinbarung** zwischen dem Gläubiger des Rechts, dem Eigentümer und dem Amt zur Regelung offener Vermögensfragen als Vertreter der Interessen des Entschädigungsfonds wird etwas abweichendes vereinbart (§ 16 Abs. 5 S. 3 VermG).

cc) Inhalt/Rang. Für den Inhalt und Rang der zu übernehmenden Aufbauhypotheken 65 und vergleichbaren Grundpfandrechte bleibt grundsätzlich das bisherige Recht maßgeblich (Art. 233 § 3 Abs. 1 EGBGB). Ergänzend bestimmt der durch das 2. VermRÄndG eingefügte Art. 233 § 9 Abs. 1 EGBGB, daß sich das Rangverhältnis der in § 3 Abs. 1 bezeichneten Rechte an Grundstücken aus dem Zeitpunkt der Eintragung ergibt. Diese Regelung entspricht der in § 453 Abs. 2 ZGB-DDR für Hypotheken getroffenen Bestimmung und ähnelt der Aussage des § 879 Abs. 1 BGB. Der **Vorrang** der vor dem 1. 7. 1990 begründeten und am 3. 10. 1990 im Grundbuch eingetragenen Aufbauhypotheken vor anderen Hypotheken bleibt vorbehaltlich einer privatautonom zu vereinbarenden Rangänderung (§ 880 BGB) im Interesse des Bestandsschutzes grundsätzlich bestehen (§ 456 Abs. 3 ZGB-DDR iVm. §§ 1, 3 des 1. Zivilrechtsänderungsgesetzes v. 28. 6. 1990, GBl. I Nr. 39 S. 524, und Nr. 12 der Anlage zum Gesetz; Art. 233 § 9 Abs. 3 S. 1 EGBGB), kann für Zinsänderungen aber nur bis zu einem Gesamtumfang von 13 v.H. in Anspruch genommen werden.[94] Dies gilt entsprechend für Aufbaugrundschulden (§ 7 Abs. 6 d. VO über die Finanzierung von Baumaßnahmen zur Schaffung von privatem Wohnraum v. 28. 4. 1960, GBl. I Nr. 34 S. 351; Art. 233 § 9 Abs. 3 S. 4 EGBGB). Da der Vorrang nur relative Wirkung gegenüber anderen Hypotheken, nicht aber gegenüber anderen Grundstücksrechten hat, kann es im Verhältnis zu diesen zu relativen Rangverhältnissen kommen.[95] Für die nach dem 1. 7. 1990 entstandenen Aufbauhypotheken galt der Vorrang aufgrund der zu diesem Zeitpunkt wirksam gewordenen Aufhebung von § 456 Abs. 3 ZGB durch § 1 des 1. Zivilrechtsänderungsgesetzes iVm. Nr. 12 der Anlage zu diesem Gesetz (GBl. I Nr. 39 S. 524) von vornherein nicht.

Die Vorrangwirkung der vor dem 1. 7. 1990 begründeten Aufbauhypotheken und 66 -grundschulden ist an sich zwar für die künftige Beleihbarkeit der Grundstücke etwa zu investiven Zwecken ohne Bedeutung, da zu diesem Zweck vereinbarte Grundpfandrechte in jedem Fall den Aufbauhypotheken und -grundschulden vom zeitlichen Rang her nachfolgen. Eng mit der Vorrangwirkung verknüpft war jedoch die sog. **Stundungswirkung** der Aufbauhypotheken (§ 458 ZGB-DDR) und Aufbaugrundschulden (§ 8 Abs. 1 d. VO über die Finanzierung von Baumaßnahmen zur Schaffung und Erhaltung von privatem

---

[91] Vgl. BMJ, Empfehlungen zur Durchführung der Verfahren nach § 16 Abs. 5 bis 10, §§ 18 bis 18b VermG und der Hypothekenablöseanordnung, 1992, S. 21; *Kinne* ZOV 1992, 334, 337; *Kimme-Wolters* § 18 VermG RdNr. 69; *Rühl* F/R/M/S RdNr. 82.
[92] Vgl. Stellungnahme des Bundesrates, BT-Drucks. 12/2695, S. 12.
[93] *Kopp,* Verwaltungsverfahrensgesetz, 5. Aufl. 1991, § 24 RdNr. 22; *Stelkens-Bonk-Leonhardt,* Verwaltungsverfahrensrecht, 4. Aufl. 1993, § 24 RdNr. 7; vgl. für das Zivilrecht auch BGHZ 53, 245, 256.
[94] Vgl. auch *Staudinger-Rauscher* Art. 233 § 9 EGBGB RdNr. 10.
[95] *Horn* ZIP 1993, 659, 663; *Staudinger-Rauscher* Art. 233 § 3 EGBGB RdNr. 34 plädiert für eine entsprechende Anwendung von § 456 Abs. 3 ZGB-DDR auch auf das Rangverhältnis von Aufbauhypotheken zu sonstigen beschränkten dinglichen Rechten.

Wohnraum v. 28. 4. 1960, GBl. I Nr. 34 S. 351). Diese ist durch §§ 1, 3 des 1. Zivilrechtsänderungsgesetzes nebst Nr. 12 der Anlage (GBl. I Nr. 39 S. 524) wie die Vorrangwirkung selbst lediglich für die ab 1. 7. 1990 entstandenen Aufbauhypotheken beseitigt worden. Die Stundungswirkung führte dazu, daß Zinszahlung und Tilgung anderer als Aufbauhypotheken und -grundschulden sowie regelmäßig auch die Tilgung nicht gesicherter Forderungen, die mit dem Kreditobjekt in wirtschaftlichem Zusammenhang standen (vgl. § 8 Abs. 1 S. 2 Hs. 1 FinanzierungsVO), insoweit gestundet waren, als aufgrund vorrangiger Aufbaugrundpfandrechte eine Zahlung auf die anderen Hypotheken bzw. ungesicherten Forderungen nicht oder nur teilweise möglich war. Dies galt nach den einschlägigen Vorschriften bei Mietwohngrundstücken schon dann, wenn die Grundstückseinnahmen für eine Bedienung nicht ausreichten (§ 8 Abs. 1 d. VO über die Finanzierung von Baumaßnahmen zur Schaffung und Erhaltung von privatem Wohnraum v. 28. 4. 1960, GBl. I Nr. 34 S. 351); bei im persönlichen Eigentum stehenden Eigenheimen kam es dagegen auf die Vermögensverhältnisse des Hypothekenschuldners an (vgl. § 15 Abs. 4 d. EigenheimVO v. 31. 8. 1978, GBl. I Nr. 40 S. 425).[96] Die Stundungswirkung entwertete damit das Grundstück als Beleihungsobjekt, da Kreditgeber befürchten mußten, daß ihre Forderungen kraft Gesetzes gestundet werden. Mit den Grundsätzen eines freien, nicht mehr staatlicherseits reglementierten und kontrollierten Grundstücksverkehrs waren § 458 ZGB-DDR und § 8 Abs. 1 d. VO über die Finanzierung von Baumaßnahmen zur Schaffung und Erhaltung von privatem Wohnraum v. 28. 4. 1960 (GBl. I Nr. 34 S. 351) insoweit nur schwerlich vereinbar.[97] Der Gesetzgeber hat sich daher dazu entschlossen, die Stundungswirkung entfallen zu lassen (Art. 233 § 9 Abs. 3 S. 3 und 4 EGBGB).

67 Auf die vor Inkrafttreten des ZGB am 1. 1. 1976 begründeten **BGB-„Aufbau"-Grundpfandrechte** blieb auch nach diesem Zeitpunkt das bis dahin geltende Recht des BGB anwendbar (§ 6 Abs. 1 EGZGB). Die Übertragung solcher Rechte bzw. sonstige Verfügungen darüber richten sich seit dem 3. 10. 1990 nach den entsprechenden Vorschriften des BGB (Art. 233 § 6 Abs. 2 EGBGB).

68 **dd) Ausschluß.** Die **Verpflichtung zur Übernahme** der Grundpfandrechte **entfällt** vollständig, wenn der Berechtigte nachweist (dazu oben RdNr. 63), daß eine der Kreditaufnahme entsprechende Baumaßnahme an dem Grundstück nicht durchgeführt wurde (§ 16 Abs. 5 S. 4 VermG). Wird nachgewiesen, daß der Kredit nur zum Teil für Baumaßnahmen verwandt wurde, ist für die Übernahmeberechnung von dem Teilbetrag auszugehen.

69 **2. Verfahren (Abs. 6). a) Allgemeines.** Das Amt zur Regelung offener Vermögensfragen hatte im Falle des § 11 Abs. 1 S. 1 VermG in dem **Bescheid** über die Aufhebung der staatlichen Verwaltung den nach § 16 Abs. 5 VermG zu übernehmenden Teil des Grundpfandrechts zu bestimmen (§ 16 Abs. 6 S. 1 Hs. 1 VermG). Endete die staatliche Verwaltung von Gesetzes wegen mit Ablauf des 31. 12. 1992 (§ 11a Abs. 1 S. 1 VermG), hat das Vermögensamt, in dessen Bereich das belastete Grundstück belegen ist, auf Antrag des aus dem Grundpfandrecht Begünstigten oder des Berechtigten den zu übernehmenden Teil des Grundpfandrechts durch gesonderten Bescheid zu bestimmen (§ 16 Abs. 6 S. 3 VermG). Der Bescheid ergeht **einheitlich für sämtliche auf dem Grundstück lastenden** Aufbauhypotheken und vergleichbaren **Grundpfandrechte** iSv. § 16 Abs. 5 VermG wie auch für die sonstigen Grundpfandrechte iSv. § 16 Abs. 7 VermG (§ 16 Abs. 7 iVm. Abs. 6 S. 7 VermG). Der Antrag iSv. § 16 Abs. 6 S. 3 VermG mußte bis zum Ablauf von sechs Monaten nach Inkrafttreten des RegVBG, also bis zum 24. 6. 1994, gestellt werden (§ 30a Abs. 3 S. 1 iVm. Abs. 2 VermG). Gegebenenfalls ist durch Auslegung zu ermitteln, ob in einem mit dem 1. 1. 1993 erledigten Antrag auf Aufhebung der staatlichen Verwaltung zugleich ein Antrag auf Festsetzung des zu übernehmenden Teils der Grundpfandrechte zu sehen ist. Liegt kein Antrag vor, verbleibt es gem. § 30a Abs. 3 S. 3 VermG bei dem in § 16 Abs. 2 VermG angeordneten Rechtsübergang nach dem Regelungsmodell des

---

[96] BezG Dresden NJ 1982, 562.   [97] Vgl. auch *Welter* WM 1991, 1189, 1194

Übernahme von Rechten und Pflichten

Art. 14 Abs. 6 S. 1, 2, 4 und 5 des 2. VermRÄndG, der für bis zum 21. 7. 1992 bestandskräftig gewordene Entscheidungen unmittelbar und für die zwischen dem 22. 7. und 31. 12. 1992 bestandskräftig gewordenen Entscheidungen über § 30a Abs. 3 S. 3 VermG Anwendung findet. Der Eigentümer bleibt im Umfang der Eintragung aus dem Grundpfandrecht verpflichtet, soweit die gesicherte Forderung nicht durch Tilgung erloschen ist. Er kann sich allerdings auf die Beschränkung der Übernahmeverpflichtung nach § 16 Abs. 5 S. 1 und 4 VermG berufen, wenn dem Gläubiger oder der Sparkasse, in deren Geschäftsgebiet das Grundstück belegen ist, bis zum 31. 3. 1995 eine schriftliche Mitteilung darüber zugegangen ist (§ 16 Abs. 6 S. 5 idF des EALG). Sofern die Sparkasse nicht Gläubigerin ist, ist sie lediglich dazu verpflichtet, den Eingang der Mitteilung zu bestätigen (§ 16 Abs. 6 S. 6 VermG idF des EALG).

b) Vorabentscheidung. Der aus dem Grundpfandrecht Begünstigte oder der Berechtigte konnten auch beantragen, daß unabhängig von der Entscheidung über die Übernahme des Grundpfandrechts vorab **über** die **Aufhebung der staatlichen Verwaltung** entschieden wird (§ 16 Abs. 6 S. 1 Hs. 2 VermG). Da die staatliche Verwaltung gem. § 11a Abs. 1 S. 1 VermG ohnehin von Gesetzes wegen mit Ablauf des 31. 12. 1992 aufgehoben wurde, ist der Anwendungsbereich von § 16 Abs. 6 S. 1 Hs. 2 VermG auf die Zeit vom Inkrafttreten des 2. VermRÄndG am 22. 7. 1992 bis zum 31. 12. 1992 beschränkt. Bei einem Antrag auf Vorabentscheidung hatte das Vermögensamt die das Grundbuch führende Stelle um **Eintragung eines Widerspruchs** gegen die Richtigkeit des Grundbuchs zugunsten des Berechtigten zu ersuchen (§ 16 Abs. 6 S. 2 VermG). Mit der Eintragung des Widerspruchs sollte verhindert werden, daß das Grundpfandrecht auch in der nicht zu übernehmenden Höhe wirksam an einen Dritten abgetreten wird.

3. Rechtsfolgen (Abs. 9). Aufbauhypotheken und vergleichbare Grundpfandrechte **gelten** in dem Umfang, in dem sie laut Bescheid nicht zu übernehmen sind, mit Bestandskraft des Bescheides bzw. im Falle des § 11a Abs. 1 S. 1 VermG mit Ablauf des 31. 12. 1992 **als erloschen** (§ 16 Abs. 9 S. 1 1. Alt. VermG). Dies gilt gegenüber dem Berechtigten, dem staatlichen Verwalter sowie deren Rechtsnachfolgern für eine dem Grundpfandrecht zugrundeliegende Forderung entsprechend (§ 16 Abs. 9 S. 2 VermG). Damit wird verhindert, daß die Einschränkung der Verpflichtung zur Übernahme eines Grundpfandrechtes durch das Fortbestehen einer zugrundeliegenden Forderung wirtschaftlich entwertet wird. Mit Unanfechtbarkeit der Übernahmeentscheidung hat das Amt zur Regelung offener Vermögensfragen das Grundbuchamt um **Grundbuchberichtigung** zu ersuchen. Zum Vollzug der Löschung bedarf es bei Briefgrundpfandrechten nicht der Vorlage des Briefes (§ 4 Abs. 7 HypAblV).

Der **Gläubiger** der nach dem Bescheid des Vermögensamtes erloschenen Forderung hat – vorbehaltlich einer abweichenden Regelung – einen **Anspruch auf angemessene Entschädigung**, wenn es sich um die Forderung aus einem Darlehen handelt und für dieses keine staatlichen Mittel eingesetzt worden sind (§ 16 Abs. 9 S. 3 VermG). War das der Fall, reduziert sich der Entschädigungsanspruch in dem jeweiligen Umfang. Anspruchsgegner ist der Entschädigungsfonds.

4. Rechtsschutz (Abs. 8). Der Bescheid über den zu übernehmenden Teil des Grundpfandrechtes ist ein Verwaltungsakt iSd. Verwaltungsverfahrensrechts (§ 35 VwVfG) und damit nach allgemeinen verwaltungsprozessualen Maximen anfechtbar (§ 42 VwGO). Da der Übernahmebescheid nach § 16 Abs. 6 S. 1 bzw. § 16 Abs. 7 iVm. Abs. 6 S. 1 VermG jedoch regelmäßig als Teil der vermögensrechtlichen Entscheidung ergeht, zu der er idS **nicht selbständige Nebenentscheidung** ist, läßt § 16 Abs. 8 VermG eine **Teilanfechtung** des einheitlichen Bescheides nur hinsichtlich der Übernahmeentscheidung zu. Damit wird sichergestellt, daß der Anfechtungsberechtigte nicht den gesamten Verwaltungsakt, also unter Einschluß der ihm an sich günstigen Rückgabeentscheidung bzw. der Entscheidung über die Aufhebung der staatlichen Verwaltung angreifen muß. Zur Anfechtung berechtigt sind der Berechtigte und – als Drittbetroffener – der Gläubiger des Grundpfandrech-

VermG § 16 74–78 Abschnitt IV. Rechtsverhältnisse zw. Berechtigten u. Dritten

tes. Vor Erhebung der Anfechtungsklage ist in jedem Fall ein Widerspruchsverfahren iSv. § 68 VwGO durchzuführen.

74 **Örtlich zuständig** ist nach § 52 Nr. 1 VwGO allein das Verwaltungsgericht, in dessen Bezirk sich das restitutionsbefangene Grundstück befindet, da es sich um eine Streitigkeit handelt, die sich auf ein ortsgebundenes Recht oder Rechtsverhältnis bezieht.[98]

IV. Sonstige Grundpfandrechte (Abs. 7)

75 **1. Übernahme-Voraussetzungen. a) Allgemeines.** Die Vorschrift des § 16 Abs. 7 VermG bildet eine **Auffangvorschrift** für eingetragene sonstige Grundpfandrechte, die entweder auf staatliche Veranlassung vor dem 8. 5. 1945 oder nach Eintritt des Eigentumsverlustes oder durch den staatlichen Verwalter bestellt wurden und die nicht bereits in den Anwendungsbereich des § 16 Abs. 5 VermG fallen. Wie ein Vergleich des Wortlauts beider Vorschriften zeigt, ist § 16 Abs. 7 VermG im Gegensatz zu § 16 Abs. 5 VermG auch auf solche Grundpfandrechte anzuwenden, die nicht der Sicherung von Baukrediten dienen; der in § 16 Abs. 5 VermG den Begriff „vergleichbare Grundpfandrechte" einschränkende Zusatz „zur Sicherung von Baukrediten" fehlt in § 16 Abs. 7 VermG. Hinsichtlich der rechtlichen Behandlung der sonstigen Grundpfandrechte ist insoweit nach der Art der gesicherten Forderung zu differenzieren:

76 **b) Grundpfandrechte zur Sicherung von Baukrediten.** Sonstige Grundpfandrechte, die der dinglichen Sicherung von Baukrediten dienen, sind demnach wie Aufbauhypotheken und vergleichbare Grundpfandrechte **in dem Umfang der** zum Zeitpunkt der vermögensrechtlichen Entscheidung **noch vorhandenen Wertsteigerung** zu übernehmen. Für die Berechnung des Umfangs gelten wegen der Verweisung auf § 16 Abs. 5 VermG die oben RdNr. 56 ff. beschriebenen Grundsätze entsprechend. Aus dem – von der Formulierung her verunglückten – zweiten Halbsatz des § 16 Abs. 7 VermG („es sei denn...") kann nicht der Schluß gezogen werden, daß sonstige Grundpfandrechte ohne diskriminierenden oder sonst benachteiligenden Charakter, die der Baukreditfinanzierung dienen, in einem anderen als dem durch § 16 Abs. 5 VermG vorgegebenen Umfang zu übernehmen sind. Dies widerspräche dem in § 16 Abs. 5 VermG formulierten Grundsatz des Bereicherungsausgleichs, der eine Unterscheidung zwischen diskriminierenden und nicht diskriminierenden Grundpfandrechten gerade nicht vorsieht.

77 **c) Grundpfandrechte zur Sicherung anderer Forderungen. aa) Allgemeines.** Der mit „es sei denn" beginnende Halbsatz des § 16 Abs. 7 VermG macht insoweit nur dann Sinn, wenn er allein auf solche Grundpfandrechte bezogen wird, die **nicht der Sicherung von Baukrediten** dienen. In diesem Fall tritt das Kriterium der Diskriminierung/Benachteiligung als Ausdruck des Wiedergutmachungsgedankens an die Stelle des nach § 16 Abs. 5 iVm. § 18 Abs. 2 S. 1 bis 3 VermG zu ermittelnden Umfangs der durch Baumaßnahmen bewirkten und noch vorhandenen Wertsteigerungen.[99] Grundpfandrechte, die nicht der Sicherung von Baumaßnahmen an dem Grundstück dienen, sind daher von dem Berechtigten unbeschadet anzurechnender Tilgungsleistungen (§ 16 Abs. 5 S. 2 VermG) grundsätzlich in vollem Umfang zu übernehmen, es sei denn, die durch das Grundpfandrecht gesicherte Verpflichtung hat diskriminierenden oder sonst benachteiligenden Charakter.

78 **bb) Fallgruppen.** Im einzelnen sind folgende Sachverhaltsgestaltungen zu unterscheiden: Die Fallgruppe der **auf staatliche Veranlassung vor dem 8. 5. 1945 bestellten Grundpfandrechte** (1. Alt.) betrifft in der Hauptsache die Sachverhalte, in denen ab dem 30. 1. 1933 jüdisches Grundvermögen oder das Grundvermögen politisch Verfolgter mit diskriminierenden Rechten belastet wurde. Eine **Belastung mit Grundpfandrechten nach dem Eigentumsverlust** (2. Alt.) ist denkbar als Folge einer vorausgegangenen Schädigung im Sinne des § 1 Abs. 3, Abs. 6 VermG, wenn also der jeweilige Erwerber das Grundstück nach der schädigenden Maßnahme mit Grundpfandrechten belastet hat, die der Berechtig-

---

[98] Vgl. *Kopp,* VwGO, 10. Aufl. 1994, § 52 RdNr. 7.

[99] Vgl. dazu auch Begründung z. Entwurf eines 2. VermRÄndG, BT-Drucks. 12/2480, S. 48.

te aufgrund der Rückübertragung zu übernehmen hätte. In der 1. und 2. Alternative können die bestellten Grundpfandrechte sowohl der Sicherung einer Baufinanzierung als auch anderen Zwecken dienen. Mit der 3. Alternative, den **durch den staatlichen Verwalter bestellten Grundpfandrechten**, werden nur solche Rechte erfaßt, die nicht der dinglichen Sicherung von Baumaßnahmen dienen, da insoweit § 16 Abs. 5 VermG lex specialis ist.

cc) Diskriminierung/Benachteiligung. Die Grundpfandrechte haben diskriminierenden oder sonst benachteiligenden Charakter, wenn sie dazu dienten, einzelnen Personen oder Personengruppen ohne sachliche Begründung aus **politischen, religiösen, rassischen oder ähnlichen Gründen** Vermögensopfer aufzuerlegen.[100] Nicht diskriminierend oder benachteiligend sind solche Grundpfandrechte, zu deren Bewilligung jedermann ohne Ansehen der Person verpflichtet war.

2. Rechtslage nach dem EGBGB. a) ZGB-Grundpfandrechte. aa) Inhalt. Der Inhalt der sonstigen ZGB-Grundpfandrechte, mit denen ein zu restituierendes Grundstück seit dem 3. 10. 1990 belastet ist, richtet sich weiterhin nach dem vor dem Wirksamwerden des Beitritts geltenden Recht (Art. 233 § 3 S. 1 EGBGB). Für die nach dem 1. 1. 1976 begründeten Hypotheken gelten mithin die §§ 452 ff. ZGB-DDR. Die sonstigen ZGB-Grundpfandrechte sind mithin durch Art. 233 § 3 Abs. 1 EGBGB in der Form, wie sie das frühere Recht der DDR als Rechtsinstitute und subjektive Befugnisse definiert hat, übergeführt worden.[101] Darin liegt eine (partielle) Durchbrechung des vor dem 3. 10. 1990 bestehenden numerus clausus der BGB-Sachenrechte.

bb) Rang. Das Rangverhältnis der von Art. 233 § 3 Abs. 1 EGBGB erfaßten sonstigen Grundpfandrechte ergibt sich aus dem Zeitpunkt der Eintragung (Art. 233 § 9 Abs. 1 EGBGB). Die Regelung entspricht der in § 453 Abs. 2 ZGB für Hypotheken getroffenen Bestimmung und ähnelt der Aussage des § 879 Abs. 1 BGB.

cc) Übertragung. Auf die Übertragung von ZGB-Hypothekenforderungen sind seit dem 3. 10. 1990 die Vorschriften des BGB über die Übertragung von Sicherungshypotheken entsprechend anzuwenden (Art. 233 § 6 Abs. 1 S. 1 EGBGB), d. h. die Übertragung der Forderung erfolgt durch Einigung und Eintragung (§ 1185 iVm. §§ 1154 Abs. 3, 873 BGB). Die Forderungsübertragung bewirkt zugleich den Übergang des dinglichen Rechts (§ 1153 Abs. 1 BGB). Im Falle der Nichtvalutierung der Hypothek erwirbt auch ein gutgläubiger Erwerber weder Forderung noch Hypothek, da § 1138 BGB, der für Hypotheken die Richtigkeitsvermutung und den öffentlichen Glauben des Grundbuchs auf die Forderung erstreckt, durch § 1185 Abs. 2 BGB ausgeschlossen ist. Nach seinem Wortlaut bezieht sich Art. 233 § 6 Abs. 1 S. 1 EGBGB nur auf ZGB-Hypotheken. Soweit jedoch Hypotheken aufgrund anderer Vorschriften entstanden sind, ist Art. 233 § 6 Abs. 1 S. 1 EGBGB entsprechend anzuwenden, wenn es sich der Rechtsnatur nach ebenfalls um Sicherungshypotheken handelt.[102]

Seit dem 1. 7. 1990 konnten aufgrund der durch § 1 des 1. Zivilrechtsänderungsgesetzes v. 28. 6. 1990 iVm. Nr. 10 der Anlage dazu (GBl. I Nr. 39 S. 524) eingefügten Vorschrift des § 454a ZGB-DDR in der DDR auch **Höchstbetragshypotheken** bestellt werden. Die Übertragung einer Forderung kann bei Höchstbetragshypotheken, die gem. § 1190 Abs. 3 BGB als Sicherungshypotheken gelten, nicht nur nach § 1154 Abs. 3 BGB, sondern auch isoliert gem. §§ 398 ff. BGB erfolgen, womit der Übergang der Hypothek ausgeschlossen ist (§ 1190 Abs. 4 BGB). Geht danach eine bis dahin durch die Höchstbetragshypothek gesicherte Forderung auf einen Drittgläubiger über, so sichert die Hypothek entsprechend der Sicherungsabrede weiterhin alle schon bestehenden oder noch entstehenden Forderun-

---

[100] Vgl. etwa VO über die Sühneleistung der Juden deutscher Staatsangehörigkeit v. 12. 11. 1938, RGBl. I S. 1579 nebst DurchführungsVO v. 21. 11. 1938, RGBl. I S. 1638.

[101] *Quack*, Zivilrecht im Einigungsvertrag, 1991, RdNr. 253; *Staudinger-Rauscher* Art. 233 § 3 EGBGB RdNr. 27.

[102] *Eickmann*, Zivilrecht im Einigungsvertrag, 1991, RdNr. 385.

gen des Gläubigers gegen den Schuldner (etwa „aus laufender Geschäftsverbindung"). Wird jedoch zulässigerweise der gesicherte Forderungsbestand in seiner Gesamtheit abgetreten, geht eine BGB-Höchstbetragshypothek entsprechend § 1163 Abs. 1 S. 2 BGB auf den Eigentümer über und wird Eigentümergrundschuld.[103] Anders stellt sich die Rechtslage insoweit jedoch bei Höchstbetragshypotheken dar, die nach § 454a ZGB-DDR begründet worden sind. Deren Inhalt richtet sich weiterhin nach ZGB (Art. 233 § 3 Abs. 1 EGBGB). Dem ZGB war das Institut der Eigentümergrundschuld unbekannt. Rechtsfolge bei Erlöschen der Forderung war vielmehr das Erlöschen der Hypothek (§ 454 Abs. 2 ZGB). Nichts anderes kann gelten, wenn bei einer ZGB-Höchstbetragshypothek der gesamte Forderungsbestand auf einen Dritten übertragen wird.[104]

84 **dd) Aufhebung.** Die Aufhebung von ZGB-Hypotheken richtet sich ebenfalls nach den Vorschriften des BGB (§§ 875, 876); allerdings sind § 1183 BGB und die zugehörige Verfahrensvorschrift des § 27 GBO nicht anzuwenden (Art. 233 § 6 S. 2 EGBGB). Dies folgt bereits daraus, daß nach dem ZGB das Entstehen von Eigentümergrundschulden nicht möglich war. Auf eine Zustimmung des Eigentümers zur Aufhebung kann es daher weder materiell- noch verfahrensrechtlich ankommen. Die ausdrückliche Erwähnung der §§ 1183 BGB, 27 GBO in Art. 233 § 6 S. 2 EGBGB hat daher mehr klarstellenden Charakter.

85 **ee) Verzicht.** Die Regelung des § 1168 BGB über den Verzicht auf eine Hypothek ist auf ZGB-Hypotheken nicht anzuwenden (Art. 233 § 6 Abs. 1 S. 3 EGBGB), da der Verzicht zum Entstehen der dem ZGB unbekannten Eigentümergrundschuld führen würde. Ein Verzicht des Gläubigers auf die Hypothek ist daher ggf. in eine Aufhebungserklärung (§ 875 BGB) bzw. in einen Erlaß der Hypothekenforderung umzudeuten (§ 140 BGB).[105]

86 **b) BGB-Grundpfandrechte.** Auf die vor Inkrafttreten des ZGB am 1. 1. 1976 entstandenen sonstigen BGB-Grundpfandrechte waren auch nach diesem Zeitpunkt die §§ 1113 ff., 1191 ff. BGB anzuwenden (§ 6 Abs. 1 EGZGB). Lediglich für die Ausübung und Übertragung dieser Rechte galten die Bestimmungen des ZGB (§ 6 Abs. 2 EGZGB). Seit dem 3. 10. 1990 ist wieder uneingeschränkt das BGB anzuwenden (Art. 233 § 6 Abs. 2 EGBGB).

87 **3. Verfahren. a) Allgemeines.** Hinsichtlich des Übernahmeverfahrens gilt nach der Verweisung in § 16 Abs. 7 VermG die Vorschrift des § 16 Abs. 6 VermG entsprechend. Danach bestimmt das Amt zur Regelung offener Vermögensfragen in den Fallgruppen des § 16 Abs. 7 1. und 2. Alt. VermG in dem **Rückgabebescheid** nach § 33 Abs. 4 VermG, ob bzw. in welchem Umfang ein Grundpfandrecht zu übernehmen ist.

88 **b) Vorabentscheidung.** Der aus dem Grundpfandrecht Begünstigte oder der Berechtigte können auch beantragen, daß unabhängig von der Entscheidung über die Übernahme des Grundpfandrechts vorab **über die Grundstücksrückgabe** entschieden wird. Bei einem Antrag auf Vorabentscheidung hat das Vermögensamt die das Grundbuch führende Stelle um Eintragung eines Widerspruchs gegen die Richtigkeit des Grundbuchs zugunsten des Berechtigten zu ersuchen (§ 16 Abs. 7 iVm. Abs. 6 S. 2 VermG). Mit der Eintragung des Widerspruchs soll verhindert werden, daß das Grundpfandrecht (auch in der nicht zu übernehmenden Höhe) wirksam an einen Dritten abgetreten wird.

89 **c) Verwalter-Grundpfandrechte.** In Anwendung der dritten Alternative stellt das Amt zur Regelung offener Vermögensfragen im Falle des § 11 Abs. 1 S. 1 VermG in dem **Bescheid über die Aufhebung der staatlichen Verwaltung** fest, ob das Grundpfandrecht zu übernehmen ist. Da die Grundpfandrechte iSd. § 16 Abs. 7 3. Alt. VermG nicht der Absicherung von Baumaßnahmen dienen, entfällt eine Berechnung des Übernahmeum-

---

[103] RG LZ 1912, 229 (Nr. 29) = Recht 1912 Nr. 66; *Palandt-Bassenge* § 1190 RdNr. 17; *Eickmann*, MünchKomm., BGB, 2. Aufl. 1986, § 1190 RdNr. 21.

[104] *Eickmann*, Zivilrecht im Einigungsvertrag, 1991, RdNr. 386; *Staudinger-Rauscher* Art. 233 § 6 EGBGB RdNr. 16.

[105] *Staudinger-Rauscher* Art. 233 § 6 EGBGB RdNr. 13, 15.

fangs gem. §§ 16 Abs. 5 iVm. 18 Abs. 2 S. 1 bis 3 VermG. Endete die staatliche Verwaltung von Gesetzes wegen mit Ablauf des 31. 12. 1992 (§ 11a Abs. 1 S. 1 VermG), hat das Vermögensamt, in dessen Bezirk das belastete Grundstück belegen ist, auf Antrag des aus dem Grundpfandrecht Begünstigten oder des Berechtigten durch **gesonderten Bescheid** zu bestimmen, ob das Grundpfandrecht zu übernehmen ist (§ 16 Abs. 7 iVm. Abs. 6 S. 3 VermG).[105a] In beiden Fällen ergeht der Bescheid **einheitlich über sämtliche auf dem Grundstück lastenden** Aufbauhypotheken und diesen vergleichbare **Grundpfandrechte** wie auch über die sonstigen Grundpfandrechte (§ 16 Abs. 7 iVm. Abs. 6 S. 7 VermG). Bezüglich der Möglichkeit, unabhängig von der Übernahmeentscheidung vorab über die Aufhebung der staatlichen Verwaltung entscheiden zu lassen, gelten die Ausführungen oben RdNr. 88.

4. Rechtsfolgen (Abs. 9). Sonstige Grundpfandrechte **gelten** in dem Umfang, in dem sie laut Bescheid nicht zu übernehmen sind, **als erloschen** (§ 16 Abs. 9 S. 1 2. Alt. VermG). Dies gilt gegenüber dem Berechtigten, dem staatlichen Verwalter sowie deren Rechtsnachfolgern für eine dem Grundpfandrecht **zugrundeliegende Forderung** entsprechend (§ 16 Abs. 9 S. 2 VermG). Das Erlöschen der Forderung soll verhindern, daß der Ausschluß oder die Einschränkung der Verpflichtung zur Übernahme eines sonstigen Grundpfandrechtes durch das Fortbestehen der (ehedem) gesicherten Forderung wirtschaftlich entwertet wird.

Die Regelung des § 16 Abs. 9 S. 2 VermG ist bezogen auf die sonstigen Grundpfandrechte unvollständig, da diese nicht nur durch staatliche Verwalter, sondern auch durch Verfügungsberechtigte iSv. § 2 Abs. 3 VermG bestellt werden konnten. Für diese kann aber in bezug auf das rechtliche Schicksal der zugrunde liegenden Forderung nichts anderes gelten wie für den staatlichen Verwalter. Demnach ist § 16 Abs. 9 S. 2 VermG über seinen zu engen Wortlaut hinaus **auch zugunsten der Verfügungsberechtigten** iSv. § 2 Abs. 3 VermG anzuwenden.

Der Gläubiger der Forderung hat – vorbehaltlich einer abweichenden Vereinbarung – einen Anspruch auf angemessene **Entschädigung**, wenn es sich um die Forderung aus einem Darlehen handelt und für dieses **keine staatlichen Mittel eingesetzt** worden sind (§ 16 Abs. 9 S. 3 VermG). War das der Fall, reduziert sich der Entschädigungsanspruch in dem jeweiligen Umfang. Anspruchsgegner ist der Entschädigungsfonds.

Mit Unanfechtbarkeit der Übernahmeentscheidung hat das Amt zur Regelung offener Vermögensfragen das Grundbuchamt um **Grundbuchberichtigung** zu ersuchen (§ 34 Abs. 2 VermG). Bei Briefgrundpfandrechten bedarf es zum Vollzug der Löschung nicht der Vorlage des Briefes (§ 4 Abs. 7 HypAblV).

5. Rechtsschutz. Bezüglich des Rechtsschutzes gegen die Entscheidung über die Übernahme des Grundpfandrechts vgl. die Ausführungen oben RdNr. 73f.

V. Sonstige dingliche Rechte

1. Allgemeines. Nach der Grundaussage des § 16 Abs. 2 S. 1 VermG tritt der Berechtigte auch in sonstige, in bezug auf den Vermögenswert bestehende dingliche Rechtsverhältnisse ein. Dies betrifft gleichermaßen **Mitbenutzungs- und Vorkaufsrechte** nach dem ZGB wie auch die vor dem Inkrafttreten des ZGB am 1. 1. 1976 bzw. nach dem 3. 10. 1990 begründeten BGB-Rechte **(Dienstbarkeiten/Nießbrauch/Reallasten)** und **Erbbaurechte**. Die dinglichen Belastungen sind mit der Rückübertragung, der Aufhebung der staatlichen Verwaltung oder der vorläufigen Einweisung nach § 6a VermG in ihrem jeweiligen konkreten Bestand zu übernehmen. Eine Einschränkung der Übernahmeverpflichtung wie nach dem für Grundpfandrechte vorgesehenen Ablösemodell des § 18 Abs. 2 VermG ist für die bezeichneten dinglichen Rechte nicht vorgesehen und auch sachlich nicht durchführbar. Die mit dem RegVBG in Kraft getretene Vorschrift des § 5

[105a] Vgl. dazu bereits RdNr. 69.

Abs. 1 GBBerG fingiert jedoch mit Ablauf von 110 Jahren, gerechnet vom Geburtstag des Berechtigten an, das **Erlöschen** bestimmter zugunsten natürlicher Personen eingetragener, nicht vererblicher und nicht veräußerbarer Altrechte, insbesondere also von Nießbrauchen, beschränkt-persönlichen Dienstbarkeiten und Wohnungsrechten, wenn nicht innerhalb von 4 Wochen nach Fristablauf eine Erklärung des Berechtigten bei dem Grundbuchamt eingegangen ist, daß er auf dem Fortbestand seines Rechts besteht. Nicht im Grundbuch eingetragene Mitbenutzungsrechte iSv. Art. 233 § 5 Abs. 1 EGBGB und sonstige **nicht im Grundbuch eingetragene** beschränkte dingliche **Rechte,** die zur Erhaltung der Wirksamkeit gegenüber dem öffentlichen Glauben des Grundbuchs nicht der Eintragung bedürfen, mit Ausnahme dinglicher Nutzungsrechte iSv. Art. 233 § 4 Abs. 2 EGBGB und solcher beschränkt-dinglicher Rechte, die die Errichtung und den Betrieb von Energieanlagen (dazu § 9 GBBerG)[105b] oder Wasserversorgungs- und Abwasseranlagen (§ 40 Abs. 1 lit. c WasserG v. 2. 7. 1982, GBl. I Nr. 26 S. 467) betreffen, erlöschen mit Ablauf des 31. 12. 1995, wenn nicht der Eigentümer des Grundstücks vorher das Bestehen dieses Rechts in der Form des § 29 GBO anerkannt und die entsprechende Grundbuchberichtigung bewilligt oder der jeweilige Berechtigte von dem Eigentümer vorher die Abgabe dieser Erklärungen in einer zur Unterbrechung der Verjährung nach § 209 BGB geeigneten Weise verlangt hat (§ 8 Abs. 1 S. 1 GBBerG). Damit soll die durch nicht eingetragene dingliche Belastungen erschwerte Beleihbarkeit der betroffenen Grundstücke wiederhergestellt werden. In § 6 GBBerG ist darüber hinaus ein spezielles Aufgebotsverfahren mit dem Ziel des Ausschlusses unbekannter Gläubiger vorgesehen, sofern für diese Nießbrauche, beschränkte persönliche Dienstbarkeiten oder Mitbenutzungsrechte im Grundbuch eingetragen sind.

96 2. **Vertragliche Mitbenutzungsrechte (§§ 321, 322 ZGB-DDR). a) Allgemeines.** Grundstücke konnten nach §§ 321f. ZGB-DDR in der Weise belastet werden, daß einem „Nutzungsberechtigten" das Recht zur dauernden oder vorübergehenden Mitbenutzung eingeräumt wurde. Dieses sog. Mitbenutzungsrecht konnte etwa der Einräumung von Wege- und Überfahrtrechten dienen (§ 321 Abs. 1 S. 1 ZGB-DDR), aber auch andere Handlungen oder Unterlassungen zum Ziel haben.

97 Das Mitbenutzungsrecht an Grundstücken iSd. §§ 321f. ZGB-DDR ist als **dingliche Grundstücksbelastung** anzusehen, sofern es zu seiner Entstehung der Zustimmung des Grundstückseigentümers bedurfte (Art. 233 § 5 Abs. 1 EGBGB). Diese Rechte stehen insoweit den Grunddienstbarkeiten des BGB nahe, die es als eigenständige Rechtsinstitute im ZGB nicht gab. Zustimmungsbedürftig und damit nach dem Verständnis des EGBGB dinglichen Charakters sind dauernde Mitbenutzungsrechte (§ 321 Abs. 1 S. 3 ZGB-DDR). Dies sind im Gegensatz zu vorübergehenden Berechtigungen solche Rechte, die „auf Dauer" eingeräumt wurden.[106] Zwar bedurften auch vorübergehende Mitbenutzungsrechte der Zustimmung des Eigentümers, wenn dadurch dessen Rechte beeinträchtigt wurden; bei diesen Mitbenutzungsrechten, die etwa die Erlaubnis zur vorläufigen Mitbenutzung eines Brunnens,[107] zum Aufstellen eines Baugerüstes oder zur Lagerung von Baumaterialien beinhalteten, handelte es sich ihrer Natur nach jedoch um schuldrechtliche und nicht um dingliche Berechtigungen.[108] Insoweit bedarf auch die Vorschrift des Art. 233 § 5 Abs. 1 EGBGB einer teleologischen Reduktion im dargestellten Sinne.[109] Von einer „Zustimmung" des Eigentümers iSd. Vorschrift ist wegen der Verweisung auf

---

[105b] Vgl. dazu Beschlußempfehlung und Bericht des BT-Rechtsausschusses, BT-Drucks. 12/6228, S. 74ff.

[106] Vgl. *Lübchen-Wüstneck* Art. 233 § 5 Anm. 1; *Boenicke,* in: Rohde u.a., Bodenrecht, 1989, S. 219f.; a.A. *Joost,* Zivilrecht im Einigungsvertrag, 1991, RdNr. 358, der auch eine langfristige Mitbenutzung als dauernde Mitbenutzung ansieht.

[107] Vgl. BezG Leipzig DtZ 1990, 127.

[108] *Staudinger-Rauscher* Art. 233 § 5 EGBGB RdNr. 8f.; aA *Palandt-Bassenge* Art. 233 § 5 EGBGB RdNr. 1.

[109] Im Ergebnis ebenso ErlBReg, BT-Drucks. 11/7817, S. 42; *Staudinger-Rauscher* Art. 233 § 5 EGBGB RdNr. 9; a.A. *Craushaar* DtZ 1991, 359, 362; *Joost,* Zivilrecht im Einigungsvertrag, 1991, RdNr. 358, mit abweichendem Begriffsverständnis (vgl. Fn. 88).

§ 321 Abs. 1 bis 3 ZGB-DDR auch dann auszugehen, wenn die Zustimmung durch eine gerichtliche Entscheidung iSv. § 321 Abs. 2 ZGB-DDR ersetzt worden ist.[110]

b) Inhalt. Der Inhalt der Mitbenutzungsrechte bestimmt sich gem. der allgemein für beschränkt – dingliche Rechte geltenden Bestimmung des Art. 233 § 3 Abs. 1 S. 1 EGBGB nach der früheren Regelung in §§ 321 f. ZGB-DDR.

c) Rang. Über den Rang dinglicher Mitbenutzungsrechte enthielt das EGBGB bis zu seiner Ergänzung durch das 2. VermRÄndG außer der allgemeinen Verweisung auf das bisherige DDR-Recht in Art. 233 § 3 Abs. 1 S. 1 EGBGB keine explizite Regelung. Dies warf insoweit Probleme auf, als Mitbenutzungsrechte regelmäßig nicht im Grundbuch eingetragen wurden. Eine Eintragung war nur fakultativ für Wege- und Überfahrtrechte vorgesehen (§ 322 Abs. 1 S. 1 ZGB-DDR). Soweit **keine Grundbucheintragung** vorlag, konnte eine Rangbestimmung daher nur nach dem Zeitpunkt der schuldrechtlichen Vereinbarung getroffen werden.[111] Diese Vorgehensweise ist durch die mit dem 2. VermRÄndG in das EGBGB eingefügte Bestimmung des Art. 233 § 9 Abs. 2 dem Grundsatz nach festgeschrieben worden. Für Rechte, die nach dem früheren Recht der DDR nicht eintragungsfähig waren, aber seit dem 3. 10. 1990 der Eintragung zugänglich sind (vgl. Art. 233 § 5 Abs. 3 S. 1 EGBGB), ist der im Grundbuch vermerkte Zeitpunkt der Entstehung des Rechts maßgeblich (Art. 233 § 9 Abs. 2 EGBGB). Im Regelfall wird der im Vermerk genannte Zeitpunkt mit dem Entstehungszeitpunkt übereinstimmen. Anderenfalls kommt es auf den Zeitpunkt im Grundbuchvermerk an. Für die Eintragung eines derartigen Vermerks ist es erforderlich, daß die Entstehung des Rechts durch öffentliche Urkunden nachgewiesen wird (§ 29 GBO). Der Begriffsinhalt der öffentlichen Urkunde wird auch im Grundbuchrecht durch § 415 ZPO geprägt.[112] Maßgebend ist, daß eine öffentliche Behörde oder eine mit öffentlichem Glauben versehene Person, etwa ein Notar (§§ 1, 20 BNotO), die Urkunde im Rahmen der zugewiesenen Amtsgeschäfte in der vorgesehenen Form errichtet hat.[113] Kann ein Nachweis über den Entstehungszeitpunkt des Rechts mittels öffentlicher Urkunden nicht geführt werden, bewilligen die Betroffenen aber einen Vorrang (§ 19 GBO), so ist dieser im Grundbuch zu vermerken und für die Rangbestimmung entscheidend. Seit Inkrafttreten der mit dem RegVBG eingeführten Bestimmung des § 8 Abs. 2 GBBerG gilt ein bestehendes, aber nicht eingetragenes Mitbenutzungsrecht als am 2. 10. 1990 entstanden, wenn zwischen den Beteiligten keine Einigung über den **Zeitpunkt der Entstehung** des Mitbenutzungsrechts erzielt werden kann. Der Sache nach handelt es sich bei der Eintragung der vor dem 3. 10. 1990 entstandenen Rechte um einen Fall der Grundbuchberichtigung (§ 22 Abs. 1 S. 1 GBO).

d) Übertragung. Die Übertragbarkeit eines Rechts gehört zu dessen Rechtsinhalt und richtet sich daher gem. Art. 233 § 3 Abs. 1 S. 1 EGBGB grundsätzlich nach dem bisherigen Recht der DDR.[114] Für die Mitbenutzungsrechte, die im Gegensatz zu ZGB-Hypotheken keiner abweichenden Sonderregelung unterstellt worden sind, bedarf es daher lediglich einer **vertraglichen Vereinbarung** (§ 321 Abs. 1 S. 1 ZGB-DDR).

Die **Eintragung** des Mitbenutzungsrechts im Grundbuch, die möglich (§§ 2 Abs. 1 lit. c, 3 Abs. 1 lit. c Grundstücksdokumentationsordnung v. 6. 11. 1975, GBl. I Nr. 43 S. 697), aber ausdrücklich nur für Wege- und Überfahrtrechte im ZGB erwähnt war (§ 322 Abs. 1 S. 1 ZGB-DDR), hatte nach dem Recht der DDR nur deklaratorische Bedeutung.[115]

Da Mitbenutzungsrechte damit regelmäßig nicht im Grundbuch eingetragen sind, mußte der EGBGB-Gesetzgeber den Nutzungsberechtigten vor einem **Rechtsverlust**

---

[110] *Joost*, Zivilrecht im Einigungsvertrag, 1991, RdNr. 359.
[111] *Staudinger-Rauscher* Art. 233 § 5 EGBGB RdNr. 13; *Welter* WM 1991, 1189, 1190.
[112] BGHZ 25, 186, 188.
[113] *Horber-Demharter*, Grundbuchordnung, 21. Aufl. 1994, § 29 Anm. 7 ff.; *Herrmann*, in: Kuntze-Ertl-Herrmann-Eickmann*, Grundbuchrecht, 4. Aufl. 1991, § 29 RdNr. 47 ff.
[114] *Palandt-Bassenge*, Art. 233 § 3 EGBGB RdNr. 4; *Staudinger-Rauscher* Art. 233 § 3 EGBGB RdNr. 30.
[115] Vgl. Ministerium der Justiz (Hrsg.), Komm. z. Zivilgesetzbuch d. DDR, 1983, § 322 Anm. 1.1.

durch gutgläubigen Erwerb des belasteten Grundstücks bzw. eines Rechtes an dem Grundstück schützen. Die Vorschrift des Art. 233 § 5 Abs. 2 S. 1 EGBGB sah daher in der bis zum Inkrafttreten des RegVBG geltenden Fassung vor, daß § 892 BGB zugunsten des Erwerbers dann nicht anwendbar ist, wenn die Mitbenutzungsrechte nach dem früheren Recht der DDR auch ohne Grundbucheintragung gegenüber einem Erwerber des belasteten Grundstücks oder eines Rechts an diesem Grundstück wirksam blieben. In diesem Sinne bestimmte § 297 Abs. 2 ZGB-DDR für den Fall des Eigentumswechsels neben dem Übergang der Verpflichtungen aus den im Grundbuch eingetragenen Rechten auch den Übergang anderer zur Nutzung berechtigender Verträge auf den Erwerber, soweit keine abweichende Vereinbarung getroffen wurde.[116] Ein Rangverlust nicht eingetragener Grundstücksbelastungen bei rechtsgeschäftlicher Bestellung eines weiteren Rechts war in den einschlägigen Kodifikationen des Grundstücksverfahrensrechts, der Grundstücksdokumentationsordnung v. 6. 11. 1975 (GBl. I Nr. 43 S. 697) bzw. der Grundstücksverfahrensordnung v. 30. 12. 1975 (GBl. I 1976 Nr. 3 S. 42), nicht vorgesehen. Außer den Bestimmungen über den Rang von Hypotheken (§ 453 Abs. 2, 456 Abs. 3 ZGB-DDR) enthielt das ZGB im übrigen keine weiteren materiellen Rangbestimmungen. Die den Mitbenutzungsberechtigten begünstigende Regelung des Art. 233 § 5 Abs. 1 EGBGB aF hat jedoch die wirtschaftliche Verwertung belasteter Grundstücke und deren **Zwangsversteigerungsfähigkeit**[117] beeinträchtigt. Der Gesetzgeber hat daher durch Art. 13 Nr. 5 lit. g RegVBG die Ausnahme vom öffentlichen Glauben in Ansehung der Mitbenutzungsrechte zeitlich befristet. Nach Art. 233 § 5 Abs. 1 EGBGB idF des RegVBG wird die Wirksamkeit nicht eingetragener Mitbenutzungsrechte durch die Vorschriften des BGB über den guten Glauben des Grundbuches nicht beeinträchtigt, wenn der dem Dritterwerb zugrundeliegende Eintragungsantrag vor dem 1. 1. 1997 gestellt worden ist. Die **Fristbestimmung** auf den 1. 1. 1997 beruht auf der Erwägung, die für DDR-Altrechte geltenden Rechtsregeln nach Ablauf einer Übergangszeit an das BGB-Immobiliarsachenrecht anzugleichen, das den Gutglaubensschutz von der „negativen" Publizität des Grundbuches abhängig macht. Aufgrund der Fristbestimmung werden bisher nicht eingetragene dingliche Mitbenutzungsrechte ab 1. 1. 1997 infolge gutgläubigen Dritterwerbs erlöschen können, wenn für sie bis dahin kein Antrag auf Grundbucheintragung iSv. § 17 GBO vorliegt. Ab dem 1. 1. 1997 sind die Grundsätze des gutgläubigen Dritterwerbs nach § 892 BGB uneingeschränkt auf die dinglichen ZGB-Nutzungsrechte anzuwenden.

103   **e) Aufhebung.** Der Erwerber des Eigentums bzw. eines sonstigen Rechts an dem Grundstück kann allerdings, sofern er das Vorhandensein des Mitbenutzungsrechts in dem nach § 892 Abs. 2 BGB maßgebenden Zeitpunkt (dazu RdNr. 42) nicht kannte, die Aufhebung oder Änderung des Mitbenutzungsrechts verlangen. Dazu ist erforderlich, daß das Mitbenutzungsrecht für ihn mit erheblich größeren Nachteilen verbunden ist als der dem Mitbenutzungsberechtigten durch die Aufhebung oder Änderung entstehende Schaden (Art. 233 § 5 Abs. 2 S. 2 EGBGB). Die Vorschrift erfordert eine Interessenabwägung. Bei den zugunsten des Erwerbers zu berücksichtigenden „Nachteilen" wird es sich regelmäßig um Vermögensnachteile handeln. Da der Gesetzgeber die dem Mitbenutzungsberechtigten auszugleichenden Nachteile jedoch auf „Vermögensnachteile" begrenzt hat,[118] ist aus dem unterschiedlichen Sprachgebrauch zu schließen, daß auch andere als Vermögensnachteile zugunsten des Erwerbers zu berücksichtigen sind. Das Wort **„Nachteile"** bildet insoweit den Oberbegriff für Vermögensnachteile und andere Nachteile etwa allgemein praktischer Art.[119] In die Interessenabwägung einzustellen ist mithin beispielsweise auch eine infolge des dinglichen Mitbenutzungsrechts nur noch erschwerte Nutzbarkeit eines nicht belasteten Grundstücksteils.

---

[116] Vgl. dazu Oehler NJ 1974, 724.
[117] Dazu RdNr. 49.
[118] AA *Staudinger-Rauscher* Art. 233 § 4 EGBGB RdNr. 23, der bei der Parallelvorschrift des Art. 233 § 4 Abs. 2 S. 2 EGBGB auch immaterielle Nachteile zugunsten des Berechtigten in die Interessenabwägung einstellen will.
[119] Vgl. zur Parallelvorschrift des Art. 233 § 4 Abs. 2 S. 2 EGBGB *v. Oefele*, Zivilrecht im Einigungsvertrag, 1991, RdNr. 323.

Die **Interessenabwägung** muß im Einzelfall ein erhebliches Überwiegen der Nachteile des Erwerbers gegenüber dem durch die Änderung bzw. Aufhebung des Rechts dem Mitbenutzungsberechtigten entstehenden Schaden ergeben. Notwendig ist also ein eindeutiger Interessenvorrang zugunsten des Erwerbers. Bei erheblichem Überwiegen hat der Erwerber ein Recht auf Abänderung bzw. Aufhebung des Mitbenutzungsrechtes. Dieses Recht beinhaltet eine sondergesetzliche Ausprägung des Grundsatzes des Wegfalls der Geschäftsgrundlage.[120] Eine Aufhebung des Nutzungsrechts kommt daher nach Treu und Glauben (§ 242 BGB) nur in Betracht, wenn das mildere Mittel der Vertragsabänderung scheitert. 104

Dem Mitbenutzungsberechtigten hat der Erwerber alle infolge des Schadens eintretenden **Vermögensnachteile** entweder in Geld oder durch andere Leistungen zu ersetzen. Der Vermögensnachteil bemißt sich grundsätzlich nach dem Verkehrswert des abzuändernden oder aufzuhebenden Mitbenutzungsrechts. 105

Unabhängig von der nach Art. 233 § 5 Abs. 2 S. 2 EGBGB gegebenen Aufhebungsmöglichkeit können die Parteien vertraglich vereinbarte Mitbenutzungsrechte jederzeit **vertraglich** wieder aufheben. Dies zeigt § 297 Abs. 2 S. 2 ZGB-DDR. 106

f) Mitbenutzungsrecht und Zwangsvollstreckung. Da Mitbenutzungsrechte regelmäßig nicht im Grundbuch eingetragen und daher zur Zeit der Eintragung des Versteigerungsvermerks aus diesem nicht ersichtlich sind, wären sie an sich **gem. § 37 Abs. 1 Nr. 4 ZVG** spätestens bis zur Aufforderung zur Abgabe von Geboten im Versteigerungstermin **anzumelden,** wenn sie in der Versteigerung berücksichtigt werden sollen. Anderenfalls gehen nicht eingetragene Rechte nicht in das geringste Gebot ein und erlöschen mit Zuschlag an den Ersteher (§§ 52 Abs. 1 S. 2, 91 Abs. 1 ZVG). Dem Mitbenutzungsberechtigten bliebe allein ein Anspruch auf Wertersatz aus dem Versteigerungserlös (§ 92 Abs. 1 ZVG). 107

Entgegen der **Regelung des ZVG,** die seit dem 3. 10. 1990 im Beitrittsgebiet gilt, sah § 13 Abs. 2 S. 1 der GrundstücksvollstreckungsVO der DDR v. 6. 6. 1990 (GBl. I Nr. 32 S. 288) vor, daß Mitbenutzungsrechte unabhängig von ihrem Rang und der Tatsache der Eintragung im Grundbuch bestehen bleiben. 108

Mit der durch das **2. VermRÄndG** in das EGBGB inkorporierten Bestimmung des Art. 233 § 5 Abs. 2 S. 3 hat der Gesetzgeber die Rechtslage wiederum an die ehedem in der DDR geltende Bestimmung des § 13 Abs. 2 S. 1 Grundstücksvollstreckungsverordnung angenähert. Dies gilt seit der Änderung von Art. 233 § 5 Abs. 2 S. 3 EGBGB durch Art. 13 Nr. 3 lit. g, bb RegVBG allerdings nur für die bis zum Ablauf des 31. 12. 1996 angeordneten Zwangsversteigerungen.[121] Insoweit ist auf die dinglichen Mitbenutzungsrechte die für altrechtliche Dienstbarkeiten geltende Vorschrift des § 9 EGZVG entsprechend anzuwenden: Nicht eingetragene Mitbenutzungsrechte bleiben mithin für die vor dem 1. 1. 1997 angeordneten Zwangsversteigerungen auch dann bestehen, wenn sie nicht im geringsten Gebot berücksichtigt sind. 109

Durch das Bestehenbleiben der Rechte sollen nach der Wertung des Gesetzes bessere, d. h. ältere oder gleichstehende Rechte am Grundstück nicht beeinträchtigt werden (zur Rangbestimmung vgl. oben RdNr. 99). Der Inhaber eines gefährdeten besseren Rechts kann daher verlangen, daß das **Erlöschen** eines Mitbenutzungsrechts iSv. Art. 233 § 5 Abs. 1 EGBGB zur **Versteigerungsbedingung** erhoben wird (§ 9 Abs. 2 EGZVG). Die Zustimmung eines anderen Beteiligten am Versteigerungsverfahren, insbesondere des Mitbenutzungsberechtigten, ist anders als nach § 59 Abs. 1 S. 2 ZVG nicht erforderlich.[122] 110

---

[120] *Staudinger-Rauscher* Art. 233 § 4 EGBGB RdNr. 27 zur Parallelvorschrift des Art. 233 § 4 Abs. 2 S. 2 EGBGB.
[121] Zur ratio legis vgl. noch die Ausführungen zur Parallelvorschrift des Art. 233 § 4 Abs. 4 EGBGB bei RdNr. 49.
[122] *Reinhard-Müller-Dassler-Schiffhauer,* Zwangsversteigerungsgesetz, 9. Aufl. 1958, § 9 EG Anm. 6b.

Ein Antrag iSv. § 9 Abs. 2 EGZVG kann mündlich bis zum Schluß der Versteigerung gestellt werden.[123]

111 Beeinträchtigt iSv. § 9 Abs. 2 EGZVG ist ein besseres Recht, wenn die Rechtsinhaber durch das Fortbestehen des Mitbenutzungsrechts nicht oder nicht in gleicher Höhe wie bei Fortfall des Rechts durch das Meistgebot gedeckt sind.[124] Eine **Beeinträchtigung** ist daher ausgeschlossen hinsichtlich der im geringsten Gebot stehenden Rechte.[125]

112 Wird ein **Zuschlag unter der Bedingung des Erlöschens** des Mitbenutzungsrechts erteilt, muß dies aus dem Zuschlagsbeschluß ersichtlich sein. Anderenfalls gilt der Zuschlag als unter der gesetzlichen Bedingung des Fortbestehens des Rechts erteilt.[126] Wenn im Zuschlagsbeschluß das Mitbenutzungsrecht unrichtigerweise als nicht bestehen bleibend angegeben wird, erlischt es durch den Zuschlag.[127]

113 **3. Vorkaufsrechte (§§ 306 ff. ZGB-DDR). a) Allgemeines.** Ein Grundstück konnte gem. § 306 Abs. 1 S. 1 ZGB-DDR in der Weise belastet werden, daß der Eigentümer eines Grundstücks einem anderen für den jeweils ersten Verkaufsfall das Vorkaufsrecht an einem Grundstück einräumt. Die Vorschriften über das Vorkaufsrecht galten entsprechend für selbständiges Gebäudeeigentum (§ 295 Abs. 2 S. 2 ZGB-DDR). Hauptanwendungsfall des nicht sehr verbreiteten Vorkaufsrechts waren Ein- und Zweifamilienhäuser.[128] Zur **Begründung** des Vorkaufsrechtes bedurfte es eines schriftlichen Vertrags zwischen dem Eigentümer und dem Vorkaufsberechtigten. Dieser war notariell zu beglaubigen und zu genehmigen (§ 2 Abs. 1 lit. e GVVO). Das Vorkaufsrecht entstand konstitutiv mit Eintragung im Grundbuch (§ 306 Abs. 1 S. 3 ZGB-DDR). Es ist **nicht übertragbar** und geht nicht kraft Universalsukzession auf die Erben des Vorkaufsberechtigten über (§ 306 Abs. 1 S. 4 ZGB-DDR).

114 **b) EGBGB.** Seit dem 3. 10. 1990 war auf die vertraglichen Vorkaufsrechte iSv. §§ 306 ff. ZGB-DDR weiterhin das frühere Recht der DDR anzuwenden (Art. 233 § 3 Abs. 1 S. 1 EGBGB), soweit es **Inhalt** und **Rang** der nach ZGB wirksam begründeten Vorkaufsrechte anbetraf. Eine **Übertragung** des Vorkaufsrechts blieb damit ausgeschlossen. Seine **Ausübung** richtete sich nach § 307 ZGB-DDR. Die **Aufhebung** führte nicht aus Gründen des Rechtsinhalts zum Erlöschen des Vorkaufsrechts und richtete sich daher nach § 875 BGB (Art. 233 § 3 Abs. 2 EGBGB). Seit Inkrafttreten des SachenRÄndG sind auf die Vorkaufsrechte die §§ 1094 ff. BGB anzuwenden (Art. 233 § 3 Abs. 4 EGBGB).

115 **4. Erbbaurechte. a) Alt-Rechte.** Der **Inhalt** der vor Inkrafttreten des ZGB am 1. 1. 1976 begründeten Alt-Erbbaurechte bestimmte sich trotz Aufhebung der ErbbauVO durch § 15 Abs. 2 Ziff. I/11 EGZGB weiterhin nach dem vor Inkrafttreten des ZGB geltenden Recht (§ 6 Abs. 1 EGZGB), während sich die **Ausübung und Übertragung** der Rechte nach den allgemeinen Vorschriften des ZGB richtete (§ 6 Abs. 2 EGZGB). Ein Heimfallanspruch des Eigentümers (vgl. § 2 Nr. 4 ErbbauVO) war ausgeschlossen (§ 5 Abs. 2 S. 3 EGZGB). Diese Rechtslage ist durch Art. 233 § 3 Abs. 1 S. 1 EGBGB für die im Zeitpunkt des Beitritts am 3. 10. 1990 bestehenden Alt-Erbbaurechte zunächst festgeschrieben worden. Zu den bestehenden Alt-Erbbaurechten gehören auch diejenigen, deren Bestellungszeitraum abgelaufen ist, die aber gem. § 5 Abs. 2 S. 1 EGZGB vorbehaltlich eines Grundstücksverkaufs an den Erbbauberechtigten mit dem bisherigen Rechtsin-

---

[123] *Reinhard-Müller-Dassler-Schiffhauer*, Zwangsversteigerungsgesetz, 9. Aufl. 1958, § 9 EG Anm. 6c; *Fischer-Schaefer*, Zwangsvollstreckung in das unbewegliche Vermögen, 2. Aufl. 1910, § 9 EGZVG Anm. 4.
[124] RGZ 148, 310, 314f.; LG Stade ZBlFG 14, 250; *Fischer-Schaefer*, Zwangsvollstreckung in das unbewegliche Vermögen, 2. Aufl. 1910, § 9 EGZVG Anm. 4; *Reinhard-Müller-Dassler-Schiffhauer*, Zwangsversteigerungsgesetz, 9. Aufl. 1958, § 9 EG Anm. 6d, e

[125] *Fischer-Schaefer*, Zwangsvollstreckung in das unbewegliche Vermögen, 2. Aufl. 1910, § 9 EGZVG Anm. 4; *Reinhard-Müller-Dassler-Schiffhauer*, Zwangsversteigerungsgesetz, 9. Aufl. 1958, § 9 EG Anm. 6b.
[126] RGZ 62, 99, 104.
[127] RGZ 153, 252, 255; *Reinhard-Müller-Dassler-Schiffhauer*, Zwangsversteigerungsgesetz, 9. Aufl. 1958, § 9 EG Anm. 6g.
[128] *Zänker*, in: *Rohde* u. a., Bodenrecht, 1989, S. 258.

halt als unbefristete Rechte weiter galten. Die **Aufhebung** der Alt-Erbbaurechte richtet sich seit dem 3. 10. 1990 nach § 26 ErbbauVO iVm. §§ 875, 876, 878 BGB (Art. 233 § 3 Abs. 3 EGBGB), da sie nicht aus Gründen des Rechtsinhalts zum Erlöschen des Rechts führt. Im Rahmen der Sachenrechtsbereinigung sind die bestehenden Altrechte unter den Voraussetzungen von § 112 SachenRBerG grundsätzlich wieder in befristete Rechte umgewandelt worden.

Wurde das **Grundstück vor dem 3. 10. 1990 an den Erbbauberechtigten verkauft,** so erlosch das Erbbaurecht kraft Gesetzes (§ 5 Abs. 2 S. 1, 2 EGZGB). Die Rechtsstellung des Erbbauberechtigten war insoweit noch verstärkt als ihm nach § 5 Abs. 2 S. 4 EGZGB ein gesetzliches Vorkaufsrecht für den Fall des Grundstücksverkaufs an einen Dritten zustand. Darüber hinaus konnte dem Erbbauberechtigten ein Nutzungsrecht (vgl. § 287 ZGB-DDR) verliehen werden, wenn sich das Erbbaurecht auf ein volkseigenes Grundstück bezog und auf diesem in Ausübung des Rechts ein Eigenheim errichtet wurde (§ 5 Abs. 2 S. 5 EGZGB). Mit der Verleihung des Nutzungsrechts erlosch das Erbbaurecht (§ 5 Abs. 2 S. 6 EGZGB).

b) **Neu-Rechte.** Erbbaurechte, die seit dem 3. 10. 1990 neu begründet worden sind, richten sich vollständig nach den Vorschriften der Erbbau-VO.

5. **Sonstige BGB-Rechte.** a) **Alt-Rechte.** Der **Inhalt** sonstiger dinglicher BGB-Grundstücksbelastungen (Grunddienstbarkeiten, Nießbrauch, Reallasten), die vor dem 1. 1. 1976 begründet worden sind, richtete sich nach diesem Zeitpunkt weiterhin nach den Vorschriften des BGB (§ 6 Abs. 1 EGZGB). Dagegen galt für **Ausübung** und **Übertragung** dieser Rechte das ZGB (§ 6 Abs. 2 EGZGB). Seit dem 3. 10. 1990 ist diese Rechtslage für die im Zeitpunkt des Beitritts bestehenden sonstigen BGB-Altrechte festgeschrieben worden (Art. 233 § 3 Abs. 1 S. 1 EGBGB). Die **Aufhebung** der Alt-Rechte richtet sich jedoch nach § 875 BGB, da sie nicht aus Gründen des Rechtsinhalts zum Erlöschen des Rechts führt.

b) **Neu-Rechte.** Auf sonstige dingliche Rechte, sie seit dem 3. 10. 1990 neu begründet worden sind, sind allein die entsprechenden BGB-Vorschriften anzuwenden.

F. Altfälle

I. Allgemeines

Die Vorschrift des § 16 VermG nF ist gem. Art. 14 Abs. 4 S. 1 d. 2. VermRÄndG nicht anzuwenden auf vermögensrechtliche Verfahren, die **vor Inkrafttreten des 2. VermRÄndG** am 22. 7. 1992 begonnen und durch eine abschließende Entscheidung **abgeschlossen** worden sind. Bei der Entscheidung handelt es sich nach Sinn und Zweck um den vermögensrechtlichen Ausgangsbescheid.[129] Auf diese Verfahren fand § 16 VermG idF des PrHBG Anwendung. Die Vorschrift hatte folgenden Wortlaut:

„(1) Mit der Rückübertragung von Eigentumsrechten oder der Aufhebung der staatlichen Verwaltung sind die Rechte und Pflichten, die sich aus dem Eigentum am Vermögenswert ergeben, durch den Berechtigten selbst oder durch einen vom Berechtigten zu bestimmenden Verwalter wahrzunehmen.

(2) Mit der Rückübertragung von Eigentumsrechten oder der Aufhebung der staatlichen Verwaltung oder mit der vorläufigen Einweisung nach § 6a tritt der Berechtigte in alle in bezug auf den jeweiligen Vermögenswert bestehenden Rechtsverhältnisse ein.

(3) Bestehende Rechtsverhältnisse können nur auf der Grundlage der jeweils geltenden Rechtsvorschriften geändert oder beendet werden."

---

[129] Vgl. § 3 RdNr. 83.

121 Als Sonderregelung war darüber hinaus § 18 Abs. 3 VermG aF zu beachten:

„(3) Aufbauhypotheken sind vom Berechtigten zu übernehmen, wenn eine der Kreditaufnahme entsprechende werterhöhende oder werterhaltende Baumaßnahme durchgeführt wurde."

122 Um eine sachlich nicht gerechtfertigte Ungleichbehandlung der nach „altem" Recht entschiedenen Fälle gegenüber den auf der Grundlage des 2. VermRÄndG zu entscheidenden Fällen zu verhindern, sieht Art. 14 Abs. 6 d. 2. VermRÄndG **Überleitungsbestimmungen** für die Altfälle vor. Sie greifen jedoch nur ein, wenn die Übernahme dinglicher Rechte nicht auf einer Vereinbarung der Parteien beruhte (Art. 14 Abs. 6 S. 1 d. 2. VermRÄndG).

II. Grundpfandrechte

123 **1. Grundsatz.** Nach § 16 Abs. 2 VermG aF hatte der Berechtigte auch die im Zeitpunkt der Rückübertragung, der Aufhebung der staatlichen Verwaltung oder der vorläufigen Einweisung im Hinblick auf das Restitutionsobjekt begründeten **Grundpfandrechte** zu **übernehmen.** Das ZGB-DDR kannte als einziges Grundpfandrecht die Hypothek (§§ 452 ff. ZGB-DDR). Zu übernehmen waren aber gegebenenfalls auch Grundpfandrechte, die noch vor dem 1. 1. 1976 nach den Vorschriften des BGB bestellt worden waren. Eine Sonderregelung enthielt § 18 Abs. 3 VermG aF für Aufbauhypotheken (dazu unten RdNr. 125 ff.). Da Volkseigentum grundsätzlich nicht mit Grundpfandrechten belastet werden konnte (§ 20 Abs. 3 S. 2 ZGB-DDR),[130] war eine Neubestellung von Grundpfandrechten im Gefolge einer schädigenden Maßnahme iSv. § 1 VermG in rechtstatsächlicher Hinsicht nur denkbar, wenn das dem Berechtigten entzogene Grundstück in Privateigentum überging oder der staatlichen Verwaltung unterlag. Entgegen der Regelung in § 16 Abs. 7 VermG nF enthielt das Vermögensgesetz in der bis zum Inkrafttreten des 2. VermRÄndG geltenden Fassung hinsichtlich der Übernahmeverpflichtung **keinerlei Einschränkungen.** Diese Regelung fand verfahrensrechtlich in dem ex lege angeordneten Fortbestand der Grundpfandrechte ihre Entsprechung, ohne daß es einer ergänzenden Prüfung und Entscheidung durch das zuständige Vermögensamt bedurfte.

124 Die **Überleitungsvorschrift** des Art. 14 Abs. 6 S. 2 des 2. VermRÄndG sieht jedoch vor, daß die vor Inkrafttreten des 2. VermRÄndG übernommenen Grundpfandrechte in dem Umfang als erloschen gelten, in dem sie gem. § 16 VermG nF nicht zu übernehmen wären. Damit wird die beabsichtigte **Gleichstellung** der Altfälle mit den Neufällen erreicht. Das Gesetz fingiert das Erlöschen auf den Zeitpunkt der ursprünglichen vermögensrechtlichen Entscheidung über die Aufhebung der staatlichen Verwaltung bzw. über die Rückübertragung des Vermögenswertes; im Gesetz ist insoweit ungenau nur von dem „Zeitpunkt der Entscheidung über die Aufhebung der staatlichen Verwaltung" die Rede.[131]

125 **2. Aufbauhypotheken.** Diente das bestellte Grundpfandrecht jedoch als sog. Aufbauhypothek (§ 456 ZGB-DDR) der Sicherung von Baukrediten, so sah § 18 Abs. 3 VermG aF eine Übernahme durch den Berechtigten nur unter einschränkenden Voraussetzungen vor. Aufbauhypotheken waren danach nur in dem Umfang zu übernehmen, in dem eine **der Kreditaufnahme entsprechende werterhöhende oder werterhaltende Baumaßnahme** durchgeführt wurde. Der nunmehr in § 16 VermG nF aufgegriffene Regelungsgedanke der Vorschrift ist darin zu sehen, den Berechtigten zum Wertausgleich nur für objektiv werterhöhende Maßnahmen heranzuziehen. Voraussetzung für eine Übernahme der Aufbauhypothek war also auch nach der alten Gesetzesfassung, daß die werterhöhenden Maßnahmen noch auf den Zeitpunkt der Rückübertragung fortwirken.

---

[130] Vgl. aber § 14 Abs. 4 S. 1 und 2 lit b und c der VO über die Kreditgewährung und die Bankkontrolle der sozialistischen Wirtschaft v. 28. 1. 1982 (GBl. I Nr. 6 S. 126) idF der 4. Kreditverordnung v. 2. 3. 1990 (GBl. I Nr. 15 S. 114), der eine Begründung von Grundpfandrechten an volkseigenen Grundstücken volkseigener Betriebe zuließ.

[131] Zutreffend aber Begründung z. Entwurf eines 2. VermRÄndG, BT-Drucks. 12/2480, S. 94.

Die Vorschrift des § 18 Abs. 3 VermG aF bezog sich dem Wortlaut nach nur auf 126
Aufbauhypotheken. Darüber hinaus sind zur Sicherung von Baukrediten vor Inkrafttreten des ZGB aber auch **andere Grundpfandrechte** bestellt worden (Aufbaugrundschulden bzw. BGB-Grundpfandrechte).[132] Auf diese Grundpfandrechte war § 18 Abs. 3 VermG aF wegen der Identität des Sicherungszwecks analog anzuwenden.

Zum **Fortbestand** der vor Inkrafttreten des 2. VermRÄndG übernommenen Aufbauhypotheken und vergleichbaren Grundpfandrechte nach der Überleitungsvorschrift des Art. 14 Abs. 6 S. 2 des 2. VermRÄndG vgl. bereits die Ausführungen RdNr. 123f. 127

Nach Art. 16 Abs. 6 S. 4 des 2. VermRÄndG kann der Grundstückseigentümer bzw. 128
dessen Rechtsnachfolger in sinngemäßer Anwendung von § 16 Abs. 9 S. 2 VermG auch wegen der durch das Grundpfandrecht gesicherten **Forderung** nur in dem der Übernahme des Grundpfandrechts entsprechenden Umfang in Anspruch genommen werden. Soweit also der Grundstückseigentümer nach der Entscheidung über die Aufhebung der staatlichen Verwaltung oder die Rückübertragung des Eigentums Leistungen auf das Grundpfandrecht erbracht hat, sind diese rechtsgrundlos erfolgt und können nach § 812 Abs. 1 S. 1 1. Alt. BGB zurückgefordert werden, wenn sie den zu übernehmenden Teil der den Grundpfandrechten zugrundeliegenden Forderungen übersteigen. Handelte es sich bei der erloschenen Forderung um eine solche aus einem Darlehen, für das keine staatlichen Mittel eingesetzt worden sind, so ist der Gläubiger vorbehaltlich einer abweichenden Regelung angemessen zu entschädigen (Art. 16 Abs. 6 S. 4 des 2. VermRÄndG iVm. § 16 Abs. 9 S. 3 VermG).

III. Sonstige dingliche Rechte

1. Grundsatz. Nach der Überleitungsvorschrift des Art. 14 Abs. 6 S. 5 des 2. Verm- 129
RÄndG ist auf die nach § 16 VermG aF übernommenen sonstigen dinglichen Rechte, also die dinglichen Rechte unter Ausschluß der Grundpfandrechte, die Vorschrift des § 3 Abs. 1a S. 8 VermG anzuwenden. Da § 3 Abs. 1a S. 8 VermG unmittelbar nur die Wiederbegründung, nicht aber die Übernahme dinglicher Rechte betrifft, kommt nur eine entsprechende Anwendung der Vorschrift in Betracht.[133] Demgemäß kann der Eigentümer des Grundstückes **gegen Ausgleich** des dem Gläubiger daraus entstehenden Vermögensnachteils die **Löschung** eines übernommenen Rechts verlangen, wenn die Belastung für den Eigentümer mit Nachteilen verbunden ist, die den beim Gläubiger durch die Ablösung des Rechtes entstehenden Schaden erheblich übersteigen.[134]

2. Dingliche Nutzungsrechte. Das Vermögensgesetz enthielt in der bis zum Inkrafttre- 130
ten des 2. VermRÄndG geltenden Fassung keine § 16 Abs. 3 S. 1 VermG nF entsprechende Vorschrift. Damit wären nach dem Wortlaut des § 16 Abs. 2 VermG aF auch **unredlich erworbene** dingliche Nutzungsrechte, die nach § 4 Abs. 2 S. 1 VermG nicht zum Restitutionsausschluß führen, zu übernehmen gewesen. Dieses Ergebnis erschien im Hinblick auf §§ 4 Abs. 2 S. 1, 17 S. 2 VermG aF wertungswidersprüchlich. Die genannten Vorschriften zeigen, daß nur der redliche Erwerber in seinem Vertrauen auf eine einmal erworbene Rechtsposition geschützt werden soll. In diesem Sinne wies § 16 Abs. 2 VermG aF eine „Gerechtigkeitslücke" auf, die durch entsprechende Anwendung des unmittelbar nur für schuldrechtliche Nutzungsverhältnisse geltenden § 17 S. 2 VermG aF zu schließen war.[135] Insoweit galt auch für Altfälle, daß unredlich erworbene dingliche Nutzungsrechte nicht zu übernehmen waren.

---

[132] Vgl. dazu RdNr. 53f.
[133] So zutreffend auch die Begründung z. Entwurf eines 2. VermRÄndG, BT-Drucks. 12/2480.
[134] Vgl. dazu bereits § 3 RdNr. 77ff.
[135] *Fieberg-Reichenbach* F/R/M/S RdNr. 13.

Anhang I

Vermögensrestitution und Arbeitsrecht

Übersicht

	RdNr.		RdNr.
A. Eintritt in die Arbeitsverhältnisse bei der Unternehmensrückgabe		**B. Tarifvertragliche Gestaltung der Arbeitsverhältnisse**	
I. Rückgabe von Unternehmen nach den §§ 17 bis 19 UnternehmensG....	1–5	I. Tarifrechtliche Besonderheiten in den neuen Bundesländern	
II. Unternehmensrückgabe nach dem Vermögensgesetz		1. Maßgaben des Einigungsvertrages ..	51–70
1. Vorbemerkung zur Reichweite von § 16 Abs. 2 VermG	6–10	a) Normzweck und Regelungsinhalt .	51
2. Unternehmensübertragung (§ 6 VermG)	11–16	b) Reichweite der Übergangsregelung	52–70
a) Anteilsübertragung	11, 12	aa) Arbeitsrechtliche Normivakte...................	52, 53
b) Vermögensübertragung	13–16	bb) Betriebskollektivverträge....	54–56
3. Entflechtung des Unternehmens (§ 6b VermG)	17–20	cc) Rahmenkollektivverträge....	57–59
a) Rechtsgrundlage für den Übergang der Arbeitsverhältnisse	17	dd) Tarifverträge nach altem Recht	60
b) Zuordnung der Arbeitsverhältnisse	18–20	ee) Rationalisierungsschutzabkommen	61–63
4. Vorläufige Einweisung (§ 6a VermG)	21–27	ff) Neue Tarifverträge nach dem 30. 6. 1990	64
a) Überblick	21	gg) Überbetriebliche Vereinbarungen vor dem 1. 7. 1990	65–70
b) Kaufrechtliches Modell	22	2. Rechtswirkungen fortgeltender Rahmenkollektivverträge und Tarifverträge	71–75
c) Pachtrechtliches Modell	23–26	a) Grundsätze	71, 72
d) Konsensualmodell	27	b) Betriebsautonomie	73
5. Aufhebung der staatlichen Verwaltung (§§ 11, 11a VermG)	28–30	c) Betriebsübergang	74, 75
6. Einvernehmliche Unternehmensrückgabe	31, 32	3. Außerkrafttreten des Rahmenkollektivvertrages bzw. Tarifvertrages alten Rechts	76–81
7. Übergang der Arbeitsverhältnisse und investiver Vertrag	33–35	4. Anwendbarkeit von § 10 Abs. 2 TVG	82
III. Rückgabe sonstiger Vermögensgegenstände	36, 37	5. Sonderbestimmung für Rationalisierungsschutzabkommen	83–93
IV. Übertragung öffentlicher Einrichtungen		a) Normzweck	83
1. Übertragung kommunalen Vermögens...................	38–40	b) Erfaßte Vorschriften	84–90
		aa) Rationalisierungsschutz.....	84–86
		bb) Rechtsnatur der Vorschriften .	87
		cc) Abkommen	88, 89
2. Abwicklung von Einrichtungen der öffentlichen Verwaltung	41, 42	dd) Öffentlicher Dienst........	90
		c) Bestandsschutz	91
V. Rechtsschutz des Arbeitnehmers		d) Außerkrafttreten des Abkommens.	92
1. Stellung im Verwaltungsverfahren ..	43–46	e) Verfassungskonformität	93
a) Informations- und Beteiligungsrechte...................	43–45	**II. Tarifrechtliche Anwendungsprobleme**	
b) Klagebefugnis	46	1. Tarifnorm und interlokale Sachverhalte	94, 95
2. Widerspruchsrecht	47–50	2. Auslegungsfragen bei Tarifverträgen .	96–102
a) Allgemeines	47	a) Räumlicher Geltungsbereich	96–99
b) Rechtsgeschäftlicher Übergang...	48	b) Auslegung von Verweisungen in Tarifverträgen	100–102
c) Eintritt des Berechtigten gemäß § 16 Abs. 2 VermG	49	3. Differenzierungen zwischen „Ost-" und „West-Arbeitnehmern" in Tarifverträgen	103–107
d) Entflechtung des Unternehmens ..	50		

	RdNr.		RdNr.
4. Bindung des Restitutionsberechtigten an tarifliche Arbeitsbedingungen	108–117	c) Wettbewerbsneutralität des Übergangsmandats	163–170
a) Allgemeines	108	aa) Normzweck	163
b) Unveränderte Bindung an den Tarifvertrag	109	bb) Wettbewerbsrelevanz beteiligungspflichtiger Maßnahmen .	164–166
c) Rechtsgeschäftlicher Betriebsübergang	110	cc) Vorliegen eines Wettbewerbsverhältnisses	167
d) Betriebsübergang kraft Hoheitsaktes	111–114	dd) Umfang des Ausschlusses einer Betriebsratsbeteiligung	168–170
e) Entflechtung von Unternehmen . .	115	5. Übergangsmandat und Gesamtbetriebsrat	171–173
f) Auswirkungen arbeitsvertraglicher Bezugnahmeklauseln	116, 117		

C. Vermögensrestitution und Betriebsverfassungsrecht

D. Sonderkündigungsrecht im öffentlichen Dienst

I. Allgemeines	118	**I. Allgemeines**	
II. Beteiligung des Betriebsrats bei der Unternehmensrückgabe		1. Normzweck	174–177
		2. Geltungsdauer	178–178b
1. Die Unternehmensrückgabe als beteiligungspflichtige Angelegenheit	119–124	3. Verfassungskonformität	179–181
a) Rechtslage nach dem Betriebsverfassungsgesetz	119–124	**II. Anwendungsbereich der Übergangsregelung**	
aa) Beteiligung des Betriebsrats . .	119	1. Öffentlicher Dienst und öffentliche Verwaltung	182–196
bb) Unterrichtung des Wirtschaftsausschusses	120–124	a) Allgemeines	182, 183
b) Sondervorschrift für die Entflechtung (§ 6b Abs. 1 S. 4 VermG) . . .	125–132	b) Öffentlicher Dienst	184–188
		c) Öffentliche Verwaltung	189–196
aa) Allgemeines	125, 126	aa) Begriff und rechtliche Bedeutung	189–194
bb) Adressat der Unterrichtungspflicht	127	bb) Errichtungszeitpunkt	195
cc) Zu unterrichtender Betriebsrat	128, 129	cc) Ort der Einrichtung	196
dd) Umfang der Unterrichtung . .	130	2. Arbeitsverhältnisse	197–206
ee) Rechtsfolgen der unterlassenen Unterrichtung	131, 132	a) Vertraglich begründete Arbeitsverhältnisse	197
2. Beteiligung des Betriebsrats im Rahmen des behördlichen Restitutionsverfahrens	133–137	b) Durch Berufung begründete Arbeitsverhältnisse	198–202
		c) Ruhende Arbeitsverhältnisse	203
a) Allgemeine Rechtsstellung	133, 134	d) Überschreiten des Rentenalters . . .	204
b) Rechtsstellung im Rahmen eines Entflechtungsverfahrens	135, 136	e) Spezielle Berufsgruppen	205, 206
c) Klagebefugnis des Betriebsrats . . .	137	**III. Das Recht zur ordentlichen Kündigung**	
III. Fortgeltung von Betriebsvereinbarungen		1. Regelungsinhalt	207–210
		2. Einordnung in das allgemeine System des Kündigungsschutzes	211–221
1. Kollektivrechtliche Fortgeltung	138–140	a) Sonderkündigungsschutz	211, 212
2. Individualrechtliche Bindung	141, 142	b) Beteiligung des Personalrates . . .	213
3. Geltungsbereich von Gesamt- und Konzernbetriebsvereinbarungen	143–145	c) Verhältnis zum Kündigungsschutzgesetz	214–221
IV. Übergangsmandat des Betriebsrats		3. Kündigungstatbestände	222–235
		a) Mangelnde fachliche Qualifikation oder persönliche Eignung	222–229
1. Die Figur des Übergangsmandats und ihr Anwendungsbereich	146–151	b) Mangelnder Bedarf	230–233
2. Erfaßte Betriebsverfassungsorgane . .	152, 153	c) Organisationsänderung	234, 235
3. Dauer des Übergangsmandats	154, 155	4. Übergangsgeld	236
4. Inhaltliche Reichweite des Übergangsmandats	156–170	5. Kündigungsfrist	237
		6. Tarifdispositivität	238, 239
a) Kompetenzen des Betriebsrats . . .	156–159	7. Weiterbeschäftigungsanspruch	239a
b) Zusammensetzung des Betriebsrats	160–162	**IV. Das Recht zur außerordentlichen Kündigung**	
		1. Verhältnis zum allgemeinen Kündigungsrecht	240–245

VermG § 16 Anh. I   Abschnitt IV. Rechtsverhältnisse zw. Berechtigten u. Dritten

	RdNr.		RdNr.
2. Anwendungsbereich	246, 247	b) Tätigkeit für das MfS/ANS	255–269
		aa) Das Merkmal der Tätigkeit	255–262
3. Kündigungssachverhalte	248–269	bb) Einrichtungen des MfS/ANS	263
a) Verstoß gegen Grundsätze der Menschlichkeit oder Rechtsstaatlichkeit	248–254	cc) Art der Tätigkeit und subjektive Aspekte	264–266
aa) Grundsätze	248	dd) Beweislast	267–269
bb) Objektiver Verstoß	249, 250	4. Unzumutbarkeit	270–276
cc) Vorwerfbarkeit des Verstoßes	251–253	5. Kündigungserklärungsfrist	277–282
dd) Beweislast	254	6. Recht zur ordentlichen Kündigung	283

A. Eintritt in die Arbeitsverhältnisse bei der Unternehmensrückgabe

Schrifttum: *Commandeur,* Die Bedeutung des § 613a BGB im Bereich der ehem. DDR, NZA 1991, 705 ff.; *ders.,* Betriebsübergang in den neuen Bundesländern, ArbuArbR 1992, 169 ff.; *Hamer,* Übergang der Arbeitsverhältnisse im öffentlichen Dienst bei Verwaltungs- und Gebietsreformen in den neuen Ländern, PersR 1992, 291 ff.; *Heinze,* Arbeitsrechtliche Probleme im Zusammenhang mit dem Spaltungsgesetz und der Unternehmensrückgabeverordnung, VIZ 1992, 301 ff.; *Oetker,* Übergang der Arbeitsverhältnisse beim Betriebsinhaberwechsel in den neuen Bundesländern, VIZ 1991, 7 ff.; *Schaub,* Einführung in das Recht der Betriebsnachfolge, ArbuArbR 1991, 225 ff.; *Trenkle,* Rechtsnachfolge im öffentlichen Dienst, ArbuArbR 1993, 362 ff.; *Weimar-Alfes,* Betriebsbelegschaften als Investitionshemmnis in den neuen Bundesländern, BB 1991, Beil. Nr. 9, S. 16 ff.; *dies.,* Neuregelung des § 613a BGB für die neuen Bundesländer, DB 1991, 1830 ff.; *dies.,* Widerspruchsrecht des Arbeitnehmers bei Umstrukturierung von Treuhandunternehmen, NZA 1991, 833 ff.

I. Rückgabe von Unternehmen nach den §§ 17 bis 19 UnternehmensG

1   Bereits vor dem Vermögensgesetz sah § 17 des Unternehmensgesetzes (UnternehmensG) vom 7. 3. 1990[1] die Rückgabe von Unternehmen vor, die im Jahre 1972 in das Volkseigentum überführt worden waren.[2] Hinsichtlich eines eventuellen Übergangs der Arbeitsverhältnisse bereitet die hiernach vollzogene Unternehmensrestitution erhebliches Kopfzerbrechen, da das Gesetz auf eine dogmatisch präzise **umwandlungsrechtliche Konstruktion** verzichtet.

2   **Gegen einen Vermögensübergang kraft Hoheitsaktes** spricht vor allem die verfahrensmäßige Ausgestaltung der Unternehmensrückgabe, da sich diese nach Maßgabe der Vereinbarung zwischen dem volkseigenen Betrieb und dem Antragsteller vollzieht, ohne daß der zuständigen Behörde Dispositionsbefugnisse hinsichtlich des Inhalts der Vereinbarung, also auch nicht hinsichtlich der vom Antragsteller zu übernehmenden Arbeitsverhältnisse zustehen. Gegen einen hoheitlichen Vermögensübergang ist ferner § 19 Abs. 5 UnternehmensG anzuführen, da das in dieser Norm festgelegte Erfordernis einer Erklärung des volkseigenen Betriebes, die zum Vollzug der Umwandlung führt, sinnwidrig wäre, wenn der Vermögensübergang bereits kraft Hoheitsaktes eintrat.

3   Für den Übergang von Forderungen und Vertragsverhältnissen ist deshalb allein die nach § 19 Abs. 1 S. 2 UnternehmensG abzuschließende **Vereinbarung** maßgeblich. Unter den in den §§ 13 und 14 der Unternehmensrückgabeverordnung (URüV) vom 13. 7. 1991[3] genannten Voraussetzungen sind entsprechende Abreden unverändert durchzuführen. Wegen dieser Vereinbarung besitzt die Ausführung der Unternehmensrückgabe keinen hoheitlichen, sondern einen **vertraglichen Charakter**.[4] Dieses Verständnis liegt auch den §§ 13, 14 URüV zugrunde, die ausdrücklich vom Vorliegen eines Vertrags ausgehen.

---

* Literatur und Schrifttum wurden bis zum 31. 10. 1994 berücksichtigt.
[1] GBl. DDR I S. 141.
[2] Siehe näher oben *Säcker-Busche* vor § 6 RdNr. 3 ff.
[3] BGBl. I S. 1542.

[4] AA indes *Schaub* ArbuArbR 1991, 225 (226); *ders.,* Arbeitsrechts-Handbuch, 7. Aufl. 1992, S. 894 f., der von einem Übergang kraft Hoheitsakts ausgeht und deshalb die Anwendung von § 613a BGB ablehnt.

Erfolgte der **Betriebsübergang** noch **vor dem 1. 7. 1990**, so beurteilt sich der Fortbestand der Arbeitsverhältnisse ausschließlich nach Maßgabe der auf der Grundlage von § 19 Abs. 1 S. 2 UnternehmensG abgeschlossenen **Vereinbarung**. Bis zu diesem Zeitpunkt war der Rechtsordnung der ehem. DDR eine mit § 613a BGB vergleichbare Vorschrift unbekannt. Auf den neuen Betriebsinhaber ging das Arbeitsverhältnis daher nur über, wenn dies in der Vereinbarung vorgesehen war. Ein Übergang des Arbeitsverhältnisses auf den neuen Betriebsinhaber dürfte jedoch zu verneinen sein, wenn der Arbeitnehmer hiermit nicht einverstanden war. Auch nach dem Arbeits- und Zivilrecht der ehem. DDR setzte ein rechtsgeschäftlicher Wechsel des Vertragspartners das Einverständnis der Beteiligten voraus. Eine Überlagerung des Konsenserfordernisses durch hoheitliche Entscheidungen, wie sie noch der Regelungsintention der Kombinatsverordnung (§ 37 Abs. 6 KombinatsVO) entsprach, dürfte für den Wechsel des Vertragspartners nach dem Unternehmensgesetz zu verneinen sein, da dieser nicht mehr unter den autoritativen Maximen einer zentralistisch verfaßten Planwirtschaft erfolgte, mit denen ein Widerspruch gegen einen hoheitlich angeordneten Vertragspartnerwechsel unvereinbar gewesen wäre. 4

Trat der **Übergang des Betriebes**, der nicht mit dem Tag identisch sein muß, an dem die Vereinbarung nach § 19 Abs. 1 S. 2 UnternehmensG abgeschlossen wurde, **nach dem 30. 6. 1990** ein, so ist für den Übergang der Arbeitsverhältnisse **§ 59a AGB-DDR** bzw. **ab dem 3. 10. 1990 § 613a BGB** anzuwenden. Abreden, die von der in diesen Vorschriften festgelegten Rechtsfolge abweichen, sind rechtlich unbeachtlich, da sowohl § 59a AGB-DDR als auch § 613a BGB zwingendes Recht sind.[5] Für die Anwendung von § 59a AGB-DDR bzw. § 613a BGB ist der privatrechtliche oder öffentlich-rechtliche Charakter der Vereinbarung unbeachtlich, da § 613a BGB beim Vorliegen eines öffentlich-rechtlichen Vertrages zumindest entsprechend anwendbar ist.[6] 5

II. Unternehmensrückgabe nach dem Vermögensgesetz

1. Vorbemerkung zur Reichweite von § 16 Abs. 2 VermG. Erfolgt die Rückgabe eines Unternehmens nach den Vorschriften des Vermögensgesetzes, so lehnt eine verbreitete Auffassung im Schrifttum – Rechtsprechung liegt soweit ersichtlich bislang nicht vor – im Hinblick auf den kraft Hoheitsaktes erfolgenden Übergang des Unternehmens generell die Anwendung von § 613a BGB ab.[7] Statt dessen soll der Berechtigte ausschließlich nach der speziellen Regelung in § 16 Abs. 2 VermG in die Arbeitsverhältnisse eintreten, ohne hierbei zwischen den verschiedenen Formen der Unternehmensrückgabe zu differenzieren.[8] 6

Zutreffend ist zunächst die Ausgangserwägung zur Reichweite von § 613a BGB. Diese Vorschrift erfaßt nur den Übergang von Betrieben und Betriebsteilen durch Rechtsgeschäft, so daß der Übergang von Betrieben oder Betriebsteilen stets dann nicht dem Anwendungsbereich von § 613a BGB unterliegt, wenn dieser kraft Hoheitsaktes eintritt.[9] Zum anderen ist dem in RdNr. 6 skizzierten Verständnis der in § 16 Abs. 2 VermG enthaltenen Regelung insoweit zuzustimmen, daß zu den in bezug auf den zurückzugewährenden Gegenstand abgeschlossenen Rechtsgeschäften auch Arbeitsverträge gehören können.[10] 7

Eine generelle Anwendung von § 16 Abs. 2 VermG auf alle Fallgestaltungen, die bei einer Restitution von Unternehmen auftreten, nivelliert jedoch die gravierenden Unter- 8

---

[5] Vgl. BAG AP § 613a BGB Nr. 2.
[6] Arg. e § 62 S. 2 VwVfG; vgl. *Seiter* Betriebsinhaberwechsel, 1980, S. 43; *Erman-Hanau* BGB, 9. Aufl. 1993, § 613a RdNr. 38; MünchKomm-*Schaub*, BGB, 2. Aufl. 1988, § 613a RdNr. 36.
[7] Vgl. *Ascheid* RGRK-BGB, 12. Aufl. 1992, § 613a RdNr. 107.
[8] So mit Nachdruck zuletzt *Heinze* VIZ 1992, 301 (305 f.).

[9] So inzident EuGH ZIP 1985, 824 (826); sowie *Erman-Hanau* (Fn. 6) § 613a RdNr. 39; *Richardi* RdA 1976, 56 (59).
[10] So allg. auch Bichlmeier-Oberhofer, Konkurs-Handbuch III, 1991, S. 147; *Dörner-Widlak* NZA 1991, Beil. Nr. 1, S. 43 (53); *Heinze* VIZ 1992, 301 (305 f.); *Korinth*, Deutsch-deutsche Rechtsfragen, 8–3.5.3. S. 1; *Säcker-Busche*, Zivilrecht im Einigungsvertrag, RdNr. 1366; *Weimar-Alfes* NZA 1991, 833 (835).

schiede zwischen den verschiedenen Rückgabemodalitäten in rechtlich unzulässiger Weise. Dies wird bereits deutlich, wenn das zurückzugebende Unternehmen in der **Rechtsform einer juristischen Person** verfaßt ist, so daß die Arbeitsverhältnisse nur zu ihr bestehen. In dieser Konstellation erfolgt die Rückgabe regelmäßig durch Übertragung der Anteile am Unternehmen (§ 6 Abs. 5a S. 1 lit. a und c VermG), so daß die Anwendung von § 16 Abs. 2 VermG für die Arbeitsverhältnisse bedeuten würde, daß diese von der juristischen Person auf den Berechtigten übergehen. Es träte damit aber ein Ergebnis ein, das den Intentionen des Vermögensgesetzes schlechterdings zuwiderläuft.

9 Für die Reichweite von § 16 Abs. 2 VermG hinsichtlich des Übergangs der Arbeitsverhältnisse bei einer Unternehmensrestitution ist deshalb eine kritische Reflexion des Anwendungsbereichs dieser Vorschrift unerläßlich. Hinsichtlich seiner Grundkonzeption war das Vermögensgesetz **ursprünglich** auf die **Rückgabe von Grundstücken** zugeschnitten. Die Rückgabe von Unternehmen wurde erst nachträglich in das Gesetz aufgenommen, ohne jedoch zugleich die Vorschrift des § 16 VermG an die spezifischen Besonderheiten anzupassen, die im Hinblick auf das zur Verfügung stehende rechtliche Instrumentarium bei der Rückgabe von Unternehmen auftreten.[11] Die 1. Novellierung des Vermögensgesetzes führte zu keiner Modifizierung dieser Konzeption; § 16 VermG wurde regelungstechnisch lediglich um die neu aufgenommenen §§ 6a, b VermG erweitert. Diese historische Entwicklung verdeutlicht, daß **§ 16 Abs. 2 VermG nicht generell** auf die bei der Rückgabe von Unternehmen bezüglich des Fortbestandes von Vertragsbeziehungen auftretenden Problemlagen zugeschnitten ist.

10 Angesichts ihres ursprünglichen konzeptionellen Anwendungsbereichs sichert § 16 Abs. 2 VermG den Fortbestand solcher Vertragsbeziehungen, die der Verfügungsberechtigte in bezug auf den zurückzugebenden Gegenstand vor der Restitution abgeschlossen hat. Die bei der Rückgabe von Unternehmen häufig auftretende Konstellation, daß die Vertragsbeziehung nicht zwischen dem Verfügungsberechtigten als natürlicher Person und einem Dritten abgeschlossen wurde, sondern zwischen dem Dritten und dem zurückzugewährenden Unternehmen als juristischer Person, kann § 16 Abs. 2 VermG nicht erfassen. Dies wird bereits aus dem Gesetzeswortlaut deutlich, der durch die Formulierung „in bezug auf" expressis verbis voraussetzt, daß die Vertragsbeziehung nicht mit dem zurückzugewährenden Vermögenswert abgeschlossen wurde. Aus diesem Grund scheidet die Anwendung von § 16 Abs. 2 VermG bei der Rückgabe von Unternehmen stets hinsichtlich solcher Vertragsverhältnisse aus, die zu dem Unternehmen als juristische Person bestehen.[12]

11 **2. Unternehmensübertragung (§ 6 VermG). a) Anteilsübertragung.** Überträgt die Behörde zur Rückgabe des Unternehmens **Anteile oder Mitgliedschaftsrechte** an dem Verfügungsberechtigten auf den oder die Berechtigten (§ 6 Abs. 5a S. 1 lit. a und c VermG; sowie § 9 URüV) so tritt **kein Wechsel** hinsichtlich der Parteien des Arbeitsverhältnisses ein.[13] Die Rechtslage ist identisch mit einem Anteilserwerb,[14] der hier jedoch nicht kraft Rechtsgeschäfts, sondern aufgrund eines Verwaltungsaktes eintritt (vgl. § 34 Abs. 1 und 4 VermG).

12 Bei einer Anteilsübertragung verändert § 16 Abs. 2 VermG nicht die Parteien des Arbeitsvertrages. Der in dieser Vorschrift vorgesehene Übergang der „in bezug auf" den Vermögenswert abgeschlossenen Rechtsverhältnisse setzt – wie oben (RdNr. 9f.) gezeigt – voraus, daß der Vermögenswert nicht selbst Rechtssubjektivität besitzt. Der Übergang der Rechtsverhältnisse auf den Berechtigten würde dem Zweck der Restitution widersprechen, da der Berechtigte die Verfügungsgewalt über ein funktionsfähiges Unternehmen erhalten soll. Dies setzt voraus, daß die mit einem rechtsfähigen Unternehmen abge-

---

[11] Vgl. näher hierzu oben *Busche* § 16 RdNr. 14.
[12] Siehe auch oben *Busche* § 16 RdNr. 14.
[13] So auch *Commandeur* NZA 1991, 705 (711); ders. ArbuArbR 1992, 169 (170).
[14] Vgl. zu diesen BGHZ 44, 229 (231 f.); *Schaub* (Fn. 6) § 613a RdNr. 18; *Seiter* (Fn. 6) S. 39 f.

Vermögensrestitution und Arbeitsrecht **Anh. I § 16 VermG**

schlossenen Vertragsbeziehungen zu dem Unternehmen bestehen bleiben und nicht durch den Übergang auf den oder die Berechtigten vom Unternehmen abgetrennt werden.[15]

b) Vermögensübertragung. Lediglich bei einer **Übertragung des Vermögens** bzw. einer Betriebsstätte oder einzelner ihrer Teile im Wege der **Gesamtrechtsnachfolge** (§§ 6 Abs. 5a S. 1 lit. b, 34 Abs. 4 S. 2 VermG) liegt eine mit § 613a BGB vergleichbare Situation vor. Gleichwohl ist **§ 613a BGB** in dieser Konstellation **nicht anwendbar**, da der Übergang des Betriebes oder des Betriebsteiles nicht durch Rechtsgeschäft, sondern nach § 34 Abs. 1 und 4 VermG **hoheitlich durch** einen **Verwaltungsakt** eintritt.[16] Der Betriebsübergang kraft Hoheitsaktes ist bereits vom Wortlaut des § 613a Abs. 1 S. 1 BGB nicht erfaßt.[17] Ein rechtsgeschäftlicher Übergang des Betriebes oder Betriebsteiles kann nicht mittels eines Rückgriffs auf den Restitutionsantrag begründet werden.[18] Der Betrieb geht nicht durch den Antrag, sondern erst durch den bestandskräftigen Verwaltungsakt auf den neuen Inhaber über. **13**

Wird der Rückgabeanspruch nach § 6 Abs. 5a S. 1 lit. b VermG erfüllt, dann gehen die Arbeitsverhältnisse nicht kraft Hoheitsaktes, sondern nach **§ 16 Abs. 2 VermG** auf den Berechtigten über. Weil sich die Rückübertragung bei der Unternehmensrestitution auch auf den Betrieb bezieht (arg. § 2 Abs. 2 VermG), erfaßt die weite Formulierung in § 16 Abs. 2 VermG alle schuldvertraglichen Verpflichtungen, die für die arbeitstechnische Realisierung der unternehmerischen Zielvorstellungen begründet wurden. Zu den von § 16 Abs. 2 VermG erfaßten Rechtsverhältnissen gehören **auch Arbeitsverhältnisse**,[19] wenn zwischen dem **Vermögenswert** und der Arbeitsleistung ein **unmittelbarer Zusammenhang** besteht. Dies ist zB zu bejahen, wenn die Arbeitsleistung ausschließlich oder überwiegend für eine bestimmte, nunmehr zurückzugebende Betriebsstätte erbracht wird. Wegen der speziellen Regelung in § 16 Abs. 2 VermG fehlen die methodischen Voraussetzungen für eine **analoge Anwendung von § 613a BGB**. Abreden, die von der in § 16 Abs. 2 VermG angeordneten Rechtsfolge abweichen, sind **nicht zulässig**, da § 16 Abs. 2 VermG aufgrund seines Zwecks dem zwingenden Recht angehört. Der in § 16 Abs. 2 VermG angeordnete Eintritt in die Arbeitsverhältnisse erstreckt sich auf alle im Zeitpunkt der Rückgabe bestehenden Arbeitsverhältnisse, also nicht nur auf diejenigen, die bereits im Zeitpunkt der Enteignung begründet waren. Der Eintritt in das Arbeitsverhältnis (zum Zeitpunkt siehe oben *Busche* § 16 RdNr. 6) bewirkt keine inhaltlichen Veränderungen desselben. Bereits vor Rückgabe ausgesprochene Gestaltungserklärungen bleiben ungeachtet des durch § 16 Abs. 2 VermG angeordneten Vertragspartnerwechsels wirksam. War das Arbeitsverhältnis bereits vor der Rückgabe von dem Verfügungsberechtigten ordentlich gekündigt, die Kündigungsfrist hingegen bei der Rückgabe noch nicht abgelaufen, so endet das Arbeitsverhältnis trotz des Eintritts des Berechtigten zu dem entsprechenden Kündigungstermin. Zur Haftung des Berechtigten für Verbindlichkeiten, die bereits vor dem Eintritt in das Arbeitsverhältnis fällig waren, siehe oben *Busche* § 16 RdNr. 10. **14**

Zu den Vertragsverhältnissen, in die der Berechtigte nach § 16 Abs. 2 VermG eintritt, gehören nicht nur der **Arbeitsvertrag**, sondern auch alle mit diesem **im Zusammenhang stehenden** (selbständigen) **Abreden**, da diese regelmäßig nur wegen des Arbeitsverhältnisses abgeschlossen werden. In Betracht kommt dies insbesondere für **Arbeitgeberdarlehen** und **Ruhegeldzusagen**. In **Mietverhältnisse über Wohnraum**, die der Verfügungsberechtigte mit dem Arbeitnehmer abgeschlossen hat (zB bei Werkmietwohnungen oder Wohnheimen), tritt der Berechtigte nur ein, wenn sein Rückgabeanspruch auch den vom **15**

---

[15] Dies übersieht *Heinze* VIZ 1992, 301 (305 f.), der bei der Unternehmensrückgabe stets § 16 Abs. 2 VermG anwenden will.
[16] *Ascheid* (Fn. 7) § 613a RdNr. 107.
[17] So inzident auch EuGH ZIP 1985, 824 (826); sowie *Ascheid* (Fn. 7) § 613a RdNr. 106, *Erman-Ha-*

nau (Fn. 6) § 613a RdNr. 39; *Richardi* RdA 1976, 56 (59).
[18] Hierfür aber noch *Commandeur* NZA 1991, 705 (709); wie hier nunmehr aber *ders.* ArbuArbR 1992, 169 (170).
[19] Siehe die Nachweise oben in Fn. 10.

Oetker

VermG § 16 Anh. I   Abschnitt IV. Rechtsverhältnisse zw. Berechtigten u. Dritten

Verfügungsberechtigten zur Verfügung gestellten Wohnraum umfaßt. Anderenfalls bleibt das Mietverhältnis von dem Vertragspartnerwechsel hinsichtlich des Arbeitsverhältnisses unberührt. Wurde der Wohnraum vom früheren Arbeitgeber, also dem Verfügungsberechtigten, mit Rücksicht auf das Arbeitsverhältnis zu einem verbilligten Mietzins überlassen, so entfällt hierfür zwar die Geschäftsgrundlage, dies berechtigt jedoch nur nach Maßgabe des Miethöhegesetzes zu einer Anhebung des Mietzinses. Dem Zweckfortfall für die Überlassung des Wohnraumes kann allenfalls durch eine analoge Anwendung des in § 565 c BGB normierten Kündigungsrechts Rechnung getragen werden.

16   Problematisch ist die Anwendung von § 16 Abs. 2 VermG, wenn das Arbeitsverhältnis nicht nur für einen zurückzugewährenden Betrieb oder Betriebsteil abgeschlossen wurde, sondern der Arbeitnehmer **Querschnittsaufgaben** wahrnahm, die sich nicht nur auf den zurückzugewährenden Teil des Unternehmens bezogen. Der rechtliche Lösungsansatz kann in dieser Konstellation kein anderer sein, als er auch bei einem rechtsgeschäftlichen Betriebsübergang anzuerkennen ist. Deshalb ist auch im Rahmen von § 16 Abs. 2 VermG entscheidend, für welchen Betrieb oder Betriebsteil der Arbeitnehmer vor der Unternehmensrückgabe **überwiegend** tätig war.[20] Im Hinblick auf den Zweck von § 16 Abs. 2 VermG, der nicht nur den Vertragspartner schützt, sondern zugleich sicherstellt, daß der Berechtigte ein funktionsfähiges Unternehmen zurückerhält,[21] dürfte – falls zwischen den Beteiligten kein Einvernehmen erzielt werden kann – **in Zweifelsfällen** auf den **Willen des Berechtigten** abzustellen sein.[22]

17   **3. Entflechtung des Unternehmens (§ 6 b VermG). a) Rechtsgrundlage für den Übergang der Arbeitsverhältnisse.** Zur Erfüllung von Rückgabeansprüchen ermöglicht das Gesetz der Behörde eine Entflechtung des Unternehmens (§ 6 b VermG), um zB anschließend die Restitution nach § 6 Abs. 5a S. 1 lit. a) und c) VermG im Wege der Anteilsübertragung durchführen zu können. Dieses Prozedere bietet sich insbesondere an, wenn eine Unternehmensrückgabe durch Anteilsübertragung nicht möglich ist, eine Unternehmensrückgabe durch Übertragung einzelner Vermögensgegenstände aber mit gravierenden praktischen Problemen wegen der Zuordnung von Vermögensgegenständen verbunden ist.

18   **b) Zuordnung der Arbeitsverhältnisse.** Wenn für die Entflechtung Betriebe oder Betriebsteile „übertragen" werden, ist **§ 613a BGB nicht anwendbar**. Der Betrieb oder Betriebsteil geht mit Unanfechtbarkeit des Bescheides auf die neuen Rechtsträger über (§ 6 b Abs. 7 S. 1 VermG). Diese werden **Rechtsnachfolger** der im Übergabeprotokoll bezeichneten Gegenstände („partielle Universalsukzession"),[23] zu denen auch die Betriebe und Betriebsteile gehören. Hierfür sieht § 6 b Abs. 4 Nr. 1 VermG ausdrücklich auch die Zuordnung der Arbeitsverhältnisse vor, so daß diese ebenfalls nach § 6 b Abs. 7 S. 1 VermG kraft Gesetzes auf die im Bescheid bezeichneten neuen Rechtsträger übergehen. In dieser Konstellation ist für § 613a BGB kein Raum.[24]

19   Das Gesetz beantwortet nicht eindeutig die Reichweite des der zuständigen Behörde bei der Neuzuordnung der einzelnen Vermögenswerte und Vertragsverhältnisse zustehenden **Dispositionsspielraums**. Bezüglich der Arbeitsverhältnisse geht § 6 b Abs. 4 Nr. 1 VermG davon aus, daß die Zuordnung der Arbeitsverhältnisse in dem Übergabeprotokoll

---

[20] Zu § 613a BGB vgl. BAG AP § 613a BGB Nr. 31; *Staudinger-Richardi* BGB, 12. Aufl. 1989, § 613a RdNr. 115, mwN.
[21] Siehe oben *Busche* § 16 RdNr. 5.
[22] Wegen des unterschiedlichen Normzwecks können die zu § 613a BGB herausgearbeiteten Maximen, die von der Prävalenz des (Arbeitnehmer-)Willens ausgehen, nicht unreflektiert herangezogen werden.
[23] Näher hierzu oben *Säcker-Busche* § 6b RdNr. 1.

[24] Ebenso *Ascheid* (Fn. 7) § 613a RdNr. 107; *Commandeur* NZA 1991, 705 (711); *ders.* ArbuArbR 1992, 169 (171); *Korinth* (Fn. 10) 8–3.5.3. S. 1; *Oetker* VIZ 1991, 7 (11); *Oetker-Busche* NZA 1991, Beil. Nr. 1, S. 18 (20); *Weimar-Alfes* BB 1991, Beil. Nr. 9, S. 16 (19); *dies.* DB 1991, 1830 (1830); *dies.* NZA 1991, 833 (835); *Wellhöfer* Rechtshandbuch, B 100 § 6b RdNr. 20; *Worzalla* DtZ 1992, 306 (308 f.); iE auch *Heinze* VIZ 1992, 301 (302), der aber auch in dieser Konstellation § 16 Abs. 2 VermG anwenden will.

allein der Klarstellung dient, die **bisherige Zuordnung** zu dem Betrieb bzw. Betriebsteil durch die Entflechtung somit **unberührt bleibt**.[25] Eine Entflechtung, die im Ergebnis dazu führt, daß der Berechtigte über eine spätere Anteilsübertragung ein „arbeitnehmerloses" Unternehmen zurück erhält oder in dem Unternehmen nur bestimmte, von dem Berechtigten ausgewählte Arbeitnehmer verbleiben, ist als funktionswidrige und damit rechtswidrige Inanspruchnahme des Rechtsinstituts der Entflechtung zu bewerten. Eine **Veränderung** der bisherigen Zuordnung zu einzelnen Betrieben oder Betriebsteilen ist nur **vor der Entflechtung** in den Grenzen des Individualarbeitsrechts (Versetzung kraft Direktionsrechts oder Änderungskündigung) und unter Beachtung etwaiger Beteiligungsrechte des Betriebsrats (vor allem § 99 BetrVG) rechtswirksam möglich.

Ungelöst sind die bei einer **rechtswidrigen Zuordnung** des Arbeitsverhältnisses eintretenden **Rechtsfolgen**. Um die im übrigen rechtmäßige Rückgabe des Unternehmens nicht zu gefährden, sprechen gewichtige Gründe dafür, daß der Entflechtungsbescheid nicht insgesamt, sondern nur teilweise rechtswidrig ist und dem fehlerhaft zugeordneten Arbeitnehmer ein **Anspruch auf rechtmäßige Zuordnung** des Arbeitsverhältnisses zusteht, den dieser im Verwaltungsrechtsweg gegenüber der **zuständigen Behörde** durchsetzen muß. Diese ist wiederum verpflichtet, das Arbeitsverhältnis **durch nachträglichen Bescheid neu zuzuordnen**. Insofern liegt eine mit „vergessenen" Gegenständen und Verbindlichkeiten vergleichbare Problemlage vor, so daß eine **analoge Anwendung von § 6b Abs. 7 S. 4 VermG** gerechtfertigt ist. Die fehlerhafte Zuordnung des Arbeitsverhältnisses wiegt indessen nicht so schwer, daß bereits eine Teilnichtigkeit des Entflechtungsbescheides anzuerkennen ist. Dies hat zur Folge, daß der Arbeitnehmer mit **Bestandskraft des Entflechtungsbescheids** keine anderweitige Zuordnung des Arbeitsverhältnisses mehr erzwingen kann.

4. Vorläufige Einweisung (§ 6a VermG). a) Überblick. Wenn der Antragsteller seine Berechtigung nachgewiesen oder glaubhaft gemacht hat, verfügt die Behörde über die Rechtsmacht, ihn auf seinen Antrag hin vorläufig in den Besitz des zurückzugebenden Unternehmens einzuweisen (§ 6a Abs. 1 VermG). Mit dem Verwaltungsakt der vorläufigen Einweisung erlangt der neue Besitzer die Rechtsstellung eines Pächters, es sei denn, er weist seine Berechtigung nach. In dieser Konstellation kann er bei der Antragstellung auch für den Abschluß eines Kaufvertrages optieren (§ 6a Abs. 2 S. 4 Halbs. 2 VermG), durch den er eine gesicherte und endgültige Rechtsstellung erlangt.

b) Kaufrechtliches Modell. Entscheidet sich der Antragsteller für einen Kaufvertrag, so liegt trotz des Verwaltungsaktes der vorläufigen Einweisung ein **Kaufvertrag** vor, der die **Grundlage für den Übergang des Betriebes** bildet.[26] Deshalb ist in dieser Konstellation § 613a BGB uneingeschränkt **anzuwenden**.[27] Der Verwaltungsakt der vorläufigen Einweisung betrifft lediglich die „Erfüllung" des Kaufvertrages,[28] nicht hingegen die Rechtsgrundlage für die Befugnis des Berechtigten, die Leitung des Betriebs oder Betriebsteiles zu übernehmen.

c) Pachtrechtliches Modell. Will oder kann der Berechtigte im Rahmen der vorläufigen Einweisung lediglich die Stellung eines Pächters erlangen, so entsteht zwischen ihm und dem Verfügungsberechtigten nach § 6a Abs. 2 S. 4 VermG ein **gesetzliches Schuldverhältnis**, auf das die Vorschriften des Pachtvertrages anzuwenden sind. Die Parallele

---

[25] So auch *Säcker-Busche* (Fn. 10) RdNr. 1310; *Wellhöfer* (Fn. 24) B 100 § 6b RdNr. 20; *Worzalla* DtZ 1992, 306 (308). Für die Spaltung nach den §§ 2ff. SpTrUG vgl. *Oetker-Busche* NZA 1991, Beil. Nr. 1, S. 18 (19).

[26] Zur dogmatischen Konstruktion *Säcker-Busche* (Fn. 10) RdNr. 1300; sowie *dies.* oben § 6a RdNr. 14 und 16.

[27] Wie hier auch allg. *Commandeur* ArbuArbR 1992, 169 (170); *Säcker-Busche* (Fn. 10) RdNr. 1303; siehe auch *Oetker* VIZ 1991, 7 (11); aA *Korinth* (Fn. 10) 8–3.5.3.2. S. 1; *Weimar-Alfes* NZA 1991, 833 (835); *Heinze* VIZ 1992, 301 (306).

[28] *Säcker-Busche* (Fn. 10) RdNr. 1300; sowie *dies.* oben § 6a RdNr. 15.

VermG § 16 Anh. I   Abschnitt IV. Rechtsverhältnisse zw. Berechtigten u. Dritten

zum Pachtvertrag legt es nahe, auch in dieser Konstellation die Regelung des § 613a BGB anzuwenden.[29] Dieser Ansicht kann nicht gefolgt werden.

24   Besteht das Arbeitsverhältnis zu dem **Unternehmen als eigenständiger Rechtsperson**, so ist ein Übergang nach § 16 Abs. 2 VermG ausgeschlossen (siehe oben RdNr. 9f.). Der Zweck der vorläufigen Einweisung spricht ebenfalls gegen die entsprechende Anwendung von § 613a BGB auf das nach § 6a Abs. 2 S. 4 VermG entstehende gesetzliche Pachtverhältnis. Die vorläufige Einweisung soll dem Antragsteller lediglich eine vorübergehende Rechtsposition einräumen, ohne hierdurch die Funktionsfähigkeit des Unternehmens zu beeinträchtigen.

25   Eine unmittelbare oder analoge Anwendung von § 613a BGB scheidet auch dann aus, wenn das zurückzugebende Unternehmen nicht selbst Partei des Arbeitsverhältnisses ist, da in dieser Alternative **§ 16 Abs. 2 VermG** anzuwenden ist (vgl. näher oben RdNr. 13f.).[30]

26   Diese differenzierte Konzeption ermöglicht eine befriedigende Lösung, wenn die Behörde später den **Rückgabeanspruch** des vorläufig in den Besitz des Unternehmens eingewiesenen Antragstellers **ablehnt** und das Unternehmen auf einen anderen Antragsteller überträgt. Im Anwendungsbereich von § 16 Abs. 2 VermG gehen die Arbeitsverhältnisse nach dieser Vorschrift auf den Berechtigten über, ansonsten bleiben sie auch bei der Aufhebung der vorläufigen Einweisung zu dem zurückzugebenden Unternehmen bestehen.

27   d) **Konsensualmodell.** Vereinbaren der Berechtigte und der Verfügungsberechtigte eine **vorläufige Nutzung** des Unternehmens, so unterbleibt eine Entscheidung der Behörde über die vorläufige Einweisung (§ 6a Abs. 4 VermG). Bei der Vereinbarung einer vorläufigen Nutzung handelt es sich um ein **Rechtsgeschäft**, so daß sich der Übergang der Arbeitsverhältnisse nach **§ 613a BGB** beurteilt.[31]

28   **5. Aufhebung der staatlichen Verwaltung (§§ 11, 11a VermG).** Wird auf Antrag des Berechtigten die staatliche Verwaltung über ein Unternehmen aufgehoben (§ 11 VermG) oder endet diese kraft Gesetzes (§ 11a VermG), so beurteilt sich das Schicksal der Arbeitsverhältnisse wiederum **grundsätzlich nach § 16 Abs. 2 VermG**, da diese Vorschrift auch die Aufhebung der staatlichen Verwaltung ausdrücklich in ihren Anwendungsbereich einbezieht.

29   Die Anwendung von § 16 Abs. 2 VermG ist indes nur zu bejahen, wenn das als Vermögenswert zu qualifizierende „**Unternehmen" keine Rechtsfähigkeit** besitzt (siehe oben RdNr. 9f.). In dieser Konstellation tritt der Berechtigte bei einer Aufhebung der staatlichen Verwaltung in die in bezug auf den jeweiligen Vermögenswert bestehenden Rechtsverhältnisse ein, so daß **nicht § 613a BGB**, sondern **§ 16 Abs. 2 VermG** anzuwenden ist.

30   Ein Übergang der Arbeitsverhältnisse auf den Berechtigten nach § 16 Abs. 2 VermG ist bei staatlich verwalteten Unternehmen zu verneinen, wenn sie zu dem **Unternehmen als juristischer Person** bestehen und der Verwalter lediglich als „konkreter Prinzipal" fungierte. Ein Übergang der Arbeitsverhältnisse auf den Berechtigten widerspricht in dieser Konstellation dem Zweck der Unternehmensrestitution (vgl. oben RdNr. 9f.), so daß auch eine analoge Anwendung von § 613a BGB ausscheidet.

31   **6. Einvernehmliche Unternehmensrückgabe.** Neben den vorgenannten Formen einer Unternehmensrestitution steht dem Verfügungsberechtigten und dem Antragsteller auch

---

[29] So *Commandeur* NZA 1991, 705 (711); *Säcker-Busche* (Fn. 10) RdNr. 1303.
[30] Ebenso *Heinze* VIZ 1992, 301 (306); *Korinth* (Fn. 10) 8–3.5.3.2. S. 1; iE auch der Leitfaden zur Unternehmensrückgabe (URüL) in RdNr. 6.5.2, der ohne Nennung einer Rechtsgrundlage davon ausgeht, daß der Berechtigte in die Rechte und Pflichten aus den im Zeitpunkt der Einweisung bestehenden Arbeitsverhältnissen eintritt.
[31] Ebenso *Commandeur* ArbuArbR 1992, 169 (170); *Korinth* (Fn. 10) 8–3.5.3.2. S. 1; *Weimar-Alfes* NZA 1991, 833 (835); aA wohl *Heinze* VIZ 1992, 301 (306).

die Möglichkeit offen, die Unternehmensrückgabe einvernehmlich zu regeln (§ 30 Abs. 1 S. 2 VermG). Hierbei kann es entweder zu einer **Übertragung der Anteile bzw. Mitgliedschaftsrechte** oder zur Übertragung einzelner Vermögensgegenstände kommen. Aufgrund der rechtsgeschäftlichen Natur einer derartigen, im Rahmen von § 30 Abs. 1 S. 2 VermG abgeschlossenen Vereinbarung bleiben die Arbeitsverhältnisse bei einer Übertragung der Anteile bzw. Mitgliedschaftsrechte zu dem Unternehmen bestehen.

Bei einer einvernehmlichen **Rückgabe einzelner Vermögensgegenstände** kann die Anwendung von § 613a BGB ungeachtet der rechtsgeschäftlichen Natur der Einigung in Zweifel gezogen werden,[32] wenn der Rückgabeantrag trotz der Einigung aufrechterhalten bleibt und die rechtsgeschäftliche Einigung der Vertragsparteien durch einen Verwaltungsakt überlagert wird (§ 31 Abs. 5 S. 3 VermG), um in den Genuß einer **Gesamtrechtsnachfolge** zu gelangen (§ 34 Abs. 4 S. 2 VermG).[33] Auch in dieser Konstellation könnte aufgrund des Sinn und Zwecks der Norm zwar die Anwendung von § 613a BGB zu bejahen sein, da der Behörde keinerlei Dispositionsbefugnisse hinsichtlich der übergehenden Arbeitsverhältnisse zur Verfügung stehen. Andererseits geht der Betrieb **nicht durch Rechtsgeschäft** auf den Berechtigten über, sondern kraft der gesetzlich festgelegten **Gesamtrechtsnachfolge**, die infolge des **Verwaltungsaktes** eintritt (§ 34 Abs. 4 S. 2 VermG). Deshalb sprechen die besseren Gründe dafür, in derartigen Konstellationen nicht § 613a BGB, sondern **§ 16 Abs. 2 VermG** anzuwenden.[34] 32

7. Übergang der Arbeitsverhältnisse und investiver Vertrag. Uneingeschränkt anwendbar ist **§ 613a BGB**, wenn es dem Verfügungsberechtigten trotz eines gestellten Restitutionsantrages nach dem Investitionsvorranggesetz gestattet wird, das Unternehmen zu verkaufen oder zu verpachten (§§ 2, 8, 11 Abs. 2 InVorG) und er sich hierbei nicht auf eine Veräußerung der gesellschaftsrechtlichen Anteile beschränkt.[35] Der Betriebsübergang tritt **nicht durch den Investitionsvorrangbescheid** ein, sondern seine Grundlage bildet die **rechtsgeschäftlich** durch den Verfügungsberechtigten **begründete Befugnis** des Erwerbers, die Organisationsgewalt über den erworbenen Betrieb oder Betriebsteil auszuüben. Der Investitionsvorrangbescheid berührt lediglich die materiell-rechtliche Befugnis des Verfügungsberechtigten, das Unternehmen trotz der Regelungen in den §§ 3 Abs. 3 bis 5 VermG zu veräußern oder zu verpachten (§§ 8 Abs. 1, 11 Abs. 2 InVorG). 33

Die Neuregelung infolge des Zweiten Vermögensrechtsänderungsgesetzes führte insoweit keine Änderung der zuvor geltenden Rechtslage herbei. Sowohl die Regelungen in den §§ 3 Abs. 6 Satz 1, 3a Abs. 1 VermG aF als auch – unter dem Vorbehalt ihrer Anwendbarkeit (§ 3a Abs. 9 VermG aF) – im Rahmen von § 1 BInvG und § 1a BInvG galt bereits die vorstehend dargelegte Rechtslage, nach der sich der Übergang der Arbeitsverhältnisse – sofern die Veräußerung nicht als share-deal erfolgte – ausschließlich nach § 613a BGB beurteilte.[36] 34

Der in **§ 613a BGB** angeordnete Eintritt in die Arbeitsverhältnisse greift auch ein, wenn der Erwerber nach Maßgabe des „investiven Vertrages" **zur Rückübertragung** des Betriebes bzw. Betriebsteiles **verpflichtet** ist. Die Rückübertragungsverpflichtung beruht auf der vertraglichen Vereinbarung (vgl. § 8 Abs. 3 S. 1 InVorG). Der Widerruf des Investitionsvorrangbescheides (§ 15 InVorG) führt nicht zur Rückübertragung des Betriebes oder Betriebsteiles auf den Verfügungsberechtigten im Sinne von § 3 Abs. 3 VermG. Der unanfechtbare Widerruf des Investitionsvorrangbescheides verpflichtet nach § 15 35

---

[32] Für die Anwendung von § 613a BGB jedoch *Commandeur* NZA 1991, 705 (711); *Weimar-Alfes* NZA 1991, 833 (835); generell für die Anwendung von § 16 Abs. 2 VermG *Heinze* VIZ 1992, 301 (305).

[33] Vgl. näher *Barkam* R/R/B, Teil 3 I B § 31 RdNr. 20; *Säcker-Hummert*, Zivilrecht im Einigungsvertrag, RdNr. 1436; *Redeker/Hirtschulz* F/R/M/S, § 31 RdNr. 55.

[34] So auch *Heinze* VIZ 1992, 301 (305), der § 16 Abs. 2 VermG jedoch auch dann anwenden will, wenn der Betriebsübergang nicht von einer behördlichen Entscheidung überlagert wird.

[35] Ebenso *Commandeur* ArbuArbR 1992, 169 (171).

[36] Vgl. *Ascheid* (Fn. 7) § 613a RdNr. 107; *Weimar-Alfes* NZA 1991, 833 (835); sowie *Oetker* VIZ 1991, 7 (11).

Abs. 3 InVorG den Verfügungsberechtigten im Sinne von § 3 Abs. 3 VermG lediglich dazu, seinen in dem „investiven Vertrag" enthaltenen Anspruch auf Rückübertragung des Unternehmens (vgl. § 8 Abs. 3 InVorG) gegenüber dem Investor durchzusetzen.

III. Rückgabe sonstiger Vermögensgegenstände

36　Ein Eintritt in Arbeitsverhältnisse kommt nicht nur bei der Rückgabe von Unternehmen nach den §§ 6ff. VermG in Betracht. Möglich ist dies auch bei der Rückgabe von sonstigen Vermögensgegenständen **nach den §§ 3ff. VermG**, wenn in bezug auf diese ein Arbeitsverhältnis abgeschlossen wurde. Denkbar ist ein Übergang von Arbeitsverhältnissen in erster Linie bei der **Rückgabe von Gebäuden**, wenn diese die Qualität eines **Betriebes oder Betriebsteiles** besitzen. Insbesondere bei Gebäuden, die zu Wohnzwecken vermietet sind, kann ein mit **Hausmeistern** bestehender Arbeitsvertrag im Fall der Rückgabe auf den Berechtigten übergehen.[37]

37　Der Übergang des Arbeitsverhältnisses beurteilt sich in diesem Fall **nicht nach § 613a BGB**, da die Rückgabe des Vermögenswertes nicht durch Rechtsgeschäft, sondern **kraft eines Verwaltungsaktes** erfolgt. Der Berechtigte tritt vielmehr nach § 16 Abs. 2 VermG in das Arbeitsverhältnis ein. Schwierigkeiten bereitet der Übergang des Arbeitsverhältnisses jedoch dann, wenn das Arbeitsverhältnis nicht nur in bezug auf den zurückzugebenden Vermögensgegenstand abgeschlossen wurde, sondern die Arbeitsleistung auch in bezug auf andere Vermögensgegenstände erbracht wurde, die entweder überhaupt nicht, oder an andere Berechtigte zurückzugewähren sind. Insoweit gelten die oben in RdNr. 14ff. dargelegten allgemeinen Grundsätze.

IV. Übertragung öffentlicher Einrichtungen

38　**1. Übertragung kommunalen Vermögens.** Auch bei der Übertragung kommunalen Vermögens nach dem Kommunalvermögensgesetz (KVG) vom 6. 7. 1990 oder § 9 Vermögenszuordnungsgesetz (VZOG) (= § 7 VZOG aF) kann die Anwendung von **§ 613a BGB in Betracht** kommen, wenn hierbei ehemals volkseigene Betriebe oder Einrichtungen auf die Kommune oder eine kommunale Gebietskörperschaft übertragen werden. Nach § 2 Abs. 1 VZOG wird über den Vermögensübergang ein Bescheid von der zuständigen Stelle erlassen. Er besitzt die Rechtsnatur eines **Verwaltungsaktes** und bewirkt den Eigentumsübergang auf die Kommune.

39　Die gesetzlichen Regelungen sahen **ursprünglich keine Gesamtrechtsnachfolge** der Kommune vor. Der Bestand der Arbeitsverhältnisse ist gleichwohl unproblematisch, wenn Betriebe oder Einrichtungen in **Kapitalgesellschaften** umgewandelt sind, da in dieser Konstellation die **jeweiligen Anteile übertragen** werden (§ 4 Abs. 2 KVG), so daß der **Rechtsträger**, zu dem die Arbeitsverhältnisse bestehen, **identisch bleibt**.

40　Bei hiervon nicht erfaßten Sachverhalten steht der hoheitliche Übertragungsakt zumindest einer unmittelbaren Anwendung von § 613a BGB entgegen.[38] Während zunächst ein Rückgriff auf die Figur der **öffentlich-rechtlichen Funktionsnachfolge** erwogen werden mußte,[39] kann nunmehr zumindest teilweise auf § 7a VZOG zurückgegriffen werden. Nach **§ 7a Abs. 1 S. 5 VZOG** (= § 7a S. 5 VZOG aF) tritt die Kommune mit der Übertragung der Einrichtung, des Grundstücks oder des Gebäudes in alle hierzu in bezug stehenden Rechtsverhältnisse ein. Insoweit gelten die zu § 16 Abs. 2 VermG dargelegten Rechts-

---

[37] Zu § 613a BGB vgl. insofern BAG AP § 613a BGB Nr. 69.

[38] *Oetker* VIZ 1991, 7 (11); in diesem Sinne auch *Germelmann* NZA 1991, Beil. Nr. 1, S. 26 (30).

[39] Vgl. etwa BAG v. 13. 7. 1994 – 4 AZR 699/93; BezG Rostock (2. SfArbR) PersR 1992, 469 (472f.);

KrG Suhl (4. KfArbR) PersR 1992, 37f.; *Däubler* PersR 1991, 193 (195f.); *Oetker* VIZ 1991, 7 (11); sowie allg. *Hanau*, Die arbeitsrechtliche Bedeutung der öffentlich-rechtlichen Funktionsnachfolge, 1979; *Seiter* (Fn. 6) S. 43; zuletzt *Pietzko*, Der Tatbestand des § 613a BGB, 1988, S. 206f.

grundsätze⁴⁰ entsprechend. Bezüglich der nunmehr eröffneten Möglichkeit einer vorläufigen Einweisung (§ 15 VZOG) gelten die Ausführungen zu § 6a VermG (oben RdNr. 21 ff.) entsprechend.

2. Abwicklung von Einrichtungen der öffentlichen Verwaltung. Eine Sonderproblematik betrifft die Abwicklung von Einrichtungen nach Art. 13 EVertr. Wenn sich der Träger der Einrichtung gegen ihre Überführung und damit für die Auflösung entschied,⁴¹ so wandeln sich die bei den **nicht überführten Einrichtungen** bestehenden Arbeitsverhältnisse mit der (negativen) Überführungsentscheidung ipso iure in **ruhende Arbeitsverhältnisse** um.⁴² Wickelt der Träger der nicht überführten Einrichtung zB dergestalt ab, daß er sie **rechtsgeschäftlich an einen Dritten veräußert** und wurde der Betrieb **nicht zuvor stillgelegt**, so tritt der Erwerber nach § 613a BGB in die Arbeitsverhältnisse ein.⁴³

In dieser Konstellation ist problematisch, ob der Erwerber lediglich in das ruhende Arbeitsverhältnis eintritt und dieses zu dem nach dem Einigungsvertrag zu berechnenden Zeitpunkt endet. Denkbar wäre indessen auch eine Lösung, nach der das **Arbeitsverhältnis** mit Übergang auf den Erwerber **wieder auflebt**.⁴⁴ Hierfür spricht immerhin, daß der Zweck der Ruhensregelung mit der Veräußerung der Einrichtung erfüllt ist. Andererseits ist zu § 613a BGB anerkannt, daß das Arbeitsverhältnis in dem rechtlichen Zustand auf den Erwerber übergeht, in dem es sich im Zeitpunkt des Betriebsüberganges befindet. War dieses zB bereits vor dem Betriebsübergang gekündigt, tritt der Betriebsübergang jedoch vor Ablauf der Kündigungsfrist ein, so besteht das Arbeitsverhältnis zum Erwerber nur noch bis zum Ablauf der Kündigungsfrist.⁴⁵

V. Rechtsschutz des Arbeitnehmers

1. Stellung im Verwaltungsverfahren. a) Informations- und Beteiligungsrechte. Eine Beteiligung des Arbeitnehmers am Verwaltungsverfahren kommt zunächst nach **§ 31 Abs. 2 S. 1 VermG** in Betracht. Die in dieser Norm aufgeführten Informationsrechte sowie das Recht auf Beteiligung am weiteren Verfahren stehen Dritten jedoch nur zu, wenn ihre „**rechtlichen**" **Interessen** durch den Ausgang des Verfahrens berührt werden können. Auf den ersten Blick scheint dies wegen des aufgrund der Unternehmensrückgabe eventuell eintretenden Vertragspartnerwechsels der Fall zu sein. Hiergegen spricht aber, daß sich die von dem Verfahrensausgang möglicherweise berührten rechtlichen Interessen **auf den Verfahrensgegenstand beziehen müssen**.⁴⁶ Gegenstand des Rückgabeverfahrens ist im Regelfall ausschließlich das Unternehmen oder gegebenenfalls ein sonstiger Vermögensgegenstand, nicht jedoch das Arbeitsverhältnis. Im Verfahren über den vom Berechtigten gestellten Restitutionsantrag wird dementsprechend auch **keine Entscheidung über das Arbeitsverhältnis** getroffen. Der gegebenenfalls eintretende Vertragspartnerwechsel resultiert unmittelbar aus der Anwendung gesetzlicher Vorschriften (§ 613a BGB, § 16 Abs. 2 VermG).

Eine **abweichende rechtliche Würdigung** kommt nur bei einer **Entflechtung des Unternehmens** nach § 6b VermG in Betracht. In diesem Fall wird der Verfahrensgegenstand nicht durch die Rückgabeentscheidung gebildet, sondern vielmehr durch die Aufteilung

---

⁴⁰ Siehe oben RdNr. 13f.
⁴¹ Zur rechtstechnischen Umsetzung siehe nunmehr BVerwG ZIP 1992, 1275 (1276f.); BAG DB 1993, 44f. = NZA 1993, 120ff.; BAG NZA 1993, 407; zuvor OVG Berlin ZTR 1992, 78ff.; siehe aber auch LAG Berlin (12. Kammer) NZA 1992, 361 (362f.); aus dem Schrifttum zB einerseits *Günther* DÖD 1991, 221 ff.; andererseits *Germelmann* NZA 1991, 629ff.; *ders.* NZA 1992, 207ff.; vgl. ferner zur Gesamtproblematik auch *Trenkle* ArbuArbR 1993, 362ff.
⁴² Grundlegend nunmehr BAG DB 1993, 44f. = NZA 1993, 120ff.; ebenso zuvor auch *Säcker-Oet-*

ker, Zivilrecht im Einigungsvertrag, RdNr. 978, mwN. Zur Unwirksamkeit von Kündigungen analog § 613a Abs. 4 BGB wegen einer bevorstehenden Überführung siehe BAG v. 21. 7. 1994 – 8 AZR 227/93.
⁴³ So auch *Germelmann* NZA 1991, Beil. Nr. 1, S. 26 (30); *Oetker* VIZ 1991, 7 (11).
⁴⁴ Hierfür ArbG Berlin (63. Kammer) BB 1992, 1564 (LS).
⁴⁵ BAG AP Nr. 11 zu § 613a BGB; *Ascheid* (Fn. 7) § 613a RdNr. 129; *Staudinger-Richardi* (Fn. 20) § 613a RdNr. 111.
⁴⁶ So *Säcker-Hummert* (Fn. 33) RdNr. 1431.

VermG § 16 Anh. I   Abschnitt IV. Rechtsverhältnisse zw. Berechtigten u. Dritten

des Unternehmens auf die neuen Rechtsträger. In diesem Zusammenhang trifft die Behörde auch eine Entscheidung über die Zuordnung der Betriebe und Betriebsteile sowie der Arbeitsverhältnisse, so daß die **Zuordnungsentscheidung** der Behörde auch im Hinblick auf das Arbeitsverhältnis **Gegenstand des Verwaltungsverfahrens** ist. Der kraft Gesetzes eintretende Vertragspartnerwechsel (vgl. oben RdNr. 18) kann zudem die rechtlichen Interessen des Arbeitnehmers berühren. Aus diesem Grund ist der Arbeitnehmer bei einer Entflechtung des Unternehmens als „Dritter" im Sinne von § 31 Abs. 2 S. 1 VermG zu qualifizieren; ihm stehen folglich die in dieser Vorschrift normierten Informations- und Beteiligungsrechte zu.

45   Unabhängig von den in § 31 Abs. 2 S. 1 VermG aufgeführten Informations- und Beteiligungsrechten kann jedem, der ein berechtigtes Interesse glaubhaft darlegt, nach **§ 32 Abs. 5 VermG** der Name und die Anschrift des Antragstellers mitgeteilt werden, sofern der Antragsteller der Mitteilung nicht widerspricht (§ 32 Abs. 5 S. 2 VermG). Obwohl sich aus der Entstehungsgeschichte Anhaltspunkte dafür gewinnen lassen, daß das Mitteilungsrecht vor allem zugunsten potentieller Investoren geschaffen wurde,[47] hat eine derartige Restriktion der Norm im Gesetzeswortlaut keinen Niederschlag gefunden. Das von § 32 Abs. 5 S. 1 VermG geforderte **„berechtigte" Interesse**, das von dem Auskunft Begehrenden dargelegt werden muß, liegt bei Arbeitnehmern zumindest dann vor, wenn infolge des Rückgabeantrages ein **Vertragspartnerwechsel** eintreten kann. Die Behörde ist jedoch auch beim Vorliegen eines „berechtigten" Interesses nicht zur Auskunft verpflichtet; das Gesetz stellt diese in das **Ermessen der Behörde**.[48] Dem Arbeitnehmer steht lediglich ein **Anspruch auf pflichtgemäße Ermessensausübung** zu.

46   **b) Klagebefugnis.** Eine Klagebefugnis des Arbeitnehmers gegen die von der zuständigen Behörde getroffene Rückgabeentscheidung setzt voraus, daß dieser die Möglichkeit einer **Verletzung subjektiver Rechte** geltend machen kann. Bei einer Rückgabe von Unternehmen ist dies **im Regelfall ausgeschlossen**, da der Fortbestand des Arbeitsverhältnisses ungeachtet der im einzelnen von der Behörde gewählten Rückgabemodalität stets gewahrt bleibt.[49] Eine **abweichende Beurteilung** kommt nur bei einer **Entflechtung des Unternehmens** nach § 6b VermG in Betracht, da der Arbeitnehmer in diesem Fall einen Anspruch gegenüber der Behörde besitzt, daß die bisherige Zuordnung seines Arbeitsverhältnisses zu einem Betrieb und Betriebsteil durch die Entflechtungsentscheidung nicht verändert wird (siehe oben RdNr. 19).

47   **2. Widerspruchsrecht. a) Allgemeines.** Ein Widerspruchsrecht des Arbeitnehmers kommt nur in Betracht, wenn der Rückgabeberechtigte in das Arbeitsverhältnis eintritt. Besteht das Arbeitsverhältnis zu einer juristischen Person und werden gesellschaftsrechtliche Beteiligungen an ihr auf den Berechtigten übertragen, kommt ein Widerspruchsrecht des Arbeitnehmers schon deshalb nicht in Betracht, weil der Berechtigte in diesem Fall weder nach § 613a BGB noch nach § 16 Abs. 2 VermG in das Arbeitsverhältnis eintritt.

48   **b) Rechtsgeschäftlicher Übergang.** Kommt es bei der Rückgabe eines Unternehmens oder eines sonstigen Vermögenswertes, der als Betrieb oder Betriebsteil im Sinne von **§ 613a BGB** zu qualifizieren ist, zu einem rechtsgeschäftlichen Betriebsübergang, so steht dem Arbeitnehmer auf der Grundlage der höchstrichterlichen Rechtsprechung das Recht zu, durch einen Widerspruch den Übergang des Arbeitsverhältnisses auf den Berechtigten zu verhindern.[50] Die gegenüber dieser Judikatur erhobenen Einwände im Hinblick auf die EG-Richtlinie 77/187/EWG wies das Bundesarbeitsgericht ausdrücklich zurück.[51] Auch

---

[47] Vgl. die Gesetzesbegründung BT-Drucks. 12/2480, S. 57.
[48] So auch die Gesetzesbegründung BT-Drucks. 12/2480, S. 57.
[49] Vgl. insoweit ebenso für die Klagebefugnis des Mieters KrG Greifswald (1. Kammer für Verwaltungsrecht) VIZ 1992, 454.

[50] Vgl. statt aller BAG AP § 613a BGB Nr. 1, 8, 10, 21, 37, 55 und 81.
[51] BAG DB 1992, 2034ff., mit umfassenden Nachweisen zu dem Meinungsstand im Schrifttum.

der Europäische Gerichtshof hat anerkannt, daß das seitens des Bundesarbeitsgerichts zugebilligte Widerspruchsrecht nicht gegen die gemeinschaftsrechtlichen Vorgaben durch die EG-Richtlinie 77/187/EWG verstößt.[52]

c) Eintritt des Berechtigten gemäß § 16 Abs. 2 VermG. Ein Widerspruchsrecht des Arbeitnehmers ist zu verneinen, wenn der Betrieb bzw. Betriebsteil kraft Hoheitsaktes auf den Berechtigten übertragen wird und der Berechtigte gemäß § 16 Abs. 2 VermG in das Arbeitsverhältnis eintritt.[53] Zugunsten eines Widerspruchsrechts läßt sich zwar seine **persönlichkeitsrechtliche Fundierung** anführen, jedoch reagiert das Bundesarbeitsgericht mit der Figur des Widerspruchsrechts vor allem auch auf eine anderenfalls eintretende Diskrepanz zu einem mit den Wertungen der Privatautonomie harmonierenden Wechsel der Vertragsparteien.[54] Hierin liegt ein gravierender Unterschied zu einem Eintritt in die Arbeitsverhältnisse nach § 16 Abs. 2 VermG. Die **Rückgabe** des Betriebes bzw. Betriebsteiles ist bei einer hoheitlichen Übertragung grundsätzlich **kein Akt der Privatautonomie**, sondern eine **hoheitliche Entscheidung zur Wiedergutmachung** sog. Teilungsunrechts. Der in § 16 Abs. 2 VermG angeordnete Eintritt des Berechtigten in die Vertragsverhältnisse schützt insoweit nicht nur die Vertragspartner des Verfügungsberechtigten, sondern gewährleistet zugleich, daß der Berechtigte bei einer Unternehmensrückgabe einen funktionsfähigen Betrieb oder Betriebsteil zurückerhält.[55] Die Anerkennung eines dem Arbeitnehmer zustehenden Widerspruchsrechts gegenüber dem Vertragspartnerwechsel würde diesen **Restitutionszweck** der Norm vereiteln. Ihm verbleibt jedoch ggf. das Recht zur außerordentlichen Kündigung, wenn die Fortsetzung des Arbeitsverhältnisses für ihn unzumutbar ist. 49

d) Entflechtung des Unternehmens. Ein Widerspruchsrecht des Arbeitnehmers ist ebenfalls abzulehnen, wenn infolge einer Entflechtung des Unternehmens nach § 6b VermG eine neue juristische Person in das Arbeitsverhältnis eintritt. Der Übergang des Arbeitsverhältnisses tritt bei einer **partiellen Universalsukzession** (§ 6b Abs. 7 S. 1 VermG) nicht aufgrund rechtsgeschäftlicher Privatautonomie, sondern kraft einer **gesetzlich angeordneten Rechtsnachfolgeentscheidung** ein. Dies spricht dagegen, daß der Arbeitnehmer durch Ausübung eines Widerspruchsrechts die gesetzlich festgelegte Regelung zur Rechtsnachfolge durch eigene Willensentschließung korrigieren kann.[56] Zusätzlich ist auf die Gefahr einer Vereitelung des **Restitutionszwecks** hinzuweisen, da die Entflechtung im Rahmen von § 6b VermG nicht aufgrund eines marktorientierten unternehmerischen Umstrukturierungsplanes, sondern zur Vorbereitung einer Entscheidung über die Wiedergutmachung sog. Teilungsunrechts durchgeführt wird.[57] 50

B. Tarifvertragliche Gestaltung der Arbeitsverhältnisse

Schrifttum: *Berger-Delhey*, Die Tarifverträge der Presse im geeinigten Deutschland, AfP 1990, 186ff.; *Däubler*, Ost-Tarife oder West-Tarifverträge – Ein kollisionsrechtliches Problem, DB 1991, 1622ff.; *ders.*, Arbeit im Westen nach Ost-Tarifen, ZTR 1992, 145ff.; *ders.*, Kollektivvereinbarungen aus der früheren DDR – ein Ärgernis?; BB 1993, 427ff.; *ders.*, Tarifvertragsrecht, 3. Aufl. 1993, RdNr. 1767ff.; *Gaul*, Der Geltungsbereich von Firmentarifverträgen bei bundesdeutschen Unternehmen mit Betrieben in der ehemali-

---

[52] EuGH DB 1993, 230ff.; hierzu *Birk* EuZW 1993, 156ff.; *Joost* ZIP 1993, 178ff.; *Oetker* DZWir. 1993, 136ff.; siehe auch noch zuvor EuGH Amtl. Slg. 1988, 2259ff.

[53] AA jedoch *Weimar-Alfes* NZA 1991, 833 (835), mit Ausnahme einer vorläufigen Einweisung (§ 6a VermG).

[54] BAG DB 1992, 2034 (2034); im Schrifttum zuletzt mit Nachdruck auch *Hommelhoff* AcP 192 (1992), 71 (89f.).

[55] Siehe ausführlich oben *Busche* § 16 RdNr. 1.

[56] Wie hier im Ergebnis *Weimar-Alfes* NZA 1991, 833 (835).

[57] Deshalb kann der kontroverse Diskussionsstand zur Spaltung nach den §§ 2ff. SpTrUG (vgl. iE wie hier zB *Ising-Thiell* DB 1991, 2082 [2084]; aA hingegen *Hanau-Preis*, in: Das Arbeitsrecht der neuen Bundesländer, 1991, I.2., S. 1 [21]) auf die Rechtslage nach dem Vermögensgesetz nicht unreflektiert übertragen werden bzw. kann die für das Vermögensgesetz erforderliche Problemlösung nicht präjudizieren.

gen DDR, BB 1990, Beil. Nr. 37, S. 29ff.; *Hanau,* Zum Anwendungsbereich des BAT-Ost, ZTR 1993, 443ff.; *Kempen,* Zum interlokalen Tarifrecht zwischen den alten und den neuen Bundesländern, ArbuR 1991, 129ff.; *Kohte,* Betriebskollektivverträge und Betriebsverfassungsrecht, JuS 1993, 545ff.; *Kranzusch,* Der Geltungsbereich des TVAng-Ost der Deutschen Bundespost, ZTR 1992, 288ff.; *Merz-Gintschel,* Die Rahmenkollektivverträge und ihre Ablösung im Rechtssystem der ehemaligen DDR, BB 1991, 1479ff.; *Schaub,* Die Ablösung kollektivrechtlicher Vereinbarungen in den neuen Bundesländern, BB 1991, 685ff.; *Schindele,* Zur Wirksamkeit von vor dem 1. 7. 1990 in den neuen Bundesländern abgeschlossenen Sozialprogrammen, BB 1992, 1211ff.

I. Tarifrechtliche Besonderheiten in den neuen Bundesländern

51   1. **Maßgaben des Einigungsvertrages. a) Normzweck und Regelungsinhalt.** Da in der ehem. DDR kein freiheitlich strukturiertes Tarifvertragssystem existierte und sich auch in der Übergangsphase bis zum Abschluß des Einigungsvertrages noch nicht vollständig und lückenlos etablieren konnte, mußten die Parteien des Einigungsvertrages eine **Übergangsregelung** zur **Verhinderung eines tariflosen Zustandes** schaffen.[57a] In Anlehnung an die Regelungstechnik in § 10 Abs. 1 TVG schreibt der Einigungsvertrag in den Maßgaben zum Inkrafttreten des Tarifvertragsgesetzes[58] ein auflösend bedingtes Fortgelten früherer Rahmenkollektivverträge und Tarifverträge[59] vor. Obwohl diese durch die inzwischen abgeschlossenen neuen Tarifverträge weitgehend abgelöst wurden, besitzt die Übergangsvorschrift in Einzelfällen noch praktische Bedeutung. Dies gilt insbesondere für die Gestaltung der Arbeitsbedingungen bei tariflichen Außenseitern (zu ihnen unten RdNr. 79ff.).

52   **b) Reichweite der Übergangsregelung. aa) Arbeitsrechtliche Normativakte.** Die Übergangsregelung erfaßt nur die dort ausdrücklich genannten arbeitsrechtlichen Regelungen. Andere Vorschriften, die in der arbeitsrechtlichen Dogmatik der ehem. DDR unter dem Obergriff der „**arbeitsrechtlichen Normativakte**" zusammengefaßt wurden,[60] sind – soweit nicht die Sonderregelung für den öffentlichen Dienst eingreift (Anl. I Kap. XIX Sachgeb. A Abschn. III Nr. 1 Abs. 1 EVertr.) – nicht in den Geltungsbereich der Übergangsregelung einbezogen. Beschlüsse des Staatsrats, Gemeinsame Beschlüsse von ZK der SED, Bundesvorstand des FDGB und Ministerrat, vom Ministerrat erlassene Verordnungen sowie Anordnungen der Minister und Leiter anderer zentraler Staatsorgane entfalten seit dem Wirksamwerden des Beitritts **keine Rechtswirkungen** mehr für das Arbeitsverhältnis, sofern nicht Anlage II des Einigungsvertrages ihre Fortgeltung ausdrücklich anordnet.

53   Dies gilt auch für „**arbeitsrechtliche Normativakte**" des Betriebsleiters (zB die nach § 91 AGB-DDR aF erlassene Arbeitsordnung). Ihre Fortgeltung kann nicht auf eine analoge Anwendung der für Rahmenkollektivverträge geltenden Übergangsregelung gestützt werden.[61] Diese soll lediglich die Fortgeltung solcher Abreden herbeiführen, die inhaltlich von den Tarifvertragsparteien fortgeführt werden können. Das arbeitsvertragliche Direktionsrecht sowie die eigentumsrechtliche Organisationsgewalt des Arbeitgebers liefern jedoch regelmäßig eine ausreichende Rechtsgrundlage für Weisungen, die in Vollziehung einer vermeintlich fortgeltenden Arbeitsordnung getroffen werden. Die Beteiligungsrechte des Betriebsrates, insbesondere aus § 87 Abs. 1 Nr. 1 BetrVG bleiben jedoch bestehen.

54   **bb) Betriebskollektivverträge.** Für Betriebskollektivverträge ist eine **Fortgeltung** nach dem 30. 6. 1990 ebenfalls **zu verneinen.** Anders als die unter der Geltung des „Gesetzes zur Ordnung der nationalen Arbeit" (AOG) erlassenen Betriebsordnungen, die vom Arbeitgeber einseitig aufgestellt wurden, handelte es sich bei ihnen um Kollektivverträge,

---

[57a] Ebenso nunmehr BAG NZA 1994, 90 (91).
[58] Anl. I Kap. VIII Sachgeb. A Abschn. III Nr. 14 EVertr.
[59] Zu diesen und ihrer Stellung im Recht der ehem. DDR vgl. *Merz-Gintschel* BB 1991, 1479 (1479f.); sowie unten RdNr. 57.
[60] *Kunz* in: Arbeitsrecht-Lehrbuch, 3. Aufl. 1986, S. 77ff.
[61] So aber *Däubler* Ratgeber-Arbeitsrecht, 3. Aufl. 1993, S. 137f.; iE auch *Däubler* Tarifvertragsrecht, 3. Aufl. 1993, RdNr. 1795.

deren Geltung auf einer im Gesetz enthaltenen Delegation von Rechtssetzungsmacht beruhte. Mit dem Fortfall der entsprechenden Delegationsnorm durch das „Gesetz zur Änderung und Ergänzung des Arbeitsgesetzbuches" vom 22. 6. 1990[62] sind auch die auf der Delegation beruhenden Rechtssätze ex-nunc untergegangen. Eine Ausnahme ist nur anzuerkennen, wenn der Gesetzgeber ihre Fortgeltung ausdrücklich anordnet. Dies ist nur für Rahmenkollektivverträge geschehen. Auf Betriebskollektivverträge kann diese Vorschrift nicht entsprechend angewendet werden.[63] Das *Bundesarbeitsgericht* hat sich dieser Konzeption grundsätzlich angeschlossen, ist jedoch der Ansicht, daß Betriebskollektivverträge erst mit dem Inkrafttreten des Einigungsvertrages unwirksam wurden.[63a]

Eine Fortwirkung der in dem Betriebskollektivvertrag enthaltenen Verpflichtungen des Arbeitgebers kann – sofern dies wegen ihrer zumeist zeitlichen Begrenzung inhaltlich überhaupt gerechtfertigt ist (denkbar sind zB Lohnrahmenvereinbarungen) – über das Institut der **betrieblichen Übung** in Betracht kommen, wenn der Arbeitgeber die im Betriebskollektivvertrag festgelegten Pflichten nach dem 1. 7. 1990 in Kenntnis seiner fehlenden kollektivvertraglichen Verpflichtung gleichwohl erfüllte.[64]

Darüber hinaus ist teilweise **§ 77 Abs. 6 BetrVG** auf außer Kraft getretene Betriebskollektivverträge **analog** anzuwenden.[65] Dieser Vorschrift ist die gesetzliche Wertentscheidung zu entnehmen, daß eine kollektivvertragliche Strukturierung bestimmter Sachmaterien auch nach dem Ende der kollektivvertraglichen Regelung fortwirken soll, bis eine andere Abmachung sie ersetzt. Die entsprechende Anwendung ist jedoch auf diejenigen Sachmaterien begrenzt, bei denen nach § 77 Abs. 6 BetrVG auch eine Betriebsvereinbarung Nachwirkung entfalten kann.

cc) Rahmenkollektivverträge. Rahmenkollektivverträge konnten über die in § 14 AGB-DDR aF[66] exemplarisch aufgeführten Sachmaterien gemeinsam zwischen den Zentralvorständen der Gewerkschaften mit den zuständigen Ministern oder den Leitern anderer zentraler Staatsorgane abgeschlossen werden (§ 10 Abs. 1 AGB-DDR aF). Funktional übernahmen sie die **Aufgabe von Tarifverträgen**, indem sie die besonderen Bestimmungen vor allem über Arbeitszeit, Arbeitslohn und Erholungsurlaub enthielten. **Rechtsverbindlichkeit** erlangten sie **erst mit ihrer Registrierung** durch das Staatssekretariat für Arbeit und Löhne (§ 14 Abs. 2 AGB-DDR aF).[67] Bedingt durch ihre Einfügung in die planwirtschaftliche Wirtschaftskonzeption besaßen Rahmenkollektivverträge eine mit den im Tarifvertragsgesetz erfaßten Tarifverträgen nicht vergleichbare Geltungskraft. Sie entfalteten ihre Rechtswirkungen im Rahmen ihres fachlichen, persönlichen und regionalen Anwendungsbereichs für **alle** Arbeitsverhältnisse. Insoweit besaßen sie dieselbe Rechtswirkung wie die in § 10 TVG genannten Tarifordnungen, die unter der Herrschaft des „Gesetzes zur Ordnung der nationalen Arbeit" erlassen wurden (vgl. § 32 AOG). Im Unterschied zu ihnen galt für Rahmenkollektivverträge jedoch **nicht** das **Günstigkeitsprinzip**.[68] Aufgrund des Charakters des Rahmenkollektivvertrages als eines verbindlichen

---

[62] GBl. DDR I Nr. 35 S. 371.
[63] Hierfür jedoch *Däubler* AiB 1990, 364 (364); ders. (Fn. 61) S. 137; widersprüchlich *Schaub* BB 1991, 685 (687), da er eine Ablösung von Betriebskollektivverträgen durch Verbandstarifverträge befürwortet, die jedoch nur eintreten kann, wenn die Betriebskollektivverträge auch noch nach dem 30. 6. 1990 fortgalten, eine Erstreckung der Übergangsregelung auf Betriebskollektivverträge lehnt *Schaub* indessen ab, da diese nicht registrierungsfähig waren, vgl. *Schaub* BB 1991, 685 (685).
[63a] Vgl. BAG VIZ 1993, 252 (253f.), mit kritischer Anm. *Oetker*; aA insoweit auch *Däubler* (Fn. 61) RdNr. 1793; der eine Weitergeltung ohne zeitliche Begrenzung annimmt; ebenso mit ausführlicher Begründung *Trümner* DKKS, BetrVG, 4. Aufl. 1994, § 132 RdNr. 15ff.

[64] AA *Wank* RdA 1991, 1 (13).
[65] Hierfür auch BAG VIZ 1993, 252 (254); *Däubler* (Fn. 61) S. 137; *Hanau-Preis* (Fn. 57) S. 1 (17); aA *Wank* RdA 1991, 1 (13), der eine Nachwirkung generell ablehnt.
[66] Arbeitsgesetzbuch der DDR idF vom 16. 6. 1977, GBl. DDR I Nr. 18 S. 185.
[67] So auch BAG VIZ 1992, 369 (370); *Dörner-Widlak* NZA 1991, Beil. Nr. 1, S. 43 (49); *Merz-Gintschel* BB 1991, 1479 (1480); *Schaub* BB 1991, 685 (685), mwN. Zur Zuständigkeit vgl. § 13 Abs. 2 S. 2 des „Statuts des Staatssekretariats für Arbeit und Löhne" vom 13. 6. 1973, GBl. DDR I Nr. 35 S. 369.
[68] Siehe vor allem OG OGA 3, 181 (184f.); *Brunner*, Einführung in das Recht der DDR, 2. Aufl. 1979, S. 124; MünchKomm. *Säcker*, BGB, 2. Aufl.

VermG § 16 Anh. I   Abschnitt IV. Rechtsverhältnisse zw. Berechtigten u. Dritten

Rechtssatzes (§ 44 Abs. 1 AGB-DDR aF) hätte die Zulässigkeit günstigerer individualvertraglicher Vereinbarungen fundamental den Strukturprinzipien einer planwirtschaftlich verfaßten Wirtschaftsordnung widersprochen und konnte nur für den in § 46 AGB-DDR aF normierten Ausnahmefall des Einzelvertrages mit „Angehörigen der Intelligenz" toleriert werden.

58 Die Übergangsregelung erstreckt sich auf alle Rahmenkollektivverträge, einschließlich der hierzu jeweils abgeschlossenen **Nachträge** und **Zusatzvereinbarungen**. Sofern die Vorschrift des Rahmenkollektivvertrages besondere Regelungen für Rationalisierungen enthält, ist als lex specialis die Maßgabe für die Fortgeltung von Rationalisierungsschutzabkommen anzuwenden (siehe unten RdNr. 83ff.). Eine Fortgeltung der Rahmenkollektivverträge tritt nach dem ausdrücklichen Wortlaut der Maßgabe zum Inkrafttreten des Tarifvertragsgesetzes **nur** ein, **wenn** dieser entsprechend den vormals geltenden Bestimmungen des Arbeitsgesetzbuches der ehem. DDR **registriert wurde** (§ 14 Abs. 2 AGB-DDR aF). Unterblieb die Registrierung, so kann eine Fortgeltung des Rahmenkollektivvertrages (bzw. „Tarifvertrages") nicht auf die Maßgabe zum Inkrafttreten des Einigungsvertrages gestützt werden.[69] Ein **Antrag auf Registrierung reicht nicht aus**, um die Fortgeltung eines Rahmenkollektivvertrages aufgrund der Übergangsregelung des Einigungsvertrages zu begründen.[70]

59 Bei den für den **öffentlichen Dienst** abgeschlossenen Rahmenkollektivverträgen ist zusätzlich die in Anl. I Kap. XIX Sachgeb. A Abschn. III Nr. 1 Abs. 1 EVertr. normierte **Vorbehaltsklausel** zu beachten. Die entsprechenden Rahmenkollektivverträge sind nicht mehr anzuwenden, solange und soweit sie im Widerspruch zu den Maßgaben des Einigungsvertrages, insbesondere zu den für den öffentlichen Dienst vorgesehenen speziellen Anpassungsvorschriften stehen. Sofern die Vorschriften des Rahmenkollektivvertrages besondere Regelungen für Rationalisierungen enthalten, ist zudem die Maßgabe für Rationalisierungsschutzabkommen zu beachten.[71]

60 **dd) Tarifverträge nach altem Recht.** Die Übergangsregelung erstreckt sich darüber hinaus auf „Tarifverträge". Hiermit sind nicht die nach dem Inkrafttreten des Tarifvertragsgesetzes durch § 31 des „Gesetzes über die Inkraftsetzung von Rechtsvorschriften der Bundesrepublik Deutschland in der Deutschen Demokratischen Republik" vom 21. 6. 1990[72] abgeschlossenen Tarifverträge[73] gemeint.[74] Vielmehr existierten auch schon vor dem 1. 7. 1990 in dem Gebiet der ehem. DDR Tarifverträge. Rechtsgrundlage für ihren Abschluß war zuletzt die „Verordnung über die Anwendung des Arbeitsgesetzbuches in Handwerks- und Gewerbebetrieben und Einrichtungen" vom 3. 11. 1977.[75] Danach wurden die Arbeitsbedingungen in „Handwerks- und Gewerbebetrieben und Einrichtungen nichtsozialistischer Eigentumsformen" in Tarifverträgen vereinbart. Für diese Tarifverträge galten die Bestimmungen des Arbeitsgesetzbuches über Rahmenkollektivverträge entsprechend (§ 2 Abs. 3), so daß sich die in der Übergangsregelung vorgesehene Registrierung nach dem Arbeitsgesetzbuch sowohl auf Rahmenkollektivverträge als auch auf die nach dem früheren Recht der ehem. DDR vereinbarten Tarifverträge erstreckt. Hieraus folgt zugleich, daß „Tarifverträge", die vor dem 1. 7. 1990 zwischen Gewerkschaften und

---

1984, Einleitung Bd. I RdNr. 217, mwN; ferner *Belling*, Das Günstigkeitsprinzip im Arbeitsrecht, 1984, S. 41f. Lediglich bei betrieblichen normativen Regelungen, die der Durchsetzung von Ordnung, Disziplin und Sicherheit dienten, wurden abweichende individuelle Vereinbarungen für zulässig erachtet; so *Süßmilch-Thiel* NJ 1979, 341 (344).

[69] BAG VIZ 1992, 369 (371); *Oetker*, Zivilrecht im Einigungsvertrag, 1991, RdNr. 917; ebenso in diesem Punkt *Däubler* (Fn. 61) RdNr. 1801; näher zur Rechtslage hinsichtlich nicht registrierter Tarifverträge unten RdNr. 65ff.

[70] So auch *Schaub* BB 1991, 685 (685f.); aA *Däubler* (Fn. 61) S. 71.
[71] Hierzu RdNr. 83ff.
[72] GBl. DDR I Nr. 34 S. 357.
[73] Zu ihnen siehe den Überblick von *Eisold-Geitz* Arbeitgeber 1990, 828ff.
[74] So auch die Erl. BReg. BT-Drucks. 11/7817, S. 138, die ausdrücklich auf Tarifverträge alten Rechts abstellt; ebenso *Däubler* (Fn. 61) RdNr. 1778.
[75] GBl. DDR I Nr. 34 S. 370.

einzelnen Arbeitgebern oder Arbeitgebervereinigungen im Vorgriff auf das spätere Inkrafttreten des Tarifvertragsgesetzes abgeschlossen wurden, nicht in den Anwendungsbereich der im Einigungsvertrag enthaltenen Übergangsregelung einbezogen sind.

ee) Rationalisierungsschutzabkommen. Für **überbetriebliche Rationalisierungsschutzabkommen** beschränkt die Übergangsregelung des Einigungsvertrages zum Inkrafttreten des Tarifvertragsgesetzes die Fortgeltung bis zum 31. 12. 1990. Mit diesem Tag traten sie außer Kraft; eine Nachwirkung wurde expressis verbis ausgeschlossen (näher unten RdNr. 92). 61

Die Sonderbestimmung für Rationalisierungsschutzabkommen ist nur für solche Vereinbarungen relevant, die vor dem 1. 7. 1990 abgeschlossen und **nach § 14 Abs. 2 AGB-DDR aF registriert** wurden. Hieraus folgt, daß es sich um eine überbetriebliche Abrede handeln muß. Fehlt eine entsprechende Registrierung des Rationalisierungsschutzabkommens, so ist dieses nach der Rechtsprechung des Bundesarbeitsgerichts rechtsunwirksam.[76] Insofern existiert die gleiche Problemlage, wie bei Tarifverträgen, die vor dem 1. 7. 1990 abgeschlossen, aber nicht mehr gemäß § 14 Abs. 2 AGB-DDR aF registriert wurden (vgl. zu diesen unten RdNr. 65 ff.). 62

Das in der Überleitungsvorschrift des Einigungsvertrages für die Fortgeltung von Rationalisierungsschutzabkommen aufgenommene Registrierungserfordernis verdeutlicht, daß Vereinbarungen, die vor dem 1. 7. 1990 auf **betrieblicher Ebene** zum Schutz vor Rationalisierungsschutzmaßnahmen abgeschlossen wurden, grundsätzlich keine Fortgeltung entfalten. Diese Regelung ist konsequent, da Rationalisierungsschutzabkommen auf betrieblicher Ebene nach der bis zum 1. 7. 1990 geltenden Rechtslage nur rechtswirksam vereinbart werden konnten, wenn das Arbeitsgesetzbuch der ehem. DDR eine entsprechende Regelungsbefugnis für den **Betriebskollektivvertrag** vorsah. Diese fehlt zB für auf die **Zahlung von Abfindungen** gerichtete Abreden zwischen einer damals gegebenenfalls noch amtierenden betrieblichen Gewerkschaftsleitung und dem Betrieb bzw. Unternehmen, da das Arbeitsgesetzbuch der ehemaligen DDR in seiner damaligen Fassung keine **Abfindungen** in den Fällen **rationalisierungsbedingter Entlassungen** kannte und diese auch nicht durch Abschluß eines Betriebskollektivvertrages ermöglichen wollte.[77] Dies gilt entsprechend, wenn sich vor dem 1. 7. 1990 außerhalb der gesetzlichen Grundlagen, zB im Vorgriff auf die zu erwartenden Rechtsänderungen frei gewählte Betriebsräte bildeten und vor dem 1. 7. 1990 entsprechende Abreden (zB Sozialpläne) abschlossen.[78] Von der durch das Inkraftsetzen des Betriebsverfassungsgesetzes etablierten Normsetzungsbefugnis partizipierten derartige „**Betriebsräte**" erst ab dem 1. 7. 1990.[79] Ab diesem Zeitpunkt konnten sie jedoch im Rahmen ihrer durch das Betriebsverfassungsgesetz begrenzten Rechtsmacht die frühere (rechtsunwirksame) Vereinbarung bestätigen und damit zu ihrer Rechtswirksamkeit ab dem 1. 7. 1990 verhelfen. 63

ff) Neue Tarifverträge nach dem 30. 6. 1990. Die Übergangsregelung für das Inkrafttreten des Tarifvertragsgesetzes erstreckt sich **nicht auf neue Tarifverträge**, die bereits vor dem Inkrafttreten des Einigungsvertrages **seit dem 1. 7. 1990** auf der Grundlage des seit diesem Tag in der ehemaligen DDR geltenden Tarifvertragsgesetzes abgeschlossen 64

---

[76] BAG BB 1992, 2290 f.; ebenso LAG Berlin (10. Kammer) ZTR 1992, 167 (LS); aA zuvor BezG Rostock (2. SfArbR) LAGE § 14 AGB-DDR 1977 Nr. 1 und 2.

[77] BAG VIZ 1992, 439 ff., mit Anm. *Oetker*; ebenso zuvor *Schaub* BB 1991, 685 (686); im Anschluß *Ascheid* NZA 1993, 97 (100 f.); hiergegen aber *Däubler* (Fn. 61) RdNr. 1791; *ders*. BB 1993, 427 (429 f.); *Kohte* JuS 1993, 545 ff.; *Schindele* BB 1992, 1211 ff.; *Trümner* DKKS, BetrVG, 4. Aufl. 1994, § 132 RdNr. 13; sowie ArbG Berlin (87. Kammer) AiB 1991, 327.

[78] LAG Berlin (13. Kammer) LAGE § 112 BetrVG 1972 Nr. 19; *Gaul* BB 1990, Beil. Nr. 37, S. 29 (29); aA *Däubler* ArbuArbR 1991, 196 (198).

[79] Die Anerkennung vorläufiger Betriebsräte durch die Verordnung vom 11. 7. 1990 (GBl. DDR I Nr. 44 S. 715) sanktionierte nur die Bildung der Betriebsräte, nicht aber zugleich auch die von diesen vorgenommenen Rechtsakte. So auch BAG VIZ 1992, 439 (442); aA *Däubler* ArbuArbR 1991, 196 (198); *ders*. BB 1993, 427 (430); *Schlachter* RdA 1993, 313 (325); *Trümner* DKKS, BetrVG, 4. Aufl. 1994, § 132 RdNr. 13. Für eine frei gewählte BGL siehe ArbG Berlin (48. Kammer) AiB 1993, 330 (331).

VermG § 16 Anh. I   Abschnitt IV. Rechtsverhältnisse zw. Berechtigten u. Dritten

wurden.[80] Auf sie ist § 13 Abs. 2 TVG entsprechend anzuwenden. Danach gelten für Tarifverträge, die in der ehem. DDR vor dem 3. 10. 1990, aber nach dem 30. 6. 1990 abgeschlossen wurde, die Bestimmungen des Tarifvertragsgesetzes.[81]

65   **gg) Überbetriebliche Vereinbarungen vor dem 1. 7. 1990.** Kontroverse Diskussionen lösten solche **überbetrieblichen Kollektivverträge** aus, die noch vor Inkraftsetzung des Tarifvertragsgesetzes in der ehemaligen DDR, also vor dem 1. 7. 1990 abgeschlossen wurden, jedoch **nicht** mehr nach Maßgabe von § 14 Abs. 2 AGB-DDR aF **registriert** wurden. Aufgrund ihrer fehlenden Registrierung ist die Maßgabe zum Inkrafttreten des Tarifvertragsgesetzes nicht unmittelbar anwendbar, da die dort vorausgesetzte Registrierung gerade fehlt (vgl. oben RdNr. 58).[81a]

66   Da die Registrierung nach § 14 Abs. 2 AGB-DDR aF Wirksamkeitsvoraussetzung war,[82] plädierte namentlich das *Arbeitsgericht Berlin* und das *Bezirksgericht Leipzig* für die Unwirksamkeit derartiger Vereinbarungen.[83] Diesem Lösungsansatz traten im Schrifttum insbesondere *Däubler* und *Wolter* entgegen und stützten sich vor allem auf die spätestens mit Inkrafttreten des Gewerkschaftsgesetzes vom 6. 3. 1990[84] hergestellte Tarifautonomie (vgl. § 3).[85] Das *Bundesarbeitsgericht* hat sich in seiner Grundsatzentscheidung vom *13. 2. 1992* dieser Rechtsansicht nicht angeschlossen und beurteilt Kollektivverträge, die vor dem 1. 7. 1990 abgeschlossen wurden, ausschließlich anhand des bis zu diesem Zeitpunkt geltenden Arbeitsgesetzbuches.[86] Dies bedeutet, daß überbetriebliche Tarifverträge, die vor dem 1. 7. 1990 abgeschlossen wurden, nur dann Rechtswirksamkeit erlangten, wenn sie gemäß § 14 Abs. 2 AGB-DDR aF registriert wurden.[86a]

67   Die formaljuristisch an § 14 Abs. 2 AGB-DDR aF ausgerichtete Lösungskonzeption kann nicht überzeugen, da sie den Besonderheiten der Übergangsphase zu einem freiheitlich strukturierten Tarifvertragssystem nicht ausreichend Rechnung trägt.[87] Eine dogmatisch tragfähige Alternative hätte § 13 Abs. 2 TVG geboten,[88] da diese Vorschrift, die die Anwendung des Tarifvertragsgesetzes auf Tarifverträge vorsieht, die vor dem Inkrafttreten dieses Gesetzes abgeschlossen wurden, in der ehem. DDR seit dem 1. 7. 1990 galt. Einen eigenständigen Anwendungsbereich konnte diese Bestimmung wegen der besonderen Maßgaben zum Inkrafttreten des Tarifvertragsgesetzes[89] nur besitzen, wenn bereits vor dem 1. 7. 1990 „freie" Vereinbarungen abgeschlossen werden konnten, die die in § 14 Abs. 2 AGB-DDR aF normierte Wirksamkeitsvoraussetzung nicht erfüllten, gleichwohl aber dem Leitbild frei ausgehandelter Tarifverträge entsprachen.

68   Nach der Konzeption des Bundesarbeitsgerichts steht ungeachtet der vorstehenden Einwände fest, daß nicht registrierte überbetriebliche Vereinbarungen der Gewerkschaften aus der Zeit vor dem 1. 7. 1990 **keine kollektivrechtlichen Ansprüche** zugunsten der Arbeitnehmer begründen. Entsprechenden Leistungen des Arbeitgebers, die ausschließlich zur Erfüllung des rechtsunwirksamen Tarifvertrages erbracht wurden, fehlt der

---

[80] So auch *Wlotzke-Lorenz* BB 1990, Beil. Nr. 35, S. 1 (5).
[81] So im Ergebnis auch *Däubler* AiB 1990, 364 (364); *ders.* (Fn. 61) RdNr. 1803; *Löwisch-Rieble* TVG, 1992, § 13 RdNr. 3; *Wank* RdA 1991, 1 (13). Zu den tarifrechtlichen Konsequenzen des Zusammenschlusses der Ost-Gewerkschaften mit den West-Gewerkschaften vgl. *Rieble* ArbuR 1990, 365 ff.; *Kempen* ArbuR 1990, 372 ff.
[81a] Insoweit auch *Däubler* (Fn. 61) RdNr. 1801.
[82] BAG VIZ 1992, 369 (370); sowie die Nachweise oben in Fn. 67.
[83] ArbG Berlin (99. Kammer) ZTR 1991, 334 f.; BezG Leipzig (7 c. SfArbR) ArbuArbR 1991 Sonderheft Rechtsprechung, S. 33 ff.
[84] GBl. DDR I S. 110.
[85] *Däubler* AiB 1990, 364 (364); *ders.* (Fn. 61) S. 71 f.; *ders.* (Fn. 61) RdNr. 1798 ff.; *Wolter* BB 1990, Beil. Nr. 40, S. 37 (44); *ders.* DB 1991, 43 (46); *Wank* RdA 1991, 1 (13).
[86] BAG VIZ 1992, 369 ff., mit Anm. *Oetker;* bestätigt durch BAG v. 24. 11. 1993 – 4 AZR 402/92.
[86a] Siehe aber BAG v. 28. 6. 1994 – 3 AZR 546/93, wonach der Tarifvertrag nicht einer Registrierung nach § 14 AGB-DDR aF bedurfte, wenn er zwar vor dem 1. 7. 1990 abgeschlossen wurde, aber erst zu diesem Tage in Kraft treten sollte.
[87] Zur Kritik vgl. näher *Oetker* VIZ 1992, 371 f.; sowie *Löwisch-Rieble* (Fn. 81) § 13 RdNr. 5; *Ascheid* NZA 1993, 97 (99).
[88] Näher *Oetker* (Fn. 69) RdNr. 917; sowie *Däubler* BB 1993, 427 (430); *ders.* (Fn. 61) RdNr. 1801.
[89] Vgl. § 31 des Inkraftsetzungsgesetzes vom 21. 6. 1990, GBl. DDR I Nr. 34 S. 357.

Rechtsgrund, so daß im Einzelfall **Rückforderungsansprüche** aus dem Gesichtspunkt einer ungerechtfertigten Bereicherung (§§ 812 ff. BGB) begründet sein können. Anders ist die Rechtslage nur, wenn der unwirksame Tarifvertrag nach dem 30. 6. 1990 von den vertragschließenden Parteien im Rahmen eines neuen Tarifvertrages **bestätigt** wurde (zu dessen Fortgeltung oben RdNr. 64).[89a]

Darüber hinaus bleibt auf dem Boden des höchstrichterlich befürworteten Verständnisses zu prüfen, ob Ansprüche von Arbeitnehmern aus **individualarbeitsrechtlichen** Gesichtspunkten heraus begründet sind, wenn der Arbeitgeber in Kenntnis der Rechtsunwirksamkeit des „Tarifvertrages" Leistungen erbracht hat. Als Anspruchsgrundlage kommt neben einer Gesamtzusage oder einer betrieblichen Übung auch der arbeitsrechtliche Gleichbehandlungsgrundsatz in Betracht.[90] **69**

Zur Rechtswirksamkeit der auf **betrieblicher Ebene** vor dem 1. 7. 1990 abgeschlossenen Vereinbarungen mit noch existierenden betrieblichen Gewerkschaftsleitungen oder „frei" gebildeten Betriebsräten siehe oben RdNr. 63. **70**

**2. Rechtswirkungen fortgeltender Rahmenkollektivverträge und Tarifverträge. 71
a) Grundsätze.** Hinsichtlich der Rechtswirkungen der von der Übergangsvorschrift des Einigungsvertrages zum Inkrafttreten des Tarifvertragsgesetzes erfaßten Rahmenkollektivverträge und Tarifverträge alten Rechts kann weitgehend auf die zu § 10 TVG bzw. § 9 TVG aF in Judikatur und Doktrin herausgearbeiteten Grundsätze zurückgegriffen werden. Den Bestimmungen des Rahmenkollektivvertrages bzw. Tarifvertrages unterliegen ohne Rücksicht auf die Organisationszugehörigkeit[91] **alle Arbeitsverhältnisse**, die von dem fachlichen, persönlichen und regionalen Geltungsbereich des Rahmenkollektivvertrages bzw. Tarifvertrages alten Rechts erfaßt sind.[91a]

Der Rahmenkollektivvertrag bzw. Tarifvertrag alten Rechts begründet während seiner Fortgeltung **nur noch Mindestarbeitsbedingungen.** Sein früherer Charakter als zweiseitig zwingendes Recht[92] steht weder mit der Funktion des Rahmenkollektivvertrages in einer freiheitlich verfaßten Wirtschaftsordnung noch mit der verfassungsrechtlichen Garantie der Vertragsfreiheit im Einklang. Die kontroversen Diskussionen über das rechtsdogmatische Fundament des Günstigkeitsprinzips für Tarifverträge[93] dürfen nicht darüber hinwegtäuschen, daß die Übergangsregelung lediglich einen tariflosen Zustand verhindert, so daß die fortgeltenden Rahmenkollektivverträge bzw. Tarifverträge alten Rechts nach Sinn und Zweck lediglich den Charakter einseitig zwingenden Rechts besitzen sollen. Dies rechtfertigt die **analoge Anwendung des** in § 4 Abs. 3 TVG normierten **Günstigkeitsprinzips** auf fortgeltende Rahmenkollektivverträge und Tarifverträge alten Rechts.[94] **72**

b) Betriebsautonomie. Die in § 77 Abs. 3 bzw. § 87 Abs. 1 Einleitungssatz BetrVG normierte **Sperrwirkung** eines Tarifvertrages wird durch fortgeltende Rahmenkollektivverträge bzw. Tarifverträge alten Rechts **nicht ausgelöst**.[95] Wie das Bundesarbeitsgericht für die nach § 9 TVG aF fortgeltenden Tarifordnungen mit Recht hervorgehoben hat, konnten weder die Rahmenkollektivverträge noch die Tarifverträge alten Rechts die grundlegend anders konzeptionierte Gestaltung des Betriebsverfassungsrechts berücksichtigen.[96] Dieses Resultat entspricht zudem dem Normzweck des Tarifvorbehalts bzw. des Tarifvorranges. Sowohl die Rahmenkollektivverträge als auch die Tarifverträge alten **73**

[89a] Vgl. exemplarisch BAG v. 20. 4. 1994 – 4 AZR 354/93.
[90] Ebenso *Schaub* BB 1991, 685 (686); *Däubler* BB 1993, 427 (432); ders. (Fn. 61) RdNr. 1802; vgl. exemplarisch BezG Chemnitz (SfArbR) ArbuArbR 1992, 379; für unwirksame Betriebskollektivverträge siehe einerseits ArbG Berlin (48. Kammer) AiB 1993, 330 (331 f.); andererseits LAG Berlin (13. Kammer), LAGE § 112 BetrVG 1972 Nr. 19.
[91] Vgl. BAG AP § 3 TOA Nr. 31.
[91a] Ebenso *Däubler* (Fn. 61) RdNr. 1780.
[92] Vgl. OG OGA 3, 181 (184 f.); sowie die Nachweise in Fn. 68.
[93] Siehe zB *Wiedemann-Stumpf* TVG, 5. Aufl. 1977, § 4 RdNr. 212 ff., m. zahlr. Nachw.
[94] Ebenso *Hanau-Preis* (Fn. 57) S. 1 (16); im Ergebnis auch *Däubler* AiB 1990, 364 (364); ders. (Fn. 61) RdNr. 1781; *Löwisch-Rieble* (Fn. 81) § 10 RdNr. 8.
[95] Anderer Ansicht für § 77 Abs. 3 BetrVG *Däubler* (Fn. 61) S. 70; ders. (Fn. 61) RdNr. 1781.
[96] BAG AP § 56 BetrVG Arbeitszeit Nr. 1 und 2.

VermG § 16 Anh. I Abschnitt IV. Rechtsverhältnisse zw. Berechtigten u. Dritten

Rechts sind nicht das Ergebnis eines koalitionsautonomen Einigungsprozesses und partizipieren deshalb nicht an dem verfassungsrechtlichen und einfachgesetzlichen Schutz der Tarifautonomie.

74 **c) Betriebsübergang.** Beim Betriebsübergang ist § 613a Abs. 1 S. 2 bis 4 BGB auf die nach der Maßgabe zum Inkrafttreten des Tarifvertragsgesetzes fortgeltenden Rahmenkollektivverträge bzw. Tarifverträge alten Rechts entsprechend anwendbar.[97] Durch § 613a Abs. 1 S. 2 bis 4 BGB soll der durch Kollektivverträge strukturierte Inhalt des Arbeitsverhältnisses für eine Übergangsphase aufrechterhalten bleiben. Die hiermit intendierte Absicherung des status quo erfolgt nicht zum Schutz der Tarifautonomie, sondern im Interesse des Arbeitnehmerschutzes. Er trägt der auch für Rahmenkollektivverträge und Tarifverträge alten Rechts geltenden rechtsdogmatischen Besonderheit Rechnung, daß die kollektivvertraglichen Regelungen kein Bestandteil des Arbeitsvertrages sind, sondern als Rechtsnormen von außen auf diesen einwirken. Dieser mit der Maßgabe zum Inkrafttreten des Tarifvertragsgesetzes kongruente Normzweck rechtfertigt die **entsprechende Anwendung von § 613a Abs. 1 S. 2 bis 4 BGB.**

75 Die Regelungen des Rahmenkollektivvertrages bzw. Tarifvertrages alten Rechts entfalten bei einer entsprechenden Anwendung von § 613a Abs. 1 S. 2 bis 4 BGB keine normative Wirkung mehr, sondern sind integraler Bestandteil des Einzelarbeitsverhältnisses. Nach Ablauf der Ein-Jahres-Frist können die entsprechenden Bestimmungen auch zum Nachteil des Arbeitnehmers verändert werden. Zu einem früheren Zeitpunkt ist dies erst zulässig, wenn der Rahmenkollektivvertrag oder Tarifvertrag alten Rechts durch einen neu abgeschlossenen Tarifvertrag außer Kraft tritt.

76 **3. Außerkrafttreten des Rahmenkollektivvertrages bzw. Tarifvertrages alten Rechts.** Die Fortgeltung des Rahmenkollektivvertrages bzw. des Tarifvertrages alten Rechts unterliegt der **Disposition der Tarifvertragsparteien**. Er tritt außer Kraft durch einen neuen, auf der Grundlage des Tarifvertragsgesetzes abgeschlossenen Tarifvertrag. Diese **Rechtswirkung** ist nicht absolut, sondern **relativ**; der Tarifvertrag ersetzt die Regelung des Rahmenkollektivvertrages nur solange und soweit sein **Geltungsbereich identisch ist**.[97a] Ist der fachliche, personelle oder regionale Geltungsbereich des neuen Tarifvertrages enger als der des Rahmenkollektivvertrages bzw. des Tarifvertrages alten Rechts, so sind die letztgenannten Rechtsquellen für die von dem Geltungsbereich des neuen Tarifvertrages nicht erfaßten Arbeitsverhältnisse unverändert anzuwenden.[98]

77 Die Übergangsregelung verlangt eine **eigenständige tarifliche Regelung**. Die Tarifvertragsparteien können sich **nicht** auf die **Aufhebung** eines Rahmenkollektivvertrages beschränken,[99] sondern müssen hinsichtlich des jeweiligen Sachgebiets ein eigenes Tarifwerk etablieren, das den Schutzzweck der fortgeltenden Rahmenkollektivverträge verwirklicht.[100] Nur in diesem Rahmen besitzen die Tarifvertragsparteien auch die Befugnis, einzelne Bestimmungen eines Rahmenkollektivvertrages aufzuheben, ohne daß für die konkrete Vorschrift eine ersetzende tarifliche Regelung vereinbart wird. Ansonsten ist der Rahmenkollektivvertrag der **Disposition** durch die Tarifvertragsparteien **entzogen**. Sie können diesen weder aufheben, noch steht ihnen das Recht zu, das durch den Rahmenkollektivvertrag geschaffene Regelwerk inhaltlich zu verändern.[101]

78 Entsprechend der Rechtsprechung des Bundesarbeitsgerichts zu § 9 TVG aF, die in der arbeitsrechtlichen Doktrin überwiegend gebilligt wurde, wird der Rahmenkollektivver-

---

[97] So auch *Däubler* (Fn. 61) S. 398; *ders.* (Fn. 61) RdNr. 1784.
[97a] Vgl. BAG v. 13. 7. 1994 – 4 AZR 400/93.
[98] Ebenso *Schaub* BB 1991, 685 (685); *Löwisch-Rieble* (Fn. 81) § 10 RdNr. 7; *Däubler* (Fn. 61) RdNr. 1786; sowie zur Rechtslage nach § 9 TVG aF BAG AP § 9 TVG Nr. 3; *Hueck-Nipperdey*, Lehrbuch des Arbeitsrechts Bd. II/1, 7. Aufl. 1966, S. 413, mwN.

[99] So zu § 9 TVG aF BAG AP § 9 TVG Nr. 3.
[100] AA *Löwisch-Rieble* (Fn. 81) § 10 RdNr. 9; wie hier *Däubler* (Fn. 61) RdNr. 1786.
[101] Ebenso *Däubler* (Fn. 61) RdNr. 1786; sowie zu § 9 TVG aF *Hueck-Nipperdey* (Fn. 98) S. 411 Fn. 187.

trag bzw. der Tarifvertrag alten Rechts durch den neuen Tarifvertrag hinsichtlich aller von seinem Geltungsbereich erfaßten Arbeitsverhältnisse ersetzt.[102]

Für **tarifliche Außenseiter**, also diejenigen Arbeitnehmer, die nicht mit der den ersetzenden Tarifvertrag abschließenden Gewerkschaft mitgliedschaftlich verbunden sind, entfaltet der Rahmenkollektivvertrag keine zwingende Wirkung mehr.[103] Für diese Arbeitsverhältnisse ist jedoch aufgrund einer analogen Anwendung von § 4 Abs. 5 TVG eine **Nachwirkung** des Rahmenkollektivvertrages bzw. des Tarifvertrages alten Rechts anzuerkennen.[104] Sie wirken zwar unmittelbar auf die Arbeitsverhältnisse der tariflichen Außenseiter ein, gestalten diese jedoch nur noch als dispositives Recht. Individualvertragliche Regelungen, die von dem Rahmenkollektivvertrag bzw. dem Tarifvertrag alten Rechts abweichen, sind sowohl zugunsten als auch zu Lasten der nicht tarifgebundenen Arbeitnehmer zulässig. Dem hiesigen Ansatz ist der *Vierte Senat* des *Bundesarbeitsgerichts* in seinem Urteil vom *13. 7. 1994* indes nicht gefolgt, da es nach Ansicht des Gerichts an einer planwidrigen Unvollständigkeit des Gesetzes fehle, um § 4 Abs. 5 TVG entsprechend anzuwenden.[104a] 79

Diese Grundsätze gelten bei der hier befürworteten Ansicht entsprechend, wenn der **Arbeitgeber nicht tarifgebunden** ist, er jedoch zuvor den Bestimmungen des Rahmenkollektivvertrages oder Tarifvertrages alten Rechts unterlag. Die Regelungen des Rahmenkollektivvertrages bzw. des Tarifvertrages alten Rechts wirken analog § 4 Abs. 5 TVG auch für die bei nicht tarifgebundenen Arbeitgebern bestehenden Arbeitsverhältnisse nach.[105] 80

Die **analoge Anwendung von § 4 Abs. 5 TVG** führt bei Außenseitern nur dann zu einer Nachwirkung des Rahmenkollektivvertrages bzw. Tarifvertrages alten Rechts, wenn dieser bereits vor seiner Ablösung durch den neuen Tarifvertrag für das Arbeitsverhältnis seine Rechtswirkungen entfaltete. 81

4. Anwendbarkeit von § 10 Abs. 2 TVG. Im Unterschied zu § 10 Abs. 2 TVG, der dem Bundesminister für Arbeit und Sozialordnung die Kompetenz zur **Aufhebung von Tarifordnungen** einräumt, fehlt in der im Einigungsvertrag enthaltenen Übergangsregelung eine vergleichbare Ermächtigung. Die Aufhebungskompetenz kann nicht mittels einer analogen Anwendung von § 10 Abs. 2 TVG auf Rahmenkollektivverträge bzw. Tarifverträge alten Rechts ausgedehnt werden. Obwohl der Normzweck einen Analogieschluß noch rechtfertigen würde, ist die für den Analogieschluß unerläßliche planwidrige Unvollständigkeit[106] aufgrund der detaillierten Übergangsregelung im Einigungsvertrag zu verneinen. Ihr Regelungsgehalt beschränkt sich nicht nur auf die Fortgeltung früherer Rahmenkollektivverträge und Tarifverträge alten Rechts, sondern ordnet ausdrücklich das Außerkrafttreten einzelner Regelungen (Rationalisierungsschutzabkommen) an. Aus dieser Regelungsdichte ist der Wille einer abschließenden Übergangsregelung zu entnehmen, die aus Gründen der Spezialität einen Rückgriff auf § 10 TVG mittels einer Analogie ausschließt. Eine ausdrückliche und mit § 31 Nr. 2 des „Gesetzes über die Inkraftsetzung 82

---

[102] Ebenso *Löwisch-Rieble* (Fn. 81) § 10 RdNr. 8; sowie zu § 9 TVG aF BAG AP § 9 TVG Nr. 8; sowie *Hueck-Nipperdey* (Fn. 98) S. 411f. mit Fn. 189; aA *Maus* TVG, 1956, § 9 RdNr. 15.

[103] So auch BAG v. 13. 7. 1994 – 4 AZR 400/93; *Däubler* AiB 1990, 364 (364); *Löwisch-Rieble* (Fn. 81) § 10 RdNr. 8; *Wank* RdA 1991, 1 (13).

[104] Vgl. so im konzeptionellen Ansatz noch für Tarifordnungen BAG AP § 3 TOA Nr. 30; sowie *Hueck-Nipperdey* (Fn. 98) S. 413, mwN; die Zulässigkeit einer Analogie wird bestätigt durch die Sonderregelung für Rationalisierungsschutzabkommen, für die eine Nachwirkung ausdrücklich ausgeschlossen wurde; so auch *Däubler* (Fn. 61) RdNr. 1786.

[104a] BAG v. 13. 7. 1994 – 4 AZR 400/93. Kritisch ist anzumerken, daß das Gericht mit seiner Rechtsprechung nicht nur von den früheren Grundsätzen abweicht, sondern zudem nicht hinreichend würdigt, daß für registrierte Rationalisierungsschutzabkommen die Nachwirkung in den Maßgaben des Einigungsvertrages ausdrücklich ausgeschlossen wurde. Diese Regelungstechnik ist nur dann sinnvoll, wenn ein abgelöster Rahmenkollektivvertrag an sich eine Nachwirkung entfalten konnte.

[105] AA BAG v. 13. 7. 1994 – 4 AZR 400/93; sowie wohl auch *Dörner-Widlak* NZA 1991, Beil. Nr. 1, S. 43 (49); *Wolter* DB 1991, 43 (46); wie hier aber *Däubler* (Fn. 61) RdNr. 1787.

[106] Siehe statt aller BVerfG NJW 1990, 1593 (1593 f.).

VermG § 16 Anh. I   Abschnitt IV. Rechtsverhältnisse zw. Berechtigten u. Dritten

von Rechtsvorschriften der Bundesrepublik Deutschland in der Deutschen Demokratischen Republik" vom 21. 6. 1990[107] vergleichbare Vorschrift, die § 10 TVG für gegenstandslos erklärt, war angesichts dieser Regelungstechnik nicht mehr notwendig.

83 **5. Sonderbestimmung für Rationalisierungsschutzabkommen. a) Normzweck.** Eine Sonderregelung haben die Parteien des Einigungsvertrages für **Rationalisierungsschutzabkommen** getroffen. Diese traten **ohne Nachwirkung** am **31. 12. 1990** ipso iure **außer Kraft**. Hierbei gingen die Parteien des Einigungsvertrages davon aus, daß die von der Sonderregelung erfaßten Rationalisierungsschutzabkommen nicht der seit dem 1. 7. 1990 in dem Gebiet der ehem. DDR geltenden Rechtslage entsprachen,[108] da sie einerseits das Instrumentarium des Arbeitsförderungsgesetzes noch nicht berücksichtigen konnten und zum anderen einzelne Institute des Arbeitsgesetzbuches (zB Überleitungsverträge) durch das „Gesetz zur Änderung und Ergänzung des Arbeitsgesetzbuches" vom 22. 6. 1990[109] ab dem 1. 7. 1990 entfielen.

84 **b) Erfaßte Vorschriften. aa) Rationalisierungsschutz.** Die Sonderregelung ist beschränkt auf solche Abkommen, die Schutzbestimmungen zugunsten der Arbeitnehmer bei **Rationalisierungsmaßnahmen** des Arbeitgebers etablieren. Schutzbestimmungen im Hinblick auf andere arbeitgeberseitige Maßnahmen sind von dem Außerkrafttreten nicht betroffen. Mit dem Begriff der Rationalisierung haben die Parteien des Einigungsvertrages auf ein Tatbestandsmerkmal zurückgegriffen, für das eine präzise inhaltliche Konturierung fehlt. Obwohl der Bundesgesetzgeber vereinzelt auf diesen Terminus zurückgreift (zB § 106 Abs. 3 Nr. 4 BetrVG, § 75 Abs. 3 Nr. 13 BPersVG), kann diesen Vorschriften kein eindeutiger Begriffsinhalt entnommen werden kann. Aufgrund der Intention entsprechender Tarifbestimmungen, einen Schutz zugunsten der Arbeitnehmer zu etablieren, ist grundsätzlich von einem weiten Begriffsverständnis auszugehen, das alle technischen, organisatorischen und wirtschaftlichen Maßnahmen zur Steigerung der betriebswirtschaftlichen Effizienz der Arbeitsorganisation umfaßt, die zugleich mit einer Veränderung der bestehenden Arbeitsverhältnisse oder der Arbeitsbedingungen verbunden sind.

85 Eine Rationalisierungsmaßnahme setzt denknotwendig voraus, daß die **Arbeit im Betrieb fortgeführt wird**. Die vollständige Stillegung eines Betriebes ist grundsätzlich keine Rationalisierungsmaßnahme, da sie auf die Auflösung der Arbeitsorganisation und nicht auf die Steigerung ihrer Effizienz gerichtet ist. Ein anderes Resultat muß bei unternehmensweiten Rationalisierungsmaßnahmen gelten, wenn die Stillegung eines Betriebes auf Rationalisierungsmaßnahmen in einem anderen Betrieb zurückzuführen ist. Die Einstellung von Teilaufgaben der Arbeitsorganisation ist hingegen immer eine Rationalisierungsmaßnahme, weil die Arbeitsorganisation als Ganzes aufrechterhalten bleibt. Zu den Veränderungen der Arbeitsverhältnisse kann nicht nur der Verlust von Arbeitsplätzen, sondern auch eine generelle Lohnminderung gehören, die eventuell aufgrund einer rationalisierungsbedingten Versetzung des Arbeitnehmers eintritt. Eine für den Arbeitnehmer nachteilige Veränderung der Arbeitsbedingungen kann insbesondere durch eine gesteigerte Arbeitsverdichtung herbeigeführt werden.

86 Für die Sonderregelung zum Inkrafttreten des Tarifvertragsgesetzes besitzt das in RdNr. 84f. dargelegte weite, vor allem aus der tariflichen Praxis abzuleitende Begriffsverständnis nur eingeschränkte Gültigkeit. Die den Erläuterungen der Bundesregierung zu entnehmende Konkretisierung der „Rationalisierungsschutzabkommen" zeigt, daß **nur** der Schutz vor solchen Rationalisierungsmaßnahmen erfaßt werden soll, die mit einem **Wegfall des bisherigen Arbeitsplatzes** verbunden sind. Dementsprechend wird hervorgehoben, daß Rationalisierungsschutzabkommen Umsetzungen und Entlassungen sozialverträglich gestalten sollen.[110] Dieses gesetzgeberische Begriffsverständnis, das von der vorstehend in RdNr. 85 herausgearbeiteten allgemeinen Umschreibung abweicht, muß

---

[107] GBl. DDR I Nr. 34 S. 357.
[108] Erl. BReg. BT-Drucks. 11/7817, S. 138; *Wlotzke-Lorenz* BB 1990, Beil. Nr. 35, S 1 (5).
[109] GBl. DDR I Nr. 35 S. 371.
[110] Erl. BReg. BT-Drucks. 11/7817, S. 138; siehe auch *Däubler* (Fn. 61) RdNr. 1790.

sich auch für den in den Maßgaben zum Inkrafttreten des Tarifvertragsgesetzes inkorporierten Begriff des Rationalisierungsschutzabkommens durchsetzen. Solche Regelungen, die auf den Eintritt **sonstiger Nachteile** infolge von Rationalisierungsmaßnahmen reagieren, die nicht zum Verlust des Arbeitsplatzes führen, erfaßt die Sonderregelung nicht.

bb) Rechtsnatur der Vorschriften. Die Rechtswirkungen der Sonderregelung für Rationalisierungsschutzabkommen erstreckt sich nur auf solche Regelungen, die **vor dem 1. 7. 1990 abgeschlossen** und **registriert** wurden. Das Erfordernis einer Registrierung bestand vor dem 1. 7. 1990 nur auf der Grundlage von § 14 Abs. 2 AGB-DDR aF, so daß nur diejenigen Regelungen zum Schutz vor einem rationalisierungsbedingten Wegfall des Arbeitsplatzes in die Sonderregelung einbezogen sind, für die eine Registrierung nach § 14 Abs. 2 AGB-DDR aF vorgesehen war.[111] Dies war **nur** bezüglich der **Rahmenkollektivverträge** sowie den **Tarifverträgen alten Rechts**, die auf der Grundlage von § 2 der „Verordnung über die Anwendung des Arbeitsgesetzbuches in Handwerks- und Gewerbebetrieben und Einrichtungen" vom 3. 11. 1977[112] abgeschlossen wurden, möglich. Sonstige Abreden, denen diese Rechtsnatur fehlt, sind daher – ihre Rechtswirksamkeit im übrigen unterstellt – nicht von der Sonderregelung für Rationalisierungsschutzabkommen erfaßt. Dies gilt insbesondere für diejenigen Tarifverträge, die nach dem 30. 6. 1990 auf der Grundlage des am 1. 7. 1990 in Kraft getretenen Tarifvertragsgesetzes abgeschlossen wurden und die zT umfangreiche Schutzvorschriften bei Rationalisierungsmaßnahmen enthalten.[113] Bei ihnen war die von § 14 Abs. 2 AGB-DDR aF vorgesehene Registrierung rechtlich nicht mehr möglich.

87

cc) Abkommen. Die Sonderregelung erfaßt nach dem Wortlaut Regelungen zum Schutz vor Rationalisierungen, die zugleich die Qualität eines „Abkommens" besitzen. Eine formale Interpretation der Sonderregelung, die ausschließlich auf die **äußerliche Zusammenfassung** thematisch zusammengehöriger Bestimmungen in einer einheitlichen Urkunde abstellt, wird dem Normzweck der Übergangsregelung nicht gerecht. Es ist vielmehr auf den Regelungsinhalt der **konkreten Vorschrift** abzustellen. Etabliert diese einen Rationalisierungsschutz in dem obigen Sinne, so trifft der Normzweck der Sonderregelung auf diese Vorschrift ebenso zu, wie bei denjenigen, die formell in einem „Rationalisierungsschutzabkommen" zu einer regelungstechnischen Einheit verschmolzen sind. Insofern bedarf der Tatbestand der Sonderregelung einer **teleologischen Extension**.

88

Umgekehrt ist im Hinblick auf den Normzweck eine **teleologische Reduktion** der Sonderregelung erforderlich, wenn das Rationalisierungsschutzabkommen inhaltlich über das von den Parteien des Einigungsvertrages der Regelung zugrundegelegte enge Begriffsverständnis hinausreicht und einen Schutz vor **sonstigen Nachteilen** vorsieht, die nicht in dem Wegfall des Arbeitsplatzes bestehen. Bei derartigen Regelungen trifft die von den Parteien des Einigungsvertrages unterstellte fehlende Harmonie der Rationalisierungsschutzvorschrift mit der seit dem 1. 7. 1990 in dem Gebiet der ehem. DDR gültigen Rechtslage regelmäßig nicht zu, so daß die Sonderregelung eine vom Normzweck nicht legitimierte überschießende Wirkung entfalten würde. Diese ist durch eine teleologische Reduktion der Norm zu verhindern, so daß das „Rationalisierungsschutzabkommen" insoweit nicht am 31. 12. 1990 außer Kraft trat, sondern nach Maßgabe der allgemeinen Übergangsvorschrift zum Inkrafttreten des Tarifvertragsgesetzes fortgilt.

89

dd) Öffentlicher Dienst. Die Sonderregelung für Rationalisierungsschutzabkommen gilt grundsätzlich auch für den öffentlichen Dienst. Diese treten ebenfalls spätestens am 31. 12. 1990 außer Kraft. Bei ihnen sind jedoch zusätzlich die in Kapitel XIX der Anl. I des Einigungsvertrages genannten Sonderregelungen zu beachten. Es ist deshalb stets zusätzlich zu prüfen, ob die befristete Fortgeltung mit den speziellen Maßgaben des Einigungsvertrages für den öffentlichen Dienst vereinbar war. Bereits vor dem Inkrafttreten des

90

---

[111] Zur Rechtslage bei vor dem 1. 7. 1990 abgeschlossen, aber nicht mehr registrierten Abkommen oben RdNr. 62, 65 ff.

[112] GBl. DDR I Nr. 34 S. 370.
[113] Siehe den Überblick bei *Eisold-Geitz* Arbeitgeber 1990, 828 ff.

VermG § 16 Anh. I Abschnitt IV. Rechtsverhältnisse zw. Berechtigten u. Dritten

Einigungsvertrages entstandene Ansprüche werden hierdurch nicht berührt. Die Vorbehaltsklausel in Abs. 1 der für den öffentlichen Dienst vorgesehenen Sonderregelung (Anl. I Kap. XIX Sachgeb. A Abschn. III Nr. 1 EVertr.) verhindert lediglich das Entstehen neuer Ansprüche ab dem 3. 10. 1990.

91 **c) Bestandsschutz.** Die Sonderregelung des Einigungsvertrages für Rationalisierungsschutzabkommen sieht für bereits entstandene Ansprüche einen umfangreichen Vertrauens- und Bestandsschutz vor.[114] Bereits entstandene Rechte und Ansprüche werden durch das Außerkrafttreten des Rationalisierungsschutzabkommens am 31. 12. 1990 nicht berührt. Dies gilt nicht nur für einmalige Abfindungen, sondern auch für **wiederkehrende Leistungen**, da das **Stammrecht** bereits vor dem Außerkrafttreten des Tarifvertrages entstanden ist.

92 **d) Außerkrafttreten des Abkommens.** Die Sondervorschrift ordnet das Außerkrafttreten des Rationalisierungsschutzabkommens zum 31. 12. 1990 an. Das Ende der entsprechenden Regelungen tritt kraft Gesetzes ein, es bedarf hierfür keiner rechtsgestaltenden Willenserklärung. Die Bestimmungen entfalten **keine Nachwirkung**. Durch die Sondervorschrift wird die allgemeine Übergangsregelung zum Inkrafttreten des Tarifvertragsgesetzes nicht verdrängt, sondern lediglich partiell modifiziert. Das Rationalisierungsschutzabkommen **tritt** daher **vor dem 31. 12. 1990** auch dann ganz oder teilweise **außer Kraft**, wenn die entsprechenden Vorschriften durch einen auf der Grundlage des Tarifvertragsgesetzes abgeschlossenen Tarifvertrages ersetzt werden.

93 **e) Verfassungskonformität.** Die Sondervorschrift des Einigungsvertrages für Rationalisierungsschutzabkommen verstößt nicht gegen die verfassungsrechtliche Garantie der **kollektiven Koalitionsfreiheit** (Art. 9 Abs. 3 S. 1 GG). In ihren Schutz sind nur solche Regelungen einbezogen, die in Ausübung des Grundrechts auf kollektive Koalitionsfreiheit von tariffähigen Parteien im Sinne des Tarifvertragsgesetzes abgeschlossen wurden. Dies ist bezüglich der Minister und Leiter anderer zentraler Staatsorgane nicht zu bejahen,[115] da sie auch nicht als Arbeitgeber hinsichtlich der bei den unterstellten Wirtschaftseinheiten beschäftigten Arbeitnehmer zu bewerten waren. Allein die Weisungsbefugnis gegenüber rechtlich selbständigen Wirtschaftseinheiten begründet – wie die Dogmatik des Konzernarbeitsrechts zeigt – nicht per se zugleich eine Arbeitgeberstellung.[116]

II. Tarifrechtliche Anwendungsprobleme

94 **1. Tarifnorm und interlokale Sachverhalte.** Tarifrechtliche Probleme kann bereits die **Ermittlung des** für das Arbeitsverhältnis **anzuwendenden Tarifvertrages** auslösen. Dies gilt insbesondere bei solchen Sachverhalten, in denen ein bislang im alten Bundesgebiet beschäftigter Arbeitnehmer seine Arbeitsleistung nunmehr in einem Betrieb erbringt, der im Beitrittsgebiet gelegen ist. Denkbar erscheint indes auch die umgekehrte Konstellation.

95 Die Lösung derartiger Sachverhalte erfolgt **nicht nach Maßgabe des Arbeitsvertragsstatuts**. Maßgebend ist vielmehr, für welche **Betriebsstätte** der Arbeitnehmer gewöhnlich tätig ist. Bei **dauerhafter Beschäftigung** in einer Betriebsstätte ist stets derjenige Tarifvertrag anzuwenden, der für diese gilt. Dies gilt auch für solche Arbeitnehmer, die vor ihrer jetzigen Tätigkeit einem besonderen „Ost-Tarifvertrag" unterlagen.[117] Der für eine Betriebsstätte geltende Tarifvertrag bleibt auch dann für das Arbeitsverhältnis einschlägig, wenn der Arbeitnehmer seine Arbeitsleistung **vorübergehend in einem Betrieb** erbringt, für den ein anderer Tarifvertrag gilt.[118] Eine „Rosinentheorie", die zur Geltung der jeweils

---

[114] Siehe Erl. BReg. BT-Drucks. 11/7817, S. 138.
[115] Ebenso BAG VIZ 1993, 256 (258); aA *Däubler* AiB 1990, 364 (364).
[116] Zur Tariffähigkeit des Konzerns *Windbichler*, Arbeitsrecht im Konzern, 1989, S. 461 ff.

[117] Vgl. BAG DB 1993, 332 (333) = NJ 1993, 41 (41); ebenso *Däubler* (Fn. 61) RdNr. 1816.
[118] Siehe LAG Hamm DB 1971, 753; *Wiedemann-Stumpf* (Fn. 93) § 4 RdNr. 62; ebenso für den Fall einer vorübergehenden Entsendung in das „West-Tarifgebiet" *Däubler* ZTR 1992, 145 (150).

günstigeren Tarifnorm führt,[119] ist nicht anzuerkennen. Problematisch bleibt allerdings – ähnlich wie im Rahmen von § 30 Abs. 2 Nr. 1 EGBGB – das Abgrenzungskriterium der vorübergehenden Arbeitsleistung außerhalb des Tarifgebiets. Während z. T. eine Frist von drei Monaten[120] oder von einem Monat[121] favorisiert wird, lehnt die überwiegende Auffassung eine feste schematische zeitliche Grenzziehung bislang ab.

2. Auslegungsfragen bei Tarifverträgen. a) Räumlicher Geltungsbereich. Zweifelsfragen kann der Geltungsbereich des Tarifvertrages auslösen. Dies war unmittelbar nach Wirksamwerden des Beitritts bei **bundesweit abgeschlossenen Verbandstarifverträgen** problematisch, bedarf jedoch bei solchen **Firmentarifverträgen** unverändert einer Klärung, die für ein Unternehmen oder einen Konzern gelten. In diesen Fällen stellt sich stets die Frage, ob in den Geltungsbereich dieser Tarifverträge auch diejenigen Betriebsstätten einbezogen sind, die sich in dem Gebiet der ehem. DDR (einschließlich Ost-Berlin) befinden. 96

Sofern dem **Tarifvertrag** keine ausdrückliche Konkretisierung seines Geltungsbereichs zu entnehmen ist, muß darauf abgestellt werden, ob der Tarifvertrag im Zeitpunkt seines Inkrafttretens bereits die spezifischen Besonderheiten der rechtlichen und sozio-ökonomischen Lage in den neuen Bundesländern berücksichtigen konnte. Dementsprechend erstrecken sich Tarifverträge, die **vor dem 3. 10. 1990 abgeschlossen** wurden und ihren Geltungsbereich auf das „Bundesgebiet" bezogen, ausschließlich auf das Gebiet, in dem das Grundgesetz auch schon vor dem Wirksamwerden des Beitritts galt.[122] Ein gegenteiliger, im Wege der Auslegung ermittelter Wille der Tarifvertragsparteien ist zwar insbesondere dann nicht ausgeschlossen, wenn der Tarifvertrag bereits im Vorfeld des Beitritts abgeschlossen wurde, hierfür bedarf es jedoch positiver Anhaltspunkte. **Nach dem Wirksamwerden des Beitritts** kehrt sich diese Auslegungsregel indes um. Stellen die Tarifvertragsparteien für den räumlichen Geltungsbereich auf das Bundesgebiet ab, so umfaßt dies auch das Beitrittsgebiet. In dieser Konstellation bedarf es nunmehr für eine Eingrenzung des räumlichen Geltungsbereichs auf die alten oder die neuen Bundesländer positiver Anhaltspunkte, die in dem Wortlaut des Tarifvertrages Anklang gefunden haben müssen. 97

Entsprechende Auslegungsmaximen gelangen auch bei der Auslegung solcher **Firmentarifverträge** zur Anwendung, die sich auf die Arbeitsverhältnisse eines Unternehmens oder eines Konzerns erstrecken. **Vor dem Wirksamwerden des Beitritts** konnten diese die spezifischen arbeitsrechtlichen sowie betriebs- und unternehmensspezifischen Besonderheiten etwaiger Betriebsstätten in den neuen Bundesländern noch nicht in die Ausgestaltung des Tarifvertrages einfließen lassen. Deshalb ist eine gegebenenfalls ergänzende Auslegung des Tarifvertrages notwendig, aufgrund der sich sein räumlicher Geltungsbereich auf diejenigen Betriebe bzw. Unternehmen beschränkt, die in dem Gebiet der alten Bundesländer liegen.[123] 98

Nach Wirksamwerden des Beitritts gilt hingegen auch bei Firmentarifverträgen grundsätzlich die umgekehrte Auslegungsmaxime, da die Tarifvertragsparteien die Besonderheiten in den neuen Bundesländern berücksichtigen konnten.[123a] Allerdings kann eine generelle Geltung des Firmentarifvertrages für alle Betriebsstätten im Bundesgebiet nur dann dem Tarifvertrag im Wege der Auslegung entnommen werden, wenn die Tarifvertragsparteien hierfür eine konkrete Veranlassung besaßen. Verfügt das Unternehmen oder der Konzern über keine Betriebsstätten in den neuen Bundesländern, so dürften die Tarif- 99

---

[119] In dieser Richtung *Däubler* DB 1991, 1622 (1625).
[120] So *Däubler* DB 1991, 1622 (1625); ders. (Fn. 61) RdNr. 1817.
[121] So *Kempen* ArbuR 1991, 129 (135f.).
[122] Ebenso KrG Schwerin-Stadt (3b. KfArbR) ArbuArbR 1991 Sonderheft Rechtsprechung, S. 35; sowie *Berger-Delhey* AfP 1990, 186ff.; *Däubler* (Fn. 61) RdNr. 1773; *Löwisch-Rieble* (Fn. 81) § 4 RdNr. 29.

[123] In diesem Sinne auch *Däubler* (Fn. 61) RdNr. 1774; *Gaul* BB 1990, Beil. Nr. 37, S. 29 (29f., 31); *Wank* RdA 1991, 1 (13); zur gegenteiligen Auslegung bei Gesamtbetriebsvereinbarungen durch das *Bundesarbeitsgericht* siehe unten RdNr. 143.
[123a] Wie hier auch *Däubler* (Fn. 61) RdNr. 1774.

vertragsparteien mangels gegenteiliger Anhaltspunkte regelmäßig gerade nicht die besonderen rechtlichen und sozio-ökonomischen Bedingungen in den neuen Bundesländern bereits mitberücksichtigt haben. Der Firmentarifvertrag enthält bei einer nachträglichen Eingliederung einer in den neuen Bundesländern gelegenen Betriebsstätte in das Unternehmen eine nachträglich entstandene Regelungslücke. Durch den **Abschluß eines speziellen Überleitungstarifvertrages** können die Tarifvertragsparteien dieser Sondersituation Rechnung tragen.

100 **b) Auslegung von Verweisungen in Tarifverträgen.** Bezieht der Tarifvertrag gegebenenfalls aufgrund einer einfachen und/oder ergänzenden Auslegung auch die in den neuen Bundesländern gelegenen Betriebsstätten in seinen räumlichen Geltungsbereich ein oder ist der Tarifvertrag speziell auf diese zugeschnitten, so werfen in den Tarifverträgen aufgenommene Verweisungen regelmäßig dann Auslegungszweifel aus, wenn der Tarifvertrag pauschal auf gesetzliche Vorschriften Bezug nimmt. Auch insoweit ist eine differenzierte Betrachtung erforderlich.

101 Handelt es sich um einen „**Ost-Tarifvertrag**", so ist eine in ihm enthaltene Bezugnahme auf die gesetzlichen Vorschriften regelmäßig so zu verstehen, daß diejenigen Bestimmungen zur Anwendung kommen sollen, die kraft Gesetzes in den neuen Bundesländern die Arbeitsverhältnisse gestalten. Schwierigkeiten bereiten solche **(Überleitungs-)Tarifverträge**, die „West-Tarifverträge" für anwendbar erklären, die ihrerseits jedoch auf die gesetzlichen Vorschriften verweisen. Aufgrund dieser **doppelten Verweisung** entfalten die in Bezug genommenen gesetzlichen „West-Vorschriften" zumindest dann keine Geltung als tarifliche Arbeitsbedingungen für die unter den „Ost-Tarifvertrag" fallenden Arbeitsverhältnisse, wenn die gesetzlichen Vorschriften in den neuen Bundesländern keine Gültigkeit besitzen.[124] Da einer pauschalen Bezugnahme auf die gesetzlichen Vorschriften regelmäßig der Charakter einer Tarifnorm fehlt und sie deshalb lediglich deklaratorische Bedeutung aufweisen, verändert eine Anwendung der „West-Gesetze" den Charakter der in dem „West-Tarifvertrag" enthaltenen Verweisungsnorm. Für den „Ost-Tarifvertrag" würde die Verweisungsnorm konstitutive Bedeutung besitzen. Für einen derartigen Willen der Tarifvertragsparteien bedarf es jedoch positiver Anhaltspunkte in dem „Ost-Tarifvertrag". Ohne diese kann nicht per se angenommen werden, die Tarifvertragsparteien des „Ost-Tarifvertrages" hätten mittels der Verweisung den Geltungsbereich der nur für das alte Bundesgebiet geltenden gesetzlichen Vorschriften erweitern und auf ihr Tarifgebiet ausdehnen wollen.

102 Vergleichbare Auslegungsmaximen gelten ebenfalls, wenn der Verbands- oder Firmentarifvertrag gleichermaßen für „Ost-" und „West-Betriebe" gilt. Verweist der Tarifvertrag in dieser Konstellation auf die gesetzlichen Vorschriften und weichen diese (zB hinsichtlich der Kündigungsfristen oder der Entgeltfortzahlung im Krankheitsfall) voneinander ab, so ist im Wege der Auslegung zu ermitteln, ob die Verweisung einen konstitutiven oder deklaratorischen Bedeutungsgehalt besitzt. Bei einer deklaratorischen Wirkung sind die kraft Gesetzes für die Arbeitsverhältnisse geltenden Vorschriften anzuwenden, sofern dem Tarifvertrag keine positiven Anhaltspunkte entnommen werden können, daß die Tarifnorm für die „West-Betriebe" eine deklaratorische, für die „Ost-Betriebe" hingegen konstitutive Rechtswirkungen entfalten soll. Diese Auslegungsgrundsätze gelten entsprechend, wenn der Tarifvertrag den Wortlaut einer gesetzlichen Vorschrift unverändert wiederholt.

103 **3. Differenzierungen zwischen „Ost-" und „West-Arbeitnehmern" in Tarifverträgen.** Sowohl die Auslegung der Tarifverträge als auch der den Tarifvertragsparteien bei der Formulierung spezieller Überleitungsverträge zustehende Gestaltungsspielraum wird von der Frage beeinflußt, ob und in welchem Umfang die Tarifvertragsparteien zwischen „Ost-" und „West-Arbeitnehmern" differenzieren dürfen.

---

[124] So auch für die Verweisung auf die „gesetzlichen" Kündigungsfristen BAG NZA 1993, 320 ff.; ebenso zuvor LAG Berlin (3. Kammer) ZTR 1992, 295 f.; LAG Brandenburg (3. Kammer) DB 1992, 279 f.; aA LAG Chemnitz (2. Kammer) DB 1992, 1634; *Däubler* (Fn. 61) RdNr. 1818.

Ausgangspunkt für eine Differenzierung ist die Geltung des **verfassungsrechtlichen** 104
Gleichheitssatzes (Art. 3 Abs. 1 GG) für die Tarifvertragsparteien, wenn diese hinsichtlich
einer Sachmaterie für verschiedene Arbeitnehmergruppen differenzierende Rechtsnormen
etablieren wollen.[125] Hierzu sind die Tarifvertragsparteien grundsätzlich auch dann berechtigt, wenn sie einen zwischen „Ost-" und „West-Arbeitnehmern" unterscheidenden Regelungsinhalt vereinbaren wollen.[126] Allerdings gilt auch insoweit das Erfordernis einer von
dem Ausmaß der Ungleichbehandlung abhängigen **sachlichen Rechtfertigung**.

Problematisch ist, welche Differenzierungen durch welche Gesichtspunkte gerechtfertigt werden können. Als Differenzierungskriterium können dabei nur solche Aspekte 105
herangezogen werden, die mit der Arbeitsleistung und ihrer betrieblichen Situationsgebundenheit im Zusammenhang stehen. Differenzierungen kommen deshalb vor allem
hinsichtlich des Entgelts in Betracht, da der „Wert" der Arbeitsleistung untrennbar mit
dem **Volumen der betrieblichen Wertschöpfung** verbunden ist. Ist diese bei abstraktgenereller Betrachtung bei in den neuen Bundesländern gelegenen Betrieben geringer, so
rechtfertigt dies auch eine zwischen „Ost-" und „West-Arbeitnehmern" differenzierende
Bemessung des Arbeitsentgelts.[127]

Schwieriger ist die sachliche Rechtfertigung, wenn bei gleicher Wertschöpfung die 106
Differenzierung im Hinblick auf die in den neuen Bundesländern niedrigeren **Aufwendungen für die Lebenshaltung** (zB Mieten) gerechtfertigt werden soll,[128] da insoweit kein
unmittelbarer Zusammenhang mit der Arbeitsleistung besteht. Insoweit ist allerdings
anerkannt, daß der Arbeitslohn auch von sozialen Komponenten beeinflußt werden darf,
ohne daß hierdurch ein dem privatrechtlich strukturierten Arbeitsverhältnis wesensfremdes Alimentationsprinzip implementiert wird.[129] Während soziale „Zuschläge" regelmäßig unproblematisch sind, löst die Vereinbarung „sozialer" Abschläge zumindest dann
Zweifel aus, wenn beide Arbeitnehmergruppen nicht nur vorübergehend in der selben
Betriebsstätte beschäftigt sind. Dementsprechend verneint das *Bundesarbeitsgericht* die
sachliche Rechtfertigung einer unterschiedlichen Behandlung, wenn ein „Ost-Arbeitnehmer" auf Dauer in einem „West-Betrieb" beschäftigt wird.[130] Differenzierungen, die zB an
den Wohnsitz oder den Arbeitsort bei Begründung des Arbeitsverhältnisses anknüpfen,
sind mit der auf den aktuellen Beschäftigungsbetrieb bezogenen Betrachtung des Bundesarbeitsgerichts bei einer dauerhaften Tätigkeit im „West-Betrieb" nicht vereinbar. Den
Tarifvertragsparteien verbleibt jedoch die Möglichkeit, den für den Tarifvertrag maßgebenden Betriebsbegriff abweichend von dem allgemeinen Betriebsbegriff entweder durch
abstrakt-generelle Umschreibung oder mittels enumerativer Aufzählung eigenständig zu
definieren.

Außerhalb des Bereichs der Entgelthöhe können differenzierende tarifliche Regelungen 107
auch durch eine **unterschiedliche Gesetzeslage** sachlich gerechtfertigt sein. Bei solchen
Arbeitsbedingungen, die in keinen Zusammenhang mit den spezifischen Wertschöpfungsunterschieden in „Ost-Betrieben", divergierenden gesetzlichen Rahmenbedingungen oder
den unterschiedlichen Lebensbedingungen in den neuen Bundesländern stehen (zB tarifliche Ausschlußklauseln), ist eine sachliche Rechtfertigung für eine Differenzierung zwischen „Ost-" und „West-Arbeitnehmern" nicht erkennbar.

---

[125] St. Rechtsprechung seit BAG AP Art. 3 GG Nr. 4; zuletzt BAG DB 1993, 332 (332) = NJ 1993, 41 (41).

[126] *Gaul* BB 1990, Beil. Nr. 37, S. 29 (30); im Grundsatz auch BAG DB 1993, 332 (333) = NJ 1993, 41 (41 f.).

[127] So mit Recht auch schon *Gaul* BB 1990, Beil. Nr. 37, S. 29 (30).

[128] Hierfür zB *Gaul* BB 1990, Beil. Nr. 37, S. 29 (30); ablehnend aber wohl BAG DB 1993, 332 (333) = NJ 1993, 41 (42), das diesen Aspekt als sachlichen Differenzierungsgrund nicht anerkennt.

[129] Vgl. statt aller *Wiedemann,* in: 25 Jahre Bundesarbeitsgericht, 1979, S. 635 (650).

[130] BAG DB 1993, 332 (333) = NJ 1993, 41 (41 f.); sowie zuvor *Däubler* ZTR 1992, 145 ff.; anders aber noch LAG Berlin (9. Kammer) ZTR 1992, 294; wohl auch *Kranzusch* ZTR 1992, 288 ff., der jedoch nicht zwischen einer dauerhaften und einer vorübergehenden Tätigkeit in dem „West-Tarifgebiet" differenziert; siehe auch *Hanau* ZTR 1993, 443 ff. Bei vorübergehenden Versetzungen in den Geltungsbereich des „West-Tarifvertrages" gelten diese Grundsätze nicht, siehe oben RdNr. 95.

108 **4. Bindung des Restitutionsberechtigten an tarifliche Arbeitsbedingungen. a) Allgemeines.** Bei der Unternehmensrückgabe tritt der Berechtigte nicht nur – gegebenenfalls aufgrund unterschiedlicher Rechtsvorschriften – in die für den Betrieb bzw. Betriebsteil abgeschlossenen Arbeitsverhältnisse ein. Hierdurch steht indessen nicht der Inhalt der von ihm übernommenen Arbeitsverhältnisse fest. Besondere Schwierigkeiten bereitet hierbei die Frage, ob der Berechtigte verpflichtet ist, die **bisherigen tarifvertraglichen Arbeitsbedingungen** auch nach der Rückgabe des Unternehmens einzuhalten. Ebenso wie bereits hinsichtlich des Eintritts des Berechtigten in die Arbeitsverhältnisse ist auch insoweit eine differenzierte Problemlösung unerläßlich.

109 **b) Unveränderte Bindung an den Tarifvertrag.** Keine Veränderungen hinsichtlich der für das Arbeitsverhältnis einzuhaltenden tariflichen Bestimmungen treten ein, wenn zur Rückgabe des Unternehmens **Mitgliedschaftsrechte übertragen werden** (§ 6 Abs. 5a S. 1 lit. b VermG). Die Bindung der juristischen Person an den Tarifvertrag – entweder kraft Verbandszugehörigkeit oder wegen ihrer Stellung als Tarifvertragspartei – bleibt unberührt von dem Eigentumswechsel hinsichtlich der Mitgliedschaftsrechte. Dies gilt entsprechend, wenn auf Antrag (§ 11 VermG) oder kraft Gesetzes (§ 11a VermG) die staatliche Verwaltung über ein als juristische Person verfaßtes Unternehmen aufgehoben wird. Eine Änderung der bisherigen tariflichen Arbeitsbedingungen tritt auch dann nicht ein, wenn der Tarifvertrag kraft **Allgemeinverbindlicherklärung** anzuwenden war und der Betrieb oder Betriebsteil auch nach der Rückgabe an den Berechtigten dem fachlichen Geltungsbereich des Tarifvertrages unterliegt.

110 **c) Rechtsgeschäftlicher Betriebsübergang.** Differenzierter ist die Rechtslage, wenn im Rahmen der Unternehmensrückgabe ein rechtsgeschäftlicher Betriebsinhaberwechsel vorliegt und der Berechtigte gemäß § 613a BGB in die Arbeitsverhältnisse eintritt. Eine **kollektivrechtliche Fortgeltung** der tariflichen Arbeitsbedingungen kommt zumindest dann in Betracht, wenn der Berechtigte beim Verbandstarifvertrag Mitglied der entsprechenden Tarifvertragspartei ist oder beim Firmentarifvertrag diese Stellung vertraglich übernimmt.[131] Ist der Berechtigte beim Verbandstarifvertrag mit der Tarifvertragspartei mitgliedschaftlich nicht verbunden und übernimmt er nicht die Verpflichtungen aus einem Firmentarifvertrag, so ist er an die vor Betriebsübergang geltenden tariflichen Arbeitsbedingungen zumindest nach Maßgabe der in § 613a Abs. 1 S. 2 bis 4 BGB getroffenen Regelung gebunden.[132] Mit Übergang des Betriebes oder Betriebsteiles werden die zuvor kraft Tarifvertrages geltenden Arbeitsbedingungen Bestandteil des Individualarbeitsvertrages und unterliegen dem in § 613a Abs. 1 S. 4 BGB normierten Bestandschutz. Ein anderes Ergebnis gilt nur, wenn ursprünglich oder nachträglich für den Betrieb oder Betriebsteil eine andere tarifliche Ordnung Anwendung findet (§ 613a Abs. 1 S. 3 BGB).

111 **d) Betriebsübergang kraft Hoheitsaktes.** Ist der Betrieb oder Betriebsteil kraft Hoheitsaktes auf den Berechtigten übergegangen, so tritt er gemäß § 16 Abs. 2 VermG in die Arbeitsverhältnisse ein. Hieraus folgt nicht zugleich, daß die bisherigen Tarifbestimmungen unverändert das Arbeitsverhältnis strukturieren.

112 Eine auf § 16 Abs. 2 VermG gestützte Bindung an den zuvor maßgebenden Tarifvertrag läßt sich am ehesten beim **Firmentarifvertrag** begründen, wenn der Berechtigte alle dem räumlichen Geltungsbereich des Tarifvertrages unterliegenden Betriebsstätten zurückerhält. Unter dieser Voraussetzung gehört auch der Tarifvertrag zu einem in bezug auf den Vermögenswert abgeschlossenen Rechtsverhältnis, da hierdurch die Arbeitsbedingungen der in dem Betrieb beschäftigten Arbeitnehmer strukturiert werden. Eine Bindung an den bislang für den Betrieb oder Betriebsteil geltenden Firmentarifvertrag scheidet indessen

---

[131] *Löwisch-Rieble* (Fn. 81) § 2 RdNr. 69, 71; weitergehend *Wiedemann-Stumpf* (Fn. 93) § 2 RdNr. 22, § 3 RdNr. 73.

[132] Anders im konzeptionellen Ansatz *Heinze* VIZ 1992, 301 (305), der bei der Unternehmensrückgabe § 613a BGB generell durch § 16 Abs. 2 VermG als lex specialis verdrängt ansieht und dementsprechend auch eine Transformation kollektivvertraglicher Normen über § 613a Abs. 1 S. 2 BGB ablehnt.

aus, wenn der Berechtigte nur einzelne Betriebe oder Betriebsteile zurückerhält.¹³³ Anderenfalls würde der Tarifvertrag seinen rechtlichen Charakter als Firmentarifvertrag verlieren und § 16 Abs. 2 VermG entgegen seinem Wortlaut nicht mehr zum Übergang eines Rechtsverhältnisses, sondern zum Beitritt zu einem Rechtsverhältnis führen.

Bei einem **Verbandstarifvertrag** scheidet eine auf § 16 Abs. 2 VermG gestützte Bindung an den Tarifvertrag aus, weil als maßgebliches Rechtsverhältnis, in das der Berechtigte eintreten könnte, in dieser Konstellation ausschließlich die Verbandsmitgliedschaft in Betracht kommt. Bei dieser fällt es ohnehin schwer, sie noch als ein in bezug auf den Vermögenswert abgeschlossenes Rechtsverhältnis zu qualifizieren. Selbst wenn man sich über hieraus folgende Bedenken hinwegsetzt, muß ein Eintritt des Berechtigten in die Verbandszugehörigkeit und damit eine Fortsetzung der Tarifbindung aus zwingenden verbandsrechtlichen Maximen ausscheiden.¹³⁴ **113**

Scheidet die Tarifbindung bei einem nach § 16 Abs. 2 VermG auf den Berechtigten übergehenden Arbeitsverhältnis aus, so bleibt zu überlegen, ob **§ 4 Abs. 5 TVG** in dieser Konstellation **analog** anzuwenden ist. Unter Rückgriff auf den Normzweck plädiert das *Bundesarbeitsgericht* in seiner jüngeren Judikatur für einen extensiven Anwendungsbereich der Norm, die immer dann eingreifen soll, wenn die bisherige Bindung an den Tarifvertrag endet, um auf diese Weise zu verhindern, daß infolge des Wegfalls der tariflichen Strukturierung ein „inhaltsloses" Arbeitsverhältnis entsteht.¹³⁵ Dies soll selbst dann gelten, wenn die Tarifbindung nach einem Verbandsaustritt nach Maßgabe von § 3 Abs. 3 TVG endet, so daß die Nachwirkung insbesondere dann eingreift, wenn die Tarifbindung endet, weil der Erwerber eines Betriebes nicht mit der entsprechenden Tarifvertragspartei mitgliedschaftlich verbunden ist.¹³⁶ **114**

e) Entflechtung von Unternehmen. Bei der Entflechtung von Unternehmen nach § 6b VermG gelten die für den Betriebsübergang kraft Hoheitsaktes dargelegten Grundsätze entsprechend. Bei der Aufspaltung des Unternehmens oder der Abspaltung einzelner Teile kommt eine fortbestehende Bindung an einen **Firmentarifvertrag** auch nicht kraft der nach § 6b Abs. 7 S. 1 VermG eintretenden partiellen Universalsukzession in Betracht.¹³⁷ Dies gilt entsprechend für **Verbandstarifverträge**, bei denen insoweit keine anderen Grundsätze zur Anwendung gelangen können, als sie auch für die gesellschaftsrechtlichen Verschmelzungstatbestände und die bei ihnen eintretende Gesamtrechtsnachfolge anzuerkennen sind.¹³⁸ Auch insoweit ist indes zu beachten, daß der Tarifvertrag auch bei einer Entflechtung nach § 6b VermG seine Rechtswirkungen für das Arbeitsverhältnis nicht völlig verliert. Vielmehr entfaltet er nach der Konzeption des Bundesarbeitsgerichts mit Bestandskraft des Entflechtungsbescheides noch eine Nachwirkung analog § 4 Abs. 5 TVG.¹³⁹ **115**

f) Auswirkungen arbeitsvertraglicher Bezugnahmeklauseln. Die vorstehend in den RdNrn. 108 bis 115 dargelegten Grundsätze gelten regelmäßig auch, wenn in dem Arbeitsvertrag eine Bezugnahme auf den Tarifvertrag enthalten ist. Dies folgt aus dem Sinn und Zweck derartiger Bezugnahmeklauseln, die zumeist vereinbart werden, um einen Gleichklang der Arbeitsbedingungen bei den organisierten und den nicht organisierten Arbeitnehmern herbeizuführen. Der Zweck der Bezugnahmeklausel besteht nicht in einer Konservierung des tariflichen status quo, sondern vielmehr sollen sich die Arbeitsverhältnisse der tariflichen Außenseiter dynamisch an die Arbeitsbedingungen anpassen, die bei **116**

---

¹³³ Anderer Ansicht *Wiedemann-Stumpf* (Fn. 93) § 3 RdNr. 75, wenn die übertragenen Betriebsteile als selbständige Organisationseinheit erhalten bleiben. In dieser Konstellation soll ein mehrgliedriger Tarifvertrag entstehen.
¹³⁴ Vgl. insofern BAG AP § 3 TVG Nr. 2; *Wiedemann-Stumpf* (Fn. 93) § 3 RdNr. 80.
¹³⁵ BAG EzA § 4 TVG Nachwirkung Nr. 14.
¹³⁶ BAG EzA § 4 TVG Nachwirkung Nr. 14.
¹³⁷ AA *Löwisch-Rieble* (Fn. 81) § 2 RdNr. 66 aE für die Spaltung.
¹³⁸ Vgl. die Nachweise in Fn. 134.
¹³⁹ Vgl. BAG EzA § 4 TVG Nachwirkung Nr. 14.

beiderseitiger Tarifgebundenheit gelten würden.[140] Dies erfordert nicht nur eine dynamische Auslegung in zeitlicher Hinsicht, sondern in sachlicher Hinsicht erweist sich gegebenenfalls auch eine ergänzende Auslegung als erforderlich, um die Arbeitsbedingungen der organisierten Arbeitnehmer und der tariflichen Außenseiter zu synchronisieren und dadurch die Verwirklichung des Zwecks der arbeitsvertraglichen Bezugnahmeklausel sicherzustellen.[141]

117 Entfällt infolge des Betriebsübergangs hinsichtlich der organisierten Arbeitnehmer die Tarifbindung, so bewirkt die arbeitsvertragliche Bezugnahmeklausel weder bei den organisierten noch bei den tariflichen Außenseitern eine individualvertragliche Petrifizierung der bisherigen tariflichen Strukturierung der Arbeitsbedingungen. Gilt der Tarifvertrag bei den tarifgebundenen Arbeitnehmern nur noch kraft Nachwirkung, so entfaltet er auch bei denjenigen Arbeitsverhältnissen, für die der Tarifvertrag kraft arbeitsvertraglicher Bezugnahmeklausel gilt, keine stärkeren Rechtswirkungen.

C. Vermögensrestitution und Betriebsverfassungsrecht

Schrifttum: *Düwell,* Betriebsverfassungsrechtliche Probleme der Umstrukturierung von Unternehmen, ArbuArbR 1992, 196 ff.; *Engels,* Betriebsverfassungsrechtliche Aspekte des Spaltungsgesetzes, DB 1991, 966 ff.; *Kübler,* Fehlgeschlagene Spaltungen von Treuhandgesellschaften, Festschrift für Merz, 1992, S. 333 (355 ff.); *Oetker-Busche,* Entflechtung ehemals volkseigener Wirtschaftseinheiten im Lichte des Arbeitsrechts, NZA 1991, Beil. Nr. 1, S. 18 ff.

I. Allgemeines

118 Aus betriebsverfassungsrechtlicher Sicht wirft die Rückgabe von Unternehmen vielschichtige Probleme auf, die sich nicht auf das durch § 6 b Abs. 9 VermG erstmals gesetzlich anerkannte **Übergangsmandat** des Betriebsrats beschränken. In erster Linie bleibt zu überlegen, ob die **Rückgabe** des Unternehmens bzw. eines Betriebes oder Betriebsteiles eine **beteiligungspflichtige Angelegenheit** darstellt. Die gegebenenfalls vor der Unternehmensrückgabe erforderliche Beteiligung des Betriebsrates weist jedoch nicht nur eine betriebsverfassunsrechtliche Dimension auf, sondern sie wird durch die **Einflußnahmemöglichkeiten** des Betriebsrates auf den **eigentlichen Entscheidungsträger** - die zur Unternehmensrückgabe zuständige Behörde – ergänzt. Als spezieller Problembereich ist schließlich das Schicksal der zuvor in dem zurückzugebenden Unternehmen bzw. Betrieb oder Betriebsteil geltenden **Betriebs- oder Gesamtbetriebsvereinbarungen** ebenso klärungsbedürftig wie der Geltungsbereich von Gesamt- und Konzernbetriebsvereinbarungen, wenn ein zurückzugewährender Betrieb oder Betriebsteil in ein bereits bestehendes Unternehmen eingegliedert wird.

II. Beteiligung des Betriebsrats bei der Unternehmensrückgabe

119 **1. Die Unternehmensrückgabe als beteiligungspflichtige Angelegenheit. a) Rechtslage nach dem Betriebsverfassungsgesetz. aa) Beteiligung des Betriebsrats.** Die Rückgabe des Unternehmens geht mit einem Wechsel des Eigentümers des Unternehmens oder des Betriebes einher. Sofern es hierbei lediglich zu einem **Wechsel der Eigentumsverhältnisse** an dem Betriebsvermögen oder der Anteilsrechte kommt, liegt **keine beteiligungspflichtige Betriebsänderung** im Sinne von § 111 BetrVG vor.[142] Erst wenn anläßlich der Unternehmensrückgabe im betroffenen Betrieb Maßnahmen durchgeführt werden, die

---

[140] BAG AP §§ 22, 23 BAT Nr. 101; BAG AP § 4 BAT Nr. 8; aus dem Schrifttum zB *v. Hoyningen-Huene* RdA 1974, 138 (139); *Etzel* NZA 1987, Beil. Nr. 1, S. 19 (27); *Löwisch-Rieble* (Fn. 81) § 3 RdNr. 99; *Wiedemann-Stumpf* (Fn. 93) § 3 RdNr. 85.

[141] Siehe näher *Säcker-Oetker* ZfA 1993, 1 ff. mwN.

[142] *Wiedemann,* Festschrift für Fleck, 1988, S. 447 (462 f.); *Fitting-Auffarth-Kaiser-Heither* BetrVG, 17. Aufl. 1992, § 111 RdNr. 14.

einen der Tatbestände des § 111 S. 2 BetrVG erfüllen, werden die nach dieser Vorschrift bestehenden Beteiligungsrechte des Betriebsrates ausgelöst. Die Unternehmensrückgabe nach dem Vermögensgesetz ist unabhängig von ihrer konkreten rechtlichen Umsetzung somit aus betriebsverfassungsrechtlicher Sicht nicht anders zu beurteilen als ein Betriebsinhaberwechsel durch Rechtsgeschäft, so daß auf die hierfür geltenden Grundsätze verwiesen werden kann.[143] Eine Betriebsänderung im Sinne von § 111 S. 2 BetrVG kommt hiernach vornehmlich dann in Betracht, wenn infolge der Unternehmensrestitution einzelne Betriebsteile auf den Berechtigten übertragen werden müssen. In dieser Konstellation kann nicht nur ein „Zusammenschluß mit anderen Betrieben" (§ 111 S. 2 Nr. 3 BetrVG), sondern auch eine grundlegende Änderung der Betriebsorganisation (§ 111 S. 2 Nr. 4 BetrVG) vorliegen.

bb) Unterrichtung des Wirtschaftsausschusses. Obwohl die Unternehmensrückgabe 120 als solche keine Beteiligungsrechte des Betriebsrates auslöst, bleibt das Unterrichtungs- und Beratungsrecht des Wirtschaftsausschusses zu beachten,[144] der seinerseits den Betriebsrat zu unterrichten hat (§ 106 Abs. 1 S. 2 BetrVG). Die Unterrichtung muß so frühzeitig erfolgen, daß der Wirtschaftsausschuß die Auswahl der unternehmerischen Entscheidungsalternativen noch beeinflussen kann. Das Gesetz beschränkt die Unterrichtungspflicht zwar auf wirtschaftliche Angelegenheiten, zählt hierzu aber auch solche Vorhaben, welche die Interessen der Arbeitnehmer des Unternehmens wesentlich berühren können (§ 106 Abs. 3 Nr. 10 BetrVG). Hierzu gehören **gesellschaftsrechtliche Veränderungen** (zB Veräußerung von Geschäftsanteilen einer GmbH)[145] ebenso wie der Übergang des Unternehmens, des Betriebes oder eines Betriebsteiles auf einen **anderen Inhaber**.[146] Auch die **Rückgabe des Unternehmens** nach dem Vermögensgesetz ist deshalb zu den **wirtschaftlichen Angelegenheiten** im Sinne von § 106 BetrVG zu rechnen.

Für die Beteiligung des Wirtschaftsausschusses ist die von der zuständigen Behörde **zur** 121 **Unternehmensrückgabe gewählte Handlungsalternative** (Rückgabe von Vermögensgegenständen oder Anteilsübertragung, vgl. § 6 Abs. 5a S. 1 VermG) **unerheblich**. Auch die vorläufige Einweisung gemäß § 6a VermG sowie die Aufhebung der staatlichen Verwaltung (§ 11 VermG) gehört zu den wirtschaftlichen Angelegenheiten im Sinne von § 106 Abs. 3 BetrVG, über die der bislang Verfügungsberechtigte den Wirtschaftsausschuß unterrichten muß. Dies gilt entsprechend für eine zur Durchführung der Unternehmensrestitution beabsichtigte Entflechtung des Unternehmens nach § 6b VermG.[147]

Der Wirtschaftsausschuß ist von dem Verfügungsberechtigten nicht nur von der bevor- 122 stehenden Unternehmensrückgabe zu unterrichten, mit ihm sind vielmehr auch ihre **Modalitäten zu beraten** und die erforderlichen **Unterlagen vorzulegen** und ggf. vorübergehend zu überlassen. Bei der Entflechtung eines Unternehmens nach § 6b VermG gehören hierzu auch das **Übergabeprotokoll** sowie entsprechende Vorschläge und Entwürfe.[148]

---

[143] Hierzu BAG AP § 111 BetrVG 1972 Nr. 6, 8, 9 und 19; *Seiter* (Fn. 6) S. 121 ff.; *Wiedemann* (Fn. 142) S. 447 (463); *Konzen,* Unternehmensspaltungen und Organisationsänderungen im Betriebsverfassungsrecht, 1986, S. 128 ff.; *Pottmeyer,* Die Überleitung des Arbeitsverhältnisses im Falle des Betriebsinhaberwechsels nach § 613a BGB und die Mitbestimmung gemäß §§ 111 ff. BetrVG, 1987, S. 201 ff.; *Bracker,* Betriebsübergang und Betriebsverfassung, 1979, S. 81 ff., 118 ff., 123 ff.; *Schiener,* Betriebsaufspaltungen und Unternehmensteilungen im Arbeitsrecht, Diss. Bayreuth 1990, S. 166 ff.; *Kreßel* DB 1989, 1623 (1625); *Bork* BB 1989, 2181 (2184 ff.); im Ansatz abweichend *Simon* ZfA 1987, 311 (315 ff.).

[144] Ebenso *Fitting-Auffarth-Kaiser-Heither* (Fn. 142) § 106 RdNr. 24.

[145] BAG EzA § 106 BetrVG 1972 Nr. 14; LAG Düsseldorf DB 1989, 1088 (1088).

[146] *Fitting-Auffarth-Kaiser-Heither* (Fn. 142) § 106 RdNr. 24; *Rumpff-Boewer,* Mitbestimmung in wirtschaftlichen Angelegenheiten, 3. Aufl. 1990, S. 208 f. (RdNr. 63); *Galperin-Löwisch* BetrVG Bd. II, 6. Aufl. 1982, § 106 RdNr. 73; *Hess-Schlochauer-Glaubitz* BetrVG, 4. Aufl. 1993, § 106 RdNr. 49; *Stege-Weinspach* BetrVG, 7. Aufl. 1994, §§ 106 bis 109 RdNr. 73; *Bracker* (Fn. 143) S. 29.

[147] So auch *Fitting-Auffarth-Kaiser-Heither* (Fn. 142) § 106 RdNr. 24.

[148] In diesem Sinne auch *Engels* DB 1991, 966 (966).

VermG § 16 Anh. I Abschnitt IV. Rechtsverhältnisse zw. Berechtigten u. Dritten

Bei seinen Unterrichtungs- und Beratungspflichten ist der Verfügungsberechtigte jedoch auf diejenigen Informationen und Unterlagen beschränkt, die sich in seinem Besitz befinden. Die Beteiligungsrechte des Betriebsrates bzw. des Wirtschaftsausschusses drohen deshalb leerzulaufen, wenn nicht der Verfügungsberechtigte, sondern die zur Unternehmensrückgabe zuständige Behörde über die entsprechenden Kenntnisse und Unterlagen verfügt. Dies besitzt insbesondere dann gravierende Bedeutung, wenn die Behörde im Rahmen der vorläufigen Einweisung (§ 6a VermG) oder ihm Zusammenhang mit einem investiven Vertrag (vgl. § 2 InVorG) eine durch Ermessensspielräume geprägte Entscheidung trifft.

123 Informationsdefizite des Wirtschaftsausschusses werden aufgrund der Beteiligung des Verfügungsberechtigten im Rahmen des Rückgabeverfahrens nicht entstehen. Nach § 31 Abs. 2 VermG ist dieser nicht nur über die Antragstellung zu informieren, sondern auf Antrag ist ihm auch eine Abschrift des Antrags und seiner Anlagen zuzuleiten. Der Wirtschaftsausschuß kann den Verfügungsberechtigten daher auch dazu veranlassen, daß dieser seine aus § 31 Abs. 2 VermG folgenden Informations- und Unterrichtungsrechte geltend macht, um anschließend die Unterrichtungs- und Beratungsrechte des Wirtschaftsausschusses nach § 106 BetrVG erfüllen zu können.

124 Die **Verletzung der Unterrichtungspflicht** gegenüber dem Wirtschaftsausschuß ist **weitgehend sanktionslos**, da bei Meinungsverschiedenheiten über die Auskunftpflicht des Unternehmens grundsätzlich zunächst die Einigungsstelle anzurufen ist (§ 109 BetrVG) und regelmäßig erst bei der Nichtbefolgung eines entsprechenden Einigungsstellenbeschlusses die Ahndung als Ordnungswidrigkeit (§ 121 BetrVG) in Betracht kommt.

125 **b) Sondervorschrift für die Entflechtung (§ 6b Abs. 1 S. 4 VermG). aa) Allgemeines.** Über den vorstehend in RdNr. 119 ff. skizzierten Rahmen hinaus sind die Beteiligungsrechte des Betriebsrates bei Unternehmensentflechtungen durch § 6b VermG erweitert worden. Mit § 6b Abs. 1 S. 4 VermG, der sinngemäß mit § 2 Abs. 4 SpTrUG übereinstimmt, etabliert der Gesetzgeber eine **zusätzliche Unterrichtungspflicht** zugunsten des **Betriebsrates** für den gesellschaftsrechtlichen Entflechtungsvorgang als solchen. Sie besteht unabhängig davon, ob die Unternehmensentflechtung mit beteiligungspflichtigen Maßnahmen im Sinne von § 111 BetrVG verbunden ist oder diese bevorstehen.

126 Dieses den betriebsverfassungsrechtlichen Beteiligungsrechten vorgelagerte „Frühwarnsystem" soll eine rechtzeitige Unterrichtung der Arbeitnehmervertretung sicherstellen.[149] Der Gesetzgeber durchbricht hierfür allerdings die sensible Kompetenzabgrenzung im Betriebsverfassungsrecht zwischen Betriebsrat und Wirtschaftsausschuß. Da bereits der Wirtschaftsausschuß nach § 106 BetrVG über die Entflechtung zu unterrichten ist und dieser seinerseits den Betriebsrat informiert (§ 106 Abs. 1 S. 2 BetrVG), ist eine direkte Unterrichtung des Betriebsrates durch das Unternehmen über denselben Gegenstand konzeptionell verfehlt und im Hinblick auf die von der Unternehmensentflechtung betroffenen Arbeitnehmerinteressen allenfalls dann legitimiert, wenn das Gesetz die Errichtung eines Wirtschaftsausschusses nicht vorsieht (Kleinunternehmen, Konzern, Tendenzunternehmen).

127 **bb) Adressat der Unterrichtungspflicht.** Die in § 6b Abs. 1 S. 4 VermG normierte Unterrichtungspflicht trifft den jeweiligen **Antragsteller für die Entflechtung**. Zur Unterrichtung ist deshalb die zur Entscheidung berufene Behörde zumindest nicht nach dieser Vorschrift verpflichtet. Adressat der in § 6b Abs. 1 S. 4 VermG normierten Unterrichtungspflicht kann sowohl der **Verfügungsberechtigte als auch der Rückgabeberechtigte** sein; maßgebend ist stets die Verfahrensstellung als Antragsteller für eine Entflechtung. Trifft dies ausschließlich auf den Berechtigten zu, so ist der Verfügungsberechtigte nicht nach § 6b Abs. 1 S. 4 VermG zur Unterrichtung verpflichtet; ihn treffen jedoch die

---

[149] So die Gesetzesbegründung zu § 2 Abs. 4 SpTrUG BT-Drucks. 12/105, S. 10; wie hier auch *Düwell* ArbuArbR 1992, 196 (197).

allgemeinen, im Betriebsverfassungsgesetz normierten Unterrichtungspflichten gegenüber dem Betriebsrat bzw. dem Wirtschaftsausschuß. Wird der Antrag auf Entflechtung von dem Berechtigten und dem Verfügungsberechtigten gemeinsam gestellt,[150] so ist die Unterrichtungspflicht von einem der beiden Antragsteller oder von beiden gemeinsam zu erfüllen.

cc) Zu unterrichtender Betriebsrat. Die Pflicht zur Unterrichtung besteht gegenüber dem Betriebsrat des zu entflechtenden Unternehmens. Dies ergibt sich unmittelbar aus § 6b Abs. 1 S. 4 VermG. Interpretatorische Schwierigkeiten treten auf, wenn in dem zu entflechtenden Unternehmen **mehrere Betriebsräte** existieren. In diesem Fall kann sich die Unterrichtungspflicht auf sämtliche Betriebsräte, die in den von der Entflechtung durch die Abspaltung betroffenen Betrieben gebildeten Betriebsräte oder den Gesamtbetriebsrat erstrecken. Da § 6b Abs. 1 S. 4 VermG bezüglich des Betriebsrates den Singular verwendet und zugleich auf seine Zuständigkeit abstellt („dem zuständigen Betriebsrat"), liegt der Vorschrift die Vorstellung einer **Zuständigkeitsabgrenzung** zwischen mehreren Betriebsräten zugrunde. Sind in dem Unternehmen mehrere Betriebsräte und damit auch ein Gesamtbetriebsrat vorhanden, so kommt deshalb auch eine Unterrichtungspflicht **ausschließlich gegenüber dem Gesamtbetriebsrat** des zu spaltenden Unternehmens in Betracht.[151] Da die gesellschaftsrechtliche Umstrukturierung unmittelbar oder mittelbar alle Betriebe des Unternehmens betrifft, sprechen gewichtige Gründe für eine originäre Zuständigkeit des Gesamtbetriebsrates (§ 50 Abs. 1 S. 1 BetrVG), so daß eine Unterrichtung der auf betrieblicher Ebene gebildeten Betriebsräte – vorbehaltlich ihrer aus dem Betriebsverfassungsgesetz folgenden Rechtspositionen – nicht erfolgen muß.[152] 128

Das Gesetz beschränkt die Unterrichtungspflicht des Antragstellers auf den **Betriebsrat**. Eine Unterrichtung **anderer betriebsverfassungsrechtlicher Organe** sieht § 6b Abs. 1 S. 4 VermG nicht vor, ist also selbst dann nicht von dem Antragsteller gegenüber der Behörde nachzuweisen, wenn er aufgrund anderer Rechtsvorschriften zu ihrer Unterrichtung verpflichtet ist. Der **Sprecherausschuß der leitenden Angestellten** ist deshalb nur nach Maßgabe der §§ 25 Abs. 2, 31 Abs. 2 S. 1 SprAuG über die bevorstehende Entflechtung zu unterrichten. 129

dd) Umfang der Unterrichtung. Die Unterrichtung hat zum Ziel, daß sich der zuständige Betriebsrat ein eigenes Bild von den Auswirkungen der Entflechtung machen kann. Dies ist nur möglich, wenn ihm die für das Entflechtungsverfahren maßgeblichen Tatsachen mitgeteilt werden. Das Gesetz verzichtet allerdings darauf, dem Unternehmen eine mit § 17 Abs. 3 S. 4 KSchG vergleichbar umfassende Mindestinformation aufzuerlegen. Da das Übergabeprotokoll Voraussetzung der behördlichen Entflechtungsentscheidung ist (§ 6b Abs. 2 VermG) und dem hierauf gerichteten Antrag beizufügen ist, sind dem Betriebsrat die im **Übergabeprotokoll** (§ 6b Abs. 4 VermG) für die Durchführung der Entflechtung zusammengefaßten Tatsachen zugänglich zu machen.[153] Da sich § 6b Abs. 1 S. 4 VermG darauf beschränkt, daß der Antrag auf Entflechtung dem zuständigen Betriebsrat zuzuleiten ist, lassen sich aus dieser Vorschrift keine weitergehenden Informations- und Beratungsrechte ableiten. Diese stehen dem Betriebsrat erst zu, wenn infolge der Entflechtung die Tatbestände einer beteiligungspflichtigen Betriebsänderung (§ 111 S. 2 BetrVG) vorliegen. 130

ee) Rechtsfolgen der unterlassenen Unterrichtung. Das Vermögensgesetz verzichtet darauf, expressis verbis eine Sanktion bei einer Verletzung der Unterrichtungspflicht 131

---

[150] Zur Zulässigkeit einer doppelten Antragstellung oben *Säcker-Busche* § 6b RdNr. 4.
[151] Anders indes *Düwell* ArbuArbR 1992, 196 (197); *Engels* DB 1991, 966 (966); *Langer* ZAP-DDR, Fach 17 S. 71, die eine Unterrichtung sowohl des Gesamtbetriebsrates als auch der Betriebsräte verlangen.
[152] Vgl. BAG AP § 50 BetrVG Nr. 5, für eine unternehmenseinheitliche Neuorganisation; ferner *Kreutz*, GK-BetrVG, Bd. I, 5. Aufl. 1994, § 50 RdNr. 40.
[153] Ebenso *Düwell* ArbuArbR 1992, 196 (198); *Wlotzke* RdA 1994, 73 (79).

vorzusehen. Insbesondere begründet § 6b Abs. 1 S. 4 VermG keinen privatrechtlichen Anspruch des Betriebsrates auf Unterrichtung. Dies gilt auch, wenn der Verfügungsberechtigte den Antrag auf Entflechtung gestellt hat. Unterläßt der Verfügungsberechtigte die Unterrichtung, so scheidet eine Erzwingung über das in § 23 Abs. 3 BetrVG normierte Instrumentarium aus, da § 6b Abs. 1 S. 4 VermG keine Bestimmung des Betriebsverfassungsgesetzes ist.

132 Es bleibt jedoch zu beachten, daß § 6b Abs. 1 S. 4 VermG von dem Antragsteller den Nachweis einer Unterrichtung des Betriebsrates verlangt. Solange dieser nicht erbracht ist, fehlt eine **Verfahrensvoraussetzung** für den Erlaß eines behördlichen Entflechtungsbescheides. Dieser mittelbare Zwang zur Erfüllung der Unterrichtungspflicht erfaßt **nur die in § 6b Abs. 1 S. 4 VermG normierten Unterrichtungspflichten**. Ist der Verfügungsberechtigte **nach anderen Vorschriften** zur Unterrichtung und Beratung des Betriebsrates und gegebenenfalls auch des Sprecherausschusses der leitenden Angestellten verpflichtet, so ist die Erfüllung dieser Verpflichtungen **keine Verfahrensvoraussetzung** für eine behördliche Entscheidung über die Entflechtung.

133 **2. Beteiligung des Betriebsrats im Rahmen des behördlichen Restitutionsverfahrens. a) Allgemeine Rechtsstellung.** Eine Beteiligung des Betriebsrates durch die zur Entscheidung über den Rückgabeantrag berufene Behörde kommt primär nach § 31 Abs. 2 S. 1 VermG in Betracht. Dritte, deren **rechtliche Interessen** durch den Verfahrensausgang berührt werden können, sind hiernach nicht nur über den Antrag, sondern auch über den Entscheidungsfindungsprozeß der Behörde zu informieren. Der **Betriebsrat** kommt jedoch **nicht als Dritter** im Sinne von § 31 Abs. 2 S. 1 VermG in Betracht. Voraussetzung wäre hierfür, daß sich infolge des Verfahrensausganges seine Rechtsstellung verändern kann. Der Betriebsrat mag zwar ein allgemeines Interesse an dem Verfahrensausgang besitzen, seine ihm durch das Betriebsverfassungsgesetz zugewiesenen Rechte bilden jedoch nicht den Gegenstand des Verfahrens und bleiben von seinem Ausgang grundsätzlich unberührt.

134 Eine **abgeschwächte Unterrichtung** des Betriebsrates kann über **§ 32 Abs. 5 S. 1 VermG** erfolgen. Name und Anschrift können Dritten unter dem Vorbehalt eines Widerspruchs seitens des Antragstellers (§ 32 Abs. 5 S. 2 VermG) bereits dann mitgeteilt werden, wenn der Dritte ein berechtigtes Interesse geltend machen kann. Das Gesetz eröffnet diese Unterrichtung gegenüber „jedem", eine aus der Entstehungsgeschichte abzuleitende Beschränkung auf einen potentiellen Investor[154] findet in dem Gesetzeswortlaut keinen Niederschlag. Deshalb gehört auch der Betriebsrat eines Betriebes bzw. der Gesamtbetriebsrat zu den nach § 32 Abs. 5 VermG Unterrichtungsberechtigten.

135 **b) Rechtsstellung im Rahmen eines Entflechtungsverfahrens.** Trifft die zuständige Behörde zur Rückgabe des Unternehmens die Entscheidung, das zurückzugewährende Unternehmen nach § 6b VermG zu entflechten, so ist ein **„rechtliches" Interesse des Betriebsrats** im Sinne von § 32 Abs. 2 S. 1 VermG nicht per se von der Hand zu weisen. Dies gilt zumindest dann, wenn infolge der Entflechtung einzelne Betriebsteile abgespalten werden. Zwar bleiben hierdurch die Beteiligungsrechte des Betriebsrates unberührt, jedoch kann sich infolge der behördlichen Entscheidung die Zusammensetzung des Organs verändern, gegebenenfalls eine Neuwahl des Betriebsrates erforderlich werden oder die Rechtsstellung durch das in § 6b Abs. 9 VermG etablierte Übergangsmandat erweitern. Ein **„rechtliches" Interesse fehlt** dem Betriebsrat jedoch dann, wenn infolge der Entflechtung der **Betrieb als organisatorische Einheit unverändert** bleibt und lediglich auf eine neu gegründete juristische Person übertragen wird. In dieser Konstellation wird lediglich das „rechtliche" Interesse des Gesamtbetriebsrats am Verfahrensausgang berührt, da er infolge der Entflechtungsentscheidung seine Zuständigkeit für den aus dem Unter-

---

[154] Vgl. die Gesetzesbegründung BT-Drucks. 12/2480, S. 57.

nehmen ausscheidenden Betrieb verliert und sich hierdurch insbesondere seine Zusammensetzung verändert.

Im Unterschied zum Spaltungsgesetz, das dem Betriebsrat in § 14 SpTrUG gegenüber dem Vertretungsorgan der Gesellschaft das Recht zuweist, eine Abspaltung des Betriebes oder Betriebsteiles zu verlangen, verzichtet das Vermögensgesetz darauf, dem Betriebsrat für die Entflechtung eine vergleichbare Rechtsposition einzuräumen. Das Gesetz umschreibt in § 6b VermG den Kreis der Antragsberechtigten abschließend; die in § 14 SpTrUG normierte Antragsberechtigung kann nicht im Wege einer Analogie auf die Entflechtung nach § 6b VermG übertragen werden. 136

c) **Klagebefugnis des Betriebsrats.** Ein Recht des Betriebsrates zur verwaltungsgerichtlichen Anfechtung der von der Behörde getroffenen Entscheidung zur Rückgabe des Unternehmens steht dem Betriebsrat nicht zu. Selbst wenn bei einer Entflechtung des Unternehmens nach § 6b VermG die „rechtlichen" Interessen des Betriebsrates oder gegebenenfalls auch die des Gesamtbetriebsrates berührt sind, kann die weitere Voraussetzung, daß der Betriebsrat zumindest möglicherweise infolge der Entflechtungsentscheidung in seinen Rechten verletzt ist (§ 42 Abs. 2 VwGO), nicht bejaht werden. Dies gilt erst recht, wenn ein „rechtliches" Interesse des Betriebs- oder Gesamtbetriebsrates an der Rückgabeentscheidung zu verneinen ist. 137

III. Fortgeltung von Betriebsvereinbarungen

1. Kollektivrechtliche Fortgeltung. Die für einen Betrieb abgeschlossenen Betriebsvereinbarungen entfalten ihre Rechtswirkungen grundsätzlich nur zwischen den Betriebspartnern. Die kollektivrechtlichen Verpflichtungen einer Betriebsvereinbarung treffen als funktional auf die jeweilige Organisationseinheit abgeschlossene Abrede daher stets den jeweiligen **Inhaber des Betriebes**. Bleibt der **Betrieb als Organisationseinheit** auch bei einer Unternehmensrückgabe erhalten, so gilt die Betriebsvereinbarung in dem Betrieb unverändert.[155] Dieser konzeptionelle Ansatz zur Fortgeltung einer Betriebsvereinbarung gilt auch bei einem rechtsgeschäftlichen Betriebsinhaberwechsel, da die hierfür in § 613a Abs. 1 S. 2 bis 4 BGB getroffene Regelung nicht als abschließende Vorschrift verstanden werden kann.[156] 138

Eine abweichende Betrachtung ist für die Betriebsvereinbarung notwendig, wenn infolge einer **Entflechtung** einzelne Teile eines Betriebes abgespalten werden oder eine Aufspaltung des Betriebes erfolgt. Da diese infolge der Entflechtung aus der Organisationseinheit Betrieb ausscheiden oder die **bisherige Organisationseinheit aufgelöst** wird, entfalten auch die für diese Organisationseinheit geltenden kollektivrechtlichen Regelungen **keine Geltung mehr** für den abgespaltenen Betriebsteil oder den aufgespaltenen Betrieb. Das dem Betriebsrat gegebenenfalls nach § 6b Abs. 9 VermG zustehende Übergangsmandat rechtfertigt keine abweichende Problembeurteilung. Hierzu hätte es vielmehr einer ausdrücklichen gesetzlichen Regelung bedurft, die expressis verbis die Fortgeltung der Betriebsvereinbarung vorschreibt.[157] 139

Bei einer **Gesamtbetriebsvereinbarung** gelten die vorstehenden Grundsätze entsprechend. Sie erstreckt ihre Geltung nur auf die dem Unternehmen angehörenden Betriebe. Scheidet einer der Betriebe aus dem Eigentum des Unternehmens aus, so entfällt nicht nur die Zuständigkeit des Gesamtbetriebsrates für dieses Unternehmen, zugleich verlieren auch die für diesen Betrieb zuvor geltenden Gesamtbetriebsvereinbarungen insoweit ihre Rechtswirkungen. Sofern in einem aus dem Unternehmen ausscheidenden Betrieb eine **Betriebsvereinbarung fortgilt**, jedoch ein **Sachzusammenhang** mit einer **Gesamtbe-** 140

---

[155] Vgl. BAG AP § 52 BetrVG Nr. 1.
[156] Vgl. BAG EzA § 613a BGB Nr. 93; *Hanau-Vossen*, Festschrift für Hilger-Stumpf, 1983, S. 271 (272ff.); *Kreutz*, GK-BetrVG, Bd. II, 4. Aufl. 1990,

§ 77 RdNr. 328f., mwN auch zu den abweichenden Stellungnahmen im Schrifttum.
[157] So zB in Österreich § 31 Abs. 5 ArbVG.

VermG § 16 Anh. I   Abschnitt IV. Rechtsverhältnisse zw. Berechtigten u. Dritten

triebsvereinbarung besteht, ist zunächst zu erwägen, ob eine gegebenenfalls entstandene Regelungslücke im Wege ergänzender Auslegung geschlossen werden kann. Ist dies nicht möglich, so entfällt die Betriebsvereinbarung nach der allgemeinen Maxime „cessante ratione legis cessat lex ipsa".

141 **2. Individualrechtliche Bindung.** Entfällt die in dem Betrieb oder Betriebsteil zuvor geltende Strukturierung der Arbeitsbedingungen durch eine Betriebs- oder Gesamtbetriebsvereinbarung, so wird diese nur im Anwendungsbereich von § 613a Abs. 1 BGB über die dort in Satz 2 angeordnete Transformation in den Individualarbeitsvertrag vorübergehend aufrechterhalten. In allen anderen Fällen, also insbesondere dann, wenn der Inhaberwechsel hinsichtlich des Betriebes oder Betriebsteiles kraft Hoheitsaktes eintritt, kommt eine individualvertragliche Fortgeltung der Betriebsvereinbarung nicht in Betracht. Diese Rechtsfolge kann aus § 16 Abs. 2 VermG nicht abgeleitet werden. Der dort angeordnete Eintritt in die „in bezug auf" den zurückzugewährenden Vermögensgegenstand abgeschlossenen Vertragsverhältnisse könnte es allenfalls rechtfertigen, daß der Berechtigte als neuer Inhaber des Betriebes verpflichtet ist, die bislang für die Arbeitsverhältnisse geltende Betriebsvereinbarung gegebenenfalls durch einen Neuabschluß fortzuführen.

142 Dies gilt auch, wenn die im Betrieb verwandten Allgemeinen Arbeitsbedingungen eine **Bezugnahmeklausel** auf die in dem Betrieb jeweils geltenden Betriebsvereinbarungen enthalten. Die arbeitsvertragliche Bezugnahmeklausel besitzt insoweit **regelmäßig lediglich deklaratorische** und keine konstitutiven **Rechtswirkungen**, da sie die Arbeitsvertragsparteien nur über die im Betrieb zur Anwendung gelangenden kollektivvertraglichen Rechtsgrundlagen unterrichten soll. Für eine weitergehende konstitutive Rechtswirkung, die einen Inhaltsschutz für die Arbeitsverhältnisse etabliert, bedarf es positiver Anhaltspunkte.

143 **3. Geltungsbereich von Gesamt- und Konzernbetriebsvereinbarungen.** Auslegungsfragen kann der Geltungsbereich einer Gesamtbetriebsvereinbarung auslösen, wenn dem Unternehmen Betriebe angehören, die sowohl in den alten als auch in den neuen Bundesländern liegen. Dies gilt insbesondere, wenn die Gesamtbetriebsvereinbarung **vor dem Wirksamwerden des Beitritts** abgeschlossen wurde und nach dem Beitritt neue Betriebe in das Unternehmen eingegliedert werden, da die spezifischen rechtlichen und sozioökonomischen Besonderheiten in den neuen Bundesländern bei ihrem Abschluß noch nicht berücksichtigt werden konnten. Dieser Umstand gebietet eine restriktive Interpretation des räumlichen Geltungsbereich einer Gesamtbetriebsvereinbarung.[158] Das *Bundesarbeitsgericht* verschließt sich diesem ökonomischen Kontext einer vor dem Wirksamwerden des Beitritts abgeschlossenen Gesamtbetriebsvereinbarung indes in seinem Beschluß vom 28. 4. 1992 und erstreckt den Geltungsbereich einer „Alt-Gesamtbetriebsvereinbarung" wegen des „eindeutigen" Wortlautes generell auf das gesamte erweiterte Bundesgebiet, so daß lediglich der Weg einer Kündigung verbleibt, um eine sachadäquat auf die veränderten Umstände reagierende Gesamtbetriebsvereinbarung herbeizuführen.[159] Diese Judikatur ist zweifelhaft, da sie die auch für eine Betriebsvereinbarung geltenden Maximen einer ergänzenden Vertragsauslegung bei nachträglich entstandenen Regelungslücken[160] nicht hinreichend würdigt.[160a]

144 **Nach dem Wirksamwerden des Beitritts** abgeschlossene Gesamtbetriebsvereinbarungen erstrecken ihren Geltungsbereich hingegen grundsätzlich auch auf die in den neuen Bundesländern gelegenen Betriebe, sofern von den Betriebspartnern, zB bei der Übernahme des Betriebes, keine abweichenden Bestimmungen getroffen werden. Bei einer Un-

---

[158] Ebenso *Gaul* BB 1990, Beil. Nr. 37, S. 29 (32).
[159] BAG EzA § 50 BetrVG 1972 Nr. 10 = NZA 1993, 31 (34).
[160] Vgl. *Kreutz* (Fn. 156) § 77 RdNr. 58.
[160a] Ablehnend auch *Sowka* SAE 1993, 162 (162f.).

Vermögensrestitution und Arbeitsrecht   Anh. I § 16 VermG

gleichbehandlung der in den neuen Bundesländern gelegenen Betriebe sind die Parteien der Gesamtbetriebsvereinbarung an den Gleichheitssatz (Art. 3 Abs. 1 GG) und die in § 75 BetrVG niedergelegten allgemeinen Grundsätze gebunden.

Die für Gesamtbetriebsvereinbarungen geltenden Auslegungsgrundsätze gelten sinngemäß auch für **Konzernbetriebsvereinbarungen**. 145

IV. Übergangsmandat des Betriebsrats

1. Die Figur des Übergangsmandats und ihr Anwendungsbereich. Da es im Rahmen 146 der Unternehmensentflechtung auch zu einer Abspaltung einzelner Betriebsteile kommen kann, tritt bei der Entflechtung die inzwischen höchstrichterlich entschiedene Problematik eines Übergangsmandats zugunsten des für den abgespaltenen Betriebsteil bislang zuständigen Betriebsrates auf.[161] Dies gilt entsprechend, wenn im Rahmen der Entflechtung verschiedene Betriebsteile zu einem neuen Betrieb zusammengefaßt werden.

Bei der Abspaltung von Betriebsteilen ist jedoch zu unterscheiden, ob trotz der gesell- 147 schaftsrechtlich vollzogenen Entflechtung weiterhin eine **gemeinsame Betriebsführung** gewollt ist oder nicht. Wenn sich die an der Spaltung beteiligten Unternehmen zur gemeinsamen Führung des gespaltenen Betriebes rechtlich verbinden, verbleibt es nach der zutreffenden Auffassung des Bundesarbeitsgerichts bei der uneingeschränkten Zuständigkeit des für den gespaltenen Betrieb gewählten Betriebsrates.[162]

Eine Entflechtung nach § 6b VermG oder die Übertragung einzelner Vermögensgegen- 148 stände nach § 6 Abs. 5a S. 1 lit. b) VermG wird für die hierdurch gespaltenen Betriebe in der Regel eine **getrennte Betriebsführung** nach sich ziehen. In Übereinstimmung mit dem aus § 1 BetrVG abzuleitenden Gedanken der Betriebsbezogenheit lehnt das Bundesarbeitsgericht – wie auch das überwiegende Schrifttum – in dieser Konstellation ein Übergangsmandat des für den gespaltenen Betrieb gewählten Betriebsrates bezüglich des abgespalteten Betriebsteils ab.[163]

Diese Auffassung lehnen Teile des Schrifttums allerdings unter Hinweis auf das nach 149 § 22 iVm. § 13 Abs. 1 Nr. 1 bis 3 BetrVG bestehende Übergangsmandat des Betriebsrates ab[164] oder sehen sie als mit dem Sinn des Betriebsverfassungsgesetzes nicht vereinbar an.[165] Dabei wird jedoch übersehen, daß § 22 BetrVG gerade von der Betriebsbezogenheit des Übergangsmandats ausgeht und kein betriebsübergreifendes Mandat kreiert. Dies mag in der aus Belegschaftssicht bedeutungsvollen Phase der rechtlichen Unternehmensumstrukturierung zu der sozialpolitisch unerwünschten Folge einer betriebsratslosen Phase für den abgespaltenen Betriebsteil führen, wenn dieser nicht mit einem anderen Betrieb des aufnehmenden Unternehmensträgers zusammengeschlossen wird, in dem ein Betriebsrat besteht. Dies ist jedoch de lege lata als vom Betriebsverfassungsgesetz gewollt hinzunehmen.

Die Erwägungen der literarischen Minderansicht griff der Gesetzgeber allerdings für die 150 Entflechtung nach § 6b VermG auf – gleiches gilt für die Spaltung der unter der Verwaltung der Treuhandanstalt stehenden Unternehmen (§ 13 SpTrUG) –, korrigierte die ent-

---

[161] Vgl. BAG AP § 613a BGB Nr. 77.
[162] BAG AP § 613a BGB Nr. 77; ebenso LAG Hamburg BetrR 1992, 139 (LS); *Wiese* GK-BetrVG Bd. I, 5. Aufl. 1994, § 21 RdNr. 44, mwN.
[163] BAG AP § 613a BGB Nr. 77; LAG Hamburg BetrR 1992, 139 (LS); *Wiese* (Fn. 162) § 21 RdNr. 45; *Dietz-Richardi* BetrVG Bd. I, 6. Aufl. 1981, § 24 RdNr. 24; *Galperin-Löwisch,* BetrVG, Bd. I, 6. Aufl. 1982, § 24 RdNr. 25; *Kehrmann* MitbestGspr. 1975, 88 (91) *Hüper,* Der Betrieb im Unternehmerzugriff, 1986, S. 146 ff.; so auch noch *Fitting-Auffarth-Kaiser-Heither,* BetrVG, 16. Aufl. 1990, § 24 RdNr. 20 f., anders aber nunmehr *dies.* (Fn. 142) § 21 RdNr. 57, mit nicht überzeugender Analogie zu § 13 SpTrUG, § 6b Abs. 9 VermG; gegen eine Analogiebildung auch *Wiese* (Fn. 162) § 21 RdNr. 45; LAG Nürnberg BetrR 1993, 124 f. (LS); eine Analogie hingegen befürwortend *Schlachter* RdA 1993, 313 (316); *Blanke* DKKS, BetrVG, 4. Aufl. 1994, § 21 RdNr. 47.
[164] *Vogelsang* DB 1990, 1329 (1330, 1333); *Metzke* ArbuR 1986, 78 (81); *Wendeling-Schröder* AiB 1983, 103 (105 f.); *Trümner* DKKS, BetrVG, 4. Aufl. 1994, § 1 RdNr. 142; *Blanke* (Fn. 163) § 21 RdNr. 46; vgl. aber auch ArbG Hamburg ArbuR 1986, 348 f.
[165] *Gnade-Kehrmann-Schneider-Blanke* BetrVG, 2. Aufl. 1983, § 21 RdNr. 35, 38.

VermG § 16 Anh. I   Abschnitt IV. Rechtsverhältnisse zw. Berechtigten u. Dritten

gegenstehende höchstrichterliche Rechtsprechung partiell und etablierte (systemwidrig) ein zeitlich befristetes Übergangsmandat des für den ab- oder aufgespaltenen Betrieb gewählten Betriebsrates, mit dem die Wahrung der Arbeitnehmerbelange während der Entflechtungsphase sichergestellt werden soll (§ 6b Abs. 9 VermG).[166] Bei der Figur des Übergangsmandats handelt es sich nicht um ein nationales Phänomen, sondern der Gesetzgeber griff eine Figur auf, die zB auch das österreichische Betriebsverfassungsrecht – wenn auch mit erheblichen Modifikationen – für die rechtliche Verselbständigung von Betriebsteilen verankert.[167] Der Betriebsrat des gespaltenen Betriebes bleibt für die ihm bislang zugeordneten Betriebsteile geschäftsführend im Amt, soweit diese über die in § 1 BetrVG genannte Arbeitnehmerzahl verfügen und nicht in einen Betrieb eingegliedert werden, in dem ein Betriebsrat besteht (§ 6b Abs. 9 S. 1 VermG). Entsprechendes gilt bei Betriebsteilen, die bis zur Spaltung verschiedenen Betrieben zugeordnet waren, und bei Betrieben, wenn sie zu neuen Betrieben zusammengefaßt werden, für den Betriebsrat, der nach der Zahl der wahlberechtigten Arbeitnehmer für den größten Betriebsteil oder Betrieb bislang zuständig war (§ 6b Abs. 9 S. 3 VermG).

151   Hieraus folgt zugleich, daß ein Übergangsmandat im Rahmen der Rückgabe von Unternehmen **nur in Betracht kommt, wenn das Unternehmen gemäß § 6b VermG entflochten wird**. Bei allen **anderen Formen der Unternehmensrestitution**, die ebenfalls zu einer Abtrennung von Betriebsteilen führen können, also insbesondere bei einer Rückgabe einzelner Betriebsteile durch Übertragung im Wege der Gesamtrechtsnachfolge nach § 6 Abs. 5a S. 1 lit. a) und c) VermG **fehlt für ein Übergangsmandat** des Betriebsrates **die notwendige gesetzliche Grundlage**. Dieses Defizit kann auch nicht mittels einer entsprechenden Anwendung überwunden werden.[168]

152   **2. Erfaßte Betriebsverfassungsorgane.** Das Gesetz beschränkt das Übergangsmandat auf den **Betriebsrat. Andere betriebsverfassungsrechtliche Organe** nennt § 6b Abs. 9 VermG nicht. Dieser Umstand rechtfertigt nicht den formallogischen Umkehrschluß, daß sich das Übergangsmandat auf den Betriebsrat als Gesamtorgan beschränkt. Hiervon partizipieren vielmehr auch alle **vom Betriebsrat gebildeten Ausschüsse**. Dies gilt entsprechend für den **Wirtschaftsausschuß**, da dieser die rechtliche Stellung eines Hilfsorgans des Betriebsrates besitzt.[169] Die Einbeziehung der **Jugend- und Auszubildendenvertretung** in das Übergangsmandat ist problematisch, da diese im Verhältnis zum Betriebsrat zumindest eingeschränkt organisatorisch verselbständigt ist. Ihre funktionale Ausrichtung auf den Betriebsrat („Hilfsorgan für den Betriebsrat") rechtfertigt es aber, auch sie in den Anwendungsbereich des Übergangsmandats einzubeziehen.

153   Für den **Sprecherausschuß der leitenden Angestellten** ist die Etablierung eines vergleichbaren Übergangsmandats unterblieben. Zwar widerspricht auch bei ihm ein Übergangsmandat der in § 1 SprAuG normierten Konzeption, jedoch lassen sich angesichts des Zwecks von § 6b Abs. 9 VermG gewichtige Gründe für eine planwidrige Unvollständigkeit des Gesetzes anführen, die im Wege analoger Anwendung zu schließen ist.

154   **3. Dauer des Übergangsmandats.** Das Übergangsmandat **beginnt mit Wirksamwerden der Entflechtung**. Hierbei ist nicht die Zustellung des Bescheides (§ 33 Abs. 3

---

[166] So die Gesetzesbegründung zu § 13 SpTrUG, BT-Drucks. 12/105, S. 7, 14. Aufgegriffen hat der Gesetzgeber die Figur des Übergangsmandats in § 8 des Gesetzes zur Zusammenführung und Neugliederung der Bundeseisenbahnen vom 27. 12. 1993 (BGBl. I S. 2378), in den §§ 15 und 20 Deutsche Bahn Gründungsgesetz vom 27. 12. 1993 (BGBl. I S. 2386); sowie nunmehr in § 321 UmwG.

[167] Vgl. vor allem § 62b und c ArbVG; hierzu *Mazal* ZAS 1986, 188 ff.; *Floretta-Spielbüchler-Strasser* Arbeitsrecht Bd. II, 3. Auf. 1990, S. 299 f.; *Runggaldier* öRdW 1992, 212 ff.

[168] Ebenso für die Fälle einer fehlgeschlagenen Spaltung von Treuhandunternehmen *Kübler*, Festschrift für Merz, 1992, S. 333 (358 f.), der mit Recht für diesen Sachverhalt eine analoge Anwendung von § 13 SpTrUG ablehnt.

[169] Vgl. BAG AP § 108 BetrVG 1972 Nr. 2 und 6; BAG AP § 118 BetrVG 1972 Nr. 26; für das Schrifttum statt aller *Wiese*, Festschrift für K. Molitor, 1988, S. 365 (367 ff.), mwN.

VermG), sondern die **Unanfechtbarkeit des Entflechtungsbescheides** der zuständigen Verwaltungsbehörde (§ 6b Abs. 7 VermG) maßgebend, da erst in diesem Zeitpunkt die partielle Universalsukzession eintritt und damit der abgespaltene Betriebsteil aus dem Betrieb ausscheidet. Erst zu diesem Zeitpunkt kann daher auch die Neuwahl eines Betriebsrates in dem abgespaltenen Betriebsteil eingeleitet werden. Unanfechtbar ist der Bescheid, wenn er **mit Rechtsmitteln nicht mehr angefochten werden kann**, er also **Bestandskraft** erlangt hat. Wurde der Entflechtungsbescheid fristgerecht angefochten, beginnt das Übergangsmandat mit einer rechtskräftigen gerichtlichen Bestätigung des Entflechtungsbescheides.

Das Übergangsmandat endet, sobald in dem abgespaltenen Betriebsteil ein neuer Betriebsrat gewählt und das Wahlergebnis bekanntgegeben wurde, spätestens jedoch drei Monate nach Wirksamwerden der Unternehmensentflechtung (§ 6b Abs. 9 Satz 2 VermG). Hinsichtlich der Bekanntgabe des Wahlergebnis ist auf die Bekanntmachung der Gewählten durch den Wahlvorstand (§ 19 WO) abzustellen.[170] Für den Zeitraum zwischen Bekanntgabe des Wahlergebnisses und Konstituierung des Betriebsrates (§ 29 Abs. 1 BetrVG) hat der Gesetzgeber im Widerspruch zu dem teleologischen Motiv für das Übergangsmandat einen betriebsratslosen Zustand hingenommen.

4. Inhaltliche Reichweite des Übergangsmandats. a) Kompetenzen des Betriebsrats. 156
Abgesehen von dem Wettbewerbsvorbehalt in § 6b Abs. 9 S. 4 VermG ist der Betriebsrat aufgrund des Übergangsmandats berechtigt, für den abgespaltenen Betriebsteil und die dort beschäftigten Arbeitnehmer seine durch das Betriebsverfassungsgesetz und andere Vorschriften etablierten Kompetenzen uneingeschränkt auszuüben.[171] Ihm stehen vor allem auch die Beteiligungsrechte vor Kündigungen (§ 102 BetrVG) zu, wenn die in dem abgespaltenen Betriebsteil beschäftigten Arbeitnehmer entlassen werden sollen. Darüber hinaus berechtigt das Übergangsmandat den Betriebsrat auch zum **Abschluß von Betriebsvereinbarungen** für den abgespaltenen Betriebsteil.[172]

Diese Geschäftsführungskompetenz führt nicht dazu, daß die für den gespalten Betrieb geltenden Betriebsvereinbarungen unverändert in dem abgespaltenen Betriebsteil anzuwenden sind; diese verlieren vielmehr mit Wirksamwerden der Spaltung ihre Geltung für den abgespaltenen Betriebsteil.[173] Dies gilt auch für Sozialpläne, die vor der Entflechtung für den Betrieb abgeschlossen wurden.

Da das Übergangsmandat dem Betriebsrat die Geschäftsführung für den abgespaltenen Betriebsteil einräumt und insoweit mit § 22 BetrVG übereinstimmt, kann der Betriebsrat alle aus den organisatorischen Vorschriften des Betriebsverfassungsgesetzes sich ergebenden Rechte und Befugnisse wahrnehmen. Hierzu gehört auch die Durchführung von **Sprechstunden** und **Betriebsversammlungen** in dem abgespaltenen Betriebsteil.[174] Das Übergangsmandat berechtigt den Betriebsrat deshalb ebenfalls, die **Neuwahl eines Betriebsrates** in dem abgespaltenen Betriebsteil durch Bestellung eines Wahlvorstandes (§ 16 BetrVG) einzuleiten,[175] so daß § 17 BetrVG für den abgespaltenen Betriebsteil nicht anwendbar ist.

Wird ein Betriebsteil abgespalten und in einen **betriebsratslosen Betrieb eingegliedert**, 159
so berührt dies zwar nicht die Existenz des Übergangsmandats, jedoch erstreckt sich dies nur auf den abgespaltenen Betriebsteil und die dort beschäftigten Arbeitnehmer, nicht hingegen auf den gesamten Betrieb und die zuvor oder später in diesem Betrieb beschäf-

---

[170] So auch zu § 13 SpTrUG *Engels* DB 1991, 966 (968).
[171] *Fitting-Auffarth-Kaiser-Heither* (Fn. 142) § 21 RdNr. 54; *Langer* ZAP-DDR, Fach 17 S. 72; *Schwedes* betrieb + personal 1991, 354 (360).
[172] *Fitting-Auffarth-Kaiser-Heither* (Fn. 142) § 21 RdNr. 54.
[173] Anders die Rechtslage in Österreich, vgl. § 31 Abs. 5 ArbVG.
[174] *Fitting-Auffarth-Kaiser-Heither* (Fn. 142) § 21 RdNr. 54.
[175] Ebenso *Engels* DB 1991, 966 (968); *Fitting-Auffarth-Kaiser-Heither* (Fn. 142) § 21 RdNr. 54; *Kreutz*, GK-BetrVG, Bd. I, 5. Aufl. 1994, § 16 RdNr. 10, 19; *Langer* ZAP-DDR, Fach 17 S. 72; *Schwedes* betrieb + personal 1991, 354 (360).

tigten Arbeitnehmer.[176] Dies folgt nicht nur aus dem Wortlaut der Vorschriften, die das Übergangsmandat ausdrücklich auf den abgespaltenen Betriebsteil beschränken. Auch der Normzweck erzwingt diese Reduktion, da das Übergangsmandat lediglich eine betriebsratslose Zeit für die in dem abgespaltenen Betriebsteil beschäftigten Arbeitnehmer verhindern soll.

160 **b) Zusammensetzung des Betriebsrats.** Das Übergangsmandat erstreckt sich ausschließlich auf den Betriebsrat als Organ. Über seine Zusammensetzung nach der **Betriebsabspaltung** trifft § 6b Abs. 9 VermG keine Aussage, so daß diesbezüglich die allgemeinen Vorschriften anzuwenden sind. Ist ein Betriebsratsmitglied dem abgespaltenen Betriebsteil zuzuordnen, so geht nicht nur das Arbeitsverhältnis auf den neuen Inhaber des Betriebsteiles im Wege der Gesamtrechtsnachfolge über. Zugleich verliert das Betriebsratsmitglied seine Zugehörigkeit zu dem gespaltenen Betrieb und für diesen das passive Wahlrecht. Damit erlischt auch die Mitgliedschaft im Betriebsrat des gespaltenen Betriebes (§ 24 Abs. 1 Nr. 4 BetrVG).[177] Das Übergangsmandat soll nicht die Kontinuität des Betriebsratsamtes, sondern eine betriebsverfassungsrechtliche Vertretung der in dem abgespaltenen Betrieb beschäftigen Arbeitnehmer sicherstellen. Für ein von den allgemeinen Vorschriften abweichendes Verständnis hätte es – ebenso wie in Österreich (§ 62b Abs. 3 ArbVG) – einer ausdrücklichen gesetzlichen Regelung bedurft.

161 Eine abweichende rechtliche Würdigung ist indes für die **Betriebsaufspaltung** geboten, da die Figur des Übergangsmandats in dieser Konstellation nur dann sinnvoll möglich ist, wenn der bisherige Betriebsrat in **unveränderter personeller Zusammensetzung** übergangsweise amtiert, da die bisherige Betriebszugehörigkeit bei allen bisherigen Mitgliedern aufgrund der Betriebsaufspaltung endet.[178]

162 Die Sonderregeln in § 6b Abs. 9 VermG schließen es nicht aus, daß der Betriebsrat des gespaltenen Betriebes nach der Spaltung wegen § 13 Abs. 2 Nr. 1 und 2 BetrVG neu zu wählen ist.[179]

163 **c) Wettbewerbsneutralität des Übergangsmandats. aa) Normzweck.** Das dem Betriebsrat des gespaltenen Betriebes zugewiesene Übergangsmandat ist in inhaltlicher Hinsicht beschränkt, wenn nach der Spaltung zwischen den an der Spaltung beteiligten Unternehmen ein **Wettbewerbsverhältnis** besteht. Für diese Konstellation ging der Gesetzgeber von der Gefahr eines Interessenkonflikts auf Seiten des Betriebsrates aus.[180] Das Gesetz beschränkt sich zu seiner Abwendung nicht auf einen Ausschluß der Beteiligungsrechte, wenn ihre Ausübung das Wettbewerbsverhältnis beeinflussen könnte, sondern § 6b Abs. 9 Satz 4 VermG etabliert einen absoluten Wettbewerbsvorbehalt, der bereits dann eingreift, wenn die an sich beteiligungspflichtige Angelegenheit Wettbewerbsrelevanz besitzt.

164 **bb) Wettbewerbsrelevanz beteiligungspflichtiger Maßnahmen.** Für die zum Ausschluß der Beteiligungsrechte führende **Wettbewerbsrelevanz einer Angelegenheit** reicht die **abstrakte Möglichkeit einer Beeinflussung des Wettbewerbs** zwischen den am Entflechtungsvorgang beteiligten Unternehmen aus.[181] Da einer unternehmerischen Entscheidung und ihrer betrieblichen Umsetzung kaum je eine irgendwie geartete Eignung zur Beeinflussung der Marktverhältnisse abzusprechen ist, wäre bei unreflektierter Be-

---

[176] Ebenso zu § 13 SpTrUG *Langer* ZAP-DDR, Fach 17 S. 72; anderer Ansicht *Engels* DB 1991, 966 (967); *Fitting-Auffarth-Kaiser-Heither* (Fn. 142) § 21 RdNr. 50

[177] Anders *Engels* DB 1991, 966 (967); *Fitting-Auffarth-Kaiser-Heither* (Fn. 142) § 21 RdNr. 52, die einen Fortbestand der Mitgliedschaft im Betriebsrat befürworten, hiermit zugleich die österreichische Rechtslage adaptieren, die in § 62b Abs. 3 ArbVG ausdrücklich vorsieht, daß die Mitgliedschaft im Betriebsrat abweichend von den allgemeinen Vorschriften nicht erlischt.

[178] So auch zu § 13 SpTrUG *Engels* DB 1991, 966 (967).

[179] Ebenso zu § 13 SpTrUG *Engels* DB 1991, 966 (968); *Düwell* ArbuArbR 1992, 196 (197).

[180] Bericht des Rechtsausschusses BT-Drucks. 12/254, S. 16, zu § 13 Abs. 2 SpTrUG; ebenso *Säkker-Busche* (Fn. 10) RdNr. 1317.

[181] Ebenso *Säcker-Busche* (Fn. 10) RdNr. 1318f.

trachtung das Übergangsmandat des Betriebsrates stets suspendiert. Hierdurch wäre die Schaffung des Übergangsmandats selbst wie auch die im Gesetzeswortlaut angelegte Restriktion des Beteiligungsausschlusses auf Angelegenheiten, „die den Wettbewerb... beeinflussen können", überflüssig.

Es ist deshalb für die Feststellung der Wettbewerbsrelevanz einer Angelegenheit eine differenzierte Betrachtung unerläßlich. Zu unterscheiden ist zwischen solchen unternehmerischen Entscheidungen, die **unmittelbare Bedeutung für die externe Marktbeziehung zu Wettbewerbern** haben, und solchen, die für sich genommen nur die **interne Betriebsorganisation** betreffen.[182] Die letztgenannten Angelegenheiten sind nur mittelbar für das außenwirksame Wettbewerbsverhalten des Unternehmens von Bedeutung, indem sie die interne Kostenstruktur des Unternehmens beeinflussen (zB kostenwirksame Regelungen betreffend die innere Ordnung des Betriebes, die Aufstellung allgemeiner Urlaubsgrundsätze, die Vermeidung von Arbeitsunfällen oder auch die Form, Ausgestaltung und Verwaltung von betrieblichen Sozialeinrichtungen). Dagegen können vor allem im Bereich der Distribution Beginn, Ende und Verteilung der täglichen Arbeitszeit oder die betriebliche Lohngestaltung als Angelegenheiten anzusehen sein, die unmittelbar das wettbewerbsrelevante Verhalten beim Angebot von Gütern und Dienstleistungen determinieren.[183] Insoweit ist das Übergangsmandat suspendiert. 165

Ob die zur Beteiligung des Betriebsrates führende unternehmerische Entscheidung den externen Marktbeziehungen oder der internen Betriebsorganisation zuzuordnen ist, bereitet vor allem bei wirtschaftlichen Angelegenheiten erhebliche Schwierigkeiten. Insbesondere unternehmerische Entscheidungen, die Betriebsänderungen infolge Rationalisierungsentscheidungen oder größere Personalreduktionen auslösen, können den Wettbewerb zwischen den an der Entflechtung beteiligten Unternehmen in erheblichem Umfange beeinflussen. Dies hat im Einzelfall zur Konsequenz, daß auch bei Betriebsänderungen der Schutz durch die §§ 111 ff. BetrVG entfällt und in dem abgespaltenen Betrieb Betriebsänderungen ohne Beteiligung des Betriebsrates durchgeführt werden können. Dies gilt jedoch nicht für solche Betriebsänderungen, die ausschließlich auf unternehmerischen Entscheidungen zur Umstrukturierung der internen Betriebsorganisation beruhen. 166

cc) Vorliegen eines Wettbewerbsverhältnisses. Für die Reichweite des absoluten Wettbewerbsvorbehalts gewinnt deshalb die Feststellung, ob die an der Spaltung beteiligten Gesellschaften im Wettbewerb zueinanderstehen, erhebliche Bedeutung. Hierfür ist in **Anknüpfung an die von der Kartellrechtsdogmatik herausgearbeiteten Erkenntnisse** in tatsächlicher Hinsicht das Bestreben erforderlich, auf einem gegenständlich, räumlich und zeitlich abgrenzbaren Markt unter Einsatz von Aktionsparametern (Preis, Qualität, Service, Werbung, Vertriebsweg) zum Geschäftsabschluß mit Dritten zu gelangen, um auf diese Weise den ökonomischen Erfolg des eigenen Unternehmens zu fördern.[184] Der sachlich relevante Markt ist seinerseits nach dem im Kartellrecht bekannten sog. Bedarfsmarktkonzept (Konzept der funktionalen Austauschbarkeit) aus der Sicht der Marktgegenseite zu bestimmen.[185] Einem einheitlichen Wettbewerbsmarkt sind demgemäß alle Güter oder Dienstleistungen zuzurechnen, die sich nach ihren Eigenschaften, ihrem wirtschaftlichen Verwendungszweck und ihrer Preislage so nahestehen, daß sie von der Marktgegenseite als für die Deckung eines bestimmten Bedarfs geeignet miteinander verglichen und als gegeneinander austauschbar angesehen werden.[186] Diese Voraussetzun- 167

---

[182] So auch *Säcker-Busche* (Fn. 10) RdNr. 1319.
[183] Vgl. auch *Düwell* ArbuArbR 1992, 196 (198).
[184] *Immenga*, in: *Immenga-Mestmäcker*, GWB, 2. Aufl. 1991, § 1 RdNr. 181; *Kreft*, Handbuch des Wettbewerbsrechts, 1986, § 9 RdNr. 2; *Willeke*, Wettbewerbspolitik, 1980, S. 27; Reg. Begr. zum GWB BT-Drucks. II/1158, S. 21, 31.
[185] Dazu *Möschel*, Recht der Wettbewerbsbeschränkungen, 1983, RdNr. 509 ff.; *ders.*, in: *Immenga-Mestmäcker*, 2. Aufl. 1991, § 22 RdNr. 24 ff.; *Langen-Niederleithinger-Ritter-Schmidt*, GWB, 6. Aufl. 1982, § 22 RdNr. 11 ff.; *Beckmann*, Die Abgrenzung des relevanten Marktes im Gesetz gegen Wettbewerbsbeschränkungen, 1968, S. 136 ff.
[186] Grundl. KG WuW-E OLG 461 (463)-„Reifen"; KG WuW-E OLG 995 (996)-„Handpreisauszeichner"; im Anschluß auch BGH WuW-E BGH 1435 (1440)-„Vitamin-B-12".

gen müssen nicht generell zwischen dem gespaltenen Betrieb und einem abgespaltenen Betriebsteil bestehen. Es reicht vielmehr aus, wenn zwei abgespaltene Betriebsteile zueinander im Wettbewerb stehen.

168 dd) **Umfang des Ausschlusses einer Betriebsratsbeteiligung.** Die **Suspendierung wirkt umfassend** und ist nicht auf die stärkste Beteiligungsform einer paritätischen Mitbestimmung beschränkt, da auch die schwächeren Beteiligungsformen der Mitwirkung oder Unterrichtung eine Interessenkollision des Betriebsrates nicht auszuschließen vermögen.[187] Diese ist vielmehr Folge des vom Gesetz vorausgesetzten Wettbewerbsverhältnisses zwischen den an der Entflechtung beteiligten Unternehmen.

169 § 6b Abs. 9 S. 4 VermG ist nicht eindeutig zu entnehmen, ob die Beteiligungsrechte nur für den abgespaltenen Betriebsteil oder auch bei dem Restbetrieb nicht anzuwenden sind. Das Vorliegen einer Interessenkollision ist an sich nicht davon abhängig, ob die Angelegenheit den gespaltenen Betrieb oder den abgespaltenen Betriebsteil betrifft. In beiden Konstellationen besteht die abstrakte Gefahr, daß der Betriebsrat durch sein Verhalten den Wettbewerb zwischen den beteiligten Gesellschaften beeinflußt. Andererseits legt die systematische Stellung eine restriktive Interpretation der Vorschrift nahe, da § 6b Abs. 9 VermG das Übergangsmandat des Betriebsrates nicht nur begründet, sondern auch inhaltlich ausgestaltet. Da keine Anhaltspunkte dafür ersichtlich sind, daß der Gesetzgeber durch den Wettbewerbsvorbehalt die Rechtsstellung der in dem Restbetrieb verbleibenden Arbeitnehmer verschlechtern wollte, schränkt der Wettbewerbsvorbehalt **ausschließlich das Übergangsmandat** des Betriebsrates ein.[187a]

170 Nach dem Wortlaut von § 6b Abs. 9 S. 4 VermG sind an sich nur die Beteiligungsrechte des Betriebsrates nicht anzuwenden. Besteht das zu spaltende Unternehmen aus lediglich einem Betrieb, so erstreckt sich der Wettbewerbsvorbehalt auch auf einen u. U. gebildeten **Wirtschaftsausschuß**, da er zum einen ein Hilfsorgan des Betriebsrates ist[188] und zum anderen die Gefahr einer Interessenkollision nicht anders als bei dem Betriebsrat zu beurteilen ist.

171 5. **Übergangsmandat und Gesamtbetriebsrat.** Im Unterschied zu § 6b Abs. 1 S. 4 VermG läßt weder der Gesetzeswortlaut von § 6b Abs. 9 VermG noch sein Normzweck eine Ausdehnung des Übergangsmandats auf den für den gespaltenen Betrieb zuständigen Gesamtbetriebsrat zu. Eine nur im Wege der Analogie begründbare Ausdehnung des Übergangsmandats hätte zur Folge, daß dem Gesamtbetriebsrat des gespaltenen Unternehmens für einen begrenzten Zeitraum ebenfalls eine unternehmensübergreifende Zuständigkeit für abgespaltene und einem anderen Unternehmensträger zugeordnete Betriebe oder Betriebsteile zufiele.

172 Dem steht das vom Gesetzgeber in den §§ 47ff. BetrVG nur unternehmensbezogen ausgestaltete Mandat des Gesamtbetriebsrates entgegen: Mit der Entflechtung scheiden die betroffenen Betriebe oder Betriebsteile aus ihrem bisherigen Unternehmensverband aus und werden in das Unternehmen eines anderen Rechtsträgers integriert. Damit fehlt für ein weiteres Tätigwerden des bisher zuständigen Gesamtbetriebsrates der gesetzlich vorgegebene Ordnungsrahmen.[189] Die Mitbestimmung ist in der Unternehmensordnung vielmehr dort geltend zu machen, wo die tatsächliche arbeitsrechtliche Leitungsmacht ausgeübt wird.[190] Da der Gesetzgeber eine Durchbrechung dieser Konzeption ausdrücklich auf die Teilung von Betrieben beschränkt hat, fehlen für eine analoge Anwendung von § 6b Abs. 9 VermG auf den Gesamtbetriebsrat die methodischen Voraussetzungen.[191]

---

[187] *Säcker-Busche* (Fn. 10) RdNr. 1319.
[187a] AA zu § 13 SpTrUG *Langer* ZAP-DDR, Fach 17 S. 72.
[188] BAG AP § 108 BetrVG 1972 Nr. 2 und 6; BAG AP § 118 BetrVG 1972 Nr. 26; für das Schrifttum statt aller *Wiese* (Fn. 169) S. 365 (367ff.), mwN.

[189] Dazu *Wiedemann* (Fn. 142) S. 447 (460f.).
[190] Vgl. BAG AP § 54 BetrVG 1972 Nr. 1; *Kreutz* (Fn. 152) § 54 RdNr. 27ff.; *Wiedemann* (Fn. 142) S. 447 (462).
[191] So auch *Säcker-Busche* (Fn. 10) RdNr. 1320.

Vermögensrestitution und Arbeitsrecht **Anh. I § 16 VermG**

Der Gesamtbetriebsrat des aufnehmenden Unternehmens ist andererseits für infolge der 173
Entflechtung übernommene Betriebe oder Betriebsteile, die nicht mit anderen Betrieben
des aufnehmenden Unternehmens zu einem einheitlichen Betrieb zusammengeschlossen
werden, erst zuständig, wenn in diesen Unternehmensteilen neue Betriebsräte gewählt
und von diesen Mitglieder in den Gesamtbetriebsrat entsendet werden.[192] Die Rechtslage
ist zuvor keine andere als bei betriebsratslosen Betrieben, zu deren Vertretung ein auf
Unternehmensebene bestehender Gesamtbetriebsrat ebenfalls nicht legitimiert ist.[193] Dies
gilt auch bei einer Entflechtung nach § 6 b VermG. Das Übergangsmandat berechtigt den
Betriebsrat nicht zu einer Entsendung eines Betriebsratsmitgliedes in den bei dem erwerbenden Unternehmen gebildeten Gesamtbetriebsrat.

D. Sonderkündigungsrecht im öffentlichen Dienst

Schrifttum: *Baier*, Das Urteil des Bundesverfassungsgerichts zur Auflösung der Akademie der Wissenschaften, PersR 1992, 180 ff.; *Battis/Schulte-Trux*, Gutachten zur Verlängerung der Geltungsdauer der Kündigungsgründe nach Anlage I, Kapitel XIX, Sachgebiet A, Abschnitt III, Nr. 1 IV Einigungsvertrag, 1992 = ZTR 1993, 179 ff.; *Berger-Delhey*, Verlängerung gesetzlicher Befristung? – Anmerkung zur Entscheidung des BVerfG zur ehemaligen Akademie der Wissenschaften der DDR, ZTR 1992, 502 ff.; *Braunert*, Zum Beweiswert der Unterlagen des Staatssicherheitsdienstes, ArbuArbR 1993, 15 ff.; *Däubler*, Einigungsvertrag und öffentlicher Dienst, PersR 1990, 313 ff.; *ders.*, „Warteschleife" und Grundgesetz, PersR 1991, 193 ff.; *ders.*, Die sogenannte Warteschleife auf dem verfassungsrechtlichen Prüfstand, NJ 1991, 233 ff.; *ders.*, Zur Verlängerung der Sonderkündigungsrechte nach dem Einigungsvertrag, PersR 1992, 288 ff.; *ders.*, Die Verlängerung der Sonderkündigungsrechte nach dem Einigungsvertrag – ein Verfassungsverstoß?, ZTR 1993, 135 ff.; *Dieterich*, Die „Warteschleifen-Rechtsprechung" des Bundesverfassungsgerichts, RdA 1992, 330 ff.; *Etzel*, Besonderes Kündigungsrecht in den neuen Bundesländern, AR-Blattei SD 1010.13; *Fenski-Linck*, Besonderheiten der Beendigung von Arbeitsverhältnissen in den neuen Bundesländern, NZA 1992, 337 ff.; *Germelmann*, Das Arbeitsrecht in den neuen Bundesländern, NJ 1992, 390 ff.; *Gill-Schröter*, Das Ministerium für Staatssicherheit, 1991; *Gude*, Sozialauswahl überflüssig?, PersR 1992, 440 ff.; *ders.*, Begründung überflüssig?, PersR 1993, 305 ff.; *Hamer*, Betriebsbedingte Kündigung und soziale Auswahl im öffentlichen Dienst der neuen Bundesländer, PersR 1993, 158 ff.; *Hanau*, Ordentliche Kündigungen im Rahmen der Hochschulerneuerung im Beitrittsgebiet, WissR 1992, 213 ff.; *Hantel*, Kündigungsschutz und Hochschulerneuerung nach dem EinigungsV, NJ 1994, 489 ff.; *Helkenberg*, Die Ruhensregelung des Einigungsvertrages, ArbuArbR 1991, 105 ff.; *ders.*, Detailfragen des „Warteschleifenurteils" des BVerfG, NZA 1992, 684 f.; *Holzhauser*, Zur gerichtlichen Überprüfung von Kündigungen im öffentlichen Dienst nach dem Einigungsvertrag, NJ 1991, 494 f.; *Jeske*, Die Übergangsvorschriften für den öffentlichen Dienst der DDR im Einigungsvertrag, ZTR 1990, 451 ff.; *Koch-Pasinski*, EV-Kündigungsregelungen im öffentlichen Dienst, ArbuArbR 1992, 204 ff., 230 ff.; *Korinth*, Zur Entwicklung des Arbeitsrechts in den neuen Bundesländern im Jahr 1991, NZA 1992, 350 ff.; *ders.*, Die Beendigung von durch Berufung begründeten Arbeitsverhältnissen, NJ 1992, 350 f.; *Künzl*, Aspekte des Kündigungsrechts in den neuen Bundesländern, ArbuR 1992, 074 ff.; *Langanke-Hanau*, Kündigungsmöglichkeiten in der Öffentlichen Verwaltung nach dem Einigungsvertrag, NJ 1993, 437 ff.; *Lansnicker-Schwirtzek*, Ehemalige Mitarbeiter des früheren Ministeriums für Staatssicherheit im öffentlichen Dienst – Weiterbeschäftigung und Übernahme?, MDR 1991, 202 ff.; *dies.*, Ehemalige Stasi-Mitarbeiter im öffentlichen Dienst, MDR 1992, 529 ff.; *dies.*, Staatssicherheit und öffentlicher Dienst DtZ 1993, 106 ff.; *Legerlotz*, Mutterschutz und besonderer Kündigungsschutz nach dem Einigungsvertrag, NZA 1992, 201 ff.; *v. Lindheim*, Zum Begriff der Zusammenarbeit des inoffiziellen und hauptamtlichen Mitarbeiters mit dem MfS, DtZ 1993, 358 ff.; *Majer*, Ein halbierter Rechtsstaat für Ostdeutschland, KJ 1992, 147 ff.; *Mayer*, Kündigungsfristen im öffentlichen Dienst der neuen Bundesländer, PersR 1991, 319 ff.; *Meyer*, Die ordentliche Kündigung von Arbeitsverhältnissen im öffentlichen Dienst der neuen Bundesländer nach dem Einigungsvertrag, Diss. (Freie Universität) Berlin 1993; *Pieroth*, Regimebelastung und rechtsstaatlicher öffentlicher Dienst, NJ 1992, 89 ff.; *Preis*, Die Kündigung von Arbeitsverhältnissen im öffentlichen Dienst der neuen Bundesländer, PersR 1991, 201 ff.; *Reichold-Compensis*, Die ordentliche Kündigung von Personalräten aufgrund des Einigungsvertrages, BB 1993, 1018 ff.; *Schimmelpfennig*, Der öffentliche Dienst der früheren DDR im Übergang, PersV 1990, 469 ff.; *Schmalz*, Die „Warteschleife" im Einigungsvertrag, PersR 1991, 1 ff.; *U. Scholz*, Fristlose Kündigung im öffentlichen Dienst wegen Tätigkeit für das frühere Ministerium für Staatssicherheit/Amt für nationale Sicherheit (MfS), BB 1991, 2515 ff.; *Seidel*, Die ordentliche Kündigung nach dem Einigungsvertrag, PersR 1991, 404 ff.; *Vohs*, Kündigungsschutz der Personalvertretung, PersR 1991, 257 ff.; *Vollmer*, Ordentliche Kündigung im öffentlichen Dienst nach dem Einigungsvertrag, ArbuR 1993, 17 ff.; *Weichert*, Überprüfung der öffentlichen Bediensteten in Ostdeutschland, KJ 1991, 457 ff.; *Weiß*, Das Übergangsrecht der Arbeitnehmer im öffentlichen Dienst des beigetretenen Teils Deutschlands, PersV 1991, 97 ff.; *Weiss-Kreuder*, Das „Sonderkündigungsrecht" nach dem Einigungsvertrag, ArbuR 1994, 12 ff.; *Zeuner*, Zur Kündigung von Arbeitsverhältnissen des öffentlichen Dienstes in den neuen Bundesländern aus Gründen einer Vorbelastung, Festschrift für Thieme, 1993, S. 377 ff.

---

[192] *Säcker-Busche* (Fn. 10) RdNr. 1320.   [193] BAG AP § 50 BetrVG 1972 Nr. 5.

I. Allgemeines

174 1. Normzweck. Für die Rechtsverhältnisse der Arbeitnehmer im öffentlichen Dienst der ehem. DDR schufen die Parteien des Einigungsvertrages in Anl. I Kap. XIX Sachgeb. A Abschn. III Nr. 1 EVertr. eine detaillierte Sonderregelung, die während der Verhandlungen des Einigungsvertrages mit zu den am meisten kontrovers diskutierten Sachkomplexen zählte.[194] Der Zwang, die notwendige Reduzierung eines personell überbesetzten öffentlichen Dienstes und die unerläßliche Bewältigung politischer „Altlasten" mit dem Gebot der Sicherung der Funktionen der öffentlichen Verwaltung zu versöhnen, erforderte eine differenzierende, durch die allgemeinen Vorschriften des Einigungsvertrages einschließlich seiner Maßgaben nicht befriedigend lösbare legislative Regelung, die jedoch insbesondere hinsichtlich der kündigungsrechtlichen Sonderregelung nur bedingt als geglückt bewertet werden kann; sie wirft aufgrund ihrer teilweisen Unabgestimmtheit mit den allgemeinen arbeitsrechtlichen Bestimmungen in zahlreichen Problemfeldern mehr Fragen auf, als sie Antworten gibt.

175 Hinsichtlich der kündigungsrechtlichen Besonderheiten hat die Maßgabe des Einigungsvertrages folgenden Wortlaut:

(4) Die ordentliche Kündigung eines Arbeitsverhältnisses in der öffentlichen Verwaltung ist auch zulässig, wenn

1. der Arbeitnehmer wegen mangelnder fachlicher Qualifikation oder persönlicher Eignung den Anforderungen nicht entspricht oder

2. der Arbeitnehmer wegen mangelnden Bedarfs nicht mehr verwendbar ist oder

3. die bisherige Beschäftigungsstelle ersatzlos aufgelöst wird oder bei Verschmelzung, Eingliederung oder wesentlicher Änderung des Aufbaus der Beschäftigungsstelle die bisherige oder eine anderweitige Verwendung nicht mehr möglich ist.

Soweit kein Wartegeld gewährt wurde, kann in den Fällen der Nummern 2 und 3 ein Übergangsgeld gewährt werden, das nach Höhe und Dauer dem monatlichen Wartegeld nach Absatz 2 entspricht. Absatz 2 Satz 6 gilt entsprechend. Die Kündigungsfristen bestimmen sich nach § 55 des Arbeitsgesetzbuches der Deutschen Demokratischen Republik vom 16. Juni 1977 (GBl. I Nr. 18 S. 185), zuletzt geändert durch Gesetz zur Änderung und Ergänzung des Arbeitsgesetzbuches vom 22. Juni 1990 (GBl. I Nr. 35 S. 371). Die Maßgabe in Anlage II Kapital XIX Sachgebiet B Abschnitt III Nummer 2 Buchstabe b gilt für entsprechende Regelungen bei Entlassungen im Bereich des Ministeriums des Innern und der Zollverwaltung entsprechend. Dieser Absatz tritt mit Ablauf des 31. Dezember 1993 außer Kraft.

(5) Ein wichtiger Grund für eine außerordentliche Kündigung ist insbesondere dann gegeben, wenn der Arbeitnehmer

1. gegen die Grundsätze der Menschlichkeit oder Rechtsstaatlichkeit verstoßen hat, insbesondere die im Internationalen Pakt über bürgerliche und politische Rechte vom 19. Dezember 1966 gewährleisteten Menschenrechte oder die in der Allgemeinen Erklärung der Menschenrechte vom 10. Dezember 1948 enthaltenen Grundsätze verletzt hat oder

2. für das frühere Ministerium für Staatssicherheit/Amt für nationale Sicherheit tätig war

und deshalb ein Festhalten am Arbeitsverhältnis unzumutbar erscheint.

176 Die in Abs. 4 und 5 der Übergangsregelung verankerten besonderen Kündigungsregelungen tragen nicht nur dem **notwendigen Personalabbau sowie den Umstrukturierungsprozessen**, sondern auch der spezifischen politischen Vergangenheitsbewältigung innerhalb des öffentlichen Dienstes in der ehemaligen DDR Rechnung.[195] Zu unterscheiden ist die **befristete** Sonderregelung für die **ordentliche Kündigung** in Abs. 4 und die **unbefristete** spezialgesetzliche Etablierung eines wichtigen Grundes für den Ausspruch einer **außerordentlichen Kündigung** in Abs. 5.

---

[194] Zur Entstehungsgeschichte der Übergangsregelung ausführlich *Weiß* PersV 1991, 97 (99 ff.).

[195] Siehe Erl. BReg. BT-Drucks. 11/7817, S. 180.

Die Sonderregelung für den Ausspruch einer **ordentlichen Kündigung** soll vor allem 177
die **Strukturanpassung** der öffentlichen Verwaltung erleichtern.[196] Sie erwies sich nicht
nur im Hinblick auf die personelle Überbesetzung, sondern auch wegen der z. T. fehlenden Qualifikation der dort beschäftigten Arbeitnehmer als unerläßlich.[197] Demgegenüber
war mit der Regelung zur **außerordentlichen Kündigung** beabsichtigt, ein **politisches
Signal** zu setzen,[198] das von der allgemeinen Erwägung getragen und zugleich legitimiert
ist, bei den Bürgern auf Dauer **Vertrauen in eine rechtsstaatliche Verwaltung** zu erzeugen.[199] Das außerordentliche Kündigungsrecht besitzt daher **keinen Sanktionscharakter**.[200] Es knüpft an ein in der Vergangenheit liegendes Verhalten an, das die zukünftige
Durchführung des Arbeitsverhältnisses belastet. Die außerordentliche Kündigung erfolgt
nicht wegen des Verhaltens in der Vergangenheit, sondern wegen der Ausstrahlungen
dieses Verhaltens in die Zukunft und den damit verbundenen Rückwirkungen für das
aktuelle Arbeitsverhältnis; es handelt sich um einen nachwirkenden Kündigungssachverhalt.[201]

2. Geltungsdauer. Im Unterschied zu der Sonderregelung zum **außerordentlichen** 178
Kündigungsrecht, für die der Einigungsvertrag auf eine **Befristung verzichtet**, sollte die
Übergangsregelung zum **ordentlichen Kündigungsrecht** nach Abs. 4 S. 6 zunächst zwei
Jahre nach Wirksamwerden des Beitritts außer Kraft treten. Das „Gesetz zur Verlängerung
der Kündigungsmöglichkeiten in der öffentlichen Verwaltung nach dem Einigungsvertrag" vom 20. 8. 1992[202] verlängerte die Geltung der Sonderbestimmung für die ordentliche Kündigung **bis zum 31. 12. 1993**. Maßgebend ist insoweit der Zugang der Kündigung
beim Arbeitnehmer. Tritt der Zugang nach diesem Termin ein, so beurteilt sich die
Rechtswirksamkeit einer ordentlichen Kündigung ausschließlich nach den allgemeinen
Vorschriften.

Bestrebungen, für die **ordentliche Kündigung wegen mangelnden Bedarfs** (Anl. I 178a
Kap. XIX Sachgeb. A Abschnitt III Nr. 1 Abs. 4 Nr. 2 EVertr.), eine nochmalige zeitliche
Verlängerung der im Einigungsvertrag enthaltenen Sonderregelung zu erreichen, konnten
sich nicht durchsetzen. Zwar beschloß der Bundestag auf seiner Sitzung am 2. 12. 1993[202a]
ein entsprechendes Gesetz, das den neuen Bundesländern (einschließlich Berlin) das Recht
einräumen sollte, durch Rechtsverordnung die Sonderregelung längstens bis zum 31. 12.
1994 fortzuführen,[202b] der Bundesrat verweigerte diesem Gesetz jedoch auf seiner Sitzung
am 17. 12. 1993 gemäß Art. 84 Abs. 1 GG die Zustimmung.[202c] Damit trat die Sonderregelung des Einigungsvertrages für die ordentliche Kündigung mit Ablauf des 31. 12. 1993
außer Kraft. Seit dem 1. 1. 1994 unterliegen ordentliche Kündigungen im Öffentlichen
Dienst des Beitrittsgebiets ohne Einschränkungen dem Kündigungsschutzgesetz, insbesondere ist bei einer Kündigung aus dringenden betrieblichen Gründen eine Sozialauswahl
(§ 1 Abs. 3 KSchG) vorzunehmen. Für die Sonderbestimmung zur **außerordentlichen
Kündigung** (Abs. 5) ist dieser Umstand ohne Bedeutung, da die hierauf bezogene einigungsvertragliche Regelung unbefristet geschaffen wurde und deshalb solange gilt, bis sie
aufgehoben wird.

---

[196] Erl. BReg. BT-Drucks. 11/7817, S. 179.
[197] Vgl. LAG Berlin (9. Kammer) LAGE Art. 20 Einigungsvertrag Nr. 5; siehe exemplarisch *Bernet* ZBR 1991, 40ff.; *Weiß* PersV 1991, 97 (117); ders. ZBR 1991, 1 (3ff.).
[198] Erl. BReg. BT-Drucks. 11/7817, S. 179; *Staudinger-Rauscher* Art. 232 § 5 EGBGB RdNr. 56.
[199] So die Denkschrift zum Einigungsvertrag BT-Drucks. 11/7760, S. 364 (zu Art. 20 Einigungsvertrag); vgl. ferner *Staudinger-Rauscher* Art. 232 § 5 EGBGB RdNr. 56; *Weiß* PersV 1991, 97 (118).
[200] So mit Recht *Weiß* PersV 1991, 97 (120).
[201] BAG NZA 1993, 118 (119).

[202] BGBl. I S. 1546; hierzu auch BT-Drucks. 12/2794; BT-Drucks. 12/2915.
[202a] Vgl. Plenarprotokoll 12/196 des Deutschen Bundestages, Stenographischer Bericht, S. 17038 B ff.
[202b] Beschlußempfehlung und Bericht des Innenausschusses, BT-Drucks. 12/6308; weitergehend noch der Entwurf der Fraktionen von CDU/CSU und F.D.P., der noch eine Verlängerungsmöglichkeit bis zum 31. 12. 1995 vorsah; vgl. BT-Drucks. 12/6120, S. 2.
[202c] BR-Drucks. 876/93 (Beschluß); BR-Drucks. 876/1/93 (Empfehlung der Ausschüsse).

VermG § 16 Anh. I Abschnitt IV. Rechtsverhältnisse zw. Berechtigten u. Dritten

178b Als Alternative zu einer Verlängerung der Sonderregelung für die ordentliche Kündigung wegen mangelnden Bedarfs brachte der Bundesrat gem. Art. 76 Abs. 1 GG beim Bundestag einen Gesetzesentwurf ein, durch den das im Kündigungsschutzgesetz normierte Gebot einer sozialen Auswahl für das Beitrittsgebiet bei Kündigungen im Öffentlichen Dienst modifiziert werden sollte.[202d] Als Ergänzung zu § 1 Abs. 3 KSchG sollte in einem nachfolgenden Absatz festgelegt werden, daß – befristet bis zum 31. 12. 1996 – ein berechtigtes betriebliches Interesse für die Weiterbeschäftigung (siehe § 1 Abs. 3 S. 2 KSchG) solcher Arbeitnehmer vermutet wird, deren Arbeitsverhältnis nach dem 6. Mai 1990 in der öffentlichen Verwaltung des vorgenannten Gebiets begründet wurde.[202e] Die Möglichkeit eines gekündigten Arbeitnehmers im Einzelfall den Beweis anzutreten, daß seine Kündigung sozial ungerechtfertigt ist, sollte nicht berührt werden. Hierdurch sollte eine Beweislastumkehr eintreten, die jedoch im Einzelfall widerlegbar war.[202f] In diesem Punkt lag indessen auch die entscheidende Schwäche des Bundesratsentwurfs. Gelingt dem gekündigten Arbeitnehmer der Nachweis, daß bei einem nach dem 6. 5. 1990 eingestellten Arbeitnehmer ein berechtigtes betriebliches Interesse an seiner Weiterbeschäftigung fehlt, so ist die beriebsbedingte ordentliche Kündigung rechtsunwirksam. Dies zwingt den Arbeitgeber trotz der Beweislastumkehr für jeden Einzelfall zu der Prüfung, ob auch bei den nach dem 6. 5. 1990 eingestellten Arbeitnehmern ein berechtigtes betriebliches Interesse an der Weiterbeschäftigung besteht. Das Risiko einer Fehleinschätzung geht zu Lasten des Arbeitgebers.

179 **3. Verfassungskonformität.** Bedenken gegen die Vereinbarkeit der für den Öffentlichen Dienst in Anl. I Kap. XIX Sachgeb. A Abschn. III Nr. 1 EVertr. normierten Übergangsregelung mit dem Sozialstaatsprinzip (Art. 20 Abs. 3 GG) und dem Grundrecht der Berufsfreiheit (Art. 12 Abs. 1 GG) sind aufgrund der legislativen Gestaltungsfreiheit und der Notwendigkeit eines Ausgleichs divergierender Verfassungsgüter grundsätzlich nicht begründet.[203] Lediglich hinsichtlich der in Abs. 1 der Übergangsregelung angeordneten Beendigung der Arbeitsverhältnisse in denjenigen Einrichtungen der öffentlichen Verwaltung, die nicht überführt wurden, und die den besonderen Schutz von Art. 6 Abs. 4 GG genießen, bejahte das Bundesverfassungsgericht einen Verfassungsverstoß;[204] verneinte ihn hingegen im übrigen. Schwierige Folgeprobleme löst die vom Bundesverfassungsgericht postulierte Einstellungspräferenz zugunsten Schwerbehinderter, älteren Arbeitnehmern und alleinerziehenden Arbeitnehmern aus, die bei nicht überführten Einrichtungen beschäftigt waren.[205]

180 Die kündigungsrechtlichen Sonderregelungen unterlagen bislang keiner verfassungsgerichtlichen Überprüfung. Trotz den aus Art. 12 Abs. 1 GG folgenden verfassungsrechtlichen Schutzpflichten des Gesetzgebers für den arbeitsvertraglichen Bestandsschutz[206] überschreiten die kündigungsrechtlichen Sonderregelungen für den öffentlichen Dienst

---

[202d] BR-Drucks. 923/93 (Beschluß). Ebenso bereits der Änderungsantrag der SPD-Fraktion, der im Verlauf der Beratungen des Innenausschusses abgelehnt wurde; vgl. BT-Drucks. 12/6308, S. 5 sowie BT-Drucks. 12/6310 (zu dessen Ablehnung im Bundestag vgl. Plenarprotokoll 12/196, S. 17043 [D]).
[202e] Begr., BR-Drucks. 923/93 Anlage, S. 2.
[202f] So der Abgeordnete *Schwanitz* (SPD) im Rahmen der Beratungen des Bundestages im Hinblick auf den Änderungsantrag der SPD-Fraktion; vgl. Plenarprotokoll 12/196, S. 17041 (B).
[203] Vgl. BVerfGE 84, 133 ff.; siehe ferner *Dieterich* RdA 1992, 330 (331 f.); zum Antrag auf Erlaß einer einstweiligen Anordnung BVerfG NJW 1991, 75; zu den verfassungsrechtlichen Einwänden vgl. *Däubler* PersR 1990, 313 (315); *ders.*, Das Arbeits-recht Bd. II, 7. Aufl. 1990, S. 1013; *Helkenberg* ArbuArbR 1991, 105 ff.; *Schmalz* PersR 1991, 1 ff.
[204] BVerfGE 84, 133 (155 ff.); zur personellen Reichweite des Nichtigkeitsverdikts BAG EzA § 58 AGB-DDR 1990 Nr. 2; LAG Berlin (12. Kammer) NZA 1992, 1035 f.; sowie *Dieterich* RdA 1992, 330 (333); *Legerlotz* NZA 1992, 201 ff.
[205] Vgl. BVerfGE 84, 133 (154 f.); sowie BAG EzA § 58 AGB-DDR 1990 Nr. 2; LAG Berlin (8. Kammer) NZA 1992, 841 f. (LS); LAG Berlin (6. Kammer) BB 1993, 729 (LS); ArbG Berlin (68. Kammer) BB 1992, 1795 (LS); hierzu im Schrifttum auch *Baier* PersR 1992, 180 (182); *Däubler* PersR 1991, 193 (194 f.); *Dieterich* RdA 1992, 330 (334); *Preis* PersR 1991, 201 (202).
[206] Vgl. BVerfGE 84, 133 (147).

nicht den Gestaltungsspielraum des Gesetzgebers. Soweit diese den allgemeinen kündigungsschutzrechtlichen Standard einschränken, ist dies durch die überragenden Belange des Gemeinwohls gerechtfertigt, das zu seiner Verwirklichung auf eine funktionsfähige, effiziente und sparsame Verwaltung angewiesen ist.[207] Dies gilt auch für die Sonderregelung zum außerordentlichen Kündigungsrecht, da das Vertrauen der Bürger in eine rechtsstaatliche Verwaltung für dessen Funktionsfähigkeit unerläßlich ist und die in Abs. 5 der Übergangsregelung aufgeführten Tatbestände in besonderem Maße geeignet sind, einen Vertrauenstatbestand zu zerstören bzw. seine Entstehung bereits im Ansatz zu verhindern.[208]

Die **Verlängerung des zeitlichen Geltungsbereichs** der Übergangsregelung für die ordentliche Kündigung ist aus verfassungsrechtlicher Sicht nicht zu beanstanden.[209] Die von den Parteien des Einigungsvertrages bei seinem Abschluß angestellte Prognose, die Anpassung der öffentlichen Verwaltung im Beitrittsgebiet werde bis zum 3. 10. 1992 abgeschlossen sein, erwies sich als fehlsam, konnte indes seitens des Bundesgesetzgebers korrigiert werden.[210] Zwar unterliegt dieser seit dem 1. 1. 1993 hinsichtlich des im Beitrittsgebiet geltenden Bundesrechts in vollem Umfang den Beschränkungen des verfassungsrechtlichen Gleichheitssatzes (Art. 3 Abs. 1 GG), jedoch rechtfertigen die besonderen Schwierigkeiten bei der Umstrukturierung der öffentlichen Verwaltung eine vorübergehende Ungleichbehandlung im Bereich des kündigungsrechtlichen Bestandsschutzes für die Arbeitnehmer im öffentlichen Dienst.[210a]

II. Anwendungsbereich der Übergangsregelung

1. Öffentlicher Dienst und öffentliche Verwaltung. a) Allgemeines. Die Konkretisierung des Anwendungsbereichs der kündigungsrechtlichen Sonderregelung wird vor allem dadurch erschwert, daß die Parteien des Einigungsvertrages mit den Begriffen „öffentlicher Dienst" und „öffentliche Verwaltung" auf unbestimmte Rechtsbegriffe zurückgegriffen haben, für die sich in der öffentlich-rechtlichen Dogmatik kein allgemein anerkanntes, für alle Gesetze gleichermaßen verbindliches Begriffsverständnis herausgebildet hat. Hieraus folgende Bedenken im Hinblick auf den verfassungsrechtlichen Bestimmtheitsgrundsatz wies das *Bundesverfassungsgericht* in seinem Beschluß vom *24. 4. 1991* jedoch mit Recht zurück.[211]

Aus der Systematik des Einigungsvertrages ist für den Anwendungsbereich der kündigungsrechtlichen Sonderbestimmungen abzuleiten, daß diese nur für Arbeitnehmer des „öffentlichen Dienstes" gelten. Dies folgt aus Art. 20 EVertr., der Kapitel- bzw. Sachgebietsüberschrift in Anl. I und der Überschrift zu Abschn. III Maßgabe Nr. 1. Arbeitnehmer, die nicht dem „öffentlichen Dienst" zuzurechnen sind, unterliegen deshalb in keinem Fall den kündigungsrechtlichen Sonderbestimmungen. Erst wenn dies positiv festgestellt ist, erlangt der Begriff der „öffentlichen Verwaltung" konkretisierende Bedeutung für den Anwendungsbereich der kündigungsrechtlichen Regelungen der Überleitungsbestimmung.

---

[207] Vgl. insofern mit Recht BVerfGE 84, 133 (151 f.); zustimmend *Lecheler* PersV 1991, 393 (393).

[208] Für die Verfassungskonformität von Abs. 5 der kündigungsrechtlichen Sonderregelung mit Recht auch BAG NZA 1993, 118 (119f.); LAG Berlin (12. Kammer) NZA 1992, 264 (266f.); s. insoweit auch BVerfG EzA Art. 20 Einigungsvertrag Nr. 32.

[209] Zu den verfassungsrechtlichen Bedenken *Däubler* PersR 1992, 288 ff.; *ders.* ZTR 1993, 135 ff.; *Battis/Schulte-Trux,* Gutachten zur Verlängerung der Geltungsdauer der Kündigungsgründe nach Anl. I, Kap. XIX, Sachgeb. A, Abschn. III, Nr. 1 IV Einigungsvertrag, 1992; *dies.* ZTR 1993, 179 ff.; offen gelassen von BAG v. 26. 5. 1994 – 6 AZR 27/94; allg. zur Abänderbarkeit von Bestimmungen des Einigungsvertrages *Wagner,* Der Einigungsvertrag nach dem Beitritt, 1994, S. 244 ff., 267 ff.; zur Nichtannahme der gegen die gesetzliche Verlängerung eingelegten Verfassungsbeschwerde BVerfG WR 1993, 231 f.

[210] Zur Korrekturpflicht des Gesetzgebers bei nachträglich fehlerhaften Prognosen BVerfGE 25, 1 (13); 50, 290 (335); 65, 1 (55 f.); 77, 84 (109); 77, 308 (334); für das Schrifttum *Badura,* Festschrift für Eichenberger, 1982, S. 481 ff.; *Bernd,* Legislative Prognosen und Nachbesserungspflichten, Diss. Mainz 1989, S. 122 ff.

[210a] Siehe auch *Langanke-Hanau* NJ 1993, 437 (440).

[211] BVerfGE 84, 133 (149).

VermG § 16 Anh. I   Abschnitt IV. Rechtsverhältnisse zw. Berechtigten u. Dritten

184 **b) Öffentlicher Dienst.** Die in Anl. I Kap. XIX Sachgeb. A Abschn. III Nr. 1 EVertr. normierte Sonderregelung greift auf den Begriff des „öffentlichen Dienstes" zurück, ohne diesen zugleich mit einer Legaldefinition zu versehen. Die Bestimmung weicht damit bewußt von der in arbeitsrechtlichen Vorschriften verbreitet anzutreffenden Regelungstechnik ab, den Sektor des „öffentlichen Dienstes" bereits per Gesetz zu konkretisieren (vgl. zB § 23 KSchG, § 130 BetrVG, § 16 ArbSichG, § 15 Abs. 2 ArbPlSchG). Da die Arbeitsrechtsordnung keine einheitliche Abgrenzung für den „öffentlichen Dienst" kennt, verbietet sich eine teleologisch unreflektierte Übernahme einzelner Begriffsbestimmungen. Der im Einigungsvertrag herangezogene Begriff erfordert eine eigenständige, dem spezifischen Telos der jeweiligen Normen Rechnung tragende Auslegung.[211a]

185 Hierbei steht zunächst fest, daß zur begrifflichen Präzisierung des „öffentlichen Dienstes" nicht auf die in der Staats- und Verwaltungsrechtswissenschaft der ehem. DDR entwickelten Konzeptionen zurückgegriffen werden kann. Die von ihr befürwortete extensive Definition der Staatsorgane, die sich entsprechend der planwirtschaftlichen Wirtschaftsverfassung auch auf die Organe der Wirtschaftsleitung erstreckte,[212] ist mit den gewandelten wirtschaftsverfassungsrechtlichen Grundlagen, die untrennbar auch den Umfang staatlicher Verwaltungstätigkeit determinieren,[213] unvereinbar.[214] Ob jemand nach früher maßgeblichem Staats- und Rechtsverständnis als Mitarbeiter eines **Staatsorgans** anzusehen war,[215] ist für die Interpretation der für den öffentlichen Dienst normierten Übergangsregelung unbeachtlich. Die Figur des öffentlichen Dienstes ist nicht kongruent mit dem „Rechtsinstitut des sozialistischen Staatsdienstes",[216] wenngleich in weiten Bereichen eine Teilidentität der erfaßten Einrichtungen und ihrer Mitarbeiter besteht.

186 Da der Einigungsvertrag auf eine Legaldefinition des öffentlichen Dienstes verzichtet und ein einheitliches und subsidiär für alle Rechtsnormen geltendes Begriffsverständnis mit der Notwendigkeit einer dem Sinngehalt der Vorschrift Rechnung tragenden Begriffsbildung methodisch nicht vereinbar ist, muß die Reichweite des „öffentlichen Dienstes" aus dem Zweck der jeweiligen Bestimmung heraus ermittelt werden, die den Begriff in ihr Normprogramm aufnimmt. Das *Bundesverwaltungsgericht* favorisiert zwar in seinem Urteil vom *27. 6. 1968* noch einen formell zu verstehenden Regelbegriff des „öffentlichen Dienstes";[217] das *Bundesverfassungsgericht* hob jedoch schon in seinem Beschluß vom *21. 1. 1975* mit Recht hervor, daß es „keinen für alle Rechtsbereiche gleichen Begriff des Angestellten des öffentlichen Dienstes" gibt und seine Bedeutung erst durch eine Auslegung der jeweiligen Vorschrift gewonnen werden kann.[218] Die Notwendigkeit einer teleologischen Begriffsbildung besitzt vor allem für die kündigungsrechtlichen Sonderbestimmungen des Einigungsvertrages herausragende Bedeutung, weil nur so die bei Eigenbetrieben und Eigengesellschaften beschäftigten Arbeitnehmer im Einklang mit dem Normzweck zugeordnet werden können.

187 Die Notwendigkeit einer teleologischen Begriffsbildung schließt es nicht aus, als **Ausgangspunkt** auf die Rechtsform des Arbeitgebers im Sinne einer **formellen Betrachtungsweise** abzustellen, da die hiervon erfaßten Arbeitnehmer auch nach dem Zweck der kündigungsrechtlichen Sonderbestimmungen im Sinne eines Mindestinhalts in ihren Anwendungsbereich einzubeziehen sind. Zu den Arbeitnehmern des „öffentlichen Dienstes"

[211a] So im Grundsatz auch BAG DZWir 1993, 416 (417f.), mit Anm. *Oetker*.
[212] *Autorenkollektiv*, Staatsrecht der DDR-Lehrbuch, 2. Aufl. 1984, S. 275 ff.
[213] Als Paradigma ist auf die extensiven Leitungsbefugnisse der zentralen und örtlichen Staatsorgane bei der Versorgung der Bevölkerung mit hauswirtschaftlichen Dienstleistungen hinzuweisen, vgl. *Göhring*, in: Zivilrecht-Lehrbuch Bd. II, 1981, S. 17 ff.; *Klinkert* NJ 1973, 595 (595 f.).
[214] Siehe auch *Wolff-Bachof* Verwaltungsrecht Bd. I, 9. Aufl. 1974, S. 12.

[215] Hierzu *Autorenkollektiv* (Fn. 212) S. 275; sowie § 1 Abs. 2 der „Verordnung über die Pflichten, die Rechte und die Verantwortlichkeit der Mitarbeiter in den Staatsorganen" vom 19. 2. 1969, GBl. DDR II Nr. 26 S. 163.
[216] *Autorenkollektiv* (Fn. 212) S. 276.
[217] Vgl. BVerwGE 30, 81 (87f.).
[218] BVerfGE 38, 326 (338); ebenso BVerfGE 48, 64 (84); vgl. auch *Wolff-Bachof-Stober* Verwaltungsrecht Bd. II, 5. Aufl. 1987, S. 455f.

gehören deshalb stets diejenigen Arbeitnehmer, deren Arbeitsverhältnis zu einer **Gebietskörperschaft** (Bund, Länder, Kommunen) oder einer **juristischen Person des öffentlichen Rechts** (Körperschaften, Stiftungen und Anstalten) besteht. Aus diesem Grunde sind auch die bei **Eigenbetrieben** beschäftigten Arbeitnehmer in den Anwendungsbereich der kündigungsrechtlichen Sonderbestimmungen einbezogen. Dies gilt indessen nicht für Arbeitnehmer **öffentlich-rechtlicher Religionsgesellschaften**, da die kündigungsrechtlichen Sonderbestimmungen auf die besonderen Rahmenbedingungen öffentlicher Verwaltungstätigkeit in dem Beitrittsgebiet reagieren.[219]

Die Behandlung **privatrechtlich verfaßter Einrichtungen**, insbesondere die Erstreckung der kündigungsrechtlichen Sonderregelungen auf Eigengesellschaften (ggf. auch Gemeinschaftsgesellschaften) ist dem Einigungsvertrag nicht zweifelsfrei zu entnehmen. Der Sinn der Regelung zur **außerordentlichen Kündigung** deutet auf ein **extensives Verständnis** hin. Soll das Vertrauen der Bürger in die öffentliche Verwaltung erzeugt bzw. gesichert werden, so darf nicht die formale rechtliche Verfassung der Einrichtung, sondern vielmehr muß die Erfüllung öffentlicher Aufgaben im Vordergrund stehen,[219a] wenngleich die mit dem Rückgriff auf das „öffentliche Interesse"[220] und den schillernden Begriff der Daseinsvorsorge verbundenen Abgrenzungsschwierigkeiten[221] nicht zu verkennen sind.[222] Deshalb ist es im Hinblick auf den Normzweck grundsätzlich gerechtfertigt, auch die mit privatrechtlich verfaßten Rechtsträgern arbeitsvertraglich verbundenen Arbeitnehmer in den Anwendungsbereich der kündigungsrechtlichen Sonderbestimmungen einzubeziehen, wenn diese **Aufgaben** erledigen, deren Erfüllung im **öffentlichen Interesse** liegt und diese **von einer Gebietskörperschaft oder einer juristischen Person des öffentlichen Rechts geführt werden**.[223] **188**

c) **Öffentliche Verwaltung. aa) Begriff und rechtliche Bedeutung.** Interpretationsschwierigkeiten lösen zusätzlich Inhalt und Stellenwert des in der Übergangsregelung inkorporierten Begriffs der „öffentlichen Verwaltung" aus. Ebenso wie für den Rechtsbegriff des „öffentlichen Dienstes" kann auch für den Terminus der „öffentlichen Verwaltung" nicht auf eine allgemein anerkannte inhaltliche Konkretisierung durch Judikatur und Doktrin zurückgegriffen werden.[224] Eine nähere Präzisierung der zur öffentlichen Verwaltung gehörenden Einrichtungen fehlt im Einigungsvertrag; auch Art. 13 Einigungsvertrag setzt den Begriff der öffentlichen Verwaltung trotz der Konkretisierungen in Abs. 3 letztlich voraus.[225] Der Normkontext verdeutlicht allerdings, daß für den Rechtsbegriff der „öffentlichen Verwaltung" eine zwischen dem Übergang der Arbeitsverhältnisse (Abs. 1 der Übergangsregelung) und ihrer Beendigung nach Wirksamwerden des Beitritts (Abs. 4 und 5) differenzierende Betrachtung notwendig ist.[225a] **189**

Soweit der **Übergang der Arbeitsverhältnisse** rechtlich strukturiert wird, greift der Einigungsvertrag in Abs. 1 S. 1 der Übergangsregelung ausdrücklich auf den „öffentlichen Dienst der Deutschen Demokratischen Republik" zurück. Ob ein Arbeitsverhältnis dem öffentlichen Dienst der ehem. DDR zuzurechnen ist, bereitet schon deshalb Kopf- **190**

---

[219] Ebenso zu Art. 131 GG BGHZ 18, 373 (375).
[219a] So auch BAG DZWir 1993, 416 (418), mit Anm. *Oetker*.
[220] BVerfGE 30, 292 (323f.); 38, 258 (270f.); BVerfG NJW 1984, 1872 (1873); NJW 1990, 1783; siehe auch *v. Münch-Ehlers*, in: *Erichsen-Martens* (Hrsg.), Allgemeines Verwaltungsrecht, 9. Aufl. 1992, S. 6ff.
[221] Plastisch für die Daseinsvorsorge BAGE 8, 84 (90): „Bei der Vielfalt der Erscheinungsformen, in denen die Gemeinden ihre Aufgaben unmittelbar oder mittelbar erfüllen, bietet der Gesichtspunkt der Daseinsvorsorge keinerlei sichere Abgrenzung." Auf die Daseinsvorsorge jedoch abstellend BAG DZWir 1993, 416 (418), mit Anm. *Oetker*.

[222] Vgl. exemplarisch *Wolff-Bachof* (Fn. 214) S. 10f.; sowie ausführlich *Martens,* Öffentlich als Rechtsbegriff, 1969.
[223] In diesem Sinne ausdrücklich für die Sonderregelung zum außerordentlichen Kündigungsrecht ArbG Berlin (80. Kammer) ZTR 1991, 341 (342).
[224] Siehe exemplarisch *v. Münch-Ehlers* (Fn. 220) S. 1ff.
[225] Ebenso LAG Berlin (9. Kammer) LAGE Art. 20 Einigungsvertrag Nr. 5; sowie zuvor *Säcker-Oetker* (Fn. 42) RdNr. 963.
[225a] AA BAG DZWir 1993, 416 (417f.), mit Anm. *Oetker*.

zerbrechen, da dieser Begriff in der verwaltungs- und staatsrechtlichen Dogmatik der ehem. DDR unbekannt war. Er ist deshalb eigenständig und insbesondere im Lichte der in Art. 13 EVertr. enthaltenen Präzisierungen auszufüllen. Zur öffentlichen Verwaltung im Sinne der für den öffentlichen Dienst getroffenen Übergangsregelung gehören vor allem die zentralen und örtlichen Staatsorgane, die Einrichtungen der kommunalen Daseinsvorsorge sowie das Gesundheits- und Bildungswesen.[226] Art. 13 Abs. 3 des Einigungsvertrages bezieht darüber hinaus auch Einrichtungen der Kultur, der Bildung und Wissenschaft, des Sports sowie des Hörfunks und Fernsehens in die von den Maßgaben zum Einigungsvertrag erfaßten Vorschriften über die öffentliche Verwaltung ein, wenn deren Rechtsträger die öffentliche Verwaltung ist. Deshalb ist auch das Fernsehen der ehem. DDR von der Übergangsregelung erfaßt.[227] Ebenso gehört die staatliche kommunale Daseinsvorsorge (zB kommunale Wohnungsverwaltung) zu dem Bereich der öffentlichen Verwaltung der ehem. DDR.[228] Dies gilt nach der Rechtsprechung des *Bundesarbeitsgerichts* entsprechend für den Betrieb eines Theaters.[228a]

191 Dieses Verständnis strahlt aufgrund des anders strukturierten Normzwecks nicht auf die **kündigungsrechtlichen Sonderregelungen** aus. Da durch Art. 13 des Einigungsvertrages und Kap. XIX der Anl. I die Verwaltungsstrukturen der ehem. DDR denen des übrigen Bundesgebiets angepaßt werden sollen und insbesondere ein Übergang der Arbeitsverhältnisse vorgesehen ist, muß der Begriff der öffentlichen Verwaltung nach Maßgabe des Bundesrechts konkretisiert werden, wenn die Beendigung von Arbeitsverhältnissen nach Wirksamwerden des Beitritts zu beurteilen ist.[229] Da das bundesdeutsche Verwaltungsrecht keinen allgemeingültigen Begriff der „öffentlichen Verwaltung" kennt, muß dieser eigenständig im Lichte des spezifischen Normzwecks der kündigungsrechtlichen Sonderregelungen ausgelegt werden.

192 Der Wortlaut von Abs. 4 S. 1 der kündigungsrechtlichen Sonderregelung läßt ein extensives Verständnis der „öffentlichen Verwaltung" zu, da er keine zwingenden Rückschlüsse auf die rechtliche Verfassung der verwaltenden Einrichtung zuläßt. „Öffentliche Verwaltung" kann auch in privatrechtlichen Organisationsformen durchgeführt werden,[230] so daß ein materielles Begriffsverständnis zur inhaltlichen Kongruenz von „öffentlichem Dienst" und „öffentlicher Verwaltung" führen kann.[230a] Zugunsten eines restriktiven Verständnisses läßt sich jedoch die Gesetzessystematik anführen, da Abs. 5 der Übergangsregelung zum außerordentlichen Kündigungsrecht auf den Terminus der öffentlichen Verwaltung verzichtet. Diese Regelungssystematik kann nur den Sinn haben, daß mit der ausdrücklichen Erwähnung der „öffentlichen Verwaltung" in Abs. 4 S. 1 eine Einschränkung des Anwendungsbereichs gegenüber Abs. 5 gemeint ist.[231]

193 Die aus der Systematik folgende Einschränkung des Anwendungsbereiches von Abs. 4 wird zudem durch die divergierenden Normzwecke der jeweiligen kündigungsrechtlichen Sonderregelungen gerechtfertigt. Für das mit Abs. 5 der Sonderbestimmung zum **außerordentlichen Kündigungsrecht** intendierte „politische Signal" muß die rechtliche Organisationsform der „öffentlichen Verwaltung" unbeachtlich sein. Die seitens des *Bundesarbeitsgerichts* aufgrund des Wortlauts „erscheint" betonte „vordergründige Erscheinung der Verwaltung mit diesem Mitarbeiter"[232] würde konterkariert, wenn nur die öffentlich-

---

[226] Erl. BReg. BT-Drucks. 11/7817, S. 179.
[227] LAG Berlin (9. Kammer) LAGE Art. 20 Einigungsvertrag Nr. 5; aA *Koch-Pasinski* ArbuArbR 1992, 204 (204).
[228] Vgl. ArbG Berlin (80. Kammer) EzA Art. 20 Einigungsvertrag Nr. 2.
[228a] BAG DZWir 1993, 416 (418).
[229] Wie hier LAG Berlin (9. Kammer) LAGE Art. 20 Einigungsvertrag Nr. 5; ArbG Berlin (80. Kammer) ZTR 1991, 341 (341); sowie bereits *Säkker-Oetker* (Fn. 42) RdNr. 963.
[230] So auch BAG DZWir 1993, 416 (418) sowie ausführlich zB *Wolff-Bachof-Stober* (Fn. 218) S. 420 ff.
[230a] So BAG DZWir 1993, 416 (418).
[231] Zutreffend insoweit im Ausgangspunkt *Koch-Pasinski* ArbuArbR 1992, 204 (204); ausdrücklich anderer Ansicht BAG DZWir 1993, 416 (418), das der unterschiedlichen Wortwahl in Abs. 4 und 5 keine Bedeutung beimißt, sondern in systematischer Hinsicht ausschließlich auf Art. 20 EVertr. abstellt.
[232] BAG NZA 1993, 118 (119); ebenso zuvor LAG Berlin (12. Kammer) NZA 1992, 264 (265).

Vermögensrestitution und Arbeitsrecht   Anh. I § 16 VermG

rechtliche, nicht aber auch die privatrechtlich organisierte „öffentliche Verwaltung" in den Anwendungsbereich der Sonderbestimmung einbezogen wäre, da das rechtliche Kleid der „öffentlichen Verwaltung" für den Bürger regelmäßig nicht hinreichend deutlich in Erscheinung tritt. Das teleologische Fundament der Sonderregelung zum außerordentlichen Kündigungsrecht erfordert deshalb, alle dem „öffentlichen Dienst" zuzuordnenden Arbeitsverhältnisse in ihren Anwendungsbereich einzubeziehen.[233]

Das vom Normzweck der Vorschrift zum außerordentlichen Kündigungsrecht gebotene extensive Verständnis beansprucht hingegen für die Sonderbestimmung zur **ordentlichen Kündigung** (Abs. 4) keine Gültigkeit.[233a] Ungeachtet der konkreten Reichweite der Sonderregelung soll diese vor allem die für die „öffentliche Verwaltung" aus dem Kündigungsschutzgesetz folgenden Beschränkungen für den Ausspruch einer ordentlichen Kündigung modifizieren, um so die personelle und strukturelle Anpassung der „öffentlichen Verwaltung" zu erleichtern.[234] Diese teleologische Verknüpfung rechtfertigt es, den Begriff der „öffentlichen Verwaltung" durch das im Kündigungsschutzgesetz zum Ausdruck gelangte Verständnis auszufüllen. Der Begriff der „öffentlichen Verwaltung" ist dort in § 23 Abs. 3 KSchG enthalten und dient als Gegensatzbegriff zu „öffentlichen Betrieben", die nicht stets aus dem Anwendungsbereich der §§ 17 ff. KSchG ausgeschlossen werden. Zum anderen verdeutlicht die in § 23 Abs. 1 KSchG normierte Terminologie, daß von der „öffentlichen Verwaltung" in § 23 Abs. 3 KSchG nur Verwaltungen des „öffentlichen Rechts" erfaßt sind. Überträgt man dieses Begriffsverständnis auf die kündigungsrechtliche Sonderbestimmung in Abs. 4, so folgt hieraus nicht nur die Begrenzung auf solche „öffentlichen Verwaltungen" der Gebietskörperschaften (Bund, Länder und Kommunen) und der Körperschaften des öffentlichen Rechts, sondern zugleich rechtfertigen sie eine Ausklammerung der öffentlichen Betriebe, da Abs. 4 S. 1 nur den Begriff der „öffentlichen Verwaltung" und nicht das aus dem Kündigungsschutzgesetz bekannte Begriffspaar „Verwaltung und Betriebe" enthält. Deshalb sind weder Eigenbetriebe noch Eigengesellschaften in den Anwendungsbereich der Sonderbestimmung zum ordentlichen Kündigungsrecht einbezogen. Ihr Anwendungsbereich erstreckt sich somit auch nicht auf den gesamten öffentlichen Dienst im Sinne der oben (RdNr. 187 f.) herausgearbeiteten Umschreibung.[235] Das *Bundesarbeitsgericht* favorisiert in seinem Urteil vom *18. 3. 1993*[235a] für die ordentliche Kündigung indes einen extensiveren Standpunkt. Hiernach reicht es aus, daß die Einrichtung Verwaltungsaufgaben wahrnimmt und die öffentliche Verwaltung Träger der Einrichtung ist. Dieses Verständnis führt dazu, daß die Sonderregelung für die ordentliche Kündigung jedenfalls bei Eigenbetrieben anzuwenden ist. Zweifelhaft ist dies für Eigengesellschaften, dürfte im Lichte der Entscheidung vom *18. 3. 1993* aber wohl zu bejahen sein, wenn die öffentliche Verwaltung eine Mehrheitsbeteiligung an der Gesellschaft hält.[235b]

bb) Errichtungszeitpunkt. Dem Einigungsvertrag lassen sich keine eindeutigen Anhaltspunkte entnehmen, ob die kündigungsrechtlichen Sonderbestimmungen nur für solche Einrichtungen des öffentlichen Dienstes bzw. der öffentlichen Verwaltung gelten, die bereits vor dem Wirksamwerden des Beitritts bestanden. Diese Restriktion, die den Anwendungsbereich der kündigungsrechtlichen Sonderbestimmungen auf überführte oder abgewickelte Einrichtungen beschränkt, wird jedoch dem Normzweck nicht gerecht. Dies verdeutlicht vor allem die Sonderbestimmung zur außerordentlichen Kündigung (Abs. 5). Diese muß nach ihrem Normzweck unabhängig davon gelten, ob die Einrichtung des öffentlichen Dienstes bereits vor dem Wirksamwerden des Beitritts existierte. Für die Sonderregelung zur ordentliche Kündigung, die generell auf die öffentliche Ver-

194

195

---

[233] So iE auch BAG NZA 1993, 118 (119), das jedoch ohne nähere Problematisierung den in Abs. 5 der Übergangsregelung umschriebenen Kündigungstatbestand auf den „öffentlichen Dienst" erstreckt; aA aber wohl *Fenski-Linck* NZA 1992, 337 (343), die den Anwendungsbereich von Abs. 5 ebenfalls auf die „öffentliche Verwaltung" beziehen.

[233a] AA BAG DZWir 1993, 416 (417), mit Anm. *Oetker*.
[234] Siehe oben RdNr. 177.
[235] So aber noch *Säcker-Oetker* (Fn. 42) RdNr. 994.
[235a] DZWir 1993, 416 (418).
[235b] Näher *Oetker* DZWir 1993, 419 (421).

waltung abstellt, gilt die Notwendigkeit einer vom Errichtungszeitpunkt der Einrichtung unabhängigen Anwendung entsprechend, da zahlreiche Einrichtungen der Gebietskörperschaften zunächst neu errichtet wurden und erst im Zuge des Neuaufbaus der Länder eine mit der Neuerrichtung von Verwaltungseinrichtungen verbundene Umstrukturierung der „öffentlichen Verwaltung" erfolgte. Hieraus folgt, daß die kündigungsrechtlichen Sonderbestimmungen nicht nur bei denjenigen Verwaltungseinrichtungen anwendbar sind, die auf den Bund oder die Länder überführt wurden, sondern sie gelten auch für die Verwaltungseinrichtungen der Kommunen, die bereits vor dem Wirksamwerden des Beitritts errichtet wurden.

196 cc) **Ort der Einrichtung.** Die kündigungsrechtlichen Sonderregelungen dienen der Umstrukturierung der öffentlichen Verwaltung bzw. des öffentlichen Dienstes im Beitrittsgebiet. Für ihren Anwendungsbereich ist deshalb ausschließlich der **Ort des Arbeitsplatzes**, nicht hingegen der Sitz des Trägers der Einrichtung entscheidend. Bedeutsam ist dies vor allem für Bundesoberbehörden deren Sitz in den alten Bundesländer liegt, die gleichwohl aber über einzelne Verwaltungseinrichtungen in den neuen Bundesländern verfügen (zB Bundesanstalt für Arbeit). Dies gilt auch für die in Abs. 5 enthaltene Sonderregelung zur außerordentlichen Kündigung; auf sie kann sich der Arbeitgeber nicht stützen, wenn er dem öffentlichen Dienst der alten Bundesländer zuzurechnen ist.[236] Eine Kündigung, die wegen der in Abs. 5 genannten Sachverhalte ausgesprochen wird, beurteilt sich allein nach § 626 BGB.

197 2. **Arbeitsverhältnisse.** a) **Vertraglich begründete Arbeitsverhältnisse.** Zu den von den kündigungsrechtlichen Sonderbestimmungen erfaßten Arbeitsverhältnissen gehören zunächst alle Arbeitsverhältnisse die durch Vertrag begründet wurden. Hierbei ist der **Zeitpunkt des Vertragsabschlusses** nur bei isolierter Betrachtung der Abs. 4 und 5 bedeutungslos. Aus dem Kontext der Übergangsregelung folgt jedoch, daß das Arbeitsverhältnis, das nicht unbedingt mit dem gekündigten Arbeitsverhältnis übereinstimmen muß, bereits vor dem Wirksamwerden des Beitritts zu dem Rechtsvorgänger des jetzigen Trägers der Einrichtung bestanden haben muß.[236a] In den Anwendungsbereich der kündigungsrechtlichen Sonderbestimmungen sind somit diejenigen Arbeitsverhältnisse nicht einbezogen, die nach dem Wirksamwerden des Beitritts mit einer Einrichtung der öffentlichen Verwaltung erstmals begründet wurden.

198 b) **Durch Berufung begründete Arbeitsverhältnisse.** Zu den Arbeitnehmern im Sinne der Übergangsregelung sind aufgrund der auch für die Rechtsbeziehungen in der öffentlichen Verwaltung der ehem. DDR früher maßgeblichen Vorschriften des Arbeitsgesetzbuches grundsätzlich alle Personen zu zählen, die in einem Arbeits**rechts**verhältnis zu der jeweiligen Einrichtung standen. Dies umfaßt nicht nur die **vertraglich** begründeten Rechtsbeziehungen, sondern aufgrund des in der Novelle zum Arbeitsgesetzbuch[236b] zum Ausdruck gelangten umfassenden Verständnisses über den Gegenstand des Arbeitsverhältnisses an sich auch die durch **Wahl** oder **Berufung** etablierten Arbeitsverhältnisse,[237] soweit nicht die spezifisch öffentlich-rechtliche Struktur dieser Rechtsbeziehungen der Anwendung einzelner Vorschriften entgegensteht. Im öffentlichen Dienst gehörten hierzu auf der Ebene der örtlichen Staatsorgane auch die **Mitglieder** der **Räte** sowie die vom Rat berufenen **Leiter** der **Fachorgane**.[238] Diese Konzeption gilt entsprechend für andere Leitungsfunktionen in staatlichen Einrichtungen.[239]

---

[236] Ebenso ArbG Berlin (95. Kammer) NJ 1994, 44 (45); anders wohl LAG Köln ArbuR 1994, 39 f.

[236a] So auch BAG EzA Art. 20 Einigungsvertrag Nr. 30; sowie BAG EzA Art. 20 Einigungsvertrag Nr. 31.

[236b] „Gesetz zur Änderung und Ergänzung des Arbeitsgesetzbuches" vom 22. 6. 1990, GBl. DDR I Nr. 35 S. 371.

[237] Vgl. *Oetker* (Fn. 69) RdNr. 121, 965; sowie ausdrücklich zu § 2 Nr. 3b ArbGG ArbG Berlin (82. Kammer) NZA 1992, 597 (599).

[238] § 7 Abs. 1 lit. f bzw. § 11 Abs. 1 S. 3 des „Gesetzes über die örtlichen Volksvertretungen in der Deutschen Demokratischen Republik" vom 4. 7. 1985, GBl. DDR I Nr. 18 S. 213.

[239] ZB Direktoren und Leiter von Einrichtungen der Volksbildung und Berufsbildung (§ 10 der „Verordnung über die Pflichten und Rechte der

Im Unterschied zu der Regelung zum Übergang der Arbeitsverhältnisse, die sich auch **199** auf die durch Berufung begründeten Arbeits(rechts)verhältnisse erstreckt,[240] ist für die kündigungsrechtlichen Sonderbestimmungen zweifelhaft, ob die durch Berufung begründeten Arbeitsverhältnisse in ihren Anwendungsbereich einbezogen sind. In der arbeitsrechtlichen Dogmatik der ehemaligen DDR war insoweit anerkannt, daß ein durch Berufung begründetes Arbeitsverhältnis nicht durch das privatrechtliche Institut der Kündigung beendet werden konnte, sondern hierfür war auf das spezielle Instrument der Abberufung zurückzugreifen.[241] In diesem Umstand liegt es begründet, daß die Parteien des Einigungsvertrages ausdrücklich eine bis zum 31. 12. 1991 befristete Fortgeltung der hierfür einschlägigen §§ 62 bis 66 AGB-DDR angeordnet haben.[242]

Die in der Doktrin und in der Judikatur der Instanzgerichte wohl vorherrschende Ansicht plädiert dafür, diese systematische Differenzierung der Beendigungstatbestände auch **200** nach Inkrafttreten des Einigungsvertrages **bis zum 31. 12. 1991** beizubehalten.[243] Nur bei diesem Verständnis läßt sich erklären, warum die Parteien des Einigungsvertrages eine befristete Fortgeltung der §§ 62 ff. AGB-DDR vorgesehen haben. Wer die Anwendung dieser Vorschriften insbesondere für den Bereich des öffentlichen Dienstes ausschließt, übersieht, daß er durch dieses Verständnis den Normen ihren Anwendungsbereich vollständig entzieht. Da die Abberufung rechtsdogmatisch die Qualität eines Verwaltungsaktes besitzt,[244] kann diese nur von einem Träger hoheitlicher Gewalt ausgesprochen werden. Auch der Zweck der kündigungsrechtlichen Sonderregelungen gebietet keine abweichende rechtliche Würdigung, da die ordentliche Abberufung keiner Rechtfertigung bedurfte[245] und die in Abs. 5 der Sonderbestimmung zum außerordentlichen Kündigungsrecht genannten Sachverhalte bei einer fristlosen Abberufung (§ 62 Abs. 3 AGB-DDR) entsprechend angewendet werden können.[246] Eine abweichende Beurteilung ist nur dann gerechtfertigt, wenn spezialgesetzliche Bestimmungen (zB im Hochschulrecht der Länder) für die durch Berufung begründeten Rechtsverhältnisse ausdrücklich das Institut der Kündigung als Beendigungsinstrument vorsehen; hierdurch werden die allgemeinen Grundsätze verdrängt.[247]

Eine Kündigung war bei den durch Berufung begründeten Arbeitsverhältnissen somit **201** bis zum 31. 12. 1991 grundsätzlich nicht möglich; für ihre einseitige Beendigung mußte vielmehr auf das öffentlich-rechtlich strukturierte[248] Beendigungsinstrument der Abberufung zurückgegriffen werden. Auch die **Umdeutung** einer gleichwohl erklärten Kündigung in eine Abberufung scheidet wegen der strukturellen dogmatischen Unterschiede

---

Lehrkräfte und Erzieher der Volksbildung und Berufsbildung -Arbeitsordnung für pädagogische Kräfte-" vom 29. 11. 1979, GBl. DDR I Nr. 44 S. 444); Leiter der staatlichen künstlerischen Einrichtungen (§ 12 der „Verordnung über Theater, Orchester und andere künstlerische Einrichtungen" vom 24. 8. 1989, GBl. DDR I Nr. 17 S. 205; sowie § 2 der 1. Durchführungsbestimmung vom 24. 8. 1989, GBl. I Nr. 17 S. 208).
[240] Vgl. *Säcker-Oetker* (Fn. 42) RdNr. 965.
[241] StG Berlin, Schriftenreihe über Arbeitsrecht, Bd. 20/7, S. 18.
[242] Anl. II Kap. VIII Sachgeb. Abschn. III Nr. 1 EVertr.; ausführlich zu diesen Vorschriften *Oetker* (Fn. 69) RdNr. 1527 ff.; sowie zuletzt ArbG Potsdam (3. Kammer) ArbuArbR 1994, 58 f.
[243] LAG Berlin (9. Kammer) NZA 1992, 371 (373); LAG Brandenburg (2. Kammer) LAGE § 62 AGB-DDR Nr. 1; ArbG Berlin (99. Kammer) DB 1991, 2444 f.; ebenso im Schrifttum *Fenski-Linck* NZA 1992, 337 (348); *Künzl* ArbuR 1992, 204 (206); *Lansnicker-Schwirtzek* MDR 1991, 202 (205); *dies.* MDR 1992, 529 (531 f.); *Oetker* (Fn. 69) RdNr. 994, 1536; *ders.* Anm. zu LAG Berlin, LAGE Art. 20 Einigungsvertrag Nr. 1; *Staudinger-Rauscher* Art. 232 § 5 EGBGB RdNr. 58; anderer Ansicht LAG Berlin (6. Kammer) NJ 1993, 330 f.; ArbG Berlin (82. Kammer) NZA 1992, 597 (600 f.); ArbG Berlin (58. Kammer) EzA Art. 20 Einigungsvertrag Nr. 3; *Korinth* NJ 1992, 350 f.; beschränkt auf den öffentlichen Dienst ArbG Berlin (90. Kammer) ZTR 1991, 340 (340 f.); zweifelnd *Hanau* WissR 1992, 213 (239).
[244] Vgl. *Oetker* (Fn. 69) RdNr. 1536.
[245] Vgl. *Oetker* (Fn. 69) RdNr. 1553; im Grundsatz auch *Stahlhacke-Preis*, Kündigung und Kündigungsschutz im Arbeitsverhältnis, 5. Aufl. 1991, RdNr. 1337.
[246] *Oetker* (Fn. 69) RdNr. 1537.
[247] Vgl. allg. *Oetker* (Fn. 69) RdNr. 1537; problematisch ist allerdings die Gesetzgebungskompetenz der Länder für entsprechende Regelungen, vgl. *Hanau* WissR 1992, 213 (238 f., 240).
[248] Zur öffentlich rechtlichen Struktur der Abberufung *Oetker* (Fn. 69) RdNr. 1536.

der Beendigungsinstitute aus.²⁴⁹ Die Rechtmäßigkeit einer Abberufung beurteilt sich ausschließlich nach den §§ 62 bis 65 AGB-DDR; für eine parallele Anwendung **kündigungsschutzrechtlicher Vorschriften** fehlt, wie sich per argumentum e contrario aus § 65 Abs. 3 AGB-DDR ergibt, eine ausreichende gesetzliche Grundlage.²⁵⁰ Insbesondere bedurfte die Abberufung bei schwerbehinderten Arbeitnehmern nicht einer Zustimmung der Hauptfürsorgestelle.²⁵¹

201a Das *Bundesarbeitsgericht* hat sich in seiner Judikatur nicht der hier befürworteten Konzeption angeschlossen. In einem Urteil vom *23. September 1993* vertritt der *8. Senat* vielmehr die These, daß ein durch Berufung begründetes Arbeitsverhältnis seit dem 3. Oktober 1990 nicht nur durch Abberufung, sondern auch durch Kündigung beendet werden könne.²⁵¹ᵃ Diese Auffassung hat insbesondere zur Konsequenz, daß bei einer Kündigung die kündigungsschutzrechtlichen Rahmenbedingungen eingehalten werden müssen, sofern die einigungsvertraglichen Sonderregelungen für den Öffentlichen Dienst (siehe unten RdNr. 207 ff.) keine Modifikationen enthalten.

202 Es bleibt allerdings auch bei der hier befürworteten Sichtweise zu beachten, daß sich die Parteien des Einigungsvertrages von der Erwartung leiten ließen, das spezielle Institut der Abberufung werde **nach dem 31. 12. 1991** entbehrlich sein. Aus der befristeten Fortgeltung der entsprechenden Bestimmungen kann deshalb nicht abgeleitet werden, daß eine einseitige Beendigung der durch Berufung begründeten Arbeitsverhältnisse nach Fristablauf ausgeschlossen sein soll. Für die Befristung war eher die Erwägung maßgebend, daß bis zu diesem Zeitpunkt alle durch Berufung begründeten Arbeitsverhältnisse entweder beendet sind oder auf eine neue Rechtsgrundlage umgestellt sein werden. Da sich diese Erwartung nicht stets erfüllte, eine einseitige Beendigung der durch Berufung begründeten Arbeitsverhältnisse gleichwohl rechtlich möglich bleiben muß, ist für diese Arbeitsverhältnisse **ab dem 1. 1. 1992** aufgrund einer **entsprechenden Anwendung das privatrechtliche Beendigungsinstrumentarium** anzuwenden.²⁵² Ab dem 1. 1. 1992 konnten auch sie mittels einer Kündigung beendet werden, partizipieren jedoch an dem hierfür etablierten arbeitsrechtlichen Schutzinstrumentarium.²⁵³ Ebenso sind sie seit dem 1. 1. 1992 in den Anwendungsbereich der kündigungsrechtlichen Sonderbestimmungen des Einigungsvertrages einbezogen. Für die Abgrenzung ist der Zeitpunkt des Zugangs der Abberufung bzw. der Kündigung maßgebend.

203 **c) Ruhende Arbeitsverhältnisse.** Hinsichtlich derjenigen Einrichtungen der öffentlichen Verwaltung, für die ihr jeweiliger Träger keine positive Überführungsentscheidung getroffen hat, ordnet die Übergangsregelung im Einigungsvertrag (Anl. II Kap. XIX Sachgeb. A Abschn. III Nr. 1 Abs. 2 S. 2 EVertr.) das Ruhen der Arbeitsverhältnisse an.²⁵⁴ Da das ruhende Arbeitsverhältnis als solches befristet fortbestand, konnte es auch durch die allgemeinen Auflösungstatbestände vor Fristablauf sein Ende finden. Mittels einer Kündigung konnte sich der Arbeitgeber insbesondere von seiner Pflicht befreien, dem Arbeitnehmer ein Wartegeld zu gewähren. Vor allem zu diesem Zweck ordnete der Gesetzgeber in Abs. 6 der Übergangsregelung ausdrücklich an, daß dem Arbeitgeber die

---

²⁴⁹ So auch LAG Berlin (9. Kammer) NZA 1992, 371 (373 f.); ArbG Berlin (99. Kammer) DB 1991, 2444 f.
²⁵⁰ LAG Berlin (9. Kammer) NZA 1992, 371 (373); *Dörner-Widlak* NZA 1991, Beil. Nr. 1, S. 43 (48); *Oetker* (Fn. 69) RdNr. 1536; *Preis* PersR 1991, 201 (204); aA *Däubler* (Fn. 61) S. 486.
²⁵¹ LAG Berlin (7. Kammer) BB 1992, 2220 (LS); in diesem Sinne auch *Dörner-Widlak* NZA 1991, Beil. Nr. 1, S. 43 (48).
²⁵¹ᵃ BAG BB 1994, 218 (218).

²⁵² Ebenso *Fenski-Linck* NZA 1992, 337 (348); *Hanau* WissR 1992, 213 (239); *Künzl* ArbuR 1992, 204 (206); *Staudinger-Rauscher* Art. 232 § 5 EGBGB RdNr. 59; iE auch *Ascheid*, Kündigungsschutzrecht, 1993, RdNr. 854.
²⁵³ *Korinth* NJ 1992, 350 (350); *Künzl* ArbuR 1992, 204 (206).
²⁵⁴ Näher hierzu BAG DB 1993, 44 f.; BAG NZA 1993, 407 f.; sowie zuvor BVerwG ZIP 1992, 1275 ff.; zur Dogmatik des nach dieser Vorschrift ruhenden Arbeitsverhältnisses *Säcker-Oetker* (Fn. 42) RdNr. 980 ff.

Sonderkündigungsrechte nach Abs. 4 und 5 der Übergangsregelung auch beim Fortbestand des Arbeitsverhältnisses nach Abs. 2 und 3 zustehen.[255]

d) Überschreiten des Rentenalters. Abs. 2 S. 8 der Übergangsregelung, die unbefristet 204 fortgilt, sieht eine Beendigung des Arbeitsverhältnisses mit Erreichen des Rentenalters vor.[256] Die Vorschrift untersagt jedoch nicht, daß der Arbeitgeber mit solchen Arbeitnehmern ein neues Arbeitsverhältnis abschließt.[257] Deshalb erfaßt diese Übergangsregelung nur solche Arbeitsverhältnisse, bei denen der Arbeitnehmer am Tag des Wirksamwerdens des Beitritts **noch nicht das Rentenalter erreicht hatte**; die Beendigung des Arbeitsverhältnisses sollte erst ab diesem Zeitpunkt eine Auflösung des Arbeitsverhältnisses herbeiführen. Da Abs. 2 S. 8 der Übergangsregelung ausdrücklich ein Erreichen des Rentenalters verlangt, wurden von ihr **solche Arbeitsverhältnisse nicht erfaßt**, bei denen der Arbeitnehmer das Rentenalter **bereits vor Wirksamwerden des Beitritts überschritten hatte**.[258] Diese (sog. „Rentnerarbeitsverhältnisse") unterliegen aus diesem Grund ebenfalls den in Abs. 4 und 5 der Übergangsregelung normierten besonderen Kündigungsbestimmungen.

e) Spezielle Berufsgruppen. Die an den **Hochschulen** bereits vor dem Wirksamwerden 205 des Beitritts beschäftigten Personen sind unabhängig von ihrem Status Arbeitnehmer im Sinne der Übergangsregelung. Dies gilt nicht nur für den Bereich der **wissenschaftlichen Mitarbeiter**, deren Arbeitsrechtsverhältnis früher durch die „Einstellung" begründet wurde,[259] sondern auch für die **Hochschullehrer**, deren Arbeitsverhältnis durch Berufung begründet wurde.[260] Bezüglich dieser Personengruppe greifen als Sonderregelung jedoch hochschulrechtliche Sonderregelungen der neuen Bundesländer ein, die als Spezialregelungen vorrangige Geltung beanspruchen.[261] Bei den an der **Akademie der Wissenschaften** und an den anderen in Art. 38 Abs. 4 Einigungsvertrag genannten Einrichtungen beschäftigten Personen ist die ergänzende Regelung in Art. 38 Abs. 3 Einigungsvertrag zu beachten: Das Arbeitsverhältnis bestand fort, wurde jedoch kraft Gesetzes in ein grundsätzlich **bis** zum **31. Dezember 1991 befristetes** Arbeitsverhältnis **umgewandelt**;[262] die kündigungsrechtlichen Vorschriften in Abs. 4 und 5 der Übergangsregelung gelten auch für diese Arbeitsverhältnisse (Art. 38 Abs. 3 EVertr).[263]

Von der Übergangsregelung ausdrücklich ausgenommen sind **Richter** und **Staatsan-** 206 **wälte** (Abs. 7), die früher ebenfalls aufgrund eines durch Wahl bzw. Berufung begründeten Arbeitsrechtsverhältnisses tätig wurden.[264] Für diesen Personenkreis etablierten die

---

[255] *Dörner-Widlak* NZA 1991, Beil. Nr. 1, S. 43 (51); *Germelmann* NZA 1991, Beil. Nr. 1, S. 26 (29, 30); *Säcker-Oetker* (Fn. 42) RdNr. 992.
[256] Näher zu diesem Beendigungstatbestand *Säcker-Oetker* (Fn. 42) RdNr. 1027 f.
[257] *Säcker-Oetker* (Fn. 42) RdNr. 1028.
[258] So auch BAG NZA 1993, 409 ff.; ArbG Berlin (85. Kammer) NZA 1992, 172 (173); aA LAG Berlin (7. Kammer) NZA 1992, 365 (366), das für eine entsprechende Anwendung plädiert.
[259] § 10 Abs. 3 der „Verordnung über die wissenschaftlichen Mitarbeiter an den wissenschaftlichen Hochschulen -Mitarbeiterverordnung (MVO)- vom 6. 11. 1968, GBl. DDR II Nr. 127 S. 1007.
[260] § 12 der "Verordnung über die Berufung und die Stellung der Hochschullehrer an den wissenschaftlichen Hochschulen -Hochschullehrerberufungsverordnung (HBVO)- vom 6. 11. 1968, GBl. DDR II Nr. 127 S. 997. Fortgeführt durch § 50 Abs. 4 der „Verordnung über Hochschulen" vom 18. 9. 1990, GBl. DDR I Nr. 63 S. 1585; zur vorübergehenden Fortgeltung dieser Verordnung siehe Art. 3 Nr. 33 lit. c) der ergänzenden Vereinbarung zum Einigungsvertrag vom 18. 9. 1990 (BGBl. II S. 1239).
[261] Soweit hiernach vorgesehen ist, daß „berufene" Arbeitnehmer aus bestimmten Gründen außerordentlich oder ordentlich gekündigt werden können, durchbricht der Landesgesetzgeber den oben (RdNr. 201) dargelegten allgemeinen Grundsatz, daß die durch Berufung begründeten Arbeitsverhältnisse vor dem 31. 12. 1991 nur durch Abberufung beendet werden konnten; vgl. insoweit *Oetker* (Fn. 69) RdNr. 1537.
[262] Siehe zum Beendigungszeitpunkt aber auch BVerfGE 85, 360 ff.; sowie zuvor zur einstweiligen Anordnung BVerfGE 85, 167 ff.; hierzu auch *Baier* PersR 1992, 180 ff; zur Akademie der Landwirtschaft und zur Bauakademie vgl. BVerfG PersV 1992, 534 f.; hierzu *Berger-Delhey* ZTR 1992, 502 ff.
[263] So auch ArbG Berlin (58. Kammer) DB 1991, 815 (LS).
[264] Siehe für die Wahl der Richter § 46 GVG-DDR aF; für die Berufung der Staatsanwälte § 37 aF des „Gesetzes über die Staatsanwaltschaft der Deutschen Demokratischen Republik" vom 7. 4. 1977, GBl. DDR I Nr. 10 S. 93.

Parteien des Einigungsvertrages eine eigenständige und spezielle Sonderregelung, die in dem hiesigen Kontext keiner Vertiefung bedarf.[265]

III. Das Recht zur ordentlichen Kündigung

207 **1. Regelungsinhalt.** Für die Zeit bis zum 31. 12. 1993 sah Abs. 4 der Übergangsregelung für die gesamte **öffentliche Verwaltung**[266] vor, daß eine ordentliche Kündigung des Arbeitsverhältnisses auch dann zulässig war, wenn eine der in S. 1 Nrn. 1 bis 3 enumerativ aufgeführten Voraussetzungen erfüllt war. Neben der mangelnden fachlichen Qualifikation bzw. der persönlichen Eignung sollte auch der mangelnde Bedarf und der Wegfall der Verwendungsmöglichkeit infolge organisatorischer Umstrukturierungsmaßnahmen eine ordentliche Kündigung ermöglichen.

208 Die Sonderregelung galt in **personeller Hinsicht** zunächst nur für diejenigen Arbeitnehmer, die mit dem Träger der Einrichtung **arbeitsvertrag**lich verbunden waren. Bei den durch **Berufung** begründeten Arbeitsverhältnissen entfaltete sie bis zum 31. 12. 1991 keine Rechtswirkungen,[267] da eine ordentliche Abberufung nach der befristet fortgeltenden Regelung in § 62 AGB-DDR nicht auf einen sachlichen Grund gestützt werden mußte[268] und eine Beendigung dieser Arbeitsverhältnisse mittels des Rechtsinstituts der Kündigung nach hiesiger Auffassung ohnehin nicht möglich war (oben RdNr. 200).[268a] Ab dem 1. 1. 1992 war Abs. 4 jedoch analog auf die durch Berufung begründeten Arbeitsverhältnisse anzuwenden (oben RdNr. 202). Sie galt auch für Arbeitnehmer, die bereits vor dem Wirksamwerden des Beitritts das Rentenalter überschritten hatten (oben RdNr. 204).

209 Die Übergangsregelung erfaßte nach ihrem Wortlaut jegliche ordentlichen Kündigungen. Der Wortlaut rechtfertigt ein weites Verständnis der Norm, aufgrund dessen nicht nur Beendigungs-, sondern auch **Änderungskündigungen** in ihren Anwendungsbereich einbezogen waren.[268b] Da Abs. 4 S. 1 der Sonderregelung den Ausspruch einer Beendigungskündigung erleichtern sollte, folgt hieraus per argumentum a majore ad minus, daß diese Erleichterungen auch für das schwächere Institut der Änderungskündigung galten.

210 Mit Ablauf des 31. 12. 1993 trat die kündigungsrechtliche Sonderregelung in Abs. 4 der Übergangsvorschrift außer Kraft. Maßgebend ist insoweit der Zeitpunkt des Zugangs der Kündigung.

211 **2. Einordnung in das allgemeine System des Kündigungsschutzes. a) Sonderkündigungsschutz.** Das Verhältnis der Übergangsregelung in Abs. 4 zum allgemeinen Kündigungsschutz ist dem Gesetz zwar nicht zweifelsfrei zu entnehmen, aus der Formulierung „ist auch zulässig" ist jedoch abzuleiten, daß der für besondere Arbeitnehmergruppen etablierte **Sonderkündigungsschutz** durch Abs. 4 **nicht verdrängt** wird.[269] Dies gilt zB für den nachwirkenden Kündigungsschutz, den § 15 Abs. 2 KSchG für Personalratsmitglieder etabliert.[270] Auf Abs. 4 kann eine ordentliche Kündigung nur gestützt werden, wenn gegenüber dem Arbeitnehmer der Ausspruch einer ordentlichen Kündigung nach Maßgabe der allgemeinen Vorschriften prinzipiell zulässig ist.

---

[265] Siehe Anl. I Kap. III Sachgeb. A Abschn. III Nr. 8 Einigungsvertrag.
[266] Zur Begrenzung auf den Bereich der „öffentlichen Verwaltung" und zu einer inhaltlichen Konkretisierung siehe oben RdNr. 189 ff.
[267] Ebenso *Fenski-Linck* NZA 1992, 337 (339).
[268] Siehe hierzu *Oetker* (Fn. 69) RdNr. 1549 ff.
[268a] Für die Zulässigkeit einer Kündigung jedoch nunmehr BAG BB 1994, 218 (218).
[268b] So auch LAG Chemnitz (1. Kammer) DB 1993, 992; sowie LAG Chemnitz (6. Kammer) ArbuArbR 1994, 87 f.

[269] Ebenso *Dörner-Widlak* NZA 1991, Beil. Nr. 1, S. 43 (52); *Fenski-Linck* NZA 1992, 337 (342); *Hanau* WissR 1992, 213 (236 f.); *Hueck/v. Hoyningen-Huene,* KSchG, 11. Aufl. 1992, Einleitung RdNr. 75; *Künzl* ArbuR 1992, 204 (208); *Säcker-Oetker* (Fn. 42) RdNr. 995; anderer Ansicht *Jeske* ZTR 1990, 451 (454).
[270] So auch LAG Chemnitz (2. Kammer) ArbuR 1992, 376 (LS); sowie nochmals LAG Chemnitz (2. Kammer) PersR 1993, 279 (279); *Hanau* WissR 1992, 213 (237); aA *Reichold-Compensis* BB 1993, 1018 ff.

Vermögensrestitution und Arbeitsrecht **Anh. I § 16 VermG**

Ist für bestimmte Arbeitnehmergruppen eine **ordentliche Kündigung ausgeschlossen**, 212
so ergriff dieser Ausschluß auch die in Abs. 4 S. 1 der Übergangsregelung vorgesehenen
Möglichkeiten zum Ausspruch einer ordentlichen Kündigung. **Tatbestandlich eng begrenzte Ausnahmen von dem Verbot einer ordentlichen Kündigung**, wie sie zB in § 15
Abs. 4 und 5 KSchG[271] sowie in der fortgeltenden Regelung in § 58 Abs. 2 AGB-DDR[272]
normiert sind, reichen hierfür nicht aus. Die dort genannten restriktiven Voraussetzungen blieben stets zu beachten. Abs. 4 der Sonderregelung eröffnete keine zusätzlichen
Möglichkeiten zum Ausspruch einer ordentlichen Kündigung gegenüber den von dem
Sonderkündigungsschutz erfaßten Arbeitnehmern. Des weiteren beseitigte Abs. 4 nicht
die behördlichen Zustimmungserfordernisse für den Ausspruch einer ordentlichen Kündigung (zB § 15 SchwbG).[273]

b) Beteiligung des Personalrates. Durch die in Abs. 4 angeordnete Sonderregelung 213
blieben die allgemeinen **Beteiligungsrechte des Personalrates unberührt**, die der Arbeitgeber stets vor Ausspruch einer Kündigung beachten muß.[274] Die für die ordentliche
Kündigung in Abs. 4 normierte Sonderregelung sollte nicht jegliche Erschwerungen der
Kündigung beseitigen, sondern lediglich ihre materiell-rechtlichen Voraussetzungen hinsichtlich des kündigungsrelevanten Sachverhalts modifizieren. Wird der Anwendungsbereich der Sonderregelung zum ordentlichen Kündigungsrecht nicht nur auf öffentlichrechtlich verfaßte Verwaltungseinrichtungen beschränkt, sondern entgegen der hier befürworteten Ansicht[275] auch auf die privatrechtlich organisierte „öffentliche Verwaltung"
ausgedehnt, bliebe die Pflicht zur Beteiligung des Betriebsrates (§ 102 BetrVG) ebenfalls
bestehen.

c) Verhältnis zum Kündigungsschutzgesetz. Kontroverse Diskussionen in Doktrin 214
und Judikatur löste von Beginn an das Verhältnis von Abs. 4 der Übergangsregelung zu
§ 1 KSchG und den allgemeinen, namentlich von der Rechtsprechung des Bundesarbeitsgerichts herausgearbeiteten Voraussetzungen für die soziale Rechtfertigung einer ordentlichen Kündigung aus. Hierfür boten sich **drei Lösungswege** an: Zum einen läßt sich
Abs. 4 S. 1 im Sinne **absoluter Kündigungsgründe** interpretieren, die bei Erfüllung ihrer
tatbestandlichen Voraussetzungen eine ordentliche Kündigung **stets sozial rechtfertigen**,
ohne die Ausübung des Kündigungsrechts zusätzlich an die Grundsätze einer verhältnismäßigen Rechtsausübung bzw. einer Interessenabwägung zu binden oder durch das Erfordernis einer sozialen Auswahl (§ 1 Abs. 3 KSchG) zu beschränken. Andererseits ist
auch eine Interpretation denkbar, die die in Abs. 4 Satz 1 genannten Tatbestände lediglich
als **Konkretisierung** der in § 1 Abs. 2 Satz 1 KSchG genannten Sachverhalte versteht, die
eine ordentliche Kündigung sozial rechtfertigen. Als Mittelweg bietet sich schließlich eine
auf **§ 1 Abs. 2 KSchG beschränkte Konkretisierung** an, die die letztgenannte allgemeine
Bestimmung verdrängt.

Weder in der Judikatur der Instanzgerichte noch in der Doktrin konnte sich bezüglich 215
dieses Streitstandes eine „herrschende Meinung" herausbilden. Während die *9. Kammer
des Landesarbeitsgerichts Berlin* im Anschluß an die Überlegungen von *Weiß* ein weites

---

[271] Für die Anwendung von § 15 Abs. 5 KSchG auch LAG Chemnitz/Dresden (2. Kammer) BB 1992, 2220 (LS); ebenso *Hanau* WissR 1992, 213 (237); *Vohs* PersR 1991, 257 (261); aA *Reichold-Compensis* BB 1993, 1018ff.
[272] Hierzu *Oetker* (Fn. 69) RdNr. 1504ff.
[273] LAG Brandenburg (1. Kammer) PersR 1992, 123; *Dörner-Widlak* NZA 1991, Beil. Nr. 1, S. 43 (52).
[274] Ebenso BAG EzA Art. 20 Einigungsvertrag Nr. 25; sowie LAG Brandenburg (1. Kammer) PersR 1993, 136 (137); LAG Chemnitz (1. Kammer) PersR 1992, 473 (474); BezG Rostock (2. SfArbR) PersR 1992, 469 (469f.); KrG Leipzig-Stadt (5. KfArbR) PersR 1992, 264 (265); *Dörner-Widlak* NZA 1991, Beil. Nr. 1, S. 43 (52); *Fenski-Linck* NZA 1992, 337 (342); *Künzl* ArbuR 1992, 204 (208); *Schimmelpfennig* PersV 1990, 469 (473); bereits inzidenter BAG EzA Art. 20 Einigungsvertrag Nr. 21; so auch für die außerordentliche Kündigung BAG NZA 1993, 118ff. Hinsichtlich der Rechtslage im Ostteil Berlins ist § 6 Nr. 4 lit. a des Zweiten Gesetzes über die Vereinheitlichung des Berliner Landesrechts vom 10. 12. 1990 (GVBl. S. 2289) zu beachten; hierzu auch BAG DZWir 1993, 416 (419); LAG Berlin (7. Kammer) ArbuArbR 1993, 349.
[275] Siehe RdNr. 189ff.

VermG § 16 Anh. I Abschnitt IV. Rechtsverhältnisse zw. Berechtigten u. Dritten

Verständnis der Sonderregelung befürwortet, nach dem § 1 KSchG insgesamt, also auch hinsichtlich der in § 1 Abs. 3 KSchG normierten Sozialauswahl, verdrängt sein soll,[276] plädiert das *Landesarbeitsgericht Brandenburg* sogar für eine Verdrängung der §§ 9, 10 KSchG.[277] Die Gegenposition, die eine Spezialität der Sonderregelung in Abs. 4 auf § 1 Abs. 2 S. 1 KSchG beschränkt, wird im Schrifttum namentlich von *Preis* und *Säcker/ Oetker* befürwortet,[278] sie fand ebenfalls ihren Niederschlag in der Rechtsprechung einiger Instanzgerichte.[279] Ihr folgen mit Einschränkungen auch *Fenski/Linck* sowie *v. Hoyningen-Huene,* die eine Spezialität für die Gesamtregelung in § 1 Abs. 2 KSchG, also insbesondere hinsichtlich des Satzes 2, bejahen, diese jedoch nicht auf § 1 Abs. 3 KSchG ausdehnen.[280] Die Anwendbarkeit der §§ 4 bis 7 KSchG wurde bislang nicht in Zweifel gezogen.[280a]

216 Das *Bundesarbeitsgericht* gab in seiner Grundsatzentscheidung vom *24. 9. 1992* hinsichtlich der verdrängenden Wirkung von Abs. 4 der kündigungsrechtlichen Sonderbestimmung eine grundsätzliche Stellungnahme ab, deren Reichweite im Detail unverändert zahlreiche Fragen offenläßt. Das Gericht wertete die Regelung in Abs. 4 „als eine in sich selbständige Modifizierung des § 1 KSchG",[281] so daß das Gericht die Spezialitätswirkung insgesamt auf § 1 KSchG bezieht. Solange die in Abs. 4 der Sonderregelung genannten Gründe vorliegen, könne eine Kündigung wirksam ausgesprochen werden, ohne daß zusätzlich der Tatbestand des § 1 KSchG beachtet werden müsse.[282] Dementsprechend entschied das Gericht, daß die §§ 9, 10 KSchG durch die einigungsvertragliche Sonderregelung für die ordentliche Kündigung nicht verdrängt werden.[283] Der Standpunkt der höchstrichterlichen Rechtsprechung schließt es nicht aus, daß sich der öffentliche Arbeitgeber zur Wirksamkeit der ordentlichen Kündigung auch darauf stützen kann, diese erfülle die in § 1 KSchG niedergelegten Voraussetzungen.[283a]

217 Die im Schrifttum geäußerten Erwägungen sowie die Argumentation des Bundesarbeitsgerichts zwingen nicht zu einer Revision der bislang[284] befürworteten Konzeption. Der Zweck der Gesetzesbestimmung, die notwendige Umstrukturierung des öffentlichen Dienstes zu erleichtern,[285] wird durch beide Interpretationsmöglichkeiten erreicht. Da Abs. 4 S. 1 temporär von gesetzlichem Arbeitnehmerschutzrecht abweicht, bedarf es für eine extensive Auslegung im Sinne einer Theorie absoluter Kündigungsgründe positiver Anhaltspunkte. Diese lassen sich nicht aus der Vorbehaltsklausel in Abs. 1 der Übergangsregelung ableiten,[286] da diese sich nicht auf das Verhältnis der Maßgaben des Einigungsvertrages untereinander bezieht.[287] Durch eine Theorie absoluter Kündigungsgründe werden fundamentale Strukturprinzipien des geltenden, am Prinzip der Einzelfallgerechtigkeit

---

[276] LAG Berlin (9. Kammer) LAGE Art. 20 Einigungsvertrag Nr. 4 und 5; *Weiß* PersV 1991, 97 (106); ebenso ArbG Berlin (58. Kammer) ZTR 1991, 210 (210); *Berkowsky* MünchArbR Bd. II, 1993, § 134 RdNr. 137; *Jeske* ZTR 1990, 451 (454); *Schimmelpfennig* PersV 1990, 469 (473).

[277] LAG Brandenburg (1. Kammer) PersR 1992, 123.

[278] *Preis* PersR 1991, 201 (203); *Säcker-Oetker* (Fn. 42) RdNr. 997; vgl. auch *Oetker* Anm. zu LAG Berlin LAGE Art. 20 Einigungsvertrag Nr. 1; ebenso *Weiss-Kreuder* ArbuR 1994, 12 (17 ff.); *Meyer,* Die ordentliche Kündigung von Arbeitsverhältnissen im öffentlichen Dienst der neuen Bundesländer nach dem Einigungsvertrag, Diss. (Freie Universität) Berlin 1993.

[279] ArbG Berlin (63. Kammer) EzA Art. 20 Einigungsvertrag Nr. 12; KrG Rostock-Land (KfArbR) ZTR 1992, 34 (35 f.); KrG Leipzig-Stadt (5. KfArbR) PersR 1992, 264 (265 f).

[280] *Fenski-Linck* NZA 1992, 337 (341 f.); *Hueck/ v. Hoyningen-Huene* (Fn. 269) Einleitung RdNr. 75 c, f, g und h; im Ergebnis ebenso *Däubler*

PersR 1991, 193 (199); *Seidel* PersR 1991, 404 (405); *Gude* PersR 1992, 440 ff.; in diesem Sinne auch *Dörner-Widlak* NZA 1991, Beil. Nr. 1, S. 43 (52).

[280a] Vgl. *Hanau* WissR 1992, 213 (230).

[281] BAG DB 1993, 179 (180); bestätigt durch BAG EzA Art. 37 Einigungsvertrag Nr. 1; BAG DB 1993, 1982 (1982); BAG DB 1993, 2386 (2386); ebenso LAG Thüringen (5. Kammer) ZTR 1993, 519 (519); *Ascheid* NZA 1993, 97 (102 f.); *Berkowsky* (Fn. 276) § 134 RdNr. 137.

[282] BAG DB 1993, 179 (179); bestätigt durch BAG EzA Art. 37 Einigungsvertrag Nr. 1.

[283] BAG DB 1993, 179 (179 f.); bestätigt durch BAG EzA Art. 37 Einigungsvertrag Nr. 1; siehe auch *Ascheid* NZA 1993, 97 (103); *Hanau* WissR 1992, 213 (236).

[283a] Vgl. BAG DZWir 1993, 416 ff.

[284] Siehe *Säcker-Oetker* (Fn. 42) RdNr. 997 f.

[285] Erl. BReg. BT-Drucks. 11/7817, S. 177.

[286] So aber *Jeske* ZTR 1990, 451 (454).

[287] *Säcker-Oetker* (Fn. 42) RdNr. 972; *Oetker* Anm. zu LAG Berlin LAGE Art. 20 Einigungsvertrag Nr. 1.

orientierten Kündigungsschutzrechts vorübergehend außer Kraft gesetzt. Dieser Absicht des Gesetzgebers widerspricht bereits die uneingeschränkte Geltung von § 55 AGB-DDR (vgl. Abs. 4 Satz 3 der Übergangsregelung), der in Abs. 2 dem durch längere Beschäftigungsdauer „erdienten" Bestandsschutz Rechnung trägt.

Die Übergangsregelung soll die Umstrukturierung des öffentlichen Dienstes erleichtern, nicht jedoch den durch die allgemeinen Vorschriften geschaffenen Kündigungsschutz völlig beseitigen. Darüber hinaus besitzt Abs. 4 generelle Geltung und berechtigt bei allen Einrichtungen der öffentlichen Verwaltung der ehemaligen DDR zum Ausspruch einer ordentlichen Kündigung. So kann eine auf Abs. 4 S. 1 Nr. 1 der Übergangsregelung gestützte ordentliche Kündigung selbst dann ausgesprochen werden, wenn sie mit notwendigen Umstrukturierungsmaßnahmen in keinem Zusammenhang steht. Angesichts dieser Reichweite des Kündigungsrechts verdient eine Auffassung den Vorzug, die die in Abs. 4 Satz 1 Nr. 1 bis 3 aufgeführten Tatbestände lediglich als eine **Konkretisierung** bzw. **partielle Modifizierung der personen-, verhaltens- bzw. betriebsbedingten Kündigungsgründe im Sinne von § 1 Abs. 2 Satz 1 KSchG** versteht.[288] 218

Abs. 4 S. 1 stellt bei diesem, von der Rechtsprechung des Bundesarbeitsgerichts abweichenden[289] dogmatischen Grundverständnis klar, daß die dort genannten Tatbestände „an sich" geeignet sind, den Ausspruch einer ordentlichen Kündigung sozial zu rechtfertigen. Namentlich hinsichtlich der betriebsbedingten Kündigung erfolgt über Abs. 4 S. 1 Nr. 2 und 3 eine wichtige Konkretisierung,[290] da bei den dort genannten Sachverhalten die Dringlichkeit der betrieblichen Erfordernisse nicht gesondert zu prüfen ist.[291] Selbst wenn die in Abs. 4 S. 1 Nr. 1 bis 3 genannten Tatbestände erfüllt sind, ist der Arbeitgeber jedoch an die vor allem von der höchstrichterlichen Rechtsprechung herausgearbeiteten Schranken des **Verhältnismäßigkeitsgrundsatzes** gebunden.[292] Bei einer Kündigung wegen des in Nr. 1 umschriebenen Sachverhalts sind nach § 1 Abs. 2 S. 3 KSchG zudem **zumutbare Umschulungs- und Fortbildungsmaßnahmen** vor Ausspruch einer ordentlichen Kündigung anzubieten.[293] Im Rahmen einer auf Nr. 2 oder 3 gestützten ordentlichen Kündigung ist das **Gebot einer sozialen Auswahl (§ 1 Abs. 3 KSchG)** unter Berücksichtigung der betrieblichen Belange (Unabkömmlichkeitsklausel, § 1 Abs. 3 S. 2 KSchG) [294] zu beachten.[295] 219

Das *Bundesarbeitsgericht* hat die Bindung an die vorgenannten Kündigungsbeschränkungen in seinem Grundsatzurteil vom *24. 9. 1992*[296] nicht expressis verbis verworfen. Selbst 220

---

[288] Vgl. näher zu dem hier befürworteten Verständnis auch *Oetker* Anm. zu LAG Berlin LAGE Art. 20 Einigungsvertrag Nr. 1.
[289] Siehe BAG DB 1993, 179 f.; BAG EzA Art. 20 Einigungsvertrag Nr. 22; BAG DB 1993, 1982 (1982); BAG DB 1993, 2386 (2386).
[290] Ebenso *Fenski-Linck* NZA 1992, 337 (341).
[291] Ebenso KrG Rostock-Land (KfArbR) ZTR 1992, 34 (36).
[292] So auch *Säcker-Oetker* (Fn. 42) RdNr. 998; *Stahlhacke-Preis* (Fn. 245) RdNr. 1381; *Vollmer* ArbuR 1993, 17 (20).
[293] So auch *Däubler* PersR 1990, 313 (314); *Künzl* ArbuR 1992, 204 (208); iE ebenso *Vollmer* ArbuR 1993, 17 (20); *Berkowsky* (Fn. 276) § 132 RdNr. 169.
[294] Zugunsten einer Beachtung von § 1 Abs. 3 Satz 2 KSchG bei einer eingeschränkten Sozialauswahl auch *Langanke-Hanau* NJ 1993, 437 (439); näher zu § 1 Abs. 3 S. 2 KSchG; MünchKomm. *Schwerdtner* BGB, 2. Aufl. 1988, Vor § 620 RdNr. 519 ff.
[295] Ebenso ArbG Berlin (63. Kammer) EzA Art. 20 Einigungsvertrag Nr. 12; ArbG Berlin (98. Kammer) EzA Art. 20 Einigungsvertrag Nr. 6; KrG Rostock-Land (KfArbR) ZTR 1992, 34 (35 f.);

ebenso im Schrifttum *Berkowsky* (Fn. 276) § 134 RdNr. 148 ff.; *Däubler* PersR 1990, 313 (314); *ders.* PersR 1991, 193 (199); *Fenski-Linck* NZA 1992, 337 (341 f.); *Hamer* PersR 1993, 158 (159 f.); *Hueck/v. Hoyningen-Huene* (Fn. 269) Einleitung RdNr. 75 h; *Künzl* ArbuR 1992, 204 (208); *Preis* PersR 1991, 201 (203); *Staudinger-Rauscher* Art. 232 § 5 EGBGB RdNr. 40; *Säcker-Oetker* (Fn. 42) RdNr. 998; *Seidel* PersR 1991, 404 (405); wohl auch *Koch-Pasinski* ArbuArbR 1992, 204 (205 f.); zumindest für eine eingeschränkte Sozialauswahl *Hanau* WissR 1992, 213 (234 f.); *Langanke-Hanau* NJ 1993, 437 (439); noch restriktiver *Ascheid* (Fn. 252) RdNr. 857, der auf die Figur des Rechtsmißbrauchs zurückgreift, wenn die soziale Schwäche des Gekündigten gegenüber sozial stärkeren Arbeitnehmern evident war; gänzlich gegen eine soziale Auswahl LAG Berlin (9. Kammer) LAGE Art. 20 Einigungsvertrag Nr. 5; *Holzhauser* NJ 1991, 494 (495); *Jeske* ZTR 1990, 451 (454); *Weiß* PersV 1991, 97 (106); umfassende Nachweise zum Meinungsstand bei *Hamer* PersR 1993, 158 (159).
[296] BAG DB 1993, 179 f.; bestätigt durch BAG EzA Art. 20 Einigungsvertrag Nr. 22; BAG DB 1993, 1982 (1982); BAG DB 1993, 2386 (2386).

wenn das Urteil dahingehend verstanden wird, bleibt die Aussage des *Achten Senats* interpretationsbedürftig, daß die Kündigung wegen eines Verstoßes gegen § 242 BGB unwirksam sein kann.[297] Die Bindung an den Verhältnismäßigkeitsgrundsatz sowie die Grundsätze einer sozialen Auswahl lassen sich insbesondere im Hinblick auf die dogmengeschichtliche Tradition dieser Kündigungsbeschränkungen letztlich auch als eine spezialgesetzliche Ausprägung der allgemeinen Grundsätze von Treu und Glauben werten, so daß über § 242 BGB die allgemeinen kündigungsschutzrechtlichen Maximen in bislang nicht präzise konturierter Gestalt wieder aufleben können. Die seitens des Achten Senats befürwortete Verdrängung von § 1 KSchG führt nur scheinbar zu einer Klärung der Rechtslage, da völlig offen bleibt, ob und in welcher Intensität die allgemeinen Schranken der Kündigung, also insbesondere der Verhältnismäßigkeitsgrundsatz über § 242 BGB zur Anwendung gelangen.[297a] Exemplarisch zeigen dies die Ausführungen von *Ascheid*, der die Kündigung als rechtsmißbräuchlich bewertet, wenn eine anderweitige Beschäftigung *offensichtlich* möglich oder die soziale Schwäche des Gekündigten gegenüber sozial stärkeren Arbeitnehmern evident war.[297b]

221 Ungeachtet des Spezialitätsverhältnisses zwischen Abs. 4 der Sonderregelung und § 1 KSchG steht auch bei einem extensiven, vom *Bundesarbeitsgericht* favorisierten Verständnis fest, daß die einigungsvertragliche Sonderregelung nur im Rahmen ihres Anwendungsbereiches eine verdrängende Wirkung entfaltet.[298] Deshalb greift sie nur hinsichtlich der materiellen, in § 1 KSchG geregelten Kündigungsberechtigung ein. Die **Drei-Wochen-Frist zur Erhebung einer Kündigungsschutzklage** (§ 4 S. 1 KSchG) ist auch bei einer auf Abs. 4 der Übergangsregelung gestützten ordentlichen Kündigung einzuhalten.[299] Darüber hinaus lassen sich der Sonderregelung keine hinreichenden Anhaltspunkte dafür entnehmen, daß eine **gerichtliche Auflösung des Arbeitsverhältnisses** nach den §§ 9, 10 KSchG ausgeschlossen ist.[300] Die in Abs. 4 S. 1 der Übergangsregelung aufgeführten Sachverhalte sind bei der Anwendung der §§ 9, 10 KSchG als spezielle Tatbestände zur sozialen Rechtfertigung einer ordentlichen Kündigung zu verstehen.[301] Wird der Ausspruch einer **Änderungskündigung** auf Abs. 4 S. 1 der Übergangsregelung gestützt,[302] so ist § 2 KSchG anzuwenden.

222 **3. Kündigungstatbestände. a) Mangelnde fachliche Qualifikation oder persönliche Eignung.** Mit den unter Nr. 1 aufgeführten Tatbeständen bestätigt das Gesetz die gefestigte Judikatur des Bundesarbeitsgerichts, nach der sowohl die mangelnde fachliche Qualifikation als auch die persönliche Ungeeignetheit als personenbedingter Kündigungsgrund anerkannt ist.[303] Regelungstechnisch findet die Übergangsregelung zugleich in **Art. 132 Abs. 1 GG** eine Parallele, die eine Kündigung wegen fehlender persönlicher oder fachlicher Eignung kannte. Angesichts der historisch ähnlichen Situation[304] kann zur Konkretisierung dieser Tatbestände auch auf die „Durchführungsbestimmung zur Verordnung über Maßnahmen gegen dienstlich ungeeignete Beamte und Angestellte" vom 23. 2. 1950[305] zurückgegriffen werden.[306]

---

[297] BAG DB 1993, 179.
[297a] Kritisch auch *Berkowsky* (Fn. 276) § 134 RdNr. 147.
[297b] *Ascheid* (Fn. 252) RdNr. 857.
[298] BAG DB 1993, 179.
[299] BAG DB 1993, 179 (180); *Hanau* WissR 1992, 213 (230); ebenso für die außerordentliche Kündigung BAG NZA 1993, 118.
[300] So auch BAG DB 1993, 179f.; *Ascheid* NZA 1993, 97 (103); aA noch LAG Brandenburg (1. Kammer) PersR 1992, 123.
[301] BAG DB 1993, 179 (180); bestätigt durch BAG DZWir 1993, 416 (418); sowie *Hanau* WissR 1992, 213 (236); *Ascheid* NZA 1993, 97 (103).

[302] Siehe RdNr. 209.
[303] So auch *Hueck/v. Hoyningen-Huene* (Fn. 269) Einleitung RdNr. 75d; *Preis* PersR 1991, 201 (204); *Stahlhacke-Preis* (Fn. 245) RdNr. 1381; *Wank* RdA 1991, 1 (5); vgl. ferner *Schwerdtner* (Fn. 294) Vor § 620 RdNr. 449f.; *Becker* KR, 3. Aufl. 1989, § 1 KSchG RdNr. 205ff.; für die fehlende fachliche Qualifikation BAG AP § 1 KSchG 1969 Nr. 8.
[304] Siehe *Jess*, Bonner Kommentar zum GG, Art. 132 Anm. I.
[305] BGBl. I S. 38.
[306] In diesem Sinne auch *Weiß* PersV 1991, 97 (117f.).

Für die **fachliche Qualifikation** kommt es nicht auf die formale Vor- oder Ausbildung, 223
sondern auf die Kenntnisse oder Fähigkeiten an, die zur Erfüllung der arbeitsvertraglichen
Pflichten auf dem konkreten Arbeitsplatz notwendig sind.[307] Eine fehlende formale Qualifikation kann deshalb durch im Laufe des Arbeitsverhältnisses erworbene Kenntnisse und
Fähigkeiten ausgeglichen werden, wenn sie den Arbeitnehmer in die Lage versetzen,
seinen derzeitigen arbeitsvertraglich festgelegten Aufgabenbereich uneingeschränkt zu erfüllen. Bloße Mutmaßungen können eine mangelnde fachliche Qualifikation nicht begründen, hierfür ist ein konkretes Versagen in dem übertragenen Aufgabenkreis erforderlich.[308] Dies gilt allerdings nur, wenn die Qualifikationsvoraussetzungen unverändert geblieben sind. Durch eine Veränderung der für den Arbeitsplatz erforderlichen Qualifikationsmerkmale, die der öffentliche Arbeitgeber unter Berücksichtigung von Art. 37
EVertr. einseitig vornehmen darf, kann die fachliche Qualifikation auch dann fehlen,
wenn die arbeitsvertraglich geschuldeten Aufgaben in der Vergangenheit ohne Beanstandungen erledigt wurden.[308a]

Bei der **persönlichen Eignung** ist das Verhalten des Arbeitnehmers nur insoweit zu 224
berücksichtigen, als es auf einen Mangel an Eigenschaften schließen läßt, die allgemein
oder nach den besonderen Erfordernissen des zur Zeit der Kündigung besetzten Arbeitsplatzes zu verlangen sind. Art. 33 Abs. 2 GG liefert hierfür eine Interpretationshilfe,[309] da
der Übergang der Arbeitsverhältnisse bei den überführten Einrichtungen nach Abs. 2 der
Übergangsregelung zum öffentlichen Dienst ohne Rücksicht auf die persönliche Eignung
der in der Einrichtung beschäftigten Arbeitnehmer eintrat. Der in Abs. 4 S. 1 Nr. 1 genannte Kündigungsgrund schafft insoweit ein aus Sicht des Art. 33 Abs. 2 GG gebotenes
Korrektiv,[310] ohne daß jedoch dem Arbeitgeber bei der Kündigung ein mit der Einstellung
vergleichbarer Beurteilungsspielraum zusteht.[311]

Zu der persönlichen Eignung gehört im Bereich der öffentlichen Verwaltung auch die 225
Bereitschaft, der für das Amt erforderlichen politischen Treuepflicht zu genügen, sich also
mit der freiheitlich demokratischen Grundordnung zu identifizieren und den Staat und
seine Verfassung als einen positiven Wert anzuerkennen.[312] Zwar gilt die politische Treuepflicht im öffentlichen Dienst nicht für alle Arbeiter und Angestellte mit gleicher Intensität, die für Beamte anerkannten Maßstände müssen jedoch auch bei Arbeitern und Angestellten angewendet werden, wenn sie hoheitliche Funktionen wahrnehmen. Dies gilt
insbesondere für Lehrer und Erzieher, da es zu ihren arbeitsvertraglichen Aufgaben gehört, die Grundwerte der Verfassung glaubhaft zu vermitteln.[313]

Die persönliche Eignung kann im Hinblick auf die mit der Arbeitsaufgabe untrennbar 226
verbundene politische Treuepflicht vor allem dann fehlen, wenn sich der Arbeitnehmer
früher an herausgehobener Stelle für politische Parteien oder Massenorganisationen in der
ehem. DDR betätigte oder herausgehobene staatliche Aufgaben wahrnahm, da hieraus ein

---

[307] Ebenso im Anschluß LAG Berlin (9. Kammer) LAGE Art. 20 Einigungsvertrag Nr. 4; im Grundsatz ebenso BAG EzA Art. 37 Einigungsvertrag Nr. 1; BAG DB 1993, 1982 (1982) BAG EzA Art. 20 Einigungsvertrag Nr. 29; sowie *Berkowsky* (Fn. 276) § 132 RdNr. 157 ff.; wie hier *Vollmer* ArbuR 1993, 17 (20); siehe aber auch LAG Berlin (14. Kammer) PersR 1992, 427 ff., im Hinblick auf die Anerkennung der in der Vergangenheit erworbenen Befähigungsnachweise; hierzu nunmehr auch BAG EzA Art. 37 Einigungsvertrag Nr. 1.

[308] Vgl. OVG Hamburg VerwRspr. Bd. 4, 82 (86).

[308a] Vgl. auch BAG EzA Art. 37 Einigungsvertrag Nr. 1; sowie *Berkowsky* (Fn. 276) § 132 RdNr. 156.

[309] So auch *Pieroth* NJ 1992, 89 (91).

[310] Ebenso BAG NZA 1993, 118 (120); in der Sache auch BAG DB 1993, 1982 (1982); BAG DB 1993, 2386 (2387); BAG NJ 1993, 525 (526); sowie LAG Berlin (6. Kammer) DB 1993, 98 (LS).

[311] So auch BAG EzA Art. 20 Einigungsvertrag Nr. 28; *Vollmer* ArbuR 1993, 17 (19); aA LAG Berlin (14. Kammer) NJ 1993, 42 (43); *Holzhauser* NJ 1991, 494 (495); offengelassen von LAG Berlin (6. Kammer) DB 1993, 98 (LS).

[312] Siehe aus der st. Rspr. BAG AP Art. 33 Abs. 2 GG Nr. 2, 5 und 16; sowie nunmehr BAG DB 1993, 1982 (1982); BAG DB 1993, 2386 (2386); LAG Thüringen (5. Kammer) ZTR 1993, 519 (519).

[313] Vgl. BAG AP Art. 33 Abs. 2 GG Nr. 2, 16, 19, 20 und 26; sowie jetzt auch BAG NJ 1993, 525 (526).

besonderes Maß an Identifikation mit dem damaligen politischen System erkennbar ist.[314] Dementsprechend können auch die in **Abs. 5 der Übergangsregelung aufgeführten Sachverhalte** der persönlichen Eignung des Arbeitnehmers entgegenstehen und eine auf Abs. 4 S. 1 gestützte ordentliche Kündigung rechtfertigen.[315] Da der Kündigungsgrund in Abs. 4 Nr. 1 nicht auf ein individuelles Verhalten reagiert, ist weder ein schuldhaftes Verhalten des Arbeitnehmers noch eine ihm zuzurechnende konkrete Rechtsverletzung notwendig, um seine persönliche Eignung zu verneinen. Es ist jedoch stets eine Einzelfallprüfung erforderlich, ob die Nichteignung noch zum Zeitpunkt der Kündigung besteht.[315a] Umgekehrt erlaubt die frühere politische Betätigung oder die Wahrnehmung staatstragender Funktionen dann keinen Rückschluß auf die persönliche Eignung, wenn der Arbeitnehmer keine hoheitlichen Funktionen ausübt und deshalb eine gesteigerte politische Treuepflicht für die aktuell ausgeübte Tätigkeit nicht notwendig ist.[316]

227 Die fachliche Qualifikation oder die persönliche Eignung muß **nicht vollständig** fehlen. Es genügt, wenn die Defizite aufgrund einer Gesamtbetrachtung so schwerwiegend sind, daß der Arbeitnehmer den Anforderungen des konkreten Arbeitsplatzes nicht mehr ausreichend gerecht wird.[317]

228 Wegen der im Rahmen von Abs. 4 S. 1 anzuwendenden allgemeinen kündigungsschutzrechtlichen Regelungen (siehe oben RdNr. 219) ist der vorherige Ausspruch einer **Abmahnung** vor verhaltensbedingten Kündigungen erforderlich.[318] Bei einer **gesundheitlichen Ungeeignetheit** sind zudem die restriktiven Voraussetzungen hinsichtlich der sozialen Rechtfertigung einer krankheitsbedingten ordentlichen Kündigung zu berücksichtigen.[319] Des weiteren ist auch im Rahmen von Abs. 4 S. 1 der Übergangsregelung der Ausspruch einer ordentlichen Beendigungskündigung nur dann sozial gerechtfertigt, wenn der Ausspruch einer **Änderungskündigung** nicht ausreichend ist.[320] Besitzt der Arbeitnehmer die erforderliche fachliche und persönliche Eignung für einen anderen freien Arbeitsplatz, so ist das vorherige Angebot dieses Arbeitsplatzes und seine Ablehnung durch den Arbeitnehmer erforderlich, um den Ausspruch einer Beendigungskündigung zu rechtfertigen.[321] Bei fehlender fachlicher Eignung kommt das Angebot zumutbarer Umschulungs- und Fortbildungsmaßnahmen als milderes Mittel in Betracht.[322]

---

[314] BAG DB 1993, 1982 (1983); BAG EzA Art. 20 Einigungsvertrag Nr. 28; LAG Chemnitz (2. Kammer) NJ 1993, 236f.; LAG Chemnitz-Dresden (2. Kammer) DB 1992, 2200 (LS); BezG Dresden (2. SfArbR) ArbuArbR 1992, 347 (347f.); LAG Berlin (9. Kammer) LAGE Art. 20 Einigungsvertrag Nr. 4; LAG Berlin (9. Kammer) ZTR 1993, 215 (LS); LAG Berlin (14. Kammer) NJ 1993, 42 (43); LAG Thüringen (5. Kammer) ZTR 1993, 519 (519f.); ArbG Berlin (63. Kammer) BB 1992, 638 (LS); *Fenski-Linck* NZA 1992, 337 (340). Zu § 54 Abs. 2 lit. b AGB-DDR aF, der ebenfalls die ordentliche Kündigung wegen fehlender Eignung ermöglichte, vgl. BezG Rostock (2. SfArbR) LAGE § 54 AGB-DDR Nr. 1 und 2.

[315] BAG EzA Art. 20 Einigungsvertrag Nr. 22; BAG DB 1993, 2386 (2386); LAG Berlin (9. Kammer) ZTR 1993, 215 (LS); LAG Brandenburg (1. Kammer) LAGE Art. 20 Einigungsvertrag Nr. 3; LAG Brandenburg (2. Kammer) DB 1993, 176 (178f.); KrG Leipzig-Stadt (9. KfArbR) EzA Art. 20 Einigungsvertrag Nr. 13; *Berkowsky* (Fn. 276) § 132 RdNr. 161; *Fenski-Linck* NZA 1992, 337 (340); *Pieroth* NJ 1992, 89 (91); *Säcker-Oetker* (Fn. 42) RdNr. 1000; *U. Scholz* BB 1991, 2515 (2526); aA *Däubler* PersR 1990, 313 (314).

[315a] BAG DB 1993, 1982 (1983); BAG NJ 1993, 525 (526); LAG Thüringen (5. Kammer) ZTR 1993, 519 (520); siehe auch BAG DB 1993, 2386 (2386), das mit Recht hervorhebt, daß die Einzelfallprüfung nicht mit einer Interessenabwägung gleichzusetzen ist.

[316] So mit Recht BezG Dresden (2. SfArbR) ArbuArbR 1992, 347 (348); ArbG Berlin (63. Kammer) ArbuArbR 1992, 285f.; im Grundsatz auch *Vollmer* ArbuR 1993, 17 (19).

[317] Wie hier LAG Berlin (9. Kammer) LAGE Art. 20 Einigungsvertrag Nr. 4; sowie bereits *Säcker-Oetker* (Fn. 42) RdNr. 1000.

[318] BAG AP § 1 KSchG 1969 Nr. 8.

[319] Hierzu umfassend *Becker* (Fn. 303) § 1 KSchG Rn. 210ff.

[320] Ebenso *Holzhauser* NJ 1991, 494 (495); *Weiss-Kreuder* ArbuR 1994, 12 (20); aA *Fenski-Linck* NZA 1992, 337 (340f.); *Hueck/v. Hoyningen-Huene* (Fn. 259) Einleitung Rn. 75f; siehe allg. BAG AP § 2 KSchG 1969 Nr. 8; sowie näher *Schwerdtner* (Fn. 294) Vor § 620 RdNr. 249ff.

[321] Siehe insoweit auch Art. 132 GG sowie § 5 der „Verordnung über Maßnahmen gegen dienstlich ungeeignete Beamte und Angestellte" vom 17. 2. 1950, BGBl. I S. 34; wie hier auch *Berkowsky* (Fn. 276) § 132 RdNr. 170.

[322] So auch *Däubler* PersR 1990, 313 (314); *Künzl* ArbuR 1992, 204 (208); *Vollmer* ArbuR 1993, 17 (20); *Weiss-Kreuder* ArbuR 1994, 12 (20); im Grundsatz auch *Hanau* WissR 1992, 213 (221f.); *Berkowsky* (Fn. 276) § 132 RdNr. 169.

Die **Beweislast** für die **fehlende persönliche Eignung** trägt grundsätzlich der Arbeitge- 229
ber.[323] Sie kann jedoch durch eine tatsächliche Vermutung erleichtert sein, wenn die
hervorgehobene Betätigung für politische Organisationen oder die Wahrnehmung von
Funktionen im Staatsapparat objektiv feststeht und eine weitere Prüfung der persönlichen
Eignung zB aufgrund der Personalakte wegen ihrer Unvollständigkeit nicht möglich ist.
In dieser Konstellation trägt der Arbeitnehmer die Beweislast für seine persönliche Eignung.[324]

b) Mangelnder Bedarf. Der in Nr. 2 genannte Tatbestand trägt der Tatsache Rech- 230
nung, daß der Träger einer Einrichtung den zukünftigen Bedarf bei seiner Überführungsentscheidung nicht immer zuverlässig einschätzen konnte, so daß die Situation eintreten
kann, daß infolge modifizierter kompetentieller Zuständigkeiten bzw. veränderter rechtlicher und ökonomischer Rahmenbedingungen bisheriger Arbeitskräftebedarf entfällt.[325]
Eine auf den mangelnden Bedarf gestützte ordentliche Kündigung ist an zweierlei Voraussetzungen gebunden, die kumulativ vorliegen müssen: Der mangelnde Bedarf muß sich
gerade auf den Arbeitsplatz bzw. den Arbeitsbereich des zu kündigenden Arbeitnehmers
beziehen und der Arbeitnehmer muß deshalb nicht mehr verwendbar sein.[326]

Durch diese Regelungstechnik weicht das Gesetz bewußt von den in § 1 Abs. 2 S. 1 231
KSchG verankerten restriktiven Voraussetzungen für den Ausspruch einer betriebsbedingten Kündigung ab. Die betrieblichen Erfordernisse, also der mangelnde Bedarf, muß
nicht „dringend" im Sinne von § 1 Abs. 2 S. 1 KSchG sein, sondern es genügt, wenn der
mangelnde Bedarf für die fehlende Verwendungsmöglichkeit objektiv ursächlich ist.[327]
Der hierdurch angeordnete **Verzicht auf die „Dringlichkeit" der betrieblichen Erfordernisse** entbindet aufgrund der konzeptionellen kündigungsrechtlichen Einbettung der
Übergangsregelung[328] indessen nicht von den allgemeinen Beschränkungen des Rechts
zum Ausspruch einer ordentlichen betriebsbedingten Kündigung.

Da durch Abs. 4 S. 1 der Sonderbestimmung nach dem hiesigen Verständnis nur die in 232
§ 1 Abs. 2 S. 1 KSchG genannten Kündigungsgründe konkretisiert werden,[329] kann die
Möglichkeit einer anderweitigen Beschäftigung im Sinne von § 1 Abs. 2 S. 2 Nr. 2b
KSchG zur Sozialwidrigkeit einer auf Abs. 4 S. 1 Nr. 2 der Übergangsregelung gestützten
ordentlichen Kündigung führen.[330]

Ferner ist regelmäßig das **Gebot einer sozialen Auswahl** (§ 1 Abs. 3 KSchG) einzuhal- 233
ten.[331] Das Bundesarbeitsgericht befürwortet hingegen in seiner *Grundsatzentscheidung
vom 24. 9. 1992* ein abweichendes Verständnis, da das Gericht die Sonderregelung in

---

[323] LAG Berlin (14. Kammer) BB 1993, 142 (LS); LAG Chemnitz (2. Kammer) ArbuR 1993, 26 (LS); *Hanau* WissR 1992, 213 (219); *Weiss-Kreuder* ArbuR 1994, 12 (20); siehe auch LAG Thüringen (5. Kammer) ZTR 1993, 519 (520).
[324] Vgl. BAG v. 28. 4. 1994 – 8 AZR 57/93; LAG Berlin (6. Kammer) DB 1993, 89f. (LS); sowie LAG Berlin (14. Kammer) BB 1993, 142 (LS); *Berkowsky* (Fn. 276) § 132 RdNr. 163f.; *Hanau* WissR 1992, 213 (219); aA *Weiss-Kreuder* ArbuR 1994, 12 (21).
[325] Ebenso LAG Berlin (9. Kammer) LAGE Art. 20 Einigungsvertrag Nr. 5.
[326] So auch BAG DZWir 1993, 416 (418); LAG Berlin (9. Kammer) LAGE Art. 20 Einigungsvertrag Nr. 5; zustimmend *Hanau* WissR 1992, 213 (223); *Langanke-Hanau* NJ 1993, 437 (438).
[327] Im Anschluß auch LAG Berlin (9. Kammer) LAGE Art. 20 Einigungsvertrag Nr. 5; sowie *Langanke-Hanau* NJ 1993, 437 (438).
[328] Siehe RdNr. 214ff.
[329] Siehe RdNr. 217ff.

[330] Anderer Ansicht hingegen diejenige Konzeption, die die verdrängende Wirkung der Sonderregelung insgesamt auf § 1 Abs. 2 KSchG erstreckt, vgl. so vor allem die in Fn. 280 genannten Autoren; wie hier trotz der abweichenden dogmatischen Konzeption *Berkowsky* (Fn. 276) § 134 RdNr. 143; siehe aber *Ascheid* (Fn. 252) RdNr. 857, der auf die Figur des Rechtsmißbrauchs zurückgreift, wenn eine anderweitige Beschäftigung offensichtlich möglich war.
[331] So auch *Berkowsky* (Fn. 276) § 134 RdNr. 148 ff.; *Däubler* PersR 1990, 313 (314); ders. PersR 1991, 193 (199); *Fenski-Linck* NZA 1992, 337 (341 f.); *Hamer* PersR 1993, 158 (159 f.); *Hueck/v. Hoyningen-Huene* (Fn. 269) Einleitung RdNr. 75h; *Preis* PersR 1991, 201 (203); *Säcker-Oetker* (Fn. 42) RdNr. 1003; *Staudinger-Rauscher* Art. 232 § 5 EGBGB RdNr. 40; aA LAG Berlin (9. Kammer) LAGE Art. 20 Einigungsvertrag Nr. 5; ArbG Berlin (58. Kammer), ZTR 1991, 210 (210); *Holzhauser* NJ 1991, 494 (495); *Weiß* PersV 1991, 97 (106).

Abs. 4 als eine „in sich selbständige Modifizierung des § 1 KSchG" wertet.³³² Bei dieser Prämisse ist nicht nur § 1 Abs. 2 KSchG, sondern auch § 1 Abs. 3 KSchG von der Sonderbestimmung in Abs. 4 Satz 1 der Übergangsregelung verdrängt.³³²ᵃ Das Gebot einer sozialen Auswahl entfällt bei diesem Ansatz. Gleichwohl erachtet es das *Bundesarbeitsgericht* nicht für ausgeschlossen, daß eine auf Abs. 4 der Sonderregelung gestützte ordentliche Kündigung unwirksam sein kann, weil sie gegen § 242 BGB verstößt.³³³ Dementsprechend befürwortet auch das *Landesarbeitsgericht Berlin* im Hinblick auf die Entscheidung des *Bundesverfassungsgerichts* vom 24. 4. 1991³³⁴ die Beachtung der besonderen Schutzbedürftigkeit von Schwerbehinderten, älteren Arbeitnehmern und Alleinerziehenden, wenn die ordentliche Kündigung auf den in Nr. 2 genannten kündigungsrelevanten Sachverhalt gestützt wird.³³⁵

234 **c) Organisationsänderung.** Ergänzend zu Nr. 2 sieht Abs. 4 S. 1 Nr. 3 der Übergangsregelung ausdrücklich vor, daß die ordentliche Kündigung auch bei grundlegenden Organisationsveränderungen ausgesprochen werden kann. Neben dem ersatzlosen Wegfall der Beschäftigungsstelle³³⁵ᵃ ist vor allem die wesentliche Änderung der Struktur der Beschäftigungsstelle, die als eine mit der unternehmerischen Entscheidung vergleichbare Organisationsentscheidung nur hinsichtlich einer evidenten Unsachlichkeit oder Willkür justitiabel ist³³⁶ und voraussetzt, daß die Organisationseinheit ihren bisherigen Aufgabenbereich in dem Sinne verliert, daß in der Beschäftigungsstelle künftig keine der bisherigen Aufgaben wahrgenommen werden,³³⁷ von praktischer Bedeutung. Die Strukturveränderung muß dazu führen, daß die vom Arbeitnehmer bislang wahrgenommenen Aufgaben entfallen. Zusätzlich setzt eine auf Nr. 3 gestützte Kündigung voraus, daß auch eine anderweitige Verwendung des Arbeitnehmers nicht möglich ist.

235 Mit der letztgenannten Voraussetzung weicht der Gesetzgeber von der in § 1 Abs. 2 S. 2 Nr. 2b KSchG enthaltenen Regelung ab, die die Notwendigkeit einer fehlenden anderweitigen Verwendung auf die Dienststelle oder andere Dienststellen desselben Verwaltungszweiges an demselben Dienstort einschließlich seines Einzugsgebiets konkretisiert. Die in Nr. 3 der Sonderregelung genannte Voraussetzung führt insoweit eine erhebliche Einbuße an Normklarheit herbei, da ihr spezifischer eigenständiger Regelungsgehalt dunkel ist. Soll die in Abs. 4 normierten Kündigungsgründe die Umstrukturierungen des öffentlichen Dienstes erleichtern³³⁸ und erachtet der Gesetzgeber hierfür eine eigenständige Sonderregelung für notwendig, würde eine Interpretation, die die Weiterbeschäftigungspflicht des Arbeitgebers über den in § 1 Abs. 2 S. 2 Nr. 2b KSchG gezogenen Kreis ausdehnt, der Teleologie des Gesetzes diametral widersprechen. Im Wege einer teleologischen Restriktion ist deshalb die fehlende anderweitige Verwendungsmöglichkeit auf die in § 1 Abs. 2 S. 2 Nr. 2b KSchG genannten Dienststellen zu beschränken. Zu einer weitgehenderen Einschränkung gelangt *Hanau*, der die Plicht zur anderweitigen Beschäftigung auf den Bereich der bisherigen Beschäftigungsstelle beschränkt, da diese bei einer ersatzlosen Auflösung der bisherigen Beschäftigungsstelle nicht vorgesehen sei.³³⁸ᵃ Darüber hinaus bleibt nach dem hiesigen konzeptionellen Verständnis auch bei dem in Abs. 4 Satz 1 Nr. 3 der Übergangsregelung genannten Kündigungssachverhalt das Gebot einer sozialen Auswahl (§ 1 Abs. 3 KSchG) zu beachten.³³⁹

---

³³² BAG DB 1993, 179 (180).
³³²ᵃ So auch *Ascheid* (Fn. 252) RdNr. 857.
³³³ BAG DB 1993, 179 (179); siehe auch oben RdNr. 220.
³³⁴ BVerfGE 84, 133 (154f.).
³³⁵ LAG Berlin (6. Kammer) BB 1992, 2365 (LS); ähnlich *Ascheid* NZA 1993, 97 (103); *Hanau* WissR 1992, 213 (214); *Langanke-Hanau* NJ 1993, 437 (439); *Vollmer* ArbuR 1993, 17 (21).
³³⁵ᵃ Eine ersatzlose Auflösung der Beschäftigungsstelle ist stets dann ausgeschlossen, wenn zumindest eine Teileinrichtung überführt wurde; vgl. BAG v. 26. 5. 1994 – 8 AZR 714/92.
³³⁶ LAG Chemnitz (2. Kammer) BB 1993, 294 (LS).
³³⁷ LAG Chemnitz (2. Kammer) BB 1993, 294 (LS).
³³⁸ Erl. BReg. BT-Drucks. 11/7817, S. 180.
³³⁸ᵃ *Hanau* WissR 1992, 213 (227).
³³⁹ Siehe die Nachweise RdNr. 219, 231.

4. Übergangsgeld. Wurde das Arbeitsverhältnis aus den in Abs. 4 S. 1 Nr. 2 und 3 der Übergangsregelung genannten Gründen ordentlich gekündigt, so konnte dem Arbeitnehmer ein Übergangsgeld gewährt werden, dessen Leistung im **Ermessen** des Arbeitgebers stand. Bei der Entscheidung über die Gewährung von Übergangsgeld, das sich der Höhe nach analog dem Abs. 2 verankerten Wartegeld bemaß, war der Träger der Einrichtung an den **Gleichbehandlungsgrundsatz** gebunden; er durfte einzelne Arbeitnehmer der Beschäftigungsstelle nicht aus sachlich nicht gerechtfertigten Gründen von der Gewährung eines Übergangsgeldes ausschließen. Wenn die zum Ausspruch einer Kündigung führende Organisationsveränderung zugleich eine Rationalisierungsmaßnahme war, konnte der Personalrat die Aufstellung eines Sozialplanes erzwingen (§ 75 Abs. 3 Nr. 13 BPersVG = § 75 Abs. 3 Nr. 13 PersVG-DDR),[340] der auch die Gewährung finanzieller Leistungen vorsehen konnte.[341] **236**

5. Kündigungsfrist. Hinsichtlich der Kündigungsfrist bekräftigt Abs. 4 Satz 4 die Geltung der in § 55 AGB-DDR getroffenen Regelung.[342] Dies gilt auch nach dem Inkrafttreten des Kündigungsfristengesetzes vom 7. 10. 1993 (BGBl. I S. 1668). Art. 5 des Gesetzes hob zwar § 55 AGB-DDR auf, ließ jedoch hiervon die kündigungsrechtliche Maßgabe des Einigungsvertrages unberührt.[342a] Die in **vor dem Wirksamwerden des Beitritts** abgeschlossenen Tarifverträgen oder in fortgeltenden Rahmenkollektivverträgen etablierten **kürzeren Kündigungsfristen bleiben bestehen**, da Abs. 4 der Übergangsregelung generell auf § 55 AGB-DDR und damit auch auf die in § 55 Abs. 3 AGB-DDR normierte Tariföffnungsklausel verweist. **Längere tarifliche Kündigungsfristen,** die vor dem 3. 10. 1990 in Tarifverträgen oder fortgeltenden Rahmenkollektivverträgen vereinbart wurden, werden zwar nicht durch § 55 AGB-DDR ausgeschlossen, jedoch steht ihrer Anwendung die in Abs. 1 der Übergangsregelung verankerte Vorbehaltsklausel entgegen.[343] Nur bei diesem Verständnis besitzt die Verweisung auf § 55 AGB-DDR einen eigenständigen Regelungsgehalt.[344] Gemäß § 55 Abs. 5 AGB-DDR erlassene Rechtsvorschriften sind wegen der Rechtsanwendungsklausel in Abs. 1 der Übergangsregelung[345] auch dann noch zu beachten, wenn der Einigungsvertrag das Fortgelten der jeweiligen Vorschriften nicht vorsieht.[345a] **237**

6. Tarifdispositivität. Im Unterschied zu der Vorbehaltsklausel in Abs. 2 der Übergangsregelung hat das Gesetz darauf verzichtet, das Verhältnis der Regelung in Abs. 4 zu der Normsetzungsbefugnis der Tarifvertragsparteien für die **Zeit nach dem Wirksamwerden des Beitritts** zu konkretisieren. Eine Adaption der vom Bundesarbeitsgericht für das Verhältnis des Arbeitnehmerschutzrechts zur tariflichen Normsetzung postulierten widerlegbaren Vermutung zugunsten eines lediglich einseitig zwingenden Charakters des gesetzlichen Arbeitnehmerschutzrechts, das für die Arbeitnehmer günstigere tarifliche Vorschriften gestattet,[346] ist angesichts des spezifischen Normzwecks von Abs. 4 mit Bedenken verbunden. **238**

---

[340] Zu den personalvertretungsrechtlichen Maßgaben siehe Anl. I Kap. XIX Sachgeb. A Abschn. III Nr. 15 Einigungsvertrag.
[341] *Dietz-Richardi* BPersVG Bd. II, 2. Aufl. 1978, § 75 RdNr. 444.
[342] Zu dieser siehe *Oetker* (Fn. 69) RdNr. 1493 ff.
[342a] Vgl. auch *Adomeit-Thau* NJW 1994, 11 (15); *Langanke-Hanau* NJ 1993, 437 (440).
[343] Ebenso LAG Berlin (9. Kammer) ZTR 1993, 215; ArbG Berlin (58. Kammer) ZTR 1991, 210 (211); iE auch *Hanau* WissR 1992, 213 (235); im Grundsatz ebenso *Fenski-Linck* NZA 1992, 337 (347), die gegen dieses Verständnis allerdings verfassungsrechtliche Bedenken anmelden.
[344] So auch LAG Berlin (9. Kammer) ZTR 1993, 215; *Fenski-Linck* NZA 1992, 337 (347).

[345] Zu dieser siehe *Säcker-Oetker* (Fn. 42) RdNr. 968 ff.
[345a] AA BAG v. 28. 4. 1994 – 8 AZR 57/93, wonach die in der Arbeitszeitordnung für pädagogische Kräfte festgelegte Kündigungsfrist nicht anwendbar sein soll. Das Bundesarbeitsgericht stützt sich zur Begründung ausschließlich darauf, daß Anlage II des Einigungsvertrages sie nicht als fortgeltendes Recht aufführt.
[346] BAG AP § 1 BeschFG 1985 Nr. 1; BAG AP § 99 BetrVG 1972 Nr. 53; näher hierzu *Säcker-Oetker*, Grundlagen und Grenzen der Tarifautonomie, 1992, S. 174 ff.

239 Die in Abs. 4 S. 1 genannten Kündigungsgründe sind nicht auf den Arbeitnehmerschutz ausgerichtet, sondern sollen primär die Rechtsstellung des Arbeitgebers im Interesse einer effizienten Umstrukturierung des öffentlichen Dienstes verbessern. Es liegt deshalb näher, die Regelung in Abs. 4 zumindest partiell als **Arbeitgeberschutzgesetz** zu bewerten, das nach seinem Sinn und Zweck eine Derogation durch Tarifvertragsparteien zugunsten der Arbeitnehmer ausschließt. Wegen des aus dem Normzweck abzuleitenden zweiseitig zwingenden Charakters der Vorschrift können die in Abs. 4 S. 1 genannten Gründe nicht per Tarifvertrag als kündigungsrelevante Sachverhalte ausgeschlossen werden.[347] Der mit der Konkretisierung verfolgte Normzweck würde anderenfalls konterkariert. Zulässig ist jedoch zB die Vereinbarung einer längeren als der in § 55 Abs. 1 und 2 AGB-DDR vorgesehenen Kündigungsfrist[348] oder die Einräumung eines Anspruches auf das in Abs. 4 S. 2 der Übergangsregelung vorgesehene Übergangsgeld.[349]

239a **7. Weiterbeschäftigungsanspruch.** Die vom Großen Senat des Bundesarbeitsgerichts entwickelten Grundsätze zu einem allgemeinen Beschäftigungsanspruch des Arbeitnehmers während eines Kündigungsrechtsstreits[349a] sind auch bei einer auf Abs. 4 der Sonderregelung gestützten ordentlichen Kündigung anwendbar. Zumindest bei einer nach Abs. 4 Nr. 1 der Sonderregelung ausgesprochenen ordentlichen Kündigung wird aber regelmäßig das Interesse an der Nichtbeschäftigung überwiegen;[349b] entsprechendes gilt bei einer auf Abs. 4 Nr. 2 und 3 der Sonderregelung gestützten ordentlichen Kündigung, wenn der konkrete Arbeitsplatz aufgrund der Organisationsentscheidung entfallen ist.[349c]

IV. Das Recht zur außerordentlichen Kündigung

240 **1. Verhältnis zum allgemeinen Kündigungsrecht.** Die in Abs. 5 statuierte Sonderregelung für das Recht zur außerordentlichen Kündigung, die im Unterschied zum ordentlichen Kündigungsrecht in Abs. 4 **unbefristet** gilt,[349d] ist gesetzestechnisch verunglückt,[350] da aus ihr das Verhältnis zu der allgemeinen Regelung in § 626 BGB sowie den sonstigen Voraussetzungen für den Ausspruch einer außerordentlichen Kündigung nicht zweifelsfrei zu entnehmen ist. Ebenso wie die Sonderregelung zum ordentlichen Kündigungsrecht wirft auch die Sonderbestimmung zum außerordentlichen Kündigungsrecht zahlreiche Zweifelsfragen auf, die auch nach der Grundsatzentscheidung des *Bundesarbeitsgerichts* vom *11. 6. 1992* nicht abschließend geklärt sind. Einigkeit besteht darin, daß die **Regelung in Abs. 5 lex specialis zu § 626 BGB** ist,[351] umstritten ist aber das konkrete Ausmaß der hiermit verbundenen verdrängenden Wirkung.

241 Am weitesten ist das namentlich von der *9. Kammer* des *Landesarbeitsgerichts Berlin* befürwortete Verständnis, da hiernach die ergänzende Anwendung anderer arbeitsrechtlicher Normen ausgeschlossen sein soll, soweit sie eine außerordentliche, auf Abs. 5 der Sonderregelung gestützte Kündigung erschweren würden.[352] Dieser Ansatz kann schon

---

[347] So auch *Löwisch-Rieble* (Fn. 81) § 1 RdNr. 563.

[348] Ebenso BAG v. 26. 5. 1994 – 6 AZR 27/94; *Löwisch-Rieble* (Fn. 81) § 1 RdNr. 563; wohl auch *Fenski-Linck* NZA 1992, 337 (347); aA *Langanke-Hanau* NJ 1993, 437 (439); siehe auch BAG ZTR 1994, 34 f.; LAG Chemnitz (2. Kammer) ArbuArbR 1994, 61.

[349] *Löwisch-Rieble* (Fn. 81) § 1 RdNr. 563.

[349a] BAG (GS) AP § 611 BGB Beschäftigungspflicht Nr. 14.

[349b] Ebenso LAG Thüringen (5. Kammer) ZTR 1993, 519 (521).

[349c] Zum Vorstehenden auch LAG Berlin (9. Kammer) ZTR 1993, 215 (LS).

[349d] Zur zeitlichen Geltung siehe oben RdNr. 178 ff. Hinsichtlich des Geltungsbereichs ist zu beachten, daß die Sonderregelung nur für den öffentlichen Dienst im Beitrittsgebiet gilt (zutreffend ArbG Berlin [95. Kammer] NJ 1994, 44 [45]). Im übrigen Bundesgebiet beurteilt sich eine außerordentliche Kündigung, die sich auf die in Abs. 5 der einigungsvertraglichen Sonderregelung umschriebenen Sachverhalte stützt, ausschließlich nach § 626 BGB, also insbesondere unter Berücksichtigung von § 626 Abs. 2 BGB.

[350] Dies konstatiert auch *U. Scholz* BB 1991, 2515 (2518).

[351] Abweichend wohl nur *Koch-Pasinski* ArbuArbR 1992, 230 (230), die in Abs. 5 eine „interne Verwaltungsvorschrift" für die Interpretation des „wichtigen Grundes" in § 626 Abs. 1 BGB sehen.

[352] Vgl. insoweit LAG Berlin (9. Kammer) LAGE Art. 20 Einigungsvertrag Nr. 1; ArbG Berlin (80. Kammer) EzA Art. 20 Einigungsvertrag Nr. 2; *U. Scholz* BB 1991, 2515 (2525).

deshalb nicht überzeugen, weil eine verdrängende Wirkung der Sonderregelung nur soweit reichen kann, wie dies ihrem Inhalt entnommen werden kann. Die Sonderregelung in Abs. 5 legt insoweit nicht in Anlehnung an Abs. 4 S. 1 fest, daß eine außerordentliche Kündigung „auch zulässig ist", sondern stellt ausdrücklich auf den wichtigen Grund für eine außerordentliche Kündigung ab. Deshalb kann sich die verdrängende Wirkung nur auf den „wichtigen Grund", nicht hingegen auf die sonstigen Voraussetzungen für die Rechtswirksamkeit einer außerordentlichen Kündigung beziehen.

Hieraus folgt zunächst, daß ein in anderen Gesetzesbestimmungen enthaltener **Sonderkündigungsschutz für einzelne Arbeitnehmergruppen** (Schwerbehinderte, werdende Mütter, Erziehungsurlauber, Mitglieder von Betriebs- und Personalräten) durch Abs. 5 der Übergangsregelung nicht verdrängt wird, da diese nicht die Voraussetzungen eines „wichtigen Grundes" konkretisieren, sondern zusätzliche, zumeist formelle Zustimmungserfordernisse für den rechtswirksamen Ausspruch einer außerordentlichen Kündigung aufstellen.[353] Auch bei einer auf Abs. 5 gestützten außerordentlichen Kündigung bleiben deshalb **behördliche Zustimmungserfordernisse** zu beachten.[353a] Ebenso bleibt der in § 15 Abs. 2 KSchG, § 47 BPersVG normierte Sonderkündigungsschutz uneingeschränkt zu beachten.[353b] Dies gilt – wie das *Bundesarbeitsgericht* in dem Leitsatz 5 seiner Grundsatzentscheidung vom *11. 6. 1992* klarstellend hervorhebt – ebenfalls für die **Beteiligungsrechte der Personalvertretung**;[354] wird der Anwendungsbereich der Sonderbestimmung auch auf den Bereich der privatrechtlich organisierten „öffentlichen Verwaltung" erstreckt,[355] so gilt dies entsprechend für die **Beteiligungsrechte des Betriebsrates**. Darüber hinaus ist bei einer auf Abs. 5 der Übergangsregelung gestützten außerordentlichen Kündigung das Kündigungsschutzgesetz anwendbar, so daß insbesondere die **Drei-Wochen-Frist** in § 4 S. 1 KSchG zu beachten ist (§ 13 Abs. 1 S. 2 KSchG).[356]

Hinsichtlich des **Verhältnisses zu § 626 BGB** folgt bereits aus dem Wortlaut der Sonderregelung in Abs. 5, daß sie **eine aus anderen Gründen ausgesprochene und auf § 626 BGB gestützte außerordentliche Kündigung nicht ausschließt**.[357] Dies gilt entsprechend für eine auf § 15 Abs. 2 BBiG gestützte außerordentliche Kündigung. Von wesentlicher Bedeutung ist jedoch der normative Zusammenhang zwischen der im Einigungsvertrag festgelegten Sonderregelung und § 626 BGB. Anders als zB § 15 BBiG und auch § 89a HGB schafft der Einigungsvertrag mit Abs. 5 bereits bei einer grammatikalischen Betrachtung kein eigenes Kündigungsrecht, da die Vorschrift ausdrücklich das Vorliegen eines „wichtigen Grundes" umschreibt. Hieraus folgt, daß das Kündigungsrecht des Arbeitgebers unverändert aus § 626 BGB folgt[358] und Abs. 5 der Sonderregelung die Funktion einer **spezialgesetzlichen Konkretisierung** des in § 626 Abs. 1 BGB für das Recht zur außerordentlichen Kündigung erforderlichen „wichtigen Grundes" besitzt.[359] Die Haltung des **Bundesarbeitsgerichts** ist diesbezüglich nicht ganz eindeutig. Die seitens des Achten Senats mehrfach betonte Eigenständigkeit der Sonderkündigungsregelung deutet jedoch darauf hin, daß er dieser nicht nur eine Konkretisierungsfunktion für § 626 BGB zumißt,

---

[353] AA *U. Scholz* BB 1991, 2515 (2525).
[353a] So auch für das Schwerbehindertengesetz BAG EzA Art. 20 Einigungsvertrag Nr. 34.
[353b] Ebenso BAG EzA Art. 20 Einigungsvertrag Nr. 36.
[354] Siehe BAG NZA 1993, 118 (120); bestätigt durch BAG EzA Art. 20 Einigungsvertrag Nr. 25; sowie LAG Berlin (6. Kammer) LAGE Art. 20 Einigungsvertrag Nr. 6; ebenso *Schimmelpfennig* PersV 1990, 469 (473); *Ascheid* (Fn. 252) RdNr. 858; *U. Scholz* BB 1991, 2515 (2525).
[355] Siehe hierzu oben RdNr. 184ff.
[356] Ebenso BAG NZA 1993, 118 (118); sowie *Ascheid* (Fn. 252) RdNr. 858; *Künzl* ArbuR 1992, 204 (209); *U. Scholz* BB 1991, 2515 (2525).

[357] Ebenso BAG NZA 1993, 118 (118).
[358] So auch LAG Berlin (11. Kammer) NJ 1992, 131 (131); sowie zuvor ArbG Berlin (62. Kammer) ArbuArbR 1991, 88 (88).
[359] Zugunsten einer Konkretisierungsfunktion auch LAG Berlin (11. Kammer) NJ 1991, 131; LAG Köln ArbuR 1994, 39 (40); ArbG Berlin (62. Kammer) ArbuArbR 1991, 88 (88); *Dörner-Widlak* NZA 1991, Beil. Nr. 1, S. 43 (52); *Fenski-Linck* NZA 1992, 337 (343); *Säcker-Oetker* (Fn. 42) Einigungsvertrag RdNr. 1008; *Wank*, MünchArbR Bd. II, 1993, § 117 RdNr. 47; *Weiss-Kreuder* ArbuR 1994, 12 (15); weitergehend jedoch LAG Berlin (12. Kammer) NZA 1992, 264 (265).

VermG § 16 Anh. I   Abschnitt IV. Rechtsverhältnisse zw. Berechtigten u. Dritten

sondern sie als ein **völlig eigenständig neben § 626 BGB stehendes außerordentliches Kündigungsrecht** qualifiziert.[360]

244   Die divergierenden Standpunkte hinsichtlich des normativen Zusammenhanges zwischen Abs. 5 der Sonderregelung und § 626 BGB schlagen sich vor allem in zwei kontrovers diskutierten Einzelfragen nieder. Die erste Unklarheit besteht bezüglich des Einflusses der für eine **ordentliche Kündigung geltenden Kündigungsfrist** auf das außerordentliche Kündigungsrecht. § 626 Abs. 1 BGB verlangt insoweit ausdrücklich, daß ein Festhalten am Arbeitsverhältnis bis zum Ablauf der ordentlichen Kündigungsfrist unzumutbar sein muß. Aus dem Verzicht auf dieses Erfordernis in Abs. 5 der Übergangsregelung folgert das Bundesarbeitsgericht, daß es hierauf bei einer auf diese Sonderbestimmung gestützten außerordentlichen Kündigung nicht ankommt.[361] Durch Abs. 5 werde vielmehr abschließend festgelegt, ob ein wichtiger Grund für eine außerordentliche Kündigung vorliegt.[362] Die zweite Streitfrage betrifft die in § 626 Abs. 2 BGB genannte **Kündigungserklärungsfrist** - auch insoweit betont das Bundesarbeitsgericht den abschließenden Charakter der Sonderregelung in Abs. 5 und erachtet § 626 Abs. 2 BGB bei einer auf Abs. 5 gestützten außerordentlichen Kündigung nicht für anwendbar (näher hierzu unten RdNr. 274 ff.).

245   Auch nach der Grundsatzentscheidung des *Bundesarbeitsgerichts* vom *11. 6. 1992* kann das Verhältnis der Sonderregelung in Abs. 5 der Übergangsregelung zum **allgemeinen Kündigungsrecht** nicht restlos als geklärt angesehen werden, da der *Achte Senat* für eine auf Abs. 5 gestützte außerordentliche Kündigung die Feststellung getroffen hat, daß es einer teilweisen oder vollständigen Anwendung von § 626 BGB zur Ergänzung des „wichtigen Grundes" in Abs. 5 nicht bedarf.[363] Diese Aussage klärt nicht den Stellenwert allgemeiner Maximen des Kündigungsrechts, insbesondere die Geltung und der **Anwendungsbereich des Verhältnismäßigkeitsgrundsatzes**, der nicht aus § 626 BGB sondern aus allgemeinen privatrechtsdogmatischen Maximen folgt, bleibt unbeantwortet.[364] Dies wirkt sich vor allem auf so bedeutsame Grundsätze wie den Vorrang der Beendigungs- vor der Änderungskündigung[365] oder den Vorrang der ordentlichen vor der außerordentlichen Kündigung aus.[366] Dem Geist der höchstrichterlichen Grundsatzentscheidung wird indes wohl nur eine Auffassung gerecht, die auch insoweit den abschließenden Charakter der Sonderregelung in Abs. 5 in den Vordergrund rückt und die dort normierte Unzumutbarkeitsmaxime als eine abschließende und spezialgesetzliche Konkretisierung des Verhältnismäßigkeitsgrundsatzes würdigt.

246   **2. Anwendungsbereich.** Im Unterschied zu der Sonderregelung zur ordentlichen Kündigung verzichtet Abs. 5 auf eine Einschränkung durch das Merkmal „öffentliche Verwaltung". Aus dieser Regelungssystematik folgt, daß die Sonderregelung für das außerordentliche Kündigungsrecht stets dann anwendbar ist, wenn das Arbeitsverhältnis dem „**öffentlichen Dienst**" zuzurechnen ist.[367] Sie gilt deshalb nicht nur für Arbeitsverhältnisse mit öffentlich-rechtlich organisierten Verwaltungseinrichtungen und **öffentlichen Betrie-**

---

[360] Vgl. BAG NZA 1993, 118 (118f.); sowie BAG EzA Art. 20 Einigungsvertrag Nr. 31; BAG NJ 1994, 430 (431); ebenso zugunsten einer vollständigen Verdrängung von § 626 BGB LAG Berlin (12. Kammer) NZA 1992, 264 (267); LAG Berlin (6. Kammer) NZA 1992, 268 (268); KrG Schwerin-Stadt (3 b. KfArbR) BB 1991, 2193 (LS); ArbG Berlin (90. Kammer) ZTR 1991, 340 (341); ArbG Berlin (58. Kammer) ZTR 1991, 387 (LS).

[361] BAG NZA 1993, 118 (119); bestätigt durch BAG NJ 1994, 430 (431); ebenso zuvor LAG Berlin (6. Kammer) LAGE Art. 20 Einigungsvertrag Nr. 6; anders *Fenski-Linck* NZA 1992, 337 (343); *Oetker* Anm. zu LAG Berlin LAGE Art. 20 Einigungsvertrag Nr. 1; *Säcker-Oetker* (Fn. 42) RdNr. 1008.

[362] Ebenso zuvor *U. Scholz* BB 1991, 2515 (2518 f.); sowie *Ascheid* (Fn. 252) RdNr. 858.

[363] So BAG NZA 1993, 118 (118).

[364] Vgl. hierzu *Oetker* Anm. zu LAG Berlin LAGE Art. 20 Einigungsvertrag Nr. 1.

[365] Für dessen Beachtung zB *Lansnicker-Schwirtzek* MDR 1991, 202 (203); *Koch-Pasinski* ArbuArbR 1992, 230 (231).

[366] Vgl. ArbG Berlin (85. Kammer) BB 1991, 2528 f. (LS).

[367] Siehe zum Begriff des öffentlichen Dienstes oben RdNr. 184 ff.; wie hier auch *Koch-Pasinski* ArbuArbR 1992, 204 (204); aA aber wohl *Fenski-Linck* NZA 1992, 337 (343), die den Anwendungsbereich von Abs. 5 der Übergangsregelung ebenfalls auf die „öffentliche Verwaltung" beziehen.

ben (Eigenbetriebe), die öffentliche Aufgaben erfüllen, sondern auch, wenn das Arbeitsverhältnis zu einem **privatrechtlich verfaßten Rechtsträger** besteht und dieser **Aufgaben der öffentlichen Verwaltung** wahrnimmt, insbesondere also Eigengesellschaften.[368]

Mittels einer auf Abs. 5 der Übergangsregelung gestützten außerordentlichen Kündigung konnten bis zum 31. 12. 1991 nur die durch Vertrag begründeten Arbeitsverhältnisse aufgelöst werden. Die **durch Berufung etablierten Arbeitsverhältnisse** unterfielen nach der hiesigen Auffassung aufgrund des für diese Rechtsbeziehungen grundsätzlich nicht anwendbaren Beendigungsinstruments der Kündigung bei formaler Betrachtung bis zum diesem Zeitpunkt nicht dem in Abs. 5 der Übergangsregelung statuierten außerordentlichen Kündigungsrecht.[369] Ein teleologisches Defizit konnte aufgrund einer entsprechenden Interpretation der befristet fortgeltenden Vorschriften über die Abberufung (§§ 62 ff. AGB-DDR) nicht eintreten.[370] Mit dem endgültigen Außerkrafttreten der §§ 62 ff. AGB-DDR ist seit dem 1. 1. 1992 das Beendigungsinstitut der Kündigung auch auf die durch Berufung begründeten Arbeitsverhältnisse entsprechend anzuwenden,[371] sofern sich dies nicht bereits zuvor aus anderen Spezialbestimmungen ableiten ließ.[372]

3. Kündigungssachverhalte. a) Verstoß gegen Grundsätze der Menschlichkeit oder Rechtsstaatlichkeit. aa) Grundsätze. Mit dem in Abs. 5 Nr. 1 umschriebenen Kündigungssachverhalt greift das Gesetz auf einen Tatbestand zurück, der in Gestalt eines Ausschlußtatbestandes in vergleichbarer Weise in § 3 Satz 1 Nr. 3a G 131, § 1 Abs. 1 HHG und § 3 Abs. 1 BVFG enthalten ist und zu dessen Konkretisierung auf die zu diesen Vorschriften vorliegende vielfältige Judikatur des Bundesverwaltungsgerichts zurückgegriffen werden kann.[372a] Hiernach weist der Tatbestand sowohl eine objektive als auch eine subjektive Komponente auf. Ebenso wie die angeführten Vorschriften besitzt auch der in Abs. 5 Nr. 1 der Sonderbestimmung genannte „wichtige Grund" keinen Sanktionscharakter.[373]

bb) Objektiver Verstoß. In objektiver Hinsicht muß das Verhalten des Arbeitnehmers gegen die Grundsätze der Menschlichkeit oder Rechtsstaatlichkeit verstoßen haben, wobei das Gesetz zur Konkretisierung auf die Allgemeine Erklärung der Menschenrechte sowie das in der Vorschrift genannte völkerrechtliche Abkommen verweist und damit die Rechtsprechung des Bundesverwaltungsgerichts adaptiert.[374] Während die völkerrechtliche Verbindlichkeit der Allgemeinen Erklärung der Menschenrechte für die ehem. DDR insbesondere im Hinblick auf Art. 8 der Verfassung der ehem. DDR problematisch ist,[375] ratifizierte auch die ehem. DDR die „Internationale Konvention über zivile und politische Rechte".[376] Trotz ihres förmlich festgestellten Inkrafttretens am 23. 3. 1976[377] hatte sich jedoch in der ehem. DDR keine einheitliche Auffassung hinsichtlich der innerstaatlichen Rechtswirkungen dieses Abkommens herausgebildet.[378]

---

[368] So ausdrücklich für die in Gestalt einer GmbH betriebene kommunale Daseinsvorsorge ArbG Berlin (80. Kammer) ZTR 1991, 341 (342); in diesem Sinne auch *U. Scholz* BB 1991, 2515 (2520).
[369] Ebenso *Fenski-Linck* NZA 1992, 337 (343); *Lansnicker-Schwirtzek* MDR 1991, 202 (205); *Oetker* Anm. zu LAG Berlin LAGE Art. 20 Einigungsvertrag Nr. 1; aA ArbG Berlin (58. Kammer) ZTR 1991, 387 (LS); sowie nunmehr BAG BB 1994, 218 (218), das auch eine außerordentliche Kündigung bereits seit dem 3. Oktober 1990 für zulässig erachtet; näher hierzu oben RdNr. 202 ff.
[370] Siehe RdNr. 202.
[371] Siehe RdNr. 204.
[372] Siehe insoweit oben RdNr. 200.
[372a] So nunmehr auch BAG NJ 1994, 430 (431).
[373] Siehe RdNr. 177. Zum fehlenden Sanktionscharakter von § 3 Satz 1 Nr. 3a G 131 vgl. vor allem BVerfGE 12, 264 (271); BVerwG ZBR 1970, 191 ff.

[374] Vgl. BVerwGE 15, 336 (338 f.); 19, 1 (5); allg. zum Rückgriff auf Völkerrecht als Tatbestandsmerkmal des autonomen deutschen Rechts vgl. *Engel*, Völkerrecht als Tatbestandsmerkmal deutscher Normen, 1989, S. 192 ff.
[375] Vgl. zu dieser Problematik allg. *Dahm*, Völkerrecht, Bd. I, 1958, S. 429 f.; *Verdross-Simma*, Universelles Völkerrecht, 3. Aufl. 1984, S. 822 f.; *Wengler*, Völkerrecht, Bd. II, 1964, S. 1025 ff.; speziell zu Art. 8 der Verfassung der ehem. DDR *Mampel*, Die sozialistische Verfassung der DDR, 2. Aufl. 1982, Art. 8 RdNr. 2.
[376] GBl. 1974 II Nr. 6 S. 57.
[377] GBl. II Nr. 4 S. 108.
[378] Vgl. *Mampel* (Fn. 375) Art. 19 RdNr. 43; sowie zuletzt BGH NJW 1993, 141 (145); BGH NJW 1994, 2708 (2709 f.).

250 Die in Abs. 5 Nr. 1 der Übergangsregelung genannten „Grundsätze" ergeben sich vor allem aus den jeder Rechtsordnung vorgegebenen Rechten der Einzelpersonen.[379] Hierzu gehört vor allem das Recht auf Achtung der physischen und psychischen Integrität, Ein- und Ausreisefreiheit,[380] Glaubens-, Meinungs-, Versammlungs-, Vereinigungs-, Religions- und Koalitionsfreiheit. Auch die Einschüchterung politisch Andersdenkender unter dem Deckmantel formaler Gesetzmäßigkeit ist mit Recht und Gerechtigkeit unvereinbar.[381] Der Verstoß gegen die Menschlichkeit oder Rechtsstaatlichkeit muß nicht eigenhändig ausgeführt worden sein. Es reicht, wenn durch eine Denunziation hoheitliche Maßnahmen ausgelöst wurden, die den Grundsätzen der Menschlichkeit oder Rechtsstaatlichkeit widersprachen.[382] Erfaßt wird jedoch nicht jede unter dem Schutz der damaligen staatlichen und politischen Ordnung begangene Unrechtstat, sondern es muß sich um eine **erhebliche Zuwiderhandlung** gegen die Grundsätze der Menschlichkeit oder der Rechtsstaatlichkeit handeln.[383] Bei verantwortlichen Leitungstätigkeiten im Zusammenhang mit der Entscheidung über Ausreiseanträge ist dies zu bejahen.[384]

251 cc) **Vorwerfbarkeit des Verstoßes.** Ungeachtet der erheblichen Schwierigkeiten, einen konkreten objektiven Verstoß gegen die Grundsätze der Menschlichkeit oder Rechtsstaatlichkeit nachzuweisen, ist vor allem die subjektive Komponente des Tatbestandes von praktischer Relevanz, da ein „Verstoß" des Arbeitnehmers nur bei der Feststellung eines konkreten **schuldhaften Verhaltens** zu bejahen ist.[385] Maßgeblich ist hierbei nicht der straf- oder zivilrechtliche Verschuldensbegriff, sondern **es genügt** wegen des fehlenden Sanktionscharakters der außerordentlichen Kündigung ein zurechenbares, **vorwerfbares Verhalten**.[386] Diese Voraussetzung ist erfüllt, wenn dem Arbeitnehmer die Tatsachen bekannt waren, aus denen sich die Unmenschlichkeit oder Rechtsstaatswidrigkeit ergibt, und ihm dies bewußt war oder bei der ihm zumutbaren Gewissensanspannung hätte bewußt sein müssen und nicht besondere Gründe seine Schuld ausschließen.[387] Eine darüber hinausgehende verwerfliche Gesinnung ist nicht erforderlich.[388]

252 Der Arbeitnehmer kann sich nicht erfolgreich damit verteidigen, daß sein Verhalten nach den damaligen Gesetzen oder sonstigen hoheitlichen Anordnungen formal erlaubt oder aufgrund der politischen Umstände von der Strafverfolgung ausgenommen war.[389] **Nicht** die **formale Gesetzesmäßigkeit**, sondern der **materielle Unrechtsgehalt** des Verhaltens steht im Vordergrund des subjektiven Vorwurfs.[390] Der Arbeitnehmer kann sich deshalb auch nicht darauf berufen, daß sein Verhalten der damals gültigen Staats- und Rechtsauffassung oder den von Parteitagen oder auf Sitzungen des Zentralkomitees der SED verabschiedeten Beschlüssen entsprach. Die subjektive Vorwerfbarkeit ist zudem zu bejahen, wenn der Arbeitnehmer durch Versetzung, Krankmeldung etc. eine Mitwirkung an dem Verstoß gegen die Grundsätze der Menschlichkeit oder Rechtsstaatlichkeit vermeiden konnte.[391] Eine gleichwohl erfolgte Mitwirkung schließt die Vorwerfbarkeit nur aus, wenn der Arbeitnehmer ansonsten alles zur Verhütung eines Verstoßes gegen die Grundsätze unternommen hat.[392] Zudem entlastet die Berufung auf ein Pflichtgefühl den

---

[379] BVerwGE 15, 336 (338); 19, 1 (4f.); 31, 337 (341).
[380] Vgl. hierzu BGH NJW 1993, 141 (145f.).
[381] BVerwGE 25, 128 (134).
[382] BVerwGE 15, 336 (340).
[383] BVerwGE 19, 1 (3); so auch BAG NJ 1994, 430 (431); LAG Berlin (6. Kammer) ArbuArbR 1994, 27f.; sowie die Erläuterungen der BReg. BT-Drucks. 11/7817, S. 180, die einen Verstoß gegen elementare Grundsätze fordern; in diesem Sinne auch *Pieroth* NJ 1992, 89 (92).
[384] ArbG Berlin (86. Kammer) NJ 1992, 133 (134).
[385] BVerfGE 12, 264 (271); BGH ZBR 1958, 55 (56); BVerwGE 15, 337 (338); 25, 128 (135); 26, 82 (83); 31, 337 (342); 35, 209 (215); 36, 268 (274); BVerwG ZBR 1970, 191 (193).
[386] So insbesondere BVerwGE 26, 82 (86); BVerwG ZBR 1970, 191 (192f.).
[387] BVerwGE 26, 82 (86).
[388] BVerwGE 19, 1 (3); ebenso BAG NJ 1994, 430 (431).
[389] BVerwGE 15, 336 (338); 19, 1 (4); 31, 337 (341); sowie im Anschluß BAG NJ 1994, 430 (431).
[390] Ebenso BAG NJ 1994, 430 (431); LAG Berlin (6. Kammer) ArbuArbR 1994, 27f., im Anschluß an BVerwGE 19, 1 (4).
[391] BVerwGE 35, 209 (216); sowie BVerwGE 25, 128 (136f.).
[392] BVerwGE 35, 209 (216).

Arbeitnehmer ebensowenig,[393] wie er sich auf seine arbeitsrechtliche Pflicht zur Befolgung von Weisungen (§ 83 Abs. 1 AGB-DDR) berufen kann, denn auch nach damaligem Recht war der Arbeitnehmer verpflichtet, Weisungen nicht zu befolgen, wenn deren Durchführung eine Straftat darstellte (§ 83 Abs. 2 S. 3 AGB-DDR).[394] Demjenigen, der einen Befehl zu einer Unmenschlichkeitstat in blindem Gehorsam befolgte, muß zum Vorwurf gemacht werden, daß er „blind", also ohne sein Gewissen zu prüfen, gehorchte.[395] Weder Befehle noch Ideale können jemals einen Verstoß gegen die Grundsätze der Menschlichkeit legitimieren.[396] Dies gilt entsprechend für ein weltanschaulich motiviertes Verhalten.[397]

Die subjektive Vorwerfbarkeit ist zu verneinen, wenn bei Anlegung strafrechtlicher Maximen ein **Schuldausschließungsgrund** vorliegt.[398] Eine unmittelbare Gefahr für Leib oder Leben entschuldigt den Arbeitnehmer aber nur, wenn er sich nach allen Kräften gewissenhaft bemüht hat, den wirklichen oder vermeintlichen Gefahren auf eine die Unrechtstat vermeidende Weise zu entgehen.[399]

dd) Beweislast. Der Verstoß gegen die Grundsätze der Menschlichkeit oder Rechtsstaatlichkeit ist entsprechend der allgemeinen Grundsätze für die Beweislast hinsichtlich der Rechtmäßigkeit von Kündigungen **vom Arbeitgeber zu beweisen. Vermutungen**, die aus der früheren Tätigkeit oder beruflichen Stellung des Arbeitnehmers abgeleitet werden, **genügen nicht** und begründen keinen prima-facie-Beweis.[400] Ein auch nach Anhörung des Arbeitnehmers verbleibender Verdacht kann allenfalls in extremen Ausnahmefällen entsprechend den allgemeinen Grundsätzen zur **Verdachtskündigung**[401] den Ausspruch einer nunmehr jedoch ausschließlich auf § 626 BGB gestützten außerordentlichen Kündigung rechtfertigen.

b) Tätigkeit für das MfS/ANS. aa) Das Merkmal der Tätigkeit. Der in Nr. 2 genannte Sachverhalt knüpft an eine **im formalen Sinne zu verstehende Tätigkeit** für das Ministerium für Staatssicherheit (MfS) bzw. die Nachfolgeeinrichtung, das Amt für Nationale Sicherheit (ANS), an. Anders als § 3 Satz 1 Nr. 4 G 131 verlangt Abs. 5 Nr. 2 kein Dienst- oder Arbeitsverhältnis mit dem MfS/ANS, sondern greift auf den vagen und einem extensiveren Normverständnis zugänglichen Begriff der „Tätigkeit" zurück. Einen normativen Anhaltspunkt zur Konkretisierung liefert die Begriffsbestimmung, die **§ 6 Abs. 4 StUG** für die „Mitarbeiter des Staatssicherheitsdienstes" aufstellt.[401a] Die dort normierten Legaldefinitionen für hauptamtliche und inoffizielle Mitarbeiter sind für die kündigungsrechtliche Sonderregelung in Abs. 5 Nr. 2 jedoch nicht nur wegen der völlig unterschiedlichen Normzwecke, sondern auch deshalb nicht verbindlich, weil § 6 Abs. 4 StUG an die Person und Abs. 5 der kündigungsrechtlichen Sonderbestimmung an die Tätigkeit anknüpft. Es ist deshalb allenfalls die Schlußfolgerung gerechtfertigt, daß bei Personen, die in § 6 Abs. 4 StUG als „Mitarbeiter des Staatssicherheitsdienstes" genannt sind, regelmäßig ein kündigungsrelevanter Sachverhalt im Sinne von Abs. 5 Nr. 2 der Übergangsregelung vorliegt. Der Anwendungsbereich der letztgenannten Vorschrift wird hierdurch aber **nicht abschließend** umschrieben.

Eine Tätigkeit für das MfS/ANS liegt regelmäßig vor, wenn der Arbeitnehmer „hauptberuflich" aufgrund eines vertraglich oder durch Berufung begründeten **Arbeits(rechts)- verhältnisses** beim MfS beschäftigt war (ebenso § 6 Abs. 4 Nr. 1 StUG). Durch das in Abs. 5 Nr. 2 durch die Formulierung „für" zum Ausdruck gelangte Erfordernis einer **finalen Ausrichtung** der Mitarbeit[402] kann aus dem Bestehen eines Arbeits(rechts)verhält-

---

[393] BVerwGE 25, 128 (136f.).
[394] Vgl. zu diesem Aspekt BVerwGE 35, 209 (216); 36, 268 (274f.); sowie OG OGA 5, 47 (49).
[395] BVerwGE 31, 337 (343f.).
[396] VG Schleswig DRiZ 1975, 54.
[397] BVerwG ZBR 1970, 191 (193).
[398] BVerwGE 15, 336 (339); 31, 337 (342f.).
[399] BVerwGE 36, 268 (277).
[400] OVG Hamburg ZBR 1959, 30.
[401] Vgl. hierzu BAG AP § 626 BGB Verdacht strafbarer Handlung Nr. 13; *Schwerdtner* (Fn. 294) § 626 RdNr. 147 ff.
[401a] Ebenso *Lansnicker-Schwirtzek* DtZ 1993, 106 (107).
[402] Zum Erfordernis einer finalen Tätigkeit BAG NZA 1993, 118 (119); BAG DB 1993, 2386 (2386).

nisses zum MfS/ANS nicht stets auf eine Tätigkeit für diese Einrichtung geschlossen werden. Erforderlich ist vielmehr, daß die geschuldete Arbeitsleistung für den gesetzlichen Aufgabenbereich des MfS erbracht wurde. Insbesondere aus dem Bereich der Sportförderung sind Sachverhalte bekannt, bei denen das Arbeitsverhältnis mit dem MfS/ANS den Charakter eines Sponsoring besaß und eine Arbeitsleistung für die von den Parteien des Einigungsvertrages inkriminierte Tätigkeit des MfS/ANS nicht vorlag. Derartige Sachverhalte dürften aus dem Kündigungstatbestand auszuscheiden sein.

257 Bestand zwischen dem Arbeitnehmer und dem MfS/ANS ein Arbeits(rechts)verhältnis und wurde eine dem Aufgabenbereich dieser Einrichtung zuzurechnende Tätigkeit erbracht, so ist der **Ort der Arbeitsleistung** ohne Bedeutung. Es werden auch solche Tätigkeiten erfaßt, die der Arbeitnehmer nicht in Einrichtungen des MfS/ANS, sondern in anderen Einrichtungen des Staatsdienstes (zB Post)[403] oder der Wirtschaft erbrachte. Dies gilt insbesondere auch, wenn der Arbeitnehmer aufgrund eines **Delegierungsvertrages** bei einer anderen Einrichtung tätig war oder er – wie bei den **Offizieren im besonderen Einsatz** (OibE)[404] – zusätzlich in einem weiteren Arbeits(rechts)verhältnis stand.

258 Schwierige Abgrenzungsfragen löst die **nebenamtliche Tätigkeit** für das MfS aus. Aus dem einschränkungslosen Wortlaut von Abs. 5 Nr. 1 der Übergangsregelung folgt zunächst deren **generelle Einbeziehung** in den Anwendungsbereich der Vorschrift.[405] Zweifelhaft ist jedoch im Einzelfall, ob der Kontakt zwischen dem Arbeitnehmer und dem MfS/ANS bereits als eine Tätigkeit für diese Einrichtung zu qualifizieren ist und zudem vom Normzweck des Kündigungstatbestandes umfaßt ist.

259 Erforderlich ist jedenfalls stets ein **bewußtes und gewolltes Zusammenwirken** mit dem MfS/ANS.[406] Eine ohne Wissen des Betroffenen erfolgte „Abschöpfung" reicht nicht aus.[407] Keine ausschlaggebende Bedeutung besitzt aufgrund des Normzwecks die **rechtliche Verknüpfung** zwischen dem Arbeitnehmer und dem MfS/ANS.[408] Eine ausdrückliche **Verpflichtungserklärung**,[409] wie sie bei geheimen bzw. informellen Mitarbeitern (GMS bzw. IM)[410] regelmäßig in schriftlicher Form vorliegt, **indiziert** zwar, daß der Arbeitnehmer für das MfS/ANS tätig geworden ist, eine „Tätigkeit" für das MfS/ANS setzt jedoch zusätzlich voraus, daß der Arbeitnehmer entsprechend seiner Verpflichtungserklärung **tatsächlich tätig** wurde.[411] Umgekehrt kann eine Tätigkeit für das MfS/ANS auch dann vorliegen, wenn sich der Arbeitnehmer nicht ausdrücklich schriftlich oder u. U. auch nur mündlich zu einer Tätigkeit für das MfS/ANS verpflichtete. Im Hinblick auf den Normzweck muß allein entscheidend sein, ob der Arbeitnehmer aktiv für das MfS/

---

[403] Zur Postkontrolle durch das MfS vgl. *Gill-Schröter*, Das Ministerium für Staatssicherheit, 1991, S. 140 ff., 403 ff.

[404] Zu dieser Personengruppe vgl. *Gill-Schröter* (Fn. 403) S. 118 ff.

[405] So auch die Erl. BReg. BT-Drucks. 11/7817, S. 180; für die insoweit einhellige Ansicht zB BAG EzA Art. 20 Einigungsvertrag Nr. 22; BAG DB 1993, 2386 (2386); BAG BB 1994, 218 (218 f.); ArbG Berlin (80. Kammer) ZTR 1991, 340 (341); *Säcker-Oetker* (Fn. 42) RdNr. 1017; *Wank* RdA 1991, 1 (6); *Weiß* PersV 1991, 97 (119 f.).

[406] Auch das Bundesarbeitsgericht verlangt „eine bewußte, finale Mitarbeit", vgl. BAG NZA 1993, 118 (119); BAG EzA Art. 20 Einigungsvertrag Nr. 31; ebenso zuvor ArbG Berlin (64. Kammer) NZA 1992, 593 (595); *U. Scholz* BB 1991, 2515 (2519); sowie zuletzt LAG Berlin (6. Kammer) BB 1993, 728 (LS); *Lansnicker-Schwirtzek* DtZ 1993, 106 (107).

[407] Ebenso *Künzl* ArbuR 1992, 204 (209); *Lansnicker-Schwirtzek* MDR 1992, 529 (532).

[408] Ebenso § 6 Abs. 4 Nr. 2 StUG, der zu den inoffiziellen Mitarbeitern alle Personen rechnet, die sich zur Lieferung von Informationen bereit erklärt haben; im hiesigen Sinne auch *Weiß* PersV 1991, 97 (120); näher zu § 6 Abs. 4 Nr. 2 StUG v. *Lindheim* DtZ 1993, 358 ff.

[409] Vgl. exemplarisch die bei *Gill-Schröter* (Fn. 403) S. 111 f., abgedruckten Verpflichtungserklärungen.

[410] Zu dieser Personengruppe und den unterschiedlichen Kategorien *Gill-Schröter* (Fn. 403) S. 95 ff.; sowie insbesondere die „Richtlinie Nr. 1/79 für die Arbeit mit Inoffiziellen Mitarbeitern (IM) und Gesellschaftlichen Mitarbeitern für Sicherheit (GMS), abgedruckt bei *Gill-Schröter* (Fn. 403) S. 414 ff.

[411] So mit Recht hervorgehoben von BAG DB 1993, 2386 (2386); sowie *U. Scholz* BB 1991, 2515 (2520), der jedoch aus dem Vorhandensein einer Verpflichtungserklärung eine Umkehr der Darlegungs- und Beweislast ableitet, vgl. S. 2525; hiergegen aber BAG DB 1993, 2386 (2386), das auch eine Beweiserleichterung nach den Grundsätzen des Anscheinsbeweises ablehnt.

ANS tätig wurde. Der Anwendungsbereich der Norm beschränkt sich nach ihrem Wortlaut **nicht nur** auf konspirative Tätigkeiten (siehe aber unten RdNr. 263).

Der Wortlaut von Abs. 5 Nr. 2 der Sonderregelung verlangt **keine bestimmte Quantität** der Tätigkeit. Ein **punktueller Gelegenheitskontakt** mit dem MfS/ANS wäre zwar noch vom Wortlaut der Norm erfaßt, dürfte im Hinblick auf den Normzweck aber nicht einzubeziehen sein.[412] Erforderlich ist vielmehr eine **kontinuierliche Mitarbeit**; eine wiederholte gelegentliche Information reicht hierfür aus.

Da Abs. 5 Nr. 2 der Sonderbestimmung ausschließlich auf die Tätigkeit abstellt und hierdurch bereits das Ansehen des öffentlichen Dienstes beeinträchtigt wird, wenn der Arbeitnehmer weiterhin im öffentlichen Dienst beschäftigt ist, besitzen **etwaige Gegenleistungen** des MfS/ANS **keine Bedeutung** für die Frage, ob der Arbeitnehmer für das MfS/ANS tätig wurde. Für eine Restriktion des Kündigungstatbestandes auf entgeltliche Tätigkeiten fehlen in der Norm jegliche Anhaltspunkte.[413]

Eine Tätigkeit für das MfS/ANS liegt **nur bei einem freiwilligen Verhalten** des Arbeitnehmers vor.[414] Die passive und erzwungene Information gegenüber dem MfS/ANS reicht deshalb nicht aus.[414a] Keine Tätigkeit liegt auch dann vor, wenn ein bei anderen Einrichtungen beschäftigter Arbeitnehmer in **Ausübung seiner beruflichen Tätigkeit** Meldepflichten gegenüber dem MfS/ANS (zB im Bereich der Militärforschung) erfüllen mußte.[415] Dies gilt entsprechend für **Berichtspflichten** sog. Reisekader, sofern hierbei überhaupt ein direkter Kontakt des Arbeitnehmers zum MfS/ANS bestand.

bb) Einrichtungen des MfS/ANS. Die von Abs. 5 Nr. 2 erfaßte Tätigkeit muß darüber hinaus zielgerichtet für das MfS/ANS erfolgt sein. Dies ist nicht nur zu bejahen, wenn sie für eine Einrichtung erfolgte, die formeller und nach außen erkennbarer Bestandteil des MfS/ANS und in das Ministerium organisatorisch eingegliedert war (Zentrale, Bezirksverwaltungen, Kreisdienststellen, Gefängnisse).[416] Der Normzweck gebietet es, darüber hinaus auch Tätigkeiten für solche Einrichtungen einzubeziehen, deren **organisatorische Zugehörigkeit** zum MfS/ANS für Außenstehende nicht ohne weiteres erkennbar war bzw. die in formeller Hinsicht als **rechtlich** vom MfS/ANS **verselbständigte Einrichtungen** existierten. Obwohl hinsichtlich der organisatorischen Verflechtung des MfS/ANS mit anderen Einrichtungen im unmittelbar hoheitlichen oder wirtschaftlichen Bereich noch zahlreiche unbeantwortete Fragen vorliegen, sind zumindest solche Tätigkeiten für staatliche Einrichtungen oder Betriebe einzubeziehen, die unabhängig von ihrer rechtlichen Selbständigkeit Aufgaben des MfS/ANS als eigene erfüllten. Zu diesen Einrichtungen gehören neben dem Wachregiment Feliks Dzerzynski, der Juristischen Hochschule Potsdam-Eiche[417] auch Erholungsobjekte, Bibliotheken, Sanatorien, Weiterbildungs- und Versorgungseinrichtungen sowie Wohnheime. Selbst bei Firmen im In- und Ausland kann nach derzeitigem Erkenntnisstand nicht ausgeschlossen werden, daß sie teilweise Einrichtungen des MfS/ANS waren. Wenn eine Einrichtung **gemischte Aufgaben** erfüllte und die Tätigkeit für das MfS/ANS von den übrigen Funktionen klar getrennt waren (zB die bei den größeren Postämtern eingerichteten Kontrollstellen zur Postüberwachung),[418] ist nur die Tätigkeit in dem entsprechenden Teilbereich der Einrichtung erfaßt.[419]

cc) Art der Tätigkeit und subjektive Aspekte. Ähnlich wie § 3 Satz 1 Nr. 4 G 131 knüpft Abs. 5 Nr. 2 **ausschließlich an den formellen Tatbestand** einer Tätigkeit für das

---

[412] So auch ArbG Berlin (82. Kammer) NZA 1992, 597 (601); *Lansnicker-Schwirtzek* DtZ 1993, 106 (107).

[413] Wie hier auch *Künzl* ArbuR 1992, 204 (209).

[414] So auch *U. Scholz* BB 1991, 2515 (2518); siehe ferner BAG DB 1993, 2386 (2386).

[414a] Vgl. LAG Berlin (6. Kammer) BB 1993, 728 (LS).

[415] So auch *Lansnicker-Schwirtzek* MDR 1992, 529 (530); *dies.* DtZ 1993, 106 (107).

[416] Zur Struktur des Ministeriums für Staatssicherheit vgl. *Gill-Schröter* (Fn. 403) S. 31 ff.

[417] Zu dieser siehe auch *Gill-Schröter* (Fn. 403) S. 66 f.

[418] Siehe *Gill-Schröter* (Fn. 403) S. 140 ff.

[419] Vgl. zu dieser Problematik BVerwGE 7, 340 (342 f.).

VermG § 16 Anh. I   Abschnitt IV. Rechtsverhältnisse zw. Berechtigten u. Dritten

MfS/ANS an. Das Gesetz geht im Ausgangspunkt von einer kollektiven Erfassung der für das MfS/ANS tätig gewordenen Arbeitnehmer aus.

265   Auf die von dem einzelnen Arbeitnehmer ausgeübte Tätigkeit kommt es zunächst nicht an.[420] Deshalb ist es unerheblich, ob die **Art der Tätigkeit** eine Teilnahme an rechtsstaatswidrigen Betätigungen dieser Einrichtung ausschloß. In den Kündigungstatbestand sind **nicht nur nachrichtendienstliche Tätigkeiten** einbezogen, sondern dem Normzweck wird nur eine Interpretation hinreichend gerecht, die zunächst jede Tätigkeit **unabhängig von ihrer Qualität** als kündigungsrelevanten Sachverhalt erfaßt. Dementsprechend ist auch **kein individuelles Fehlverhalten** des Arbeitnehmer **erforderlich**.[421] Ferner muß sich der Arbeitnehmer nicht des Unrechtscharakters des MfS/ANS oder seiner konkreten Tätigkeit bewußt gewesen sein.[422] Zu berücksichtigen sind diese Aspekte jedoch bei der Einzelfallprüfung, ob die Fortsetzung des Arbeitsverhältnisses unzumutbar ist (hierzu unten RdNr. 267 ff.).[423]

266   Die einschränkungslose Anknüpfung an die „Tätigkeit" ist bei solchen Arbeitnehmern fragwürdig, die nicht in einem hauptberuflichen Arbeitsverhältnis zum MfS/ANS standen. Wenn lediglich an die bewußte und final auf das MfS/ANS ausgerichtete Tätigkeit angeknüpft wird, so müßte an sich jedwede, also auch die **rein wirtschaftliche Zusammenarbeit** mit dem MfS/ANS als kündigungsrelevanter Sachverhalt zu qualifizieren sein. Dies liefe indessen den Intentionen des Einigungsvertrages zuwider. Der Rückgriff auf die weite Formulierung der „Tätigkeit" dient dazu, auch die Sachverhalte einer **„nebenamtlichen"** Tätigkeit für das MfS/ANS in den Kündigungstatbestand einzubeziehen.[424] Der Bereich der „nebenamtlichen" Tätigkeit umfaßte jedoch auch nach dem bei Schaffung des Einigungsvertrages bereits vorliegenden Material über Aufbau und Struktur des MfS/ANS diejenigen Personen, die sich als **inoffizielle oder geheime Mitarbeiter** zur **Lieferung von Informationen** an das MfS/ANS bereit erklärt hatten. Deshalb sprechen gewichtige Gründe dafür, daß bei solchen Arbeitnehmern, die nicht in einem Arbeits(rechts-)verhältnis zum MfS/ANS standen, nur solche Tätigkeiten als kündigungsrelevanter Sachverhalt herangezogen werden, die auf die Lieferung von Informationen an das MfS/ANS gerichtet waren.

267   **dd) Beweislast.** Der **Arbeitgeber trägt die Beweislast** für den mit der außerordentlichen Kündigung erhobenen Vorwurf einer Tätigkeit für das MfS/ANS.[425] Bloße Vermutungen oder Verdächtigungen reichen hierfür ebensowenig aus, wie die Weigerung des Arbeitnehmers, auf freiwilliger Grundlage einer Überprüfung auf Mitarbeit im ehem. MfS/ANS einschließlich der damit verbundenen Akteneinsicht durch den Arbeitgeber oder andere Beauftragte zuzustimmen.[426] Es ist vielmehr ein konkreter Nachweis erforderlich.

268   Der für eine außerordentliche Kündigung erforderliche Nachweis einer Tätigkeit kann zB aufgrund einer Auskunft des „Bundesbeauftragten für die Unterlagen des Staatssicherheitsdienstes" erbracht werden, für die eine Zustimmung des Arbeitnehmers nicht erforderlich ist.[427] Schriftliche Mitteilungen des Bundesbeauftragten sind allerdings kein Beweismittel hinsichtlich der für das MfS/ANS erfolgten Tätigkeit des Arbeitnehmers.[428]

---

[420] So auch KrG Schwerin-Stadt (3 b. KfArbR) BB 1991, 2193 (LS); *U. Scholz* BB 1991, 2515 (2520). Ebenso zu § 3 Satz 1 Nr. 4 G 131 BVerwGE 7, 221 (224, 225); 7, 340 (342).
[421] LAG Berlin (6. Kammer) LAGE Art. 20 Einigungsvertrag Nr. 6; LAG Berlin (9. Kammer) LAGE Art. 20 Einigungsvertrag Nr. 1; ArbG Berlin (82. Kammer) NZA 1992, 597 (605); ArbG Berlin (80. Kammer) ZTR 1991, 341 (342); ArbG Berlin (85. Kammer) BB 1991, 2528 f. (LS).
[422] Ebenso *U. Scholz* BB 1991, 2515 (2522); vgl. BVerwGE 7, 221 (224).
[423] So mit Recht *Weiß* PersV 1991, 97 (120).
[424] Vgl. Erl. BReg. BT-Drucks. 11/7817, S. 180.

[425] Ebenso BAG DB 1993, 2386 (2386); ArbG Berlin (85. Kammer) BB 1991, 2528 (LS); *Lansnikker-Schwirtzek* MDR 1991, 202 (204); *dies.* DtZ 1993, 106 (107); *U. Scholz* BB 1991, 2515 (2525); *Weiss-Kreuder* ArbuR 1994, 12 (20).
[426] So bereits *Säcker-Oetker* (Fn. 42) RdNr. 1021; ebenso *Braunert* ArbuArbR 1993, 15 (16 f.).
[427] Zur Mitteilung des Bundesbeauftragten und zur Verwendung der Unterlagen §§ 20 Abs. 1 Nr. 6 d, 21 Abs. 1 Nr. 6 d StUG
[428] ArbG Berlin (64. Kammer) NZA 1992, 593 (595 f.); ArbG Berlin (82. Kammer) NZA 1992, 597 (601); *Weiss-Kreuder* ArbuR 1994, 12 (20); sowie allg. *Braunert* ArbuArbR 1993, 15 ff.

Gegebenenfalls sind die entsprechenden Mitarbeiter des MfS/ANS als Zeugen zu vernehmen bzw. entsprechende schriftliche Unterlagen des MfS/ANS im Wege des Urkundsbeweises in den Prozeß einzuführen.[428a]

Verbleiben auch nach Ausschöpfung aller Beweismittel Zweifel, so ist **in Ausnahmefällen** der Rückgriff auf die allgemeinen Grundsätze einer **Verdachtskündigung**[429] rechtlich zulässig.[430] Diese ist durch Abs. 5 Nr. 2 nicht ausgeschlossen, sie muß jedoch auf die **allgemeinen Voraussetzungen des § 626 BGB** gestützt werden. Der hierbei erforderliche dringende Verdacht kann nach allgemeinen Grundsätzen auch durch die mangelnde Bereitschaft des Arbeitnehmers begründet sein, sich um die Aufklärung des gegen ihn zur Last gelegten Vorwurfes zu bemühen.[431] Angesichts der Informationsmöglichkeiten des Trägers der Einrichtung beim Sonderbeauftragten der Bundesregierung[432] ist diese indirekte Pflicht zur Mitwirkung an der Aufklärung indes regelmäßig nicht zu bejahen,[433] so daß die fehlende Mitwirkung des Arbeitnehmers nur in extremen Ausnahmefällen einen dringenden Verdacht begründet.

4. Unzumutbarkeit. Abs. 5 der Übergangsregelung statuiert keine absoluten Kündigungsgründe, sondern verlangt, daß ein Festhalten am Arbeitsverhältnis unzumutbar erscheinen muß. Hieraus folgt zunächst, daß Abs. 5 der Übergangsregelung bei keinem der dort genannten Alternativen einen absoluten Kündigungsgrund schafft.[434] Erforderlich ist stets eine **Einzelfallprüfung**,[435] die nicht mit einer Interessenabwägung verwechselt werden darf. Die Dauer der Beschäftigung oder etwaige Unterhaltsverpflichtungen müssen bei der Einzelfallprüfung deshalb außer Betracht bleiben.[435a] Das *Bundesarbeitsgericht* betont in seiner Grundsatzentscheidung vom *11. 6. 1992* zu Recht, daß das Maß der **individuellen** Verstrickung über die außerordentliche Auflösbarkeit des Arbeitsverhältnisses bestimmt.[435b] Der in Abs. 5 der Übergangsregelung normierte „wichtige Grund" erfordert zwar nicht wie § 626 Abs. 1 BGB eine Abwägung der Interessen beider Vertragsteile, jedoch kann auch die Feststellung, ob das weitere Festhalten am Arbeitsvertrag „unzumutbar erscheint" nicht getroffen werden, ohne dem durch die Kündigung geschützten Rechtsgut die Tätigkeit des Arbeitnehmers gegenüberzustellen, so daß letztlich eine **Abwägung** zwischen dem durch die Kündigung **geschützten Rechtsgut** und der **individuel-**

[428a] Siehe auch BAG EzA Art. 20 Einigungsvertrag Nr. 22.
[429] Siehe Fn. 401.
[430] So auch ArbG Berlin (82. Kammer) NZA 1992, 597 (604); ebenso *Korinth* NZA 1992, 350 (355); *Künzl* ArbuR 1992, 204 (209); *Oetker* Anm. zu LAG Berlin LAGE Art. 20 Einigungsvertrag Nr. 1; *Zeuner*, Festschrift für Thieme, 1993, S. 377 (387ff.); aA LAG Berlin (6. Kammer) BB 1993, 728 (LS); ArbG Berlin (64. Kammer) NZA 1992, 593 (596f.); *Lansnicker-Schwirtzek* DtZ 1993, 106 (108); *Weiss-Kreuder* ArbuR 1994, 12 (20).
[431] BAG AP § 626 BGB Verdacht strafbarer Handlung Nr. 13.
[432] Siehe Fn. 427.
[433] Anders aber BAG DB 1993, 2386 (2387); LAG Berlin (9. Kammer) NZA 1992, 1131, das im Hinblick auf die besonderen Kündigungsgründe ein generelles Fragerecht und eine hiermit korrespondierende Pflicht des Arbeitnehmers bejaht, die Fragen vollständig und wahrheitsgemäß zu beantworten; wie hier *Weiss-Kreuder* ArbuR 1994, 16 (21). Zur Praxis der schriftlichen Befragung vgl. *Weichert* KJ 1991, 457 (467ff.).

[434] So mit Recht LAG Berlin (9. Kammer) LAGE Art. 20 Einigungsvertrag Nr. 1; LAG Berlin (11. Kammer) NJ 1992, 131; *Däubler* PersR 1990, 313 (315); *Staudinger-Rauscher* Art. 232 § 5 EGBGB RdNr. 56; mißverständlich *Preis* PersR 1991, 201 (203).
[435] So auch BAG NZA 1993, 118 (119); ebenso bereits Erl. BReg. BT-Drucks. 11/7817, S. 180; aus dem Schrifttum zB mit überzeugenden Gründen *Fenski-Linck* NZA 1992, 337 (343); ebenso auch *Ascheid* (Fn. 252) RdNr. 858; *Künzl* ArbuR 1992, 204 (209); *Lansnicker-Schwirtzek* DtZ 1993, 106 (109); *Oetker* Anm. zu LAG Berlin LAGE Art. 20 Einigungsvertrag Nr. 1; *Staudinger-Rauscher* Art. 232 § 5 EGBGB RdNr. 56; *U. Scholz* BB 1991, 2515 (2520); *Weiß* PersV 1991, 97 (120). Exemplarisch zur Überprüfungspraxis *Majer* KJ 1992, 147 (157ff.).
[435a] Ebenso zu Abs. 4 Nr. 1 BAG DB 1993, 2386 (2387).
[435b] BAG NZA 1993, 118 (118f.); sowie zuletzt BAG EzA Art. 20 Einigungsvertrag Nr. 31.

len Verstrickung unerläßlich ist.[436] Die Entscheidung des Arbeitgebers zur Unzumutbarkeit ist uneingeschränkt justitiabel.[437]

271 Das außerordentliche Kündigungsrecht **dient nicht der Sanktionierung** eines früheren Verhaltens,[438] sondern soll aus dem früheren Verhalten folgende **Belastungen für die zukünftige Tätigkeit** der öffentlichen Verwaltung abwehren. Es handelt sich in den Worten des *Bundesarbeitsgerichts* um einen „nachwirkenden" Kündigungssachverhalt.[439] Insoweit betont das Gericht ferner mit Recht, daß die Unzumutbarkeit nur aus den in der Vergangenheit liegenden Tätigkeiten hergeleitet werden kann.[440] Die Unzumutbarkeitsprüfung kann sich hierauf gleichwohl nicht ausschließlich beschränken, da ermittelt werden muß, ob das Festhalten an dem Arbeitsverhältnis gegenwärtig unzumutbar erscheint. Deshalb muß hinzutreten, daß die in Abs. 5 der Sonderregelung umschriebenen Sachverhalte auch auf die zukünftige Durchführung des Arbeitsverhältnisses in der Dienststelle negativ ausstrahlen. Dies kann nicht nur durch Schwierigkeiten im innerbetrieblichen Arbeitsablauf, sondern auch durch Reaktionen von Dritten im Hinblick auf eine Zusammenarbeit mit dem betroffenen Arbeitnehmer als Repräsentant des öffentlichen Dienstes bedingt sein.[441] Im Unterschied zu § 626 Abs. 1 BGB läßt Abs. 5 der Sonderbestimmung ein „Erscheinen" der Unzumutbarkeit ausreichen. Hieraus folgt, daß das **äußere Erscheinungsbild des öffentlichen Dienstes** bei der Unzumutbarkeitsprüfung in den Vordergrund tritt.[442] Dieses wird wiederum von der gegenwärtigen Stellung und der Funktion des Arbeitnehmer beeinflußt, die deshalb ebenfalls im Rahmen der Unzumutbarkeitsprüfung zu berücksichtigen ist.[443]

272 Dem Zweck der Sonderregelung zur außerordentlichen Kündigung ist die dem Arbeitnehmer zur Last gelegte Tätigkeit gegenüberzustellen. Bei einem Verstoß des Arbeitnehmers gegen die **Grundsätze der Menschlichkeit oder Rechtsstaatlichkeit** wird die Unzumutbarkeit wegen des gravierenden Unrechtsgehalts des dem Arbeitnehmer zur Last gelegten Verhaltens allerdings regelmäßig nicht widerlegt werden können; der Kündigungssachverhalt **indiziert** in diesen Fallgestaltungen die **Unzumutbarkeit**.[444]

273 Eine **indizielle Wirkung** des Kündigungssachverhalts tritt bei einer **Tätigkeit für das MfS/ANS** hingegen **regelmäßig nicht** ein,[445] da die unterschiedliche Quantität und Qualität der Tätigkeit eine differenzierte und umfassende Würdigung erfordert. Dies gilt sowohl bei einer hauptamtlichen als aber auch vor allem bei einer nebenamtlichen Tätigkeit für das MfS/ANS und bei dieser insbesondere dann, wenn die hiervon erfaßten

---

[436] ArbG Berlin (85. Kammer) BB 1991, 2528 (LS); so auch *Weiß* PersV 1991, 97 (120), der ausdrücklich eine Abwägung verlangt; enger wohl BAG NZA 1993, 118 (119); zu weitgehend indes *Lansnicker-Schwirtzek* MDR 1991, 202 (203), die ohne Einschränkung die zu § 626 BGB entwickelten Grundsätze heranziehen; hiergegen mit Recht ArbG Berlin (80. Kammer) ZTR 1991, 341 (342).
[437] Ebenso zB *Künzl* ArbuR 1992, 204 (209); aA *Holzhauser* NJ 1991, 494 (495), der einen Beurteilungsspielraum des Arbeitgebers befürwortet. Zur ordentlichen Kündigung wegen fehlender persönlicher Eignung siehe oben RdNr. 223.
[438] So treffend *Weiß* PersV 1991, 97 (120).
[439] BAG NZA 1993, 118 (119).
[440] BAG NZA 1993, 118 (119); ebenso LAG Brandenburg (2. Kammer) DB 1993, 176 (177); sowie bereits zuvor LAG Berlin (12. Kammer) NZA 1992, 264 (265).
[441] ArbG Berlin (85. Kammer) BB 1991, 2528f. (LS).
[442] BAG NZA 1993, 118 (119); ebenso auch *Künzl* ArbuR 1992, 204 (209); *Oetker* Anm. zu LAG Berlin LAGE Art. 20 Einigungsvertrag Nr. 1; so auch schon LAG Berlin (12. Kammer) NZA 1992,

264 (265); LAG Berlin (11. Kammer) NJ 1992, 131 (132).
[443] LAG Berlin (6. Kammer) LAGE Art. 20 Einigungsvertrag Nr. 6; LAG Berlin (11. Kammer) NJ 1992, 131 (132); LAG Brandenburg (2. Kammer) DB 1993, 176 (178); KrG Neubrandenburg (2. KfArbR) ArbuArbR 1992, 28 (28); ArbG Berlin (85. Kammer) BB 1991, 2528 (LS); vgl. insoweit auch *Oetker* Anm. zu LAG Berlin LAGE Art. 20 Einigungsvertrag Nr. 1; sowie *Lansnicker-Schwirtzek* DtZ 1993, 106 (110).
[444] Ebenso *Weiß* PersV 1991, 97 (120); ähnlich auch BAG NJ 1994, 430 (431).
[445] Gegen jegliche Indizwirkung oder Vermutung KrG Neubrandenburg (2. KfArbR) ArbuArbR 1992, 28 (28); *Künzl* ArbuR 1992, 204 (209); *Lansnicker-Schwirtzek* MDR 1992, 529 (530); *dies.* DtZ 1993, 106 (109); mit Bedenken auch *Staudinger-Rauscher* Art. 232 § 5 EGBGB RdNr. 56; aA KrG Schwerin-Stadt (3. KfArbR) BB 1991, 2193 (LS); *U. Scholz* BB 1991, 2515 (2521), der hieraus zugleich eine Umkehr der Beweislast ableitet, vgl. S. 2526; in diesem Sinne auch LAG Berlin (12. Kammer) NZA 1992, 264 (266), das ein Regel-Ausnahme-Verhältnis postuliert.

Tätigkeiten – entgegen den obigen Ausführungen[446] – nicht auf den Bereich der Informationsbeschaffung für das MfS/ANS begrenzt werden. Auch im **Regelfall** ist eine gesonderte **Unzumutbarkeitsprüfung nicht entbehrlich**. Diese Aussage ist lediglich bei einzelnen Fallgruppen gerechtfertigt, die sich dadurch auszeichnen, daß die frühere Tätigkeit für das MfS/ANS in besonderer Weise geeignet ist, das Vertrauen in eine rechtsstaatliche Verwaltung zu erschüttern.[447] Dies ist zB für die Personengruppe der **Offiziere im besonderen Einsatz**[448] zu bejahen,[449] da ihre in der Vergangenheit gezeigte Bereitschaft, verdeckt und mit geheimdienstlichen Methoden für andere Einrichtungen zu arbeiten, in besonderem Maße das Entstehen einer Vertrauensbeziehung des Bürger zu der konkreten Einrichtung des öffentlichen Dienstes erschwert.

Bei der Unzumutbarkeitsprüfung ist die **Art der Tätigkeit** von ausschlaggebender Bedeutung,[450] da die Mitarbeit im Verwaltungsdienst einschließlich der technischen Dienste einen ungleich geringeren Unwertgehalt aufweist, als die zielgerichtete Ausspähung der Privatsphäre oder die konspirative Unterwanderung und Zersetzung gesellschaftlicher Organisationen, kirchlicher Einrichtungen oder oppositioneller Gruppierungen.[451] Hierbei ist auch der durch die Tätigkeit für andere Personen entstandene materielle und immaterielle Schaden zu berücksichtigen.[452] Hieraus folgt eine Proportionalität zwischen dem durch die Art der Tätigkeit und die Stellung beim MfS/ANS geprägten Maß der individuellen Verstrickung und der Notwendigkeit einer außerordentlichen Kündigung.[453] Je größer dieses ist, umso eher ist die Annahme gerechtfertigt, daß der Arbeitnehmer als Angehöriger des öffentlichen Dienstes für die Bevölkerung nicht zumutbar ist.[454] 274

Von Bedeutung ist ferner, **wann und für welchem Zeitraum** der Arbeitnehmer für das MfS/ANS tätig war.[455] Ebenso ist zu berücksichtigen, ob der Arbeitnehmer seine Tätigkeit für das MfS/ANS bereits vor dem Oktober 1989 aus eigener Initiative eingestellt hat.[456] Gegebenenfalls ist auch das **Verhalten** des Arbeitnehmers **nach der offiziellen Auflösung des MfS/ANS** zu berücksichtigen.[457] 275

Des weiteren sind die besonderen Umstände in die Prüfung einzubeziehen, die den Arbeitnehmer zu einer Tätigkeit für das MfS/ANS bewogen.[458] Die auf Druck und Androhung empfindlicher Übel gegenüber dem Arbeitnehmer oder nahen Angehörigen[459] erfolgte nebenamtliche Tätigkeit ist milder zu bewerten, als das aus eigener Initiative aufgenommene Engagement. Das Ziel, durch die Tätigkeit für das MfS/ANS materielle Zuwendungen oder sonstige Leistungen (zB Wohnraum, bevorzugte Zuteilung eines PKW, Auslandsaufenthalte, Studienplätze) zu erlangen, auf deren Gewährung kein An- 276

---

[446] Siehe RdNr. 263.
[447] Ähnlich *Weiß* PersV 1991, 97 (120).
[448] Zu ihrer Tätigkeit vgl. *Gill-Schröter* (Fn. 403) S. 118 ff.
[449] So im Ergebnis auch ArbG Berlin (62. Kammer) ArbuArbR 1991, 88 (88); vgl. insofern auch ArbG Berlin (80. Kammer) ZTR 1991, 340 (341).
[450] BAG NZA 1993, 118 (119); ebenso zB LAG Berlin (6. Kammer) LAGE Art. 20 Einigungsvertrag Nr. 6; LAG Brandenburg (2. Kammer) BB 1993, 142 (143); ArbG Berlin (82. Kammer) NZA 1992, 597 (605); KrG Neubrandenburg (2. KfArbR) ArbuArbR 1992, 28 (28); *Ascheid* (Fn. 252) RdNr. 858.
[451] So mit Nachdruck auch LAG Berlin (11. Kammer) NJ 1992, 131 (132); LAG Brandenburg (2. Kammer) DB 1993, 176 (177); KrG Neubrandenburg (2. KfArbR) ArbuArbR 1992, 28 (28); *Lansnicker-Schwirtzek* MDR 1992, 529 (532); *dies*. DtZ 1993, 106 (110); sowie bereits *Säcker-Oetker* (Fn. 42) RdNr. 1023.
[452] Gegen die Berücksichtigung einer fehlenden Schädigung *U. Scholz* BB 1991, 2515 (2522); wohl auch BAG NZA 1993, 118 (119), das etwaige Begünstigungen einzelner Verfolgter nicht besonders ins Gewicht fallen lassen will.
[453] In diesem Sinne auch BAG NZA 1993, 118 (119).
[454] Vgl. BAG NZA 1993, 118 (119).
[455] Ebenso BAG NZA 1993, 118 (119); LAG Berlin (6. Kammer) LAGE Art. 20 Einigungsvertrag Nr. 6; LAG Brandenburg (2. Kammer) DB 1993, 176 (177); *Ascheid* (Fn. 252) RdNr. 858.
[456] Vgl. exemplarisch LAG Brandenburg (2. Kammer) DB 1993, 176 (178).
[457] Widersprüchlich *U. Scholz* BB 1991, 2515 ff., der einerseits „Leistungen für den Rechtsstaat seit dem 3.10.1990" nicht berücksichtigen will (S. 2522), andererseits in „Fällen einer Art tätigen Reue" die Zumutbarkeit der Weiterbeschäftigung bejaht (S. 2523).
[458] So auch BAG NZA 1993, 118 (119); LAG Berlin (12. Kammer) NZA 1992, 264 (266).
[459] Insbesondere bei der Gewinnung informeller Mitarbeiter, vgl. *Gill-Schröter* (Fn. 403) S. 108 ff.

spruch bestand, oder diese auch zukünftig zu erhalten, ist demgegenüber regelmäßig zu Lasten des Arbeitnehmers zu berücksichtigen.

277 **5. Kündigungserklärungsfrist.** Kontroverse Diskussionen in Doktrin und Judikatur löste von Beginn an die Frage aus, ob bei einer auf Abs. 5 der Sonderregelung gestützten außerordentlichen Kündigung die in § 626 Abs. 2 BGB normierte zweiwöchige Kündigungserklärungsfrist zu beachten ist. Diejenigen Stimmen in der Rechtsprechung der Instanzgerichte und im Schrifttum, die dies bejahten,[460] konnten sich nicht durchsetzen. Im Anschluß an die Stellungnahme von *Weiß* bejahte vor allem die 9. *Kammer des Landesarbeitsgerichts Berlin* die gegenteilige, zur Nichtanwendung von § 626 Abs. 2 BGB führende Position.[461] Diesem konzeptionellen Verständnis hat sich auch das *Bundesarbeitsgericht* in seiner Grundsatzentscheidung vom *11. 6. 1992* angeschlossen.[462] Die auf Art. 12 Abs. 1 GG gestützten Einwände gegenüber dieser Judikatur wies das *Bundesverfassungsgericht* mit einem Beschluß vom *21. April 1994* zurück.[462a] Das Gericht sah es als ausreichend an, wenn über § 242 BGB gewährleistet ist, daß der Sonderkündigungsgrund nicht beliebig lange zurückgehalten werden kann.

278 Auch nach der Entscheidung des Bundesarbeitsgerichts sprechen unverändert die besseren Rechtsargumente gegen eine Verdrängung der Kündigungserklärungsfrist in § 626 Abs. 2 BGB durch die Sonderregelung in Abs. 5.[462b] Neben den bereits an anderer Stelle ausgeführten Überlegungen[463] rechtfertigen auch die Erwägungen des Achten Senats keine abweichende Würdigung. Wenig Aussagekraft besitzt zunächst das formale Argument des Gerichts, daß der Gesetzgeber in anderen Fällen einer außerordentlichen Kündigung ausdrücklich bestimmt habe, daß eine Kündigungserklärungsfrist einzuhalten sei (zB § 15 BBiG) oder er hiervon abgesehen habe. Die für die letztgenannte Regelungstechnik vom Senat herangezogenen Bestimmungen (§ 89 a HGB und § 64 SeemG) liefern gerade ein plastisches Beispiel für die geringe Überzeugungskraft dieses formalen Begründungsansatzes. Während zu § 89 a HGB die ergänzende Anwendung von § 626 Abs. 2 BGB abgelehnt wird,[464] vertritt die nahezu einhellige Ansicht zu § 64 SeemG die gegenteilige Auffassung.[465]

279 Gewichtiger ist demgegenüber der Rückgriff auf die **systematische Verknüpfung** zwischen beiden Absätzen in § 626 BGB. Die Zwei-Wochen-Frist beziehe sich nur auf eine Kündigung, die auf § 626 Abs. 1 BGB gestützt werde, nicht hingegen auf eine solche, für die Abs. 5 der Sonderregelung herangezogen werde. Aus dem Verzicht auf eine Prüfung

---

[460] So in der Rechtsprechung der Instanzgerichte LAG Brandenburg (1. Kammer) LAGE Art. 20 Einigungsvertrag Nr. 3; ArbG Berlin (63. Kammer) DB 1992, 480 (LS); ArbG Berlin (62. Kammer) ArbuArbR 1991, 88 (88); ArbG Cottbus (2. KfArbR) EzA Art. 20 Einigungsvertrag Nr. 10; KrG Schwerin-Stadt (3. KfArbR) DB 1991, 869 (869); ebenso im Schrifttum *Däubler* PersR 1991, 193 (199); *Dörner-Widlak* NZA 1991, Beil. Nr. 1, S. 43 (52); *Fenski-Linck* NZA 1992, 337 (343 f.); *Hanau-Preis* (Fn. 55) S. 1 (35); *Koch-Pasinski* ArbuArbR 1992, 230 (231 f.); *Künzl* ArbuR 1992, 204 (209); *Lansnikker-Schwirtzek* MDR 1992, 529 (531); *Oetker* Anm. zu LAG Berlin LAGE Art. 20 Einigungsvertrag Nr. 1; *Palandt-Putzo* BGB, 52. Aufl. 1993, Art. 232 § 5 EGBGB RdNr. 10 (anders aber nunmehr in der 53. Aufl. 1994); *Preis* PersR 1991, 201 (203); *Staudinger-Rauscher* Art. 232 § 5 EGBGB RdNr. 56; *Säcker-Oetker* (Fn. 42) RdNr. 1008; *Seidel* PersR 1991, 404 (405); *Stahlhacke-Preis* (Fn. 245) RdNr. 1380; *Vohs* PersR 1991, 257 (260); *Wank* (Fn. 359) § 117 RdNr. 47; *Zeuner*, Festschrift für Thieme, 1993, S. 377 (379 Fn. 3).

[461] LAG Berlin (9. Kammer) LAGE Art. 20 Einigungsvertrag Nr. 1; ebenso LAG Berlin (6. Kammer) LAGE Art. 20 Einigungsvertrag Nr. 6; LAG Berlin (12. Kammer) NZA 1992, 264 (267 f.); ArbG Berlin (98. Kammer) ZTR 1992, 78 (LS); ArbG Berlin (58. Kammer) ZTR 1991, 387 (LS); ArbG Berlin (80. Kammer) ZTR 1991, 340 (341); sowie im Schrifttum *U. Scholz* BB 1991, 2515 (2518 f.).

[462] BAG NZA 1993, 118 (119); BAG EzA Art. 20 Einigungsvertrag Nr. 31; BAG NJ 1994, 430 (431); zustimmend *Ascheid* (Fn. 252) RdNr. 858; *Palandt-Putzo* BGB, 53. Aufl. 1994, Art. 232 § 5 EGBGB RdNr.

[462a] BVerfG EzA Art. 20 Einigungsvertrag Nr. 32.

[462b] Kritisch auch LAG Köln ArbuR 1994, 39 (40), dessen Argumentation durch BAG EzA Art. 20 Einigungsvertrag Nr. 31 zurückgewiesen wurde; *Lansnicker-Schwirtzek* DtZ 1993, 106 (110); *Weiss-Kreuder* ArbuR 1994, 12 (15).

[463] Vgl. *Oetker* Anm. zu LAG Berlin LAGE Art. 20 Einigungsvertrag Nr. 1.

[464] Vgl. BGH NJW 1982, 2432 (2433).

[465] Siehe statt aller *Weigand* KR, 3. Aufl. 1989, Kündigung im Seearbeitsrecht RdNr. 59.

anhand der für eine ordentliche Kündigung geltenden Frist (siehe oben RdNr. 237) folge, daß beim Vorliegen der in Abs. 5 genannten Sachverhalte eine Beschäftigung überhaupt nicht länger hinzunehmen sei. Deshalb bestehe die Unzumutbarkeit im Sinne von Abs. 5 nicht nur für einen Zeitraum von zwei Wochen. Bei diesem Verständnis des Gerichts liegt bei Bejahung der tatbestandlichen Voraussetzungen von Abs. 5 der Sonderregelung gewissermaßen eine **Dauerunzumutbarkeit** vor. Dieses isolierte Verständnis der Sonderregelung in Abs. 5 steht jedoch im Widerspruch zu dem Wortlaut der Bestimmung, der sich auf die Festlegung eines wichtigen Grundes beschränkt, so daß der Arbeitgeber seine Befugnis zur außerordentlichen Kündigung unverändert aus § 626 Abs. 1 BGB ableiten muß (siehe oben RdNr. 240).

Selbst wenn im Sinne der höchstrichterlichen Judikatur die Kündigungserklärungsfrist 280 des § 626 Abs. 2 BGB bei der auf Abs. 5 der Sonderbestimmung gestützten außerordentlichen Kündigung keine Anwendung findet, bleibt ein längerer Zeitablauf zwischen der Kenntnis des Kündigunsgrundes und dem Zugang der Kündigung beim Arbeitnehmer nicht ohne jede rechtliche Relevanz. Dies deutet auch das *Bundesarbeitsgericht* in seiner Grundsatzentscheidung an; durch eine ungebührliche Verzögerung könne der Arbeitgeber seinem eigenen Verhalten zuwiderhandeln oder einen Verwirkungstatbestand gesetzt haben.[466] Das *Bundesverfassungsgericht* erhob dieses Erfordernis einer „variablen Zeitschranke" in dem Beschluß vom *21. April 1994* sogar in den Rang eines von der Grundrechtsordnung zwingend gebotenen Mindestschutzes.[466a]

Es ist insoweit allgemein anerkannt, daß ein längerer Zeitablauf zwischen der Kenntnis 281 des Kündigungsgrundes und dem Zugang der Kündigung die widerlegbare Vermutung begründen kann, daß die Fortsetzung des Arbeitsverhältnisses nicht unzumutbar ist. Dies ist insbesondere in der Rechtsprechung des Bundesgerichtshofes zum Handelsvertreterrecht[467] anerkannt, findet aber auch in der höchstrichterlichen Judikatur zum Personengesellschaftsrecht[468] und zum Wohnraummietrecht[469] eine Parallele. So entspricht es zB der auch im Schrifttum einmütig akzeptierten Judikatur zum Handelsvertreterrecht, daß mit Ablauf von zwei Monaten seit Kenntnis des Kündigungsgrundes widerlegbar zu vermuten ist, dieser sei nicht so schwerwiegend, um eine fristlose Auflösung des Vertragsverhältnisses zu rechtfertigen.[470] Diese widerlegbare Vermutung müßte an sich auch im Rahmen einer auf Abs. 5 der kündigungsrechtlichen Sonderbestimmung gestützten Kündigung gelten, allerdings muß ein Rückgriff auf diese Grundsätze bei konsequentem Fortdenken der vom Bundesarbeitsgericht zugrundegelegten Prämissen ausscheiden. Wenn es sich nach Ansicht des Gerichts bei der Unzumutbarkeit im Sinne von Abs. 5 um eine „Dauerunzumutbarkeit" handelt,[471] ist die Annahme einer widerlegbaren Vermutung der Zumutbarkeit gedanklich ausgeschlossen.[471a]

Selbst wenn dem Ansatz des Achten Senats auch insoweit noch zu folgen wäre, bleibt 282 stets zu prüfen, ob die außerordentliche Kündigung gegen das **Verbot des venire contra factum proprium** verstößt oder der Arbeitgeber einen **Verwirkungstatbestand** gesetzt hat. Beide Institute erachtet das Bundesarbeitsgericht für anwendbar, wenn der Arbeitgeber den Ausspruch der außerordentlichen Kündigung „ungebührlich verzögert". Welche Zeitgrenzen hierfür maßgebend sein sollen, läßt sich dem Judikat allerdings nicht entnehmen, die hiermit verbundene Einbuße an Rechtssicherheit scheint der Achte Senat hinzunehmen. Darüber hinaus erfordert der Verwirkungstatbestand neben dem Zeitmoment

---

[466] BAG NZA 1993, 118 (119).
[466a] Vgl. BVerfG EzA Art. 20 Einigungsvertrag Nr. 32.
[467] Siehe vor allem BGH NJW 1982, 2432f.; BGH VersR 1983, 655f.; BGH WM 1986, 1413ff.; BGH WR 1992, 419ff.
[468] Vor allem BGH NJW 1966, 2160f.
[469] Vgl. BGH WM 1983, 660f.; BGH WM 1988, 16 (17).

[470] BGH VersR 1983, 655 (656); BGH WR 1992, 419 (420); *Heymann-Sonnenschein*, HGB, 1989, § 89a RdNr. 30.
[471] Siehe oben RdNr. 276.
[471a] Bemerkenswert deshalb nunmehr die Korrektur durch das *Bundesarbeitsgericht* in dem Urteil vom *28. April 1994* (DB 1994, 1881ff.), wonach der wichtige Grund durch Zeitablauf entfallen kann. Die Figur einer „Dauerunzumutbarkeit" ist mit diesem Ansatz nicht mehr vereinbar.

VermG § 16 Anh. I   Abschnitt IV. Rechtsverhältnisse zw. Berechtigten u. Dritten

ein Umstandsmoment, kraft dessen der Arbeitnehmer auf die Nichtausübung des dem Arbeitgeber zustehenden Kündigungsrechts vertrauen durfte.[472] Dies wird zumindest dann vorliegen, wenn der Arbeitgeber den Arbeitnehmer in Kenntnis seiner für das MfS/ANS erfolgten Tätigkeit einstellt. Durch dieses Verhalten gibt er zuerkennen, daß die Beschäftigung des Arbeitnehmers für ihn nicht unzumutbar ist.[472a]

283   **6. Recht zur ordentlichen Kündigung.** Die in Abs. 5 genannten Sachverhalte können nicht nur den Ausspruch einer außerordentlichen Kündigung rechtfertigen. Da das Gesetz bereits die sofortige Beendigung des Arbeitsverhältnisses für rechtmäßig erachtet, muß dies per argumentum a majore ad minus auch für das schwächere Beendigungsinstrument, die ordentliche Kündigung gelten.[473] Insbesondere kann eine ordentliche Kündigung wegen mangelnder persönlicher Eignung im Sinne von Abs. 4 Satz 1 Nr. 1 der Übergangsregelung in Betracht kommen,[474] ohne daß hieraus indes geringere Anforderungen an den Kündigungsgrund folgen.[475]

---

[472] So mit Recht *U. Scholz* BB 1991, 2515 (2526); unzutreffend *Lansnicker-Schwirtzek* (DtZ 1993, 106 [109f.]), die allein auf einen Zeitablauf von einem Jahr abstellen wollen.

[472a] Ebenso *Lansnicker-Schwirtzek* DtZ 1993, 106 (109).

[473] So auch KrG Schwerin-Stadt (3. KfArbR) DB 1991, 869 (870); KrG Leipzig-Stadt (9. KfArbR) EzA Art. 20 Einigungsvertrag Nr. 13; siehe zuletzt auch LAG Berlin (9. Kammer) ZTR 1993, 215; LAG Brandenburg (2. Kammer) DB 1993, 176 (178f.).

[474] Siehe näher RdNr. 223ff.; sowie ebenso BAG DB 1993, 2386f.; *Berkowsky* (Fn. 276) § 132 RdNr. 161.

[475] So auch BAG NZA 1994, 25 (25), insoweit nicht abgedruckt in DB 1993, 2386ff.

Anhang II

Immaterialgüterrechte

Schrifttum: *Abel,* Konfiskationsmaßnahmen und gewerblicher Rechtsschutz, JBl. 1951, 77f.; *Albrecht,* § 47 Erstreckungsgesetz – der Beginn des warenzeichenrechtlichen Paradieses?, GRUR 1992, 660ff.; *Beil,* Spaltbarkeit deutscher Warenzeichenrechte?, BB 1948, 592f.; *Benkard,* Der Einfluß der Zwangsenteignung auf juristische Personen des Handelsrechts mit Betrieben in verschiedenen Zonen, DRZ 1947, 356ff.; *ders.,* Trennung gewerblicher Schutzrechte, DRZ 1949, 320ff.; *Berg,* Das Warenkennzeichengesetz der Deutschen Demokratischen Republik, GRUR Int. 1988, 621ff.; *Brändel,* Rechtsfragen des „Erstreckungsgesetzes" zum Schutzbereich und zur Benutzungslage von Patenten im vereinigten Deutschland, GRUR 1992, 653ff.; *Busche,* Rechtsvereinheitlichung und Vermögensrestitution auf dem Gebiet des Immaterialgüterrechts, DZWir 1993, 227ff.; *Bussmann,* Zwangsmaßnahmen gegenüber Unternehmenskennzeichen, Festschrift für Raape, 1948, S. 131ff.; *ders.,* Unternehmenskennzeichen zwischen Ost und West, GRUR 1950, 93ff.; *Feiler,* Sequestrierung und Warenzeichenrecht, NJ 1950, 155ff.; *Friedrich,* Enteignung und Löschung von Unternehmungen in der Ostzone mit Vermögen in den Westzonen, SJZ 1948, Sp. 24ff.; *Gaul-Burgmer,* Das Erstreckungsgesetz für den gewerblichen Rechtsschutz, GRUR 1992, 283ff.; *Knaak,* Kennzeichenrechte in der deutschen Einigung, GRUR Int. 1993, 18ff.; *Kort,* Eine Deutsch-Deutsche Markenlegende?, GRUR 1993, 104ff.; *Linden,* Entwicklungsprobleme im Rechtsschutz immaterieller Wirtschaftsgüter in der DDR, GRUR Int. 1989, 85ff.; *Lutz,* Das Schicksal der Firmen- und Warenzeichenrechte enteigneter Betriebe, GRUR 1948, 84ff.; *Magerstein,* Zum Problem der exterritorialen Wirkung von Konfiskationsgesetzen mit besonderer Berücksichtigung gewerblicher Schutzrechte konfiszierter oder „nationalisierter" Unternehmungen im Auslande, JBl. 1950, 349ff.; *Melzer,* Die Erstreckung von Urheberscheinen und Patenten für industrielle Muster, in: Adrian-Nordemann-Wandtke, Erstreckungsgesetz und Schutz des geistigen Eigentums, 1992, S. 146ff.; *Miosga,* Das Warenzeichenrecht der Deutschen Demokratischen Republik v. 17. 2. 1954, GRUR 1954, 559ff.; *v. Mühlendahl-Mühlens,* Gewerblicher Rechtsschutz im vereinigten Deutschland, GRUR 1992, 725ff.; *Mühlens-Schaefer,* Die Vereinheitlichung des gewerblichen Rechtsschutzes im vereinigten Deutschland, DtZ 1992, 194ff.; *Nathan,* Das neue Patentrecht der Deutschen Demokratischen Republik, NJ 1950, 430ff.; *Niederleithinger,* Die schrittweise Wiederherstellung der Rechtseinheit auf dem Gebiet des gewerblichen Rechtsschutzes, DZWir 1992, 485ff.; *A. Nordemann,* Zur Problematik der Schutzfristen für Lichtbildwerke und Lichtbilder im vereinigten Deutschland, GRUR 1991, 418ff.; *Papier-Dippel,* Die Rückübertragung enteigneter Warenzeichen nach dem Vermögensgesetz, GRUR 1991, 639ff.; *Paterna,* Schicksal der Warenzeichen bei Enteignung von Ostbetrieben, MDR 1948, 462ff.; *Püschel,* Einigungsvertrag und Geltungsbereich des Urheberrechtsgesetzes, GRUR 1992, 579ff.; *Schaefer,* Vereinheitlichung des gewerblichen Rechtsschutzes in Deutschland, NJ 1992, 248ff.; *Schönfeld,* Zum neuen Patentgesetz der Deutschen Demokratischen Republik, GRUR Int. 1985, 731ff.; *Schultz-Süchting,* Kennzeichnungsrecht im vereinigten Deutschland, GRUR 1992, 481ff.; *G. Schulze,* Zählt die DDR rückwirkend zum Geltungsbereich des Urheberrechtsgesetzes?, GRUR 1991, 731ff.; *Stögmüller,* Ringberg-Symposium über Urherberrechte und Kennzeichenrechte in der deutschen Einigung – Tagungsbericht, GRUR Int. 1993, 32ff.; *v. Stoephasius,* Anerkennung der DDR und ihre Auswirkungen auf Warenzeichen- und Firmenrecht, WRP 1970, 281ff.; *Stolz,* Der Einigungsvertrag vom 31. August 1990 zwischen der Bundesrepublik Deutschland und der Deutschen Demokratischen Republik und seine Auswirkungen auf die Urheberrechtsgesetze beider Staaten, UFITA 115 (1991), S. 5ff.; *Ulmer,* Warenzeichen und Firma zwischen Ost und West, GRUR 1949, 63ff.; *ders.,* Aus dem Wettbewerbs- und Warenzeichenrecht – Rechtsfragen der Nachkriegszeit, GRUR 1951, 355ff.; *Wandtke,* Auswirkungen des Einigungsvertrages auf das Urheberrecht in den neuen Bundesländern, GRUR 1991, 263ff.; *ders.,* Auswirkungen des Einigungsvertrages auf das Urheberrecht in den neuen Bundesländern, in: Adrian-Nordemann-Wandtke, Erstreckungsgesetz und Schutz des geistigen Eigentums, 1992, S. 36ff.; *Wandtke-John-Bernhardt-Kubillus,* Rechtsvergleichendes zum Urheberrecht der DDR und der BRD, UFITA 115 (1991), S. 23ff.; *Wilcke,* Patente und Warenzeichen zwischen Ost und West, SJZ 1950, 558ff.

Übersicht

	RdNr.		RdNr.
A. Gesetzgebungsgeschichte	1, 2	II. Schädigende Maßnahmen iSv. § 1 VermG	
B. Grundsatz der Rückübertragung		1. Allgemeines	12–16
		a) DDR-Unrecht	12–15
I. Sachlicher Anwendungsbereich		b) NS-Unrecht	16
1. Allgemeines	3, 4	2. Einzelmaßnahmen	17–26
2. Gewerbliche Schutzrechte	5–9	a) DDR-Unrecht	17–25
3. Urheberrecht und verwandte Schutzrechte	10, 11	aa) Entziehung ohne oder gegen zu geringe Entschädigung (§ 1 Abs. 1 lit. a und b VermG)	17–20

VermG § 16 Anh. II   Abschnitt IV. Rechtsverhältnisse zw. Berechtigten u. Dritten

	RdNr.		RdNr.
bb) Verstaatlichung aufgrund des Beschlusses des Präsidiums des Ministerrates v. 9. 2. 1972 (§ 1 Abs. 1 lit. d VermG)	21	ee) Geschmacksmusterrecht	51–53
		(α) Altrechte	51
		(β) Neurechte	52, 53
cc) Erwerb aufgrund unlauterer Machenschaften (§ 1 Abs. 3 VermG)	22–25	b) Urheberrecht und verwandte Schutzrechte	54–59
		aa) Urheberrecht	54–57
b) NS-Unrecht (§ 1 Abs. 6 VermG)	26	bb) Verwandte Schutzrechte	58, 59
3. Bedeutung für das Restitutionsverfahren	27	2. NS-Unrecht	60–62
		a) Gewerbliche Schutzrechte	60, 61
		aa) Warenzeichen	60
		bb) Andere gewerbliche Schutzrechte	61
III. Rechtsfolgen der Schädigung und Wiederherstellung der Rechtseinheit		b) Urheberrecht und verwandte Schutzrechte	62
1. DDR-Unrecht	28–59		
a) Gewerbliche Schutzrechte	28–53	**C. Eintritt in bestehende Rechtsverhältnisse**	
aa) Allgemeines	28–30		
bb) Warenzeichenrechte	31–44		
(α) Altrechte	31–43	**I. Allgemeines**	63
(β) Neurechte	44		
cc) Patentrecht	45–48	**II. Singularrestitution**	64
dd) Gebrauchsmusterrecht	49, 50	**III. Unternehmensrestitution**	65

A. Gesetzgebungsgeschichte

1   Zu den der Vermögensrestitution unterliegenden Vermögenswerten gehören gem. § 2 Abs. 2 S. 1 VermG gewerbliche Schutzrechte, Urheberrechte und verwandte Schutzrechte. Der Anwendungsbereich des Vermögensgesetzes ist nachträglich durch Art. 1 Nr. 2 lit. b des Hemmnissebeseitigungsgesetzes[1] auf diese Immaterialgüterrechte erweitert worden. Insoweit bestand in der ursprünglichen, mit dem Einigungsvertrag in Kraft getretenen Fassung des Vermögensgesetzes eine **Regelungslücke**. Diese zu schließen schien dem Gesetzgeber erforderlich, da gewerbliche Schutzrechte, Urheberrechte und verwandte Schutzrechte nicht notwendig als vermögensrechtlicher Bestandteil eines Unternehmens dem Berechtigten entzogen wurden,[2] sondern selbst Objekte schädigender Maßnahmen iSv. § 1 VermG sein konnten. Allein für die Unternehmensrestitution aber eröffnete das Vermögensgesetz in seiner ursprünglichen Fassung die Rückübertragung (§ 6 Abs. 1 S. 1 iVm. § 2 Abs. 2 S. 2 VermG), schloß diese aber für die isolierte Restitution der Immaterialgüterrechte selbst aus, die trotz ihrer Eigentumsqualität[3] damit nicht den anderen Objekten der Singularrestitution gleichgestellt waren. Dieses in der Praxis als unbefriedigend empfundene Ergebnis[4] sollte nach dem Gesetzentwurf der Bundesregierung durch Einfügung der Worte „sowie gewerbliche Schutzrechte und Urheberrechte" in § 2 Abs. 2 S. 1 VermG korrigiert werden,[5] um zu gewährleisten, „daß in den Fällen, in denen gewerbliche Schutzrechte und Urheberrechte nicht zu einem Unternehmen gehören, das nach den §§ 6, 12 VermG zurückzugeben ist, ein Anspruch auf Rückgabe des gewerblichen Schutzrechts oder des Urheberrechts nach § 3 Abs. 1 in Verbindung mit § 2 Abs. 2 VermG geltend gemacht werden kann".[6] Auf Empfehlung des BT-Rechtsausschusses ist § 2 Abs. 2 S. 1 des Entwurfs sodann im Gesetzgebungsverfahren noch um den Begriff

---

[1] Gesetz zur Beseitigung von Hemmnissen bei der Privatisierung von Unternehmen und zur Förderung von Investitionen v. 22. 3. 1991, BGBl. I S. 766.
[2] Vgl. Barkam R/R/B § 2 RdNr. 19.
[3] *Zum Urheberrecht:* BVerfGE 21, 229, 240 f.; 31, 275, 283; 49, 382, 392; 51, 193, 216 f.; *Schricker*, in: *Schricker*, Urheberrecht, 1987, Einl. RdNr. 12; *zum Warenzeichenrecht:* BVerfGE 51, 193, 216 f.; *Papier-*

Dippel GRUR 1992, 639, 640; vgl. *allgemein Papier*, in: *Maunz-Dürig-Herzog-Scholz*, Grundgesetz-Kommentar, Stand 30. Lief. 1993, Art. 14 RdNr. 187 ff.
[4] So die Begründung z. Entwurf des PrHBG, BT-Drucks. 12/103, S. 23.
[5] Entwurf e. PrHBG, BT- Drucks. 12/103, S. 3.
[6] Begründung z. Entwurf e. PrHBG, BT-Drucks. 12/103, S. 23.

Immaterialgüterrechte   Anh. II § 16 VermG

„verwandte Schutzrechte" ergänzt worden.[7] Der Rechtsausschuß hielt es mit dem Grundsatz der Gleichbehandlung nicht für vereinbar, wenn diese Vermögenswerte in die Wiedergutmachung nicht eingezogen würden.[8]

Der vom Gesetzgeber gewünschte Lückenschluß darf andererseits nicht dazu verleiten, 2
den Anwendungsbereich der immaterialgüterrechtlichen Singularrestitution im Verhältnis zur Unternehmensrestitution zu überschätzen. Das Problem wird zusätzlich durch den zwischenzeitlichen **Ablauf der Schutzfristen** bei vielen gewerblichen Schutzrechten bzw. die **Erstreckung** der im alten Bundesgebiet noch bestehenden Schutzrechte auf das Beitrittsgebiet durch § 1 des am 1. 5. 1992 in Kraft getretenen Erstreckungsgesetzes (ErstrG)[9] entschärft. Das über § 30 Abs. 2 Nr. 2 mit dem Vermögensgesetz verzahnte Erstreckungsgesetz enthält insoweit eine auf gewerbliche Schutzrechte begrenzte immaterialgüterrechtliche Ergänzung des Grundsatzes der Wiederherstellung früherer Rechte. Bundesdeutsches Urheberrecht gilt mit den Maßgaben des Einigungsvertrages im Beitrittsgebiet bereits seit dem 3. 10. 1990.[10] Im Ergebnis reduziert sich die Bedeutung der immaterialgüterrechtlichen Singularrestitution damit auf wenige Einzelfälle. Die Novellierung des § 2 VermG durch das PrHBG entspringt damit weniger dem postulierten praktischen Bedürfnis, sondern eher der Besorgnis, einzelne der Restitution zugängliche Vermögenswerte übersehen zu haben.

B. Grundsatz der Rückübertragung

I. Sachlicher Anwendungsbereich

1. Allgemeines. Die Restitution der gewerblichen Schutzrechte, Urheberrechte und 3
verwandten Schutzrechte stellt einen Anwendungsfall der **Singularrestitution** dar (§ 3 Abs. 1 S. 1 VermG). Den Gegensatz zur vermögensrechtlichen Singularrestitution bildet die **Unternehmensrestitution** (§ 6 Abs. 1 S. 1 VermG). Zwischen beiden besteht ein Alternativverhältnis (vgl. § 3 Abs. 1 S. 3 VermG).[11]

Maßgebend für die **Abgrenzung** zwischen den Restitutionsformen ist der Charakter der 4
schädigenden Maßnahme iSv. § 1 VermG,[12] deren Rückgängigmachung die Restitution im Ergebnis dient. Bezog sich daher die schädigende Maßnahme auf die Entziehung eines Unternehmens iSv. § 1 URüV und gehörten zu dem Unternehmen auch Immaterialgüterrechte, so scheidet eine isolierte Restitution dieser Rechte aus (§ 3 Abs. 1 S. 3 VermG). Diese ist als Singularrestitution nur möglich, wenn die Immaterialgüterrechte unabhängig vom Unternehmen entzogen wurden oder wenn die Unternehmensrückgabe wegen Einstellung des Geschäftsbetriebs (§ 4 Abs. 1 S. 2 VermG) nicht möglich ist (§ 6 Abs. 6a S. 1 VermG).

2. Gewerbliche Schutzrechte. Im einzelnen zählen zu den restitutionsfähigen gewerbli- 5
chen Schutzrechten die in der DDR geschützten Patente, Gebrauchsmuster (Urheberscheine, Patente für industrielle Muster), Geschmacksmuster und Warenzeichen (Marken). Der Schutz dieser Rechte vollzog sich in der ehem. DDR bis zum Inkrafttreten eigener Vorschriften (übergangsweise) noch nach den einschlägigen **Rechtsvorschriften des Deutschen Reiches**.

– Das **Patentgesetz** vom 5. 5. 1936 (RGBl. II S. 117) wurde durch das am 1. 10. 1950 in 6
Kraft getretene Patentgesetz für die Deutsche Demokratische Republik v. 6. 9. 1950[13]

---

[7] Beschlußempfehlung des BT-Rechtsausschusses, BT-Drucks. 12/255, S. 5.
[8] Bericht des BT-Rechtsausschusses, BT-Drucks. 12/449, S. 8.
[9] Zum Erstreckungsgesetz *Mühlens-Schaefer* DtZ 1992, 194ff.; *v. Mühlendahl-Mühlens* GRUR 1992, 725ff.; *Gaul-Burgmer* GRUR 1992, 283ff.; *Knaak* GRUR Int. 1993, 18ff.

[10] Dazu *Püschel* GRUR 1992, 579ff.; *Schulze* GRUR 1991, 731ff.
[11] *Messerschmidt* VIZ 1993, 5.
[12] Vgl. bereits Vor § 6 RdNr. 1.
[13] GBl. Nr. 106 S. 989 idF des Änderungsgesetzes zum Patentgesetz v. 31. 7. 1963, GBl. I Nr. 9 S. 121, und der Ziff. 5 der Anlage zum Anpassungsgesetz v. 11. 6. 1968, GBl. I Nr. 11 S. 242 nebst 1.

abgelöst;[14] seit dem 1. 1. 1984 galt das Gesetz über den Rechtsschutz der Erfindungen – Patentgesetz – v. 27. 10. 1983,[15] grdl. geänd. GBl. 1990 I Nr. 40 S. 284, 571.

7 – Das **Gebrauchsmustergesetz** v. 5. 5. 1936 (RGBl. II S. 130) wurde durch § 34 Abs. 2 Nr. 2 des am 3.2. 1956 in Kraft getretenen Gebrauchsmustergesetzes für die Deutsche Demokratische Republik v. 18. 1. 1956[16] aufgehoben; das Gebrauchsmustergesetz-DDR selbst wurde aufgehoben durch § 10 Abs. 1 des Änderungsgesetzes zum Patentgesetz v. 31. 7. 1963.[17]

8 – Das **Geschmacksmustergesetz** v. 11. 1. 1876 (RGBl. S. 11) wurde aufgehoben durch § 33 Abs. 2 Nr. 1 der am 1. 7. 1974 in Kraft getretenen Verordnung über den Rechtsschutz für Muster und Modelle der industriellen Formgestaltung – Verordnung über industrielle Muster v. 17. 1. 1974 (GBl. I Nr. 15 S. 140); zeitgleich zum 1. 7. 1974 trat die Anordnung über die Erfordernisse der Anmeldung von industriellen Mustern v. 3. 5. 1974 (GBl. I Nr. 27 S. 273) in Kraft.

9 – Das **Warenzeichengesetz** v. 5. 5. 1936 (RGBl. II S. 134) wurde abgelöst durch das am 20. 2. 1954 in Kraft getretene Warenzeichengesetz v. 17. 2. 1954 (GBl. Nr. 23 S. 216, ber. GBl. Nr. 27 S. 267);[18] dieses galt idF des Gesetzes zur Änderung des Warenzeichengesetzes v. 15. 11. 1968 (GBl. I Nr. 21 S. 357, 360) bis zum Inkrafttreten des Gesetzes über Warenzeichen v. 30. 11. 1984[19] (GBl. I Nr. 33 S. 397, grdl. geänd. GBl. 1990 I Nr. 40 S. 571) am 1. 4. 1985.

10 **3. Urheberrecht und verwandte Schutzrechte.** Das Vermögensgesetz bezieht nicht nur das Urheberrecht im eigentlichen Sinne, also geistig-schöpferische Werke der Literatur, Wissenschaft und Kunst, in die Restitution ein, sondern auch die nachträglich auf Betreiben des BT-Rechtsausschusses in den Kreis der Restitutionsgegenstände aufgenommenen verwandten Schutzrechte. Damit ist die inhomogene Gruppe der sog. **Leistungsschutzrechte** bezeichnet, die in der DDR erstmalig durch die am 1. 1. 1966 in Kraft getretenen Bestimmungen der §§ 73 ff. URG-DDR[20] unter ausdrücklichen gesetzlichen Schutz gestellt wurden.[21] Das URG-DDR und das gleichzeitig in Kraft getretene bundesdeutsche Urheberrechtsgesetz (UrhG) lösten in ihrem Geltungsbereich die überkommenen reichsdeutschen Vorschriften auf dem Gebiete des Urheberrechts ab. Diesen waren Leistungsschutzrechte fremd, die nicht dem Schutz persönlich-geistiger Schöpfungen iSd. urheberrechtlichen Werkbegriffes dienten.[22] Die Praxis schützte derartige Leistungen über das Rechtsinstitut des allgemeinen Persönlichkeitsrechts und nach den Vorschriften des UWG.

11 Zu den vom URG-DDR geschützten **Leistungen** zählten die Leistungen ausübender Künstler (§§ 73 f. URG-DDR), die Leistungen der Hersteller von Tonträgern (§ 75 URG-DDR), der Sendeunternehmen (§ 76 URG-DDR) und der Lichtbildner (§ 77 URG-DDR). Ferner schützte § 78 URG-DDR die Leistungen der Gestalter von Plänen, Skizzen, Abbildungen und plastischen Darstellungen für wissenschaftliche oder technische Zwecke sowie die Gestaltung von Landkarten und erweiterte damit den Schutz über den eigentli-

---

Durchführungsbestimmung v. 20. 3. 1952, GBl. Nr. 44 S. 281.
[14] Dazu *Nathan* NJ 1950, 430 ff.
[15] GBl. I Nr. 29 S. 284; dazu *Schönfeld* GRUR Int. 1985, 731 ff.
[16] GBl. I Nr. 12 S. 105.
[17] GBl. I Nr. 9 S. 121.
[18] Dazu *Miosga* GRUR 1954, 559 ff.; *ders.*, Das Warenzeichenrecht der Deutschen Demokratischen Republik, 1955, S. 15 ff.; *v. Gamm*, Warenzeichengesetz, 1965, Einf. RdNr. 21 ff.
[19] Dazu *Berg* GRUR Int. 1988, 621 ff.; *Schröter* WR 1985, 37 ff.
[20] Gesetz über das Urheberrecht v. 13. 9. 1965,

GBl. I Nr. 14 S. 209; dazu *Nordemann*, in: *Fromm-Nordemann*, Urheberrecht, 7. Aufl. 1988, Einl. RdNr. 7 mwN.
[21] In der Bundesrepublik vollzog sich eine parallele Entwicklung mit den §§ 70 ff. des ebenfalls am 1. 1. 1966 in Kraft getretenen Gesetzes über Urheberrechte und verwandte Schutzrechte (Urheberrechtsgesetz) v. 9. 9. 1965, BGBl. I S. 1273; rechtsvergleichend dazu *Wandtke-John-Bernhardt-Kubillus* UFITA 115 (1991), 23, 112 ff.
[22] Zum Begriff der Leistungsschutzrechte vgl. auch *Schricker*, in: *Schricker*, Urheberrecht, 1987, Einl. RdNr. 28; *Hertin*, in: *Fromm-Nordemann*, Urheberrecht, 8. Aufl. 1994, Vor § 70 RdNr. 1 ff.

Immaterialgüterrechte   Anh. II § 16 VermG

chen Urheberschutz hinaus.[23] Im Gegensatz dazu werden die Gestaltungen des § 78 URG-DDR vom bundesdeutschen Urheberrechtsgesetz nicht als Leistungsschutzrechte geschützt, sondern nur bei entsprechender Gestaltungshöhe als Urheberwerke (§ 2 Abs. 1 Nr. 7 UrhG).[23a] Dagegen stellt das UrhG für die Leistungen der Verfasser wissenschaftlicher Ausgaben und der Herausgeber nachgelassener Werke, sofern es sich um Urheberwerke handelt, die Schutzrechte der §§ 70, 71 UrhG bereit, während nach §§ 4, 9 URG-DDR „nur" ein Urheberrechtsschutz in Betracht kam.[24]

II. Schädigende Maßnahmen iSv. § 1 VermG

1. Allgemeines. a) DDR-Unrecht. Auch die Restitution der gewerblichen Schutzrechte, Urheberrechte und verwandten Schutzrechte ist nur dann möglich, wenn diese Rechte als Vermögenswert iSv. § 2 Abs. 2 VermG einer schädigenden Maßnahme gem. § 1 VermG unterlagen. In Betracht kommt insoweit der Entzug von Vermögenswerten aufgrund einer der in § 1 Abs. 1 lit a, b und d bzw. in § 1 Abs. 3 VermG aufgeführten Sachverhalte, im wesentlichen also die **Entziehung ohne oder gegen zu geringe Entschädigung** (§ 1 Abs. 1 lit. a bzw. lit. b VermG), die **Enteignung aufgrund des Ministerratsbeschlusses** v. 9. 2. 1972 (§ 1 Abs. 1 lit. d VermG) und der **Erwerb aufgrund unlauterer Machenschaften** (§ 1 Abs. 3 VermG). 12

Davon zu trennen ist der Untergang von Schutzrechten, soweit er auf dem **verwaltungsmäßigen Vollzug der** seinerzeit **in der ehem. DDR geltenden Rechtsvorschriften** beruhte und nach den Maßstäben der DDR mit den Grundsätzen einer ordnungsgemäßen Verwaltungspraxis in Einklang stand. Wenn auch die von der ehem. DDR auf dem Gebiete des Immaterialgüterrechts getroffenen Regelungen häufig unter der politischen Prämisse der Wirtschaftslenkung,[25] des Schutzes der volkseigenen Produktion „gegenüber dem Ausland und gegenüber dem privatwirtschaftlichen Sektor" im eigenen Lande[26] oder ganz allgemein der Entwicklung eines „sozialistischen (Rechts-)Bewußtseins"[27] standen,[28] so handelte es sich bei diesen Rechtsregeln doch nicht per se um typisches Teilungs- oder Diskriminierungsunrecht,[29] das einer Rückgängigmachung durch das Vermögensgesetz zugänglich ist. Vielmehr waren von der materiellen Neuregelung der Immaterialgüterrechte regelmäßig alle **Rechtssubjekte gleichmäßig betroffen**, unabhängig davon, ob sie im Gebiet der ehemaligen DDR ansässig waren oder nicht. Beispielhaft sei auf die Einführung sog. Wirtschaftspatente[30] hingewiesen.[31] Dabei handelte es sich um Patente, bei denen die Befugnis zur Benutzung nicht nur dem Patentinhaber zustand, sondern vom Amt für Erfindungs- und Patentwesen der DDR als staatlicher Registrierungsbehörde auch Dritten erteilt wurde, die das Patentamt als wirtschaftslenkendes Organ im Rahmen der Wirtschaftsplanung dazu bestimmte (vgl. § 2 PatentG v. 6. 9. 1950, GBl. I Nr. 106 S. 989; §§ 8, 10, 11 Abs. 3 PatentG v. 27. 10. 1983, GBl. I Nr. 29 S. 284). Die DDR als 13

---

[23] *Püschel* GRUR 1992, 579, 580; unzutreffend *Wandtke* GRUR 1991, 263, 264.
[23a] Dazu auch Tagungsbericht von *Stögmüller* GRUR Int. 1993, 32, 34f.; *Stolz* UFITA 115 (1991), 5, 13.
[24] Vgl. dazu *Püschel* GRUR 1992, 579, 580.
[25] Vgl. *Adrian-Schönfeld*, Das Wesen der Erfindung und die Wirkungen des Patentrechts in der DDR, 1967, S. 52ff.; *Hierse*, Wesen, Funktion und Gegenstand des Warenzeichenrechts der DDR, 1967, S. 24ff.; *Schönfeld* GRUR Int. 1985, 731f.; *Linden* GRUR Int. 1989, 85, 98ff.
[26] *Nathan* NJ 1950, 430, 431.
[27] Vgl. exemplarisch *Püschel* NJ 1965, 662, 662f., 666 (zum Urheberrecht); *ders.*, in: *Püschel* ua., Urheberrecht, 1. Aufl. 1980, S. 14ff.; *Hierse*, Wesen,

Funktion und Gegenstand des Warenzeichenrechts der DDR, 1967, S. 17; dazu auch *Stolz* UFITA 115 (1991), 5, 9ff.
[28] Vgl. auch § 3 Abs. 1 S. 1 des Patentgesetzes v. 27. 10. 1983, GBl. I Nr. 29 S. 284; Präambel zum Gesetz über das Urheberrecht v. 13. 9. 1965, GBl. I Nr. 14 S. 209.
[29] Vgl. allgemein § 1 RdNr. 2ff.; krit. zum Begriff des Teilungsunrechts etwa *Wasmuth* VIZ 1993, 1, 2ff.; *Motsch* VIZ 1993, 41, 43ff.
[30] Dazu *Linden* GRUR Int. 1989, 85, 96f.; *Schönfeld* GRUR Int. 1985, 731, 732.
[31] Abgeschafft durch Art. 1 Nr. 6 und 8 des Gesetzes zur Änderung des Patentgesetzes und des Gesetzes über Warenkennzeichen v. 29. 6. 1990, GBl. I Nr. 40 S. 571.

VermG § 16 Anh. II   Abschnitt IV. Rechtsverhältnisse zw. Berechtigten u. Dritten

Schutzstaat nahm insoweit wie im übrigen auch die Bundesrepublik nur die Befugnis war, die Voraussetzungen und den Inhalt der Schutzrechte mit Wirkung für ihr Hoheitsgebiet neu zu definieren (**Territorialitätsprinzip**[32]).[33] In ihren faktischen Wirkungen auf das deutsche Immaterialgüterrecht unterschieden sich allerdings die Enteignungen in der DDR und die gesetzlichen Neuregelungen nicht: Während die auf besatzungsrechtlicher bzw. -hoheitlicher Grundlage beruhenden SBZ- Enteignungen einzelfallbezogen die später durch schädigende Maßnahmen iSv. § 1 VermG fortgeführte faktische **Spaltung** des vormals einheitlichen deutschen Schutzgebietes einleiteten, wurde diese kodifikatorisch durch die getrennte Rechtsentwicklung in den beiden deutschen Staaten perpetuiert.

14   Soweit mit den in der DDR getroffenen Regelungen bestehende Immaterial- und Urheberrechte entzogen oder einschränkenden **Inhaltsbestimmungen** unterworfen wurden, können diese Maßnahmen jedenfalls nicht an Art. 14 GG gemessen werden. Das Grundgesetz ist erst mit dem 3. 10. 1990 im Beitrittsgebiet in Geltung gesetzt worden und kann daher nicht Rechtmäßigkeitsmaßstab für die zuvor ergangenen Hoheitsakte oder Rechtsvorschriften der ehem. DDR sein.[34] Maßgebend ist vielmehr, ob die Entziehung einzelner Rechte mit den Rechtsgrundsätzen der ehem. DDR in Einklang stand. Nur wenn dies nicht der Fall war und zugleich eine Unregelmäßigkeit iSv. § 1 VermG vorliegt, steht das Verfahren der vermögensrechtlichen Restitution offen. Dieses hat nicht wie das Erstreckungsgesetz die Funktion, die generellen Folgen der Spaltung Deutschlands in zwei Schutzgebiete zu bewältigen, sondern soll allein einzelne Unrechtsmaßnahmen wiedergutmachen.

15   Wie allgemein auch bei anderen Vermögenswerten ist eine Singularrestitution von Immaterialgüterrechten ausgeschlossen, wenn diese Vermögenswerte **auf besatzungsrechtlicher oder besatzungshoheitlicher Grundlage** zwischen dem 8. 5. 1945 und dem 6. 10. 1949 **enteignet** wurden. Dies betrifft vor allem diejenigen Rechte, die aufgrund des SMAD-Befehls Nr. 124 v. 30. 10. 1945[35] in das Vermögen der volkseigenen Betriebe gelangten.[36] Der Sequestration nach SMAD-Befehl Nr. 124 unterlagen neben Immobilien und Unternehmen ua. auch Rechte auf Industrie-Eigentum (Patente, Warenzeichen, Fabrikmarken) und literarisches Eigentum (vgl. Nr. 1 lit. d der Instruktion zu Befehl Nr. 124 v. 30. 10. 1945[37] und Ziff. 2 der Richtlinien Nr. 1 der Deutschen Wirtschaftskommission[38]), wenn es sich dabei um Vermögen der in Nr. 1 des Befehls Nr. 124 aufgeführten staatlichen Stellen, Vereinigungen oder natürlichen Personen handelte. Von der Sequestration betroffen waren danach ua. „Personen, die von dem Sowjetischen Militärkommando in besonderen Verzeichnissen oder auf anderem Wege angegeben" wurden (Nr. 1 lit. f des Befehls Nr. 124). Auf diese Weise wurde das Vermögen der meisten bedeutenden Industriebetriebe sequestriert und später aufgrund inhaltlich weitgehend übereinstimmender landesrechtlicher Gesetzgebung entschädigungslos enteignet.[39] Die

---

[32] Dazu *Nirk,* Ehrengabe für Heusinger, 1968, S. 217, 221 ff.; *Andermann,* Territorialitätsprinzip im Patentrecht und Gemeinsamer Markt, 1975, S. 74 ff.; *Katzenberger,* in: *Schricker,* Urheberrecht, 1987, Vor §§ 120 ff., RdNr. 69 mwN.; *Bruchhausen,* in: *Benkard,* Patentgesetz, 9. Aufl. 1993, § 9 RdNr. 8.

[33] Dies vernachlässigen *Papier-Dippel* GRUR 1991, 639, 642 f., 644.

[34] Vgl. BVerfG DtZ 1992, 353.

[35] Vgl. Anh. II/3.

[36] Dazu *Lutz* GRUR 1948, 84, 84 f.; *Bussmann* GRUR 1950, 93, 94; *Benkard* DRZ 1947, 356, 356 f.; *Schubel,* in: *Jayme-Furtak* (Hrsg.), Der Weg zur deutschen Rechtseinheit, 1991, S. 203, 204 ff.

[37] Vgl. Anh. II/4.

[38] Erste VO v. 28. 4. 1948 zur Ausführung des SMAD-Befehls Nr. 64 (Richtlinien Nr. 1), ZVOBl. Nr. 15 S. 141 (= Anh. II/16).

[39] Vgl. für *Mark Brandenburg:* VO zur entschädigungslosen Übergabe von Betrieben und Unternehmen in die Hand des Volkes v. 5. 8. 1946, VOBl. S. 235; *Mecklenburg(-Vorpommern):* Gesetz Nr. 4 zur Sicherung des Friedens durch Überführung von Betrieben (Eigentumskategorien) der faschistischen und Kriegsverbrecher in die Hände des Volkes v. 16. 8. 1946, ABl. S. 98 mit 1. DVO v. 21. 2. 1947, RegBl. S. 26; *Sachsen:* Gesetz über die Übergabe von Betrieben von Kriegs- und Naziverbrechern in das Eigentum des Volkes v. 30. 6. 1946, GVBl. S. 305; nebst VO zur Durchführung des Gesetzes v. 18. 7. 1946, GVBl. S. 425; *Sachsen-Anhalt:* VO über die Überführung sequestrierter Unternehmen und Betriebe in das Eigentum der Provinz

SMAD bestätigte diese Enteignungen durch Befehl Nr. 64 v. 17. 4. 1948 über die Beendigung der Sequesterverfahren in der sowjetischen Besatzungszone Deutschlands.[40]

b) NS-Unrecht. Der vermögensrechtlichen Restitution zugänglich sind schließlich die auf NS-Unrechtsmaßnahmen zurückgehenden **verfolgungsbedingten Vermögensverluste** (§ 1 Abs. 6 VermG), deren praktische Bedeutung wegen zwischenzeitlichen Ablaufs von Schutzfristen nur noch eingeschränkt gegeben ist. Nach dem aus § 3 Abs. 2 VermG abzuleitenden Grundsatz zeitlicher Priorität[41] entfalten NS-Vermögensschädigungen jedoch eine **Sperrwirkung** gegenüber den infolge DDR-Unrechts bestehenden Restitutionsbegehren, wenn die geschädigten Vermögenswerte jeweils identisch waren. 16

2. Einzelmaßnahmen. a) DDR-Unrecht. aa) Entziehung ohne oder gegen zu geringe Entschädigung (§ 1 Abs. 1 lit. a und b VermG). Die Restitutionstatbestände des § 1 Abs. 1 lit. a und b VermG sind Ausdruck der Lehre vom **Teilungsunrecht**, dessen Wiedergutmachung ebenso wie die Rückgängigmachung des Diskriminierungsunrechts zielführend für die Anwendung des Vermögensgesetzes ist. **Anspruchsberechtigt** sind – aus Sicht des Jahres 1990 – seinerzeitige Bundesbürger und andere Personen mit ständigem Wohnsitz außerhalb der DDR, zu denen auch ehem. DDR-Bürger gehören, deren Vermögenswerte im Zusammenhang mit ihrer Ausreise aus der DDR in Volkseigentum überführt wurden. 17

Nach der Vorschrift des § 1 Abs. 1 lit. a VermG findet eine Restitution von Immaterialgüterrechten statt, wenn diese **entschädigungslos enteignet** wurden. Dabei kann angesichts des in der ehem. DDR nicht selten festzustellenden Auseinanderfallens von geschriebenem Recht und Verwaltungspraxis im Interesse der Einzelfallgerechtigkeit nicht nur formal darauf abgestellt werden, ob in Gesetzen oder Rechtsverordnungen eine Entschädigung vorgesehen war[42] oder diese für den Einzelfall in einem – ggfls. nachträglich ergangenen – Bescheid festgestellt wurde. Es bedarf vielmehr der ergänzenden Prüfung, ob eine Entschädigung tatsächlich gezahlt worden ist. Vom Vermögensgesetz nicht erfaßt sind demnach jene Fälle, in denen eine Entschädigung festgesetzt und gezahlt wurde; mag diese nach bundesdeutschen Maßstäben auch zu gering gewesen sein. Für die Bemessung der Entschädigungssumme kommt es allein auf die rechtlichen und wirtschaftlichen Verhältnisse in der ehem. DDR an. Eine nach bundesdeutschen Maßstäben nicht ausreichende Entschädigung führt für sich genommen nicht zum Tatbestand der Entschädigungslosigkeit.[43] Sollte eine Entschädigung festgesetzt, diese aber nicht gezahlt worden sein, wird nach dem Grund der ausgebliebenen Entschädigungsleistung zu differenzieren sein. Beruhte diese auf fehlender Rechtsverfolgung seitens des Berechtigten, so geht dies regelmäßig zu seinen Lasten, es sei denn, diese wurde von staatlichen Stellen der DDR bewußt vereitelt oder eine Entschädigung war staatlicherseits von vornherein nicht beabsichtigt. Entschädigungslose Enteignungen liegen auch dann vor, wenn eine Entschädigung – auch nachträglich – nicht festgesetzt und tatsächlich nicht gezahlt wurde. 18

Der Tatbestand einer **Enteignung gegen geringere Entschädigung** als sie Bürgern der früheren DDR zustand (§ 1 Abs. 1 lit. b VermG), ist nach dem zuvor Gesagten dann gegeben, wenn die Entschädigung hinter den in der DDR seinerzeit üblichen Sätzen zurückblieb. 19

Sachsen v. 30. 7. 1946, VOBl. S. 351, geänd. durch Gesetz v. 30. 5. 1947, GBl. S. 96; nebst Verlautbarung zur VO, VOBl. 1946 S. 347; *Thüringen:* Gesetz betreffend die Übergabe von sequestrierten und konfiszierten Vermögen durch die SMA an das Land Thüringen v. 24. 7. 1946, RegBl. GS S. 111; Gesetz v. 25. 3. 1947 zur Durchführung des Gesetzes v. 24. 7. 1946, RegBl. GS S. 43; Gesetz über die Organisation der Landeseigenen Betriebe und die Errichtung der Hauptverwaltungen der Landeseigenen Betriebe v. 10. 9. 1946, GS S. 131 nebst DVO v. 18. 10. 1946, RegBl. GS 1947 S. 13.
[40] ZVOBl. 1948 Nr. 15 S. 140 (= Anh. II/15).
[41] Vgl. dazu § 3 RdNr. 45.
[42] Vgl. § 10 Gebrauchsmustergesetz v. 18. 1. 1956, GBl. I Nr. 12 S. 105; § 12 Abs. 1 Patentgesetz v. 16. 9. 1950, GBl. S. 989; § 11 Abs. 2 Patentgesetz v. 27. 10. 1983, GBl. I S. 284.
[43] *Fieberg-Reichenbach* NJW 1991, 321, 326f.; vgl. auch § 1 RdNr. 32ff., 46.

VermG § 16 Anh. II   Abschnitt IV. Rechtsverhältnisse zw. Berechtigten u. Dritten

20 Die durch § 1 Abs. 1 lit. a und b VermG eröffnete Möglichkeit der Restitution wird, wie § 1 Abs. 1 lit. c 2. Alt. VermG überflüssigerweise klarstellt, nachträglich nicht dadurch versperrt, wenn Immaterialgüterrechte im Gefolge einer Enteignung entweder isoliert oder als Bestandteil eines Unternehmens **auf Dritte** – etwa andere volkseigene Wirtschaftseinheiten – **übertragen** wurden.

21 **bb) Verstaatlichung aufgrund des Beschlusses des Präsidiums des Ministerrates v. 9. 2. 1972 (§ 1 Abs. 1 lit. d VermG).** Praktisch bedeutsam für die Restitution entzogener Immaterialgüterrechte kann neben den Tatbeständen des § 1 Abs. 1 lit. a und b VermG die Verstaatlichung betrieblichen Vermögens aufgrund des seinerzeit unveröffentlichten Beschlusses des Präsidiums des Ministerrates vom 9. 2. 1972 sein,[44] die **Betriebe mit staatlicher Beteiligung**[45] und **private Industrie- und Baubetriebe**, unter bestimmten Voraussetzungen auch **Produktionsgenossenschaften des Handwerks** betraf. Im Gegensatz zu den von § 1 Abs. 1 lit. a und b VermG erfaßten Sachverhalten, zu denen auch schädigende Maßnahmen in bezug auf singuläre Vermögenswerte gehören, betrafen die im Jahre 1972 aufgrund des genannten Beschlusses durchgeführten Verstaatlichungen die Unternehmen als solche. Soweit infolge der Verstaatlichungen auch Immaterialgüterrechte in Volkseigentum übergingen, findet deren Restitution also allein im Rahmen der Unternehmensrestitution (§ 6 Abs. 1 S. 1 VermG) statt. Ein Anspruch auf Singularrestitution nach § 3 Abs. 1 S. 1 VermG besteht daneben nicht (§ 3 Abs. 1 S. 3 VermG).

22 **cc) Erwerb aufgrund unlauterer Machenschaften (§ 1 Abs. 3 VermG).** Der Verlust von Immaterialgüterrechten infolge unlauterer Machenschaften iSv. § 1 Abs. 3 VermG kann nach den im Gesetz beispielhaft aufgeführten Fällen etwa infolge Machtmißbrauchs, Korruption, Nötigung oder Täuschung von seiten des Erwerbers, staatlicher Stellen oder Dritter erfolgt sein.[46] **Restitutionsberechtigt** sind nach dieser Vorschrift Bundesbürger und andere Personen mit Wohnsitz oder Sitz außerhalb der DDR, also auch ehem. DDR-Bürger.[47]

23 Der Erwerbsvorgang muß **nicht notwendig rechtsgeschäftlich** ausgestaltet gewesen sein, sondern kann auch auf willkürlicher Enteignung beruhen, wenn etwa die Vermögensentziehung mit einem ersichtlich nur vorgeschobenen gesetzlichen Enteignungszweck begründet wurde.[48]

24 Der Begriff der **unlauteren Machenschaften** korrespondiert in objektiver Hinsicht mit den Sachverhaltsgestaltungen, die nach § 4 Abs. 3 VermG die Unredlichkeit der Erwerbsvorgänge nach § 4 Abs. 2 VermG begründen.[49] Maßgebend ist also die seinerzeitige Rechtslage und Verwaltungspraxis in der ehem. DDR.[50] Ein Machtmißbrauch liegt mithin etwa vor, wenn die Entziehung des Vermögenswertes auf dem zweckwidrigen Einsatz staatlicher Machtmittel beruhte.[51] Dieser konnte sich gerade auch in den vom Gesetz ausdrücklich genannten Verhaltensweisen der Korruption, also des Forderns oder Gewährenlassens von wirtschaftlichen Vorteilen, oder der die freie Willensbestimmung des früheren Verfügungsberechtigten ausschließenden Nötigung oder Täuschung äußern.

---

[44] Vgl. Anh. III/31
[45] Zur Entstehung der staatlichen Beteiligungen vgl. VO über die Bildung halbstaatlicher Betriebe v. 26. 3. 1959, GBl. I Nr. 19 S. 253; AO über die Umbewertung der Grundmittel in den Betrieben mit halbstaatlicher Beteiligung v. 14. 11. 1966, GBl. II Nr. 129 S. 816. Dazu *Hebing*, in ders. (Hrsg.), Investitionsbedingungen und Eigentumsfragen in der ehemaligen DDR nach dem Staatsvertrag, 1990, S. 45, 47 = BB Beil. 21 zu H. 16/1990, S. 1, 4; *Niederleithinger* ZIP 1991, 62, 63f.; ders. ZIP 1991, 205, 206.
[46] Vgl. dazu § 1 RdNr. 93ff. und *Neuhaus* F/R/M/S § 1 RdNr. 110.
[47] Vgl. dazu § 1 RdNr. 95.
[48] Vgl. dazu § 1 RdNr. 97; *Neuhaus* F/R/M/S § 1 RdNr. 106.
[49] Vgl. § 1 RdNr. 94; § 4 RdNr. 55ff.
[50] So jedenfalls im Ansatz auch *Papier-Dippel* GRUR 1991, 639, 642f., die jedoch zu unzutreffenden Schlußfolgerungen gelangen, weil sie die DDR-Verwaltungspraxis in Hinblick auf die von ihnen untersuchten Warenzeichen letztlich doch am bundesdeutschen Rechtsverständnis messen.
[51] § 1 RdNr. 100, 102f.; *Neuhaus* F/R/M/S § 1 RdNr. 110; vgl. auch KrG Suhl ZOV 1993, 70, 72.

Der Gesetzgeber hat bei diesem Restitutionstatbestand vornehmlich diejenigen **Sach-** 25
verhalte im Auge gehabt, in denen Ausreisewilligen trotz nicht bestehender gesetzlicher
Regelungen die Genehmigung zur Ausreise aus der DDR nur erteilt wurde, wenn sie ihr
Eigentum an bestimmten Vermögenswerten aufgaben. Wenn es auch nicht auszuschließen
ist, daß zu den betroffenen Vermögenswerten einzelne Immaterialgüterrechte gehörten,
so erscheint dies im Regelfall doch wenig wahrscheinlich. Gegenstand der Maßnahmen
nach § 1 Abs. 3 VermG waren vielmehr zumeist Immobilien, seltener Unternehmen. Die
Singularrestitution von Immaterialgüterrechten wird daher kaum je wegen einer Schädigung des Rechtsinhabers nach § 1 Abs. 3 VermG in Betracht kommen, sondern allenfalls
als Form der Unternehmensrestitution.

b) NS-Unrecht (§ 1 Abs. 6 VermG). Der Vermögensrestitution unterliegen neben den 26
durch die DDR betriebenen Vermögensentziehungen entsprechend auch die auf NS-Unrechtsakten aus der Zeit zwischen dem 30. 1. 1933 und dem 8. 5. 1945 beruhenden Vermögensverluste, sofern sie **rassisch, politisch, religiös oder weltanschaulich motiviert** waren.[52] Beispielhaft zählt das Gesetz Vermögensverluste aufgrund von Enteignungen oder
Zwangsverkäufen auf.[53] Dabei wird ein verfolgungsbedingter Vermögensverlust nach
Maßgabe des II. Abschnitts der Anordnung BK/O (49) 180 der Alliierten Kommandantur
Berlin v. 26. 7. 1949[54] vermutet. Im Hinblick auf die Entziehung von Immaterialgüterrechten sind von Bedeutung vornehmlich die Vermögensverluste von Bürgern jüdischen
Glaubens.

3. Bedeutung für das Restitutionsverfahren. Im Hinblick auf die singuläre Entziehung 27
von Immaterialgüterrechten und deren Restitution sind damit von praktischer Bedeutsamkeit allein die Maßnahmen iSv. § 1 Abs. 1 lit. a und b VermG. In den anderen Fällen
des § 1 Abs. 1 lit. d sowie Abs. 3 VermG und auch bei Schädigungen durch NS-Unrechtsmaßnahmen (§ 1 Abs. 6 VermG) waren Immaterialgüterrechte regelmäßig nicht Gegenstand isolierter schädigender Maßnahmen; sie wurden als Teil eines Unternehmens von
vermögensschädigenden Maßnahmen betroffen und scheiden damit nach dem Grundsatz
der Identität von geschädigtem und zu restituierendem Vermögenswert als **Objekt der
Singularrestitution** aus. Ihre Restitution richtet sich nicht nach § 3 Abs. 1 S. 1, sondern
nach § 6 Abs. 1 S. 1 VermG.

III. Rechtsfolgen der Schädigung und Wiederherstellung der Rechtseinheit

1. DDR-Unrecht. a) Gewerbliche Schutzrechte. aa) Allgemeines. Das Erfordernis 28
einer Restitution für die Wiederherstellung der vor Enteignung gültigen immaterialgüterrechtlichen Rechtslage ist abhängig von der **Wirkung der Enteignungen** sowie Rechtsnatur und Inhalt der betroffenen Rechte. Dazu ist bei den einem Verwaltungsverfahren
unterliegenden gewerblichen Schutzrechten zwischen „Altrechten" und „Neurechten" zu
unterscheiden.

---

[52] Einzelheiten dazu bei § 1 RdNr. 136 ff. und bei *Neuhaus* F/R/M/S § 1 RdNr. 131 ff.

[53] Vgl. § 1 Gesetz über die Einziehung kommunistischen Vermögens v. 26. 5. 1933, RGBl. I S. 293, und Gesetz über die Einziehung volks- und staatsfeindlichen Vermögens v. 14. 7. 1933, RGBl. I S. 479, jew. iVm. VO v. 5. 8. 1933, RGBl. I S. 572, 2. VO v. 26. 9. 1933, RGBl. I S. 668; § 2 S. 3 des Gesetzes über den Widerruf von Einbürgerungen und die Aberkennung der deutschen Staatsangehörigkeit v. 14. 7. 1933, RGBl. I S. 480, nebst VO v. 26. 7. 1933, RGBl. I S. 538; § 7 VO über die Anmeldung des Vermögens von Juden v. 26. 4. 1938, RGBl. I S. 414, iVm. §§ 1, 4, 6 VO über den Einsatz des jüdischen Vermögens v. 3. 12. 1938, RGBl. I S. 1709; §§ 1, 2 VO über die Sühneleistung der Juden deutscher Staatsangehörigkeit v. 12. 11. 1938, RGBl. I S. 1579, nebst Zweite DurchführungsVO v. 19. 10. 1939, RGBl. I S. 2059; § 4 VO zur Ausschaltung der Juden aus dem deutschen Wirtschaftsleben v. 12. 11. 1938, RGBl. I S. 1580, iVm. §§ 1, 2 DurchführungsVO v. 23. 11. 1938, RGBl. I S. 1642; § 3 der Elften VO zum Reichsbürgergesetz v. 25. 11. 1941, RGBl. I S. 722; § 2 Abs. 1 d. Dreizehnten VO zum Reichsbürgergesetz v. 1. 7. 1943, RGBl. I S. 372.

[54] VOBl. f. Groß-Berlin (Westsektor) I S. 221; dazu § 1 RdNr. 155 ff.

VermG § 16 Anh. II Abschnitt IV. Rechtsverhältnisse zw. Berechtigten u. Dritten

29 „**Altrechte**" sind solche in der DDR aufrechterhaltenen gewerblichen Schutzrechte, die vor dem 8. 5. 1945 beim Reichspatentamt angemeldet und eingetragen wurden und damit ursprünglich in Gesamtdeutschland belegen und geschützt waren. Die Wirkung der in der DDR einschließlich Berlin-Ost durchgeführten Enteignungen von Altrechten war nach dem **Territorialitätsprinzip** auf den Bereich des späteren Beitrittsgebiets beschränkt; faktisch gilt dies auch für die vom Vermögensgesetz nicht erfaßten Enteignungen durch oder aufgrund Besatzungsrechts in der SBZ einschließlich des Sowjetischen Sektors von Berlin, da sie ungeachtet ihrer nur landesrechtlichen Fundierung auf inhaltlich übereinstimmenden Normen beruhten und damit das gesamte sowjetisch besetzte Gebiet erfaßten. Jedenfalls entfalteten alle Enteignungen von Altrechten in den westlichen Besatzungszonen einschließlich der Westsektoren Berlins bzw. in der späteren Bundesrepublik einschließlich Berlin (West) keine Wirkung.[55] Denkbar war also, daß trotz einer Enteignung in Ostdeutschland die davon betroffenen gewerblichen Schutzrechte in Westdeutschland fortbestanden. Im Sinne des Territorialitätsprinzips galt insoweit für die interlokalen Beziehungen zwischen den einzelnen Besatzungszonen und den späteren deutschen Staaten nichts anderes als zwischen anderen Staaten:[56] Das durch einen Staat verliehene oder geschützte geistige Schutzrecht kann mit Wirkung für sein Hoheitsgebiet nur von ihm selbst, nicht aber durch Hoheitsakt eines anderen Staates entzogen werden.[57] Infolge der Enteignungen in der DDR wurde das vormals einheitliche Schutzgebiet der Altrechte gespalten:[58] Der Schutz eines ursprünglich für ganz Deutschland gewährten geistigen Eigentums beschränkte sich hinsichtlich der von den Enteignungen betroffenen gewerblichen Schutzrechte fortan auf das von den Enteignungen nicht betroffene Gebiet, während die in der DDR vom Hauptrecht abgespaltenen Rechte regelmäßig volkseigenen Wirtschaftseinheiten zugeordnet wurden und fortan eigenen Rechtsregeln unterlagen.[59] Durch die Abspaltung konnten mithin Schutzrechte gleichen Inhalts entstehen, deren Rechtswirkungen auf den Hoheitsbereich des jeweiligen Schutzstaates begrenzt waren.[60]

30 Davon zu unterscheiden sind „**Neurechte**", die erstmalig durch Anmeldung und Eintragung beim Amt für Erfindungs- und Patentwesen der DDR begründet wurden. Nach dem Territorialitätsprinzip erstreckte sich der Schutzbereich dieser Rechte, die entweder noch auf den zunächst in der DDR fortgeltenden reichsdeutschen Rechtsvorschriften oder auf den DDR-Nachfolgeregelungen beruhten, von Anfang an nur auf das Gebiet der

---

[55] BGHZ 17, 209, 213 – Heynemann; 18, 1, 8 – Hückel; BGH GRUR 1958, 189, 194 – Zeiss; GRUR 1963, 473, 476 – Filmfabrik Köpenick; GRUR 1969, 487, 489 – Ihagee; Hans.OLG Hamburg GRUR 1948, 260, 261 – Knäckebrot; OLG Düsseldorf GRUR 1950, 145, 146 – Olympia; GRUR 1951, 73, 75 – DKW; OLG Braunschweig NJW 1947/8, 486, 487; LG Düsseldorf GRUR 1949, 209 – Wella; LG Leipzig DRZ 1948, 137; LG Krefeld NJW 1947/8, 484, 485; AG Hamburg NJW 1947/8, 483; *Papier-Dippel* GRUR 1991, 639, 641; *Junker,* in: *Jayme-Furtak* (Hrsg.), Der Weg zur deutschen Rechtseinheit, 1991, S. 191, 191 ff.; *Ulmer* GRUR 1949, 63, 63 f.; *Bussmann* GRUR 1950, 93, 94 f.; *ders.,* Festschrift für Raape, 1948, 131, 140; *Benkard* DRZ 1947, 346, 347; *ders.* DRZ 1949, 320, 321; *Beitzke,* Festschrift für Raape, 1948, 93, 106 f., 108; *Friedrich* SJZ 1948, Sp. 24 f.; *Paterna* MDR 1948, 462, 463; *Harmsen* NJW 1947/8, 693, 694; undeutlich *Lutz* GRUR 1948, 84, 86, 91 f.; vgl. dazu auch OLG Stuttgart BB 1993, 382, 383 f. (zum Firmenrecht).

[56] BGHZ 34, 91, 96.

[57] *Bruchhausen,* in: *Benkard,* Patentgesetz, 9. Aufl. 1993, § 13 RdNr. 22; *v. Stoephasius* WRP 1970, 281, 282; *Ulmer* GRUR 1951, 355, 359; *ders.* GRUR 1949, 63, 67; *Magerstein* JBl. 1950, 349; *Abel* JBl. 1951, 76; vgl. auch OLG Gera BB 1948, 372; aA OG GRUR 1954, 284, 286; allgemein auch OGSt 1, 7, 11; OLG Dresden NJ 1950, 458, 459; *Nathan* NJ 1950, 459.

[58] OLG Düsseldorf GRUR 1951, 73, 77 – DKW; GRUR 1950, 145, 146 – Olympia; *v. Gamm,* Warenzeichengesetz, 1965, Einf. RdNr. 37; *Baumbach-Hefermehl,* Warenzeichengesetz, 12. Aufl. 1985, Einl. RdNr. 73; *Schricker* GRUR Int. 1977, 434, 437; *v. Stoephasius* WRP 1970, 281, 284; krit., aber im Ergebnis ebenso *Bussmann* GRUR 1950, 93, 99 ff.; aA *Wilcke* SJZ 1950, 558, 559 f. (keine Spaltung, nur obligatorische Zwangslizenz); ablehnend auch *Beil* BB 1948, 592; *Paterna* MDR 1948, 462, 463 f.

[59] Zum gesellschaftsrechtlichen Parallelproblem der Entstehung von Spaltgesellschaften vgl. *Junker,* in: *Jayme-Furtak* (Hrsg.), Der Weg zur deutschen Rechtseinheit, 1991, S. 191, 194 ff.

[60] Vgl. allgemein dazu RGZ 118, 76, 80 f., – Springendes Pferd; *Baumbach-Hefermehl,* Warenzeichengesetz, 12. Aufl. 1985, § 15 RdNr. 48.

ehemaligen DDR. Enteignungen von Neurechten hatten daher einen völligen Rechtsverlust in der Person des enteignungsbetroffenen Inhabers zur Folge.

bb) Warenzeichenrechte. (α) Altrechte. Das gewerbliche Schutzrecht an einem Warenzeichen entstand wie beim Patent oder Gebrauchsmuster erst mit Eintragung des Warenzeichens in die Zeichenrolle (vgl. § 15 Abs. 1 WZG/§ 20 Abs. 1 WZG-DDR 1954/§ 14 WZG-DDR 1984). Im Unterschied zum Urheberrecht und den ihm verwandten Schutzrechten wurde eine Warenkennzeichnung daher nicht schon durch ihre Kreation, die geistige Schöpfung, zum Warenzeichen iSd. gesetzlichen Bestimmungen, sondern erst durch den verwaltungsmäßigen Vollzug der Anmeldung. In dieser Beziehung unterschieden sich das DDR-Warenzeichenrecht und das bundesdeutsche WZG nicht. Gemeinsam war ihnen zudem die bei Inanspruchnahme der Verlängerungsmöglichkeit unbegrenzte Schutzdauer (§ 9 WZG/§§ 12 WZG-DDR 1954, 15 WZG-DDR 1984). Nach bundesdeutschem Recht wurde das Warenzeichen andererseits bis zur Änderung von §§ 8 Abs. 1 und 11 Abs. 1 Nr. 2, Abs. 4 WZG durch § 47 Nr. 3 und 4 ErstrG[61] überwiegender Ansicht nach als Hinweis auf die geschäftliche Herkunft einer Ware verstanden. Das WZG aF stützte diese mit dem jüngeren EG-Recht[62] nicht mehr übereinstimmende Auffassung durch die in der DDR schon mit dem WZG 1984 aufgegebene Bindung des Warenzeichens an einen bestimmten damit gekennzeichneten Geschäftsbetrieb, die insbesondere eine freie Übertragbarkeit des Warenzeichens ausschloß.[63] 31

Die Zuordnung einer Marke zu einem Geschäftsbetrieb und damit zu einem Unternehmen als Vermögensmasse und dessen Unternehmensträger als Rechtsinhaber berührt auch die **vermögensrechtliche Fragestellung** der Wiederbegründung in der DDR entzogener Warenzeichenrechte: Regelmäßig wurden Warenzeichen nicht singulär, sondern als Bestandteil der Vermögensmasse „Unternehmen" entzogen, so daß dann ein Fall der Unternehmensrestitution (§ 6 Abs. 1 S. 1 VermG) und nicht der Singularrestitution (§ 3 Abs. 1 S. 1 VermG) vorliegt. 32

Im einzelnen können folgende Sachverhaltsgestaltungen vorgelegen haben: Besaß der enteignete Unternehmensträger außer im Gebiet der ehem. DDR auch im Gebiet der alten Bundesrepublik einschl. Berlin (West) einen Geschäftsbetrieb, so betraf die Enteignung einer in der DDR aufrechterhaltenen Altmarke[64] nur das Gebiet der ehem. DDR, wenn der **westliche Unternehmensbereich fortgeführt** wurde.[65] In der Bundesrepublik blieb das Warenzeichenrecht – seine Aufrechterhaltung[66] vorausgesetzt – erhalten. 33

Seit dem Inkrafttreten des Erstreckungsgesetzes am 1. 5. 1992 erstrecken sich die gewerblichen Schutzrechte, die an diesem Tag in der alten Bundesrepublik Bestand hatten, 34

---

[61] Gesetz über die Erstreckung von gewerblichen Schutzrechten (Erstreckungsgesetz – ErstrG) v. 23. 4. 1992, BGBl. I S. 938; dazu Begründung z. Entwurf e. ErstrG, BT-Drucks. 12/1399, S. 17, 68 ff.

[62] Vgl. Art. 3 der Ersten Richtlinie des Rates v. 21. 12. 1988 zur Angleichung von Rechtsvorschriften der Mitgliedstaaten über die Marken (89/104/EWG), ABl. L 40/1 v. 11. 2. 1989 = GRUR Int. 1989, 294 ff.; Art. 13 des Geänderten Vorschlags für eine VO des Rates über eine Gemeinschaftsmarke – konsolidierter Text -, Dok. 5685/18 v. 11. 5. 1988 = GRUR Int. 1988, 388 ff.; dazu *Kunz-Hallstein* GRUR Int. 1990, 747 ff.; *ders.* GRUR Int. 1992, 81 ff.

[63] Zur Neuregelung vgl. *Schaefer* NJ 1992, 248, 249 f.; *Albrecht* GRUR 1992, 660 ff.; zur Rechtslage in der DDR seit 1984 *Berg* GRUR Int. 1985, 621, 626 f.; *Schröter* WR 1985, 37, 39.

[64] Zur Aufrechterhaltung vgl. § 44 WZG-DDR 1954; dazu *Kort* GRUR 1993, 104.

[65] BGHZ 17, 209, 213 – Heynemann; 18, 1, 8 – Hückel; BGH GRUR 1969, 487, 490 – Ihagee; GRUR 1958, 189, 194 – Zeiss; GRUR 1956, 553, 565 – Coswig; Hans.OLG Hamburg GRUR 1948, 260, 263 – Knäckebrot; LG Düsseldorf GRUR 1949, 209, 209 f. – Wella; *Benkard* DRZ 1949, 320, 321; *Ulmer* GRUR 1951, 355, 359; *Bussmann* GRUR 1950, 93, 95; *ders.*, Festschrift für Raape, 1948, S. 131, 142 f.; *v. Stoephasius* WRP 1970, 281, 284; *v. Gamm*, Warenzeichengesetz, 1965, Einf. RdNr. 37; allgemein auch *Troller*, Internationale Zwangsverwertung und Expropriation von Immaterialgütern, 1955, S. 192; *Friedrich* SJZ 1948, Sp. 26; undeutlich *Lutz* GRUR 1948, 84, 91/92 f.; aA LG Hamburg MDR 1947, 235, 235 f.; *Feiler* NJ 1950, 155, 156 f.

[66] Vgl. § 15 des Ersten Gesetzes zur Änderung und Überleitung von Vorschriften auf dem Gebiet des gewerblichen Rechtsschutzes v. 8. 7. 1949, WiGBl. 1949, 175 iVm. § 1 der Ersten DurchführungsVO v. 1. 10. 1949, BGBl. S. 27, § 1 der Zweiten DurchführungsVO v. 14. 6. 1950, BGBl. S. 227.

auf das Beitrittsgebiet (§ 1 Abs. 1 ErstrG), während andererseits die zum genannten Zeitpunkt im Beitrittsgebiet existenten gewerblichen Schutzrechte auf das alte Bundesgebiet erstreckt wurden (§ 4 Abs. 1 ErstrG). Dadurch kann es zu einem **Zusammentreffen identischer Warenzeichenrechte** kommen, wenn das seinerzeit in der DDR enteignete Warenzeichenrecht dort für eine volkseigene Wirtschaftseinheit eingetragen wurde.[67]

35 Eine derartige Kollision beeinträchtigt die **Funktionsfähigkeit**[68] der Waren- und Dienstleistungsmarken,[69] die zeichenrechtlich vor einer Verletzung ihrer Warenunterscheidungsfunktion[70] und akzessorisch dazu auch gegen die Beeinträchtigung der Vertrauens- und Werbefunktion geschützt sind. Wettbewerbsrechtlich kann dies aus Sicht der Verbraucher unter bestimmten Voraussetzungen zur Marktverwirrung führen, wenn die Warenunterscheidung durch Verwendung identischer Marken erschwert oder unmöglich gemacht wird.[71] Der Gesetzgeber des Erstreckungsgesetzes hat daher die Benutzung der Marke in dem Gebiet, auf das die zeichenrechtliche Erstreckung erfolgt, anders als bei den übrigen gewerblichen Schutzrechten von der **Zustimmung** des Rechtsinhabers abhängig gemacht, der in diesem Gebiet bis zum 1. 5. 1992 alleiniger Zeicheninhaber war (§ 30 Abs. 1 ErstrG; sog. Ausschließlichkeits- oder Zustimmungsprinzip).[72]

36 Eine **Ausnahme vom Zustimmungserfordernis** besteht nur dann, wenn sich der Ausschluß von der Benutzung nach Abwägung der Interessen der Beteiligten als allgemein unbillig erweist (§ 30 Abs. 2 Nr. 3 ErstrG), wenn eine Werbemaßnahme nicht in zumutbarer Weise auf das Gebiet beschränkbar ist, in dem das Zeichen bisher schon galt (§ 30 Abs. 2 Nr. 1 ErstrG) oder wenn der Zeicheninhaber glaubhaft macht, daß ihm nach dem Vermögensgesetz ein Anspruch auf Rückübertragung des anderen Zeichens oder des Unternehmens zusteht, zu dem das andere Zeichen gehört (§ 30 Abs. 2 Nr. 2 ErstrG).

37 **Unbillig** iSd. Generalklausel des § 30 Abs. 2 Nr. 3 ErstrG kann ein Benutzungsausschluß etwa für den Fall sein, daß durch klarstellende Zusätze eine zeichenrechtliche Funktionsstörung ausgeschlossen ist.[73] Vorstellbar ist auch, daß das andere Zeichen im Vergleich zum erstreckten Zeichen wirtschaftlich völlig wertlos ist.[74] Dies ist bei DDR-Zeichen möglich, da ein Benutzungszwang nicht bestand.[75] Unbillig erscheint ein Benutzungsausschluß auch dann, wenn eine Trennung der Vertriebswege nach den ursprünglich getrennten Schutzgebieten tatsächlich nicht durchführbar ist[76] oder wenn der eine Zeicheninhaber sein Zeichen im ursprünglichen Gebiet des anderen Zeicheninhabers bereits unwidersprochen benutzt (zur Parallelproblematik im Firmenrecht OLG Stuttgart BB 1993, 382, 385).

38 Der Ausnahmetatbestand der **gebietsweise nicht beschränkbaren Werbung**[77] (§ 30 Abs. 2 Nr. 1 ErstrG) kann ebenso wie bei elektronischen Medien bei Printmedien erfüllt

---

[67] § 47 WZG-DDR 1954 iVm. § 71 Abs. 1 und 2 PatG-DDR 1950.
[68] Zur Funktion der Marke in wirtschaftlicher und rechtlicher Hinsicht vgl. *Baumbach-Hefermehl,* Warenzeichengesetz, 12. Aufl. 1985, Einl. RdNr. 9 ff.; *Bodewig-Kur,* Marke und Verbraucher, Bd. I, 1988, S. 4 ff., 227 ff.; *David,* in: Marke und Marketing, 1990, S. 19, 27 ff.; *v. Gamm,* Warenzeichengesetz, 1965, § 1 RdNr. 2 ff.
[69] *Schaefer* NJ 1992, 248, 249; Begründung z. Entwurf e. ErstrG, BT-Drucks. 12/1399, S. 17, 24.
[70] Der nach bisher hM vorrangige Schutz der Herkunftsfunktion ist nach der Entkoppelung von Marke und originärem Geschäftsbetrieb durch § 47 Nr. 2 bis 4 ErstrG endgültig seines gesetzlichen Fundaments beraubt; krit. zum Schutz der Herkunftsfunktion bereits zur alten Rechtslage *Isay* GRUR 1929, 23 ff.; *Oppenhoff* GRUR Int. 1973, 433 ff.; *Heydt* GRUR Int. 1976, 339, 343 f.; *ders.* GRUR Int. 1977, 47, 49; *Krüger-Nieland* GRUR 1980, 425, 427 f.; vgl. auch *Bodewig-Kur,* Marke und Verbraucher, Bd. I, 1988, S. 230 ff.
[71] Vgl. *Baumbach-Hefermehl,* Wettbewerbsrecht, 17. Aufl. 1993, § 3 UWG RdNr. 19, 266; *Rohnke* NJW 1993, 561, 564 mwN.
[72] Dazu *Schultz-Süchting* GRUR 1992, 481, 482 ff.; *Niederleithinger* DZWir 1992, 485, 490 f.; *Berg* WRP 1993, 297 ff.
[73] Anders offenbar Begründung z. Entwurf e. ErstrG, BT-Drucks. 12/1399, S. 17, 24.
[74] Begründung z. Entwurf e. ErstrG, BT-Drucks. 12/1399, S. 17, 24, 59; Bericht des BT-Rechtsausschusses, BT-Drucks. 12/2171, S. 5, 6; *v. Mühlendahl – Mühlens* GRUR 1992, 725, 743 f.; krit. *Schultz-Süchting* GRUR 1992, 481, 484.
[75] Dazu *v. Mühlendahl* GRUR 1990, 719, 735; *Berg* GRUR Int. 1988, 621, 626.
[76] *v. Mühlendahl-Mühlens* GRUR 1992, 725, 743 f.
[77] Zu den im Gesetz verwandten Begriffen der „Werbung in öffentlichen Bekanntmachungen oder

Immaterialgüterrechte   Anh. II § 16 VermG

sein, die bundesweit vertrieben werden und keine Teilbelegung zulassen. Problematisch erscheint, ob der Zeichenbenutzer unter Verzicht auf die besonders wirkungsvollen bundesweiten Werbeträger von vornherein gehalten sein kann, die Werbemaßnahme auf solche Medien zu beschränken, deren Verbreitungsgebiet sich nicht mit dem Gebiet überschneidet, auf das sein Zeichenrecht erstreckt worden ist. Dies wird im Einzelfall unter Berücksichtigung der mit der Werbung verbundenen wirtschaftlichen Zwecksetzung (Zielgruppe/Distributionsbereich der Ware/Kosten der Werbung) und der von ihr ausgehenden Beeinträchtigung des anderen Zeichens zu entscheiden sein.

Wird das Zeichen zustimmungslos benutzt, obwohl die Voraussetzungen des § 30 **39** Abs. 2 Nr. 1 und 3 ErstrG nicht vorliegen, steht dem anderen Zeicheninhaber ein **Schadensersatzanspruch** zu (§ 30 Abs. 3 ErstrG). Der Entschädigungsanspruch ist begrenzt auf die Benutzungshandlungen, die über das durch eine Interessenabwägung iSv. § 30 Abs. 2 Nr. 1 und 3 ErstrG zu ermittelnde „zumutbare Maß" hinausgehen. Die Vorschrift des § 30 Abs. 3 ErstrG begründet einen selbständigen Schadensersatzanspruch für Rechtsverletzungen, die aus einer Hinwegsetzung über das Zustimmungserfordernis des § 30 Abs. 1 ErstrG resultieren. Dieser steht neben einem Anspruch aus § 823 Abs. 2 BGB iVm. der individualschützenden Norm des § 30 Abs. 1 ErstrG. Soweit sich der Schaden nicht exakt beziffern läßt, kann der geschädigte Zeicheninhaber Schadensersatz nach den Grundsätzen der Lizenzanalogie verlangen (std. Rspr., vgl. nur BGHZ 44, 372, 374 ff. = GRUR 1966, 375, 376 ff. – Meßmer Tee II).

Der auf Betreiben des BT-Rechtsausschusses[78] nachträglich in den Gesetzentwurf auf- **40** genommene und schließlich verabschiedete Ausnahmetatbestand des **vermögensrechtlichen Rückübertragungsanspruches** (§ 30 Abs. 2 Nr. 2 ErstrG) nimmt die als Folge des vermögensrechtlichen Verfahrens eintretende neue Güterzuordnung vorweg und trägt damit dem Umstand Rechnung, daß ohne Enteignung nicht der andere Zeicheninhaber, sondern der Zeichenbenutzer alleiniger Zeicheninhaber wäre.[79] Da die Kollisionslage endgültig nur durch die Rückübertragung aufgelöst wird, ist neben der Glaubhaftmachung des Rückübertragungsanspruchs durch Beibringung geeigneter Beweismittel, die materiell auf den Anspruch schließen lassen, auch der Nachweis einer Antragstellung iSv. § 30 Abs. 1 S. 1 VermG zu verlangen. Dies folgt aus dem Umstand, daß die Vermögensrestitution nicht von Amts wegen, sondern nur auf Betreiben des ehedem Geschädigten erfolgt. Nur wenn der geschädigte Zeichenbenutzer die Restitution tatsächlich betreibt, ist es gerechtfertigt, das Ausschlußrecht des anderen Zeicheninhabers bis zu einer Entscheidung über die Rückübertragung zu suspendieren. Wird das Rückübertragungsbegehren nicht positiv beschieden, nimmt der Zeichenbenutzer den Antrag zurück oder entfällt der Restitutionsanspruch nach den für investive Verfahren geltenden Grundsätzen, lebt das Ausschlußrecht nach § 30 Abs. 1 ErstrG wieder auf, es sei denn, eine zustimmungsfreie Benutzung ist im Einzelfall aus anderen Gründen durch die Generalklausel des § 30 Abs. 2 Nr. 3 ErstrG gedeckt.[80] Darüber hinaus hat der Zeicheninhaber dem Inhaber der übereinstimmenden Marke den Schaden zu ersetzen, der dadurch entstanden ist, daß das Zeichen in dem Gebiet, auf das es erstreckt worden ist, ohne seine Zustimmung benutzt worden ist (§ 30 Abs. 4 ErstrG). Auf eine Interessenabwägung wie im Falle des Schadensersatzanspruches aus § 30 Abs. 3 ErstrG kommt es nicht an.

Das Erstreckungsgesetz dehnt im vorbezeichneten Sinne zwar den Schutzbereich des **41** nach der Enteignung auf das alte Bundesgebiet beschränkten Warenzeichenrechts wieder

---

in Mitteilungen, die für einen größeren Kreis von Personen bestimmt sind" vgl. die Parallelvorschriften der §§ 4, 6, 6d, 6e UWG; dazu etwa *Baumbach-Hefermehl*, Wettbewerbsrecht, 17. Aufl. 1993, § 4 RdNr. 3 ff.
[78] Vgl. Beschlußempfehlung und Bericht des BT-Rechtsausschusses, BT-Drucks. 12/2171, S. 3, 6, 7 f.

[79] Vgl. auch Begründung z. Entwurf e. ErstrG, BT-Drucks. 12/1399, S. 17, 60 (zu § 30 Abs. 2 Nr. 2 d. Entw. = § 30 Abs. 2 Nr. 3 ErstrG); Bericht des BT-Rechtsausschusses, BT-Drucks. 12/2171, S. 5, 7.
[80] Sehr weitgehend allerdings *v. Mühlendahl-Mühlens* GRUR 1992, 725, 744; Bericht des BT-Rechtsausschusses, BT-Drucks. 12/2171, S. 5, 8.

VermG § 16 Anh. II   Abschnitt IV. Rechtsverhältnisse zw. Berechtigten u. Dritten

auf das Gebiet der ehem. DDR aus, ohne allerdings den alten Rechtszustand wiederherzustellen, der durch die ausschließliche Zuordnung des Zeichenrechts zu nur einem Zeicheninhaber und durch dessen ausschließliches Nutzungsrecht gekennzeichnet war. Soweit der ursprünglich alleinige Zeicheninhaber dieses Ziel verfolgt, ist dies nur über eine **ergänzende Restitution** möglich. Wird dem Restitutionsantrag stattgegeben, vereinigen sich jedoch nicht etwa beide Zeichenrechte in der Hand des berechtigten Zeicheninhabers; vielmehr ist dieser dann **Inhaber zweier Markenrechte**, des Hauptrechtes und des seinerzeit durch Enteignung abgespaltenen Rechtes.[81] Er kann sodann darüber entscheiden, ob beide Markenrechte aufrechterhalten werden sollen. Dies wird sich häufig aus Kostengründen nicht empfehlen. Allerdings kann der Schutzrechtsumfang der Rechte wegen des unterschiedlichen rechtlichen Schicksals nach der Enteignung voneinander abweichen. Das Erstreckungsgesetz hat die Rechte in dem am 1. 5. 1992 gegebenen Bestand auf das jeweils andere Schutzgebiet erstreckt ohne damit auf den Inhalt der Rechte einzuwirken. Diese wurden lediglich mit gewissen überleitungsbedingten Ausnahmen dem bundesdeutschen Recht unterstellt. Damit ist auch erklärt, warum eine Vereinigung der Rechte in der Hand des nach Vermögensrecht berechtigten Inhabers rechtsdogmatisch ausscheidet.

42   Anders stellt sich die Rechtslage dar, wenn der in der DDR enteignete Unternehmensträger über **keinen** weiteren **Geschäftsbetrieb in der Bundesrepublik** verfügte. Wegen der seinerzeitigen Bindung des Warenzeichens an den Geschäftsbetrieb wurde das Altrecht im Bundesgebiet nicht aufrechterhalten. Eine Ausnahme hat die Rechtsprechung nur für die Fälle gemacht, in denen der Geschäftsbetrieb infolge der Enteignung **nur vorübergehend eingestellt** war, aber innerhalb angemessener Frist nach Wegfall der rechtlichen und tatsächlichen Behinderung wiederaufgenommen wurde.[82]

43   Wurde dagegen der **Gesamtgeschäftsbetrieb eingestellt bzw. nicht mehr fortgesetzt**, erlosch das Warenzeichenrecht im Bundesgebiet und unterlag der Löschung (§ 11 Abs. 1 Nr. 2 WZG aF).[83] Dagegen bestand das Alt-Warenzeichen in der ehem. DDR regelmäßig in der Rechtsinhaberschaft einer volkseigenen Wirtschaftseinheit fort, die nach ihrer zum 1. 7. 1990 erfolgten formwechselnden Umwandlung in eine Kapitalgesellschaft (vgl. § 11 Abs. 2 TreuhG)[84] nunmehr Inhaberin des Schutzrechtes für ganz Deutschland geworden sein kann (vgl. § 4 Abs. 1 ErstrG). Eine Wiederherstellung der ursprünglichen Rechtsinhaberschaft ist daher nur im Wege der vermögensrechtlichen Restitution möglich.

44   **(β) Neurechte.** Die Rechtslage für die hier sog. Neurechte entspricht derjenigen für Altrechte bei Nichtfortführung des Geschäftsbetriebs (RdNr. 43).

45   **cc) Patentrecht.** Der Bestand des Patentrechts in der Person des Erfinders war anders als beim Warenzeichen (vgl. § 1 WZG) nicht an die Existenz irgendeines Geschäftsbetriebes gekoppelt. Damit war die Einstellung des Geschäftsbetriebs nach Enteignung in der ehem. DDR bzw. dessen Fortführung in der Bundesrepublik patentrechtlich ohne Auswirkung auf den Fortbestand des Rechtes. Es kam allein darauf an, auf welches **Schutzgebiet** sich das entzogene Recht bezog.

46   Vor dem 8. 5. 1945 entstandene und in der Bundesrepublik und der DDR aufrechterhaltene **Altrechte**[85] galten nach der Enteignung in der DDR beschränkt auf den Bereich der

---

[81] Undeutlich *Papier-Dippel* GRUR 1991, 631, 645.
[82] BGHZ 6, 137, 142 – Lockwell; BGH GRUR 1957, 231, 233 – Taeschner; GRUR 1958, 78, 79 – Stolper Jungchen; 1960, 137, 139 – Astra; GRUR 1961, 420, 422 – Cuypers; GRUR 1963, 263, 266 – Formfit; vgl. auch *Bussmann* GRUR 1950, 93, 95; *v. Gamm*, Warenzeichengesetz, Einf. RdNr. 37.
[83] Vgl. *Baumbach-Hefermehl*, Warenzeichengesetz, 12. Aufl. 1985, Einl. RdNr. 16; § 1 RdNr. 28; aA *Feiler* NJ 1950, 155, 156 f., der für die Erlöschenswirkung die Einstellung der Geschäftsbetriebs der (DDR-) Hauptniederlassung ausreichen läßt.
[84] Vgl. dazu *Busche* Rechtshandbuch B 200 § 11 RdNr. 1 ff.
[85] Vgl. zur Aufrechterhaltung *in der DDR* § 70 Abs. 2 PatG-DDR 1950; *in der Bundesrepublik* § 15 des Ersten Gesetzes zur Änderung und Überleitung von Vorschriften auf dem Gebiet des gewerblichen Rechtsschutzes v. 8. 7. 1949, WiGBl. 1949, 175 iVm. § 1 der Ersten DurchführungsVO v. 1. 10. 1949, BGBl. S. 27, § 1 der Zweiten DurchführungsVO v. 14. 6. 1950, BGBl. S. 227.

Bundesrepublik fort,[86] während sie in der DDR als Spalt-Rechte für volkseigene Wirtschaftseinheiten eingetragen wurden.[87] Erstreckungsrechtlich sind die Altrechte ohne Bedeutung, da ihre Schutzdauer auf 18 Jahre begrenzt war (vgl. § 10 PatG 1936/§ 70 Abs. 1 PatG-DDR 1950). Die Alt-Patente sind damit spätestens 1963 erloschen, so daß auch eine Vermögensrestitution ausscheidet (§ 4 Abs. 1 S. 2/§ 6 Abs. 1 S. 1 VermG).

Zugunsten von volkseigenen Wirtschaftseinheiten enteignete **DDR-Neurechte** sind mit der Enteignung für die Person des ursprünglichen Rechtsinhabers untergegangen. Da die Schutzdauer dieser Patente wie diejenige der Altrechte auf 18 Jahre beschränkt war (§ 70 Abs. 1 PatG-DDR 1950/§ 15 Abs. 2 PatG-DDR 1983), konnte eine Erstreckung nach § 4 ErstrG auf das alte Bundesgebiet nur hinsichtlich der Rechte stattfinden, die nach dem 1. 5. 1974 beim Amt für Erfindungs- und Patentwesen der DDR angemeldet wurden (vgl. § 9 Abs. 2 S. 1 PatG-DDR 1950/§ 15 Abs. 2 S. 2 PatG-DDR 1983). Ein Restitutionsverfahren mit dem Ziel der Rückübertragung eines enteigneten Patents ist darüber hinaus nur möglich, wenn das Patent im Zeitpunkt der Verwaltungsentscheidung (§ 34 VermG) noch nicht erloschen ist.

47

Das Restitutionsverfahren kann sowohl auf eine **Singularrestitution** (§ 3 Abs. 1 S. 1 VermG) als auch auf eine **Unternehmensrestitution** (§ 6 Abs. 1 S. 1 VermG) gerichtet sein, je nach dem, worauf die schädigende Maßnahme iSv. § 1 VermG abzielte: Nach den für Neurechte maßgeblichen DDR- Bestimmungen konnte ein Patent originär sowohl in der Hand einer natürlichen Person entstehen als auch von juristischen Personen erworben werden,[88] während juristische Personen nach heutigem bundesdeutschen Recht auf den derivativen Erwerb von einer natürlichen Person verwiesen sind.[89] Ist die Restitution ausgeschlossen, verbleibt dem Restitutionsberechtigten ein Entschädigungsanspruch (§ 9 VermG) bzw. Wertausgleichsanspruch (§ 6 Abs. 2 und 4 VermG).

48

dd) Gebrauchsmusterrecht. Bezüglich etwaiger Enteignungen von Gebrauchsmusterrechten ist es wegen zwischenzeitlichen **Ablaufs der Schutzfristen** weder zu einer Erstreckung auf das alte Bundesgebiet gekommen, noch stellt sich die Frage der Restitution:

49

Für die vor dem 8. 5. 1945 begründeten **Altrechte** ist die Schutzdauer spätestens sechs Jahre nach der Erstanmeldung abgelaufen (vgl. § 14 Abs. 1 und 2 GebrMG aF). **Neurechte**, die durch Anmeldung beim Amt für Erfindungs- und Patentwesen der DDR nur für deren Hoheitsgebiet entstanden, unterlagen bis zum Inkrafttreten des GebrMG-DDR[90] am 3. 1. 1956 ebenfalls noch dem alten reichsdeutschen Gebrauchsmustergesetz. Soweit Neurechte nach dem GebrMG-DDR entstanden sind, galt aber auch für sie eine maximale Schutzdauer von 6 Jahren (vgl. § 15 Abs. 1 und 2 GebrMG-DDR). Das Gebrauchsmustergesetz der DDR ist zudem bereits durch § 10 Abs. 1 des am 1. 8. 1963 in Kraft getretenen Änderungsgesetzes zum Patentgesetz vom 31. 7. 1963[91] aufgehoben worden. Nach diesem Zeitpunkt konnten Gebrauchsmusterrechte nur noch für die im Zeitpunkt des Inkrafttretens des Änderungsgesetzes vorliegenden Hilfsanmeldungen (§ 5 GebrMG-DDR) für höchstens 3 Jahre begründet werden, sofern die Anmeldung nicht mehr als 3 Jahre zurücklag (§ 12 Abs. 1 ÄndG-PatG). Eine Verlängerung der nach dem GebrMG-DDR entstandenen Gebrauchsmusterrechte war nicht mehr möglich (§ 11 ÄndG-PatG). Demzufolge gab es spätestens seit 1966[92] in der DDR keine Gebrauchsmusterrechte mehr. Eine Singularrestitution dieser Rechte scheidet daher gem. § 4 Abs. 1 S. 1 VermG aus. Für die Unternehmensrestitution folgt dies aus der Tatsache, daß das Unternehmen nur in seinem konkreten Vermögensbestand zurückzugeben ist. Dem seinerzeit geschädigten Rechtsin-

50

---

[86] BGHZ 17, 209, 213 – Heynemann; *Friedrich* SJZ 1948, Sp. 24, 26.
[87] Vgl. § 71 PatG-DDR 1950.
[88] Vgl. dagegen zum Bundesrecht *Bruchhausen,* in: *Benkard,* Patentgesetz, 9. Aufl. 1993, ' § 6 RdNr. 4 mwN.
[89] BGH GRUR 1971, 210, 212 – Wildverbißverhinderung.

[90] Gebrauchsmustergesetz für die Deutsche Demokratische Republik v. 18. 1. 1956, GBl. I Nr. 12 S. 105.
[91] GBl. I Nr. 9 S. 121.
[92] Zur Fristbestimmung vgl. die 6-monatige Erklärungsfrist in § 12 Abs. 1 ÄndG-PatG.

VermG § 16 Anh. II   Abschnitt IV. Rechtsverhältnisse zw. Berechtigten u. Dritten

haber steht im Falle der Singularrestitution allein ein Entschädigungsanspruch zu bzw. im Rahmen der Unternehmensrestitution ein Ausgleichsanspruch nach § 6 Abs. 2 VermG.

51 **ee) Geschmacksmusterrecht. (α) Altrechte.** Geschmacksmuster-Altrechte aus der Zeit vor dem 8. 5. 1945, die in der Bundesrepublik und der DDR aufrechterhalten wurden, galten nach der Enteignung in der DDR ebenso wie die von Enteignung betroffenen Patent- und Gebrauchsmusterrechte für den enteigneten Inhaber beschränkt auf den Bereich der Bundesrepublik fort. Da jedoch die Laufzeit des Schutzrechts nach § 8 Abs. 2 S. 1 GeschmMG aF auf maximal 15 Jahre begrenzt war, sind die Altrechte **spätestens** im Jahre **1960** auch für das Gebiet der Bundesrepublik **erloschen**. Dasselbe gilt für das Gebiet der DDR, falls das Geschmacksmusterrecht dort nach der Enteignung in der Rechtsträgerschaft einer volkseigenen Wirtschaftseinheit fortbestand. Erstreckungs- und vermögensrechtlich sind Altrechte daher mangels fortwährender Existenz irrelevant. Dies folgt für die Singularrestitution nach dem Vermögensgesetz aus dem Grundsatz der Unmöglichkeit (§ 4 Abs. 1 S. 1 VermG) und für die Unternehmensrestitution aus dem Prinzip der auf den konkreten Vermögensbestand beschränkten Rückgabe mit daran anschließendem Wertausgleich.

52 **(β) Neurechte.** Im Gegensatz zu den Altrechten gingen die erstmalig durch Anmeldung beim Amt für Erfindungs- und Patentwesen der DDR angemeldeten Geschmacksmuster mit ihrer Enteignung in der Person des seinerzeitigen Rechtsinhabers unter. Soweit enteignete Geschmacksmusterrechte, die vor dem 1. 7. 1974 **auf der Grundlage des GeschmMG 1876** zur Entstehung gelangt oder jedenfalls angemeldet waren, volkseigenen Wirtschaftseinheiten zugeordnet wurden, galten für sie auch nach Inkrafttreten der VO über industrielle Muster[93] am 1. 7. 1974 weiterhin die materiellrechtlichen Regelungen des GeschmMG 1876 (§ 33 Abs. 3 S. 1 d. VO v. 17. 1. 1974). Eine Ausdehung der Schutzfrist dieser Rechte war jedoch nach Inkrafttreten der Verordnung nur einmalig auf insgesamt 10 Jahre vom Zeitpunkt der Anmeldung und Hinterlegung des Geschmacksmusters an gerechnet möglich. Berücksichtigt man, daß der Anmelder von vornherein jedoch auch eine maximale Schutzfrist von 15 Jahren in Anspruch nehmen konnte (vgl. § 8 Abs. 2 S. 1 GeschmMG 1876), so sind die in der DDR noch nach dem GeschmMG 1876 entstandenen Geschmacksmuster unter Zugrundelegung des letztmöglichen Anmeldezeitpunktes am 30. 6. 1974 **spätestens am 30. 6. 1989 erloschen**. Demzufolge stellen auch diese Rechte keinen Anwendungsfall des Erstreckungsgesetzes dar und sind der vermögensrechtlichen Restitution nicht zugänglich.

53 Aus Sicht des Erstreckungsgesetzes und des Vermögensgesetzes von Bedeutung sind damit nur die für Geschmacksmuster aufgrund der VO über industrielle Muster v. 17. 1. 1974 für maximal 15 Jahre erteilten **Urheberscheine** und **Patente für industrielle Muster** (§§ 12 Abs. 2, 21 Abs. 1 d. VO). Hatten enteignete Urheberscheine oder Patente für industrielle Muster am 1. 5. 1992 im alten Schutzgebiet der DDR noch Bestand, so gelten sie gem. § 16 Abs. 1 ErstrG als Geschmacksmuster iSd. Geschmacksmustergesetzes und erstrecken sich seit dem 1. 5. 1992 auch auf die alten Bundesländer (§ 4 Abs. 1 ErstrG).[94] Die Restitution enteigneter Urheberscheine oder Patente für industrielle Muster scheidet damit als solche aus, ist aber wegen der Fiktion des § 16 Abs. 1 ErstrG im Rahmen der Singularrestituion auch nicht rechtlich unmöglich (§ 4 Abs. 1 S. 1 VermG), sondern durch Rückübertragung des seit dem 1. 5. 1992 bestehenden Geschmacksmusterrechtes vorzunehmen. Für die Unternehmensrestitution folgt dies aus dem Grundsatz, daß das Unternehmen als Vermögensmasse so zurückzugeben ist „wie es steht und liegt". Voraussetzung ist allerdings, daß das Geschmacksmusterrecht im Zeitpunkt der Rückübertragung

---

[93] VO über den Rechtsschutz für Muster und Modelle der industriellen Formgestaltung – VO über industrielle Muster – v. 17. 1. 1974, GBl. I Nr. 15 S. 140.

[94] Dazu *Melzer*, in: *Adrian* ua. (Hrsg.), Erstekkungsgesetz und Schutz geistigen Eigentums, 1992, S. 146 ff.

nicht bereits durch Ablauf der Schutzdauer erloschen ist. Im Ergebnis jedenfalls dürfte die Restitution von Geschmacksmusterrechten praktisch kaum eine Rolle spielen.

b) Urheberrecht und verwandte Schutzrechte. aa) Urheberrecht. Das im Zeitpunkt der Werkschöpfung ohne weiteres Verwaltungsverfahren entstehende Urheberrecht läßt wegen der Notwendigkeit einer persönlich-geistigen Schöpfung als Rechtsinhaber nur natürliche Personen, nicht aber juristische Personen oder Personengesellschaften zu.[95] Es kann daher nur Gegenstand einer **Singularrestitution** (§ 3 Abs. 1 S. 1 VermG) sein. Da das Urheberrecht mit der Werkschöpfung kraft Gesetzes entsteht, kommt es für die Schutzfähigkeit des Werkes allein auf die jeweilige materielle Rechtslage in dem schutzgewährenden Staat an, für dessen Gebiet das Bestehen des Rechts und seines Schutzes behauptet wird.[96] Herkunft und Aufenthalt des Urhebers sind unerheblich. Eine Unterscheidung nach Alt- und Neurechten wie bei den gewerblichen Schutzrechten ist daher nicht erforderlich. Schwierigkeiten wegen der unterschiedlichen postmortalen Schutzdauer in der DDR und nach bundesdeutschem Recht (50 bzw. 70 Jahre; § 33 Abs. 1 URG-DDR/§ 64 Abs. 1 UrhG) treten abgesehen von Sonderproblemen bei Lichtbildwerken[97] mangels bisherigen Zeitablaufs regelmäßig (noch) nicht auf. 54

Mit der **Enteignung** in der DDR erlosch das dort gewährte Urheberrecht für deren Schutzgebiet. Das änderte nichts an dem Schutz des Werkes nach bundesdeutschem Urheberrecht oder den entsprechenden Vorschriften anderer Staaten, sofern das Werk die danach erforderliche Individualität und Gestaltungshöhe aufwies. Dieser Umstand konnte für den Personenkreis von Bedeutung sein, der die ehem. DDR freiwillig oder unfreiwillig verlassen hatte und nach bundesdeutschem Recht wegen seiner deutschen Staatsangehörigkeit unmittelbaren Urheberrechtsschutz genoß (vgl. § 120 Abs. 1 UrhG). 55

Da **seit dem 3. 10. 1990** im Beitrittsgebiet grundsätzlich bundesdeutsches Urheberrecht gilt,[98] besteht in diesem Gebiet seitdem automatisch der daraus folgende Werkschutz. Ein enteigneter Urheber oder dessen Rechtsnachfolger konnte daher andere Personen unter Beachtung der Maßgaben des Einigungsvertrages[99] von einer Nutzung des Werkes ausschließen bzw. allgemein gegen Verletzungen seines Urheberrechtes im Beitrittsgebiet vorgehen. Eines gesonderten Restitutionsantrages für die Geltendmachung des Urheberrechtes bedurfte es daher nicht. 56

Im eigentlichen Sinne problematisch erscheinen – die jedenfalls theoretisch denkbaren – Fälle, in denen dem entzogenen DDR-Urheberrecht **kein nach bundesdeutschen Maßstäben schutzfähiges Werk** zugrundelag. Demgemäß konnte die Inkraftsetzung des bundesdeutschen Urheberrechts im Beitrittsgebiet dort nicht zu einer Wiederherstellung des Rechtes führen. Eine Restitution scheidet andererseits gem. § 4 Abs. 1 S. 1 VermG infolge rechtlicher Unmöglichkeit aus,[100] da sie zur Begründung eines Rechtes führen würde, das dem bundesdeutschen Urheberrecht unbekannt ist. Vermögensrechtlich ist der ehemalige Rechtsinhaber damit auf eine Entschädigung nach Maßgabe des Entschädigungsgesetzes verwiesen:[101] Anders als bei dinglichen Rechten (vgl. § 3 Abs. 1a S. 4 VermG) sieht das Vermögensgesetz bei Immaterialgüterrechten nicht die Möglichkeit der ersatzweisen Begründung vergleichbarer Rechte vor. Das Erstreckungsgesetz enthält lediglich eine Gleichstellungsklausel für Urheberscheine und Patente für industrielle Muster. Für das Gebiet des Urheberrechts bestand jedoch materiellrechtlich auch keine Notwendigkeit zu 57

---

[95] Loewenheim, in: Schricker, Urheberrecht, 1987, § 7 RdNr. 2.
[96] Katzenberger, in: Schricker, Urheberrecht, 1987, Vor § 120 RdNr. 73.
[97] Dazu Nordemann GRUR 1991, 418 ff.; Wandtke GRUR 1991, 263, 264.
[98] Vgl. Anl. I Kap. III Sachgeb. E Abschn. II Ziff. 2 z. EVertr, BGBl. 1990 II S. 889, 963.
[99] Vgl. Fn. 98.

[100] Vgl. § 4 RdNr. 5.
[101] Vgl. § 5 Abs. 5 EntschG: „Gewerbliche Schutzrechte, Urheberrechte sowie verwandte Schutzrechte sind mit dem Betrag zu entschädigen, der sich unter Zugrundelegung der durchschnittlichen Jahreserträge und der tatsächlichen Verwertungsdauer nach der Schädigung als Kapitalwert nach § 15 des in § 3 Abs. 3 genannten Bewertungsgesetzes ergibt."

VermG § 16 Anh. II   Abschnitt IV. Rechtsverhältnisse zw. Berechtigten u. Dritten

entsprechenden Regelungen, da die Schutzvoraussetzungen nach dem URG-DDR und dem UrhG weitgehend identisch waren.[102]

58 **bb) Verwandte Schutzrechte.** Im Recht der verwandten Schutzrechte bestehen im wesentlichen parallele Anwendungsprobleme wie beim Urheberrecht. Zusätzlich fällt aber ins Gewicht, daß die **Schutzfristen** für verwandte Schutzrechte nach dem UrhG und dem **URG-DDR erheblich differierten**.[103] Da die Schutzfristen in der DDR nur 10 Jahre betrugen (§ 82 Abs. 1 URG-DDR), nach bundesdeutschem Recht jedoch regelmäßig 25 Jahre (§§ 70 Abs. 3, 71 Abs. 3, 72 Abs. 3 S. 1 Hs. 2; 82 S. 1 Hs. 1 2. Alt., Hs. 2 2. Alt.; 83 Abs. 3 S. 1; 85 Abs. 2 S. 1; 87 Abs. 2 S. 1 UrhG) bzw. 50 Jahre (§§ 72 Abs. 3 S. 1 Hs. 1; 82 S. 1 Hs. 1 1. Alt., Hs. 2 1. Alt. UrhG) betragen, konnte es durch die Inkraftsetzung des bundesdeutschen Urheberrechts im Beitrittsgebiet am 3. 10. 1990 zur Wiederherstellung solcher enteigneter Leistungsschutzrechte kommen, deren Schutzfristen auch ohne Enteignung im Schutzgebiet der DDR bereits abgelaufen waren.[104]

59 Wegen der Rechtswirkungen des mit dem Einigungsvertrag im Beitrittsgebiet in Kraft getretenen UrhG besteht grundsätzlich **kein Bedarf für eine gesonderte Vermögensrestitution**. Soweit Schutzfristen auch nach bundesdeutschem Recht bereits abgelaufen sind, kann im übrigen eine Wiederherstellung der ehedem enteigneten Rechte über ein vermögensrechtliches Restitutionsverfahren nicht mehr begehrt werden. Dies folgt aus dem Rechtsgedanken der rechtlichen Unmöglichkeit (§ 4 Abs. 1 S. 2 VermG), der auch eine Wiederherstellung der von § 78 URG-DDR gewährten Leistungsschutzrechte ausschließt, die dem bundesdeutschen Urheberrecht unbekannt sind.[105]

60 **2. NS-Unrecht. a) Gewerbliche Schutzrechte. aa) Warenzeichen.** Die Restitution der von NS-Unrechtsmaßnahmen betroffenen Warenzeichenrechte setzt voraus, daß die Marken nach 1945 in der DDR aufrechterhalten worden sind[106] und im Zeitpunkt der Restitutionsentscheidung noch vorhanden sind. Regelmäßig waren diese Warenzeichen **in der SBZ/DDR** nach 1945 **Gegenstand erneuter Enteignungsverfahren** und infolge der damit verbundenen Enteignung des NS-Enteignungsbegünstigten in die Rechtsinhaberschaft einer volkseigenen Wirtschaftseinheit gelangt. Über die allgemeinen erstreckungsrechtlichen Probleme hinaus (vgl. RdNr. 31 ff.) kann es in diesen Fällen zu dauerhaften Benutzungsbeschränkungen im jeweiligen Erstreckungsgebiet kommen, wenn der NS-Geschädigte etwa wegen Fristversäumung in der alten Bundesrepublik eine Wiedergutmachung nach dem Bundesrückerstattungsgesetz nicht erreichen konnte. Solchenfalls vermag das vermögensrechtliche Restitutionsverfahren im Gegensatz zur Rechtslage bei DDR-Enteignungen eine Wiederherstellung der alleinigen Rechtsinhaberschaft beider Rechte in der Person des ursprünglichen Rechtsinhabers nicht herbeizuführen. Dieser ist vielmehr auf eine einvernehmliche Lösung mit dem Inhaber des „West"-Zeichens verwiesen.

61 **bb) Andere gewerbliche Schutzrechte.** Hinsichtlich der übrigen gewerblichen Schutzrechte findet eine Restitution wegen **Ablaufs der Schutzrechte** nicht mehr statt. Es kann insoweit auf die Ausführungen oben RdNr. 45 ff. verwiesen werden.

62 **b) Urheberrecht und verwandte Schutzrechte.** Restitutionsrechtliche Fragestellungen im Hinblick auf Urheberrechte und verwandte Schutzrechte sind praktisch ausgeschlossen. Dem von NS-Enteignungen betroffenen Personenkreis ist in der DDR seit 1949 wieder Urheberrechtsschutz nach den allgemeinen Bestimmungen zuteil geworden, so daß ein andauernder **Rechtsverlust gegenwärtig nicht mehr besteht**. Die Schutzkategorie der verwandten Schutzrechte war dagegen im reichsdeutschen Urheberrecht nicht

---

[102] *Schulze* GRUR 1991, 731, 735.
[103] Dazu *Wandtke*, in: *Adrian* ua. (Hrsg.), Erstreckungsgesetz und Schutz des geistigen Eigentums, 1992, S. 36, 40 f.
[104] Anl. II Kap. III Sachgeb. E Abschn. II Nr. 2 § 1 z. EVertr, BGBl. 1990 II S. 885, 963.

[105] Vgl. zur Problematik der Leistungsschutzrechte nach § 78 URG-DDR *Schütze* GRUR 1991, 731, 735.
[106] Vgl. § 44 WZG-DDR.

Immaterialgüterrechte   Anh. II § 16 VermG

verankert und konnte daher auch nicht Gegenstand vermögensschädigender Maßnahmen sein (vgl. dazu noch RdNr. 10).

C. Eintritt in bestehende Rechtsverhältnisse

I. Allgemeines

Mit der Rückübertragung des entzogenen Vermögenswertes tritt der Berechtigte in alle 63 in bezug auf den Vermögenswert bestehenden schuldrechtlichen und dinglichen Rechtsverhältnisse ein (§ 16 Abs. 2 S. 1 VermG). Die Bestimmung des § 16 Abs. 2 S. 1 VermG ist damit auch für die Restitution von Immaterialgüterrechten von Bedeutung, gleichviel, ob es sich um einen Anwendungsfall der Singular- oder der Unternehmensrestitution handelt. Es geht um die **Funktionserhaltung** der Immaterialgüterrechte selbst (Singularrestitution) wie auch um die Funktionserhaltung von Unternehmen, wenn die Restitution von gewerblichen Schutzrechten als Teil der Unternehmensrestitution erfolgt.

II. Singularrestitution

Der Berechtigte tritt mit der Rückübertragung von Immaterialgüterrechten in die in 64 bezug auf diese Rechte von dem Verfügungsberechtigten geschlossenen Verträge ein. Bedeutung gewinnt diese gesetzliche Vertragsübernahme für die aufgrund der Rechtsinhaberschaft an Immaterialgüterrechten abgeschlossenen **Nutzungsverträge** auf dem Gebiet des Urheberrechts und verwandter Schutzrechte sowie für **Lizenzverträge**[107] **oder sonstige Vereinbarungen** (Schutzrechtsvergleiche, Abgrenzungsvereinbarungen etc.) auf dem Gebiet des gewerblichen Rechtsschutzes. Der **räumliche Geltungsbereich** der genannten Verträge ist weder durch Anl. I Kap. III Sachgeb. E Abschn. II Nr. 2 d. EVertr.[108] noch durch das Erstreckungsgesetz berührt worden, da der Gesetzgeber diese im Innenverhältnis zwischen Lizenzgeber und Lizenznehmer angesiedelte Frage einer allgemeinverbindlichen Regelung nicht für zugänglich hielt und insoweit auf eine einvernehmliche Regelung der Vertragspartner vertraute.[109] Wurden die vertraglichen Vereinbarungen vor Inkraftsetzung des Urheberrechtsgesetzes im Beitrittsgebiet am 3. 10. 1990 bzw. vor Inkrafttreten des Erstreckungsgesetzes am 1. 5. 1992 geschlossen, wird im Zweifel davon auszugehen sein, daß sich die Vereinbarungen nur auf das Schutzgebiet der ehem. DDR bezogen.[110] Im Einzelfall kann sich jedoch durch (ergänzende) Vertragsauslegung etwas anderes ergeben,[111] wenn die Parteien ihre Vereinbarung etwa in Kenntnis der bevorstehenden Rechtsänderungen geschlossen haben. Die nach Inkrafttreten der genannten Bestimmungen geschlossenen Verträge beziehen sich dagegen regelmäßig auf das seither einheitliche deutsche Schutzgebiet (vgl. auch § 26 Abs. 1 ErstrG).

III. Unternehmensrestitution

Da der Eintritt in ein bestehendes Rechtsverhältnis im Wege der Vertragsübernahme 65 notwendig einen **Wechsel in der Person des Vertragspartners** voraussetzt, ist § 16 Abs. 2 S. 1 VermG bei der Unternehmensrückgabe nur anwendbar, wenn diese durch Rückgabe der Vermögensbestandteile (§ 6 Abs. 5a S. 1 lit. b VermG) erfolgt. Die Rückübertragung von Anteils- und Mitgliedschaftsrechten ändert dagegen nichts an der Stellung des Unternehmensträgers als Vertragspartner. Ein Eintritt in ein bestehendes Rechtsverhältnis seitens des Berechtigten findet insoweit nicht statt.

---

[107] Vgl. dazu *Schuster-Woldan,* Lizenz- und Nachnutzungsverträge in der DDR, 1975, S. 11 ff.
[108] BGBl. 1990 II S. 885, 963.
[109] Vgl. Begründung z. Entwurf e. ErstrG, BT-Drucks. 12/1399, S. 26.

[110] Ebenso für den umgekehrten Fall der Erstreckung auf das Beitrittsgebiet *Brändel* GRUR 1992, 653, 655.
[111] *Gaul-Burgmer* GRUR 1992, 283, 288.

§ 17 Miet- und Nutzungsrechte

Durch die Rückübertragung von Grundstücken und Gebäuden oder die Aufhebung der staatlichen Verwaltung werden bestehende Miet- oder Nutzungsrechtsverhältnisse nicht berührt. War der Mieter oder Nutzer bei Abschluß des Vertrages nicht redlich im Sinne des § 4 Abs. 3, so ist das Rechtsverhältnis mit dem Bescheid gemäß § 33 Abs. 3 aufzuheben. Dies gilt auch in den Fällen des § 11a Abs. 4. § 16 Abs. 3 Satz 5 gilt entsprechend. Ist ein redlich begründetes Miet- oder Nutzungsverhältnis durch Eigentumserwerb erloschen, so lebt es mit Bestandskraft des Rückübertragungsbescheides mit dem Inhalt, den es ohne die Eigentumsübertragung seit dem 3. Oktober 1990 gehabt hätte, unbefristet wieder auf.

Schrifttum: *Göhring*, Überlassungsverträge wirksam – eine Erwiderung, ZOV 1993, 78f.; *Gößmann*, Das vertragliche Nutzungsrecht des ZGB, WM 1991, 1861 ff.; *Horst*, Gebäudeeigentum und Nutzungsrechte an Grundstücken in der ehemaligen DDR, DWW 1991, 273 ff.; *ders.*, Wohnraummietrecht und offene Vermögensfragen, DWW 1993, 5 ff.; *ders.*, Mietrechtliche Aspekte offener Vermögensfragen, ZOV 1993, 217 ff.; *Kayser*, Überlassungsverträge unwirksam?, ZOV 1993, 74 f.; *Kinne*, Restitution, Investition und Mietvertrag in den neuen Bundesländern, ZOV 1991, 31 ff.; *ders.*, Restitution und Nutzungsrechte nach dem Zweiten Vermögensrechtsänderungsgesetz, ZOV 1992, 118 ff.; *Messerschmidt*, Das Schuldrechtsänderungsgesetz, NJW 1994, 2648; *Rodenbach*, Schuldrechtliche Nutzungsverhältnisse und offene Vermögensfragen, ZOV 1991, 73 ff.; *Schmidt-Räntsch*, Überlassungsverträge in der ehemaligen DDR, ZOV 1992, 2 ff.; *ders.*, Anmerkung zu BezG Frankfurt/O., Urt. v. 18. 9. 1991 – 12 S 25/91, VIZ 1992, 32 f.; *Schnabel*, Datschengrundstücke und andere Bodennutzungsverhältnisse, 1993; *Trimbach-Matthiessen*, Einführung in die Schuldrechtsanpassung, VIZ 1994, 446 ff.; *Weber*, Die Verfahrensbeteiligung von Mietern und sonstigen Nutzungsberechtigten nach dem Vermögensgesetz, NJW 1991, 343 ff.

Übersicht

	RdNr.
I. Normzweck	1
II. Miet- und obligatorische Nutzungsrechtsverhältnisse	
1. Allgemeines	2
2. Wohnraum- und Gewerberaummietverhältnisse (§§ 94 ff. ZGB-DDR)	3, 4
3. Verträge auf dem Gebiet des Wirtschaftsrechts (§ 169 GIW/GW; §§ 71 f. VertragsG)	5, 6
4. Nutzung von Bodenflächen zur Erholung (§§ 312 ff. ZGB-DDR)	7
5. Pachtverträge	8–10
6. Überlassungsverträge	11–17
a) Allgemeines	11, 12
b) Kollisionsrecht	13
c) Moratorium (Art. 233 § 2a EGBGB)	14–17
7. Mitbenutzungsrechte	18, 19
a) „Private" Mitbenutzungsrechte (§§ 321 Abs. 1 bis 3, 322 ZGB-DDR)	18
b) „Öffentliche" Mitbenutzungsrechte (§ 321 Abs. 4 ZGB-DDR)	19
III. Voraussetzungen des Bestandsschutzes	
1. Rechtslage seit Inkrafttreten des 2. VermRÄndG	20–22
2. Altfälle	23–25
IV. Rechtsfolgen der Aufhebung	26

I. Normzweck

1 Die Vorschrift des § 17 VermG konkretisiert auch in der durch das 2. VermRÄndG novellierten Fassung des Vermögensgesetzes den Grundsatz, daß der Berechtigte mit Wirkung ex nunc in die im Zeitpunkt der Aufhebung der staatlichen Verwaltung[1] bzw. zum Zeitpunkt der Bestandskraft des Rückübertragungsbescheides bestehenden Rechtsverhältnisse im Wege der gesetzlichen **Vertragsübernahme** eintritt,[2] sofern die Rechtsverhältnisse in bezug auf den im vermögensrechtlichen Verfahren befangenen Vermögenswert abgeschlossen wurden[3] und nicht wegen Unredlichkeit des Mieters oder Nutzers aufgehoben werden. Als **lex specialis** zu § 16 VermG betrifft § 17 VermG jedoch nur

---
[1] Vgl. dazu noch § 16 RdNr. 13.
[2] Vgl. dazu § 16 RdNr. 10.
[3] Vgl. bereits § 16 RdNr. 12 ff.

Miet- und obligatorische Nutzungsrechtsverhältnisse.[4] Insoweit wird im Bereich des vermögensrechtlichen Verfahrens auch die Vorschrift des § 571 BGB verdrängt.

II. Miet- und obligatorische Nutzungsrechtsverhältnisse

1. Allgemeines. Zu den von § 17 VermG erfaßten Miet- und Nutzungsrechtsverhältnissen gehören die Wohnraummiete (§§ 94 ff. ZGB-DDR), die Gewerberaummiete (§§ 131 iVm. 94 ff. ZGB-DDR), Nutzungsrechte an Bodenflächen zur Erholung (§§ 312 ff. ZGB-DDR), Miet- und Nutzungsverträge auf dem Gebiete des Wirtschaftsrechts (§ 169 GIW/GW; §§ 73 f. VertragsG), Pachtverträge, ferner die von staatlichen Verwaltern abgeschlossenen sog. Überlassungsverträge sowie schuldrechtliche Mitbenutzungsrechte (§§ 321, 322 ZGB-DDR).

2. Wohnraum- und Gewerberaummietverhältnisse (§§ 94 ff. ZGB-DDR). Der Berechtigte tritt kraft Gesetzes in alle bestehenden Wohnraummietverhältnisse ein, unabhängig vom Zeitpunkt ihrer Begründung. Dies gilt wegen der nur schuldrechtlich wirkenden Unterlassungsverpflichtung des § 3 Abs. 3 VermG also auch für Mietverhältnisse, die unter Hinwegsetzung über die Beschränkungen des § 3 Abs. 3 VermG erst nach Inkrafttreten des Vermögensgesetzes am 29. 9. 1990 begründet worden sind.

Inhalt und Schicksal der vor dem 3. 10. 1990 begründeten Mietrechtsverhältnisse über Wohnraum richteten sich nach §§ 94 ff. ZGB-DDR; dies galt auch für die vor Inkrafttreten des ZGB am 1. 1. 1976 nach BGB begründeten Wohnraummietverträge (§ 2 Abs. 2 EGZGB). Die §§ 94 ff. ZGB-DDR waren entsprechend auf Mietverhältnisse über Gewerberaum anzuwenden (§ 131 ZGB-DDR), wenn es sich bei der Gewerberaummiete nicht um einen Vertrag auf dem Gebiete des Wirtschaftsrechts handelte. Seit dem 3. 10. 1990 sind auf die zu diesem Zeitpunkt bestehenden Mietverträge die Vorschriften der §§ 535 ff. BGB anzuwenden (Art. 232 § 2 Abs. 1 EGBGB), soweit sich aus Art. 232 § 2 Abs. 2 bis 6 EGBGB nichts Abweichendes ergibt.[5] Nach § 44 SchuldRAnpG wird der Abschluß eines Mietvertrages zum 1. 1. 1995 fingiert, wenn die Nutzung auf einer staatlicherseits verfügten Zuweisung nach § 6 GLVO bzw. § 99 ZGB-DDR iVm. § 12 Abs. 4 S. 1, § 22 WLVO 1985 bzw. § 18 WLVO 1967 beruht, der Abschluß des eigentlichen Mietvertrages zwischen Grundstückseigentümer und Nutzer jedoch unterblieben ist (zu den wirtschaftlichen Verhältnissen auf dem DDR-Wohnungsmarkt vgl. noch § 1 RdNr. 69 ff.). Die durch das 2. VermRÄndG geschaffene Vorschrift des Art. 233 § 2a Abs. 1 S. 1 lit. c EGBGB, mit der Nutzern, denen Grundstücke vertraglich überlassen wurden, ein zeitlich befristetes gesetzliches Recht zum Besitz eingeräumt wurde, ist auf Mietverträge nicht anwendbar (Art. 233 § 2a Abs. 7 EGBGB). Mietern stand jedoch bis zum Inkrafttreten des SachenRÄndG ein vorläufiges Besitzrecht gem. Art. 233 § 2a Abs. 1 S. 1 lit. a EGBGB zu, wenn sie ein zur Nutzung überlassenes Grundstück mit Billigung staatlicher oder gesellschaftlicher Organe mit Gebäuden oder Anlagen bebaut oder zu bebauen begonnen hatten und im Zeitpunkt des Inkrafttretens des 2. VermRÄndG am 22. 7. 1992 noch selbst nutzten. Das Besitzrecht ist durch Art. 233 § 2a Abs. 1 S. 3 EGBGB idF des SachenRÄndG für die in die Sachenrechtsbereinigung einbezogenen Rechtsverhältnisse bis zu deren Bereinigung nach dem SachenRBerG verlängert worden. Mietverträge sind in die Sachrechtsbereinigung einbezogen, wenn auf ihrer Grundlage vorgenommene bauliche Investitionen entweder die Voraussetzungen der §§ 5 bis 7 SachenRBerG erfüllen oder nach den – im konkreten Fall nicht eingehaltenen – Rechtsvorschriften der DDR an sich einer Absicherung durch Bereitstellung des Grundstücks als Bauland und Begründung einer der in § 3

---

[4] AA wohl *Weber* NJW 1991, 343, 344, der offenbar auch dingliche Nutzungsrechte nach §§ 287 ff. ZGB dem § 17 VermG unterstellen will; undeutlich auch *Flotho* Rechtshandbuch B 100 RdNr. 1.

[5] Zur Gewerberaummiete vgl. *Weitemeyer-Sonnenschein* DWW 1991, 198 f.

Abs. 2 S. 1 SachenRBerG genannten Rechtspositionen bedurften (§ 2 Abs. 1 S. 1 Nr. 2 SachenRBerG).[5a] Die Nutzer haben solchenfalls die Wahl zwischen der Bestellung eines Erbbaurechts an dem Grundstück und dem Ankauf des Grundstücks (§§ 15 Abs. 1, 3 Abs. 1 SachenRBerG). Für die übrigen Fälle sind in §§ 43ff. SchuldRAnpG Übergangsvorschriften zum Schutz baulicher Investitionen enthalten.

5 **3. Verträge auf dem Gebiet des Wirtschaftsrechts (§ 169 GIW/GW; §§ 71f. VertragsG).** Bestandsschutz nach § 17 S. 1 VermG genießen auch die nach **§ 169 GIW/GW**[6] geschlossenen **Mietverträge über bewegliche oder unbewegliche Sachen**, auf die seit dem 3. 10. 1990 wie auf Wohnraummietverträge ebenfalls §§ 535ff. BGB anzuwenden sind (Art. 232 § 2 Abs. 1 EGBGB), soweit sich aus Art. 232 § 2 Abs. 2 bis 6 EGBGB nichts Abweichendes ergibt. Die Moratoriumsregelung des Art. 233 § 2a Abs. 1 S. 1 lit. c EGBGB ist auf die mietweise gewerbliche Überlassung von Grundstücken nicht anwendbar (Art. 233 § 2a Abs. 7 EGBGB); zur Rechtslage bei Bebauung von Grundstücken aufgrund von Mietverträgen vgl. RdNr. 4.

6 Mit der Rückübertragung von Grundstücken und Gebäuden tritt der Berechtigte ebenfalls in die bis zum 30. 6. 1990 gem. **§§ 71f. Vertragsgesetz**[7] zwischen Wirtschaftseinheiten iSv. § 2 VertragsG abgeschlossenen **Nutzungsverträge** ein, die durch eine Erklärung nach § 331 Abs. 2 GW dem Recht des Gesetzes über Wirtschaftsverträge unterstellt werden konnten. Auch soweit das nicht geschehen ist, ändert die Aufhebung des Vertragsgesetzes zum 1. 7. 1990 grundsätzlich nichts an der Wirksamkeit der nach dem Vertragsgesetz abgeschlossenen Verträge. Im Wege ergänzender Vertragsauslegung kann davon ausgegangen werden, daß die Vertragsparteien in Kenntnis des Problems den Vertrag dem zur Zeit des Vertragsabschlusses geltenden Regelungen unterstellt haben.[8] Es gilt der allgemeine Rechtsgrundsatz, daß Inhalt und Wirkung eines Schuldverhältnisses nach dem Recht zu beurteilen sind, das zur Zeit der Verwirklichung des Entstehungstatbestandes galt.[9] Für die Nutzungsverträge gilt daher seit dem 3. 10. 1990 die intertemporale Grundregel des Art. 232 § 1 EGBGB, so daß das bisher im Beitrittsgebiet geltende Recht für die Nutzungsverträge weiterhin maßgebend bleibt (vgl. auch § 2 Abs. 2 SchuldRAnpG).[10] Nicht anwendbar ist Art. 232 § 2 EGBGB, der das spezielle Übergangsrecht für Mietverhältnisse enthält: Bei den Nutzungsverträgen handelt es sich iSd. BGB um **Verträge sui generis,** die zwar in mancher Beziehung den Mietverhältnissen angenähert sind, aber etwa auch als unentgeltliche Schuldverhältnisse iSe. Leihverhältnisses abgeschlossen werden konnten (§ 71 Abs. 2 S. 2 VertragsG). Wegen des gewerblichen Charakters der Nutzungsüberlassung werden Verträge iSv. §§ 71f. VertragsG ebenfalls nicht von Art. 232 § 4 Abs. 4 EGBGB erfaßt, der nichtgewerbliche Nutzungsüberlassungen zum Zwecke der kleingärtnerischen Nutzung, Erholung und Freizeitgestaltung seit Inkrafttreten des RegVBG den §§ 312ff. ZGB-DDR unterstellt. Im Falle der Bebauung von Grundstücken aufgrund gewerblicher Nutzungsverträge haben die Nutzer unter den Voraussetzungen des Art. 233 § 2a Abs. 1 S. 1 lit. a, S. 3 EGBGB idF des SachenRÄndG ein **vorläufiges Besitzrecht** und unter den Voraussetzungen des § 2 Abs. 1 S. 1 Nr. 2 SachenRBerG wahlweise einen Anspruch auf Bestellung eines Erbbaurechts an dem Grundstück oder auf Ankauf des Grundstücks (vgl. RdNr. 4).

[5a] Vgl. dazu auch Bericht des BT-Rechtsausschusses zum SachenRÄndG-E, BT-Drucks. 12/7425, S. 51, 59f.

[6] Gesetz über (internationale) Wirtschaftsverträge v. 5. 1. 1976, GBl. I Nr. 5 S. 61, geänd. GBl. 1990 I Nr. 38 S. 483.

[7] Gesetz über das Vertragssystem in der sozialistischen Wirtschaft v. 25. 3. 1982, GBl. I Nr. 14 S. 293, aufgeh. GBl. 1990 I Nr. 38 S. 483.

[8] BezG Magdeburg ZIP 1992, 1800, 1801; DtZ 1992, 291, 292; vgl. auch BGH ZIP 1993, 955, 957f.

[9] BGH WM 1993, 2240, 2241; BGHZ 44, 192, 194; KG ZOV 1993, 411; LG Berlin WM 1991, 762, 764f.; *Heinrichs,* Zivilrecht im Einigungsvertrag, 1991, RdNr. 66; a. A. *van Dorp* DB DDR-Report 1990, 3183, 3184ff.

[10] Zum bisherigen Recht vgl. *Klinkert* WR 1983, 84ff.; *Gerberding* WR 1987, 36ff.

Miet- und Nutzungsrechte   7, 8 § 17 VermG

4. Nutzung von Bodenflächen zur Erholung (§§ 312ff. ZGB-DDR). Zu den Nut- 7
zungsrechtsverhältnissen, in die der Berechtigte gem. §§ 16 Abs. 2 S. 1, 17 S. 1 VermG
eintritt, gehören die gem. §§ 312 ff. ZGB-DDR zum Zwecke der kleingärtnerischen Nutzung, Erholung und Freizeitgestaltung abgeschlossenen **Nutzungsverträge über land- und forstwirtschaftlich nicht genutzte Bodenflächen**,[11] die nicht notwendig mit bestehenden Grundstücksgrenzen übereinstimmen müssen.[12] Diese haben im Gegensatz zu den durch staatliche Verleihung oder genossenschaftliche Zuweisung entstandenen dinglichen Nutzungsrechten[13] nur schuldrechtlichen Charakter und schließen daher die Restitution nicht aus.[14] Die Vorschriften der §§ 312 ff. ZGB-DDR waren auch auf vor dem 1. 1. 1976 abgeschlossene Pachtverträge anzuwenden, wenn diese die Nutzung von Bodenflächen zur Erholung betrafen (§ 2 Abs. 2 S. 1 EGZGB).[15] Seit dem 3. 10. 1990 richtete sich das Schicksal aller bis zum 2. 10. 1990, 24.00 Uhr, wirksam begründeten Nutzungsrechtsverhältnisse vorbehaltlich anderweitiger gesetzlicher Regelungen weiterhin nach den §§ 312 ff. ZGB (Art. 232 § 4 Abs. 1 EGBGB). Die durch das 2. VermRÄndG geschaffene Vorschrift des Art. 233 § 2a EGBGB, mit der bestimmten Nutzern von Grundstücken unabhängig von bestehenden vertraglichen Vereinbarungen ein zeitlich befristetes gesetzliches Recht zum Besitz eingeräumt wurde, war auf Nutzungsrechtsverhältnisse iSv. §§ 312 ff. ZGB-DDR von vornherein nicht anwendbar (Art. 233 § 2a Abs. 7 S. 1 EGBGB). Dies gilt auch für die vor dem 1. 1. 1976 als Pachtverhältnisse begründeten Nutzungsrechtsverhältnisse, da Art. 232 § 4 Abs. 1 EGBGB alle bei Wirksamwerden des Beitritts den §§ 312 ff. ZGB-DDR unterstellten Verträge erfaßt.[16] Für die Art. 232 § 4 EGBGB unterfallenden Nutzungsrechtsverhältnisse gilt jedoch seit Inkrafttreten des RegVBG ein gesondertes **Vertragsmoratorium** (Art. 232 § 4a EGBGB), das die in Art. 232 § 4 Abs. 1 S. 2 EGBGB angekündigte und mit dem SchuldRÄndG umgesetzte Schuldrechtsbereinigung absichern soll. Das im Schuldrechtsänderungsgesetz enthaltene Schuldrechtsanpassungsgesetz sieht vor, daß mit dessen Inkrafttreten alle „Verträge über die Nutzung von Grundstücken zu anderen persönlichen Zwecken als Wohnzwecken" grundsätzlich den Vorschriften des Miet- und Pachtrechts (§§ 535 ff., 581 ff. BGB) unterfallen (vgl. § 6 Abs. 1 iVm § 1 Abs. 1 SchuldRAnpG). Im Interesse eines sozialverträglichen Ausgleichs zwischen Nutzer und Eigentümer, der durch eine unterschiedslose Anwendung des Miet- und Pachtrechts nicht gewährleistet wäre, enthält das Schuldrechtsanpassungsgesetz allerdings Sonderregelungen für das Nutzungsentgelt,[17] die Vertragsdauer, die Kündigungsmöglichkeiten und die Entschädigung für Werterhöhungen bei Vertragsbeendigung (§ 18 ff. SchuldRAnpG).

5. Pachtverträge. Da § 17 S. 1 VermG nur allgemein von bestehenden Miet- und Nut- 8
zungsrechtsverhältnissen spricht, bleiben auch die vom Verfügungsberechtigten oder staatlichen Verwalter abgeschlossenen Pachtverhältnisse durch die Rückübertragung bzw. Aufhebung der staatlichen Verwaltung unberührt. Das ZGB kannte zwar das Rechtsinstitut der Pacht nicht, gleichwohl haben die **vor** dem **Inkrafttreten des ZGB** am 1. 1. 1976 begründeten Pachtverhältnisse, soweit sie nicht den Nutzungsrechten nach §§ 312 ff. ZGB-DDR zugeordnet werden konnten,[18] als Verträge sui generis fortbestanden (§ 2

---

[11] LG Berlin ZOV 1991, 90; *Weber* NJW 1991, 343, 344; undeutlich *Horst* DWW 1991, 273, 275; allgemein zum vertraglichen Nutzungsrecht des ZGB *Gößmann* WM 1991, 1861 ff.; *Janke* NJ 1991, 238 ff.
[12] Vgl. *Oehler-Rohde*, in: Klinkert-Oehler-Rohde, Eigentumsrecht, Nutzung von Grundstücken und Gebäuden zum Wohnen und zur Erholung, 1979, S. 73
[13] Vgl. auch § 4 RdNr. 50.
[14] *Gößmann* WM 1991, 1861, 1865.
[15] BGH WR 1993, 327, 328 f.; BezG Frankfurt/O. VIZ 1992, 31, 32; *Schmidt-Räntsch* VIZ 1992, 32, 32; *Schnabel* ZOV 1993, 294, 296.
[16] BGH WR 1993, 327, 328; *Grüneberg-Wendtland* DtZ 1993, 101, 102; *Schmidt-Räntsch* VIZ 1992, 32, 32 f.; a. A. BezG Frankfurt/O. VIZ 1992, 31, 32.
[17] Die Höhe des Entgelts richtet sich nach der Nutzungsentgeltverordnung vom 22. Juli 1993 (BGBl. I S. 1339) in ihrer jeweils gültigen Fassung (§ 20 Abs. 1 S. 2 SchuldRAnpG); zur NutzEV (= Anh I/17) *Oetker*, DtZ 1993, 325 ff.
[18] Vgl. insoweit BGH WR 1993, 327, 328; LG Berlin ZOV 1992, 106; *Grüneberg-Wendtland* DtZ

VermG § 17 9–12 Abschnitt IV. Rechtsverhältnisse zw. Berechtigten u. Dritten

Abs. 2 EGZGB iVm. § 45 Abs. 3 ZGB-DDR).[19] Soweit das ZGB für die Abwicklung bzw. Beendigung dieser Verträge keine adäquaten Regelungen enthielt, mußte im Wege ergänzender Vertragsauslegung auf die bei Begründung des Vertragsverhältnisses bestehenden BGB-Vorschriften zurückgegriffen werden, die die Vertragsparteien insoweit in ihren Willen aufgenommen hatten.

9 Vor dem 3. 10. 1990 konnten Landpachtverhältnisse desweiteren begründet werden nach **§§ 51, 52 des Landwirtschaftsanpassungsgesetzes** vom 29. 6. 1990.[20] Auch diese Pachtverhältnisse bleiben gem. § 17 S. 2 VermG ebenso unberührt wie **BGB-Pachtverträge, die nach dem 3. 10. 1990**, sei es auch unter Hinwegsetzung über die Unterlassungsverpflichtung des § 3 Abs. 3 VermG, begründet wurden.

10 Das **Schicksal der Pachtverträge**, die vor dem 3. 10. 1990 geschlossen worden sind, richtet sich seit dem Wirksamwerden des Beitritts nach §§ 581 ff. BGB (Art. 232 § 3 Abs. 1 EGBGB).[21] Das besitzrechtliche Moratorium des Art. 233 § 2a Abs. 1 S. 1 lit. c EGBGB ist – ebenso wie auf Mietverträge (Rdnr. 4) – auf Pachtverhältnisse nicht anwendbar (Art. 233 § 2a Abs. 7 EGBGB).[21a] Pächtern steht jedoch wie Mietern unter den Voraussetzungen des Art. 233 § 2a Abs. 1 S. 1 lit. a, S. 3 EGBGB idF des SachenRÄndG ein **vorläufiges Besitzrecht** zu und unter den Voraussetzungen des § 2 Abs. 1 S. 1 Nr. 2 SachenRBerG wahlweise ein Anspruch auf Bestellung eines Erbbaurechts an dem Grundstück oder auf Ankauf des Grundstücks (vgl. RdNr. 4).

11 **6. Überlassungsverträge. a) Allgemeines.** Bestandsschutz nach § 17 S. 2 VermG genießen auch die von staatlichen Verwaltern seit 1963 bis zum Inkrafttreten des ZGB-DDR am 1. 1. 1976 unter Inaussichtstellung eines späteren Erwerbs geschlossenen sog. Überlassungsverträge **über bebaute oder unbebaute Grundstücke**[22] (Art. 232 § 1a EGBGB). Die Verträge wurden nach einem Mustervertrag[23] formlos abgeschlossen und berechtigten die Nutzer, das Grundstück gegen Hinterlegung eines dem Kaufpreis entsprechenden Betrages und unter Übernahme der öffentlichen Lasten längerfristig wie ein Eigentümer für persönliche Wohn- oder Erholungszwecke zu nutzen. Zu diesem Zweck konnte das Grundstück vorbehaltlich einer staatlichen Genehmigung auch bebaut werden bzw. durften bauliche Veränderungen an bestehenden Gebäuden vorgenommen werden.

12 Das **Recht zum Abschluß** solcher Verträge ergab sich für den staatlichen Verwalter aus dem vom Ministerium der Finanzen am 5. 11. 1963 veröffentlichten Mustervertrag nebst Hinweisen.[24] Die vom LG Berlin[25] herangezogene Ziff. VI Nr. 2 der Anweisung über die Behandlung der in der Hauptstadt der DDR (demokratisches Berlin) befindlichen Vermögenswerte Westberliner Bürger und juristischer Personen mit Sitz in den Westsektoren v.

1993, 101, 102; *Staudinger-Sonnenschein* Art. 232 § 3 EGBGB RdNr. 6; *Horn* S. 146, 275; *Schnabel*, Datschengrundstücke und andere Bodennutzungsverhältnisse, 1993, S. 3.
[19] Ebenso LG Berlin ZOV 1994, 57; *Schmidt-Räntsch* VIZ 1992, 32, 33; *Gößmann* WM 1991, 1861, 1862; *Grüneberg-Wendtland* DtZ 1993, 101, 102; *Staudinger-Sonnenschein* Art. 232 § 3 EGBGB RdNr. 5 f.; im Ergebnis auch BGH WR 1993, 327, 328; *Purps* DtZ 1993, 144, 145.
[20] GBl. I Nr. 42 S. 642.
[21] A. A. *Flotho* Rechtshandbuch B 100 RdNr. 7, der die Rechtsverhältnisse den §§ 312 ff. ZGB-DDR unterstellen will.
[21a] AA offenbar KrG Erfurt WuM 1993, 733.
[22] Zu den Überlassungsverträgen ausführlich *Schmidt-Räntsch* ZOV 1992, 2 ff.; *Göhring-Riecke* NJ 1992, 556 ff.; vgl. auch *Rodenbach* ZOV 1991, 73, 73 f.; *Horst* DWW 1993, 5, 15; Begründung z. Entwurf e. RegVBG, BT-Drucks. 12/5553, S. 44, 128.

Rundbrief Nr. 4 des Bundesamtes zur Regelung offener Vermögensfragen v. 15. 1. 1992, abgedruckt in ZOV 1992, 82; krit. AG Charlottenburg VIZ 1992, 207; mißverständlich die Terminologie bei *Fieberg-Reichenbach* F/R/M/S § 16 RdNr. 34, die von „Grundstücksüberlassungsverträgen" sprechen (vgl. dazu § 4 RdNr. 49); den Bestandsschutz ablehnend *Kayser* ZOV 1993, 74, 76 f., der die Vertretungsbefugnis der staatlichen Verwalter in Frage stellt; dazu Erwiderung von *Göhring* ZOV 1993, 78 f.
[23] Abgedruckt in ZOV 1991, 76 f.
[24] Hinweise für den Abschluß von Überlassungsverträgen mit Hinterlegung über staatlich verwaltete, bebaute und unbebaute, belastete und unbelastete Grundstücke (§ 6 d. VO v. 17. 7. 1952), abgedruckt in ZOV 1991, 75 f.
[25] NJ 1992, 555; ZOV 1994, 57, 57 f. mit Anmerkung *Kayser*.

18. 11. 1961[26] ist als Rechtsgrundlage zweifelhaft, da sie nur die miet- und pachtweise Überlassung gestattete.

b) Kollisionsrecht. Die nach dem Gedanken der Vertragsfreiheit (§§ 305, 241 BGB) zulässigen Überlassungsverträge unterstanden seit dem Außerkrafttreten des BGB in der ehem. DDR am 1. 1. 1976 als **Rechtsgeschäfte sui generis** den allgemeinen Regeln des ZGB (§ 2 Abs. 2 EGZGB iVm. § 45 Abs. 3 ZGB-DDR).[27] Die Vorschriften der §§ 312 ff. ZGB-DDR über die Nutzung von Bodenflächen zur Erholung waren auch dann nicht anwendbar, wenn es sich um einen Überlassungsvertrag zu Erholungszwecken handelte. Dies ergibt sich aus einer Gesamtschau des Vertragstypus des Überlassungsvertrages, der in wesentlichen Punkten (Unentgeltlichkeit/Beendigungsregeln) von dem Typus der Nutzungsverträge nach §§ 312 ff. BGB abwich.[28] Nach Inkrafttreten des ZGB am 1. 1. 1976 sind Überlassungsverträge regelmäßig nicht mehr abgeschlossen worden. Für den Fortbestand dieser Verträge als Verträge sui generis galt seit dem 3. 10. 1990 unabhängig von dem Vertragsgegenstand (Wohn-, Gewerbe-, Erholungszweck) mangels spezieller Regelungen die intertemporale Grundregel des Art. 232 § 1 EGBGB.[29] Mit Inkrafttreten des RegVBG hat der Gesetzgeber die zur Nutzung für **kleingärtnerische, Erholungs- und Freizeitzwecke** abgeschlossenen Überlassungsverträge durch die neu geschaffene Vorschrift des Art. 232 § 4 Abs. 4 EGBGB den Regeln der §§ 312 ff. ZGB-DDR unterstellt. Dies geschah im Vorgriff auf die Bereinigung des Schuld- und Sachenrechts im Beitrittsgebiet. Danach sind auf Überlassungsverträge, die durch Art. 232 § 4 Abs. 4 EGBGB den §§ 312 ff. ZGB-DDR unterstellt wurden, wie insgesamt auf „Verträge über die Nutzung von Grundstücken zu anderen persönlichen Zwecken als Wohnzwecken" seit Inkrafttreten des Schuldrechtsanpassungsgesetzes (SchuldRAnpG) regelmäßig die Vorschriften des Miet- und Pachtrechts (§§ 535 ff., 581 ff. BGB) anzuwenden (vgl. § 6 SchuldRAnpG). Zum Zwecke eines sozialverträglichen Ausgleichs zwischen den Interessen der Nutzer und der Eigentümer, der durch eine unterschiedslose Anwendung des Miet- und Pachtrechts nicht gewährleistet wäre, enthält das Schuldrechtsanpassungsgesetz jedoch Übergangsvorschriften, die unter Berücksichtigung der jeweils konkreten Nutzungsart typisierte Sonderregelungen für Nutzungsentgelte und die Fragen der Vertragsdauer, der Kündigungsmöglichkeiten und der Entschädigung für Werterhöhungen bei Vertragsbeendigung treffen. Diese Grundsätze gelten auch für Verträge, mit denen bereits fertiggestellte **Gebäude zu Wohn- und Gewerbezwecken überlassen** wurden, es sei denn, der Nutzer hat nach Überlassung wesentliche bauliche Investitionen iSv. § 12 Abs. 2 SachenRBerG vorgenommen. Solche Überlassungsverträge und Verträge aufgrund derer eine Bebauung erfolgte, unterfallen nicht der Schuldrechtsbereinigung (vgl. § 2 Abs. 1 Nr. 2 SchuldRAnpG), sondern führen zu einem Anspruch nach dem SachenRBerG. Danach hat der Nutzer die Wahl zwischen der Bestellung eines Erbbaurechts und dem Ankauf des Grundstücks (§ 15 SachenRBerG).

c) Moratorium (Art. 233 § 2a EGBGB). Der Nutzer eines bereits im Zeitpunkt des Vertragsschlusses bebauten und zu Wohnzwecken überlassenen Grundstücks, an dem bauliche Investitionen besonderen Umfangs iSv § 12 Abs. 2 SachenRBerG nicht vorgenommen wurden, hatte unbeschadet der vertraglichen Regelung gem. Art. 233 § 2a Abs. 1 S. 1 lit. c, S. 2 EGBGB in Ansehung des Nutzungsobjekts zunächst ein gesetzliches **Recht zum Besitz** (§ 986 BGB) bis zur Bereinigung der aus solchen Überlassungsverträgen folgenden Nutzungsrechtsverhältnisse durch das SchuldRAnpG, längstens jedoch bis zum 31. Dezember 1994. Entsprechendes galt für Nutzer, die das Grundstück bis zum

---

[26] Anh. III/29.
[27] KG ZOV 1994, 52, 53; *Horst* DWW 1993, 5, 15; aA *Schnabel* ZOV 1993, 294, 296; LG Berlin NJ 1992, 555, 555 f., das die Rechtslage in der ehem. DDR unzutreffend würdigt; dagegen zu Recht *Göhring – Riecke* NJ 1992, 556 ff.

[28] *Schmidt-Räntsch* ZOV 1992, 2, 7; ders. VIZ 1992, 32, 33; aA *Schnabel* (Fn. 18) S. 48; anders offenbar auch LG Berlin ZOV 1993, 107, 107 f.; *Rodenberg* ZOV 1991, 73, 74.
[29] Ebenso *Schmidt-Räntsch* VIZ 1992, 32, 33; *Fieberg-Reichenbach* F/R/M/S § 16 RdNr. 34.

2. 10. 1990 aufgrund einer bestandskräftigen Baugenehmigung oder sonst entsprechend den Rechtsvorschriften mit Billigung staatlicher oder gesellschaftlicher Organe mit Gebäuden oder Anlagen bebaut oder zu bebauen begonnen hatten und bei Inkrafttreten des 2. VermRÄndG am 22. 7. 1992 selbst genutzt haben (Art. 233 § 2a Abs. 1 S. 1 lit. a EGBGB). Von Bedeutung waren diese Regelungen für diejenigen Fälle, in denen die vertraglicherseits eingeräumte Nutzung schon vor Ablauf des Moratoriums endete. Der durch das 2. VermRÄndG eingefügte Art. 233 § 2a EGBGB verlängerte insoweit zur Sicherung der betroffenen Rechtsverhältnisse zunächst das Recht zum Besitz und immunisierte die Nutzer damit vor Herausgabeklagen des Berechtigten aus dem Eigentum oder Besitz. Es sollte verhindert werden, daß vor einer endgültigen Bereinigung der Rechtsverhältnisse Fakten geschaffen werden, die dieser zuwiderlaufen.[30] Für den Fall, daß aufgrund eines Überlassungsvertrages ein Eigenheim errichtet wurde oder bauliche Investitionen besonderen Umfangs (§ 12 Abs. 2 SachenRBerG) an bestehenden Gebäuden vorgenommen wurden, so daß die Überlassungsverträge in die Sachenrechtsbereinigung einzubeziehen sind (§ 4 Nr. 1 iVm. §§ 5 Abs. 1 nr. 3 lit. c, 12 Abs. 2 SachenRBerG), ist das Recht zum Besitz durch Art. 233 § 2a Abs. 1 S. 3 idF des SachenRÄndG bis zur endgültigen Bereinigung jener Rechtsverhältnisse nach dem SachenRÄndG verlängert worden. **Kündigt** allerdings der Nutzer einen weniger weit reichenden Überlassungsvertrag, so kann er sich nach Treu und Glauben (§ 242 BGB) nicht auf ein Recht zum Besitz aus Art. 233 § 2a Abs. 1 EGBGB berufen. Dies stellt die mit dem RegVBG geschaffene Vorschrift des Art. 233 § 2a Abs. 6 S. 6 EGBGB klar. Das Recht zum Besitz entfällt zudem infolge Kündigung des Überlassungsvertrages durch den Grundeigentümer, wenn die Grundstücksüberlassung einen nicht schützenswerten Tatbestand iSv. Art. 233 § 2a Abs. 6 S. 4 EGBGB betrifft. Der Berechtigte hat insoweit insbesondere in den Fällen ein Lösungsrecht, in denen es sich bei dem Nutzer um eine Partei, Organisation oder andere juristische Person iSv. §§ 20a, 20b ParteienG handelt bzw. wenn das Recht des Nutzers Gegenstand eines Strafverfahrens ist. Die Vorschrift des **§ 78 ZGB-DDR,** wonach ein Gericht auf Klage eines Vertragschließenden einen Vertrag ändern oder aufheben kann, wenn sich die für den Vertragsschluß maßgebenden Umstände nachträglich verändert haben, so daß ein Festhalten am Vertrag nicht mehr zumutbar ist, findet bis zur Bereinigung der Überlassungsverträge keine Anwendung (Art. 233 § 2a Abs. 4 EGBGB).

15 Das Besitzrecht wird durch eine vertragliche Übertragung oder einen gesetzlichen Übergang des Grundstücks oder eine sonstige Verfügung über das Grundstück seitens des Eigentümers nicht berührt (Art. 233 § 2a Abs. 2 EGBGB). Dies gilt auch bei Gutgläubigkeit des Erwerbers. Der Eigentümer ist während der Dauer des Besitzrechts nach Art. 233 § 2a Abs. 1 EGBGB jedoch im Innenverhältnis zum Nutzer verpflichtet, **Belastungen** des Grundstücks grundsätzlich zu unterlassen (Art. 233 § 2a Abs. 3 S. 2 EGBGB). Damit soll der Nutzer vor einer wirtschaftlichen Entwertung des Grundstückes bis zur endgültigen Bereinigung des Rechtsverhältnisses geschützt werden. Gleichwohl bleiben **Verfügungen** im Außenverhältnis zu Dritten wirksam, verpflichten den Eigentümer aber ggfls. zum Schadensersatz gegenüber dem zum Besitz berechtigten Nutzer.[31] Ausnahmsweise zulässig ist eine Belastung des Grundstücks mit Rechten Dritter, wenn der Eigentümer dazu gesetzlich oder aufgrund der Entscheidung einer Behörde verpflichtet ist (Art. 233 § 2a Abs. 3 S. 2 EGBGB).

16 Das **Besitzrecht** nach Art. 233 § 2a Abs. 1 EGBGB ist **übertragbar;** zur Wirksamkeit der Übertragung ist jedoch eine Anzeige des bisherigen Nutzers bzw. einer von ihm bevollmächtigten Person an den Eigentümer (Berechtigten) erforderlich (Art. 233 § 2a Abs. 2 S. 2 EGBGB). Bei der Anzeige handelt es sich um eine geschäftsähnliche Handlung. Erforderlich ist also die (Möglichkeit der) Kenntnisnahme von der Besitzrechtsübertragung durch den Eigentümer.

---

[30] Begründung z. Entwurf e. 2. VermRÄndG, BT-Drucks. 12/2480, S. 77.

[31] *Palandt-Bassenge* Art. 233 EGBGB § 2a RdNr. 8.

Während der Dauer des Besitzrechts nach Art. 233 § 2a Abs. 1 „„EGBGB hat der **17** Besitzer ein Recht auf Ersatz vorgenommener **Verwendungen** und der Eigentümer ein Recht auf Ersatz für gezogene **Nutzungen** nur, wenn dies vertraglich vereinbart ist (Art. 233 § 2a Abs. 3 S. 1 EGBGB).[31a] Der Gesetzgeber hatte sich eine endgültige Regelung dieser Fragen zunächst vorbehalten (Art. 233 § 2a Abs. 8 EGBGB idF des 2. VermRÄndG). Sie ist zwischenzeitlich durch Art. 233 § 2a Abs. 8 S. 1 EGBGB idF des SachenRÄndG erfolgt, wonach der zum Besitz Berechtigte bis zum Ablauf des 31. 12. 1994 weder gegenüber dem Grundstückseigentümer noch gegenüber sonstigen dinglichen Berechtigten zur Herausgabe von Nutzungen verpflichtet ist. Der Nutzer wird damit einem unverklagten redlichen Besitzer iSv § 993 Abs. 1 Hs. 2 BGB gleichgestellt.

7. Mitbenutzungsrechte. a) „Private" Mitbenutzungsrechte (§§ 321 Abs. 1 bis 3, 322 18 ZGB-DDR). Der Berechtigte tritt gem. § 16 Abs. 2 S. 1, § 17 S. 1 VermG schließlich in sog. Mitbenutzungsrechte (§§ 321 Abs. 1 bis 3, 322 ZGB-DDR) ein, die dem Begünstigten aufgrund vertraglicher Vereinbarung das Recht zur Mitbenutzung eines Grundstücks etwa zur vorläufigen Mitbenutzung eines Brunnens,[32] zur Lagerung von Baumaterial oder zum Aufstellen von Gerüsten, gaben. Die im ZGB geregelten Mitbenutzungsrechte haben schuldrechtlichen Charakter, sofern sie nur der vorübergehenden, im Gegensatz zur dauernden Mitbenutzung dienen (zur Abgrenzung zu den auf Dauer begründeten dinglichen Mitbenutzungsrechten iSv. §§ 321 Abs. 1 bis 3, 322 ZGB-DDR, deren rechtliches Schicksal Art. 233 § 5 EGBGB regelt, vgl. § 16 RdNr. 97). Für die schuldrechtlichen ZGB-Mitbenutzungsrechte gilt seit dem 3. 10. 1990 weiterhin das frühere Recht des Beitrittsgebiets (Art. 232 § 1 EGBGB). Eine Kündigung von Verträgen über Mitbenutzungsrechte war im ZGB nicht vorgesehen und ist damit vorbehaltlich abweichender vertraglicher Vereinbarung nicht möglich (§ 81 Abs. 1 S. 1 ZGB-DDR).[32a] Das BGB ist nur anwendbar, wenn es sich nicht um die Regelung von Umständen handelt, die aus dem Inhalt des Schuldverhältnisses folgen, sondern von außen an dieses herangetragen werden.[33] Dazu gehören etwa die Voraussetzungen und Rechtsfolgen des Erfüllungsgeschäftes[34] oder des Gläubiger- und Schuldnerwechsels.[35] Anwendbar ist ferner § 242 BGB, der reformatorischen Charakter trägt.[36]

b) „Öffentliche" Mitbenutzungsrechte (§ 321 Abs. 4 ZGB-DDR). Während §§ 321 **19** Abs. 1 bis 3, 322 ZGB-DDR die Möglichkeit der Begründung von „privaten" Mitbenutzungsrechten auf vertraglicher Grundlage vorsahen, konnten darüber hinaus Mitbenutzungsrechte für Zwecke der staatlichen Aufgabenerfüllung und im Bereich der Wirtschaft auf vertraglicher Basis oder, sofern eine vertragliche Vereinbarung nicht zustande kam, auch qua Verwaltungsentscheidung begründet werden.[37] Zuständige Behörde war der Rat des Kreises. Auf diese „öffentlichen" Mitbenutzungsrechte iSv. § 321 Abs. 4 ZGB-DDR

[31a] Vgl. auch KG ZOV 1994, 52, 53.
[32] Vgl. BezG Leipzig DtZ 1990, 127.
[32a] *Staudinger-Rauscher,* BGB, Art. 233 § 3 EGBGB RdNr. 37.
[33] Vgl. RGZ 144, 378, 380; KrG Gotha DtZ 1992, 90, 91.
[34] RGZ 66, 409, 412; *Palandt-Putzo* Art. 232 § 1 EGBGB, RdNr. 4.
[35] *Kühn* DtZ 1992, 198, 201; *Palandt-Putzo* Art. 232 § 1 EGBGB RdNr. 4; *Staudinger-Hönle* Art. 170, EGBGB, RdNr. 66.
[36] *Palandt-Putzo* Art. 232 § 1 RdNr. 4; vgl. zur Rechtslage bei Inkrafttreten des BGB RGZ 144, 380.
[37] Vgl. § 12 Abs. 3 Berggesetz der Deutschen Demokratischen Republik v. 12. 5. 1969, GBl. I Nr. 5 S. 29, iVm. § 16 Abs. 2 lit. b d. 1. DurchführungsVO zum Berggesetz v. 12. 5. 1969, GBl. II Nr. 40 S. 257; § 30 Abs. 1 d. EnergieVO v. 30. 10. 1980, GBl. I Nr. 33 S. 321, iVm. § 8 d. Fünften DurchführungsVO zur EnergieVO – Grundstücksbenutzung – v. 10. 11. 1980, GBl. I Nr. 33 S. 336, aufgeh. dch. § 71 Abs. 2 Nr. 1, 6 d. EnergieVO (EnVO) v. 1. 6. 1988, GBl. I Nr. 10 S. 89; § 29 Abs. 2 EnVO v. 1. 6. 1988, GBl. I Nr. 10 S. 89; § 20 Abs. 4 Gesetz über das Post- und Fernmeldewesen v. 29. 11. 1985, GBl. I Nr. 31 S. 345; § 7 Abs. 1 d. VO zur Gewährleistung von Ordnung und Sicherheit in der Umgebung von Verkehrsanlagen v. 12. 12. 1978, GBl. 1979 I Nr. 2 S. 9, iVm. § 8 der Ersten Durchführungsbestimmung zur VO zur Gewährleistung von Ordnung und Sicherheit in der Umgebung von Verkehrsanlagen – Mitbenutzung von Grundstücken – v. 12. 11. 1981, GBl. I Nr. 37 S. 438.

ist Art. 233 § 5 Abs. 1 EGBGB nicht anwendbar, da die Vorschrift nur auf die Mitbenutzungsrechte „im Sinne" der §§ 321 Abs. 1 bis 3, 322 ZGB-DDR verweist. Die „öffentlichen" Mitbenutzungsrechte sind daher als schuldrechtliche Verhältnisse aufzufassen. Ihr rechtliches Schicksal folgt daher den für die „privaten" Mitbenutzungsrechte mit schuldrechlichem Charakter aufgezeigten Grundsätzen (vgl. RdNr. 18). Das etwaige zwischenzeitliche Außerkrafttreten der für die Verwaltungsentscheidungen maßgeblichen Rechtsgrundlagen, das entweder zum Zeitpunkt des Beitritts, ausnahmsweise auch erst zu einem späteren Termin erfolgt, bleibt auf die Wirksamkeit der Verwaltungsentscheidungen ohne Einfluß. Dies folgt aus allgemein rechtsstaatlichen Grundsätzen: Es kommt allein darauf an, daß im Zeitpunkt des Erlasses der Verwaltungsentscheidung eine Rechtsgrundlage für diese vorhanden war. Die Verwaltungsentscheidung wirkt insoweit als Rechtsquelle auch über den Zeitpunkt der Aufhebung ihrer Rechtsgrundlage fort. Der Berechtigte tritt mithin auch in die ehedem durch privatrechtsgestaltenden Verwaltungsakt begründeten schuldrechtlichen Mitbenutzungsrechte ein.

III. Voraussetzungen des Bestandsschutzes

20 **1. Rechtslage seit Inkrafttreten des 2. VermRÄndG.** Miet- und obligatorische Nutzungsrechtsverhältnisse genießen nur dann Bestandsschutz, wenn der **Mieter oder Nutzer** bei Abschluß des Vertrages **redlich** bzw. nicht erwiesenermaßen unredlich gewesen ist. Dem entspricht die in der Bestimmung des § 17 S. 5 VermG durch das 2. VermRÄndG getroffene Regelung, wonach ursprünglich redlich begründete, später aber durch sog. Konfusion infolge Eigentumserwerbs untergegangene Miet- und Nutzungsrechtsverhältnisse wieder aufleben, wenn das Eigentumsrecht aufgrund einer Restitutionsentscheidung untergeht. Denkbar ist dies in den Fällen eines iSd. § 4 Abs. 2 und 3 VermG unredlichen Eigentumserwerbs, etwa bei einem nicht schutzwürdigen Eigentumserwerb durch Mieter und Nutzer nach dem 18. 10. 1989.

21 War der **Mieter oder Nutzer** bei Abschluß des Miet- bzw. Nutzungsvertrages dagegen **unredlich**, so hat das zuständige Vermögensamt nach der durch Art. 1 Nr. 15 lit. a des 2. VermRÄndG novellierten Bestimmung des § 17 S. 2 VermG das Rechtsverhältnis mit dem Bescheid gem. § 33 Abs. 4 VermG aufzuheben. Der Berechtigte hat einen Anspruch auf Aufhebung unredlich begründeter Nutzungsrechte. Ist in dem vermögensrechtlichen Bescheid eine Entscheidung über die Aufhebung eines Rechtsverhältnisses der in § 17 bezeichneten Art ganz oder teilweise unterblieben, so konnte sie bis zum Ablauf von sechs Monaten ab Inkrafttreten des RegVBG, also bis zum 24. 6. 1994, beantragt werden (§ 30a Abs. 4 S. 3, Abs. 3 S. 2, Abs. 3 S. 1 iVm. Abs. 2 VermG). Geschah dies nicht, verbleibt es bei dem in § 17 S. 1 VermG angeordneten Rechtsübergang. Verweigert die Behörde die Aufhebung solcher Rechte, kann der Berechtigte Verpflichtungsklage (§ 113 Abs. 1 VwGO) erheben. Eines konstitutiven Aufhebungsbescheides bedarf es im Falle der Aufhebung der staatlichen Verwaltung auch dann, wenn diese kraft Gesetzes nach § 11a Abs. 1 S. 1 VermG mit dem 31. 12. 1992 endete (§ 17 S. 3 VermG). Den Maßstab für die Beurteilung der Redlichkeit gibt die Vorschrift des § 4 Abs. 3 VermG ab (vgl. dazu bereits § 4 RdNr. 53 ff.).

22 Neben der Aufhebung des Nutzungsrechtsverhältnisses durch die Vermögensämter ist eine **Anfechtung** der zum Vertragsschluß führenden Willenserklärung seitens des Berechtigten (§ 70 Abs. 1 S. 2 ZGB-DDR) ausgeschlossen, wenn der Willensmangel gerade auf den vom Vermögensgesetz erfaßten Sachverhalt des redlichen Erwerbs zurückgeht.[38] Ansonsten würde der vom Vermögensgesetz bezweckte sozialverträgliche Ausgleich unterlaufen. Eine derartige Kollision allgemein zivilrechtlicher und vermögensrechtlicher Wertungen ist – jedenfalls theoretisch – für den Fall denkbar, daß sich der Berechtigte vor Enteignung seines Grundstücks bzw. vor dessen Inverwaltungnahme zum Abschluß eines Nutzungsrechtsverhältnisses veranlaßt sah.

---

[38] Vgl. auch *Leipold* JZ 1993, 703, 710; ferner Vor § 1 RdNr. 55 ff.

2. Altfälle. Auf alle vermögensrechtlichen Verfahren, die bis zum **Tag des Inkrafttre-** 23
tens des 2. VermRÄndG am 22. 7. 1992 durch eine **abschließende Entscheidung**[39] in
Form des vermögensrechtlichen Ausgangsbescheides abgeschlossen waren, war § 17
VermG aF anzuwenden, der folgenden Wortlaut hatte:
"Durch die Rückübertragung von Grundstücken und Gebäuden oder die Aufhebung der staatlichen Verwaltung werden bestehende Miet- und Nutzungsrechtsverhältnisse nicht berührt. Dies gilt nicht in den Fällen des § 1 Abs. 3, wenn der Mieter oder Nutzer bei Abschluß des Vertrages nicht redlich im Sinne des § 4 Abs. 2 und 3 gewesen ist."

Im Unterschied zu der durch das 2. VermRÄndG novellierten Gesetzesfassung genos- 24
sen Miet- und Nutzungsrechte demnach nur dann keinen Bestandsschutz, wenn der Mieter und Nutzer das Recht im Gefolge einer **schädigenden Maßnahme nach § 1 Abs. 3
VermG** in unredlicher Weise begründet hatte. Die Begrenzung auf die Fallgruppe des § 1
Abs. 3 VermG erschien im nachhinein zu eng, so daß sich der Gesetzgeber des 2. VermRÄndG zur Streichung des materiellrechtlich fragwürdigen Erfordernisses entschloß.[40]

Anders als nach § 17 VermG nF trat die **Rechtsfolge** des Erlöschens des Nutzungsrech- 25
tes nach dem unzweideutigen Wortlaut von § 17 VermG aF **kraft Gesetzes** ein,[41] sofern
eine iSd. § 4 Abs. 3 VermG unredliche Begründung des Rechts vorlag. Maßgebend war
insoweit der Zeitpunkt der bestandskräftigen Restitutionsentscheidung bzw. der Entscheidung über die Aufhebung der staatlichen Verwaltung (vgl. § 34 Abs. 1 VermG).[42]
Eines gesonderten Aufhebungsbescheides bedurfte es insoweit nicht. Die in der Erläuterung der Bundesregierung zum Vermögensgesetz[43] nur undeutlich anklingende Gegenauffassung hatte im Gesetzeswortlaut keinerlei Stütze. Damit handelt es sich bei der Neufassung des § 17 S. 2 VermG durch Art. 1 Nr. 15 lit. a d. 2. VermRÄndG nicht nur um
eine Klarstellung.[44]

IV. Rechtsfolgen der Aufhebung

Das **Nutzungsrecht erlischt** mit Bestandskraft des behördlichen Aufhebungsbeschei- 26
des. Verliert der Nutzungsberechtigte durch die Aufhebung des Nutzungsrechtes das
Recht zum Besitz seiner Wohnung, so gilt die Härtefallregelung des § 16 Abs. 3 S. 5
VermG entsprechend (§ 17 S. 4 VermG). Das Nutzungsrecht erlischt mithin erst sechs
Monate nach Unanfechtbarkeit des Aufhebungsbescheides.[45]

§ 18 Grundstücksbelastungen

(1) Bei der Rückübertragung von Eigentumsrechten an Grundstücken, die nicht
nach § 6 erfolgt, hat der Berechtigte für die bei Überführung des Grundstücks in
Volkseigentum untergegangenen dinglichen Rechte einen in dem Bescheid über die
Rückübertragung festzusetzenden Ablösebetrag zu hinterlegen. Der Ablösebetrag bestimmt sich nach der Summe der für die jeweiligen Rechte nach Maßgabe der Absätze
2 bis 5 zu bestimmenden und danach in Deutsche Mark umzurechnenden Einzelbeträge, die in dem Bescheid gesondert auszuweisen sind. Andere als die in den Absätzen 2
bis 4 genannten Rechte werden bei der Ermittlung des Ablösebetrags nicht berücksichtigt. Im übrigen können auch solche Rechte unberücksichtigt bleiben, die nachweislich zwischen dem Berechtigten und dem Gläubiger einvernehmlich bereinigt sind.

---

[39] Vgl. dazu § 3 RdNr. 83.
[40] Vgl. Begründung zum Entwurf eines 2. VermRÄndG, BT-Drucks. 12/2480, S. 49.
[41] *Flotho* Rechtshandbuch B 100 § 16 RdNr. 11; aA *Horst* DWW 1991, 273, 275.
[42] LG Berlin ZOV 1991, 90; ZOV 1992, 300.
[43] BT-Drucks. 11/7831, S. 11.
[44] Anders aber Begründung zum Entwurf eines 2. VermRÄndG, BT-Drucks. 12/2480, S. 47.
[45] Vgl. dazu § 16 RdNr. 36.

(2) Aufbauhypotheken und vergleichbare Grundpfandrechte zur Sicherung von Baukrediten, die durch den staatlichen Verwalter bestellt wurden, sind mit folgenden Abschlägen von dem zunächst auf Mark der DDR umzurechnenden Nennbetrag des Grundpfandrechts zu berücksichtigen. Der Abschlag beträgt jährlich für ein Grundpfandrecht

1. bei Gebäuden mit ein oder zwei Einheiten
   bis zu 10 000 Mark der DDR 4,0 vom Hundert,
   bis zu 30 000 Mark der DDR 3,0 vom Hundert,
   über 30 000 Mark der DDR 2,0 vom Hundert;
2. bei Gebäuden mit drei oder vier Einheiten
   bis zu 10 000 Mark der DDR 4,5 vom Hundert,
   bis zu 30 000 Mark der DDR 3,5 vom Hundert,
   über 30 000 Mark der DDR 2,5 vom Hundert;
3. bei Gebäuden mit fünf bis acht Einheiten
   bis zu 20 000 Mark der DDR 5,0 vom Hundert,
   bis zu 50 000 Mark der DDR 4,0 vom Hundert,
   über 50 000 Mark der DDR 2,5 vom Hundert;
4. bei Gebäuden mit neun und mehr Einheiten
   bis zu 40 000 Mark der DDR 5,0 vom Hundert,
   bis zu 80 000 Mark der DDR 4,0 vom Hundert,
   über 80 000 Mark der DDR 2,5 vom Hundert.

Als Einheit im Sinne des Satzes 2 gelten zum Zeitpunkt der Entscheidung in dem Gebäude vorhandene in sich abgeschlossene oder selbständig vermietbare Wohnungen oder Geschäftsräume. Von dem so ermittelten Betrag können diejenigen Tilgungsleistungen abgezogen werden, die unstreitig auf das Recht oder eine durch das Recht gesicherte Forderung erbracht worden sind. Soweit der Berechtigte nachweist, daß eine der Kreditaufnahme entsprechende Baumaßnahme an dem Grundstück nicht durchgeführt wurde, ist das Recht nicht zu berücksichtigen. Die Sätze 1 bis 5 gelten für sonstige Grundpfandrechte, die auf staatliche Veranlassung vor dem 8. Mai 1945 oder nach Eintritt des Eigentumsverlustes oder durch den staatlichen Verwalter bestellt wurden, entsprechend, es sei denn, das Grundpfandrecht diente der Sicherung einer Verpflichtung des Berechtigten, die keinen diskriminierenden oder sonst benachteiligenden Charakter hat.

(3) Bei anderen als den in Absatz 2 genannten Grundpfandrechten ist zur Berechnung des Ablösebetrags von dem Nennbetrag des früheren Rechts auszugehen. Absatz 2 Satz 4 gilt entsprechend.

(4) Rechte, die auf die Erbringung wiederkehrender Leistungen aus dem Grundstück gerichtet sind, sind bei der Berechnung des Ablösebetrags mit ihrem kapitalisierten Wert anzusetzen.

(5) Bei der Berechnung der für den Ablösebetrag zu berücksichtigenden Einzelbeträge sind Ausgleichsleistungen auf das Recht oder eine dem Recht zugrundeliegende Forderung oder eine Entschädigung, die der frühere Gläubiger des Rechts vom Staat erhalten hat, nicht in Abzug zu bringen. Dies gilt entsprechend, soweit dem Schuldner die durch das Recht gesicherte Forderung von staatlichen Stellen der Deutschen Demokratischen Republik erlassen worden ist.

Schrifttum: *Beckers,* Die Aufbauhypotheken des ZGB/DDR und ihre aktuellen Probleme, WM 1991, 1701ff.; *Böhringer,* Grundbuchrechtliche Probleme in den neuen Bundesländern, NJ 1992, 289ff.; *Bultmann,* Rechtsnatur von Goldmark-, Reichsmark- und DDR-Mark-Hypotheken, NJ 1993, 203ff.; *Hartkopf,* Rechte Dritter (insbesondere dingliche Belastungen, §§ 16 bis 18b, HypAblAO) nach dem 2. VermRÄndG vom 14. Juli 1992 (BGBl. I, 1257, 1446), ZOV 1992, 248f.; *ders.,* Wertausgleich und Gegenleistung nach Art. 1 des Zweiten Vermögensrechtsänderungsgesetzes, VIZ 1992, 388f.; *Horn,* Grundpfandkredite im neuen

Bundesgebiet, ZIP 1993, 659ff.; *Kinne,* Praktische Probleme der Ablösung untergegangener Grundstücksbelastungen nach §§ 18 bis 18b Vermögensgesetz, ZOV 1992, 334ff.; *Rühl,* Die Ablösung früherer Rechte nach §§ 18 bis 18b Vermögensgesetz, VIZ 1992, 342ff.

Vgl. auch das abgekürzt nachgewiesene Schrifttum.

Arbeitsmaterialien: BMJ, Empfehlungen zur Durchführung der Verfahren nach § 16 Abs. 5 bis 10, §§ 18 bis 18b VermG und der Hypothekenablöseanordnung v. 1. 9. 1992

Übersicht

	RdNr.		RdNr.
A. Normzweck	1–3	b) Grundpfandrechte zur Sicherung von Baukrediten	25
B. Ablösebetrag		c) Grundpfandrechte zur Sicherung anderer Forderungen	26
I. Allgemeines		3. Andere Grundpfandrechte (§ 18 Abs. 3)	27, 28
1. Anwendungsbereich	4	4. Rechte auf Erbringung wiederkehrender Leistungen (§ 18 Abs. 4)	29
2. Ermittlung des Ablösebetrages	5–10		
a) Berücksichtigungsfähige Rechte	5	III. Festsetzung	30
b) Einvernehmlich bereinigte Rechte	6, 7	C. Rechtsschutz	
c) Umrechnung	8	I. Berechtigter	31, 32
d) Kürzung	9, 10	II. Drittbetroffene	33
II. Berechnung der Einzelbeträge		III. Zuständigkeit	34
1. Aufbauhypotheken und vergleichbare Grundpfandrechte (§ 18 Abs. 2 S. 1 bis 5)	11–22	D. Altfälle	
a) Begriffsbestimmung	11	I. Allgemeines	35–38
b) Berechnungsweise	12–22	II. Wiederbegründung nach § 18 VermG aF	39, 40
aa) Überblick	12		
bb) Einzelansätze	13–21	III. Änderungen durch das 2. VermRÄndG	41–45
cc) Ablöseverpflichtung	22		
2. Sonstige Grundpfandrechte (§ 18 Abs. 2 S. 6)	23–26		
a) Allgemeines	23, 24		

A. Normzweck

Die Vorschrift des § 18 VermG und die sie ergänzenden Bestimmungen der §§ 18a und **1** b VermG sowie der Hypothekenablöseverordnung[1] regeln das Schicksal der dinglichen Belastungen, die im Zeitpunkt der Überführung von Grundstücken in Volkseigentum gelöscht wurden. Mit dem am 22. 7. 1992 in Kraft getretenen 2. VermRÄndG hat der Gesetzgeber hinsichtlich der Behandlung dieser Rechte einen Systemwechsel vollzogen: Während in § 18 Abs. 1 VermG aF eine Wiederbegründung der dinglichen Belastungen bezogen auf den Zeitpunkt der Rückübertragung vorgesehen war, entkoppelt § 18 VermG idF des 2. VermRÄndG Rückübertragung und Wiederbegründung, indem der Berechtigte **anstelle** einer **Wiederbegründung** für die gelöschten dinglichen Belastungen einen **Ablösebetrag** zu hinterlegen hat. Die Entkoppelung bewirkt zum einen eine Vereinfachung des vermögensrechtlichen Verfahrens, weil die Vermögensämter nicht mehr wie zuvor umfangreiche Ermittlungen über die Gläubiger und den noch gerechtfertigten Inhalt der wiederzubegründenden Rechte anstellen müssen; zum anderen wird der Berechtigte mit der Entrichtung der Ablösebeträge so gestellt wie er stehen würde, wenn es zu einer Wiederbegründung der gelöschten dinglichen Belastungen käme. Es ist der Zustand wiederherzustellen, der ohne Überführung des Grundstücks in Volkseigentum bestünde.

Der Gläubiger eines früheren dinglichen Rechts oder sein Rechtsnachfolger (Begünstig- **2** ter) kann mit den Einschränkungen des § 18b Abs. 1 S. 1 VermG von der Hinterlegungsstelle die **Herausgabe** desjenigen Teils **des Ablösebetrages** verlangen, mit dem sein frühe-

---

[1] Verordnung über die Ablösung früherer Rechte und andere vermögensrechtliche Fragen (Hypothekenablöseverordnung – HypAblV) v. 10. 6. 1994, BGBl. I S. 1253.

res Recht bei der Ermittlung des unanfechtbar festgestellten Ablösebetrages berücksichtigt worden ist. Mit dem Wertausgleich in Form des Ablösebetrages erhält der Gläubiger insoweit eine Kompensation für die nicht wiederzubegründenden früheren dinglichen Belastungen. Dies bietet dem Berechtigten den Vorteil, daß er das Grundstück weitgehend unbelastet zurückerhält und damit von vornherein als Beleihungsobjekt für volkswirtschaftlich wünschenswerte Investitionsmaßnahmen nutzen kann. Nicht kompensationsfähig sind allerdings nicht kapitalisierbare dingliche Rechte (Erbbaurecht, Nießbrauch, Grunddienstbarkeiten iSd. BGB, Mitbenutzungsrechte iSd. ZGB-DDR). Da § 18 VermG nF eine automatische Wiederbegründung dieser Rechte bei Rückübertragung des Grundstücks nicht mehr vorsieht und die Voraussetzungen für eine Restitution gem. § 3 Abs. 1a VermG regelmäßig nicht vorliegen,[2] geht der Begünstigte insoweit leer aus. Die Restitution dinglicher Rechte nach § 3 Abs. 1a VermG findet nur statt, wenn das Recht nicht nur „bei Gelegenheit" einer Grundstücksentziehung gelöscht wurde, sondern selbst Gegenstand einer vermögensentziehenden Maßnahme war (dazu § 3 RdNr. 60 ff.).

3   Regelungssystematisch enthält die **Hypothekenablöseverordnung** (HypAblV) eine Anzahl von Bestimmungen, die den technischen Ablauf der Ablösung betreffen. Diese Bestimmungen waren ursprünglich auf die §§ 18 bis 18b VermG des Regierungsentwurfs zum 2. VermRÄndG verteilt. Der besseren „Übersichtlichkeit" wegen hatte der Gesetzgeber die technischen Vorschriften zunächst in der als Art. 2 des 2. VermRÄndG in Kraft getretenen **Hypothekenablöseanordnung** (HypAblAO)[2a] zusammengefaßt. Dieser Weg wurde beschritten, da eine Rechtsverordnung, in die die Bestimmungen regelungsmethodisch eigentlich hätten eingestellt werden müssen, nicht gleichzeitig mit dem 2. VermRÄndG hätte inkrafttreten können.[3] Die Gesetzgebungstechnik erschien von Anfang an wenig überzeugend, da sie weder zur Übersichtlichkeit noch zur besseren Verständlichkeit der Materie beiträgt. Mit dem RegVBG ist die ursprünglich in § 8 HypAblAO enthaltene Verordnungsermächtigung aufgehoben und als § 40 in das Vermögensgesetz eingestellt worden. Die auf dieser Grundlage am 10. 6. 1994 erlassene und am 4. 7. 1994 in Kraft getretene HypAblV hat die HypAblAO abgelöst und ist auf alle Verfahren anzuwenden, die bei ihrem Inkrafttreten begonnen, aber noch nicht bestandskräftig entschieden waren (§ 10 S. 1 HypAblV).

B. Ablösebetrag

I. Allgemeines

4   **1. Anwendungsbereich.** Die Rückübertragung von Eigentumsrechten an Grundstücken auf den Berechtigten erfolgt nur unter der Voraussetzung, daß der Berechtigte für die bei Überführung des Grundstückes in Volkseigentum untergegangenen dinglichen Rechte einen von dem zuständigen Vermögensamt im Rückgabebescheid festzusetzenden **Ablösebetrag hinterlegt** (§§ 18 Abs. 1 S. 1, 18a VermG). Nicht anwendbar ist § 18 VermG auf die Unternehmensrestitution und die aus § 6 Abs. 6a S. 1 VermG folgende subsidiäre Singularrestitution, auch wenn davon Grundstücke betroffen sind (§ 18 Abs. 1 S. 1 VermG). Im Gegensatz zur Singularrestitution vollzieht sich der Wertausgleich bei der Rückgabe von Unternehmen abschließend nach § 6 Abs. 2 bis 4 VermG.[4] Zu den untergegangenen dinglichen Rechten iSv § 18 Abs. 1 S. 1 VermG gehören neben ZGB-Hypotheken (§§ 452 ff. ZGB-DDR), die als brieflose, streng akzessorische Sicherungshypotheken ausgestaltet waren, auch Alt-Grundpfandrechte, die noch nach den bis zum 1. 1. 1976 geltenden Vorschriften des BGB entweder auf Goldmark- und Reichsmark- oder ab 1948 auf DDR-Mark-Basis begründet waren. Daneben werden auch andere bis zum 1. 1. 1976 begründete BGB-Rechte wie insbesondere Dienstbarkeiten, Rentenschulden und Reallasten erfaßt.

---

[2] AA offenbar *Kuhlmey-Wittmer* R/R/B RdNr. 13; *Rühl* VIZ 1992, 342 (Fn. 14).
[2a] BGBl. 1992 I S. 1257.

[3] Vgl. Bericht des BT-Rechtsausschusses, BT-Drucks. 12/2944, S. 56.
[4] Vgl. dazu § 6 RdNr. 16 ff.

Grundstücksbelastungen **5–8 § 18 VermG**

2. Ermittlung des Ablösebetrages. a) Berücksichtigungsfähige Rechte. Davon zu 5
trennen ist die Verpflichtung zur Zahlung von Ablösebeträgen. Bei der Ermittlung der
Ablösebeträge sind **nur die in den Absätzen 2 bis 4 des § 18 VermG genannten Rechte** zu
berücksichtigen (§ 18 Abs. 1 S. 3 VermG), also Aufbauhypotheken und vergleichbare
Grundpfandrechte (Abs. 2), sonstige und andere Grundpfandrechte (Abs. 2 S. 6, Abs. 3)
und Rechte, die auf die Erbringung wiederkehrender Leistungen aus dem Grundstück
gerichtet sind (Abs. 4). Nicht berücksichtigungsfähig sind daher Rechte, die zur Benutzung eines Grundstückes berechtigen oder zur Unterlassung bestimmter Handlungen
verpflichten wie etwa Dienstbarkeiten iSd. BGB oder Mitbenutzungsrechte iSd. § 321
ZGB-DDR.[5]

b) Einvernehmlich bereinigte Rechte. Es steht **im Ermessen der Vermögensämter** 6
im Einzelfall solche Rechte bei der Ermittlung des Ablösebetrages **unberücksichtigt zu
lassen**, die nachweislich zwischen dem Berechtigten und dem Gläubiger einvernehmlich
bereinigt sind (§ 18 Abs. 1 S. 4 VermG).[6] Voraussetzung ist allerdings, daß der Entschädigungsfonds zustimmt und die Berechtigung des Gläubigers zweifelsfrei nachgewiesen
wurde (§ 3 Abs. 1 HypAblV). Gläubiger iSv. § 18 Abs. 1 S. 4 VermG ist der frühere
Gläubiger des dinglichen Rechts bzw. dessen Rechtsnachfolger (= Begünstigter iSv.
§ 18b Abs. 1 S. 1 VermG).

Der **Nachweis** der einvernehmlichen Einigung ist geführt, wenn dem Vermögensamt 7
eine Löschungsbewilligung oder löschungsfähige Quittung bzw. (für die Zeit nach Überführung in Volkseigentum) eine Verzichtserklärung des früheren Gläubigers vorgelegt
wird.[7] Briefgrundpfandrechte, die nach dem ZGB-DDR nicht mehr begründet werden
konnten, galten ab dem 1. 1. 1976 gem. § 6 Abs. 1 EGZGB als Briefrechte fort. Für die
vor Inkrafttreten des ZGB am 1. 1. 1976 begründeten BGB-Briefgrundpfandrechte, bei
denen §§ 1154, 1153 BGB die Möglichkeit der Abtretung des Grundpfandrechts und
damit des Erwerbs außerhalb des Grundbuchs eröffneten, ist daher zum zweifelsfreien
Nachweis der Berechtigung des Gläubigers regelmäßig auch die Vorlage des Grundpfandrechtsbriefes erforderlich, es sei denn, die Berechtigung des Gläubigers ergibt sich aus
anderen Umständen.[8] So können Auskünfte über die Person des Gläubigers von der
Staatsbank Berlin/Kreditanstalt für Wiederaufbau eingeholt werden, da enteignete
Forderungen im Regelfall dort verwaltet werden[9] (vgl. Erlaß des BMF v. 13. 5. 1992 – VI
A 6 – O 1319 RM – 2/92).[10] Hat der Entschädigungsfonds zugestimmt und ist die Berechtigung des Gläubigers zweifelsfrei nachgewiesen, ist das Ermessen der Behörde im Hinblick auf die Berücksichtigung einvernehmlich bereinigter Rechte im Regelfall auf Null
reduziert. Berücksichtigt die Behörde die Rechtsbereinigung bei der Festsetzung des Ablösebetrages nicht, steht dem Berechtigten später ein Anspruch auf anteilige Herausgabe
des von ihm zu hinterlegenden Ablösebetrages nach § 18b Abs. 1 S. 3 VermG zu.

c) Umrechnung. Im einzelnen errechnet sich der Ablösebetrag der Höhe nach aus den 8
für die jeweiligen Rechte nach Maßgabe des § 18 Abs. 2 bis 5 VermG zu bestimmenden
und danach in Deutsche Mark umzurechnenden **Einzelbeträgen** (§ 18 Abs. 1 S. 2
VermG). Die **Umrechnung** erfolgt im Verhältnis 2:1 von Mark der DDR, Mark der
deutschen Notenbank, Renten-, Reichs- oder Goldmark auf Deutsche Mark (§ 2 HypAblV). Der Umrechnungskurs von Mark der DDR in DM entspricht damit Art. 10
Abs. 5 3. Spiegelstr. des Staatsvertrages v. 18. 5. 1990.[11] Das Umrechnungsverhältnis von
Reichsmark und Mark der DDR beträgt entsprechend der bei der Währungsreform 1948

---

[5] *Kinne* ZOV 1992, 334; *Kimme-Wolters* Vor §§ 18–18b VermG RdNr. 16, § 18 VermG RdNr. 10, 76; *Rühl* F/R/M/S RdNr. 18; wohl auch ders. VIZ 1992, 342.
[6] Zu den Anforderungen an die Nachweispflicht vgl. § 16 RdNr. 63.
[7] *Kinne* ZOV 1992, 334; *Kimme-Wolters* RdNr. 18; *Rühl* F/R/M/S RdNr. 25ff.

[8] *Kinne* ZOV 1992, 334; *Rühl* F/R/M/S RdNr. 32ff.
[9] *Rühl* F/R/M/S RdNr. 30; *Welter* WM 1991, 1189, 1193; *Eickmann*, Grundstücksrechte in den neuen Bundesländern, RdNr. 160, sieht die Treuhandanstalt als Gläubigerin an.
[10] Abgedruckt in F/R/M/S Anh. II/12.
[11] BGBl. II S. 537.

VermG § 18 9–11 Abschnitt IV. Rechtsverhältnisse zw. Berechtigten u. Dritten

in der damaligen SBZ für „Schuld- und Vertragsverpflichtungen" vorgenommenen Umstellung 1:1 (vgl. Ziff. 18 d. VO über die Währungsreform in der sowjetischen Besatzungszone Deutschlands, ZVOBl. 1948 Nr. 20 S. 220). Dieser Umrechnungsfaktor gilt auch für die Umrechnung von Goldmark in Reichsmark, da die auf Goldmark lautenden Grundpfandrechte, bei denen sich die Höhe der aus dem Grundstück zu zahlenden Geldmenge nach dem amtlich festgestellten oder festgesetzten Preis für Feingold bestimmte,[11a] durch die VO über wertbeständige Rechte v. 16. 11. 1940 (RGBl. I S. 1521) praktisch mit den auf Reichsmark lautenden Grundpfandrechten gleichgestellt wurden.[12] Zu diesem Zwecke wurde bestimmt, daß für die auf Feingoldbasis begründeten Grundpfandrechte für je ein Kilogramm Feingold 2790 RM zu zahlen sind (§ 1 Abs. 1 VO über wertbeständige Rechte v. 16. 11. 1940, RGBl. I S. 1521, iVm. § 14 Abs. 2 Gesetz über die Deutsche Reichsbank v. 15. 6. 1939, RGBl. I S. 1015). Diese Parität war nach § 3 des Münzgesetzes vom 30. 8. 1924 (RGBl. II S. 254) auch für die Währungseinheit der Reichsmark maßgebend.

9 **d) Kürzung.** Die ermittelten Einzelbeträge sind auf gesonderten Antrag des Berechtigten angemessen zu kürzen, **wenn** deren **volle Berücksichtigung unbillig** erscheint (§ 3 Abs. 3 S. 1 HypAblV). Unbillig ist die volle Berücksichtigung eines Einzelbetrages, wenn die wirtschaftliche Belastung mit dem Ablösebetrag angesichts des auf den Berechtigten zurückzuübertragenden Grundstücks(teils) bzw. Eigentumsrechtes im Verhältnis zu dem ursprünglich mit dem dinglichen Recht verfolgten (Sicherungs-)Zweck unproportional erscheint. Beispielhaft („insbesondere") nennt § 3 Abs. 3 S. 2 HypAblV die Fälle, daß nur ein Teil des früher belasteten Grundstücks zurückübertragen wird und die Abweichung nicht nur geringfügig ist. Dies wird in Anlehnung an die zu § 419 BGB entwickelten Grundsätze anzunehmen sein, wenn die Flächendifferenz zwischen ursprünglich entzogenem und dem zurückzugebenden Grundstück nicht mehr als 10 v. H. beträgt.

10 Weiterer gesetzlicher Beispielsfall ist die **Rückübertragung eines Miteigentumsanteils**, der vor der Überführung des Grundstücks in Volkseigentum durch den staatlichen Verwalter mit Aufbauhypotheken oder sonstigen Grundpfandrechten zur Sicherung von Baukrediten iSv. § 18 Abs. 2 S. 1 VermG belastet wurde. Eine verhältnismäßige Kürzung kommt hier in Betracht, soweit die zugrundeliegende Kreditaufnahme dem Gesamtgrundstück zugute kam. Darüber hinaus kann der zwischenzeitliche Abriß eines Gebäudes, das auf einem mit dinglichen Rechten belasteten Grundstück errichtet worden war, eine Kürzung rechtfertigen, es sei denn, der Abriß hat zu einer Wertsteigerung geführt (Altlastenproblematik).

II. Berechnung der Einzelbeträge

11 **1. Aufbauhypotheken und vergleichbare Grundpfandrechte (§ 18 Abs. 2 S. 1 bis 5).**
a) Begriffsbestimmung. In den Anwendungsbereich von § 18 Abs. 2 VermG fallen Aufbauhypotheken (§ 456 ZGB)[13] und vergleichbare Grundpfandrechte zur **Sicherung von Baukrediten**, die von staatlichen Verwaltern vor Überführung des Grundstücks in Volkseigentum begründet wurden.[14] Nicht zu den vergleichbaren Grundpfandrechten zu rechnen sind mithin solche, die anderen Zwecken als der Sicherung von Baukrediten dienten. Zu den der Baufinanzierung dienenden Grundpfandrechten zählen insbesondere sog. Aufbaugrundschulden,[15] die zur Sicherung langfristiger Kredite an solchen Wohngrundstücken bestellt werden konnten, deren Eigentümer nicht in der DDR wohnten.[16] Darüber

---

[11a] Vgl. § 1 S. 1 Gesetz über wertbeständige Hypotheken v. 23. 6. 1923, RGBl. I S. 407.
[12] Bultmann NJ 1993, 203, 204; Staudinger[11]-Scherübl Einl. §§ 113 ff. RdNr. 203; Vogels, in: Pfundtner-Neubert, Das neue deutsche Reichsrecht, II b 72 Anm. 3 zu § 1 d. VO v. 16. 11. 1940.
[13] Vgl. auch § 16 RdNr. 50.
[14] Kinne ZOV 1992, 334, 335.

[15] Ausführlicher dazu bereits § 16 RdNr. 53; vgl. auch Janke, in: Rohde ua. Bodenrecht, 1989, S. 289 f.; Posch, in: Das Zivilrecht der Deutschen Demokratischen Republik, Sachenrecht, 1956, S. 285 ff.; Heuer, Grundzüge des Bodenrechts der DDR 1949–1990, 1991, RdNr. 150.
[16] Vgl. § 13 Abs. 2 iVm. § 7 Abs. 5 bis 7 der VO über die Finanzierung von Baumaßnahmen zur Si-

hinaus können staatliche Verwalter in der Zeit vor Inkrafttreten des ZGB am 1. 1. 1976 noch nach den Vorschriften des BGB Grundpfandrechte begründet haben, die der Sicherung von Baukrediten dienten. Auch diese sind als vergleichbare Grundpfandrechte iSd. § 18 Abs. 2 VermG anzusehen, wenn ein entsprechender Sicherungszweck etwa anhand des im Kreditvertrag angegebenen Verwendungszwecks ermittelt werden kann.[17] Der Gesetzgeber hat sich erkennbar nicht auf eine bestimmte Art von Grundpfandrechten festlegen wollen, sondern allein auf den Sicherungszweck abgestellt.[18] Nicht anwendbar ist § 18 Abs. 2 S. 1 bis 5 VermG dagegen auf Grundpfandrechte zur Sicherung von Baukrediten, die nicht von einem staatlichen Verwalter bestellt wurden, sondern aufgrund staatlicher Anordnung (Beschluß der örtlichen Räte)[18a] eingetragen wurden.[18b] Bei diesen Grundpfandrechten ist gem. § 18 Abs. 3 VermG von dem früheren Nennbetrag auszugehen (vgl. RdNr. 27).

b) Berechnungsweise. aa) Überblick. Die Ermittlung des Ablösebetrages für Aufbauhypotheken und vergleichbare Grundpfandrechte wird ebenso wie die Verpflichtung zur Übernahme eingetragener Aufbauhypotheken und vergleichbarer Grundpfandrechte (§ 16 Abs. 5 VermG) von dem **Gedanken des Bereicherungsausgleichs** getragen. In diesem Sinne ist auch die Inbezugnahme des § 18 Abs. 2 VermG in § 16 Abs. 5 VermG zu verstehen. Der Berechtigte soll wirtschaftlich nur in der Weise belastet werden, in der eine der Kreditaufnahme entsprechende Baumaßnahme sich im Zeitpunkt der Rückübertragung des Grundstücks in dessen Wert noch auswirkt,[19] nicht jedoch, wenn Kredite – wie offenbar häufig geschehen – für andere Zwecke eingesetzt wurden. Nur in dem Umfang, in dem eine Bereicherung noch vorhanden ist, sind eingetragene Aufbauhypotheken und vergleichbare Grundpfandrechte nach § 16 Abs. 5 VermG zu übernehmen bzw. nach § 18 Abs. 2 VermG abzulösen. Da eine konkrete Berechnung der Werthaltigkeit dieser Rechte im Einzelfall mit erheblichen Schwierigkeiten verbunden sein kann, hat der Gesetzgeber ausgehend vom Nennbetrag des dinglichen Rechts den verfahrensvereinfachenden **Weg des pauschalierten Wertausgleichs** mittels der nach § 18 Abs. 2 VermG je Einheit vorzunehmenden Abschläge beschritten.

bb) Einzelansätze. Im einzelnen gilt danach für die Berechnung des Ablösebetrages folgendes: Von dem **Nennbetrag des Grundpfandrechtes**, der ggfls. zunächst auf Mark der DDR umzurechnen ist (vgl. dazu § 2 HypAblV),[20] sind abhängig von der Zahl der Einheiten je Gebäude im Zeitpunkt der Rückübertragung die aus § 18 Abs. 2 S. 2 VermG ersichtlichen jährlichen Abschläge vorzunehmen.

Die **Abschläge** wurden vom Gesetzgeber je nach Umfang der durchgeführten Maßnahmen und deren regelmäßiger Wertminderung festgesetzt und sollen berücksichtigen, daß Baumaßnahmen sich bei gleichen Kosten in einem Gebäude mit mehr Einheiten wertmäßig nach Ablauf einer bestimmten Zeit regelmäßig weniger auswirken werden als bei Gebäuden mit mehr Einheiten.[21]

Einheiten sind nach der Legaldefinition des § 18 Abs. 2 S. 3 VermG alle zum Zeitpunkt der Entscheidung in dem Gebäude vorhandenen in sich abgeschlossenen oder selbständig vermietbaren Wohnungen oder Geschäftsräume.

---

[17] *Kinne* ZOV 1992, 334, 335; *Rühl* F/R/M/S RdNr. 50; *Kuhlmey-Wittmer* R/R/B RdNr. 26.

cherung und Erhaltung von privatem Wohnraum v. 28. 4. 1960, GBl. I Nr. 34 S. 351 idF der 2. VO über die Finanzierung von Baumaßnahmen zur Sicherung und Erhaltung von privatem Wohnraum v. 14. 6. 1967, GBl. II Nr. 63 S. 419 nebst 1. Durchführungsbestimmung v. 19. 10. 1960, GBl. II Nr. 37 S. 415; vgl. auch § 5 d. AO über die Kreditgebung für Wiedersetzung baw. Wiederaufbau privater Wohnungsbauten v. 2. 9. 1949, ZVOBl. 1949, S. 714 iVm. § 9 der Ersten Durchführungsbestimmung v. 20. 2. 1950, GBl. Nr. 42 S. 315.

[18] Vgl. auch Begründung z. Entwurf des 2. VermRÄndG, BT-Drucks. 12/2480, S. 47 (zu § 16).

[18a] Vgl. § 457 ZGB-DDR; § 16 Finanzierungs-VO v. 28. 4. 1960, GBl. I Nr. 34 S. 351.

[18b] *Kuhlmey-Wittmer* R/R/B RdNr. 27; *Rühl* F/R/M/S RdNr. 51f.

[19] So ausdrücklich § 18 Abs. 2 VermG idF des Regierungsentwurfs, BT-Drucks. 12/2480, S. 9.

[20] Dazu oben RdNr. 8.

[21] Begründung z. Entwurf eines 2. VermRÄndG, BT-Drucks. 12/2480, S. 52 (zu § 18b d. Entw.).

16 Unter einer „**abgeschlossenen Wohnung**"[22] ist eine Wohnung zu verstehen, die baulich von fremden Wohnungen und Räumen zB durch Wände und Decken abgetrennt ist und einen eigenen abschließbaren Zugang unmittelbar vom Freien, von einem Treppenhaus oder einem Vorraum hat. Wände und Decken müssen den bauaufsichtlichen Erfordernissen zum Zeitpunkt der Errichtung des Gebäudes entsprechen; Kochgelegenheit, Wasserversorgung, Ausguß und Toilette müssen innerhalb der Wohnung liegen.

17 Im Gegensatz dazu reicht für eine **selbständig vermietbare Wohnung** eine Summe von – nicht notwendig innerhalb der Wohnung befindlichen – Räumen, die eine selbständige Haushaltführung ermöglichen.[23]

18 **Geschäftsräume** sind Räumlichkeiten, die von fremden Räumen und Wohnungen getrennt sind und einen eigenen abschließbaren Zugang unmittelbar vom Freien, von einem Treppenhaus oder einem Vorraum haben und für einen Geschäftsbetrieb geeignet sind.[24]

19 Nicht eindeutig geregelt ist, was unter „jährlichen" Abschlägen zu verstehen ist. Es könnte insoweit auf die jeweils angebrochenen Kalenderjahre[25] oder wie in § 18b Abs. 2 S. 1 des Regierungsentwurfs[26] auf jährliche Abschläge für die Zeit von der Eintragung des Rechts bis zur Entscheidung über die Rückübertragung abzustellen sein. Im Ergebnis ist die letztgenannte Lösung zu favorisieren, da die letztendlich als § 18 Abs. 2 S. 2 VermG beschlossene Gesetzesfassung in diesem Punkt lediglich den Regierungsentwurf strafft und vereinfacht,[27] ohne daß damit eine inhaltliche Neuausrichtung verbunden sein sollte.[28]

20 Von dem nach § 18 Abs. 2 S. 1 und 2 VermG ermittelten Betrag (Nennbetrag des Grundpfandrechts abzüglich pauschalierter Abschläge) kann das Vermögensamt mit Zustimmung des Gläubigers, dessen Berechtigung zweifelsfrei nachgewiesen wurde (§ 3 Abs. 2 HypAblV), diejenigen **Tilgungsleistungen** nach pflichtgemäßem Ermessen abziehen, die unstreitig auf das Recht oder eine durch das Recht gesicherte Forderung erbracht worden sind (§ 18 Abs. 2 S. 4 VermG).[29] Die Vorschrift des § 18 Abs. 2 S. 4 VermG weicht insoweit von § 16 Abs. 5 S. 2 VermG ab, wonach der Abzug von Tilgungsleistungen nicht im Ermessen der Behörde steht. Anders als nach der Bestimmung des § 16 Abs. 5 S. 2 VermG, die einen Nachweis der Tilgungsleistungen fordert, setzt § 18 Abs. 2 S. 4 VermG voraus, daß eine Tilgungsleistung „unstreitig" erbracht worden ist. Unstreitig iS zivilrechtlicher Maximen ist eine Tatsache, wenn sie von keinem Verfahrensbeteiligten (Berechtigter/Gläubiger/Vermögensamt) bestritten wird (§ 138 Abs. 2 ZPO). Unstreitig kann eine Tilgungsleistung daher auch dann sein, wenn sie von keiner Seite nachgewiesen ist.[29a] Aus diesem Umstand heraus ist es gerechtfertigt, wenn der Gesetzgeber die Anrechnung nach § 18 Abs. 2 S. 4 VermG in das behördliche Ermessen stellt, während andererseits § 16 Abs. 5 S. 2 VermG als gebundene Entscheidung formuliert ist.

21 Um zu verhindern, daß der Berechtigte bessergestellt wird als er ohne Überführung des Grundstücks in Volkseigentum noch stünde, sind bei der Berechnung des Ablösebetrages dem früheren Gläubiger zugeflossene **Entschädigungsleistungen** des Staates ebensowenig zu berücksichtigen wie **Ausgleichsleistungen**, die auf das Recht oder eine dem Recht zugrundeliegende Forderung gezahlt wurden; dies gilt entsprechend, wenn dem Schuldner die durch das Recht gesicherte Forderung von staatlichen Stellen der ehem. DDR erlassen worden ist (§ 18 Abs. 5 VermG). Es handelt sich insoweit nicht um Tilgungsleistungen iSv. § 18 Abs. 2 S. 4 VermG.

---

[22] Vgl. dazu BMJ, Empfehlungen zur Durchführung der Verfahren nach § 16 Abs. 5 bis 10, §§ 18 bis 18b VermG und der Hypothekenablöseanordnung v. 1. 9. 1992, S. 46 f.

[23] BMJ, Empfehlungen zur Durchführung der Verfahren nach § 16 Abs. 5 bis 10, §§ 18 bis 18b VermG und der Hypothekenablöseanordnung v. 1. 9. 1992, S. 47.

[24] BMJ, Empfehlungen zur Durchführung der Verfahren nach § 16 Abs. 5 bis 10, §§ 18 bis 18b VermG und der Hypothekenablöseanordnung v. 1. 9. 1992, S. 47.

[25] *Hartkopf* VIZ 1992, 388 (Fn. 5); *Kuhlmey-Wittmer* R/R/B RdNr. 41.

[26] BT-Drucks. 12/2480, S. 10.

[27] Vgl. Bericht des BT-Rechtsausschusses, BT-Drucks. 12/2944, S. 53.

[28] So auch *Rühl* VIZ 1992, 342, 344; ders. F/R/M/S RdNr. 80; zustimmend *Kinne* ZOV 1992, 334, 336; *Kimme-Wolters* RdNr. 57.

[29] Zur Tilgung vgl. bereits § 16 RdNr. 61 f.

[29a] AA *Kuhlmey-Wittmer* R/R/B RdNr. 42.

cc) **Ablöseverpflichtung.** In Höhe des sich nach Abzug etwaiger anrechnungsfähiger 22
Tilgungsleistungen ergebenden Betrages hat der Berechtigte grundsätzlich die bei Überführung in Volkseigentum untergegangenen Aufbauhypotheken und vergleichbaren Grundpfandrechte abzulösen, es sei denn, er weist nach, daß eine **der Kreditaufnahme entsprechende Baumaßnahme** an dem Grundstück nicht oder nur teilweise durchgeführt wurde (§ 18 Abs. 2 S. 5 VermG) bzw. eine Werterhöhung nicht mehr vorliegt. Der Nachweis ist erbracht, wenn die Nichtausführung der Baumaßnahme bewiesen ist; eine bloße Glaubhaftmachung reicht nicht aus.[30]

2. Sonstige Grundpfandrechte (§ 18 Abs. 2 S. 6). a) Allgemeines. Die für die Berech- 23
nung der Ablösebeträge von Aufbauhypotheken und vergleichbaren Grundpfandrechten (RdNr. 12 ff.) geltenden Grundsätze sind nach dem Wortlaut des § 18 Abs. 2 S. 6 VermG entsprechend anzuwenden bei der Ermittlung der Ablösebeträge für „sonstige Grundpfandrechte", die auf staatliche Veranlassung vor dem 8. Mai 1945 oder nach Eintritt des Eigentumsverlustes oder durch den staatlichen Verwalter bestellt wurden, es sei denn, das Grundpfandrecht diente der Sicherung einer Verpflichtung des Berechtigten, die keinen diskriminierenden oder sonst benachteiligenden Charakter hat.[31]

Ein Vergleich des Wortlauts von § 18 Abs. 2 S. 1 und 6 VermG zeigt zunächst, daß zu 24
den sonstigen Grundpfandrechten iSd. Satzes 6 auch solche gehören, die nicht der Sicherung von Baukrediten dienen; der in Satz 1 den Begriff „vergleichbare Grundpfandrechte" einschränkende Zusatz „zur Sicherung von Baukrediten" fehlt in Satz 6. Hinsichtlich der rechtlichen Behandlung der sonstigen Grundpfandrechte ist deshalb nach der Art der gesicherten Forderung zu differenzieren:

b) **Grundpfandrechte zur Sicherung von Baukrediten.** Sonstige Grundpfandrechte, 25
die der dinglichen Sicherung von Baukrediten dienen, sind wie Aufbauhypotheken und vergleichbare Grundpfandrechte in dem nach § 18 Abs. 2 S. 1 bis 5 VermG zu ermittelnden Umfang abzulösen (zur Berechnung vgl. im einzelnen RdNr. 13 ff.). Aus dem – von der Formulierung her verunglückten – zweiten Halbsatz des § 18 Abs. 2 S. 6 VermG („es sei denn...") kann nicht der Schluß gezogen werden, daß sonstige Grundpfandrechte ohne diskriminierenden oder sonst benachteiligenden Charakter, die der Baukreditfinanzierung dienen, in einem anderen Umfang zu übernehmen sind.[31a] Dies widerspräche dem in § 18 Abs. 1 bis 5 VermG formulierten **Grundsatz des Bereicherungsausgleichs**, der eine Unterscheidung zwischen diskriminierenden und nicht diskriminierenden Grundpfandrechten gerade nicht vorsieht.

c) **Grundpfandrechte zur Sicherung anderer Forderungen.** Der mit „es sei denn" 26
beginnende Halbsatz des § 18 Abs. 2 S. 6 VermG macht insoweit nur dann Sinn, wenn er allein auf solche Grundpfandrechte bezogen wird, die **nicht der Sicherung von Baukrediten** dienen. In diesem Fall tritt das Kriterium der Diskriminierung/Benachteiligung als Ausdruck des Wiedergutmachungsgedankens an die Stelle des nach § 18 Abs. 2 S. 1 bis 5 VermG zu ermittelnden Umfangs der durch Baumaßnahmen bewirkten und noch vorhandenen Wertsteigerungen.[32] Untergegangene Grundpfandrechte, die nicht der Sicherung einer Baukreditfinanzierung dienten, sind daher von dem Berechtigten unbeschadet anzurechnender Tilgungsleistungen (§ 18 Abs. 2 S. 4 VermG) grundsätzlich in vollem Umfang abzulösen, es sei denn, die durch das Grundpfandrecht gesicherte Verpflichtung hatte diskriminierenden oder sonst benachteiligenden Charakter. Zu den von § 18 Abs. 2 S. 6 VermG erfaßten Fallgruppen und zur Frage, unter welchen Voraussetzungen die

---

[30] Zum Nachweis von Tatsachen vgl. bereits § 16 RdNr. 63.
[31] Terminologisch undeutlich *Kinne* ZOV 1992, 334, 337, der im Zusammenhang mit „sonstigen Grundpfandrechten" auf die für „andere" Grundpfandrechte geltende Vorschrift des § 18 Abs. 3 VermG verweist.

[31a] AA offenbar *Rühl* F/R/M/S RdNr. 53 ff.; vgl. auch *Kimme-Wolters* RdNr. 40.
[32] Vgl. dazu auch Begründung z. Entwurf eines 2. VermRÄndG, BT-Drucks. 12/2480, S. 51, 48; aA offenbar *Kimme-Wolters* RdNr. 39 f.

untergegangenen Grundpfandrechte diskriminierenden oder sonst benachteiligenden Charakter hatten, vgl. § 16 RdNr. 78f. (zur Parallelvorschrift des § 16 Abs. 7 VermG).

27 **3. Andere Grundpfandrechte (§ 18 Abs. 3).** Für Grundpfandrechte, die weder Aufbauhypotheken oder vergleichbare Grundpfandrechte sind, noch als sonstige Grundpfandrechte in die Fallgruppen des § 18 Abs. 2 S. 6 VermG gehören („andere Grundpfandrechte"), enthält § 18 Abs. 3 VermG eine ergänzende Sonderregelung. Danach ist zur Berechnung des Ablösebetrages, unbeschadet etwaiger entsprechend § 18 Abs. 2 S. 4 VermG anzurechnender Tilgungsleistungen,[33] von dem **Nennbetrag des früheren Rechts** auszugehen. Ausgleichsleistungen auf das Recht oder eine dem Recht zugrundeliegende Forderung oder eine Entschädigung, die der frühere Gläubiger des Rechts vom Staat erhalten hat, sind nicht in Abzug zu bringen (§ 18 Abs. 5 S. 1 VermG). Unberücksichtigt bleibt auch ein von staatlichen Stellen der DDR gegenüber dem Schuldner verfügter Erlaß der durch das Recht gesicherten Forderung (§ 18 Abs. 5 S. 2 VermG).

28 Unklar in rechtstatsächlicher Hinsicht bleibt, welcher **Anwendungsbereich** abgesehen von den kraft staatlicher Anordnung bestellten Grundpfandrechten (vgl. RdNr. 11) für die Vorschrift angesichts der Regelungen in § 18 Abs. 2 VermG noch verbleibt. Gegen die Auffassung, es handele sich bei § 18 Abs. 3 VermG um die Grundnorm für alle Grundpfandrechte,[34] spricht jedenfalls der Wortlaut der Vorschrift („andere"). Der Umstand, daß bei Berechnung des Ablösebetrages vom Nennbetrag des Grundpfandrechts auszugehen ist, ergibt sich im übrigen schon aus § 18 Abs. 2 S. 1 VermG. Insoweit also wäre § 18 Abs. 3 S. 1 VermG überflüssig, wenn es allein Zweck der Norm sein sollte, dies für alle Grundpfandrechte klarzustellen.[35]

29 **4. Rechte auf Erbringung wiederkehrender Leistungen (Abs. 4).** Bei Rechten, die auf die Erbringung wiederkehrender Leistungen aus einem Grundstück gerichtet sind (Rentenschulden, Reallasten), ist als Ablösebetrag der **kapitalisierte Wert des Rechtes** anzusetzen. Dies ist bei Rentenschulden der früher im Grundbuch eingetragene Ablösebetrag (§ 1199 Abs. 2 BGB), ansonsten ist ggfls. auf einen nach § 882 BGB im Grundbuch eingetragenen Höchstbetrag abzustellen.[36] Im übrigen sind die zum Zeitpunkt der Schädigung geltenden bewertungsrechtlichen Vorschriften anzuwenden, die regelmäßig eine Berechnung durch Summierung der einzelnen Jahresleistungen abzüglich der Zwischenzinsen unter Berücksichtigung von Zinseszinsen vorsehen (§ 1 Abs. 2 HypAblV).[37] Staatliche Leistungen iSv. § 18 Abs. 5 VermG bleiben ebenso unberücksichtigt wie ein staatlicher Erlaß der dem dinglichen Recht zugrundeliegenden Forderung (vgl. RdNr. 21).

III. Festsetzung

30 Der von dem Vermögensamt ermittelte Ablösebetrag für die bei Überführung des Grundstücks in Volkseigentum untergegangenen dinglichen Rechte ist neben den auf die Rechte entfallenden Einzelbeträgen in dem **Bescheid über die Rückübertragung** des Grundstücks (§ 33 Abs. 3 VermG) festzusetzen (§ 18 Abs. 1 S. 2 VermG). Die Rechte sind nach Inhalt, Umfang und Person des Berechtigten zu bezeichnen. Vorab hat die Behörde in der an den Berechtigten gerichteten Mitteilung über die beabsichtigte Entscheidung (§ 32 Abs. 1 VermG) die abzulösenden früheren dinglichen Rechte, deren Gläubiger bzw. ggf. Rechtsnachfolger, die ermittelten Einzelbeträge und den insgesamt zu zahlenden Ablösebetrag anzugeben.[38] Damit soll eine Verfahrensbeschleunigung erreicht werden.[39]

---

[33] Dazu RdNr. 20.
[34] *Rühl* VIZ 1992, 342, 343.
[35] In diesem Sinne offenbar *Rühl* VIZ 1992, 342, 343.
[36] *Kinne* ZOV 1992, 334, 338; *Rühl* F/R/M/S RdNr. 89.
[37] Vgl. auch *Rühl* VIZ 1992, 342, 344; ders. F/R/M/S RdNr. 88.

[38] Vgl. § 1 S. 1 HypAblV; in § 1 S. 1 HypAblAO hieß es fehlerhaft: „(...) sind die früheren dinglichen Rechte sowie die darauf gemäß § 18a dieses Gesetzes entfallenden Einzelbeträge (...) anzugeben"; gemeint war § 18a des Vermögensgesetzes.
[39] Bericht des BT-Rechtsausschusses, BT-Drucks. 12/2944, S. 56.

Nach der ursprünglich als § 18b Abs. 1 VermG vorgesehenen Regelung[40] sollten die Einzelbeträge erst im Festsetzungsbescheid ausgewiesen werden.

C. Rechtsschutz

I. Berechtigter

Die **Festsetzung** des Ablösebetrages, mit dem die bei Überführung des Grundstückes in Volkseigentum untergegangenen dinglichen Rechte von dem Berechtigten abzugelten sind, erfolgt **einheitlich mit der vermögensrechtlichen Rückgabeentscheidung**.[40a] Adressat des jeweiligen Bescheides ist der Berechtigte; eine Abschrift ist nachrichtlich dem betroffenen Kreditinstitut zu übersenden (§ 1 S. 3 HypAblV). Die im Vorfeld der Entscheidung zu Informationszwecken erfolgende Mitteilung nach § 32 Abs. 1 S. 1 VermG stellt noch keinen Verwaltungsakt iSv. § 35 VwVfG dar.[41] 31

Da die Festsetzung über die Höhe des Ablösebetrages als Teil der vermögensrechtlichen Grundentscheidung ergeht, handelt es sich um eine an sich nicht selbständige Nebenentscheidung, die daher nur dann **isoliert anfechtbar** ist, wenn dies gesetzlich ausdrücklich zugelassen ist. Eine diesbezügliche ausdrückliche Anordnung traf § 18b Abs. 3 S. 1 idF des Entwurfs eines 2. VermRÄndG.[42] Das 2. VermRÄndG enthält eine derartige Bestimmung nicht mehr. Die isolierte Anfechtbarkeit der Festsetzung ergibt sich nunmehr jedoch inzident aus § 18a S. 2 VermG. Danach geht das Eigentum unter bestimmten Voraussetzungen auch dann auf den Berechtigten über, „wenn der Bescheid über die Rückübertragung des Eigentums an dem Grundstück lediglich in Ansehung der Feststellung des Ablösebetrages nicht unanfechtbar geworden ist". 32

II. Drittbetroffene

Die **Gläubiger** der dinglichen Rechte sind nicht Adressaten des Festsetzungsbescheides, ihnen wird die Entscheidung nur nachrichtlich zur Kenntnis gegeben (§ 1 S. 3 HypAblV). Gleichwohl können sie als Drittbetroffene zur Anfechtung der Festsetzungsentscheidung befugt sein. Dies setzt voraus, daß sie durch die Entscheidung in eigenen Rechten verletzt werden. Der Rechtskreis der Gläubiger wird durch die Festsetzung des Ablösebetrages insoweit berührt, als sie nach § 18b VermG unter dort näher bestimmten Voraussetzungen die Herausgabe des ihnen gebührenden Teils des Ablösebetrages verlangen können. In dieser Hinsicht entfaltet § 18b VermG drittschützende Wirkung, so daß den Gläubigern früherer dinglicher Rechte eine **selbständige Klagebefugnis** nach § 42 Abs. 2 VwGO zusteht, die sie zur Anfechtung der Festsetzungsentscheidung berechtigt.[43] 33

III. Zuständigkeit

Örtlich zuständig ist nach § 52 Nr. 1 VwGO allein das Verwaltungsgericht, in dessen Bezirk sich das restitutionsbefangene Grundstück befindet, da es sich um eine Streitigkeit handelt, die sich auf ein **ortsgebundenes Recht oder Rechtsverhältnis** bezieht.[44] 34

---

[40] Vgl. Entwurf eines 2. VermRÄndG, BT-Drucks. 12/2480, S. 10.
[40a] *Kuhlmey-Wittmer* R/R/B RdNr. 12; *Rühl* F/R/M/S RdNr. 12; aA *Flotho* Rechtshandbuch B 100 § 18a RdNr. 3.
[41] *Säcker-Hummert*, Zivilrecht im Einigungsvertrag, 1991, RdNr. 1440.
[42] Vgl. BT-Drucks. 12/2480, S. 10.

[43] Vgl. noch § 18b Abs. 3 VermG idF des Entwurfs eines 2. VermRÄndG, BT-Drucks. 12/2480, S. 10, der dies ausdrücklich klarstellte; die Vorschrift ist im Interesse einer Straffung der Bestimmungen weggefallen (vgl. Bericht des BT-Rechtsausschusses, BT-Drucks. 12/2944, S. 53 f.).
[44] Vgl. *Kopp*, VwGO, 9. Aufl. 1992, § 52 RdNr. 7.

D. Altfälle

I. Allgemeines

35 Das Vermögensgesetz enthielt in der bis zum Inkrafttreten des 2. VermRÄndG geltenden Fassung **keine ausdrücklichen Vorschriften** über das Verfahren der Restitution solcher dinglicher Rechte, die dem Berechtigten durch schädigende Maßnahmen iSv. § 1 VermG entzogen wurden. Lediglich § 18 Abs. 1 VermG aF sah als Annex zur Restitution von Grundstücken und Gebäuden eine automatische Wiederbegründung der dinglichen Rechte vor, die bei Überführung des Grundstückes in Volkseigentum gelöscht wurden. Voraussetzung für die Wiederbegründung der dinglichen Rechte war also nicht, daß sie selbst einer schädigenden Maßnahme iSv. § 1 VermG unterlagen.

36 Das Regelungsmodell des § 18 Abs. 1 VermG aF galt für alle **vor Inkrafttreten des 2. VermRÄndG** am 22. 7. 1992 durch eine abschließende Entscheidung[45] in Form des vermögensrechtlichen Ausgangsbescheides abgeschlossenen Verfahren (vgl. Art. 14 Abs. 4 S. 1 des 2. VermRÄndG). Die Vorschrift des § 18 Abs. 1 VermG aF hatte folgenden Wortlaut:

> „*(1) Bei der Rückübertragung von Grundstücken sind die dinglichen Belastungen, die im Zeitpunkt des Übergangs in Volkseigentum bestanden haben, wieder im Grundbuch einzutragen. Soweit der Begünstigte vom Staat bereits befriedigt worden ist, geht die zugrunde liegende Forderung auf den Entschädigungsfonds über. In diesem Falle ist auf Ersuchen der zuständigen Behörde eine Sicherungshypothek zugunsten des Entschädigungsfonds im Grundbuch einzutragen, sofern die Forderung nicht durch den Berechtigten vorher beglichen wird.*"

37 Um eine sachlich nicht gerechtfertigte Ungleichbehandlung der nach „altem" Recht entschiedenen Fälle gegenüber den auf der Grundlage des 2. VermRÄndG zu entscheidenden Fälle zu verhindern, sieht Art. 14 Abs. 6 des 2. VermRÄndG **Überleitungsbestimmungen** für die Altfälle vor. Sie greifen jedoch nur ein, wenn die Wiedereintragung dinglicher Rechte nicht auf einer Vereinbarung der Parteien beruhte (Art. 14 Abs. 6 S. 1 des 2. VermRÄndG).

38 Die Überleitungsvorschrift des Art. 14 Abs. 6 des 2. VermRÄndG gilt nach ihrem Wortlaut für alle übernommenen oder **„wiedereingetragenen" dinglichen Rechte**. Demnach käme es nach der 2. Alt. darauf an, ob das dingliche Recht im Zeitpunkt des Inkrafttretens des 2. VermRÄndG am 22. 7. 1992 wieder im Grundbuch eingetragen war. Diese Regelung harmoniert nicht mit der allgemeinen Überleitungsvorschrift des Art. 14 Abs. 4 des 2. VermRÄndG, wonach der Zeitpunkt der abschließenden Entscheidung maßgebend ist. Zwischen dieser und der Eintragung wird jedoch im Regelfall eine Zeitspanne vergehen. Eine Zielharmonie zwischen beiden Vorschriften iSe. einheitlichen Anwendung des Überleitungsrechts ist dadurch herzustellen, daß für Art. 14 Abs. 6 des 2. VermRÄndG nicht auf den Zeitpunkt der Wiedereintragung, sondern auf den Zeitpunkt der vermögensrechtlichen Entscheidung abgestellt wird, in deren Gefolge die automatische Wiederbegründung gem. § 18 Abs. 1 VermG aF erfolgte.[46] Demnach ist das Überleitungsrecht des Art. 14 Abs. 6 des 2. VermRÄndG auch auf solche Rechte anzuwenden, die am 22. 7. 1992 noch nicht wieder im Grundbuch eingetragen waren.

II. Wiederbegründung nach § 18 VermG aF

39 Die Restitution der im Zeitpunkt des Übergangs in Volkseigentum bestehenden dinglichen Belastungen erfolgte nach § 18 Abs. 1 S. 1 VermG aF auf Ersuchen des Vermögensamtes (§ 38 GBO) durch Wiederbegründung mit dem Inhalt und Rang, den sie vor Überführung in Volkseigentum hatten, ansonsten an rangbereiter Stelle des Grund-

---

[45] Vgl. dazu § 3 RdNr. 83.
[46] *Rühl* VIZ 1992, 342, 346; ders. F/R/M/S Vor §§ 18–18b RdNr. 12–14; *Kimme-Wolters* Anh. IV zu §§ 18–18b VermG RdNr. 19ff.

buchs.[47] Soweit dies nach dem Prinzip der Naturalrestitution nicht möglich war, weil eine Neubegründung der ehedem gelöschten Rechte nach dem 3. 10. 1990 ausgeschlossen war, hatten die Vermögensämter solche Rechte zu begründen, die den gelöschten Rechten inhaltlich entsprachen oder zumindest weitgehend entsprachen.[48] Einwendungen des Grundstückseigentümers gegen den Bestand des wiederzubegründenden Rechts bzw. gegen die von diesem gesicherte Forderung waren von den Vermögensämtern von Amts wegen zu berücksichtigen.

Voraussetzung für eine Wiederbegründung war, wie der Umkehrschluß aus § 18 Abs. 1 S. 2 und 3 VermG aF ergab, daß der Altgläubiger nicht bereits vom Staat befriedigt wurde. Soweit der Altgläubiger des früheren Eigentümers (Begünstigte) vom Staat im Zusammenhang mit der Überführung des Grundstücks in Volkseigentum bereits befriedigt war,[49] ging eine auf Geldzahlung gerichtete, ursprünglich dinglich gesicherte Forderung des Altgläubigers gegen den Berechtigten im Wege der cessio legis auf den Entschädigungsfonds über. Auf Ersuchen der zuständigen Behörde war mit dem Rang des früheren Rechts eine Sicherungshypothek (§ 1184 BGB) zugunsten des Entschädigungsfonds im Grundbuch einzutragen,[50] sofern die Forderung nicht durch den Berechtigten vorher beglichen wurde. Problematisch und durch das Vermögensgesetz nicht ausdrücklich geregelt war die Durchführung der Restitution bei dinglichen Belastungen, wenn der ehemalige Grundstückseigentümer durch Übereignung eines Ersatzgrundstückes (§ 9 Abs. 2 VermG) entschädigt wurde. In diesen Fällen kam allenfalls eine ersatzweise Bestellung solcher dinglichen Verwertungsrechte in Betracht, die ursprünglich Zahlungsansprüche sicherten. Aus Rechtsgründen nicht möglich war wegen der notwendig damit verbundenen Inhaltsänderung die ersatzweise Bestellung von dinglichen Nutzungsrechten. 40

III. Änderungen durch das 2. VermRÄndG

Die Überleitungsvorschrift des Art. 14 Abs. 6 S. 3 des 2. VermRÄndG sieht wegen der notwendigen **Gleichstellung mit den nach dem 2. VermRÄndG zu entscheidenden Fällen** vor, daß die im Gefolge einer vor Inkrafttreten des 2. VermRÄndG ergangenen vermögensrechtlichen Entscheidung kraft Gesetzes wiederbegründeten Grundpfandrechte nur in dem Umfang als entstanden gelten, in dem der daraus begünstigte Gläubiger gem. § 18b Abs. 1 VermG die Herausgabe des Ablösebetrages verlangen könnte. Weicht die Grundbucheintragung hiervon ab, kann der Berechtigte die **Grundbuchberichtigung** nach § 894 BGB betreiben. Ferner hat er das Recht auf **Eintragung eines Widerspruches** gegen die Richtigkeit des Grundbuchs (§ 899 BGB). 41

Eine durch das frühere Recht gesicherte **Forderung erlischt** in Höhe des Anspruchs auf Herausgabe des Ablösebetrages (§ 18b Abs. 3 S. 1 VermG). Der Grundstückseigentümer bzw. dessen Rechtsnachfolger kann jedoch in sinngemäßer Anwendung von § 18b Abs. 3 S. 1 VermG auch wegen desjenigen Betrages nicht mehr in Anspruch genommen werden, der als Forderung nach Abzug des Ablösebetrages verbleibt (Art. 14 Abs. 6 S. 4 des 2. VermRÄndG). 42

Soweit der Berechtigte nach der Entscheidung über die Rückübertragung des Eigentums **Leistungen** auf das Grundpfandrecht erbracht hat, sind diese **rechtsgrundlos erfolgt** und können nach Bereicherungsrecht (§ 812 Abs. 1 S. 1 1. Alt. BGB) herausverlangt werden, wenn sie den abzulösenden Teil des Grundpfandrechts übersteigen. Handelte es sich bei der erloschenen Forderung um eine solche aus einem Darlehen, für das keine staatlichen Mittel eingesetzt worden sind, ist der Gläubiger vorbehaltlich einer abweichenden Regelung angemessen zu entschädigen (Art. 14 Abs. 6 S. 4 des 2. VermRÄndG iVm. § 18b Abs. 3 S. 3 VermG). 43

---

[47] *Beckers* WM 1991, 1701, 1711 (Fn. 107); *Böhringer* NJ 1992, 289, 290; *Kimme-Wolters* Anh. IV zu §§ 18–18b VermG RdNr. 50.
[48] Vgl. § 3 RdNr. 66 ff.
[49] Vgl. § 14 Aufbaugesetz v. 6. 9. 1950, GBl. 1950 Nr. 104 S. 965, iVm. §§ 1 ff., 10 Entschädigungsgesetz v. 25. 4. 1960, GBl. 1960 I Nr. 26 S. 257.
[50] *Böhringer* NJ 1992, 289, 290; *Kimme-Wolters* Anh. IV zu §§ 18–18b VermG RdNr. 85 ff.

44 **Sicherungshypotheken**, die nach § 18 Abs. 1 S. 3 VermG aF zugunsten des Entschädigungsfonds im Grundbuch eingetragen wurden und der dinglichen Sicherung eines kraft Gesetzes auf den Entschädigungsfonds übergegangenen Zahlungsanspruchs des ursprünglichen Gläubigers dienten, können mit einer Frist von drei Monaten durch Bescheid des Entschädigungsfonds gekündigt werden (Art. 14 Abs. 6 S. 6 des 2. VermRÄndG). Aus dem Bescheid findet nach Ablauf der Frist die Zwangsvollstreckung in das Grundstück statt (Art. 14 Abs. 6 S. 7 des 2. VermRÄndG). Die Vorschriften des Achten Buches der Zivilprozeßordnung sind anzuwenden.

45 Auf **sonstige wiedereingetragene dingliche Rechte** (= Rechte iSv. § 18 Abs. 3 und 4 VermG), dh. alle dinglichen Rechte unter Ausschluß der in § 18 Abs. 2 VermG genannten Aufbauhypotheken, vergleichbaren und sonstigen Grundpfandrechte, ist die Vorschrift des § 3 Abs. 1a S. 8 VermG anzuwenden. Demgemäß kann der Eigentümer des Grundstückes gegen Ausgleich des dem Gläubiger daraus entstehenden Vermögensnachteils die **Löschung** des wiedereingetragenen Rechtes verlangen, wenn die Belastung für den Eigentümer mit Nachteilen verbunden ist, die den beim Gläubiger durch die Ablösung des Rechts entstehenden Schaden erheblich überwiegen.[51]

§ 18a Rückübertragung des Grundstücks

Das Eigentum an dem Grundstück geht auf den Berechtigten über, wenn die Entscheidung über die Rückübertragung unanfechtbar und der Ablösebetrag bei der Hinterlegungsstelle (§ 1 der Hinterlegungsordnung) unter Verzicht auf die Rücknahme hinterlegt worden ist, in deren Bezirk das entscheidende Amt zur Regelung offener Vermögensfragen seinen Sitz hat. Das Eigentum geht auf den Berechtigten auch über, wenn der Bescheid über die Rückübertragung des Eigentums an dem Grundstück lediglich in Ansehung der Feststellung des Ablösebetrags nicht unanfechtbar geworden ist und der Berechtigte für den Ablösebetrag Sicherheit geleistet hat.

Schrifttum: Hartkopf, Rechte Dritter (insbesondere dingliche Belastungen, §§ 16 bis 18b, HypAblAO) nach dem 2. VermRÄndG vom 14. Juli 1992 (BGBl. I, 1257, 1446), ZOV 1992, 248 f.; *Rühl*, Die Ablösung früherer Rechte nach §§ 18 bis 18b Vermögensgesetz, VIZ 1992, 342 ff.

Arbeitsmaterialien: BMJ, Empfehlungen zur Durchführung der Verfahren nach § 16 Abs. 5 bis 10, §§ 18 bis 18b VermG und der Hypothekenablöseanordnung v. 1. 9. 1992

Übersicht

	RdNr.		RdNr.
I. Normzweck	1	2. Sicherheitsleistung	5–9
II. Voraussetzungen der Rückübertragung		a) Wirkung	5
		b) Verfahren	6–9
1. Hinterlegung des Ablösebetrages	2–4	aa) Allgemeines	6
a) Wirkung	2	bb) Hinterlegung	7
b) Verfahren	3, 4	cc) Garantie oder sonstiges Zahlungsversprechen	8, 9

I. Normzweck

1 Die Vorschrift des § 18a VermG regelt die Voraussetzungen, unter denen die Rückübertragung eines Grundstückes erfolgt, wenn der Berechtigte untergegangene dingliche Rechte abzulösen hat. Insoweit wird der **Vollzug der Rückübertragung** unter die Bedingung der Hinterlegung des Ablösebetrages (§ 18a S. 1 VermG) bzw. einer Sicherheitsleistung (§ 18a S. 2 VermG) gestellt. Auf die Hinterlegung sind die Vorschriften der Hinterlegungsordnung anzuwenden. Ergänzende Regelungen zur Sicherheitsleistung enthalten die §§ 6, 8 und 9 HypAblV.

---

[51] Vgl. dazu bereits § 3 RdNr. 77 ff.

II. Voraussetzungen der Rückübertragung

1. Hinterlegung des Ablösebetrages. a) Wirkung. Im Regelfall **geht das Eigentum** an dem Grundstück auf den Berechtigten **über**, wenn die einheitliche Entscheidung über die Rückübertragung des Grundstückes und die Festsetzung des Ablösebetrages unanfechtbar geworden ist und der Ablösebetrag bei der Hinterlegungsstelle nach § 1 der Hinterlegungsordnung unter Verzicht auf die Rücknahme hinterlegt worden ist (§ 18a S. 1 VermG). Der Berechtigte wird damit entsprechend § 378 BGB von seiner Verbindlichkeit gegenüber dem ursprünglichen Gläubiger in gleicher Weise befreit, wie wenn er zur Zeit der Hinterlegung an diesen geleistet hätte.

b) Verfahren. Auf das Verfahren der Hinterlegung finden die Vorschriften der **Hinterlegungsordnung** Anwendung. Der Ablösebetrag ist nach § 18a S. 1 VermG bei der Hinterlegungsstelle zu hinterlegen, in deren Bezirk das entscheidende Amt zur Regelung offener Vermögensfragen seinen Sitz hat. Sachlich und funktional zuständige Hinterlegungsstellen sind die Amtsgerichte/Kreisgerichte[1] (§ 1 Abs. 2 HinterlO). Die Annahme zur Hinterlegung bedarf einer Verfügung der Hinterlegungsstelle (§ 6 Abs. 1 S. 1 HinterlO), die auf Antrag des Hinterlegers erfolgt. Dieser hat die Tatsachen anzugeben, welche die Hinterlegung rechtfertigen (§ 6 Abs. 1 S. 2 Nr. 1 1. Alt. HinterlO). Den Rechtsgrund für die Hinterlegung seitens des Berechtigten bildet insoweit § 18a S. 1 VermG. Die Hinterlegung hat der Berechtigte dem Vermögensamt entsprechend der Regelung in § 374 Abs. 2 BGB anzuzeigen (vgl. § 11 HinterlO).

Beschwerden gegen Entscheidungen der Hinterlegungsstelle können nach § 3 HinterlO auf dem Aufsichtswege (Land- oder Amtsgerichtspräsident/Direktor des Bezirks- bzw. Kreisgerichts)[2] geltend gemacht werden. Gegen Entscheidungen des Land- oder Amtsgerichtspräsidenten bzw. des Direktors des Bezirks- bzw. Kreisgerichts ist der ordentliche **Rechtsweg** gegeben. Sachlich zuständig sind ohne Rücksicht auf den Wert des Streitgegenstandes die Landgerichte/Bezirksgerichte.

2. Sicherheitsleistung. a) Wirkung. Eine Rückgabeverzögerung könnte im Regelfall des Satzes 1 dadurch eintreten, wenn der Berechtigte zwar die begünstigende Rückgabeentscheidung in Rechtskraft erwachsen läßt, aber im Wege der Anfechtungsklage isoliert gegen die Festsetzung des Ablösebetrages vorgeht.[3] Im Interesse einer Beschleunigung des Restitutionsverfahrens sieht § 18a S. 2 VermG daher die Möglichkeit der **Rückübertragung** gegen entsprechende Sicherheitsleistung des Berechtigten vor, wenn bis auf die Höhe des Ablösebetrages die Rückübertragung als solche nicht im Streit ist. Die Höhe der Sicherheitsleistung bestimmt sich nach der Höhe des in dem angefochtenen Bescheid über die Rückübertragung festgesetzten Ablösebetrages (§ 6 Abs. 2 HypAblV).

b) Verfahren aa) Allgemeines. Die Sicherheitsleistung nach § 18a S. 2 VermG kann durch Hinterlegung bzw. durch Beibringung einer Garantie oder eines sonstigen Zahlungsversprechens eines Kreditinstitutes geleistet werden.

bb) Hinterlegung. Das Verfahren der Hinterlegung bestimmt sich nach den auch für § 18a S. 1 VermG geltenden Grundsätzen (vgl. oben RdNr. 3f.). Die Vorschriften der Hinterlegungsordnung sind anzuwenden (§ 18b Abs. 2 S. 2 VermG).

cc) Garantie oder sonstiges Zahlungsversprechen. Die nach § 18a S. 2 VermG zu erbringende Sicherheitsleistung kann – wie ehedem nach § 6 S. 2 BInvG – auch durch Beibringung einer Garantie oder eines sonstigen Zahlungsversprechens eines Kreditinstitutes iSv § 1 KWG erfolgen (§§ 6 iVm. 8 HypAblV). Diese hat in der Weise vonstatten zu gehen, daß sich das Kreditinstitut gegenüber dem Amt zur Regelung offener Vermögensfragen unwiderruflich dazu verpflichtet, **auf erstes Anfordern** des Amtes einen Betrag bis

---

[1] Vgl. Anl. I Kap. III Sachgeb. A Abschn. III Nr. 1b Abs. 1 z. EVertr, BGBl. 1990 II S. 885.

[2] Anl. I Kap. III Sachgeb. A Abschn. III Nr. 1b Abs. 1 z. EVertr., BGBl. 1990 II S. 885.

[3] Vgl. dazu bereits § 18 RdNr. 32.

zur Höhe des in dem angefochtenen Bescheid festgesetzten Betrages bei der Hinterlegungsstelle im Namen des Berechtigten unter Verzicht auf die Rücknahme zu hinterlegen (§ 8 Abs. 1 HypAblV). Liegt eine derartige Erklärung vor, hat das Amt zur Regelung offener Vermögensfragen bei dem zuständigen Grundbuchamt die Berichtigung des Grundbuchs zu beantragen.

9 Wenn der Bescheid über die Rückübertragung des Eigentums auch hinsichtlich der Festsetzung des Ablösebetrages unanfechtbar geworden ist, fordert das zuständige Amt zur Regelung offener Vermögensfragen den Berechtigten auf, die **Hinterlegung** innerhalb einer Frist von zehn Tagen ab Zugang der Aufforderung **nachzuweisen** (§ 8 Abs. 2 S. 1 HypAblV). Für den Fall, daß der Berechtigte dem nicht nachkommt, hat das Vermögensamt das Kreditinstitut zur Hinterlegung des festgesetzten Betrages aufzufordern.

§ 18 b Herausgabe des Ablösebetrags

(1) **Der Gläubiger eines früheren dinglichen Rechts an dem Grundstück oder sein Rechtsnachfolger (Begünstigter) kann von der Hinterlegungsstelle die Herausgabe desjenigen Teils des Ablösebetrags, mit dem sein früheres Recht bei der Ermittlung des unanfechtbar festgestellten Ablösebetrags berücksichtigt worden ist, verlangen, soweit dieser nicht an den Entschädigungsfonds oder den Berechtigten herauszugeben ist. Der Anspruch des Begünstigten geht auf den Entschädigungsfonds über, soweit der Begünstigte für den Verlust seines Rechts Ausgleichszahlungen oder eine Entschädigung vom Staat erhalten hat, oder dem Schuldner die dem Recht zugrundeliegende Forderung von staatlichen Stellen der Deutschen Demokratischen Republik erlassen worden ist. Der Berechtigte kann den auf ein früheres dingliches Recht entfallenden Teil des Ablösebetrags insoweit herausverlangen, als bei der Festsetzung des Ablösebetrags nicht berücksichtigte Tilgungsleistungen auf das Recht erbracht wurden oder er einer Inanspruchnahme aus dem Recht hätte entgegenhalten können, dieses sei nicht entstanden, erloschen oder auf ihn zu übertragen gewesen. Der Herausgabeanspruch kann nur innerhalb von vier Jahren seit der Hinterlegung geltend gemacht werden. Ist Gläubiger der Entschädigungsfonds, so erfolgt die Herausgabe auf Grund eines Auszahlungsbescheids des Entschädigungsfonds.**

(2) **Für das Hinterlegungsverfahren gelten die Vorschriften der Hinterlegungsordnung. Der zum Zeitpunkt der Überführung des Grundstücks in Volkseigentum im Grundbuch eingetragene Gläubiger eines dinglichen Rechts oder dessen Rechtsnachfolger gilt als Begünstigter, solange nicht vernünftige Zweifel an seiner Berechtigung bestehen.**

(3) **Eine durch das frühere Recht gesicherte Forderung erlischt insoweit, als der darauf entfallende Teil des Ablösebetrags an den Begünstigten oder den Entschädigungsfonds herauszugeben ist. In den Fällen des § 18 Abs. 2 gilt die Forderung gegenüber dem Berechtigten, dem staatlichen Verwalter sowie deren Rechtsnachfolgern auch hinsichtlich des Restbetrags als erloschen. Handelt es sich um eine Forderung aus einem Darlehen, für das keine staatlichen Mittel eingesetzt worden sind, so ist der Gläubiger vorbehaltlich einer abweichenden Regelung angemessen zu entschädigen.**

(4) **Der nach Ablauf von fünf Jahren von der Hinterlegung an nicht ausgezahlte Teil des Ablösebetrags ist, soweit nicht ein Rechtsstreit über den Betrag oder Teile hiervon anhängig ist, an den Entschädigungsfonds herauszugeben.**

(5) **Soweit der Begünstigte vom Staat bereits befriedigt worden ist, geht die zugrundeliegende Forderung auf den Entschädigungsfonds über.**

Schrifttum: *Hartkopf,* Rechte Dritter (insbesondere dingliche Belastungen, §§ 16 bis 18b, HypAblAO) nach dem 2. VermRÄndG vom 14. Juli 1992 (BGBl. I, 1257, 1446), ZOV 1992, 248f.; *Rühl,* Die Ablösung früherer Rechte nach §§ 18 bis 18b Vermögensgesetz, VIZ 1992, 342ff.

Arbeitsmaterialien: BMJ, Empfehlungen zur Durchführung der Verfahren nach § 16 Abs. 5 bis 10, §§ 18 bis 18b VermG und der Hypothekenablöseanordnung v. 1. 9. 1992.

Übersicht

	RdNr.		RdNr.
I. **Normzweck**	1	3. Anspruch des Entschädigungsfonds	6
II. **Herausgabe**		4. Anspruch des Berechtigten	7
1. Allgemeines	2, 3	III. **Schicksal der zugrundeliegenden**	
2. Anspruch des Begünstigten	4, 5	**Forderung**	8, 9

I. Normzweck

Während § 18 VermG als Grundnorm die Voraussetzungen der Ablösung untergegangener dinglicher Rechte regelt und § 18a VermG iVm. §§ 6, 8 und 9 HypAblV die Vorschriften über den Vollzug der Rückübertragung enthält, sind die notwendigen materiellen Folgebestimmungen über die Herausgabe des nach § 18a VermG zu hinterlegenden Ablösebetrages Gegenstand von § 18b VermG. Die Vorschrift ist gem. § 4 Abs. 4 HypAblV ebenfalls auf die Herausgabe von Ablösebeträgen anzuwenden, die nach § 4 Abs. 1, 3 HypAblV bei (pflichtwidriger) Veräußerung des Grundstücks zu hinterlegen sind (vgl. dazu § 3 RdNr. 50a). Ergänzend zu den **materiellen Herausgabevoraussetzungen** des § 18b VermG folgt das Verfahren der Herausgabe des hinterlegten Ablösebetrages den Vorschriften der Hinterlegungsordnung (§ 18b Abs. 2 S. 1 VermG).

II. Herausgabe

1. Allgemeines. Für das **Verfahren** der Herausgabe gelten die Vorschriften der §§ 12ff. 2 HinterlO. Der Anspruch auf Herausgabe des Ablösebetrages ist durch einen entsprechenden Antrag, aus dem sich die Berechtigung des Anspruchstellers ergibt, geltend zu machen. Hinterlegungsstelle, die über den Antrag durch Verfügung entscheidet, ist das Amts- bzw. Kreisgericht (§ 1 Abs. 2 HinterlO). Der Anspruchsteller hat seine Berechtigung in geeigneter Weise, etwa durch Vorlage von Urkunden, nachzuweisen (vgl. die Regelbeispiele des § 13 Abs. 2 HinterlO). Für die Person des Berechtigten ist die Empfangsberechtigung hinsichtlich eines etwaigen Differenzbetrages zwischen dem vorläufig und dem endgültig festgesetzten Ablösebetrag als nachgewiesen zu betrachten, wenn er einen auch in bezug auf die Festsetzung des Ablösebetrages unanfechtbar gewordenen Bescheid über die Rückübertragung vorlegt (§ 7 HypAblV). Ist Gläubiger der Entschädigungsfonds, so erfolgt die Herausgabe auf Grund eines Auszahlungsbescheides des Entschädigungsfonds (§ 18b Abs. 1 S. 5 VermG).

Der **Anspruch** auf Herausgabe des Ablösebetrages ist in Durchbrechung von § 21 3 HinterlO **präkludiert**, wenn er nicht innerhalb von vier Jahren seit der Hinterlegung geltend gemacht wird (§ 18b Abs. 1 S. 4 VermG). Der nach Ablauf von fünf Jahren seit dem Zeitpunkt der Hinterlegung nicht ausgezahlte Teil des Ablösebetrages ist, soweit nicht ein Rechtsstreit über den Betrag oder Teile hiervon anhängig ist, an den Entschädigungsfonds herauszugeben (§ 18b Abs. 4 VermG). Nach Sinn und Zweck ist davon eine weitere Ausnahme hinsichtlich der Beträge zu machen, auf die zwar innerhalb der Vierjahresfrist ein Herausgabeanspruch erhoben worden ist, zu deren Auszahlung es jedoch bis zum Ablauf von fünf Jahren nicht mehr gekommen ist.

2. Anspruch des Begünstigten. Begünstigte iSd. § 18b VermG sind nach der Legaldefi- 4 nition des § 18b Abs. 1 S. 1 VermG der Gläubiger eines früheren dinglichen Rechts an einem Grundstück oder sein Rechtsnachfolger. Rechtsnachfolger kann auch der Entschädigungsfonds sein (vgl. dazu RdNr. 8). Nach der widerleglichen **Vermutung** des § 18b Abs. 2 S. 2 VermG gilt der zum Zeitpunkt der Überführung des Grundstückes in Volkseigentum im Grundbuch eingetragene Gläubiger oder deren Rechtsnachfolger als Begünstigter, solange nicht vernünftige Zweifel an seiner Berechtigung bestehen. Letzte Gewißheit ist mithin nicht erforderlich. Andererseits reichen vage Anhaltspunkte für die fehlende Berechtigung nicht aus. Vielmehr ist zu fordern, daß die Richtigkeit der Grundbuchein-

VermG § 18 b 5–9 Abschnitt IV. Rechtsverhältnisse zw. Berechtigten u. Dritten

tragung durch Beibringung geeigneter Beweismittel (Abtretungsurkunde, Löschungsbewilligungen etc.) erschüttert wird. Bei einem Briefgrundpfandrecht sind vernünftige Zweifel immer dann angebracht, wenn der Grundpfandrechtsbrief nicht vorgelegt wird.[1]

5 Der ursprüngliche Gläubiger eines bei Überführung des Grundstückes in Volkseigentum untergegangenen Rechts bzw. dessen Rechtsnachfolger können die **Herausgabe** eines hinterlegten Ablösebetrages **hinsichtlich des Teils** verlangen, **mit dem das frühere Recht** bei der Ermittlung des unanfechtbar festgestellten Ablösebetrages **berücksichtigt worden ist**. Dieses Recht besteht jedoch nicht, soweit der (anteilige) Ablösebetrag an den Entschädigungsfonds (RdNr. 6) oder den Berechtigten (RdNr. 7) herauszugeben ist.

6 3. **Anspruch des Entschädigungsfonds.** Der Anspruch auf Herausgabe des Ablösebetrages steht dem Entschädigungsfonds in dem Umfang zu, in dem der Anspruch kraft Gesetzes nach § 18b Abs. 1 S. 2 VermG auf den Entschädigungsfonds übergegangen ist. Dies ist der Fall, soweit der Begünstigte für den Verlust seines Rechtes **Ausgleichszahlungen** oder eine Entschädigung vom Staat erhalten hat, oder dem Schuldner die dem Recht zugrundeliegende Forderung von staatlichen Stellen der DDR erlassen worden ist (vgl. zur Berechnung des Ablösebetrages auch § 18 Abs. 5 VermG).

7 4. **Anspruch des Berechtigten.** Der Berechtigte hat einen Herausgabeanspruch hinsichtlich eines Teiles des von ihm oder für ihn hinterlegten Ablösebetrages, wenn er **Tilgungsleistungen** auf das Recht erbracht hat, die bei der Festsetzung des Ablösebetrages nicht berücksichtigt wurden, oder wenn er einer Inanspruchnahme aus dem **Recht** vor oder nach dessen Untergang hätte entgegenhalten können, dieses sei **nicht entstanden, erloschen** oder auf ihn **übertragen** gewesen (§ 18b Abs. 1 S. 3 VermG).

III. Schicksal der zugrundeliegenden Forderungen

8 In den Fällen, in denen dem Begünstigten eine staatliche Ausgleichsleistung auf das dingliche Recht oder eine dem Recht zugrundeliegende Forderung gewährt bzw. eine Entschädigung für das bei Überführung in Volkseigentum untergegangene dingliche Recht gezahlt wurde, geht kraft Gesetzes nicht nur der Anspruch auf Herausgabe des Ablösebetrages, sondern auch die zugrundeliegende Forderung und mit ihr ggfls. ein akzessorisches dingliches Recht (vgl. § 1153 BGB) auf den **Entschädigungsfonds** über. Der Entschädigungsfonds kann auf diese Weise zum Rechtsnachfolger eines früheren Gläubigers und damit selbst zum Begünstigten iSv. § 18b Abs. 1 S. 1 VermG werden.[2]

9 Entsprechend der Regelung in § 16 Abs. 9 S. 2 und 3 VermG, die akzessorisch zum Erlöschen des nicht zu übernehmenden Grundpfandrechtes das Erlöschen der zugrundeliegenden Forderung vorsieht (vgl. dazu § 16 RdNr. 71f.), **erlöschen** nach § 18b Abs. 3 S. 1 VermG auch **die durch das frühere Recht gesicherten Forderungen**, soweit der darauf entfallende Teil des Ablösebetrages an den Begünstigten oder den Entschädigungsfonds herauszugeben ist. Damit wird vermieden, daß der Berechtigte trotz Ablösung des dinglichen Rechts weiterhin aus der zugrundeliegenden Forderung in Anspruch genommen werden kann. Um darüber hinaus auszuschließen, daß der Berechtigte oder der staatliche Verwalter bzw. ein Rechtsnachfolger dieser Personen noch für den Teil der Forderung haftet, hinsichtlich dessen das ursprünglich sichernde dingliche Recht nicht abzulösen war, fingiert § 18b Abs. 3 S. 2 VermG in den Fällen des § 18 Abs. 2 VermG (Aufbauhypotheken, vergleichbare und sonstige Grundpfandrechte) **auch hinsichtlich des Restbetrages** das Erlöschen der gegenüber diesen Personen bestehenden Forderungen. Handelte es sich bei den erloschenen Forderungen um solche aus einem Darlehen, für die keine staatlichen Mittel eingesetzt worden sind, ist der Gläubiger vorbehaltlich einer abweichenden Regelung angemessen zu entschädigen (§ 18b Abs. 3 S. 3 VermG).

---

[1] *Rühl* VIZ 1992, 342, 346; *Kimme-Wolters* RdNr. 33, Anh. I zu §§ 18–18b VermG RdNr. 5.

[2] *Rühl* F/R/M/S § 18 VermG RdNr. 36.

§ 19 *(weggefallen)*

§ 20 Vorkaufsrecht von Mietern und Nutzern

(1) Mietern und Nutzern von Ein- und Zweifamilienhäusern sowie von Grundstücken für Erholungszwecke, die der staatlichen Verwaltung im Sinne des § 1 Abs. 4 unterlagen oder auf die ein Anspruch auf Rückübertragung besteht, wird auf Antrag ein Vorkaufsrecht am Grundstück eingeräumt, wenn das Miet- oder Nutzungsverhältnis am 29. September 1990 bestanden hat und im Zeitpunkt der Entscheidung über den Antrag fortbesteht. Ein Anspruch nach Satz 1 besteht nicht, wenn das Grundstück oder Gebäude durch den Mieter oder Nutzer nicht vertragsgemäß genutzt wird.

(2) In bezug auf einzelne Miteigentumsanteile an Grundstücken oder Gebäuden, die staatlich verwaltet waren oder zurückzuübertragen sind, besteht ein Anspruch nach Absatz 1 auf Einräumung eines Vorkaufsrechts nur dann, wenn auch die übrigen Miteigentumsanteile der staatlichen Verwaltung im Sinne des § 1 Abs. 4 unterlagen oder zurückzuübertragen sind. Es bezieht sich sowohl auf den Verkauf einzelner Miteigentumsanteile als auch auf den Verkauf des Grundstücks. Die Ausübung des Vorkaufsrechts an einem Miteigentumsanteil ist bei dem Verkauf an einen Miteigentümer ausgeschlossen.

(3) Erstreckt sich das Miet- oder Nutzungsverhältnis auf eine Teilfläche eines Grundstücks, so besteht der Anspruch nach den Absätzen 1 und 2 nur dann, wenn der Anteil der Teilfläche mehr als 50 vom Hundert der Gesamtfläche beträgt. In diesem Falle kann das Vorkaufsrecht nur am Gesamtgrundstück eingeräumt werden. Zur Ermittlung des nach Satz 1 maßgeblichen Anteils sind mehrere an verschiedene Mieter oder Nutzer überlassene Teilflächen zusammenzurechnen.

(4) Mehreren Anspruchsberechtigten in bezug auf ein Grundstück oder einen Miteigentumsanteil steht das Vorkaufsrecht gemeinschaftlich zu. Jeder Anspruchsberechtigte kann den Antrag auf Einräumung des Vorkaufsrechts allein stellen. Der Antrag wirkt auch für die übrigen Anspruchsberechtigten.

(5) Anträge auf Einräumung des Vorkaufsrechts sind im Rahmen des Verfahrens nach Abschnitt VI bei dem Amt zur Regelung offener Vermögensfragen zu stellen, das über den Anspruch auf Rückübertragung entscheidet. In den Fällen des § 11a ist das Amt zur Regelung offener Vermögensfragen zuständig, in dessen Bezirk das Grundstück belegen ist.

(6) Das Vorkaufsrecht entsteht, wenn der Bescheid, mit dem dem Antrag nach den Absätzen 1 oder 2 stattgegeben wird, unanfechtbar geworden und die Eintragung im Grundbuch erfolgt ist. Es gilt nur für den Fall des ersten Verkaufs. Ist im Zeitpunkt des Abschlusses des Kaufvertrags eine Entscheidung über einen gestellten Antrag nach den Absätzen 1 oder 2 noch nicht ergangen, erstreckt sich das Vorkaufsrecht auf den nächstfolgenden Verkauf. § 892 des Bürgerlichen Gesetzbuchs bleibt im übrigen unberührt.

(7) Das Vorkaufsrecht ist nicht übertragbar und geht nicht auf die Erben des Vorkaufsberechtigten über. Es erlischt mit der Beendigung des Miet- oder Nutzungsverhältnisses. Dies gilt auch für bereits bestehende Vorkaufsrechte. § 569a Abs. 1 und 2 des Bürgerlichen Gesetzbuchs bleibt unberührt.

(8) Im übrigen sind die §§ 504 bis 513, 875, 1098 Abs. 1 Satz 2 und Abs. 2 sowie die §§ 1099 bis 1102, 1103 Abs. 2 und § 1104 des Bürgerlichen Gesetzbuchs anzuwenden.

Schrifttum zu § 20 VermG aF.: *Böhringer*, Grundbuchrechtliche Probleme in den neuen Bundesländern, NJ 1992, 289 ff.; *Claussen*, Nutzung von Grundstücksteilen und Vorkaufsrecht nach § 20 VermG, NJ 1993, 404 ff.; *Flik*, Zum Vorkaufsrecht aus § 20 VermG, NJ 1993, 507 ff.; *Horst*, Gebäudeeigentum und

VermG § 20 1, 2   Abschnitt IV. Rechtsverhältnisse zw. Berechtigten u. Dritten

Nutzungsrechte an Grundstücken in der ehemaligen DDR, DWW 1991, 273 ff.; *Kinne,* Probleme des Vorkaufsrechts, ZOV 1992, 352 ff.; *Schnabel,* Versteckte Vorkaufsrechte nach § 20 VermG – Grundlegende Änderungen seit Inkrafttreten des 2. VermRÄndG, ZOV 1993, 294 ff. = *ders.,* Datschengrundstücke und andere Bodennutzungsverhältnisse, 1993, S. 64 ff.; *Weber,* Die Verfahrensbeteiligung von Mietern und sonstigen Nutzungsberechtigten nach dem Vermögensgesetz, NJW 1991, 343 ff.; **zu § 20 VermG nF:** *Schnabel,* Neufassung des Vorkaufsrechts im VermG – Rückwirkende Ausgestaltung und Beschränkung der Vorkaufsrechte, ZOV 1994, 168 ff.

Vgl. auch das abgekürzt zitierte Schrifttum

Übersicht

	RdNr.		RdNr.
I. Normzweck	1, 2	6. Umfang des Vorkaufsrechts (Abs. 3)	15
II. Voraussetzungen		7. Ausübung des Vorkaufsrechts (Abs. 6 S. 2, 3; Abs. 3 S. 3)	16–18
1. Anspruchsberechtigte	3	8. Übertragung/Erlöschen (Abs. 7)	19–21
2. Gegenstand des Vorkaufsrechts (Abs. 1, 2)	4–8	9. Verfahren	22–24
a) Allgemeines	4	**III. Rechtsschutz**	
b) Ein- und Zweifamilienhäuser	5	1. Antragsteller	25
c) Grundstücke für Erholungszwecke	6	2. Dritte	26
d) Miteigentumsanteile	7, 8	3. Zuständigkeit	27
3. Eröffnung des vermögensrechtlichen Verfahrens (Abs. 1 S. 1)	9–11	**IV. Altfälle**	
a) Allgemeines	9	1. Allgemeines	28, 29
b) Staatliche Verwaltung	10	2. Entstehung/Umfang des Vorkaufsrechts	30, 31
c) Anspruch auf Rückübertragung	11	3. Ausübung des Vorkaufsrechts	32, 33
4. Nutzungsinteresse des Anspruchsberechtigten (Abs. 1 S. 1)	12, 13	4. Verfahren	34
5. Entstehung des Vorkaufsrechts (Abs. 6 S. 1)	14		

I. Normzweck

1   Nach § 20 VermG wird den Mietern und obligatorisch berechtigten Nutzern der in Absatz 1 genannten Objekte (Ein- und Zweifamilienhäuser, Grundstücke für Erholungszwecke) die Möglichkeit eingeräumt, die Eintragung eines dinglichen Vorkaufsrechts eigener Art an dem von ihnen genutzten Grundstück zu erwirken. Ergänzend gelten die in § 20 Abs. 8 genannten Vorschriften des BGB. Damit soll die Rechtsstellung der antragsberechtigten Nutzer, die im Hinblick auf ihre schuldrechtliche Berechtigung bereits durch § 16 Abs. 2 S. 1 und § 17 VermG geschützt sind (vgl. § 16 RdNr. 18, § 17 RdNr. 3 f., 7 ff. und Anhang zu § 17), zusätzlich gestärkt werden. Die nach § 20 VermG berechtigten Personen haben die betroffenen Immobilien regelmäßig über längere Zeiträume genutzt und in der Hoffnung auf einen – häufig in Aussicht gestellten – späteren Erwerb auch Investitionen nicht unbeträchtlichen Umfangs vorgenommen.[1] Aus ihrer Sicht besteht daher ein **wirtschaftliches Interesse** daran, die schuldrechtliche **Nutzungsberechtigung** durch Kauf der solchermaßen zum Lebensmittelpunkt gewordenen Immobilie **zu verfestigen.**

2   Die Vorschrift des § 20 VermG ist durch das am 25. 12. 1993 in Kraft getretene **RegVBG** grundlegend novelliert worden. Der ursprünglich knapp gehaltene Normhaushalt des § 20 VermG aF., der in der Praxis zu Auslegungsschwierigkeiten geführt hat, wurde auf Anregung des Bundesrates[2] wesentlich erweitert und in die Vorschriften der §§ 20 und 20a VermG eingestellt. Dabei behandelt § 20 VermG idF des RegVBG nur noch das Vorkaufsrecht der Mieter und Nutzer, während sich das in § 20 Abs. 2 VermG aF. geregelte Vorkaufsrecht des Berechtigten in der neu geschaffenen Vorschrift des § 20a

---

[1] *Schnabel* ZOV 1993, 294; *Kimme-Petter* RdNr. 3.

[2] Vgl. Stellungnahme des Bundesrates z. Entwurf e. RegVBG, BT-Drucks. 12/5553, S. 179, 202.

VermG wiederfindet. Daneben ist in § 30a Abs. 3 VermG eine Ausschlußfrist für die Geltendmachung von Ansprüchen aus § 20 VermG in den Fällen der Aufhebung der staatlichen Verwaltung nach § 11a VermG eingeführt worden.

II. Voraussetzungen

1. Anspruchsberechtigte. Das Gesetz räumt den Anspruch auf Eintragung eines Vor- 3 kaufsrechts dem Wortlaut nach allen Mietern und Nutzern ein. Dies ist im Hinblick auf den Normzweck zu weitgehend. Die Vorschrift des § 20 VermG soll wie andere die Interessen Dritter schützende Vorschriften des IV. Gesetzesabschnittes erkennbar nur die Rechtsposition jener Mieter und Nutzer schützen, die auf den Fortbestand ihrer nach den Rechtsregeln der ehem. DDR erworbenen Nutzungsrechte vertrauen konnten und demgemäß schon bei Erwerb der Rechtsposition redlich waren.[3] Daher steht der Anspruch auf Einräumung eines Vorkaufsrechts nur **redlichen Mietern und Nutzern** zu. Ansonsten entstünde ein unüberbrückbarer Wertungswiderspruch zu §§ 16, 17 VermG, die ebenfalls nur die Aufrechterhaltung redlich begründeter Schuldverhältnisse vorsehen. Nutzungsverhältnisse, bei deren Begründung die Mieter bzw. Nutzer unredlich iSv. § 4 Abs. 3 VermG waren, sind von vornherein mit dem Bescheid nach § 33 Abs. 4 VermG aufzuheben (§ 17 S. 2, 3 VermG).

2. Gegenstand des Vorkaufsrechts (Abs. 1, 2). a) Allgemeines. Die Eintragung eines 4 Vorkaufsrechts kann beantragt werden im Hinblick auf Ein- und Zweifamilienhäuser sowie Grundstücke für Erholungszwecke. Aus dem Gesamtkontext dieser gegenständlichen Beschränkung des Vorkaufsrechts ergibt sich, daß nur **privat**, nicht aber gewerblich **genutzte Grundstücke** in den Anwendungsbereich des § 20 VermG fallen.[4] Bei gemischter Nutzung ist auf das – vorrangig anhand des Parteiwillens zu ermittelnde – räumliche Schwergewicht der Nutzung abzustellen.[5]

b) Ein- und Zweifamilienhäuser. Die Abgrenzung der vorkaufsfähigen Ein- und 5 Zweifamilienhäuser von den nicht § 20 VermG unterfallenden Mehrfamilienhäusern ist nach den tatsächlichen Verhältnissen vorzunehmen.[6] Maßgebend ist also die Anzahl der in sich abgeschlossenen oder selbständig vermietbaren Einheiten.[7]

c) Grundstücke für Erholungszwecke. Bei den in § 20 Abs. 1 S. 1 VermG genannten 6 Grundstücken für Erholungszwecke handelt es sich um Grundstücke, die aufgrund eines nach §§ 312ff. ZGB-DDR begründeten oder zu beurteilenden Nutzungsrechtsverhältnisses genutzt werden.[7a] Die Vorschriften der §§ 312ff. ZGB-DDR waren nach § 2 Abs. 2 EGZGB auch auf solche Nutzungsrechtsverhältnisse über land- und forstwirtschaftliche Flächen iSv. § 312 Abs. 1 S. 1 ZGB-DDR anzuwenden, die vor Inkrafttreten des ZGB-DDR am 1. 1. 1976 nach den Rechtsvorschriften des BGB als Pachtverhältnisse begründet wurden.[8] Mit Inkrafttreten des RegVBG hat der Gesetzgeber auch die zur Nutzung für kleingärtnerische, Erholungs- und Freizeitzwecke abgeschlossenen Überlassungsverträge durch die neu geschaffene Vorschrift des Art. 232 § 4 Abs. 4 EGBGB den Regeln der §§ 312ff. ZGB-DDR unterstellt.[9] Dem liegt das Regelungskonzept zugrunde, alle für Erholungszwecke genutzten Grundstücke unabhängig von ihrer ursprünglichen rechtlichen Einkleidung künftig einheitlichen Regeln zu unterwerfen. In diesem Sinne ist auch im Rahmen von § 20 VermG auf den **Charakter der Gebrauchsüberlassung** abzustellen

---

[3] VG Meiningen VIZ 1993, 509, 509f.; *Kinne* ZOV 1992, 352, 353; *ders.* R/R/B RdNr. 9; *Kimme-Petter* RdNr. 8; *Flik* NJ 1993, 507.
[4] *Kinne* ZOV 1992, 352; *ders.* R/R/B RdNr. 2; *Flotho* Rechtshandbuch B 100 RdNr. 14; aA Beschlußempfehlung und Bericht des BT-Rechtsausschusses, BT-Drucks. 12/6228, S. 298.
[5] BGH GE 1986, 697, 699; OLG Schleswig GE 1982, 889, 893; *Kinne* ZOV 1992, 352; *ders.* R/R/B RdNr. 2; aA *Flotho* Rechtshandbuch B 100 RdNr. 15, der die Begründung eines Vorkaufsrechts ablehnt, soweit überhaupt eine gewerbliche Nutzung vorliegt.
[6] *Kinne* ZOV 1992, 352; *Schnabel* ZOV 1993, 294, 296.
[7] Vgl. dazu § 18 RdNr. 15ff.; wie hier *Kinne* R/R/B RdNr. 3.
[7a] VG Frankfurt/O. VIZ 1994, 358, 359.
[8] Vgl. dazu § 17 RdNr. 7f.
[9] Vgl. dazu § 17 RdNr. 13.

VermG § 20 7–10   Abschnitt IV. Rechtsverhältnisse zw. Berechtigten u. Dritten

und nicht vorrangig auf den Typus des ursprünglich geschlossenen Nutzungsrechtsverhältnisses.[10]

7   **d) Miteigentumsanteile.** Gegenstand des Vorkaufsrechts können auch einzelne Miteigentumsanteile an Grundstücken und Gebäuden der in § 20 Abs. 1 S. 1 VermG bezeichneten Art sein (§ 20 Abs. 2 S. 1 VermG). Ein Anspruch nach § 20 Abs. 1 VermG besteht allerdings nur dann, wenn auch alle übrigen Miteigentumsanteile der staatlichen Verwaltung unterlagen oder zurückzuübertragen sind. Damit soll angesichts der Ausgestaltung des Vorkaufsrechts (dazu RdNr. 8) sichergestellt werden, daß nur unter den Anwendungsbereich des Vermögensgesetzes fallende Miteigentumsanteile mit einem Vorkaufsrecht belastet werden.[11] Insoweit ist der Wortlaut des § 20 Abs. 2 S. 1 VermG allerdings ungenau, da es nach dem in den Gesetzesmaterialien zutreffend verlautbarten Normzweck allein darauf ankommen kann, ob die Immobilie schädigenden Maßnahmen iSv. § 1 VermG unterlag, nicht aber darauf, ob sie tatsächlich „zurückzuübertragen" ist (vgl. insoweit den Wortlaut von § 20 Abs. 1 S. 1 VermG; dazu RdNr. 9, 11). Unterlagen mithin **nur einzelne Miteigentumsanteile** schädigenden Maßnahmen iSv. § 1 VermG, so besteht kein Anspruch auf Einräumung eines Vorkaufsrechts.

8   Liegen die Voraussetzungen für die Einräumung eines Vorkaufsrechts nach § 20 Abs. 2 S. 1 iVm. Abs. 1 VermG vor, bezieht sich das Vorkaufsrecht sowohl auf den **Verkauf einzelner Miteigentumsanteile** als auch auf den **Verkauf des Grundstücks** (§ 20 Abs. 2 S. 2 VermG). Damit soll verhindert werden, daß das Vorkaufsrecht ins Leere geht, wenn das Grundstück als Ganzes durch die Miteigentümer veräußert wird.[12] Andererseits erhält der Vorkaufsberechtigte die Möglichkeit, nach und nach sämtliche Miteigentumsanteile und damit schließlich das ganze Grundstück zu erwerben. Soweit infolge der Ausgestaltung des Vorkaufsrechts mehrere Ansprüche iSv. § 20 Abs. 1 VermG in bezug auf einen Miteigentumsanteil bzw. das Grundstück als Ganzes bestehen, steht das Vorkaufsrecht den Anspruchsberechtigten gemeinschaftlich zu (§ 20 Abs. 4 S. 1 VermG).

9   **3. Eröffnung des vermögensrechtlichen Verfahrens (Abs. 1 S. 1). a) Allgemeines.** Der Anspruch auf Einräumung eines Vorkaufsrechts steht nur Mietern und Nutzern von Ein- und Zweifamilienhäusern oder Erholungsgrundstücken zu, die unter staatlicher Verwaltung iSv. § 1 Abs. 4 VermG standen[13] oder auf die ein Anspruch auf Rückübertragung besteht, wenn das Miet- und Nutzungsrechtsverhältnis am 29. 9. 1990 bestanden hat und im Zeitpunkt der Entscheidung über den Antrag fortbesteht (§ 20 Abs. 1 S. 1 VermG). Da § 20 VermG dem Interesse der Mieter und Nutzer an einer Verfestigung ihrer schuldrechtlichen Nutzungsberechtigung dient, kommt es für den Anspruch nach § 20 Abs. 1 S. 1 VermG allein auf die objektive Rechtslage der seinerzeitigen Inverwaltungnahme des Grundstücks bzw. auf die Entstehung eines Anspruchs auf Grundstücksrückübertragung an, nicht jedoch notwendig auf einen Wechsel des Schuldners infolge einer vermögensrechtlichen Entscheidung. Vor den Folgen des Schuldnerwechsels wird der Mieter oder Nutzer bereits hinreichend durch § 16 Abs. 2 S. 1, § 17 VermG geschützt.[14] Wie der Verweis auf das vermögensrechtliche Verfahren der §§ 30 ff. VermG in § 20 Abs. 5 S. 1 VermG zeigt, ist es lediglich erforderlich, daß das betroffene Grundstück **im vermögensrechtlichen Verfahren befangen** ist.[15]

10   **b) Staatliche Verwaltung.** Für die Fälle der staatlichen Verwaltung ergibt sich die Eröffnung des vermögensrechtlichen Verfahrens, wenn die staatliche Verwaltung nicht bereits auf Antrag vor dem 31. 12. 1992 aufgehoben wurde, jedenfalls aus der kraft Geset-

---

[10] Ebenso *Kinne* R/R/B RdNr. 4; wohl auch *Flotho* Rechtshandbuch B 100 RdNr. 18.
[11] Vgl. Beschlußempfehlung und Bericht des BT-Rechtsausschusses, BT-Drucks. 12/6228, S. 299.
[12] Vgl. Beschlußempfehlung und Bericht des BT-Rechtsausschusses, BT-Drucks. 12/6228, S. 299.
[13] Vgl. dazu § 1 RdNr. 114 ff.
[14] Anders offenbar die Einschätzung des BT-Rechtsausschusses, Beschlußempfehlung und Bericht, BT-Drucks. 12/6228, S. 298.
[15] *Kinne* R/R/B RdNr. 17.

zes eingetretenen **Beendigung der staatlichen Verwaltung** zum 31. 12. 1992 (§ 11a Abs. 1 S. 1 VermG) und die daran anknüpfenden, im Verwaltungsverfahren zu klärenden Folgefragen (vgl. etwa § 17 S. 2, 3 VermG). Der Anspruch auf Eintragung eines Vorkaufsrechts ist daher nicht notwendig davon abhängig, ob jemals ein Antrag auf Aufhebung der staatlichen Verwaltung seitens des Berechtigten gestellt worden ist. Dies zeigte indirekt auch die durch Art. 1 Nr. 19 des 2. VermRÄndG eingefügte Vorschrift des § 20 Abs. 3 S. 2 VermG aF., wonach das Antragsrecht der Mieter und Nutzer durch die Aufhebung der staatlichen Verwaltung nach § 11a nicht berührt werden sollte. Diese wiederum war nicht antragsgebunden, zumal Ausschlußfristen für die Geltendmachung vermögensrechtlicher Ansprüche vor Inkrafttreten des 2. VermRÄndG nicht bestanden.

c) Anspruch auf Rückübertragung. Anders als die Aufhebung der staatlichen Verwaltung ist die Eigentumsrückübertragung notwendig **antragsgebunden.** Das Recht der Mieter und Nutzer auf Eintragung eines Vorkaufsrechts ist daher davon abhängig, ob für das betroffene Grundstück innerhalb der Ausschlußfristen des § 30a VermG, also bis zum 31. 12. 1992, ein Antrag auf Vermögensrestitution geltend gemacht wurde bzw. in den Fällen des § 1 Abs. 7 VermG ggfls. noch geltend gemacht wird (vgl. § 30a Abs. 1 S. 2, 3 VermG). Anders als § 21 Abs. 1 S. 1 VermG, der für den Antrag auf Bereitstellung eines Ersatzgrundstücks die Geltendmachung eines „rechtlich begründeten" Anspruchs auf Rückübertragung voraussetzt, bezieht sich § 20 Abs. 1 S. 1 VermG auf Grundstücke, „(...) auf die ein Anspruch auf Rückübertragung besteht (...)". Im Gegensatz zu § 21 Abs. 1 S. 1 VermG schließt ein unbegründeter, etwa gem. §§ 4, 5 VermG ausgeschlossener, Rückübertragungsanspruch den Anspruch nach § 20 Abs. 1 S. 1 VermG daher nicht aus.[16] Dieses aus dem Wortlaut folgende Auslegungsergebnis korrespondiert mit dem Telos der Norm, den Mietern bzw. Nutzern unter bestimmten Voraussetzungen eine dingliche Verfestigung ihrer Nutzungsberechtigung zu ermöglichen. Das materielle Interesse der Mieter bzw. Nutzer an einer derartigen Verfestigung besteht regelmäßig aufgrund der von ihnen vorgenommenen Investitionen, die in der Hoffnung auf einen späteren Erwerb des Grundstücks getätigt wurden, wird also nicht erst durch die Rückübertragung des Grundstücks ausgelöst. Unter diesen Umständen hat die Einräumung eines Vorkaufsrechts unabhängig von der Rückübertragung des Grundstücks zu erfolgen. Die Vorschrift des § 20 VermG soll den Mieter oder Nutzer nicht vor einem Wechsel des Schuldners schützen,[17] sondern der dinglichen Verfestigung seines Lebensmittelpunktes dienen. Voraussetzung für die Gewährung des Vorkaufsrechts im Rahmen des Verfahrens nach Abschnitt VI des Vermögensgesetzes ist daher allein der durch einen Antrag auf Rückgabe aktualisierte Rückübertragungsanspruch eines Berechtigten.[18]

4. Nutzungsinteresse des Anspruchsberechtigten (Abs. 1 S. 1). Der Anspruch auf Einräumung eines Vorkaufsrechtes besteht nach Sinn und Zweck nur, wenn das zu verfestigende Nutzungsinteresse in der Gegenwart **tatsächlich noch feststellbar** ist. Dementsprechend stellt § 20 Abs. 1 S. 1 VermG die Eintragung des Vorkaufsrechts unter die Bedingung, daß das Miet- oder Nutzungsrechtsverhältnis am 29. 9. 1990, dem Tag des Inkrafttretens des Vermögensgesetzes, bestanden hat und im Zeitpunkt der Entscheidung über den Antrag auf Einräumung des Vorkaufsrechts fortbesteht (§ 20 Abs. 1 S. 1 VermG). Hat der Mieter oder Nutzer seinen Lebensmittelpunkt zwischenzeitlich verlagert und damit das von § 20 VermG geschützte Nutzungsinteresse verloren, so ist der tatsächliche Anknüpfungspunkt für die Einräumung des Vorkaufsrechts entfallen. Ein solcher hat für Mieter oder Nutzer, die das Nutzungsverhältnis erst nach dem 29. 9. 1990 begründet haben, nie bestanden. Sie konnten angesichts etwaiger Restitutionsansprüche von vornherein nicht auf eine längerfristige Nutzung vertrauen und können daher im Hinblick auf

---

[16] AA *Kinne* R/R/B RdNr. 5; *Flotho* Rechtshandbuch B 100 RdNr. 22.
[17] So aber Beschlußempfehlung und Bericht des BT-Rechtsausschusses, BT-Drucks. 12/6228, S. 298.

[18] Zur Entstehung des Rückübertragungsanspruchs vgl. § 3 RdNr. 3.

VermG § 20 13–16 Abschnitt IV. Rechtsverhältnisse zw. Berechtigten u. Dritten

etwaige vermögensrelevante Dispositionen kein Vorkaufsrecht iSv. § 20 VermG beanspruchen.

13 Die Einräumung eines Vorkaufsrechts ist auch dann ausgeschlossen, wenn sich der Mieter oder Nutzer nach Abschluß des Nutzungsrechtsverhältnisses nicht **vertragstreu** verhalten hat und die Immobilie zu anderen als den vertraglich festgelegten Zwecken nutzt (§ 20 Abs. 1 S. 3 VermG). Im Einzelfall ist daher zu prüfen, ob eine von der ursprünglichen Vereinbarung abweichende Nutzung von dem Verfügungsberechtigten gestattet wurde. Selbst wenn eine abweichende Nutzung gestattet wurde, ist der Anspruch auf Einräumung eines Vorkaufsrechts jedoch ausgeschlossen, falls die Nutzung überwiegend gewerblicher Natur ist. Das Vorkaufsrecht bezieht sich allein auf privat genutzte Grundstücke (vgl. RdNr. 4).

14 **5. Entstehung des Vorkaufsrechts (Abs. 6 S. 1).** In Abweichung von der zuvor geltenden Rechtslage (dazu RdNr. 30) entsteht das Vorkaufsrecht nach § 20 Abs. 6 S. 1 VermG idF des RegVBG erst, wenn der Bescheid, mit dem dem Antrag nach § 20 Abs. 1 bzw. Abs. 2 iVm. Abs. 1 VermG stattgegeben wird, unanfechtbar geworden und die **Eintragung des Vorkaufsrechts im Grundbuch** erfolgt ist. Maßgebend ist also im Interesse der Sicherheit des Rechtsverkehrs die Eintragung im Grundbuch und nicht mehr wie nach § 20 VermG aF die Unanfechtbarkeit des Bescheides (§ 34 Abs. 1 S. 2 VermG). Damit wird für mögliche Kaufinteressenten Publizität im Hinblick auf die Existenz des Vorkaufsrechts hergestellt; die Entstehung von Vorkaufsrechten außerhalb des Grundbuchs ist also seit Inkrafttreten des RegVBG ausgeschlossen. Das Vorkaufsrecht hat Dritten gegenüber die **Wirkung einer Vormerkung** zur Sicherung des durch die Ausübung des Rechts entstehenden Anspruchs auf Übertragung des Eigentums (§ 20 Abs. 8 VermG iVm. § 1098 Abs. 2 BGB).

15 **6. Umfang des Vorkaufsrechts (Abs. 3).** Das Vorkaufsrecht erstreckt sich regelmäßig auf das gesamte von dem Miet- bzw. Nutzungsrechtsverhältnis erfaßte Grundstück. Praktische Schwierigkeiten bereitet die Einräumung eines Vorkaufsrechts, wenn sich das Miet- oder Nutzungsverhältnis nur auf **Teilflächen** des Grundstücks bezieht. Denkbar wäre, das am Gesamtgrundstück einzutragende Vorkaufsrecht im Hinblick auf den räumlichen Umfang des Miet- bzw. Nutzungsrechts derart zu bedingen, daß sich das Vorkaufsrecht bei Abschreibung dieser Teilfläche analog § 1026 BGB auf sie beschränkt.[19] Der Gesetzgeber hat sich jedoch, wohl aus Gründen der Verfahrensvereinfachung, für das in den Gesetzesmaterialien[20] sog. „**Überwiegensprinzip**" entschieden: Erstreckt sich das Miet- oder Nutzungsverhältnis nur auf eine Teilfläche eines Grundstücks, so besteht der Anspruch auf Einräumung eines Vorkaufsrechts nur dann, wenn der Anteil der Teilfläche mehr als 50 v. H. der Gesamtfläche beträgt (§ 20 Abs. 3 S. 1 VermG). In diesem Fall ist das Vorkaufsrecht am Gesamtgrundstück einzuräumen (§ 20 Abs. 3 S. 2 VermG). Nutzer, die nicht das Gesamtgrundstück wohl aber mehr als 50 v. H. des Grundstücks nutzen, werden damit im Hinblick auf den Umfang des Vorkaufsrechts über das erforderliche Maß hinaus gesichert, während Nutzer, deren Nutzungsanteil unter 50 v. H. liegt, regelmäßig keinen Anspruch auf Einräumung eines Vorkaufsrechts haben. Etwas anderes gilt nur dann, wenn das Grundstück in Teilflächen von verschiedenen Mietern und Nutzern genutzt wird und sämtliche überlassene Teilflächen zusammengerechnet mehr als 50 vH. der Gesamtfläche ausmachen (§ 20 Abs. 3 S. 3 VermG). Dann steht das Vorkaufsrecht den Anspruchsberechtigten gemeinschaftlich zu (§ 20 Abs. 4 S. 1 VermG). Außer in den Fällen des § 20 Abs. 3 S. 3 VermG ist dies etwa bei Zweifamilienhäusern von praktischer Bedeutung.

16 **7. Ausübung des Vorkaufsrechts (Abs. 6 S. 2,3; Abs. 2 S. 3).** Das Vorkaufsrecht nach § 20 Abs. 1 VermG besteht gem. § 20 Abs. 6 S. 2 VermG grundsätzlich für den ersten Fall

---

[19] Zur Ausübungsbeschränkung *Staudinger/Mayer-Maly*, BGB, 12. Aufl. 1981, § 1095 RdNr. 3; *Erman-Ronke*, BGB, 9. Aufl. 1993, § 1094 RdNr. 7.

[20] Beschlußempfehlung und Bericht des BT-Rechtsausschusses, BT-Drucks. 12/6228, S. 299.

des Verkaufs durch den (noch) im Grundbuch eingetragenen Verfügungsberechtigten bzw. den (ggfls. nach Rückübertragung wiedereinzutragenden) Berechtigten. Dies könnte dem Wortlaut nach so verstanden werden, als ob auf den ersten Verkaufsfall nach Antragstellung durch den Mieter oder Nutzer abzustellen ist. Darauf deutet auch die als Ausnahmebestimmung aufzufassende Regelung des § 20 Abs. 6 S. 3 VermG hin, die das Vorkaufsrecht für den Fall, daß über den Antrag noch nicht entschieden ist, auf den nächstfolgenden Verkauf erstreckt. Die Vorschrift des § 20 Abs. 6 S. 2 und 3 VermG kann im Gesamtkontext des § 20 VermG aber auch so verstanden werden, daß sich das Vorkaufsrecht auf den ersten Verkaufsfall nach seiner Entstehung bezieht. Dies ist auch logisch zwingend, da die Ausübung des Vorkaufsrechts notwendig seine vorherige Entstehung voraussetzt.[21] Im so verstandenen Sinne bleibt der Wortlaut des § 20 Abs. 6 S. 3 VermG jedoch mißverständlich, da anders als nach § 20 VermG aF das Vorkaufsrecht nicht schon mit Bestandskraft der behördlichen Entscheidung außerhalb des Grundbuchs entsteht, sondern erst mit dessen Eintragung im Grundbuch (§ 20 Abs. 6 S. 1 VermG). Damit aber kann das Vorkaufsrecht nach dem Rechtsgedanken des auch in den Gesetzesmaterialien erwähnten § 1097 BGB immer nur für den **ersten Verkaufsfall nach Eintragung** des Vorkaufsrechts im Grundbuch bestehen. Da das Vorkaufsrecht selbst erst mit der Grundbucheintragung entsteht, kann es auch nicht durch Verkäufe zwischen Antragstellung und Eintragung beeinträchtigt werden. Die in § 20 Abs. 6 S. 3, 4 VermG angesprochene Fallkonstellation harmoniert daher nicht mit der seit Inkrafttreten des RegVBG geltenden Rechtslage.

Die Ausübung des Vorkaufsrechts an einem **Miteigentumsanteil** ist bei dem Verkauf an einen Miteigentümer ausgeschlossen (§ 20 Abs. 2 S. 3 VermG). Der Gesetzgeber will durch die Regelung im Interesse der bisherigen Miteigentümer verhindern, daß „fremde" Mieter oder Nutzer in eine bestehende Miteigentümergemeinschaft eindringen. Das Vorkaufsrecht bezieht sich in diesem Fall auf den nächsten Verkaufsfall, bei dem der betreffende Miteigentumsanteil an einen Dritten verkauft wird.

Im übrigen gelten die Vorschriften der §§ 504 bis 513, 1099 bis 1102 und 1103 Abs. 2 BGB (§ 20 Abs. 8 VermG). Das Vorkaufsrecht kann auch dann ausgeübt werden, wenn das Grundstück von einem Insolvenzverwalter aus freier Hand verkauft wird (§ 20 Abs. 8 VermG iVm. § 1098 Abs. 1 S. 2 BGB).

8. Übertragung/Erlöschen (Abs. 7). Der höchstpersönliche Charakter des Vorkaufsrechts, das allein zur dinglichen Verfestigung eines individuellen Nutzungsinteresses dient (vgl. bereits RdNr. 1, 9), schließt dessen rechtsgeschäftliche Übertragung auf Dritte aus; darüber hinaus ist es nicht vererblich (§ 20 Abs. 7 S. 1 VermG).

In dem Moment, in dem das Miet- oder Nutzungsverhältnis mit dem Vorkaufsberechtigten endet, erlischt das Vorkaufsrecht kraft Gesetzes (§ 20 Abs. 7 S. 2 VermG), da mit Beendigung des Vertragsverhältnisses das zu sichernde Nutzungsinteresse entfällt. Dies gilt, wie § 20 Abs. 7 S. 3 VermG klarstellt, auch für Vorkaufsrechte, die vor dem 25. 12. 1993 nach § 20 VermG aF begründet worden sind. Eine **Beendigung des Miet- oder Nutzungsverhältnisses** mit der Folge des Erlöschens des Vorkaufsrechts liegt nicht vor, wenn Ehegatten oder Familienangehörige mit dem vorkaufsberechtigten Mieter von Wohnraum einen gemeinsamen Hausstand geführt haben und gemäß § 569a Abs. 1 und 2 BGB in das Mietverhältnis eintreten (§ 20 Abs. 7 S. 4 VermG). In diesem Fall steht den Ehegatten oder Familienangehörigen das Vorkaufsrecht zu.

Das Vorkaufsrecht kann im übrigen infolge der **Durchführung eines Aufgebotsverfahrens** gem. § 1104 BGB erlöschen (§ 20 Abs. 8 VermG), wenn der Vorkaufsberechtigte unbekannt ist.

9. Verfahren. Der **Antrag** auf Einräumung eines Vorkaufsrechts konnte bzw. kann nur gestellt werden, solange über einen Antrag auf Aufhebung der staatlichen Verwaltung

---

[21] LG Berlin ZOV 1993, 354; vgl. auch BGH JZ 1957, 578; *Palandt-Bassenge* § 1097 RdNr. 1.

(§ 11 Abs. 1 S. 1 VermG) noch nicht entschieden war bzw. solange über einen Rückübertragungsantrag noch nicht bestandskräftig entschieden ist. Dies stellt die durch das RegVBG in das VermG eingefügte Bestimmung des § 30a Abs. 4 S. 1, 2 klar. In den Fällen der Beendigung der staatlichen Verwaltung nach § 11a VermG konnten Anträge auf Einräumung eines Vorkaufsrechts nur bis zum Ablauf von sechs Monaten nach Inkrafttreten des RegVBG, also bis zum 24. 6. 1994, gestellt werden. Über den Antrag nach § 20 VermG hat das Vermögensamt durch gesonderten Bescheid zu befinden. Wird dem Antrag stattgegeben, hat das Vermögensamt ein **Ersuchen** (§ 34 Abs. 2 S. 1 VermG iVm. § 38 GBO) **auf Eintragung** des Vorkaufsrechts beim zuständigen Grundbuchamt zu stellen.[22] Ein eigenes Antragsrecht des Mieters oder Nutzers beim Grundbuchamt besteht daneben nicht.[23]

23 Steht das Vorkaufsrecht gem. § 20 Abs. 4 S. 1 VermG **mehreren Anspruchsberechtigten** gemeinschaftlich zu (vgl. RdNr. 8, 15), kann der Antrag auf Einräumung des Vorkaufsrechts von diesen gemeinschaftlich, aber auch von jedem einzelnen Mieter oder Nutzer mit Wirkung für die anderen gestellt werden (§ 20 Abs. 4 S. 2, 3 VermG). Mit dem Recht zur alleinigen Antragstellung sollen interne Streitigkeiten über die Mitwirkung bei der Antragstellung vermieden werden.

24 **Örtlich zuständig** ist nach § 20 Abs. 5 S. 1 VermG das Amt zur Regelung offener Vermögensfragen, das über den Antrag auf Rückübertragung entscheidet. Sofern das Grundstück der staatlichen Verwaltung unterlag und diese kraft Gesetzes mit Ablauf des 31. 12. 1992 endete (§ 11a Abs. 1 S. 1 VermG), ist das Vermögensamt des Belegenheitsortes zuständig (§ 20 Abs. 5 S. 2 VermG). Für die übrigen Verwalterfälle, in denen die staatliche Verwaltung bereits zuvor auf Antrag des Berechtigten aufgehoben wurde, verbleibt es mangels anderslautender Anordnung bei der allgemeinen Zuständigkeitsregel des § 35 Abs. 1 S. 1 VermG (Wohnsitzprinzip).

III. Rechtsschutz

25 **1. Antragsteller.** Gegen Entscheidungen der Vermögensämter über die Begründung eines Vorkaufsrechts ist der **Verwaltungsrechtsweg** (§ 40 VwGO) eröffnet. Lehnt die Behörde den Antrag auf Eintragung eines Vorkaufsrechts ab, kann der Antragsteller nach Durchführung eines Vorverfahrens (§§ 68 ff. VwGO) dagegen Verpflichtungsklage (§ 42 Abs. 1 2. Alt. VwGO) erheben. Das Verfahren auf einstweiligen Rechtsschutz findet nach § 123 VwGO statt.

26 **2. Dritte.** Eine der Eintragung eines Vorkaufsrechts stattgebende Entscheidung des Vermögensamtes ist Rechtsgrundlage für die dingliche Belastung eines fremden Grundstücks und greift damit zugleich in die Rechte Dritter ein. Drittbetroffener ist im Falle des § 20 VermG der **Verfügungsberechtigte,** soweit noch keine bestandskräftige Entscheidung über die Aufhebung der staatlichen Verwaltung oder die Rückübertragung ergangen ist; ansonsten der **Berechtigte.** Dem genannten Personenkreis steht wegen des drittschützenden Charakters von § 20 VermG eine Klagebefugnis (§ 42 Abs. 2 VwGO) gegen die Entscheidung des Vermögensamtes zu. Die Klage ist als Anfechtungsklage (§ 42 Abs. 1 1. Alt. VwGO) zu erheben; das Verfahren zur Erlangung einstweiligen Rechtsschutzes richtet sich ggfls. nach § 80 Abs. 5 VwGO.

27 **3. Zuständigkeit.** Örtlich zuständig ist nach § 52 Nr. 1 VwGO allein das Verwaltungsgericht, in dessen Bezirk sich das restitutionsbefangene Grundstück befindet, da es sich bei der Entscheidung über die Eintragung eines Vorkaufsrechts um eine Streitigkeit handelt, die sich auf ein **ortsgebundenes Recht oder Rechtsverhältnis** bezieht.[24]

---

[22] *Kinne* ZOV 1992, 352, 354; *Böhringer* NJ 1992, 289, 290.
[23] Vgl. KG JFG 18, 68, 72; OLG München JFG 23, 326, 330; *Horber-Demharter,* Grundbuchordnung, 20. Aufl. 1993, § 38 RdNr. 3; *Böhringer* NJ 1992, 289, 290; aA *Flik* NJ 1993, 507: ab Unanfechtbarkeit der Verwaltungsentscheidung.
[24] *Kopp,* VwGO, 10. Aufl. 1994, § 52 RdNr. 7

IV. Altfälle

1. Allgemeines. Seit Inkrafttreten des RegVBG ist auf alle (bestehenden) Vorkaufsrechte mit Ausnahme des Absatzes 6 grundsätzlich § 20 VermG nF anzuwenden (Art. 19 Abs. 9 S. 1 RegVBG). Vor dem 25. 12. 1993 galt für das Vorkaufsrecht der Mieter und Nutzer § 20 Abs. 1 und 3 VermG aF, der folgenden Wortlaut hatte: 28

„(1) Mietern und Nutzern von Ein- und Zweifamilienhäusern sowie von Grundstücken für Erholungszwecke, die staatlich verwaltet sind oder auf die ein Anspruch auf Rückübertragung besteht, wird auf Antrag ein Vorkaufsrecht am Grundstück eingeräumt.
(...)
(3) Anträge auf Eintragung des Vorkaufsrechts sind im Rahmen des Verfahrens nach Abschnitt VI zu stellen. Das Antragsrecht wird durch die Aufhebung der staatlichen Verwaltung nach § 11a nicht berührt."

Im Gegensatz zu der mit dem RegVBG in Kraft getretenen Fassung des § 20 VermG war die **Regelungsdichte** des § 20 Abs. 1 und 3 VermG wesentlich geringer. Dies hat in der Praxis zu Auslegungsproblemen geführt, bedingte aber nicht notwendig Auslegungsergebnisse, die von § 20 VermG nF abweichen. Vielmehr hat der Gesetzgeber mit der Novellierung des § 20 VermG durch das RegVBG in weiten Teilen lediglich die bis dahin schon geltende Rechtslage klargestellt und damit Auslegungsergebnisse in Gesetzesform gegossen. Es kann daher weitgehend auf die vorstehenden Ausführungen (RdNr. 3ff.) verwiesen werden. Abweichend davon galt jedoch folgendes: 29

2. Entstehung/Umfang des Vorkaufsrechts. Im Gegensatz zu § 20 Abs. 6 S. 1 VermG idF des RegVBG enthielt § 20 Abs. 1 VermG aF keine ausdrückliche Regelung über die Entstehung des Vorkaufsrechts. Insoweit war auf die allgemeinen Vorschriften über das vermögensrechtliche Verfahren zurückzugreifen, auf die § 20 Abs. 3 S. 1 VermG aF verwies. Danach ergab sich für die nach § 35 VermG örtlich zuständigen Vermögensämter eine Annexzuständigkeit für die Einräumung dinglicher Vorkaufsrechte iSv. § 20 VermG. Diese entstanden mit **Bestandskraft des Bescheides** analog § 34 Abs. 1 S. 1 VermG bzw. seit Inkrafttreten des 2. VermRÄndG gem. § 34 Abs. 1 S. 2 iVm. S. 1 VermG außerhalb des Grundbuches.[25] Das Grundbuch war auf Ersuchen des Vermögensamtes zu berichtigen. 30

Lagen **mehrere Anträge** auf Bestellung eines Vorkaufsrechts an demselben Grundstück vor, weil dieses ohne grundbuchmäßige Teilung von verschiedenen Mietern oder Nutzern in Teilen genutzt wurde (zB auch bei Zweifamilienhäusern), galt das **Prioritätsprinzip** mit der Folge, daß nachrangig entstandene Vorkaufsrechte erst dann ausgeübt werden konnten, wenn der jeweils vorrangig Berechtigte von seinem Vorkaufsrecht keinen Gebrauch machte.[26] Eine räumliche Begrenzung konkurrierender Vorkaufsrechte schied mangels grundbuchrechtlicher Aufteilung des Grundstücks ebenso aus wie eine Eintragung mehrerer gleichrangiger Vorkaufsrechte zumindest zweifelhaft war,[27] da diese regelmäßig inhaltlich miteinander kollidiert wären;[28] für die Einräumung gemeinschaftlicher Vorkaufsrechte wie nach § 20 Abs. 4 S. 1 VermG idF des RegVBG fehlte nach § 20 VermG aF die Rechtsgrundlage.[29] Dem Bestandsschutzinteresse der Nutzer konnte demnach nur durch Begründung eines Vorkaufsrechts am Gesamtgrundstück Genüge getan 31

---

[25] *Böhringer* NJ 1992, 289, 290; *Flik* NJ 1993, 507; *Kimme-Petter* RdNr. 17; aA *Weber* NJW 1991, 343, 344; *Schnabel* ZOV 1993, 294, 294, 297, 299 (für die Rechtslage bis zum Inkrafttreten des 2. VermRÄndG), diesem zustimmend *Kinne* R/R/B RdNr. 21.

[26] *Kinne* ZOV 1992, 352, 353; ders. R/R/B RdNr. 11f.

[27] Vgl. dazu *Haegele-Schöner-Stöber*, Grundbuchrecht, 10. Aufl. 1993, RdNr. 1405 mwN zum Meinungsstand.

[28] Ablehnend daher *Kinne* ZOV 1992, 352, 353.

[29] AA *Böhringer* NJ 1992, 289, 290 (o. Begr.); *Kimme-Petter* RdNr. 19; *Schnabel* ZOV 1993, 294, 297; *Claussen* NJ 1993, 404, 406; undeutlich *Flotho* Rechtshandbuch B 100 RdNr. 34. – Die bisweilen zur Begründung herangezogene Vorschrift des § 513 BGB setzt ein gemeinschaftliches Vorkaufsrecht voraus und begründet dieses nicht.

VermG § 20a Abschnitt IV. Rechtsverhältnisse zw. Berechtigten u. Dritten

werden. Das am Gesamtgrundstück einzuräumende Vorkaufsrecht war jedoch im Hinblick auf den räumlichen Umfang des Nutzungsrechts analog § 1026 BGB derart zu bedingen, daß sich das Vorkaufsrecht bei Abschreibung dieser Teilfläche auf sie beschränkt (vgl. insoweit auch Art. 19 Abs. 9 S. 2 RegVBG).[30]

32 3. **Ausübung des Vorkaufsrechts.** Die Ausübung des Vorkaufsrechts war nach Sinn und Zweck wie nach § 20 VermG nF ebenfalls auf den **ersten Verkaufsfall nach Entstehung** des Vorkaufsrechts beschränkt.[31] Im übrigen waren die Bestimmungen der §§ 1094 ff. BGB im Zweifel entsprechend anzuwenden.

33 Bezog sich das Vorkaufsrecht auf restitutionsbelastete **Miteigentumsanteile,** so war dessen Ausübung auf den Verkauf der Miteigentumsanteile beschränkt. Die Veräußerung des Grundstücks als Ganzes durch die Miteigentümer wurde daher von dem Vorkaufsrecht nicht erfaßt. Andererseits konnte der Vorkaufsberechtigte sein Recht im Gegensatz zu § 20 Abs. 2 S. 3 VermG idF des RegVBG auch dann geltend machen, wenn ein Miteigentumsanteil an einen anderen Miteigentümer verkauft wurde.

34 4. **Verfahren.** Die **örtliche Zuständigkeit** der Vermögensämter richtete sich nach der allgemeinen Bestimmung des § 35 VermG. Soweit daher als Annex zur Aufhebung der staatlichen Verwaltung über die Einräumung eines Vorkaufsrechts zu entscheiden war, galt das Wohnsitzprinzip (§ 35 Abs. 1 VermG). Bei Entscheidungen, die im Zusammenhang mit Rückgabeansprüchen standen, entschied die Belegenheit des Vermögenswertes über die örtliche Zuständigkeit des Vermögensamtes (§ 35 Abs. 2 VermG).

§ 20a Vorkaufsrecht des Berechtigten

Bei Grundstücken, die nicht zurückübertragen werden können, weil Dritte an ihnen Eigentums- oder dingliche Nutzungsrechte erworben haben, wird dem Berechtigten auf Antrag ein Vorkaufsrecht am Grundstück eingeräumt. Dies gilt nicht, wenn das Grundstück nach den Vorschriften des Investitionsvorranggesetzes erworben worden ist. Für die Entscheidung über den Antrag ist das Amt zur Regelung offener Vermögensfragen zuständig, das über den Anspruch auf Rückübertragung des Eigentums zu entscheiden hat. Als Vorkaufsfall gilt nicht der Erwerb des Grundstücks durch den Inhaber eines dinglichen Nutzungsrechts. Im übrigen ist § 20 Abs. 2 und 4, Abs. 5 Satz 1, Abs. 6, Abs. 7 Satz 1 und Abs. 8 sinngemäß anzuwenden.

Schrifttum: Siehe das bei § 20 nachgewiesene Schrifttum.

Übersicht

	RdNr.		RdNr.
I. Normzweck	1	III. Rechtsschutz	
II. Voraussetzungen		1. Antragsteller	12
1. Gegenstand des Vorkaufsrechts	2	2. Dritte	13
2. Entstehung/Inhalt des Vorkaufsrechts	3, 4	3. Zuständigkeit	14
3. Ausübung des Vorkaufsrechts	5, 6	IV. Altfälle	
4. Übertragung/Erlöschen des Vorkaufsrechts	7, 8	1. Allgemeines	15, 16
		2. Gegenstand des Vorkaufsrechts	17, 18
5. Verfahren	9–11	3. Entstehung des Vorkaufsrechts	19
		4. Ausübung des Vorkaufsrechts	20, 21
		5. Verfahren	22

---

[30] *Claussen* NJ 1993, 404, 406; *Flik* NJ 1993, 507, 509; zur Ausübungsbeschränkung *Staudinger/Mayer-Maly*, BGB, 12. Aufl. 1981, § 1095 RdNr. 3; *Erman-Ronke*, BGB, 9. Aufl. 1993, § 1094 RdNr. 7.

[31] LG Berlin ZOV 1993, 354; *Schnabel* ZOV 1993, 294, 297; *Kinne* R/R/B RdNr. 8.

I. Normzweck

Die durch das RegVBG in das Vermögensgesetz inkorporierte Bestimmung des § 20a regelt das Vorkaufsrecht des Berechtigten bei Grundstücken, die nicht zurückübertragen werden können, weil Dritte an ihnen Eigentums- oder dingliche Nutzungsrechte erworben haben. Das Normprogramm des § 20a VermG war ursprünglich in § 20 Abs. 2 und 3 S. 1 VermG aF enthalten. Mit dem RegVBG sind die Bestimmungen über das Vorkaufsrecht des Berechtigten aus systematischen Gründen von den Regelungen über das Vorkaufsrecht der Mieter bzw. Nutzer in § 20 VermG getrennt worden. Damit wird zugleich der von § 20 VermG abweichende Zweck des Vorkaufsrechts aus § 20a VermG dokumentiert: Anders als dort soll die Einräumung des Vorkaufsrechts nicht ein andauerndes Nutzungsinteresse absichern; vielmehr geht es darum, dem **Affektionsinteresse** der mit ihrem Rückübertragungsbegehren ausgeschlossenen Berechtigten Rechnung zu tragen. Diese sollen jedenfalls die Möglichkeit erhalten, die Immobilie zurückzuerwerben, bevor diese an Dritte veräußert wird, die dem Grundstück an sich „fern" stehen.

II. Voraussetzungen

1. Gegenstand des Vorkaufsrechts. Die Einräumung eines Vorkaufsrechts erfolgt auf Antrag des „Berechtigten" (§ 20a Abs. 1 S. 1 VermG). Der Antrag muß sich auf ein **Grundstück** beziehen, das nicht zurückübertragen werden kann, weil Dritte an ihm im Gefolge einer schädigenden Maßnahme iSv. § 1 VermG Eigentums- oder dingliche Nutzungsrechte erworben haben. Dies ist nach § 4 Abs. 2 VermG nur dann möglich, wenn der **Dritterwerber** selbst **redlich** war.[1] Der Dritterwerb muß nach dem insoweit von § 20 Abs. 2 VermG aF abweichenden Wortlaut zum Rückübertragungsausschluß geführt haben (§§ 3 Abs. 4 S. 3; 4 Abs. 2 und 3; 5 VermG). Das Vorkaufsrecht erfaßt damit anders als § 20 Abs. 2 VermG aF nicht mehr solche Grundstücke, auf deren Rückübertragung der Berechtigte zunächst selbst durch Wahl der Entschädigung (§ 8 Abs. 1 S. 1 VermG) oder Erklärung gegenüber der zuständigen Behörde verzichtet hat.[1a] Es besteht ferner nicht für Restitutionsobjekte, die Gegenstand einer **investiven Veräußerung** nach den Vorschriften des Investitionsvorranggesetzes gewesen sind (§ 20a S. 2 VermG). Entsprechend dem Grundsatz „Investitionen vor Rückgabe vor Entschädigung" soll der Investor im Hinblick auf eine spätere wirtschaftliche Verwertung der Immobilie durch Weiterverkauf des Grundstücks frei sein. Aus diesem Grunde ist das Vorkaufsrecht entsprechend § 20a S. 2 VermG auch dann als ausgeschlossen anzusehen, wenn das investive Geschäft noch auf § 3a VermG aF bzw. den Bestimmungen des BInvG beruht. Gegenstand des Vorkaufsrechts können nicht nur Grundstücke sondern auch einzelne **Miteigentumsanteile** sein (§ 20a S. 5 iVm. § 20 Abs. 2 und 4 VermG).[2]

2. Entstehung/Inhalt des Vorkaufsrechts. In Abweichung von der zuvor geltenden Rechtslage (dazu RdNr. 17) entsteht das Vorkaufsrecht nach § 20a S. 1 VermG erst, wenn der Bescheid, mit dem dem Antrag auf Einräumung des Vorkaufsrechts stattgegeben wird, unanfechtbar geworden und die Eintragung des Vorkaufsrechts im Grundbuch erfolgt ist (§ 20a S. 5 iVm. § 20 Abs. 6 S. 1 VermG). Maßgebend ist also im Interesse der Sicherheit des Rechtsverkehrs die **Eintragung im Grundbuch** und nicht mehr wie nach § 20 VermG aF die Unanfechtbarkeit des Bescheides (§ 34 Abs. 1 S. 2 VermG). Damit wird für mögliche Kaufinteressenten Publizität im Hinblick auf die Existenz des Vorkaufsrechts hergestellt; zugleich ist die Entstehung von Vorkaufsrechten außerhalb des Grundbuches seit Inkrafttreten des RegVBG ausgeschlossen. Das Vorkaufsrecht hat Dritten gegenüber die **Wirkung einer Vormerkung** zur Sicherung des durch die Ausübung des Rechts entstehenden Anspruchs auf Übertragung des Eigentums (§ 20a S. 5 VermG iVm. §§ 20 Abs. 8 VermG, 1098 Abs. 2 BGB).

---

[1] Vgl. dazu § 4 RdNr. 46ff.
[1a] AA *Flotho* Rechtshandbuch B 100 RdNr. 8.
[2] Vgl. dazu § 20 RdNr. 7.

VermG § 20a 4–10   Abschnitt IV. Rechtsverhältnisse zw. Berechtigten u. Dritten

4   Soweit sich der ausgeschlossene Rückübertragungsanspruch nur auf den **Teil eines Grundstücks** bezog, weil etwa das ursprünglich entzogene Grundstück später mit einem anderen katastermäßig zusammengelegt wurde, steht dem Berechtigten das Vorkaufsrecht ggfls. nicht allein, sondern gemeinschaftlich mit einem anderen Berechtigten zu, wenn dieser einen Rückübertragungsanspruch auf einen anderen Teil des zusammengelegten Grundstücks geltend machen kann (§ 20a S. 5 iVm. § 20 Abs. 4 S. 1 VermG). Die für Miet- und Nutzungsverhältnisse geltende Regelung des § 20 Abs. 3 VermG (dazu § 20 RdNr. 15) ist auf das Vorkaufsrecht des Berechtigten nicht anwendbar.

5   **3. Ausübung des Vorkaufsrechts.** Das Vorkaufsrecht nach § 20a VermG besteht gem. § 20a S. 5 iVm. § 20 Abs. 6 S. 2 VermG grundsätzlich für den **ersten Vorkaufsfall nach Eintragung** des Vorkaufsrechts (vgl. dazu § 20 RdNr. 16). Als Vorkaufsfall gilt jedoch nicht der Erwerb des Grundstücks durch den **Inhaber eines dinglichen Nutzungsrechts** im Rahmen eines sog. Komplettierungskaufs (§ 20a S. 4 VermG). Ansonsten würde die in § 4 Abs. 2 VermG zum Ausdruck kommende Entscheidung des Gesetzgebers unterlaufen, dem redlichen Erwerb dinglicher Nutzungsrechte restitutionsausschließende Wirkung beizumessen. Danach soll der Nutzungsberechtigte gerade die Möglichkeit erhalten, das Grundstück hinzuzuerwerben (vgl. auch § 61 Abs. 1 SachenRBerG). Das bloße Affektionsinteresse des Berechtigten hat daher hinter dem ungleich stärkeren Nutzungsinteresse des dinglich berechtigten Nutzers zunächst zurückzustehen. Der Vorkaufsberechtigte kann sein Vorkaufsrecht jedoch beim nächsten Verkaufsfall ausüben, bei dem das Grundstück von dem Nutzungsberechtigten nach erfolgter Komplettierung an einen Dritten verkauft wird.

6   Zur Ausübung des Vorkaufsrechts an einem **Miteigentumsanteil** (§ 20a S. 5 iVm. § 20 Abs. 2 VermG) vgl. § 20 RdNr. 17. Im übrigen gelten die Vorschriften der §§ 504 bis 513, 1099 bis 1102 und 1103 Abs. 2 BGB (§ 20a S. 5 iVm. § 20 Abs. 8 VermG). Das Vorkaufsrecht kann auch dann ausgeübt werden, wenn das Grundstück von einem **Insolvenzverwalter** aus freier Hand verkauft wird (§ 20a S. 5 iVm. §§ 20 Abs. 8 VermG, 1098 Abs. 1 S. 2 BGB).

7   **4. Übertragung/Erlöschen des Vorkaufsrechts.** Der aus dem Affektionsinteresse des Berechtigten folgende höchstpersönliche Charakter des Vorkaufsrechts schließt dessen rechtsgeschäftliche Übertragung auf Dritte aus; darüber hinaus ist das Vorkaufsrecht **nicht vererblich** (§ 20a S. 5 iVm. § 20 Abs. 7 S. 1 VermG).

8   Das Vorkaufsrecht kann infolge der Durchführung eines **Aufgebotsverfahrens** gem. § 1104 BGB erlöschen (§ 20a S. 5 iVm. § 20 Abs. 8 VermG), wenn der Vorkaufsberechtigte unbekannt ist.

9   **5. Verfahren.** Der **Antrag** auf Einräumung eines Vorkaufsrechts kann nur gestellt werden, solange über den Rückübertragungsantrag noch nicht bestandskräftig entschieden ist. Dies stellt die durch das RegVBG in das VermG inkorporierte Bestimmung des § 30a Abs. 4 S. 1 VermG klar. Über den Antrag nach § 20a VermG hat das Vermögensamt durch gesonderten Bescheid zu befinden. Wird dem Antrag stattgegeben, hat das Vermögensamt ein **Ersuchen** (§ 34 Abs. 2 S. 1 VermG iVm. § 38 GBO) **auf Eintragung** des Vorkaufsrechts beim zuständigen Grundbuchamt zu stellen.[3] Ein eigenes Antragsrecht des Berechtigten beim Grundbuchamt besteht daneben nicht.[4]

10 Steht das Vorkaufsrecht gem. § 20a S. 5 iVm. § 20 Abs. 4 S. 1 VermG **mehreren Anspruchsberechtigten** gemeinschaftlich zu (vgl. RdNr. 4, 6), kann der Antrag auf Einräumung des Vorkaufsrechts von diesen gemeinschaftlich, aber auch von jedem einzelnen Berechtigten mit Wirkung für die anderen gestellt werden (§ 20a S. 5 iVm. § 20 Abs. 4

---

[3] *Kinne* ZOV 1992, 352, 354; *Böhringer* NJ 1992, 289, 290.
[4] Vgl. KG JFG 18, 68, 72; OLG München JFG 23, 326, 330; *Horber-Demharter*, Grundbuchordnung, 20. Aufl. 1993, § 38 RdNr. 3; *Böhringer* NJ 1992, 289, 290; aA *Flik* NJ 1993, 507: ab Unanfechtbarkeit der Verwaltungsentscheidung

S. 2, 3 VermG). Mit dem Recht zur alleinigen Antragstellung sollen interne Streitigkeiten über die Mitwirkung bei der Antragstellung vermieden werden.

Örtlich zuständig ist nach § 20a S. 3 VermG das Amt zur Regelung offener Vermögensfragen, das über den Anspruch auf Rückübertragung entscheidet.

III. Rechtsschutz

1. **Antragsteller.** Gegen Entscheidungen der Vermögensämter über die Begründung eines Vorkaufsrechts ist der **Verwaltungsrechtsweg** (§ 40 VwGO) eröffnet. Lehnt die Behörde den Antrag auf Eintragung eines Vorkaufsrechts ab, kann der Antragsteller nach Durchführung eines Vorverfahrens (§§ 68 ff. VwGO) dagegen Verpflichtungsklage (§ 42 Abs. 1 2. Alt. VwGO) erheben. Das Verfahren auf einstweiligen Rechtsschutz findet nach § 123 VwGO statt.

2. **Dritte.** Eine der Eintragung eines Vorkaufsrechts stattgebende Entscheidung des Vermögensamtes ist Rechtsgrundlage für die dingliche Belastung eines fremden Grundstücks und greift damit zugleich in die Rechte Dritter ein. **Drittbetroffene** sind diejenigen Personen, die Eigentums- oder dingliche Nutzungsrechte an dem Grundstück erworben haben („Dritte" iSd. Vorschrift). Dem genannten Personenkreis steht wegen des drittschützenden Charakters von § 20a VermG eine Klagebefugnis (§ 42 Abs. 2 VwGO) gegen die Entscheidung des Vermögensamtes zu. Die Klage ist als Anfechtungsklage (§ 42 Abs. 1 1. Alt. VwGO) zu erheben; das Verfahren zur Erlangung einstweiligen Rechtsschutzes richtet sich ggfls. nach § 80 Abs. 5 VwGO.

3. **Zuständigkeit.** Örtlich zuständig ist nach § 52 Nr. 1 VwGO allein das Verwaltungsgericht, in dessen Bezirk sich das restitutionsbefangene Grundstück befindet, da es sich bei der Entscheidung über die Eintragung eines Vorkaufsrechts um eine Streitigkeit handelt, die sich auf ein **ortsgebundenes Recht oder Rechtsverhältnis** bezieht.[5]

IV. Altfälle

1. **Allgemeines.** Seit Inkrafttreten des RegVBG ist auf alle (bestehenden) Vorkaufsrechte von Berechtigten § 20a VermG anzuwenden (Art. 19 Abs. 9 S. 1 RegVBG). Vor dem 25. 12. 1993 galt für das Vorkaufsrecht der Berechtigten § 20 Abs. 2 und Abs. 3 S. 1 VermG aF, der folgenden Wortlaut hatte:

„(2) Bei Grundstücken, an denen Dritte Eigentums- oder dingliche Nutzungsrechte erworben haben, wird den Berechtigten auf Antrag ein Vorkaufsrecht am Grundstück eingeräumt.

(3) Anträge auf Eintragung des Vorkaufsrechts sind im Rahmen des Verfahrens nach Abschnitt VI zu stellen. (...)."

Durch die Regelung des § 20a VermG ist der Gesetzgeber dem Verlangen der Praxis nachgekommen, die im Zusammenhang mit § 20 Abs. 2 VermG aF aufgetretenen **Interpretationsprobleme** durch eine Neukodifizierung zu beseitigen. Soweit diese sich in der Klarstellung der bisher schon geltenden Rechtslage erschöpft, kann auf die Ausführungen oben RdNr. 2 ff. verwiesen werden. Abweichend von § 20a VermG galt nach § 20 Abs. 2 VermG aF folgendes:

2. **Gegenstand des Vorkaufsrechts.** Ein Anspruch auf Einräumung eines Vorkaufsrechts bestand nach § 20 Abs. 2 VermG aF auch dann, wenn der Ausschluß der Rückübertragung auf einer Entscheidung des Berechtigten beruhte, insbesondere also bei einem zunächst ausgesprochenen **Rückgabeverzicht** bzw. bei **Wahl der Entschädigung**.[6] Anders als nach dem Wortlaut des § 20a S. 1 VermG war die Vorkaufsberechtigung durch § 20 Abs. 2 VermG aF nicht auf die Fälle beschränkt, in denen die Rückübertragung infolge Dritterwerbs scheitert.

---

[5] *Kopp*, VwGO, 9. Aufl. 1992, § 52 RdNr. 7.
[6] *Flotho* Rechtshandbuch B 100 RdNr. 8; *Schna-* bel ZOV 1993, 294, 299; *Kinne* R/R/B § 20 RdNr. 14.

VermG § 21 Abschnitt IV. Rechtsverhältnisse zw. Berechtigten u. Dritten

18   Andererseits schied ein Anspruch auf Begründung eines Vorkaufsrechts entgegen dem zu weitgehenden Wortlaut des § 20 Abs. 2 VermG aF aus, wenn der Rückübertragungsausschluß auf dem redlichen **Erwerb eines dinglichen Nutzungsrechts** an dem Grundstück durch Dritte beruhte.[7] Da § 20 Abs. 2 VermG aF eine § 20a S. 4 VermG vergleichbare Vorschrift nicht enthielt und somit das Vorkaufsrecht ausnahmslos auf den ersten Verkaufsfall nach Entstehung des Vorkaufsrechts bezog, konnte ein Anspruch auf Einräumung eines Vorkaufsrechts im Hinblick auf die Wertentscheidung des § 4 Abs. 2 VermG (dazu oben RdNr. 5) nicht entstehen.

19   **3. Entstehung des Vorkaufsrechts.** Im Gegensatz zu § 20a S. 5 iVm. § 20 Abs. 6 S. 1 VermG idF des RegVBG enthielt § 20 Abs. 2 VermG aF keine ausdrückliche Regelung über die Entstehung des Vorkaufsrechts. Nach den allgemeinen Vorschriften über das vermögensrechtliche Verfahren, auf die insoweit zurückzugreifen war (vgl. § 20 Abs. 3 S. 1 VermG aF), entstand das Vorkaufsrecht mit **Bestandskraft des Bescheides** analog § 34 Abs. 1 S. 1 VermG bzw. seit Inkrafttreten des 2. VermRÄndG gem. § 34 Abs. 1 S. 2 iVm. S. 1 VermG außerhalb des Grundbuches (vgl. bereits § 20 RdNr. 30).

20   **4. Ausübung des Vorkaufsrechts.** Die Ausübung des Vorkaufsrechts war nach Sinn und Zweck auf den **ersten Verkaufsfall nach Entstehung** des Vorkaufsrechts beschränkt.[8] Im übrigen waren die Bestimmungen der §§ 1094 ff. BGB im Zweifel entsprechend anzuwenden.

21   Bezog sich das Vorkaufsrecht auf **Miteigentumsanteile,** so war dessen Ausübung auf den Verkauf der Miteigentumsanteile beschränkt. Die Veräußerung des Grundstücks als Ganzes durch die Miteigentümer wurde daher von dem Vorkaufsrecht nicht erfaßt. Andererseits konnte der Vorkaufsberechtigte sein Recht im Gegensatz zu § 20a S. 5 iVm. § 20 Abs. 2 S. 3 VermG idF des RegVBG auch dann geltend machen, wenn ein Miteigentumsanteil an einen anderen Miteigentümer verkauft wurde. Ein Ausübungsausschluß bei **investiven Veräußerungen** bestand in Ermangelung einer gesetzlichen Anordnung nicht.

22   **5. Verfahren.** Die **örtliche Zuständigkeit** der Vermögensämter beurteilte sich nach der allgemeinen Bestimmung des § 35 VermG, so daß die Belegenheit des Vermögenswertes über die örtliche Zuständigkeit entschied (§ 35 Abs. 2 VermG).

§ 21 Ersatzgrundstück

(1) Mieter oder Nutzer von Einfamilienhäusern und Grundstücken für Erholungszwecke, die staatlich verwaltet sind oder auf die ein rechtlich begründeter Anspruch auf Rückübertragung geltend gemacht wurde, können beantragen, daß dem Berechtigten ein Ersatzgrundstück zur Verfügung gestellt wird, wenn sie bereit sind, das Grundstück zu kaufen. Der Berechtigte ist nicht verpflichtet, ein Ersatzgrundstück in Anspruch zu nehmen.

(2) Anträgen nach § 9 ist vorrangig zu entsprechen.

(3) Dem Antrag nach Absatz 1 Satz 1 ist zu entsprechen, wenn der Berechtigte einverstanden ist, ein in kommunalem Eigentum stehendes Grundstück im gleichen Stadt- oder Gemeindegebiet zur Verfügung steht und einer Eigentumsübertragung keine berechtigten Interessen entgegenstehen. Dies gilt insbesondere, wenn die Mieter und Nutzer erhebliche Aufwendungen zur Werterhöhung oder Werterhaltung des Objektes getätigt haben.

(4) Wertdifferenzen zwischen dem Wert des Ersatzgrundstücks und dem Wert des Grundstücks zum Zeitpunkt der Inverwaltungnahme oder des Entzugs des Eigentumsrechts sind auszugleichen.

---

[7] *Fieberg-Reichenbach* F/R/M/S § 4 RdNr. 78.   [8] LG Berlin ZOV 1993, 354; *Schnabel* ZOV 1993, 294, 297.

(5) Wurde dem Berechtigten eines staatlich verwalteten Grundstückes ein Ersatzgrundstück übertragen, ist der staatliche Verwalter berechtigt, das Grundstück an den Mieter oder Nutzer zu verkaufen.

Schrifttum: *Horst,* Gebäudeeigentum und Nutzungsrechte an Grundstücken in der ehemaligen DDR, DWW 1991, 273 ff.; *Weber,* Die Verfahrensbeteiligung von Mietern und sonstigen Nutzungsberechtigten nach dem Vermögensgesetz, NJW 1991, 343 ff.

Vgl. auch das abgekürzt zitierte Schrifttum.

Übersicht

	RdNr.		RdNr.
I. Normzweck	1	**III. Verfahren**	10–13
II. Voraussetzungen		**IV. Verfahrensfolgen**	14–19
1. Antragsrecht	2–4	**V. Rechtsschutz**	
2. Antragsteller	5	1. Antragsteller	20
3. Erwerbsgrundstück	6	2. Berechtigter	21
4. Ersatzgrundstück	7	3. Zuständigkeit	22, 23
5. Entgegenstehende berechtigte Interessen	8		
6. Einverständnis des Berechtigten	9		

I. Normzweck

Mieter und Nutzer von staatlich verwalteten bzw. der Rückübertragung unterliegenden 1 Einfamilienhäusern oder Grundstücken für Erholungszwecke können nach § 21 VermG beantragen, daß dem Berechtigten ein Ersatzgrundstück zur Verfügung gestellt wird. Ähnlich wie § 20 VermG dient auch § 21 VermG dem **Schutz** solcher **Mieter und Nutzer**, die im Vertrauen auf eine längerfristige Nutzung häufig Investitionen in die Immobilie getätigt haben. Mit der Bereitstellung einer Ersatzimmobilie für den Berechtigten soll den Mietern und Nutzern die Möglichkeit eröffnet werden, ihren Lebensmittelpunkt über die gesetzlich angeordnete Aufrechterhaltung des Nutzungsrechtsverhältnisses nach §§ 16 und 17 VermG hinaus zu sichern. Dies scheitert in der Praxis regelmäßig an fehlenden Vorratsgrundstücken. Die Vorschrift hat daher nur geringe tatsächliche Bedeutung. Wegen der Ergänzungsfunktion zu §§ 16, 17 VermG, die sich auch aus der systematischen Einordnung der Vorschriften in den IV. Abschnitt des Vermögensgesetzes ergibt, steht das Antragsrecht nur redlichen Mietern und Nutzern zu.[1] Unredliche Nutzungsrechtsverhältnisse werden nach § 17 S. 2 VermG nicht aufrechterhalten.

II. Voraussetzungen

1. Antragsrecht. Der Antrag auf Bereitstellung eines Ersatzgrundstückes kann **neben** 2 **oder anstelle des Antrags auf Eintragung eines Vorkaufsrechtes** geltend gemacht werden. Die Anträge schließen einander schon deshalb nicht aus, weil der Berechtigte nicht verpflichtet ist, das Ersatzgrundstück in Anspruch zu nehmen.

Das Antragsrecht setzt voraus, daß die von dem Antragsteller genutzte Immobilie 3 **staatlich verwaltet** wurde bzw. daß auf sie ein **rechtlich begründeter Anspruch auf Rückübertragung** geltend gemacht wurde (§ 21 Abs. 1 S. 1 VermG). Anders als bei § 20 VermG[1a] reicht die bloße Geltendmachung eines Rückübertragungsanspruchs nicht aus, da die Notwendigkeit zur Bereitstellung eines Ersatzgrundstücks nur besteht, wenn der

---

[1] Zum Begriff der Redlichkeit vgl. § 4 RdNr. 53 ff.   [1a] Dazu § 20 RdNr. 9, 11.

VermG § 21 4–8 Abschnitt IV. Rechtsverhältnisse zw. Berechtigten u. Dritten

Rückübertragungsanspruch des Berechtigten „rechtlich begründet", also nicht etwa durch §§ 4, 5 VermG ausgeschlossen ist.

4 **Sinn und Zweck** des § 21 VermG ist es, den Berechtigten anstelle der Rückgabe des im vermögensrechtlichen Verfahren befangenen Grundstücks durch Übereignung eines anderen Grundstücks zu entschädigen. Ungeschriebene Voraussetzung des § 21 VermG ist daher, daß jedenfalls im Zeitpunkt der Antragstellung iSv. § 21 VermG die staatliche Verwaltung noch bestand (vgl. aber § 11a S. 1 VermG) bzw. die Rückübertragung noch nicht erfolgt ist. Ansonsten fehlt an sich die tatsächliche Grundlage für eine Entscheidung nach § 21 VermG, da die vom Gesetz vorausgesetzte Wahlmöglichkeit der Entschädigung durch Übereignung eines Ersatzgrundstücks mit der Rückgabe des verfahrensbefangenen Grundstücks nicht mehr existiert. Von diesem Grundsatz hat der Gesetzgeber für die Fälle, in denen die **Aufhebung der staatlichen Verwaltung kraft Gesetzes** gem. § 11a Abs. 1 S. 1 VermG erfolgte, eine Ausnahme gemacht: In diesen Fällen sollte das Antragsrecht nach § 21 VermG durch die kraft Gesetzes eingetretene Aufhebung der staatlichen Verwaltung nicht berührt werden (Rechtsgedanke des § 20 Abs. 3 S. 2 VermG aF). Seit Inkrafttreten des RegVBG gilt für die Fälle des § 11a VermG eine **Ausschlußfrist,** wonach Anträge auf Bereitstellung eines Ersatzgrundstücks noch bis zum Ablauf von sechs Monaten nach Inkrafttreten des RegVBG, also bis zum 24. 6. 1994, gestellt werden konnten (§ 30a Abs. 3 S. 1 VermG).

5 **2. Antragsteller.** Als Antragsteller kommen nur redliche Mieter und Nutzer von Einfamilienhäusern und Grundstücken für Erholungszwecke in Betracht (vgl. bereits RdNr. 1), die bereit sind, das Grundstück zu kaufen, für das die Bereitstellung eines Ersatzgrundstückes beantragt wird. Die **Bereitschaft zum Ankauf** des Grundstückes ist in dem an das zuständige Vermögensamt zu richtenden Antrag rechtsverbindlich in der Form des § 313 BGB zu erklären.[2] Im Gegensatz zu § 20 VermG steht das Antragsrecht den Mietern und Nutzern von Zweifamilienhäusern nicht zu. Dies erscheint insoweit hinnehmbar, als damit Abwicklungsprobleme für den Fall des Grundstückserwerbs vermieden werden.

6 **3. Erwerbsgrundstück.** Das Gesetz unterscheidet zwischen dem Grundstück, das der Antragsteller zu erwerben wünscht, und dem Ersatzgrundstück. Der Erwerbswunsch kann sich beziehen auf **Einfamilienhaus-Grundstücke** und **Grundstücke für Erholungszwecke**. In Betracht kommen wie bei § 20 VermG nur oder jedenfalls überwiegend privat genutzte Grundstücke, nicht aber gewerblich genutzte Grundstücke.[3] Die Abgrenzung zwischen Ein- und Mehrfamilienhäusern ist nach den tatsächlichen Verhältnissen vorzunehmen. Maßgebend ist also die Anzahl der in sich abgeschlossenen oder selbständig vermietbaren Einheiten.[4] Bei Grundstücken zu Erholungszwecken handelt es sich um Grundstücke, die aufgrund eines nach §§ 312 ff. ZGB-DDR begründeten oder zu beurteilenden Nutzungsverhältnisses genutzt werden.[5]

7 **4. Ersatzgrundstück.** Der Antrag der Mieter bzw. Nutzer richtet sich auf Bereitstellung eines Ersatzgrundstückes. Dieses muß **im kommunalen Eigentum** stehen und **im gleichen Stadt- oder Gemeindegebiet** belegen sein (§ 21 Abs. 3 S. 1 VermG). Die räumliche Abgrenzung der Stadt- und Gemeindegebiete hat im Einzelfall nach den örtlichen Gegebenheiten zu erfolgen. Dabei ist neben der Ortslage (Stadt- oder Ortsteil) das Wohnumfeld (Wohnlage) von Bedeutung.

8 **5. Entgegenstehende berechtigte Interessen.** Der Übertragung des Ersatzgrundstücks auf den Antragsteller dürfen keine berechtigten Interessen entgegenstehen (§ 21 Abs. 3 S. 1 VermG). Berechtigte Interessen sind insbesondere solche **der Mieter und Nutzer** des Ersatzgrundstückes. Das Gesetz nennt beispielhaft erhebliche Aufwendungen zur Werterhöhung oder Werterhaltung des Objektes. Dazu werden regelmäßig nicht bloße Schönheitsreparaturen zählen.

---

[2] *Barkam* R/R/B RdNr. 4.
[3] Vgl. dazu bereits § 20 RdNr. 4.
[4] Vgl. dazu § 18 RdNr. 15 ff.
[5] Vgl. § 20 RdNr. 6.

6. Einverständnis des Berechtigten. Die Vorschrift des § 21 VermG begründet für den Berechtigten keine Verpflichtung, sich auf die Übertragung eines Ersatzgrundstückes einzulassen (§ 21 Abs. 1 S. 2 VermG). Das Einverständnis des Berechtigten ist jedoch **Voraussetzung für** eine **antragsgemäße Entscheidung** des Vermögensamtes (§ 21 Abs. 3 S. 1 VermG).

III. Verfahren

Über den Antrag (vgl. RdNr. 3f.) auf Bereitstellung eines Ersatzgrundstückes hat das zuständige Vermögensamt durch **gesonderten Bescheid** zu entscheiden. Auf das Verfahren finden, auch wenn dies in § 21 VermG nicht ausdrücklich wie in § 20 Abs. 5 S. 1 VermG geregelt ist, die Vorschriften des VI. Abschnittes (§§ 30ff. VermG) Anwendung.[6] Dies ergibt sich aus der Parallelität der Normstrukturen von §§ 20 und 21 VermG. Das Vermögensamt hat insbesondere den Berechtigten nach § 31 Abs. 2 VermG zum Verfahren hinzuzuziehen. Die Entscheidung über den Antrag ist für die Behörde eine gebundene Entscheidung (vgl. § 21 Abs. 3 S. 1 VermG: „ist zu entsprechen").[7]

Eine Verpflichtung der Gemeinden zur **Vorhaltung von Ersatzgrundstücken** wird durch § 21 VermG nicht begründet.[8] Der Vorschlag des Bundesrates, den Gemeinden aufgrund des Vermögenszuordnungsgesetzes v. 22. 3. 1991[9] für Entschädigungszwecke zusätzliche Grundstücke aus den Finanzvermögen (Art. 22 EVertr) zur Verfügung zu stellen,[10] ist im Gesetzgebungsverfahren zum Hemmnissebeseitigungsgesetz nicht weiterverfolgt worden.

Bei **konkurrierenden Anträgen** auf Bereitstellung eines Ersatzgrundstückes nach § 9 VermG und § 21 Abs. 1 VermG ist vorrangig dem Antrag des anderweit Entschädigungsberechtigten nach § 9 VermG zu entsprechen (§ 21 Abs. 2 VermG). Der Gesetzgeber hat mit § 21 Abs. 2 VermG dem Wiedergutmachungsinteresse der Entschädigungsberechtigten generell Vorrang vor dem Interesse der nach § 21 VermG antragsberechtigten Mieter und Nutzer an einer Perpetuierung der Gebrauchsüberlassung eingeräumt. Dies gilt entsprechend in den Fällen der Unternehmensrestitution nach § 6 Abs. 6a S. 3 VermG, wenn ein Berechtigter iSv. § 6 Abs. 1a VermG anstelle der ausgeschlossenen Unternehmensrückgabe die Singularrestitution eines Grundstückes begehrt, das selbst nicht zurückgegeben werden kann.[11]

Da der Antrag nach § 21 VermG auf ersatzweise Übertragung eines Grundstückes anstelle des eigentlich zu übertragenden Grundstücks gerichtet ist, ist der Antrag nur begründet, wenn das anmeldebelastete **Grundstück** im Zeitpunkt der Entscheidung **noch nicht** bestandskräftig an den Berechtigten **zurückgegeben** oder aus der staatlichen Verwaltung entlassen wurde (vgl. § 30a Abs. 4 S. 1, 2 VermG), es sei denn, es liegt ein Fall des § 11a VermG vor. Im letztgenannten Fall gilt jedoch die Ausschlußfrist des § 30a Abs. 3 S. 1 VermG (dazu RdNr. 4).

IV. Verfahrensfolgen

Wird dem Antrag auf Bereitstellung eines Ersatzgrundstückes stattgegeben, so **erlischt** mit Bestandskraft der Entscheidung die aus § 3 Abs. 3 VermG folgende **Unterlassungsverpflichtung** des Verfügungsberechtigten. Der Verfügungsberechtigte kann daher über das Grundstück verfügen. Da auch der staatliche Verwalter als Verfügungsberechtigter gilt (§ 2 Abs. 3 S. 2 VermG), hatte die Vorschrift des § 21 Abs. 5 VermG, die dem staatli-

---

[6] *Weber* NJW 1991, 343, 345; *Barkam* R/R/B RdNr. 3.
[7] *Weber* NJW 1991, 343, 345.
[8] *Fieberg-Reichenbach* F/R/M/S § 9 RdNr. 7; *Messerschmidt* VIZ 1993, 5, 7; aA *Barkam* R/R/B RdNr. 9f.
[9] BGBl. I S. 784.
[10] Stellungnahme des Bundesrates, BT-Drucks. 12/204, S. 5, 14.
[11] Vgl. § 6 RdNr. 131.

VermG § 21 15–21   Abschnitt IV. Rechtsverhältnisse zw. Berechtigten u. Dritten

chen Verwalter das Recht zum Verkauf des Grundstücks zuspricht, allein klarstellenden Charakter.[12] Unzutreffend ist es allerdings, wenn dort das Recht zum Verkauf – zutreffend müßte es Veräußerung heißen – von der Übertragung des Grundstücks auf den Berechtigten abhängig gemacht wird. Maßgebend ist insoweit allein die Entscheidung.

15   Ohne jegliche Bedeutung ist § 21 Abs. 5 VermG seit dem 31. 12. 1992. Da mit Ablauf des 31. 12. 1992 die **staatliche Verwaltung** kraft Gesetzes endete, soweit sie bis dahin noch nicht aufgehoben war (§ 11 a VermG), war ab dem 1. 1. 1993 allein der Berechtigte verfügungsbefugt.

16   Mit der positiven Entscheidung über die Übertragung eines Ersatzgrundstückes an den Berechtigten **erledigt sich** dessen **Antrag auf Rückübertragung** des von ihm eigentlich zurückverlangten Grundstücks. Das Vermögensamt hat den ursprünglichen Rückübertragungsantrag des Berechtigten in diesem Sinne durch gesonderten Verwaltungsakt zu bescheiden.

17   Das Ersatzgrundstück geht nicht „automatisch" durch die positive Entscheidung über den Antrag nach § 21 VermG auf den Berechtigten über. Dazu bedarf es vielmehr eines **gesonderten Übertragungsaktes** zwischen der Kommune als Eigentümerin des Grundstückes und dem Berechtigten.

18   **Wertdifferenzen** zwischen dem Wert des Ersatzgrundstückes und dem Wert des an sich zurückzuübertragenden Grundstückes sind zwischen dem Berechtigten und dem Entschädigungsfonds auszugleichen (§ 21 Abs. 4 VermG).[13] Maßgebender Stichtag für die Ermittlung der Wertdifferenz ist der Zeitpunkt der Inverwaltungnahme bzw. des Entzuges des Eigentumsrechtes,[14] nicht jedoch der Zeitpunkt der behördlichen Entscheidung.[15] Ziel der Restitution ist es, den Berechtigten durch Bereitstellung eines Ersatzgrundstückes so zu stellen wie er stehen würde, wenn die Inverwaltungnahme bzw. Enteignung nicht erfolgt wäre.

19   Sinn des Antrags nach § 21 VermG auf Bereitstellung eines Ersatzgrundstückes für den Berechtigten ist der Erwerb des ursprünglich restitutionsbefangenen Grundstückes durch dessen Mieter oder Nutzer. Daher folgt bzw. folgte aus einer positiven Entscheidung des Vermögensamtes iSv. § 31 Abs. 3 S. 1 VermG die **Verpflichtung** des Verfügungsberechtigten bzw. staatlichen Verwalters das Grundstück an den Antragsteller **zu veräußern**.

V. Rechtsschutz

20   **1. Antragsteller.** Gegen Entscheidungen der Vermögensämter über die Bereitstellung eines Ersatzgrundstückes ist der **Verwaltungsrechtsweg** (§ 40 VwGO) eröffnet. Lehnt die Behörde den Antrag auf Bereitstellung eines Ersatzgrundstückes ab, kann der Antragsteller nach Durchführung eines Vorverfahrens (§§ 68 ff. VwGO) dagegen Verpflichtungsklage (§ 42 Abs. 1 2. Alt. VwGO) erheben. Das Verfahren auf einstweiligen Rechtsschutz findet nach § 123 VwGO statt.

21   **2. Berechtigter.** Eine dem Antrag auf Bereitstellung eines Ersatzgrundstückes stattgebende Entscheidung des Vermögensamtes greift zugleich in die durch §§ 3 Abs. 1 S. 1, 11 Abs. 1 S. 1 VermG rechtlich geschützten Interessen des Berechtigten ein, da sich mit der Entschädigung des Berechtigten durch Bereitstellung des Ersatzgrundstückes zugleich der Antrag auf Rückübertragung des an sich anmeldebelasteten Grundstücks erledigt. Insoweit kommt der Vorschrift des § 21 VermG, die eine positive Entscheidung nur mit Zustimmung des Berechtigten zuläßt, **drittschützende Wirkung** zu. Der Berechtigte ist daher als Dritter selbständig zur Erhebung einer Anfechtungsklage (§ 42 VwGO) gegen

---

[12] Vgl. Erl.BReg., BT-Drucks. 11/7831, S. 12.
[13] Zur Bewertung von Grundstücken im Beitrittsgebiet vgl. *Vogel* BB-Beil. Nr. 33 zu H. 26/1990, S. 8 ff.; ders. DB DDR-Report Nr. 5 1990 S. 3057 ff.
[14] *Fieberg-Reichenbach* F/R/M/S § 9 RdNr. 8 f.; *Flotho* Rechtshandbuch B 100 RdNr. 12.
[15] So aber *Barkam* R/R/B RdNr. 15.

eine ihn belastende Entscheidung des Vermögensamtes befugt; das Verfahren zur Erlangung einstweiligen Rechtsschutzes richtet sich ggfls. nach § 80 Abs. 5 VwGO.

3. Zuständigkeit. Örtlich zuständig für Anfechtungs- und Verpflichtungsklagen gegen die Entscheidung auf Bereitstellung eines Ersatzgrundstückes ist grundsätzlich das Verwaltungsgericht, in dessen Bezirk der Verwaltungsakt erlassen wurde (§ 52 Nr. 3 S. 1 und 5 VwGO). Maßgebend ist also der **Sitz des Vermögensamtes**.

Eine **ausschließliche örtliche Zuständigkeit** nach § 52 Nr. 1 VwGO ist **nicht gegeben**, da es sich bei der Entscheidung nicht um eine Streitigkeit handelt, die sich auf unbewegliches Vermögen bzw. ein ortsgebundenes Recht oder Rechtsverhältnis bezieht. Die Entscheidung des Vermögensamtes nach § 21 VwGO hat weder die Übertragung noch die Belastung eines Grundstückes zum Gegenstand. Es geht vielmehr zunächst nur darum, ob der Berechtigte anstelle der von ihm begehrten Rückübertragung bzw. Aufhebung der staatlichen Verwaltung durch Bereitstellung eines Ersatzgrundstückes entschädigt werden soll.

Anhang

Gesetzestexte und Materialien

Übersicht

I. Bundesrecht

1. Gemeinsame Erklärung der Regierungen der Bundesrepublik Deutschland und der Deutschen Demokratischen Republik v. 15. Juni 1990 (BGBl. II S. 889, 1237) 635
2. Gesetz zur Regelung offener Vermögensfragen (Vermögensgesetz-VermG) in der Fassung des Einigungsvertrages (BGBl. 1990 II S. 1159) / in der Fassung der Bekanntmachung v. 18. April 1991 (BGBl. I S. 957, ber. 1928) / in der Fassung der Bekanntmachung v. 3. August 1992 (BGBl. I S. 1446; ber. BGBl. 1993 I S. 1811)/in der Fassung der Bekanntmachung v. 2. Dezember 1994 (BGBl. I S. 3610) 637
3. Verordnung über die Anmeldung vermögensrechtlicher Ansprüche in der Fassung v. 11. Juli 1990 (GBl. I Nr. 44 S. 718) / in der Fassung v. 21. August 1990 (GBl. I Nr. 56 S. 1260) / in der Fassung v. 5. Oktober 1990 (BGBl. I S. 2150, 2162) / in der Fassung der Bekanntmachung v. 3. August 1992 (BGBl. I S. 1481) 743
4. Gesetz über besondere Investitionen in dem in Artikel 3 des Einigungsvertrages genannten Gebiet in der Fassung des Einigungsvertrages (BGBl. 1990 II S. 1157) / in der Fassung der Bekanntmachung v. 22. April 1991 (BGBl. I S. 994, ber. 1928) 754
5. Gesetz über den Vorrang für Investitionen bei Rückübertragungsansprüchen nach dem Vermögensgesetz (Investitionsvorranggesetz – InVorG) v. 14. Juli 1992 (BGBl. I S. 1268; ber. BGBl. 1993 I S. 1811) 766
6. Gesetz zur Beseitigung von Hemmnissen bei der Privatisierung von Unternehmen und zur Förderung von Investitionen v. 22. März 1991 (BGBl. I S. 766; geänd. BGBl. 1992 I S. 1257) – Auszug – 774
7. Gesetz zur Änderung des Vermögensgesetzes und anderer Vorschriften (Zweites Vermögensrechtsänderungsgesetz – 2. VermRÄndG) v. 14. Juli 1992 (BGBl. I S. 1257; ber. BGBl. 1993 I S. 1811) – Auszug – 774
8. Verordnung zum Vermögensgesetz über die Rückgabe von Unternehmen (Unternehmensrückgabeverordnung – URÜV) v. 13. Juli 1991 (BGBl. I S. 1542) 776
9. Verordnung über die Ablösung früherer Rechte und andere vermögensrechtliche Fragen (Hypothekenablöseverordnung – HypAblV) v. 10. Juni 1994 (BGBl. I S. 1253) 782
10. Grundstücksverkehrsordnung (GVO) in der Fassung des Art. 15 § 1 Registerverfahrensbeschleunigungsgesetz v. 20. 12. 1993 (BGBl. I S. 2182, 2221) 785
11. Gesetz über das Vermögen der Gemeinden, Städte und Landkreise (Kommunalvermögensgesetz – KVG) v. 6. Juli 1990 (GBl. I Nr. 42 S. 660; geänd. GBl. I Nr. 61 S. 1537; mit Maßgaben nach Anl. II Kap. IV Abschn. III Nr. 2 EVertr. v. 31. 8. 1990, BGBl. II S. 889; geänd. BGBl. 1991 I S. 766, 786) 788
12. Gesetz über die Feststellung der Zuordnung von ehemals volkseigenem Vermögen (Vermögenszuordnungsgesetz – VZOG) in der Fassung des Art. 16 Registerverfahrensbeschleunigungsgesetz v. 20. 12. 1993 (BGBl. I S. 2182, 2225) 790
13. Gesetz zur Gewährleistung von Belegungsrechten im kommunalen und genossenschaftlichen Wohnungswesen v. 22. Juli 1990 (GBl. I Nr. 49 S. 894; mit Maßgaben nach Anl. II Kap. XIV Abschn. III EVertr. v. 31. 8. 1990, BGBl. II S. 889) 801
14. Einführungsgesetz zum Bürgerlichen Gesetzbuche v. 18. 8. 1896 (RGBl. S. 604) in der Fassung der Bekanntmachung v. 21. September 1994 (BGBl. I S. 2494) – Auszug – 805
15. Grundbuchbereinigungsgesetz (GBBerG) v. 20. 12. 1993 (BGBl. I S. 2182, 2192; zul. geänd. BGBl. 1994 I S. 2457, 2491) 819
16. Gesetz über die Sonderung unvermessener und überbauter Grundstücke nach der Karte (Bodensonderungsgesetz – BoSoG) v. 20. 12. 1993 (BGBl. I S. 2182, 2215) 825
17. Verordnung über eine angemessene Gestaltung von Nutzungsentgelten (Nutzungsentgeltverordnung – NutzEV) v. 22. Juli 1993 (BGBl. I S. 1339) 832
18. Begründung zum Entwurf einer Verordnung über eine angemessene Gestaltung von Nutzungsentgelten v. 19. Mai 1993 (BR-Drucks. 344/93) 834

Anhang
Gesetzestexte und Materialien

19. Gesetz zur Sachenrechtsbereinigung im Beitrittsgebiet (Sachenrechtsbereinigungsgesetz – SachenRBerG) v. 21. September 1994 (BGBl. I S. 2457) 843
20. Gesetz zur Anpassung schuldrechtlicher Nutzungsverhältnisse an Grundstücken im Beitrittsgebiet (Schuldrechtsanpassungsgesetz – SchuldRAnpG) v. 21. September 1994 (BGBl. I S. 2538) 883
21. Gesetz zur Bereinigung der im Beitrittsgebiet zu Erholungszwecken verliehenen Nutzungsrechte (Erholungsnutzungsrechtsgesetz – ErholNutzG) v. 21. September 1994 (BGBl. I S. 2548) 895
22. Gesetz zur Regelung des Eigentums an von landwirtschaftlichen Produktionsgenossenschaften vorgenommenen Anpflanzungen (Anpflanzungseigentumsgesetz – AnpflEigentG) v. 21. September 1994 (BGBl. I S. 2549) 896
23. Gesetz zur Regelung der Rechtsverhältnisse an Meliorationsanlagen (Meliorationsanlagengesetz – MeAnlG) v. 21. September 1994 (BGBl. I S. 2550) 897
24. Gesetz über die Entschädigung nach dem Gesetz zur Regelung offener Vermögensfragen (Entschädigungsgesetz – EntschG) v. 27. September 1994 (BGBl. I S. 2624) 900
25. Gesetz über staatliche Ausgleichsleistungen für Enteignungen auf besatzungsrechtlicher oder besatzungshoheitlicher Grundlage, die nicht mehr rückgängig gemacht werden können (Ausgleichsleistungsgesetz – AusglLeistG) v. 27. September 1994 (BGBl. I S. 2628) 906
26. NS-Verfolgtenentschädigungsgesetz (NS-VEntschG) v. 27. September 1994 (BGBl. I S. 2632) ... 911
27. Gesetz zur Behandlung von Schuldbuchforderungen gegen die ehemalige Deutsche Demokratische Republik (DDR-Schuldbuchbereinigungsgesetz – SchuldBBerG) v. 27. September 1994 (BGBl. I S. 2634) 912
28. Gesetz über eine einmalige Zuwendung an die im Beitrittsgebiet lebenden Vertriebenen (Vertriebenenzuwendungsgesetz – VertrZuwG) v. 27. September 1994 (BGBl. I S. 2635) 913

II. SBZ – Recht

1. SMAD-Befehl Nr. 01 v. 23. Juli 1945 betr. Neuorganisierung der Deutschen Finanz- und Kreditorgane (VOBl. f. d. Provinz Sachsen Nr. 1 S. 16) 915
2. SMAD-Befehl v. 22. Oktober 1945 (VOBl. der Provinzialverwaltung Mark Brandenburg S. 25) . 916
3. SMAD-Befehl Nr. 124 v. 30. Oktober 1945 betr. Auferlegung der Sequestration und Übernahme in zeitweilige Verwaltung einiger Vermögenskategorien (VOBl. f. d. Provinz Sachsen Nr. 4/5/6 S. 10) – Auszug – 917
4. Instruktion zu Befehl Nr. 124 v. 30. Oktober 1945 (VOBl. f. d. Provinz Sachsen Nr. 4/5/6 S. 11) . 918
5. SMAD-Befehl Nr. 126 v. 31. Oktober 1945 betr. Konfiszierung des Vermögens der NSDAP (VOBl. f. d. Provinz Sachsen Nr. 4/5/6 S. 12) – Auszug – 919
6. Verordnung zur Durchführung der Befehle Nr. 124 und 126 des Obersten Chefs der Sowjet-Militär-Administration in Deutschland v. 20. November 1945 (Reg.Bl. Thüringen I S. 63) 921
7. SMAD-Befehl Nr. 160 v. 3. Dezember 1945 betr. die Verantwortung für Sabotage und Störungsversuche (GVOBl. f. Sachsen 1946 Nr. 5/6 S. 43) 922
8. SMAD-Befehl Nr. 66 v. 1. März 1946 betr. Einziehung der Darlehens- Hypothekenschulden der geschlossenen deutschen Banken und Sparkassen (VOBl. f. d. Provinz Sachsen Nr. 1 S. 68) – Auszug – 922
9. SMAD-Befehl Nr. 97 v. 29. März 1946 betr. Beschlagnahmtes Eigentum in der sowjetischen Besatzungszone wird an die deutsche Verwaltung übergeben (VOBl. f. d. Provinz Sachsen Nr. 23 S. 226) 923
10. SMAD-Befehl Nr. 154/181 v. 21. Mai 1946 betr. Nutzung der auf Grund der Befehle Nr. 124 und Nr. 126 sequestrierten und konfiszierten Güter (ABl. der Landesverwaltung Mecklenburg-Vorpommern Nr. 4 S. 76) 924
11. SMAD-Befehl v. 21. Mai 1946 betr. Übergabe des konfiszierten und beschlagnahmten Eigentums in Besitz und zur Nutzung an die deutschen Selbstverwaltungsorgane (ABl. der Landesverwaltung Mecklenburg-Vorpommern Nr. 5 S. 90) 925
12. SMAD-Befehl Nr. 167 v. 5. Juni 1946 betr. Übergang von Unternehmungen in Deutschland in das Eigentum der UdSSR auf Grund der Reparationsansprüche der UdSSR (unveröffentlicht) . . . 925
13. SMAD-Befehl Nr. 201 v. 16. August 1947 betr. Richtlinien zur Anwendung der Direktiven Nr. 24 und Nr. 39 des Kontrollrates (ZVOBl. S. 153 = S. 185) 926
14. Ausführungsbestimmung Nr. 2 zum Befehl Nr. 201 vom 16. August 1947, v. 19. August 1947: Richtlinien zur Anwendung der Direktive Nr. 24 des Kontrollrates (ZVOBl. S. 187) 927
15. SMAD-Befehl Nr. 64 v. 17. April 1948 betr. Beendigung des Sequesterverfahrens in der sowjetischen Besatzungszone Deutschlands (ZVOBl. S. 140) 930
16. Erste Verordnung v. 28. April 1948 zur Ausführung des SMAD-Befehls Nr. 64 (Richtlinien Nr. 1) (ZVOBl. S. 141) 931

Gesetzestexte und Materialien **Anhang**

17. Zweite Verordnung v. 28. April 1948 zur Ausführung des SMAD-Befehls Nr. 64 (Richtlinien Nr. 2 – Verwertung betrieblichen Vermögens) (ZVOBl. S. 141) 932
18. Richtlinien Nr. 3 v. 21. September 1948 zur Ausführung des SMAD-Befehls Nr. 64/1948 – Enteignung sonstiger Vermögen (ZVOBl. S. 449) 933
19. Richtlinien Nr. 4 v. 21. September 1948 zur Ausführung des SMAD-Befehls Nr. 64/1948 – Enteignung sonstiger Vermögen (ZVOBl. S. 450) 934
20. SMAD-Befehl Nr. 76 v. 23. April 1958 betr. Bestätigung der Grundlagen für die Vereinigungen und Betriebe, die das Eigentum des Volkes darstellen, und Instruktionen über das Verfahren der juristischen Eintragung (ZVOBl. S. 142) 935
21. SMAD-Befehl Nr. 82 v. 29. April 1948 betr. Rückgabe des durch den Nazistaat beschlagnahmten Eigentums an demokratische Organisationen (Reg.Bl. Thüringen III S. 20) 939
22. Beschluß des demokratischen Magistrats von Groß-Berlin über die Durchführung des Gesetzes zur Einziehung von Vermögenswerten der Kriegsverbrecher und Naziaktivisten v. 8. Februar 1949 (VOBl. f. Groß-Berlin [Ostsektor] I S. 33) 940
23. Gesetz zur Einziehung von Vermögenswerten der Kriegsverbrecher und Naziaktivisten v. 8. Februar 1949 (VOBl. f. Groß-Berlin [Ostsektor] I S. 34) 941
24. Beschluß Nr. 162 des Magistrats von Groß-Berlin vom 28. April 1949 zur Überführung von Konzernen und sonstigen wirtschaftlichen Unternehmen in Volkseigentum (VOBl. f. Groß-Berlin [Ostsektor] I S. 111) 942
25. Verordnung zur Überführung von Konzernen und sonstigen wirtschaftlichen Unternehmen in Volkseigentum v. 10. Mai 1949 (VOBl. f. Groß-Berlin [Ostsektor] I S. 112) 943

III. DDR-Recht

1. Verordnung über die Auseinandersetzung bei Besitzwechsel von Bauernwirtschaften aus der Bodenreform v. 21. Juni 1951 (GBl. Nr. 78 S. 629) 944
2. Verordnung über die Verwaltung und den Schutz ausländischen Eigentums in der Deutschen Demokratischen Republik v. 6. September 1951 (GBl. Nr. 111 S. 839) 947
3. Verordnung über die Verwaltung und den Schutz ausländischen Eigentums in Groß-Berlin v. 18. Dezember 1951 (VOBl. f. Groß-Berlin [Ostsektor] I S. 565) 949
4. Verordnung über devastierte landwirtschaftliche Betriebe v. 20. März 1952 (GBl. Nr. 38 S. 226) . 950
5. Verordnung zur Sicherung von Vermögenswerten v. 17. Juli 1952 (GBl. Nr. 100 S. 615) 952
6. Anweisung zur Verordnung zur Sicherung von Vermögenswerten vom 17. 7. 1952, v. 17. Juli 1952 953
7. Zweite Anweisung zur Durchführung der Verordnung zur Sicherung von Vermögenswerten vom 17. 7. 1952, v. August 1952 953
8. Dritte Anweisung zur Durchführung der Verordnung zur Sicherung von Vermögenswerten vom 17. 7. 1952, v. 28. 10. 1952 954
9. Rundverfügung des Ministeriums der Justiz Nr. 9/53 v. 15. April 1953 955
10. Verordnung zur Sicherung von Vermögenswerten v. 4. September 1952 (VOBl. f. Groß-Berlin [Ostsektor] I S. 445) 958
11. Erste Durchführungsanweisung zur Verordnung zur Sicherung von Vermögenswerten v. 8. September 1952 (VOBl. f. Groß-Berlin [Ostsektor] I S. 459) 958
12. Verordnung über die in das Gebiet der Deutschen Demokratischen Republik und den demokratischen Sektor von Groß-Berlin zurückkehrenden Personen v. 11. Juni 1953 (GBl. Nr. 78 S. 805) . . 959
13. Erste Durchführungsbestimmung zur Verordnung über die in das Gebiet der Deutschen Demokratischen Republik und den demokratischen Sektor von Groß-Berlin zurückkehrenden Personen v. 11. Juni 1953 (GBl. Nr. 78 S. 806) 960
14. Zweite Durchführungsbestimmung zur Verordnung über die in das Gebiet der Deutschen Demokratischen Republik und den demokratischen Sektor von Groß-Berlin zurückkehrenden Personen v. 31. August 1953 (GBl. Nr. 95 S. 955) 961
15. Richtlinie Nr. 1 zur Durchführung des § 1 der Verordnung vom 11. Juni 1953 über die in das Gebiet der DDR und den demokratischen Sektor von Groß-Berlin zurückkehrenden Personen (GBl. S. 805) v. 6. Juli 1953 – Auszug – 961
16. Richtlinie Nr. 2 zur Durchführung des § 1 der Verordnung vom 11. Juni 1953 über die in das Gebiet der Deutschen Demokratischen Republik und den demokratischen Sektor von Groß-Berlin zurückkehrenden Personen v. 6. Juli 1953 963
17. Richtlinie Nr. 3 zur Durchführung des § 1 der Verordnung vom 11. Juni 1953 über die in das Gebiet der Deutschen Demokratischen Republik und den demokratischen Sektor von Groß-Berlin zurückkehrenden Personen v. 6. Juli 1953 967

Anhang
Gesetzestexte und Materialien

18. Richtlinie des Staatssekretariats für Innere Angelegenheiten betr. vorläufige Verwaltung von Vermögenswerten westberliner und westdeutscher Eigentümer durch die Räte der Städte und Gemeinden v. 5. August 1953 969
19. Richtlinie des Staatssekretariats für Innere Angelegenheiten für die Räte der Kreise, Referate Staatliches Eigentum, betr. Fragen der vorläufigen Verwaltung v. 10. August 1953 975
20. Verordnung zur Sicherung der landwirtschaftlichen Produktion und der Versorgung der Bevölkerung v. 19. Februar 1953 (GBl. Nr. 25 S. 329) 980
21. Anordnung über die Behandlung des Vermögens von Personen, die die Deutsche Demokratische Republik nach dem 10. Juni 1953 verlassen, v. 1. Dezember 1953 (GBl. Nr. 130 S. 1231) 982
22. Arbeitsanweisung zur Anordnung über die Behandlung des Vermögens von Personen, die die Deutsche Demokratische Republik nach dem 10. Juni 1953 verlassen, v. 5. Dezember 1953 986
23. Rundverfügung Nr. 56/53 zur Bestellung von Abwesenheitspflegern für Personen, die das Gebiet der Deutschen Demokratischen Republik nach dem 10. Juni 1953 verlassen, v. 10. Dezember 1953 (Zentralblatt Nr. 49/1953 S. 629) 991
24. Vertrauliche Rundverfügung Nr. 3/1957 der Regierung der Deutschen Demokratischen Republik, Ministerium der Justiz – Der Minister – Betr. Verordnung zur Sicherung von Vermögenswerten vom 17. Juni 1952 v. 18. Mai 1957 993
25. Anordnung Nr. 2 über die Behandlung des Vermögens von Personen, die die Deutsche Demokratische Republik nach dem 10. Juni 1953 verlassen, v. 20. August 1958 (GBl. I Nr. 57 S. 664) 995
26. Anweisung Nr. 30/58 zur „Anordnung Nr. 2 v. 20. 8. 1958 über die Behandlung des Vermögens von Personen, die die Deutsche Demokratische Republik nach dem 10. 6. 1953 verlassen" 996
27. Anordnung über die Behandlung des Vermögens von Personen, die den demokratischen Sektor von Groß-Berlin nach dem 10. 6. 1953 verlassen v. 8. April 1954 (VOBl. f. Groß-Berlin [Ostsektor] I S. 164) 1003
28. Anordnung Nr. 2 über die Behandlung des Vermögens von Personen, die das Gebiet des demokratischen Berlin nach dem 10. 6. 1953 verlassen, v. 3. Oktober 1958 (VOBl. f. Groß-Berlin [Ostsektor] I S. 673) 1008
29. Anweisung über die Behandlung der in der Hauptstadt der Deutschen Demokratischen Republik (demokratisches Berlin) befindlichen Vermögenswerte Westberliner Bürger und juristischer Personen mit Sitz in den Westsektoren v. 18. November 1961 (nicht veröffentlicht) 1009
30. Bewertungsrichtlinien zum Entschädigungsgstz v. 4. 5. 1960/2. 9. 1961 1012
31. Beschluß des Ministerrates zu den Maßnahmen über die schrittweise Durchführung des Beschlusses der 4. Tagung des ZK der SED hinsichtlich der Betriebe mit staatlicher Beteiligung, der privaten Industrie- und Baubetriebe sowie Produktionsgenossenschaften des Handwerks v. 9. Februar 1972 – 02 – 7/9/72 – (unveröffentlicht) 1019
32. Kaufvertrag über die Veräußerung eines halbstaatlichen Betriebes 1023

IV. Arbeitshilfen (Merkblätter des Bundesamtes zur Regelung offener Vermögensfragen)

1. Anwendungsbereich des Vermögensgesetzes (VermG) 1025
2. Vermögensrechtliche Ansprüche bei Eigentumsverlust durch rechtsstaatswidrige Strafverfahren . 1026
3. Eingetretene oder unmittelbar bevorstehende Überschuldung im Sinne des Vermögensgesetzes . . 1027
4. Behandlung von Bodenreformland nach dem Vermögensgesetz 1028
5. Auswirkungen der Rückgabe auf bestehende Mietverhältnisse 1030
6. Behandlung von Überlassungsverträgen über Wohngrundstücke 1033
7. Zugewiesene Nutzungsrechte an früher genossenschaftlich genutztem Boden 1034
8. Verliehene Nutzungsrechte an vormals volkseigenem Boden 1035
9. Nutzungsverträge über Erholungsgrundstücke 1036
10. Gesetzliche Regelungen für Hypothekenzinsen 1037
11. Beendigung staatlicher Verwaltung nach dem 2. Vermögensrechtsänderungsgesetz 1038
12. Wertausgleichsansprüche nach dem Vermögensgesetz 1041
13. Behandlung untergegangener dinglicher Belastungen bei der Rückübertragung von Grundstücken 1043
14. Ansprüche des Berechtigten auf Rückgabe durch investive Maßnahmen 1045
15. Anhebung der Nutzungsentgelte für Erholungsgrundstücke und Garagenflächen 1048
16. Einvernehmliche Rückgabe von Vermögenswerten 1049
17. Rückzahlung gewährten Lastenausgleichs bei Vermögensrückgabe oder Entschädigung 1051
18. Behandlung von Überlassungsverträgen über Erholungsgrundstücke 1052
19. Vorkaufsrecht von Mietern, Nutzern und Alteigentümern 1053

I. Bundesrecht

1. Gemeinsame Erklärung der Regierungen der Bundesrepublik Deutschland und der Deutschen Demokratischen Republik zur Regelung offener Vermögensfragen vom 15. Juni 1990[1]

Die Teilung Deutschlands, die damit verbundene Bevölkerungswanderung von Ost nach West und die unterschiedlichen Rechtsordnungen in beiden deutschen Staaten haben zu zahlreichen vermögensrechtlichen Problemen geführt, die viele Bürger in der Deutschen Demokratischen Republik und in der Bundesrepublik Deutschland betreffen.

Bei der Lösung der anstehenden Vermögensfragen gehen beide Regierungen davon aus, daß ein sozial verträglicher Ausgleich unterschiedlicher Interessen zu schaffen ist. Rechtssicherheit und Rechtseindeutigkeit sowie das Recht auf Eigentum sind Grundsätze, von denen sich die Regierungen der Deutschen Demokratischen Republik und der Bundesrepublik Deutschland bei der Lösung der anstehenden Vermögensfragen leiten lassen. Nur so kann der Rechtsfriede in einem künftigen Deutschland dauerhaft gesichert werden.

Die beiden deutschen Regierungen sind sich über folgende Eckwerte einig:

1. Die Enteignungen auf besatzungsrechtlicher bzw. besatzungshoheitlicher Grundlage (1945 bis 1949) sind nicht mehr rückgängig zu machen. Die Regierungen der Sowjetunion und der Deutschen Demokratischen Republik sehen keine Möglichkeit, die damals getroffenen Maßnahmen zu revidieren. Die Regierung der Bundesrepublik Deutschland nimmt dies im Hinblick auf die historische Entwicklung zur Kenntnis. Sie ist der Auffassung, daß einem künftigen gesamtdeutschen Parlament eine abschließende Entscheidung über etwaige staatliche Ausgleichsleistungen vorbehalten bleiben muß.
2. Treuhandverwaltungen und ähnliche Maßnahmen mit Verfügungsbeschränkungen über Grundeigentum, Gewerbebetriebe und sonstiges Vermögen sind aufzuheben. Damit wird denjenigen Bürgern, deren Vermögen wegen Flucht aus der DDR oder aus sonstigen Gründen in eine staatliche Verwaltung genommen worden ist, die Verfügungsbefugnis über ihr Eigentum zurückzugeben.
3. Enteignetes Grundvermögen wird grundsätzlich unter Berücksichtigung der unter a) und b) genannten Fallgruppen den ehemaligen Eigentümern oder ihren Erben zurückgegeben.
    a) Die Rückübertragung von Eigentumsrechten an Grundstücken und Gebäuden, deren Nutzungsart bzw. Zweckbestimmung insbesondere dadurch verändert wurden, daß sie dem Gemeingebrauch gewidmet, im komplexen Wohnungs- und Siedlungsbau verwendet, der gewerblichen Nutzung zugeführt oder in eine neue Unternehmenseinheit einbezogen wurden, ist von der Natur der Sache her nicht möglich.
    In diesen Fällen wird eine Entschädigung geleistet, soweit nicht bereits nach den für Bürger der Deutschen Demokratischen Republik geltenden Vorschriften entschädigt worden ist.
    b) Sofern Bürger der Deutschen Demokratischen Republik an zurückzuübereignenden Immobilien Eigentum oder dingliche Nutzungsrechte in redlicher Weise erworben haben, ist ein sozial verträglicher Ausgleich an die ehemaligen Eigentümer durch Austausch von Grundstücken mit vergleichbarem Wert oder durch Entschädigung herzustellen.
    Entsprechendes gilt für Grundvermögen, das durch den staatlichen Treuhänder an Dritte veräußert wurde. Die Einzelheiten bedürfen noch der Klärung.
    c) Soweit den ehemaligen Eigentümern oder ihren Erben ein Anspruch auf Rückübertragung zusteht, kann statt dessen Entschädigung gewählt werden.
    Die Frage des Ausgleichs von Wertveränderungen wird gesondert geregelt.
4. Die Regelungen unter Ziffer 3 gelten entsprechend für ehemals von Berechtigten selbst oder in ihrem Auftrag verwaltete Hausgrundstücke, die auf Grund ökonomischen Zwangs in Volkseigentum übernommen wurden.
5. Mieterschutz und bestehende Nutzungsrechte von Bürgern der Deutschen Demokratischen Re-

---

[1] Veröffentlicht als Anlage III zum Einigungsvertrag vom 31. 8. 1990 (BGBl. II S. 889, 1237); vgl. Art. 41 Abs. 1 EVertr.

Anhang I/1
I. Bundesrecht

publik an durch diese Erklärung betroffenen Grundstücken und Gebäuden werden wie bisher gewahrt und regeln sich nach dem jeweils geltenden Recht der Deutschen Demokratischen Republik.

6. Bei verwalteten Betrieben werden die bestehenden Verfügungsbeschränkungen aufgehoben; der Eigentümer übernimmt sein Betriebsvermögen.
Für Betriebe und Beteiligungen, die 1972 in Volkseigentum überführt wurden, gilt das Gesetz vom 7. März 1990 über die Gründung und Tätigkeit privater Unternehmen und über Unternehmensbeteiligungen. Hierbei wird § 19 Absatz 2 Satz 4 des Gesetzes so ausgelegt, daß den privaten Gesellschaften der staatliche Anteil auf Antrag zu verkaufen ist; die Entscheidung über den Verkauf steht somit nicht im Ermessen der zuständigen Stelle.
7. Bei Unternehmen und Beteiligungen, die zwischen 1949 und 1972 durch Beschlagnahme in Volkseigentum überführt worden sind, werden dem früheren Eigentümer unter Berücksichtigung der Wertentwicklung des Betriebes das Unternehmen als Ganzes oder Gesellschaftsanteile bzw. Aktien des Unternehmens übertragen, soweit er keine Entschädigung in Anspruch nehmen will. Einzelheiten bedürfen noch der näheren Regelung.
8. Sind Vermögenswerte – einschließlich Nutzungsrechte – auf Grund unlauterer Machenschaften (z. B. durch Machtmißbrauch, Korruption, Nötigung oder Täuschung von seiten des Erwerbers) erlangt worden, so ist der Rechtserwerb nicht schutzwürdig und rückgängig zu machen. In Fällen des redlichen Erwerbs findet Ziffer 3. b) Anwendung.
9. Soweit es zu Vermögenseinziehungen im Zusammenhang mit rechtsstaatswidrigen Strafverfahren gekommen ist, wird die Deutsche Demokratische Republik die gesetzlichen Voraussetzungen für ihre Korrektur in einem justizförmigen Verfahren schaffen.
10. Anteilsrechte an der Altguthaben-Ablösungsanleihe von Bürgern der Bundesrepublik Deutschland werden einschließlich der Zinsen in der zweiten Jahreshälfte 1990 – also nach der Währungsumstellung – bedient.
11. Soweit noch Devisenbeschränkungen im Zahlungsverkehr bestehen, entfallen diese mit dem Inkrafttreten der Währungs-, Wirtschafts- und Sozialunion.
12. Das durch staatliche Stellen der Bundesrepublik Deutschland auf der Grundlage des Rechtsträger-Abwicklungsgesetzes treuhänderisch verwaltete Vermögen von juristischen Personen des öffentlichen Rechts, die auf dem Gebiet der DDR existieren oder existiert haben, wird an die Berechtigten bzw. deren Rechtsnachfolger übergeben.
13. Zur Abwicklung:
    a) Die Deutsche Demokratische Republik wird die erforderlichen Rechtsvorschriften und Verfahrensregelungen umgehend schaffen.
    b) Sie wird bekanntmachen, wo und innerhalb welcher Frist die betroffenen Bürger ihre Ansprüche anmelden können. Die Antragsfrist wird sechs Monate nicht überschreiten.
    c) Zur Befriedigung der Ansprüche auf Entschädigung wird in der Deutschen Demokratischen Republik ein rechtlich selbständiger Entschädigungsfonds getrennt vom Staatshaushalt gebildet.
    d) Die Deutsche Demokratische Republik wird dafür Sorge tragen, daß bis zum Ablauf der Frist gemäß Ziffer 13.b) keine Verkäufe von Grundstücken und Gebäuden vorgenommen werden, an denen frühere Eigentumsrechte ungeklärt sind, es sei denn, zwischen den Beteiligten besteht Einvernehmen, daß eine Rückübertragung nicht in Betracht kommt oder nicht geltend gemacht wird. Veräußerungen von Grundstücken und Gebäuden, an denen frühere Eigentumsrechte ungeklärt sind und die dennoch nach dem 18. Oktober 1989 erfolgt sind, werden überprüft.
14. Beide Regierungen beauftragen ihre Experten, weitere Einzelheiten abzuklären.

2. Gesetz zur Regelung offener Vermögensfragen

2. Gesetz zur Regelung offener Vermögensfragen	2. Gesetz zur Regelung offener Vermögensfragen (Vermögensgesetz – VermG)	2. Gesetz zur Regelung offener Vermögensfragen (Vermögensgesetz – VermG)	2. Gesetz zur Regelung offener Vermögensfragen (Vermögensgesetz – VermG)
in der Fassung des Einigungsvertrages (Anl. II Kap. III Sachgeb. B Abschn. I Nr. 5, BGBl. 1990 II S. 1159)	in der Fassung der Bekanntmachung vom 18. April 1991 (BGBl. I S. 957, ber. S. 1928) (BGBl. III-19)	in der Fassung der Bekanntmachung vom 3. August 1992 (BGBl. I S. 1446 ber. BGBl. 1993 I S. 1811)	in der Fassung der Bekanntmachung vom 2. Dezember 1994 (BGBl. I S. 3610); die erst am 1. 1. 1999 in Kraft tretenden Änderungen durch Art. 110 EGInsO sind noch nicht berücksichtigt.
ErlBReg, BT-Drucks. 11/7831	*Art. 1 PrHBG*: GesEntw, BT-Drucks. 12/103, 12/204, BR-Drucks. 70/91; StellBRat, BT-Drucks. 12/204; BeschlEmpf BT-Rechtsausschuß, BT-Drucks. 12/255; Bericht BT-Rechtsausschuß, BT-Drucks. 12/449	*Art. 1 d. 2. VermRÄndG*: GesEntw, BT-Drucks. 12/2480, 12/2695, BR-Drucks. 227/92; StellBRat, BT-Drucks. 12/2695, S. 6ff.; GgÄußerungBReg, BT-Drucks. 12/2695, S. 28ff.; BeschlEmpf/Bericht BT-Rechtsausschuß, BT-Drucks. 12/2944	*Art. 15 § 2 RegVBG*: GesEntw, BT-Drucks. 12/5553; StellBRat BT-Drucks. 12/5553, S. 179ff.; GgÄußerungBReg, BT-Drucks. 12/5553, S. 210ff.; BeschlEmpf/Bericht BT-Rechtsausschuß BT-Drucks. 12/6228 *Art. 2 § 3 SachenRÄndG*: GesEntw. BT-Drucks. 12/5992; BeschlEmpf/Bericht BT-Rechtsausschuß, BT-Drucks. 12/7425; Anrufung Vermittlungsausschuß BR-Drucks. 364/94 *Art. 10 EALG*: GesEntw., BT-Drucks. 12/4897, 5108, 5190 Nr. 1.2; BeschlEmpf/Bericht BT-Finanzausschuß BT-Drucks. 12/7588

Abschnitt I. Allgemeine Bestimmungen

§ 1 Geltungsbereich. (1) Dieses Gesetz regelt vermögensrechtliche Ansprüche an Vermögenswerten, die

a) entschädigungslos enteignet und in Volkseigentum überführt wurden;

Abschnitt I. Allgemeine Bestimmungen

§ 1 Geltungsbereich. (1) Dieses Gesetz regelt vermögensrechtliche Ansprüche an Vermögenswerten, die

a) entschädigungslos enteignet und in Volkseigentum überführt wurden;

Abschnitt I. Allgemeine Bestimmungen

§ 1 Geltungsbereich. (1) Dieses Gesetz regelt vermögensrechtliche Ansprüche an Vermögenswerten, die

a) entschädigungslos enteignet und in Volkseigentum überführt wurden;

Abschnitt I. Allgemeine Bestimmungen

§ 1 Geltungsbereich. (1) Dieses Gesetz regelt vermögensrechtliche Ansprüche an Vermögenswerten, die

a) entschädigungslos enteignet und in Volkseigentum überführt wurden;

Anhang I/2 I. Bundesrecht

Fassung des Einigungsvertrages	Fassung v. 18. April 1991	Fassung v. 3. August 1992	Fassung v. 2. Dezember 1994
b) gegen eine geringere Entschädigung enteignet wurden, als sie Bürgern der früheren Deutschen Demokratischen Republik zustand;	b) gegen eine geringere Entschädigung enteignet wurden, als sie Bürgern der früheren Deutschen Demokratischen Republik zustand;	b) gegen eine geringere Entschädigung enteignet wurden, als sie Bürgern der früheren Deutschen Demokratischen Republik zustand;	b) gegen eine geringere Entschädigung enteignet wurden, als sie Bürgern der früheren Deutschen Demokratischen Republik zustand;
c) durch staatliche Verwalter oder nach Überführung in Volkseigentum durch den Verfügungsberechtigten an Dritte veräußert wurden;	c) durch staatliche Verwalter oder nach Überführung in Volkseigentum durch den Verfügungsberechtigten an Dritte veräußert wurden;	c) durch staatliche Verwalter oder nach Überführung in Volkseigentum durch den Verfügungsberechtigten an Dritte veräußert wurden;	c) durch staatliche Verwalter oder nach Überführung in Volkseigentum durch den Verfügungsberechtigten an Dritte veräußert wurden;
d) auf der Grundlage des Beschlusses des Präsidiums des Ministerrates vom 9. Februar 1972 und im Zusammenhang stehender Regelungen in Volkseigentum übergeleitet wurden.	d) auf der Grundlage des Beschlusses des Präsidiums des Ministerrates vom 9. Februar 1972 und im Zusammenhang stehender Regelungen in Volkseigentum übergeleitet wurden.	d) auf der Grundlage des Beschlusses des Präsidiums des Ministerrates vom 9. Februar 1972 und im Zusammenhang stehender Regelungen in Volkseigentum übergeleitet wurden.	d) auf der Grundlage des Beschlusses des Präsidiums des Ministerrates vom 9. Februar 1972 und im Zusammenhang stehender Regelungen in Volkseigentum übergeleitet wurden.
(2) Dieses Gesetz gilt desweiteren für bebaute Grundstücke und Gebäude, die aufgrund nicht kostendeckender Mieten und infolgedessen eingetretener Überschuldung durch Enteignung, Eigentumsverzicht, Schenkung oder Erbausschlagung in Volkseigentum übernommen wurden.	(2) Dieses Gesetz gilt desweiteren für bebaute Grundstücke und Gebäude, die auf Grund nicht kostendeckender Mieten und infolgedessen eingetretener Überschuldung durch Enteignung, Eigentumsverzicht, Schenkung oder Erbausschlagung in Volkseigentum übernommen wurden.	(2) Dieses Gesetz gilt desweiteren für bebaute Grundstücke und Gebäude, die aufgrund nicht kostendeckender Mieten und infolgedessen eingetretener Überschuldung durch Enteignung, Eigentumsverzicht, Schenkung oder Erbausschlagung in Volkseigentum übernommen wurden.	(2) Dieses Gesetz gilt desweiteren für bebaute Grundstücke und Gebäude, die aufgrund nicht kostendeckender Mieten und infolgedessen unmittelbar bevorstehender Überschuldung durch Enteignung, Eigentumsverzicht, Schenkung oder Erbausschlagung in Volkseigentum übernommen wurden.
(3) Dieses Gesetz betrifft auch Ansprüche an Vermögenswerten sowie Nutzungsrechte, die aufgrund unlauterer Machenschaften, z.B. durch Machtmißbrauch, Korruption, Nötigung oder Täuschung von seiten des Erwerbers, staatlicher Stellen oder Dritter, erworben wurde.	(3) Dieses Gesetz betrifft auch Ansprüche an Vermögenswerten sowie Nutzungsrechte, die auf Grund unlauterer Machenschaften, z.B. durch Machtmißbrauch, Korruption, Nötigung oder Täuschung von seiten des Erwerbers, staatlicher Stellen oder Dritter, erworben wurden.	(3) Dieses Gesetz betrifft auch Ansprüche an Vermögenswerten sowie Nutzungsrechte, die aufgrund unlauterer Machenschaften, z.B. durch Machtmißbrauch, Korruption, Nötigung oder Täuschung von seiten des Erwerbers, staatlicher Stellen oder Dritter, erworben wurden.	(3) Dieses Gesetz betrifft auch Ansprüche an Vermögenswerten sowie Nutzungsrechte, die aufgrund unlauterer Machenschaften, zum Beispiel durch Machtmißbrauch, Korruption, Nötigung oder Täuschung von seiten des Erwerbers, staatlicher Stellen oder Dritter, erworben wurden.

2. Gesetz zur Regelung offener Vermögensfragen — Anhang I/2

(4) Dieses Gesetz regelt ferner die Aufhebung der

- staatlichen Treuhandverwaltung über Vermögenswerte von Bürgern, die das Gebiet der Deutschen Demokratischen Republik ohne die zum damaligen Zeitpunkt erforderliche Genehmigung verlassen haben;
- vorläufigen Verwaltung über Vermögenswerte von Bürgern der Bundesrepublik Deutschland und Berlin (West) sowie von juristischen Personen mit Sitz in der Bundesrepublik Deutschland oder Berlin (West), die Staatsorganen der Deutschen Demokratischen Republik durch Rechtsvorschrift übertragen wurde;
- Verwaltung des ausländischen Vermögens, die der Regierung der Deutschen Demokratischen Republik übertragen wurde (im folgenden staatliche Verwaltung genannt) und die damit im Zusammenhang stehenden Ansprüche der Eigentümer und Berechtigten.

(5) Dieses Gesetz schließt die Behandlung von Forderungen und anderen Rechten in bezug auf Vermögenswerte gemäß den Absätzen 1 bis 4 ein.

(6) Dieses Gesetz ist entsprechend auf vermögensrechtliche Ansprüche von Bürgern und Vereinigungen anzuwenden, die in der Zeit vom 30. Januar 1933 bis zum 8. Mai 1945 aus ras-

Anhang I/2 I. Bundesrecht

Fassung des Einigungsvertrages	Fassung v. 18. April 1991	Fassung v. 3. August 1992	Fassung v. 2. Dezember 1994
sischen, politischen, religiösen oder weltanschaulichen Gründen verfolgt wurden und deshalb ihr Vermögen infolge von Zwangsverkäufen, Enteignungen oder auf andere Weise verloren haben.	sischen, politischen, religiösen oder weltanschaulichen Gründen verfolgt wurden und deshalb ihr Vermögen infolge von Zwangsverkäufen, Enteignungen oder auf andere Weise verloren haben.	sischen, politischen, religiösen oder weltanschaulichen Gründen verfolgt wurden und deshalb ihr Vermögen infolge von Zwangsverkäufen, Enteignungen oder auf andere Weise verloren haben. Zugunsten des Berechtigten wird ein verfolgungsbedingter Vermögensverlust nach Maßgabe des II. Abschnitts der Anordnung BK/0 (49) 180 der Alliierten Kommandantur Berlin vom 26. Juli 1949 (VOBl. für Groß-Berlin I S. 221) vermutet.	sischen, politischen, religiösen oder weltanschaulichen Gründen verfolgt wurden und deshalb ihr Vermögen infolge von Zwangsverkäufen, Enteignungen oder auf andere Weise verloren haben. Zugunsten des Berechtigten wird ein verfolgungsbedingter Vermögensverlust nach Maßgabe des II. Abschnitts der Anordnung BK/0 (49) 180 der Alliierten Kommandantur Berlin vom 26. Juli 1949 (VOBl. für Groß-Berlin I S. 221) vermutet.
(7) Dieses Gesetz gilt entsprechend für die Rückgabe von Vermögenswerten, die im Zusammenhang mit der nach anderen Vorschriften erfolgten Aufhebung rechtsstaatswidriger straf-, ordnungsstraf- oder verwaltungsrechtlicher Entscheidungen steht.	(7) Dieses Gesetz gilt entsprechend für die Rückgabe von Vermögenswerten, die im Zusammenhang mit der nach anderen Vorschriften erfolgten Aufhebung rechtsstaatswidriger straf-, ordnungsstraf- oder verwaltungsrechtlicher Entscheidungen steht.	(7) Dieses Gesetz gilt entsprechend für die Rückgabe von Vermögenswerten, die im Zusammenhang mit der nach anderen Vorschriften erfolgten Aufhebung rechtsstaatswidriger straf-, ordnungsstraf- oder verwaltungsrechtlicher Entscheidungen[2] steht.	(7) Dieses Gesetz gilt entsprechend für die Rückgabe von Vermögenswerten, die im Zusammenhang mit der nach anderen Vorschriften erfolgten Aufhebung rechtsstaatswidriger straf-, ordnungsstraf- oder verwaltungsrechtlicher Entscheidungen[2] steht.
(8) Dieses Gesetz gilt nicht für a) Enteignungen von Vermögenswerten auf besatzungsrechtlicher oder besatzungshoheitlicher Grundlage; b) vermögensrechtliche Ansprüche, die seitens der Deutschen Demokratischen Republik durch zwischenstaatliche Vereinbarungen geregelt wurden; c) Anteilrechte an der Altguthabenablösungsanleihe; d) für Ansprüche von Gebietskörperschaften des beitretenden Gebiets gemäß Artikel 3 des Einigungsvertrages, soweit sie vom Kommunal-	(8) Dieses Gesetz gilt nicht für a) Enteignungen von Vermögenswerten auf besatzungsrechtlicher oder besatzungshoheitlicher Grundlage; b) vermögensrechtliche Ansprüche, die seitens der Deutschen Demokratischen Republik durch zwischenstaatliche Vereinbarungen geregelt wurden; c) Anteilrechte an der Altguthabenablösungsanleihe; d) für Ansprüche von Gebietskörperschaften des beitretenden Gebiets gemäß Artikel 3 des Einigungsvertrages, soweit sie vom Kommunal-	(8) Dieses Gesetz gilt vorbehaltlich seiner Bestimmungen über Zuständigkeiten und Verfahren nicht für a) Enteignungen von Vermögenswerten auf besatzungsrechtlicher oder besatzungshoheitlicher Grundlage; Ansprüche nach den Absätzen 6 und 7 bleiben unberührt; b) vermögensrechtliche Ansprüche, die seitens der Deutschen Demokratischen Republik durch zwischenstaatliche Vereinbarungen geregelt wurden; c) Anteilrechte an der Altguthabenablösungsanleihe;	(8) Dieses Gesetz gilt vorbehaltlich seiner Bestimmungen über Zuständigkeiten und Verfahren nicht für a) Enteignungen von Vermögenswerten auf besatzungsrechtlicher oder besatzungshoheitlicher Grundlage; Ansprüche nach den Absätzen 6 und 7 bleiben unberührt; b) vermögensrechtliche Ansprüche, die seitens der Deutschen Demokratischen Republik durch zwischenstaatliche Vereinbarungen geregelt wurden; c) Anteilrechte an der Altguthabenablösungsanleihe;

2. Gesetz zur Regelung offener Vermögensfragen — Anhang I/2

vermögensgesetz vom 6. Juli 1990 (GBl. I Nr. 42 S. 660) erfaßt sind.

§ 2 Begriffsbestimmung. (1) Berechtigte im Sinne dieses Gesetzes sind natürliche und juristische Personen, deren Vermögenswerte von Maßnahmen gemäß § 1 betroffen sind, sowie ihre Rechtsnachfolger.

d) für Ansprüche von Gebietskörperschaften des beitretenden Gebiets gemäß Artikel 3 des Einigungsvertrages, soweit sie vom Kommunalvermögensgesetz vom 6. Juli 1990 (GBl. I Nr. 42 S. 660) erfaßt sind.

§ 2 Begriffsbestimmung. (1) Berechtigte im Sinne dieses Gesetzes sind natürliche und juristische Personen sowie Personenhandelsgesellschaften, deren Vermögenswerte von Maßnahmen gemäß § 1 betroffen sind, sowie ihre Rechtsnachfolger.

§ 2 Begriffsbestimmung. (1) Berechtigte im Sinne dieses Gesetzes sind natürliche und juristische Personen sowie Personenhandelsgesellschaften, deren Vermögenswerte von Maßnahmen gemäß § 1 betroffen sind, sowie ihre Rechtsnachfolger. Soweit Ansprüche von jüdischen Berechtigten im Sinne des § 1 Abs. 6 oder deren Rechtsnachfolgern nicht geltend gemacht werden, gelten in Ansehung der Ansprüche nach dem Vermögensgesetz die Nachfolgeorganisationen des Rückerstattungsrechts und, soweit diese keine Ansprüche anmelden, die Conference on Jewish Material Claims against Germany, Inc. als Rechtsnachfolger. Dasselbe gilt, soweit der Staat Erbe oder Erbeserbe eines jüdischen Verfolgten im Sinne des § 1 Abs. 6 ist oder soweit eine jüdische juristische Person oder eine nicht rechtsfähige jüdische Personenvereinigung aus den Gründen des § 1 Abs. 6 aufgelöst oder zur Selbstauflösung gezwungen wurde. Im übrigen gelten in den Fällen des § 1 Abs. 6 als Rechtsnachfolger von aufgelösten oder zur Selbstauflösung gezwungenen Vereinigungen die

Anhang I/2

I. Bundesrecht

Fassung des Einigungsvertrages	Fassung v. 18. April 1991	Fassung v. 3. August 1992	Fassung v. 2. Dezember 1994
			Nachfolgeorganisationen, die diesen Vereinigungen nach ihren Organisationsstatuten entsprechen und deren Funktionen oder Aufgaben wahrnehmen oder deren satzungsmäßige Zwecke verfolgen; als Rechtsnachfolger gelten insbesondere die Organisationen, die aufgrund des Rückerstattungsrechts als Nachfolgeorganisationen anerkannt worden sind.
			(1a) Die Conference on Jewish Material Claims against Germany, Inc. kann ihre Rechte auf die Conference on Jewish Material Claims against Germany GmbH übertragen. Die Übertragung bedarf der Schriftform. § 4 Abs. 5 des Investitionsvorranggesetzes findet keine Anwendung.
(2) Vermögenswerte im Sinne dieses Gesetzes sind bebaute und unbebaute Grundstücke sowie rechtlich selbständige Gebäude und Baulichkeiten (im folgenden Grundstücke und Gebäude genannt), Nutzungsrechte und dingliche Rechte an Grundstücken oder Gebäuden sowie bewegliche Sachen. Vermögenswerte im Sinne dieses Gesetzes sind auch Kontoguthaben und sonstige auf Geldzahlungen gerichtete Forderungen sowie Eigentum/Beteiligungen an Unternehmen oder an Betriebsstätten/Zweigniederlassungen von Unternehmen mit Sitz außerhalb	(2) Vermögenswerte im Sinne dieses Gesetzes sind bebaute und unbebaute Grundstücke sowie rechtlich selbständige Gebäude und Baulichkeiten (im folgenden Grundstücke und Gebäude genannt), Nutzungsrechte und dingliche Rechte an Grundstücken oder Gebäuden, bewegliche Sachen sowie gewerbliche Schutzrechte, Urheberrechte und verwandte Schutzrechte. Vermögenswerte im Sinne dieses Gesetzes sind auch Kontoguthaben und sonstige auf Geldzahlungen gerichtete Forderungen sowie Eigentum/Beteiligungen an Unternehmen oder an	(2) Vermögenswerte im Sinne dieses Gesetzes sind bebaute und unbebaute Grundstücke sowie rechtlich selbständige Gebäude und Baulichkeiten (im folgenden Grundstücke und Gebäude genannt), Nutzungsrechte und dingliche Rechte an Grundstücken oder Gebäuden, bewegliche Sachen sowie gewerbliche Schutzrechte, Urheberrechte und verwandte Schutzrechte. Vermögenswerte im Sinne dieses Gesetzes sind auch Kontoguthaben und sonstige auf Geldzahlungen gerichtete Forderungen sowie Eigentum/Beteiligungen an Unternehmen oder an	(2) Vermögenswerte im Sinne dieses Gesetzes sind bebaute und unbebaute Grundstücke sowie rechtlich selbständige Gebäude und Baulichkeiten (im folgenden Grundstücke und Gebäude genannt), Nutzungsrechte und dingliche Rechte an Grundstücken oder Gebäuden, bewegliche Sachen sowie gewerbliche Schutzrechte, Urheberrechte und verwandte Schutzrechte. Vermögenswerte im Sinne dieses Gesetzes sind auch Kontoguthaben und sonstige auf Geldzahlungen gerichtete Forderungen sowie Eigentum/Beteiligungen an Unternehmen an

2. Gesetz zur Regelung offener Vermögensfragen

der Deutschen Demokratischen Republik.

Betriebsstätten/Zweigniederlassungen von Unternehmen mit Sitz außerhalb der Deutschen Demokratischen Republik.

(3) Verfügungsberechtigter im Sinne dieses Gesetzes ist bei der Rückgabe von Unternehmen derjenige, in dessen Eigentum oder Verfügungsmacht das entzogene Unternehmen ganz oder teilweise steht, sowie bei Kapitalgesellschaften deren unmittelbare oder mittelbare Anteilseigner und bei der Rückübertragung von anderen Vermögenswerten diejenige Person, in deren Eigentum oder Verfügungsmacht der Vermögenswert steht. Als Verfügungsberechtigter gilt auch der staatliche Verwalter. Stehen der Treuhandanstalt die Anteilsrechte an Verfügungsberechtigten nach Satz 1 unmittelbar oder mittelbar allein zu, so vertritt sie diese allein.

(4) Unter Schädigung im Sinne dieses Gesetzes ist jede Maßnahme gemäß § 1 zu verstehen.

oder an Betriebsstätten/Zweigniederlassungen von Unternehmen mit Sitz außerhalb der Deutschen Demokratischen Republik.

(3) Verfügungsberechtigter im Sinne dieses Gesetzes ist bei der Rückgabe von Unternehmen derjenige, in dessen Eigentum oder Verfügungsmacht das entzogene Unternehmen ganz oder teilweise steht, sowie bei Kapitalgesellschaften deren unmittelbare oder mittelbare Anteilseigner und bei der Rückübertragung von anderen Vermögenswerten diejenige Person, in deren Eigentum oder Verfügungsmacht der Vermögenswert steht. Als Verfügungsberechtigter gilt auch der staatliche Verwalter. Stehen der Treuhandanstalt die Anteilsrechte an Verfügungsberechtigten nach Satz 1 unmittelbar oder mittelbar allein zu, so vertritt sie diese allein.

(4) Unter Schädigung im Sinne dieses Gesetzes ist jede Maßnahme gemäß § 1 zu verstehen.

§ 2a Erbengemeinschaft. (1) Ist Rechtsnachfolger des von Maßnahmen nach § 1 Betroffenen eine Erbengemeinschaft, deren Mitglieder nicht sämtlich namentlich bekannt sind, so ist der Vermögenswert der Erbengemeinschaft nach dem zu bezeichnenden Erblasser als solcher zurückzuübertragen. Die Erbengemeinschaft ist

Anhang I/2
I. Bundesrecht

Fassung des Einigungsvertrages

Fassung v. 18. April 1991

Fassung v. 3. August 1992

Fassung v. 2. Dezember 1994

nach Maßgabe des § 34 im Grundbuch als Eigentümerin einzutragen.

(1a) Ist eine Erbengemeinschaft Rechtsnachfolger eines jüdischen Berechtigten im Sinne des § 1 Abs. 6, so tritt die in § 2 Abs. 1 Satz 2 bestimmte Nachfolgeorganisation oder, wenn diese keine Ansprüche auf den Vermögenswert angemeldet hat, die Conference on Jewish Material Claims against Germany, Inc. an die Stelle der namentlich nicht bekannten Miterben. Sie ist zusammen mit den bekannten Miterben nach Maßgabe des § 34 in ungeteilter Erbengemeinschaft als Eigentümerin im Grundbuch einzutragen. Die Sätze 1 und 2 gelten entsprechend, wenn der Aufenthalt eines namentlich bekannten Miterben, der an der Stellung des Antrags nach § 30 nicht mitgewirkt hat, unbekannt ist. § 2 Abs. 1a bleibt unberührt.

(2) Eine bereits erfolgte Auseinandersetzung über den Nachlaß des Betroffenen gilt als gegenständlich beschränkte Teilauseinandersetzung.

(3) Ein an der Stellung des Antrags nach § 30 nicht beteiligter Miterbe gilt in Ansehung des Vermögenswertes nicht als Erbe, wenn er innerhalb der in Satz 2 bezeichneten Frist gegenüber der für die Entscheidung zuständigen Behörde schriftlich auf seine Rechte aus dem Antrag verzichtet hat. Die Er-

2. Gesetz zur Regelung offener Vermögensfragen

klärung des Verzichts nach Satz 1 muß sechs Wochen von der Erlangung der Kenntnis von dem Verfahren nach diesem Gesetz, spätestens sechs Wochen von der Bekanntgabe der Entscheidung an, eingegangen sein; lebt der Miterbe im Ausland, beträgt die Frist sechs Monate.

(4) Diese Vorschriften gelten entsprechend, wenn eine Erbengemeinschaft als solche von Maßnahmen nach § 1 betroffen ist.

Abschnitt II. Rückübertragung von Vermögenswerten

§ 3 Grundsatz. (1) Vermögenswerte, die den Maßnahmen im Sinne des § 1 unterlagen und in Volkseigentum überführt oder an Dritte veräußert wurden, sind auf Antrag an die Berechtigten zurückzuübertragen, soweit dies nicht nach diesem Gesetz ausgeschlossen ist. Über die Rückübertragung entscheidet die zuständige Behörde.

Abschnitt II. Rückübertragung von Vermögenswerten

§ 3 Grundsatz. (1) Vermögenswerte, die den Maßnahmen im Sinne des § 1 unterlagen und in Volkseigentum überführt oder an Dritte veräußert wurden, sind auf Antrag an die Berechtigten zurückzuübertragen, soweit dies nicht nach diesem Gesetz ausgeschlossen ist. Der Anspruch auf Rückübertragung, Rückgabe oder Entschädigung kann abgetreten, verpfändet oder gepfändet werden. Ein Berechtigter, der einen Antrag auf Rückgabe eines Unternehmens stellt oder stellen könnte, kann seinen Antrag nicht auf die Rückgabe einzelner Vermögensgegenstände beschränken, die sich im Zeitpunkt der Schädigung in seinem Eigentum befanden; § 6 Abs. 6a Satz 1 bleibt unberührt.

Abschnitt II. Rückübertragung von Vermögenswerten

§ 3 Grundsatz. (1) Vermögenswerte, die den Maßnahmen im Sinne des § 1 unterlagen und in Volkseigentum überführt oder an Dritte veräußert wurden, sind auf Antrag an die Berechtigten zurückzuübertragen, soweit dies nicht nach diesem Gesetz ausgeschlossen ist. Der Anspruch auf Rückübertragung, Rückgabe oder Entschädigung kann abgetreten, verpfändet oder gepfändet werden; die Abtretung ist unwirksam, wenn sie unter einer Bedingung oder Zeitbestimmung erfolgt; sie und die Verpflichtung hierzu bedürfen der notariellen Beurkundung, wenn der Anspruch auf Rückübertragung eines Grundstücks, Gebäudes oder Unternehmens gerichtet ist; eine ohne Beachtung dieser Form eingegangene Verpflichtung oder Ab-

Abschnitt II. Rückübertragung von Vermögenswerten

§ 3 Grundsatz. (1) Vermögenswerte, die den Maßnahmen im Sinne des § 1 unterlagen und in Volkseigentum überführt oder an Dritte veräußert wurden, sind auf Antrag an die Berechtigten zurückzuübertragen, soweit dies nicht nach diesem Gesetz ausgeschlossen ist. Der Anspruch auf Rückübertragung, Rückgabe oder Entschädigung kann abgetreten, verpfändet oder gepfändet werden; die Abtretung ist unwirksam, wenn sie unter einer Bedingung oder Zeitbestimmung erfolgt; sie und die Verpflichtung hierzu bedürfen der notariellen Beurkundung, wenn der Anspruch auf Rückübertragung eines Grundstücks, Gebäudes oder Unternehmens gerichtet ist; eine ohne Beachtung dieser Form eingegangene Verpflichtung oder Ab-

Anhang I/2   I. Bundesrecht

Fassung des Einigungsvertrages	Fassung v. 18. April 1991	Fassung v. 3. August 1992	Fassung v. 2. Dezember 1994
		tretung wird ihrem ganzen Inhalte nach gültig, wenn das Eigentum an dem Grundstück, Gebäude oder Unternehmen gemäß § 34 oder sonst wirksam auf den Erwerber des Anspruchs übertragen wird. Ein Berechtigter, der einen Antrag auf Rückgabe eines Unternehmens stellt oder stellen könnte, kann seinen Antrag nicht auf die Rückgabe einzelner Vermögensgegenstände beschränken, die sich im Zeitpunkt der Schädigung in seinem Eigentum befanden; § 6 Abs. 6a Satz 1 bleibt unberührt. Gehören Vermögensgegenstände, die mit einem nach § 1 Abs. 6 in Verbindung mit § 6 zurückzugebenden oder einem bereits zurückgegebenen Unternehmen entzogen oder von ihm später angeschafft worden sind, nicht mehr zum Vermögen des Unternehmens, so kann der Berechtigte verlangen, daß ihm an diesen Gegenständen im Wege der Einzelrestitution in Höhe der ihm entzogenen Beteiligung Bruchteilseigentum eingeräumt wird; als Zeitpunkt der Schädigung gilt der Zeitpunkt der Entziehung des Unternehmens oder der Mitgliedschaft an diesem Unternehmen. Satz 4 ist in den Fällen des § 6 Abs. 6a Satz 1 entsprechend anzuwenden; § 6 Abs. 6a Satz 2 gilt in diesen Fällen nicht.	tretung wird ihrem ganzen Inhalte nach gültig, wenn das Eigentum an dem Grundstück, Gebäude oder Unternehmen gemäß § 34 oder sonst wirksam auf den Erwerber des Anspruchs übertragen wird. Ein Berechtigter, der einen Antrag auf Rückgabe eines Unternehmens stellt oder stellen könnte, kann seinen Antrag nicht auf die Rückgabe einzelner Vermögensgegenstände beschränken, die sich im Zeitpunkt der Schädigung in seinem Eigentum befanden; § 6 Abs. 6a Satz 1 bleibt unberührt. Gehören Vermögensgegenstände, die mit einem nach § 1 Abs. 6 in Verbindung mit § 6 zurückzugebenden oder einem bereits zurückgegebenen Unternehmen entzogen oder von ihm später angeschafft worden sind, nicht mehr zum Vermögen des Unternehmens, so kann der Berechtigte verlangen, daß ihm an diesen Gegenständen im Wege der Einzelrestitution in Höhe der ihm entzogenen Beteiligung Bruchteilseigentum eingeräumt wird; als Zeitpunkt der Schädigung gilt der Zeitpunkt der Entziehung des Unternehmens oder der Mitgliedschaft an diesem Unternehmen. Satz 4 ist in den Fällen des § 6 Abs. 6a Satz 1 entsprechend anzuwenden; § 6 Abs. 6a Satz 2 gilt in diesen Fällen nicht.

2. Gesetz zur Regelung offener Vermögensfragen   Anhang I/2

(1a) Die Rückübertragung von dinglichen Rechten an einem Grundstück oder Gebäude erfolgt dadurch, daß das Amt zur Regelung offener Vermögensfragen diese an rangbereiter Stelle in dem Umfang begründet, in dem sie nach § 16 zu übernehmen wären. Auf Geldleistung gerichtete Rechte können nur in Deutscher Mark begründet werden. Eine Haftung für Zinsen kann höchstens in Höhe von 13 vom Hundert ab dem Tag der Entscheidung über die Rückübertragung begründet werden. Kann das frühere Recht nach den seit dem 3. Oktober 1990 geltenden Vorschriften nicht wiederbegründet werden, ist dasjenige Recht zu begründen, das dem früheren Recht entspricht oder am ehesten entspricht. Bei Grundpfandrechten ist die Erteilung eines Briefes ausgeschlossen. Hypotheken und Aufbauhypotheken nach dem Zivilgesetzbuch der Deutschen Demokratischen Republik sind als Hypotheken zu begründen. Eine Wiederbegründung erfolgt nicht, wenn der Eigentümer des Grundstücks das zu begründende Grundpfandrecht oder eine dadurch gesicherte Forderung ablöst. Eine Wiederbegründung erfolgt ferner nicht, wenn die Belastung mit dem Recht für den Eigentümer des Grundstücks mit Nachteilen verbunden ist, welche den beim Berechtigten durch die Nichtbegründung des Rechts entstehenden

Anhang I/2 I. Bundesrecht

Fassung des Einigungsvertrages	Fassung v. 18. April 1991	Fassung v. 3. August 1992	Fassung v. 2. Dezember 1994
(2) Werden von mehreren Personen Ansprüche auf Rückübertragung desselben Vermögenswertes geltend gemacht, so gilt derjenige als Berechtigter, der von einer Maßnahme gemäß des § 1 als Erster betroffen war. (3) Liegt eine Anmeldung nach der Verordnung über die Anmeldung vermögensrechtlicher Ansprüche vom 11. Juli 1990 (GBl. I Nr. 44 S. 718), zuletzt geändert durch die 2. Verordnung über die Anmeldung vermögensrechtlicher Ansprüche vom 21. August 1990 – im folgenden Anmeldeverordnung genannt – vor, so ist der Verfügungsberechtigte verpflichtet, den Abschluß dinglicher Rechtsgeschäfte oder die Eingehung langfristiger vertraglicher Verpflichtungen ohne Zustimmung des Berechtigten zu unterlassen. Ausgenommen sind solche Rechtsgeschäfte, die zur Erfüllung von Rechtspflichten des Eigentümers oder zur Erhaltung und Bewirtschaftung des Vermögenswertes unbedingt erforderlich sind. Dies gilt auch bei verspäteter Anmeldung.	Schaden erheblich überwiegen und der Eigentümer des Grundstücks dem Berechtigten die durch die Nichtbegründung des Rechts entstehenden Vermögensnachteile ausgleicht. (2) Werden von mehreren Personen Ansprüche auf Rückübertragung desselben Vermögenswertes geltend gemacht, so gilt derjenige als Berechtigter, der von einer Maßnahme gemäß des § 1 als Erster betroffen war. (3) Liegt eine Anmeldung nach der Verordnung über die Anmeldung vermögensrechtlicher Ansprüche vom 11. Juli 1990 (GBl. I Nr. 44 S. 718), zuletzt geändert durch die 2. Verordnung über die Anmeldung vermögensrechtlicher Ansprüche vom 21. August 1990 – im folgenden Anmeldeverordnung genannt – vor, so ist der Verfügungsberechtigte verpflichtet, den Abschluß dinglicher Rechtsgeschäfte oder die Eingehung langfristiger vertraglicher Verpflichtungen ohne Zustimmung des Berechtigten zu unterlassen. Ausgenommen sind solche Rechtsgeschäfte, die a) zur Erfüllung von Rechtspflichten des Eigentümers, insbesondere bei Anordnung eines Modernisierungs- und Instandsetzungsgebots nach § 177 des Baugesetzbuchs zur Beseitigung der Mißstände und zur Behebung der Mängel oder	Schaden erheblich überwiegen und der Eigentümer des Grundstücks dem Berechtigten die durch die Nichtbegründung des Rechts entstehenden Vermögensnachteile ausgleicht. (2) Werden von mehreren Personen Ansprüche auf Rückübertragung desselben Vermögenswertes geltend gemacht, so gilt derjenige als Berechtigter, der von einer Maßnahme gemäß des § 1 als Erster betroffen war. (3) Liegt ein Antrag nach § 30 vor, so ist der Verfügungsberechtigte verpflichtet, den Abschluß dinglicher Rechtsgeschäfte oder die Eingehung langfristiger vertraglicher Verpflichtungen ohne Zustimmung des Berechtigten zu unterlassen. Ausgenommen sind solche Rechtsgeschäfte, die a) zur Erfüllung von Rechtsgeschäften des Eigentümers, insbesondere bei Anordnung eines Modernisierungs- und Instandsetzungsgebots nach § 177 des Baugesetzbuchs zur Beseitigung der Mißstände und zur Behebung der Mängel oder b) zur Erhaltung und Bewirtschaftung des Vermögenswerts erforderlich sind. Ausgenommen sind, soweit sie nicht bereits nach den Sätzen 2 und 5 ohne Zustimmung des Berechtigten zulässig sind, ferner Instandsetzungsmaßnahmen, wenn die hierfür aufzuwendenden Kosten den	Schaden erheblich überwiegen und der Eigentümer des Grundstücks dem Berechtigten die durch die Nichtbegründung des Rechts entstehenden Vermögensnachteile ausgleicht. (2) Werden von mehreren Personen Ansprüche auf Rückübertragung desselben Vermögenswertes geltend gemacht, so gilt derjenige als Berechtigter, der von einer Maßnahme gemäß des § 1 als Erster betroffen war. (3) Liegt ein Antrag nach § 30 vor, so ist der Verfügungsberechtigte verpflichtet, den Abschluß dinglicher Rechtsgeschäfte oder die Eingehung langfristiger vertraglicher Verpflichtungen ohne Zustimmung des Berechtigten zu unterlassen. Ausgenommen sind solche Rechtsgeschäfte, die a) zur Erfüllung von Rechtspflichten des Eigentümers, insbesondere bei Anordnung eines Modernisierungs- und Instandsetzungsgebots nach § 177 des Baugesetzbuchs zur Beseitigung der Mißstände und zur Behebung der Mängel oder b) zur Erhaltung und Bewirtschaftung des Vermögenswerts erforderlich sind. Ausgenommen sind, soweit sie nicht bereits nach den Sätzen 2 und 5 ohne Zustimmung des Berechtigten zulässig sind, ferner Instandsetzungsmaßnahmen, wenn die hierfür aufzuwendenden Kosten den

2. Gesetz zur Regelung offener Vermögensfragen **Anhang I/2**

b) zur Erhaltung und Bewirtschaftung des Vermögenswerts erforderlich sind. Ausgenommen sind ferner Instandsetzungsmaßnahmen, wenn die hierfür aufzuwendenden Kosten den Verfügungsberechtigten als Vermieter nach Rechtsvorschriften zu einer Erhöhung der jährlichen Miete berechtigen. Der Berechtigte ist verpflichtet, dem Verfügungsberechtigten die aufgewendeten Kosten, soweit diese durch eine instandsetzungsbedingte Mieterhöhung nicht bereits ausgeglichen sind, zu erstatten, sobald über die Rückübertragung des Eigentums bestandskräftig entschieden ist. Satz 2 gilt entsprechend für Maßnahmen der in Satz 2 Buchstabe a bezeichneten Art, die ohne eine Anordnung nach § 177 des Baugesetzbuchs vorgenommen werden, wenn die Kosten der Maßnahmen von der Gemeinde oder einer anderen Stelle nach Maßgabe des § 177 Abs. 4 und 5 des Baugesetzbuchs erstattet werden. Der Verfügungsberechtigte hat diese Rechtsgeschäfte so zu führen, wie das Interesse des Berechtigten mit Rücksicht auf dessen wirklichen oder mutmaßlichen Willen es erfordert, soweit dem nicht das Gesamtinteresse des von dem Verfügungsberechtigten geführten Unternehmens entgegensteht; § 678 des Bürgerlichen Gesetzbuchs ist entsprechend anzuwenden, jedoch bleiben die Befugnisse als gegenwärtig Verfügungsberechtigter in den Fällen des § 177 des Baugesetzbuchs und der Sätze 3 und 5 sowie nach dem Investitionsgesetz von diesem Satz unberührt. Der Verfügungsberechtigte ist

Anhang I/2 I. Bundesrecht

Fassung des Einigungsvertrages	Fassung v. 18. April 1991	Fassung v. 3. August 1992	Fassung v. 2. Dezember 1994
	gungsberechtigter in den Fällen des § 177 des Baugesetzbuchs und der Sätze 3 und 5 sowie nach dem Investitionsgesetz von diesem Satz unberührt. Der Verfügungsberechtigte ist zur Abwendung der Gesamtvollstreckung nicht verpflichtet, wenn der Berechtigte trotz Aufforderung innerhalb eines Monats einen Antrag auf vorläufige Einweisung nach § 6a nicht stellt oder ein solcher Antrag abgelehnt worden ist. Dies gilt auch bei verspäteter Anmeldung.	zur Liquidation berechtigt und zur Abwendung der Gesamtvollstreckung nicht verpflichtet, wenn der Berechtigte trotz Aufforderung innerhalb eines Monats einen Antrag auf vorläufige Einweisung nach § 6a nicht stellt oder ein solcher Antrag abgelehnt worden ist. Dies gilt auch bei verspäteter Anmeldung. Die Treuhandanstalt ist zur Abwendung der Gesamtvollstreckung nicht verpflichtet, wenn der Berechtigte bis zum 1. September 1992 keinen Antrag nach § 6a zur vorläufigen Einweisung gestellt hat oder wenn über einen gestellten Antrag bis zum 1. Dezember 1992 nicht entschieden worden ist.	zur Liquidation berechtigt und zur Abwendung der Gesamtvollstreckung nicht verpflichtet, wenn der Berechtigte trotz Aufforderung innerhalb eines Monats einen Antrag auf vorläufige Einweisung nach § 6a nicht stellt oder ein solcher Antrag abgelehnt worden ist. Dies gilt auch bei verspäteter Anmeldung. Die Treuhandanstalt ist zur Abwendung der Gesamtvollstreckung nicht verpflichtet, wenn der Berechtigte bis zum 1. September 1992 keinen Antrag nach § 6a zur vorläufigen Einweisung gestellt hat oder wenn über einen gestellten Antrag bis zum 1. Dezember 1992 nicht entschieden worden ist.
(4) Wird die Anmeldefrist (§ 3 der Anmeldeverordnung) versäumt und liegt keine verspätete Anmeldung vor, kann der Verfügungsberechtigte über das Eigentum verfügen oder schuldrechtliche oder dingliche Verpflichtungen eingehen. Ist über das Eigentum noch nicht verfügt worden, so kann der Berechtigte den Anspruch auf Rückübertragung noch geltend machen. Anderenfalls steht ihm nur noch ein Anspruch auf den Erlös zu.	(4) Wird die Anmeldefrist (§ 3 der Anmeldeverordnung) versäumt und liegt keine verspätete Anmeldung vor, kann der Verfügungsberechtigte über das Eigentum verfügen oder schuldrechtliche oder dingliche Verpflichtungen eingehen. Ist über das Eigentum noch nicht verfügt worden, so kann der Berechtigte den Anspruch auf Rückübertragung noch geltend machen. Anderenfalls steht ihm nur noch ein Anspruch auf den Erlös zu.	(4) Wird die Anmeldefrist (§ 3 der Anmeldeverordnung) versäumt und liegt keine verspätete Anmeldung vor, kann der Verfügungsberechtigte über das Eigentum verfügen oder schuldrechtliche oder dingliche Verpflichtungen eingehen. Ist über das Eigentum noch nicht verfügt worden, so kann der Berechtigte den Anspruch auf Rückübertragung noch geltend machen. Anderenfalls steht ihm nur noch ein Anspruch auf den Erlös zu.	(4) Wird die Anmeldefrist (§ 3 der Anmeldeverordnung) versäumt und liegt keine verspätete Anmeldung vor, kann der Verfügungsberechtigte über das Eigentum verfügen oder schuldrechtliche oder dingliche Verpflichtungen eingehen. Ist über das Eigentum noch nicht verfügt worden, so kann der Berechtigte den Anspruch auf Rückübertragung noch geltend machen. Anderenfalls steht ihm nur noch ein Anspruch auf den Erlös zu.
(5) Der Verfügungsberechtigte hat sich vor einer Verfügung zu vergewissern, daß keine Anmeldung im Sinne des Absatzes 3 vorliegt.	(5) Der Verfügungsberechtigte hat sich vor einer Verfügung zu vergewissern, daß keine Anmeldung im Sinne des Absatzes 3 vorliegt.	(5) Der Verfügungsberechtigte hat sich vor einer Verfügung bei dem Amt zur Regelung offener Vermögensfragen, in dessen Bezirk der Vermögens-	(5) Der Verfügungsberechtigte hat sich vor einer Verfügung bei dem Amt zur Regelung offener Vermögensfragen, in dessen Bezirk der Vermögens-

2. Gesetz zur Regelung offener Vermögensfragen **Anhang I/2**

(6) Die für die Rückgabe zuständige Behörde hat dem Verfügungsberechtigten über ein Unternehmen, in den Fällen des § 2 Abs. 3 Satz 3 der Treuhandanstalt, innerhalb von drei Monaten nach Antragstellung zu gestatten, dieses trotz Vorliegens eines Antrags auf Rückgabe an einen Dritten zu veräußern oder langfristig zu verpachten, sofern über den Antrag des Berechtigten auf Rückgabe oder vorläufige Einweisung nach § 6a gestellt worden ist, noch nicht bestandskräftig entschieden worden ist und wenn

1. die Maßnahme geeignet ist,
   a) Arbeitsplätze zu schaffen oder zu sichern oder
   b) die Wettbewerbsfähigkeit verbessernde Investitionen zu ermöglichen oder
2. der Berechtigte keine Gewähr dafür bietet, daß er das Unternehmen fortführen oder sanieren wird.

Dem Antrag des Verfügungsberechtigten nach Satz 1, der nur bis zum 31. Dezember 1993 gestellt werden wert belegen ist, und, soweit ein Unternehmen betroffen ist, bei dem Landesamt zur Regelung offener Vermögensfragen, in dessen Bezirk das Unternehmen seinen Sitz (Hauptniederlassung) hat, zu vergewissern, daß keine Anmeldung im Sinne des Absatzes 3 hinsichtlich des Vermögenswertes vorliegt.

(6)–(8) *(weggefallen)*
[*Abs. 6 jetzt §§ 1; 3 II Nr. 1, 2; 10 S. 2; 11 II, V, VI InVorG*]

wert belegen ist, und, soweit ein Unternehmen betroffen ist, bei dem Landesamt zur Regelung offener Vermögensfragen, in dessen Bezirk das Unternehmen seinen Sitz (Hauptniederlassung) hat, zu vergewissern, daß keine Anmeldung im Sinne des Absatzes 3 hinsichtlich des Vermögenswertes vorliegt.

(6)–(8) *(weggefallen)*
[*Abs. 6 jetzt §§ 1; 3 II Nr. 1, 2; 10 S. 2; 11 II, V, VI InVorG*]

651

Anhang I/2 I. Bundesrecht

Fassung des Einigungsvertrages	Fassung v. 18. April 1991	Fassung v. 3. August 1992	Fassung v. 2. Dezember 1994
	kann, darf die Behörde nur entsprechen, wenn glaubhaft gemacht wird, daß der Erwerber oder Pächter nach seinen persönlichen und wirtschaftlichen Verhältnissen hinreichend Gewähr bietet, daß er das Unternehmen fortführen oder es sanieren wird. Die Behörde hat auf Antrag des Berechtigten die Rückabwicklung anzuordnen, wenn der Erwerber oder Pächter die für die ersten zwei Jahre zugesagten Maßnahmen nicht durchführt oder hiervon wesentlich abweicht, es sei denn, daß dies auf zum Zeitpunkt der Veräußerung oder Verpachtung nicht vorhersehbare dringende betriebliche Erfordernisse zurückzuführen ist. (7) Unter den Voraussetzungen des Absatzes 6 hat die zuständige Behörde dem Verfügungsberechtigten selbst zu erlauben, Maßnahmen zur Erreichung von in Absatz 6 Satz 1 Nr. 1 bezeichneten Zwecken durchzuführen, wenn er bereit ist, dem Unternehmen das hierfür erforderliche Eigenkapital zuzuführen und er dieses innerhalb einer von der Behörde zu bestimmenden Frist einbringt. Das zugeführte Eigenkapital ist in eine Kapitalrücklage einzustellen, die für die Dauer von fünf Jahren nach Einbringung nur zur Verrechnung mit Jahresfehlbeträgen verwendet werden darf. Der Berechtigte ist von dem Antrag auf Investitionser-	*[Abs. 7 jetzt §§ 1; 2 II Nr. 2; 4 II InVorG]*	*[Abs. 7 jetzt §§ 1; 2 II Nr. 2; 4 II InVorG]*

laubnis zu unterrichten. Sofern er im Rahmen eines Antrags nach § 6a die gleiche oder annähernd die gleiche Investitionsmaßnahme zusagt und deren Durchführung glaubhaft macht, ist die Investitionserlaubnis zu versagen. Der Anspruch auf Rückgabe entfällt mit der Bestandskraft der Investitionserlaubnis. Absatz 6 Satz 3 ist entsprechend anzuwenden. Entfällt der Anspruch auf Rückübertragung, so hat der Berechtigte Anspruch auf Ersatz des Verkehrswerts des Unternehmens, das zurückzugeben gewesen wäre, im Zeitpunkt des Entfallens des Rückgabeanspruchs, sofern der Berechtigte nicht Entschädigung nach § 6 Abs. 7 verlangt.

(8) Die Anfechtungsklage gegen eine Entscheidung der Behörde nach Absatz 6 Satz 1 oder Absatz 7 Satz 1 hat keine aufschiebende Wirkung.

§ 3a **Aussetzung der Verfügungsbeschränkung.** (1) § 3 Abs. 3 bis 5 ist nicht anzuwenden, wenn eine öffentlich-rechtliche Gebietskörperschaft oder die Treuhandanstalt Verfügungsberechtigter über ein Grundstück, Gebäude oder Unternehmen ist und ein solcher Vermögenswert an einen Dritten oder einen Berechtigten für die nachstehend bezeichneten investiven Zwecke veräußert, vermietet oder verpachtet wird. Investive Zwecke liegen vor,

[Abs. 8 jetzt § 12 I InVorG]

§ 3a (weggefallen)
[Abs. 1 S. 1 jetzt §§ 1; 2 I Nr. 1, II Nr. 1; 4 II; 11 II, IV–VI InVorG]

[Abs. 8 jetzt § 12 I InVorG]

§ 3a (weggefallen)
[Abs. 1 S. 1 jetzt §§ 1; 2 I Nr. 1, II Nr. 1; 4 II; 11 II, IV–VI InVorG]

Anhang I/2 I. Bundesrecht

Fassung des Einigungsvertrages	Fassung v. 18. April 1991	Fassung v. 3. August 1992	Fassung v. 2. Dezember 1994
	1. bei Grundstücken und Gebäuden, wenn die Veräußerung, Vermietung oder Verpachtung zur a) Sicherung oder Schaffung von Arbeitsplätzen, insbesondere durch Errichtung einer gewerblichen Betriebsstätte oder eines Dienstleistungsunternehmens, b) Deckung eines erheblichen Wohnbedarfs der Bevölkerung oder c) Schaffung der für derartige Vorhaben erforderlichen Infrastrukturmaßnahmen erfolgt und wenn das Grundstück diesem Vorhaben dienen soll und in einem angemessenen Verhältnis zu dem angestrebten Vorhaben steht, 2. bei Unternehmen, wenn die Veräußerung oder Verpachtung erfolgt, a) um Arbeitsplätze zu schaffen oder zu sichern oder die Wettbewerbsfähigkeit verbessernde Investitionen zu ermöglichen oder b) weil der Berechtigte keine Gewähr dafür bietet, daß er das Unternehmen fortführen wird. Die Treuhandanstalt handelt bei Vermögenswerten, die im Eigentum eines ihrer Tochterunternehmen stehen, als gesetzlicher Vertreter. Sie haftet im Verhältnis zu ihrem Tochterunternehmen nur, wenn sie ohne dessen Zustimmung verfügt.	[Abs. 1 S. 2 Nr. 1 jetzt § 3 I InVorG] [Abs. 1 S. 2 Nr. 2 jetzt § 3 II Nr. 1, 2 InVorG]	[Abs. 1 S. 2 Nr. 1 jetzt § 3 I InVorG] [Abs. 1 S. 2 Nr. 2 jetzt § 3 II Nr. 1, 2 InVorG]

2. Gesetz zur Regelung offener Vermögensfragen Anhang I/2

(2) Eine Veräußerung, Vermietung oder Verpachtung nach Absatz 1 ist zu unterlassen, wenn vor Abschluß des Vertrags bestandskräftig entschieden ist, daß der Vermögenswert an den Berechtigten zurückzugeben ist, oder wenn der Berechtigte nach § 6a vorläufig in das Unternehmen eingewiesen worden ist.

[Abs. 2 jetzt § 10 S. 2 InVorG]

(3) Der Verfügungsberechtigte hat die zuständige Behörde und ihr bekannte Berechtigte über die Absicht, zu veräußern, zu vermieten oder zu verpachten, zu unterrichten. Er hat dem Berechtigten Gelegenheit zur Stellungnahme zu geben. Der Verfügungsberechtigte hat bei seiner Entscheidung über eine Veräußerung, Vermietung oder Verpachtung nach Absatz 1 zu berücksichtigen, ob ein der Behörde bekannter Berechtigter im Rahmen eines Antrags nach § 6a gleiche oder annähernd gleiche investive Maßnahmen zusagt wie der Dritte und deren Durchführung glaubhaft macht. Das Rückübertragungsverfahren wird nicht unterbrochen. Über die Entscheidung ist die Behörde zu unterrichten. Dem Berechtigten ist die Entscheidung zuzustellen.

[Abs. 3 S. 1, 2 jetzt § 5 I InVorG]
[Abs. 3 S. 3 jetzt § 7 I 2 InVorG]
[Abs. 3 S. 4 jetzt § 4 IV 1 InVorG]
[Abs. 3 S. 5, 6 jetzt § 9 InVorG]

(4) Widerspruch und Anfechtungsklage gegen die Entscheidung des Verfügungsberechtigten haben keine aufschiebende Wirkung.

[Abs. 4 jetzt § 12 I InVorG]

655

Anhang I/2
I. Bundesrecht

Fassung des Einigungsvertrages	Fassung v. 18. April 1991	Fassung v. 3. August 1992	Fassung v. 2. Dezember 1994
	(5) Ist dem Verfügungsberechtigten die Rückübertragung nicht möglich, weil er den Vermögenswert nach Absatz 1 veräußert hat, so kann der Berechtigte vom Verfügungsberechtigten die Zahlung eines Geldbetrages in Höhe aller Geldleistungen aus der Veräußerung verlangen. Ist ein Erlös nicht erzielt worden oder unterschreitet dieser den Verkehrswert nicht unwesentlich, den der Vermögensgegenstand im Zeitpunkt der Veräußerung hatte, so kann der Berechtigte Zahlung des Verkehrswertes verlangen.	[Abs. 5 jetzt § 16 I InVorG]	[Abs. 5 jetzt § 16 I InVorG]
	(6) Bei Vermietung und Verpachtung ist § 1a Abs. 5 des Investitionsgesetzes entsprechend anzuwenden.	[Abs. 6 jetzt § 11 III, 16 II InVorG]	[Abs. 6 jetzt § 11 III, 16 II InVorG]
	(7) Der Vertrag ist nur wirksam, wenn er eine Verpflichtung des Erwerbers enthält, den Vermögenswert zurückzuübertragen, falls er die für die ersten zwei Jahre zugesagten Maßnahmen nicht durchführt oder hiervon wesentlich abweicht, es sei denn, daß dies auf zum Zeitpunkt des Vertragsabschlusses nicht voraussehbare dringende betriebliche Erfordernisse zurückzuführen ist. § 1d Abs. 5 des Investitionsgesetzes ist entsprechend anzuwenden.	[Abs. 7 jetzt § 8 II, III InVorG]	[Abs. 7 jetzt § 8 II, III InVorG]
	(8) Veräußerungen nach dieser Vorschrift bedürfen keiner Genehmigung nach der Grundstücksverkehrsverord-	[Abs. 8 jetzt § 11 I InVorG]	[Abs. 8 jetzt § 11 I InVorG]

2. Gesetz zur Regelung offener Vermögensfragen Anhang I/2

nung; gegenüber dem Grundbuchamt genügt als Nachweis hierfür eine Bescheinigung des Verfügungsberechtigten.

(9) Die Vorschrift ist auf Verträge anzuwenden, die bis zum 31. Dezember 1992 abgeschlossen werden. Das Investitionsgesetz sowie § 3 Abs. 6 dieses Gesetzes sind auf Veräußerungen, Vermietungen und Verpachtungen, die nach dieser Vorschrift zulässig sind, für die Dauer ihrer Geltung nicht anzuwenden.

[Abs. 9 S. 1 jetzt § 4 I 2 InVorG]

[Abs. 9 S. 1 jetzt § 4 I 2 InVorG]

§ 3 b Gesamtvollstreckungsverfahren, Zwangsversteigerungsverfahren. (1) Der Anspruch nach § 3 Abs. 1 Satz 1 wird durch die Eröffnung der Gesamtvollstreckung über das Vermögen des Verfügungsberechtigten nicht berührt. Dies gilt nicht, wenn ein Unternehmen Gegenstand eines Rückübertragungsanspruchs nach § 6 Abs. 1 Satz 1 ist.

(2) Beschlüsse, durch die die Zwangsversteigerung eines Grundstücks oder Gebäudes angeordnet wird, sowie Ladungen zu Terminen in einem Zwangsversteigerungsverfahren sind dem Berechtigten zuzustellen.

§ 3 b Gesamtvollstreckungsverfahren, Zwangsversteigerungsverfahren. (1) Der Anspruch nach § 3 Abs. 1 Satz 1 wird durch die Eröffnung der Gesamtvollstreckung über das Vermögen des Verfügungsberechtigten nicht berührt. Dies gilt nicht, wenn ein Unternehmen Gegenstand eines Rückübertragungsanspruchs nach § 6 Abs. 1 Satz 1 ist.

(2) Beschlüsse, durch die die Zwangsversteigerung eines Grundstücks oder Gebäudes angeordnet wird, sowie Ladungen zu Terminen in einem Zwangsversteigerungsverfahren sind dem Berechtigten zuzustellen.

§ 3 c Erlaubte Veräußerungen. (1) § 3 Abs. 3 gilt für die Veräußerung von Vermögenswerten der Treuhandanstalt oder eines Unternehmens, dessen sämtliche Anteile sich mittelbar

§ 3 c Erlaubte Veräußerungen. (1) § 3 Abs. 3 gilt für die Veräußerung von Vermögenswerten der Treuhandanstalt oder eines Unternehmens, dessen sämtliche Anteile sich mittelbar

Anhang I/2 I. Bundesrecht

Fassung des Einigungsvertrages	Fassung v. 18. April 1991	Fassung v. 3. August 1992	Fassung v. 2. Dezember 1994
		oder unmittelbar in der Hand der Treuhandanstalt befinden, nicht, wenn sich der Erwerber zur Duldung der Rückübertragung des Vermögenswertes auf den Berechtigten nach Maßgabe dieses Abschnitts verpflichtet. Steht der Vermögenswert im Eigentum eines anderen Verfügungsberechtigten, gilt Satz 1 nur, wenn der Erwerber ein Antragsteller nach § 30 Abs. 1 ist oder wenn der Erwerber eine juristische Person des öffentlichen Rechts, eine von einer solchen Person beherrschte juristische Person des Privatrechts oder eine Genossenschaft und anzunehmen ist, daß der Anspruch nach § 5 ausgeschlossen ist. (2) Die Rückübertragung kann in den Fällen des Absatzes 1 auch nach Wirksamwerden der Veräußerung erfolgen. Bis zur Bestandskraft der Entscheidung über die Rückübertragung unterliegt der Erwerber vorbehaltlich der Bestimmungen des Investitionsvorranggesetzes den Beschränkungen des § 3 Abs. 3.	oder unmittelbar in der Hand der Treuhandanstalt befinden, nicht, wenn sich der Erwerber zur Duldung der Rückübertragung des Vermögenswertes auf den Berechtigten nach Maßgabe dieses Abschnitts verpflichtet. Steht der Vermögenswert im Eigentum eines anderen Verfügungsberechtigten, gilt Satz 1 nur, wenn der Erwerber ein Antragsteller nach § 30 Abs. 1 ist oder wenn der Erwerber eine juristische Person des öffentlichen Rechts, eine von einer solchen Person beherrschte juristische Person des Privatrechts oder eine Genossenschaft und anzunehmen ist, daß der Anspruch nach § 5 ausgeschlossen ist. (2) Die Rückübertragung kann in den Fällen des Absatzes 1 auch nach Wirksamwerden der Veräußerung erfolgen. Bis zur Bestandskraft der Entscheidung über die Rückübertragung unterliegt der Erwerber vorbehaltlich der Bestimmungen des Investitionsvorranggesetzes den Beschränkungen des § 3 Abs. 3.
§ 4 Ausschluß der Rückübertragung. (1) Eine Rückübertragung des Eigentumsrechtes oder sonstiger Rechte an Vermögenswerten ist ausgeschlossen, wenn dies von der Natur der Sache her nicht mehr möglich ist.	**§ 4 Ausschluß der Rückübertragung.** (1) Eine Rückübertragung des Eigentumsrechtes oder sonstiger Rechte an Vermögenswerten ist ausgeschlossen, wenn dies von der Natur der Sache her nicht mehr möglich ist.	**§ 4 Ausschluß der Rückübertragung.** (1) Eine Rückübertragung des Eigentumsrechtes oder sonstiger Rechte an Vermögenswerten ist ausgeschlossen, wenn dies von der Natur der Sache her nicht mehr möglich ist.	**§ 4 Ausschluß der Rückübertragung.** (1) Eine Rückübertragung des Eigentumsrechts oder sonstiger Rechte an Vermögenswerten ist ausgeschlossen, wenn dies von der Natur der Sache her nicht mehr möglich ist.

2. Gesetz zur Regelung offener Vermögensfragen

Die Rückgabe von Unternehmen ist ausgeschlossen, wenn und soweit der Geschäftsbetrieb eingestellt worden ist und die tatsächlichen Voraussetzungen für die Wiederaufnahme des Geschäftsbetriebs nach vernünftiger kaufmännischer Beurteilung fehlen. Die Rückgabe des Unternehmens ist auch ausgeschlossen, wenn und soweit ein Unternehmen auf Grund folgender Vorschriften veräußert wurde:

a) Verordnung über die Gründung und Tätigkeit von Unternehmen mit ausländischer Beteiligung in der DDR vom 25. Januar 1990 (GBl. I Nr. 4 S. 16),

b) Beschluß zur Gründung der Anstalt zur treuhänderischen Verwaltung des Volkseigentums (Treuhandanstalt) vom 1. März 1990 (GBl. I Nr. 14 S. 107),

c) Treuhandgesetz vom 17. Juni 1990 (GBl. I Nr. 33 S. 300), zuletzt geändert durch Artikel 9 des Gesetzes zur Beseitigung von Hemmnissen bei der Privatisierung von Unternehmen und zur Förderung von Investitionen vom 22. März 1991 (BGBl. I S. 766),

d) Gesetz über die Gründung und Tätigkeit privater Unternehmen und über Unternehmensbeteiligungen vom 7. März 1990 (GBl. I Nr. 17 S. 141).

Dies gilt nicht, wenn die Voraussetzungen des Absatzes 3 vorliegen.

Anhang I/2   I. Bundesrecht

Fassung des Einigungsvertrages	Fassung v. 18. April 1991	Fassung v. 3. August 1992	Fassung v. 2. Dezember 1994
(2) Die Rückübertragung ist ferner ausgeschlossen, wenn natürliche Personen, Religionsgemeinschaften oder gemeinnützige Stiftungen in redlicher Weise an dem Vermögenswert Eigentum oder dingliche Nutzungsrechte erworben haben. Dies gilt bei Grundstücken und Gebäuden nicht, sofern das dem Erwerb zugrundeliegende Rechtsgeschäft nach dem 18. Oktober 1989 geschlossen worden ist und nach § 6 Absätze 1 und 2 der Anmeldeverordnung nicht hätte genehmigt werden dürfen.	(2) Die Rückübertragung ist ferner ausgeschlossen, wenn natürliche Personen, Religionsgemeinschaften oder gemeinnützige Stiftungen in redlicher Weise an dem Vermögenswert Eigentum oder dingliche Nutzungsrechte erworben haben. Dies gilt bei Grundstücken und Gebäuden nicht, sofern das dem Erwerb zugrundeliegende Rechtsgeschäft nach dem 18. Oktober 1989 geschlossen worden ist und nach § 6 Abs. 1 und 2 der Anmeldeverordnung nicht hätte genehmigt werden dürfen.	(2) Die Rückübertragung ist ferner ausgeschlossen, wenn natürliche Personen, Religionsgemeinschaften oder gemeinnützige Stiftungen nach dem 8. Mai 1945 in redlicher Weise an dem Vermögenswert Eigentum oder dingliche Nutzungsrechte erworben haben. Dies gilt bei der Veräußerung von Grundstücken und Gebäuden nicht, sofern das dem Erwerb zugrundeliegende Rechtsgeschäft nach dem 18. Oktober 1989 ohne Zustimmung des Berechtigten geschlossen worden ist, es sei denn, daß a) der Erwerber vor dem 19. Oktober 1989 schriftlich beantragt oder sonst aktenkundig angebahnt worden ist, b) der Erwerb auf der Grundlage des § 1 des Gesetzes über den Verkauf volkseigener Gebäude vom 7. März 1990 (GBl. I Nr. 18 S. 157) erfolgte oder c) der Erwerber vor dem 19. Oktober 1989 in einem wesentlichen Umfang werterhöhende oder substanzerhaltende Investitionen vorgenommen hat.	(2) Die Rückübertragung ist ferner ausgeschlossen, wenn natürliche Personen, Religionsgemeinschaften oder gemeinnützige Stiftungen nach dem 8. Mai 1945 in redlicher Weise an dem Vermögenswert Eigentum oder dingliche Nutzungsrechte erworben haben. Dies gilt bei der Veräußerung von Grundstücken und Gebäuden nicht, sofern das dem Erwerb zugrundeliegende Rechtsgeschäft nach dem 18. Oktober 1989 ohne Zustimmung des Berechtigten geschlossen worden ist, es sei denn, daß a) der Erwerber vor dem 19. Oktober 1989 schriftlich beantragt oder sonst aktenkundig angebahnt worden ist, b) der Erwerb auf der Grundlage des § 1 des Gesetzes über den Verkauf volkseigener Gebäude vom 7. März 1990 (GBl. I Nr. 18 S. 157) erfolgte oder c) der Erwerber vor dem 19. Oktober 1989 in einem wesentlichen Umfang werterhöhende oder substanzerhaltende Investitionen vorgenommen hat.
(3) Als unredlich ist der Rechtserwerb in der Regel dann anzusehen, wenn er a) nicht in Einklang mit den zum Zeitpunkt des Erwerbs in der Deutschen Demokratischen Republik		(3) Als unredlich ist der Rechtserwerb in der Regel dann anzusehen, wenn er a) nicht in Einklang mit den zum Zeitpunkt des Erwerbs in der Deutschen Demokratischen Republik	(3) Als unredlich ist der Rechtserwerb in der Regel dann anzusehen, wenn er a) nicht in Einklang mit den zum Zeitpunkt des Erwerbs in der Deutschen Demokratischen Republik

2. Gesetz zur Regelung offener Vermögensfragen

geltenden allgemeinen Rechtsvorschriften, Verfahrensgrundsätzen und einer ordnungsgemäßen Verwaltungspraxis stand, und der Erwerber dies wußte oder hätte wissen müssen, oder

b) darauf beruhte, daß der Erwerber durch Korruption oder Ausnutzung einer persönlichen Machtstellung auf den Zeitpunkt oder die Bedingungen des Erwerbs oder auf die Auswahl des Erwerbsgegenstands eingewirkt hat, oder

c) davon beeinflußt war, daß sich der Erwerber eine von ihm selbst oder von dritter Seite herbeigeführte Zwangslage oder Täuschung des ehemaligen Eigentümers zu Nutze gemacht hat.

§ 5 Ausschluß der Rückübertragung von Eigentumsrechten an Grundstücken und Gebäuden. (1) Eine Rückübertragung von Eigentumsrechten an Grundstücken und Gebäuden ist gemäß § 4 Absatz 1 insbesondere auch dann ausgeschlossen, wenn Grundstücke und Gebäude

a) mit erheblichem baulichen Aufwand in ihrer Nutzungsart oder Zweckbestimmung verändert wurden und ein öffentliches Interesse an dieser Nutzung besteht,

b) dem Gemeingebrauch gewidmet wurden,

c) im komplexen Wohnungsbau oder Siedlungsbau verwendet wurden,

Anhang I/2 I. Bundesrecht

Fassung des Einigungsvertrages	Fassung v. 18. April 1991	Fassung v. 3. August 1992	Fassung v. 2. Dezember 1994
d) der gewerblichen Nutzung zugeführt oder in eine Unternehmenseinheit einbezogen wurden und nicht ohne erhebliche Beeinträchtigung des Unternehmens zurückgegeben werden können.	d) der gewerblichen Nutzung zugeführt oder in eine Unternehmenseinheit einbezogen wurden und nicht ohne erhebliche Beeinträchtigung des Unternehmens zurückgegeben werden können. (2) In den Fällen des Absatzes 1 Buchstabe a und d ist die Rückübertragung von Eigentumsrechten nur dann ausgeschlossen, wenn die maßgeblichen tatsächlichen Umstände am 29. September 1990 vorgelegen haben.	d) der gewerblichen Nutzung zugeführt oder in eine Unternehmenseinheit einbezogen wurden und nicht ohne erhebliche Beeinträchtigung des Unternehmens zurückgegeben werden können. (2) In den Fällen des Absatzes 1 Buchstabe a und d ist die Rückübertragung von Eigentumsrechten nur dann ausgeschlossen, wenn die maßgeblichen tatsächlichen Umstände am 29. September 1990 vorgelegen haben.	d) der gewerblichen Nutzung zugeführt oder in eine Unternehmenseinheit einbezogen wurden und nicht ohne erhebliche Beeinträchtigung des Unternehmens zurückgegeben werden können. (2) In den Fällen des Absatzes 1 Buchstabe a und d ist die Rückübertragung von Eigentumsrechten nur dann ausgeschlossen, wenn die maßgeblichen tatsächlichen Umstände am 29. September 1990 vorgelegen haben.
§ 6 Rückübertragung von Unternehmen. (1) Ein Unternehmen ist auf Antrag an den Berechtigten zurückzugeben, wenn es unter Berücksichtigung des technischen Fortschritts und der allgemeinen wirtschaftlichen Entwicklung mit dem enteigneten Unternehmen im Zeitpunkt der Enteignung vergleichbar ist. Wesentliche Verschlechterungen oder wesentliche Verbesserungen der Vermögens- oder Ertragslage sind auszugleichen. Das Unternehmen ist mit dem enteigneten Unternehmen vergleichbar, wenn das Produkt- oder Leistungsangebot des Unternehmens unter Berücksichtigung des technischen und wirtschaftlichen Fortschritts im Grundsatz unverändert geblieben ist oder frühere Produkte oder Leistungen durch andere ersetzt worden sind. Ist das Unterneh-	**§ 6 Rückübertragung von Unternehmen.** (1) Ein Unternehmen ist auf Antrag an den Berechtigten zurückzugeben, wenn es unter Berücksichtigung des technischen Fortschritts und der allgemeinen wirtschaftlichen Entwicklung mit dem enteigneten Unternehmen im Zeitpunkt der Enteignung vergleichbar ist; der Anspruch auf Rückgabe von Anteils- oder Mitgliedschaftsrechten richtet sich gegen die in § 2 Abs. 3 bezeichneten Inhaber dieser Rechte, der Anspruch auf Rückgabe des Unternehmens gegen den dort bezeichneten Verfügungsberechtigten. Im Zeitpunkt der Rückgabe festzustellende wesentliche Verschlechterungen oder wesentliche Verbesserungen der Vermögens- oder Ertragslage sind auszugleichen; Schulden bei wesentlicher Verschlechterung oder Gläubiger	**§ 6 Rückübertragung von Unternehmen.** (1) Ein Unternehmen ist auf Antrag an den Berechtigten zurückzugeben, wenn es unter Berücksichtigung des technischen Fortschritts und der allgemeinen wirtschaftlichen Entwicklung mit dem enteigneten Unternehmen im Zeitpunkt der Enteignung vergleichbar ist; der Anspruch auf Rückgabe von Anteils- oder Mitgliedschaftsrechten richtet sich gegen die in § 2 Abs. 3 bezeichneten Inhaber dieser Rechte, der Anspruch auf Rückgabe des Unternehmens gegen den dort bezeichneten Verfügungsberechtigten. Im Zeitpunkt der Rückgabe festzustellende wesentliche Verschlechterungen oder wesentliche Verbesserungen der Vermögens- oder Ertragslage sind auszugleichen; Schulden bei wesentlicher Verschlechterung oder Gläubiger

2. Gesetz zur Regelung offener Vermögensfragen   Anhang I/2

bei wesentlicher Verbesserung ist die Treuhandanstalt oder eine andere in § 24 Abs. 1 Satz 1 des D-Markbilanzgesetzes bezeichnete Stelle, wenn sie unmittelbar oder mittelbar an dem Verfügungsberechtigten beteiligt ist. Das Unternehmen ist mit dem enteigneten Unternehmen vergleichbar, wenn das Produkt- oder Leistungsangebot des Unternehmens unter Berücksichtigung des technischen und wirtschaftlichen Fortschritts im Grundsatz unverändert geblieben ist oder frühere Produkte oder Leistungen durch andere ersetzt worden sind. Ist das Unternehmen mit einem oder mehreren anderen Unternehmen zusammengefaßt worden, so kommt es für die Vergleichbarkeit nur auf diesen Unternehmensteil an.

(1a) Berechtigter bei der Rückgabe oder Rückführung eines Unternehmens nach den §§ 6, 12 ist derjenige, dessen Vermögenswerte von Maßnahmen gemäß § 1 betroffen sind. Dieser besteht unter seiner Firma, die vor der Schädigung im Register eingetragen war, als in Auflösung befindlich fort, wenn die im Zeitpunkt der Schädigung vorhandenen Gesellschafter oder Mitglieder oder Rechtsnachfolger dieser Personen, die mehr als 50 vom Hundert der Anteile oder Mitgliedschaftsrechte auf sich vereinen und namentlich bekannt sind, einen Anspruch auf Rückgabe des Unternehmens oder von Anteilen oder Mitgliedschaftsrechten des Rückgabeunternehmens mit einem oder mehreren anderen Unternehmen zusammengefaßt worden, so kommt es für die Vergleichbarkeit nur auf diesen Unternehmensteil an.

663

Anhang I/2 I. Bundesrecht

Fassung des Einigungsvertrages	Fassung v. 18. April 1991	Fassung v. 3. August 1992	Fassung v. 2. Dezember 1994
	berechtigten angemeldet haben. Kommt das erforderliche Quorum für das Fortbestehen eines Rückgabeberechtigten unter seiner alten Firma nicht zustande, kann das Unternehmen nicht zurückgefordert werden. Satz 2 gilt nicht für Gesellschaften, die ihr im Beitrittsgebiet belegenes Vermögen verloren haben und hinsichtlich des außerhalb dieses Gebiets belegenen Vermögens als Gesellschaft oder Stiftung werbend tätig sind; in diesem Falle ist Berechtigter nur die Gesellschaft oder Stiftung.	mens oder von Anteilen oder Mitgliedschaftsrechten des Rückgabeberechtigten angemeldet haben. Kommt das erforderliche Quorum für das Fortbestehen eines Rückgabeberechtigten unter seiner alten Firma nicht zustande, kann das Unternehmen nicht zurückgefordert werden. Satz 2 gilt nicht für Gesellschaften, die ihr im Beitrittsgebiet belegenes Vermögen verloren haben und hinsichtlich des außerhalb dieses Gebiets belegenen Vermögens als Gesellschaft oder Stiftung werbend tätig sind; in diesem Falle ist Berechtigter nur die Gesellschaft oder Stiftung.	nehmens oder von Anteilen oder Mitgliedschaftsrechten des Rückgabeberechtigten angemeldet haben. Kommt das erforderliche Quorum für das Fortbestehen eines Rückgabeberechtigten unter seiner alten Firma nicht zustande, kann das Unternehmen nicht zurückgefordert werden. Satz 2 gilt nicht für Gesellschaften, die ihr im Beitrittsgebiet belegenes Vermögen verloren haben und hinsichtlich des außerhalb dieses Gebiets belegenen Vermögens als Gesellschaft oder Stiftung werbend tätig sind; in diesem Falle ist Berechtigter nur die Gesellschaft oder Stiftung.
(2) Eine wesentliche Verschlechterung der Vermögenslage liegt vor, wenn sich bei der Aufstellung der Eröffnungsbilanz zum 1. Juli 1990 nach dem D-Markbilanzgesetz eine Unterdeckung des für die Rechtsform gesetzlich vorgeschriebenen Mindestkapitals ergibt. In diesem Falle stehen dem Unternehmen die Ansprüche nach den §§ 24, 26 Absatz 3, § 28 des D-Markbilanzgesetzes zu; diese Ansprüche dürfen nicht abgelehnt werden. Im Falle des § 28 des D-Markbilanzgesetzes ist das Kapitalentwertungskonto vom Verpflichteten zu tilgen. Der Anspruch nach Satz 2 entfällt, soweit nachgewiesen wird, daß die Eigenka-	(2) Eine wesentliche Verschlechterung der Vermögenslage liegt vor, wenn sich bei der Aufstellung der Eröffnungsbilanz zum 1. Juli 1990 nach dem D-Markbilanzgesetz oder der für die Rückgabe aufgestellten Schlußbilanz eine Überschuldung oder eine Unterdeckung des für die Rechtsform gesetzlich vorgeschriebenen Mindestkapitals ergibt. In diesem Falle stehen dem Unternehmen die Ansprüche nach den §§ 24, 26 Abs. 3 und § 28 des D-Markbilanzgesetzes zu; diese Ansprüche dürfen nicht abgelehnt werden. Im Falle des § 28 des D-Markbilanzgesetzes ist das Kapitalentwertungskonto vom Verpflichteten zu tilgen. Der Anspruch nach Satz 2 ent-	(2) Eine wesentliche Verschlechterung der Vermögenslage liegt vor, wenn sich bei der Aufstellung der Eröffnungsbilanz zum 1. Juli 1990 nach dem D-Markbilanzgesetz oder der für die Rückgabe aufgestellten Schlußbilanz eine Überschuldung oder eine Unterdeckung des für die Rechtsform gesetzlich vorgeschriebenen Mindestkapitals ergibt. In diesem Falle stehen dem Unternehmen die Ansprüche nach den §§ 24, 26 Abs. 3 und § 28 des D-Markbilanzgesetzes zu; diese Ansprüche dürfen nicht abgelehnt werden. Im Falle des § 28 des D-Markbilanzgesetzes ist das Kapitalentwertungskonto vom Verpflichteten zu tilgen. Der Anspruch nach Satz 2 ent-	(2) Eine wesentliche Verschlechterung der Vermögenslage liegt vor, wenn sich bei der Aufstellung der Eröffnungsbilanz zum 1. Juli 1990 nach dem D-Markbilanzgesetz oder der für die Rückgabe aufgestellten Schlußbilanz eine Überschuldung oder eine Unterdeckung des für die Rechtsform gesetzlich vorgeschriebenen Mindestkapitals ergibt. In diesem Falle stehen dem Unternehmen die Ansprüche nach den §§ 24, 26 Abs. 3, § 28 des D-Markbilanzgesetzes zu; diese Ansprüche dürfen nicht abgelehnt werden. Im Falle des § 28 des D-Markbilanzgesetzes ist das Kapitalentwertungskonto vom Verpflichteten zu tilgen. Der Anspruch nach Satz 2 ent-

2. Gesetz zur Regelung offener Vermögensfragen — Anhang I/2

pitalverhältnisse im Zeitpunkt der Enteignung nicht günstiger waren.

(3) Eine wesentliche Verbesserung der Vermögenslage liegt vor, wenn sich bei der Aufstellung der D-Markeröffnungsbilanz nach dem D-Markbilanzgesetz eine Ausgleichsverbindlichkeit nach § 26 des D-Markbilanzgesetzes ergibt und nachgewiesen wird, daß das Unternehmen im Zeitpunkt der Enteignung im Verhältnis zur Bilanzsumme ein geringeres Eigenkapital hatte. Ein geringeres Eigenkapital braucht nicht nachgewiesen zu werden, soweit die Ausgleichsverbindlichkeit dem Wertansatz von Grund und Boden oder Bauten, die zu keinem Zeitpunkt im Eigentum des Unternehmens standen, entspricht.

fällt, soweit nachgewiesen wird, daß die Eigenkapitalverhältnisse im Zeitpunkt der Enteignung nicht günstiger waren. Der Verfügungsberechtigte kann den Anspruch nach Satz 2 auch dadurch erfüllen, daß er das erforderliche Eigenkapital durch Erlaß oder Übernahme von Schulden schafft. Die D-Markeröffnungsbilanz ist zu berichtigen, wenn sich die Ansprüche nach den §§ 24, 26 Abs. 3 und § 28 des D-Markbilanzgesetzes auf Grund des Vermögensgesetzes der Höhe nach ändern.

(3) Eine wesentliche Verbesserung der Vermögenslage liegt vor, wenn sich bei der Aufstellung der D-Markeröffnungsbilanz nach dem D-Markbilanzgesetz oder der für die Rückgabe aufgestellten Schlußbilanz eine Ausgleichsverbindlichkeit nach § 25 des D-Markbilanzgesetzes ergibt und nachgewiesen wird, daß das Unternehmen im Zeitpunkt der Enteignung im Verhältnis zur Bilanzsumme ein geringeres Eigenkapital hatte; bei der Berechnung der Ausgleichsverbindlichkeit sind dem Berechtigten, seinen Gesellschaftern oder Mitgliedern entzogene Vermögensgegenstände höchstens mit dem Wert anzusetzen, der ihnen ausgehend vom Zeitwert im Zeitpunkt der Schädigung unter Berücksichtigung der Wertabschläge nach dem D-Markbilanzgesetz zukommt. Ein geringeres Eigenkapital braucht

Anhang I/2 I. Bundesrecht

Fassung des Einigungsvertrages	Fassung v. 18. April 1991	Fassung v. 3. August 1992	Fassung v. 2. Dezember 1994
	nicht nachgewiesen zu werden, soweit die Ausgleichsverbindlichkeit dem Wertansatz von Grund und Boden oder Bauten, die zu keinem Zeitpunkt im Eigentum des Berechtigten, seiner Gesellschafter oder Mitglieder standen, entspricht. Eine nach § 25 Abs. 1 des D-Markbilanzgesetzes entstandene Ausgleichsverbindlichkeit entfällt, soweit eine wesentliche Verbesserung nicht auszugleichen ist. Die Ausgleichsverbindlichkeit ist zu erlassen oder in eine Verbindlichkeit nach § 16 Abs. 3 des D-Markbilanzgesetzes umzuwandeln, soweit das Unternehmen sonst nicht kreditwürdig ist. Die D-Markeröffnungsbilanz ist zu berichtigen, wenn sich die Ausgleichsverbindlichkeit auf Grund dieses Gesetzes der Höhe nach ändert.	nicht nachgewiesen zu werden, soweit die Ausgleichsverbindlichkeit dem Wertansatz von Grund und Boden oder Bauten, die zu keinem Zeitpunkt im Eigentum des Berechtigten, seiner Gesellschafter oder Mitglieder standen, entspricht. Eine nach § 25 Abs. 1 des D-Markbilanzgesetzes entstandene Ausgleichsverbindlichkeit entfällt, soweit eine wesentliche Verbesserung nicht auszugleichen ist. Die Ausgleichsverbindlichkeit ist zu erlassen oder in eine Verbindlichkeit nach § 16 Abs. 3 des D-Markbilanzgesetzes umzuwandeln, soweit das Unternehmen sonst nicht kreditwürdig ist. Die D-Markeröffnungsbilanz ist zu berichtigen, wenn sich die Ausgleichsverbindlichkeit auf Grund dieses Gesetzes der Höhe nach ändert.	nicht nachgewiesen zu werden, soweit die Ausgleichsverbindlichkeit dem Wertansatz von Grund und Boden oder Bauten, die zu keinem Zeitpunkt im Eigentum des Berechtigten, seiner Gesellschafter oder Mitglieder standen, entspricht. Eine nach § 25 Abs. 1 des D-Markbilanzgesetzes entstandene Ausgleichsverbindlichkeit entfällt, soweit eine wesentliche Verbesserung nicht auszugleichen ist. Die Ausgleichsverbindlichkeit ist zu erlassen oder in eine Verbindlichkeit nach § 16 Abs. 3 des D-Markbilanzgesetzes umzuwandeln, soweit das Unternehmen sonst nicht kreditwürdig ist. Die D-Markeröffnungsbilanz ist zu berichtigen, wenn sich die Ausgleichsverbindlichkeit auf Grund dieses Gesetzes der Höhe nach ändert.
(4) Eine wesentliche Veränderung der Ertragslage liegt vor, wenn die für das nach dem 1. Juli 1990 beginnende Geschäftsjahr zu erwartenden Umsätze in Einheiten der voraussichtlich absetzbaren Produkte oder Leistungen unter Berücksichtigung der allgemeinen wirtschaftlichen Entwicklung wesentlich höher oder niedriger als im Zeitpunkt der Enteignung sind. Müssen neue Produkte entwickelt werden, um einen vergleichbaren Umsatz zu erzielen, so besteht in Höhe der notwendigen Entwicklungskosten ein Er-	(4) Eine wesentliche Veränderung der Ertragslage liegt vor, wenn die für das nach dem 1. Juli 1990 beginnende Geschäftsjahr zu erwartenden Umsätze in Einheiten der voraussichtlich absetzbaren Produkte oder Leistungen unter Berücksichtigung der allgemeinen wirtschaftlichen Entwicklung wesentlich höher oder niedriger als im Zeitpunkt der Enteignung sind. Müssen neue Produkte entwickelt werden, um einen vergleichbaren Umsatz zu erzielen, so besteht in Höhe der notwendigen Entwicklungskosten	(4) Eine wesentliche Veränderung der Ertragslage liegt vor, wenn die für das nach dem 1. Juli 1990 beginnende Geschäftsjahr zu erwartenden Umsätze in Einheiten der voraussichtlich absetzbaren Produkte oder Leistungen unter Berücksichtigung der allgemeinen wirtschaftlichen Entwicklung wesentlich höher oder niedriger als im Zeitpunkt der Enteignung sind. Müssen neue Produkte entwickelt werden, um einen vergleichbaren Umsatz zu erzielen, so besteht in Höhe der notwendigen Entwicklungskosten	(4) Eine wesentliche Veränderung der Ertragslage liegt vor, wenn die für das nach dem 1. Juli 1990 beginnende Geschäftsjahr zu erwartenden Umsätze in Einheiten der voraussichtlich absetzbaren Produkte oder Leistungen unter Berücksichtigung der allgemeinen wirtschaftlichen Entwicklung wesentlich höher oder niedriger als im Zeitpunkt der Enteignung sind. Müssen neue Produkte entwickelt werden, um einen vergleichbaren Umsatz zu erzielen, so besteht in Höhe der notwendigen Entwicklungskosten

2. Gesetz zur Regelung offener Vermögensfragen **Anhang I/2**

ein Erstattungsanspruch, es sei denn, das Unternehmen ist nicht sanierungsfähig. Ist der Umsatz wesentlich höher als im Zeitpunkt der Enteignung, insbesondere wegen der Entwicklung neuer Produkte, so entsteht in Höhe der dafür notwendigen Entwicklungskosten, soweit diese im Falle ihrer Aktivierung noch nicht abgeschrieben wären, eine Ausgleichsverbindlichkeit, es sei denn, daß dadurch eine wesentliche Verschlechterung der Vermögenslage nach Absatz 2 eintreten würde.

(5) Die Rückgabe der enteigneten Unternehmen an die Berechtigten erfolgt durch Übertragung der Rechte, die dem Eigentümer nach der jeweiligen Rechtsform zustehen. Hat das Unternehmen eine andere Rechtsform als das enteignete, so ist es auf Verlangen des Berechtigten vor der Rückgabe in die frühere oder eine andere Rechtsform umzuwandeln. Ist das zurückzugebende Unternehmen mit einem oder mehreren anderen Unternehmen zu einer neuen Unternehmenseinheit zusammengefaßt worden, so sind, wenn das Unternehmen nicht entflochten wird, Anteile in dem Wert auf den Berechtigten zu übertragen, der in entsprechender Anwendung der Absätze 1 bis 4 im Falle einer Entflechtung dem Verhältnis des Buchwertes des zurückzugebenden Unternehmens zum Buchwert des Gesamtunternehmens entspricht. Die Entflechtung kann nicht verlangt werden, wenn diese unter Berücksichtigung der Interessen aller Betroffenen einschließlich der Berechtigten wirtschaftlich nicht ver-

667

Anhang I/2 — I. Bundesrecht

Fassung des Einigungsvertrages	Fassung v. 18. April 1991	Fassung v. 3. August 1992	Fassung v. 2. Dezember 1994
mens entspricht. Die Entflechtung kann nicht verlangt werden, wenn diese wirtschaftlich nicht vertretbar ist. Verbleiben Anteile bei der Treuhandanstalt, insbesondere wesentlicher Werterhöhungen, so können diese von den Anteilseignern erworben werden, denen Anteilsrechte nach diesem Gesetz übertragen worden sind.	tretbar ist; dies ist insbesondere der Fall, wenn durch die Entflechtung Arbeitsplätze in erheblichem Umfang verloren gehen würden. Verbleiben Anteile bei der Treuhandanstalt, insbesondere zum Ausgleich wesentlicher Werterhöhungen, so können diese von den Anteilseignern erworben werden, denen Anteilsrechte nach diesem Gesetz übertragen worden sind. (5a) Zur Erfüllung des Anspruchs auf Rückgabe kann die Behörde anordnen, daß a) Anteile oder Mitgliedschaftsrechte an dem Verfügungsberechtigten auf den Berechtigten übertragen werden oder b) das gesamte Vermögen einschließlich der Verbindlichkeiten oder eine Betriebsstätte des Verfügungsberechtigten auf den Berechtigten einzeln oder im Wege der Gesamtrechtsnachfolge übertragen werden oder c) Anteile oder Mitgliedschaftsrechte an dem Verfügungsberechtigten auf die Gesellschafter oder Mitglieder des Berechtigten oder deren Rechtsnachfolger im Verhältnis ihrer Anteile oder Mitgliedschaftsrechte übertragen werden. Wird der Anspruch auf Rückgabe nach Satz 1 Buchstabe c erfüllt, so haftet je-	tretbar ist; dies ist insbesondere der Fall, wenn durch die Entflechtung Arbeitsplätze in erheblichem Umfang verlorengehen würden. Verbleiben Anteile bei der Treuhandanstalt, insbesondere zum Ausgleich wesentlicher Werterhöhungen, so können diese von den Anteilseignern erworben werden, denen Anteilsrechte nach diesem Gesetz übertragen worden sind. (5a) Zur Erfüllung des Anspruchs auf Rückgabe kann die Behörde anordnen, daß a) Anteile oder Mitgliedschaftsrechte an dem Verfügungsberechtigten auf den Berechtigten übertragen werden oder b) das gesamte Vermögen einschließlich der Verbindlichkeiten oder eine Betriebsstätte des Verfügungsberechtigten auf den Berechtigten einzeln oder im Wege der Gesamtrechtsnachfolge übertragen werden oder c) Anteile oder Mitgliedschaftsrechte an dem Verfügungsberechtigten auf die Gesellschafter oder Mitglieder des Berechtigten oder deren Rechtsnachfolger im Verhältnis ihrer Anteile oder Mitgliedschaftsrechte übertragen werden. Wird der Anspruch auf Rückgabe nach Satz 1 Buchstabe c erfüllt, so haftet je-	tretbar ist; dies ist insbesondere der Fall, wenn durch die Entflechtung Arbeitsplätze in erheblichem Umfang verlorengehen würden. Verbleiben Anteile bei der Treuhandanstalt, insbesondere zum Ausgleich wesentlicher Werterhöhungen, so können diese von den Anteilseignern erworben werden, denen Anteilsrechte nach diesem Gesetz übertragen worden sind. (5a) Zur Erfüllung des Anspruchs auf Rückgabe kann die Behörde anordnen, daß a) Anteile oder Mitgliedschaftsrechte an dem Verfügungsberechtigten auf den Berechtigten übertragen werden oder b) das gesamte Vermögen einschließlich der Verbindlichkeiten oder eine Betriebsstätte des Verfügungsberechtigten auf den Berechtigten einzeln oder im Wege der Gesamtrechtsnachfolge übertragen werden oder c) Anteile oder Mitgliedschaftsrechte an dem Verfügungsberechtigten auf die Gesellschafter oder Mitglieder des Berechtigten oder deren Rechtsnachfolger im Verhältnis ihrer Anteile oder Mitgliedschaftsrechte übertragen werden. Wird der Anspruch auf Rückgabe nach Satz 1 Buchstabe c erfüllt, so haftet je-

2. Gesetz zur Regelung offener Vermögensfragen

der Gesellschafter oder jedes Mitglied des Berechtigten oder deren Rechtsnachfolger für vor der Rückgabe entstandene Verbindlichkeiten des Berechtigten bis zur Höhe des Wertes seines Anteils oder Mitgliedschaftsrechts; im Verhältnis zueinander sind die Gesellschafter oder Mitglieder zur Ausgleichung nach dem Verhältnis des Umfangs ihrer Anteile oder Mitgliedschaftsrechte verpflichtet.

(5b) Zur Erfüllung des Anspruchs eines Gesellschafters oder Mitglieds eines Berechtigten oder ihrer Rechtsnachfolger auf Rückgabe entzogener Anteile oder auf Wiederherstellung einer Mitgliedschaft können diese verlangen, daß die Anteile an sie übertragen werden und ihre Mitgliedschaft wiederhergestellt wird; das Handels- oder Genossenschaftsregister ist durch Löschung eines Löschungsvermerks oder Wiederherstellung der Eintragung zu berichtigen. Mit der Rückgabe des Unternehmens in einer der vorbezeichneten Formen sind auch die Ansprüche der Gesellschafter oder Mitglieder des Berechtigten und ihrer Rechtsnachfolger wegen mittelbarer Schädigung erfüllt.

(5c) Hat ein Berechtigter staatlichen Stellen eine Beteiligung, insbesondere wegen Kreditverweigerung oder der Erhebung von Steuern oder Abgaben mit enteignendem Charakter, eingeräumt, so steht diese den Gesellschaf-

Anhang I/2
I. Bundesrecht

Fassung des Einigungsvertrages	Fassung v. 18. April 1991	Fassung v. 3. August 1992	Fassung v. 2. Dezember 1994
	tern des Berechtigten oder deren Rechtsnachfolgern zu, es sei denn, daß die Voraussetzungen des § 1 Abs. 3 nicht vorliegen. Die Gesellschafter oder deren Rechtsnachfolger können verlangen, daß die staatliche Beteiligung gelöscht oder auf sie übertragen wird. Die beim Erwerb der Beteiligung erbrachte Einlage oder Vergütung ist im Verhältnis zwei Mark der Deutschen Demokratischen Republik zu einer Deutschen Mark umzurechnen und von den Gesellschaftern oder den Inhaber der Beteiligung zurückzuzahlen, soweit dieser Betrag den Wert der Beteiligung nach § 11 Abs. 1 Satz 1 des D-Markbilanzgesetzes nicht übersteigt. Nach früherem Recht gebildete Fonds, die weder auf Einzahlungen zurückzuführen noch Rückstellungen im Sinne von § 249 Abs. 1 des Handelsgesetzbuchs sind, werden, soweit noch vorhanden, dem Eigenkapital des zurückzugebenden Unternehmens zugerechnet. Ist eine Beteiligung im Sinne des Satzes 1 zurückgekauft worden, so kann der Berechtigte vom Kaufvertrag zurücktreten und die Löschung oder Rückübertragung nach Satz 1 bis 4 verlangen. (6) Der Antrag auf Rückgabe eines Unternehmens kann von jedem Be-	tern des Berechtigten oder deren Rechtsnachfolgern zu, es sei denn, daß die Voraussetzungen des § 1 Abs. 3 nicht vorliegen. Die Gesellschafter oder deren Rechtsnachfolger können verlangen, daß die staatliche Beteiligung gelöscht oder auf sie übertragen wird. Die beim Erwerb der Beteiligung erbrachte Einlage oder Vergütung ist im Verhältnis zwei Mark der Deutschen Demokratischen Republik zu einer Deutschen Mark umzurechnen und von den Gesellschaftern oder den Inhaber der Beteiligung zurückzuzahlen, soweit dieser Betrag den Wert der Beteiligung nach § 11 Abs. 1 Satz 1 des D-Markbilanzgesetzes nicht übersteigt. Nach früherem Recht gebildete Fonds, die weder auf Einzahlungen zurückzuführen noch Rückstellungen im Sinne des § 249 Abs. 1 des Handelsgesetzbuchs sind, werden, soweit noch vorhanden, dem Eigenkapital des zurückzugebenden Unternehmens zugerechnet. Ist eine Beteiligung im Sinne des Satzes 1 zurückgekauft worden, so kann der Berechtigte vom Kaufvertrag zurücktreten und die Löschung oder Rückübertragung nach den Sätzen 1 bis 4 verlangen. (6) Der Antrag auf Rückgabe eines Unternehmens kann von jedem Ge-	tern des Berechtigten oder deren Rechtsnachfolgern zu, es sei denn, daß die Voraussetzungen des § 1 Abs. 3 nicht vorliegen. Die Gesellschafter oder deren Rechtsnachfolger können verlangen, daß die staatliche Beteiligung gelöscht oder auf sie übertragen wird. Die beim Erwerb der Beteiligung erbrachte Einlage oder Vergütung ist im Verhältnis zwei Mark der Deutschen Demokratischen Republik zu einer Deutschen Mark umzurechnen und von den Gesellschaftern oder den Inhaber der Beteiligung zurückzuzahlen, soweit dieser Betrag den Wert der Beteiligung nach § 11 Abs. 1 Satz 1 des D-Markbilanzgesetzes nicht übersteigt. Nach früherem Recht gebildete Fonds, die weder auf Einzahlungen zurückzuführen noch Rückstellungen im Sinne des § 249 Abs. 1 des Handelsgesetzbuchs sind, werden, soweit noch vorhanden, dem Eigenkapital des zurückzugebenden Unternehmens zugerechnet. Ist eine Beteiligung im Sinne des Satzes 1 zurückgekauft worden, so kann der Berechtigte vom Kaufvertrag zurücktreten und die Löschung oder Rückübertragung nach den Sätzen 1 bis 4 verlangen. (6) Der Antrag auf Rückgabe eines Unternehmens kann von jedem Ge-

2. Gesetz zur Regelung offener Vermögensfragen — Anhang I/2

rechtigten gestellt werden. Der Antrag des Berechtigten gilt als zugunsten aller Berechtigten, denen der gleiche Anspruch zusteht, erhoben. Statt der Rückgabe kann die Entschädigung gewählt werden, wenn kein Berechtigter einen Antrag auf Rückgabe stellt.

sellschafter, Mitglied oder einem Rechtsnachfolger und dem Rückgabeberechtigten gestellt werden. Der Antrag des Berechtigten gilt als zugunsten aller Berechtigten, denen der gleiche Anspruch zusteht, erhoben. Statt der Rückgabe kann die Entschädigung gewählt werden, wenn kein Berechtigter einen Antrag auf Rückgabe stellt. Sind Anteile oder Mitgliedschaftsrechte schon vor dem Zeitpunkt der Schädigung des Berechtigten entzogen worden, so gilt der Antrag des ehemaligen Inhabers der Anteile oder der Mitgliedschaftsrechte oder seines Rechtsnachfolgers auf Rückgabe seiner Anteile oder Mitgliedschaftsrechte gleichzeitig als Antrag auf Rückgabe des Unternehmens und gilt sein Antrag auf Rückgabe der Anteile oder Mitgliedschaftsrechte.

(6a) Ist die Rückgabe nach § 4 Abs. 1 Satz 2 ganz oder teilweise ausgeschlossen, so kann der Berechtigte die Rückgabe derjenigen Vermögensgegenstände verlangen, die sich im Zeitpunkt der Schädigung in seinem Eigentum befanden oder an deren Stelle getreten sind. Diesem Anspruch gehen jedoch Ansprüche von Gläubigern des Verfügungsberechtigten vor, soweit diese nicht unmittelbar oder mittelbar dem Bund, Ländern, Gemeinden oder einer anderen juristi-

sellschafter, Mitglied oder einem Rechtsnachfolger und dem Rückgabeberechtigten gestellt werden. Der Antrag des Berechtigten gilt als zugunsten aller Berechtigten, denen der gleiche Anspruch zusteht, erhoben. Statt der Rückgabe kann die Entschädigung gewählt werden, wenn kein Berechtigter einen Antrag auf Rückgabe stellt. Sind Anteile oder Mitgliedschaftsrechte schon vor dem Zeitpunkt der Schädigung des Berechtigten entzogen worden, so gilt der Antrag des ehemaligen Inhabers der Anteile oder der Mitgliedschaftsrechte oder seines Rechtsnachfolgers auf Rückgabe seiner Anteile oder Mitgliedschaftsrechte gleichzeitig als Antrag auf Rückgabe des Unternehmens und gilt sein Antrag auf Rückgabe der Anteile oder Mitgliedschaftsrechte.

(6a) Ist die Rückgabe nach § 4 Abs. 1 Satz 2 ganz oder teilweise ausgeschlossen, so kann der Berechtigte die Rückgabe derjenigen Vermögensgegenstände verlangen, die sich im Zeitpunkt der Schädigung in seinem Eigentum befanden oder an deren Stelle getreten sind; eine damals einem Gesellschafter oder Mitglied des geschädigten Unternehmens wegen der Schädigung tatsächlich zugeflossene Geldleistung ist im Verhältnis zwei Mark der Deutschen Demokratischen

Anhang I/2

I. Bundesrecht

Fassung des Einigungsvertrages	Fassung v. 18. April 1991	Fassung v. 3. August 1992	Fassung v. 2. Dezember 1994
	schen Person des öffentlichen Rechts zustehen. § 9 Abs. 2 Satz 1 ist entsprechend anzuwenden, wenn ein Grundstück nicht zurückgegeben werden kann. Ist dem Verfügungsberechtigten die Rückgabe nicht möglich, weil er das Unternehmen oder nach Satz 1 zurückzugebende Vermögensgegenstände ganz oder teilweise veräußert hat oder das Unternehmen nach Absatz 1a Satz 3 nicht zurückgefordert werden kann, so können die Berechtigten vom Verfügungsberechtigten die Zahlung eines Geldbetrages in Höhe des ihrem Anteil entsprechenden Erlöses aus der Veräußerung verlangen, sofern sie sich nicht für die Entschädigung nach Absatz 7 entscheiden. Ist ein Erlös nicht erzielt worden oder unterschreitet dieser den Verkehrswert, den das Unternehmen oder nach Satz 1 zurückzugebende Vermögensgegenstände im Zeitpunkt der Veräußerung hatten, so können die Berechtigten Zahlung des Verkehrswerts verlangen. Ist die Gesamtvollstreckung eines Unternehmens entgegen § 3 Abs. 3 Satz 6 und 7 nicht abgewendet worden, so können die Berechtigten Zahlung des Verkehrswerts der einzelnen Vermögensgegenstände abzüglich der nach Satz 2 zu berücksichtigenden Schulden in Höhe des ihrem Anteil entsprechenden Betrags verlangen.	schen Person des öffentlichen Rechts zustehen. § 9 Abs. 2 Satz 1 ist entsprechend anzuwenden, wenn ein Grundstück nicht zurückgegeben werden kann. Ist dem Verfügungsberechtigten die Rückgabe nicht möglich, weil er das Unternehmen oder nach Satz 1 zurückzugebende Vermögensgegenstände ganz oder teilweise veräußert hat oder das Unternehmen nach Absatz 1a Satz 3 nicht zurückgefordert werden kann, so können die Berechtigten vom Verfügungsberechtigten die Zahlung eines Geldbetrages in Höhe des ihrem Anteil entsprechenden Erlöses aus der Veräußerung verlangen, sofern sie sich nicht für die Entschädigung nach Absatz 7 entscheiden. Ist ein Erlös nicht erzielt worden oder unterschreitet dieser den Verkehrswert, den das Unternehmen oder nach Satz 1 zurückzugebende Vermögensgegenstände im Zeitpunkt der Veräußerung hatten, so können die Berechtigten Zahlung des Verkehrswerts verlangen. Ist die Gesamtvollstreckung eines Unternehmens entgegen § 3 Abs. 3 Satz 6 und 7 nicht abgewendet worden, so können die Berechtigten Zahlung des Verkehrswerts der einzelnen Vermögensgegenstände abzüglich der nach Satz 2 zu berücksichtigenden Schulden in Höhe des ihrem Anteil entsprechenden Betrags verlangen.	Republik zu einer Deutschen Mark umzurechnen und von diesem oder seinem Rechtsnachfolger an den Verfügungsberechtigten zurückzuzahlen, soweit dieser Betrag den Wert der Beteiligung des Gesellschafters oder des Mitglieds nach § 11 Abs. 1 Satz 1 oder 4 des D-Markbilanzgesetzes abzüglich von nach Satz 2 zu übernehmenden Schulden nicht übersteigt. Diesem Anspruch gehen jedoch Ansprüche von Gläubigern des Verfügungsberechtigten vor, soweit diese nicht unmittelbar oder mittelbar dem Bund, Ländern, Gemeinden oder einer anderen juristischen Person des öffentlichen Rechts zustehen. § 9 Abs. 2 Satz 1 ist entsprechend anzuwenden, wenn ein Grundstück nicht zurückgegeben werden kann. Ist dem Verfügungsberechtigten die Rückgabe nicht möglich, weil er das Unternehmen oder nach Satz 1 zurückzugebende Vermögensgegenstände ganz oder teilweise veräußert hat oder das Unternehmen nach Satz 1 zurückgefordert werden kann, so können die Berechtigten vom Verfügungsberechtigten die Zahlung eines Geldbetrages in Höhe des ihrem Anteil entsprechenden Erlöses aus der Veräußerung verlangen, sofern sie sich nicht für die Entschädigung nach Absatz 7 entscheiden. Ist ein Erlös nicht erzielt

2. Gesetz zur Regelung offener Vermögensfragen — Anhang I/2

worden oder unterschreitet dieser den Verkehrswert, den das Unternehmen oder nach Satz 1 zurückzugebende Vermögensgegenstände im Zeitpunkt der Veräußerung hatten, so können die Berechtigten Zahlung des Verkehrswerts verlangen. Ist die Gesamtvollstreckung eines Unternehmens entgegen § 3 Abs. 3 Satz 6 und 7 nicht abgewendet worden, so können die Berechtigten Zahlung des Verkehrswerts abzüglich der nach Satz 2 zu berücksichtigenden Schulden in Höhe des ihrem Anteil entsprechenden Betrags verlangen.

(7) Ist die Rückgabe nach Absatz 1 Satz 1 nicht möglich oder entscheidet sich der Berechtigte innerhalb der in § 8 Abs. 1 bestimmten Frist für eine Entschädigung, so besteht ein Anspruch auf Entschädigung nach Maßgabe des Entschädigungsgesetzes. Ein damals erhaltener Kaufpreis oder Ablösungsbetrag ist im Verhältnis zwei Mark der Deutschen Demokratischen Republik zu einer Deutschen Mark umzurechnen und vom Betrag der Entschädigung abzusetzen. Leistungen nach Absatz 6a werden auf einen verbleibenden Entschädigungsanspruch voll angerechnet.

(8) Ist in den Fällen des § 1 Abs. 1 Buchstabe d die Rückgabe im Zeitpunkt des Inkrafttretens dieses Geset-

(7) Ist die Rückgabe nach Absatz 1 Satz 1 nicht möglich oder entscheidet sich der Berechtigte für eine Entschädigung, so ist der Wert des Unternehmens zum Zeitpunkt der Übernahme in Volkseigentum oder in staatliche Verwaltung in Deutscher Mark zu erstatten. Ein damals erhaltener Kaufpreis oder Ablösungsbetrag ist im Verhältnis zwei Mark der Deutschen Demokratischen Republik zu einer Deutschen Mark umzurechnen und vom Betrag der Entschädigung abzusetzen. Leistungen nach Absatz 6a werden auf einen verbleibenden Entschädigungsanspruch voll angerechnet.

(8) Ist in den Fällen des § 1 Abs. 1 Buchstabe d die Rückgabe im Zeitpunkt des Inkrafttretens dieses Geset-

(7) Ist die Rückgabe nach Absatz 1 Satz 1 nicht möglich oder entscheidet sich der Berechtigte für eine Entschädigung, so ist der Wert des Unternehmens zum Zeitpunkt der Übernahme in Volkseigentum oder in staatliche Verwaltung in Deutscher Mark zu erstatten. Ein damals erhaltener Kaufpreis oder Ablösungsbetrag ist im Verhältnis zwei Mark der Deutschen Demokratischen Republik zu einer Deutschen Mark umzurechnen und vom Betrag der Entschädigung abzusetzen.

(8) Ist in den Fällen des § 1 Abs. 1 Buchstabe d die Rückgabe im Zeitpunkt des Inkrafttretens dieses Geset-

Anhang I/2 — I. Bundesrecht

Fassung des Einigungsvertrages	Fassung v. 18. April 1991	Fassung v. 3. August 1992	Fassung v. 2. Dezember 1994
zes bereits erfolgt, so kann der Berechtigte verlangen, daß die Rückgabe nach den Vorschriften dieses Gesetzes überprüft und an dessen Bedingungen angepaßt wird.	zes bereits erfolgt, so kann der Berechtigte verlangen, daß die Rückgabe nach den Vorschriften dieses Gesetzes überprüft und an dessen Bedingungen angepaßt wird.	zes bereits erfolgt, so kann der Berechtigte verlangen, daß die Rückgabe nach den Vorschriften dieses Gesetzes überprüft und an dessen Bedingungen angepaßt wird.	zes bereits erfolgt, so kann der Berechtigte verlangen, daß die Rückgabe nach den Vorschriften dieses Gesetzes überprüft und an dessen Bedingungen angepaßt wird.
(9) Der Minister der Finanzen wird ermächtigt, im Einvernehmen mit dem Minister für Wirtschaft durch Rechtsverordnung das Verfahren und die Zuständigkeit der Behörden oder Stellen für die Durchführung der Rückgabe und Entschädigung von Unternehmen und Beteiligungen zu regeln sowie Vorschriften über die Berechnung der Veränderungen der Vermögens- und Ertragslage der Unternehmen und deren Bewertung zu erlassen.	(9) Der Bundesminister der Justiz wird ermächtigt, im Einvernehmen mit dem Bundesminister der Finanzen und dem Bundesminister für Wirtschaft durch Rechtsverordnung mit Zustimmung des Bundesrates das Verfahren und die Zuständigkeit der Behörden oder Stellen für die Durchführung der Rückgabe und Entschädigung von Unternehmen und Beteiligungen zu regeln sowie Vorschriften über die Berechnung der Veränderungen der Vermögens- und Ertragslage der Unternehmen und deren Bewertung zu erlassen.	(9) Der Bundesminister der Justiz wird ermächtigt, im Einvernehmen mit dem Bundesminister der Finanzen und dem Bundesminister für Wirtschaft durch Rechtsverordnung mit Zustimmung des Bundesrates das Verfahren und die Zuständigkeit der Behörden oder Stellen für die Durchführung der Rückgabe und Entschädigung von Unternehmen und Beteiligungen zu regeln sowie Vorschriften über die Berechnung der Veränderungen der Vermögens- und Ertragslage der Unternehmen und deren Bewertung zu erlassen.	(9) Der Bundesminister der Justiz wird ermächtigt, im Einvernehmen mit dem Bundesminister der Finanzen und dem Bundesminister für Wirtschaft durch Rechtsverordnung mit Zustimmung des Bundesrates das Verfahren und die Zuständigkeit der Behörden oder Stellen für die Durchführung der Rückgabe und Entschädigung von Unternehmen und Beteiligungen zu regeln sowie Vorschriften über die Berechnung der Vermögens- und Ertragslage der Unternehmen und deren Bewertung zu erlassen.
	(10) Das Gericht am Sitz der Rückgabeberechtigten hat unter den Voraussetzungen des Absatzes 1a Satz 2 auf Antrag Abwickler zu bestellen. Vor der Eintragung der Auflösung des Rückgabeberechtigten und seiner Abwickler ist ein im Register zu dem Berechtigten eingetragener Löschungsvermerk von Amts wegen zu löschen. Sind Registereintragungen zu dem Berechtigten nicht mehr vorhanden, so haben die Abwickler ihn, wenn er nach Absatz 1 Satz 2 fortbesteht, als	(10) Das Gericht am Sitz des Rückgabeberechtigten hat unter den Voraussetzungen des Absatzes 1a Satz 2 auf Antrag Abwickler zu bestellen. Vor der Eintragung der Auflösung des Rückgabeberechtigten und seiner Abwickler ist ein im Register zu dem Berechtigten eingetragener Löschungsvermerk von Amts wegen zu löschen. Sind Registereintragungen zu dem Berechtigten nicht mehr vorhanden, so haben die Abwickler ihn, wenn er nach Absatz 1a Satz 2 fortbesteht, als	(10) Das Gericht am Sitz des Rückgabeberechtigten hat unter den Voraussetzungen des Absatzes 1a Satz 2 auf Antrag Abwickler zu bestellen. Vor der Eintragung der Auflösung des Rückgabeberechtigten und seiner Abwickler ist ein im Register zu dem Berechtigten eingetragener Löschungsvermerk von Amts wegen zu löschen. Sind Registereintragungen zu dem Berechtigten nicht mehr vorhanden, so haben die Abwickler ihn, wenn er nach Absatz 1a Satz 2 fortbesteht, als

2. Gesetz zur Regelung offener Vermögensfragen

in Auflösung befindlich zur Eintragung in das Handelsregister anzumelden. Im übrigen ist für die Abwicklung das jeweils für den Berechtigten geltende Recht anzuwenden. Die Fortsetzung des Berechtigten kann beschlossen werden, solange noch nicht mit der Verteilung des zurückzugebenden Vermögens an die Gesellschafter oder Mitglieder begonnen ist. Einer Eintragung oder Löschung im Register bedarf es nicht, wenn die zur Stellung des Antrags berechtigten Personen beschließen, daß der Berechtigte nicht fortgesetzt und daß in Erfüllung des Rückgabeanspruchs unmittelbar an die Gesellschafter des Berechtigten oder deren Rechtsnachfolger geleistet wird.

§ 6a Vorläufige Einweisung. (1) Die Behörde hat Berechtigte nach § 6 auf Antrag vorläufig in den Besitz des zurückzugebenden Unternehmens einzuweisen, wenn die Berechtigung nachgewiesen ist und kein anderer Berechtigter nach § 3 Abs. 2 Vorrang hat. Wird die Berechtigung nur glaubhaft gemacht, erfolgt die vorläufige Einweisung, wenn

1. keine Anhaltspunkte dafür bestehen, daß die Berechtigten oder die zur Leitung des Unternehmens bestellten Personen die Geschäftsführung nicht ordnungsgemäß ausführen werden, und

Anhang I/2

I. Bundesrecht

Fassung des Einigungsvertrages	Fassung v. 18. April 1991	Fassung v. 3. August 1992	Fassung v. 2. Dezember 1994
	2. im Falle der Sanierungsbedürftigkeit der Berechtigten über einen erfolgversprechenden Plan verfügen. (2) Die nach § 25 zuständige Behörde entscheidet über die Einweisung durch Bescheid nach § 33 Abs. 3 innerhalb von drei Monaten. In den Fällen des Absatzes 1 Satz 1 gilt die Einweisung nach Ablauf der Genehmigungsfrist als bewilligt. Die Anfechtungsklage gegen eine Entscheidung der Behörde hat keine aufschiebende Wirkung. Auf das Rechtsverhältnis zwischen dem Berechtigten und dem Verfügungsberechtigten sind die Vorschriften über den Pachtvertrag entsprechend anzuwenden, sofern sich der Berechtigte im Falle des Absatzes 1 Satz 1 nicht für einen Kauf entscheidet. Die Behörde hat auf Antrag für den Fall, daß dem Antrag der Berechtigten auf Rückgabe des entzogenen Unternehmens nicht stattgegeben wird, den Pachtzins oder den Kaufpreis zu bestimmen. Der Pachtzins oder der Kaufpreis bleiben bis zur bestandskräftigen Entscheidung über die Rückgabe gestundet; sie entfallen, wenn das Unternehmen an den Berechtigten zurückübertragen wird. Der Berechtigte hat dafür einzustehen, daß er und die zur Leitung des Unternehmens bestellten Personen bei der Führung der Geschäfte die Sorgfalt eines ordentlichen	2. im Falle der Sanierungsbedürftigkeit der Berechtigten über einen erfolgversprechenden Plan verfügen. (2) Die nach § 25 zuständige Behörde entscheidet über die Einweisung durch Bescheid nach § 33 Abs. 3 innerhalb von drei Monaten. In den Fällen des Absatzes 1 Satz 1 gilt die Einweisung nach Ablauf der Genehmigungsfrist als bewilligt. Die Anfechtungsklage gegen eine Entscheidung der Behörde hat keine aufschiebende Wirkung. Auf das Rechtsverhältnis zwischen dem Berechtigten und dem Verfügungsberechtigten sind die Vorschriften über den Pachtvertrag entsprechend anzuwenden, sofern sich der Berechtigte im Falle des Absatzes 1 Satz 1 nicht für einen Kauf entscheidet. Die Behörde hat auf Antrag für den Fall, daß dem Antrag der Berechtigten auf Rückgabe des entzogenen Unternehmens nicht stattgegeben wird, den Pachtzins oder den Kaufpreis zu bestimmen. Der Pachtzins oder der Kaufpreis bleiben bis zur bestandskräftigen Entscheidung über die Rückgabe gestundet; sie entfallen, wenn das Unternehmen an den Berechtigten zurückübertragen wird. Der Berechtigte hat dafür einzustehen, daß er und die zur Leitung des Unternehmens bestellten Personen bei der Führung der Geschäfte die Sorgfalt eines ordentlichen	2. im Falle der Sanierungsbedürftigkeit der Berechtigten über einen erfolgversprechenden Plan verfügen. (2) Die nach § 25 zuständige Behörde entscheidet über die Einweisung durch Bescheid nach § 33 Abs. 3 innerhalb von drei Monaten. In den Fällen des Absatzes 1 Satz 1 gilt die Einweisung nach Ablauf der Genehmigungsfrist als bewilligt. Die Anfechtungsklage gegen eine Entscheidung der Behörde hat keine aufschiebende Wirkung. Auf das Rechtsverhältnis zwischen dem Berechtigten und dem Verfügungsberechtigten sind die Vorschriften über den Pachtvertrag entsprechend anzuwenden, sofern sich der Berechtigte im Falle des Absatzes 1 Satz 1 nicht für einen Kauf entscheidet. Die Behörde hat auf Antrag für den Fall, daß dem Antrag der Berechtigten auf Rückgabe des entzogenen Unternehmens nicht stattgegeben wird, den Pachtzins oder den Kaufpreis zu bestimmen. Der Pachtzins oder der Kaufpreis bleiben bis zur bestandskräftigen Entscheidung über die Rückgabe gestundet; sie entfallen, wenn das Unternehmen an den Berechtigten zurückübertragen wird. Der Berechtigte hat dafür einzustehen, daß er und die zur Leitung des Unternehmens bestellten Personen bei der Führung der Geschäfte die Sorgfalt eines ordentlichen

2. Gesetz zur Regelung offener Vermögensfragen   Anhang I/2

und gewissenhaften Geschäftsleiters anwenden.

(3) Der Berechtigte hat Anspruch darauf, daß eine wesentliche Verschlechterung nach § 6 Abs. 2 und 4 bereits im Zeitpunkt der vorläufigen Einweisung ausgeglichen wird, soweit das Unternehmen sonst nicht fortgeführt werden könnte. Der Verpflichtete kann die Fortführung des Unternehmens auch in anderer Form, insbesondere durch Bürgschaft, gewährleisten.

(4) Einer Entscheidung der Behörde bedarf es nicht, wenn der Berechtigte und der Verfügungsberechtigte eine vorläufige Nutzung des zurückzugebenden Unternehmens vereinbaren. Die Vereinbarung ist der Behörde mitzuteilen.

§ 6 b Entflechtung. (1) Ein Unternehmen kann zur Erfüllung eines oder mehrerer Ansprüche auf Rückgabe nach § 6 in rechtlich selbständige Unternehmen oder in Vermögensmassen (Betriebsstätten) ganz oder teilweise entflochten werden. § 6 Abs. 1 bis 4 ist auf jede so gebildete Vermögensmasse gesondert anzuwenden. Über die Entflechtung entscheidet die zuständige Behörde auf Antrag der Berechtigten oder des Verfügungsberechtigten durch Bescheid nach § 33 Abs. 3. Der Antragsteller hat der Behörde nachzuweisen, daß er den Antrag auf Entflechtung auch dem zuständigen Be-

677

Anhang I/2

I. Bundesrecht

Fassung des Einigungsvertrages	Fassung v. 18. April 1991	Fassung v. 3. August 1992	Fassung v. 2. Dezember 199

| | triebsrat des zu entflechtenden Unternehmens zur Unterrichtung zugeleitet hat.

(2) Die Entflechtung eines Unternehmens ist antragsgemäß zu verfügen, wenn dem Verfügungsberechtigten die Anteils- oder Mitgliedschaftsrechte allein zustehen und die Berechtigten zustimmen. Bei der Entflechtung von Genossenschaften ist antragsgemäß zu entscheiden, wenn deren Abwickler oder, falls solche nicht bestellt sind, die Generalversammlung mit der für die Auflösung der Genossenschaft erforderlichen Mehrheit der Entflechtung zustimmen. In allen anderen Fällen entscheidet die Behörde nach pflichtgemäßem Ermessen.

(3) Der Behörde ist auf Verlangen die Schlußbilanz des zu entflechtenden Unternehmens einschließlich des dazu gehörenden Inventars für einen Zeitpunkt vorzulegen, der nicht länger als drei Monate zurückliegt. In der Schlußbilanz und im Inventar sind die Beträge aus der D-Markeröffnungsbilanz und dem dazu behörenden Inventar jeweils anzugeben.

(4) Das Übergabeprotokoll nach § 33 Abs. 4 muß mindestens folgende Angaben enthalten:
1. den Namen oder die Firma und den Sitz des zu entflechtenden Unter- | triebsrat des zu entflechtenden Unternehmens zur Unterrichtung zugeleitet hat.

(2) Die Entflechtung eines Unternehmens ist antragsgemäß zu verfügen, wenn dem Verfügungsberechtigten die Anteils- oder Mitgliedschaftsrechte allein zustehen und die Berechtigten zustimmen. Bei der Entflechtung von Genossenschaften ist antragsgemäß zu entscheiden, wenn deren Abwickler oder, falls solche nicht bestellt sind, die Generalversammlung mit der für die Auflösung der Genossenschaft erforderlichen Mehrheit der Entflechtung zustimmen. In allen anderen Fällen entscheidet die Behörde nach pflichtgemäßem Ermessen.

(3) Der Behörde ist auf Verlangen die Schlußbilanz des zu entflechtenden Unternehmens einschließlich des dazu gehörenden Inventars für einen Zeitpunkt vorzulegen, der nicht länger als drei Monate zurückliegt. In der Schlußbilanz und im Inventar sind die Beträge aus der D-Markeröffnungsbilanz und dem dazu gehörenden Inventar jeweils anzugeben.

(4) Das Übergabeprotokoll nach § 33 Abs. 4 muß mindestens folgende Angaben enthalten:
1. den Namen oder die Firma und den Sitz des zu entflechtenden Unter- | triebsrat des zu entflechtenden Unternehmens zur Unterrichtung zugeleitet hat.

(2) Die Entflechtung eines Unternehmens ist antragsgemäß zu verfügen, wenn dem Verfügungsberechtigten die Anteils- oder Mitgliedschaftsrechte allein zustehen und die Berechtigten zustimmen. Bei der Entflechtung von Genossenschaften ist antragsgemäß zu entscheiden, wenn deren Abwickler oder, falls solche nicht bestellt sind, die Generalversammlung mit der für die Auflösung der Genossenschaft erforderlichen Mehrheit der Entflechtung zustimmen. In allen anderen Fällen entscheidet die Behörde nach pflichtgemäßem Ermessen.

(3) Der Behörde ist auf Verlangen die Schlußbilanz des zu entflechtenden Unternehmens einschließlich des dazu gehörenden Inventars für einen Zeitpunkt vorzulegen, der nicht länger als drei Monate zurückliegt. In der Schlußbilanz und im Inventar sind die Beträge aus der D-Markeröffnungsbilanz und dem dazu gehörenden Inventar jeweils anzugeben.

(4) Das Übergabeprotokoll nach § 33 Abs. 4 muß mindestens folgende Angaben enthalten:
1. den Namen oder die Firma und den Sitz des zu entflechtenden Unter- |

2. Gesetz zur Regelung offener Vermögensfragen — Anhang I/2

nehmens und der Personen, auf welche die durch die Entflechtung entstehenden Unternehmen, die hinsichtlich ihrer Betriebe und Betriebsteile sowie der Zuordnung der Arbeitsverhältnisse genau zu beschreiben sind, übergehen, sowie deren gesetzliche Vertreter;

2. den Zeitpunkt, von dem an neu geschaffene Anteile oder eine neu geschaffene Mitgliedschaft einen Anspruch auf einen Anteil an dem Bilanzgewinn gewähren, sowie alle Besonderheiten in bezug auf diesen Anspruch;

3. den Zeitpunkt, von dem an die Handlungen des übertragenden Unternehmens als für Rechnung jedes der übernehmenden Personen vorgenommen gelten;

4. die genaue Beschreibung und Aufteilung der Gegenstände des Aktiv- und Passivvermögens des zu entflechtenden Unternehmens auf die verschiedenen Unternehmen oder Vermögensmassen. Soweit für die Übertragung von Gegenständen im Falle der Einzelrechtsnachfolge in den allgemeinen Vorschriften eine besondere Art und Bezeichnung bestimmt ist, sind diese Regelungen auch hier anzuwenden. Bei Grundstücken ist § 28 der Grundbuchordnung zu beachten. Im übrigen kann auf Urkunden wie Bilanzen und Inventare Bezug genommen werden,

Anhang I/2
I. Bundesrecht

Fassung des Einigungsvertrages	Fassung v. 18. April 1991	Fassung v. 3. August 1992	Fassung v. 2. Dezember 1994
	deren Inhalt eine Zuweisung des einzelnen Gegenstands ermöglicht; 5. die Ausgleichsforderung, Ausgleichsverbindlichkeit oder Garantien, die jeder einzelnen Vermögensmasse zugeordnet werden sollen. (5) Muß für die Zwecke der Rückgabe ein neues Unternehmen errichtet werden, so sind die für die jeweilige Rechtsform maßgeblichen Gründungsvorschriften entsprechend anzuwenden. Einer Gründungsprüfung bedarf es nicht; die Prüfungsaufgaben des Registergerichts obliegen insoweit der zuständigen Behörde. Die D-Markeröffnungsbilanz des zu entflechtenden Unternehmens ist entsprechend der Bildung der neuen Vermögensmassen aufzuteilen; sie gilt mit dem Wirksamwerden der Entflechtung im Sinne der Aufteilung als berichtigt. (6) Kann ein Gläubiger des übertragenden Unternehmens von der Person, der die Verbindlichkeit im Rahmen der Vermögensaufteilung zugewiesen worden ist, keine Befriedigung erlangen, so haften auch die anderen an der Entflechtung beteiligten Personen für diese Verbindlichkeit als Gesamtschuldner. Ist eine Verbindlichkeit keiner der neuen Vermögensmassen zugewiesen worden und läßt sich	deren Inhalt eine Zuweisung des einzelnen Gegenstands ermöglicht; 5. die Ausgleichsforderung, Ausgleichsverbindlichkeit oder Garantien, die jeder einzelnen Vermögensmasse zugeordnet werden sollen. (5) Muß für die Zwecke der Rückgabe ein neues Unternehmen errichtet werden, so sind die für die jeweilige Rechtsform maßgeblichen Gründungsvorschriften entsprechend anzuwenden. Einer Gründungsprüfung bedarf es nicht; die Prüfungsaufgaben des Registergerichts obliegen insoweit der zuständigen Behörde. Die D-Markeröffnungsbilanz des zu entflechtenden Unternehmens ist entsprechend der Bildung der neuen Vermögensmassen aufzuteilen; sie gilt mit dem Wirksamwerden der Entflechtung im Sinne der Aufteilung als berichtigt. (6) Kann ein Gläubiger des übertragenden Unternehmens von der Person, der die Verbindlichkeit im Rahmen der Vermögensaufteilung zugewiesen worden ist, keine Befriedigung erlangen, so haften auch die anderen an der Entflechtung beteiligten Personen für diese Verbindlichkeit als Gesamtschuldner. Ist eine Verbindlichkeit keiner der neuen Vermögensmassen zugewiesen worden und läßt sich	deren Inhalt eine Zuweisung des einzelnen Gegenstands ermöglicht; 5. die Ausgleichsforderung, Ausgleichsverbindlichkeit oder Garantien, die jeder einzelnen Vermögensmasse zugeordnet werden sollen. (5) Muß für die Zwecke der Rückgabe ein neues Unternehmen errichtet werden, so sind die für die jeweilige Rechtsform maßgeblichen Gründungsvorschriften entsprechend anzuwenden. Einer Gründungsprüfung bedarf es nicht; die Prüfungsaufgaben des Registergerichts obliegen insoweit der zuständigen Behörde. Die D-Markeröffnungsbilanz des zu entflechtenden Unternehmens ist entsprechend der Bildung der neuen Vermögensmassen aufzuteilen; sie gilt mit dem Wirksamwerden der Entflechtung im Sinne der Aufteilung als berichtigt. (6) Kann ein Gläubiger des übertragenden Unternehmens von der Person, der die Verbindlichkeit im Rahmen der Vermögensaufteilung zugewiesen worden ist, keine Befriedigung erlangen, so haften auch die anderen an der Entflechtung beteiligten Personen für diese Verbindlichkeit als Gesamtschuldner. Ist eine Verbindlichkeit keiner der neuen Vermögensmassen zugewiesen worden und läßt sich

2. Gesetz zur Regelung offener Vermögensfragen   Anhang I/2

die Zuweisung auch nicht durch Auslegung ermitteln, so haften die an der Entflechtung beteiligten Personen als Gesamtschuldner. Eine Haftung tritt nicht ein, wenn die Behörde festgelegt hat, daß für die Erfüllung von Verbindlichkeiten nur bestimmte Personen, auf die Unternehmen oder Betriebsstätten übertragen worden sind, oder die Treuhandanstalt einzustehen hat. Die Treuhandanstalt haftet nur bis zu dem Betrag, den die Gläubiger erhalten hätten, wenn die Entflechtung nicht durchgeführt worden wäre.

(7) Mit der Unanfechtbarkeit des Bescheids nach § 33 Abs. 3 gehen je nach Entscheidung der Behörde die im Übergabeprotokoll bezeichneten Gegenstände entsprechend der dort vorgesehenen Aufteilung entweder einzeln oder jeweils als Gesamtheit auf die bezeichneten Personen über. Gleichzeitig gehen die Anteilsrechte auf die im Bescheid bezeichneten Personen über. Das übertragende Unternehmen erlischt, sofern es nach dem Bescheid nicht fortbestehen soll. Stellt sich nachträglich heraus, daß Gegenstände oder Verbindlichkeiten nicht übertragen worden sind, so sind sie von der Behörde den im Bescheid bezeichneten Personen nach denselben Grundsätzen zuzuteilen, die bei der Entflechtung angewendet worden sind, soweit sich aus der Natur der Sache keine andere Zuordnung ergibt.

681

Anhang I/2

I. Bundesrecht

Fassung des Einigungsvertrages	Fassung v. 18. April 1991	Fassung v. 3. August 1992	Fassung v. 2. Dezember 1994
	(8) Die Behörde ersucht die für die im Entflechtungsbescheid bezeichneten Personen zuständigen Registergerichte und die für die bezeichneten Grundstücke zuständigen Grundbuchämter um Berichtigung der Register und Bücher und, soweit erforderlich, um Eintragung. (9) Im Falle der Entflechtung bleibt der Betriebsrat im Amt und führt die Geschäfte für die ihm bislang zugeordneten Betriebsteile weiter, soweit sie über die in § 1 des Betriebsverfassungsgesetzes genannte Arbeitnehmerzahl verfügen und nicht in einem Betrieb eingegliedert werden, in dem ein Betriebsrat besteht. Das Übergangsmandat endet, sobald in den Betriebsteilen ein neuer Betriebsrat gewählt und das Wahlergebnis bekanntgegeben ist, spätestens jedoch drei Monate nach Wirksamwerden der Entflechtung des Unternehmens. Werden Betriebsteile, die bislang verschiedenen Betrieben zugeordnet waren, zu einem Betrieb zusammengefaßt, so nimmt der Betriebsrat, dem nach der Zahl der wahlberechtigten Arbeitnehmer größte Betriebsteil zugeordnet war, das Übergangsmandat wahr. Satz 3 gilt entsprechend, wenn Betriebe zu einem neuen Betrieb zusammengefaßt werden. Stehen die an der Entflechtung beteiligten Unter-	(8) Die Behörde ersucht die für die im Entflechtungsbescheid bezeichneten Personen zuständigen Registergerichte und die für die bezeichneten Grundstücke zuständigen Grundbuchämter um Berichtigung der Register und Bücher und, soweit erforderlich, um Eintragung. (9) Im Falle der Entflechtung bleibt der Betriebsrat im Amt und führt die Geschäfte für die ihm bislang zugeordneten Betriebsteile weiter, soweit sie über die in § 1 des Betriebsverfassungsgesetzes genannte Arbeitnehmerzahl verfügen und nicht in einem Betrieb eingegliedert werden, in dem ein Betriebsrat besteht. Das Übergangsmandat endet, sobald in den Betriebsteilen ein neuer Betriebsrat gewählt und das Wahlergebnis bekanntgegeben ist, spätestens jedoch drei Monate nach Wirksamwerden der Entflechtung des Unternehmens. Werden Betriebsteile, die bislang verschiedenen Betrieben zugeordnet waren, zu einem Betrieb zusammengefaßt, so nimmt der Betriebsrat, dem nach der Zahl der wahlberechtigten Arbeitnehmer größte Betriebsteil zugeordnet war, das Übergangsmandat wahr. Satz 3 gilt entsprechend, wenn Betriebe zu einem neuen Betrieb zusammengefaßt werden. Stehen die an der Entflechtung beteiligten Unter-	(8) Die Behörde ersucht die für die im Entflechtungsbescheid bezeichneten Personen zuständigen Registergerichte und die für die bezeichneten Grundstücke zuständigen Grundbuchämter um Berichtigung der Register und Bücher und, soweit erforderlich, um Eintragung. (9) Im Falle der Entflechtung bleibt der Betriebsrat im Amt und führt die Geschäfte für die ihm bislang zugeordneten Betriebsteile weiter, soweit sie über die in § 1 des Betriebsverfassungsgesetzes genannte Arbeitnehmerzahl verfügen und nicht in einem Betrieb eingegliedert werden, in dem ein Betriebsrat besteht. Das Übergangsmandat endet, sobald in den Betriebsteilen ein neuer Betriebsrat gewählt und das Wahlergebnis bekanntgegeben ist, spätestens jedoch drei Monate nach Wirksamwerden der Entflechtung des Unternehmens. Werden Betriebsteile, die bislang verschiedenen Betrieben zugeordnet waren, zu einem Betrieb zusammengefaßt, so nimmt der Betriebsrat, dem nach der Zahl der wahlberechtigten Arbeitnehmer größte Betriebsteil zugeordnet war, das Übergangsmandat wahr. Satz 3 gilt entsprechend, wenn Betriebe zu einem neuen Betrieb zusammengefaßt werden. Stehen die an der Entflechtung beteiligten Unter-

2. Gesetz zur Regelung offener Vermögensfragen **Anhang I/2**

nehmen im Wettbewerb zueinander, so sind die Vorschriften über die Beteiligungsrechte des Betriebsrats nicht anzuwenden, soweit sie Angelegenheiten betreffen, die den Wettbewerb zwischen diesen Unternehmen beeinflussen können.

§ 7 Wertausgleich. Bei der Rückübertragung von Vermögenswerten – außer in den Fällen des § 6 – sind die seit dem Übergang in Volkseigentum aus Mitteln des Staatshaushaltes finanzierten Werterhöhungen sowie die eingetretenen Wertminderungen festzustellen und auszugleichen. Für die Feststellung von Wertveränderungen gelten die bewertungsrechtlichen Vorschriften.

nehmen im Wettbewerb zueinander, so sind die Vorschriften über die Beteiligungsrechte des Betriebsrats nicht anzuwenden, soweit sie Angelegenheiten betreffen, die den Wettbewerb zwischen diesen Unternehmen beeinflussen können.

§ 7 Wertausgleich. (1) Der Berechtigte hat, außer in den Fällen des Absatzes 2, die Kosten für vom Verfügungsberechtigten bis zum 2. Oktober 1990 durchgeführte Maßnahmen für eine Bebauung, Modernisierung oder Instandsetzung des Vermögenswerts zu ersetzen, soweit die Zuordnung der Kosten der Maßnahmen zum Vermögenswert durch den gegenwärtig Verfügungsberechtigten nachgewiesen ist und diese Kosten im Kalenderjahr im Durchschnitt 10000 Mark der DDR je Einheit im Sinne des § 18 Abs. 2 Satz 3 überschritten haben. Kann eine Zuordnung der Kosten nach Satz 1 nicht nachgewiesen werden, ist jedoch eine Schätzung der Kosten und ihre Zuordnung zum Vermögenswert möglich, sind die Kosten und ihre Zuordnung nach Maßgabe des § 31 Abs. 1 Satz 2 und 3 unter Berücksichtigung der bei der Rückgabe des Vermögenswertes noch feststellbaren Maßnahmen zu schätzen. Von dem nach Satz 1 oder Satz 2 ermittelten Betrag, bei Gebäuden der 10000 Mark der DDR im Durchschnitt je Einheit überschreiten-

nehmen im Wettbewerb zueinander, so sind die Vorschriften über die Beteiligungsrechte des Betriebsrats nicht anzuwenden, soweit sie Angelegenheiten betreffen, die den Wettbewerb zwischen diesen Unternehmen beeinflussen können.

§ 7 Wertausgleich. (1) Der Berechtigte hat, außer in den Fällen des Absatzes 2, die Kosten für vom Verfügungsberechtigten bis zum 2. Oktober 1990 durchgeführte Maßnahmen für eine Bebauung, Modernisierung oder Instandsetzung des Vermögenswerts zu ersetzen, soweit die Zuordnung der Kosten der Maßnahmen zum Vermögenswert durch den gegenwärtig Verfügungsberechtigten nachgewiesen ist und diese Kosten im Kalenderjahr im Durchschnitt 10000 Mark der DDR je Einheit im Sinne des § 18 Abs. 2 Satz 3 überschritten haben. Kann eine Zuordnung der Kosten nach Satz 1 nicht nachgewiesen werden, ist jedoch eine Schätzung der Kosten und ihre Zuordnung zum Vermögenswert möglich, sind die Kosten und ihre Zuordnung nach Maßgabe des § 31 Abs. 1 Satz 2 und 3 unter Berücksichtigung der bei der Rückgabe des Vermögenswertes noch feststellbaren Maßnahmen zu schätzen. Von dem nach Satz 1 oder Satz 2 ermittelten Betrag, bei Gebäuden der 10000 Mark der DDR im Durchschnitt je Einheit überschreiten-

Anhang I/2

I. Bundesrecht

Fassung des Einigungsvertrages	Fassung v. 18. April 1991	Fassung v. 3. August 1992	Fassung v. 2. Dezember 1994
		de Betrag, sind jährliche Abschläge von 8 vom Hundert bis zur Entscheidung über die Rückgabe vorzunehmen. Mark der DDR, Reichs- oder Goldmark sind im Verhältnis 2 zu 1 auf Deutsche Mark umzurechnen. Auf Antrag des Berechtigten wird über die Rückübertragung des Vermögenswerts gesondert vorab entschieden, wenn der Berechtigte für einen von dem Amt zur Regelung offener Vermögensfragen festzusetzenden Betrag in Höhe der voraussichtlich zu ersetzenden Kosten Sicherheit geleistet hat.	de Betrag, sind jährliche Abschläge von 8 vom Hundert bis zur Entscheidung über die Rückgabe vorzunehmen. Mark der DDR, Reichs- oder Goldmark sind im Verhältnis 2 zu 1 auf Deutsche Mark umzurechnen. Das Eigentum an dem zurückzuübertragenden Vermögenswert geht außer in den Fällen des Satzes 6 auf den Berechtigten erst dann über, wenn die Entscheidung über die Rückübertragung unanfechtbar und der Wertausgleich nach den Sätzen 1 bis 4 entrichtet ist. Auf Antrag des Berechtigten wird über die Rückübertragung des Vermögenswerts gesondert vorab entschieden, wenn der Berechtigte für einen von dem Amt zur Regelung offener Vermögensfragen festzusetzenden Betrag in Höhe der voraussichtlich zu ersetzenden Kosten Sicherheit geleistet hat.
		(2) Werterhöhungen, die eine natürliche Person, Religionsgemeinschaft oder gemeinnützige Stiftung als gegenwärtig Verfügungsberechtigter bis zum 2. Oktober 1990 an dem Vermögenswert herbeigeführt hat, sind vom Berechtigten mit dem objektiven Wert zum Zeitpunkt der Entscheidung über die Rückübertragung des Eigentums auszugleichen. Dies gilt entsprechend, wenn der Verfügungsberechtigte das	(2) Werterhöhungen, die eine natürliche Person, Religionsgemeinschaft oder gemeinnützige Stiftung als gegenwärtig Verfügungsberechtigter bis zum 2. Oktober 1990 an dem Vermögenswert herbeigeführt hat, sind vom Berechtigten mit dem objektiven Wert zum Zeitpunkt der Entscheidung über die Rückübertragung des Eigentums auszugleichen. Dies gilt entsprechend, wenn der Verfügungsberechtigte das

2. Gesetz zur Regelung offener Vermögensfragen **Anhang I/2**

Eigentum an einem Gebäude gemäß § 16 Abs. 3 Satz 2 und 3 verliert.

(3) Soweit Grundpfandrechte zur Finanzierung von Baumaßnahmen im Sinne des § 16 Abs. 5 und 7 zu übernehmen oder Zahlungen mit Rücksicht auf Grundpfandrechte der in § 18 Abs. 2 genannten Art zu leisten sind, entsteht ein Ersatzanspruch nach den Absätzen 1 und 2 nicht. Ist an den Berechtigten ein Grundstück zurückzuübertragen und von diesem Ersatz für ein früher auf Grund eines Nutzungsrechts am Grundstück entstandenes Gebäudeeigentum zu leisten, so entsteht eine Sicherungshypothek am Grundstück in Höhe des Anspruchs nach den Absätzen 1 und 2 und im Range des bisherigen Nutzungsrechts.

(4) Die Haftung des Berechtigten beschränkt sich auf den zurückzuübertragenden Vermögenswert. Für die Geltendmachung der Haftungsbeschränkung finden die §§ 1990 und 1991 des Bürgerlichen Gesetzbuchs entsprechende Anwendung.

(5) Ist eine öffentlich-rechtliche Gebietskörperschaft oder die Treuhandanstalt gegenwärtig Verfügungsberechtigter, so steht der Ersatzanspruch dem Entschädigungsfonds, in den übrigen Fällen dem gegenwärtig Verfügungsberechtigten zu. § 3 Abs. 3 Satz 4 bleibt unberührt. Wird dem ge-

Anhang I/2   I. Bundesrecht

Fassung des Einigungsvertrages	Fassung v. 18. April 1991	Fassung v. 3. August 1992	Fassung v. 2. Dezember 1994
		genwärtig Verfügungsberechtigten ein gezahlter Kaufpreis gemäß § 7a Abs. 1 erstattet, so steht der Ersatzanspruch nach Absatz 1 in Ansehung von Verwendungen des früheren Verfügungsberechtigten dem Entschädigungsfonds zu. (6) Die Absätze 1 bis 5 finden keine Anwendung auf Rückübertragungsansprüche nach § 6 oder wenn es sich um Verwendungen handelt, mit denen gegen die Beschränkungen des § 3 Abs. 3 verstoßen worden ist. (7) Der Berechtigte hat gegen den Verfügungsberechtigten, sofern nichts anderes vereinbart ist, keinen Anspruch auf Herausgabe der bis zur Rückübertragung des Eigentums gezogenen Nutzungen. § 16 Abs. 2 Satz 1 und 2 des Investitionsvorranggesetzes bleibt unberührt.	genwärtig Verfügungsberechtigten ein gezahlter Kaufpreis gemäß § 7a Abs. 1 erstattet, so steht der Ersatzanspruch nach Absatz 1 in Ansehung von Verwendungen des früheren Verfügungsberechtigten dem Entschädigungsfonds zu. (6) Die Absätze 1 bis 5 finden keine Anwendung auf Rückübertragungsansprüche nach § 6 oder wenn es sich um Verwendungen handelt, mit denen gegen die Beschränkungen des § 3 Abs. 3 verstoßen worden ist. (7) Der Berechtigte hat gegen den Verfügungsberechtigten, sofern nichts anderes vereinbart ist, keinen Anspruch auf Herausgabe der bis zur Rückübertragung des Eigentums gezogenen Nutzungen. Dies gilt nicht für Entgelte, die dem Verfügungsberechtigten ab dem 1. Juli 1994 aus einem Miet-, Pacht- oder sonstigen Nutzungsverhältnis zustehen. Der Herausgabeanspruch nach Satz 2 entsteht mit Bestandskraft des Bescheides über die Rückübertragung des Eigentums. Macht der Berechtigte den Anspruch geltend, so kann der bisherige Verfügungsberechtigte die seit dem 1. Juli 1994 entstandenen 1. Betriebskosten im Sinne der Anlage zu § 1 Abs. 5 der Betriebskosten-Umlageverordnung vom 17. Juni 1991 (BGBl. I S. 1270), die zuletzt

2. Gesetz zur Regelung offener Vermögensfragen — Anhang I/2

durch das Gesetz vom 27. Juli 1992 (BGBl. I S. 1415) geändert worden ist, soweit ihm diese nicht von den Mietern, Pächtern, sonstigen Nutzungsberechtigten oder Dritten erstattet worden sind;

2. Kosten aufgrund von Rechtsgeschäften zur Erhaltung des Vermögenswertes im Sinne des § 3 Abs. 3 aufrechnen. § 16 Abs. 2 Satz 1 und 2 des Investitionsvorranggesetzes bleibt unberührt.

(8) Ansprüche nach den Absätzen 2 und 7 sind nicht im Verfahren nach Abschnitt VI dieses Gesetzes geltend zu machen. Für Streitigkeiten sind die ordentlichen Gerichte zuständig, in deren Bezirk sich der Vermögenswert ganz oder überwiegend befindet.

§ 7a Gegenleistung. (1) Ein vom Verfügungsberechtigten im Zusammenhang mit dem Erwerb des Eigentums an dem zurückzuübertragenden Vermögenswert an eine staatliche Stelle der Deutschen Demokratischen Republik oder an einen Dritten gezahlter Kaufpreis ist ihm, außer in den Fällen des Absatzes 2, auf Antrag aus dem Entschädigungsfonds zu erstatten. In Mark der Deutschen Demokratischen Republik gezahlte Beträge sind im Verhältnis 2 zu 1 auf Deutsche Mark umzustellen. Der Erstattungsbetrag wird im Rückübertragungsbescheid

Anhang I/2   I. Bundesrecht

Fassung des Einigungsvertrages	Fassung v. 18. April 1991	Fassung v. 3. August 1992	Fassung v. 2. Dezember 1994
		gemäß § 33 Abs. 3 festgesetzt. Auf Antrag des Berechtigten erläßt das Amt zur Regelung offener Vermögensfragen hierüber einen gesonderten Bescheid. (2) Ist dem Berechtigten aus Anlaß des Vermögensverlustes eine Gegenleistung oder eine Entschädigung tatsächlich zugeflossen, so hat er diese nach Rückübertragung des Eigentums an den Verfügungsberechtigten herauszugeben. Geldbeträge in Reichsmark sind im Verhältnis 20 zu 1, Geldbeträge in Mark der Deutschen Demokratischen Republik sind im Verhältnis 2 zu 1 auf Deutsche Mark umzustellen. Wurde die Gegenleistung oder die Entschädigung aus dem Staatshaushalt der Deutschen Demokratischen Republik oder dem Kreditabwicklungsfonds erbracht, so steht sie dem Entschädigungsfonds zu. Erfüllungshalber begründete Schuldbuchforderungen erlöschen, soweit sie noch nicht getilgt worden sind. (3) Bis zur Befriedigung des Anspruchs nach Absatz 2 Satz 1 steht dem Verfügungsberechtigten gegenüber dem Herausgabeanspruch des Berechtigten ein Recht zum Besitz zu. Ist an den Berechtigten ein Grundstück oder Gebäude herauszugeben, so begründet das Amt zur Regelung offener Vermö-	gemäß § 33 Abs. 3 festgesetzt. Auf Antrag des Berechtigten erläßt das Amt zur Regelung offener Vermögensfragen hierüber einen gesonderten Bescheid. (2) Ist dem Berechtigten aus Anlaß des Vermögensverlustes eine Gegenleistung oder eine Entschädigung tatsächlich zugeflossen, so hat er diese nach Rückübertragung des Eigentums an den Verfügungsberechtigten herauszugeben. Geldbeträge in Reichsmark sind im Verhältnis 20 zu 1, Geldbeträge in Mark der Deutschen Demokratischen Republik sind im Verhältnis 2 zu 1 auf Deutsche Mark umzustellen. Wurde die Gegenleistung oder die Entschädigung aus dem Staatshaushalt der Deutschen Demokratischen Republik, aus einem öffentlichen Haushalt der Bundesrepublik Deutschland oder dem Kreditabwicklungsfonds erbracht, so steht sie dem Entschädigungsfonds zu. Erfüllungshalber begründete Schuldbuchforderungen erlöschen, soweit sie noch nicht getilgt worden sind. (3) Bis zur Befriedigung des Anspruchs nach Absatz 2 Satz 1 steht dem Verfügungsberechtigten gegenüber dem Herausgabeanspruch des Berechtigten ein Recht zum Besitz zu. Ist an den Berechtigten ein Grundstück oder Gebäude herauszugeben, so begründet das Amt zur Regelung offener Vermö-

2. Gesetz zur Regelung offener Vermögensfragen

gensfragen zugunsten des Verfügungsberechtigten auf dessen Antrag eine Sicherungshypothek in Höhe des gemäß Absatz 2 Satz 2 umgestellten Betrages nebst vier vom Hundert Zinsen hieraus seit dem Tag der Unanfechtbarkeit der Entscheidung über die Rückübertragung des Eigentums an rangbereiter Stelle, sofern die Forderung nicht vorher durch den Berechtigten erfüllt wird.

(4) Diese Vorschriften sind auf Rückübertragungsansprüche nach § 6 nicht anzuwenden.

§ 8 Wahlrecht. (1) Soweit den Berechtigten ein Anspruch auf Rückübertragung gemäß § 3 zusteht, können sie stattdessen Entschädigung wählen. Ausgenommen sind Berechtigte, deren Grundstücke durch Eigentumsverzicht, Schenkung oder Erbausschlagung in Volkseigentum übernommen wurden.

(2) Liegt die Berechtigung bei einer Personenmehrheit, kann das Wahlrecht nur gemeinschaftlich ausgeübt werden.

§ 9 Grundsätze der Entschädigung. (1) In den Fällen des § 4 Abs. 1 und 2 wird eine Entschädigung in Geld gewährt.

§ 8 Wahlrecht. (1) Soweit inländischen Berechtigten ein Anspruch auf Rückübertragung gemäß § 3 zusteht, können sie bis zum Ablauf von sechs Monaten nach Inkrafttreten des Entschädigungsgesetzes statt dessen Entschädigung wählen. Hat der Berechtigte seinen Sitz oder Wohnsitz außerhalb der Bundesrepublik Deutschland, verlängert sich die Frist nach Satz 1 auf drei Jahre. Ausgenommen sind Berechtigte, deren Grundstücke durch Eigentumsverzicht, Schenkung oder Erbausschlagung in Volkseigentum übernommen wurden.

(2) Liegt die Berechtigung bei einer Personenmehrheit, kann das Wahlrecht nur gemeinschaftlich ausgeübt werden.

§ 9 Grundsätze der Entschädigung. (1) In den Fällen des § 4 Abs. 1 und 2 wird eine Entschädigung in Geld gewährt.

Anhang I/2

I. Bundesrecht

Fassung des Einigungsvertrages	Fassung v. 18. April 1991	Fassung v. 3. August 1992	Fassung v. 2. Dezember 1994
währt. Für Grundstücke im Sinne des § 1 Absatz 2, die durch Eigentumsverzicht, Schenkung oder Erbausschlagung in Volkseigentum übernommen wurden, wird keine Entschädigung gewährt.	Für Grundstücke im Sinne des § 1 Absatz 2, die durch Eigentumsverzicht, Schenkung oder Erbausschlagung in Volkseigentum übernommen wurden, wird keine Entschädigung gewährt.	Für Grundstücke im Sinne des § 1 Absatz 2, die durch Eigentumsverzicht, Schenkung oder Erbausschlagung in Volkseigentum übernommen wurden, wird keine Entschädigung gewährt.	
(2) Kann ein Grundstück aus den Gründen des § 4 Abs. 2 nicht zurückübertragen werden, kann die Entschädigung durch Übereignung von Grundstücken mit möglichst vergleichbarem Wert erfolgen. Ist dies nicht möglich, ist ebenfalls in Geld zu entschädigen. Für die Bereitstellung von Ersatzgrundstücken gilt § 21 Absatz 3 Satz 1 und Absatz 4 entsprechend.	(2) Kann ein Grundstück aus den Gründen des § 4 Abs. 2 nicht zurückübertragen werden, kann die Entschädigung durch Übereignung von Grundstücken mit möglichst vergleichbarem Wert erfolgen. Ist dies nicht möglich, ist ebenfalls in Geld zu entschädigen. Für die Bereitstellung von Ersatzgrundstücken gilt § 21 Abs. 3 Satz 1 und Abs. 4 entsprechend.	(2) Kann ein Grundstück aus den Gründen des § 4 Abs. 2 nicht zurückübertragen werden, kann die Entschädigung durch Übereignung von Grundstücken mit möglichst vergleichbarem Wert erfolgen. Ist dies nicht möglich, ist ebenfalls in Geld zu entschädigen. Für die Bereitstellung von Ersatzgrundstücken gilt § 21 Abs. 3 Satz 1 und Abs. 4 entsprechend.	Kann ein Grundstück aus den Gründen des § 4 Absatz 2 nicht zurückübertragen werden, kann die Entschädigung durch Übereignung von Grundstücken mit möglichst vergleichbarem Wert erfolgen. Ist dies nicht möglich, wird nach Maßgabe des Entschädigungsgesetzes entschädigt. Für die Bereitstellung von Ersatzgrundstücken gilt § 21 Absatz 3 Satz 1 und Absatz 4 entsprechend.
(3) Das Nähere regelt ein Gesetz.	(3) Das Nähere regelt ein Gesetz.	(3) Das Nähere regelt ein Gesetz.	
§ 10 Bewegliche Sachen. (1) Wurden bewegliche Sachen verkauft und können sie gemäß § 3 Absatz 3 und § 4 Absätze 2 und 3 nicht zurückgegeben werden, steht den Berechtigten ein Anspruch in Höhe des erzielten Erlöses gegen den Entschädigungsfonds zu, sofern ihm der Erlös nicht bereits auf einem Konto gutgeschrieben oder ausgezahlt wurde.	**§ 10 Bewegliche Sachen.** (1) Wurden bewegliche Sachen verkauft und können sie gemäß § 3 Abs. 3 und § 4 Abs. 2 und 3 nicht zurückgegeben werden, steht den Berechtigten ein Anspruch in Höhe des erzielten Erlöses gegen den Entschädigungsfonds zu, sofern ihm der Erlös nicht bereits auf einem Konto gutgeschrieben oder ausgezahlt wurde.	**§ 10 Bewegliche Sachen.** (1) Wurden bewegliche Sachen verkauft und können sie gemäß § 3 Abs. 3 und § 4 Abs. 2 und 3 nicht zurückgegeben werden, steht den Berechtigten ein Anspruch in Höhe des erzielten Erlöses gegen den Entschädigungsfonds zu, sofern ihm der Erlös nicht bereits auf einem Konto gutgeschrieben oder ausgezahlt wurde.	**§ 10 Bewegliche Sachen.** (1) Wurden bewegliche Sachen verkauft und können sie nach § 3 Abs. 4 oder § 4 Abs. 2 nicht zurückgegeben werden, steht den Berechtigten ein Anspruch in Höhe des erzielten Erlöses gegen den Entschädigungsfonds zu, sofern ihm der Erlös nicht bereits auf einem Konto gutgeschrieben oder ausgezahlt wurde.
(2) Wurde bei der Verwertung einer beweglichen Sache kein Erlös erzielt, hat der Berechtigte keinen Anspruch auf Entschädigung.	(2) Wurde bei der Verwertung einer beweglichen Sache kein Erlös erzielt, hat der Berechtigte keinen Anspruch auf Entschädigung.	(2) Wurde bei der Verwertung einer beweglichen Sache kein Erlös erzielt, hat der Berechtigte keinen Anspruch auf Entschädigung.	(2) Wurde bei der Verwertung einer beweglichen Sache kein Erlös erzielt, hat der Berechtigte keinen Anspruch auf Entschädigung.

2. Gesetz zur Regelung offener Vermögensfragen

Abschnitt III. Aufhebung der staatlichen Verwaltung

§ 11 Grundsatz. (1) Die staatliche Verwaltung über Vermögenswerte wird auf Antrag des Berechtigten durch Entscheidung der Behörde aufgehoben. Der Berechtigte kann stattdessen unter Verzicht auf sein Eigentum Entschädigung nach § 9 wählen. In diesem Fall steht das Aneignungsrecht dem Entschädigungsfonds zu. Mit dem Wirksamwerden des Verzichts wird der Berechtigte von allen Verpflichtungen frei, die auf den Zustand des Vermögenswerts seit Anordnung der staatlichen Verwaltung zurückzuführen sind.

(2) Hat der Berechtigte seinen Anspruch bis zum Ablauf der Anmeldefrist (§ 3 der Anmeldeverordnung) nicht angemeldet, ist der staatliche Verwalter berechtigt, über den verwalteten Vermögenswert zu verfügen. Die Verfügung über den Vermögenswert ist nicht mehr zulässig, wenn der Berechtigte seinen Anspruch am verwalteten Vermögen nach Ablauf der Frist angemeldet hat.

(3) Der Verwalter hat sich vor einer Verfügung zu vergewissern, daß keine Anmeldung im Sinne der Anmeldeverordnung vorliegt.

(4) Dem Berechtigten steht im Falle der Verfügung der Verkaufserlös zu. Wird von dem Berechtigten kein Anspruch angemeldet, ist der Verkaufser-

Anhang I/2   I. Bundesrecht

Fassung des Einigungsvertrages

lös an die für den Entschädigungsfonds zuständige Behörde zur Verwaltung abzuführen.

(5) Soweit staatlich verwaltete Geldvermögen aufgrund von Vorschriften diskriminierenden oder sonst benachteiligenden Charakters gemindert wurden, ist ein Ausgleich vorzusehen. Das Nähere regelt ein Gesetz.

Fassung v. 18. April 1991

lös an die für den Entschädigungsfonds zuständige Behörde zur Verwaltung abzuführen.

(5) Soweit staatlich verwaltete Geldvermögen auf Grund von Vorschriften diskriminierenden oder sonst benachteiligenden Charakters gemindert wurden, ist ein Ausgleich vorzusehen. Das Nähere regelt ein Gesetz.

Fassung v. 3. August 1992

lös an die für den Entschädigungsfonds zuständige Behörde zur Verwaltung abzuführen.

(5) Soweit staatlich verwaltete Geldvermögen aufgrund von Vorschriften diskriminierenden oder sonst benachteiligenden Charakters gemindert wurden, ist ein Ausgleich vorzusehen. Das Nähere regelt ein Gesetz.

Fassung v. 2. Dezember 1994

lös an die für den Entschädigungsfonds zuständige Behörde zur Verwaltung abzuführen.

(5) Soweit staatlich verwaltete Geldvermögen aufgrund von Vorschriften diskriminierenden oder sonst benachteiligenden Charakters gemindert wurden, wird ein Ausgleich nach § 5 Abs. 1 Satz 6 des Entschädigungsgesetzes gewährt.

(6) Ist für Kontoguthaben oder sonstige privatrechtliche geldwerte Ansprüche, die unter staatlicher Verwaltung standen und zum 1. Juli 1990 auf Deutsche Mark umgestellt worden sind, Hauptentschädigung nach dem Lastenausgleichsgesetz gezahlt worden, gehen diese Ansprüche insoweit auf den Entschädigungsfonds über; die Ausgleichsverwaltung teilt der auszahlenden Stelle die Höhe der Hauptentschädigung mit. Ist das Kontoguthaben schon an den Berechtigten ausgezahlt worden, wird die gewährte Hauptentschädigung nach den Vorschriften des Lastenausgleichsgesetzes durch die Ausgleichsverwaltung zurückgefordert. Die auszahlende Stelle teilt dem Bundesamt zur Regelung offener Vermögensfragen und der Ausgleichsverwaltung den an den Berechtigten ausgezahlten Betrag ohne besondere Aufforderung mit (Kontrollmitteilung); die übermittelten Daten dürfen nur für die gesetzlichen Aufga-

2. Gesetz zur Regelung offener Vermögensfragen

ben der Ausgleichsverwaltung verwendet werden.

§ 11a Beendigung der staatlichen Verwaltung. (1) Die staatliche Verwaltung über Vermögenswerte endet auch ohne Antrag des Berechtigten mit Ablauf des 31. Dezember 1992. Das Wahlrecht nach § 11 Abs. 1 Satz 2 muß bis zum Ablauf zweier Monate nach Inkrafttreten des Gesetzes nach § 9 ausgeübt werden. Ist der Vermögenswert ein Grundstück oder ein Gebäude, so gilt der bisherige staatliche Verwalter weiterhin als befugt, eine Verfügung vorzunehmen, zu deren Vornahme er sich wirksam verpflichtet hat, wenn vor dem 1. Januar 1993 die Eintragung des Rechts oder die Eintragung einer Vormerkung zur Sicherung des Anspruchs bei dem Grundbuchamt beantragt worden ist.

(2) Ist in dem Grundbuch eines bisher staatlich verwalteten Grundstücks oder Gebäudes ein Vermerk über die Anordnung der staatlichen Verwaltung eingetragen, so wird dieser mit Ablauf des 31. Dezember 1992 gegenstandslos. Er ist von dem Grundbuchamt auf Antrag des Eigentümers oder des bisherigen staatlichen Verwalters zu löschen.

(3) Von dem Ende der staatlichen Verwaltung an treffen den bisherigen staatlichen Verwalter, bei Unklarheit über seine Person den Landkreis oder

§ 11a Beendigung der staatlichen Verwaltung. (1) Die staatliche Verwaltung über Vermögenswerte endet auch ohne Antrag des Berechtigten mit Ablauf des 31. Dezember 1992. Das Wahlrecht nach § 11 Abs. 1 Satz 2 muß bis zum Ablauf zweier Monate nach Inkrafttreten des Entschädigungsgesetzes ausgeübt werden. Ist der Vermögenswert ein Grundstück oder ein Gebäude, so gilt der bisherige staatliche Verwalter weiterhin als befugt, eine Verfügung vorzunehmen, zu deren Vornahme er sich wirksam verpflichtet hat, wenn vor dem 1. Januar 1993 die Eintragung des Rechts oder die Eintragung einer Vormerkung zur Sicherung des Anspruchs bei dem Grundbuchamt beantragt worden ist.

(2) Ist in dem Grundbuch eines bisher staatlich verwalteten Grundstücks oder Gebäudes ein Vermerk über die Anordnung der staatlichen Verwaltung eingetragen, so wird dieser mit Ablauf des 31. Dezember 1992 gegenstandslos. Er ist von dem Grundbuchamt auf Antrag des Eigentümers oder des bisherigen staatlichen Verwalters zu löschen.

(3) Von dem Ende der staatlichen Verwaltung an treffen den bisherigen staatlichen Verwalter, bei Unklarheit über seine Person den Landkreis oder

Anhang I/2 I. Bundesrecht

Fassung des Einigungsvertrages	Fassung v. 18. April 1991	Fassung v. 3. August 1992	Fassung v. 2. Dezember 1994
		die kreisfreie Stadt, in dessen oder deren Bezirk der Vermögenswert liegt, die den Beauftragten nach dem Bürgerlichen Gestzbuch bei Beendigung seines Auftrags obliegenden Pflichten. Der Verwalter kann die Erfüllung der in Satz 1 genannten Pflichten längstens bis zum 30. Juni 1993 ablehnen, wenn und soweit ihm die Erfüllung aus organisatorischen Gründen nicht möglich ist. (4) Mit der Aufhebung der staatlichen Verwaltung gehen Nutzungsverhältnisse an einem Grundstück oder Gebäude auf den Eigentümer über. **§ 11b Vertreter des Eigentümers.** (1) Ist der Eigentümer eines ehemals staatlich verwalteten Vermögenswertes oder sein Aufenthalt nicht festzustellen und besteht ein Bedürfnis, die Vertretung des Eigentümers sicherzustellen, so bestellt der Landkreis oder die kreisfreie Stadt, in dessen oder deren Bezirk sich der Vermögenswert befindet, auf Antrag der Gemeinde oder eines anderen, der ein berechtigtes Interesse daran hat, einen gesetzlichen Vertreter des Eigentümers, der auch eine juristische Person sein kann. Sind von mehreren Eigentümern nicht alle bekannt oder ist der Aufenthalt einzelner nicht bekannt, so wird einer der bekannten Eigentümer zum gesetzlichen Vertreter bestellt. Er ist von	die kreisfreie Stadt, in dessen oder deren Bezirk der Vermögenswert liegt, die den Beauftragten nach dem Bürgerlichen Gestzbuch bei Beendigung seines Auftrags obliegenden Pflichten. Der Verwalter kann die Erfüllung der in Satz 1 genannten Pflichten längstens bis zum 30. Juni 1993 ablehnen, wenn und soweit ihm die Erfüllung aus organisatorischen Gründen nicht möglich ist. (4) Mit der Aufhebung der staatlichen Verwaltung gehen Nutzungsverhältnisse an einem Grundstück oder Gebäude auf den Eigentümer über. **§ 11b Vertreter des Eigentümers.** (1) Ist der Eigentümer eines ehemals staatlich verwalteten Vermögenswertes oder sein Aufenthalt nicht festzustellen und besteht ein Bedürfnis, die Vertretung des Eigentümers sicherzustellen, so bestellt der Landkreis oder die kreisfreie Stadt, in dessen oder deren Bezirk sich der Vermögenswert befindet, auf Antrag der Gemeinde oder eines anderen, der ein berechtigtes Interesse daran hat, einen gesetzlichen Vertreter des Eigentümers, der auch eine juristische Person sein kann. Sind von mehreren Eigentümern nicht alle bekannt oder ist der Aufenthalt einzelner nicht bekannt, so wird einer der bekannten Eigentümer zum gesetzlichen Vertreter bestellt. Er ist von

2. Gesetz zur Regelung offener Vermögensfragen

den Beschränkungen des § 181 des Bürgerlichen Gesetzbuchs befreit. § 16 Abs. 3 des Verwaltungsverfahrensgesetzes findet Anwendung. Im übrigen gelten die §§ 1785, 1786, 1821 und 1837 sowie die Vorschriften des Bürgerlichen Gesetzbuchs über den Auftrag sinngemäß.

(2) Ist der Gläubiger einer staatlich verwalteten Forderung oder sein Aufenthalt nicht festzustellen, so ist die Staatsbank Berlin gesetzlicher Vertreter. Die Treuhandanstalt ist von dem 1. Januar 1993 an gesetzlicher Vertreter bisher staatlich verwalteter Unternehmen.

(3) Der gesetzliche Vertreter wird auf Antrag des Eigentümers abberufen. Sind mehrere Personen Eigentümer, so erfolgt die Abberufung nur, wenn die Vertretung gesichert ist.

§ 11c Genehmigungsvorbehalt. Über Vermögenswerte, die Gegenstand der in § 1 Abs. 8 Buchstabe b bezeichneten Vereinbarungen sind, darf nur mit Zustimmung des Bundesamts zur Regelung offener Vermögensfragen verfügt werden. Für Grundstücke, Gebäude und Grundpfandrechte gilt dies nur, wenn im Grundbuch ein Angabe dieser Vorschrift eingetragen ist. Das Grundbuchamt trägt den Zustimmungsvorbehalt nur auf Ersuchen des Bundesamts zur Regelung offener Vermögensfragen ein. Gegen das Er-

Anhang I/2   I. Bundesrecht

Fassung des Einigungsvertrages	Fassung v. 18. April 1991	Fassung v. 3. August 1992	Fassung v. 2. Dezember 1994
		suchen können der eingetragene Eigentümer oder seine Erben Widerspruch erheben, der nur darauf gestützt werden kann, daß die Voraussetzungen des Satzes 1 nicht vorliegen.	suchen können der eingetragene Eigentümer oder seine Erben Widerspruch erheben, der nur darauf gestützt werden kann, daß die Voraussetzungen des Satzes 1 nicht vorliegen. In Fällen, in denen nach Artikel 3 Abs. 9 Satz 2 des Abkommens vom 13. Mai 1992 zwischen der Regierung der Bundesrepublik Deutschland und der Regierung der Vereinigten Staaten von Amerika über die Regelung bestimmter Vermögensansprüche in Verbindung mit Artikel 1 des Gesetzes zu diesem Abkommen vom 21. Dezember 1992 (BGBl. II S. 1222) der Rechtstitel auf den Bund übergeht und gleichzeitig die staatliche Verwaltung endet, gelten die vorstehenden Vorschriften entsprechend mit der Maßgabe, daß an die Stelle des Bundesamtes zur Regelung offener Vermögensfragen die für die Verwaltung des betreffenden Vermögensgegenstands zuständige Bundesbehörde tritt.
§ 12 Staatlich verwaltete Unternehmen und Unternehmensbeteiligungen. Die Modalitäten der Rückführung staatlich verwalteter Unternehmen und Unternehmensbeteiligungen richten sich nach § 6. Anstelle des Zeitpunktes der Enteignung gilt der Zeitpunkt der Inverwaltungnahme.	**§ 12 Staatlich verwaltete Unternehmen und Unternehmensbeteiligungen.** Die Modalitäten der Rückführung staatlich verwalteter Unternehmen und Unternehmensbeteiligungen richten sich nach § 6. Anstelle des Zeitpunktes der Enteignung gilt der Zeitpunkt der Inverwaltungnahme.	**§ 12 Staatlich verwaltete Unternehmen und Unternehmensbeteiligungen.** Die Modalitäten der Rückführung staatlich verwalteter Unternehmen und Unternehmensbeteiligungen richten sich nach § 6. Anstelle des Zeitpunktes der Enteignung gilt der Zeitpunkt der Inverwaltungnahme.	**§ 12 Staatlich verwaltete Unternehmen und Unternehmensbeteiligungen.** Die Modalitäten der Rückführung staatlich verwalteter Unternehmen und Unternehmensbeteiligungen richten sich nach § 6. Anstelle des Zeitpunktes der Enteignung gilt der Zeitpunkt der Inverwaltungnahme.

2. Gesetz zur Regelung offener Vermögensfragen

§ 13 Haftung des staatlichen Verwalters. (1) Ist dem Berechtigten des staatlich verwalteten Vermögenswertes durch eine gröbliche Verletzung der Pflichten, die sich aus einer ordnungsgemäßen Wirtschaftsführung ergeben, durch den staatlichen Verwalter oder infolge Verletzung anderer dem staatlichen Verwalter obliegenden Pflichten während der Zeit der staatlichen Verwaltung rechtswidrig ein materieller Nachteil entstanden, ist ihm dieser Schaden zu ersetzen.

(2) Der Schadensersatz ist auf der Grundlage der gesetzlichen Regelungen der Staatshaftung festzustellen und aus dem Entschädigungsfonds zu zahlen.

(3) Dem Entschädigungsfonds steht gegenüber dem staatlichen Verwalter oder der ihm übergeordneten Kommunalverwaltung ein Ausgleichsanspruch zu.

§ 14 (1) Dem Berechtigten stehen keine Schadensersatzansprüche zu, wenn Vermögenswerte nicht in staatliche Verwaltung genommen wurden, weil das zuständige Staatsorgan keine Kenntnis vom Bestehen der sachlichen Voraussetzungen für die Begründung der staatlichen Verwaltung oder vom Vorhandensein des Vermögenswertes hatte und unter Berücksichtigung der

§ 13 Haftung des staatlichen Verwalters. (1) Ist dem Berechtigten des staatlich verwalteten Vermögenswertes durch eine gröbliche Verletzung der Pflichten, die sich aus einer ordnungsgemäßen Wirtschaftsführung ergeben, durch den staatlichen Verwalter oder infolge Verletzung anderer dem staatlichen Verwalter obliegenden Pflichten während der Zeit der staatlichen Verwaltung rechtswidrig ein materieller Nachteil entstanden, ist ihm dieser Schaden zu ersetzen.

(2) Der Schadensersatz ist auf der Grundlage der gesetzlichen Regelungen der Staatshaftung festzustellen und aus dem Entschädigungsfonds zu zahlen.

(3) Dem Entschädigungsfonds steht gegenüber dem staatlichen Verwalter oder der ihm übergeordneten Kommunalverwaltung ein Ausgleichsanspruch zu.

§ 14 (1) Dem Berechtigten stehen keine Schadensersatzansprüche zu, wenn Vermögenswerte nicht in staatliche Verwaltung genommen wurden, weil das zuständige Staatsorgan keine Kenntnis vom Bestehen der sachlichen Voraussetzungen für die Begründung der staatlichen Verwaltung oder vom Vorhandensein des Vermögenswertes hatte und unter Berücksichtigung der

§ 13 Haftung des staatlichen Verwalters. (1) Ist dem Berechtigten des staatlich verwalteten Vermögenswertes durch eine gröbliche Verletzung der Pflichten, die sich aus einer ordnungsgemäßen Wirtschaftsführung ergeben, durch den staatlichen Verwalter oder infolge Verletzung anderer dem staatlichen Verwalter obliegenden Pflichten während der Zeit der staatlichen Verwaltung rechtswidrig ein materieller Nachteil entstanden, ist ihm dieser Schaden zu ersetzen.

(2) Der Schadensersatz ist auf der Grundlage der gesetzlichen Regelungen der Staatshaftung festzustellen und aus dem Entschädigungsfonds zu zahlen.

(3) Dem Entschädigungsfonds steht gegenüber dem staatlichen Verwalter oder der ihm übergeordneten Kommunalverwaltung ein Ausgleichsanspruch zu.

§ 14 [Ausschluß von Schadensersatzansprüchen] (1) Dem Berechtigten stehen keine Schadensersatzansprüche zu, wenn Vermögenswerte nicht in staatliche Verwaltung genommen wurden, weil das zuständige Staatsorgan keine Kenntnis vom Bestehen der sachlichen Voraussetzungen für die Begründung der staatlichen Verwaltung oder vom Vorhandensein

Anhang I/2

Fassung des Einigungsvertrages	Fassung v. 18. April 1991	Fassung v. 3. August 1992	Fassung v. 2. Dezember 1994
konkreten Umstände nicht erlangen konnte.	konkreten Umstände nicht erlangen konnte.	des Vermögenswerts hatte und unter Berücksichtigung der konkreten Umstände nicht erlangen konnte.	des Vermögenswerts hatte und unter Berücksichtigung der konkreten Umstände nicht erlangen konnte.
(2) Ein Anspruch auf Schadensersatz besteht auch dann nicht, wenn dem Berechtigten bekannt war, daß die staatliche Verwaltung über den Vermögenswert nicht ausgeübt wird oder er diese Kenntnis in zumutbarer Weise hätte erlangen können.	(2) Ein Anspruch auf Schadensersatz besteht auch dann nicht, wenn dem Berechtigten bekannt war, daß die staatliche Verwaltung über den Vermögenswert nicht ausgeübt wird oder er diese Kenntnis in zumutbarer Weise hätte erlangen können.	(2) Ein Anspruch auf Schadensersatz besteht auch dann nicht, wenn dem Berechtigten bekannt war, daß die staatliche Verwaltung über den Vermögenswert nicht ausgeübt wird oder er diese Kenntnis in zumutbarer Weise hätte erlangen können.	(2) Ein Anspruch auf Schadensersatz besteht auch dann nicht, wenn dem Berechtigten bekannt war, daß die staatliche Verwaltung über den Vermögenswert nicht ausgeübt wird oder er diese Kenntnis in zumutbarer Weise hätte erlangen können.
		§ 14a Werterhöhungen durch den staatlichen Verwalter. Für Werterhöhungen, die der staatliche Verwalter aus volkseigenen Mitteln finanziert hat, gilt § 7 entsprechend.	**§ 14a Werterhöhungen durch den staatlichen Verwalter.** Für Werterhöhungen, die der staatliche Verwalter aus volkseigenen Mitteln finanziert hat, gilt § 7 entsprechend.
§ 15 Befugnisse des staatlichen Verwalters. (1) Bis zur Aufhebung der staatlichen Verwaltung ist die Sicherung und ordnungsgemäße Verwaltung des Vermögenswertes durch den staatlichen Verwalter wahrzunehmen. (2) Der staatliche Verwalter ist bis zur Aufhebung der staatlichen Verwaltung nicht berechtigt, ohne Zustimmung des Eigentümers langfristige vertragliche Verpflichtungen einzugehen und dingliche Rechtsgeschäfte abzuschließen. Ausgenommen sind solche Rechtsgeschäfte, die zur Erfüllung von Rechtspflichten des Eigentümers oder zur Erhaltung und Bewirt-	**§ 15 Befugnisse des staatlichen Verwalters.** (1) Bis zur Aufhebung der staatlichen Verwaltung ist die Sicherung und ordnungsgemäße Verwaltung des Vermögenswertes durch den staatlichen Verwalter wahrzunehmen. (2) Der staatliche Verwalter ist bis zur Aufhebung der staatlichen Verwaltung nicht berechtigt, ohne Zustimmung des Eigentümers langfristige vertragliche Verpflichtungen einzugehen und dingliche Rechtsgeschäfte abzuschließen. § 3 Abs. 3 Satz 2 und 5 gilt entsprechend.	**§ 15 Befugnisse des staatlichen Verwalters.** (1) Bis zur Aufhebung der staatlichen Verwaltung ist die Sicherung und ordnungsgemäße Verwaltung des Vermögenswertes durch den staatlichen Verwalter wahrzunehmen. (2) Der staatliche Verwalter ist bis zur Aufhebung der staatlichen Verwaltung nicht berechtigt, ohne Zustimmung des Eigentümers langfristige vertragliche Verpflichtungen einzugehen und dingliche Rechtsgeschäfte abzuschließen. § 3 Abs. 3 Satz 2 und 5 gilt entsprechend.	**§ 15 Befugnisse des staatlichen Verwalters.** (1) Bis zur Aufhebung der staatlichen Verwaltung ist die Sicherung und ordnungsgemäße Verwaltung des Vermögenswertes durch den staatlichen Verwalter wahrzunehmen. (2) Der staatliche Verwalter ist bis zur Aufhebung der staatlichen Verwaltung nicht berechtigt, ohne Zustimmung des Eigentümers langfristige vertragliche Verpflichtungen einzugehen und dingliche Rechtsgeschäfte abzuschließen. § 3 Abs. 3 Satz 2 und 5 gilt entsprechend.

2. Gesetz zur Regelung offener Vermögensfragen   **Anhang I/2**

schaftung des Vermögenswertes unbedingt erforderlich sind.

(3) Die Beschränkung gemäß Absatz 2 entfällt nach Ablauf der Anmeldefrist (§ 3 der Anmeldeverordnung), solange der Eigentümer seinen Anspruch auf den staatlich verwalteten Vermögenswert nicht angemeldet hat.

(4) Der staatliche Verwalter hat sich vor einer Verfügung zu vergewissern, daß keine Anmeldung im Sinne des Absatzes 3 vorliegt.

Abschnitt IV. Rechtsverhältnisse zwischen Berechtigten und Dritten

§ 16 Übernahme von Rechten und Pflichten. (1) Mit der Rückübertragung von Eigentumsrechten oder der Aufhebung der staatlichen Verwaltung sind die Rechte und Pflichten, die sich aus dem Eigentum am Vermögenswert ergeben, durch den Berechtigten selbst oder durch einen vom Verwalter zu bestimmenden Verwalter wahrzunehmen.

(2) Mit der Rückübertragung von Eigentumsrechten oder der Aufhebung der staatlichen Verwaltung tritt der Berechtigte in alle in bezug auf den jeweiligen Vermögenswert bestehenden Rechtsverhältnisse ein.

(3) Die Beschränkung gemäß Absatz 2 entfällt nach Ablauf der Anmeldefrist (§ 3 der Anmeldeverordnung), solange der Eigentümer seinen Anspruch auf den staatlich verwalteten Vermögenswert nicht angemeldet hat.

(4) Der staatliche Verwalter hat sich vor einer Verfügung zu vergewissern, daß keine Anmeldung im Sinne des Absatzes 3 vorliegt.

Abschnitt IV. Rechtsverhältnisse zwischen Berechtigten und Dritten

§ 16 Übernahme von Rechten und Pflichten. (1) Mit der Rückübertragung von Eigentumsrechten oder der Aufhebung der staatlichen Verwaltung sind die Rechte und Pflichten, die sich aus dem Eigentum am Vermögenswert ergeben, durch den Berechtigten selbst oder durch einen vom Verwalter zu bestimmenden Verwalter wahrzunehmen.

(2) Mit der Rückübertragung von Eigentumsrechten oder der Aufhebung der staatlichen Verwaltung nach § 6a tritt der Berechtigte in alle in bezug auf den jeweiligen Vermögenswert bestehenden Rechtsverhältnisse ein.

(3) Die Beschränkung gemäß Absatz 2 entfällt nach Ablauf der Anmeldefrist (§ 3 der Anmeldeverordnung), solange der Eigentümer seinen Anspruch auf den staatlich verwalteten Vermögenswert nicht angemeldet hat.

(4) Der staatliche Verwalter hat sich vor einer Verfügung zu vergewissern, daß keine Anmeldung im Sinne des Absatzes 3 vorliegt.

Abschnitt IV. Rechtsverhältnisse zwischen Berechtigten und Dritten

§ 16 Übernahme von Rechten und Pflichten. (1) Mit der Rückübertragung von Eigentumsrechten oder der Aufhebung der staatlichen Verwaltung sind die Rechte und Pflichten, die sich aus dem Eigentum am Vermögenswert ergeben, durch den Berechtigten selbst oder durch einen vom Verwalter zu bestimmenden Verwalter wahrzunehmen.

(2) Mit der Rückübertragung oder der Aufhebung der staatlichen Verwaltung oder mit der vorläufigen Einweisung nach § 6a tritt der Berechtigte in alle in bezug auf den jeweiligen Vermögenswert bestehenden Rechtsverhältnisse ein. Dies gilt für vom staatlichen Ver-

Anhang I/2 I. Bundesrecht

Fassung des Einigungsvertrages	Fassung v. 18. April 1991	Fassung v. 3. August 1992	Fassung v. 2. Dezember 1994
		walter geschlossene Kreditverträge nur insoweit, als die darauf beruhenden Verbindlichkeiten im Falle ihrer dinglichen Sicherung gemäß Absatz 9 Satz 2 gegenüber dem Berechtigten, dem staatlichen Verwalter sowie deren Rechtsnachfolgern fortbestünden. Absatz 9 Satz 3 gilt entsprechend.	walter geschlossene Kreditverträge nur insoweit, als die darauf beruhenden Verbindlichkeiten im Falle ihrer dinglichen Sicherung gemäß Absatz 9 Satz 2 gegenüber dem Berechtigten, dem staatlichen Verwalter sowie deren Rechtsnachfolgern fortbestünden. Absatz 9 Satz 3 gilt entsprechend.
	(3) Bestehende Rechtsverhältnisse können nur auf der Grundlage der jeweils geltenden Rechtsvorschriften geändert oder beendet werden.	(3) Dingliche Nutzungsrechte sind mit dem Bescheid gemäß § 33 Abs. 3 aufzuheben, wenn der Nutzungsberechtigte bei Begründung des Nutzungsrechts nicht redlich im Sinne des § 4 Abs. 3 gewesen ist. Mit der Aufhebung des Nutzungsrechts erlischt das Gebäudeeigentum nach § 288 Abs. 4 oder § 292 Abs. 3 des Zivilgesetzbuchs der Deutschen Demokratischen Republik. Das Gebäude wird Bestandteil des Grundstücks. Grundpfandrechte an einem auf Grund des Nutzungsrechts errichteten Gebäude werden Pfandrechte an den in den §§ 7 und 7a bezeichneten Ansprüchen sowie an dinglichen Rechten, die zu deren Sicherung begründet werden. Verliert der Nutzungsberechtigte durch die Aufhebung des Nutzungsrechts das Recht zum Besitz seiner Wohnung, so treten die Wirkungen des Satzes 1 sechs Monate nach Unanfechtbarkeit der Entscheidung ein.	(3) Dingliche Nutzungsrechte sind mit dem Bescheid gemäß § 33 Abs. 3 aufzuheben, wenn der Nutzungsberechtigte bei Begründung des Nutzungsrechts nicht redlich im Sinne des § 4 Abs. 3 gewesen ist. Mit der Aufhebung des Nutzungsrechts erlischt das Gebäudeeigentum nach § 288 Abs. 4 oder § 292 Abs. 3 des Zivilgesetzbuchs der Deutschen Demokratischen Republik. Das Gebäude wird Bestandteil des Grundstücks. Grundpfandrechte an einem auf Grund des Nutzungsrechts errichteten Gebäude werden Pfandrechte an den in den §§ 7 und 7a bezeichneten Ansprüchen sowie an dinglichen Rechten, die zu deren Sicherung begründet werden. Verliert der Nutzungsberechtigte durch die Aufhebung des Nutzungsrechts das Recht zum Besitz seiner Wohnung, so treten die Wirkungen des Satzes 1 sechs Monate nach Unanfechtbarkeit der Entscheidung ein.

2. Gesetz zur Regelung offener Vermögensfragen

(4) Fortbestehende Rechtsverhältnisse können nur auf der Grundlage der jeweils geltenden Rechtsvorschriften geändert oder beendet werden.

(5) Eingetragene Aufbauhypotheken und vergleichbare Grundpfandrechte zur Sicherung von Baukrediten, die durch den staatlichen Verwalter bestellt wurden, sind in dem sich aus § 18 Abs. 2 ergebenden Umfang zu übernehmen. Von dem so ermittelten Betrag sind diejenigen Tilgungsleistungen abzuziehen, die nachweislich auf das Recht oder eine durch das Recht gesicherte Forderung erbracht worden sind. Im Rahmen einer Einigung zwischen dem Gläubiger des Rechts, dem Eigentümer und dem Amt zur Regelung offener Vermögensfragen als Vertreter der Interessen des Entschädigungsfonds kann etwas Abweichendes vereinbart werden. Weist der Berechtigte nach, daß eine der Kreditaufnahme entsprechende Baumaßnahme an dem Grundstück nicht durchgeführt wurde, ist das Recht nicht zu übernehmen.

(6) Das Amt zur Regelung offener Vermögensfragen bestimmt mit der Entscheidung über die Aufhebung der staatlichen Verwaltung den zu übernehmenden Teil des Grundpfandrechts, wenn nicht der aus dem Grundpfandrecht Begünstigte oder der Berechtigte beantragt, vorab über die Aufhebung der staatlichen Verwal-

Anhang I/2 I. Bundesrecht

Fassung des Einigungsvertrages	Fassung v. 18. April 1991	Fassung v. 3. August 1992	Fassung v. 2. Dezember 1994
		tung zu entscheiden. In diesem Fall ersucht das Amt zur Regelung offener Vermögensfragen die das Grundbuch führende Stelle um Eintragung eines Widerspruchs gegen die Richtigkeit des Grundbuchs zugunsten des Berechtigten. Wird die staatliche Verwaltung ohne eine Entscheidung des Amtes zur Regelung offener Vermögensfragen beendet, so hat auf Antrag des aus dem Grundpfandrecht Begünstigten oder des Berechtigten das Amt zur Regelung offener Vermögensfragen, in dessen Bereich das belastete Grundstück belegen ist, den zu übernehmenden Teil der Grundpfandrechte durch Bescheid zu bestimmen. Der Bescheid ergeht gemeinsam für sämtliche auf dem Grundstück lastende Rechte gemäß Absatz 5.	tung zu entscheiden. In diesem Fall ersucht das Amt zur Regelung offener Vermögensfragen die das Grundbuch führende Stelle um Eintragung eines Widerspruchs gegen die Richtigkeit des Grundbuchs zugunsten des Berechtigten. Wird die staatliche Verwaltung ohne eine Entscheidung des Amts zur Regelung offener Vermögensfragen beendet, so hat auf Antrag des aus dem Grundpfandrecht Begünstigten oder des Berechtigten das Amt zur Regelung offener Vermögensfragen, in dessen Bereich das belastete Grundstück belegen ist, den zu übernehmenden Teil der Grundpfandrechte durch Bescheid zu bestimmen. Wird der Antrag nach Satz 3 innerhalb der in § 30a Abs. 3 Satz 1 bestimmten Frist nicht gestellt, bleibt der Eigentümer im Umfang der Eintragung aus dem Grundpfandrecht verpflichtet, soweit die gesicherte Forderung nicht durch Tilgung erloschen ist. Auf die Beschränkungen der Übernahmepflicht nach Absatz 5 Satz 1 und 4 kann er sich in diesem Falle nur berufen, wenn er diese Absicht dem Gläubiger oder der Sparkasse, in deren Geschäftsgebiet das Grundstück belegen ist, bis zum 31. März 1995 schriftlich mitgeteilt hat. Ist die Sparkasse nicht Gläubigerin, ist sie lediglich zur Bestätigung des Eingangs dieser Mitteilung verpflichtet. Der Bescheid ergeht gemein-

2. Gesetz zur Regelung offener Vermögensfragen

sam für sämtliche auf dem Grundstück lastende Rechte gemäß Absatz 5.

(7) Die Absätze 5 und 6 gelten für eingetragene sonstige Grundpfandrechte, die auf staatliche Veranlassung vor dem 8. Mai 1945 oder nach Eintritt des Eigentumsverlustes oder durch den staatlichen Verwalter bestellt wurden, entsprechend, es sei denn das Grundpfandrecht dient der Sicherung einer Verpflichtung des Berechtigten, die keinen diskriminierenden oder sonst benachteiligenden Charakter hat.

(8) Der Bescheid über den zu übernehmenden Teil der Rechte gemäß den Absätzen 5 bis 7 ist für den Berechtigten und den Gläubiger des Grundpfandrechts selbständig anfechtbar.

(9) Soweit eine Aufbauhypothek oder ein vergleichbares Grundpfandrecht gemäß Absatz 5 oder ein sonstiges Grundpfandrecht gemäß Absatz 7 nicht zu übernehmen ist, gilt das Grundpfandrecht als erloschen. Satz 1 gilt gegenüber dem Berechtigten, dem staatlichen Verwalter sowie deren Rechtsnachfolgern für eine dem Grundpfandrecht zugrundeliegende Forderung entsprechend. Handelt es sich um eine Forderung aus einem Darlehen, für das keine staatlichen Mittel eingesetzt worden sind, so ist der Gläubiger vorbehaltlich einer ab-

Anhang I/2 — I. Bundesrecht

Fassung des Einigungsvertrages	Fassung v. 18. April 1991	Fassung v. 3. August 1992	Fassung v. 2. Dezember 1994
		weichenden Regelung angemessen zu entschädigen.	weichenden Regelung angemessen zu entschädigen.
		(10) Die Absätze 5 bis 9 finden keine Anwendung, wenn das Grundstück nach § 6 zurückübertragen wird. Die Absätze 5 bis 9 gelten ferner nicht, wenn das Grundpfandrecht nach dem 30. Juni 1990 bestellt worden ist. In diesem Fall hat der Berechtigte gegen denjenigen, der das Grundpfandrecht bestellt hat, einen Anspruch auf Befreiung von dem Grundpfandrecht in dem Umfang, in dem es gemäß den Absätzen 5 bis 9 nicht zu übernehmen wäre. Der aus dem Grundpfandrecht Begünstigte ist insoweit verpflichtet, die Löschung des Grundpfandrechtes gegen Ablösung der gesicherten Forderung und gegen Ersatz eines aus der vorzeitigen Ablösung entstehenden Schadens zu bewilligen.	(10) Die Absätze 5 bis 9 finden keine Anwendung, wenn das Grundstück nach § 6 zurückübertragen wird. Die Absätze 5 bis 9 gelten ferner nicht, wenn das Grundpfandrecht nach dem 30. Juni 1990 bestellt worden ist. In diesem Fall hat der Berechtigte gegen denjenigen, der das Grundpfandrecht bestellt hat, einen Anspruch auf Befreiung von dem Grundpfandrecht in dem Umfang, in dem es gemäß den Absätzen 5 bis 9 nicht zu übernehmen wäre. Der aus dem Grundpfandrecht Begünstigte ist insoweit verpflichtet, die Löschung des Grundpfandrechts gegen Ablösung der gesicherten Forderung und gegen Ersatz eines aus der vorzeitigen Ablösung entstehenden Schadens zu bewilligen.
§ 17 Miet- und Nutzungsrechte. Durch die Rückübertragung von Grundstücken und Gebäuden oder die Aufhebung der staatlichen Verwaltung werden bestehende Miet- oder Nutzungsrechtsverhältnisse nicht berührt. Dies gilt nicht in den Fällen des § 1 Absatz 3, wenn der Mieter oder Nutzer bei Abschluß des Vertrages nicht redlich im Sinne des § 4 Absätze 2 und 3 gewesen ist.		**§ 17 Miet- und Nutzungsrechte.** Durch die Rückübertragung von Grundstücken und Gebäuden oder die Aufhebung der staatlichen Verwaltung werden bestehende Miet- oder Nutzungsrechtsverhältnisse nicht berührt. Dies gilt nicht in den Fällen des § 1 Absatz 3, wenn der Mieter oder Nutzer bei Abschluß des Vertrages nicht redlich im Sinne des § 4 Absatz 3 gewesen ist.	**§ 17 Miet- und Nutzungsrechte.** Durch die Rückübertragung von Grundstücken und Gebäuden oder die Aufhebung der staatlichen Verwaltung werden bestehende Miet- oder Nutzungsrechtsverhältnisse nicht berührt. War der Mieter oder Nutzer bei Abschluß des Vertrags nicht redlich im Sinne des § 4 Abs. 3, so ist das Rechtsverhältnis mit dem Bescheid gemäß § 33 Abs. 3 aufzuheben. Dies
		Dies ist das Rechtsverhältnis mit dem Bescheid gemäß § 33 Abs. 3 aufzuheben. Dies	

2. Gesetz zur Regelung offener Vermögensfragen

§ 18 Grundstücksbelastungen.

(1) Bei der Rückübertragung von Grundstücken sind die dinglichen Belastungen, die im Zeitpunkt des Übergangs in Volkseigentum bestanden haben, wieder im Grundbuch einzutragen. Soweit der Begünstigte vom Staat bereits befriedigt worden ist, geht die zugrunde liegende Forderung auf den Entschädigungsfonds über. In diesem Falle ist auf Ersuchen der zuständigen Behörde eine Sicherungshypothek zugunsten des Entschädigungsfonds im Grundbuch einzutragen, sofern die Forderung nicht durch den Berechtigten vorher beglichen wird.

§ 18 Grundstücksbelastungen.

(1) Bei der Rückübertragung von Eigentumsrechten an Grundstücken, die nicht nach § 6 erfolgt, hat der Berechtigte für die bei Überführung des Grundstücks in Volkseigentum untergegangenen dinglichen Rechte einen in dem Bescheid über die Rückübertragung festzusetzenden Ablösebetrag zu hinterlegen. Der Ablösebetrag bestimmt sich nach der Summe der für die jeweiligen Rechte nach Maßgabe der Absätze 2 bis 5 zu bestimmenden und danach in Deutsche Mark umzurechnenden Einzelbeträge, die in dem Bescheid gesondert auszuweisen sind. Andere als die in den Absätzen 2 bis 4 genannten Rechte werden bei der Ermittlung des Ablösebetrags nicht berücksichtigt. Im übrigen können auch solche Rechte unberücksichtigt bleiben, die nachweislich zwischen dem Berechtigten und dem Gläubiger einvernehmlich bereinigt sind.

gilt auch in den Fällen des § 11a Abs. 4. § 16 Abs. 3 Satz 5 gilt entsprechend. Ist ein redlich begründetes Miet- oder Nutzungsverhältnis durch Eigentumserwerb erloschen, so lebt es mit Bestandskraft des Rückübertragungsbescheids mit dem Inhalt, den es ohne die Eigentumsübertragung seit dem 3. Oktober 1990 gehabt hätte, unbefristet wieder aus.

Anhang I/2 I. Bundesrecht

Fassung des Einigungsvertrages	Fassung v. 18. April 1991	Fassung v. 3. August 1992	Fassung v. 2. Dezember 1994
(2) Persönliche Forderungen aus Hypotheken, die zugunsten volkseigener Geld- oder Kreditinstitute begründet wurden und die nach Überführung des Grundstückes in Volkseigentum noch fortbestehen, erlöschen, wenn keine Rücküberragung des Grundstückes an den Berechtigten erfolgt. Dem Rechtsnachfolger des Geld- oder Kreditinstitutes ist ein Ausgleich aus dem Entschädigungsfonds zu gewähren.	(2) Persönliche Forderungen aus Hypotheken, die zugunsten volkseigener Geld- oder Kreditinstitute begründet wurden und die nach Überführung des Grundstückes in Volkseigentum noch fortbestehen, erlöschen, wenn keine Rücküberragung des Grundstückes an den Berechtigten erfolgt. Dem Rechtsnachfolger des Geld- oder Kreditinstitutes ist ein Ausgleich aus dem Entschädigungsfonds zu gewähren.	(2) Aufbauhypotheken und vergleichbare Grundpfandrechte zur Sicherung von Baukrediten, die durch den staatlichen Verwalter bestellt wurden, sind mit folgenden Abschlägen von dem zunächst auf Mark der DDR umzurechnenden Nennbetrag des Grundpfandrechts zu berücksichtigen. Der Abschlag beträgt jährlich für ein Grundpfandrecht 1. bei Gebäuden mit ein oder zwei Einheiten bis zu 10000 Mark der DDR 4,0 vom Hundert, bis zu 30000 Mark der DDR 3,0 vom Hundert, über 30000 Mark der DDR 2,0 vom Hundert; 2. bei Gebäuden mit drei oder vier Einheiten bis zu 10000 Mark der DDR 4,5 vom Hundert, bis zu 30000 Mark der DDR 3,5 vom Hundert, über 30000 Mark der DDR 2,5 vom Hundert; 3. bei Gebäuden mit fünf bis acht Einheiten bis zu 20000 Mark der DDR 5,0 vom Hundert, bis zu 50000 Mark der DDR 4,0 vom Hundert, über 50000 Mark der DDR 2,5 vom Hundert;	(2) Aufbauhypotheken und vergleichbare Grundpfandrechte zur Sicherung von Baukrediten, die durch den staatlichen Verwalter bestellt wurden, sind mit folgenden Abschlägen von dem zunächst auf Mark der DDR umzurechnenden Nennbetrag des Grundpfandrechts zu berücksichtigen. Der Abschlag beträgt jährlich für ein Grundpfandrecht 1. bei Gebäuden mit ein oder zwei Einheiten bis zu 10000 Mark der DDR 4,0 vom Hundert, bis zu 30000 Mark der DDR 3,0 vom Hundert, über 30000 Mark der DDR 2,0 vom Hundert; 2. bei Gebäuden mit drei oder vier Einheiten bis zu 10000 Mark der DDR 4,5 vom Hundert, bis zu 30000 Mark der DDR 3,5 vom Hundert, über 30000 Mark der DDR 2,5 vom Hundert; 3. bei Gebäuden mit fünf bis acht Einheiten bis zu 20000 Mark der DDR 5,0 vom Hundert, bis zu 50000 Mark der DDR 4,0 vom Hundert, über 50000 Mark der DDR 2,5 vom Hundert;

2. Gesetz zur Regelung offener Vermögensfragen — Anhang I/2

4. bei Gebäuden mit neun oder mehr Einheiten

bis zu 40000 Mark der DDR 5,0 vom Hundert,
bis zu 80000 Mark der DDR 4,0 vom Hundert,
über 80000 Mark der DDR 2,5 vom Hundert;

Als Einheit im Sinne des Satzes 2 gelten zum Zeitpunkt der Entscheidung in dem Gebäude vorhandene in sich abgeschlossene oder selbständig vermietbare Wohnungen oder Geschäftsräume. Von dem so ermittelten Betrag können diejenigen Tilgungsleistungen abgezogen werden, die unstreitig auf das Recht oder eine durch das Recht gesicherte Forderung erbracht worden sind. Soweit der Berechtigte nachweist, daß eine der Kreditaufnahme entsprechende Baumaßnahme an dem Grundstück nicht durchgeführt wurde, ist das Recht nicht zu berücksichtigen. Die Sätze 1 bis 5 gelten für sonstige Grundpfandrechte, die auf staatliche Veranlassung vor dem 8. Mai 1945 oder nach Eintritt des Eigentumsverlustes oder durch den staatlichen Verwalter bestellt wurden, entsprechend, es sei denn, das Grundpfandrecht diente der Sicherung einer Verpflichtung des Berechtigten, die keinen diskriminierenden oder sonst benachteiligenden Charakter hat.

(3) Bei anderen als den in Absatz 2 genannten Grundpfandrechten ist zur Übernahme durch den Berechtigten erforderlich, daß (3) Aufbauhypotheken sind vom Berechtigten zu übernehmen, wenn

Anhang I/2   I. Bundesrecht

Fassung des Einigungsvertrages	Fassung v. 18. April 1991	Fassung v. 3. August 1992	Fassung v. 2. Dezember 1994
	eine der Kreditaufnahme entsprechende werterhöhende oder werterhaltende Baumaßnahme durchgeführt wurde. (4) Das Nähere regelt ein Gesetz.	Berechnung des Ablösebetrages von dem Nennbetrag des früheren Rechts auszugehen. Absatz 2 Satz 4 gilt entsprechend. (4) Rechte, die auf die Erbringung wiederkehrender Leistungen aus dem Grundstück gerichtet sind, sind bei der Berechnung des Ablösebetrags mit ihrem kapitalisierten Wert anzusetzen. (5) Bei der Berechnung der für den Ablösebetrag zu berücksichtigenden Einzelbeträge sind Ausgleichsleistungen auf das Recht oder eine dem Recht zugrundeliegende Forderung oder eine Entschädigung, die der frühere Gläubiger des Rechts vom Staat erhalten hat, nicht in Abzug zu bringen. Dies gilt entsprechend, soweit dem Schuldner die durch das Recht gesicherte Forderung von staatlichen Stellen der Deutschen Demokratischen Republik erlassen worden ist. **§ 18a Rückübertragung des Grundstücks.** Das Eigentum an dem Grundstück geht auf den Berechtigten über, wenn die Entscheidung über die Rückübertragung unanfechtbar und der Ablösebetrag bei der Hinterlegungsstelle (§ 1 der Hinterlegungsordnung) unter Verzicht auf die Rücknahme hinterlegt worden ist, in deren Bezirk das entscheidende Amt zur Regelung	Berechnung des Ablösebetrages von dem Nennbetrag des früheren Rechts auszugehen. Absatz 2 Satz 4 gilt entsprechend. (4) Rechte, die auf die Erbringung wiederkehrender Leistungen aus dem Grundstück gerichtet sind, sind bei der Berechnung des Ablösebetrags mit ihrem kapitalisierten Wert anzusetzen. (5) Bei der Berechnung der für den Ablösebetrag zu berücksichtigenden Einzelbeträge sind Ausgleichsleistungen auf das Recht oder eine dem Recht zugrundeliegende Forderung oder eine Entschädigung, die der frühere Gläubiger des Rechts vom Staat erhalten hat, nicht in Abzug zu bringen. Dies gilt entsprechend, soweit dem Schuldner die durch das Recht gesicherte Forderung von staatlichen Stellen der Deutschen Demokratischen Republik erlassen worden ist. **§ 18a Rückübertragung des Grundstücks.** Das Eigentum an dem Grundstück geht auf den Berechtigten über, wenn die Entscheidung über die Rückübertragung unanfechtbar und der Ablösebetrag bei der Hinterlegungsstelle (§ 1 der Hinterlegungsordnung) unter Verzicht auf die Rücknahme hinterlegt worden ist, in deren Bezirk das entscheidende Amt zur Regelung

2. Gesetz zur Regelung offener Vermögensfragen — Anhang I/2

offener Vermögensfragen seinen Sitz hat. Das Eigentum geht auf den Berechtigten auch über, wenn der Bescheid über die Rückübertragung des Eigentums an dem Grundstück lediglich in Ansehung der Feststellung des Ablösebetrags nicht unanfechtbar geworden ist und der Berechtigte für den Ablösebetrag Sicherheit geleistet hat.

§ 18b Herausgabe des Ablösebetrages. (1) Der Gläubiger eines früheren dinglichen Rechts an dem Grundstück oder ein Rechtsnachfolger (Begünstigter) kann von der Hinterlegungsstelle die Herausgabe desjenigen Teils des Ablösebetrags, mit dem sein früheres Recht bei der Ermittlung des unanfechtbar festgestellten Ablösebetrages berücksichtigt worden ist, verlangen, soweit dieser nicht an den Entschädigungsfonds oder den Berechtigten herauszugeben ist. Der Anspruch des Begünstigen geht auf den Entschädigungsfonds über, soweit der Begünstigte für den Verlust seines Rechts Ausgleichszahlungen oder eine Entschädigung vom Staat erhalten hat, oder dem Schuldner die dem Recht zugrundeliegende Forderung von staatlichen Stellen der Deutschen Demokratischen Republik erlassen worden ist. Der Berechtigte kann den auf ein früheres dingliches Recht entfallenden Teil des Ablösebetrags insoweit herausverlangen, als bei der Festsetzung

Anhang I/2 I. Bundesrecht

Fassung des Einigungsvertrages	Fassung v. 18. April 1991	Fassung v. 3. August 1992	Fassung v. 2. Dezember 1994
		des Ablösebetrages nicht berücksichtigte Tilgungsleistungen auf das Recht erbracht wurden oder er einer Inanspruchnahme aus dem Recht hätte entgegenhalten können, dieses sei nicht entstanden, erloschen oder auf ihn zu übertragen gewesen. Der Herausgabeanspruch kann nur innerhalb von vier Jahren seit der Hinterlegung geltend gemacht werden. Ist Gläubiger der Entschädigungsfonds, so erfolgt die Herausgabe auf Grund eines Auszahlungsbescheids des Entschädigungsfonds. (2) Für das Hinterlegungsverfahren gelten die Vorschriften der Hinterlegungsordnung. Der zum Zeitpunkt der Überführung des Grundstücks in Volkseigentum im Grundbuch eingetragene Gläubiger eines dinglichen Rechts oder dessen Rechtsnachfolger gilt als Begünstigter, solange nicht vernünftige Zweifel an seiner Berechtigung bestehen. (3) Eine durch das frühere Recht gesicherte Forderung erlischt insoweit, als der darauf entfallende Teil des Ablösebetrags an den Begünstigten oder den Entschädigungsfonds herauszugeben ist. In den Fällen des § 18 Abs. 2 gilt die Forderung gegenüber dem Berechtigten, dem staatlichen Verwalter sowie deren Rechtsnachfolgern auch	des Ablösebetrages nicht berücksichtigte Tilgungsleistungen auf das Recht erbracht wurden oder er einer Inanspruchnahme aus dem Recht hätte entgegenhalten können, dieses sei nicht entstanden, erloschen oder auf ihn zu übertragen gewesen. Der Herausgabeanspruch kann nur innerhalb von vier Jahren seit der Hinterlegung geltend gemacht werden. Ist Gläubiger der Entschädigungsfonds, so erfolgt die Herausgabe auf Grund eines Auszahlungsbescheids des Entschädigungsfonds. (2) Für das Hinterlegungsverfahren gelten die Vorschriften der Hinterlegungsordnung. Der zum Zeitpunkt der Überführung des Grundstücks in Volkseigentum im Grundbuch eingetragene Gläubiger eines dinglichen Rechts oder dessen Rechtsnachfolger gilt als Begünstigter, solange nicht vernünftige Zweifel an seiner Berechtigung bestehen. (3) Eine durch das frühere Recht gesicherte Forderung erlischt insoweit, als der darauf entfallende Teil des Ablösebetrags an den Begünstigten oder den Entschädigungsfonds herauszugeben ist. In den Fällen des § 18 Abs. 2 gilt die Forderung gegenüber dem Berechtigten, dem staatlichen Verwalter sowie deren Rechtsnachfolgern auch

2. Gesetz zur Regelung offener Vermögensfragen

hinsichtlich des Restbetrags als erloschen. Handelt es sich um eine Forderung aus einem Darlehen, für das keine staatlichen Mittel eingesetzt worden sind, so ist der Gläubiger vorbehaltlich einer abweichenden Regelung angemessen zu entschädigen.

(4) Der nach Ablauf von fünf Jahren von der Hinterlegung an nicht ausgezahlte Teil des Ablösebetrags ist, soweit nicht ein Rechtsstreit über den Betrag oder Teile hiervon anhängig ist, an den Entschädigungsfonds herauszugeben.

(5) Soweit der Begünstigte vom Staat bereits befriedigt worden ist, geht die zugrundeliegende Forderung auf den Entschädigungsfonds über.

§ 19 *(weggefallen)*

§ 19 Sonstige Ansprüche Dritter an Grundstücken. (1) Mieter und Nutzer von Wohn-, Erholungs- und Geschäftsgrundstücken können Ansprüche aus von ihnen im Zusammenhang mit dem Grundstück getätigten Aufwendungen, deren Leistung nach den in der Deutschen Demokratischen Republik geltenden gesetzlichen Bestimmungen dem Eigentümer obliegt oder für die eine Forderung auf Aufwendungs- bzw. Kostenerstattung, Wertersatz oder angemessene Entschädigung besteht, unabhängig von der Fälligkeit der Forderung anmelden.

Anhang I/2   I. Bundesrecht

Fassung des Einigungsvertrages	Fassung v. 18. April 1991	Fassung v. 3. August 1992	Fassung v. 2. Dezember 1994
(2) Die Anmeldung erfolgt im Rahmen des im Abschnitt VI geregelten Verfahrens.	(2) Die Anmeldung erfolgt im Rahmen des im Abschnitt VI geregelten Verfahrens.		
(3) Erkennt der Berechtigte die Ansprüche an, soll darüber eine Vereinbarung abgeschlossen werden. Im Streitfall steht der Zivilrechtsweg offen.	(3) Erkennt der Berechtigte die Ansprüche an, soll darüber eine Vereinbarung abgeschlossen werden. Im Streitfall steht der Zivilrechtsweg offen.		
(4) Die Aufhebung der staatlichen Verwaltung oder die Rückübertragung wird davon nicht berührt.	(4) Die Aufhebung der staatlichen Verwaltung oder die Rückübertragung wird davon nicht berührt.		
§ 20 Vorkaufsrecht. (1) Mietern und Nutzern von Ein- und Zweifamilienhäusern sowie von Grundstücken für Erholungszwecke, die staatlich verwaltet sind oder auf die ein Anspruch auf Rückübertragung besteht, wird auf Antrag ein Vorkaufsrecht am Grundstück eingeräumt.	**§ 20 Vorkaufsrecht.** (1) Mietern und Nutzern von Ein- und Zweifamilienhäusern sowie von Grundstücken für Erholungszwecke, die staatlich verwaltet sind oder auf die ein Anspruch auf Rückübertragung besteht, wird auf Antrag ein Vorkaufsrecht am Grundstück eingeräumt.	**§ 20 Vorkaufsrecht.** (1) Mietern und Nutzern von Ein- und Zweifamilienhäusern sowie von Grundstücken für Erholungszwecke, die staatlich verwaltet sind oder auf die ein Anspruch auf Rückübertragung besteht, wird auf Antrag ein Vorkaufsrecht am Grundstück eingeräumt.	**§ 20 Vorkaufsrecht von Mietern und Nutzern.** (1) Mietern und Nutzern von Ein- und Zweifamilienhäusern sowie von Grundstücken für Erholungszwecke, die der staatlichen Verwaltung im Sinne des § 1 Abs. 4 unterlagen oder auf die ein Anspruch auf Rückübertragung besteht, wird auf Antrag ein Vorkaufsrecht am Grundstück eingeräumt, wenn das Miet- oder Nutzungsverhältnis am 29. September 1990 bestanden hat und im Zeitpunkt der Entscheidung über den Antrag fortbesteht. Ein Anspruch nach Satz 1 besteht nicht, wenn das Grundstück oder Gebäude durch den Mieter oder Nutzer nicht vertragsgemäß genutzt wird.
(2) Bei Grundstücken, an denen Dritte Eigentums- oder dingliche Nutzungsrechte erworben haben,	(2) Bei Grundstücken, an denen Dritte Eigentums- oder dingliche Nutzungsrechte erworben haben,	(2) Bei Grundstücken, an denen Dritte Eigentums- oder dingliche Nutzungsrechte erworben haben,	(2) In bezug auf einzelne Miteigentumsanteile an Grundstücken oder Gebäuden, die staatlich verwaltet waren

2. Gesetz zur Regelung offener Vermögensfragen

oder zurückzuübertragen sind, besteht ein Anspruch nach Absatz 1 auf Einräumung eines Vorkaufsrechts nur dann, wenn auch die übrigen Miteigentumsanteile der staatlichen Verwaltung im Sinne des § 1 Abs. 4 unterlagen oder zurückzuübertragen sind. Es bezieht sich sowohl auf den Verkauf einzelner Miteigentumsanteile als auch auf den Verkauf des Grundstücks. Die Ausübung des Vorkaufsrechts an einem Miteigentumsanteil ist bei dem Verkauf an einen Miteigentümer ausgeschlossen.

(3) Erstreckt sich das Miet- oder Nutzungsverhältnis auf eine Teilfläche eines Grundstücks, so besteht der Anspruch nach den Absätzen 1 und 2 nur dann, wenn der Anteil der Teilfläche mehr als 50 vom Hundert der Gesamtfläche beträgt. In diesem Falle kann das Vorkaufsrecht nur am Gesamtgrundstück eingeräumt werden. Zur Ermittlung des nach Satz 1 maßgeblichen Anteils sind mehrere an verschiedene Mieter oder Nutzer überlassene Teilflächen zusammenzurechnen.

(4) Mehreren Anspruchsberechtigten in bezug auf ein Grundstück oder einen Miteigentumsanteil steht das Vorkaufsrecht gemeinschaftlich zu. Jeder Anspruchsberechtigte kann den Antrag auf Einräumung des Vorkaufsrechts allein stellen. Der Antrag wirkt auch für die übrigen Anspruchsberechtigten.

wird den Berechtigten auf Antrag ein Vorkaufsrecht am Grundstück eingeräumt.

wird den Berechtigten auf Antrag ein Vorkaufsrecht am Grundstück eingeräumt.

(3) Anträge auf Eintragung des Vorkaufsrechts sind im Rahmen des Verfahrens nach Abschnitt VI zu stellen.

(3) Anträge auf Eintragung des Vorkaufsrechts sind im Rahmen des Verfahrens nach Abschnitt VI zu stellen.

(3) Anträge auf Eintragung des Vorkaufsrechts sind im Rahmen des Verfahrens nach Abschnitt VI zu stellen. Das Antragsrecht wird durch die Aufhebung der staatlichen Verwaltung nach § 11a nicht berührt.

Anhang I/2

I. Bundesrecht

Fassung des Einigungsvertrages	Fassung v. 18. April 1991	Fassung v. 3. August 1992	Fassung v. 2. Dezember 1994
			(5) Anträge auf Einräumung des Vorkaufsrechts sind im Rahmen des Verfahrens nach Abschnitt VI bei dem Amt zur Regelung offener Vermögensfragen zu stellen, das über den Anspruch auf Rückübertragung entscheidet. In den Fällen des § 11a ist das Amt zur Regelung offener Vermögensfragen zuständig, in dessen Bezirk das Grundstück belegen ist. (6) Das Vorkaufsrecht entsteht, wenn der Bescheid, mit dem dem Antrag nach den Absätzen 1 oder 2 stattgegeben wird, unanfechtbar geworden und die Eintragung im Grundbuch erfolgt ist. Es gilt nur für den Fall des ersten Verkaufs. Ist im Zeitpunkt des Abschlusses des Kaufvertrags eine Entscheidung über einen gestellten Antrag nach den Absätzen 1 oder 2 noch nicht ergangen, erstreckt sich das Vorkaufsrecht auf den nächstfolgenden Verkauf. § 892 des Bürgerlichen Gesetzbuchs bleibt im übrigen unberührt. (7) Das Vorkaufsrecht ist nicht übertragbar und geht nicht auf die Erben des Vorkaufsberechtigten über. Es erlischt mit der Beendigung des Miet- oder Nutzungsverhältnisses. Dies gilt auch für bereits bestehende Vorkaufsrechte. § 569a Abs. 1 und 2 des Bürgerlichen Gesetzbuchs bleibt unberührt.

2. Gesetz zur Regelung offener Vermögensfragen

(8) Im übrigen sind die §§ 504 bis 513, 875, 1098 Abs. 1 Satz 2 und Abs. 2 sowie die §§ 1099 bis 1102, 1103 Abs. 2 und § 1104 des Bürgerlichen Gesetzbuchs entsprechend anzuwenden.

§ 20a Vorkaufsrecht des Berechtigten. Bei Grundstücken, die nicht zurückübertragen werden können, weil Dritte an ihnen Eigentums- oder dingliche Nutzungsrechte erworben haben, wird dem Berechtigten auf Antrag ein Vorkaufsrecht am Grundstück eingeräumt. Dies gilt nicht, wenn das Grundstück nach den Vorschriften des Investitionsvorranggesetzes erworben worden ist. Für die Entscheidung über den Antrag ist das Amt zur Regelung offener Vermögensfragen zuständig, das über den Anspruch auf Rückübertragung des Eigentums zu entscheiden hat. Als Vorkaufsfall gilt nicht der Erwerb des Grundstücks durch den Inhaber eines dinglichen Nutzungsrechts. Im übrigen ist § 20 Abs. 2 und 4, Abs. 5 Satz 1, Abs. 6, Abs. 7 Satz 1 und Abs. 8 sinngemäß anzuwenden.

§ 21 Ersatzgrundstück. (1) Mieter oder Nutzer von Einfamilienhäusern und Grundstücken für Erholungszwecke, die staatlich verwaltet sind oder auf die ein rechtlich begründeter Anspruch auf Rückübertragung gel-

Anhang I/2 I. Bundesrecht

Fassung des Einigungsvertrages	Fassung v. 18. April 1991	Fassung v. 3. August 1992	Fassung v. 2. Dezember 1994
tend gemacht wurde, können beantragen, daß dem Berechtigten ein Ersatzgrundstück zur Verfügung gestellt wird, wenn sie bereit sind, das Grundstück zu kaufen. Der Berechtigte ist nicht verpflichtet, ein Ersatzgrundstück in Anspruch zu nehmen. (2) Anträgen nach § 9 Absatz 2 ist vorrangig zu entsprechen. (3) Dem Antrag nach Absatz 1 Satz 1 ist zu entsprechen, wenn der Berechtigte einverstanden ist, ein in kommunalem Eigentum stehendes Grundstück im gleichen Stadt- und Gemeindegebiet zur Verfügung steht und einer Eigentumsübertragung keine berechtigten Interessen entgegenstehen. Dies gilt insbesondere, wenn die Mieter und Nutzer erhebliche Aufwendungen zur Werterhöhung oder Werterhaltung des Objektes getätigt haben. (4) Werdifferenzen zwischen dem Wert des Ersatzgrundstückes und dem Wert des Grundstücks zum Zeitpunkt der Inverwaltungnahme oder des Entzuges des Eigentumsrechtes sind auszugleichen. (5) Wurde dem Berechtigten eines staatlich verwalteten Grundstückes ein Ersatzgrundstück übertragen, ist der staatliche Verwalter berechtigt, das Grundstück an den Mieter oder Nutzer zu verkaufen.	tend gemacht wurde, können beantragen, daß dem Berechtigten ein Ersatzgrundstück zur Verfügung gestellt wird, wenn sie bereit sind, das Grundstück zu kaufen. Der Berechtigte ist nicht verpflichtet, ein Ersatzgrundstück in Anspruch zu nehmen. (2) Anträgen nach § 9 Abs. 2 ist vorrangig zu entsprechen. (3) Dem Antrag nach Absatz 1 Satz 1 ist zu entsprechen, wenn der Berechtigte einverstanden ist, ein in kommunalem Eigentum stehendes Grundstück im gleichen Stadt- und Gemeindegebiet zur Verfügung steht und einer Eigentumsübertragung keine berechtigten Interessen entgegenstehen. Dies gilt insbesondere, wenn die Mieter und Nutzer erhebliche Aufwendungen zur Werterhöhung oder Werterhaltung des Objektes getätigt haben. (4) Werdifferenzen zwischen dem Wert des Ersatzgrundstückes und dem Wert des Grundstücks zum Zeitpunkt der Inverwaltungnahme oder des Entzuges des Eigentumsrechtes sind auszugleichen. (5) Wurde dem Berechtigten eines staatlich verwalteten Grundstückes ein Ersatzgrundstück übertragen, ist der staatliche Verwalter berechtigt, das Grundstück an den Mieter oder Nutzer zu verkaufen.	tend gemacht wurde, können beantragen, daß dem Berechtigten ein Ersatzgrundstück zur Verfügung gestellt wird, wenn sie bereit sind, das Grundstück zu kaufen. Der Berechtigte ist nicht verpflichtet, ein Ersatzgrundstück in Anspruch zu nehmen. (2) Anträgen nach § 9 Absatz 2 ist vorrangig zu entsprechen. (3) Dem Antrag nach Absatz 1 Satz 1 ist zu entsprechen, wenn der Berechtigte einverstanden ist, ein in kommunalem Eigentum stehendes Grundstück im gleichen Stadt- und Gemeindegebiet zur Verfügung steht und einer Eigentumsübertragung keine berechtigten Interessen entgegenstehen. Dies gilt insbesondere, wenn die Mieter und Nutzer erhebliche Aufwendungen zur Werterhöhung oder Werterhaltung des Objektes getätigt haben. (4) Werdifferenzen zwischen dem Wert des Ersatzgrundstückes und dem Wert des Grundstücks zum Zeitpunkt der Inverwaltungnahme oder des Entzuges des Eigentumsrechtes sind auszugleichen. (5) Wurde dem Berechtigten eines staatlich verwalteten Grundstückes ein Ersatzgrundstück übertragen, ist der staatliche Verwalter berechtigt, das Grundstück an den Mieter oder Nutzer zu verkaufen.	tend gemacht wurde, können beantragen, daß dem Berechtigten ein Ersatzgrundstück zur Verfügung gestellt wird, wenn sie bereit sind, das Grundstück zu kaufen. Der Berechtigte ist nicht verpflichtet, ein Ersatzgrundstück in Anspruch zu nehmen. (2) Anträgen nach § 9 ist vorrangig zu entsprechen. (3) Dem Antrag nach Absatz 1 Satz 1 ist zu entsprechen, wenn der Berechtigte einverstanden ist, ein in kommunalem Eigentum stehendes Grundstück im gleichen Stadt- und Gemeindegebiet zur Verfügung steht und einer Eigentumsübertragung keine berechtigten Interessen entgegenstehen. Dies gilt insbesondere, wenn die Mieter und Nutzer erhebliche Aufwendungen zur Werterhöhung oder Werterhaltung des Objektes getätigt haben. (4) Werdifferenzen zwischen dem Wert des Ersatzgrundstücks und dem Wert des Grundstücks zum Zeitpunkt der Inverwaltungnahme oder des Entzugs des Eigentumsrechts sind auszugleichen. (5) Wurde dem Berechtigten eines staatlich verwalteten Grundstücks ein Ersatzgrundstück übertragen, ist der staatliche Verwalter berechtigt, das Grundstück an den Mieter oder Nutzer zu verkaufen.

2. Gesetz zur Regelung offener Vermögensfragen

Abschnitt V. Organisation

§ 22 Durchführung der Regelung offener Vermögensfragen. (1) Die Vorschriften dieses Gesetzes sowie die Aufgaben in bezug auf den zu bildenden Entschädigungsfonds werden von den Ländern Mecklenburg-Vorpommern, Brandenburg, Sachsen, Sachsen-Anhalt, Thüringen und Berlin durchgeführt.

Abschnitt V. Organisation

§ 22 Durchführung der Regelung offener Vermögensfragen. Die Vorschriften dieses Gesetzes sowie die Aufgaben in bezug auf den zu bildenden Entschädigungsfonds werden von den Ländern Mecklenburg-Vorpommern, Brandenburg, Sachsen, Sachsen-Anhalt, Thüringen und Berlin durchgeführt. Bei Entscheidungen über die Gewährung eines Ersatzgrundstückes, über einen Wertausgleich oder über eine Entschädigung geschieht dies im Auftrag des Bundes.

Abschnitt V. Organisation

§ 22 Durchführung der Regelung offener Vermögensfragen. Die Vorschriften dieses Gesetzes sowie die Aufgaben in bezug auf den zu bildenden Entschädigungsfonds werden vorbehaltlich des § 29 Abs. 2 von den Ländern Mecklenburg-Vorpommern, Brandenburg, Sachsen, Sachsen-Anhalt, Thüringen und Berlin durchgeführt. Bei Entscheidungen über

1. die Entschädigung,
2. die Gewährung eines Ersatzgrundstücks,
3. einen Schadensersatzanspruch nach § 13,

sowie über Ansprüche nach den §§ 7 und 7a geschieht dies im Auftrag des Bundes. Die Abwicklung von Vermögensangelegenheiten, die dem früheren Amt für den Rechtsschutz des Vermögens der Deutschen Demokratischen Republik übertragen waren, obliegt dem Bundesamt zur Regelung offener Vermögensfragen. Dazu gehören insbesondere ausländische Vermögenswerte außer Unternehmen und Betrieben, Gewinnkonten von 1972 verstaatlichten Unternehmen, an die Stelle von staatlich verwalteten Vermögenswerten getretene Einzelschuldbuchforderungen sowie in diesem Zusammenhang erbrachte Entschädigungsleistungen. Das Bundesamt entscheidet insoweit auch über einen etwaigen Widerspruch innerhalb des Verwaltungsverfahrens abschließend.

Abschnitt V. Organisation

§ 22 Durchführung der Regelung offener Vermögensfragen. Die Vorschriften dieses Gesetzes sowie die Aufgaben in bezug auf den zu bildenden Entschädigungsfonds werden vorbehaltlich des § 29 Abs. 2 von den Ländern Mecklenburg-Vorpommern, Brandenburg, Sachsen, Sachsen-Anhalt, Thüringen und Berlin durchgeführt. Bei Entscheidungen über

1. die Entschädigung,
2. die Gewährung eines Ersatzgrundstücks,
3. einen Schadensersatzanspruch nach § 13,
4. Wertausgleichs- und Erstattungsansprüche nach § 7, § 7a und § 14a,
5. zu übernehmende Grundpfandrechte nach § 16 Abs. 5 bis 9, Ablöseverträge nach § 18 und Sicherheitsleistungen nach § 18a sowie
6. die dem Entschädigungsfonds zustehenden Anteile bei der Erlösauskehr nach § 16 Abs. 1 des Investitionsvorranggesetzes

geschieht dies im Auftrag des Bundes. Für das Verfahren der Abführung von Verkaufserlösen nach § 11 Abs. 4 gilt Satz 2 entsprechend. Die Abwicklung von Vermögensangelegenheiten, die dem früheren Amt für den Rechtsschutz des Vermögens der Deutschen Demokratischen Republik übertragen waren, obliegt dem Bundesamt zur Regelung offener Vermögensfragen.

Anhang I/2 I. Bundesrecht

Fassung des Einigungsvertrages	Fassung v. 18. April 1991	Fassung v. 3. August 1992	Fassung v. 2. Dezember 1994
(2) Die Errichtung des Entschädigungsfonds wird durch Gesetz geregelt.			Dazu gehören insbesondere ausländische Vermögenswerte außer Unternehmen und Betrieben, Gewinnkonten von 1972 verstaatlichten Unternehmen, an die Stelle von staatlich verwalteten Vermögenswerten getretene Einzelschuldbuchforderungen sowie in diesem Zusammenhang erbrachte Entschädigungsleistungen. Das Bundesamt entscheidet insoweit auch über einen etwaigen Widerspruch innerhalb des Verwaltungsverfahrens abschließend.
§ 23 **Landesbehörden.** Die Länder errichten Ämter und Landesämter zur Regelung offener Vermögensfragen.	§ 23 **Landesbehörden.** Die Länder errichten Ämter und Landesämter zur Regelung offener Vermögensfragen.	§ 23 **Landesbehörden.** Die Länder errichten Ämter und Landesämter zur Regelung offener Vermögensfragen.	§ 23 **Landesbehörden.** Die Länder errichten Ämter und Landesämter zur Regelung offener Vermögensfragen.
§ 24 **Untere Landesbehörden.** Für jeden Landkreis, jede kreisfreie Stadt und für Berlin wird ein Amt zur Regelung offener Vermögensfragen als untere Landesbehörde eingerichtet. Im Bedarfsfall kann ein solches Amt für mehrere Kreise als untere Landesbehörde gebildet werden.	§ 24 **Untere Landesbehörden.** Für jeden Landkreis, jede kreisfreie Stadt und für Berlin wird ein Amt zur Regelung offener Vermögensfragen als untere Landesbehörde eingerichtet. Im Bedarfsfall kann ein solches Amt für mehrere Kreise als untere Landesbehörde gebildet werden.	§ 24 **Untere Landesbehörden.** Für jeden Landkreis, jede kreisfreie Stadt und für Berlin wird ein Amt zur Regelung offener Vermögensfragen als untere Landesbehörde eingerichtet. Im Bedarfsfall kann ein solches Amt für mehrere Kreise als untere Landesbehörde gebildet werden.	§ 24 **Untere Landesbehörden.** Für jeden Landkreis, jede kreisfreie Stadt und für Berlin wird ein Amt zur Regelung offener Vermögensfragen als untere Landesbehörde eingerichtet. Im Bedarfsfall kann ein solches Amt für mehrere Kreise als untere Landesbehörde gebildet werden.
§ 25 **Obere Landesbehörden.** Für jedes Land wird ein Landesamt zur Regelung offener Vermögensfragen gebildet.	§ 25 **Obere Landesbehörden.** Für jedes Land wird ein Landesamt zur Regelung offener Vermögensfragen gebildet. Für Maßnahmen nach § 3	§ 25 **Obere Landesbehörden.** (1) Für jedes Land wird ein Landesamt zur Regelung offener Vermögensfragen gebildet. Für Entscheidungen über An-	§ 25 **Obere Landesbehörden.** (1) Für jedes Land wird ein Landesamt zur Regelung offener Vermögensfragen gebildet. Für Entscheidungen über An-

2. Gesetz zur Regelung offener Vermögensfragen — Anhang I/2

Abs. 6 und 7, für die Rückgabe von Unternehmen nach § 6 und deren Entflechtung sowie für die vorläufige Einweisung nach § 6 a ist das Landesamt ausschließlich zuständig.

träge nach den §§ 6, 6a, 6b und über Grund und Höhe der Entschädigung nach § 6 Abs. 7 ist das Landesamt zuständig. Das Landesamt kann Verfahren, die bei einem ihm nachgeordneten Amt zur Regelung offener Vermögensfragen anhängig sind, an sich ziehen. Es teilt dies dem Amt mit, das mit Zugang der Mitteilung für das Verfahren nicht mehr zuständig ist und vorhandene Vorgänge an das Landesamt abgibt. Nach Satz 2 zuständige Landesämter können bei Sachzusammenhang vereinbaren, daß die Verfahren bei einem Landesamt zusammengefaßt und von diesem entschieden werden.

(2) Die Landesregierungen werden ermächtigt, die Zuständigkeit nach Absatz 1 durch Rechtsverordnung auf das jeweils örtlich zuständige Amt zur Regelung offener Vermögensfragen für die Fälle zu übertragen, in denen das zurückzugebende Unternehmen im Zeitpunkt der Schädigung nach Art und Umfang einen in kaufmännischer Weise eingerichteten Geschäftsbetrieb nicht erforderte oder den Betrieb eines handwerklichen Unternehmens oder den der Land- und Forstwirtschaft zum Gegenstand hatte.

§ 26 Widerspruchsausschüsse. (1) Bei jedem Landesamt zur Regelung offener Vermögensfragen wird ein

Anhang I/2   I. Bundesrecht

Fassung des Einigungsvertrages	Fassung v. 18. April 1991	Fassung v. 3. August 1992	Fassung v. 2. Dezember 1994
Widerspruchsausschuß gebildet; bei Bedarf können mehrere Widerspruchsausschüsse gebildet werden. Der Ausschuß besteht aus einem Vorsitzenden und zwei Beisitzern. (2) Der Widerspruchsausschuß entscheidet weisungsunabhängig mit Stimmenmehrheit über den Widerspruch. **§ 27 Amts- und Rechtshilfe.** Alle Behörden und Gerichte haben den in diesem Abschnitt genannten Behörden unentgeltlich Amts- und Rechtshilfe zu leisten.	Widerspruchsausschuß gebildet; bei Bedarf können mehrere Widerspruchsausschüsse gebildet werden. Der Ausschuß besteht aus einem Vorsitzenden und zwei Beisitzern. (2) Der Widerspruchsausschuß entscheidet weisungsunabhängig mit Stimmenmehrheit über den Widerspruch. **§ 27 Amts- und Rechtshilfe.** Alle Behörden und Gerichte haben den in diesem Abschnitt genannten Behörden unentgeltlich Amts- und Rechtshilfe zu leisten.	Widerspruchsausschuß gebildet; bei Bedarf können mehrere Widerspruchsausschüsse gebildet werden. Der Ausschuß besteht aus einem Vorsitzenden und zwei Beisitzern. (2) Der Widerspruchsausschuß entscheidet weisungsunabhängig mit Stimmenmehrheit über den Widerspruch. **§ 27 Amts- und Rechtshilfe.** Alle Behörden und Gerichte haben den in diesem Abschnitt genannten Behörden unentgeltlich Amts- und Rechtshilfe zu leisten. Insbesondere sind die Finanzbehörden in dem in Artikel 3 des Einigungsvertrages genannten Gebiet verpflichtet, Auskünfte zu erteilen oder Einsicht in die Akten zu gewähren, soweit es zur Durchführung dieses Gesetzes erforderlich ist.	Widerspruchsausschuß gebildet; bei Bedarf können mehrere Widerspruchsausschüsse gebildet werden. Der Ausschuß besteht aus einem Vorsitzenden und zwei Beisitzern. (2) Der Widerspruchsausschuß entscheidet weisungsunabhängig mit Stimmenmehrheit über den Widerspruch. **§ 27 Amts- und Rechtshilfe.** (1) Alle Behörden und Gerichte haben den in diesem Abschnitt genannten Behörden unentgeltlich Amts- und Rechtshilfe zu leisten. Insbesondere sind die Finanzbehörden in dem in Artikel 3 des Einigungsvertrages genannten Gebiet verpflichtet, Auskünfte zu erteilen oder Einsicht in die Akten zu gewähren, soweit es zur Durchführung dieses Gesetzes erforderlich ist. (2) Liegt dem Amt, Landesamt oder Bundesamt zur Regelung offener Vermögensfragen eine Mitteilung nach § 317 Abs. 2 des Lastenausgleichsgesetzes vor, unterrichtet es die Ausgleichsverwaltung über ein durchgeführtes oder anhängiges Verfahren nach diesem Gesetz. Die Unterrichtung umfaßt die zur Rückforderung des gewährten Lastenausgleichs erforderlichen Angaben, insbesondere die zur Zuordnung des Einzelfalls notwendigen Daten, und die Art der er-

gangenen Entscheidung. Im Einzelfall sind auf Ersuchen der Ausgleichsverwaltung weitere zur Rückforderung von Ausgleichsleistungen erforderliche Angaben insbesondere über die Art und Höhe der Leistungen sowie über den Namen und die Anschrift der jeweiligen Berechtigten zu übermitteln. Liegen Anhaltspunkte dafür vor, daß die geforderten Angaben zur Durchführung des Lastenausgleichsgesetzes nicht erforderlich sind, unterbleibt die Unterrichtung. Die Ausgleichsverwaltung darf die übermittelten Daten nur für diesen Zweck verwenden.

(3) Liegen dem Amt, Landesamt oder Bundesamt zur Regelung offener Vermögensfragen Anhaltspunkte dafür vor, daß für einen Vermögenswert rückerstattungsrechtliche Leistungen gewährt worden sind, unterrichtet es die für die Durchführung des Bundesrückerstattungsgesetzes zuständigen Behörden über ein durchgeführtes oder anhängiges Verfahren nach diesem Gesetz. Absatz 2 Satz 2 bis 5 gilt entsprechend.

§ 28 Übergangsregelungen. (1) Bis zur Errichtung der unteren Landesbehörden werden die Aufgaben dieses Gesetzes von den Landratsämtern oder Stadtverwaltungen der kreisfreien Städte wahrgenommen. Die auf der Grundlage der Anmeldeverordnung eingereichten Anmeldungen sind durch die Ämter zur Regelung offener

Anhang I/2 I. Bundesrecht

Fassung des Einigungsvertrages	Fassung v. 18. April 1991	Fassung v. 3. August 1992	Fassung v. 2. Dezember 1994
Vermögensfragen nach deren Bildung von den Landratsämtern oder Stadtverwaltungen der kreisfreien Städte zur weiteren Bearbeitung zu übernehmen.	Vermögensfragen nach deren Bildung von den Landratsämtern oder Stadtverwaltungen der kreisfreien Städte zur weiteren Bearbeitung zu übernehmen.	Vermögensfragen nach deren Bildung von den Landratsämtern oder Stadtverwaltungen der kreisfreien Städte zur weiteren Bearbeitung zu übernehmen.	Vermögensfragen nach deren Bildung von den Landratsämtern oder Stadtverwaltungen der kreisfreien Städte zur weiteren Bearbeitung zu übernehmen.
(2) Bis zur Länderbildung nehmen die Regierungsbevollmächtigten für die Bezirke die Aufgaben gemäß § 23 wahr. (3) Zur Gewährleistung der einheitlichen Durchführung dieses Gesetzes beauftragt der Ministerrat übergangsweise eine zentrale Stelle.	(2) Die Länder können die Aufgaben der unteren Landesbehörden auch auf Dauer durch die Landratsämter oder die Stadtverwaltungen der kreisfreien Städte wahrnehmen lassen.	(2) Die Länder können die Aufgaben der unteren Landesbehörden auch auf Dauer durch die Landratsämter oder die Stadtverwaltungen der kreisfreien Städte wahrnehmen lassen.	(2) Die Länder können die Aufgaben der unteren Landesbehörden auch auf Dauer durch die Landratsämter oder die Stadtverwaltungen der kreisfreien Städte wahrnehmen lassen.
§ 29 Beirat. Bei der zentralen Stelle gemäß § 28 Absatz 3 ist ein Beirat zu bilden, der aus je einem Vertreter der in § 22 Absatz 1 genannten Länder, vier Vertretern der Interessenverbände und aus vier Sachverständigen besteht.	**§ 29 Bundesamt zur Regelung offener Vermögensfragen.** Zur Unterstützung der Gewährleistung einer einheitlichen Durchführung dieses Gesetzes wird ein Bundesamt zur Regelung offener Vermögensfragen gebildet. Beim Bundesamt ist ein Beirat zu bilden, der aus je einem Vertreter der in § 22 bezeichneten Länder, vier Vertretern der Interessenverbände und aus vier Sachverständigen besteht.	**§ 29 Bundesamt zur Regelung offener Vermögensfragen.** (1) Zur Unterstützung der Gewährleistung einer einheitlichen Durchführung dieses Gesetzes wird ein Bundesamt zur Regelung offener Vermögensfragen gebildet. Beim Bundesamt ist ein Beirat zu bilden, der aus je einem Vertreter der in § 22 bezeichneten Länder, vier Vertretern der Interessenverbände und aus vier Sachverständigen besteht. (2) Das Bundesamt zur Regelung offener Vermögensfragen entscheidet über Anträge auf Rückübertragung von Vermögenswerten, die der treuhänderischen Verwaltung nach § 20b des Parteiengesetzes der Deutschen Demokratischen Republik vom 21. Februar 1990 (GBl. I Nr. 9 S. 66), zuletzt geändert durch Gesetz vom	**§ 29 Bundesamt zur Regelung offener Vermögensfragen.** (1) Zur Unterstützung der Gewährleistung einer einheitlichen Durchführung dieses Gesetzes wird ein Bundesamt zur Regelung offener Vermögensfragen gebildet. Beim Bundesamt ist ein Beirat zu bilden, der aus je einem Vertreter der in § 22 bezeichneten Länder, vier Vertretern der Interessenverbände und aus vier Sachverständigen besteht. (2) Das Bundesamt zur Regelung offener Vermögensfragen entscheidet über Anträge auf Rückübertragung von Vermögenswerten, die der treuhänderischen Verwaltung nach § 20b des Parteiengesetzes der Deutschen Demokratischen Republik vom 21. Februar 1990 (GBl. I Nr. 9 S. 66), zuletzt geändert durch Gesetz vom

2. Gesetz zur Regelung offener Vermögensfragen

22. Juli 1990 (GBl. I Nr. 49 S. 904), der nach Anlage II Kapitel II Sachgebiet A Abschnitt III des Einigungsvertrages vom 31. August 1990 in Verbindung mit Artikel I des Gesetzes vom 23. September 1990 (BGBl. 1990 II S. 885, 1150) mit Maßgaben fortgilt, unterliegen. Das Bundesamt nimmt diese Aufgabe im Einvernehmen mit der unabhängigen Kommission zur Überprüfung des Vermögens der Parteien und Massenorganisationen der Deutschen Demokratischen Republik wahr. Über Widersprüche entscheidet das Bundesamt im Einvernehmen mit der Kommission. Im übrigen bleiben die Aufgaben der Treuhandanstalt und der Kommission nach den §§ 20a und 20b des Parteiengesetzes der Deutschen Demokratischen Republik und den Maßgaben des Einigungsvertrages unberührt.

§ 29a Sondervermögen des Bundes. (1) Aufwendungen für eine Entschädigung, einen Wertausgleich oder ein Ersatzgrundstück nach den §§ 7 oder 9 werden von einem nicht rechtsfähigen Sondervermögen des Bundes erbracht.

(2) Das Bundesamt zur Regelung offener Vermögensfragen verwaltet das Sondervermögen auf Weisung und unter Aufsicht des Bundesministers der Finanzen.

(3) Das Sondervermögen kann unter seinem Namen im rechtsgeschäftli-

---

22. Juli 1990 (GBl. I Nr. 49 S. 904), der nach Anlage II Kapitel II Sachgebiet A Abschnitt III des Einigungsvertrages vom 31. August 1990 in Verbindung mit Artikel I des Gesetzes vom 23. September 1990 (BGBl. 1990 II S. 885, 1150) mit Maßgaben fortgilt, unterliegen. Das Bundesamt nimmt diese Aufgabe im Einvernehmen mit der unabhängigen Kommission zur Überprüfung des Vermögens der Parteien und Massenorganisationen der Deutschen Demokratischen Republik wahr. Über Widersprüche entscheidet das Bundesamt im Einvernehmen mit der Kommission. Im übrigen bleiben die Aufgaben der Treuhandanstalt und der Kommission nach den §§ 20a und 20b des Parteiengesetzes der Deutschen Demokratischen Republik und den Maßgaben des Einigungsvertrages unberührt.

---

§ 29a Entschädigungsfonds. (weggefallen)

§ 29a Entschädigungsfonds. (1) Aufwendungen für die in § 22 Satz 2 bezeichneten Leistungen werden von einem nicht rechtsfähigen Sondervermögen des Bundes (Entschädigungsfonds) erbracht.

(2) Das Bundesamt zur Regelung offener Vermögensfragen verwaltet das Sondervermögen auf Weisung und unter Aufsicht des Bundesministers der Finanzen.

(3) Das Sondervermögen kann unter seinem Namen im rechtsgeschäftli-

Anhang I/2

I. Bundesrecht

Fassung des Einigungsvertrages	Fassung v. 18. April 1991	Fassung v. 3. August 1992	Fassung v. 2. Dezember 1994
	chen Verkehr handeln, klagen und verklagt werden. Der allgemeine Gerichtsstand des Sondervermögens ist Berlin. (4) Der Bund haftet für die Verbindlichkeiten des Sondervermögens.	chen Verkehr handeln, klagen und verklagt werden. Der allgemeine Gerichtsstand des Sondervermögens ist Berlin. (4) Der Bund haftet für die Verbindlichkeiten des Sondervermögens.	
Abschnitt VI. **Verfahrensregelungen**	**Abschnitt VI.** **Verfahrensregelungen**	**Abschnitt VI.** **Verfahrensregelungen**	**Abschnitt VI.** **Verfahrensregelungen**
§ 30 Antrag. Ansprüche nach diesem Gesetz sind bei der zuständigen Behörde mittels Antrag geltend zu machen. Die Anmeldung nach der Anmeldeverordnung gilt als Antrag auf Rückübertragung oder auf Aufhebung der staatlichen Verwaltung.	§ 30 Antrag. Ansprüche nach diesem Gesetz sind bei der zuständigen Behörde mittels Antrag geltend zu machen. Über den Antrag entscheidet die Behörde, wenn und soweit die Rückgabe zwischen dem Verfügungsberechtigten und dem Berechtigten nicht einvernehmlich zustande kommt. Der Antrag auf Rückgabe kann jederzeit zurückgenommen oder für erledigt erklärt werden. Er kann auch auf einzelne Verfahrensstufen beschränkt werden. Die Anmeldung nach der Anmeldeverordnung gilt als Antrag auf Rückübertragung oder auf Aufhebung der staatlichen Verwaltung. (2) In den Fällen des § 6 Abs. 1 Satz 1 und des § 6b können die Parteien beantragen, die Entscheidung oder bestimmte Entscheidungen statt durch die Behörde durch ein Schiedsgericht nach § 38a treffen zu lassen. Die Behörde hat die Parteien auf diese Mög-	§ 30 Antrag. Ansprüche nach diesem Gesetz sind bei der zuständigen Behörde mittels Antrag geltend zu machen. Über den Antrag entscheidet die Behörde, wenn und soweit die Rückgabe zwischen dem Verfügungsberechtigten und dem Berechtigten nicht einvernehmlich zustande kommt. Der Antrag auf Rückgabe kann jederzeit zurückgenommen oder für erledigt erklärt werden. Er kann auch auf einzelne Verfahrensstufen beschränkt werden. Die Anmeldung nach der Anmeldeverordnung gilt als Antrag auf Rückübertragung oder auf Aufhebung der staatlichen Verwaltung. (2) In den Fällen des § 6 Abs. 1 Satz 1 und des § 6b können die Parteien beantragen, die Entscheidung oder bestimmte Entscheidungen statt durch die Behörde durch ein Schiedsgericht nach § 38a treffen zu lassen. Die Behörde hat die Parteien auf diese Mög-	§ 30 Antrag. Ansprüche nach diesem Gesetz sind bei der zuständigen Behörde mittels Antrag geltend zu machen. Über den Antrag entscheidet die Behörde, wenn und soweit die Rückgabe zwischen dem Verfügungsberechtigten und dem Berechtigten nicht einvernehmlich zustande kommt. Der Antrag auf Rückgabe kann jederzeit zurückgenommen oder für erledigt erklärt werden. Er kann auch auf einzelne Verfahrensstufen beschränkt werden. Die Anmeldung nach der Anmeldeverordnung gilt als Antrag auf Rückübertragung oder auf Aufhebung der staatlichen Verwaltung. (2) In den Fällen des § 6 Abs. 1 Satz 1 und des § 6b können die Parteien beantragen, die Entscheidung oder bestimmte Entscheidungen statt durch die Behörde durch ein Schiedsgericht nach § 38a treffen zu lassen. Die Behörde hat die Parteien auf diese Mög-

2. Gesetz zur Regelung offener Vermögensfragen   Anhang I/2

lichkeit hinzuweisen, wenn nach ihren Ermittlungen Interessen Dritter durch die Entscheidung nicht berührt werden. Ein Antrag im Sinne des Satzes 1 kann auch noch gestellt werden, wenn das behördliche Verfahren bereits begonnen hat.

(3) Steht der Anspruch in den Fällen des § 1 Abs. 7 im Zusammenhang mit einer verwaltungsrechtlichen Entscheidung, deren Aufhebung nach anderen Vorschriften erfolgt, so ist der Antrag nach Absatz 1 nur zulässig, wenn der Antragsteller eine Bescheinigung der für die Rehabilitierung zuständigen Stelle über die Antragstellung im Rehabilitierungsverfahren vorlegt.

§ 30a Ausschlußfrist. (1) Rückübertragungsansprüche nach den §§ 3 und 6 sowie Entschädigungsansprüche nach § 6 Abs. 7, §§ 8 und 9 können nach dem 31. Dezember 1992, für bewegliche Sachen nach dem 30. Juni 1993, nicht mehr angemeldet werden. In den Fällen des § 1 Abs. 7 gilt dies nur dann, wenn die Entscheidung, auf der der Vermögensverlust beruht, am 30. Juni 1992 bereits unanfechtbar aufgehoben war. Anderenfalls treten die Wirkungen des Satzes 1 nach Ablauf von sechs Monaten ab Unanfechtbarkeit der Aufhebungsentscheidung ein. Diese Vorschriften finden auf Ansprüche, die an die Stelle eines rechtzeitig

Anhang I/2   I. Bundesrecht

Fassung des Einigungsvertrages	Fassung v. 18. April 1991	Fassung v. 3. August 1992	Fassung v. 2. Dezember 1994
		angemeldeten Anspruchs treten oder getreten sind, keine Anwendung.	angemeldeten Anspruchs treten oder getreten sind, keine Anwendung.

(2) Anträge auf Anpassung der Unternehmensrückgabe nach § 6 Abs. 8 können nur noch bis zum Ablauf von sechs Monaten nach Inkrafttreten des Registerverfahrenbeschleunigungsgesetzes werden.

(3) In den Fällen der Beendigung der staatlichen Verwaltung nach § 11a können Entscheidungen nach § 16 Abs. 3, Abs. 6 Satz 3, § 17 Satz 2, §§ 20 und 21 nach dem in Absatz 2 genannten Zeitpunkt nicht mehr ergehen, wenn sie bis zu diesem Zeitpunkt nicht beantragt worden sind. Erfolgte die Aufhebung der staatlichen Verwaltung durch bestandskräftigen Bescheid des Amts zur Regelung offener Vermögensfragen und ist eine Entscheidung über die Aufhebung eines Rechtsverhältnisses der in § 16 Abs. 3 oder § 17 bezeichneten Art oder über den Umfang eines zu übernehmenden Grundpfandrechts ganz oder teilweise unterblieben, kann sie nach Ablauf der in Satz 1 genannten Frist nicht mehr beantragt werden. Artikel 14 Abs. 6 Satz 1, 2, 4 und 5 des Zweiten Vermögensrechtsänderungsgesetzes gilt entsprechend.

(4) Im Zusammenhang mit Ansprüchen auf Rückübertragung des Eigen- |

726

2. Gesetz zur Regelung offener Vermögensfragen

tums an Grundstücken können Anträge auf Einräumung von Vorkaufsrechten nach den §§ 20 und 20a sowie Anträge auf Zuweisung von Ersatzgrundstücken nach § 21 Abs. 1 nach Bestandskraft der Entscheidung über den Rückübertragungsanspruch nicht mehr gestellt werden. Satz 1 gilt entsprechend, wenn die staatliche Verwaltung durch Bescheid des Amts zur Regelung offener Vermögensfragen bestandskräftig aufgehoben worden ist. Ist in einem bestandskräftigen Bescheid über die Rückübertragung des Eigentums eine Entscheidung über die Aufhebung eines Rechtsverhältnisses der in § 16 Abs. 3 oder § 17 bezeichneten Art oder über den Umfang eines zu übernehmenden Grundpfandrechts ganz oder teilweise unterblieben, gilt Absatz 3 Satz 2 entsprechend.

§ 31 Pflichten der Behörde. (1) Die Behörde ermittelt den Sachverhalt von Amts wegen, der Antragsteller hat hierbei mitzuwirken.

§ 31 Pflichten der Behörde. (1) Die Behörde ermittelt den Sachverhalt von Amts wegen, der Antragsteller hat hierbei mitzuwirken. Soweit die Behörde bei einem auf eine Geldleistung gerichteten Anspruch nach diesem Gesetz die für die Höhe des Anspruchs erheblichen Tatsachen nicht oder nur mit unverhältnismäßigem Aufwand ermitteln kann, hat sie die Höhe des Anspruchs zu schätzen. Dabei sind alle Umstände zu berücksichtigen, die für die Schätzung von Bedeutung sind. Zu schätzen ist insbesondere, wenn

§ 31 Pflichten der Behörde. (1) Die Behörde ermittelt den Sachverhalt von Amts wegen, der Antragsteller hat hierbei mitzuwirken. Soweit die Behörde bei einem auf eine Geldleistung gerichteten Anspruch nach diesem Gesetz die für die Höhe des Anspruchs erheblichen Tatsachen nicht oder nur mit unverhältnismäßigem Aufwand ermitteln kann, hat sie die Höhe des Anspruchs zu schätzen. Dabei sind alle Umstände zu berücksichtigen, die für die Schätzung von Bedeutung sind. Zu schätzen ist insbesondere, wenn

Anhang I/2   I. Bundesrecht

Fassung des Einigungsvertrages	Fassung v. 18. April 1991	Fassung v. 3. August 1992	Fassung v. 2. Dezember 1994
(2) Die Behörde hat die betroffenen Rechtsträger oder staatlichen Verwalter sowie Dritte, deren rechtliche Interessen durch den Ausgang des Verfahrens berührt werden können, über die Antragstellung zu informieren und	(2) Die Behörde hat die betroffenen Rechtsträger oder staatlichen Verwalter sowie Dritte, deren rechtliche Interessen durch den Ausgang des Verfahrens berührt werden können, über die Antragstellung unter Übersendung	der Antragsteller über seine Angaben keine ausreichende Aufklärung zu geben vermag oder weitere Auskünfte verweigert. (1a) Vergleiche sind zulässig. (1b) Ist nicht festzustellen, welcher Vermögenswert Gegenstand des Antrags ist, so fordert die Behörde den Antragsteller auf, innerhalb von vier Wochen ab Zugang der Aufforderung nähere Angaben zu machen. Die Frist kann verlängert werden, wenn dem Antragsteller eine fristgerechte Äußerung aus von ihm nicht zu vertretenden Gründen nicht möglich ist, insbesondere in den Fällen des § 1 Abs. 6. Macht der Antragsteller innerhalb der gesetzten Frist keine näheren Angaben, so wird sein Antrag zurückgewiesen. (1c) Werden Ansprüche nach § 1 Abs. 6 geltend gemacht, so finden für die Todesvermutung eines Verfolgten § 180 und für den Nachweis der Erbberechtigung § 181 des Bundesentschädigungsgesetzes entsprechende Anwendung. (2) Die Behörde hat die betroffenen Rechtsträger oder staatlichen Verwalter sowie Dritte, deren rechtliche Interessen durch den Ausgang des Verfahrens berührt werden können, über die Antragstellung, auf Antrag unter	der Antragsteller über seine Angaben keine ausreichende Aufklärung zu geben vermag oder weitere Auskünfte verweigert. (1a) Vergleiche sind zulässig. (1b) Ist nicht festzustellen, welcher Vermögenswert Gegenstand des Antrags ist, so fordert die Behörde den Antragsteller auf, innerhalb von vier Wochen ab Zugang der Aufforderung nähere Angaben zu machen. Die Frist kann verlängert werden, wenn dem Antragsteller eine fristgerechte Äußerung aus von ihm nicht zu vertretenden Gründen nicht möglich ist, insbesondere in den Fällen des § 1 Abs. 6. Macht der Antragsteller innerhalb der gesetzten Frist keine näheren Angaben, so wird sein Antrag zurückgewiesen. (1c) Werden Ansprüche nach § 1 Abs. 6 geltend gemacht, so finden für die Todesvermutung eines Verfolgten § 180 und für den Nachweis der Erbberechtigung § 181 des Bundesentschädigungsgesetzes entsprechende Anwendung. (2) Die Behörde hat die betroffenen Rechtsträger oder staatlichen Verwalter sowie Dritte, deren rechtliche Interessen durch den Ausgang des Verfahrens berührt werden können, über die Antragstellung, auf Antrag unter

2. Gesetz zur Regelung offener Vermögensfragen — Anhang I/2

einer Abschrift des Antrages und seiner Anlagen zu informieren und zu dem weiteren Verfahren hinzuzuziehen.

(3) Auf Verlangen hat der Antragsteller Anspruch auf Auskunft durch die Behörde über alle Informationen, die zur Durchsetzung seines Anspruches erforderlich sind. Hierzu genügt die Glaubhaftmachung des Anspruches. Die Auskunft ist schriftlich zu erteilen. Wird ein Antrag auf Rückgabe eines Unternehmens gestellt, so hat die Behörde dem Antragsteller, wenn er seine Berechtigung glaubhaft macht, zu gestatten, die Geschäftsräume des Unternehmens zu betreten und alle Unterlagen einzusehen, die für seinen Antrag Bedeutung haben können.

(4) Die Behörde ist berechtigt, vom Rechtsträger, derzeitigen Eigentümer, staatlichen Verwalter sowie weiteren mit der Verwaltung von Vermögenswerten Beauftragten umfassende Auskunft zu fordern.

(5) Die Behörde hat in jedem Stadium des Verfahrens auf eine gütliche Einigung zwischen dem Berechtigten und dem Verfügungsberechtigten hinzuwirken. Übersendung einer Abschrift des Antrags und seiner Anlagen, zu informieren und zu dem weiteren Verfahren hinzuzuziehen. Ist der Vermögenswert im Bereich eines anderen Amtes oder Landesamts zur Regelung offener Vermögensfragen belegen, so hat sie dieses unverzüglich unter genauer Bezeichnung des Antragstellers und des Vermögenswertes über die Antragstellung zu unterrichten.

(3) Auf Verlangen hat der Antragsteller Anspruch auf Auskunft durch die Behörde über alle Informationen, die zur Durchsetzung seines Anspruches erforderlich sind. Hierzu genügt die Glaubhaftmachung des Anspruches. Die Auskunft ist schriftlich zu erteilen. Wird ein Antrag auf Rückgabe eines Unternehmens gestellt, so hat die Behörde dem Antragsteller, wenn er seine Berechtigung glaubhaft macht, zu gestatten, die Geschäftsräume des Unternehmens zu betreten und alle Unterlagen einzusehen, die für seinen Antrag Bedeutung haben können.

(4) Die Behörde ist berechtigt, vom Rechtsträger, derzeitigen Eigentümer, staatlichen Verwalter sowie weiteren mit der Verwaltung von Vermögenswerten Beauftragten umfassende Auskunft zu fordern.

(5) Die Behörde hat in jedem Stadium des Verfahrens auf eine gütliche Einigung zwischen dem Berechtigten und dem Verfügungsberechtigten hinzuwirken.

Anhang I/2 I. Bundesrecht

Fassung des Einigungsvertrages	Fassung v. 18. April 1991	Fassung v. 3. August 1992	Fassung v. 2. Dezember 1994
	zuwirken. Sie setzt das Verfahren aus, soweit ihr mitgeteilt wird, daß eine gütliche Einigung angestrebt wird. Kommt es zu einer Einigung, die den Anspruch des Berechtigten ganz oder teilweise erledigt, so ist die Einigung auf Antrag durch Bescheid nach § 33 Abs. 3 in Verbindung mit einem Übergabeprotokoll nach § 33 Abs. 4, § 6b Abs. 4 festzustellen. Absatz 2 bleibt unberührt. Der Bescheid wird sofort bestandskräftig, wenn nicht der Widerruf innerhalb einer in dem Bescheid zu bestimmenden Frist, die höchstens einen Monat betragen darf, vorbehalten wird.	zuwirken. Sie setzt das Verfahren aus, soweit ihr mitgeteilt wird, daß eine gütliche Einigung angestrebt wird. Kommt es zu einer Einigung, die den Anspruch des Berechtigten ganz oder teilweise erledigt, so erläßt die Behörde auf Antrag einen der Einigung entsprechenden Bescheid: § 33 Abs. 4 findet Anwendung. Die Einigung kann sich auf Gegenstände erstrecken, über die nicht im Verfahren nach diesem Abschnitt zu entscheiden ist. Absatz 2 bleibt unberührt. Der Bescheid wird sofort bestandskräftig, wenn nicht der Widerruf innerhalb einer in dem Bescheid zu bestimmenden Frist, die höchstens einen Monat betragen darf, vorbehalten wird.	zuwirken. Sie setzt das Verfahren aus, soweit ihr mitgeteilt wird, daß eine gütliche Einigung angestrebt wird. Kommt es zu einer Einigung, die den Anspruch des Berechtigten ganz oder teilweise erledigt, so erläßt die Behörde auf Antrag einen der Einigung entsprechenden Bescheid: § 33 Abs. 4 findet Anwendung. Die Einigung kann sich auf Gegenstände erstrecken, über die nicht im Verfahren nach diesem Abschnitt zu entscheiden ist. Absatz 2 bleibt unberührt. Der Bescheid wird sofort bestandskräftig, wenn nicht der Widerruf innerhalb einer in dem Bescheid zu bestimmenden Frist, die höchstens einen Monat betragen darf, vorbehalten wird.
	(6) Haben die Parteien einen Antrag nach § 30 Abs. 2 Satz 1 Halbsatz 1 gestellt, so gibt die Behörde dem Antrag statt, wenn Interessen Dritter im Sinne des Absatzes 2 nicht berührt sind. Die Behörde ist dem Schiedsgericht zur Auskunft über alle Informationen verpflichtet, die das Schiedsgericht für seine Entscheidung benötigt. Sie ist an die Entscheidung des Schiedsgerichts gebunden.	(6) Haben die Parteien einen Antrag nach § 30 Abs. 2 Satz 1 Halbsatz 1 gestellt, so gibt die Behörde dem Antrag statt, wenn Interessen Dritter im Sinne des Absatzes 2 nicht berührt sind. Die Behörde ist dem Schiedsgericht zur Auskunft über alle Informationen verpflichtet, die das Schiedsgericht für seine Entscheidung benötigt. Sie ist an die Entscheidung des Schiedsgerichts gebunden.	(6) Haben die Parteien einen Antrag nach § 30 Abs. 2 Satz 1 Halbsatz 1 gestellt, so gibt die Behörde dem Antrag statt, wenn Interessen Dritter im Sinne des Absatzes 2 nicht berührt sind. Die Behörde ist dem Schiedsgericht zur Auskunft über alle Informationen verpflichtet, die das Schiedsgericht für seine Entscheidung benötigt. Sie ist an die Entscheidung des Schiedsgerichts gebunden.
		(7) Soweit in diesem Gesetz nichts anderes bestimmt ist, sind bis zum Erlaß entsprechender landesrechtlicher Bestimmungen die Vorschriften des Verwaltungsverfahrensgesetzes, des	(7) Soweit in diesem Gesetz nichts anderes bestimmt ist, sind bis zum Erlaß entsprechender landesrechtlicher Bestimmungen die Vorschriften des Verwaltungsverfahrensgesetzes, des

2. Gesetz zur Regelung offener Vermögensfragen

Verwaltungszustellungsgesetzes und des Verwaltungsvollstreckungsgesetzes anzuwenden.

Entscheidung, Wahlrecht

§ 32 [Entscheidung] (1) Die Behörde hat dem Antragsteller die beabsichtigte Entscheidung schriftlich mitzuteilen und ihm Gelegenheit zur Stellungnahme binnen zwei Wochen zu geben. Dabei ist er auf die Möglichkeit der Auskunftserteilung gemäß § 31 Abs. 3 sowie auf das Wahlrecht nach § 6 Abs. 7 oder § 8 hinzuweisen. Dem Verfügungsberechtigten ist eine Abschrift der Mitteilung nach Satz 1 zu übersenden.

(2) (weggefallen)

(3) Hat der Antragsteller Auskunft verlangt, kann die Behörde über den Antrag frühestens einen Monat, nachdem dem Antragsteller die Auskunft zugegangen ist, entscheiden.

(4) Entscheidungen und Mitteilungen nach diesem Abschnitt, die eine Frist in Lauf setzen, sind den in ihren Rechten Betroffenen zuzustellen.

Anhang I/2   I. Bundesrecht

Fassung des Einigungsvertrages	Fassung v. 18. April 1991	Fassung v. 3. August 1992	Fassung v. 20. Dezember 1993
§ 33 (1) Hat der Antragsteller Entschädigung gewählt, beschränkt sich die Entscheidung auf die Feststellung der Berechtigung und die Feststellung der Ausübung des Wahlrechtes; das weitere Verfahren regelt sich nach besonderen Vorschriften. (2) Über Wertausgleichsansprüche gem. § 7 und über Schadensersatzansprüche gemäß § 13 Absätze 2 und 3 und § 14 ist eine gesonderte Entscheidung zu treffen.	§ 33 (1) Hat der Antragsteller Entschädigung gewählt, beschränkt sich die Entscheidung auf die Feststellung der Berechtigung und die Feststellung der Ausübung des Wahlrechtes; das weitere Verfahren regelt sich nach besonderen Vorschriften. (2) Über Wertausgleichsansprüche gemäß § 7 und über Schadensersatzansprüche gemäß § 13 Abs. 2 und 3 und § 14 ist eine gesonderte Entscheidung zu treffen.	(5) Jedem, der ein berechtigtes Interesse glaubhaft darlegt, können Namen und Anschriften der Antragsteller sowie der Vermögenswert mitgeteilt werden, auf den sich die Anmeldung bezieht. Jeder Antragsteller kann der Mitteilung der ihn betreffenden Angaben nach Satz 1 widersprechen, die dann unbeschadet der nach anderen Vorschriften bestehenden Auskunftsrechte unterbleibt. Das Amt zur Regelung offener Vermögensfragen weist jeden Antragsteller mit einer Widerspruchsfrist von zwei Wochen auf diese Möglichkeit hin, sobald erstmals nach Inkrafttreten dieser Vorschrift ein Dritter eine Mitteilung nach Satz 1 beantragt. § 33 [Wahlrecht]. (1) Hat der Antragsteller Entschädigung gewählt, beschränkt sich die Entscheidung auf die Feststellung der Berechtigung und die Feststellung der Ausübung des Wahlrechtes; das weitere Verfahren regelt sich nach besonderen Vorschriften. (2) Über Schadensersatzansprüche gemäß § 13 Abs. 2 und 3 und § 14 ist eine gesonderte Entscheidung zu treffen; sie ist nicht Voraussetzung für die Rückübertragung des Eigentums oder die Aufhebung der staatlichen Verwaltung.	(5) Jedem, der ein berechtigtes Interesse glaubhaft darlegt, können Namen und Anschriften der Antragsteller sowie der Vermögenswert mitgeteilt werden, auf den sich die Anmeldung bezieht. Jeder Antragsteller kann der Mitteilung der ihn betreffenden Angaben nach Satz 1 widersprechen, die dann unbeschadet der nach anderen Vorschriften bestehenden Auskunftsrechte unterbleibt. Das Amt zur Regelung offener Vermögensfragen weist jeden Antragsteller mit einer Widerspruchsfrist von zwei Wochen auf diese Möglichkeit hin, sobald erstmals nach Inkrafttreten dieser Vorschrift ein Dritter eine Mitteilung nach Satz 1 beantragt. § 33 [Wahlrecht]. (1) Ist die Rückübertragung ausgeschlossen oder hat der Antragsteller Entschädigung gewählt, entscheidet die Behörde über Grund und Höhe der Entschädigung. § 4 des NS-Verfolgtenentschädigungsgesetzes bleibt unberührt. (2) Wird der Entschädigungsfonds durch eine Entscheidung mit größerer finanzieller Auswirkung belastet, gibt die Behörde zuvor dem Bundesamt zur Regelung offener Vermögensfragen Gelegenheit zur Stellungnahme. Die beabsichtigte Entscheidung ist dem Bundesamt zur Regelung offener

2. Gesetz zur Regelung offener Vermögensfragen

Spalte 1:

(3) Über die Entscheidung ist den Beteiligten ein schriftlicher Bescheid zu erteilen und zuzustellen. Der Bescheid ist zu begründen und mit einer Rechtsbehelfsbelehrung zu versehen.

(4) Mit der Entscheidung ist den Beteiligten ein Übergabeprotokoll zuzustellen. Dieses hat Angaben zum festgestellten Eigentums- und Vermögensstatus, zu getroffenen Vereinbarungen, zu angemeldeten Rechten im Sinne des § 19 sowie zu sonstigen wesentlichen Regelungen in bezug auf die zu übergebenden Vermögenswerte zu enthalten.

(5) Die Entscheidung wird einen Monat nach Zustellung bestandskräftig, wenn kein Widerspruch eingelegt wird.

Spalte 2:

(3) Über die Entscheidung ist den Beteiligten ein schriftlicher Bescheid zu erteilen und zuzustellen. Der Bescheid ist zu begründen und mit einer Rechtsbehelfsbelehrung zu versehen.

(4) Mit der Entscheidung ist den Beteiligten ein Übergabeprotokoll zuzustellen. Dieses hat Angaben zum festgestellten Eigentums- und Vermögensstatus, zu getroffenen Vereinbarungen, zu angemeldeten Rechten im Sinne des § 19 sowie zu sonstigen wesentlichen Regelungen in bezug auf die zu übergebenden Vermögenswerte zu enthalten. Bei der Rückgabe von Unternehmen muß das Übergabeprotokoll die in § 6b Abs. 4 bezeichneten Angaben enthalten.

(5) Die Entscheidung wird einen Monat nach Zustellung bestandskräftig, wenn kein Widerspruch eingelegt wird.

Spalte 3:

Vermögensfragen über das Landesamt zur Regelung offener Vermögensfragen zuzuleiten. Die Einzelheiten bestimmt das Bundesministerium der Finanzen.

(3) Über Schadensersatzansprüche gemäß § 13 Abs. 2 und 3 und § 14 ist eine gesonderte Entscheidung zu treffen; sie ist nicht Voraussetzung für die Rückübertragung des Eigentums oder die Aufhebung der staatlichen Verwaltung. Entscheidungen über die Höhe der Entschädigung ergehen vorbehaltlich der Kürzungsentscheidung nach § 7 Abs. 3 des Entschädigungsgesetzes.

(4) Über die Entscheidung ist den Beteiligten ein schriftlicher Bescheid zu erteilen und zuzustellen. Der Bescheid ist zu begründen und mit einer Rechtsbehelfsbelehrung zu versehen.

Spalte 4:

(4) Mit der Entscheidung ist den Beteiligten ein Übergabeprotokoll zuzustellen. Dieses hat Angaben zum festgestellten Eigentums- und Vermögensstatus, zu getroffenen Vereinbarungen sowie zu sonstigen wesentlichen Regelungen in bezug auf die zu übergebenden Vermögenswerte zu enthalten.

(5) Mit der Entscheidung ist den Beteiligten ein Übergabeprotokoll zuzustellen. Dieses hat Angaben zum festgestellten Eigentums- und Vermögensstatus, zu getroffenen Vereinbarungen sowie zu sonstigen wesentlichen Regelungen in bezug auf die zu übergebenden Vermögenswerte zu

(5) Die Entscheidung wird einen Monat nach Zustellung bestandskräftig, wenn kein Widerspruch eingelegt wird. Die §§ 58 und 60 der Verwaltungsgerichtsordnung bleiben unberührt. Die Entscheidung kann nach Maßgabe des § 80 Abs. 2 Nr. 4 oder des § 80a Abs. 1 Nr. 1 der Verwal-

Anhang I/2   I. Bundesrecht

Fassung des Einigungsvertrages	Fassung v. 18. April 1991	Fassung v. 3. August 1992	Fassung v. 2. Dezember 1994
§ 34 Eigentumsübergang, Grundbuchberichtigung und Löschung von Vermerken über die staatliche Verwaltung. (1) Mit der Unanfechtbarkeit einer Entscheidung über die Rückübertragung von Eigentumsrechten oder sonstigen dinglichen Rechten gehen die Rechte auf den Berechtigten über.	**§ 34 Eigentumsübergang, Grundbuchberichtigung und Löschung von Vermerken über die staatliche Verwaltung.** (1) Mit der Unanfechtbarkeit einer Entscheidung über die Rückübertragung von Eigentumsrechten oder sonstigen dinglichen Rechten gehen die Rechte auf den Berechtigten über.	**§ 34 Eigentumsübergang, Grundbuchberichtigung und Löschung von Vermerken über die staatliche Verwaltung.** (1) Mit der Unanfechtbarkeit einer Entscheidung über die Rückübertragung von Eigentumsrechten oder sonstigen dinglichen Rechten gehen die Rechte auf den Berechtigten über, soweit nicht in diesem Gesetz etwas anderes bestimmt ist. Satz 1 gilt für die Begründung von dinglichen Rechten entsprechend. Ist die Entscheidung für sofort vollziehbar erklärt worden, so gilt die Eintragung eines Widerspruchs oder einer Vormerkung als bewilligt. Der Widerspruch oder die Vormerkung erlischt, wenn die Entscheidung unanfechtbar geworden ist.	**§ 34 Eigentumsübergang, Grundbuchberichtigung und Löschung von Vermerken über die staatliche Verwaltung.** (1) Mit der Unanfechtbarkeit einer Entscheidung über die Rückübertragung von Eigentumsrechten oder sonstigen dinglichen Rechten gehen die Rechte auf den Berechtigten über, soweit nicht in diesem Gesetz etwas anderes bestimmt ist. Satz 1 gilt für die Begründung von dinglichen Rechten entsprechend. Ist die Entscheidung für sofort vollziehbar erklärt worden, so gilt die Eintragung eines Widerspruchs oder einer Vormerkung als bewilligt. Der Widerspruch oder die Vormerkung erlischt, wenn die Entscheidung unanfechtbar geworden ist.
		tungsgerichtsordnung für sofort vollziehbar erklärt werden.	enthalten. Bei der Rückgabe von Unternehmen muß das Übergabeprotokoll die in § 6b Abs. 4 bezeichneten Angaben enthalten. (6) Die Entscheidung wird einen Monat nach Zustellung bestandskräftig, wenn kein Widerspruch eingelegt wird. Die §§ 58 und 60 der Verwaltungsgerichtsordnung bleiben unberührt. Die Entscheidung kann nach Maßgabe des § 80 Abs. 2 Nr. 4 oder des § 80a Abs. 1 Nr. 1 der Verwaltungsgerichtsordnung für sofort vollziehbar erklärt werden.

2. Gesetz zur Regelung offener Vermögensfragen

Anhang I/2

(2) Bei Rückübertragung von Eigentums- oder sonstigen dinglichen Rechten an Grundstücken und Gebäuden beantragt die Behörde des Grundbuches bei der das Grundbuch führenden Behörde. Gebühren für die Grundbuchberichtigung werden nicht erhoben.

(3) Der Berechtigte ist von der Entrichtung der Grunderwerbssteuer befreit.

(4) Bei der Aufhebung der staatlichen Verwaltung beantragt die Behörde bei der das Grundbuch führenden Behörde die Löschung des Vermerkes über die staatliche Verwaltung.

(5) Absatz 1 bis 4 ist auf die Rückgabe von Unternehmen und deren Entflechtung anzuwenden, soweit keine abweichenden Regelungen vorgesehen

(2) Bei Rückübertragung von Eigentums- oder sonstigen dinglichen Rechten an Grundstücken und Gebäuden beantragt die Behörde des Grundbuches bei der das Grundbuch führenden Behörde die Berichtigung des Grundbuches. Gebühren für die Grundbuchberichtigung und das Grundbuchverfahren in den Fällen des § 7a Abs. 3, der §§ 16 und 18a werden nicht erhoben.

(3) Der Berechtigte ist von der Entrichtung der Grunderwerbsteuer befreit.

(4) Bei der Aufhebung der staatlichen Verwaltung beantragt die Behörde bei der das Grundbuch führenden Behörde die Löschung des Vermerkes über die staatliche Verwaltung.

(5) Absatz 1 bis 4 ist auf die Rückgabe von Unternehmen und deren Entflechtung anzuwenden, soweit keine abweichenden Regelungen vorgesehen

(2) Bei der Rückübertragung von Eigentums- oder sonstigen dinglichen Rechten an Grundstücken und Gebäuden sowie bei der Aufhebung der staatlichen Verwaltung ersucht die Behörde das Grundbuchamt um die erforderlichen Berichtigungen des Grundbuchs. Dies gilt auch für die in § 1287 Satz 2 des Bürgerlichen Gesetzbuchs bezeichnete Sicherungshypothek. Gebühren für die Grundbuchberichtigung und das Grundbuchverfahren in den Fällen des § 7a Abs. 3, der §§ 16 und 18a werden nicht erhoben.

(3) Personen, deren Vermögenswerte von Maßnahmen nach § 1 betroffen sind, sowie ihre Erben sind hinsichtlich der nach diesem Gesetz erfolgenden Grundstückserwerbe von der Grunderwerbsteuer befreit. Dies gilt nicht für Personen, die ihre Berechtigung durch Abtretung, Verpfändung oder Pfändung erlangt haben, und ihre Rechtsnachfolger.

(4) Die Absätze 1 bis 3 sind auf die Rückgabe von Unternehmen und deren Entflechtung anzuwenden, soweit keine abweichenden Regelungen vorgesehen sind. Das Eigentum an einem Unternehmen oder einer Betriebsstätte geht im Wege der Gesamtrechtsnachfolge über.

(5) Absatz 2 gilt entsprechend für im Schiffsregister eingetragene Schiffe und im Schiffsbauregister eingetragene Schiffsbauwerke.

Anhang I/2   I. Bundesrecht

Fassung des Einigungsvertrages	Fassung v. 18. April 1991	Fassung v. 3. August 1992	Fassung v. 2. Dezember 1994
§ 35 Örtliche Zuständigkeit. (1) Für die Entscheidung über Vermögenswerte in staatlicher Verwaltung ist das Amt zur Regelung offener Vermögensfragen zuständig, in dessen Bereich der Antragsteller, im Erbfall der betroffene Erblasser, seinen letzten Wohnsitz hatte. Das gilt auch für Vermögenswerte, die beschlagnahmt und in Volkseigentum übernommen wurden. (2) In den übrigen Fällen ist das Amt zur Regelung offener Vermögensfragen zuständig, in dessen Bereich der Vermögenswert belegen ist. (3) Ist der Antrag an ein örtlich unzuständiges Amt oder an eine andere unzuständige Stelle gerichtet worden, haben diese den Antrag unverzüglich an das zuständige Amt zur Regelung offener Vermögensfragen abzugeben und den Antragsteller zu benachrichtigen.	sind. Das Eigentum an einem Unternehmen oder einer Betriebsstätte geht im Wege der Gesamtrechtsnachfolge über. **§ 35 Örtliche Zuständigkeit.** (1) Für die Entscheidung über Vermögenswerte in staatlicher Verwaltung ist das Amt zur Regelung offener Vermögensfragen zuständig, in dessen Bereich der Antragsteller, im Erbfall der betroffene Erblasser, seinen letzten Wohnsitz hatte. Das gilt auch für Vermögenswerte, die beschlagnahmt und in Volkseigentum übernommen wurden. (2) In den übrigen Fällen ist das Amt zur Regelung offener Vermögensfragen zuständig, in dessen Bereich der Vermögenswert belegen ist. (3) In den Fällen des § 3 Abs. 2 ist das Amt zur Regelung offener Vermögensfragen ausschließlich zuständig, in dessen Bereich der Vermögenswert belegen ist. Das Amt, dessen Zuständigkeit zunächst nach Absatz 1 begründet war, gibt sein Verfahren dorthin ab. (4) Ist der Antrag an ein örtlich unzuständiges Amt oder an eine andere unzuständige Stelle gerichtet worden, haben diese den Antrag unverzüglich an das zuständige Amt zur Regelung offener Vermögensfragen abzugeben und den Antragsteller zu benachrichtigen.	**§ 35 Örtliche Zuständigkeit.** (1) Für die Entscheidung über Vermögenswerte in staatlicher Verwaltung ist das Amt zur Regelung offener Vermögensfragen zuständig, in dessen Bereich der Antragsteller, im Erbfall der betroffene Erblasser, seinen letzten Wohnsitz hatte. Das gilt auch für Vermögenswerte, die beschlagnahmt und in Volkseigentum übernommen wurden. (2) In den übrigen Fällen ist das Amt zur Regelung offener Vermögensfragen zuständig, in dessen Bereich der Vermögenswert belegen ist. (3) In den Fällen des § 3 Abs. 2 ist das Amt zur Regelung offener Vermögensfragen ausschließlich zuständig, in dessen Bereich der Vermögenswert belegen ist. Das Amt, dessen Zuständigkeit zunächst nach Absatz 1 begründet war, gibt sein Verfahren dorthin ab. (4) Ist der Antrag an ein örtlich unzuständiges Amt oder an eine andere unzuständige Stelle gerichtet worden, haben diese den Antrag unverzüglich an das zuständige Amt zur Regelung offener Vermögensfragen abzugeben und den Antragsteller zu benachrichtigen.	**§ 35 Örtliche Zuständigkeit.** (1) Für die Entscheidung über Vermögenswerte in staatlicher Verwaltung ist das Amt zur Regelung offener Vermögensfragen zuständig, in dessen Bereich der Antragsteller, im Erbfall der betroffene Erblasser, seinen letzten Wohnsitz hatte. Das gilt auch für Vermögenswerte, die beschlagnahmt und in Volkseigentum übernommen wurden. (2) In den übrigen Fällen ist das Amt zur Regelung offener Vermögensfragen zuständig, in dessen Bereich der Vermögenswert belegen ist. (3) In den Fällen des § 3 Abs. 2 ist das Amt zur Regelung offener Vermögensfragen ausschließlich zuständig, in dessen Bereich der Vermögenswert belegen ist. Das Amt, dessen Zuständigkeit zunächst nach Absatz 1 begründet war, gibt sein Verfahren dorthin ab. (4) Ist der Antrag an ein örtlich unzuständiges Amt oder an eine andere unzuständige Stelle gerichtet worden, haben diese den Antrag unverzüglich an das zuständige Amt zur Regelung offener Vermögensfragen abzugeben und den Antragsteller zu benachrichtigen.

2. Gesetz zur Regelung offener Vermögensfragen

§ 36 Widerspruchsverfahren. (1) Gegen Entscheidungen des Amtes zur Regelung offener Vermögensfragen kann Widerspruch erhoben werden, der nicht auf einen Verstoß gegen die Bestimmungen über die Zuständigkeit gestützt werden kann. Der Widerspruch ist innerhalb eines Monats nach Zustellung der Entscheidung schriftlich bei dem Amt zu erheben, das die Entscheidung getroffen hat. Der Widerspruch soll begründet werden. Wird dem Widerspruch nicht oder nicht in vollem Umfang abgeholfen, ist er dem zuständigen Widerspruchsausschuß zuzuleiten.

(2) Kann durch die Aufhebung oder Änderung der Entscheidung ein anderer als der Widerspruchsführer beschwert werden, so ist er vor Abhilfe oder Erlaß des Widerspruchsbescheids zu hören.

(3) Der Widerspruchsbescheid ist zu begründen, mit einer Rechtsmittelbelehrung zu versehen und zuzustellen.

(4) Gegen die Entscheidung des Landesamts nach § 25 Abs. 1 Satz 2 findet ein Widerspruchsverfahren nicht statt; für Entscheidungen nach § 25 Abs. 1 Satz 3 gelten die Absätze 1 bis 3 entsprechend.

§ 37 Zulässigkeit des Gerichtsweges. (1) Der Beschwerte kann gegen den Widerspruchsbescheid oder bei

Anhang I/2 I. Bundesrecht

Fassung des Einigungsvertrages	Fassung v. 18. April 1991	Fassung v. 3. August 1992	Fassung v. 2. Dezember 1994
Nachprüfung durch das Gericht stellen.	Ausschluß des Widerspruchsverfahrens nach § 36 Abs. 4 unmittelbar gegen den Bescheid der Behörde Antrag auf Nachprüfung durch das Gericht stellen. (2) Die Berufung gegen ein Urteil und die Beschwerde gegen eine andere Entscheidung des Gerichts sind ausgeschlossen. Das gilt nicht für die Beschwerde gegen die Nichtzulassung der Revision nach § 135 in Verbindung mit § 133 der Verwaltungsgerichtsordnung, die Beschwerde gegen Beschlüsse über den Rechtsweg nach § 17a Abs. 2 und 3 des Gerichtsverfassungsgesetzes und die Beschwerde gegen Beschlüsse über den Antrag auf Anordnung der aufschiebenden Wirkung nach § 80 Abs. 5 der Verwaltungsgerichtsordnung. Auf die Beschwerde gegen die Beschlüsse über den Rechtsweg findet § 17a Abs. 4 Satz 4 bis 6 des Gerichtsverfassungsgesetzes entsprechende Anwendung. **§ 38 Kosten.** (1) Das Verwaltungsverfahren einschließlich des Widerspruchsverfahrens ist kostenfrei. (2) Die Kosten einer Vertretung trägt der Antragsteller. Die Kosten der Vertretung im Widerspruchsverfahren sind dem Widerspruchsführer zu erstatten, soweit die Zuziehung eines	Ausschluß des Widerspruchsverfahrens nach § 36 Abs. 4 unmittelbar gegen den Bescheid der Behörde Antrag auf Nachprüfung durch das Gericht stellen. (2) Die Berufung gegen ein Urteil und die Beschwerde gegen eine andere Entscheidung des Gerichts sind ausgeschlossen. Das gilt nicht für die Beschwerde gegen die Nichtzulassung der Revision nach § 135 in Verbindung mit § 133 der Verwaltungsgerichtsordnung, die Beschwerde gegen Beschlüsse über den Rechtsweg nach § 17a Abs. 2 und 3 des Gerichtsverfassungsgesetzes und die Beschwerde gegen Beschlüsse über den Antrag auf Anordnung der aufschiebenden Wirkung nach § 80 Abs. 5 der Verwaltungsgerichtsordnung. Auf die Beschwerde gegen die Beschlüsse über den Rechtsweg findet § 17a Abs. 4 Satz 4 bis 6 des Gerichtsverfassungsgesetzes entsprechende Anwendung. **§ 38 Kosten.** (1) Das Verwaltungsverfahren einschließlich des Widerspruchsverfahrens ist kostenfrei. (2) Die Kosten einer Vertretung trägt der Antragsteller. Die Kosten der Vertretung im Widerspruchsverfahren sind dem Widerspruchsführer zu erstatten, soweit die Zuziehung eines	Ausschluß des Widerspruchsverfahrens nach § 36 Abs. 4 unmittelbar gegen den Bescheid der Behörde Antrag auf Nachprüfung durch das Gericht stellen. (2) Die Berufung gegen ein Urteil und die Beschwerde gegen eine andere Entscheidung des Gerichts sind ausgeschlossen. Das gilt nicht für die Beschwerde gegen die Nichtzulassung der Revision nach § 135 in Verbindung mit § 133 der Verwaltungsgerichtsordnung, die Beschwerde gegen Beschlüsse über den Rechtsweg nach § 17a Abs. 2 und 3 des Gerichtsverfassungsgesetzes und die Beschwerde über den Antrag auf Anordnung der aufschiebenden Wirkung nach § 80 Abs. 5 der Verwaltungsgerichtsordnung. Auf die Beschwerde gegen die Beschlüsse über den Rechtsweg findet § 17a Abs. 4 Satz 4 bis 6 des Gerichtsverfassungsgesetzes entsprechende Anwendung. **§ 38 Kosten.** (1) Das Verwaltungsverfahren einschließlich des Widerspruchsverfahrens ist kostenfrei. (2) Die Kosten einer Vertretung trägt der Antragsteller. Die Kosten der Vertretung im Widerspruchsverfahren sind dem Widerspruchsführer zu erstatten, soweit die Zuziehung eines

2. Gesetz zur Regelung offener Vermögensfragen   Anhang I/2

Bevollmächtigten zur zweckentsprechenden Rechtsverfolgung notwendig und der Widerspruch begründet war. Über die Tragung der Kosten wird bei der Entscheidung zur Sache mitentschieden.

§ 38a Schiedsgericht; Schiedsverfahren. (1) Die Einsetzung eines Schiedsgerichts für Entscheidungen nach § 6 Abs. 1 oder die vorhergehende Entflechtung nach § 6b erfolgt auf Grund eines Schiedsvertrags zwischen den Parteien (Berechtigter und Verfügungsberechtigter). Das Schiedsgericht besteht aus einem Vorsitzenden und zwei Beisitzern, von denen jede Partei einen ernennt. Der Vorsitzende, der die Befähigung zum Richteramt haben muß, wird von den Beisitzern ernannt.

(2) Auf den Schiedsvertrag und das schiedsgerichtliche Verfahren finden die Vorschriften der §§ 1025 bis 1047 der Zivilprozeßordnung Anwendung. § 31 Abs. 5 gilt entsprechend. Gericht im Sinne des § 1045 der Zivilprozeßordnung ist das nach § 37 zuständige Gericht. Die Niederlegung des Schiedsspruchs oder eines schiedsrichterlichen Vergleichs erfolgt bei der Behörde.

(3) Gegen den Schiedsspruch kann innerhalb von vier Wochen Aufhebungsklage bei dem nach Absatz 2 Satz 3 zuständigen Gericht erhoben

Anhang I/2 I. Bundesrecht

Fassung des Einigungsvertrages	Fassung v. 18. April 1991	Fassung v. 3. August 1992	Fassung v. 2. Dezember 1994
§ 39 **Außerkrafttreten.** Folgende Vorschriften treten außer Kraft: 1. Erste Durchführungsanweisung zur Verordnung zur Sicherung von Vermögenswerten vom 8. September 1952 (VOBl. Teil I S. 459) 2. Verordnung über die in das Gebiet der Deutschen Demokratischen Republik und den demokratischen Sektor von Groß-Berlin zurückkehrenden Personen vom 11. Juni 1953 (GBl. Nr. 78 S. 805) 3. Erste Durchführungsbestimmung zur Verordnung über die in das Gebiet der Deutschen Demokratischen Republik und den demokratischen Sektor von Groß-Berlin	werden. Wird die Aufhebungsklage innerhalb dieser Frist nicht erhoben oder ist sie rechtskräftig abgewiesen worden oder haben die Parteien nach Erlaß des Schiedsspruchs auf die Aufhebungsklage verzichtet oder liegt ein schiedsrichterlicher Vergleich vor, erläßt die Behörde einen Bescheid nach § 33 Abs. 3 Satz 1 in Verbindung mit einem Übergabeprotokoll nach § 33 Abs. 4, in dem der Inhalt des Schiedsspruchs oder des schiedsrichterlichen Vergleichs festgestellt wird; dieser Bescheid ist sofort bestandskräftig und hat die Wirkungen des § 34. § 39 (Außerkrafttreten anderer Vorschriften)	werden. Wird die Aufhebungsklage innerhalb dieser Frist nicht erhoben oder ist sie rechtskräftig abgewiesen worden oder haben die Parteien nach Erlaß des Schiedsspruchs auf die Aufhebungsklage verzichtet oder liegt ein schiedsrichterlicher Vergleich vor, erläßt die Behörde einen Bescheid nach § 33 Abs. 3 Satz 1 in Verbindung mit einem Übergabeprotokoll nach § 33 Abs. 4, in dem der Inhalt des Schiedsspruchs oder des schiedsrichterlichen Vergleichs festgestellt wird; dieser Bescheid ist sofort bestandskräftig und hat die Wirkungen des § 34. § 39 (Außerkrafttreten anderer Vorschriften)	werden. Wird die Aufhebungsklage innerhalb dieser Frist nicht erhoben oder ist sie rechtskräftig abgewiesen worden oder haben die Parteien nach Erlaß des Schiedsspruchs auf die Aufhebungsklage verzichtet oder liegt ein schiedsrichterlicher Vergleich vor, erläßt die Behörde einen Bescheid nach § 33 Abs. 3 Satz 1 in Verbindung mit einem Übergabeprotokoll nach § 33 Abs. 4, in dem der Inhalt des Schiedsspruchs oder des schiedsrichterlichen Vergleichs festgestellt wird; dieser Bescheid ist sofort bestandskräftig und hat die Wirkungen des § 34. § 39 (Außerkrafttreten anderer Vorschriften)

zurückkehrenden Personen vom 11. Juni 1953 (GBl. Nr. 78 S. 806)

4. Zweite Durchführungsbestimmung zur Verordnung über die in das Gebiet der Deutschen Demokratischen Republik und den demokratischen Sektor von Groß-Berlin zurückkehrenden Personen vom 31. August 1953 (GBl. Nr. 95 S. 955)

5. Verordnung über die Verwaltung und den Schutz ausländischen Eigentums in der Deutschen Demokratischen Republik vom 6. September 1951 (GBl. Nr. 111 S. 839)

6. Verordnung über die Verwaltung und den Schutz ausländischen Eigentums in Groß-Berlin vom 18. Dezember 1951 (VOBl. für Groß-Berlin Teil I Nr. 80 S. 565)

7. Anordnung Nr. 2 über die Behandlung des Vermögens von Personen, die die Deutsche Demokratische Republik nach dem 10. Juni 1953 verlassen vom 3. Oktober 1958 (VOBl. für Groß-Berlin Teil I S. 673)

8. Verordnung über die Rechte und Pflichten des Verwalters des Vermögens von Eigentümern, die die Deutsche Demokratische Republik ungesetzlich verlassen haben, gegenüber Gläubigern in der Deutschen Demokratischen Republik vom 11. Dezember 1968 (GBl. II 1969 S. 1)

Anhang I/2   I. Bundesrecht

Fassung des Einigungsvertrages	Fassung v. 18. April 1991	Fassung v. 3. August 1992	Fassung v. 2. Dezember 1994
9. Anordnung zur Regelung von Vermögensfragen vom 11. November 1989 (GBl. I Nr. 22 S. 247) 10. §§ 17 bis 21 des Gesetzes über die Gründung und Tätigkeit privater Unternehmen und über Unternehmensbeteiligungen vom 7. März 1990 (GBl. I Nr. 17 S. 141), zuletzt geändert durch Gesetz über die Änderung oder Aufhebung von Gesetzen der Deutschen Demokratischen Republik vom 28. Juni 1990 (GBl. I Nr. 38 S. 483) 11. sowie zu diesen Rechtsvorschriften erlassene Anweisungen.			§ 40 **Verordnungsermächtigung.** Das Bundesministerium der Justiz wird ermächtigt, im Einvernehmen mit dem Bundesministerium der Finanzen und dem Bundesministerium für Raumordnung, Bauwesen und Städtebau durch Rechtsverordnung mit Zustimmung des Bundesrates weitere Einzelheiten des Verfahrens nach § 16 Abs. 5 bis 9, §§ 18 bis 18b, 20 und 20a und Abschnitt VI, der Sicherheitsleistung oder der Entschädigung zu regeln oder von den Bestimmungen der Hypothekenablöseanordnung vom 14. Juli 1992 (BGBl. I S. 1257) abweichende Regelungen zu treffen.

3. Verordnung über die Anmeldung vermögensrechtlicher Ansprüche

3. Verordnung über die Anmeldung vermögensrechtlicher Ansprüche

Vom 11. Juli 1990

(GBl. I Nr. 44 S. 718)

Zur Anmeldung vermögensrechtlicher Ansprüche und sich daraus ergebender Erfordernisse im Grundstücksverkehr wird folgendes verordnet:

§ 1. Geltungsbereich. (1) Diese Verordnung gilt für die Behandlung von Vermögenswerten, die auf der Grundlage folgender Rechtsvorschriften beschlagnahmt, staatlich oder treuhänderisch verwaltet wurden:

a) Verordnung zur Sicherung von Vermögenswerten vom 17. Juli 1952 (GBl. Nr. 100 S. 615) und vom 4. September 1952 (VOBl. für Groß-Berlin Teil I S. 458),
b) Erste Durchführungsanweisung zur Verordnung zur Sicherung von Vermögenswerten vom 8. September 1952 (VOBl. für Groß-Berlin Teil I S. 459),

3. Verordnung über die Anmeldung vermögensrechtlicher Ansprüche vom 11. Juli 1990 in der Fassung der Verordnung über die Anmeldung vermögensrechtlicher Ansprüche

Vom 21. August 1990

(GBl. I Nr. 56 S. 1260)

Zur Anmeldung vermögensrechtlicher Ansprüche und sich daraus ergebender Erfordernisse im Grundstücksverkehr wird folgendes verordnet:

§ 1. Geltungsbereich. (1) Diese Verordnung gilt für die Behandlung von Vermögenswerten, die auf der Grundlage folgender Rechtsvorschriften beschlagnahmt, staatlich oder treuhänderisch verwaltet wurden:

a) Verordnung zur Sicherung von Vermögenswerten vom 17. Juli 1952 (GBl. Nr. 100 S. 615) und vom 4. September 1952 (VOBl. für Groß-Berlin Teil I S. 458),
b) Erste Durchführungsanweisung zur Verordnung zur Sicherung von Vermögenswerten vom 8. September 1952 (VOBl. für Groß-Berlin Teil I S. 459),

3. Verordnung über die Anmeldung vermögensrechtlicher Ansprüche vom 11. Juli 1990, geänd. durch VO v. 21. August 1990 (GBl. I Nr. 56, S. 1260) in der Fassung der Dritten Verordnung über die Anmeldung vermögensrechtlicher Ansprüche

Vom 5. Oktober 1990

(BGBl. I S. 2150, 2162)

In der Fassung der Bekanntmachung vom 3. August 1992

(BGBl. I S. 1481)

Zur Anmeldung vermögensrechtlicher Ansprüche und sich daraus ergebender Erfordernisse im Grundstücksverkehr wird folgendes verordnet:

§ 1. Geltungsbereich. (1) Diese Verordnung gilt für die Behandlung von Vermögenswerten, die auf der Grundlage folgender Rechtsvorschriften beschlagnahmt, staatlich oder treuhänderisch verwaltet wurden:

a) Verordnung zur Sicherung von Vermögenswerten vom 17. Juli 1952 (GBl. Nr. 100 S. 615) und vom 4. September 1952 (VOBl. für Groß-Berlin Teil I S. 458),
b) Erste Durchführungsanweisung zur Verordnung zur Sicherung von Vermögenswerten vom 8. September 1952 (VOBl. für Groß-Berlin Teil I S. 459),

Anhang I/3   I. Bundesrecht

Fassung v. 11. Juli 1990	Fassung v. 21. August 1990	Fassung v. 5. Oktober 1990	Fassung v. 3. August 1992
c) Anordnung Nr. 2 vom 20. August 1958 über die Behandlung des Vermögens von Personen, die die Deutsche Demokratische Republik nach dem 10. Juni 1953 verlassen (GBl. I Nr. 57 S. 664),	c) Anordnung Nr. 2 vom 20. August 1958 über die Behandlung des Vermögens von Personen, die die Deutsche Demokratische Republik nach dem 10. Juni 1953 verlassen (GBl. I Nr. 57 S. 664),	c) Anordnung Nr. 2 vom 20. August 1958 über die Behandlung des Vermögens von Personen, die die Deutsche Demokratische Republik nach dem 10. Juni 1953 verlassen (GBl. I Nr. 57 S. 664),	c) Anordnung Nr. 2 vom 20. August 1958 über die Behandlung des Vermögens von Personen, die die Deutsche Demokratische Republik nach dem 10. Juni 1953 verlassen (GBl. I Nr. 57 S. 664),
d) Anordnung Nr. 2 vom 3. Oktober 1958 über die Behandlung des Vermögens von Personen, die die Deutsche Demokratische Republik nach dem 10. Juni 1953 verlassen (VOBl. für Groß-Berlin Teil I S. 673),	d) Anordnung Nr. 2 vom 3. Oktober 1958 über die Behandlung des Vermögens von Personen, die die Deutsche Demokratische Republik nach dem 10. Juni 1953 verlassen (VOBl. für Groß-Berlin Teil I S. 673),	d) Anordnung Nr. 2 vom 3. Oktober 1958 über die Behandlung des Vermögens von Personen, die die Deutsche Demokratische Republik nach dem 10. Juni 1953 verlassen (VOBl. für Groß-Berlin Teil I S. 673),	d) Anordnung Nr. 2 vom 3. Oktober 1958 über die Behandlung des Vermögens von Personen, die die Deutsche Demokratische Republik nach dem 10. Juni 1953 verlassen (VOBl. für Groß-Berlin Teil I S. 673),
e) Verordnung vom 11. Dezember 1968 über die Rechte und Pflichten des Verwalters des Vermögens von Eigentümern, die die Deutsche Demokratische Republik ungesetzlich verlassen haben, gegenüber Gläubigern in der Deutschen Demokratischen Republik (GBl. II 1969 Nr. 1 S. 1),	e) Verordnung vom 11. Dezember 1968 über die Rechte und Pflichten des Verwalters des Vermögens von Eigentümern, die die Deutsche Demokratische Republik ungesetzlich verlassen haben, gegenüber Gläubigern in der Deutschen Demokratischen Republik (GBl. II 1969 Nr. 1 S. 1),	e) Verordnung vom 11. Dezember 1968 über die Rechte und Pflichten des Verwalters des Vermögens von Eigentümern, die die Deutsche Demokratische Republik ungesetzlich verlassen haben, gegenüber Gläubigern in der Deutschen Demokratischen Republik (GBl. II 1969 Nr. 1 S. 1),	e) Verordnung vom 11. Dezember 1968 über die Rechte und Pflichten des Verwalters des Vermögens von Eigentümern, die die Deutsche Demokratische Republik ungesetzlich verlassen haben, gegenüber Gläubigern in der Deutschen Demokratischen Republik (GBl. II 1969 Nr. 1 S. 1),
f) Verordnung vom 6. September 1951 über die Verwaltung und den Schutz ausländischen Eigentums in der Deutschen Demokratischen Republik (GBl. Nr. 111 S. 839),	f) Verordnung vom 6. September 1951 über die Verwaltung und den Schutz ausländischen Eigentums in der Deutschen Demokratischen Republik (GBl. Nr. 111 S. 839),	f) Verordnung vom 6. September 1951 über die Verwaltung und den Schutz ausländischen Eigentums in der Deutschen Demokratischen Republik (GBl. Nr. 111 S. 839),	f) Verordnung vom 6. September 1951 über die Verwaltung und den Schutz ausländischen Eigentums in der Deutschen Demokratischen Republik (GBl. Nr. 111 S. 839),
g) Verordnung vom 18. Dezember 1951 über die Verwaltung und den Schutz ausländischen Eigentums in Groß-Berlin (VOBl. für Groß-Berlin Teil I Nr. 80 S. 565)	g) Verordnung vom 18. Dezember 1951 über die Verwaltung und den Schutz ausländischen Eigentums in Groß-Berlin (VOBl. für Groß-Berlin Teil I Nr. 80 S. 565)	g) Verordnung vom 18. Dezember 1951 über die Verwaltung und den Schutz ausländischen Eigentums in Groß-Berlin (VOBl. für Groß-Berlin Teil I Nr. 80 S. 565)	g) Verordnung vom 18. Dezember 1951 über die Verwaltung und den Schutz ausländischen Eigentums in Groß-Berlin (VOBl. für Groß-Berlin Teil I Nr. 80 S. 565)
h) sowie zu diesen Rechtsvorschriften erlassene Anweisungen.	h) Verordnung vom 20. März 1952 über devastierte landwirtschaftliche Betriebe (GBl. Nr. 38 S. 226)	h) Verordnung vom 20. März 1952 über devastierte landwirtschaftliche Betriebe (GBl. Nr. 38 S. 226)	h) Verordnung vom 20. März 1952 über devastierte landwirtschaftliche Betriebe (GBl. Nr. 38 S. 226)

3. Verordnung über die Anmeldung vermögensrechtlicher Ansprüche **Anhang I/3**

i) sowie zu diesen Rechtsvorschriften erlassene Anweisungen.

(2) Diese Verordnung gilt des weiteren für Hausgrundstücke, die aufgrund nicht kostendeckender Mieten und infolgedessen eingetretener Überschuldung durch Enteignung, Eigentumsverzicht, Schenkung oder Erbausschlagung in Volkseigentum übernommen wurden.

i) sowie zu diesen Rechtsvorschriften erlassene Anweisungen.

(2) Diese Verordnung gilt des weiteren für

a) die Behandlung von Vermögenswerten von Bürgern und Vereinigungen, die in der Zeit vom 30. Januar 1933 bis zum 8. Mai 1945 aus rassischen, politischen, religiösen oder weltanschaulichen Gründen verfolgt wurden und deshalb ihr Vermögen infolge von Zwangsverkäufen, Enteignungen oder auf andere Weise verloren haben,

b) die Behandlung von Vermögenswerten, die im Zusammenhang mit rechtsstaatswidrigen Strafverfahren eingezogen wurden, sofern die Berechtigten die Überprüfung des Strafurteils oder anderer Strafverfolgungsmaßnahmen nach dem Rehabilitierungsgesetz vom 6. September 1990 (GBl. I Nr. 60 S. 1459), geändert durch Artikel 3 Nr. 6 der Vereinbarung vom 18. September 1990 in Verbindung mit Artikel 1 des Gesetzes vom 23. September 1990 (BGBl. 1990 II S. 885, 1239) oder nach den Vorschriften über die Kassation (§§ 311 ff. der Strafprozeßordnung der Deutschen Demokratischen Republik vom 12. Januar 1968, die zuletzt durch Artikel 4 Nr. 2 der Vereinbarung vom 18. September 1990 in Verbindung mit Artikel 1 des

Anhang I/3 I. Bundesrecht

Fassung v. 11. Juli 1990	Fassung v. 21. August 1990	Fassung v. 5. Oktober 1990	Fassung v. 3. August 1992
		Gesetzes vom 23. September 1990 (BGBl. 1990 II S. 885, 1239) geändert worden ist) beantragt haben, c) Hausgrundstücke, die aufgrund nicht kostendeckender Mieten und infolge dessen eingetretener Überschuldung durch Enteignung, Eigentumsverzicht, Schenkung oder Erbausschlagung in Volkseigentum übernommen wurden.	Gesetzes vom 23. September 1990 (BGBl. 1990 II S. 885, 1239) geändert worden ist) beantragt haben, c) Hausgrundstücke, die aufgrund nicht kostendeckender Mieten und infolgedessen eingetretener Überschuldung durch Enteignung, Eigentumsverzicht, Schenkung oder Erbausschlagung in Volkseigentum übernommen wurden.
(3) Die Verordnung gilt auch für Vermögenswerte einschließlich Nutzungsrechte, die aufgrund unlauterer Machenschaften, z.B. durch Machtmißbrauch, Korruption, Nötigung oder Täuschung des Erwerbers, staatlicher Stellen oder Dritter erworben wurden.	(3) Die Verordnung gilt auch für Vermögenswerte einschließlich Nutzungsrechte, die aufgrund unlauterer Machenschaften, z.B. durch Machtmißbrauch, Korruption, Nötigung oder Täuschung des Erwerbers, staatlicher Stellen oder Dritter erworben wurden.	(3) Die Verordnung gilt auch für Vermögenswerte einschließlich Nutzungsrechte, die aufgrund unlauterer Machenschaften, z.B. durch Machtmißbrauch, Korruption, Nötigung oder Täuschung des Erwerbers, staatlicher Stellen oder Dritter erworben wurden.	(3) Die Verordnung gilt auch für Vermögenswerte einschließlich Nutzungsrechte, die aufgrund unlauterer Machenschaften, z.B. durch Machtmißbrauch, Korruption, Nötigung oder Täuschung des Erwerbers, staatlicher Stellen oder Dritter erworben wurden.
(4) Vermögenswerte im Sinne dieser Verordnung sind Grundstücke, dingliche Rechte an Grundstücken, bewegliche Sachen sowie Unternehmen und ihre Vermögen, die auf dem Gebiet der Deutschen Demokratischen Republik belegen sind. Vermögenswerte im Sinne dieser Verordnung sind auch Kontoguthaben und sonstige auf Geldzahlungen gerichtete Forderungen, deren Schuldner ihren Sitz bzw. Wohnsitz auf dem Gebiet der Deutschen Demokratischen Republik haben. Ausgenommen sind Anteilsrechte an der Altguthaben-Ablösungs-An-	(4) Vermögenswerte im Sinne dieser Verordnung sind Grundstücke, dingliche Rechte an Grundstücken, bewegliche Sachen sowie Unternehmen und ihre Vermögen, die auf dem Gebiet der Deutschen Demokratischen Republik belegen sind. Vermögenswerte im Sinne dieser Verordnung sind auch Kontoguthaben und sonstige auf Geldzahlungen gerichtete Forderungen, deren Schuldner ihren Sitz bzw. Wohnsitz auf dem Gebiet der Deutschen Demokratischen Republik haben. Ausgenommen sind Anteilsrechte an der Altguthaben-Ablösungs-An-	(4) Vermögenswerte im Sinne dieser Verordnung sind Grundstücke, dingliche Rechte an Grundstücken, bewegliche Sachen sowie Unternehmen und ihre Vermögen, die auf dem Gebiet der Deutschen Demokratischen Republik belegen sind. Vermögenswerte im Sinne dieser Verordnung sind auch Kontoguthaben und sonstige auf Geldzahlungen gerichtete Forderungen, deren Schuldner ihren Sitz bzw. Wohnsitz auf dem Gebiet der Deutschen Demokratischen Republik haben. Ausgenommen sind Anteilsrechte an der Altguthaben-Ablösungs-An-	(4) Vermögenswerte im Sinne dieser Verordnung sind Grundstücke, dingliche Rechte an Grundstücken, bewegliche Sachen sowie Unternehmen und ihre Vermögen, die auf dem Gebiet der Deutschen Demokratischen Republik belegen sind. Vermögenswerte im Sinne dieser Verordnung sind auch Kontoguthaben und sonstige auf Geldzahlungen gerichtete Forderungen, deren Schuldner ihren Sitz bzw. Wohnsitz auf dem Gebiet der Deutschen Demokratischen Republik haben. Ausgenommen sind Anteilsrechte an der Altguthaben-Ablösungs-An-

3. Verordnung über die Anmeldung vermögensrechtlicher Ansprüche — Anhang I/3

leihe der Deutschen Demokratischen Republik.

(5) Diese Verordnung gilt nicht für

a) Enteignungen von Vermögenswerten auf besatzungsrechtlicher oder besatzungshoheitlicher Grundlage,

b) Einziehungen von Vermögen oder von Vermögenswerten aufgrund von Strafverfahren sowie Ordnungsstrafverfahren der Deutschen Demokratischen Republik,

c) Ansprüche auf Vermögenswerte, die seitens der Deutschen Demokratischen Republik durch zwischenstaatliche Vereinbarungen geregelt wurden.

§ 2. Anmeldung von Ansprüchen.
(1) Natürliche und juristische Personen, deren Vermögenswerte von Maßnahmen gemäß § 1 Abs. 1 bis 3 betroffen sind (Berechtigte), können Ansprüche auf diese Vermögenswerte anmelden. Das gilt auch für Erben sowie Rechtsnachfolger juristischer Personen. Als Erbe sowie Rechtsnachfolger gelten auch Nachfolgeorganisationen im Sinne des Rückerstattungsrechts und – soweit Nachfolgeorganisationen keine Ansprüche anmelden – die Conference on Jewish Material Claims against Germany, Inc.

(2) Die Anmeldung ist schriftlich bei dem Landratsamt des Kreises oder im Falle des Stadtkreises bei der Stadtverwaltung einzureichen, wo der Berech-

747

Anhang I/3

Fassung v. 11. Juli 1990	Fassung v. 21. August 1990	Fassung v. 5. Oktober 1990	Fassung v. 3. August 1992
tigte seinen letzten Wohnsitz hatte. Hatte der Berechtigte keinen Wohnsitz in der Deutschen Demokratischen Republik, ist die Anmeldung bei dem Landratsamt des Kreises oder der Stadtverwaltung einzureichen, wo der Vermögenswert belegen ist.	tigte seinen letzten Wohnsitz hatte. Hatte der Berechtigte keinen Wohnsitz in der Deutschen Demokratischen Republik, ist die Anmeldung bei dem Landratsamt des Kreises oder der Stadtverwaltung einzureichen, wo der Vermögenswert belegen ist.	tigte seinen letzten Sitz oder Wohnsitz hatte. Hatte der Berechtigte keinen Sitz oder Wohnsitz in der Deutschen Demokratischen Republik, ist die Anmeldung bei dem Landratsamt des Kreises oder der Stadtverwaltung einzureichen, wo der Vermögenswert belegen ist. Hat der Anspruchsteller seinen Sitz oder Wohnsitz außerhalb der Bundesrepublik Deutschland, kann die Anmeldung auch beim Bundesminister der Justiz, Heinemannstraße 6, 5300 Bonn 2, eingereicht werden. Dies gilt auch in den Fällen des § 1 Abs. 2 Buchstabe a. (3) Anträge nach § 30 des Gesetzes zur Regelung offener Vermögensfragen (Anlage II Kapitel III Sachgebiet B Abschnitt I Nr. 5 des Einigungsvertrages vom 31. August 1990 in Verbindung mit Artikel 1 des Gesetzes vom 23. September 1990 – BGBl. 1990 II S. 885, 1159) gelten als Anmeldungen im Sinne dieser Verordnung.	tigte seinen letzten Sitz oder Wohnsitz hatte. Hatte der Berechtigte keinen Sitz oder Wohnsitz in der Deutschen Demokratischen Republik, ist die Anmeldung bei dem Landratsamt des Kreises oder der Stadtverwaltung einzureichen, wo der Vermögenswert belegen ist. Hat der Anspruchsteller seinen Sitz oder Wohnsitz außerhalb der Bundesrepublik Deutschland, kann die Anmeldung auch beim Bundesminister der Justiz, Heinemannstraße 6, 5300 Bonn 2, eingereicht werden. Dies gilt auch in den Fällen des § 1 Abs. 2 Buchstabe a. (3) Anträge nach § 30 des Gesetzes zur Regelung offener Vermögensfragen (Anlage II Kapitel III Sachgebiet B Abschnitt I Nr. 5 des Einigungsvertrages vom 31. August 1990 in Verbindung mit Artikel 1 des Gesetzes vom 23. September 1990 – BGBl. 1990 II S. 885, 1159) gelten als Anmeldungen im Sinne dieser Verordnung.
§ 3 Anmeldefrist. Die Anmeldung ist ab 15. Juli 1990 bis spätestens 31. Januar 1991 einzureichen.	**§ 3 Anmeldefrist.** Die Anmeldung ist ab 15. Juli 1990 bis spätestens 13. Oktober 1990 einzureichen.	**§ 3 Anmeldefrist.** Die Anmeldung ist ab 15. Juli 1990 bis spätestens 13. Oktober 1990 einzureichen. In den Fällen des § 1 Abs. 2 Buchstabe a und b kann die Anmeldung bis zum 31. März 1991 erfolgen.	**§ 3 Anmeldefrist.** Die Anmeldung ist ab 15. Juli 1990 bis spätestens 13. Oktober 1990 einzureichen. In den Fällen des § 1 Abs. 2 Buchstabe a und b kann die Anmeldung bis zum 31. März 1991 erfolgen.

3. Verordnung über die Anmeldung vermögensrechtlicher Ansprüche **Anhang I/3**

Entgegennahme und Bestätigung der Anmeldung

§ 4 [Inhalt und Bestätigung der Anmeldung]. (1) Mit der Anmeldung sind, soweit bekannt, Angaben zur Art, Umfang und Ort der Belegenheit der Vermögenswerte sowie zum Berechtigten und zu zwischenzeitlich eingetretenen Erbfällen zu machen. Bei rechtsgeschäftlicher Vertretung ist eine schriftliche Vollmacht des Berechtigten beizufügen.

(2) Der Eingang der Anmeldung ist durch das Landratsamt oder die Stadtverwaltung innerhalb von 6 Wochen schriftlich zu bestätigen.

(3) Das Landratsamt oder die Stadtverwaltung kann vom Berechtigten weitere Angaben fordern, wenn die Anmeldung nicht den Anforderungen gemäß Absatz 1 entspricht.

§ 5 [Entscheidung über Ansprüche]. Die Entscheidung über die angemeldeten Ansprüche und deren Abwicklung sowie die Bedingungen für die Wiedereinsetzung in den vorigen Stand bei unverschuldeter Versäumung der Anmeldefrist werden durch Gesetz geregelt.

749

Anhang I/3

I. Bundesrecht

Fassung v. 11. Juli 1990	Fassung v. 21. August 1990	Fassung v. 5. Oktober 1990	Fassung v. 3. August 1992
Regelungen zum Grundstücksverkehr	**Regelungen zum Grundstücksverkehr**	**Regelungen zum Grundstücksverkehr**	**Regelungen zum Grundstücksverkehr**
§ 6 Versagungs- und Aussetzungsgründe. (1) Im Genehmigungsverfahren nach der Verordnung über den Verkehr mit Grundstücken – Grundstücksverkehrsverordnung – vom 15. Dezember 1977 (GBl. I 1978 Nr. 5 S. 73) geändert durch Verordnung vom 14. Dezember 1988 (GBl. I Nr. 28 S. 330) ist die Genehmigung zu versagen, wenn durch die vorgesehene Rechtsänderung oder Rechtsbegründung ein Grundstück in treuhänderischer oder staatlicher Verwaltung betroffen ist und die Zustimmung des Eigentümers nicht vorliegt. (2) Das Genehmigungsverfahren nach der Grundstücksverkehrsverordnung ist solange auszusetzen, bis abschließend geklärt ist, daß durch die vorgesehene oder mit der vorgesehenen Rechtsänderung oder Rechtsbegründung kein Grundstück betroffen ist, an dem frühere Eigentumsrechte ungeklärt sind. Als ungeklärt gelten Fälle, in denen Grundstücke nach dem 6. Oktober 1949 durch Beschlagnahme, aus vorläufiger staatlicher Verwaltung oder staatlicher Treuhandverwaltung in Volkseigentum überführt	**§ 6 Versagungs- und Aussetzungsgründe.** (1) Im Genehmigungsverfahren nach der Verordnung über den Verkehr mit Grundstücken – Grundstücksverkehrsverordnung – vom 15. Dezember 1977 (GBl. I 1978 Nr. 5 S. 73) geändert durch Verordnung vom 14. Dezember 1988 (GBl. I Nr. 28 S. 330) ist die Genehmigung zu versagen, wenn durch die vorgesehene Rechtsänderung oder Rechtsbegründung ein Grundstück in treuhänderischer oder staatlicher Verwaltung betroffen ist und die Zustimmung des Eigentümers nicht vorliegt. (2) Das Genehmigungsverfahren nach der Grundstücksverkehrsverordnung ist solange auszusetzen, bis abschließend geklärt ist, daß durch die vorgesehene oder mit der vorgesehenen Rechtsänderung oder Rechtsbegründung kein Grundstück betroffen ist, an dem frühere Eigentumsrechte ungeklärt sind. Als ungeklärt gelten Fälle, in denen Grundstücke nach dem 6. Oktober 1949 durch Beschlagnahme, aus vorläufiger staatlicher Verwaltung oder staatlicher Treuhandverwaltung in Volkseigentum überführt	**§ 6 Versagungs- und Aussetzungsgründe.** (1) Im Genehmigungsverfahren nach der Verordnung über den Verkehr mit Grundstücken – Grundstücksverkehrsverordnung – vom 15. Dezember 1977 (GBl. I 1978 Nr. 5 S. 73) geändert durch Verordnung vom 14. Dezember 1988 (GBl. I Nr. 28 S. 330) ist die Genehmigung zu versagen, wenn durch die vorgesehene Rechtsänderung oder Rechtsbegründung ein Grundstück in treuhänderischer oder staatlicher Verwaltung betroffen ist und die Zustimmung des Eigentümers nicht vorliegt. (2) Das Genehmigungsverfahren nach der Grundstücksverkehrsverordnung ist solange auszusetzen, bis abschließend geklärt ist, daß durch die vorgesehene oder mit der vorgesehenen Rechtsänderung oder Rechtsbegründung kein Grundstück betroffen ist, an dem frühere Eigentumsrechte ungeklärt sind. Als ungeklärt gelten Fälle, in denen Grundstücke nach dem 6. Oktober 1949 durch Beschlagnahme, aus vorläufiger staatlicher Verwaltung oder staatlicher Treuhandverwaltung in Volkseigentum überführt	§ 6 (weggefallen)

3. Verordnung über die Anmeldung vermögensrechtlicher Ansprüche **Anhang I/3**

oder an Dritte veräußert worden sind sowie Fälle, in denen Ansprüche Berechtigter angemeldet worden sind. Die Genehmigung kann erteilt werden, wenn der Berechtigte sein Einverständnis mit der Rechtsänderung oder Rechtsbegründung in notariell beglaubigter Form oder zu Protokoll der Genehmigungsbehörde erklärt oder wenn ein Anspruch auf Rückübertragung vom Berechtigten bis zum 31. Januar 1991 nicht geltend gemacht worden ist.

§ 7. Wiederaufgreifen des Genehmigungsverfahrens. (1) Das Genehmigungsverfahren nach der Grundstücksverkehrsverordnung ist auf Antrag des früheren Eigentümers oder des durch die vorläufige staatliche bzw. treuhänderische Verwaltung betroffenen Berechtigten wiederaufzugreifen, sofern das Rechtsgeschäft nach dem 18. Oktober 1989 geschlossen worden ist und nach § 6 Absätze 1 und 2 nicht hätte genehmigt werden dürfen. Der Antrag kann nur bis zum 31. Januar 1991 gestellt werden. Die Vertragspartner sind an dem Verfahren zu beteiligen.

oder an Dritte veräußert worden sind sowie Fälle, in denen Ansprüche Berechtigter angemeldet worden sind. Die Genehmigung kann erteilt werden, wenn der Berechtigte sein Einverständnis mit der Rechtsänderung oder Rechtsbegründung in notariell beglaubigter Form oder zu Protokoll der Genehmigungsbehörde erklärt oder wenn ein Anspruch auf Rückübertragung vom Berechtigten bis zum 13. Oktober 1990, in den Fällen des § 1 Abs. 2 Buchstabe a und b bis zum 31. März 1991, nicht geltend gemacht worden ist.

§ 7. Wiederaufgreifen des Genehmigungsverfahrens. (1) Das Genehmigungsverfahren nach der Grundstücksverkehrsverordnung ist auf Antrag des früheren Eigentümers oder des durch die vorläufige staatliche bzw. treuhänderische Verwaltung betroffenen Berechtigten wiederaufzugreifen, sofern das Rechtsgeschäft nach dem 18. Oktober 1989 geschlossen worden ist und nach § 6 Absätze 1 und 2 nicht hätte genehmigt werden dürfen. Der Antrag kann nur bis zum 13. Oktober 1990, in den Fällen des § 1 Abs. 2 Buchstabe a und b bis zum 31. März 1991, gestellt werden. Die Vertragspartner sind an dem Verfahren zu beteiligen.

Anhang I/3 I. Bundesrecht

Fassung v. 11. Juli 1990	Fassung v. 21. August 1990	Fassung v. 5. Oktober 1990	Fassung v. 3. August 1992
(2) Der Antrag auf Wiederaufgreifen des Genehmigungsverfahrens hat aufschiebende Wirkung.	(2) Der Antrag auf Wiederaufgreifen des Genehmigungsverfahrens hat aufschiebende Wirkung.	(2) Hat der Anspruchsteller seinen Sitz oder Wohnsitz außerhalb der Bundesrepublik Deutschland, kann der Antrag auch beim Bundesminister der Justiz, Heinemannstraße 6, 5300 Bonn 2, eingereicht werden. Dies gilt auch für die Anträge in den Fällen des § 1 Abs. 2 Buchstabe a.	(2) Hat der Anspruchsteller seinen Sitz oder Wohnsitz außerhalb der Bundesrepublik Deutschland, kann der Antrag auch beim Bundesminister der Justiz, Heinemannstraße 6, 5300 Bonn 2, eingereicht werden. Dies gilt auch für die Anträge in den Fällen des § 1 Abs. 2 Buchstabe a.
(3) Ist die Eintragung im Grundbuch bereits erfolgt, so hat das zuständige Genehmigungsorgan die Eintragung eines Widerspruchs gegen die Richtigkeit des Grundbuches von Amts wegen zu veranlassen, wenn der Antragsteller sein früheres Eigentumsrecht an dem betroffenen Grundstück glaubhaft macht und das Rechtsgeschäft nach dem 18. Oktober 1989 abgeschlossen wurde. Die Löschung des Widerspruchs ist zu veranlassen, wenn im Falle einer Beschwerde gegen das Wiederaufgreifen des Genehmigungsverfahrens eine abschließende Entscheidung zugunsten des Beschwerdeführers ergangen ist.	(3) Ist die Eintragung im Grundbuch bereits erfolgt, so hat das zuständige Genehmigungsorgan die Eintragung eines Widerspruchs gegen die Richtigkeit des Grundbuches von Amts wegen zu veranlassen, wenn der Antragsteller sein früheres Eigentumsrecht an dem betroffenen Grundstück glaubhaft macht und das Rechtsgeschäft nach dem 18. Oktober 1989 abgeschlossen wurde. Die Löschung des Widerspruchs ist zu veranlassen, wenn im Falle einer Beschwerde gegen das Wiederaufgreifen des Genehmigungsverfahrens eine abschließende Entscheidung zugunsten des Beschwerdeführers ergangen ist.	(3) Der Antrag auf Wiederaufgreifen des Genehmigungsverfahrens hat aufschiebende Wirkung.	(3) Der Antrag auf Wiederaufgreifen des Genehmigungsverfahrens hat aufschiebende Wirkung.
		(4) Ist die Eintragung im Grundbuch bereits erfolgt, so hat das zuständige Genehmigungsorgan die Eintragung eines Widerspruchs gegen die Richtigkeit des Grundbuches von Amts wegen zu veranlassen, wenn der Antragsteller sein früheres Eigentumsrecht an dem betroffenen Grundstück glaubhaft macht und das Rechtsge-	(4) Ist die Eintragung im Grundbuch bereits erfolgt, so hat das zuständige Genehmigungsorgan die Eintragung eines Widerspruchs gegen die Richtigkeit des Grundbuches von Amts wegen zu veranlassen, wenn der Antragsteller sein früheres Eigentumsrecht an dem betroffenen Grundstück glaubhaft macht und das Rechtsge-

3. Verordnung über die Anmeldung vermögensrechtlicher Ansprüche Anhang I/3

§ **8. Beschwerdeverfahren und Zulässigkeit des Gerichtsweges.** (1) Wird die Genehmigung gemäß § 6 Absatz 1 versagt, steht den Vertragspartnern das Recht der Beschwerde zu.

(2) Wird der Antrag auf Wiederaufgreifen des Genehmigungsverfahrens abschlägig entschieden, kann der Antragsteller dagegen Beschwerde einlegen.

(3) Gegen das Wiederaufgreifen des Genehmigungsverfahrens kann vom Erwerber Beschwerde eingelegt werden.

(4) Auf das Recht der Beschwerde und die gerichtliche Nachprüfung finden die Bestimmungen der Grundstücksverkehrsverordnung Anwendung. Die Beschwerde gemäß Absätze 1, 2 oder 3 hat keine aufschiebende Wirkung.

§ **9. Schlußbestimmung.** Diese Verordnung tritt mit Veröffentlichung in Kraft.

schäft nach dem 18. Oktober 1989 abgeschlossen wurde. Die Löschung des Widerspruchs ist zu veranlassen, wenn im Falle einer Beschwerde gegen das Wiederaufgreifen des Genehmigungsverfahrens eine abschließende Entscheidung zugunsten des Beschwerdeführers ergangen ist.

§ **8. Beschwerdeverfahren und Zulässigkeit des Gerichtsweges.** (1) Wird die Genehmigung gemäß § 6 Absatz 1 versagt, steht den Vertragspartnern das Recht der Beschwerde zu.

(2) Wird der Antrag auf Wiederaufgreifen des Genehmigungsverfahrens abschlägig entschieden, kann der Antragsteller dagegen Beschwerde einlegen.

(3) Gegen das Wiederaufgreifen des Genehmigungsverfahrens kann vom Erwerber Beschwerde eingelegt werden.

(4) Auf das Recht der Beschwerde und die gerichtliche Nachprüfung finden die Bestimmungen der Grundstücksverkehrsverordnung Anwendung. Die Beschwerde gemäß Absätze 1, 2 oder 3 hat keine aufschiebende Wirkung.

§ **9. Schlußbestimmung.** (Inkrafttreten)

schäft nach dem 18. Oktober 1989 abgeschlossen wurde. Die Löschung des Widerspruchs ist zu veranlassen, wenn im Falle einer Beschwerde gegen das Wiederaufgreifen des Genehmigungsverfahrens eine abschließende Entscheidung zugunsten des Beschwerdeführers ergangen ist.

§ 8 (weggefallen)

§ **9. Schlußbestimmung.** (Inkrafttreten)

Anhang I/4 — I. Bundesrecht

Fassung des Einigungsvertrages

4. Gesetz über besondere Investitionen in der Deutschen Demokratischen Republik

(BGBl. 1990 II S. 1157)

ErlBReg. BT-Drucks. 11/7817, S. 62f.

§ 1. Besondere Investitionszwecke. (1) Grundstücke und Gebäude, die ehemals in Volkseigentum standen und Gegenstand von Rückübertragungsansprüchen sind oder sein können, können von dem gegenwärtigen Verfügungsberechtigten auch bei Vorliegen eines Antrags nach der Verordnung über die Anmeldung vermögensrechtlicher Ansprüche vom 11. Juli 1990 (GBl. I Nr. 44 S. 718) veräußert werden, wenn besondere Investitionszwecke vorliegen.

(2) Besondere Investitionszwecke liegen vor, wenn ein Vorhaben dringlich und geeignet ist für

a) Die Sicherung oder Schaffung von Arbeitsplätzen, insbesondere durch die Errichtung einer gewerblichen Betriebsstätte oder eines Dienstleistungsunternehmens,

b) die Deckung eines erheblichen Wohnbedarfs der Bevölkerung oder

---

Fassung v. 22. April 1991

4. Gesetz über besondere Investitionen in dem in Artikel 3 des Einigungsvertrages genannten Gebiet

Investitionsgesetz – BInvG in der Fassung der Bekanntmachung vom 22. April 1991 (BGBl. I S. 994, ber. 1928)

(BGBl. III-18)

GesEntw. BT-Drucks. 12/103, 12/204, BR-Drucks. 70/91 (Art. 2 PrHBG); StellBRat, BT-Drucks. 12/204, S. 5ff.; BeschlEmpf BT-Rechtsausschuß, BT-Drucks. 12/255; Bericht BT-Rechtsausschuß, BT-Drucks. 12/449

§ 1. Besondere Investitionszwecke. (1) Grundstücke und Gebäude, die ehemals in Volkseigentum standen und Gegenstand von Rückübertragungsansprüchen sind oder sein können, können von dem gegenwärtigen Verfügungsberechtigten auch bei Vorliegen eines Antrags nach der Verordnung über die Anmeldung vermögensrechtlicher Ansprüche vom 11. Juli 1990 (GBl. I Nr. 44 S. 718) veräußert werden, wenn besondere Investitionszwecke vorliegen.

(2) Besondere Investitionszwecke liegen vor, wenn ein Vorhaben dringlich und geeignet ist für

a) Die Sicherung oder Schaffung von Arbeitsplätzen, insbesondere durch die Errichtung einer gewerblichen Betriebsstätte oder eines Dienstleistungsunternehmens,

b) die Deckung eines erheblichen Wohnbedarfs der Bevölkerung oder

---

Fassung v. 14. Juli 1992

4. Gesetz zur Änderung des Vermögensgesetzes und anderer Vorschriften
Zweites Vermögensrechtsänderungsgesetz – 2. VermRÄndG

Vom 14. Juli 1992

(BGBl. I S. 1257; ber. BGBl. 1993 I S. 1811)

(Auszug)

Art. 3 Aufhebung des Investitionsgesetzes und Folgeregelungen. (1) Das Investitionsgesetz in der Fassung der Bekanntmachung vom 22. April 1991 (BGBl. I S. 994) wird aufgehoben.

[Abs. 1 jetzt §§ 1; 21 Nr. 1, 11 II InVorG]

[Abs. 2 jetzt § 3 I InVorG]

c) die für derartige Vorhaben erforderlichen Infrastrukturmaßnahmen und die Inanspruchnahme dieses Grundstücks oder Gebäudes hierzu erforderlich ist.

(3) Der Vorhabenträger ist zu der Durchführung eines von ihm vorgelegten, die wesentlichen Merkmale des Vorhabens aufzeigenden Plans verpflichtet. Die Bescheinigung nach § 2 Absatz 2 darf nur erteilt werden, wenn er nach seinen persönlichen und wirtschaftlichen Verhältnissen für die Durchführung des Plans hinreichend Gewähr bietet. Sie ist unter der Auflage zu erteilen, daß in den Veräußerungsvertrag eine Bestimmung aufgenommen wird, wonach das Grundstück oder Gebäude nach Ablauf einer festgesetzten Frist im Fall der Nichtdurchführung des Plans an den Veräußerer zurückfällt (Rückfallklausel).

c) die für derartige Vorhaben erforderlichen Infrastrukturmaßnahmen und die Inanspruchnahme dieses Grundstücks oder Gebäudes hierzu erforderlich ist.

(3) Der Vorhabenträger ist zur Durchführung eines von ihm vorgelegten, die wesentlichen Merkmale des Vorhabens aufzeigenden Plans verpflichtet. Die Bescheinigung nach § 2 Abs. 1 darf nur erteilt werden, wenn er nach seinen persönlichen und wirtschaftlichen Verhältnissen für die Durchführung des Plans hinreichend Gewähr bietet. In der Bescheinigung ist eine Frist für die Durchführung des Vorhabens festzusetzen. Sie ist unter der Auflage zu erteilen, daß in den Veräußerungsvertrag eine Bestimmung aufgenommen wird, wonach das Grundstück oder Gebäude zurückzuübertragen ist, wenn die Investitionsbescheinigung gemäß § 1d unanfechtbar widerrufen worden ist.

[Abs. 3 S. 1 jetzt § 13 I 1 InVorG]
[Abs. 3 S. 2 jetzt § 4 I 1 InVorG]
[Abs. 3 S. 3 jetzt § 8 II 1 lit. a InVorG]
[Abs. 3 S. 4 jetzt § 8 II 1 lit. c InVorG]

(4) Anstelle der Veräußerung eines Grundstücks kann der gegenwärtig Verfügungsberechtigte auch ein Erbbaurecht an dem Grundstück bestellen oder Teil- oder Wohnungseigentum (§ 1 Abs. 1 des Wohnungseigentumsgesetzes) begründen und veräußern. Ist ein Erbbaurecht bestellt worden, so kann der Berechtigte anstelle der Rückgabe des Grundstücks die Zahlung des Verkehrswertes verlangen, den das Grundstück im Zeitpunkt der Bestellung des Erbbaurechts hatte. Ist Teil- oder Wohnungseigentum begründet worden, so kann der Berechtigte auf die Rückübertragung der nicht veräußerten Miteigentumsanteile und die Zahlung eines Geldbetrags nach § 3 für veräußertes Teil- und Wohnungseigentum verzichten und stattdessen die Zahlung des Verkehrswertes verlangen, den das Grundstück im Zeitpunkt der Begründung des Teil- oder Wohnungseigentums hatte.

[Abs. 4 S. 1 jetzt § 2 I 1 Nr. 2, 3 InVorG]
[Abs. 4 S. 2, 3 jetzt §§ 11 IV, 16 III InVorG]

Fassung des Einigungsvertrages	Fassung v. 22. April 1991	Fassung v. 14. Juli 1992
	§ 1a Vermietung und Verpachtung ehemals volkseigener Grundstücke und Gebäude. (1) Unter den Voraussetzungen des § 1 ist dem gegenwärtig Verfügungsberechtigten durch eine Investitionsbescheinigung abweichend von § 3 Abs. 3 des Vermögensgesetzes für die Dauer von höchstens zwölf Jahren zu gestatten, das Grundstück oder Gebäude oder Teile hiervon zum ortsüblichen Zins zu vermieten oder zu verpachten. Der gegenwärtig Verfügungsberechtigte kann den aufgrund der Investitionsbescheinigung geschlossenen Miet- oder Pachtvertrag ohne Einhaltung einer Frist kündigen, wenn die Investitionsbescheinigung gemäß § 1d unanfechtbar widerrufen worden ist.	[*Abs. 1 S. 1 jetzt § 2 I 1 Nr. 1 InVorG*] [*Abs. 1 S. 2 jetzt § 15 II 1 InVorG*]
	(2) Die Bestimmungen über die Beendigung von Mietverhältnissen über Wohnraum bleiben unberührt.	[*Abs. 2 jetzt § 15 II 2 InVorG*]
	(3) Ein besonderer Investitionszweck liegt in den Fällen des Absatzes 1 auch vor, wenn	
	a) die Inanspruchnahme erforderlich ist, um die Überlebensfähigkeit eines bestehenden oder die Gründung eines landwirtschaftlichen Betriebs zu sichern,	
	b) an dem Betrieb mindestens ein ehemaliges Mitglied einer landwirtschaftlichen Produktionsgenossenschaft beteiligt ist und seinen landwirtschaftlichen Grundbesitz in den Betrieb einbringt oder eingebracht hat und wenn	
	c) der Inhaber des Betriebs nach seinen persönlichen und wirtschaftlichen Verhältnissen hinreichende Gewähr für die Weiterführung oder Gründung des Betriebs bietet.	
	Dem ehemaligen Mitglied einer landwirtschaftlichen Produktionsgenossenschaft steht jede andere	

4. Gesetz über besondere Investitionen Anhang I/4

Person gleich, die eigenen, auch staatlich verwalteten Grundbesitz in den Betrieb einbringt oder eingebracht hat.

(4) Eine Bescheinigung darf für land- und forstwirtschaftliche Vorhaben in den Fällen der Absätze 1 und 3 nur erteilt werden, wenn das Vorhaben auch den Vorschriften des Landwirtschaftsanpassungsgesetzes vom 29. Juni 1990 (GBl. I Nr. 42 S. 642), das nach Anlage II Kapitel IV Sachgebiet A Abschnitt II Nr. 1 des Einigungsvertrags vom 31. August 1990 in Verbindung mit dem Gesetz vom 23. September 1990 (BGBl. 1990 II S. 885, 1204) fortgilt, und dem jeweils geltenden gemeinsamen Rahmenplan nach § 4 des Gesetzes über die Gemeinschaftsaufgabe „Verbesserung der Agrarstruktur und des Küstenschutzes" in der Fassung der Bekanntmachung vom 21. Juli 1988 (BGBl. I S. 1055) entspricht. Die Bescheinigung darf nicht erteilt werden, wenn der Berechtigte glaubhaft macht, auf das zur Vermietung oder Verpachtung vorgesehene Grundstück oder Gebäude für die Errichtung eines landwirtschaftlichen Betriebs angewiesen zu sein.

(5) Geht das Eigentum an einem gemäß Absatz 1 vermieteten oder verpachteten Grundstück oder Gebäude vor Ablauf der vereinbarten Miet- oder Pachtzeit nach dem Vermögensgesetz auf einen Berechtigten über, gelten §§ 571, 572, § 573 Satz 1, §§ 574 bis 576 und 579 des Bürgerlichen Gesetzbuchs entsprechend. Jedoch hat der gegenwärtig Verfügungsberechtigte die bis zur Rückübertragung des Eigentums gezogenen Erträge aus der Vermietung oder Verpachtung vom Zeitpunkt der Vermietung oder Verpachtung an abzüglich der für die Unterhaltung des Grundstücks oder Gebäudes erforderlichen Kosten an den Berechtigten herauszugeben. Dieser Anspruch wird mit der Rückübertragung des

[Abs. 5 S. 1 jetzt § 11 III InVorG]
[Abs. 5 S. 2–6 jetzt § 16 II InVorG]

Anhang I/4   I. Bundesrecht

Fassung des Einigungsvertrages	Fassung v. 22. April 1991	Fassung v. 14. Juli 1992
	Eigentums fällig. Jede Vertragspartei kann von der anderen für die Zukunft die Anpassung des Miet- oder Pachtzinses an die Entgelte verlangen, die in der betreffenden Gemeinde für vergleichbare Grundstücke und Gebäude üblich sind. Ist eine Anpassung erfolgt, kann eine weitere Anpassung erst nach Ablauf von drei Jahren nach der letzten Anpassung verlangt werden. Ist das Miet- oder Pachtverhältnis auf eine bestimmte Zeit geschlossen, so kann der Mieter oder Pächter im Falle der Anpassung das Vertragsverhältnis ohne Einhaltung einer Frist kündigen. (6) Im übrigen bleiben die Rechte und Pflichten des gegenwärtig Verfügungsberechtigten und des Berechtigten nach dem Vermögensgesetz unberührt. **§ 1 b Bestellung beschränkter dinglicher Rechte.** Dem gegenwärtig Verfügungsberechtigten ist durch eine Investitionsbescheinigung die Bestellung einer darin näher festzulegenden Dienstbarkeit, insbesondere Wege- und Leitungsrechte, zu gestatten, wenn dies zur Nutzung eines Grundstücks oder Gebäudes für ein Vorhaben, bei dem die Voraussetzungen des § 1 Abs. 2 vorliegen, erforderlich ist. Die Bescheinigung gemäß Satz 1 ist zu versagen, wenn die Belastung mit dem dinglichen Recht für den Berechtigten unbillig wäre. **§ 1 c Eigeninvestitionen.** (1) Dem gegenwärtig Verfügungsberechtigten ist die Errichtung von Bauwerken oder der Ausbau einer vorhandenen Betriebsstätte auf einem Grundstück der in § 1 Abs. 1 bezeichneten Art durch eine Investitionsbescheinigung zu gestatten, wenn ein besonderer Investi-	*[§ 1b jetzt § 2 I 1 Nr. 2 InVorG]* *[Abs. 1 jetzt § 2 I 1 Nr. 4, I 2 InVorG]*

4. Gesetz über besondere Investitionen   Anhang I/4

tionszweck (§ 1 Abs. 2) vorliegt; dies gilt entsprechend für den Ausbau einer vorhandenen Betriebsstätte in einem Gebäude der in § 1 Abs. 1 bezeichneten Art. Die Investitionsbescheinigung berechtigt auch zur Vornahme der für die Durchführung des bescheinigten Vorhabens erforderlichen Rechtsgeschäfte. § 1 Abs. 3 Satz 1 und 2 gilt entsprechend. *[Abs. 2 S. 1 jetzt § 8 II 1 lit. a InVorG]*
[Abs. 2 S. 2, 3 jetzt § 11 V InVorG]

(2) In der Bescheinigung ist eine Frist für die Durchführung des Vorhabens festzusetzen. Bis zum Ablauf dieser Frist kann die Rückübertragung nicht begehrt werden. Wird das Vorhaben innerhalb dieser Frist durchgeführt, so entfällt der Anspruch auf Rückübertragung.

§ 1 d Fristverlängerung, Widerruf. (1) Die nach §§ 1 oder 1 c für die Durchführung des Vorhabens zu setzende Frist kann durch die gemäß § 2 Abs. 1 zuständige Behörde auf Antrag des gegenwärtig Verfügungsberechtigten verlängert werden, wenn dieser nachweist, daß ohne Verschulden des Investors innerhalb der festgesetzten Frist das Vorhaben nicht durchgeführt werden kann und die Verlängerung der Frist vor ihrem Ablauf beantragt worden ist. Der Berechtigte ist vor der Verlängerung zu hören. Eine Mitteilung über die Verlängerung ist ihm zuzustellen. *[Abs. 1 S. 1 jetzt § 14 I 1 InVorG]*
[Abs. 1 S. 2, 3 jetzt § 14 I 2 InVorG]

(2) Wird das Vorhaben nach §§ 1 oder 1 c nicht innerhalb der gesetzten Frist durchgeführt oder das Grundstück oder Gebäude nicht oder nicht mehr für den in der Bescheinigung gemäß §§ 1 a oder 1 b genannten Zweck verwendet, so ist die erteilte Bescheinigung auch nach Eintritt der Unanfechtbarkeit von der gemäß § 2 Abs. 1 zuständigen Behörde mit Wirkung für die Vergangenheit oder für die Zukunft zu widerrufen. Die Bescheinigung kann in den Fällen des Satzes 1 nicht widerrufen werden, wenn das *[Abs. 2 jetzt § 15 I InVorG]*

759

Anhang I/4   I. Bundesrecht

Fassung des Einigungsvertrages	Fassung v. 22. April 1991	Fassung v. 14. Juli 1992
	Vorhaben nachhaltig begonnen worden ist und seine Nichtdurchführung oder wesentliche Änderung auf dringende betriebliche Erfordernisse zurückzuführen ist.	
	(3) Auf Antrag des Investors oder des gegenwärtig Verfügungsberechtigten stellt die nach § 2 Abs. 1 zuständige Behörde fest, daß das Vorhaben innerhalb der gesetzten Frist durchgeführt worden ist. Wird diese Feststellung unanfechtbar, kann die Bescheinigung nicht mehr nach Absatz 2 widerrufen werden.	*[Abs. 3 jetzt § 13 II InVorG]*
	(4) Vor dem Erlaß einer Entscheidung nach Absatz 2 bis 3 sind der Berechtigte und ein Investor, Mieter oder Pächter zu hören. Sie ist diesen zuzustellen.	*[Abs. 4 jetzt § 13 II 1 InVorG]*
	(5) Wird eine Investitionsbescheinigung gemäß Absatz 2 unanfechtbar widerrufen, so ist der gegenwärtig Verfügungsberechtigte verpflichtet, von Rechten aus einer in einen Vertrag aufzunehmenden Rückfallklausel oder aus § 1a Abs. 1 Gebrauch zu machen.	*[Abs. 5 jetzt § 15 III InVorG]*
	(6) Im Sinne des § 1 Abs. 3 Satz 3, des § 1c Abs. 2 und der Absätze 2 und 3 gilt ein Vorhaben als durchgeführt, wenn es im wesentlichen fertiggestellt ist.	*[Abs. 6 jetzt § 13 I 3 InVorG]*
	§ 1e Auswahl der Investitionsform. Die Erteilung einer Bescheinigung nach § 1 kann nicht allein mit der Begründung versagt werden, daß anstelle der Veräußerung des Grundstücks eine Maßnahme nach § 1 Abs. 4 möglich wäre. Das gilt entsprechend für die Möglichkeit von Verkauf oder Verpachtung nach § 1a, es sei denn, daß die Vermietung oder Verpachtung für Vorhaben der in Aussicht genommenen Art üblich ist.	*[§ 1e jetzt § 3 III InVorG]*

4. Gesetz über besondere Investitionen

§ 2 Grundstücksverkehr und Investitionsbescheinigung. (1) Die Genehmigung nach der Verordnung über den Verkehr mit Grundstücken – Grundstücksverkehrsverordnung – vom 15. Dezember 1977 (GBl. I 1978 Nr. 5 S. 73), geändert durch die Verordnung vom 14. Dezember 1988 (GBl. I Nr. 28 S. 330), ist zu erteilen, wenn eine Bescheinigung gemäß Absatz 2 vom Antragsteller vorgelegt wird; § 6 Absatz 2 und § 7 der Verordnung über die Anmeldung vermögensrechtlicher Ansprüche vom 11. Juli 1990 (GBl. I Nr. 44 Seite 718) finden keine Anwendung.

(2) Das Landratsamt oder die Stadtverwaltung haben auf Antrag des Veräußerers eines Grundstücks oder Gebäudes nach Anhörung der Gemeinde das Vorliegen eines besonderen Investitionszwecks zu bescheinigen, wenn die Voraussetzungen nach § 1 vorliegen und solange keine auf Rückübertragung gerichtete behördliche oder gerichtliche Entscheidung oder eine Mitteilung über die beabsichtigte Rückübertragung durch die zuständige Behörde ergangen ist. Der Antrag kann nur bis zum 31. Dezember 1992 gestellt werden.

(3) Die für die Führung des Grundbuchs zuständige Stelle darf eine genehmigungsbedürftige Verfügung in das Grundbuch nur eintragen, wenn der Genehmigungsbescheid vorgelegt worden ist. Sie darf nicht mehr eintragen, wenn die Genehmigungsbehörde ihr mitgeteilt hat, daß gegen den Genehmigungsbescheid ein Rechtsbehelf mit aufschiebender Wirkung eingelegt worden ist. Die Genehmigungsbehörde ist verpflichtet, unverzüglich eine solche Mitteilung zu machen, wenn die Voraussetzungen dafür vorliegen. Entsprechendes gilt, wenn die aufschiebende Wirkung des Rechtsbehelfs entfällt.

§ 2 Erteilung der Investitionsbescheinigung. (1) Der Landkreis oder die kreisfreie Stadt hat auf Antrag des gegenwärtig Verfügungsberechtigten eines Grundstücks oder Gebäudes nach Anhörung der Gemeinde die Investitionsbescheinigung nach §§ 1 bis 1c zu erteilen, wenn die dort genannten Voraussetzungen vorliegen und solange keine auf Rückübertragung gerichtete behördliche oder gerichtliche Entscheidung oder eine Mitteilung über die beabsichtigte Rückübertragung durch die zuständige Behörde ergangen ist. Für die Anhörung der Gemeinde ist eine angemessene Frist vorzusehen, die nicht mehr als einen Monat betragen soll. *[Abs. 1 S. 1 jetzt §§ 4 II, 10 S. 2 InVorG]* *[Abs. 1 S. 2 jetzt § 6 I InVorG]*

(2) Anträge auf Erteilung von Investitionsbescheinigungen nach §§ 1 bis 1 c können nur bis zum Ablauf des 31. Dezember 1993 gestellt werden. *[Abs. 2 jetzt § 4 I 2 InVorG]*

(3) Die Investitionsbescheinigung nach § 1 ersetzt die Genehmigung nach § 2 der Grundstücksverkehrsverordnung vom 15. Dezember 1977 (GBl. 1978 I Nr. 5 S. 73), die nach Anlage II Kapitel III Sachgebiet B Abschnitt II Nr. 1 des Einigungsvertrages vom 31. August 1990 in Verbindung mit Artikel 1 des Gesetzes vom 23. September 1990 (BGBl. 1990 II S. 885, 1167) fortgilt. § 2 Abs. 2 der Grundstücksverkehrsverordnung gilt entsprechend. §§ 6 und 7 der Verordnung über die Anmeldung vermögensrechtlicher Ansprüche in der Fassung der Bekanntmachung vom 11. Oktober 1990 (BGBl. I S. 2162) finden keine Anwendung. *[Abs. 3 jetzt § 11 I InVorG]*

Anhang I/4 — I. Bundesrecht

Fassung des Einigungsvertrages	Fassung v. 22. April 1991	Fassung v. 14. Juli 1992
	(4) Bis zum Erlaß entsprechender landesrechtlicher Bestimmungen ist für Zustellungen nach diesem Gesetz das Verwaltungszustellungsgesetz anzuwenden. Zustellungen sind nach Maßgabe des § 4 Verwaltungszustellungsgesetz vorzunehmen.	*[Abs. 4 jetzt § 26 InVorG]*
§ 3 **Entschädigung.** (1) Ein Berechtigter, bei dem eine Rückübertragung von Eigentumsrechten an einem Grundstück oder Gebäude nach diesen Vorschriften ausgeschlossen ist, kann vom Veräußerer die Zahlung eines Geldbetrages in Höhe des Erlöses aus der Veräußerung des Grundstücks oder Gebäudes verlangen. Unterschreitet der Erlös den Verkehrswert, den das Grundstück oder Gebäude im Zeitpunkt der Veräußerung hatte, nicht unwesentlich, so kann der Berechtigte Zahlung des Verkehrswertes verlangen. Soweit ihm nach anderen Vorschriften eine Entschädigung zusteht, kann er diese wahlweise in Anspruch nehmen.	§ 3 **Entschädigung.** (1) Ein Berechtigter, bei dem eine Rückübertragung von Eigentumsrechten an einem Grundstück oder Gebäude nach diesen Vorschriften ausgeschlossen ist, kann vom Veräußerer die Zahlung eines Geldbetrages in Höhe des Erlöses aus der Veräußerung des Grundstücks oder Gebäudes verlangen. Unterschreitet der Erlös den Verkehrswert, den das Grundstück oder Gebäude im Zeitpunkt der Veräußerung hatte, nicht unwesentlich, so kann der Berechtigte Zahlung des Verkehrswertes verlangen. Soweit ihm nach anderen Vorschriften eine Entschädigung zusteht, kann er diese wahlweise in Anspruch nehmen. Im Falle der Bestellung einer Dienstbarkeit (§ 1b) gelten die vorstehenden Vorschriften entsprechend, mit der Maßgabe, daß an die Stelle des Erlöses das Entgelt für die Bestellung der Dienstbarkeit und an die Stelle des Verkehrswertes des Grundstücks die Wertminderung tritt, welche bei dem belasteten Grundstück durch die Bestellung der Dienstbarkeit entsteht.	*[Abs. 1 S. 1, 2 jetzt § 16 I InVorG]* *[Abs. 1 S. 3 jetzt § 17 InVorG]* *[Abs. 1 S. 4 jetzt § 16 I InVorG]*
	(1a) Entfällt der Anspruch auf Rückübertragung gemäß § 1c, so steht dem Berechtigten gegen den gegenwärtig Verfügungsberechtigten ein Anspruch auf Ersatz des Verkehrswerts zu, den das in Anspruch genommene Grundstück im Zeitpunkt der Inanspruchnahme für das bescheinigte Investitionsvorhaben hatte. Absatz 1 Satz 3 gilt entsprechend.	*[Abs. 1a jetzt § 16 I InVorG]*

4. Gesetz über besondere Investitionen

Anhang I/4

(2) Ist in dem Veräußerungsvertrag eine nachträgliche Erhöhung des Kaufpreises ausbedungen und wird der Kaufpreis aufgrund dieser Vereinbarung erhöht, so erhöht sich auch der Anspruch des Berechtigten nach Absatz 1 Satz 1 entsprechend; in den Fällen des Absatzes 1 Satz 2 kann der Berechtigte jedoch nicht mehr verlangen als den Betrag des gesamten Erlöses aus der Veräußerung.

(3) In den Fällen des Absatzes 1 Satz 1 und 2 sowie des Absatzes 2 sind die seit dem Übergang in Volkseigentum aus Mitteln des Staatshaushaltes finanzierten Werterhöhungen sowie die eingetretenen Wertminderungen festzustellen und auszugleichen. Für die Feststellung von Wertveränderungen gelten die bewertungsrechtlichen Vorschriften.

(4) Ist ein Erlös oder ein Entgelt nach Absatz 1 gezahlt oder Ersatz nach Absatz 1a geleistet worden, so ist eine spätere Rückübertragung von der Rückerstattung des gezahlten Erlöses oder Entgelts oder des geleisteten Ersatzes abhängig zu machen.

§ 4 Verwaltungsverfahren. (1) Vor Erteilung der Bescheinigung nach § 2 Abs. 1 ist derjenige, der einen Rückübertragungsanspruch geltend macht, anzuhören, wenn dem Landratsamt oder der Stadtverwaltung die Anmeldung und die ladungsfähige Anschrift des Anmelders bekannt sind. Die Anhörung kann unterbleiben, wenn die voraussichtliche Dauer des Verfahrens bis zu ihrer Durchführung den Erfolg des geplanten Vorhabens gefährden würde. Im Bundesanzeiger ist unbeschadet der Pflicht zur Anhörung unter genauer Bezeichnung des Grundstücks oder Gebäudes und des Antragstellers öffentlich bekannt zu machen, daß ein Antrag auf Erteilung einer Investitionsbescheinigung gestellt worden ist. Das Verfahren nach § 2

[Abs. 1 S. 1 jetzt § 5 I InVorG]
[Abs. 1 S. 2 jetzt § 5 IV InVorG]

(2) Ist in dem Veräußerungsvertrag eine nachträgliche Erhöhung des Kaufpreises ausbedungen und wird der Kaufpreis aufgrund dieser Vereinbarung erhöht, so erhöht sich auch der Anspruch des Berechtigten nach Absatz 1 Satz 1 entsprechend; in den Fällen des Absatzes 1 Satz 2 kann der Berechtigte jedoch nicht mehr verlangen als den Betrag des gesamten Erlöses aus der Veräußerung.

(3) In den Fällen des Absatzes 1 Satz 1 und 2 sowie des Absatzes 2 sind die seit dem Übergang in Volkseigentum aus Mitteln des Staatshaushaltes finanzierten Werterhöhungen sowie die eingetretenen Wertminderungen festzustellen und auszugleichen. Für die Feststellung von Wertveränderungen gelten die bewertungsrechtlichen Vorschriften.

§ 4 Verwaltungsverfahren. (1) Vor Erteilung der Bescheinigung nach § 2 Absatz 2 ist derjenige, der einen Rückübertragungsanspruch geltend macht, anzuhören, wenn dem Landratsamt oder der Stadtverwaltung die Anmeldung und die ladungsfähige Anschrift des Anmelders bekannt sind. Die Anhörung kann unterbleiben, wenn die voraussichtliche Dauer des Verfahrens bis zu ihrer Durchführung den Erfolg des geplanten Vorhabens gefährden würde.

Anhang I/4   I. Bundesrecht

Fassung des Einigungsvertrages	Fassung v. 22. April 1991	Fassung v. 14. Juli 1992
(2) Wenn zwingende öffentliche Interessen dies erfordern, kann auch die sofortige Vollziehung der Genehmigung besonders angeordnet werden.	Abs. 1 ist für die Dauer eines Monats seit der Bekanntmachung auszusetzen.	
	(2) Die Investitionsbescheinigung ist den bekannten Anmeldern zuzustellen. Ein Auszug aus der Investitionsbescheinigung, welcher das betroffene Grundstück bezeichnet und angibt, welchen der in §§ 1 bis 1 c genannten Inhalte die Bescheinigung hat, sowie die Rechtsmittelbelehrung enthält, ist im Bundesanzeiger bekannt zu machen. Sie gilt den nicht bekannten Anmeldern oder sonstigen Personen, denen sie nicht zuzustellen ist, nach Ablauf eines Monats seit ihrer Bekanntmachung im Bundesanzeiger als zugestellt.	[Abs. 2 S. 1 jetzt § 9 I 1 InVorG] [Abs. 2 S. 2, 3 jetzt § 9 II InVorG]
	(3) Widerspruch und Klage gegen die Investitionsbescheinigung haben keine aufschiebende Wirkung.	[Abs. 3 jetzt § 12 I InVorG]
	(4) Absatz 1 Satz 3 und Absatz 2 Satz 2 und 3 gelten nur bis zu dem Zeitpunkt, zu dem die Möglichkeit der sicheren Feststellung der Beteiligten zu erwarten ist. Der Bundesminister der Justiz wird ermächtigt, nach Anhörung des jeweils betroffenen Landes durch Rechtsverordnung ohne Zustimmung des Bundesrats festzustellen, in welchem der Länder Berlin, Brandenburg, Mecklenburg-Vorpommern, Sachsen, Sachsen-Anhalt und Thüringen dieser Zeitpunkt eingetreten ist. Durch Rechtsverordnung mit Zustimmung des Bundesrats können die näheren Einzelheiten der Anhörung nach Absatz 1 bestimmt werden.	
	§ 5 Gerichtliche Zuständigkeit. (1) Streitigkeiten über die Höhe eines Anspruchs nach § 3 sowie in den Fällen des § 1a Abs. 45 entscheiden die ordentlichen Gerichte. Im übrigen ist für Streitigkeiten nach diesem Gesetz der Verwaltungsrechtsweg gegeben.	[Abs. 1 jetzt § 23 I InVorG]

4. Gesetz über besondere Investitionen

Anhang I/4

Fassung v. 14. Juli 1992

[Abs. 2 jetzt § 23 II InVorG]

Fassung v. 22. April 1991

(2) Die Berufung gegen ein Urteil und die Beschwerde gegen eine andere Entscheidung des Verwaltungsgerichts sind ausgeschlossen. Das gilt nicht für die Beschwerde gegen die Nichtzulassung der Revision nach § 135 in Verbindung mit § 133 der Verwaltungsgerichtsordnung und die Beschwerde gegen Beschlüsse über den Rechtsweg nach § 17a Abs. 2 und 3 des Gerichtsverfassungsgesetzes. Auf die Beschwerde gegen die Beschlüsse über den Rechtsweg findet § 17a Abs. 4 Satz 4 bis 6 des Gerichtsverfassungsgesetzes entsprechende Anwendung.

§ 6 Sicherung der Entschädigung. In den Fällen der §§ 1, 1b und 1c ist, sofern der gegenwärtig Verfügungsberechtigte nicht eine juristische Person des öffentlichen Rechts oder eine Behörde ist, die Investitionsbescheinigung nur zu erteilen, wenn für einen von der Behörde nach dem Verkehrswert vorläufig zu bestimmenden Betrag Sicherheit geleistet ist. Die Sicherheit kann auch durch eine Garantie oder sonstiges Zahlungsversprechen eines Kreditinstituts geleistet werden. Steht in den Fällen des Satzes 2 der Berechtigte nicht fest, so ist die Sicherheit zugunsten des Berechtigten (§ 328 Abs. 1 des Bürgerlichen Gesetzbuchs) zu leisten. Der Vertrag kann vor unanfechtbarer Ablehnung des Antrags des Berechtigten im Verfahren nach dem Vermögensgesetz nur mit Zustimmung des Berechtigten geändert oder aufgehoben werden. Er ist bei der Behörde zu hinterlegen.

Fassung des Einigungsvertrages

765

5. Gesetz über den Vorrang für Investitionen bei Rückübertragungs- ansprüchen nach dem Vermögensgesetz (Investitionsvorranggesetz – InVorG)

Vom 14. Juli 1992

(BGBl. I S. 1268; ber. BGBl. 1993 I S. 1811)

Abschnitt 1. Vorrang für Investitionen

§ 1. Grundsatz. Grundstücke, Gebäude und Unternehmen, die Gegenstand von Rückübertragungsansprüchen nach dem Vermögensgesetz sind oder sein können, dürfen nach Maßgabe der nachfolgenden Vorschriften ganz oder teilweise für besondere Investitionszwecke verwendet werden. Der Berechtigte erhält in diesen Fällen einen Ausgleich nach Maßgabe dieses Gesetzes.

§ 2. Aussetzung der Verfügungsbeschränkung, investive Maßnahmen. (1) § 3 Abs. 3 bis 5 des Vermögensgesetzes ist nicht anzuwenden, wenn der Verfügungsberechtigte
1. ein Grundstück oder Gebäude veräußert, vermietet oder verpachtet,
2. an einem Grundstück oder Gebäude ein Erbbaurecht oder eine Dienstbarkeit bestellt, die, wenn dies keine unbillige Härte ist, auch zugunsten von Vorhaben auf anderen Grundstücken eingeräumt werden kann,
3. an einem Grundstück oder Gebäude Teil- oder Wohnungseigentum begründet und überträgt,
4. auf einem Grundstück ein Bauwerk oder Gebäude errichtet, ausbaut oder wiederherstellt

und durch einen Investitionsvorrangbescheid festgestellt wird, daß dies einem der hierfür bestimmten besonderen Investitionszwecke dient. Ein Ausbau eines Bauwerks oder Gebäudes liegt auch vor, wenn ortsfeste Produktionsanlagen und ähnliche Anlagen darin aufgestellt werden.

(2) § 3 Abs. 3 bis 5 des Vermögensgesetzes ist nicht anzuwenden, wenn der Verfügungsberechtigte
1. ein Unternehmen durch Übertragung seiner Anteile oder seiner Vermögenswerte veräußert oder dieses verpachtet oder
2. selbst Maßnahmen durchführt, sofern er bereit ist, dem Unternehmen das hierfür erforderliche Kapital ohne Besicherung aus dem Unternehmen zuzuführen, und er dieses innerhalb einer festzusetzenden Frist zur Verfügung stellt und durch einen Investitionsvorrangbescheid festgestellt wird, daß dies einem der hierfür bestimmten besonderen Investitionszwecke dient. Im Falle des Satzes 1 Nr. 2 ist zugeführtes Eigenkapital in eine Kapitalrücklage einzustellen, die für die Dauer von fünf Jahren nach Einbringung nur zur Verrechnung mit Jahresfehlbeträgen verwendet werden darf.

(3) Bei investiven Maßnahmen ist § 3 Abs. 3 bis 5 des Vermögensgesetzes jeweils für alle zur Durchführung des Vorhabens bestimmten rechtsgeschäftlichen und tatsächlichen Handlungen nicht anzuwenden.

§ 3. Besonderer Investitionszweck. (1) Ein besonderer Investitionszweck liegt bei Grundstücken und Gebäuden vor, wenn sie verwendet werden zur
1. Sicherung oder Schaffung von Arbeitsplätzen, insbesondere durch Errichtung oder Erhaltung einer gewerblichen Betriebsstätte oder eines Dienstleistungsunternehmens,
2. Schaffung neuen Wohnraums oder Wiederherstellung nicht bewohnten und nicht bewohnbaren oder vom Abgang bedrohten Wohnraums, die Errichtung oder Wiederherstellung einzelner Ein- und Zweifamilienhäuser jedoch nur im Rahmen einer städtebaulichen Maßnahme,
3. Schaffung der für Investitionen erforderlichen oder hiervon veranlaßten Infrastrukturmaßnahmen.

Das Grundstück oder Gebäude darf nur insoweit für den besonderen Investitionszweck verwendet werden, als dies für die Verwirklichung des Vorhabens erforderlich ist.

(2) Bei Unternehmen und einem für dieses benötigten Grundstück des Unternehmens liegt ein besonderer Investitionszweck vor, wenn er verwendet wird,
1. um Arbeitsplätze zu schaffen oder zu sichern oder die Wettbewerbsfähigkeit verbessernde Investitionen zu ermöglichen oder
2. weil der Berechtigte keine Gewähr dafür bietet, daß er das Unternehmen fortführen oder sanieren wird, oder

5. Investitionsvorranggesetz **Anhang I/5**

3. um die Liquidation oder Gesamtvollstreckung eines Unternehmens bei nach kaufmännischer Beurteilung sonst auf Dauer nicht zu vermeidender Zahlungsunfähigkeit oder Überschuldung zu verhindern.

(3) Die Erteilung eines Investitionsvorrangbescheids für die beantragte investive Maßnahme kann nicht mit der Begründung versagt werden, daß anstelle der Veräußerung des Grundstücks oder Gebäudes die Bestellung eines Erbbaurechts oder die Begründung und Übertragung von Teil- oder Wohnungseigentum möglich wäre. Dies gilt entsprechend für die Möglichkeit der Vermietung oder Verpachtung, es sei denn, daß die Vermietung oder Verpachtung für Vorhaben der in Aussicht genommenen Art üblich ist.

Abschnitt 2. Erteilung des Investitionsvorrangbescheids

§ 4. Verfahren. (1) Die nach Absatz 2 zuständige Stelle stellt fest, ob die in den §§ 1 bis 3 genannten Voraussetzungen für das beabsichtigte Vorhaben vorliegen und der Vorhabenträger nach seinen persönlichen und wirtschaftlichen Verhältnissen hinreichende Gewähr für die Verwirklichung des Vorhabens bietet, und erteilt darüber einen Investitionsvorrangbescheid. Ein solches Verfahren kann nur bis zum 31. Dezember 1995 eingeleitet werden.

(2) Den Investitionsvorrangbescheid erteilt, soweit in diesem Gesetz nichts Abweichendes bestimmt ist, der Verfügungsberechtigte. Ist dieser eine Privatperson, so wird der Bescheid von dem Landkreis oder der kreisfreien Stadt erteilt, in dessen oder deren Gebiet der Vermögenswert liegt.

(3) Vor der Erteilung des Investitionsvorrangbescheids muß eine Beschreibung der wesentlichen Merkmale des Vorhabens (Vorhabenplan) vorgelegt werden. Der Vorhabenplan muß mindestens den Vorhabenträger mit Namen und Anschrift, den betroffenen Vermögenswert, die voraussichtlichen Kosten der zugesagten Maßnahmen, ihre Art und die vorgesehene Dauer ihrer Ausführung, einen Kaufpreis sowie, je nach der Art der Vorhabens, angeben, wieviele Arbeitsplätze durch die Maßnahmen gesichert oder geschaffen und wieviel Wohnraum geschaffen oder wiederhergestellt werden soll.

(4) Das Rückübertragungsverfahren nach Abschnitt II des Vermögensgesetzes wird durch ein Verfahren nach diesem Gesetz unterbrochen. Die Unterbrechung beginnt mit der Unterrichtung des Amtes zur Regelung offener Vermögensfragen über das Verfahren oder einer öffentlichen Aufforderung zur Einreichung von Angeboten und endet mit dem Eintritt der Vollziehbarkeit der Entscheidung, spätestens jedoch nach Ablauf von drei Monaten von dem Eingang der Unterrichtung an. Ist bei Ablauf dieser Frist ein gerichtliches Verfahren des einstweiligen Rechtsschutzes über einen Investitionsvorrangbescheid anhängig, so wird das Rückübertragungsverfahren bis zum Abschluß dieses Verfahrens unterbrochen.

(5) Wer, ohne Angehöriger des Anmelders zu sein, dessen vermögensrechtlichen Anspruch durch Rechtsgeschäft oder in der Zwangsvollstreckung erwirbt, ist an Verfahren nach diesem Gesetz nicht beteiligt.

§ 5. Anhörung des Anmelders. (1) Vor Erteilung des Investitionsvorrangbescheids hat die zuständige Stelle dem Amt zur Regelung offener Vermögensfragen und, soweit ein Unternehmen betroffen ist, dem Landesamt zur Regelung offener Vermögensfragen, in dessen Gebiet das Grundstück oder Gebäude belegen ist oder das Unternehmen seinen Sitz (Hauptniederlassung) hat, und demjenigen, dessen Antrag auf Rückübertragung nach dem Vermögensgesetz dieser Stelle bekannt ist (Anmelder), mitzuteilen, daß der Vermögenswert für investive Zwecke nach § 3 verwendet werden soll. Der Mitteilung an den Anmelder ist der Vorhabenplan beizufügen. Anmelder, deren Antrag im Zeitpunkt der Anfrage nicht ordnungsgemäß präzisiert worden ist, erhalten keine Mitteilung.

(2) Der Anmelder hat Gelegenheit, sich innerhalb von zwei Wochen ab Zugang von Mitteilung und Vorhabenplan zu dem Vorhaben und dazu zu äußern, ob er selbst eine Zusage investiver Maßnahmen beabsichtigt. Die Entscheidung darf vor Ablauf dieser Frist nicht ergehen, sofern nicht eine Äußerung vorher eingegangen oder auf die Einhaltung der Frist oder auf die Anhörung verzichtet worden ist. Nach deren Ablauf ist ein Vorbringen des Anmelders gegen das beabsichtigte Vorhaben nicht zu berücksichtigen. Das gleiche gilt, wenn die Berechtigung nicht innerhalb der Frist glaubhaft gemacht wird.

(3) Hat der Anmelder ein eigenes Vorhaben angekündigt, so ist dieses nur zu berücksichtigen, wenn es innerhalb von sechs Wochen ab Zugang der Mitteilung und des Vorhabenplans durch Einreichung eines eigenen Vorhabenplans des Anmelders dargelegt wird.

Anhang I/5
I. Bundesrecht

(4) Die Anhörung des Anmelders kann unterbleiben, wenn die voraussichtliche Dauer des Verfahrens bis zu ihrer Durchführung den Erfolg des geplanten Vorhabens gefährden würde.

§ 6. Unterrichtung der Gemeinde. (1) Ist bei einem Grundstück oder Gebäude Verfügungsberechtigter nicht die Gemeinde, in der das Grundstück oder Gebäude liegt, so hat sie innerhalb von zwei Wochen ab Zugang einer entsprechenden Aufforderung Gelegenheit, sich dazu zu äußern, ob ein Verfahren nach § 7 des Vermögenszuordnungsgesetzes eingeleitet oder vorbereitet ist.

(2) Soweit ein Grundstück nach diesem Gesetz veräußert wird, besteht kein Vorkaufsrecht der Gemeinde nach den Vorschriften des Bauplanungsrechts. Die Mitteilungspflicht nach § 28 des Baugesetzbuchs entfällt.

§ 7. Entscheidung. (1) Nach Abschluß ihrer Prüfung entscheidet die zuständige Stelle, ob der Investitionsvorrangbescheid für das beabsichtigte Vorhaben zu erteilen ist. Hierbei hat sie zu berücksichtigen, ob der Anmelder selbst fristgemäß gleiche oder annähernd gleiche investive Maßnahmen zusagt wie der Vorhabenträger und deren Durchführung glaubhaft macht. Der Anmelder genießt dann in der Regel den Vorzug. Sind mehrere Anmelder vorhanden, genießt derjenige den Vorzug, der als erster von einem Vermögensverlust betroffen war. Ein Vorhaben des Anmelders braucht bei unbebauten Grundstücken nicht berücksichtigt zu werden, wenn ihm ein für seine Zwecke geeignetes gleichwertiges Ersatzgrundstück zu gleichen Bedingungen zur Verfügung gestellt wird.

(2) Im Zusammenhang mit einem Vorhaben für einen besonderen Investitionszweck kann in einem Investitionsvorrangbescheid festgestellt werden, daß die von anzuhörenden Anmeldern beantragte Rückübertragung nach § 5 des Vermögensgesetzes ausgeschlossen ist. Das Amt zur Regelung offener Vermögensfragen ist an diese Feststellung gebunden, sofern der Anspruch im übrigen bestehen würde.

Abschnitt 3. Investitionsvorrangbescheid und investiver Vertrag

§ 8. Inhalt des Investitionsvorrangbescheids und des investiven Vertrages. (1) In dem Investitionsvorrangbescheid wird festgestellt, daß § 3 Abs. 3 bis 5 des Vermögensgesetzes für den betroffenen Vermögenswert nicht gilt.

(2) Ist der Vermögenswert ein Grundstück oder Gebäude, muß der Investitionsvorrangbescheid dieses gemäß § 28 der Grundbuchordnung bezeichnen und folgende Bestimmungen enthalten:
a) eine Frist für die Durchführung der zugesagten Maßnahmen,
b) den Hinweis auf die Fristen nach den §§ 10 und 12,
c) bei einer Veräußerung oder der Bestellung eines Erbbaurechts die Auflage, in den Vertrag eine Verpflichtung zur Rückübertragung des Grundstücks oder Gebäudes im Falle des Widerrufs des Investitionsvorrangbescheids aufzunehmen und
d) bei einem privatrechtlichen Verfügungsberechtigten die Auflage, für die Zahlung des Verkehrswertes eine näher zu bezeichnende Sicherheit zu leisten.
Der investive Vertrag muß eine in dem Bescheid zu bezeichnende Vertragsstrafenregelung enthalten.

(3) Ist der Vermögenswert ein Unternehmen, so ist der Vertrag nur wirksam, wenn er neben einer in dem Bescheid zu bezeichnenden entsprechenden Vertragsstrafenregelung eine Verpflichtung des Erwerbers enthält, das Unternehmen zurückzuübertragen, falls er die für die ersten zwei Jahre zugesagten Maßnahmen nicht durchführt oder hiervon wesentlich abweicht. Die Frist beginnt mit der Übergabe des Vermögenswerts, spätestens mit dem Wirksamwerden des Vertrages. Das gilt auch für Grundstücke und Gebäude, die im Zusammenhang mit einem Unternehmen veräußert oder verpachtet werden.

§ 9. Bekanntgabe des Investitionsvorrangbescheids. (1) Der Investitionsvorrangbescheid ist den bekannten Anmeldern zuzustellen, und zwar auch dann, wenn sie auf ihre Anhörung verzichtet haben oder von ihrer Anhörung abgesehen worden ist. Das Amt zur Regelung offener Vermögensfragen, in dessen Gebiet das Grundstück oder Gebäude belegen ist oder das Unternehmen seinen Sitz (Hauptniederlassung) hat, erhält eine Abschrift des Investitionsvorrangbescheids und benachrichtigt hierüber die mit der Rückgabe befaßte Stelle. Eine weitere Abschrift ist, außer wenn die Treuhandanstalt verfügt, dem Entschädigungsfonds zu übersenden.

(2) Der Investitionsvorrangbescheid gilt nicht bekannten Anmeldern gegenüber als zugestellt, wenn
a) der Bescheid auszugsweise unter Angabe der entscheidenden Stelle und ihrer Anschrift, der Rechtsbehelfsbelehrung, des Vorhabenträgers, des bescheinigten Vorhabens und des betroffenen Vermögenswerts im Bundesanzeiger bekannt gemacht worden ist und
b) zwei Wochen seit der Bekanntmachung gemäß Buchstabe a verstrichen sind.

§ 10. Vollziehung des Investitionsvorrangbescheids. Der Investitionsvorrangbescheid darf nicht vor Ablauf von zwei Wochen ab seiner Bekanntgabe vollzogen werden. Er darf nicht mehr vollzogen werden, wenn vor Abschluß des Rechtsgeschäfts oder Vornahme der investiven Maßnahme vollziehbar entschieden worden ist, daß der Vermögenswert an den Berechtigten zurückzugeben ist, oder wenn der Berechtigte nach § 6a des Vermögensgesetzes in ein Unternehmen eingewiesen worden ist.

§ 11. Wirkung des Investitionsvorrangbescheids. (1) Der Investitionsvorrangbescheid ersetzt die Grundstücksverkehrsgenehmigung nach der Grundstücksverkehrsordnung und andere Genehmigungen oder Zustimmungen, die für die Verfügung über eigenes Vermögen des Bundes, der Länder oder der Kommunen erforderlich sind, sowie das Zeugnis nach § 28 des Baugesetzbuchs.

(2) Die Rückübertragung des Vermögenswerts nach Abschnitt II des Vermögensgesetzes entfällt im Umfang der Veräußerung auf Grund des Investitionsvorrangbescheids. Wird der Vermögenswert auf den Verfügungsberechtigten wegen Aufhebung des Investitionsvorrangbescheids oder Nichtdurchführung des besonderen Investitionszwecks oder sonst zur Rückabwicklung des Rechtsgeschäfts übertragen, lebt der Rückübertragungsanspruch auf.

(3) Wird das Eigentum an einem für einen besonderen Investitionszweck vermieteten oder verpachteten Grundstück oder Gebäude vor Ablauf der vereinbarten Miet- oder Pachtzeit nach dem Vermögensgesetz auf einen Berechtigten übertragen, gelten die §§ 571, 572, 573 Satz 1, die §§ 574 bis 576 und 579 des Bürgerlichen Gesetzbuchs entsprechend.

(4) Ist ein Erbbaurecht oder eine Dienstbarkeit bestellt worden, so kann der Berechtigte nur Rückgabe des belasteten Grundstücks oder Gebäudes verlangen. Ist Teil- oder Wohnungseigentum begründet und übertragen worden, so kann der Berechtigte Rückübertragung nur der verbliebenen Miteigentumsanteile verlangen.

(5) Führt der Verfügungsberechtigte die bescheinigten investiven Maßnahmen nach § 2 innerhalb der festgesetzten Frist selbst durch, entfällt ein Anspruch auf Rückübertragung insoweit, als das Grundstück oder Gebäude für die investive Maßnahme nach dem Inhalt des Vorhabens in Anspruch genommen wurde.

(6) Entfällt eine Rückübertragung oder ist dies zu erwarten, so kann die Berechtigung im Verfahren nach Abschnitt VI des Vermögensgesetzes festgestellt werden.

§ 12. Rechtsschutz und Sicherung von Investitionen. (1) Gegen den Investitionsvorrangbescheid ist, wenn die nächsthöhere Behörde nicht eine oberste Landes- oder Bundesbehörde ist, der Widerspruch und ansonsten die Anfechtungsklage zulässig; sie haben keine aufschiebende Wirkung.

(2) Anträge auf Anordnung der aufschiebenden Wirkung können nur innerhalb von zwei Wochen ab Bekanntgabe des Investitionsvorrangbescheids gestellt werden. Neue Tatsachen können nur bis zu dem Zeitpunkt vorgebracht und berücksichtigt werden, in dem der Vorhabenträger nachhaltig mit dem Vorhaben begonnen hat; neue investive Vorhaben können nicht geltend gemacht werden. Darauf ist der Anmelder in dem Investitionsvorrangbescheid hinzuweisen.

(3) Bei Aufhebung eines Investitionsvorrangbescheids ist der Vermögenswert zurückzuübertragen. Bei Unternehmen bestimmen sich die Einzelheiten nach dem Vertrag, bei Grundstücken und Gebäuden zusätzlich nach § 20 der Grundstücksverkehrsordnung. Die Regelungen über den Widerruf des Investitionsvorrangbescheids bleiben unberührt. Ansprüche auf Rückübertragung und Wertersatz bestehen nicht, wenn
1. a) der Anmelder nicht innerhalb von zwei Wochen ab Bekanntgabe des Investitionsvorrangbescheids einen Antrag auf Anordnung der aufschiebenden Wirkung eines Widerspruchs oder einer Klage gestellt hat oder
   b) ein innerhalb der in Buchstabe a genannten Frist gestellter Antrag rechtskräftig abgelehnt wird und

mit der tatsächlichen Durchführung der zugesagten Investition nachhaltig begonnen worden ist.

Anhang I/5

I. Bundesrecht

Abschnitt 4. Durchführung der Investition und Rückabwicklung fehlgeschlagener Vorhaben

§ 13. Grundsatz. (1) Die investiven Maßnahmen sind innerhalb der festgesetzten Frist durchzuführen. Bei Unternehmen und den für diese benötigten Grundstücken genügt es, wenn die für die ersten beiden Jahre zugesagten Maßnahmen durchgeführt werden. Ein investives Vorhaben gilt als durchgeführt, wenn es im wesentlichen fertiggestellt ist.

(2) Auf Antrag des Vorhabenträgers oder des Verfügungsberechtigten stellt die zuständige Stelle nach Anhörung der Beteiligten fest, daß der Vorhabenträger die zugesagten Maßnahmen vorgenommen oder das Vorhaben durchgeführt hat. Wird diese Feststellung unanfechtbar, kann der Investitionsvorrangbescheid nicht widerrufen und Rückübertragung nicht wegen Nichtdurchführung der zugesagten Maßnahmen verlangt werden.

§ 14. Verlängerung der Durchführungsfrist. (1) Die Frist zur Durchführung des Vorhabens kann durch die zuständige Behörde auf Antrag des Vorhabenträgers nach Anhörung des Anmelders verlängert werden, wenn nachgewiesen wird, daß ohne Verschulden des Investors innerhalb der festgesetzten Frist das Vorhaben nicht durchgeführt werden kann und die Verlängerung der Frist vor ihrem Ablauf beantragt worden ist. Die Entscheidung über die Verlängerung ist dem Anmelder zuzustellen.

(2) Bei investiven Verträgen über Unternehmen ist die Frist gehemmt, soweit der Erwerber aus von ihm nicht zu vertretenden Gründen die zugesagten Maßnahmen nicht durchführen kann, sofern ihre Ausführung noch möglich ist. Ist die Nichtdurchführung oder wesentliche Änderung des Vorhabens auf zum Zeitpunkt des Vertragsabschlusses nicht voraussehbare, dringende betriebliche Erfordernisse zurückzuführen, so entfällt die Rückübertragungspflicht aus dem Vertrag.

§ 15. Widerruf des Investitionsvorrangbescheids. (1) Wird das Grundstück oder Gebäude unter Verstoß gegen den Investitionsvorrangbescheid nicht oder nicht mehr für den darin genannten Zweck verwendet, so ist der Investitionsvorrangbescheid auf Antrag des Berechtigten oder, wenn noch nicht entschieden ist, des angehörten Anmelders zu widerrufen. Der Widerruf ist ausgeschlossen, wenn das Vorhaben nachhaltig begonnen worden ist und seine Nichtdurchführung oder wesentliche Änderung auf dringende betriebliche Erfordernisse zurückzuführen ist.

(2) Ist ein Grundstück oder Gebäude für einen investiven Zweck vermietet oder verpachtet, kann der Verfügungsberechtigte den auf Grund des Investitionsvorrangbescheids geschlossenen Vertrag ohne Einhaltung einer Kündigungsfrist kündigen, wenn der Investitionsvorrangbescheid gemäß Absatz 1 widerrufen worden ist. Die Bestimmungen über die Beendigung von Mietverhältnissen über Wohnraum bleiben unberührt.

(3) Wird ein Investitionsvorrangbescheid gemäß Absatz 1 unanfechtbar widerrufen, so ist der Verfügungsberechtigte über ein Grundstück oder Gebäude verpflichtet, von den auf Grund des Widerrufs sich ergebenden Rechten Gebrauch zu machen.

Abschnitt 5. Ausgleich für den Berechtigten

§ 16. Anspruch des Berechtigten auf den Gegenwert des Vermögensgegenstandes. (1) Ist dem Verfügungsberechtigten infolge seiner Veräußerung die Rückübertragung des Vermögenswertes nicht möglich, so kann jeder Berechtigte nach Feststellung oder Nachweis seiner Berechtigung von dem Verfügungsberechtigten die Zahlung eines Geldbetrages in Höhe aller auf den von ihm zu beanspruchenden Vermögenswert entfallenden Geldleistungen aus dem Vertrag verlangen. Über diesen Anspruch ist auf Antrag des Berechtigten durch Bescheid des Amtes oder Landesamtes zur Regelung offener Vermögensfragen zu entscheiden. Ist ein Erlös nicht erzielt worden, unterschreitet dieser den Verkehrswert, den der Vermögenswert in dem Zeitpunkt hat, in dem der Investitionsvorrangbescheid vollziehbar wird, oder hat der Verfügungsberechtigte selbst investive Maßnahmen durchgeführt, so kann der Berechtigte Zahlung des Verkehrswerts verlangen. Wenn eine Dienstbarkeit bestellt wird, tritt an die Stelle des Verkehrswerts des Grundstücks die Wertminderung, welche bei dem belasteten Grundstück durch die Bestellung der Dienstbarkeit eintritt.

(2) Der Verfügungsberechtigte ist dem Berechtigten gegenüber verpflichtet, diesem die bis zur Rückübertragung des Eigentums aus dem Vermögenswert gezogenen Erträge aus einer Vermietung

oder Verpachtung von deren Beginn an abzüglich der für die Unterhaltung des Vermögenswerts erforderlichen Kosten herauszugeben. Dieser Anspruch wird mit Rückübertragung des Eigentums fällig. Jede Vertragspartei kann von der anderen für die Zukunft die Anpassung des Miet- oder Pachtzinses an die Entgelte verlangen, die in der betreffenden Gemeinde für vergleichbare Vermögenswerte üblich sind. Ist eine Anpassung erfolgt, so kann eine weitere Anpassung erst nach Ablauf von drei Jahren nach der letzten Anpassung verlangt werden. Ist das Miet- oder Pachtverhältnis für eine bestimmte Zeit geschlossen, so kann der Mieter oder Pächter im Falle der Anpassung das Vertragsverhältnis ohne Einhaltung einer Frist kündigen.

(3) Bei Bestellung eines Erbbaurechts oder der Begründung von Teil- oder Wohnungseigentum kann der Berechtigte auf die Rückgabe des Vermögenswerts oder der nicht veräußerten Miteigentumsanteile verzichten und Zahlung des Verkehrswerts verlangen, den das Grundstück oder Gebäude im Zeitpunkt der Begründung des Erbbaurechts oder des Teil- und Wohnungseigentums hatte.

(4) Wenn der Rückübertragungsanspruch wiederauflebt, ist der Verfügungsberechtigte ungeachtet der Rückübertragung nach dem Vermögensgesetz zum Besitz des Vermögenwerts berechtigt, bis ihm an den Berechtigten erbrachte Zahlungen erstattet worden sind.

§ 17. Wahlrecht des Berechtigten. Soweit dem Berechtigten nach anderen Vorschriften eine Entschädigung zusteht, kann er diese wahlweise anstelle der in § 16 bezeichneten Rechte in Anspruch nehmen.

Abschnitt 6. Besondere Verfahren

§ 18. Vorhaben in Vorhaben- und Erschließungsplänen. (1) § 3 Abs. 3 bis 5 des Vermögensgesetzes ist ferner für Vorhaben nicht anzuwenden, die Gegenstand eines Vorhaben- und Erschließungsplans sind, der Bestandteil einer beschlossenen, nicht notwendig auch genehmigten Satzung nach § 246 a Abs. 1 Satz 1 Nr. 6 des Baugesetzbuchs in Verbindung mit § 55 der Bauplanungs- und Zulassungsverordnung geworden ist. Ein Vorgehen nach den Abschnitten 1 bis 5 bleibt unberührt.

(2) Anmelder sind nur nach Maßgabe von § 246 a Abs. 1 Satz 1 Nr. 6 des Baugesetzbuchs in Verbindung mit § 55 Abs. 3 der Bauplanungs- und Zulassungsverordnung zu beteiligen. Sie können Einwände gegen das Vorhaben nur mit Rechtsbehelfen gegen die Satzung geltend machen. Das Amt zur Regelung offener Vermögensfragen, in dessen Bezirk das Gebiet liegt, ist von der Einleitung des Verfahrens nach § 246 a Abs. 1 Satz 1 Nr. 6 des Baugesetzbuchs in Verbindung mit § 55 der Bauplanungs- und Zulassungsverordnung zu benachrichtigen. Es unterrichtet hierüber umgehend alle ihm bekannten Anmelder von Ansprüchen für die in dem Gebiet liegenden Grundstücke.

(3) Das Rückübertragungsverfahren nach dem Vermögensgesetz ist bis zum Beschluß über die Satzung weiterzuführen. Nach diesem Beschluß ist es bis zum Ablauf der zur Durchführung des Vorhabens bestimmten Frist auszusetzen, sofern die Satzung nicht vorher aufgehoben oder nicht genehmigt wird.

(4) Die Satzung ersetzt die Grundstücksverkehrsgenehmigung nach der Grundstücksverkehrsordnung und andere Zustimmungen oder Genehmigungen, die für die Verfügung über eigenes Vermögen des Bundes, der Länder oder der Kommunen erforderlich sind.

(5) Die §§ 11, 16 und 17 gelten entsprechend.

(6) § 12 gilt mit der Maßgabe entsprechend, daß an die Stelle eines Antrags auf Anordnung der aufschiebenden Wirkung ein Antrag auf Erlaß einer einstweiligen Anordnung gegen die beschlossene Satzung tritt.

(7) In einem verwaltungsgerichtlichen Verfahren sind die Anmelder beizuladen, die dies innerhalb einer Frist von einem Monat von der Veröffentlichung eines entsprechenden Gerichtsbeschlusses an beantragen. Der Beschluß ist im Bundesanzeiger und einer auch außerhalb des in Artikel 3 des Einigungsvertrages genannten Gebietes erscheinenden überregionalen Tageszeitung zu veröffentlichen. Der Beschluß ist unanfechtbar.

§ 19. Öffentliches Bieterverfahren. (1) Ist ein Antrag nach § 21 nicht gestellt, so können öffentlich-rechtliche Gebietskörperschaften und die Treuhandanstalt Vorhabenträger öffentlich zur Unterbreitung von Investitionsangeboten auffordern (öffentliches Bieterverfahren). Die Entscheidung über den Zuschlag hat gegenüber dem Anmelder die Wirkungen eines Investitionsvorrangbescheids. Ist in der

Anhang I/5 I. Bundesrecht

Aufforderung eine Frist zur Einreichung von Angeboten gesetzt, so werden spätere Angebote des Anmelders nicht berücksichtigt, es sei denn, daß anderen Vorhabenträgern die Gelegenheit gegeben wird, Angebote nachzureichen.

(2) Die Aufforderung muß auch in einer außerhalb des Beitrittsgebiets erscheinenden überregionalen Tageszeitung veröffentlicht werden und folgende Angaben enthalten:
1. den Hinweis auf die Anforderungen des § 3,
2. die Aufforderung an Anmelder, an dem Verfahren mit Angeboten teilzunehmen,
3. den Hinweis, daß Anmelder bei gleichen oder annähernd gleichen Angeboten in der Regel den Vorrang genießen.

(3) Der Verfügungsberechtigte hat sich bei dem Amt zur Regelung offener Vermögensfragen, in dessen Bezirk das Grundstück oder Gebäude liegt, darüber zu vergewissern, ob Anmeldungen vorliegen, und den ihm mitgeteilten oder sonst bekannten Anmeldern eine Abschrift der Aufforderung zu übersenden.

(4) Eine besondere Anhörung des Anmelders entfällt. Der Zuschlag ist dem Anmelder, der seine Berechtigung glaubhaft gemacht hat, in der Regel auch dann zu erteilen, wenn sein Angebot dem des besten anderen Bieters gleich oder annähernd gleich ist. Soll ein anderes Angebot den Zuschlag erhalten, ist dies dem Anmelder unter Übersendung des Vorhabensplans mitzuteilen; der Anmelder kann dann innerhalb von zwei Wochen seinen Plan nachbessern. Der Zuschlag darf vorher nicht erteilt werden.

(5) Angebote dürfen nur berücksichtigt werden, wenn sie einen Vorhabenplan umfassen.

(6) Die Durchführung des Verfahrens kann einem Dritten übertragen werden. Der Zuschlag muß in diesem Fall von dem Verfügungsberechtigten bestätigt werden. Widerspruch und Klage sind gegen den Verfügungsberechtigten zu richten.

§ 20. Vorhaben auf mehreren Grundstücken. (1) Soll ein zusammenhängendes Vorhaben auf mehreren Grundstücken verwirklicht werden, die Gegenstand von Rückübertragungsansprüchen nach dem Vermögensgesetz sind, so kann der Investitionsvorrangbescheid für alle Ansprüche gemeinsam durch Gesamtverfügung erteilt werden.

(2) Die Gesamtverfügung kann von jedem Betroffenen selbständig angefochten werden. In einem verwaltungsgerichtlichen Verfahren sind die Anmelder beizuladen, die dies innerhalb einer Frist von einem Monat von der Veröffentlichung eines entsprechenden Gerichtsbeschlusses an beantragen. Der Beschluß ist im Bundesanzeiger und einer auch außerhalb des in Artikel 3 des Einigungsvertrages erscheinenden überregionalen Tageszeitung zu veröffentlichen. Der Beschluß ist unanfechtbar.

(3) Die Anhörung des Anmelders kann dadurch ersetzt werden, daß die Unterlagen über das Vorhaben zur Einsicht ausgelegt werden. Den bekannten Anmeldern ist dies unter Angabe des Ortes der Auslegung mitzuteilen. Die Ausschlußfrist für den Anmelder beginnt in diesem Fall mit dem Zugang dieser Mitteilung.

(4) Die fristgerechte Zusage investiver Maßnahmen durch den Anmelder ist im Rahmen seines Vorrechtes nur zu berücksichtigen, wenn die Maßnahmen dem Gesamtvorhaben vergleichbar sind.

§ 21. Investitionsantrag des Anmelders. (1) Unterbreitet der Anmelder dem Verfügungsberechtigten über ein Grundstück oder Gebäude ein Angebot für eine Maßnahme nach den §§ 2 und 3, so ist der Verfügungsberechtigte verpflichtet, für das Vorhaben des Anmelders einen Investitionsvorrangbescheid nach Maßgabe des Abschnitts 3 zu erteilen, wenn die Berechtigung glaubhaft gemacht ist und der Anmelder nach seinen persönlichen und wirtschaftlichen Verhältnissen hinreichende Gewähr für die Durchführung des Vorhabens bietet. Ist der Verfügungsberechtigte für die Erteilung des Investitionsvorrangbescheids nicht zuständig, so ist der Anmelder berechtigt, bei der zuständigen Stelle, wenn Verfügungsberechtigter ein Treuhandunternehmen ist, bei der Treuhandanstalt, einen Investitionsvorrangbescheid zu beantragen. Der Verfügungsberechtigte ist nach Erteilung des Investitionsvorrangbescheids zum Abschluß des bescheinigten investiven Vertrages verpflichtet.

(2) Ein investiver Zweck liegt in den Fällen des Absatzes 1 auch vor, wenn Mißstände oder Mängel eines Wohngebäudes durch Modernisierung oder Instandsetzung beseitigt werden sollen und die voraussichtlichen Kosten der Modernisierung und Instandsetzung im Durchschnitt 20 000 DM für jede in sich abgeschlossene oder selbständig vermietbare Wohnung oder jeden derartigen Geschäftsraum überschreiten. Dies gilt nicht für Vorhabenträger, die nicht Anmelder sind.

5. Investitionsvorranggesetz **Anhang I/5**

(3) Sagt im Verfahren nach Absatz 1 ein anderer Anmelder investive Maßnahmen zu, so genießt der Anmelder in der Regel den Vorzug, der zuerst von einem Vermögensverlust betroffen war.

(4) Der Verfügungsberechtigte kann die Zusage investiver Maßnahmen eines Vorhabenträgers, der nicht Anmelder ist, nur innerhalb von drei Monaten von dem Eingang des Antrags an berücksichtigen. Der Anmelder genießt in diesem Falle in der Regel den Vorzug, wenn er gleiche oder annähernd gleiche investive Maßnahmen zusagt wie der andere Vorhabenträger.

(5) Wird in dem Verfahren nach Abschnitt II des Vermögensgesetzes festgestellt, daß der Anmelder nicht berechtigt war, so gibt das mit der Entscheidung befaßte Amt zur Regelung offener Vermögensfragen dem Anmelder die Zahlung des Verkehrswerts des Vermögenswerts auf.

(6) Wenn ein Antrag nach Absatz 1 gestellt ist, kann ein selbständiges Verfahren nach § 4 zugunsten eines fremden Vorhabenträgers nicht eingeleitet werden. Ist ein Verfahren nach § 4 eingeleitet worden, kann ein Antrag nach Absatz 1 nicht gestellt werden.

Abschnitt 7. Schlußbestimmungen

§ 22. Grundstücke und Gebäude nach Liste C. Dieses Gesetz gilt nicht für Grundstücke und Gebäude, deren Grundakten mit einem Vermerk über die Eintragung in die Liste zu Abschnitt C der Gemeinsamen Anweisung der Minister der Finanzen und des Innern der Deutschen Demokratischen Republik vom 11. Oktober 1961 über die Berichtigung der Grundbücher und Liegenschaftskataster für Grundstücke des ehem. Reichs-, Preußen-, Wehrmachts-, Landes-, Kreis- und Gemeindevermögens gekennzeichnet oder die aus dem Grundbuch als Synagoge oder Friedhof einer jüdischen Gemeinde zu erkennen sind.

§ 23. Gerichtliche Zuständigkeit. (1) Für Streitigkeiten aus dem investiven Vertrag und nach § 16 ist, soweit nicht durch Bescheid entschieden wird, der ordentliche Rechtsweg, im übrigen der Verwaltungsrechtsweg gegeben. Soweit der Verwaltungsrechtsweg gegeben ist, ist das Gericht örtlich zuständig, in dessen Bezirk die Stelle, die den Investitionsvorrangbescheid erlassen hat, ihren Hauptsitz hat.

(2) Die Berufung gegen ein Urteil und die Beschwerde gegen eine andere Entscheidung des Verwaltungsgerichts sind ausgeschlossen. Das gilt nicht für die Beschwerde gegen die Nichtzulassung der Revision nach § 135 in Verbindung mit § 133 der Verwaltungsgerichtsordnung und die Beschwerde gegen Beschlüsse über den Rechtsweg nach § 17a Abs. 2 und 3 des Gerichtsverfassungsgesetzes. Auf die Beschwerde gegen die Beschlüsse über den Rechtsweg findet § 17a Abs. 4 Satz 4 bis 6 des Gerichtsverfassungsgesetzes entsprechende Anwendung.

§ 24. Zuständigkeitsregelungen, Abgabe. (1) Mehrere zuständige Stellen können durch einen öffentlich-rechtlichen Vertrag (§ 54 des Verwaltungsverfahrensgesetzes) vereinbaren, daß die nach diesem Gesetz zu treffenden Entscheidungen von einer öffentlichen Stelle getroffen werden. Statt durch einen Vertrag kann die Zuständigkeit auch durch Konzentrationsverfügung, die der Zustimmung der anderen Stelle bedarf, bei einer Stelle vereinigt werden.

(2) Hat den Investitionsvorrangbescheid eine kreisangehörige Stadt oder Gemeinde zu erteilen, so kann sie das Verfahren innerhalb von zwei Wochen nach seiner Einleitung an den Landkreis, zu dem sie gehört, abgeben; dieser ist an die Abgabe gebunden.

(3) Die Landesregierungen werden ermächtigt, durch Rechtsverordnung für investive Maßnahmen der Gemeinden, Städte, Landkreise und des Landes die Zuständigkeit dieser Stellen abweichend zu regeln. Die Landesregierungen können diese Ermächtigung durch Rechtsverordnung auf eine oberste Landesbehörde übertragen.

§ 25. Sonderregelungen für die Treuhandanstalt. (1) Die Treuhandanstalt handelt bei Vermögenswerten, die im Eigentum einer Kapitalgesellschaft stehen, deren sämtliche Geschäftsanteile oder Aktien sich unmittelbar oder mittelbar in der Hand der Treuhandanstalt befinden (Treuhandunternehmen), unbeschadet der Rechte deren Vorstands oder Geschäftsführers als gesetzlicher Vertreter. Sie haftet im Verhältnis zu dem Treuhandunternehmen nur, wenn sie ohne dessen Zustimmung verfügt. Sie ist dann für das Verfahren zuständig.

(2) Die Treuhandanstalt kann einzelne Verfahren, die Grundstücke, Gebäude und Betriebsteile eines Treuhandunternehmens betreffen, an sich ziehen. Sie teilt dies dem Landkreis oder der kreis-

freien Stadt mit, die mit Zugang der Mitteilung für das Verfahren nicht mehr zuständig ist und vorhandene Vorgänge an die Treuhandanstalt abgibt.

(3) Die Vorschriften dieses Gesetzes gelten auch für Grundstücke, Gebäude und Unternehmen der Parteien und Massenorganisationen, die Gegenstand von Rückübertragungsansprüchen nach der in Anlage II Kapitel II Sachgebiet A Abschnitt III des Einigungsvertrages vom 31. August 1990 (BGBl. 1990 II S. 885, 1150) aufgeführten Maßgabe d sind oder sein können.

§ 26. Anwendbarkeit anderer Gesetze. Für das Verfahren zur Erteilung des Investitionsvorrangbescheids sind bis zum Erlaß entsprechender landesrechtlicher Bestimmungen auch durch Stellen der Länder das Verwaltungsverfahrensgesetz, das Verwaltungszustellungsgesetz und das Verwaltungsvollstreckungsgesetz anzuwenden, soweit nichts anderes bestimmt ist.

6. Gesetz zur Beseitigung von Hemmnissen bei der Privatisierung von Unternehmen und zur Förderung von Investitionen

Vom 22. März 1991

(BGBl. I S. 766; ber. S. 1928)

Geändert durch Zweites Vermögensrechtsänderungsgesetz vom 14. 7. 1992

(BGBl. I S. 1257)

(Auszug)

Der Bundestag hat mit Zustimmung des Bundesrates das folgende Gesetz beschlossen:

Art. 13. Überleitungsbestimmungen. Artikel 2,[1] 3[2] und 7[3] sind auch auf Verfahren anzuwenden, die vor Inkrafttreten dieses Gesetzes begonnen, aber noch nicht durch eine Entscheidung der Behörde abgeschlossen worden sind. Bereits erteilte Genehmigungen, Bescheinigungen und Übergabeprotokolle haben die ihnen nach den bisherigen Vorschriften zukommende Wirkung; Investitionsbescheinigungen sind, soweit dies nicht bereits angeordnet worden ist, sofort vollziehbar. Übergabeprotokolle, die vor dem Inkrafttreten dieses Gesetzes auf Grund des Kommunalvermögensgesetzes erstellt wurden, sind wirksam. Verfahren nach dem Investitionsgesetz, die vor dem 29. März 1991 begonnen worden sind, können auch dann nach den seit diesem Zeitpunkt geltenden Vorschriften dieses Gesetzes zu Ende geführt werden, wenn zwischenzeitlich ein Vorgehen nach § 3a des Vermögensgesetzes möglich geworden ist. Eine Investitionsbescheinigung kann nicht mit der Begründung angefochten werden, es sei ein Vorgehen nach § 3a des Vermögensgesetzes möglich gewesen.

Art. 15. Inkrafttreten. Dieses Gesetz tritt am Tage nach der Verkündung in Kraft.[4]

7. Gesetz zur Änderung des Vermögensgesetzes und anderer Vorschriften (Zweites Vermögensrechtsänderungsgesetz – 2. VermRÄndG)

Vom 14. Juli 1992

(BGBl. I S. 1257; ber. BGBl. 1993 I S. 1811)

(Auszug)

Art. 14. Überleitungsvorschrift. (1) Vor dem Inkrafttreten dieses Gesetzes erklärte Abtretungen von Rückübertragungsansprüchen verlieren ihre Wirksamkeit, wenn sie nicht innerhalb von drei Monaten von dem Inkrafttreten dieses Gesetzes an bei dem Amt oder Landesamt zur Regelung offener Vermögensfragen, in dessen Bezirk der betroffene Gegenstand liegt, angezeigt worden sind.

---

[1] Betrifft Änderungen des Gesetzes über besondere Investitionen in der DDR vom 23. 9. 1990 (BGBl. II S. 885, 1157).

[2] Betrifft Änderungen der Grundstücksverkehrsverordnung vom 15. 12. 1977 (GBl. 1978 I S. 73).

[3] Betrifft Verkündung des Vermögenszuordnungsgesetzes.

[4] Tag der Verkündung: 28. 3. 1991.

7. Zweites Vermögensrechtsänderungsgesetz

(2) Mitteilungen nach § 32 Abs. 5 des Vermögensgesetzes in der Fassung des Artikels 1 Nr. 28 dieses Gesetzes dürfen nicht vor Ablauf von sechs Wochen von dem in Absatz 1 genannten Zeitpunkt an gemacht werden.

(3) Schon ergangene und künftige Entscheidungen über vermögensrechtliche Ansprüche nach dem Vermögensgesetz oder die gesetzliche Beendigung der staatlichen Verwaltung (§ 11a des Vermögensgesetzes) berühren künftige Regelungen über eine Vermögensabgabe in dem vorgesehenen Entschädigungsgesetz nicht.

(4) Artikel 1,[1] 4,[2] 5,[3] 9[4] und 11[5] dieses Gesetzes sind auch auf Verfahren anzuwenden, die vor Inkrafttreten dieses Gesetzes begonnen, aber noch nicht durch eine abschließende Entscheidung abgeschlossen worden sind. Ein bestandskräftiger Feststellungsbescheid gemäß § 31 Abs. 5 Satz 3 des Vermögensgesetzes in der vor dem Inkrafttreten dieses Gesetzes geltenden Fassung gilt als Entscheidung über die Rückübertragung im Sinne des § 34 des Vermögensgesetzes. Artikel 233 § 2a des Einführungsgesetzes zum Bürgerlichen Gesetzbuche findet keine Anwendung auf Nutzungsverhältnisse an Grundstücken, die nach dem 2. Oktober 1990 bereits durch Vereinbarungen der Beteiligten verbindlich geregelt worden sind.

(5) Absatz 4 gilt für Artikel 6[6] entsprechend; erfolgte Anhörungen brauchen nicht wiederholt zu werden. Investitionsbescheinigungen nach dem Investitionsgesetz und Entscheidungen nach § 3a des Vermögensgesetzes in der vor dem Inkrafttreten dieses Gesetzes geltenden Fassung stehen Investitionsvorrangbescheiden nach dem Investitionsvorranggesetz gleich. Die Frist nach § 12 des Investitionsvorranggesetzes beginnt mit dem Inkrafttreten dieses Gesetzes. Artikel 6 § 4 Abs. 5 ist auf Empfänger der Abtretung eines Rückübertragungsanspruchs nicht anzuwenden, die vor dem 2. April 1992 erklärt und innerhalb von drei Monaten von diesem Zeitpunkt an dem Amt oder Landesamt zur Regelung offener Vermögensfragen, in dessen Bezirk das Grundstück liegt, angezeigt worden ist. Artikel 6 § 5 Abs. 4 und § 9 Abs. 2 gelten nur bis zu dem Zeitpunkt, in dem die Möglichkeit einer sicheren Feststellung des Berechtigten zu erwarten ist; diesen Zeitpunkt stellt der Bundesminister der Justiz nach Anhörung der in Artikel 3 des Einigungsvertrages bezeichneten Länder für jedes Land durch Rechtsverordnung fest. Im Einvernehmen mit den Bundesministern der Finanzen und für Wirtschaft kann der Bundesminister der Justiz durch Rechtsverordnung mit Zustimmung des Bundesrates weitere Einzelheiten des Verfahrens nach den Abschnitten 2 bis 6 des Investitionsvorranggesetzes regeln und dabei auch von den darin enthaltenen Bestimmungen abweichen.

(6) Im Rahmen der Aufhebung staatlicher Verwaltungen oder im Rahmen der Rückübertragung des Eigentums an einem Grundstück übernommene oder wiedereingetragene dingliche Rechte bleiben durch dieses Gesetz unberührt, wenn der Übernahme oder der Wiedereintragung des Rechts eine Vereinbarung der Beteiligten zugrunde lag. Im übrigen gelten im Zusammenhang mit der Aufhebung der staatlichen Verwaltung oder der Rückübertragung des Eigentums an einem Grundstück bis zum Inkrafttreten dieses Gesetzes übernommene Grundpfandrechte in dem Umfang als zum Zeitpunkt der Entscheidung über die Aufhebung der staatlichen Verwaltung erloschen, in dem sie gemäß § 16 des Vermögensgesetzes nicht zu übernehmen wären. Im Zusammenhang mit der Rückübertragung von Grundstücken bis zum Inkrafttreten dieses Gesetzes wiedereingetragene Grundpfandrechte gelten nur in dem Umfang als entstanden, in dem der daraus Begünstigte gemäß § 18b Abs. 1 des Vermögensgesetzes Herausgabe des Ablösebetrags verlangen könnte. § 16 Abs. 9 Satz 2 und 3 und § 18b Abs. 3 Satz 2 und 3 des Vermögensgesetzes gelten für Forderungen, die den in Satz 2 und 3 genannten Grundpfandrechten zugrunde liegen, sinngemäß. Für sonstige gemäß Satz 1 übernommene oder gemäß Satz 3 wiedereingetragene dingliche Rechte gilt § 3 Abs. 1a Satz 8 des Vermögensge-

---

[1] Betrifft Änderungen des Vermögensgesetzes.
[2] Betrifft Änderungen der Grundstücksverkehrsordnung.
[3] Betrifft Änderungen der Anmeldeverordnung.
[4] Betrifft Änderungen des Vermögenszuordnungsgesetzes.
[5] Betrifft Änderungen des Gesetzes über Maßnahmen auf dem Gebiete des Grundbuchwesens vom 20. 12. 1963 (BGBl. I S. 986), der Maßgaben zur Grundbuchordnung im Einigungsvertrag vom 31. 8. 1990 (BGBl. II S. 885, 951), der Maßgabe zu dem Gesetz über Maßnahmen auf dem Gebiete des Grundbuchwesens im Einigungsvertrag vom 31. 8. 1990 (BGBl. I S. 885, 951), der Grundbuchordnung in der Fassung vom 5. 12. 1935 (RGBl. I S. 1073), des Einführungsgesetzes zum Aktiengesetz vom 6. 9. 1965 (BGBl. I S. 1185), des D-Markbilanzgesetzes in der Fassung vom 18. 4. 1991 (BGBl. I S. 971), des Gesetzes zu dem Abkommen vom 16. 5. 1991 vom 12. 12. 1991 (BGBl. II S. 1138), des Baugesetzbuchs in der Fassung vom 8. 12. 1986 (BGBl. I S. 2253) und des Gewerbesteuergesetzes vom 17. 12. 1982 (BGBl. I S. 177).
[6] Betrifft das Investitionsvorranggesetz vom 14. 7. 1992 (BGBl. I S. 1457).

setzes. Sicherungshypotheken nach § 18 Abs. 1 Satz 3 des Vermögensgesetzes in der bis zum Inkrafttreten dieses Gesetzes geltenden Fassung können mit einer Frist von drei Monaten durch Bescheid des Entschädigungsfonds gekündigt werden. Aus dem Bescheid findet nach Ablauf der Frist die Zwangsvollstreckung in das Grundstück nach den Vorschriften des Achten Buches der Zivilprozeßordnung statt.

(7) Artikel 3 Nr. 2[7] ist auch auf Investitionsbescheinigungen nach dem Investitionsgesetz in der Fassung der Bekanntmachung vom 22. April 1991 (BGBl. I S. 994) und auf Entscheidungen nach § 3 a des Vermögensgesetzes in der Fassung der Bekanntmachung vom 18. April 1991 (BGBl. I S. 957) anzuwenden.

Art. 15. Inkrafttreten. Dieses Gesetz tritt am Tage nach der Verkündung in Kraft.[8]

8. Verordnung zum Vermögensgesetz über die Rückgabe von Unternehmen (Unternehmensrückgabeverordnung – URüV)

Vom 13. Juli 1991

(BGBl. I S. 1542)

Auf Grund des § 6 Abs. 9 des Vermögensgesetzes in der Fassung der Bekanntmachung vom 18. April 1991 (BGBl. I S. 957) verordnet der Bundesminister der Justiz im Einvernehmen mit dem Bundesminister der Finanzen und dem Bundesminister für Wirtschaft:

Abschnitt 1. Gegenstand der Rückgabe

§ 1. Zurückzugebendes Unternehmen. (1) Ein Unternehmen ist nach § 6 Abs. 1 Satz 1 des Vermögensgesetzes in dem Zustand zurückzugeben, in dem es sich unbeschadet von Ausgleichsansprüchen oder Schadensersatzansprüchen im Zeitpunkt der Rückgabe befindet. Zu dem Unternehmen gehören alle Gegenstände des Aktiv- und Passivvermögens einschließlich des Eigenkapitals und der in der Schlußbilanz ausgewiesenen Sonderposten sowie alle vermögenswerten Rechte und Pflichten, auch wenn sie weder im Inventar verzeichnet noch in die Bilanz aufgenommen worden sind, insbesondere aus schwebenden Verträgen, die Handelsbücher und alle dazugehörenden Belege und sonstigen Unterlagen im Besitz des Unternehmens, die für seinen Geschäftsbetrieb Bedeutung haben. Als zurückzugebendes Unternehmen im Sinne des Vermögensgesetzes ist jede Vermögensmasse im Sinne des Absatzes 1 Satz 2 einschließlich der Schulden anzusehen, die mit dem entzogenen Unternehmen vergleichbar ist.

(2) Ein Unternehmen im Sinne des § 6 Abs. 1 Satz 1 des Vermögensgesetzes liegt auch vor, wenn es nach Art oder Umfang einen in kaufmännischer Weise eingerichteten Geschäftsbetrieb nicht erforderte oder den Betrieb eines handwerklichen oder sonstigen gewerblichen Unternehmens oder den der Land- und Forstwirtschaft zum Gegenstand hatte.

§ 2. Vergleichbarkeit. (1) Die Vergleichbarkeit im Sinne des § 6 Abs. 1 des Vermögensgesetzes ist stets gegeben, wenn das Unternehmen lediglich in anderer Rechtsform fortgeführt oder mit anderen Unternehmen zusammengefaßt oder erweitert oder sein Sitz verlegt worden ist. Bei Veränderungen des Produkt- oder Leistungsangebots ist es nicht mehr vergleichbar, wenn frühere Produkte oder Leistungen aufgegeben worden sind und die an ihre Stelle getretenen Produkte oder Leistungen zu einer wesentlichen Umgestaltung des Unternehmens geführt haben und dafür in erheblichem Umfang neues Kapital zugeführt werden mußte.

---

[7] Betrifft die Änderung von § 4 Satz 2 Gesetz zur Regelung von Vermögensfragen der Sozialversicherung im Beitrittsgebiet vom 20. 12. 1991 (BGBl. I S. 2313).

[8] Tag der Verkündung: 21. 7. 1992.

8. Unternehmensrückgabeverordnung **Anhang I/8**

(2) Bei Zusammenfassung mit anderen Unternehmen wird, wenn sich nichts anderes ergibt, unterstellt, daß die zusammengefaßten Unternehmen zu einem veränderten Produkt- oder Leistungsangebot jeweils im Verhältnis ihrer Bilanzsumme im Zeitpunkt der Schädigung beigetragen haben. Hat ein zusammengefaßtes Unternehmen Stillegungen oder Veräußerungen vorgenommen oder seinen Geschäftsbetrieb eingeschränkt, so ist Satz 1 entsprechend anzuwenden.

(3) Die Vergleichbarkeit wird nicht dadurch ausgeschlossen, daß das Unternehmen nicht mehr sanierungsfähig ist oder daß das zurückzugebende Unternehmen um Betriebsteile ergänzt werden muß, um fortgeführt werden zu können.

Abschnitt 2. Wertausgleich. Sorgfaltspflicht

§ 3. Wertänderungen. Wird für die Rückgabe eine Bilanz gefertigt, weil sich die Vermögenslage gegenüber der D-Markeröffnungsbilanz verändert hat und diese Änderungen nicht durch Berichtigung nach § 36 des D-Markbilanzgesetzes berücksichtigt werden können, so sind in dieser Bilanz die Vermögensgegenstände, Schulden und Sonderposten mit den Werten anzusetzen, die sich bei Anwendung des D-Markbilanzgesetzes auf den Stichtag der Bilanz ergeben.

§ 4. Sorgfaltspflicht, Haftung. (1) Die gesetzlichen Vertreter von Gesellschaften im Aufbau haften dem Berechtigten für Schäden, die dadurch entstehen, daß die gesetzlichen Vertreter nach Umwandlung des Unternehmens in eine private Rechtsform bei ihrer Geschäftsführung die Sorgfalt eines ordentlichen und gewissenhaften Geschäftsleiters nicht angewendet haben. Die Mitglieder des gesetzlichen Vertretungsorgans des zurückzugebenden Unternehmens haften als Gesamtschuldner. Ist streitig, ob sie die Sorgfalt eines ordentlichen und gewissenhaften Geschäftsleiters angewandt haben, so trifft sie die Beweislast. Der Anspruch der Gesellschaft auf Schadensersatz gehört zu der übergehenden Vermögensmasse.

(2) Die Treuhandanstalt haftet an Stelle der gesetzlichen Vertreter von Gesellschaften im Aufbau, wenn sie diese unmittelbar oder mittelbar bestellt hat. Regreßansprüche der Treuhandanstalt gegen diese Personen bleiben unberührt.

§ 5. Eigenkapital bei Rückgabe. (1) Bei der Anwendung des § 6 Abs. 2 oder 3 des Vermögensgesetzes wegen wesentlicher Verschlechterung oder Verbesserung der Vermögenslage ist in der für die Rückgabe maßgeblichen Bilanz als gezeichnetes Kapital der Betrag in Deutscher Mark anzusetzen, der als gezeichnetes Kapital in Mark der Deutschen Demokratischen Republik oder in Reichsmark in der dem Zeitpunkt der Schädigung vorausgehenden Bilanz ausgewiesen war, wenn er nominal höher ist als das nach der Rechtsform im Zeitpunkt der Rückgabe vorgeschriebene Mindestkapital. Offene Rücklagen sind dem gezeichneten Kapital hinzuzurechnen, staatliche Beteiligungen dürfen nicht abgesetzt werden. War ein gezeichnetes Kapital nach der Rechtsform des Unternehmens nicht vorgeschrieben, so ist in entsprechender Anwendung des § 6 Abs. 2 und 3 des Vermögensgesetzes Satz 1 mit der Maßgabe anzuwenden, daß als Mindestkapital der Betrag in Deutscher Mark anzusetzen ist, der in der dem Zeitpunkt der Schädigung vorausgehenden Bilanz als Eigenkapital ausgewiesen war. Dem Eigenkapital sind die Fonds hinzuzurechnen, soweit sie nicht dritten Personen geschuldet wurden.

(2) Reicht das im Zeitpunkt der Rückgabe vorhandene Eigenkapital auch unter Berücksichtigung der Ausstehenden Einlage nach § 26 Abs. 3 des D-Markbilanzgesetzes für die Bildung des gezeichneten Kapitals nach Absatz 1 nicht aus, so ist ein Kapitalentwertungskonto nach § 28 des D-Markbilanzgesetzes anzusetzen. In diesem Fall darf das gezeichnete Kapital jedoch höchstens mit dem zehnfachen Betrag des nach der Rechtsform vorgeschriebenen Mindestkapitals angesetzt werden.

(3) Eine Ausgleichsverbindlichkeit ist zumindest in Höhe des Betrages zu erlassen, der erforderlich ist, um das gezeichnete Kapital in der nach Absatz 1 vorgeschriebenen Höhe festsetzen zu können. Ein weitergehender Ausgleich findet nicht statt.

§ 6. Verschlechterung der Ertragslage. (1) Eine wesentliche Verschlechterung der Ertragslage nach § 6 Abs. 1 und 4 des Vermögensgesetzes wird vermutet, wenn das zurückzugebende Unternehmen in der Gewinn- und Verlustrechnung nach § 58 Abs. 2 des D-Markbilanzgesetzes zum 31. Dezember 1990 einen Fehlbetrag ausweist. Wird das Unternehmen nach dem 30. Juni 1992 zurückgegeben und hat der Berechtigte bis zum 31. März 1992 einen Antrag auf vorläufige Einweisung nach § 6a

Anhang I/8 I. Bundesrecht

des Vermögensgesetzes nicht gestellt, so ist der Berechnung die letzte festgestellte Gewinn- und Verlustrechnung zugrundezulegen, deren Stichtag nicht länger als 18 Monate zurückliegen darf. Auf die Berechnung des Fehlbetrags sind § 50 Abs. 2 Satz 2 bis 7 und § 24 Abs. 2 Satz 1 des D-Markbilanzgesetzes entsprechend anzuwenden. Auf Unternehmen, die freiwillig einen Abschluß nach § 58 Abs. 2 des D-Markbilanzgesetzes aufstellen, ist Satz 1 bis 3 entsprechend anzuwenden. Eine wesentliche Verschlechterung ist nicht anzunehmen, wenn das Unternehmen in seinen Jahresabschlüssen für die beiden letzten Geschäftsjahre vor Eintritt der Schädigung jeweils einen Jahresfehlbetrag ausgewiesen hat.

(2) Eine wesentliche Verschlechterung der Ertragslage wird bei sanierungsfähigen Unternehmen pauschal in der Weise ausgeglichen, daß dem Unternehmen eine Ausgleichsforderung in Höhe des Betrags der in der für die Übergabe maßgeblichen Bilanz ausgewiesenen Sonderposten nach § 17 Abs. 4 und § 24 Abs. 5 des D-Markbilanzgesetzes zuzüglich des Sechsfachen, im Falle des Absatzes 1 Satz 2 des Dreifachen, des in der Gewinn- und Verlustrechnung nach Absatz 1 ausgewiesenen Fehlbetrags eingeräumt wird. Auf die Verzinsung und Tilgung der Ausgleichsforderung ist § 7 anzuwenden.

(3) Ein pauschalierter Ausgleich entfällt, wenn der Berechtigte im Einzelfall nachweist, daß die nach Absatz 2 einzuräumende Ausgleichsforderung nicht ausreicht, um die Verschlechterung der Ertragslage auszugleichen.

(4) Die D-Markeröffnungsbilanz ist um die Ausgleichsforderung nach Absatz 2 oder 3 zu berichtigen. In Höhe des aktivierten Betrages ist innerhalb der Gewinnrücklagen eine Sonderrücklage zu bilden, die nur zum Ausgleich von Verlusten verwendet werden darf.

(5) Die Behörde kann verlangen, daß die für die Zwecke des Absatzes 1 und 2 vorgelegten Rechnungslegungsunterlagen nach den §§ 316 bis 324 des Handelsgesetzbuchs geprüft werden. § 319 Abs. 1 Satz 2 des Handelsgesetzbuchs ist auf kleine Unternehmen (§ 267 Abs. 1 HGB) entsprechend anzuwenden.

(6) Bereits begonnene Restrukturierungsmaßnahmen der Treuhandanstalt dürfen nicht vor der Rückübertragung des Unternehmens unterbrochen werden. Dies gilt nicht, wenn der Berechtigte ihrer Fortsetzung widerspricht. § 3 Abs. 3 Satz 7 des Vermögensgesetzes bleibt unberührt.

§ 7. Verzinsung der Ausgleichsforderungen und Ausgleichsverbindlichkeiten. (1) Ausgleichsforderungen und Ausgleichsverbindlichkeiten nach § 6 Abs. 2 bis 4 des Vermögensgesetzes sind vom Tag der Rückgabe des Unternehmens an zu verzinsen. Der Zinssatz entspricht dem am zweiten Geschäftstag vor dem Beginn einer Zinsperiode („Zinsfestlegungstag") in Frankfurt am Main von Telerate im FIBOR-Fixing ermittelten und auf der Telerate Bildschirmseite 22000 veröffentlichten Satz. Im Falle höherer Gewalt, die eine Eingabe und Ermittlung über Telerate ausschließt, sind die an die Deutsche Bundesbank, die ihrerseits für eine entsprechende zeitnahe Veröffentlichung sorgt, gemeldeten Quotierungen maßgebend. Die Zinsen sind vierteljährlich nachträglich fällig. Zwischen dem Gläubiger und dem Schuldner kann eine von Satz 1 bis 4 abweichende Vereinbarung getroffen werden.

(2) Soweit Schuldner und Gläubiger keine abweichende Vereinbarung treffen, sind die Ausgleichsforderungen und Ausgleichsverbindlichkeiten beginnend mit dem 1. Juli 1995 jährlich in Höhe von 2,5 vom Hundert ihres Nennwertes zu tilgen. Absatz 1 Satz 4 ist entsprechend anzuwenden. Der Schuldner ist zur weitergehenden Tilgung jederzeit berechtigt; er ist hierzu verpflichtet, soweit er Vermögensgegenstände veräußert, die für die Ausgleichsverbindlichkeit ursächlich waren.

§ 8. Behandlung staatlicher Leistungen. (1) Eine einem Gesellschafter oder Mitglied des geschädigten Unternehmens wegen der Schädigung tatsächlich zugeflossene Geldleistung ist im Verhältnis zwei Mark der Deutschen Demokratischen Republik zu einer Deutschen Mark umzurechnen und von diesem oder seinem Rechtsnachfolger an den Verfügungsberechtigten zurückzuzahlen, soweit dieser Betrag den Wert der Beteiligung des Gesellschafters oder des Mitglieds nach § 11 Abs. 1 Satz 1 oder 4 des D-Markbilanzgesetzes nicht übersteigt. Die Rückzahlungsverpflichtung entfällt bei einer wesentlichen Verschlechterung nach § 6 Abs. 2 oder 4 des Vermögensgesetzes. Die Verbindlichkeit ist beginnend mit dem 1. Januar des der Rückgabe nachfolgenden vierten Kalenderjahres jährlich nachträglich in Höhe von fünf vom Hundert ihres Nennwertes zu tilgen. Die Verbindlichkeit ist unverzinslich.

8. Unternehmensrückgabeverordnung **Anhang I/8**

(2) Absatz 1 ist auf Verpflichtungen zur Rückzahlung der beim Erwerb der staatlichen Beteiligung erbrachten Einlage oder Vergütung nach § 6 Abs. 5c des Vermögensgesetzes durch den Gesellschafter entsprechend anzuwenden.

(3) Die Rückzahlung von Leistungen, die nach dem Lastenausgleichsgesetz gewährt worden sind, richtet sich nach den dafür maßgeblichen Vorschriften.

Abschnitt 3. Durchführung der Rückgabe

§ 9. Eigentumsübergang. (1) Die Rückgabe eines Unternehmens nach § 6 Abs. 5 des Vermögensgesetzes erfolgt, wenn bei einer einvernehmlichen Regelung die zuständige Behörde oder ein Schiedsgericht nicht eingeschaltet wird, nach den für die Übertragung des Eigentums maßgeblichen Vorschriften. Wirkt die nach dem Vermögensgesetz zuständige Behörde oder ein Schiedsgericht mit, so geht das zurückzugebende Unternehmen (§ 1 Abs. 1) mit der Unanfechtbarkeit einer Entscheidung über die Rückgabe nach § 33 Abs. 3 des Vermögensgesetzes auf den Berechtigten nach § 34 Abs. 1 des Vermögensgesetzes im Wege der Gesamtrechtsnachfolge über; die Übernahme von Schulden bedarf nicht der Genehmigung des Gläubigers. Ein zurückbleibender Verfügungsberechtigter ist bei Vermögenslosigkeit von Amts wegen zu löschen.

(2) Die Rückgabe durch Bescheid der Behörde nach § 31 Abs. 5 oder § 33 Abs. 3 des Vermögensgesetzes erfolgt in der Regel durch Übertragung der Anteils- oder Mitgliedschaftsrechte, soweit der Berechtigte nicht die Rückgabe des Vermögens nach § 6 Abs. 5a Satz 1 Buchstabe b des Vermögensgesetzes verlangt.

(3) Die Firma eines Verfügungsberechtigten darf nicht verwendet werden, wenn dadurch der Ausschließlichkeitsanspruch des Berechtigten nach § 30 des Handelsgesetzbuchs oder dessen Namensrecht beeinträchtigt wird.

§ 10. Übertragung von Anteilen auf die Gesellschafter. (1) Für einen Antrag auf unmittelbare Übertragung der Anteile an der verfügungsberechtigten Gesellschaft nach § 6 Abs. 5a Satz 1 Buchstabe c des Vermögensgesetzes bedarf es eines Beschlusses der Gesellschafter. Für die Beschlußfassung treten die Erben von verstorbenen Gesellschaftern in deren Rechte ein, soweit keine abweichenden Vereinbarungen getroffen worden sind. Die Erben können das Stimmrecht nur einheitlich ausüben. Der Beschluß bedarf bei Personenhandelsgesellschaften der Mehrheit der Gesellschafter, die sich nach deren Zahl bestimmt, bei Kapitalgesellschaften der Mehrheit des bei der Beschlußfassung vertretenen Kapitals, soweit keine abweichenden Vereinbarungen getroffen worden sind.

(2) Eine staatliche Beteiligung, die nicht einem einzelnen Gesellschafter zusteht, bleibt bei der Beschlußfassung und bei der Zuteilung der Anteile an der zurückzugebenden Gesellschaft unberücksichtigt.

(3) Die Zuteilung der Anteile erfolgt im Verhältnis der Kapitalanteile im Zeitpunkt der Schädigung. War ein gezeichnetes Kapital im Zeitpunkt der Schädigung nicht vorgeschrieben oder ist dieses nach Absatz 2 nicht zu berücksichtigen, so erfolgt die Zuteilung im Zweifel nach der Zahl der Gesellschafter. Hatte die Gesellschaft im Zeitpunkt der Schädigung Kommanditkapital privater Gesellschafter, so erfolgt die Zuteilung im Verhältnis der Kommanditeinlagen zu den Kapitalanteilen der persönlich haftenden Gesellschafter. Im Zeitpunkt der Schädigung offen ausgewiesenes Eigenkapital wird den persönlich haftenden Gesellschaftern zugerechnet, soweit sich aus dem Gesellschaftsvertrag nichts anderes ergibt.

(4) Wird ein Antrag nach § 6 Abs. 5b des Vermögensgesetzes auf Rückübertragung entzogener Anteile oder auf Wiederherstellung einer Mitgliedschaft gestellt, so ist der Antragsteller bei der Beschlußfassung nach Absatz 1 so zu behandeln, als sei er in seine Rechte wiedereingesetzt. Bis zur Bestandskraft der Entscheidung über den Antrag ist die Zuteilung nach Absatz 3 auszusetzen. Die Wiedereinsetzung wirkt auf den Zeitpunkt der Schädigung zurück.

§ 11. Besonderheiten wegen der Rechtsform. (1) Wird die Rückgabe eines Unternehmens verlangt, das im Zeitpunkt der Schädigung von einem Einzelkaufmann geführt wurde, so darf die Firma des Berechtigten nur fortgeführt werden, wenn der Berechtigte nach Rückgabe ein Handelsgewerbe im Sinne von § 1 des Handelsgesetzbuchs betreibt, das nach Art und Umfang einen in kaufmännischer Weise eingerichteten Geschäftsbetrieb erfordert, oder bei Vorhandensein von zwei oder mehr Personen das zurückgegebene Unternehmen in der Rechtsform einer offenen Handelsgesellschaft

779

oder einer Kommanditgesellschaft oder einer Kapitalgesellschaft betrieben wird. § 19 Abs. 5 des Handelsgesetzbuchs, § 4 Abs. 2 des Gesetzes betreffend die Gesellschaften mit beschränkter Haftung und § 4 Abs. 2 des Aktiengesetzes sind zu beachten.

(2) Läßt sich eine offene Handelsgesellschaft oder eine Kommanditgesellschaft die Anteilsrechte an einer juristischen Person oder das Vermögen des rückgabepflichtigen Unternehmens übertragen, so kann sie als Personenhandelsgesellschaft unter der bisherigen Firma nur fortgesetzt werden, wenn sie ein Handelsgewerbe im Sinne von § 1 des Handelsgesetzbuchs betreibt. Die Personenhandelsgesellschaft kann aber auch verlangen, daß die rückübertragene Kapitalgesellschaft ihr persönlich haftender Gesellschafter wird und daß die Anteilsrechte an der Kapitalgesellschaft auf sie oder ihre Gesellschafter übertragen werden.

§ 12. Erbfall. (1) Ist ein Gesellschafter einer geschädigten Personenhandelsgesellschaft verstorben, so können sämtliche oder einzelne Erben in das Unternehmen eintreten und die Fortsetzung des Unternehmens unter der bisherigen Firma beschließen. Die Erben können jeweils entscheiden, ob sie persönlich haftender Gesellschafter oder Kommanditist werden wollen. Wird die Rechtsform einer Kommanditgesellschaft gewählt, muß jedoch zumindest eine Person persönlich haftender Gesellschafter werden, sofern das zurückzugebende Unternehmen nicht in der Rechtsform einer Gesellschaft mit beschränkter Haftung geführt wird und persönlich haftender Gesellschafter der Kommanditgesellschaft wird.

(2) Wählen die Erben die Rückgabe durch Übertragung der Anteilsrechte an einer Kapitalgesellschaft nach § 6 Abs. 5a Satz 1 Buchstabe c des Vermögensgesetzes, so stehen ihnen diese zur gesamten Hand zu.

Abschnitt 4. Unternehmensrückgaben nach dem Unternehmensgesetz und Beteiligungskäufe

§ 13. Wirksamkeit abgeschlossener Verträge. (1) Ein Vertrag über die Rückgabe eines Unternehmens nach den §§ 17 bis 19 des Gesetzes über die Gründung und Tätigkeit privater Unternehmen und über Unternehmensbeteiligungen vom 7. März 1990 (GBl. I Nr. 17 S. 141) ist durchzuführen, wenn die behördliche Entscheidung vor dem 29. September 1990 getroffen und die Umwandlungserklärung vor dem 1. Juli 1991 notariell beurkundet worden ist und die Eintragung erfolgt ist oder diese bis spätestens 30. Juni 1991 vom Berechtigten beantragt wird.

(2) Das Registergericht nimmt die für den Vollzug von nach Absatz 1 durchzuführenden Verträgen erforderlichen Eintragungen auf Antrag vor. Der Anspruch des Berechtigten auf Überprüfung nach § 6 Abs. 8 des Vermögensgesetzes bleibt unberührt.

§ 14. Überprüfung von Unternehmensrückgaben. (1) Der Antrag auf Überprüfung der Rückgabe nach § 6 Abs. 8 des Vermögensgesetzes kann nur von demjenigen gestellt werden, der das Unternehmen als Berechtigter zurückerhalten hat. Der Antrag ist außerdem nur zulässig, wenn das Unternehmen auf Grund der §§ 17 bis 19 des Gesetzes über die Gründung und Tätigkeit privater Unternehmen und über Unternehmensbeteiligungen vom 7. März 1990 (GBl. I Nr. 17 S. 141) zurückgegeben wurde.

(2) Die Behörde behandelt den Antrag wie einen Antrag auf Rückgabe des Unternehmens, soweit der Berechtigte den Antrag nicht auf eine Anpassung beschränkt. Der Antrag kann auch auf eine Anpassung nach der Zweiten Durchführungsverordnung zu dem vorbezeichneten Gesetz vom 13. Juni 1990 (GBl. I Nr. 34 S. 363) beschränkt werden. Wird der Antrag auf eine Anpassung beschränkt, so ist die Behörde hinsichtlich der Berechtigung an die frühere Entscheidung gebunden.

(3) Der Berechtigte kann bis zur bestandskräftigen Entscheidung über seinen Antrag auf die Entschädigung nach § 6 Abs. 7 des Vermögensgesetzes übergehen. In diesem Fall ist der abgeschlossene Vertrag rückabzuwickeln; der Berechtigte ist wie ein Pächter zu behandeln.

(4) Für die Berechnung wesentlicher Verschlechterungen oder wesentlicher Verbesserungen der Vermögenslage ist unabhängig vom Zeitpunkt der Übertragung des Unternehmens auf den 1. Juli 1990 und die für diesen Zeitpunkt aufzustellende D-Markeröffnungsbilanz abzustellen. Für die Bestimmung des Schuldners nach § 6 Abs. 1 des Vermögensgesetzes ist der Zeitpunkt des Vertragsabschlusses maßgebend. Gegenleistungen des Berechtigten sind nach Umrechnung von zwei Mark der Deutschen Demokratischen Republik in eine Deutsche Mark zurückzugewähren.

8. Unternehmensrückgabeverordnung **Anhang I/8**

(5) Teilt die Behörde dem Antragsteller die beabsichtigte Entscheidung nach § 32 Abs. 1 des Vermögensgesetzes mit und stellt er sich nach Auffassung der Behörde schlechter, so hat sie ihn darauf hinzuweisen, daß er seinen Antrag bis zur Unanfechtbarkeit ihrer Entscheidung zurücknehmen oder nach Absatz 2 Satz 1 und 2 beschränken kann.

Abschnitt 5. Verfahren

§ 15. Zuständige Behörde. (1) Für die Rückgabe von Unternehmen ist auch in den Fällen der staatlichen Verwaltung ausschließlich das Landesamt zuständig, in dessen Bereich das Unternehmen am 29. September 1990 seinen Sitz (Hauptniederlassung) hatte; im Fall einer früheren Stillegung sein letzter Sitz. Dies gilt auch für die Anträge nach § 6 Abs. 5b, 5c, 6a und 8 des Vermögensgesetzes.

(2) Anträge, die an eine örtlich nicht zuständige Behörde gerichtet werden, bleiben zulässig. Sie sind an die zuständige Behörde weiterzuleiten.

§ 16. Behandlung staatlicher Beteiligungen. (1) Für die Abwicklung von staatlichen Beteiligungen nach § 6 Abs. 5c des Vermögensgesetzes ist das Landesamt zuständig, das für die Rückgabe des Unternehmens, an dem die Beteiligung besteht, zuständig ist. Es entscheidet über den Antrag der Gesellschafter oder deren Rechtsnachfolger, wenn und soweit eine Einigung mit dem Verfügungsberechtigten über die staatliche Beteiligung nicht zustande kommt.

(2) Ist eine staatliche Beteiligung entgegen § 6 Abs. 5c des Vermögensgesetzes an einen Berechtigten verkauft worden und macht dieser von seinem Rücktrittsrecht Gebrauch, so hat das nach Absatz 1 zuständige Landesamt auf Antrag des zurückgetretenen Käufers die Rückabwicklung anzuordnen, soweit eine Einigung mit dem Verkäufer der staatlichen Beteiligung nicht zustande kommt.

§ 17. Quorum. (1) Für die Berechnung des Quorums nach § 6 Abs. 1a Satz 2 des Vermögensgesetzes bleibt eine staatliche Beteiligung unberücksichtigt. Macht ein früherer Gesellschafter oder ein früheres Mitglied des Berechtigten oder ein Rechtsnachfolger einen Anspruch wegen Schädigung nach § 6 Abs. 5b des Vermögensgesetzes geltend, so ist er bei der Berechnung des Quorums so zu behandeln, als sei er in seine Rechte wieder eingesetzt. Für die Beschlußfassung treten die Erben von verstorbenen Gesellschaftern in deren Rechte ein. Die Erben können das Stimmrecht nur einheitlich ausüben.

(2) Die Kapitalkonten von persönlich haftenden Gesellschaftern von Personenhandelsgesellschaften sind wie Anteile zu behandeln. Im Zeitpunkt der Schädigung vorhandenes Eigenkapital, das nicht gezeichnetes Kapital war, ist den Kapitalkonten der persönlich haftenden Gesellschafter in deren Verhältnis zuzurechnen, soweit sich aus dem Gesellschaftsvertrag nichts Abweichendes ergibt. Sind die Kapitalkonten nicht mehr feststellbar, so erfolgt die Zuordnung nach der Zahl der persönlich haftenden Gesellschafter. Beim Vorhandensein von Kommanditkapital ist § 9 Abs. 3 entsprechend anzuwenden.

(3) Ist unbekannt oder ungewiß, wer Gesellschafter oder Mitglied des Berechtigten oder Rechtsnachfolger dieser Personen ist oder wo sich diese Personen aufhalten, so wird auf Antrag von Mitberechtigten oder von Amts wegen ein Pfleger nach den §§ 1911, 1913 des Bürgerlichen Gesetzbuchs bestellt.

§ 18. Antrag auf Rückgabe. (1) Wird ein Antrag auf Rückgabe eines Unternehmens von einer in § 6 Abs. 6 Satz 1 des Vermögensgesetzes bezeichneten Personen gestellt, so gilt der Antrag als für das geschädigte Unternehmen gestellt. Kommt das nach § 6 Abs. 1a des Vermögensgesetzes erforderliche Quorum nicht zustande, so ist der Antrag als Antrag auf Entschädigung nach § 6 Abs. 6a Satz 4 des Vermögensgesetzes zu behandeln. Jeder Berechtigte kann stattdessen Entschädigung nach § 6 Abs. 7 des Vermögensgesetzes verlangen.

(2) Ist der Antrag auf Rückgabe eines Unternehmens von einem Anteilseigner des geschädigten Unternehmens gestellt und das erforderliche Quorum erreicht worden, so bleibt die Entscheidung, ob stattdessen die Entschädigung nach § 6 Abs. 6 Satz 3 des Vermögensgesetzes gewählt wird, dem geschädigten Unternehmen als dem Berechtigten vorbehalten.

§ 19. Anwendung sonstiger Vorschriften. (1) Auf die Ausführung des Vermögensgesetzes und dieser Verordnung ist das Verwaltungsverfahrensgesetz anzuwenden.

(2) Zustellungen durch die Behörde werden nach den Vorschriften des Verwaltungszustellungsgesetzes bewirkt.

(3) Für Vollstreckungen gilt das Verwaltungs-Vollstreckungsgesetz entsprechend.

Abschnitt 6. Schlußvorschriften

§ 20. Inkrafttreten. Diese Verordnung tritt am Tage nach der Verkündung in Kraft.[1]

9. Verordung über die Ablösung früherer Rechte und andere vermögensrechtliche Fragen (Hypothekenablöseverordnung – HypAblV)

Vom 10. Juni 1994

(BGBl. I S. 1253)

Auf Grund des § 40 des Vermögensgesetzes in der Fassung der Bekanntmachung vom 3. August 1992 (BGBl. I S. 1446), der durch Artikel 15 § 2 Nr. 11 des Gesetzes vom 20. Dezember 1993 (BGBl. I S. 2182) eingefügt worden ist, sowie des Artikels 14 Abs. 5 Satz 6 Nr. 3 des Zweiten Vermögensrechtsänderungsgesetzes vom 14. Juli 1992 (BGBl. I S. 1257), der durch Artikel 12 Nr. 1 des Gesetzes vom 22. April 1993 (BGBl. I S. 466) neu gefaßt worden ist, § 1 Abs. 4 und § 134 der Grundbuchordnung, die zuletzt durch Artikel 1 des genannten Gesetzes vom 20. Dezember 1993 geändert worden ist, und Artikel 18 Abs. 1 dieses Gesetzes verordnet das Bundesministerium der Justiz im Einvernehmen mit den Bundesministerien der Finanzen und für Raumordnung, Bauwesen und Städtebau und für Wirtschaft:

Abschnitt 1. Verfahren

§ 1. Mitteilung. In der Mitteilung nach § 32 des Vermögensgesetzes sind die früheren dinglichen Rechte, die zuletzt im Grundbuch eingetragenen Gläubiger dieser Rechte, deren Rechtsnachfolger, wenn diese dem Amt zur Regelung offener Vermögensfragen bekannt sind, die nach § 18 des Vermögensgesetzes und dieser Verordnung für die einzelnen Rechte berücksichtigten Einzelbeträge und der insgesamt zu hinterlegende Ablösebetrag anzugeben. In dem Bescheid soll auf die Möglichkeit einer einvernehmlichen Bereinigung früherer Rechte gemäß § 18 Abs. 1 Satz 4 des Vermögensgesetzes und § 3 Abs. 1 dieser Verordnung hingewiesen werden, wenn das Amt zur Regelung offener Vermögensfragen eine solche Bereinigung im Einzelfall für zweckdienlich hält. Eine Abschrift der Mitteilung ist dem betroffenen Kreditinstitut zu übersenden.

§ 2. Umrechnung. (1) Mark der DDR, Mark der deutschen Notenbank, Renten-, Reichs- oder Goldmark oder vergleichbare Währungsbezeichnungen sind im Verhältnis 2 zu 1 auf Deutsche Mark umzurechnen. Für ausländische Währungen findet § 244 Abs. 2 des Bürgerlichen Gesetzbuchs entsprechende Anwendung. Für wertbeständige Rechte (§ 1 Abs. 1 Satz 1 des Grundbuchbereinigungsgesetzes) finden im übrigen die jeweiligen Umrechnungsvorschriften Anwendung; eine von den allgemeinen Vorschriften abweichende Umstellung im Rahmen landwirtschaftlicher Entschuldungsverfahren ist vom Berechtigten nachzuweisen.

(2) Für die Bewertung und Kapitalisierung von Rechten, die auf die Erbringung wiederkehrender Leistungen aus dem Grundstück gerichtet sind, sind die zum Zeitpunkt der jeweiligen Schädigung (§ 1 des Vermögensgesetzes) geltenden bewertungsrechtlichen Vorschriften maßgeblich.

§ 3. Kürzung und Entfallen von Einzelbeträgen. (1) In den Fällen des § 18 Abs. 1 Satz 4 des Vermögensgesetzes darf die Berücksichtigung eines Einzelbetrages nur unterbleiben, wenn das Amt zur Regelung offener Vermögensfragen als Vertreter der Interessen des Entschädigungsfonds zustimmt und die Berechtigung des Begünstigten zweifelsfrei nachgewiesen wurde.

(2) Die Kürzung von Einzelrechten aufgrund unstreitiger Tilgungszahlungen gemäß § 18 Abs. 2 Satz 4, Abs. 3 Satz 2 des Vermögensgesetzes darf nur erfolgen, wenn die Berechtigung des zustimmenden Begünstigten zweifelsfrei nachgewiesen wurde.

---

[1] Tag der Verkündung: 24. 7. 1991.

9. Hypothekenablöseverordnung — Anhang I/9

(3) Auf Antrag des Berechtigten sind die Einzelbeträge angemessen zu kürzen, wenn die volle Berücksichtigung unbillig erscheint. Dies ist insbesondere der Fall, wenn nur ein Teil des früher belasteten Grundstücks zurückübertragen wird oder nicht alle früher mit einem Gesamtrecht belasteten Grundstücke zurückübertragen werden und die Abweichung nicht nur geringfügig ist oder wenn ein Miteigentumsanteil zurückübertragen wird, der vor der Überführung des Grundstücks in Volkseigentum durch den staatlichen Verwalter mit Aufbauhypotheken oder sonstigen Grundpfandrechten zur Sicherung von Baukrediten belastet wurde und die zugrundeliegende Kreditaufnahme dem Gesamtgrundstück zugute kam. Die Sätze 1 und 2 gelten für die Bestimmung des zu übernehmenden Teils von Grundpfandrechten gemäß § 16 Abs. 5 bis 9 des Vermögensgesetzes entsprechend.

§ 4. Verfahren bei Veräußerung des Grundstücks und bei Ablösung von Rechten. (1) Veräußert der Verfügungsberechtigte ein ehemals volkseigenes Grundstück, bei dessen Rückübertragung nach den §§ 18 bis 18b des Vermögensgesetzes ein Ablösebetrag zu hinterlegen oder Wertausgleich nach § 7 Abs. 1 des Vermögensgesetzes zu leisten gewesen wäre, und steht dem Berechtigten aufgrund gesetzlicher Vorschriften oder vertraglicher Vereinbarungen der Verkaufserlös oder ein Anspruch auf Ersatz des Verkehrswertes im Zusammenhang mit der Veräußerung des Grundstücks zu, so darf dieser nach Maßgabe des Satzes 3 und unbeschadet des Satzes 4 erst dann an den Berechtigten ausgezahlt werden, wenn dessen Berechtigung durch das Amt zur Regelung offener Vermögensfragen unanfechtbar festgestellt worden ist und für die früheren Rechte ein nach Satz 2 festgesetzter Ablösebetrag hinterlegt oder Wertausgleich abgeführt worden ist. Das Amt zur Regelung offener Vermögensfragen hat auf Antrag des Berechtigten in dem Verfahren nach dem Vermögensgesetz festzustellen, ob er ohne die Veräußerung rückübertragungsberechtigt gewesen wäre, und nach Maßgabe des § 18 des Vermögensgesetzes für die früheren Rechte einen Ablösebetrag oder nach § 7 des Vermögensgesetzes einen Wertausgleich festzusetzen. In dem Bescheid ist weiter aufzugeben, daß der Verfügungsberechtigte

1. aus dem Verkaufserlös oder dem Verkehrswert einen Betrag in Höhe des unanfechtbar festgesetzten Ablösebetrages im Namen des Berechtigten bei der nach § 18a des Vermögensgesetzes zuständigen Stelle unter Verzicht auf die Rücknahme zu hinterlegen hat,
2. aus dem verbleibenden Verkaufserlös oder Verkehrswert einen unanfechtbar festgesetzten Wertausgleich an den Gläubiger gemäß § 7 Abs. 5 des Vermögensgesetzes abzuführen hat und
3. einen verbleibenden Restbetrag an den Berechtigten herauszugeben hat.

Das Amt zur Regelung offener Vermögensfragen ordnet die Auszahlung des gesamten Verkaufserlöses oder Verkehrswertes an den Berechtigten an, wenn lediglich die Festsetzung des Ablösebetrages oder des Wertausgleichsbetrages nicht unanfechtbar geworden ist und der Berechtigte hierfür Sicherheit geleistet hat.

(2) Wird ein ehemals volkseigenes Grundstück, bei dessen Rückübertragung nach den §§ 18 bis 18b des Vermögensgesetzes ein Ablösebetrag zu hinterlegen gewesen wäre, im Wege der investiven Rückgabe (§ 21 des Investitionsvorranggesetzes) an den Berechtigten zurückübertragen, so ist diesem in dem Bescheid, in dem seine Berechtigung festgestellt wird, die Hinterlegung eines Ablösebetrages nach § 18 des Vermögensgesetzes unter Verzicht auf die Rücknahme bei der nach § 18a Satz 1 des Vermögensgesetzes zuständigen Stelle aufzugeben; die Festsetzung weiterer Zahlungspflichten bleibt unberührt. Wird in dem Verfahren nach dem Vermögensgesetz festgestellt, daß der Anmelder nicht der Berechtigte war, so ist dem Anmelder in dem Verfahren nach § 21 Abs. 5 des Investitionsvorranggesetzes entsprechend Absatz 1 Satz 3 die Hinterlegung eines festzusetzenden Ablösebetrags oder die Abführung eines festzusetzenden Wertausgleichsbetrages aus dem zu zahlenden Verkehrswert aufzugeben, wenn ein anderer Anmelder berechtigt ist; Absatz 1 Satz 4 findet entsprechende Anwendung.

(3) Ist in den Fällen des Absatzes 1 oder des Absatzes 2 Satz 2 bereits der Erlös an den Berechtigten herausgegeben oder ein Wertersatz an diesen gezahlt worden, so ist dem Berechtigten von dem Amt zur Regelung offener Vermögensfragen gemäß Absatz 2 Satz 1 die Hinterlegung des Ablösebetrags aufzugeben.

(4) Die Ansprüche in Ansehung des hinterlegten Betrages richten sich nach § 18b des Vermögensgesetzes und dieser Verordnung. Ist im Falle des Absatzes 1 der Ablösebetrag höher als der Kaufpreis oder der Verkehrswert, gehen die in § 18b Abs. 1 des Vermögensgesetzes genannten Ansprüche des Entschädigungsfonds und des Begünstigten denen des Berechtigten vor. Reicht der hinterlegte Betrag auch zur Befriedigung der Ansprüche des Entschädigungsfonds und des Begünstigten nicht aus, sind diese nach der Rangfolge der ehemaligen Rechte zu befriedigen.

(5) Veräußert der Verfügungsberechtigte ein belastetes Grundstück und steht dem Berechtigten aufgrund gesetzlicher Vorschriften der Verkaufserlös oder ein Anspruch auf Zahlung des Verkehrswertes im Zusammenhang mit der Veräußerung des Grundstücks zu, so sind die bestehenden Belastungen bei der Berechnung des Verkehrswertes nur insoweit zu berücksichtigen, als sie im Falle der Rückgabe nach § 16 des Vermögensgesetzes vom Berechtigten zu übernehmen gewesen wären.

(6) Entsprechend § 16 Abs. 6 des Vermögensgesetzes ist im Einvernehmen mit dem Berechtigten auch auf Antrag des Erwerbers eines Grundstücks durch das Amt zur Regelung offener Vermögensfragen festzustellen, ob und in welchem Umfang Grundpfandrechte, die zum Zeitpunkt der Rückübertragung des Grundstücks oder der Beendigung der staatlichen Verwaltung im Grundbuch eingetragen waren, mit der Rückübertragung oder Beendigung der staatlichen Verwaltung gemäß § 16 Abs. 9 des Vermögensgesetzes als erloschen gelten. Eine solche Entscheidung ergeht auf Antrag des Berechtigten oder, im Falle der Veräußerung, auch eines Erwerbers im Einvernehmen mit dem Berechtigten ebenfalls dann, wenn die Grundpfandrechte zum Zeitpunkt der Antragstellung oder Entscheidung nicht mehr im Grundbuch eingetragen sind. Die Anträge können nur noch bis zum Ablauf des 1. Januar 1995 gestellt werden.

(7) Gilt ein Briefgrundpfandrecht nach § 16 Abs. 9 Satz 1 des Vermögensgesetzes oder nach Artikel 14 Abs. 6 Satz 2 und 3 des Zweiten Vermögensrechtsänderungsgesetzes als erloschen oder als nicht entstanden, so bedarf es zum Vollzug der Löschung im Grundbuch nicht der Vorlage des Briefes.

§ 5. Zustellung. (1) Entscheidungen, durch die ein Ablösebetrag gemäß § 18 des Vermögensgesetzes festgesetzt wird, und Auszahlungsbescheide des Entschädigungsfonds gemäß § 18b Abs. 1 Satz 5 des Vermögensgesetzes können den Gläubigern der Grundpfandrechte und den Begünstigten im Sinne des § 18b Abs. 1 Satz 1 des Vermögensgesetzes durch öffentliche Bekanntmachung nach Maßgabe des § 15 Abs. 2 des Verwaltungszustellungsgesetzes zugestellt werden, wenn der Aufenthaltsort oder die Person des Begünstigten unbekannt und nur unter unverhältnismäßigen Schwierigkeiten zu ermitteln ist. § 15 Abs. 4 des Verwaltungszustellungsgesetzes gilt entsprechend. Entscheidungen nach Satz 1 gelten im Falle der öffentlichen Bekanntmachung an dem Tag als zugestellt, an dem seit dem Tag des Aushängens zwei Wochen verstrichen sind.

(2) Ist der Empfänger einer Zustellung nicht im Inland ansässig oder vertreten, so erfolgt die Zustellung, sofern nicht besondere völkervertragliche Regelungen etwas Abweichendes vorschreiben, nach Absendung einer Abschrift des Bescheides durch Aufgabe des Bescheides zur Post mit Einschreiben; die Zustellung gilt nach Ablauf von zwei Wochen ab der Aufgabe zur Post als erfolgt.

Abschnitt 2. Sicherheitsleistung

§ 6. Grundsatz. (1) Sicherheit gemäß § 18a Satz 2 des Vermögensgesetzes kann durch Hinterlegung bei der gemäß § 18a dieses Gesetzes zuständigen Stelle oder durch Beibringung einer Garantie oder eines sonstigen Zahlungsversprechens eines Kreditinstitutes geleistet werden.

(2) Sicherheit ist in Höhe des in dem angefochtenen Bescheid über die Rückübertragung festgesetzten Ablösebetrages zu leisten.

§ 7. Hinterlegung. Leistet der Berechtigte für den Ablösebetrag Sicherheit durch Hinterlegung, so kann er auf Grund des auch hinsichtlich der Festsetzung des Ablösebetrages unanfechtbar gewordenen Bescheides über die Rückübertragung des Eigentums die Differenz zwischen dem vorläufig und dem endgültig festgesetzten Ablösebetrag von der Hinterlegungsstelle herausverlangen.

§ 8. Garantie oder sonstiges Zahlungsversprechen. (1) Sicherheit durch Beibringung einer Garantie oder eines sonstigen Zahlungsversprechens eines Kreditinstitutes ist dadurch zu leisten, daß sich das Kreditinstitut gegenüber dem Amt zur Regelung offener Vermögensfragen unwiderruflich dazu verpflichtet, auf erstes Anfordern des Amtes zur Regelung offener Vermögensfragen einen Betrag bis zur Höhe des in dem angefochtenen Bescheid festgesetzten bei der Hinterlegungsstelle gemäß § 18a des Vermögensgesetzes im Namen des Berechtigten unter Verzicht auf die Rücknahme zu hinterlegen.

(2) Ist der Bescheid über die Rückübertragung des Eigentums auch hinsichtlich der Festsetzung des Ablösebetrages unanfechtbar geworden, fordert das Amt zur Regelung offener Vermögensfragen den

10. Grundstücksverkehrsordnung   Anhang I/10

Berechtigten auf, innerhalb einer Frist von zehn Tagen die Hinterlegung des Betrages nachzuweisen. Kommt der Berechtigte dem nicht nach, hat das Amt zur Regelung offener Vermögensfragen das Kreditinstitut zur Hinterlegung des festgesetzten Betrages aufzufordern.

§ 9. Sicherheitsleistung in anderen Fällen. Die Vorschriften dieses Abschnitts gelten für die nach § 7 Abs. 1 Satz 5 des Vermögensgesetzes zu leistende Sicherheit entsprechend.

Abschnitt 3. Schlußvorschriften

§ 10. Überleitungsvorschrift. Diese Verordnung ist auch auf Verfahren anzuwenden, die vor ihrem Inkrafttreten begonnen haben, aber noch nicht bestandskräftig entschieden sind. Entscheidungen, deren Zustellung vor Inkrafttreten dieser Verordnung entsprechend § 5 betrieben worden ist, gelten als am 1. August 1994 zugestellt.

§ 11. Inkrafttreten, Außerkrafttreten. (1) Diese Verordnung tritt am 4. Juli 1994 in Kraft.

(2) Gleichzeitig tritt die Hypothekenablöseanordnung vom 14. Juli 1992 (BGBl. I S. 1257, 1265) außer Kraft.

(3) § 106 Abs. 1 der Grundbuchverfügung, der durch Artikel 3 Abs. 2 des Gesetzes vom 20. Dezember 1993 (BGBl. I S. 2182) eingefügt worden ist, wird aufgehoben.

10. Grundstücksverkehrsordnung (GVO)
In der Fassung des Registerverfahrenbeschleunigungsgesetzes vom 20. Dezember 1993

(BGBl. I S. 2182, 2221)[1]

§ 1. Geltungsbereich, Genehmigungsanspruch. (1) In dem in Artikel 3 des Einigungsvertrages bezeichneten Gebiet bedürfen die in den nachfolgenden Bestimmungen bezeichneten Rechtsgeschäfte einer Grundstücksverkehrsgenehmigung. Die Genehmigung kann auch vor Abschluß der Rechtsgeschäfte erteilt werden; eine solche Genehmigung bleibt nur wirksam, wenn das im voraus genehmigte Rechtsgeschäft binnen eines Jahres nach der Ausstellung der Genehmigung abgeschlossen wird.

(2) Die Grundstücksverkehrsgenehmigung ist auf Antrag jeder der an dem genehmigungspflichtigen Rechtsgeschäft beteiligten Personen zu erteilen, wenn

1. bei dem Amt und Landesamt zur Regelung offener Vermögensfragen, in dessen Bezirk das Grundstück belegen ist, für das Grundstück in der Ausschlußfrist des § 30a des Vermögensgesetzes ein Antrag auf Rückübertragung nach § 30 Abs. 1 des Vermögensgesetzes oder eine Mitteilung über einen solchen Antrag nicht eingegangen oder ein solcher Antrag bestandskräftig abgelehnt oder zurückgenommen worden ist oder
2. der Anmelder zustimmt oder
3. die Veräußerung nach § 3c des Vermögensgesetzes erfolgt;

sie ist im übrigen zu versagen. Die Grundstücksverkehrsgenehmigung kann auch erteilt werden, wenn der Antrag nach § 30 Abs. 1 des Vermögensgesetzes offensichtlich unbegründet erscheint, insbesondere weil Restitutionsansprüche angemeldet sind, die auf Enteignungen von Vermögenswerten auf besatzungsrechtlicher oder besatzungshoheitlicher Grundlage beruhen. Stimmt der Anmelder gemäß Satz 1 Nr. 2 zu, so ist auf seinen Antrag in dem Verfahren nach dem Vermögensgesetz festzustellen, ob er ohne die Durchführung des genehmigungsbedürftigen Rechtsgeschäfts rückübertragungsberechtigt gewesen wäre.

(3) Bei der Prüfung gemäß Absatz 2 Satz 1 Nr. 1 bleiben Anträge außer Betracht, die die Feststellung eines bestimmten Grundstücks nicht erlauben, wenn der Berechtigte durch das Amt zur Regelung offener Vermögensfragen zu entsprechendem Sachvortrag aufgefordert worden ist und innerhalb der nach § 31 Abs. 1b des Vermögensgesetzes gesetzten Frist keine oder keine ausreichenden Angaben hierzu macht.

---

[1] Verkündet als Art. 15 § 1 des Registerverfahrenbeschleunigungsgesetzes v. 20. 12. 1993.

Anhang I/10   I. Bundesrecht

(4) Kann die Genehmigung nicht erteilt werden, so setzt die zuständige Behörde das Verfahren bis zum Eintritt der Bestandskraft der Entscheidung über den Antrag nach § 30 Abs. 1 des Vermögensgesetzes aus. Auf Antrag eines Beteiligten ergeht hierüber ein gesonderter Bescheid. Ein Vorgehen nach dem Investitionsvorranggesetz oder § 7 des Vermögenszuordnungsgesetzes sowie für diesen Fall getroffene Vereinbarungen der Beteiligten bleiben unberührt.

§ 2. Erfordernis der Genehmigung. (1) Einer Genehmigung bedürfen

1. die Auflassung eines Grundstücks und der schuldrechtliche Vertrag hierüber,
2. die Bestellung und Übertragung eines Erbbaurechts und der schuldrechtliche Vertrag hierüber.

Eine Genehmigung ist nicht erforderlich, wenn

1. der Rechtserwerb des Veräußerers aufgrund einer nach dem 28. September 1990 erteilten Grundstücksverkehrsgenehmigung nach diesem Gesetz auch in seiner vor dem Inkrafttreten dieses Gesetzes geltenden Fassung oder der Grundstücksverkehrsverordnung oder aufgrund einer Investitionsbescheinigung, einer Entscheidung nach § 3a des Vermögensgesetzes, eines Investitionsvorrangbescheides oder nach dieser Nummer in das Grundbuch eingetragen worden ist, sofern nicht ein Vertrag nach § 3c des Vermögensgesetzes vorliegt, oder wenn das Eigentum nach einer Feststellung nach § 13 Abs. 2 des Investitionsvorranggesetzes nicht zurückzuübertragen ist oder
2. der Rechtserwerb des Veräußerers aufgrund einer Entscheidung nach § 31 Abs. 5 Satz 3 oder § 33 Abs. 3 des Vermögensgesetzes in das Grundbuch eingetragen worden ist oder
3. der Veräußerer selbst seit dem 29. Januar 1933 ununterbrochen als Eigentümer im Grundbuch eingetragen war oder zu diesem Zeitpunkt ein Dritter, von dem der Veräußerer das Eigentum im Wege der Erbfolge erlangt hat, im Grundbuch als Eigentümer eingetragen war oder
4. das Rechtsgeschäft auf die Eintragung einer Vormerkung gerichtet ist.

Satz 2 Nr. 1 bis 4 gilt für die Bestellung oder Übertragung eines Erbbaurechts entsprechend. Die Genehmigung des schuldrechtlichen Vertrages erfaßt auch das zu seiner Ausführung erforderliche dingliche Rechtsgeschäft; die Genehmigung des dinglichen Rechtsgeschäfts erfaßt auch den zugrundeliegenden schuldrechtlichen Vertrag. Wird die Genehmigung für mehrere Grundstücke beantragt, kann die Genehmigung aber nicht für alle erteilt werden, so ist die Genehmigung auf die einzelnen Grundstücke zu beschränken, für die die Voraussetzungen des § 1 Abs. 2 vorliegen, auch wenn die fraglichen Rechtsgeschäfte in einer Urkunde zusammengefaßt sind.

(2) Das Grundbuchamt darf auf Grund eines nach Absatz 1 genehmigungspflichtigen Rechtsgeschäfts eine Eintragung in das Grundbuch erst vornehmen, wenn der Genehmigungsbescheid vorgelegt ist. Es darf nicht mehr eintragen, wenn die zuständige Behörde mitgeteilt hat, daß gegen den Genehmigungsbescheid ein Rechtsbehelf eingelegt worden ist und dieser aufschiebende Wirkung hat. Die zuständige Behörde hat dem Grundbuchamt die Einlegung eines solchen Rechtsbehelfs sowie das Entfallen der aufschiebenden Wirkung unverzüglich mitzuteilen. Der Mitteilung durch die Behörde im Sinne dieses Absatzes steht es gleich, wenn das Grundbuchamt auf anderem Wege durch öffentliche oder öffentlich beglaubigte Urkunde Kenntnis erlangt. Ist die Genehmigung vor dem 3. Oktober 1990 erteilt worden, so kann das Grundbuchamt vor der Eintragung die Vorlage einer Bestätigung der zuständigen Behörde über die Wirksamkeit der Genehmigung verlangen, wenn Anhaltspunkte dafür gegeben sind, daß die Genehmigung infolge der Einlegung eines Rechtsbehelfs nach Satz 2 oder aus sonstigen Gründen nicht wirksam ist.

§ 3. Begriffsbestimmungen. Grundstücke im Sinne dieses Gesetzes sind auch Teile eines Grundstücks sowie Gebäude und Rechte an Gebäuden oder Gebäudeteilen, die auf Grund von Rechtsvorschriften auf besonderen Grundbuchblättern (Gebäudegrundbuchblätter) nachgewiesen werden können. Der Auflassung eines Grundstücks stehen gleich:

1. die Einräumung oder die Auflassung eines Miteigentumsanteils an einem Grundstück,
2. die Auflassung von Teil- und Wohnungseigentum an einem Grundstück.

§ 4. Inhalt der Entscheidung. (1) In der Entscheidung ist das Grundstück zu bezeichnen. Die Versagung der Genehmigung sowie die Aussetzung des Genehmigungsverfahrens sind zu begründen.

(2) Die Genehmigung kann insbesondere in den Fällen des § 1 Abs. 1 Satz 2 mit Auflagen verbunden werden, die sicherstellen, daß der Genehmigungszweck erreicht wird. Sie sind zu begründen.

10. Grundstücksverkehrsordnung   Anhang I/10

(3) Die Entscheidung über den Antrag ist mit einer Rechtsbehelfsbelehrung zu versehen und allen Beteiligten, wenn sie vertreten sind, nur dem Vertreter zuzustellen.

§ 5. Rücknahme und Widerruf der Genehmigung. Für die Rücknahme und den Widerruf der Genehmigung gelten die Bestimmungen des Verwaltungsverfahrensgesetzes. Der Widerruf kann nur bis zum Ablauf eines Jahres nach Erteilung der Genehmigung erfolgen. Die Rücknahme oder der Widerruf dürfen nicht darauf gestützt werden, daß dem Amt oder Landesamt zur Regelung offener Vermögensfragen, in dessen Bezirk das Grundstück liegt, nach Erteilung der Grundstücksverkehrsgenehmigung ein Antrag nach § 30 Abs. 1 des Vermögensgesetzes bekannt wird, der vor der Entscheidung bei dieser Stelle nicht eingegangen war oder über den dort keine Mitteilung vorlag.

§ 6. Rechtsmittel. Für Streitigkeiten über die Erteilung der Grundstücksverkehrsgenehmigung oder die Aussetzung des Verfahrens nach diesem Gesetz ist der Verwaltungsrechtsweg gegeben. Die Vorschriften der Verwaltungsgerichtsordnung über das Vorverfahren finden auch auf schwebende Beschwerdeverfahren Anwendung. Örtlich zuständig ist das Gericht, in dessen Bezirk die Stelle, die für die Erteilung der Grundstücksverkehrsgenehmigung zuständig ist, ihren Hauptsitz hat. Eine Entscheidung nach diesem Gesetz kann nicht wegen eines Verstoßes gegen die Bestimmungen über die Zuständigkeit angefochten werden.

§ 7. Verfahren bei Aufhebung der Genehmigung. (1) Die Rücknahme, der Widerruf oder die sonstige Aufhebung einer nach § 2 erforderlichen Genehmigung stehen der Wirksamkeit des genehmigungspflichtigen Rechtsgeschäfts nicht entgegen, wenn in dessen Vollzug die Grundbuchumschreibung erfolgt ist. In diesem Fall kann nach Wirksamwerden des Rechtsgeschäfts bei der nach § 8 zuständigen Stelle die Feststellung beantragt werden, daß die Voraussetzungen des § 1 inzwischen vorliegen. Diente das genehmigungspflichtige Rechtsgeschäft einer besonderen Investition (§ 3 des Investitionsvorranggesetzes), so kann bei der Stelle, die nach dem Investitionsvorranggesetz zuständig wäre, nachträglich nach Maßgabe des Investitionsvorranggesetzes ein Investitionsvorrangbescheid beantragt werden, wenn das Fehlen der Voraussetzungen des § 1 nicht offensichtlich war. Ein eigenes Angebot des Anmelders wird in diesem Fall nur berücksichtigt und genießt den Vorzug nur, wenn das Vorhaben noch nicht im wesentlichen durchgeführt ist. § 13 Abs. 1 Satz 3 des Investitionsvorranggesetzes gilt sinngemäß.

(2) Von dem Zeitpunkt an, in dem die Aufhebung der Genehmigung bestandskräftig wird, ist der Erwerber verpflichtet, dem Verfügungsberechtigten das Grundstück, soweit es ihm noch gehört, in dem Zustand zurückzuübereignen, in dem es sich in dem genannten Zeitpunkt befindet. Der Verfügungsberechtigte ist vorbehaltlich abweichender Vereinbarungen der Parteien verpflichtet, dem Erwerber den ihm aus der Erfüllung der Verpflichtung zur Rückübertragung entstandenen Schaden zu ersetzen, es sei denn, der Erwerber durfte aufgrund der Umstände der Erteilung der Genehmigung nicht auf deren Bestand vertrauen. Die Sätze 1 und 2 gelten nicht, wenn die Feststellung gemäß Absatz 1 Satz 2 unanfechtbar erfolgt ist oder ein bestandskräftiger Investitionsvorrangbescheid gemäß Absatz 1 Satz 3 ergangen ist. Für die Dauer des Verfahrens nach Absatz 1 Satz 2 und 3 kann die Erfüllung des Anspruchs nach Satz 1 verweigert werden.

(3) Ist das Grundstück gemäß Absatz 2 Satz 1 zurückzuübereignen, kann das Eigentum an dem Grundstück oder, wenn dieses noch nicht auf den Verfügungsberechtigten übertragen worden ist, der Anspruch auf Rückübereignung durch das Amt zur Regelung offener Vermögensfragen gemäß § 3 Abs. 1 des Vermögensgesetzes auf den Berechtigten (§ 2 Abs. 1 des Vermögensgesetzes) übertragen werden. In diesem Fall ist der Berechtigte unbeschadet des § 7 des Vermögensgesetzes verpflichtet, dem Verfügungsberechtigten den Wert zu ersetzen, den die Verwendungen des Erwerbers auf das Grundstück im Zeitpunkt der Rückübertragung haben. Als Verwendung gilt auch die Errichtung von Bauwerken und Anlagen. Der Berechtigte kann in diesem Fall auf die Übertragung des Eigentums nach dem Vermögensgesetz verzichten und stattdessen Zahlung des Erlöses oder des Verkehrswertes verlangen, den das Grundstück im Zeitpunkt der Erteilung der Genehmigung hatte. Soweit das Grundstück oder Gebäude weiterveräußert worden ist, ist der Verfügungsberechtigte verpflichtet, dem Berechtigten (§ 2 Abs. 1 des Vermögensgesetzes) den ihm hieraus entstehenden Schaden zu ersetzen.

(4) Die Absätze 1 bis 3 gelten für die Aufhebung einer Genehmigung für die Bestellung oder Übertragung eines Erbbaurechts entsprechend.

§ 8. Zuständigkeit. Für die Erteilung der Genehmigung sind die Landkreise und die kreisfreien Städte zuständig. Soweit die Treuhandanstalt oder ein Treuhandunternehmen verfügungsbefugt ist, wird die Grundstücksverkehrsgenehmigung von dem Präsidenten der Treuhandanstalt erteilt. Die Zuständigkeit des Präsidenten der Treuhandanstalt entfällt nicht dadurch, daß Anteile an Treuhandunternehmen auf Dritte übertragen werden.

§ 9. Gebühren. (1) Die Erteilung einer Genehmigung nach § 2 ist gebührenpflichtig. Gebührenschuldner ist der Antragsteller. Mehrere Gebührenschuldner haften als Gesamtschuldner.

(2) Die Gebühr ist unter Berücksichtigung des Grundstückswerts bei der Erteilung der Genehmigung festzusetzen. Die Höchstgebühr beträgt 500 Deutsche Mark. Die Landesregierungen, die durch Rechtsverordnung die Landesinnenverwaltungen ermächtigen können, werden ermächtigt, durch Rechtsverordnung einen Gebührenrahmen zu bestimmen.

(3) Landesrechtliche Regelungen über Gebührenbefreiungen bleiben unberührt.

§ 10. Verordnungsermächtigung. Das Bundesministerium der Justiz wird ermächtigt, mit Zustimmung des Bundesrates durch Rechtsverordnung ergänzende Bestimmungen über das Genehmigungsverfahren zu erlassen und die Zuständigkeiten des Präsidenten der Treuhandanstalt einer oder mehreren anderen Stellen des Bundes zu übertragen.

11. Gesetz über das Vermögen der Gemeinden, Städte und Landkreise (Kommunalvermögensgesetz – KVG)[1]

Vom 6. Juli 1990

(GBl. I Nr. 42 S. 660, geänd. durch G v. 13. 9. 1990, GBl. I Nr. 61 S. 1537; mit Maßgaben nach Anl. II Kap. IV Abschn. III Nr. 2 EVertr. v. 31. 8. 1990, BGBl II S. 889; geänd. durch Art. 7 § 9 HemmnisbeseitigungsG v. 22. 3. 1991, BGBl. I S. 766, 786)

Auf der Grundlage
- des Gesetzes zur Änderung und Ergänzung der Verfassung der Deutschen Demokratischen Republik (Verfassungsgrundsätze) vom 17. Juni 1990 (GBl. I Nr. 33 S. 299),
- des Gesetzes über die Selbstverwaltung der Gemeinden und Landkreise in der DDR (Kommunalverfassung) vom 17. Mai 1990 (GBl. I Nr. 28 S. 255) und
- des Gesetzes zur Privatisierung und Reorganisation des volkseigenen Vermögens (Treuhandgesetz) vom 17. Juni 1990 (GBl. I Nr. 33 S. 300),

wird folgendes Gesetz erlassen:

§ 1. Kommunales Vermögen. Volkseigenes Vermögen, das kommunalen Aufgaben und kommunalen Dienstleistungen dient, wird den Gemeinden, Städten und Landkreisen kostenlos übertragen. Ausgenommen sind Wohnheime öffentlicher Bildungseinrichtungen.

§ 2. Vermögen der Gemeinden und Städte. (1) In das Vermögen der Gemeinden und Städte gehen über

a) alle volkseigenen Betriebe, Einrichtungen und Anlagen, die zur Erfüllung der kommunalen Selbstverwaltungsaufgaben gemäß § 2 des Gesetzes über die Selbstverwaltung der Gemeinden und Landkreise in der DDR benötigt werden, unabhängig von ihrer bisherigen Unterstellung,

b) alle anderen volkseigenen Betriebe und Einrichtungen, die den ehemaligen Räten der Gemeinden und Städte unterstellt waren,

c) alle volkseigenen Grundstücke und Bodenflächen, die sich in der Rechtsträgerschaft der ehemaligen Räte der Gemeinden und Städte sowie deren nachgeordneten Betrieben und Einrichtungen

---

[1] Maßgabe nach dem EVertr. v. 31. 8. 1990 (BGBl II S. 1199): Den Gemeinden, Städten und Landkreisen ist nur das ihren Verwaltungsaufgaben unmittelbar dienende Vermögen (Verwaltungsvermögen) und das sonstige Vermögen (Finanzvermögen) in Übereinstimmung mit Artikel 10 Abs. 6 und Artikel 26 Abs. 4 des Vertrages vom 18. Mai 1990 über die Schaffung einer Währungs-, Wirtschafts- und Sozialunion (BGBl 1990 II S. 518) sowie den Artikeln 21 und 22 des Einigungsvertrages zu übertragen.

11. Kommunalvermögensgesetz **Anhang I/11**

befanden, von ihnen vertraglich genutzt wurden oder sich in der Rechtsträgerschaft solcher volkseigener Betriebe und Einrichtungen befinden, die künftig in kommunales Eigentum übergehen,
d) alle volkseigenen Immobilien, einschließlich der wohn- und gewerblichen Zwecken dienenden Gebäude und Gebäudeteile, die sich in der Rechtsträgerschaft der ehemaligen Räte der Gemeinden und Städte sowie deren nachgeordneten Betrieben und Einrichtungen befanden oder von ihnen auf vertraglicher Grundlage genutzt wurden und
e) alle sonstigen Rechte und Forderungen, die den ehemaligen Gemeinden und Städten sowie deren nachgeordneten Betrieben und Einrichtungen zustanden.

(2) Betriebe, Einrichtungen, Immobilien, Grundstücke und Bodenflächen aus der Rechtsträgerschaft aufgelöster oder aufzulösender staatlicher Dienststellen gehen in das Eigentum der Gemeinden und Städte über, sofern sie nicht zur Erfüllung der Aufgaben der Republik oder der Länder benötigt werden und dazu Beschlüsse des Ministerrates der DDR oder der Landesregierungen gefaßt werden.

§ 3. Vermögen der Landkreise. In das Vermögen der Landkreise gehen über
a) volkseigene Betriebe, Einrichtungen und Anlagen, die gemäß § 72 des Gesetzes über die Selbstverwaltung der Gemeinden und Landkreise der einheitlichen Versorgung und Betreuung des ganzen Kreises oder eines größeren Teiles desselben dienen bzw. deren Unterhaltung die Leistungsfähigkeit der einzelnen kreisangehörigen Städte und Gemeinden übersteigt,
b) alle anderen volkseigenen Betriebe und Einrichtungen, die den ehemaligen Räten der Kreise unterstellt waren, sofern § 2 Absatz 1 Buchstabe a nicht zutrifft. Durch die Landkreise ist die Herausbildung marktfähiger Unternehmen durch zweckmäßige Entflechtung der ehemaligen kreisgeleiteten Betriebe zu fördern,
c) alle volkseigenen Grundstücke und Bodenflächen, die sich in Rechtsträgerschaft der ehemaligen Räte der Kreise sowie deren nachgeordneten Betrieben und Einrichtungen befanden, von ihnen vertraglich genutzt wurden oder sich in Rechtsträgerschaft von Betrieben und Einrichtungen gemäß Buchstabe a befinden,
d) alle volkseigenen Immobilien, einschließlich der gewerblichen Zwecken dienenden Gebäude und Gebäudeteile, die sich in Rechtsträgerschaft von Betrieben und Einrichtungen gemäß Buchstaben a und b befinden,
e) alle sonstigen Rechte und Forderungen, die den Kreisen sowie deren nachgeordneten Betrieben und Einrichtungen zustanden, sofern sie nicht in das Vermögen der Gemeinden und Städte übergehen.

§ 4 Sonderregelungen. (1) Die auf der Grundlage des Beschlusses des Präsidiums des Ministerrates vom 9. Februar 1972 und damit im Zusammenhang stehender Regelungen in Volkseigentum überführten Betriebe und Einrichtungen, die kommunalen Aufgaben und Dienstleistungen dienen, sind nicht in das Vermögen der Gemeinden, Städte und Landkreise zu übertragen, wenn durch die ehemaligen privaten Gesellschafter oder Inhaber oder deren Erben ein entsprechender Übernahmeantrag gestellt wurde.

(2) Sofern Betriebe und Einrichtungen, die nach den Grundsätzen dieses Gesetzes in kommunales Eigentum überführt werden müssen, bereits in Kapitalgesellschaften umgewandelt worden sind, gehen die entsprechenden ehemals volkseigenen Anteile in das Eigentum der Gemeinden und Städte über. Soweit die Summe der Beteiligungen der Gemeinden, Städte und Landkreise 49 vom Hundert des Kapitals einer Kapitalgesellschaft für die Versorgung mit leitungsgebundenen Energien überschreiten würde, werden diese Beteiligungen anteilig auf diesen Anteil gekürzt.[2]

§ 5. Nutzung des kommunalen Vermögens. (1) Über kommunales Vermögen kann im Rahmen der Gesetze uneingeschränkt verfügt werden. Die Nutzung des kommunalen Vermögens hat grundsätzlich so zu erfolgen, daß seine rentable Verwertung, ein wirksamer kommunaler Einfluß und die Finanzkontrolle durch die Kommunen gesichert sowie der öffentliche Zweck beachtet werden. In den Gemeinden, Städten und Kreisen sind Konzeptionen zu erarbeiten, wie übernommene Betriebe, die nicht in Übereinstimmung mit diesen Grundsätzen geführt werden können oder die Leistungsfähigkeit der Kommunen überschreiten, unter Sicherung des Vermögens der Kommunen privatisiert werden.

---

[2] § 4 Abs. 2 S. 2 angefügt nach Maßgabe d. EVertr. v. 31. 8. 1990 (BGBl. II S. 1199).

Anhang I/12 I. Bundesrecht

(2) Kommunale Betriebe und Einrichtungen können auf der Grundlage der §§ 57 bis 62 des Gesetzes über die Selbstverwaltung der Gemeinden und Landkreise in der DDR als Eigengesellschaften oder Eigenbetriebe geführt werden. Gemeinden, Städte und Kreise können kommunale Betriebe in Form rechtlich selbständiger Unternehmen auch als Beteiligungs- oder Gemeinnützige Gesellschaften organisieren. Kommunales Eigentum kann in kommunale Verwaltungsgemeinschaften, Zweckverbände oder Kreisverbände eingebracht werden.

§ 6. Kommunale Betriebe und Einrichtungen. (1) Volkseigene Betriebe und Einrichtungen, die zur Erfüllung der kommunalen Selbstverwaltungsaufgaben gemäß §§ 2 und 72 des Gesetzes über die Selbstverwaltung der Gemeinden und Landkreise in der DDR benötigt werden, sind in der Regel
– Verkehrsbetriebe des öffentlichen Personennahverkehrs, die zu dessen Gewährleistung Straßenbahnen, Autobusse, Hoch- und Untergrundbahnen, Schiffe, Fähren u. a. betreiben,
– Betriebe und Anlagen zur Versorgung mit Energie und Wasser, wie örtliche Elektrizitäts- und Heizkraftwerke, Gas- und Wasserwerke sowie gemeindliche Verteilernetze,
– Betriebe und Anlagen zur schadlosen Wasserableitung und Abwasserbehandlung sowie Stadtwirtschaftsbetriebe,
– Betriebe und Einrichtungen, die zur Verwaltung und Erhaltung des kommunalen Wohnungsfonds erforderlich sind, näheres regelt ein Gesetz,
– Einrichtungen für die kulturelle, gesundheitliche und soziale Betreuung, wie Theater, Museen, Büchereien, Krankenhäuser, Polikliniken und Ambulatorien, Alters- und Pflegeheime, Kinderkrippen und Kindergärten, Schwimmbäder, Sport- und Freizeitanlagen, Campingplätze und Jugendherbergen.

(2) Über die im Absatz 1 genannten volkseigenen Betriebe und Einrichtungen hinaus können den Kommunen weiter übertragen werden:
– Betriebe der Urproduktion und darauf aufgebaute Verarbeitungsbetriebe, z. B. Milch- und Schlachthöfe, Gärtnereien, Kies- und Sandgruben usw.,
– sonstige Betriebe und Einrichtungen, wie Gaststätten, Lagerhäuser, Messehallen u. a.

§§ 7 und 8. *(aufgehoben)*[3]

§ 9. Übergangsbestimmung. Bis zur Länderbildung nehmen die Regierungsbevollmächtigten für die Bezirke die Befugnisse aus § 2 Absatz 2 und § 8 Absatz 2 wahr.

§ 10. Schlußbestimmung. Dieses Gesetz tritt am Tage seiner Veröffentlichung in Kraft.[4]

12. Gesetz über die Feststellung der Zuordnung von ehemals volkseigenem Vermögen (Vermögenszuordnungsgesetz-VZOG)

In der Fassung der Bekanntmachung vom 29. März 1994

(BGBl. I S. 709)

Abschnitt 1. Allgemeine Bestimmungen

§ 1. Zuständigkeit. (1) Zur Feststellung, wer in welchem Umfang nach Artikel 21 und 22 des Einigungsvertrages, nach diesen Vorschriften in Verbindung mit dem Kommunalvermögensgesetz vom 6. Juli 1990 (GBl. I Nr. 42 S. 660), das nach Anlage II Kapitel IV Abschnitt III Nr. 2 des Einigungsvertrages vom 31. August 1990 in Verbindung mit Artikel 1 des Gesetzes vom 23. September 1990 (BGBl. 1990 II S. 885, 1199) fortgilt, nach dem Treuhandgesetz vom 17. Juni 1990 (GBl. I Nr. 33 S. 300), das nach Artikel 25 des Einigungsvertrages fortgilt, seinen Durchführungsverordnungen und den zur Ausführung dieser Vorschriften ergehenden Bestimmungen sowie nach dem Wohnungsgenossenschafts-Vermögensgesetz und § 1a Abs. 4 kraft Gesetzes übertragene Vermögensgegenstände erhalten hat, ist vorbehaltlich der Regelung des § 4 zuständig

---

[3] §§ 7 u. 8 aufgeh. durch § 9 Abs. 2 VermögenszuordnungsG v. 22. 3. 1991 (BGBl. I S. 786).

[4] Verkündet am 20. Juli 1990.

12. Vermögenszuordnungsgesetz **Anhang I/12**

1. der Präsident der Treuhandanstalt oder eine von ihm zu ermächtigende Person in den Fällen, in denen der Treuhandanstalt Eigentum oder Verwaltung übertragen ist,
2. der Oberfinanzpräsident oder eine von ihm zu ermächtigende Person in den übrigen Fällen, namentlich in den Fällen, in denen Vermögenswerte
   a) als Verwaltungsvermögen,
   b) durch Gesetz gemäß § 1 Abs. 1 Satz 3 des Treuhandgesetzes Gemeinden, Städten oder Landkreisen,
   c) nach Artikel 22 Abs. 4 des Einigungsvertrages, nach § 1a Abs. 4 sowie nach dem Wohnungsgenossenschafts-Vermögensgesetz,
   d) nach Artikel 21 Abs. 1 Satz 2 und Artikel 22 Abs. 1 Satz 2 des Einigungsvertrages durch Verwendung für neue oder öffentliche Zwecke

übertragen sind. Sie unterliegen in dieser Eigenschaft nur den allgemeinen Weisungen des Bundesministeriums der Finanzen. Im Falle eines Rechtsstreits über eine Entscheidung der Zuordnungsbehörde richtet sich die Klage gegen den Bund; § 78 Abs. 1 Nr. 1 Halbsatz 2 der Verwaltungsgerichtsordnung bleibt unberührt. Zu Klagen gegen den Bescheid ist auch der Bund befugt. Ist in Gebieten des ehemals komplexen Wohnungsbaus oder Siedlungsbaus auf der Grundlage eines Aufteilungsplans im Sinne des § 2 Abs. 2 Satz 2 und 3 oder eines Zuordnungsplans im Sinne des § 2 Abs. 2a bis 2c mit der Beteiligung der in § 2 Abs. 1 Satz 1 bezeichneten Berechtigten begonnen oder dem Präsidenten der Treuhandanstalt durch den Antragsteller der Beginn der Arbeiten an einem Aufteilungs- oder Zuordnungsplan, der dem Oberfinanzpräsidenten vorgelegt werden soll, angezeigt worden, ist der Oberfinanzpräsident oder eine von ihm ermächtigte Person im Sinne des Satzes 1 zuständig.

(2) Für die Feststellung, welches Vermögen im Sinne des Artikels 22 Abs. 1 Satz 1 des Einigungsvertrages Finanzvermögen in der Treuhandverwaltung des Bundes ist, gilt Absatz 1 Nr. 2 entsprechend. Hat der Bundesminister der Finanzen nach Artikel 22 Abs. 2 des Einigungsvertrages die Verwaltung von Finanzvermögen der Treuhandanstalt übertragen, gilt Absatz 1 Nr. 1 entsprechend.

(3) Örtlich zuständig ist der Oberfinanzpräsident der Oberfinanzdirektion, in der der Vermögensgegenstand ganz oder überwiegend belegen ist. Für nicht in dem in Artikel 3 des Einigungsvertrages genannten Gebiet belegene Vermögensgegenstände ist der Präsident der Oberfinanzdirektion Berlin zuständig.

(4) Die Absätze 1 und 3 finden entsprechende Anwendung in den Fällen, in denen nach Artikel 21 Abs. 3 und Artikel 22 Abs. 1 Satz 7 des Einigungsvertrages an Länder, Kommunen oder andere Körperschaften Vermögenswerte zurückzuübertragen sind, sowie in den Fällen, in denen Vermögenswerte nach § 4 Abs. 2 des Kommunalvermögensgesetzes zu übertragen sind. In den Fällen des Artikels 22 Abs. 1 Satz 3 des Einigungsvertrages ist der Oberfinanzpräsident zuständig.

(5) Bestehen Zweifel darüber, wer nach den Absätzen 1 bis 4 zuständig ist, bestimmt der Bundesminister der Finanzen die zuständige Stelle. Zuständigkeitsvereinbarungen sind zulässig.

(6) Die zuständige Stelle entscheidet auf Antrag eines der möglichen Berechtigten, bei öffentlichem Interesse in den Fällen des Absatzes 1 auch von Amts wegen.

(7) Eine Entscheidung nach diesem Gesetz kann nicht wegen eines Verstoßes gegen die Bestimmungen über die Zuständigkeit angefochten werden.

§ 1a. Begriff des Vermögens. (1) Vermögensgegenstände im Sinne dieses Gesetzes sind bebaute und unbebaute Grundstücke sowie rechtlich selbständige Gebäude und Baulichkeiten (Grundstücke und Gebäude), Nutzungsrechte und dingliche Rechte an Grundstücken und Gebäuden, bewegliche Sachen, gewerbliche Schutzrechte sowie Unternehmen. Dazu gehören ferner Verbindlichkeiten, Ansprüche sowie Rechte und Pflichten aus Schuldverhältnissen, soweit sie Gegenstand der Zuteilung nach den in § 1 bezeichneten Vorschriften sind.

(2) Wenn Bürger nach Maßgabe von § 310 Abs. 1 des Zivilgesetzbuchs der Deutschen Demokratischen Republik ihr Eigentum an einem Grundstück oder Gebäude aufgegeben haben und dieser Verzicht genehmigt worden ist, so bilden die betreffenden Grundstücke oder Gebäude Vermögen im Sinne dieses Gesetzes und der in § 1 Abs. 1 bezeichneten Vorschriften. § 310 Abs. 2 des Zivilgesetzbuchs der Deutschen Demokratischen Republik gilt für diese Grundstücke nicht. Vorschriften, nach denen ein Verzicht auf Eigentum rückgängig gemacht werden kann, bleiben auch dann unberührt, wenn das Grundstück nach Maßgabe dieses Gesetzes zugeordnet ist oder wird.

(3) Absatz 2 gilt sinngemäß, wenn nach anderen Vorschriften durch staatliche Entscheidung ohne Eintragung in das Grundbuch vor dem Wirksamwerden des Beitritts Volkseigentum entstanden ist, auch wenn das Grundbuch noch nicht berichtigt ist.

(4) Zur Wohnungswirtschaft genutztes volkseigenes Vermögen, das sich nicht in der Rechtsträgerschaft der ehemals volkseigenen Betriebe der Wohnungswirtschaft befand, diesen oder der Kommune aber zur Nutzung sowie zur selbständigen Bewirtschaftung und Verwaltung übertragen worden war, steht nach Maßgabe des Artikels 22 Abs. 1 des Einigungsvertrages im Eigentum der jeweiligen Kommune. Artikel 22 Abs. 4 Satz 2 bis 6 des Einigungsvertrages gilt entsprechend. Ein Grundstück gilt als zur Wohnungswirtschaft genutzt im Sinne von Satz 1 oder von Artikel 22 Abs. 4 des Einigungsvertrages auch dann, wenn es mit Gebäuden bebaut ist, die ganz oder überwiegend Wohnzwecken dienen und am 3. Oktober 1990 nicht nur vorübergehend leerstanden, jedoch der Wohnnutzung ganz oder teilweise wieder zugeführt werden sollen.

§ 1b. Abwicklung von Entschädigungsvereinbarungen. (1) Vermögenswerte, die Gegenstand der in § 1 Abs. 8 Buchstabe b des Vermögensgesetzes genannten Vereinbarungen sind, sind, wenn dieser nicht etwas anderes bestimmt, dem Bund (Entschädigungsfonds) zuzuordnen, wenn die in den Vereinbarungen bestimmten Zahlungen geleistet sind. Ist das Grundstück im Grundbuch als Eigentum des Volkes ausgewiesen, gelten die in § 1 genannten Zuordnungsvorschriften.

(2) Soweit eine Privatperson als Eigentümer des Grundstücks oder Gebäudes eingetragen ist, ist ihr Gelegenheit zur Stellungnahme zu geben.

(3) Vermögenswerte, die nach Artikel 3 Abs. 9 Satz 2 des Abkommens vom 13. Mai 1992 zwischen der Regierung der Bundesrepublik Deutschland und der Regierung der Vereinigten Staaten von Amerika über die Regelung bestimmter Vermögensansprüche in Verbindung mit Artikel 1 des Gesetzes zu diesem Abkommen vom 21. Dezember 1992 (BGBl. II S. 1222) in das Vermögen der Bundesrepublik Deutschland übergegangen sind oder übergehen, sind der Bundesrepublik Deutschland (Bundesfinanzverwaltung) zuzuordnen. Rechte Dritter sowie die §§ 4 und 5 des Vermögensgesetzes bleiben unberührt.

(4) Die Befugnisse nach § 11c des Vermögensgesetzes bleiben unberührt, solange ein Zuordnungsbescheid nicht bestandskräftig geworden und dies dem Grundbuchamt angezeigt ist.

§ 2. Verfahren. (1) Über den Vermögensübergang, die Vermögensübertragung oder in den Fällen des § 1 Abs. 2 erläßt die zuständige Stelle nach Anhörung aller neben dem Antragsteller sonst in Betracht kommenden Berechtigten einen Bescheid, der allen Verfahrensbeteiligten nach Maßgabe des Absatzes 5 zuzustellen ist. Der Bescheid kann auch nach Veräußerung des Vermögenswerts ergehen. In diesem Fall ist der Erwerber, bei einem Unternehmen dessen gesetzlicher Vertreter, anzuhören. Der Bescheid kann die ausdrückliche Feststellung enthalten, daß ein Erwerb des zugeordneten Vermögensgegenstandes durch eine Person, die nicht Begünstigte der Zuordnung sein kann, unwirksam ist. Er ergeht ansonsten vorbehaltlich des Eigentums, der Rechtsinhaberschaft oder sonstiger privater Rechte Dritter oder im einzelnen bezeichneter Beteiligter an dem Vermögensgegenstand. Bei vorheriger Einigung der Beteiligten, die, ohne Rechte anderer Zuordnungsberechtigter zu verletzen, auch von den in § 1 genannten Bestimmungen abweichen darf, ergeht ein dieser Absprache entsprechender Bescheid. In diesen Fällen wird der Bescheid sofort bestandskräftig, wenn nicht der Widerruf innerhalb einer in dem Bescheid zu bestimmenden Frist, die höchstens einen Monat betragen darf, vorbehalten wird.

(1a) Die Feststellung nach § 1 Abs. 1 soll mit der Entscheidung über Ansprüche nach § 1 Abs. 4 verbunden werden. Erfordern Teile der Entscheidung Nachforschungen, die die Bescheidung anderer Teile der Entscheidung nachhaltig verzögern, so können diese, soweit möglich, gesondert beschieden werden. Wird über einen Anspruch entschieden, so überträgt die zuständige Behörde dem Berechtigten das Eigentum vorbehaltlich privater Rechte Dritter. Der Eigentumsübergang wird mit der Unanfechtbarkeit des Bescheides wirksam. Das Eigentum kann auch nach einer selbständig getroffenen Feststellung nach § 1 Abs. 1 zurückübertragen werden, wenn nicht über das Eigentum an dem Gegenstand verfügt worden und der Erwerber gutgläubig ist.

(2) Ist Gegenstand des Bescheides ein Grundstück oder ein Gebäude, so sind diese in dem Bescheid gemäß § 28 der Grundbuchordnung zu bezeichnen; die genaue Lage ist anzugeben. Wird ein Grundstück einem oder mehreren Berechtigten ganz oder teilweise zugeordnet, so ist dem Bescheid ein Plan beizufügen, aus dem sich die neuen Grundstücksgrenzen ergeben. § 113 Abs. 4 Baugesetzbuch ist entsprechend anzuwenden.

12. Vermögenszuordnungsgesetz

(2a) Ist ein Grundstück einem oder mehreren Berechtigten zugeordnet oder zuzuordnen, so kann über die Zuordnung auch durch Bescheid mit Zuordnungsplan ganz oder teilweise entschieden werden. Der Bescheid muß dann über die Zuordnung aller oder der jeweiligen Teile des Grundstücks in einem Bescheid entscheiden. Dies gilt entsprechend, wenn mehrere Grundstücke in einem zusammenhängenden Gebiet, die nicht alle der Zuordnung unterliegen müssen, mit abweichenden Grundstücksgrenzen zugeordnet oder zuzuordnen sind. In diesen Fällen sind auch solche Berechtigte, die keinen Antrag gestellt haben, an dem Verfahren zu beteiligen.

(2b) In den Fällen des Absatzes 2a ist dem Bescheid ein Zuordnungsplan beizufügen, der nachweisen muß:
1. die von dem Zuordnungsplan erfaßten Grundstücke,
2. die neuen Grundstücksgrenzen und -bezeichnungen,
3. die jetzigen Eigentümer der neu gebildeten Grundstücke,
4. die zu löschenden, die auf neuen Grundstücke zu übertragenden und die neu einzutragenden Rechte.

Auf Antrag des Berechtigten sind aus den ihm zukommenden Flächen in dem Zuordnungsplan nach seinen Angaben Einzelgrundstücke zu bilden, die ihm dann als Einzelgrundstück zuzuordnen sind. Der Zuordnungsplan muß nach Form und Inhalt zur Übernahme in das Liegenschaftskataster geeignet sein oder den Erfordernissen des § 8 Abs. 2 des Bodensonderungsgesetzes entsprechen; § 5 Abs. 5 des Bodensonderungsgesetzes gilt sinngemäß. § 18 Abs. 3 und § 20 des Bodensonderungsgesetzes gelten mit der Maßgabe, daß im Falle der ergänzenden Bodenneuordnung allein die Sonderungsbehörde für die Fortschreibung zuständig ist, entsprechend. In einem Zuordnungsbescheid mit Zuordnungsplan in Gebieten des komplexen Wohnungsbaus oder Siedlungsbaus können dingliche Rechte an Grundstücken im Plangebiet und Rechte an einem ein solches Grundstück belastenden Recht aufgehoben, geändert oder neu begründet werden, soweit dies zur Durchführung oder Absicherung der Zuordnung erforderlich ist.

(2c) Ist über eine Zuordnung nach Absatz 2 Satz 3 durch Aufteilungsplan entschieden worden, so erläßt die zuständige Stelle auf Antrag eines Begünstigten einen Bestätigungsbescheid mit einem der Vermögenszuordnung nach dem Aufteilungsplan entsprechenden Zuordnungsplan nach den Absätzen 2a und 2b.

(3) Der Bescheid wirkt für und gegen alle an dem Verfahren Beteiligten.

(4) Das Verfahren ist auf Antrag eines Beteiligten vorübergehend auszusetzen, wenn diesem die für die Wahrnehmung seiner Rechte erforderliche Sachaufklärung im Einzelfall nicht ohne eine Aussetzung des Verfahrens möglich ist.

(5) Für das Verfahren ist das Verwaltungsverfahrensgesetz, § 51 des Verwaltungsverfahrensgesetzes jedoch nur, wenn die in dessen Absatz 1 Nr. 1 und 2 vorausgesetzten Umstände nicht später als zwei Jahre nach Eintritt der Bestandskraft eingetreten sind, und für Zustellungen das Verwaltungszustellungsgesetz anzuwenden. Zustellungen sind nach §§ 4 oder 5 des Verwaltungszustellungsgesetzes vorzunehmen. Ist der Empfänger einer Zustellung nicht im Inland ansässig oder vertreten, so erfolgt die Zustellung, sofern nicht besondere völkervertragliche Regelungen etwas Abweichendes vorschreiben, nach Absendung einer Abschrift des Bescheides durch Aufgabe des Bescheides zur Post mit Einschreiben; die Zustellung gilt nach Ablauf von zwei Wochen ab der Aufgabe zur Post als erfolgt.

(6) Ein Widerspruchsverfahren findet nicht statt.

§ 3 Grundbuchvollzug. (1) Ist Gegenstand des Bescheides ein Grundstück oder Gebäude oder ein Recht an einem Grundstück oder Gebäude, so ersucht die zuständige Stelle das Grundbuchamt um Eintragung der insoweit in dem Bescheid getroffenen Feststellungen, sobald der Bescheid bestandskräftig geworden ist. Sind einer Person, die als Eigentümer im Grundbuch eingetragen ist, gemäß § 2 Abs. 1 Satz 5 ihre Rechte vorbehalten worden, ersucht die Behörde um Eintragung eines Widerspruchs gegen die Richtigkeit des Grundbuchs; um Eintragung des Zuordnungsbegünstigten als Eigentümer ersucht die Behörde erst, wenn die Eintragung bewilligt oder die fehlende Berechtigung der eingetragenen Person durch rechtskräftiges Urteil festgestellt worden ist. In den Fällen des § 2 Abs. 2 Satz 2 soll das Ersuchen dem Grundbuchamt erst zugeleitet werden, wenn das neu gebildete Grundstück vermessen ist; die Übereinstimmung des Vermessungsergebnisses mit dem Plan ist von der nach § 1 zuständigen Behörde zu bestätigen. In den Fällen des § 2 Abs. 2a bis 2c dient bis zur Berichtigung des Liegenschaftskatasters der Zuordnungsplan als amtliches Verzeichnis der Grundstücke (§ 2 Abs. 2 der Grundbuchordnung). In diesem Fall kann das Grundbuchamt schon vor der Berichtigung des Liegenschaftskatasters um Berichtigung des Grundbuchs ersucht werden.

(2) Die Rechtmäßigkeit des Bescheides nach § 2 Abs. 1 hat die grundbuchführende Stelle nicht zu prüfen. Einer Unbedenklichkeitsbescheinigung der Finanzbehörde sowie der Genehmigung nach der Grundstücksverkehrsordnung, dem Grundstücksverkehrsgesetz, dem Baugesetzbuch oder dem Bauordnungsrecht bedarf es nicht.

(3) Gebühren für die Grundbuchberichtigung oder die Eintragung im Grundbuch auf Grund eines Ersuchens nach Absatz 1 werden nicht erhoben. Dies gilt auch für die Eintragung desjenigen, der das Grundstück oder Gebäude von dem in dem Zuordnungsbescheid ausgewiesenen Berechtigten erwirbt, sofern der Erwerber eine juristische Person des öffentlichen Rechts oder eine juristische Person des Privatrechts ist, deren Anteile mehrheitlich einer juristischen Person des öffentlichen Rechts gehören.

§ 4. Grundvermögen von Kapitalgesellschaften. (1) Der Präsident der Treuhandanstalt oder eine von ihm zu ermächtigende Person kann durch Bescheid feststellen, welcher Kapitalgesellschaft, deren sämtliche Anteile sich unmittelbar oder mittelbar in der Hand der Treuhandanstalt befinden oder befunden haben, ein Grundstück oder Gebäude nach § 11 Abs. 2, § 23 des Treuhandgesetzes oder nach § 2 der Fünften Durchführungsverordnung zum Treuhandgesetz vom 12. September 1990 (GBl. I Nr. 60 S. 1466), die nach Anlage II Kapitel IV Abschnitt I Nr. 11 des Einigungsvertrages vom 31. August 1990 und der Vereinbarung vom 18. September 1990 in Verbindung mit Art. 1 des Gesetzes vom 23. September 1990 (BGBl. 1990 II S. 885, 1241) fortgilt, in welchem Umfang übertragen ist. In den Fällen des § 2 der Fünften Durchführungsverordnung zum Treuhandgesetz muß der Bescheid die in deren § 4 Abs. 1 Satz 2 aufgeführten Angaben enthalten.

(2) Wenn der Bescheid unanfechtbar geworden ist, ersucht der Präsident der Treuhandanstalt die grundbuchführende Stelle nach Maßgabe von § 38 der Grundbuchordnung um Eintragung.

(3) § 1 Abs. 6, § 2 Abs. 1 und 2 bis 6, § 3 Abs. 1 Satz 2 und Abs. 2 bis 4 gelten sinngemäß.

§ 5. Schiffe, Schiffsbauwerke und Straßen. (1) Die Bestimmungen des § 3 Abs. 1 Satz 1, Abs. 2 bis 4 und des § 4 gelten entsprechend für im Schiffsregister eingetragene Schiffe und im Schiffsbauregister eingetragene Schiffsbauwerke.

(2) Die in Anlage I Kapitel XI Sachgebiet F Abschnitt III Nr. 1 Buchstabe b des Einigungsvertrages vom 31. August 1990 (BGBl. II S. 889, 1111) zum Bundesfernstraßengesetz vorgesehene Maßgabe bleibt unberührt. Wenn Eigentum an anderen öffentlichen Straßen auf öffentliche Körperschaften übergegangen ist, wird der Übergang des Eigentums entsprechend der Maßgabe b zum Bundesfernstraßengesetz festgestellt; dies gilt nicht, soweit der Präsident der Treuhandanstalt nach § 1 Abs. 1 Satz 1 Nr. 1 zuständig ist. Zuständig für die Stellung des Antrags auf Berichtigung des Grundbuchs ist in den Fällen des Satzes 2 der jeweilige Träger der Straßenbaulast.

§ 6. Rechtsweg. (1) Für Streitigkeiten nach diesem Gesetz ist der Verwaltungsrechtsweg gegeben. Die Berufung gegen ein Urteil und die Beschwerde gegen eine andere Entscheidung des Verwaltungsgerichts sind ausgeschlossen. Das gilt nicht für die Beschwerde gegen die Nichtzulassung der Revision nach § 135 in Verbindung mit § 133 der Verwaltungsgerichtsordnung und die Beschwerde gegen Beschlüsse über den Rechtsweg nach § 17a Abs. 2 und 3 des Gerichtsverfassungsgesetzes. Auf die Beschwerde gegen die Beschlüsse über den Rechtsweg findet § 17a Abs. 4 Satz 4 bis 6 des Gerichtsverfassungsgesetzes entsprechende Anwendung.

(2) Örtlich zuständig ist bei Entscheidungen des Präsidenten der Treuhandanstalt das Verwaltungsgericht an dessen Sitz, auch wenn eine von ihm ermächtigte Person entschieden hat.

(3) Gerichtskosten werden in Verfahren nach diesem Gesetz nicht erhoben. Der Gegenstandswert beträgt unabhängig von der Zahl und dem Wert der jeweils betroffenen Vermögensgegenstände 10 000 Deutsche Mark.

§ 7. Durchführungsvorschriften. (1) Das Vermögensgesetz sowie Leitungsrechte und die Führung von Leitungen für Ver- und Entsorgungsleitungen, die nicht zugeordnet werden können, bleiben unberührt. Bestehende Leitungen, die nicht zugeordnet sind, sind vorbehaltlich abweichender Bestimmungen in dem Grundbuchbereinigungsgesetz oder dem in Artikel 233 § 3 Abs. 2 des Einführungsgesetzes zum Bürgerlichen Gesetzbuche genannten Gesetz für die Dauer ihrer derzeitigen Nutzung einschließlich Betrieb und Unterhaltung zu dulden; § 1023 des Bürgerlichen Gesetzbuchs gilt sinngemäß; abweichende Vereinbarungen sind zulässig.

12. Vermögenszuordnungsgesetz **Anhang I/12**

(2) Solange über die Zuordnung von Verbindlichkeiten nicht bestandskräftig entschieden ist, kann eine Person, die aus der Zuordnung von Vermögen der früheren Deutschen Demokratischen Republik begünstigt oder verpflichtet sein kann, die Aussetzung gerichtlicher Verfahren verlangen, wenn es auf die Zuordnungslage ankommt und solange das Zuordnungsverfahren betrieben wird.

(3) Anträge nach § 1 Abs. 4 und § 10 können nur bis zum Ablauf des 30. Juni 1994 gestellt werden. Die Frist kann durch Rechtsverordnung des Bundesministeriums der Finanzen bis längstens zum 31. Dezember 1995 verlängert werden. Ist im Zeitpunkt der Entscheidung ein Antrag nicht gestellt, kann in dem Bescheid gemäß § 2 ein Ausschluß der Restitution (§ 11 Abs. 1) festgestellt werden; die Voraussetzungen sind glaubhaft zu machen.

(4) Ein Zuordnungsbescheid kann auch ergehen, wenn eine unentgeltliche Abgabe von Vermögenswerten an juristische Personen des öffentlichen Rechts aufgrund haushaltsrechtlicher Ermächtigungen erfolgen soll. Jeder Zuordnungsbescheid kann mit Zustimmung des aus ihm Begünstigten geändert werden, wenn die Änderung den in § 1 genannten Vorschriften eher entspricht. § 3 gilt in den Fällen der Sätze 1 und 2 sinngemäß.

(5) Durch Zuordnungsbescheid nach den §§ 1 und 2 kann, unbeschadet der §§ 4 und 10 des Grundbuchbereinigungsgesetzes, ein Vermögenswert einer Kommune oder der Treuhandanstalt auf eine Kapitalgesellschaft übertragen werden, deren sämtliche Aktien oder Geschäftsanteile sich unmittelbar oder mittelbar in der Hand der Kommunen oder Treuhandanstalt befinden. In diesem Fall bleiben die Vorschriften über die Restitution und des Vermögensgesetzes weiter anwendbar.

(6) Das Bundesministerium der Finanzen wird ermächtigt, durch Rechtsverordnung die Zuständigkeiten des Präsidenten der Treuhandanstalt auf eine andere Behörde des Bundes zu übertragen.

Abschnitt 2. Verfügungsbefugnis, Förderung von Investitionen und kommunalen Vorhaben

§ 8. Verfügungsbefugnis. (1) Zur Verfügung über Grundstücke und Gebäude, die im Grundbuch noch als Eigentum des Volkes eingetragen sind, sind befugt:

a) die Gemeinden, Städte und Landkreise, wenn sie selbst oder ihre Organe oder die ehemaligen volkseigenen Betriebe der Wohnungswirtschaft im Zeitpunkt der Verfügung als Rechtsträger des betroffenen Grundstücks oder Gebäudes eingetragen sind oder wenn ein dingliches Nutzungsrecht ohne Eintragung oder bei Löschung eines Rechtsträgers eingetragen worden ist,

b) die Länder, wenn die Bezirke, aus denen sie nach dem Ländereinführungsgesetz vom 22. Juli 1990 (GBl. I Nr. 51 S. 955), das nach Anlage II Kapitel II Sachgebiet A Abschnitt II des Einigungsvertrages vom 31. August 1990 in Verbindung mit Artikel 1 des Gesetzes vom 23. September 1990 (BGBl. 1990 II S. 885, 1150) fortgilt, gebildet worden sind, oder deren Organe als Rechtsträger des betroffenen Grundstücks eingetragen sind,

c) die Treuhandanstalt, wenn als Rechtsträger eine landwirtschaftliche Produktionsgenossenschaft, ein ehemals volkseigenes Gut, ein ehemaliger staatlicher Forstwirtschaftsbetrieb oder ein ehemaliges Forsteinrichtungsamt, ein ehemals volkseigenes Gestüt, eine ehemalige Pferdezuchtdirektion oder ein ehemals volkseigener Rennbetrieb, ein Betrieb des ehemaligen Kombinats Industrielle Tierproduktion, das Ministerium für Staatssicherheit oder das Amt für Nationale Sicherheit eingetragen ist,

d) der Bund in allen übrigen Fällen.

Der Bund wird durch das Bundesvermögensamt vertreten, in dessen Bezirk das Grundstück liegt. Das Bundesministerium der Finanzen kann durch Bescheid für einzelne Grundstücke oder durch Allgemeinverfügung für eine Vielzahl von Grundstücken eine andere Behörde des Bundes oder die Treuhandanstalt als Vertreter des Bundes bestimmen. Der Bund überträgt nach Maßgabe der Artikel 21 und 22 des Einigungsvertrages seine Verfügungsbefugnis auf das Land oder die Kommune, in dessen oder deren Gebiet das Grundstück ganz oder überwiegend belegen ist.

(1a) Verfügungen nach Absatz 1 unterliegen nicht den Vorschriften in bezug auf Verfügungen über eigenes Vermögen der verfügungsbefugten Stelle. Im Rahmen der Verfügungsbefugnis dürfen Verpflichtungen vorbehaltlich der Bestimmungen des Bürgerlichen Gesetzbuchs über die Vertretung nur im eigenen Namen eingegangen werden. Wird im Rahmen der Verfügungsbefugnis Besitz an einem Grundstück oder Gebäude vertraglich überlassen, so gilt § 571 des Bürgerlichen Gesetzbuchs entsprechend.

(2) Die Verfügungsbefugnis des Eigentümers oder treuhänderischen Verwalters des betroffenen Grundstücks oder Gebäudes sowie die Rechte Dritter bleiben unberührt. Auf Grund der Verfügungsermächtigung nach Abs. 1 vorgenommene Rechtsgeschäfte gelten als Verfügungen eines Berechtigten.

(3) Die Verfügungsbefugnis nach Absatz 1 endet, wenn

a) in Ansehung des Grundstücks oder Gebäudes ein Bescheid nach §§ 2, 4 oder 7 unanfechtbar geworden und

b) eine öffentliche oder öffentlich beglaubigte Urkunde hierüber dem Grundbuchamt vorgelegt worden ist; der Bescheid oder die Urkunde ist unbeschadet einer noch vorzunehmenden Vermessung zu den Grundakten zu nehmen.

§ 878 des Bürgerlichen Gesetzbuchs ist entsprechend anzuwenden. Der Verfügungsbefugte gilt in den Fällen des Satzes 1 weiterhin als befugt, eine Verfügung vorzunehmen, zu deren Vornahme er sich wirksam verpflichtet hat, wenn vor dem in Satz 1 genannten Zeitpunkt die Eintragung einer Vormerkung zur Sicherung dieses Anspruchs bei dem Grundbuchamt beantragt worden ist.

(4) Die auf Grund von Verfügungen nach Absatz 1 Satz 1 veräußerten Grundstücke oder Gebäude sowie das Entgelt sind dem Innenministerium des betreffenden Landes mitzuteilen und von diesem in einer Liste zu erfassen. Die nach Absatz 1 verfügende Stelle ist verpflichtet, zeitgleich zu der Verfügung einen Zuordnungsantrag nach § 1 Abs. 6 zu stellen und den Erlös, mindestens aber den Wert des Vermögensgegenstandes dem aus einem unanfechtbaren Bescheid über die Zuordnung nach §§ 1 und 2 hervorgehenden Berechtigten auszukehren.

(5) Die verfügende Stelle kann im Falle des Absatzes 4 Satz 2 anstelle der Auskehrung des Erlöses oder des Wertes dem am Grundstück, Grundstücksteil oder Gebäude oder an einem Ersatzgrundstück verschaffen. Beabsichtigt die verfügende Stelle nach Satz 1 vorzugehen, wird auf Antrag der verfügenden Stelle das Eigentum durch Zuordnungsbescheid (§ 2) der zuständigen Behörde (§ 1) auf den Berechtigten (Absatz 4 Satz 2) übertragen. Sätze 1 und 2 finden keine Anwendung auf den in § 1 Abs. 6 des Wohnungsgenossenschafts-Vermögensgesetzes bezeichneten Grund und Boden; insoweit gilt das in jener Vorschrift vorgesehene Verfahren.

§ 9. Investive Vorhaben. (1) Zum Zweck der Veräußerung für einen besonderen Investitionszweck (§ 3 Abs. 1 des Investitionsvorranggesetzes) kann ein ehemals volkseigenes Grundstück oder Gebäude ungeachtet der sich aus den in § 1 genannten Vorschriften ergebenden Zuordnung einer Gemeinde, einer Stadt oder einem Landkreis auf deren oder dessen Antrag als Eigentum zugewiesen werden.

(2) § 1 Abs. 1 Nr. 2, §§ 2, 3 und 6 Abs. 4 finden entsprechende Anwendung. Dem Antrag ist eine Beschreibung der wesentlichen Merkmale des Vorhabens beizufügen. Die Beschreibung muß mindestens den Vorhabenträger mit Namen und Anschrift, den betroffenen Vermögenswert, die voraussichtlichen Kosten der zugesagten Maßnahme, ihre Art und die vorgesehene Dauer ihrer Ausführung sowie in den Fällen des § 3 Abs. 1 Nr. 1 und 2 des Investitionsvorranggesetzes angeben, wie viele Arbeitsplätze durch die Maßnahmen gesichert oder geschaffen und wieviel Wohnraum geschaffen oder wiederhergestellt werden soll. Die Befugnisse aus § 6 bleiben unberührt.

(3) Handelt es sich um ein Grundstück oder Gebäude, das Gegenstand von Rückübertragungsansprüchen ist oder sein kann, so gelten auch die übrigen Vorschriften des Investitionsvorranggesetzes und die auf seiner Grundlage erlassenen Vorschriften sinngemäß. Der Bescheid gilt als Investitionsvorrangbescheid.

§ 10. Kommunale Vorhaben. (1) Auf Antrag überträgt der Präsident der Treuhandanstalt der Kommune durch Zuordnungsbescheid Einrichtungen, Grundstücke und Gebäude, die nach Maßgabe der Artikel 21 und 22 des Einigungsvertrages Selbstverwaltungsaufgaben dienen, wenn sie im Eigentum von Unternehmen stehen, deren sämtliche Anteile sich unmittelbar oder mittelbar in der Hand der Treuhandanstalt befinden. Im Falle der Übertragung nach Satz 1 sind die Eröffnungsbilanz des Treuhandunternehmens und die Gesamtbilanz der Treuhandanstalt in entsprechender Anwendung des § 36 des D-Markbilanzgesetzes zu berichtigen. Die Treuhandanstalt haftet auf Grund von Maßnahmen nach Satz 1 über die Vorschriften des Abschnitts 3 des D-Markbilanzgesetzes hinaus nicht. Satz 1 gilt nicht für Einrichtungen, Grundstücke und Gebäude, die der gewerblichen Nutzung zugeführt oder in eine Unternehmenseinheit einbezogen wurden und nicht ohne erhebliche Beeinträchtigung des Unternehmens übertragen werden können (betriebsnotwendige Einrichtungen, Grundstücke oder Gebäude) oder wenn die Kommune einen Anspruch nach § 4 Abs. 2 des Kommunalvermögensgesetzes auf Übertragung von Anteilen an dem Unternehmen hat. Mit der Übertra-

12. Vermögenszuordnungsgesetz **Anhang I/12**

gung tritt die Kommune in alle in bezug auf die Einrichtung, das Grundstück oder das Gebäude jeweils bestehenden Rechtsverhältnisse ein.

(2) Wurden Vermögenswerte nach Absatz 1 auf Dritte übertragen, ist der Kommune der Erlös auszukehren. Weitergehende Ansprüche bestehen nicht.

Abschnitt 3. Inhalt und Umfang des Restitutionsanspruchs der öffentlichen Körperschaften

§ 11. Umfang der Rückübertragung von Vermögenswerten. (1) Eine Rückübertragung von Vermögensgegenständen nach Artikel 21 Abs. 3 erster Halbsatz und Artikel 22 Abs. 1 Satz 7 in Verbindung mit Artikel 21 Abs. 3 erster Halbsatz des Einigungsvertrages (Restitution) kann unbeschadet der weiteren Voraussetzungen der Artikel 21 und 22 von dem jeweiligen Eigentümer oder Verfügungsberechtigten beansprucht werden. Die Rückübertragung eines Vermögenswertes wird nicht allein dadurch ausgeschlossen, daß dieser gemäß § 11 Abs. 2 des Treuhandgesetzes in das Eigentum einer Kapitalgesellschaft, deren sämtliche Aktien oder Geschäftsanteile sich noch in der Hand der Treuhandanstalt befinden, übergegangen ist. Die Rückübertragung ist ausgeschlossen, wenn

1. die Vermögensgegenstände bei Inkrafttreten dieser Vorschrift für eine öffentliche Aufgabe entsprechend Artikel 21, 26, 27 und 36 des Einigungsvertrages genutzt werden,
2. die Vermögensgegenstände am 3. Oktober 1990 im komplexen Wohnungsbau oder Siedlungsbau verwendet wurden, für diese konkrete Ausführungsplanungen für die Verwendung im komplexen Wohnungsbau oder Siedlungsbau vorlagen oder wenn bei diesen die Voraussetzungen des § 1a Abs. 4 Satz 3 gegeben sind,
3. die Vermögensgegenstände im Zeitpunkt der Entscheidung über den Antrag auf Rückübertragung der gewerblichen Nutzung zugeführt oder in eine Unternehmenseinheit einbezogen sind und nicht ohne erhebliche Beeinträchtigung des Unternehmens zurückübertragen werden können (betriebsnotwendige Einrichtungen, Grundstücke oder Gebäude),
4. eine erlaubte Maßnahme (§ 12) durchgeführt wird,
5. die Vermögensgegenstände im Zeitpunkt der Entscheidung bereits rechtsgeschäftlich veräußert oder Gegenstand des Zuschlags in der Zwangsversteigerung geworden sind; § 878 des Bürgerlichen Gesetzbuches ist entsprechend anzuwenden.

(2) Soweit der Anspruch auf Rückübertragung nicht nach Absatz 1 ausgeschlossen ist, werden Vermögenswerte in dem Zustand übertragen, in dem sie sich im Zeitpunkt des Zuordnungsbescheids (§ 2 Abs. 1a Satz 3) befinden. Ein Ausgleich von Verbesserungen und Verschlechterungen unbeschadet des Satzes 3 findet nicht statt; bereits erfolgte Leistungen bleiben unberührt. Der Verfügungsberechtigte oder Verfügungsbefugte kann von dem Anspruchsberechtigten nach erfolgter Rückübertragung nur Ersatz für nach dem 2. Oktober 1990 durchgeführte Maßnahmen für eine Bebauung, Modernisierung oder Instandsetzung und diesen nur verlangen, soweit sie im Zeitpunkt der Entscheidung über die Rückübertragung noch werthaltig sind. Die bis zur Rückübertragung entstandenen Kosten für die gewöhnliche Erhaltung der Vermögenswerte sowie die bis zu diesem Zeitpunkt gezogenen Nutzungen verbleiben beim Verfügungsberechtigten, soweit nichts anderes vereinbart ist. Über den Anspruch nach Satz 3 entscheidet die nach § 1 zuständige Behörde durch gesonderten Bescheid. Vergleiche sind unbeschadet des § 2 Abs. 1 Satz 2 zulässig. Die Kosten für ein Sachverständigengutachten tragen der Begünstigte und der Verpflichtete je zur Hälfte; die eigenen Auslagen trägt jeder Beteiligte selbst.

(3) Von dem Inkrafttreten dieser Vorschrift an sind Artikel 21 Abs. 3 Halbsatz 1 und Artikel 22 Abs. 1 Satz 7 in Verbindung mit Artikel 21 Abs. 3 Halbsatz 1 des Einigungsvertrages mit der Maßgabe anzuwenden, daß Rechtsnachfolger die öffentlich-rechtliche Körperschaft ist, die, oder deren Organe seit dem 3. Oktober 1990 die öffentlichen Aufgaben wahrnehmen, welche die Körperschaft des öffentlichen Rechts wahrgenommen hat, die den fraglichen Vermögenswert dem Zentralstaat zur Verfügung gestellt hat.

§ 12. Erlaubte Maßnahmen. (1) Soweit ein Vermögensgegenstand der Restitution unterliegt oder unterliegen kann, die nicht nach § 11 Abs. 1 Nr. 1 bis 3 und 5 ausgeschlossen ist, ist eine Verfügung, eine Bebauung oder eine längerfristige Vermietung oder Verpachtung zulässig, wenn sie zur Durchführung einer erlaubten Maßnahme dient. Erlaubt sind Maßnahmen, wenn sie

1. einem der nachfolgenden Zwecke dienen:
   a) Sicherung oder Schaffung von Arbeitsplätzen,
   b) Wiederherstellung oder Schaffung von Wohnraum,
   c) erforderliche oder von Maßnahmen nach Buchstabe a oder b veranlaßte Infrastrukturmaßnahmen,
   d) Sanierung eines Unternehmens oder
   e) Umsetzung eines festgestellten öffentlichen Planungsvorhabens
   und
2. die Inanspruchnahme des Vermögenswertes hierfür erforderlich ist.

(2) Eine erlaubte Maßnahme nach Absatz 1 darf erst ausgeführt werden, wenn sie vorher angezeigt worden und eine Wartefrist von vier Wochen verstrichen ist. Die Anzeige des beabsichtigten Vorhabens hat unter Bezeichnung des Vermögensgegenstandes und des Zwecks allgemein im Mitteilungsblatt des Belegenheitslandes und an die vor der Überführung in Volkseigentum im Grundbuch eingetragene juristische Person des öffentlichen Rechts oder deren Rechtsnachfolger zu erfolgen. Auf ein Einvernehmen mit den zu Beteiligenden ist frühzeitig hinzuwirken. Die Frist beginnt bei den unmittelbar zu benachrichtigenden Stellen mit dem Eingang der Nachricht, im übrigen mit der Veröffentlichung im Mitteilungsblatt.

(3) Ist der Anspruch auf Restitution nicht offensichtlich unbegründet, untersagt die nach § 1 für die Entscheidung über den Anspruch zuständige Stelle, in deren Bezirk der Vermögenswert liegt, auf Antrag des Anspruchstellers auf Restitution die Maßnahme, wenn sie nach Absatz 1 nicht zulässig ist oder der Anspruchsteller spätestens einen Monat nach Ablauf der Wartefrist (Absatz 2) glaubhaft darlegt, daß der Vermögensgegenstand für eine beschlossene und unmittelbare Verwaltungsaufgabe dringend erforderlich ist. In diesem Falle ist eine angemessene Frist zur Durchführung zu bestimmen.

(4) Ist ein Antrag nach Absatz 3 gestellt, darf die Maßnahme erst nach dessen Ablehnung durchgeführt werden. Die Stellung des Antrags hat der Antragsteller dem Verfügungsberechtigten, bis zu dessen Feststellung dem Verfügungsbefugten, mitzuteilen.

§ 13. Geldausgleich bei Ausschluß der Rückübertragung. (1) Derjenige, dessen Anspruch nach § 11 Abs. 1 Nr. 3 ausgeschlossen ist oder entsprechend den darin enthaltenen Grundsätzen vor dem Inkrafttreten dieser Vorschrift bestandskräftig verneint worden ist, kann von dem durch Zuordnungsbescheid festgestellten unmittelbaren oder mittelbaren Eigentümer des Unternehmens Zahlung eines Geldausgleichs nach Maßgabe des in § 9 Abs. 3 des Vermögensgesetzes genannten Gesetzes verlangen, sofern die Voraussetzung für den Ausschluß nicht bis zum Ablauf des 29. September 1990 entstanden sind.

(2) Wird eine erlaubte Maßnahme durchgeführt oder war der Vermögenswert im Zeitpunkt der Entscheidung bereits rechtsgeschäftlich veräußert, so ist der Verfügungsberechtigte, bei Unternehmen nur die Treuhandanstalt oder, in den Fällen des Artikel 22 Abs. 2 des Einigungsvertrages, der Bund zur Zahlung eines Geldbetrags in Höhe des Erlöses verpflichtet. Wird ein Erlös nicht erzielt oder unterschreitet dieser den Verkehrswert offensichtlich und ohne sachlichen Grund, den der Vermögenswert im Zeitpunkt des Beginns der Maßnahme hat, so ist dieser Verkehrswert zu zahlen. Dies gilt entsprechend, wenn mit Zustimmung des Antragstellers oder nach dem 3. Oktober 1990, aber vor Inkrafttreten dieser Vorschrift verfügt worden ist oder wenn der Antragsteller von seinen Rechten nach § 12 keinen Gebrauch gemacht hat. Erfolgte die Verfügung nach § 8, so ist der Verfügungsbefugte zur Zahlung verpflichtet; seine Verpflichtung nach Satz 1 tritt dann an die Stelle seiner Verpflichtung nach § 8 Abs. 4 Satz 2 Halbsatz 2.

(3) Über Ansprüche nach dieser Vorschrift entscheidet die nach § 1 zuständige Stelle, in deren Bezirk der Vermögenswert liegt, durch Bescheid nach § 2. Unbeschadet des § 2 Abs. 1 Satz 2 sind Vergleiche zulässig. § 11 Abs. 2 Satz 6 gilt entsprechend.

§ 14. Schiedsgericht. (1) Gegen Entscheidungen nach § 11 Abs. 2 und § 12 kann das Schiedsgericht nach Absatz 2 angerufen werden. Der Antrag ist nur innerhalb einer Frist von vier Wochen seit der Bekanntgabe der Entscheidung nach § 11 Abs. 2 und § 12 zulässig. § 12 Abs. 4 dieses Gesetzes und § 945 der Zivilprozeßordnung gelten entsprechend. Das Schiedsgericht entscheidet durch Schiedsspruch. Der Schiedsspruch steht einem verwaltungsgerichtlichen Urteil gleich. Unter den Vorausset-

12. Vermögenszuordnungsgesetz **Anhang I/12**

zungen des § 1041 Abs. 1 Nr. 2 bis 6 der Zivilprozeßordnung kann innerhalb einer Frist von vier Wochen seit seiner Niederlegung die Aufhebung des Schiedsspruchs verlangt werden, wenn die Parteien nicht etwas anderes vereinbart haben. Für die Entscheidung über die Aufhebungsklage und die sonstigen dem staatlichen Gericht obliegenden Aufgaben ist das Oberverwaltungsgericht zuständig, in dessen Bezirk das Schiedsgericht seinen Sitz hat.

(2) In jedem Land im Anwendungsbereich dieses Gesetzes ist mindestens ein, nicht notwendigerweise ständiges Schiedsgericht einzurichten. Für das Verfahren vor dem Schiedsgericht finden die Vorschriften des Zehnten Buches der Zivilprozeßordnung entsprechende Anwendung, soweit sich aus oder aufgrund dieser Vorschrift nicht ein anderes ergibt. Das Schiedsgericht entscheidet in der Besetzung mit drei Schiedsrichtern, von denen mindestens einer die Befähigung zum Richteramt, zum Berufsrichter oder zum höheren Verwaltungsdienst haben muß.

(3) Das Bundesministerium der Justiz wird ermächtigt, durch Rechtsverordnung in Anlehnung an die Bestimmungen des Zehnten Buches der Zivilprozeßordnung die Einrichtung und das Verfahren des Schiedsgerichts sowie die Ernennung der Schiedsrichter zu regeln. In dieser Rechtsverordnung kann auch geregelt werden, ob und in welcher Höhe eine Vergütung gezahlt wird.

§ 15. Vorläufige Einweisung. (1) Die nach § 1 zuständige Behörde weist den aus Restitution (§ 11 Abs. 1) Berechtigten auf seinen mit dem Antrag auf Restitution zu verbindenden Antrag hin vorläufig in den Besitz des Vermögenswertes ein, wenn

1. die Berechtigung glaubhaft dargelegt worden ist,
2. der Antrag auf Entscheidung über die Restitution schon länger als drei Monate nicht beschieden oder mit einer solchen Entscheidung innerhalb der auf die Antragstellung folgenden drei Monate nicht zu rechnen ist,
3. der Berechtigte den Vermögenswert auf seine Kosten bewirtschaften oder sonst für einen bestimmten Zweck verwenden will.

(2) § 12 bleibt unberührt.

(3) Auf das Rechtsverhältnis zwischen dem gegenwärtigen Verfügungsberechtigten und dem aus der Restitution Berechtigten finden, bis dem Antrag auf Restitution entsprochen wird, die Bestimmungen über den Kauf Anwendung. Als Kaufpreis gilt der Verkehrswert im Zeitpunkt der Besitzeinweisung vereinbart; eine Haftung des Verfügungsberechtigten wegen Rechten Dritter findet nicht statt. Der Kaufpreis ist bis zu einer Entscheidung über die beantragte Restitution gestundet. Wird der Restitutionsanspruch verneint, wird der Kaufpreisanspruch nach Eintritt der Bestandskraft dieser Entscheidung sofort fällig.

(4) Die vorstehenden Vorschriften lassen Vereinbarungen der Beteiligten unberührt. Sie gelten entsprechend, wenn vor ihrem Inkrafttreten der aus Restitution Berechtigte vorläufig in den Besitz von Vermögenswerten eingewiesen worden ist; in diesem Falle ist der aus Restitution Berechtigte jedoch berechtigt, anstelle der Zahlung des Kaufpreises den Vermögenswert in dem Zustand zurückzugeben, in dem er sich bei der Besitzeinweisung befunden hat.

§ 16. Vorrangiger Übergang von Reichsvermögen. Ein Eigentumserwerb nach Artikel 21 Abs. 3 Halbsatz 2 und Artikel 22 Abs. 1 Satz 7 in Verbindung mit Artikel 21 Abs. 3 Halbsatz 2 des Einigungsvertrages gilt unter den Voraussetzungen des § 11 Abs. 1 als nicht erfolgt. Maßnahmen nach § 12 können von der Stelle durchgeführt werden, der der Vermögensgegenstand ohne den Übergang auf den Bund zufiele. § 11 Abs. 2 und §§ 13 und 14 gelten für einen Eigentumsübergang nach jenen Vorschriften sinngemäß.

Abschnitt 4. Vorschriften für einzelne Sachgebiete

§ 17. Anwendung dieses Gesetzes. Dieses Gesetz gilt für Eigentumsübergänge oder eine Übertragung des Eigentums nach Maßgabe der Artikel 26, 27 und 36 Abs. 1 des Einigungsvertrages und der nachfolgenden Vorschriften entsprechend. Hierbei kann, soweit durch Bundesgesetz nicht ein anderes bestimmt wird, Eigentum auch auf juristische Personen übertragen werden, die aus einem der darin genannten Sondervermögen hervorgegangen sind.

§ 18. Vorschriften für das Sondervermögen Deutsche Reichsbahn. (1) Unbeschadet des Vermögensübergangs auf das Sondervermögen im übrigen ist Artikel 26 Abs. 1 Satz 2 des Einigungsvertrages mit der Maßgabe anzuwenden, daß die dort genannten Vermögensgegenstände durch Zuordnungsbescheid gemäß § 2 auf das Sondervermögen Deutsche Reichsbahn oder aus ihm durch Gesetz gebildete Sondervermögen oder juristische Personen zu übertragen sind. Die Widmung für einen anderen Zweck ist, auch wenn ihr von seiten des Sondervermögens oder seiner Rechtsvorgänger zugestimmt wurde, nur beachtlich, wenn der Abgang nicht den Grundsätzen einer unter den Bedingungen der früheren Deutschen Demokratischen Republik ordnungsgemäßen Eisenbahnwirtschaft widersprochen hat. Die Übertragung erfolgt nur auf Antrag des Sondervermögens; dieser kann bis zum Ablauf des 30. Juni 1994 gestellt werden. Soweit auf Grund dieser Vorschriften über einen Eigentumsübergang auf das Sondervermögen rechtskräftig entschieden worden ist, bleibt es hierbei.

(2) Artikel 26 Abs. 1 Satz 3 des Einigungsvertrages ist nicht mehr anzuwenden. Die Ämter zur Regelung offener Vermögensfragen geben von Amts wegen bei ihnen durch das Sondervermögen eingereichte Anmeldungen an den für das Land jeweils zuständigen Oberfinanzpräsidenten ab, der sie an die zuständige Stelle weiterleitet. Sie gelten als Antrag nach Absatz 1 Satz 3.

§ 19. Vorschriften für das Sondervermögen Deutsche Bundespost. (1) Unbeschadet des Vermögensübergangs auf das Sondervermögen im übrigen ist Artikel 27 Abs. 1 Satz 5 mit der Maßgabe anzuwenden, daß die dort genannten Vermögensgegenstände durch Zuordnungsbescheid gemäß § 2 auf das Sondervermögen Deutsche Bundespost oder daraus durch Gesetz gebildete juristische Personen zu übertragen sind. Die Widmung für einen anderen Zweck ist, auch wenn ihr von seiten des Postvermögens oder seiner Rechtsvorgänger zugestimmt wurde, nur beachtlich, wenn der Abgang nicht den Grundsätzen einer unter den Bedingungen der früheren Deutschen Demokratischen Republik ordnungsgemäßen postalischen Wirtschaft widersprochen hat. Die Entscheidung erfolgt nur auf Antrag des Sondervermögens; dieser kann bis zum Ablauf des 30. Juni 1994 gestellt werden. Soweit auf Grund dieser Vorschriften über einen Eigentumsübergang auf das Sondervermögen rechtskräftig entschieden worden ist, bleibt es herbei.

(2) Artikel 27 Abs. 1 Satz 6 des Einigungsvertrages ist nicht mehr anzuwenden. Die Ämter zur Regelung offener Vermögensfragen geben von Amts wegen bei ihnen durch das Sondervermögen eingereichte Anmeldungen an den für das Land jeweils zuständigen Oberfinanzpräsidenten ab, der sie an die zuständige Stelle weiterleitet. Sie gelten als Antrag nach Absatz 1 Satz 3.

§ 20. Vorschriften für den Rundfunk und das Fernsehen der früheren DDR. Vermögensgegenstände und -werte, die nach Artikel 36 Abs. 1 des Einigungsvertrages nicht dem Sondervermögen Deutsche Bundespost zugeordnet sind, stehen den Ländern des in Artikel 3 des Einigungsvertrages genannten Gebietes zur gesamten Hand zu. Artikel 36 Abs. 6 des Einigungsvertrages bleibt im übrigen unberührt. Die Länder können beantragen, daß Vermögensgegenstände und -werte nach dem Ergebnis einer Einigung der beteiligten Stellen durch Zuordnungsbescheid unmittelbar oder nach erfolgter Zuordnung an die Länder einer einzelnen Anstalt oder einem der in Satz 1 genannten Länder zugeordnet werden. Für den Fall einer einvernehmlichen Zuordnung an eine einzelne Landesrundfunkanstalt ist deren vorherige Zustimmung erforderlich.

§ 21. Verhältnis zu anderen Vorschriften. (1) § 11 Abs. 2 Satz 2 des Treuhandgesetzes und die Bestimmungen der Fünften Durchführungsverordnung zum Treuhandgesetz bleiben unberührt.

(2) Artikel 21 Abs. 3 und Artikel 22 Abs. 1 Satz 7 in Verbindung mit Artikel 21 Abs. 3 des Einigungsvertrages und die Vorschriften des Abschnitts 3 gelten für das in Artikel 26, 27 und 36 des Einigungsvertrages genannte Vermögen entsprechend.

13. Gesetz über die Gewährleistung von Belegungsrechten im kommunalen und genossenschaftlichen Wohnungswesen vom 22. Juli 1990 (GBl. I Nr. 49 S. 894)[1]

§ 1. Anwendungsbereich. (1) Dieses Gesetz gilt für
– Wohnungen, welche sich ab 1. September 1990 in Kommunaleigentum befinden,
– Genossenschaftswohnungen, die mit staatlichen Mitteln belastet oder mit öffentlichen Mitteln gefördert sind,
– Wohnungen (kommunal/genossenschaftlich), die derzeitig gebaut werden und mit staatlichen Mitteln belastet wurden.

(2) Wohnraum im Sinne dieser Verordnung ist der für Wohnzwecke bestimmte Raum, der die in Rechtsvorschriften festgelegten Merkmale aufweist, auch wenn er für andere als zu Wohnzwecken genutzt wird.

§ 2. Festlegungen zur Wohnungsüberlassung. (1) Die Landesregierungen und der Magistrat von Berlin werden ermächtigt, für Gebiete mit erhöhtem Wohnungsbedarf Festlegungen zu treffen, die befristet oder unbefristet bestimmen, daß der Verfügungsberechtigte eine frei- oder bezugsfertig werdende Wohnung nur einem von der zuständigen Stelle benannten Wohnungssuchenden zum Gebrauch überlassen darf.

(2) Der Verfügungsberechtigte hat das Recht, aus mindestens drei wohnberechtigten Wohnungssuchenden auszuwählen. Das gilt nicht, wenn Belegungsrechte zwischen den Verfügungsberechtigten und der zuständigen Stelle vertraglich vereinbart sind.

§ 3. Sicherung der Zweckbestimmung. (1) Zur Sicherung der Zweckbestimmung hat die zuständige Stelle alle in § 1 des Gesetzes genannten Wohnungen zu erfassen, soweit nicht bereits Unterlagen vorhanden sind. Die Unterlagen sind auf dem laufenden zu halten und ihr Inhalt im Datenspeicher Wohnungspolitik zu registrieren.

(2) Der Verfügungsberechtigte einer Wohnung ist verpflichtet,
a) der zuständigen Stelle auf Verlangen Auskunft zu erteilen und Einsicht in seine Unterlagen zu gewähren und
b) dem Beauftragten der zuständigen Stelle die Besichtigung von Grundstücken, Gebäuden, Wohnungen und Wohnräumen zu gestatten, soweit dies zur Sicherung der Zweckbestimmung der Wohnungen nach diesem Gesetz erforderlich ist und die nach Absatz 1 beschafften Unterlagen und Auskünfte nicht ausreichen.

§ 4. Zuständige Stelle. Bis zur endgültigen Festlegung der Zuständigkeit durch die Landesregierungen ist im Sinne dieses Gesetzes das Wohnungsamt in der Gemeinde, in der Stadt oder im Stadtbezirk die zuständige Stelle.

§ 5. Überlassung an Wohnberechtigte. (1) Sobald vorhersehbar wird, daß eine Wohnung bezugsfertig oder frei wird, hat der Verfügungsberechtigte dies der zuständigen Stelle unverzüglich schriftlich anzuzeigen und den voraussichtlichen Zeitpunkt der Bezugsfertigkeit oder des Freiwerdens mitzuteilen.

(2) Der Verfügungsberechtigte darf die Wohnung einem Wohnungssuchenden nur zum Gebrauch überlassen, wenn dieser ihm vor der Überlassung eine Bescheinigung über die Wohnberechtigung übergibt und die in der Bescheinigung angegebene Wohnungsgröße nicht überschritten wird.

---

[1] Das Gesetz bleibt gem. Anl. II Kap. XIV Abschn. III z. EVertr. v. 31. 8. 1990 (BGBl. II S. 889) mit folgenden Maßgaben in Kraft:
a) Es gilt auch für die am 1. September noch als volkseigen bestehenden Wohnungen, soweit oder solange sie nicht auf private Eigentümer zurückzuübertragen sind.
b) Es tritt am 31. Dezember 1995 außer Kraft, soweit nichts anderes bestimmt wird.
c) In § 17 Abs. 1 entfällt die Mindeststrohung von 1000 Deutsche Mark.

(3) Auf Antrag des Verfügungsberechtigten kann die zuständige Stelle die Überlassung einer Wohnung, die die angegebene Wohnungsgröße geringfügig überschreitet, genehmigen, wenn dies nach den wohnungswirtschaftlichen Verhältnissen vertretbar erscheint.

(4) Kann der Verfügungsberechtigte einer Wohnung keinen berechtigten Wohnungssuchenden innerhalb von zwei Monaten nach dem in Absatz 1 genannten Zeitpunkt finden und die zuständige Stelle keinen einzugsbereiten Berechtigten benennen, kann der Verfügungsberechtigte die Wohnung frei vergeben, ohne daß die Wohnung ihre Bindung verliert. Die zuständige Stelle hat dem Verfügungsberechtigten darüber auf Antrag einen schriftlichen Bescheid zu erteilen.

(5) Sind Wohnungen ihrer Bestimmung nach für eine besondere Personengruppe vorgesehen, ist neben der Vorlage der Wohnberechtigungsbescheinigung die Vorlage einer Bestätigung der Zugehörigkeit zu dieser Personengruppe erforderlich (lt. BauO § 53).

(6) Wenn der Inhaber der Wohnberechtigungsbescheinigung oder der entsprechende Berechtigte verstorben oder aus der Wohnung ausgezogen ist, darf der Verfügungsberechtigte die Wohnung dessen Haushaltsangehörigen nur nach Maßgabe der Absätze 2 bis 5 zum Gebrauch überlassen. Im Haushalt lebende Familienangehörige, die gem. § 125 Abs. 1 des Zivilgesetzbuches in den Mietvertrag eingetreten sind, darf die Wohnung auch ohne Übergabe einer Wohnberechtigungsbescheinigung zum Gebrauch überlassen werden.

(7) Mietverträge, die entgegen den Absätzen 2 bis 6 geschlossen werden, sind unwirksam. Die zuständige Stelle kann vom Inhaber die Räumung der Wohnung verlangen, wenn die nachträgliche Erteilung einer Wohnberechtigungsbescheinigung nicht möglich ist.

(8) Der Verfügungsberechtigte hat binnen zwei Wochen, nachdem er die Wohnung einem Wohnungssuchenden überlassen hat, der zuständigen Stelle den Namen des Wohnungssuchenden mitzuteilen und ihr die ihm übergebene Bescheinigung vorzulegen.

§ 6. Erteilung der Bescheinigung über die Wohnberechtigung. (1) Die Bescheinigung über die Wohnberechtigung ist einem Wohnungssuchenden von der zuständigen Stelle auf Antrag zu erteilen, wenn er nach dem geltenden Recht volljährig ist.

(2) In der Bescheinigung ist die für den Wohnberechtigten angemessene Wohnungsgröße anzugeben; sie kann der Raumzahl oder der Wohnfläche nach bestimmt werden. Die Wohnungsgröße ist in der Regel angemessen, wenn sie es ermöglicht, daß auf jedes Familienmitglied ein Wohnraum ausreichender Größe entfällt; darüber hinaus sind auch besondere Bedürfnisse des Wohnberechtigten und seiner Angehörigen sowie der nach der Lebenserfahrung in absehbarer Zeit zu erwartende zusätzliche Raumbedarf zu berücksichtigen.

(3) Der Antrag auf Erteilung einer Bescheinigung über die Wohnberechtigung ist bei dem für den Wohnsitz bzw. beabsichtigten Wohnsitz zuständigen Wohnungsamt zu stellen.

(4) Die Bescheinigung gilt im Verwaltungsbereich des ausstellenden Wohnungsamtes für die Dauer eines Jahres; die Frist beginnt am Ersten des auf die Ausstellung der Bescheinigung folgenden Monats.

§ 7. Selbstbenutzung, Nichtvermietung. (1) Der Verfügungsberechtigte darf eine Wohnung, deren Vermietung möglich wäre, leerstehen lassen, wenn die zuständige Stelle die Genehmigung dazu erteilt.

(2) Der Verfügungsberechtigte, der eine Wohnung entgegen den Bestimmungen dieses Gesetzes selbst nutzt oder leerstehen läßt, hat sie auf Verlangen der zuständigen Stelle einem Wohnungssuchenden gemäß § 6 zum Gebrauch zu überlassen.

§ 8. Freistellung. (1) Soweit nach den wohnungswirtschaftlichen Verhältnissen ein öffentliches Interesse an der Wohnungsbindung nicht mehr besteht, kann die zuständige Stelle den Verfügungsberechtigten hiervon freistellen; das gleiche gilt, soweit ein überwiegendes öffentliches Interesse oder ein überwiegendes berechtigtes Interesse des Verfügungsberechtigten oder eines Dritten an der Freistellung besteht. Die Freistellung kann für einzelne Wohnungen, für Wohnungen bestimmter Art oder für bestimmte Gebiete ausgesprochen werden. Bei Wohnungen, die für Angehörige eines bestimmten Personenkreises vorbehalten sind, soll eine Freistellung von dem Vorbehalt ausgesprochen werden, soweit ein besonderer Wohnungsbedarf für diesen Personenkreis nicht mehr besteht.

(2) Die Freistellung kann befristet, bedingt oder unter Auflagen erteilt werden.

13. Gesetz über die Gewährleistung von Belegungsrechten **Anhang I/13**

(3) Wurde die Freistellung auf eine bestimmte Zeiteinheit befristet und ist diese Frist abgelaufen, so ist § 5 Abs. 7 sinngemäß anzuwenden. Dasselbe gilt, wenn die Freistellung unter einer aufschiebenden oder einer auflösenden Bedingung erteilt wurde und die aufschiebende Bedingung nicht eingetreten oder die auflösende Bedingung nicht eingetreten ist.

§ 9. Zweckentfremdung, bauliche Veränderung. (1) Die Wohnung darf ohne Genehmigung der zuständigen Stelle nicht zu Zwecken einer dauernden Fremdenbeherbergung, insbesondere einer gewerblichen Zimmervermietung, verwendet oder anderen als zu Wohnzwecken zugeführt werden.

(2) Die Wohnung darf ohne Zustimmung der zuständigen Stellen nicht durch bauliche Maßnahmen derart verändert werden, daß sie für Wohnzwecke nicht mehr geeignet ist.

(3) Die Genehmigung kann erteilt werden, wenn ein überwiegendes öffentliches Interesse oder ein überwiegendes berechtigtes Interesse des Verfügungsberechtigten oder eines Dritten an der Verwendung oder Änderung der Wohnung gemäß Absatz 1 oder 2 besteht. Die Genehmigung kann befristet, bedingt oder unter Auflagen erteilt werden.

(4) Wer den Vorschriften des Absatzes 1 oder 2 zuwiderhandelt, hat auf Verlangen der zuständigen Stelle die Eignung für Wohnzwecke auf seine Kosten wiederherzustellen und die Wohnung einem Wohnungssuchenden gemäß § 6 zum Gebrauch zu überlassen.

(5) Die Absätze 1 bis 4 gelten entsprechend für Teile einer Wohnung.

§ 10. Bestätigung. (1) Die zuständige Stelle hat dem Verfügungsberechtigten schriftlich zu bestätigen, von welchem Zeitpunkt an die Bindung der Wohnung aufgehoben ist.

(2) Die zuständige Stelle hat einem Wohnungssuchenden auf dessen Verlangen schriftlich zu bestätigen, ob die Wohnung, die er benutzen will, der Bindung nach diesem Gesetz unterliegt.

§ 11. Gleichstellungen. (1) Die Vorschriften dieses Gesetzes für Wohnungen gelten für einzelne Wohnräume entsprechend, soweit sich nicht aus Inhalt oder Zweck der Vorschriften etwas anderes ergibt.

(2) Dem Vermieter steht derjenige gleich, der die Wohnung einem Wohnungssuchenden auf Grund eines anderen Schuldverhältnisses, insbesondere eines genossenschaftlichen Nutzungsverhältnisses, zum Gebrauch überläßt. Dem Mieter steht derjenige gleich, der die Wohnung auf Grund eines anderen Schuldverhältnisses, insbesondere eines genossenschaftlichen Nutzungsverhältnisses, bewohnt.

(3) Dem Verfügungsberechtigten steht ein von ihm Beauftragter gleich.

§ 12. Werkswohnungen und andere zweckgebundene Wohnungen. Die Vorschriften dieses Gesetzes gelten analog für Werkswohnungen und andere zweckgebundene Wohnungen, die mit öffentlichen Mitteln gefördert sind.

§ 13. Heime. Die Vorschriften dieses Gesetzes gelten nicht für Wohnheime, Feierabend- und Pflegeheime.

§ 14. Untermietverhältnisse. (1) Die Vorschriften dieses Gesetzes gelten sinngemäß für den Inhaber einer Wohnung, wenn er mehr als die Hälfte der Wohnfläche untervermietet.

(2) Vermietet der Verfügungsberechtigte einen Teil der von ihm genutzten Wohnung, sind die Vorschriften dieses Gesetzes nur anzuwenden, wenn er mehr als die Hälfte der Wohnfläche vermietet.

§ 15. Entscheidungen. (1) Entscheidungen der zuständigen Stelle nach den Vorschriften dieses Gesetzes treffen in den Städten oder Stadtbezirken der zuständige Abteilungsleiter des Wohnungsamtes und in den Gemeinden der Leiter des Wohnungsamtes.

(2) Die Entscheidungen haben schriftlich zu ergehen, sind zu begründen und haben eine Rechtsmittelbelehrung zu enthalten. Entscheidungen sind zuzustellen.

§ 16. Rechtsmittel. (1) Gegen die Entscheidungen der zuständigen Stelle ist das Rechtsmittel der Beschwerde zulässig. Sie ist schriftlich unter Angabe der Gründe innerhalb von 10 Tagen nach Zugang der Entscheidung bei der zuständigen Stelle einzulegen, die die Entscheidung getroffen hat.

Anhang I/13　　　　　　　　　　　　　　　　　　　　　　　　　I. Bundesrecht

(2) Über die Beschwerde ist innerhalb von 10 Tagen zu entscheiden. Wird der Beschwerde nicht oder nicht in vollem Umfang stattgegeben, ist sie innerhalb einer Woche an die Rechtsmittelinstanz weiterzuleiten. Der Beschwerdeführer ist davon zu unterrichten.

(3) Über Beschwerden entscheiden in den Städten und Stadtbezirken der Leiter des Wohnungsamtes und in den Gemeinden der Bürgermeister abschließend. Auf Antrag des Beschwerdeführers ist dieser vor der Entscheidung anzuhören. Die Entscheidung ist zu begründen und zuzustellen.

(4) Gegen die Beschwerdeentscheidung kann ein Antrag auf Nachprüfung durch das Gericht gestellt werden. Für das Verfahren ist das Kreisgericht zuständig, in dessen Bereich die zuständige Stelle ihren Sitz hat. Das Gericht kann in der Sache selbst entscheiden.

(5) Alle Rechtsmittel haben aufschiebende Wirkung.

§ 17. Ordnungsstrafbestimmungen. (1) Wer vorsätzlich oder fahrlässig
　der Meldepflicht nach § 5 Abs. 1 und Abs. 8 nicht nachkommt, kann mit einer Ordnungsstrafe bis zu 500 Deutsche Mark belegt werden

Wer vorsätzlich oder fahrlässig

a) eine Wohnung entgegen § 5 selbst nutzt oder leerstehen läßt,
b) eine Wohnung entgegen § 9 verwendet, anderen als Wohnzwecken zuführt oder baulich verändert,
　kann mit einer Ordnungsstrafe von 1000 Deutsche Mark bis 5000 Deutsche Mark belegt werden. Im Wiederholungsfall kann eine Ordnungsstrafe bis zu 10000 Deutsche Mark ausgesprochen werden.

(2) Die Durchführung des Ordnungsstrafverfahrens obliegt dem Leiter des zuständigen Wohnungsamtes.

(3) Für die Durchführung des Ordnungsstrafverfahrens und den Ausspruch von Ordnungsstrafmaßnahmen gilt das Gesetz vom 12. Januar 1968 zur Bekämpfung von Ordnungswidrigkeiten – OWG – (GBl. I Nr. 3 S. 101).

§ 18. Übergangs- und Schlußbestimmungen. (1) Bisher erteilte Zuweisungen gelten.

(2) Die in § 1 Abs. 1 bezeichneten Wohnungen dürfen zu keinem höheren Mietpreis vermietet werden, als er durch die Verordnung der Regierung festgelegt ist. Bei der Festlegung der Miete sind Zustand, Alter und Lage der Wohnung zu berücksichtigen; die Höhe der Miete hat sich nach der Miethöhe vergleichbarer Sozialwohnungen zu richten.

(3) Solange die Mietpreise gebunden sind, kann die Regierung von dem Erlaß einer Verordnung nach Abs. 2 absehen.

(4) Rechtsvorschriften zur Durchführung dieses Gesetzes erlassen der Ministerrat und der Minister für Bauwesen, Städtebau und Wohnungswirtschaft.

§ 19. Inkrafttreten. (1) Dieses Gesetz tritt am 1. September 1990 in Kraft.

(2) Gleichzeitig treten außer Kraft:
– Verordnung vom 16. Oktober 1985 über die Lenkung des Wohnraumes – WLVO – (GBl. I Nr. 27 S. 301),
– Durchführungsbestimmung vom 16. Oktober 1985 zur Verordnung über die Lenkung des Wohnraumes – WLVO – (GBl. I Nr. 27 S. 308),
– Zweite Durchführungsbestimmung vom 3. Juni 1988 zur Verordnung über die Lenkung des Wohnraumes – WLVO – (GBl. I Nr. 11 S. 133),
– Ziffer 5 der Verordnung vom 14. Dezember 1988 zur Anpassung von Regelungen über Rechtsmittel der Bürger und zur Festlegung der gerichtlichen Zuständigkeit für die Nachprüfung von Verwaltungsentscheidungen (GBl. I Nr. 28 S. 330),
– Ordnung über die Wohnraumversorgung der Angehörigen und Zivilbeschäftigten der bewaffneten Organe.

14. Einführungsgesetz zum Bürgerlichen Gesetzbuche

Vom 18. August 1896

(RGBl. S. 604). In der Fassung der Bekanntmachung vom 21. September 1994 (BGBl. I S. 2494, zuletzt geänd. durch Gesetz v. 5. 10. 1994 BGBl. I S. 2911, 2924)

[Auszug]

Sechster Teil.
Inkrafttreten und Übergangsrecht aus Anlaß der Einführung des Bürgerlichen Gesetzbuchs und dieses Einführungsgesetzes in dem in Artikel 3 des Einigungsvertrages genannten Gebiet

[...]

Artikel 231
Erstes Buch. Allgemeiner Teil des Bürgerlichen Gesetzbuchs

§ 1. **Entmündigung.** Rechtskräftig ausgesprochene Entmündigungen bleiben wirksam. Entmündigungen wegen krankhafter Störung der Geistestätigkeit gelten als Entmündigungen wegen Geistesschwäche, Entmündigungen wegen Mißbrauchs von Alkohol gelten als Entmündigungen wegen Trunksucht, Entmündigungen wegen anderer rauscherzeugender Mittel oder Drogen gelten als Entmündigungen wegen Rauschgiftsucht im Sinn des Bürgerlichen Gesetzbuchs.

§ 2. **Vereine.** (1) Rechtsfähige Vereinigungen, die nach dem Gesetz über Vereinigungen – Vereinigungsgesetz – vom 21. Februar 1990 (GBl. I Nr. 10 S. 75), zuletzt geändert durch Gesetz vom 22. Juni 1990 (GBl. I Nr. 37 S. 470, berichtigt in GBl. I Nr. 39 S. 546) vor dem Wirksamwerden des Beitritts entstanden sind, bestehen fort.

(2) Auf sie sind ab dem Tag des Wirksamwerdens des Beitritts die §§ 21 bis 79 des Bürgerlichen Gesetzbuchs anzuwenden.

(3) Die in Absatz 1 genannten Vereinigungen führen ab dem Wirksamwerden des Beitritts die Bezeichnung „eingetragener Verein".

(4) Auf nicht rechtsfähige Vereinigungen im Sinn des Gesetzes über Vereinigungen – Vereinigungsgesetz – vom 21. Februar 1990 findet ab dem Tag des Wirksamwerdens des Beitritts § 54 des Bürgerlichen Gesetzbuchs Anwendung.

§ 3. **Stiftungen.** (1) Die in dem in Artikel 3 des Einigungsvertrags genannten Gebiet bestehenden rechtsfähigen Stiftungen bestehen fort.

(2) Auf Stiftungen des Privaten Rechts sind ab dem Tag des Wirksamwerdens des Beitritts die §§ 80 bis 88 des Bürgerlichen Gesetzbuchs anzuwenden.

§ 4. **Haftung juristischer Personen für ihre Organe.** Die §§ 31 und 89 des Bürgerlichen Gesetzbuchs sind nur auf solche Handlungen anzuwenden, die am Tag des Wirksamwerdens des Beitritts oder danach begangen werden.

§ 5. **Sachen.** (1) Nicht zu den Bestandteilen eines Grundstücks gehören Gebäude, Baulichkeiten, Anlagen, Anpflanzungen oder Einrichtungen, die gemäß dem am Tag vor dem Wirksamwerden des Beitritts geltenden Recht vom Grundstückseigentum unabhängiges Eigentum sind. Das gleiche gilt, wenn solche Gegenstände am Tag des Wirksamwerdens des Beitritts oder danach errichtet oder angebracht werden, soweit dies aufgrund eines vor dem Wirksamwerden des Beitritts begründeten Nutzungsrechts an dem Grundstück oder Nutzungsrechts nach §§ 312 bis 315 des Zivilgesetzbuchs der Deutschen Demokratischen Republik zulässig ist.

(2) Das Nutzungsrecht an dem Grundstück und die erwähnten Anlagen, Anpflanzungen oder Einrichtungen gelten als wesentliche Bestandteile des Gebäudes. Artikel 233 § 4 Abs. 3 und 5 bleibt unberührt.

(3) Das Gebäudeeigentum nach den Absätzen 1 und 2 erlischt, wenn nach dem 31. Dezember 1996 das Eigentum am Grundstück übertragen wird, es sei denn, daß das Nutzungsrecht oder das selbstän-

Anhang I/14 I. Bundesrecht

dige Gebäudeeigentum nach Artikel 233 § 2b Abs. 2 Satz 3 im Grundbuch des veräußerten Grundstücks eingetragen ist oder dem Erwerber das nicht eingetragene Recht bekannt war. Dem Inhaber des Gebäudeeigentums steht gegen den Veräußerer ein Anspruch auf Ersatz des Wertes zu, den das Gebäudeeigentum im Zeitpunkt seines Erlöschens hatte; an dem Gebäudeeigentum begründete Grundpfandrechte werden Pfandrechte an diesem Anspruch.

(4) Wird nach dem 31. Dezember 1996 das Grundstück mit einem dinglichen Recht belastet oder ein solches Recht erworben, so gilt für den Inhaber des Rechts das Gebäude als Bestandteil des Grundstücks. Absatz 3 Satz 1 ist entsprechend anzuwenden.

(5) Ist ein Gebäude auf mehreren Grundstücken errichtet, gelten die Absätze 3 und 4 nur in Ansehung des Grundstücks, auf dem sich der überwiegende Teil des Gebäudes befindet. Für den Erwerber des Grundstücks gelten in Ansehung des auf dem anderen Grundstück befindlichen Teils des Gebäudes die Vorschriften über den zu duldenden Überbau sinngemäß.

§ 6. Verjährung. (1) Die Vorschriften des Bürgerlichen Gesetzbuchs über die Verjährung finden auf die am Tag des Wirksamwerdens des Beitritts bestehenden und noch nicht verjährten Ansprüche Anwendung. Der Beginn, die Hemmung und die Unterbrechung der Verjährung bestimmen sich jedoch für den Zeitraum vor dem Wirksamwerden des Beitritts nach den bislang für das in Artikel 3 des Einigungsvertrages genannte Gebiet geltenden Rechtsvorschriften.

(2) Ist die Verjährungsfrist nach dem Bürgerlichen Gesetzbuch kürzer als nach den Rechtsvorschriften, die bislang für das in Artikel 3 des Einigungsvertrages genannte Gebiet galten, so wird die kürzere Frist von dem Tag des Wirksamwerdens des Beitritts an berechnet.

§ 7. Beurkundungen und Beglaubigungen. (1) Eine vor dem Wirksamwerden des Beitritts erfolgte notarielle Beurkundung oder Beglaubigung ist nicht deshalb unwirksam, weil die erforderliche Beurkundung oder Beglaubigung von einem Notar vorgenommen wurde, der nicht in dem in Artikel 3 des Einigungsvertrages genannten Gebiet berufen oder bestellt war, sofern dieser im Geltungsbereich des Grundgesetzes bestellt war.

(2) Absatz 1 gilt nicht, soweit eine rechtskräftige Entscheidung entgegensteht.

(3) Ein Vertrag, durch den sich der Beteiligte eines nach Absatz 1 wirksamen Rechtsgeschäfts vor Inkrafttreten des Zweiten Vermögensrechtsänderungsgesetzes gegenüber einem anderen Beteiligten zu weitergehenden Leistungen verpflichtet oder auf Rechte verzichtet hat, weil dieser die Nichtigkeit dieses Rechtsgeschäfts geltend gemacht hat, ist insoweit unwirksam, als die durch den Vertrag begründeten Rechte und Pflichten der Beteiligten von den Vereinbarungen in dem nach Absatz 1 wirksamen Rechtsgeschäfts abweichen.

(4) Eine Veräußerung nach den §§ 17 bis 19 des Gesetzes über die Gründung und Tätigkeit privater Unternehmen und über Unternehmensbeteiligungen vom 7. März 1990 (GBl. I Nr. 17 S. 141), die ohne die in § 19 Abs. 5 Satz 2 dieses Gesetzes geforderte notarielle Beurkundung der Umwandlungserklärung erfolgt ist, wird ihrem ganzen Inhalt nach gültig, wenn die gegründete Gesellschaft in das Register eingetragen ist.

§ 8. Vollmachtsurkunden staatlicher Organe. Eine von den in den §§ 2 und 3 der Siegelordnung der Deutschen Demokratischen Republik vom 29. November 1966 (GBl. 1967 II Nr. 9 S. 49) und in § 1 der Siegelordnung der Deutschen Demokratischen Republik vom 16. Juli 1981 (GBl. I Nr. 25 S. 309) bezeichneten staatlichen Organen erteilte Vollmachtsurkunde ist wirksam, wenn die Urkunde vom vertretungsberechtigten Leiter des Organs oder einer von diesem nach den genannten Bestimmungen ermächtigten Person unterzeichnet und mit einem ordnungsgemäßen Dienstsiegel versehen worden ist. Die Beglaubigung der Vollmacht nach § 57 Abs. 2 Satz 2 des Zivilgesetzbuchs der Deutschen Demokratischen Republik wird durch die Unterzeichnung und Siegelung der Urkunde ersetzt.

Artikel 232
Zweites Buch. Recht der Schuldverhältnisse

§ 1. Allgemeine Bestimmungen für Schuldverhältnisse. Für ein Schuldverhältnis, das vor dem Wirksamwerden des Beitritts entstanden ist, bleibt das bisherige für das in Artikel 3 des Einigungsvertrages genannte Gebiet geltende Recht maßgebend.

§ 1a. Überlassungsverträge. Ein vor dem 3. Oktober 1990 geschlossener Vertrag, durch den ein bisher staatlich verwaltetes (§ 1 Abs. 4 des Vermögensgesetzes) Grundstück durch den staatlichen Verwalter oder die von ihm beauftragte Stelle gegen Leistung eines Geldbetrages für das Grundstück

14. Einführungsgesetz zum Bürgerlichen Gesetzbuche

sowie etwa aufstehende Gebäude und gegen Übernahme der öffentlichen Lasten einem anderen zur Nutzung überlassen wurde (Überlassungsvertrag), ist wirksam.

§ 2. Miete. (1) Mietverhältnisse aufgrund von Verträgen, die vor dem Wirksamwerden des Beitritts geschlossen worden sind, richten sich von diesem Zeitpunkt an nach den Vorschriften des Bürgerlichen Gesetzbuchs, soweit nicht in den folgenden Absätzen etwas anderes bestimmt ist.

(2) Auf berechtigte Interessen im Sinne des § 564b Abs. 2 Nr. 3 des Bürgerlichen Gesetzbuchs kann der Vermieter sich nicht berufen.

(3) Auf berechtigte Interessen im Sinne des § 564b Abs. 2 Nr. 2 Satz 1 des Bürgerlichen Gesetzbuchs (Eigenbedarf) kann der Vermieter sich erst nach dem 31. Dezember 1995 berufen. Dies gilt nicht,

1. wenn die Räume dem Vermieter durch nicht zu rechtfertigende Zwangsmaßnahmen oder durch Machtmißbrauch, Korruption, Nötigung oder Täuschung seitens staatlicher Stellen oder Dritter entzogen worden sind,
2. wenn der Mieter bei Abschluß des Vertrags nicht redlich im Sinne des § 4 Abs. 3 des Vermögensgesetzes gewesen ist oder
3. wenn der Ausschluß des Kündigungsrechts dem Vermieter angesichts seines Wohnbedarfs und seiner sonstigen berechtigten Interessen auch unter Würdigung der Interessen des Mieters nicht zugemutet werden kann.

Vor dem 1. Januar 1996 kann der Vermieter ein Mietverhältnis nach § 564b Abs. 4 Satz 1 des Bürgerlichen Gesetzbuchs nur in den Fällen des Satzes 2 Nr. 1 oder 2 oder dann kündigen, wenn ihm die Fortsetzung des Mietverhältnisses wegen seines Wohn- oder Instandsetzungsbedarfs oder sonstiger Interessen nicht zugemutet werden kann.

(4) In den Fällen des Absatzes 3 kann der Mieter der Kündigung widersprechen und vom Vermieter die Fortsetzung des Mietverhältnisses verlangen, wenn die vertragsmäßige Beendigung des Mietverhältnisses für den Mieter oder seine Familie eine Härte bedeuten würde, die auch unter Würdigung der berechtigten Interessen des Vermieters nicht zu rechtfertigen ist. Eine Härte liegt auch vor, wenn angemessener Ersatzwohnraum zu zumutbaren Bedingungen nicht beschafft werden kann. § 556a Abs. 1 Satz 3, Abs. 2, 3, 5 bis 7 und § 564a Abs. 2 des Bürgerlichen Gesetzbuchs sowie § 93b Abs. 1 bis 3, § 308a Abs. 1 Satz 1 und § 708 Nr. 7 der Zivilprozeßordnung, § 16 Abs. 3 und 4 des Gerichtskostengesetzes sind anzuwenden.

(5) Der Mieter kann einer bis zum 31. Dezember 1994 erklärten Kündigung eines Mietverhältnisses über Geschäftsräume oder gewerblich genutzte unbebaute Grundstücke widersprechen und vom Vermieter die Fortsetzung des Mietverhältnisses verlangen, wenn die Kündigung für ihn eine erhebliche Gefährdung seiner wirtschaftlichen Lebensgrundlage mit sich bringt. Dies gilt nicht,

1. wenn ein Grund vorliegt, aus dem der Vermieter zur Kündigung ohne Einhaltung einer Kündigungsfrist berechtigt ist, oder
2. wenn der Vermieter bei anderweitiger Vermietung eine höhere als die bisherige Miete erzielen könnte und der Mieter sich weigert, in eine angemessene Mieterhöhung von dem Zeitpunkt an einzuwilligen, zu dem die Kündigung wirksam war, oder
3. wenn der Mieter sich weigert, in eine Umlegung der Betriebskosten einzuwilligen, oder
4. wenn dem Vermieter die Fortsetzung des Mietverhältnisses aus anderen Gründen nicht zugemutet werden kann.

Eine Mieterhöhung ist angemessen im Sinne des Satzes 2 Nr. 2, soweit die geforderte Miete die ortsübliche Miete, die sich für Geschäftsräume oder Grundstücke gleicher Art und Lage nach Wegfall der Preisbindungen bildet, nicht übersteigt. Willigt der Mieter in eine angemessene Mieterhöhung ein, so kann sich der Vermieter nicht darauf berufen, daß er bei anderweitiger Vermietung eine höhere als die ortsübliche Miete erzielen könnte.

(6) Bei der Kündigung nach Absatz 5 werden nur die im Kündigungsschreiben angegebenen Gründe berücksichtigt, soweit nicht die Gründe nachträglich entstanden sind. Im übrigen gelten § 556a Abs. 2, 3, 5 bis 7 und § 564a Abs. 2 des Bürgerlichen Gesetzbuchs sowie § 93b Abs. 1 bis 3, § 308a Abs. 1 Satz 1 und § 708 Nr. 7 der Zivilprozeßordnung, § 16 Abs. 3 und 4 des Gerichtskostengesetzes entsprechend.

(7) Die Kündigungsfrist nach § 565 Abs. 1 Nr. 3 des Bürgerlichen Gesetzbuchs verlängert sich für Kündigungen, die vor dem 1. Januar 1994 erklärt werden, um drei Monate.

§ 3. Pacht. (1) Pachtverhältnisse aufgrund von Verträgen, die vor dem Wirksamwerden des Beitritts geschlossen worden sind, richten sich von diesem Zeitpunkt an nach den §§ 581 bis 597 des Bürgerlichen Gesetzbuchs.

(2) Die §§ 51 und 52 des Landwirtschaftsanpassungsgesetzes vom 29. Juni 1990 (GBl. I Nr. 42 S. 642) bleiben unberührt.

§ 4. Nutzung von Bodenflächen zur Erholung. (1) Nutzungsverhältnisse nach den §§ 312 bis 315 des Zivilgesetzbuchs der Deutschen Demokratischen Republik aufgrund von Verträgen, die vor dem Wirksamwerden des Beitritts geschlossen worden sind, richten sich weiterhin nach den genannten Vorschriften des Zivilgesetzbuchs. Abweichende Regelungen bleiben einem besonderen Gesetz vorbehalten.

(2) Die Bundesregierung wird ermächtigt, durch Rechtsverordnung mit Zustimmung des Bundesrates Vorschriften über eine angemessene Gestaltung der Nutzungsentgelte zu erlassen. Angemessen sind Entgelte bis zur Höhe des ortsüblichen Pachtzinses für Grundstücke, die auch hinsichtlich der Art und des Umfangs der Bebauung in vergleichbarer Weise genutzt werden. In der Rechtsverordnung können Bestimmungen über die Ermittlung des ortsüblichen Pachtzinses, über das Verfahren der Entgelterhöhung sowie über die Kündigung im Fall der Erhöhung getroffen werden.

(3) Für Nutzungsverhältnisse innerhalb von Kleingartenanlagen bleibt die Anwendung des Bundeskleingartengesetzes vom 28. Februar 1983 (BGBl. I S. 210) mit den in Anlage I Kapitel XIV Abschnitt II Nr. 4 zum Einigungsvertrag enthaltenen Ergänzungen unberührt.

(4) Die Absätze 1 bis 3 gelten auch für vor dem 1. Januar 1976 geschlossene Verträge, durch die land- oder forstwirtschaftlich nicht genutzte Bodenflächen Bürgern zum Zwecke der nicht gewerblichen kleingärtnerischen Nutzung, Erholung und Freizeitgestaltung überlassen wurden.

§ 4a. Vertrags-Moratorium. (1) Verträge nach § 4 können, auch soweit sie Garagen betreffen, gegenüber dem Nutzer bis zum Ablauf des 31. Dezember 1994 nur aus den in § 554 des Bürgerlichen Gesetzbuchs bezeichneten Gründen gekündigt oder sonst beendet werden. Sie verlängern sich, wenn nicht der Nutzer etwas Gegenteiliges mitteilt, bis zu diesem Zeitpunkt, wenn sie nach ihrem Inhalt vorher enden würden.

(2) Hat der Nutzer einen Vertrag nach § 4 nicht mit dem Eigentümer des betreffenden Grundstücks, sondern aufgrund von § 18 oder § 46 in Verbindung mit § 18 des Gesetzes über die landwirtschaftlichen Produktionsgenossenschaften – LPG-Gesetz – vom 2. Juli 1982 (GBl. I Nr. 25 S. 443) in der vor dem 1. Juli 1990 geltenden Fassung mit einer der dort genannten Genossenschaften oder Stellen geschlossen, so ist er nach Maßgabe des Vertrages und des Absatzes 1 bis zum Ablauf des 31. Dezember 1994 auch dem Grundstückseigentümer gegenüber zum Besitz berechtigt.

(3) Die Absätze 1 und 2 gelten ferner, wenn ein Vertrag nach § 4 mit einer staatlichen Stelle abgeschlossen wurde, auch wenn diese hierzu nicht ermächtigt war. Dies gilt jedoch nicht, wenn der Nutzer Kenntnis von dem Fehlen einer entsprechenden Ermächtigung hatte.

(4) Die Absätze 1 und 2 gelten ferner auch, wenn ein Vertrag nach § 4 mit einer staatlichen Stelle abgeschlossen wurde und diese bei Vertragsschluß nicht ausdrücklich in fremdem Namen, sondern im eigenen Namen handelte, obwohl es sich nicht um ein volkseigenes, sondern ein von ihr verwaltetes Grundstück handelte, es sei denn, daß der Nutzer hiervon Kenntnis hatte.

(5) In den Fällen der Absätze 2 bis 4 ist der Vertragspartner des Nutzers unbeschadet des § 51 des Landwirtschaftsanpassungsgesetzes verpflichtet, die gezogenen Entgelte unter Abzug der mit ihrer Erzielung verbundenen Kosten an den Grundstückseigentümer abzuführen. Entgelte, die in der Zeit von dem 1. Januar 1992 an bis zum Inkrafttreten dieser Vorschrift erzielt wurden, sind um 20 vom Hundert gemindert an den Grundstückseigentümer auszukehren; ein weitergehender Ausgleich für gezogene Entgelte und Aufwendungen findet nicht statt. Ist ein Entgelt nicht vereinbart, so ist das Entgelt, das für Verträge der betreffenden Art gewöhnlich zu erzielen ist, unter Abzug der bei seiner Erzielung verbundenen Kosten an den Grundstückseigentümer auszukehren. Der Grundstückseigentümer kann von dem Vertragspartner des Nutzers die Abtretung der Entgeltansprüche verlangen.

(6) Die Absätze 1 bis 5 gelten auch, wenn der unmittelbare Nutzer Verträge mit einer Vereinigung von Kleingärtnern und diese mit einer der dort genannten Stellen den Hauptnutzungsvertrag geschlossen hat. Ist Gegenstand des Vertrages die Nutzung des Grundstücks für eine Garage, so kann der Eigentümer die Verlegung der Nutzung auf eine andere Stelle des Grundstücks oder ein anderes Grundstück verlangen, wenn die Nutzung ihn besonders beeinträchtigt, die andere Stelle für den

14. Einführungsgesetz zum Bürgerlichen Gesetzbuche **Anhang I/14**

Nutzer gleichwertig ist und die rechtlichen Voraussetzungen für die Nutzung geschaffen worden sind; die Kosten der Verlegung hat der Eigentümer zu tragen und vorzuschießen.

(7) Die Absätze 1 bis 6 finden keine Anwendung, wenn die Betroffenen nach dem 2. Oktober 1990 etwas Abweichendes vereinbart haben oder zwischen ihnen abweichende rechtskräftige Urteile ergangen sind.

§ 5. Arbeitsverhältnisse. (1) Für am Tag des Wirksamwerdens des Beitritts bestehende Arbeitsverhältnisse gelten unbeschadet des Artikels 230 von dieser Zeit an die Vorschriften des Bürgerlichen Gesetzbuchs.

(2) § 613a des Bürgerlichen Gesetzbuchs ist in dem in Artikel 3 des Einigungsvertrages vom 31. August 1990 (BGBl. 1990 II S. 885) genannten Gebiet vom Tage des Inkrafttretens dieses Gesetzes bis zum 31. Dezember 1998 mit folgenden Maßgaben anzuwenden:
1. Innerhalb des bezeichneten Zeitraums ist auf eine Betriebsübertragung im Gesamtvollstreckungsverfahren § 613a des Bürgerlichen Gesetzbuchs nicht anzuwenden.
2. Anstelle des Absatzes 4 Satz 2 gilt folgende Vorschrift:
„Satz 1 läßt das Recht zur Kündigung aus wirtschaftlichen, technischen oder organisatorischen Gründen, die Änderungen im Bereich der Beschäftigung mit sich bringen, unberührt."

§ 6. Verträge über wiederkehrende Dienstleistungen. Für am Tag des Wirksamwerdens des Beitritts bestehende Pflege- und Wartungsverträge und Verträge über wiederkehrende persönliche Dienstleistungen gelten von dieser Zeit an die Vorschriften des Bürgerlichen Gesetzbuchs.

§ 7. Kontoverträge und Sparkontoverträge. Das Kreditinstitut kann durch Erklärung gegenüber dem Kontoinhaber bestimmen, daß auf einen am Tag des Wirksamwerdens des Beitritts bestehenden Kontovertrag oder Sparkontovertrag die Vorschriften des Bürgerlichen Gesetzbuchs einschließlich der im bisherigen Geltungsbereich dieses Gesetzes für solche Verträge allgemein verwendeten, näher zu bezeichnenden allgemeinen Geschäftsbedingungen anzuwenden sind. Der Kontoinhaber kann den Vertrag innerhalb eines Monats von dem Zugang der Erklärung an kündigen.

§ 8. Kreditverträge. Auf Kreditverträge, die nach dem 30. Juni 1990 abgeschlossen worden sind, ist § 609a des Bürgerlichen Gesetzbuchs anzuwenden.

§ 9. Bruchteilsgemeinschaften. Auf eine am Tag des Wirksamwerdens des Beitritts bestehende Gemeinschaft nach Bruchteilen finden von dieser Zeit an die Vorschriften des Bürgerlichen Gesetzbuchs Anwendung.

§ 10. Unerlaubte Handlungen. Die Bestimmungen der §§ 823 bis 853 des Bürgerlichen Gesetzbuchs sind nur auf Handlungen anzuwenden, die am Tag des Wirksamwerdens des Beitritts oder danach begangen werden.

Artikel 233
Drittes Buch. Sachenrecht

Erster Abschnitt. Allgemeine Vorschriften

§ 1. Besitz. Auf ein am Tag des Wirksamwerdens des Beitritts bestehendes Besitzverhältnis finden von dieser Zeit an die Vorschriften des Bürgerlichen Gesetzbuchs Anwendung.

§ 2. Inhalt des Eigentums. (1) Auf das am Tag des Wirksamwerdens des Beitritts bestehende Eigentum an Sachen finden von dieser Zeit an die Vorschriften des Bürgerlichen Gesetzbuchs Anwendung, soweit nicht in den nachstehenden Vorschriften etwas anderes bestimmt ist.

(2) Wem bisheriges Volkseigentum zufällt oder wer die Verfügungsbefugnis über bisheriges Volkseigentum erlangt, richtet sich nach den besonderen Vorschriften über die Abwicklung des Volkseigentums.

(3) Ist der Eigentümer eines Grundstücks oder sein Aufenthalt nicht festzustellen und besteht ein Bedürfnis, die Vertretung des Eigentümers sicherzustellen, so bestellt der Landkreis oder die kreisfreie Stadt, in dessen oder deren Gebiet sich das Grundstück befindet, auf Antrag der Gemeinde oder

eines anderen, der ein berechtigtes Interesse daran hat, einen gesetzlichen Vertreter. Im Falle einer Gemeinschaft wird ein Mitglied der Gemeinschaft zum gesetzlichen Vertreter bestellt. Der Vertreter ist von den Beschränkungen des § 181 des Bürgerlichen Gesetzbuchs befreit. § 16 Abs. 3 und 4 des Verwaltungsverfahrensgesetzes findet entsprechende Anwendung. Der Vertreter wird auf Antrag des Eigentümers abberufen. Diese Vorschrift tritt in ihrem räumlichen Anwendungsbereich und für die Dauer ihrer Geltung an die Stelle des § 119 des Flurbereinigungsgesetzes auch, soweit auf diese Bestimmung in anderen Gesetzen verwiesen wird. § 11b des Vermögensgesetzes bleibt unberührt.

§ 2a. Moratorium. (1) Als zum Besitz eines in dem in Artikel 3 des Einigungsvertrages genannten Gebiet belegenen Grundstücks berechtigt gelten unbeschadet bestehender Nutzungsrechte und günstigerer Vereinbarungen und Regelungen:

a) wer das Grundstück bis zum Ablauf des 2. Oktober 1990 aufgrund einer bestandskräftigen Baugenehmigung oder sonst entsprechend den Rechtsvorschriften mit Billigung staatlicher oder gesellschaftlicher Organe mit Gebäuden oder Anlagen bebaut oder zu bebauen begonnen hat und bei Inkrafttreten dieser Vorschrift selbst nutzt,

b) Genossenschaften und ehemals volkseigene Betriebe der Wohnungswirtschaft, denen vor dem 3. Oktober 1990 aufgrund einer bestandskräftigen Baugenehmigung oder sonst entsprechend den Rechtsvorschriften mit Billigung staatlicher oder gesellschaftlicher Organe errichtete Gebäude und dazugehörige Grundstücksflächen und -teilflächen zur Nutzung sowie selbständigen Bewirtschaftung und Verwaltung übertragen worden waren und von diesen oder ihren Rechtsnachfolgern genutzt werden,

c) wer über ein bei Abschluß des Vertrages bereits mit einem Wohnhaus bebautes Grundstück, das bis dahin unter staatlicher oder treuhänderischer Verwaltung gestanden hat, einen Überlassungsvertrag geschlossen hat, sowie diejenigen, die mit diesem einen gemeinsamen Hausstand führen,

d) wer ein auf einem Grundstück errichtetes Gebäude gekauft oder den Kauf beantragt hat.

Das Recht nach Satz 1 besteht bis zur Bereinigung der genannten Rechtsverhältnisse durch besonderes Gesetz längstens bis zum Ablauf des 31. Dezember 1994; die Frist kann durch Rechtsverordnung des Bundesministers der Justiz einmal verlängert werden. In den in § 3 Abs. 3 und den §§ 4 und 121 des Sachenrechtsbereinigungsgesetzes bezeichneten Fällen besteht das in Satz 1 bezeichnete Recht zum Besitz bis zur Bereinigung dieser Rechtsverhältnisse nach jenem Gesetz fort. Erfolgte die Nutzung bisher unentgeltlich, kann der Grundstückseigentümer vom 1. Januar 1995 an vom Nutzer ein Entgelt bis zur Höhe des nach dem Sachenrechtsbereinigungsgesetz zu zahlenden Erbbauzinses verlangen, wenn ein Verfahren zur Bodenneuordnung nach dem Bodensonderungsgesetz eingeleitet wird, er ein notarielles Vermittlungsverfahren nach den §§ 87 bis 102 des Sachenrechtsbereinigungsgesetzes oder ein Bodenordnungsverfahren nach dem Achten Abschnitt des Landwirtschaftsanpassungsgesetzes beantragt oder sich in den Verfahren auf eine Verhandlung zur Begründung dinglicher Rechte oder eine Übereignung eingelassen hat. Vertragliche oder gesetzliche Regelungen, die ein abweichendes Nutzungsentgelt oder einen früheren Beginn der Zahlungspflicht begründen, bleiben unberührt. Umfang und Inhalt des Rechts bestimmen sich im übrigen nach der bisherigen Ausübung. In den Fällen der in der Anlage II Kapitel II Sachgebiet A Abschnitt III des Einigungsvertrages vom 31. August 1990 (BGBl. 1990 II S. 885, 1150) aufgeführten Maßgaben kann das Recht nach Satz 1 allein von der Treuhandanstalt geltend gemacht werden.

(2) Das Recht zum Besitz nach Absatz 1 wird durch eine Übertragung oder einen Übergang des Eigentums oder eine sonstige Verfügung über das Grundstück nicht berührt. Das Recht kann übertragen werden; die Übertragung ist gegenüber dem Grundstückseigentümer nur wirksam, wenn sie diesem vom Veräußerer angezeigt wird.

(3) Während des in Absatz 1 Satz 2 genannten Zeitraums kann Ersatz für gezogene Nutzungen oder vorgenommene Verwendungen nur auf einvernehmlicher Grundlage verlangt werden. Der Eigentümer eines Grundstücks ist während der Dauer des Rechts zum Besitz nach Absatz 1 verpflichtet, das Grundstück nicht mit Rechten zu belasten, es sei denn, er ist zu deren Bestellung gesetzlich oder aufgrund der Entscheidung einer Behörde verpflichtet.

(4) Bis zu dem in Absatz 1 Satz 2 genannten Zeitpunkt findet auf Überlassungsverträge unbeschadet des Artikels 232 § 1 der § 78 des Zivilgesetzbuchs der Deutschen Demokratischen Republik keine Anwendung.

(5) Das Vermögensgesetz, die in der Anlage II Kapitel II Sachgebiet A Abschnitt III des Einigungsvertrages aufgeführten Maßgaben sowie Verfahren nach dem 8. Abschnitt des Landwirtschaftsanpassungsgesetzes bleiben unberührt. Ein Verfahren nach Abschnitt II des Vermögensgesetzes ist auszusetzen, wenn außer dem Recht zum Besitz nach Absatz 1 dingliche oder schuldrechtliche Rech-

te, die zum Besitz berechtigen, nicht bestehen oder dieses zweifelhaft ist, es sei denn, daß der Nutzer im Sinne von § 4 Abs. 3 des Vermögensgesetzes unredlich ist.

(6) Bestehende Rechte des gemäß Absatz 1 Berechtigten werden nicht berührt. In Ansehung der Nutzung des Grundstücks getroffene Vereinbarungen bleiben außer in den Fällen des Absatzes 1 Satz 1 Buchstabe c unberührt. Sie sind in allen Fällen auch weiterhin möglich. Das Recht nach Absatz 1 kann ohne Einhaltung einer Frist durch einseitige Erklärung des Grundeigentümers beendet werden, wenn

a) der Nutzer
   aa) im Sinne der §§ 20a und 20b des Parteiengesetzes der Deutschen Demokratischen Republik eine Massenorganisation, eine Partei, eine ihr verbundene Organisation oder eine juristische Person ist und die treuhänderische Verwaltung über den betreffenden Vermögenswert beendet worden ist oder
   bb) dem Bereich der Kommerziellen Koordinierung zuzuordnen ist oder
b) die Rechtsverhältnisse des Nutzers an dem fraglichen Grund und Boden Gegenstand eines gerichtlichen Strafverfahrens gegen den Nutzer sind oder
c) es sich um ein ehemals volkseigenes Grundstück handelt und seine Nutzung am 2. Oktober 1990 auf einer Rechtsträgerschaft beruhte, es sei denn, der Nutzer ist eine landwirtschaftliche Produktionsgenossenschaft, ein ehemals volkseigener Betrieb der Wohnungswirtschaft, eine Arbeiter-Wohnungsbaugenossenschaft oder eine gemeinnützige Wohnungsgenossenschaft oder deren jeweiliger Rechtsnachfolger.

In den Fällen des Satzes 4 Buchstaben a und c ist § 1000 des Bürgerlichen Gesetzesbuchs nicht anzuwenden. Das Recht zum Besitz nach dieser Vorschrift erlischt, wenn eine Vereinbarung nach Satz 2 und 3 durch den Nutzer gekündigt wird.

(7) Die vorstehenden Regelungen gelten nicht für Nutzungen zur Erholung, Freizeitgestaltung oder zu ähnlichen persönlichen Bedürfnissen einschließlich der Nutzung innerhalb von Kleingartenanlagen. Ein Miet- oder Pachtvertrag ist nicht als Überlassungsvertrag anzusehen.

(8) Für die Zeit bis zum Ablauf des 31. Dezember 1994 ist der nach Absatz 1 Berechtigte gegenüber dem Grundstückseigentümer sowie sonstigen dinglichen Berechtigten zur Herausgabe von Nutzungen nicht verpflichtet, es sei denn, daß die Beteiligten andere Abreden getroffen haben. Ist ein in Absatz 1 Satz 1 Buchstabe d bezeichneter Kaufvertrag unwirksam oder sind die Verhandlungen auf Abschluß des beantragten Kaufvertrages gescheitert, so ist der Nutzer von der Erlangung der Kenntnis der Unwirksamkeit des Vertrages oder der Ablehnung des Vertragsschlusses an nach § 987 des Bürgerlichen Gesetzbuchs zur Herausgabe von Nutzungen verpflichtet.

(9) Für die Zeit vom 1. Januar 1995 bis zum 31. Dezember 1998 kann der Grundstückseigentümer von der öffentlichen Körperschaft, die das Grundstück zur Erfüllung ihrer öffentlichen Aufgaben nutzt oder im Falle der Widmung zum Gemeingebrauch für das Gebäude oder die Anlage unterhaltungspflichtig ist, nur ein Entgelt in Höhe von jährlich 0,8 vom Hundert des Bodenwerts eines in gleicher Lage belegenen unbebauten Grundstücks sowie die Freistellung von den Lasten des Grundstücks verlangen. Der Bodenwert ist nach den Bodenrichtwerten zu bestimmen; § 19 Abs. 5 des Sachenrechtsbereinigungsgesetzes gilt entsprechend. Der Anspruch aus Satz 1 entsteht von dem Zeitpunkt an, in dem der Grundstückseigentümer ihn gegenüber der Körperschaft schriftlich geltend macht. Abweichende vertragliche Vereinbarungen bleiben unberührt.

§ 2b. Gebäudeeigentum ohne dingliches Nutzungsrecht. (1) In den Fällen des § 2a Abs. 1 Satz 1 Buchstaben a und b sind Gebäude und Anlagen landwirtschaftlicher Produktionsgenossenschaften sowie Gebäude und Anlagen von Arbeiter-Wohnungsbaugenossenschaften und von gemeinnützigen Wohnungsgenossenschaften auf ehemals volkseigenen Grundstücken, auch soweit dies nicht gesetzlich bestimmt ist, unabhängig vom Eigentum am Grundstück Eigentum des Nutzers. Ein beschränkt dingliches Recht am Grundstück besteht nur, wenn dies besonders begründet worden ist. Dies gilt auch für Rechtsnachfolger der in Satz 1 bezeichneten Genossenschaften.

(2) Für Gebäudeeigentum, das nach Absatz 1 entsteht oder nach § 27 des Gesetzes über die landwirtschaftlichen Produktionsgenossenschaften vom 2. Juli 1982 (GBl. I Nr. 25 S. 443), das zuletzt durch das Gesetz über die Änderung oder Aufhebung von Gesetzen der Deutschen Demokratischen Republik vom 28. Juni 1990 (GBl. I Nr. 38 S. 483) geändert worden ist, entstanden ist, ist auf Antrag des Nutzers ein Gebäudegrundbuchblatt anzulegen. Für die Anlegung und Führung des Gebäudegrundbuchblatts sind die vor dem Wirksamwerden des Beitritts geltenden sowie später erlassenen Vorschriften entsprechend anzuwenden. Ist das Gebäudeeigentum nicht gemäß § 2c Abs. 1 wie eine

Belastung im Grundbuch des betroffenen Grundstücks eingetragen, so ist diese Eintragung vor Anlegung des Gebäudegrundbuchblatts von Amts wegen vorzunehmen.

(3) Ob Gebäudeeigentum entstanden ist und wem es zusteht, wird durch Bescheid des Präsidenten der Oberfinanzdirektion festgestellt, in dessen Bezirk das Gebäude liegt. Das Vermögenszuordnungsgesetz ist anzuwenden. Den Grundbuchämtern bleibt es unbenommen, Gebäudeeigentum und seinen Inhaber nach Maßgabe der Bestimmungen des Grundbuchrechts festzustellen; ein Antrag nach den Sätzen 1 und 2 darf nicht von der vorherigen Befassung der Grundbuchämter abhängig gemacht werden. Im Antrag an den Präsidenten der Oberfinanzdirektion oder an das Grundbuchamt hat der Antragsteller zu versichern, daß bei keiner anderen Stelle ein vergleichbarer Antrag anhängig oder ein Antrag nach Satz 1 abschlägig beschieden worden ist.

(4) § 4 Abs. 1 und 3 Satz 1 bis 3 sowie Abs. 6 ist entsprechend anzuwenden.

(5) Ist ein Gebäude nach Absatz 1 vor Inkrafttreten dieser Vorschrift zur Sicherung übereignet worden, so kann der Sicherungsgeber die Rückübertragung Zug um Zug gegen Bestellung eines Grundpfandrechts an dem Gebäudeeigentum verlangen. Bestellte Pfandrechte sind in Grundpfandrechte an dem Gebäudeeigentum zu überführen.

(6) Eine bis zum Ablauf des 21. Juli 1992 vorgenommene Übereignung des nach § 27 des Gesetzes über die landwirtschaftlichen Produktionsgenossenschaften oder nach § 459 Abs. 1 Satz 1 des Zivilgesetzbuchs der Deutschen Demokratischen Republik entstandenen selbständigen Gebäudeeigentums ist nicht deshalb unwirksam, weil sie nicht nach den für die Übereignung von Grundstücken geltenden Vorschriften des Bürgerlichen Gesetzbuchs vorgenommen worden ist. Gleiches gilt für das Rechtsgeschäft, mit dem die Verpflichtung zur Übertragung und zum Erwerb begründet worden ist. Die Sätze 1 und 2 sind nicht anzuwenden, soweit eine rechtskräftige Entscheidung entgegensteht.

§ 2c. Grundbucheintragung. (1) Selbständiges Gebäudeeigentum nach § 2b ist auf Antrag (§ 13 Abs. 2 der Grundbuchordnung) im Grundbuch wie eine Belastung des betroffenen Grundstücks einzutragen. Ist für das Gebäudeeigentum ein Gebäudegrundbuchblatt nicht vorhanden, so wird es bei der Eintragung in das Grundbuch von Amts wegen angelegt.

(2) Zur Sicherung etwaiger Ansprüche aus dem Sachenrechtsbereinigungsgesetz ist auf Antrag des Nutzers ein Vermerk in der Zweiten Abteilung des Grundbuchs für das betroffene Grundstück einzutragen, wenn ein Besitzrecht nach § 2a besteht. In den in § 121 Abs. 1 und 2 des Sachenrechtsbereinigungsgesetzes genannten Fällen kann die Eintragung des Vermerks auch gegenüber dem Verfügungsberechtigten mit Wirkung gegenüber dem Berechtigten erfolgen, solange das Rückübertragungsverfahren nach dem Vermögensgesetz nicht unanfechtbar abgeschlossen ist. Der Vermerk hat die Wirkung einer Vormerkung zur Sicherung dieser Ansprüche. § 885 des Bürgerlichen Gesetzbuchs ist entsprechend anzuwenden.

(3) Der Erwerb selbständigen Gebäudeeigentums sowie dinglicher Rechte am Gebäude der in § 2b bezeichneten Art aufgrund der Vorschriften über den öffentlichen Glauben des Grundbuchs ist nur möglich, wenn das Gebäudeeigentum auch bei dem belasteten Grundstück eingetragen ist.

§ 3. Inhalt und Rang beschränkter dinglicher Rechte. (1) Rechte, mit denen eine Sache oder ein Recht am Ende des Tages vor dem Wirksamwerden des Beitritts belastet ist, bleiben mit dem sich aus dem bisherigen Recht ergebenden Inhalt und Rang bestehen, soweit sich nicht aus den nachstehenden Vorschriften ein anderes ergibt. § 5 Abs. 2 Satz 2 und Abs. 3 des Gesetzes über die Verleihung von Nutzungsrechten an volkseigenen Grundstücken vom 14. Dezember 1970 (GBl. I Nr. 24 S. 372 – Nutzungsrechtsgesetz) sowie § 289 Abs. 2 und 3 und § 293 Abs. 1 Satz 2 des Zivilgesetzbuchs der Deutschen Demokratischen Republik sind nicht mehr anzuwenden. Satz 2 gilt entsprechend für die Bestimmungen des Nutzungsrechtsgesetzes und des Zivilgesetzbuchs über den Entzug eines Nutzungsrechts.

(2) Die Aufhebung eines Rechts, mit dem ein Grundstück oder ein Recht an einem Grundstück belastet ist, richtet sich nach den bisherigen Vorschriften, wenn das Recht der Eintragung in das Grundbuch nicht bedurfte und nicht eingetragen ist.

(3) Die Anpassung des vom Grundstückseigentum unabhängigen Eigentums am Gebäude und des in § 4 Abs. 2 bezeichneten Nutzungsrechts an das Bürgerliche Gesetzbuch und seine Nebengesetze und an die veränderten Verhältnisse sowie die Begründung von Rechten zur Absicherung der in § 2a bezeichneten Bebauungen erfolgen nach Maßgabe des Sachenrechtsbereinigungsgesetzes. Eine Anpassung im übrigen bleibt vorbehalten.

14. Einführungsgesetz zum Bürgerlichen Gesetzbuche **Anhang I/14**

(4) Auf Vorkaufsrechte, die nach den Vorschriften des Zivilgesetzbuchs der Deutschen Demokratischen Republik bestellt wurden, sind vom 1. Oktober 1994 an die Bestimmungen des Bürgerlichen Gesetzbuchs nach den §§ 1094 bis 1104 anzuwenden.

§ 4. Sondervorschriften für dingliche Nutzungsrechte und Gebäudeeigentum. (1) Für das Gebäudeeigentum nach § 288 Abs. 4 oder § 292 Abs. 3 des Zivilgesetzbuchs der Deutschen Demokratischen Republik gelten von dem Wirksamwerden des Beitritts an die sich auf Grundstücke beziehenden Vorschriften des Bürgerlichen Gesetzbuchs mit Ausnahme der §§ 927 und 928 entsprechend. Vor der Anlegung eines Gebäudegrundbuchblattes ist das dem Gebäudeeigentum zugrundeliegende Nutzungsrecht von Amts wegen im Grundbuch des belasteten Grundstücks einzutragen. Der Erwerb eines selbständigen Gebäudeeigentums oder eines dinglichen Rechts am Gebäude der in Satz 1 genannten Art aufgrund der Vorschriften über den öffentlichen Glauben des Grundbuchs ist nur möglich, wenn auch das zugrundeliegende Nutzungsrecht bei dem belasteten Grundstück eingetragen ist.

(2) Ein Nutzungsrecht nach §§ 287 bis 294 des Zivilgesetzbuchs der Deutschen Demokratischen Republik, das nicht im Grundbuch des belasteten Grundstücks eingetragen ist, wird durch die Vorschriften des Bürgerlichen Gesetzbuchs über den öffentlichen Glauben des Grundbuchs nicht beeinträchtigt, wenn ein aufgrund des Nutzungsrechts zulässiges Eigenheim oder sonstiges Gebäude in dem für den öffentlichen Glauben maßgebenden Zeitpunkt ganz oder teilweise errichtet ist und der dem Erwerb zugrundeliegende Eintragungsantrag vor dem 1. Januar 1997 gestellt worden ist. Der Erwerber des Eigentums oder eines sonstigen Rechts an dem belasteten Grundstück kann in diesem Fall die Aufhebung oder Änderung des Nutzungsrechts gegen Ausgleich der dem Nutzungsberechtigten dadurch entstehenden Vermögensnachteile verlangen, wenn das Nutzungsrecht für ihn mit Nachteilen verbunden ist, welche erheblich größer sind als der dem Nutzungsberechtigten durch die Aufhebung oder Änderung seines Rechts entstehende Schaden; dies gilt nicht, wenn er beim Erwerb des Eigentums oder sonstigen Rechts in dem für den öffentlichen Glauben des Grundbuchs maßgeblichen Zeitpunkt das Vorhandensein des Nutzungsrechts kannte.

(3) Der Untergang des Gebäudes läßt den Bestand des Nutzungsrechts unberührt. Aufgrund des Nutzungsrechts kann ein neues Gebäude errichtet werden; Belastungen des Gebäudeeigentums setzen sich an dem Nutzungsrecht und dem neu errichteten Gebäude fort. Ist ein Nutzungsrecht nur auf die Gebäudegrundfläche verliehen worden, so umfaßt das Nutzungsrecht auch die Nutzung des Grundstücks in dem für Gebäude der errichteten Art zweckentsprechenden ortsüblichen Umfang, bei Eigenheimen nicht mehr als eine Fläche von 500 m^2. Auf Antrag ist das Grundbuch entsprechend zu berichtigen. Absatz 2 gilt entsprechend.

(4) Besteht am Gebäude selbständiges Eigentum nach § 288 Abs. 4, § 292 Abs. 3 des Zivilgesetzbuchs der Deutschen Demokratischen Republik, so bleibt bei bis zum Ablauf des 31. Dezember 1996 angeordneten Zwangsversteigerungen ein nach jenem Recht begründetes Nutzungsrecht am Grundstück bei dessen Versteigerung auch dann bestehen, wenn es bei der Feststellung des geringsten Gebots nicht berücksichtigt ist.

(5) War der Nutzer beim Erwerb des Nutzungsrechts unredlich im Sinne des § 4 des Vermögensgesetzes, kann der Grundstückseigentümer die Aufhebung des Nutzungsrechts durch gerichtliche Entscheidung verlangen. Der Anspruch nach Satz 1 ist ausgeschlossen, wenn er nicht bis zum 31. Dezember 1996 rechtshängig geworden ist. Ein Klageantrag auf Aufhebung ist unzulässig, wenn der Grundstückseigentümer zu einem Antrag auf Aufhebung des Nutzungsrechts durch Bescheid des Amtes zur Regelung offener Vermögensfragen berechtigt oder berechtigt gewesen ist. Mit der Aufhebung des Nutzungsrechts erlischt das Eigentum am Gebäude nach § 288 Abs. 4 und § 292 Abs. 3 des Zivilgesetzbuchs der Deutschen Demokratischen Republik. Das Gebäude wird Bestandteil des Grundstücks. Der Nutzer kann für Gebäude, Anlagen und Anpflanzungen, mit denen er das Grundstück ausgestattet hat, Ersatz verlangen, soweit der Wert des Grundstücks hierdurch noch zu dem Zeitpunkt der Aufhebung des Nutzungsrechts errichteten Gebäude erhöht ist. Grundpfandrechte an einem aufgrund des Nutzungsrechts errichteten Gebäude setzen sich am Wertersatzanspruch des Nutzers gegen den Grundstückseigentümer fort. § 16 Abs. 3 Satz 5 des Vermögensgesetzes ist entsprechend anzuwenden.

(6) Auf die Aufhebung eines Nutzungsrechts nach § 287 oder § 291 des Zivilgesetzbuchs der Deutschen Demokratischen Republik finden die §§ 875 und 876 des Bürgerlichen Gesetzbuchs Anwendung. Ist das Nutzungsrecht nicht im Grundbuch eingetragen, so reicht die notariell beurkundete Erklärung des Berechtigten, daß er das Recht aufgebe, aus, wenn die Erklärung bei dem Grundbuchamt eingereicht wird. Mit der Aufhebung des Nutzungsrechts erlischt das Gebäudeeigentum nach

813

Anhang I/14 I. Bundesrecht

§ 288 Abs. 4 oder § 292 Abs. 3 des Zivilgesetzbuchs der Deutschen Demokratischen Republik; das Gebäude wird Bestandteil des Grundstücks.

(7) Die Absätze 1 bis 5 gelten entsprechend, soweit aufgrund anderer Rechtsvorschriften Gebäudeeigentum, für das ein Gebäudegrundbuchblatt anzulegen ist, in Verbindung mit einem Nutzungsrecht an dem betroffenen Grundstück besteht.

§ 5. Mitbenutzungsrechte. (1) Mitbenutzungsrechte im Sinne des § 321 Abs. 1 bis 3 und des § 322 des Zivilgesetzbuchs der Deutschen Demokratischen Republik gelten als Rechte an dem belasteten Grundstück, soweit ihre Begründung der Zustimmung des Eigentümers dieses Grundstücks bedurfte.

(2) Soweit die in Absatz 1 bezeichneten Rechte nach den am Tag vor dem Wirksamwerden des Beitritts geltenden Rechtsvorschriften gegenüber einem Erwerber des belasteten Grundstücks oder eines Rechts an diesem Grundstück auch dann wirksam bleiben, wenn sie nicht im Grundbuch eingetragen sind, behalten sie ihre Wirksamkeit auch gegenüber den Vorschriften des Bürgerlichen Gesetzbuchs über den öffentlichen Glauben des Grundbuchs, wenn der dem Erwerb zugrundeliegende Eintragungsantrag vor dem 1. Januar 1997 gestellt worden ist. Der Erwerber des Eigentums oder eines sonstigen Rechts an dem belasteten Grundstück kann in diesem Fall jedoch die Aufhebung oder Änderung des Mitbenutzungsrechts gegen Ausgleich der dem Berechtigten dadurch entstehenden Vermögensnachteile verlangen, wenn das Mitbenutzungsrecht für ihn mit Nachteilen verbunden ist, welche erheblich größer sind als der durch die Aufhebung oder Änderung dieses Rechts dem Berechtigten entstehende Schaden; dies gilt nicht, wenn derjenige, der die Aufhebung oder Änderung des Mitbenutzungsrechts verlangt, beim Erwerb des Eigentums oder sonstigen Rechts an dem belasteten Grundstück in dem für den öffentlichen Glauben des Grundbuchs maßgeblichen Zeitpunkt das Vorhandensein des Mitbenutzungsrechts kannte. In der Zwangsversteigerung des Grundstücks ist bei bis zum Ablauf des 31. Dezember 1996 angeordneten Zwangsversteigerungen auf die in Absatz 1 bezeichneten Rechte § 9 des Einführungsgesetzes zu dem Gesetz über die Zwangsversteigerung und die Zwangsverwaltung in der im Bundesgesetzblatt Teil III, Gliederungsnummer 310–13, veröffentlichten bereinigten Fassung, zuletzt geändert durch Artikel 7 Abs. 24 des Gesetzes vom 17. Dezember 1990 (BGBl. I S. 2847) entsprechend anzuwenden.

(3) Ein nach Absatz 1 als Recht an einem Grundstück geltendes Mitbenutzungsrecht kann in das Grundbuch auch dann eingetragen werden, wenn es nach den am Tag vor dem Wirksamwerden des Beitritts geltenden Vorschriften nicht eintragungsfähig war. Bei Eintragung eines solchen Rechts ist der Zeitpunkt der Entstehung des Rechts zu vermerken, wenn der Antragsteller diesen in der nach der Grundbuchordnung für die Eintragung vorgesehenen Form nachweist. Kann der Entstehungszeitpunkt nicht nachgewiesen werden, so ist der Vorrang vor anderen Rechten zu vermerken, wenn dieser von den Betroffenen bewilligt wird.

(4) Durch Landesgesetz kann bestimmt werden, daß ein Mitbenutzungsrecht der in Absatz 1 bezeichneten Art mit dem Inhalt in das Grundbuch einzutragen ist, der dem seit dem 3. Oktober 1990 geltenden Recht entspricht oder am ehesten entspricht. Ist die Verpflichtung zur Eintragung durch rechtskräftige Entscheidung festgestellt, so kann das Recht auch in den Fällen des Satzes 1 mit seinem festgestellten Inhalt eingetragen werden.

§ 6. Hypotheken. (1) Für die Übertragung von Hypothekenforderungen nach dem Zivilgesetzbuch der Deutschen Demokratischen Republik, die am Tag des Wirksamwerdens des Beitritts bestehen, gelten die Vorschriften des Bürgerlichen Gesetzbuchs, welche bei der Übertragung von Sicherungshypotheken anzuwenden sind, entsprechend. Das gleiche gilt für die Aufhebung solcher Hypotheken mit der Maßgabe, daß § 1183 des Bürgerlichen Gesetzbuchs und § 27 der Grundbuchordnung nicht anzuwenden sind. Die Regelungen des Bürgerlichen Gesetzbuchs über den Verzicht auf eine Hypothek sind bei solchen Hypotheken nicht anzuwenden.

(2) Die Übertragung von Hypotheken, Grundschulden und Rentenschulden aus der Zeit vor Inkrafttreten des Zivilgesetzbuchs der Deutschen Demokratischen Republik und die sonstigen Verfügungen über solche Rechte richten sich nach den entsprechenden Vorschriften des Bürgerlichen Gesetzbuchs.

§ 7. Am Tag des Wirksamwerdens des Beitritts schwebende Rechtsänderungen. (1) Die Übertragung des Eigentums an einem Grundstück richtet sich statt nach den Vorschriften des Bürgerlichen Gesetzbuchs nach den am Tag vor dem Wirksamwerden des Beitritts geltenden Rechtsvorschriften, wenn der Antrag auf Eintragung in das Grundbuch vor dem Wirksamwerden des Beitritts

14. Einführungsgesetz zum Bürgerlichen Gesetzbuche **Anhang I/14**

gestellt worden ist. Dies gilt entsprechend für das Gebäudeeigentum. Wurde bei einem Vertrag, der vor dem 3. Oktober 1990 beurkundet worden ist, der Antrag nach diesem Zeitpunkt gestellt, so ist eine gesonderte Auflassung nicht erforderlich, wenn die am 2. Oktober 1990 geltenden Vorschriften des Zivilgesetzbuchs der Deutschen Demokratischen Republik über den Eigentumsübergang eingehalten worden sind.

(2) Ein Recht nach den am Tag vor dem Wirksamwerden des Beitritts geltenden Vorschriften kann nach diesem Tage gemäß diesen Vorschriften noch begründet werden, wenn hierzu die Eintragung in das Grundbuch erforderlich ist und diese beim Grundbuchamt vor dem Wirksamwerden des Beitritts beantragt worden ist. Auf ein solches Recht ist § 3 Abs. 1 und 2 entsprechend anzuwenden. Ist die Eintragung einer Verfügung über ein Recht der in Satz 1 bezeichneten Art vor dem Wirksamwerden des Beitritts beim Grundbuchamt beantragt worden, so sind auf die Verfügung die am Tag vor dem Wirksamwerden des Beitritts geltenden Vorschriften anzuwenden.

§ 8. Rechtsverhältnisse nach § 459 des Zivilgesetzbuchs. Soweit Rechtsverhältnisse und Ansprüche aufgrund des § 459 des Zivilgesetzbuchs der Deutschen Demokratischen Republik und der dazu ergangenen Ausführungsvorschriften am Ende des Tages vor dem Wirksamwerden des Beitritts bestehen, bleiben sie vorbehaltlich des § 2 und der im Sachenrechtsbereinigungsgesetz getroffenen Bestimmungen unberührt. Soweit Gebäudeeigentum besteht, sind die §§ 2b und 2c entsprechend anzuwenden.

§ 9. Rangbestimmung. (1) Das Rangverhältnis der in § 3 Abs. 1 bezeichneten Rechte an Grundstücken bestimmt sich nach dem Zeitpunkt der Eintragung in das Grundbuch, soweit sich nicht im folgenden etwas anderes ergibt.

(2) Bei Rechten an Grundstücken, die nicht der Eintragung in das Grundbuch bedürfen und nicht eingetragen sind, bestimmt sich der Rang nach dem Zeitpunkt der Entstehung des Rechts, im Falle des § 5 Abs. 3 Satz 2 und 3 nach dem eingetragenen Vermerk.

(3) Der Vorrang von Aufbauhypotheken gemäß § 456 Abs. 3 des Zivilgesetzbuchs der Deutschen Demokratischen Republik in Verbindung mit § 3 des Gesetzes zur Änderung und Ergänzung des Zivilgesetzbuchs der Deutschen Demokratischen Republik vom 28. Juni 1990 (GBl. I Nr. 39 S. 524) bleibt unberührt. Der Vorrang kann für Zinsänderungen bis zu einem Gesamtumfang von 13 vom Hundert in Anspruch genommen werden. Die Stundungswirkung der Aufbauhypotheken gemäß § 458 des Zivilgesetzbuchs der Deutschen Demokratischen Republik in Verbindung mit § 3 des Gesetzes zur Änderung und Ergänzung des Zivilgesetzbuchs der Deutschen Demokratischen Republik vom 28. Juni 1990 (GBl. I Nr. 39 S. 524) entfällt. Diese Bestimmungen gelten für Aufbaugrundschulden entsprechend.

§ 10. Vertretungsbefugnis für Personenzusammenschlüsse alten Rechts. (1) Steht ein dingliches Recht an einem Grundstück einem Personenzusammenschluß zu, dessen Mitglieder nicht namentlich im Grundbuch aufgeführt sind, ist die Gemeinde, in der das Grundstück liegt, vorbehaltlich einer anderweitigen landesgesetzlichen Regelung gesetzliche Vertreterin des Personenzusammenschlusses und dessen Mitglieder in Ansehung des Gemeinschaftsgegenstandes. Erstreckt sich das Grundstück auf verschiedene Gemeindebezirke, ermächtigt die Flurneuordnungsbehörde (§ 53 Abs. 4 des Landwirtschaftsanpassungsgesetzes) eine der Gemeinden zur Vertretung des Personenzusammenschlusses.

(2) Im Rahmen der gesetzlichen Vertretung des Personenzusammenschlusses ist die Gemeinde zur Verfügung über das Grundstück befugt. Verfügungsbeschränkungen, die sich aus den Bestimmungen ergeben, denen der Personenzusammenschluß unterliegt, stehen einer Verfügung durch die Gemeinde nicht entgegen. Die Gemeinde übt die Vertretung des Personenzusammenschlusses so aus, wie es dem mutmaßlichen Willen der Mitglieder unter Berücksichtigung der Interessen der Allgemeinheit entspricht. Hinsichtlich eines Veräußerungserlöses gelten die §§ 666, 667 des Bürgerlichen Gesetzbuchs entsprechend.

(3) Die Rechte der Organe des Personenzusammenschlusses bleiben unberührt.

(4) Die Vertretungsbefugnis der Gemeinde endet, wenn sie durch Bescheid der Flurneuordnungsbehörde aufgehoben wird und eine Ausfertigung hiervon zu den Grundakten des betroffenen Grundstücks gelangt. Die Aufhebung der Vertretungsbefugnis kann von jedem Mitglied des Personenzusammenschlusses beantragt werden. Die Flurneuordnungsbehörde hat dem Antrag zu entsprechen, wenn die anderweitige Vertretung des Personenzusammenschlusses sichergestellt ist.

(5) Die Absätze 1 bis 4 gelten entsprechend, wenn im Grundbuch das Grundstück ohne Angabe eines Eigentümers als öffentliches bezeichnet wird.

815

Zweiter Abschnitt. Abwicklung der Bodenreform

§ 11. Grundsatz. (1) Eigentümer eines Grundstücks, das im Grundbuch als Grundstück aus der Bodenreform gekennzeichnet ist oder war, ist der aus einem bestätigten Übergabe-Übernahme-Protokoll oder einer Entscheidung über einen Besitzwechsel nach der (Ersten) Verordnung über die Durchführung des Besitzwechsels bei Bodenreformgrundstücken vom 7. August 1975 (GBl. I Nr. 35 S. 629) in der Fassung der Zweiten Verordnung über die Durchführung des Besitzwechsels bei Bodenreformgrundstücken vom 7. Januar 1988 (GBl. I Nr. 3 S. 25) Begünstigte, wenn vor dem Ablauf des 2. Oktober 1990 bei dem Grundbuchamt ein nicht erledigtes Ersuchen oder ein nicht erledigter Antrag auf Vornahme der Eintragung eingegangen ist. Grundstücke aus der Bodenreform, die in Volkseigentum überführt worden sind, sind nach der Dritten Durchführungsverordnung zum Treuhandgesetz vom 29. August 1990 (GBl. I Nr. 57 S. 1333) zu behandeln, wenn vor dem Ablauf des 2. Oktober 1990 ein Ersuchen oder ein Antrag auf Eintragung als Eigentum des Volkes bei dem Grundbuchamt eingegangen ist.

(2) Das Eigentum an einem anderen als den in Absatz 1 bezeichneten Grundstücken, das im Grundbuch als Grundstück aus der Bodenreform gekennzeichnet ist oder war, wird mit dem Inkrafttreten dieser Vorschriften übertragen,
1. wenn bei Ablauf des 15. März 1990 eine noch lebende natürliche Person als Eigentümer eingetragen war, dieser Person,
2. wenn bei Ablauf des 15. März 1990 eine verstorbene natürliche Person als Eigentümer eingetragen war oder die in Nummer 1 genannte Person nach dem 15. März 1990 verstorben ist, derjenigen Person, die sein Erbe ist, oder einer Gemeinschaft, die aus den Erben des zuletzt im Grundbuch eingetragenen Eigentümers gebildet wird.

Auf die Gemeinschaft sind die Vorschriften des Fünfzehnten Titels des Zweiten Buchs des Bürgerlichen Gesetzbuchs anzuwenden, die Bruchteile bestimmen sich jedoch nach den Erbteilen, sofern nicht die Teilhaber übereinstimmend eine andere Aufteilung der Bruchteile bewilligen.

(3) Der nach § 12 Berechtigte kann von demjenigen, dem das Eigentum an einem Grundstück aus der Bodenreform nach Absatz 2 übertragen worden ist, Zug um Zug gegen Übernahme der Verbindlichkeiten nach § 15 Abs. 1 Satz 2 die unentgeltliche Auflassung des Grundstücks verlangen. Die Übertragung ist gebührenfrei. Jeder Beteiligte trägt seine Auslagen selbst; die Kosten einer Beurkundung von Rechtsgeschäften, zu denen der Eigentümer nach Satz 1 verpflichtet ist, trägt der Berechtigte. Als Ersatz für die Auflassung kann der Berechtigte auch Zahlung des Verkehrswertes des Grundstücks verlangen; maßgeblich ist der Zeitpunkt des Verlangens. Der Eigentümer nach Absatz 2 kann seine Verpflichtung zur Zahlung des Verkehrswertes durch das Angebot zur Auflassung des Grundstücks erfüllen.

(4) Auf den Anspruch nach Absatz 3 sind die Vorschriften des Bürgerlichen Gesetzbuchs über Schuldverhältnisse anzuwenden. Der Eigentümer nach Absatz 2 gilt bis zum Zeitpunkt der Übereignung aufgrund eines Anspruchs nach Absatz 3 dem Berechtigten gegenüber als mit der Verwaltung des Grundstücks beauftragt.

(5) Ist die in Absatz 1 Satz 1 oder in Absatz 2 Satz 1 bezeichnete Person in dem maßgeblichen Zeitpunkt verheiratet und unterlag die Ehe vor dem Wirksamwerden des Beitritts dem gesetzlichen Güterstand der Eigentums- und Vermögensgemeinschaft des Familiengesetzbuchs der Deutschen Demokratischen Republik, so sind diese Person und ihr Ehegatte zu gleichen Bruchteilen Eigentümer, wenn der Ehegatte den 22. Juli 1992 erlebt hat. Maßgeblich ist
1. in den Fällen des Absatzes 1 Satz 1 der Zeitpunkt der Bestätigung des Übergabe-Übernahme-Protokolls oder der Entscheidung,
2. in den Fällen des Absatzes 2 Satz 1 Nr. 1 und 2 Fall 2 der Ablauf des 15. März 1990 und
3. in den Fällen des Absatzes 2 Nr. 2 Fall 1 der Tod der als Eigentümer eingetragenen Person.

§ 12. Berechtigter. (1) Berechtigter ist in den Fällen des § 11 Abs. 2 Satz 1 Nr. 1 und Nr. 2 Fall 2 in nachfolgender Reihenfolge:
1. diejenige Person, der das Grundstück oder der Grundstücksteil nach den Vorschriften über die Bodenreform oder den Besitzwechsel bei Grundstücken aus der Bodenreform förmlich zugewiesen oder übergeben worden ist, auch wenn der Besitzwechsel nicht im Grundbuch eingetragen worden ist,

2. diejenige Person, die das Grundstück oder den Grundstücksteil auf Veranlassung einer staatlichen Stelle oder mit deren ausdrücklicher Billigung wie ein Eigentümer in Besitz genommen, den Besitzwechsel beantragt hat und zuteilungsfähig ist, sofern es sich um Häuser und die dazu gehörenden Gärten handelt.

(2) Berechtigter ist in den Fällen des § 11 Abs. 2 Satz 1 Nr. 2 Fall 1 in nachfolgender Reihenfolge:
1. bei nicht im wesentlichen gewerblich genutzten, zum Ablauf des 15. März 1990 noch vorhandenen Häusern und den dazugehörenden Gärten
   a) diejenige Person, der das Grundstück oder der Grundstücksteil, auf dem sie sich befinden, nach den Vorschriften über die Bodenreform oder den Besitzwechsel bei Grundstücken aus der Bodenreform förmlich zugewiesen oder übergeben worden ist, auch wenn der Besitzwechsel nicht im Grundbuch eingetragen worden ist,
   b) diejenige Person, die das Grundstück oder den Grundstücksteil, auf dem sie sich befinden, auf Veranlassung einer staatlichen Stelle oder mit deren ausdrücklicher Billigung wie ein Eigentümer in Besitz genommen, den Besitzwechsel beantragt hat und zuteilungsfähig ist,
   c) der Erbe des zuletzt im Grundbuch aufgrund einer Entscheidung nach den Vorschriften über die Bodenreform oder über die Durchführung des Besitzwechsels eingetragenen Eigentümers, der das Haus am Ende des 15. März 1990 bewohnte,
   d) abweichend von den Vorschriften der Dritten Durchführungsverordnung zum Treuhandgesetz vom 29. August 1990 (GBl. I Nr. 57 S. 1333) der Fiskus des Landes, in dem das Hausgrundstück liegt, wenn dieses am 15. März 1990 weder zu Wohnzwecken noch zu gewerblichen Zwecken genutzt wurde.
2. bei für die Land- oder Forstwirtschaft genutzten Grundstücken (Schlägen)
   a) diejenige Person, der das Grundstück oder der Grundstücksteil nach den Vorschriften über die Bodenreform oder den Besitzwechsel bei Grundstücken aus der Bodenreform förmlich zugewiesen oder übergeben worden ist, auch wenn der Besitzwechsel nicht im Grundbuch eingetragen worden ist,
   b) der Erbe des zuletzt im Grundbuch aufgrund einer Entscheidung nach den Vorschriften über die Bodenreform oder über die Durchführung des Besitzwechsels eingetragenen Eigentümers, der zuteilungsfähig ist,
   c) abweichend von den Vorschriften der Dritten Durchführungsverordnung zum Treuhandgesetz der Fiskus des Landes, in dem das Grundstück liegt.

(3) Zuteilungsfähig im Sinne der Absätze 1 und 2 ist, wer bei Ablauf des 15. März 1990 in dem in Artikel 3 des Einigungsvertrages genannten Gebiet in der Land-, Forst- oder Nahrungsgüterwirtschaft tätig war oder wer vor Ablauf des 15. März 1990 in dem in Artikel 3 des Einigungsvertrages genannten Gebiet in der Land-, Forst- oder Nahrungsgüterwirtschaft insgesamt mindestens zehn Jahre lang tätig war und im Anschluß an diese Tätigkeit keiner anderen Erwerbstätigkeit nachgegangen ist und einer solchen voraussichtlich auf Dauer nicht nachgehen wird.

(4) Erfüllen mehrere Personen die in Absatz 1 und 2 genannten Voraussetzungen, so sind sie zu gleichen Teilen berechtigt. Ist der nach Absatz 1 Nr. 1 oder Absatz 2 Nr. 1 Buchstaben a und b oder Nr. 2 Buchstabe a Berechtigte verheiratet und unterlag die Ehe vor dem Wirksamwerden des Beitritts dem gesetzlichen Güterstand der Eigentums- und Vermögensgemeinschaft des Familiengesetzbuchs der Deutschen Demokratischen Republik, so ist der Ehegatte zu einem gleichen Anteil berechtigt.

(5) Wenn Ansprüche nach Absatz 1 und 2 nicht bestehen, ist der Eigentümer nach § 11 verpflichtet, einem Mitnutzer im Umfang seiner Mitnutzung Miteigentum einzuräumen. Mitnutzer ist, wem in einem Wohnzwecken dienenden Gebäude auf einem Grundstück aus der Bodenreform Wohnraum zur selbständigen, gleichberechtigten und nicht nur vorübergehenden Nutzung zugewiesen wurde. Für den Mitnutzer gilt Absatz 4 sinngemäß. Der Anspruch besteht nicht, wenn die Einräumung von Miteigentum für den Eigentümer eine insbesondere unter Berücksichtigung der räumlichen Verhältnisse und dem Umfang der bisherigen Nutzung unbillige Härte bedeuten würde.

§ 13. Verfügungen des Eigentümers. (1) Wird vor dem 31. Dezember 1996 die Eintragung einer Verfügung desjenigen beantragt, der nach § 11 Abs. 2 Eigentümer ist, so übersendet das Grundbuchamt der Gemeinde, in der das Grundstück belegen ist, und dem Fiskus des Landes, in dem das Grundstück liegt, jeweils eine Abschrift dieser Verfügung. Teilt eine dieser Stellen innerhalb eines Monats ab Zugang der Mitteilung des Grundbuchamts mit, daß der Verfügung widersprochen werde, so erfolgt die Eintragung unter Eintragung einer Vormerkung im Rang vor der beantragten Verfügung zugunsten des Berechtigten; seiner genauen Bezeichnung bedarf es nicht.

(2) Die Unterrichtung nach Absatz 1 unterbleibt, wenn
1. eine Freigabe nach Absatz 6 durch eine schriftliche Bescheinigung der Gemeinde, des Landesfiskus oder des Notars nachgewiesen wird,
2. das Eigentum an dem Grundstück bereits auf einen anderen als den in § 11 Abs. 2 bezeichneten Eigentümer übergegangen ist,
3. bereits eine Vormerkung auf einen Widerspruch der widersprechenden Stelle hin eingetragen worden ist.

(3) Die Gemeinde, in der das Grundstück belegen ist, darf der Eintragung nur widersprechen, wenn einer der in § 12 Abs. 1 oder Abs. 2 Nr. 1 Buchstabe a oder b oder Nr. 2 Buchstabe a genannten Berechtigten vorhanden ist, sofern dieser nicht mit der Verfügung einverstanden ist. Der Widerspruch ist nur zu berücksichtigen, wenn er den Berechtigten bezeichnet. Der Fiskus des Landes, in dem das Grundstück liegt, darf nur in den Fällen des § 12 Abs. 2 Nr. 2 Buchstabe c widersprechen.

(4) Die auf den Widerspruch der Gemeinde, in der das Grundstück belegen ist, oder des Fiskus des Landes, in dem das Grundstück liegt, hin eingetragene Vormerkung wird, sofern sie nicht erloschen ist (Absatz 5), von Amts wegen gelöscht, wenn die betreffende Stelle ihren Widerspruch zurücknimmt oder der Widerspruch durch das zuständige Verwaltungsgericht aufgehoben wird. Das gleiche gilt, wenn sich der in dem Widerspruch der Gemeinde, in der das Grundstück belegen ist, bezeichnete Berechtigte einverstanden erklärt. Das Einverständnis ist in der in § 29 der Grundbuchordnung vorgeschriebenen Form nachzuweisen.

(5) Die Vormerkung erlischt nach Ablauf von vier Monaten von der Eintragung an, wenn nicht der Berechtigte vor Ablauf dieser Frist Klage auf Erfüllung seines Anspruchs aus § 11 Abs. 3 erhoben hat und dies dem Grundbuchamt nachweist; auf den Nachweis findet § 29 der Grundbuchordnung keine Anwendung. Die Löschung der Vormerkung erfolgt auf Antrag des Eigentümers oder des aus der beantragten Verfügung Begünstigten.

(6) Die Gemeinde, in der das Grundstück liegt, und der Landesfiskus können vor der Stellung des Antrags auf Eintragung oder vor Abschluß des Rechtsgeschäfts durch den Notar zur Freigabe des Grundstücks aufgefordert werden. Die Freigabe hat zu erfolgen, wenn die Voraussetzungen für einen Widerspruch nach Absatz 3 nicht vorliegen. Sie gilt als erteilt, wenn weder die Gemeinde noch der Landesfiskus innerhalb von vier Monaten ab Zugang der Aufforderung gegenüber dem Notar widerspricht; dies wird dem Grundbuchamt durch eine Bescheinigung des Notars nachgewiesen.

(7) Die Gemeinde, in der das Grundstück belegen ist, unterrichtet den in ihrem Widerspruch bezeichneten Berechtigten von dem Widerspruch. Daneben bleibt jedem Berechtigten (§ 12) die selbständige Sicherung seiner Ansprüche (§ 11 Abs. 3) unbenommen.

§ 13a. Vormerkung zugunsten des Fiskus. Auf Ersuchen des Fiskus trägt das Grundbuchamt eine Vormerkung zur Sicherung von dessen Anspruch nach § 11 Abs. 3 ein. Die Vormerkung ist von Amts wegen zu löschen, wenn das Ersuchen durch das zuständige Verwaltungsgericht aufgehoben wird.

§ 14. Verjährung. Der Anspruch nach § 11 Abs. 3 Satz 1 verjährt innerhalb von sechs Monaten ab dem Zeitpunkt der Eintragung der Vormerkung, spätestens am 2. Oktober 2000.

§ 15. Verbindlichkeiten. (1) Auf den Eigentümer nach § 11 Abs. 2 gehen mit Inkrafttreten dieser Vorschriften Verbindlichkeiten über, soweit sie für Maßnahmen an dem Grundstück begründet worden sind. Sind solche Verbindlichkeiten von einem anderen als dem Eigentümer getilgt worden, so ist der Eigentümer diesem zum Ersatz verpflichtet, soweit die Mittel aus der Verbindlichkeit für das Grundstück verwendet worden sind. Der Berechtigte hat die in Satz 1 bezeichneten Verbindlichkeiten und Verpflichtungen zu übernehmen.

(2) Der Eigentümer nach § 11 Abs. 2 ist zur Aufgabe des Eigentums nach Maßgabe des § 928 Abs. 1 des Bürgerlichen Gesetzbuchs berechtigt. Er kann die Erfüllung auf ihn gemäß Absatz 1 übergegangener Verbindlichkeiten vom Wirksamwerden des Verzichts an bis zu ihrem Übergang nach Absatz 3 verweigern. Die Erklärung des Eigentümers bedarf der Zustimmung der Gemeinde, in der das Grundstück belegen ist, die sie nur zu erteilen hat, wenn ihr ein nach § 12 Berechtigter nicht bekannt ist.

(3) Das Recht zur Aneignung steht im Fall des Absatzes 2 in dieser Reihenfolge dem nach § 12 Berechtigten, dem Fiskus des Landes, in dem das Grundstück liegt, und dem Gläubiger von Verbindlichkeiten nach Absatz 1 zu. Die Verbindlichkeiten gehen auf den nach § 12 Berechtigten oder den

Fiskus des Landes, in dem das Grundstück liegt, über, wenn sie von ihren Aneignungsrechten Gebrauch machen. Der Gläubiger kann den nach § 12 Berechtigten und den Fiskus des Landes, in dem das Grundstück liegt, zum Verzicht auf ihr Aneignungsrecht auffordern. Der Verzicht gilt als erklärt, wenn innerhalb von drei Monaten ab Zugang eine Äußerung nicht erfolgt. Ist er wirksam, entfallen Ansprüche nach § 12. Ist der Verzicht erklärt oder gilt er als erklärt, so können andere Aneignungsberechtigte mit ihren Rechten im Wege des Aufgebotsverfahrens ausgeschlossen werden, wenn ein Jahr seit dem Verzicht verstrichen ist. Mit dem Erlaß des Ausschlußurteils wird der beantragende Aneignungsberechtigte Eigentümer. Mehrere Gläubiger können ihre Rechte nur gemeinsam ausüben.

§ 16. Verhältnis zu anderen Vorschriften, Übergangsvorschriften. (1) Die Vorschriften dieses Abschnitts lassen die Bestimmungen des Vermögensgesetzes sowie andere Vorschriften unberührt, nach denen die Aufhebung staatlicher Entscheidungen oder von Verzichtserklärungen oder die Rückübertragung von Vermögenswerten verlangt werden kann. Durch die Vorschriften dieses Abschnitts, insbesondere § 12 Abs. 2 Nr. 2 Buchstabe c, werden ferner nicht berührt die Vorschriften der Dritten Durchführungsverordnung zum Treuhandgesetz sowie Ansprüche nach Artikel 21 Abs. 3 und nach Artikel 22 Abs. 1 Satz 7 des Einigungsvertrages. Über die endgültige Aufteilung des Vermögens nach § 12 Abs. 2 Nr. 2 Buchstabe c wird durch besonderes Bundesgesetz entschieden.

(2) Der durch Erbschein oder durch eine andere öffentliche oder öffentlich beglaubigte Urkunde ausgewiesene Erbe des zuletzt eingetragenen Eigentümers eines Grundstücks aus der Bodenreform, das als solches im Grundbuch gekennzeichnet ist, gilt als zur Vornahme von Verfügungen befugt, zu deren Vornahme er sich vor dem Inkrafttreten dieses Abschnitts verpflichtet hat, wenn vor diesem Zeitpunkt die Eintragung der Verfügung erfolgt oder die Eintragung einer Vormerkung zur Sicherung dieses Anspruchs oder die Eintragung dieser Verfügung beantragt worden ist. Der in § 11 bestimmte Anspruch richtet sich in diesem Falle gegen den Erben; dessen Haftung beschränkt sich auf die in dem Vertrag zu seinen Gunsten vereinbarten Leistungen. Die Bestimmungen dieses Absatzes gelten sinngemäß, wenn der Erwerber im Grundbuch eingetragen ist oder wenn der Erwerb von der in § 11 Abs. 2 Satz 1 Nr. 1 bezeichneten Person erfolgt.

(3) Ein Vermerk über die Beschränkungen des Eigentümers nach den Vorschriften über die Bodenreform kann von Amts wegen gelöscht werden.

15. Grundbuchbereinigungsgesetz (GBBerG)

Vom 20. Dezember 1993

(BGBl. I S. 2182, 2192;[1] geändert durch Art. 2 § 6 des Sachenrechtsbereinigungsgesetzes vom 21. September 1994, BGBl. I S. 2457, 2491)

Abschnitt 1. Behandlung wertbeständiger und ähnlicher Rechte

§ 1. Umstellung wertbeständiger Rechte. (1) In dem in Artikel 3 des Einigungsvertrages bestimmten Gebiet kann aus einer Hypothek, Grundschuld oder Rentenschuld, die vor dem 1. Januar 1976 in der Weise bestellt wurde, daß die Höhe der aus dem Grundstück zu zahlenden Geldsumme durch den amtlich festgestellten oder festgesetzten Preise einer bestimmten Menge von Feingold, den amtlich festgestellten oder festgesetzten Preis einer bestimmten Menge von Roggen, Weizen oder einer bestimmten Menge sonstiger Waren oder Leistungen oder durch den Gegenwert einer bestimmten Geldsumme in ausländischer Währung bestimmt wird (wertbeständiges Recht), vom Inkrafttreten dieses Gesetzes an nur die Zahlung eines Geldbetrages nach den folgenden Vorschriften aus dem Grundstück verlangt werden.

(2) Ist die Leistung oder Belastung in einer bestimmten Menge von Roggen und daneben wahlweise in einer bestimmten Menge von Weizen ausgedrückt, so ist der höhere Betrag maßgeblich. Ist die Leistung oder Belastung in einer bestimmten Menge von Roggen oder Weizen und daneben wahlweise in Reichsmark, Rentenmark, Goldmark, in ausländischer Währung oder in einer bestimmten Menge von Feingold ausgedrückt, so kann aus dem Grundstück nur die Zahlung des Betrages in

---

[1] Verkündet als Art. 2 des Registerverfahrenbeschleunigungsgesetzes v. 20. 12. 1993.

Deutscher Mark verlangt werden, auf den der in Reichsmark, Rentenmark, Goldmark, ausländischer Währung oder der in einer bestimmten Menge von Feingold ausgedrückte Betrag umzurechnen ist.

§ 2. Umgestellte wertbeständige Rechte. (1) Bei wertbeständigen Rechten, die bestimmen, daß sich die Höhe der aus dem Grundstück zu zahlenden Geldsumme durch den amtlich festgestellten oder festgesetzten Preis einer bestimmten Menge von Feingold bestimmt, entsprechen einem Kilogramm Feingold 1395 Deutsche Mark.

(2) Ist bei wertbeständigen Rechten die aus dem Grundstück zu zahlende Geldsumme durch den amtlich festgestellten oder festgesetzten Preis einer bestimmten Menge von Roggen oder Weizen bestimmt, so entsprechen einem Zentner Roggen 3,75 Deutsche Mark und einem Zentner Weizen 4,75 Deutsche Mark. Satz 1 gilt nicht

1. für wertbeständige Rechte, die auf einem Grundstücksüberlassungsvertrag oder einem mit einer Grundstücksüberlassung in Verbindung stehenden Altenteilsvertrag (Leibgedings-, Leibzuchts- oder Auszugsvertrag) beruhen,
2. für wertbeständige bäuerliche Erbpachtrechte und ähnliche Rechte (Kanon, Erbenzins, Grundmiete, Erbleihe).

Sätze 1 und 2 gelten für Reallasten, die auf die Leistung einer aus dem Roggen- oder Weizenpreis errechneten Geldsumme aus dem Grundstück gerichtet sind, entsprechend.

(3) Dem Verpflichteten bleibt es unbenommen, sich auf eine andere Umstellung zu berufen, wenn er deren Voraussetzungen nachweist.

§ 3. Umstellung anderer wertbeständiger Rechte. (1) Bei sonstigen wertbeständigen Rechten einschließlich den in § 2 Abs. 2 Satz 2 genannten, bei denen sich die aus dem Grundstück zu zahlende Geldsumme nach dem Gegenwert einer bestimmten Menge Waren oder Leistungen bestimmt, kann nur Zahlung eines Betrages verlangt werden, der dem für die Umrechnung am Tag des Inkrafttretens dieses Gesetzes an den deutschen Börsen notierten Mittelwert, bei fehlender Börsennotierung dem durchschnittlichen Marktpreis für den Ankauf dieser Waren entspricht. Das Bundesministerium der Justiz wird ermächtigt, diese Mittelwerte, bei ihrem Fehlen die durchschnittlichen Marktpreise, durch Rechtsverordnung festzustellen.

(2) Absatz 1 gilt entsprechend, wenn sich die Höhe der aus dem Grundstück zu zahlenden Geldsumme nach dem Gegenwert einer bestimmten Geldsumme in ausländischer Währung bestimmt. Die besonderen Vorschriften über schweizerische Goldhypotheken bleiben unberührt.

§ 4. Grundbuchvollzug. Die nach §§ 1 bis 3 eintretenden Änderungen bedürfen zum Erhalt ihrer Wirksamkeit gegenüber dem öffentlichen Glauben des Grundbuchs nicht der Eintragung. Die Beteiligten sind verpflichtet, die zur Berichtigung, die auch von Amts wegen erfolgen kann, erforderlichen Erklärungen abzugeben. Gebühren für die Grundbuchberichtigung werden nicht erhoben.

Abschnitt 2. Überholte Dienstbarkeiten und vergleichbare Rechte

§ 5. Erlöschen von Dienstbarkeiten und vergleichbaren Rechten. (1) Im Grundbuch zugunsten natürlicher Personen eingetragene nicht vererbliche und nicht veräußerbare Rechte, insbesondere Nießbrauche, beschränkte persönliche Dienstbarkeiten und Wohnungsrechte, gelten unbeschadet anderer Erlöschenstatbestände mit dem Ablauf von einhundertundzehn Jahren von dem Geburtstag des Berechtigten an als erloschen, sofern nicht innerhalb von 4 Wochen ab diesem Zeitpunkt eine Erklärung des Berechtigten bei dem Grundbuchamt eingegangen ist, daß er auf dem Fortbestand seines Rechts bestehe; die Erklärung kann schriftlich oder zur Niederschrift des Urkundsbeamten der Geschäftsstelle abgegeben werden. Ist der Geburtstag bei Inkrafttreten dieses Gesetzes nicht aus dem Grundbuch oder den Grundakten ersichtlich, so ist der Tag der Eintragung des Rechts maßgeblich. Liegt der nach den vorstehenden Sätzen maßgebliche Zeitpunkte vor dem Inkrafttreten dieses Gesetzes, so gilt das Recht mit dem Inkrafttreten dieses Gesetzes als erloschen, sofern nicht innerhalb von 4 Wochen ab diesem Zeitpunkt eine Erklärung des Berechtigten gemäß Satz 1 bei dem Grundbuchamt eingegangen ist.

(2) In dem in Artikel 3 des Einigungsvertrages genannten Gebiet in dem Grundbuch eingetragene Kohleabbaugerechtigkeiten und dem Inhaber dieser Gerechtigkeiten zu deren Ausübung eingeräumte Dienstbarkeiten, Vormerkungen und Vorkaufsrechte erlöschen mit Inkrafttreten dieses Gesetzes. Der

15. Grundbuchbereinigungsgesetz **Anhang I/15**

Zusammenhang zwischen der Kohleabbaugerechtigkeit und der Dienstbarkeit, der Vormerkung oder dem Vorkaufsrecht ist glaubhaft zu machen; § 29 der Grundbuchordnung ist nicht anzuwenden.

(3) Ein nach Maßgabe des Absatzes 1 als erloschen geltendes oder gemäß Absatz 2 erloschenes Recht kann von dem Grundbuchamt von Amts wegen gelöscht werden.

§ 6. Berechtigte unbekannten Aufenthalts, nicht mehr bestehende Berechtigte. (1) Ist bei einem Nießbrauch, einer beschränkten persönlichen Dienstbarkeit oder einem eingetragenen Mitbenutzungsrecht (Artikel 233 § 5 Abs. 1 des Einführungsgesetzes zum Bürgerlichen Gesetzbuche) der Begünstigte oder sein Aufenthalt unbekannt, so kann der Begünstigte im Wege des Aufgebotsverfahrens mit seinem Recht ausgeschlossen werden, wenn seit der letzten sich auf das Recht beziehenden Eintragung in das Grundbuch 30 Jahre verstrichen sind und das Recht nicht innerhalb dieser Frist von dem Eigentümer in einer nach dem Bürgerlichen Gesetzbuch zur Unterbrechung der Verjährung geeigneten Weise anerkannt oder von einem Berechtigten ausgeübt worden ist. Satz 1 gilt entsprechend bei Dienstbarkeiten, die zugunsten des jeweiligen Eigentümers oder Besitzers eines Familienfideikommisses, einer Familienanwartschaft, eines Lehens, eines Stammgutes oder eines ähnlichen gebundenen Vermögens eingetragen sind, sowie bei Grunddienstbarkeiten, die zugunsten des jeweiligen Eigentümers eines Grundstücks eingetragen sind, dessen Grundakten vernichtet und nicht mehr wiederherzustellen sind.

(1a) Soweit auf § 1170 des Bürgerlichen Gesetzbuchs verwiesen wird, ist diese Bestimmung auf die vor dem 3. Oktober 1990 begründeten Rechte auch dann anzuwenden, wenn der Aufenthalt des Gläubigers unbekannt ist. § 1104 Abs. 2 des Bürgerlichen Gesetzbuchs findet auf die vor dem 3. Oktober 1990 begründeten Vorkaufsrechte und Reallasten keine Anwendung.

(2) Für das Aufgebotsverfahren sind die besonderen Vorschriften der §§ 982 bis 986 der Zivilprozeßordnung sinngemäß anzuwenden.

(3) Diese Vorschrift gilt nur in dem in Artikel 3 des Einigungsvertrages genannten Gebiet. Sie kann im übrigen Bundesgebiet durch Rechtsverordnung der Landesregierung in Kraft gesetzt werden. Die Vorschrift tritt jeweils mit dem Ablauf des 31. Dezember 1996 außer Kraft.

§ 7. Verkaufserlaubnis. (1) Ein gesetzlicher Vertreter des Eigentümers (§ 11b des Vermögensgesetzes, Art. 233 § 2 Abs. 3 des Einführungsgesetzes zum Bürgerlichen Gesetzbuche) oder der für den Eigentümer eines in dem in Artikel 3 des Einigungsvertrags genannten Gebiets belegenen Grundstücks oder Gebäudes bestellte Pfleger darf dieses unbeschadet der allgemeinen Vorschriften belasten oder veräußern, wenn das Vormundschaftsgericht ihm dies erlaubt hat. Die Erlaubnis kann erteilt werden, wenn

1. der Vertreter oder Pfleger eine juristische Person des öffentlichen Rechts ist,
2. der Eigentümer oder sein Aufenthalt nicht ausfindig zu machen ist und
3. die Verfügung etwa zur Sicherung der Erhaltung eines auf dem Grundstück befindlichen Gebäudes oder zur Durchführung besonderer Inventionszwecke nach § 3 Abs. 1 des Investitionsvorranggesetzes erforderlich ist.

In Ergänzung der gesetzlichen Ermittlungspflichten muß der Eigentümer des Grundstücks oder Gebäudes öffentlich zur Geltendmachung seiner Rechte aufgefordert worden und eine Frist von mindestens sechs Monaten von dem öffentlichen Aushang an verstrichen sein.

(2) Die Erlaubnis ist öffentlich bekannt zu machen; dem Eigentümer steht gegen die Entscheidung die Beschwerde zu.

(3) Der Vertreter oder Pfleger ist verpflichtet, dem Eigentümer den Erlös, mindestens aber den Verkehrswert zu zahlen. Bei einer Belastung erfolgt ein entsprechender Ausgleich, wenn die Belastung nicht dem Grundstück zugute gekommen ist. Dieser Anspruch unterliegt den Vorschriften des Bürgerlichen Gesetzbuchs über Schuldverhältnisse. Der Anspruch ist zu verzinsen; er verjährt nach Ablauf von 30 Jahren.

(4) Die Vorschrift gilt bis zum Ablauf des 31. Dezember 2005.

Abschnitt 3. Nicht eingetragene dingliche Rechte

§ 8. Nicht eingetragene Rechte. (1) Ein nicht im Grundbuch eingetragenes Mitbenutzungsrecht der in Artikel 233 § 5 Abs. 1 des Einführungsgesetzes zum Bürgerlichen Gesetzbuche bezeichneten Art oder ein sonstiges nicht im Grundbuch eingetragenes beschränktes dingliches Recht mit Ausnahme der in Artikel 233 § 4 Abs. 2 des Einführungsgesetzes zum Bürgerlichen Gesetzbuche genannten Nutzungsrechte, das zur Erhaltung der Wirksamkeit gegenüber dem öffentlichen Glauben des Grundbuchs nicht der Eintragung bedarf, erlischt mit dem Ablauf des 31. Dezember 1995, wenn nicht der Eigentümer des Grundstücks vorher das Bestehen dieses Rechts in der Form des § 29 der Grundbuchordnung anerkennt und die entsprechende Grundbuchberichtigung bewilligt oder der jeweilige Berechtigte von dem Eigentümer vorher die Abgabe dieser Erklärungen in einer zur Unterbrechung der Verjährung nach § 209 des Bürgerlichen Gesetzbuchs geeigneten Weise verlangt hat. Die Frist des Satzes 1 kann durch Rechtsverordnung des Bundesministeriums der Justiz mit Zustimmung des Bundesrates einmal verlängert werden.

(2) Wird in dem Anerkenntnis oder der Eintragungsbewilligung gemäß Absatz 1 ein Zeitpunkt für die Entstehung dieses Rechts nicht angegeben, so gilt dieses als am Tage des Inkrafttretens dieses Gesetzes entstanden.

(3) Diese Vorschrift gilt nicht für beschränkte dingliche Rechte, die die Errichtung und den Betrieb von Energieanlagen (§ 9) oder Anlagen nach § 40 Abs. 1 Buchstabe c des Wassergesetzes vom 2. Juli 1982 (GBl. I Nr. 26 S. 467) zum Gegenstand haben. Sie gilt im übrigen nur in dem in Artikel 3 des Einigungsvertrages genannten Gebiet. Sie kann im übrigen Bundesgebiet durch Rechtsverordnung der Landesregierung auch für einzelne Arten von Rechten, sofern es sich nicht um Rechte für Anlagen der in § 9 bezeichneten Art handelt, in Kraft gesetzt werden.

(4) Wird eine Klage nach Absatz 1 rechtsanhängig, so ersucht das Gericht auf Antrag des Klägers das Grundbuchamt um Eintragung eines Rechtsanhängigkeitsvermerks zugunsten des Klägers. Der Vermerk hat die Wirkungen eines Widerspruchs. Er wird mit rechtskräftiger Abweisung der Klage gegenstandslos.

§ 9. Leitungen und Anlagen für die Versorgung mit Energie und Wasser sowie die Beseitigung von Abwasser. (1) Zum Besitz und Betrieb sowie zur Unterhaltung und Erneuerung von Energieanlagen (Anlagen zur Fortleitung von Elektrizität, Gas und Fernwärme, einschließlich aller dazugehörigen Anlagen, die der Fortleitung unmittelbar dienen) auf Leitungstrassen, die am 3. Oktober 1990 in dem in Artikel 3 des Einigungsvertrages genannten Gebiet genutzt waren, wird zugunsten des Versorgungsunternehmens (Energieversorgungsunternehmen im Sinne des Energiewirtschaftsgesetzes und Fernwärmeversorgungsunternehmen), das die jeweilige Anlage bei Inkrafttreten dieser Vorschrift betreibt, am Tage des Inkrafttretens dieser Vorschrift eine beschränkte persönliche Dienstbarkeit an den Grundstücken begründet, die von der Energieanlage in Anspruch genommen werden. § 892 des Bürgerlichen Gesetzbuches gilt in Ansehung des Ranges für Anträge, die nach dem Inkrafttreten dieser Vorschrift, im übrigen erst für Anträge, die nach dem 31. Dezember 2010 gestellt werden. Ist das Grundstück mit einem Erbbaurecht oder einem dinglichen Nutzungsrecht im Sinne des Artikels 233 § 4 des Einführungsgesetzes zum Bürgerlichen Gesetzbuche belastet, ruht die Dienstbarkeit als Gesamtbelastung auf dem Grundstück und dem Erbbaurecht oder Gebäudeeigentum.

(2) Absatz 1 findet keine Anwendung, soweit Kunden und Anschlußnehmer, die Grundstückseigentümer sind, nach der Verordnung über Allgemeine Bedingungen für die Elektrizitätsversorgung von Tarifkunden vom 21. Juni 1979 (BGBl. I S. 684), der Verordnung über Allgemeine Bedingungen für die Gasversorgung von Tarifkunden vom 21. Juni 1979 (BGBl. I S. 676) oder der Verordnung über Allgemeine Bedingungen für die Versorgung mit Fernwärme vom 20. Juni 1980 (BGBl. I S. 742) zur Duldung von Energieanlagen verpflichtet sind, sowie für Leitungen über oder in öffentlichen Verkehrswegen und Verkehrsflächen.

(3) Das Versorgungsunternehmen ist verpflichtet, dem Eigentümer des nach Absatz 1 mit dem Recht belasteten Grundstücks, in den Fällen des Absatzes 1 Satz 3 als Gesamtgläubiger neben dem Inhaber des Erbbaurechts oder Gebäudeeigentums, einen einmaligen Ausgleich für das Recht zu zahlen. Dieser Ausgleich bestimmt sich nach dem Betrag, der für ein solches Recht allgemein üblich ist. Die erste Hälfte dieses Betrags ist unverzüglich nach Eintragung der Dienstbarkeit zugunsten des Versorgungsunternehmens und Aufforderung durch den Grundstückseigentümer, frühestens jedoch am 1. Januar 2001 zu zahlen, die zweite Hälfte wird am 1. Januar 2011 fällig. Das Energieversor-

15. Grundbuchbereinigungsgesetz — Anhang I/15

gungsunternehmen ist zur Zahlung eines Ausgleichs nicht verpflichtet, wenn das Grundstück mit einer Dienstbarkeit des in Absatz 1 bezeichneten Inhalts belastet ist oder war und das Grundstück in einem diese Berechtigung nicht überschreitenden Umfang genutzt wird oder wenn das Versorgungsunternehmen auf die Dienstbarkeit nach Absatz 6 vor Eintritt der jeweiligen Fälligkeit verzichtet hat. Zahlungen auf Grund der Bodennutzungsverordnung vom 26. Februar 1981 (GBl. I Nr. 10 S. 105), früherer oder anderer Vorschriften entsprechenden Inhalts genügen im übrigen nicht. Abweichende Vereinbarungen sind zulässig.

(4) Auf seinen Antrag hin bescheinigt die Aufsichtsbehörde nach dem Energiewirtschaftsgesetz dem Versorgungsunternehmen, welches Grundstück in welchem Umfang mit der Dienstbarkeit belastet ist. Die Aufsichtsbehörde macht den Antrag unter Beifügung einer Karte, die den Verlauf der Leitungstrasse auf den im Antrag bezeichneten Grundstücken im Maßstab von nicht kleiner als 1 zu 10 000 erkennen läßt, in ortsüblicher Weise öffentlich bekannt. Sie kann von der Beifügung einer Karte absehen, wenn sie öffentlich bekannt macht, daß der Antrag vorliegt und die Antragsunterlagen bei ihr eingesehen werden können. Sie erteilt nach Ablauf von vier Wochen von der Bekanntmachung an die Bescheinigung. Widerspricht ein Grundstückseigentümer rechtzeitig, wird die Bescheinigung mit einem entsprechenden Vermerk erteilt.

(5) Auf Antrag des Versorgungsunternehmens berichtigt das Grundbuchamt das Grundbuch entsprechend dem Inhalt der Bescheinigung, wenn die Bescheinigung

1. unterschrieben und mit dem Dienstsiegel der Aufsichtsbehörde versehen ist und
2. der Inhalt des Rechts, der Berechtigte, das belastete Grundstück und, wobei eine grafische Darstellung genügt, der räumliche Umfang der Befugnis zur Ausübung des Rechts auf dem Grundstück angegeben sind.

Ist in der Bescheinigung ein rechtzeitiger Widerspruch vermerkt, wird im Grundbuch ein Widerspruch zugunsten des Versorgungsunternehmens eingetragen, das den Eigentümer oder Inhaber eines mitbelasteten Gebäudeeigentums oder Erbbaurechts im ordentlichen Rechtsweg auf Bewilligung der Eintragung in Anspruch nehmen kann. Die Bescheinigung ist für den Eigentümer, Erbbauberechtigten oder sonstigen dinglich Berechtigten an dem Grundstück unanfechtbar. Diesem bleibt es jedoch unbenommen, den in der Bescheinigung bezeichneten Inhaber der Dienstbarkeit vor den ordentlichen Gerichten auf Berichtigung des Grundbuchs und auf Bewilligung der Löschung des Widerspruchs in Anspruch zu nehmen. Das Energieversorgungsunternehmen trägt die Beweislast für den Lagenachweis, es sei denn, daß das Grundstück nach dem Inhalt des Grundbuchs vor dem Inkrafttreten dieser Vorschrift mit einer Dienstbarkeit für Energieanlagen belastet war.

(6) Verzichtet das Versorgungsunternehmen auf die Dienstbarkeit vor ihrer Bescheinigung nach Absatz 4, so erlischt das Recht; sein Erlöschen kann auf Antrag durch die nach Absatz 4 zuständige Behörde bescheinigt werden. Im übrigen gelten für die Aufhebung, Änderung und Ausübung der Dienstbarkeit die Vorschriften des Bürgerlichen Gesetzbuchs. In Ansehung von Leitungsrechten vor Inkrafttreten dieses Gesetzes getroffene Vereinbarungen bleiben unberührt.

(7) Die nach Absatz 4 zuständige Behörde kann auf Antrag bescheinigen, daß eine im Grundbuch eingetragene beschränkte persönliche Dienstbarkeit für Energieanlagen nicht mehr besteht, wenn das Recht nicht mehr ausgeübt wird, das Energieversorgungsunternehmen, dem die Anlage wirtschaftlich zuzurechnen wäre, zustimmt und ein anderer Berechtigter nicht ersichtlich ist. Die Bescheinigung ist zur Berichtigung des Grundbuchs genügend. Die Behörde kann den Antragsteller auf das Aufgebotsverfahren verweisen.

(8) Das Bundesministerium der Justiz wird ermächtigt, durch Rechtsverordnung mit Zustimmung des Bundesrates die näheren technischen Einzelheiten des in Absatz 1 beschriebenen Inhalts der Dienstbarkeit, nähere Einzelheiten des Verfahrens, insbesondere zum Inhalt der Bescheinigung, zum Antrag und zur Beschreibung des Rechts, zu regeln.

(9) Die Bundesregierung wird ermächtigt, durch Rechtsverordnung mit Zustimmung des Bundesrates die vorstehende Regelung und auf Grund von Absatz 8 erlassene Bestimmungen ganz oder teilweise zu erstrecken auf

1. Anlagen der öffentlichen Wasserversorgung und Abwasserbeseitigung, insbesondere Leitungen und Pumpstationen, mit Ausnahme jedoch von Wasserwerken und Abwasserbehandlungsanlagen,
2. Hochwasserrückhaltebecken ohne Dauer- oder Teildauerstau und Schöpfwerke, die der Aufrechterhaltung der Vorflut dienen und im öffentlichen Interesse betrieben werden,
3. gewässerkundliche Meßanlagen wie Pegel, Gütemeßstationen, Grundwasser- und andere Meßstellen nebst den dazugehörigen Leitungen.

Anhang I/15 I. Bundesrecht

Die Erstreckung ist nur bis zum Ablauf des 31. Dezember 1995 zulässig und soll erfolgen, soweit dies wegen der Vielzahl der Fälle oder der Unsicherheit der anderweitigen rechtlichen Absicherung erforderlich ist. In der Rechtsverordnung kann von den Bestimmungen der Absätze 4 bis 7 sowie der auf Grund von Absatz 8 erlassenen Rechtsverordnung abgewichen, insbesondere Absatz 7 von der Erstreckung ausgenommen werden, soweit dies aus Gründen des Wasserrechts geboten ist. Bis zu dem Erlaß der Rechtsverordnung bleiben Vorschriften des Landesrechts unberührt. Eine Verpflichtung zur Zahlung eines Ausgleichs nach Absatz 3 besteht nicht, soweit nach Landesrecht bereits Entschädigung geleistet worden ist.

(10) Die Landesregierungen werden ermächtigt, durch Rechtsverordnung die Zuständigkeit der in den Absätzen 4, 6 und 7 genannten oder in der Rechtsverordnung nach Absatz 9 bestimmten Behörden ganz oder teilweise auf andere Behörden zu übertragen. Die nach Absatz 4 oder Satz 1 dieses Absatzes zuständige Landesbehörde kann auch andere geeignete Stellen, bei nichtöffentlichen Stellen unter Beleihung mit hoheitlichen Aufgaben, beauftragen, die Bescheinigungen zu erteilen, diese stehen denen nach Absatz 4 gleich.

(11) Die Regelungen der Absätze 4 bis 7 treten in den Ländern des in Artikel 3 des Einigungsvertrages genannten Gebietes in Kraft, wenn die verwaltungstechnischen Voraussetzungen hierfür gegeben sind. Diesen Zeitpunkt bestimmen die Landesregierungen, im Fall des Absatz 9 die Bundesregierung, durch Rechtsverordnung.

Abschnitt 4. Ablösung von Grundpfandrechten

§ 10. Ablöserecht. (1) Eine vor dem 1. Juli 1990 an einem Grundstück in dem in Artikel 3 des Einigungsvertrages genannten Gebiet bestellte Hypothek oder Grundschuld mit einem umgerechneten Nennbetrag von nicht mehr als 10 000 Deutsche Mark erlischt, wenn der Eigentümer des Grundstücks eine dem in Deutsche Mark umgerechneten und um ein Drittel erhöhten Nennbetrag entsprechende Geldsumme zugunsten des jeweiligen Gläubigers unter Verzicht auf die Rücknahme hinterlegt hat; bei einer Höchstbetragshypothek entfällt die in Halbsatz 1 genannte Erhöhung des Nennbetrags. Satz 1 gilt für Rentenschulden und Reallasten entsprechend; anstelle des Nennbetrages tritt der für Rechte dieser Art im Verfahren nach dem Vermögensgesetz anzusetzende Ablösebetrag, der nicht zu erhöhen ist. Das Bundesministerium der Justiz wird ermächtigt, durch Rechtsverordnung anstelle der Hinterlegung andere Arten der Sicherheitsleistung zuzulassen.

(2) §§ 1 bis 3 gelten auch für die Berechnung des Nennbetrages des Grundpfandrechts.

(3) Der Eigentümer des Grundstücks kann von dem jeweiligen Gläubiger die Zustimmung zur Auszahlung des die geschuldete Summe übersteigenden Teils eines hinterlegten Betrages oder im Falle der Leistung einer anderen Sicherheit entsprechende Freigabe verlangen.

(4) Ein für das Grundpfandrecht erteilter Brief wird mit dem Zeitpunkt des Erlöschens des Rechts kraftlos. Das Kraftloswerden des Briefes ist entsprechend § 26 Abs. 3 Satz 2 des Gesetzes über Maßnahmen auf dem Gebiet des Grundbuchwesens vom 20. Dezember 1963 (BGBl. I S. 986, zuletzt geändert durch Artikel 3 Abs. 3 des Registerverfahrenbeschleunigungsgesetzes vom 20. Dezember 1993 (BGBl. I S. 2182) bekanntzumachen.

Abschnitt 5. Sonstige Erleichterungen

§ 11. Ausnahmen von der Voreintragung des Berechtigten. (1) § 39 Abs. 1 der Grundbuchordnung ist nicht anzuwenden, wenn eine Person aufgrund eines Ersuchens nach § 34 des Vermögensgesetzes einzutragen ist. Er ist ferner nicht anzuwenden, wenn die durch den Bescheid, der dem Ersuchen nach § 34 des Vermögensgesetzes zugrundeliegt, begünstigte Person oder deren Erbe verfügt. Sätze 1 und 2 gelten entsprechend für Eintragungen und Verfügungen aufgrund eines Bescheids, der im Verfahren nach § 2 des Vermögenszuordnungsgesetzes ergangen ist, sowie für Verfügungen nach § 8 des Vermögenszuordnungsgesetzes.

(2) Bis zum Ablauf des 31. Dezember 1999 ist in dem in Artikel 3 des Einigungsvertrages genannten Gebiet § 40 Abs. 1 der Grundbuchordnung für Belastungen entsprechend anzuwenden.

§ 12. Nachweis der Rechtsnachfolge bei Genossenschaften. (1) Zum Nachweis gegenüber dem Grundbuchamt oder dem Schiffsregistergericht, daß in dem in Artikel 3 des Einigungsvertrages genannten Gebiet ein Recht von einer vor dem 3. Oktober 1990 gegründeten Genossenschaft auf eine

16. Bodensonderungsgesetz   Anhang I/16

im Wege der Umwandlung, Verschmelzung oder Spaltung aus einer solchen hervorgegangenen Kapitalgesellschaft oder eingetragenen Genossenschaft übergegangen ist, genügt unbeschadet anderer entsprechender Vorschriften eine Bescheinigung der das Register für den neuen Rechtsträger führenden Stelle.

(2) Eine Genossenschaft, die am 1. Januar 1990 in einem örtlich abgegrenzten Bereich des in Artikel 3 des Einigungsvertrages genannten Gebietes tätig war, gilt gegenüber dem Grundbuchamt oder dem Schiffsregistergericht als Rechtsnachfolger der Genossenschaften der gleichen Art, die zwischen dem 8. Mai 1945 und dem 31. Dezember 1989 in diesem örtlichen Bereich oder Teilen hiervon tätig waren und nicht mehr bestehen. Fällt der Genossenschaft nach Satz 1 ein Vermögenswert zu, der ihr nicht zukommt, so gelten die Vorschriften des Bürgerlichen Gesetzbuchs über den Ausgleich einer ungerechtfertigten Bereicherung entsprechend.

§ 13. Dingliche Rechte im Flurneuordnungsverfahren. In Verfahren nach dem 8. Abschnitt des Landwirtschaftsanpassungsgesetzes können dingliche Rechte an Grundstücken im Plangebiet und Rechte an einem ein solches Grundstück belastenden Recht aufgehoben, geändert oder neu begründet werden. Die Bestimmung über die Eintragung eines Zustimmungsvorbehalts für Veräußerungen in § 6 Abs. 4 des Bodensonderungsgesetzes ist entsprechend anzuwenden.

§ 14. Gemeinschaftliches Eigentum von Ehegatten. In den Fällen des Artikels 234 § 4a Abs. 1 Satz 1 des Einführungsgesetzes zum Bürgerlichen Gesetzbuche gelten die §§ 82, 82a Satz 1 der Grundbuchordnung entsprechend. Der für die Berichtigung des Grundbuchs erforderliche Nachweis, daß eine Erklärung nach Artikel 234 § 4 Abs. 2 und 3 des Einführungsgesetzes zum Bürgerlichen Gesetzbuche nicht abgegeben wurde, kann durch Berufung auf die Vermutung nach Artikel 234 § 4a Abs. 3 des Einführungsgesetzes zum Bürgerlichen Gesetzbuche oder durch übereinstimmende Erklärung beider Ehegatten, bei dem Ableben eines von ihnen durch Versicherung des Überlebenden und bei dem Ableben beider durch Versicherung der Erben erbracht werden; die Erklärung, die Versicherung und der Antrag bedürfen nicht der in § 29 der Grundbuchordnung vorgeschriebenen Form. Die Berichtigung ist in allen Fällen des Artikels 234 § 4a des Einführungsgesetzes zum Bürgerlichen Gesetzbuche gebührenfrei.

16. Gesetz über die Sonderung unvermessener und überbauter Grundstücke nach der Karte (Bodensonderungsgesetz – BoSoG)

Vom 20. Dezember 1993

(BGBl. I S. 2182, 2215)[1]

Abschnitt 1. Sonderung von Grundstücken und dinglichen Nutzungsrechten

§ 1. Anwendungsbereich. Durch einen mit Sonderungsbescheid festgestellten Sonderungsplan kann bei Grundstücken in dem in Artikel 3 des Einigungsvertrages genannten Gebiet bestimmt werden,

1. wie weit sich amtlich nicht nachweisbare Eigentumsrechte (unvermessenes Eigentum) oder grafisch nicht nachweisbare dingliche Nutzungsrechte, die nicht auf dem vollen Umfang eines Grundstücks ausgeübt werden dürfen, an solchen Grundstücken erstrecken (unvermessene Nutzungsrechte),
2. für welchen Teil solcher Grundstücke auch in Ansehung von Rest- und Splitterflächen ein Anspruch auf Bestellung von Erbbaurechten oder beschränkten dinglichen Rechten oder auf Übertragung des Eigentums nach dem in Artikel 233 § 3 Abs. 2 des Einführungsgesetzes zum Bürgerlichen Gesetzbuche vorgesehenen Gesetz (Sachenrechtsbereinigungsgesetz) besteht,
3. wie die dinglichen Rechtsverhältnisse an nicht der Vermögenszuordnung unterliegenden Grundstücken, die im räumlichen und funktionalen Zusammenhang mit dem Gegenstand eines Zuordnungsplans gemäß § 2 Abs. 2a bis 2c des Vermögenszuordnungsgesetzes stehen, neu geordnet werden (ergänzende Bodenneuordnung),

[1] Verkündet als Art. 14 des Registerverfahrensbeschleunigungsgesetzes v. 20. 12. 1993.

4. wie die dinglichen Rechtsverhältnisse an im Zusammenhang bebauten nicht der Zuordnung unterliegenden Grundstücken, die nicht im räumlichen und funktionalen Zusammenhang mit dem Gegenstand eines Zuordnungsplans gemäß § 2 Abs. 2a bis 2c des Vermögenszuordnungsgesetzes stehen, mit den tatsächlichen Nutzungsverhältnissen in Einklang gebracht werden (komplexe Bodenneuordnung).

§ 2. Unvermessenes Eigentum. (1) Die Reichweite unvermessenen Eigentums bestimmt sich nach dem Ergebnis einer Einigung der betroffenen Grundeigentümer. Die Einigung bedarf der Form des § 313 des Bürgerlichen Gesetzbuchs, wenn sie nicht im Zuge des Bodensonderungsverfahrens von der Sonderungsbehörde oder einer von dieser beauftragten Person oder Stelle (§ 8 Abs. 1 Satz 2) protokolliert wird; diese darf nicht zur Umgehung der erforderlichen Teilungsgenehmigung führen. Die Einigung bedarf der Zustimmung der bei dem Grundbuchamt bekannten Inhaber von beschränkten dinglichen Rechten an den betroffenen Grundstücken. Die Zustimmung gilt als erteilt, wenn der Einigung nicht nach Aufforderung der Sonderungsbehörde dieser gegenüber innerhalb einer Frist von vier Wochen widersprochen wird. Der Widerspruch ist unbeachtlich, wenn nicht konkrete Anhaltspunkte für eine von der Einigung abweichende materielle Rechtslage angeführt werden.

(2) Kommt eine Einigung nicht zustande, so bestimmt sich das Eigentum nach dem Besitzstand. Für die Ermittlung des Besitzstandes sind vorhandene Gebäudesteuerbücher, Kataster- und Vermessungs- und andere Unterlagen zu berücksichtigen. Die Besitzverhältnisse sind insbesondere durch die Einbeziehung der bekannten Eigentümer und Nutzer sowie der Gläubiger beschränkter dinglicher Rechte an den Grundstücken zu ermitteln. Es wird widerleglich vermutet, daß die Besitzverhältnisse im Zeitpunkt ihrer Ermittlung den Besitzstand darstellen.

(3) Kann auch der Besitzstand nicht ermittelt werden oder ist offensichtlich, daß er die Eigentumsverhältnisse nicht darstellen kann, so ist jedem der betroffenen Grundeigentümer ein gleich großes Stück der streitigen Fläche zuzuteilen. Hiervon kann nach billigem Ermessen abgewichen werden, wenn die Zuteilung nach Satz 1 zu einem Ergebnis führt, das mit den feststehenden Umständen nicht in Einklang zu bringen ist.

§ 3. Unvermessene Nutzungsrechte. (1) Bei unvermessenen dinglichen Nutzungsrechten bestimmt sich der räumliche Umfang der Befugnis zur Ausübung des Rechtes nach dem Inhalt der Nutzungsrechtsurkunde.

(2) Läßt sich der Umfang der Befugnis zur Ausübung des Nutzungsrechts aus dem Inhalt der Nutzungsrechtsurkunde nicht entnehmen, so bestimmt er sich nach dem Ergebnis einer Einigung der betroffenen Inhaber von dinglichen Nutzungsrechten und der betroffenen Grundeigentümer. § 2 Abs. 1 gilt mit der Maßgabe entsprechend, daß neben der Zustimmung der bei dem Grundbuchamt bekannten Inhaber von beschränkten dinglichen Rechten an den betroffenen Grundstücken die Zustimmung der bei dem Grundbuchamt bekannten Inhaber von beschränkten dinglichen Rechten an dem Nutzungsrecht oder einem in Ausübung des Nutzungsrechts entstandenen selbständigen Gebäudeeigentum erforderlich ist.

(3) Läßt sich der räumliche Umfang der Befugnis zur Ausübung des Nutzungsrechts aus dem Inhalt der Nutzungsrechtsurkunde nicht entnehmen und ist eine Einigung nicht zu erzielen, so bestimmt sich die Befugnis zur Ausübung des Nutzungsrechts nach Artikel 233 § 4 Abs. 3 Satz 3 des Einführungsgesetzes zum Bürgerlichen Gesetzbuche, soweit nicht eine hierüber hinausgehende Zuweisung oder Verleihung nachgewiesen wird. § 2 Abs. 3 gilt sinngemäß.

§ 4. Vollzug des Sachenrechtsbereinigungsgesetzes. In den Fällen des § 1 Nr. 2 bestimmen sich die festzulegenden dinglichen Rechtsverhältnisse nach dem Sachenrechtsbereinigungsgesetz.

§ 5. Bodenneuordnung. (1) Durch Bodenneuordnung können aus Grundstücken, die nicht der Vermögenszuordnung unterliegen, oder Teilen hiervon neue Grundstücke gebildet, beschränkte dingliche Rechte daran begründet oder solche Grundstücke mit Grundstücken vereinigt werden, die Gegenstand eines Zuordnungsplanes sind.

(2) Die ergänzende Bodenneuordnung (§ 1 Nr. 3) schreibt die Festlegungen des Zuordnungsplans auf Grundstücken nach Absatz 1 im Gebiet des Zuordnungsplans fort, soweit dies zur zweckentsprechenden Nutzung der zugeordneten Grundstücke erforderlich ist. Soweit der Zuordnungsplan keinen Aufschluß über die zu bestimmenden Grundstücksgrenzen gibt, ist nach Absatz 3 zu verfahren.

16. Bodensonderungsgesetz   **Anhang I/16**

(3) Eine komplexe Bodenneuordnung (§ 1 Nr. 4) ist nur zulässig, um Grundstücke nach Absatz 1, die für Zwecke der öffentlichen Wohnungsversorgung im komplexen Siedlungs- und Wohnungsbau, in vergleichbarer Weise oder für hiermit in Zusammenhang stehende Maßnahmen der Infrastruktur genutzt werden, sowie die dinglichen Rechtsverhältnisse hieran in der Weise neu zu ordnen, daß die Grundstücke und die dinglichen Rechtsverhältnisse hieran mit den tatsächlichen Nutzungsverhältnissen angemessen in Einklang gebracht werden.

(4) Begünstigte können nur öffentliche Stellen, Kapitalgesellschaften, deren sämtliche Anteile öffentlichen Stellen zustehen und die öffentliche Zwecke verfolgen, Treuhandunternehmen, Wohnungsbaugenossenschaften und Arbeiterwohnungsbaugenossenschaften sowie deren Rechtsnachfolger, betroffene Grundeigentümer oder nach dem Sachenrechtsbereinigungsgesetz Anspruchsberechtigte sein.

(5) Bei der Bodenneuordnung nach den Vorschriften dieses Gesetzes können dingliche Rechte an Grundstücken im Sonderungsgebiet, Rechte an einem ein solches Grundstück belastenden Recht sowie öffentlich-rechtliche Verpflichtungen zu einem ein Grundstück im Sonderungsgebiet betreffenden Tun, Dulden oder Unterlassen (Baulast) aufgehoben, geändert oder neu begründet werden. Bei Baulasten bedarf dies der Zustimmung der Baugenehmigungsbehörde. Leitungsrechte und die Führung von Leitungen für Ver- und Entsorgungsleitungen sind, außer wenn die Berechtigten zustimmen, nicht zu verändern. Nicht geänderte Rechte und Leitungsführungen setzen sich an den neu gebildeten Grundstücken fort.

(6) Von den Vorschriften des Sachenrechtsbereinigungsgesetzes kann für die in den Absätzen 2, 3 und 5 vorgesehenen Festlegungen abgewichen werden, soweit dies für die Bodenneuordnung erforderlich ist.

(7) Ein Bodensonderungsverfahren ist unzulässig, solange ein Verfahren nach dem 8. Abschnitt des Landwirtschaftsanpassungsgesetzes oder dem Flurbereinigungsgesetz anhängig ist oder wenn die Bodeneigentumsverhältnisse in einem behördlichen Verfahren nach dem 2. Oktober 1990 neu geordnet worden sind. Ein Bodensonderungsverfahren kann durchgeführt werden, wenn ein Verfahren nach dem Vermögenszuordnungsgesetz anhängig ist; jedoch darf der Sonderungsbescheid erst in Kraft gesetzt werden, wenn der Zuordnungsbescheid ergangen ist.

Abschnitt 2. Durchführung der Sonderung

§ 6. Ablauf des Sonderungsverfahrens. (1) Die Sonderungsbehörde (§ 10) legt unvermessenes Eigentum, unvermessene Nutzungsrechte, den räumlichen Umfang von Ansprüchen nach dem Sachenrechtsbereinigungsgesetz oder von neu zu ordnenden dinglichen Rechtsverhältnissen in einem Sonderungsbescheid (§ 7) fest. Diese Festlegung erfolgt in den Fällen des § 1 Nr. 1, 3 und 4 von Amts wegen, in den Fällen des § 1 Nr. 2 auf Ersuchen der nach dem Sachenrechtsbereinigungsgesetz zuständigen Stelle, in den Fällen des § 1 Nr. 3 auch auf Ersuchen des Präsidenten der Oberfinanzdirektion, der den Zuordnungsplan durch Zuordnungsbescheid erlassen hat oder auf Antrag einer der in § 5 Abs. 4 genannten Stellen. In den Fällen des § 1 Nr. 1 und 2 erfolgt die Festlegung auch auf Antrag eines der betroffenen Grundeigentümer, Inhaber von dinglichen Nutzungsrechten oder Anspruchsberechtigten nach dem Sachenrechtsbereinigungsgesetz (Planbetroffenen). Die Ausübung des Antragsrechts privater Antragsteller ist pfändbar.

(2) Die Sonderungsbehörde legt, auch wenn das Verfahren auf Antrag eines Planbetroffenen eingeleitet worden ist, nach pflichtgemäßem Ermessen fest, auf welches Gebiet sich der Sonderungsplan bezieht und in welchem Umfang eine vermessungstechnische Bestimmung der Grenze des Plangebietes erforderlich ist. Das Plangebiet soll mindestens die Flächen umfassen, die an die von dem Antragsteller beanspruchten Flächen angrenzen. Ist der Antragsteller Inhaber eines dinglichen Nutzungsrechts, so muß das Plangebiet mindestens die von dem Recht betroffenen Grundstücke umfassen.

(3) Die Sonderungsbehörde kann den Antrag eines Planbetroffenen zurückweisen, wenn dem Antragsteller zugesagt wird, daß die Vermessung seines Grundstücks oder dinglichen Nutzungsrechts innerhalb der nächsten drei Monate durchgeführt wird. Dies gilt nicht, wenn eine erteilte Zusage nicht eingehalten wurde.

(4) In Verfahren nach § 1 Nr. 3 und 4 kann die Sonderungsbehörde anordnen, daß über die dinglichen Rechte an Grundstücken und grundstücksgleichen Rechten bis zum Abschluß des Verfahrens nur mit ihrer Genehmigung verfügt werden darf; die Genehmigung ist zu erteilen, wenn die Verfügung die Durchführung des Verfahrens nicht beeinträchtigen wird. Die Anordnung hindert

Verfügungen über das dingliche Recht an dem Grundstück oder grundstücksgleichen Recht nur, wenn im Grundbuch ein Zustimmungsvorbehalt unter Angabe dieser Vorschrift eingetragen ist. Das Grundbuchamt trägt den Zustimmungsvorbehalt nur auf Ersuchen der Sonderungsbehörde ein.

§ 7. Inhalt des Sonderbescheids und des Sonderungsplans. (1) Der Sonderungsbescheid stellt den Sonderungsplan verbindlich fest. Der Sonderungsplan ist Bestandteil des Bescheids.

(2) Der Sonderungsplan besteht aus einer Grundstückskarte (§ 8 Abs. 2) und einer Grundstücksliste (§ 8 Abs. 3). Er dient vom Zeitpunkt seiner Feststellung bis zur Übernahme in das Liegenschaftskataster als amtliches Verzeichnis der Grundstücke im Sinne von § 2 Abs. 2 der Grundbuchordnung. Er tritt in Ansehung der aufgeführten Grundstücke an die Stelle eines vorhandenen Ersatzes für das amtliche Verzeichnis.

§ 8. Aufstellung des Sonderungsplans. (1) Die Sonderungsbehörde erstellt für das von ihr festgelegte Plangebiet einen Entwurf des Sonderungsplans. Sie kann die Vorbereitung der im Sonderungsverfahren zu treffenden Entscheidungen öffentlich bestellten Vermessungsingenieuren sowie Personen oder Stellen übertragen, die nach den landesrechtlichen Vorschriften zur Ausführung von Katastervermessungen befugt sind. Das Recht, die Grundstücke zu betreten, richtet sich nach den für das Plangebiet geltenden landesrechtlichen Vorschriften über die Katastervermessung.

(2) Die nach Maßgabe der §§ 2 bis 5 ermittelten dinglichen Rechtsverhältnisse sind in einer Grundstückskarte, die im Maßstab nicht kleiner als 1 zu 1000 sein darf, grafisch nachzuweisen. Dabei sind vorhandenes Kartenmaterial sowie zur Vorbereitung etwa angefertigte oder sonst vorhandene Luftbildaufnahmen zu nutzen. Soll die Befugnis zur Ausübung von Nutzungsrechten festgestellt werden, sind in der Grundstückskarte neben den Flächen, auf denen das Nutzungsrecht ausgeübt werden kann, auch die Grenzen der betroffenen Grundstücke anzugeben. Bei einer ergänzenden Bodenneuordnung sind die Festlegungen des Zuordnungsplans in die Karte zu übernehmen.

(3) Bei unvermessenem Eigentum sind die in der Grundstückskarte verzeichneten Grundstücke in einer Grundstücksliste unter Angabe der aus dem Grundbuch ersichtlichen oder bei dem Grundbuchamt sonst bekannten Eigentümer und, soweit bekannt, die bisherige Grundbuchstelle aufzuführen. Bei unvermessenen Nutzungsrechten sind in der Grundstücksliste neben den Eigentümern der von den Nutzungsrechten betroffenen Grundstücke auch die Inhaber der Nutzungsrechte aufzuführen. In den Fällen des § 1 Nr. 2, 3 und 4 sind in der Grundstücksliste diejenigen Personen anzugeben, denen die gebildeten oder zu bildenden Grundstücke oder Erbbaurechte zukommen sollen.

(4) Der Entwurf des Sonderungsplans sowie die zu seiner Aufstellung verwandten Unterlagen (Absatz 2, § 2 Abs. 2, § 3 Abs. 1 und 2) legt die Sonderungsbehörde für die Dauer eines Monats in ihren Diensträumen zur Einsicht aus. In den Fällen des § 1 Nr. 2, 3 und 4 ist auch eine Karte des vorhandenen oder des ermittelten Bestandes, in den Fällen des § 1 Nr. 3 zusätzlich auch der Zuordnungsplan auszulegen. Die Sonderungsbehörde hat die Auslegung ortsüblich öffentlich bekanntzumachen. Die Bekanntmachung hat das in das Verfahren einbezogene Gebiet und das nach § 1 mögliche Ziel des Verfahrens zu bezeichnen, sowie den Hinweis zu enthalten, daß alle Planbetroffenen sowie Inhaber von Rückübertragungsansprüchen nach dem Vermögensgesetz oder aus Restitution (§ 11 Abs. 1 des Vermögenszuordnungsgesetzes) oder von beschränkten dinglichen Rechten am Grundstück oder Rechten an dem Grundstück binnen eines Monats von der Bekanntmachung an den Entwurf für den Sonderungsplan sowie seine Unterlagen einsehen und Einwände gegen die getroffenen Feststellungen zu den dinglichen Rechtsverhältnissen erheben können. Diese Frist kann nicht verlängert werden; nach ihrem Ablauf findet eine Wiedereinsetzung in den vorigen Stand nicht statt. In den Fällen des § 1 Nr. 3 und 4 sind stets das Bundesvermögensamt, in dessen Bezirk die Gemeinde liegt, das in dem Plangebiet tätige kommunale Wohnungsunternehmen und die Wohnungsbaugenossenschaft oder Arbeiterwohnungsbaugenossenschaft, die Gebäude im Plangebiet verwaltet, oder ihr Rechtsnachfolger zu hören; in den Fällen des § 1 Nr. 1 ist die Gemeinde zu hören.

(5) Die aus dem Grundbuch oder dem Antrag der Behörde nach § 6 Abs. 1 Satz 2 ersichtlichen Planbetroffenen oder, falls sie verstorben sind, ihre dem Grundbuchamt bekannten Erben erhalten eine eingeschriebene Nachricht über die öffentliche Auslegung, die mit einer Aufforderung zur Einsichtnahme und dem Hinweis, daß innerhalb der anzugebenden Frist nach Absatz 4 Einwände gegen die Feststellungen erhoben werden können, zu verbinden ist. Die Frist nach Absatz 4 beginnt dann mit dem Zugang der Nachricht. In den Fällen des § 1 Nr. 3 und 4 ist für Planbetroffene, die nach Person oder deren Aufenthalt nicht bekannt ist, nach Maßgabe des Artikels 233 § 2 Abs. 3 des Einführungsgesetzes zum Bürgerlichen Gesetzbuche ein Vertreter zu bestellen, soweit dies nicht schon nach anderen Vorschriften geschehen ist.

16. Bodensonderungsgesetz **Anhang I/16**

(6) Das Bundesministerium der Justiz wird ermächtigt, durch Rechtsverordnung mit Zustimmung des Bundesrates die Gestaltung des Sonderungsplans, auch durch Bestimmung von Mustern, unter Berücksichtigung der für die Führung des Liegenschaftskatasters bestehenden Vorschriften festzulegen.

§ 9. Erlaß des Sonderungsbescheids. (1) Nach Ablauf der in § 8 Abs. 4 und 5 genannten Frist stellt die Sonderungsbehörde den Sonderungsplan durch einen Bescheid verbindlich fest. Der Sonderungsplan ist Bestandteil des Bescheids. Sofern den nach § 8 Abs. 4 und 5 erhobenen Einwänden nicht gefolgt wird, ist dies zu begründen.

(2) Der Sonderungsbescheid ist mit einer Rechtsbehelfsbelehrung zu versehen und für die Dauer eines Monats in der Sonderungsbehörde zur Einsicht auszulegen. Die Sonderungsbehörde hat die Auslegung ortsüblich öffentlich bekanntzumachen und den aus dem Grundbuch ersichtlichen Planbetroffenen, wenn sie verstorben sind, ihren dem Grundbuchamt bekannten Erben oder, wenn sie nicht bekannt sind, dem gemäß § 8 Abs. 5 zu bestellenden Vertreter mitzuteilen. Die Bekanntmachung und die Mitteilung müssen den Ausspruch und die Begründung des Bescheids, den Ort und den Zeitraum der Auslegung sowie eine Belehrung darüber enthalten, daß binnen eines Monats nach Ablauf der Auslegungsfrist gegen den Bescheid Widerspruch erhoben werden kann. Der Ausschnitt einer Karte im Maßstab 1 zu 10000, der erkennen läßt, wo das Sonderungsgebiet liegt, ist beizufügen. Mit Ablauf der Auslegungsfrist gilt der Bescheid gegenüber den Planbetroffenen als zugestellt; darauf ist in der Bekanntmachung und in der Mitteilung hinzuweisen.

(3) Auf die öffentliche Auslegung des Bescheids nach Absatz 2 kann verzichtet werden, wenn der Bescheid einschließlich des Sonderungsplans sämtlichen Planbetroffenen zugestellt wird, die nicht auf die Einlegung von Rechtsbehelfen oder Rechtsmitteln verzichtet haben.

(4) Der nach anderen Vorschriften vorgeschriebenen Genehmigung für die Teilung von Grundstücken bedarf es bei einer Entscheidung durch Sonderungsbescheid nicht.

§ 10. Sonderungsbehörde. Sonderungsbehörde ist in den Fällen des § 1 Nr. 3 und 4 die Gemeinde, im übrigen die für die Führung des Liegenschaftskatasters zuständige Behörde. Die Sonderungsbehörde kann ihre Befugnis zur Durchführung eines Sonderungsverfahrens für das ganze Gemeindegebiet oder Teile desselben für einzelne Verfahren oder auf Dauer auf eine andere geeignete Behörde übertragen. Die Einzelheiten der Übertragung einschließlich der Mitwirkungsrechte der Sonderungsbehörde können in einer Vereinbarung zwischen ihr und der anderen Behörde geregelt werden.

§ 11. Besonderheiten bei der ergänzenden Bodenneuordnung. Ist bei Einleitung des Sonderungsverfahrens nach § 5 Abs. 2 ein Zuordnungsbescheid nach § 2 Abs. 2b des Vermögenszuordnungsgesetzes bereits ergangen, so kann die Grundstückskarte durch entsprechende grafische Darstellungen im Zuordnungsplan ersetzt werden. Liegt ein Zuordnungsbescheid nach § 2 Abs. 2b des Vermögenszuordnungsgesetzes noch nicht vor, so können Zuordnungs- und Sonderungsplan verbunden werden. In beiden Fällen ist in dem Plan grafisch das Gebiet der Zuordnung von dem der Sonderung abzugrenzen. Der Sonderungsbescheid ist auf die grafisch als Sonderungsgebiet abgegrenzten Teile des Zuordnungsplans oder des einheitlichen Plans zu beschränken.

§ 12. Aussetzung von Verfahren. Die Sonderungsbehörde kann ein Verfahren nach diesem Gesetz aussetzen, soweit im Plangebiet ein Verfahren nach dem 8. Abschnitt des Landwirtschaftsanpassungsgesetzes, dem Flurbereinigungsgesetz, dem Vierten Teil des Baugesetzbuchs oder nach dem Sachenrechtsbereinigungsgesetz eingeleitet ist oder wird. Die Sonderungsbehörde erhält über die Einleitung eines solchen Verfahrens eine Nachricht; sie benachrichtigt ihrerseits die betreffenden Behörden über die Einleitung eines Sonderungsverfahrens.

Abschnitt 3. Wirkungen der Sonderung

§ 13. Umfang der Grundstücksrechte im Sonderungsgebiet. (1) Mit Bestandskraft des Sonderungsbescheids haben die Grundstücke den in dem Sonderplan bezeichneten Umfang. Zu diesem Zeitpunkt werden unabhängig von der späteren Eintragung im Grundbuch in einem Sonderungsplan nach §§ 4 oder 5 enthaltene Bestimmung über die Änderung, Aufhebung oder Begründung von Eigentums- und beschränkten dinglichen Rechten an Grundstücken und grundstücksgleichen Rechten oder von Baulasten im Gebiet des Sonderungsplans wirksam.

(2) Soweit der Sonderungsplan bestandskräftig geworden ist, kann ein abweichender Grenzverlauf des Grundstücks oder der Befugnis zur Ausübung eines Nutzungsrechts sowie eine andere Aufteilung von Grundstücken oder beschränkten dinglichen Rechten daran nicht mehr geltend gemacht werden. Das Recht, die fehlende Übereinstimmung zwischen einer späteren amtlichen Vermessung und der Grundstückskarte (§ 8 Abs. 2) geltend zu machen, sowie Ansprüche aus §§ 919 und 920 des Bürgerlichen Gesetzbuchs oder auf Anpassung des Erbbauzinses oder eines Kaufpreises an eine abweichende Grundstücksfläche bleiben unberührt.

(3) Ansprüche nach dem Sachenrechtsbereinigungsgesetz auf Bestellung beschränkter dinglicher Rechte oder die Übertragung von Grundeigentum können nach rechtskräftigem Abschluß eines Verfahrens nach diesem Gesetz in Ansehung der abgesonderten Flächen nicht mehr geltend gemacht werden.

(4) Rückübertragungsansprüche nach dem Vermögensgesetz setzen sich an den neu gebildeten Grundstücken fort. Dies gilt nicht, wenn

1. die Grundstücke für Zwecke der öffentlichen Wohnungsversorgung im komplexen Wohnungsbau, für hiermit in Zusammenhang stehende Maßnahmen der Infrastruktur oder für einen anderen in § 5 Abs. 1 des Vermögensgesetzes genannten Zweck genutzt werden oder
2. das neu gebildete Grundstück für die Rückübertragung geteilt werden müßte.

§ 14. Bereicherungsausgleich. In den Fällen des § 1 Nr. 1 kann, soweit der festgestellte Umfang des Grundstücks oder der Befugnis zur Ausübung des dinglichen Nutzungsrechts nicht auf einer Einigung beruht und nicht im Einklang mit den früheren Eigentums- oder dinglichen Nutzungsverhältnissen steht, jeder benachteiligte Eigentümer oder Inhaber von dinglichen Nutzungsrechten von dem auf seine Kosten begünstigten Eigentümer oder Inhaber eines dinglichen Nutzungsrechts die Übertragung des diesem zugewiesenen Teils des Grundstückseigentums oder dinglichen Nutzungsrechts oder eine entsprechende Übertragung solcher Rechte nach Maßgabe der Vorschriften über die ungerechtfertigte Bereicherung verlangen. Teilungsgenehmigungen auch nach Landesrecht sind zur Erfüllung dieser Ansprüche nicht erforderlich.

§ 15. Ausgleich für Rechtsverlust. (1) Demjenigen, der durch die Bodenneuordnung (§ 5) ein dingliches Recht an einem Grundstück oder ein selbständiges Gebäudeeigentum verliert, steht gegen den Träger der Sonderungsbehörde im Umfang des Verlustes nur die in dem Sachenrechtsbereinigungsgesetz für den Ankaufsfall vorgesehenen Ansprüche zu. Bei Grundstücken, für die vermögensrechtliche Ansprüche angemeldet worden sind, steht dieser Anspruch demjenigen zu, dem das Eigentum an dem Grundstück ohne die Bodenneuordnung aufgrund der Anmeldung zurückzuübertragen gewesen wäre; aus diesem Betrag sind die aus dem Vermögensgesetz folgenden Verpflichtungen des Berechtigten zu erfüllen.

(2) Soweit ein Verlust eines dinglichen Rechts an einem Grundstück oder von Gebäudeeigentum eintritt, das nicht Gegenstand des Sachenrechtsbereinigungsgesetzes ist, steht dem Betroffenen die im Baugesetzbuch bei einer Umlegung insoweit vorgesehene Entschädigung zu.

(3) Unbeschadet des § 13 kann innerhalb von fünf Jahren von der Bestandskraft des Sonderungsbescheids in Ansehung der Neuordnung an für die Berechnung eines Ausgleichs nachgewiesen werden, daß das frühere Grundstück des Anspruchsberechtigten größer war, als in der zugrundegelegten Bestandskarte festgelegt.

(4) Ansprüche nach den vorstehenden Absätzen stehen demjenigen nicht zu, dessen Rechtsverlust durch Übertragung von Eigentum an einem Grundstück oder Einräumung beschränkter dinglicher Rechte angemessen ausgeglichen wird. Dieser Ersatz muß in den Festlegungen des Sonderungsplans ausgewiesen werden.

(5) Der Eigentümer jedes der in dem Gebiet des Sonderungsplans gelegenen Grundstücke hat an den Träger der Sonderungsbehörde einen Betrag in Höhe eines Anteils an der Summe aller im Gebiet des Sonderungsplans anfallenden Entschädigungsleistungen zu entrichten. Die Höhe des Anteils bestimmt sich nach dem Verhältnis der dem Eigentümer gehörenden Grundstücksfläche zur Fläche des Gebiets des Sonderungsplans. Diese Ausgleichspflichten können in dem Sonderungsbescheid festgesetzt werden.

(6) Über Entschädigungsansprüche und Ausgleichspflichten nach dieser Vorschrift kann ganz oder teilweise gesondert entschieden werden.

16. Bodensonderungsgesetz **Anhang I/16**

§ 16. Einrede der Sonderung. Soweit ein Sonderungsverfahren nach diesem Gesetz anhängig und nicht ausgesetzt ist, kann Ansprüchen aus §§ 919 oder 920 des Bürgerlichen Gesetzbuchs oder auf Feststellung des Eigentums die Einrede der Sonderung entgegengehalten werden.

§ 17. Kosten. Die Kosten des Verwaltungsverfahrens tragen, soweit nichts Besonderes bestimmt ist, die Eigentümer der in den Sonderungsplan aufgenommenen Grundstücke im Verhältnis der Größe der Grundstücke. In den Fällen des § 3 tragen Eigentümer und Nutzer die auf das Grundstück entfallenden Kosten zu gleichen Teilen. Die Behörde kann eine abweichende Verteilung der Kosten nach billigem Ermessen namentlich dann anordnen, wenn die Rechtsverfolgung ganz oder teilweise mutwillig erscheint. Die Berichtigung des Grundbuchs ist kostenfrei. Im übrigen gilt § 108 Abs. 1 und 2 des Flurbereinigungsgesetzes sinngemäß.

Abschnitt 4. Rechtsschutz, Verhältnis zu anderen Verfahren

§ 18. Antrag auf gerichtliche Entscheidung. (1) Sonderungsbescheide sowie sonstige Bescheide nach diesem Gesetz können von Planbetroffenen nur durch Antrag auf gerichtliche Entscheidung angefochten werden. Über den Antrag entscheidet eine Zivilkammer des Landgerichts, in dessen Bezirk die Sonderungsbehörde ihren Sitz hat. Der Antrag kann erst nach vorausgegangenem Verwaltungsvorverfahren nach dem 8. Abschnitt der Verwaltungsgerichtsordnung gestellt werden, für das die Stelle zuständig ist, die nach dem Landesrecht die allgemeine Aufsicht über die Sonderungsbehörde führt. Das Bundesministerium der Justiz wird ermächtigt, durch Rechtsverordnung mit Zustimmung des Bundesrates die näheren Einzelheiten zu regeln und hierbei auch von den Bestimmungen der Verwaltungsgerichtsordnung abzuweichen, soweit dies für Verfahren nach diesem Gesetz erforderlich ist, sowie die Zuständigkeit für das Verwaltungsvorverfahren anders zu bestimmen.

(2) Der Antrag muß innerhalb eines Monats nach Zustellung der in dem Verwaltungsvorverfahren ergangenen Entscheidung schriftlich bei dem Landgericht gestellt werden. Er ist nur zulässig, wenn der Antragsteller geltend macht, durch den Bescheid in seinen Rechten verletzt zu sein. Der Antrag soll die Erklärung, inwieweit der Bescheid angefochten wird, und einen bestimmten Antrag enthalten sowie die Gründe und die Tatsachen und Beweismittel angeben, die zur Rechtfertigung des Antrags dienen.

(3) Der Antrag hat im Umfang des Antragsgegenstands aufschiebende Wirkung. Antragsgegenstand sind nur die Teile des festgestellten Sonderungsplans, auf die sich eine Veränderung der angegriffenen Festlegungen auswirken können. Im übrigen wird der Sonderungsbescheid bestandskräftig. Der Umfang der Bestandskraft ist dem Grundbuchamt durch die Sonderungsbehörde in einer mit entsprechenden Abgrenzungen versehenen beglaubigten Abschrift des Sonderungsbescheids nachzuweisen. Der bestandskräftige Teil des Sonderungsplans ist für die Bezeichnung der Grundstücke im Grundbuch maßgebend. Die Grundstücksbezeichnung kann im Grundbuch von Amts wegen berichtigt werden. Dies gilt entsprechend, wenn der Plan später ganz oder teilweise bestandskräftig geworden ist.

(4) Das Gericht entscheidet durch Beschluß. Soweit sich die Beteiligten auf die Sonderung gütlich geeinigt haben, bedarf der Beschluß keiner Begründung. Soweit der Antrag auf gerichtliche Entscheidung für begründet erachtet wird, hebt das Gericht den Bescheid und die im Verwaltungsvorverfahren ergangene Entscheidung auf. Es soll den Bescheid entsprechend ändern oder spricht die Verpflichtung aus, den Antragsteller unter Beachtung der Rechtsauffassung des Gerichts zu bescheiden.

(5) Auf das Verfahren sind die Vorschriften des § 217 Abs. 4, des § 218 Abs. 1, des § 221 Abs. 2 und 3, des § 222 Abs. 1 und 2, sowie der §§ 227 und 228 des Baugesetzbuchs sinngemäß anzuwenden. Im übrigen gelten die bei Klagen in bürgerlichen Rechtsstreitigkeiten anzuwendenden Vorschriften entsprechend. § 78 der Zivilprozeßordnung findet auf Gebietskörperschaften und die Sonderungsbehörden keine Anwendung.

§ 19. Rechtsmittel. (1) Gegen die Entscheidung des Landgerichts ist das Rechtsmittel der Beschwerde zulässig, wenn die Entscheidung auf einer Verletzung des Gesetzes beruht und der Wert des Beschwerdegegenstandes 10000 Deutsche Mark übersteigt. Die Vorschriften der §§ 550, 551, 561, 563 der Zivilprozeßordnung finden entsprechende Anwendung.

Anhang I/17 I. Bundesrecht

(2) Die Beschwerde ist innerhalb einer Frist von einem Monat ab Zustellung der Entscheidung bei dem Oberlandesgericht einzulegen. § 18 Abs. 3 gilt sinngemäß; zuständig für danach zu treffenden Feststellungen ist die Sonderungsbehörde.

(3) Über die Beschwerde entscheidet ein Zivilsenat des Oberlandesgerichts. Will das Oberlandesgericht von einer aufgrund dieses Gesetzes ergangenen Entscheidung eines anderen Oberlandesgerichts oder des Bundesgerichtshofs abweichen, so legt es die Sache unter Begründung seiner Rechtsauffassung dem Bundesgerichtshof vor. Dieser entscheidet in diesen Fällen an Stelle des Oberlandesgerichts.

§ 20. Unterrichtung anderer Stellen, Fortschreibung. (1) Soweit die Sonderungsbehörde nicht für die Führung des Liegenschaftskatasters zuständig ist, übersendet sie dieser Behörde eine beglaubigte Abschrift des Sonderungsbescheides und bis zu dessen Übernahme in das Liegenschaftskataster auch Nachweise über Veränderungen nach Absatz 2.

(2) Die in dem Sonderungsplan oder dem Plan nach § 11 bestimmten Grenzen der Grundstücke oder der Ausübungsbefugnisse können nach den allgemeinen Vorschriften verändert werden. Die Veränderungen sind bis zu dessen Übernahme in das amtliche Verzeichnis durch die Sonderungsbehörde in dem Sonderungsplan nachzuweisen; in den Fällen des § 11 gilt dies auch für den die Zuordnung betreffenden Teil. Die Sonderungsbehörde kann die für die Führung des Liegenschaftskatasters zuständige Behörde um Übernahme dieser Aufgabe ersuchen.

(3) Eine beglaubigte Abschrift des Sonderungsplans erhält auch das Grundbuchamt. Diesem sind Veränderungen des Sonderungsplans wie Veränderungen im amtlichen Verzeichnis nachzuweisen. Soweit das Grundbuchamt der für die Führung des Liegenschaftskatasters zuständigen Behörde Veränderungen im Grundbuch nachzuweisen hat, erteilt es diese Nachweise bis zur Übernahme des Sonderungsplans in das amtliche Verzeichnis der nach Absatz 2 für die Fortschreibung zuständigen Stelle.

§ 21. Verhältnis zu anderen Verfahren. Verfahren nach diesem Gesetz stehen Verfahren nach dem Baugesetzbuch, dem 8. Abschnitt des Landwirtschaftsanpassungsgesetzes, dem Flurbereinigungsgesetz oder den Zuordnungsvorschriften nicht entgegen.

§ 22. Überleitungsbestimmung. (1) Bis zum Erlaß des Sachenrechtsbereinigungsgesetzes behält sich die Sonderungsbehörde eine endgültige Entscheidung über Ansprüche nach § 14 vor. Sie kann dem Begünstigten die Zahlung oder Hinterlegung von Abschlägen aufgeben.

(2) In einem Sonderungsbescheid nach diesem Gesetz kann auch bestimmt werden, auf welchen Grundstücken sich Gebäudeeigentum nach Artikel 233 § 2b des Einführungsgesetzes zum Bürgerlichen Gesetzbuch befindet.

17. Verordnung
über eine angemessene Gestaltung von Nutzungsentgelten
(Nutzungsentgeltverordnung – NutzEV)

Vom 22. Juli 1993

(BGBl. I S. 1339)

Auf Grund des Artikels 232 § 4 Abs. 2 des Einführungsgesetzes zum Bürgerlichen Gesetzbuche, der durch Anlage I Kapitel III Sachgebiet B Abschnitt II Nr. 1 des Einigungsvertrages vom 31. August 1990 in Verbindung mit Artikel 1 des Gesetzes vom 23. September 1990 (BGBl. 1990 II S. 885, 944) eingefügt worden ist, verordnet die Bundesregierung:

§ 1. Anwendungsbereich. (1) Die Entgelte für die Nutzung von Bodenflächen auf Grund von Verträgen nach § 312 des Zivilgesetzbuchs der Deutschen Demokratischen Republik vom 19. Juni 1975 (GBl. I Nr. 27 S. 465) dürfen nach Maßgabe dieser Verordnung angemessen gestaltet werden.

(2) Diese Verordnung gilt nicht

1. für Entgelte, die sich nach dem Bundeskleingartengesetz richten,

2. für vor dem 3. Oktober 1990 abgeschlossene unentgeltliche Nutzungsverhältnisse nach § 312 des Zivilgesetzbuchs der Deutschen Demokratischen Republik und
3. für Überlassungsverträge.

§ 2. Abweichende Entgeltvereinbarungen. (1) Die Vorschriften dieser Verordnung gehen Entgeltvereinbarungen vor, die vor dem 3. Oktober 1990 getroffen worden sind.

(2) Nach dem 2. Oktober 1990 getroffene Vereinbarungen
1. über Nutzungsentgelte oder
2. über den Ausschluß der Erhöhung des Nutzungsentgelts

bleiben unberührt. Solche Vereinbarungen sind auch weiterhin zulässig.

(3) Eine einseitige Erhöhung des Nutzungsentgelts nach dieser Verordnung ist nicht zulässig, soweit und solange eine Erhöhung nach dem 2. Oktober 1990 durch Vereinbarung ausgeschlossen worden ist oder der Ausschluß sich aus den Umständen ergibt.

§ 3. Schrittweise Erhöhung der Entgelte. (1) Die Entgelte dürfen, soweit sich nicht aus §§ 4 und 5 etwas anderes ergibt, bis zur Höhe der ortsüblichen Entgelte in folgenden Schritten erhöht werden:
1. ab dem 1. November 1993 auf das Doppelte der am 2. Oktober 1990 zulässigen Entgelte, jedoch mindestens auf 0,15 Deutsche Mark, bei baulich genutzten Grundstücken auf 0,30 Deutsche Mark je Quadratmeter Bodenfläche im Jahr,
2. ab dem 1. November 1994 auf das Doppelte der sich nach Nummer 1 ergebenden Entgelte,
3. ab dem 1. November 1995 auf das Doppelte der sich nach Nummer 2 ergebenden Entgelte,
4. ab dem 1. November 1997 jährlich um die Hälfte der sich nach Nummer 3 ergebenden Entgelte.

(2) Ortsüblich sind die Entgelte, die nach dem 2. Oktober 1990 in der Gemeinde oder in vergleichbaren Gemeinden für vergleichbar genutzte Grundstücke vereinbart worden sind. Für die Vergleichbarkeit ist die tatsächliche Nutzung unter Berücksichtigung der Art und des Umfangs der Bebauung der Grundstücke maßgebend.

§ 4. Entgelterhöhung bei vertragswidriger Nutzung. (1) Im Falle einer vertragswidrigen Nutzung des Grundstücks dürfen die Entgelte ohne die Beschränkung des § 3 Abs. 1 bis zur Höhe der ortsüblichen Entgelte erhöht werden.

(2) Vertragswidrig ist eine Nutzung, die nach §§ 312 und 313 des Zivilgesetzbuchs der Deutschen Demokratischen Republik nicht zulässig ist. Hat der Eigentümer die Nutzung genehmigt oder wurde die Nutzung von staatlichen Stellen der Deutschen Demokratischen Republik genehmigt oder gebilligt, so gilt die Nutzung nicht als vertragswidrig.

§ 5. Entgelterhöhung bei Garagenflächen. (1) Die Nutzungsentgelte für Garagengrundstücke sind ab dem 1. November 1993 nach der Anzahl der Stellplätze zu bemessen. Die Entgelte dürfen bis zur Höhe der ortsüblichen Entgelte erhöht werden, jedoch auf mindestens 60 Deutsche Mark je Stellplatz im Jahr.

(2) Garagengrundstücke sind Grundstücke oder Teile von Grundstücken, die mit einer oder mehreren Garagen oder ähnlichen Einstellplätzen für Kraftfahrzeuge bebaut sind und deren wesentlicher Nutzungszweck das Einstellen von Kraftfahrzeugen ist.

§ 6. Erklärung über die Entgelterhöhung. (1) Will der Überlassende das Nutzungsentgelt nach dieser Verordnung erhöhen, so hat er dies dem Nutzer für jede Erhöhung schriftlich zu erklären.

(2) Die Erklärung hat die Wirkung, daß von dem Beginn des dritten auf die Erklärung folgenden Monats das erhöhte Nutzungsentgelt an die Stelle des bisher entrichteten Entgelts tritt. Vom Nutzer im voraus entrichtete Zahlungen sind anzurechnen.

§ 7. Gutachten über die ortsüblichen Entgelte. Auf Antrag einer Vertragspartei hat der nach § 192 des Baugesetzbuchs eingerichtete und örtlich zuständige Gutachterausschuß ein Gutachten über die ortsüblichen Nutzungsentgelte für vergleichbar genutzte Grundstücke zu erstatten.

§ 8. Kündigung des Nutzers. Der Nutzer ist berechtigt, das Nutzungsverhältnis bis zum Ablauf des Monats, der auf den Zugang der Erklärung über die Entgelterhöhung folgt, für den Ablauf des letzten Monats, bevor die Erhöhung wirksam wird, zu kündigen.

§ 9. Inkrafttreten. Diese Verordnung tritt am 1. August 1993 in Kraft.

Anhang I/18 I. Bundesrecht

18. Begründung zum Entwurf einer Verordnung über eine angemessene Gestaltung von Nutzungsentgelten

Vom 19. Mai 1993

BR-Drucksache 344/93

I. Allgemeines

1. Ausgangslage

In der DDR sind in den vergangenen Jahrzehnten mehrere hunderttausend Verträge über die Nutzung von Bodenflächen zu kleingärtnerischen Zwecken sowie zur Erholung und zu Freizeitzwecken, sogenannte vertragliche Nutzungsrechte oder Nutzungsverträge, abgeschlossen worden. Manche Fachleute schätzen die Zahl sogar auf Millionenhöhe.

Diese vertraglichen Nutzungsrechte bildeten die Grundlage für die Anlegung von Kleingärten und Erholungsgrundstücken sowie für die Errichtung von Wochenendhäusern (Datschen, Bungalows) und anderen Baulichkeiten und auch in nicht unerheblichem Umfang für Garagen.

Teilweise wurden die Grundstücke auch als Gartenanlagen zu Erwerbszwecken oder sonst gewerblich genutzt.

Rechtsgrundlage für diese vertraglichen Nutzungsrechte waren entweder die §§ 312 ff. des Zivilgesetzbuchs der Deutschen Demokratischen Republik (ZGB) vom 19. Juni 1975 (GBl. I Nr. 27 S. 465) oder aber die Pachtrechtsvorschriften des BGB, das insoweit bis zum Inkrafttreten des ZGB in der DDR galt. Im letztgenannten Fall wurden die Verträge durch die §§ 2 und 5 des Einführungsgesetzes zum Zivilgesetzbuch der Deutschen Demokratischen Republik vom 19. Juni 1975 (GBl. I Nr. 27, S. 517) den genannten Vorschriften des ZGB unterstellt. Diese Alt-Pachtverträge sind daher als vertragliche Nutzungsrechte nach §§ 312 ff. ZGB zu behandeln.

Die Entgelte, die von den Nutzern der Bodenflächen an die jeweiligen Überlassenden (Grundeigentümer, staatliche oder kommunale Verwaltungen von Grundeigentum, LPG) gezahlt wurden, waren sehr gering. Manchmal war die Nutzung sogar unentgeltlich. Das Nutzungsentgelt konnte nicht einseitig vom Überlassenden angehoben werden, so daß es für die gesamte Vertragsdauer bei dem einmal vereinbarten Entgelt verblieb.

Dies war aus Sicht der ehemaligen DDR konsequent. Es gab keinen freien Grundstücksmarkt, auf dem sich für die Grundstücke ein Wert hätte bilden können. Zum anderen dienten die vertraglichen Nutzungsrechte als „Ausgleich" für die Freiheitsbeschränkungen der Bevölkerung. Tatsächlich haben viele Nutzer ein hohes Maß an Arbeitsaufwand und auch materiellem Aufwand in ihre Freizeitgrundstücke investiert, die Grundstücke angelegt, teilweise erst urbar gemacht und Wochenendbungalows, Garagen oder andere Baulichkeiten oft in Eigenleistung errichtet. Erholungsgrundstücke gehörten demgemäß zum Kernbereich der privaten Lebensgestaltung und standen im Mittelpunkt des Freizeitinteresses.

Mit der Wiedervereinigung Deutschlands haben sich diese Rahmenbedingungen grundlegend geändert. Die Reisebeschränkungen sind weggefallen. Die neugewonnene Freiheit wird von den Mitbürgerinnen und Mitbürgern in den neuen Bundesländern bereits umfangreich genutzt.

Für die Eigentümer haben die Grundstücke nunmehr auf einem freien Grundstücksmarkt einen eigenen Wert gewonnen, der sich in den bislang zu zahlenden Nutzungsentgelten nur bruchteilsweise widerspiegelt.

Diese veränderten Rahmenbedingungen machen eine Anpassung der Nutzungsentgelte erforderlich.

2. Regelungen im Einigungsvertrag

Über Art und Ausmaß der vertraglichen Nutzungsrechte war in der Bundesrepublik Deutschland beim Abschluß des Einigungsvertrages nur wenig bekannt. Die Vertragspartner des Einigungsvertrages haben sich deswegen dazu entschlossen, die vertraglichen Nutzungsrechte, die ihrem Wesen nach Grundstückspacht- oder Grunstücksleihverträge waren, zunächst noch nicht in das Vertragssystem des BGB überzuleiten.

18. Begründung zum Entwurf zur NutzungsentgeltVO **Anhang I/18**

Vielmehr bestimmte der Einigungsvertrag in Anlage I Kapitel III Sachgebiet B Abschnitt II in einem neuen Artikel 232 § 4 EGBGB: „Nutzungsverhältnisse nach den §§ 312 bis 315 des Zivilgesetzbuchs der Deutschen Demokratischen Republik aufgrund von Verträgen, die vor dem Wirksamwerden des Beitritts geschlossen worden sind, richten sich weiterhin nach den genannten Vorschriften des Zivilgesetzbuchs. Abweichende Regelungen bleiben einem besonderen Gesetz vorbehalten. ...".

In den Erläuterungen zum Einigungsvertrag (BT-Drucksache 11/7817, S. 39) wird hierzu ausgeführt:

„Der besonderen Bedeutung der Bodennutzung zum Zwecke der Erholung, Freizeitgestaltung sowie für kleingärtnerische Zwecke entspricht es, diese Nutzungsverhältnisse, die in §§ 312 bis 315 ZGB eine eigenständige Ausformung erfahren haben, weiterhin der Geltung dieser Vorschriften zu unterstellen. Ergänzend zu diesen Vorschriften und den Vertragsbestimmungen werden künftig die Regelungen des Bürgerlichen Gesetzbuches gelten ... Bedeutsam ist die Fortgeltung des bisherigen Rechts für diese Nutzungsverhältnisse vor allem für deren Beendigung. Nach § 314 ZGB gelten dafür Einschränkungen, die künftig mit der Gewährleistung des Privateigentums schwerlich vereinbar sein werden. Sonderregelungen über die Beendigung der Nutzungsverhältnisse müssen daher einer besonderen ... Entscheidung des künftigen Gesetzgebers vorbehalten bleiben ...". Ein entsprechender Gesetzentwurf wird von der Bundesregierung vorbereitet.

Nicht für längere Zeit hingenommen werden sollten allerdings die Nutzungsentgelte. Artikel 232 § 4 Abs. 2 EGBGB ermächtigt daher die Bundesregierung, mit Zustimmung des Bundesrats durch Rechtsverordnung Vorschriften über eine angemessene Gestaltung der Nutzungsentgelte zu erlassen. In den Erläuterungen zum Eingungsvertrag (BT-Drucksache 11/7817, S. 39) wird dies wie folgt begründet:

„Auch die Nutzungsentgelte, die nach bisherigem Recht der Deutschen Demokratischen Republik äußerst niedrig sind, bedürfen für die Zukunft einer angemessenen Regelung. Zu diesem Zweck wird in Absatz 2 die Bundesregierung ermächtigt, durch Rechtsverordnung Vorschriften über die angemessene Gestaltung der Nutzungsentgelte zu erlassen. Eine solche Verordnung wird hauptsächlich Vorschriften über die Ermittlung des angemessenen Entgelts enthalten, wobei als Obergrenze der ortsübliche Pachtzins für vergleichbar genutzte Grundstücke dienen soll. In diesem Rahmen sollen durch Verordnung Vorschriften erlassen werden, wie sie gegenwärtig in § 5 Abs. 2 und 3 BKleingG für die nähere Bestimmung des Pachtzinses für Kleingärten enthalten sind."

3. Ziele und Grundzüge der Verordnung

Die Nutzungsentgelte wurden in der DDR nicht unter marktwirtschaftlichen Gesichtspunkten, also entsprechend einer angemessenen wirtschaftlichen Verwertung, sondern nach sonstigen gesellschaftspolitischen, marktfremden Erwägungen festgelegt.

Als angemessen kann jetzt nur ein Pachtzins angesehen werden, der einen der Bodennutzung entsprechenden Ertrag ermöglicht. Ziel der Verordnung ist es daher entsprechend der gesetzlichen Ermächtigung, die Entgelte an die Höhe des ortsüblichen Pachtzinses für vergleichbar genutzte Grundstücke heranzuführen. Dies entspricht den marktwirtschaftlichen Grundlinien sowohl im Vertrag über die Schaffung einer Währungs-, Wirtschafts- und Sozialunion als auch im Einigungsvertrag. Die ortsüblichen Pachtzinsen bilden hierbei die Marke, bei der sich die Pachtpreise auf einem freien Grundstücksmarkt aufgrund von Angebot und Nachfrage bilden werden.

Derartige ortsübliche Pachtzinsen wurden nach dem 3. Oktober 1990 entweder bei einer Vereinbarung über das Nutzungsentgelt im Rahmen eines bestehenden Nutzungsverhältnisses oder bei einer Neuverpachtung nach Aufgabe eines Nutzungsverhältnisses vereinbart. Soweit dies zunächst in einzelnen Gemeinden noch nicht der Fall ist, kann auf die Vereinbarungen in vergleichbaren Gemeinden zurückgegriffen werden. Im übrigen läßt, wie noch näher zu begründen, die Verordnung einen ausreichenden zeitlichen Spielraum, innerhalb dessen sich das ortsübliche Entgelt herausbilden wird. Vor allem ist damit zu rechnen, daß im Laufe der schrittweisen Entgeltanhebung ein Teil der Nutzer den Vertrag aufgeben wird und Neuabschlüsse über die Nutzung der Grundstücke erfolgen werden, auf deren Grundlage sich die ortsüblichen Entgelte in den kommenden Jahren entwickeln werden.

Wie eingangs unter 1. bereits ausgeführt, besteht bei den vertraglichen Nutzungsrechten die Besonderheit, daß vielfach die Nutzer Arbeitskraft und materiellen Aufwand in das Grundstück investiert haben. Soweit die Nutzer Baulichkeiten auf dem Grundstück errichtet haben, stehen sie nicht im Eigentum des Grundstückseigentümers, sondern im Eigentum des Nutzers.

Dem steht das Interesse der Eigentümer an einer angemessenen wirtschaftlichen Verwertung der Grundstücke gegenüber.

Ein Ausgleich dieser konträren Interessenlage soll dadurch erfolgen, daß das Nutzungsentgelt nicht sofort freigegeben, sondern stufenweise an das ortsübliche Pachtzinsniveau herangeführt wird.

Diese Stufung soll eine sozialverträgliche Anhebung der Nutzungsentgelte ermöglichen, bei der das ortsübliche Pachtzinsniveau noch im Laufe dieses Jahrzehnts erreicht werden kann. Damit erhalten auch die Eigentümer eine Perspektive bezüglich ihrer wirtschaftlichen Verwertungsinteressen. Da die Nutzer nach dem Einigungsvertrag nicht darauf vertrauen können, auf Dauer die früheren niedrigen Entgelte beizubehalten, andererseits die Eigentümer durch die Einigung einen Grundstückswert gewonnen haben, dessen sofortige und uneingeschränkte Verwertung sie ebenfalls nicht erwarten können, stellt diese Grundkonzeption der Verordnung einen angemessenen Ausgleich der widerstreitenden Interessen her. Auf diese Weise wird die Entgelterhöhung von den betroffenen Nutzern zu verkraften sein und sich berechenbar entwickeln.

Stets bildet der ortsübliche Pachtzins die Obergrenze des zulässigen Entgelts. Die Erhöhungsschritte sind in § 3 so gewählt, daß sie nach derzeitigem Kenntnisstand zunächst unter dem vorhersehbaren ortsüblichen Entgeltniveau bleiben werden. Aller Voraussicht nach wird das ortsübliche Pachtzinsniveau erst in einigen Jahren erreicht werden.

Solange die Entgelte verhältnismäßig gering sind, werden sie in den ersten drei Stufen in Jahresabständen jeweils verdoppelt. Danach wird eine jährliche lineare Steigerung um 50% des in der dritten Stufe erreichten Entgelts zugelassen.

Die mit der schrittweisen Anhebung des Nutzungsentgeltes berücksichtigten Interessen der Nutzer können aber dann nicht als schutzwürdig angesehen werden, wenn eine an den §§ 312 bund 313 ZGB widersprechende Nutzung den Eigentümer zur Kündigung des Nutzungsverhältnisses berechtigen würde. Die Verordnung läßt daher in § 4 bei einer zum Zeitpunkt der Erhöhung noch vorhandenen vertragswidrigen Nutzung eine Anhebung auf das ortsübliche Entgelt in einem Schritt zu.

Bei Garagen sind schutzwürdige soziale Bedürfnisse nicht in dem Maße gegeben wie bei Erholungsgrundstücken. Für Garagen wird daher ein auf den Stellplatz bezogenes Entgelt von mindestens 60,00 DM im Jahr zugelassen.

4. Ermächtigung

Artikel 232 § 4 Abs. 2 Satz 1 EGBGB ermächtigt die Bundesregierung mit Zustimmung des Bundesrates zum Erlaß von Vorschriften „über eine angemessene Gestaltung der Nutzungsentgelte" durch Rechtsverordnung.

Hierauf beruht die Grundsatzvorschrift des § 1 Abs. 1 der Verordnung. Die Ermächtigungsgrundlage bezieht sich ausschließlich auf vertragliche Nutzungsrechte nach §§ 312 bis 315 ZGB. § 1 Abs. 2 Nr. 1 stellt entsprechend der Regelung in § 20a des Bundeskleingartengesetzes in der Fassung der Anlage I Kapitel XIV Abschnitt II Nr. 4 zum Einigungsvertrag (BGBl. 1990 II S. 1125) klar, daß die Verordnung nicht für Entgelte gilt, die dem Anwendungsbereich des Bundeskleingartengesetzes unterliegen. Ausgenommen sind danach also Entgelte für die Nutzung von Bodenflächen in einer Kleingartenanlage (vgl. § 315 ZGB, § 1 BKleingG).

§ 1 Abs. 2 Nr. 2 nimmt unentgeltliche Nutzungsverhältnisse vom Anwendungsbereich der Verordnung aus. § 1 Abs. 2 Nr. 3 schließt die sogenannten Überlassungsverträge aus. Zu den Gründen hierfür wird auf die Begründung zu § 1 Abs. 2 Bezug genommen.

Beide Regelungen sind von der Ermächtigungsgrundlage gedeckt. Diese zwingt nicht dazu, bei Sonderformen der vertraglichen Nutzungsrechte in jedem Fall eine Entgelterhöhung vorzusehen. Auch bezieht sie sich ausschließlich auf vertragliche Nutzungsrechte nach §§ 312ff. ZGB und gilt nicht für andere Überlassungsformen.

Nach § 2 Abs. 1 geht die Verordnung den vor dem 3. Oktober 1990 geschlossenen Vereinbarungen vor. Dies zu bestimmen ist notwendig, um das Ziel der Verordnung erreichen zu können, die Nutzungsentgelte angemessen zu gestalten.

§ 2 Abs. 2 läßt dagegen Vereinbarungen unberührt, die nach dem 2. Oktober 1990 getroffen worden sind, unabhängig davon, ob ein niedrigeres oder höheres Entgelt vereinbart wurde als sich nach der Verordnung ergeben würde. Artikel 232 § 4 EGBGB betrifft nur Nutzungsentgelte aufgrund von Verträgen, die „vor dem Wirksamwerden des Beitritts geschlossen worden sind". Spätere Vereinbarungen brauchen nicht übergeleitet zu werden und sind daher von Artikel 232 § 4 EGBGB nicht erfaßt.

Die §§ 3, 4 und 5, die die Zulässigkeit der Entgelterhöhung bis zur Höhe des vergleichbaren ortsüblichen Pachtzinses bestimmen, stützen sich auf Artikel 232 § 4 Abs. 2 Satz 2 EGBGB. Die Vorschrift läßt mit den Worten „bis zur Höhe des ortsüblichen Pachtzinses" dem Verordnungsgeber einen Spielraum für die Erhöhung der Entgelte und legt nur die obere Grenze fest.

18. Begründung zum Entwurf zur NutzungsentgeltVO **Anhang I/18**

Auch die §§ 6 und 7 halten sich als Vorschriften über das „Verfahren der Entgelterhöhung" im Rahmen der gesetzlichen Ermächtigung (vgl. Artikel 232 § 4 Abs. 2 Satz 3 EGBGB).
§ 8 beruht auf der ebenfalls in Artikel 232 § 4 Abs. 2 Satz 3 EGBGB enthaltenen Ermächtigung, Bestimmungen über die „Kündigung im Fall der Erhöhung" zu treffen.

5. Auswirkungen und Kosten

Die Verordnung führt zu einer Mehrbelastung der Nutzer durch Preiserhöhungen für Bodennutzungen im Beitrittsgebiet. Die Belastungen sind, mögen sie auch in Prozentzahlen beträchtlich wirken, wegen der bisherigen, auch gemessen am Einkommen der Nutzer äußerst niedrigen Entgelte für die Nutzer verkraftbar und sozial verträglich ausgestaltet. Im Durchschnitt dürften die derzeitigen Entgelte deutlich weniger als 1% der Ausgaben eines Nutzerhaushaltes ausmachen. Die Belastung der Haushalte wird sich auch bei Erreichen des ortsüblichen Pachtzinses regelmäßig in einer Größenordnung von wenigen Prozenten des verfügbaren Einkommens halten.

Für die Eigentümer führt die Aufhebung der Entgelte zu Mehreinnahmen und damit in überschaubarer Zeit zur Wirtschaftlichkeit ihres Grundbesitzes.

Mehrbelastungen der öffentlichen Hand sind nicht zu erwarten. Im Gegenteil werden die Entgelterhöhungen in zahlreichen Gemeinden, die eigene Grundstücke für diese Zwecke zur Verfügung gestellt haben, zu deutlichen Mehreinnahmen führen.

Inwieweit die Preisanhebungen sich im Einzelfall auf das Verbraucherpreisniveau im Beitrittsgebiet auswirken, ist nicht quantifizierbar. Aufgrund der zeitlichen Streckung und von der Verordnung gesetzten Grenzen lassen sie aber kaum meßbare Auswirkungen auf das Verbraucherpreisniveau und daher auch keine Auswirkungen auf das allgemeine Preisniveau erwarten.

II. Zu den einzelnen Vorschriften

Zu § 1 (Anwendungsbereich)

Die Vorschrift legt den Anwendungsbereich der Verordnung fest und bestimmt die angemessene Gestaltung der Nutzungsentgelte „nach Maßgabe dieser Verordnung". Der Anwendungsbereich wird durch die Bezugnahme auf „Verträge nach § 312 des Zivilgesetzbuchs" bestimmt, wie es der Ermächtigungsgrundlage entspricht.

Ausgenommen sind also – entsprechend der gesetzlichen Ermächtigung – Nutzungsrechte aufgrund einer Verleihung (§ 286 Abs. 1 Nr. 1, §§ 287 bis 290 ZGB) und einer Zuweisung genossenschaftlich genutzten Bodens nach § 286 Abs. 1 Nr. 2, §§ 291 bis 294 ZGB.

Nicht unter die Verordnung fallen auch Verträge zwischen Grundeigentümern und Gemeinden oder LPGen, die häufig die Grundlage für die weitere Überlassung an Nutzer bildeten. Sie gehören nicht zu den Verträgen nach § 312 ZGB, da durch sie die Bodenflächen nicht „Bürgern" überlassen wurden. Erst die von der Gemeinde oder der LPG mit den einzelen Nutzern abgeschlossenen Verträge fallen unter § 312 ZGB, und nur auf sie bezieht sich Artikel 232 § 4 EGBGB.

§ 1 Abs. 2 Nr. 1 stellt klar, daß die Entgelte, die sich nach dem BKleingG richten, vom Anwendungsbereich der Verordnung ausgenommen sind. Dies entspricht Artikel 232 § 4 Abs. 3 EGBGB, wonach für Nutzungsverhältnisse innerhalb von Kleingartenanlagen die Anwendung des BKleingG unberührt bleibt.

§ 1 Abs. 2 Nr. 2 schließt ferner die Anwendung der Verordnung für die vor dem 3. Oktober 1990 abgeschlossenen unentgeltlichen Nutzungsverträge aus. Solche Nutzungsverträge waren zwar nicht durch die §§ 312 ff. ZGB verboten. Diese hatten allerdings als Regelfall eine entgeltliche Nutzung vor Augen (vgl. § 313 ZGB). Wenn die Nutzung ausnahmsweise unentgeltlich war, handelte es sich um atypische Fälle. Es erscheint nicht gerechtfertigt, diese – eher einer Grundstücksleihe entsprechenden – Verträge ohne Kenntnis der seinerzeit für die Unentgeltlichkeit maßgebenden Gründe jetzt durch die Verordnung in entgeltliche Verträge umzuwandeln. Vielmehr sollen in diesen Fällen die Parteien zu einer Änderung vertraglich vorbehalten.

§ 1 Abs. 2 Nr. 3 schließt sogenannte Überlassungsverträge aus dem Anwendungsbereich der Verordnung aus. Überlassungsverträge wurden in der DDR noch unter der Geltung des BGB für staatlich verwaltete Grundstücke anhand von Vertragsmustern abgeschlossen, die von der Regierung der DDR entwickelt worden waren und von denen nicht abgewichen werden durfte. Umstritten ist bisher, ob diese Überlassungsverträge als vertragliche Nutzungsrechte nach §§ 312 ff. ZGB anzuse-

837

Anhang I/18   I. Bundesrecht

hen sind, auf die Artikel 232 § 4 EGBGB anzuwenden ist (so *Rodenbach*, ZOV 1991, S. 73 ff.) oder ob sie nicht unter die §§ 312 ff. ZGB fallen, so daß sie auch von der Verordnungsermächtigung in Artikel 232 § 4 Abs. 2 EGBGB nicht erfaßt werden (vgl. *Schmidt-Räntsch*, ZOV 1992, S. 2, 7 m. w. N.).

Nach Auffassung der Bundesregierung ergäben sich bei einer Einbeziehung der Überlassungsverträge in die Verordnung zumindest erhebliche Zweifel hinsichtlich der Vereinbarkeit mit der Ermächtigungsgrundlage des Artikels 232 § 4 Abs. 2 EGBGB. Hinzu kommt, daß bei Überlassungsverträgen kein laufendes Entgelt für die Nutzung entrichtet werden mußte. Nach alledem erschien es angebracht, sie aus dem Anwendungsbereich der Nutzungsentgeltverordnung auszuschließen.

Zu § 2 (Abweichende Entgeltvereinbarungen)

§ 2 Abs. 1 bestimmt, daß die Vorschriften der Verordnung rechtsgeschäftlichen Entgeltvereinbarungen vorgehen, die vor dem 3. Oktober 1990 geschlossen worden sind. War kein Entgelt zu entrichten, ist die Verordnung schon nach § 1 Abs. 2 Nr. 2 nicht anzuwenden. Die Regelung entspricht im wesentlichen dem § 1 Abs. 3 der Betriebskosten-Umlageverordnung vom 17. Juni 1991 (BGBl. I S. 1270).

§ 2 Abs. 2 läßt Entgeltvereinbarungen unberührt, die nach dem 2. Oktober 1990 getroffen worden sind, und stellt klar, daß vertragliche Vereinbarungen über Nutzungsentgelte auch künftig jederzeit zulässig sind. Eine „Anpassung" der vor dem Inkrafttreten der Verordnung, aber bereits unter dem privatautonomen Gestaltungsrahmen des BGB abgeschlossenen Vereinbarungen ist nicht erforderlich. Insoweit bietet das BGB mit den §§ 119, 123, 138, 242 ein ausreichendes Korrektiv.

Die Verordnung will vertragliche Vereinbarungen über das Nutzungsentgelt nicht behindern, sondern eine Anpassungsmöglichkeit für den Fall vorsehen, daß über eine vertragliche Erhöhung des Entgelts keine Einigung erzielt werden kann. Deshalb stellt § 2 Abs. 3 in Ergänzung zu Absatz 2 klar, daß im Falle einer vertraglichen Vereinbarung über das Nutzungsentgelt eine einseitige Erhöhung des Entgeltes nach dieser Verordnung nur zulässig ist, wenn dem die Vereinbarung nicht entgegensteht. Die Regelung entspricht dem § 1 Satz 3 des Gesetzes zur Regelung der Miethöhe (MHG).

Die Absätze 2 und 3 stellen damit insgesamt den Vorrang vertraglicher Abreden klar, wenn sie nach dem 2. Oktober 1990 getroffen worden sind.

Zu § 3 (Schrittweise Erhöhung der Entgelte)

§ 3 Abs. 1 bestimmt, daß die Entgelte bis zur Höhe des ortsüblichen Pachtzinses für vergleichbar genutzte Grundstücke angehoben werden dürfen. Wie in Artikel 232 § 4 Abs. 2 EGBGB festgelegt, bildet also der ortsübliche Pachtzins für vergleichbar genutzte Grundstücke generell die Obergrenze für die zulässige Entgelthöhe. Dies gilt für alle in § 3 vorgesehenen Stufen der Entgeltanhebung.

Nach § 3 Abs. 1 dürfen die Entgelte höchstens in den festgelegten Stufen angehoben werden, wobei stets das ortsübliche Entgelt als Obergrenze für die zulässige Höhe der Anhebung zu berücksichtigen ist. Das mit dieser Anhebung verfolgte Hauptanliegen ist, die Entgeltsteigerungen zeitlich zu verteilen und damit einen sprunghaften Anstieg der Nutzungsentgelte zu verhindern (vgl. oben I. 3.).

§ 3 Abs. 1 sieht, um dieses Ziel zu erreichen, jährliche Erhöhungsschritte vor. In den ersten drei Stufen wird das Nutzungsentgelt jeweils verdoppelt. Danach ist eine jährliche Erhöhung um fünfzig Prozent des sich nach der dritten Stufe ergebenden Entgeltes zulässig. Entgegen dem durch die Prozentzahlen vermittelten Eindruck bietet diese Stufung eine für die Nutzer verträgliche Anhebung, die durch den Wechsel ab der vierten Stufe linear gehalten ist.

Eine – von Länderseite vorgeschlagene – stetige Verdoppelung in allen Stufen hätte nicht zu einem linearen Anstieg geführt, sondern zu immer größeren Preissprüngen. Zudem läßt sich das im Einigungsvertrag vorgesehene ortsübliche Entgelt auch mit der von der Verordnung gewählten Steigerung innerhalb eines überschaubaren Zeitrahmens erreichen.

Zur Verdeutlichung der Vorteile, die der spätere lineare Anstieg gegenüber einer stetigen Verdoppelung des Entgeltes hat, sind in der folgenden Grafik die jeweiligen Preisentwicklungen bezogen auf den Quadratmeter pro Jahr dargestellt.

18. Begründung zum Entwurf zur NutzungsentgeltVO **Anhang I/18**

Entwicklung der Nutzungsentgelte für **baulich genutzte** Grundstücke nach § 3 Abs. 1 der Verordnung im Vergleich zu einer stetigen Verdoppelung

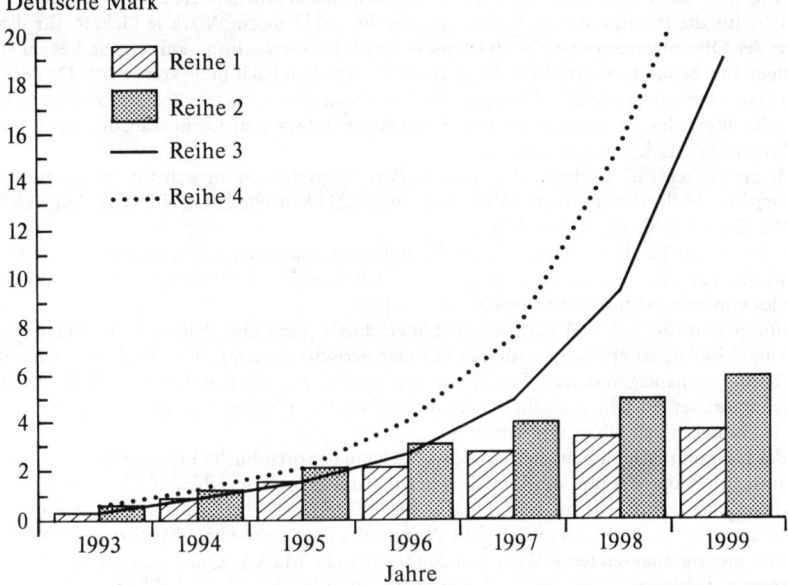

Zur Tabelle: (Angenommenes Ziel der Steigerung (ortsübliches Entgelt) zwischen ca. 2,00 DM und ca. 5,00 DM je qm und Jahr)
1. Steigerungsbeispiele nach § 3 Abs. 1 NutzEV – Verdoppelung in den ersten drei Stufen, ab der vierten Stufe linearer Anstieg um jährlich 50% von Stufe 3:
 Reihe 1 = Grundstück mit *derzeitigem* Entgelt unter **0,15 DM** je qm und Jahr.
 Entgelt beginnt in der *1. Erhöhungsstufe* mit **0,30 DM** je qm und Jahr
 (Mindestentgelt nach § 3 Abs. 1 für baulich genutzte Grundstücke).
 Reihe 2 = Grundstück mit *derzeitigem Entgelt* von **0,24 DM** je qm und Jahr.
 Entgelt beginnt in der *1. Erhöhungsstufe* mit **0,48 DM** je qm und Jahr
 (Verdoppelung des Ausgangsentgelts nach § 3 Abs. 1).
2. Steigerung bei stetiger Verdoppelung des Entgelts:
 Reihe 3 = Grundstück mit *derzeitigem* Entgelt unter **0,15 DM** je qm und Jahr.
 Entgelt beginnt, wie in Reihe 1, mit 0,30 DM je qm und Jahr; jedoch *deutlich anderer und sprunghafter Verlauf.*
 Reihe 4 = Grundstück mit derzeitigem Entgelt von 0,24 DM je qm und Jahr.
 Entgelt beginnt, wie in Reihe 2, mit 0,48 DM je qm und Jahr, jedoch
 noch steilerer Verlauf der Entgeltsteigerung.

Die in § 3 Abs. 1 vorgesehenen Mindestentgelte sind so niedrig gewählt, daß in den ersten Stufen der Anhebung das Entgelt voraussichtlich unter der Obergrenze der ortsüblichen Pachtzinsen bleiben wird. Die bisherigen Nutzungsentgelte halten sich für unbebaute Grundstücke in einer Höhe von 0,03 bis 0,10 Deutsche Mark je Quadratmeter und Jahr und für bebaute Grundstücke von 0,08 bis 0,20 Deutsche Mark je Quadratmeter und Jahr. Für Bungalowgrundstücke wurden teilweise auch pauschal 30 bis 120 Deutsche Mark im Jahr gezahlt. Bei der Festlegung der Stufen und Mindestentgelte wurden im übrigen noch folgende Werte als Anhaltspunkte herangezogen:
a) Für die kleingärtnerische Nutzung kommt der nach dem BKleinG zulässige Pachtzins in Betracht. Allerdings ist dieser Pachtzins kein marktübliches Entgelt, sondern wird aus sozialen Gründen nach oben durch den „doppelten Betrag des ortsüblichen Pachtzinses im erwerbsmäßigen Obst- und Gemüseanbau" begrenzt (§ 5 Abs. 1 BKleingG). Der ortsübliche Pachtzins läge ohne diese Begrenzung bei Kleingärten deutlich höher.
 Berücksichtigt werden muß auch, daß sich der begrenzte Pachtzins nach dem BKleingG „auf die Gesamtfläche der Kleingartenanlage" einschließlich der gemeinschaftlichen Einrichtungen bezieht.

Anhang I/18 I. Bundesrecht

Bei Nutzungsverhältnissen nach § 312 ZGB außerhalb von Kleingartenanlagen bezieht er sich dagegen im allgemeinen auf die Bodenfläche ohne gemeinschaftliche Einrichtungen.

b) Bei den ortsüblichen Pachtzinsen im erwerbsmäßigen Obst- und Gemüseanbau, die die Basis für den Pachtzins nach dem BKleingG bilden, ergeben sich als Mittelwert der Wirtschaftsjahre 1988 bis 1991 für die Pachtpreise für Freilandgemüse 987,00 Deutsche Mark je Hektar, für die Pachtpreise der Obstanbaubetriebe 776,00 Deutsche Mark je Hektar. Insgesamt ergibt dies im erwerbsmäßigen Obst- und Gemüseanbau einen durchschnittlichen Pachtpreis von 882,00 Deutsche Mark je Hektar. Dies entspricht 0,09 Deutsche Mark je Quadratmeter. Der nach § 5 BKleingG zulässige doppelte Wert des Pachtzinses im erwerbsmäßigen Obst- und Gemüseanbau betrug demnach 0,18 Deutsche Mark je Quadratmeter.

Für die Gartenbaubetriebe in den unteren Betriebsgrößen ergibt sich für die genannten Wirtschaftsjahre ein durchschnittlicher Pachtpreis von 0,23 Deutsche Mark (BT-Drucksachen 11/6388 S. 280, 12/71 S. 296, 12/2039 S. 272).

In den neuen Ländern haben sich die Kleingartenpachtzinsen aufgrund der Überleitungsvorschrift des § 20a Nr. 6 BKleingG auf das zwei- bis dreifache des früheren, freilich sehr niedrigen Standes von ca. 0,03 bis 0,05 Deutsche Mark erhöht.

Nimmt man die unter a) dargelegten Unterschiede gegenüber Kleingartenanlagen nach dem BKleingG hinzu, so erscheinen für die kleingärtnerische Nutzung von Bodenflächen außerhalb von Kleingartenanlagen derzeit Entgelte in der Größenordnung von 0,40 bis 0,90 Deutsche Mark je Quadratmeter im Jahr realistisch, wie sie in den letzten Jahren von verschiedenen Gemeinden mit den Nutzern vereinbart worden sind.

c) Für das Nutzungsentgelt bebauter Grundstücke kann der ortsübliche Erbbauzins für Grundstücke, die hinsichtlich der Art und des Umfangs der Bebauung in vergleichbarer Weise genutzt werden, Anhaltspunkte liefern (vgl. auch BGH NJW 1992, S. 1832). Dieser Erbbauzins liegt in der Größenordnung zwischen drei Prozent und fünf Prozent des jeweiligen Grundstückswertes pro Jahr. Bei einem – niedrig angesetzten – Wert von 20,00 Deutsche Mark je Quadratmeter und einem angenommenen Erbbauzins von 4% des Grundstückswerts ergibt sich ein Erbbauzins von 0,80 Deutsche Mark je Quadratmeter pro Jahr.

d) Die in § 3 Abs. 1 Nr. 1 bestimmte Verdoppelung der Entgelte würde für kleingärtnerisch genutzte Grundstücke bei einem Ausgangsentgelt von 0,03 bis 0,10 Deutsche Mark nur zu einer Anhebung auf 0,06 bis 0,20 Deutsche Mark führen. So niedrige Werte entsprechen in keiner Weise mehr dem derzeitigen Pachtzinsniveau. Im Hinblick darauf erscheint die Festlegung einer Mindestgrenze von 0,15 Deutsche Mark angemessen.

Für bebaute Grundstücke ist aus den gleichen Erwägungen wie bei den gärtnerisch genutzten Grundstücken die Festlegung einer Mindestgrenze geboten. Eine Mindestgrenze von 0,30 Deutsche Mark erscheint angemessen.

Hinsichtlich der Ortsüblichkeit wird in § 3 Abs. 2 auf den Durchschnitt der nach dem 2. Oktober 1990 in der jeweiligen Gemeinde oder einer vergleichbaren Gemeinde vereinbarten Pachtzinsen abgestellt. Die Vergleichbarkeit einer Gemeinde richtet sich in erster Linie nach der Einwohnerzahl, Fläche und Anziehungskraft für Erholungssuchende.

Im Hinblick auf die unterschiedlichen Nutzungsverhältnisse, die von der Verordnung betroffen sind, ist nach § 3 maßgebend der durchschnittliche Pachtzins für eine vergleichbare Nutzung. Als Anknüpfungspunkt hierfür ist nach § 3 Abs. 2 auch die Art und der Umfang der Bebauung zu berücksichtigen, da sich hieran der jeweilige Nutzungszweck regelmäßig am besten bestimmen läßt. Hierbei können vor allem folgende Nutzungsarten unterschieden werden:

a) Eine bauliche Nutzung liegt vor, wenn das Grundstück mit einem Wohn- bzw. Wochenendhaus, einer Jagdhütte, einem Schuppen oder einem ähnlichen Bau bebaut wurde.

b) Eine sonstige Nutzung liegt vor bei kleingärtnerischer Nutzung, Nutzung zu Freizeit- und Erholungszwecken ohne Bebauung sowie bei sonstigen Nutzungszwecken ohne Bebauung. Eine Baulichkeit von ganz untergeordneter Bedeutung schließt eine Einstufung als sonstige Nutzung nicht aus, beispielsweise Verschläge oder Holzschuppen zur Aufbewahrung von Geräten oder Gartenmöbeln.

Für die Einstufung des Nutzungsverhältnisses kommt es nicht auf den vereinbarten, sondern auf den tatsächlichen Nutzungszweck an (§ 3 Abs. 2). Dies entspricht auch dem Sinn der Verordnung, das Entgelt für die Zukunft an die veränderten Verhältnisse anzupassen.

18. Begründung zum Entwurf zur NutzungsentgeltVO

Zu § 4 (Entgelterhöhung bei vertragswidriger Nutzung)

§ 4 Abs. 1 bestimmt, daß im Falle einer vertragswidrigen Nutzung die Entgelte ohne eine Stufung nach § 3 Abs. 1 auf das ortsübliche Pachtzinsniveau erhöht werden dürfen.

Die stufenweise Anhebung, wie sie in § 3 Abs. 1 für den Normalfall vorgesehen ist, beruht auf der Schutzwürdigkeit der Interessen des Nutzers. Die Interessen des Nutzers sind jedoch dann nicht schutzwürdig, wenn er das Grundstück zu Zwecken nutzt, die mit §§ 312 und 313 ZGB nicht vereinbar sind. In diesen Fällen kann der Überlassende das Nutzungsverhältnis nach § 314 ZGB kündigen. Erst recht muß es ihm dann gestattet sein, sofort das ortsübliche Entgelt zu verlangen. Tut er das, so ist davon auszugehen, daß eine nachfolgende Kündigung des Nutzungsverhältnisses nach § 314 ZGB allein wegen der vertragswidrigen Nutzung nicht mehr in Betracht kommt. Die Kündigung würde dann regelmäßig als Verstoß gegen vorausgegangenes Verhalten anzusehen sein, so daß sie nach § 242 BGB unwirksam wäre.

Vertragswidrige Nutzungen können beispielsweise in einer gewerblichen Nutzung des Grundstücks oder in einer unerlaubten Überlassung des Grundstücks oder eines Teils davon an Dritte bestehen.

Allerdings darf nicht außer acht gelassen werden, daß in der DDR vielfach Nutzungen, die mit §§ 312, 313 ZGB nicht vereinbar waren, hingenommen wurden. Insoweit wich die Rechtswirklichkeit in erheblichem Maße von den Regelungen des Gesetzes in §§ 312 ff. ZGB ab. Oft wurden solche von §§ 312, 313 ZGB abweichende Nutzungen von staatlichen Stellen genehmigt oder zumindest gebilligt, beispielsweise in der Art, daß man den Nutzer das abweichende Vorhaben beginnen ließ und ihn auf eine spätere Genehmigung verwies. Aber nicht nur staatliche Stellen haben solche von § 312 ZGB abweichenden Nutzungen gebilligt; sondern teilweise gestatteten auch die Eigentümer eine abweichende Nutzungsart oder eine Überlassung des Grundstücks an Dritte. Darauf konnten die Nutzer vertrauen und hierauf haben sie sich oftmals bei der von §§ 312, 313 ZGB abweichenden Nutzung des Grundstücks verlassen.

§ 4 Abs. 2 definiert deshalb eine vertragswidrige Nutzung im Sinne der Verordnung nicht lediglich als Verstoß gegen §§ 312, 313 ZGB, sondern stellt als Einschränkung zusätzlich darauf ab, daß die abweichende Nutzung nicht von staatlichen Stellen genehmigt oder gebilligt oder vom Eigentümer nicht genehmigt wurde. Eine solche Genehmigung kann auch durch ein entsprechendes Verhalten des Überlassenden oder der staatlichen Stellen erteilt worden sein.

Damit liegt eine vertragswidrige Nutzung im Sinne der Verordnung regelmäßig nur in den Ausnahmefällen vor, in denen die von §§ 312, 313 ZGB abweichende Nutzung praktisch ohne Kenntnis der staatlichen Stellen und des Eigentümers erfolgte. Das waren Fälle, in denen die Interessen des Nutzers auch in der DDR nicht schutzwürdig waren.

Die Nutzer haben es selbst in der Hand, durch Beendigung der vertragswidrigen Nutzung einer sofortigen Erhöhung auf das ortsübliche Entgelt zu entgehen. Der Nutzer wird dies danach entscheiden, ob er, beispielsweise durch gewerbliche Einkünfte infolge der vertragswidrigen Nutzung, das höhere Entgelt nach § 4 verkraften kann und will.

Durch die Regelung in § 4 wird im übrigen nicht ausgeschlossen, daß vertragswidrige Nutzungen im Rahmen der Neuregelung der vertraglichen Nutzungsrechte aufgrund des Artikels 232 § 4 Abs. 1 EGBGB neu geregelt werden.

Zu § 5 (Entgelterhöhung bei Garagenflächen)

§ 5 trifft für Garagengrundstücke eine Sonderregelung. Vielfach wurden aufgrund von vertraglichen Nutzungsrechten kleinere Grundstücke überlassen, auf denen die Nutzer eine Garage errichteten. Teilweise wurden auch größere Flächen mit sogenannten Garagenhöfen bebaut. Die Nutzung als Garagengrundstück war durch die §§ 312 ff. ZGB nicht ausgeschlossen. Dies ergibt sich schon aus der Regelung in § 314 Abs. 5 ZGB (vgl. im übrigen Kommentar zum ZGB, § 313 Anm. 2. 1.). Bei den Garagengrundstücken sind die sozialen Interessen und Belange der Nutzer nicht in dem Maße betroffen wie bei Erholungsgrundstücken.

In der DDR reichten die Nutzungsentgelte für Garagengrundstücke von ca. 20,00 bis ca. 60,00 Deutsche Mark pro Jahr. Auf den Quadratmeter umgerechnet sind dies Entgelte von ca. 1,80 bis 3,00 Deutsche Mark pro Jahr. Die in § 3 vorgesehene Anhebung nach Quadratmeterpreisen ist hier somit nicht angemessen; eine Sonderregelung ist geboten.

§ 5 Abs. 2 definiert für den Anwendungsbereich der Verordnung Garagengrundstücke als Grundstücke oder Teile von Grundstücken, die mit einer oder mit mehreren Garagen, Carports oder vergleichbaren Stellplätzen bebaut sind und deren wesentlicher Nutzungszweck das Einstellen von

Anhang I/18
I. Bundesrecht

Kraftfahrzeugen ist. Nicht als Garagengrundstück im Sinne der Verordnung sind damit z. B. Erholungsgrundstücke anzusehen, auf denen auch eine Garage errichtet wurde. In diesem Fall ist die Garage nicht der wesentliche Nutzungszweck.

Auch für Garagengrundstücke ist nach § 5 das ortsübliche Entgelt die Obergrenze der zulässigen Erhöhung. Insoweit können sich die ortsüblichen Entgelte naturgemäß nur in Anlehnung an die für Mietgaragen in den neuen Bundesländern zulässigen Mietzinsen entwickeln, wobei für die Nutzungsverhältnisse ein geringeres ortsübliches Entgelt zu erwarten ist, da der Nutzer die Garage selbst errichtet hat.

Unter Berücksichtigung der schon zu Zeiten der DDR im allgemeinen üblichen Sätze für Nutzungsentgelte bei Garagen erscheint das vorgesehene Mindestentgelt in Höhe von 60,00 Deutsche Mark je Stellplatz und Jahr angemessen.

Für sogenannte Garagenhöfe, also Grundstücke auf denen die Nutzer mehrere Garagen oder Garagenzeilen errichtet haben, gilt dasselbe, so daß auch in diesen Fällen nach § 5 das Entgelt pro Stellplatz und Jahr nach dem ortsüblichen Pachtzins, mindestens mit 60,00 Deutsche Mark zu bemessen ist. Teilweise sind auf solchen Garagenhöfen Nebenanlagen zur gemeinschaftlichen Benutzung errichtet worden, z. B. Waschplätze, Reparaturgräben, An- und Zufahrten. Nachdem gemäß § 5 das Entgelt bezogen auf den Stellplatz und nicht bezogen auf die Größe des Grundstückes zu bemessen ist, darf kein eigenes zusätzliches Nutzungsentgelt für solche Gemeinschaftsanlagen erhoben werden. Jedoch wird regelmäßig das Vorhandensein solcher Einrichtungen im Rahmen des ortsüblichen Pachtzinses für vergleichbar genutzte Grundstücke zu berücksichtigen sein.

Zu § 6 (Erklärung über die Entgelterhöhung)

§ 6 Abs. 1 legt fest, daß die Entgelterhöhung nach dieser Verordnung einer schriftlichen Erklärung des Überlassenden bedarf. Diese Konzeption entspricht den Vorschriften des Gesetzes zur Regelung der Miethöhe und der Ersten Grundmietenverordnung für Wohnraum in den neuen Bundesländern sowie dem § 10 WoBindG. Die Erklärung muß im Falle des § 3, der eine stufenweise Anhebung vorsieht, für jede Stufe abgegeben werden.

Gemäß § 6 Abs. 2 hat die Erklärung des Überlassenden die Wirkung, daß von dem Beginn des dritten auf die Erklärung folgenden Monats das erhöhte Nutzungsentgelt an die Stelle des bisher entrichteten Entgelts tritt, wobei vom Nutzer im voraus entrichtete Zahlungen anzurechnen sind. Die Vorschrift soll dem Nutzer eine Überlegungsfrist einräumen, ob er das Grundstück zu den veränderten Bedingungen weiternutzen möchte oder es vorzieht, das Nutzungsverhältnis durch Kündigung nach § 8 zu beenden.

Zu § 7 (Gutachten über die ortsüblichen Entgelte)

Die Vorschrift entspricht dem § 5 Abs. 2 BKleingG.

Es ist zu erwarten, daß bis zum Erreichen des ortsüblichen Pachtzinsniveaus auch in den neuen Bundesländern in den Gemeinden Gutachterausschüsse nach § 192 BauGB gebildet sein werden. Nach § 193 Abs. 1 BauGB erstattet der Gutachterausschuß Gutachten über den Verkehrswert von bebauten und unbebauten Grundstücken sowie von Rechten an Grundstücken für verschiedene Antragsberechtigte. Nach § 193 Abs. 1 Satz 2 BauGB bleiben Antragsberechtigungen nach anderen Rechtsvorschriften unberührt. Es ist zweckmäßig, wenn die Gutachterausschüsse auf Antrag einer Vertragspartei des Nutzungsverhältnisses ein Gutachten über das ortsübliche Nutzungsentgelt für vergleichbar genutzte Grundstücke erstatten. Hierdurch können Streitigkeiten und Unklarheiten über das ortsübliche Entgeltniveau vermieden oder bereinigt werden. Dieser Weg ist gegenüber einer ansonsten zu befürchtenden Belastung der Gerichte durch Streitigkeiten wegen des Entgeltniveaus vorzuziehen.

Zu § 8 (Kündigung des Nutzers)

Wie bereits oben zu § 6 ausgeführt, sollen die Nutzer nicht gezwungen werden, das Nutzungsverhältnis zu dem nach dieser Verordnung zulässigen höheren Entgelt fortzusetzen. Die Vorschrift berechtigt daher den Nutzer, das Nutzungsverhältnis zum Ende des letzten Monats, bevor die Entgelterhöhung wirksam wird, zu kündigen. Für die Entscheidung darüber, ob der Nutzer das Nutzungsverhältnis zu den veränderten Bedingungen fortführen will oder nicht, hat er eine Frist vom Zugang der Erhöhungserklärung bis zum Ende des darauf folgenden Kalendermonats. Die Kündigungsfrist beträgt im Regelfall ebenfalls einen Monat. Diese Überlegungsfrist ist ausreichend, damit die Nutzer eine für sich sachgerechte Entscheidung treffen können.

19. Gesetz zur Sachenrechtsbereinigung Anhang I/19

Da nach § 8 das Nutzungsverhältnis durch die Kündigung des Nutzers schon beendet wird, bevor die Entgelterhöhung wirksam werden kann, bedarf es keiner Vorschrift darüber, daß die Erhöhung aufgrund der Kündigung nicht rückwirkend eintritt, wie dies etwa in § 9 Abs. 1 Satz 3 des Gesetzes zur Regelung der Miethöhe, § 5 Abs. 3 Satz 5 BKleingG vorgesehen ist.

Zu § 9 (Inkrafttreten)
Die Verordnung soll am 1. August 1993 in Kraft treten. Die Erklärungen über die Entgelterhöhung können dann im Laufe der Folgemonate den Nutzern zugehen und nach § 6 Abs. 2 frühestens zum 1. November 1993 wirksam werden.

19. Gesetz
zur Sachenrechtsbereinigung im Beitrittsgebiet
(Sachenrechtsbereinigungsgesetz – SachenRBerG)

Vom 21. September 1994

(BGBl. I S. 2457)

Inhaltsübersicht

	§§
Kapitel 1. Gegenstände der Sachenrechtsbereinigung	1 und 2
Kapitel 2. Nutzung fremder Grundstücke durch den Bau oder den Erwerb von Gebäuden	3 bis 111
Abschnitt 1. Allgemeine Bestimmungen	3 bis 31
Unterabschnitt 1. Grundsätze	3
Unterabschnitt 2. Anwendungsbereich	4 bis 8
Unterabschnitt 3. Begriffsbestimmungen	9 bis 13
Unterabschnitt 4. Erbbaurecht und Ankauf	14 bis 18
Unterabschnitt 5. Bodenwertermittlung	19 und 20
Unterabschnitt 6. Erfaßte Flächen	21 bis 27
Unterabschnitt 7. Einwendungen und Einreden	28 bis 31
Abschnitt 2. Bestellung von Erbbaurechten	32 bis 60
Unterabschnitt 1. Gesetzliche Ansprüche auf Erbbaurechtsbestellung	32
Unterabschnitt 2. Gesetzliche Ansprüche wegen dinglicher Rechte	33 bis 37
Unterabschnitt 3. Überlassungsverträge	38
Unterabschnitt 4. Besondere Gestaltungen	39 bis 41
Unterabschnitt 5. Gesetzlicher und vertragsmäßiger Inhalt des Erbbaurechts	42
Unterabschnitt 6. Bestimmungen zum Vertragsinhalt	43 bis 58
Unterabschnitt 7. Folgen der Erbbaurechtsbestellung	59 und 60
Abschnitt 3. Gesetzliches Ankaufsrecht	61 bis 84
Unterabschnitt 1. Gesetzliche Ansprüche auf Vertragsschluß	61
Unterabschnitt 2. Gesetzliche Ansprüche wegen dinglicher Rechte	62 bis 64
Unterabschnitt 3. Bestimmungen zum Inhalt des Vertrages	65 bis 74
Unterabschnitt 4. Folgen des Ankaufs	75 bis 78
Unterabschnitt 5. Leistungsstörungen	79 und 80
Unterabschnitt 6. Besondere Bestimmungen für den Hinzuerwerb des Gebäudes durch den Grundstückseigentümer	81 bis 84
Abschnitt 4. Verfahrensvorschriften	85 bis 108
Unterabschnitt 1. Feststellung von Nutzungs- und Grundstücksgrenzen	85 und 86
Unterabschnitt 2. Notarielles Vermittlungsverfahren	87 bis 102
Unterabschnitt 3. Gerichtliches Verfahren	103 bis 108
Abschnitt 5. Nutzungstausch	109
Abschnitt 6. Nutzungsrechte für ausländische Staaten	110
Abschnitt 7. Rechtsfolgen nach Wiederherstellung des öffentlichen Glaubens des Grundbuchs	111
Kapitel 3. Alte Erbbaurechte	112
Kapitel 4. Rechte aus Miteigentum nach § 459 des Zivilgesetzbuchs der Deutschen Demokratischen Republik	113 bis 115

Anhang I/19 I. Bundesrecht

	§§
Kapitel 5. Ansprüche auf Bestellung von Dienstbarkeiten	116 bis 119
Kapitel 6. Schlußvorschriften	120 bis 123
Abschnitt 1. Behördliche Prüfung der Teilung	120
Abschnitt 2. Rückübertragung von Grundstücken und dinglichen Rechten	121 und 122
Abschnitt 3. Übergangsregelung	123

Kapitel 1. Gegenstände der Sachenrechtsbereinigung

§ 1. Betroffene Rechtsverhältnisse. (1) Dieses Gesetz regelt Rechtsverhältnisse an Grundstücken in dem in Artikel 3 des Einigungsvertrages genannten Gebiet (Beitrittsgebiet),
1. a) an denen Nutzungsrechte verliehen oder zugewiesen wurden,
   b) auf denen vom Eigentum am Grundstück getrenntes selbständiges Eigentum an Gebäuden oder an baulichen Anlagen entstanden ist,
   c) die mit Billigung staatlicher Stellen von einem anderen als dem Grundstückseigentümer für bauliche Zwecke in Anspruch genommen wurden oder
   d) auf denen nach einem nicht mehr erfüllten Kaufvertrag ein vom Eigentum am Grundstück getrenntes selbständiges Eigentum am Gebäude oder an einer baulichen Anlage entstehen sollte,
2. die mit Erbbaurechten, deren Inhalt gemäß § 5 Abs. 2 des Einführungsgesetzes zum Zivilgesetzbuch der Deutschen Demokratischen Republik umgestaltet wurde, belastet sind,
3. an denen nach § 459 des Zivilgesetzbuchs der Deutschen Demokratischen Republik kraft Gesetzes ein Miteigentumsanteil besteht oder
4. auf denen andere natürliche oder juristische Personen als der Grundstückseigentümer bauliche Erschließungs-, Entsorgungs- oder Versorgungsanlagen, die nicht durch ein mit Zustimmung des Grundstückseigentümers begründetes Mitbenutzungsrecht gesichert sind, errichtet haben.

(2) Ist das Eigentum an einem Grundstück dem Nutzer nach Maßgabe besonderer Gesetze zugewiesen worden oder zu übertragen, finden die Bestimmungen dieses Gesetzes keine Anwendung.

(3) Die Übertragung des Eigentums an einem für den staatlichen oder genossenschaftlichen Wohnungsbau verwendeten Grundstück auf die Kommune erfolgt nach dem Einigungsvertrag und dem Vermögenszuordnungsgesetz und auf ein in § 9 Abs. 2 Nr. 2 genanntes Wohnungsunternehmen nach dem Wohnungsgenossenschafts-Vermögensgesetz, wenn das Eigentum am Grundstück
1. durch Inanspruchnahmeentscheidung nach dem Aufbaugesetz vom 6. September 1950 (GBl. Nr. 104 S. 965) und die zu seinem Vollzug erlassenen Vorschriften oder
2. durch bestandskräftigen Beschluß über den Entzug des Eigentumsrechts nach dem Baulandgesetz vom 15. Juni 1984 (GBl. I Nr. 17 S. 201) und die zu seinem Vollzug erlassenen Vorschriften entzogen worden ist oder in sonstiger Weise Volkseigentum am Grundstück entstanden war. Grundbucheintragungen, die abweichende Eigentumsverhältnisse ausweisen, sind unbeachtlich.

§ 2. Nicht einbezogene Rechtsverhältnisse. (1) Dieses Gesetz ist nicht anzuwenden, wenn der Nutzer das Grundstück
1. am 2. Oktober 1990 aufgrund eines Vertrages oder eines verliehenen Nutzungsrechts zur Erholung, Freizeitgestaltung oder kleingärtnerischen Bewirtschaftung oder als Standort für ein persönlichen, jedoch nicht Wohnzwecken dienendes Gebäude genutzt hat,
2. aufgrund eines Miet-, Pacht- oder sonstigen Nutzungsvertrages zu anderen als den in Nummer 1 genannten Zwecken bebaut hat, es sei denn, daß der Nutzer auf vertraglicher Grundlage eine bauliche Investition vorgenommen hat,
   a) die in den §§ 5 bis 7 bezeichnet ist oder
   b) zu deren Absicherung nach den Rechtsvorschriften der Deutschen Demokratischen Republik das Grundstück hätte als Bauland bereitgestellt werden und eine der in § 3 Abs. 2 Satz 1 bezeichneten Rechtspositionen begründet werden müssen,
3. mit Anlagen zur Verbesserung der land- und forstwirtschaftlichen Bodennutzung (wie Anlagen zur Beregnung, Drainagen) bebaut hat,
4. mit Gebäuden, die öffentlichen Zwecken gewidmet sind und bestimmten Verwaltungsaufgaben dienen (insbesondere Dienstgebäuden, Universitäten, Schulen), oder mit dem Gemeingebrauch gewidmeten Anlagen bebaut hat, es sei denn, daß die Grundstücke im komplexen Wohnungsbau oder Siedlungsbau verwendet wurden oder in einem anderen nach einer einheitlichen Bebauungskonzeption überbauten Gebiet liegen, oder

19. Gesetz zur Sachenrechtsbereinigung **Anhang I/19**

5. aufgrund öffentlich-rechtlicher Bestimmungen der Deutschen Demokratischen Republik, die nach dem Einigungsvertrag fortgelten, bebaut hat.

Satz 1 Nr. 1 ist entsprechend anzuwenden auf die von den in § 459 Abs. 1 Satz 1 des Zivilgesetzbuchs der Deutschen Demokratischen Republik bezeichneten juristischen Personen auf vertraglich genutzten Grundstücken zur Erholung, Freizeitgestaltung oder kleingärtnerischen Bewirtschaftung errichteten Gebäude, wenn diese allein zur persönlichen Nutzung durch Betriebsangehörige oder Dritte bestimmt waren. Dies gilt auch für Gebäude und bauliche Anlagen, die innerhalb einer Ferienhaus- oder Wochenendhaus- oder anderen Erholungszwecken dienenden Siedlung belegen sind und dieser als gemeinschaftliche Einrichtung dienen oder gedient haben.

(2) Dieses Gesetz gilt ferner nicht, wenn der Nutzer
1. eine Partei, eine mit ihr verbundene Massenorganisation oder eine juristische Person im Sinne der §§ 20a und 20b des Parteigesetzes der Deutschen Demokratischen Republik ist oder
2. ein Unternehmen oder ein Rechtsnachfolger eines Unternehmens ist, das bis zum 31. März 1990 oder zu einem früheren Zeitpunkt zum Bereich „Kommerzielle Koordinierung" gehört hat.

(3) Die Bestimmungen über die Ansprüche eines Mitglieds einer landwirtschaftlichen Produktionsgenossenschaft oder des Nachfolgeunternehmens nach den §§ 43 bis 50 und § 64b des Landwirtschaftsanpassungsgesetzes gehen den Regelungen dieses Gesetzes vor.

Kapitel 2. Nutzung fremder Grundstücke durch den Bau oder den Erwerb von Gebäuden

Abschnitt 1. Allgemeine Bestimmungen

Unterabschnitt 1. Grundsätze

§ 3. Regelungsinstrumente und Regelungsziele. (1) In den in § 1 Abs. 1 Nr. 1 bezeichneten Fällen können Grundstückseigentümer und Nutzer (Beteiligte) zur Bereinigung der Rechtsverhältnisse an den Grundstücken Ansprüche auf Bestellung von Erbbaurechten oder auf Ankauf der Grundstücke oder der Gebäude nach Maßgabe dieses Kapitels geltend machen. Die Beteiligten können von den gesetzlichen Bestimmungen über den Vertragsinhalt abweichende Vereinbarungen treffen.

(2) Die Bereinigung erfolgt zur
1. Anpassung der nach dem Recht der Deutschen Demokratischen Republik bestellten Nutzungsrechte an das Bürgerliche Gesetzbuch und seine Nebengesetze,
2. Absicherung aufgrund von Rechtsträgerschaften vorgenommener baulicher Investitionen, soweit den Nutzern nicht das Eigentum an den Grundstücken zugewiesen worden ist, und
3. Regelung der Rechte am Grundstück beim Auseinanderfallen von Grundstücks- und Gebäudeeigentum.

Nach Absatz 1 sind auch die Rechtsverhältnisse zu bereinigen, denen bauliche Investitionen zugrunde liegen, zu deren Absicherung nach den Rechtsvorschriften der Deutschen Demokratischen Republik eine in Satz 1 bezeichnete Rechtsposition vorgesehen war, auch wenn die Absicherung nicht erfolgt ist.

(3) Nach diesem Gesetz sind auch die Fälle zu bereinigen, in denen der Nutzer ein Gebäude oder eine bauliche Anlage gekauft hat, die Bestellung eines Nutzungsrechts aber ausgeblieben und selbständiges, vom Eigentum am Grundstück getrenntes Eigentum am Gebäude nicht entstanden ist, wenn der Nutzer aufgrund des Vertrags Besitz am Grundstück erlangt hat oder den Besitz ausgeübt hat. Dies gilt nicht, wenn der Vertrag
1. wegen einer Pflichtverletzung des Käufers nicht erfüllt worden ist,
2. wegen Versagung einer erforderlichen Genehmigung aus anderen als den in § 6 der Verordnung über die Anmeldung vermögensrechtlicher Ansprüche in der Fassung der Bekanntmachung vom 11. Oktober 1990 (BGBl. I S. 2162) genannten Gründen nicht durchgeführt werden konnte oder
3. nach dem 18. Oktober 1989 abgeschlossen worden ist und das Grundstück nach den Vorschriften des Vermögensgesetzes an den Grundstückseigentümer zurückzuübertragen ist oder zurückübertragen wurde; für diese Fälle gilt § 121.

Unterabschnitt 2. Anwendungsbereich

§ 4. Bauliche Nutzungen. Die Bestimmungen dieses Kapitels sind anzuwenden auf
1. den Erwerb oder den Bau eines Eigenheimes durch oder für natürliche Personen (§ 5),
2. den staatlichen oder genossenschaftlichen Wohnungsbau (§ 6),

3. den Bau von Wohngebäuden durch landwirtschaftliche Produktionsgenossenschaften sowie die Errichtung gewerblicher, landwirtschaftlicher oder öffentlichen Zwecken dienender Gebäude (§ 7) und
4. die von der Deutschen Demokratischen Republik an ausländische Staaten verliehenen Nutzungsrechte (§ 110).

§ 5. Erwerb oder Bau von Eigenheimen. (1) Auf den Erwerb oder den Bau von Eigenheimen ist dieses Gesetz anzuwenden, wenn
1. nach den Gesetzen der Deutschen Demokratischen Republik über den Verkauf volkseigener Gebäude vom 15. September 1954 (GBl. I Nr. 81 S. 784), vom 19. Dezember 1973 (GBl. I Nr. 58 S. 578) und vom 7. März 1990 (GBl. I Nr. 18 S. 157) Eigenheime verkauft worden sind und selbständiges Eigentum an den Gebäuden entstanden ist,
2. Nutzungsrechte verliehen oder zugewiesen worden sind (§§ 287, 291 des Zivilgesetzbuchs der Deutschen Demokratischen Republik) oder
3. Grundstücke mit Billigung staatlicher Stellen in Besitz genommen und mit einem Eigenheim bebaut worden sind. Dies ist insbesondere der Fall, wenn
   a) Wohn- und Stallgebäude für die persönliche Hauswirtschaft auf zugewiesenen, ehemals genossenschaftlich genutzten Grundstücken nach den Musterstatuten für die landwirtschaftlichen Produktionsgenossenschaften errichtet wurden,
   b) Eigenheime von einem Betrieb oder einer Produktionsgenossenschaft errichtet und anschließend auf einen Bürger übertragen wurden,
   c) Bebauungen mit oder an Eigenheimen aufgrund von Überlassungsverträgen erfolgten,
   d) Eigenheime aufgrund von Nutzungsverträgen auf Flächen gebaut wurden, die Gemeinden oder anderen staatlichen Stellen von einer landwirtschaftlichen Produktionsgenossenschaft als Bauland übertragen wurden,
   e) als Wohnhäuser geeignete und hierzu dienende Gebäude aufgrund eines Vertrages zur Nutzung von Bodenflächen zur Erholung (§§ 312 bis 315 des Zivilgesetzbuchs der Deutschen Demokratischen Republik) mit Billigung staatlicher Stellen errichtet wurden, es sei denn, daß der Überlassende dieser Nutzung widersprochen hatte,
   f) Eigenheime auf vormals volkseigenen, kohlehaltigen Siedlungsflächen, für die Bodenbenutzungsscheine nach den Ausführungsverordnungen zur Bodenreform ausgestellt wurden, mit Billigung staatlicher Stellen errichtet worden sind oder
   g) Eigenheime aufgrund einer die bauliche Nutzung des fremden Grundstücks gestattenden Zustimmung nach der Eigenheimverordnung der Deutschen Demokratischen Republik vom 31. August 1978 (GBl. I Nr. 40 S. 425) oder einer anderen Billigung staatlicher Stellen errichtet wurden, die Verleihung oder Zuweisung eines Nutzungsrechts jedoch ausblieb, die nach den Rechtsvorschriften der Deutschen Demokratischen Republik für diese Art der Bebauung vorgeschrieben war.

(2) Eigenheime sind Gebäude, die für den Wohnbedarf bestimmt sind und eine oder zwei Wohnungen enthalten. Die Bestimmungen über Eigenheime gelten auch für mit Billigung staatlicher Stellen errichtete Nebengebäude (wie Werkstätten, Lagerräume).

(3) Gebäude, die bis zum Ablauf des 2. Oktober 1990 von den Nutzern zur persönlichen Erholung, Freizeitgestaltung oder zu kleingärtnerischen Zwecken genutzt wurden, sind auch im Falle einer späteren Nutzungsänderung keine Eigenheime. Eine Nutzung im Sinne des Satzes 1 liegt auch vor, wenn der Nutzer in dem Gebäude zwar zeitweise gewohnt, dort jedoch nicht seinen Lebensmittelpunkt hatte.

§ 6. Staatlicher oder genossenschaftlicher Wohnungsbau. Auf den staatlichen oder genossenschaftlichen Wohnungsbau findet dieses Kapitel Anwendung, wenn
1. staatliche Investitionsauftraggeber oder ehemals volkseigene Betriebe der Wohnungswirtschaft mit privaten Grundstückseigentümern oder staatlichen Verwaltern Nutzungsverträge, die die Bebauung des Grundstücks gestattet haben, abgeschlossen und die Grundstücke bebaut haben oder
2. Grundstücke mit Billigung staatlicher Stellen ohne eine der Bebauung entsprechende Regelung der Eigentumsverhältnisse mit Gebäuden bebaut worden sind.

§ 7. Andere bauliche Nutzungen. (1) Dieses Kapitel regelt auch die bauliche Nutzung fremder Grundstücke für land-, forstwirtschaftlich, gewerblich (einschließlich industriell) genutzte oder öffentlichen Zwecken dienende Gebäude sowie für Wohnhäuser, die durch landwirtschaftliche Produktionsgenossenschaften errichtet oder erworben worden sind.

19. Gesetz zur Sachenrechtsbereinigung **Anhang I/19**

(2) Eine bauliche Nutzung im Sinne des Absatzes 1 liegt insbesondere dann vor, wenn
1. Genossenschaften mit gewerblichem oder handwerklichem Geschäftsgegenstand Nutzungsrechte auf volkseigenen Grundstücken verliehen worden sind,
2. den in Nummer 1 bezeichneten Genossenschaften Rechtsträgerschaften an Grundstücken übertragen worden sind, sie die Grundstücke bebaut und sie den Bau ganz oder überwiegend mit eigenen Mitteln finanziert haben,
3. Vereinigungen Nutzungsrechte verliehen worden sind oder sie Grundstücke als Rechtsträger bebaut und den Bau ganz oder überwiegend mit eigenen Mitteln finanziert haben,
4. vormals im Register der volkseigenen Wirtschaft eingetragene oder einzutragende Betriebe oder staatliche Stellen mit privaten Grundstückseigentümern oder staatlichen Verwaltern Nutzungsverträge geschlossen haben, die die Bebauung der Grundstücke gestattet haben, und sie die Grundstücke bebaut haben,
5. landwirtschaftliche Produktionsgenossenschaften ihrem vormaligen gesetzlich begründeten genossenschaftlichen Bodennutzungsrecht unterliegende Grundstücke bebaut oder auf ihnen stehende Gebäude erworben haben,
6. Handwerker oder Gewerbetreibende für die Ausübung ihres Berufes genutzte, vormals volkseigene Grundstücke mit Billigung staatlicher Stellen mit einem Gebäude oder einer baulichen Anlage bebaut haben oder
7. a) staatliche Stellen fremde, in Privateigentum stehende Grundstücke
    aa) mit Gebäuden oder baulichen Anlagen bebaut haben, die nicht öffentlichen Zwecken gewidmet sind und nicht unmittelbar Verwaltungsaufgaben dienen, oder
    bb) für den Bau von Gebäuden, baulichen Anlagen, Verkehrsflächen und für Zwecke des Gemeingebrauchs verwendet haben, wenn diese im komplexen Wohnungsbau oder im Siedlungsbau (§ 11) belegen sind,
  b) vormals volkseigene Betriebe im Sinne der Nummer 4 oder Genossenschaften im Sinne der Nummer 1 fremde, in Privateigentum stehende Grundstücke mit betrieblich genutzten Gebäuden oder baulichen Anlagen ohne eine der Bebauung entsprechende Regelung der Eigentumsverhältnisse oder ohne vertragliche Berechtigung bebaut haben.

§ 8. Zeitliche Begrenzung. Die Bestimmungen dieses Kapitels sind nur anzuwenden, wenn der Bau oder Erwerb des Gebäudes oder der baulichen Anlage nach dem 8. Mai 1945 erfolgt ist und
1. selbständiges Eigentum an einem Gebäude oder an einer baulichen Anlage entstanden ist,
2. ein Nutzungsrecht bis zum Ablauf des 30. Juni 1990 zugewiesen oder bis zum Ablauf des 2. Oktober 1990 verliehen worden ist oder
3. auf den Flächen, die dem aufgehobenen Bodennutzungsrecht der landwirtschaftlichen Produktionsgenossenschaften unterlagen, bis zum Ablauf des 30. Juni 1990, auf allen anderen Flächen bis zum Ablauf des 2. Oktober 1990, mit dem Bau eines Gebäudes oder einer baulichen Anlage begonnen worden ist.

Unterabschnitt 3. Begriffsbestimmungen

§ 9. Nutzer. (1) Nutzer im Sinne dieses Gesetzes sind natürliche oder juristische Personen des privaten und des öffentlichen Rechts in nachstehender Reihenfolge:
1. der im Grundbuch eingetragene Eigentümer eines Gebäudes,
2. der Inhaber eines verliehenen oder zugewiesenen Nutzungsrechts,
3. der Eigentümer des Gebäudes oder der baulichen Anlage, wenn außerhalb des Grundbuchs selbständiges, vom Eigentum am Grundstück unabhängiges Eigentum entstanden ist,
4. der aus einem Überlassungsvertrag berechtigte Nutzer,
5. derjenige, der mit Billigung staatlicher Stellen ein Gebäude oder eine bauliche Anlage errichtet hat,
6. derjenige, der ein Gebäude oder eine bauliche Anlage gekauft hat, wenn die Bestellung eines Nutzungsrechts ausgeblieben und selbständiges, vom Eigentum am Grundstück getrenntes Eigentum am Gebäude nicht entstanden ist,
7. der in § 121 bezeichnete Käufer eines Grundstücks, eines Gebäudes oder einer baulichen Anlage oder deren Rechtsnachfolger. Satz 1 ist nicht anzuwenden, wenn eine andere Person rechtskräftig als Nutzer festgestellt und in dem Rechtsstreit dem Grundstückseigentümer der Streit verkündet worden ist.

(2) Rechtsnachfolger sind auch
1. Käufer eines Gebäudes oder einer baulichen Anlage, wenn der Kaufvertrag bis zum Ablauf des 2. Oktober 1990 abgeschlossen wurde und nach den Rechtsvorschriften der Deutschen Demokratischen Republik selbständiges Gebäudeeigentum nicht entstanden war,

Anhang I/19 I. Bundesrecht

2. die aus den volkseigenen Betrieben der Wohnungswirtschaft oder Arbeiterwohnungsbaugenossenschaften, gemeinnützigen Wohnungsbaugenossenschaften und sonstigen Wohnungsgenossenschaften, denen Gebäude oder Gebäudeteile nach Durchführung eines Investitionsvorhabens des staatlichen oder genossenschaftlichen Wohnungsbaus zur Nutzung sowie zur selbständigen Bewirtschaftung und Verwaltung übertragen worden waren, hervorgegangenen kommunalen Wohnungsgesellschaften, Wohnungsunternehmen sowie Wohnungsgenossenschaften und die Kommunen oder
3. Genossenschaften mit gewerblichem oder handwerklichem Geschäftsgegenstand sowie Vereinigungen nach Absatz 3, wenn sie als Investitionsauftraggeber den Bau von Gebäuden oder baulichen Anlagen, die ihnen von staatlichen Hauptauftraggebern nach Errichtung zur Nutzung sowie zur selbständigen Bewirtschaftung und Verwaltung zur Verfügung gestellt worden sind, ganz oder überwiegend mit eigenen Mitteln finanziert haben.

(3) Landwirtschaftliche Produktionsgenossenschaften im Sinne dieses Kapitels sind auch die in § 46 des Gesetzes über die landwirtschaftlichen Produktionsgenossenschaften vom 2. Juli 1982 – LPG-Gesetz – (GBl. I Nr. 25 S. 443), das zuletzt durch das Gesetz über die Änderung oder Aufhebung von Gesetzen der Deutschen Demokratischen Republik vom 28. Juni 1990 (GBl. I Nr. 38 S. 483) geändert worden ist, bezeichneten Genossenschaften und rechtsfähigen Kooperationsbeziehungen sowie die durch Umwandlung, Zusammenschluß oder Teilung entstandenen Nachfolgeunternehmen. Vereinigungen im Sinne dieses Kapitels sind auch gesellschaftliche Organisationen nach § 18 Abs. 4 des Zivilgesetzbuchs der Deutschen Demokratischen Republik, die als rechtsfähige Vereine nach den §§ 21 und 22 des Bürgerlichen Gesetzbuchs fortbestehen und nicht Parteien, mit ihnen verbundene Organisationen, juristische Personen oder Massenorganisationen nach § 2 Abs. 2 Nr. 1 sind.

(4) Auf die Ausübung der in diesem Kapitel begründeten Ansprüche durch Ehegatten sind in den Fällen des Absatzes 1 Nr. 4 und 5 die Bestimmungen über das gemeinschaftliche Eigentum der Ehegatten in Artikel 234 § 4a des Einführungsgesetzes zum Bürgerlichen Gesetzbuche entsprechend anzuwenden, wenn der Vertragsschluß oder die Bebauung des Grundstücks vor Ablauf des 2. Oktober 1990 und während der Ehe erfolgte.

§ 10. Billigung staatlicher Stellen. (1) Billigung staatlicher Stellen ist jede Handlung, insbesondere von Verwaltungsstellen, Vorständen landwirtschaftlicher Produktionsgenossenschaften oder sonstigen Organen, die nach in der Deutschen Demokratischen Republik üblicher Staats- oder Verwaltungspraxis die bauliche Nutzung fremder Grundstücke vor Klärung der Eigentumsverhältnisse oder ohne Bestellung eines Nutzungsrechts ausdrücklich anordnete oder gestattete. Dies gilt auch, wenn die zu beachtenden Rechtsvorschriften nicht eingehalten worden sind.

(2) Ist für die bauliche Maßnahme eine Bauzustimmung oder Baugenehmigung erteilt worden, ist zugunsten des Nutzers zu vermuten, daß die bauliche Nutzung des Grundstücks mit Billigung staatlicher Stellen erfolgt ist. Das gleiche gilt, wenn in einem Zeitraum von fünf Jahren nach Fertigstellung des Gebäudes vor Ablauf des 2. Oktober 1990 eine behördliche Verfügung zum Abriß nicht ergangen ist.

§ 11. Komplexer Wohnungsbau oder Siedlungsbau. (1) Komplexer Wohnungsbau im Sinne dieses Gesetzes sind Wohngebiete für den staatlichen oder genossenschaftlichen Wohnungsbau, die entsprechend den Rechtsvorschriften der Deutschen Demokratischen Republik im Zeitraum vom 7. Oktober 1949 bis zum Ablauf des 2. Oktober 1990 nach einer einheitlichen Bebauungskonzeption oder einem Bebauungsplan für die Gesamtbebauung des jeweiligen Bauvorhabens (Standort) vorbereitet und gebaut worden sind. Wohngebiete im Sinne des Satzes 1 sind insbesondere großflächige Wohnanlagen in randstädtischen oder innerstädtischen Lagen sowie Wohnanlagen an Einzelstandorten in städtischen oder dörflichen Lagen jeweils einschließlich Nebenanlagen, Versorgungseinrichtungen und Infrastruktur.

(2) Siedlungsbau im Sinne dieses Gesetzes sind Wohngebiete für den Eigenheimbau, die entsprechend den Rechtsvorschriften der Deutschen Demokratischen Republik in dem in Absatz 1 genannten Zeitraum nach einer einheitlichen Bebauungskonzeption oder einem Bebauungsplan für die Gesamtbebauung des jeweiligen Bauvorhabens (Standort) vorbereitet und neu bebaut worden sind.

§ 12. Bebauung. (1) Bebauungen im Sinne dieses Kapitels sind die Errichtung von Gebäuden sowie bauliche Maßnahmen an bestehenden Gebäuden, wenn
1. schwere Bauschäden vorlagen und die Nutzbarkeit des Gebäudes wiederhergestellt wurde (Rekonstruktion) oder

19. Gesetz zur Sachenrechtsbereinigung

2. die Nutzungsart des Gebäudes verändert wurde

und die baulichen Maßnahmen nach ihrem Umfang und Aufwand einer Neuerrichtung entsprechen.

(2) Hat der Nutzer das Grundstück aufgrund eines Überlassungsvertrages vom staatlichen Verwalter erhalten, sind

1. Aus- und Umbauten, durch die die Wohn- oder Nutzfläche des Gebäudes um mehr als 50 vom Hundert vergrößert wurde, oder
2. Aufwendungen für bauliche Investitionen, deren Wert die Hälfte des Sachwerts des Gebäudes ohne Berücksichtigung der baulichen Investitionen des Nutzers zum Zeitpunkt der Vornahme der Aufwendungen überstiegen,

baulichen Maßnahmen im Sinne des Absatzes 1 gleichzustellen; für die Zeit vom Abschluß des Überlassungsvertrages bis zum Ablauf des 2. Oktober 1990 sind jährlich

a) zwei vom Hundert des Gebäuderestwertes in den ersten fünf Jahren nach dem Vertragsschluß,
b) einhalb vom Hundert des Gebäuderestwertes in den folgenden Jahren

für nicht nachweisbare bauliche Investitionen des Nutzers zusätzlich zu den nachgewiesenen Aufwendungen in Ansatz zu bringen. Frühere Investitionen des Nutzers sind mit ihrem Restwert zu berücksichtigen. Ist der Zeitpunkt der Aufwendungen nicht festzustellen, ist der 2. Oktober 1990 als Wertermittlungsstichtag zugrunde zu legen. Hat der Nutzer nach Ablauf des 2. Oktober 1990 notwendige Verwendungen vorgenommen, sind die dadurch entstandenen Aufwendungen dem nach Satz 1 Nr. 2 zu ermittelnden Wert seiner baulichen Investitionen hinzuzurechnen. Satz 4 ist nicht anzuwenden, wenn mit den Arbeiten nach dem 20. Juli 1993 begonnen wurde.

(3) Der Bebauung eines Grundstücks mit einem Gebäude steht die Errichtung oder die bauliche Maßnahme an einer baulichen Anlage im Sinne des Satzes 2 gleich. Bauliche Anlagen sind alle Bauwerke, die nicht Gebäude sind, wenn

1. deren bestimmungsgemäßer Gebrauch durch den Nutzer einen Ausschluß des Grundstückseigentümers von Besitz und Nutzung des Grundstücks voraussetzt,
2. die zur bestimmungsgemäßen Nutzung der baulichen Anlage erforderliche Fläche (Funktionsfläche) sich so über das gesamte Grundstück erstreckt, daß die Restfläche nicht baulich oder wirtschaftlich nutzbar ist, oder
3. die Funktionsfläche der baulichen Anlage nach den baurechtlichen Bestimmungen selbständig baulich nutzbar ist und vom Grundstück abgetrennt werden kann.

§ 13. Abtrennbare, selbständig nutzbare Teilfläche. (1) Eine Teilfläche ist abtrennbar, wenn sie nach Vermessung vom Stammgrundstück abgeschrieben werden kann.

(2) Eine Teilfläche ist selbständig baulich nutzbar, wenn sie gegenwärtig oder nach der in absehbarer Zeit zu erwartenden städtebaulichen Entwicklung bebaut werden kann. Sie ist auch dann selbständig baulich nutzbar, wenn sie zusammen mit einem anderen Grundstück oder mit einer von einem solchen Grundstück abtrennbaren Teilfläche ein erstmals selbständig bebaubares Grundstück ergibt.

(3) Abtrennbarkeit und selbständige bauliche Nutzbarkeit sind gegeben, wenn eine Teilungsgenehmigung nach § 120 erteilt worden ist.

Unterabschnitt 4. Erbbaurecht und Ankauf

§ 14. Berechtigte und Verpflichtete. (1) Durch die in diesem Kapitel begründeten Ansprüche werden der jeweilige Nutzer und Grundstückseigentümer berechtigt und verpflichtet. Kommen nach § 9 Abs. 1 Satz 1 mehrere Personen als Nutzer in Betracht, ist im Verhältnis zueinander derjenige Nutzer, der eine Bebauung nach § 12 vorgenommen hat.

(2) Die begründeten Ansprüche können nur mit dem Eigentum am Grundstück oder dem selbständigen Eigentum am Gebäude, dem Nutzungsrecht, den Rechten des Nutzers aus einem Überlassungsvertrag oder dem Besitz an dem mit Billigung staatlicher Stellen vom Nutzer errichteten oder erworbenen Gebäude übertragen werden, es sei denn, daß die Abtretung zu dem Zweck erfolgt, Grundstücke entsprechend der Bebauung zu bilden und an diesen Erbbaurechte zu bestellen oder die Grundstücke an die Nutzer zu veräußern.

(3) Ein Vertrag, aus dem ein Teil verpflichtet wird, die Ansprüche auf Bestellung eines Erbbaurechts oder zum Ankauf des Grundstücks oder eines Gebäudes oder einer baulichen Anlage zu übertragen, bedarf vom 1. Oktober 1994 an der notariellen Beurkundung. Ein ohne Beobachtung der Form geschlossener Vertrag wird seinem ganzen Inhalt nach gültig, wenn

1. der Erwerber als neuer Eigentümer des Grundstücks oder Gebäudes in das Grundbuch eingetragen wird,

2. ein die Rechte des Erwerbers sichernder Vermerk nach Artikel 233 § 2c Abs. 2 des Einführungsgesetzes zum Bürgerlichen Gesetzbuche oder nach § 92 Abs. 5 in das Grundbuch eingetragen wird oder
3. die in diesem Gesetz für den Grundstückseigentümer oder den Nutzer begründeten Ansprüche erfüllt worden sind.

§ 15. Verhältnis der Ansprüche. (1) Der Nutzer kann wählen, ob er die Bestellung eines Erbbaurechts verlangen oder das Grundstück ankaufen will.

(2) Die gesetzlichen Ansprüche des Nutzers beschränken sich auf den Ankauf des Grundstücks, wenn der nach § 19 in Ansatz zu bringende Bodenwert des Grundstücks nicht mehr als 100 000 Deutsche Mark oder im Falle der Bebauung mit einem Eigenheim nicht mehr als 30 000 Deutsche Mark beträgt.

(3) Ist der Grundstückseigentümer eine juristische Person, die nach ihrem Statut ihr Grundvermögen nicht veräußern darf, so kann er den Nutzer auf die Bestellung eines Erbbaurechts verweisen. Satz 1 ist nicht anzuwenden, wenn das Grundstück im komplexen Wohnungsbau oder Siedlungsbau bebaut oder für gewerbliche Zwecke in Anspruch genommen wurde, die Grenzen der Bebauung die Grundstücksgrenzen überschreiten und zur Absicherung der Bebauung neue Grundstücke gebildet werden müssen.

(4) Der Grundstückseigentümer kann ein vom Nutzer errichtetes oder erworbenes Wirtschaftsgebäude oder eine bauliche Anlage ankaufen oder, sofern selbständiges Gebäudeeigentum nicht besteht, die aus der baulichen Investition begründeten Rechte des Nutzers ablösen, wenn die in § 81 Abs. 1 bezeichneten Voraussetzungen vorliegen. Macht der Grundstückseigentümer von seinem Recht nach Satz 1 Gebrauch, so sind die in Absatz 1 bezeichneten Ansprüche des Nutzers ausgeschlossen.

§ 16. Ausübung des Wahlrechts. (1) Die Wahl erfolgt durch schriftliche Erklärung gegenüber dem anderen Teil. Mit der Erklärung erlischt das Wahlrecht.

(2) Auf Verlangen des Grundstückseigentümers hat der Nutzer innerhalb einer Frist von fünf Monaten die Erklärung über seine Wahl abzugeben.

(3) Gibt der Nutzer eine Erklärung nicht ab, kann der Grundstückseigentümer eine angemessene Nachfrist setzen. Eine Nachfrist von einem Monat ist angemessen, wenn nicht besondere Umstände eine längere Nachfrist erfordern. Mit dem Ablauf der Nachfrist geht das Wahlrecht auf den Grundstückseigentümer über, wenn nicht der Nutzer rechtzeitig die Wahl vornimmt.

§ 17. Pfleger für Grundstückseigentümer und Inhaber dinglicher Rechte. (1) Zur Verfolgung der Ansprüche des Nutzers ist auf dessen Antrag für den Grundstückseigentümer oder den Inhaber eines eingetragenen dinglichen Rechts ein Pfleger zu bestellen, wenn
1. nach den Eintragungen im Grundbuch das Eigentum oder das dingliche Recht an der mit einem Nutzungsrecht belasteten oder bebauten Fläche einer bestimmten Person nicht zugeordnet werden kann,
2. die Person des Berechtigten unbekannt ist,
3. der Aufenthaltsort des abwesenden Berechtigten unbekannt ist oder dessen Aufenthalt zwar bekannt, der Berechtigte jedoch an der Besorgung seiner Angelegenheiten verhindert ist,
4. die Beteiligung in Gesamthandsgemeinschaften, Miteigentümergemeinschaften nach Bruchteilen oder gleichartigen Berechtigungen an einem dinglichen Recht unbekannt ist und die Berechtigten einen gemeinsamen Vertreter nicht bestellt haben oder
5. das Grundstück herrenlos ist.

(2) Für die Bestellung und die Tätigkeit des Pflegers sind die Vorschriften des Bürgerlichen Gesetzbuchs über die Pflegschaft entsprechend anzuwenden. Zuständig für die Bestellung des Pflegers ist das Vormundschaftsgericht, in dessen Bezirk das Grundstück ganz oder zum größten Teil belegen ist.

(3) Der nach § 11b Abs. 1 des Vermögensgesetzes oder Artikel 233 § 2 Abs. 3 des Einführungsgesetzes zum Bürgerlichen Gesetzbuche bestellte Vertreter nimmt auch die Aufgaben eines Pflegers nach diesem Kapitel wahr. Er kann den Grundstückseigentümer jedoch nicht vertreten bei einem Vertragsschluß zwischen diesem und
1. ihm selbst, seinem Ehegatten oder einem seiner Verwandten in gerader Linie,
2. einer Gebietskörperschaft oder einer von ihr beherrschten juristischen Person, wenn der Vertreter bei dieser als Organ oder gegen Entgelt beschäftigt ist, oder

19. Gesetz zur Sachenrechtsbereinigung **Anhang I/19**

3. einer anderen juristischen Person des öffentlichen oder privaten Rechts, wenn der Vertreter bei dieser als Mitglied des Vorstands, Aufsichtsrats oder eines gleichartigen Organs tätig oder gegen Entgelt beschäftigt ist.

Der Vertreter ist für den Abschluß von Erbbaurrechtsverträgen oder Kaufverträgen über das Grundstück oder das Gebäude von den Beschränkungen des § 181 des Bürgerlichen Gesetzbuchs nicht befreit. Für die Erteilung der Genehmigung nach § 1821 des Bürgerlichen Gesetzbuchs ist statt des Landkreises das Vormundschaftsgericht zuständig.

§ 18. Aufgebotsverfahren gegen den Nutzer. (1) Liegen die in § 17 Abs. 1 Nr. 1, 2 oder 3 (erste Alternative) bezeichneten Umstände in der Person des Nutzers vor, ist der Grundstückseigentümer berechtigt, den Nutzer mit seinen Rechten am Grundstück und am Gebäude, seinen vertraglichen Ansprüchen gegen den Grundstückseigentümer und seinen Ansprüchen aus diesem Kapitel im Wege des Aufgebotsverfahrens auszuschließen.

(2) Das Aufgebotsverfahren ist nur zulässig, wenn der Nutzer den Besitz verloren oder zehn Jahre nicht ausgeübt hat und, wenn für den Nutzer ein Recht am Grundstück oder selbständiges Gebäudeeigentum eingetragen worden ist, zehn Jahre seit der letzten sich auf das Recht des Nutzers beziehenden Eintragung in das Grundbuch verstrichen sind.

(3) Für das Aufgebotsverfahren sind die Vorschriften der §§ 983 bis 986 der Zivilprozeßordnung entsprechend anzuwenden.

(4) Mit dem Ausschlußurteil erlöschen die in Absatz 1 bezeichneten Ansprüche. Das Gebäudeeigentum und das Nutzungsrecht gehen auf den Grundstückseigentümer über. Der Nutzer kann von dem Grundstückseigentümer entsprechend § 818 des Bürgerlichen Gesetzbuchs eine Vergütung in Geld für den Rechtsverlust verlangen.

Unterabschnitt 5. Bodenwertermittlung

§ 19. Grundsätze. (1) Erbbauzins und Ankaufspreis sind nach dem Bodenwert in dem Zeitpunkt zu bestimmen, in dem ein Angebot zum Vertragsschluß nach diesem Kapitel abgegeben wird.

(2) Der Bodenwert bestimmt sich nach dem um die Abzugsbeträge nach Satz 3 verminderten Wert eines baureifen Grundstücks. Der Wert eines baureifen Grundstücks ist, vorbehaltlich der Regelung in § 20, der Verkehrswert im Sinne des § 194 des Baugesetzbuchs, der sich ergeben würde, wenn das Grundstück unbebaut wäre. Der Wert des baureifen Grundstücks ist zu vermindern um
1. einen nach Absatz 3 zu bemessenden Abzug für die Erhöhung des Werts des baureifen Grundstücks durch Aufwendungen zur Erschließung, zur Vermessung und für andere Kosten zur Baureifmachung des Grundstücks, es sei denn, daß der Grundstückseigentümer diese Kosten getragen hat oder das Grundstück bereits während der Dauer seines Besitzes erschlossen und vermessen war, und
2. die gewöhnlichen Kosten des Abbruchs eines aufstehenden Gebäudes oder einer baulichen Anlage, wenn ein alsbaldiger Abbruch erforderlich ist und zu erwarten ist, soweit diese Kosten im gewöhnlichen Geschäftsverkehr berücksichtigt werden.

(3) Der Abzug nach Absatz 2 Satz 3 Nr. 1 beträgt
1. 25 DM/m^2 in Gemeinden mit mehr als 100000 Einwohnern,
2. 15 DM/m^2 in Gemeinden mit mehr als 10000 bis zu 100000 Einwohnern und
3. 10 DM/m^2 in Gemeinden bis zu 10000 Einwohnern.

Als Bodenwert ist jedoch mindestens der Wert zugrunde zu legen, der sich für das Grundstück im Entwicklungszustand des Rohbaulandes ergeben würde.

(4) Der Abzug nach Absatz 2 Satz 3 Nr. 2 darf nicht zu einer Minderung des Bodenwerts unter das Doppelte des in § 82 Abs. 5 bestimmten Entschädigungswertes führen. Der Abzug ist nicht vorzunehmen, wenn die Erforderlichkeit alsbaldigen Abbruchs auf unterlassener Instandhaltung des Gebäudes oder der baulichen Anlage durch den Nutzer beruht oder der Nutzer sich vertraglich zum Abbruch verpflichtet hat.

(5) Soweit für das Grundstück Bodenrichtwerte nach § 196 des Baugesetzbuchs vorliegen, soll der Wert des baureifen Grundstücks hiernach bestimmt werden. Jeder Beteiligte kann eine hiervon abweichende Bestimmung verlangen, wenn
1. Anhaltspunkte dafür vorliegen, daß die Bodenrichtwerte nicht den tatsächlichen Marktverhältnissen entsprechen, oder
2. aufgrund untypischer Lage oder Beschaffenheit des Grundstücks die Bodenrichtwerte als Ermittlungsgrundlage ungeeignet sind.

§ 20. Bodenwertermittlung in besonderen Fällen. (1) Bei der Bemessung des Bodenwerts eines Grundstücks, das vor dem Ablauf des 2. Oktober 1990 im staatlichen oder genossenschaftlichen Wohnungsbau verwendet worden ist, ist nicht die im Gebiet baurechtlich zulässige Nutzung des Grundstücks, sondern die auf dem betreffenden Grundstück vorhandene Bebauung und Nutzung maßgeblich.

(2) § 19 Abs. 2 bis 4 ist auf die Grundstücke nicht anzuwenden, die im komplexen Wohnungsbau oder Siedlungsbau bebaut und für
1. den staatlichen oder genossenschaftlichen Wohnungsbau,
2. den Bau von Gebäuden oder baulichen Anlagen, die öffentlichen Zwecken gewidmet sind und unmittelbar Verwaltungsaufgaben dienen, oder
3. die Errichtung der im Gebiet belegenen Maßnahmen der Infrastruktur

verwendet worden sind. Der Bodenwert dieser Grundstücke ist in der Weise zu bestimmen, daß von dem nach § 19 Abs. 2 Satz 2 ermittelten Wert des baureifen Grundstücks ein Betrag von einem Drittel für die Maßnahmen zur Baureifmachung des Grundstücks und anderer Maßnahmen zur Entwicklung des Gebiets sowie wegen der eingeschränkten oder aufgrund der öffentlichen Zweckbestimmung nicht vorhandenen Ertragsfähigkeit des Grundstücks abzuziehen ist.

(3) In den Verfahren zur Bodenneuordnung nach § 5 des Bodensonderungsgesetzes ist für die Bestimmung der nach § 15 Abs. 1 jenes Gesetzes zu leistenden Entschädigungen der Bodenwert der Grundstücke im Plangebiet nach § 8 des Bodensonderungsgesetzes nach dem durchschnittlichen Bodenwert aller im Gebiet belegenen Grundstücke zu ermitteln. Für die Bemessung der Entschädigung für den Rechtsverlust ist § 68 entsprechend anzuwenden.

(4) Ein im Plangebiet belegenes nicht bebautes und selbständig baulich nutzbares Grundstück oder eine in gleicher Weise nutzbare Grundstücksteilfläche ist in die Ermittlung des durchschnittlichen Bodenwerts nach Absatz 3 nicht einzubeziehen, sondern gesondert zu bewerten. Die Entschädigung für dieses Grundstück oder für diese Teilfläche ist nach § 15 Abs. 2 des Bodensonderungsgesetzes zu bestimmen.

(5) Die den Erwerbern durch den Ansatz eines durchschnittlichen Bodenwerts nach Absatz 3 Satz 1 entstehenden Vor- und Nachteile sind zum Ausgleich zu bringen. Vor- und Nachteile sind nach dem Verhältnis zwischen dem durchschnittlichen Bodenwert und dem Bodenwert, der sich nach den §§ 19 und 20 ergeben würde, in dem Zeitpunkt zu bemessen, in dem der Sonderungsbescheid bestandskräftig geworden ist. Die Abgabe hat der Träger der Sonderungsbehörde von denjenigen zu erheben, die durch die gebietsbezogene Bodenwertbestimmung und die darauf bezogene Bemessung der Beträge für Entschädigungsleistungen nach § 15 Abs. 1 des Bodensonderungsgesetzes Vorteile erlangt haben. Die Einnahme aus der Abgabe ist als Ausgleich an diejenigen auszukehren, die dadurch Nachteile erlitten haben. Über Abgaben- und Ausgleichsleistungen kann auch außerhalb des Sonderungsbescheids entschieden werden. Diese sind spätestens ein Jahr nach Eintritt der Bestandskraft des Sonderungsbescheids festzusetzen und einen Monat nach Bekanntgabe des Bescheids fällig.

(6) Liegt das Grundstück in einem städtebaulichen Sanierungsgebiet oder Entwicklungsbereich, bleiben § 153 Abs. 1 und § 169 Abs. 4 des Baugesetzbuchs unberührt.

Unterabschnitt 6. Erfaßte Flächen

§ 21. Vermessene Flächen. Die Ansprüche auf Bestellung eines Erbbaurechts oder den Ankauf erstrecken sich auf das Grundstück insgesamt, wenn dessen Grenzen im Liegenschaftskataster nachgewiesen sind (vermessenes Grundstück) und die Nutzungsbefugnis aus einem Nutzungsrecht oder einem Vertrag mit den Grenzen des Grundstücks übereinstimmt. Im übrigen sind die §§ 22 bis 27 anzuwenden.

§ 22. Genossenschaftlich genutzte Flächen. (1) Soweit ein Nutzungsrecht für den Eigenheimbau zugewiesen worden ist oder ein Eigenheim von oder mit Billigung der landwirtschaftlichen Produktionsgenossenschaft oder aufgrund Nutzungsvertrages mit der Gemeinde errichtet worden ist, beziehen sich die gesetzlichen Ansprüche nach den §§ 32 und 61 auf die Fläche,
1. auf die sich nach der ehemaligen Liegenschaftsdokumentation das Nutzungsrecht erstreckt,
2. die in den Nutzungsverträgen mit den Gemeinden bezeichnet ist, soweit die Fläche für den Bau des Hauses überlassen worden ist, oder
3. die durch die landwirtschaftliche Produktionsgenossenschaft oder die Gemeinde dem Nutzer für den Bau des Eigenheimes oder im Zusammenhang mit dem Bau zugewiesen worden ist.

(2) Absatz 1 ist auf andere Bebauungen genossenschaftlich genutzer Flächen entsprechend anzuwenden, soweit die Errichtung des Gebäudes oder der baulichen Anlage aufgrund zugewiesenen Nutzungsrechts erfolgte.

(3) Die Ansprüche des Nutzers beschränken sich auf die Funktionsfläche (§ 12 Abs. 3 Satz 2 Nr. 2) des Gebäudes oder der baulichen Anlage, wenn die Bebauung aufgrund des aufgehobenen gesetzlichen Nutzungsrechts der landwirtschaftlichen Produktionsgenossenschaften vorgenommen worden ist oder durch Einbringung des Bauwerks in die landwirtschaftliche Produktionsgenossenschaft selbständiges Gebäudeeigentum entstanden ist. Handelt es sich um Betriebsgebäude, so sind die Flächen einzubeziehen, die für die zweckentsprechende Nutzung des Gebäudes im Betrieb des Nutzers notwendig sind.

§ 23. Unvermessene volkseigene Grundstücke. Soweit Nutzungsrechte auf unvermessenen, vormals volkseigenen Grundstücken verliehen wurden, sind die Grenzen in folgender Reihenfolge zu bestimmen nach
1. einem Bescheid über die Vermögenszuordnung, soweit ein solcher ergangen ist und über die Grenzen der Nutzungsrechte Aufschluß gibt,
2. Vereinbarungen in Nutzungsverträgen oder
3. dem für ein Gebäude der entsprechenden Art zweckentsprechenden, ortsüblichen Umfang oder der Funktionsfläche der baulichen Anlagen.

§ 24. Wohn-, Gewerbe- und Industriebauten ohne Klärung der Eigentumsverhältnisse.
(1) Soweit im komplexen Wohnungsbau oder Siedlungsbau oder durch gewerbliche (einschließlich industrielle) Vorhaben Bebauungen ohne Klärung der Eigentumsverhältnisse über Grundstücksgrenzen hinweg vorgenommen worden sind, erstrecken sich die Ansprüche nach diesem Kapitel in folgender Reihenfolge auf die Flächen,
1. deren Grenzen in Aufteilungs- oder Vermessungsunterlagen als Grundstücksgrenzen bis zum Ablauf des 2. Oktober 1990 ausgewiesen worden sind,
2. die entsprechend den Festsetzungen in einem Zuordnungsplan für die in dem Gebiet belegenen vormals volkseigenen Grundstücke für die zweckentsprechende Nutzung der zugeordneten Grundstücke erforderlich sind oder
3. die für eine zweckentsprechende Nutzung einer Bebauung der entsprechenden Art ortsüblich sind.

(2) Entstehen durch die Bestellung von Erbbaurechten oder den Ankauf von Grundstücksteilen Restflächen, die für den Grundstückseigentümer nicht in angemessenem Umfang baulich oder wirtschaftlich nutzbar sind, so kann dieser von der Gemeinde den Ankauf der Restflächen verlangen. Der Kaufpreis ist nach den §§ 19, 20 und 68 zu bestimmen. Der Anspruch nach Satz 1 kann nicht vor dem 1. Januar 2000 geltend gemacht werden. Eine Bereinigung dieser Rechtsverhältnisse durch Enteignung, Umlegung oder Bodenneuordnung bleibt unberührt.

§ 25. Andere Flächen. Ergibt sich der Umfang der Flächen, auf die sich die Ansprüche des Nutzers erstrecken, nicht aus den vorstehenden Bestimmungen, so ist Artikel 233 § 4 Abs. 3 Satz 3 des Einführungsgesetzes zum Bürgerlichen Gesetzbuche entsprechend anzuwenden.

§ 26. Übergroße Flächen für den Eigenheimbau. (1) Ist dem Nutzer ein Nutzungsrecht verliehen oder zugewiesen worden, das die für den Eigenheimbau vorgesehene Regelgröße von 500 Quadratmetern übersteigt, so können der Nutzer oder der Grundstückseigentümer verlangen, daß die Fläche, auf die sich die Nutzungsbefugnis des Erbbauberechtigten (§ 55) erstreckt oder die Gegenstand des Kaufvertrages (§ 65) ist, im Vertrag nach Satz 3 abweichend vom Umfang des Nutzungsrechts bestimmt wird. Das gleiche gilt, wenn der Anspruch des Nutzers nach den §§ 21 bis 23 sich auf eine über die Regelgröße hinausgehende Fläche erstreckt. Die Ansprüche aus den Sätzen 1 und 2 können nur geltend gemacht werden, soweit
1. eine über die Regelgröße von 500 Quadratmetern hinausgehende Fläche abtrennbar und selbständig baulich nutzbar oder
2. eine über die Größe von 1000 Quadratmetern hinausgehende Fläche abtrennbar und angemessen wirtschaftlich nutzbar ist.

(2) Macht der Grundstückseigentümer den in Absatz 1 bestimmten Anspruch geltend, kann der Nutzer von dem Grundstückseigentümer die Übernahme der abzuschreibenden Teilfläche gegen Entschädigung nach dem Zeitwert für die aufstehenden Gebäude, Anlagen und Anpflanzungen verlangen, soweit der Nutzer diese erworben oder in anderer Weise veranlaßt hat. In anderen Fällen hat

der Grundstückseigentümer in dem Umfang Entschädigung für die Gebäude, Anlagen und Anpflanzungen zu leisten, wie der Wert seines Grundstücks im Zeitpunkt der Räumung der abzuschreibenden Teilfläche noch erhöht ist. Der Grundstückseigentümer kann nach Bestellung des Erbbaurechts oder dem Ankauf durch den Nutzer von diesem die Räumung der in Absatz 1 bezeichneten Teilfläche gegen eine Entschädigung nach den Sätzen 1 und 2 verlangen.

(3) Der Nutzer darf der Begrenzung seiner Ansprüche nach Absatz 1 widersprechen, wenn diese zu einer unzumutbaren Härte führte. Eine solche Härte liegt insbesondere dann vor, wenn
1. die abzutrennende Teilfläche mit einem Bauwerk (Gebäude oder bauliche Anlage) bebaut worden ist, das
   a) den Wert der Nutzung des Eigenheims wesentlich erhöht oder
   b) für den vom Nutzer ausgeübten Beruf unentbehrlich ist und für das in der Nähe mit einem für den Nutzer zumutbaren Aufwand kein Ersatz bereitgestellt werden kann, oder
2. durch die Abtrennung ein ungünstig geschnittenes und im Wert besonders vermindertes Grundstück entstehen würde.

Auf Flächen, die über eine Gesamtgröße von 1000 Quadratmetern hinausgehen, ist Satz 1 in der Regel nicht anzuwenden.

(4) Der Nutzer kann den Anspruch des Grundstückseigentümers nach Absatz 1 abwenden, indem er diesem ein nach Lage, Bodenbeschaffenheit und Größe gleichwertiges Grundstück zur Verfügung stellt.

(5) Die Absätze 1 bis 4 sind entsprechend anzuwenden, wenn die Befugnis des Nutzers auf einem Vertrag beruht.

§ 27. Restflächen. (1) Die Ansprüche nach den §§ 32 und 61 erfassen auch Restflächen. Restflächen sind Grundstücksteile, auf die sich der Anspruch des Nutzers nach den §§ 21 bis 23 und 25 nicht erstreckt, wenn diese nicht in angemessenem Umfang baulich oder wirtschaftlich nutzbar sind. Der Nutzer oder der Grundstückseigentümer ist berechtigt, eine Einbeziehung der Restflächen in den Erbbaurechts- oder Grundstückskaufvertrag zu verlangen, wenn hierdurch ein nach Lage, Form und Größe zweckmäßig gestaltetes Erbbaurecht oder Grundstück entsteht. Der Nutzer kann die Einbeziehung der Restflächen in den Erbbaurechts- oder Grundstückskaufvertrag verweigern, wenn sich dadurch eine für ihn unzumutbare Mehrbelastung ergäbe.

(2) Ist für eine dem Grundstückseigentümer verbleibende Fläche die zur ordnungsgemäßen Nutzung notwendige Verbindung zu einem öffentlichen Weg nicht vorhanden, kann der Grundstückseigentümer vom Nutzer die Bestellung eines Wege- oder Leitungsrechts und zu dessen Sicherung die Übernahme einer Baulast gegenüber der Bauaufsichtsbehörde sowie die Bewilligung einer an rangbereiter Stelle in das Grundbuch einzutragenden Grunddienstbarkeit verlangen. Der Grundstückseigentümer ist zur Löschung der Grunddienstbarkeit verpflichtet, sobald eine anderweitige Erschließung der ihm verbleibenden Fläche hergestellt werden kann. Für die Zeit bis zur Herstellung dieser Erschließung ist § 117 Abs. 2 entsprechend anzuwenden.

(3) Kann ein Wege- oder Leitungsrecht nach Absatz 2 aus tatsächlichen Gründen nicht begründet werden, so hat der Grundstückseigentümer gegen den Nachbarn den in § 917 Abs. 1 des Bürgerlichen Gesetzbuchs bezeichneten Anspruch auf Duldung eines Notwegs. § 918 Abs. 1 des Bürgerlichen Gesetzbuchs ist nicht anzuwenden, wenn das Restgrundstück wegen Abschreibung der mit dem Nutzungsrecht belasteten oder der bebauten und dem Nutzer zuzuordnenden Teilfläche die Verbindung zum öffentlichen Weg verliert.

(4) Für die in § 24 bezeichneten Bebauungen gelten die dort genannten besonderen Regelungen.

Unterabschnitt 7. Einwendungen und Einreden

§ 28. Anderweitige Verfahren und Entscheidungen. Die Beteiligten können Ansprüche nach diesem Kapitel nicht verfolgen, wenn
1. für das Gebiet, in dem das Grundstück belegen ist, ein Bodenneuordnungsverfahren nach dem Bodensonderungsgesetz eingeleitet worden ist, in dem über einen Ausgleich des Grundstückseigentümers für einen Rechtsverlust entschieden wird, oder
2. in einem Verfahren auf Zusammenführung des Grundstücks- und Gebäudeeigentums nach § 64 des Landwirtschaftsanpassungsgesetzes Anordnungen zur Durchführung eines freiwilligen Landtausches oder eines Bodenordnungsverfahrens ergangen sind.

Nummer 2 ist nicht anzuwenden, wenn das Verfahren ohne einen Landtausch oder eine bestandskräftige Entscheidung zur Feststellung und Neuordnung der Eigentumsverhältnisse beendet worden ist.

19. Gesetz zur Sachenrechtsbereinigung   Anhang I/19

§ 29. Nicht mehr nutzbare Gebäude und nicht ausgeübte Nutzungen. (1) Der Grundstückseigentümer kann die Bestellung des Erbbaurechts oder den Verkauf des Grundstücks an den Nutzer verweigern, wenn das Gebäude oder die bauliche Anlage
1. nicht mehr nutzbar und mit einer Rekonstruktion durch den Nutzer nicht mehr zu rechnen ist, oder
2. nicht mehr genutzt wird und mit einem Gebrauch durch den Nutzer nicht mehr zu rechnen ist.
Ist die Nutzung für mindestens ein Jahr aufgegeben worden, so ist zu vermuten, daß eine Nutzung auch in Zukunft nicht stattfinden wird.

(2) Ist ein Nutzungsrecht bestellt worden, steht dem Grundstückseigentümer die in Absatz 1 bezeichnete Einrede nur dann zu, wenn
1. die in Absatz 1 bezeichneten Voraussetzungen vorliegen oder der Nutzer das Grundstück nicht bebaut hat und
2. nach den persönlichen oder wirtschaftlichen Verhältnissen des Nutzers nur eine Verwertung durch Veräußerung zu erwarten ist oder das Gebäude oder die bauliche Anlage, für die das Nutzungsrecht bestellt wurde, an anderer Stelle errichtet wurde.

(3) Der Grundstückseigentümer kann die Einreden aus den Absätzen 1 und 2 auch gegenüber dem Rechtsnachfolger des Nutzers erheben, wenn
1. der Nutzer bei Abschluß des der Veräußerung zugrunde liegenden Vertrages das Grundstück nicht bebaut hatte oder das Gebäude oder die bauliche Anlage nicht mehr nutzbar war,
2. das Eigentum am Gebäude aufgrund eines nach dem 20. Juli 1993 abgeschlossenen Vertrages übertragen worden ist und
3. der Rechtsnachfolger das Grundstück nicht bebaut oder das Gebäude oder die bauliche Anlage nicht wiederhergestellt hat.
Hat der Rechtsnachfolger des Nutzers das Grundstück bebaut, so kann der Grundstückseigentümer die Bestellung eines Erbbaurechts oder den Ankauf des Grundstücks nicht verweigern. In diesem Fall bestimmen sich der Erbbauzins nach § 47 Abs. 3 und der Ankaufspreis nach § 70 Abs. 4.

(4) Die Absätze 1 und 2 sind nicht anzuwenden, wenn
1. das Gebäude oder die bauliche Anlage noch nutzbar ist,
2. als Teil eines Unternehmens veräußert wird und
3. der Erwerber das Gebäude oder die bauliche Anlage nutzt und das Geschäft des Veräußerers fortführt.
Satz 1 ist auf Veräußerungen von Unternehmen oder Unternehmensteilen durch einen Verwalter im Wege eines Verfahrens nach der Gesamtvollstreckungsordnung entsprechend anzuwenden.

(5) Erhebt der Grundstückseigentümer die in den Absätzen 1 und 2 bezeichnete Einrede, kann der Nutzer vom Grundstückseigentümer den Ankauf des Gebäudes oder der baulichen Anlage oder die Ablösung der aus der baulichen Investition begründeten Rechte nach § 81 Abs. 1 Satz 1 Nr. 2 verlangen. Der Grundstückseigentümer kann den Anspruch des Nutzers aus Satz 1 abwenden, indem er das Grundstück oder die Teilfläche, auf die sich die Ansprüche nach diesem Kapitel erstrecken, zu einem Verkauf mit dem Gebäude oder der baulichen Anlage bereitstellt. § 79 Abs. 1, 2 Satz 2 und Abs. 3 ist entsprechend anzuwenden. Eine Versteigerung ist entsprechend den §§ 180 bis 185 des Gesetzes über die Zwangsversteigerung und die Zwangsverwaltung vorzunehmen.

§ 30. Unredlicher Erwerb. (1) Der Grundstückseigentümer kann die Bestellung eines Erbbaurechts oder den Verkauf verweigern, wenn der Nutzer bei der Bestellung des Nutzungsrechts oder, falls ein Nutzungsrecht nicht bestellt wurde, der Nutzer bei der Erlangung des Besitzes am Grundstück unredlich im Sinne des § 4 des Vermögensgesetzes gewesen ist. Ist ein Nutzungsrecht begründet worden, kann der Grundstückseigentümer die Einrede nach Satz 1 nur dann erheben, wenn er auch die Aufhebung des Nutzungsrechts beantragt.

(2) Der Grundstückseigentümer, der die Aufhebung des Nutzungsrechts nicht innerhalb der gesetzlichen Ausschlußfristen beantragt hat, ist zur Erhebung der in Absatz 1 Satz 1 bezeichneten Einrede nicht berechtigt.

(3) Die in Absatz 1 Satz 1 bezeichnete Einrede ist ausgeschlossen, wenn das Grundstück dem Gemeingebrauch gewidmet oder im komplexen Wohnungsbau oder Siedlungsbau verwendet wurde. Hatte die für die Entscheidung über den Entzug des Eigentumsrechts zuständige staatliche Stelle vor Baubeginn der Inanspruchnahme des Grundstücks widersprochen, so sind der Erbbauzins nach den für die jeweilige Nutzung üblichen Zinssätzen und der Ankaufspreis nach dem ungeteilten Bodenwert zu bestimmen. § 51 ist nicht anzuwenden.

855

§ 31. Geringe Restnutzungsdauer. (1) Der Grundstückseigentümer kann den Abschluß eines Erbbaurechtsvertrages oder eines Grundstückskaufvertrages verweigern, wenn das vom Nutzer errichtete Gebäude oder die bauliche Anlage öffentlichen Zwecken dient oder land-, forstwirtschaftlich oder gewerblich genutzt wird, dem Nutzer ein Nutzungsrecht nicht bestellt wurde und die Restnutzungsdauer des Gebäudes oder der baulichen Anlage in dem Zeitpunkt, in dem der Nutzer Ansprüche nach diesem Kapitel geltend macht, weniger als 25 Jahre beträgt.

(2) Der Nutzer kann in diesem Fall vom Grundstückseigentümer den Abschluß eines Mietvertrages über die erforderliche Funktionsfläche (§ 12 Abs. 3 Satz 2 Nr. 2) verlangen, dessen Laufzeit nach der Restnutzungsdauer des Gebäudes zu bemessen ist.

(3) Der Zins ist nach der Hälfte des ortsüblichen Entgelts zu bemessen, wenn für ein Erbbaurecht der regelmäßige Zinssatz nach § 43 in Ansatz zu bringen wäre; andernfalls ist der Zins nach dem ortsüblichen Entgelt zu bestimmen. Die §§ 47, 51 und 54 sind entsprechend anzuwenden.

(4) Jede Vertragspartei kann eine Anpassung des Zinses verlangen, wenn
1. zehn Jahre seit dem Beginn der Zinszahlungspflicht oder bei späteren Anpassungen drei Jahre seit der letzten Zinsanpassung vergangen sind und
2. der ortsübliche Zins sich seit der letzten Anpassung um mehr als zehn vom Hundert verändert hat.

Das Anpassungsverlangen ist gegenüber dem anderen Teil schriftlich geltend zu machen und zu begründen. Der angepaßte Zins wird von dem Beginn des dritten Kalendermonats an geschuldet, der auf den Zugang des Anpassungsverlangens folgt.

(5) Nach Beendigung des Mietverhältnisses kann der Nutzer vom Grundstückseigentümer den Ankauf oder, wenn selbständiges Gebäudeeigentum nicht begründet worden ist, Wertersatz für das Gebäude oder die bauliche Anlage verlangen. Der Grundstückseigentümer kann den Anspruch dadurch abwenden, daß er dem Nutzer die Verlängerung des Mietvertrages für die restliche Standdauer des Gebäudes oder der baulichen Anlage anbietet; § 27 Abs. 4 der Verordnung über das Erbbaurecht ist entsprechend anzuwenden. Ist das Gebäude oder die bauliche Anlage nicht mehr nutzbar, bestimmen sich die Ansprüche des Grundstückseigentümers gegen den Nutzer nach § 82.

Abschnitt 2. Bestellung von Erbbaurechten

Unterabschnitt 1. Gesetzliche Ansprüche auf Erbbaurechtsbestellung

§ 32. Grundsatz. Der Nutzer kann vom Grundstückseigentümer die Annahme eines Angebots auf Bestellung eines Erbbaurechts verlangen, wenn der Inhalt des Angebots den §§ 43 bis 58 entspricht. Dasselbe Recht steht dem Grundstückseigentümer gegen den Nutzer zu, wenn dieser eine entsprechende Wahl getroffen hat oder das Wahlrecht auf den Grundstückseigentümer übergegangen ist.

Unterabschnitt 2. Gesetzliche Ansprüche wegen dinglicher Rechte

§ 33. Verpflichtung zum Rangrücktritt. Die Inhaber dinglicher Rechte am Grundstück sind nach Maßgabe der nachfolgenden Bestimmungen auf Verlangen des Nutzers verpflichtet, im Rang hinter das Erbbaurecht zurückzutreten.

§ 34. Regelungen bei bestehendem Gebäudeeigentum. (1) Soweit selbständiges Gebäudeeigentum besteht, können die Inhaber dinglicher Rechte am Grundstück eine Belastung des Erbbaurechts nicht verlangen. Belastungen des Gebäudes bestehen am Erbbaurecht fort.

(2) Erstreckt sich die Nutzungsbefugnis aus dem zu bestellenden Erbbaurecht auf eine Teilfläche des Grundstücks, so kann der Inhaber des dinglichen Rechts vom Grundstückseigentümer die Abschreibung des mit dem Erbbaurecht belasteten Grundstücksteils verlangen. Dieser Anspruch kann gegenüber dem Verlangen des Nutzers auf Rangrücktritt einredeweise geltend gemacht werden.

(3) Der Inhaber kann vom Grundstückseigentümer Ersatz der durch die Abschreibung entstandenen Kosten verlangen. Die Kosten sind den Kosten für die Vertragsdurchführung zuzurechnen. § 60 Abs. 2 ist entsprechend anzuwenden.

§ 35. Dienstbarkeit, Nießbrauch, Wohnungsrecht. Soweit selbständiges Gebäudeeigentum nicht besteht, können die Inhaber solcher dinglichen Rechte, die einen Anspruch auf Zahlung oder Befriedigung aus dem Grundstück nicht gewähren, eine der Belastung des Grundstücks entsprechende Belastung des Erbbaurechts verlangen, wenn diese zur Ausübung ihres Rechts erforderlich ist. Macht der jeweilige Erbbauberechtigte die in den §§ 27 und 28 der Verordnung über das Erbbaurecht

19. Gesetz zur Sachenrechtsbereinigung **Anhang I/19**

bestimmten Ansprüche geltend, so darf er die Zwangsversteigerung des Grundstücks nur unter der Bedingung des Bestehenbleibens dieser Rechte am Grundstück betreiben.

§ 36. Hypothek, Grundschuld, Rentenschuld, Reallast. (1) Soweit selbständiges Gebäudeeigentum nicht besteht, können die Inhaber solcher dinglichen Rechte, die Ansprüche auf Zahlung oder Befriedigung aus dem Grundstück gewähren, den Rangrücktritt hinter das Erbbaurecht verweigern, es sei denn, daß der Nutzer ihnen eine Belastung des Erbbaurechts mit einem dinglichen Recht an gleicher Rangstelle wie am Grundstück und in Höhe des Betrages bewilligt, der dem Verhältnis des Werts des Erbbaurechts zu dem Wert des belasteten Grundstücks nach den für die Wertermittlung maßgebenden Grundsätzen entspricht. Das in Satz 1 bestimmte Recht besteht nicht, wenn
1. der Antrag auf Eintragung der Belastung nach dem 21. Juli 1992 beim Grundbuchamt einging und dem Inhaber des dinglichen Rechts bekannt war, daß der Grundstückseigentümer vorsätzlich seiner Verpflichtung aus Artikel 233 § 2a Abs. 3 Satz 2 des Einführungsgesetzes zum Bürgerlichen Gesetzbuche zuwiderhandelte, das vom Nutzer bebaute Grundstück nicht zu belasten, oder
2. das vom Nutzer errichtete oder erworbene Gebäude oder dessen bauliche Anlage und die hierfür in Anspruch genommene Fläche nach den vertraglichen Regelungen nicht zum Haftungsverband gehören sollten oder deren Nichtzugehörigkeit zum Haftungsverband für den Inhaber des dinglichen Rechts bei dessen Begründung oder Erwerb erkennbar war.

Ist ein Darlehen für den Betrieb des Grundstückseigentümers gewährt worden, ist zu vermuten, daß ein vom Nutzer errichtetes oder erworbenes Eigenheim und die ihm zuzuordnende Fläche nicht als Sicherheit für das Darlehen dienen sollten.

(2) Der Nutzer ist berechtigt, das dingliche Recht nach Absatz 1 Satz 1 durch eine dem Umfang des Rechts entsprechende Befriedigung des Gläubigers zum nächstmöglichen Kündigungstermin abzulösen.

§ 37. Anspruch auf Befreiung von dinglicher Haftung. Der Nutzer kann vom Grundstückseigentümer Befreiung von einer dinglichen Haftung verlangen, die er nach § 36 Abs. 1 zu übernehmen hat. Ist eine grundpfandrechtlich gesicherte Kreditschuld noch nicht ablösbar, so hat der Grundstückseigentümer dem Nutzer statt der Befreiung auf Verlangen Sicherheit zu leisten.

Unterabschnitt 3. Überlassungsverträge

§ 38. Bestellung eines Erbbaurechts für einen Überlassungsvertrag. (1) Ist dem Nutzer das Grundstück aufgrund eines Überlassungsvertrages übergeben worden, so kann der Grundstückseigentümer vom Nutzer verlangen, daß dieser auf seine vertraglichen Ansprüche für Werterhöhungen des Grundstücks verzichtet und die zur Absicherung dieser Forderung eingetragene Hypothek aufgibt. Der Nutzer hat den Grundstückseigentümer freizustellen, wenn er den Anspruch auf Wertersatz und die Hypothek an einen Dritten abgetreten hat.

(2) Der Grundstückseigentümer hat dem Nutzer die Beträge zu erstatten, die der staatliche Verwalter aus den vom Nutzer eingezahlten Beträgen zur Ablösung von Verbindlichkeiten des Grundstückseigentümers und Grundpfandrechten, die zu deren Sicherung bestellt wurden, verwendet hat. Der Aufwendungsersatzanspruch des Nutzers nach Satz 1 gilt als erloschen, soweit aus der Zahlung des Nutzers Verbindlichkeiten und Grundpfandrechte getilgt wurden, die der Grundstückseigentümer nach § 16 Abs. 2 Satz 2, Abs. 5 bis 7 in Verbindung mit § 18 Abs. 2 des Vermögensgesetzes nicht übernehmen müßte, wenn diese im Falle der Aufhebung oder der Beendigung der staatlichen Verwaltung noch fortbestanden hätten. Satz 2 ist auf eine zur Absicherung des Aufwendungsersatzanspruchs des Nutzers eingetragene Hypothek entsprechend anzuwenden. Auf Abtretungen, die nach Ablauf des 31. Dezember 1996 erfolgen, sind die §§ 892 und 1157 Satz 2 des Bürgerlichen Gesetzbuchs entsprechend anzuwenden.

(3) Soweit Ansprüche und Rechte nach Absatz 2 Satz 2 und 3 erlöschen, ist § 16 Abs. 9 Satz 3 des Vermögensgesetzes entsprechend anzuwenden.

(4) Der Nutzer ist berechtigt, die hinterlegten Beträge mit Ausnahme der aufgelaufenen Zinsen zurückzufordern. Der Grundstückseigentümer kann vom Nutzer die Zustimmung zur Auszahlung der aufgelaufenen Zinsen verlangen.

Unterabschnitt 4. Besondere Gestaltungen

§ 39. Mehrere Erbbaurechte auf einem Grundstück, Gesamterbbaurechte, Nachbarerbbaurechte. (1) An einem Grundstück können mehrere Erbbaurechte bestellt werden, wenn jedes von ihnen nach seinem Inhalt nur an einer jeweils anderen Grundstücksteilfläche ausgeübt werden kann. In den Erbbaurechtsverträgen muß jeweils in einem Lageplan bestimmt sein, auf welche Teilfläche des Grundstücks sich die Nutzungsbefugnis des Erbbauberechtigten erstreckt. Der Lageplan hat den in § 8 Abs. 2 Satz 1 bis 3 des Bodensonderungsgesetzes genannten Anforderungen für eine nach jenem Gesetz aufzustellende Grundstückskarte zu entsprechen. Der Vertrag muß die Verpflichtung für die jeweiligen Erbbauberechtigten und Grundstückseigentümer enthalten, die Teilfläche nach Vermessung vom belasteten Grundstück abzuschreiben und der Eintragung als selbständiges Grundstück in das Grundbuch zuzustimmen. Mehrere nach Satz 1 bestellte Erbbaurechte haben untereinander Gleichrang, auch wenn sie zu unterschiedlichen Zeiten in das Grundbuch eingetragen werden. Der gleiche Rang ist im Grundbuch zu vermerken; einer Zustimmung der Inhaber der anderen Erbbaurechte wie der Inhaber dinglicher Rechte an diesen bedarf es nicht. Wird eines dieser Erbbaurechte zwangsweise versteigert, so sind die anderen im Gleichrang an erster Rangstelle bestellten Erbbaurechte wie Rechte an einem anderen Grundstück zu behandeln.

(2) Das Erbbaurecht kann sich auf mehrere Grundstücke erstrecken (Gesamterbbaurecht). Die Belastung durch das Gesamterbbaurecht kann ein Grundstück einbeziehen, das nicht bebaut worden ist, wenn der Anspruch des Nutzers auf Erbbaurechtsbestellung sich nach den §§ 21 bis 27 auch auf dieses Grundstück erstreckt.

(3) Erstreckt sich die Bebauung auf ein benachbartes Grundstück, so kann zu deren Absicherung ein Erbbaurecht bestellt werden (Nachbarerbbaurecht), wenn
1. der Nutzer Eigentümer des herrschenden Grundstücks und Inhaber eines auf dem benachbarten Grundstück bestellten Nachbarerbbaurechts wird,
2. die grundpfandrechtlichen Belastungen und die Reallast zur Absicherung des Erbbauzinses auf dem Grundstückseigentum und dem Erbbaurecht als Gesamtbelastung mit gleichem Rang eingetragen werden und
3. die Erbbaurechtsverträge keinen Anspruch auf den Erwerb des Erbbaurechts (Heimfall) enthalten oder das Heimfallrecht nur dann ausgeübt werden kann, wenn das Grundstückseigentum und die sich auf das Gebäude beziehenden Erbbaurechte in einer Hand bleiben.

Über das Erbbaurecht kann nur zusammen mit dem Eigentum am herrschenden Grundstück verfügt werden. Das Erbbaurecht ist im Grundbuch als Nachbarerbbaurecht zu bezeichnen, im Grundbuch des belasteten Grundstücks als Belastung und im Grundbuch des herrschenden Grundstücks als Bestandteil einzutragen.

§ 40. Wohnungserbbaurecht. (1) Der Anspruch ist auf die Erbbaurechtsbestellung und Begründung von Erbbaurechten nach § 30 des Wohnungseigentumsgesetzes zu richten, wenn
1. natürliche Personen Gebäude (Mehrfamilien- und zusammenhängende Siedlungshäuser) als Miteigentümer erworben oder gemeinsam errichtet haben und abgeschlossene Teile eines Gebäudes unter Ausschluß der anderen nutzen,
2. staatliche Stellen, Gemeinden oder Genossenschaften Gebäude gemeinsam errichtet haben und abgeschlossene Teile des Gebäudes unter Ausschluß der anderen nutzen.

Ein Wohnungserbbaurecht ist auch dann zu bestellen, wenn die Genehmigung zu einer Teilung durch Abschreibung der mit den Erbbaurechten belasteten Grundstücke nach § 120 Abs. 1 versagt wird.

(2) Jeder Nutzer kann von den anderen Nutzern und von dem Grundstückseigentümer den Abschluß der für die Begründung eines Erbbaurechts und die Bestellung von Wohnungserbbaurechten erforderlichen Verträge auch dann verlangen, wenn eine Teilung des Grundstücks wegen gemeinschaftlicher Erschließungsanlagen oder gemeinschaftlich genutzter Anbauten unzweckmäßig ist. Eine Realteilung ist in der Regel unzweckmäßig, wenn zur Sicherung der Nutzung der Gebäude mehrere Dienstbarkeiten auf verschiedenen Grundstücken zu bestellen sind und Verträge über die Unterhaltung gemeinschaftlicher Anlagen und Anbauten zu schließen sind, die auch für Rechtsnachfolger verbindlich sein müssen.

(3) Jeder Nutzer kann von den anderen Beteiligten den Abschluß einer Vereinbarung über den Erbbauzins verlangen, nach der die Nutzer nach der Größe ihrer Erbbaurechtsanteile dem Grundstückseigentümer allein zur Zahlung des bezeichneten Erbbauzinses verpflichtet sind. Einer Zustimmung der Grundpfandrechtsgläubiger bedarf es nicht.

(4) Nutzer und Grundstückseigentümer sind verpflichtet, an der Aufteilung und der Erlangung der in § 7 Abs. 4 des Wohnungseigentumsgesetzes bezeichneten Unterlagen mitzuwirken. Die dadurch

19. Gesetz zur Sachenrechtsbereinigung   **Anhang I/19**

entstehenden Kosten haben die künftigen Inhaber der Wohnungserbbaurechte nach dem Verhältnis ihrer Anteile zu tragen.

§ 41. Bestimmung des Bauwerks. Ein Erbbaurechtsvertrag nach diesem Kapitel kann mit dem Inhalt abgeschlossen werden, daß der Erbbauberechtigte jede baurechtlich zulässige Zahl und Art von Gebäuden oder Bauwerken errichten darf.

Unterabschnitt 5. Gesetzlicher und vertragsmäßiger Inhalt des Erbbaurechts

§ 42. Bestimmungen zum Inhalt des Erbbaurechts. (1) Zum Inhalt eines nach diesem Kapitel begründeten Erbbaurechts gehören die Vereinbarungen im Erbbaurechtsvertrag über
1. die Dauer des Erbbaurechts (§ 53),
2. die vertraglich zulässige bauliche Nutzung (§ 54) und
3. die Nutzungsbefugnis des Erbbauberechtigten an den nicht überbauten Flächen (§ 55).

(2) Jeder Beteiligte kann verlangen, daß
1. die Vereinbarungen zur Errichtung und Unterhaltung von Gebäuden und zum Heimfallanspruch (§ 56),
2. die Abreden über ein Ankaufsrecht des Erbbauberechtigten (§ 57),
3. die Abreden darüber, wer die öffentlichen Lasten zu tragen hat (§ 58),
4. die Vereinbarung über eine Zustimmung des Grundstückseigentümers zur Veräußerung (§ 49) und
5. die Vereinbarung über die Sicherung künftig fällig werdender Erbbauzinsen (§ 52)
als Inhalt des Erbbaurechts bestimmt werden.

Unterabschnitt 6. Bestimmungen zum Vertragsinhalt

§ 43. Regelmäßiger Zins. (1) Der regelmäßige Zins beträgt die Hälfte des für die entsprechende Nutzung üblichen Zinses.

(2) Als Zinssatz ist in Ansatz zu bringen
1. für Eigenheime
   a) zwei vom Hundert jährlich des Bodenwerts,
   b) vier vom Hundert jährlich des Bodenwerts, soweit die Größe des belasteten Grundstücks die gesetzliche Regelgröße von 500 Quadratmetern übersteigt und die darüber hinausgehende Fläche abtrennbar und selbständig baulich nutzbar ist oder soweit die Größe des belasteten Grundstücks 1000 Quadratmeter übersteigt und die darüber hinausgehende Fläche abtrennbar und angemessen wirtschaftlich nutzbar ist,
2. für im staatlichen oder genossenschaftlichen Wohnungsbau errichtete Gebäude zwei vom Hundert jährlich des Bodenwerts,
3. für öffentlichen Zwecken dienende oder land-, forstwirtschaftlich oder gewerblich genutzte Gebäude dreieinhalb vom Hundert jährlich des Bodenwerts.
In den Fällen des Satzes 1 Nr. 3 kann jeder Beteiligte verlangen, daß ein anderer Zinssatz der Erbbauzinsberechnung zugrunde gelegt wird, wenn der für diese Nutzung übliche Zinssatz mehr oder weniger als sieben vom Hundert jährlich beträgt.

§ 44. Fälligkeit des Anspruchs auf den Erbbauzins. (1) Der Erbbauzins ist vierteljährlich nachträglich am 31. März, 30. Juni, 30. September und 31. Dezember eines Jahres zu zahlen.

(2) Die Zahlungspflicht beginnt mit
1. der Ladung des Nutzers zum Termin im notariellen Vermittlungsverfahren auf Abschluß eines Erbbaurechtsvertrages, wenn der Grundstückseigentümer den Antrag gestellt hat oder sich auf eine Verhandlung über den Inhalt des Erbbaurechts einläßt, oder
2. einem § 32 entsprechenden Verlangen des Grundstückseigentümers zur Bestellung eines Erbbaurechts oder der Annahme eines entsprechenden Angebots des Nutzers.
Der Nutzer hat auch dann ein Entgelt zu zahlen, wenn das Angebot von dem Inhalt des abzuschließenden Vertrages verhältnismäßig geringfügig abweicht. Bis zur Eintragung des Erbbaurechts in das Grundbuch hat der Nutzer an den Grundstückseigentümer ein Nutzungsentgelt in Höhe des Erbbauzinses zu zahlen.

§ 45. Verzinsung bei Überlassungsverträgen. (1) Ist dem Nutzer aufgrund eines mit dem staatlichen Verwalter geschlossenen Vertrages ein Grundstück mit aufstehendem Gebäude überlassen worden, so ist auf Verlangen des Grundstückseigentümers über den Erbbauzins hinaus der Restwert des überlassenen Gebäudes und der überlassenen Grundstückseinrichtungen für die Zeit der üblichen Restnutzungsdauer zu verzinsen. Der Restwert bestimmt sich nach dem Sachwert des Gebäudes zum Zeitpunkt der Überlassung abzüglich der Wertminderung, die bis zu dem Zeitpunkt der Abgabe eines Angebots auf Abschluß eines Erbbaurechtsvertrages gewöhnlich eingetreten wäre. Er ist mit vier vom Hundert jährlich zu verzinsen.

(2) § 51 Abs. 1 ist auf die Verzinsung des Gebäuderestwerts entsprechend anzuwenden.

(3) Eine Zahlungspflicht nach Absatz 1 entfällt, wenn der Nutzer auf dem Grundstück anstelle des bisherigen ein neues Gebäude errichtet hat.

§ 46. Zinsanpassung an veränderte Verhältnisse. (1) Nutzer und Grundstückseigentümer sind verpflichtet, in den Erbbaurechtsvertrag eine Bestimmung aufzunehmen, die eine Anpassung des Erbbauzinses an veränderte Verhältnisse vorsieht. Die Anpassung kann erstmals nach Ablauf von zehn Jahren seit Bestellung des Erbbaurechts verlangt werden. Bei einer zu Wohnzwecken dienenden Nutzung bestimmt sich die Anpassung nach dem in § 9a der Verordnung über das Erbbaurecht bestimmten Maßstab. Bei anderen Nutzungen ist die Anpassung nach
1. den Erzeugerpreisen für gewerbliche Güter bei gewerblicher oder industrieller Nutzung des Grundstücks,
2. den Erzeugerpreisen für landwirtschaftliche Produkte bei land- und forstwirtschaftlicher Bewirtschaftung des Grundstücks oder
3. den Preisen für die allgemeine Lebenshaltung in allen übrigen Fällen
vorzunehmen. Die Vereinbarung über die Anpassung des Erbbauzinses ist nur wirksam, wenn die Genehmigung nach § 3 des Währungsgesetzes oder entsprechenden währungsrechtlichen Vorschriften erteilt wird. Weitere Anpassungen des Erbbauzinses können frühestens nach Ablauf von drei Jahren seit der jeweils letzten Anpassung des Erbbauzinses geltend gemacht werden.

(2) Die Anpassung nach Absatz 1 Satz 3 und 4 ist auf den Betrag zu begrenzen, der sich aus der Entwicklung der Grundstückspreise ergibt. Die Begrenzung ist auf der Grundlage der Bodenrichtwerte nach § 196 des Baugesetzbuchs, soweit diese vorliegen, andernfalls in folgender Reihenfolge nach der allgemeinen Entwicklung der Grundstückspreise in dem Land, in dem das Grundstück ganz oder zum größten Teil belegen ist, dem in § 1 bezeichneten Gebiet oder im gesamten Bundesgebiet zu bestimmen. Abweichende Vereinbarungen und Zinsanpassungen sind gegenüber den Inhabern dinglicher Rechte am Erbbaurecht, die einen Anspruch auf Zahlung oder Befriedigung gewähren, unwirksam, es sei denn, daß der Erbbauzins nur als schuldrechtliche Verpflichtung zwischen dem Grundstückseigentümer und dem Nutzer vereinbart wird.

§ 47. Zinsanpassung an Nutzungsänderungen. (1) Nutzungsänderungen, zu denen der Erbbauberechtigte nach § 54 Abs. 2 und 3 berechtigt ist, rechtfertigen keine Anpassung des Erbbauzinses. Für Nutzungsänderungen nach § 54 Abs. 1 und 4 kann die Aufnahme der folgenden Zinsanpassungen im Erbbaurechtsvertrag verlangt werden:
1. Der Zinssatz ist heraufzusetzen,
    a) von zwei auf sieben vom Hundert jährlich des Bodenwerts, wenn ein zu Wohnzwecken errichtetes Gebäude zu gewerblichen, land-, forstwirtschaftlichen oder zu öffentlichen Zwecken genutzt wird,
    b) von dreieinhalb auf sieben vom Hundert jährlich des Bodenwerts, wenn land- oder forstwirtschaftlich genutzte Gebäude gewerblich genutzt werden oder wenn ein anderer Wechsel in der bisherigen Art der Nutzung erfolgt;
2. der Zinssatz ist von dreieinhalb auf zwei vom Hundert jährlich des Bodenwerts herabzusetzen, wenn eine am 2. Oktober 1990 ausgeübte gewerbliche Nutzung nicht mehr ausgeübt werden kann und das Gebäude zu Wohnzwecken genutzt wird.
In den Fällen des Satzes 2 Nr. 1 kann jeder Beteiligte verlangen, daß ein anderer Zinssatz zugrunde gelegt wird, wenn der für diese Nutzung übliche Zins mehr oder weniger als sieben vom Hundert jährlich beträgt. Wird in den Fällen des Satzes 2 Nr. 2 das Gebäude nunmehr zu land- oder forstwirtschaftlichen Zwecken genutzt, kann der Nutzer eine Anpassung des regelmäßigen Zinses verlangen, wenn der für diese Nutzung übliche Zins weniger als sieben vom Hundert jährlich beträgt.

(2) Der Grundstückseigentümer kann vom Erbbauberechtigten verlangen, daß sich dieser ihm gegenüber verpflichtet, in einem Vertrag über die Veräußerung des Erbbaurechts die in den Absätzen 1 und 2 bestimmten Pflichten zur Zinsanpassung seinem Rechtsnachfolger aufzuerlegen.

(3) Der Erbbauzins ist nach den in Absatz 1 Satz 2 Nr. 1 Buchstabe a und b genannten Zinssätzen zu bemessen, wenn der Nutzer das Gebäude oder die bauliche Anlage nach dem Ablauf des 20. Juli 1993

19. Gesetz zur Sachenrechtsbereinigung
Anhang I/19

erworben hat und zum Zeitpunkt des der Veräußerung zugrunde liegenden Rechtsgeschäfts die in § 29 Abs. 3 Satz 1 bezeichneten Voraussetzungen vorlagen. Satz 1 ist nicht anzuwenden, wenn das Gebäude oder die bauliche Anlage als Teil eines Unternehmens veräußert wird und der Nutzer das Geschäft seines Rechtsvorgängers fortführt.

§ 48. Zinserhöhung nach Veräußerung. (1) Der Grundstückseigentümer kann verlangen, daß in den Erbbaurechtsvertrag eine Bestimmung aufgenommen wird, in der sich der Erbbauberechtigte im Falle einer Veräußerung des Erbbaurechts in den ersten drei Jahren nach dessen Bestellung verpflichtet, einen Vertrag über die Veräußerung des Erbbaurechts in der Weise abzuschließen, daß der Erwerber des Erbbaurechts gegenüber dem Grundstückseigentümer zu einer Zinsanpassung nach Absatz 2 verpflichtet ist, wenn die in § 71 Abs. 1 Satz 1 Nr. 1 und 3 bezeichneten Voraussetzungen vorliegen.

(2) Der Zins erhöht sich von
1. zwei auf vier vom Hundert jährlich des Bodenwerts, wenn das Erbbaurecht für eine Nutzung des Gebäudes zu Wohnzwecken bestellt wurde, oder
2. dreieinhalb auf sieben vom Hundert jährlich bei land-, forstwirtschaftlicher oder gewerblicher Nutzung oder einer Nutzung des Erbbaurechts für öffentliche Zwecke.

(3) Im Falle einer Veräußerung in den folgenden drei Jahren kann der Grundstückseigentümer eine Absatz 1 entsprechende Verpflichtung des Erbbauberechtigten zur Anpassung des Erbbauzinses bis auf drei vom Hundert jährlich des Bodenwerts bei einer Nutzung zu Wohnzwecken und bis auf fünf und ein Viertel vom Hundert jährlich des Bodenwerts bei allen anderen Nutzungen verlangen.

(4) Im Falle einer land-, forstwirtschaftlichen oder gewerblichen Nutzung oder einer Nutzung für öffentliche Zwecke kann der Nutzer eine Bemessung des Zinssatzes nach dem für die Nutzung üblichen Zins verlangen, wenn dieser mehr oder weniger als sieben vom Hundert beträgt. Maßgebender Zeitpunkt für die in den Absätzen 2 und 3 bestimmten Fristen ist der Zeitpunkt des Abschlusses des die Verpflichtung zur Übertragung des Erbbaurechts begründenden schuldrechtlichen Geschäfts.

(5) Der Grundstückseigentümer kann verlangen, daß der Nutzer sich im Erbbaurechtsvertrag ihm gegenüber verpflichtet, einen Vertrag über die Veräußerung des Erbbaurechts so abzuschließen, daß der Erwerber die Pflichten zur Zinsanpassung wegen der in § 70 Abs. 1 bezeichneten Nutzungsänderungen übernimmt.

§ 49. Zustimmungsvorbehalt. Der Grundstückseigentümer kann verlangen, daß die Veräußerung nach § 5 Abs. 1 der Verordnung über das Erbbaurecht seiner Zustimmung bedarf. Der Grundstückseigentümer hat diese zu erteilen, wenn die in § 47 Abs. 1, § 48 Abs. 1 bis 3 und 5 bezeichneten Voraussetzungen erfüllt sind.

§ 50. Zinsanpassung wegen abweichender Grundstücksgröße. Jeder Beteiligte kann verlangen, daß sich der andere Teil zu einer Zinsanpassung verpflichtet, wenn sich nach dem Ergebnis einer noch durchzuführenden Vermessung herausstellt, daß die tatsächliche Grundstücksgröße von der im Vertrag zugrunde gelegten mehr als geringfügig abweicht. § 72 Abs. 2 und 3 ist entsprechend anzuwenden.

§ 51. Eingangsphase. (1) Der Erbbauberechtigte kann vom Grundstückseigentümer eine Ermäßigung des Erbbauzinses in den ersten Jahren verlangen (Eingangsphase). Der ermäßigte Zins beträgt
1. ein Viertel in den ersten drei Jahren,
2. die Hälfte in den folgenden drei Jahren und
3. drei Viertel in den darauf folgenden drei Jahren
des sich aus den vorstehenden Bestimmungen ergebenden Erbbauzinses. Die Eingangsphase beginnt mit dem Eintritt der Zahlungspflicht nach § 44, spätestens am 1. Januar 1995.

(2) Ist ein Erbbaurecht für ein Eigenheim (§ 5 Abs. 2) zu bestellen und beträgt der zu verzinsende Bodenwert mehr als 250 000 Deutsche Mark, so verlängert sich der für die Stufen der Zinsanhebung in Absatz 1 Satz 2 genannte Zeitraum von jeweils drei auf vier Jahre. Der vom Nutzer zu zahlende Erbbauzins beträgt in diesem Falle mindestens
1. 104 Deutsche Mark monatlich in den ersten drei Jahren,
2. 209 Deutsche Mark monatlich in den folgenden drei Jahren,
3. 313 Deutsche Mark monatlich in den darauf folgenden drei Jahren und
4. 418 Deutsche Mark monatlich in den darauf folgenden drei Jahren.

Anhang I/19 I. Bundesrecht

(3) Haben die Parteien ein vertragliches Nutzungsentgelt vereinbart, kann der Nutzer eine Ermäßigung nur bis zur Höhe des vereinbarten Entgelts verlangen. Übersteigt das vertraglich vereinbarte Entgelt den nach diesem Kapitel zu zahlenden Erbbauzins, kann der Nutzer nur eine Anpassung des Erbbauzinses auf den nach Ablauf der Eingangsphase zu zahlenden Betrag verlangen.

§ 52. Sicherung des Erbbauzinses. (1) Der Grundstückseigentümer kann die Absicherung des regelmäßigen Erbbauzinses durch Eintragung einer Reallast an rangbereiter Stelle sowie eine Vereinbarung über die Sicherung der Reallast nach § 9 Abs. 3 der Verordnung über das Erbbaurecht verlangen.

(2) Auf Verlangen des Nutzers ist in den Erbbaurechtsvertrag eine Bestimmung aufzunehmen, nach der sich der Grundstückseigentümer zu einem Rangrücktritt der Reallast zugunsten eines für Baumaßnahmen des Nutzers innerhalb des in den §§ 11 und 12 des Hypothekenbankgesetzes und § 21 der Verordnung über das Erbbaurecht bezeichneten Finanzierungsraums verpflichtet, wenn nach § 9 Abs. 3 der Verordnung über das Erbbaurecht das Bestehenbleiben des Erbbauzinses als Inhalt der Reallast vereinbart wird.

§ 53. Dauer des Erbbaurechts. (1) Die regelmäßige Dauer des Erbbaurechts ist entsprechend der nach dem Inhalt des Nutzungsrechts zulässigen Bebauung zu bestimmen. Ist ein Nutzungsrecht nicht bestellt worden, so ist von der tatsächlichen Bebauung auszugehen, wenn sie nach den Rechtsvorschriften zulässig gewesen oder mit Billigung staatlicher Stellen erfolgt ist.

(2) Die regelmäßige Dauer des Erbbaurechts beträgt vom Vertragsschluß an
1. 90 Jahre
    a) für Ein- und Zweifamilienhäuser oder
    b) für die sozialen Zwecken dienenden Gebäude (insbesondere Schulen, Krankenhäuser, Kindergärten),
2. 80 Jahre für die im staatlichen oder genossenschaftlichen Wohnungsbau errichteten Gebäude sowie für Büro- und andere Dienstgebäude,
3. 50 Jahre für die land-, forstwirtschaftlichen oder gewerblichen Zwecken dienenden Gebäude und alle anderen baulichen Anlagen.

(3) Auf Verlangen des Grundstückseigentümers ist eine verkürzte Laufzeit nach der Restnutzungsdauer des Gebäudes zu vereinbaren, wenn diese weniger als 50, jedoch mehr als 25 Jahre beträgt, das Grundstück mit einem land-, forstwirtschaftlich, gewerblich genutzten oder einem öffentlichen Zwecken dienenden Gebäude oder einer baulichen Anlage bebaut worden ist und für die Bebauung ein dingliches Nutzungsrecht nicht bestellt oder ein unbefristeter Nutzungsvertrag, der nur aus besonderen Gründen gekündigt werden konnte, nicht geschlossen wurde. Ist ein Vertrag mit einer über die Restnutzungsdauer des Gebäudes hinausgehenden Laufzeit abgeschlossen worden, kann der Nutzer die Bestellung eines Erbbaurechts für den Zeitraum verlangen, der wenigstens der Restlaufzeit des Vertrages entspricht, jedoch nicht über den in Absatz 2 bestimmten Zeitraum hinaus. Beträgt die Restnutzungsdauer weniger als 25 Jahre, so ist § 31 Abs. 2 bis 5 anzuwenden.

§ 54. Vertraglich zulässige bauliche Nutzung. (1) Die vertraglich zulässige bauliche Nutzung ist nach dem Inhalt des Nutzungsrechts oder, falls ein solches Recht nicht bestellt wurde, nach der Nutzung zu bestimmen, die auf genossenschaftlich genutzten Flächen am 30. Juni 1990, auf anderen Flächen am 2. Oktober 1990, ausgeübt wurde. Befand sich das Gebäude zu dem nach Satz 1 maßgebenden Zeitpunkt noch im Bau, so ist die vorgesehene Nutzung des im Bau befindlichen Gebäudes zugrunde zu legen.

(2) Ist ein Nutzungsrecht für den Bau eines Eigenheimes bestellt oder das Grundstück mit einem Eigenheim bebaut worden, so ist auf Verlangen des Nutzers zu vereinbaren, daß das Gebäude auch zur Ausübung freiberuflicher Tätigkeit, eines Handwerks-, Gewerbe- oder Pensionsbetriebes genutzt werden kann.

(3) Für land-, forstwirtschaftlich oder gewerblich genutzte oder öffentlichen Zwecken dienende Gebäude oder bauliche Anlagen kann der Nutzer, der diese bereits bis zum Ablauf des 2. Oktober 1990 genutzt hat, die Bestellung eines Erbbaurechts unter Anpassung an veränderte Umstände verlangen, wenn sich die bauliche Nutzung des Grundstücks hierdurch nicht oder nur unwesentlich verändert hat. Unwesentliche Veränderungen der baulichen Nutzung des Grundstücks sind insbesondere kleine Aus- oder Anbauten an bestehenden Gebäuden.

(4) Der Nutzer kann eine Vereinbarung beanspruchen, nach der Änderungen zulässig sein sollen, die über den in den Absätzen 2 und 3 benannten Umfang hinausgehen. Zulässig ist auch ein Wechsel

19. Gesetz zur Sachenrechtsbereinigung **Anhang I/19**

der Nutzungsart nach § 70 Abs. 1, wenn dies für die wirtschaftlich sinnvolle Nutzung der errichteten Gebäude erforderlich ist. Der Grundstückseigentümer kann dem widersprechen, wenn der Nutzer nicht bereit ist, die in § 47 bezeichneten Verpflichtungen in den Vertrag aufzunehmen.

§ 55. Nutzungsbefugnis des Erbbauberechtigten, Grundstücksteilung. (1) Die Befugnis des Erbbauberechtigten, über die Grundfläche des Gebäudes hinausgehende Teile des Grundstücks zu nutzen, ist nach den §§ 21 bis 27 zu bestimmen. Der Erbbauberechtigte ist berechtigt, auch die nicht bebauten Flächen des belasteten Grundstücks zu nutzen.

(2) Grundstückseigentümer und Nutzer können eine Abschreibung des mit dem Erbbaurecht belasteten Grundstücks verlangen, wenn die Nutzungsbefugnis sich nicht auf das Grundstück insgesamt erstreckt, das Restgrundstück selbständig baulich nutzbar ist, eine Teilungsgenehmigung nach § 120 erteilt wird und eine Vermessung durchgeführt werden kann. Die Kosten der Vermessung sind zu teilen.

§ 56. Errichtung und Unterhaltung des Gebäudes, Heimfall. (1) Der Grundstückseigentümer, der mit der Ausgabe von Erbbaurechten besondere öffentliche, soziale oder vergleichbare Zwecke in bezug auf die Bebauung des Grundstücks verfolgt, kann vom Nutzer die Zustimmung zu vertraglichen Bestimmungen verlangen, in denen sich dieser verpflichtet,
1. innerhalb von sechs Jahren nach Abschluß des Erbbaurechtsvertrages das Grundstück zu bebauen,
2. ein errichtetes Gebäude in gutem Zustand zu halten und die erforderlichen Reparaturen und Erneuerungen unverzüglich vorzunehmen.

(2) Die in Absatz 1 Nr. 1 bestimmte Frist ist vom Grundstückseigentümer auf Verlangen des Erbbauberechtigten um weitere sechs Jahre zu verlängern, wenn dieser aus wirtschaftlichen Gründen innerhalb der ersten sechs Jahre nach Abschluß des Erbbaurechtsvertrages zur Bebauung des Grundstücks nicht in der Lage oder aus besonderen persönlichen Gründen daran gehindert war. Eine Veräußerung des Erbbaurechts führt nicht zur Verlängerung der in Satz 1 bezeichneten Fristen.

(3) Sind an dem Gebäude bei Abschluß des Erbbaurechtsvertrages erhebliche Bauschäden vorhanden, so kann im Falle des Absatzes 1 Nr. 2 die Frist zur Behebung dieser Bauschäden auf Verlangen des Erbbauberechtigten bis auf sechs Jahre erstreckt werden, wenn nicht eine sofortige Behebung der Schäden aus Gründen der Bausicherheit erforderlich ist.

(4) Der Grundstückseigentümer hat das Recht, vom Nutzer zu verlangen, daß dieser sich ihm gegenüber verpflichtet, das Erbbaurecht auf ihn zu übertragen, wenn der Erbbauberechtigte den in den Absätzen 1 bis 3 bestimmten Pflichten auch nach einer vom Grundstückseigentümer zu setzenden angemessenen Nachfrist schuldhaft nicht nachgekommen ist (Heimfallklausel).

(5) Jeder Grundstückseigentümer kann verlangen, daß der Erbbauberechtigte sich zum Abschluß einer den Wert des Gebäudes deckenden Versicherung verpflichtet.

§ 57. Ankaufsrecht. (1) Der Nutzer kann verlangen, daß in den Erbbaurechtsvertrag eine Verpflichtung des Grundstückseigentümers aufgenommen wird, das Grundstück an den jeweiligen Erbbauberechtigten zu verkaufen. Die Frist für das Ankaufsrecht ist auf zwölf Jahre von der Bestellung des Erbbaurechts an zu beschränken, wenn der Grundstückseigentümer eine Befristung verlangt.

(2) Der Preis ist entsprechend den Vorschriften in Abschnitt 3 über das Ankaufsrecht zu vereinbaren. Der Bodenwert ist auf den Zeitpunkt festzustellen, in dem ein den Vereinbarungen im Erbbaurechtsvertrag entsprechendes Angebot zum Ankauf des Grundstücks abgegeben wird. Die Grundlagen der Bemessung des Preises sind in den Vertrag aufzunehmen.

(3) Im Falle einer Weiterveräußerung des Grundstücks nach dem Ankauf ist § 71 entsprechend anzuwenden.

§ 58. Öffentliche Lasten. Der Grundstückseigentümer kann verlangen, daß der Erbbauberechtigte vom Tage der Bestellung des Erbbaurechts an die auf dem Grundstück ruhenden öffentlichen Lasten zu tragen hat, soweit diese dem Gebäude und der vom Erbbauberechtigten genutzten Fläche zuzurechnen sind. Die gesetzlichen und vertraglichen Regelungen über die entsprechenden Verpflichtungen des Nutzers bleiben bis zur Bestellung des Erbbaurechts unberührt.

Unterabschnitt 7. Folgen der Erbbaurechtsbestellung

§ 59. Erlöschen des Gebäudeeigentums und des Nutzungsrechts. (1) Das Gebäude wird Bestandteil des Erbbaurechts. Das selbständige Gebäudeeigentum erlischt mit dessen Entstehung.

(2) Mit der Bestellung des Erbbaurechts erlöschen zugleich ein nach bisherigem Recht begründetes Nutzungsrecht und etwaige vertragliche oder gesetzliche Besitzrechte des Nutzers.

§ 60. Anwendbarkeit der Verordnung über das Erbbaurecht, Kosten und Gewährleistung.

(1) Auf die nach den Bestimmungen dieses Kapitels bestellten Erbbaurechte findet, soweit nicht Abweichendes gesetzlich angeordnet oder zugelassen ist, die Verordnung über das Erbbaurecht Anwendung.

(2) Die Kosten des Vertrages und seiner Durchführung sind zwischen den Vertragsparteien zu teilen.

(3) Der Grundstückseigentümer haftet nicht für Sachmängel des Grundstücks.

Abschnitt 3. Gesetzliches Ankaufsrecht

Unterabschnitt 1. Gesetzliche Ansprüche auf Vertragsschluß

§ 61. Grundsatz. (1) Der Nutzer kann vom Grundstückseigentümer die Annahme eines Angebots für einen Grundstückskaufvertrag verlangen, wenn der Inhalt des Angebots den Bestimmungen der §§ 65 bis 74 entspricht.

(2) Der Grundstückseigentümer kann vom Nutzer den Ankauf des Grundstücks verlangen, wenn
1. der in Ansatz zu bringende Bodenwert nicht mehr als 100 000 Deutsche Mark, im Falle der Bebauung mit einem Eigenheim nicht mehr als 30 000 Deutsche Mark, beträgt,
2. der Nutzer eine entsprechende Wahl getroffen hat oder
3. das Wahlrecht auf den Grundstückseigentümer übergegangen ist.

Unterabschnitt 2. Gesetzliche Ansprüche wegen dinglicher Rechte

§ 62. Dienstbarkeit, Nießbrauch, Wohnungsrecht. (1) Dingliche Rechte am Grundstück, die einen Anspruch auf Zahlung oder Befriedigung aus dem Grundstück nicht gewähren, erlöschen auf den nach § 66 abzuschreibenden Teilflächen, die außerhalb der Ausübungsbefugnis des Inhabers des dinglichen Rechts liegen. Dasselbe gilt, wenn diese Rechte seit ihrer Bestellung nur auf einer Teilfläche ausgeübt wurden. Die Vertragsparteien können von den Inhabern dieser Rechte am Grundstück die Zustimmung zur Berichtigung des Grundbuchs verlangen.

(2) Für die nach dem 21. Juli 1992 beantragten Belastungen des Grundstücks ist § 63 Abs. 1 entsprechend anzuwenden.

§ 63. Hypothek, Grundschuld, Rentenschuld, Reallast. (1) Der Nutzer kann von den Inhabern dinglicher Rechte, die einen Anspruch auf Zahlung oder Befriedigung aus dem Grundstück gewähren, verlangen, auf ihr Recht zu verzichten, wenn der Antrag auf Eintragung der Belastung nach dem 21. Juli 1992 beim Grundbuchamt einging und dem Inhaber des dinglichen Rechts bekannt war, daß der Grundstückseigentümer vorsätzlich seiner Verpflichtung aus Artikel 233 § 2a Abs. 3 Satz 2 des Einführungsgesetzes zum Bürgerlichen Gesetzbuche zuwiderhandelte, das vom Nutzer bebaute Grundstück nicht zu belasten. Erwirbt der Nutzer eine Teilfläche, so beschränkt sich der Anspruch nach Satz 1 auf die Zustimmung zur lastenfreien Abschreibung.

(2) Der Nutzer kann von dem Inhaber eines in Absatz 1 bezeichneten Rechts verlangen, einer lastenfreien Um- oder Abschreibung einer von ihm zu erwerbenden Teilfläche zuzustimmen, wenn das vom Nutzer errichtete oder erworbene Gebäude oder dessen bauliche Anlage und die hierfür in Anspruch genommene Fläche nach den vertraglichen Regelungen nicht zum Haftungsverband gehören sollten oder deren Nichtzugehörigkeit zum Haftungsverband für den Inhaber des dinglichen Rechts bei Bestellung oder Erwerb erkennbar war. Ist ein Darlehen für den Betrieb des Grundstückseigentümers gewährt worden, so ist zu vermuten, daß ein vom Nutzer bewohntes Eigenheim und die ihm zuzuordnende Fläche nicht als Sicherheit für das Darlehen haften sollen.

(3) Liegen die in Absatz 2 genannten Voraussetzungen nicht vor, kann der Nutzer verlangen, daß der Inhaber des dinglichen Rechts die Mithaftung des Trennstücks auf den Betrag beschränkt, dessen Wert im Verhältnis zu dem beim Grundstückseigentümer verbleibenden Grundstück entspricht. § 1132 Abs. 2 des Bürgerlichen Gesetzbuchs findet entsprechende Anwendung.

19. Gesetz zur Sachenrechtsbereinigung

§ 64. Ansprüche gegen den Grundstückseigentümer. (1) Der Grundstückseigentümer ist vorbehaltlich der nachfolgenden Bestimmungen verpflichtet, dem Nutzer das Grundstück frei von Rechten Dritter zu übertragen, die gegen den Nutzer geltend gemacht werden können. Satz 1 ist nicht anzuwenden auf
1. Vorkaufsrechte, die aufgrund gesetzlicher Bestimmungen oder aufgrund Überlassungsvertrags eingetragen worden sind, und
2. die in § 62 Abs. 1 bezeichneten Rechte, wenn
   a) das Grundstück bereits vor der Bestellung des Nutzungsrechts oder der Bebauung des Grundstücks belastet war,
   b) die Belastung vor Ablauf des 2. Oktober 1990 auf Veranlassung staatlicher Stellen erfolgt ist,
   c) der Grundstückseigentümer aufgrund gesetzlicher Bestimmungen zur Belastung seines Grundstücks mit einem solchen Recht verpflichtet gewesen ist oder
   d) der Nutzer der Belastung zugestimmt hat.

(2) Übernimmt der Nutzer nach § 63 Abs. 3 eine dingliche Haftung für eine vom Grundstückseigentümer eingegangene Verpflichtung, so kann er von diesem Befreiung verlangen. Ist die gesicherte Forderung noch nicht fällig, so kann der Nutzer vom Grundstückseigentümer statt der Befreiung Sicherheit fordern.

(3) Der Inhaber eines in § 63 Abs. 1 bezeichneten dinglichen Rechts, der einer lastenfreien Um- oder Abschreibung zuzustimmen verpflichtet ist, erwirbt im Range und Umfang seines Rechts am Grundstück ein Pfandrecht am Anspruch auf den vom Nutzer zu zahlenden Kaufpreis. Ist das Recht nicht auf Leistung eines Kapitals gerichtet, sichert das Pfandrecht den Anspruch auf Wertersatz. Jeder Inhaber eines solchen Rechts kann vom Nutzer die Hinterlegung des Kaufpreises verlangen.

Unterabschnitt 3. Bestimmungen zum Inhalt des Vertrages

§ 65. Kaufgegenstand. (1) Kaufgegenstand ist das mit dem Nutzungsrecht belastete oder bebaute Grundstück oder eine abzuschreibende Teilfläche.

(2) Ist eine Teilung eines bebauten Grundstücks nicht möglich oder unzweckmäßig (§ 66 Abs. 2), ist als Kaufgegenstand ein Miteigentumsanteil am Grundstück in Verbindung mit dem Sondereigentum an Wohnungen oder dem Teileigentum an nicht zu Wohnzwecken dienenden Räumen eines Gebäudes zu bestimmen.

§ 66. Teilflächen. (1) Die Bestimmung abzuschreibender Teilflächen ist nach den §§ 22 bis 27 vorzunehmen. Die Grenzen dieser Flächen sind in dem Vertrag zu bezeichnen nach
1. einem Sonderungsplan, wenn die Grenzen der Nutzungsrechte in einem Sonderungsbescheid festgestellt worden sind,
2. einem Lageplan oder
3. festen Merkmalen in der Natur.

(2) Eine Abschreibung von Teilflächen ist nicht möglich, wenn mehrere Nutzer oder der Nutzer und der Grundstückseigentümer abgeschlossene Teile eines Gebäudes unter Ausschluß des anderen nutzen oder wenn die Teilungsgenehmigung nach § 120 zu einer Teilung des Grundstücks versagt wird. Eine Teilung ist unzweckmäßig, wenn gemeinschaftliche Erschließungsanlagen oder gemeinsame Anlagen und Anbauten genutzt werden und die Regelungen für den Gebrauch, die Unterhaltung der Anlagen sowie die Verpflichtung von Rechtsnachfolgern der Vertragsparteien einen außerordentlichen Aufwand verursachen würden. § 40 Abs. 2 ist entsprechend anzuwenden.

§ 67. Begründung von Wohnungs- oder Teileigentum. (1) In den Fällen des § 66 Abs. 2 kann jeder Beteiligte verlangen, daß anstelle einer Grundstücksteilung und Veräußerung einer Teilfläche Wohnungs- oder Teileigentum begründet und veräußert wird. Die Verträge sollen folgende Bestimmungen enthalten:
1. Sofern selbständiges Gebäudeeigentum besteht, ist Wohnungs- oder Teileigentum durch den Abschluß eines Vertrages nach § 3 des Wohnungseigentumsgesetzes über das Gebäude und eine Teilung des Grundstücks nach § 8 des Wohnungseigentumsgesetzes zu begründen und auf die Nutzer zu übertragen.
2. In anderen Fällen hat der Grundstückseigentümer eine Teilung entsprechend § 8 des Wohnungseigentumsgesetzes vorzunehmen und Sondereigentum und Miteigentumsanteile an die Nutzer zu veräußern.

(2) Der Anspruch nach Absatz 1 besteht nicht, wenn
1. der von einem Nutzer zu zahlende Kaufpreis bei der Begründung von Wohnungseigentum nach § 1 Abs. 2 des Wohnungseigentumsgesetzes mehr als 30 000 Deutsche Mark oder von Teileigentum nach § 1 Abs. 3 jenes Gesetzes mehr als 100 000 Deutsche Mark betragen würde und
2. der betreffende Nutzer die Begründung von Wohnungserbbaurechten verlangt.

(3) Wird Wohnungs- oder Teileigentum begründet, so können die Nutzer eine Kaufpreisbestimmung verlangen, nach der sie dem Grundstückseigentümer gegenüber anteilig nach der Größe ihrer Miteigentumsanteile zur Zahlung des Kaufpreises verpflichtet sind.

(4) Die Beteiligten sind verpflichtet, an der Erlangung der für die Aufteilung erforderlichen Unterlagen mitzuwirken. § 40 Abs. 4 ist entsprechend anzuwenden.

§ 68. Regelmäßiger Preis. (1) Der Kaufpreis beträgt die Hälfte des Bodenwerts, soweit nicht im folgenden etwas anderes bestimmt ist.

(2) Macht der Nutzer dem Grundstückseigentümer im ersten Jahr nach dem 1. Oktober 1994 ein Angebot für einen Grundstückskaufvertrag oder beantragt er innerhalb dieser Zeit das notarielle Vermittlungsverfahren zum Abschluß eines solchen Vertrages, so kann er eine Ermäßigung des nach Absatz 1 ermittelten Kaufpreises um fünf vom Hundert für den Fall verlangen, daß der ermäßigte Kaufpreis innerhalb eines Monats gezahlt wird, nachdem der Notar dem Käufer mitgeteilt hat, daß alle zur Umschreibung erforderlichen Voraussetzungen vorliegen. Wird das Angebot im zweiten Jahr nach dem 1. Oktober 1994 gemacht oder innerhalb dieser Zeit das notarielle Vermittlungsverfahren beantragt, so beträgt die Ermäßigung zweieinhalb vom Hundert. Die Ermäßigung ist ausgeschlossen, wenn zuvor ein Erbbauzins an den Grundstückseigentümer zu zahlen war. Die Ermäßigung fällt weg, wenn der Käufer den Vertragsschluß wider Treu und Glauben erheblich verzögert.

§ 69. Preisanhebung bei kurzer Restnutzungsdauer des Gebäudes. (1) Der nach § 68 zu bestimmende Kaufpreis ist auf Verlangen des Grundstückseigentümers wegen kurzer Restnutzungsdauer des Gebäudes zu erhöhen, wenn
1. das Gebäude zu anderen als zu Wohnzwecken genutzt wird,
2. dem Nutzer ein Nutzungsrecht nicht verliehen oder nicht zugewiesen worden ist oder die Restlaufzeit eines Nutzungs- oder Überlassungsvertrages kürzer ist als die regelmäßige Dauer des Erbbaurechts und
3. die Restnutzungsdauer des Gebäudes zum Zeitpunkt des Ankaufsverlangens kürzer ist als die regelmäßige Dauer eines Erbbaurechts.

(2) Zur Bestimmung der Preisanhebung sind die Bodenwertanteile eines Erbbaurechts mit der Restnutzungsdauer des Gebäudes und eines Erbbaurechts mit der regelmäßigen Laufzeit nach § 53 zu errechnen. Der Bodenwertanteil des Nutzers ist nach dem Verhältnis der Bodenwertanteile der in Satz 1 bezeichneten Erbbaurechte zu ermitteln. Der angehobene Preis errechnet sich durch Abzug des Anteils des Nutzers vom Bodenwert.

§ 70. Preisbemessung nach dem ungeteilten Bodenwert. (1) Der Kaufpreis ist nach dem ungeteilten Bodenwert zu bemessen, wenn die Nutzung des Grundstücks geändert wird. Eine Nutzungsänderung im Sinne des Satzes 1 liegt vor, wenn
1. ein Gebäude zu land-, forstwirtschaftlichen, gewerblichen oder öffentlichen Zwecken genutzt wird, obwohl das Nutzungsrecht zu Wohnzwecken bestellt oder das Gebäude am 2. Oktober 1990 zu Wohnzwecken genutzt wurde,
2. ein Gebäude oder eine bauliche Anlage gewerblichen Zwecken dient und das Gebäude auf den dem gesetzlichen Nutzungsrecht der landwirtschaftlichen Produktionsgenossenschaften unterliegenden Flächen errichtet und am 30. Juni 1990 land- oder forstwirtschaftlich genutzt wurde oder
3. ein Gebäude oder eine bauliche Anlage abweichend von der nach dem Inhalt des Nutzungsrechts vorgesehenen oder der am Ablauf des 2. Oktober 1990 ausgeübten Nutzungsart genutzt wird.

(2) Die Nutzung eines Eigenheims für die Ausübung freiberuflicher Tätigkeit, eines Handwerks-, Gewerbe- oder Pensionsbetriebes sowie die Änderung der Art der Nutzung ohne verstärkte bauliche Ausnutzung des Grundstücks durch einen Nutzer, der das Grundstück bereits vor dem 3. Oktober 1990 in Anspruch genommen hatte (§ 54 Abs. 2 und 3), sind keine Nutzungsänderungen im Sinne des Absatzes 1.

(3) Ist ein Nutzungsrecht für den Bau eines Eigenheimes bestellt oder das Grundstück mit einem Eigenheim bebaut worden, ist der ungeteilte Bodenwert für den Teil des Grundstücks in Ansatz zu

19. Gesetz zur Sachenrechtsbereinigung **Anhang I/19**

bringen, der die Regelgröße übersteigt, wenn dieser abtrennbar und selbständig baulich nutzbar ist. Gleiches gilt hinsichtlich einer über 1000 Quadratmeter hinausgehenden Fläche, wenn diese abtrennbar und angemessen wirtschaftlich nutzbar ist.

(4) Der Kaufpreis ist auch dann nach dem ungeteilten Bodenwert zu bemessen, wenn der Nutzer das Gebäude oder die bauliche Anlage nach dem Ablauf des 20. Juli 1993 erworben hat und zum Zeitpunkt des der Veräußerung zugrunde liegenden Rechtsgeschäfts die in § 29 Abs. 3 bezeichneten Voraussetzungen vorlagen. Satz 1 ist nicht anzuwenden, wenn das Gebäude oder die bauliche Anlage als Teil eines Unternehmens veräußert wird und der Nutzer das Geschäft seines Rechtsvorgängers fortführt.

§ 71. Nachzahlungsverpflichtungen. (1) Der Grundstückseigentümer kann im Falle des Verkaufs zum regelmäßigen Preis (§ 68) verlangen, daß sich der Nutzer ihm gegenüber verpflichtet, die Differenz zu dem ungeteilten Bodenwert (§ 70) zu zahlen, wenn innerhalb einer Frist von drei Jahren nach dem Erwerb
1. das Grundstück unbebaut oder mit einem nicht mehr nutzbaren, abbruchreifen Gebäude veräußert wird,
2. eine Nutzungsänderung nach § 70 erfolgt oder
3. der Nutzer das erworbene land-, forstwirtschaftlich oder gewerblich genutzte oder öffentlichen Zwecken dienende Grundstück an einen Dritten veräußert.

Dies gilt nicht, wenn das Grundstück als Teil eines Unternehmens veräußert wird und der Erwerber das Geschäft des Veräußerers fortführt.

(2) Für Nutzungsänderungen oder Veräußerungen nach Absatz 1 in den folgenden drei Jahren kann der Grundstückseigentümer vom Nutzer die Begründung einer Verpflichtung in Höhe der Hälfte des in Absatz 1 bestimmten Differenzbetrages verlangen.

(3) Maßgebender Zeitpunkt für die in den Absätzen 1 und 2 bezeichneten Fristen ist der jeweilige Zeitpunkt des Abschlusses des die Verpflichtung zum Erwerb und zur Veräußerung begründenden schuldrechtlichen Geschäfts.

(4) Vermietungen, Verpachtungen sowie die Begründung von Wohnungs- und Nießbrauchsrechten oder ähnliche Rechtsgeschäfte, durch die einem Dritten eigentümerähnliche Nutzungsbefugnisse übertragen werden oder werden sollen, stehen einer Veräußerung nach den Absätzen 1 und 2 gleich.

§ 72. Ausgleich wegen abweichender Grundstücksgröße. (1) Jeder Beteiligte kann verlangen, daß sich der andere Teil ihm gegenüber verpflichtet, eine Ausgleichszahlung zu leisten, wenn der Kaufpreis nach der Quadratmeterzahl des Grundstücks bemessen wird und die Größe des Grundstücks von der im Vertrag zugrunde gelegten nach dem Ergebnis einer Vermessung mehr als geringfügig abweicht. Ansprüche nach den §§ 459 und 468 des Bürgerlichen Gesetzbuchs sind ausgeschlossen, es sei denn, daß eine Gewährleistung wegen abweichender Grundstücksgröße im Vertrag ausdrücklich vereinbart wird.

(2) Größenunterschiede sind als geringfügig anzusehen, wenn sie bei einem Bodenwert je Quadratmeter
1. unter 100 Deutsche Mark fünf vom Hundert,
2. unter 200 Deutsche Mark vier vom Hundert oder
3. ab 200 Deutsche Mark drei vom Hundert

nicht überschreiten.

(3) Ansprüche nach Absatz 1 verjähren in einem Jahr nach der Vermessung.

§ 73. Preisbemessung im Wohnungsbau. (1) Für die im staatlichen oder genossenschaftlichen Wohnungsbau verwendeten Grundstücke ist der Kaufpreis unter Zugrundelegung des sich aus § 20 Abs. 1 und 2 ergebenden Bodenwerts zu bestimmen. Der Grundstückseigentümer kann vom Nutzer eines im staatlichen oder genossenschaftlichen Wohnungsbau verwendeten Grundstücks verlangen, daß der Nutzer sich im Vertrag ihm gegenüber zu einer Nachzahlung verpflichtet, wenn
1. das Grundstück innerhalb von 20 Jahren nach dem Vertragsschluß nicht mehr zu Wohnzwecken genutzt wird (Absatz 2) oder
2. das Grundstück innerhalb von zehn Jahren nach dem Vertragsschluß weiterveräußert wird (Absatz 2).

Der Nutzer kann die Vereinbarung von Nachzahlungspflichten verweigern und verlangen, daß im Grundstückskaufvertrag der Kaufpreis nach dem sich aus § 19 Abs. 2 ergebenden Bodenwert bestimmt wird.

(2) Eine Nutzungsänderung nach Absatz 1 Satz 2 Nr. 1 tritt ein, wenn das Gebäude nicht mehr zu Wohnzwecken genutzt oder abgebrochen wird. Satz 1 ist nicht anzuwenden, wenn nur einzelne Räume des Gebäudes zu anderen Zwecken, aber mehr als 50 vom Hundert der gesamten Nutzfläche zu Wohnzwecken genutzt werden. Die Höhe des Nachzahlungsanspruchs bestimmt sich nach
1. der Differenz zwischen dem gezahlten und dem regelmäßigen Kaufpreis auf der Basis des Werts eines unbebauten Grundstücks nach § 19 Abs. 2, wenn die Veränderung innerhalb von zehn Jahren nach Vertragsschluß eintritt,
2. der Hälfte dieses Betrag in den folgenden zehn Jahren.

Der Bodenwert ist auf den Zeitpunkt festzustellen, in dem der Nachzahlungsanspruch entstanden ist.

(3) Veräußerungen nach Absatz 1 Satz 2 Nr. 2 sind auch die Begründung und Veräußerung von Wohnungseigentum oder Wohnungserbbaurechten sowie ähnliche Rechtsgeschäfte, durch die einem Dritten eigentümerähnliche Rechte übertragen werden. Die Nachzahlungspflicht bemißt sich nach dem bei der Veräußerung erzielten Mehrerlös für den Bodenanteil. Der Mehrerlös ist die Differenz zwischen dem auf den Boden entfallenden Teil des bei der Weiterveräußerung erzielten Kaufpreises und dem bei der Veräußerung zwischen dem Grundstückseigentümer und dem Nutzer vereinbarten Kaufpreis. Der Nutzer ist verpflichtet, in dem Vertrag mit dem Dritten den auf Grund und Boden entfallenden Teil des Kaufpreises gesondert auszuweisen und die Weiterveräußerung dem früheren Grundstückseigentümer anzuzeigen. Die Höhe des Nachzahlungsanspruchs bestimmt sich nach
1. der Hälfte des Mehrerlöses, wenn die Veräußerung in den ersten fünf Jahren nach dem Erwerb des Grundstücks nach diesem Gesetz erfolgt,
2. einem Viertel des Mehrerlöses im Falle einer Veräußerung in den folgenden fünf Jahren.

(4) Der vom Nutzer an den Grundstückseigentümer nach Absatz 1 zu zahlende Kaufpreis sowie eine nach den Absätzen 2 und 3 zu leistende Nachzahlung sind von dem Erlös abzuziehen, der nach § 5 Abs. 2 des Altschuldenhilfe-Gesetzes der Ermittlung der an den Erblastentilgungsfonds abzuführenden Erlösanteile zugrunde zu legen ist.

(5) Der Grundstückseigentümer kann eine Sicherung des Anspruchs nach Absatz 1 Satz 2 Nr. 1 durch ein Grundpfandrecht innerhalb des in § 11 des Hypothekenbankgesetzes bezeichneten Finanzierungsraums nicht beanspruchen.

(6) Der Anspruch aus § 71 bleibt unberührt.

§ 74. Preisbemessung bei Überlassungsverträgen. (1) Der Grundstückseigentümer kann eine Anhebung des Kaufpreises durch Anrechnung des Restwerts des überlassenen Gebäudes und der Grundstückseinrichtungen verlangen. Die Erhöhung des Preises ist pauschal nach dem Sachwert des Gebäudes und der Grundstückseinrichtungen zum Zeitpunkt der Überlassung abzüglich der Wertminderungen, die bis zum Zeitpunkt der Abgabe eines Angebots zum Vertragsschluß eingetreten wären, zu bestimmen. Die Wertminderung ist nach der Nutzungsdauer von Gebäuden und Einrichtungen der entsprechenden Art und den üblichen Wertminderungen wegen Alters und Abnutzung zu berechnen. Eine andere Berechnung kann verlangt werden, wenn dies wegen besonderer Umstände, insbesondere erheblicher Bauschäden zum Zeitpunkt der Überlassung, geboten ist.

(2) Zahlungen des Überlassungsnehmers, die zur Ablösung von Verbindlichkeiten des Grundstückseigentümers und von Grundpfandrechten verwandt wurden, sind auf Verlangen des Nutzers auf den Kaufpreis anzurechnen. § 38 Abs. 2 und 3 gilt entsprechend.

(3) Die vom Überlassungsnehmer gezahlten und hinterlegten Geldbeträge sind auf den Kaufpreis anzurechnen, wenn sie bereits an den Grundstückseigentümer ausgezahlt wurden oder zur Zahlung an ihn verfügbar sind. Eine Verfügbarkeit der Beträge liegt vor, wenn diese binnen eines Monats nach Vertragsschluß an den verkaufenden Grundstückseigentümer gezahlt werden oder auf einem Treuhandkonto des beurkundenden Notars zur Verfügung bereitstehen.

(4) Ist eine Anrechnung nach Absatz 3 nicht möglich, so ist der Grundstückseigentümer verpflichtet, insoweit seine Ersatzansprüche gegen den staatlichen Verwalter auf den Nutzer zu übertragen und dies dem Verwalter anzuzeigen.

Unterabschnitt 4. Folgen des Ankaufs

§ 75. Gefahr, Lasten. (1) Der Nutzer trägt die Gefahr für ein von ihm errichtetes Gebäude. Er hat vom Kaufvertragsschluß an die auf dem Grundstück ruhenden Lasten zu tragen.

(2) Gesetzliche oder vertragliche Regelungen, nach denen der Nutzer die Lasten schon vorher zu tragen hatte, bleiben bis zum Vertragsschluß unberührt. Ansprüche des Nutzers auf Aufwendungsersatz bestehen nicht.

19. Gesetz zur Sachenrechtsbereinigung

§ 76. Gewährleistung. Der Verkäufer haftet nicht für Sachmängel des Grundstücks.

§ 77. Kosten. Die Kosten des Vertrages und seiner Durchführung sind zwischen den Vertragsparteien zu teilen.

§ 78. Rechtsfolgen des Erwerbs des Grundstückseigentums durch den Nutzer. (1) Vereinigen sich Grundstücks- und Gebäudeeigentum in einer Person, so ist eine Veräußerung oder Belastung allein des Gebäudes oder des Grundstücks ohne das Gebäude nicht mehr zulässig. Die Befugnis zur Veräußerung im Wege der Zwangsversteigerung oder zu deren Abwendung bleibt unberührt. Der Eigentümer ist verpflichtet, das Eigentum am Gebäude nach § 875 des Bürgerlichen Gesetzbuchs aufzugeben, sobald dieses unbelastet ist oder sich die dinglichen Rechte am Gebäude mit dem Eigentum am Gebäude in seiner Person vereinigt haben. Der Eigentümer des Gebäudes und der Inhaber einer Grundschuld sind verpflichtet, das Recht aufzugeben, wenn die Forderung, zu deren Sicherung die Grundschuld bestellt worden ist, nicht entstanden oder erloschen ist. Das Grundbuchamt hat den Eigentümer zur Erfüllung der in den Sätzen 3 und 4 bestimmten Pflichten anzuhalten. Die Vorschriften über den Grundbuchberichtigungszwang im Fünften Abschnitt der Grundbuchordnung finden entsprechende Anwendung.

(2) Der Eigentümer kann von den Inhabern dinglicher Rechte am Gebäude verlangen, die nach § 876 des Bürgerlichen Gesetzbuchs erforderliche Zustimmung zur Aufhebung zu erteilen, wenn sie Rechte am Grundstück an der gleichen Rangstelle und im gleichen Wert erhalten und das Gebäude Bestandteil des Grundstücks wird.

(3) Im Falle einer Veräußerung nach Absatz 1 Satz 2 kann der Erwerber vom Eigentümer auch den Ankauf des Grundstücks oder des Gebäudes oder der baulichen Anlage nach diesem Abschnitt verlangen. Der Preis ist nach dem vollen Verkehrswert (§ 70) zu bestimmen. Im Falle der Veräußerung des Grundstücks ist § 71 anzuwenden. Eine Preisermäßigung nach § 73 kann der Erwerber vom Eigentümer nur verlangen, wenn
1. die in § 73 Abs. 1 bezeichneten Voraussetzungen vorliegen und
2. er sich gegenüber dem Eigentümer wie in § 73 Abs. 1 Satz 2 verpflichtet.
Der frühere Grundstückseigentümer erwirbt mit dem Entstehen einer Nachzahlungsverpflichtung des Eigentümers aus § 73 Abs. 1 ein vorrangiges Pfandrecht an den Ansprüchen des Eigentümers gegen den Erwerber aus einer Nutzungsänderung.

Unterabschnitt 5. Leistungsstörungen

§ 79. Durchsetzung des Erfüllungsanspruchs. (1) Der Grundstückseigentümer kann wegen seiner Ansprüche aus dem Kaufvertrag die Zwangsversteigerung des Gebäudes oder der baulichen Anlage des Nutzers nur unter gleichzeitiger Versteigerung des nach dem Vertrag zu veräußernden Grundstücks betreiben. Der Grundstückseigentümer darf einen Antrag auf Versteigerung des Gebäudes und des Grundstücks erst stellen, wenn er dem Nutzer die Versteigerung des verkauften Grundstücks zuvor angedroht, dem Nutzer eine Nachfrist zur Zahlung von mindestens zwei Wochen gesetzt hat und diese Frist fruchtlos verstrichen ist.

(2) Für die Vollstreckung in das Grundstück ist ein vollstreckbarer Titel gegen den Nutzer ausreichend. Die Zwangsversteigerung darf nur angeordnet werden, wenn
1. der Antragsteller als Eigentümer des Grundstücks im Grundbuch eingetragen oder als Rechtsvorgänger des Nutzers eingetragen gewesen ist oder Erbe des eingetragenen Grundstückseigentümers ist und
2. das Grundstück frei von Rechten ist, die Ansprüche auf Zahlung oder Befriedigung aus dem Grundstück gewähren.

(3) Der Zuschlag für das Gebäude und das Grundstück muß an dieselbe Person erteilt werden. Mit dem Zuschlag erlöschen die Rechte des Nutzers zum Besitz aus dem Moratorium nach Artikel 233 § 2a des Einführungsgesetzes zum Bürgerlichen Gesetzbuche, aus diesem Gesetz und aus dem Grundstückskaufvertrag.

(4) An die Stelle des Anspruchs des Nutzers auf Übereignung tritt der Anspruch auf Auskehr des nach Berichtigung der Kosten und Befriedigung des Grundstückseigentümers verbleibenden Resterlöses.

§ 80. Rechte aus § 326 des Bürgerlichen Gesetzbuchs. Dem Grundstückseigentümer stehen nach fruchtlosem Ablauf einer nach § 326 Abs. 1 Satz 1 des Bürgerlichen Gesetzbuchs bestimmten Nach-

frist statt der in § 326 Abs. 1 Satz 2 bezeichneten Ansprüche folgende Rechte zu. Der Grundstückseigentümer kann
1. vom Nutzer den Abschluß eines Erbbaurechtsvertrages nach Maßgabe des Abschnitts 2 verlangen oder
2. das Gebäude oder die bauliche Anlage nach Maßgabe des nachfolgenden Unterabschnitts ankaufen.

Der Grundstückseigentümer kann über die in Satz 1 bezeichneten Ansprüche hinaus vom Nutzer Ersatz der ihm durch den Vertragsschluß entstandenen Vermögensnachteile sowie vom Ablauf der Nachfrist an ein Nutzungsentgelt in Höhe des nach dem Abschnitt 2 zu zahlenden Erbbauzinses verlangen. Die Regelungen über eine Zinsermäßigung in § 51 sind nicht anzuwenden, auch wenn nach Satz 1 Nr. 1 auf Verlangen des Grundstückseigentümers ein Erbbaurechtsvertrag geschlossen wird.

Unterabschnitt 6. Besondere Bestimmungen für den Hinzuerwerb des Gebäudes durch den Grundstückseigentümer

§ 81. Voraussetzungen, Kaufgegenstand, Preisbestimmung. (1) Der Grundstückseigentümer ist berechtigt, ein vom Nutzer errichtetes oder erworbenes Wirtschaftsgebäude oder dessen bauliche Anlage anzukaufen oder, wenn kein selbständiges Gebäudeeigentum entstanden ist, die aus der baulichen Investition begründeten Rechte abzulösen, wenn
1. die Rechtsverhältnisse an land- und forstwirtschaftlich genutzten Grundstücken, Gebäuden oder baulichen Anlagen neu geregelt werden sollen und der Erwerb des Gebäudes oder der baulichen Anlage in einer vom Grundstückseigentümer von der Flurneuordnungsbehörde einzuholenden Stellungnahme befürwortet wird,
2. der Grundstückseigentümer die Bestellung eines Erbbaurechts oder den Ankauf des Grundstücks nach § 29 verweigert hat,
3. der Anspruch des Nutzers auf Bestellung eines Erbbaurechts oder auf Ankauf des Grundstücks nach § 31 wegen geringer Restnutzungsdauer des Gebäudes oder der baulichen Anlage ausgeschlossen ist und der Grundstückseigentümer für Wohn- und betriebliche Zwecke auf eine eigene Nutzung des Grundstücks angewiesen ist oder
4. der Grundstückseigentümer Inhaber eines Unternehmens ist und
    a) das Gebäude oder die bauliche Anlage auf dem Betriebsgrundstück steht und die betriebliche Nutzung des Grundstücks erheblich beeinträchtigt oder
    b) das Gebäude, die bauliche Anlage oder die Funktionsfläche für betriebliche Erweiterungen in Anspruch genommen werden soll und der Grundstückseigentümer die in § 3 Abs. 1 Nr. 1 des Investitionsvorranggesetzes bezeichneten Zwecke verfolgt oder der Nutzer keine Gewähr für eine Fortsetzung der betrieblichen Nutzung des Wirtschaftsgebäudes bietet.

Satz 1 Nr. 4 Buchstabe b ist nicht anzuwenden, wenn den betrieblichen Belangen des Nutzers eine höhere Bedeutung zukommt als den investiven Interessen des Grundstückseigentümers.

(2) Der vom Grundstückseigentümer zu zahlende Kaufpreis ist nach dem Wert des Gebäudes oder der baulichen Anlage zu dem Zeitpunkt zu bemessen, in dem ein Beteiligter ein Angebot zum Ankauf macht. In den Fällen des Absatzes 1 Nr. 1 und 4 hat der Grundstückseigentümer auch den durch Nutzungsrecht oder bauliche Investition begründeten Bodenwertanteil abzulösen. Der Bodenwertanteil des Nutzers wird dadurch bestimmt, daß vom Verkehrswert der Betrag abgezogen wird, den der Nutzer im Falle des Hinzuerwerbs des Grundstücks zu zahlen hätte. In den Fällen des Absatzes 1 Nr. 3 kann der Nutzer eine Entschädigung verlangen, soweit ihm dadurch ein Vermögensnachteil entsteht, daß ein Mietvertrag mit einer nach der Restnutzungsdauer des Gebäudes bemessenen Laufzeit (§ 31 Abs. 2) nicht abgeschlossen wird.

(3) Ist das vom Nutzer errichtete oder erworbene Gebäude oder die bauliche Anlage nicht mehr nutzbar oder das Grundstück nicht bebaut, so kann der Nutzer vom Grundstückseigentümer eine Zahlung nach Absatz 2 Satz 2 nur verlangen, wenn ein Nutzungsrecht bestellt wurde. Der Anspruch entfällt, wenn die in § 29 Abs. 2 bestimmten Voraussetzungen vorliegen. In diesem Fall kann der Grundstückseigentümer vom Nutzer die Aufhebung des Nutzungsrechts verlangen.

(4) Ist das Gebäude noch nutzbar, mit einem Gebrauch durch den Nutzer aber nicht mehr zu rechnen (§ 29 Abs. 1), ist der Kaufpreis auch dann nur nach dem Wert des Gebäudes zu bemessen, wenn dem Nutzer ein Nutzungsrecht bestellt wurde.

(5) Erwirbt der Grundstückseigentümer selbständiges Gebäudeeigentum, ist § 78 entsprechend anzuwenden.

19. Gesetz zur Sachenrechtsbereinigung

§ 82. Übernahmeverlangen des Grundstückseigentümers. (1) Ist das vom Nutzer errichtete oder erworbene Gebäude oder die bauliche Anlage nicht mehr nutzbar und beruht die Erforderlichkeit alsbaldigen Abbruchs auf unterlassener Instandhaltung durch den Nutzer, kann der Grundstückseigentümer vom Nutzer
1. Ersatz seiner Aufwendungen für die Beseitigung der vorhandenen Bausubstanz oder
2. den Erwerb der Fläche, auf der das Gebäude oder die bauliche Anlage errichtet wurde,
verlangen.

(2) Ist die Nutzung des vom Nutzer errichteten oder erworbenen Gebäudes oder der baulichen Anlage aus anderen als den in Absatz 1 genannten Gründen, insbesondere infolge der durch den Beitritt nach dem Einigungsvertrag eingetretenen Veränderungen, aufgegeben worden und der alsbaldige Abbruch des Gebäudes oder der baulichen Anlage zur ordnungsgemäßen Bewirtschaftung des Grundstücks erforderlich, kann der Grundstückseigentümer vom Nutzer
1. den hälftigen Ausgleich des Betrages verlangen, um den die Kosten des Abbruchs der vorhandenen Bausubstanz den Bodenwert des unbebauten Grundstücks im Zeitpunkt des Inkrafttretens dieses Gesetzes übersteigen, oder
2. den Erwerb der Fläche gegen Zahlung des nach Absatz 5 zu berechnenden Entschädigungswerts verlangen, auf der das Gebäude oder die bauliche Anlage errichtet wurde.

(3) Der Grundstückseigentümer kann die in den Absätzen 1 und 2 bestimmten Ansprüche erst geltend machen, nachdem er dem Nutzer Gelegenheit gegeben hat, das Gebäude oder die bauliche Anlage zu beseitigen. Der Grundstückseigentümer hat dem Nutzer hierzu eine angemessene Frist zu setzen. Die Ansprüche verjähren in drei Jahren.

(4) Der Nutzer kann den Anspruch des Grundstückseigentümers aus Absatz 2 Nr. 1 durch Erwerb der Fläche, auf der das abzureißende Gebäude steht, gegen Zahlung des nach Absatz 5 zu berechnenden Entschädigungswerts abwenden.

(5) Der Entschädigungswert bestimmt sich nach der Höhe der Entschädigung für Grundvermögen in dem nach § 9 Abs. 3 des Vermögensgesetzes zu erlassenden Gesetz.

(6) Abweichende vertragliche Vereinbarungen bleiben unberührt.

§ 83. Ende des Besitzrechts, Härteklausel. (1) Der Nutzer gilt gegenüber dem Grundstückseigentümer bis zum Ablauf eines Jahres nach dem Abschluß des Kaufvertrages als zum Besitz berechtigt. Der Grundstückseigentümer kann für die Nutzung des Gebäudes ein Entgelt in Höhe des ortsüblichen Mietzinses verlangen.

(2) Ist das Gebäude für den Betrieb des Nutzers unentbehrlich und ein anderes Gebäude zu angemessenen Bedingungen nicht zu beschaffen, ist der Nutzer berechtigt, vom Grundstückseigentümer den Abschluß eines Mietvertrages für längstens fünf Jahre nach dem Kauf des Gebäudes durch den Grundstückseigentümer zu verlangen.

§ 84. Rechte des Nutzers bei Zahlungsverzug. (1) Der Nutzer darf wegen seiner Ansprüche aus dem Kaufvertrag die Zwangsversteigerung in das Grundstück nur unter gleichzeitiger Versteigerung seines Gebäudes oder seiner baulichen Anlage, sofern daran selbständiges Eigentum besteht, sowie mit der Bedingung des Erlöschens seines Rechts zum Besitz aus Artikel 233 § 2a des Einführungsgesetzes zum Bürgerlichen Gesetzbuche betreiben; § 79 Abs. 2 und 3 ist entsprechend anzuwenden.

(2) Nach fruchtlosem Ablauf einer nach § 326 Abs. 1 Satz 1 des Bürgerlichen Gesetzbuchs gesetzten Nachfrist kann der Nutzer vom Grundstückseigentümer
1. den Abschluß eines Erbbaurechtsvertrages nach Abschnitt 2 oder, wenn ein Nutzungsrecht nicht bestellt wurde und die Restnutzungsdauer des Gebäudes weniger als 25 Jahre beträgt, den Abschluß eines Mietvertrages nach § 31 oder
2. den Abschluß eines Grundstückskaufvertrages nach Abschnitt 3
verlangen. Dem Nutzer stehen weiter die in § 80 Satz 2 bezeichneten Ansprüche zu.

Abschnitt 4. Verfahrensvorschriften

Unterabschnitt 1. Feststellung von Nutzungs- und Grundstücksgrenzen

§ 85. Unvermessene Flächen. (1) Sind die Grenzen der Flächen, auf die sich das Nutzungsrecht erstreckt, nicht im Liegenschaftskataster nachgewiesen (unvermessene Flächen) oder wurde eine Bebauung nach den §§ 4 bis 7 und 12 ohne Bestellung eines Nutzungsrechts vorgenommen, erfolgt die Bestimmung des Teils des Grundstücks, auf den sich die Nutzungsbefugnis des Erbbauberechtigten erstreckt oder der vom Stammgrundstück abgeschrieben werden soll, nach den Vorschriften des Bodensonderungsgesetzes.

(2) Einigungen der Beteiligten über den Verlauf der Nutzungsrechtsgrenzen und des Grundstücks sind zulässig.

§ 86. Bodenordnungsverfahren. Die Neuregelung der Grundstücksgrenzen in Verfahren zur Flurbereinigung nach dem Flurbereinigungsgesetz, zur Feststellung und Neuordnung der Eigentumsverhältnisse nach den §§ 53 bis 64b des Landwirtschaftsanpassungsgesetzes, zur Umlegung und Grenzregelung nach den §§ 45 bis 84 des Baugesetzbuchs sowie der Bodenneuordnung nach § 5 des Bodensonderungsgesetzes bleibt unberührt.

Unterabschnitt 2. Notarielles Vermittlungsverfahren

§ 87. Antragsgrundsatz. (1) Auf Antrag ist der Abschluß von Verträgen zur Bestellung von Erbbaurechten oder zum Kauf des Grundstücks oder des Gebäudes oder, wenn kein selbständiges Gebäudeeigentum entstanden ist, zur Ablösung der aus der baulichen Investition begründeten Rechte, nach diesem Gesetz durch den Notar zu vermitteln.

(2) Antragsberechtigt ist der Nutzer oder der Grundstückseigentümer, der den Abschluß eines in Absatz 1 bezeichneten Vertrages geltend machen kann.

§ 88. Sachliche und örtliche Zuständigkeit. (1) Für die Vermittlung ist jeder Notar zuständig, dessen Amtsbezirk sich in dem Land befindet, in dem das zu belastende oder zu veräußernde Grundstück oder Gebäude ganz oder zum größten Teil belegen ist. Die Beteiligten können auch die Zuständigkeit eines nach Satz 1 nicht zuständigen Notars für das Vermittlungsverfahren vereinbaren.

(2) Können sich Grundstückseigentümer und Nutzer nicht auf einen Notar verständigen, so wird der zuständige Notar durch das Landgericht bestimmt, in dessen Bezirk das Grundstück oder Gebäude ganz oder zum größten Teil belegen ist. Die Entscheidung ist unanfechtbar.

(3) Bei den nach den Vorschriften der Zivilprozeßordnung erfolgenden Zustellungen obliegen dem Notar auch die Aufgaben des Urkundsbeamten der Geschäftsstelle.

§ 89. Verfahrensart. (1) Soweit dieses Gesetz nichts anderes bestimmt, sind auf das notarielle Vermittlungsverfahren die Vorschriften des Gesetzes über die Angelegenheiten der freiwilligen Gerichtsbarkeit sinngemäß anzuwenden.

(2) Über Beschwerden gegen die Amtstätigkeit des Notars entscheidet das Landgericht, in dessen Bezirk das Grundstück oder das Gebäude ganz oder zum größten Teil belegen ist.

§ 90. Inhalt des Antrags. (1) In dem Antrag sind anzugeben
1. der Nutzer und der Grundstückseigentümer,
2. das betroffene Grundstück unter Angabe seiner Bezeichnung im Grundbuch und das Gebäude, soweit selbständiges Eigentum besteht,
3. die Inhaber dinglicher Rechte am Grundstück und am Gebäude und
4. die Bezeichnung des gewünschten Vertrages.

(2) Wird die Bestellung eines Erbbaurechts begehrt, soll der Antrag auch Angaben über
1. den Erbbauzins,
2. die Dauer des Erbbaurechts,
3. die Art der nach dem Erbbaurechtsvertrag zulässigen baulichen Nutzung,
4. die Konditionen des Ankaufsrechts sowie
5. die Fläche, auf die sich die Nutzungsbefugnis des Erbbauberechtigten erstrecken soll,
enthalten. Wird der Ankauf des Grundstücks oder des Gebäudes begehrt, soll der Antrag auch Angaben über
1. das Grundstück oder die davon abzutrennende Teilfläche oder das Gebäude und
2. den Kaufpreis
enthalten. Satz 2 ist entsprechend anzuwenden, wenn der Antragsteller nach § 81 Abs. 1 Satz 1 die Ablösung der aus der baulichen Investition des Nutzers begründeten Rechte begehrt.

(3) Der Antragsteller soll außerdem erklären, ob
1. ein Anspruch auf Rückübertragung des Grundstücks nach den Vorschriften des Vermögensgesetzes angemeldet,

19. Gesetz zur Sachenrechtsbereinigung **Anhang I/19**

2. die Aufhebung eines Nutzungsrechts nach § 16 Abs. 3 des Vermögensgesetzes beantragt oder eine Klage auf Aufhebung des Nutzungsrechts erhoben,
3. die Durchführung eines Bodensonderungsverfahrens beantragt oder ein Bodenneuordnungsverfahren eingeleitet oder
4. die Zusammenführung von Grundstücks- und Gebäudeeigentum nach § 64 des Landwirtschaftsanpassungsgesetzes beantragt

worden ist. Der Antrag soll weiter Angaben darüber enthalten, wie das Grundstück, das Gebäude oder die bauliche Anlage am Ablauf des 2. Oktober 1990 genutzt wurde und zum Zeitpunkt der Antragstellung genutzt wird.

(4) Beantragt der Nutzer die Durchführung eines Vermittlungsverfahrens, so soll er in dem Antrag auch erklären, wie das Grundstück in den in § 8 genannten Zeitpunkten genutzt worden ist.

(5) Fehlt es an den in Absatz 1 bezeichneten Erklärungen, hat der Notar dem Antragsteller eine angemessene Frist zur Ergänzung des Antrags zu bestimmen. Verstreicht die Frist fruchtlos, so weist der Notar den Antrag auf Kosten des Antragstellers als unzulässig zurück. Der Antragsteller kann ein neues Verfahren beantragen, wenn er seinen Antrag vervollständigt hat.

§ 91. Akteneinsicht und Anforderung von Abschriften durch den Notar. Der Notar ist berechtigt, die Akten der betroffenen Grundstücke und Gebäude bei allen Gerichten und Behörden einzusehen und Abschriften hieraus anzufordern. Er hat beim Amt zur Regelung offener Vermögensfragen, oder, falls das Grundstück zu einem Unternehmen gehört, auch beim Landesamt zur Regelung offener Vermögensfragen, in deren Bezirk das Grundstück belegen ist, nachzufragen, ob ein Anspruch auf Rückübertragung des Grundstücks oder des Gebäudes angemeldet oder ein Antrag auf Aufhebung des Nutzungsrechts gestellt worden ist. Für Auskünfte und Abschriften werden keine Gebühren erhoben.

§ 92. Ladung zum Termin. (1) Der Notar hat den Nutzer und den Grundstückseigentümer unter Mitteilung des Antrages für den anderen Teil zu einem Verhandlungstermin zu laden. Die Ladung durch öffentliche Zustellung ist unzulässig. Die Frist zwischen der Ladung und dem ersten Termin muß mindestens zwei Wochen betragen. Anträge nach § 88 Abs. 2 sind von den Beteiligten vor dem Verhandlungstermin bei dem zuständigen Landgericht zu stellen und dem Notar mitzuteilen.

(2) Ist die Bestellung eines Erbbaurechts oder der Verkauf des Grundstücks oder einer abzuschreibenden Teilfläche beantragt, so sind die Inhaber dinglicher Rechte am Grundstück und am Gebäude von dem Termin zu unterrichten. Die Inhaber dinglicher Rechte am Grundstück sind zu laden, wenn
1. die für die erstrangige Bestellung des Erbbaurechts erforderlichen Zustimmungen zu einem Rangrücktritt nicht in der in § 29 der Grundbuchordnung vorgesehenen Form vorgelegt worden sind oder dies einer der in § 90 Abs. 1 bezeichneten Beteiligten beantragt,
2. von dem Nutzer oder dem Grundstückseigentümer Ansprüche nach § 33 oder § 63 geltend gemacht werden.

Einer Ladung der Inhaber dinglicher Rechte bedarf es nicht, wenn das Verfahren aus den in den §§ 94 und 95 genannten Gründen auszusetzen oder einzustellen ist.

(3) Sind für das Grundstück oder das vom Nutzer errichtete oder erworbene Gebäude Rückübertragungsansprüche nach dem Vermögensgesetz angemeldet worden, hat der Notar auch den Anmelder von dem Termin zu unterrichten.

(4) Ladung und Unterrichtung vom Termin sind mit dem Hinweis zu versehen, daß, falls der Termin vertagt oder ein weiterer Termin anberaumt werden sollte, eine Ladung und Unterrichtung zu dem neuen Termin unterbleiben kann. Sind vom Antragsteller Unterlagen zu den Akten gereicht worden, ist in der Ladung zu bemerken, daß die Unterlagen nach Anmeldung am Amtssitz oder der Geschäftsstelle des Notars eingesehen werden können.

(5) Der Notar hat das Grundbuchamt um Eintragung eines Vermerks über die Eröffnung eines Vermittlungsverfahrens nach dem Sachenrechtsbereinigungsgesetz in das Grundbuch des Grundstücks zu ersuchen, das mit einem Erbbaurecht belastet oder vom Nutzer gekauft werden soll. Das Grundbuchamt hat dem Ersuchen zu entsprechen. Ist ein Gebäudegrundbuch angelegt, sind die Sätze 1 und 2 entsprechend anzuwenden. Für die Eintragung des Vermerks werden Gebühren nicht erhoben.

(6) Der Vermerk hat die Wirkung einer Vormerkung zur Sicherung der nach diesem Gesetz begründeten Ansprüche auf Erbbaurechtsbestellung und Ankauf des Grundstücks oder des Gebäudes oder der baulichen Anlage und des Vollzugs. Artikel 233 § 2c Abs. 2 des Einführungsgesetzes zum

Bürgerlichen Gesetzbuche ist entsprechend anzuwenden. Ist bereits eine Eintragung nach jener Bestimmung erfolgt, ist bei dieser die Eröffnung des notariellen Vermittlungsverfahrens zu vermerken.

§ 93. Erörterung. (1) Der Notar erörtert mit den Beteiligten den Sachverhalt in tatsächlicher und rechtlicher Hinsicht. Er hat vor einer Verhandlung über den Inhalt des abzuschließenden Vertrages mit den Beteiligten zu erörtern, ob Gründe für eine Aussetzung oder Einstellung des Vermittlungsverfahrens vorliegen oder geltend gemacht werden und auf welchen rechtlichen oder tatsächlichen Gründen die bauliche Nutzung beruht.

(2) Liegt ein Grund für eine Aussetzung oder Einstellung des Verfahrens nicht vor, fertigt der Notar ein Protokoll an, in dem er alle für die Bestellung des Erbbaurechts oder den Ankauf eines Grundstücks oder Gebäudes unstreitigen und streitigen Punkte feststellt (Eingangsprotokoll).

(3) Der Notar soll dem Grundstückseigentümer und dem Nutzer Vorschläge unterbreiten. Er ist dabei an die von diesen Beteiligten geäußerten Vorstellungen über den Inhalt des abzuschließenden Vertrages nicht gebunden. Ermittlungen nach § 97 darf der Notar jedoch nur innerhalb der gestellten Anträge erheben.

(4) Mit den Inhabern dinglicher Rechte ist zu erörtern
1. im Falle der Bestellung von Erbbaurechten,
   a) welche Hindernisse einem Rangrücktritt entgegenstehen,
   b) ob und welche anderweitige Sicherheit für eine vom Nutzer nach § 36 Abs. 1 Satz 1 zu übernehmende Sicherheit in Betracht kommt,
2. im Falle des Ankaufs des Grundstücks,
   a) welche Hindernisse einer lastenfreien Abschreibung entgegenstehen,
   b) ob und welche andere Sicherheit für eine vom Nutzer nach § 63 übernommene Sicherheit gestellt werden kann.

§ 94. Aussetzung des Verfahrens. (1) Der Notar hat die Vermittlung auszusetzen, wenn
1. eine Anmeldung auf Rückübertragung des Grundstücks oder des Gebäudes oder der baulichen Anlage nach § 3 Abs. 1 des Vermögensgesetzes vorliegt oder
2. ein Antrag auf Aufhebung des Nutzungsrechts nach § 16 Abs. 3 des Vermögensgesetzes gestellt worden ist,

und noch keine bestandskräftige Entscheidung des Amtes zur Regelung offener Vermögensfragen vorliegt.

(2) Der Notar soll die Vermittlung aussetzen, wenn
1. ein Antrag auf Feststellung der Eigentums- oder Nutzungsrechtsgrenzen in einem Bodensonderungsverfahren gestellt und das Verfahren noch nicht abgeschlossen worden ist,
2. der Grundstückseigentümer oder der Nutzer die Anspruchsberechtigung bestreitet oder
3. ein Inhaber eines dinglichen Rechts am Grundstück dem Anspruch auf Rangrücktritt für ein an erster Rangstelle einzutragendes Erbbaurecht oder einer lastenfreien Um- oder Abschreibung des Grundstücks auf den Nutzer widerspricht.

In den Fällen des Satzes 1 Nr. 2 und 3 sind die Beteiligten auf den Klageweg zu verweisen, wenn in der Erörterung mit den Beteiligten keine Einigung erzielt werden kann.

(3) Der Notar kann die in § 100 Abs. 1 Satz 2 Nr. 2 bestimmte Gebühr bei einer Aussetzung in Ansatz bringen. Die Gebühr ist nach Aufnahme des ausgesetzten Vermittlungsverfahrens auf die danach entstehenden Gebühren anzurechnen.

§ 95. Einstellung des Verfahrens. (1) Der Notar hat die Vermittlung einzustellen, wenn
1. ein Bodenneuordnungsverfahren eingeleitet worden ist, in das das Grundstück einbezogen ist, oder
2. ein Antrag auf Zusammenführung von Grundstücks- und Gebäudeeigentum nach § 64 des Landwirtschaftsanpassungsgesetzes vor Einleitung des Vermittlungsverfahrens gestellt worden ist.

(2) Wird ein Antrag nach Absatz 1 Nr. 2 während des notariellen Vermittlungsverfahrens gestellt, so hat der Notar die Beteiligten aufzufordern, mitzuteilen, ob sie das Bodenordnungsverfahren fortsetzen wollen. Wird das von einem Beteiligten erklärt, so ist nach Absatz 1 zu verfahren.

§ 96. Verfahren bei Säumnis eines Beteiligten. (1) Erscheint ein Beteiligter (Grundstückseigentümer oder Nutzer) nicht, hat der Notar auf Antrag des anderen Beteiligten einen Vermittlungsvorschlag nach § 98 anzufertigen.

19. Gesetz zur Sachenrechtsbereinigung **Anhang I/19**

(2) Der Vermittlungsvorschlag ist beiden Beteiligten mit einer Ladung zu einem neuen Termin zuzustellen. Die Ladung hat den Hinweis zu enthalten, daß das Einverständnis eines Beteiligten mit dem Vermittlungsvorschlag angenommen wird, wenn dieser zu dem neuen Termin nicht erscheint, und daß auf Antrag des anderen Beteiligten ein dem Vermittlungsvorschlag entsprechender Vertrag beurkundet wird.

(3) Ist in diesem Termin nur ein Beteiligter erschienen, so hat der Notar, wenn der erschienene Beteiligte es beantragt, den Vorschlag als vertragliche Vereinbarung zu beurkunden. In der Urkunde ist anzugeben, daß das Einverständnis des anderen Beteiligten wegen Nichterscheinens angenommen worden ist. Stellt der erschienene Beteiligte keinen Antrag, ist das Vermittlungsverfahren beendet. Die Beteiligten sind unter Zusendung des Abschlußprotokolls und des Vermittlungsvorschlags auf den Klageweg zu verweisen.

(4) Eine Ausfertigung des Vertrages ist dem nicht erschienenen Beteiligten mit dem Hinweis zuzustellen, daß der Notar den Vertrag bestätigen werde, wenn der Beteiligte nicht in einer Notfrist von zwei Wochen nach Zustellung der Ausfertigung einen neuen Termin beantragt oder in dem Termin nicht erscheint.

(5) Beantragt der nicht erschienene Beteiligte rechtzeitig einen neuen Termin und erscheint er in diesem Termin, so ist das Vermittlungsverfahren fortzusetzen. Andernfalls hat der Notar den Vertrag zu bestätigen. War der Beteiligte ohne sein Verschulden verhindert, die Anberaumung eines neuen Termins zu beantragen oder im neuen Termin zu erscheinen, so ist ihm auf Antrag durch den Notar Wiedereinsetzung in den vorigen Stand zu erteilen. § 92 des Gesetzes über die Angelegenheiten der freiwilligen Gerichtsbarkeit ist entsprechend anzuwenden. Die Wirkungen eines bestätigten Vertrages bestimmen sich nach § 97 Abs. 1 des Gesetzes über die Angelegenheiten der freiwilligen Gerichtsbarkeit.

(6) Gegen den Bestätigungsbeschluß und den Beschluß über den Antrag auf Wiedereinsetzung ist die sofortige Beschwerde zulässig. Zuständig ist das Landgericht, in dessen Bezirk das Grundstück ganz oder zum größten Teil belegen ist. § 96 des Gesetzes über die Angelegenheiten der freiwilligen Gerichtsbarkeit ist entsprechend anzuwenden.

§ 97. Ermittlungen des Notars. (1) Der Notar kann auf Antrag eines Beteiligten Ermittlungen durchführen. Er kann insbesondere
1. Auskünfte aus der Kaufpreissammlung und über Bodenrichtwerte (§ 195 Abs. 3 und § 196 Abs. 3 des Baugesetzbuchs) einholen,
2. ein Verfahren zur Bodensonderung beantragen,
3. die das Liegenschaftskataster führende Stelle oder eine Person, die nach Landesrecht zu Katastervermessungen befugt ist, mit der Vermessung der zu belastenden oder abzuschreibenden Flächen beauftragen und den Antrag auf Erteilung einer Teilungsgenehmigung nach § 120 stellen.

(2) Der Notar kann nach Erörterung auf Antrag eines Beteiligten auch schriftliche Gutachten eines Sachverständigen oder des zuständigen Gutachterausschusses für die Grundstückswerte nach § 192 des Baugesetzbuchs über
1. den Verkehrswert des zu belastenden Grundstücks,
2. das in § 36 Abs. 1 und § 63 Abs. 3 bestimmte Verhältnis des Werts der mit dem Erbbaurecht belasteten oder zu veräußernden Fläche zu dem des Gesamtgrundstücks und
3. den Umfang und den Wert baulicher Maßnahmen im Sinne des § 12
einholen und diese seinem Vorschlag nach § 98 zugrunde legen.

(3) Eine Beweiserhebung im Vermittlungsverfahren nach Absatz 2 steht in einem anschließenden Rechtsstreit einer Beweisaufnahme vor dem Prozeßgericht gleich. § 493 der Zivilprozeßordnung ist entsprechend anzuwenden.

(4) Werden Zeugen und Sachverständige von dem Notar nach Absatz 2 zu Beweiszwecken herangezogen, so werden sie in entsprechender Anwendung des Gesetzes über die Entschädigung von Zeugen und Sachverständigen entschädigt.

§ 98. Vermittlungsvorschlag des Notars. (1) Nach Durchführung der Erhebungen macht der Notar einen Vorschlag in Form eines Vertragsentwurfs, der den gesetzlichen Bestimmungen zu entsprechen und alle für einen Vertragsschluß erforderlichen Punkte und, wenn dies von einem Beteiligten beantragt worden ist, auch die für dessen Erfüllung notwendigen Erklärungen zu umfassen hat.

(2) Sobald sich eine Einigung im Sinne des Absatzes 1 zwischen den Beteiligten ergibt, hat der Notar den Inhalt dieser Vereinbarung zu beurkunden. Der Notar hat mit dem Antrag auf Eintragung des Erbbaurechts oder des Nutzers als Erwerber, spätestens jedoch sechs Monate nach der Beurkundung, die Löschung des Vermerks nach § 92 Abs. 5 zu beantragen. Der Ablauf der in Satz 2 bestimmten Frist ist gehemmt, solange ein für den Vollzug der Vereinbarung erforderliches behördliches oder gerichtliches Verfahren beantragt worden, aber noch keine Entscheidung ergangen ist.

§ 99. Abschlußprotokoll über Streitpunkte. Kommt es nicht zu einer Einigung, so hält der Notar das Ergebnis des Verfahrens unter Protokollierung der unstreitigen und der streitig gebliebenen Punkte fest (Abschlußprotokoll). Sind wesentliche Teile des abzuschließenden Vertrages unstreitig, so können die Beteiligten verlangen, daß diese Punkte im Protokoll als vereinbart festgehalten werden. Die Verständigung über diese Punkte ist in einem nachfolgenden Rechtsstreit bindend.

§ 100. Kosten. (1) Für das notarielle Vermittlungsverfahren erhält der Notar das Vierfache der vollen Gebühr nach § 32 der Kostenordnung. Die Gebühr ermäßigt sich auf
1. das Doppelte der vollen Gebühr, wenn das Verfahren vor Ausarbeitung eines Vermittlungsvorschlags beendet wird,
2. die Hälfte einer vollen Gebühr, wenn sich das Verfahren vor dem Erörterungstermin erledigt.

Als Auslagen des Verfahrens erhebt der Notar auch die durch Ermittlungen nach § 97 Abs. 1 entstandenen Kosten.

(2) Die Gebühren nach Absatz 1 bestimmen sich nach dem Geschäftswert, der sich aus den folgenden Vorschriften ergibt. Maßgebend ist das Fünfundzwanzigfache des Jahreswertes des Erbbauzinses ohne Rücksicht auf die Zinsermäßigung in der Eingangsphase oder der Kaufpreis, in jedem Fall jedoch mindestens die Hälfte des nach den §§ 19 und 20 Abs. 1 und 6 ermittelten Wertes. Endet das Verfahren ohne eine Vermittlung, bestimmt sich die Gebühr nach dem in Satz 2 genannten Mindestwert.

(3) Wird mit einem Dritten eine Vereinbarung über die Bestellung oder den Verzicht auf dingliche Rechte geschlossen, erhält der Notar für deren Vermittlung die Hälfte der vollen Gebühr. Der Wert richtet sich nach den Bestimmungen über den Geschäftswert in der Kostenordnung, in den Fällen der §§ 36 und 63 jedoch nicht über den Anteil hinaus, für den der Nutzer nach Maßgabe dieser Vorschriften mithaftet.

§ 101. Kostenpflicht. (1) Für die Kosten des Vermittlungsverfahrens haften Grundstückseigentümer und Nutzer als Gesamtschuldner. Sie haben die Kosten zu teilen. Eine Erstattung der den Beteiligten entstandenen Auslagen findet nicht statt.

(2) Die für das notarielle Vermittlungsverfahren im Falle einer Einstellung nach § 95 entstandenen Kosten sind
1. in den Fällen des § 95 Abs. 1 Nr. 1 zwischen Eigentümer und Nutzer zu teilen,
2. in den Fällen des § 95 Abs. 1 Nr. 2 von dem Antragsteller zu tragen,
3. in den Fällen des § 95 Abs. 2 von dem Beteiligten zu tragen, der das Verfahren nach § 64 des Landwirtschaftsanpassungsgesetzes beantragt hat.

§ 102. Prozeßkostenhilfe. (1) Für das notarielle Vermittlungsverfahren finden die Vorschriften der Zivilprozeßordnung über die Prozeßkostenhilfe mit Ausnahme des § 121 Abs. 1 bis 3 entsprechende Anwendung. Einem Beteiligten ist auf Antrag ein Rechtsanwalt beizuordnen, wenn der andere Beteiligte durch einen Rechtsanwalt vertreten ist und die Beiordnung zur zweckentsprechenden Rechtsverfolgung erforderlich ist.

(2) Für die Entscheidung nach Absatz 1 ist das Gericht zuständig, das nach § 103 Abs. 1 über eine Klage auf Feststellung des Erbbaurechts oder des Ankaufsrechts zu entscheiden hat.

(3) Der Notar hat dem Gericht die Antragsunterlagen zu übermitteln.

Unterabschnitt 3. Gerichtliches Verfahren

§ 103. Allgemeine Vorschriften. (1) Die gerichtlichen Verfahren, die die Bestellung von Erbbaurechten oder den Ankauf des Grundstücks oder des Gebäudes oder der baulichen Anlage betreffen, sind nach den Vorschriften der Zivilprozeßordnung zu erledigen. Ausschließlich zuständig ist das Gericht, in dessen Bezirk das Grundstück ganz oder zum größten Teil belegen ist.

(2) Bei den Landgerichten können Kammern für die Verfahren zur Sachenrechtsbereinigung gebildet werden.

19. Gesetz zur Sachenrechtsbereinigung **Anhang I/19**

§ 104. Verfahrensvoraussetzungen. Der Kläger hat für eine Klage auf Feststellung über den Inhalt eines Erbbaurechts oder eines Ankaufsrechts nach Maßgabe der §§ 32, 61, 81 und 82 den notariellen Vermittlungsvorschlag und das Abschlußprotokoll vorzulegen. Fehlt es an dem in Satz 1 bezeichneten Erfordernis, hat das Gericht den Kläger unter Fristsetzung zur Vorlage aufzufordern. Verstreicht die Frist fruchtlos, ist die Klage als unzulässig abzuweisen. Die Entscheidung kann ohne mündliche Verhandlung durch Beschluß ergehen.

§ 105. Inhalt der Klageschrift. In der Klageschrift hat sich der Kläger auf den notariellen Vermittlungsvorschlag zu beziehen und darzulegen, ob und in welchen Punkten er eine hiervon abweichende Feststellung begehrt.

§ 106. Entscheidung. (1) Das Gericht kann bei einer Entscheidung über eine Klage nach § 104 im Urteil auch vom Klageantrag abweichende Rechte und Pflichten der Parteien feststellen. Vor dem Ausspruch sind die Parteien zu hören. Das Gericht darf ohne Zustimmung der Parteien keine Feststellung treffen, die
1. einem von beiden Parteien beantragten Grundstücksgeschäft,
2. einer Verständigung der Parteien über einzelne Punkte oder
3. einer im Vermittlungsvorschlag vorgeschlagenen Regelung, die von den Parteien nicht in den Rechtsstreit einbezogen worden ist,
widerspricht.

(2) Im Urteil sind die Rechte und Pflichten der Parteien festzustellen. Die rechtskräftige Feststellung ist für die Parteien in gleicher Weise verbindlich wie eine vertragsmäßige Vereinbarung.

(3) Das Gericht kann auf Antrag einer Partei im Urteil einen Notar und eine andere geeignete Person im Namen der Parteien beauftragen, die zur Erfüllung notwendigen Rechtshandlungen vorzunehmen, sobald die hierfür erforderlichen Voraussetzungen vorliegen. Die Beauftragten sind für beide Parteien vertretungsberechtigt.

(4) Der Urkundsbeamte der Geschäftsstelle teilt dem Notar, der das Vermittlungsverfahren durchgeführt hat, nach Eintritt der Rechtskraft den Inhalt der Entscheidung mit. Der Notar hat entsprechend § 98 Abs. 2 Satz 2 zu verfahren.

§ 107. Kosten. Über die Kosten entscheidet das Gericht unter Berücksichtigung des Sach- und Streitstands nach billigem Ermessen. Es kann hierbei berücksichtigen, inwieweit der Inhalt der richterlichen Feststellung von den im Rechtsstreit gestellten Anträgen abweicht und eine Partei zur Erhebung im Rechtsstreit zusätzlich entstandener Kosten Veranlassung gegeben hat.

§ 108. Feststellung der Anspruchsberechtigung. (1) Nutzer und Grundstückseigentümer können Klage auf Feststellung des Bestehens oder Nichtbestehens der Anspruchsberechtigung nach diesem Gesetz erheben, wenn der Kläger ein rechtliches Interesse an alsbaldiger Feststellung hat.

(2) Ein Interesse an alsbaldiger Feststellung besteht nicht, wenn wegen der Anmeldung eines Rückübertragungsanspruchs aus § 3 des Vermögensgesetzes über das Grundstück, das Gebäude oder die bauliche Anlage noch nicht verfügt werden kann.

(3) Nehmen mehrere Personen die Rechte als Nutzer für sich in Anspruch und ist in einem Rechtsstreit zwischen ihnen die Anspruchsberechtigung festzustellen, können beide Parteien dem Grundstückseigentümer den Streit verkünden.

(4) § 106 Abs. 4 ist entsprechend anzuwenden.

Abschnitt 5. Nutzungstausch

§ 109. Tauschvertrag über Grundstücke. (1) Jeder Grundstückseigentümer, dessen Grundstück von einem nach § 20 des LPG-Gesetzes vom 2. Juli 1982 sowie nach § 12 des LPG-Gesetzes vom 3. Juni 1959 durchgeführten Nutzungstausch betroffen ist, kann von dem anderen Grundstückseigentümer verlangen, daß das Eigentum an den Grundstücken entsprechend dem Nutzungstausch übertragen wird, wenn
1. eine oder beide der getauschten Flächen bebaut worden sind und
2. der Tausch in einer von der Flurneuordnungsbehörde einzuholenden Stellungnahme befürwortet wird.

Anhang I/19 I. Bundesrecht

(2) Der andere Grundstückseigentümer kann die Erfüllung des Anspruchs aus Absatz 1 verweigern, wenn das an ihn zu übereignende Grundstück von einem Dritten bebaut worden ist.

(3) Soweit sich die Werte von Grund und Boden der getauschten Grundstücke unterscheiden, kann der Eigentümer des Grundstücks mit dem höheren Wert von dem anderen einen Ausgleich in Höhe der Hälfte des Wertunterschieds verlangen.

(4) Im übrigen finden auf den Tauschvertrag die Vorschriften über den Ankauf in den §§ 65 bis 74 entsprechende Anwendung.

Abschnitt 6. Nutzungsrechte für ausländische Staaten

§ 110. Vorrang völkerrechtlicher Abreden. Die von der Deutschen Demokratischen Republik an andere Staaten verliehenen Nutzungsrechte sind nach den Regelungen in diesem Kapitel anzupassen, soweit dem nicht völkerrechtliche Vereinbarungen entgegenstehen. Artikel 12 des Einigungsvertrages bleibt unberührt.

Abschnitt 7. Rechtsfolgen nach Wiederherstellung des öffentlichen Glaubens des Grundbuchs

§ 111. Gutgläubiger lastenfreier Erwerb. (1) Ansprüche nach Maßgabe dieses Kapitels können gegenüber demjenigen, der durch ein nach Ablauf des 31. Dezember 1996 abgeschlossenes Rechtsgeschäft das Eigentum am Grundstück, ein Recht am Grundstück oder ein Recht an einem solchen Recht erworben hat, nicht geltend gemacht werden, es sei denn, daß im Zeitpunkt des Antrags auf Eintragung des Erwerbs in das Grundbuch
1. selbständiges Eigentum am Gebäude oder ein Nutzungsrecht nach Artikel 233 § 4 des Einführungsgesetzes zum Bürgerlichen Gesetzbuche, ein Vermerk nach Artikel 233 § 2c Abs. 2 des Einführungsgesetzes zum Bürgerlichen Gesetzbuche oder ein Vermerk nach § 92 Abs. 5 im Grundbuch des Grundstücks eingetragen oder deren Eintragung beantragt worden ist,
2. ein Zustimmungsvorbehalt zu Verfügungen über das Grundstück in einem Verfahren zur Bodensonderung oder zur Neuordnung der Eigentumsverhältnisse nach dem Achten Abschnitt des Landwirtschaftsanpassungsgesetzes eingetragen oder dessen Eintragung beantragt worden ist oder
3. dem Erwerber bekannt war, daß
    a) ein im Grundbuch nicht eingetragenes selbständiges Eigentum am Gebäude oder dingliches Nutzungsrecht besteht oder
    b) ein anderer als der Eigentümer des Grundstücks mit Billigung staatlicher Stellen ein Gebäude oder eine bauliche Anlage errichtet hatte und Ansprüche auf Erbbaurechtsbestellung oder Ankauf des Grundstücks nach diesem Kapitel bestanden.

(2) Mit dem Erwerb des Eigentums am Grundstück erlöschen die in diesem Kapitel begründeten Ansprüche. Der Nutzer kann vom Veräußerer Wertersatz für den Rechtsverlust verlangen. Artikel 231 § 5 Abs. 3 Satz 2 des Einführungsgesetzes zum Bürgerlichen Gesetzbuche ist entsprechend anzuwenden.

Kapitel 3. Alte Erbbaurechte

§ 112. Umwandlung alter Erbbaurechte. (1) War das Grundstück am 1. Januar 1976 mit einem Erbbaurecht belastet, so endet das Erbbaurecht zu dem im Erbbaurechtsvertrag bestimmten Zeitpunkt, frühestens jedoch am 31. Dezember 1995, wenn sich nicht aus dem folgenden etwas anderes ergibt. Das Erbbaurecht verlängert sich bis zum 31. Dezember 2005, wenn ein Wohngebäude aufgrund des Erbbaurechts errichtet worden ist, es sei denn, daß der Grundstückseigentümer ein berechtigtes Interesse an der Beendigung des Erbbaurechts entsprechend § 564b Abs. 2 Nr. 2 und 3 des Bürgerlichen Gesetzbuchs geltend machen kann.

(2) Hat der Erbbauberechtigte nach dem 31. Dezember 1975 das Grundstück bebaut oder bauliche Maßnahmen nach § 12 Abs. 1 vorgenommen, so endet das Erbbaurecht mit dem Ablauf von
1. 90 Jahren, wenn
    a) ein Ein- oder Zweifamilienhaus errichtet wurde oder
    b) ein sozialen Zwecken dienendes Gebäude gebaut wurde,

19. Gesetz zur Sachenrechtsbereinigung **Anhang I/19**

2. 80 Jahren, wenn das Grundstück im staatlichen oder genossenschaftlichen Wohnungsbau bebaut wurde, oder
3. 50 Jahren in allen übrigen Fällen

nach dem Inkrafttreten dieses Gesetzes. Ein Heimfallanspruch kann nur aus den in § 56 genannten Gründen ausgeübt werden. Die Verlängerung der Laufzeit des Erbbaurechts ist in das Grundbuch einzutragen. Der Grundstückseigentümer ist berechtigt, eine Anpassung des Erbbauzinses bis zu der sich aus den §§ 43, 45 bis 48 und 51 ergebenden Höhe zu verlangen.

(3) Vorstehende Bestimmungen finden keine Anwendung, wenn das Erbbaurecht auf einem vormals volkseigenen Grundstück bestellt worden ist und bei Ablauf des 2. Oktober 1990 noch bestand. Auf diese Erbbaurechte finden die Bestimmungen dieses Gesetzes für verliehene Nutzungsrechte entsprechende Anwendung.

(4) § 5 Abs. 2 des Einführungsgesetzes zum Zivilgesetzbuch der Deutschen Demokratischen Republik ist vom Inkrafttreten dieses Gesetzes an nicht mehr anzuwenden.

Kapitel 4. Rechte aus Miteigentum nach § 459 des Zivilgesetzbuchs der Deutschen Demokratischen Republik

§ 113. Berichtigungsanspruch. (1) Haben vormals volkseigene Betriebe, staatliche Organe und Einrichtungen oder Genossenschaften auf vertraglich genutzten, vormals nichtvolkseigenen Grundstücken nach dem 31. Dezember 1975 und bis zum Ablauf des 30. Juni 1990 bedeutende Werterhöhungen durch Erweiterungs- und Erhaltungsmaßnahmen am Grundstück vorgenommen, so können beide Vertragsteile verlangen, daß der kraft Gesetzes nach § 459 Abs. 1 Satz 2 und Abs. 4 Satz 1 des Zivilgesetzbuchs der Deutschen Demokratischen Republik entstandene Miteigentumsanteil in das Grundbuch eingetragen wird.

(2) Eine bedeutende Werterhöhung liegt in der Regel vor, wenn der Wert des Grundstücks durch Aufwendungen des Besitzers um mindestens 30000 Mark der Deutschen Demokratischen Republik erhöht wurde. Im Streitfall ist die durch Erweiterungs- und Erhaltungsmaßnahmen eingetretene Werterhöhung durch ein Gutachten zu ermitteln. Die Kosten des Gutachtens hat der zu tragen, zu dessen Gunsten der Miteigentumsanteil in das Grundbuch eingetragen werden soll.

(3) Der Anspruch aus Absatz 1 kann gegenüber denjenigen nicht geltend gemacht werden, die durch ein nach Ablauf des 31. Dezember 1996 abgeschlossenes Rechtsgeschäft das Eigentum am Grundstück, ein Recht am Grundstück oder ein Recht an einem solchen Recht erworben haben, es sei denn, daß im Zeitpunkt des Antrags auf Eintragung des Erwerbs in das Grundbuch
1. die Berichtigung des Grundbuchs nach Absatz 1 beantragt worden ist,
2. ein Widerspruch zugunsten des aus Absatz 1 berechtigten Miteigentümers eingetragen oder dessen Eintragung beantragt worden ist oder
3. dem Erwerber bekannt war, daß das Grundbuch in Ansehung eines nach § 459 Abs. 1 Satz 2 oder Abs. 4 Satz 1 des Zivilgesetzbuchs der Deutschen Demokratischen Republik entstandenen Miteigentumsanteils unrichtig gewesen ist.

Ist ein Rechtsstreit um die Eintragung des Miteigentumsanteils anhängig, so hat das Prozeßgericht auf Antrag einer Partei das Grundbuchamt über die Eröffnung und das Ende des Rechtsstreits zu unterrichten und das Grundbuchamt auf Ersuchen des Prozeßgerichts einen Vermerk über den anhängigen Berichtigungsanspruch einzutragen. Der Vermerk hat die Wirkung eines Widerspruchs.

(4) § 111 Abs. 2 ist entsprechend anzuwenden.

§ 114. Aufgebotsverfahren. (1) Der Eigentümer eines nach § 459 des Zivilgesetzbuchs der Deutschen Demokratischen Republik entstandenen Miteigentumsanteils kann von den anderen Miteigentümern im Wege eines Aufgebotsverfahrens mit seinem Recht ausgeschlossen werden, wenn der Miteigentumsanteil weder im Grundbuch eingetragen noch in einer Frist von fünf Jahren nach dem Inkrafttreten dieses Gesetzes die Berichtigung des Grundbuchs nach § 113 beantragt worden ist.

(2) Für das Verfahren gelten, soweit nicht im folgenden etwas anderes bestimmt ist, die §§ 977 bis 981 der Zivilprozeßordnung entsprechend. Meldet der Miteigentümer sein Recht im Aufgebotstermin an, so tritt die Ausschließung nur dann nicht ein, wenn der Berichtigungsanspruch bis zum Termin rechtshängig gemacht oder anerkannt worden ist. Im Aufgebot ist auf diese Rechtsfolge hinzuweisen.

(3) Mit dem Ausschlußurteil erwirbt der andere Miteigentümer den nach § 459 des Zivilgesetzbuchs der Deutschen Demokratischen Republik entstandenen Anteil. Der ausgeschlossene Miteigentümer kann entsprechend der Regelung in § 818 des Bürgerlichen Gesetzbuchs Ausgleich für den Eigentumsverlust verlangen.

§ 115. Ankaufsrecht bei Auflösung der Gemeinschaft. Das Rechtsverhältnis der Miteigentümer bestimmt sich nach den Vorschriften über das Miteigentum und über die Gemeinschaft im Bürgerlichen Gesetzbuch. Im Falle der Auflösung der Gemeinschaft kann der bisher durch Vertrag zum Besitz berechtigte Miteigentümer den Ankauf des Miteigentumsanteils des anderen zum Verkehrswert verlangen, wenn hierfür ein dringendes öffentliches oder betriebliches Bedürfnis besteht.

Kapitel 5. Ansprüche auf Bestellung von Dienstbarkeiten

§ 116. Bestellung einer Dienstbarkeit. (1) Derjenige, der ein Grundstück in einzelnen Beziehungen nutzt oder auf diesem Grundstück eine Anlage unterhält (Mitbenutzer), kann von dem Eigentümer die Bestellung einer Grunddienstbarkeit oder einer beschränkten persönlichen Dienstbarkeit verlangen, wenn
1. die Nutzung vor Ablauf des 2. Oktober 1990 begründet wurde,
2. die Nutzung des Grundstücks für die Erschließung oder Entsorgung eines eigenen Grundstücks oder Bauwerks erforderlich ist und
3. ein Mitbenutzungsrecht nach den §§ 321 und 322 des Zivilgesetzbuchs der Deutschen Demokratischen Republik nicht begründet wurde.

(2) Zugunsten derjenigen, die durch ein nach Ablauf des 31. Dezember 1996 abgeschlossenes Rechtsgeschäft gutgläubig Rechte an Grundstücken erwerben, ist § 122 entsprechend anzuwenden. Die Eintragung eines Vermerks über die Klageerhebung erfolgt entsprechend § 113 Abs. 3.

§ 117. Einwendungen des Grundstückseigentümers. (1) Der Grundstückseigentümer kann die Bestellung einer Dienstbarkeit verweigern, wenn
1. die weitere Mitbenutzung oder der weitere Fortbestand der Anlage die Nutzung des belasteten Grundstücks erheblich beeinträchtigen würde, der Mitbenutzer der Inanspruchnahme des Grundstücks nicht bedarf oder eine Verlegung der Ausübung möglich ist und keinen unverhältnismäßigen Aufwand verursachen würde oder
2. die Nachteile für das zu belastende Gundstück die Vorteile für das herrschende Grundstück überwiegen und eine anderweitige Erschließung oder Entsorgung mit einem im Verhältnis zu den Nachteilen geringen Aufwand hergestellt werden kann.

Die Kosten einer Verlegung haben die Beteiligten zu teilen.

(2) Sind Erschließungs- oder Entsorgungsanlagen zu verlegen, so besteht ein Recht zur Mitbenutzung des Grundstücks im bisherigen Umfange für die Zeit, die für eine solche Verlegung erforderlich ist. Der Grundstückseigentümer hat dem Nutzer eine angemessene Frist einzuräumen. Können sich die Parteien über die Dauer, für die das Recht nach Satz 1 fortbesteht, nicht einigen, so kann die Frist durch gerichtliche Entscheidung bestimmt werden. Eine richterliche Fristbestimmung wirkt auch gegenüber den Rechtsnachfolgern der Parteien.

§ 118. Entgelt. (1) Der Eigentümer des belasteten Grundstücks kann die Zustimmung zur Bestellung einer Dienstbarkeit von der Zahlung eines einmaligen oder eines in wiederkehrenden Leistungen zu zahlenden Entgelts (Rente) abhängig machen. Es kann ein Entgelt gefordert werden
1. bis zur Hälfte der Höhe, wie sie für die Begründung solcher Belastungen üblich ist, wenn die Inanspruchnahme des Grundstücks auf den von landwirtschaftlichen Produktionsgenossenschaften bewirtschafteten Flächen bis zum Ablauf des 30. Juni 1990, in allen anderen Fällen bis zum Ablauf des 2. Oktober 1990 begründet wurde und das Mitbenutzungsrecht in der bisherigen Weise ausgeübt wird, oder
2. in Höhe des üblichen Entgelts, wenn die Nutzung des herrschenden Grundstücks und die Mitbenutzung des belasteten Grundstücks nach den in Nummer 1 genannten Zeitpunkten geändert wurde.

(2) Das in Absatz 1 bestimmte Entgelt steht dem Eigentümer nicht zu, wenn
1. nach dem 2. Oktober 1990 ein Mitbenutzungsrecht bestand und dieses nicht erloschen ist oder
2. der Eigentümer sich mit der Mitbenutzung einverstanden erklärt hat.

19. Gesetz zur Sachenrechtsbereinigung

§ 119. Fortbestehende Rechte, andere Ansprüche. Die Vorschriften dieses Kapitels finden keine Anwendung, wenn die Mitbenutzung des Grundstücks
1. aufgrund nach dem Einigungsvertrag fortgeltender Rechtsvorschriften der Deutschen Demokratischen Republik oder
2. durch andere Rechtsvorschriften
gestattet ist.

Kapitel 6. Schlußvorschriften

Abschnitt 1. Behördliche Prüfung der Teilung

§ 120. Genehmigungen nach dem Baugesetzbuch. (1) Die Teilung eines Grundstücks nach diesem Gesetz bedarf der Teilungsgenehmigung nach den Vorschriften des Baugesetzbuchs. Dabei ist § 20 des Baugesetzbuchs mit folgenden Maßgaben anzuwenden:
1. Die Teilungsgenehmigung ist zu erteilen, wenn die beabsichtigte Grundstücksteilung den Nutzungsgrenzen in der ehemaligen Liegenschaftsdokumentation oder dem Inhalt einer Nutzungsurkunde entspricht, in der die Grenzen des Nutzungsrechts in einer grafischen Darstellung (Karte) ausgewiesen sind,
2. für die Teilungsgenehmigung ist ein Vermögenszuordnungsbescheid zugrunde zu legen, soweit dieser über die Grenzen der betroffenen Grundstücke Aufschluß gibt,
3. in anderen als den in den Nummern 1 und 2 bezeichneten Fällen ist die Teilungsgenehmigung nach dem Bestand zu erteilen,
4. ist eine Teilung zum Zwecke der Vorbereitung einer Nutzungsänderung oder baulichen Erweiterung beantragt, die nach § 20 des Baugesetzbuchs nicht genehmigungsfähig wäre, kann eine Teilungsgenehmigung nach dem Bestand erteilt werden.

Wird die Teilungsgenehmigung nach Satz 2 erteilt, findet § 21 des Baugesetzbuchs keine Anwendung. Die Maßgaben nach Satz 2 gelten entsprechend für die Erteilung einer Teilungsgenehmigung nach § 144 Abs. 1 Nr. 2 und § 145 des Baugesetzbuchs im förmlich festgelegten Sanierungsgebiet sowie nach § 169 Abs. 1 Nr. 1 in Verbindung mit § 144 Abs. 1 Nr. 2 und § 145 des Baugesetzbuchs im städtebaulichen Entwicklungsbereich.

(2) Die Bestellung eines Erbbaurechts nach diesem Gesetz bedarf einer Genehmigung entsprechend Absatz 1, wenn nach dem Erbbaurechtsvertrag die Nutzungsbefugnis des Erbbauberechtigten sich nicht auf das Grundstück insgesamt erstreckt.

(3) Ist die Genehmigung für die Bestellung eines Erbbaurechts nach Absatz 2 erteilt worden, gilt § 21 des Baugesetzbuchs entsprechend für den Antrag auf Erteilung einer Teilungsgenehmigung, der innerhalb von sieben Jahren seit der Erteilung der Genehmigung nach Absatz 2 gestellt wurde.

(4) Der Ankauf von Grundstücken sowie die Bestellung eines Erbbaurechts nach diesem Gesetz bedürfen innerhalb eines förmlich festgelegten Sanierungsgebiets nicht der Genehmigung nach § 144 Abs. 2 Nr. 1 und 2 des Baugesetzbuchs und innerhalb eines förmlich festgelegten Entwicklungsbereichs nicht der Genehmigung nach § 169 Abs. 1 Nr. 1 des Baugesetzbuchs.

(5) Im übrigen bleiben die Vorschriften des Baugesetzbuchs unberührt.

Abschnitt 2. Rückübertragung von Grundstücken und dinglichen Rechten

§ 121. Ansprüche nach Abschluß eines Kaufvertrags. (1) Dem Nutzer, der bis zum Ablauf des 18. Oktober 1989 mit einer staatlichen Stelle der Deutschen Demokratischen Republik einen wirksamen, beurkundeten Kaufvertrag über ein Grundstück, ein Gebäude oder eine bauliche Anlage abgeschlossen und aufgrund dieses Vertrages oder eines Miet- oder sonstigen Nutzungsvertrages Besitz erlangt oder den Besitz ausgeübt hat, stehen die Ansprüche nach Kapitel 2 gegenüber dem jeweiligen Grundstückseigentümer auch dann zu, wenn das Grundstück, das Gebäude oder die bauliche Anlage nach dem Vermögensgesetz zurückübertragen worden ist. Satz 1 findet keine Anwendung, wenn der Vertrag aus den in § 3 Abs. 3 Satz 2 Nr. 1 und 2 genannten Gründen nicht erfüllt worden ist. Die Ansprüche aus Satz 1 stehen dem Nutzer auch dann zu, wenn der Kaufvertrag nach dem 18. Oktober 1989 abgeschlossen worden ist und

Anhang I/19   I. Bundesrecht

a) der Kaufvertrag vor dem 19. Oktober 1989 schriftlich beantragt oder sonst aktenkundig angebahnt worden ist,

b) der Vertragsschluß auf der Grundlage des § 1 des Gesetzes über den Verkauf volkseigener Gebäude vom 7. März 1990 (GBl. I Nr. 18 S. 157) erfolgte oder

c) der Nutzer vor dem 19. Oktober 1989 in einem wesentlichen Umfang werterhöhende oder substanzerhaltende Investitionen vorgenommen hat.

(2) Die in Absatz 1 bezeichneten Ansprüche stehen auch dem Nutzer zu,

a) der aufgrund eines bis zum Ablauf des 18. Oktober 1989 abgeschlossenen Miet-, Pacht- oder sonstigen Nutzungsvertrages ein Eigenheim am 18. Oktober 1989 genutzt hat,

b) bis zum Ablauf des 14. Juni 1990 einen wirksamen, beurkundeten Kaufvertrag mit einer staatlichen Stelle der Deutschen Demokratischen Republik über dieses Eigenheim geschlossen hat und

c) dieses Eigenheim am 1. Oktober 1994 zu eigenen Wohnzwecken nutzt.

(3) Entgegenstehende rechtskräftige Entscheidungen und abweichende rechtsgeschäftliche Vereinbarungen zwischen dem Grundstückseigentümer und dem Nutzer bleiben unberührt.

(4) Bei der Bemessung von Erbbauzins und Ankaufspreis ist auch der Restwert eines vom Grundstückseigentümer errichteten oder erworbenen Gebäudes, einer baulichen Anlage und der Grundstückseinrichtungen in Ansatz zu bringen. Für die Bestimmung des Restwerts ist § 74 Abs. 1 Satz 2 bis 4 entsprechend anzuwenden.

(5) Der Nutzer hat auf Verlangen des Grundstückseigentümers innerhalb der in § 16 Abs. 2 bestimmten Frist zu erklären, ob er von den Ansprüchen auf Erbbaurechtsbestellung oder Ankauf des Grundstücks Gebrauch machen will, und die Wahl auszuüben. Erklärt der Nutzer, daß er die in Satz 1 bestimmten Ansprüche nicht geltend machen will, ist § 17 Satz 5 des Vermögensgesetzes entsprechend anzuwenden.

(6) Der Nutzer kann von der Gemeinde oder der Gebietskörperschaft, die den Kaufpreis erhalten hat, nach § 323 Abs. 3 und § 818 des Bürgerlichen Gesetzbuchs die Herausgabe des Geleisteten verlangen, soweit diese durch seine Zahlung bereichert ist. Ansprüche auf Schadensersatz wegen Nichterfüllung sind ausgeschlossen.

§ 122. Entsprechende Anwendung des Sachenrechtsbereinigungsgesetzes. Hat das Amt zur Regelung offener Vermögensfragen nach dem 2. Oktober 1990 für ein entzogenes Nutzungsrecht nach § 287 Abs. 1 und § 291 des Zivilgesetzbuchs der Deutschen Demokratischen Republik ein Erbbaurecht oder ein anderes beschränktes dingliches Recht begründet, so sind die Bestimmungen in Kapitel 2 entsprechend anzuwenden.

Abschnitt 3. Übergangsregelung

§ 123. Härteklausel bei niedrigen Grundstückswerten. (1) Der Nutzer eines Grundstücks, dessen Verkehrswert die in § 15 Abs. 2 bezeichneten Beträge nicht übersteigt, kann einem Ankaufsverlangen des Grundstückseigentümers widersprechen und den Abschluß eines längstens auf sechs Jahre nach dem Inkrafttreten dieses Gesetzes befristeten Nutzungsvertrages verlangen, wenn er die für den Ankauf erforderlichen Mittel zum gegenwärtigen Zeitpunkt aus besonderen persönlichen oder wirtschaftlichen Gründen nicht aufzubringen vermag.

(2) Das Entgelt für die Nutzung bestimmt sich nach dem Betrag, der nach diesem Gesetz als Erbbauzins zu zahlen wäre. Im übrigen bleiben die Rechte und Pflichten der Beteiligten für die Vertragsdauer unberührt.

20. Gesetz zur Anpassung schuldrechtlicher Nutzungsverhältnisse an Grundstücken im Beitrittsgebiet (Schuldrechtsanpassungsgesetz-SchuldRAnpG)

Vom 21. September 1994

(BGBl. I S. 2538)

Inhaltsübersicht

	§§
Kapitel 1. Allgemeine Vorschriften	1 bis 17
Abschnitt 1. Anwendungsbereich	1 bis 3
Abschnitt 2. Begriffsbestimmungen	4 und 5
Abschnitt 3. Grundsätze	6 bis 17
Unterabschnitt 1. Durchführung der Schuldrechtsanpassung	6 und 7
Unterabschnitt 2. Rechtsgeschäfte mit anderen Vertragschließenden	8 bis 10
Unterabschnitt 3. Beendigung des Vertragsverhältnisses	11 bis 17
Kapitel 2. Vertragliche Nutzungen zu anderen persönlichen Zwecken als Wohnzwecken.	18 bis 33
Abschnitt 1. Allgemeine Vorschriften	18 bis 28
Abschnitt 2. Besondere Bestimmungen für Ferienhaus- und Wochenendhaussiedlungen sowie andere Gemeinschaften	29 bis 33
Kapitel 3. Überlassungsverträge	34 bis 42
Abschnitt 1. Überlassungsverträge zu Wohnzwecken	34 bis 41
Abschnitt 2. Andere Überlassungsverträge	42
Kapitel 4. Errichtung von Gebäuden aufgrund eines Miet-, Pacht- oder sonstigen Nutzungsvertrages	43 bis 54
Abschnitt 1. Grundsätze	43 und 44
Abschnitt 2. Gewerblich genutzte Grundstücke	45 bis 49
Abschnitt 3. Zu Wohnzwecken genutzte Grundstücke	50 bis 54
Kapitel 5. Verfahrensvorschriften	55 und 56
Kapitel 6. Vorkaufsrecht	57

Kapitel 1. Allgemeine Vorschriften

Abschnitt 1. Anwendungsbereich

§ 1. Betroffene Rechtsverhältnisse. (1) Dieses Gesetz regelt Rechtsverhältnisse an Grundstücken in dem in Artikel 3 des Einigungsvertrages genannten Gebiet (Beitrittsgebiet), die aufgrund
1. eines Vertrages zum Zwecke der kleingärtnerischen Nutzung, Erholung oder Freizeitgestaltung oder zur Errichtung von Garagen oder anderen persönlichen, jedoch nicht Wohnzwecken dienenden Bauwerken überlassen,
2. eines Überlassungsvertrages im Sinne des Artikels 232 § 1a des Einführungsgesetzes zum Bürgerlichen Gesetzbuche zu Wohnzwecken oder zu gewerblichen Zwecken übergeben oder
3. eines Miet-, oder Pacht- oder sonstigen Nutzungsvertrages von einem anderen als dem Grundstückseigentümer bis zum Ablauf des 2. Oktober 1990 mit Billigung staatlicher Stellen mit einem Wohn- oder gewerblichen Zwecken dienenden Bauwerk bebaut

worden sind.

(2) Wurde das Grundstück einem anderen als dem unmittelbar Nutzungsberechtigten (Zwischenpächter) zum Zwecke der vertraglichen Überlassung an Dritte übergeben, sind die Bestimmungen dieses Gesetzes auch auf diesen Vertrag anzuwenden.

§ 2. Nicht einbezogene Rechtsverhältnisse. (1) Die Bestimmungen dieses Gesetzes sind nicht auf Rechtsverhältnisse anzuwenden, deren Bereinigung im Sachenrechtsbereinigungsgesetz vorgesehen ist. Dies gilt insbesondere für

Anhang I/20 I. Bundesrecht

1. Nutzungsverträge nach § 1 Abs. 1 Nr. 1 und 3, wenn die in § 5 Abs. 1 Nr. 3 Satz 2 Buchstabe d und e des Sachenrechtsbereinigungsgesetzes bezeichneten Voraussetzungen des Eigenheimbaus vorliegen,
2. Überlassungsverträge nach § 1 Abs. 1 Nr. 2, wenn der Nutzer mit Billigung staatlicher Stellen ein Eigenheim errichtet oder bauliche Investitionen nach § 12 Abs. 2 des Sachenrechtsbereinigungsgesetzes in ein vorhandenes Gebäude vorgenommen hat, und
3. Miet-, Pacht- oder sonstige Nutzungsverträge nach § 1 Abs. 1 Nr. 3, wenn der Nutzer für seinen Handwerks- oder Gewerbebetrieb auf einem ehemals volkseigenen Grundstück einen Neubau errichtet oder eine bauliche Maßnahme nach § 12 Abs. 1 des Sachenrechtsbereinigungsgesetzes vorgenommen hat.

(2) Dieses Gesetz gilt ferner nicht für die in § 71 des Vertragsgesetzes der Deutschen Demokratischen Republik bezeichneten Verträge.

(3) Für Nutzungsverhältnisse innerhalb von Kleingartenanlagen bleibt die Anwendung des Bundeskleingartengesetzes vom 28. Februar 1983 (BGBl. I S. 210), zuletzt geändert durch Artikel 5 des Schuldrechtsänderungsgesetzes vom 21. September 1994 (BGBl. I S. 2538), unberührt. Ist das Grundstück nach Ablauf des 2. Oktober 1990 in eine Kleingartenanlage eingegliedert worden, sind vom Zeitpunkt der Eingliederung an die Bestimmungen des Bundeskleingartengesetzes anzuwenden.

§ 3. Zeitliche Begrenzung. Die Bestimmungen dieses Gesetzes sind nur auf solche Verträge anzuwenden, die bis zum Ablauf des 2. Oktober 1990 abgeschlossen worden sind.

Abschnitt 2. Begriffsbestimmungen

§ 4. Nutzer. (1) Nutzer im Sinne dieses Gesetzes sind natürliche oder juristische Personen des privaten oder öffentlichen Rechts, die aufgrund eines Überlassungs-, Miet-, Pacht- oder sonstigen Vertrages zur Nutzung eines Grundstücks berechtigt sind.

(2) Ist der Vertrag mit einer Personengemeinschaft nach den §§ 266 bis 273 des Zivilgesetzbuchs der Deutschen Demokratischen Republik geschlossen worden, sind deren Mitglieder gemeinschaftlich Nutzer. Soweit die Nutzer nichts anderes vereinbart haben, sind die Vorschriften des Bürgerlichen Gesetzbuchs über die Gesellschaft anzuwenden.

§ 5. Bauwerke. (1) Bauwerke sind Gebäude, Baulichkeiten nach § 296 Abs. 1 des Zivilgesetzbuchs der Deutschen Demokratischen Republik und Grundstückseinrichtungen.

(2) Grundstückseinrichtungen sind insbesondere die zur Einfriedung und Erschließung des Grundstücks erforderlichen Anlagen.

Abschnitt 3. Grundsätze

Unterabschnitt 1. Durchführung der Schuldrechtsanpassung

§ 6. Gesetzliche Umwandlung. (1) Auf die in § 1 Abs. 1 bezeichneten Verträge sind die Bestimmungen des Bürgerlichen Gesetzbuchs über die Miete oder die Pacht anzuwenden, soweit dieses Gesetz nichts anderes bestimmt.

(2) Vereinbarungen, die die Beteiligten (Grundstückseigentümer und Nutzer) nach Ablauf des 2. Oktober 1990 getroffen haben, bleiben von den Bestimmungen dieses Gesetzes unberührt. Dies gilt unabhängig von ihrer Vereinbarkeit mit Rechtsvorschriften der Deutschen Demokratischen Republik auch für bis zu diesem Zeitpunkt getroffene Abreden, die vom Inhalt eines Vertrages vergleichbarer Art abweichen, nicht zu einer unangemessenen Benachteiligung eines Beteiligten führen und von denen anzunehmen ist, daß die Beteiligten sie auch getroffen hätten, wenn sie die durch den Beitritt bedingte Änderung der wirtschaftlichen und sozialen Verhältnisse vorausgesehen hätten.

(3) In einem Überlassungsvertrag getroffene Abreden bleiben nur wirksam, soweit es in diesem Gesetz bestimmt ist.

§ 7. Kündigungsschutz durch Moratorium. (1) Eine vom Grundstückseigentümer oder einem anderen Vertragschließenden (§ 8 Abs. 1 Satz 1) nach Ablauf des 2. Oktober 1990 ausgesprochene Kündigung eines in § 1 Abs. 1 bezeichneten Vertrages ist unwirksam, wenn der Nutzer nach Artikel

20. Gesetz zur Schuldrechtsanpassung **Anhang I/20**

233 § 2a Abs. 1 des Einführungsgesetzes zum Bürgerlichen Gesetzbuche gegenüber dem Grundstückseigentümer zum Besitz berechtigt war und den Besitz noch ausübt. Satz 1 ist auch anzuwenden, wenn dem Nutzer der Besitz durch verbotene Eigenmacht entzogen wurde. Abweichende rechtskräftige Entscheidungen bleiben unberührt.

(2) Absatz 1 ist nicht anzuwenden, wenn die Kündigung wegen vertragswidrigen Gebrauchs, Zahlungsverzugs des Nutzers oder aus einem anderen wichtigen Grund erfolgt ist.

(3) Artikel 232 § 4a des Einführungsgesetzes zum Bürgerlichen Gesetzbuche bleibt unberührt.

Unterabschnitt 2. Rechtsgeschäfte mit anderen Vertragschließenden

§ 8. Vertragseintritt. (1) Der Gründstückseigentümer tritt in die sich ab dem 1. Januar 1995 ergebenden Rechte und Pflichten aus einem Vertragsverhältnis über den Gebrauch oder die Nutzung seines Grundstücks ein, das landwirtschaftliche Produktionsgenossenschaften bis zum Ablauf des 30. Juni 1990 oder staatliche Stellen im Sinne des § 10 Abs. 1 des Sachenrechtsbereinigungsgesetzes bis zum Ablauf des 2. Oktober 1990 im eigenen oder in seinem Namen mit dem Nutzer abgeschlossen haben. Die in § 46 des Gesetzes über die landwirtschaftlichen Produktionsgenossenschaften vom 2. Juli 1982 (GBl. I Nr. 25 S. 443) bezeichneten Genossenschaften und Kooperationsbeziehungen stehen landwirtschaftlichen Produktionsgenossenschaften gleich. Die Regelungen zum Vertragsübergang in § 17 des Vermögensgesetzes bleiben unberührt.

(2) Ist der Vertrag mit einem Zwischenpächter abgeschlossen worden, tritt der Grundstückseigentümer in dieses Vertragsverhältnis ein.

(3) Absatz 1 Satz 1 gilt nicht, wenn der andere Vertragschließende zur Überlassung des Grundstücks nicht berechtigt war und der Nutzer beim Vertragsabschluß den Mangel der Berechtigung des anderen Vertragschließenden kannte. Kannte nur der Zwischenpächter den Mangel der Berechtigung des anderen Vertragschließenden, tritt der Grundstückseigentümer in den vom Zwischenpächter mit dem unmittelbar Nutzungsberechtigten geschlossenen Vertrag ein. Ein Verstoß gegen die in § 18 Abs. 2 Satz 2 des Gesetzes über die landwirtschaftlichen Produktionsgenossenschaften vom 2. Juli 1982 genannten Voraussetzungen ist nicht beachtlich.

(4) Abweichende rechtskräftige Entscheidungen bleiben unberührt.

§ 9. Vertragliche Nebenpflichten. Grundstückseigentümer und Nutzer können die Erfüllung solcher Pflichten verweigern, die nicht unmittelbar die Nutzung des Grundstücks betreffen und nach ihrem Inhalt von oder gegenüber dem anderen Vertragschließenden zu erbringen waren. Dies gilt insbesondere für die Unterhaltung von Gemeinschaftsanlagen in Wochenendhaussiedlungen und die Verpflichtung des Nutzers zur Mitarbeit in einer landwirtschaftlichen Produktionsgenossenschaft.

§ 10. Verantwortlichkeit für Fehler oder Schäden. (1) Der Gründstückseigentümer haftet dem Nutzer nicht für Fehler oder Schäden, die infolge eines Umstandes eingetreten sind, den der andere Vertragschließende zu vertreten hat.

(2) Soweit der Grundstückseigentümer nach Absatz 1 nicht haftet, kann der Nutzer unbeschadet des gesetzlichen Vertragseintritts Schadensersatz von dem anderen Vertragschließenden verlangen.

Unterabschnitt 3. Beendigung des Vertragsverhältnisses

§ 11. Eigentumserwerb an Baulichkeiten. (1) Mit der Beendigung des Vertragsverhältnisses geht das nach dem Recht der Deutschen Demokratischen Republik begründete, fortbestehende Eigentum an Baulichkeiten auf den Grundstückseigentümer über. Eine mit dem Grund und Boden nicht nur zu einem vorübergehenden Zweck fest verbundene Baulichkeit wird wesentlicher Bestandteil des Grundstücks.

(2) Rechte Dritter an der Baulichkeit erlöschen. Sicherungsrechte setzen sich an der Entschädigung nach § 12 fort. Im übrigen kann der Dritte Wertersatz aus der Entschädigung nach § 12 verlangen.

§ 12. Entschädigung für das Bauwerk. (1) Der Grundstückseigentümer hat dem Nutzer nach Beendigung des Vertragsverhältnisses eine Entschädigung für ein entsprechend den Rechtsvorschriften der Deutschen Demokratischen Republik errichtetes Bauwerk nach Maßgabe der folgenden Vorschriften zu leisten. Das Recht des Nutzers, für ein rechtswidrig errichtetes Bauwerk Ersatz nach Maßgabe der Vorschriften über die Herausgabe einer ungerechtfertigten Bereicherung zu verlangen, bleibt unberührt.

(2) Endet das Vertragsverhältnis durch Kündigung des Grundstückseigentümers, ist die Entschädigung nach dem Zeitwert des Bauwerks im Zeitpunkt der Rückgabe des Grundstücks zu bemessen. Satz 1 ist nicht anzuwenden, wenn der Nutzer durch sein Verhalten Anlaß zu einer Kündigung aus wichtigem Grund gegeben hat oder das Vertragsverhältnis zu einem Zeitpunkt endet, in dem die Frist, in der der Grundstückseigentümer nur unter den in diesem Gesetz genannten besonderen Voraussetzungen zur Kündigung berechtigt ist (Kündigungsschutzfrist), seit mindestens sieben Jahren verstrichen ist.

(3) In anderen als den in Absatz 2 genannten Fällen kann der Nutzer eine Entschädigung verlangen, soweit der Verkehrswert des Grundstücks durch das Bauwerk im Zeitpunkt der Rückgabe erhöht ist.

(4) Der Nutzer ist zur Wegnahme des Bauwerks berechtigt. Er kann das Bauwerk vom Grundstück abtrennen und sich aneignen. § 258 des Bürgerlichen Gesetzbuchs ist anzuwenden.

(5) Ansprüche des Nutzers auf Wertersatz wegen anderer werterhöhender Maßnahmen nach den allgemeinen Vorschriften bleiben von den Bestimmungen dieses Gesetzes unberührt.

§ 13. Entschädigungsleistung bei Sicherungsrechten. Hat der Sicherungsnehmer dem Grundstückseigentümer das Bestehen eines Sicherungsrechts an der Baulichkeit angezeigt, kann der Grundstückseigentümer die Entschädigung nach § 12 nur an den Sicherungsnehmer und den Nutzer gemeinschaftlich leisten. § 1281 Satz 2 des Bürgerlichen Gesetzbuchs ist entsprechend anzuwenden.

§ 14. Entschädigung für Vermögensnachteile. Endet das Vertragsverhältnis durch Kündigung des Grundstückseigentümers vor Ablauf der Kündigungsschutzfrist, kann der Nutzer neben der Entschädigung für das Bauwerk nach § 12 eine Entschädigung für die Vermögensnachteile verlangen, die ihm durch die vorzeitige Beendigung des Vertragsverhältnisses entstanden sind. Der Anspruch nach Satz 1 besteht nicht, wenn der Nutzer durch sein Verhalten Anlaß zu einer Kündigung aus wichtigem Grund gegeben hat.

§ 15. Beseitigung des Bauwerks; Abbruchkosten. (1) Der Nutzer ist bei Vertragsbeendigung zur Beseitigung eines entsprechend den Rechtsvorschriften der Deutschen Demokratischen Republik errichteten Bauwerks nicht verpflichtet. Er hat jedoch die Hälfte der Kosten für den Abbruch des Bauwerks zu tragen, wenn
1. das Vertragsverhältnis von ihm oder nach Ablauf der in § 12 Abs. 2 bestimmten Frist vom Grundstückseigentümer gekündigt wird oder er durch sein Verhalten Anlaß zu einer Kündigung aus wichtigem Grund gegeben hat und
2. der Abbruch innerhalb eines Jahres nach Besitzübergang vorgenommen wird.

(2) Der Grundstückseigentümer hat dem Nutzer den beabsichtigten Abbruch des Bauwerks rechtzeitig anzuzeigen. Der Nutzer ist berechtigt, die Beseitigung selbst vorzunehmen oder vornehmen zu lassen.

(3) Die Absätze 1 und 2 sind nicht mehr anzuwenden, wenn das Vertragsverhältnis nach Ablauf des 31. Dezember 2022 endet.

§ 16. Kündigung bei Tod des Nutzers. (1) Stirbt der Nutzer, ist sowohl dessen Erbe als auch der Grundstückseigentümer zur Kündigung des Vertrages nach § 569 des Bürgerlichen Gesetzbuchs berechtigt.

(2) Ein Vertrag nach § 1 Abs. 1 Nr. 1 zur kleingärtnerischen Nutzung, Erholung oder Freizeitgestaltung wird beim Tod eines Ehegatten mit dem überlebenden Ehegatten fortgesetzt, wenn auch der überlebende Ehegatte Nutzer ist.

§ 17. Unredlicher Erwerb. (1) Der Grundstückseigentümer kann ein Vertragsverhältnis nach § 1 Abs. 1 kündigen, wenn der Nutzer beim Abschluß des Vertrages unredlich im Sinne des § 4 des Vermögensgesetzes gewesen ist. Die Kündigung ist spätestens am dritten Werktag eines Kalendermonats für den Ablauf des auf die Kündigung folgenden fünften Monats zulässig. Kündigungen gemäß Satz 1 sind nur wirksam, wenn sie bis zum 31. Dezember 1996 erklärt werden.

(2) Der Grundstückseigentümer ist zu einer Kündigung nach Absatz 1 nicht berechtigt, wenn er die Aufhebung des Nutzungsvertrages durch Bescheid des Amtes zur Regelung offener Vermögensfragen beantragen kann oder beantragen konnte.

(3) Für ein bis zum Ablauf des 2. Oktober 1990 errichtetes Bauwerk kann der Nutzer eine Entschädigung nach § 12 Abs. 2 verlangen. § 14 ist nicht anzuwenden.

20. Gesetz zur Schuldrechtsanpassung

Kapitel 2. Vertragliche Nutzungen zu anderen persönlichen Zwecken als Wohnzwecken

Abschnitt 1. Allgemeine Vorschriften

§ 18. Anwendbarkeit der nachfolgenden Bestimmungen. Auf Verträge über die Nutzung von Grundstücken zu anderen persönlichen Zwecken als Wohnzwecken nach § 1 Abs. 1 Nr. 1 sind die nachfolgenden Bestimmungen anzuwenden.

§ 19. Heilung von Mängeln. (1) Ein Vertrag nach § 1 Abs. 1 Nr. 1 ist nicht deshalb unwirksam, weil die nach § 312 Abs. 1 Satz 2 des Zivilgesetzbuchs der Deutschen Demokratischen Republik vorgesehene Schriftform nicht eingehalten worden ist.

(2) Das Fehlen der Zustimmung zur Bebauung nach § 313 Abs. 2 des Zivilgesetzbuchs ist unbeachtlich, wenn der Nutzungsvertrag von einer staatlichen Stelle abgeschlossen worden ist und eine Behörde dieser Körperschaft dem Nutzer eine Bauzustimmung erteilt hat.

(3) Abweichende rechtskräftige Entscheidungen bleiben unberührt.

§ 20. Nutzungsentgelt. (1) Der Grundstückseigentümer kann vom Nutzer die Zahlung eines Nutzungsentgelts verlangen. Die Höhe des Entgelts richtet sich nach der Nutzungsentgeltverordnung vom 22. Juli 1993 (BGBl. I S. 1339) in ihrer jeweils gültigen Fassung.

(2) Auf die bisher unentgeltlichen Nutzungsverträge sind die Bestimmungen der Nutzungsentgeltverordnung entsprechend anzuwenden. Der Grundstückseigentümer kann den Betrag verlangen, den der Nutzer im Falle einer entgeltlichen Nutzung nach den §§ 3 bis 5 der Nutzungsentgeltverordnung zu zahlen hätte.

(3) Hat das Nutzungsentgelt die ortsübliche Höhe erreicht, kann jede Partei bis zum Ablauf der Kündigungsschutzfrist eine Entgeltanpassung nach Maßgabe der folgenden Bestimmungen verlangen. Eine Anpassung ist zulässig, wenn das Nutzungsentgelt seit einem Jahr nicht geändert worden ist und das ortsübliche Entgelt sich seitdem um mehr als zehn vom Hundert verändert hat. Das Anpassungsverlangen ist gegenüber dem anderen Teil schriftlich geltend zu machen. Das angepaßte Nutzungsentgelt wird vom Beginn des dritten Kalendermonats an geschuldet, der auf den Zugang des Anpassungsverlangens folgt.

§ 21. Gebrauchsüberlassung an Dritte. (1) Macht der Grundstückseigentümer innerhalb der Kündigungsschutzfrist seinen Anspruch auf Anpassung des Nutzungsentgelts geltend, kann der Nutzer bis zum Ablauf des zweiten auf die Erhöhungserklärung folgenden Monats vom Grundstückseigentümer die Erlaubnis zur entgeltlichen Überlassung des Grundstücks oder eines Grundstücksteils an einen Dritten verlangen. Ist dem Grundstückseigentümer die Überlassung nur bei einer angemessenen Erhöhung des Nutzungsentgelts zuzumuten, kann er die Erteilung der Erlaubnis davon abhängig machen, daß sich der Nutzer mit einer solchen Erhöhung einverstanden erklärt.

(2) Ist dem Grundstückseigentümer die Unterverpachtung unter Berücksichtigung der berechtigten Interessen des Nutzers nicht zuzumuten, kann er den Nutzer unter Hinweis, daß er das Vertragsverhältnis kündigen werde, zur Abgabe einer Erklärung darüber auffordern, ob der Nutzer den Vertrag zu den geänderten Bedingungen auch ohne Unterverpachtung fortsetzen will. Lehnt der Nutzer die Fortsetzung des Vertrages ab oder erklärt er sich innerhalb einer Frist von einem Monat nicht, kann der Grundstückseigentümer die Erteilung der Erlaubnis verweigern und das Vertragsverhältnis unter Einhaltung der sich aus den §§ 565 und 584 des Bürgerlichen Gesetzbuchs ergebenden Frist zum nächstmöglichen Termin kündigen. Bis zu diesem Zeitpunkt ist der Nutzer nur zur Zahlung des bisherigen Nutzungsentgelts verpflichtet.

§ 22. Zustimmung zu baulichen Investitionen. (1) Die Neuerrichtung eines Bauwerks sowie Veränderungen an einem bestehenden Bauwerk, durch die dessen Nutzfläche vergrößert oder dessen Wert nicht nur unwesentlich erhöht wird, bedürfen der Zustimmung des Grundstückseigentümers.

(2) Absatz 1 gilt nicht, wenn der Nutzer die beabsichtigten baulichen Investitionen dem Grundstückseigentümer anzeigt, auf ihre Entschädigung nach § 12 verzichtet und sich zur Übernahme der Abbruchkosten verpflichtet.

§ 23. Kündigungsschutzfrist. (1) Der Grundstückseigentümer kann den Vertrag bis zum Ablauf des 31. Dezember 1999 nicht kündigen.

(2) Vom 1. Januar 2000 an kann der Grundstückseigentümer den Vertrag nur kündigen, wenn er das Grundstück
1. zur Errichtung eines Ein- oder Zweifamilienhauses als Wohnung für sich, die zu seinem Hausstand gehörenden Personen oder seine Familienangehörigen benötigt und der Ausschluß des Kündigungsrechts dem Grundstückseigentümer angesichts seines Wohnbedarfs und seiner sonstigen berechtigten Interessen auch unter Würdigung der Interessen des Nutzers nicht zugemutet werden kann oder
2. alsbald der im Bebauungsplan festgesetzten anderen Nutzung zuführen oder alsbald für diese Nutzung vorbereiten will.

In den Fällen des Satzes 1 Nr. 2 ist die Kündigung auch vor Rechtsverbindlichkeit des Bebauungsplans zulässig, wenn die Gemeinde seine Aufstellung, Änderung oder Ergänzung beschlossen hat, nach dem Stand der Planungsarbeiten anzunehmen ist, daß die beabsichtigte andere Nutzung festgesetzt wird, und dringende Gründe des öffentlichen Interesses die Vorbereitung oder die Verwirklichung der anderen Nutzung vor Rechtsverbindlichkeit des Bebauungsplans erfordern.

(3) Vom 1. Januar 2005 an kann der Grundstückseigentümer den Vertrag auch dann kündigen, wenn er das Grundstück
1. zur Errichtung eines Ein- oder Zweifamilienhauses als Wohnung für sich, die zu seinem Hausstand gehörenden Personen oder seine Familienangehörigen benötigt oder
2. selbst zu kleingärtnerischen Zwecken, zur Erholung oder Freizeitgestaltung benötigt und der Ausschluß des Kündigungsrechts dem Grundstückseigentümer angesichts seines Erholungsbedarfs und seiner sonstigen berechtigten Interessen auch unter Berücksichtigung der Interessen des Nutzers nicht zugemutet werden kann.

(4) Vom 4. Oktober 2015 an kann der Grundstückseigentümer den Vertrag nach Maßgabe der allgemeinen Bestimmungen kündigen.

(5) Hatte der Nutzer am 3. Oktober 1990 das 60. Lebensjahr vollendet, ist eine Kündigung durch den Grundstückseigentümer zu Lebzeiten dieses Nutzers nicht zulässig.

(6) Für Verträge im Sinne des § 1 Abs. 1 Nr. 1 über Grundstücke, die der Nutzer nicht bis zum Ablauf des 16. Juni 1994 bebaut hat, und für Nutzungsverträge über Garagengrundstücke gilt der besondere Kündigungsschutz nach den Absätzen 1 und 2 nur bis zum 31. Dezember 2002. Absatz 5 ist nicht anzuwenden. Diese Verträge kann der Grundstückseigentümer auch dann kündigen, wenn er das Grundstück einem besonderen Investitionszweck im Sinne des § 3 Abs. 1 des Investitionsvorranggesetzes zuführen will.

(7) Handelt es sich um ein Grundstück oder den Teil eines Grundstücks, das aufgrund eines Vertrages zur Errichtung von Garagen überlassen wurde, kann der Grundstückseigentümer abweichend von den Absätzen 1 bis 6 den Vertrag auch kündigen, wenn
1. er als Wohnungsunternehmen gemäß § 4 Abs. 5 Nr. 1 und § 5 Abs. 1 des Altschuldenhilfe-Gesetzes auf dem Grundstück gelegene Wohnungen an deren Mieter veräußern will und
2. der Nutzer der Garage nicht Mieter einer auf dem Grundstück gelegenen Wohnung ist.

Der Nutzer kann der Kündigung widersprechen und die Fortsetzung des Vertragsverhältnisses verlangen, wenn dessen Beendigung für ihn eine Härte bedeuten würde, die auch unter Würdigung der berechtigten Interessen des Grundstückseigentümers nicht zu rechtfertigen ist.

§ 24. Sonderregelungen für bewohnte Gebäude. (1) Wohnt der Nutzer in einem zum dauernden Wohnen geeigneten Wochenendhaus, kann er auch nach Ablauf der in § 23 genannten Fristen der Kündigung des Grundstückseigentümers widersprechen und die Fortsetzung des Vertragsverhältnisses verlangen, wenn die Beendigung des Vertragsverhältnisses für ihn oder seine Familie eine Härte bedeuten würde, die auch unter Berücksichtigung der Interessen des Grundstückseigentümers nicht zu rechtfertigen ist. § 556a des Bürgerlichen Gesetzbuchs ist entsprechend anzuwenden.

(2) Ist das Grundstück veräußert worden, kann der Erwerber vor Ablauf von drei Jahren seit der Eintragung der Rechtsänderung in das Grundbuch nicht kündigen, wenn er das Grundstück einer in § 23 Abs. 2 Nr. 1 und Abs. 3 Nr. 1 und 2 genannten Verwendung zuführen will. Satz 1 ist nicht anzuwenden, wenn der auf die Veräußerung des Grundstücks gerichtete Vertrag vor dem 13. Januar 1994 abgeschlossen worden ist.

(3) Die Absätze 1 und 2 sind nicht anzuwenden, wenn der Grundstückseigentümer oder der andere Vertragschließende der Nutzung zu Wohnzwecken ausdrücklich widersprochen hatte.

20. Gesetz zur Schuldrechtsanpassung **Anhang I/20**

(4) Die Absätze 1 bis 3 sind nicht anzuwenden, wenn der Nutzer nach dem 20. Juli 1993 seine Wohnung aufgibt und ein Wochenendhaus nunmehr dauernd als Wohnung nutzt.

§ 25. Nutzungsrechtsbestellung mit Nutzungsvertrag. (1) Wurde der Vertrag im Zusammenhang mit der Bestellung eines Nutzungsrechts zur Errichtung eines Eigenheimes abgeschlossen und bilden die genutzten Flächen eine räumliche Einheit, die die für den Eigenheimbau vorgesehene Regelgröße von 500 Quadratmetern übersteigt, so kann der Grundstückseigentümer den Vertrag abweichend von § 23 ganz oder hinsichtlich einer Teilfläche kündigen, soweit die betroffene Fläche abtrennbar und selbständig baulich nutzbar ist und dem Nutzer mindestens eine Gesamtfläche von 500 Quadratmetern verbleibt. Die Kündigung ist ferner zulässig, soweit die betroffene Fläche abtrennbar und angemessen wirtschaftlich nutzbar ist und dem Nutzer mindestens eine Gesamtfläche von 1000 Quadratmetern verbleibt. § 13 des Sachenrechtsbereinigungsgesetzes ist entsprechend anzuwenden.

(2) Wird der Vertrag gemäß Absatz 1 hinsichtlich einer Teilfläche gekündigt, so wird er über die Restfläche fortgesetzt. Der Nutzer kann eine Anpassung des Nutzungsentgelts verlangen. Das angepaßte Entgelt wird vom Beginn des Kalendermonats an geschuldet, in dem die Kündigung wirksam wird.

(3) Die Kündigung ist spätestens am dritten Werktag eines Kalendermonats für den Ablauf des auf die Kündigung folgenden fünften Monats zulässig, wenn sich nicht aus § 584 Abs. 1 des Bürgerlichen Gesetzbuchs eine längere Frist ergibt.

(4) Der Nutzer kann einer Kündigung nach Absatz 1 widersprechen, wenn die Beendigung des Vertrages für ihn zu einer unzumutbaren Härte im Sinne des § 26 Abs. 3 des Sachenrechtsbereinigungsgesetzes führen würde. Der Grundstückseigentümer kann in diesem Fall vom Nutzer den Ankauf des Grundstücks zum ungeteilten Bodenwert nach Maßgabe der Bestimmungen des Sachenrechtsbereinigungsgesetzes verlangen.

§ 26. Mehrere Grundstückseigentümer. (1) Erstreckt sich die dem Nutzer zugewiesene Fläche über mehrere Grundstücke, können die Grundstückseigentümer das Vertragsverhältnis nur gemeinsam kündigen.

(2) Im Falle der gemeinsamen Kündigung haften die Grundstückseigentümer dem Nutzer für die nach diesem Gesetz zu leistenden Entschädigungen als Gesamtschuldner. Befindet sich ein vom Nutzer errichtetes Bauwerk auf mehreren Grundstücken, sind die Grundstückseigentümer im Verhältnis zueinander im Zweifel zu gleichen Teilen verpflichtet. Entschädigungen nach den §§ 14 und 27 sind im Verhältnis der auf den jeweiligen Eigentümer entfallenden Fläche aufzuteilen.

(3) Das Recht zur Kündigung steht einem Grundstückseigentümer allein zu, wenn die auf seinem Grundstück befindliche Teilfläche selbständig nutzbar ist. Das Kündigungsrecht besteht auch, wenn die Teilfläche gemeinsam mit einer weiteren auf dem Grundstück zur Nutzung zugewiesenen Bodenfläche selbständig nutzbar ist. Der Grundstückseigentümer hat dem anderen Grundstückseigentümer seine Kündigungsabsicht rechtzeitig anzuzeigen.

(4) Wird der Vertrag nach Absatz 3 von einem Grundstückseigentümer gekündigt, kann der Nutzer vom Eigentümer des anderen Grundstücks die Fortsetzung des Vertrages über die auf dessen Grundstück befindliche Teilfläche verlangen. Das Fortsetzungsverlangen muß schriftlich bis zum Ablauf des zweiten auf den Zugang der Kündigung folgenden Monats erklärt werden. § 25 Abs. 2 Satz 2 und 3 ist entsprechend anzuwenden.

(5) Wird der Vertrag nicht nach Absatz 4 fortgesetzt, hat der kündigende Grundstückseigentümer dem anderen Grundstückseigentümer nach Maßgabe des § 14 die Vermögensnachteile auszugleichen, die diesem durch die vorzeitige Beendigung der Gemeinschaft entstehen. Der kündigende Grundstückseigentümer hat den anderen Grundstückseigentümer von einer Entschädigungspflicht nach § 12 Abs. 1 freizustellen.

§ 27. Entschädigung für Anpflanzungen. Nach Beendigung des Vertrages hat der Grundstückseigentümer dem Nutzer neben der Entschädigung für das Bauwerk auch eine Entschädigung für die Anpflanzungen zu leisten. § 12 Abs. 2 bis 4 ist entsprechend anzuwenden.

§ 28. Überlassungsverträge zu Erholungszwecken. Ist die Nutzungsbefugnis am Grundstück durch einen Überlassungsvertrag im Sinne des Artikels 232 § 1a des Einführungsgesetzes zum Bürgerlichen Gesetzbuche eingeräumt worden, richtet sich die Verpflichtung des Nutzers zur Tragung

889

der öffentlichen Lasten des Grundstücks nach § 36. Die Ansprüche des Nutzers auf Auskehr des bei Vertragsabschluß hinterlegten Betrages und auf Erstattung der Beträge, die vom staatlichen Verwalter zur Ablösung von Verbindlichkeiten des Grundstückseigentümers verwandt wurden, bestimmen sich nach § 37.

Abschnitt 2. Besondere Bestimmungen für Ferienhaus- und Wochenendhaussiedlungen sowie andere Gemeinschaften

§ 29. Begriffsbestimmung. Ferienhaus- und Wochenendhaussiedlungen sind Flächen, die
1. nach ihrer Zweckbestimmung und der Art der Nutzung zur Erholung dienen,
2. mit mehreren Ferien- oder Wochenendhäusern oder anderen, Erholungszwecken dienenden Bauwerken bebaut worden sind,
3. durch gemeinschaftliche Einrichtungen, insbesondere Wege, Spielflächen und Versorgungseinrichtungen, zu einer Anlage verbunden sind und
4. nicht Kleingartenanlagen im Sinne des § 1 des Bundeskleingartengesetzes sind.

§ 30. Kündigung des Zwischenpachtvertrages. (1) Der Grundstückseigentümer ist berechtigt, die Kündigung des Zwischenpachtvertrages auf eine Teilfläche zu beschränken. Ist eine Interessenabwägung nach § 23 Abs. 2 Nr. 1 oder Abs. 3 Nr. 2 vorzunehmen, sind auch die Belange des unmittelbar Nutzungsberechtigten zu berücksichtigen. Im Falle einer Teilflächenkündigung wird der Zwischenpachtvertrag über die Restfläche fortgesetzt.

(2) Wird das Vertragsverhältnis aus einem in der Person des Zwischenpächters liegenden Grund gekündigt, tritt der Grundstückseigentümer in die Vertragsverhältnisse des Zwischenpächters mit den unmittelbar Nutzungsberechtigten ein. Schließt der Grundstückseigentümer mit einem anderen Zwischenpächter einen Vertrag ab, so tritt dieser anstelle des bisherigen Zwischenpächters in die Vertragsverhältnisse mit den unmittelbar Nutzungsberechtigten ein.

§ 31. Kündigung durch den Zwischenpächter. (1) Der Zwischenpächter kann den Vertrag mit dem unmittelbar Nutzungsberechtigten auch kündigen, wenn die Beendigung des Vertrages zur Neuordnung der Siedlung erforderlich ist.

(2) Die Entschädigung nach den §§ 12, 14 und 27 sowie die Abbruchkosten hat der Zwischenpächter zu tragen.

§ 32. Benutzung gemeinschaftlicher Einrichtungen. (1) Der Grundstückseigentümer, der das Grundstück zur Erholung oder Freizeitgestaltung nutzt, ist berechtigt, die in der Siedlung belegenen gemeinschaftlichen Einrichtungen zu nutzen.

(2) Die Nutzung der gemeinschaftlichen Einrichtungen eines Vereins erfolgt durch Ausübung der Rechte als Vereinsmitglied. Wird der Grundstückseigentümer nicht Mitglied, kann er die Nutzung dieser Einrichtungen gegen Zahlung eines angemessenen Entgelts verlangen.

(3) Eine Personengemeinschaft nach § 4 Abs. 2 kann für die Nutzung der Einrichtungen ein angemessenes Entgelt verlangen, wenn der Grundstückseigentümer nicht Mitglied der Gemeinschaft wird.

§ 33. Andere Gemeinschaften. Auf Rechtsverhältnisse in Garagen-, Bootsschuppen- und vergleichbaren Gemeinschaften sind die Bestimmungen der §§ 29 bis 32 entsprechend anzuwenden.

Kapitel 3. Überlassungsverträge

Abschnitt 1. Überlassungsverträge zu Wohnzwecken

§ 34. Anwendbarkeit des Mietrechts. Überlassungsverträge zu Wohnzwecken werden als auf unbestimmte Zeit geschlossene Mietverträge fortgesetzt. Auf sie sind die allgemeinen Bestimmungen über die Wohnraummiete anzuwenden, soweit nicht im folgenden etwas anderes bestimmt ist.

§ 35. Mietzins. Der Grundstückseigentümer kann vom Nutzer die Zahlung eines Mietzinses verlangen. Solange im Beitrittsgebiet mietpreisrechtliche Bestimmungen bestehen, gilt für den Mietzins § 11 Abs. 2 bis 7 des Gesetzes zur Regelung der Miethöhe.

20. Gesetz zur Schuldrechtsanpassung

§ 36. Öffentliche Lasten. (1) Hat sich der Nutzer vertraglich zur Übernahme der auf dem Grundstück ruhenden öffentlichen Lasten verpflichtet, ist er von dieser Verpflichtung freizustellen, sobald der Anspruch auf Zahlung eines Mietzinses nach diesem Gesetz erstmals geltend gemacht wird. Der Nutzer hat dem Grundstückseigentümer über die Höhe der von ihm getragenen Lasten Auskunft zu erteilen.

(2) Einmalig zu zahlende öffentliche Lasten hat der Nutzer nicht zu tragen.

§ 37. Sicherheitsleistung. (1) Die Ansprüche des Nutzers auf Erstattung der Beträge, die vom staatlichen Verwalter aus dem bei Vertragsabschluß vom Nutzer hinterlegten Betrag zur Ablösung von Verbindlichkeiten des Grundstückseigentümers verwandt wurden, bestimmen sich nach § 38 Abs. 2 und 3 des Sachenrechtsbereinigungsgesetzes.

(2) Der Nutzer kann vom Grundstückseigentümer die Zustimmung zur Auszahlung der bei Abschluß des Vertrages hinterlegten Beträge mit Ausnahme der aufgelaufenen Zinsen, der Grundstückseigentümer vom Nutzer die Zustimmung zur Auszahlung der Zinsen verlangen. Satz 1 ist auf die Zinsen nicht anzuwenden, die auf die Zeit entfallen, in der der Nutzer nach diesem Gesetz zur Zahlung von Miet- oder Pachtzinsen verpflichtet ist.

(3) Ein vertraglich vereinbartes Recht des Nutzers, den Anspruch nach Absatz 1 durch Eintragung einer Sicherungshypothek am Grundstück zu sichern, bleibt unberührt. Der Grundstückseigentümer ist berechtigt, eine andere in § 232 Abs. 1 des Bürgerlichen Gesetzbuchs bezeichnete Sicherheit zu leisten.

§ 38. Beendigung der Verträge. (1) Eine Kündigung des Mietvertrages durch den Grundstückseigentümer ist bis zum Ablauf des 31. Dezember 1995 ausgeschlossen.

(2) Bis zum Ablauf des 31. Dezember 2000 kann der Grundstückseigentümer den Mietvertrag nur kündigen, wenn er das auf dem Grundstück stehende Gebäude zu Wohnzwecken für sich, die zu seinem Hausstand gehörenden Personen oder seine Familienangehörigen benötigt und der Ausschluß des Kündigungsrechts dem Grundstückseigentümer angesichts seines Wohnbedarfs und seiner sonstigen berechtigten Interessen auch unter Würdigung der Interessen des Nutzers nicht zugemutet werden kann.

(3) Ist das Grundstück veräußert worden, kann sich der Erwerber nicht vor Ablauf von drei Jahren seit der Eintragung der Rechtsänderung in das Grundbuch auf Eigenbedarf zu Wohnzwecken berufen. Satz 1 ist nicht anzuwenden, wenn der auf die Veräußerung des Grundstücks gerichtete Vertrag vor dem 13. Januar 1994 abgeschlossen worden ist.

§ 39. Verlängerung der Kündigungsschutzfrist. Hat der Nutzer auf dem Grundstück in nicht unerheblichem Umfang Um- und Ausbauten oder wesentliche bauliche Maßnahmen zur Substanzerhaltung des Gebäudes unternommen, die nicht den in § 12 Abs. 2 des Sachenrechtsbereinigungsgesetzes bestimmten Umfang erreichen, verlängert sich die in § 38 Abs. 2 bestimmte Frist bis zum 31. Dezember 2010. Satz 1 ist nicht anzuwenden, wenn mit den Arbeiten nach dem 20. Juli 1993 begonnen wurde.

§ 40. Kündigung bei abtrennbaren Teilflächen. Der Grundstückseigentümer ist berechtigt, eine Kündigung des Mietvertrages für eine abtrennbare, nicht überbaute Teilfläche des Grundstücks zu erklären. Die Kündigung ist zulässig, wenn das Grundstück die für den Eigenheimbau vorgesehene Regelgröße von 500 Quadratmetern übersteigt und die über die Regelgröße hinausgehende Fläche abtrennbar und selbständig baulich nutzbar ist. Das Recht zur Kündigung steht dem Grundstückseigentümer auch hinsichtlich einer über 1000 Quadratmeter hinausgehenden Fläche zu, die abtrennbar und angemessen wirtschaftlich nutzbar ist. § 25 Abs. 2 bis 4 ist entsprechend anzuwenden.

§ 41. Verwendungsersatz. (1) Der Nutzer kann bei Beendigung des Mietvertrages vom Grundstückseigentümer für alle werterhöhenden Aufwendungen, die er bis zum 1. Januar 1995 vorgenommen hat, Ersatz nach Maßgabe des mit dem staatlichen Verwalter abgeschlossenen Vertrages verlangen. Im Zweifel ist die Entschädigung nach dem Wert zu bestimmen, um den das Grundstück zum Zeitpunkt der Herausgabe durch die Aufwendungen des Nutzers noch erhöht ist.

(2) Ein vertraglicher Anspruch des Nutzers auf Sicherung des Ersatzanspruchs für die von ihm bis zum 1. Januar 1995 vorgenommenen werterhöhenden Aufwendungen bleibt unberührt.

I. Bundesrecht

Abschnitt 2. Andere Überlassungsverträge

§ 42. Überlassungsverträge für gewerbliche und andere Zwecke. (1) Überlassungsverträge über gewerblich oder zu anderen als den in den §§ 18 und 34 genannten Zwecken genutzte Grundstücke werden als unbefristete Miet- oder Pachtverträge fortgesetzt.

(2) Eine Kündigung des Vertrages durch den Grundstückseigentümer ist bis zum Ablauf des 31. Dezember 1995 ausgeschlossen.

(3) Der Grundstückseigentümer kann die Zahlung des für die Nutzung ortsüblichen Entgelts verlangen. Der Anspruch entsteht mit Beginn des dritten auf den Zugang des Zahlungsverlangens folgenden Monats. Die §§ 36, 37 und 41 sind entsprechend anzuwenden.

Kapitel 4. Errichtung von Gebäuden aufgrund eines Miet-, Pacht- oder sonstigen Nutzungsvertrages

Abschnitt 1. Grundsätze

§ 43. Erfaßte Verträge. Auf Miet-, Pacht- oder sonstige Nutzungsverträge über Grundstücke finden die nachstehenden Regelungen Anwendung, wenn der Nutzer auf dem Grundstück bis zum Ablauf des 2. Oktober 1990 mit Billigung staatlicher Stellen ein Wohn- oder gewerblichen Zwecken dienendes Bauwerk errichtet, mit dem Bau eines solchen Bauwerks begonnen oder ein solches Bauwerk aufgrund einer vertraglichen Vereinbarung vom vorherigen Nutzer übernommen hat (§ 1 Abs. 1 Nr. 3).

§ 44. Vermuteter Vertragsabschluß. Sind Flächen oder Räumlichkeiten nach der Gewerberaumlenkungsverordnung vom 6. Februar 1986 (GBl. I Nr. 16 S. 249) oder der Wohnraumlenkungsverordnung vom 16. Oktober 1985 (GBl. I Nr. 27 S. 301) zugewiesen worden, gilt mit dem 1. Januar 1995 ein Vertrag zwischen dem Grundstückseigentümer und dem Nutzer als zustande gekommen, wenn ein Vertrag nicht abgeschlossen wurde, der Nutzer mit Billigung staatlicher Stellen ein Gebäude errichtet hat und der Nutzer den Besitz in diesem Zeitpunkt noch ausübt. Auf den Vertrag sind die Bestimmungen dieses Gesetzes anzuwenden.

Abschnitt 2. Gewerblich genutzte Grundstücke

§ 45. Bauliche Maßnahmen des Nutzers. (1) Bauwerke im Sinne dieses Abschnitts sind nur Gebäude und die in § 12 Abs. 3 des Sachenrechtsbereinigungsgesetzes bezeichneten baulichen Anlagen.

(2) Der Errichtung eines Bauwerks stehen die in § 12 Abs. 1 des Sachenrechtsbereinigungsgesetzes bezeichneten baulichen Maßnahmen gleich.

§ 46. Gebrauchsüberlassung an Dritte. Der Nutzer ist ohne Erlaubnis des Grundstückseigentümers berechtigt, Grundstück und aufstehendes Bauwerk einem Dritten zum Gebrauch zu überlassen, wenn nach dem Inhalt des Vertrages zwischen dem Nutzer und dem Dritten das vom Nutzer errichtete Bauwerk weiter genutzt werden soll.

§ 47. Entgelt. (1) Der Grundstückseigentümer kann vom Nutzer die Zahlung des für die Nutzung des Grundstücks ortsüblichen Entgelts verlangen. Im Zweifel sind sieben vom Hundert des Verkehrswertes des unbebauten Grundstücks jährlich in Ansatz zu bringen. Die Zahlungspflicht entsteht mit dem Beginn des dritten auf den Zugang des Zahlungsverlangens folgenden Monats.

(2) Das Entgelt ermäßigt sich
1. in den ersten zwei Jahren auf ein Viertel,
2. in den folgenden zwei Jahren auf die Hälfte und
3. in den darauf folgenden zwei Jahren auf drei Viertel
des sich aus Absatz 1 ergebenden Betrages (Eingangsphase). Die Eingangsphase beginnt mit dem Eintritt der Zahlungspflicht nach diesem Gesetz, spätestens am 1. Juli 1995. Satz 1 ist nicht anzuwenden, wenn die Beteiligten ein höheres Nutzungsentgelt vereinbart haben.

20. Gesetz zur Schuldrechtsanpassung **Anhang I/20**

(3) Nach Ablauf der Eingangsphase kann jede Vertragspartei bis zum Ablauf der Kündigungsschutzfrist eine Anpassung des Nutzungsentgelts verlangen, wenn seit der letzten Zinsanpassung drei Jahre vergangen sind und der ortsübliche Zins sich seit der letzten Anpassung um mehr als zehn vom Hundert verändert hat. Das Anpassungsverlangen ist gegenüber dem anderen Teil schriftlich geltend zu machen und zu begründen. Das angepaßte Entgelt wird vom Beginn des dritten Kalendermonats an geschuldet, der auf den Zugang des Anpassungsverlangens folgt.

§ 48. Zustimmung zu baulichen Investitionen. (1) Um- und Ausbauten an bestehenden Bauwerken durch den Nutzer bedürfen nicht der Zustimmung des Grundstückseigentümers.

(2) Der Nutzer kann bei Beendigung des Vertragsverhältnisses Ersatz für seine baulichen Maßnahmen, die er nach dem 1. Januar 1995 vorgenommen hat, nur dann verlangen, wenn der Grundstückseigentümer den baulichen Maßnahmen zugestimmt hat. In diesem Fall ist die Entschädigung nach dem Zeitwert des Bauwerks im Zeitpunkt der Rückgabe des Grundstücks zu bestimmen. Die Zustimmung des Grundstückseigentümers muß schriftlich erteilt werden und ein Anerkenntnis der Verpflichtung zum Wertersatz enthalten.

§ 49. Kündigungsschutzfristen. (1) Der Grundstückseigentümer kann den Vertrag bis zum Ablauf des 31. Dezember 2000 nur kündigen, wenn das vom Nutzer errichtete Bauwerk nicht mehr nutzbar und mit einer Wiederherstellung der Nutzbarkeit durch den Nutzer nicht mehr zu rechnen ist. Ist die Nutzung für mindestens ein Jahr aufgegeben worden, ist zu vermuten, daß eine Nutzung auch in Zukunft nicht stattfinden wird.

(2) In den darauf folgenden fünf Kalenderjahren kann der Grundstückseigentümer den Vertrag auch dann kündigen, wenn er
1. auf die eigene Nutzung des Grundstücks für Wohn- oder betriebliche Zwecke angewiesen ist oder
2. Inhaber eines Unternehmens ist und
   a) das Gebäude oder die bauliche Anlage auf dem Betriebsgrundstück steht und die betriebliche Nutzung des Grundstücks erheblich beeinträchtigt oder
   b) das Gebäude, die bauliche Anlage oder die Funktionsfläche für betriebliche Erweiterungen in Anspruch genommen werden soll und der Grundstückseigentümer die in § 3 Abs. 1 Nr. 1 des Investitionsvorranggesetzes vom 14. Juli 1992 (BGBl. I S. 1268) bezeichneten Zwecke verfolgt oder der Nutzer keine Gewähr für eine Fortsetzung der betrieblichen Nutzung des Wirtschaftsgebäudes bietet.

Satz 1 ist nicht anzuwenden, wenn den betrieblichen Belangen des Nutzers eine erheblich höhere Bedeutung zukommt als den betrieblichen Zwecken nach Nummer 1 oder den investiven Interessen des Grundstückseigentümers nach Nummer 2 Buchstabe b. Die in Satz 1 bestimmte Frist verlängert sich um die Restnutzungsdauer des vom Nutzer errichteten Gebäudes, längstens bis zum 31. Dezember 2020.

Abschnitt 3. Zu Wohnzwecken genutzte Grundstücke

§ 50. Bauliche Maßnahmen des Nutzers. (1) Gebäude im Sinne dieses Abschnitts sind Wohnhäuser und die in § 5 Abs. 2 Satz 2 des Sachenrechtsbereinigungsgesetzes bezeichneten Nebengebäude.

(2) Der Errichtung eines Gebäudes stehen bauliche Maßnahmen im Sinne des § 12 Abs. 1 des Sachenrechtsbereinigungsgesetzes gleich.

§ 51. Entgelt. (1) Der Grundstückseigentümer kann vom Nutzer die Zahlung des für die Nutzung des Grundstücks ortsüblichen Entgelts verlangen. Im Zweifel sind vier vom Hundert des Verkehrswertes des unbebauten Grundstücks jährlich in Ansatz zu bringen.

(2) Hat der Nutzer ein Eigenheim errichtet, darf das Entgelt nicht über den Betrag hinausgehen, der nach den im Beitrittsgebiet geltenden mietpreisrechtlichen Bestimmungen für die Nutzung eines vergleichbaren Gebäudes zu zahlen wäre.

(3) Im übrigen ist § 47 entsprechend anzuwenden.

§ 52. Kündigung aus besonderen Gründen. (1) Der Grundstückseigentümer kann den Vertrag bis zum Ablauf des 31. Dezember 2000 nur kündigen, wenn das vom Nutzer errichtete Gebäude nicht mehr nutzbar und mit einer Wiederherstellung der Nutzbarkeit durch den Nutzer nicht mehr zu rechnen ist.

Anhang I/20 I. Bundesrecht

(2) In den darauf folgenden fünf Kalenderjahren kann der Grundstückseigentümer den Vertrag auch dann kündigen, wenn er das auf dem Grundstück stehende Gebäude zu Wohnzwecken für sich, die zu seinem Hausstand gehörenden Personen oder seine Familienangehörigen benötigt und ihm der Ausschluß des Kündigungsrechts angesichts seines Wohnbedarfs und seiner sonstigen berechtigten Interessen auch unter Würdigung der Interessen des Nutzers nicht zugemutet werden kann. Die in Satz 1 bestimmte Frist verlängert sich um die Restnutzungsdauer des vom Nutzer errichteten Gebäudes, längstens bis zum 31. Dezember 2020.

(3) Ist das Grundstück veräußert worden, kann sich der Erwerber nicht vor Ablauf von drei Jahren seit der Eintragung der Rechtsänderung in das Grundbuch auf Eigenbedarf zu Wohnzwecken berufen. Satz 1 ist nicht anzuwenden, wenn der auf die Veräußerung des Grundstücks gerichtete Vertrag vor dem 13. Januar 1994 abgeschlossen worden ist.

§ 53. Kündigung bei abtrennbaren Teilflächen. Auf die Kündigung abtrennbarer Teilflächen ist § 40 entsprechend anzuwenden.

§ 54. Anwendbarkeit des Abschnitts 2. Im übrigen sind die Bestimmungen der §§ 46 und 48 entsprechend anzuwenden.

Kapitel 5. Verfahrensvorschriften

§ 55. Ausschließliche Zuständigkeit des Amtsgerichts. Das Amtsgericht, in dessen Bezirk das genutzte Grundstück ganz oder zum größten Teil belegen ist, ist ohne Rücksicht auf den Wert des Streitgegenstandes für alle Streitigkeiten zwischen Grundstückseigentümern und Nutzern über Ansprüche aus Vertragsverhältnissen nach § 1 Abs. 1 oder über das Bestehen solcher Verhältnisse ausschließlich zuständig.

§ 56. Rechtsentscheid. (1) Im Berufungsverfahren ist bei der Entscheidung einer Rechtsfrage, die sich aus einem Vertragsverhältnis nach § 1 Abs. 1 ergibt oder die den Bestand eines solchen Vertragsverhältnisses betrifft, § 541 Abs. 1 der Zivilprozeßordnung entsprechend anzuwenden.

(2) Sind in einem Land mehrere Oberlandesgerichte errichtet, können die Rechtssachen, für die nach Absatz 1 die Oberlandesgerichte zuständig sind, von den Landesregierungen durch Rechtsverordnung einem der Oberlandesgerichte zugewiesen werden, sofern dies der Rechtspflege in diesen Sachen, insbesondere der Sicherung einer einheitlichen Rechtsprechung, dienlich ist. Die Landesregierungen können die Ermächtigung auf die Landesjustizverwaltungen übertragen.

Kapitel 6. Vorkaufsrecht

§ 57. Vorkaufsrecht des Nutzers. (1) Der Nutzer ist zum Vorkauf berechtigt, wenn das Grundstück erstmals an einen Dritten verkauft wird.

(2) Das Vorkaufsrecht besteht nicht, wenn
1. der Nutzer das Grundstück nicht vertragsgemäß nutzt,
2. der Nutzer die Bestellung eines Vorkaufsrechts nach § 20 des Vermögensgesetzes verlangen kann oder verlangen konnte,
3. das Grundstück an Abkömmlinge, den Ehegatten oder Geschwister des Grundstückseigentümers verkauft wird oder
4. der Erwerber das Grundstück einem besonderen Investitionszweck im Sinne des § 3 Abs. 1 des Investitionsvorranggesetzes zuführen will.

(3) Das Vorkaufsrecht besteht ferner nicht, wenn der Nutzer
1. eine Partei, eine mit ihr verbundene Massenorganisation oder eine juristische Person im Sinne der §§ 20a und 20b des Parteiengesetzes der Deutschen Demokratischen Republik ist oder
2. ein Unternehmen oder ein Rechtsnachfolger eines Unternehmens ist, das bis zum 31. März 1990 oder zu einem früheren Zeitpunkt zum Bereich „Kommerzielle Koordinierung" gehört hat.

(4) Die Mitteilung des Verkäufers oder des Dritten über den Inhalt des Kaufvertrages ist mit einer Unterrichtung des Nutzers über sein Vorkaufsrecht zu verbinden.

21. Erholungsnutzungsrechtsgesetz   Anhang I/21

(5) Das Vorkaufsrecht erlischt mit der Beendigung des Vertragsverhältnisses. Stirbt der Nutzer, so geht das Vorkaufsrecht auf denjenigen über, der das Vertragsverhältnis mit dem Grundstückseigentümer gemäß den Bestimmungen dieses Gesetzes fortsetzt.

(6) Erstreckt sich die Nutzungsbefugnis auf eine Teilfläche eines Grundstücks, kann das Vorkaufsrecht nur ausgeübt werden, wenn die einem oder mehreren Nutzern überlassene Fläche die halbe Grundstücksgröße übersteigt. Mehreren Nutzern steht das Vorkaufsrecht in bezug auf ein Grundstück gemeinschaftlich zu. Im übrigen sind die §§ 504 bis 514 des Bürgerlichen Gesetzbuchs entsprechend anzuwenden.

21. Gesetz zur Bereinigung der im Beitrittsgebiet zu Erholungszwecken verliehenen Nutzungsrechte (Erholungsnutzungsrechtsgesetz – ErholNutzG)

Vom 21. September 1994

(BGBl. I S. 2548)

§ 1. Anwendungsbereich. Ist für die Errichtung eines Wochenendhauses oder eines anderen persönlichen Zwecken, jedoch nicht Wohn- oder betrieblichen Zwecken dienenden Gebäudes ein Nutzungsrecht an einem Grundstück verliehen worden (§ 287 des Zivilgesetzbuchs der Deutschen Demokratischen Republik) und kommt ein Anspruch nach dem Sachenrechtsbereinigungsgesetz wegen § 2 Abs. 1 Satz 1 Nr. 1 des Sachenrechtsbereinigungsgesetzes nicht in Betracht, können Grundstückseigentümer und Nutzer Ansprüche auf Bestellung eines Erbbaurechts nach Maßgabe dieses Gesetzes geltend machen.

§ 2. Anspruch auf Bestellung eines Erbbaurechts. Grundstückseigentümer und Nutzer können von dem jeweils anderen Teil die Annahme eines Angebots auf Bestellung eines Erbbaurechts verlangen, wenn der Inhalt des Angebots den Bestimmungen der §§ 3 bis 8 entspricht.

§ 3. Erbbauzins. (1) Der Zinssatz beträgt jährlich vier vom Hundert des ungeteilten Bodenwerts eines entsprechenden unbebauten Grundstücks. Jeder Beteiligte kann verlangen, daß der Erbbauzins nach einem anderen Zinssatz berechnet wird, wenn der für die Nutzung übliche Zinssatz mehr oder weniger als vier vom Hundert jährlich beträgt. Der Bodenwert des Grundstücks ist nach § 19 des Sachenrechtsbereinigungsgesetzes zu ermitteln.

(2) Der Erbbauzins ist vierteljährlich nachträglich am 31. März, 30. Juni, 30. September und 31. Dezember eines Jahres zu zahlen. Die Zahlungspflicht beginnt mit
1. der Ladung des Nutzers zum Termin im notariellen Vermittlungsverfahren, wenn der Grundstückseigentümer dessen Durchführung beantragt hat oder sich auf eine Verhandlung über den Inhalt des Erbbaurechts einläßt, oder
2. einem § 2 entsprechenden Verlangen des Grundstückseigentümers oder mit der Annahme eines entsprechenden Angebots des Nutzers.
§ 44 Abs. 2 Satz 2 und 3 des Sachenrechtsbereinigungsgesetzes ist entsprechend anzuwenden.

§ 4. Zinsanpassungen. Nutzer und Grundstückseigentümer sind verpflichtet, in den Erbbaurechtsvertrag eine Bestimmung aufzunehmen, die eine Anpassung des Erbbauzinses an veränderte Verhältnisse vorsieht. § 46 des Sachenrechtsbereinigungsgesetzes ist entsprechend anzuwenden.

§ 5. Ermäßigung des Erbbauzinses. Der vom Nutzer zu entrichtende Erbbauzins ermäßigt sich
1. in den ersten zwei Jahren auf ein Viertel,
2. in den folgenden zwei Jahren auf die Hälfte und
3. in den darauf folgenden zwei Jahren auf drei Viertel
des sich aus § 3 Abs. 1 ergebenden Erbbauzinses (Eingangsphase). Die Eingangsphase beginnt mit dem Eintritt der Zahlungspflicht nach diesem Gesetz, spätestens am 1. Juli 1995.

§ 6. Dauer des Erbbaurechts. Die Dauer des Erbbaurechts beträgt vom Vertragsabschluß an 30 Jahre.

§ 7. Zulässige Nutzung; Heimfallanspruch. (1) Der Grundstückseigentümer kann eine Vereinbarung im Erbbaurechtsvertrag verlangen, nach der der Nutzer das Gebäude nur zu persönlichen Zwecken im Sinne des § 1 Abs. 1 Nr. 1 des Schuldrechtsanpassungsgesetzes nutzen darf. Dies gilt nicht, wenn das aufstehende Gebäude bereits am 20. Juli 1993 dauernd zu Wohnzwecken genutzt worden ist.

(2) Der Grundstückseigentümer ist berechtigt, vom Nutzer zu verlangen, daß sich dieser ihm gegenüber verpflichtet, das Erbbaurecht auf ihn zu übertragen, wenn der Erbbauberechtigte die vertraglich zulässige Nutzung ändert und sie trotz einer mit Fristsetzung verbundenen Abmahnung fortsetzt.

§ 8. Anwendbarkeit des Sachenrechtsbereinigungsgesetzes. Auf die nach diesem Gesetz zu bestellenden Erbbaurechte finden im übrigen die für den Eigenheimbau geltenden Bestimmungen des Sachenrechtsbereinigungsgesetzes entsprechende Anwendung; § 57 des Sachenrechtsbereinigungsgesetzes ist nicht anzuwenden.

22. Gesetz zur Regelung des Eigentums an von landwirtschaftlichen Produktionsgenossenschaften vorgenommenen Anpflanzungen (Anpflanzungseigentumsgesetz – AnpflEigentG)

Vom 21. September 1994

(BGBl. I S. 2549)

§ 1. Anwendungsbereich. Dieses Gesetz regelt die Rechtsverhältnisse an Grundstücken, auf denen landwirtschaftliche Produktionsgenossenschaften Anpflanzungen vorgenommen haben, an denen nach dem Recht der Deutschen Demokratischen Republik selbständiges Eigentum entstanden ist. Den landwirtschaftlichen Produktionsgenossenschaften stehen die in § 46 des Gesetzes über die landwirtschaftlichen Produktionsgenossenschaften vom 2. Juli 1982 (GBl. I Nr. 25 S. 443) bezeichneten Genossenschaften und Kooperationsbeziehungen gleich. Dieses Gesetz ist nicht anzuwenden, wenn die Anpflanzungen dem Zweck eines Gebäudes, an dem selbständiges, vom Eigentum am Grundstück getrenntes Eigentum besteht, zu dienen bestimmt sind und in einem dieser Bestimmung entsprechenden räumlichen Verhältnis zum Gebäude stehen.

§ 2. Eigentumsübergang. Das an Anpflanzungen im Sinne des § 1 Satz 1 entstandene Sondereigentum erlischt am 1. Januar 1995. Die Anpflanzungen werden wesentlicher Bestandteil des Grundstücks.

§ 3. Entschädigung für den Rechtsverlust; Wegnahmerecht. (1) Erleidet der Nutzer infolge des Eigentumsübergangs nach § 2 einen Rechtsverlust, kann er vom Grundstückseigentümer bei mehrjährigen fruchttragenden Kulturen, insbesondere Obstbäumen, Beerensträuchern, Reb- und Hopfenstöcken, eine angemessene Entschädigung in Geld verlangen.

(2) Für Bäume, Feldgehölze und Hecken hat der Grundstückseigentümer dem Nutzer nur dann eine Entschädigung zu leisten, wenn die Anpflanzungen einen Vermögenswert haben. Die Entschädigung ist nach dem durch den Eigentumsübergang eingetretenen Vermögensnachteil, jedoch nicht über den beim Grundstückseigentümer eingetretenen Vermögenszuwachs hinaus, zu bemessen.

(3) Der Nutzer ist zur Wegnahme verpflanzbarer Holzpflanzen der in Absatz 1 bezeichneten Art berechtigt, soweit andere Rechtsvorschriften dem nicht entgegenstehen. Nimmt er diese weg, ist eine Entschädigung ausgeschlossen.

§ 4. Höhe der Entschädigung. Die Entschädigung ist nach dem Wert der Anpflanzung im Zeitpunkt des Eigentumsübergangs zu bemessen. Bei mehrjährigen fruchttragenden Kulturen ist der für die Restnutzungsdauer, längstenfalls für 15 Pachtjahre, zu erwartende Gewinn zu berücksichtigen. Statt des Anspruchs aus Satz 1 kann der Nutzer eine Entschädigung für die Nachteile verlangen, die ihm durch die vorzeitige Neuanlage einer gleichartigen Kultur entstehen, höchstens jedoch den sich aus Satz 1 ergebenden Betrag.

§ 5. **Abwendungsbefugnis des Grundstückseigentümers.** (1) Der Grundstückseigentümer kann den Entschädigungsanspruch des Nutzers dadurch abwenden, daß er dem Nutzer den Abschluß eines Pachtvertrages für die Restnutzungsdauer der Kultur, längstens für 15 Jahre, zu den ortsüblichen Bedingungen anbietet.

(2) Lehnt der Nutzer den Vertragsabschluß ab, erlischt der Anspruch auf die Entschädigung. Der Nutzer ist berechtigt, die Anpflanzungen vom Boden zu trennen und sich anzueignen, soweit andere Rechtsvorschriften dem nicht entgegenstehen. Auf das in Satz 2 bestimmte Wegnahmerecht ist § 258 des Bürgerlichen Gesetzbuchs entsprechend anzuwenden.

§ 6. **Pacht bei Angewiesenheit.** (1) Der Nutzer kann vom Grundstückseigentümer den Abschluß eines auf die Restnutzungsdauer der Kultur, längstens auf 15 Jahre, befristeten Pachtvertrages verlangen, wenn er auf das betroffene Grundstück zur Aufrechterhaltung seines Betriebes, der seine wirtschaftliche Lebensgrundlage bildet, angewiesen ist und der Wegfall der Nutzungsmöglichkeit für ihn oder seine Familie eine Härte bedeuten würde, die auch unter Würdigung der berechtigten Interessen des Eigentümers nicht zu rechtfertigen ist.

(2) Der Grundstückseigentümer kann vom Nutzer den ortsüblichen Pachtzins verlangen. Nach Beendigung des Pachtvertrages ist der Grundstückseigentümer zur Zahlung einer Entschädigung nicht verpflichtet.

(3) Auf den Pachtvertrag sind die Bestimmungen des Bürgerlichen Gesetzbuchs über die Pacht anzuwenden. Die §§ 585 bis 597 des Bürgerlichen Gesetzbuchs sind nicht anzuwenden.

§ 7. **Verhältnis zu anderen Bestimmungen.** Ansprüche nach diesem Gesetz können nicht geltend gemacht werden, soweit ein Verfahren nach dem Flurbereinigungsgesetz oder ein Verfahren zur Feststellung und Neuordnung der Eigentumsverhältnisse nach Abschnitt 8 des Landwirtschaftsanpassungsgesetzes angeordnet ist.

23. Gesetz zur Regelung der Rechtsverhältnisse an Meliorationsanlagen (Meliorationsanlagengesetz-MeAnlG)

Vom 21. September 1994

(BGBl. I S. 2550)

Abschnitt 1. Allgemeine Bestimmungen

§ 1. **Anwendungsbereich.** (1) Dieses Gesetz regelt die Rechtsverhältnisse an Grundstücken und an Meliorationsanlagen in dem in Artikel 3 des Einigungsvertrages genannten Gebiet, wenn an den Meliorationsanlagen nach § 27 des Gesetzes über die landwirtschaftlichen Produktionsgenossenschaften vom 2. Juli 1982 (GBl. I Nr. 25 S. 443), nach § 459 Abs. 1 Satz 1 des Zivilgesetzbuchs der Deutschen Demokratischen Republik oder nach Artikel 233 § 2b Abs. 1 des Einführungsgesetzes zum Bürgerlichen Gesetzbuche selbständiges, vom Eigentum am Grundstück getrenntes Eigentum besteht.

(2) Dieses Gesetz ist nicht anzuwenden, soweit Anlagen oder Anlagenteile über oder in öffentlichen Verkehrswegen und Verkehrsflächen, einschließlich der zu den Wasserstraßen gehörenden Ufergrundstücke, verlegt sind.

§ 2. **Begriffsbestimmung.** Meliorationsanlagen sind mit dem Erdboden verbundene Beregnungs- und andere Bewässerungs- sowie Entwässerungsanlagen, die der Verbesserung der land- oder forstwirtschaftlichen Bodennutzung dienen.

Abschnitt 2. Anlagen zur Bewässerung.

§ 3. **Bestellung einer Dienstbarkeit.** (1) Der Eigentümer einer Anlage zur Bewässerung von Grundstücken oder zu deren Beregnung kann vom Grundstückseigentümer die Belastung des Grundstücks mit einer beschränkten persönlichen Dienstbarkeit verlangen, nach der er berechtigt ist, auf dem Grundstück eine Meliorationsanlage von der Art und in dem Umfang zu halten, wie sie zum Ablauf des 2. Oktober 1990 bestanden hat. Die nach Satz 1 bestellte Dienstbarkeit ist auf einen anderen Betreiber der Anlage übertragbar; § 1092 Abs. 1 Satz 1 des Bürgerlichen Gesetzbuchs findet keine Anwendung.

(2) Der Anspruch des Eigentümers der Anlage auf Bestellung einer Dienstbarkeit verjährt in zwei Jahren nach dem 1. Januar 1995.

§ 4. Haftung des Erwerbers. Der Erwerber der Anlage ist dem Grundstückseigentümer gegenüber nicht zur Beseitigung derjenigen Beeinträchtigungen des Grundstücks aus einem nicht ordnungsgemäßen Zustand der Anlage verpflichtet, die vor dem Übergang der Gefahr auf den Erwerber eingetreten sind.

§ 5. Einreden des Grundstückseigentümers. Der Grundstückseigentümer kann die Bestellung einer Dienstbarkeit nach § 3 verweigern, wenn
1. die Anlage funktionsunfähig ist und eine Wiederherstellung nur mit unverhältnismäßigen Aufwendungen möglich wäre,
2. die Anlage nicht mehr genutzt wird und mit einem Gebrauch der Anlage nicht mehr zu rechnen ist oder
3. der Eigentümer der Anlage auf Aufforderung des Grundstückseigentümers die Bestellung der Dienstbarkeit abgelehnt oder sich in einem Zeitraum von sechs Monaten nach Zugang der Aufforderung nicht erklärt hat.

Wird die Anlage seit mindestens zwei Jahren nicht genutzt, so ist zu vermuten, daß eine Nutzung auch in Zukunft nicht stattfinden wird.

§ 6. Bestehenbleiben in der Zwangsvollstreckung. Eine nach § 3 Abs. 1 bestellte Dienstbarkeit bleibt im Falle einer Zwangsversteigerung in das Grundstück auch dann bestehen, wenn sie bei der Feststellung des geringsten Gebots nicht berücksichtigt ist. Satz 1 ist auf Zwangsversteigerungsverfahren, die nach Ablauf des 31. Dezember 2005 beantragt werden, nicht anzuwenden.

§ 7. Anspruch auf Verzicht. Der Grundstückseigentümer kann vom Eigentümer der Anlage verlangen, daß dieser auf eine nach § 3 Abs. 1 eingetragene Dienstbarkeit verzichtet, wenn mit einem bestimmungsgemäßen Gebrauch der Anlage nicht mehr zu rechnen ist. Ist die Anlage seit mindestens zwei Jahren nicht mehr genutzt worden, so ist zu vermuten, daß auch in Zukunft ein bestimmungsgemäßer Gebrauch nicht stattfinden wird.

§ 8. Wegnahmerecht. (1) Der Eigentümer der Anlage ist berechtigt, die Anlage vom Grundstück zu trennen und sich anzueignen, wenn das Eigentum an der Anlage nach § 10 auf den Grundstückseigentümer übergegangen ist und eine Dienstbarkeit nicht bestellt wird. Auf das Wegnahmerecht nach Satz 1 ist § 258 des Bürgerlichen Gesetzbuchs anzuwenden.

(2) Das Wegnahmerecht nach Absatz 1 ist ausgeschlossen, wenn die Wegnahme für den Eigentümer der Anlage keinen Nutzen hat und diesem vom Grundstückseigentümer der Wert ersetzt wird, den die Anlage zum Zeitpunkt der Wegnahme hat.

§ 9. Entgelt. (1) Der Grundstückseigentümer kann von dem Eigentümer der Anlage für die künftige Nutzung ein Entgelt in der Höhe verlangen, wie es für die Bestellung einer Dienstbarkeit mit dem in § 3 Abs. 1 bezeichneten Inhalt üblich ist.

(2) Der Anspruch nach Absatz 1 wird fällig, wenn der Grundstückseigentümer der Belastung seines Grundstücks zugestimmt hat. Der Eigentümer der Anlage kann im Falle einer nach Absatz 1 geforderten einmaligen Zahlung eine zinslose Stundung der Hälfte des zu zahlenden Betrages auf zwei Jahre verlangen.

§ 10. Eigentumsübergang. (1) Das Eigentum an der Anlage geht spätestens mit Ablauf des 31. Dezember 1996 auf den Grundstückseigentümer über. Die Anlage wird wesentlicher Bestandteil des Grundstücks. Mit dem Übergang des Eigentums erlöschen die daraus begründeten Rechte. Satz 3 ist auf den Anspruch auf Bestellung einer Dienstbarkeit und das Wegnahmerecht nicht anzuwenden.

(2) Die in Absatz 1 bestimmte Rechtsfolge tritt auch ein, wenn
1. eine Dienstbarkeit nach § 3 Abs. 1 in das Grundbuch eingetragen wird,
2. der Eigentümer der Anlage erklärt hat, daß er den Anspruch auf Bestellung einer Dienstbarkeit

23. Meliorationsanlagengesetz **Anhang I/23**

nicht geltend macht, oder sechs Monate nach Aufforderung des Grundstückseigentümers gemäß § 5 Satz 1 Nr. 3 fruchtlos verstrichen sind oder
3. der Grundstückseigentümer gegenüber dem Anspruch auf Bestellung der Dienstbarkeit Einreden nach § 5 geltend gemacht und der Eigentümer der Anlage nicht binnen einer Frist von sechs Monaten nach schriftlicher Zurückweisung seines Begehrens Klage erhoben hat oder durch rechtskräftiges Urteil festgestellt worden ist, daß ein Anspruch auf Bestellung einer Dienstbarkeit nach § 3 Abs. 1 nicht besteht.

(3) Eine Vergütung in Geld kann für den Eigentumsverlust nicht verlangt werden. Satz 1 ist nicht anzuwenden, wenn der Eigentümer des Grundstücks die Anlage für eigene Zwecke nutzt. Im Falle des Satzes 2 hat der Grundstückseigentümer dem Eigentümer der Anlage deren Wert im Zeitpunkt des Eigentumsübergangs zu ersetzen.

§ 11. Ersatz der Kosten des Abbruchs der Anlage. (1) Wird eine Dienstbarkeit nach diesem Abschnitt nicht bestellt, so kann der Eigentümer des Grundstücks von dem Eigentümer der Anlage Ersatz der Hälfte der für die Beseitigung erforderlichen Aufwendungen der auf dem Grundstück stehenden Anlage oder Anlagenteile verlangen.

(2) Der Eigentümer des Grundstücks kann den Anspruch nach Absatz 1 erst geltend machen, nachdem er
1. dem Eigentümer der Anlage Gelegenheit gegeben hat, die Anlage zu beseitigen, und
2. eine hierfür gesetzte angemessene Frist fruchtlos verstrichen ist.
Der Eigentümer der Anlage kann vom Grundstückseigentümer Ersatz der Hälfte seiner für die Beseitigung der Anlage erforderlichen Aufwendungen verlangen, die ihm nach der Aufforderung zu deren Beseitigung entstanden sind.

(3) Derjenige, von dem Aufwendungsersatz verlangt wird, kann von dem anderen Teil verlangen, daß dieser über die Beseitigung der Anlage Rechenschaft ablegt.

(4) Die Ansprüche aus den Absätzen 1 und 2 verjähren in drei Jahren nach dem 1. Januar 1995. Die Verjährung wird unterbrochen, wenn ein Rechtsstreit über den Anspruch auf Bestellung der Dienstbarkeit rechtshängig wird.

Abschnitt 3. Anlagen zur Entwässerung

§ 12. Eigentumsübergang. Das Eigentum an den sich auf dem Grundstück befindenden Entwässerungsanlagen geht mit dem 1. Januar 1995 auf den Grundstückseigentümer über. Die Anlage wird wesentlicher Bestandteil des Grundstücks.

§ 13. Entschädigung für den Rechtsverlust. Wer durch den in § 12 bestimmten Eigentumsübergang einen Rechtsverlust erleidet, kann vom Grundstückseigentümer eine Entschädigung nach § 951 Abs. 1 des Bürgerlichen Gesetzbuchs verlangen. Der Grundstückseigentümer hat nach Satz 1 den Wert zu ersetzen, den die Anlage im Zeitpunkt des Eigentumsübergangs hat.

§ 14. Befristetes Durchleitungsrecht. Die Eigentümer benachbarter Grundstücke können vom Grundstückseigentümer verlangen, daß dieser die Entwässerung ihrer Grundstücke durch eine am 1. Januar 1995 vorhandene Drainage- oder andere Leitung über sein Grundstück bis zum Ablauf des 31. Dezember 1999 duldet.

Abschnitt 4. Bauliche Anlagen

§ 15. Ansprüche der Beteiligten. (1) Sind die Meliorationsanlagen nach Art oder Größe so beschaffen, daß
1. sie den Grundstückseigentümer von Besitz und Nutzung seines Grundstücks ausschließen oder
2. die Fläche, die für die Nutzung der Anlage nicht erforderlich ist, für den Grundstückseigentümer baulich oder wirtschaftlich nicht nutzbar ist,
kann der Ankauf des Grundstücks durch den Eigentümer der Anlage nach Maßgabe des Sachenrechtsbereinigungsgesetzes verlangt werden. Jeder der Beteiligten (Grundstückseigentümer und Anlageneigentümer) ist zur Ausübung des Anspruchs berechtigt.

(2) Der Kaufpreis ist nach dem ungeteilten Bodenwert des Grundstücks zu bestimmen.

(3) Der Eigentümer der Anlage kann vom Grundstückseigentümer im Falle des Ankaufs des Grundstücks eine zinslose Stundung der Hälfte des Kaufpreises für fünf Jahre verlangen.

(4) Ist ein alsbaldiger Abbruch der Anlage zur ordnungsgemäßen Bewirtschaftung des Grundstücks erforderlich und zu erwarten, so kann der Eigentümer der Anlage, wenn er das Grundstück nach Absatz 1 ankauft, vom Kaufpreis die Hälfte der Abbruchkosten abziehen. Der Kaufpreis ist jedoch mindestens nach dem in § 82 Abs. 5 des Sachenrechtsbereinigungsgesetzes genannten Entschädigungswert zu bemessen. Verweigert der Grundstückseigentümer den Verkauf des Grundstücks an den Anlagenbesitzer aus den in § 29 Abs. 1 des Sachenrechtsbereinigungsgesetzes genannten Gründen, so stehen ihm die in § 11 bestimmten Ansprüche zu. Rechte aus dem Anlageneigentum können nicht mehr geltend gemacht werden. Mit dem Abbruch erlischt das selbständige Eigentum an der Anlage.

Abschnitt 5. Offene Gewässer

§ 16. Eigentumsbestimmung nach den Wassergesetzen. Die Bestimmungen der §§ 3 bis 15 sind auf offene Gewässer nicht anzuwenden. Die landesgesetzlichen Regelungen über das Eigentum an oberirdischen Gewässern bleiben unberührt.

Abschnitt 6. Schlußbestimmung

§ 17. Verhältnis zu anderen Bestimmungen. (1) Ansprüche nach diesem Gesetz können nicht geltend gemacht werden, soweit ein Verfahren nach dem Flurbereinigungsgesetz oder ein Verfahren zur Feststellung und Neuordnung der Eigentumsverhältnisse nach Abschnitt 8 des Landwirtschaftsanpassungsgesetzes angeordnet ist.

(2) Die Regelungen über die Begründung von Mitgliedschaften in Wasser- und Bodenverbänden und die sich daraus ergebenden Rechtsfolgen bleiben unberührt.

24. Gesetz
über die Entschädigung nach dem Gesetz zur Regelung offener Vermögensfragen (Entschädigungsgesetz – EntschG)

Vom 27. September 1994

(BGBl. I S. 2624)

§ 1. Grundsätze der Entschädigung. (1) Ist Rückgabe nach dem Gesetz zur Regelung offener Vermögensfragen (Vermögensgesetz) ausgeschlossen (§ 4 Abs. 1 und 2, § 6 Abs. 1 Satz 1 und § 11 Abs. 5 des Vermögensgesetzes) oder hat der Berechtigte Entschädigung gewählt (§ 6 Abs. 7, § 8 Abs. 1 und § 11 Abs. 1 Satz 2 des Vermögensgesetzes), besteht ein Anspruch auf Entschädigung. Der Entschädigungsanspruch wird durch Zuteilung von übertragbaren Schuldverschreibungen des Entschädigungsfonds (§ 9) erfüllt, die über einen Nennwert von 1000 Deutsche Mark oder einem ganzen Vielfachen davon lauten und ab 1. Januar 2004 mit sechs vom Hundert jährlich verzinst werden. Die Zinsen sind jährlich nachträglich fällig, erstmals am 1. Januar 2005. Die Schuldverschreibungen werden vom Jahr 2004 an in fünf gleichen Jahresraten durch Auslosung – erstmals zum 1. Januar 2004 – getilgt. Ansprüche auf Herausgabe einer Gegenleistung nach § 7a Abs. 1 des Vermögensgesetzes und Schadensersatz nach § 13 des Vermögensgesetzes sowie Ansprüche auf Wertminderungen nach § 7 des Vermögensgesetzes in der bis zum 22. Juli 1992 geltenden Fassung werden nach Bestandskraft des Bescheides durch Geldleistung erfüllt. § 3 des Ausgleichsleistungsgesetzes gilt entsprechend.

(1a) Ein Anspruch auf Entschädigung besteht im Fall der Einziehung von im Beitrittsgebiet belegenen Vermögenswerten durch Entscheidung eines ausländischen Gerichts auch, wenn hinsichtlich der mit der Entscheidung verbundenen Freiheitsentziehung eine Bescheinigung nach § 10 Abs. 4 des Häftlingshilfegesetzes erteilt worden ist.

(2) Absatz 1 gilt auch, wenn der nach § 3 Abs. 2 des Vermögensgesetzes von der Rückübertragung Ausgeschlossene den Vermögenswert in redlicher Weise erworben hatte. Absatz 1 gilt ferner für

24. Entschädigungsgesetz

Begünstigte (§ 18b Abs. 1 Satz 1 des Vermögensgesetzes) früherer dinglicher Rechte an Grundstücken, die mangels Rückgabe des früher belasteten Vermögenswertes oder wegen Rückgabe nach § 6 des Vermögensgesetzes nicht wieder begründet und nicht abgelöst werden. Ist eine Forderung des Begünstigten, die der früheren dinglichen Sicherung zugrunde lag, vor der bestandskräftigen Entscheidung über den Entschädigungsanspruch erfüllt worden, entfällt der Anspruch auf Entschädigung. Mit der bestandskräftigen Entscheidung über den Entschädigungsanspruch erlischt die Forderung.

(3) Für Grundstücke im Sinne des § 1 Abs. 2 des Vermögensgesetzes, die durch Eigentumsverzicht, Schenkung oder Erbausschlagung in Volkseigentum übernommen wurden, wird keine Entschädigung gewährt.

(4) Eine Entschädigung wird nicht gewährt
1. für private geldwerte Ansprüche im Sinne des § 5, bei denen der Schadensbetrag nach § 245 des Lastenausgleichsgesetzes insgesamt 10000 Reichsmark nicht übersteigt und für die den Berechtigten oder seinem Gesamtrechtsvorgänger Ausgleichsleistungen nach dem Lastenausgleichsgesetz gewährt wurden. Dies gilt nicht, wenn im Schadensbetrag auch andere Vermögensverluste berücksichtigt sind. Die Rückforderung des Lastenausgleichs nach § 349 des Lastenausgleichsgesetzes entfällt;
2. für Vermögensverluste, bei denen die Summe der Bemessungsgrundlagen insgesamt 1000 Deutsche Mark nicht erreicht, ausgenommen buchmäßig nachgewiesene Geldbeträge;
3. für Vermögensverluste, für die der Berechtigte oder sein Gesamtrechtsvorgänger bereits eine Entschädigung nach einem Pauschalentschädigungsabkommen der ehemaligen Deutschen Demokratischen Republik oder der Bundesrepublik Deutschland erhalten hat oder für die ihm eine Entschädigung nach diesen Abkommen zusteht.

(5) In den Fällen des § 1 Abs. 6 des Vermögensgesetzes besteht ein Entschädigungsanspruch nach Maßgabe des NS-Verfolgtenentschädigungsgesetzes.

§ 2. Berechnung der Höhe der Entschädigung. (1) Die Höhe der Entschädigung bestimmt sich nach der Bemessungsgrundlage (§§ 3 bis 5), von welcher gegebenenfalls
1. Verbindlichkeiten nach § 3 Abs. 4,
2. erhaltene Gegenleistungen oder Entschädigungen nach § 6,
3. der Zeitwert von nach § 6 Abs. 6a des Vermögensgesetzes zurückgegebenen Vermögensgegenständen nach § 4 Abs. 4, oder
4. Kürzungsbeträge nach § 7
abgezogen werden. Von der nach den Nummern 1 bis 4 gekürzten Bemessungsgrundlage wird Lastenausgleich nach § 8 abgezogen.

(2) Entschädigungen über 1000 Deutsche Mark werden auf Tausend oder das nächste Vielfache von Tausend nach unten abgerundet.

§ 3. Bemessungsgrundlage der Entschädigung für Grundvermögen und land- und forstwirtschaftliche Vermögen. (1) Bemessungsgrundlage der Entschädigung für Grundvermögen einschließlich Gebäudeeigentum sowie für land- und forstwirtschaftliches Vermögen ist
1. bei land- und forstwirtschaftlichen Flächen das 3fache,
2. bei Mietwohngrundstücken mit mehr als zwei Wohnungen das 4,8fache,
3. bei gemischtgenutzten Grundstücken, die zu mehr als 50 vom Hundert Wohnzwecken dienen, das 6,4fache,
4. bei Geschäftsgrundstücken, Mietwohngrundstücken mit zwei Wohnungen, nicht unter Nummer 3 fallenden gemischtgenutzten Grundstücken, Einfamilienhäusern und sonstigen bebauten Grundstücken das 7fache,
5. bei unbebauten Grundstücken das 20fache
des vor der Schädigung zuletzt festgestellten Einheitswertes. Bei Grundstücken für die ein Abgeltungsbetrag nach der Verordnung über die Aufhebung der Gebäudeentschuldungssteuer vom 31. Juli 1942 (RGBl. I S. 501) entrichtet worden ist, ist dieser dem Einheitswert hinzuzurechnen. Ist der Abgeltungsbetrag nicht mehr bekannt, so ist der Einheitswert um ein Fünftel zu erhöhen.

(2) Ist ein Einheitswert nicht festgestellt worden oder nicht mehr bekannt, aber im Verfahren nach dem Beweissicherungs- und Feststellungsgesetz ein Ersatzeinheitswert ermittelt worden, so ist dieser maßgebend. Er wird der zuständigen Behörde von der Ausgleichsverwaltung im Wege der Amtshilfe mitgeteilt.

Anhang I/24
I. Bundesrecht

(3) Ist weder ein Einheitswert noch ein Ersatzeinheitswert vorhanden oder sind zwischen dem Bewertungszeitpunkt und der Schädigung Veränderungen der tatsächlichen Verhältnisse des Grundstücks eingetreten, deren Berücksichtigung zu einer Abweichung um mehr als ein Fünftel, mindestens aber 1000 Deutsche Mark führt, berechnet das Amt oder das Landesamt zur Regelung offener Vermögensfragen einen Hilfswert nach den Vorschriften des Reichsbewertungsgesetzes vom 16. Oktober 1934 (RGBl. I S. 1035) in der Fassung des Bewertungsgesetzes der Deutschen Demokratischen Republik vom 18. September 1970 (Sonderdruck Nr. 674 des Gesetzblattes). Absatz 1 Satz 2 und 3 gilt entsprechend. Bei Vorliegen von Wiederaufnahmegründen im Sinne des § 580 der Zivilprozeßordnung ist auf Antrag ein solcher Hilfswert zu bilden.

(4) Langfristige Verbindlichkeiten, die im Zeitpunkt der Schädigung mit Vermögen im Sinne des Absatzes 1 Satz 1 in wirtschaftlichem Zusammenhang standen oder an solchem Vermögen dinglich gesichert waren, sind in Höhe ihres zu diesem Zeitpunkt valutierenden Betrages abzuziehen. Als valutierender Betrag gilt der Nennwert des früheren Rechts vorbehaltlich des Nachweises von Tilgungsleistungen oder anderer Erlöschensgründe seitens des Berechtigten. Dies gilt für Verbindlichkeiten aus Aufbaukrediten nur, wenn eine der Kreditaufnahme zuzuordnende Baumaßnahme zu einer Erhöhung der Bemessungsgrundlage geführt hat. Die Höhe des Abzugsbetrages bemißt sich nach § 18 Abs. 2 des Vermögensgesetzes. Verpflichtungen auf wiederkehrende Leistungen sind mit dem Kapitalwert nach den §§ 15 bis 17 des in Absatz 3 genannten Bewertungsgesetzes abzuziehen. Sonstige dingliche Belastungen sind entsprechend zu berücksichtigen.

(5) Sind in den Einheits-, Ersatzeinheits- oder Hilfswert für land- und forstwirtschaftliches Vermögen Betriebsmittel oder Gebäude einbezogen, die dem Eigentümer des Grund und Bodens nicht gehören, sind die Wertanteile am Gesamtwert festzustellen und jeweils gesondert zu entschädigen.

(6) Für land- und forstwirtschaftliches Vermögen gelten § 4 Abs. 4 und § 8 Abs. 2 entsprechend.

§ 4. Bemessungsgrundlage der Entschädigung für Unternehmen. (1) Bemessungsgrundlage der Entschädigung für Unternehmen oder Anteile an Unternehmen mit Ausnahme von land- und forstwirtschaftlichen Betrieben, die bis einschließlich 31. Dezember 1952 enteignet wurden, ist das 1,5fache des im Hauptfeststellungszeitraum vor der Schädigung zuletzt festgestellten Einheitswertes. Ist ein Einheitswert nicht festgestellt worden oder nicht mehr bekannt, oder ist das Unternehmen ab 1. Januar 1953 enteignet worden, ist ein Ersatzeinheitswert nach dem Beweissicherungs- und Feststellungsgesetz ermittelt worden, ist das 1,5fache dieses Wertes maßgebend; der Ersatzeinheitswert wird dem zuständigen Landesamt zur Regelung offener Vermögensfragen von der Ausgleichsverwaltung im Wege der Amtshilfe mitgeteilt. Die Sätze 1 und 2 gelten nicht, wenn Wiederaufnahmegründe im Sinne des § 580 der Zivilprozeßordnung vorliegen und wenn deren Berücksichtigung bei einer Bemessung nach Absatz 2 zu einem Wert führt, der um mehr als ein Fünftel, mindestens aber 1000 Mark vom Einheitswert oder Ersatzeinheitswert abweicht.

(2) Ist kein verwertbarer Einheitswert oder Ersatzeinheitswert vorhanden, so ist er ersatzweise aus dem Unterschiedsbetrag zwischen dem Anlage- und Umlaufvermögen des Unternehmens und denjenigen Schulden, die mit der Gesamtheit oder mit einzelnen Teilen des Unternehmens in wirtschaftlichem Zusammenhang stehen (Reinvermögen), zu ermitteln. Das Reinvermögen ist anhand der Bilanz für den letzten Stichtag vor der Schädigung oder einer sonstigen beweiskräftigen Unterlage nach folgenden Maßgaben festzustellen:
1. Betriebsgrundstücke sowie Mineralgewinnungsrechte sind mit dem Einheitswert, dem Ersatzeinheitswert oder einem Hilfswert nach § 3 Abs. 3 anzusetzen. § 3 Abs. 4 gilt entsprechend.
2. Wertausgleichsposten für den Verlust von Wirtschaftsgütern im Zuge der Kriegsereignisse bleiben außer Ansatz.
3. Forderungen, Wertpapiere und Geldbestände sind im Verhältnis 2 zu 1 umzuwerten.
4. Sonstiges Anlage- und Umlaufvermögen ist mit 80 vom Hundert des Wertansatzes in Bilanzen oder sonstigen beweiskräftigen Unterlagen zu berücksichtigen, sofern sich diese auf Wertverhältnisse seit dem 1. Januar 1952 beziehen.
5. Mit Wirtschaftsgütern im Sinne der Nummern 3 und 4 in unmittelbarem Zusammenhang stehende Betriebsschulden sind im dort genannten Verhältnis zu mindern.

Soweit ein unmittelbarer Zusammenhang zwischen bestimmten Wirtschaftsgütern und bestimmten Betriebsschulden nicht besteht, sind die Schulden den einzelnen Wirtschaftsgütern anteilig zuzuordnen.

(2a) Bei Unternehmen mit höchstens 10 Mitarbeitern einschließlich mitarbeitender Familienmitglieder ist auf Antrag des Berechtigten die Bemessungsgrundlage anstelle von Absatz 1 oder 2 mit

24. Entschädigungsgesetz

dem siebenfachen Einheitswert des zum Betriebsvermögen gehörenden Geschäftsgrundstücks zuzüglich des sonstigen nach Absatz 2 Satz 2 Nr. 2 bis 5 und Satz 3 zu bewertenden Betriebsvermögens zu ermitteln.

(3) Ist eine Bemessungsgrundlage nach den Absätzen 1 und 2 nicht zu ermitteln, so ist sie zu schätzen.

(4) Hat der Berechtigte nach § 6 Abs. 6a Satz 1 des Vermögensgesetzes einzelne Vermögensgegenstände zurückbekommen, so ist deren Wert im Zeitpunkt der Rückgabe von der Bemessungsgrundlage für die Entschädigung des Unternehmens abzuziehen. Dieser ist zu mindern
1. um den Wert der nach § 6 Abs. 6a Satz 2 des Vermögensgesetzes übernommenen Schulden oder
2. um etwaige Rückzahlungsverpflichtungen nach § 6 Abs. 6a Satz 1 2. Halbsatz des Vermögensgesetzes oder § 6 Abs. 5c Satz 3 des Vermögensgesetzes.

§ 5. Bemessungsgrundlage der Entschädigung für Forderungen und Schutzrechte. (1) Bemessungsgrundlage der Entschädigung von privaten geldwerten Ansprüchen, z. B. Kontoguthaben, hypothekarisch gesicherte Forderungen, Hinterlegungsbeträge und Geschäftsguthaben bei Genossenschaften, die durch Abführung an den Staatshaushalt enteignet wurden, ist vorbehaltlich des Satzes 2 der im Verhältnis 2 zu 1 auf Deutsche Mark umgestellte buchmäßige Betrag im Zeitpunkt der Schädigung. Für in Reichsmark ausgewiesene Beträge gilt § 2 Abs. 2 des Ausgleichsleistungsgesetzes, wenn die Schädigung vor dem 24. Juni 1948 erfolgte. Ist der bei der Aufhebung der staatlichen Verwaltung oder der am 31. Dezember 1992 ausgewiesene Betrag höher, gilt dieser, es sei denn, die Erhöhung rührt aus der Veräußerung eines Vermögenswertes her, der jetzt an den Berechtigten zurückübertragen worden ist. Eine rückwirkende Verzinsung findet nicht statt. Öffentlich-rechtliche Verbindlichkeiten, die schon vor der Inverwaltungnahme entstanden waren, danach angefallene Erbschaftssteuer sowie privatrechtliche Verbindlichkeiten, insbesondere Unterhaltsschulden des Kontoinhabers, bleiben abgezogen. Für nicht enteignete Kontoguthaben beläuft sich die Bemessungsgrundlage der Entschädigung auf den entsprechenden Unterschiedsbetrag.

(2) Entschädigungsansprüche werden nach Maßgabe der verfügbaren Mittel des Entschädigungsfonds bis zum Betrag von 10000 Deutsche Mark in Geld erfüllt.

(3) Ansprüche aus nach dem 23. Juni 1948 enteigneten Lebensversicherungen sind mit 50 vom Hundert ihres auf Deutsche Mark der Deutschen Notenbank, Mark der Deutschen Notenbank oder Mark der Deutschen Demokratischen Republik lautenden Rückkaufswertes zu bemessen. Kann ein Rückkaufswert zum Zeitpunkt des Eingriffs nicht nachgewiesen werden, ist die Bemessungsgrundlage hilfsweise ein Neuntel der in Reichsmark geleisteten Beträge oder ein Drittel der in Mark der Deutschen Notenbank geleisteten Beträge.

(4) Ansprüche aus Nießbrauch und aus Rechten auf Renten, Altenteile sowie andere wiederkehrende Nutzungen und Leistungen sind mit dem Kapitalwert nach den §§ 15 bis 17 des in § 3 Abs. 3 genannten Bewertungsgesetzes anzusetzen.

(5) Gewerbliche Schutzrechte, Urheberrechte sowie verwandte Schutzrechte sind mit dem Betrag zu entschädigen, der sich unter Zugrundelegung der durchschnittlichen Jahreserträge und der tatsächlichen Verwertungsdauer nach der Schädigung als Kapitalwert nach § 15 des in § 3 Abs. 3 genannten Bewertungsgesetzes ergibt.

§ 6. Anrechnung einer erhaltenen Gegenleistung oder einer Entschädigung. (1) Hat der Berechtigte nach § 2 Abs. 1 des Vermögensgesetzes oder sein Gesamtrechtsvorgänger für den zu entschädigenden Vermögenswert eine Gegenleistung oder eine Entschädigung erhalten, so ist diese einschließlich zugeflossener Zinsen unter Berücksichtigung des Umstellungsverhältnisses von zwei Mark der Deutschen Demokratischen Republik zu einer Deutschen Mark von der Bemessungsgrundlage abzuziehen. Dies gilt nicht, wenn die Gegenleistung an den Verfügungsberechtigten schon herausgegeben oder noch herauszugeben ist. Ist die Gegenleistung oder die Entschädigung dem Berechtigten, einem Anteilsberechtigten oder deren Gesamtrechtsvorgänger nicht oder nur teilweise zugeflossen, ist dies bei der Ermittlung des Abzugsbetrages zu berücksichtigen; Beträge, die mit rechtsbeständigen Verbindlichkeiten des Berechtigten wie Unterhaltsschulden, Darlehensforderungen, nichtdiskriminierenden Gebühren oder Steuern verrechnet wurden, gelten als ihm zugeflossen.

(2) Ist der Berechtigte eine juristische Person oder eine Personengesellschaft des Handelsrechts und ist die Gegenleistung oder die Entschädigung einem Anteilsberechtigten gewährt worden, so gilt diese für die Zwecke der Anrechnung als dem Berechtigten zugeflossen.

§ 7. Kürzungsbeträge. (1) Übersteigt die auf einen Berechtigten entfallende Summe aus Bemessungsgrundlage und Abzügen nach § 3 Abs. 4, § 4 Abs. 4 sowie § 6 den Betrag von 10 000 Deutsche Mark, so ist die Entschädigung um jeweils folgende Beträge zu kürzen:
- der 10 000 Deutsche Mark übersteigende, bis 20 000 Deutsche Mark reichende Betrag um 30 vom Hundert,
- der 20 000 Deutsche Mark übersteigende, bis 30 000 Deutsche Mark reichende Betrag um 40 vom Hundert,
- der 30 000 Deutsche Mark übersteigende, bis 40 000 Deutsche Mark reichende Betrag um 50 vom Hundert,
- der 40 000 Deutsche Mark übersteigende, bis 50 000 Deutsche Mark reichende Betrag um 60 vom Hundert,
- der 50 000 Deutsche Mark übersteigende, bis 100 000 Deutsche Mark reichende Betrag um 70 vom Hundert,
- der 100 000 Deutsche Mark übersteigende, bis 500 000 Deutsche Mark reichende Betrag um 80 vom Hundert,
- der 500 000 Deutsche Mark übersteigende, bis 1 Million Deutsche Mark reichende Betrag um 85 vom Hundert,
- der 1 Million Deutsche Mark übersteigende, bis 3 Millionen Deutsche Mark reichende Betrag um 90 vom Hundert,
- der 3 Millionen Deutsche Mark übersteigende Betrag um 95 vom Hundert.

(2) Hat ein Berechtigter Ansprüche auf Entschädigung oder auf Ausgleichsleistung nach dem Ausgleichsleistungsgesetz für mehrere Vermögenswerte, ist Absatz 1 auf deren Summe anzuwenden. Die Kürzung wird im nachfolgenden Bescheid vorgenommen. Ist ein Vermögenswert zu entschädigen, der zum Zeitpunkt der Entziehung mehreren Berechtigten zu Bruchteilen oder zur gesamten Hand zugestanden hat, ist Absatz 1 auf jeden Anteil gesondert anzuwenden. Bei mehreren Rechtsnachfolgern eines Berechtigten steht diesen nur ihr Anteil an der nach Absatz 1 gekürzten Entschädigung zu.

(3) Ist die Kürzung nach Absatz 2 Satz 1 insbesondere wegen der Zuständigkeit verschiedener Ämter oder Landesämter zur Regelung offener Vermögensfragen unterblieben, setzt die zuständige Behörde, die zuletzt entschieden hat, den Gesamtentschädigungsbetrag fest.

§ 8. Abzug von Lastenausgleich. (1) Hat der Berechtigte nach § 2 Abs. 1 des Vermögensgesetzes oder sein Gesamtrechtsvorgänger für zu entschädigende Vermögenswerte, für die ein Schadensbetrag nach § 245 des Lastenausgleichsgesetzes ermittelt oder für die ein Sparerzuschlag nach § 249a des Lastenausgleichsgesetzes zuerkannt wurde, Hauptentschädigung nach dem Lastenausgleichsgesetz erhalten, ist von der nach § 7 gekürzten Bemessungsgrundlage der von der Ausgleichsverwaltung nach den Vorschriften des Lastenausgleichsgesetzes bestandskräftig festgesetzte Rückforderungsbetrag abzuziehen. Die der Ausgleichsverwaltung von der zuständigen Behörde mitgeteilte nach § 7 gekürzte Bemessungsgrundlage gilt als Schadensausgleichsleistung in Geld im Sinne des § 349 Abs. 3 des Lastenausgleichsgesetzes.

(2) § 6 Abs. 2 gilt für den Abzug von Lastenausgleich entsprechend.

§ 9. Entschädigungsfonds. (1) Entschädigungen nach diesem Gesetz, Ausgleichsleistungen nach den §§ 1 bis 3 des Ausgleichsleistungsgesetzes, Entschädigungen nach dem NS-Verfolgtenentschädigungsgesetz sowie Leistungen nach dem Vertriebenenzuwendungsgesetz werden aus einem nicht rechtsfähigen Sondervermögen des Bundes (Entschädigungsfonds) erbracht. Der Entschädigungsfonds ist ein Sondervermögen im Sinne des Artikels 110 Abs. 1 und des Artikels 115 Abs. 2 des Grundgesetzes; Artikel 115 Abs. 1 Satz 2 des Grundgesetzes findet auf den Entschädigungsfonds keine Anwendung. Das Sondervermögen ist von dem übrigen Vermögen des Bundes, seinen Rechten und Verbindlichkeiten getrennt zu halten. Der Bund haftet für die Verbindlichkeiten des Entschädigungsfonds.

(2) Das Bundesamt zur Regelung offener Vermögensfragen verwaltet das Sondervermögen auf Weisung und unter Aufsicht des Bundesministeriums der Finanzen.

(3) Das Sondervermögen kann unter seinem Namen im rechtsgeschäftlichen Verkehr handeln, klagen oder verklagt werden. Der allgemeine Gerichtsstand des Sondervermögens ist Berlin.

(4) Der Entschädigungsfonds ist berechtigt, Schuldverschreibungen durch Eintragung in das Bundesschuldbuch zu begeben. Die Ausgabe von Stücken ist für die gesamte Laufzeit ausgeschlossen.

24. Entschädigungsgesetz **Anhang I/24**

(5) Schuldverschreibungen des Entschädigungsfonds stehen solchen des Bundes gleich. Die Schulden des Entschädigungsfonds werden durch die Bundesschuldenverwaltung nach den für die allgemeine Bundesschuld jeweils geltenden Grundsätzen verwaltet.

(6) Der Entschädigungsfonds ist berechtigt, Schuldverschreibungen nach § 1 Abs. 1 Satz 2 zum Zwecke der Marktpflege in Höhe von bis zu zehn vom Hundert der umlaufenden Schuldtitel anzukaufen.

(7) Die mit der Begebung oder Verwaltung der Schuldverschreibungen beauftragten Einrichtungen sind berechtigt, den für die Durchführung des Gesetzes zuständigen Stellen zu Kontrollzwecken Angaben über die zugeteilten Schuldverschreibungen zu übermitteln, wenn Anhaltspunkte für eine Doppelleistung oder für eine Überzahlung insbesondere wegen Außerachtlassung einer Kürzung nach § 7 oder eines Abzuges nach § 8 bestehen.

(8) Das Bundesministerium der Finanzen wird ermächtigt, durch Rechtsverordnung Einzelheiten der Erfüllung des Entschädigungsanspruchs und des Verfahrens (wie z. B. Begebung und Ausgestaltung der Schuldverschreibungen, Zusammenwirken der beteiligten Stellen) zu regeln.

§ 10. Einnahmen des Entschädigungsfonds. (1) An den Entschädigungsfonds sind abzuführen:
1. von der Treuhandanstalt drei Milliarden Deutsche Mark aus ihren Veräußerungserlösen. Das Bundesministerium der Finanzen setzt die pauschalen Jahresbeträge unter Berücksichtigung des Finanzbedarfs des Entschädigungsfonds fest;
2. 50 vom Hundert des Gesamtwertes des Finanzvermögens in Treuhandverwaltung des Bundes nach Artikel 22 Abs. 1 des Einigungsvertrages, fällig in jährlichen Raten entsprechend den Erlösen aus der Veräußerung von Vermögensgegenständen. Das Bundesministerium der Finanzen setzt die Höhe der Raten fest;
3. von Gebietskörperschaften oder sonstigen Trägern der öffentlichen Verwaltung, z. B. Sozialversicherung, Bahn, Post, der 1,3fache Einheitswert von Grundstücken, die wegen der Zugehörigkeit zu deren Verwaltungsvermögen nach Artikel 21 des Einigungsvertrages nach den §§ 4 und 5 des Vermögensgesetzes nicht restituierbar sind oder die wegen der Wahl von Entschädigung nicht restituiert werden;
4. das nach § 19 Abs. 2 des Westvermögen-Abwicklungsgesetzes vom Präsidenten des Bundesausgleichsamtes treuhänderisch verwaltete Vermögen von ehemaligen öffentlich-rechtlichen Kreditinstituten mit Sitz im Beitrittsgebiet;
5. nicht anderweitig zuzuordnende Vermögenswerte aus dem Bereich des früheren Amtes für den Rechtsschutz des Vermögens der Deutschen Demokratischen Republik und Überweisungen der Hinterlegungsstellen nach § 4 Abs. 2 des Schuldbuchbereinigungsgesetzes;
6. Wertausgleich nach § 7 des Vermögensgesetzes und herauszugebende Gegenleistungen oder Entschädigungen nach § 7a Abs. 2 Satz 3 des Vermögensgesetzes;
7. Veräußerungserlöse nach § 11 Abs. 4 des Vermögensgesetzes und sonstige nicht beanspruchte Vermögenswerte, die bis zum 31. Dezember 1992 unter staatlicher Verwaltung standen, wenn der Eigentümer oder Inhaber sich nicht nach öffentlichem Aufgebot, das vom Bundesamt zur Regelung offener Vermögensfragen zu beantragen ist, innerhalb einer Frist von vier Jahren gemeldet hat. Ein Aufgebotsverfahren ist nicht erforderlich, wenn der Veräußerungserlös oder der Wert des sonstigen nicht beanspruchten Vermögens den Betrag von 1000 Deutsche Mark nicht erreicht;
8. Regreßforderungen gegenüber staatlichen Verwaltern nach § 13 Abs. 3 des Vermögensgesetzes;
9. Forderungen nach § 18b Abs. 1 des Vermögensgesetzes sowie diejenigen Erlösanteile aus Veräußerungen nach § 16 Abs. 1 des Investitionsvorranggesetzes, die nicht dem Berechtigten, dem Verfügungsberechtigten oder einem privaten Dritten zustehen;
10. ab 1. Januar 1994 vereinbarte Rückflüsse nach § 349 des Lastenausgleichsgesetzes;
11. Veräußerungserlöse aus dem Verkauf von ehemals volkseigenem Grund und Boden nach dem 27. Juli 1990 an die Inhaber dinglicher Nutzungsrechte für Eigenheime und Entgelte für die Nutzung ehemals volkseigenen Grund und Bodens durch die Inhaber dinglicher Nutzungsrechte für Eigenheime, wenn die Rückübertragung nach § 4 des Vermögensgesetzes ausgeschlossen oder wegen der Wahl von Entschädigung entfallen ist;
12. Vermögenswerte, die nach § 1b des Vermögenszuordnungsgesetzes in der Fassung des Artikels 16 Nr. 4 des Registerverfahrensbeschleunigungsgesetzes dem Entschädigungsfonds zugeordnet werden;
13. Zuschüsse aus dem Bundeshaushalt ab 1. Januar 2004.

Ein Anspruch der Berechtigten gegen den Entschädigungsfonds auf Einforderung seiner Einnahmen besteht nicht.

(2) Zur Überbrückung etwaiger Liquiditätsengpässe können aus dem Bundeshaushalt zinslose Liquiditätsdarlehen nach Maßgabe des jeweiligen Haushaltsplans geleistet werden. Die Rückzahlung an den Bund erfolgt bei Einnahmeüberschüssen. Einzelheiten regelt das Bundesministerium der Finanzen.

§ 11. Bewirtschaftung des Entschädigungsfonds. (1) Die Einnahmen und Ausgaben des Entschädigungsfonds werden für jedes Rechnungsjahr in einem Wirtschaftsplan veranschlagt. Der Wirtschaftsplan ist in Einnahmen und Ausgaben auszugleichen.

(2) Das Bundesministerium der Finanzen stellt am Schluß eines jeden Rechnungsjahres die Jahresrechnung für den Entschädigungsfonds auf und fügt sie als Anhang der Haushaltsrechnung des Bundes bei. Die Jahresrechnung muß in übersichtlicher Weise den Bestand des Sondervermögens einschließlich der Forderungen und Verbindlichkeiten erkennen lassen sowie die Einnahmen und Ausgaben nachweisen.

(3) Auf die Verpflichtung des Entschädigungsfonds, Abgaben an den Bund, die Länder, die Gemeinden (Gemeindeverbände) und Körperschaften des öffentlichen Rechts zu entrichten, finden die allgemein für Bundesbehörden geltenden Vorschriften Anwendung.

(4) Die Kosten für die Verwaltung des Entschädigungsfonds trägt der Bund.

§ 12. Zuständigkeit und Verfahren. (1) Für die Durchführung dieses Gesetzes gelten die Bestimmungen des Vermögensgesetzes entsprechend. Ist ein Anspruch auf Rückübertragung des Eigentums aus den Gründen des § 3 Abs. 2 des Vermögensgesetzes unanfechtbar abgewiesen worden, entscheidet das Amt oder Landesamt zur Regelung offener Vermögensfragen auf Antrag des Betroffenen über dessen Anspruch auf Entschädigung nach § 1 Abs. 2 Satz 1. Der Antrag kann vorbehaltlich des Satzes 4 nur bis zum Ablauf des sechsten Monats nach Eintritt der Bestandskraft oder Rechtskraft der Entscheidung nach dem Vermögensgesetz gestellt werden (Ausschlußfrist). Die Antragsfrist endet frühestens mit Ablauf des sechsten Monats nach Inkrafttreten des Gesetzes.

(2) In den Fällen des § 10 Nr. 3, 7, 8, 9 und 11 setzen die für die Entscheidung über die Entschädigung zuständigen Stellen als Vertreter des Entschädigungsfonds den an diesen abzuführenden Betrag durch Verwaltungsakt gegenüber dem Verpflichteten fest. Der Entschädigungsfonds kann den Abführungsbetrag selbst festsetzen.

25. Gesetz
über staatliche Ausgleichsleistungen für Enteignungen auf besatzungsrechtlicher oder besatzungshoheitlicher Grundlage, die nicht mehr rückgängig gemacht werden können (Ausgleichsleistungsgesetz – AusglLeistG)

Vom 27. September 1994

(BGBl. I S. 2628)

§ 1. Anspruch auf Ausgleichsleistung. (1) Natürliche Personen, die Vermögenswerte im Sinne des § 2 Abs. 2 des Gesetzes zur Regelung offener Vermögensfragen (Vermögensgesetz) durch entschädigungslose Enteignungen auf besatzungsrechtlicher oder besatzungshoheitlicher Grundlage in dem in Artikel 3 des Einigungsvertrages genannten Gebiet (Beitrittsgebiet) verloren haben, oder ihre Erben oder weiteren Erben (Erbeserben) erhalten eine Ausgleichsleistung nach Maßgabe dieses Gesetzes. § 1 Abs. 7 des Vermögensgesetzes bleibt unberührt.

(1a) Ein Anspruch auf Ausgleichsleistung besteht im Fall der Einziehung von im Beitrittsgebiet belegenen Vermögenswerten durch Entscheidung eines ausländischen Gerichts auch, wenn hinsichtlich der mit der Entscheidung verbundenen Freiheitsentziehung eine Bescheinigung nach § 10 Abs. 4 des Häftlingshilfegesetzes erteilt worden ist. § 1 Abs. 7 des Vermögensgesetzes bleibt unberührt.

(2) Ein Eingriff auf besatzungsrechtlicher oder besatzungshoheitlicher Grundlage liegt bei der Enteignung von Vermögen einer Gesellschaft oder einer Genossenschaft vor, wenn diese zu einer

25. Ausgleichsleistungsgesetz **Anhang I/25**

Minderung des Wertes der Anteile an der Gesellschaft oder der Geschäftsguthaben der Mitglieder der Genossenschaft geführt hat. Das gleiche gilt für Begünstigte (§ 18b Abs. 1 Satz 1 des Vermögensgesetzes) früherer dinglicher Rechte an Grundstücken, die auf besatzungsrechtlicher oder besatzungshoheitlicher Grundlage enteignet wurden. § 1 Abs. 2 Satz 3 und 4 des Entschädigungsgesetzes gilt entsprechend. Ist das Vermögen einer Familienstiftung oder eines Familienvereins mit Sitz im Beitrittsgebiet enteignet worden, sind den daran Beteiligten Ausgleichsleistungen so zu gewähren, als wären sie an dem Vermögen der Familienstiftung oder des Familienvereins zur gesamten Hand berechtigt gewesen; die Achtzehnte Verordnung zur Durchführung des Feststellungsgesetzes vom 11. November 1964 (BGBl. I S. 855) gilt entsprechend.

(3) Ausgleichsleistungen werden nicht gewährt für
1. Schäden, die durch Wegnahme von Wirtschaftsgütern auf Veranlassung der Besatzungsmacht entstanden sind, sofern diese Wirtschaftsgüter der Volkswirtschaft eines fremden Staates zugeführt wurden oder bei der Wegnahme eine dahingehende Absicht bestand (Reparationsschäden im Sinne des § 2 Abs. 1 bis 4 und 6 bis 7 des Reparationsschädengesetzes),
2. Schäden, die dadurch entstanden sind, daß Wirtschaftsgüter, die tatsächlich oder angeblich während des Zweiten Weltkrieges aus den von deutschen Truppen besetzten oder unmittelbar oder mittelbar kontrollierten Gebieten beschafft oder fortgeführt worden sind, durch Maßnahmen oder auf Veranlassung der Besatzungsmacht in der Absicht oder mit der Begründung weggenommen worden sind, sie in diese Gebiete zu bringen oder zurückzuführen (Restitutionsschäden im Sinne des § 3 des Reparationsschädengesetzes),
3. Schäden, die dadurch entstanden sind, daß Wirtschaftsgüter zum Zwecke der Beseitigung deutschen Wirtschaftspotentials zerstört, beschädigt oder, ohne daß die sonstigen Voraussetzungen des § 2 Abs. 1 des Reparationsschädengesetzes vorliegen, weggenommen worden sind (Zerstörungsschäden im Sinne des § 4 des Reparationsschädengesetzes),
4. Verluste an den im Allgemeinen Kriegsfolgengesetz in der im Bundesgesetzblatt Teil III, Gliederungsnummer 653–1, veröffentlichten bereinigten Fassung genannten Vermögenswerten,
5. Gläubigerverluste, die im Zusammenhang mit der Neuordnung des Geldwesens im Beitrittsgebiet stehen,
6. verbriefte Rechte, die der Wertpapierbereinigung unterlagen oder unterliegen,
7. auf ausländische Währung lautende Wertpapiere,
8. Schuldverschreibungen von Gebietskörperschaften und
9. Ansprüche, die in § 1 Abs. 8 Buchstabe c und d des Vermögensgesetzes genannt sind.

(4) Leistungen nach diesem Gesetz werden nicht gewährt, wenn der nach den Absätzen 1 und 2 Berechtigte oder derjenige, von dem er seine Rechte ableitet, oder das enteignete Unternehmen gegen die Grundsätze der Menschlichkeit oder Rechtsstaatlichkeit verstoßen, in schwerwiegendem Maße seine Stellung zum eigenen Vorteil oder zum Nachteil anderer mißbraucht oder dem nationalsozialistischen oder dem kommunistischen System in der sowjetisch besetzten Zone oder in der Deutschen Demokratischen Republik erheblichen Vorschub geleistet hat.

§ 2. Art und Höhe der Ausgleichsleistung. (1) Ausgleichsleistungen sind vorbehaltlich der §§ 3 und 5 aus dem Entschädigungsfonds nach Maßgabe der §§ 1 und 9 des Entschädigungsgesetzes zu erbringen. Sie werden, soweit dieses Gesetz nicht besondere Regelungen enthält, nach den §§ 1 bis 8 des Entschädigungsgesetzes bemessen und erfüllt. Beim Zusammentreffen mit Entschädigungen nach dem Vermögensgesetz sind die einzelnen Ansprüche vor Anwendung des § 7 des Entschädigungsgesetzes zusammenzurechnen.

(2) Auf Reichsmark lautende privatrechtliche geldwerte Ansprüche, die nicht in einen Einheitswert einbezogen sind, sind mit folgendem Anteil am jeweiligen Nennbetrag zu bemessen:
– für die ersten 100 Reichsmark: 50 vom Hundert,
– für den übersteigenden Betrag
  bis 1000 Reichsmark: 10 vom Hundert,
– für 1000 Reichsmark
  übersteigende Beträge: 5 vom Hundert.

(3) Auf Deutsche Mark der Deutschen Notenbank lautende privatrechtliche geldwerte Ansprüche sind mit 50 vom Hundert ihres jeweiligen Nennbetrages zu bemessen.

(4) Die Bemessungsgrundlage für in Wertpapieren verbriefte Forderungen ist gemäß § 16 des Beweissicherungs- und Feststellungsgesetzes in der bis zum 30. Juli 1992 geltenden Fassung und § 17 des Feststellungsgesetzes zu ermitteln. Die Ausgleichsleistung beträgt fünf vom Hundert der Bemes-

sungsgrundlage. Lauten Wertpapiere im Sinne des Satzes 1 auf Mark der Deutschen Notenbank, sind die Ausgleichsleistungen mit 50 vom Hundert zu bemessen.

(5) Die Summe der Ausgleichsleistungen nach den Absätzen 2 bis 4 darf 10000 Deutsche Mark nicht überschreiten.

(6) Die Bemessungsgrundlage für Rechte, die einen Anteil am Kapital eines Unternehmens vermitteln, ist der Teilbetrag der nach § 4 des Entschädigungsgesetzes zu ermittelnden Bemessungsgrundlage, der dem Verhältnis des Nennbetrages des Anteils zum Gesamtnennbetrag des Kapitals entspricht.

(7) Keine Ausgleichsleistungen sind zu gewähren, soweit die Forderungs- oder Anteilsrechte nach den Absätzen 2 bis 6 gegen den ursprünglichen Schuldner oder seinen Rechtsnachfolger wieder durchsetzbar geworden sind.

§ 3. Flächenerwerb. (1) Wer am 1. Oktober 1996 ehemals volkeigene, von der Treuhandanstalt zu privatisierende landwirtschaftliche Flächen langfristig gepachtet hat, kann diese Flächen nach Maßgabe der folgenden Absätze 2 bis 4 und 7 erwerben.

(2) Berechtigt sind natürliche Personen, die auf den in Absatz 1 genannten Flächen ihren ursprünglichen Betrieb wieder eingerichtet haben und ortsansässig sind (Wiedereinrichter) oder einen Betrieb neu eingerichtet haben und am 3. Oktober 1990 ortsansässig waren (Neueinrichter) und diesen Betrieb allein oder als unbeschränkt haftender Gesellschafter in einer Personengesellschaft selbst bewirtschaften. Dies gilt auch für juristische Personen des Privatrechts, die ein landwirtschaftliches Unternehmen betreiben, die Vermögensauseinandersetzung gemäß den §§ 44ff. des Landwirtschaftsanpassungsgesetzes in der Fassung der Bekanntmachung vom 3. Juli 1991 (BGBl. I S. 1418), das zuletzt durch Gesetz vom 31. März 1994 (BGBl. I S. 736) geändert worden ist, nach Feststellung durch die zuständige Landesbehörde ordnungsgemäß durchgeführt haben und deren Anteilswerte zu mehr als 75 vom Hundert von natürlichen Personen gehalten werden, die bereits am 3. Oktober 1990 ortsansässig waren. Wiedereinrichter im Sinne des Satzes 1 sind auch solche natürlichen Personen, bei denen die Rückgabe ihres ursprünglichen land- und forstwirtschaftlichen Betriebs aus rechtlichen oder tatsächlichen Gründen ausgeschlossen ist, sowie natürliche Personen, denen land- und forstwirtschaftliche Vermögenswerte durch Enteignung auf besatzungsrechtlicher oder besatzungshoheitlicher Grundlage entzogen worden sind. Berechtigt sind auch Gesellschafter der nach Satz 2 berechtigten juristischen Personen, die am 3. Oktober 1990 ortsansässig waren, hauptberuflich in dieser Gesellschaft tätig sind und sich verpflichten, den von ihrer Gesellschaft mit der für die Privatisierung zuständigen Stelle eingegangenen Pachtvertrag bis zu einer Gesamtlaufzeit von 18 Jahren zu verlängern und mit diesen Flächen für Verbindlichkeiten der Gesellschaft zu haften.

(3) Nach Absatz 2 Satz 1 bis 3 Berechtigte können vorbehaltlich der Sätze 2 bis 4 bis zu 600000 Ertragsmeßzahlen erwerben. Soweit die Flächen von einer Personengesellschaft langfristig gepachtet sind, können die nach Absatz 2 berechtigten Gesellschafter insgesamt Flächen bis zur Obergrenze nach Satz 1 erwerben. Soweit eine nach Absatz 2 berechtigte juristische Person die Obergrenze nach Satz 1 nicht ausgeschöpft hat, können deren nach Absatz 2 Satz 4 berechtigten Gesellschafter die verbleibenden Ertragsmeßzahlen nach näherer Bestimmung durch die Gesellschaft erwerben. Die Erwerbsmöglichkeit nach Absatz 1 besteht, soweit ein Eigentumsanteil von 50 vom Hundert der landwirtschaftlich genutzten Fläche nicht überschritten wird; auf den Eigentumsanteil sind die einer Gesellschaft und ihren Gesellschaftern gehörenden Flächen anzurechnen; auch nach Absatz 5 zustehende oder bereits erworbene Flächen werden auf den Vomhundertsatz und auf die Ertragsmeßzahlen angerechnet.

(4) Berechtigte nach Absatz 2 Satz 1 bis 3 können ehemals volkeigene, von der Treuhandanstalt zu privatisierende Waldflächen bis zu 100 ha zusätzlich zu landwirtschaftlichen Flächen erwerben, falls dies unter Berücksichtigung des vorgelegten Betriebskonzepts eine sinnvolle Ergänzung des landwirtschaftlichen Betriebsteils darstellt und nachgewiesen wird, daß der landwirtschaftliche Betrieb im wesentlichen auf eigenen oder für mindestens zwölf Jahre gepachteten Flächen wirtschaftet.

(5) Natürliche Personen, denen land- oder forstwirtschaftliches Vermögen entzogen worden ist und bei denen die Rückgabe ihres ursprünglichen Betriebes aus rechtlichen oder tatsächlichen Gründen ausgeschlossen ist oder denen solche Vermögenswerte durch Enteignung auf besatzungsrechtlicher oder besatzungshoheitlicher Grundlage entzogen worden sind und die nicht nach den Absätzen 1 und 2 berechtigt sind, können ehemals volkeigene, von der Treuhandanstalt zu privatisierende landwirtschaftliche Flächen und Waldflächen erwerben, die nicht für einen Erwerb nach den Absätzen 1 bis 4 in Anspruch genommen werden. Landwirtschaftliche Flächen können nur bis zur Höhe der halben Ausgleichsleistung nach § 2 Abs. 1 Satz 1 des Entschädigungsgesetzes, höchstens aber bis zu

25. Ausgleichsleistungsgesetz

300 000 Ertragsmeßzahlen, Waldflächen bis zur Höhe der verbleibenden Ausgleichsleistung erworben werden. Dies gilt nicht, soweit die Ausgleichsleistung zum Erwerb gemäß den Absätzen 1 bis 4 verwendet werden kann. Ist ein Erwerb des ehemaligen Eigentums nicht möglich, sollen Flächen aus dem ortsnahen Bereich angeboten werden. Ein Anspruch auf bestimmte Flächen besteht nicht. Ein Berechtigter nach Satz 1, dem forstwirtschaftliches Vermögen entzogen worden ist, kann landwirtschaftliche Flächen nicht oder nur in einem bestimmten Umfang erwerben. Will der Berechtigte nach Satz 1 seine Erwerbsmöglichkeit wahrnehmen, hat er dies der für die Privatisierung zuständigen Stelle innerhalb einer Ausschlußfrist von sechs Monaten nach Bestandskraft des Ausgleichsleistungs- oder Entschädigungsbescheides zu erklären. Wird dem nach den Absätzen 1 bis 4 Berechtigten von der für die Privatisierung zuständigen Stelle mitgeteilt, daß von ihm bewirtschaftete Flächen von einem nach diesem Absatz Berechtigten beansprucht werden, muß er innerhalb einer Frist von sechs Monaten der für die Privatisierung zuständigen Stelle mitteilen, welche Flächen er vorrangig erwerben will. Die Erwerbsmöglichkeit nach diesem Absatz kann der Berechtigte auf den Ehegatten, an Verwandte in gerader Linie sowie an Verwandte zweiten Grades in der Seitenlinie übertragen. Soweit eine Erbengemeinschaft berechtigt ist, kann die Erwerbsmöglichkeit auf ein Mitglied übertragen oder auf mehrere Mitglieder aufgeteilt werden.

(6) Gegenüber einem Pächter muß sich der Erwerber nach Absatz 5 bereit erklären, bestehende Pachtverträge bis zu einer Gesamtlaufzeit von 18 Jahren zu verlängern. Ist die für die Privatisierung zuständige Stelle gegenüber dem Pächter verpflichtet, die verpachteten Flächen an ihn zu veräußern, so sind diese Flächen in den Grenzen der Absätze 1 bis 4 für einen Erwerb nach Absatz 5 nur mit Zustimmung des Pächters verfügbar.

(7) Der Wertansatz für landwirtschaftliche Flächen ist vorbehaltlich des Satzes 2 das Dreifache des Einheitswerts der jeweiligen Fläche, der nach den Wertverhältnissen am 1. Januar 1935 festgestellt ist oder noch ermittelt wird (Einheitswert 1935). Werden aufstehende Gebäude miterworben, können unter Berücksichtigung der Umstände des Einzelfalles, insbesondere des Zustands des Gebäudes Zu- oder Abschläge aufgrund einer Empfehlung des Beirats nach § 4 Abs. 1 festgelegt werden; hierbei soll der Verkehrswert des Gebäudes mitberücksichtigt werden. Für Waldflächen mit einem Anteil hiebsreifer Bestände von weniger als zehn vom Hundert ist der Wertansatz auf der Grundlage des dreifachen Einheitswerts 1935 unter Beachtung des gegenwärtigen Waldzustandes zu ermitteln. Werden Waldflächen in den Jahren 1995 und 1996 erworben, können Abschläge bis zu 200 Deutsche Mark pro Hektar vorgenommen werden. Beträgt der Anteil hiebsreifer Bestände zehn vom Hundert oder mehr, ist insoweit der Verkehrswert anzusetzen. Die für die Privatisierung zuständige Stelle kann im Einzelfall verlangen, daß der Berechtigte anderweitig nicht verwertbare Restflächen zum Verkehrswert mitübernimmt.

(8) Natürliche Personen, die
a) ihren ursprünglichen, im Beitrittsgebiet gelegenen forstwirtschaftlichen Betrieb wiedereinrichten und ortsansässig sind oder im Zusammenhang mit der Wiedereinrichtung ortsansässig werden oder
b) einen forstwirtschaftlichen Betrieb neu einrichten und am 3. Oktober 1990 ortsansässig waren oder
c) nach Absatz 5 Satz 1 zum Erwerb berechtigt sind und einen forstwirtschaftlichen Betrieb neu einrichten und diesen Betrieb allein oder als unbeschränkt haftender Gesellschafter in einer Personengesellschaft selbst bewirtschaften, können ehemals volkseigene, von der Treuhandanstalt zu privatisierende Waldflächen bis zu 1000 ha erwerben, wenn sie keine landwirtschaftlichen Flächen nach den Absätzen 1 bis 7 erwerben. Als forstwirtschaftlicher Betrieb im Sinne des Satzes 1 gilt auch der forstwirtschaftliche Teil eines land- und forstwirtschaftlichen Betriebes. Absatz 2 Satz 3 gilt entsprechend. Die Berechtigten müssen für die gewünschte Erwerbsfläche ein forstwirtschaftliches Betriebskonzept vorlegen, das Gewähr für eine ordnungsgemäße forstwirtschaftliche Bewirtschaftung bietet. Der Betriebsleiter muß über eine für die Bewirtschaftung eines Forstbetriebes erforderliche Qualifikation verfügen. Absatz 7 gilt entsprechend.

(9) Sind ehemals volkseigene, von der Treuhandanstalt zu privatisierende landwirtschaftliche Flächen bis zum 31. Dezember 2003 nicht nach den Absätzen 1 bis 5 veräußert worden, können sie von den nach diesen Vorschriften Berechtigten erworben werden. Der Kaufantrag muß bis spätestens 30. Juni 2004 bei der für die Privatisierung zuständigen Stelle eingegangen sein. Absatz 7 gilt entsprechend. Erwerb nach Absatz 3 und Satz 1 ist nur bis zu einer Obergrenze von insgesamt 800 000 Ertragsmeßzahlen, Erwerb nach Absatz 5 und Satz 1 ist nur bis zu einer Obergrenze von insgesamt 400 000 Ertragsmeßzahlen möglich.

(10) Die nach dieser Vorschrift erworbenen land- und forstwirtschaftlichen Flächen dürfen vor Ablauf von 20 Jahren ohne Genehmigung der für die Privatisierung zuständigen Stelle nicht veräußert werden. Eine Genehmigung darf nur unter der Voraussetzung erteilt werden, daß der den Erwerbspreis übersteigende Veräußerungserlös der Treuhandanstalt oder deren Rechtsnachfolger zufließt. Das Veräußerungsverbot nach Satz 1 bedarf zu seiner Wirksamkeit der Eintragung im Grundbuch; das Nähere regelt die Rechtsverordnung nach § 4 Abs. 3.

(11) § 4 Nr. 1 des Grundstückverkehrsgesetzes vom 28. Juli 1961 (BGBl. I S. 1091), das zuletzt durch das Gesetz vom 8. Dezember 1986 (BGBl. I S. 2191) geändert worden ist, ist auf die Veräußerung landwirtschaftlicher und forstwirtschaftlicher Grundstücke durch die mit der Privatisierung betraute Stelle entsprechend anzuwenden.

§ 4. Beirat und Verordnungsermächtigung. (1) Bei den nach dem Treuhandgesetz vom 17. Juni 1990 (GBl. I Nr. 33 S. 300), zuletzt geändert durch Artikel 1 des Gesetzes vom 9. August 1994 (BGBl. I S. 2062), in der jeweils geltenden Fassung für die Privatisierung zuständigen Stellen werden Beiräte eingerichtet, die bei widerstreitenden Interessen im Zusammenhang mit der Durchführung der Erwerbsmöglichkeiten nach § 3 angerufen werden können. Das Land kann den Beirat auch in Verpachtungsfällen anrufen, wenn die für die Privatisierung zuständige Stelle im Rahmen des für die Verpachtung vorgesehenen Verfahrens von einem Entscheidungsvorschlag des Landes abweichen will.

(2) Die Mitglieder des Beirats werden je zur Hälfte vom Bund und vom Land benannt. Den Vorsitz führt ein weiteres Mitglied, das vom Bund im Einvernehmen mit dem Land benannt wird. Der Beirat spricht nach Anhörung der Beteiligten eine Empfehlung aus. Hiervon abweichende Entscheidungen hat die für die Privatisierung zuständige Stelle zu begründen.

(3) Die Bundesregierung wird ermächtigt, durch Rechtsverordnung mit Zustimmung des Bundesrates Einzelheiten der Erwerbsmöglichkeit nach § 3, des Verfahrens sowie des Beirats zu regeln. In der Verordnung kann auch bestimmt werden, daß
1. der Wertermittlung abweichend von § 3 Abs. 7 ein vergleichbarer Maßstab in Anlehnung an die Bodenqualität zugrunde gelegt wird,
2. Rückabwicklung verlangt werden kann, wenn sich die Zusammensetzung der Gesellschafter einer juristischen Person nach dem begünstigten Erwerb von Flächen in der Weise verändert, daß 25 vom Hundert oder mehr der Anteilswerte von am 3. Oktober 1990 nicht ortsansässigen Personen oder Berechtigten nach § 1 gehalten werden,
3. bei Nutzungsänderung oder Betriebsaufgabe die Rückabwicklung verlangt werden kann,
4. jährliche Mitteilungspflichten über etwaige Betriebsaufgaben, Nutzungsänderungen oder Gesellschafter festgelegt werden oder sonstige Maßnahmen zur Verhinderung von mißbräuchlicher Inanspruchnahme ergriffen werden,
5. aus agrarstrukturellen Gründen oder in Härtefällen von einer Rückabwicklung abgesehen werden kann.

§ 5. Rückgabe beweglicher Sachen. (1) Bewegliche, nicht in einen Einheitswert einbezogene Sachen sind zurückzuübertragen. Die Rückübertragung ist ausgeschlossen, wenn dies von der Natur der Sache her nicht mehr möglich ist oder natürliche Personen, Religionsgemeinschaften oder gemeinnützige Stiftungen in redlicher Weise an dem Vermögenswert Eigentum erworben haben.

(2) Zur Ausstellung für die Öffentlichkeit bestimmtes Kulturgut bleibt für die Dauer von 20 Jahren unentgeltlich den Zwecken der Nutzung seitens der Öffentlichkeit oder der Forschung gewidmet (unentgeltlicher öffentlicher Nießbrauch). Der Nießbrauchsberechtigte kann die Fortsetzung des Nießbrauchs gegen angemessenes Entgelt verlangen. Gleiches gilt für wesentliche Teile der Ausstattung eines denkmalgeschützten, der Öffentlichkeit zugänglichen Gebäudes. Wenn das Kulturgut mehr als zwei Jahre nicht der Öffentlichkeit zugänglich gemacht worden ist, endet auf Antrag des Berechtigten der Nießbrauch, es sei denn, daß die oberste Landesbehörde triftige Gründe für die Nichtzugänglichkeit und das Fortbestehen der in Satz 1 genannten Zweckbestimmung feststellt.

(3) § 10 des Vermögensgesetzes gilt entsprechend. Die Aufwendungen für das überlassene Kulturgut trägt der Nießbraucher.

§ 6. Zuständigkeit und Verfahren. (1) Ansprüche auf Ausgleichsleistungen sind bei den Ämtern zur Regelung offener Vermögensfragen, soweit für die Rückgabe des entzogenen Vermögenswerts das Bundesamt zur Regelung offener Vermögensfragen oder die Landesämter zur Regelung offener Vermögensfragen zuständig wären, bei diesen geltend zu machen. Bereits gestellte, noch anhängige

Anträge nach dem Vermögensgesetz, die nach § 1 Abs. 8 Buchstabe a des Vermögensgesetzes ausgeschlossen sind, werden als Anträge nach diesem Gesetz gewertet. Die Antragsfrist endet mit Ablauf des sechsten Monats nach Inkrafttreten dieses Gesetzes (Ausschlußfrist).

(2) Für die Durchführung dieses Gesetzes gelten die Bestimmungen des Vermögensgesetzes entsprechend.

26. NS-Verfolgtenentschädigungsgesetz (NS-VEntschG)

Vom 27. September 1994

(BGBl. I S. 2632)

§ 1. Grundsätze der Entschädigung. (1) Ist in den Fällen des § 1 Abs. 6 des Gesetzes zur Regelung offener Vermögensfragen (Vermögensgesetz) die Rückgabe ausgeschlossen (§ 4 Abs. 1 und 2, § 6 Abs. 1 Satz 1 und § 11 Abs. 5 des Vermögensgesetzes) oder hat der Berechtigte Entschädigung gewählt (§ 6 Abs. 7, § 8 Abs. 1 und § 11 Abs. 1 Satz 2 des Vermögensgesetzes), besteht ein Anspruch auf Entschädigung in Geld gegen den Entschädigungsfonds.

(2) § 1 Abs. 4 des Entschädigungsgesetzes gilt entsprechend. Ferner wird eine Entschädigung nicht gewährt für Vermögensverluste, für die der Berechtigte bereits Leistungen nach dem Bundesrückerstattungsgesetz oder anderen rückerstattungsrechtlichen Vorschriften erhalten hat.

§ 2. Höhe der Entschädigung. Für die Entschädigung gelten die §§ 16 bis 26, ausgenommen § 16 Abs. 2 Satz 2, des Bundesrückerstattungsgesetzes. Bei Vermögensgegenständen, für die ein Einheitswert festgestellt wird, bemißt sich die Höhe der Entschädigung nach dem Vierfachen des vor der Schädigung zuletzt festgestellten Einheitswertes. § 3 Abs. 1 Satz 2 und 3, Abs. 2 bis 6 und § 4 Abs. 2 bis 4 des Entschädigungsgesetzes gelten entsprechend; § 3 Abs. 4 des Entschädigungsgesetzes findet mit der Maßgabe Anwendung, daß die in der Zeit vom 15. September 1935 bis 8. Mai 1945 entstandenen Verbindlichkeiten unberücksichtigt bleiben und die übrigen Verbindlichkeiten vorbehaltlich des Nachweises eines höheren verfolgungsbedingten Anteils mit der Hälfte ihres zum Zeitpunkt der Schädigung valutierenden Nennwertes abgezogen werden. Sind Verbindlichkeiten im Zusammenhang mit Schäden, die diesem Zeitraum eingetreten sind, bereits im Rahmen anderer Wiedergutmachungsregelungen entschädigt worden, sind diese Leistungen nach § 3 in Abzug zu bringen. Bei Synagogen und jüdischen Friedhöfen sowie sonstigen unbeweglichen Vermögenswerten, die im Eigentum einer jüdischen Gemeinde oder einer sonstigen jüdischen Vereinigung standen, bemißt sich die Entschädigung für das Grundstück mindestens nach dem Zweifachen des Wertes am 1. April 1956 in dem damaligen Geltungsbereich des Bundesrückerstattungsgesetzes. Bei den übrigen Vermögenswerten bemißt sich die Entschädigung nach dem Zweifachen des Schadensersatzbetrages nach § 16 Abs. 1 und Abs. 2 Satz 1 des Bundesrückerstattungsgesetzes, wobei für die Berechung des Wiederbeschaffungswertes nach § 16 Abs. 1 des Bundesrückerstattungsgesetzes auf den Wert abzustellen ist, den der Vermögenswert am Stichtag in dem damaligen Geltungsbereich des Bundesrückerstattungsgesetzes hatte.

§ 3. Anrechnung einer erhaltenen Gegenleistung oder einer Entschädigung. Die §§ 6 und 8 des Entschädigungsgesetzes und § 7a Abs. 2 des Vermögensgesetzes gelten entsprechend. Ebenfalls anzurechnen sind Entschädigungsleistungen nach den §§ 51 und 56 Abs. 1 Satz 1 des Bundesentschädigungsgesetzes, die mit dem nach diesem Gesetz zu entschädigenden Vermögenswert unmittelbar in Zusammenhang stehen, mit der Maßgabe, daß sich der Anrechnungsbetrag ohne darin enthaltene Zinsen oder Zinszuschläge um zwei vom Hundert jährlich ab Zahlung der Entschädigung bis zum Inkrafttreten dieses Gesetzes erhöht.

§ 4. Zuständige Behörde, Verfahren. Über den Anspruch entscheidet die Oberfinanzdirektion (Bundesvermögensverwaltung) Berlin. Für das Verfahren gelten die Vorschriften des Verwaltungsverfahrensgesetzes, soweit das Vermögensgesetz nichts anderes bestimmt.

27. Gesetz
zur Behandlung von Schuldbuchforderungen gegen die ehemalige Deutsche Demokratische Republik
(DDR-Schuldbuchbereinigungsgesetz – SchuldBBerG)

Vom 27. September 1994

(BGBl. I S. 2634)

§ 1. Geltungsbereich. (1) Dieses Gesetz regelt Ansprüche, die in der ehemaligen Deutschen Demokratischen Republik ausgehend von der Verordnung über die Schuldbuchordnung für die Deutsche Demokratische Republik vom 2. August 1951 (GBl. Nr. 93 S. 723) nach
1. dem Gesetz über die Entschädigung bei Inanspruchnahmen nach dem Aufbaugesetz – Entschädigungsgesetz – vom 25. April 1960 (GBl. I S. 257),
2. dem Gesetz über die Entschädigung für die Bereitstellung von Grundstücken – Entschädigungsgesetz – vom 15. Juni 1984 (GBl. I S. 209)
begründet wurden.

(2) Dieses Gesetz gilt nicht für Ansprüche aus ehemals gegen die Deutsche Demokratische Republik gerichteten Schuldbuchforderungen, die einer staatlichen Verwaltung unterlagen und aus diesem Grunde bereits gelöscht wurden.

§ 2. Schuldbuchforderungen mit besonderen Vermerken. (1) Bei Schuldbuchforderungen mit besonderen Vermerken können Entschädigungsberechtigte und ihre Gläubiger oder deren Rechtsnachfolger bis spätestens 31. Dezember 1995 Anträge auf Auszahlung ihres Anteils an der Schuldbuchforderung stellen. Nach Ablauf dieser Frist erlöschen die Ansprüche.

(2) Die Anträge sind bei den jeweiligen Schuldbuchstellen der Kreditanstalt für den Wiederaufbau, in deren Teilschuldbuch die Schuldbuchforderung eingetragen ist, zu stellen. Diese Stellen sind für die Bearbeitung der gestellten Anträge, für die Auszahlung an die Berechtigten sowie für die Löschung der entsprechenden Schuldbuchforderung zuständig.

(3) Der Nachweis der einzelnen Ansprüche ist bei der Antragstellung nach Absatz 1 durch schriftliche Vereinbarungen der Berechtigten mit beglaubigten Unterschriften oder durch eine rechtskräftige gerichtliche Entscheidung zu erbringen.

(4) Wenn die Ansprüche auf Erben übergegangen sind, ist dies durch Erbnachweis gegenüber der Schuldbuchstelle zu belegen. Für die Erteilung eines Erbscheines wird eine Gebühr nicht erhoben, wenn der Erbschein nur für Zwecke der Auszahlung aus Schuldbuchforderungen verwendet werden soll. Bei Abtretungen der Schuldbuchforderung ist der Nachweis durch Vorlage einer entsprechenden Urkunde zu erbringen.

(5) Die Berechtigten haben bei der Antragstellung zu erklären, ob sie für das entschädigte Vermögensobjekt Leistungen nach dem Lastenausgleichsgesetz erhalten haben. Die Kreditanstalt für den Wiederaufbau ist ermächtigt, der Ausgleichsverwaltung über die Tilgung der Schuldbuchforderungen Kontrollmitteilung zu erteilen.

(6) Die in den Absätzen 3 und 4 genannten Nachweise müssen spätestens bis zum 31. Dezember 1996 erbracht sein, andernfalls erlöschen diese Ansprüche entsprechend Absatz 1.

§ 3. Schuldbuchforderungen ohne besondere Vermerke. (1) Ansprüche der Gläubiger aus Schuldbuchforderungen ohne besondere Vermerke, die vorzeitige Zahlungen oder Ratenzahlungen abgelehnt haben und diese nicht erneut anfordern, erlöschen mit Ablauf der Frist nach § 2 Abs. 1.

(2) Ebenso erlöschen die Ansprüche aus Schuldbuchforderungen ohne besondere Vermerke, sofern die Berechtigten bis zum Ablauf der Frist nach § 2 Abs. 1 keine Anträge gestellt haben und die erforderlichen Nachweise nicht rechtzeitig vorgelegen haben.

§ 4. Hinterlegungen aus Schuldbuchforderungen. (1) Hinterlegungen von Beträgen aus Schuldbuchforderungen auf der Grundlage ehemaliger Rechtsbestimmungen der Deutschen Demokratischen Republik werden nicht mehr vorgenommen. Zahlungen auf bestehende Hinterlegungskonten werden eingestellt.

(2) Die bis zum Ablauf des 2. Oktober 1990 auf Hinterlegungskonten eingezahlten Beträge aus Schuldbuchforderungen sind von den Hinterlegungsstellen an den Entschädigungsfonds, und die ab 3. Oktober 1990 eingezahlten Beträge aus Schuldbuchforderungen sind von den Hinterlegungsstellen an den Kreditabwicklungsfonds zu überweisen. Etwaige nach Auflösung dieses Fonds verbleibende Beträge stehen dem Erblastentilgungsfonds zu.

§ 5. Restitution. Wurde eine Rückübertragung des Eigentums am Grundstück nach dem Vermögensgesetz verfügt und bestand eine noch nicht voll getilgte Schuldbuchforderung, so hat die zuständige Schuldbuchstelle dieselbe ohne Zahlung des Restbetrages auf der Grundlage des § 7a Abs. 2 des Vermögensgesetzes zu löschen.

§ 6. Schließung der Schuldbücher. (1) Die Schuldbuchstellen der Kreditanstalt für den Wiederaufbau haben per 31. Dezember 1995 die Schuldbücher zu schließen.

(2) Ist bis zum 31. Dezember 1995 der Nachweis der Berechtigten über ihre Ansprüche nach § 2 Abs. 3 und 4 nicht erbracht, so ist die Schuldbuchforderung zu löschen und als gesonderte Forderung zu erfassen.

(3) Die Kreditanstalt für den Wiederaufbau hat die nach Absatz 2 erfaßten gesonderten Forderungen aus ehemals gegen die Deutsche Demokratische Republik gerichteten Schuldbuchforderungen zentralisiert zu erfassen und wie Schuldbuchforderungen nach diesem Gesetz zu tilgen.

§ 7. Finanzielle Aufwendungen. Die nach diesem Gesetz verbleibenden finanziellen Aufwendungen, die nach Auflösung des Kreditabwicklungsfonds anfallen, sind vom Erblastentilgungsfonds zu übernehmen.

§ 8. Aktenaufbewahrung. Die Kreditanstalt für den Wiederaufbau hat die Schuldbuchakten der zum 31. Dezember 1995 geschlossenen Schuldbücher sowie die Akten der gesonderten Forderungen nach § 6 Abs. 2 zehn Jahre aufzubewahren.

§ 9. Ausschlußfrist sonstiger Ansprüche aus Schuldbuchforderungen. Mit dem Ablauf des 31. Dezember 1995 erlöschen alle sonstigen in diesem Gesetz nicht genannten Ansprüche aus Schuldbuchforderungen gegen die ehemalige Deutsche Demokratische Republik.

28. Gesetz
über eine einmalige Zuwendung an die im Beitrittsgebiet lebenden Vertriebenen
(Vertriebenenzuwendungsgesetz – VertrZuwG)

Vom 27. September 1994

(BGBl. I S. 2635)

§ 1. Grundsatz. Die durch den Zweiten Weltkrieg und seine Folgen besonders betroffenen Vertriebenen erhalten eine einmalige Zuwendung. Die einmalige Zuwendung dient zugleich der innerstaatlichen Abgeltung aller materiellen Schäden und Verluste, die mit den Ereignissen und Folgen des Zweiten Weltkrieges in Zusammenhang stehen.

§ 2. Berechtigte. (1) Die einmalige Zuwendung wird an Vertriebene im Sinne des § 1 des Bundesvertriebenengesetzes gewährt, die nach der Vertreibung ihren ständigen Wohnsitz im Beitrittsgebiet vor dem 3. Oktober 1990 genommen und ihn dort bis zu diesem Zeitpunkt ohne Unterbrechung innegehabt haben. Ausgenommen sind Vertriebene, die nach dem 8. Mai 1945 rechtsbeständig Bodenreformland oder nach dem 3. Oktober 1990 eine Zuwendung aus Landesmitteln erhalten haben. Liegt die Zuwendung unter der Berechnung gemäß § 3, so wird der Unterschiedsbetrag gewährt.

(2) Die einmalige Zuwendung erhalten solche Vertriebene nicht, die vor oder nach Ende des Zweiten Weltkriegs einem totalitären System erheblich Vorschub geleistet oder durch ihr Verhalten gegen die Grundsätze der Menschlichkeit oder der Rechtsstaatlichkeit verstoßen haben.

Anhang I/28   I. Bundesrecht

(3) Soweit die Länder nach dem 3. Oktober 1990 Zuwendungen aus Landesmitteln geleistet haben, werden diese Aufwendungen den Ländern bis zu einem Betrag von 4000 Deutsche Mark je Berechtigten nach Maßgabe des § 3 erstattet.

§ 3. Höhe der einmaligen Zuwendung, Gewährung der Leistung. (1) Die einmalige Zuwendung für jeden Berechtigten beträgt 4000 Deutsche Mark und wird durch Bewilligungsbescheid zuerkannt. Der Zuwendungsbetrag wird aus Mitteln des Entschädigungsfonds (§ 9 Entschädigungsgesetz) geleistet. Der Präsident des Bundesamtes zur Regelung offener Vermögensfragen verfügt über die Verwendung der Mittel.

(2) Der Zuwendungsbetrag wird fällig
1. am 1. Januar 1994 für Berechtigte der Geburtsjahrgänge vor 1919,
2. am 1. Januar 1995 für Berechtigte der Geburtsjahrgänge vor 1925,
3. am 1. Januar 1996 für Berechtigte der Geburtsjahrgänge vor 1931,
4. am 1. Januar 1998 für alle übrigen Berechtigten.
Die Fälligkeit tritt jedoch nicht vor Bestandskraft des Bewilligungsbescheides ein.

§ 4. Antrag. (1) Die einmalige Zuwendung wird nur auf Antrag gewährt. Der Antrag ist bis zum 30. September 1995 an die nach § 5 für die Durchführung zuständige Stelle zu richten. Die Feststellung der Vertriebeneneigenschaft bestimmt sich nach den Vorschriften des Bundesvertriebenengesetzes und obliegt den danach zuständigen Behörden. Ein bei dieser Behörde gestellter Antrag hat fristwahrende Wirkung. Eine Durchschrift des Bewilligungsbescheides wird dem Entschädigungsfonds zugeleitet.

(2) Der Anspruch auf Gewährung der Leistung ist mit Wirkung vom 1. Januar 1994 vererblich und übertragbar. Er unterliegt jedoch in der Person des unmittelbar Berechtigten nicht der Zwangsvollstreckung und bleibt bei ihm bei Sozialleistungen, deren Gewährung von anderen Einkünften abhängig ist, unberücksichtigt.

§ 5. Zuständigkeit. Die Durchführung obliegt dem Land, auf dessen Gebiet der Antragsteller am 3. Oktober 1990 seinen ständigen Wohnsitz hatte. Für die Gewährung und Auszahlung der Leistung sind die von den Landesregierungen oder durch Landesgesetze bestimmten Stellen zuständig. Die Zuständigkeit bleibt auch bei einer Verlegung des ständigen Wohnsitzes nach diesem Zeitpunkt in ein anderes Land oder in ein Gebiet außerhalb der Bundesrepublik Deutschland bestehen. Wird die Auszahlung der Leistung der Deutschen Ausgleichsbank übertragen, wird die Hälfte der von der Bank dafür berechneten Kosten aus Mitteln des Entschädigungsfonds geleistet.

§ 6. Verfahren. Für das Verfahren gelten die Vorschriften des Verwaltungsverfahrensgesetzes.

§ 7. Datenschutz. (1) Die für die Durchführung dieses Gesetzes zuständigen Behörden dürfen, soweit es zur Feststellung der Voraussetzungen nach § 2 erforderlich ist, bei anderen Behörden und Stellen vorhandene personenbezogene Daten, die über die Vertriebeneneigenschaft, die rechtsbeständige Erlangung von Bodenreformland durch den Vertriebenen oder über das Vorliegen von Ausschlußgründen Aufschluß geben, ohne Mitwirkung des Betroffenen erheben.

(2) Der Entschädigungsfonds ist auf Anfrage der nach § 5 zuständigen Stellen und von Amts wegen berechtigt, diesen Stellen zu Kontrollzwecken Angaben zu übermitteln, wenn der begründete Verdacht besteht, daß die einmalige Zuwendung unberechtigt mehrfach beantragt worden ist.

(3) Die ersuchten Behörden oder sonstigen öffentlichen Stellen sind zur Erteilung der erforderlichen Auskünfte verpflichtet.

(4) Die Nutzung und Übermittlung der Daten unterbleibt, soweit besondere gesetzliche Verwendungsregelungen oder überwiegende schutzwürdige Interessen des Betroffenen entgegenstehen.

II. SBZ-Recht
1. SMAD-Befehl Nr. 01 v. 23. Juli 1945

(VOBl. für die Provinz Sachsen Nr. 1, S. 16)

Betr.: Neuorganisierung der deutschen Finanz- und Kreditorgane

Zum Zwecke der Organisierung der deutschen Finanz- und Kreditorgane
befehle ich
den Provinzialverwaltungen und den Verwaltungen der vereinigten Länder:

1. Zwecks einheitlicher Handhabung der städtischen und kommunalen Finanzgebung sowie Organisierung des Bankwesens bei den Provinzialregierungen und den Regierungen der vereinigten Länder sind Provinzialbanken und innerhalb der Verwaltung Finanzabteilungen sowie städtische und kommunale Banken zu gründen. Die Organisation der Finanzabteilungen und der Banken muß am 5. August 1945 beendet sein. Für die Arbeiten der Banken und Finanzabteilungen sind besondere Richtlinien maßgebend.

2. Es sind Pläne für die Etats der Provinzen und vereinigten Länder sowie der anderen Städte und Gebiete, die zum Bestande der Provinz gehören, für die Zeit vom Augenblick ihrer Begründung bis zum 1. Oktober 1943 aufzustellen.

Die Etatpläne sind bis zum 20. August 1945 den Kommandanten der Sowjetischen Administration der Provinzen und vereinigten Länder mit einem erläuternden Begleitschreiben und den erforderlichen Anlagen vorzulegen.

Bei der Aufstellung des Etats müssen alle Einnahmequellen sichergestellt und eine äußerste Einschränkung des Apparates der städtischen und kommunalen Verwaltungen, ebenso aller übrigen administrativen und Verwaltungsausgaben vorgenommen werden. In den Etats sind Mittel für Reparationen und notwendige Ausgaben für Wiederingangsetzung der Industrie und Landwirtschaft vorzusehen. In allen Fällen, in denen die Einnahmen die Ausgaben nicht decken, sind Maßnahmen zur Erhöhung der Einnahmen vorzusehen.

3. Es ist das stetige Arbeiten der Kredit- und Geldversorgung von Wirtschaft, Industrie und Handel sicherzustellen.

Aus den Etats der Provinzen sind Mittel für die Sicherstellung des normalen Funktionierens der zu gründenden Banken auszusondern.

4. In Anbetracht des Bankrottes der deutschen Banken sind Auszahlungen von laufenden Konten nicht zu leisten. Die Neueröffnung von kleinen Privatbanken zur Befriedigung der Bedürfnisse von Wirtschaft, Industrie und Handel ist mit Genehmigung der Provinzialverwaltungen und vereinigten Länder mit Bestätigung des Kommandanten der Sowjetischen Administration der Provinz vorzunehmen.

5. Es sind Projekte über Normen der Kreditversorgung und die Führung von laufenden Konten von Unternehmungen, Organisationen und Behörden auszuarbeiten, wobei alle notwendigen Maßnahmen zur Sicherstellung der Einlagen von Privatunternehmen, Firmen, ebenso von Unternehmen und Organisationen der Provinzen, Städte und Gemeinden zu treffen sind.

6. Es sind sofort Maßnahmen zur Wiederaufnahme der bis zum Einzug der Roten Armee bestehenden Steuerzahlungen und Sammlungen zu treffen, wobei alle Diskriminierungen nationaler Art zu beseitigen und die besonderen Sammlungen zum Besten der DAF durch andere zu ersetzen sind.

7. Bis zum 25. August 1945 ist eine vollständige Übersicht über alle Steuerzahler (physische und juristische Personen) herzustellen und dieses Material dem Kommandanten der Sowjetischen Administration der Provinz bis zum 1. September 1945 vorzulegen.

8. Es dürfen keinerlei Auszahlungen auf alle Arten von Anleihen, die bis zur Kapitulation Deutschlands ausgegeben worden sind (Löschungen, Zinsen, Auslosungen), geleistet werden.

9. Es dürfen keine Auszahlungen auf alte Einlagen der Sparkassen geleistet werden, falls die Mittel der Sparkasse durch den faschistischen Staat erschöpft sind.

10. In den Provinzen und vereinigten Ländern, Städten und Gemeinden, sind Sparkassen zu eröffnen. In diesen Kassen können Einzahlungen und Auszahlungen ohne Beschränkung vorgenommen

werden bei einem Zinsfuß von 2,5% für täglich kündbare Einlagen und unter Beibehaltung des bisherigen Zinsfußes bei allen anderen Formen der Einlagen.

11. Durch die Kommandanten der Sowjetischen Administration der Provinzen sind bis zum 1. September 1945 an die Finanzabteilung der Sowjetischen Administration in Deutschland Berichte über die Tätigkeit der Sparkassen bis zum Einzug der Roten Armee einzureichen.

12. Es dürfen keine Auszahlungen auf alte Versicherungen geleistet werden, falls die Mittel der Versicherungsgesellschaft durch den faschistischen Staat erschöpft sind.

13. Es sind Versicherungsgesellschaften für Eigentums- und Personenversicherungen zu schaffen. Es ist die Zwangsversicherung von Unternehmen und Häusern einzuführen.

14. Durch die Kommandanten der Sowjetischen Administration der Provinz sind in die Finanzabteilung der Sowjetischen Administration in Deutschland Berichte über die Tätigkeit der Versicherungsgesellschaften bis zum Kriegsende einzureichen.

15. Es sind die Zahlungen von Lohn und Gehalt an Arbeiter und Angestellte der Behörden und Organisationen der städtischen Unternehmen, deren unteren Verwaltungsbehörden, ebenso auch der privaten Institutionen und Unternehmen, die bis zum Kriegsende bestanden haben, weiterzuleisten.

16. Es ist dafür Sorge zu tragen, daß die Preise für landwirtschaftliche und Industrieprodukte in der Höhe erhalten bleiben, wie sie bei Kriegsende üblich waren.

17. Zeitweilig – bis zur Überprüfung der Pensionsbestimmungen sowie der Überprüfung sämtlicher Pensionsempfänger – sind alle Pensionszahlungen und Unterstützungen einzustellen, mit Ausnahme der Unterstützungen an Arbeitsunfähige, die über keine anderen Einnahmen verfügen, die nicht der NSDAP oder einer ihrer Gliederungen wie SS, SA, SD und anderen militaristischen Organisationen der nazistischen Partei angehört haben.

18. Die Arbeit der Krankenversicherungsanstalten ist zu organisieren unter vorläufiger Beibehaltung der bei Kriegsende bestehenden Beitragsleistungen der Unternehmer, Arbeiter und Angestellten.

19. Den Kommandanten der Sowjetischen Administration der Provinz sind bis zum 20. August 1945 Vorschläge über unbedingt notwendige Änderungen der Pensionsbestimmungen und der Sozialversicherungsgesetze einzureichen.

Oberbefehlshaber der Sowjetischen Administration in Deutschland

2. SMAD-Befehl v. 22. Oktober 1945

(VOBl. der Provinzialverwaltung Mark Brandenburg, S. 25)

des Obersten Chefs der sowjetischen Militärverwaltung des Oberkommandierenden der Gruppe der sowjetischen Besatzungstruppen in Deutschland über die Einräumung des Rechts an die Provinzialverwaltungen und Verwaltungen der föderalen Länder, in der sowjetischen Besatzungszone Deutschlands Gesetze und Verordnungen zu erlassen, die Gesetzeskraft haben.

In Anbetracht des gegenwärtigen Fehlens einer zentralen deutschen Regierung in Deutschland und der Notwendigkeit, die Rechte der deutschen Behördenorgane in Gestalt der Provinzialverwaltungen und der Verwaltungen der föderalen „Länder" zu erweitern, sowie zwecks einer gesetzlichen Festigung der von diesen Verwaltungen durchgeführten demokratischen Umbildungen, auf Grund des mir durch das Abkommen der vier Mächte über den Kontrollmechanismus in Deutschland und die Deklaration über die Niederlage Deutschlands vom 5. Juni 1945 zustehenden Rechts, die Funktionen der obersten Gewalt in der sowjetischen Besatzungszone Deutschlands auszuüben,

befehle ich:

1. Den Provinzialverwaltungen und den Verwaltungen der föderalen „Länder" das Recht einzuräumen, Gesetze und Verordnungen, die Gesetzeskraft haben, auf den Gebieten der gesetzgebenden, richterlichen und vollstreckenden Gewalt zu erlassen, wenn sie den Gesetzen und Befehlen des Kontrollrates oder den Befehlen der sowjetischen Militärverwaltung nicht widersprechen.

2. Die früher durch die Provinzialverwaltungen und die Verwaltungen der föderalen „Länder" auf den Gebieten der gesetzgebenden, richterlichen und vollstreckenden Gewalt erlassenen Verordnungen werden für gesetzkräftig erklärt, wenn sie nicht den Gesetzen und Befehlen des Kontrollrates und den Befehlen der sowjetischen Militärverwaltung widersprechen.

Der Oberste Chef der sowjetischen Militärverwaltung, der Oberkommandierende der Gruppe der sowjetischen Besatzungstruppen in Deutschland

3. SMAD-Befehl Nr. 124 v. 30. Oktober 1945
Betr.: Auferlegung der Sequestration und Übernahme in zeitweilige Verwaltung einiger Vermögenskategorien

(VOBl. für die Provinz Sachsen Nr. 4/5/6 S. 10)

(Auszug)

Zum Zwecke der Nichtzulassung der Ausraubung und anderen Mißbrauches von Vermögen, das früher dem Hitler-Staat und Militärbehörden, Vereinen, Klubs und Vereinigungen, die von dem Sowjetischen Militär-Kommando verboten und aufgelöst sind, gehört hat, und zum Zwecke einer rationelleren Ausnutzung dieses Vermögens für den Bedarf der örtlichen Bevölkerung und der Besatzungstruppen

befehle ich:

1. Das Vermögen, das sich auf dem von den Truppen der Roten Armee besetzten Gebiet befindet und den weiter unten Angegebenen gehört, wird als unter Sequester befindlich erklärt:
a) dem deutschen Staat und seinen zentralen und örtlichen Organen;
b) den Amtspersonen der NSDAP, ihren führenden Mitgliedern und hervortretenden Anhängern;
c) den deutschen Militärbehörden und -organisationen;
d) Vereinen, Klubs und Vereinigungen, die von dem Sowjetischen Militärkommando verboten und aufgelöst sind;
e) den Regierungen und Untertanen (physischen und juristischen Personen) von Ländern, die an der Seite Deutschlands am Kriege teilgenommen haben;
f) Personen, die von dem Sowjetischen Militärkommando in besonderen Verzeichnissen oder auf anderem Wege angegeben werden.

2. Das herrenlose Vermögen, das sich auf dem von den Truppen der Roten Armee besetzten Gebiet Deutschlands befindet, ist in zeitweilige Verwaltung der SMA zu übernehmen.

3. Alle deutschen Behörden, Organisationen, Firmen, Unternehmen und alle Privatpersonen, in deren Nutzung sich zur Zeit das in den Punkten 1 und 2 dieses Befehls aufgezählte Vermögen befindet oder die über Kenntnis solchen Vermögens verfügen, sind zu verpflichten, nicht später als nach 15 Tagen – vom Tage der Veröffentlichung dieses Befehls an gerechnet – eine schriftliche Meldung über dieses Vermögen den örtlichen Organen der Selbstverwaltung (Stadtverwaltung, Bezirksverwaltung, Kreisverwaltung) einzureichen.

In der Meldung sind genau anzugeben: die Art des Vermögens, wo es sich befindet, Eigentum und Beschreibung seines Zustandes am Tage der Meldung.

4. Die örtlichen Selbstverwaltungsorgane sind zu verpflichten, die Richtigkeit der eingegangenen Meldungen über das Vorhandensein von Vermögen, das in den Punkten 1 und 2 dieses Befehls aufgezählt ist, zu überprüfen und die erforderlichen Maßnahmen zur Aufdeckung und Erhaltung alles Vermögens, das sich in dem betreffenden Kreise oder in der betreffenden Stadt befindet und das der Sequestration oder der zeitweiligen Verwaltung unterliegt, zu ergreifen.

Auf Grund der eingegangenen Meldungen und der Unterlagen über das unmittelbar festgestellte Vermögen stellen die örtlichen Selbstverwaltungsorgane ein Gesamtverzeichnis des Vermögens, das der Sequestration oder der zeitweiligen Verwaltung unterliegt, auf und reichen dieses Verzeichnis nicht später als am 20. November 1945 dem zuständigen Militärkommandanten ein.

5. Ich mache alle Behörden, Organisationen, Firmen und Unternehmen und alle Privatpersonen, in deren Nutzung sich das in den Punkten 1 und 2 dieses Befehls aufgezählte Vermögen befindet, darauf aufmerksam, daß sie für die Erhaltung und Sicherung der ungestörten Exploitierung dieses Vermögens in Übereinstimmung mit seiner wirtschaftlichen Bestimmung die volle Verantwortung tragen. Alle Geschäfte bezüglich dieses Vermögens, die ohne Zustimmung der SMA abgeschlossen worden sind, werden für ungültig erklärt.

6. Die Präsidenten der Provinzen und Bundesländer sind zu verpflichten, die Erfassung aller herrenlosen Handels-, Industrie- und landwirtschaftlichen Unternehmen, die nicht unter Punkt 1 und 2 dieses Befehls fallen, durchzuführen und die erforderlichen Maßnahmen zur Sicherung der Erhaltung dieser Unternehmen und zur Organisierung ihrer zeitweiligen Verwaltung zu treffen.

Die Angaben über die Erfassung der obengenannten Unternehmen haben die Präsidenten der Provinzen und Bundesländer nicht später als am 1. Dezember 1945 den Chefs der Verwaltungen der betreffenden Provinzen oder Bundesländer zuzuschicken.

Der Chef der Verwaltung der SMA-Oberbefehlshaber der Gruppe der Sowjetischen Besatzungsgruppen in Deutschland

4. Instruktion zu Befehl Nr. 124 v. 30. Oktober 1945

(VOBl. für die Provinz Sachsen Nr. 4/5/6 S. 11)

1. Der Sequestration und der zeitweiligen Verwaltung unterliegen, entsprechend Punkt 1 und 2 des Befehls Nr. 124 vom 30. Oktober 1945:
a) alle Immobilien (Gebäude, Häuser, Wälder, Grundstücke);
b) Handels-, Industrie-, landwirtschaftliche und andere Unternehmen von wirtschaftlicher Zweckbestimmung mit ihrer gesamten Ausrüstung und ihrem toten und lebenden Inventar;
c) Mobilien (Juwelierarbeiten, Edelsteine, Edelmetalle, Antiquitäten und Kunstgegenstände) mit Ausnahme von Hausgerät und Kleidung;
d) Rechte auf Industrie-Eigentum (Patente, Warenzeichen, Fabrikmarken) und literarisches Eigentum;
e) beliebige Dokumente, die ein Eigentumsrecht oder Forderungen auf Vermögen (Kaufbriefe, Pfandbriefe usw.) beweisen;
f) Papiere (Aktien, Obligationen, Kupons, Zertifikate usw.);
g) laufende Konten, Einlagen, Depositen usw. bei beliebigen Kreditinstituten;
h) beliebige Zahlungsmittel (Schecks, Wechsel, Kreditbriefe usw.);
i) Bargeld, das in Deutschland in Umlauf ist.

2. In Übereinstimmung mit Punkt 1a unterliegt der Sequestration ein Vermögen, dessen Eigentümer der deutsche Staat in Person seiner zentralen und örtlichen Organe ist.

Vermögen, das den Selbstverwaltungsorganen und den Organen der kommunalen Wirtschaft gehört, unterliegt nicht der Sequestration.

3. Der Sequestration und der zeitweiligen Verwaltung unterliegt gemäß Punkt 1e des Befehls das Vermögen, das beliebigen physischen und juristischen Personen (Aktiengesellschaften, GmbH, vollen, gemischten und Anteilsgenossenschaften) gehört.

4. Die in Punkt 3 des Befehls vorgesehenen Meldungen müssen nach besonderem Formblatt ausgefüllt werden und müssen von Personen, Organisationen, Firmen und Unternehmen, denen auf Grund von Besitzrechten Vermögen, das der Sequestration oder der zeitweiligen Verwaltung unterliegt, gehört oder in dessen tatsächlichem Besitz oder Nutzung es sich befindet, erstattet werden.

Personen, Organisationen, Firmen und Unternehmen, die über Kenntnisse über Vermögen, das der Sequestration und zeitweiligen Verwaltung unterliegt, verfügen, wenn sie es auch nicht im Besitz haben, machen ebenfalls Meldungen nach einem besonderen Formblatt.

Diese Meldungen werden bei den Stadtverwaltungsorganen in drei Exemplaren eingereicht; ein Exemplar verbleibt bei der Selbstverwaltung und die beiden anderen werden zusammen mit dem Verzeichnis, das in Punkt 4 des Befehls vorgesehen ist, dem zuständigen Militärkommandanten eingereicht, der nach Überprüfung des Verzeichnisses und der Meldungen diese dem Chef der SMA der Provinz oder des Bundeslandes zusendet.

5. In Fällen, in denen Vermögen der Sequestration oder der zeitweiligen Verwaltung unterliegt, das einer Person gehört, die Teilhaber oder Aktionär oder in irgendeiner anderen Weise Mitinhaber eines Handels-, Industrie-, landwirtschaftlichen oder anderen Unternehmens war, erstrecken sich die Sequestration und zeitweilige Verwaltung auf den ihm gehörigen Anteil in solch einem Unternehmen.

6. Bis auf weiteres, bis zum Eintreffen von Anordnungen von der SMA in Deutschland, setzen die Handels-, Industrie-, landwirtschaftlichen und anderen Unternehmen, die der Sequestration und zeitweiligen Verwaltung unterliegen, ihre normale Tätigkeit fort, wobei die Personen, denen diese Unternehmen gehören oder in deren Nutzung sie sich befinden, für das Erhaltenbleiben des Unternehmens und für seine weitere zweckmäßige Nutzung verantwortlich sind.

In den Fällen, wenn keine Gewißheit darüber besteht, daß das Unternehmen erhalten bleibt oder daß seine normale wirtschaftliche Nutzung nicht sichergestellt erscheint, sind die Selbstverwaltungsorgane verpflichtet, Maßnahmen zum Schutze und Organisation der Verwaltung dieser Unternehmen zu ergreifen bis zum Eingehen der entsprechenden Anweisungen von der SMA.

7. In Übereinstimmung mit Punkt 2 des Befehls unterliegt der Erfassung und Übernahme in zeitweilige Verwaltung Vermögen, das von dem Eigentümer ohne Aufsicht hinterlassen worden ist, oder das sich im Besitz und in der Nutzung von Personen befindet, die sich seiner ungesetzmäßig bewältigt haben; ebenso Vermögen, das im Verlauf der von den deutschen Stellen ergriffenen Maßnahmen den gesetzlichen Eigentümern fortgenommen und in die Hände dritter Personen übergegangen ist.

8. In Übereinstimmung mit Punkt 9 des Befehls unterliegt der Erfassung das nicht unter Punkt 1 und 2 fallende Vermögen, das von dem Eigentümer ohne wirtschaftliche Aufsicht hinterlassen wurde.

Dieser Punkt erstreckt sich auf Handels-, Industrie-, landwirtschaftliche und andere Unternehmen, ebenso auf alle anderen Arten und Vermögen, das sich in konserviertem Zustande befindet oder ohne Aufsicht hinterlassen wurde.

Die Präsidenten der Provinzen und Bundesländer ergreifen Maßnahmen zur Sicherstellung des Erhaltens dieses Vermögens und reichen die erforderlichen Angaben über dieses Vermögen den Chefs der Verwaltungen der entsprechenden Provinzen und Bundesländer ein.

Die Regelung der weiteren Nutzung dieses Vermögens wird von den Vertretern der SMA der Provinzen und Bundesländer festgesetzt.

Der Chef der Wirtschaftsverwaltung der SMA in Deutschland

5. SMAD-Befehl Nr. 126 v. 31. Oktober 1945 betreffend Konfiszierung des Vermögens der NSDAP

(VOBl. für die Provinz Sachsen Nr. 4/5/6 S. 12)

– Auszug –

Im Zusammenhang mit der Anordnung des Kontrollrates über die Auflösung der NSDAP, ihrer Organe und der ihr angeschlossenen Organisationen und über die Konfiszierung ihres Vermögens befehle ich:

1. Das Vermögen, das der NSDAP, ihren Organen und den ihr angeschlossenen Verbänden, die im beiliegenden Verzeichnis aufgezählt sind, gehörte und das sich auf dem von den Truppen der Roten Armee besetzten Territorium Deutschlands befindet, ist zu konfiszieren.

2. Alle deutschen Behörden, Organisationen, Firmen, Unternehmen und alle Privatpersonen, in deren Nutzung sich zur Zeit das obengenannte Vermögen befindet oder die über Kenntnis bezüglich dieses Vermögens verfügen, sind zu verpflichten, nicht später als am 15. November 1945 eine schriftliche Meldung über dieses Vermögen an die örtlichen Organe der Selbstverwaltung (Stadtverwaltung, Bezirksverwaltung, Kreisverwaltung) einzureichen.

In dieser Meldung sind genau anzugeben: Art des Vermögens, genaue Angabe darüber, wo es sich befindet, Eigentum und Beschreibung seines Zustandes am Tage der Meldung.

3. Die örtlichen Organe der Selbstverwaltung sind zu verpflichten, die Richtigkeit der eingegangenen Meldungen über das Vorhandensein von Vermögen, das der Konfiszierung unterliegt, zu überprüfen und die erforderlichen Maßnahmen zur Ausfindigmachung und Erhaltung des gesamten Vermögens, das sich in der betreffenden Stadt oder in dem betreffenden Kreise befindet und unter die Bestimmungen dieses Befehls fällt, zu ergreifen.

Auf Grund der erhaltenen Meldungen und des Materials über das unmittelbar festgestellte Vermögen haben die örtlichen Selbstverwaltungsorgane ein allgemeines Verzeichnis des Vermögens, das der Konfiszierung unterliegt, für die betreffende Stadt oder den Kreis anzufertigen und dieses Verzeichnis nicht später als am 25. November 1945 dem Militärkommandanten einzureichen.

4. Die Verwaltung und die Verfügung über das konfiszierte Vermögen wird bis auf weiteres den Chefs der Verwaltung der SMA der Provinzen und Bundesländer übertragen. Die Form der Verwaltung des konfiszierten Vermögens wird von Fall zu Fall, je nach der Art oder der wirtschaftlichen Bestimmung des Vermögens von der Verwaltung der SMA der Provinzen und Bundesländer bestimmt.

5. Wenn zum Bestand des konfiszierten Vermögens arbeitende Handels-, Industrie-, landwirtschaftliche und sonstige Unternehmen gehören, so ist die Verwaltung der SMA der Provinzen und Bundesländer verpflichtet, Maßnahmen zu ergreifen, daß die Konfiszierung nicht die normale wirtschaftliche Tätigkeit der konfiszierten Unternehmen stört, und hat solche Unternehmen der Verwaltung besonders dafür bestimmter Organe oder Personen zu übergeben.

6. Ich mache alle Behörden, Organisationen, Firmen, Unternehmen und alle Privatpersonen, in deren Nutzung, Verwaltung oder Verfügung sich Vermögen befindet, das der Konfiszierung unterliegt, darauf aufmerksam, daß sie bis zum Übergang dieses Vermögens in die Verfügung der Verwaltung der SMA der Provinz oder des Bundeslandes die volle Verantwortung über die Erhaltung und die Sicherstellung der ungestörten Nutzung gemäß seiner wirtschaftlichen Bestimmung tragen.

Anhang II/5
II. SBZ-Recht

Alle bezüglich dieses Vermögens abgeschlossenen Geschäfte, die ohne Zustimmung der SMA abgeschlossen worden sind, werden für ungültig erklärt.

Anlage: Verzeichnis der Organisationen, deren Vermögen auf Grund dieses Befehls konfisziert wird.

Der Chef der Verwaltung der SMA – Oberbefehlshaber der Gruppe der Sowjetischen Besatzungstruppen in Deutschland

Verzeichnis der Organisationen, deren Vermögen der Konfiszierung gemäß Befehl Nr. 126 vom 31. Oktober 1945 unterliegt

1. Nationalsozialistische Deutsche Arbeiterpartei Deutschlands
2. Parteikanzlei
3. Kanzlei des „Führers" der NSDAP
4. Organisation der Auslandsdeutschen
5. Verband der Deutschen im Ausland
6. Deutscher Mittelstand
7. Offizielle Parteikommission zum Schutze der nationalsozialistischen Presse
8. Organisationsverwaltung der NSDAP
9. Reichsschatzmeister der NSDAP
10. Der Beauftragte Hitlers zur Überwachung der geistigen und politischen Schulung und Erziehung in der NSDAP
11. Reichspropagandaleiter der NSDAP
12. Reichsleitung der Presse und des Zentralverlages der NSDAP
13. Reichsleiter der Presse der NSDAP
14. Reichsverwaltung in Fragen der ländlichen Siedlung
15. Hauptgesundheitsverwaltung
16. Hauptverwaltung der Erzieher
17. Hauptverwaltung der Kommunalpolitik
18. Beauftragter der NSDAP in Fragen der deutschen Bevölkerung
19. Hauptverwaltung der Beamten
20. Rassenpolitische Verwaltung der NSDAP
21. Verwaltung in Fragen der Rassenforschung
22. Kolonialpolitische Verwaltung der NSDAP
23. Außenpolitische Verwaltung der NSDAP
24. Fraktion der NSDAP im Reichstag
25. Reichsfrauenführung
26. NS Bund der Ärzte
27. Technische Hauptverwaltung
28. NS Bund der deutschen Technik
29. NS Bund der Lehrer
30. Reichsbund der deutschen Beamten
31. Reichsbund für Kolonialfragen
32. NS Frauenorganisation
33. NS Bund der deutschen Krankenschwestern
34. Organisation „Deutsches Frauenwerk"
35. Reichsstudentenführung
36. NS Bund der deutschen Studenten
37. Organisation „Deutsche Studentenschaft"
38. NS Dozentenbund
39. NS Juristenbund
40. NS Bund der früheren Studenten (Altherrenschaft)
41. Reichsbund „Deutsche Familie"
42. Deutsche Arbeitsfront
43. NS Sportbund
44. NS Kriegerbund
45. Reichskulturkammer
46. Organisation „Tag der deutschen Gemeinschaft"
47. Geheime Staatspolizei
48. Verband der Experten für Fragen der Rassenpolitik
49. Reichskomitee zum Schutze des deutschen Blutes
50. Verband der deutschen Jäger
51. Organisation der Winterhilfe
52. Hauptverwaltung der Kriegsopfer
53. NS Organisation der Versorgung der Kriegsopfer

6. VO zur Durchführung der Befehle Nr. 124 und 126 **Anhang II/6**

54. Sturmabteilung (SA), einschließlich Kommando (SA)
55. Schutzabteilungen der SS, einschließlich Waffen-SS, Sicherheitsdienst (SD) und aller Stäbe, die das Kommando über Polizei und SS in sich vereinigen
56. NS Kraftfahrkorps (NSKK)
57. Nationalsozialistisches Fliegerkorps (NSFK)
58. Organisation der Hitlerjugend, einschließlich aller ihrer Gliederungen
59. Organisation des Reichsarbeitsdienstes
60. Organisation Todt
61. Organisation der Technischen Nothilfe
62. NS Volkswohlfahrt

6. VO zur Durchführung der Befehle Nr. 124 und 126 des Obersten Chefs der Sowjet-Militär-Administration in Deutschland v. 20. November 1945

(Reg.Bl. Thüringen I S. 63)

§ 1. Meldepflicht. Sämtliche den Befehlen 124 Punkt 1 und 2 und 126 der Sowjet-Militär-Administration unterfallenden, in Thüringen befindlichen Vermögensstücke sind bis zum 25. November 1945 bei den Landräten, in Stadtkreisen bei den Oberbürgermeistern anzumelden. Die Anmeldung hat schriftlich unter Verwendung von Formblättern in dreifacher Ausfertigung zu erfolgen. Anzugeben ist insbesondere die Art des Vermögensstücks, der Ort, an dem es sich befindet, der Eigentümer und der Zustand, in dem es sich im Zeitpunkt der Meldung befindet.

Die Anmeldung ist zu richten für bewegliche Sachen und Grundstücke an den Landrat (Oberbürgermeister), in dessen Bezirk sich die Sache befindet oder das Grundstück liegt, für Forderungen und sonstige Rechte an den Landrat (Oberbürgermeister), in dessen Bezirk der Gläubiger oder Schuldner wohnt.

Anmeldepflichtig sind sämtliche Behörden, Körperschaften, Organisationen, Firmen, Unternehmen und Einzelpersonen, die Vermögensstücke in Besitz oder Nutzung haben, die dem Befehl 124 Punkt 1 und 2 und dem Befehl 126 unterliegen, oder die von derartigen Vermögensstücken Kenntnis haben.

§ 2. Prüfungs-, Sicherungs- und Meldepflicht der Landräte und Oberbürgermeister. Die Landräte und Oberbürgermeister haben die bei ihnen nach § 1 eingehenden Meldungen nachzuprüfen und festzustellen, ob die angegebenen Vermögensstücke vorhanden sind und in welchem Zustand sie sich befinden. Sie haben weiter nachzuprüfen, ob sämtliche anmeldepflichtigen Gegenstände bei ihnen angezeigt worden sind, und haben gegebenenfalls für Vervollständigung der Anmeldung zu sorgen. Außerdem obliegt ihnen die vorläufige Sicherstellung sämtlicher angemeldeten Gegenstände. Bis zum 30. November haben sie an

a) den für sie zuständigen Kommandanten der SMA.,
b) den Präsidenten des Landes Thüringen

je ein Verzeichnis der in ihrem Bezirk befindlichen, den Befehlen 124 Punkt 1 und 2 und 126 unterliegenden Gegenstände einzureichen. Dabei sind die einzelnen Gegenstände genau zu beschreiben und anzugeben, welche Anordnungen für ihre einstweilige Sicherstellung getroffen worden sind.

§ 3. Entscheidung von Zweifelsfragen. Wird geltend gemacht, daß ein angemeldetes oder sonst als den Befehlen 124 und 126 unterfallend in Anspruch genommenes Vermögensstück diesen Befehlen nicht unterliegt, oder ergeben sich sonst Zweifel über die Anwendung und Auslegung dieser Befehle, dann ist dem Präsidenten des Landes Thüringen zu berichten, der die Entscheidung der Sowjet-Militär-Administration einholen wird.

§ 4. Herrenlose Unternehmungen. Die Landräte und Oberbürgermeister haben bis zum 29. November 1945 dem Präsidenten des Landes Thüringen die in ihrem Bezirk befindlichen, nicht den Befehlen 124 Punkt 1 und 2 und 126 unterliegenden Handels-, Industrie- und landwirtschaftlichen Unternehmen zu melden, deren Eigentümer, Besitzer oder gesetzliche Vertreter geflüchtet sind und ihre Vermögenswerte ohne Aufsicht durch einen genügend legitimierten Sachwalter gelassen haben. In der Meldung sind genaue Angaben über Lage, Größe und derzeitigen Zustand des Betriebes zu machen.

§ 5. Inkrafttreten. Diese Verordnung tritt mit ihrer Verkündung in Kraft.

Weimar, den 20. November 1945.

Der Präsident des Landes Thüringen

7. SMAD-Befehl Nr. 160 v. 3. Dezember 1945

(GVOBl. f. Sachsen 1946 Nr. 5/6 S. 43)

Betr.: Die Verantwortung für Sabotage und Störungsversuche

Um die verbrecherische Tätigkeit einzelner Personen, die die Durchkreuzung des von den deutschen Selbstverwaltungsorganen durchgeführten wirtschaftlichen Aufbaues zum Ziele hat, zu unterbinden,

befehle ich:

1. Personen, die sich Uebergriffe zuschulden kommen lassen, die eine Durchkreuzung der wirtschaftlichen Maßnahmen der deutschen Selbstverwaltungsorgane und der deutschen Verwaltungen bezwecken, werden zu Freiheitsstrafen bis zu 15 Jahren und in besonders schweren Fällen zum Tode verurteilt.

2. Zu denselben Strafen werden die Personen verurteilt, die Sabotageakte zur Lähmung der Tätigkeit der Betriebe oder zu ihrer Beschädigung oder Zerstörung verüben.

3. Direktor der deutschen Justizverwaltung, Schiffer, ist verpflichtet, eine Anordnung über Gerichte zu erlassen, denen Personen, die sich vorgenannte Straftaten zuschulden kommen ließen, übergeben werden, und diese Verordnung der Rechtsabteilung der Sowjetischen Militärischen Administration zur Bestätigung vorzulegen.

4. Die Aufsicht über die Durchführung des vorliegenden Befehls wird dem Chef der Rechtsabteilung und der deutschen Justizverwaltung übertragen.

Berlin, 3. Dezember 1945

Oberster Befehlshaber der Sowjetischen Militärischen Administration
Oberster Befehlshaber der sowjetischen Besatzungszone in Deutschland

8. SMAD-Befehl Nr. 66 v. 1. März 1946

(VOBl. für die Provinz Sachsen Nr. 1 S. 68)

– Auszug–

Einziehung der Darlehens- und Hypothekenschulden der geschlossenen deutschen Banken und Sparkassen.

Zum Zwecke der Festigung der Finanzen der Provinzen und Bundesländer

befehle ich:

1. Den Präsidenten der Provinzen und Bundesländer:

a) Mit der Einziehung der gesamten Darlehens- und Hypothekenschulden der geschlossenen deutschen Banken und Sparkassen, die bis zur Besetzung Deutschlands entstanden sind, zu beginnen.

Die Hypothekenschulden, die sich auf Grundstücke beziehen, die durch die Agrarreform aufgeteilt worden sind, unterliegen nicht der Einziehung.

b) Die Direktoren der arbeitenden Banken und Sparkassen zu verpflichten, in die Bilanz die Gesamtsumme der Darlehens- und Hypothekenschulden der geschlossenen Banken und Sparkassen aufzunehmen und die Einziehung zu den Fristen, wie sie in den Schuldverpflichtungen festgelegt sind, vorzunehmen.

c) Die Zahlungen zur Tilgung von Darlehens- und Hypothekenschulden der geschlossenen Banken und Sparkassen sind auf besondere Konten der Verwaltungen der Provinzen und Bundesländer

9. SMAD-Befehl Nr. 97 v. 29. März 1946   Anhang II/9

einzuzahlen, die in den Provinzialbanken zu eröffnen sind. Die Verwendung der eingehenden Beträge darf bis zum Erlaß besonderer Anweisungen nicht erfolgen.

d) Die Abschreibung von nichtrealen Summen von Darlehens- und Hypothekenschulden darf nur mit Genehmigung des Präsidenten der Provinz oder des Bundeslandes vorgenommen werden.

e) Den landwirtschaftlichen Kreditgenossenshaften zu gestatten, ebenso den Handwerks- und Gewerbebanken, die alten Schulden der Debitoren, die vor dem 8. Mai 1945 entstanden sind, einzuziehen, wobei die eingezogenen Beträge zur Auffüllung der Umlaufmittel zu verwenden sind.

Der Oberste Chef der Sowjetischen Militärischen Administration – Oberbefehlshaber der Gruppe der Sowjetischen Besatzungsgruppen in Deutschland
Marschall der Sowjetunion G. *SHUKOW*

Das Mitglied des Kriegsrates der Sowjetischen Militärischen Administration in Deutschland
General-Leutnant F. *BOKOW*

Der Chef des Stabes der Sowjetischen Militärischen Administration in Deutschland
General-Leutnant M. *DRATWIN*

9. SMAD-Befehl Nr. 97 v. 29. März 1946
Betr.: Beschlagnahmtes Eigentum in der sowjetischen Besatzungszone wird an die deutsche Verwaltung übergeben

(VOBl. für die Provinz Sachsen Nr. 23 S. 226)

Am 29. März hat die Sowjetische Militärische Administration in Deutschland den Befehl erlassen, Vorbereitungen zur Übergabe des gesamten laut Befehl der Sowjetischen Militärischen Administration beschlagnahmten Eigentums der faschistischen und Kriegsverbrecher sowie des Eigentums der faschistischen Partei und ihrer Organisationen an die deutschen Verwaltungsorgane zu treffen. Das Ziel dieser Verordnung ist eine rationale und effektive Verwendung dieses Eigentums für den Bedarf der deutschen Bevölkerung. Durch den genannten Befehl wurde eine deutsche Kommission zur Bearbeitung der Angelegenheiten des beschlagnahmten und enteigneten Besitzes ins Leben gerufen. Diese Kommission hat nun die Vorbereitungen der Listen der Betriebe, die zu übergeben sind, abgeschlossen.

In diesem Zusammenhang hat die Sowjetische Militärische Administration am 21. Mai einen Befehl erlassen, nach dem alles in der sowjetischen Besatzungszone beschlagnahmte Eigentum, das dem Hitlerstaat und seinen Zentralorganen sowie auch den Zentralorganen der aufgelösten und liquidierten faschistischen Organisationen gehörte, den entsprechenden deutschen Verwaltungsbehörden zur Kompetenz übergeben wird.

Das Eigentum der örtlichen faschistischen Organisationen sowie das laut Befehlen der Militärischen Administration beschlagnahmte Eigentum der Leiter der Nazipartei, ihrer Organisationen und der Kriegsverbrecher, das sich in der sowjetischen Besatzungszone befindet, wird den deutschen Provinzial- und Landesverwaltungen nach entsprechend zusammengestellten Listen zur Verfügung gestellt.

Das Eigentum der Hauptkriegsverbrecher, die vor dem internationalen Militärtribunal stehen, obliegt nicht der Übergabe bis zu einer entsprechenden Verordnung der Kontrollbehörden.

Es liegt auf der Hand, daß das unter Zwangsverwaltung stehende Eigentum, welches Ausländern gehört, sowie auch das Eigentum, das der Wiederherstellung unterliegt, dabei unter der Kontrolle der Organe der Militärischen Administration verbleibt. Ebenso unterliegt das Eigentum, welches ein besonderes Kriegspotential darstellt, nicht der Übergabe zur Kompetenz oder Verfügung der deutschen Behörden.

Die Präsidenten der Provinzen und föderalen Länder in der sowjetischen Besatzungszone sind verpflichtet, eine genaue Durchführung des beschlagnahmten Eigentums durchzuführen und das irrtümlich beschlagnahmte Eigentum den Eigentümern wieder zurückzugeben.

Anhang II/10

II. SBZ-Recht

10. SMAD-Befehl Nr. 154/181 v. 21. Mai 1946
Betr.: Nutzung der auf Grund der Befehle Nr. 124 und Nr. 126 sequestrierten und konfiszierten Güter

(ABl. der Landesverwaltung Mecklenburg-Vorpommern Nr. 4 S. 76)

Zwecks ausgiebigerer Nutzung für die volkswirtschaftlichen Belange Deutschlands der auf Grund der Befehle Nr. 124 und 126 vom Jahre 1945 sequestrierten und konfiszierten Güter,
befehle ich:

1. Sequestriertes Gut, welches dem Hitlerstaat und dessen Zentralbehörden gehörte und sich in der sowjetischen Besatzungszone befindet, ist der Befugnis entsprechender deutscher Verwaltungsstellen in der sowjetischen Besatzungszone Deutschlands, laut den Verzeichnissen der Kommission für Sequestration und Konfiskation bei der SMA in Deutschland, zu unterstellen.

2. Sequestriertes und konfisziertes Gut, das der Nazistenpartei und deren Organisationen oder Leitern der Nazipartei oder deren Organisationen und Kriegsverbrechern gehört hat, ist in Besitz und Verfügung deutscher Selbstverwaltungen der Länder und Bundesgebiete, in denen sich solches Gut befindet, zu übergeben.

Diese Verfügung bezieht sich nicht auf sequestriertes Gut, das ausländischen Personen (physischen und juristischen) gehörte; solches verbleibt unter der Überwachung von seiten der sowjetischen Militärverwaltungen betreffender Länder und Bundesgebiete.

3. Die Übergabe der betr. Güter in Besitz und Verfügung deutscher Selbstverwaltungen der Länder und Bundesgebiete hat unter Aufstellung entsprechender rechtskräftig gestalteter Verzeichnisse zu erfolgen.

4. Zufolge des Befehls Nr. 124 sequestrierte (ausgenommen Ausländern gehörende) herrenlose Güter, die nicht in den Rahmen der Abschnitte 1 und 2 dieses Befehls fallen, sind bis zur Entscheidung des Besitzrechts den Selbstverwaltungen der Länder und Bundesgebiete zur Verfügung zu stellen. Bezeichnete Güter werden für den wirtschaftlichen Bedarf der Länder und Bundesgebiete genutzt.

5. Der Abschnitt 2 dieses Befehls bezieht sich nicht auf:
a) Güter, die Reparationszwecken zu dienen haben oder zu vernichten sind, wie dem Kriegspotential zuzählige, oder die für Besatzungszwecke erforderlich sind;
b) Güter, die der Wiedererstattung unterliegen;
c) Güter, die auf Tribunalurteile hin konfisziert sind und gemäß § 3 des Art. 2 des vom Kontrollrat erlassenen Gesetzes Nr. 10 diesem zur Verfügung stehen;
d) Zentralarchive, Eigenfonds und Gebäude von Zentralverwaltungen aufgelöster und liquidierter Organisationen.

6. Mit der Überwachung der hinsichtlich der Befehlsausführung von den Selbstverwaltungen entwickelten Betätigung ist die deutsche Kommission für Sequestrations- und Konfiskationsangelegenheiten zu beauftragen.

7. Die Gesamtkontrolle und Leitung der Arbeiten zur Erfüllung dieses Befehls ist der Kommission für Sequestrationen und Konfiskationen bei der SMA in Deutschland zu übertragen.

8. Es wird in Betracht gezogen, daß Fälle bestehen, in denen die Befehle Nr. 124 und 126 eine falsche Anwendung gefunden haben, und daher sind die Präsidenten der Länder und Bundesgebiete zu verpflichten, eine genaue Überprüfung des konfiszierten und sequestrierten Gutes durchzuführen und hierzu die örtlichen Selbstverwaltungsorgane heranzuziehen.

Der Oberste Chef der SMA – der Oberbefehlshaber der Gruppe des sowjetischen Besatzungsheeres in Deutschland

11. SMAD-Befehl v. 21. Mai 1946
Betr.: Übergabe des konfiszierten und beschlagnahmten Eigentums in Besitz und zur Nutzung an die deutschen Selbstverwaltungsorgane

(ABl. der Landesverwaltung Mecklenburg-Vorpommern Nr. 5 S. 90)

Zufolge des am 21. Mai 1946 vom Obersten Chef der SMA in Deutschland erlassenen Befehls Nr. 154/181 und mit Hinblick auf den Aufruf des Blocks der antifaschistischen Parteien Deutschlands,
befehle ich:
1. Die im anliegenden Verzeichnis „A" benannten Unternehmen, welche dem vom Obersten Chef der SMA in Deutschland am 30. Oktober 1945 erlassenen Befehl Nr. 124 gemäß beschlagnahmt sind, sind in Besitz und zur Nutzung an die Landesverwaltung von Mecklenburg-Vorpommern zu übergeben.
2. Die im anliegenden Verzeichnis „B" benannten Unternehmen sind aus der Beschlagnahme freizugeben und ihren gesetzmäßigen Eigentümern zur Verfügung zu stellen.
3. Der Landespräsident von Mecklenburg-Vorpommern, Herr Höcker, hat
a) die im Verzeichnis „A" benannten Unternehmen für die Landesverwaltung in Empfang zu nehmen und für jedes einen Geschäftsführer zu bestellen;
b) in zweiwöchentlicher Frist gemeinsam mit Vertretern vom Block der antifaschistischen Parteien die Frage bezüglich einer Enteignung oder Rückgabe an die Eigentümer des sonstigen laut den vom Obersten Chef der SMA in Deutschland unter Nr. 124 und 126 erlassenen Befehlen konfiszierten oder beschlagnahmten Eigentums zu klären und zu beschließen,
c) zum 1. September 1946 die Struktur der Verwaltung des diesem Befehl gemäß an die Landesverwaltung übergebenen Besitzes auszuarbeiten; zu berücksichtigen hierbei sind die einzelnen Teile, und zwar: Welche in unmittelbarem Besitz und Verwaltung der Landesverwaltung verbleiben, welche in Besitz und Verwaltung den örtlichen Selbstverwaltungsorganen und welche in Besitz und Verwaltung an kooperativen Organisationen, an Gewerkschaftsverbände oder an sonstige gesellschaftliche Organisationen übermittelt werden;
d) darauf zu achten, daß die von der Beschlagnahme befreiten Unternehmen den gesetzmäßigen Eigentümern übergeben werden.
4. Sämtliche Eigentümer und Direktoren derjenigen Unternehmen, welche unter den Punkt 1 dieses Befehls entfallen, sind zu verwarnen, daß sie zu strenger gerichtlicher Verantwortung belangt werden würden, falls bis zur Übergabe der bezeichneten Unternehmen in die Verwaltung der Selbstverwaltungsorgane Störungen in der normalen Betätigung der Unternehmen oder Beschädigungen bzw. Entwendungen materieller Werte vorkommen sollten.
Verwaltungschef der SMA in Mecklenburg-Vorpommern

12. SMAD-Befehl Nr. 167 v. 5. Juni 1946
Übergang von Unternehmungen in Deutschland in das Eigentum der UdSSR auf Grund der Reparationsansprüche der UdSSR

(unveröffentlicht)

In Übereinstimmung mit den früher von mir als Leiter der Verwaltung der sowjetischen Militäradministration der Provinzen und Länder und dem Militärkommandanten des sowjetischen Sektors der Stadt Berlin gegebenen Verordnungen,
befehle ich:
Die Unternehmungen, die in der hier beigefügten Liste aufgeführt sind und die sich in der von der UdSSR besetzten Zone befinden, sind als aus dem deutschen Eigentum herausgenommen zu rechnen, als teilweise Befriedigung der Reparationsansprüche der UdSSR auf Grund des Punktes IV Absatz I der Entscheidungen der Berliner Dreimächtekonferenz, und sie gehen in das Eigentum der Union der Sowjetischen Sozialistischen Republiken über.

Die oben genannte Liste der Unternehmungen bildet einen wesentlichen Bestandteil des gegenwärtigen Befehls.

Der Oberbefehlshaber der Sowjetischen Militäradministration
Oberkommandierender der Gruppe der sowjetischen Besatzungsarmeen in Deutschland

13. SMAD-Befehl Nr. 201 v. 16. August 1947
(ZVOBl. S. 185)

Richtlinien zur Anwendung der Direktiven Nr. 24[1] und Nr. 38[2] des Kontrollrats

In der sowjetischen Besatzungszone wurde vom Augenblick der bedingungslosen Kapitulation Deutschlands an eine große Arbeit geleistet zur Säuberung der öffentlichen Behörden, der staatlichen und der wichtigen Privatunternehmen von ehemaligen aktiven Faschisten, Militaristen und Kriegsverbrechern und zur Ersetzung dieser Personen durch Menschen, die fähig sind, bei der demokratischen Umgestaltung in Deutschland im Interesse des deutschen Volkes behilflich zu sein.

Durch die Bodenreform wurde der Landbesitz der Junker und der Faschisten und Kriegsverbrecher in die Hände der Bauern übergeben. Kredit- und Bankeinrichtungen sowie Industrieunternehmungen ehemaliger aktiver Faschisten und Militaristen gingen in das Eigentum des Volkes über. Damit wurde in der sowjetischen Besatzungszone die Grundlage des Faschismus, des Militarismus und der Reaktion ernsthaft erschüttert.

Unter diesen Umständen ist es unbedingt erforderlich, entsprechend den Bestimmungen der vierten Sitzung der Außenminister in Moskau einen Unterschied zu machen zwischen ehemaligen aktiven Faschisten, Militaristen und Personen, die wirklich an Kriegsverbrechen und Verbrechen anderer Art, die von den Hitleristen begangen wurden, schuldig sind, einerseits, und den nominellen, nicht aktiven Faschisten, die wirklich fähig sind, mit der faschistischen Ideologie zu brechen und zusammen mit den demokratischen Schichten des deutschen Volkes an den allgemeinen Bemühungen zur Wiederherstellung eines friedlichen demokratischen Deutschlands teilzunehmen, andererseits; eine allgemeine gerichtliche Belangung sämtlicher ehemaligen nominellen, nicht aktiven Mitglieder der Nazipartei würde nur der Sache des demokratischen Aufbaus Deutschlands schaden und dazu beitragen, daß die Positionen der Überbleibsel der faschistischen militaristischen Reaktion gefestigt werden.

Auf Grund des Punktes 5 des Abschnitts I der Direktive Nr. 38 des Kontrollrats und den Wünschen der antifaschistischen demokratischen Parteien, die die breite Öffentlichkeit der sowjetischen Besatzungszone darstellen, entgegenkommend,

befehle ich:

1. Den ehemaligen Mitgliedern der Nazipartei, die sich nicht durch Verbrechen gegen den Frieden und die Sicherheit anderer Völker oder durch Verbrechen gegen das deutsche Volk selbst vergangen haben, wird nicht nur das aktive, sondern auch das passive Wahlrecht gewährt.

Die von den deutschen Verwaltungsorganen oder den Organen der Sowjetischen Militärverwaltung der sowjetischen Besatzungszone herausgegebenen Verordnungen, Bestimmungen und Instruktionen über die Beschränkung der politischen und bürgerlichen Rechte der Personen oben angeführter Art werden aufgehoben.

2. Die deutsche Verwaltungsorgane und Entnazifizierungskommissionen werden verpflichtet, die notwendigen Maßnahmen zu ergreifen, die die Beschleunigung der Durchführung und den Abschluß der Entnazifizierung in der sowjetischen Besatzungszone entsprechend den Direktiven Nr. 24 und Nr. 38 des Kontrollrats und dem vorliegenden Befehl sichern.

3. Die deutsche Gerichtsorgane werden verpflichtet, ihre Aufmerksamkeit darauf zu konzentrieren, daß die Kriegsverbrecher, Mitglieder der verbrecherischen Naziorganisationen und führenden Persönlichkeiten des Hitlerregimes zur gerichtlichen Verantwortung gezogen und ihre Angelegenheiten beschleunigt durchgeführt werden; zugleich ist eine allgemeine gerichtliche Belangung der nominellen, nicht aktiven Mitglieder der Nazipartei nicht zulässig.

[1] ZVOBl. 1947 S. 194.   [2] ZVOBl. 1947 S. 203.

14. Ausführungsbestimmung Nr. 2 zum Befehl Nr. 201   **Anhang II/14**

4. Die deutschen Verwaltungsorgane werden damit betraut, daß in einer dreimonatigen Frist die ehemaligen aktiven Faschisten und Militaristen von allen öffentlichen und halböffentlichen Posten und den entsprechenden Posten in den wichtigen Privatbetrieben entfernt werden.

5. Die deutschen Verwaltungsorgane dürfen keine Beschlagnahmen, Sequestrierungen des Eigentums und Zwangsausweisungen aus Wohnungen ehemaliger Faschisten anders vornehmen als auf Grund von Verfügungen gerichtlicher oder entsprechender Verwaltungsorgane.

6. [3] *Entnazifizierungskommissionen werden nur am Sitz der zentralen Verwaltungen der Länder und Kreise sowie in den kreisfreien Städten gebildet.* Diesen Kommissionen wird die Prüfung der Fälle übertragen, die mit Verbrechen zusammenhängen, welche von den ehemaligen aktiven Mitgliedern der Nazipartei begangen wurden.

Die Auswahl des Personalbestandes der neu zu bildenden Entnazifizierungskommissionen wird den örtlichen Organen der deutschen Selbstverwaltung mit anschließender Bestätigung durch die übergeordneten deutschen Verwaltungsorgane und die leitenden Organe der Sowjetischen Militärverwaltung der Länder übertragen. Als Kommissionsmitglieder sind nur diejenigen Personen zuzulassen, die tatsächlich ihre demokratische Überzeugung bewiesen haben und ihren moralischen und politischen Eigenschaften nach fähig sind, eine gerechte Lösung der Fragen zu sichern.

7. Die Prüfung der dem Gericht durch die Entnazifizierungskommissionen, Staatsanwaltschaften oder anderen entsprechenden Organe übergebenen Fälle zur Feststellung der Schuld und zur Bestrafung der Kriegsverbrecher, ehemaligen Nazis, Militaristen, Schieber und Industriellen, welche das Hitlerregime inspirierten und unterstützten, ist von deutschen Gerichten unter Anwendung der in der Direktive Nr. 38 des Kontrollrats vorgesehenen Sanktionen durchzuführen. Die Zuständigkeit des Gerichts richtet sich nach dem [3] *Aufenthaltsort* des Angeklagten. Die Prüfung besonders wichtiger Fälle ist auf Anordnung der entsprechenden Organe der [3] *Sowjetischen Militärverwaltung durch Militärgerichte durchzuführen.*

8. Alle Fälle von Verbrechen, die in den Direktiven Nr. 24 und Nr. 38 des Kontrollrats angeführt werden, sind den deutschen Untersuchungsbehörden zur Bearbeitung zu übergeben.

9. Die Verantwortung für die Durchführung des vorliegenden Befehls wie auch für die Durchführung der Direktiven Nr. 24 und Nr. 38 des Kontrollrats wird den Deutschen Verwaltungen für Inneres und für Justiz und den Länderregierungen der sowjetischen Besatzungszone übertragen.

Die allgemeine Kontrolle für die Durchführung des vorliegenden Befehls wird den Verwaltungschefs der Sowjetischen Militärverwaltung der Länder auferlegt.

10. Der Stab der Sowjetischen Militärverwaltung ist beauftragt, Instruktionen zur Anwendung des vorliegenden Befehls herauszugeben.

Der Oberste Chef der Sowjetischen Militär-Administration und Oberste Befehlshaber der Sowjetischen Besatzungsgruppen in Deutschland

14. Ausführungsbestimmung Nr. 2 zum Befehl Nr. 201 vom 16. August 1947, v. 19. August 1947

(ZVOBl. S. 187)

Richtlinien zur Anwendung der Direktive Nr. 24* des Kontrollrats

Aufbau und Zusammensetzung der Kommissionen

1. Entnazifizierungskommisssionen werden nur am Sitz der zentralen Verwaltungen der Länder und Kreise sowie in den kreisfreien Städten gebildet.

2. Die Auswahl der Personen und die Besetzung der Ämter in den Entnazifizierungskommissionen werden den örtlichen deutschen Selbstverwaltungsorganen übertragen und bedürfen der Bestätigung durch die übergeordneten deutschen Verwaltungsorgane und die Chefs der Sowjetischen Militärverwaltungen der Länder.

---

[3] In Kursivschrift: Berichtigte Übersetzung (vgl.   *(ZVOBl. 1947 S. 194).
ZVO Bl. Nr. 13 S. 153).

3. Zu den Mitgliedern der Kommissionen dürfen nur Personen bestellt werden, die ihre demokratische Gesinnung unter Beweis gestellt haben und ihren moralischen und politischen Eigenschaften nach fähig sind, die richtige Entscheidung zu treffen.

4. Es empfiehlt sich, für die Entnazifizierungskommissionen Vertreter der antifaschistischen Parteien, der Gewerkschaften, der Frauenorganisationen, der Ausschüsse der gegenseitigen Bauernhilfe und der demokratischen Jugendorganisationen einzusetzen.

5. In den Kreisen und den kreisfreien Städten werden die Entnazifizierungskommissionen von den Kreis- und Stadträten eingesetzt. Sie bestehen aus einem Vorsitzenden und fünf bis sieben Mitgliedern.

6. An der Spitze der Entnazifizierungskommissionen der Länder stehen die Innenminister oder deren Stellvertreter.

Die übrigen Kommissionsmitglieder (sieben bis elf) werden von den Landesregierungen bestimmt.

Funktionen und Vollmachten

7. Die Entnazifizierungskommissionen haben die Fälle zu überprüfen, in denen ehemalige aktive Faschisten, Militaristen, Nutznießer und Industrielle, die das Hitler-Regime ideell oder materiell gefördert oder sich durch den Krieg bereichert haben, oder solche Mitglieder der faschistischen Partei oder ihrer Organisationen, gegen die andere persönliche Beschuldigungen wegen verbrecherischer Handlungen vorliegen, innerhalb von Organisationen, Behörden oder Betrieben versetzt, zu ihrem Beruf nicht zugelassen, ihres Amtes enthoben oder von der Bekleidung solcher Ämter, die von den Entnazifizierungskommissionen als wichtig bezeichnet werden, ausgeschlossen werden sollen.

8. Leitendes Prinzip für die Behandlung der Angelegenheiten von Mitgliedern der faschistischen Partei oder ihrer Organisationen, gegen die belastende Unterlagen vorliegen, soll in allen Fällen die Erzielung einer gerechten Entscheidung auf Grund sorgfältiger Prüfung sein.

Richtlinien für die Untersuchung und Sanktionen

9. Die Entnazifizierungskommissionen können folgende Sanktionen verhängen: Fristlose Entlassung aus dem Dienst und Nichtzulassung für Bekleidung der von den Entnazifizierungskommissionen als wichtig bezeichneten Ämtern in Behörden, Organisationen und Betrieben; Verbot, eine kontrollierende, leitende oder andere organisatorische Tätigkeit in öffentlichen oder privaten Betrieben auszuüben; Entziehung des Rechts zur Bekleidung von Ämtern oder zur Ausübung einer Tätigkeit, die mit der Anstellung oder Entlassung von Arbeitern und Angestellten oder mit der Ausarbeitung von Anstellungsbedingungen verbunden sind; Versetzung in eine niedrigere Dienststufe.

10. a) Die Entnazifizierungskommissionen prüfen das Anklagematerial, die Anzeigen und andere ihnen zugehende Dokumente, die Anklagen gegen ehemalige Mitglieder der faschistischen Partei oder ihrer Organisationen entsprechend Ziffer 7 dieser Ausführungsbestimmungen enthalten.

b) Anzeigen oder Mitteilungen, die eine Anklage gegen ehemalige Mitglieder der faschistischen Partei oder ihrer Organisationen enthalten, haben die Kommissionen unverzüglich zu prüfen. Die Mitglieder der Kommissionen sind berechtigt, von allen Personen, Organisationen und Behörden alle Dokumente und Erklärungen, die sich auf den vorliegenden Fall beziehen, anzufordern.

c) Bei der Verhandlung vor den Kommissionen sind die Personen, deren Fall behandelt wird, sowie alle diejenigen anzuhören, aus deren Angaben sich nach Ansicht der Kommissionen wichtige Unterlagen für eine objektive und gerechte Entscheidung ergeben können.

d) Über die Verhandlungen vor den Kommissionen werden Protokolle geführt. Die Entscheidungen werden mit Stimmenmehrheit getroffen.

e) Die Entscheidungen der Kommissionen werden den interessierten Personen und Behörden entsprechend den in Ziffer 14 angeführten Richtlinien bekanntgegeben.

11. Falls die Entnazifizierungskommissionen im Verlaufe der Untersuchung oder der Verhandlung Feststellungen treffen, die auf eine strafbare Handlung schließen lassen, übergeben sie das Material zugleich mit der Entscheidung über die nach Ziffer 9 zu verhängenden Sanktionen den zuständigen Gerichtsorganen.

Beschwerdeordnung

12. a) Die Entnazifizierungskommissionen der Länder entscheiden über die Beschwerden gegen die Beschlüsse der Kommissionen der Kreise und kreisfreien Städte. Sie können deren Entscheidungen auch von Amts wegen nachprüfen.

14. Ausführungsbestimmung Nr. 2 zum Befehl Nr. 201 **Anhang II/14**

b) Die Beschwerde gegen die Beschlüsse der Entnazifizierungskommissionen der Kreise verbrecherische Tätigkeit und die Gefährlichkeit seiner Person sich gezeigt hat, welcher Gruppe von Verbrechern er angehört und auf welche Strafe das Gericht erkennt.
c) Urteile gegen die „Verbrecher der 2. Stufe" müssen die Dauer der Bewährungszeit und die verhängten Sanktionen enthalten.
d) Ist jemand einer Bewährungszeit unterworfen worden und hat er während dieser Zeit eine positive Führung gezeigt, so ordnet das Gericht auf Vorschlag des Staatsanwalts durch Beschluß an, daß auf ihn die Bestimmungen der Ziffer 14 der vorliegenden Ausführungsbestimmungen anzuwenden sind.

Ist jemand einer Bewährungszeit unterworfen worden und hat er während dieser Zeit das in ihn gesetzte Vertrauen nicht gerechtfertigt, so wird durch den Staatsanwalt unter Berücksichtigung der Unterlagen der früheren Verhandlung und der negativen Führung während der Bewährungszeit eine Anklageschrift verfaßt und die Sache dem Gericht übergeben, das den Betreffenden in die Gruppe der Verbrecher einreiht und zugleich auf die entsprechende Strafe erkennt.
e) Jede Sache muß bei dem Gericht innerhalb von 15 Tagen verhandelt werden.
17. Für die gerichtlichen Verhandlungen sind Verteidiger auf Antrag des Angeklagten oder nach Ermessen des Gerichts zuzulassen.
Das Gericht fällt die Urteile gemäß den Bestimmungen der Direktive Nr. 38 des Kontrollrats.
18. Entspricht ein Urteil nicht den Forderungen der Direktive Nr. 38 oder verletzt es die in Ziffer 16 der vorliegenden Ausführungsbestimmungen enthaltenen Vorschriften, so muß der Staatsanwalt sofort bei dem übergeordneten Gericht Einspruch einlegen und die Aufhebung oder Abänderung des Urteils beantragen.
19. Innerhalb von 7 Tagen kann gegen die Urteile bei dem Oberlandesgericht Revision eingelegt werden. Über die Revision entscheidet der Strafsenat des Oberlandesgerichts in der gewöhnlichen Besetzung.
20. Beschlüsse über die Beschlagnahme von Vermögen dürfen künftig nur von den deutschen gerichtlichen Untersuchungsbehörden oder den Landesregierungen oder durch die Landtage oder durch die Zentrale Kommission für Sequestrierung der Sowjetischen Militär-Administration in Deutschland erlassen werden.
21. Grundstücke, Unternehmen oder andere Vermögenswerte, die durch gesetzliche Maßnahmen, insbesondere im Zusammenhang mit der Durchführung der Bodenreform und der Übereignung von Unternehmen der Nazi- und Kriegsverbrecher in das Eigentum des Volkes beschlagnahmt worden sind und die früher im Eigentum von Nazi- oder Kriegsverbrechern, Rüstungsindustriellen oder Nutznießern des Krieges standen, dürfen auf Grund der Beschlüsse der Entnazifizierungskommissionen nicht an die früheren Eigentümer zurückgegeben werden, auch kann ihre Rückgabe nicht auf Grund dieser Beschlüsse beansprucht werden.
22. Das gesamte beschlagnahmte Vermögen mit Ausnahme der in Ziffer 23 vorgesehenen Kategorien wird in das Eigentum der Länder überführt. Die Länder übernehmen alle mit diesem Vermögen verbundenen Verpflichtungen.
23. Folgende Vermögenskategorien werden nicht in das Eigentum der Länder überführt:
a) Vermögen, das auf Reparationskonto entnommen wird,
b) Anteile von Ausländern an beschlagnahmtem und in das Eigentum der Länder übergehendem Vermögen,
c) Vermögen, das früher Eigentum demokratischer Organisationen war,
d) Edelmetalle und Edelsteine, Erzeugnisse hieraus und andere Devisenwerte.
24. Das in Ziffer 23 b) bezeichnete Vermögen wird in die Verwaltung der Länder überführt. Diese ernennen Bevollmächtigte für die Verwaltung dieses Vermögens und tragen die Verantwortung für seinen Bestand und seine zweckmäßige Verwaltung.
25. Das in Ziffer 23 c) bezeichnete Vermögen wird in das Eigentum der demokratischen Organisationen überführt, in deren Eigentum es früher stand. Falls diese Organisationen nicht mehr bestehen, wird es in das Eigentum solcher Organisationen überführt, deren Ziele sich mit denen der früheren Organisationen decken.
26. Das in Ziffer 23 d) bezeichnete Vermögen wird den deutschen Banken übergeben, in deren Bezirk es sich befindet.
27. Die Kontrolle über die Verteilung und Nutzung des beschlagnahmten Vermögens wird den Chefs der Verwaltungen der Sowjetischen Militär-Administration der Länder und der Kommission für Sequestrierungen und Konfiskation bei der SMAD übertragen.
28. Der Befehl Nr. 201 und die auf Grund dieses Befehls erlassenen Ausführungsbestimmungen berühren die Maßnahmen nicht, die im Zusammenhang mit der Durchführung der Befehle des

Obersten Chefs der Sowjetischen Militär-Administration in Deutschland Nr. 124 vom 30. Oktober 1945 und Nr. 154/181 vom 21. Mai 1946 und der Ausführung dieser Befehle von den Chefs der Verwaltungen der SMA der Länder erlassenen Befehle getroffen worden sind.

29. Die Organe der Innenministerien der Länder sind verpflichtet, die Organe der Sowjetischen Militär-Administration der Länder laufend über den Gang der Durchführungen des Befehls Nr. 201 der SMAD vom 16. August 1947 zu informieren.

Entsprechend den Gesetzen Nr. 4 und Nr. 10 des Kontrollrats in Deutschland werden durch die vorliegende Ausführungsbestimmung die Jurisdiktion und die Vollmachten des sowjetischen Militärbefehlshabers bezüglich der strafrechtlichen Verfolgung von Kriegsverbrechern, Verbrechern gegen die Menschlichkeit oder andere faschistische Verbrecher, die im Gesetz Nr. 10 und der Direktive Nr. 38 des Kontrollrats in Deutschland erwähnt sind, nicht begrenzt. Alle derartigen Angelegenheiten können auf Grund von Anweisungen des sowjetischen Militärbefehlshabers den sowjetischen Untersuchungsorganen und Gerichten überwiesen werden.

30. Die Verantwortung für die Durchführung des Befehls Nr. 201 des Obersten Chefs der SMAD und der vorliegenden Ausführungsbestimmungen wird den Chefs der Deutschen Verwaltungen für innere Angelegenheiten und der Justiz sowie den Innenministerien und Justizministerien der Länder auferlegt, die die Chefs der Verwaltung für innere Angelegenheiten und der Rechtsabteilung der SMAD periodisch über die Durchführung des obengenannten Befehls zu informieren haben.

Der Stabschef der Sowjetischen Militär-Administration
in Deutschland

15. SMAD-Befehl Nr. 64 v. 17. April 1948 Beendigung der Sequesterverfahren in der sowjetischen Besatzungszone Deutschlands

(ZVOBl. S. 140)

Durch den Volksentscheid in Sachsen sowie durch die dem Volkswillen entsprechenden Beschlüsse der Regierungen der übrigen Länder der sowjetischen Besatzungszone wurden Betriebe und sonstiger Besitz der Nazi- und Kriegsverbrecher, darunter auch aller großen Monopolvereinigungen, enteignet und in die Hände des deutschen Volkes übergeführt.

Nach den von der Deutschen Wirtschaftskommission vorgelegten Feststellungen wurden 8 % aller meldepflichtigen Industriebetriebe, die zusammen etwa 40% der gesamten Industrieproduktion der Zone erzeugen, in den Besitz des deutschen Volkes übergeführt. Diese Betriebe gehörten vor allem den großen Monopolherren – Göring, Siemens, Flick und anderen –, die die bedeutendsten industriellen Reichtümer des Landes in ihren Besitz gebracht und zur imperialistischen Aggression benutzt hatten. Als Eigentum des Volkes werden jetzt diese Betriebe zur Grundlage für den Wiederaufbau und die Entwicklung der Friedenswirtschaft in der sowjetischen Besatzungszone. Sie werden nicht mehr für imperialistische Aggression und zum Schaden des deutschen Volkes ausgenutzt werden können.

Die Deutsche Wirtschaftskommission teilte mit, daß das Eigentum der Kriegs- und Naziverbrecher sowie der Monopolherren wirklich sequestriert und in den Besitz des Volkes übergeführt worden ist und daß sie es deshalb für unzweckmäßig halte, das Sequesterverfahren weiterhin anzuwenden und die Kommissionen zur Verteilung des sequestrierten Eigentums weiterbestehen zu lassen.

Unter Berücksichtigung der Vorschläge der Deutschen Wirtschaftskommission

befehle ich:

1. Die von der Deutschen Wirtschaftskommission vorgelegten Listen der Betriebe der Monopolisten und anderer Kriegs- und Naziverbrecher, die gemäß den Beschlüssen der Länderregierungen auf Grund der von den Kommissionen des Blocks der demokratischen Parteien und der gesellschaftlichen Organisationen in der sowjetischen Besatzungszone gemachten Vorschläge enteignet und in den Besitz des Volkes übergeführt wurden, werden bestätigt.

2. Es wird festgelegt, daß das Volkseigentum unantastbar ist. Dementsprechend wird der Verkauf oder die Übergabe von in das Eigentum des Volkes übergegangenen Industriebetrieben an Privatpersonen und Organisationen verboten. Bei der Deutschen Wirtschaftskommission ist ein Ausschuß zum Schutze des Volkseigentums zu schaffen, wobei für die Länder Bevollmächtigte dieses Ausschusses zu ernennen sind. Die Deutsche Wirtschaftskommission hat die juristische Eintragung der volkseigenen Betriebe in kürzester Frist zu gewährleisten.

16. Erste Verordnung v. 28. April 1948 z. SMAD-Befehl Nr. 64 　　　　　　Anhang II/16

3. Alle Betriebe, die ohne genügenden Grund sequestriert wurden und die nicht in die nach Ziffer 1 dieses Befehls bestätigten Listen aufgenommen wurden, sind den früheren Besitzern bis zum 30. April d. J. zurückzugeben.

4. Die Deutsche Wirtschaftskommission und entsprechend ihren Anweisungen die Landesregierungen sind verpflichtet, bis zum 15. Mai d. J. eine Entscheidung über den sonstigen sequestrierten Besitz (sequestrierte Häuser, Grundstücke usw.) zu treffen, wobei zu Unrecht sequestrierter Besitz den früheren Eigentümern zurückgegeben wird. Ebenso hat sie auch in der Frage des Resteigentums der Betriebe, die als Rüstungspotential oder durch ein anderes in den Potsdamer Beschlüssen vorgesehenes Verfahren liquidiert wurden, eine Entscheidung zu treffen in den Fällen, wenn über einen derartigen Besitz eine solche nicht getroffen wurde.

5. Der Befehl der SMAD Nr. 124 vom 30. Oktober 1945 wird nunmehr nach seiner Durchführung außer Kraft gesetzt und jegliche weitere Sequestrierung von Eigentum auf Grund des erwähnten Befehls verboten.

6. Die Kommission für Sequestrierung und Beschlagnahme bei der Sowjetischen Militär-Administration in Deutschland sowie alle zentralen und örtlichen deutschen Kommissionen für Sequestrierung und Beschlagnahme, die zur Durchführung des Befehls Nr. 124 geschaffen wurden, sind aufzulösen, da sie ihre Aufgaben erfüllt haben.

7. Die Deutsche Wirtschaftskommission wird beauftragt, Maßnahmen auszuarbeiten, die einen schnellen Wiederaufbau und die vollständige Ausnutzung aller volkseigenen Betriebe, sowie des übrigen Volkseigentums im Interesse der Bevölkerung gewährleisten.

8. Die Deutsche Wirtschaftskommission wird beauftragt, zur Durchführung dieses Befehls Richtlinien zu erlassen und andere entsprechende Maßnahmen zu ergreifen.

9. Der Befehl tritt mit dem Tage seiner Veröffentlichung in Kraft.

Der Oberste Chef der Sowjetischen Militär-Administration und Oberkommandierende der Sowjetischen Besatzungstruppen in Deutschland

16. Erste Verordnung v. 28. April 1948 zur Ausführung des SMAD-Befehls Nr. 64 (Richtlinien Nr. 1)

(ZVOBl. S. 141)

Die Deutsche Wirtschaftskommission hat in ihrer Vollsitzung vom 28. April 1948 nachstehende Verordnung beschlossen:

1. Das Archivmaterial über die von den Orts-, Kreis- und Landeskommissionen geprüften Fälle der Sequestrierung und Beschlagnahme ist an die Innenminister der Länder zu überführen und wird bei ihnen aufbewahrt. Abschriften der Beschlüsse der Landeskommissionen und der Landesregierungen über die Enteignungsverfahren sind vom Ausschuß zum Schutz des Volkseigentums bei der Deutschen Wirtschaftskommission in Verwahrung zu nehmen.

2. Die Enteignung erstreckt sich bei Enteignungen wirtschaftlicher Unternehmungen nicht nur auf bilanzierte Vermögen, sondern überhaupt auf das den betrieblichen Zwecken dienende Vermögen, einschließlich aller Rechte und Beteiligungen, soweit nicht die Beschlüsse der Landeskommissionen ausdrücklich etwas anderes bestimmen.

Ist von einem Unternehmen mit mehreren Betriebsstätten nur ein Teil der Betriebsstätten enteignet worden, so gilt die Enteignung auch hinsichtlich aller anderen Unternehmungsteile, die in wirtschaftlichem Zusammenhang untereinander stehen.

3. Verbindlichkeiten, die vor dem 8. Mai 1945 entstanden sind, werden von den Rechtsträgern volkseigener Betriebe nicht übernommen.

Bankverbindlichkeiten, die nach dem 8. Mai 1945 bei den neuen Kreditinstitutionen der sowjetischen Besatzungszone entstanden sind, sind von den volkseigenen Betrieben zu übernehmen. Für diese haftet der jeweilige Rechtsträger des volkseigenen Betriebes, bei dem sie ursprünglich entstanden sind.

Nach dem 8. Mai 1945 entstandene Verbindlichkeiten werden von den Rechtsträgern volkseigener Betriebe übernommen, soweit sie im normalen Geschäftsverkehr entstanden sind.

Grunddienstbarkeiten (z. B. Wegerechte und Wasserrechte) bleiben, soweit sie öffentlichen Interessen und wirtschaftlichen Notwendigkeiten entsprechen, bestehen. In Zweifelsfällen entscheidet darüber die Wirtschaftsminister.

Regreßansprüche für die Zeit der Sequestrierung können gegenüber den Verwaltungsdienststellen nicht geltend gemacht werden.

4. Nach dem in Befehl Nr. 64 angeordneten Abschluß der Sequestrierungen sind Rechtsmittel gegen die Enteignungen und sonstige Maßnahmen zur Wiederaufnahme von Sequesterverfahren nicht mehr zulässig.

5. Die zuständigen Grundbuchämter haben auf Ersuchen der Landesregierungen den bisherigen Eigentümer innerhalb von 5 Tagen zu löschen und in Spalte 2 einzutragen „Eigentum des Volkes". Die für die Führung der Handelsregister zuständigen Amtsgerichte haben auf Veranlassung der Landesregierungen die Löschungen der bisher eingetragenen Unternehmen innerhalb von 5 Tagen vorzunehmen.

Wegen der weiteren Eintragungen im Grundbuch und Handelsregister sind die Bestimmungen der Instruktionen über das Verfahren der juristischen Eintragung der Betriebe, die in das Eigentum des Volkes übergegangen sind, zu Befehl Nr. 76 des Obersten Chefs der Sowjetischen Militär-Administration vom 23. April 1948 anzuwenden.

6. Den in den bestätigten Listen aufgeführten enteigneten Firmen ist von den Landesregierungen eine die Enteignung feststellende Urkunde zuzustellen. In den Fällen, in denen die Enteignung nicht bestätigt wurde, ist durch die Landesregierungen die Sequestrierung aufzuheben.

Diese Erklärungen der Landesregierungen erfolgen nach den von der Deutschen Wirtschaftskommission herausgegebenen einheitlichen Vordrucken.

7. Die Durchführung dieser Richtlinien ist vom Ausschuß zum Schutze des Volkseigentums zu kontrollieren.

17. Zweite Verordnung v. 28. April 1948 zur Ausführung des SMAD-Befehls Nr. 64 (Richtlinien Nr. 2 – Verwertung betrieblichen Vermögens)

(ZVOBl. S. 141)

Die Deutsche Wirtschaftskommission hat in ihrer Vollsitzung vom 28. April 1948 nachstehende Verordnung beschlossen:

1. Die volkseigenen Betriebe sind zur Erreichung einer zweckmäßigen Verwaltung in erster Linie auf die Vereinigungen volkseigener Betriebe zu übertragen; als weitere Rechtsträger können Städte, Kreise, Gemeinden, Genossenschaften und die Vereinigung der gegenseitigen Bauernhilfe eingesetzt werden. Kleine Betriebe können in Ausnahmefällen an demokratisch bewährte Personen verkauft oder verpachtet werden.

2. Unternehmen von besonderer wirtschaftlicher Bedeutung sind grundsätzlich an die Vereinigungen volkseigener Betriebe zu übertragen. Als Unternehmen dieser Art gelten:
a) Produktions- und andere Unternehmen, deren Absatzbereich auf Grund ihrer Kapazität den Rahmen eines Stadt- oder Kreisgebietes überschreitet; ferner Unternehmen gleicher Art mit z. Z. verminderter, aber wiederherstellbarer Kapazität;
b) Unternehmen der Roh- und Grundstoffproduktion, Verwertungsbetriebe für Bodenschätze;
c) exportwichtige Unternehmen;
d) Unternehmen, die zur Zusammenlegung geeignet sind;
e) Unternehmen, die wegen der Art ihrer Produktion von besonderer wirtschaftlicher Bedeutung sind.

3. Enteignete gewerbliche Produktionsunternehmen und Handelsunternehmen, die durch die Bodenreform oder nach Befehl Nr. 201 enteignet wurden und noch enteignet werden, unterliegen gleichfalls diesen Ausführungsbestimmungen.

4. Selbstständige landwirtschaftliche Betriebe, die als Teil des Betriebsvermögens enteigneter Unternehmen erfaßt wurden, sind den Bodenkommissionen zur Aufteilung zu überweisen. Gewerbliche Unternehmen, die als Teil des Betriebsvermögens enteigneter Unternehmen erfaßt wurden und nicht Produktionsstätten darstellen, werden nach den Bestimmungen der Verwertung nicht betrieblicher Vermögensobjekte behandelt.

5. Enteignete Anteilsrechte an Unternehmen der unter Ziffer 2 bezeichneten Art und sonstige enteignete Rechte gegenüber solchen Unternehmen gehen auf die Organisation volkseigener Betriebe über, auch wenn sie als Rechte eines Unternehmens enteignet wurden, die nicht unter diese Klassifizierung fallen. Das gleiche gilt für Patente und Warenzeichen.

18. Richtlinien Nr. 3 v. 21. September 1948 z. SMAD-Befehl Nr. 64/1948 **Anhang II/18**

6. Für jedes in Volkseigentum übergegangene Unternehmen ist durch die Innenminister nach Richtlinien des Ausschusses zum Schutz des Volkseigentums bei der Deutschen Wirtschaftskommission über das von der Enteignung erfaßte Vermögen ein genaues Verzeichnis aufzustellen.

7. Übertragungen an öffentliche Rechtsträger, an die Vereinigung der gegenseitigen Bauernhilfe und an Genossenschaften erfolgen gebühren-, lasten- und steuerfrei.

8. Bis zur entgültigen Verwertung werden die in das Volkseigentum übergegangenen betrieblichen Objekte durch die bisher mit der treuhänderischen Verwaltung beauftragten Personen unter Leitung der Ämter für volkseigene Betriebe bei den Länderregierungen verwaltet.

9. Zur Verwertung der nicht in zonale Verwaltung übergehenden betrieblichen Objekte haben die Landesregierungen bis zum 15. Mai 1948 der Deutschen Wirtschaftskommission über den Ausschuß zum Schutz des Volkseigentums Verwertungsvorschläge zu machen.

10. Die Kontrolle der Durchführung dieser Richtlinien erfolgt durch den Ausschuß zum Schutz des Volkseigentums bei der Deutschen Wirtschaftskommission.

18. Richtlinien Nr. 3 v. 21. September 1948 zur Ausführung des SMAD-Befehls Nr. 64/1948
– Enteignung sonstiger Vermögen –

(ZVOBl. S. 449)

Das Sekretariat der Deutschen Wirtschaftskommission hat an seiner Sitzung vom 21. September 1948 nachstehende Richtlinien beschlossen:

§ 1. Sonstiges Vermögen im Sinne dieser Anordnung ist:

1. das Vermögen, das durch besonderen Enteignungsbeschluß erfaßt und in den „Enteignungslisten über sonstiges Vermögen" zusammengefaßt wurde.
2. das Privatvermögen der Inhaber oder Gesellschafter von wirtschaftlichen Unternehmungen, soweit es durch den gegen das Betriebsvermögen gerichteten Enteignungsbeschluß mit erfaßt wurde,

§ 2. (1) Die Enteignung der sonstigen Vermögen erstreckt sich auf das gesamte Vermögen, das sich zum Zeitpunkt der Beschlußfassung durch die Landesregierung im Eigentum der durch den Enteignungsbeschluß Betroffenen befand, einbegriffen Anteile an Grundbesitz, Unternehmensbeteiligungen, Forderungen und Guthaben. Nicht pfändbare Sachen und Forderungen sind von der Enteignung ausgenommen.

(2) Auf Vorschlag der Innenminister der Länder und nach Prüfung durch den Ausschuß zum Schutze des Volkseigentums bei der Deutschen Wirtschaftskommission ist der Vorsitzende der Deutschen Wirtschaftskommission berechtigt, in Fällen, in denen die Enteignung gegenüber den Betroffenen, seinen nahen Angehörigen oder Hinterbliebenen eine besondere Härte darstellen würde, die Schuld des Enteigneten nicht besonders schwer ist und die Rückgabe sozial und wirtschaftlich gerechtfertigt erscheint, die Rückgabe an den Enteigneten oder einen nächsten Verwandten zu verfügen.

§ 3. Verbindlichkeiten werden von den Rechtsträgern der in Volkseigentum übergegangenen Vermögen nicht übernommen. Ausgenommen sind:

1. Verbindlichkeiten, die nach dem 8. Mai 1945 zur Sicherung oder Erhaltung der Vermögenswerte begründet wurden,
2. andere Verbindlichkeiten, wenn sie während der Dauer der Sequestrierung durch den Treuhänder begründet wurden.

§ 4. (1) Rechte Dritter, mit Ausnahme von dinglichen Rechten, werden durch die Enteignung nicht berührt.

(2) Dingliche Rechte gelten als erloschen. Ausgenommen sind:
a) Rechte, die zur Sicherung der in § 3 Ziffern 1 und 2 genannten Forderungen bestellt wurden,
b) Grunddienstbarkeiten, soweit sie öffentlichen Interessen oder wirtschaftlichen Notwendigkeiten entsprechen. In Zweifelsfällen entscheidet die Landesregierung, ob öffentliches Interesse oder wirtschaftliche Notwendigkeit anzuerkennen sind.

§ 5. Schadensersatzansprüche für Nachteile, die während der Dauer der Sequestrierung entstanden sind, können gegenüber Verwaltungsdienststellen nicht geltend gemacht werden.

§ 6. Wegen der Löschung in den Handelsregistern und der Löschung und Neueintragung in den Grundbüchern gilt Ziffer 5 der Richtlinien Nr. 1 zur Ausführung des SMAD-Befehls Nr. 64 vom 28. April 1948 (ZVOBl. S. 141).

§ 7. Den in den „Enteignungslisten über sonstiges Vermögen" (§ 1 Ziffer 1) verzeichneten früheren Eigentümern ist von den Landesregierungen eine die Enteignung feststellende Urkunde zuzustellen. In den Fällen, in denen die Enteignung nicht bestätigt wurde, ist durch die Landesregierung die Sequestrierung bis zum 1. November 1948 durch schriftlichen Bescheid aufzuheben. Diese Erklärungen der Landesregierungen erfolgen nach von der Deutschen Wirtschaftskommission herausgegebenen einheitlichen Vordrucken.

§ 8. Die Durchführung dieser Anordnung ist vom Ausschuß zum Schutze des Volkseigentums bei der Deutschen Wirtschaftskommission zu kontrollieren.

§ 9. Diese Anordnung tritt mit ihrer Verkündung in Kraft.

19. Richtlinien Nr. 4 v. 21. September 1948 zur Ausführung des SMAD-Befehls Nr. 64/1948
– Verwertung sonstiger Vermögen –

(ZVOBl. S. 450)

Das Sekretariat der Deutschen Wirtschaftskommission hat in seiner Sitzung vom 21. September 1948 nachstehende Richtlinie beschlossen:

§ 1. Die Übertragung der sonstigen Vermögen erfolge grundsätzlich an dieselben Rechtsträger, denen die betrieblichen Objekte übertragen wurden. Demnach sind zu übertragen:
1. Grundstücke, Gebäude und industriell nutzbare Bodenvorkommen, die für eine gewerbliche Ausnutzung durch Betriebe der in Ziffer 2 der Richtlinien Nr. 2 zur Ausführung des SMAD-Befehls Nr. 64 vom 28. April 1948 (ZVOBl. S. 141) bezeichneten Art geeignet sind:
    auf die Vereinigungen volkseigener Betriebe;
2. alle sonstigen für eine gewerbliche Ausnutzung geeigneten Grundstücke, Gebäude und industriell nutzbaren Bodenvorkommen:
    auf Städte, Kreise, Gemeinden und Genossenschaften;
3. landwirtschaftlich genutzte Grundstücke und landwirtschaftliche Gärtnereien:
    auf den Bodenfonds;
4. Anteilsrechte an wirtschaftlichen Unternehmungen und alle sonstigen Rechte gegenüber solchen Unternehmungen, soweit sie nicht durch Ziffer 2 der Richtlinien Nr. 2 zur Ausführung des SMAD-Befehls Nr. 64 vom 28. April 1948 (ZVOBl. S. 141) erfaßt wurden, entsprechend der Aufteilung der Betriebe:
    auf Städte, Kreise und Gemeinden.

§ 2. Auf die Länder werden übertragen:
1. Wohngebäude und sonstige Gebäude, die für Zwecke der Landesregierungen benötigt werden;
2. Lichtspieltheater.

§ 3. Wohngebäude, soweit sie nicht nach den Bestimmungen der §§ 1 und 2 verwertet werden, Gaststättenbetriebe und Beherbergungsbetriebe sind grundsätzlich auf Städte, Kreise und Gemeinden zu übertragen. Sie können auf von der SMAD anerkannte Organisationen übertragen werden, die durch nationalsozialistische Maßnahmen enteignet oder sonstwie geschädigt worden sind. Diesen Organisationen werden solche gleichgestellt, deren Zwecke mit früheren durch nationalsozialistische Maßnahmen aufgehobenen Organisationen identisch sind.

§ 4. Sanatorien, Ferienheime, Kurhotels und ähnliche Betriebe sind auf die Sozialversicherungsanstalten, den Freien Deutschen Gewerkschaftsbund und sonstige Organe sozialer Fürsorge zu übertragen.

§ 5. Edelmetalle, Edelsteine, in- und ausländische Zahlungsmittel sind der Deutschen Notenbank zu übergeben. Wertpapiere sind von den Landesbanken in Verwahrung zu nehmen, Bankguthaben auf Sammelkonto bei den Landesbanken zu führen.

§ 6. Kunstgegenstände, Antiquitäten und sonstige Vermögensgegenstände von besonderen historischen Wert sind Landesmuseen oder städtischen Museen zuzuweisen.

§ 7. Erfolgte Verkäufe von sonstigen Vermögen aus § 1 Ziffer 1 bis 3 sowie aus § § 3 und die nach der früheren Rechtslage zulässig waren, können durch das Sekretariat der Deutschen Wirtschaftskommission bestätigt werden. Weitere Verkäufe sind nicht zulässig.

§ 8. Bei der Übertragung von Gebäude soll das Inventar grundsätzlich mit übergeben werden.

§ 9. Bewegliches Vermögen für das in den § § 1 bis 8 nichts anderes bestimmt wurde, kann durch die Städte oder Gemeinden an demokratisch bewährte Personen verkauft oder unentgeltlich abgegeben werden. Über die Verwertung ist dem Ausschuß zum Schutze des Volkseigentums bei der Deutschen Wirtschaftskommission Rechnung zu legen.

§ 10. Die Durchführung dieser Verordnung ist vom Ausschuß zum Schutze des Volkseigentums bei der Deutschen Wirtschaftskommission zu kontrollieren.

§ 11. Diese Anordnung tritt mit ihrer Verkündung in Kraft.

20. SMAD-Befehl Nr. 76 v. 23. April 1948
Betr.: Bestätigung der Grundlagen für die Vereinigungen und Betriebe, die das Eigentum des Volkes darstellen, und Instruktionen über das Verfahren der juristischen Eintragung

(ZVOBl. S. 142)

Ich befehle,
die durch die Deutsche Wirtschaftskommission vorgelegten Grundlagen über die Verwaltung der Betriebe, die von zonaler Bedeutung sind, und der Betriebe, die der Landesverwaltung unterstehen, sowie die Instruktionen über das Verfahren der juristischen Eintragung der Betriebe, die in das Eigentum des Volkes übergegangen sind, zu bestätigen.

Berlin, den 23. April 1948
Der Oberste Chef der Sowjetischen Militär-Administration und Oberkommandierende der Sowjetischen Besatzungstruppen in Deutschland

Anlage A
zum vorstehenden SMAD-Befehl Nr. 76
(ZVOBl. S. 142)

Schema der Grundlagen für die Verwaltung derjenigen volkseigenen Betriebe in der sowjetischen Besatzungszone Deutschlands, die der zonalen Verwaltung unterstehen

Allgemeine Grundlagen

1. Alle Betriebe, die auf Grund von Rechtsvorschriften der Länder der sowjetischen Besatzungszone Deutschlands enteignet wurden, einschließlich Gebäude, Anlagen, Ausrüstungen, Grundstücke und andere Arten von Vermögen, stellen Eigentum des Volkes dar.
In den volkseigenen Betrieben muß der hohe Grundsatz der ständigen Festigung und Entwicklung derselben im Interesse des gesamten Volkes verwirklicht werden. Die volkseigenen Betriebe müssen zu Musterbeispielen kluger Wirtschaftsführung, rationeller Ausnützung der Einrichtung, hoher Arbeitsdisziplin und Leistungsfähigkeit sowie der Rentabilität werden.

In den volkseigenen Betrieben muß unbedingt sichergestellt sein:
a) die Erfüllung der Produktionspläne,
b) die Einführung aller technischen Neuerungen,
c) die ständige Verbesserung des Arbeitsschutzes,
d) die Entwicklung der Initiative der Arbeiter und des ingenieurtechnischen Personals und die Durchführung von Wettbewerben mit dem Ziele der ständigen Verbesserung der Produktion.
2. Zur Verwirklichung rationeller und planmäßiger Produktion, Sicherung der Rentabilität und Entwicklung der volkseigenen industriellen Betriebe werden „Vereinigungen volkseigener Betriebe" auf der Grundlage betriebsfachlicher Gliederung geschaffen.
3. Für die Leitung der volkseigenen industriellen Betriebe, zwecks Sicherung ihrer Entwicklung und zur Kontrolle ihrer Tätigkeit, werden bei der Deutschen Wirtschaftskommission entsprechende Hauptverwaltungen geschaffen.
4. Die allgemeine Richtung und Koordinierung der Tätigkeit der volkseigenen Betriebe in der sowjetischen Besatzungszone Deutschlands wird durch die Deutsche Wirtschaftskommission durchgeführt.

I. Organisation der Vereinigungen volkseigener Betriebe

1. Die „Vereinigungen" stellen Anstalten öffentlichen Rechts dar und unterliegen der Registrierung in den vorgeschriebenen Formen unter der Benennung „Vereinigung volkseigener Betriebe... (Maschinenbau)".
2. Jede „Vereinigung" stellt eine selbständige juristische Person dar und steht in ihrer Produktionstätigkeit unter der Verpflichtung wirtschaftlicher Rechnungslegung mit selbständiger Bilanzierung. Ihre Grundlage ist ein bestätigtes Statut und eine Eröffnungsbilanz die bei der Registrierung der „Vereinigung" beigefügt werden.
3. Das Statut und die Eröffnungsbilanz der „Vereinigung" werden durch die Deutsche Wirtschaftskommission auf Grund einer Vollmacht der Landesregierung bestätigt.
4. Für die übernommenen Verpflichtungen haftet jede „Vereinigung" mit dem ganzen Kapital.
5. Die Verwaltung der „Vereinigung" wird durch einen Direktor geführt, der von der Deutschen Wirtschaftskommission auf Vorschlag der entsprechenden Hauptverwaltung ernannt wird.
6. Der Direktor der „Vereinigung" handelt auf Grund einer Vollmacht die ihm von der entsprechenden Hauptverwaltung ausgestellt wird. Der Direktor stellt den einzigen Verfügungsberechtigten dar und trägt die volle Verantwortung für die ihm anvertrauten Betriebe der „Vereinigung".
7. Bei jeder „Vereinigung" wird ein Verwaltungsrat, bestehend aus 11 bis 15 Mitgliedern, geschaffen. Dieser setzt sich aus 7 bis 11 Mitgliedern der Gewerkschaften und Arbeitern der Betriebe, die zu der „Vereinigung" gehören, und 4 Fachkräften, die von den Gewerkschaften vorgeschlagen werden, zusammen.
Der Vorsitzende des Verwaltungsrates der „Vereinigung" ist der Direktor.
8. Der Verwaltungsrat der „Vereinigungen" wird mindestens einmal im Monat zur Besprechung der produktionswirtschaftlichen Tätigkeit der „Vereinigung" einberufen.
Der Verwaltungsrat kann der Direktion der „Vereinigung" Vorschläge machen sowie seine Beschlüsse der entsprechenden Hauptverwaltung berichten.
9. Die „Vereinigungen" führen ihre produktionswirtschaftliche Tätigkeit nach Plänen aus, die von ihrer zuständigen Hauptverwaltung bestätigt sind.
Die Pläne der produktionswirtschaftlichen Tätigkeit und die Rechnungsführung der Betriebe, die der „Vereinigung" angehören, werden nach einer einheitlichen Instruktion, die von der Deutschen Wirtschaftskommission bestätigt ist, aufgestellt.
10. Der Gewinn, der durch die „Vereinigung" erzielt wird, wird entsprechend einer besonderen Instruktion, die von der Deutschen Wirtschaftskommission bestätigt ist, verwandt.
11. Der Bedarf der „Vereinigung" an zusätzlichen Betriebsmitteln und an zusätzlichen Mitteln für Kapitalinvestierungen kann durch Anleihen und kurz- oder langfristige Baukredite gedeckt werden, in Übereinstimmung mit den bestehenden Kreditregeln.
Ihre sämtlichen Geldmittel deponiert die „Vereinigung" auf eigene besondere Bankkonten.

II. Organisation der Verwaltung in den volkseigenen Betrieben

1. Für die Leitung des volkseigenen Betriebes bestimmt die „Vereinigung" einen Direktor (oder Betriebsleiter), der auf Grund der ihm durch die „Vereinigung" der volkseigenen Betriebe ausgestellten Vollmacht handelt. Er stellt den einzigen Verfügungsberechtigten im Betrieb dar, der die volle Verantwortung für die wirtschaftliche und finanzielle Tätigkeit des Betriebes trägt.
Der Personalbestand für jeden Betrieb wird durch die „Vereinigung" festgesetzt, abhängig von der Art und dem Umfang der Produktion.
Jeder Betrieb ist verpflichtet, seine besondere Fabrikmarke der „Vereinigung" zur Bestätigung vorzulegen.
2. Der Direktor des Betriebes ist verpflichtet, mindestens einmal im Monat mit der Leitung der Gewerkschaft und dem Betriebsrat die wirtschaftliche Tätigkeit des Betriebes zu besprechen.
3. Die Produktionstätigkeit des Betriebes wird in Übereinstimmung mit dem bestätigten Produktions- und Finanzplan der „Vereinigung" verwirklicht.

20. SMAD-Befehl Nr. 76 v. 23. April 1948

4. Die Planentwürfe werden der „Vereinigung" durch den Direktor des Betriebes zu dem von ihr vorgeschriebenen Termin vorgelegt und sind nach ihrer Bestätigung für die wirtschaftliche Tätigkeit des gegebenen Betriebes bindend.
Die Termine für die Aufstellung und Prüfung der Pläne müssen die Aushändigung der bestätigten und in entsprechender Form festgelegten Pläne an den Direktor des Betriebes vor Beginn der Produktionsperiode sichern.
5. Zum Zwecke der Verstärkung der Initiative und Verantwortung hinsichtlich der Erfüllung des Produktionsprogramms, Senkung der Selbstkosten und Erfüllung des Gewinnplans wird ein Fonds zur Verfügung des Direktors geschaffen.
Der Direktorfonds wird aus den Überschüssen des geplanten Gewinns, oder der Einsparung durch Selbstkostensenkung entnommen und zur Verbesserung der materiellen Lebensbedingungen der Arbeiter des Betriebes (Erholungsheime usw.), zur Auszahlung individueller Prämien, zu kulturellen Maßnahmen verausgabt.

Anlage B
zum vorstehenden SMAD-Befehl Nr. 76
(ZVOBl. S. 144)

Schema der Grundlagen für die Verwaltung der den Ländern unterstehenden Betriebe in der sowjetischen Besatzungszone Deutschlands, die in das Eigentum des Volkes übergeführt werden.

Allgemeine Grundlagen

1. Alle Betriebe, die auf Grund von Rechtsvorschriften der Länder der sowjetischen Besatzungszone Deutschlands enteignet wurden, einschließlich Gebäude, Anlagen, Ausrüstungen, Grundstücke und andere Arten von Vermögen, stellen Eigentum des Volkes dar.
In den volkseigenen Betrieben muß der hohe Grundsatz der ständigen Festigung und Entwicklung derselben im Interesse des gesamten Volkes verwirklicht werden. Die volkseigenen Betriebe müssen, zu Musterbeispielen kluger Wirtschaftsführung, rationeller Ausnützung der Einrichtung, hoher Arbeitsdisziplin und Leistungsfähigkeit sowie der Rentabilität werden.
In den volkseigenen Betrieben muß unbedingt sichergestellt sein:
 a) die Erfüllung der Produktionspläne,
 b) die Einführung aller technischen Neuerungen,
 c) die ständige Verbesserung des Arbeitsschutzes,
 d) die Entwicklung der Initiative der Arbeiter und des ingenieurtechnischen Personals und die Durchführung von Wettbewerben mit dem Ziele der ständigen Verbesserung der Produktion.
2. Zur Verwirklichung rationeller und planmäßiger Produktion, Sicherung der Rentabilität und Entwicklung der volkseigenen industriellen Betriebe werden in den Ländern „Vereinigungen volkseigener Betriebe" auf der Grundlage betriebsfachlicher Gliederungen geschaffen.
Kleinindustrie-, Handels-, Handwerks- und andere Betriebe können durch die Landesregierungen der Verwaltung der örtlichen Selbstverwaltungsorgane (Magistrat, Landräte) übergeben werden.
3. Für die Leitung der volkseigenen Betriebe zwecks Sicherstellung ihrer Entwicklung und zur Kontrolle ihrer Tätigkeit, werden bei den Landesregierungen spezielle Verwaltungen geschaffen.
4. Die allgemeine Richtung und Koordinierung der Tätigkeit der volkseigenen Betriebe in den Ländern wird durch die Landesregierung durchgeführt.

I. Organisation der Vereinigungen volkseigener Betriebe

1. Die „Vereinigungen" sind Anstalten des öffentlichen Rechts und unterliegen der Registrierung in den vorgeschriebenen Formen unter der Benennung „Vereinigung volkseigener Betriebe ... (Maschinenbau) Land ... (Thüringen)".
2. Jede „Vereinigung" stellt eine selbständige juristische Person dar und steht in ihrer Produktionstätigkeit unter der Verpflichtung wirtschaftlicher Rechnungslegung mit selbständiger Bilanzierung. Ihre Grundlage ist ein bestätigtes Statut und eine Eröffnungsbilanz, die bei der Registrierung der „Vereinigung" beigefügt werden.
3. Das Statut und die Eröffnungsbilanz jeder „Vereinigung" werden durch die Landesregierung bestätigt.
4. Für übernommene Verpflichtungen haftet jede „Vereinigung" mit ihrem ganzen Kapital.
5. Die Verwaltung der „Vereinigung" wird durch einen Direktor geführt der von der Landesregierung bestimmt wird.
6. Der Direktor der „Vereinigung" handelt auf Grund der Vollmacht, die ihm von der Landesregierung ausgestellt wird. Der Direktor stellt den einzigen Verfügungsberechtigten dar und trägt die volle Verantwortung für die ihm anvertrauten volkseigenen Betriebe der „Vereinigung".
7. Bei jeder „Vereinigung" wird ein Rat der „Vereinigung" geschaffen, bestehend aus 11 bis 15 Mitgliedern. Dieser setzt sich aus 7 bis 11 Mitgliedern der Gewerkschaften und Arbeitern der Betriebe, die zu

der „Vereinigung" gehören und 4 Fachkräften, die von den Gewerkschaften vorgeschlagen werden, zusammen.

Der Vorsitzende des Rates der „Vereinigung" ist der Direktor.

8. Der Rat der „Vereinigung" wird mindestens einmal im Monat zur Besprechung der produktionswirtschaftlichen Tätigkeiten der „Vereinigung" einberufen.
9. Die „Vereinigungen" führen ihre produktionswirtschaftliche Tätigkeit nach Plänen aus, die von der Landesregierung für sie bestätigt sind.

Die Pläne der produktionswirtschaftlichen Tätigkeit und die Rechnungsführung der Betriebe, die der Vereinigung angehören, werden nach einer einheitlichen Instruktion, die von der Deutschen Wirtschaftskommission bestätigt ist, aufgestellt.

10. Der Gewinn, der durch die „Vereinigungen" erzielt wird, wird nach einer Instruktion der Länder, die von der Deutschen Wirtschaftskommission bestätigt ist, verwandt.
11. Der Bedarf der „Vereinigung" an zusätzlichen Betriebsmitteln und an zusätzlichen Mitteln für Kapitalinvestierungen kann durch Anleihen und kurz- und langfristige Bankkredite gedeckt werden, in Übereinstimmung mit den bestehenden Kreditregeln.

Ihre sämtlichen Geldmittel deponiert die „Vereinigung" auf eigene besondere Bankkonten.

II. Organisation der Verwaltung in den volkseigenen Betrieben

1. Für die Leitung des volkseigenen Betriebes, bestimmt die „Vereinigung" einen Dirketor, der auf Grund der ihm durch die „Vereinigung" der volkseigenen Betriebe des Landes ausgestellten Vollmacht handelt. Er stellt den einzigen Verfügungsberechtigten im Betriebe dar, der die volle Verantwortung für die wirtschaftliche und finanzielle Tätigkeit des Betriebes trägt.

Der Personalbestand für jeden Betrieb wird durch die „Vereinigung" festgesetzt, abhängig von der Art und dem Umfang der Produktion.

Jeder Betrieb ist verpflichtet, seine besondere Fabrikmarke der „Vereinigung" zur Bestätigung vorzulegen.

2. Der Direktor des Betriebes ist verpflichtet, mindestens einmal im Monat mit der Leitung der Gewerkschaft und dem Betriebsrat die wirtschaftliche Tätigkeit des Betriebes zu besprechen.
3. Die Produktionstätigkeit des Betriebes wird in Übereinstimmung mit dem bestätigten Produktions- und Finanzplan der „Vereinigung" für diesen Betrieb verwirklicht.
4. Die Planentwürfe werden der „Vereinigung" durch den Direktor des Betriebes zu dem von ihr vorgeschriebenen Termin vorgelegt und sind nach ihrer Bestätigung für die wirtschaftliche Tätigkeit des gegebenen Betriebes bindend.

Die Termine für die Aufstellung und Prüfung der Pläne müssen die Aushändigung der bestätigten und in entsprechender Form festgelegten Pläne an den Direktor des Betriebes vor Beginn der Produktionsperiode sichern.

5. Zum Zwecke der Verstärkung der Initiative und Verantwortung hinsichtlich der Erfüllung des Produktionsprogramms, Senkung der Selbstkosten und Erfüllung des Gewinnplans wird ein Fonds zur Verfügung des Direktors geschaffen.

Der Direktorfonds wird aus den Überschüssen des geplanten Gewinns oder der Einsparung durch Selbstkostensenkung gebildet und zur Verbesserung der materiellen Lebensbedingungen der Arbeiter des Betriebes (Erholungsheime usw.), zur Auszahlung individueller Prämien, zu kulturellen Maßnahmen vorausgabt.

Anlage C
zum vorstehenden SMAD-Befehl Nr. 76
(ZVOBl. S. 145)

Instruktionen für das Verfahren der gerichtlichen Eintragung der Betriebe, die in das Eigentum des Volkes übergegangen sind

1. Betriebe, die auf Grund der Gesetze der Länder in das Eigentum des Volkes übergegangen sind, unterliegen der juristischen Eintragung nach der in der vorliegenden Instruktion festgesetzten Form.
2. Die juristische Eintragung, und zwar die Vornahme der Eintragungen von Vereinigungen oder einzelnen volkseigenen Betrieben in die Handelsregister und Grundbücher, wird durch die Amtsgerichte durchgeführt, in deren Bereich sich die Vereinigungen oder die Volksbetriebe befinden.
3. Der Eintragung in die Handelsregister unterliegen:
   a) Vereinigungen von volkseigenen Betrieben, die sich unter der unmittelbaren Leitung der entsprechenden Hauptverwaltungen der volkseigenen Betriebe befinden;
   b) Vereinigungen volkseigener Betriebe und einzelne Betriebe, die sich unter der unmittelbaren Leitung der Länderregierungen befinden;
   c) alle volkseigenen Betriebe, die sich unter der Leitung der örtlichen Selbstverwaltungsorgane befinden.
4. Die Anträge beim Amtsgericht zwecks Eintragung in die Handelsregister oder Grundbücher werden von den entsprechenden Hauptverwaltungen der volkseigenen Betriebe oder den entsprechenden Mini-

21. SMAD-Befehls Nr. 82 v. 29. April 1948 Anhang II/21

sterien der Länder oder örtlichen Selbstverwaltungsorganen gestellt, abhängig davon, unter wessen Leitung sich die Betriebe befinden.
5. In den Anträgen zur Eintragung in die Handelsregister müssen unbedingt angegeben werden:
   a) der Name der Vereinigung oder des Betriebes,
   b) der Gegenstand der Tätigkeit der Vereinigung oder des Betriebes,
   c) der Sitz der Vereinigung oder des Betriebes,
   d) das Gesetz, auf Grund dessen der Betrieb in das Eigentum des Volkes übergegangen ist,
   e) die Namen der bevollmächtigten Personen, denen die Leitung übertragen worden ist.
6. Gleichzeitig mit dem Antrag auf Neueintragung in die Handelsregister sind die entsprechenden Hauptverwaltungen der volkseigenen Betriebe, die entsprechenden Ministerien der Länder oder die örtlichen Selbstverwaltungsorgane verpflichtet, beim Gericht den Antrag auf Löschung der bisherigen Eintragungen der betreffenden Betriebe in den Handelsregistern zu stellen. Bei der Registrierung von „Vereinigungen" muß die entsprechende Hauptverwaltung der volkseigenen Betriebe oder das entsprechende Ministerium des Landes Antrag auf Löschung der bisherigen Eintragungen bei den Amtsgerichten, in deren Bereich sich der Betrieb befindet, stellen, und zwar für jeden einzelnen Betrieb, der in der Vereinigung aufgenommen ist.
7. Die Anträge auf Eintragung oder Löschung müssen die Unterschriften der Leiter der entsprechenden Hauptverwaltungen der volkseigenen Betriebe, der entsprechenden Ministerien der Länder oder der örtlichen Selbstverwalungsorgane tragen und durch Dienstsiegel bestätigt werden.
8. Die Eintragungen und Löschungen von Unterschriften müssen innerhalb von 5 Tagen von den zuständigen Gerichten vorgenommen werden.
9. Die alten Eintragungen in den Handelsregistern werden gelöscht durch Streichung mittels Tinte. In der Begründung über die vorgenommene Streichung wird im Handelsregister ein Hinweis auf das Gesetz über die Enteignung des betreffenden Betriebes gemacht.
10. Die Eintragung des volkseigenen Betriebes wird in Abschnitt „A" des Handelsregisters vorgenommen.
11. In Spalte 3 des Handelsregisters wird der Eigentümer des Betriebes und der Verfügungsberechtigte eingetragen, und zwar: „Eigentum des Volkes, die und die Vereinigung volkseigener Betriebe" oder entsprechend für Betriebe, die in die Leitung der örtlichen Selbstverwaltungsorgane übergehen: „Eigentum des Volkes, das und das Organ der Selbstverwaltung".
12. Die Eintragungen in Spalte 5 des Handelsregisters „Rechtsverhältnis" müssen entsprechend dem gültigen Statut der volkseigenen Betriebe durchgeführt werden.
13. Die Form der Einreichung und Bearbeitung der Anträge auf Vornahme von neuen Eintragungen von Grundstücken, die den Betrieben gehören, in die Grundbücher und die Löschung der alten Eintragungen müssen den Ziffern 4 und 5 der vorliegenden Instruktion entsprechend vorgenommen werden.
14. Grundstücke, die Eigentum von Betrieben darstellen, welche einer „Vereinigung" angehören, werden auf den Namen dieser „Vereinigung" eingetragen.
15. Die Richter der Amtsgerichte, die die Grundbücher führen, sind nach Erhalt des Antrages innerhalb 5 Tagen verpflichtet,
    a) den Namen des neuen Eigentümers der Grundstücke und der „Vereinigung", zu der der Betrieb gehört als „Eigentum des Volkes, die und die Vereinigung der volkseigenen Betriebe" oder entsprechend: „Eigentum des Volkes, das und das Organ der Selbstverwaltung" im Grundbuch vorzunehmen,
    b) die Löschung der alten Eintragungen vorzunehmen und die Blätter der alten Grundbücher zu vernichten.
    Diese Anweisung bezieht sich nicht auf die Nutznießungen (Servitute) und Rechte von Ausländern.
16. Die Richter, die die Handelsregister und Grundbücher führen, sind verpflichtet, nach Vollziehung aller Eintragungen, laut Antrag binnen 2 Tagen den entsprechenden Hauptverwaltungen der volkseigenen Betriebe, den entsprechenden Ministerien der Länder oder den örtlichen Selbstverwaltungsorganen Mitteilung über die Erledigung der Anträge zu machen.

21. SMAD-Befehl Nr. 82 v. 29. April 1948
Rückgabe des durch den Nazistaat beschlagnahmten Eigentums an demokratische Organisationen

(Reg.-Bl. Thüringen III S. 20)

1. Bewegliches und unbewegliches Eigentum der demokratischen Organisationen, das seinerzeit durch den Nazistaat beschlagnahmt oder auf eine andere Weise enteignet wurde, wird an die in der sowjetischen Besatzungszone Deutschlands zugelassenen politischen Parteien, Gewerkschaften, genossenschaftlichen Vereinigungen und anderen demokratischen Organisationen zurückgegeben. Das Eigentum ist an die demokratischen Organisationen zurückzugeben, in deren Besitz sich dieses im Augenblick der Beschlagnahme befand.

2. Falls das Eigentum früher einer heute nicht bestehenden demokratischen Organisation gehörte, kann dieses Eigentum einer demokratischen Organisation übergeben werden, deren Ziele mit denen der Organisation übereinstimmen, in deren Besitz sich das Eigentum früher befand.

3. Bewegliches und unbewegliches Eigentum, das durch den Nazistaat beschlagnahmt oder auf eine andere Weise enteignet war, und früher wohltätigen, kirchlichen oder humanitären Zwecken diente oder für solche bestimmt war, wird an die in der sowjetischen Besatzungszone zugelassenen Organisationen zurückgegeben, in deren Besitz sich dieses Eigentum im Augenblick seiner Beschlagnahme tatsächlich befand.

4. Bewegliches und unbewegliches Eigentum der in den Punkten 1 und 3 des vorliegenden Befehls aufgezählten Organisationen, das beschlagnahmt oder auf eine andere Weise enteignet wurde und das diesen Organisationen gemäß dem vorliegenden Befehl aus irgendwelchen Gründen nicht zurückgegeben oder übergeben wird, ist in den Besitz des Volkes zu übergeben.

5. Folgendes Eigentum unterliegt keiner Rückgabe und Übergabe:
a) Eigentum, das als Kriegspotential zu vernichten ist,
b) Eigentum, das zur Entnahme auf Reparationskonto vorgesehen ist,
c) Eigentum, das für Okkupationszwecke ausgenutzt wird,
d) Eigentum, das nach dem Bodenreformgesetz verteilt wurde.

6. Um die Maßnahmen zur Rückgabe des Eigentums demokratischer, religiöser oder karitativer Organisationen, das durch den Nazistaat beschlagnahmt oder auf eine andere Weise enteignet wurde, durchzuführen, werden die Ministerpräsidenten der Landesregierungen verpflichtet, Kommissionen aus Vertretern zugelassener politischer Parteien, Gewerkschaftsverbänden, der FDJ, des Frauenbundes, des Kulturbundes, der genossenschaftlichen Vereinigungen und der Wohlfahrtsorganisationen unter dem Vorsitz des Innenminister zu bilden.

Entscheidungen dieser Kommissionen über die Rückgabe des Eigentums sind durch die Länderregierungen zu bestätigen.

7. Die Arbeit zur Rückgabe des in den Punkten 1 und 3 erwähnten Eigentums ist bis zum 1. Juli 1948 abzuschließen.

Berlin, den 29. April 1948

Oberster Chef der sowjetischen Militärverwaltung
und Oberbefehlshaber der Gruppe sowjetischer Besatzungstruppen

22. Beschluß des demokratischen Magistrats von Groß-Berlin über die Durchführung des Gesetzes zur Einziehung von Vermögenswerten der Kriegsverbrecher und Naziaktivisten v. 8. Februar 1949

(VOBl. f. Groß-Berlin (Ostsektor) I S. 33)

In Übereinstimmung mit den Grundsätzen des am 27. März 1947 von der Stadtverordnetenversammlung angenommenen und durch Beschluß des demokratischen Magistrats in Kraft gesetzten Gesetzes zur Einziehung von Vermögenswerten der Kriegsverbrecher und Naziaktivisten beschließt der Magistrat von Groß-Berlin:

1. Von den von der sowjetischen Besatzungsmacht aus ihrem Sequester im sowjetischen Sektor von Groß-Berlin freigegebenen Betrieben und Vermögen der Kriegsverbrecher und Naziaktivisten, einschließlich des Eigentums der deutschen Monopole, sind die in Liste 1 genannten Vermögenswerte zu enteignen und in die Hände des deutschen Volkes zu überführen.

2. Die aus dem Sequester freigegebenen und in Liste 2 aufgeführten Vermögenswerte sollen an ihre Eigentümer zurückgegeben werden.

Die sowjetische Besatzungsmacht ist um die Genehmigung dieser Liste zu ersuchen.

3. Die Abteilung für Wirtschaft wird beauftragt, Vorschläge für die Verwertung der aus dem Sequester freigegebenen, aber nicht in den Listen 1 und 2 genannten sonstigen Vermögenswerte auszuarbeiten und dem Magistrat zur Bestätigung vorzulegen.

4. Zur Leitung der in Volkseigentum übergegangenen Betriebe ist bei der Abteilung für Wirtschaft des Magistrats ein Hauptamt für volkseigene Betriebe zu bilden. Die Treuhandverwaltung für beschlagnahmtes und sequestriertes Vermögen ist aufzulösen, da sie ihre Aufgabe erfüllt hat.

5. Der demokratische Magistrat von Groß-Berlin stellt fest, daß infolge des Vetos der westlichen Besatzungsmächte gegen die Durchführung des Gesetzes der Stadtverordnetenversammlung von

23. Gesetz zur Einziehung von Vermögenswerten **Anhang II/23**

Groß-Berlin vom 27. März 1947 zur Einziehung von Vermögenswerten der Kriegsverbrecher und Naziaktivisten und ihre Übergabe in die Hände des Volkes die Verwirklichung des Willens der Bevölkerung der westlichen Sektoren von Groß-Berlin auf den Widerstand äußerer Kräfte stößt. Infolgedessen ist die praktische Durchführung des Gesetzes vorläufig nur im sowjetischen Sektor möglich, obwohl das Gesetz für ganz Berlin gilt.

Die Durchführung dieses Gesetzes wird es nach der Wiederherstellung der Einheit der Stadt ermöglichen, auch in den westlichen Sektoren Berlins das Vermögen der Kriegsverbrecher und Naziaktivisten im Interesse der gesamten Bevölkerung auszunutzen.

Berlin, den 8. Februar 1949.

Der Magistrat von Groß-Berlin

23. Gesetz zur Einziehung von Vermögenswerten der Kriegsverbrecher und Naziaktivisten v. 8. Februar 1949

(VOBl. f. Groß-Berlin (Ostsektor) I S. 34)

Der Magistrat von Groß-Berlin hat nachstehendes Gesetz beschlossen, das hiermit verkündet wird:

§ 1. Das gesamte Vermögen von Kriegsverbrechern und Naziaktivisten wird zugunsten des deutschen Volkes entschädigungslos eingezogen.

Ausgenommen davon werden pfändungsfreie Gegenstände und Ansprüche. Die Einziehung erstreckt sich auch auf Vermögenswerte, die auf Grund des Gesetzes 52 oder der Befehle 124 und 126 der alliierten Besatzungsmächte beschlagnahmt sind.

Bis zur gesamtdeutschen Regelung übernimmt die Stadt Berlin die treuhänderische Verwaltung der eingezogenen Vermögenswerte.

§ 2. Als Kriegsverbrecher und Naziaktivisten gelten diejenigen Personen, die unter die in der Direktive Nr. 38 vom 12. Oktober 1946 des Alliierten Kontrollrates in Deutschland (siehe Amtsblatt des Kontrollrates in Deutschland Nr. 11 vom 31. Oktober 1946) im Abschnitt II – Artikel II und III als Hauptschuldige oder Belastete – (Aktivisten, Militaristen und Nutznießer) bezeichneten Gruppen fallen.

§ 3. Eingezogene Vermögenswerte, die für eine Überführung in Gemeineigentum nicht in Betracht kommen, sollen an Antifaschisten, insbesondere an Opfer des Faschismus und der Nürnberger Gesetzgebung oder Totalgeschädigte veräußert werden.

Der Erlös aus den veräußerten Vermögenswerten wird zugunsten eines Sonderfonds zur Wiedergutmachung für die Opfer des Faschismus und der Nürnberger Gesetzgebung in den Besitz der Stadt Berlin überführt. Über die Auswahl der Empfänger entscheidet endgültig ein vom Magistrat von Groß-Berlin zu wählender Ausschuß.

§ 4. Auf Grund des Gesetzes 52, der Befehle 124 und 126 der alliierten Besatzungsmächte und der Verordnung des Magistrats vom 2. Juli 1945 (VOBl. der Stadt Berlin Nr. 4 S. 45 ff.) oder aus Notrechtsgründen beschlagnahmte Vermögenswerte, bei denen es sich nach sorgfältiger Prüfung herausstellt, daß ihre Eigentümer keine Kriegsverbrecher oder Naziaktivisten waren, werden an die Eigentümer zurückgegeben.

Ein Entschädigungsanspruch gegen die Stadt Berlin wegen entgangenen Gewinnes oder Wertminderung ist ausgeschlossen, soweit nicht ein schuldhaftes Verhalten der Beteiligten vorliegt.

§ 5. Im Falle einer Werterhöhung des treuhänderisch verwalteten Vermögens, das gemäß § 4 herausgegeben werden soll, steht der Stadt Berlin bezüglich dieser während der Treuhänderschaft erzielten Werterhöhung das Bestimmungsrecht zu.

§ 6. Aus Anlaß des Eigentumswechsel dürfen Steuern und Gebühren nicht erhoben und Kosten nicht in Ansatz gebracht werden.

Für die Übertragung des Eigentums bedarf es nicht der vom Gesetz vorgeschriebenen Form.

§ 7. Einziehungsbehörde ist der Magistrat von Groß-Berlin. Er kann mit der Durchführung der Einziehung die Bezirksämter beauftragen.

§ 8. Die Einziehung wird dem Betroffenen durch Veröffentlichung einer Liste oder durch Zustellung eines Einziehungsbescheides bekanntgegeben.

Im Falle der Bekanntgabe durch Aufnahme in die Liste gilt der Tag der Verkündung im Verordnungsblatt für Groß-Berlin als der Tag der Zustellung des Einziehungsbescheides.

Der Betroffene hat das Recht, binnen vier Wochen nach Eingang des Einziehungsbescheides, vom Zustellungstage an gerechnet, gegen den Bescheid Einspruch einzulegen. Der Einspruch ist binnen weiterer vier Wochen zu begründen.

Über den Einspruch entscheidet endgültig ein Ausschuß des Magistrats von Groß-Berlin.

§ 9. Alle seit dem 8. Mai 1945 getroffenen Verfügungen, die geeignet sind, eine Einziehung von Vermögenswerten auf Grund dieses Gesetzes zu verhindern, sind nichtig.

§ 10. Dieses Gesetz tritt mit dem Tage seiner Verkündung im Verordnungsblatt für Groß-Berlin in Kraft.

Berlin, den 8. Februar 1949.

Der Magistrat von Groß-Berlin

24. Beschluß Nr. 162 des Magistrats von Groß-Berlin vom 28. April 1949 zur Überführung von Konzernen und sonstigen wirtschaftlichen Unternehmen in Volkseigentum

(VOBl. f. Groß-Berlin (Ostsektor) I S. 111)

Der Magistrat von Groß-Berlin hat durch Beschluß vom 8. Februar 1949 das „Gesetz zur Einziehung von Vermögenswerten der Kriegsverbrecher und Naziaktivisten" in Kraft gesetzt (VOBl. 1949 S. 34). Er hat damit den Willen des Volkes verwirklicht, der in diesem schon am 27. März 1947 von der Stadtverordnetenversammlung einstimmig angenommenen Gesetz ausgedrückt ist.

Nach der Erklärung des Magistrats vom 2. Dezember 1948 soll auch das von der Stadtverordnetenversammlung am 13. Februar 1947 mit großer Mehrheit beschlossene „Gesetz zur Überführung von Konzernen und sonstigen wirtschaftlichen Unternehmen in Gemeineigentum" durchgeführt werden. Bedeutende Konzern- und Monopolunternehmen sind bereits auf Grund des Gesetzes zur Einziehung von Vermögenswerten der Kriegsverbrecher und Naziaktivisten vom 8. Februar 1949 in Volkseigentum übergegangen. Für die Durchführung des am 13. Februar 1947 beschlossenen Gesetzes zur Überführung von Konzernen und sonstigen wirtschaftlichen Unternehmen in Gemeineigentum bleiben die Banken, die Versicherungskonzerne und einige andere Unternehmen monopolartigen Charakters übrig. Zu ihrer Überführung in die Hand des Volkes erläßt der Magistrat von Groß-Berlin in Übereinstimmung mit den Grundsätzen des am 13. Februar 1947 beschlossenen Gesetzes die

Verordnung zur Überführung von Konzernen und sonstigen wirtschaftlichen Unternehmen in Volkseigentum

Nach Durchführung des Gesetzes zur Einziehung von Vermögenswerten der Kriegsverbrecher und Naziaktivisten vom 8. Februar 1949 und der Verordnung zur Überführung von Konzernen und sonstigen wirtschaftlichen Unternehmen in Volkseigentum (VOBl. I 1949 S. 112) ist im sowjetischen Sektor von Groß-Berlin die Überführung von Vermögenswerten in Volkseigentum abgeschlossen.

Eine Enteignung kann nur zum Wohl der Allgemeinheit und nur auf gesetzlicher Grundlage vorgenommen werden. Sie erfolgt gegen angemessene Entschädigung, soweit nicht das Gesetz etwas anderes bestimmt.

Der Magistrat von Groß-Berlin

25. Verordnung zur Überführung von Konzernen und sonstigen wirtschaftlichen Unternehmen in Volkseigentum v. 10. Mai 1949

(VOBl. f. Groß-Berlin (Ostsektor) I S. 112)

Der Magistrat von Groß-Berlin hat nachstehende Verordnung beschlossen, die hiermit verkündet wird:

§ 1. Die Banken und die Versicherungsunternehmen sowie die Grundstücks-Gesellschaften und -Eigentümer, die in den dieser Verordnung beigefügten Listen A, B und C aufgeführt sind, werden mit ihrem gesamten Vermögen sowie dem Vermögen der von ihnen abhängigen, in Berlin ansässigen Tochtergesellschaften enteignet. Ihr Vermögen wird in das Eigentum des Volkes überführt.

Den in den Listen aufgeführten Unternehmen und Gesellschaften ist jede weitere Tätigkeit in Groß-Berlin verboten.

§ 2. Die enteigneten Vermögenswerte der Versicherungsunternehmen sind ausschließlich zur Sicherung der Interessen der Versicherten zu verwenden.

Die im Zeitpunkt der Enteignung bei den durch § 1 betroffenen Versicherungsunternehmen bestehenden Versicherungsverträge werden nach näherer Bestimmung der gemäß § 5 zu erlassenden Durchführungsbestimmungen von der neu zu gründenden Versicherungsanstalt „Berolina", allgemeine Versicherungsanstalt von Groß-Berlin, übernommen.

Für die Erfüllung der sich hieraus für die „Berolina" ergebenden Verpflichtungen bürgt die Stadt Groß-Berlin.

§ 3. In welchem Umfange die nach dieser Verordnung in das Eigentum des Volkes übergegangenen Vermögenswerte zur Erfüllung von nicht nach § 2 übernommenen Verpflichtungen herangezogen werden, wird durch besondere Verordnung bestimmt.

§ 4. Kriegsverbrecher und Naziaktivisten im Sinne des Gesetzes zur Einziehung von Vermögenswerten der Kriegsverbrecher und Naziaktivisten vom 8. Februar 1949 (VOBl. S. 34) erhalten keine Entschädigung. Art und Höhe der Entschädigung in den übrigen Fällen werden vom Magistrat von Groß-Berlin nach Recht und Billigkeit festgesetzt.

Der Entschädigungsanspruch ruht bis zur gesamtdeutschen Regelung des inneren Lastenausgleiches.

§ 5. Die Abteilung Banken und Versicherungen und die Abteilung Bau- und Wohnungswesen des Magistrats von Groß-Berlin werden ermächtigt, jede in ihrem Zuständigkeitsbereich, im Einvernehmen mit der Abteilung Wirtschaft und der Abteilung Finanzen des Magistrats von Groß-Berlin Durchführungsbestimmungen zu dieser Verordnung zu erlassen.

§ 6. Diese Verordnung tritt am 1. Mai 1949 in Kraft.

Berlin, den 10. Mai 1949.

Der Magistrat von Groß-Berlin

III. DDR-Recht

1. Verordnung über die Auseinandersetzung bei Besitzwechsel von Bauernwirtschaften aus der Bodenreform v. 21. Juni 1951

(GBl. Nr. 78 S. 629)

Durch die demokratische Bodenreform haben landlose und landarme Bauern, Landarbeiter und Umsiedler eine neue, sichere Existenzgrundlage erhalten. Eine Veräußerung der übernommenen Neubauernwirtschaften ist nach Artikel VI der Bodenreform-Verordnungen der Länder vom September 1945 nicht gestattet. Die Rückgabe einer Neubauernwirtschaft aus persönlichen Interessen ist unserem Volke gegenüber nicht zu verantworten, denn die Regierung der Deutschen Demokratischen Republik trifft laufend Maßnahmen, unseren Bauern bei der Überwindung wirtschaftlicher Schwierigkeiten zu helfen.

Zur Regelung solcher überprüften und gerechten Fälle, in denen eine Übergabe an andere Bodenbewerber unvermeidlich ist, und um die weitere Entwicklung dieser Neubauernwirtschaften nicht zu schädigen, wird folgende Verordnung erlassen:

§ 1. (1) Neubauernwirtschaften, die wegen Krankheit, Tod oder Alter von den bisherigen Eigentümern in den Bodenfonds zurückgegeben werden, sind unverzüglich an neue Bodenbewerber zu vergeben.

(2) Neubauernwirtschaften können nur zum 30. Juni eines jeden Jahres zurückgegeben werden. Der Bauer meldet die beabsichtigte Rückgabe der zuständigen Kreiskommission zur Durchführung der Bodenreform (Kreisbodenkommission) spätestens drei Monate vorher schriftlich oder zu Protokoll an. Eine Ausnahme von der Einhaltung der Frist ist nur im Todesfalle zulässig.

(3) Die Aufgabe einer Neubauernwirtschaft aus persönlichen Interessen ohne Genehmigung durch die zuständige Kreisbodenkommission verstößt gegen die Lebensinteressen unseres Volkes und ist deshalb unzulässig.

§ 2. (1) Lebendes und totes Inventar, das durch die Bodenreform dem zurückgebenden Bauern zugeteilt worden ist, darf von der Neubauernwirtschaft nicht entfernt werden. Ist dieses zugeteilte lebende oder tote Inventar nicht mehr oder nur noch teilweise vorhanden, so hat der zurückgebende Bauer anderes lebendes oder totes Inventar in gleichem Wert zurückzulassen, wobei ein Austausch der Art des ursprünglich übernommenen Inventars zu vermeiden ist.

(2) Reicht das Inventar gemäß Abs. 1 zu einer ordnungsmäßigen Fortführung der Neubauernwirtschaft nicht aus, so muß der zurückgebende Bauer auch von dem sonst vorhandenen Inventar so viel zurücklassen, wie zu einer ordnungsmäßigen Weiterführung der Neubauernwirtschaft erforderlich ist.

(3) Außer lebendem und totem Inventar sind die für die ordnungsmäßige Weiterführung der Neubauernwirtschaft bis zum Anschluß an die neue Ernte erforderlichen Vorräte, Saatgut, Düngemittel usw. auf der Neubauernwirtschaft zurückzulassen.

(4) Darüber, welches lebende und tote Inventar sowie welche Vorräte zu einer ordnungsmäßigen Weiterführung der Neubauernwirtschaft erforderlich sind, entscheidet die zuständige Kreisbodenkommission nach Anhören der Ortsvereinigung der gegenseitigen Bauernhilfe (Bäuerliche Handelsgenossenschaft) innerhalb eines Monats nach gemäß § 1 Abs. 2 erstatteter Meldung.

§ 3. (1) Inventar, das durch die Bodenreform unentgeltlich zugeteilt worden ist, sowie nach § 2 Abs. 1 dafür zurückzulassendes Ersatzinventar sind entschädigungslos zurückzugeben.

(2) Das sonstige lebende und tote Inventar sowie die Vorräte, das Saatgut, die Düngemittel usw., die auf der Neubauernwirtschaft zurückzulassen sind, sind dem zurückgebenden Bauern nach dem Zeitwert zu erstatten, wobei eine Wertminderung des durch die Bodenreform zugeteilten Inventars und ein Minderwert des Ersatzinventars bei der Festsetzung der Entschädigung in Abzug zu bringen sind.

1. VO ü. Auseinandersetzung bei Besitzwechsel von Bauernwirtschaften **Anhang III/1**

§ 4. (1) Nach dem Zeitwert ist der sich aus nachweisbaren notwendigen Aufwendungen aus privaten Mitteln für Neubauten, Instandsetzung und Ausbau von Gebäuden ergebende Wertzuwachs der Wirtschaft zu erstatten.

(2) Übersteigen die Aufwendungen für Baulichkeiten nach Abs. 1 erheblich den normalen Bedarf an Wohn- und Wirtschaftsräumen einer Neubauernwirtschaft, werden diese für die Wirtschaftsführung nicht notwendigen Aufwendungen dem zurückgebenden Bauern nicht erstattet.

(3) Eine Wertminderung der Neubauernwirtschaft, insbesondere der Waldstücke, ist in Abzug zu bringen.

§ 5. (1) Die Höhe der nach §§ 3 und 4 zu gewährenden Entschädigung wird von der zuständigen Kreisbodenkommission nach Anhören der Ortsvereinigung der gegenseitigen Bauernhilfe (Bäuerliche Handelsgenossenschaft) festgesetzt.

(2) Ebenso wird die von dem zurückgebenden Bauern zu zahlende Entschädigung festgesetzt, falls die anzurechnenden Wertminderungen dessen Erstattungsansprüche übersteigen.

(3) Von der Anmeldung der bevorstehenden Rückgabe einer Neubauernwirtschaft ist das zuständige Finanzamt durch die Kreisbodenkommission zu unterrichten. Das Finanzamt kann sich durch einen Vertreter an den Verhandlungen der Kreisbodenkommission über die Festsetzung der Entschädigung beteiligen.

§ 6. (1) Die bis zur Rückgabe der Neubauernwirtschaft für den Boden fälligen Kaufpreisraten gemäß Artikel V der Bodenreform-Verordnungen der Länder gelten durch die Nutzung der Neubauernwirtschaft als abgegolten. Über den Fälligkeitstermin hinaus entrichtete Kaufpreisraten werden nur dann zurückerstattet, wenn sie nicht vor der Währungsreform geleistet wurden. Bei dieser Rückerstattung ist eine nach § 5 Abs. 2 von dem zurückgebenden Bauern zu zahlende Entschädigung in Abzug zu bringen.

(2) Bis zur Rückgabe der Neubauernwirtschaft fällige und noch nicht entrichtete Kaufpreisraten sind von einer nach § 5 Abs. 1 zu gewährenden Entschädigung abzusetzen.

(3) Die Berechnung und Festsetzung ist von der Kreisbodenkommission durchzuführen.

§ 7. (1) Bei der Anmeldung der Rückgabe einer Neubauernwirtschaft hat der Bauer eine Aufstellung seiner Schulden einzureichen.

(2) Auf Grund der Schuldenaufstellung hat die Kreisbodenkommission die genaue Höhe der Schulden des Bauern bei den öffentlichen Kassen, den Kassen der Körperschaften des öffentlichen Rechts und den Genossenschaften nachzuprüfen. Der zur Deckung dieser Schulden erforderliche Betrag ist von der dem Bauern zu zahlenden Entschädigung (§§ 5 und 6) einzubehalten und an die Kassen abzuführen mit Ausnahme der für Baukredite bestehenden Schulden.

(3) Reicht die Entschädigung nicht zur Deckung aller Schulden aus, so sind zuerst die rückständigen Löhne, sodann die rückständigen Steuern und danach die rückständigen Kaufpreisraten für den Boden zu bezahlen. Ein verbleibender Rest der Entschädigung ist den übrigen vorstehend bezeichneten Gläubigern zu gleichen Anteilen im Verhältnis zur Höhe ihrer Forderungen auszuzahlen.

(4) Die Höhe der am Tage der Rückgabe bestehenden Schuld an Bodenreform-Baukrediten ist nur festzustellen. Diese Schuld übernimmt der nachfolgende Bauer, der auch in den Vorteil der auf Grund des Gesetzes vom 8. September 1950 über Entschuldung und Kredithilfe für Klein- und Mittelbauern (GBl. S. 969) erfolgten Entschuldung kommt. Von dem zurückgebenden Bauern über die fällig gewesenen Tilgungsraten hinaus zurückgezahlte Tilgungsbeträge der Baukreditschuldsumme werden ihm zurückerstattet.

§ 8. (1) Die nach §§ 3 bis 7 an den Bauern zu zahlende Entschädigung wird aus Haushaltsmitteln des Landes für diesen Zweck zur Verfügung gestellt.

(2) Die von dem Bauern zu zahlende Entschädigung wird in gleicher Weise wie der Kaufpreis für den Boden eingezogen.

§ 9. (1) Ist die Neubauernwirtschaft dem Bauern durch Beschluß der Landesbodenkommission aus Gründen, die in der Person des Bauern liegen, entzogen worden, so dürfen lebendes und totes Inventar sowie landwirtschaftliche Erzeugnisse, Saatgut, Düngemittel usw. von der Neubauernwirtschaft nicht entfernt werden. Außerdem geht er aller Erstattungs- oder sonstiger Ansprüche, die ihm bei einer ordnungsmäßigen Rückgabe zustehen würden, verlustig.

(2) Das gleiche trifft zu, wenn der Bauer seine Neubauernwirtschaft ohne ordnungsgemäße Rückgabe verlassen hat.

§ 10. (1) Der zurückgebende Bauer hat das Grundstück und die bisher von ihm benutzte Wohnung zu dem von der Kreisbodenkommission bestimmten Termin zu räumen, der jedoch bei ordnungsmäßiger Rückgabe nicht später als bis zum 31. Juli des Jahres festgesetzt werden darf. Die Räumung ist bei Fristüberschreitung oder Weigerung im Verwaltungszwangsverfahren durchzuführen. Die Anmeldung der Rückgabe einer Neubauernwirtschaft ist von der Kreisbodenkommission unter Angabe der Räumungsfrist dem Kreiswohnungsamt mitzuteilen.

(2) Die Vorschriften des Abs. 1 finden entsprechende Anwendung, wenn der zurückgebende Bauer mit Rücksicht auf die Übernahme der Neubauernwirtschaft eine Wohnung in einem fremden Grundstück bezogen hat oder auf einem solchen Grundstück Wirtschaftsgebäude benutzt.

§ 11. (1) Rechtsgeschäfte über lebendes oder totes Inventar sowie über landwirtschaftliche Erzeugnisse, welche der Bauer im letzten Jahr vor der Rückgabe abgeschlossen hat, können innerhalb von sechs Monaten nach Rückgabe der Neubauernwirtschaft durch Klage gegen den anderen Vertragsteil angefochten werden, wenn durch das Rechtsgeschäft der zur ordnungsgemäßen Fortführung der Neubauernwirtschaft erforderliche Bestand (§ 2) gemindert wird und dies dem anderen Teil bekannt war oder von ihm hätte erkannt werden müssen. Rechtsgeschäfte zur Erfüllung des Ablieferungssolls werden hiervon nicht betroffen. Für das Anfechtungsverfahren, in welchem das Land durch den Vorsitzenden der Kreisbodenkommission vertreten wird, ist das ordentliche Gericht zuständig.

(2) Nimmt der Bauer Rechtsgeschäfte über Inventar vor, die eine ordnungsgemäße Fortführung der Neubauernwirtschaft beeinträchtigen, oder ist aus anderen Gründen anzunehmen, daß er die Neubauernwirtschaft aufgeben will, so kann der Vorsitzende der Kreisbodenkommission durch schriftliche Anordnung dem Bauern jede Verfügung über Inventar und landwirtschaftliche Erzeugnisse im öffentlichen Interesse verbieten. Das Verfügungsverbot ist zuzustellen und in der für amtliche Bekanntmachungen des Rates des Kreises bestimmten Zeitung zu veröffentlichen. Wird dem Verfügungsverbot zuwidergehandelt, so sind die aus der Nichtigkeit des Rechtsgeschäfts sich ergebenden Ansprüche durch den Vorsitzenden der Kreisbodenkommission im Verwaltungswege geltend zu machen.

(3) Nach der Zustellung des Verfügungsverbotes darf der Bauer Verfügungen über Inventar oder Vorräte nur mit Zustimmung des Vorsitzenden der Kreisbodenkommission, die für jeden einzelnen Fall gesondert zu erteilen ist, vornehmen.

§ 12. (1) Alle Entscheidungen der Kreisbodenkommission sind den Betroffenen zuzustellen oder gegen Empfangsbescheinigung auszuhändigen. Die Entscheidung soll eine Rechtsmittelbelehrung enthalten.

(2) Gegen die Entscheidungen können die Betroffenen innerhalb einer Ausschlußfrist von zwei Wochen nach Empfang der Entscheidung Einspruch bei der zuständigen Kreisbodenkommission einlegen. Wird dem Einspruch nicht stattgegeben, so entscheidet die Landesbodenkommission auf Beschwerde endgültig. Der Einspruch muß schriftlich oder zu Protokoll bei der zuständigen Kreisbodenkommission, die Beschwerde ebenso beim Sekretariat der Landesbodenkommission oder bei der zuständigen Kreisbodenkommission eingelegt werden.

§ 13. (1) Der nachfolgende Erwerber erhält die Neubauernwirtschaft durch die Kreisbodenkommission als Neuzuteilung aus dem Bodenfonds. Seine Verpflichtung zur Zahlung des Kaufpreises für den Boden regelt sich nach den Bestimmungen über die Erstausgabe von Bodenreformland. Kaufpreisraten, die von den Vorbesitzern geleistet worden sind, werden nicht angerechnet.

(2) Beträge für Wertverbesserungen, die dem Vorbesitzer gutgebracht worden sind, müssen dem Kaufpreis, wie dieser bei der Erstaufgabe festgesetzt worden ist, hinzugerechnet werden.

§ 14. (1) Veräußert ein Bauer, welcher zu seinem Altbesitz Land aus der Bodenreform zugeteilt erhalten hat, seinen Altbesitz, so fällt das aus dem Bodenfonds stammende Land an den Bodenfonds zurück. Für die Auseinandersetzung und die Neuzuteilung gelten die vorstehenden Bestimmungen entsprechend. Die Neuzuteilung des zurückfallenden Landes hat jedoch bei entsprechendem Antrag in erster Linie an den Erwerber des Altbesitzes zu erfolgen, sofern durch die Neuzuteilung der Grundbesitz des Erwerbers den Umfang einer Familienwirtschaft nicht übersteigt. Erwirbt die Ver-

2. VO ü. Verwaltung und Schutz ausländischen Eigentums in der DDR **Anhang III/2**

einigung volkseigener Güter auf Grund des Vorkaufsrechts den Altbesitz, so ist ihr auf ihren Antrag auch das Land aus dem Bodenfonds zuzuteilen.

(2) Die Vorschriften des Abs. 1 finden entsprechende Anwendung, wenn der Altbesitz auf Grund eines Pachtvertrages bewirtschaftet wurde und zufolge Beendigung des Pachtvertrages zurückgegeben werden muß.

§ 15. Gibt ein Eigentümer einer zugeteilten Kleinparzelle deren Bewirtschaftung auf, erfolgt die Auseinandersetzung entsprechend den vorstehenden Bestimmungen. Die Neuzuteilung von aus dem Bodenfonds stammendem Kleingartenland hat auf Antrag an die Kleingartenhilfe des Freien Deutschen Gewerkschaftsbundes, andernfalls an ablieferungspflichtige Betriebe und nur, wenn dies untunlich ist, an einen anderen Kleingärtner zu erfolgen.

§ 16. Wer den Bestimmungen der §§ 1 Abs. 3, 9 und 11 Abs. 3 zuwiderhandelt, wird nach § 9 der Wirtschaftsstrafverordnung vom 23. September 1948 (ZVOBl. S. 439) bestraft.

§ 17. Durchführungsbestimmungen zu dieser Verordnung erläßt das Ministerium für Land- und Forstwirtschaft der Deutschen Demokratischen Republik im Einvernehmen mit den beteiligten Ministerien.

§ 18. Diese Verordnung tritt mit ihrer Verkündigung in Kraft.[1]

2. Verordnung über die Verwaltung und den Schutz ausländischen Eigentums in der Deutschen Demokratischen Republik

Vom 6. September 1951

(GBl. Nr. 111 S. 839)

Der Regierung der Deutschen Demokratischen Republik sind die Verwaltung und der Schutz des ausländischen Vermögens übertragen worden, das bis zur Übergabe der Verwaltungsfunktionen an die deutschen Dienststellen unter Kontrolle der Sowjetischen Militär-Administration stand.

Die Regierung der Deutschen Demokratischen Republik hat die Verwaltung und den Schutz des ausländischen Vermögens übernommen und bestimmt dazu das Folgende:

§ 1. [Grundsätze] (1) Vermögen, das ganz oder teilweise Ausländern gehört oder unmittelbar oder mittelbar unter dem Einfluß von Ausländern steht, wird in Verwaltung und Schutz genommen.

(2) Der Verwaltung und dem Schutz unterliegt das ausländische Vermögen, das am 8. Mai 1945 vorhanden war.

(3) Die endgültige Regelung der das ausländische Vermögen betreffenden Fragen erfolgt bei Abschluß des Friedensvertrages mit Deutschland.

§ 2. [Durchführung der Verwaltung] (1) Die Verwaltung des ausländischen Vermögens wird bis zum Abschluß des Friedensvertrages mit Deutschland von den zuständigen Fachministerien oder den dazu bestimmten Körperschaften durchgeführt.

(2) Die Verwaltung des ausländischen Vermögens wird übertragen:
a) Für wirtschaftliche Unternehmen, die Ausländern gehören oder an denen Ausländer ganz oder überwiegend beteiligt sind, den zuständigen Fachministerien der Deutschen Demokratischen Republik oder den Organen für die Verwaltung der örtlichen Industrie.
Die Fachministerien der Deutschen Demokratischen Republik können die Verwaltung den ihnen unterstehenden Vereinigungen der volkseigenen Wirtschaft übertragen.
b) Für sonstige ausländische Beteiligungen an wirtschaftlichen Unternehmen, der Deutschen Investitionsbank.
Dies gilt nicht für Beteiligungen, die zum Betriebsvermögen der nach a) verwalteten Unternehmen gehören. Die Rechte aus diesen Beteiligungen werden von den unter a) genannten Fachministerien oder Organen wahrgenommen.

---

[1] Tag der Verkündung: 29. 6. 1951.

c) Für ausländische Vermögenswerte, die sich im Besitz, in Verwaltung oder Verwahrung von öffentlichen Körperschaften, Anstalten oder Organisationen befinden, den jeweils zuständigen Fachministerien der Deutschen Demokratischen Republik und der Länder.
Die Ministerien können die Verwaltung den ihnen nachgeordneten Körperschaften, Anstalten oder Organisationen übertragen.
d) Für Zahlungsmittel, Wertpapiere und Wertsachen, die sich in Verwahrung von Banken und Sparkassen befinden, der Deutschen Notenbank.
e) Für Postscheck- und Postspalguthaben, der Deutschen Post.
f) Für alle übrigen ausländischen Vermögenswerte, die sich in ihrem Gebiet befinden, den Stadt- und Landkreisen oder den vom Ministerium der Finanzen der Deutschen Demokratischen Republik bestimmten Verwaltungsdienststellen.

§ 3. [Verwaltungskontrolle] Die Kontrolle über die Verwaltung übt das Ministerium der Finanzen der Deutschen Demokratischen Republik aus. Es kann Weisungen in grundsätzlichen und in Einzelfragen geben und die zur Durchführung gelangenden Maßnahmen auf ihre Zulässigkeit und Zweckmäßigkeit überprüfen.

§ 4. [Verbot der Verfügung; Aufgaben des Verwalters] (1) Jede Verfügung über ausländisches Eigentum, das unter Verwaltung und Schutz steht, ist verboten. Dies gilt auch für Verfügungen im Wege der Zwangsvollstreckung sowie für die Vollziehung von Arresten und einstweiligen Verfügungen.

(2) Die Verwalter ausländischen Vermögens sind verpflichtet, dieses nach den Regeln ordnungsmäßiger Wirtschaftsführung mit den ihnen zur Verfügung stehenden Mitteln zu bewirtschaften. Sie können die hierzu erforderlichen Rechtsgeschäfte abschließen und in diesem Rahmen über das verwaltete Vermögen verfügen.

(3) Erforderliche Investitionen in ausländisches Vermögen werden nach den gesetzlichen Bestimmungen behandelt, die für die Privatwirtschaft gelten.

§ 5. [Eintragung der Verwaltung; Befugnisse der Beteiligten] (1) Ist ein Unternehmen im Handels- oder Genossenschaftsregister eingetragen, so ist einzutragen, daß Verwaltung auf Grund dieser Verordnung besteht. Das gleiche gilt für Rechte, Ansprüche und Eintragungen, die in einem sonstigen öffentlichen Buch oder Register (Grundbuch, Schiffsregister, Vereinsregister) eingetragen sind.

(2) Bis zum Abschluß des Friedensvertrages mit Deutschland sind die mit der Verwaltung ausländischen Vermögens Beauftragten zu allen gerichtlichen und außergerichtlichen Rechtshandlungen im Gebiet der Deutschen Demokratischen Republik befugt, die die Verwaltung des Vermögens mit sich bringt.

(3) Die Befugnisse der Eigentümer oder Berechtigten oder der bisher zur Verwaltung oder Vertretung ermächtigten Personen können nur mit Zustimmung der Regierung der Deutschen Demokratischen Republik ausgeübt werden.

§ 6. [Einnahmeüberschüsse] Die bei der Verwaltung des ausländischen Vermögens erzielten Gewinne (Einnahmeüberschüsse) sind auf ein Sammelkonto zu überweisen. Von diesem Konto werden die mit der Verwaltung und dem Schutz des ausländischen Vermögens verbundenen Kosten gedeckt.

§ 7. [Strafe] Zuwiderhandlungen gegen die Vorschriften dieser Verordnung werden nach den gesetzlichen Bestimmungen betraft.

§ 8. [Durchführungsbestimmungen] Durchführungsbestimmungen zu dieser Verordnung erläßt das Ministerium der Finanzen der Deutschen Demokratischen Republik gemeinsam mit dem Ministerium für Auswärtige Angelegenheiten.

§ 9. [Außerkrafttreten] Mit Inkrafttreten dieser Verordnung treten alle bisher von deutschen Verwaltungsorganen erlassenen Bestimmungen über die Verwaltung und den Schutz des ausländischen Vermögens außer Kraft.

§ 10. [Inkrafttreten] Diese Verordnung tritt mit ihrer Verkündung in Kraft.[1]

[1] Tag der Verkündung: 15. 9. 1951.

3. Verordnung über die Verwaltung und den Schutz ausländischen Eigentums in Groß-Berlin

Vom 18. Dezember 1951

(VOBl. f. Groß-Berlin (Ostsektor) I S. 565)

Die Regierung der Deutschen Demokratischen Republik ist die Verwaltung und der Schutz des ausländischen Vermögens übertragen worden, das bis zur Übergabe der Verwaltungsfunktionen an die deutschen Dienststellen unter Kontrolle der Sowjetischen Militär-Administration stand.

In Angleichung an die von der Regierung der Deutschen Demokratischen Republik erlassene Verordnung vom 6. September 1951 über die Verwaltung und den Schutz ausländischen Eigentums (GBl. S. 839) hat der Magistrat von Groß-Berlin nachstehende Verordnung beschlossen, die hiermit verkündet wird:

§ 1. [**Vermögen von Ausländern**] (1) Vermögen, das ganz oder teilweise Ausländern gehört oder unmittelbar oder mittelbar unter dem Einfluß von Ausländern steht, wird in Verwaltung und Schutz genommen.

(2) Der Verwaltung und dem Schutz unterliegt das ausländische Vermögen, das am 8. Mai 1945 vorhanden war.

(3) Die endgültige Regelung der das ausländische Vermögen betreffenden Fragen erfolgt beim Abschluß des Friedensvertrages mit Deutschland.

§ 2. [**Ausübung der Verwaltung**] (1) Die Verwaltung des ausländischen Vermögens wird bis zum Abschluß des Friedensvertrages mit Deutschland von den zuständigen Fachministerien der Deutschen Demokratischen Republik, den von ihnen bestimmten Körperschaften sowie vom Magistrat von Groß-Berlin ausgeübt.

(2) Die Verwaltung des ausländischen Vermögens wird übertragen:

a) für wirtschaftliche Unternehmen, die Ausländern gehören oder an denen Ausländer ganz oder überwiegend beteiligt sind,
den zuständigen Fachministerien der Deutschen Demokratischen Republik oder der Abteilung Wirtschaft des Magistrats von Groß-Berlin.
Die Abteilung Wirtschaft des Magistrats von Groß-Berlin kann die Verwaltung den ihr unterstehenden Betrieben der volkseigenen Wirtschaft übertragen;
b) für sonstige ausländische Beteiligungen an wirtschaftlichen Unternehmen
der Deutschen Investitionsbank.
Dies gilt nicht für Beteiligungen, die zum Betriebsvermögen der nach a) verwalteten Unternehmen gehören. Die Rechte aus diesen Beteiligungen werden von den zuständigen Fachministerien der Deutschen Demokratischen Republik, der Abteilung Wirtschaft des Magistrats von Groß-Berlin oder deren Beauftragten wahrgenommen;
c) für ausländische Vermögenswerte, die sich im Besitz, in Verwaltung oder Verwahrung von öffentlichen Körperschaften, Anstalten oder Organisationen der Stadt Berlin befinden sowie Mobilien,
der Verwaltungsstelle für Sondervermögen des Magistrats von Groß-Berlin;
d) für Zahlungsmittel (Sparguthaben), Wertpapiere und Wertsachen, die sich in Verwahrung von Banken und Sparkassen befinden,
der Deutschen Notenbank;
e) für Liegenschaften
der Verwaltungsstelle für Sondervermögen des Magistrats von Groß-Berlin, Amt für ausländisches Vermögen;
f) für alle übrigen ausländischen Vermögenswerte, die sich im Gebiet von Groß-Berlin befinden, den vom Magistrat von Groß-Berlin, Abteilung Finanzen, bestimmten Verwaltungsdienststellen.

§ 3. [**Kontrolle über die Verwaltung**] Die Kontrolle über die Verwaltung übt das Ministerium der Finanzen der Deutschen Demokratischen Republik aus. Es kann Weisungen in grundsätzlichen und in Einzelfragen geben und die zur Durchführung gelangenden Maßnahmen auf ihre Zulässigkeit und Zweckmäßigkeit überprüfen.

§ 4. [Verfügungsverbot; ordnungsmäßige Wirtschaftsführung] (1) Jede Verfügung über ausländisches Eigentum, das unter Verwaltung und Schutz steht, ist verboten. Dies gilt auch für Verfügungen im Wege der Zwangsvollstreckung sowie für die Vollziehung von Arresten und einstweiligen Verfügungen.

(2) Die Verwalter ausländischen Vermögens sind verpflichtet, dieses nach den Regeln ordnungsmäßiger Wirtschaftsführung mit den ihnen zur Verfügung stehenden Mitteln zu bewirtschaften. Sie können die hierzu erforderlichen Rechtsgeschäfte abschließen und in diesem Rahmen über das verwaltete Vermögen verfügen.

(3) Erforderliche Investitionen in ausländisches Vermögen werden nach den gesetzlichen Bestimmungen behandelt, die für die Privatwirtschaft gelten.

§ 5. [Grundbucheintragung; Verwaltungsbefugnisse] (1) Ist ein Unternehmen im Handels- oder Genossenschaftsregister eingetragen, so ist einzutragen, daß Verwaltung auf Grund dieser Verordnung besteht. Das gleiche gilt für Rechte, Ansprüche und Eintragungen, die in einem sonstigen öffentlichen Buch oder Register (Grundbuch, Schiffsregister, Vereinsregister) eingetragen sind.

(2) Bis zum Abschluß des Friedensvertrages mit Deutschland sind die mit der Verwaltung ausländischen Vermögens Beauftragten zu allen gerichtlichen und außergerichtlichen Rechtshandlungen im Gebiet von Groß-Berlin befugt, die die Verwaltung des Vermögens mit sich bringt.

(3) Die Befugnisse der Eigentümer oder Berechtigten oder der bisher zur Verwaltung oder Vertretung ermächtigten Personen können nur mit Zustimmung der Regierung der Deutschen Demokratischen Republik ausgeübt werden.

§ 6. [Einnahmeüberschüsse] Die bei der Verwaltung des ausländischen Vermögens erzielten Gewinne (Einnahmeüberschüsse) sind auf ein Sammelkonto zu überweisen. Von diesem Konto werden die mit der Verwaltung und dem Schutz des ausländischen Vermögens verbundenen Kosten gedeckt.

§ 7. [Strafe] Zuwiderhandlungen gegen die Vorschriften dieser Verordnung werden nach den gesetzlichen Bestimmungen bestraft.

§ 8. [Durchführungsbestimmungen] Durchführungsbestimmungen zu dieser Verordnung erläßt die Abteilung Finanzen des Magistrats von Groß-Berlin.

§ 9. [Außerkrafttreten] Mit Inkrafttreten dieser Verordnung treten alle bisher vom Magistrat von Groß-Berlin erlassenen Bestimmungen über die Verwaltung und den Schutz ausländischen Vermögens außer Kraft.

§ 10. [Inkrafttreten] Diese Verordnung tritt mit ihrer Verkündung im Verordnungsblatt für Groß-Berlin in Kraft.[1]

4. Verordnung über devastierte landwirtschaftliche Betriebe

Vom 20. März 1952

(GBl. Nr. 38 S. 226)

Zur Wiederherstellung der vollen Produktionsfähigkeit landwirtschaftlicher Betriebe, die infolge der bauernfeindlichen Kriegspolitik und Kriegführung des deutschen Imperialismus verschuldet sind und deren Produktionsleistungen auch seit 1945 trotz der Hilfsmaßnahmen der Regierung noch nicht wieder voll hergestellt werden konnten, wird im Interesse der Erfüllung der Aufgaben der Landwirtschaft im Fünfjahrplan folgendes verordnet:

§ 1. [Treuhandschaft über verlassene Betriebe] (1) Bei Betrieben, die von ihrem Eigentümer verlassen wurden, ist vom Landrat ein Treuhänder einzusetzen. Die Treuhandschaft kann einem volkseigenen Gut übertragen werden. Für den Treuhänder gelten die Ausführungsbestimmungen vom 10. März 1949 zu der Anordnung zur Durchführung des Gesetzes Nr. 45 des Kontrollrats (ZVOBl. S. 139).

---

[1] Tag der Verkündung: 29. 12. 1951.

4. Verordnung über devastierte landwirtschaftliche Betriebe **Anhang III/4**

(2) Während der Treuhandschaft sind Leistungen für die bisher auf dem Betrieb lastenden Verbindlichkeiten nicht zu erbringen. Bei Übernahme ist eine ordnungsmäßige Bilanz aufzustellen. Dem Betrieb ist Vollstreckungsschutz zu gewähren.

(3) Über die Regelung rückständiger Löhne für Landarbeiter, Schulden bei der VdgB (BHG), bei den MAS und für den Betrieb getätigte Handwerkerleistungen, hat das Ministerium der Finanzen der Regierung der Deutschen Demokratischen Republik nach Überprüfung zu entscheiden. Rückständige Löhne für Landarbeiter sind bevorzugt abzugelten.

(4) Rückständige Steuern, Sozialbeiträge und sonstige öffentliche Leistungen sind gegenüber dem Eigentümer geltend zu machen.

(5) Die Deutsche Bauernbank wird ermächtigt, wenn nachweisbar erforderlich, dem Betrieb über die bestehenden Kredit-Richtlinien hinaus einen Sonderkredit bis zu 500,- DM je Hektar zu gewähren. Hiervon sind in der Regel 200,- DM als kurzfristiger und 300,- DM als mittelfristiger Kredit zu geben. Die Ausreichung des Krediten erfolgt nach den geltenden Bedingungen. Der Kredit ist durch Sicherungsübereignung der dafür angeschafften Werte zu sichern.

§ 2. [Treuhandschaft über unwirtschaftliche Betriebe] (1) Bei Betrieben, die infolge Arbeitsunfähigkeit der Eigentümer oder infolge schlechter Wirtschaftsführung des Eigentümers oder Bewirtschafters eine weit unter dem Durchschnitt liegende Produktion haben und bei denen unter dem Eigentümer oder Bewirtschafter keine Gewähr auf Verbesserung der Produktionsleistung gegeben ist, ist entsprechend dem Kontrollratsgesetz Nr. 45 vom 20. Februar 1947 (Amtsbl. d. KR. S. 256) ein Treuhänder einzusetzen oder die Verpachtung durchzuführen. Die Entscheidung hierüber erfolgt durch den Landrat, der dem Rat des Kreises darüber zu berichten hat.

(2) Während der Treuhänderschaft oder Pachtung sind Leistungen für die bisher auf dem Betrieb lastenden Verbindlichkeiten nicht zu erbringen. Bei Übernahme ist eine ordnungsmäßige Bilanz aufzustellen. Vollstreckungsschutz ist zu gewähren, solange der Betrieb von einem Treuhänder oder Pächter, der vom Rat des Kreises eingesetzt ist, bewirtschaftet wird.

(3) Rückständige Steuern, Sozialbeiträge und sonstige öffentliche Leistungen sind gegenüber dem Eigentümer geltend zu machen.

(4) Die Deutsche Bauernbank wird ermächtigt, für die Dauer der Treuhandschaft oder Pacht einen zusätzlichen Kredit in Höhe von 500,- DM je Hektar einzuräumen. Hiervon sind in der Regel 200,- DM als kurzfristiger und 300,- DM als mittelfristiger Kredit zu geben. Die Ausreichung des Krediten erfolgt nach den geltenden Bestimmungen. Der Kredit ist durch Sicherungsübereignung der dafür angeschafften Werte zu sichern.

(5) Der Betrieb wird unter die Kontrolle des Rates des Kreises gestellt. Der Landrat hat persönlich alle Maßnahmen zu treffen, die notwendig sind, um die normale Produktionsfähigkeit wieder zu erreichen und eine weitere Verschuldung zu verhindern. Er hat über die Maßnahmen dem Kreistag zu berichten.

(6) Bei Übernahme solcher Betriebe kann eine Sonderregelung bei der Veranlagung über die Pflichtablieferung landwirtschaftlicher Erzeugnisse gemäß § 3 Abs. 4 der Zweiten Durchführungsbestimmung vom 29. Januar 1952 zur Verordnung über die Pflichtablieferung und den Aufkauf landwirtschaftlicher Erzeugnisse für das Jahr 1952 – Pflichtablieferung landwirtschaftlicher Erzeugnisse (GBl. S. 93) vorgenommen werden. Für Betriebe, die einem volkseigenen Gut in Treuhandschaft übertragen werden, wird die Ablieferung landwirtschaftlicher Erzeugnisse vom Staatssekretariat für Erfassung und Aufkauf im Einvernehmen mit dem Ministerium für Land- und Forstwirtschaft der Regierung der Deutschen Demokratischen Republik geregelt.

§ 3. [Kreditgewährung] (1) Für die Betriebe, deren volle Produktionsfähigkeit ohne einen Überbrückungskredit nicht mehr gesichert ist, kann die Deutsche Bauernbank über die bestehenden Kreditrichtlinien hinaus einen kurzfristigen Kredit gewähren.

(2) Die Kreditausreichung darf nur mit Zustimmung des Landrates und nach Überprüfung des Betriebes durch eine Kommission, bestehend aus Vertretern des Kreditgebers, des Kreistages und der VdgB (BHG), erfolgen.

(3) Der Kredit ist durch Sicherungsübereignung zu sichern.

§ 4. [Durchführungsbestimmungen] Durchführungsbestimmungen erläßt das Ministerium für Land- und Forstwirtschaft im Einvernehmen mit den zuständigen Ministerien und Staatssekretariaten mit eigenem Geschäftsbereich.

5. Verordnung zur Sicherung von Vermögenswerten[1]

Vom 17. Juli 1952

(GBl. Nr. 100 S. 615)

§ 1. [Vermögensbeschlagnahme] (1) Das Vermögen von Personen, die das Gebiet der Deutschen Demokratischen Republik verlassen, ohne die polizeilichen Meldevorschriften zu beachten, oder hierzu Vorbereitungen treffen, ist zu beschlagnahmen.

(2) Beschlagnahmtes landwirtschaftliches Vermögen wird nach den Vorschriften über die Durchführung der demokratischen Bodenreform behandelt. Es kann auf Beschluß des Rates des Kreises einer landwirtschaftlichen Produktionsgenossenschaft oder einem volkseigenen Gut zur unentgeltlichen Nutzung übertragen werden.

§ 2. [Landwirtschaftlicher Grundbesitz] Landwirtschaftlicher Grundbesitz, der von den bisherigen Bewirtschaftern in der Absicht der Aufgabe verlassen worden ist, wird nach den Vorschriften über die Durchführung der demokratischen Bodenreform behandelt. Er kann auf Beschluß des Rates des Kreises einer landwirtschaftlichen Produktionsgenossenschaft oder einem volkseigenen Gut zur unentgeltlichen Nutzung übertragen werden.

§ 3. [Unbewegliches Vermögen landwirtschaftlicher Betriebe] Das unbewegliche Vermögen derjenigen landwirtschaftlichen Betriebe, deren Eigentümer auf Grund der Verordnung vom 26. Mai 1952 über Maßnahmen an der Demarkationslinie (GBl. S. 405) aus der Sperrzone umgesiedelt wurden, wird nach den Vorschriften über die Durchführung der demokratischen Bodenreform behandelt. Es kann auf Beschluß des Rates des Kreises einer landwirtschaftlichen Produktionsgenossenschaft oder einem volkseigenen Gut zur unentgeltlichen Nutzung übertragen werden.

§ 4. [Zuweisung von Grundeigentum] (1) Im Falle des § 3 ist dem bisherigen Eigentümer am neuen Wohnort Grundeigentum bis zum Umfange seines bisherigen landwirtschaftlichen Betriebes zuzuweisen.

(2) Soweit landwirtschaftliche Gebäude als Austausch am neuen Wohnort nicht zur Verfügung stehen, ist in Ausnahmefällen eine Entschädigung in Geld zulässig.

§ 5. [Rückgabe beweglichen Vermögens] (1) Im Falle des § 3 ist bewegliches Vermögen (lebendes und totes Inventar), das im früheren landwirtschaftlichen Betrieb zurückgelassen wurde, dem Eigentümer oder seinem gesetzlichen Vertreter zurückzugeben.

(2) Mit dem Einverständnis des Eigentümers kann das bewegliche landwirtschaftliche Vermögen, das im früheren landwirtschaftlichen Betrieb zurückgeblieben ist, in natura oder in Geld ersetzt werden.

§ 6. [Vermögensübernahme] Das im Gebiet der Deutschen Demokratischen Republik befindliche Vermögen von Personen deutscher Staatsangehörigkeit, die ihren Wohnsitz oder ständigen Aufenthalt in den westlichen Besatzungszonen Deutschlands oder in den von den westlichen Besatzungsmächten besetzten Sektoren Berlins haben, wird in den Schutz und die vorläufige Verwaltung der Organe der Deutschen Demokratischen Republik übernommen. Dasselbe gilt für juristische Personen, die ihren Sitz in dem genannten Gebiet haben.

§ 7. [Durchführungsanweisungen] Anweisungen zur Durchführung dieser Verordnungen erläßt das Ministerium des Innern im Einvernehmen mit den zuständigen Fachministerien.

§ 8. [Inkrafttreten] Diese Verordnung tritt am 18. Juli 1952 in Kraft.

---

[1] Aufgehoben durch VO vom 11. 6. 1953 (GBl. S. 805)

6. Anweisung zur Verordnung[1] zur Sicherung von Vermögenswerten vom 17. 7. 1952

Vom 17. Juli 1952

Auf Grund des § 7 der Verordnung zur Sicherung von Vermögenswerten vom 17. 7. 1952 wird folgendes angewiesen:

Zu § 1 Abs. 1

1. betreffs: Wohnraum
Freiwerdender Wohnraum wird durch die zuständigen Abteilungen Wohnungswesen der Städte bzw. Gemeinden erfaßt und nach den geltenden gesetzlichen Vorschriften über die Wohnraumlenkung verwertet.
Personen, die mit demjenigen, dessen Vermögen der Beschlagnahme nach den Bestimmungen dieser Verordnung unterliegt, in Wohngemeinschaft lebten, ist neuer Wohnraum zuzuweisen. Verantwortlich für die Meldung freiwerdenden Wohnraums an die zuständige Abteilung Wohnungswesen der Räte der Städte und Gemeinden sind die

a) Hauseigentümer bzw. Hausverwalter
b) Haus- und Straßenbeauftragte;
die Meldepflicht der zu a) Genannten leitet sich her aus Artikel 5 der Kontrollratsdirektive Nr. 18.

2. betreffs: Fälle, in denen lediglich bewegliche Vermögenswerte zu übernehmen sind.
Das vorhandene bewegliche Vermögen ist von den Räten der Städte bzw. Gemeinden zu übernehmen und zu veräußern. Der Erlös ist in den Haushalt zu übernehmen.

7. Zweite Anweisung zur Durchführung der Verordnung zur Sicherung von Vermögenswerten vom 17. 7. 1952

Vom August 1952

Zu § 6 VO

1. Lauben, Schrebergärten, Trümmergrundstücke, unbebaute, landwirtschaftliche Flächen u. a. werden durch die Räte der Städte bzw. Gemeinden in vorläufige Verwaltung genommen und geeigneten Nutzern miet- bzw. pachtweise überlassen. Zur Einzahlung der Miet- oder Pachtgelder ist ein Sperrkonto zu errichten.
2. Größere landwirtschaftliche Nutzflächen sind vom Rat des Kreises einer landwirtschaftlichen Produktionsgenossenschaft oder einem volkseigenen Gut in vorläufige Verwaltung zu übergeben. Soweit dies nicht möglich ist, verbleibt die vorläufige Verwaltung bei der Gemeinde, die diese Grundstücke in eigene Bewirtschaftung zu übernehmen hat. Bei der Bewirtschaftung durch die Gemeinde gelten folgende Bestimmungen:

a) Die Bewirtschaftung geschieht durch Bewirtschafter, die vom Rat der Gemeinde eingesetzt werden und durch den Rat des Kreises zu bestätigen sind.
b) Mit den vom Rat der Gemeinde eingesetzten Bewirtschaftern ist ein Arbeitsvertrag abzuschließen, in dem die Arbeitsbedingungen und die Entlohnung geregelt werden.
c) Der Anstellungsvertrag für die Bewirtschafter muß den allgemeinen Bestimmungen über die Einstellung von Arbeitskräften entsprechen. Der Bewirtschafter gilt als Angestellter des Rates der Gemeinde und ist entsprechend der Durchführungsbestimmung Nr. 3 zur Bodenreform anzusehen.
d) Durch den Bewirtschafter ist eine Eröffnungsbilanz aufzustellen. Der Rat der Gemeinde und der Rat des Kreises hat dabei die notwendige Hilfestellung zu leisten.
e) Der Bewirtschafter hat dem Rat der Gemeinde Rechenschaft abzulegen. Er vollzieht alle Rechtsgeschäfte im Auftrage des Rates der Gemeinde. Verfügungen über Geschäfte, deren Wert die Summe von DM 250 übersteigt, müssen vom Rat der Gemeinde gegengezeichnet werden (Bürgermeister).

---

[1] Aufgehoben durch VO vom 24. 6. 1953 (VOBl. I S. 214)

f) Bargeldvorräte, die die Summe von DM 25 übersteigen, sind allabendlich bei der zuständigen BHG oder notfalls beim Bürgermeister zu deponieren.
Dabei ist darauf zu achten, daß die Gelder einbruchsicher und feuerfest verwahrt werden.
g) Die eingehenden Gelder sind an die BHG einzuzahlen. Barabhebungen über 100 DM müssen vom Rat der Gemeinde (Bürgermeister) gegengezeichnet werden.
h) Für die Pflichtablieferung in pflanzlichen und tierischen Produkten ist bei den Ablieferungsstellen ein neues Konto zu eröffnen und das Konto des alten Bewirtschafters abzuschließen. Der neue Bewirtschafter übernimmt nicht rückständige Soll oder andere Verpflichtungen, die der vorhergehende Bewirtschafter eingegangen ist. Ist eine Selbstversorgung des Bewirtschafters vorübergehend nicht möglich, hat der Rat des Kreises die Versorgung oder teilweise durch Lebensmittelkarten sicherzustellen.
i) Die Bezahlung des Bewirtschafters erfolgt nach dem Landarbeitertarif für VEG Lohngruppe III. Zu diesem Lohn ist der Durchschnittssatz des Leistungslohnes zu setzen. Die Errechnung dieses Durchschnittssatzes hat durch die VVG des Landes zu erfolgen. Beginnend mit dem 5. ha. ist für jeden weiteren ha Land ein Zuschlag von 1% vom Grundlohn zu gewähren. Die Vergünstigung von 15% für Arbeiter in der Sperrzone gilt auch für die Bewirtschafter der Betriebe. Für die Versorgung des Bewirtschafters und seiner Familie mit Lebensmittel, Wohnung usw. kommt der tarifmäßige ortsübliche Abzug in Anwendung. Die im Tarif vorgesehene Spanne zwischen dem niedrigsten und höchsten Satz wird von dem Rat der Gemeinde mit dem Rat des Kreises zur Bestätigung in Vorschlag gebracht. Umlaufmittel für die Weiterführung des Betriebes werden zur Verfügung gestellt. Nähere Anweisung erteilt das Ministerium der Finanzen im Einvernehmen mit dem Ministerium für Land- und Forstwirtschaft und dem Ministerium des Innern.

Koordinierungs- und Kontrollstelle für die Arbeit der Verwaltungsorgane

8. Dritte Anweisung zur Durchführung der Verordnung zur Sicherung von Vermögenswerten vom 17. Juli 1952

Vom 28. Oktober 1952

§ 1. [Verlassen des Gebietes der DDR vor Inkrafttreten der Verordnung] (1) § 1 der Verordnung findet Anwendung auf das Vermögen von Personen, die vor Inkrafttreten der VO das Gebiet der DDR ohne Beachtung der polizeilichen Meldevorschriften verlassen haben. Vermögen im Sinne des § 1 ist das Vermögen, das diesen Personen gehörte, als sie das Gebiet der DDR verließen. Dieses Vermögen ist mit Inkrafttreten der VO (18. 7. 1952) kraft Gesetzes entweder Volkseigentum geworden, oder – soweit es sich um landwirtschaftliches Vermögen handelt – in den Bodenfonds übergegangen.

(2) Die Vorschriften des Abs. 1 sind nicht anzuwenden für

a) Vermögenswerte, die nach Inkrafttreten des Gesetzes zur Regelung des innerdeutschen Zahlungsverkehrs mit ordnungsgemäßer Genehmigung des Ministeriums der Finanzen oder der Deutschen Notenbank veräußert oder übertragen wurden.
b) Vermögenswerte, die vor Inkrafttreten des Gesetzes zur Regelung des innerdeutschen Zahlungsverkehrs unter Beachtung der jeweils geltenden gesetzlichen Bestimmungen und Preisvorschriften veräußert oder übertragen wurden, wenn die Veräußerung oder Übertragung wirtschaftlich notwendig war. Eine wirtschaftliche Notwendigkeit ist u. a. dann nicht anzuerkennen, wenn Veräußerungen, Übertragungen oder andere Verfügungen vorgenommen wurden, um Schwierigkeiten zu beheben, die dadurch entstanden sind, daß der Eigentümer das Gebiet der DDR verlassen hat (z. B. Schwierigkeiten bei der Verwaltung von Grundstücken).
c) Vermögenswerte, die vor Inkrafttreten des Gesetzes zur Regelung des innerdeutschen Zahlungsverkehrs von staatlich eingesetzten Treuhändern oder gerichtlich bestellten Abwesenheitspflegern veräußert oder übertragen wurden, wenn der Treuhänder im Rahmen seiner Befugnisse oder mit Genehmigung der für die Treuhänderbestellung zuständigen Verwaltung, der Abwesenheitspfleger mit der erforderlichen Genehmigung des Vormundschaftsgerichtes verfügt hat.
d) Vermögenswerte, die vor Inkrafttreten der Verordnung im Erbgang an andere Eigentümer übergingen.

9. Rundverfügung des Ministeriums der Justiz Nr. 9/53

Vom 15. April 1953

Betr.: Verordnung zur Sicherung von Vermögenswerten, vom 17. Juli 1952 (GBl. S. 615)
Der Minister des Innern hat auf Grund der Bestimmung des § 7 der Verordnung Anweisungen zur Durchführung erlassen, aus denen sich für den Bereich der Justiz folgende Grundsätze ergeben:

I. Allgemeines

1. Die vom Minister des Innern erlassene dritte Anweisung bestimmt, daß die Vorschriften des § 1 auch dann Anwendung finden, wenn das Gebiet der Deutschen Demokratischen Republik ohne Beachtung der polizeilichen Meldevorschriften vor dem Inkrafttreten der Verordnung verlassen worden ist.
2. Nach den Vorschriften derselben Anweisung ist das gem. den Bestimmungen des § 1 beschlagnahmte Vermögen kraft Gesetzes in das Eigentum des Volkes und, soweit es sich um landwirtschaftliches Vermögen handelt, in den Bodenfonds übergegangen.

Der Übergang ist im Zeitpunkt des Inkrafttretens der Verordnung erfolgt, wenn das Gebiet der Deutschen Demokratischen Republik vor dem Inkrafttreten verlassen worden ist.

Sofern das Gebiet der Deutschen Demokratischen Republik nach dem Inkrafttreten verlassen worden ist, muß der Zeitpunkt des Beginns der Vorbereitungen zu Grunde gelegt werden. Das gilt auch dann, wenn die Beschlagnahme auf Vorbereitungen zum gesetzwidrigen Verlassen zurückzuführen ist.

3. Vermögen im Sinne der Bestimmungen des § 1 ist dasjenige Vermögen der in den Bestimmungen des § 1 genannten Personen, das im Zeitpunkt des Verlassens ohne Beachtung der polizeilichen Meldevorschriften oder im Zeitpunkt des Beginns der Vorbereitungen hierzu vorhanden war. Unterhaltsansprüche fallen nicht unter die Bestimmungen des § 1. Bestehen bei sonstigen höchstpersönlichen Ansprüchen Zweifel, so ist die Entscheidung der zuständigen Organe für staatliches Eigentum herbeizuführen.
4. Im Gegensatz zu den Bestimmungen des § 1 ordnen die Bestimmungen des § 6 den Schutz und die vorläufige Verwaltung durch die Organe der Deutschen Demokratischen Republik an. Die Eigentumsverhältnisse werden nicht berührt.
5. Das Sachgebiet gehört zu den westlichen Besatzungszonen Deutschlands.
6. In allen Zweifelsfällen, soweit es sich nicht um die Auslegung von zivilrechtlichen Ansprüchen handelt, ist in Zusammenarbeit mit dem Rat des Kreises (Referat Staatliches Eigentum) eine Klärung herbeizuführen.

Bestehen über die Auslegung von zivilrechtlichen Vorschriften Zweifel, so ist beim Ministerium der Justiz (Hauptabteilung Rechtsprechung, Revision und Statistik) anzufragen.

7. Die Leiter der Justizverwaltungsstellen des Ministeriums der Justiz haben vierteljährlich, erstmals am 30. 6. 1953, dem Ministerium der Justiz (Hauptabteilung Rechtsprechung, Revision und Statistik) über die gesammelten Erfahrungen zu berichten.

II. Unzulässigkeit des Rechtsweges

Der Rechtsweg ist unzulässig (§§ 9, 10 GVG):

a) Für die Geltendmachung von Ansprüchen der früher Berechtigten gegen den Rechtsträger, vorläufigen Verwalter oder gegen sonstige Organe der Deutschen Demokratischen Republik auf Vermögenswerte, die unter die Verordnung fallen; denn die Beschlagnahme gem. den Bestimmungen des § 1 oder die vorläufige Verwaltung gem. den Bestimmungen des § 6 ist für die Gerichte bindend;
b) für die Geltendmachung an Ansprüchen Dritter gegen den Rechtsträger, gegen sonstige Organe der Deutschen Demokratischen Republik oder den früher Berechtigten, die Vermögen im Sinne der Bestimmungen des § 1 betreffen und vor der Beschlagnahme entstanden sind; denn der Übergang in das Eigentum des Volkes oder in den Bodenfonds bewirkt das Erlöschen der Rechte Dritter – mit Ausnahme der Rechte von Ausländern – und die Entscheidung über die zu Grunde liegenden Verbindlichkeiten obliegt den Organen für staatliches Eigentum.

Der Rechtsweg ist für die Ansprüche gegen den früheren Berechtigten in solchen Fällen zulässig, in denen die Erfüllung des geltend gemachten Anspruchs nicht aus dem Vermögen genommen werden muß, das den Bestimmungen des § 1 unterliegt.

Die Zwangsvollstreckung aus bereits erwirkten Urteilen und an deren vollstreckbaren Schuldtiteln in Vermögen, das den Bestimmungen des § 1 unterliegt, ist ebenfalls unzulässig. Wegen der Behandlung solcher Fälle vgl. Ziff. VII, 2.

III. Wegfall der Verfügungsbefugnisse

1. Mit dem Zeitpunkt der Beschlagnahme gem. den Bestimmungen des § 1 können Verfügungen und Prozeßhandlungen nur noch durch den Verwalter und nach Bestellung des Rechtsträgers durch diesen vorgenommen werden.
2. Mit dem Zeitpunkt der vorläufigen Verwaltung gem. den Bestimmungen des § 6 können Verfügungen und Prozeßhandlungen nur noch durch den vorläufigen Verwalter vorgenommen werden.

Soweit die vorläufige Verwaltung der Deutschen Notenbank obliegt, kann den durch die Bestimmungen des § 6 betroffenen Gläubigern die Genehmigung zur Prozeßführung und Zwangsvollstreckung erteilt werden.

IV. Die vorläufigen Verwalter

1. Finden die Bestimmungen des § 1 Anwendung, so wird bis zu der Einsetzung des Rechtsträgers ein vorläufiger Verwalter bestellt.
2. Vorläufiger Verwalter nach den Bestimmungen des § 6 ist:
a) der Rat der Gemeinde, soweit sich die vorläufige Verwaltung auf Sachvermögen, Betriebe oder Nießbrauchsrechte erstreckt;
b) die Deutsche Investitionsbank, soweit sich die vorläufige Verwaltung auf Grundpfandrechte, Wertpapiere oder Beteiligungen erstreckt;
c) die Abteilung Mutter und Kind beim Rat des Kreises, soweit sich die vorläufige Verwaltung auf Unterhaltsansprüche minderjähriger Kinder erstreckt, wegen der Behandlung von Unterhaltsansprüchen in den Fällen der Bestimmungen des § 1 vgl. Ziff. I, 3;
d) die Deutsche Notenbank, soweit sich die vorläufige Verwaltung auf sonstige geldliche Ansprüche erstreckt.

Die Deutsche Notenbank kann in diesen Fällen den durch die Bestimmungen des § 6 betroffenen Gläubigern die Genehmigung zur Prozeßführung und Zwangsvollstreckung erteilen.
3. Der Rat des Kreises (Referat Staatliches Eigentum) oder das Staatssekretariat für innere Angelegenheiten (Abt. Staatliches Eigentum) kann ein anderes Organ der staatlichen Verwaltung, der volkseigenen Wirtschaft, eine demokratische Partei oder Massenorganisation oder eine Genossenschaft als vorläufigen Verwalter bestellen.
4. Der Wirkungskreis des vorläufigen Verwalters erstreckt sich auf das gesamte im Gebiet der Deutschen Demokratischen Republik gelegene Vermögen. Hierzu gehören auch Forderungen, die sich gegen Einwohner oder juristische Personen im Gebiet der Deutschen Demokratischen Republik richten und in den westlichen Besatzungszonen Deutschlands oder den Westsektoren von Groß-Berlin zu erfüllen sind.
5. Die Rechte und Pflichten des vorläufigen Verwalters ergeben sich aus den von ihm durchzuführenden Aufgaben.
6. Tritt in einem Prozeß ein Rechtsträger gem. den Bestimmungen des § 1 oder ein vorläufiger Verwalter gem. den Bestimmungen des § 6 auf, so muß dem Gericht in den Fällen der Ziffer IV, 3 die rechtswirksame Bestellung nachgewiesen werden.

Dasselbe gilt für Zwangsvollstreckungs- und Konkursverfahren sowie Verfahren vor dem Staatlichen Notariat.

V. Aussetzung des Verfahrens

...

9. Rundverfügung des Ministeriums der Justiz Nr. 9/53 **Anhang III/9**

VI. Besonderheiten für Zivilprozesse

...

VII. Besonderheiten für Zwangsvollstreckungsverfahren

...

VIII. Besonderheiten für Konkursverfahren

...

IX. Abwesenheitspflegschaften

1. Von der beabsichtigten oder bereits getroffenen Anordnung einer Abwesenheitspflegschaft ist der Rat der Gemeinde am letzten Wohnsitz oder Aufenthalt des Abwesenden zu benachrichtigen. Der Rat der Gemeinde ist unter Hinweis auf die Verordnung zu veranlassen, eine Entscheidung des Rates des Kreises herbeizuführen, ob und welche Bestimmungen der Verordnung (§ 1 oder § 6) Anwendung finden.
Von der Benachrichtigung ist abzusehen, wenn mit hoher Wahrscheinlichkeit anzunehmen ist, daß der Abwesende nicht mehr lebt.
2. Ist neben dem vorläufigen Verwalter ein Abwesenheitspfleger bestellt, so können Rechte und Pflichten in bezug auf das in der Deutschen Demokratischen Republik belegene Vermögen nur durch den vorläufigen Verwalter wahrgenommen werden.
3. In Fällen der beabsichtigten oder bereits vorgenommenen Bestellung eines Vertreters des Grundstückseigentümers gem. § 1141 Abs. 2 BGB ist entsprechend den Ziffern IX, 1-2 zu verfahren.

X. Erteilung von Erbscheinen

1. Vor Erteilung des Erbscheines für Personen als Allein- oder Miterben, die ihren Wohnsitz oder Aufenthalt in den westlichen Besatzungszonen oder den Westsektoren von Groß-Berlin haben, ist dem Antragsteller aufzugeben, durch amtliche Bescheinigung der Heimatbehörde des Erben nachzuweisen.
a) seit wann der Erbe an seinem jetzigen Wohnsitz oder Aufenthaltsort polizeilich gemeldet ist,
b) wo der Erbe am 8. Mai 1945 gewohnt hat.
Befand sich der Erbe am 8. Mai 1945 bei der Wehrmacht, so ist der erste Wohnsitz nach Entlassung aus der Kriegsgefangenschaft mitzuteilen.
Hatte der Erbe am 8. Mai 1945 seinen Wohnsitz in dem heutigen Gebiet der Deutschen Demokratischen Republik, so sind die früheren Wohnanschriften mitzuteilen.
Die getroffenen Feststellungen sind in Vorbereitung der Entscheidung, ob und welche Bestimmungen der Verordnung (§ 1 oder § 6) Anwendung finden, dem Rat des Kreises (Referat Staatliches Eigentum) mitzuteilen.
2. Unterliegt das Vermögen eines Erben oder Miterben den Bestimmungen des § 1, so ist diesem Erben oder Miterben eine Ausfertigung des Erbscheins zu erteilen.
Im Erbschein ist anzugeben, welcher Bruchteil des Nachlasses unter die Bestimmungen des § 1 fällt.
3. Unterliegt das Vermögen eines Erben oder Miterben den Bestimmungen des § 6, so ist die Erteilung eines Erbscheines nicht beeinträchtigt. Auf dem Erbschein ist lediglich zu vermerken, daß der Erbanteil gem. den Bestimmungen des § 6 unter Schutz und vorläufige Verwaltung gestellt ist. Eine Ausfertigung erhält der Rat des Kreises, in dem sich der Nachlaß oder ein Teil desselben befindet.

XI. Nachlaßteilungssachen

Unterliegen nur Teile eines ungeteilten Nachlasses den Bestimmungen des § 1 oder § 6, so ist eine schwebende Erbauseinandersetzung solange auszusetzen, bis der vorläufige Verwalter oder der Rechtsträger die Durchführung der Erbauseinandersetzung von sich aus beantragt.

10. Verordnung zur Sicherung von Vermögenswerten v. 4. September 1952

(VOBl. f. Groß-Berlin [Ostsektor]) I S. 445)

Der Magistrat von Groß-Berlin hat folgende Verordnung beschlossen, die hiermit verkündet wird:

§ 1. (1) Das Vermögen von Personen, die das Gebiet des demokratischen Sektors von Groß-Berlin verlassen, ohne die polizeilichen Meldevorschiften zu beachten, oder hierzu Vorbereitungen treffen, ist zu beschlagnahmen.

(2) Dasselbe gilt für landwirtschaftlichen Grundbesitz, der von den bisherigen Bewirtschaftern in der Absicht der Aufgabe verlassen worden ist.

(3) Über die Verwendung des Vermögens entscheidet die Abteilung Verwaltung und Personalpolitik des Magistrats von Groß-Berlin.

§ 2. Das im Gebiet des demokratischen Sektors von Groß-Berlin befindliche Vermögen von Personen deutscher Staatsangehörigkeit, die ihren Wohnsitz oder ständigen Aufenthalt in den westlichen Besatzungszonen Deutschlands oder in den von den westlichen Besatzungsmächten besetzten Sektoren Berlins haben, kann in den Schutz und die vorläufige Verwaltung der Organe des Magistrats von Groß-Berlin übernommen werden. Dasselbe gilt für juristische Personen, die ihren Sitz in dem genannten Gebiet haben.

§ 3. Anweisungen zur Durchführung dieser Verordnung erläßt der Oberbürgermeister.

§ 4. Diese Verordnung tritt am 4. September 1952 in Kraft.

11. Erste Durchführungsanweisung zur Verordnung zur Sicherung von Vermögenswerten v. 8. September 1952

(VOBl. f. Groß-Berlin [Ostsektor] I S. 459)

Auf Grund des § 3 der Verordnung zur Sicherung von Vermögenswerten vom 4. September 1952 (VOBl. I S. 445) wird bestimmt:

§ 1. Schutz und Verwaltung der im demokratischen Sektor von Groß-Berlin gelegenen Grundstücke der im § 2 der Verordnung zur Sicherung von Vermögenswerten genannten natürlichen und juristischen Personen wird nach den Vorschriften der Grundstückskontrollverordnung vom 27. Juli 1950 (VOBl. I S. 207) ausgeübt mit der Maßgabe, daß die bisherigen gemäß § 7 der Grundstückskontrollverordnung bestellten Bevollmächtigten der Grundstückseigentümer als Beauftragte der Abteilung Aufbau des Magistrats von Groß-Berlin – Amt für Grundstückskontrolle – gelten, wenn sie von dieser eine Bestätigung erhalten.

§ 2. Die bisherigen Bevollmächtigten der Grundstückseigentümer sind verpflichtet, innerhalb 14 Tagen vom Tage der Veröffentlichung dieser Durchführungsanweisung an gerechnet der Abteilung Aufbau – Amt für Grundstückskontrolle – eine Meldung zu übergeben, die folgende Angaben enthalten muß:

1. Genaue Bezeichnung des Grundstücks (Straße, Hausnummer und Grundbuchbezeichnung);
2. Name und Anschrift des Eigentümers oder der Eigentümer;

12. Verordnung über zurückkehrende Personen v. 11. Juli 1953 **Anhang III/12**

3. Höhe der monatlichen Soll-Miete nach dem Stande vom 1. Juli 1952 unter Beifügung eines Mieterverzeichnisses, aus dem die einzelnen Mieten zu ersehen sind;
4. Höhe der eingetragenen Grundpfandrechte mit Anschrift der Gläubiger sowie der nicht eingetragenen und bisher nicht zurückgezahlten Hauszinssteuer-Abgeltungsdarlehen;
5. Höhe der Verbindlichkeiten aus noch laufenden und/oder bereits ausgeführten Aufträgen;
6. Tag der Ausfertigung der Verwaltungsvollmacht;
7. Unterschrift (Name, Vorname) sowie Anschrift des Meldepflichtigen.

§ 3. Zur Abgabe der Meldung nach § 2 sind auch diejenigen Bevollmächtigten Grundstückseigentümer oder Mitberechtigten (natürliche und juristische Personen) verpflichtet, welche bisher eine Meldung nach § 8 der Grundstückskontrollverordnung nicht abgegeben haben oder auf Antrag von der Abrechnungspflicht befreit waren.

§ 4. (1) Die den Bevollmächtigten von den Grundstückseigentümern erteilten Vollmachten erlöschen mit dem Inkrafttreten dieser Durchführungsanweisung.

(2) Die bisherigen Bevollmächtigten der Grundstückseigentümer sind verpflichtet, die Verwaltung der Grundstücke nach den Weisungen der Abteilung Aufbau bis zum Eingang der Bestätigung gemäß § 1 fortzuführen.

§ 5. Wer vorsätzlich oder fahrlässig der nach § 2 angeordneten Meldepflicht nicht nachkommt oder seine Pflichten als Verwalter verletzt, wird nach den Vorschriften der Grundstückskontrollverordnung bestraft.

§ 6. Diese Durchführungsanweisung tritt mit dem Tage der Veröffentlichung im Verordnungsblatt für Groß-Berlin in Kraft.[1]

12. Verordnung über die in das Gebiet der Deutschen Demokratischen Republik und den demokratischen Sektor von Groß-Berlin zurückkehrenden Personen

Vom 11. Juni 1953

(GBl. I Nr. 78 S. 805)

§ 1. **[Rückgabe beschlagnahmten Vermögens]** Alle republikflüchtigen Personen, die in das Gebiet der Deutschen Demokratischen Republik und den demokratischen Sektor von Groß-Berlin zurückkehren, erhalten das auf Grund der Verordnung vom 17. Juli 1952 zur Sicherung von Vermögenswerten (GBl. S 615) beschlagnahmte Eigentum zurück. Ist in Einzelfällen eine Rückgabe dieses Eigentums nicht möglich, so ist Ersatz zu leisten.

§ 2. (1) Die Verordnung vom 17. Juli 1952 zur Sicherung von Vermögenswerten (GBl. S. 615) und die Verordnung vom 19. Februar 1953 zur Sicherung der landwirtschaftlichen Produktion und der Versorgung der Bevölkerung (GBl. S. 329) werden aufgehoben. Es wird untersagt, in landwirtschaftlichen Betrieben wegen Nichterfüllung der Ablieferungsverpflichtungen oder wegen Steuerrückständen Treuhänder einzusetzen.

(2) Die Bauern, die im Zusammenhang mit Schwierigkeiten in der Weiterführung ihrer Wirtschaft ihre Höfe verlassen haben und nach Westberlin oder Westdeutschland geflüchtet sind (Kleinbauern, Mittelbauern und Großbauern), können auf ihre Bauernhöfe zurückkehren. Ist eine Rückgabe ihres landwirtschaftlichen Besitzes in Ausnahmefällen nicht möglich, so erhalten sie vollwertigen Ersatz. Es wird ihnen mit Krediten und landwirtschaftlichem Inventar geholfen, ihre Wirtschaften weiterzuführen.

[1] Tag der Veröffentlichung: 16. 9. 1952.

Anhang III/13 III. DDR-Recht

§ 3. [Eingliederung] (1) Alle übrigen Rückkehrer sind in gleicher Weise durch die zuständigen Organe der Räte der Bezirke und Kreise entsprechend ihrer fachlichen Qualifikation wieder in das wirtschaftliche und gesellschaftliche Leben einzugliedern.

(2) Den zurückkehrenden Republikflüchtigen darf allein aus der Tatsache der Republikflucht keine Benachteiligung entstehen.

§ 4. [Einsetzung in Bürgerrechte] Die Rückkehrer sind in ihre vollen Bürgerrechte einzusetzen. Sie erhalten den Deutschen Personalausweis, die ihnen zustehende Lebensmittelkarte usw.

§ 5. [Durchführungsbestimmungen] Durchführungsbestimmungen erläßt das Staatssekretariat für Innere Angelegenheiten.

§ 6. [Inkrafttreten] Diese Verordnung tritt am 11. Juni 1953 in Kraft.

13. Erste Durchführungsbestimmung zur Verordnung über die in das Gebiet der Deutschen Demokratischen Republik und den demokratischen Sektor von Groß-Berlin zurückkehrenden Personen

Vom 11. Juni 1953

(GBl. Nr. 78 S. 806)

Auf Grund des § 5 der Verordnung vom 11. Juli 1953 über die in das Gebiet der Deutschen Demokratischen Republik und den demokratischen Sektor von Groß-Berlin zurückkehrenden Personen (GBl. S. 805) wird folgendes bestimmt:

§ 1. [Antragstellung] (1) Anträge auf Rückgabe von Vermögen, das auf Grund der Verordnung vom 17. Juni 1952 zur Sicherung von Vermögenswerten (GBl. S. 615) beschlagnahmt wurde, sind beim Rat der Stadt oder Gemeinde zu stellen, in der der Antragsteller vor Verlassen des Gebietes der Deutschen Demokratischen Republik oder des demokratischen Sektors von Groß-Berlin seinen Wohnsitz hatte.

(2) Antragsteller, deren Vermögen auf Grund der Verordnung vom 17. Juli 1952 in Schutz und vorläufige Verwaltung übernommen wurde, richten Anträge auf Aufhebung der vorläufigen Verwaltung durch Organe der Deutschen Demokratischen Republik an den Rat der Stadt oder Gemeinde, in deren Bereich sich das Vermögen befindet.

(3) Anträge können mündlich, schriftlich oder durch bevollmächtigte Personen gestellt werden.

§ 2. [Bearbeitung der Anträge] Die Anträge sind durch die Räte der Städte und Gemeinden nach den vom Staatssekretariat für Innere Angelegenheiten ergehenden Richtlinien zu bearbeiten.

§ 3. [Inkrafttreten] Diese Durchführungsbestimmung tritt mit ihrer Verkündung in Kraft.[1]

---

[1] Tag der Verkündung: 19. 6. 1953.

14. Zweite Durchführungsbestimmung zur Verordnung über die in das Gebiet der Deutschen Demokratischen Republik und den demokratischen Sektor von Groß-Berlin zurückkehrenden Personen

Vom 31. August 1953

(GBl. Nr. 95 S. 955)

Auf Grund des § 5 der Verordnung vom 11. Juni 1953 über die in das Gebiet der Deutschen Demokratischen Republik und den demokratischen Sektor von Groß-Berlin zurückkehrenden Personen (GBl. S. 805) wird folgendes bestimmt:

§ 1. Anträge im Sinne des § 1 Abs. 1 der Ersten Durchführungsbestimmung vom 11. Juni 1953 (GBl. S 806) können von republikflüchtigen Personen gestellt werden, die vor oder nach dem 11. Juni 1953 in das Gebiet der Deutschen Demokratischen Republik oder den demokratischen Sektor von Groß-Berlin zurückgekehrt sind.

§ 2. Anträge im Sinne des § 1 Abs. 2 der Ersten Durchführungsbestimmung vom 11. Juni 1953 können von Personen gestellt werden, die ihren Wohnsitz oder ständigen Aufenthalt aus den westlichen Besatzungszonen Deutschlands oder den von den westlichen Besatzungsmächten besetzten Sektoren Berlins in das Gebiet der Deutschen Demokratischen Republik oder den demokratischen Sektor von Groß-Berlin verlegt haben.

§ 3. Diese Durchführungsbestimmung tritt mit ihrer Verkündung in Kraft.[1]

15. Richtlinie Nr. 1 zur Durchführung des § 1 der Verordnung vom 11. Juni 1953 über die in das Gebiet der DDR und den demokratischen Sektor von Groß-Berlin zurückkehrenden Personen (GBl. S. 805)

Vom 6. Juli 1953

(Auszug)

Regierung der Deutschen Demokratischen Republik
Staatssekreteriat für Innere Angelegenheiten
Abt. Staatliches Eigentum

Betr.: Rückgabe von nichtbetrieblichen Grundstücken an Rückkehrer (z. B. Miet- und Wohngrundstücke, Eigenheime, unbebaute nichtlandwirtschaftliche Grundstücke).
Auf Grund des § 2 der 1. Durchführungsbestimmung vom 11. 6. 1953 zur VO vom 11. 6. 1953 wird im Einvernehmen mit dem Ministerium der Finanzen folgendes bestimmt:

1. Abrechnung über Wertminderungen und Wertsteigerungen

(1) Der Rat der Stadt oder Gemeinde hat mit Rückgabe des Objekts dem Rückkehrer eine Abrechnung über den Umfang der in der Zeit der Beschlagnahme eingetretenen Wertveränderungen zu erteilen, die von der bisher nutzenden Stelle nach den Grundsätzen der folgenden Absätze aufzustellen ist.

(2) Für Wertminderungen, und zwar für normale als auch für außergewöhnliche, die in der Zeit der Beschlagnahme eingetreten sind, hat der Rat der Stadt oder Gemeinde den Rückkehrer in Geld zu entschädigen. Die normale Wertminderung ist durch Anwendung der für die steuerliche Bewertung geltenden Abschreibungssätze auf den Einheitswert des Grundstücks zu ermitteln. Die außergewöhnliche Wertminderung ist durch gutachtliche Schätzung der Abteilung Aufbau des Rates des Kreises wertmäßig festzustellen.

---

[1] Tag der Verkündung: 5. 9. 1953.

(3) Von den Wertminderungen gem. Abs. 2 sind die in der Zeit der Beschlagnahme bewirkten und im Zeitpunkt der Rückgabe noch vorhandenen Wertsteigerungen (Investitionen, Generalreparaturen und Maßnahmen der Werterhaltung) abzusetzen. Weiterhin abzugsfähig sind Beträge, die zur Tilgung der auf dem Grundstück eingetragenen Belastungen geleistet worden sind.

(4) Der sich nach Abs. 2 und 3 ergebende Überschuß ist dem Rückkehrer durch den Rat der Stadt oder Gemeinde als außerplanmäßige Ausgabe bei Einzelplan 08, Kapitel 993, auszuzahlen. Ein etwaiger Fehlbetrag ist dem Rückkehrer in Rechnung zu stellen und unter Gewährung angemessener Zahlungserleichterungen bei der vorbezeichneten Haushaltspositionen zu vereinnahmen. Beträge über 1000 DM sind dinglich zu sichern.

(5) Soweit die nach Abs. 2 festgestellte außergewöhnliche Wertminderung durch die bisher nutzende Stelle zu vertreten ist, ist sie von dieser dem Rat der Stadt oder Gemeinde aus eigenen Mitteln zu erstatten (Vereinnahmung bei Einzelplan 08, Kapitel 993).

(6) Handelt es sich bei der bisher nutzenden Stelle um eine gesellschaftliche Organisation oder um eine Genossenschaft, so hat diese bei der Rückgabe des Grundstücks den bestehenden Amortisationsfonds an den Rat der Stadt oder Gemeinde auf Einzelplan 08, Kapitel 993, abzuführen. Der Rat der Stadt oder Gemeinde hat die Abführung zu überwachen.

2. Behandlung zweckentfremdeter Grundstücke

(1) Haben bauliche Veränderungen in der Zeit der Beschlagnahme zu einer mit den berechtigten Interessen des Rückkehrers nicht zu vereinbarenden Zweckentfremdung des Grundstücks geführt, und besteht dieser auf die Wiederherstellung des früheren Zustandes, so ist ihm nach Möglichkeit ein gleichwertiges Tauschobjekt durch den Rat der Stadt oder Gemeinde anzubieten.

(2) Der Tausch bedarf nach der Anordnung über die Meldung beabsichtigter Rechtsänderungen vom 16. 4. 1952 der Genehmigung des Rates des Bezirkes.

(3) Ist ein Austausch nach Abs. 1 nicht möglich oder wird ein solcher von dem Rückkehrer abgelehnt, so ist ihm durch den Rat des Kreises – Abt. Finanzen – nach Zustimmung durch den Rat des Bezirkes Wertersatz in Höhe des Zeitwertes des Grundstückes im Zeitpunkt der Beschlagnahme zu gewähren. Die Höhe des Wertersatzes ist festzustellen durch die nach Ziff. 3 zu bildende Kommission. Der Rat des Kreises hat den Wertersatz aus Einzelplan 08, Kapitel 933, zur Verfügung zu stellen.

3.

(1) Bei baulichen Veränderungen wesentlicher Art, die jedoch nicht zu einer Zweckentfremdung geführt haben (zB Ausbau des Dachgeschosses), wird die Höhe der anrechnungsfähigen Wertsteigerung durch eine besondere Kommission festgesetzt, die beim Rat des Kreises aus je einem Vertreter der Abt. Finanzen und des Referats Staatliches Eigentum zu bilden ist.

...

6. Berichtigung der Grundbücher

Der Rat der Stadt oder Gemeinde hat den Rat des Kreises, Referat Staatliches Eigentum, unter Beifügung des Rechtsträgernachweises von der Rückgabe zu benachrichtigen. Die Wiederherstellung der alten Grundbucheintragungen in Abt. II und III des Grundbuches erfolgt auf Veranlassung des Rates des Kreises, Referat Staatliches Eigentum, und nur bei Vorliegen der vom Rechtsträger zurückzureichenden Ausfertigung des Rechtsträgernachweises.

7. Rechtswirksamkeit von Verträgen usw.

Durch den bisherigen Nutzer eingegangene oder abgeschlossene Rechtsgeschäfte (Miet- oder Pachtverträge) haben volle Rechtsgültigkeit gegenüber dem Rückkehrer und erlöschen nicht bei Rückgabe des beschlagnahmten Vermögens. Dies gilt auch bei Belastungen oder sonstigen, das beschlagnahmt gewesene Vermögen berührenden Rechtshandlungen (Aufnahme von Hypotheken, Eintragung von Aufbaugrundschuld usw).

Eine Lösung oder Kündigung solcher Rechtsgeschäfte durch den Rückkehrer ist nur unter Beachtung der gesetzlich geltenden oder vertraglich vereinbarten Fristen möglich.

16. RiLi Nr. 2 zur Durchf. d. VO über zurückkehrende Personen **Anhang III/16**

8. Übergabe- und Übernahmeverhandlungen

Die Rückgabe an den Rückkehrer hat in einer schriftlichen Übergabe-Übernahmeverhandlung zu erfolgen, in der der Zeitpunkt der Rückgabe festzulegen ist. Je eine Ausfertigung dieser Verhandlungsniederschrift ist dem Rückkehrer und dem Rat des Kreises, Referat Staatliches Eigentum, zu übergeben.

9. Behandlung der wegen Vorbereitungshandlung beschlagnahmten Grundstücke

Der Rückgabeanspruch des Rückkehrers gegen den Rat der Stadt oder Gemeinde erstreckt sich nicht auf Grundstücke, die der Rückkehrer vor dem Verlassen des Gebietes der DDR an Dritte veräußert hat, und zwar unabhängig davon, ob diese Vermögenswerte auf Grund der VO vom 17. 7. 1952 beschlagnahmt wurden. Für die Rückgabe von beschlagnahmten Vermögenswerten dieser Art ergehen noch besondere Richtlinien.

16. Richtlinie Nr. 2 zur Durchführung des § 1 der Verordnung vom 11. Juni 1953 über die in das Gebiet der Deutschen Demokratischen Republik und den demokratischen Sektor von Groß-Berlin zurückkehrenden Personen (GBl. S. 805)

Vom 6. Juli 1953

Regierung der Deutschen Demokratischen Republik
Staatssekreteriat für Innere Angelegenheiten
Abt. Staatliches Eigentum

Betr.: Rückgabe von beweglichen nichtbetrieblichen Vermögenswerten (außer landwirtschaftlichem Inventar) an Rückkehrer.
Auf Grund des § 2 der 1. Durchführungsbestimmung vom 11. 6. 1953 zur Verordnung vom 11. 6. 1953 wird im Einvernehmen mit dem Ministerium der Finanzen folgendes bestimmt:

1.

(1) Rückkehrer haben zwecks Rückgabe des ihnen beschlagnahmten beweglichen Vermögens beim zuständigen Rat der Stadt oder Gemeinde ein Inventarverzeichnis vorzulegen, nachdem ihnen durch das zuständige Volkspolizeikreisamt die beim Überschreiten der Demarkationslinie ausgehändigte Aufenthaltsbescheinigung örtlich und zeitlich erweitert worden ist. Dem Inventarverzeichnis sind zur Erleichterung der Nachprüfung – soweit vorhanden – geeignete Unterlagen beizufügen, durch die der Bestand des zurückgelassenen Vermögens nachgewiesen werden kann (zB Unterlagen über Feuer-, Hausrat-, Einbruchs- und Diebstahlsversicherung, Kaufbelege).

(2) Der Rat der Stadt oder Gemeinde hat zur Prüfung des Inventarverzeichnisses und der sonstigen Unterlagen unter Leitung eines Mitgliedes des Rates eine Kommission zu bilden, die aus Vertretern der örtlichen Verwaltung, der Blockparteien und der demokratischen Massenorganisationen zusammenzusetzen ist. In den ländlichen Gemeinden sind die Hofgemeinschaften, in den Städten die Hauskomitees der Nationalen Front sowie die Straßen- und Hausvertrauensleute hinzuzuziehen. Es muß sichergestellt sein, daß die Kommission objektiv und unbeeinflußt von persönlichen Gesichtspunkten entscheidet. Aus diesem Grund wird empfohlen, von der Heranziehung von Verwandten und Angehörigen der Rückkehrer abzusehen.
Bei der Überprüfung des vorgelegten Inventarverzeichnisses sind die beim Rat der Stadt oder Gemeinde befindlichen Schätzungsunterlagen bzw. Übernahmeprotokolle der DHZ Industriebedarf zu berücksichtigen. Vor der Entscheidung der Kommission über den Umfang des Herausgabeanspruchs ist der herausgabeberechtigte Rückkehrer zu hören.

2.

In denjenigen Fällen, in denen nach den folgenden Vorschriften eine Herausgabe der Vermögensgegenstände nicht möglich ist, stellt die Kommission – erforderlichenfalls unter ehrenamtlicher Hinzuziehung sachkundiger Personen – die Höhe des Wertersatzes fest, der dem Rückkehrer zuzuführen ist. Für den Wertersatz ist grundsätzlich der Zeitwert – dh. der allgemein verkehrsübliche Veräußerungswert – im Zeitpunkt der Beschlagnahme maßgebend. Vor der Entscheidung der Kommission über die Höhe des Wertersatzes ist der Rückkehrer zu hören.

3.

Die Entscheidung der Kommission nach Ziffer 1 und 2 ist durch den Rat der Stadt oder Gemeinde zu bestätigen. Das nach dieser Richtlinie weiterhin Erforderliche ist unverzüglich durch den Rat der Stadt oder Gemeinde zu veranlassen.

4.

(1) In Fällen der Ziffer 2 hat die Kommission unter der Leitung des örtlichen Organs der Staatsmacht und in Zusammenarbeit mit dem örtlichen volkseigenen, genossenschaftlichen privaten Handel und der örtlichen Industrie dem Rückkehrer bei der Beschaffung geeigneter Ersatzgegenstände behilflich zu sein.

(2) Soweit der zu leistende Wertersatz für die Beschaffung geeigneter Ersatzgegenstände nicht ausreicht, kann dem Rückkehrer auf Antrag bei der Kommission gemäß Ziffer 1 Absatz 2 durch die örtliche zuständige Sparkasse ein zinsloser Kredit in angemessener Höhe gewährt werden. Die Kommission des Kreditinstituts entscheidet endgültig über die Höhe des zu gewährenden Krediters. Über den Darlehnsbetrag ist von der Sparkasse ein Kreditberechtigungsschein anzufertigen, der zum Erwerb von Möbeln, Einrichtungen und Ausstattungsgegenständen berechtigt, soweit diese im eigenen Haushalt des Antragstellers benutzt werden sollen. Er berechtigt auch zum Erwerb von gebrauchten Waren. Der Kredit ist innerhalb von 5 Jahren zurückzuzahlen. Die Kredite sind durch Sicherungsübereignungsvertrag zu sichern.

(3) In den Fällen des Abs. 2 ist in der den früheren Eigentümern zustehende Wertersatz auf ein für ihn von der kreditgebenden Sparkasse einzurichtendes Sparbuch zu überweisen. Der überwiesene Betrag steht in Verbindung mit dem Kreditbetrag zur Verfügung des Berechtigten.

(4) Die Zinsen für die Kredite werden den Sparkassen auf Grund jährlicher Anforderungen durch den Staatshaushalt erstattet. Nähere Anweisungen über die Kreditgewährung ergehen im Verwaltungswege durch das Ministerium der Finanzen.

5.

(1) Beschlagnahmte Gegenstände, die sich noch beim Rat der Stadt oder Gemeinde befinden, sind an den früheren Eigentümer gegen Empfangsbescheinigung herauszugeben.

(2) Haben die herauszugebenden Vermögenswerte seit der Beschlagnahme eine Wertänderung gegenüber dem Zeitwert im Zeitpunkt der Beschlagnahme erfahren, so sind dem früheren Eigentümer wesentliche Wertminderungen in angemessenem Umfange zu erstatten und Wertsteigerungen entsprechend in Rechnung zu stellen.

6.

(1) Über die Herausgabe beschlagnahmter Gegenstände (außer Klein-Inventar, Hausrat und Küchengeräte), die durch die unentgeltliche oder entgeltliche Übernahme auf staatliche Organe und Einrichtungen, auf Organe der volkseigenen Wirtschaft, auf gesellschaftliche Organisationen und Genossenschaften (einschl. Landwirtschaftlicher Produktionsgenossenschaften) übertragen worden sind, entscheidet eine beim Rat des Kreises zu bildende Kommission, die aus je einem Vertreter der Abteilung Finanzen, einem Vertreter der für den bisherigen Nutzer zuständigen Rechtsabteilung und einem Vertreter des Referats Staatliches Eigentum zusammenzusetzen ist.

(2) Der Rat der Stadt oder Gemeinde hat die Entscheidung der Kommission unter Bezeichnung der Vermögensgegenstände, der zZ nutzenden Stelle und der Form der Überlassung (entgeltlich oder unentgeltlich) unverzüglich einzuholen.

Der Entscheidung der Kommission ist der Gesichtspunkt der volkswirtschaftlichen Notwendigkeit zugrunde zu legen. Von der Entscheidung sind die nutzende Stelle und der Rat der Stadt oder Gemeinde zu benachrichtigen.

16. RiLi Nr. 2 zur Durchf. d. VO über zurückkehrende Personen **Anhang III/16**

7.

(1) Entscheidet die Kommission gemäß Ziffer 6 auf Herausgabe, so hat diese durch die bisher nutzende Stelle unverzüglich und unmittelbar an den früheren Eigentümer gegen Empfangsbescheinigung zu erfolgen. Der Rat der Stadt oder Gemeinde hat darüber zu wachen, daß die Herausgabe ordnungsgemäß und mit der gebotenen Beschleunigung erfolgt. Eine Zweitschrift der Empfangsbescheinigung ist dem Rat der Stadt oder Gemeinde zu übersenden. Bei etwaigen Wertänderungen gilt für den Herausgabepflichtigen Ziffer 5 Abs. 2 entsprechend.

(2) Sind den herausgabepflichtigen Stellen die Vermögensgegenstände gegen Entgelt überlassen worden, so ist ihnen der bei Übernahme bezahlte Betrag auf Antrag zu erstatten. Die Erstattung hat durch den Rat des Kreises, Abt. Finanzen, außerplanmäßig aus Einzelplan 08, Kapitel 993, zu erfolgen.

8.

Für unentgeltlich überlassene Vermögensgegenstände, die auf Entscheid der Kommission gem. Ziffer 6 bei der nutzenden Stelle zu belassen sind, kann die Kommission von der nutzenden Stelle die nachträgliche Bezahlung aus den ihr planmäßig zur Verfügung stehenden Mitteln an den Rat der Stadt oder Gemeinde verlangen (Vereinbarung bei Einzelplan 08, Kapitel 993). Dem früheren Eigentümer ist in allen Fällen, in denen auf Entscheid der Kommission eine Herausgabe nicht erfolgt, Wertersatz durch den Rat der Stadt oder Gemeinde gem. Ziffer 2 zu leisten.

9.

In denjenigen Fällen, in denen eine Herausgabe der Vermögensgegenstände durch staatliche Organe und Einrichtungen, Organe der volkseigenen Wirtschaft, gesellschaftliche Organisationen und Genossenschaften objektiv unmöglich ist (zB durch Verlust, Verarbeitung usw.), ist dem früheren Eigentümer durch den Rat der Stadt oder Gemeinde Wertersatz zu leisten. Die vorbezeichneten Stellen haben dem Rat der Stadt oder Gemeinde der von ihm als Wertersatz geleisteten Betrag zu erstatten, wenn ihnen die Gegenstände unentgeltlich überlassen worden waren und die Unmöglichkeit der Herausgabe von ihnen zu vertreten ist.

10.

(1) Sind beschlagnahmte Gegenstände der DHZ Industriebedarf zur Verwertung übergeben und von dieser noch nicht weiter veräußert worden, so sind sie, soweit eine einwandfreie Aussonderung möglich ist, auf Anweisung des Rates der Stadt oder Gemeinde an den früheren Eigentümer herauszugeben, wenn dieser ein solches Verlangen geltend macht. Ziffer 7 Abs. 1 ist entsprechend anzuwenden. Die Verpflichtung der DHZ gegenüber dem Staatshaushalt ist von dieser mit der Herausgabe auszubuchen. Die der DHZ durch die Übernahme entstandenen Kosten sind nicht zu erstatten.

(2) Hat die DHZ bereits weiterveräußert oder ist eine Aussonderung nicht möglich, so ist an Stelle der Herausgabe Wertersatz an den früheren Eigentümer durch den Rat der Stadt oder Gemeinde zu leisten.

11.

(1) Beschlagnahmte Vermögensgegenstände, die an Private ordnungsgemäß verkauft worden sind, verbleiben grundsätzlich in deren Eigentum. Der Rat der Stadt oder Gemeinde hat für den rechtzeitigen und vollständigen Einzug des Kaufpreises entsprechend der vertraglichen Bestimmungen Sorge zu tragen und an den früheren Eigentümer Wertersatz zu leisten.

(2) Sind die beschlagnahmten Vermögensgegenstände zu einem Kaufpreis veräußert worden, der in einem krassen und offensichtlichen Mißverhältnis zu ihrem Wert im Zeitpunkt der Veräußerung steht, so hat der Rat der Stadt oder Gemeinde unverzüglich die Entscheidung des Rates des Kreises zu beantragen. Der Rat des Kreises hat zu entscheiden, ob der Erwerber zur Herausgabe der Vermögensgegenstände bzw. zur Nachzahlung des Differenzbetrages aufzufordern ist. Die Herausgabe der Vermögensgegenstände bzw. Zahlung des Differenzbetrages ist durch den Rat der Stadt oder Gemeinde zu erwirken. Soweit der ordentliche Rechtsweg in Anspruch genommen werden muß, hat der Rat des Kreises die erforderlichen Schritte zu unternehmen. Durch den Herausgabepflichtigen bereits geleistete Zahlungen sind zurückzuerstatten. Wertänderungen sind einerseits zwischen dem Rat der Stadt oder Gemeinde und dem früheren Eigentümer und andererseits zwischen dem Rat der Stadt oder Gemeinde und dem Herausgabepflichtigen auszugleichen.

(3) Bei kostenloser Überlassung sind die Gegenstände vom derzeitigen Nutzer an den früheren Eigentümer herauszugeben, es sei denn, es handelt sich um gebrauchte Gegenstände mit geringem Wert (Wäsche-, Bekleidungsstücke, Möbel und sonstige Einrichtungsgegenstände), deren kostenlose Überlassung an Fürsorge- und Rentenempfänger aus sozialen Gründen gerechtfertigt war. An Stelle der Herausgabe ist dem früheren Eigentümer Wertersatz durch den Rat der Stadt oder Gemeinde zu leisten. Eine nachträgliche Bezahlung ist von den Fürsorge- und Rentenempfängern nicht zu verlangen.

12.

(1) Ist bei kostenlos überlassenem Kleininventar, insbesondere bei Hausrat und Küchengerät (jedoch ohne Wertgegenstände), die Aufforderung zur Herausgabe für den Rat der Stadt oder Gemeinde mit besonderen Schwierigkeiten verbunden, so kann die Herausgabe an den früheren Eigentümer unterbleiben. In diesen Fällen ist als Wertersatz in Abweichung von Ziffer 2 ein Pauschalbetrag an den früheren Eigentümer zu leisten, und zwar im Höchstfalle ein Grundbetrag von 50,- DM für jeden selbständigen Haushalt, darüber hinaus ein Zuschlag von 10,- DM für jede zum Haushalt gehörige Person.

(2) Sind die Gegenstände gem. Abs. 1 an Fürsorge- und Rentenempfänger aus sozialen Gründen kostenlos überlassen worden, so hat die Herausgabe grundsätzlich zu unterbleiben. Im übrigen ist nach Abs. 1 zu verfahren.

(3) Unterbleibt die Herausgabe gem. Abs. 1, so kann der Rat der Stadt oder Gemeinde von der Einforderung der Erstattungsbeträge bei den weiternutzenden Personen absehen, wenn diese mit einem übermäßigen Kostenaufwand verbunden wäre.

13.

(1) Bei Kleininventar, insbesondere bei Hausrat und Küchengeräten (jedoch ohne Wertgegenstände), das staatlichen Organen und Einrichtungen, Organen der volkseigenen Wirtschaft, gesellschaftlichen Organisationen und Genossenschaften ohne Entgelt überlassen worden ist, ist Ziffer 11 Abs. 1 und 3 entsprechend anzuwenden.

(2) Haben die vorbezeichneten Stellen Kleininventarien gegen Entgelt übernommen, so verbleiben sie grundsätzlich bei ihnen.

14.

(1) Der Rückgabeanspruch des Rückkehrers gegen den Rat der Stadt oder Gemeinde erstreckt sich nicht auf Vermögenswerte, die der Rückkehrer vor dem Verlassen des Gebietes der Deutschen Demokratischen Republik an Dritte veräußert hat, und zwar unabhängig davon, ob diese Vermögenswerte auf Grund der Verordnung vom 17. 7. 1952 beschlagnahmt wurden. Für die Rückgabe von beschlagnahmten Vermögenswerten dieser Art an den rechtmäßigen Eigentümer ergehen besondere Richtlinien.

(2) Die Kommission gem. Ziffer 3 Abs. 2 sowie der Rat der Stadt oder Gemeinde haben darauf zu achten, daß diese Vermögensgegenstände nicht in das Inventarverzeichnis des zurückkehrenden Veräußerers aufgenommen werden.

15.

(1) Wertersatz, den die Räte der Städte oder Gemeinden nach diesen Richtlinien an frühere Eigentümer zu leisten haben, ist außerplanmäßig bei Einzelplan 08, Kapitel 993, zu veraugaben. Erstattungsbeträge gem. Ziffer 5 Abs. 2 sind ebenfalls bei diesem Kapitel zu veraugaben oder zu vereinnahmen.

(2) Die nach Abs. 1 gezahlten Beträge sind ordnungsgemäß zu belegen und zu einer laufenden Nachweisung zusammenzustellen. Die Beträge sind den Räten der Städte oder Gemeinden durch den Rat des Kreises im Wege des Sonderfinanzausgleiches monatlich zur Verfügung zu stellen. Der hierfür erforderliche Finanzbedarf wird den Kreisen auf Grund der monatlichen Berichterstattung zugewiesen. Nähere Richtlinien für die Abrechnung ergehen im Verwaltungswege durch das Ministerium der Finanzen.

16.

Gemeinden unter 2000 Einwohnern ist bei der Durchführung dieser Richtlinie auf Anforderung durch den Rat des Kreises, Abt. Finanzen, Hilfe zu leisten.

17. RiLi Nr. 3 zur Durchf. d. VO über zurückkehrende Personen **Anhang III/17**

17. Richtlinie Nr. 3 zur Durchführung des § 1 der Verordnung vom 11. Juni 1953 über die in das Gebiet der Deutschen Demokratischen Republik und den demokratischen Sektor von Groß-Berlin zurückkehrenden Personen (GBl. S. 805)

Vom 6. Juli 1953

Regierung der Deutschen Demokratischen Republik
Staatssekretariat für Innere Angelegenheiten
Abt. Staatliches Eigentum

Betr.: Rückgabe von Bankguthaben, Hypotheken, sonstigen Forderungen, Wertpapieren und Beteiligungen an Rückkehrer.
Auf Grund des § 2 der 1. Durchführungsbestimmung vom 11. 6. 1953 zur Verordnung vom 11. 6. 1953 wird im Einvernehmen mit dem Ministerium der Finanzen folgendes bestimmt:

1.

(1) Für die Rückgabe von beschlagnahmten Bankguthaben gilt die Anweisung des Ministeriums der Finanzen vom 12. 6. 1953.

(2) Die Rückgabe beschlagnahmter Bankguthaben ist schriftlich oder mündlich durch den Rückkehrer bei dem Rat der Stadt oder Gemeinde zu beantragen, in der er vor dem Verlassen des Gebietes der Deutschen Demokratischen Republik seinen Wohnsitz hatte.

(3) Der gem. Abs. 2 vom Rückkehrer zu stellende Antrag soll Angaben über die Nummer und Höhe des Bankkontos enthalten.

(4) Dem kontoführenden Kreditinstitut ist dieser Antrag vom Rat der Stadt oder Gemeinde mit einer Bestätigung darüber vorzulegen, daß der Rückkehrer seinen ständigen Wohnsitz im Gebiet der Deutschen Demokratischen Republik oder im demokratischen Sektor von Groß-Berlin genommen hat.

2.

(1) Die Freigabe erfolgt in der Höhe, in der das Konto beschlagnahmt wurde. Mit der Freigabe kann der Rückkehrer über das Guthaben verfügen. Für die Kontoführung ist nach Möglichkeit die alte Konto-Nummer wieder zu verwenden. Die Revisionsorgane der Banken haben die ordnungsgemäße Weiterführung der Konten zu prüfen. Soweit eine Verzinsung des Kontos vor der Beschlagnahme vorgesehen war, beginnt dieser am Tag der Freigabe. Für die Zeitdauer der Beschlagnahme werden Zinsen nicht geleistet.

(2) Die erfolgte Freigabe des Kontos ist durch das kontoführende Kreditinstitut unter Angabe des Kontostandes und des Zeitpunktes der Freigabe dem Rückkehrer schriftlich zu bestätigen. Eine Durchschrift dieser Bestätigung ist dem zuständigen Rat der Stadt oder Gemeinde zu übersenden.

(3) In teilweiser Abänderung der Anweisung vom 12. 6. 1953 wird bestimmt: Soweit der freizugebende Kontobetrag nach der seinerzeitigen Beschlagnahme an den Staatshaushalt zugunsten des Kontos 1108001 bei der Deutschen Notenbank abgeführt worden ist, ist dieser durch das kontoführende Kreditinstitut zur Deckung des freigegebenen Kontos bei dem für den Rückkehrer zuständigen Rat des Kreises, Abt. Finanzen, anzufordern. Zu diesem Zweck übersendet das Kreditinstitut dem Rat des Kreises eine Durchschrift der Bestätigung gem. Abs. 2. Diese Durchschrift ist mit einer rechtsverbindlichen Erklärung des Kreditinstitutes zu versehen, aus der hervorgehen muß, wann, in welcher Höhe und ggf. mit welchem Sammler der angeforderte Betrag seinerzeit an den Staatshaushalt abgeführt worden ist.
Der Rat des Kreises überweist den angeforderten Betrag als außerplanmäßige Ausgabe bei Einzelplan 08, Kapitel 993. Der hierfür erforderliche Finanzbedarf wird den Kreisen auf Grund der monatlichen Berichterstattungen über die Räte des Bezirks zugewiesen. Über die Abrechnung ergehen noch nähere Richtlinien des Ministeriums der Finanzen.

(4) Ist der freizugebende Kontobetrag seinerzeit nicht an den Staatshaushalt, sondern an andere Stellen abgeführt worden (zB auf WNA-Konten), so ist er durch das kontoführende Kreditinstitut von diesen zurückzufordern.

3.

(1) Die zu dem beschlagnahmten Vermögen gehörigen Hypotheken und sonstigen dinglichen Rechte, dinglich nicht gesicherte Forderungen (zB Schuldscheindarlehen oder Ansprüche aus Lieferung und Leistungen), Wertpapiere (zB Stücke der Länderanleihen 1946) und Beteiligungen, sind den Rückkehrern von den mit der Verwaltung dieser Werte beauftragten Stellen wieder zur Verfügung zu stellen.

(2) Der Rückkehrer beantragt die Rückgabe von Vermögenswerten gem. Abs. 1 beim Rat der Stadt oder Gemeinde, in der er vor dem Verlassen des Gebietes der Deutschen Demokratischen Republik seinen ständigen Wohnsitz hatte.

(3) Mit dem Antrag auf Freigabe ist vom Rückkehrer eine Aufstellung der Vermögenswerte vorzulegen, aus der folgende Angaben hervorgehen sollen:
a) Art des Vermögenswertes und dessen Höhe im Zeitpunkt des Verlassens des Gebietes der Deutschen Demokratischen Republik oder des demokratischen Sektors von Groß-Berlin;
b) Bezeichnung der Personen oder Stellen, gegen die Ansprüche aus den Vermögenswerten bestehen.
c) Bei Hypotheken Bezeichnung des belasteten Grundstückes.

4.

(1) Soweit der Rat der Stadt oder Gemeinde nicht in der Lage ist, die für die Verwaltung dieser Vermögenswerte eingesetzten Kreditinstitute selbst festzustellen, hat er die erforderlichen Auskünfte beim Rat des Kreises, Referat Staatliches Eigentum einzuholen. Danach ist durch den Rat der Stadt oder Gemeinde bei den verwaltenden Kreditinstituten die Freigabe der Vermögenswerte an den Rückkehrer zu veranlassen.

(2) Die verwaltenden Kreditinstitute sind verpflichtet, dem Rückkehrer die erfolgte Freigabe zu bestätigen und, soweit erforderlich, alle Personen und Stellen, gegen die sich Ansprüche aus den wieder zur Verfügung gestellten Vermögenswerten richten, von dem Gläubigerwechsel in Kenntnis zu setzen. Je eine Durchschrift der von den Kreditinstituten zu erteilenden Bestätigungen ist von diesen dem Rat der Stadt oder Gemeinde und dem Rat des Kreises, Referat Staatliches Eigentum zu übersenden. Der Rat des Kreises, Referat Staatliches Eigentum, hat bei dinglich gesicherten Forderungen des Rückkehrers dessen Wiedereintragung im Grundbuch herbeizuführen.
Das gleiche gilt für Wiedereintragungen im Handelsregister. Die Wiedereintragung erfolgt gebührenfrei und unter Freistellung von den Formvorschriften der Grundbuchordnung bzw. des Handelsgesetzbuches.

(3) Für die Freigabe der Vermögenswerte ist der Stand am Tage der Beschlagnahme maßgebend. Beträge, die vom verwaltenden Kreditinstitut unter Minderung der Vermögenssubstanz während der Zeit der Beschlagnahme vereinnahmt worden sind (zB Tilgung), sind an den Rückkehrer herauszugeben. Erträge aus den Vermögenswerten (zB Zinsen) stehen dem verwaltenden Kreditinstitut zu, soweit sie während der Zeit der Beschlagnahme fällig geworden sind. Danach sind Beträge, die vor dem Zeitpunkt der Beschlagnahme von dem verwaltenden Kreditinstitut vereinnahmt worden sind, dem Rückkehrer zu erstatten. Hingegen hat das verwaltende Kreditinstitut weiterhin Anspruch auf rückständige Erträge, die während der Zeit der Beschlagnahme fällig waren, bis zur Freigabe der Vermögenswerte aber nicht geleistet wurden.

(4) Wenn sich der Rückkehrer damit einverstanden erklärt, kann von dem Verfahren gem. Abs. 3 dahin abgewichen werden, daß alle während der Zeit der Beschlagnahme vereinnahmten Beträge ohne Rücksicht auf den Zeitpunkt ihrer Fälligkeit bei dem verwaltenden Kreditinstitut verbleiben und die nach erfolgter Freigabe eingehenden Beträge in vollem Umfang dem Rückkehrer zufließen.

(5) Die nach Absatz 3 dem Rückkehrer zu erstattenden Tilgungen und Zinsen sind durch die verwaltenden Kreditinstitute von den auf Grund des Treuhandgeschäftes an den Staatshaushalt laufend abzuführenden Beträgen abzusetzen.

5.

Rechte Dritter, die an zurückzugebenden Vermögenswerten im Zeitpunkt der Beschlagnahme bestanden und mit der Übernahme der Vermögenswerte durch das verwaltende Kreditinstitut erloschen sind, leben mit der Freigabe der Vermögenswerte in ihrem alten Umfang wieder auf. Erforderliche Benachrichtigungen an berechtigte Dritte sind durch das verwaltende Kreditinstitut zu veranlassen.

18. RiLi betr. vorläufige Verw. v. Vermögenswerten v. 5. August 1953 **Anhang III/18**

6.

Ist ein Antrag auf Erlaß von Schulden gem. Gesetz über Erlaß von Schulden und Auszahlung von Guthaben an alte und arbeitsunfähige Bürger der DDR, Teil II vom 8. 9. 1950 (GBl. S. 973) und der Verordnung über die Bereinigung bestimmter mit der Bankenschließung zusammenhängender Schuldverhältnisse vom 11. 7. 1952 (GBl. S. 860) infolge Anwendung der Verordnung vom 17. 7. 1952 nicht entschieden worden, so gilt dieser Antrag als rechtzeitig gestellt, wenn der Antragsteller in die Deutsche Demokratische Republik bzw. in den demokratischen Sektor von Groß-Berlin zurückgekehrt ist und dort seinen ständigen Wohnsitz genommen hat. Der Antrag ist zu bearbeiten und nach den gesetzlichen Bestimmungen zu entscheiden.

7.

Haben Rückkehrer vor dem Verlassen des Gebietes der Deutschen Demokratischen Republik bzw. des demokratischen Sektors von Groß-Berlin einen Umsiedlerkredit erhalten, den sie jedoch nicht voll in Anspruch genommen haben, so sind sie nach ihrer Rückkehr berechtigt, die noch nicht ausgenützte Kreditsumme voll in Anspruch zu nehmen.

Neue Anträge sind wegen der abgelaufenen Antragsfrist nicht möglich.

18. Richtlinie des Staatssekretariats für Innere Angelegenheiten betr. vorläufige Verwaltung von Vermögenswerten westberliner und westdeutscher Eigentümer durch die Räte der Städte und Gemeinden

Vom 5. August 1953

Betr.: Vorläufige Verwaltung von Vermögenswerten westberliner und westdeutscher Eigentümer durch die Räte der Städte und Gemeinden

I. Welche Bedeutung hat die Aufhebung der Verordnung zur Sicherung von Vermögenswerten für Fragen der vorläufigen Verwaltung?

1. Wie sind Vermögenswerte zu behandeln, die vor dem 11. 6. 1953 in vorläufige Verwaltung übernommen worden sind?

Die mit Wirkung vom 11. 6. 1953 erfolgte Aufhebung der Verordnung zur Sicherung von Vermögenswerten vom 17. 7. 1952 hat auf die Verwaltung von Vermögenswerten westberliner oder westdeutscher Eigentümer, die vor dem 11. 6. 1953 auf Grund des § 6 der Verordnung vom 17. 7. 1952 in Schutz und vorläufige Verwaltung übernommen worden sind, keinen Einfluß.

2. Wie sind Vermögenswerte zu behandeln, die vor dem 11. 6. 1953 in vorläufige Verwaltung hätten übernommen werden müssen?

Für Vermögenswerte, die den Bestimmungen des § 6 der Verordnung vom 17. 7. 1952 unterlagen, deren Übernahme in vorläufige Verwaltung aber vor dem 11. 6. 1953 nicht erfolgt ist, gilt folgendes:

a) Der Rat der Stadt oder Gemeinde stellt fest, um welche Vermögenswerte es sich handelt und wie dieselben zZt. verwaltet oder genutzt werden. Außerdem überprüft er, ob durch die Übernahme dieser Vermögenswerte in vorläufige Verwaltung Härten für Bürger der DDR oder des demokratischen Sektors von Groß-Berlin entstehen würden (vgl. II, Ziff. 4 dieser Richtlinie).

Der Rat der Stadt oder Gemeinde ist verpflichtet, jedem noch festgestellten Fall unabhängig davon, ob Härten entstehen würden oder nicht, mit Stellungnahme dem Rat des Kreises, Ref. Staatliches Eigentum, zur Entscheidung vorzulegen.

b) Der Rat des Kreises, Ref. Staatliches Eigentum, entscheidet, ob noch eine Übernahme dieser Vermögenswerte in vorläufige Verwaltung erfolgen soll.

3. Wie sind Vermögenswerte von Personen zu behandeln, die nach dem 10. 6. 1953 ihren Wohnsitz nach Westberlin oder Westdeutschland verlegt haben oder verlegen?

Die mit Wirkung vom 11. 6. 1953 erfolgte Aufhebung der Verordnung zur Sicherung von Vermögenswerten vom 17. 7. 1952 hat zur Folge, daß die Bestimmungen der §§ 1 und 6 dieser Verordnung und die hierzu erlassenen Anweisungen und Richtlinien auf Vermögenswerte von Personen, die nach

Anhang III/18
III. DDR-Recht

dem 10. 6. 1953 ihren Wohnsitz oder ständigen Aufenthalt aus dem Gebiet der DDR nach Westberlin oder Westdeutschland verlegt haben oder verlegen, keine Anwendung finden. Für die Behandlung dieser Vermögenswerte ergehen besondere Bestimmungen.

4. Wann endet die vorläufige Verwaltung?

Die vorläufige Verwaltung durch die Räte der Städte und Gemeinden endet erst, wenn
a) der Eigentümer seinen Wohnsitz oder ständigen Aufenthalt in das Gebiet der DDR oder in den demokratischen Sektor von Groß-Berlin verlegt und die Übertragung der Verwaltung seines Vermögens an ihn beantragt hat oder
b) die vorläufige Verwaltung auf Grund von Bestimmungen des Abschnitts II dieser Richtlinie zwecks Beseitigung von Härtefällen für Bürger der DDR oder des demokratischen Sektors von Groß-Berlin durch Entscheidung des Rates des Kreises, Referat Staatliches Eigentum, aufgehoben wird oder
c) die vorläufig verwalteten Vermögenswerte durch rechtlichen Erwerb in das Eigentum eines Bürgers der DDR oder des demokratischen Sektors von Groß-Berlin übergehen (vgl. Abschnitt III dieser Richtlinie).

5. Besteht ein Rechtsanspruch auf Aufhebung der vorläufigen Verwaltung?

Ein Rechtsanspruch auf Aufhebung der vorläufigen Verwaltung besteht nur, wenn
a) der Eigentümer seinen Wohnsitz oder ständigen Aufenthalt in das Gebiet der DDR oder in den demokratischen Sektor von Groß-Berlin verlegt und die Übertragung der Verwaltung seines Vermögens an ihn beantragt hat oder
b) die vorläufig verwalteten Vermögenswerte durch Genehmigung eines rechtsgeschäftlichen Erwerbs in das Eigentum eines Bürgers der DDR oder des demokratischen Sektors von Groß-Berlin übergegangen sind.

Ein Rechtsanspruch auf Aufhebung der vorläufigen Verwaltung in Härtefällen steht dem westberliner oder westdeutschen Eigentümer und dem durch die vorläufige Verwaltung betroffenen Bürger der DDR oder des demokratischen Sektors von Groß-Berlin nicht zu.

6. Wie sind Anträge auf Aufhebung der vorläufigen Verwaltung zu behandeln?

a) Beim Rat der Stadt oder Gemeinde vorliegende Anträge

Der Rat der Stadt oder Gemeinde überprüft, ob die Voraussetzungen für die Anwendung der Bestimmungen des Abschnittes I, Ziff. 4a) oder des Abschnittes II dieser Richtlinie (Härtefälle) vorliegen.

Liegen die Voraussetzungen zu I, 4a) oder II nicht vor, so ist der Antrag durch den Rat der Stadt oder Gemeinde abzulehnen. Handelt es sich bei dem Antragsteller um einen Bürger der DDR oder des demokratischen Sektors von Groß-Berlin, so ist der ablehnende Bescheid dem Antragsteller direkt zuzuleiten. Bescheide an westberliner oder westdeutsche Antragsteller sind über den Rat des Kreises, Referat Staatliches Eigentum, zu leiten.

Die Bescheide müssen den Hinweis enthalten, daß die vorläufige Verwaltung nur aufgehoben werden kann, wenn der Eigentümer seinen Wohnsitz oder ständigen Aufenthalt in das Gebiet der DDR oder in den demokratischen Sektor von Groß-Berlin verlegt hat.

Liegen die Voraussetzungen zu I, 4a) vor oder kommt der Rat der Stadt oder Gemeinde zu der Auffassung, daß ein Härtefall nach den Bestimmungen des Abschnittes II dieser Richtlinie vorliegt, so hat er die Entscheidung des Rates des Kreises, Referat Staatliches Eigentum, einzuholen.

b) Beim Rat des Kreises, Referat Staatliches Eigentum, vorliegende Anträge

Die Anträge sind nach den unter a) aufgeführten Gesichtspunkten zu behandeln.

7. Wie sind Fälle zu behandeln, in denen die vorläufige Verwaltung nach dem 10. 6. 1953 im Widerspruch zu den gesetzlichen Bestimmungen aufgehoben worden ist?

Die abschließende Bearbeitung dieser Fälle erfolgt auf ausdrückliche Anweisung des Rates des Bezirkes, Abteilung Staatliches Eigentum.

8. Wie sind die Anfragen der Abt. Kataster des Rates des Kreises zu behandeln?

Anfragen der Abt. Kataster des Rates des Kreises über das Bestehen oder die Aufhebung der vorläufigen Verwaltung sind unverzüglich durch Einsetzung einer Bestätigung zu beantworten. Die Bestätigung muß neben der Bezeichnung des Grundstücks die Feststellung enthalten, ob eine vorläufige Verwaltung besteht bzw. aus welchen Gründen eine vorläufige Verwaltung nicht besteht oder mit welchem Zeitpunkt die vorläufige Verwaltung aufgehoben und wem die Verwaltung übertragen worden ist. Betreffen die Anfragen der Abt. Kataster Grundstücke, die zwar den Bestimmungen des

18. RiLi betr. vorläufige Verw. v. Vermögenswerten v. 5. August 1953   **Anhang III/18**

§ 6 der Verordnung vom 17. 7. 1952 unterlagen, aber noch nicht in vorläufige Verwaltung übernommen worden sind, so ist gem. Abschnitt I, Ziffer 2a) und b) dieser Richtlinie zu verfahren.

II. Wie sind Härtefälle im Zusammenhang mit der vorläufigen Verwaltung zu behandeln?

Bei der Anwendung des § 6 der Verordnung vom 17. 7. 1952 haben sich für Bürger der DDR oder des demokratischen Sektors von Groß-Berlin Härten ergeben. Diese Härtefälle sind durch Bestimmungen der Richtlinie des Ministeriums des Innern vom 1. 9. 1952 oder durch die falsche Anwendung dieser Bestimmungen entstanden.

1. Wann wird überprüft, ob Härtefälle vorliegen?

Die Überprüfung erfolgt, wenn ein Antrag auf Aufhebung der vorläufigen Verwaltung und Übertragung der Verwaltung an einen Bürger der DDR oder des demokratischen Sektors von Groß-Berlin gestellt wird.

Der Antrag kann vom westberliner oder westdeutschen Eigentümer oder von dem Bürger der DDR oder des demokratischen Sektors von Groß-Berlin gestellt werden, für den durch die vorläufige Verwaltung Härten entstanden sind.

2. Wer überprüft, ob Härtefälle vorliegen?

Die Überprüfung erfolgt durch den Rat der Stadt oder Gemeinde, der vorläufiger Verwalter der betreffenden Vermögenswerte ist.

3. Wer entscheidet, ob Härtefälle vorliegen?

Der Rat der Stadt oder Gemeinde lehnt den Antrag ab, wenn nicht sämtliche der in Ziff. 4a) oder b) im einzelnen aufgeführten Voraussetzungen vorliegen.

Kommt der Rat der Stadt oder Gemeinde zu der Auffassung, daß alle Voraussetzungen vorliegen, so sind die Unterlagen mit Stellungnahme dem Rat des Kreises, Referat Staatliches Eigentum, zur Entscheidung zuzuleiten.

4. Was können Härtefälle sein?

Härtefälle können solche Fälle sein, in denen die vorläufige Verwaltung durch die Räte der Städte oder Gemeinden ausgeübt wird, alle in den nachstehenden Bestimmungen im einzelnen aufgeführten Voraussetzungen vorliegen und die Übertragung der Verwaltung an einen Bürger der DDR oder des demokratischen Sektors von Groß-Berlin beantragt wird.
a) Härtefälle bei vorläufig verwalteten beweglichen Vermögenswerten können vorliegen, wenn es sich um bewegliche Vermögenswerte handelt, die nicht betrieblichen Zwecken dienen (zB Möbel) und die Übertragung der Verwaltung an eine bevollmächtigte Person beantragt wird, die mit dem westberliner oder westdeutschen Eigentümer verwandt ist und die betreffenden Vermögenswerte bereits in eigenem Verbrauch hat oder in eigenem Gebrauch übernehmen will. (Die bevollmächtigte Person braucht an den betreffenden beweglichen Vermögenswerten Miteigentumsansprüche nicht nachzuweisen, muß aber unbedingt eine beglaubigte Vollmacht des westberliner oder westdeutschen Eigentümers aus der Zeit nach dem 17. 7. 1952 vorlegen).
b) Härtefälle bei vorläufig verwalteten Grundstücken können vorliegen bei
　aa) Miteigentumsfällen
　　Wenn es sich um ein unbebautes Grundstück oder ein Grundstück handelt, das Wohnzwecken dient (Laubengrundstück, Einfamilienhaus, Miethaus usw.) und die Übertragung der Verwaltung an eine bevollmächtigte Person beantragt wird, die Miteigentümer des Grundstücks ist, die Verwaltung dieses Grundstücks bereits vor dem 17. 7. 1952 ausgeübt hat, jedoch nicht gleichzeitig volkseigene Miteigentumsanteile bestehen (die bevollmächtigte Person muß unbedingt Miteigentümer sein und eine beglaubigte Vollmacht des westberliner oder westdeutschen Miteigentümers aus der Zeit nach dem 17. 7. 1952 vorlegen, braucht aber nicht im betreffenden Grundstück oder in der Gemeinde zu wohnen, in der sich das Grundstück befindet).
　bb) Verwandtschaftsfällen
　　Wenn es sich um ein unbebautes Grundstück oder ein Grundstück handelt, das Wohnzwecken dient (Laubengrundstück, Ein- oder Zweifamilienhaus – aber nicht Miethäuser – und die Übertragung an eine bevollmächtigte Person beantragt wird, die zwar nicht Miteigentümer,

971

aber mit dem Grundstückseigentümer verwandt ist, in dem betreffenden Grundstück selbst wohnt oder es selbst nutzt und die Verwaltung dieses Grundstücks bereits vor dem 17. 7. 1952 ausgeübt hat, jedoch keine volkseigenen Miteigentumsanteile bestehen (die bevollmächtigte Person muß unbedingt eine beglaubigte Vollmacht des westberliner oder westdeutschen Eigentümers aus der Zeit nach dem 17. 7. 1952 vorlegen).

cc) Nießbrauchfällen

Wenn es sich um ein unbebautes oder bebautes Grundstück handelt, das nicht zum Betriebsvermögen eines vorläufig verwalteten Betriebes gehört und die Übertragung der Verwaltung an eine Person beantragt wird, für die im Grundbuch ein Nießbrauchrecht eingetragen ist, jedoch nicht gleichzeitig volkseigene Miteigentumsanteile bestehen (die nießbrauchberechtigte Person braucht keine Vollmacht des westberliner oder westdeutschen Eigentümers vorzulegen).

dd) Erbengemeinschaft

Wenn es sich um ein unbebautes oder bebautes Grundstück handelt, das einer Erbengemeinschaft gehört und die Übertragung der Verwaltung an ein in der DDR oder im demokratischen Sektor von Groß-Berlin wohnhaftes Mitglied der Erbengemeinschaft bereits vor dem 17. 7. 1952 ausgeübt hat, jedoch nicht gleichzeitig volkseigene Miteigentumsrechte an dieser Erbengemeinschaft bestehen (das bevollmächtigte Mitglied der Erbengemeinschaft muß unbedingt eine beglaubigte Vollmacht des westberliner oder westdeutschen Mitglieds der Erbengemeinschaft aus der Zeit nach dem 17. 7. 1952 vorlegen).

5. Was muß bei Härtefällen, die Grundstücke betreffen, nachgewiesen werden?

Die Eigentumsverhältnisse bzw. das eingetragene Nießbrauchrecht muß durch Vorlage eines Grundbuchauszuges nachgewiesen werden, soweit sich diese Feststellung nicht aus Unterlagen ergibt, die beim Rat der Stadt oder Gemeinde bereits vorhanden sind.

Der Grundbuchauszug ist durch den Rat der Stadt oder Gemeinde dem Rat des Kreises, Referat Staatliches Eigentum, mit dem Antrag vorzulegen bzw. hat der Rat der Stadt oder Gemeinde in seiner Stellungnahme die Richigkeit der bezüglich der Eintragung im Grundbuch im Antrag enthaltenen Angaben zu bestätigen.

6. Wie hat der Rat der Stadt oder Gemeinde die Übergabe an den neuen Verwalter vorzunehmen, wenn der Antrag durch den Rat des Kreises, Referat Staatliches Eigentum, genehmigt worden ist?

Die Übertragung der Verwaltung an den neuen Verwalter hat durch Übergabe-Übernahmeprotokoll zu erfolgen unter gleichzeitiger Abrechung über die während der Zeit der vorläufigen Verwaltung erzielten Einkünfte und bestätigten Ausgaben.

Der neue Verwalter ist auf die Einhaltung der Bestimmungen des Gesetzes zur Regelung des innerdeutschen Zahlungsverkehrs in diesem Protokoll ausdrücklich schriftlich hinzuweisen, Ansprüche des bisherigen vorläufigen Verwalters auf Zahlung rückständiger Verwaltergebühren (vgl. Ziff. 9) sind im Protokoll aufzuführen.

7. Was hat der Rat der Stadt oder Gemeinde nach Übergabe an den neuen Verwalter zu veranlassen?

a) Benachrichtigung der Niederlassung der Deutschen Notenbank.

Die zuständige Niederlassung der Deutschen Notenbank ist vom Rat der Stadt oder Gemeinde zu benachrichtigen, von welchem Zeitpunkt ab die Verfügung über das Westzonen- bzw. Westsektorenkonto auf den neuen Verwalter der mit dem Konto im Zusammenhang stehenden Vermögenswerte übergeht.

b) Benachrichtigung der Abt. Kataster des Rates des Kreises, wenn Grundstücke betroffen sind.

Die zuständige Abteilung Kataster des Rates des Kreises ist vom Rat der Stadt oder Gemeinde zu benachrichtigen, von welchem Zeitpunkt ab die Verwaltung des Grundstücks auf den neuen Verwalter übergeht.

8. Wie sind die durch den bisherigen vorläufigen Verwalter eingegangenen oder abgeschlossenen Verträge zu behandeln?

Durch den bisherigen vorläufigen Verwalter eingegangene oder abgeschlossene Verträge (zB Miet- oder Pachtverträge) haben volle Rechtsgültigkeit auch gegenüber dem neuen Verwalter und erlöschen nicht bei Beendigung der vorläufigen Verwaltung. Eine Lösung oder Kündigung solcher Rechtsgeschäfte durch den neuen Verwalter ist nur unter Beachtung der vertraglich vereinbarten oder gesetzlich geltenden Frist möglich.

18. RiLi betr. vorläufige Verw. v. Vermögenswerten v. 5. August 1953 **Anhang III/18**

9. Was wird mit rückständigen Verwaltungsgebühren?

Im Zeitpunkt der Übergabe der Verwaltung an den neuen Verwalter rückständige Verwaltungsgebühren, die dem Rat der Stadt oder Gemeinde aufgrund der Direktive des Ministeriums der Finanzen zustanden, sind, soweit sich auf dem diesbezüglichen Konto bei der Niederlassung der Deutschen Notenbank Beträge befinden, von diesem Konto einzuziehen, Sind auf dem diesbezüglichen Konto Beträge nicht vorhanden, so ist der Anspruch des Rates der Stadt oder Gemeinde auf Zahlung rückständiger Verwaltungsgebühren gegen den neuen Verwalter zu richten.

III. Welche Gesichtspunkte sind bei der weiteren Ausübung der vorläufigen Verwaltung durch den Rat der Stadt oder Gemeinde zu beachten?

1. Hat der Abschnitt IV der Richtlinie des Ministeriums des Innern vom 1. 9. 1952 noch Gültigkeit?

Die Bestimmungen des Abschnitts IV der Richtlinie des Ministeriums des Innern vom 1. 9. 1952 bleiben bestehen, soweit sich aus den nachfolgenden Bestimmungen keine andere Regelung ergibt.

2. Sind Anfragen des westberliner oder westdeutschen Eigentümers, die die vorläufige Verwaltung betreffen, zu beantworten?

Bei dem Rat der Städte und Gemeinden eingehende Anfragen des westberliner oder westdeutschen Eigentümers, die die vorläufige Verwaltung betreffen, sind zu beantworten.

In den Anwortschreiben des Rates der Stadt oder Gemeinde dürfen aber lediglich Mitteilungen über die Höhe der Einnahmen und Ausgaben und Hinweise darüber enthalten sein, daß die betreffenden Vermögenswerte vom Rat der Stadt oder Gemeinde ordnungsgemäß unter Einhaltung der Bestimmungen des Gesetzes zur Regelung des innerdeutschen Zahlungsverkehrs vorläufig verwaltet und Reparaturen usw. und Verbindlichkeiten im Rahmen des Ertrages bezahlt werden.

Mitteilungen über die Art der Nutzung der vorläufig verwalteten Vermögenswerte dürfen nicht gemacht werden.

Die Antwortschreiben des Rates der Stadt oder Gemeinde müssen über den Rat des Kreises, Referat Staatliches Eigentum, geleitet werden.

3. Können Anträge des westberliner oder westdeutschen Eigentümers auf Eintragung von Nießbrauchrechten genehmigt werden?

Bei den Räten der Städte und Gemeinden oder den Räten der Kreise vorliegende oder eingehende Anträge westberliner oder westdeutscher Eigentümer auf Eintragung von Nießbrauchrechten an Grundstücken, die sich in vorläufiger Verwaltung befinden, zugunsten von Bürgern der DDR oder des demokratischen Sektors von Groß-Berlin können durch den Rat des Kreises genehmigt werden.

4. Können Anträge des westberliner oder westdeutschen Eigentümers auf schenkungs- oder verkaufsweise Überlassung von beweglichen oder unbeweglichen Vermögenswerten genehmigt werden?

Bei den Räten der Städte und Gemeinden oder den Räten der Kreise vorliegende oder eingehende Anträge westberliner oder westdeutscher Eigentümer auf schenkungs- oder verkaufsweise Überlassung von beweglichen oder unbeweglichen Vermögenswerten können durch den Rat des Kreises genehmigt werden.

5. Können Anträge auf Erbauseinandersetzung genehmigt werden?

Bei den Räten der Städte und Gemeinden oder den Räten der Kreise vorliegende oder eingehende Anträge westberliner oder wetdeutscher Mitglieder von Erbengemeinschaften auf Genehmigung von Erbauseinandersetzungen können durch die Räte der Kreise genehmigt werden.

6. Wie erfolgt die Bearbeitung der Anträge zu 3), 4) und 5)?

a) Aufgabe des Rates der Stadt oder Gemeinde

Der Rat der Stadt oder Gemeinde hat zu prüfen, ob den Anträgen ordnungsgemäß abgeschlossene Verträge beigefügt sind. Er legt die Anträge mit Verträgen und eigener Stellungnahme dem Rat des Kreises, Referat Staatliches Eigentum, vor.

In der Stellungnahme des Rates der Stadt oder Gemeinde muß zum Ausdruck kommen, wie die durch die Verträge betroffenen Vermögenswerte zZt. genutzt werden.

Sind durch einen Vertrag Grundstücke betroffen und ist ein Grundbuchauszug nicht beigefügt, so hat der Rat der Stadt oder Gemeinde außerdem mitzuteilen, ob die in dem Vertrag angeführten

Eigentumsverhältnisse den im Grundbuch bestehenden Eintragungen entsprechen. Bei Anträgen auf Eintragung von Nießbrauchrechten und schenkungsweiser Überlassung von vorläufig verwalteten beweglichen oder unbeweglichen Vermögenswerten ist eine Stellungnahme des zuständigen Rates der Stadt oder Gemeinde über die soziale Lage des Bürgers der DDR oder des demokratischen Sektors von Groß-Berlin, für den ein Nießbrauchrecht eingetragen oder der beschenkt werden soll und über dessen Verwandtschaftsverhältnis zum Eigentümer beizufügen.

b) Aufgabe des Rates des Kreises, Referat Staatliches Eigentum

Der Rat des Kreises, Referat Staatliches Eigentum, bearbeitet die Anträge nach den Richtlinien des Staatssekretariats für Innere Angelegenheiten vom 10. 8. 1953.

Die Benachrichtigung des Rates der Stadt oder Gemeinde und der an den Verträgen Beteiligten über die Genehmigung oder Ablehnung erfolgt durch den Rat des Kreises, Referat Staatliches Eigentum.

7. Was hat der Rat der Stadt oder Gemeinde zu veranlassen, wenn die Anträge zu 3), 4) und 5) durch den Rat des Kreises genehmigt worden ist?

a) Bei Eintragung von Nießbrauchrechten ist das betreffende Grundstück nach Eintragung des Nießbrauchberechtigten im Grundbuch, die durch den Nießbrauchberechtigten zu veranlassen und nachzuweisen ist, durch den Rat der Stadt oder Gemeinde in die Verwaltung des Nießbrauchberechtigten nach den Bestimmungen der Ziffer 6) bis 9) des Abschnitts II dieser Richtlinie zu übertragen.

b) Bei Schenkungsverträgen für bewegliche Vermögenswerte

Bei genehmigten schenkungsweisen Überlassungen von beweglichen Vermögenswerten sind diese durch den bisherigen vorläufigen Verwalter dem neuen Eigentümer sofort zu übergeben. Eine Abrechnung über die während der Zeit der vorläufigen Verwaltung erzielten Einkünfte und getätigten Ausgaben gegenüber dem neuen Eigentümer entfällt.

Eine Übergabe des für die verschenkten Vermögenswerte vorhandenen Kontobestandes an den Beschenkten erfolgt nicht, da die Richtlinien zum Gesetz zur Regelung des innerdeutschen Zahlungsverkehrs eine so umfassende Verfügung über ein bei der Deutschen Notenbank geführten Guthaben nicht zulassen.

Die zuständige Niederlassung der Deutschen Notenbank ist vom Rat der Stadt oder Gemeinde von der Übergabe der bisher mit dem Konto im Zusammenhang stehenden Sachwerte an den neuen Eigentümer sowie davon zu benachrichtigen, daß das Konto für den westberliner oder westdeutschen Eigentümer bestehen bleibt und von der Niederlassung der Deutschen Notenbank nach den Bestimmungen des § 6 der Verordnung vom 17. 7. 1952 vorläufig zu verwalten ist. Im Zeitpunkt der Übergabe an den neuen Eigentümer rückständige Verwaltungsgebühren, die dem Rat der Stadt oder Gemeinde auf Grund der Direktive des Ministeriums der Finanzen zustanden, sind, soweit sich auf dem diesbezüglichen Konto bei der Niederlassung der Deutschen Notenbank Beträge befinden, von diesem Konto einzuziehen. Sind auf dem diesbezüglichen Konto Beträge nicht vorhanden, so ist der Anspruch des Rates der Stadt oder Gemeinde auf Zahlung rückständiger Verwaltungsgebühren gegenüber dem neuen Eigentümer nicht geltend zu machen.

Die Übergabe an den neuen Eigentümer hat durch Übergabe-Übernahmeprotokoll zu erfolgen.

c) Bei Verkaufsverträgen für bewegliche Vermögenswerte

Bei genehmigten Verkäufen von beweglichen Vermögenswerten sind diese durch den bisherigen vorläufigen Verwalter dem neuen Eigentümer sofort zu übergeben. Eine Abrechnung über die während der Zeit der vorläufigen Verwaltung erzielten Einkünfte und getätigten Ausgaben gegenüber dem neuen Eigentümer entfällt.

Der zuständigen Niederlassung der Deutschen Notenbank ist vom Rat der Stadt oder Gemeinde Nachricht zu geben, wer die Vermögenswerte käuflich erworben hat und zu welchem Kaufpreis. Die Niederlassung der Deutschen Notenbank ist für die Einziehung des Kaufpreises und für die weitere vorläufige Verwaltung des Kontos verantwortlich. Forderungen auf Bezahlung der im Zeitpunkt der Übergabe an den neuen Eigentümer rückständigen Verwaltungsgebühren sind durch den Rat der Stadt oder Gemeinde nicht an den neuen Eigentümer, sondern an die kontoführende Niederlassung der Deutschen Notenbank zu richten. Die Übergabe an den neuen Eigentümer hat durch Übernahme-Übergabeprotokoll zu erfolgen.

d) Bei Schenkungsverträgen für unbewegliche Vermögenswerte

Bei genehmigten schenkungsweisen Überlassungen von unbeweglichen Vermögenswerten hat die Übergabe nach Eintragung des neuen Eigentümers im Grundbuch, die durch den neuen Eigentümer zu veranlassen und nachzuweisen ist, zu erfolgen. Die Bestimmungen der Ziffer 7) gelten sinngemäß, jedoch sind rückständige Verwaltergebühren gegenüber dem neuen Eigentümer geltend zu machen.

19. RiLi betr. Fragen der vorläufigen Verwaltung v. 10. August 1953   **Anhang III/19**

e) Bei Verkaufsverträgen für unbewegliche Vermögenswerte

Bei genehmigten Verkäufen von unbeweglichen Vermögenswerten hat die Übergabe nach Eintragung des neuen Eigentümers im Grundbuch, die durch den neuen Eigentümer zu veranlassen und nachzuweisen ist, zu erfolgen. Die Bestimmungen der Ziffer 7 c) gelten sinngemäß.

Wird die Kaufpreisforderung des westberliner oder westdeutschen Verkäufers durch Hypothek gesichert, so ist der zuständigen Niederlassung der Deutschen Investbank als vorläufiger Verwalter dieser Hypothekenforderung Mitteilung zu machen.

f) Bei genehmigten Erbauseinandersetzungen

Bei genehmigten Anträgen auf Erbauseinandersetzungen hat der Rat der Stadt oder Gemeinde die Rechte und Pflichten, die sich aus den Bestimmungen des Bürgerlichen Gesetzbuches ergeben, wahrzunehmen, da er als vorläufiger Verwalter das westberliner oder westdeutsche Mitglied der Erbengemeinschaft vertritt.

8. Wie sind Vermögenswerte zu behandeln, die etwa auf Grund des § 6 der Verordnung vom 17. 7. 1952 in Treuhandschaft übernommen worden sind?

Für die Behandlung etwa auf Grund des § 6 der Verordnung vom 17. 7. 1952 in Treuhandschaft übernommener Vermögenswerte ergehen besondere Richtlinien.

19. Richtlinie des Staatssekretariats für Innere Angelegenheiten für die Räte der Kreise, Referate Staatliches Eigentum, betr. Fragen der vorläufigen Verwaltung

Vom 10. August 1953

I. Entscheidungen über Vermögenswerte, die den Bestimmungen des § 6 der Verordnung vom 17. 7. 1952 unterlagen, deren Übernahme in vorläufige Verwaltung aber vor dem 11. 6. 1953 nicht erfolgt ist. (Vgl. Richtlinie betreffend vorläufige Verwaltung von Vermögenswerten westberliner und westdeutscher Eigentümer durch die Räte der Städte und Gemeinden vom 5. 8. 1953, Abschn. I, Ziff. 2).

II. Entscheidungen über Fälle, in denen die vorläufige Verwaltung nach dem 10. 6. 1953 im Widerspruch zu den gesetzlichen Bestimmungen aufgehoben worden ist. (Vgl. Richtlinie betreffend vorläufige Verwaltung von Vermögenswerten westberliner und westdeutscher Eigentümer durch die Räte der Städte und Gemeinden vom 5. 8. 1953, Abschn. I, Ziff. 7).

III. Entscheidungen über Anträge westberliner oder westdeutscher Eigentümer auf Eintragung von Nießbrauchrechten an Grundstücken, die sich in vorläufiger Verwaltung befinden, zu Gunsten von Bürgern der DDR oder des demokratischen Sektors von Groß-Berlin. (Vgl. Richtlinie vorläufige Verwaltung von Vermögenswerten westberliner und westdeutscher Eigentümer durch die Räte der Städte und Gemeinden vom 5. 8. 1953, Abschn. III, Ziff. 3 und 6).

IV. Entscheidungen über Anträge westberliner und westdeutscher Eigentümer auf schenkungsweise Überlassung von vorläufig verwalteten beweglichen oder unbeweglichen Vermögenswerten an Bürger der DDR oder des demokratischen Sektors von Groß-Berlin. (Vgl. Richtlinie betreffend vorläufige Verwaltung von Vermögenswerten westberliner und westdeutscher Eigentümer durch die Räte der Städte und Gemeinden vom 5. 8. 1953, Abschn. III, Ziff. 4 und 6).

V. Entscheidungen über Anträge westberliner und westdeutscher Eigentümer auf Verkauf von vorläufig verwalteten beweglichen oder unbeweglichen Vermögenswerten an Bürger der DDR oder des demokratischen Sektors von Groß-Berlin. (Vgl. Richtlinie betreffend vorläufige Verwaltung von Vermögenswerten westberliner und westdeutscher Eigentümer durch die Räte der Städte und Gemeinden vom 5. 8. 1953, Abschn. III, Ziff. 4 und 6).

VI. Entscheidungen über Anträge westberliner oder westdeutscher Miteigentümer auf Genehmigung von Erbauseinandersetzungen.(Vgl. Richtlinie betreffend vorläufige Verwaltung von Vermögenswerten westberliner und westdeutscher Eigentümer durch die Räte der Städte und Gemeinden vom 5. 8. 1953, Abschn. III, Ziff. 5 und 6).

VII. Weiterleitung von Antwortschreiben der Räte der Städte und Gemeinden nach West-Berlin oder Westdeutschland. (Vgl. Richtlinie betreffend vorläufige Verwaltung von Vermögenswerten westberliner und westdeutscher Eigentümer durch die Räte der Städte und Gemeinden vom 5. 8. 1953, Abschn. I, Ziff. 6a und III, Ziff. 2).

I. Wie ist zu entscheiden, wenn Vermögenswerte auf Grund des § 6 der Verordnung vom 17. 7. 1952 vor dem 11. 6. 1953 in vorläufige Verwaltung hätten übernommen werden müssen, aber nicht übernommen worden sind?

a) Bewegliche Vermögenswerte:
Bewegliche Vermögenswerte, die den Bestimmungen des § 6 der Verordnung vom 17. 7. 1952 unterlagen, deren Übernahme in vorläufige Verwaltung aber vor dem 11. 6. 1953 nicht erfolgt ist, sind nach dem 11. 6. 1953 nicht in vorläufige Verwaltung zu übernehmen, es sei denn, es handelt sich um Produktionsmittel.

b) Unbewegliche Vermögenswerte, durch deren Übernahme in vorläufige Verwaltung Härtefälle entstehen würden:
Unbewegliche Vermögenswerte, die den Bestimmungen des § 6 der Verordnung vom 17. 7. 1952 unterlagen, deren Übernahme in vorläufige Verwaltung aber vor dem 11. 6. 1953 nicht erfolgt ist, sind nach dem 11. 6. 1953 nicht in vorläufige Verwaltung zu übernehmen, wenn Härtefälle im Sinne des Abschn. II der Richtlinie betreffend vorläufige Verwaltung von Vermögenswerten westberliner und westdeutscher Eigentümer durch die Räte der Städte und Gemeinden vom 5. 8. 1953 entstehen würden.

c) Andere unbewegliche Vermögenswerte (Grundstücke):
Unbewegliche Vermögenswerte, für die die Voraussetzungen zu b) nicht zutreffen und die den Bestimmungen des § 6 der Verordnung vom 17. 7. 1952 unterlagen, deren Übernahme aber in vorläufige Verwaltung vor dem 11. 6. 1953 nicht erfolgt ist, sind nach dem 11. 6. 1953 in vorläufige Verwaltung zu übernehmen, mit Ausnahme von unbebauten, nichtlandwirtschaftlichen Grundstücken.

d) Betriebsvermögen, Beteiligungen, Hypotheken, Kapitalforderungen usw.:
Betriebsvermögen, Beteiligungen an Unternehmen, Hypotheken, Kapitalforderungen usw., die den Bestimmungen des § 6 der Verordnung vom 17. 7. 1952 unterlagen, deren Übernahme in vorläufige Verwaltung aber vor dem 11. 6. 1953 nicht erfolgt ist, sind grundsätzlich auch nach dem 11. 6. 1953 in vorläufige Verwaltung zu übernehmen.

II. Wie ist zu entscheiden, wenn die vorläufige Verwaltung nach dem 10. 6. 1953 im Widerspruch zu den gesetzlichen Bestimmungen aufgehoben worden ist?

Die abschließende Bearbeitung dieser Fälle erfolgt auf ausdrückliche Anweisung des Rates des Bezirkes, Abt. Staatliches Eigentum.

III. Wie ist zu entscheiden, wenn Anträge auf Eintragung von Nießbrauchrechten vorgelegt werden?

a) Die Bestimmungen über die Zuleitung von Anträgen durch die Räte der Städte und Gemeinden und die beizufügenden Unterlagen bzw. Stellungnahmen sind der Richtlinie betreffend vorläufige Verwaltung von Vermögenswerten westberliner oder westdeutscher Eigentümer durch die Räte der Städte und Gemeinden vom 5. 8. 1953, Abschnitt III, Ziff. 6 zu entnehmen. Danach erhält der Rat des Kreises, Referat Staatliches Eigentum, den Antrag des westberliner oder westdeutschen Eigentümers, den Vertrag, den Nachweis über die im Grundbuch bestehenden Eintragungen, eine Mitteilung des Rates der Stadt oder Gemeinde über die derzeitige Nutzung des Grundstückes, über die soziale Lage des Bürgers der Deutschen Demokratischen Republik oder des demokratischen Sektors von Groß-Berlin und über dessen Verwandtschaftsverhältnis zum Eigentümer.

b) Anträge dieser Art müssen grundsätzlich abgelehnt werden, wenn

1. der Antrag nicht den Formvorschriften des BGB entspricht (gerichtliche oder notarielle Beurkundung),
2. in dem Vertrag nicht sämtliche im Grundbuch als Eigentümer eingetragene Personen der Eintragung des Nießbrauchrechtes zugestimmt haben,
3. an dem betreffenden Grundstück ein volkseigener Miteigentumsanteil besteht,

19. RiLi betr. Fragen der vorläufigen Verwaltung v. 10. August 1953 **Anhang III/19**

4. der Bürger der Deutschen Demokratischen Republik oder des demokratischen Sektors von Groß-Berlin, für den das Nießbrauchrecht eingetragen werden soll, mit dem Grundstückseigentümer nicht verwandt ist, dh. im vorliegenden Falle es sich nicht um Kinder, Enkelkinder, Eltern, Großeltern, Geschwister oder den Ehegatten des Grundstückseigentümers handelt,
5. es sich um ein Grundstück handelt, das zum Betriebsvermögen eines in vorläufiger Verwaltung befindlichen Betriebes gehört,
6. die soziale Lage, insbesondere die Einkommensverhältnisse des Bürgers der Deutschen Demokratischen Republik oder des demokratischen Sektors von Groß-Berlin, die Eintragung eines Nießbrauchrechtes nicht rechtfertigt,
7. ersichtlich ist, daß durch die Eintragung des Nießbrauchrechtes lediglich für den westberliner oder westdeutschen Eigentümer bestehende Verfügungssperre über den Grundstücksertrag (Westkonto auf Grund des Gesetzes zur Regelung des innerdeutschen Zahlungsverkehrs) umgangen werden bzw. die bestehende vorläufige Verwaltung des Grundstückes aufgehoben werden soll.

c) Anträge dieser Art sind zu genehmigen, wenn die zu b) aufgeführten Merkmale nicht vorliegen. Dabei kommen insbesondere Verträge aus der Zeit vor dem 17. 7. 1952 und solche Verträge nach dem 17. 7. 1952 in Frage, auf Grund deren das Nießbrauchrecht für einen nahen Verwandten (vgl. Ziffer b) 4) eingetragen werden soll, dem bereits vor dem 17. 7. 1952 auf Grund formloser schriftlicher Erklärung des Grundstückseigentümers die Erträge aus dem Grundstück zustanden, oder der im betreffenden Grundstück wohnt oder dasselbe nutzt.

IV. Wie ist zu entscheiden, wenn Anträge auf Genehmigung von Schenkungsverträgen für bewegliche oder unbewegliche Vermögenswerte vorgelegt werden?

a) Der zu III. a) gegebene Hinweis trifft auch für Anträge auf schenkungsweise Überlassung von beweglichen und unbeweglichen Vermögenswerten zu, die vorläufig verwaltet werden.

b) Für die Entscheidung ist zu beachten, ob es sich um Verträge aus der Zeit vor dem 17. 7. 1952 oder nach dem 17. 7. 1952, insbesondere aber nach dem 11. 6. 1953 handelt.
Bei Schenkungsverträgen, die vor dem 17. 7. 1952 abgeschlossen wurden, kann im allgemeinen davon ausgegangen werden, daß Absichten, die Verwaltung der betreffenden Vermögenswerte durch staatliche Organe zu umgehen oder rückgängig zu machen, nicht vorgelegen haben können. Anders bei Verträgen nach dem 17. 7. 1952. Der für die Entscheidung anzulegende Maßstab muß daher für die letztgenannten Verträge schärfer sein.

c) Schenkungsverträge für bewegliche Vermögenswerte zu Gunsten von Personen, die mit dem Eigentümer nicht im Sinne des Abschn. III b) 4 verwandt sind, sind in der Regel abzulehnen unabhängig davon, ob die Verträge vor oder nach dem 17. 7. 1952 abgeschlossen wurden. Sollen durch den Eigentümer Personen beschenkt werden, die nicht mit ihm verwandt sind, so ist insbesondere zu überprüfen, aus welchen Motiven die Schenkung vorgenommen werden soll. (ZB will der Eigentümer Möbel an eine mit ihm nicht verwandte Rentnerin verschenken, die ihn Jahre lang betreut hat.)

d) Verträge, durch die bewegliche und unbewegliche Vermögenswerte und der auf dem zu diesen Vermögenswerten gehörigen Westkonto befindliche Betrag geschenkt werden soll, sind abzulehnen, da die Richtlinie zum Gesetz zur Regelung des innerdeutschen Zahlungsverkehrs eine so umfassende Verfügung über ein bei der Deutschen Notenbank geführtes Bankguthaben nicht zuläßt.

e) Bei beweglichen Vermögenswerten kommt es darauf an, solche Verträge zu genehmigen, durch die für den persönlichen Gebrauch des Beschenkten benötigte, oft schon von ihm bereits genutzte Gegenstände in sein Eigentum übertragen werden sollen. Dazu können Produktionsmittel in keinem Fall gehören. Dazu können auch nicht solche Gegenstände gehören, die zZt. von staatlichen oder gesellschaftlichen Organisationen genutzt werden und auf deren Nutzung durch diese Organe nicht verzichtet werden kann.

f) Schenkungsverträge für Betriebe, Beteiligungen an Unternehmen, Darlehens- und Hypothekenforderungen sind grundsätzlich abzulehnen, auch wenn der Beschenkte mit dem Eigentümer verwandt ist.

g) Schenkungsverträge sind auch grundsätzlich abzulehnen, wenn es sich um ein Grundstück handelt und
1. der Vertrag nicht den Formvorschriften des BGB entspricht (gerichtliche oder notarielle Beurkundung),

2. in dem Vertrag nicht sämtliche im Grundbuch als Eigentümer eingetragene Personen der Schenkung zugestimmt haben,
3. an dem betreffenden Grundstück ein volkseigener Miteigentumsanteil besteht,
4. der Bürger der Deutschen Demokratischen Republik oder des demokratischen Sektors von Groß-Berlin, der beschenkt werden soll, mit dem Grundstückseigentümer nicht im Sinne des Abschn. III b) 4 verwandt ist,
5. es sich um ein Grundstück handelt, das zum Betriebsvermögen eines in vorläufiger Verwaltung befindlichen Betriebes gehört,
6. die soziale Lage des Bürgers der Deutschen Demokratischen Republik oder des demokratischen Sektors von Groß-Berlin, der beschenkt werden soll, die Schenkung nicht rechtfertigt,
7. ersichtlich ist, daß durch die Schenkung lediglich die für den westberliner oder westdeutschen Eigentümer bestehende Verfügungssperre über den Grundstücksertrag umgangen werden bzw. die bestehende Verwaltung aufgehoben werden soll.

V. Wie ist zu entscheiden, wenn Anträge auf Genehmigung von Verkaufsverträgen für bewegliche oder unbewegliche Vermögenswerte gestellt werden?

a) Der zu II. a) gegebene Hinweis trifft auch für Anträge auf Verkauf von beweglichen oder unbeweglichen Vermögenswerten zu, die vorläufig verwaltet werden.

b) Bei Anträgen dieser Art ist insbesondere zu beachten, ob es sich um einen echten Verkauf handelt. Die Bewertung dieser Frage ergibt sich immer aus den im Vertrag enthaltenen Bestimmungen über den Gegenwert, dh. über die Höhe und Behandlung des Kaufpreises.

c) Verträge, in denen vorgesehen ist, daß

1. der Kaufpreis langfristig gestundet werden soll (es sei denn, daß die soziale Lage des Käufers dieses gerechtfertigt; dies muß ggf. durch Rückfrage am Wohnort des Käufers festgestellt werden),
2. der Kaufpreis nicht dem bestehenden Westkonto des Verkäufers zugeführt, sondern durch den Käufer für andere Zwecke verwendet werden soll (zB zur Bezahlung von Forderungen anderer Bürger der Deutschen Demokratischen Republik oder des demokratischen Sektors von Groß-Berlin gegenüber dem Verkäufer oder zur Beschaffung von Sachwerten für den Verkäufer), sind grundsätzlich abzulehnen. Das gilt für Kaufverträge dieser Art aus der Zeit vor und nach dem 17. 7. 1952.

d) Für Verträge, in denen vorgesehen ist, daß

1. Der Kaufpreis gegen bestehende Forderungen des Käufers gegenüber dem Verkäufer, zB Darlehen, Hypotheken und Grundschulden aufgerechnet werden soll,
2. auf den Kaufpreis die auf dem Grundstück zu Gunsten anderer Bürger der Deutschen Demokratischen Republik oder des demokratischen Sektors von Groß-Berlin eingetragenen Hypotheken übernommen werden sollen, ist vor der Genehmigung die Bestimmung des Referats innerdeutscher Zahlungsverkehr beim Rat des Bezirkes zur Verfügung über die Forderung gegen den Schuldner im westlichen Währungsgebiet einzuholen.

e) Für Verträge, bei denen der Verkauf von Betrieben, Betriebseinrichtungen oder einzelnen Produktionsmitteln vorgesehen ist, durch den Rat des Kreises, Referat Staatliches Eigentum, die Stellungnahme der Abteilung örtliche Industrie des Rates des Kreises und, soweit die durch den Verkauf betroffenen Vermögenswerte von einem VEB gepachtet oder genutzt werden, die Stellungnahme dieses VEB einzuholen.

Verträge dieser Art müssen dem Rat des Bezirkes, Abt. Staatliches Eigentum, zur Weiterleitung an das Staatssekretariat für Innere Angelegenheiten, Abt. Staatliches Eigentum vorgelegt werden. Die Genehmigung für Verträge dieser Art kann lediglich das Staatssekretariat für Innere Angelegenheiten erteilen.

f) Verträge, die den Verkauf von Betrieben oder Betriebseinrichtungen, Beteiligungen an Unternehmen und den Verkauf von Grundstücken betreffen, sind hinsichtlich der Frage, ob es sich um echte Verkäufe handelt, besonders gründlich zu überprüfen.

19. RiLi betr. Fragen der vorläufigen Verwaltung v. 10. August 1953   Anhang III/19

VI. Wie ist zu entscheiden, wenn Anträge auf Genehmigung von Erbauseinandersetzungen vorgelegt werden?

a) Der zu III. a) gegebene Hinweis trifft auch für die Anträge auf Genehmigung von Erbauseinandersetzungen für bewegliche und unbewegliche Vermögenswerte zu, die, weil ein Härtefall im Sinne des Abschnittes II der Richtlinie betreffend vorläufige Verwaltung von Vermögenswerten westberliner und westdeutscher Eigentümer durch die Räte der Städte und Gemeinden vom 5. 8. 1953 nicht vorliegt, vorläufig verwaltet werden.

b) Anträge dieser Art sind grundsätzlich zu genehmigen, es sei denn, daß an der Erbgemeinschaft volkseigenes Miteigentumsrecht besteht.

VII. Was ist bei der Weiterleitung von Anwortschreiben der Räte der Städte und Gemeinden nach West-Berlin oder Westdeutschland zu beachten?

Die Antwortschreiben der Räte der Städte und Gemeinden sind an den in West-Berlin oder Westdeutschland wohnenden Empfänger weiterzuleiten, wenn

a) bei Ablehnung von Anträgen auf Aufhebung der vorläufigen Verwaltung und Übertragung der Verwaltung an bevollmächtigte Personen richtig auf die Tatsache hingewiesen worden ist, daß bevollmächtigte Personen nur eingesetzt werden können, wenn durch die Übernahme der Vermögenswerte in vorläufige Verwaltung Härten für Bürger der Deutschen Demokratischen Republik oder des demokratischen Sektors von Groß-Berlin entstanden sind, dies jedoch für den vorliegenden Fall, wie die Überprüfung ergeben hat, nicht zutrifft und dem Antrag aus diesem Grunde nicht stattgegeben werden kann,

b) bei Genehmigung von Anträgen auf Aufhebung der vorläufigen Verwaltung (dies kann nur zutreffen, wenn ein Härtefall im Sinne des Abschn. II der Richtlinie vom 5. 8. 1953 vorliegt) mitgeteilt wird, an wen und zu welchem Zeitpunkt die Verwaltung übertragen worden ist,

c) bei Auskünften über die vorläufige Verwaltung in dem Schreiben des Rates der Stadt oder Gemeinde lediglich Mitteilung darüber enthalten ist, daß die betreffenden Vermögenswerte vom Rat der Stadt oder Gemeinde ordnungsgemäß unter Einhaltung der Bestimmungen des Gesetzes zur Regelung des innerdeutschen Zahlungsverkehrs vorläufig verwaltet, Reparaturen usw. und Verbindlichkeiten im Rahmen des Ertrages bezahlt werden bzw. Mitteilungen über die Höhe der Einnahmen und Ausgaben.

Antwortschreiben der Räte der Städte und Gemeinden, in denen andere Mitteilungen, insbesondere über die Art der Nutzung der vorläufig verwalteten Vermögenswerte enthalten sind, sind an den Rat der Stadt oder Gemeinde mit entsprechendem Hinweis zur Abänderung zurückzugeben.

Allgemeines

1. Wer entscheidet über die Anfragen der Räte der Städte und Gemeinden zu I. und über die Anträge zu III.–VI.?

Anträge zu III.–VI. sind mit Ausnahme der Fälle in denen Betriebe, Betriebseinrichtungen oder einzelne Produktionsmittel verkauft werden sollen, durch das Referat Staatliches Eigentum dem Sekretär des Rates des Kreises zur Entscheidung vorzulegen. Das gleiche trifft auch für Anfragen der Räte der Städte und Gemeinden zu, ob Vermögenswerte, die den Bestimmungen des § 6 der Verordnung vom 17. 7. 1952 unterlagen, noch nach dem 11. 6. 1953 in vorläufige Verwaltung übernommen werden sollen.

Anträge auf Genehmigung von Verträgen über den Verkauf von Betrieben, Betriebseinrichtungen und einzelnen Produktionsmitteln sind dem Staatssekretär für Innere Angelegenheiten zur Entscheidung vorzulegen.

2. Wie ist die Zusammenarbeit mit den Referaten Innerdeutscher Zahlungsverkehr des Rates des Bezirkes?

Die Anträge müssen von den Referaten Innerdeutscher Zahlungsverkehr des Rates des Bezirkes nur genehmigt werden, wenn dies in dieser Richtlinie ausdrücklich erwähnt ist.

Soweit bei der Entscheidung über die Anträge zu III.–VI. hinsichtlich der Bestimmungen des Gesetzes zur Regelung des innerdeutschen Zahlungsverkehrs Unklarheiten bestehen, ist vorher die Stellungnahme (nicht Entscheidung) des Ref. Innerdeutscher Zahlungsverkehr bei den Räten der Bezirke einzuholen.

3. Welche Gesichtspunkte bestehen für Unterhaltszahlungen an Bürger der Deutschen Demokratischen Republik oder des demokratischen Sektors von Groß-Berlin?

In Fällen, in denen Anträge auf Eintragung von Nießbrauchrechten oder auf schenkungsweise Überlassung von Vermögenswerten an unterhaltsberechtigte Angehörige des westberliner oder westdeutschen Eigentümers nach den Bestimmungen dieser Richtlinie abgelehnt werden müssen, können die unterhaltsberechtigten Personen an den vorläufigen Verwalter der Vermögenswerte des unterhaltsberechtigten westberliner oder westdeutschen Eigentümers zwecks Genehmigung von Unterhaltszahlungen aus dem in Frage kommenden Westkonto verwiesen werden. Der vorläufige Verwalter hat den Antrag auf Gewährung von Unterhaltszahlungen mit Stellungnahme über die soziale Lage des Unterhaltsberechtigten der kontoführenden Niederlassung der Deutschen Notenbank zur Entscheidung nach den hierfür bestehenden Richtlinien des Ministeriums der Finanzen der Regierung der Deutschen Demokratischen Republik zuzuleiten. In gleicher Weise ist zu verfahren, wenn unterhaltsberechtigte Verwandte des westberliner oder westdeutschen Grundstückseigentümers von der Eintragung eines vertraglich vorgesehenen Nießbrauchrechtes im Grundbuch wegen dadurch entstehender Kosten Abstand nehmen.

20. Verordnung zur Sicherung der landwirtschaftlichen Produktion und der Versorgung der Bevölkerung

Vom 19. Februar 1953

(GBl. Nr. 25 S. 329)

Die Landwirtschaft in der Deutschen Demokratischen Republik hat in den letzten Jahren große Erfolge errungen, die in hohem Maße auf die fleißige und fortschrittliche Arbeit der werktätigen Bauern zurückzuführen ist. Dagegen haben eine Anzahl Besitzer von großen Bauernwirtschaften ihre Betriebe heruntergewirtschaftet, um der Volkswirtschaft der Deutschen Demokratischen Republik Schaden zuzufügen. Anstatt die ihnen von der Regierung reichlich gebotene Hilfe zur Steigerung ihrer Produktion zu verwenden, verstanden es diese spekulativen Elemente auf dem Lande, die gesetzlichen Bestimmungen auf betrügerische Weise zu umgehen, und benutzten die ihnen gegebenen Mittel zu ihrer persönlichen Bereicherung.

Im Interesse der Sicherung der Volksernährung ist es erforderlich, daß solche Betriebe, die von ihren Eigentümern oder Bewirtschaftern vernachlässigt wurden, ordnungsgemäß bewirtschaftet werden. Zur Sicherung der landwirtschaftlichen Produktion und Versorgung der Bevölkerung wird deshalb folgendes verordnet:

§ 1. (1) Besitzern von landwirtschaftlichem Grundbesitz, die gegen die Gesetze der Deutschen Demokratischen Republik verstoßen und die Bestimmungen über die ordnungsgemäße Bewirtschaftung grob verletzt haben, kann durch Entscheidung des Rates des Kreises oder Beschluß des Gerichtes die weitere Bewirtschaftung ihres Grundbesitzes untersagt werden. Der nicht ordnungsgemäß bewirtschaftete Grundbesitz ist in die Verwaltung des Rates des Kreises zu nehmen.

(2) Ist der Grundbesitz nicht vom Eigentümer selbst, sondern von einem Dritten bewirtschaftet worden und hat der Bewirtschafter den Betrieb verlassen, so ist der Eigentümer vom Rat des Kreises aufzufordern, sofort die ordnungsgemäße Bewirtschaftung zu übernehmen. Kommt der Eigentümer dieser Aufforderung nicht nach, ist gemäß Abs. 1 zu verfahren.

(3) Der Rat der Gemeinde ist verpflichtet, in den Abs. 1 und 2 genannten Fällen über die Mißstände in den betreffenden Wirtschaften und die eingeleiteten Maßnahmen vor den Einwohnern des Dorfes öffentlich zu berichten.

(4) Der Minister für Land- und Forstwirtschaft kann über Ausnahmen entscheiden, die den Grundbesitz von Körperschaften öffentlichen Rechts betreffen.

(5) Grundbesitz im Eigentum unmündiger Personen ist nur dann in Verwaltung des Rates des Kreises zu nehmen, wenn die Bewirtschaftung durch einen gesetzlichen Vertreter nicht gesichert ist.

20. Verordnung zur Sicherung der landwirtschaftlichen Produktion **Anhang III/20**

§ 2. (1) Die Abteilung Landwirtschaft des Rates des Kreises beantragt beim Vorsitzenden des Rates des Kreises die Verwaltung des unter § 1 dieser Verordnung fallenden landwirtschaftlichen Grundbesitzes.

(2) Die Übernahme der Verwaltung wird durch den Rat des Kreises beschlossen.

(3) Bei Betrieben, die gemäß der Verordnung vom 8. Februar 1951 über nichtbewirtschaftete landwirtschaftliche Nutzflächen (GBl. S. 75) sowie der Ergänzungsverordnung vom 20. März 1952 (GBl. S. 227) und der Verordnung vom 20. März 1952 über devastierte landwirtschaftliche Betriebe (GBl. S. 226) erfaßt worden sind, tritt die Verwaltung durch den Rat des Kreises mit der Verkündung dieser Verordnung in Kraft.

(4) Die Betroffenen sind vom Rat des Kreises über die Entscheidung zu unterrichten.

(5) Die Übernahme der Verwaltung des betreffenden Grundstückes ist im Grundbuch einzutragen.

§ 3. Für den landwirtschaftlichen Grundbesitz gemäß § 1 ist ein Protokoll aufzustellen, aus dem die Werte, Guthaben sowie Schuldverpflichtungen hervorgehen.

Als Stichtag gilt der Tag, an dem der betreffende Betrieb bzw. die betreffende Fläche in die Verwaltung durch die Abteilung Landwirtschaft des Rates des Kreises übernommen worden ist.

§ 4. Der Verwaltung unterliegen neben dem Grundbesitz alle mit diesem verbundenen Bestandteile, alles lebende und tote landwirtschaftliche Inventar sowie alle Wirtschaftsvorräte.

§ 5. (1) Die Eigentümer der nach dieser Verordnung in die Verwaltung des Rates des Kreises übergeführten Betriebe und Flächen können im Verwaltungswege mit ihrem gesamten sonstigen Vermögen herangezogen werden, um die durch ihre schlechte Wirtschaftsführung aus volkseigenen Mitteln notwendig gewordenen Aufwendungen zu erstatten.

(2) Ist der schlechte Wirtschaftszustand eines Betriebes von anderen Personen ganz oder teilweise verschuldet worden (Pächter, Ehegatte usw.), so können diese Personen ebenfalls wie der Eigentümer in Anspruch genommen werden.

§ 6. (1) Der nach dieser Verordnung in die staatliche Verwaltung übernommene Grundbesitz ist bevorzugt Landwirtschaftlichen Produktionsgenossenschaften zur Nutzung zu übergeben. Soweit diese Möglichkeit noch nicht besteht, können derartige Betriebe und Flächen oder Teile von diesen an Volkseigene Güter zur zeitweiligen Bewirtschaftung bzw. zur Einrichtung von Rinder- und Schweinemastbetrieben gegeben werden.

(2) Soweit eine Übergabe an eine Landwirtschaftliche Produktionsgenossenschaft oder ein Volkseigenes Gut nicht möglich ist, ist vorläufig der Rat der Gemeinde mit der Bewirtschaftung zu beauftragen.

(3) Landarbeitern und landarmen Bauern, die in eine Landwirtschaftliche Produktionsgenossenschaft eingetreten sind, können Teile des Bodens solcher Betriebe zugeteilt werden, die als ihr Anteil für die Mitgliedschaft in der Produktionsgenossenschaft verrechnet werden.

(4) Produktionsgenossenschaften und Volkseigene Güter, die derartige Betriebe und Flächen übernehmen, üben die Nutzungsrechte im Rahmen ihrer Pläne aus. Die Finanzierung erfolgt bei den Landwirtschaftlichen Produktionsgenossenschaften über Kredite der Deutschen Bauern-Bank und bei den Betrieben, die in volkseigene Bewirtschaftung übergehen, nach den Plänen der volkseigenen Wirtschaft. Die in volkseigene Bewirtschaftung übernommenen Betriebe werden aus dem Staatshaushalt nach einem vereinfachten Finanzplan finanziert.

(5) Die nach dieser Verordnung in staatliche Verwaltung übernommenen Betriebe und Flächen stehen unter dem Schutz der für die Sicherung des Volkseigentums erlassenen gesetzlichen Bestimmungen.

§ 7. Der Rat des Kreises entscheidet über den Einsatz und die Verwendung der auf diesen Betrieben vorhandenen Maschinen und Geräte.

§ 8. (1) Den Eigentümern und bisherigen Bewirtschaftern der nach dieser Verordnung in die staatliche Verwaltung übergeführten Betriebe oder Flächen ist eine Weiterbeschäftigung auf diesen oder anderen derartigen Wirtschaften oder Flächen nicht gestattet.

(2) Personen, bei denen Alter oder Arbeitsunfähigkeit die Ursache der schlechten Bewirtschaftung waren, werden nach einem zwischen ihnen und dem Rat des Kreises zu schließenden Vertrage für die Nutzung ihres Eigentums durch den Staat entschädigt.

§ 9. Den von der Durchführung dieser Verordnung betroffenen Personen steht das Recht der Beschwerde bei dem Rat des Bezirkes zu, der darüber endgültig entscheidet.

§ 10. Die von § 1 der Verordnung vom 17. Juli 1952 zur Sicherung von Vermögenswerten (GBl. S. 615) erfaßten Betriebe fallen nicht unter diese Verordnung.

§ 11. Die Verordnung vom 8. Februar 1951 über nichtbewirtschaftete landwirtschaftliche Nutzflächen (GBl. S. 75), die Ergänzungsverordnung vom 20. März 1952 (GBl. S. 227) und die Verordnung vom 20. März 1952 über devastierte landwirtschaftliche Betriebe (GBl. S. 226) werden aufgehoben.

§ 12. Für werktätige Bauern, die nach der Verordnung vom 8. Februar 1951 über nichtbewirtschaftete landwirtschaftliche Nutzflächen und Ergänzungsverordnung vom 20. März 1952 einen fünfjährigen Vertrag über die Bewirtschaftung solcher Flächen abgeschlossen haben, gelten die Bestimmungen der genannten Verordnungen für die Dauer des Vertrages weiter.

§ 13. Mit der Durchführung dieser Verordnung und der weiterhin notwendigen Maßnahmen wird das Ministerium für Land- und Forstwirtschaft beauftragt.

§ 14. Diese Verordnung tritt mit ihrer Verkündung in Kraft.[1]

21. Anordnung über die Behandlung des Vermögens von Personen, die die Deutsche Demokratische Republik nach dem 10. Juni 1953 verlassen[2]

Vom 1. Dezember 1953

(GBl. Nr. 130 S. 1231)

§ 1. [**Verwaltung von Vermögenswerten**] Vermögenswerte von Personen, die die Deutsche Demokratische Republik nach dem 10. Juni 1953 verlassen, werden entweder

a) durch einen vom Eigentümer dafür eingesetzten Bevollmächtigten oder
b) durch einen vom Staatlichen Notariat eingesetzten Abwesenheitspfleger oder
c) in besonderen Fällen durch einen vom Rat des Kreises eingesetzten Treuhänder verwaltet.

§ 2. [**Sicherstellung der Verwaltung**] (1) Die Räte der Städte und Gemeinden haben darauf hinzuwirken, daß Personen, die die Deutsche Demokratische Republik verlassen wollen und im Besitz einer polizeilichen Abmeldung für dauernde Übersiedlung nach Westdeutschland oder Westberlin sind, nach Möglichkeit vor ihrem Weggang die ordnungsgemäße Verwaltung ihres in der Deutschen Demokratischen Republik verbleibenden Vermögens durch Einsetzung eines geeigneten Bevollmächtigten sicherstellen. Außerdem bleibt es ihnen unbenommen, ihr in der Deutschen Demokratischen Republik befindliches Vermögen vor ihrem Weggang unter Beachtung der geltenden gesetzlichen Bestimmungen an Dritte zu veräußern.

(2) Vermögenswerte, für die der Eigentümer bis zum Verlassen der Deutschen Demokratischen Republik keinen geeigneten Bevollmächtigten eingesetzt hat oder die von ihm nicht ordnungsgemäß veräußert wurden, werden entsprechend den Bestimmungen der §§ 3 bis 10 dieser Anordnung behandelt.

§ 3. [**Keine Beschlagnahme; Einsetzung von Treuhändern**] (1) Die Vermögenswerte von Personen, die die Deutsche Demokratische Republik nach dem 10. Juni 1953 verlassen, ohne im Besitz einer polizeilichen Abmeldung zur dauernden Übersiedlung nach Westdeutschland zu sein, unterlie-

---

[1] Tag der Verkündung: 27. 2. 1953.   [2] Aufgehoben durch VO vom 11. 11. 1989 (GBl. I S. 247).

21. AO über die Behandlung des Vermögens von Personen **Anhang III/21**

gen aus diesem Grunde keinen Beschlagnahmemaßnahmen. Hinsichtlich dieser Vermögenswerte tritt demzufolge auch keine Veränderung der Eigentumsverhältnisse auf Grund des Verlassens der Deutschen Demokratischen Republik ein.

(2) Der in Art. 22 der Verfassung ausgesprochene Rechtsgrundsatz, daß sich der Inhalt des Eigentums durch die sozialen Pflichten gegenüber der Gesellschaft bestimmt, ist jedoch auch für diese Vermögenswerte zu beachten. Es muß deshalb sichergestellt werden, daß volkswirtschaftlich wichtige Vermögenswerte entsprechend ihren Planfunktionen und ihrer gesellschaftlichen Bedeutung genutzt und verwaltet werden. Dies kann dadurch gewährleistet sein, daß der Eigentümer einen für die Verwaltung dieser Vermögenswerte geeigneten Bevollmächtigten eingesetzt hat oder einsetzt. Anderenfalls ist die Verwaltung der in der Deutschen Demokratischen Republik befindlichen Vermögenswerte je nach ihrer volkswirtschaftlichen Bedeutung entweder durch Einsetzung eines Treuhänders oder durch Bestellung eines Abwesenheitspflegers sicherzustellen.

(3) Hat der Eigentümer keinen geeigneten Bevollmächtigten eingesetzt, so ist für die Verwaltung folgender Vermögenswerte ein Treuhänder einzusetzen:

1. Industriebetrieb,
2. größere Handwerksbetriebe und größere Dienstleistungsbetriebe,
3. größere Einzelhandelsgeschäfte,
4. Großhandelsunternehmen,
5. landwirtschaftliche Betriebe,
6. land-, forst- und gartenwirtschaftliche Grundstücke, soweit sie der Ablieferungspflicht unterliegen,
7. Mietwohngrundstücke (größer als Zweifamilienhaus),
8. gesellschaftsrechtliche Beteiligungen und Wertpapiere mit Beteiligungscharakter an Industriebetrieben und anderen volkswirtschaftlich wichtigen Unternehmen, wenn die Beteiligung mehr als ein Drittel des Grund- oder Stammkapitals des Unternehmens ausmacht.

Hat der Eigentümer keinen geeigneten Bevollmächtigten eingesetzt, so kann für die Verwaltung folgender Vermögenswerte ein Treuhänder eingesetzt werden, wenn die jeweils genannten besonderen Umstände vorliegen:

9. kleinere Handwerks- und Dienstleistungsbetriebe, wenn die örtlichen Belange die ordnungsgemäße Fortführung des Betriebes erfordern,
10. kleinere Einzelhandelsgeschäfte, wenn die Versorgung der Bevölkerung die Weiterführung des Geschäfts erfordert und die Befriedigung des Bedarfs nicht in anderer Weise (z. B. Verpachtung des Geschäfts durch den Abwesenheitspfleger an einen anderen Einzelhändler, HO oder Konsum) geregelt werden kann,
11. gesellschaftsrechtliche Beteiligungen und Wertpapiere mit Beteiligungscharakter, die weniger als ein Drittel des Grund- oder Stammkapitals des Unternehmens ausmachen, wenn es sich um ein volkswirtschaftlich besonders wichtiges Unternehmen handelt und die Verwaltung der Beteiligung durch einen Treuhänder von ausschlaggebender Bedeutung für eine geregelte wirtschaftliche Tätigkeit des Unternehmens ist.

(4) Gegenstände des persönlichen Eigentums (z. B. Möbel, Hausrat, Kleidung), Wertsachen, kleinere Grundstücke und andere Vermögenswerte ohne besondere volkswirtschaftliche Bedeutung sollen grundsätzlich nicht durch einen Treuhänder, sondern durch einen Abwesenheitspfleger verwaltet werden. Das gleiche gilt für Konten, Forderungen, Hypotheken und einzelne Produktionsmittel, die nicht zu treuhänderisch verwalteten Objekten gehören.

§ 4. [Treuhänder] (1) Als Treuhänder sollen demokratisch bewährte Bürger, die über die erforderliche fachliche Eignung zur ordnungsgemäßen Verwaltung und planmäßigen Nutzung derartiger Vermögenswerte verfügen, eingesetzt werden.

(2) Mietwohngrundstücke können, soweit dies im Interesse der ordnungsgemäßen Verwaltung zweckmäßig ist, in Treuhandschaft der örtlich zuständigen volkseigenen Grundstücksverwaltung übertragen werden. Beteiligungen sind grundsätzlich in die treuhänderische Verwaltung der Deutschen Investitionsbank zu übergeben.

§ 5. [Bestimmung der Vermögenswerte; nachträgliche Treuhandschaft] (1) Es muß genau festgelegt werden, welche Vermögenswerte (Art und Umfang) in die Verwaltung des Treuhänders übertragen werden. Für diese Vermögenswerte ist ausschließlich der Treuhänder zuständig und voll verantwortlich. Alle anderen Vermögenswerte des abwesenden Eigentümers unterliegen der Verwaltung des durch das Staatliche Notariat eingesetzten Abwesenheitspflegers.

(2) Wenn nachträglich volkswirtschaftlich wichtige Vermögenswerte des Eigentümers bekannt werden, für die weder ein geeigneter Bevollmächtigter noch ein Treuhänder eingesetzt ist, hat der Rat des Kreises kurzfristig darüber zu entscheiden, ob diese Vermögenswerte ebenfalls unter Treuhandschaft zu stellen und der Verwaltung des Treuhänders zu übergeben sind. Ist ein Abwesenheitspfleger bestellt, so ist dieser bis zur Entscheidung des Rates des Kreises für die ordnungsgemäße Verwaltung dieser Vermögenswerte verantwortlich.

(3) Die Unterabteilungen Abgaben sind von dem Einsetzen eines Treuhänders bzw. Abwesenheitspflegers von den einsetzenden Dienststellen zu unterrichten. Für die Abgabe der Steuererklärung für das gesamte treuhänderische bzw. durch Abwesenheitspfleger verwaltete Vermögen und die hieraus erzielten Einkünfte ist in der Regel der Treuhänder bzw. Abwesenheitspfleger durch die Unterabteilung Abgaben verantwortlich zu machen, der den wichtigsten Teil des hinterlassenen Vermögens verwaltet. Dem anderen Treuhänder bzw. dem Abwesenheitspfleger ist bekanntzugeben, wer für die Abgabe der Steuererklärungen verantwortlich ist.

§ 6. [Meldepflichten] (1) Der Rat der Gemeinde hat alle Fälle, in denen Personen nach dem 10. Juni 1953 das Gebiet der Deutschen Demokratischen Republik ohne Einsetzung eines geeigneten Bevollmächtigten für die Verwaltung ihres in der Deutschen Demokratischen Republik befindlichen Vermögens verlassen, schriftlich zu melden.

(2) Gehören zu dem zurückgelassenen Vermögen volkswirtschaftlich wichtige Vermögenswerte (§ 3 Abs. 3), so hat er die Meldung an den Rat des Kreises zu richten. Das gilt auch für die Fälle, in denen neben volkswirtschaftlich wichtigen Vermögenswerten andere Gegenstände ohne besondere volkswirtschaftliche Bedeutung zum zurückgelassenen Vermögen gehören.

(3) In allen anderen Fällen ist die Meldung dem zuständigen Staatlichen Notariat zu übersenden.

§ 7. [Prüfung der Meldungen; besondere Treuhänder; Rechenschaftspflicht] (1) Der Rat des Kreises hat die ihm von der Gemeinde übersandten Meldungen unverzüglich zu prüfen und über die Einsetzung eines Treuhänders für volkswirtschaftlich wichtige Vermögenswerte (§ 3 Abs. 3) zu entscheiden. Gleichzeitig hat er das Staatliche Notariat zu ersuchen, für die übrigen nicht durch den Treuhänder zu verwaltenden Vermögenswerte einen Abwesenheitspfleger einzusetzen.

(2) Gehören zu dem zurückgelassenen Vermögen verschiedenartige Vermögenswerte von großer wirtschaftlicher Bedeutung, deren Verwaltung durch einen Treuhänder unmöglich ist, kann der Rat des Kreises für jeden wirtschaftlich zusammengehörigen Vermögenskomplex jeweils einen besonderen Treuhänder einsetzen.

(3) Dem Treuhänder ist bei seiner Einsetzung eine Bestallungsurkunde auszuhändigen, die dem in der Anlage beigefügten Muster entsprechen soll.

(4) Der Treuhänder ist über die Ausübung der Treuhandschaft nur dem Rat des Kreises und dessen übergeordneten Organen, den staatlichen Kontrollorganen und den staatlichen Finanzorganen rechenschaftspflichtig. Er unterliegt außerdem der Kontrolle der Deutschen Notenbank hinsichtlich der Einhaltung der Bestimmungen des Gesetzes vom 15. Dezember 1950 zur Regelung des innerdeutschen Zahlungsverkehrs (GBl. S. 1202) und der dazu erlassenen Durchführungsbestimmungen.

§ 8. [Pflichten des Treuhänders] (1) Der Treuhänder ist verpflichtet, unmittelbar nach Übernahme der Treuhandschaft eine Treuhanderöffnungsbilanz aufzustellen und alle Maßnahmen zu ergreifen, die zur Sicherung der ordnungsgemäßen Verwaltung und planmäßigen Nutzung des Treuhandvermögens erforderlich sind. Er hat dabei die gewissenhafte Erfüllung der dem Staate zustehenden Forderungen im Rahmen der gesetzlichen Bestimmungen zu gewährleisten.

(2) Soweit im Interesse der planmäßigen Ausnutzung eines Unternehmens zweckmäßig, kann der Treuhänder mit Zustimmung des Rates des Kreises das gesamte Anlagevermögen des Unternehmens unter Beachtung der gesetzlichen Bestimmungen und der geltenden Preisvorschriften an ein Organ der volkseigenen oder genossenschaftlichen Wirtschaft verpachten und die zum Unternehmen gehörenden Roh-, Hilfs- und Betriebsstoffe, Halbfertigwaren und Fertigerzeugnisse diesem Organ käuflich überlassen.

21. AO über die Behandlung des Vermögens von Personen **Anhang III/21**

(3) Der Treuhänder kann klein- und mittelbäuerliche Betriebe mit Zustimmung des Rates des Kreises an Privatpersonen verpachten.

(4) Wenn die Weiterführung eines Unternehmens volkswirtschaftlich nicht gerechtfertigt erscheint, ist der Treuhänder mit Zustimmung des Rates des Kreises berechtigt, das Unternehmen zu liquidieren. Dabei sind die vorhandenen Vermögenswerte unter Beachtung ihrer volkswirtschaftlichen Bedeutung zur Befriedigung der Gläubiger heranzuziehen. Im Falle der Überschuldung eines Unternehmens ist der Treuhänder verpflichtet, nach Zustimmung des Rates des Kreises und vorheriger Absprache mit dem Abwesenheitspfleger, Antrag auf Eröffnung des Konkursverfahrens zu stellen.

(5) Der Teuhänder hat dem Rat des Kreises über die Verwaltung des Treuhandvermögens vierteljährlich zu berichten sowie in geeigneter Weise über den Bestand des Vermögens und die Entwicklung der Vermögensverhältnisse Rechnung zu legen. Er hat außerdem alle grundlegenden Vorfälle dem Rat des Kreises unverzüglich mitzuteilen.

§ 9. [**Überprüfung des Treuhänders**] Der Rat des Kreises hat die Tätigkeit des Treuhänders und die finanziellen Verhältnisse des Treuhandvermögens regelmäßig, mindestens jedoch in jedem Kalenderhalbjahr einmal, umfassend zu überprüfen, die Ergebnisse dieser Überprüfung schriftlich niederzulegen, dem Treuhänder die für die ordnungsgemäße Durchführung der Treuhandverwaltung sowie die zur Behebung aufgetretener Mängel erforderlichen Weisungen schriftlich zu erteilen und ihre Durchführung zu kontrollieren.

§ 10. [**Abberufung des Treuhänders**] (1) Der Treuhänder ist vom Rat des Kreises abzuberufen, wenn der Eigentümer in die Deutsche Demokratische Republik zurückkehrt oder einen Bevollmächtigten benennt, der volle Gewähr für die ordnungsgemäße Verwaltung und planmäßige Nutzung des Vermögens bietet. Bei der Beendigung der Treuhandverwaltung ist eine Abschlußbilanz aufzustellen. Über die Übergabe des Vermögens an den Eigentümer oder dessen Bevollmächtigten ist ein Protokoll anzufertigen, das von einem Vertreter des Rates des Kreises, vom Treuhänder und von dem Übernehmenden zu unterzeichnen ist. Das Protokoll soll alle wesentlichen Angaben über den Zustand, die finanziellen Verhältnisse und den Stand der Nutzung des bis dahin treuhänderisch verwalteten Vermögens enthalten.

(2) Der Abwesenheitspfleger wird vom Staatlichen Notariat abberufen, wenn der Eigentümer in die Deutsche Demokratische Republik zurückkehrt oder einen Bevollmächtigten für die Verwaltung seines bis dahin durch den Abwesenheitspfleger verwalteten Vermögens benennt.

§ 11. [**Eignung von Bevollmächtigten**] (1) Die Entscheidung darüber, ob ein vom Eigentümer eingesetzter Bevollmächtigter für die Verwaltung der in § 3 Abs. 3 genannten Vermögenswerte geeignet ist, trifft der Vorsitzende des Rates des Kreises. Wird festgestellt, daß der Bevollmächtigte nicht geeignet ist, so ist diese Entscheidung dem Bevollmächtigten zuzustellen.

(2) Gegen diese Entscheidung hat der Eigentümer das Recht der Beschwerde. Die Beschwerde ist innerhalb von vier Wochen nach Zustellung der Entscheidung an den Bevollmächtigten bei dem Sekretär des Rates des Kreises einzulegen. Der Rat des Kreises kann der Beschwerde abhelfen. Ändert der Rat des Kreises seine Entscheidung nicht ab, so entscheidet über die Beschwerde die fachlich zuständige Abteilung des Rates des Bezirkes. Diese Entscheidung ist endgültig.

§ 12. [**Ermächtigungen**] (1) Das Ministerium der Justiz gibt den Staatlichen Notariaten Hinweise für die Einsetzung, Anleitung und Kontrolle der Abwesenheitspfleger.

(2) Das Staatssekretariat für Innere Angelegenheiten regelt die Einzelheiten des Verfahrens bei der Einsetzung von Treuhändern in einer Arbeitsanweisung für die Räte der Kreise und die Räte der Städte und Gemeinden.

§ 13. [**Inkrafttreten**] Diese Anordnung tritt mit Wirkung vom 11. Juni 1953 in Kraft.

Anlage zu vorstehender Anordnung

Muster einer Bestallungsurkunde

Rat des Kreises .....
(Land .....)   ....., den .....
– Der Vorsitzende –

Bestallungsurkunde

Herr/Frau ..... (Name, genaue Anschrift, DPA-Nr.) wird mit Wirkung vom ..... zum Treuhänder der nachstehend aufgeführten Vermögenswerte bestellt.
(Genaue Bezeichnung des Treuhandvermögens.)

Während der Dauer der Treuhandschaft ruht die Besitz-, Nutzungs-, und Verfügungsbefugnis des Eigentümers hinsichtlich der in treuhänderischer Verwaltung befindlichen Vermögenswerte. Das gleiche gilt für die Befugnisse etwa vom Eigentümer eingesetzter Bevollmächtigter. Die Einsetzung des Treuhänders hat jedoch keine Änderung der Eigentumsverhältnisse zur Folge.

Der Treuhänder ist berechtigt und verpflichtet, alle Maßnahmen zu treffen, die zur ordnungsgemäßen Verwaltung und planmäßigen Nutzung des Treuhandvermögens erforderlich sind. Er ist befugt, Verfügungen zu treffen, Rechtsgeschäfte abzuschließen und andere Rechtshandlungen mit Wirkung für das Treuhandvermögen vorzunehmen.

Folgende Maßnahmen des Treuhänders sind nur rechtswirksam, wenn der Rat des Kreises hierzu seine Zustimmung erteilt hat:
1. Veräußerung von Grundstücken, Grundstücksteilen, Miteigentumsanteilen an Grundstücken oder wichtigen Produktionsmitteln;
2. Belastung von Grundstücken oder Miteigentumsanteilen an Grundstücken;
3. Vermietung oder Verpachtung des Unternehmens oder von Grundstücken, Grundstücksteilen oder Produktionsmitteln. Für die Vermietung von Räumen oder die Verpachtung von Gartenparzellen ist die Zustimmung des Rates des Kreises nicht erforderlich, wenn die Überlassung an Dritte nach der Eigenart dieser Gegenstände ihrem Verwendungszweck entspricht;
4. Aufnahme von Krediten und Darlehen;
5. Veränderung der Tätigkeitsart des Unternehmens oder grundlegende Änderung der Nutzungs- und Bewirtschaftungsverhältnisse eines Grundstücks;
6. Auflösung und Liquidierung des Unternehmens;
7. alle übrigen Maßnahmen, die offensichtlich über den Rahmen der laufenden Verwaltung und ordnungsgemäßen Erhaltung des Treuhandvermögens hinausgehen.

Der Treuhänder ist über die Ausübung der Treuhandschaft nur dem Rat des Kreises und dessen übergeordneten Organen, den staatlichen Kontrollorganen und den staatlichen Finanzorganen rechenschaftspflichtig. Er unterliegt außerdem der Kontrolle der Deutschen Notenbank hinsichtlich der Einhaltung der Bestimmungen des Gesetzes vom 15. Dezember 1950 zur Regelung des innerdeutschen Zahlungsverkehrs und der dazu erlassenen Durchführungsbestimmungen.

(Raum für weitere Bemerkungen)

(..... Name)
Der Vorsitzende des Rates
des Kreises .....

22. Arbeitsanweisung zur Anordnung über die Behandlung des Vermögens von Personen, die die Deutsche Demokratische Republik nach dem 10. Juni 1953 verlassen

Vom 5. Dezember 1953

Regierung der Deutschen Demokratischen Republik
Staatssekretariat für Innere Angelegenheiten
Abt. Staatliches Eigentum

Auf Grund des § 12 Abs. 2 der Anordnung vom 1. Dezember 1953 über die Behandlung des Vermögens von Personen, die die Deutsche Demokratische Republik nach dem 10. Juni 1953 verlassen (GBl. S. 1231), wird folgendes angewiesen:

22. Arbeitsanweisung zur AO über die Behandlung des Vermögens   Anhang III/22

A. Aufgaben des Rates der Stadt oder Gemeinde:

I.

Personen, die die Deutsche Demokratische Republik verlassen wollen und im Besitz einer polizeilichen Abmeldung für dauernde Übersiedlung nach Westdeutschland oder Westberlin sind, sollen vom Rat der Stadt oder Gemeinde (in Großstädten vom Rat des Stadtbezirkes) davon überzeugt werden, daß es auch in ihrem eigenen Interesse zweckmäßig ist,

a) entweder die Gegenstände, die sie nicht mitnehmen, unter Beachtung der gesetzlichen Bestimmungen vor ihrem Wegzug zu veräußern oder
b) dafür einen geeigneten Bevollmächtigten einzusetzen.

Die Veräußerung empfiehlt sich besonders für bewegliche Gegenstände. Vermögenswerte, die nicht veräußert werden, sollen durch einen geeigneten Bevollmächtigten verwaltet werden. Bei der Wahl eines geeigneten Bevollmächtigten soll der Rat der Stadt oder Gemeinde den Wegziehenden beraten. Dabei ist zu berücksichtigen, daß die Anforderungen, die man an einen Bevollmächtigten stellen muß, je nach Bedeutung und Umfang der zurückgelassenen Vermögenswerte verschieden sind. Während man bei volkswirtschaftlich nicht besonders wichtigen Vermögenswerten, wie zB einer Wohnungseinrichtung oder einer kleineren Gartenparzelle, in der Regel keine besonderen fachlichen Anforderungen zu stellen braucht, muß man von einem Bevollmächtigten, der größere Grundstücke, Mietwohnungen oder einen Betrieb verwalten soll, verlangen, daß er die zur ordnungsgemäßen Wahrnehmung seiner Aufgaben erforderlichen fachlichen Kenntnisse besitzt und außerdem bewiesen hat, daß er als Bürger unserer Republik die Gesetze genau beachtet und gewissenhaft einhält und somit die volle Gewähr für die ordnungsgemäße Verwaltung und planmäßige Nutzung des seiner Verwaltung anvertrauten Vermögens bietet.

Bei Vermögenswerten, für deren Nutzung im Rahmen der volkseigenen Wirtschaft Interesse besteht, empfiehlt sich der Abschluß eines Miet- oder Pachtvertrages mit dem Eigentümer. Dieser soll jedoch auch für solche vermieteten oder verpachteten Vermögenswerte einen Bevollmächtigten einsetzen, der im Rahmen des Miet- oder Pachtvertrages die Rechte und Pflichten für den abwesenden Eigentümer wahrnimmt.

II. Meldung nicht ordnungsgemäß verwalteten Vermögens

Der Rat der Stadt oder Gemeinde, in der der Abwesende seinen letzten Wohnsitz in der Deutschen Demokratischen Republik hatte (in den Großstädten die Räte der Stadtbezirke), ist dafür verantwortlich, daß Vermögenswerte, deren Eigentümer die Deutsche Demokratische Republik nach dem 10. Juni 1953 verlassen und zu deren Verwaltung vom Eigentümer kein geeigneter Bevollmächtigter eingesetzt worden ist, den zuständigen Staatsorganen gemeldet werden. Die Räte der Städte oder Gemeinden, in denen der Abwesende zwar Vermögenswerte besaß, nicht aber seinen letzten Wohnsitz hatte, unterrichten den Rat der Stadt oder Gemeinde des letzten Wohnsitzes.

1. Sind dem Rat der Stadt oder Gemeinde Tatsachen bekannt, die vermuten lassen, daß das Verlassen der Deutschen Demokratischen Republik im Zusammenhang mit strafbaren Handlungen steht, so hat er unverzüglich den zuständigen Staatsanwalt davon zu unterrichten, damit dieser bei Vorliegen ausreichender Verdachtsgründe ein Strafverfahren einleiten und das Vermögen des Flüchtigen beschlagnahmen kann. In derartigen Fällen ist nach den weiteren Bestimmungen dieser Arbeitsanweisung nur zu verfahren, wenn der Staatsanwalt entschieden hat, daß seinerseits hinsichtlich der zurückgelassenen Vermögenswerte keine Maßnahmen ergriffen werden. Der Staatsanwalt ist bei Verdacht strafbarer Handlungen auch in den Fällen zu unterrichten, in denen ein Bevollmächtigter eingesetzt ist.

2. Liegt kein begründeter Verdacht strafbarer Handlungen vor, so stellt der Rat der Stadt oder Gemeinde zunächst fest, ob ein Bevollmächtigter für das in der Deutschen Demokratischen Republik zurückgelassene Vermögen vom Eigentümer eingesetzt worden ist. Bei volkswirtschaftlich nicht besonders wichtigen Vermögenswerten (s. § 3 Abs. 4 der Anordnung) braucht die Eignung des Bevollmächtigten nicht besonders überprüft zu werden. Bei volkswirtschaftlich wichtigen Vermögenswerten (s. § 3 Abs. 3 der Anordnung) soll sich der Rat der Stadt oder Gemeinde davon vergewissern, ob der Bevollmächtigte die zur ordnungsgemäßen Verwaltung und planmäßigen Nutzung erforderliche Eignung und Zuverlässigkeit besitzt. Gehören ein Industriebetrieb oder andere volks-

wirtschaftlich besonders wichtige Vermögenswerte zum zurückgelassenen Vermögen, so hat der Rat der Stadt oder Gemeinde seine Feststellungen über die Eignung und Zuverlässigkeit des Bevollmächtigten mit seiner eigenen Stellungnahme unverzüglich dem Rat des Kreises schriftlich mitzuteilen und dessen Entscheidung darüber einzuholen. Das gleiche gilt für alle anderen Fälle, in denen beim Rat der Stadt oder Gemeinde Zweifel über die Eignung und Zuverlässigkeit eines Bevollmächtigten bestehen.

3. Hat der Eigentümer keinen oder einen ungeeigneten Bevollmächtigten eingesetzt, so ist vom Rat der Stadt oder Gemeinde von der zuständigen Meldestelle der Volkspolizei zunächst eine schriftliche Bestätigung darüber beizuziehen, daß der Eigentümer tatsächlich die Deutsche Demokratische Republik nach dem 10. Juni 1953 verlassen hat. Der Eingang dieser Bestätigung braucht vor Durchführung der in den weiteren Bestimmungen angegebenen Maßnahmen nicht abgewartet zu werden, wenn der Rat der Stadt oder Gemeinde auf Grund anderer Tatsachen mit Sicherheit davon Kenntnis hat, daß der Eigentümer tatsächlich nach dem 10. Juni 1953 die Deutsche Demokratische Republik verlassen hat.

4. Gehören zu dem zurückgelassenen Vermögen volkswirtschaftlich wichtige Vermögenswerte (§ 3 Abs. 3 der Anordnung), so hat dies der Rat der Stadt oder Gemeinde dem Rat des Kreises zu melden. Die Meldung ist in doppelter Ausfertigung abzugeben, an den Sekretär des Rates des Kreises zu richten und soll folgende Angaben enthalten:

a) Name und bisherige Anschrift des Abwesenden;
b) Zeitpunkt des Weggangs aus der Deutschen Demokratischen Republik;
c) Liegt die Bestätigung der Volkspolizei vor oder auf Grund welcher anderen Tatsachen ist mit Sicherheit bekannt, daß der Eigentümer nach dem 10. Juni 1953 die Deutsche Demokratische Republik verlassen hat;
d) Umfang und Arten der zurückgelassenen Vermögenswerte (dabei sind alle zurückgelassenen Vermögenswerte, soweit bekannt, aufzuführen);
e) Ist von dem Abwesenden für diese Vermögenswerte ein Bevollmächtigter eingesetzt worden und verfügt dieser nach Auffassung des Rates der Stadt oder Gemeinde über die erforderliche Eignung und Zuverlässigkeit (mit kurzer Begründung);
f) Vorschlag eines als Treuhänder geeigneten Einwohners.

Ein weiteres Exemplar dieser Meldung hat der Rat der Stadt oder Gemeinde zusammen mit der polizeilichen Bestätigung zu verwahren (Näheres s. Ziff. III).

5. Gehören zu dem zurückgelassenen Vermögen ausschließlich Vermögenswerte ohne besondere volkswirtschaftliche Bedeutung (§ 3 Abs. 4 der Anordnung), so hat dies der Rat der Stadt oder Gemeinde dem zuständigen Staatlichen Notariat zu melden. Diese Meldung soll folgende Angaben enthalten:

a) Name und bisherige Anschrift des Abwesenden;
b) Zeitpunkt des Weggangs aus der Deutschen Demokratischen Republik;
c) Liegt die Bestätigung der Volkspolizei vor oder auf Grund welcher anderen Tatsachen ist mit Sicherheit bekannt, daß der Eigentümer nach dem 10. Juni 1953 die Deutsche Demokratische Republik verlassen hat;
d) Umfang, Arten und genaue Ortsangabe der zurückgelassenen Vermögenswerte (dabei darf es sich nicht um volkswirtschaftlich wichtige Vermögenswerte nach § 3 Abs. 3 der Anordnung handeln);
e) Erklärung, daß dem Rat der Stadt oder Gemeinde nichts über die Einsetzung eines Bevollmächtigten für diese Vermögenswerte durch den Eigentümer bekannt ist;
f) Vorschlag eines als Abwesenheitspfleger geeigneten Einwohners.

Ein Exemplar dieser Meldung hat der Rat der Stadt oder Gemeinde zusammen mit der polizeilichen Bestätigung zu verwahren (s. Ziff. III).

III. Übersicht beim Rat der Stadt oder Gemeinde

Die Zweitschrift der Meldungen an den Rat des Kreises (II Ziff. 4) und das Staatliche Notariat (II Ziff. 5) mit den dazugehörigen polizeilichen Bestätigungen, sowie die Zweitschriften der Mitteilungen an den Staatsanwalt (II Ziff. 1) und der Stellungnahmen zu den für Industriebetriebe und andere volkswirtschaftlich besonders wichtige Vermögenswerte eingesetzten Bevollmächtigten (II Ziff. 2), werden beim Rat der Stadt oder Gemeinde alphabetisch fortlaufend nach den Namen der Eigentümer geordnet.

22. Arbeitsanweisung zur AO über die Behandlung des Vermögens — Anhang III/22

Dabei ist zu überwachen, daß nach spätestens 14 Tagen von den zuständigen Organen eine Entscheidung über die Einsetzung eines Treuhänders oder Abwesenheitspflegers bzw. über die Notwendigkeit einer Beschlagnahme oder die Eignung und Zuverlässigkeit des Bevollmächtigten eingeht. Wird die Frist überschritten, so hat der Rat der Stadt oder Gemeinde an die unverzügliche Erledigung zu erinnern.

Die getroffenen Entscheidungen (z. B. Durchschlag der Treuhänder-Bestallungsurkunde oder Bestallungsurkunde des Abwesenheitspflegers) und spätere Entscheidungen der zuständigen Organe über die Abberufung von Treuhändern oder Abwesenheitspflegern usw. sind den vorhandenen Unterlagen für den betreffenden Fall beizufügen, damit gewährleistet ist, daß der Rat der Stadt oder Gemeinde stets eine dem neuesten Stand entsprechende Übersicht darüber hat, für welche Vermögenswerte ehemaliger Einwohner Treuhänder oder Abwesenheitspfleger eingesetzt sind und wer die Treuhandschaft oder Abwesenheitspflege ausübt.

IV. Unterstützung der Treuhänder und Abwesenheitspfleger durch den Rat der Stadt oder Gemeinde

Der Rat der Stadt oder Gemeinde soll die Treuhänder und Abwesenheitspfleger bei der Durchführung ihrer Aufgaben weitgehend unterstützen. Dies gilt insbesondere für die schnelle Räumung von Wohnungen abwesender Personen, damit möglichst bald über den Wohnraum anderweitig verfügt werden kann. Die Hilfe kann insbesondere in der Bereitstellung oder Vermittlung von Transportmöglichkeiten und gegebenenfalls auch von Lagerraum zur Beförderung und Unterstellung von Wohnungseinrichtungen bestehen. Auch gegenüber den von den Eigentümern eingesetzten Bevollmächtigten ist auf schnelle Räumung der Wohnungen der Abwesenden hinzuwirken.

B. Aufgaben des Rates des Kreises:

I. Aufgaben des Sekretärs

Der Sekretär leitet eines der beiden dem Rat des Kreises durch die Räte der Städte und Gemeinden übersandten Exemplare der Meldung derjenigen Fälle, in denen abwesende Eigentümer volkswirtschaftlich wichtige Vermögenswerte zurücklassen (vgl. Ziff. II 4 dieser Arbeitsanweisung), der fachlich zuständigen Abteilung zu. Das andere Exemplar legt er mit einer Frist von sieben Tagen auf Wiedervorlage. Wird ihm von der zuständigen Abteilung innerhalb dieser Frist nicht die Vorlage der Entscheidung für den Vorsitzenden des Rates des Kreises übergeben, so hat er unverzüglich die Gründe dafür festzustellen und bei nachlässiger Bearbeitung des Falles durch die zuständige Abteilung den Vorsitzenden des Rates des Kreises zu unterrichten.

II. Aufgaben der zuständigen Abteilung

1. Fachlich zuständig ist diejenige Abteilung des Rates des Kreises, zu deren Aufgabengebiet die Regelung der mit den wichtigsten zurückgelassenen Vermögenswerten zusammengehörenden Fragen gehört, wie zB: die Abteilung Örtliche Industrie und Handwerk, wenn es sich um einen Industrie- oder Handwerksbetrieb oder um eine maßgebliche Beteiligung an einem solchen Betrieb handelt,
die Abteilung Landwirtschaft, wenn es sich um eine Landwirtschaft oder um ein größeres landwirtschaftliches Grundstück handelt,
die Abteilung Handel und Versorgung, wenn zum zurückgelassenen Vermögen ein Einzelhandelsgeschäft, eine Gaststätte oder ein Großhandelsgeschäft gehört,
das Referat Kommunale Wirtschaft, wenn zum zurückgelassenen Vermögen ein Mietwohngrundstück gehört.
2. Die fachlich zuständige Abteilung des Rates des Kreises hat unverzüglich die Meldung des Rates der Stadt oder Gemeinde zu prüfen und festzustellen, ob ein etwa für die Verwaltung des zurückgelassenen Vermögens eingesetzter Bevollmächtigter die zur planmäßigen Nutzung und ordnungsgemäßen Verwaltung des Vermögens erforderliche Eignung und Zuverlässigkeit besitzt. Kommt sie dabei zu dem Ergebnis, daß kein geeigneter, vom Eigentümer rechtswirksam Bevollmächtigter eingesetzt ist, so hat sie über den Sekretär des Rates des Kreises dem Vorsitzenden unverzüglich den

Entwurf einer Treuhänder-Bestallungsurkunde zur Entscheidung vorzulegen, aus der folgendes hervorgehen muß:

a) Wer wird als Treuhänder eingesetzt (Name, Anschrift, DPA-Nr.);
b) Für welche Vermögenswerte wird der Treuhänder eingesetzt;
c) Mit Wirkung von welchem Zeitpunkt erfolgt die Bestallung des Treuhänders.

In der Treuhänder-Bestallungsurkunde sind außerdem die wichtigsten Rechte und Pflichten des Treuhänders aufzuführen (s. das der Anordnung beigefügte Muster einer Bestallungsurkunde).

3. Gleichzeitig hat die zuständige Abteilung des Rates des Kreises den Entwurf eines Schreibens an das zuständige Staatliche Notariat zur Unterschrift vorzulegen, mit dem das Staatliche Notariat ersucht wird, für die nicht unter Treuhandschaft gestellten zurückgelassenen Vermögenswerte (in der Regel persönliches Eigentum, kleinere Grundstücke, Gebäude bis zur Größe von Zweifamilienhäusern) einen Abwesenheitspfleger einzusetzen. In diesem Schreiben sind die unter Treuhandschaft gestellten zurückgelassenen Vermögenswerte genau aufzuführen und ungefähr Umfang und Arten des durch den Abwesenheitspfleger zu verwaltenden Vermögens anzugeben sowie nach Möglichkeit ein als Abwesenheitspfleger geeigneter Bürger zu benennen.

4. Gehören zu dem zurückgelassenen Vermögen von volkswirtschaftlicher Bedeutung zwei oder mehrere wichtige Vermögenswerte, für die verschiedene Abteilungen des Rates des Kreises zuständig sind, wie zB ein kleiner Industriebetrieb und eine Landwirtschaft, so hat sich die Abteilung, der die Meldung des Rates der Stadt oder Gemeinde vom Sekretär übergeben wurde, unverzüglich mit der anderen fachlich zuständigen Abteilung in Verbindung zu setzen und mit dieser den Entwurf der dem Vorsitzenden des Rates des Kreises vorzulegenden Entscheidung gemeinsam auszuarbeiten. Wenn es sich wegen besonders großer wirtschaftlicher Bedeutung und der Unterschiedlichkeit der zurückgelassenen Vermögenswerte als unmöglich erweist, die verschiedenartigen Vermögenswerte durch einen Treuhänder verwalten zu lassen, können die beteiligten Abteilungen im gegenseitigen Einvernehmen dem Vorsitzenden die Einsetzung von zwei oder mehreren Treuhändern vorschlagen. In diesem Fall ist jeder der Treuhänder für einen wirtschaftlich zusammengehörenden Vermögenskomplex verantwortlich.

5. Jede Einsetzung oder Abberufung eines Treuhänders ist von der zuständigen Abteilung des Rates des Kreises dem Rat der Stadt oder Gemeinde, in der der Eigentümer der zurückgelassenen Vermögenswerte seinen letzten Wohnsitz in der Deutschen Demokratischen Republik hatte, durch Übersendung einer Abschrift der Treuhänder-Bestallungsurkunde und der Abberufungsurkunde mitzuteilen. Das ist die Voraussetzung dafür, daß beim Rat der Stadt oder Gemeinde ein dem jeweils neuesten Stand entsprechender Überblick darüber besteht, welche Vermögenswerte ehemaliger Einwohner unter Treuhandschaft gestellt sind, und wer als Treuhänder eingesetzt wurde.

6. Kommt die fachlich zuständige Abteilung bei der Beurteilung der Eignung und Zuverlässigkeit der für volkswirtschaftlich besonders wichtige Vermögenswerte eingesetzten Bevollmächtigten zu dem Ergebnis, daß ein vom Eigentümer rechtswirksam bestellter Bevollmächtigter als geeignet und zuverlässig anzusehen ist, so hat sie dies mit entsprechender Begründung über den Sekretär des Rates des Kreises dem Vorsitzenden schriftlich zu berichten und dessen Zustimmung dazu einzuholen, daß von der Einsetzung eines Treuhänders Abstand genommen wird. Die Entscheidung des Vorsitzenden ist dem Rat der Stadt oder Gemeinde unverzüglich schriftlich mitzuteilen.

7. Soweit in dieser Arbeitsanweisung festgelegt ist, daß Entscheidungen durch den Vorsitzenden des Rates des Kreises getroffen werden, kann sich der Vorsitzende im Falle seiner Verhinderung durch einen seiner Stellvertreter, den er für diese Aufgabe besonders verantwortlich zu machen hat, vertreten lassen. In diesem Falle muß jedoch gewährleistet sein, daß der Vorsitzende von allen wesentlichen Fragen, die während seiner Vertretung auftraten, unterrichtet wird.

III. Zusammenarbeit zwischen Treuhänder und Abwesenheitspfleger

1. Stellt der Abwesenheitspfleger bei Übernahme oder während des Verlaufs seiner Verwaltung fest, daß zu dem zurückgelassenen Vermögen auch Vermögenswerte von volkswirtschaftlicher Bedeutung gehören, für die weder ein geeigneter Bevollmächtigter bestellt noch vom Rat des Kreises ein Treuhänder eingesetzt wurde, so hat er dies unverzüglich dem Staatlichen Notariat zu melden, das den Sekretär des Rates des Kreises davon in Kenntnis setzt. Dieser führt unter Einschaltung der zuständigen Abteilung eine Entscheidung des Vorsitzenden des Rates des Kreises darüber herbei, ob die betreffenden Vermögenswerte unter Treuhandschaft gestellt werden sollen, und teilt dem Staatlichen Notariat die Entscheidung mit. Mit der Einsetzung eines Treuhänders enden die Aufgaben und

23. Rundverfügung Nr. 56/53 zur Bestellung von Abwesenheitspflegern **Anhang III/23**

die Verantwortlichkeit des Abwesenheitspflegers hinsichtlich der unter treuhänderische Verwaltung gestellten Vermögenswerte.

2. Werden dem Treuhänder bei Übernahme oder im Verlauf seiner Tätigkeit zurückgelassene Vermögenswerte bekannt, auf die sich die Treuhandverwaltung nicht erstreckt, und die offensichtlich ohne besondere volkswirtschaftliche Bedeutung sind, und die vermutlich dem eingesetzten Abwesenheitspfleger noch unbekannt sind, so hat er diesem und dem zuständigen Staatlichen Notariat unverzüglich davon Mitteilung zu machen.

IV. Vermögenswerte außerhalb des Kreises

Wird festgestellt, daß die Person, die das Gebiet der Deutschen Demokratischen Republik nach dem 10. Juni 1953 verließ, in einem anderen Kreis der Deutschen Demokratischen Republik oder im demokratischen Sektor von Groß-Berlin volkswirtschaftlich wichtige Vermögenswerte (s. § 3 Abs. 3 der Anordnung) zurückgelassen hat, so hat der Sekretär des Rates des Kreises, in dem der Betreffende seinen Wohnsitz hatte, dies dem Sekretär des Kreises oder dem Sekretär des zuständigen Stadtbezirkes des demokratischen Sektors von Groß-Berlin, in dem sich die zurückgelassenen Vermögenswerte befinden, unverzüglich mitzuteilen. Für diese Mitteilung und für die Aufgaben der Organe des Rates des Kreises, dem diese Mitteilung zugeht, gelten die Bestimmungen des Abschnittes B, Ziff. I und II dieser Arbeitsanweisung.

V. Treuhändervergütung

Die zuständige Abteilung des Rates des Kreises setzt in einem für den Treuhänder bestimmten Bescheid für seine Tätigkeit eine ortsübliche Vergütung fest, die aus dem Treuhandvermögen zu zahlen ist.

23. Rundverfügung Nr. 56/53 zur Bestellung von Abwesenheitspflegern für Personen, die das Gebiet der Deutschen Demokratischen Republik nach dem 10. Juni 1953 verlassen

Vom 10. Dezember 1953

(Aus: „Zentralblatt" [des Ministeriums der Justiz] Nr. 49/1953, S. 629)

Zur Anordnung vom 1. Dezember 1953 über die Behandlung des Vermögens von Personen, die die Deutsche Demokratische Republik nach dem 10. Juni 1953 verlassen (GBl. S. 1231) und der Arbeitsanweisung vom 5. Dezember 1953 (ZBl. S. 576) wird die nachfolgende Rundverfügung des Ministers der Justiz bekanntgemacht:

Hat eine Person, die im Gebiet der Deutschen Demokratischen Republik ihren Wohnsitz oder gewöhnlichen Aufenthaltsort hatte, das Gebiet der Deutschen Demokratischen Republik nach dem 10. Juni 1953 verlassen, ohne die ordnungsgemäße Verwaltung ihres in der Deutschen Demokratischen Republik verbleibenden Vermögens sicherzustellen, so ist gemäß § 1911 BGB durch das Staatliche Notariat ein Abwesenheitspfleger zu bestellen, soweit nicht ein Treuhänder eingesetzt ist.

Hierfür werden folgende Hinweise gegeben:

1. Das Staatliche Notariat des Kreises wird von dem Rat der Gemeinde, oder, wenn die Bestellung eines Abwesenheitspflegers neben der Einsetzung eines Treuhänders in Frage kommt, von dem Rat des Kreises davon unterrichtet, daß eine Person das Gebiet der Deutschen Demokratischen Republik verlassen hat, ohne einen geeigneten Bevollmächtigten zur Verwaltung ihres Vermögens einzusetzen.

2. Auf Grund dieser Mitteilung hat das Staatliche Notariat unverzüglich einen Abwesenheitspfleger nach § 1911 zu bestellen. Als Abwesenheitspfleger kommen Bürger der Deutschen Demokratischen Republik in Betracht, die im Hinblick auf ihre sonstige Tätigkeit für diese Aufgaben als geeignet zu betrachten sind und nach Möglichkeit schon bisher durch die Gerichte oder Staatlichen Notariate mit solchen Aufträgen betraut worden sind. Der Rat der Stadt oder Gemeinde wird dem Staatlichen Notariat als Pfleger geeignete Einwohner bei der Meldung der einzelnen Fälle vorschlagen.

Der Rat der Stadt oder Gemeinde ist von der Bestellung der Abwesenheitspflegschaft durch das Staatliche Notariat zu unterrichten.

3. Ist zur Verwaltung eines Teiles des Vermögens ein Treuhänder eingesetzt, so ist in der Bestallung (§ 1791 BGB) des Abwesenheitspflegers der Umfang des von ihm zu verwaltenden Vermögens gegen das von dem Treuhänder zu verwaltende Vermögen abzugrenzen. Die Abwesenheitspflegschaft erstreckt sich auf das ganze Vermögen des Abwesenden, das nicht von einem Treuhänder verwaltet wird, also auch auf Gegenstände, die sich in einem anderen Kreis der Deutschen Demokratischen Republik befinden.

4. Die Abwesenheitspflegschaften sind ausschließlich nach den Vorschriften des BGB durchzuführen, insbesondere sind die Abwesenheitspfleger durch die Staatlichen Notariate auf folgendes hinzuweisen:

a) Nach der Bestellung ist sofort ein Vermögensverzeichnis aufzunehmen (§ 1802 BGB). Wertangaben sind hierbei nicht erforderlich.

b) Befinden sich noch Gegenstände in einer aufgegebenen Wohnung, so ist die baldige Räumung durchzuführen. Sofern keine andere Gelegenheit zur Aufbewahrung von Möbeln u. ä. gegeben ist, sind diese bei einem Lagerhalter ordnungsgemäß einzulagern. Die Räte der Städte und Gemeinden werden hierbei die Abwesenheitspfleger unterstützen. Falls nur Sachen vorhanden sind, bei denen die Lagerkosten alsbald den Wert des zurückgelassenen Vermögens erreichen würden, wird die Veräußerung der Sachen empfohlen.

c) Der Abwesenheitspfleger ist nicht nur zur Verwahrung, sondern auch zur Verwaltung des Vermögens verpflichtet. Bei Rechtsgeschäften und Verfügungen über die Gegenstände sind die Beschränkungen zu beachten, die sich aus den Bestimmungen des BGB ergeben (insbesondere §§ 1915, 1887 ff, 1795, 1804, 1805, 1821 und 1822).

d) Zu den Aufgaben des Abwesenheitspflegers gehört die Befriedung der Verbindlichkeiten des Eigentümers. Deshalb empfiehlt es sich, je nach den Gegebenheiten des Einzelfalls, folgende Stellen von der Anordnung der Abwesenheitspflegschaft zu unterrichten:

das für den Ort zuständige Kreditinstitut (Deutsche Notenbank, Deutsche Bauernbank, Sparkasse, Bank für Handwerk und Gewerbe);

die VdgB (BHG) und die MTS;

alle anderen Stellen, zu deren Gunsten sich Forderungen aus den Unterlagen ergeben.

e) Gehört zu dem Vermögen, das der Abwesenheitspfleger zu verwalten hat, ein Betrieb oder ein Einzelhandelsgeschäft (vgl. § 3 Ziffern 9 und 10 der Anordnung des Staatssekretariats für Innere Angelegenheiten), so kann es nicht Aufgabe des Abwesenheitspflegers sein, die Aufgaben des Betriebsleiters zu übernehmen. In diesen Fällen empfiehlt es sich, daß der Abwesenheitspfleger den Betrieb verpachtet. Kann dies nicht erreicht werden, so bestehen keine Bedenken, den Betrieb zu veräußern und äußerstenfalls zu liquidieren.

Ist ein Abwesenheitspfleger auf Grund einer Mitteilung des Rates der Stadt oder Gemeinde bestellt worden, so ist, wenn zu dem zu verwaltenden Vermögen ein Betrieb oder Einzelhandelsgeschäft gehört, der Rat des Kreises durch des Staatliche Notariat darüber zu informieren, damit geprüft werden kann, ob die Einsetzung eines Treuhänders in Frage kommt. Dasselbe hat zu geschehen, wenn der Abwesenheitspfleger bei der Übernahme oder im Verlauf der Verwaltung feststellt, daß zu dem von ihm zu verwaltenden Vermögen auch Vermögenswerte von volkswirtschaftlicher Bedeutung gehören.

f) Die Vorschriften über den innerdeutschen Zahlungsverkehr sind zu beachten.

g) Die Gebühren für die Abwesenheitspflegschaft sind nach der Kostenordnung zu berechnen.

5. Ist zur Verwaltung eines Teiles des Vermögens von dem Rat des Kreises ein Treuhänder eingesetzt worden, so hat sich der Abwesenheitspfleger mit diesem wegen der Abgrenzung der Befugnisse zur Vertretung des Abwesenden in Verbindung zu setzen. Dies gilt insbesondere hinsichtlich der Geltendmachung der zum Vermögen gehörenden Forderungen und der Erfüllung von Verbindlichkeiten. Ist das Vermögen überschuldet, so kann der Abwesenheitspfleger, wenn ein Treuhänder eingesetzt ist, nur mit dessen Zustimmung den Antrag auf Eröffnung des Konkursverfahrens stellen.

6. Der Abwesenheitspfleger soll anstreben, mit dem Eigentümer in

a) Verbindung zu treten, um eine Verwaltung des Vermögens durch einen geeigneten Bevollmächtigten des Eigentümers herbeizuführen. Der Bevollmächtigte muß Bürger der Deutschen Demokratischen Republik sein. Eine besondere fachliche Eignung ist nicht erforderlich.

b) Hat der Eigentümer dem Abwesenheitspfleger mitgeteilt, daß er einen Bürger der Deutschen Demokratischen Republik zur Verwaltung seines in der Deutschen Demokratischen Republik

24. Vertrauliche Rundverfügung Nr. 3/1957 **Anhang III/24**

befindlichen Vermögens bevollmächtigt habe, so hat der Abwesenheitspfleger beim Staatlichen Notariat den Antrag auf Aufhebung der Abwesenheitspflegschaft zu stellen. Die Aufhebung kann erst dann erfolgen, wenn der Bevollmächtigte eine notariell beglaubigte Vollmachtsurkunde des Eigentümers vorlegt. Bei der Aufhebung ist zu beachten, daß die verwalteten Gegenstände für die Kosten des Notariats und des Abwesenheitspflegers entsprechend den gesetzlichen Vorschriften in Anspruch genommen werden können. Hinsichtlich des Ersatzes von Aufwendungen und der Bewilligung einer Vergütung für den Abwesenheitspfleger wird auf die §§ 1835 und 1836 BGB verwiesen. Ist zur Verwaltung eines Teiles des Vermögens ein Treuhänder eingesetzt, so hat das Staatliche Notariat den Rat des Kreises von der Aufhebung der Abwesenheitspflegschaft zu unterrichten.

c) Es besteht die Möglichkeit, daß der Eigentümer dem Rat der Stadt oder der Gemeinde einen Bevollmächtigten benannt hat. Deshalb soll der Abwesenheitspfleger bei diesen Stellen eine entsprechende Nachfrage halten. Wurde eine solche Vollmacht nicht widerrufen und ist der Bevollmächtigte zur Übernahme der Vermögensverwaltung für den Eigentümer bereit, so ist nach Buchst. b zu verfahren. Es empfiehlt sich aber, vor Aufhebung der Abwesenheitspflegschaft die Weitergeltung der Vollmacht durch den Eigentümer bestätigen zu lassen.

d) Kehrt der Eigentümer zurück, so ist die Abwesenheitspflegschaft aufzuheben.

e) Nach Aufhebung der Abwesenheitspflegschaft hat der Abwesenheitspfleger das verwaltete Vermögen dem Bevollmächtigten oder dem zurückgekehrten Eigentümer herauszugeben und gegenüber dem Staatlichen Notariat über die Verwaltung Rechenschaft abzulegen.

7. Die Justizverwaltungsstellen berichten dem Minister der Justiz vierteljährlich, jeweils am 10. des auf das Quartal folgenden Monats – erstmalig am 10. Januar –, über die nach dieser Rundverfügung angeordneten Abwesenheitspflegschaften nach folgendem Muster:

laufende Pflegschaften am Beginn des   ...Quartals.....
aufgehobene oder
neu eingeleitete   Pflegschaften im   ...Quartal.....
laufende Pflegschaften am Ende des   ... Quartals.....

8. Ergeben sich bei der Durchführung dieser Rundverfügung Zweifelsfragen, so ist über die Justizverwaltungsstelle beim Ministerium der Justiz unter dem Aktenzeichen 7000/1-I-1798/53 – anzufragen.

24. Vertrauliche Rundverfügung Nr. 3/1957 der Regierung der Deutschen Demokratischen Republik, Ministerium der Justiz – Der Minister – Betr. Verordnung zur Sicherung von Vermögenswerten vom 17. Juli 1952

Vom 18. Mai 1957

An die Justizverwaltungsstellen, Gerichte, Staatlichen Notariate

I.

Das Ministerium der Finanzen hat auf der Grundlage der VO vom 11. Juni 1953 über die in das Gebiet der Deutschen Demokratischen Republik und den demokratischen Sektor von Groß-Berlin zurückkehrenden Personen (GBl. S. 805), wonach die VO vom 17. Juli 1952 zur Sicherung von Vermögenswerten aufgehoben wird, folgende vertrauliche Anordnungen vom 2. Juni 1956 (Nr. 28/56) und vom 18. Mai 1957 (12/3200/10) an die Räte der Bezirke erlassen:

1. Vermögenswerte, die den Bestimmungen des § 1 der Verordnung vom 17. Juli 1952 unterliegen, aber bisher nicht als Volkseigentum behandelt worden sind, werden ohne Rücksicht auf das Objekt oder den Wert nicht mehr neu erfaßt.

Soweit nur Teile von Vermögenswerten erfaßt und als Volkseigentum behandelt worden sind, findet keine Nacherfassung hinsichtlich weiterer Teile statt.

Wird festgestellt, daß die nach § 6 der Verordnung vom 17. Juli 1952 verwalteten Vermögenswerte den Bestimmungen des § 1 unterliegen, so erfolgt keine Überführung der Vermögenswerte in das Eigentum des Volkes; sie werden weiterhin nach § 6 verwaltet.

Anhang III/24

2. Noch eingehende Anträge auf Neuerfassung sind dahingehend zu beantworten, daß von einer Übernahme in das Volkseigentum Abstand genommen wird. Das gleiche gilt auch für Anträge, wonach weitere Vermögenswerte von Personen, gegenüber denen die Bestimmungen des § 1 der Verordnung vom 17. Juli 1952 bereits hinsichtlich anderer Vermögenswerte zur Anwendung gelangt sind, nacherfaßt werden sollen.

3. Hat der Erblasser mehrere Erben hinterlassen und ist der Anteil des Miterben am Nachlaß nach den Bestimmungen des § 1 der Verordnung vom 17. Juli 1952 beschlagnahmt worden, so bezieht sich die Beschlagnahme auf den gesamten Anteil des Miterben am Nachlaß. Der Anspruch auf Auseinandersetzung bleibt im vollen Umfange bestehen. Hat z. B. lediglich eine Auseinandersetzung über das Nachlaßgrundstück stattgefunden, so bleiben die volkseigenen Rechte auf Auseinandersetzung, auf Verteilung und Zuteilung des übrigen Nachlaßvermögens aufrechterhalten. Soweit noch nicht geschehen, ist die Sicherstellung der volkseigenen Rechte durch entsprechende Benachrichtigung der Miterben, durch Eintragung in die öffentlichen Register und durch Übertragung des Anspruchs auf Auseinandersetzung, unabhängig von der Art der Vermögenswerte, an den Rat der Gemeinde vorzunehmen.

4. Vermögenswerte, die nach den Bestimmungen in § 6 der Verordnung vom 17. Juli 1952 bisher nicht in Verwaltung genommen worden sind oder bei denen entgegen den Bestimmungen des § 6 die vorläufige Verwaltung nach dem 10. Juni 1953 aufgehoben wurde, werden jetzt nicht mehr in vorläufige Verwaltung genommen.

5. Die bisher bereits nach § 1 beschlagnahmten und erfaßten oder nach § 6 in vorläufige Verwaltung genommenen Vermögenswerte unterliegen weiterhin den Bestimmungen der Verordnung vom 17. Juli 1952.

Die nach § 1 beschlagnahmten und von den entsprechenden Organen als Volkseigentum verwalteten Vermögenswerte sind rechtlich zu sichern. Die juristische Sicherung ist bis 30. Juni 1957 zum Abschluß zu bringen.

II.

Von den Gerichten und Staatlichen Notariaten ist bei der Anwendung der Verordnung vom 17. Juli 1952 und der Verordnung vom 11. Juni 1953 in Verbindung mit den obigen Anordnungen des Ministeriums der Finanzen folgendes zu beachten:

1. Für die Rückgabe von beschlagnahmtem oder vorläufig verwaltetem Vermögen sind die in Ziffer I bis IV der Rundverfügung Nr. 47/1953 erläuterten Maßnahmen weiterhin zu beachten. Die Bestimmungen der Verordnung vom 17. Juli 1952 sind jedoch nicht auf die Vermögensteile anzuwenden, die nach der Anordnung des Ministeriums der Finanzen nicht mehr neu erfaßt oder in vorläufige Verwaltung genommen werden. Für diese Vermögensteile gilt auch nicht mehr der Hinweis in Ziffer III der RV 47/53.

Wird im Verlaufe eines Verfahrens von Bedeutung, ob es sich um Vermögenswerte handelt, die nicht nacherfaßt und auch nicht mehr in vorläufige Verwaltung genommen werden sollen, so hat das Gericht eine Bestätigung des Rates des Kreises beizuziehen, ob der Vermögensgegenstand den Bestimmungen der Verordnung vom 17. Juli 1952 unterliegt. Bestätigt der Rat des Kreises, daß volkseigene Ansprüche nicht geltend gemacht werden, so kann das Verfahren fortgesetzt werden.

2. Die Erteilung von Erbscheinen und die Feststellung des Erbrechts im Zivilprozeß erfolgt ohne Beachtung der Bestimmungen der Verordnung vom 17. Juli 1952, wenn der Erbfall nach dem 10. Juni 1953 (dem Tage der Aufhebung der Verordnung) eingetreten ist.

Liegt der Erbfall vor dem 11. Juni 1953, so hat sich das Gericht oder das Staatliche Notariat zu vergewissern, ob der Erbe oder der Miterbe in der Deutschen Demokratischen Republik oder im demokratischen Sektor von Groß-Berlin wohnt. Zur Feststellung dieser Tatsache genügt für das gerichtliche Verfahren auch die Glaubhaftmachung nach § 294 ZPO. Für das Erbscheinsverfahren ist die eidesstattliche Versicherung des Antragstellers ausreichend.

Wird festgestellt, daß ein Erbe oder Miterbe nicht in der Deutschen Demokratischen Republik oder im demokratischen Sektor von Groß-Berlin wohnt, so ist spätestens vor der letzten mündlichen Verhandlung oder vor der Erteilung des Erbscheines anzufragen, ob das Vermögen des Erben oder Miterben den Bestimmungen des § 1 oder § 6 der Verordnung vom 17. Juli 1952 unterliegt.

Unterliegt das gesamte Vermögen eines Erben oder Miterben den Bestimmungen des § 1, so ist diesem Erben oder diesem Miterben keine Ausfertigung des Urteils oder des Erbscheines zu erteilen. In dem Urteil ist gegebenenfalls festzustellen oder in dem Erbschein ist zu vermerken: „Der Anteil

25. AO Nr. 2 über die Behandlung des Vermögens von Personen **Anhang III/25**

des .... (Name des Erben) in Höhe von einem Achtel ist in der Deutschen Demokratischen Republik beschlagnahmt."

Unterliegt das gesamte Vermögen eines Erben oder Miterben den Bestimmungen des § 6, so bestehen gegen die Erteilung einer Ausfertigung des Urteils oder Erbscheines an diesen Erben keine Bedenken. In dem Urteil oder in dem Erbschein ist in einem solchen Falle anzugeben: „Der Anteil des .... (Name des Erben) in Höhe von einem Achtel unterliegt in der Deutschen Demokratischen Republik der vorläufigen Verwaltung des Rates des Kreises ...."

Wird durch die Anfrage beim Rat des Kreises festgestellt, daß nur Teile des Vermögens beschlagnahmt sind oder vorläufig verwaltet werden, so ist davon auszugehen, daß von der staatlichen Verwaltung alle Maßnahmen getroffen sind, die ein unberechtigtes Eingreifen des Bürgers in die Rechte und Pflichten der staatlichen Verwaltung auf Grund der Verordnung vom 17. Juli 1952 verhindern. Zum Nachweis der Verfügungsbefugnis des Bürgers über die nicht beschlagnahmten oder nicht der vorläufigen Verwaltung unterliegenden Vermögensteile sind im Urteil oder im Erbschein keine Vermerke über die Beschlagnahme oder vorläufige Verwaltung aufzunehmen.

Erfolgt auf Grund der Verordnung vom 11. Juni 1953 über die in das Gebiet der Deutschen Demokratischen Republik und in den demokratischen Sektor von Groß-Berlin zurückkehrenden Personen eine Rückgabe des Vermögens oder die Aufhebung der vorläufigen Verwaltung und legt ein Bürger eine entsprechende Ausfertigung des Verfügung des staatlichen Verwaltungsorganes hierüber vor, so ist ein bereits mit den Beschränkungen der Verordnung vom 17. Juli 1952 versehener Erbschein einzuziehen. Alsdann ist ein Erbschein ohne einen solchen Vermerk zu erteilen. Dasselbe gilt für die Fälle, in denen festgestellt wird, daß nur Teile des Vermögens beschlagnahmt sind oder der vorläufigen Verwaltung unterliegen.

III.

Die Abschnitte VII und VIII der Rundverfügung Nr. 47/1953 vom 20. Juli 1953 – 7000/1-I-1466/53 – und die Rundverfügung Nr. 51/53 vom 24. 9. 1953 – 7000/1-I-2030 – werden aufgehoben.

25. Anordnung Nr. 2 über die Behandlung des Vermögens von Personen, die die Deutsche Demokratische Republik nach dem 10. 6. 1953 verlassen[1]

Vom 20. August 1958

(GBl. I Nr. 57 S. 664)

Zur Sicherung der Interessen der Bürger der Deutschen Demokratischen Republik wird zur Änderung der Anordnung vom 1. Dezember 1953 über die Behandlung des Vermögens von Personen, die die Deutsche Demokratische Republik nach dem 10. Juni 1953 verlassen (GBl. S. 1231), folgendes angeordnet:

§ 1. (1) Das Vermögen von Personen, die die Deutsche Demokratische Republik ohne erforderliche Genehmigung nach dem 10. Juni 1953 verlassen haben oder verlassen, wird durch staatliche Treuhänder verwaltet. Für die Zeit der Treuhandverwaltung stehen dem Eigentümer Erträge nicht zu. Verfügungen des Eigentümers über das treuhänderisch verwaltete Vermögen sind unzulässig.

(2) Die Einsetzung der staatlichen Treuhänder erfolgt durch das zuständige Fachorgan des Rates der Stadt oder Gemeinde. Sie bedarf der Bestätigung durch das zuständige Fachorgan des Rates des Kreises.

§ 2. (1) Bevollmächtigte von Personen, die das Gebiet der Deutschen Demokratischen Republik nach dem 10. Juni 1953 ohne erforderliche Genehmigung verlassen haben, unterliegen nach Inkrafttreten dieser Anordnung den Weisungen des für die Einsetzung des staatlichen Treuhänders zuständigen Fachorgans des örtlichen Rates.

---

[1] Aufgehoben durch VO vom 11. 11. 1989 (GBl. I S. 247).

Anhang III/26
III. DDR-Recht

(2) Die bisherigen Bevollmächtigten haben innerhalb eines Monats nach Inkrafttreten dieser Anordnung über das von ihnen verwaltete Vermögen Meldung zu erstatten und über ihre bisherige Verwaltungstätigkeit abzurechnen. Meldung und Abrechnung sind in doppelter Ausfertigung beim Rat der Stadt oder Gemeinde einzureichen. Eine Ausfertigung ist vom Rat der Stadt oder Gemeinde an den Rat des Kreises, Abteilung Finanzen, weiterzuleiten.

(3) Bisherige Bevollmächtigte können als staatliche Treuhänder eingesetzt werden.

§ 3. (1) Diese Anordnung tritt mit ihrer Verkündung in Kraft.[2]

(2) Gleichzeitig treten die §§ 1, 2, 3, 5 Abs. 1 Satz 3 und Abs. 2, § 6, § 7 Absätze 1 und 2, § 10, § 11 und § 12 Abs. 1 der Anordnung vom 1. 12. 1953 über die Behandlung des Vermögens von Personen, die die Deutsche Demokratische Republik nach dem 10. 6. 1953 verlassen (GBl. S. 1231), außer Kraft.

26. Anweisung Nr. 30/58 zur „Anordnung Nr. 2 v. 20. 8. 1958 über die Behandlung des Vermögens von Personen, die die Deutsche Demokratische Republik nach dem 10. 6. 1953 verlassen"

A. Aufgaben der Räte der Städte und Gemeinden

I. Ermittlung und Erfassung des zurückgelassenen Vermögens republikflüchtiger Personen

1. Sicherstellung des zurückgelassenen Vermögens. Die Räte der Städte und Gemeinden sind bis zur Übergabe der Vermögenswerte an staatliche Treuhänder für die Verwaltung und Sicherstellung des zurückgelassenen Vermögens republikflüchtiger Personen verantwortlich. Die Erfassung des Vermögens hat unmittelbar nach Feststellung der Republikflucht zu erfolgen. Vor der Verwertung des Vermögens (Verkauf von Möbeln und Hausrat, Einsetzung von Treuhändern) haben die Räte der Städte und Gemeinden Bestätigungen bei den Volkspolizeikreisämtern darüber einzuholen, daß der Eigentümer des Vermögens die DDR ohne erforderliche Genehmigung verlassen hat. Zum Vermögen der republikflüchtigen Personen, das auf Grund der Anordnung Nr. 2 vom 20. 8. 1958 sicherzustellen und treuhänderisch zu verwalten ist, gehören alle Vermögensrechte, die diese im Zeitpunkt ihrer Republikflucht inne hatten oder zu einem späteren Zeitpunkt noch erwerben. Das können sein:

Rechte aus Grundstücken (Alleineigentum und Miteigentum), Nießbrauchrechte an Grundstücken, Betriebsinventar, Kapitalbeteiligungen an Betrieben, Wertpapiere, Forderungen, Konten, Grundpfandrechte (Hypotheken, Grundschulden, Rentenschulden), Patente, Urheberrechte, Restlöhne; Ansprüche aus Versicherungen und Erbschaften; Eigentumsrechte an Gegenständen des persönlichen Bedarfs wie Möbel, Hausrat usw.

2. Ermittlung und Erfassung. Die Ermittlung der Vermögenswerte ist in Form der körperlichen und wertmäßigen Bestandsaufnahme durchzuführen und in einem Vermögensverzeichnis für jeden Einzelfall schriftlich niederzulegen. Die wertmäßige Bestandsaufnahme ist entsprechend den Bewertungsgrundsätzen des Gesetzes vom 2. 11. 1956 (siehe § 6 der 1. Durchführungsbestimmung vom 17. 11. 1956 – GBl. S. 1354) vorzunehmen, das heißt, die Grundstücke sind nach dem Einheitswert, Betriebe nach dem betrieblichen Einheitswert, bewegliche Gegenstände nach dem Schätzungswert zu bewerten.

Zur Durchführung der Ermittlung und Erfassung soll sich der Rat der Stadt oder Gemeinde auf die Mitarbeit von Helfern der Nationalen Front und der Gewerkschaften stützen.

Zur Feststellung, welche der in Ziffer 1 dieses Abschnittes angeführten Vermögenswerte neben den in der Wohnung vorhandenen beweglichen Gegenständen zum Vermögen der republikflüchtigen Personen gehören, sind Anfragen an folgende staatliche Organe und Institutionen zu richten:

a) Rat des Kreises – Abteilung Finanzen/Referat Steuern;
b) Rat des Kreises – Abteilung Innere Angelegenheiten/Kataster/Grundbuch;
c) Handelsregister;

---
[2] Tag der Verkündung: 12. 9. 1958.

26. Anweisung Nr. 30/58 zur Anordnung Nr. 2   **Anhang III/26**

d) Kreditinstitute (Deutsche Notenbank, Deutsche Bauernbank, Kreissparkasse, Bäuerliche Handelsgenossenschaft, Bank für Handwerk und Gewerbe e. G. m. b. H.);
e) Staatliches Notariat;
f) Kreisgeschäftsstelle der Deutschen Versicherungsanstalt;
g) ehemalige Arbeitsstelle der republikflüchtigen Personen wegen etwaiger Restlöhne.

Wird festgestellt, daß die republikflüchtigen Personen Vermögenswerte außerhalb des Bereiches der letzten Wohnsitzgemeinde zurückgelassen haben, ist der für diese Vermögenswerte zuständige Rat der Stadt oder Gemeinde zu benachrichtigen. Dieser hat die Erfassung auf Grund der Anordnung Nr. 2 vorzunehmen.

In das Vermögensverzeichnis sind auch die Verbindlichkeiten der republikflüchtigen Personen aufzunehmen. Es empfiehlt sich, in ortsüblicherweise bekanntzumachen, wann und an welcher Stelle beim Rat der Stadt oder Gemeinde Bürger des Ortes, die Forderungen an Republikflüchtige haben, diese anmelden können. Die Antragsteller sind aufzufordern, ihre Ansprüche durch entsprechende Unterlagen zu beweisen.

3. Behandlung der Vermögensverzeichnisse. Die Vermögensverzeichnisse sind in jedem Falle zweifach anzufertigen. Eine Ausfertigung davon verbleibt beim Rat der Stadt oder Gemeinde, die zweite Ausfertigung ist dem Rat des Kreises, Abteilung Finanzen, zu übersenden. Dabei sind die vom Rat der Stadt oder Gemeinde für die einzelnen unbeweglichen Vermögensteile bzw. Betriebsinventar eingesetzten Treuhänder dem Rat des Kreises zur Bestätigung zu benennen. Unterlagen über angemeldete Forderungen sowie die von den Treuhändern gemäß Ziff. VI 8 dieses Abschnittes übernommenen Bilanzen sind beizufügen. Gleichzeitig ist dem Rat des Kreises mitzuteilen, bei welchen Stellen Rückfragen zur Feststellung des zurückgelassenen Vermögens gehalten worden sind.

4. Räumung verlassener Wohnungen. Für Möbel, Hausrat und Gegenstände des persönlichen Bedarfs sind staatliche Treuhänder nicht einzusetzen.

Die Wohnungen republikflüchtiger Personen sind kurzfristig zu räumen. Zu diesem Zwecke sind Möbel, Hausrat und andere Gegenstände des persönlichen Bedarfs nach vorheriger Inventarisierung und ordnungsgemäßer Schätzung zu veräußern. Nach Möglichkeit haben Schätzung und Verkauf der Gegenstände in Verbindung mit volkseigenen Betrieben bzw. HO-Gebrauchswaren-Läden zu erfolgen. Gegenstände, die nicht abgesetzt werden können und auch sonst nicht verwertbar sind, sollen dem Altstoffhandel zugeführt werden.

Bei der Verwertung von Möbeln, Hausrat und sonstigen beweglichen Gegenständen kann eine Schätzung und Veräußerung insgesamt, d. h. ohne eine bis ins einzelne gehende Aufführung der Gegenstände erfolgen.

Die bei der Veräußerung erzielten Erlöse sind an den Rat des Kreises – Abteilung Finanzen – abzuführen. Die dem Rat der Stadt oder Gemeinde bei der Erfassung, Sicherung, Schätzung und Verwertung der Wohnungseinrichtungen entstehenden tatsächlichen Kosten sind von dem Erlös abzuziehen. Kostenlose Umsetzungen sind unzulässig.

Hatte die republikflüchtige Person in Familien- oder Wohngemeinschaft mit Angehörigen gelebt, die Bürger der DDR geblieben sind, so ist von einer Erfassung abzusehen, soweit es sich um Wohnungseinrichtungen, Hausrat und Gegenstände des persönlichen Bedarfs handelt.

5. Wertgegenstände und Kostbarkeiten. Wertgegenstände und Kostbarkeiten, wie Gegenstände aus Edelmetall, Edelsteinen, Halbedelsteinen, Gegenstände aus echtem Markenporzellan, echte Teppiche, wertvolle Bilder, Gegenstände, die einen besonderen Kunstwert haben, Briefmarken und Briefmarkensammlungen sind dem Rat des Kreises – Abteilung Finanzen – besonders zu melden. Die Verwertung dieser Gegenstände erfolgt nach Weisungen des Rates des Kreises.

6. Kraftfahrzeuge. Erfaßte Kraftfahrzeuge sind dem Staatlichen Vermittlungskontor für Maschinen und Materialreserven zur Verwertung zuzuführen.

7. Restlöhne. Die Räte der Städte und Gemeinden sind verpflichtet, Forderungen der republikflüchtigen Personen gegen private und volkseigene Betriebe auf Zahlung von Restlöhnen geltendzumachen und die Überweisung der Beträge an den Rat des Kreises – Abteilung Finanzen – zu veranlassen. Die Anordnung Nr. 18/58 wird insoweit abgeändert.

8. Persönliche Gegenstände. Familienbilder, Fotoalben, Erinnerungsstücke usw. sind nach Möglichkeit in der DDR wohnhaften Angehörigen zu überlassen.

9. Bank- und Sparkonten. Bank- und Sparkonten sind vom Rat der Stadt oder Gemeinde aufzulösen. Die Abführung der Guthabenbeträge durch die Kreditinstitute an den Rat des Kreises – Abteilung Finanzen – ist zu veranlassen. Darunter fallen auch die in der Vergangenheit bei der Deutschen Notenbank geführten Konten für Lohn- und Gehaltsempfänger republikflüchtiger Personen.

10. Ansprüche aus Versicherungsverträgen. Gehören zum Vermögen der republikflüchtigen Personen Ansprüche aus bestehenden Versicherungsverträgen, so hat der Rat der Stadt oder Gemeinde für die Realisierung der Ansprüche und Abführung der entsprechenden Geldbeträge zugunsten des Staatshaushaltes durch Überweisung an den Rat des Kreises – Abteilung Finanzen – Sorge zu tragen.

11. Anteilsrechte an der Altguthaben-Ablösungsanleihe (Uraltguthaben). Uraltguthaben sind als Bestandteil des Vermögens republikflüchtiger Personen in das Vermögensverzeichnis mit aufzunehmen. Der Rat der Stadt oder Gemeinde hat dafür zu sorgen, daß das Anteilsrecht gelöscht wird. Etwaige Zinsgutschriften sind an den Rat des Kreises – Abteilung Finanzen – abzuführen.

12. Erträgnisse und Verwertungserlöse aus dem Vermögen republikflüchtiger Personen. Sämtliche Verwertungserlöse (A I Ziff. 4, 7, 9, 10 und 11) sind an den Rat des Kreises – Abteilung Finanzen – unmittelbar nach Eingang der Beträge unter Angabe des Namens der republikflüchtigen Personen, Höhe des Betrages und Art des verwerteten Vermögens abzuführen.

In gleicher Weise ist hinsichtlich der Erträge aus dem Vermögen in den Fällen zu verfahren, in denen Bürger der DDR als staatliche Treuhänder eingesetzt worden sind. In diesen Fällen erfolgt die Abführung vierteljährlich mit entsprechender Aufgliederung und Abrechnung zum 10. des auf das Quartalende folgenden Monats.

13. Vermögen Minderjähriger. Minderjährige, die, ohne im Besitz der eigenen Entscheidungsfreiheit zu sein, mit ihren Eltern bzw. einem Elternteil das Gebiet der DDR ohne erforderliche Genehmigung verlassen oder verlassen haben, unterliegen hinsichtlich ihres Vermögens nicht den Bestimmungen der Anordnung Nr. 2.

Konten der Minderjährigen (WWA-Konten und Sparkonten) sind daher nicht zu erfassen und nicht an den Rat des Kreises abzuführen.

14. Patente und Lizenzen. a) Gehören zum zurückgelassenen Vermögen Rechte aus Erfindungen oder Patenten, so hat der Rat der Stadt oder Gemeinde für diese Rechte einen staatlichen Treuhänder einzusetzen, der ihm vom Amt für Erfindungs- und Patentwesen, Berlin W 8, Mohrenstraße, vorgeschlagen wird. Wurde das Patent in dem Betrieb der republikflüchtigen Person genutzt, so ist der für das Betriebsvermögen eingesetzte staatliche Treuhänder gleichzeitig staatlicher Treuhänder auch dieses Patentes.

b) Für Patente republikflüchtiger Personen, die auf Grund von Lizenzverträgen genutzt werden, sind gesonderte staatliche Treuhänder einzusetzen. Die Auswahl des staatlichen Treuhänders erfolgt im Einvernehmen mit dem Amt für Erfindungs- und Patentwesen bzw. mit dem die Patente nutzenden volkseigenen Betrieben. Die bei dem staatlichen Treuhänder eingehenden Lizenzgebühren sind nach Abzug der an das Patentamt zu überweisenden Patentgebühren an den Rat des Kreises – Abteilung Finanzen – abzuführen.

15. Urheberrechte. Gehören zu dem zurückgelassenen Vermögen Urheberrechte (Literatur, Tonkunst), so hat der Rat der Stadt oder Gemeinde dem Ministerium der Finanzen davon Mitteilung zu machen. Das Ministerium der Finanzen wird weitere Weisungen über die Behandlung dieser Rechte erteilen.

II. Verfügungen republikflüchtiger Personen vor Inkrafttreten der Anordnung Nr. 2 (12. 9. 1958)

Nach der Anordnung Nr. 2 (§ 1) sind Verfügungen republikflüchtiger Personen seit Inkrafttreten dieser Anordnung unzulässig. Sie sind deshalb nicht anzuerkennen.

Soweit die Anerkennung von Verfügungen vor Inkrafttreten der Anordnung Nr. 2 durch die örtlichen Organe versagt worden ist, soll es hierbei verbleiben.

26. Anweisung Nr. 30/58 zur Anordnung Nr. 2 **Anhang III/26**

Werden jetzt Urkunden vorgelegt, aus denen hervorgeht, daß die republikflüchtige Person über ihr Vermögen verfügt hatte (Vollmacht, Schenkung usw.), bevor die Anordnung in Kraft getreten ist, sind diese Verfügungen nur insoweit anzuerkennen, als der Eigentumsübergang bereits vollzogen ist. (Beispiel: körperliche Übergabe bei beweglichen Gegenständen wie Möbel, Hausrat usw., Eintragung der Eigentumsänderungen in das Grundbuch bei Grundstücken). Handelt es sich bei diesen Verfügungen der republikflüchtigen Eigentümer um Möbel, Hausrat und Gegenstände des persönlichen Bedarfs zugunsten der im gleichen Haushalt lebenden Familienangehörigen, können diese anerkannt werden.

III. Aufhebung der Abwesenheitspflegschaften

Nach der Rundverfügung Nr. 11/58 des Ministers der Justiz vom 30. 8. 1958 sind die auf Grund der Anordnung vom 1. 12. 1953 angeordneten Abwesenheitspflegschaften bis zum 31. 10. 1958 abzuwickeln bzw. aufzuheben. Soweit eine Abwicklung der Pflegschaften bis zu diesem Termin nicht möglich ist, erfolgt Aufhebung der Pflegschaften und Meldung noch vorhandener Vermögenswerte durch die Staatlichen Notariate an die Räte der Städte und Gemeinden. Für diese Vermögenswerte, ausgenommen Möbel, Hausrat, Gegenstände des persönlichen Bedarfs und Konten, sind alsdann von den Räten der Städte und Gemeinden staatliche Treuhänder einzusetzen. Von der erfolgten Einsetzung des staatlichen Treuhänders ist das Staatliche Notariat zu unterrichten. Nach Aufhebung der Pflegschaft durch das Staatliche Notariat übergibt dieses die Pflegschaftsakten an den Rat der Stadt oder Gemeinde. Diese sind zusammen mit der Ausfertigung der Abrechnung des Abwesenheitspflegers dem Rat des Kreises zu übersenden.

IV. Entgegennahme und Überprüfung der Meldung und Abrechnung bisheriger Bevollmächtigter

1. Rechnungslegung durch die Bevollmächtigten. Gemäß § 2 Absatz 2 der Anordnung Nr. 2 haben die von republikflüchtigen Personen in der Vergangenheit eingesetzten Bevollmächtigten innerhalb eines Monats nach Inkrafttreten der Anordnung über das bisher von ihnen verwaltete Vermögen Meldung zu erstatten und über ihre bisherige Verwaltungstätigkeit abzurechnen. Den Bevollmächtigten ist in ortsüblicherweise bekanntzugeben, bis wann und wo die Rechnungslegung über das bisher von ihnen verwaltete Vermögen zu erfolgen hat. Meldung und Abrechnung sind gegenüber den Räten der Städte und Gemeinden in doppelter Ausfertigung vorzunehmen.

Die Bevollmächtigten unterliegen seit dem 12. September 1958 nur noch den Weisungen der Räte der Städte und Gemeinden. Verfügungen der Bevollmächtigten, die über den Rahmen der ordnungsgemäßen Verwaltungstätigkeit hinausgehen, sind seitdem nicht mehr zulässig und deshalb nicht anzuerkennen.

2. Inhalt der Abrechnung. Die Abrechnung der Bevollmächtigten der republikflüchtigen Personen muß darüber Auskunft geben, welche Vermögenswerte er seinerzeit übernommen hat und inwieweit inzwischen eine Veränderung des Vermögens eingetreten ist. Soweit Verfügungen der Bevollmächtigten der republikflüchtigen Personen in der Vergangenheit getroffen wurden, durch die der Bestand des Vermögens gemindert worden ist, sind diese durch Unterlagen zu belegen. Sie können grundsätzlich anerkannt werden.

Soweit Verstöße gegen gesetzliche Bestimmungen, insbesondere gegen das Gesetz über die Regelung des innerdeutschen Zahlungsverkehrs vorliegen, sind diese Verfügungen nichtig. Bürger unserer Republik, die aus diesen Verfügungen Vorteile erlangt haben, sind zur Zurückerstattung nicht heranzuziehen. Ansprüche aus diesen Verpflichtungen sind künftighin nicht mehr zu erfüllen.

Werden bei der Abrechnung der Bevollmächtigten geringfügige Verstöße gegen die gesetzlichen Bestimmungen festgestellt, so ist in der Regel eine Strafverfolgung nicht in die Wege zu leiten.

V. Beteiligungen

1. Übergabe und Abrechnung. Soweit bisher Abwesenheitspfleger oder Bevollmächtigte Beteiligungen republikflüchtiger Personen an Privatbetrieben wahrgenommen haben, müssen Übergabe und Abrechnung ebenfalls an den Rat der Stadt oder Gemeinde erfolgen.

2. Unterlagen. Mit der Übergabe und Abrechnung sind folgende Unterlagen an den Rat der Stadt oder Gemeinde zu übergeben:
a) Gesellschaftsvertrag mit allen Nachträgen,
b) Handelsregisterauszug (neuester Stand),
c) Grundbuchauszug – soweit Grundstücke zum Betriebsvermögen gehören –,
d) evtl. Darlehnsvereinbarungen, falls der Republikflüchtige dem Betrieb Darlehen gegeben hat.

3. Bilanzen. Vom bisherigen Abwesenheitspfleger oder Bevollmächtigten sind folgende Bilanzen aufzustellen und zu übergeben:
a) Bilanzen per 31. 12. 1956 und 31. 12. 1957,
b) Stichtagbilanz per 31. 10. 1958 nebst Gewinn- und Verlustrechnung,
c) körperliche Inventur.

Die Übergabe von Bilanzen, Grundbuch- und Handelsregisterauszügen ist nicht erforderlich, soweit an dem Unternehmen eine Beteiligung durch die DIB bereits wahrgenommen wurde (volkseigener Anteil, staatliche Beteiligung, § 6 – Anteil).

VI. Einsetzung staatlicher Treuhänder und ihre Befugnisse

1. Grundsatz. Als staatlicher Treuhänder können staatliche Organe, Institutionen, volkseigene Betriebe und demokratisch bewährte Bürger eingesetzt werden. Soweit für die in Ziff. 2 dieses Abschnittes aufgeführten Vermögensgruppen nicht staatliche Organe, Institutionen oder volkseigene Betriebe als staatliche Treuhänder einzusetzen sind, können demokratisch bewährte Bürger, darunter auch gemäß § 2 Abs. 3 der Anordnung Nr. 2 bisherige Bevollmächtigte als staatliche Treuhänder eingesetzt werden.

2. Treuhänder für einzelne Vermögensteile. Gehören zu dem unter Treuhandschaft zu stellenden Vermögen eines Eigentümers verschiedene Vermögenswerte, deren Verwaltung durch einen Treuhänder unzweckmäßig ist, sind vom Rat der Stadt oder Gemeinde für jeden Vermögenskomplex gesonderte Treuhänder einzusetzen.
Als gesonderte Treuhänder sind beispielsweise einzusetzen:
a) für bebaute und unbebaute Grundstücke, Anteile an Grundstücken sowie Nießbrauchrechte – VEB Kommunale Wohnungsverwaltung bzw. der Rat der Stadt oder Gemeinde, soweit es sich um Miteigentumsanteile an Einfamilienhäusern handelt, kann der in der DDR wohnende Miteigentümer als staatlicher Treuhänder eingesetzt werden;
b) für Rechte an ungeteilten Erbengemeinschaften – Rat der Stadt oder Gemeinde;
c) für landwirtschaftliche Betriebe – volkseigene Güter oder der Rat der Stadt oder Gemeinde;
d) für Laubengrundstücke und Schrebergärten – Rat der Stadt oder Gemeinde;
e) für Betriebe – fachlich geeignete Bürger der DDR oder VEB, wenn eine wirtschaftliche Zusammenarbeit zwischen dem Betrieb der republikflüchtigen Person und dem als Treuhänder vorgesehenen volkseigenen Betrieb in der Vergangenheit bestand oder eine Kooperation in der Zukunft erfolgen soll;
f) für Beteiligungen an Betrieben – örtlich zuständige Filiale der Deutschen Investitionsbank;
g) für dinglich gesicherte Forderungen (Hypotheken, Grundschulden, Rentenschulden)
    aa) gegen Industrieunternehmen
    bb) gegen Großhandels-, Gewerbe- und Verkehrsunternehmen mit überörtlicher Bedeutung,
    cc) aus Schiffshypotheken – Deutsche Investitionsbank;
h) für dinglich gesicherte Forderungen gegen Eigentümer von landwirtschaftlichen oder vorwiegend landwirtschaftlich genutzten Grundbesitz – Deutsche Bauernbank;
i) für dinglich gesicherte Forderungen
    aa) gegen das Handwerk und Einzelhandel
    bb) gegen den Großhandel-, Gewerbe- und Verkehrsbetriebe (einschließlich Genossenschaften) mit nur örtlicher Bedeutung (Kreisebene)
    cc) gegen Eigentümer von Wohngrundstücken – Kreissparkasse;
k) für dinglich nicht gesicherte Forderungen, für kurzfristige Forderungen, insbesondere Forderungen aus Lieferungen und Leistungen – ausgenommen aus Restlöhnen – und Wertpapiere ohne Beteiligungscharakter – Deutsche Notenbank.

26. Anweisung Nr. 30/58 zur Anordnung Nr. 2 **Anhang III/26**

Bei der Einsetzung gesonderter Treuhänder gemäß Ziffer 2 ist darauf zu achten, daß die wirtschaftliche Nutzung des Treuhandvermögens dadurch nicht gefährdet wird (z. B. Landwirtschaftlicher Betrieb – keine Trennung von Landwirtschaft und Wohnhaus –).

3. Rat der Stadt oder Gemeinde als staatlicher Treuhänder. Soweit der Rat der Stadt oder Gemeinde als staatlicher Treuhänder in Frage kommt, erfolgt die Einsetzung durch den Rat des Kreises.

4. Übertragung der Nutzung an einem landwirtschaftlichen Betrieb und an landwirtschaftlich und gärtnerisch genutzten Grundstücken. Der gemäß Ziff. 2 c) dieses Abschnittes als staatlicher Treuhänder eines landwirtschaftlichen Betriebes oder landwirtschaftlich genutzten Grundstückes eingesetzte Rat der Stadt oder Gemeinde kann die Nutzung des Betriebes und der Grundstücke auf eine Landwirtschaftliche Produktionsgenossenschaft übertragen. Die Übertragung erfolgt durch Abschluß eines Nutzungsvertrages. Ein Nutzungsentgelt ist nicht zu erheben.

Der Rat der Stadt oder Gemeinde kann Laubengrundstücke und Schrebergärten dem Kreisverband der Kleingärtner, Siedler und Kleintierzüchter zur Nutzung überlassen. Für die Überlassung soll ein angemessenes Nutzungsentgelt vereinbart werden. Dieses Nutzungsentgelt kann unter den ortsüblichen Pachtsätzen der Gartengrundstücke liegen.

5. Verwaltung von Miteigentumsanteilen. Übt der VEB Kommunale Wohnungsverwaltung oder der Rat der Stadt oder Gemeinde die staatliche Treuhandschaft über einen Miteigentumsanteil gemäß Ziff. 2 a) dieses Abschnittes aus, so stehen Verwaltung und Erträgnisse des gesamten Grundstückes allen Miteigentümern einschließlich des staatlichen Treuhänders gemeinschaftlich zu (§§ 741 ff. BGB). Dies gilt auch für Anteile an ungeteilten Erbengemeinschaften (§§ 2032 ff. BGB).

6. Miet- und Pachtverträge. Durch die Einsetzung staatlicher Treuhänder werden bestehende Miet- und Pachtverträge nicht berührt. Der staatliche Treuhänder tritt anstelle des bisherigen Vertragspartners grundsätzlich in das Vertragsverhältnis ein. Miet- oder Pachtverhältnisse können unter Beachtung der vertraglichen und gesetzlichen Bestimmungen aufgelöst werden.

7. Verhältnis Treuhänder/Eigentümer. Der Treuhänder ist den Weisungen des ihn einsetzenden staatlichen Organs unterworfen. Jeder Schriftwechsel des Treuhänders mit dem republikflüchtigen Eigentümer hat zu unterbleiben. Eingaben der republikflüchtigen Eigentümer sind vom Rat der Stadt oder Gemeinde zu beantworten. In der Antwort ist dem Betreffenden lediglich mitzuteilen, daß das Vermögen auf Grund seines illegalen Weggangs aus der DDR nach der Anordnung Nr. 2 vom 20. 8. 1958 treuhänderisch verwaltet wird. Weitere Erklärungen sind nicht abzugeben. Zweifelsfälle sind dem Rat des Kreises vorzulegen.

8. Rechte und Pflichten des Treuhänders. Die Übergabe des Vermögens an den staatlichen Treuhänder hat durch Übergabe-/Übernahmeprotokoll zu erfolgen. Als staatlicher Treuhänder eingesetzte staatliche Organe oder Institutionen haben eine Abschlußbilanz nach den Vorschriften der privaten Wirtschaft über die ihnen übergebenen Vermögenswerte aufzustellen und dem Rat der Stadt oder Gemeinde zu übergeben. Danach ist mit diesen Vermögenswerten entsprechend der Ziff. 9 dieses Abschnittes zu verfahren. Wird ein demokratisch bewährter, fachlich geeigneter Bürger als Treuhänder eingesetzt, so hat dieser sowohl eine Abschluß- als auch eine Treuhanderöffnungsbilanz aufzustellen. Zweitschriften dieser Bilanzen sind dem Rat der Stadt oder Gemeinde zu übergeben.

Der staatliche Treuhänder ist verpflichtet, alle Maßnahmen zur ordnungsgemäßen Verwaltung und planmäßigen Nutzung des Treuhandvermögens in die Wege zu leiten.

Zur Durchführung der ordnungsgemäßen Verwaltung und einer den Erfordernissen beim Aufbau des Sozialismus entsprechenden Nutzung ist der staatliche Treuhänder befugt, Verfügungen zu treffen, Rechtsgeschäfte abzuschließen, Rechtsstreitigkeiten über das Treuhandvermögen wahrzunehmen und andere Rechtshandlungen mit Wirkung für das Treuhandvermögen vorzunehmen. Rechtshandlungen, die eine wesentliche Umgestaltung des Treuhandvermögens beinhalten, wie Veräußerung und Belastung von Grundstücken, Umgestaltung oder Liquidation von Betrieben, Kreditaufnahmen und sonstige Verfügungen, die das Treuhandvermögen verändern, bedürfen der Zustimmung des Rates des Kreises. Der Zustimmung des Rates des Kreises bedarf ferner die Vermietung und Verpachtung von landwirtschaftlichen Betrieben.

9. Behandlung der Erträge aus dem treuhänderisch verwalteten Vermögen. Gemäß § 1 der Anordnung Nr. 2 stehen dem Eigentümer für die Zeit der Treuhandverwaltung Erträge nicht zu.

Die einzelnen Vermögenswerte, die von staatlichen Organen und Institutionen als Treuhänder verwaltet werden, sind voll in die Planung der betreffenden Treuhänder einzubeziehen.

Ist ein Bürger als staatlicher Treuhänder eingesetzt worden, so hat dieser die Erträge und Gewinne des Treuhandvermögens an den Rat des Kreises, Abteilung Finanzen, abzuführen.

Zahlungen auf angemeldete Verbindlichkeiten sind durch die staatlichen Treuhänder bzw. Nutzer des Vermögens nicht zu leisten. Die Befriedigung dieser Verbindlichkeiten erfolgt durch den Rat des Kreises – Abteilung Finanzen – nachdem das gesamte Vermögen und die bestehenden Verbindlichkeiten festgestellt worden sind.

10. Bestallungsurkunde. Dem staatlichen Treuhänder ist eine Bestallungsurkunde nach beigefügtem Muster zu erteilen.

11. Vergütung des Treuhänders. Soweit Bürger als staatliche Treuhänder eingesetzt sind, ist diesen für ihre Tätigkeit eine ortsübliche Vergütung aus dem Treuhandvermögen zu gewähren. Von dem an den Rat des Kreises gemäß Ziffer 9 dieses Abschnittes abzuführenden Gewinn ist diese Treuhandvergütung abzusetzen.

Als Treuhänder eingesetzte staatliche Organe und Institutionen erhalten keine Treuhandvergütung.

VII. Behandlung von Beschwerden und Einsprüchen

Über Beschwerden und Einsprüche der republikflüchtigen Personen oder von Bürgern der DDR gegen die Maßnahmen der Räte der Städte und Gemeinden entscheidet der Rat des Kreises, sofern der Rat der Stadt oder Gemeinde der Beschwerde selbst nicht abhelfen kann.

Über Beschwerden und Einsprüche gegen Entscheidungen des Rates des Kreises entscheidet der Rat des Bezirkes.

Diese Entscheidungen sind endgültig.

B. Anwendung des neuen Arbeitsstils bei der Durchführung der Anweisung

Die Fragen der Behandlung des Vermögens republikflüchtiger Personen werden in breiten Kreisen unserer Bevölkerung diskutiert. Im Vordergrund dieser Diskussion steht die schnellstmögliche Räumung der Wohnungen Republikflüchtiger, damit der Wohnraum sofort wieder verfügbar ist.

Diese Situation erfordert, daß, gestützt auf die Parteiorganisation und das Kollektiv der Abteilung Finanzen, alle Maßnahmen getroffen werden, um in unbürokratischer Weise unter breiter Einbeziehung der Werktätigen die schnelle Räumung der Wohnungen zu gewährleisten.

Es sind zum Beispiel solche Massenorganisationen, wie die Gewerkschaften, der Demokratische Frauenbund Deutschlands, die Nationale Front zur Unterstützung der Maßnahmen zu gewinnen. Mit Hilfe von Kommissionen aus Mitgliedern dieser Organisationen ist die Bestandsaufnahme, Veräußerung und Räumung der Wohnungseinrichtungen zu organisieren.

Mit den Kontrollorganen, wie Staatsanwalt, Volkspolizei, Staatliche Kontrolle und Finanzrevision ist eng zusammenzuarbeiten. Sie sind nach Möglichkeit zur Aufnahme und Verwertung der Vermögen hinzuzuziehen.

Es wird empfohlen, den Verkauf von Möbeln, Hausrat usw. mit Hilfe der Werktätigen sozialistischer Betriebe und an die Belegschaften solcher Betriebe durchzuführen.

Die Lösung der mit dieser Anweisung gestellten Aufgaben im neuen Arbeitsstil ist ein nicht unwichtiger Beitrag in der Wahlvorbereitung.

Berlin, den 27. September 1958

27. AO über die Behandlung des Vermögens v. Personen (Groß-Berlin) **Anhang III/27**

Anlage zur Anweisung Nr. 30/58

Muster einer Bestallungsurkunde

Rat der Stadt/Gemeinde .... den .....
....
(Abteilung)

Bestallungsurkunde

....
(Name und genaue Anschrift des Treuhänders)
wird mit Wirkung vom ..... auf Grund des § 1 der Anordnung Nr. 2 über die Behandlung des Vermögens von Personen, die die DDR nach dem 10. 6. 1953 verlassen, vom 20. August 1958 (GBl. S. 664) zum Treuhänder der nachstehend aufgeführten Vermögenswerte bestellt.
(Genaue Bezeichnung des Treuhandvermögens)
Während der Dauer der Treuhandschaft stehen dem Eigentümer gemäß § 1 Absatz 1 der Anordnung Nr. 2 Erträgnisse nicht zu. Seine Eigentümerbefugnisse (Besitz-, Nutzungs- und Verfügungsbefugnis) ruhen während der Zeit der Treuhandverwaltung.
Der Treuhänder ist berechtigt und verpflichtet, alle Maßnahmen zu treffen, die zur ordnungsgemäßen Verwaltung und volkswirtschaftlichen Nutzung des Treuhandvermögens erforderlich sind. In diesem Rahmen ist er befugt, Verfügungen zu treffen, Rechtsgeschäfte abzuschließen und andere Rechtshandlungen mit Wirkung für das Treuhandvermögen vorzunehmen. Dazu gehören auch Vermietung und Verpachtung des Treuhandvermögens.
Verfügungen sowie Maßnahmen, die zu einer wesentlichen Umgestaltung oder Veränderung des Treuhandvermögens führen, bedürfen der Zustimmung des Rates des Kreises.
Hierzu gehören:
1. Veräußerung und Belastung von Grundstücken,
2. Umgestaltung oder Liquidation von Betrieben,
3. Kreditaufnahmen.
Der Treuhänder ist über die Ausübung der Treuhandschaft nur dem Rat der Stadt/Gemeinde und dessen übergeordneten Organen, den staatlichen Kontrollorganen und den staatlichen Finanzorganen rechenschaftspflichtig.

(Raum für weitere Eintragungen)
....
(Unterschrift)
Der Rat der Stadt/Gemeinde .....
(Abteilung)

Bestätigung des Rates des Kreises

Der vom Rat der Stadt/Gemeinde – (Abteilung) – eingesetzte Treuhänder wird hiermit gemäß § 1 Absatz 2 der Anordnung Nr. 2 vom 20. August 1958 (GBl. I S. 664) bestätigt.

....
(Unterschrift des Rates
des Kreises – zuständige
Fachabteilung)

27. Anordnung über die Behandlung des Vermögens von Personen, die den demokratischen Sektor von Groß-Berlin nach dem 10. 6. 1953 verlassen

Vom 8. April 1954

(VOBl. f. Groß-Berlin (Ostsektor) I S. 164)

§ 1. [Vermögensverwaltung] Vermögenswerte von Personen, die den demokratischen Sektor von Groß-Berlin nach dem 10. Juni 1953 verlassen, werden entweder
a) durch einen vom Eigentümer dafür eingesetzten Bevollmächtigten oder
b) durch einen vom Staatlichen Notariat eingesetzten Abwesenheitspfleger oder

c) in besonderen Fällen durch einen vom Rat des Stadtbezirks eingesetzten Treuhänder verwaltet.

§ 2. [Sicherstellung der Verwaltung] (1) Die Räte der Stadtbezirke haben darauf hinzuwirken, daß Personen, die den demokratischen Sektor von Groß-Berlin verlassen wollen und im Besitz einer polizeilichen Abmeldung für dauernde Übersiedlung nach Westdeutschland oder Westberlin sind, nach Möglichkeit vor ihrem Weggang die ordnungsgemäße Verwaltung ihres im demokratischen Sektor von Groß-Berlin oder in der Deutschen Demokratischen Republik verbleibenden Vermögens durch Einsetzung eines geeigneten Bevollmächtigten sicherstellen. Außerdem bleibt es ihnen unbenommen, ihr im demokratischen Sektor von Groß-Berlin oder in der Deutschen Demokratischen Republik befindliches Vermögen vor ihrem Weggang unter Beachtung der geltenden gesetzlichen Bestimmungen an Dritte zu veräußern.

(2) Vermögenswerte, für die der Eigentümer bis zum Verlassen des demokratischen Sektors keinen geeigneten Bevollmächtigten eingesetzt hat oder die von ihm nicht ordnungsgemäß veräußert wurden, werden entsprechend den Bestimmungen der §§ 3 bis 10 dieser Anordnung behandelt.

§ 3. [Keine Beschlagnahme, Einsetzung von Treuhändern] (1) Die Vermögenswerte von Personen, die den demokratischen Sektor von Groß-Berlin nach dem 10. Juni 1953 verlassen, ohne im Besitz einer polizeilichen Abmeldung zur dauernden Übersiedlung nach Westdeutschland oder Westberlin zu sein, unterliegen aus diesem Grunde keinen Beschlagnahmemaßnahmen.

Hinsichtlich dieser Vermögenswerte tritt demzufolge auch keine Veränderung der Eigentumsverhältnisse auf Grund des Verlassens des demokratischen Sektors ein.

(2) Der einer demokratischen Rechtsauffassung entsprechende Grundsatz, daß sich der Inhalt des Eigentums durch die sozialen Pflichten gegenüber der Gesellschaft bestimmt, ist jedoch auch für diese Vermögenswerte zu beachten. Es muß deshalb sichergestellt werden, daß volkswirtschaftlich wichtige Vermögenswerte entsprechend ihren Planfunktionen und ihrer gesellschaftlichen Bedeutung genutzt und verwaltet werden. Dies kann dadurch gewährleistet sein, daß der Eigentümer einen für die Verwaltung dieser Vermögenswerte geeigneten Bevollmächtigten eingesetzt hat oder einsetzt. Andernfalls ist die Verwaltung der im demokratischen Sektor von Groß-Berlin oder in der Deutschen Demokratischen Republik befindlichen Vermögenswerte je dach ihrer volkswirtschaftlichen Bedeutung entweder durch Einsetzung eines Treuhänders oder durch Bestellung eines Treuhänders oder durch Bestellung eines Abwesenheitspflegers sicherzustellen.

(3) Hat der Eigentümer keinen geeigneten Bevollmächtigten eingesetzt, so ist für die Verwaltung folgender Vermögenswerte ein Treuhänder einzusetzen:

1. Industriebetriebe,
2. größere Handwerksbetriebe und größere Dienstleistungsbetriebe
3. größere Einzelhandelsgeschäfte,
4. Großhandelsunternehmen,
5. landwirtschaftliche Betriebe,
6. land-, forst- und gartenwirtschaftliche Grundstücke, soweit sie der Ablieferungspflicht unterliegen,
7. gesellschaftsrechtliche Beteiligungen und Wertpapiere mit Beteiligungscharakter an Industriebetrieben und anderen volkswirtschaftlich wichtigen Unternehmen. Hat der Eigentümer keinen geeigneten Bevollmächtigten eingesetzt, so kann für die Verwaltung folgender Vermögenswerte ein Treuhänder eingesetzt werden, wenn die jeweils genannten besonderen Umstände vorliegen,
8. kleinere Handwerks- und Dienstleistungsbetriebe, wenn die örtlichen Belange die ordnungsgemäße Fortführung des Betriebes erfordern,
9. kleinere Einzelhandelsgeschäfte, wenn die Versorgung der Bevölkerung die Weiterführung des Geschäftes erfordert und die Befriedigung des Bedarfs nicht in anderer Weise (z. B. Verpachtung des Geschäfts durch den Abwesenheitspfleger an einen anderen Einzelhändler, HO oder Konsum) geregelt werden kann,
10. gesellschaftsrechtliche Beteiligungen und Wertpapiere mit Beteiligungscharakter, die weniger als ein Drittel des Grund- oder Stammkapitals des Unternehmens ausmachen, wenn es sich um ein volkswirtschaftlich besonders wichtiges Unternehmen handelt und die Verwaltung der Beteiligung durch einen Treuhänder von ausschlaggebender Bedeutung für eine geregelte wirtschaftliche Tätigkeit des Unternehmens ist.

(4) Gegenstände des persönlichen Eigentums (zB Möbel, Hausrat, Kleidung), Wertsachen und andere Vermögenswerte ohne besondere volkswirtschaftliche Bedeutung sollen grundsätzlich nicht durch einen Treuhänder, sondern durch einen Abwesenheitspfleger verwaltet werden. Das gleiche gilt für Konten, Forderungen, Hypotheken und einzelne Produktionsmittel, die nicht zu treuhänderisch verwalteten Objekten gehören.

(5) Hat der Eigentümer keinen geeigneten Bevollmächtigten eingesetzt, so ist für die Verwaltung von bebauten und unbebauten Grundstücken von der Abteilung Finanzen – Referat Grundstückskontrolle – des Magistrats ein Beauftragter einzusetzen entsprechend der im § 7 Abs. 3 der Grundstückskontrollverordnung vom 27. Juli 1950 (VOBl. I S. 207) getroffenen Regelung. Bei Mietgrundstücken kann die Verwaltung der örtlichen zuständigen Berliner volkseigenen Wohnungsverwaltung übertragen werden.

§ 4. [Treuhänder] Als Treuhänder sollen demokratisch bewährte Bürger, die über die erforderliche fachliche Eignung zur ordnungsgemäßen Verwaltung und planmäßigen Nutzung derartiger Vermögenswerte verfügen, eingesetzt werden.

§ 5. [Bestimmung der Vermögenswerte; nachträgliche Treuhandschaft] (1) Es muß genau festgelegt werden, welche Vermögenswerte (Art und Umfang) in die Verwaltung des Treuhänders übertragen werden. Für diese Vermögenswerte ist ausschließlich der Treuhänder zuständig und voll verantwortlich. Alle anderen Vermögenswerte des abwesenden Eigentümers unterliegen der Verwaltung des durch das Staatliche Notariat eingesetzten Abwesenheitspflegers.

(2) Wenn nachträglich volkswirtschaftlich wichtige Vermögenswerte des Eigentümers bekannt werden, für die weder ein geeigneter Bevollmächtigter noch ein Treuhänder eingesetzt ist, hat der Rat des Stadtbezirks kurzfristig darüber zu entscheiden, ob diese Vermögenswerte ebenfalls unter Treuhandschaft zu stellen und der Verwaltung des Treuhänders zu übergeben sind. Ist ein Abwesenheitspfleger bestellt, so ist dieser bis zur Entscheidung des Rates des Stadtbezirks für die ordnungsgemäße Verwaltung dieser Vermögenswerte verantwortlich.

(3) Die Unterabteilungen Abgaben sind von dem Einsetzen eines Treuhänders bzw. Abwesenheitspflegers von den einsetzenden Dienststellen zu unterrichten. Für die Abgabe der Steuererklärungen und für das gesamte treuhänderisch bzw. durch Abwesenheitspfleger verwaltete Vermögen und die hieraus erzielten Einkünfte ist in der Regel der Treuhänder bzw. Abwesenheitspfleger durch die Unterabteilung Abgaben verantwortlich zu machen, der den wichtigsten Teil des hinterlassenen Vermögens verwaltet. Dem anderen Treuhänder bzw. dem Abwesenheitspfleger ist bekanntzugeben, wer für die Abgabe der Steuererklärung verantwortlich ist.

§ 6. [Meldepflichten] (1) Der Rat des Stadtbezirks hat alle Fälle, in denen Personen nach dem 10. Juni 1953 das Gebiet des demokratischen Sektors ohne Einsetzung eines geeigneten Bevollmächtigten für die Verwaltung ihres im demokratischen Sektor von Groß-Berlin oder gegebenenfalls in der Deutschen Demokratischen Republik befindlichen Vermögens verlassen, schriftlich zu melden.

(2) Gehören zu dem zurückgelassenen Vermögen volkswirtschaftlich besonders wichtige Vermögenswerte, so hat er die Meldung an den Leiter der zuständigen Fachabteilung des Magistrats von Groß-Berlin zu richten. Das gilt auch für die Fälle, in denen neben volkswirtschaftlich besonders wichtigen Vermögenswerten andere Gegenstände ohne besondere volkswirtschaftliche Bedeutung zum zurückgelassenen Vermögen gehören.

(3) In den Fällen, in denen es sich bei zurückgelassenen Vermögenswerten um bebaute oder unbebaute Grundstücke handelt, ist die Meldung der Abteilung Finanzen, Referat Grundstückskontrolle, zu erstatten.

(4) In allen anderen Fällen ist die Meldung dem zuständigen Staatlichen Notariat zu übersenden.

§ 7. [Prüfung der Meldungen; besonderer Treuhänder; Rechenschaftspflicht] (1) Der Rat des Stadtbezirks hat die ihm übersandten Meldungen unverzüglich zu prüfen und über die Einsetzung eines Treuhänders für volkswirtschaftlich wichtige Vermögenswerte zu entscheiden. Die zuständige Fachabteilung des Magistrats von Groß-Berlin hat den Stadtbezirk bei der Einsetzung eines geeigneten Treuhänders beratend zu unterstützen. Der Rat des Stadtbezirks hat das Staatliche Notariat zu ersuchen, für die übrigen nicht durch den Treuhänder zu verwaltenden Vermögenswerte einen Abwesenheitspfleger einzusetzen.

Anhang III/27   III. DDR-Recht

(2) Gehören zu dem zurückgelassenen Vermögen verschiedenartige Vermögenswerte von großer wirtschaftlicher Bedeutung, deren Verwaltung durch einen Treuhänder unmöglich ist, kann der Leiter der Fachabteilung die Anweisung erteilen, daß für jeden wirtschaftlich zusammengehörigen Vermögenskomplex jeweils ein besonderer Treuhänder eingesetzt wird.

(3) Dem Treuhänder ist bei seiner Einsetzung eine Bestallungsurkunde auszuhändigen, die dem in der Anlage beigefügten Muster entsprechen soll.

(4) Der Treuhänder ist über die Ausübung der Treuhänderschaft nur dem Rat des Stadtbezirks und dessen übergeordneten Organen, den staatlichen Kontrollorganen und den staatlichen Finanzorganen rechenschaftspflichtig. Er unterliegt außerdem der Kontrolle der Deutschen Notenbank hinsichtlich der Einhaltung der Bestimmungen der Verordnung zur Regelung des innerdeutschen Zahlungsverkehrs vom 23. Dezember 1950 (VOBl. I S. 373) und der dazu erlassenen Durchführungsbestimmungen.

§ 8. [Aufgaben des Treuhänders] (1) Der Treuhänder ist verpflichtet, unmittelbar nach Übernahme der Treuhandschaft eine Treuhanderöffnungsbilanz aufzustellen und alle Maßnahmen zu ergreifen, die zur Sicherung der ordnungsgemäßen Verwaltung und planmäßigen Nutzung des Treuhandvermögens erforderlich sind. Er hat dabei die gewissenhafte Erfüllung der dem Staate zustehenden Forderungen im Rahmen der gesetzlichen Bestimmungen zu gewährleisten.

(2) Soweit im Interesse der planmäßigen Ausnutzung eines Unternehmens zweckmäßig, kann der Treuhänder mit vorheriger Zustimmung des Rates des Stadtbezirkes das gesamte Anlagevermögen des Unternehmens unter Beachtung der gesetzlichen Bestimmmungen und der geltenden Preisvorschriften an ein Organ der volkseigenen oder genossenschaftlichen Wirtschaft verpachten und die zum Unternehmen gehörenden Roh-, Hilfs- und Betriebsstoffe, Halbfertigwaren und Fertigerzeugnisse diesem Organ käuflich überlassen.

(3) Der Treuhänder kann klein- und mittelbäuerliche Betriebe mit vorheriger Zustimmung des Rates des Stadtbezirkes an Privatpersonen verpachten.

(4) Wenn die Weiterführung eines Unternehmens volkswirtschaftlich nicht gerechtfertigt erscheint, ist der Treuhänder nach vorheriger Zustimmung des Rates des Stadtbezirkes berechtigt, das Unternehmen zu liquidieren. Dabei sind die vorhandenen Vermögenswerte unter Beachtung ihrer volkswirtschaftlichen Bedeutung zur Befriedigung der Gläubiger heranzuziehen. Ergibt sich bei Aufstellung der Treuhanderöffnungsbilanz oder im Laufe der weiteren Geschäftsführung eine Überschuldung des Betriebes, so ist der Treuhänder verpflichtet, nach vorheriger Zustimmung des Rates des Stadtbezirkes und vorheriger Absprache mit dem Abwesenheitspfleger einen Antrag auf Eröffnung des Konkursverfahrens zu stellen.

(5) Der Treuhänder hat dem Rat des Stadtbezirkes über die Verwaltung des Treuhandvermögens vierteljährlich zu berichten sowie in geeigneter Weise über den Bestand des Vermögens und die Entwicklung der Vermögensverhältnisse Rechnung zu legen. Er hat außerdem alle grundlegenden Vorfälle dem Rat des Stadtbezirkes unverzüglich mitzuteilen.

§ 9. [Überprüfung des Treuhänders] Der Rat des Stadtbezirkes hat die Tätigkeit des Treuhänders und die finanziellen Verhältnisse des Treuhandvermögens regelmäßig, mindestens jedoch in jedem Kalenderhalbjahr einmal, umfassend zu überprüfen, die Ergebnisse dieser Überprüfung schriftlich niederzulegen, dem Treuhänder die für die ordnungsgemäße Durchführung der Treuhandverwaltung sowie zur Behebung aufgetretener Mängel erforderlichen Weisungen schriftlich zu erteilen und ihre Durchführung zu kontrollieren.

§ 10. [Abberufung des Treuhänders und des Abwesenheitspflegers] (1) Der Treuhänder ist vom Rat des Stadtbezirkes abzuberufen, wenn der Eigentümer in den demokratischen Sektor von Groß-Berlin oder in die Deutsche Demokratische Republik zurückkehrt oder einen Bevollmächtigten benennt, der die volle Gewähr für die ordnungsgemäße Verwaltung und planmäßige Nutzung des Vermögens bietet. Bei der Beendigung der Treuhandverwaltung ist eine Abschlußbilanz aufzustellen. Über die Übergabe des Vermögens an den Eigentümer oder dessen Bevollmächtigten ist ein Protokoll anzufertigen, das von einem Beauftragten des Rates des Stadtbezirkes, vom Treuhänder und von dem Übernehmenden zu unterzeichnen ist. Das Protokoll soll alle wesentlichen Angaben über den Zustand, die finanziellen Verhältnisse und den Stand der Nutzung des bis dahin treuhänderisch verwalteten Vermögens enthalten.

27. AO über die Behandlung des Vermögens v. Personen (Groß-Berlin) **Anhang III/27**

(2) Der Abwesenheitspfleger wird vom Staatlichen Notariat abberufen, wenn der Eigentümer in den demokratischen Sektor von Groß-Berlin bzw. in die Deutsche Demokratische Republik zurückkehrt oder einen Bevollmächtigten für die Verwaltung seines bis dahin durch den Abwesenheitspfleger verwalteten Vermögens benennt.

§ 11. [Entscheidung über Eignung des Bevollmächtigten; Beschwerde] (1) Die Entscheidung darüber, ob ein vom Eigentümer eingesetzter Bevollmächtigter für die Verwaltung der in § 3 Abs. 3 genannten Vermögenswerte geeignet ist, trifft die zuständige Abteilung des Rates des Stadtbezirkes. Wird festgestellt, daß der Bevollmächtigte nicht geeignet ist, so ist diese Entscheidung dem Bevollmächtigten zuzustellen.

(2) Gegen diese Entscheidung hat der Eigentümer das Recht der Beschwerde. Die Beschwerde ist innerhalb von 4 Wochen nach Zustellung der Entscheidung an den Bevollmächtigten bei der Abteilung des Rates des Stadtbezirkes einzulegen, deren Entscheidung angefochten wird. Der Vorsitzende des Rates des Stadtbezirkes kann der Beschwerde abhelfen. Verändert der Vorsitzende des Rates des Stadtbezirkes die von der zuständigen Abteilung getroffene Entscheidung nicht, so entscheidet über die Beschwerde der zuständige Stellvertreter des Oberbürgermeisters. Dessen Entscheidung ist endgültig.

§ 12. [Hinweise für Abwesenheitspfleger; Arbeitsanweisung] (1) Die Abteilung Justiz des Magistrats gibt den Staatlichen Notariaten Hinweise für die Einsetzung, Anleitung und Kontrolle der Abwesenheitspfleger.

(2) Die Rechtsabteilung des Magistrats regelt die Einzelheiten des Verfahrens bei der Einsetzung von Treuhändern in einer Arbeitsanweisung für die Räte der Stadtbezirke.

§ 13. [Inkrafttreten] Diese Anordnung tritt mit Wirkung vom 11. Juni 1953 in Kraft.

Anlage zu vorstehender Anordnung

Muster einer Bestallungsurkunde

Rat des Stadtbezirkes
– Der Vorsitzende – ......, den ......

Bestallungsurkunde

Herr/Frau ...... (Name, genaue Anschrift, DBA-Nr.) wird mit Wirkung vom ...... zum Treuhänder der nachstehend aufgeführten Vermögenswerte bestellt.
(Genaue Bezeichnung des Treuhandvermögens)
Während der Dauer der Treuhandschaft ruht die Besitz-, Nutzungs- und Verfügungsbefugnis des Eigentümers hinsichtlich der in treuhänderischer Verwaltung befindlichen Vermögenswerte. Das gleiche gilt für die Befugnisse etwa vom Eigentümer eingesetzter Bevollmächtigter. Die Einsetzung des Treuhänders hat jedoch keine Änderung der Eigentumsverhältnisse zur Folge.
Der Treuhänder ist berechtigt und verpflichtet, alle Maßnahmen zu treffen, die zur ordnungsgemäßen Verwaltung und planmäßigen Nutzung des Treuhandvermögens erforderlich sind. Er ist befugt, Verfügungen zu treffen, Rechtsgeschäfte abzuschließen und andere Rechtshandlungen mit Wirkung für das Treuhandvermögen vorzunehmen.
Folgende Maßnahmen des Treuhänders sind nur rechtswirksam, wenn der Rat des Stadtbezirks hierzu seine Zustimmung erteilt hat:
1. Veräußerung von Grundstücken, Grundstücksteilen, Miteigentumsanteilen an Grundstücken oder wichtigen Produktionsmitteln,
2. Belastung von Grundstücken oder Miteigentumsanteilen an Grundstücken,
3. Vermietung oder Verpachtung des Unternehmens oder von Grundstücken, Grundstücksteilen oder Produktionsmitteln. Für die Vermietung von Räumen oder die Verpachtung von Gartenparzellen ist die Zustimmung des Rates des Stadtbezirks nicht erforderlich, wenn die Überlassung an Dritte nach der Eigenart dieser Gegenstände ihrem Verwendungszweck entspricht.
4. Aufnahme von Krediten und Darlehen,
5. Veränderung der Tätigkeitsart des Unternehmens oder grundlegende Änderung der Nutzungs- und Bewirtschaftungsverhältnisse eines Grundstücks,
6. Auflösung und Liquidierung des Unternehmens,

7. alle übrigen Maßnahmen, die offensichtlich über den Rahmen der laufenden Verwaltung und ordungsgemäßen Erhaltung des Treuhandvermögens hinausgehen.

Der Treuhänder ist über die Ausübung der Treuhandschaft nur dem Rat des Stadtbezirks und dessen übergeordneten Organen, den staatlichen Kontrollorganen und den staatlichen Finanzorganen rechenschaftspflichtig. Er unterliegt außerdem der Kontrolle der Deutschen Notenbank hinsichtlich der Einhaltung der Bestimmungen der Verordnung zur Regelung des innerdeutschen Zahlungsverkehrs vom 23. Dezember 1950 (VOBl. I S. 373) und der dazu erlassenen Durchführungsbestimmungen.

(Raum für weitere Bemerkungen)

Der Vorsitzende des Rates des Stadtbezirks

......

(Name)

28. Anordung Nr. 2 über die Behandlung des Vermögens von Personen, die das Gebiet des demokratischen Berlin nach dem 10. 6. 1953 verlassen

Vom 3. Oktober 1958

(VOBl. f. Groß-Berlin (Ostsektor) I S. 673)

Zur Sicherung der Interessen der Bürger der Deutschen Demokratischen Republik wird zur Änderung der Anordnung über die Behandlung des Vermögens von Personen, die den demokratischen Sektor von Groß-Berlin nach dem 10. Juni 1953 verlassen, vom 8. April 1954 (VOBl I S. 164), folgendes angeordnet:

§ 1. [Staatliche Verwaltung durch Treuhänder] (1) Das Vermögen von Personen, die die Deutsche Demokratische Republik oder das Gebiet des demokratischen Berlin ohne erforderliche Genehmigung verlassen haben oder verlassen, wird durch staatliche Treuhänder verwaltet. Für die Zeit der Treuhandverwaltung stehen dem Eigentümer Erträge nicht zu. Verfügungen des Eigentümers über das treuhänderisch verwaltete Vermögen sind unzulässig.

(2) Die Einsetzung der staatlichen Treuhänder erfolgt durch das zuständige Fachorgan des Rates des Stadtbezirks.

§ 2. [Weisungsgebundenheit von Bevollmächtigten, Melde- und Abrechnungspflichten] (1) Bevollmächtigte von Personen, die das Gebiet der Deutschen Demokratischen Republik oder des demokratischen Berlin nach dem 10. Juni 1953 ohne erforderliche Genehmigung verlassen haben, unterliegen nach Inkrafttreten dieser Anordnung den Weisungen des zuständigen Rates des Stadtbezirks.

(2) Die bisherigen Bevollmächtigten haben innerhalb eines Monats nach Inkrafttreten dieser Anordnung über das von ihnen verwaltete Vermögen Meldung zu erstatten und über ihre bisherige Verwaltungstätigkeit abzurechnen. Meldung und Abrechnung sind bei der Abteilung Finanzen des zuständigen Rates des Stadtbezirks einzureichen.

(3) Bisherige Bevollmächtigte können als staatliche Treuhänder eingesetzt werden.

§ 3. [Inkrafttreten; Außerkrafttreten] (1) Diese Anordnung tritt mit ihrer Veröffentlichung im Verordnungsblatt für Groß-Berlin in Kraft.

(2) Gleichzeitig treten die §§ 1, 2, 3, 5 Abs. 1 Satz 3 und Abs. 2, § 6, § 7 Absätze 1 und 2, § 10, § 11 und § 12 Abs. 1 der Anordnung über die Behandlung des Vermögens von Personen, die den demokratischen Sektor von Groß-Berlin nach dem 10. Juni 1953 verlassen, vom 8. April 1954 (VOBl. I S. 164) außer Kraft.[1]

---

[1] Tag der Veröffentlichung: 13. 10. 1958.

29. Anweisung über die Behandlung der in der Hauptstadt der Deutschen Demokratischen Republik (demokratisches Berlin) befindlichen Vermögenswerte Westberliner Bürger und juristischer Personen mit Sitz in den Westsektoren

Vom 18. 11. 1961

(nicht veröffentlicht)[1]

Für die Behandlung des in der Hauptstadt der Deutschen Demokratischen Republik (demokratisches Berlin) befindlichen Vermögens Westberliner Eigentümer wird angewiesen:

I. Übernahme in Schutz und vorläufige Verwaltung

1. Das in der Hauptstadt der Deutschen Demokratischen Republik (demokratisches Berlin) befindliche unbewegliche und bewegliche Vermögen Westberliner Bürger und juristischer Personen, die ihren Wohnsitz in den Westsektoren von Groß-Berlin haben, ist mit sofortiger Wirkung in den Schutz und die vorläufige Verwaltung zu übernehmen. Der vorläufigen Verwaltung unterliegen auch Vermögenswerte, die nach Erlaß dieser Anweisung von Westberliner Eigentümern erworben werden. Die Übernahme erfolgt durch den vom zuständigen Rat des Stadtbezirks, Abteilung Finanzen, eingesetzten vorläufigen Verwalter.
2. Zur Ermittlung des Vermögens sind interne Anfragen an Rat des Stadtbezirks, Abteilung Finanzen – Referat Steuern; Abteilung Industrie – Betriebsverwaltung; Abteilung Innere Angelegenheiten – Kataster/Grundbuch; Berliner Stadtkontor sowie an andere Stellen zu richten, die über das Vorhandensein von Vermögenswerten Auskunft geben können.
3. Von der Inverwaltungsnahme sind Vermögenswerte von Westberlinern ausgeschlossen, die in der Deutschen Demokratischen Republik einschließlich der Hauptstadt beschäftigt sind.

II. Ablösung von Bevollmächtigten

Von den Eigentümer als Verwalter eingesetzt gewesene Bevollmächtigte sind vom zuständigen Rat des Stadtbezirks, Abteilung Finanzen, aufzufordern, ihre bisherige Verwaltertätigkeit einzustellen und die Verwaltung zusammen mit allen Unterlagen an den eingesetzten vorläufigen Verwalter zu übergeben.

III. Die in vorläufige Verwaltung zu übernehmenden Vermögenswerte

Der vorläufigen Verwaltung unterliegen:
a) bebaute Grundstücke (Mietwohngrundstücke, Ein- und Mehrfamilienhäuser, Laubengrundstücke, Wochenendhäuser, Bootshäuser usw.)
b) unbebaute Grundstücke (Bauparzellen, Trümmergrundstücke, land- und forstwirtschaftlich sowie gärtnerisch genutzte Grundstücke usw.)
c) Lauben und Wochenendheime auf fremdem Grund und Boden
d) Betriebe (Industrie-, Handwerks-, Handelsbetriebe, Ladengeschäfte usw.)
e) bewegliche Vermögenswerte (Möbel, Inventar, Wasserfahrzeuge, Zelte usw.)
f) Beteiligungen an Industrie- und Handelsbetrieben
g) Grundpfandrechte (Hypotheken, Grundschulden, Rentenschulden) und sonstige dingliche Rechte (Nießbrauchs-, Vorkaufsrecht, Reallast, Dienstbarkeit usw.)
h) Wertpapiere
i) Forderungen mit Ausnahme von Unterhaltsgeldern
k) Miteigentumsanteile und Erbansprüche gegen ungeteilte Erbengemeinschaften.

---

[1] Quelle: Gesamtdeutsches Institut (Hrsg.), Bestimmungen der DDR zu Eigentumsfragen und Enteignungen, 2. Aufl. 1984, S. 151.

IV. Einsetzung von vorläufigen Verwaltern

1. Als vorläufiger Verwalter sind durch die Räte der Stadtbezirke, Abteilung Finanzen, einzusetzen:
a) für Grundstücke aller Art, die Eigentum Westberliner Bürger sind (z. B. Mietwohngrundstücke, Ein- und Mehrfamilienhäuser, Wochenendgrundstücke, unbebaute Grundstücke, Trümmergrundstücke) einschließlich Miteigentumsanteilen sowie Ansprüchen an ungeteilten Erbengemeinschaften, die Haus- und Grundeigentum einschließen: der zuständige VEB Kommunale Wohnungsverwaltung,
b) für Lauben und Wochenendhäuser auf fremdem Grund und Boden:
der zuständige Kreisverband der Kleingärtner, Siedler und Kleintierzüchter, nachfolgend Kreisverband der Kleingärtner genannt, mit dessen Einverständnis,
c) für bewegliche Vermögenswerte:
Es gilt der Grundsatz, daß der vorläufige Verwalter eines Objektes die mit dem Objekt zusammenhängenden beweglichen Vermögenswerte (z. B. Mobiliar einer Wohnlaube oder eines Wochenendhauses), mit Ausnahme von Wasserfahrzeugen, ebenfalls in vorläufige Verwaltung zu übernehmen hat.
Soweit bewegliche Vermögenswerte nicht Bestandteil eines in vorläufige Verwaltung zu übernehmenden Objektes sind, ist wie folgt zu verfahren:
   aa) für bewegliche Gegenstände, wie Wasserfahrzeuge, Zelte, Bootsausrüstungen und sonstige Gegenstände in gemieteten Räumen (Zimmer, Kabinen, Schränke, Kojen usw.), die sich im Gewahrsam von Sportgemeinschaften des Deutschen Turn- und Sportbundes (DTSB) befinden, die Sportgemeinschaften mit ihrem Einverständnis
   bb) für solche beweglichen Gegenstände, die sich nicht im Gewahrsam von Sportgemeinschaften des DTSB befinden oder von diesen nicht übernommen werden können,
   der Rat des Stadtbezirks Köpenick, Abteilung Kommunale Wirtschaft – Bootsbauverwaltung –
   Für alle sonstigen beweglichen Vermögenswerte ist der zuständige Rat des Stadtbezirks, Abteilung Kommunale Wirtschaft, der vorläufige Verwalter.
d) für Betriebe aller Art:
der zuständige Rat des Stadtbezirks, Abteilung Industrie – Betriebsverwaltung –
e) für Beteiligungen:
Deutsche Investitionsbank, Filiale Berlin
f) Grundpfandrechte:
Sparkasse der Stadt Berlin, Treuhandabteilung
g) Forderungen mit Ausnahme von Unterhaltsgeldern einschließlich Wertpapieren ohne Beteiligungscharakter: Berliner Stadtkontor

2. Für Grundstücke, die im Eigentum Westberliner Bürger stehen und im Bereich eines Siedlungsgebietes oder einer Kleingartenanlage liegen, kann der VEB Kommunale Wohnungsverwaltung als vorläufiger Verwalter den Kreisverband der Kleingärtner mit dessen Einverständnis mit der Durchführung der Verwaltung beauftragen.

V. Inventarisierung, Schätzung, Register-Eintragungen

1. Der vorläufige Verwalter ist verpflichtet, für in Schutz und vorläufige Verwaltung übernommene Vermögenswerte unmittelbar nach der Übernahme im Beisein unbeteiligter Zeugen den Bestand aufzunehmen und zu taxieren. Die Inventarisierung und Schätzung bezieht sich auf sämtliches Inventar sowie vorhandene Gebäude, soweit sie als Wochenendhäuser oder Lauben genutzt wurden. Vorhandener Aufwuchs ist gleichfalls zu taxieren. Das Bestandsverzeichnis mit Wertangaben ist in doppelter Ausfertigung aufzustellen und von allen Beteiligten zu unterzeichnen. Aus dem Bestandsverzeichnis muß hervorgehen, wer die Verwaltung und Nutzung vor Übernahme in vorläufige Verwaltung innehatte. Ein Exemplar des Bestandsverzeichnisses ist dem Rat des Stadtbezirks, Abteilung Finanzen, zuzuleiten.
Für die Taxierung innerhalb von Kleingartenanlagen sind weitgehend die Schätzungskommissionen der Kreisverbände der Kleingärtner heranzuziehen.

2. Der Rat des Stadtbezirks, Abteilung Finanzen, hat die notwendigen registerlichen Eintragungen (Handelsregister, Grundbuch usw.) zu veranlassen. Es ist um Eintragung des Vermerkes:

29. Anweisung über Vermögenswerte Westberliner Bürger **Anhang III/29**

„In Schutz und vorläufiger Verwaltung gemäß Anweisung des Magistrats von Groß-Berlin, Abteilung Finanzen, vom 18. 11. 1961"
zu ersuchen.

VI. Aufgaben der vorläufigen Verwaltung

1. Der vorläufige Verwalter ist verpflichtet, die pflegliche Behandlung der von ihm übernommenen Vermögenswerte zu sichern. Das bedeutet u. a., daß er für die Winterfestmachung von Lauben und Wochenendhäusern und auch für Schneebeseitigung und Streuen verantwortlich ist.
2. Der vorläufige Verwalter ist berechtigt, mit Zustimmung des Rates des Stadtbezirks, Abteilung Finanzen, die verwalteten Vermögenswerte geeigneten Bürgern pacht- oder mietweise zu überlassen.
3. Soweit für die vorläufig verwalteten Objekte WW-Konten bestehen (sogenannte objektgebundene Konten), unterliegen sie der Verfügungsbefugnis des für das Objekt eingesetzten vorläufigen Verwalters. Der vorläufige Verwalter hat die Bestimmungen des innerdeutschen Zahlungsverkehrs und die sich aus dieser Anweisung ergebenden Beschränkungen zu beachten.
Soweit bisher keine WW-Konten geführt worden sind, aber eine Kontenführungspflicht nach den gesetzlichen Bestimmungen besteht, sind solche Konten durch den vorläufigen Verwalter beim Berliner Stadtkontor einrichten zu lassen.
4. Das Bestehen der vorläufigen Verwaltung ist bei Übernahme der Vermögenswerte durch den vorläufigen Verwalter den Pächtern und Mietern, deren Vertragsverhältnis durch die vorläufige Verwaltung nicht beendet wird, anzuzeigen.

VII. Inhalt der vorläufigen Verwaltung

1. Der vorläufige Verwalter hat mit dem Eigentümer keinerlei Schriftwechsel zu führen, eingehende Anfragen sind ohne Abgabenachricht dem Rat des Stadtbezirks, Abteilung Finanzen, zuzuleiten. Eine Beantwortung erfolgt nicht.
2. Jegliche Verfügungen (z. B. Schenkungen, Abtretungen) durch den Westberliner Eigentümer oder durch von ihm beauftragte Personen sind unzulässig. Nach dem 13. 8. 1961 erfolgte Verfügungen werden nicht anerkannt.
3. Für die Vererbung von Vermögenswerten Westberliner Bürger, deren Eigentum sich in Schutz und vorläufiger Verwaltung befindet, gelten die Grundsätze der Anweisung 22/59 des Ministeriums der Finanzen vom 12. 6. 1959.

VIII. Besteuerung

1. Das vorläufig verwaltete Vermögen, soweit es sich um Grund- und Kapitalvermögen handelt, ist nach den Grundsätzen der Vierten Durchführungsbestimmung zur Verordnung über die Selbstberechnung und über die Fälligkeit von Steuern und Sozialversicherungsbeiträgen vom 30. 3. 1955 (VOBl. I S. 111) steuerpflichtig. Andere Vermögenswerte (z. B. betriebliches Vermögen und daraus erzielte Einkünfte) unterliegen der Besteuerung nach den allgemein geltenden steuerrechtlichen Bestimmungen.
2. Fehlen entsprechende Guthaben zur Begleichung von Steuerforderungen ist dem Rat des Stadtbezirks, Abteilung Finanzen, Referat Steuern, Mitteilung zu machen, damit eine Stundung erfolgen kann.

IX. Finanzierung der notwendigen Aufwendungen

1. Aufwendungen, die mit der Übernahme der Verwaltung von Vermögenswerten Westberliner Eigentümer, wie Wochenendgrundstücke, Lauben in Kleingartenanlagen, Wasserfahrzeugen, Inventar usw., im Zusammenhang stehen und für deren Finanzierung keine Mittel auf WW-Konten vorhanden sind, sind durch den vorläufigen Verwalter beim Rat des Stadtbezirks, Abteilung Finanzen, nimmt die Begleichung dieser Forderungen über Kapitel 08/953 vor.
2. Für die Finanzierung von baulichen Maßnahmen, die der Erhaltung von Haus- und Grundeigentum dienen und für die keine Mittel auf WW-Konten des Westberliner Eigentümers zur Verfügung stehen, gelten die Bestimmungen der Verordnung zur Übernahme der Verordnung über die Finan-

zierung von Baumaßnahmen zur Schaffung und Erhaltung von privatem Wohnraum vom 30. Sept. 1960 (VOBl. I S. 691) – Abschnitt IV in Verbindung mit Abschnitt II –. Die Bestimmungen der Anweisung 40/59 des Ministeriums der Finanzen vom 10. 12. 1959 finden analoge Anwendung.

X. Verwaltungsgebühren

Die vorläufigen Verwalter sind berechtigt, Verwaltungsgebühren entsprechend den Bestimmungen der Direktive des Ministeriums der Finanzen vom 10. 11. 1952 zur Berechnung von Verwaltungskosten für die auf Grund der Verordnung vom 17. 7. 1952 unter vorläufiger Verwaltung gestellten Vermögenswerte in Verbindung mit der Ersten Ergänzung vom 20. 1. 1954, der Zweiten Ergänzung vom 25. 10. 1955 und dem Schreiben des Ministeriums der Finanzen vom 21. 10. 1955 zur Anwendung der Direktive zu berechnen.

30. Bewertungsrichtlinien zum Entschädigungsgesetz

Richtlinie vom 4. 5. 1960

Auf Grund des Gesetzes vom 25. April 1960 über die Entschädigung bei Inanspruchnahmen nach dem Aufbaugesetz (GBl. I S. 257) ist bei der Bewertung der in Anspruch genommenen Grundstücke nach folgender Richtlinie zu verfahren:

I. Allgemeine Richtlinien

(1) Die Berechnung der Entschädigung für in Anspruch genommene Grundstücke hat auf der Grundlage der im Entschädigungsgesetz vom 25. April 1960 (GBl. I S. 257) festgelegten Grundsätze und der dazu erlassenen Durchführungsbestimmungen zu erfolgen.

(2) Bei der Bemessung der Entschädigung für in Anspruch genommene Grundstücke sind die Grundsätze der Politik von Partei und Regierung gegenüber den Mittelschichten zu beachten. Die Wertvorstellungen der Eigentümer müssen in einem für sie annehmbaren und für die Arbeiterklassen vertretbaren Umfang berücksichtigt werden.

(3) Die Höhe der Entschädung soll deshalb grundsätzlich nicht niedriger sein als der im normalen Grundstücksverkehr für das zu entschädigende oder ein vergleichbares Grundstück im Durchschnitt realisierbare und nach dem geltenden Preisrecht zulässige Kaufpreis.

(4) Über die Höhe der Entschädigung entscheidet der Leiter der Abteilung Finanzen des Rates des Kreises nach Beratung in der Entschädigungskommission, auf der Grundlage der vom Sachgebiet Preise des Rates des Kreises oder einer anderen damit beauftragten staatlichen Dienststelle ausgearbeiteten Bewertungsunterlage.

(5) Zur Berechnung des Wertes der in Anspruch genommenen Grundstücke sind alle notwendigen Unterlagen, wie Einheitswertakten, Finanzierungsbelege, Kaufverträge, Kostenvoranschläge, Zeitwertermittlungsprotokolle und Schätzungsgutachten heranzuziehen.

(6) Das Sachgebiet Preise oder eine andere beauftragte Stelle haben bei der Ausarbeitung der Bewertungsunterlagen mit allen zuständigen Fachabteilungen, Referaten und Sachgebieten der Räte der Kreise, Städte oder Gemeinden zusammenzuarbeiten. Dazu gehören insbesondere die Kreis- oder Stadtbauämter, die Referate Steuern, die Abteilungen Landwirtschaft und die Kreisplankommissionen.

(7) In Kreisen mit einer hohen Anzahl zu entschädigender Grundstücke ist die Bildung von Bewertungskommissionen zweckmäßig, in die auch Bauarbeiter aufgenommen werden sollten.

(8) Soweit Schätzungsgutachten notwendig werden, sind diese vom VEB Hochbauprojektierung, von sachverständigen Mitarbeitern der volkseigenen Bauwirtschaft bzw. des Staatsapparates anfertigen zu lassen.
Im Ausnahmefalle können darüber hinaus andere zugelassene Sachverständige für Wertermittlung herangezogen werden. Diesen ist grundsätzlich ein schriftlicher Auftrag zu erteilen.

(9) Die Bewertung für die durch eine Inanspruchnahme eingetretenen Nachteile (Umzugs- Umstellungskosten usw.) sowie für Aufwuchs – mit Ausnahme der forstwirtschaftlich genutzten Grundstücke – erfolgt nicht nach dieser Richtlinie.

30. Bewertungsrichtlinien zum Entschädigungsgesetz **Anhang III/30**

II. Bewertung von unbebauten nicht land- und forstwirtschaftlich genutztem Grund und Boden

(1) Hierunter ist ungenutzter Grund und Boden zu verstehen, der zum Zeitpunkt der Inanspruchnahme steuerlich als Bauland, Industrieland, Land für Verkehrszwecke sowie als Trümmergrundstück geführt wird.

(2) Grundlage für die Höhe der Entschädigung ist der bei Verkäufen ortsübliche Preis.

(3) Vorhandene laufend ergänzte Kaufpreissammlungen können bei der Ermittlung der Höhe der Entschädigung zu Grunde gelegt werden.

(4) Liegen keine laufend geführten Kaufpreissammlungen vor, müssen örtlich gezahlte Durchschnittspreise ermittelt und vom zuständigen Rat beschlossen werden.

Bei der Ermittlung der Vergleichspreise ist zu berücksichtigen, daß in die Durchschnittsberechnung ein verhältnismäßig langer Zeitraum des Grundstücksverkehrs (20–25 Jahre) einbezogen wird.

(5) Hat der Berechtigte den Grund und Boden nach dem Stichtag des Preiserhöhungsverbotes selbst käuflich erworben, kann der nachweisbar von ihm gezahlte und genehmigte Preis zu Grunde gelegt werden, sofern er nicht über dem gegenwärtigen ortsüblichen Höchstpreis liegt.

(6) Liegen Trümmergrundstücke in Stadtteilen, in denen durch Zerstörung wesentliche Änderungen der Verkehrs-, Wohn- und Geschäftslage eingetreten sind, müssen § 3 Ziffer 2 des Gesetzes und § 4 Ziffer 2 der Ersten Durchführungsbestimmung beachtet werden.

III. Bewertung von Wohngrundstücken, gewerblich und gemischt genutzten Grundstücken

a) Eigenheime (Einfamilienhäuser)

(1) Einfamilienhäuser sind Grundstücke, die steuerlich als solche bewertet wurden.

(2) In Ausnahmefällen kann der Leiter der Abteilung Finanzen nach Beratung in der Entschädigungskommission auch für andere Gebäude eine Entschädigung auf der Grundlage des Sachwertes zulassen. Ausnahmen liegen insbesondere dann vor, wenn der Charakter der zu entschädigenden Gebäude nicht wesentlich von dem eines Eigenheimes abweicht (zB Zweifamilienhäuser, die ganz oder teilweise vom Eigentümer und seinen nächsten Angehörigen genutzt werden).

(3) Werden Grundstücke, die mit einem Erbbaurecht belastet waren, in Anspruch genommen, ist der Wert des Grund und Bodens getrennt vom Wert des Gebäudes auszuweisen.

(4) Der Bodenwert ist nicht mit zu berücksichtigen, wenn ein Gebäude in Anspruch genommen wurde, das sich auf volkseigenem Grund und Boden befindet, für den ein kostenloses und unbefristetes Nutzungsrecht verliehen war.

(5) Grundlage für die Entschädigung von Einfamilienhäusern ist der Sachwert im Sinne des geltenden Grundstückspreisrechts.

(6) Der Sachwert ist zu ermitteln aus
a) dem zulässigen Preis des Grund und Bodens
b) dem Gebäudewert nach m³ umbautem Raum auf der Grundlage des Preisindexes 160 bezogen auf 1914
c) der seit Bestehen des Gebäudes eingetretenen technischen und wirtschaftlichen Wertminderung (Abschreibungen nach neuerer Tabelle)
d) der ggf. unterbliebenen Instandsetzung (auf der gleichen Preisbasis wie der Gebäudewert).
(Vgl. Richtlinien für die Bewertung von bebauten Grundstücken Neues Preisrecht U 1 0/1.)

(7) Bei Einfamilienhäusern, die nach dem 24. 6. 1948 errichtet bzw. wieder aufgebaut worden sind, können Entschädigungen bis zur Höhe der vom Berechtigten nachgewiesenen preisrechtlich zulässigen Baukosten, einschließlich aufgebrachter Eigenleistungen, abzüglich der inzwischen eingetretenen Wertminderung gewährt werden. Unterbliebene Instandsetzungen sind zu jetzigen Preisen abzusetzen.

b) Mietwohngrundstücke

(1) Die Mietwohngrundstücke sind Grundstücke, die bis zur Inanspruchnahme Wohnzwecken dienten und die zu diesem Zeitpunkt als Mietwohngrundstücke steuerlich bewertet worden sind.

(2) Grundlage für die Bewertung sind der bauliche Gesamtzustand, die Ertragslage und der Bodenwert. Die Bewertung erfolgt über eine Sach- und Ertragswertermittlung.

(3) Der Grundstückswert errechnet sich grundsätzlich aus dem Mittel zwischen Sach- und Ertragswert nach folgender Formel:

$$\frac{\text{Sachwert} + \text{Ertragswert}}{2}$$

Er darf jedoch nicht höher sein als der Sachwert.

(4) Für die Ermittlung des Sachwertes gelten die im Abschnitt III a) Ziffer 6 gegebenen Hinweise, jedoch auf der Grundlage des *Preisindexes 135*.

(5) Der Ertragswert ist der kapitalisierte nachhaltige *Reinertrag*. Der Reinertrag ist der Überschuß der Einnahmen über die Ausgaben. Bei der Berechnung des Ertragswertes sind die geltenden *Preisbestimmungen* (Richtlinien über die Bewertung von bebauten Grundstücken) zu beachten.

Da die zur Ermittlung des Ertragswertes erforderlichen Grundstücksausgaben nicht immer exakt ermittelt werden können, ist ein Pauschalbetrag in Höhe von 75 % der Mieteinahmen abzusetzen.

(6) Für Mietwohngrundstücke bis zu 600 m² Wohnfläche (DIN 283 Bl. 2) ist der sich aus dem Mittelwert gemäß Ziff. 3 ergebende Wert gleich der festzusetzenden Entschädigung. Bei Mietwohngrundstücken mit mehr als 600 m² Wohnfläche errechnet sich die Höhe der Entschädigung wie folgt:
1. bis   900 m² Wohnfläche = Mittelwert × 0,95
2. bis 1200 m² Wohnfläche = Mittelwert × 0,90
3. bis 1400 m² Wohnfläche = Mittelwert × 0,85
4. bis 1600 m² Wohnfläche = Mittelwert × 0,80
5. bis 1800 m² Wohnfläche = Mittelwert × 0,75
6. über 1800 m² Wohnfläche = Mittelwert × 0,70

(7) Bei Mietwohngrundstücken, die nach dem 24. 6. 1948 wieder aufgebaut werden, kann eine Entschädigung gewährt werden, die sich zusammensetzt aus:
a) den nachzuweisenden bzw. zu schätzenden preisrechtlich zulässigen Baukosten für den wieder aufgebauten Grundstücksteil unter Berücksichtigung inzwischen eingetretener Wertminderung bzw. unterbliebener Instandsetzungen (zu jetzigen Preisen)
b) den für den unzerstörten Grundstücksteil nach Ziffer 3 und 6 ermittelten Wert.

c) Gewerblich genutzte Grundstücke

(1) Gewerblich genutzte Grundstücke sind Grundstücke, die bis zur Inanspruchnahme gewerblichen Zwecken dienten (Büro-, Geschäfts- und Fabrikgrundstücke) und die zu diesem Zeitpunkt steuerlich als solche bewertet worden sind.

(2) Grundlage für die Bewertung ist der Wert der Gebäude unter Berücksichtigung des baulichen Gesamtzustandes und der Bodenwert. (Dabei ist von dem der steuerlichen Bewertung zu Grunde liegenden Sachwert [Gebäuderealwert] auszugehen.)

Die vom Zeitpunkt der Sachwertfeststellung bis zum Tage der Inanspruchnahme eingetretenen Veränderungen (zB Abschreibungen, Werterhöhungen, Wertminderungen) sind entsprechend zu berücksichtigen. Stehen die steuerlichen Unterlagen nicht zur Verfügung, ist der Sachwert auf der Grundlage des Preisindex 135 zu ermitteln.

(3) Die Höhe der Entschädigung für gewerblich genutzte Grundstücke ergibt sich aus
$$\text{Sachwert} \times 0{,}7$$

(4) Bei gewerblich genutzten Grundstücken, die nach dem 24. 6. 1948 wieder aufgebaut wurden, können für den wieder aufgebauten Grundstücksteil die nachzuweisenden bzw. zu schätzenden preisrechtlichen zulässigen Baukosten berücksichtigt werden (vgl. Ziff. 7a).

d) Gemischt genutzte Grundstücke

(1) Gemischt genutzte Grundstücke sind Grundstücke, die sowohl Wohnzwecken als auch gewerblichen Zwecken dienen.

(2) Überwiegt bei gemischt genutzten Grundstücken zum Zeitpunkt der Inanspruchnahme die Wohnfläche (DIN 283 Bl. 2), erfolgt die Ermittlung der Höhe der Entschädigung nach den für Mietwohngrundstücken geltenden Grundsätzen.

30. Bewertungsrichtlinien zum Entschädigungsgesetz Anhang III/30

(3) Wenn bei gemischt genutzten Grundstücken zum Zeitpunkt der Inanspruchnahme die Nutzfläche (DIN 283 Bl. 2) überwiegt, erfolgt die Ermittlung der Höhe der Entschädigung nach den für gewerblich genutzten Grundstücken geltenden Grundsätzen.

(4) Bei Grundstücken, die aus mehreren voneinander abgrenzbaren Gebäuden oder Gebäudeteilen bestehen, die entweder zu Wohnzwecken oder zu gewerblichen Zwecken genutzt werden, sollte eine getrennte Berechnung erfolgen.

IV. Bewertung von land- und forstwirtschaftlich genutzten Grundstücken

a) Unbebaute landwirtschaftlich genutzte Grundstücke

(1) Hierunter ist Grund und Boden zu verstehen, der zum Zeitpunkt der Inanspruchnahme zur landwirtschaftlichen Nutzung bestimmt, als solcher versteuert wurde und mit dem zum Zeitpunkt der Inanspruchnahme kein Gebäude verbunden war (zB Teilflächen landwirtschaftlicher Betriebe o. ä.).

(2) Grundlage für die Höhe der Entschädigung ist der ortsübliche Preis.

(3) Hat der Berechtigte den Grund und Boden käuflich erworben, ist der nachweisbar nach dem Stichtag des Preiserhöhungsverbotes gezahlte und genehmigte Preis zu Grunde zu legen.

(4) In allen anderen Fällen bildet der für Grund und Boden gleicher Lage und Bonität im Durchschnitt gezahlte und genehmigte Preis die Grundlage für die Entschädigung.

(5) Besteht in einzelnen Fällen kein Überblick über das örtliche Stopp-Preis-Niveau für diese Grundstücksart und keine Möglichkeit, sich diesen Überblick kurzfristig zu verschaffen, kann von folgender Kennziffer ausgegangen werden:

Bodenwertzahl × 40 = Preis pro Hektar.

Daraus ist die Höhe der Entschädigung für die in Anspruch genommenen Flächen zu errechnen.

(6) Ist in Ausnahmefällen keine Bodenwertzahl vorhanden, kann dies aus der als Anlage beigefügten und nur für diesen Zweck verwendbaren Tabelle aus dem steuerlichen Hektarsatz abgeleitet werden.

b) Bewertung von landwirtschaftlichen Betrieben

(1) Zu dieser Grundstücksart gehören alle zum Zeitpunkt der Inanspruchnahme steuerlich als landwirtschaftliche Betriebe geführten Bauernwirtschaften.

(2) Grundlage für die Bewertung ist
a) für die Wohn- und Wirtschaftsgebäude:
   der Sachwert im Sinne des geltenden Grundstückspreisrechts, auf der Grundlage des in dieser Richtlinie für Einfamilienhäuser festgelegten Bauindex
b) für den Grund und Boden:
   der steuerliche Hektarsatz. Dieser ist im Zusammenhang mit Leistungen aufgrund des Entschädigungsgesetzes um den Anteil für Wohn- und Wirtschaftsgebäude einheitlich um 15 % zu mindern.
Die Höhe der Entschädigung ergibt sich aus der Summe von a) + b).

c) Bewertung von Bodenreformland und Bodenreformwirtschaften

(1) Bei der Inanspruchnahme von Bodenreformland ist der gezahlte Bodenreform- und Übernahmebeitrag zu erstatten.

(2) Die vom Eigentümer geschaffenen Wertverbesserungen sind unter sinngemäßer Anwendung der Verordnung vom 21. 6. 1951 über die Auseinandersetzung bei Besitzwechsel von Bauernwirtschaften aus der Bodenreform (GBl. S. 62) zu ermitteln und zu erstatten. Soweit Sachwerte nicht durch die Inanspruchnahme betroffen werden (insbesondere Inventar), sind diese dem Eigentümer zur freien Verfügung zu belassen.

(3) Die Feststellung der Entschädigung bei Inanspruchnahme von Neubauernstellen gemäß § 3 der 2. Durchführungsbestimmung erfolgt durch die Abteilung Land- und Forstwirtschaft bei den Räten der Kreise.

d) Forstwirtschaftlich und gärtnerisch genutzte Grundstücke

(1) Soweit forstwirtschaftliche Grundstücke einschließlich Waldbestand in Anspruch genommen wurden, ist grundsätzlich eine Bewertung durch Sachverständige der staatlichen Forstwirtschaft unter Beachtung der für Waldbewertung geltenden Preisbestimmungen durchzuführen.

(2) Bedarf es lediglich einer Entschädigung des Waldbodens, dann erfolgt diese auf der Grundlage der für Waldböden örtlich gezahlten und genehmigten Preise.

(3) Die Ermittlung der Höhe der Entschädigung für Gärtnereibetriebe erfolgt auf der Grundlage des Gebäudewertes Index 135 und Bodenwertes.

(4) Für gärtnerisch genutzten Grund und Boden bilden die für diese Grund- und Bodenart örtlich gezahlten und genehmigten Preise die Grundlage für die Höhe der Entschädigung.

V. Bewertung bei Naturalersatz

(1) Grundlage für die Bewertung bei Naturalersatz ist der Wertvergleich zwischen dem in Anspruch genommenen Gebäude und dem Ersatzgebäude.

(2) Bei den Wertermittlungen ist von den Herstellungskosten des Ersatzgebäudes auszugehen. Nach den gleichen Baukosten unter Abzug der dem Alter und dem Gesamtzustand entsprechenden Wertminderung ist das in Anspruch genommene Gebäude zu bewerten.

(3) Der Wert des volkseigenen Grund und Bodens ist nicht mit zu berücksichtigen, wenn dafür ein kostenloses und unbefristetes Nutzungsrecht verliehen wurde oder verliehen wird.

(4) Berechnung des Naturalersatzes

Wird das Ersatzgebäude neu errichtet, sind die tatsächlichen aufgewandten Baukosten zu Grunde zu legen.

Bei der Wertermittlung des in Anspruch genommenen Grundstückes oder Gebäudes ist von den Baukosten je m³ umbauten Raumes des Ersatzgebäudes auszugehen.

Ist das Ersatzgebäude oder das in Anspruch genommene oder sind beide Gebäude nach dem 24. 6. 1948 errichtet worden, ist von den tatsächlichen Baukosten auszugehen. Die dem Alter und dem baulichen Gesamtzustand entsprechenden Wertminderungen sind bei beiden Gebäuden abzusetzen.

Sind Ersatz- und in Anspruch genommene Gebäude vor dem 24. 6. 1948 erbaut worden, richtet sich die Bewertung nach den geltenden Preisbestimmungen (Richtlinie für die Bewertung von bebauten Grundstücken).

Anlage

Steuerlicher Ha-Satz	Bodenwertzahl	Steuerlicher Ha-Satz	Bodenwertzahl
unter 200	bis 20	1901–2000	59–60
201–300	21–22	2001–2100	61–62
301–400	23–24	2101–2200	63–65
401–500	25–26	2201–2300	66–67
501–600	27–29	2301–2400	68–69
601–700	30–31	2401–2500	70–71
701–800	31–33	2501–2600	72–74
801–900	34–35	2601–2700	75–76
901–1000	36–38	2701–2800	77–78
1001–1100	39–40	2801–2900	79–80
1101–1200	41–42	2901–3000	81–83
1201–1300	43–44	3001–3100	84–85
1301–1400	45–47	3101–3200	86–87
1401–1500	48–49	3201–3300	88–89
1501–1600	50–51	3301–3400	90–92
1601–1700	52–53	3401–3500	93–94
1701–1800	54–56	3501–3600	95–96
1801–1900	57–58	über 3600	97–100

30. Bewertungsrichtlinien zum Entschädigungsgesetz **Anhang III/30**

Richtlinie vom 2. 9. 1961

Im Zusammenhang mit der praktischen Anwendung der Bewertungsrichtlinie zum Entschädigungsgesetz haben sich eine Reihe von Fragen ergeben, zu denen sich eine Erläuterung bzw. eine Ergänzung als erforderlich erweist:

I. Allgemeines

(1) Bei den Beratungen mit den Entscheidungsberechtigten sowie im Schriftwechsel über Fragen der Höhe der Entschädigung wird oft auf die nicht veröffentlichte Bewertungsrichtlinie zum Entschädigungsgesetz Bezug genommen.

Wir bitten darauf zu achten, daß die rechtliche Bezugsgrundlage für die Höhe der Entschädigung das Entschädigungsgesetz und die dazu erlassenen Durchführungsbestimmungen sind. Die Bewertungsrichtlinie geht von diesen Grundsätzen aus; sie beinhaltet im wesentlichen aber nur methodische, für die staatlichen Organe verbindliche Hinweise zur Ermittlung der Höhe der Entschädigung.

(2) Wir weisen darauf hin, daß die für die Entschädigung festgelegten Grundsätze nicht immer mit den im Grundstücksverkehr zulässigen *Höchst*preisen übereinstimmen. Vor allem bitten wir, darauf zu achten, daß die im Entschädigungsgesetz zugrunde liegenden *ortsüblichen* Preise für einige Grundstücksarten unter den zulässigen Höchstpreisen liegen.

(3) In Fällen, in denen die in den Zeitwertermittlungsprotokollen ausgewiesenen Werte höher als die ermittelten Entschädigungssätze liegen, versuchen die Entschädigungsberechtigten oft höhere Ansprüche geltend zu machen.

Es wird hiermit nochmals festgestellt, daß es sich bei den Zeitwertermittlungsprotokollen lediglich um ein Festhalten des Zustandes des Grundstückes zum Zeitpunkt der Inanspruchnahme und nicht um die Festsetzung der Höhe der Entschädigung gehandelt hat. Das ergibt sich ua. auch daraus, daß die meisten Zeitwertermittlungsprotokolle auf der Grundlage der für Privateigentum nicht geltenden Bewertungsgrundsätze der volkseigenen Wirtschaft aufgestellt worden sind.

(4) Verschiedentlich werden die Entschädigungsberechtigten bereits von der Preisstelle über die ermittelte Höhe der Entschädigung in Kenntnis gesetzt, bevor die Entschädigungskommission darüber beraten hat.

Es ist darauf zu achten, daß den Entschädigungsberechtigten die Höhe der Entschädigung erst nach Zustimmung der Entschädigungskommission bzw. nur durch einen vom Abteilungsleiter Finanzen unterzeichneten Feststellungsbescheid zur Kenntnis zu geben ist.

(5) In Einzelfällen ist versucht worden, höhere Ansprüche durch Vorlage eines Gutachtens privater Sachverständiger, gefertigt auf der Grundlage irgendwelcher, für die Entschädigung nicht zutreffender Bewertungsgrundsätze, geltend zu machen.

Es hat sich als zweckmäßig erwiesen, mit den zugelassenen Sachverständigen für Wertermittlung Vereinbarungen in der Richtung zu treffen, daß Gutachten für in Anspruch genommene Grundstücke nur im Auftrag der für die Durchführung der Entschädigungsverfahren verantwortlichen Dienststellen gefertigt werden dürfen.

II. Zu II der Richtlinie
(Bauland einschl. Trümmergrundstücke)

(1) Verschiedentlich sind Unklarheiten in der Beziehung zwischen steuerlichem Bodenwert und zulässigem Bodenpreis entstanden. In diesem Zusammenhang weisen wir nochmals darauf hin, daß die Grundlage für die Höhe der Entschädigung der ortsübliche Bodenpreis ist.

Da Bauland steuerlich nach dem gemeinen bzw. Verkehrswert bewertet wurde, besteht für diese Bodenart im allgemeinen eine annähernde Übereinstimmung zwischen dem steuerlichen Bodenwert und den Stopp-Preisen. Weichen beide erheblich voneinander ab, müssen die Ursachen ermittelt und in den Bodenpreisplänen berücksichtigt werden.

(2) Bei Trümmergrundstücken besteht jedoch keine unmittelbare Beziehung zwischen den steuerlichen Bodenwerten und den gestoppten Bodenpreisen. Das liegt darin begründet, daß der steuerliche Bodenwert über einen einheitlichen Prozentsatz, bezogen auf unterschiedliche Einheitswerte, ermittelt wird. Dadurch müssen sich für vergleichbaren Grund und Boden zwangsläufig unterschiedliche

steuerliche Bodenwerte ergeben. Die der Entschädigung zugrunde zu legenden ortsüblichen Bodenpreise können demzufolge höher, aber auch niedriger als die steuerlichen Bodenwerte sein.

Bei den Diskussionen über Abweichungen zwischen steuerlichen Bodenwerten für Trümmergrundstücke und den ortsüblichen Bodenpreisen bitten wir unter anderem, den § 1 der Verordnung zur Änderung und Ergänzung von Vorschriften über die Erhebung der Grundsteuer vom 3. 2. 1955 (GBl. I S. 128) zu beachten. Danach ist die Grundsteuer

„... für Grundstücke, deren Gebäude oder Einrichtungen total zerstört sind, und bei denen es feststeht, daß sie aufgrund eines gemäß § 11 des Aufbaugesetzes vom 6. 9. 1950 bestätigten Stadtbebauungs-, Teilbebauungs- oder Aufbauplanes für Aufbaumaßnahmen vorgesehen sind, nicht zu erheben, wenn diese Grundstücke ertraglos sind, und zufolge der vorgesehenen Aufbaumaßnahmen die Eigentümer solcher Grundstücke entweder nach § 14 des Aufbaugesetzes oder nach Entscheidung der örtlichen Organe nicht mehr über diese verfügen dürfen."

Damit entfällt für einen großen Teil der in Anspruch genommenen Trümmergrundstücke das oft vorgebrachte Argument, daß zum Zeitpunkt der Inanspruchnahme auf einen höheren als den Entschädigungswert Steuern gezahlt wurde. Außerdem bitten wir zu beachten, daß ein weiterer Teil der Eigentümer von Trümmergrundstücken aus anderen Gründen nicht steuerpflichtig war.

(3) Einzelne Fälle geben Veranlassung, nochmals darauf hinzuweisen, daß die Ziffer 2 des § 3 des Entschädigungsgesetzes im allgemeinen nur für zerstörte Stadtzentren großer Städte zutrifft. Sonstige Veränderungen bisheriger Bodenpreise sind im Zusammenhang mit der Anwendung des Entschädigungsgesetzes nicht durchzuführen.

(4) Im Zusammenhang mit der Ziffer 5 des Abschnitts II der Bewertungsrichtlinie sind Zweifel darüber aufgetreten, ob auch dann vom letzten Kaufpreis auszugehen ist, wenn dieser *unter* den ortsüblichen Vergleichspreisen liegt.

Dazu ist entschieden worden, daß in diesen Fällen grundsätzlich vom letzten Kaufpreis des Baulandes auszugehen ist, wenn sich dieser von der Abt. Finanzen nachweisen läßt. Von den Berechtigten ist grundsätzlich kein Nachweis des letzten Kaufpreises zu fordern.

(5) Erfolgt die Entschädigung auf der Grundlage des letzten Kaufpreises, können auf Antrag neben dem Kaufpreis entstandene Kosten wie Grunderwerbsteuer, Notariatskosten und staatliche Gebühren zusätzlich entschädigt werden, sofern seit dem letzten Eigentumswechsel bis zum Zeitpunkt der Inanspruchnahme nicht mehr als 5 Jahre vergangen sind. Vom Erwerber gezahlte Maklergebühren dürfen nicht in die Entschädigung einbezogen werden.

(6) Entstandene Kosten für noch nicht realisierte oder für in Auftrag gegebene Bauzeichnungen dürfen in die Entschädigung einbezogen werden, wenn die erforderlichen Baugenehmigungen bereits zum Zeitpunkt der Inanspruchnahme vorgelegen haben und vom Datum der Bezugsgenehmigung bis zur Inanspruchnahme nicht mehr als 2 Jahre vergangen sind.

III. Zu III c) der Richtlinie
(Gewerblich genutzte Grundstücke)

(1) In Ziffer 2 des Abschn. III c) der Richtlinie bitten wir, den 2. Satz von „Dabei ist ... bis ... auszugehen" zu streichen. Dieser Satz hat zu Mißverständnissen in der Auslegung des Begriffs „Sachwert" geführt. Unter Sachwert ist die Summe aus Bodenwert plus Gebäudewert im Sinne der geltenden Preisbestimmungen zu verstehen.

(2) Im Zusammenhang mit der Anwendung des Koeffizienten 0,7 bei gewerblich genutzten Grundstücken gibt es teilweise Unklarheiten. Die Festlegung dieses Koeffizienten erfolgt aufgrund der umfassenden Analyse der bisher bei Verkäufen vereinbarten und realisierten, also ortsüblichen Preise für gewerbliche Unternehmen. Die Verkaufspreise für gewerbliche Unternehmen, deren Wert im allgemeinen vom Reinertrag abhängt, lagen in der Regel höchstens bei 70 %, bezogen auf den Sachwert, teilweise erheblich darunter.

Bei Handwerksbetrieben, vor allem solchen mit hohen Boden-, aber niedrigen Gebäudeanteilen, bestehen keine Bedenken gegen eine Entschädigung bis zum vollen Sachwert. Das gleiche gilt für Einzelhandelsgeschäfte. Über Grenzfälle entscheidet unter sorgfältiger Einschätzung der gegebenen Umstände die Entschädigungskommission.

In vorliegenden Beschwerdefällen kann sinngemäß entschieden werden.

IV. Zu IVa) der Richtlinie
(Unbebaute landwirtschaftlich genutzte Grundstücke)

In Bezug auf Teilflächen landwirtschaftlicher Betriebe wurde festgestellt, daß bei der Preisgenehmigung im Grundstücksverkehr (Kauf und Verkauf) großzügiger verfahren wird als im Zusammenhang mit der Anwendung des Entschädigungsgesetzes. Wir bitten darauf zu achten, daß für diese Grundstücksart sowohl im Grundstücksverkehr als auch für Entschädigungen dieselben Grundsätze gelten und anzuwenden sind.

In allen noch nicht abgeschlossenen Beschwerdefällen sollte unter Berücksichtigung dieser Erläuterungen und Ergänzungen verfahren werden.

31. Beschluß des Ministerrates zu den Maßnahmen über die schrittweise Durchführung des Beschlusses der 4. Tagung des ZK der SED hinsichtlich der Betriebe mit staatlicher Beteiligung, der privaten Industrie- und Baubetriebe sowie Produktionsgenossenschaften des Handwerks

Vom 9. Februar 1972

– 02-7/9/72 –

(nicht veröffentlicht)

1. Den Maßnahmen über die schrittweise Durchführung des Beschlusses der 4. Tagung des ZK der SED hinsichtlich der Betriebe mit staatlicher Beteiligung, der privaten Industrie- und Baubetriebe sowie Produktionsgenossenschaften des Handwerks wird zugestimmt.

Es ist zu gewährleisten, daß alle mit diesem Beschluß im Zusammenhang stehenden politischen Fragen mit den Arbeitern der betreffenden Betriebe beraten werden.

2. Zur Durchführung der sich aus dem Beschluß ergebenden Aufgaben wird eine zentrale Arbeitsgruppe unter Leitung des Ersten Stellvertreters des Vorsitzenden des Ministerrates, Genossen Sindermann, gebildet.

Der Arbeitsgruppe gehören weiter an:

Genosse Krack – Minister für Bezirksgeleitete Industrie und Lebensmittelindustrie
Genosse Kaminsky – Staatssekretär im Ministerium der Finanzen
Genosse Kleyer – Leiter des Amtes für den Rechtsschutz des Vermögens der DDR
Genosse Tauscher – Vizepräsident der Industrie- und Handelsbank
Genosse Rüscher – Stellv. Leiter der Abteilung Leicht-, Lebensmittel- und Bezirksgeleitete Industrie des ZK.

Maßnahmen über die schrittweise Durchführung des Beschlusses der 4. Tagung des ZK der SED hinsichtlich der Betriebe mit staatlicher Beteiligung, der privaten Industrie- und Baubetriebe sowie Produktionsgenossenschaften des Handwerks

I. Maßnahmen für Betriebe mit staatlicher Beteiligung

1. Die Betriebe mit staatlicher Beteiligung sind durch Kauf bzw. Auszahlung des privaten Anteils in Volkseigentum zu übernehmen.

Die Übernahme in Volkseigentum ist in jedem einzelnen Falle durch die zentrale Arbeitsgruppe zu entscheiden.

Sie hat festzulegen, welche Betriebe in welcher Reihenfolge in den Bezirken in volkseigene Betriebe umgewandelt werden. Dabei ist von der volkswirtschaftlichen Bedeutung der betreffenden Betriebe mit staatlicher Beteiligung auszugehen. (50 volkswirtschaftlich bedeutende Betriebe mit staatlicher Beteiligung sind in der *Anlage 1* aufgeführt).

Bei der Übernahme von Betrieben mit staatlicher Beteiligung in Volkseigentum ist zu sichern, daß die Produktion erhöht und die Versorgung der Bevölkerung sowie der Volkswirtschaft insgesamt verbessert wird. Es dürfen keine Störungen in der Produktion für die Bevölkerung und für die Versorgung der Volkswirtschaft eintreten. Es ist zu gewährleisten, daß im Zusammenhang mit den

Maßnahmen keine Veränderungen im geplanten Sortiment vorgenommen und keine Preiserhöhungen durchgeführt werden.

2. Privaten Gesellschaftern, die den Wunsch haben, auszuscheiden, ist unter Wahrung der staatlichen Interessen und ohne Bindung an Kündigungsfristen ihr persönlicher Anteil entsprechend den in Anlage 2 festgelegten Regelungen durch Erhöhung der staatlichen Einlage auszuzahlen.

In den Fällen, in denen der letzte private Gesellschafter ausscheidet, trifft die zentrale Arbeitsgruppe die Entscheidung zur Übernahme des Betriebes in Volkseigentum.

3. Betriebe mit staatlicher Beteiligung werden grundsätzlich in selbständige volkseigene Betriebe umgewandelt oder einem volkseigenen Betrieb bzw. einem Kombinat angegliedert.

Ein Zusammenschluß von mehreren Betrieben mit staatlicher Beteiligung zu einem volkseigenen Betrieb ist nicht zuzulassen.

4. Die zentrale Arbeitsgruppe bestätigt den neuen Betriebsnamen.

Die Beibehaltung des Namens des ehemaligen Besitzers ist nicht zulässig.

5. Tätige Gesellschafter, die politisch zuverlässige Bürger und qualifizierte Fachleute sind, können als Leiter bzw. in leitenden Funktionen verantwortliche Aufgaben im volkseigenen Betrieb erhalten. Ihre Bezahlung erfolgt in Anlehnung an die in der volkseigenen Wirtschaft gültigen gesetzlichen Bestimmungen. In jedem einzelnen Falle trifft die zentrale Arbeitsgruppe die erforderliche Entscheidung.

6. Durch das Präsidium des Ministerrates ist eine verbindliche staatliche Ordnung zu beschließen, in der festgelegt ist, wie die finanzielle Abwicklung des Kaufs von Betrieben mit staatlicher Beteiligung zu erfolgen hat.

Die Grundsätze dieser Regelung werden als *Anlage 2* beigefügt.

Verantwortlich: Minister der Finanzen.

Termin: 15. Februar 1972

7. Die Vorsitzenden der Räte der Bezirke werden beauftragt, die von der zentralen Arbeitsgruppe festgelegten Maßnahmen politisch-ideologisch gründlich vorzubereiten und durchzuführen.

Sie bilden dazu unter Leitung ihrer 1. Stellvertreter eine Arbeitsgruppe.

Dieser Arbeitsgruppe gehören weiter an:

Vorsitzender des Wirtschaftsrates des Bezirkes

Leiter der Abteilung Finanzen des Rates des Bezirkes

Bezirksdirektor der Industrie- und Handelsbank.

8. Betriebe mit staatlicher Beteiligung, in denen neben dem staatlichen Gesellschafter nur noch private Gesellschafter vorhanden waren, die vor Jahren die DDR illegal verlassen haben und deren Gesellschafteranteile staatlich verwaltet wurden, sind in volkseigene Betriebe umzuwandeln.

Die zentrale Arbeitsgruppe hat dazu in jedem Einzelfall die erforderlichen Entscheidungen zu treffen.

9. Für Betriebe mit staatlicher Beteiligung, in denen noch Gesellschafteranteile von Gesellschaftern enthalten sind, die in der BRD, einem anderen ausländischen Staat oder in Westberlin wohnen, sind durch den Leiter des Amtes für den Rechtsschutz des Vermögens der DDR dem Politbüro besondere Regelungen vorzulegen.

Verantwortlich: Leiter des Amtes für den Rechtsschutz des Vermögens der DDR

Termin: 15. Februar 1972

10. Das Präsidium des Ministerrates hat Festlegungen zu treffen, die folgendes gewährleisten:

a) Erben dürfen nicht mehr als Gesellschafter in Betriebe mit staatlicher Beteiligung eintreten, auch wenn in den Gesellschaftsverträgen solche Bestimmungen enthalten sind.

b) Die bestehenden gesetzlichen Bestimmungen über das Prinzip der Einstimmigkeit der Beschlußfassung in den Gesellschafterversammlungen sind aufzuheben. Es sind Möglichkeiten zu schaffen, volkswirtschaftlich notwendige Maßnahmen durch das zuständige Staats- bzw. wirtschaftsleitende Organ im Zusammenwirken mit dem staatlichen Gesellschafter auch gegen den Willen von privaten Gesellschaftern durchzusetzen. Das muß auch für die Auszahlung des privaten Anteils gelten.

Verantwortlich: Minister für Bezirksgeleitete Industrie und Lebensmittelindustrie

Termin: 15. Februar 1972

31. Beschluß des Ministerrates v. 9. Februar 1972 – 02 – 7/9/72   **Anhang III/31**

II. Maßnahmen für private Industrie- und Baubetriebe

1. Private Industrie- und Baubetriebe, die volkswirtschaftliche Bedeutung haben, sind durch Kauf in Volkseigentum zu übernehmen.
Die Übernahme ist in jedem einzelnen Falle durch die zentrale Arbeitsgruppe zu entscheiden.
2. Private Industrie- und Baubetriebe werden grundsätzlich in selbständige volkseigene Betriebe umgewandelt oder einem volkseigenen Betrieb bzw. einem Kombinat angegliedert. Ein Zusammenschluß von mehreren Betrieben zu einem volkseigenen Betrieb ist nicht zuzulassen.
3. Die zentrale Arbeitsgruppe bestätigt den neuen Betriebsnamen.
Die Beibehaltung des Namens des ehemaligen Besitzers ist nicht zulässig.
4. Durch das Präsidium des Ministerrates ist eine verbindliche staatliche Ordnung zu beschließen, in der festgelegt ist, wie die finanzielle Abwicklung des Kaufs von Privatbetrieben zu erfolgen hat. Die Grundsätze dieser Regelung werden als *Anlage 3* beigefügt.
Verantwortlich: Minister der Finanzen
Termin: Ende Februar 1972
5. Der Staat wird privaten Betrieben keine staatliche Beteiligung mehr ausreichen.
6. Das Präsidium des Ministerrates hat die gesetzlichen Bestimmungen über die Gewerbetätigkeit in der privaten Wirtschaft (Erteilung der Gewerbeerlaubnis) neu zu gestalten.
Verantwortlich: Staatssekretär für Staats- und Wirtschaftsrecht
Termin: Ende Februar 1972

III. Maßnahmen für Produktionsgenossenschaften des Handwerks

1. Für die künftige Arbeit mit dem Handwerk ist davon auszugehen, daß die Perspektive aller Handwerker auch weiterhin im Übergang zur genossenschaftlichen Arbeit besteht.
Zur Durchführung der vom VIII. Parteitag der SED beschlossenen Hauptaufgabe ist es erforderlich,
a) Produktionsgenossenschaften des Handwerks, die Reparaturen und Dienstleistungen für die Bevölkerung durchführen, verstärkt zu fördern,
b) individuell arbeitende Handwerker in Produktionsgenossenschaften des Handwerks aufzunehmen. Einzelne private Handwerker, die Dienstleistungen ausführen, wie Friseure, Schuhmacher usw., können auch weiterhin als Einzelhandwerker tätig sein.
c) Produktionsgenossenschaften des Handwerks, die in den letzten Jahren ihre Versorgungsaufgaben für die Bevölkerung vernachlässigt haben, auf ihre ursprüngliche Aufgabenstellung umzustellen und zu entwickeln.
2. Produktionsgenossenschaften des Handwerks, die den Charakter einer Genossenschaft verloren haben und sich
– durch Aufnahme von Werktätigen aus der volkseigenen Wirtschaft
– durch den Übergang von Reparaturen und Dienstleistungen zu industrieller Produktion
zu einem Industriebetrieb entwickelt haben, sind durch Kauf in Volkseigentum zu übernehmen.
Die Übernahme ist in jedem einzelnen Falle durch die zentrale Arbeitsgruppe zu entscheiden.
3. Vorsitzende von Produktionsgenossenschaften des Handwerks können bei entsprechender politischer und fachlicher Qualifikation als Leiter in volkseigenen Betrieben eingesetzt werden. Ihre Bezahlung folgt in Anlehnung an die in der volkseigenen Wirtschaft gültigen gesetzlichen Bestimmungen. In jedem einzelnen Falle trifft die zentrale Arbeitsgruppe die erforderliche Entscheidung.
4. Durch das Präsidium des Ministerrates ist eine verbindliche staatliche Ordnung zu beschließen, in der festgelegt ist, wie die finanzielle Abwicklung des Kaufs von Produktionsgenossenschaften des Handwerks zu erfolgen hat.
Die Grundsätze für diese Regelung sind als *Anlage 4* beigefügt.
Verantwortlich: Minister der Finanzen
Termin: Ende Februar 1972

IV. Weitere Maßnahmen

1. Durch das Präsidium des Ministerrates sind Maßnahmen zu beschließen, die die Einkommens- und Vermögensabwicklung in den Betrieben mit staatlicher Beteiligung, Produktionsgenossenschaften des Handwerks, privaten Industrie- und Baubetrieben sowie privaten Handwerksbetrieben so

regeln, daß eine Reduzierung des ungerechtfertigt hohen Einkommens erfolgt und Erscheinungen der Rekapitalisierung entgegengewirkt wird.

Verantwortlich: Minister der Finanzen; Minister und Leiter des Amtes für Preise; Minister für Bezirksgeleitete Industrie und Lebensmittelindustrie

Termin: Ende Februar 1972

2. Betriebe mit staatlicher Beteiligung, Produktionsgenossenschaften des Handwerks und private Betriebe werden den Staats- bzw. wirtschaftsleitenden Organen unterstellt.

Die ihnen erteilten staatlichen Planauflagen sind verbindlich. Die dazu erforderlichen Maßnahmen sind vom Präsidium des Ministerrates festzulegen.

Verantwortlich: Minister für Bezirksgeleitete Industrie und Lebensmittelindustrie

Termin: Ende Februar 1972

Anlage 1

Übersicht über volkswirtschaftlich bedeutende Betriebe mit staatlicher Beteiligung
(Vom Abdruck wurde abgesehen)

Anlage 2

Grundsätze für die finanzielle Abwicklung des Kaufs von Betrieben mit staatlicher Beteiligung

1. Die Kapitalanteile der privaten Gesellschafter werden aus staatlichen Mitteln ausgezahlt. Grundlage für die Auszahlung sind die Vermögenswerte in der Schlußbilanz des Betriebes mit staatlicher Beteiligung.

Bei der Prüfung festgestellte überhöhte Wertansätze sind vor der Auszahlung zu korrigieren.

2. Der an die privaten Gesellschafter ausgezahlte Kapitalanteil wird auf einem Sparkonto angelegt. Über die daraus jährlich verfügbare Summe trifft in jedem einzelnen Falle die zentrale Arbeitsgruppe die erforderliche Entscheidung.

3. Die für die Weiterführung der Produktion erforderlichen Grundmittel und materiellen Umlaufmittel des Betriebes mit staatlicher Beteiligung werden von dem für den Kauf festgelegten volkseigenen Betrieb übernommen oder einem neu zu gründenden volkseigenen Betrieb übertragen.

Zwischen dem volkseigenen Betrieb und dem staatlichen Gesellschafter des bisherigen Betriebes mit staatlicher Beteiligung wird hierüber ein Kaufvertrag abgeschlossen.

4. Der staatliche Anteil und der unteilbare gesellschaftliche Fonds des ehemaligen Betriebes mit staatlicher Beteiligung wird in der für die Weiterführung der Produktion erforderlichen Höhe dem volkseigenen Betrieb übertragen.

Der vom volkseigenen Betrieb zu entrichtende Kaufpreis ist damit abgegolten.

Für den volkseigenen Betrieb erhöhen sich dadurch seine Grund- und Umlaufmittelfonds, ohne daß er eigene Mittel hierfür aufwenden muß.

Anlage 3

Grundsätze für die finanzielle Abwicklung des Kaufes von privaten Industrie- und Baubetrieben

1. Die für die Weiterführung der Produktion erforderlichen Grundmittel und materiellen Umlaufmittel des Privatbetriebes werden von dem für den Kauf festgelegten volkseigenen Betrieb übernommen oder einem neu zu gründenden volkseigenen Betrieb übertragen.

Zwischen dem volkseigenen Betrieb und dem Inhaber des Privatbetriebes ist hierüber ein Kaufvertrag abzuschließen.

2. Die Bewertung des zu übernehmenden Vermögens erfolgt nach den Wertverhältnissen im Zeitpunkt des Verkaufs. Der Wert darf den gesetzlich zulässigen Preis nicht überschreiten.

3. Die Finanzierung des Kaufpreises erfolgt aus staatlichen Mitteln.

4. Der sich aus dem Verkauf des Privatbetriebes für den privaten Unternehmer ergebende Veräußerungsgewinn ist zu besteuern.

5. Vom Kaufpreis sind evtl. noch bestehende finanzielle Verpflichtungen des privaten Unternehmers gegenüber dem Staat abzusetzen, soweit hierfür nicht die betrieblichen finanziellen Mittel ausreichen.

Der verbleibende Teil des Kaufpreises ist auf einem Sparkonto anzulegen. Über die daraus verfügbare Summe trifft in jedem einzelnen Fall die zentrale Arbeitsgruppe die erforderliche Entscheidung.

Anlage 4

Grundsätze für die finanzielle Abwicklung des Kaufes von Produktionsgenossenschaften des Handwerks

1. Die für die Weiterführung der Produktion erforderlichen Grundmittel und materiellen Umlaufmittel der Produktionsgenosssenschaften des Handwerks sind von dem für den Kauf festgelegten volkseigenen Betrieb zu übernehmen oder einem neu zu gründenden volkseigenen Betrieb zu übertragen.

32. Kaufvertrag über die Veräußerung eines halbstaatlichen Betriebes **Anhang III/32**

Zwischen dem volkseigenen Betrieb und der Produktionsgenossenschaft des Handwerks wird hierüber ein Kaufvertrag geschlossen.
 2. Die Übernahme dieser Vermögenswerte erfolgt grundsätzlich zu Buchwerten auf der Grundlage der Schlußbilanz der Produktionsgenossenschaft des Handwerks.
 3. Den Genossenschaftsmitgliedern ist der von ihnen eingezahlte Genossenschaftsanteil sowie ihr Anteil am Konsumtionsfonds (Gewinnausschüttung, Prämien) durch die Genossenschaft auszuzahlen. Sie erhalten keinen Anteil an den unteilbaren genossenschaftlichen Fonds.
 4. Die unteilbaren genossenschaftlichen Fonds der ehemaligen Produktionsgenossenschaft des Handwerks werden in der für die Weiterführung der Produktion erforderlichen Höhe dem volkseigenen Betrieb übertragen.
 Der vom volkseigenen Betrieb zu entrichtende Kaufpreis ist damit abgegolten.
 Für den volkseigenen Betrieb erhöhen sich dadurch seine Grund- und Umlaufmittelfonds, ohne daß er eigene Mittel hierfür aufwenden muß.

32. Kaufvertrag über die Veräußerung eines halbstaatlichen Betriebes

Zwischen

Herrn ....
Frau   (Vor- und Zuname)
wohnhaft ....
              (Ort, Straße, Haus-Nr.)
Inhaber eines Betriebes
                                        in ....
(Firmenname und Sitz)
Handelsregisterauszug hat vorgelegen/
Handelsregister wurde eingesehen

– Verkäufer –

und .... in ....
    vertreten durch

Herrn ....
Frau   (Vor- und Zuname)
wohnhaft ....
              (Ort, Straße, Haus-Nr.)
ausgewiesen durch Vollmacht des ....
.... vom ....
wird folgender   – Käufer –
                              Kaufvertrag
geschlossen:

§ 1. Der Verkäufer verkauft dem Käufer die für die Weiterführung der Produktion erforderlichen Grundmittel und materiellen Umlaufmittel seines in ....
bestehenden Betriebes.
 Der Käufer erklärt auf der Grundlage der durchzuführenden Inventur, welche Grundmittel und materiellen Umlaufmittel er übernimmt.
 Für den Verkauf der zu den Grundmitteln gehörenden Grundstücke gelten die im § 3 dieses Vertrages getroffenen Vereinbarungen.

§ 2. (1) Der Kaufpreis für die verkauften Grundmittel und materiellen Umlaufmittel wird nach Abschluß der Inventur und der Berechnung der Werte in einem Nachtrag zu diesem Kaufvertrag vereinbart.
 (2) Der Kaufpreis wird um die gegenüber dem Verkäufer bestehenden Forderungen des Staatshaushaltes bzw. der Banken gekürzt. Der danach verbleibende Kaufpreis wird einen Monat nach Vorliegen der vom Leiter der Abteilung Finanzen des Rates des Bezirkes bestätigten Schlußbilanz fällig und vom Käufer auf ein auf den Namen des Verkäufers lautendes spezielles Konto bei der .... - sparkasse in .... überwiesen.

1023

Anhang III/32   III. DDR-Recht

§ 3. (1) Mit verkauft wird das Grundstück/werden die Grundstücke in .... Straße Nr. ....
.... Flur .... Flurstück(e) ....
eingetragen im Grundbuch von ....
.... Band .... Blatt ....

(2) Der Verkäufer verpflichtet sich, das (die) vorstehende(n) Grundstück(e) lastenfrei in das Eigentum des Volkes zu übertragen.

Die Überweisung des auf das Grundstück entfallenden anteiligen Kaufpreises erfolgt, nachdem der Verkäufer die Voraussetzungen für den lastenfreien Übergang des Grundstückes in das Eigentum des Volkes geschaffen hat.

§ 4. Der Verkäufer verpflichtet sich, die für die Weiterführung der Produktion und den Export erforderlichen, ihm gehörenden gewerblichen Schutzrechte an den vom Käufer zu benennenden VEB zu übertragen und alle dazu notwendigen Erklärungen abzugeben.

§ 5. Finanzielle Verpflichtungen aus der bisherigen Geschäftstätigkeit des Verkäufers, insbesondere aus Lieferungen und Leistungen, werden vom Käufer nicht übernommen. Ebenfalls erfolgt kein Eintritt des Käufers in vom Verkäufer abgeschlossene Kreditverträge.

§ 6. Die Übergabe der verkauften Grundmittel einschließlich Grundstücke und der materiellen Umlaufmittel erfolgt am ....
Mit diesem Zeitpunkt gehen das Eigentum, die Nutzung, die öffentlichen Lasten und die Gefahren auf den Käufer über. Es gelten die gesetzlichen Gewährleistungsansprüche.

Der Verkäufer versichert, daß die verkauften Grundmittel und materiellen Umlaufmittel frei von Rechten Dritter sind.

...., den ....
....
       (Verkäufer)   (Käufer)

Nachtrag

zum Kaufvertrag vom ....
zwischen

<u>Herrn</u>   ....
Frau   (Vor- und Zuname)
wohnhaft   ....
          (Ort, Straße, Haus-Nr.)
Inhaber des Betriebes
.... in ....
(Firmenname und Sitz)

                                                                                 – Verkäufer –

und

.... in ....
vertreten durch
<u>Herrn</u>   ....
Frau   Vor- und Zuname)
wohnhaft   ....
          (Ort, Straße, Haus-Nr.)
ausgewiesen durch Vollmacht des ....
.... vom ....

                                                                                  – Käufer –

Auf der Grundlage des § 2 Abs. 1 des Kaufvertrages wird der Kaufpreis in Höhe von .... M festgelegt.

...., den ....
....
   (Verkäufer)   (Käufer)

IV. Arbeitshilfen
(Merkblätter des Bundesamtes zur Regelung offener Vermögensfragen)

1. Anwendungsbereich des Vermögensgesetzes (VermG)

(Ausgabe Dezember 1992)

Die Regelungsinhalte des Vermögensgesetzes folgen in erster Linie den Eckwerten zur Regelung offener Vermögensfragen, auf die sich die damaligen beiden deutschen Regierungen in ihrer Gemeinsamen Erklärung vom 15. Juni 1990 verständigt haben.

Das Vermögensgesetz bezweckt nicht, sämtliche Eingriffe in das Privatvermögen, die innerhalb der letzten 40 Jahre nach dem früheren Recht der DDR vorgenommen wurden, zu korrigieren. Ausgangspunkt war, besondere Zwangsmaßnahmen im vermögensrechtlichen Bereich rückgängig zu machen bzw. auszugleichen, denen Deutsche und Ausländer, die die DDR verlassen haben oder die immer schon im Westen lebten, ausgesetzt waren.

Das Vermögensgesetz gilt auch für Vermögenswerte, die aufgrund **unlauterer Machenschaften** erlangt wurden (zB Eigentumsaufgabe zwecks Erlangung einer Ausreisegenehmigung).

Es findet auch Anwendung, wenn bebaute Grundstücke oder Gebäude aufgrund ökonomischen Zwangs in Volkseigentum überführt wurden (**„Überschuldungsfälle"**). Dabei steht eine unmittelbar bevorstehende Überschuldung einer eingetretenen Überschuldung gleich.

Das Vermögensgesetz erfaßt darüber hinaus auch verfolgungsbedingte Vermögensverluste von **Opfern der nationalsozialistischen Gewaltherrschaft.**

Auch Personen, deren Vermögen **im Zusammenhang mit rechtsstaatswidrigen Strafverfolgungsmaßnahmen** eingezogen wurde, können Ansprüche nach den Bestimmungen des Vermögensgesetzes geltend machen. Zuvor muß jedoch die Entscheidung durch das zuständige Gericht aufgehoben worden sein (vgl. Strafrechtliches Rehabilitierungsgesetz vom 29. Oktober 1992, BGBl. I S. 1814). Entsprechendes gilt für grob rechtsstaatswidrige ordnungsstrafrechtliche oder verwaltungsrechtliche Entscheidungen.

Geregelt sind auch die Ansprüche von Bürgern, deren Vermögenswerte unter **(vorläufige) staatliche oder treuhänderische Verwaltung** gestellt wurden.

Ausgangspunkt der vermögensrechtlichen Regelung ist der Grundsatz der Rückgabe (Restitution). Dieser Grundsatz wird jedoch zugunsten der **redlichen Erwerber** von Eigentum oder dinglichen Nutzungsrechten (zB die sog. Häuslebauer-Fälle) sowie in denjenigen Fällen durchbrochen, in denen die Rückgabe aus tatsächlichen oder wirtschaftlichen Gründen ausgeschlossen ist. Ist die Rückgabe nicht möglich, hat der Alteigentümer Anspruch auf Entschädigung; auch kann er anstelle der Rückgabe Entschädigung wählen. Einzelheiten, insbesondere über die Höhe der Entschädigung, sind einem gesonderten Gesetz vorbehalten, das sich in Vorbereitung befindet.

Enteignungen von Vermögenswerten auf **besatzungsrechtlicher bzw. besatzungshoheitlicher Grundlage** in der Zeit zwischen dem Ende des Zweiten Weltkrieges (8. Mai 1945) und der Gründung der DDR (7. Oktober 1949) können **nicht** rückgängig gemacht werden. Damit im Zusammenhang stehende Ansprüche fallen nicht unter das Vermögensgesetz. Hingegen richten sich verfolgungsbedingte Vermögensverluste von Opfern des NS-Regimes oder Ansprüche aufgrund aufgehobener grob rechtsstaatswidriger Entscheidungen stets nach dem Vermögensgesetz. Gleiches gilt für besatzungsrechtliche Vermögenswerte, die durch Strafurteile sowjetischer Militärtribunale eingezogen wurden, wenn die jetzt zuständigen Justizbehörden in der ehemaligen Sowjetunion diese Urteile aufgehoben haben.

Für die Beurteilung des Zeitpunkts der Enteignung kommt es auf die Rechtswirksamkeit des Enteignungsaktes und nicht auf spätere (zB grundbuchtechnische) Abwicklungsmaßnahmen an.

Das Bundesverfassungsgericht hat durch sein Urteil vom 23. April 1992 (Az.: – 1 BvR 1170/90 –) bestätigt, daß der Ausschluß der Rückübertragung in den genannten Fällen nicht gegen verfassungsrechtliche Grundsätze verstößt. Das gilt selbst für Enteignungsmaßnahmen, bei denen die einschlägigen Rechtsgrundlagen exzessiv ausgelegt oder nach rechtsstaatlichen Maßstäben willkürlich angewendet worden sind. Auch sie beruhten letztlich – selbst wenn sie unmittelbar allein von deutschen Stellen vollzogen worden sind – auf besatzungshoheitlicher Grundlage, weil der Besatzungsmacht in dieser Zeit noch die oberste Hoheitsgewalt zukam.

Gleichzeitig hat das Bundesverfassungsgericht auf die Notwendigkeit der Schaffung von Ausgleichsleistungen durch den Gesetzgeber hingewiesen. Über den Umfang dieser Leistungen sind bisher noch keine gesetzlichen Regelungen getroffen worden. Ein entsprechender Gesetzentwurf wird zur Zeit unter der Federführung des Bundesministers der Finanzen erarbeitet.

Nicht unter das Vermögensgesetz fallen ferner vermögensrechtliche Ansprüche von Ausländern, die durch entsprechende **völkerrechtliche Vereinbarungen** mit der DDR bereits geregelt wurden (Dänemark, Finnland, Österreich, Schweden).

Gegenstand eines vermögensrechtlichen Anspruches können sowohl bebaute oder unbebaute Grundstücke, Gebäude, dingliche Nutzungsrechte (zB das Recht auf Nutzung volkseigenen Bodens zur Errichtung eines Eigenheimes, Wochenendhauses oder einer Garage), Hypotheken, Grundschulden, schuldrechtliche Nutzungsrechte (zB aufgrund von Pacht-, Nutzungs- und Überlassungsverträgen) als auch das Eigentum an beweglichen Sachen aller Art sein.

Als Vermögenswerte werden auch auf Geldzahlung gerichtete Forderungen, zB aus Entschädigungsleistungen, Kontoverträgen und Sparbüchern, angesehen.

Vermögenswerte sind ferner bestehende oder frühere Inhaber- und Beteiligungsrechte an Unternehmen und Betrieben auf dem Gebiet der ehemaligen DDR sowie gewerbliche Schutz-, Urheber-, Patent-, Warenzeichen-, Verlags- oder Aufführungsrechte.

2. Vermögensrechtliche Ansprüche bei Eigentumsverlust durch rechtsstaatswidrige Strafverfahren

(Ausgabe Dezember 1992)

Personen, deren Vermögen im Zusammenhang mit rechtsstaatswidrigen Strafverfolgungsmaßnahmen eingezogen wurden, können Ansprüche auf Rückgabe oder Entschädigung nach Maßgabe der Bestimmungen des Vermögensgesetzes geltend machen. Antragsberechtigt sind auch Erben.

Voraussetzung für die zur Realisierung der vermögensrechtlichen Ansprüche notwendige Anmeldung beim zuständigen Amt bzw. Landesamt zur Regelung offener Vermögensfragen ist ein **vorheriger Antrag auf Rehabilitierung.** Dieser ist mit der Anmeldung zu belegen (zB durch Kopie des Antrages).

Der Rehabilitierungsantrag kann bis zum **31. Dezember 1994** bei jedem Gericht schriftlich oder zu Protokoll der Geschäftsstelle erklärt werden. Der Antrag ist zu begründen. Er kann auf einzelne Beschwerdepunkte beschränkt werden.

Zuständig für die Entscheidung über den Rehabilitierungsantrag ist das Bezirksgericht bzw. Landgericht, in dessen Bezirk das erstinstanzliche Straf- oder Ermittlungsverfahren durchgeführt wurde. Soweit in erster Instanz das Oberste Gericht der DDR entschieden hat, ist das Landgericht Berlin zuständig.

Antragsberechtigt sind:
- der durch die Entscheidung unmittelbar in seinen Rechten Betroffene oder dessen gesetzlicher Vertreter,
- nach dem Tode des Betroffenen: sein Ehegatte, Verwandte in gerader Linie, Geschwister oder Personen, die ein berechtigtes Interesse an der Rehabilitierung des von der rechtsstaatswidrigen Entscheidung Betroffenen haben sowie
- die Staatsanwaltschaft (Anm.: Letztere jedoch nicht, soweit der unmittelbar in seinen Rechten Betroffene widersprochen hat).

Rechtsgrundlage für die Rehabilitierung ist nach geltender Rechtslage das **Strafrechtliche Rehabilitierungsgesetz** vom 29. Oktober 1992 (1. SED-UnBerG, BGBl. I S. 1814). Danach sind auf Antrag **strafrechtliche Entscheidungen** (Urteile und andere – nicht notwendig verfahrensabschließende gerichtliche Entscheidungen, zB Haftbefehle, Eröffnungsbeschlüsse, Einweisungsbeschlüsse, Strafbefehle etc.) eines staatlichen deutschen Gerichts im Beitrittsgebiet aus der Zeit vom **8. Mai 1945 bis zum 2. Oktober 1990** für rechtsstaatswidrig zu erklären und aufzuheben (Rehabilitierung), soweit sie **mit wesentlichen Grundsätzen einer freiheitlichen rechtsstaatlichen Ordnung unvereinbar sind.**

Die nach früherer Rechtslage bestehende Trennung zwischen Rehabilitierung und Kassation wurde durch das og. Gesetz aufgehoben. Es enthält darüber hinaus eine Reihe von Regelungen, die die Gerichte von umständlichen Detailprüfungen befreien (Fälle der Regelaufhebung) und auf eine Be-

3. Eingetretene oder unmittelbar bevorstehende Überschuldung **Anhang IV/3**

schleunigung des Verfahrens zielen. Zu den Fällen der gesetzlich vorgesehenen Regelaufhebungen gehören beispielsweise Verurteilungen im Rahmen der sog. Waldheimer Prozesse.

Die Überprüfung und gegebenenfalls Aufhebung der ergangenen Entscheidung ist unabhängig davon, wie lange die Verurteilung zurückliegt, ob die verhängten Strafen und sonstigen Rechtsfolgen bereits vollstreckt wurden, zur Zeit noch vollstreckt werden oder ob keine Vollstreckung stattgefunden hat.

3. Eingetretene oder unmittelbar bevorstehende Überschuldung im Sinne des Vermögensgesetzes

(Ausgabe Februar 1994)

Die Regierungen der Bundesrepublik Deutschland und der DDR haben sich in der gemeinsamen Erklärung zur Regelung offener Vermögensfragen vom 15. 6. 1990 (Anlage III zum Einigungsvertrag vom 31. 8. 1990, BGBl. II S. 889, 1237f.) darüber geeinigt, daß Hausgrundstücke, die aufgrund ökonomischen Zwangs in Volkseigentum übernommen wurden, an den früheren Eigentümer bzw. dessen Rechtsnachfolger zurückzugeben sind. Diese Vorgabe setzt § 1 Abs. 2 des Vermögensgesetzes (VermG) um, der den Begriff des „ökonomischen Zwanges" näher beschreibt.

Die Regelungen des § 1 Abs. 2 VermG finden Anwendung, wenn ein bebautes Grundstück oder Gebäude aufgrund nicht kostendeckender Mieten und infolgedessen eingetretener oder unmittelbar bevorstehender Überschuldung durch Enteignung, Eigentumsverzicht, Schenkung oder Erbausschlagung in Volkseigentum überführt worden ist. Durch diese Regelungen sollen die – zT scheinbar freiwilligen – Eigentumsverluste erfaßt werden, die auf der staatlich verordneten Kostenunterdeckung beruhen. Dabei kann es sich zB um formal entgeltliche Geschäfte handeln, wenn das Entgelt dem Eigentümer wirtschaftlich nicht zugeflossen ist oder auch um Fälle der gezielten Überschuldung auf der Grundlage der entsprechenden Vermögens- und Preisbeschlüsse der ehemaligen DDR.

Die sich aus § 1 Abs. 2 VermG ergebenden Begriffe der „eingetretenen oder unmittelbar bevorstehenden Überschuldung" sind im Rahmen einer wirtschaftlichen Gesamtbetrachtung (vorgenommene Aufwendungen, erzielte Erträge, Grundstücksbelastungen, vorgesehene notwendige Reparaturen bzw. Instandsetzungen) auszulegen. Dies bedeutet, daß Übereignungsfälle bei glaubhaft gemachter unmittelbar bevorstehender Überschuldung ebenso behandelt werden wie die Fälle eingetretener Überschuldung durch Kreditaufnahme und Belastung über den Einheitswert des Grundstückes hinaus.

Die unmittelbar bevorstehende Überschuldung kann sich zB daraus ergeben haben, daß das Grundstück in einem Gebiet lag, für das ein Aufbauplan erstellt wurde. Damit war absehbar, daß Aufbaukredite in Anspruch genommen werden mußten. Durch diese Auslegung des § 1 Abs. 2 VermG wird verhindert, daß derjenige schlechter behandelt wird, der es zum Eintritt der konkret absehbaren Überschuldung nicht hat kommen lassen.

Das Bundesverwaltungsgericht hat in einer Entscheidung hervorgehoben, daß § 1 Abs. 2 VermG zu bejahen ist, wenn drei miteinander verknüpfte Tatbestandsmerkmale erfüllt sind. Zunächst müssen für das bebaute Grundstück oder das Gebäude in dem Zeitraum vor dem Eigentumsverlust nicht kostendeckende Mieten erzielt worden sein. Diese Kostenunterdeckung muß sodann die – bereits eingetretene oder unmittelbar bevorstehende – Überschuldung verursacht haben. Schließlich muß diese Überschuldung die wesentliche Ursache dafür gewesen sein, daß das bebaute Grundstück oder das Gebäude durch einen der in § 1 Abs. 2 VermG genannten Übereignungsfälle in Volkseigentum übernommen wurde (Urteil des Bundesverwaltungsgerichts vom 24. 6. 1993, Az. 7 C 27.92).

Der Anspruch nach § 1 Abs. 2 VermG besteht also nur, wenn durch die Enteignung, Schenkung, Erbausschlagung oder durch den Eigentumsverzicht **unmittelbar** Volkseigentum begründet worden ist. Bei einer Kette von Erbausschlagungen gilt nach jetzt herrschender Meinung derjenige als Berechtigter im Sinne des Vermögensgesetzes, welcher als **erster in der Kette** die Erbschaft ausgeschlagen hat. Dieser schließt die Erben der entfernteren Ordnungen aus, sofern seinerseits ein fristgerechter Antrag (§ 30a VermG) gestellt wurde. Hat er dies versäumt, so gilt der nächst berufene Erbe, der einen fristgerechten Antrag gestellt hat, als Berechtigter im Sinne des Vermögensgesetzes (so auch Beschluß des Bundesverwaltungsgerichts vom 27. 1. 1994, Az. 7 C 3.93 sowie Urteil des Verwaltungsgerichts Weimar vom 16. 12. 1992, Az. 1 K 170/92). Handelt es sich um eine Erbengemeinschaft, ist auch § 2a VermG in der Fassung des Registerverfahrensbeschleunigungsgesetzes vom 20. 12. 1993 zu beachten (BGBl. I S. 2182, 2223f.).

Anhang IV/4   IV. Arbeitshilfen

Ob die Voraussetzungen des § 1 Abs. 2 VermG gegeben sind, hat das zuständige Amt zur Regelung offener Vermögensfragen (ARoV) von Amts wegen zu prüfen. Dem Anspruchsteller obliegt aber eine Mitwirkungspflicht. Er sollte insbesondere alle Umstände, die für seinen Entschluß zur Aufgabe des Eigentums bestimmend waren, dem zuständigen ARoV mitteilen; unmittelbar bevorstehende dringend erforderliche Instandsetzungsarbeiten sollten möglichst genau – unter Angabe von Belegen oder anderen Beweismitteln – bezeichnet werden.

Es ist außerdem zu beachten, daß § 1 Abs. 2 VermG nur für **bebaute** Grundstücke und Gebäude, nicht jedoch für unbebaute Grundstücke gilt; sonstige Gegenstände, z. B. im Falle der Erbausschlagung zur Erbmasse gehörende anderweitige Vermögenswerte, können nicht zurückübertragen werden. Bei Grundstücken, die durch Eigentumsverzicht, Schenkung oder Erbausschlagung in Volkseigentum übernommen wurden, besteht kein Wahlrecht zwischen Rückgabe und Entschädigung; ist die Rückgabe dieser Grundstücke ausgeschlossen, besteht kein Anspruch auf Entschädigung (§§ 8 Abs. 1 Satz 2, 9 Abs. 1 Satz 2 VermG).

4. Behandlung von Bodenreformland nach dem Vermögensgesetz

(Ausgabe Mai 1994)

1. Entwicklung von 1945 bis 1990

Bei dem sogenannten Bodenreformland handelt es sich um landwirtschaftlich genutzten Grund und Boden, der mit der sogenannten „demokratischen Bodenreform" des Jahres 1945 aus dem staatlichen Bodenfonds im Wege der „Aufsiedlung" an Neubauern, d. h. an landlose oder landarme Bauern, Landarbeiter, Vertriebene aus den ehemaligen deutschen Ostgebieten, Kleinpächter, Arbeiter, Handwerker etc. verteilt worden war. Dieses später üblicherweise als „Arbeitseigentum" bezeichnete Bodenreformeigentum war kein vollwertiges Eigentum im Sinne des § 903 BGB. Denn es war zweckgebunden (nämlich an die Bewirtschaftung des Grund und Bodens geknüpft), unverkäuflich, unverpachtbar, unbelastbar und nur beschränkt vererblich (vgl. Artikel VI Nr. 1 der Bodenreformverordnung bzw. -gesetze der Länder). Das Grundbuch enthält in Abt. II einen Bodenreform-Vermerk.

Konnte ein Bodenreform-Eigentümer das ihm übergebene Land infolge Tod, Krankheit oder aus Altersgründen nicht mehr zweckentsprechend bewirtschaften, so fiel es wieder an den Bodenfonds zurück und wurde neu vergeben bzw. als Volkseigentum an Landwirtschaftliche Produktionsgenossenschaften/Volkseigene Güter zur Nutzung oder Rechtsträgerschaft übertragen.

Der Besitzwechsel wurde je nach zeitlicher Lage des Falles auf der Grundlage einer der Besitzwechselverordnungen vorgenommen:

– „Verordnung über die Auseinandersetzung bei Besitzwechsel von Bauernwirtschaften aus der Bodenreform" vom 21. Juni 1951 (GBl. Nr. 78 S. 629);
– „Verordnung über die Änderung der Verordnung über die Auseinandersetzung bei Besitzwechsel von Bauernwirtschaften aus der Bodenreform" vom 23. August 1956 (GBl. I Nr. 77 S. 685);
– „Verordnung über die Durchführung des Besitzwechsels bei Bodenreformgrundstücken" vom 7. August 1975 (GBl. I Nr. 35 S. 629);
– „Zweite Verordnung über die Durchführung des Besitzwechsels bei Bodenreformgrundstücken" vom 7. Januar 1988 (GBl. I Nr. 3 S. 25).

Das mit der Bodenreform übergebene Land mußte zurückgegeben werden. Die gezahlten Kaufpreisraten (gemäß Artikel VI der Bodenreformverordnungen der Länder) galten als durch die Nutzung abgegolten. Inventar, das mit dem Bodenreformland unentgeltlich zur Verfügung gestellt worden war bzw. entsprechendes Ersatzinventar mußte zurückgegeben werden. Für sonstiges lebendes und totes Inventar, Vorräte und Düngemittel, die in der Wirtschaft zurückgelassen werden mußten, erhielt der Abgebende den Zeitwert erstattet. Ebenfalls erstattet wurde der Wertzuwachs der Wirtschaft aus nachweisbaren notwendigen Aufwendungen aus privaten Mitteln für Neubauten, Instandsetzungen und für den Ausbau von Gebäuden nach dem jeweiligen Zeitwert.

Wurde die Bodenreformwirtschaft durch Beschluß der Landesbodenkommission (später des Rates des Bezirkes) aus Gründen, die in der Person des Bauern lagen, entzogen, ging der Betreffende aller seiner Erstattungs- und sonstiger Ansprüche verlustig. Das gleiche galt, wenn ein Bauer seine Neubauernwirtschaft ohne ordnungsgemäße Rückgabe verlassen hatte. Von diesen Konsequenzen waren alle Bauern gleichermaßen betroffen, egal, ob es sich dabei um einen sogenannten „Fluchtfall" handelte oder um einen Ortswechsel innerhalb der damaligen DDR.

4. Behandlung von Bodenreformland nach dem Vermögensgesetz Anhang IV/4

2. Entwicklung seit 1990

Das Gesetz über die Rechte der Eigentümer von Grundstücken aus der Bodenreform vom 6. März 1990 (GBl. I Nr. 17 S. 134) beseitigte die in Rechtsvorschriften (Besitzwechselverordnungen) enthaltenen, oben dargelegten Verfügungsbeschränkungen und unterstellte das Bodenreformland den Bestimmungen des Zivilgesetzbuches der DDR. Das hatte zur Folge, daß die Inhaber von Bodenreformland nunmehr Volleigentum erhielten. Das Gesetz regelte aber nicht, ob und unter welchen Voraussetzungen ein betreffendes Bodenreformgrundstück dem Erben eines ehemaligen Neubauern oder dem Staat (Bodenfonds) zusteht. Diese Fälle wurden im Rahmen des Zweiten Vermögensrechtsänderungsgesetzes geregelt, Artikel 233 §§ 11–16 Einführungsgesetz zum BGB (BGBl. 1992 Teil I S. 1257, 1278 ff.), zuletzt geändert durch das Registerverfahrenbeschleunigungsgesetz vom 20. Dezember 1993 (BGBl. I S.2182, 2214 f.). Die betreffenden Bodenreformgrundstücke sollen denjenigen zukommen, denen sie nach den früheren DDR-Vorschriften zugestanden hätten. Die genannten Regelungen zur Abwicklung der Bodenreform lassen die Bestimmungen des Gesetzes zur Regelung offener Vermögensfragen (Vermögensgesetz – VermG) unberührt.

Das Vermögensgesetz kann nicht sämtliche Eingriffe in das Privatvermögen, die innerhalb der letzten 40 Jahre nach dem früheren Recht der DDR vorgenommen wurden, rückgängig machen; es muß sich darauf beschränken, in besonderer Weise diskriminierende Zwangsmaßnahmen zu beseitigen oder auszugleichen (hauptsächlich Teilungsunrecht). Die Anwendung der Rückfallklausel bei Bodenreformeigentum ist regelmäßig keine solche Zwangsmaßnahme und damit keine Enteignungsmaßnahme im Sinne des § 1 Abs. 1 Buchst. a VermG. Ein Anspruch auf Restitution oder Entschädigung für den Verlust von Bodenreformeigentum ist in Fällen dieser Art grundsätzlich ausgeschlossen.

Führte folglich der auf allen DDR-Bewohnern gleichermaßen lastende Druck der politischen, gesellschaftlichen und wirtschaftlichen Verhältnisse zum Verlassen der Neubauernwirtschaft, so ist eine Anwendung des Vermögensgesetzes nicht möglich. Das dürfte insbesondere auch auf die bis 1961 durchgeführten Aktionen zur Kollektivierung der Landwirtschaft zutreffen, bei denen die Bauern zum Teil zwar zur Mitgliedschaft in einer Genossenschaft genötigt wurden, jedoch rechtlich Inhaber ihres Grund und Bodens blieben.

Grundsätzlich werden vermögensrechtliche Ansprüche danach nur bei unlauteren Machenschaften (§ 1 Abs. 3 VermG) oder jetzt aufgehobenen grobrechtsstaatswidrigen Strafurteilen (§ 1 Abs. 7 VermG) in Erwägung gezogen werden können. Dies gilt insbesondere für Fälle, in denen für Bodenreformeigentümer nachweislich eine akute Gefahr für Leben und/oder Gesundheit durch drohende Unrechtshandlungen staatlicher Stellen bestand oder in denen er – trotz vorhandenen Willens zur Weiterbetreibung seiner Wirtschaft – durch Machtmißbrauch, Nötigung oder ähnlich zu wertende Maßnahmen gezwungen wurde, Rückgabeerklärungen und/oder Verzichtserklärungen auf Wertstattung abzugeben oder das Dorf zu verlassen. Die Ausübung des Drucks oder Zwangs auf den Neubauern muß sich immer auf die Rückgabe des Grundstücks beziehen, wenn die Tatbestandsvoraussetzungen des § 1 Abs. 3 VermG gegeben sein sollen. Für Gewaltanwendung bzw. Nötigung gilt folgendes Beispiel: Ein Neubauer wurde aus politischen Gründen inhaftiert und während der Untersuchungshaft wurde ihm eine Rückgabeerklärung auf seine Bodenreformwirtschaft abgenötigt. Danach verstarb er, ohne daß ein Ermittlungsverfahren abgeschlossen bzw. ein Urteil ausgesprochen war.

Wurde nach dem Tod eines DDR-Neubauern sein Bodenreformgrundstück in den staatlichen Bodenfonds zurückgeführt, liegt darin keine entschädigungslose Enteignung seiner Erben, da das Bodenreformeigentum persönliches Arbeitseigentum des Neubauern war, das nur mit staatlicher Genehmigung auf einen entsprechend qualifizierten Erben oder sonstigen Dritten übertragen werden konnte (Urteil des Bundesverwaltungsgerichts vom 25. Feburar 1994, Az. 7 C 32/92).

Im Falle des Verlassens einer Neubauernwirtschaft/Grundstücks bleibt in einer Einzelfallprüfung durch das zuständige Landesamt zur Regelung offener Vermögensfragen bzw. durch das zuständige Amt zur Regelung offener Vermögensfragen zu untersuchen, ob zwischen dem Verlassen der Neubauernwirtschaft, der festzustellenden akuten personenbezogenen Gefahr und dem Verlust der Neubauernwirtschaft ein zeitlicher und sachlicher Kausalzusammenhang bestand.

5. Auswirkungen der Rückgabe auf bestehende Mietverhältnisse

(Ausgabe August 1993)

1. Bleibt mein Mietvertrag wirksam, wenn das Hausgrundstück an den Alteigentümer zurückübertragen wird? Wie ist die Rechtslage bei vormals staatlich verwalteten Grundstücken?

Bestehende Miet- oder Nutzungsrechtsverhältnisse werden durch die Rückübertragung von Grundstücken und Gebäuden oder durch die Beendigung der staatlichen Verwaltung nicht berührt; sie haben also nach wie vor Bestand, §§ 16 und 17 des Gesetzes zur Regelung offener Vermögensfragen (VermG). Der Alteigentümer kann demnach vom Mieter zB nicht den Abschluß eines neuen Vertrages verlangen!

Eine Ausnahme besteht nur in den Fällen, in denen der Mieter bei Abschluß des Vertrages unredlich i. S. des § 4 Abs. 3 VermG gewesen ist. Dann hebt das Amt zur Regelung offener Vermögensfragen (ARoV) das Mietverhältnis mit dem Bescheid über die Rückübertragung auf. Dies gilt auch im Falle der Beendigung der staatlichen Verwaltung. Die Entscheidung muß dem Mieter zugestellt werden, § 33 Abs. 3 VermG. Solange Sie als Mieter von dem Amt nichts hören, können Sie davon ausgehen, daß Sie **nicht** zu diesen Ausnahmefällen gehören.

Wichtig: Der Alteigentümer tritt erst mit der Bestandskraft des Rückübertragungsbescheides in die bestehenden Mietverträge ein. Bestandskräftig ist der Bescheid, wenn keine Rechtsbehelfe mehr möglich sind. Bis dahin sind Vermieter weiterhin die Wohnungsgesellschaften (frühere VEB KWV/GW).

Bei ehemals staatlich verwalteten Hausgrundstücken werden die bestehenden Mietverhältnisse seit dem 1. Januar 1993 ohne inhaltliche Änderung mit dem Eigentümer fortgesetzt.

2. Werde ich rechtzeitig über die Rückübertragung an den Alteigentümer unterrichtet? Welche Folgen ergeben sich für mich aus dem Eigentümerwechsel?

Das ARoV hat Mieter, deren rechtliche Interessen durch den Ausgang des Verfahrens berührt werden können, über die Antragstellung zu **informieren** und zu dem weiteren Verfahren **hinzuzuziehen**, § 31 Abs. 2 VermG.

In vielen Fällen wird sich aber auch der Alteigentümer selbst an die Mieter wenden. Dem Alteigentümer stehen aber erst mit Bestandskraft des Rückübertragungsbescheides (siehe Frage 1) alle Rechte und Pflichten eines Vermieters zu. Auch die Miete ist erst ab diesem Zeitpunkt an den neuen Eigentümer zu zahlen. Um sicher zu gehen, lassen Sie sich von diesem den Rückübertragungsbescheid vorlegen (Kopie aufbewahren!) und für den Fall, daß Ihnen gegenüber eine vom Eigentümer bevollmächtigte Person auftritt, dessen Vollmacht. Haben Sie dennoch berechtigte Zweifel an der Person, die Ihnen gegenüber als Vermieter auftritt, sollten Sie die Miete bei dem für ihren Wohnsitz zuständigen Amtsgericht (ggf. noch Kreisgericht) hinterlegen.

Zu den **Auswirkungen der Rückgabe auf Mietverhältnisse bei Beendigung der staatlichen Verwaltung** wird auf das Merkblatt Nr. 11 verwiesen.

3. Ich bin Mieter in einem Einfamilienhaus, für das ein Rückübertragungsanspruch gestellt wurde. Welche Möglichkeit habe ich grundsätzlich, das Hausgrundstück zu erwerben?

Nach § 20 Abs. 1 VermG wird Mietern und Nutzern von Ein- und Zweifamilienhäusern sowie von Grundstücken zu Erholungszwecken, die staatlich verwaltet wurden oder auf die ein Anspruch auf Rückübertragung besteht, **auf Antrag ein Vorkaufsrecht eingeräumt** – vorausgesetzt, der Mieter war bei Abschluß des Vertrages redlich iS des VermG. Der Antrag ist bei dem ARoV zu stellen, das für die Entscheidung über den Rückübertragungsanspruch zuständig ist. Bei vormals staatlich verwalteten Grundstücken ist das Vorkaufsrecht bei dem ARoV zu beantragen, in dessen Bezirk der Vermögenswert belegen ist. Der Antrag kann auch noch nach Ablauf der Ausschlußfrist (grds. 31. Dezember 1992, § 30a VermG) gestellt werden.

5. Auswirkungen der Rückgabe auf bestehende Mietverhältnisse **Anhang IV/5**

Aufgrund des Vorkaufsrechtes, das im Grundbuch eingetragen wird, ist der Mieter berechtigt, in einen zwischen dem Eigentümer und einem Dritten geschlossenen Kaufvertrag einzutreten (siehe auch Frage 4).

4. Ich möchte das für mich als Mieter im Grundbuch eingetragene Vorkaufsrecht ausüben. Wer setzt den Kaufpreis fest und wonach bestimmt sich dieser?

Wenn im Grundbuch ein Vorkaufsrecht des Mieters (siehe Frage 3) eingetragen ist, ist dieser berechtigt, in den Vertrag des Eigentümers mit einem Dritten einzutreten.

Beispiel: Herrn Müller ist ein Grundstück mit einem Zweifamilienhaus rückübertragen worden. Frau Schulz ist Mieterin in dem Haus und hat zu ihren Gunsten ein Vorkaufsrecht eintragen lassen. Herr Müller will das Haus verkaufen und hat mit Frau Meier einen Kaufvertrag zum Kaufpreis von 150000,- DM geschlossen.

Frau Schulz kann nun gegenüber Herrn Müller erklären, daß sie von ihrem Vorkaufsrecht Gebrauch machen will. Durch diese Erklärung kommt zwischen Frau Schulz und Herrn Müller ein Kaufvertrag zustande, der den gleichen Inhalt hat, wie der Vertrag zwischen Herrn Müller und Frau Meier. Frau Schulz kann das Haus also zu den gleichen Bedingungen kaufen, die Frau Meier vereinbart hat.

Gesetzliche Bestimmungen zur Höhe des Kaufpreises gibt es nicht. Dieser richtet sich vielmehr nach Angebot und Nachfrage. Die Höhe des Kaufpreises kann daher zwischen Frau Meier und Herrn Müller frei ausgehandelt werden.

Wie hoch der Kaufpreis ist, zu dem ein Mieter sein Vorkaufsrecht ausüben kann, hängt somit davon ab, wieviel ein anderer Interessent für das Hausgrundstück zahlen will.

Für den Grundstückseigentümer als Verkäufer empfiehlt es sich, in den Kaufvertrag mit dem Dritten eine Klausel aufzunehmen, daß der Kaufvertrag unter der Bedingung steht, daß der Vorkaufsberechtigte von seinem Vorkaufsrecht keinen Gebrauch macht. Geschieht dies nicht, besteht die Gefahr von Schadensersatzansprüchen des Dritten gegen den Verkäufer.

Der Vorkaufsberechtigte hat keinen Rechtsanspruch, im Rahmen der Ausübung des Vorkaufsrechts Vertragsänderungen zu verlangen.

5. Kann der Vermieter wegen „Eigenbedarfs" kündigen?

Durch die Regelungen des Einigungsvertrages ist festgelegt, daß seit dem 3. Oktober 1990 in den neuen Bundesländern auch im Bereich des Mietrechtes grundsätzlich die Bestimmungen des Bundesrechtes gelten. Es gibt allerdings eine Reihe von Einschränkungen und Übergangsregelungen.

So sind insbesondere Eigenbedarfskündigungen bei **vor dem 3. Oktober 1990 abgeschlossenen Mietverträgen grundsätzlich bis zum 31. Dezember 1995 ausgeschlossen,** Artikel 232 § 2 Abs. 3 Einführungsgesetz zum Bürgerlichen Gesetzbuch (-EGBGB-, BGBl. 1992 I S. 2117).

Ausnahmsweise kann der Vermieter nach der genannten Vorschrift bereits vor Ablauf dieser Wartefrist ein bestehendes Mietverhältnis kündigen,

„1. wenn die Räume dem Vermieter durch nicht zu rechtfertigende Zwangsmaßnahmen oder durch Machtmißbrauch, Korruption, Nötigung oder Täuschung seitens staatlicher Stellen oder Dritter entzogen worden sind,
2. wenn der Mieter bei Abschluß des Vertrages nicht redlich im Sinne des § 4 Abs. 3 des Vermögensgesetzes gewesen ist oder
3. wenn der Ausschluß des Kündigungsrechts dem Vermieter angesichts seines Wohnbedarfs und seiner sonstigen berechtigten Interessen auch unter Würdigung der Interessen des Mieters nicht zugemutet werden kann."

Selbst dann, wenn der Vermieter ein berechtigtes Interesse an der Beendigung des Mietverhältnisses hat, bedeutet dies noch nicht, daß der Mieter in jedem Falle ausziehen muß. Der Mieter kann der Kündigung widersprechen, wenn die Beendigung des Mietverhältnisses für ihn oder seine Familie eine Härte bedeuten würde, die auch unter Würdigung der berechtigten Interessen des Vermieters nicht zu rechtfertigen ist. Ein derartiger Härtefall kann zB vorliegen, wenn angemessener Ersatzwohnraum zu zumutbaren Bedingungen nicht beschafft werden kann oder dem Mieter der Umzug aus Altersgründen, wegen schwerer Krankheit oder Behinderung nicht zuzumuten ist.

Mit der seit dem 22. Dezember 1992 geltenden Änderung des Artikels 232 § 2 Abs. 5 EGBGB (BGBl. I 1992 S. 2116) wurde der **gewerbliche Mieterschutz** in den neuen Ländern verlängert.

Anhang IV/5

Der Mieter kann einer bis zum **31. Dezember 1994** erklärten Kündigung eines Mietverhältnisses über Geschäftsräume oder gewerblich genutzte unbebaute Grundstücke widersprechen (siehe dazu auch Frage 7).

6. Gibt es Sonderregelungen für Mieter von sog. Einliegerwohnungen?

Von einer Einliegerwohnung spricht man, wenn es sich um ein **Wohngebäude mit nicht mehr als zwei Wohnungen** handelt und der **Vermieter selbst eine dieser Wohnungen bewohnt**. Unerheblich ist, ob die Wohneinheiten jeweils in sich abgeschlossen sind. Die überlassenen Räume müssen allerdings über die für die Führung eines selbständigen Haushaltes notwendigen Einrichtungen (insbesondere Wasser- und Energieanschluß, Kochgelegenheit) verfügen.

Bei Einliegerwohnungen ist der **Kündigungsschutz** wegen der besonderen Situation, die sich aus dem engen Zusammenwohnen von Vermieter und Mieter ergibt, **eingeschränkt**. Eigenbedarfskündigungen sind zwar auch hier bei Altverträgen im Beitrittsgebiet bis zum 31. Dezember 1995 grundsätzlich ausgeschlossen. Vor Ablauf dieser Wartefrist kann der Vermieter aber zB kündigen, wenn ihm die Fortsetzung des Mietverhältnisses wegen seines Wohn- oder Instandsetzungsbedarfs oder sonstiger Interessen nicht zugemutet werden kann, Artikel 232 § 2 Abs. 3 EGBGB (BGBl. 1992 I S. 2117).

Unerhebliche Spannungen infolge der räumlichen Verhältnisse reichen allerdings nicht aus! Die Widerspruchsmöglichkeit des Mieters (so. Frage 5) ist auch hier gegeben.

7. Welche Sonderregelungen gelten für Mietverhältnisse über Geschäftsräume?

Grundsätzlich gelten auch für Geschäftsräume die Mietvorschriften des Bürgerlichen Gesetzbuches. In den neuen Bundesländern gilt dies uneingeschränkt für alle Mietverträge über Geschäftsräume, **die seit dem 3. Oktober 1990** abgeschlossen worden sind. Die Kündigung ist grundsätzlich an keine besonderen Voraussetzungen gebunden. Geschäftsräume unterliegen also nicht dem für Wohnräume gewährleisteten Kündigungsschutz (siehe dazu Fragen 5 und 6).

Sonderregelungen gelten für sog. Altverträge, dh. für **vor dem 3. Oktober 1990** zustandegekommene Mietverhältnisse. Hier kann der Mieter grundsätzlich einer bis zum 31. Dezember 1994 erklärten Kündigung eines Mietverhältnisses über Geschäftsräume oder gewerblich genutzte unbebaute Grundstücke widersprechen und unter den Voraussetzungen des Artikels 232 § 2 Abs. 5 EGBGB (BGBl. 1992 I S. 2116) vom Vermieter die Fortsetzung des Mietverhältnisses verlangen, wenn die Kündigung für ihn eine erhebliche Gefährdung seiner wirtschaftlichen Lebensgrundlage mit sich bringt.

Bei Schwierigkeiten im Einzelfall empfiehlt es sich, die Hilfe eines Rechtsanwaltes oder einer Beratungsstelle in Anspruch zu nehmen.

8. Kann der Vermieter die Miete für meine Wohnung erhöhen?

Nach den Bestimmungen des Einigungsvertrages galt die Preisverordnung vom 25. Juni 1990 für die **vor dem 3. Oktober 1990 erstellten Wohnungen** bis längstens zum 31. Dezember 1991. Von der zugleich eingeräumten Möglichkeit, die Mieten im Beitrittsgebiet unter Berücksichtigung der Einkommensentwicklung durch Rechtsverordnung zu erhöhen, hat die Bundesregierung zwischenzeitlich Gebrauch gemacht:

Aufgrund der **Ersten Grundmietenverordnung vom 17. Juni 1991** (BGBl. 1991 I S. 1269) konnte der höchstzulässige Mietzins je m^2 Wohnfläche zum 1. Oktober 1991 um durchschnittlich 1,00 DM erhöht werden. Eine weitere Erhöhungsmöglichkeit um durchschnittlich 1,20 DM pro m^2 Wohnfläche zum 1. Januar 1993 wurde durch die **Zweite Grundmietenverordnung vom 27. Juli 1992** (BGBl. 1992 I S. 1416) festgelegt.

Unabhängig davon kann der Vermieter seit dem 1. Oktober 1991 auch im Beitrittsgebiet die Betriebskosten (zB Kosten der Heizung und Warmwasserversorgung, Müllabfuhr, Grundsteuer) nach den Vorschriften der **Betriebskosten-Umlageverordnung vom 17. Juni 1990** (BGBl. 1990 I S. 1270) durch schriftliche Erklärung anteilig auf den Mieter umlegen.

Für Wohnraum, der **ab dem 3. Oktober 1990** ohne direkte staatliche Fördermittel **fertiggestellt** wurde, gelten keine Preisbindungen. Bei Vertragsabschluß kann der Mietzins zwischen dem Vermieter und dem Mieter frei vereinbart werden. Mieterhöhungen sind im Rahmen der gesetzlichen Vorschriften zulässig.

6. Behandlung von „Überlassungsverträgen"

6. Behandlung von Überlassungsverträgen über Wohngrundstücke

(Ausgabe Mai 1994)

Da die mit der Mieterhöhung verbundenen rechtlichen Fragestellungen zum Teil sehr kompliziert sind, kann es im Einzelfall geboten sein, die Hilfe eines Rechtsanwaltes oder einer Beratungsstelle in Anspruch zu nehmen.

In der ehemaligen DDR wurden in der Zeit von 1963-1975 auch Überlassungsverträge über Grundstücke mit Gebäuden für Wohnzwecke abgeschlossen (Wohngrundstücke). Mitunter wurden solche Gebäude nach Vertragsabschluß vom Nutzer durch Neubau errichtet oder durch Um- und Ausbau in ihrer Nutzungsfläche vergrößert. Die Verträge betrafen sogenannte Westgrundstücke, die unter staatlicher Verwaltung standen. Für den westlichen Eigentümer, der sein Grundstück nicht selbst verwalten durfte, nahm ein staatlicher Verwalter diese Befugnis wahr, der auch den Überlassungsvertrag mit dem Nutzer ohne Zustimmung des Eigentümers, allein aufgrund der ihm durch Vorschriften der ehemaligen DDR eingeräumten Kompetenz, abgeschlossen hat.

Der Nutzer hatte nach dem Überlassungsvertrag vorhandenen Aufwuchs, Mobiliar sowie andere bewegliche Vermögenswerte auf der Basis eines Wertgutachtens käuflich zu erwerben. Für den Grund und Boden, existierende Gebäude sowie Grundstückseinrichtungen wurden ebenfalls Werte nach damals geltenden Preisbestimmungen ermittelt, die der Nutzer an den staatlichen Verwalter zu zahlen hatte. Dieser verwendete den Betrag zur Begleichung von Verbindlichkeiten des Eigentümers sowie zur Ablösung vorhandener Grundstücksbelastungen und zahlte den Restbetrag auf ein in der Regel bei der örtlichen Sparkasse geführtes Hinterlegungskonto ein, das mit ca. 3% verzinst wurde.

Überlassungsverträge über Wohngrundstücke gelten auch nach dem Beitritt der DDR zur Bundesrepublik Deutschland sowie nach Aufhebung bzw. Beendigung der staatlichen Verwaltung über die betreffenden Grundstücke rechtlich fort (Artikel 232 § 1 Einführungsgesetz zum BGB – EGBGB –). Das Registerverfahrenbeschleunigungsgesetz vom 20. Dezember 1993 (BGBl. I S. 2182, 2212) hat nochmals ausdrücklich klargestellt, daß Überlassungsverträge rechtswirksam sind (Artikel 232 § 1a EGBGB).

War der Nutzer jedoch bei Abschluß des Überlassungsvertrages nicht redlich im Sinne des § 4 Abs. 3 des Gesetzes zur Regelung offener Vermögensfragen – VermG –, so ist das Rechtsverhältnis auf Antrag des Eigentümers durch das örtlich zuständige Amt zur Regelung offener Vermögensfragen aufzuheben (§ 17 VermG). Dabei ist auch zu beachten, daß allein die Kenntnis darüber, daß der von staatlichen Stellen oder in ihrem Auftrag vorgenommene Abschluß eines Überlassungsvertrages über ein Wohngrundstück ohne Einwilligung des Eigentümers erfolgte, noch nicht die Unredlichkeit des Nutzers begründet. Hinzukommen muß eine der 3 Fallgruppen des § 4 Abs. 3 VermG, insbesondere ihr gemeinsames Merkmal, nämlich die sittlich anstößige Manipulation beim Vertragsabschluß. Der Aufhebungsantrag kann jedoch nur noch bis zum 24. Juni 1994 gestellt werden (§ 30a Abs. 2 bis 4 VermG).

Für Überlassungsverträge über Wohngrundstücke gilt außerdem das zunächst bis zum 31. Dezember 1994 befristete Moratorium des Zweiten Vermögensrechtsänderungsgesetzes vom 14. Juli 1992 (BGBl. I S. 1257, 1275). Das mit dem Moratorium geschaffene befristete gesetzliche Besitzrecht soll verhindern, daß während der Zeit, die bis zum Inkrafttreten des Sachenrechtsbereinigungsgesetzes verstreicht, unumkehrbare Fakten geschaffen werden. Nach dem Moratorium ist der Nutzer weiterhin zum Besitz und zur Nutzung des Wohngrundstückes berechtigt und auch vor Zwangsräumungen geschützt. Das Moratorium beinhaltet gleichzeitig einen Schutz für den Nutzer, dessen Überlassungsvertrag befristet ist (z.B. 20–30 Jahre) und bereits ausgelaufen ist oder 1994 auslaufen würde.

Die Rechte und Pflichten der Vertragspartner (Nutzer und Grundstückseigentümer) ergeben sich im einzelnen aus den genannten Rechtsvorschriften sowie dem konkreten Überlassungsvertrag und den allgemeinen zivilrechtlichen Bestimmungen über Verträge. Danach kann z.B. der Nutzer nicht gezwungen werden, einen neuen Vertrag abzuschließen oder ein bestimmtes Nutzungsentgelt zu zahlen. Die Nutzungsentgeltverordnung vom 22. Juli 1993 (BGBl. I S. 1339) findet für Überlassungsverträge keine Anwendung.

Überlassungsverträge über Wohngrundstücke werden im Rahmen des Sachenrechtsbereinigungsgesetzes, das voraussichtlich am 1. Juli 1994 in Kraft treten soll, sowie des Schuldrechtsanpassungsgesetzes, das voraussichtlich am 1. Januar 1995 in Kraft treten wird, abschließend geregelt.

Hat der Nutzer aufgrund eines Überlassungsvertrages ein neues Gebäude errichtet oder **wesentliche bauliche Investitionen** in ein überlassenes Gebäude vorgenommen (Vergrößerung der Nutzfläche um mehr als 50% oder bauliche Investitionen, die den Gebäudezeitwert um 50% überschritten haben), soll er die im Entwurf des Sachenrechtsbereinigungsgesetzes vorgesehenen Ansprüche verfolgen können. Diese Ansprüche, zwischen denen der Nutzer in der Regel ein Wahlrecht haben soll, richten sich auf die Bestellung eines Erbbaurechts oder den Ankauf des Grundstückes.

Wurden **keine wesentlichen baulichen Investitionen** an den Wohngrundstücken getätigt, ist die Rechtsstellung des Nutzers mit der eines Wohnungsmieters vergleichbar. Diese Fälle werden daher im Rahmen des Schuldrechtsanpassungsgesetzes mit geregelt. Der Nutzer (Überlassungsnehmer) soll vom Inkrafttreten dieses Gesetzes an einen angemessenen Mietzins zahlen, dessen Höhe sich nach den im Beitrittsgebiet geltenden mietpreisrechtlichen Bestimmungen richtet. Kündigungen des Grundstückseigentümers sollen bis zum 31. Dezember 1995 ausgeschlossen und bis zum 31. Dezember 2000 nur möglich sein, wenn er das Gebäude zu Wohnzwecken für sich, die zu seinem Hausstand gehörenden Personen oder seine Familienangehörigen benötigt und ihm der Ausschluß des Kündigungsrechts nicht zugemutet werden kann.

Die genannten Gesetzentwürfe enthalten auch Regelungen zur Abwicklung der Überlassungsverträge hinsichtlich der öffentlichen Lasten des Grundstücks, der Auskehr der bei Vertragsabschluß hinterlegten Beträge, der abgelösten Verbindlichkeiten des Grundstückseigentümers, des Ersatzes für vogenommene Wertverbesserungen und anderer Fragen.

Unabhängig davon sind zu den dargelegten Fragen **jederzeit** einvernehmliche Regelungen zwischen dem Nutzer und dem Eigentümer möglich.

7. Zugewiesene Nutzungsrechte an früher genossenschaftlich genutztem Boden

(Ausgabe Februar 1994)

In der Vergangenheit haben viele Personen auf einer ursprünglich von einer LPG bewirtschafteten Fläche ein Nutzungsrecht gemäß §§ 291 ff. Zivilgesetzbuch der DDR (ZGB) eingeräumt bekommen und im Vertrauen darauf ein Eigenheim errichtet. Liegt dieser Fall vor, so steht dem Eigenheimbesitzer am Grund und Boden ein Nutzungsrecht und am Gebäude selbst Eigentum zu. Daran hat sich durch den am 3. Oktober 1990 erfolgten Beitritt der DDR zur Bundesrepublik Deutschland nichts geändert, wenn die Betroffenen das Nutzungsrecht redlich erworben haben.

Diese Nutzungsrechte sind aufgrund der Regelungen des Einigungsvertrages **in ihrem Bestand geschützt und bleiben in Rang und Inhalt bestehen** (Artikel 233 § 3 Abs. 1 Einführungsgesetz zum Bürgerlichen Gesetzbuch – EGBGB –, BGBl. 1990 II S. 945).

Die Nutzer bleiben demnach zur Zeit weiterhin zur bisherigen – ggf. unentgeltlichen – Nutzung des Grundstückes berechtigt. Der Eigentümer der Bodenfläche ist mithin in seinen Eigentumsbefugnissen weitgehend eingeschränkt. Für ihn besteht zumindest derzeit praktisch keine Möglichkeit, das Grundeigentum wirtschaftlich zu nutzen. Insbesondere kann er nach jetziger Rechtslage die Nutzer nicht zum Abschluß von Pachtverträgen zwingen.

Allerdings hat sich der Gesetzgeber eine spätere Bereinigung derartiger Rechtsverhältnisse bzw. ihre Anpassung an das Bürgerliche Gesetzbuch und seine Nebengesetze vorbehalten. In den zuständigen Ressorts der Bundesregierung wird gegenwärtig unter der Federführung des Bundesministeriums der Justiz an dem entsprechenden **Sachenrechtsbereinigungsgesetz** gearbeitet, mit dem sowohl für Grundstückseigentümer als auch für Eigenheimbauer eine beiderseits sozialverträgliche Regelung geschaffen werden soll.

Für diejenigen Fälle, in denen fremde Grundstücke ohne vergleichbare rechtliche Absicherung allein mit Billigung staatlicher Stellen bebaut wurden, gilt das sogenannte **Moratorium** des 2. Vermögensrechtsänderungsgesetzes (2. VermRÄndG) vom 14. Juli 1992 (Artikel 233 § 2a Abs. 1 lit. a EGBGB, BGBl. I S. 1257, 1275 f.). Danach ist zum Besitz berechtigt, wer „das Grundstück bis zum Ablauf des 2. Oktober 1990 aufgrund einer bestandskräftigen Baugenehmigung oder sonst entsprechend den Rechtsvorschriften mit Billigung staatlicher oder gesellschaftlicher Organe mit Gebäuden oder Anlagen bebaut oder zu bebauen begonnen hat und bei Inkrafttreten dieser Vorschrift (Anm. d. Red.: 22. Juli 1992) selbst nutzt". Dieses Besitzrecht gilt vorerst längstens bis zum Ablauf des 31. Dezember 1994. Eine endgültige Klärung wird ebenfalls das vorgenannte Sachenrechtsbereinigungsgesetz schaffen. Das Moratorium gilt **nicht** für Nutzungen zur Erholung, Freizeitgestaltung oder zu ähnlichen persönlichen Bedürfnissen (Art. 233 § 2a Abs. 7 EGBGB).

Hinzuweisen ist auch auf die Möglichkeit des **Flurneuordnungsverfahrens nach § 64 des Landwirtschaftsanpassungsgesetzes** in der Fassung der Bekanntmachung vom 3. Juli 1991 (BGBl. I

S. 1418, 1428), das zuletzt durch Artikel 10 des 2. VermRÄndG (BGBl. 1992 I S 1257, 1283) geändert worden ist. Danach kann auf Antrag des Eigentümers des Grundstückes oder des Gebäudeeigentümers das Eigentum an der Fläche neu geordnet werden. Die bisherigen Rechte bleiben bis zum Abschluß des Verfahrens bestehen.

Der Zuerwerb des Grundstückes durch Kauf vom Eigentümer ist bereits nach derzeitiger Rechtslage möglich. Er setzt in jedem Fall voraus, daß sich beide Seiten über den Kaufpreis einigen. Sie werden dabei zumeist vom Verkehrswert des Grundstückes ausgehen. Bei seiner Ermittlung sollte das rechtsbeständige, meist unbefristete Nutzungsrecht nicht außer acht bleiben. Der Verkehrswert eines solchen Grundstückes ist **nicht vergleichbar** mit dem eines baureifen, nicht mit einem Nutzungsrecht belasteten Grundstück. Auf Preisvorstellungen des Eigentümers, die sich nur an unbelasteten Grundstücken orientieren, braucht sich der Nutzungsberechtigte daher nicht einzulassen.

8. Verliehene Nutzungsrechte an vormals volkseigenem Boden

(Ausgabe Mai 1994)

In der Vergangenheit ist vielen Bürgern ein dingliches Nutzungsrecht gemäß §§ 287 ff. Zivilgesetzbuch der DDR (ZGB), insbesondere für den Bau von Eigenheimen, eingeräumt worden. Liegt dieser Fall vor, so steht dem Eigenheimbesitzer am Grund und Boden ein dingliches Nutzungsrecht und am Gebäude selbst Eigentum zu. Daran hat sich durch den Beitritt der DDR zur Bundesrepublik Deutschland nichts geändert, wenn die Betroffenen das dingliche Nutzungsrecht redlich erworben haben.

Die dinglichen Nutzungsrechte nach §§ 287 ff. ZGB sind aufgrund der Regelungen des Einigungsvertrages in ihrem Bestand geschützt und bleiben im Rang und Inhalt vorerst bestehen (vgl. Artikel 233 § 3 Abs. 1 Einführungsgesetz zum Bürgerlichen Gesetzbuch – EGBGB – in der Fassung des Einigungsvertrages vom 31. August 1990, BGBl. II S. 885, 945). Auch das von den Eigentumsverhältnissen am Grundstück unabhängige Gebäudeeigentum wird durch den Einigungsvertrag geschützt (Art. 231 § 5 EGBGB); entsprechendes gilt für sonstige Anlagen und Anpflanzungen, die nach DDR-Recht persönliches Eigentum des Nutzungsberechtigten waren. Allerdings hat sich der Gesetzgeber vorbehalten, rechtsbeständige Nutzungsrechte später an die Bestimmungen des Bürgerlichen Gesetzbuches (BGB) anzupassen.

Die Nutzer bleiben weiterhin zur Nutzung des Grundstückes berechtigt, wenn das dingliche Nutzungsrecht redlich im Sinne des § 4 Abs. 3 des Gesetzes zur Regelung offener Vermögensfragen (Vermögensgesetz – VermG) erworben wurde. Dies gilt auch, soweit es sich um ein unentgeltliches Nutzungsrecht handelt.

Das dingliche Nutzungsrecht ist jedoch, sofern seitens des Berechtigten bis zum 24. Juni 1994 ein entsprechender Antrag gestellt wird, durch Verwaltungsakt des örtlich zuständigen Amtes zur Regelung offener Vermögensfragen gemäß §§ 16 Abs. 3 und 33 Abs. 3 VermG aufzuheben, wenn der Nutzungsberechtigte bei Begründung des Nutzungsrechtes nicht redlich im Sinne dieses Gesetzes war.

Redlich erworbene dingliche Nutzungsrechte, die zur Errichtung von Eigenheimen eingeräumt wurden, unterliegen nicht der Stichtagsregelung – 18. Oktober 1989 – des § 4 Abs. 2 Satz 2 VermG (so auch: Urteil des Bundesverwaltungsgerichts vom 12. November 1993, Az. 7 C 7.93).

Der Zuerwerb des Grundstücks (Bodenfläche) ist bereits nach derzeitiger Rechtslage grundsätzlich möglich. Er unterliegt der freien Vereinbarung zwischen dem Grundeigentümer und dem Nutzungsberechtigten. Bei der Ermittlung des Preises kann das rechtsbeständige, meist unbefristete Nutzungsrecht nicht ohne Berücksichtigung bleiben. Auf Preisvorstellungen des Eigentümers, die sich z. B. stattdessen an unbelasteten Grundstücken orientieren, braucht sich der Nutzungsberechtigte nicht einzulassen.

Auch wenn der Zuerwerb des Grundstücks zum dinglichen Nutzungsrecht nach dem Stichtag 18. Oktober 1989 erfolgt ist, bleibt der Rückübertragungsanspruch des Alteigentümers ausgeschlossen, sofern das dingliche Nutzungsrecht seinerseits redlich erworben wurde. Das redlich erworbene dingliche Nutzungsrecht behauptet sich also gegenüber den Restitutionsbegehren des Alteigentümers auch in bezug auf den Grund und Boden. Eine Eintragung des Eigentumerwerbs in das Grundbuch ist, soweit sie noch nicht erfolgte, in diesen Fällen erst möglich, wenn

– sich die Beteiligten gütlich einigen oder
– der Antrag des Alteigentümers gemäß § 30 Abs. 1 VermG offensichtlich unbegründet erscheint oder aber

Anhang IV/9   IV. Arbeitshilfen

– der Rückübertragungsanspruch des Alteigentümers vom Amt zur Regelung offener Vermögensfragen abgewiesen und der Bescheid bestandskräftig geworden ist.

Die genannten dinglichen Nutzungsrechte werden im Rahmen des Sachenrechtsbereinigungsgesetzes, das einen sozialverträglichen Interessenausgleich zwischen Grundstückseigentümern und Nutzern schaffen und voraussichtlich am 1. Juli 1994 in Kraft treten soll, abschließend geregelt. Der Gesetzentwurf sieht u. a. vor, daß entweder aus den verliehenen Nutzungsrechten dem BGB konforme verkehrsfähige Erbbaurechte entstehen oder ein Hinzuerwerb des Grundstücks durch den Nutzer (Komplettierung) erfolgt.

Dementsprechend sollen den Nutzern und den Grundstückseigentümern gesetzliche Ansprüche eingeräumt werden, aus denen sie den Abschluß entsprechender Verträge verlangen können, wobei in der Regel die Nutzer wählen können, ob sie einen Erbbaurechtsvertrag oder einen Grundstückskaufvertrag abschließen wollen. Dabei sollen der regelmäßige Erbbauzins die Hälfte des für die entsprechenden Nutzungen üblichen Zinses und der regelmäßige Kaufpreis die Hälfte des Verkehrswertes des betreffenden Grundstücks betragen.

9. Nutzungsverträge über Erholungsgrundstücke

(Ausgabe Mai 1994)

Mit Ablauf des 31. Dezembers 1992 endete die staatliche Verwaltung über Vermögenswerte in allen Fällen, in denen sie noch nicht durch Entscheidung der Ämter zur Regelung offener Vermögensfragen aufgehoben worden war. Die staatliche Verwaltung endete unabhängig davon, ob ein Antrag auf Aufhebung gestellt worden war. D. h., daß für den Eigentümer die Verfügungsbeschränkungen im wesentlichen weggefallen sind. Der im Grundbuch eingetragene Verwaltervermerk wurde kraft Gesetzes gegenstandslos.

Mit der Beendigung der staatlichen Verwaltung trat der Eigentümer grundsätzlich in alle bestehenden Rechtsverhältnisse ein. Fortbestehende Rechtsverhältnisse können nur auf der Grundlage der jeweils geltenden Rechtsvorschriften geändert oder beendet werden.

Für bebaute oder unbebaute Grundstücke, die Erholungszwecken dienen (Wochenendgrundstücke, Datschengrundstücke), gelten auch nach Ende der staatlichen Verwaltung die bisherigen Rechtsvorschriften der DDR, die durch den Einigungsvertrag übernommen worden sind. Dies ergibt sich aus Art. 232 § 4 Einführungsgesetz zum Bürgerlichen Gesetzbuch, wonach die §§ 312–315 des Zivilgesetzbuches der DDR (ZGB) weitergelten.

Einen verstärkten Bestandsschutz gewährt das sogenannte Vertrags-Moratorium des Registerverfahrenbeschleunigungsgesetzes (RegVBG) vom 20. Dezember 1993 (BGBl. I S. 2182, 2212). Bis zum 31. Dezember 1994 kann dem Nutzer danach nur bei Zahlungsverzug gekündigt werden.

Auch Pachtverträge über Erholungsgrundstücke, die unter Geltung des Bürgerlichen Gesetzbuches vor 1976 in der ehemaligen DDR abgeschlossen worden sind, unterliegen den §§ 312–315 ZGB und dem Vertrags-Moratorium.

In den meisten Fällen wird die Beendigung eines Nutzungsverhältnisses derzeit nur im Einvernehmen zwischen Alteigentümer und Nutzer möglich sein. Die Bereitschaft des Nutzers, eine derartige Vereinbarung abzuschließen, wird oftmals davon abhängen, in welchem Maße der Eigentümer bereit ist, die bestehende Abkaufpflicht für Baulichkeiten, also z. B. errichtete Datsche und Anpflanzungen nach § 314 Abs. 6 ZGB, einzuhalten bzw. sogar noch darüber hinauszugehen. Solche Vereinbarungen sind naturgemäß Verhandlungssache zwischen den betroffenen Parteien.

Der Eigentümer ist jedoch nicht gehindert, das Grundstück zu verkaufen. Dies ist aber für den Nutzer weitgehend ohne Bedeutung, weil auch in diesem Fall sein Nutzungsverhältnis mit den gleichen rechtlichen Bedingungen zu Kündigungsschutz und nur begrenzt erhöhbarem Nutzungsentgelt bestehen bleiben würde. Überdies haben Mieter und Nutzer entsprechend der Regelung des § 20 i. V. m. § 30a des Gesetzes zur Regelung offener Vermögensfragen (Vermögensgesetz – VermG) bis zum Ablauf des 24. Juni 1994 die Möglichkeit, den Antrag auf Eintragung eines Vorkaufrechtes beim örtlichen Amt zur Regelung offener Vermögensfragen zu stellen, wenn das Miet - oder Nutzungsverhältnis beim Inkrafttreten des Vermögensgesetzes bestanden hat und im Zeitpunkt des Antragsverfahrens noch fortbesteht.

Das Vorkaufsrecht, das im Grundbuch eingetragen wird, berechtigt den Nutzer, in einen zwischen dem Eigentümer und einem Dritten geschlossenen Kaufvertrag zu den gleichen Bedingungen einzutreten.

10. Gesetzliche Regelungen für Hypothekenzinsen **Anhang IV/10**

Der Gesetzgeber hat sich im Einigungsvertrag vorbehalten, abweichende Regelungen vom übernommenen ZGB-Recht der DDR zu treffen. Dies wird im Rahmen des Schuldrechtsänderungsgesetzes geschehen, das voraussichtlich am 1. Januar 1995 in Kraft treten soll.

Nach dem derzeitigen Gesetzentwurf werden die vorgefundenen Verträge in Nutzungsverhältnisse überführt, die dem BGB entsprechen, also kraft Gesetzes in Miet- oder Pachtverhältnisse umgewandelt. Auch dann wird für eine Übergangszeit ein besonderer Bestandsschutz gewährt werden, in dem das Kündigungsrecht auch weiterhin weitgehend ausgeschlossen sein wird. Der Grund hierfür liegt darin, daß sich die Nutzer auf die Rechtsbeständigkeit der Verträge eingerichtet haben. Ihre Dispositionen im Hinblick auf das genutzte Erholungsgrundstück werden deshalb für eine Übergangszeit geschützt. Soweit Nutzer aufgrund der bisherigen Rechtslage Investitionen vorgenommen haben, wird dieser Wert der Investitionen ihnen voraussichtlich auch nach künftigem Recht – wie bisher – zu ersetzen sein.

Die Bundesregierung war nach dem Einigungsvertrag ermächtigt, durch Rechtsverordnung mit Zustimmung des Bundesrates die Höhe des Nutzungsentgeltes für Erholungsgrundstücke zu regeln. Eine solche Regelung ist inzwischen durch die Verordnung über eine angemessene Gestaltung von Nutzungsentgelten (Nutzungsentgeltverordnung) vom 22. Juli 1993 (BGBl. I S. 1339) geschaffen worden. Nach dieser Verordnung ist eine einseitige Anhebung der Nutzungsentgelte auf das ortsübliche Entgelt für vergleichbar genutzte Grundstücke in mehreren jährlichen Erhöhungsschritten möglich. Wegen der Einzelheiten wird auf das Merkblatt Nr. 15 verwiesen.

Die Nutzungsentgeltverordnung gilt nicht für Überlassungsverträge über Erholungsgrundstücke und für unentgeltliche Nutzungsverträge, weil bei diesen kein laufendes Entgelt für die Nutzung entrichtet werden muß!

Nach dem 3. Oktober 1990 geschlossene vertragliche Entgeltvereinbarungen bleiben unberührt und sind weiter zulässig.

Nähere Einzelheiten zur Behandlung von Überlassungsverträgen über Erholungsgrundstücke entnehmen Sie bitte dem Merkblatt Nr. 18.

10. Gesetzliche Regelungen für Hypothekenzinsen

(Ausgabe August 1993)

Am 1. Juli 1990 wurden mit dem Staatsvertrag zur Währungsunion die Schulden auch der Hauseigentümer in der damaligen DDR halbiert. Gleichzeitig sah der Staatsvertrag die Einführung der freien Zinsbildung auf den Kreditmärkten vor. Hierauf gestützt haben die Kreditinstitute die Zinsen auch für die früher zinslosen oder niedrig verzinslichen Kredite an Eigenheimer und private Vermieter auf Marktniveau angehoben.

Diese **Zinsanpassung** hat jedoch rechtlich Fragen aufgeworfen. Ihre Prüfung hat ergeben: Die frühere DDR war nach dem Staatsvertrag verpflichtet, eine rechtliche Grundlage für die Zinsanpassung zu schaffen. Sie ist dieser Verpflichtung grundsätzlich nachgekommen; bei bestimmten Kreditarten reichte dies jedoch nicht aus.

Nach dem Gesetz über die Anpassung von Kreditverträgen an Marktbedingungen sowie über Ausgleichsleistungen an Kreditnehmer vom 24. Juni 1991 (– Zinsanpassungsgesetz –, BGBl. I S. 1314) konnten die Kreditinstitute den Zinssatz für bis zum 30. Juni 1990 in den neuen Bundesländern gewährte Kredite durch einseitige Erklärung gegenüber dem Kreditnehmer mit Wirkung zum 3. Oktober 1990 an bestehende Marktzinsen anpassen. Diese Erklärung mußte dem Kreditnehmer bis zum 30. September 1991 zugegangen sein. Der Kreditnehmer konnte den Kreditvertrag innerhalb von 6 Monaten nach Zugang dieser Erklärung kündigen.

Für einen befristeten Zeitraum – längstens bis zum 31. Dezember 1992 – wurden unter bestimmten Voraussetzungen **Zinshilfen** gewährt.

Hypothekenzinsen verjährten nach DDR-Recht nach 2 Jahren. In vielen Fällen ist es aber nicht zu einer Verjährung gekommen, da kraft DDR-Rechts gesetzliche Stundungen stattfanden. Dies war insbesondere dann der Fall, wenn später Aufbaugrundschulden oder -hypotheken eingetragen wurden, die eine bereits bestehende Reichsmarkhypothek im Rang verdrängten, eine Stundung von Zinsen und Hauptforderung bewirkten und eine Kündigung unmöglich machten. Kraft Gesetzes gestundete rückständige Zinsen aus Reichsmark-Grundpfandrechten, die am 30. Juni 1990 noch offen waren, sind erloschen. Die insoweit maßgeblichen Vorschriften lautet:

1037

Anhang IV/11

§ 8. Zinsanpassungsgesetz. (1) Rückständige Zinsen aus Darlehen und sonstigen Forderungen, die durch Grundpfandrechte an in dem in Artikel 3 des Einigungsvertrages genannten Gebiet belegenen Grundstücken gesichert sind und auf Schuldverhältnissen beruhen, die vor dem 28. Juni 1948 entstanden sind, sind für den Zeitraum bis zum 30. Juni 1990 erloschen, soweit sie durch gesetzliche Vorschriften gestundet wurden. Hat der Schuldner eine solche Zinsforderung nach dem 30. Juni 1990 erfüllt, hat er einen Anspruch auf Rückerstattung.

(2) Absatz 1 gilt für die Zinsen aus den dort bezeichneten Grundpfandrechten entsprechend.

§ 9. Zinsanpassungsgesetz. (1) Rückständige Zinsen aus Darlehen, die durch Kreditinstitute der ehemaligen Deutschen Demokratischen Republik an private Vermieter von Wohn- und Gewerberaum vergeben wurden und die durch Aufbaugrundschulden oder Aufbauhypotheken an in dem in Artikel 3 des Einigungsvertrages genannten Gebiet belegenen Grundstücken gesichert sind, sind für den Zeitraum bis zum 30. Juni 1990 erloschen, soweit sie fällig oder durch gesetzliche Vorschriften gestundet wurden.

(2) § 8 Abs. 1 Satz 2 und Abs. 2 gelten entsprechend. Sind für rückständige Zinsen weitere Grundpfandrechte eingetragen worden, so erlöschen auch diese.

(3) Besteht die Aufbaugrundschuld oder Aufbauhypothek an Hausgrundstücken oder Gebäuden, die sowohl eigen- als auch fremdgenutzt wurden, so erlöschen die in Absatz 1 und 2 genannten Zinsen zu dem Anteil, der dem Anteil der räumlich und zeitlich fremdgenutzten Fläche entspricht.

11. Beendigung staatlicher Verwaltung nach dem 2. Vermögensrechtsänderungsgesetz

(Ausgabe Oktober 1992)

Mit diesem Merkblatt möchten wir Sie als Eigentümer oder Mieter bzw. Nutzer aufgrund von Miet-, Pacht-, Nutzungs- und Überlassungsverträgen über die wichtigsten Folgen der Beendigung der staatlichen Verwaltung informieren. Zur Wahrung des Rechtsfriedens in den neuen Bundesländern bitten wir Sie, sich unbedingt an das geltende Recht zu halten und sich – trotz gegensätzlicher Interessen – um ein vernünftiges Miteinander zu bemühen. Zum besseren gegenseitigen Verständnis sollten Sie auch die besonderen Hinweise für die jeweils „andere Seite" lesen.

Allgemeine Hinweise

Mit Ablauf des 31. Dezember 1992 endet die staatliche Verwaltung über Vermögenswerte in allen Fällen, in denen sie noch nicht durch Entscheidung der Ämter zur Regelung offener Vermögensfragen aufgehoben worden ist. Die staatliche Verwaltung endet unabhängig davon, ob ein Antrag auf Aufhebung gestellt worden ist.

Um welche Fälle geht es?

Betroffen sind nur diejenigen Arten staatlicher Verwaltung, die vom Vermögensgesetz erfaßt werden.

Das sind:
- die sog. **staatliche Treuhandverwaltung** über Vermögenswerte von Bürgern, die das Gebiet der ehemaligen DDR nach dem 10. Juni 1953 ohne behördliche Genehmigung verlassen haben (Flüchtlingsvermögen, sog. AO-2-Fälle);
- die **vorläufige staatliche Verwaltung** über sogenannten alten Westbesitz von Personen deutscher Staatsangehörigkeit, die ihren Wohnsitz bzw. ständigen Aufenthalt bereits bei Kriegsende (8. Mai 1945) in den westlichen Besatzungszonen Deutschlands oder in den Westsektoren von Berlin hatten, sowie über Vermögenswerte von Bürgern, die das Gebiet der ehemaligen DDR bis zum 10. Juni 1953 mit staatlicher Genehmigung verlassen haben (sog. §-6-Fälle);
- die **staatliche Verwaltung ausländischen Vermögens,** soweit es sich bei Kriegsende auf dem Gebiet der ehemaligen DDR befand.

Nicht betroffen sind:
- zivilrechtlich begründete Verwaltungen, auch wenn sie von staatlichen Stellen (zB KWV, VEB Gebäudewirtschaft oder Gemeinden) ausgeübt wurden,
- Pflegschaften,
- Vermögenswerte, die in Volkseigentum überführt oder vom staatlichen Verwalter veräußert wurden.

11. Beendigung staatlicher Verwaltung   **Anhang IV/11**

A. Das geht Sie als Eigentümer an:

1. Sie haben ab dem 1. Januar 1993 alle Rechte und Pflichten eines Eigentümers; die mit der staatlichen Verwaltung bestehenden Verfügungsbeschränkungen fallen weg. Hat jedoch ein früherer Eigentümer (zB ein NS-Verfolgter) einen Rückübertragungsanspruch angemeldet, so können Sie nur eingeschränkt über das Grundstück verfügen.
2. Mit Ablauf des 31. Dezember 1992 wird der im Grundbuch eingetragene Verwaltervermerk gegenstandslos, dh. er hat keine rechtliche Bedeutung mehr; seine Löschung ist entbehrlich.
3. Das Nutzungsentgelt (zB Miete/Pacht) steht ab dem 1. Januar 1993 Ihnen zu; Sie müssen jedoch auf Verlangen gegenüber den Mietern bzw. Nutzern nachweisen, daß Sie der Eigentümer sind. Dazu können Sie zB einen beglaubigten Grundbuchauszug neueren Datums ggf. in Verbindung mit einem Erbnachweis vorlegen. Sind Sie Miterbe, so ist das Nutzungsentgelt an die Erbengemeinschaft zu leisten. Verlangen Sie Zahlung an sich allein, müssen Sie sich von den anderen Erben bevollmächtigen lassen.
4. Der bisherige staatliche Verwalter ist Ihnen auskunfts- und rechenschaftspflichtig. Sie können verlangen, daß er Ihnen Einsichtnahme in seine die Verwaltung Ihres Grundstücks betreffenden Unterlagen gewährt und Ihnen diese auch aushändigt. Der staatliche Verwalter ist auch verpflichtet, Ihnen die Namen und ggf. Anschriften der Mieter oder Nutzer bekanntzugeben.
5. Auch nach Beendigung der staatlichen Verwaltung bleiben die vom Verwalter eingegangenen Verpflichtungen wirksam.
   Das bedeutet vor allem:
   - Bestehende Miet- oder Nutzungsverhältnisse werden mit Ihnen als Eigentümer fortgesetzt und ändern sich inhaltlich nicht. Etwas anderes gilt nur dann, wenn das Amt zur Regelung offener Vermögensfragen (ARoV) das Miet- oder Nutzungsverhältnis durch bestandskräftigen Bescheid aufgehoben hat, weil der Mieter oder Nutzer dieses Recht auf „unredliche Weise" erlangt hat, insbesondere aufgrund einer „sittlich anstößigen Manipulation" (unlautere Mittel oder willkürliche Abweichung von geltenden DDR-Vorschriften) beim Abschluß des Vertrages. Unredlichkeit liegt nicht bereits dann vor, wenn der Mieter oder Nutzer gewußt hat, daß es sich um ein sog. Westgrundstück gehandelt hat. Das Miet- oder Nutzungsverhältnis erlischt im Falle der Unredlichkeit nicht etwa automatisch zum Jahresende.
   - Sie sind nicht berechtigt, einen Miet- oder Nutzungsvertrag ohne Zustimmung des Mieters oder Nutzers einseitig zu ändern. Mietzinserhöhungen sind nur im Rahmen der gesetzlichen Vorschriften zulässig. Mieter von Wohnraum genießen den Kündigungsschutz des sozialen Mietrechts. Darüber hinaus gelten in den neuen Bundesländern weitere Schutzvorschriften, zB auch für Gewerberaummietverhältnisse. Zur Eigenbedarfskündigung vgl. unten B. Ziffer 1.
   - Sind Sie Eigentümer eines bebauten oder unbebauten Grundstücks, das zu Erholungszwecken genutzt wird (Wochenendgrundstück), gelten bis auf weiteres die Vorschriften des Zivilgesetzbuches der DDR. Das bedeutet, daß Sie im Regelfall nur wegen dringenden Eigenbedarfs kündigen können.
   - Liegt ein sog. Überlassungsvertrag zu Wohnzwecken vor, ist der Nutzer/Mieter zumindest bis Ende 1994 in seinem Besitz geschützt (vgl. unten B. Ziffer 1).
   - Die vom staatlichen Verwalter zur Sicherung von Baukrediten bestellten und im Grundbuch eingetragenen Aufbauhypotheken sowie vergleichbare Grundpfandrechte müssen Sie unter Berücksichtigung bestimmter Abschläge übernehmen, es sei denn, Sie können nachweisen, daß keine der Kreditaufnahme entsprechende Baumaßnahme am Grundstück durchgeführt worden ist. Über die Höhe der zu übernehmenden Grundpfandrechte entscheidet das ARoV, in dessen Bereich das Grundstück belegen ist, wenn Sie oder der aus dem Grundpfandrecht Begünstigte dies beantragen.
6. Mit der Beendigung der staatlichen Verwaltung sind Sie als Eigentümer auch berechtigt, das Grundstück zu verkaufen. Dabei müssen Sie jedoch folgendes beachten:
   - Hat ein früherer Eigentümer (zB ein NS-Verfolgter) einen Rückübertragungsanspruch angemeldet, so dürfen Sie das Grundstück grundsätzlich nicht ohne dessen Zustimmung veräußern. Deshalb müssen Sie sich vor einer beabsichtigten Veräußerung bei dem ARoV, in dessen Bereich das Grundstück belegen ist, durch Nachfrage vergewissern, daß kein Rückübertragungsanspruch angemeldet ist.
   - Mietern und Nutzern staatlich verwalteter Ein- und Zweifamilienhäuser oder von Erholungsgrundstücken wird auf Antrag ein Vorkaufsrecht eingeräumt. Über den Antrag, der auch noch

Anhang IV/11   IV. Arbeitshilfen

nach dem 31. Dezember 1992 gestellt werden kann, entscheidet das zuständige ARoV durch Bescheid im Verwaltungsverfahren.
- Mit diesem Vorkaufsrecht kann der Mieter oder Nutzer in einen Vertrag als Käufer eintreten, den Sie mit einem Dritten geschlossen haben, und zwar zu den vereinbarten Bedingungen.
7. Es liegt in Ihrem Interesse, die Pflichten, die sich aus dem Eigentum ergeben (zB mietrechtliche Gewährleistungspflichten und Verkehrssicherungspflichten wie ua. Räum- und Streupflichten), wahrzunehmen. Andernfalls besteht die Möglichkeit, daß Schadensersatzansprüche entstehen.

B. Das geht Sie als Mieter oder Nutzer aufgrund eines Miet-, Pacht-, Überlassungs- oder sonstigen Nutzungsvertrages an:

1. **Ihre Rechte und Pflichten ändern sich** durch die Beendigung der staatlichen Verwaltung am 1. Januar 1993 **inhaltlich nicht.** Sie haben es ab diesem Datum nicht mehr mit dem staatlichen Verwalter, sondern direkt mit dem Eigentümer oder dessen Vertreter zu tun.
    Das bedeutet im einzelnen:
   - Der Mietvertrag kann nur mit Ihrem Einverständnis geändert werden. Mietzinserhöhungen sind nur im Rahmen der gesetzlichen Vorschriften zulässig.
   - Als Mieter von Wohnraum genießen Sie den weitreichenden Kündigungsschutz des sozialen Mietrechts. Für Mietverträge, die vor dem 3. Oktober 1990 abgeschlossen wurden (sog. Altverträge), gelten neben den allgemeinen Kündigungsschutzregeln zudem besondere Schutzrechte. So ist eine Kündigung wegen Eigenbedarfs grundsätzlich bis Ende 1992 ausgeschlossen. Diese Sonderregelung wird um mindestens 3 Jahre verlängert werden. Der Kündigungsgrund „Hinderung an einer angemessenen wirtschaftlichen Verwertung des Grundstücks" ist bei Altverträgen ausgeschlossen.
   - Soweit es um den Besitz eines bebauten oder unbebauten Grundstückes aufgrund eines Nutzungsvertrages (nicht: Überlassungsvertrages) zu **Erholungszwecken** geht, richtet sich das Kündigungsrecht und der sonstige Inhalt des Vertrages bis auf weiteres nach dem Zivilgesetzbuch der DDR.
   - Liegt ein Überlassungsvertrag vor, gilt folgendes:
    Überlassungsverträge zu Wohnzwecken können nur aus den im Vertrag genannten Gründen beendet werden. Die Kündigung wegen Eigenbedarfs scheidet aus. Ob dies auch für Verträge zu Erholungszwecken gilt, ist noch nicht abschließend geklärt.
    Bei Überlassungsverträgen fällt weiterhin kein Miet- oder Pachtzins an; es gilt der Inhalt des Vertrages.
    Bei Überlassungsverträgen zu Wohnzwecken gibt Ihnen das sog. Moratorium aus dem 2. Vermögensrechtsänderungsgesetz auch dann ein Recht zum Besitz, wenn der Vertrag bereits ausgelaufen ist oder demnächst ausläuft. Das bedeutet konkret: Sie dürfen Haus und Grundstück bis zum Ablauf des 31. Dezember 1994 genauso nutzen, wie dies bisher in ihrem Vertrag vorgesehen ist. Das Bundesjustizministerium wird dazu noch Hinweise veröffentlichen.
2. Ab dem 1. Januar 1993 werden bestehende Miet- oder Nutzungsverhältnisse mit dem Eigentümer fortgesetzt.
    Das bedeutet im einzelnen:
   - Das Nutzungsentgelt steht jetzt dem Eigentümer zu. Zahlungsrückstände können bei Verschulden ein Recht zur fristlosen Kündigung begründen. Denken Sie bitte daran, einen etwa der Bank erteilten Dauerüberweisungsauftrag rechtzeitig zu ändern.
   - Der Eigentümer darf die Wohnung oder das Grundstück zu üblichen Zeiten besichtigen, wenn er sich vorher angemeldet hat und ein berechtigtes Interesse besteht. Er ist auch Ihr Ansprechpartner, wenn es zB um nötige Reparaturen geht.
   - Um ganz sicher zu gehen, sollte Ihnen der Eigentümer seine Berechtigung nachweisen. Einzelheiten hierzu siehe oben A. Ziff. 3. Sie haben auch ein Recht auf Einsichtnahme in das Grundbuch (§ 12 Grundbuchordnung).
   - Wenn Sie begründete Zweifel an der Berechtigung desjenigen haben, der Ihnen gegenüber als Eigentümer auftritt, können Sie das Nutzungsentgelt bei dem für Ihren Wohnsitz zuständigen Kreis- oder Amtsgericht einzahlen. Wenden Sie sich dort an die Hinterlegungsstelle.
3. Wenn Sie Mieter oder Nutzer eines Ein-/Zweifamilienhauses oder eines Grundstückes zu Erholungszwecken sind, kann Ihnen ein **Vorkaufsrecht** eingeräumt werden, das im Grundbuch eingetragen werden muß. Hierfür ist ein Antrag bei dem ARoV erforderlich. Ein solcher Antrag kann

1040

12. Wertausgleichsansprüche nach dem Vermögensgesetz **Anhang IV/12**

auch noch nach dem 31. Dezember 1992 gestellt werden. Dann aber besteht die Gefahr, daß das Grundstück schon vorher verkauft worden ist.
Liegt ein Überlassungsvertrag vor, sollten Sie sich vergewissern, ob zu Ihren Gunsten schon ein Vorkaufsrecht eingetragen ist. In diesem Fall erübrigt sich ein entsprechender Antrag.
Mit dem Vorkaufsrecht haben Sie die Möglichkeit, in jeden Vertrag als Käufer einzutreten, mit dem der Eigentümer an einen Dritten verkaufen will, und zwar zu dem Preis, den er mit dem Dritten vereinbart hat.

4. Das zu 1.–3. Gesagte gilt nur dann nicht, wenn das ARoV zu dem Ergebnis kommen sollte, daß Sie als Mieter oder Nutzer auf unredliche Weise zu Ihrem Vertrag gekommen sind. In diesem Fall hebt das ARoV den Vertrag durch Bescheid auf. Solange Sie von dem Amt nichts hören, können Sie davon ausgehen, daß Sie nicht zu diesen Ausnahmefällen gehören.

C. Dieses Merkblatt enthält nur erste allgemeine Hinweise. Soweit erforderlich, wenden Sie sich bitte an die zuständigen Behörden oder rechtsberatenden Berufe. Auskünfte erteilen auch Mietervereine, Haus-, Wohnungs- und Grundeigentümervereine sowie Verbraucherzentralen.

Dieses Merkblatt ist vom Bundesminister der Justiz, dem Bundesminister der Finanzen sowie von Vertretern der Ländern mit dem Bundesamt zur Regelung offener Vermögensfragen gemeinsam erarbeitet worden.

12. Wertausgleichsansprüche nach dem Vermögensgesetz

(Ausgabe Mai 1994)

Der Berechtigte soll durch die Rückgabe des ihm entzogenen Vermögenswertes nicht besser gestellt werden, als er ohne den Vermögensverlust stehen würde. Demgemäß bestimmt § 7 des Gesetzes zur Regelung offener Vermögensfragen (Vermögensgesetz – VermG), daß bei der Rückübertragung enteigneter Vermögenswerte eingetretene Werterhöhungen in bestimmtem Umfang auszugleichen sind.
Nach der bis zum Inkrafttreten des 2. Vermögensrechtsänderungsgesetzes (2. VermRÄndG) geltenden Rechtslage erfolgte die Berechnung des Wertausgleichs auf der Basis der (steuerrechtlichen) Bewertungsvorschriften der DDR. Auszugleichen waren hiernach nur aus **Staatshaushaltsmitteln** finanzierte Werterhöhungen und Wertminderungen. Ansprüche wegen Werterhöhungen, die von Privaten oder aus Fondsmitteln finanziert wurden, waren nicht ausdrücklich geregelt.
Da die Vorschrift in der Praxis erhebliche Schwierigkeiten bereitete, ist § 7 durch das am 22. Juli 1992 in Kraft getretene 2. VermRÄndG grundlegend novelliert worden. Die wichtigsten Änderungen sind:
– Die Höhe des Wertausgleichs bestimmt sich nicht mehr nach den steuerrechtlichen Vorschriften, sondern – je nach der Rechtsnatur des Verfügungsberechtigten – nach den tatsächlich aufgewandten Kosten oder dem objektiven Wert der Maßnahme zum Zeitpunkt der Rückübertragung.
– Es werden auch Ausgleichsansprüche für solche Maßnahmen gewährt, die nicht aus dem Staatshaushalt finanziert wurden.
– Ansprüche für eine Verschlechterung/Wertminderung bestehen nach der neuen Rechtslage nicht mehr. Dies gilt auch für diejenigen Fälle, in denen zwar über die Rückgabe vor dem 22. Juli 1992 entschieden wurde, aber gesonderte Entscheidung über den Wertausgleich später erfolgen sollte.
Im einzelnen stellt sich die Rechtslage wie folgt dar:

Wertausgleichsansprüche nach § 7 Abs. 2 VermG

Hat eine natürliche Person, eine Religionsgemeinschaft oder eine gemeinnützige Stiftung als gegenwärtiger Verfügungsberechtigter werterhöhende Maßnahmen durchgeführt, richtet sich die Höhe des zu leistenden Wertausgleiches danach, wie sich die entsprechende Maßnahme zum Zeitpunkt der Rückübertragung objektiv auswirkt. Es ist also ein Vergleich anzustellen zwischen dem tatsächlichen Wert, den der Vermögenswert zum Zeitpunkt der Rückübertragung hat und dem Wert, den der

Anhang IV/12 IV. Arbeitshilfen

Vermögenswert heute hätte, wenn die Maßnahme nicht durchgeführt worden wäre. Die Differenz ergibt den auszugleichenden, heute noch vorhandenen Wertzuwachs. Dies gilt entsprechend für die Fälle, in denen nach Entzug eines dinglichen Nutzungsrechts ein bis zu diesem Zeitpunkt selbständiges Gebäudeeigentum zum Bestandteil des Grundstücks wird (§ 16 Abs. 3 VermG). Der dem Grundstück durch diesen Umstand zuwachsende Wert ist auszugleichen (§ 7 Abs. 2 Satz 2 VermG).

Wichtig: Über Ansprüche nach § 7 Abs. 2 VermG entscheidet nicht das Amt zur Regelung offener Vermögensfragen. Sofern keine einvernehmliche Regelung zwischen Verfügungsberechtigtem und Berechtigtem erzielt werden kann, muß vielmehr eine Entscheidung des Zivilgerichts herbeigeführt werden (§ 7 Abs. 8 VermG).

Der Wertausgleich nach § 7 Abs. 1 VermG

In allen anderen Fällen, also wenn die Maßnahme **nicht** von einer natürlichen Person, Religionsgemeinschaft oder gemeinnützigen Stiftung als derzeitigem Verfügungsberechtigten durchgeführt worden ist, richtet sich der Ausgleichsanspruch nach den tatsächlich für diese Maßnahme aufgewandten Kosten mit den folgenden Maßgaben:
Ausgleichspflichtig sind folgende Maßnahmen:
– Bebauung
 Errichtung von baulichen Anlagen auf unbebauten Flächen oder als Anbauten im Rahmen von Lückenbebauung in bebauter Ortslage,
– Modernisierung
 Baumaßnahmen an bereits bestehenden Gebäuden oder baulichen Anlagen, die entweder zu einer Verbesserung des Gebrauchswertes – zB Ersetzung von Kohleöfen durch Zentralheizung, Wärmeschutz, Schallschutz etc. – oder zu einer Verbesserung der räumlich-funktionellen Situation (zB Dachausbau) führen,
– Instandsetzung
 über die einfache Instandhaltung hinausgehende Baureparatur.
Die obenbezeichneten Maßnahmen müssen bis zum 2. Oktober 1990 durchgeführt worden sein. Weitere Voraussetzung für einen Wertausgleichsanspruch ist, daß die für die Maßnahme aufgewandten Kosten nachgewiesen (zB durch Rechnungen) und dem Vermögenswert zugeordnet werden können. Ist ein Nachweis der Kosten nicht mehr möglich, sind die Kosten für diejenigen Maßnahmen, deren Durchführung bei der Rückgabe des Vermögenswertes noch festgestellt werden kann, zu schätzen.

Die Kosten sind allerdings nicht in voller Höhe vom Berechtigten zu übernehmen; vielmehr berechnet sich der Wertausgleichsanspruch nach dem § 7 Abs. 1 VermG wie folgt:
a) Für das Jahr, in welchem die Bebauung, Modernisierung oder Instandsetzung durchgeführt wurde, sind von den Baukosten für das Objekt je Einheit 10000 Mark der DDR abzuziehen.
b) Der verbleibende Betrag ist gleichbleibend um 8 vH zu vermindern.
Sind mehrfach Maßnahmen der Bebauung, Modernisierung oder Instandsetzung an diesem Objekt vorgenommen worden, sind jeweils erneut für das Jahr der Durchführung 10000 Mark der DDR je Einheit abzuziehen und der verbleibende Betrag je Folgejahr gleichbleibend um 8 vH zu vermindern.
Der insgesamt danach verbleibende Betrag ist im Verhältnis 2 : 1 auf Deutsche Mark umzustellen.

Erläuterungen: Als Einheit gelten zum Zeitpunkt der Entscheidung in dem Gebäude vorhandene in sich abgeschlossene oder selbständig vermietbare Wohnungen oder Geschäftsräume (§ 18 Abs. 2 Satz 3 VermG).

Das Jahr, in dem die Baumaßnahme stattfand, und das Jahr, in welchem über die Rückübereignung entschieden wird, zählen voll.

Eine Aufschlüsselung der Kosten für die Baumaßnahmen auf die einzelnen Einheiten (Wohnungen) ist nicht vorgesehen; somit entfällt der Wertausgleich, wenn die Kosten für die Baumaßnahmen den Gesamtfreibetrag (Summe der Freibeträge je Einheit) nicht erreichen.

Durch den gleichbleibenden Abzug von 8% reduziert sich der ausgleichspflichtige Betrag nach 12,5 Jahren praktisch auf 0; Bebauungs-, Modernisierungs- oder Instandsetzungsmaßnahmen im Sinne des § 7 Abs. 1 VermG, die – bezogen auf den Zeitpunkt der Restitutionsentscheidung – länger als 12,5 Jahre zurückliegen, bleiben daher unberücksichtigt.

Ist feststellbar, daß eine Maßnahme der Bebauung, Modernisierung oder Instandsetzung durchgeführt worden ist, liegen aber keine Unterlagen über die Baukosten vor oder ist aus sonstigen Gründen eine Zuordnung der Kosten zu dem zurückzuübereignenden Grundstück oder Gebäude nicht möglich, sind die Kosten zu schätzen. Hierbei sind die preisrechtlichen Bestimmungen der ehemaligen

1042

13. Behandlung dinglicher Belastung **Anhang IV/13**

DDR maßgebend. Diskriminierende Preisbestimmungen für Westeigentümer sind nicht anzuwenden.

Ein Wertausgleichsanspruch nach § 7 VermG ist aber generell dann ausgeschlossen, wenn der Berechtigte die zur Finanzierung der Maßnahme entstandenen Grundpfandrechte übernehmen oder für solche Grundpfandrechte einen Ablösebetrag nach § 18 Abs. 2 VermG zu zahlen hat. Weiterhin kommen Wertausgleichsansprüche nach § 7 VermG bei der Rückübertragung von Unternehmen nicht in Betracht, da für diese Fälle der Wertausgleich nach anderen Vorschriften zu berechnen ist.

Gläubiger des Wertausgleichs

Die Frage des Anspruchsgläubigers von Wertausgleichsansprüchen wird in § 7 Abs. 5 VermG beantwortet. Grundsätzlich erhält der derzeitige Verfügungsberechtigte den Wertausgleich. Handelt es sich aber bei diesem um eine öffentlich-rechtliche Gebietskörperschaft oder die Treuhandanstalt oder erhält der Verfügungsberechtigte nach § 7a Abs. 1 VermG den Kaufpreis für den zurückzugebenden Vermögenswert aus dem Entschädigungsfonds erstattet, steht der Wertausgleich dem Entschädigungsfonds zu.

Verfahren

Nach der früheren Regelung in § 33 Absatz 2 VermG bestand die Möglichkeit, daß das Amt zur Regelung offener Vermögensfragen über den Wertausgleich einen gesonderten Bescheid erlassen konnte, womit die tatsächlich und rechtlich schwierige Entscheidung später nach der Restitution erfolgen konnte. Dies ist jetzt nach der Neufassung der §§ 7 und 33 VermG grundsätzlich nicht mehr möglich. Nach § 7 Absatz 1 Satz 5 VermG ist ausnahmsweise doch eine gesonderte Entscheidung über den Wertausgleich zu treffen, wenn der Berechtigte dies beantragt und Sicherheit nach den Vorschriften der Hypothekenablöseanordnung leistet.

§ 7 Abs. 7 VermG stellt ausdrücklich klar, daß der Berechtigte keinen Anspruch auf Herausgabe der bis zur Rückübertragung des Eigentums gezogenen Nutzungen (zB Miete) hat.

13. Behandlung untergegangener dinglicher Belastungen bei der Rückübertragung von Grundstücken

(Ausgabe Mai 1994)

1. Nach der früheren Regelung in § 18 Abs. 1 Satz 1 des Gesetzes zur Regelung offener Vermögensfragen (Vermögensgesetz – VermG) waren bei der Rückübertragung von Grundstücken die dinglichen Belastungen (Hypotheken uä.), die im Zeitpunkt des Übergangs in Volkseigentum bestanden haben und infolge des Übergangs in Volkseigentum gelöscht wurden, grundsätzlich wieder ins Grundbuch einzutragen. Zwecks Verfahrensvereinfachung und -beschleunigung wurde mit Inkrafttreten des 2. Vermögensrechtsänderungsgesetzes am 22. Juli 1992 (BGBl. I S. 1257) ein völlig neues Ablösesystem eingeführt. Rechtsgrundlagen für das neue Verfahren sind die §§ 18 bis 18b VermG, die Hypothekenablöseanordnung vom 14. Juli 1992 (HypAblAO) (BGBl. Teil I S. 1265) sowie die Hinterlegungsordnung vom 10. März 1937 (RGBl. Teil I S. 285; BGBl. Teil III 300-15).

2. Anstelle der Wiedereintragung dinglicher Belastungen hat der Berechtigte jetzt vor der Rückübertragung einen bestimmten Ablösebetrag bei der Hinterlegungsstelle des für ihn zuständigen Gerichts zu hinterlegen.

Befriedigt der Rückgabeberechtigte den Gläubiger (ggf. den Entschädigungsfonds) einvernehmlich und weist er dies dem Amt zur Regelung offener Vermögensfragen nach, ist die Belastung abgelöst und eine Hinterlegung entfällt (§ 18 Abs. 1 Satz 4 VermG).

Die Höhe des Ablösebetrages wird im Rückübertragungsbescheid festgesetzt.

Zur Verfahrenserleichterung wird der Betrag pauschal berechnet. Das Eigentum geht grundsätzlich erst dann auf den Berechtigten über, wenn die Entscheidung über die Rückübertragung unanfechtbar geworden ist und der Ablösebetrag hinterlegt wurde (§ 18a Satz 1 VermG).

Ausnahmsweise kann das Eigentum auch dann auf den Berechtigten übergehen, wenn der Rückübertragungsbescheid lediglich im Hinblick auf die Festsetzung des Ablösebetrages nicht unanfecht-

Anhang IV/13

bar geworden ist und der Berechtigte für den Ablösebetrag Sicherheit geleistet hat (§ 18a Satz 2 VermG).

3. Der Ablösebetrag setzt sich aus der Summe der für die jeweiligen Rechte nach § 18 Abs. 2 bis 5 VermG festzustellenden Einzelbeträge zusammen. Diese wiederum sind abhängig von der Art der untergegangenen dinglichen Belastung. Die Einzelbeträge sind vor der Addition in DM umzurechnen. Beträge in Mark der DDR, Reichs- oder Goldmark sind im Verhältnis 2:1 auf DM umzurechnen (§ 2 HypAblAO).

4. § 18 Absatz 2 VermG regelt die Festsetzung und Berechnung der Ablösebeträge insbesondere für Aufbauhypotheken, Aufbaugrundschulden und vergleichbare Grundpfandrechte, die zur Sicherung von Baukrediten vom staatlichen Verwalter aufgenommen wurden.

§ 18 Abs. 2 und 3 VermG lautet:

(2) Aufbauhypotheken und vergleichbare Grundpfandrechte zur Sicherung von Baukrediten, die durch den staatlichen Verwalter bestellt wurden, sind mit folgenden Abschlägen von dem zunächst auf Mark der DDR umzurechnenden Nennbetrag des Grundpfandrechtes zu berücksichtigen. Der Abschlag beträgt jährlich für ein Grundpfandrecht

1. bei Gebäuden mit ein oder zwei Einheiten
   bis zu 10000 Mark der DDR 4,0 vom Hundert,
   bis zu 30000 Mark der DDR 3,0 vom Hundert,
   über 30000 Mark der DDR 2,0 vom Hundert;
2. bei Gebäuden mit drei oder vier Einheiten
   bis zu 10000 Mark der DDR 4,5 vom Hundert,
   bis zu 30000 Mark der DDR 3,5 vom Hundert,
   über 30000 Mark der DDR 2,5 vom Hundert;
3. bei Gebäuden mit fünf bis acht Einheiten
   bis zu 20000 Mark der DDR 5,0 vom Hundert,
   bis zu 50000 Mark der DDR 4,0 vom Hundert,
   über 50000 Mark der DDR 2,5 vom Hundert;
4. bei Gebäuden mit neun und mehr Einheiten
   bis zu 40000 Mark der DDR 5,0 vom Hundert,
   bis zu 80000 Mark der DDR 4,0 vom Hundert,
   über 80000 Mark der DDR 2,5 vom Hundert.

Als Einheit im Sinne des Satzes 2 gelten zum Zeitpunkt der Entscheidung in dem Gebäude vorhandene in sich abgeschlossene oder selbständig vermietbare Wohnungen oder Geschäftsräume. Von dem so ermittelten Betrag können diejenigen Tilgungsleistungen abgezogen werden, die unstreitig auf das Recht oder eine durch das Recht gesicherte Forderung erbracht worden sind. Soweit der Berechtigte nachweist, daß eine der Kreditaufnahme entsprechende Baumaßnahme an dem Grundstück nicht durchgeführt wurde, ist das Recht nicht zu berücksichtigen. Die Sätze 1 bis 5 gelten für sonstige Grundpfandrechte, die auf staatliche Veranlassung vor dem 8. Mai 1945 oder nach Eintritt des Eigentumsverlustes oder durch den staatlichen Verwalter bestellt wurden, entsprechend, es sei denn, das Grundpfandrecht diente der Sicherung einer Verpflichtung des Berechtigten, die keinen diskriminierenden oder sonst benachteiligenden Charakter hat.

(3) Bei anderen als den in Absatz 2 genannten Grundpfandrechten ist zur Berechnung des Ablösebetrages von dem Nennbetrag des früheren Rechts auszugehen. Absatz 2 Satz 4 gilt entsprechend.

5. § 18 Absatz 4 VermG trifft Regelungen zu Rechten, die auf die Erbringung wiederkehrender Leistungen aus dem Grundstück gerichtet sind. Die Berechnung des Ablösebetrages bei derartigen Rechten wird demnächst durch eine Ergänzung der HypAblAO geregelt.

6. Abschließend noch einige Hinweise:

Das Verfahren und die Voraussetzungen für die Herausgabe der hinterlegten Ablösebeträge richtet sich nach § 18b VermG iV mit den Vorschriften der Hinterlegungsordnung.

Sowohl die beabsichtigte Entscheidung der Behörde iS des § 32 Abs. 1 Satz 1 als auch der Rückübertragungsbescheid enthalten eine detaillierte Aufstellung der früheren dinglichen Rechte, der darauf jeweils entfallenden Einzel(ablöse)beträge sowie des insgesamt zu zahlenden Ablösebetrages, vgl. § 1 HypAblAO.

14. Ansprüche des Berechtigten auf Rückgabe durch investive Maßnahmen

(Ausgabe Februar 1994)

1. Zweck des Antrages nach § 21 InVorG

§ 21 des Investitionsvorranggesetzes (InVorG) eröffnet für die Alteigentümer von Grundstücken oder Gebäuden, die ihre Ansprüche auf Rückgabe angemeldet haben, die Möglichkeit, dieses Grundvermögen durch investive Maßnahmen, unabhängig vom Verfahren nach dem Vermögensgesetz (VermG), zurückzuerhalten.

Auf diesem Wege wird es demjenigen, der Ansprüche auf die Rückgabe von Grundvermögen angemeldet hat (Anmelder), ermöglicht, in bestimmten Fällen ein Angebot über die Durchführung von Investitionsvorhaben bei dem derzeitigen Verfügungsberechtigten – dieses ist häufig die Treuhand – einzureichen. Entspricht dieses Vorhaben den im InVorG näher bezeichneten Vorgaben, **muß** der Verfügungsberechtigte dem Anmelder nach Glaubhaftmachung seiner Berechtigung einen Investitionsvorrangbescheid erteilen und mit ihm einen investiven (Kauf-)Vertrag abschließen. Auf diese Art und Weise wird der Berechtigte in der Lage sein, das von ihm beanspruchte Grundstück schneller zurückzuerhalten, als wenn er das Restitutionsverfahren nach dem Vermögensgesetz abwartet. Ein solches Verfahren kann nur bis zum 31. Dezember 1995 eingeleitet werden (§ 4 Abs. 1 Satz 2 InVorG).

2. Verhältnis zum Verfahren nach dem Vermögensgesetz

Hierbei ist zu beachten, daß trotz des Investitionsvorrangbescheides das Verfahren nach dem Vermögensgesetz zur Feststellung, ob der Anmelder wirklich Berechtigter ist, weiterläuft, aber zeitweise durch das Verfahren nach dem InVorG unterbrochen wird (§ 4 Abs. 4 Satz 1 InVorG). Die Unterbrechung beginnt mit der Unterrichtung des Amtes zur Regelung offener Vermögensfragen und endet mit dem Eintritt der Vollziehbarkeit der Entscheidung über den Investitionsvorrangantrag, spätestens jedoch nach Ablauf von drei Monaten von dem Eingang der Unterrichtung an (§ 4 Abs. 4 Satz 2 InVorG). Bis zu dem Ende des vermögensrechtlichen Verfahrens wird **die Zahlung des Kaufpreises aus dem investiven Vertrag gestundet**. Bei einem für den Anmelder/Berechtigten positiven Ausgang wird der Kaufpreis erlassen (Umkehrschluß aus § 21 Abs. 5 InVorG, Empfehlungen zur Anwendung des Investitionsvorranggesetzes für Immobilien vom 1. 9. 1992, S. 108, – im folgenden Empfehlungen genannt –, herausgegeben vom Bundesminister der Justiz, 53170 Bonn).

Die Erteilung eines Investitionsvorrangbescheides scheidet aus, wenn ein Ausschlußgrund nach § 5 VermG vorliegt. Dies ist dann der Fall, wenn Grundstücke und Gebäude

a) mit erheblichem baulichen Aufwand in ihrer Nutzungsart oder Zweckbestimmung verändert wurden und ein öffentliches Interesse an dieser Nutzung besteht,
b) dem Gemeingebrauch gewidmet wurden,
c) im komplexen Wohnungsbau oder Siedlungsbau verwendet wurden,
d) der gewerblichen Nutzung zugeführt oder in eine Unternehmenseinheit einbezogen wurden und nicht ohne erhebliche Beeinträchtigung des Unternehmens zurückgegeben werden können.

In den Fällen der Buchstaben a) und d) ist eine Rückübertragung nur dann ausgeschlossen, wenn die maßgeblichen tatsächlichen Umstände am 29. September 1990 vorgelegen haben.

3. Grundzüge des Verfahrens nach § 21 InVorG

Im einzelnen ist das Verfahren wie folgt ausgestaltet:

a) Antragstellung

Der Anmelder von Ansprüchen nach dem Vermögensgesetz wendet sich mit dem Antrag auf Durchführung von investiven Maßnahmen an den Verfügungsberechtigten (§ 4 Abs. 2 Satz 1 InVorG). Dies kann die Treuhandanstalt oder eine öffentlich-rechtliche Gebietskörperschaft (zB eine

Anhang IV/14

Gemeinde oder ein Bundesland) sein. Wenn der Verfügungsberechtigte eine Privatperson ist, ist der Antrag an den Landkreis oder die kreisfreie Stadt zu richten, in dessen oder deren Gebiet der Vermögenswert liegt (§ 4 Abs. 2 Satz 2 InVorG, Empfehlungen S. 14 f.).

b) Antragsvoraussetzungen (besonderer Investitionszweck)

Der Antrag muß darauf gerichtet sein, das Grundvermögen für einen **besonderen Investitionszweck** auf den Antragsteller zu übertragen (§ 21 Abs. 1 Satz 1 InVorG). Dieser Zweck liegt vor, wenn **Arbeitsplätze** gesichert oder geschaffen werden, insbesondere durch Errichtung oder Erhaltung einer gewerblichen Betriebsstätte oder eines Dienstleistungsunternehmens. Die investiven Maßnahmen müssen sich auf die Arbeitsplatzbeschaffung auswirken.

Der Investitionszweck ist ferner gegeben, wenn neuer **Wohnraum** geschaffen oder nicht bewohnter und nicht bewohnbarer oder vom Abgang bedrohter Wohnraum wieder hergestellt wird. Soweit es sich um die Wiederherstellung einzelner Ein- und Zweifamilienhäuser handelt, gilt dies jedoch nur im Rahmen einer städtebaulichen Maßnahme, zB wenn eine Gemeinde ein Gelände erschließt, auf dem Ein- oder Zweifamilienhäuser errichtet werden sollen.

Schließlich liegt der besondere Zweck auch vor, wenn Infrastrukturmaßnahmen durchgeführt werden, die für die Investitionen erforderlich sind (§ 21 Abs. 1 Satz 1 iVm. § 3 Abs. 1 InVorG). Hierzu gehören Erschließungsmaßnahmen wie Straßen, Energieleitungen, Schienenanschlüsse, Ausbildungsstätten uä. Diese Infrastrukturmaßnahmen müssen einen sachlichen Bezug zu den og. Maßnahmen zur Schaffung von Arbeitsplätzen oder Wohnraum haben (Empfehlungen, S. 54 f.). In jedem Fall darf das Grundstück oder Gebäude nur insoweit für den besonderen Investitionszweck verwendet werden, als dies für die Verwirklichung des Vorhabens erforderlich ist (§ 3 Abs. 1 Satz 2 InVorG).

Neben den genannten besonderen Investitionszwecken reicht auch die Abstellung von Mißständen oder Mängeln eines Wohngebäudes durch Modernisierung oder Instandsetzung aus, wenn die voraussichtlichen Kosten der Maßnahme für jede abgeschlossene oder selbständig vermietbare Wohnung oder jeden derartigen Geschäftsraum 20 000 DM überschreitet (§ 21 Abs. 2 InVorG, Empfehlungen S. 107).

c) Investitionsvorrangbescheid

aa) Voraussetzung. Voraussetzung für den Erlaß des Investitionsvorrangbescheides ist, daß der Anmelder seine Berechtigung als Alteigentümer/Inhaber des stillgelegten Unternehmens/Grundvermögens beim Verfügungsberechtigten bzw. dem Landkreis oder der kreisfreien Stadt glaubhaft macht (§ 21 Abs. 1 Satz 1 iVm. § 4 Abs. 2 InVorG). Sein entsprechender Vortrag muß durch geeignete Unterlagen wie Enteignungsbescheide, Erbscheine und Grundbuchauszüge oder andere aussagekräftige Unterlagen (Empfehlungen S. 106) untermauert werden. Ferner muß er nach seinen persönlichen und wirtschaftlichen Verhältnissen hinreichende Gewähr für die Durchführung des beabsichtigten Vorhabens geben (§ 21 Abs. 1 Satz 1 InVorG).

bb) Wirkung. Der Verfügungsberechtigte ist daraufhin verpflichtet, einen Investitionsvorrangbescheid zu erlassen (§ 21 Abs. 1 Satz 1 InVorG). Das Grundstück kann im Zusammenhang damit an den Anmelder durch einen investiven Vertrag verkauft werden, ohne daß das Rückgabeverfahren nach dem Vermögensgesetz abgewartet werden muß. Weiterhin wird eine Frist für die Durchführung der zugesagten Maßnahmen bestimmt (§ 8 Abs. 2a InVorG). Es wird die Auflage erteilt, in den Vertrag eine Verpflichtung zur Rückübertragung des Grundstückes oder Gebäudes im Falle des Widerrufs des Investitionsvorrangbescheides aufzunehmen (§ 8 Abs. 2c InVorG). Ferner ersetzt der Bescheid die Grundstücksverkehrsgenehmigung und andere Genehmigungen oder Zustimmungen, die für die Verfügung über eigenes Vermögen des Bundes, der Länder oder der Kommunen erforderlich sind sowie das Zeugnis nach § 28 des Baugesetzbuches (§ 11 Abs. 1 InVorG). Schließlich ist eine Vertragsstrafenregelung aufzunehmen (§ 8 Abs. 2 Satz 2 InVorG).

cc) Verfahren bei mehreren Anmeldern. Sind für das Grundstück weitere Anmelder vorhanden, die investive Maßnahmen zusagen, so wird regelmäßig derjenige bevorzugt, der zuerst von dem Vermögensverlust betroffen war (§ 21 Abs. 3 InVorG). Die anderen Anmelder sind bei dieser Entscheidung anzuhören (§ 5 InVorG).

Ist ein Verfahren zugunsten des Anmelders nach § 21 Abs. 1 InVorG eingeleitet worden, so kann für einen dritten Investor kein Verfahren nach dem InVorG mehr eröffnet werden (§ 21 Abs. 6 InVorG). Allerdings können andere Investoren noch innerhalb von drei Monaten nach dem Eingang des Antrages des Anmelders im Rahmen des § 21 InVorG berücksichtigt werden (§ 21 Abs. 4 Satz 1

14. Ansprüche des Berechtigten auf Rückgabe durch investive Maßn. **Anhang IV/14**

InVorG). Sagt der Anmelder aber gleiche oder annähernd gleiche investive Maßnahmen zu, genießt er in der Regel den Vorzug (§ 21 Abs. 4 Satz 2 und Abs. 6 InVorG).

Hat ein dritter Investor eher als der Anmelder ein Investitionsvorrangverfahren eingeleitet, so kann der Anmelder ein Verfahren nach § 21 InVorG von sich aus nicht mehr eröffnen. Er ist in diesem Fall aber nicht ganz schutzlos. Als Anmelder nach dem Vermögensgesetz wird er über das Vorhaben des Dritten informiert und kann binnen kurzer Fristen einen eigenen Investitionsplan vorlegen (§ 5 InVorG).

d) Investiver Vertrag

Nach der Erteilung des Investitionsvorrangbescheides wird der investive Vertrag zwischen dem Verfügungsberechtigten und dem Anmelder abgeschlossen. In der Praxis wird der investive Vertrag in der Regel vor dem Investitionsvorrangbescheid unter der aufschiebenden Bedingung abgeschlossen, daß der Investitionsvorrangbescheid erteilt wird. Der Verfügungsberechtigte ist verpflichtet, den Vertrag abzuschließen, ebenso wie er bei Vorliegen der entsprechenden Voraussetzungen verpflichtet war, den Investitionsvorrangbescheid zu erlassen (§ 21 Abs. 1 Satz 1 und 3 InVorG). Der investive Vertrag regelt – entsprechend den Vorgaben des Investitionsvorrangbescheides – die Einzelheiten der Abwicklung, insbesondere die durchzuführenden investiven Maßnahmen. Zur Durchführung wird das Grundstück dem Anmelder übertragen (regelmäßig verkauft) und der Kaufpreis festgelegt. Die Besonderheit dabei ist, daß der Kaufpreis bis zum Abschluß des vermögensrechtlichen Verfahrens über die Rückgabe des Grundstücks gestundet und bei einem für den Anmelder positiven Ergebnis erlassen wird. Der Anmelder als Altberechtigter braucht im Ergebnis also keinen Kaufpreis zu zahlen. Stellt sich allerdings heraus, daß er doch nicht Rückgabeberechtigter war, muß er den Kaufpreis, jedenfalls aber den Verkehrswert, an den „wahren" Berechtigten zahlen. Zur Sicherung dieser Rückzahlungsverpflichtung wird regelmäßig dem Anmelder aufgegeben werden, eine Sicherheitsleistung zu erbringen (Empfehlungen S. 108 und 109).

e) Widerruf des Vorrangbescheides

Wenn der Anmelder in der Folgezeit das Grundstück unter Verstoß gegen den Investitionsvorrangbescheid nicht für den genannten Zweck verwendet, so kann der Vorrangbescheid widerrufen werden (§ 15 InVorG). Das Grundstück ist dann an den Veräußerer zurückzuübertragen (§ 12 Abs. 3 InVorG). Eine entsprechende Verpflichtung wird bereits in den Investitionsvorrangbescheid und den investiven Vertrag aufgenommen (§ 8 Abs. 2 InVorG).

4. Verfahren bei Grundvermögen, das Bestandteil eines Unternehmens war

Die vorstehenden Ausführungen gelten für den Fall, daß ausschließlich die Rückgabe von Grundstücken und Gebäuden begehrt wird. Ist das Grundstück oder Gebäude in ein Unternehmen eingebunden, kann der Anmelder hinsichtlich des Grundvermögens ein Investitionsverfahren nach § 21 InVorG nur dann einleiten, wenn **der Geschäftsbetrieb des Unternehmens eingestellt worden ist und die tatsächlichen Voraussetzungen für die Wiederaufnahme des Geschäftsbetriebes nach vernünftiger kaufmännischer Beurteilung fehlen.** Die Tatsache, daß das Unternehmen endgültig stillgelegt ist und die tatsächlichen Voraussetzungen für die Wiederaufnahme des Geschäftsbetriebes nach vernünftiger kaufmännischer Beurteilung fehlen, muß glaubhaft gemacht werden.

Die Bestimmungen betreffend die Übernahme von Unternehmensschulden i. S. d. § 6 Abs. 6a Satz 2 VermG bleiben unberührt.

Es wird darauf hingewiesen, daß die Treuhandanstalt zur Entgegennahme von Investitionsvorranganträgen, für deren Bearbeitung sie zuständig ist, eine eigene Stelle eingerichtet hat: Treuhandanstalt U 5 SR, Alexanderplatz 6, 10100 Berlin.

Anhang IV/15

IV. Arbeitshilfen

15. Anhebung der Nutzungsentgelte für Erholungsgrundstücke und Garagenflächen

(Ausgabe August 1993)

Für ehemals staatlich verwaltete bebaute und unbebaute Grundstücke, die Erholungszwecken dienen (Wochenendgrundstücke, Datschengrundstücke) gelten die §§ 312 bis 315 des Zivilgesetzbuches der DDR (ZGB) fort. Dies ergibt sich aus Artikel 232 § 4 des Einführungsgesetzes zum Bürgerlichen Gesetzbuch (– EGBGB –, BGBl. 1990 II S. 885, 944). Wegen der Einzelheiten wird auf das Markblatt Nr. 9 verwiesen.

Durch Artikel 232 § 4 Abs. 2 EGBGB wurde die Bundesregierung ermächtigt, durch Rechtsverordnung mit Zustimmung des Bundesrates Vorschriften über eine angemessene Anhebung der Nutzungsentgelte zu erlassen. Von dieser Ermächtigung hat die Bundesregierung inzwischen Gebrauch gemacht.

1. Anwendungsbereich

Nach der am 1. August 1993 in Kraft getretenen Verordnung über eine angemessene Gestaltung von Nutzungsentgelten (Nutzungsentgeltverordnung – NutzEV –) vom 22. Juli 1993 (BGBl. 1993 I S. 1339) können die bisherigen Nutzungsentgelte für Bodenflächen aufgrund von Verträgen nach § 312 ZGB schrittweise an das Niveau des ortsüblichen Pachtzinses angepaßt werden.

Die NutzEV findet jedoch **keine** Anwendung

– für Entgelte, die sich nach dem Bundeskleingartengesetz richten,
– für vor dem 3. Oktober 1990 abgeschlossene unentgeltliche Nutzungsverhältnisse nach § 312 ZGB,
– für Überlassungsverträge sowie
– für nach dem 2. Oktober 1990 getroffene Entgeltvereinbarungen. In Ausnahmefällen ist eine einseitige Erhöhung zulässig, z. B. wenn eine zwischen dem Eigentümer und dem Nutzer nach diesem Zeitpunkt getroffene Vereinbarung durch Zeitablauf beendet ist.

Die NutzEV gilt für alle rechtsgeschäftlichen Entgeltvereinbarungen, die **vor dem 3. Oktober 1990** geschlossen worden sind. Daneben sind außerhalb dieser Vorschriften jederzeit vertragliche Vereinbarungen über Nutzungsentgelte möglich.

2. Höhe der Entgelte

Nach § 3 NutzEV dürfen die Entgelte **grundsätzlich** in mehreren Stufen **bis zur Höhe der ortsüblichen Entgelte** wie folgt erhöht werden:
1. Ab dem 1. November 1993 auf das Doppelte der am 2. Oktober 1990 zulässigen Entgelte, jedoch mindestens auf 0,15 DM, bei baulich genutzten Grundstücken auf 0,30 DM je Quadratmeter Bodenfläche im Jahr;
2. ab dem 1. November 1994 auf das Doppelte der sich nach Nummer 1 ergebenden Entgelte;
3. ab dem 1. November 1995 auf das Doppelte der sich nach Nummer 2 ergebenden Entgelte;
4. ab dem 1. November 1997 jährlich um die Hälfte der sich nach Nummer 3 ergebenden Entgelte.

Ortsüblich sind nach § 3 Abs. 2 NutzEV „die Entgelte, die nach dem 2. Oktober 1990 in der Gemeinde oder in vergleichbaren Gemeinden für vergleichbar genutzte Grundstücke vereinbart worden sind. Für die Vergleichbarkeit ist die tatsächliche Nutzung unter Berücksichtigung der Art und des Umfangs der Bebauung der Grundstücke maßgebend." Auf Antrag einer Vertragspartei hat der für die jeweilige Gemeinde eingerichtete Gutachterausschuß ein Gutachten über die ortsüblichen Nutzungsentgelte für vergleichbar genutzte Grundstücke zu erstatten, § 7 NutzEV.

Im Falle einer **vertragswidrigen Nutzung** des Grundstückes dürfen die Nutzungsentgelte direkt auf das ortsübliche Pachtzinsniveau erhöht werden, § 4 Abs. 1 NutzEV. Vertragswidrig ist eine Nutzung, die nach den §§ 312 und 313 ZGB nicht zulässig ist, es sei denn, der Eigentümer hat die Nutzung genehmigt oder sie wurde von staatlichen Stellen der DDR genehmigt oder gebilligt, § 4 Abs. 2 NutzEV.

16. Einvernehmliche Rückgabe von Vermögenswerten **Anhang IV/16**

3. Verfahren

Will der Überlassende das Nutzungsentgelt nach der NutzEV erhöhen, so hat er dies dem Nutzer für **jede** Erhöhung **schriftlich** zu erklären. Das erhöhte Nutzungsentgelt ist von dem Beginn des dritten auf die Erklärung folgenden Monats an zu zahlen, § 6 NutzEV. Eine erstmalige Entgelterhöhung ist demnach frühestens zum 1. November 1993 möglich. Vom Nutzer im voraus entrichtete Zahlungen sind anzurechnen.

4. Kündigungsmöglichkeit des Nutzers

Die Nuter sollen nicht gezwungen werden, das Nutzungsverhältnis zu dem nach der NutzEV zulässigen höheren Entgelt fortzusetzen. § 8 NutzEV berechtigt daher den Nutzer, das Nutzungsverhältnis zum Ende des letzten Monats, bevor die Entgelterhöhung wirksam wird, zu kündigen. Die Kündigung ist möglich bis zum Ablauf des Monats, der auf den Zugang der Erklärung über die Entgelterhöhung folgt.

5. Sonderregelungen für Garagenflächen

Nach § 5 NutzEV sind die Nutzungsentgelte für Garagengrundstücke ab dem **1. November 1993** nach der Anzahl der Stellplätze zu bemessen. Die Entgelte dürfen bis zur Höhe der ortsüblichen Entgelte erhöht werden, jedoch auf mindestens 60 DM je Stellplatz pro Jahr.

Garagengrundstücke sind Grundstücke oder Teile von Grundstücken, die mit einer oder mehreren Garagen, Carports oder vergleichbaren Stellplätzen bebaut sind und deren **wesentlicher** Nutzungszweck das Einstellen von Kraftfahrzeugen ist.

Nicht als Garagengrundstück im Sinne von § 5 NutzEV sind demnach z. B. Erholungsgrundstücke anzusehen, auf denen auch eine Garage errichtet wurde. In diesem Fall ist die Garage nicht der wesentliche Nutzungszweck.

16. Einvernehmliche Rückgabe von Vermögenswerten

(Ausgabe November 1993)

Die Behörde zur Regelung offener Vermögensfragen (nachstehend „Behörde" genannt) ist verpflichtet, in jedem Stadium des Verfahrens auf eine gütliche Einigung (einvernehmliche Regelung) zwischen dem Berechtigten und dem Verfügungsberechtigten hinzuwirken (vgl. § 31 Abs. 5 Satz 1 Vermögensgesetz – VermG – in der Fassung des Zweiten Vermögensrechtsänderungsgesetzes, zuletzt bekannt gemacht in der Neufassung vom 3. August 1992, BGBl. I S. 1446ff.). Ziel der gütlichen Einigung ist die Beschleunigung des Rückgabeverfahrens. Zwar wird die Behörde dieser Verpflichtung erst dann nachkommen können, wenn sie die Umstände des Einzelfalles – auch unter Mitwirkung der Beteiligten – geklärt hat, damit sie den Parteien konstruktive Vorschläge für den Inhalt einer gütlichen Einigung unterbreiten kann. Jedoch ist im Zusammenhang mit dieser Verpflichtung der Behörde zu beachten, daß eine gütliche Einigung in höherem Maße zur Erzielung des Rechtsfriedens dient als eine (streitige) Entscheidung der Behörde oder eines Gerichts.

In der Regel genügt die Behörde ihrer Pflicht zur Herbeiführung einer gütlichen Einigung dadurch, daß sie die Parteien ausdrücklich auf die Möglichkeit der gütlichen Einigung hinweist. Sofern sich aus den Umständen des Einzelfalles oder den Angaben der Parteien jedoch Gesichtspunkte für die Möglichkeit einer gütlichen Einigung ergeben, ist die Behörde verpflichtet, einen konkreten Vorschlag zu unterbreiten. Hierfür kann es zweckmäßig sein, einen gemeinsamen Besprechungstermin vorzuschlagen.

Der Vorrang der gütlichen Einigung gegenüber der Entscheidung durch die Behörde kommt auch durch die gesetzliche Bestimmung des § 31 Abs. 5 Satz 2 VermG zum Ausdruck. Danach setzt die Behörde das Verfahren aus, soweit ihr mitgeteilt wird, daß eine gütliche Einigung angestrebt wird. Erforderlich ist wohl die Mitteilung beider Parteien. Auf die Meldung einer Partei hin sollte die Behörde die andere Partei über die beabsichtigte Aussetzung des Verfahrens unterrichten und um deren Einwilligung bitten.

1049

Anhang IV/16

IV. Arbeitshilfen

Kommt eine Einigung zwischen den Beteiligten zustande, so sind zwei Arten des weiteren Verfahrens zu unterscheiden: Beendigung ohne behördliche Entscheidung (nachfolgend unter A) oder Erteilung eines der Einigung entsprechenden Bescheides der Behörde (nachfolgend unter B). Vergleiche sind zulässig, § 31 Abs. 1a VermG (siehe jedoch unter C).

A. Verfahrensbeendigung ohne behördliche Entscheidung

Kommt eine gütliche Einigung ganz oder teilweise zustande, entscheidet die Behörde **insoweit** nicht mehr. Nach § 30 Abs. 1 Satz 2 VermG entscheidet die Behörde nur, wenn und soweit die Rückgabe von Vermögenswerten zwischen dem Verfügungsberechtigten und dem Berechtigten nicht einvernehmlich zustande kommt. Ein Einvernehmen ist jedoch nur für solche Fragen möglich, die zur Disposition der Parteien stehen. Vereinbarungen zu Lasten Dritter, z. B. zu Lasten des Entschädigungsfonds, sind nicht zulässig. Kommt eine einvernehmliche (gütliche) Einigung ganz oder teilweise zustande, kann der Antrag insoweit zurückgenommen oder für erledigt erklärt werden, § 30 Abs. 1 Satz 3 VermG.

Hat sich die gütliche Einigung auf Teilfragen erstreckt oder blieben einzelne Punkte offen, deren Regelung das Vermögensgesetz vorsieht, trifft die Behörde hierfür eine streitige Entscheidung nach § 32 VermG.

Eine bestimmte **Form** schreibt das VermG für die gütliche Einigung nicht vor. Soweit es sich beim Gegenstand der einvernehmlichen Regelung um die Rückübertragung des Eigentums an einem Grundstück handelt, ist aber zu beachten, daß es für die erforderliche grundbuchmäßige Umsetzung einer Auflassung vor dem Notar bedarf, vgl. §§ 20, 29 der Grundbuchordnung i. V. mit § 925 des Bürgerlichen Gesetzbuches – BGB. Aber auch unabhängig davon bzw. von sonstigen allgemeinen Formerfordernissen empfiehlt es sich aus Gründen der Rechtsklarheit, die Vereinbarung schriftlich festzuhalten.

B. Erteilung eines der Einigung entsprechenden Bescheides

1. Antragstellung

Die vorgenannten Formerfordernisse entfallen, wenn die Behörde **auf Antrag** des Berechtigten oder des Verfügungsberechtigten einen dem Einvernehmen entsprechenden Bescheid erläßt, § 31 Abs. 5 Satz 3 VermG. Der Behörde wird hier kein Ermessen eingeräumt. Bei einer gütlichen Einigung über Eigentums- oder sonstige dingliche Rechte an Grundstücken und Gebäuden ersucht die Behörde das Grundbuchamt um die erforderlichen Berichtigungen des Grundbuches, wobei keine Gebühren von den Parteien zu tragen sind, § 34 Abs. 2 Satz 2 VermG.

2. Prüfungsumfang der Behörde

Gleichwohl hat die Behörde die Pflicht, in eine materiellrechtliche Prüfung der vorgelegten Einigung einzutreten. Dies ergibt sich aus dem Wortlaut der gesetzlichen Bestimmung des § 31 Abs. 5 Satz 3 Vermögensgesetz: „Kommt es zu einer Einigung, die den Anspruch des Berechtigten ganz oder teilweise erledigt,...".

Die Behörde muß dabei zunächst die Berechtigung des Antragstellers in vollem Umfang prüfen. Des weiteren hat die Behörde zu untersuchen, ob Rechte Dritter betroffen sind, also ob z. B. Ablösebeträge nach § 18 VermG oder Wertersatzansprüche nach § 7 Abs. 1 VermG festzusetzen sind; gem. § 31 Abs. 5 Satz 5 i. V. m. Abs. 2 VermG hat die Behörde Dritte, die ein rechtliches Interesse am Ausgang der gütlichen Einigung haben, vor Erlaß des der Einigung entsprechenden Bescheides zu beteiligen.

Die Behörde darf wegen des Grundsatzes der Gesetzmäßigkeit der Verwaltung einen der Einigung entsprechenden Bescheid nur erlassen, wenn dieser den gesetzlichen Regelungen entspricht.

3. Übergabeprotokoll

Sofern die Behörde einen der gütlichen Einigung entsprechenden Bescheid erläßt, hat sie den Beteiligten ein Übergabeprotokoll nach § 33 Abs. 4 VermG zuzustellen, § 31 Abs. 5 Satz 3 VermG.

4. Umfang der gütlichen Einigung

Die gütliche Einigung kann sich gemäß § 31 Abs. 5 Satz 4 VermG auch auf Gegenstände erstrecken, über die nicht im Verfahren nach Abschnitt VI des VermG zu entscheiden ist, z. B. über Wertausgleichsansprüche gemäß § 7 Abs. 2 VermG, über die die Behörde grundsätzlich nicht zu entscheiden hat, § 7 Abs. 8 VermG.

5. Bestandskraft

Der Bescheid wird sofort bestandskräftig, wenn nicht der Widerruf innerhalb einer in dem Bescheid zu bestimmenden Frist, die höchstens einen Monat betragen darf, vorbehalten wird. Der Ausschluß der Anfechtung bewirkt keinen generellen Ausschluß der Anfechtungsmöglichkeit, sondern erzeugt nur eine Bindungswirkung im Hinblick auf die Behörde und die an der gütlichen Einigung beteiligten Parteien. Ein Dritter, der durch die gütliche Einigung belastet wird, kann bis zu der für ihn nach den gesetzlichen Bestimmungen eintretenden Unanfechtbarkeit Widerspruch einlegen.

C. Vergleiche

Bei der Entscheidung über den Wertausgleich nehmen die Ämter zur Regelung offener Vermögensfragen die Interessen des Entschädigungsfonds wahr, sofern der Wertausgleich nach § 7 Abs. 5 VermG dem Entschädigungsfonds zusteht.

Nach § 31 Abs. 1a VermG sind Vergleiche schon im Verwaltungsverfahren zulässig. Ein Vergleich ist nur möglich, wenn damit den Interessen aller Beteiligten am besten gedient ist. Dies ist dann der Fall, wenn die Voraussetzungen von § 779 BGB vorliegen (gegenseitiges Nachgeben).

Bei Vergleichen, die möglicherweise zu Mindereinnahmen des Entschädigungsfonds von mehr als 30000,– DM führen, ist dem Bundesamt zur Regelung offener Vermögensfragen vor dem Abschluß des Vergleichs Gelegenheit zur Stellungnahme zu geben. Hierzu hat das zuständige Amt zur Regelung offener Vermögensfragen den Vorgang auf dem Dienstweg vorzulegen.

17. Rückzahlung gewährten Lastenausgleichs bei Vermögensrückgabe oder Entschädigung

(Ausgabe Januar 1994)

1. An wen wendet sich dieses Merkblatt?

Das Merkblatt wendet sich an alle, die als Folge der Vereinigung der beiden deutschen Staaten
- über ihr in der früheren DDR belegenes Vermögen **wieder frei verfügen können**
- **Vermögenswerte** jeglicher Art **zurückerhalten**
- anstelle der ursprünglichen Vermögenswerte **andere Werte** (Sachvermögen, Erlöse, Entschädigungen) **erhalten**
- und an Personen, deren Rechtsnachfolger die genannten Leistungen erlangen,

wenn sie selbst **oder** ihre Gesamtrechtsvorgänger (Erblasser) **Lastenausgleich erhalten haben** in Form von
- Hauptentschädigung (Barentschädigung)
- Darlehen
- Kriegsschadenrente
- laufender Beihilfe.

2. Was ist zurückzuzahlen?

Sämtliche Leistungen des Lastenausgleichs mit Entschädigungscharakter stehen unter dem gesetzlichen Vorbehalt der Rückforderung bei einem Schadensausgleich. Entsprechende Hinweise finden sich in allen Leistungsbescheiden. Der Vorbehalt der Rückforderung besagt, **daß Lastenausgleichs-**

Anhang IV/18

leistungen zurückgezahlt werden müssen, wenn ein Schaden durch Rückgabe des entzogenen Vermögenswertes oder durch Entschädigungs- oder sonstige Ersatzleistungen jeglicher Art **ganz oder teilweise ausgeglichen wird**. Zuerkannte Kriegsschadenrente und laufende Beihilfe wird trotz Schadensausgleichs weitergewährt, soweit eine Veränderung der Zuerkennungsvoraussetzungen nicht eingetreten ist.

3. Wie erfolgt die Berücksichtigung des Lastenausgleichs?

Ob und in welcher Höhe eine Rückforderung der Lastenausgleichsleistungen tatsächlich erfolgt, hängt von den Umständen des Einzelfalles, insbesondere vom Wert des zurückerhaltenen Wirtschaftsgutes oder von der Höhe der Entschädigungsleistung ab. In keinem Fall kann mehr zurückgefordert werden als seinerzeit an Lastenausgleich einschließlich der damals gewährten Zinsen gezahlt worden ist. Eine nachträgliche Verzinsung des Lastenausgleichs ab seiner Gewährung findet nicht statt.

Wenn Lastenausgleich zurückzuzahlen ist, erläßt das zuständige Ausgleichsamt einen Rückforderungsbescheid. Grundsätzlich ist der Rückforderungsbetrag sofort fällig.

4. Welche Pflichten obliegen den Empfängern von Schadensausgleichsleistungen?

Empfänger von Schadensausgleichsleistungen sind nach § 349 Abs. 5 des Lastenausgleichsgesetzes (LAG) verpflichtet, die Tatsache, daß
- über in der früheren DDR belegenes Vermögen wieder frei verfügt werden kann
- Vermögenswerte jeglicher Art zurückgegeben worden sind
- anstelle der ursprünglichen Vermögenswerte andere Werte (Sachvermögen, Erlöse, Entschädigungen) gewährt worden sind,

der Ausgleichsverwaltung anzuzeigen. Sollte das zuständige Ausgleichsamt nicht bekannt sein, empfiehlt sich eine Meldung an das zuständige Wohnsitzausgleichsamt, sonst an das Bundesausgleichsamt, Postfach 1263, 61282 Bad Homburg v. d. Höhe.

18. Behandlung von Überlassungsverträgen über Erholungsgrundstücke

(Ausgabe Mai 1994)

In der ehemaligen DDR wurden in der Zeit von etwa 1963 – 1975 auch Überlassungsverträge über Grundstücke zur Erholung, Freizeitgestaltung und kleingärtnerischen Nutzung (Erholungsgrundstücke) abgeschlossen. Sie betrafen sogenannte Westgrundstücke, die unter staatlicher Verwaltung standen. Für den westlichen Eigentümer, der sein Grundstück nicht selbst verwalten durfte, nahm ein staatlicher Verwalter diese Befugnis wahr, der auch den Überlassungsvertrag mit dem Nutzer ohne Zustimmung des Eigentümers, allein aufgrund der ihm durch Vorschriften der ehemaligen DDR eingeräumten Kompetenz, abgeschlossen hat.

Der Nutzer hatte nach dem Überlassungsvertrag vorhandenen Aufwuchs, Mobiliar sowie andere bewegliche Vermögenswerte auf der Basis eines Wertgutachtens käuflich zu erwerben. Für den Grund und Boden, existierende Gebäude (Wochenendhaus u. a. Baulichkeiten) sowie Grundstückseinrichtungen wurden ebenfalls Werte nach damals geltenden Preisbestimmungen ermittelt, die der Nutzer an den staatlichen Verwalter zu zahlen hatte. Dieser verwendete den Betrag zur Begleichung von Verbindlichkeiten des Eigentümers sowie zur Ablösung vorhandener Grundstücksbelastungen und zahlte den Restbetrag auf ein in der Regel bei der örtlichen Sparkasse geführtes Hinterlegungskonto ein, das mit ca. 3% verzinst wurde.

Überlassungsverträge über Erholungsgrundstücke gelten auch nach dem Beitritt der DDR zur Bundesrepublik Deutschland sowie nach Aufhebung bzw. Beendigung der staatlichen Verwaltung über die betreffenden Grundstücke rechtlich fort (Artikel 232 § 1 Einführungsgesetz zum BGB – EGBGB –).

Das Registerverfahrensbeschleunigungsgesetz (RegVBG) vom 20. Dezember 1993 (BGBl. I S. 2182, 2212) stellte klar, daß Überlassungsverträge rechtlich wirksam sind (Artikel 232 § 1a EGBGB). Durch Artikel 232 § 4 Abs. 4 EGBGB werden ausdrücklich alle vor dem 1. Januar 1976 in

19. Vorkaufsrecht von Mietern, Nutzern und Alteigentümern   **Anhang IV/19**

der ehemaligen DDR abgeschlossenen Verträge über Erholungsgrundstücke, mithin auch entsprechende Überlassungsverträge, in diese Regelung mit einbezogen.

Darüber hinaus schuf das RegVBG ein sogenanntes Vertrags-Moratorium, das sich auch auf Überlassungsverträge erstreckt (Artikel 232 § 4a EGBGB). Danach ist der Inhaber eines Überlassungsvertrages zunächst bis zum 31. Dezember 1994 weiterhin zum Besitz sowie zur Nutzung des Erholungsgrundstückes berechtigt und auch vor Zwangsräumung geschützt.

War der Nutzer jedoch bei Abschluß des Überlassungsvertrages nicht redlich im Sinne des § 4 Abs. 3 des Gesetzes zur Regelung offener Vermögensfragen (Vermögensgesetz – VermG), so ist das Rechtsverhältnis auf Antrag des Eigentümers durch das örtlich zuständige Amt zur Regelung offener Vermögensfragen aufzuheben (§ 17 VermG). Dabei ist auch zu beachten, daß allein die Kenntnis darüber, daß der von staatlichen Stellen oder in ihrem Auftrag vorgenommene Abschluß eines Überlassungsvertrages über ein Erholungsgrundstück ohne Einwilligung des Eigentümers erfolgte, noch nicht die Unredlichkeit des Nutzers begründet. Hinzukommen muß eine der 3 Fallgruppen des § 4 Abs. 3 VermG, insbesondere ihr gemeinsames Merkmal, nämlich die sittlich anstößige Manipulation beim Vertragsabschluß. Der Aufhebungsantrag kann jedoch nur noch bis zum 24. Juni 1994 gestellt werden (§ 30a Abs. 2 bis 4 VermG).

Die Rechte und Pflichten der Vertragspartner (Nutzer und Grundstückseigentümer) ergeben sich im einzelnen aus den genannten Rechtsvorschriften sowie dem konkreten Überlassungsvertrag und den allgemeinen zivilrechtlichen Bestimmungen über Verträge. Danach kann z. B. der Nutzer nicht gezwungen werden, einen neuen Vertrag abzuschließen oder ein bestimmtes Nutzungsentgelt zu zahlen. Die Nutzungsentgeltverordnung vom 22. Juli 1993 (BGBl. I S. 1339) findet für Überlassungsverträge **keine Anwendung.**

Überlassungsverträge über Erholungsgrundstücke werden im Rahmen des Schuldrechtsanpassungsgesetzes, das voraussichtlich am 1. Januar 1995 in Kraft treten soll, abschließend geregelt. Nach dem Regierungsentwurf vom 13. Januar 1994 sollen vom Inkrafttreten dieses Gesetzes an grundsätzlich die Vorschriften des Bürgerlichen Gesetzbuches über die Pacht anzuwenden sein. Der Entwurf enthält Übergangsregelungen, die einen sozialverträglichen Interessenausgleich zwischen Grundstückseigentümern und Nutzern gewährleisten. Zugunsten der Nutzer sieht der Entwurf einen mittelfristigen Bestandsschutz vor, der nur in Ausnahmefällen durchbrochen werden kann. Der Grundstückseigentümer soll einen Vertrag in der Übergangszeit nur kündigen können, wenn er ein gesetzlich anerkanntes, überwiegendes Interesse an der Vertragsbeendigung hat. Dem Nutzer ist bei Vertragsbeendigung eine angemessene Entschädigung zu leisten. Soweit die Nutzung bislang unentgeltlich erfolgte, kann der Grundstückseigentümer die Zahlung eines angemessenen Nutzungsentgeltes verlangen. Außerdem enthält der Entwurf Regelungen zur Abwicklung der Überlassungsverträge hinsichtlich der öffentlichen Lasten des Grundstücks, der Auskehr der bei Vertragsabschluß hinterlegten Beträge sowie der abgelösten Verbindlichkeiten des Grundstückseigentümers.

Unabhängig davon sind zu den dargelegten Fragen jederzeit einvernehmliche Regelungen zwischen dem Nutzer und dem Eigentümer möglich.

19. Vorkaufsrecht von Mietern, Nutzern und Alteigentümern

(Ausgabe August 1994)

Nach dem Gesetz zur Regelung offener Vermögensfragen (Vermögensgesetz – VermG) in der Fassung des Gesetzes zur Bekämpfung des Mißbrauchs und zur Bereinigung des Steuerrechts vom 21. Dezember 1993 (BGBl. I S. 2310ff.) wird Mietern, Nutzern und Alteigentümern unter den Voraussetzungen der §§ 20 und 20a auf Antrag ein Vorkaufsrecht am Grundstück eingeräumt.

Aufgrund des Vorkaufsrechts, das im Grundbuch eingetragen wird, ist der Mieter/Nutzer/Alteigentümer berechtigt, in einen zwischen dem Eigentümer und einem Dritten geschlossenen Kaufvertrag einzutreten. Mit der Ausübung des Vorkaufsrechts kommt der Kauf zwischen dem Vorausberechtigten und dem Eigentümer zu den Bedingungen zustande, die der Eigentümer mit dem Dritten vereinbart hat.

A. Vorkaufsrecht von Mietern und Nutzern

Gemäß § 20 Abs. 1 VermG wird Mietern und Nutzern von Ein- und Zweifamilienhäusern und von Grundstücken zu Erholungszwecken, die der staatlichen Verwaltung unterlagen oder auf die ein Anspruch auf Rückübertragung besteht, **auf Antrag** ein Vorkaufsrecht am Grundstück eingeräumt.

1. Antragstellung und Antragsfrist

1. Mieter und Nutzer ehemals staatlich verwalteter Grundstücke können Anträge auf Einräumung des Vorkaufsrechts bis zur Bestandskraft des Bescheides über die Aufhebung der staatlichen Verwaltung stellen (§ 30a Abs. 4 Satz 2 VermG). Im Falle der Beendigung der staatlichen Verwaltung per Gesetz mit Ablauf des 31. Dezember 1992 lief die Antragsfrist am 24. Juni 1994 ab (§ 30 a Abs. 3 Satz 1 VermG).

2. In den übrigen Fällen ist der Antrag auf Einräumung des Vorkaufsrechtes bei dem Amt zur Regelung offener Vermögensfragen zu stellen, das über den Anspruch auf Rückübertragung entscheidet (§ 20 Abs. 5 VermG). Die Antragstellung ist noch bis zur Bestandskraft der Entscheidung über den Restitutionsanspruch möglich (§ 30a Abs. 4 Satz 1 VermG).

Für die Antragstellung sieht das Vermögensgesetz keine besonderen Formvorschriften vor. Es empfiehlt sich jedoch, den Antrag schriftlich einzureichen.

2. Antragsvoraussetzungen und Umfang des Vorkaufsrechtes

1. Ein Anspruch auf Einräumung eines Vorkaufsrechtes besteht gemäß § 20 Abs. 1 VermG nur dann, wenn **das Miet- oder Nutzungsverhältnis beim Inkrafttreten des Vermögensgesetzes (29. September 1990) bestanden hat und im Zeitpunkt der Entscheidung über den Antrag noch fortbesteht.** Das Vorkaufsrecht soll Mietern und Nutzern einen Ausgleich dafür gewähren, daß sie sich auf die in der DDR bestehende Rechtslage eingerichtet haben bzw. sich nach erfolgter Restitution oder Beendigung der staatlichen Verwaltung auf einen neuen Vertragspartner einstellen müssen. Deswegen steht Mietern und Nutzern, die erst nach dem 29. September 1990 ein Miet- oder Sondernutzungsverhältnis eingegangen sind, kein Vorkaufsrecht zu.

Anspruchsberechtigt sind auch die Erben eines Mieters oder Nutzers, wenn sie das Miet- oder Nutzungsverhältnis noch fortführen. Gleiches gilt in den Fällen der Wohnraummiete für den Ehegatten oder für Familienangehörige des Mieters, mit denen der Mieter einen gemeinsamen Hausstand geführt hat und die nach dessen Tode gem. § 569a BGB in das Mietverhältnis eingetreten sind.

2. Gemäß § 20 Abs. 1 Satz 2 VermG kann nur der Mieter oder Nutzer ein Vorkaufsrecht beanspruchen, der das Grundstück oder Gebäude vertragsgemäß nutzt. Dies ist auch dann der Fall, wenn Mieter oder Nutzer das Ein- oder Zweifamilienhaus zu anderen als Wohnzwecken oder das Erholungsgrundstück zu anderen als Erholungszwecken nutzen, sofern diese abweichede Nutzung vom Vertragspartner gestattet wurde.

3. In den Fällen, in denen **nur einzelne Miteigentumsanteile an Grundstücken oder Gebäuden restitutionsbelastet** sind, besteht ein Anspruch auf Einräumung eines Vorkaufsrechtes nur dann, wenn auch alle anderen Miteigentumsanteile staatlich verwaltet waren oder der Restitution unterliegen (§ 20 Abs. 2 VermG). Damit soll ausgeschlossen werden, daß auch ein vom Anwendungsbereich des Vermögensgesetzes nicht erfaßter Miteigentumsanteil mit einem Vorkaufsrecht belastet wird.

Besteht für diesen Fall ein Anspruch auf Einräumung eines Vorkaufsrechtes, so erhält der Mieter oder Nutzer an jedem einzelnen Miteigentumsanteil und darüber hinaus auch an dem Grundstück als solchem ein Vorkaufsrecht (§ 20 Abs. 2 Satz 2 VermG).

Damit soll sichergestellt werden, daß das Vorkaufsrecht nicht ins Leere geht, wenn das Grundstück durch die Miteigentümer als Ganzes veräußert wird. Wird dagegen nur ein Miteigentumsanteil verkauft, so erstreckt sich das Vorkaufsrecht nur auf diesen Anteil. Es besteht für den Mieter oder Nutzer also die Möglichkeit, im Laufe der Zeit sämtliche Miteigentumsanteile und damit letztlich das ganze Grundstück zu erwerben.

Die Ausübung des Vorkaufsrechtes an einen Miteigentumsanteil ist bei dem Verkauf an einen Miteigentümer ausgeschlossen (§ 20 Abs. 2 Satz 3 VermG). Durch diese Regelung soll verhindert werden, daß der Mieter oder Nutzer als Fremder in eine bestehende Miteigentümergemeinschaft eintritt.

4. Für den Fall, daß sich das Miet- oder Nutzungsverhältnis nur auf eine **Teilfläche eines Grundstücks** erstreckt, gilt nach § 20 Abs. 3 VermG das sog. „**Überwiegensprinzip**". Danach besteht ein Anspruch auf Einräumung eines Vorkaufsrechts an dem Gesamtgrundstück nur dann, wenn der Anteil der Teilfläche, auf die sich das Miet- oder Nutzungsverhältnis bezieht, mehr als 50% der Gesamtfläche beträgt. Bei der Ermittlung des maßgeblichen Anteils sind alle an verschiedene Mieter oder Nutzer überlassene Teilflächen zusammenzurechnen.

5. Bei mehreren vorkaufsberechtigten Mietern oder Nutzern in bezug auf ein Grundstück oder ein Miteigentumsanteil sieht § 20 Abs. 4 VermG die Einräumung eines **gemeinschaftlichen Vorkaufs-**

19. Vorkaufsrecht von Mietern, Nutzern und Alteigentümern **Anhang IV/19**

rechtes vor. Dabei kann jeder Anspruchsberechtigte den Antrag auf Einräumung eines Vorkaufsrechtes mit Wirkung für die übrigen Anspruchsberechtigten allein stellen.

3. Entstehung und Beendigung des Vorkaufsrechtes

1. Das Vorkaufsrecht entsteht gemäß § 20 Abs. 6 VermG erst dann, wenn der Bescheid über die Einräumung des Vorkaufsrechtes unanfechtbar und **das Vorkaufsrecht im Grundbuch eingetragen** worden ist. Damit soll sichergestellt werden, daß bestehende Vorkaufsrechte auch für etwaige Kaufinteressenten aus dem Grundbuch ersichtlich sind.

2. Außerdem ist das Vorkaufsrecht grundsätzlich auf den **ersten Verkaufsfall** beschränkt. Wenn zum Zeitpunkt des Abschlusses eines Kaufvertrages eine Entscheidung über einen bereits gestellten Vorkaufsantrag noch nicht ergangen ist, erstreckt sich das Vorkaufsrecht auf den nächstfolgenden Verkauf.

3. Das Vorkaufsrecht ist nicht übertragbar und nicht vererblich. Es erlischt mit der Beendigung des Miet- oder Nutzungsverhältnisses. Hat ein vorkaufsberechtigter Mieter von Wohnraum mit seinem Ehegatten oder seinen Familienangehörigen einen gemeinsamen Hausstand geführt, so steht diesen nach dem Tode des Mieters das Vorkaufsrecht zu, wenn sie gemäß § 569a BGB in das Mietverhältnis eingetreten sind. Denn in diesem Fall wird das Mietverhältnis von Gesetzes wegen fortgesetzt.

4. Für das Vorkaufsrecht des Mieters oder Nutzers finden im übrigen die für das schuldrechtliche und dingliche Vorkaufsrecht geltenden Bestimmungen des Bürgerlichen Gesetzbuches entsprechende Anwendung (§ 20 Abs. 8 VermG). Insbesondere können die Kaufwilligen aus einer Gemeinschaft von Vorkaufsberechtigten das Vorkaufsrecht im ganzen ausüben, wenn einer der Berechtigten von seinem Vorkaufsrecht keinen Gebrauch macht (§ 513 Satz 2 BGB).

B. Vorkaufsrecht des Alteigentümers

Bei Grundstücken, die nicht zurückübertragen werden, weil Dritte daran zwischenzeitlich Eigentums- oder dingliche Nutzungsrechte erworben haben, wird dem Alteigentümer gemäß § 20a VermG **auf Antrag** ein Vorkaufsrecht am Grundstück eingeräumt.

Dies gilt nicht, wenn das Grundstück nach den Vorschriften des Investitionsvorranggesetzes vom 14. Juli 1992 (BGBl. I S. 1268) erworben wurde.

Das Vorkaufsrecht kann nicht ausgeübt werden, wenn der Inhaber eines dinglichen Nutzungsrechtes das Eigentum am Grundstück zu seinem bestehenden Gebäudeeigentum hinzuerwirbt. Es erlischt aber nicht, sondern bleibt bestehen. Verkauft der Nutzungsberechtigte nach erfolgter Komplettierung das Grundstück an einen Dritten, kann der Alteigentümer sein Vorkaufsrecht ausüben.

Der Antrag auf Einräumung eines Vorkaufsrechtes kann noch **bis zur Bestandskraft der Entscheidung über den Restitutionsanspruch** gestellt werden (§ 30 Abs. 4 VermG). **Zuständig** ist das Amt zur Regelung offener Vermögensfragen, das auch über den Anspruch auf Rückübertragung des Grundstückes zu entscheiden hat.

Das Vorkaufsrecht erstreckt sich auf das Grundstück und **entsteht mit der Eintragung im Grundbuch** (vgl. oben A 3. 1.). Es **ist nicht übertragbar** und geht auch **nicht auf die Erben** des Vorkaufsberechtigten über. Außerdem ist das Vorkaufsrecht grundsätzlich auf den **ersten Verkaufsfall** beschränkt. Wenn zum Zeitpunkt des Abschlusses eines Kaufvertrages eine Entscheidung über einen bereits gestellten Vorkaufsantrag noch nicht ergangen ist, erstreckt sich das Vorkaufsrecht auf den nächstfolgenden Verkauf.

In den Fällen, in denen der Berechtigte oder sein Rechtsvorgänger lediglich **Miteigentümer** an einem Grundstück gewesen ist, kann er ein Vorkaufsrecht nur dann beanspruchen, wenn auch die Rückübertragungsansprüche der übrigen Miteigentümer ausgeschlossen sind (§ 20a Satz 5 i. V m. § 20 Abs. 2 VermG). In diesen Fällen haben sämtliche Miteigentümer einen Anspruch auf Einräumung eines gemeinschaftlichen Vorkaufsrechts am Grundstück (vgl. dazu A. 2. 5.). Daneben erhält der Berechtigte ein Vorkaufsrecht an seinem früheren Miteigentumsanteil. Da der Berechtigte grundsätzlich nur die Möglichkeit erhalten soll, seinen früheren Miteigentumsanteil zurückzuerwerben, hat er keinen Anspruch auf Einräumung eines Vorkaufsrechts an den früheren Miteigentumsanteilen der übrigen ehemaligen Miteigentümer.

Hinsichtlich der Einräumung eines **gemeinschaftlichen Vorkaufsrechtes** gelten die Erläuterungen unter A. 2. 5. entsprechend.

Fundstellenverzeichnis

Fundstellenverzeichnis der Entscheidungen zum Vermögensrecht

(ohne Rehabilitierungsrecht)

Dat.	Aktz.	DtZ	NJ	VIZ	ZIP	ZOV	Sonstige
			I. Verfassungsgerichte				

1. Bundesverfassungsgericht

Dat.	Aktz.	DtZ	NJ	VIZ	ZIP	ZOV	Sonstige
1990							
11. 12.	1 BvR 1170/90			91,26 (LS)			BVerfGE 83,162; NJW 91,349
1991							
23. 4.	1 BvR 1170, 1174, 1175/90			91,26 (LS)			BVerfGE 84,90; NJW 91,1597
24. 6.	1 BvR 915/91			91,107			
2. 7.	1 BvR 468/91			91,27			
9. 7.	1 BvR 986/91			91,28		91,44	BVerfGE 84,286; DB 91,1561
3. 12.	1 BvR 1730/91		92,82	92,64	92,64	91,143	BVerfGE 85,130; BB 92,25; DB 92,81; DVBl. 92,279; WM 92,26
1992							
25. 3.	1 BvR 1859/91		92,259	92,275		92,158	BVerfGE 86,15; DZWir 92,238
19. 5.	1 BvR 986/91	92,327	92,406	92,401	92,1020		BVerfGE 86,133; WR 92,306
15. 9.	1 BvR 555/92			93,67			WR 92,498
1993							
12. 1.	1 BvR 1474/92				93,147		BVerfGE 88,77; LKV 93,176 (LS)
15. 4.	1 BvR 1885/92	93,275	93,366	93,301		93,180	
21. 4.	1 BvR 1422/92		93,367	93,351		93,180	
25. 5.	1 BvR 1509/91, 1 BvR 1648/91						BVerfGE 88,384; EuGRZ 93,471
27. 7.	1 BvR 339/93			94,24		93,337	
17. 8.	1 BvR 1474/92			93,444			EuGRZ 93,487; NJW 93,2523
1994							
19. 4.	1 BvR 359/94		94,460	94,349			
9. 5.	1 BvR 282/94			94,473		94,299	
16. 8.	1 BvR 1321/94	94,339				94,378	

2. Österreichischer Verfassungsgerichtshof

Dat.	Aktz.	DtZ	NJ	VIZ	ZIP	ZOV	Sonstige
1992							
25. 6.	B 214/92-11; G 21/92-11			93,360		93,48	JBl. 92,772
25. 6.	B 1364/91-17 ua.						RIW 93,1029
25. 6.	B 1395/90-9 ua.						RIW 93,1027

II. Zivilgerichte

1. BGH

Dat.	Aktz.	DtZ	NJ	VIZ	ZIP	ZOV	Sonstige
1992							
3. 4.	V ZR 83/91		92,358	92,317	92,809	92,215	BGHZ 118,34; BB 92,1169; DB 92,1333; DZWir

Fundstellenverzeichnis

Dat.	Aktz.	DtZ	NJ	VIZ	ZIP	ZOV	Sonstige
21. 5.	V ZR 265/91	92,331 (LS)	92,409	92,359	92,954	92,217	92,296; MDR 92,773; WM 92,1000; WR 92,267 BB 92,1384; DB 92,1628; MDR 92,773; NJW 92,2158; WM 92,1378; WR 92,313
12. 11.	V ZR 230/91		93,79	93,67	93,70		JZ 93,728; NJW 93,389; WM 93,26; WR 93,69
12. 11.	V ZB 22/92		93,33	93,21	92,1783	92,384	DB 93,36; JZ 93,731; NJW 93,388; WM 93,30; WR 93,22
19. 11.	V ZB 37/92						WM 93,77
17. 12.	V ZR 254/91		93,269	93,112 93,157		93,103	BGHZ 121,88
1993							
19. 2.	V ZR 269/91	93,252 (LS)	93,318	93,359 (LS)	93,793	93,181	BGHZ 121,347; DB 93,1415; DNotZ 93,734; NJW 93,1706; WM 93,995; WR 93,329
19. 3.	V ZR 247/91	93,249	93,416		93,952	93,260	DB 93,1462; WM 93,1001; WR 93,331
31. 3.	XII ZR 265/91	93,243	93,369				DB 93,1417 (LS); WM 93,1383; WR 93,327
16. 4.	V ZR 87/92	93,310 (LS)	93,418	93,453 (LS)	93,1030	93,338	BB 93,1762 (LS); DB 93,1820; NJW 93,2050; WM 93,1289; WR 93,371
7. 5.	V ZR 99/92	93,245	93,419	93,501 (LS)	93,946	93,266	DB 93,1464; WM 93,1291; WR 93,373
28. 5.	V ZR 53/92			93,548			
17. 6.	V ZB 31/92						WM 93,1554
18. 6.	V ZR 47/92	93,343 (LS)	93,513	93,454 (LS)	93,1187		DB 93,2124 (LS); JZ 94,98; NJW 93,2525; WM 93,1552
23. 6.	IV ZR 205/92	93,374 (LS)	93,514			93,340	NJW 93,2176
9. 7.	V ZR 262/91		94,27	93,454 (LS)	93,1345	93,408	DB 93,1872 (LS); NJW 93,2530; WM 93,1643
8. 10.	V ZR 156/92	94,68	94,76			94,45	WM 94,119
26. 10.	XI ZR 222/92	94,113 (LS)	94,122	94,74	93,1909		DZWir 94,65; WM 93,2240
5. 11.	V ZR 145/92	94,71	94,124		93,1905		DB 94,93; WM 94,250
18. 11.	V ZB 43/92		94,220	94,128		94,47	WM 94,213
10. 12.	V ZR 158/92			94,129	94,232	94,117	NJW 94,655; WM 94,212
1994							
11. 2.	V ZR 254/92		94,318	94,243 (LS)	94,568	94,379	DB 94, 1872 (LS); NJW 94, 1283; WM 94, 700
15. 4.	V ZR 79/93		94,415	94,351 (LS)	94,818	94,382	DB 94,1467; NJW 94, 1723; WM 94, 979
1. 6.	XII ZR 241/92	94,347		94,543 (LS)	94,1222	94,387	
24. 6.	V ZR 233/92	94,345		94,539 (LS)		94,386	
30. 6.	III ZB 21/94			94,541 (LS)	94,1491		DB 94, 1821; NJW 94, 2488; WM 94,1803

2. Oberlandesgerichte
a) KG
1991

Dat.	Aktz.	DtZ	NJ	VIZ	ZIP	ZOV	Sonstige
11. 3.	22 U 189/91	91,191	91,412				
26. 4.	7 W 1908/91	91,298	91,321	91,26 (LS)	91,1632		
3. 7.	24 W 1704/91			91,30		92,46	MDR 91,758
22. 8.	8 U 1834/91			92,107		91,44	

Fundstellenverzeichnis

Dat.	Aktz.	DtZ	NJ	VIZ	ZIP	ZOV	Sonstige
14. 10.	24 W 4582/91			92,70		91,149	
18. 10.	9 U 3930/91			92,65		91,145	
25. 11.	24 U 4830/91			92,143	92,211	92,143	DB 92,525
10. 12.	13 U 5485/91		92,410			92,92	
1992							
6. 1.	8 U 3266/91					92,94	
24. 1.	9 W 7183/91			92,199		93,408	
1. 4.	26 W 1251/92					92,163	
13. 4.	24 W 555/92			92,321	92,879	92,162	
22. 4.	26 W 1251/92		92,316	92,374		92,161	
8. 12.	1 W 1997/91						LKV 93,176; WM 93,569
1993							
30. 3.	W 1117/93-Baul	94,180 (LS)	93,558	93,501		93,342	
7. 5.	4 U 6933/92					93,348	
7. 5.	15 W 2260/93			94,83 (LS)		93,267	
6. 7.	14 U 5789/92				93,1575	93,411	DZWir 94,23
8. 7.	16 W 1735/93		94,30	94,31		93,351	
13. 9.	8 U 2726/93					94,51	
13. 10.	24 U 2040/93					94,51	
25. 10.	8 U 5810/92					94,52	
26. 11.	9 U 271/93			94,358			

b) OLG Bremen
1993

Dat.	Aktz.	DtZ	NJ	VIZ	ZIP	ZOV	Sonstige
4. 3.	2 U 72/92				93,1418		

c) OLG Dresden
1993

Dat.	Aktz.	DtZ	NJ	VIZ	ZIP	ZOV	Sonstige
28. 7.	5 U 396/93			93,552			
1994							
12. 1.	5 U 159/93			94,489			
29. 3.	6 U 0055/95					94,313	

d) OLG Hamburg
1994

Dat.	Aktz.	DtZ	NJ	VIZ	ZIP	ZOV	Sonstige
12. 1.	13 U 22/93			94,481			

e) OLG Naumburg
1993

Dat.	Aktz.	DtZ	NJ	VIZ	ZIP	ZOV	Sonstige
25. 3.	3 U 462/92	93,314 (LS)		93,364			
25. 3.	4 W 4/93			93,405			
15. 4.	3 U 153/92	93,252					

f) OLG Rostock
1994

Dat.	Aktz.	DtZ	NJ	VIZ	ZIP	ZOV	Sonstige
22. 3	4 U 99/93	94,249					

3. Landgerichte

a) LG Berlin
1991

Dat.	Aktz.	DtZ	NJ	VIZ	ZIP	ZOV	Sonstige
8. 2.	26 D 27/91						WM 92,229
27. 2.	28 O 29/91						GE 91,779
14. 3.	12 O 519/90					91,49	
5. 7.	8 O 194/91	92,334				91,92	
16. 7.	84 S 3/91	91,412		91,34			
23. 7.	84 O 132/91					91,92	
10. 10.	67 S 272/91					91,90	
25. 11.	12 O 407/91					92,106	
1992							
22. 1.	26 O 65/91					92,108	
3. 3.	64 S 317/91					92,174	

Fundstellenverzeichnis

Dat.	Aktz.	DtZ	NJ	VIZ	ZIP	ZOV	Sonstige
6. 3.	8 O 508/91					92,107	
7. 5.	13 O 398/90					92,392	
25. 6.	12 O 184/92					92,300	
31. 7.	25 O 30/92		92,555			92,388	
28. 8.	64 S 186/92			93,81		92,389	
14. 10.	23 O 434/92			93,124			
15. 10.	9 O 287/91					93,65	
20. 10.	84 O 145/91					93,111	
6. 11.	84 T 69/92					93,108	
8. 12.	65 O 4/92					93,107	
8. 12.	84 O 134/92					93,354	
22. 12.	13 O 373/92					93,109	
1993							
26. 2.	64 S 425/92					93,187	
30. 6.	25 O 129/93					93,418	
1. 11.	62 S 258/93					94,57	
8. 11.	12 O 528/93					94,57	
1. 12.	90/92 Baul.	94,180					

b) LG Dresden
1994

20. 1.	O Baul. 2/93	94,115		94,191		94,129	

c) LG Görlitz
1993

27. 5.	1 O 416/93					93,355	

d) LG Leipzig
1993

5. 5.	10 O 1061/93					94,313	

1994

31. 3.	02 O 7365/93			94,484			

e) LG Neubrandenburg
1992

24. 8.	3 T 74/92			92,456			

f) LG Stendal
1993

6. 4.	23 O 75/92			93,564			

4. Amtsgerichte

a) AG Charlottenburg
1991

17. 7.	22 a C 132/91			92,207			

b) AG Neukölln
1991

7. 5.	8 C 98/91					91,100	
21. 11.	14 C 352/91					92,110	

III. Bezirksgerichte

1. BezG Chemnitz
1991

23. 7.	T 131/91		91,463	92,145			

2. BezG Cottbus
1991

18. 7.	1 S 26/91		91,512		91,1640		

Fundstellenverzeichnis

Dat.	Aktz.	DtZ	NJ	VIZ	ZIP	ZOV	Sonstige
1992							
3. 2.	4 T 96/91				92,813		
20. 2.	4 S 105/91			92,322			
11. 6.	4 S 20/92					92,304	

3. BezG Dresden

Dat.	Aktz.	DtZ	NJ	VIZ	ZIP	ZOV	Sonstige
1991							
18. 3.	2 S 8/91			92,146			
25. 3.	2 S 7/91		91,462				
17. 5.	2 S 68/91	91,349					
24. 10.	2 T 215/91			92,72			
12. 11.	2 S 139/91		92,37				
30. 12.	2 T 243/91				92,358		
30. 12.	2 T 273/91				92,359		
1992							
10. 3.	II S 17/92 (VG)			92,412			
17. 3.	II S 31/92 (VG)			92,373			LKV 92,304
31. 3.	II S 44/92 (VG)			92,290			
10. 4.	2 S 10/92					92,385	
13. 4.	2 BDR 108/91					92,218	
24. 4.	II S 5/92 (VG)						LKV 92,337
27. 4.	II S 23/92				92,733		DB 92,1238; LKV 93,174
6. 5.	BSZ – W 2/92			92,278	92,866		DZWir 92,247; WR 92 H.7,I
13. 5.	2 BDB 50/91				92,1423		
28. 9.	U 100/92		93,227				
9. 10.	BSZ W 24/92						WM 93,292
11. 11.	U 111/92 SfH			93,115			
26. 11.	2 S 37/92		93,323				

4. BezG Erfurt

Dat.	Aktz.	DtZ	NJ	VIZ	ZIP	ZOV	Sonstige
1991							
8. 3.	BZR 157/90		91,323				
1992							
19. 3.	1 U 68/91				92,1112		WM 92,2071

5. BezG Frankfurt/O.

Dat.	Aktz.	DtZ	NJ	VIZ	ZIP	ZOV	Sonstige
1991							
27. 3.	BZR 161/90	91,250	91,553				
1. 10.	13 T 43/91			92,71			
17. 10.	13 S 21/91			92,147			
1992							
15. 1.	12 S 49/91					92,100	
26. 2.	12 S 51/91			92,218		92,173	

6. BezG Gera

Dat.	Aktz.	DtZ	NJ	VIZ	ZIP	ZOV	Sonstige
1991							
19. 11.	1 U 15/91				92,137	92,53	DB 92,424

7. BezG Halle

Dat.	Aktz.	DtZ	NJ	VIZ	ZIP	ZOV	Sonstige
1991							
25. 6.	4 T 69/91		91,511				

8. BezG Meiningen

Dat.	Aktz.	DtZ	NJ	VIZ	ZIP	ZOV	Sonstige
1992							
15. 12.	3 T 173/92		93,274				

Fundstellenverzeichnis

Dat.	Aktz.	DtZ	NJ	VIZ	ZIP	ZOV	Sonstige

9. BezG Neubrandenburg

1992
10. 4. 3 T 21/91   92,217   92,317
29. 4. 3 T 23/91   WR 92,310

10. BezG Potsdam

1991
29. 1. 1 BZB 301/90   91,31
25. 3. 1 T 42/91   91,48   GE 91,777
30. 10. 1 T 225/91   92,263

1992
18. 3. 1 B 1/92 V   93,325   92,1113 92,166 LKV 92,384 (LS)
31. 3. 1 B 15/91 V   92,171
14. 8. 1/212/92   93,77

11. BezG Schwerin

1991
16. 10. 2 BDR 21/91   92,148   91,1636

IV. Kreisgerichte

1. KrG Altentreptow

1991
20. 12. C 100/91   92,111

2. KrG Brandenburg

1991
3. 7.   1 C 88/91   91,465

3. KrG Chemnitz-Stadt

1991
17. 6. I K 170/91 (VG)   92,28
20. 6. O 38 D 42/90   LKV 92,174
29. 7. 2 K 194–195/91 (VG)   DB 92,130
1. 8.   8 K 222/91 (VG)   92,31
16. 8. 1 K 206/91   92,43   92,29
28. 11. C 7 S 399/91   92,292

1992
19. 2. C 4 K 519/91   92,178
5. 6.   C 2 K 97/92   92,450

4. KrG Cottbus-Stadt

1991
15. 11. 102 L 38/91   92,154

5. KrG Dresden

1991
26. 8. II K 127/91 (VG)   92,26

1992
7. 1.   II K 179/91 (VG)   92,236
25. 2. IV K 377/91 (VG)   92,237
10. 3. III K 321/91 (VG)   92,179
10. 3. II K 859/91 (VG)   92,330
23. 3. IV K 162/92 (VG)   92,410
28. 4. III K 447/92 (VG)   92,332 (LS)
13. 5. IV K 503/91 (VG)   92,225

Fundstellenverzeichnis

Dat.	Aktz.	DtZ	NJ	VIZ	ZIP	ZOV	Sonstige

6. KrG Erfurt

1992
19. 8.	2 L 114/92			92,452		92,327	
6. 10.	3 L 181/92			93,27			
				93,126			

1993
18. 5.							WuM 93,753

7. KrG Gera-Stadt

1991
8. 10.	1 D 246/91			92,116 (LS)			LKV 92,99
18. 11.	1 D 204/91			92,202			

1992
5. 2.	1 D 250/91			92,332			
27. 3.	1 D 89/92			92,367			

8. KrG Görlitz

1992
24. 4.	7 C 267/91			92,475			

9. KrG Greifswald

1992
10. 3.	1 DE 80/92			92,329			
24. 6.	1 D 345/92			92,454			

10. KrG Halle

1992
30. 1.	3 VG A 397/91					92,407	

11. KrG Leipzig-Stadt

1991
25. 7.	II K 107/91			91,110		91,97	
7. 8.	1 K 169/91 (VG)			92,151		91,93	

1992
28. 1.	II K 173/91 (VG)			92,201		92,177	LKV 92,344
10. 6.	I K 212/92 (VG)			92,414			

12. KrG Magdeburg

1992
27. 1.	2 VG B 1871/91			92,204		92,111	

13. KrG Nordhausen

1991
14. 6.	Z 112/90			91,33		91,53	

14. KrG Perleberg

1992
22. 4.	10 C 63/92					92,176	

15. KrG Potsdam

1992
12. 11.	3 L 152/92 Verw			93,212			

16. KrG Potsdam-Stadt

1991
14. 5.	32 DL 22/91	91,318					

Fundstellenverzeichnis

Dat.	Aktz.	DtZ	NJ	VIZ	ZIP	ZOV	Sonstige
1992							
15. 1.	32 DL 115/91					92,113	
25. 5.	32 DK 241/91					92,409	
13. 10.	2 L 65/92 Verw					92,407	

17. KrG Schwerin

Dat.	Aktz.	DtZ	NJ	VIZ	ZIP	ZOV	Sonstige
1992							
20. 2.	13 VG 483/91			92,243			
5. 3.	13 VG 116/91			92,367			

18. KrG Schwerin-Stadt

Dat.	Aktz.	DtZ	NJ	VIZ	ZIP	ZOV	Sonstige
1991							
8. 8.	12 D 30/90			91,65 (LS)			

19. KrG Sebnitz

Dat.	Aktz.	DtZ	NJ	VIZ	ZIP	ZOV	Sonstige
1991							
11. 9.	C 90/91					91,96	

20. KrG Seelow

Dat.	Aktz.	DtZ	NJ	VIZ	ZIP	ZOV	Sonstige
1991							
26. 8.	Z 50/90		92,85	91,66			

21. KrG Sömmerda

Dat.	Aktz.	DtZ	NJ	VIZ	ZIP	ZOV	Sonstige
1992							
11. 11.	2 O 4/92			93,79			

22. KrG Strausberg

Dat.	Aktz.	DtZ	NJ	VIZ	ZIP	ZOV	Sonstige
1991							
28. 11.	1 C 453/91		92,124				
1992							
27. 5.	1 C 477/91					92,228	

23. KrG Suhl

Dat.	Aktz.	DtZ	NJ	VIZ	ZIP	ZOV	Sonstige
1991							
25. 7.	SU 2 E 91.51			92,78			
1992							
27. 1.	SU 1 S 91.111			92,365			
18. 8.	SU 2 S 92/147			92,483			
29. 9.	SU 2 K 92/57			93,75		92,405	
2. 12.	SU 2 S 92.281			93,218		93,119	
3. 12.	SU 2 K 92.158			93,263		93,70	

24. KrG Zossen

Dat.	Aktz.	DtZ	NJ	VIZ	ZIP	ZOV	Sonstige
1993							
10. 6.	5 C 1/92					93,275	

V. Verwaltungsgerichte

1. Bundesverwaltungsgericht

Dat.	Aktz.	DtZ	NJ	VIZ	ZIP	ZOV	Sonstige
1992							
23. 6.	7 B 28.92		92,422	92,359	92,1028		
13. 11.	7 B 166.92			93,74	93,149	93,69	DB 93,479; DVBl. 93,853 (LS); LKV 93,169
18. 12.	7 C 16.92			93,155	93,231	93,114	DÖV 93,386; DVBl. 93,853 (LS)

Fundstellenverzeichnis

Dat.	Aktz.	DtZ	NJ	VIZ	ZIP	ZOV	Sonstige
1993							
1. 4.	7 B 186.92		93,377	93,302	93,1350	93,191	DÖV 93,665; DVBl. 93,854 (LS)
2. 4.	7 B 22.93		93,378	93,250	93,708	93,193	DÖV 93,666; DVBl. 93,854 (LS)
2. 4.	7 B 28.93			93,499	93,1349		
2. 4.	7 ER 400.93		93,377	93,301		93,194	DÖV 93,665; LKV 93,272
16. 4.	7 B 3.93			93,451		93,276	
19. 4.	7 B 43.93			93,354		93,277	DÖV 93,1013; DVBl. 93,854 (LS)
29. 4.	7 C 29.92			93,452		93,277	DÖV 93,1012; DVBl. 93,854 (LS)
24. 6.	7 C 14.92		93,569	93,450		93,361	DB 93,1872; DÖV 93,1053; LKV 93,387
24. 6.	7 C 27.92		94,37	93,448	93,1346	93,424	DB 93,1873; DÖV 93,1051; DZWir 94,61; NVwZ 93,1188 (LS)
27. 7.	7 B 15.93		94,39	93,499	93,1261	93,363	LKV 94,59
3. 8.	7 B 109.93		94,40	93,500	93,1413	93,364	LKV 94,60
13. 9.	7 B 46.93			93,547			
29. 9.	7 C 39.92		94,40	94,25	93,1819	94,64	DB 94,38; NJW 94,468
29. 9.	7 C 42.92		94,42	94,27		94,59	LKV 94, 109
29. 10.	7 B 185.93		94,89	94,74	93,1908	94,63	DB 94,93
1. 11.	7 B 190.93		94,134	94,73	93,1907	94,66	NVwZ 94, 373 (LS)
4. 11.	7 B 183.93			94,241			
12. 11.	7 C 7.93		94,134	94,125	94,72	94,61	NJW 94, 876
18. 11.	7 B 153.93		94,137	94,73	93,1905	94,64	DB 94,93; DÖV 94, 262
2. 12.	7 B 206.93					94,132	
3. 12.	7 B 203.93			94,127		94,66	DÖV 94, 434
7. 12.	7 B 208.93			94,128		94,59	LKV 94, 145 (LS)
14. 12.	7 B 205.93		94,233	94,185		94,132	
17. 12.	7 C 5.93			94,187	94,327	94,133	DB 94, 572; DÖV 94, 528 (LS); LKV 94, 183; NVwZ 94, 693 (LS)
30. 12.	7 B 182.93				94,494		
1994							
4. 1.	7 B 99.93		94,233	94,185		94,135	DB 94, 676; DÖV 94, 434; NVwZ 94, 693 (LS)
20. 1.	7 B 8.94		94,278	94,186	94,493	94,135	DÖV 94, 435; NVwZ 94, 614 (LS)
27. 1.	7 C 3 u. 8/93		94,327	94,238	94,567	94,136	NJW 94, 1233; NVwZ 94, 694 (LS)
27. 1	7 C 4.93		94,326	94,239	94,488	94,136	DB 94, 1515; DZWir 94, 369; NJW 94, 1359; NVwZ 94, 693 (LS)
27. 1.	7 C 55.93			94,242	94,492	94,195	DB 94, 629; DÖV 94, 435; NJW 94, 1298; NVwZ 94, 694 (LS)
24. 2.	7 C 20.93		94,379	94,295	94,739	94,197	DB 94, 1414
24. 2.	7 C 22.93			94,237	94,566	94,323	DB 94, 1358; NJW 94, 1297; NVwZ 94, 693 (LS)
24. 2.	7 C 28.93		94,381	94,298	94,743	94,196	
25. 2.	7 C 32.92		94,426	94,236	94,564	94,316	
1. 3.	7 B 151.93		94,328	94,242	94,657	94,317	
10. 3.	4 B 46.93		94,329	94,349			
24. 3.	7 C 11.93		94,429	94,293	94,827	94,205	DB 94, 1360; NJW 94, 2106
24. 3.	7 C 16.93		94,428	94,292	94,826	94,203	DB 94, 1359; NJW 94, 2105
24. 3.	7 C 21.93		94,474	94,351	94,988	94,314	
22. 4.	7B 188.93		94,477	94,350	94,907	94,318	DB 94,1515 (LS)
29. 4.	7 C 31.93			94,409	94,1058	94,319	
29. 4.	7 C 47.93				94,1054	94,320	NJW 94, 2777
29. 4.	7 C 59.93			94,411			

Fundstellenverzeichnis

Dat.	Aktz.	DtZ	NJ	VIZ	ZIP	ZOV	Sonstige
26. 5.	7 C 15.93			94,476	94,1148	94,397	NJW 94, 2716; DB 94, 2080
9. 6.	7 B 145.93			94,473	94,1563	94,400	
30. 6.	7 C 19.93			94,537	94,1484	94,401	DB 94, 1925 (LS); NJW 94, 2712
30. 6.	7 C 24.93			94,538		94,402	DB 94, 1871; NJW 94, 2713
30. 6.	7 C 58.93	94,381		94,539	94,1318	94,403	DB 94, 1925 (LS); NJW 94, 2714
28. 7.	7 C 14.94				94,1480		DB 94, 2128 (LS)
28. 7.	7 C 41.93				94,1482		DB 94, 2127

2. Oberverwaltungsgerichte

a) OVG Berlin

1991

Dat.	Aktz.	DtZ	NJ	VIZ	ZIP	ZOV	Sonstige
8. 11.	8 S 231.91		92,87	92,113		91,151	

1992

Dat.	Aktz.	DtZ	NJ	VIZ	ZIP	ZOV	Sonstige
2. 4.	8 S 40.92			92,407	92,1181		
11. 6.	8 S 94.92			92,405			
11. 8.	8 S 199.92			92,475	92,1583		
11. 9.	8 S 238.92					92,395	
12. 11.	8 S 215.92						DB 93,480
9. 12.	8 S 316.92						DB 93,223; DÖV 93,397

b) OVG Sachsen-Anhalt

1992

Dat.	Aktz.	DtZ	NJ	VIZ	ZIP	ZOV	Sonstige
14. 9.	3 M 116/92			92,480			

1993

Dat.	Aktz.	DtZ	NJ	VIZ	ZIP	ZOV	Sonstige
19. 2.	3 O 112/92			93,217			

c) Sächs. OVG

1993

Dat.	Aktz.	DtZ	NJ	VIZ	ZIP	ZOV	Sonstige
21. 10.	1 S 208/93			94,138			

3. Verwaltungsgerichte

a) VG Berlin

1991

Dat.	Aktz.	DtZ	NJ	VIZ	ZIP	ZOV	Sonstige
15. 3.	1 A 693/90			92,75	91,962		
19. 7.	25 A 365/91			92,149		91,56	
13. 9.	25 A 436/91			92,157		91,110	
11. 10.	25 A 492/91			91,113		91,109	
21. 10.	25 A 555/91			92,23		91,111	
24. 10.	25 A 450/91			92,156			
20. 12.	25 A 709/91			92,239			

1992

Dat.	Aktz.	DtZ	NJ	VIZ	ZIP	ZOV	Sonstige
13. 1.	25 A 661/91				92,443	92,114	
2. 3.	25 A 592/91			92,240			
20. 3.	25 A 489/91		92,370	92,414		92,225	
24. 3.	25 A 754/91					92,180	
12. 6.	25 A 612/91				92,962	92,224	
16. 6.	9 A 48/92					93,194	
24. 6.	25 A 695/91			92,415		92,331	
24. 6.	25 A 30/92			92,451		92,330	
25. 6.	9 A 167/92					92,396	
25. 6.	25 A 593/91			92,447		92,328	LKV 92,380
24. 8.	25 A 344/92		92,514	92,482	92,1585	92,399	DZWir 93,29
14. 9.	25 A 279/92		93,40	93,23		92,405	
28. 9.	9 A 336/92			92,481			LKV 93,144 (LS)
8. 10.	25 A 120/92			93,22		92,396	
4. 12.	21 A 540/92			93,74		93,69	
18. 12.	25 A 111/92					93,121	
21. 12.	25 A 533/92					93,122	
29. 12.	25 A 433/92			93,362 (LS)		93,128	

Fundstellenverzeichnis

Dat.	Aktz.	DtZ	NJ	VIZ	ZIP	ZOV	Sonstige
1993							
12. 1.	25 A 514/91			93,404			
29. 1.	21 A 541/92			93,168	93,879	93,116	
4. 2.	13 A 383/90			93,403/		93,200	
				506 (LS)			
26. 2.	21 A 648/92			93,216		93,279	
24. 3.	21 A 710/93					93,370	
10. 5.	25 A 431/92			94,34		93,430	
21. 5.	21 A 233/93			93,457			
24. 5.	25 A 448/92			94,37		93,432	
28. 5.	25 A 426/92			94,30 (LS)			
3. 6.	29 A 8/93		93,571	94,84		93,432	
11. 6.	25 A 531/92			93,510		93,431	
2. 7.	25 A 701/92					93,429	
5. 7.	21 A 157/93			94,84			
8. 7.	13 A 228/91			94,77		93,428	
23. 7.	9 A 114/93			93,511		94,71	
13. 8.	25 A 498/93				93,1351		
14. 9.	21 A 234/93					94,72	
14. 9.	25 A 538/93			94,309			
27. 9.	25 A 289/93			94,302			
29. 10.	21 A 192/93					94,140	
29. 10.	30 A 7/93					94,73	
22. 11.	31 A 19/93			94,353			
30. 12.	25 A 312/93			94,355 (LS)			
1994							
24. 1.	31 A 8/93					94,324	
25. 2.	30 A 432/93					94,325	
9. 6.	29 A 28/94					94,327	
20. 6.	22 A 28/94					94,327	
b) VG Chemnitz							
1992							
1. 10.	C 3 K 398/91					93,196	
29. 10.	C 2 K 490/91					93,439	
1993							
26. 1.	C 2 S 1412/92					93,443	
28. 1.	C 2 K 1206/92					93,436	
9. 2.	C 1 K 401/92					93,434	
28. 4.	C 2 S 1433/92					93,439	
c) VG Dessau							
1993							
13. 1.	2 A 263/92			93,307		93,197	
18. 1.	1 B 80/92			93,311			
16. 6.	2 A 170/92			94,80 (LS)			
23. 6.	2 A 1/93			94,82			
10. 8.	2 A 442/93					94,75	
d) VG Dresden							
1992							
12. 8.	IV K 551/92			92,478			
20. 8.	I K 343/91					93,370	
11. 11.	IX K 524/92 (VG)			93,265			
17. 11.	3 K 555/92			93,213			
3. 12.	1 K 337/91			93,280			
9. 12.	IV K 539/92 (VG)			93,122		93,128	
1993							
15. 1.	II K 123/92					93,445	
27. 1.	IV K 590/91 (VG)			93,398 (LS)		93,199	
4. 3.	4 K 1603/92			93,457 (LS)			
5. 5.	IV K 521/92			94,34 (LS)		93,447	

Fundstellenverzeichnis

Dat.	Aktz.	DtZ	NJ	VIZ	ZIP	ZOV	Sonstige
14. 5.	3 K 655/93			94,35			
8. 6.	3 K 645/92 (VG)			94,80			
17. 6.	5 K 383/92			94,82 (LS)		93,466	
28. 6.	5 K 328/93			94,39	93,1034	93,371	
13. 10.	II K 1296/92			94,195			
15. 12.	4 K 342/92 (VG)					94,328	

e) VG Frankfurt/O.
1993

Dat.	Aktz.	DtZ	NJ	VIZ	ZIP	ZOV	Sonstige
27. 4.	2 D 174/92		93,427				
4. 10.	3 L 110/93			94,358			

f) VG Greifswald
1992

Dat.	Aktz.	DtZ	NJ	VIZ	ZIP	ZOV	Sonstige
18. 8.	2 DE 604/92			92,454			
20. 8.	2 B 681/92			93,25			
24. 8.	1 DE 161/92			93,24			
14. 10.	1 B 801/92			93,309			
10. 11.	1 DE 250/92			93,170			
3. 12.	1 D 146/92			93,266		93,372	
10. 12.	3 B 1037/92			93,123			

1993

Dat.	Aktz.	DtZ	NJ	VIZ	ZIP	ZOV	Sonstige
11. 1.	1 DE 626/92			93,310 (LS)			
2. 4.	2 B 693/92			93,511 (LS)			
7. 4.	1 A 719/92			93,455			
23. 6.	1 A 843/92			94,40			
9. 8.	2 B 520/93					93,449	
5. 10.	3 (1) A 1201/92					94,77	

g) VG Halle
1992

Dat.	Aktz.	DtZ	NJ	VIZ	ZIP	ZOV	Sonstige
19. 5.	2 VG B 25/92			92,360			
20. 11.	2 VG B 138/92			93,362 (LS)			

1993

Dat.	Aktz.	DtZ	NJ	VIZ	ZIP	ZOV	Sonstige
11. 3.	3 VG A 183/92					94,80	
7. 4.	1 VG A 219/92			93,559			
23. 6.	1 VG A 135/92			94,32		93,451	
23. 6.	3 B 4/93			94,38			
28. 7.	2 VG 222/91					93,453	

1994

Dat.	Aktz.	DtZ	NJ	VIZ	ZIP	ZOV	Sonstige
10. 3.	2 VG A 181/92					94,329	
10. 3.	2 VG A 288/92			94,422		94,330	

h) VG Leipzig
1992

Dat.	Aktz.	DtZ	NJ	VIZ	ZIP	ZOV	Sonstige
23. 7.	I K 24/91					93,281	
20. 8.	1 K 343/91			92,485	92,1587		
24. 9.	1 K 354/91		93,426				
27. 11.	2 K 943/92			93,174			

1993

Dat.	Aktz.	DtZ	NJ	VIZ	ZIP	ZOV	Sonstige
14. 1.	I K 453/92			93,305			
1. 4.	1 K 524/92			93,557			
29. 4.	1 K 80/92			93,560 (LS)			
3. 6.	2 K 166/92					93,455	
10. 6.	1 K 154/91			94,84 (LS)		94,140	
9. 7.	4 T 3232/93			93,562			
29. 7.	2 K 1348/92			94,136			
7. 9.	3 K 365/93			94,305			
26. 10.	6 K 1330/93			94,197			

1994

Dat.	Aktz.	DtZ	NJ	VIZ	ZIP	ZOV	Sonstige
3. 2.	1 K 1225/92				94,1204		
28. 4.	1 K 717/93					94,333	

Fundstellenverzeichnis

Dat.	Aktz.	DtZ	NJ	VIZ	ZIP	ZOV	Sonstige

i) VG Magdeburg
1993
1. 4.	2 A 692/92			93,560			
1. 4.	2 A 972/92			93,507			
27. 5.	2 A 772/92			94,29			
21. 9.	4 A 883/92					94,141	
27. 10.	4 B 69/93					94,335	
30. 11.	4 A 239/91					94,334	
1. 12.	4 A 189/93					94,334	

j) VG Meiningen
1992
17. 12.	SU 1 K 92.29			93,210		93,129	

1993
4. 4.	2 E 53/93 Me			93,509			
21. 4.	SU 2 K 92.233			93,506		93,282	
28. 4.	SU 2 K 92.103			93,400		93,283	
5. 5.	SU 2 92.180			93,508 (LS)		93,376	
25. 5.	1 E 115/93 Me			94,36			
13. 7.	1 E 241/93 Me					93,460	
14. 7.	SU 2 K 92.347					93.458	
28. 7.	2 K 124/93 Me					93,459	
18. 8.	SU 2 K 92.921					93,456	
7. 9.	1 E 267/93 Me					93,460	
15. 9.	2 E 339/93 Me					93,458	
12. 10.	2 E 166/93					94,142	
13. 10.	SU 2 K 92.252					94,143	
9. 11.	SU 2 K 92.357					94,144	

1994
26. 1.	2 K 49/93 Me			94,425 (LS)			
1. 2.	5 K 68/92 Me					94,337	
1. 2.	5 K 314/92 Me			94,418		94,335	
22. 2.	5 K 341/92 Me			94,425			
24. 2.	2 K 131/93 Me			94,426			

k) VG Potsdam
1993
29. 3.	4 K 32/92			93,456 (LS)		93,285	

l) VG Schwerin
1993
19. 8.	2 A 212/92			94,198			
19. 8.	2 A 623/92					94,145	

1994
24. 3.	3 A 2188/92			94,479		94,422	

m) VG Weimar
1992
16. 12.	1 K 170/92	93,221		93,209		93,131	

1993
3. 2.	3 L 232/92			93,362			
25. 2.	3 Z 283/92			93,310			
8. 3.	3 K 360/92			93,406			
10. 3.	3 K 8/92			93,399			
14. 6.	4 K 31/92			94,80 (LS)			

1994
21. 2.	4 K 614/92 We			94,417			

Sachverzeichnis

Die fetten Zahlen bezeichnen die Paragraphen des VermG, die mageren die Randnummern

Ablösung von Grundstücksbelastungen
Ablösebetrag **18** 4ff.
– andere Grundpfandrechte **18** 27f.
  – Anwendungsbereich **18** 28
  – Berechnung **18** 27
– Aufbauhypotheken **18** 11ff.
  – Abschlagspauschalierung **18** 14ff.
  – Ausgleichsleistungen **18** 21
  – Baumaßnahmen **18** 22
  – Berechnung **18** 12ff.
  – Bereicherungsausgleich **18** 12, 22
  – Entschädigungsleistungen **18** 21
  – Nennbetrag des Grundpfandrechtes **18** 13
  – Tilgungsleistungen **18** 20
– Ermittlung **18** 5ff.
  – berücksichtigungsfähige Rechte **18** 5
  – einvernehmlich bereinigte Rechte **18** 6f.
  – Kürzung **18** 9f.
  – Umrechnung **18** 8
– Festsetzung **18** 4, 30
– Rechtsschutz **18** 31ff.
– Herausgabe **18b** 1ff.
  – Anspruch des Begünstigten **18b** 4f.
  – Anspruch des Berechtigten **18b** 7
  – Anspruch des Entschädigungsfonds **18b** 6
  – Schicksal der zugrundeliegenden Forderung **18b** 8ff.
  – Verfahren **18b** 2f.
– Hinterlegung **18** 4; **18a** 1ff.
  – Verfahren **18a** 3f.
  – Wirkung **18a** 2
– Rechte auf Erbringung wiederkehrender Leistungen **18** 29
– Sicherheitsleistung **18a** 5ff.
  – Garantie **18a** 8
  – Hinterlegung **18a** 7
  – sonstiges Zahlungsversprechen **18a** 8
  – Verfahren **18a** 6ff.
  – Wirkung **18a** 5
– sonstige Grundpfandrechte **18** 23ff.
  – Berechnung **18** 23f.
  – Sicherung anderer Forderungen **18** 26
  – Sicherung von Baukrediten **18** 25
– vergleichbare Grundpfandrechte **18** 11ff.
  – Abschlagspauschalierung **18** 14ff.
  – Ausgleichsleistungen **18** 21
  – Baumaßnahmen **18** 22
  – Berechnung **18** 12ff.
  – Bereicherungsausgleich **18** 12, 22
  – Entschädigungsleistungen **18** 21
  – Nennbetrag des Grundpfandrechtes **18** 13
  – Tilgungsleistungen **18** 20

Ablösung **18** 1
Anwendungsbereich **18** 4
Grundstücksveräußerung **3** 50a, b
Hypothekenablöseverordnung **18** 1, 3
Unternehmensrestitution **18** 4
Verwaltungsverfahren **18** 4, 30
– Rechtsschutz **18** 31ff.
  – Berechtigter **18** 31f.
  – Drittbetroffene **18** 33
  – Zuständigkeit **18** 34
Wiederbegründung **18** 1, 35ff.
– Altfälle **18** 35ff.
– Anpassung an § 18 VermG nF **18** 41ff.
– Überleitungsbestimmung **18** 36ff.

Arbeitsverhältnisse
Betriebskollektivverträge **16 Anh. I** 54ff., 63
Betriebsverfassungsrecht
– Beteiligung des Betriebsrates
  – Behördliches Restitutionsverfahren **16 Anh. I** 133ff.
  – Entflechtung **16 Anh. I** 125ff., 135f.
  – Klagebefugnis **16 Anh. I** 137
  – Unternehmensrückgabe **16 Anh. I** 119
  – Unterrichtung bei Entflechtung **16 Anh. I** 125ff.
  – Wirtschaftsausschuß **16 Anh. I** 120ff.
– Betriebsvereinbarungen
  – Bezugnahmeklauseln **16 Anh. I** 142
  – Individualrechtliche Bindung **16 Anh. I** 141f.
  – Kollektivrechtliche Fortgeltung **16 Anh. I** 138ff.
– Gesamtbetriebsvereinbarungen **16 Anh. I** 140, 143f.
– Konzernbetriebsvereinbarungen **16 Anh. I** 145
– Übergangsmandat des Betriebsrates
  – Anwendungsbereich **16 Anh. I** 146ff.
  – Betriebsratsausschüsse **16 Anh. I** 152
  – Betriebsvereinbarungen **16 Anh. I** 156
  – Betriebsversammlungen **16 Anh. I** 158
  – Dauer **16 Anh. I** 154f.
  – Eingliederung in betriebsratslosen Betrieb **16 Anh. I** 159
  – Gesamtbetriebsrat **16 Anh. I** 171ff.
  – Jugend- und Auszubildendenvertretung **16 Anh. I** 152
  – Kompetenzen des Betriebsrates **16 Anh. I** 156ff.
  – Neuwahl des Betriebsrates **16 Anh. I** 158
  – Sozialpläne **16 Anh. I** 157

Sachverzeichnis

- Sprecherausschuß **16 Anh. I** 153
- Sprechstunden **16 Anh. I** 158
- Wettbewerbsvorbehalt **16 Anh. I** 163 ff.
- Wirtschaftsausschuß **16 Anh. I** 152
- Zusammensetzung des Betriebsrates **16 Anh. I** 160 ff.

Kündigung im öffentlichen Dienst
- Anwendungsbereich der Sonderregelung
  - Arbeitsverhältnisse kraft Berufung **16 Anh. I** 198 ff.
  - Arbeitsverhältnisse kraft Vertrages **16 Anh. I** 197
  - Errichtungszeitpunkt der Einrichtung **16 Anh. I** 195
  - Hochschullehrer **16 Anh. I** 205
  - Öffentliche Verwaltung **16 Anh. I** 189 ff.
  - Öffentlicher Dienst **16 Anh. I** 184 ff.
  - Ort der Einrichtung **16 Anh. I** 196
  - Rentnerarbeitsverhältnisse **16 Anh. I** 204
  - Ruhende Arbeitsverhältnisse **16 Anh. I** 203
- Außerordentliche Kündigung
  - Arbeitsverhältnisse kraft Berufung **16 Anh. I** 247
  - Behördliche Zustimmungserfordernisse **16 Anh. I** 242
  - Beteiligungsrechte der Betriebs- und Personalräte **16 Anh. I** 242
  - Beweislast **16 Anh. I** 254, 267
  - Grundsätze der Menschlichkeit oder Rechtsstaatlichkeit **16 Anh. I** 248 ff.
  - Klagefrist **16 Anh. I** 242
  - Kündigungserklärungsfrist **16 Anh. I** 274 ff.
  - Öffentlicher Dienst **16 Anh. I** 246
  - Ordentliche Kündigung **16 Anh. I** 244, 283
  - Tätigkeit für das MfS/ANS **16 Anh. I** 255
  - Unzumutbarkeit **16 Anh. I** 270 ff.
  - Verdachtskündigung **16 Anh. I** 254, 269
  - Verhältnis zu § 626 BGB **16 Anh. I** 240 ff.
  - Verhältnismäßigkeitsgrundsatz **16 Anh. I** 245
  - Verwirkung **16 Anh. I** 282
- Geltungsdauer der Sonderregelung im Einigungsvertrag **16 Anh. I** 178, 210
- Normzweck der Sonderregelung im Einigungsvertrag **16 Anh. I** 174 ff.
- Ordentliche Kündigung
  - Abmahnung **16 Anh. I** 228
  - Änderungskündigung **16 Anh. I** 209, 221, 228
  - Arbeitsverhältnisse kraft Berufung **16 Anh. I** 208
  - Auflösungsantrag **16 Anh. I** 221
  - Beteiligung des Personalrats **16 Anh. I** 213
  - Beweislast **16 Anh. I** 229
  - Fachliche Qualifikation **16 Anh. I** 223
  - Klagefrist **16 Anh. I** 221
  - Kündigungsfrist **16 Anh. I** 237
  - Kündigungsschutzgesetz **16 Anh. I** 214 ff.
- Mangelnder Bedarf **16 Anh. I** 230 ff.
- Organisationsänderung **16 Anh. I** 234 ff.
- Persönliche Eignung **16 Anh. I** 224 ff.
- Regelungsinhalt **16 Anh. I** 207
- Rentnerarbeitsverhältnisse **16 Anh. I** 208
- Sonderkündigungsschutz **16 Anh. I** 211 f.
- Soziale Auswahl **16 Anh. I** 219, 233
- Tätigkeit für das MfS/ANS **16 Anh. I** 283
- Tarifdispositivität **16 Anh. I** 238 f.
- Übergangsgeld **16 Anh. I** 236
- Umschulungs- und Fortbildungsmaßnahmen **16 Anh. I** 219
- Verhältnismäßigkeitsgrundsatz **16 Anh. I** 219
- Weiterbeschäftigungsanspruch **16 Anh. I** 239 a.
- Weiterbeschäftigungsmöglichkeit **16 Anh. I** 232
- Verfassungskonformität **16 Anh. I** 179 ff.

Rahmenkollektivverträge
- Aufhebung **16 Anh. I** 82
- Außerkrafttreten **16 Anh. I** 76 ff.
- Betriebsautonomie **16 Anh. I** 73
- Betriebsübergang **16 Anh. I** 74 f.
- Fortgeltung **16 Anh. I** 56 ff.
- Günstigkeitsprinzip **16 Anh. I** 72
- Nachwirkung **16 Anh. I** 79 ff.
- Rechtswirkungen **16 Anh. I** 71 ff.
- Tarifliche Außenseiter **16 Anh. I** 79 ff.
- Tarifvorrang bzw. -vorbehalt **16 Anh. I** 73

Tarifvertragliche Gestaltung
- Arbeitsvertragliche Bezugnahmeklauseln **16 Anh. I** 116 f.
- Auslegung von Tarifverträgen
  - Räumlicher Geltungsbereich **16 Anh. I** 96 ff.
  - Verweisung **16 Anh. I** 100 ff.
- Tarifbindung des Restitutionsberechtigten
  - Betriebsübergang kraft Hoheitsaktes **16 Anh. I** 111 ff.
  - Entflechtung von Unternehmen **16 Anh. I** 115
  - Rechtsgeschäftlicher Betriebsübergang **16 Anh. I** 110
  - Übertragung von Mitgliedschaftsrechten **16 Anh. I** 109
- Differenzierungen zwischen Arbeitnehmern **16 Anh. I** 103 ff.
- Interlokale Sachverhalte **16 Anh. I** 94 f.
- Maßgaben des Einigungsvertrages zum TVG
  - Arbeitsordnung **16 Anh. I** 53
  - Arbeitsrechtliche Normativakte **16 Anh. I** 52 f.
  - Betriebskollektivverträge **16 Anh. I** 54 ff.
  - Öffentlicher Dienst **16 Anh. I** 59, 90
  - Rahmenkollektivverträge s. dort
  - Rationalisierungsschutz **16 Anh. I** 61 ff., 83 ff.
  - Registrierung **16 Anh. I** 58

Sachverzeichnis

- Reichweite **16 Anh. I** 52 ff.
- Tarifverträge nach altem Recht **16 Anh. I** 60
- Zweck der Übergangsregelung **16 Anh. I** 51
- Neue Tarifverträge **16 Anh. I** 64
- Rationalisierungsschutzabkommen **16 Anh. I** 83 ff.
- Überbetriebliche Vereinbarungen vor dem 1. 7. 1990 **16 Anh. I** 65 ff.

Übergang der Arbeitsverhältnisse
- Anteilsübertragung **16 Anh. I** 11 f.
- Aufhebung der staatlichen Verwaltung **16 Anh. I** 28 ff.
- Einvernehmliche Unternehmensrückgabe **16 Anh. I** 31 f.
- Investiver Vertrag **16 Anh. I** 33 ff.
- Öffentliche Einrichtungen **16 Anh. I** 38 ff.
- §§ 17 bis 19 UnternehmensG **16 Anh. I** 1 ff.
- Rahmenkollektivverträge **16 Anh. I** 74 f.
- Rechtsschutz des Arbeitnehmers
  - Entflechtung von Unternehmen **16 Anh. I** 44, 46, 50
  - Informations- und Beteiligungsrechte **16 Anh. I** 43 f.
  - Klagebefugnis **16 Anh. I** 46
  - Mitteilung des Antragstellers **16 Anh. I** 45
  - Verwaltungsverfahren **16 Anh. I** 43 ff.
  - Widerspruchsrecht **16 Anh. I** 47 ff.
- Sonstige Vermögensgegenstände **16 Anh. I** 36 f.
- Unternehmensentflechtung **16 Anh. I** 17 ff.
- Vermögensübertragung **16 Anh. I** 13 ff.
- Vorläufige Einweisung **16 Anh. I** 21 ff.

Aufhebung rechtsstaatswidriger Entscheidungen
Anwendungsbereich **1** 190 f.
Aufhebung **1** 206 ff.
- Rechtsgrundlagen **1** 207 ff.
  - Art. 19 S. 2 EVertr. **1** 222
  - Kassation **1** 209 f.
  - Ordnungsstrafrecht **1** 218 f.
  - Rehabilitierungsgesetz **1** 208, 210
  - Strafrecht **1** 207 ff.
  - Strafrechtliches Rehabilitierungsgesetz **1** 211 ff.
  - Verwaltungsrecht **1** 220 ff.
  - Wiederaufnahme **1** 210
  - Zweites SED-Unrechtsbereinigungsgesetz **1** 221
- Verfahren **1** 223 f.
Entscheidungen **1** 192
- Gericht oder Verwaltungsbehörde der DDR **1** 196
- Ordnungsstrafrecht **1** 202
- Strafrecht **1** 197 ff.
  - Tatbestände **1** 198 ff.
  - Wirtschaftsstrafrecht **1** 200 f.
- Verwaltungsrecht **1** 203

Rechtsstaatswidrigkeit **1** 193 f., 204 f.
Verhältnis zum Zivilrecht **1** 191
Vermögenseinziehungen **1** 195 ff.
- Strafrecht **1** 197 ff.

Berechtigter
Begriff **2** 2 ff.
Conference on Jewish Material Claims against Germany **2** 39
Fiktion **2** 18 ff.
Gebietskörperschaften des Beitrittsgebiets **2** 7
Insolvenz **3 b** 4 ff.
jüdische **2** 21
Nachfolgeorganisationen **2** 2, 18 ff., 25 ff.
- jüdische **2** 2, 18 ff., 25 f.
- nicht-jüdische **2** 27 ff.
- juristische Personen **2** 5 ff.
- des Privatrechts **2** 5, 24
- des öffentlichen Rechts **2** 6
Kettenerbausschlagung **1** 90; **2** 38
mehrere **2** 30 ff.
natürliche Personen **2** 4
Personenhandelsgesellschaften **2** 8
Personenmehrheit **3** 47
Prioritätsprinzip **2** 36; **3** 45 f.
Rechtsnachfolger **2** 14 ff.
- Einzelrechtsnachfolge **2** 14
- Gesamtrechtsnachfolge **2** 14
- Zeitpunkt der Rechtsnachfolge **2** 15
- Zession **2** 17
sonstige Personenvereinigungen **2** 9; **3** 47
Unternehmensrückgabe **2** 10 ff.; **6** 54 ff., 80
- gelöschter Unternehmensträger **6** 56
- geschädigter Unternehmensträger **6** 55
- Nachtragsliquidation **2** 12
- Restgesellschaften **6** 66
- ruhende Gesellschaften **6** 66
- Spaltgesellschaften **6** 66
- werbende Gesellschaften **6** 66
wiederholte Schädigung **2** 36 ff.

Eintritt in bestehende Rechtsverhältnisse
dingliche Rechtsverhältnisse **16** 25 ff.
- Altfälle **16** 120 ff.
  - Aufbauhypotheken **16** 125 ff.
  - Grundpfandrechte **16** 123 ff.
  - Nutzungsrechte **16** 130
  - sonstige dingliche Rechte **16** 129 f.
  - Überleitungsbestimmung **16** 122, 124, 127 f.
- Aufbaugrundschulden **16** 53, 55 ff., 65 ff.
  - Inhalt **16** 65 ff.
  - Rang **16** 65 ff.
  - Stundungswirkung **16** 66
  - Übernahmeverfahren **16** 69 f.
  - Übernahmeverpflichtung **16** 55 ff.
  - Vorrang **16** 65 f.
- Aufbauhypotheken **16** 50 ff., 65 ff., 125 ff.
  - Altfälle **16** 125 ff.

Sachverzeichnis

- Bestellung durch staatlichen Verwalter **16** 51
- Bestellung nach Zwangsverkauf **16** 52
- Inhalt **16** 65ff.
- Rang **16** 65ff.
- Stundungswirkung **16** 66
- Übernahmeverfahren **16** 69f.
- Übernahmeverpflichtung **16** 55ff.
- Vorrang **16** 65f.
- BGB-Grundpfandrechte **16** 54ff., 67, 86
  - Inhalt **16** 67
  - Sicherung von Baukrediten **16** 54
  - Übernahmeverpflichtung **16** 55ff., 75ff.
- Erbbaurechte **16** 115ff.
- Grundpfandrechte **16** 26, 28, 50ff., 65ff., 75ff., 80ff., 123ff.
  - Altfälle **16** 123ff.
  - Aufbaugrundschulden **16** 53
  - Aufbauhypotheken **16** 50ff.
  - Bestellung nach dem 30. 6. 1990 **16** 28f.
  - BGB-Grundpfandrechte **16** 54
  - Inhalt **16** 65ff.
  - Rang **16** 65ff.
  - sonstige Grundpfandrechte **16** 75ff.
  - Übernahmeverfahren **16** 69f., 87ff.
  - Übernahmeverpflichtung **16** 55ff., 75ff.
  - vergleichbare Grundpfandrechte **16** 53f.
  - ZGB-Grundpfandrechte **16** 80ff.
- Mitbenutzungsrechte **16** 96ff.
  - Aufhebung **16** 103ff.
  - Inhalt **16** 98
  - Rang **16** 99
  - Rechtsnatur **16** 97
  - Übertragung **16** 100ff.
  - Zwangsvollstreckung **16** 107ff.
- Nutzungsrechte **16** 30ff.
  - Altfälle **16** 130
  - Änderung **16** 43ff.
  - Aufhebung **16** 32ff., 41ff.
  - Erlöschen des Gebäudeeigentums **16** 47
  - Errichtung von Eigenheimen **16** 39
  - Gebäudeeigentum **16** 39
  - Gläubigerschutz bei Aufhebung **16** 34f.
  - Grundstücksnutzung **16** 39
  - Inhalt **16** 39
  - Redlichkeit des Erwerbers **16** 30, 37ff.
  - Schutz des Nutzungsberechtigten bei Aufhebung **16** 36
  - Übertragung **16** 41ff.
  - Unredlichkeit des Erwerbers **16** 32ff.
  - Untergang des Gebäudes **16** 40
  - unvermessene Nutzungsrechte **16** 39
  - Verleihung **16** 31
  - wesentlicher Bestandteil des Gebäudes **16** 40
  - Zuweisung **16** 31
  - Zwangsversteigerung **16** 48f.
- sonstige dingliche Rechte **16** 95ff.
  - Altfälle **16** 129
- Erbbaurechte **16** 115ff.
- Mitbenutzungsrechte **16** 96ff.
- sonstige BGB-Rechte **16** 118f.
- Vorkaufsrechte **16** 113f.
- sonstige Grundpfandrechte **16** 75ff.
  - Art der zu besichernden Forderungen **16** 75ff.
  - Benachteiligung **16** 79
  - Bestellung durch staatlichen Verwalter **16** 78
  - Bestellung nach Eigentumsverlust **16** 78
  - BGB-Grundpfandrechte **16** 86
  - Diskriminierung **16** 79
  - Sicherung von Baukrediten **16** 76
  - Übernahmeverfahren **16** 87ff.
  - Übernahmeverpflichtung **16** 75ff.
  - vor dem 8. 5. 1945 bestellte Grundpfandrechte **16** 78
  - ZGB-Grundpfandrechte **16** 80ff.
- Übernahmeverpflichtung bei Aufbauhypotheken und vergleichbaren Grundpfandrechten **16** 55ff.
  - Abschlagspauschalierung **16** 56ff.
  - Ausschluß **16** 68
  - Bereicherungsausgleich **16** 55
  - Kreditkonto **16** 62
  - Rechtsfolgen der Übernahmeentscheidung **16** 71f.
  - Rechtsschutz gegen Übernahmeentscheidung **16** 73f.
  - regelmäßige Wertminderungen **16** 60
  - Tilgungsleistungen **16** 61ff.
  - Umfang **16** 56ff.
  - Verfahren **16** 69f.
  - Vorabentscheidung **16** 70
- Übernahmeverpflichtung bei sonstigen Grundpfandrechten **16** 75ff.
  - Rechtsfolgen der Übernahmeentscheidung **16** 90ff.
  - Rechtsschutz gegen Übernahmeentscheidung **16** 94
  - Umfang **16** 75ff.
  - Verfahren **16** 87ff.
  - Verwalter-Grundpfandrechte **16** 89
  - Vorabentscheidung **16** 88
- Unternehmensrückgabe **16** 27
- vergleichbare Grundpfandrechte **16** 53f.
  - Aufbaugrundschulden **16** 53
  - BGB-Grundpfandrechte **16** 54
  - Übernahmeverpflichtung **16** 55ff.
- Vorkaufsrechte **16** 113f.
- ZGB-Grundpfandrechte **16** 80ff.
  - Aufhebung **16** 84
  - Inhalt **16** 80
  - Rang **16** 81
  - Übertragung **16** 82f.
  - Verzicht **16** 85
- Eigentum **16** 6ff.
- Grundsatz **16** 10f.
- Vertragsübernahme **16** 10
- Immaterialgüterrecht **16 Anh. II** 63ff.

Sachverzeichnis

- Abgrenzungsvereinbarungen **16 Anh. II** 64
- Lizenzverträge **16 Anh. II** 64
- Nutzungsverträge **16 Anh. II** 64
- Schutzrechtsvergleiche **16 Anh. II** 64
- Singularrestitution **16 Anh. II** 64
- Unternehmensrestitution **16 Anh. II** 65

Rechtsverhältnis **16** 11
- Änderung **16** 17
- Beendigung **16** 17
- bestehendes Rechtsverhältnis **16** 15 f.
- objektbezogenes Rechtsverhältnis **16** 12 ff.
  - Rückübertragung von Anteils- und Mitgliedschaftsrechten **16** 14
  - Verwaltergeschäfte **16** 13

schuldrechtliche Rechtsverhältnisse **16** 18 ff.
- Arbeitsverhältnisse **16 Anh. I** 6 ff., 14 ff.
- Aufhebung **17** 21
- freie Dienstverhältnisse **16** 22
- Kreditverträge **16** 19 f.
- Mietverhältnisse **16** 18; **17** 1 ff.
  - Gewerberaummietverhältnisse **17** 3 f.
  - Vertragsübernahme **17** 1
  - Wirtschaftsrechtsverträge **17** 5
  - Wohnraummietverhältnisse **17** 3 f.
- Mitbenutzungsrechte **17** 18 ff.
  - öffentliche **17** 19
  - private **17** 18
- Nutzungsrechtsverhältnisse **16** 18; **17** 1 ff.
  - schuldrechtliche Nutzungsverhältnisse **17** 7
  - Nutzung von Bodenflächen zur Erholung **17** 7
  - Vertragsübernahme **17** 1
  - Wirtschaftsrechtsverträge **17** 5
- Pachtverträge **17** 8 ff.
  - anzuwendendes Recht **17** 8, 10
  - Landwirtschaftsanpassungsgesetz **17** 9
- Überlassungsverträge **17** 11 ff.
  - Abschluß **17** 12
  - anzuwendendes Recht **17** 13
  - Belastungsverbot **17** 15
  - Mustervertrag **17** 11
  - Nutzungsersatz **17** 17
  - Recht zum Besitz **17** 14, 16
  - Verwendungsersatzanspruch **17** 17
- Unredlichkeit des Mieters oder Nutzers **17** 10
  - Altfälle **17** 23 ff.
  - Anfechtung **17** 22
  - Aufhebung **17** 21
  - Rechtsfolgen der Aufhebung **17** 26
- Versicherungsverträge **16** 23 f.
- Wirtschaftsverträge **16** 21

Zweck **16** 4 f.
- Funktionserhaltung **16** 5
- sozialverträglicher Ausgleich **16** 4

Enteignungen
auf besatzungsrechtlicher /-hoheitlicher Grundlage **Vor 1** 3 f., **1** 227 ff.
- Apotheken **1** 283 f.
- Ausgleichsleistungen **1** 236 ff.
- Ausländervermögen **1** 295 ff.
- Bausparkassen **1** 275 f.
- Begriff **1** 241 ff.
- Bergwerke **1** 280 ff.
- Bodenschätze **1** 280 ff.
- besatzungshoheitliche Grundlage **1** 244 ff.
  - Ausübung von Besatzungshoheit **1** 244 ff.
  - deutsche Rechtsakte **1** 244 ff.
- besatzungsrechtliche Grundlage **1** 243
  - Gesetze des Kontrollrats **1** 243
  - SMAD-Befehle **1** 243
- Bodenreform **Vor 1** 4; **1** 253 ff.
  - Barber-Lyaschenko-Abkommen **1** 258
  - Enteignungsobjekte **1** 257
  - Landesrecht **1** 253 ff.
- Energiewirtschaftsunternehmen **1** 277 ff.
- Fallgruppen **1** 252 ff.
- Individualversicherungen **1** 272 ff.
- Industrievermögen **1** 259 ff.
  - Enteignungsobjekte **1** 262
  - Rechtsgrundlagen **1** 260
- Kreditinstitute **1** 268 ff.
- Lichtspieltheater **1** 285 f.
- Listenenteignungen **1** 287 ff.
- Ostsektor Berlins **1** 287 ff.
- Reparationen **1** 263
- Spekulationsverbrechen **1** 264
- Unternehmen **Vor 1** 5; **1** 259 ff.
- verfassungsrechtliche Beurteilung **1** 227 ff.
- Wirtschaftsstrafverordnung **1** 264
- Zeitpunkt des Eigentumszugriffs **1** 248, 250
- Zeitraum **1** 248 ff.

Aufbau- und Baulandgesetzgebung **1** 38
Begriff **1** 26 f.
Begründung von Volkseigentum **1** 29 ff., 44
- Veräußerung an Dritte **1** 49 ff.
- aus Volksvermögen **1** 57
- Begriff der Veräußerung **1** 52 f.
- Teilungsunrecht **1** 49

Beweislast **1** 24, 41, 47, 66, 111

DDR Vor 1 6 ff.
- Flüchtlingsvermögen **Vor 1** 12
- Land- und Forstwirtschaft **Vor 1** 9
- privates Wohnungseigentum **Vor 1** 10
- Unternehmen **Vor 1** 8

entschädigungslose **1** 25 ff.
- Begriff **1** 32 f.
- Begründung von Volkseigentum **1** 29 ff.
  - Fondsinhaberschaft **1** 30
  - Rechtsträgerschaft **1** 30
  - Beweislast **1** 41
- Fallgruppen **1** 36
  - Beschlagnahmen **1** 36
  - Entziehung von Nutzungsrechten **1** 36
  - Teilungsunrecht **1** 25

Fallgruppen **1** 36 ff.
gegen zu geringe Entschädigung **1** 43 ff.
- Begriff **1** 45 f.

Sachverzeichnis

- Begründung von Volkseigentum **1** 44
- Beweislast **1** 41
- Teilungsunrecht **1** 43
Verteidigungs- und Grenzsicherungsgesetze **1** 39

enteignungsgleiche Maßnahmen s. Enteignungen

Erbengemeinschaft
Berechtigte **2a** 2, 9
Eigentümerin **2a** 3 f.
Teilauseinandersetzung **2a** 5
Verzicht eines Miterben **2a** 6 ff.

Grundstücksbelastungen s. Ablösung von Grundstücksbelastungen

Immaterialgüterrechte
Eintritt in bestehende Rechtsverhältnisse **16 Anh. II** 63 ff.
- Abgrenzungsvereinbarungen **16 Anh. II** 64
- Lizenzverträge **16 Anh. II** 64
- Nutzungsverträge **16 Anh. II** 64
- Schutzrechtsvergleiche **16 Anh. II** 64
- Singularrestitution **16 Anh. II** 64
- Unternehmensrestitution **16 Anh. II** 65
Erstreckungsgesetz **16 Anh. II** 2, 34 ff.
Gebrauchsmustergesetz-DDR **16 Anh. II** 7
Geschmacksmustergesetz-DDR **16 Anh. II** 8
Gewerbliche Schutzrechte **16 Anh. II** 5 ff.
- Enteignung **16 Anh. II** 12 ff.
  - Wirkung **16 Anh. II** 28 ff.
- Territorialitätsprinzip **16 Anh. II** 13, 29 f.
Leistungsschutzrechte **16 Anh. II** 10 f.
Patentgesetz-DDR **16 Anh. II** 6
Rückübertragung **16 Anh. II** 28 ff.
- Gebrauchsmusterrecht **16 Anh. II** 49 f.
- Geschmacksmusterrecht **16 Anh. II** 51 ff.
- Gewerbliche Schutzrechte **16 Anh. II** 28 ff., 61
- Patentrecht **16 Anh. II** 45 ff.
- Urheberrecht **16 Anh. II** 54 ff., 62
- verwandte Schutzrechte **16 Anh. II** 58 f., 62
- Warenzeichen **16 Anh. II** 31 ff., 60
  - Erstreckungsgesetz **16 Anh. II** 34 ff.
  - Kollisionslagen **16 Anh. II** 34 ff.
schädigende Maßnahmen **16 Anh. II** 12 ff.
- besatzungsrechtliche /-hoheitliche Grundlage **16 Anh. II** 15
- DDR-Unrecht **16 Anh. II** 12 ff.
  - Entziehung ohne oder gegen zu geringe Entschädigung **16 Anh. II** 17 ff.
  - Erwerb aufgrund unlauterer Machenschaften **16 Anh. II** 22 ff.
  - Rechtsfolgen **16 Anh. II** 28 ff.
  - Schutzgebietspaltung **16 Anh. II** 13
  - Territorialitätsprinzip **16 Anh. II** 13, 29 f.
  - Verstaatlichungen aufgrund des Ministerratsbeschlusses vom 9. 2. 1972 **16 Anh. II** 21
- NS-Unrecht **16 Anh. II** 16, 26
  - Rechtsfolgen **16 Anh. II** 60 ff.
  - verfolgungsbedingter Vermögensverlust **16 Anh. II** 26
- Rechtsfolgen **16 Anh. II** 28 ff.
  - Gebrauchsmusterrecht **16 Anh. II** 49 f.
  - Geschmacksmusterrecht **16 Anh. II** 51 ff.
  - Gewerbliche Schutzrechte **16 Anh. II** 28 ff., 60 f.
  - Patentrecht **16 Anh. II** 45 ff.
  - Warenzeichenrechte **16 Anh. II** 31 ff., 60
  - Urheberrecht **16 Anh. II** 54 ff., 62
  - verwandte Schutzrechte **16 Anh. II** 58 ff., 62
Singularrestitution **16 Anh. II** 1, 3, 27
- Abgrenzung zur Unternehmensrestitution **16 Anh. II** 4
Unternehmensrestitution **16 Anh. II** 1
- Abgrenzung zur Singularrestitution **16 Anh. II** 4
Urheberrecht **16 Anh. II** 10 f.
Urheberrechtsgesetz-DDR **16 Anh. II** 10 f.
Verwandte Schutzrechte **16 Anh. II** 10 f.
Warenzeichen **16 Anh. II** 9, 31 ff.
Warenzeichengesetz-DDR **16 Anh. II** 9

NS-Unrecht
Vermögensverlust **1** 151 ff.
- auf andere Weise **1** 152
- Enteignung **1** 152
- Rechtsgrundlagen **1** 153
- verfolgungsbedingter **1** 154 ff.
  - AO BK/O (49) 180 **1** 155 ff.
  - Kausalitätsvermutung **1** 155 ff.
- Vermutung ungerechtfertigter Entziehung **1** 158 ff.
  - bei kollektiver Verfolgung **1** 175 ff.
  - bei unentgeltlicher Vermögensaufgabe **1** 182 f.
  - bei unmittelbarer Verfolgungsmaßnahme **1** 165 ff.
  - bei Veräußerung oder Aufgabe der Vermögensgegenstände **1** 162 ff.
- Widerlegung ungerechtfertigter Entziehung **1** 167 ff.
  - Zahlung eines angemessenen Kaufpreises **1** 167 ff.
  - freie Verfügbarkeit über den Kaufpreis **1** 172 ff.
  - bei Vermutung kollektiver Verfolgung **1** 178 ff.
- Zwangsverkäufe **1** 152
Wiedergutmachung **1** 128 ff.
- alliiertes Rückerstattungsrecht **1** 130 ff.
- Anspruchsberechtigte **1** 135
- Bundesrepublik **1** 130
  - Bundesentschädigungsgesetz **1** 133 ff.

Sachverzeichnis

- Bundesrückerstattungsgesetz **1** 133 ff.
- Vermögensgesetz **1** 134
- völkerrechtliche Bindung **1** 130 f.
- Überleitungsvertrag **1** 131
- DDR **1** 128 f.
- Verfolgung **1** 136 ff.
  - aus Gründen der Weltanschauung **1** 150
  - Gewerkschaften **1** 146
  - Juden **1** 137 f.
  - jüdische Gewerbebetriebe **1** 138
  - Kirchen **1** 147
  - konfessionelle Organisationen **1** 147 f.
  - Parteien **1** 146
  - politische **1** 142 ff.
  - rassische **1** 137 ff.
  - religiöse **1** 147 ff.
  - religiöse Gemeinschaften **1** 149
  - Sinti und Roma **1** 139
  - slawische Bevölkerungsgruppen **1** 141
- Verhältnis zu anderen Restitutionstatbeständen **1** 184 ff.
- Voraussetzungen **1** 135 ff.

Offene Vermögensfragen
Anmeldeverordnung **Vor 1** 17; **1** 18 f.; **3** 10, 12, 14
Einigungsvertrag **Vor 1** 18
Entschädigungs-, Ausgleichsleistungs- und Vermögensabgabegesetz **Vor 1** 43, 64 ff.
Gemeinsame Erklärung **Vor 1** 15, 17, 20, 26 ff.; **1** 16 f.
- Auslegungsrichtlinie **Vor 1** 33 f.; **1** 16 f.
- Rechtsquelle **Vor 1** 30 ff.
- Restitutionsgrundsatz **Vor 1** 26
Gemeinsamer Brief **Vor 1** 36 f.
Gesetz über besondere Investitionen **Vor 1** 19
Grundlagenvertrag **Vor 1** 13; **1** 16
Hemmnissebeseitigungsgesetz **Vor 1** 19
Investitionsvorranggesetz **Vor 1** 19
Kommunalvermögensgesetz **Vor 1** 24; **1** 312 f.
Rehabilitierungsgesetz **Vor 1** 24; **1** 208, 210
Strafrechtliches Rehabilitierungsgesetz **Vor 1** 24; **1** 211 ff.
Unternehmensgesetz **1** 61 f.; **3** 10, 11, 13; **Vor 6** 3 ff.; **6** 73, 110
Verfassungsrecht **Vor 1** 69 ff.; **1** 227 ff.
Vermögensgesetz **Vor 1** 18, 21 ff., 37 ff.; **1** 20 ff.
- Anwendungsprobleme **Vor 1** 59 ff.
- Auslegung **Vor 1** 44; **1** 14 f.
- Beweislast **1** 24
- Gesetzesaufbau **Vor 1** 39
- Gesetzesmaterialien **1** 15
- Gesetzeszweck **Vor 1** 37; **1** 1, 20 ff.
- Geltungsbereich **Vor 1** 38, **1** 1, 8 ff.
  - persönlicher **1** 12 ff.
  - räumlicher **Vor 1** 38; **1** 8 f.
  - sachlicher **1** 11
  - zeitlicher **1** 10
- Konkurrenzen **Vor 1** 46 ff.

- Anmeldeverordnung **Vor 1** 46
- Art. 19 Einigungsvertrag **Vor 1** 49
- Einigungsvertrag **Vor 1** 48 f.
- Investitionsvorranggesetz **Vor 1** 47
- Kommunalvermögensgesetz **1** 312 f.
- Landwirtschaftsanpassungsgesetz **Vor 1** 46
- Lastenausgleichsgesetz **Vor 1** 54
- Parteiengesetz **Vor 1** 46
- Rückübereignung nach § 102 BauGB **Vor 1** 50
- Staatshaftungsrecht **Vor 1** 51
- Vermögenszuordnungsgesetz **Vor 1** 47 f.; **1** 312 f.
- Wiedergutmachungsgesetze **Vor 1** 52 f.
- Zivilrecht **Vor 1** 55 ff.
- Rechtsnatur **Vor 1** 45
- Restitutionsgrundsatz **Vor 1** 40 ff.
Vermögenszuordnungsgesetz **Vor 1** 24; **1** 312 f.
Zweites Vermögensrechtsänderungsgesetz **Vor 1** 19

Reprivatisierung
Unternehmen **Vor 1** 15; **Vor 6** 3 ff., 7 ff.; **6** 110
- Unternehmensgesetz **Vor 1** 15, 24; **6** 110; **Vor 6** 3 ff.

Restitutionstatbestände
Anspruchsgrundlagen **1** 25 ff.
- Aufhebung rechtsstaatswidriger Entscheidungen **1** 190 ff.
- Enteignung **1** 25 ff.
  - entschädigungslose **1** 25 ff.
  - gegen zu geringe Entschädigung **1** 43 ff.
  - Veräußerung nach Enteignung **1** 49 ff.
- Forderungen und andere Rechte **1** 126 f.
- NS-Unrecht **1** 128 ff.
- rechtsstaatswidrige Entscheidungen **1** 190 ff.
- staatliche Verwaltung **1** 114 ff.
- Veräußerung durch staatlichen Verwalter **1** 49 ff.
- Unternehmensvergesellschaftungen **1** 59 ff.
- Vermögensentziehungen **1** 68 ff., 93 ff.
  - von Grundstücken und Gebäuden infolge ökonomischen Zwangs **1** 68 ff.
  - aufgrund unlauterer Machenschaften **1** 93 ff.
Ausschlußtatbestände **1** 226 ff.
- Altguthabenablösungsanleihe **1** 309 ff.
- Enteignungen auf besatzungsrechtlicher /-hoheitlicher Grundlage **1** 227 ff.
- Ausgleichsleistungen **1** 236 ff.
- Ausländisches Eigentum **1** 296 ff.
- Begriff **1** 241 ff.
- Bodenreform **1** 254 ff.
- Listenenteignungen **1** 261, 278, 290 ff.
- Verfassungsmäßigkeit **1** 227 ff.
- Wegfall der Sowjetunion als Völkerrechtssubjekt **1** 239
- Kommunalvermögen **1** 312 f.
- zwischenstaatliche Vereinbarungen der DDR **1** 303 ff.

Sachverzeichnis

Konkurrenzen **1** 42, 48, 58, 67, 92, 113, 125, 184ff., 225, 300ff.

Schädigung s. Restitutionstatbestände / Vermögensrückübertragung

Staatliche Verwaltung 1 54f., 114ff.; **11** 1ff.
Abgrenzung zu anderen Tatbeständen **1** 116
Aufhebung **1** 114ff.; **11** 1ff.
- Anspruch **11** 3
  - Rechtsnatur **11** 3
- Rechtsfolgen **11** 5
- Voraussetzungen **11** 2
Ausländervermögen **Vor 1** 12; **1** 55, 122f., 296ff.
- Territorialitätsprinzip **1** 122
- Rechtsgrundlagen **1** 123
Beendigung **11a** 1ff.
- Eigentümervertreterbestellung **11b** 1ff.
  - Abberufung **11b** 38ff.
  - Ablehnungsrecht **11b** 35
  - Antragsrecht **11b** 8ff.
  - Bedürfnis für Sicherstellung der Vertretung **11b** 7
  - Entscheidung **11b** 12ff.
  - Forderungsverwaltung **11b** 36f.
  - Haftung der Verwaltungsbehörde **11b** 18
  - Haftung des Vertreters **11b** 22ff.
  - Nichtfeststellbarkeit des Eigentümers oder seines Aufenthaltes **11b** 4ff.
  - Pflichten des Vertreters **11b** 19ff.
  - Rechte des Vertreters **11b** 19ff.
  - Rechtsweg **11b** 17
  - Übernahmepflicht **11b** 35
  - Überwachung des Vertreters **11b** 30f.
  - Vergütung des Vertreters **11b** 32ff.
  - Vertretungsmacht **11b** 25ff.
  - Voraussetzungen **11b** 3ff.
  - Zuständigkeit **11b** 11
- kraft Gesetzes **11a** 2ff.
  - Auswirkungen auf das Verwaltungsverfahren **11a** 3
  - Erfüllungsverweigerungsrecht des staatlichen Verwalters **11a** 16ff.
  - Grundbuchberichtigung **11a** 7
  - Pflichten des staatlichen Verwalters **11a** 8ff.
  - Übergang von Nutzungsverhältnissen **11a** 21
  - Verfügungsbefugis des staatlichen Verwalters **11a** 5f.
  - Wahlrecht auf Entschädigung **11a** 4
- Verfügungsbefugnis bei Vermögenswerten iSv. § 1 Abs. 8 lit. b VermG **11c** 1ff.
  - Genehmigungsvorbehalt **11c** 3f.
  - Grundbucheintragung des Genehmigungsvorbehalts **11c** 5ff.
devastierte landwirtschaftliche Betriebe **1** 124
Flüchtlingsvermögen **Vor 1** 12; **1** 117ff., 120f.
Formen **1** 54f., 117ff.

Genehmigungsvorbehalt **11c** 1ff.
Kontoguthaben **1** 124; **11** 25ff.
- Fallgruppen **11** 27
- Wertminderungsausgleich **11** 25, 28
Staatliche Treuhandverwaltung **1** 55, 117ff.
- Fallgruppen **1** 118
- Rechtsgrundlagen **1** 119
Staatlicher Verwalter **1** 54; **13** 1ff.
- Befugnisse **15** 1ff.
- Haftung **13** 1ff.
  - Anspruchskonkurrenz **13** 12f.
  - Ausgleichsanspruch des Entschädigungsfonds **13** 22
  - gröbliche Pflichtverletzung **13** 4
  - materieller Nachteil **13** 11
  - Pflicht zur ordnungsgemäßen Wirtschaftsführung **13** 2f.
  - Pflichtverletzung **13** 2ff.
  - Staatshaftungsanspruch **13** 14ff.
  - Zeitraum **13** 10
- Pflichten **15** 1ff., 9
- Rechte **15** 1ff., 8
- Unterlassungsverpflichtung **15** 4ff.
  - Rechtsnatur **15** 5
  - Sicherung **15** 6
- Verfügungsbefugnis **11** 19ff.
- Vergewisserungspflicht **11** 22; **15** 9
Teilungsunrecht **1** 114
Übersiedlervermögen **Vor 1** 12; **1** 120f.
Unterlassen der Inverwaltungnahme **14** 1ff.
- Haftungsausschluß **14** 3ff.
Unternehmen **12** 1ff.
Veräußerung an Dritte **1** 49ff.
- Begriff der Veräußerung **1** 52f., 56
- durch staatlichen Verwalter **1** 54
- Teilungsunrecht **1** 49
Verwaltungsentscheidung **11** 4
Vorläufige Verwaltung **1** 55, 120f.
- Nacherfassung **1** 120
- Rechtsgrundlagen **1** 121
Wahlrecht auf Entschädigung **11** 6ff.
- Ausübung **11** 6
  - Personenmehrheit **11** 11ff.
  - Bruchteils- /Gesamthandsgemeinschaft **11** 14
- Eigentumsverzicht **11** 7ff.
  - Aneignungsrecht des Entschädigungsfonds **11** 7f.
- Umfang des Entschädigungsanspruchs **11** 16
Wertausgleich **14a** 1ff.
- fremdfinanzierte Werterhöhungen **14a** 3
- Unternehmen **14a** 7
- Werterhöhungen **14a** 1
- Wertminderungen **14a** 2
Wirkungen **1** 115

T

Unternehmen 4 24ff.;
Begriff **4** 27ff.; **6** 5ff.
Entflechtung **6** 69ff.; **6b** 1ff.

Sachverzeichnis

- Anteilserwerbsrecht **6** 72 ff.
  - Anwendungsbereich **6** 74
  - Entstehungsgeschichte **6** 73
  - Inhalt **6** 75 ff.
- Anteilsübertragung statt Entflechtung **6** 71
  - Anteilserwerbsrecht s. dort
- Antrag **6 b** 4 f.
  - Antragsberechtigung **6 b** 4
  - Entflechtungsplan **6 b** 5
- Anwendungsbereich **6 b** 3
- Begriff **6 b** 2
- Betriebsrat **16 Anh. I** 125 ff.
- Entflechtungsverfahren **6 b** 2 ff.
  - Ermessensentscheidung **6 b** 6
  - Rechtsfolgen **6 b** 17
  - Zuständigkeit **6 b** 7
- Gläubigerschutz **6 b** 19 ff.
  - besondere Haftungsfolgenregelung **6 b** 21 f.
  - subsidiäre gesamtschuldnerische Haftung **6 b** 19 f.
- Gründungsrecht **6 b** 16
- partielle Universalsukzession **6 b** 1, 17
- Rechtsschutz **6 b** 23 ff.
  - Antragsteller **6 b** 23
  - Drittbetroffene **6 b** 24 ff.
  - Zuständigkeit **6 b** 27 ff.
- Unterrichtung des Betriebsrates **6 b** 8; **16 Anh. I** 132
- Vermögensstatus **6 b** 9
- Vermögensverteilung **6 b** 9 ff.
- Vermögenszuordnung **6 b** 10 ff.
  - Aktivvermögen **6 b** 14
  - Arbeitsverhältnisse **6 b** 11; **16 Anh. I** 18 ff.
  - Ausgleichsansprüche **6 b** 15
  - Garantien **6 b** 15
  - Passivvermögen **6 b** 14
  - Übergabeprotokoll **6 b** 10 ff.
- wirtschaftliche Vertretbarkeit **6** 69 ff.
  - Interessen der Arbeitnehmer **6** 70
  - Interessen der Betroffenen **6** 69
  - Verringerung der Fertigungstiefe **6** 70
  - wirtschaftliches Überleben **6** 70
- gelöschter Unternehmensträger **6** 56 ff.
- Berechtigter **6** 56
- Beschlußfassung **6** 60 ff.
  - Berechnung des Quorums **6** 60 f.
  - Firma **6** 62
  - Fortbestehensfiktion **6** 56, 62 f.
  - Rechtsfolgen **6** 62 ff.
- Bestellung von Abwicklern **6** 152 ff.
  - Anwendungsbereich **6** 152 f.
  - Fortsetzungsbeschluß **6** 155
  - Registereintragungen **6** 154
- Gesellschafter/Mitglieder **6** 57
  - Rechtsnachfolger **6** 58 f.
- Nutzungsersatz **7** 35 f.
- Rückübertragungsanspruch **6** 1 f.
  - Anspruchsinhaber **6** 54 ff.
    - Berechtigter **6** 54 ff., 80

- gelöschter Unternehmensträger **6** 56, 152 ff.
- geschädigter Unternehmensträger **6** 55
- Gesellschafter/Mitglieder **6** 57
- Rechtsnachfolger **6** 58 f.
- Restgesellschaften **6** 66
- ruhende Gesellschaften **6** 66
- Spaltgesellschaften **6** 66
- werbende Gesellschaften **6** 66
- Ausgleich wesentlicher Veränderungen der Ertragslage **6** 36 ff.
  - Ausgleichsanspruch **6** 41 ff.
  - Ausgleichspauschale **6** 44 f.
  - D-Markeröffnungsbilanz **6** 48
  - Einheiten der voraussichtlich absetzbaren Produkte und Leistungen **6** 37
  - Erstattung notwendiger Entwicklungskosten **6** 41
  - Sanierung **6** 42 f.
  - Sanierungsfähigkeit **6** 37, 43
  - Tilgung des Ausgleichsanspruchs **6** 49 f., 52
  - Vermutung wesentlicher Verschlechterung der Ertragslage **6** 38 ff.
  - Verwaltungsverfahren **6** 46
  - Verzinsung des Ausgleichsanspruchs **6** 49 ff.
  - wesentlich höhere Umsätze **6** 47
  - wesentlich niedrigere Umsätze **6** 37
- Ausgleich wesentlicher Veränderungen der Vermögenslage **6** 16 ff.
  - Ablehnungsrecht **6** 24
  - Ausgleichsansprüche **6** 22 ff.
  - Ausgleichsforderung **6** 25
  - Ausgleichsverbindlichkeit **6** 29 ff.
  - Ausstehende Einlage **6** 25 ff.
  - Bilanzierungsgrundsatz **6** 16 ff.
  - Bildung eines Kapitalentwertungskontos **6** 28
  - D-Markeröffnungsbilanz **6** 35
  - Nachweis geringeren Eigenkapitals **6** 32 ff.
  - Schuldner **6** 22
  - Tilgung der Ausgleichsforderung/-verbindlichkeit **6** 49 f., 52
  - Überschuldung **6** 17 f.
  - Unterdeckung **6** 19 ff.
  - Verzinsung der Ausgleichsforderung/-verbindlichkeit **6** 49 ff.
  - wesentliche Verbesserung der Vermögenslage **6** 29 ff.
  - wesentliche Verschlechterung der Vermögenslage **6** 16 ff.
- Erfüllung **6** 79 ff.
  - Grundsatz **6** 79
  - Rückgabe an den Berechtigten **6** 79 ff., 89
  - Rückgabe an die Gesellschafter, Mitglieder oder deren Rechtsnachfolger **6** 82 f., 100 ff.
  - Übertragung der Anteile oder Mitgliedschaftsrechte **6** 81 f., 100 ff.
  - Übertragung des gesamten Vermögens oder einzelner Betriebsstätten **6** 89
- nachgeschaltete Enteignungen **3** 53; **6** 3 f., 135

Sachverzeichnis

- wirtschaftliche Vergleichbarkeit der Unternehmen **6** 11 ff.
  - Änderung der Rechtsform **6** 14
  - Einbeziehung in Unternehmenseinheit **6** 15
  - Produkt- und Leistungsangebot **6** 11 f.
  - Sanierungsfähigkeit **6** 14
  - Stillegung von Unternehmensteilen **6** 15
  - Veräußerung von Unternehmensteilen **6** 15
  - wesentliche Umgestaltung **6** 13
- Zwangsbeteiligungen **6** 104 ff.
  - Entstehungsgeschichte **6** 104
  - Löschung **6** 105
  - Rückkauf **6** 110
  - Rückzahlung von Einlagen und Vergütungen **6** 106 ff.

Rückübertragungsausschluß **4** 24 ff.; **6** 11 ff., 131 ff.
- Ansprüche **6** 131 ff.
  - Entschädigung **6** 137, 139 ff.; **9** 14
  - Erlösherausgabe **6** 138, 140
  - Singularrestitution **6** 131
  - Verkehrswert **6** 138, 140, 142 f.
- Gesamtvollstreckung **6** 142
  - Sekundäransprüche **6** 142
- Nichterreichen des Quorums **6** 65
  - Rechtsfolgen **6** 65, 140
  - Sekundäransprüche **6** 140
- Liquidation **6** 143
  - Sekundäransprüche **6** 143
- Unternehmensveräußerung **4** 38 ff.
  - Joint-Venture-Verordnung **4** 40, 42
  - Rechtsfolgen **4** 44; **6** 138 ff.
  - Sachverhaltsermittlung **4** 45
  - Sekundäransprüche **4** 44; **6** 138 ff.
  - Treuhandgesetz **4** 38, 43
  - Unternehmensgesetz **4** 39, 42
  - Zeitpunkt des Vertragsschlusses **4** 42 f.
- wirtschaftliche Unmöglichkeit der Rückübertragung **4** 24, 29 ff.
  - Einstellung des Geschäftsbetriebs **4** 29 ff.; **6** 131a
  - subsidiäre Singularrestitution **3** 57; **4** 34; **6** 131 ff.
  - Fehlen der tatsächlichen Voraussetzungen für Wiederaufnahme des Geschäftsbetriebs **4** 32 f.
  - Rechtsfolgen **4** 34 ff.; **6** 131 ff.
  - Sachverhaltsermittlung **4** 45
  - Sekundäransprüche **4** 34 ff.; **6** 131 ff.
  - Zeitpunkt **4** 33
- wirtschaftliche Vergleichbarkeit der Unternehmen **6** 11 ff.
  - Änderung der Rechtsform **6** 14
  - Einbeziehung in Unternehmenseinheit **6** 15
  - Produkt- und Leistungsangebot **6** 11 f.
  - Rechtsfolgen **6** 141
  - Sanierungsfähigkeit **6** 14
  - Sekundäransprüche **6** 141
  - Stillegung von Unternehmensteilen **6** 15

- Veräußerung von Unternehmensteilen **6** 15
- wesentliche Umgestaltung **6** 15

Rückübertragungsentscheidung **6** 53
- Inhalt **6** 53
- Rechtsschutz **6** 90 ff., 103
  - Berechtigter **6** 91 f.
  - Drittbetroffene **6** 93 ff., 103
  - Zuständigkeit **6** 97 ff.
- Wirkung **6** 53

Schädigung **2** 70

Umwandlung **Vor 6** 8 ff.
- Treuhandgesetz **Vor 6** 7, 14
- Umwandlungsverordnung **Vor 6** 8 ff.
- Wirtschaftseinheiten der volkseigenen Wirtschaft **Vor 6** 9 ff.
  - Fondsinhaber **Vor 6** 13
  - Rechtsträger **Vor 6** 13

Unternehmensrestitution **6** 1 ff.
- Abgrenzung zur Singularrestitution **Vor 6** 1
- Antrag **6** 115 ff.
  - Antragsfiktionen **6** 118
  - Antragsteller **6** 116 f.
  - Berechtigte **6** 116
  - Gesellschafter, Mitglieder oder deren Rechtsnachfolger **6** 117
  - Unterlassungsverpflichtung des Verfügungsberechtigten **6** 122
- Behandlung staatlicher Leistungen **6** 111 ff.
  - Rückzahlungsverpflichtung **6** 111 ff.
- Bestellung von Abwicklern **6** 152 ff.
  - Anwendungsbereich **6** 152 f.
  - Fortsetzungsbeschluß **6** 155
  - Registereintragungen **6** 154
- Leitfaden Unternehmensrückübertragung **Vor 6** 2
- Rechtsform **6** 68
- Rückgabe an den Berechtigten **6** 79 ff.
  - Grundsatz **6** 79
  - Übertragung der Anteile oder Mitgliedschaftsrechte **6** 81
  - Übertragung des gesamten Vermögens oder einzelner Betriebsstätten **6** 89
- Rückgabe an die Gesellschafter, Mitglieder oder deren Rechtsnachfolger **6** 82 ff.
  - Übertragung der Anteile oder Mitgliedschaftsrechte **6** 82 ff.
  - Haftung nach Rückgabe **6** 86
  - Rechtsfolgen für den Berechtigten **6** 87
- Schadensersatzansprüche des Berechtigten **6** 122 ff.
  - gegen den Verfügungsberechtigten **6** 122 ff.
  - gegen die gesetzlichen Vertreter des Verfügungsberechtigten **6** 128 ff.
- Treuhandgesetz **Vor 6** 7 ff.
  - Privatisierungsauftrag **Vor 6** 7
- Überprüfung abgeschlossener Unternehmensrückgaben **6** 144 ff.
  - Anpassung nach der 2. DVO/UnternehmensG **6** 147

Sachverzeichnis

- Antrag **6** 146
- Ausgleich bei wesentlicher Änderung der Vermögens- und Ertragslage **6** 148 f.
- Entstehungsgeschichte **6** 145
- Rückerstattung von Gegenleistungen **6** 150
- Verfahren **6** 146 ff.
- Wahlrecht auf Entschädigung **6** 151
- Unternehmensgesetz **Vor 6** 3 ff.
- Unternehmensrückgabeverordnung **Vor 6** 2
- Wahlrecht auf Entschädigung **6** 119 f., 141

Vergesellschaftung **1** 59 ff.
- Ministerratsbeschluß 1972 **1** 59 ff.
- Rückkauf **1** 61 f.
  - Unternehmensgesetz **1** 61 f.
- Rückgabe **1** 59 ff.
  - Voraussetzungen **1** 64 ff.
  - Beweislast **1** 67

Vorläufige Einweisung **6a** 1 ff.
- Antrag **6a** 2
  - Antragsbefugnis **6a** 3
- Ausgleichsanspruch **6a** 26
- Auswirkungen auf das Restitutions- und Investitionsvorrangverfahren **6a** 27
- Berechtigung **6a** 10 f.
  - Glaubhaftmachung **6a** 11 ff., 23 ff.
  - Nachweis **6a** 10, 15 ff.
- Bescheidung **6a** 4
- bestehendes Unternehmen **6a** 5 ff.
  - Anteile **6a** 6
  - Mitgliedschaftsrechte **6a** 6
  - Vermögensmasse **6a** 6
- erfolgversprechender Sanierungsplan **6a** 13
- lebendes Unternehmen **6a** 8
- ordnungsgemäße Geschäftsführung **6a** 12
- Rechtsfolgen **6a** 14 ff.
  - Anwendung von Kaufrecht **6a** 15 ff.
  - Anwendung von Pachtrecht **6a** 18 ff.
  - Arbeits- und andere Rechtsverhältnisse **6a** 25; **16 Anh. I** 21 ff.
  - diktierter Vertrag **6a** 14, 18
- Rechtsschutz **6a** 28 ff.
  - Berechtigter **6a** 29
  - Drittbetroffene **6a** 30 ff.
  - Zuständigkeit **6a** 34 ff.
- Unternehmensteil **6a** 7
  - Entflechtung **6a** 7
- Verwaltungsverfahren **6a** 2 ff.
- Zweck **6a** 1

Verfügungsberechtigter
Begriff **2** 57 ff.
Gesamtvollstreckung über das Vermögen **3b** 1 ff., 7 ff.
- Altfälle **3b** 10
- Grundsatz der Aussonderung **3b** 7 f.
- Unternehmen **3b** 9

Notgeschäftsführungspflicht **3** 182 ff.
- Auskunftsanspruch **3** 182, 192

- Erfüllungsanspruch **3** 182, 192
- Pflichtverletzung **3** 193 ff.
  - Schadensersatz **3** 193 ff.
- Unternehmen **3** 183 ff.
  - Abwendung der Gesamtvollstreckung **3** 183 f.
  - Restrukturierungsmaßnahmen **3** 186
  - Unterlassen der Liquidation **3** 185

Notgeschäftsführungsrecht **3** 171 ff.
- Aufwendungsersatz **3** 197 f.
- Erfüllung von Rechtspflichten **3** 173 ff.
  - Instandsetzungsmaßnahmen **3** 177
  - Modernisierungs- und Instandsetzungsgebot **3** 175 f.
  - öffentlich-rechtliche Verpflichtungen **3** 173
  - Verkehrssicherungspflicht **3** 173
  - Zweckentfremdungsverordnungen **3** 113, 174
- Interessenwahrung **3** 187 ff.
  - Interesse des Berechtigten **3** 187 ff., 191
  - Unternehmensinteresse **3** 190
- Rechtsgeschäfte zur Erhaltung und Bewirtschaftung **3** 114, 178 f.
- Umfang **3** 173 ff.
  - Erforderlichkeit **3** 180 f.
- Zweck **3** 172

Singularrestitution **2** 66
Staatlicher Verwalter **2** 67
Unterlassungsverpflichtung **3** 90 ff.
- Beginn **3** 134 ff.
  - rechtzeitige Anmeldung **3** 134
  - Sachverhaltsermittlung **3** 136
  - verspätete Anmeldung **3** 135
- Ende **3** 137 ff.
  - keine verspätete Anmeldung **3** 137 f.
  - rechtzeitige Anmeldung **3** 139 ff.
  - Spaltung der Anmeldefristen **3** 138
  - verspätete Anmeldung **3** 139 ff.
- Erlaubte Veräußerungen **3b** 11 f.; **3c** 1 ff.
  - Duldung der Rückübertragung **3c** 4, 14
  - Grundstücksverkehrsgenehmigung **3c** 15
  hängende Kaufverträge **4** 76
  - Rechtsfolgen **3c** 16 f.
  - Schicksal des Rückübertragungsanspruchs **3b** 12, **3c** 16
  - Sekundäransprüche **3c** 18 f.
  - Treuhandanstalt **3c** 3 f.
  - Treuhandunternehmen **3c** 3 f.
  - Umfang **3c** 2 ff.
  - Verfügungsberechtigte **3c** 3 ff.
- Grundstücksverkehrsordnung **3** 100 ff.
- pflichtwidrige Verfügung **3** 93
  - Rechtsfolgen **3** 93, 162 ff.
  - Schadensersatz **3** 162 ff.; **6** 123 ff.
  - Share Deal **3** 96 ff.
  - Untergang des Rückübertragungsanspruchs **3** 95 ff.
  - Realakte **3** 122 ff.
  - Rechtsgeschäfte **3** 115 ff.

1079

Sachverzeichnis

- dinglliche Rechtsgeschäfte **3** 117
- langfristige Verträge **3** 118 ff.
- Rechtshandlungen **3** 122 ff.
  - Regelungsabsicht **3** 123 ff.
  - Entwertung des Rückübertragungsanspruchs **3** 126 ff.
- Rechtsnatur **3** 93
- Rechtsschutzmöglichkeiten **3** 21 f., 143 ff.
  - einstweilige Verfügung **3** 150 ff.
  - Vormerkung **3** 161
  - Widerspruch **3** 160
  - Zivilrechtsweg **3** 143 ff.
- Umfang **3** 104 ff.
  - Gesetzeswortlaut **3** 106
  - Objektbezogenheit **3** 104
  - Share Deal **3** 109
  - Veräußerung von Sachgesamtheiten **3** 107
  - Veräußerung von Unternehmen **3** 108 f.
  - Vermietung und Verpachtung von Wohn- und Gewerberäumen **3** 110 ff.
  - Zweckdienlichkeit **3** 105
- Unternehmensgesetz **3** 91 f.
- Vergewisserungspflicht **3** 207 ff.
  - Altfälle **3** 217 ff.
  - Gegenstand **3** 209 ff.
  - Rechtsfolgen bei Nichtbeachtung **3** 221 ff.
  - Umfang **3** 213 ff.
- verspätete Anmeldung **3** 200 ff.
  - Rechtsfolgen bei pflichtwidriger Verfügung **3** 200, 205 f.
  - Verfügung über Vermögenswert **3** 201 ff.

Unternehmensrückgabe **2** 60 ff.; **6** 67
- Eigentümer **2** 60; **6** 67
- Kapitalgesellschaften **2** 62 ff.; **6** 67
- Treuhandanstalt **2** 64, 67 ff.
- Verfügungsmacht **2** 61; **6** 67

Zwangsversteigerung eines restitutionsbelasteten Grundstücks oder Gebäudes **3b** 13 ff.

Vermögensaufgabe s. Vermögensverlust

Vermögensentziehung s. Enteignung/Vermögensverlust

Vermögensrückübertragung
Anmeldeverordnung **3** 10, 12, 14
dingliche Rechte **3** 60 ff.
- Altfälle **3** 82 ff.
  - abschließende Entscheidung **3** 83
  - Rechtsanpassung **3** 86 ff.
  - Rückübertragungsausschluß **3** 85
- BGB-Rechte **3** 62
- Einwendungen des Grundstückseigentümers **3** 70
  - Tilgung **3** 70
  - Unredlichkeit des Berechtigten **3** 71
- Ersatzbestellung **3** 66 ff.
  - Aufbauhypotheken **3** 69
  - dingliche Nutzungsrechte **3** 67

- Mitbenutzungsrecht **3** 68
- Vorkaufsrecht **3** 68
- Feingold- bzw. Goldmark-Grundpfandrechte **3** 63 f.
- Rang **3** 74
- Restitutionsobjekte **3** 61
- Rückübertragungsausschluß **3** 75 ff.
  - Ablösungsrecht **3** 75 f.
  - Nachteilsausgleich **3** 77 ff.
- wertbeständige Grundpfandrechte **3** 63 f.
- Wiederbegründung **3** 60
- ZGB-Rechte **3** 65 ff.
  - Ersatzbestellung **3** 66 ff.
  - Restitutionsausschluß **9** 65
- Zinshaftung **3** 73

Ersatzgrundstück **21** 1 ff., 7
- Bereitstellung **21** 1 ff.
- Antragsrecht **21** 2 ff.
- Antragsteller **21** 5 f.
- Ausgleich von Wertdifferenzen **21** 18
- Einverständnis des Berechtigten **21** 9
- entgegenstehende berechtigte Interessen **21** 8
- Erwerbsgrundstück **21** 6
- konkurrierende Anträge **21** 12
- Rechtsfolgen **21** 14 ff.
- Rechtsschutz **21** 20 ff.
- Verfahren **21** 10 ff.
- Vorhaltung **21** 11

Erstattung **7a** 1 ff.
- Entschädigungszahlungen **7a** 9
- Gegenleistungen **7a** 1 ff.
  - des Staates **7a** 7
  - des Verfügungsberechtigten **7a** 4 ff.
  - von Zwischenerwerbern **7a** 8
- Sicherung des Erstattungsanspruchs **7** 11

Gebäude s. Grundstücke
Gegenleistungen s. Erstattung
Grundsatz **3** 1
Grundstücke **3b** 13 ff.
- Zwangsversteigerungsverfahren **3b** 13 ff.
  - Altfälle **3b** 18
  - Drittwiderspruchsklage **3b** 16
  - Grundsatz des Restitutionsausschlusses **3b** 13 ff.
  - Ladungen **3b** 15
  - Teilungsversteigerungsverfahren **3b** 17
  - Verfahrensbeteiligte **3b** 15

hängende Kaufverträge **4** 76
Nutzungsersatz **7** 35 f.
Rückgabe vor Entschädigung **3** 1
Rückübertragungsanspruch **3** 2 ff.
- Antrag **3** 2 ff.
- Ausschlußfristen **3** 8 ff.
- Bedeutung **3** 3
- Inhalt **3** 4 ff.
- Gesamtvollstreckung über das Vermögen des Verfügungsberechtigten **3b** 1 ff., 7 ff.
- Inhalt **3** 15

Sachverzeichnis

- Insolvenz des Berechtigten **3 b** 4 ff.
- Pfändung **3** 40 ff.
  - Auswirkungen auf das Verwaltungsverfahren **3** 44
  - Rechtsfolgen **3** 43
  - Vollstreckungsvoraussetzungen **3** 42
  - Zuständigkeit **3** 41
- Rechtsnatur **3** 16
- Rechtsschutzmöglichkeiten **3** 17 ff.
  - Berechtigter **3** 17 f.
  - Dritte **3** 19
- Verpfändung **3** 37 ff.
  - Form **3** 38
  - Verpfändungsanzeige **3** 39
- Verwaltungsverfahren **3** 16
  - Rechtsschutzmöglichkeiten **3** 17 ff.
- Unternehmen **3** 52 ff.
  - Verhältnis zur Singularrestitution **3** 52 ff.
- Zession **3** 23 ff.
  - Abtretungsanzeige **3** 34 ff.
  - Altfälle **3** 33 ff.
  - Auswirkung auf das Verwaltungsverfahren **3** 24
  - Form **3** 25, 27 ff.
  - unter Bedingung oder Zeitbestimmung **3** 30 ff.
- Rückübertragungsausschluß **4** 1 ff.; **5** 1 ff.
- Bewegliche Sachen **10** 1 ff.
  - Erlösherausgabe **10** 1, 5 f., 9
  - erlöslose Verwertung **10** 7 f.
- Entschädigung **9** 1 ff.
  - Ausnahme **9** 5
  - Geld **9** 6
  - Investitionsvorrangentscheidung **9** 4
  - Übereignung eines Ersatzgrundstückes **9** 7 ff.
  - Verfahren **9** 11 ff.
- Erwerbsvorgänge nach dem 18. 10. 1989 **4** 67 ff.
  - Altfälle **4** 84 ff.
  - angebahnte Erwerbsgeschäfte **4** 77
  - Erwerb nach Investitionen **4** 81 ff.
  - Erwerb volkseigener Gebäude für Gewerbezwecke **4** 78 ff.
  - Gesetzesnovellierung **4** 69 ff.
  - Grundsatz der Unredlichkeit des Erwerbs **4** 67
  - Veräußerung von Grundstücken und Gebäuden **4** 74
  - Zeitpunkt des Vertragsschlusses **4** 75
- Grundstücke und Gebäude **4** 8 ff., 46 ff., 67 ff.; **5** 1 ff.
  - Ablösung von Grundstücksbelastungen **3** 50 a, b
  - Bodenneuordnung **4** 8
  - Einbeziehung in Unternehmenseinheit **5** 17 ff.
  - erheblicher baulicher Aufwand **5** 5
  - Erwerbsvorgänge nach dem 18. 10. 1989 **4** 67
- Komplexer Wohnungs- oder Siedlungsbau **5** 14 ff.
- Natur der Sache **4** 8 ff.
- Rechtsfolgen **4** 23, 64 ff.; **5** 29
- Redlicher Erwerb **4** 46 ff.
- Sachverhaltsermittlung **4** 22, 63; **5** 28
- Umnutzung **5** 1, 7 ff.
- unvermessenes Eigentum **4** 8
- Veränderung der Nutzungsart oder Zweckbestimmung **5** 3 ff.
- Wertausgleich **3** 50 a, b
- Widmung zum Gemeingebrauch **5** 12 f.
- Zuführung in gewerbliche Nutzung **5** 17 ff.
- Investitionsvorrangentscheidung **3** 49
- Natur der Sache **4** 2 ff.
  - Begriff **4** 2 ff.
  - Bodenreformeigentum **4** 14 ff.
  - dingliche Nutzungsrechte **4** 12 f.
  - Eigentumsrecht **4** 5
  - Einzelfälle **4** 6 ff.
  - Grundstücke und Gebäude **4** 8 ff.
  - rechtliche Unmöglichkeit **4** 4, 11 ff.
  - Rechtsfolgen **4** 23
  - rechtsgeschäftliche Verfügungen **4** 18
  - Sachverhaltsermittlung **4** 22
  - sonstige Rechte **4** 5
  - tatsächliche Unmöglichkeit **4** 4, 6 ff.
  - Unauffindbarkeit des Vermögenswertes **4** 7
  - Untergang des Vermögenswertes **4** 6
  - Zeitpunkt **4** 19 ff.
- pflichtwidrige Verfügung **3** 50; **11** 23
- redlicher Erwerb Dritter **4** 46 ff.
  - allgemeine Rechtsvorschriften **4** 58
  - allgemeine Verwaltungsgrundsätze **4** 59
  - Ausnutzung einer persönlichen Machtstellung **4** 60 f.
  - Dingliche Nutzungsrechte **4** 50 f.
  - Eigentum **4** 49
  - Grundsätze ordnungsgemäßer Verwaltungspraxis **4** 59
  - Grundstücke und Gebäude **4** 48
  - Herbeiführung einer Zwangslage **4** 62
  - Korruption **4** 60 f.
  - Maßstab **4** 55 ff.
  - Person des Erwerbers **4** 54
  - Rechtsfolgen **4** 64 ff.
  - Rechtswidrigkeit des Erwerbsvorgangs **4** 55 ff.
  - Sachverhaltsermittlung **4** 63
  - schuldrechtliche Nutzungsrechte **4** 52
  - Sittenwidrigkeit des Erwerbsvorgangs **4** 60 ff.
  - Täuschung **4** 62
  - Zeitpunkt **4** 46, 48
- Sekundäransprüche **3** 48 ff.; **9** 1 ff.; **10** 1 ff.
  - bewegliche Sachen **10** 1 ff.
  - Entschädigung **3** 48 ff., 56; **9** 1 ff.
  - Erlösherausgabe **3** 48 ff., 58; **10** 1 ff., **11** 23 ff.

1081

Sachverzeichnis

- Surrogat **3** 49, 58
- Verkehrswert **3** 49 f., 58
- Unternehmen **3** 55 ff.; **4** 24 ff.
  - Begriff **4** 27 ff.
  - Einstellung des Geschäftsbetriebs **4** 29 ff.
  - subsidiäre Singularrestitution **3** 57
  - Fehlen der tatsächlichen Voraussetzungen für Wiederaufnahme des Geschäftsbetriebs **4** 32 f.
  - Rechtsfolgen **4** 34 ff.
  - Sachverhaltsermittlung **4** 45
  - wirtschaftliche Unmöglichkeit **4** 24, 29 ff.
  - Zeitpunkt **4** 33
- Unternehmensveräußerung **4** 38 ff.
  - Joint-Venture-Verordnung **4** 40, 42
  - Rechtsfolgen **4** 44
  - Sachverhaltsermittlung **4** 45
  - Treuhandgesetz **4** 38, 43
  - Unternehmensgesetz **4** 39, 42
  - Zeitpunkt des Vertragsschlusses **4** 42 f.

Schädigung **2** 70
Schuldbuchforderungen des Berechtigten **7a** 10
Singularrestitution **3** 1 ff.
- Abgrenzung zur Unternehmensrestitution **Vor 6** 1

Unternehmen **6** 1 ff.
- Abgrenzung zur Singularrestitution **Vor 6** 1
Unternehmensgesetz **3** 10, 11, 13; **Vor 6** 3 ff.
Vorkaufsrecht **20** 1 ff.; **20a** 1 ff.
- Berechtigte **20a** 1 ff.
  - Altfälle **20a** 15 ff.
  - Ausübung **20a** 5 f.
  - Entstehung **20a** 3 f.
  - Gegenstand des Vorkaufsrechts **20a** 2
  - Übertragung **20a** 7
  - Verfahren **20a** 9 ff.
- Mieter und Nutzer **20** 1 ff.
  - Altfälle **20** 28 ff.
  - Anspruchsberechtigte **20** 3
  - Ausübung **20** 16 ff.
  - Ein- und Zweifamilienhäuser **20** 5
  - Entstehung **20** 14
  - Erlöschen **20** 20 f.
  - Gegenstand des Vorkaufsrechts **20** 4 ff.
  - Grundstücke für Erholungszwecke **20** 6
  - Mieteigentumsanteile **20** 7 f.
  - Nutzungsinteresse **20** 12 ff.
  - Redlichkeit **20** 3
  - Übertragung **20** 19
  - Umfang **20** 15
  - Verfahren **20** 22 ff.
  - Voraussetzungen **20** 3 ff.
- Rechtsschutz **20** 25 ff.; **20a** 12 ff.
  - Antragsteller **20** 25; **20a** 12
  - Dritte **20** 26; **20a** 13
  - Zuständigkeit **20** 27; **20a** 14

Wahlrecht auf Entschädigung **3** 48, 56; **8** 1 ff.
- Anspruchswechsel **8** 3 f.
- Unterlassungsverpflichtung nach § 3 Abs. 3 VermG **8** 3
- Ausnahme **8** 5 f.
- Ausübung **8** 11 ff.
  - Zeitpunkt **8** 11
- Berechtigung einer Personenmehrheit **8** 13 ff.
  - Bruchteils-/Miteigentümer **8** 15
- Voraussetzungen **8** 7 ff.

Wertausgleich **7** 1 ff.
- Altfälle **7** 37 ff.
  - steuerrechtliche Wertfortschreibungsgrenzen **7** 38
  - Verfahren **7** 39 f.
  - Verwendungsersatz im Rahmen von § 3 Abs. 3 VermG **7** 42 f.
  - Werterhöhungen **7** 38
  - Wertminderungen **7** 38
- Anspruchsinhaber **7** 17
- Ausschluß **7** 22 ff.
  - Übernahmepflicht nach § 16 Abs. 5 und 7 VermG **7** 23 ff.
  - Zahlungsverpflichtung nach § 18 Abs. 2 VermG **7** 30 f.
- eigenfinanzierte Wertverbesserungen **7** 15 ff.
  - objektiver Wert **7** 16
- fremdfinanzierte Wertverbesserungen **7** 4 ff.
  - Bebauung **7** 5
  - Durchführungszeitraum **7** 9
  - haushaltsfinanzierte Baumaßnahmen **7** 4
  - Instandhaltungsarbeiten **7** 8
  - Instandsetzung **7** 7
  - Modernisierung **7** 6
  - Nachweis durchgeführter Maßnahmen **7** 11
  - Rekonstruktion **7** 8
  - Umfang der Wertersatzpflicht **7** 10 ff.
- Durchführung **7** 17 ff.
  - Antrag auf Vorabentscheidung **7** 19
  - Rechtsweg **7** 20
  - Verwaltungsverfahren **7** 19
- Haftung des Berechtigten **7** 18
- Sicherung des Wertausgleichsanspruchs **7** 21
- Verwendungen im Rahmen von § 3 Abs. 3 VermG **7** 32 ff.
- Wertverbesserungen **7** 2, 4 ff.
- Wertminderungen **7** 2
- Zweck **7** 3

Vermögensverlust
Gegenleistungen **7a** 1 ff.
- Erstattung **7a** 1 ff.
ökonomischer Zwang bei Grundstücken und Gebäuden **1** 68 ff.
- bebaute Grundstücke **1** 73
- Gebäudeeigentum **1** 74
- DDR-Wohnungsmarkt **1** 69 ff.
  - Vertragsrecht **1** 69
  - Mietpreisstopp **1** 70 f.
- Grundstücksbelastungen **1** 72
- Teilungsunrecht **1** 68

Sachverzeichnis

- Überschuldung **1** 75 ff.
  - Begriff **1** 77 ff.
  - Eigentumsverzicht **1** 88
  - eingetretene **1** 76
  - Enteignung **1** 87
  - Erbausschlagung **1** 90
  - infolge nicht kostendeckender Mieten **1** 75 ff., 82 f.
  - Pachtverhältnisse **1** 75
  - rechnerische **1** 77 ff.
  - Schenkung **1** 89
  - unmittelbar bevorstehende **1** 76
  - Übernahme in Volkseigentum **1** 84 ff.
- unlautere Machenschaften **1** 93 ff.
  - Begriff **1** 99 ff.
  - Beweislast **1** 111
  - Erwerbsvorgang **1** 97 ff.
  - Dritte **1** 109
  - Enteignung **1** 97
  - Erwerber **1** 108
  - Kausalität **1** 107
  - Rechtsgeschäfte **1** 97
  - Rückabwicklung **1** 112
  - staatliche Stellen **1** 110
  - Wirksamkeit **1** 98
  - Korruption **1** 104
  - Machtmißbrauch **1** 102 f.
  - Begriff **1** 102
  - Fallgruppen **1** 103
  - Nötigung **1** 105
  - Nutzungsrechte **1** 96
- Täuschung **1** 106
- Vermögenswerte **1** 96
- Unternehmen **1** 59 ff.
  - Vergesellschaftung **1** 59 ff.
  - Ministerratsbeschluß 1972 **1** 59 ff.
  - Rückkauf **1** 61 f.
  - Rückgabe **1** 59 ff.

Vermögenswerte
Baulichkeiten **2** 44
Begriff **2** 40 ff.
dingliche Grundstücksrechte **2** 45 f.
Forderungen **2** 53
Gebäudeeigentum **2** 43
Gewerbliche Schutzrechte **2** 48 f.
Grundstück **2** 42
Immaterialgüterrechte **16 Anh. II** 1 ff.
Kontoguthaben **2** 52
obligatorische Nutzungsrechte **2** 45
Sachen **2** 47
Unternehmen **2** 54
- Betriebsstätten **2** 56
- Zweigniederlassungen **2** 56
Unternehmensbeteiligungen **2** 55
Urheberrechte **2** 48, 50
verwandte Schutzrechte **2** 51

Wiedergutmachung
Diskriminierungsunrecht **1** 4 ff., 22
NS-Unrecht **vor 1** 2; **1** 128 ff.
Teilungsunrecht **vor 1** 25; **1** 1 ff., 16 ff., 25, 42